四庫全書選刊 文津閣本

兵典

第一册

廣陵書社

總目

目録

欽定四庫全書

子部

握奇經

詳校官山東道御史臣溫常綬

臣紀昀覆勘

總校官舉人臣章維桓

校對官編修臣朱紱

謄録監生臣鄔湘

欽定四庫全書　子部二

握奇經　兵家類

提要

臣等謹案握奇經一作握機經一作幄機經舊本題風后撰漢丞相公孫弘解晉西平太守馬隆述讃案漢書藝文志兵家陰陽風后十三篇班固自注曰圖二卷依託也並無握奇經之名且十三篇七畧著録固尚以為依託則此經此解七畧不著録者其依託更不待辨矣馬隆述讃隋志亦不著録則亦猶公孫宏解也考唐獨孤及毘陵集有八陣圖記曰黄帝順煞氣以作兵法文昌以命將風后握機制勝作為陣圖故八其陣所以定位也衡抗於外軸布於内風雲附其四維所以備物也虎張翼以進蛇向敵而蟠飛龍翔鳥上下其旁所以致用也至若疑兵以固其餘地

游軍以案其後列門具將發然後合戰弛張則二廣迭舉犄角則四奇皆出云云所說乃一一與此經合疑唐以來好事者因諸葛亮八陣之法推演為圖托之風后其後又因及此記推衍以為此經併取記中握機制勝之語以為之名宋史藝文志始著於録其晚出之顯證矣高似孫子畧曰馬隆本作幄機序曰幄者帳也大將所居言其事不可妄示人

故云幄機則因握幄字近而附會其文今本多題曰握奇則又因經中有四為正四為奇餘奇為握奇之語改易其名也乾隆四十九年三月恭校上

總纂官臣紀昀臣陸錫熊臣孫士毅
總校官臣陸費墀

欽定四庫全書

握奇經

古 風后 撰

宋高似孫曰馬隆本作握機敘云風后軒轅臣也握者帳也大將所居言其事不可妄示人故云握機人稱君子總有三本其一本三百六十字一本三百八十字蓋呂尚增字以發明之其一行簡有公孫宏等語或云武帝令霍光等習之於平樂館以輔少主備天下之不虞今本衍四字

經曰八陣四為正四為奇舊注奇讀如字後人說天地風雲為四正龍虎鳥蛇為四奇公孫宏曰世有八卦陣法其既不用奇正似非風后所傳未可參用餘奇為握奇舊注奇讀

如奇耦之奇解云說奇正者多矣而握奇云者四為正四為奇餘奇為握奇陣數有九中心奇零者大將握之以應赴八陣之急處或總稱之先出遊軍定兩端天有衝圓地有軸前後有衝一作有風雲風附於天雲附於地衝有重列各四隊前後之衝各三隊風居四維故以圓軸單列各三隊前後之衝各三隊風居四角故以方天居兩端地居中間總為八陣陣訖遊軍從後躡敵或驚其左或驚其右驚一作警聽音望麾以出四奇

天地之前衝為虎翼風為蛇蟠圍繞之義也虎居於中

張翼以進蛇居兩端向敵而蟠以應之天地之後衝為飛龍雲為鳥翔突擊之義也龍居其中張翼以進鳥掠兩端向敵而翔以應之虛實二壘(一作三軍)皆逐天文氣候向背山川利害隨時而行以正合以奇勝天地以下八重以列或曰握機望敵即引其後以掎角前列不動而前列先進以次之(公孫宏曰傳項氏陣法依此今按而前列等八字舊文在依此注下誤也故遞次以成文)或合而為一因離而為八各隨師之多少觸類而長

天成圓而不動(一作天或圓而不布)前為左後為右天地四望之屬是也(一本下有風象二字)天居兩端其次風其次雲(一作其次天衝其次地衝其次風衝其次雲衝)左右相向是也地方布風雲各在後衝之前天居兩端其次地居中間(一作其次地其次天中間)兩地為北是也(公孫宏曰北為地為從天陣變為地陣或即張弛布擊破敵攻圍不定其形故為動也一本自公孫宏曰動靜二義皆雜出經文中)縱布天一(一作兩天一無兩字而縱字上有雲象龍一句一作龍者象龍)天二次之(天二一作兩天)縱布地四次於天後(一作縱布四地四地次之一無下四地字)縱布四風挾天地之左右(一無地字)天地前衝居其右

後衝居其左(一無二句一無天地字一無居其右後衝五字)雲居兩端虛實二壘則此是也(一本下有此為動也四字一無虛實已下公孫宏曰人多傳韓信注釋天成圓布已下與此微有差異而范蠡樂毅之說相雜今亦錯綜於其中其部隊或三五或三十或五十變通之理寄之明哲不復備載近古以來其文不滿尺多憑口訣以相傳授予今於難解之處增字發明之耳一本其部隊下上五十云陣圖如此變通由人以為經文誤也按公孫氏稱與其異者天或圓布次遊軍定兩端下以為正經而以天有衝止觸類而長列于續圖雲為翔鳥之下今馬本尚如此)

握奇經續圖

角音二 初警衆 末收衆

革音五 一持兵 二結陣 三行 四趨走 五急鬬

金音五 一緩鬬 二止鬬 三退 四背 五急背(背一本作起)

麾法五 一元 二黃 三白 四青(一作赤) 五赤(一作青)

旗法八 一天元 二地黃 三風赤 四雲白 五天前上元下赤

六天後上元下白　七地前上元下青

一作赤　八地後上黃下赤一作青

陣勢八　天　地　風　雲

飛龍　翔鳥　虎翼　蛇蟠

二革二金為天　三革三金為地

二革三金為風　三革二金為雲

四革三金為龍　三革四金為虎

四革五金為鳥　五革四金為蛇舊注此八陣名

用金鼓之制

其金革之間加一角音者在天為兼風在地為兼雲在龍為兼鳥在虎為兼蛇加二角音者全師進東加三角音者全師進南一作西加四角音者全師進西一作南加五角音者全師進北鞞音不止者行伍不整金革既息而角音不止者師竝旋

三十二隊天衝　十六隊風

八隊天前衝　十二隊地前衝

十二隊地軸合作二十四隊　八隊天後衝

十二軸地後衝　十六隊雲

以天地前衝為虎翼天地後衝為飛龍風為蛇蟠雲為翔鳥

八陣贊

總贊

晉平虜護軍西平太守封奉高侯加授東羌校尉馬隆述

治兵以信求聖以奇信不可易戰無常規可握則握可

施則施千變萬化敵莫能知

匹陳讚

動則為奇靜則為陳陳者陳列戰則不盡分苦均勞佚輪輒定有兵前守後隊勿進

天陳讚

天陳十六內方外圓四面風衝其形象天為陳之主為兵之先潛用三軍其形不偏

地陳讚

地陳十二其形正方雲生四角衝軸相當其體莫測動
用無疆獨立不可配之於陽

風陳讚

風無正形附之於天變而為蛇其意漸元風能鼓動萬
物驚焉蛇能圍繞三軍懼焉

雲陳讚 自太公范蠡以來風雲無正形所以附天地下

雲附於地則知無形變為翔鳥其狀乃成鳥能突擊雲
能晦宴千變萬化金革之聲

飛龍

天地後衝龍變其中有手有足有背有胸潛則不測動
則無窮陳形亦然象名其龍

翔鳥

鷙鳥擊搏必先翱翔勢凌霄漢飛禽伏藏審而下之下
必有傷一夫突擊三軍莫當

蛇蟠

風為蛇蟠蛇吞天真勢欲圍繞性能屈伸四季之中與
虎為鄰後變常山首尾相因

虎翼

天地前衝變為虎翼伏虎將搏盛其威力淮陰用之變
化無極垓下之會魯公莫測

奇兵讚

古之奇兵在陳內今人奇兵在陳外兵體無形形
露必潰審而為之百戰不昧

合而為一離而為八

合而為一平川如城散而為八逐地之形混混沌沌如
環無窮紛紛紜紜莫知所終合則天居兩端地居其中
散則一陰一陽兩兩相衝勿為事先動而輒從

遊軍

遊軍之形乍動乍靜避實擊虛視羸撓盛結陳趨地斷
繞四徑後賢審之勢無常定

金革

金有五革有五退則聽金進則聽鼓鼓以增氣金以抑

怒握其機闘戰不失度

鞞鼓

紅塵戰涘白刃相臨勝負未決人懷懼心乍奔乍背或縱或擒行伍交錯整在鞞音

麾角

麾法有五光目條流角音有五初驚末收麾者指揮角者驚覺臨機變化慎勿交錯光目一作光自

兵體

上兵伐謀有下用師棄本逐末聖人不為利物禁纂隨時禁衰益不得已聖人用之英雄為將夕惕乾乾舊闕四字其形不偏樂與身後勞與身先小人偏勝君子兩全爭者逆德不有破軍必有亡國握機為陳動則為賊後賢審之勿以為惑夫樂殺人者不得志於天下聖人之言以戒來者一作天下

似孫曰風后握奇經三百八十四字其妙本乎奇正相生變化不測蓋潛乎伏義氏之畫所謂天地風雲龍鳥蛇虎則其為八卦之象明矣蓋注奇讀如奇耦之奇則尤可與易準諸儒多稱諸葛武侯八陣唐李衛公六花皆出乎此唐裴緒之論又以為六十四卦之變其出也無窮若此則所謂八陣者特八卦之統爾焦氏易學卦變至乎四千七十有六奇正相錯變化無窮是可以名數該之乎然觀太公武韜且言牧野之師有天陣有地陣此固出於握奇而又有人陣焉此又出於天地陣之外者非八陣六花所能盡也獨孤及作風后八陣圖記有曰黃帝順煞氣以作兵法文昌以命將風后握機制

勝作為陣圖故八其陣所以定位衡抗於外軸布於內風雲負其四維所以備物也虎張翼以進蛇向敵而蟠飛龍翔鳥上下其勢所以致用也至若疑兵以固其餘地遊軍以案其後列門具將發然後合戰弛張則二廣迭舉掎角則四奇皆出圖成鑄組帝用經略北逐獯鬻南平蚩尤遺風寔宴神機未昧項籍得之霸西楚黥布得之奄九江孝武得之攘匈奴唐天寶中客有得其遺

制於黃帝書之外篇裂素而圖之按魚復之圖全本於握機賾其妙窮其神者武侯而已獨孤及以為項縣武帝得之未之思歟

欽定四庫全書　　握奇經　　十

握奇經

欽定四庫全書

子部

六韜卷一至六

詳校官山東道御史臣溫常綬

臣紀昀覆勘

總校官舉人臣章維桓

校對官編修臣朱　紱

謄録監生臣王千里

欽定四庫全書　子部二

六韜　兵家類

提要

臣等謹案六韜六卷舊本題周呂望撰考莊子徐無鬼篇稱金板六弢經典釋文曰司馬彪崔譔云金板六弢皆周書篇名本又作六韜謂太公六韜文武虎豹龍犬也案今本以文武龍虎豹犬為次與陸德明所注不同未詳孰是姑附識於此

則戰國之初原有是名然即以為太公六韜未知所據漢書藝文志兵家不著錄惟儒家有周史六弢六篇班固自注曰惠襄之間或曰顯王時或曰孔子問焉則六弢別為一書顏師古注以今六韜當之毋亦因陸德明之說而牽合附會歟三國志先主傳注始稱閒暇歷觀諸子及六韜商君書益人志意隋志始載太公六韜五卷注曰梁六卷周文王師姜望撰唐宋諸志皆因之今考其文大抵詞意淺近不類古書中間如避正殿乃戰國以後之事將軍二字始見左傳商周間亦無此名案路史有虞舜時伯益為百蟲將軍之語益出小說雜書不可援以為據其依託之迹灼然可驗又史記律書稱武王伐紂吹律聽聲司馬貞索隱曰其事當有所出今則未詳而今本龍韜五音篇中乃具載其法則後人又有所竄亂非復唐時舊本矣故周氏涉筆謂其書

並緣吳起漁獵其詞而綴輯以近代軍政之浮談淺駁無可施用胡應麟筆叢亦謂其文伐陰書等篇為孫吳尉繚所不屑然晁公武讀書志稱元豐中以六韜孫子吳子司馬法黃石公三畧尉繚子李衛公問對頒行武學號曰七書則其來已久談兵之家恒相稱今故仍錄存之而備論其蹖駁如右乾隆四十九年閏三月恭校上

總纂官臣紀昀臣陸錫熊臣孫士毅

總校官臣陸費墀

欽定四庫全書

六韜卷一

周　呂望　撰

文韜

文師第一

文王將田史編布卜曰田於渭陽將大得焉非龍非彲非虎非羆兆得公侯天遺汝師以之佐昌施及三王文王曰兆致是乎史編曰編之太祖史疇為舜占得臯陶兆比於此文王乃齋三日乘田車駕田馬田於渭陽卒見太公坐茅以漁文王勞而問之曰子樂漁耶太公曰君子樂得其志小人樂得其事今吾漁甚有似也

文王曰何謂其有似也太公曰釣有三權祿等以權死等以權官等以權夫釣以求得也其情深可以觀大矣

文王曰願聞其情太公曰源深而水流水流而魚生之情也根深而木長木長而實生之情也君子情同而親合親合而事生之情也言語應對者情之飾也言至情

者事之極也今臣言至情不諱君其惡之乎文王曰惟仁人能受正諫不惡至情何為其然太公曰緡微餌明小魚食之緡綢餌香中魚食之緡隆餌豐大魚食之夫魚食其餌乃牽於緡人食其禄乃服于君故以餌取魚魚可殺以禄取人人可竭以家取國國可拔以國取天下天下可畢

嗚呼曼曼緜緜其聚必散嘿嘿昧昧其光必遠微哉聖人之德誘乎獨見樂哉聖人之慮各歸其次而立歛焉

文王曰立歛若何而天下歸之太公曰天下非一人之天下乃天下之天下也同天下之利者則得天下擅天下之利者則失天下天有時地有財能與人共之者仁也仁之所在天下歸之免人之死解人之難救人之患濟人之急者德也德之所在天下歸之與人同憂同樂同好同惡者義也義之所在天下赴之凡人惡死而樂生好德而歸利能生利者道也道之所在天下歸之文王再拜曰允哉敢不受天之詔命乎乃載與俱歸立為師

盈虛第二

文王問太公曰天下熙熙一盈一虛一治一亂所以然者何也其君賢不肖不等乎其天時變化自然乎太公曰君不肖則國危而民亂君賢聖則國安而民治禍福在君不在天時

文王曰古之賢聖可得聞乎太公曰昔者堯舜之王天下上世所謂賢君也文王曰其治如何

太公曰帝堯王天下之時金銀珠玉不飾錦繡文綺不衣奇怪珍異不視玩好之器不寶淫佚之樂不聽宮垣屋室不堊甍桷椽楹不斲茅茨徧庭不剪鹿裘禦寒布衣掩形糲粱之飯藜藿之羹不以役作之故害民耕織之時削心約志從事於無為

吏忠正奉法者尊其位廉潔愛人者厚其禄

民有孝慈者愛敬之盡力農桑者慰勉之旌別淑慝表其門閭

平心正節以法度禁邪偽
所憎者有功必賞所愛者有罪必罰
存養天下鰥寡孤獨賑贍禍亡之家其自奉也甚薄其
賦役也甚寡故萬民富樂而無饑寒之色
百姓戴其君如日月親其君如父母文王曰大哉賢德
之君也

國務第三

文王問太公曰願聞為國之大務欲使主尊人安為之

柰何太公曰愛民而已文王曰愛民柰何太公曰利而
勿害成而勿敗生而勿殺予而勿奪樂而勿苦喜而勿
怒文王曰敢請釋其故太公曰民不失務則利之農不
失時則成之不罰無罪則生之薄賦斂則與之儉宮室
臺榭則樂之吏清不苛擾則喜之民失其務則害之農
失其時則敗之無罪而罰則殺之重賦斂則奪之多營
宮室臺榭以疲民力則苦之吏濁苛擾則怒之故善為
國者馭民如父母之愛子如兄之愛弟見其饑寒則為
之憂見其勞苦則為之悲賞罰如加於身賦斂如取諸
已此愛民之道也

大禮第四

文王謂太公曰君臣之禮如何太公曰為上惟臨為下
惟沉臨而無遠沉而無隱為上惟周為下惟定周則天
也定則地也或天或地大禮乃成
文王曰主位如何太公曰安徐而靜柔節先定善與而
不爭虛心平志待物以正

文王曰主聽如何太公曰勿妄而許勿逆而拒許之則
失守拒之則閉塞高山仰止不可極也深淵度之不可
測也神明之德正靜其極
文王曰主明如何太公曰目貴明耳貴聰心貴智以天
下之目視則無不見也以天下之耳聽則無不聞也以
天下之心慮則無不知也輻輳並進則明不蔽矣

明傳第五

文王寢疾召太公望太子發在側曰嗚呼天將棄予周

之社稷將以屬汝今予欲師至道之言以明傳之子孫
太公曰王何所問文王曰先聖之言其所止其所起可得聞乎太公曰見善而怠時至而疑知非而處此三者道之所止也柔而靜恭而敬强而弱忍而剛此四者道之所起也故義勝欲則昌欲勝義則亡敬勝怠則吉怠勝敬則滅

六守第六

文王問太公曰君國主民者其所以失之者何也太公曰不謹所與也人君有六守三寶文王曰六守者何也

太公曰一曰仁二曰義三曰忠四曰信五曰勇六曰謀是謂六守文王曰謹擇六守者何太公曰富之而觀其無犯貴之而觀其無驕付之而觀其無轉使之而觀其無隱危之而觀其無恐事之而觀其無窮富之而不犯者仁也貴之而不驕者義也付之而不轉者忠也使之而不隱者信也危之而不恐者勇也事之而不窮者謀也人君無以三寶借人借人則君失其威文王曰敢問三寶太公曰大農大工大商謂之三寶農一其鄉則國足工一其鄉則器足商一其鄉則貨足三寶各安其處民乃不慮無亂其鄉無亂其族臣無富于君都無大于國六守長則君昌三寶全則國安

守土第七

文王問太公曰守土奈何太公曰無疏其親無怠其衆撫其左右御其四旁無借人國柄借人國柄則失其權無掘壑而附丘無舍本而治末日中必彗操刀必割執斧必伐日中不彗是謂失時操刀不割失利之期執斧

不伐賊人將來涓涓不塞將為江河熒熒不救炎炎奈何兩葉不去將用斧柯是故人君必從事於富不富無以為仁不施無以合親疏其親則害失其衆則敗無借人利器借人利器則為人所害而不終其世文王曰何謂仁義太公曰敬其衆合其親敬其衆則和合其親則喜是謂仁義之紀無使人奪汝威因其明順其常順者任之以德逆者絶之以力敬之勿疑天下和服

守國第八

文王問太公曰守國奈何太公曰齋將語君天地之經四時所生仁聖之道民機之情王齋七日北面再拜而問之太公曰天生四時地生萬物天下有民聖人牧之故春道生萬物榮夏道長萬物成秋道斂萬物盈冬道藏萬物靜盈則藏藏則復起莫知所終莫知所始聖人配之以為天地經紀

故天下治仁聖藏天下亂仁聖昌至道其然也

聖人之在天地間也其寶固大矣因其常而視之則民安夫民動而為機機動而得失爭矣故發之以其陰會之以其陽為之先倡而天下和之極反其常莫進而爭莫退而遜守國如此與天地同光

上賢第九

文王問太公曰王人者何上何下何取何去何禁何止

太公曰上賢下不肖取誠信去詐偽禁暴亂止奢侈故王人者有六賊七害

文王曰願聞其道太公曰夫六賊者一曰臣有大作宮室池榭遊觀倡樂者傷王之德

二曰民有不事農桑任氣游俠犯歷法禁不從吏教者傷王之化

三曰臣有結朋黨蔽賢智障主明者傷王之權

四曰士有抗志高節以為氣勢外交諸侯不重其主者傷王之威

五曰臣有輕爵位賤有司羞為上犯難者傷功臣之勞

六曰強宗侵奪陵武貧弱傷庶人之業

七害者一曰無智畧權謀而重賞尊爵之故強勇輕戰僥倖于外王者謹勿使為將

二曰有名無實出入異言掩善揚惡進退為巧王者謹勿與謀

三曰朴其身躬惡其衣食語無為以求名言無欲以求利此偽人也王者謹勿近

四曰奇其冠帶偉其衣服博聞辯辭虛論高議以為容

美窮居靜處而誹時俗此姦人也王者謹勿寵
五曰讒佞苟得以求官爵果敢輕死以貪祿秩不圖大
事貪利而動以高談虛論說於人主王者謹勿使
六曰為雕文刻鏤技巧華飾而傷農事王者必禁
七曰偽方異技巫蠱左道不祥之言幻惑良民王者必
止之
故民不盡力非吾民也士不誠言非吾士也臣不忠諫
非吾臣也吏不平潔愛人非吾吏也相不能富國強兵

調和陰陽以安萬乘之主正羣臣定名實明賞罰樂萬
民非吾相也
夫王者之道如龍首高居而遠望深視而審聽示其形
隱其情若天之高不可極也若淵之深不可測也故可
怒而不怒姦臣乃作可殺而不殺大賊乃發兵勢不行
敵國乃強文王曰善哉

舉賢第十

文王謂太公曰君務舉賢而不能獲其功世亂愈甚以
致危亡者何也太公曰舉賢而不用是有舉賢之名而
無用賢之實也文王曰其失安在太公曰其失在君好
用世俗之所譽而不得其賢也文王曰何如太公曰君
以世俗之所譽者為賢以世俗之所毀者為不肖則多
黨者進少黨者退若是則羣邪比周而蔽賢忠臣死於
無罪姦臣以虛譽取爵位是以世亂愈甚則國不免於
危亡文王曰舉賢奈何將相分職而各以官名舉人按
名督實選才考能令實當其名名當其實則得舉賢之
道也

賞罰第十一

文王問太公曰賞所以存勸罰所以存懲吾欲賞一以
勸百罰一以懲衆為之奈何太公曰凡用賞者貴信用
罰者貴必賞信罰必於耳目之所聞見則所不聞見者
莫不陰化矣夫誠暢于天地通于神明而況於人乎

兵道第十二

武王問太公曰兵道何如太公曰凡兵之道莫過乎一

一者能獨往獨來黃帝曰一者階于道幾于神用之在于機顯之在于勢成之在於君故聖王號兵為凶器不得已而用之

今商王知存而不知亡知樂而不知殃夫存者非存在于慮亡樂者非樂在于慮殃今王已慮其源豈憂其流乎武王曰兩軍相遇彼不可來此不可往各設固備未敢先發我欲襲之不得其利為之奈何太公曰外亂而內整示饑而實飽內精而外鈍一合一離一聚一散陰

其謀密其機高其壘伏其銳士寂若無聲敵不知我所備欲其西襲其東武王曰敵知我情通我謀為之奈何太公曰兵勝之術密察敵人之機而速乘其利復疾擊其不意

六韜卷一

欽定四庫全書

六韜卷二

周 呂望 撰

武韜

發啓第十三

文王在酆召太公曰嗚呼商王虐極罪殺不辜公尚助予憂民如何太公曰王其修德以下賢惠民以觀天道天道無殃不可先倡人道無災不可先謀必見天殃又

見人災乃可以謀必見其陽又見其陰乃知其心必見其外又見其內乃知其意必見其疏又見其親乃知其情

行其道道可致也從其門門可入也立其禮禮可成也爭其強強可勝也

全勝不鬬大兵無創與鬼神通微哉微哉

與人同病相救同情相成同惡相助同好相趨故無甲兵而勝無衝機而攻無溝塹而守

大智不智大謀不謀大勇不勇大利不利利天下者天下啓之害天下者天下閉之天下者非一人之天下乃天下之天下也取天下者若逐野獸而天下皆有分肉之心若同舟而濟濟則皆同其利敗則皆同其害然則皆有以啓之無有以閉之也

無取於民者取民者也無取民者民利之無取國者國利之無取天下者天下利之故道在不可見事在不可聞勝在不可知微哉微哉

鷙鳥將擊卑飛斂翼猛獸將搏弭耳俯伏聖人將動必有愚色

令彼有商衆口相惑紛紛渺渺好色無極此亡國之證也吾觀其野草菅勝穀吾觀其衆邪曲勝直吾觀其吏暴虐殘賊敗法亂刑上下不覺此亡國之時也

大明發而萬物皆照大義發而萬物皆利大兵發而萬物皆服大哉聖人之德獨聞獨見樂哉

文啓第十四

文王問太公曰聖人何守太公曰何憂何嗇萬物皆得何嗇何憂萬物皆遒政之所施莫知其化時之所在莫知其移聖人守此而萬物化何窮之有終而復始

優而游之展轉求之求而得之不可不藏既以藏之不可不行既以行之勿復明之夫天地不自明故能長生聖人不自明故能名彰

古之聖人聚人而為家聚家而為國聚國而為天下分封賢人以為萬國命之曰大紀陳其政教順其民俗羣

曲化直變于形容萬國不通各樂其所人愛其上命之曰大定嗚呼聖人務靜之賢人務正之愚人不能正故與人爭上勞則刑繁刑繁則民憂民憂則流亡上下不安其生累世不休命之曰大失

天下之人如流水障之則止啓之則行靜之則清嗚呼神哉聖人見其始則知其終文王曰靜之奈何太公曰天有常形民有常生與天下共其生而天下靜矣太上因之其次化之夫民化而從政是以天無為而成事民

無與而自富此聖人之德也文王曰公言乃協予懷夙夜念之不忘以用為常

文伐第十五

文王問太公曰文伐之法奈何太公曰凡文伐有十二節一曰因其所喜以順其志彼將生驕必有奸事苟能因之必能去之

二曰親其所愛以分其威一人兩心其中必衰廷無忠臣社稷必危

三曰陰賂左右得情甚深身内情外國將生害

四曰輔其淫樂以廣其志厚賂珠玉娛以美人卑辭委聽順命而合彼將不爭奸節乃定

五曰嚴其忠臣而薄其賂稽留其使勿聽其事亟為置代遺以誠事親而信之其君將復合之苟能嚴之國乃可謀

六曰收其内間其外才臣外相敵國内侵國鮮不亡

七曰欲錮其心必厚賂之收其左右忠愛陰示以利令之輕業而蓄積空虛

八曰賂以重寶因與之謀謀而利之利之必信是謂重親重親之積必為我用有國而外其地必敗

九曰尊之以名無難其身示以大勢從之必信致其大尊先為之榮微飾聖人國乃大偷

十曰下之必信以得其情承意應事如與同生既以得之乃微收之時及將至若天喪之

十一曰塞之以道人臣無不重貴與富惡危與咎陰示

大尊而微輸重寶收其豪傑内積甚厚而外為乏陰内智士使圖其計内勇士使高其氣富貴甚足而常有繁滋徒黨已具是謂塞之有國而塞安能有國

十二曰養其亂臣以迷之進美女淫聲以惑之遺良犬馬以勞之時與大勢以誘之上察而與天下圖之

十二節備乃成武事所謂上察天下察地徵已見乃伐之

順啓第十六

文王問太公曰何如而可以為天下太公曰大蓋天下

然後能容天下信蓋天下然後能約天下仁蓋天下然後能懷天下恩蓋天下然後能保天下權蓋天下然後能不失天下事而不疑則天運不能移時變不能遷此六者備然後可以為天下政故利天下者天下啓之害天下者天下閉之生天下者天下德之殺天下者天下賊之徹天下者天下通之窮天下者天下仇之安天下者天下恃之危天下者天下災之天下者非一人之天下惟有道者處之

三疑第十七

武王問太公曰予欲立功有三疑恐力不能攻強離親散衆為之奈何太公曰因之慎謀用財夫攻強必養之使強益之使張太強必折太張必缺攻強以強離親以親散衆以衆

凡謀之道周密為寳設之以事玩之以利爭心必起欲離其親因其所愛與其寵人與之所欲示之所利因以疏之無使得志彼貪利甚喜遺疑乃止

凡攻之道必先塞其明而後攻其強毀其大除民之害淫之以色啗之以利養之以味娛之以樂

既離其親必使遠民勿使知謀扶而納之莫覺其意然後可成

惠施于民必無愛財民如牛馬數餧食之從而愛之

心以啓智智以啓財財以啓衆衆以啓賢賢之有啓以王天下

六韜卷二

六韜卷三

龍韜　　周　呂望　撰

王翼第十八

武王問太公曰王者帥師必有股肱羽翼以成威神為之柰何太公曰凡舉兵帥師以將為命命在通達不守一術因能授職各取所長隨時變化以為紀綱故將有股肱羽翼七十二人以應天道備數如法審知命理殊能異技萬事畢矣

武王曰請問其目太公曰腹心一人主贊謀應卒揆天消變總覽計謀保全民命

謀士五人主圖安危慮未萌論行能明賞罰授官位決嫌疑定可否

天文三人主司星歷候風氣推時日考符驗校災異知天心去就之機

地利三人主軍行止形勢利害消息遠近險易水涸山阻不失地利

兵法九人主講論異同行事成敗簡練兵器刺舉非法

通糧四人主度飲食備蓄積通糧道致五穀令三軍不困乏

奮威四人主擇才力論兵革風馳電掣不知所由

伏旗鼓三人主伏旗鼓明耳目詭符印謬號令闇忽往來出入若神

股肱四人主任重持難修溝塹治壁壘以備守禦

通才二人主拾遺補過應對賓客論議談語消患解結

權士三人主行奇譎設殊異非人所識行無窮之變

耳目七人主往來聽言觀變覽四方之事軍中之情

爪牙五人主揚威武激勵三軍使冒難攻鋭無所疑慮

羽翼四人主揚名譽震遠方動四境以弱敵心

遊士八人主伺姦候變開闔人情觀敵之意以為間諜

術士二人主為譎詐依托鬼神以惑衆心

方士三人主百藥以治金瘡以痊萬病
法筭二人主會計三軍營壘糧食財用出入

論將第十九

武王問太公曰論將之道奈何太公曰將有五材十過
武王曰敢問其目太公曰所謂五材者勇智仁信忠也
勇則不可犯智則不可亂仁則愛人信則不欺忠則無
二心
所謂十過者有勇而輕死者有急而心速者有貪而好

利者有仁而不忍人者有智而心怯者有信而喜信人
者有廉潔而不愛人者有智而心緩者有剛毅而自用
者有懦而喜任人者
勇而輕死者可暴也急而心速者可久也貪而好利者
可貴也仁而不忍人者可勞也智而心怯者可窘也信
而喜信人者可誑也廉潔而不愛人者可侮也智而心
緩者可襲也剛毅而自用者可事也懦而喜任人者可
欺也

故兵者國之大事存亡之道命在于將將者國之輔先
王之所重也故置將不可不察也故曰將不兩勝亦不
兩敗兵出踰境不出十日不有亡國必有破軍殺將武
王曰善哉

選將第二十

武王問太公曰王者舉兵簡練英雄知士之高下為之
奈何太公曰夫士外貌不與衆情相應者十五
有賢而不肖者有溫良而為盜者有貌恭敬而心慢者
有外謙謹而內無恭敬者有精精而無情者有湛湛而

無誠者有好謀而決者有如果敢而不能者有悾悾而
不信者有怳怳惚惚而反忠實者有詭激而有功效者
有外勇而內怯者有肅肅而反易人者有嗃嗃而反靜
慤者有勢虛形劣而出外無所不至無使不遂者
天下所賤聖人所貴凡人不知非有大明不見其際此
士之外貌不與中情相應者也
武王曰何以知之太公曰知之有八徵一曰問之以言

以觀其詳二曰窮之以辭以觀其變三曰與之閒諜以觀其誠四曰明白顯問以觀其德五曰使之以財以觀其廉六曰試之以色以觀其貞七曰告之以難以觀其勇八曰醉之以酒以觀其態八徵皆備則賢不肖別矣

立將第二十一

武王問太公曰立將之道柰何太公曰凡國有難君避正殿召將而詔之曰社稷安危一在將軍今某國不臣願將軍帥師應之也將既受命乃命太史卜齋三日之

太廟鑽靈龜卜吉日以授斧鉞

君入廟門西面而立將入廟門北面而立君親操鉞持首授將其柄曰從此上至天者將軍制之復操斧持柄授將其刃曰從此下至淵者將軍制之見其虛則進見其實則止

勿以三軍為衆而輕敵勿以受命為重而必死勿以身貴而賤人勿以獨見而違衆勿以辯說為必然也士未坐勿坐士未食勿食寒暑必同如此士衆必盡死力

將已受命拜而報君曰臣聞國不可從外治軍不可從中御二心不可以事君疑志不可以應敵臣既受命專斧鉞之威臣不敢生還願君亦垂一言之命於臣君不許臣臣不敢將君許之乃辭而行

軍中之事不聞君命皆由將出臨敵決戰無有二心若此則無天於上無地於下無敵於前無君於後

是故智者為之謀勇者為之鬬氣厲青雲疾若馳騖兵不接刃而敵降服戰勝於外功立於内吏遷上賞百姓

歡悅將無咎殃是故風雨時節五穀豐登社稷安寧武王曰善哉

將威第二十二

武王問太公曰將何以為威何以為明何以為禁止而令行太公曰將以誅大為威以賞小為明以罰審為禁止而令行故殺一人而三軍震者殺之賞一人而萬人悅者賞之殺貴大賞貴小殺其當路貴重之人是刑上極也賞及牛豎馬洗廄養之徒是賞下通也刑上極賞

下通是將威之所行也

厲軍第二十三

武王問太公曰吾欲三軍之衆攻城爭先登野戰爭先赴聞金聲而怒聞鼓聲而喜為之奈何太公曰將有三勝

武王曰敢問其目太公曰將冬不服裘夏不操扇雨不張蓋名曰禮將將不身服禮無以知士卒之寒暑出隘塞犯泥塗將必先下步名曰力將將不身服力無

以知士卒之勞苦軍皆定次將乃就舍炊者皆熟將乃就食軍不舉火將亦不舉名曰止欲將將不身服止欲無以知士卒之饑飽

將與士卒共寒暑勞苦饑飽故三軍之衆聞鼓聲則喜聞金聲則怒高城深池矢石繁下士爭先登白刃始合士爭先赴士非好死而樂傷也為其將知寒暑饑飽之審而見勞苦之明也

陰符第二十四

武王問太公曰引兵深入諸侯之地三軍卒有緩急或利或害吾將以近通遠從中應外以給三軍之用為之奈何太公曰主與將有陰符凡八等有大勝克敵之符長一尺破軍殺將之符長九寸降城得邑之符長八寸卻敵報遠之符長七寸誓衆堅守之符長六寸請糧益兵之符長五寸敗軍亡將之符長四寸失利亡士之符長三寸諸奉使行符稽留者若符事泄聞者告者皆誅之八符者主將秘聞所以陰通言語不泄中外相知之

術敵雖聖智莫之能識武王曰善哉

陰書第二十五

武王問太公曰引兵深入諸侯之地主將欲合兵行無窮之變圖不測之利其事繁多符不能明相去遼遠言語不通為之奈何太公曰諸有陰事大慮當用書不用符主以書遺將將以書問主書皆一合而再離三發而一知再離者分書為三部三發而一知者言三人人操

一分相參而不使知情也此謂陰書敵雖聖智莫之能識武王曰善哉

軍勢第二十六

武王問太公曰攻伐之道柰何太公曰勢因於敵家之動變生于兩陣之間奇正發于無窮之源故至事不語用兵不言且事之至者其言不足聽也兵之用者其狀不定見也倏而往倏而來能獨專而不制者兵也聞則議見則圖知則困辨則危

故善戰者不待張軍善除患者理于未生勝敵者勝於無形上戰無與戰故爭勝於白刃之前者非良將也設備於已失之後者非上聖也智與衆同非國師也技與衆同非國工也事莫大于必克用莫大於元默動莫大於不意謀莫大於不識夫先勝者先見弱於敵而後戰者也故士半而功倍焉

聖人徵于天地之動孰知其紀循陰陽之道而從其候當天地盈縮因以爲常物有死生因天地之形

故曰未見形而戰雖衆必敗善戰者居之不撓見勝則起不勝則止故曰無恐懼無猶豫用兵之害猶豫爲大三軍之災莫過狐疑

善戰者見利不失遇時不疑失利後時反受其殃故智者從之而不失巧者一決而不猶豫是以疾雷不及掩耳迅電不及瞑目赴之若驚用之若狂當之者破近之者亡孰能禦之

夫將有所不言而守者神也有所不見而視者明也故

知神明之道者野無橫敵對無立國武王曰善哉

奇兵第二十七

武王問太公曰凡用兵之法大要何如太公曰古之善戰者非能戰於天上非能戰于地下其成與敗皆由神勢得之者昌失之者亡

夫兩陣之間出甲陳兵縱卒亂行者所以爲變也深草蓊蘙者所以遁逃也谿谷險阻者所以止車禦騎也隘塞山林者所以少擊衆也

坳澤窈冥者所以匿其形也清明無隱者所以戰勇力也疾如流矢擊如發機者所以破精微也詭伏設奇遠張誑誘者所以破軍擒將也四分五裂者所以擊圓破方也因其驚駭者所以一擊十也因其勞倦暮舍者所以十擊百也奇技者所以越深水渡江河也強弩長兵者所以踰水戰也長關遠堠暴疾謬遁者所以降城服邑也鼓行讙囂者所以行奇謀也大風甚雨者所以搏前擒後也偽稱敵使者所以絕糧道也謬號令與敵同服者所以備走北也戰必以義者所以勵衆勝敵也尊爵重賞者所以勸用命也嚴刑重罰者所以進罷怠也一喜一怒一予一奪一文一武一徐一疾者所以調和三軍制一臣下也處高敞者所以警守也保險阻者所以為固也山林茂穢者所以默往來也深溝高壘積糧多者所以持久也故曰不知戰攻之策不可以語敵不能分移不可以語奇不通治亂不可以語變

故曰將不仁則三軍不親將不勇則三軍不銳將不智則三軍大疑將不明則三軍大傾將不精微則三軍失其機將不常戒則三軍失其備將不強力則三軍失其職

故將者人之司命三軍與之俱治與之俱亂得賢將者兵強國昌不得賢將者兵弱國亡武王曰善哉

五音第二十八

武王問太公曰律音之聲可以知三軍之消息勝負之決乎太公曰深哉王之問也夫律管十二其要有五音宮商角徵羽此真正聲也萬代不易五行之神道之常也金木水火土各以其勝攻也

古者三皇之世虛無之情以制剛強無有文字皆由五行五行之道天地自然六甲之分微妙之神其法以天清淨無陰雲風雨夜半遣輕騎往至敵人之壘去九百步外徧持律管當耳大呼驚之有聲應管其來甚微角

聲應管當以白虎徵聲應管當以元武商聲應管當以朱雀羽聲應管當以勾陳五管聲盡不應者宮也當以青龍此五行之符佐勝之徵成敗之機武王曰善哉

太公曰微妙之音皆有外候武王曰何以知之太公曰敵人驚動則聽之聞枹鼓之音者角也見火光者徵也聞金鐵矛戟之音者商也聞人嘯呼之音者羽也寂寞無聞者宮也此五音者聲色之符也

兵徵第二十九

武王問太公曰吾欲未戰先知敵人之強弱豫見勝負之徵為之柰何

太公曰勝負之徵精神先見明將察之其效在人謹候敵人出入進退察其動靜言語妖祥士卒所告

凡三軍悅懌士卒畏法敬其將命相喜以破敵相陳以勇猛相賢以威武此強徵也

三軍數驚士卒不齊相恐以強敵相語以不利耳目相屬妖言不止衆口相惑不畏法令不重其將此弱徵也

三軍齊整陣勢以固深溝高壘又有大風甚雨之利三軍無故旌旗前指金鐸之聲揚以清鼙鼓之聲宛以鳴此得神明之助大勝之徵也

行陣不固旌旗亂而相遶逆大風甚雨之利士卒恐懼氣絕而不屬戎馬驚奔兵車折軸金鐸之聲下以濁鼙鼓之聲濕以沐此大敗之徵也

凡攻城圍邑城之氣色如死灰皆可屠城之氣出而北城可克城之氣出而西城可降城之氣出而南城不可

拔城之氣出而東城不可攻城之氣出而復入城主逃北城之氣出而覆我軍之上軍必病城之氣出高而無所止用兵長久

凡攻城圍邑過旬不雷不雨必亟去之城必有大輔此所以知可攻而攻不可攻而止武王曰善哉

農器第三十

武王問太公曰天下安定國家無事戰攻之具可無修乎守禦之備可無設乎

太公曰戰攻守禦之具盡在於人事耒耜者其行馬蒺藜也馬牛車輿者其營壘蔽櫓也鋤耰之具其矛戟也蓑篩簦笠其甲冑干櫓也钁鍤斧鋸杵臼其攻城器也牛馬所以轉輸糧也雞犬其伺候也婦人織紝其旌旗也丈夫平壤其攻城也

春鏺草棘其戰車騎也夏耨田疇其戰步兵也秋刈禾薪其糧食儲備也冬實倉廩其堅守也

田里相伍其約束符信也里有吏官有長其將帥也里有周垣不得相過其隊分也輸粟取芻其廩庫也春秋治城郭修溝渠其塹壘也故用兵之具盡于人事也善為國者取於人事故必使遂其六畜闢其田野究其處所丈夫治田有畝數婦人織紝有尺度是富國强兵之道也武王曰善哉

六韜卷三

欽定四庫全書

六韜卷四

周　呂望　撰

虎韜

軍用第三十一

武王問太公曰王者舉兵三軍器用攻守之具科品衆寡豈有法乎太公曰大哉王之問也夫攻守之具各有科品此兵之大威也武王曰願聞之太公曰凡用兵之

大數將甲士萬人法用武衛大扶胥三十六乘材士强弩矛戟為翼一車二十四人推之以八尺車輪車上立旗鼓兵法謂之震駭陷堅陣敗强敵

武翼大櫓矛戟扶胥七十二具材士强弩矛戟為翼以五尺車輪絞車連弩自副陷堅陣敗强敵

提翼小櫓扶胥一百四十六具絞車連弩自副以鹿車輪陷堅陣敗强敵

大黄參連弩大扶胥三十六乘材士强弩矛戟為翼飛

皛電影自副飛皛赤莖白羽以銅為首電影青莖赤羽
以鐵為首晝則以絳縞長六尺廣六寸為光耀夜則以
白縞長六尺廣六寸為流星陷堅陣敗步騎
大扶胥衝車三十六乘螳螂武士共載可以擊縱橫敗
强敵
輜車騎寇一名電光兵法謂之電擊陷堅陣敗步騎
寇夜來前矛戟扶胥輕車一百六十乘螳螂武士三人
共載兵法謂之霆擊陷堅陣敗步騎

方首鐵棓維肦重十二斤柄長五尺以上千二百枚一
名天棓大柯斧刃長八寸重八斤柄長五尺以上千二
百枚一名天鉞方首鐵槌重八斤柄長五尺以上千二
百枚一名天槌敗步騎羣寇
飛鉤長八寸鉤芒長四寸柄長六尺以上千二百枚以
投其衆
三軍拒守木螳螂劍刃扶胥廣二丈百二十具一名行
馬平易地以步兵敗車騎

木蒺藜去地二丈五尺百二十具敗步騎要窮寇遮走北
軸旋短衝矛戟扶胥百二十具黃帝所以敗蚩尤氏敗
步騎要窮寇遮走北
狹路微徑張鐵蒺藜芒高四寸廣八寸長六尺以上千
二百具敗走騎
突瞑來前促戰白刃接張地羅鋪兩鏃蒺藜參連織女
芒間相去二尺萬二千具曠林草中方胸鋋矛千二百
具張鋋矛法高一尺五寸敗步騎要窮寇遮走北

狹路微徑地陷鐵械鎖參連百二十具敗步騎要窮寇
遮走北
壘門拒守矛戟小櫓十二具絞車連弩自副
三軍拒守天羅虎落鎖連一部廣一丈五尺高八尺百
二十具虎落劍刃扶胥廣一丈五尺五百一十具
渡溝塹飛橋一間廣一丈五尺長二丈以上著轉關轆
轤八具以環利通索張之
渡大水飛江廣一丈五尺長二丈以上八具以環利通

索張之天浮鐵螳螂短内圓外徑四寸以上環絡自副三十二具以天浮張飛江濟大海謂之天橫一名天船

山林野居結虎落柴營環利鐵鎖長二丈以上千二百具環利大通索大四寸長四丈以上六百枚環利中通索大二寸長四丈以上二百枚環利小徽縲長二丈以上萬二千枚

天雨蓋重車上板結枲鉏鋙廣四尺長四丈以上車一具以鐵杙張之

伐木天斧重八斤柄長三尺以上三百枚棨钁刃廣六寸柄長五尺以上三百枚銅築固為垂長五尺以上三百枚鷹爪方胸鐵杷柄長七尺以上三百枚方胸鐵叉柄長七尺以上三百枚方胸兩枝鐵叉柄長七尺以上三百枚

芟草木大鎌柄長七尺以上三百枚大櫓刃重八斤柄長六尺三百枚委環鐵杙長三尺以上三百枚椓杙大槌重五斤柄長二尺以上百二十具

甲士萬人强弩六千戟櫓二千矛楯二千修治攻具砥礪兵器巧手三百人此舉用兵之大數也武王曰允哉

三陣第三十二

武王問太公曰凡用兵為天陣地陣人陣奈何太公曰日月星辰斗柄一左一右一向一背此為天陣丘陵水泉亦有前後左右之利此為地陣用車用馬用文用武此為人陣武王曰善哉

疾戰第三十三

武王問太公曰敵人圍我斷我前後絶我糧道為之奈何太公曰此天下之困兵也暴用之則勝徐用之則敗如此者為四武衝陣以武車驍騎驚亂其軍而疾擊之可以橫行

武王曰若已出圍地欲因以為勝為之奈何太公曰左軍疾左右軍疾右無與敵人爭道中軍迭前迭後敵人雖衆其將可走

必出第三十四

武王問太公曰引兵深入諸侯之地敵人四合而圍我
斷我歸道絶我糧食敵人既衆糧食甚多險阻又固我
欲必出為之奈何太公曰必出之道器械為寳勇鬬為
首審知敵人空虚之地無人之處可以必出將士
持元旗操器械設銜枚夜出勇力飛走冒將之士居前
平壘為軍開道材士强弩為伏兵居後弱卒車騎居中
陳必徐行慎無驚駭以武衝扶胥前後拒守武翼大櫓
以蔽左右敵人若驚勇力冒將之士疾擊而前弱卒車

騎以屬其後材士强弩隱伏而處審候敵人追我伏兵
疾擊其後多其火鼓若從地出若從天下三軍勇鬬莫
我能禦
武王曰前有大水廣塹深坑我欲踰渡無舟楫之備敵
人屯壘限我軍前塞我歸道斥堠常戒險塞盡守車騎
要我前勇士擊我後為之奈何太公曰大水廣塹深坑
敵人所不守或能守之其卒必寡若此者以飛江轉關
與天潢以濟吾軍勇力材士從我所指衝敵絶陣皆致
其死先燔吾輜重燒吾糧食明告吏士勇鬬則生不勇
則死已出令我踵軍設雲火遠候必依草木丘墓險阻
敵人車騎必不敢遠追長驅因以火為記先出者令至
火而止為四武衝陣如此則吾三軍皆精鋭勇鬬莫我
能止武王曰善哉

軍畧第三十五

武王問太公曰引兵深入諸侯之地遇深溪大谷險阻
之水吾三軍未得畢濟而天暴雨流水大至後不得屬

于前無舟梁之備又無水草之資吾欲畢濟使三軍不
稽留為之奈何太公曰凡帥師將衆慮不先設器械不
備教不精良士卒不習若此不可以為王者之兵也凡
三軍有大事莫不習用器械若攻城圍邑則有轒轀臨
衝視城中則有雲梯飛樓三軍行止則有武衝大櫓前
後拒守絶道遮街則有材士强弩衛其兩旁設營壘則
有天羅武落行馬蒺藜晝則登雲梯遠望立五色旌旗
夜則設雲火萬炬擊雷鼓振鼙鐸吹鳴笳越溝塹則有

飛橋轉關轆轤鉏鋙濟大水則有天潢飛江逆波上流則有浮海絶江三軍用備主將何憂

臨境第三十六

武王問太公曰吾與敵人臨境相拒彼可以來我可以往陣皆堅固莫敢先舉我欲往而襲之彼亦可以來為之柰何太公曰分兵三處令我前軍深溝增壘而無出列旌旗擊鼙鼓完為守備令我後軍多積糧食無使敵人知我意發我鋭士潛襲其中擊其不意攻其無備敵人

不知我情則知我來矣

武王曰敵人知我之情通我之機動則得我事其鋭士伏於深草要我隘路擊我便處為之柰何太公曰令我前軍日出挑戰以勞其意令我老弱曳柴揚塵鼓呼而往來或出其左或出其右去敵無過百步其將必勞其卒必駭如此則敵人不敢來吾往者不止或襲其内或擊其外三軍疾戰敵人必敗

動靜第三十七

武王問太公曰引兵深入諸侯之地與敵之軍相當兩陣相望衆寡强弱相等未敢先舉吾欲令敵人將帥恐懼士卒心傷行陣不固後陣欲走前陣數顧鼓譟而乘之敵人遂走為之柰何太公曰如此者發我兵去寇十里而伏其兩旁車騎百里而越其前後多其旌旗益其金鼓戰合鼓譟而俱起敵將必恐其軍驚駭衆寡不相救貴賤不相待敵人必敗

武王曰敵之地勢不可以伏其兩旁車騎又無以越其

前後敵知我慮先施其備吾士卒心傷將帥恐懼戰則不勝為之柰何太公曰誠哉王之問也如此者先戰五日發我遠候往視其動靜審候其來設伏而待之必於死地與敵相避遠我旌旗疎我行陣必奔其前與敵相當戰合而走擊金而止三里而還伏兵乃起或陷其兩旁或擊其前後三軍疾戰敵人必走武王曰善哉

金鼓第三十八

武王問太公曰引兵深入諸侯之地與敵相當而天大

寒甚暑日夜霖雨旬日不止溝壘悉壞隘塞不守斥堠懈怠士卒不戒敵人夜來三軍無備上下惑亂為之柰何太公曰凡三軍以戒為固以怠為敗令我壘上誰何不絶人執旌旗外內相望以號相命勿令乏音而皆外向三千人為一屯誡而約之各慎其處敵人若來視我軍之警戒至而必還力盡氣怠發我鋭士隨而擊之

武王曰敵人知我隨之而伏其鋭士佯北不止遇伏而還或擊我前或擊我後或薄我壘吾三軍大恐擾亂失次

離其處所為之柰何太公曰分為三隊隨而追之勿越其伏三軍俱至或擊其前後或陷其兩旁明號審令疾擊而前敵人必敗

絶道第三十九

武王問太公曰引兵深入諸侯之地與敵相守敵人絶我糧道又越我前後吾欲戰則不可勝欲守則不可久為之柰何太公曰凡深入敵人之境必察地之形勢務求便利依山林險阻水泉林木而為之固謹守關梁又知城邑丘墓地形之利如是則我軍堅固敵人不能絶我糧道又不能越我前後

武王曰吾三軍過大林廣澤平易之地吾候望誤失卒與敵人相薄以戰則不勝以守則不固敵人翼我兩旁越我前後三軍大恐為之柰何太公曰凡帥師之法當先發遠候去敵二十里審知敵人之所在地勢不便則以武衛為壘而前又置兩踵軍於後遠者百里近者五十里即有警急前後相知吾三軍常完堅必無毀傷武

王曰善哉

略地第四十

武王問太公曰戰勝深入略其地有大城不可下其別軍守險與我相拒我欲攻城圍邑恐其別軍卒至而薄我中外相合擊我表裏三軍大亂上下恐駭為之柰何太公曰凡攻城圍邑車騎必遠屯衛警戒阻其內外中人絶糧外不得輸城人恐怖其將必降

武王曰中人絶糧外不得輸陰為約誓相與密謀夜出

窮寇死戰其車騎銳士或衝我内或擊我外士卒迷惑三軍敗亂爲之柰何太公曰如此者當分爲三軍謹視地形而處審知敵人别軍所在及其大城别堡爲之置遺缺之道以利其心謹備勿失敵人恐懼不入山林即歸大邑走其别軍車騎遠要其前勿令遺脫中人以爲先出者得其徑道其練卒材士必出其老弱獨在車騎深入長驅敵人之軍必莫敢出慎勿與戰絶其糧道圍而守之必久其日無燔人積聚無毁人宫室冢樹社叢

勿伐降者勿殺得軍勿戮示之以仁義施之以厚德令其士民曰罪在一人如此則天下和服武王曰善哉

火戰第四十一

武王問太公曰引兵深入諸侯之地遇深草蓊穢周吾軍前後左右三軍行數百里人馬疲倦休止敵人因天燥疾風之利燔吾上風車騎銳士堅伏吾後三軍恐怖散亂而走爲之柰何太公曰若此者則以雲梯飛樓遠望左右謹察前後見火起即燔吾前而廣延之又燔吾後敵人苟至即引軍而卻按黑地而堅處敵人之來猶在吾後見火起必遠走吾按黑地而處强弩材士衛吾左右又燔吾前後若此則敵人不能害我

武王曰敵人燔吾左右又燔吾前後煙覆吾軍其大兵按黑地而起爲之柰何太公曰若此者爲四武衝陣强弩翼吾左右其法無勝亦無負

壘虛第四十二

武王問太公曰何以知敵壘之虛實自來自去太公曰

將必上知天道下知地理中知人事登高下望以觀敵之變動望其壘則知其虛實望其士卒則知其來去武王曰何以知之太公曰聽其鼓無音鐸無聲望其壘上多飛鳥而不驚上無氛氣必知敵詐而爲偶人也敵人卒去不遠未定而復反者彼用其士卒太疾也太疾則前後不相次其行陣必亂如此者急出兵擊之以少擊衆則必敗矣

六韜卷四

六韜卷五

周 呂望 撰

豹韜

林戰第四十三

武王問太公曰引兵深入諸侯之地遇大林與敵人分林相拒吾欲以守則固以戰則勝為之奈何太公曰使吾三軍分為衝陣便兵所處弓弩為表戟楯為裏斬除

草木極廣吾道以便戰所高置旌旗謹勑三軍無使敵人知吾之情是謂林戰林戰之法率吾矛戟相與為伍林間木疎以騎為輔戰車居前見便則戰不見便則止林多險阻必置衝陣以備前後三軍疾戰敵人雖衆其將可走更戰更息各按其部是謂林戰之紀

突戰第四十四

武王問太公曰敵人深入長驅侵掠我地驅我牛馬其三軍大至薄我城下吾士卒大恐人民繫累為敵所擄吾欲以守則固以戰則勝為之奈何太公曰如此者謂之突兵其牛馬必不得食士卒絶糧暴擊而前令我遠邑別軍選其鋭士疾擊其後審其期日必會於晦三軍疾戰敵人雖衆其將可擄

武王曰敵人分為三四或戰而侵掠我地或止而收我牛馬其大軍未盡至而使寇薄我城下致吾三軍恐懼為之奈何太公曰謹候敵人未盡至則設備以待之去城四里而為壘金鼓旌旗皆列而張別隊為伏兵令我

壘上多積強弩百步一突門門有行馬車騎居外勇力鋭士隱伏而處敵人若至使我輕卒合戰而佯走令我城上立旌旗擊鼙鼓完為守備敵人以我為守城必薄我城下發吾伏兵以衝其內或擊其外三軍疾戰或擊其前或擊其後勇者不得鬭輕者不及走名曰突戰敵人雖衆其將必走武王曰善哉

敵強第四十五

武王問太公曰引兵深入諸侯之地與敵人衝軍相當

敵衆我寡敵强我弱敵人夜來或攻吾左或攻吾右三軍震動吾欲以戰則勝以守則固為之柰何太公曰如此者謂之震寇利以出戰不可以守選吾材士强弩車騎為左右疾擊其前急攻其後或擊其表或擊其裏其卒必亂其將必駭

武王曰敵人逺遮我前急攻我後斷我鋭兵絶我材士吾内外不得相聞三軍擾亂皆敗而走士卒無鬭志將吏無守心為之柰何太公曰明哉王之問也當明號審

令出我勇鋭冒將之士人操炬火二人同鼓必知敵人所在或擊其表裏微號相知令之滅火鼓音皆止中外相應期約相當三軍疾戰敵必敗亡武王曰善哉

敵武第四十六

武王問太公曰引兵深入諸侯之地卒遇敵人甚衆且武武車驍騎繞我左右吾三軍皆震走不可止為之柰何太公曰如此者謂之敗兵善者以勝不善者以亡武王曰為之柰何太公曰伏我將士强弩武車驍騎為之左右常去前後三里敵人逐我發我車騎衝其左右如此則敵人擾亂吾走者自止

武王曰敵人與我車騎相當敵衆我少敵强我弱其來整治精鋭吾陣不敢當為之柰何太公曰選我材士强弩伏于左右車騎堅陣而處敵人過我伏兵積弩射其左右車騎鋭兵疾擊其軍或擊其前或擊其後敵人雖衆其將必走武王曰善哉

烏雲山兵第四十七

武王問太公曰引兵深入諸侯之地遇高山盤石其上亭亭無有草木四面受敵吾三軍恐懼士卒迷惑吾欲以守則固以戰則勝為之柰何太公曰凡三軍處山之高則為敵所棲處山之下則為敵所囚既以被山而處必為烏雲之陣烏雲之陣陰陽皆備或屯其陰或屯其陽處山之陽備山之陰處山之陰備山之陽處山之左備山之右處山之右備山之左敵所能陵者兵備其表衢道通谷絶以武車高置旌旗謹勅三軍無使敵人知

吾之情是謂山城行列已定士卒已陣法令已行奇正已設各置衝陣於山之表便兵所處乃分車騎為烏雲之陣三軍疾戰敵人雖衆其將可擒

烏雲澤兵第四十八

武王問大公曰引兵深入諸侯之地與敵人臨水相拒敵富而衆我貧而寡踰水擊之則不能前欲久其日則糧食少吾居斥鹵之地四旁無邑又無草木三軍無所掠取牛馬無所芻牧為之柰何太公曰三軍無備牛馬

無食士卒無糧如此者索便詐敵而亟去之設伏兵於後

武王曰敵不可得而詐吾士卒迷惑敵人越我前後吾三軍敗而走為之柰何太公曰求途之道金玉為主必因敵使精微為寶

武王曰敵人知我伏兵大軍不肯濟別將分隊以踰于水吾三軍大恐為之柰何太公曰如此者分為衝陣便兵所處須其畢出發其伏兵疾擊其後彊弩兩旁射其左右車騎分為烏雲之陣備其前後三軍疾戰敵人見我戰合其大軍必濟水而來發我伏兵疾擊其後車騎衝其左右敵人雖衆其將可走凡用兵之大要當敵臨戰必置衝陣便兵所處然後以車騎分為烏雲之陣此用兵之奇也所謂烏雲者烏散而雲合變化無窮者也

武王曰善哉

少衆第四十九

武王問太公曰吾欲以少擊衆以弱擊彊為之柰何太

公曰以少擊衆者必以日之暮伏於深草要之隘路以弱擊彊者必得大國之與鄰國之助武王曰我無深草又無隘路敵人已至不適日暮我無大國之與又無鄰國之助為之柰何太公曰妄張詐誘以熒惑其將迂其途令過深草遠其路令會日暮前行未渡水後行未及舍發我伏兵疾擊其左右車騎擾亂其前後敵人雖衆其將可走事大國之君下鄰國之士厚其幣卑其辭如此則得大國之與鄰國之助矣武王曰善哉

分險第五十

武王問太公曰引兵深入諸侯之地與敵人相遇於險阨之中吾左山而右水敵右山而左水與我分險相拒吾欲以守則固以戰則勝為之柰何太公曰處山之左急備山之右處山之右急備山之左險有大水無舟楫者以天潢濟吾三軍已濟者亟廣吾道以便戰所以武衝為前後列其强弩令行陣皆固衝道谷口以武衝絶之高置旌旗是謂軍城凡險戰之法以武衝為前大櫓

為衛材士强弩翼吾左右三千人為一屯必置衝陣便兵所處左軍以左右軍以右中軍以中並攻而前已戰者還歸屯所更戰更息必勝乃已武王曰善哉

六韜卷五

欽定四庫全書

六韜卷六

周　呂望　撰

犬韜

分合第五十一

武王問太公曰王者帥師三軍分為數處將欲期會合戰約誓賞罰為之柰何太公曰凡用兵之法三軍之衆必有分合之變其大將先定戰地戰日然後移檄書與

諸將吏期攻城圍邑各會其所明告戰日漏刻有時大將設營而陣立表轅門清道而待諸將吏至者校其先後先期至者賞後期至者斬如此則遠近奔集三軍俱至并力合戰

武鋒第五十二

武王問太公曰凡用兵之要必有武車驍騎馳陣選鋒見可則擊之如何而可擊太公曰夫欲擊者當審察敵人十四變變見則擊之敵人必敗武王曰十四變可得

聞乎太公曰敵人新集可擊人馬未食可擊天時不順可擊地形未得可擊奔走可擊不戒可擊疲勞可擊將離士卒可擊涉長路可擊濟水可擊不暇可擊阻難狹路可擊亂行可擊心怖可擊

練士第五十三

武王問太公曰練士之道奈何太公曰軍中有大勇力敢死樂傷者聚為一卒名曰冒刃之士有銳氣壯勇強暴者聚為一卒名曰陷陣之士有奇表長劍接武齊列者聚為一卒名曰勇銳之士有披距伸鉤強梁多力潰破金鼓絶滅旌旗者聚為一卒名曰勇力之士有踰高絶遠輕足善走者聚為一卒名曰寇兵之士有王臣失勢欲復見功者聚為一卒名曰死鬬之士有死將之人子弟欲為其將報仇者聚為一卒名曰死憤之士有貧窮忿怒欲快其志者聚為一卒名曰必死之士有贅壻人虜欲掩迹揚名者聚為一卒名曰勵鈍之士有胥靡免罪之人欲逃其耻者聚為一卒名曰幸用之士有材技兼人能負重致遠者聚為一卒名曰待命之士此軍之練士不可不察也

教戰第五十四

武王問太公曰合三軍之衆欲令士卒服習教戰之道奈何太公曰凡領三軍必有金鼓之節所以整齊士衆者也將必先明告吏士申之以三令以教操兵起居旌旗指麾之變法故教吏士使一人學戰教成合之十人十人學戰教成合之百人百人學戰教成合之千人千人學戰教成合之萬人萬人學戰教成合之三軍之衆大戰之法教成合之百萬之衆故能成大兵立威於天下武王曰善哉

均兵第五十五

武王問太公曰以車與步卒戰一車當幾步卒幾步卒當一車以騎與步卒戰一騎當幾步卒幾步卒當一騎以車與騎戰一車當幾騎幾騎當一車太公曰車者軍之羽翼也所以陷堅陣要強敵遮走北也騎者軍之伺

候也所以踵敗軍絶糧道擊便寇也故車騎不敵戰則一騎不能當步卒一人三軍之衆成陣而相當則易戰之法一車當步卒八十人八十人當一車一騎當步卒八人八人當一騎一車當十騎十騎當一車險戰之法一車當步卒四十人四十人當一車一騎當步卒四人四人當一騎一車當六騎六騎當一車夫車騎者軍之武兵也十乘敗千人百乘敗萬人十騎走百人百騎走千人此其大數也武王曰車騎之吏數陣法奈何太公

曰置車之吏數五車一長十車一吏五十車一率百車一將易戰之法五車為列相去四十步左右十步隊間六十步險戰之法車必循道十車為聚二十車為屯前後相去二十步左右六步隊間三十六步五車一長縱横相去一里各返故道置旗之吏數五騎一長十騎一吏百騎一率二百騎一將易戰之法五騎為列前後相去二十步左右四步隊間五十步險戰者前後相去十步左右二步隊間二十五步三十騎為一屯六十騎為一輩十騎一吏縱横相去百步周還各復故處武王曰善哉

武車第五十六

武王問太公曰選車士奈何太公曰選車士之法取年四十以下長七尺五寸以上走能逐奔馬及馳而乘之前後左右上下周旋能束縛旌旗力能彀八石弩射前後左右皆便習者名曰武車之士不可不厚也

武騎士第五十七

武王問太公曰選騎士奈何太公曰選騎士之法取年四十以下長七尺五寸以上壯健捷疾超絶倫等能馳騎彀射前後左右周旋進退越溝塹登丘陵冒險阻絶大澤馳强敵亂大衆者名曰武騎之士不可不厚也

戰車第五十八

武王問太公曰戰車奈何太公曰步貴知變動車貴知地形騎貴知别徑奇道三軍同名而異用也凡車之戰死地有十其勝地有八武王曰十死之地奈何太公曰往

而無還者車之死地也越絕險阻乘敵遠行者車之竭地也前易後險者車之困地也陷之險阻而難出者車之絕地也圮下漸澤黑土黏埴者車之勞地也左險右易上陵仰阪者車之逆地也殷草横畝犯歷深澤者車之拂地也車少地易與步不敵者車之敗地也後有溝瀆左有深水右有峻阪者車之壞地也日夜霖雨旬日不止道路潰陷前不能進後不能解者車之陷地也此十者車之死地也故拙將之所以見擒明將之所以能

避也武王曰八勝之地奈何太公曰敵之前後行陣未定即陷之旌旗擾亂人馬數動即陷之士卒或前或後或左或右即陷之陣不堅固士卒前後相顧即陷之前往而疑後往而怯即陷之三軍卒驚皆薄而起即陷之戰于易地暮不能解即陷之遠行而暮舍三軍恐懼即陷之此八者車之勝地也將明于十害八勝敵雖周圍千乘萬騎前驅旁馳萬戰必勝武王曰善哉

戰騎第五十九

武王問太公曰戰騎奈何太公曰騎有十勝九敗武王曰十勝奈何太公曰敵人始至行陳未定前後不屬陷其前騎擊其左右敵人必走敵人行陣整齊堅固士卒欲鬭吾騎翼而勿去或馳而往或馳而來其疾如風其暴如雷白晝如昏數更旌旗變易衣服其軍可克敵人行陣不固士卒不鬭薄其前後獵其左右翼而擊之敵人必懼敵人暮欲歸舍三軍恐駭翼其兩旁疾擊其後薄其壘口無使得入敵人必敗敵人無險阻保固深入

長驅絕其糧道敵人必饑地平而易四面見敵車騎陷之敵人必亂敵人奔走士卒散亂或翼其兩旁或掩其前後其將可擒敵人暮返其兵甚衆其行陣必亂令我騎十而為隊百而為屯車五而為聚十而為羣多設旌旗雜以强弩或擊其兩旁或絕其前後敵將可擄此騎之十勝也武王曰九敗奈何太公曰凡以騎陷敵而不能破陣敵人佯走以車騎反擊我後此騎之敗地也追北踰險長驅不止敵人伏我兩旁又絕我後此騎之圍

地也往而無以返入而無以出是謂陷于天井頓於地穴此騎之死地也所從入者隘所從出者遠彼弱可以擊我强彼寡可以擊我衆此騎之没地也大澗深谷翳茂林木此騎之竭地也左右有水前有大阜後有高山三軍戰于兩水之間敵居表裏此騎之艱地也敵人絶我糧道往而無以還此騎之困地也汙下沮澤進退漸洳此騎之患地也左有深溝右有坑阜高下如平地進退誘敵此騎之陷地也此九者騎之死地也明將之所以遠避闇將之所以陷敗也

戰步第六十

武王問太公曰步兵與車騎戰奈何太公曰步兵與車騎戰者必依丘陵險阻長兵强弩居前短兵强弩居後更發更止敵之車騎雖衆而至堅陣疾戰材士强弩以備我後武王曰吾無丘陵又無險阻敵人之至既衆且武車騎翼我兩旁獵我前後吾三軍恐怖亂散而走為之奈何太公曰令我士卒為行馬木蒺藜置牛馬隊伍為四武衝陣望敵車騎將來均置蒺藜掘地匝後廣深五尺名曰命籠人操行馬進步闌車以為壘推而前後立而為屯材士强弩備我左右然後令我三軍皆疾戰而不解武王曰善哉

六韜卷六

欽定四庫全書

子部

孫子　吳子　司馬法

詳校官山東道御史臣溫常綬

臣紀昀覆勘

總校官候補知府臣葉佩蓀

校對官庶吉士臣馮集梧

謄錄監生臣陳德基

提要　兵家類

孫子

臣等謹案孫子一卷周孫武撰考史記孫子列傳載武之書十三篇而漢書藝文志乃載孫子兵法八十二篇圖九卷故張守節正義以十三篇為上卷又有中下二卷杜牧亦謂武書本數十篇言皆曹操削其繁剩筆其精粹以成此書然史記稱十三篇在漢志之前不得以後來附益者為本書牧之言固未可以為據也此書注本極夥隋書經籍志所載自曹操外有王凌張子尚賈詡孟氏沈友諸家唐志益以李筌杜牧陳皥賈林孫鎬諸家馬端臨經籍考又有紀燮梅堯臣王晳何氏諸家歐陽修謂兵以不窮為奇宜其說者之多其言最為有理然至今傳者寥寥應武舉

者所誦習惟坊刻講章鄙俚淺陋無一可取故今僅存其本文著之於録武書為百代談兵之祖業適以其人不見於左傳疑其書乃春秋末戰國初山林處士之所為然史記載闔閭謂武曰子之十三篇吾盡觀之矣則確為武所自著非後人嫁名於武也

吳子

臣等謹案吳子一卷周吳起撰起事蹟見史

記列傳太史公稱吳兵法世多有而不言篇數漢藝文志載吳起四十八篇隋志一卷賈詡注唐志並同鄭樵通志畧又有孫鎬注一卷鼂公武讀書志則作三卷稱唐陸希聲類次為之說圖國料敵治兵論將變化勵士凡六篇案今世所行本其篇第並與讀書志相合惟變化作應變疑公武所記有誤至四十八篇之數不知何時散佚今已不可考矣起殺妻求將齧臂盟母其行事殊不足道然嘗學於曾子故所論較為精粹與戰國術士專事智術詐譎者判然有殊如對魏武侯則曰在德不在險論制國治軍則曰教之以法勵之以義論為將之道則曰所慎者五一曰理二曰講三曰果四曰戒五曰約大抵持議正大猶有先王節制之遺高似孫子畧謂其尚禮義明教訓或有得於司馬法誠此書之定評也

司馬法

臣等謹案司馬法一卷舊題齊將司馬穰苴撰今考史記穰苴列傳稱齊威王使大夫追論古者司馬兵法而附穰苴于其中因號曰司馬穰苴兵法然則其書乃齊威王使其臣所追輯隋唐諸志皆以為穰苴所自撰者非也漢志稱軍禮司馬法百五十五篇陳師道

以傳記所載司馬法之文今本皆無之而疑其非齊之全書然其言大抵皆據道依德本仁祖義可謂明白正大廓然王者之規三代行軍用師之大經大法猶藉存什一于千百文章亦閎深簡括詞旨嚴肅非後人所能作班固序兵權謀十三家形勢十一家陰陽十六家技巧十三家獨出此書入禮類亦以其說多與周官相出入為五禮之一故特為分

析不使其與縱橫變詐之術同類而並道耳雖胡應麟惜其以禳苴所言參伍于仁義禮之中謂不免懸疣附贅然其大旨純正在兵家之中固最為近古矣隋唐志俱作三卷今以篇頁無多併為一卷云乾隆四十九年三月恭校上

總纂官臣紀昀臣陸錫熊臣孫士毅

總校官臣陸費墀

欽定四庫全書

孫子　　周　孫武　撰

始計第一

孫子曰兵者國之大事死生之地存亡之道不可不察也故經之以五事校之以計而索其情一曰道二曰天三曰地四曰將五曰法道者令民與上同意可與之死可與之生而不畏危也天者陰陽寒暑時制也地者遠近險易廣狹死生也將者智信仁勇嚴也法者曲制官

道主用也凡此五者將莫不聞知之者勝不知者不勝故校之以計而索其情曰主孰有道將孰有能天地孰得法令孰行衆兵孰强士卒孰練賞罰孰明吾以此知勝負矣將聽吾計用之必勝留之將不聽吾計用之必敗去之計利以聽乃為之勢以佐其外勢者因利而制權也兵者詭道也故能而示之不能用而示之不用近而示之遠遠而示之近利而誘之亂而取之實而備之强而避之怒而撓之卑而驕之佚而勞之親而離之攻

其無備出其不意此兵家之勝不可先傳也夫未戰而廟算勝者得算多也未戰而廟算不勝者得算少也多算勝少算不勝而況於無算乎吾於此觀之勝負見矣

作戰第二

孫子曰凡用兵之法馳車千駟革車千乘帶甲十萬千里饋糧内外之費賓客之用膠漆之材車甲之奉日費千金然後十萬之師舉矣其用戰也勝久則鈍兵挫銳攻城則力屈久暴師則國用不足夫鈍兵挫銳屈力殫

貨則諸侯乘其弊而起雖有智者不能善其後矣故兵聞拙速未覩巧之久也夫兵久而國利者未之有也故不盡知用兵之害者則不能盡知用兵之利也善用兵者役不再籍糧不三載取用於國因糧於敵故軍食可足也國之貧於師者遠輸遠輸則百姓貧近師者貴賣貴賣則百姓財竭財竭則急於丘役力屈財殫中原内虛於家百姓之費十去其七公家之費破車罷馬甲胄弓矢戟楯矛櫓丘牛大車十去其六故智將務食於敵食敵一鍾當吾二十鍾萁秆一石當吾二十石故殺敵者怒也取敵之利者貨也車戰得車十乘以上賞其先得者而更其旌旗車雜而乘之卒善而養之是謂勝敵而益强故兵貴勝不貴久故知兵之將民之司命國家安危之主也

謀攻第三

孫子曰夫用兵之法全國為上破國次之全軍為上破軍次之全旅為上破旅次之全卒為上破卒次之全伍

為上破伍次之是故百戰百勝非善之善者也不戰而屈人之兵善之善者也故上兵伐謀其次伐交其次伐兵其下攻城攻城之法為不得已修櫓轒轀具器械三月而後成距闉又三月而後已將不勝其忿而蟻附之殺士卒三分之一而城不拔者此攻之災也故善用兵者屈人之兵而非戰也拔人之城而非攻也毁人之國而非久也必以全爭於天下故兵不頓而利可全此謀攻之法也故用兵之法十則圍之五則攻之倍則分之

敵則能戰之少則能守之不若則能避之故小敵之堅大敵之擒也夫將者國之輔也輔周則國必強故軍之所以患於君者三不知軍之不可以進而謂之進不知軍之不可以退而謂之退是謂縻軍不知三軍之事而同三軍之政則軍士惑矣不知三軍之權而同三軍之任則軍士疑矣三軍既惑且疑則諸侯之難至矣是謂亂軍引勝故知勝有五知可以與戰不可以與戰者勝識衆寡之用者勝上下同欲者勝以虞待不虞者勝將

能而君不御者勝此五者知勝之道也故曰知彼知己百戰不殆不知彼而知己一勝一負不知彼不知己每戰必敗

軍形第四

孫子曰昔之善戰者先為不可勝以待敵之可勝不可勝在己可勝在敵故善戰者能為不可勝不能使敵之必可勝故曰勝可知而不可為不可勝者守也可勝者攻也守則不足攻則有餘善守者藏於九地之下善攻者動於九天之上故能自保而全勝也見勝不過衆人之所知非善之善者也戰勝而天下曰善非善之善者也故舉秋毫不為多力見日月不為明目聞雷霆不為聰耳古之所謂善戰者勝於易勝者也故善戰者之勝也無智名無勇功故其戰勝不忒不忒者其所措勝勝已敗者也故善戰者立於不敗之地而不失敵之敗也是故勝兵先勝而後求戰敗兵先戰而後求勝善用兵者修道而保法故能為勝敗之政兵法一曰度二曰量

三曰數四曰稱五曰勝地生度度生量量生數數生稱稱生勝故勝兵若以鎰稱銖敗兵若以銖稱鎰勝者之戰若決積水於千仞之谿者形也

兵勢第五

孫子曰凡治衆如治寡分數是也鬬衆如鬬寡形名是也三軍之衆可使必受敵而無敗者奇正是也兵之所加如以碫投卵者虛實是也凡戰者以正合以奇勝故善出奇者無窮如天地不竭如江海終而復始日月是

也死而復生四時是也聲不過五五聲之變不可勝聽也色不過五五色之變不可勝觀也味不過五五味之變不可勝嘗也戰勢不過奇正奇正之變不可勝用也奇正相生如循環之無端孰能窮之哉激水之疾至於漂石者勢也鷙鳥之疾至於毀折者節也故善戰者其勢險其節短勢如彍弩節如發機紛紛紜紜鬬亂而不可亂渾渾沌沌形圓而不可敗亂生於治怯生於勇弱生於强治亂數也勇怯形也故善動敵者形之敵必從之予之敵必取之以利動之以本待之故善戰者求之於勢不責之於人故能擇人而任勢任勢者其戰人也如轉木石木石之性安則靜危則動方則止圓則行故善戰人之勢如轉圓石於千仞之山者勢也

虛實第六

孫子曰凡先處戰地而待敵者佚後處戰地而趨戰者勞故善戰者致人而不致於人能使敵人自至者利之也能使敵人不得至者害之也故敵佚能勞之飽能飢

之安能動之出其所不趨趨其所不意行千里而不勞者行於無人之地也攻而必取者攻其所不守也守而必固者守其所不攻也故善攻者敵不知其所守善守者敵不知其所攻微乎微乎至於無形神乎神乎至於無聲故能為敵之司命進而不可禦者衝其虛也退而不可追者速而不可及也故我欲戰敵雖高壘深溝不得不與我戰者攻其所必救也我不欲戰雖畫地而守之敵不得與我戰者乖其所之也故形人而我無形則我專而敵分我專為一敵分為十是以十攻其一也則我衆敵寡能以衆擊寡則吾之所與戰者約矣吾所與戰之地不可知不可知則敵所備者多敵所備者多則吾所與戰者寡矣故備前則後寡備後則前寡備左則右寡備右則左寡無所不備則無所不寡寡者備人者也衆者使人備己者也故知戰之地知戰之日則可千里而會戰不知戰地不知戰日則左不能救右右不能救左前不能救後後不能救前而况遠者數十里近者

數里乎以吳度之越人之兵雖多亦奚益於勝哉故曰勝可為也敵雖衆可使無鬬故策之而知得失之計作之而知動靜之理形之而知死生之地角之而知有餘不足之處故形兵之極至於無形無形則深間不能窺智者不能謀因形而措勝於衆衆不能知人皆知我所以勝之形而莫知吾所以制勝之形故其戰勝不復而應形於無窮夫兵形象水水之形避高而趨下兵之形避實而擊虛水因地而制流兵因敵而制勝故兵無常

勢水無常形能因敵變化而取勝者謂之神故五形無常勝四時無常位日有短長月有死生

軍爭第七

孫子曰凡用兵之法將受命於君合軍聚衆交和而舍莫難於軍爭軍爭之難者以迂為直以患為利故迂其途而誘之以利後人發先人至此知迂直之計者也故軍爭為利衆爭為危舉軍而爭利則不及委軍而爭利則輜重捐是故卷甲而趨日夜不處倍道兼行百里而爭利則擒三將軍勁者先疲者後其法十一而至五十里而爭利則蹶上將軍其法半至三十里而爭利則三分之二至是故軍無輜重則亡無糧食則亡無委積則亡故不知諸侯之謀者不能豫交不知山林險阻沮澤之形者不能行軍不用鄉導者不能得地利故兵以詐立以利動以分合為變者也故其疾如風其徐如林侵掠如火不動如山難知如陰動如雷震掠鄉分衆廓地分利懸權而動先知迂直之計者勝此軍爭之法也軍

政曰言不相聞故為之金鼓視不相見故為之旌旆夫金鼓旌旆者所以一人之耳目也人既專一則勇者不得獨進怯者不得獨退此用衆之法也故夜戰多火鼓晝戰多旌旆所以變人之耳目也三軍可奪氣將軍可奪心是故朝氣銳晝氣惰暮氣歸善用兵者避其銳氣擊其惰歸此治氣者也以治待亂以靜待譁此治心者也以近待遠以佚待勞以飽待飢此治力者也無邀正正之旗無擊堂堂之陣此治變者也故用兵之法高陵

勿向背邱勿逆佯北勿從銳卒勿攻餌兵勿食歸師勿遏圍師必闕窮寇勿追此用兵之法也

九變第八

孫子曰凡用兵之法將受命於君合軍聚衆圮地無舍衢地合交絶地無留圍地則謀死地則戰途有所不由軍有所不擊城有所不攻地有所不爭君命有所不受故將通於九變之利者知用兵矣將不通於九變之利雖知地形不能得地之利矣治兵不通九變之術雖知

五利不能得人之用矣是故智者之慮必雜於利害雜於利而務可信也雜於害而患可解也是故屈諸侯者以害役諸侯者以業趨諸侯者以利故用兵之法無恃其不來恃吾有以待之無恃其不攻恃吾有所不可攻也故將有五危必死可殺必生可虜忿速可侮廉潔可辱愛民可煩凡此五者將之過也用兵之災也覆軍殺將必以五危不可不察也

行軍第九

孫子曰凡處軍相敵絶山依谷視生處高戰隆無登此處山之軍也絶水必遠水客絶水而來勿迎之於水內令半渡而擊之利欲戰者無附水而迎客視生處高無迎水流此處水上之軍也絶斥澤唯亟去勿留若交軍於斥澤之中必依水草而背衆樹此處斥澤之軍也平陸處易右背高前死後生此處平陸之軍也凡此四軍之利黄帝之所以勝四帝也凡軍好高而惡下貴陽而賤陰養生處實軍無百疾是謂必勝邱陵隄防必處其

陽而右背之此兵之利地之助也上雨水沫至欲涉者待其定也凡地有絶澗天井天牢天羅天陷天隙必亟去之勿近也吾遠之敵近之吾迎之敵背之軍旁有險阻潢井林木蒹葭翳薈者必謹覆索之此伏姦之伏也近而靜者恃其險也遠而挑戰者欲人之進也其所居易者利也衆樹動者來也衆草多障者疑也鳥起者伏也獸駭者覆也塵高而銳者車來也卑而廣者徒來也散而條達者樵採也少而往來者營軍也辭卑而益備

者進也辭强而進驅者退也輕車先出居其側者陳也無約而請和者謀也奔走而陳兵者期也半進半退者誘也仗而立者饑也汲而先飲者渴也見利而不知進者勞也鳥集者虛也夜呼者恐也軍擾者將不重也旌旂動者亂也吏怒者倦也殺馬食肉者軍無糧也懸缻不返其舍者窮寇也諄諄翕翕徐與人言者失衆也數賞者窘也數罰者困也先暴而後畏其衆者不精之至也來委謝者欲休息也兵怒而相迎久而不合又不相

去必謹察之兵非貴益多惟無武進足以併力料敵取人而已夫惟無慮而易敵者必擒於人卒未親附而罰之則不服不服則難用也卒已親附而罰不行則不可用也故令之以文齊之以武是謂必取令素行以教其民則民服令不素行以教其民則民不服令素行者與衆相得也

地形第十

孫子曰地形有通者有掛者有支者有隘者有險者有遠者我可以往彼可以來曰通通形者先居高陽利糧道以戰則利可以往難以返曰掛掛形者敵無備出而勝之敵若有備出而不勝難以返不利我出而不利彼出而不利曰支支形者敵雖利我我無出也引而去之令敵半出而擊之利隘形者我先居之必盈之以待敵若敵先居之盈而勿從不盈而從之險形者我先居之必居高陽以待敵若敵先居之引而去之勿從也遠形者勢均難以挑戰戰而不利凡此六者地之道也將之

至任不可不察也故兵有走者有弛者有陷者有崩者有亂者有北者凡此六者非天地之災將之過也夫勢均以一擊十曰走卒强吏弱曰弛吏强卒弱曰陷大吏怒而不服遇敵懟而自戰將不知其能曰崩將弱不嚴教道不明吏卒無常陳兵縱横曰亂將不能料敵以少合衆以弱擊强兵無選鋒曰北凡此六者敗之道也將之至任不可不察也夫地形者兵之助也料敵制勝計險阨遠近上將之道也知此而用戰者必勝不知此而

用戰者必敗故戰道必勝主曰無戰必戰可也戰道不勝主曰必戰無戰可也故進不求名退不避罪惟民是保而利於主國之寶也視卒如嬰兒故可與之赴深谿視卒如愛子故可與之俱死愛而不能令厚而不能使亂而不能治譬如驕子不可用也知吾卒之可以擊而不知敵之不可擊勝之半也知敵之可擊而不知吾卒之不可以擊勝之半也知敵之可擊知吾卒之可以擊而不知地形之不可以戰勝之半也故知兵者動而不

迷舉而不窮故曰知彼知此勝乃不殆知天知地勝乃可全

九地第十一

孫子曰用兵之法有散地有輕地有爭地有交地有衢地有重地有圮地有圍地有死地諸侯自戰其地者為散地入人之地而不深者為輕地我得亦利彼得亦利者為爭地我可以往彼可以來者為交地諸侯之地三屬先至而得天下之衆者為衢地入人之地深背城邑多者為重地山林險阻沮澤凡難行之道者為圮地所由入者隘所從歸者迂彼寡可以擊吾之衆者為圍地疾戰則存不疾戰則亡者為死地是故散地則無戰輕地則無止爭地則無攻交地則無絶衢地則合交重地則掠圮地則行圍地則謀死地則戰古之所謂善用兵者能使敵人前後不相及衆寡不相恃貴賤不相救上下不相收卒離而不集兵合而不齊合於利而動不合於利而止敢問敵衆整而將來待之若何曰先奪其所

愛則聽矣兵之情主速乘人之不及由不虞之道攻其所不戒也凡為客之道深入則專主人不克掠於饒野三軍足食謹養而勿勞并氣積力運兵計謀為不可測投之無所往死且不北死焉不得士人盡力兵卒甚陷則不懼無所往則固入深則拘不得已則鬬是故其兵不修而戒不求而得不約而親不令而信禁祥去疑至死無所之吾士無餘財非惡貨也無餘命非惡壽也令發之日士卒坐者涕沾襟偃卧者涕交頤投之無所往

則諸劌之勇也故善用兵者譬如率然率然者常山之蛇也擊其首則尾至擊其尾則首至擊其中則首尾俱至敢問可使如率然乎曰可夫吴人與越人相惡也當其同舟濟而遇風其相救也如左右手是故方馬埋輪未足恃也齊勇若一政之道也剛柔皆得地之理也故善用兵者攜手若使一人不得已也將軍之事靜以幽正以治能愚士卒之耳目使之無知易其事革其謀使人無識易其居迂其途使人不得慮帥與之期若登高而去其梯

帥與之深入諸侯之地而發其機若驅羣羊驅而往驅而來莫知所之聚三軍之衆投之於險此將軍之事也九地之變屈伸之利人情之理不可不察也凡為客之道深則專淺則散去國越境而師者絶地也四通者衢地也入深者重地也入淺者輕地也背固前隘者圍地也無所往者死地也是故散地吾將一其志輕地吾將使之屬爭地吾將趨其後交地吾將謹其守衢地吾將固其結重地吾將繼其食圮地吾將進其途圍地吾將塞其闕死地吾將示之以不活故兵之情圍則禦不得已則鬭過則從是故不知諸侯之謀者不能豫交不知山林險阻沮澤之形者不能行軍不用鄉導者不能得地利四五者一不知非霸王之兵也夫霸王之兵伐大國則其衆不得聚威加於敵則其交不得合是故不爭天下之交不養天下之權信己之私威加於敵故其城可拔其國可隳施無法之賞懸無政之令犯三軍之衆若使一人犯之以事勿告以言犯之以利勿告以害投

之亡地然後存陷之死地然後生夫衆陷於害然後能為勝敗夫為兵之事在順詳敵之意并力一向千里殺將是謂巧能成事是故政舉之日夷關折符無通其使厲於廊廟之上以誅其事敵人開闔必亟入之先其所愛微與之期踐墨隨敵以決戰事是故始如處女敵人開戶後如脫兎敵不及拒

火攻第十二

孫子曰凡火攻有五一曰火人二曰火積三曰火輜四

曰火庫五曰火隊行火必有因烟火必素具發火有時起火有日時者天之燥也日者月在箕壁翼軫也凡此四宿者風起之日也凡火攻必因五火之變而應之火發於內則早應之於外火發而其兵靜者待而勿攻極其火力可從而從之不可從則止火可發於外無待於內以時發之火發上風無攻下風晝風久夜風止凡軍必知五火之變以數守之故以火佐攻者明以水佐攻者強水可以絕不可以奪夫戰勝攻取而不修其攻者

凶命曰費留故曰明主慮之良將修之非利不動非得不用非危不戰主不可以怒而興師將不可以慍而致戰合於利而動不合於利而止怒可以復喜慍可以復悅亡國不可以復存死者不可以復生故曰明主慎之良將警之此安國全軍之道也

用間第十三

孫子曰凡興師十萬出征千里百姓之費公家之奉日費千金內外騷動怠於道路不得操事者七十萬家相守數年以爭一日之勝而愛爵祿百金不知敵之情者不仁之至也非人之將也非主之佐也非勝之主也故明君賢將所以動而勝人成功出於衆者先知也先知者不可取於鬼神不可象於事不可驗於度必取於人而知敵之情者也故用間有五有鄉間有內間有反間有死間有生間五間俱起莫知其道是謂神紀人君之寶也鄉間者因其鄉人而用之內間者因其官人而用之反間者因其敵間而用之死間者為誑事於外令吾

間知之而傳於敵國也生間者反報也故三軍之事莫親於間賞莫厚於間事莫密於間非聖智不能用間非仁義不能使間非微妙不能得間之實微哉微哉無所不用間也間事未發而先聞者間與所告者皆死凡軍之所欲擊城之所欲攻人之所欲殺必先知其守將左右謁者門者舍人之姓名令吾間必索知之必索敵間之來間我者因而利之導而舍之故反間可得而使也因是而知之故鄉間內間可得而使也因是而知之故

死間為誑事可使告敵因是而知之故生間可使如期
五間之事主必知之知之必在反間故反間不可不厚
也昔殷之興也伊摯在夏周之興也呂牙在商故明君
賢將能以上智為間者必成大功此兵之要三軍之所
恃而動也

孫子

欽定四庫全書

吳子

周　吳起　撰

吳起初見文侯章句

吳起儒服以兵機見魏文侯文侯曰寡人不好軍旅之
事起曰臣以見占隱以往察來主君何言與心違今君
四時使斬離皮革掩以朱漆畫以丹青爍以犀象冬日
衣之則不溫夏日衣之則不涼為長戟二丈四尺短戟

一丈二尺革車掩戶縵輪籠轂觀之於目則不麗乘之
於田則不輕不識主君安用此也若以備進戰退守而
不求能用者譬猶伏雞之搏狸乳犬之犯虎雖有鬬心
隨之死矣昔承桑氏之君修德廢武以滅其國家有扈
氏之君恃衆好勇以喪其社稷明主鑒茲必內修文德
外治武備故當敵不進無逮於義矣僵屍而哀之無逮
於仁矣於是文侯身自布席夫人捧觴醮吳起於廟立
為大將守西河與諸侯大戰七十六全勝六十四餘則

均解鬬士四面拓地千里皆起之功也

圖國

吳子曰昔之圖國家者必先教百姓而親萬民有四不和不和於國不可以出軍不和於軍不可以出陣不和於陣不可以進戰不和於戰不可以決勝是以有道之主將用其民先和而後造大事不敢信其私謀必告於祖廟啓於元龜參之天時吉乃後舉民知君之愛其命惜其死若此之至而與之臨難則士以進死為榮退生

為辱矣吳子曰夫道者所以反本復始義者所以行事立功謀者所以違害就利要者所以保業守成若行不不合道舉不合義而處大居貴患必及之是以聖人綏之以道理之以義動之以禮撫之以仁此四德者修之則興廢之則衰故成湯討桀而夏民喜悅周武伐紂而殷人不非舉順天人故能然矣吳子曰凡制國治軍必教之以禮勵之以義使有恥也夫人有恥在大足以戰在小足以守矣然戰勝易守勝難故曰天下戰國五勝者禍四勝者弊三勝者霸二勝者王一勝者帝是以數勝得天下者稀以亡者衆吳子曰凡兵之所起者有五一曰爭名二曰爭利三曰積惡四曰内亂五曰内饑其名又有五一曰義兵二曰强兵三曰剛兵四曰暴兵五曰逆兵禁暴救亂曰義恃衆以伐曰强因怒興師曰剛棄禮貪利曰暴國亂人疲舉事動衆曰逆五者之服各有其道義必以禮服强必以謙服剛必以辭服暴必以詐服逆必以權服武侯問曰願聞治兵料人固國之道

起對曰古之明王必謹君臣之禮飾上下之儀安集吏民順俗而教簡募良材以備不虞昔齊桓募士五萬以霸諸侯晋文名為前行四萬以獲其志秦穆置陷陣三萬以服鄰敵故强國之君必料其民民有膽勇氣力者聚為一卒樂以進戰效力以顯其忠勇者聚為一卒能踰高超遠輕足善走者聚為一卒王臣失位而欲見功於上者聚為一卒棄城去守欲除其醜者聚為一卒此五者軍之練鋭也有此三千人内出可以決圍外入可

以屠城矣武侯問曰願聞陣必定守必固戰必勝之道對曰立見且可豈直聞乎君能使賢者居上不肖者處下則陣已定矣民安其田宅親其有司則守已固矣百姓皆是吾君而非隣國則戰已勝矣武侯嘗謀事羣臣莫能及罷朝而有喜色起對曰昔楚莊王嘗謀事羣臣莫能及朝罷而有憂色申公問曰君有憂色何也曰寡人聞之世不絶聖國不乏賢能得其師者王能得其友者霸今寡人不才而羣臣莫及者楚國其殆矣此楚莊

王之所憂而君悅之臣竊懼矣於是武侯有慚色

料敵

武侯謂吳起曰今秦脅吾西楚帶吾南趙衝吾北齊臨吾東燕絶吾後韓據吾前六國之兵四守勢甚不便憂此柰何起對曰夫安國家之道先戒為寶今君先戒禍其遠矣臣請論六國之俗夫齊陣重而不堅秦陣散而自鬬楚陣整而不久燕陣守而不走三晉陣治而不用夫齊性剛其國富君臣驕奢而簡於細民其政寛而祿不均一陣兩心前重後輕故重而不堅擊此之道必三分之獵其左右脅而從之其陣可壞秦性强其地險其政嚴其賞罰信其人不讓皆有鬬心故散而自戰擊此之道必先示之以利而引去之士貪於得而離其將乘乖獵散設伏投機其將可取楚性弱其地廣其政騷其民疲故整而不久擊此之道襲亂其屯先奪其氣輕進速退弊而勞之勿與爭戰其軍可敗燕性慤其民慎好勇義寡詐謀故守而不走擊此之道觸而迫之陵而遠

之馳而復之則上疑而下懼謹我車騎必避之路其將可虜三晉者中國也其性和其政平其民疲於戰習於兵輕其將薄其祿士無死志故治而不用擊此之道阻陣而壓之衆來則拒之去則追之以倦其師此其勢也然則一軍之中必有虎賁之士力輕扛鼎足輕戎馬搴旗斬將必有能者若此之等選而別之愛而貴之是謂軍命其有工用五兵材力健疾志在吞敵者必加其爵列可以決勝厚其父母妻子勸賞畏罰此堅陣之士可

以持久能審料此可以擊倍武侯曰善吳子曰凡料敵有不卜而與之戰者八一曰疾風大寒早興寤遷剖冰濟水不憚艱難二曰盛夏炎熱晏興無間行驅飢渴務於取遠三曰師既淹久糧食無有百姓怨怒妖祥數起上不能止四曰軍資既竭薪芻既寡天多陰雨欲掠無所五曰徒衆不多水地不利人馬疾疫四鄰不至六曰道遠日暮士衆勞懼倦而未食解甲而息七曰將薄吏輕士卒不固三軍數驚師徒無助八曰陣而未定舍而

未畢行阪涉險半隱半出諸如此者擊之勿疑有不占而避之者六一曰土地廣大人民富衆二曰上愛其下惠施流布三曰賞信刑察發必得時四曰陳功居列任賢使能五曰師徒之衆兵甲之精六曰四鄰之助大國之援凡此不如敵人避之勿疑所謂見可而進知難而退也武侯問曰吾欲觀敵之外以知其內察其進以知其止以定勝負可得聞乎起對曰敵人之來蕩蕩無慮旌旗煩亂人馬數顧一可擊十必使無措諸侯未會君臣未和溝壘未成禁令未施三軍洶洶欲前不能欲去不敢以半擊倍百戰不殆武侯問敵必可擊之道起對曰用兵必須審敵虛實而趨其危敵人遠來新至行列未定可擊既食未設備可擊奔走可擊勤勞可擊未得地利可擊失時不從可擊涉長道後行未息可擊涉水半渡可擊險道狹路可擊旌旗亂動可擊陣數移動可擊將離士卒可擊心怖可擊凡若此者選銳衝之分兵繼之急擊勿疑

治兵

武侯問曰用兵之道何先起對曰先明四輕二重一信曰何謂也對曰使地輕馬馬輕車車輕人人輕戰明知險易則地輕馬芻秣以時則馬輕車膏鐧有餘則車輕人鋒銳甲堅則人輕戰進有重賞退有重刑行之以信審能達此勝之主也武侯問曰兵何以為勝起對曰以治為勝又問曰不在衆乎起對曰若法令不明賞罰不信金之不止鼓之不進雖有百萬何益於用所謂治者

居則有禮動則有威進不可當退不可追前却有節左右應麾雖絶成陣雖散成行與之安與之危其衆可合而不可離可用而不可疲投之所往天下莫當名曰父子之兵吳子曰凡行軍之道無犯進止之節無失飲食之適無絶人馬之力此三者所以任其上令任其上令則治之所由生也若進退不度飲食不適馬疲人倦而不解舍所以不任其上令上令既廢以居則亂以戰則敗吳子曰凡兵戰之塲止屍之地必死則生幸生則死

其善將者如坐漏船之中伏燒屋之下使智者不及謀勇者不及怒受敵可也故曰用兵之害猶豫最大三軍之災生於狐疑吳子曰夫人常死其所不能敗其所不便故用兵之法教戒為先一人學戰教成十人十人學戰教成百人百人學戰教成千人千人學戰教成萬人萬人學戰教成三軍以近待遠以佚待勞以飽待饑圓而方之坐而起之行而止之左而右之前而後之分而合之結而解之每變皆習乃授其兵是謂將事吳子曰

教戰之令短者持矛戟長者持弓弩強者持旌旗勇者持金鼓弱者給廝養智者為謀主鄉里相比什伍相保一鼓整兵二鼓習陣三鼓趨食四鼓嚴辦五鼓就行聞鼓聲合然後舉旗武侯問曰三軍進止豈有道乎起對曰無當天竈無當龍頭天竈者大谷之口龍頭者大山之端必左青龍右白虎前朱雀後元武招摇在上從事於下將戰之時審候風所從來風順致呼而從之風逆堅陣以待之武侯問曰凡畜卒騎豈有方乎起對曰夫

馬必安其處所適其水草節其飢飽冬則温廐夏則凉廡刻剔毛鬛謹落四下戢其耳目無令驚駭習其馳逐閑其進止人馬相親然後可使車騎之具鞍勒銜轡必令堅完凡馬不傷於末必傷於始不傷於飢必傷於飽日暮道遠必數上下寧勞於人慎勿勞馬常令有餘備敵覆我能明此者横行天下

論將

吳子曰夫總文武者軍之將也兼剛柔者兵之事也凡

人論將常觀於勇勇之於將乃數分之一耳夫勇者必輕合輕合而不知利未可也故將之所慎者五一曰理二曰備三曰果四曰戒五曰約理者治衆如治寡備者出門如見敵果者臨敵不懷生戒者雖克如始戰約者法令省而不煩受命而不辭家敵破而後言返將之禮也故師出之日有死之榮無生之辱吳子曰凡兵有四機一曰氣機二曰地機三曰事機四曰力機三軍之衆百萬之師張設輕重在於一人是謂氣機路狹道險名

山大塞十夫所守千夫不過是謂地機善行間諜輕兵往來分散其衆使其君臣相怨上下相咎是謂事機車堅管轄舟利櫓楫士習戰陣馬閑馳逐是謂力機知此四者乃可為將然其威德仁勇必足以率下安衆怖敵决疑施令而下不敢犯所在而寇不敢敵得之國强去之國亡是謂良將吳子曰夫鼙鼓金鐸所以威耳旌旗麾幟所以威目禁令刑罰所以威心耳威於聲不可不清目威於色不可不明心威於刑不可不嚴三者不立雖有其國必敗於敵故曰將之所麾莫不從移將之所指莫不從死吳子曰凡戰之要必先占其將而察其才因其形而用其權則不勞而功舉其將愚而信人可詐而誘貪而忽名可貨而賂輕變無謀可勞而困上富而驕下貧而怨可離而間進退多疑其衆無依可震而走士輕其將而有歸志塞易開險可邀而取進道易退道難可來而前進道險退道易可薄而擊居軍下濕水無所通霖雨數至可灌而沉居軍荒澤草楚幽穢風飈數

至可焚而滅停久不移將士懈怠其軍不備可潛而襲武侯問曰兩軍相望不知其將我欲相之其術如何起對曰令賤而勇者將輕銳以嘗之務於北無務於得觀敵之來一坐一起其政以理其追北佯為不及其見利佯為不知如此將者名為智將勿與戰也若其衆讙譁旌旗煩亂其卒自行自止其兵或縱或横其追北恐不及見利恐不得此為愚將雖衆可獲

應變

武侯問曰車堅馬良將勇兵强卒遇敵人亂而失行則如之何吳起對曰凡戰之法晝以旌旗旛麾為節夜以金鼓笳笛為節麾左而左麾右而右鼓之則進金之則止一吹而行再吹而聚不從令者誅三軍服威士卒用命則戰無强敵攻無堅陣矣武侯問曰若敵衆我寡為之奈何起對曰避之於易邀之於阨故曰以一擊十莫善於阨以十擊百莫善於險以千擊萬莫善於阻今有卒卒起擊金鳴鼓於阨路雖有大衆莫不驚動故曰用衆者務易用少者務隘武侯問曰有師甚衆既武且勇背大險阻左山右水深溝高壘守以强弩退如山移進如風雨糧食又多難與長守則如之何起對曰大哉問乎此非車騎之力聖人之謀也能備千乘萬騎兼之徒步分為五車各車一衢夫五軍五衢敵人必惑莫知所加敵若堅守以固其兵急行間諜以觀其慮彼聽吾說解之而去不聽吾說斬使焚書分為五戰戰勝勿追不勝疾走如是佯北安行疾鬬一結其前一絕其後兩軍

銜枚或左或右而襲其處五軍交至必有其利此擊强之道也武侯問曰敵近而薄我欲去無路我衆甚懼為之奈何起對曰為此之術若我衆彼寡分而乘之彼衆我寡以方從之從之無息雖衆可服武侯問曰若遇敵於谿谷之間傍多險阻彼衆我寡為之奈何起對曰遇諸邱陵林谷深山大澤疾行亟去勿得從容若高山深谷卒然相遇必先鼓譟而乘之進弓與弩且射且虜審察其治亂則擊之勿疑武侯問曰左右高山地甚狹迫卒遇敵人擊之不敢去之不得為之奈何起對曰此謂谷戰雖衆不用募吾材士與敵相當輕足利兵以為前行分車列騎隱於四旁相去數里無見其兵敵必堅陣進退不敢於是出旌列旆行出山外營之敵人必懼車騎挑之勿令得休此谷戰之法也武侯問曰吾與敵相遇大水之澤傾輪沒轅水薄車騎舟楫不設進退不得為之奈何起對曰此謂水戰無用車騎且留其傍登高四望必得水情知其廣狹盡其淺深乃可為奇以勝之

敵若絶水半渡而薄之武侯問曰天久連雨馬陷車止四面受敵三軍驚駭為之柰何起對曰凡用軍者陰濕則停陽燥則起貴高賤下馳其强車若進若止必從其道敵人若起必逐其迹武侯問曰暴寇卒來掠吾田野取吾牛馬則如之何暴寇之來必慮其强善守勿應彼將暮去其裝必重其心必恐還退務速必有不屬追而擊之其兵可覆吴子曰凡攻敵圍城之道城邑既破各入其宫御其禄秩收其器物軍之所至無刋其木發其屋取其粟殺其六畜燔其積聚示民無殘心有其請降許而安之

勵士

武侯問曰嚴刑明賞足以勝乎起對曰嚴明之事臣不能悉雖然非所恃也夫發號施令而人樂聞興師動衆而人樂戰交兵接刃而人樂死此三者人主之所恃也武侯曰致之柰何對曰君舉有功而進饗之無功而勵之於是武侯設坐廟廷為三行饗士大夫上功列前行

餚席兼重器上牢次功列中行餚席器差減無功坐後行餚席無重器饗畢而出又頒賜有功者父母妻子於廟門外亦以功為差有死事之家歲遣使者勞賜其父母著不忘於心行之三年秦人興師臨於西河魏士聞之不待吏令介冑而奮擊之者以萬數武侯召吴起而謂曰子前日之教行矣起對曰臣聞人有短長氣有盛衰君試發無功者五萬人臣請率以當之脱其不勝取笑於諸侯失權於天下矣今使一死賊伏于壙野千人追之莫不梟視狼顧何者恐其暴起而害已也是以一人投命足懼千夫今臣以五萬之衆而為一死賊率以討之固難敵矣於是武侯從之兼車五百乘騎三千匹而破秦五十萬衆此勵士之功也先戰一日吴起令三軍曰諸吏士當從受敵車騎與徒若車不得車騎不得騎徒不得徒雖破軍皆無功故戰之日其令不煩而威震天下

吴子

欽定四庫全書

司馬法

仁本第一

古者以仁為本以義治之之謂正正不獲意則權權出於戰不出於中人是故殺人安人殺之可也攻其國愛其民攻之可也以戰止戰雖戰可也故仁見親義見説智見恃勇見方信見信内得愛焉所以守也外得威焉所以戰也戰道不違時不歷民病所以愛吾民也不加

喪不因凶所以愛夫其民也冬夏不興師所以兼愛其民也故國雖大好戰必亡天下雖安忘戰必危天下既平天子大愷春蒐秋獮諸侯春振旅秋治兵所以不忘戰也古者逐奔不過百里縱綏不過三舍是以明其禮也不窮不能而哀憐傷病是以明其仁也成列而鼓是以明其信也爭義不爭利是以明其義也又能舍服是以明其勇也知終知始是以明其智也六德以時合教以為民紀之道也自古之政也先王之道順天之道設地之宜官民之德而正名治物立國辨職以爵分禄諸侯説懷海外来服獄弭而兵寢聖德之至也其次賢王制禮樂法度乃作五刑興甲兵以討不義巡狩省方會諸侯考不同其有失命亂常悖德逆天之時而危有功之君偏告於諸侯彰明有罪乃告於皇天上帝日月星辰禱於后土四海神祇山川冢社乃造於先王然後冢宰徵師於諸侯曰某國爲不道征之以某年月日師至於某國會天子正刑冢宰與百官布令於軍曰入罪人

之地無暴神祇無行田獵無毀土功無燔牆屋無伐林木無取六畜禾黍器械見其老幼奉歸無傷雖遇壯者不校勿敵敵若傷之醫藥歸之既誅有罪王及諸侯修正其國舉賢立明正復厥職王霸之所以治諸侯者六以土地形諸侯以政令平諸侯以禮信親諸侯以材力説諸侯以謀人維諸侯以兵革服諸侯同患同利以合諸侯比小事大以和諸侯會之以發禁者九憑弱犯寡則眚之賊賢害民則伐之暴内陵外則壇之野荒民散

則削之負固不服則侵之賊殺其親則正之放弒其君則殘之犯令陵政則杜之外內亂禽獸行則滅之

天子之義第二

天子之義必純取法天地而觀於先聖士庶之義必奉於父母而正於君長故雖有明君士不先教不可用也古之教民必立貴賤之倫經使不相陵德義不相踰材技不相掩勇力不相犯故方同而意和也古者國容不入軍軍容不入國故德義不相踰上貴不伐之士不伐

之士上之器也苟不伐則無求無求則不爭國中之聽必得其情軍旅之聽必得其宜故材技不相掩從命為士上賞犯命為士上戮故勇力不相犯既致教其民然後謹選而使之事極修則百官給矣教極省則民興良矣習貫成則民體俗矣教化之至也古者逐奔不遠縱綏不及不遠則難誘不及則難陷以禮為固以仁為勝既勝之後其教可復是以君子貴之也有虞氏戒於國中欲民體其命也夏后氏誓於軍中欲民先成其慮也殷誓於軍門之外欲民先意以待事也周將交刃而誓之以致民志也夏后氏正其德也未用兵之刃故其兵不雜殷義也始用兵之刃矣周力也盡用兵之刃矣夏賞於朝貴善也殷戮於市威不善也周賞於朝戮於市勸君子懼小人也三王彰其德一也兵不雜則不利長兵以衛短兵以守太長則難犯太短則不及太輕則銳銳則易亂太重則鈍鈍則不濟戎車夏后氏曰鉤車先正也殷曰寅車先疾也周曰元戎先良也旂夏后氏元

首人之執也殷白天之義也周黃地之道也章夏后氏以日月尚明也殷以虎尚威也周以龍尚文也師多務威則民詘少威則民不勝上使民不得其義百姓不得其敘技用不得其利牛馬不得其任有司陵之此謂多威多威則民詘上不尊德而任詐慝不尊道而任勇力不貴用命而貴犯命不貴善行而貴暴行陵之有司此謂少威少威則民不勝軍旅以舒為主舒則民力足雖交兵致刃徒不趨車不馳逐奔不踰列是以不亂軍旅

之固不失行列之政不絕人馬之力遲速不過誡命古者國容不入軍軍容不入國軍容入國則民德廢國容入軍則民德弱故在國言文而語溫在朝恭以遜修己以待人不召不至不問不言難進易退在軍抗而立在行遂而果介者不拜兵車不式城上不趨危事不齒故禮與法表裏也文與武左右也古者賢王明民之德盡民之善故無廢德無簡民賞無所生罰無所試有虞氏不賞不罰而民可用至德也夏賞而不罰至教也殷罰

而不賞至威也周以賞罰德衰也賞不踰時欲民速得為善之利也罰不遷列欲民速覩為不善之害也大捷不賞上下皆不伐善上苟不伐善則不驕矣下苟不伐善必亡等矣上下不伐善若此讓之至也大敗不誅上下皆以不善在己上苟以不善在己必悔其過下苟以不善在己必遠其罪上下分惡若此讓之至也古者戍兵三年不興覩民之勞也上下相報若此和之至也得意則愷歌示喜也偃伯靈臺答民之勞示休也

定爵第三

凡戰定爵位著功罪收遊士申教詔訊厥眾求厥技方慮極物變嫌推疑養力索巧因心之動凡戰固眾相利治亂進止服正成恥約法省罰小罪乃殺小罪勝大罪因順天阜財懌眾利地右兵是謂五慮順天奉時阜財因敵懌眾勉若利地守隘險阻右兵弓矢禦殳矛守戈戟助凡五兵五當長以衛短短以救長迭戰則久皆戰則強見物與侔是謂兩之主固勉若視敵而舉將心心

也眾心心也馬牛車兵佚飽力也教惟豫戰惟節將軍身也卒肢也伍指拇也凡戰權也鬬勇也陣巧也用其所欲行其所能廢其不欲不能於敵反是凡戰有天有財有善時日不遷龜勝微行是謂有天眾有有因生美是謂有財人習陳利極物以豫是謂有善人勉及任是謂樂人大軍以固多力以煩堪物簡治見物應卒是謂行豫輕車輕徒弓矢固禦是謂大軍密靜多內力是謂固陣因是進退是謂多力上暇人教是謂煩陣然有

以職是謂堪物因是堪物是謂簡治稱衆因地因敵令陣攻戰守進退止前後序車徒因是謂戰參不服不信不和怠疑厭懾枝柱詘頓肆崩緩是謂戰患驕驕懾懾吟曠虞懼事悔是謂毀折大小堅柔參伍衆寡凡兩是謂戰權凡戰間遠觀邇因時因財貴信惡疑作兵義作事時使人惠見敵靜見亂暇見危難無忘其衆居國惠以信在軍廣以武刃上果以敏居國和在軍法刃上察居國見好在軍見方刃上見信凡陣行惟疏戰惟密兵

惟雜人教厚靜乃治威利章相守義則人勉慮多成則人服時中服厭次治物既章目乃明慮既定心乃强進退無疑見敵無謀聽誅無誑其名無變其旗凡事善則長因古則行誓作章人乃强滅厲祥滅厲之道一曰義被之以信臨之以强成基一天下之形人莫不說是謂兼用其人一曰權成其溢奪其好我自其外使自其內一曰人二曰正三曰辭四曰巧五曰火六曰水七曰兵是謂七政榮利恥死是謂四守容色積威不過改意凡此道也惟仁有親有仁無信反敗厥身人人正正辭辭火火凡戰之為道既作其氣因發其政假之以色道之以辭因懼而戒因欲而事蹈敵制地以職命之是謂戰法凡人之行由衆之求試以名行必善行之若行不行身以將之若行而行因使勿忘三乃成章人生之宜謂之法凡治亂之道一曰仁二曰信三曰直四曰一五曰義六曰變七曰專立法一曰受二曰法三曰立四曰疾五曰御其服六曰等其色七曰百官宜無淫服凡軍使

法在己曰專與下畏法曰法軍無小聽戰無小利日成行微曰道凡戰正不行則事專不服則法不相信則一若怠則動之若疑則變之若人不信上則行其不復自古之政也

嚴位第四

凡戰之道位欲嚴政欲栗力欲窕氣欲閑心欲一凡戰之道等道義立卒伍定行列正縱橫察名實立進俯坐進跪畏則密危則坐遠者視之則不畏邇者勿視則不

散位下左右下甲坐誓徐行之位逮徒甲籌以輕重振馬譟徒甲畏亦密之跪坐坐伏則膝行而寬誓之起譟鼓而進則以鐸止之銜枚誓糗坐膝行而推之執戮禁顧譟以先之若畏太甚則勿戮殺示以顏色告之以所生循省其職凡三軍人戒分日人禁不息不可以分食方其疑惑可師可服凡戰以力久以氣勝以固久以危勝本心固新氣勝以甲固以兵勝凡車以密固徒以坐固甲以重固兵以輕勝人有勝心惟敵之視人有畏心

惟畏之視兩心交定兩利若一兩爲之職惟權視之凡戰以輕行輕則危以重行重則無功以輕行重則敗以重行輕則戰故戰相爲輕重舍謹兵甲行慎行列戰謹進止凡戰敬則慊率則服上煩輕上暇重奏鼓輕舒鼓重服膚輕服美重凡馬車堅甲兵利輕乃重上同無獲上專多死上生多疑上死不勝凡人死愛死怒死威死義死利凡戰之道教約人輕死道約人正死凡戰若勝若否若天若人凡戰三軍之戒無過三日一卒之警無過分日一人之禁無過瞬息凡大善用本其次用末執略守微本末惟權戰也凡勝三軍一人勝凡鼓鼓旗鼓車鼓馬鼓徒鼓兵鼓首鼓足七鼓兼齊凡戰既固勿重重進勿盡凡盡危凡戰非陣之難使人可陣難非使可陣難使人可用難非知之難行之難人方有性性州異教成俗俗州異道化俗爲衆寡若勝若否兵不告利甲不告堅車不告固馬不告良衆不自多未獲道凡戰勝則與衆分善若將復戰則重賞罰若使不勝取過在

己復戰則誓己居前無復先術勝負勿反是謂正則凡民以仁救以義戰以智決以勇鬬以信專以利勸以功勝故心中仁行中義堪物智也堪大勇也堪久信也讓以和人自洽自予以不循爭賢以爲人說其心効其力凡戰擊其微靜避其强靜擊其倦勞避其閑窕擊其大懼避其小懼自古之政也

用衆第五

凡戰之道用寡固用衆治寡利煩衆利正用衆進止用

寡進退衆以合寡則遠裹而闕之若分而迭擊寡以待
衆若衆疑之則自用之擅利則釋旗迎而反之敵若衆
則相衆而受裹敵若寡若畏則避之開之凡戰背風背
高右高左險歷沛歷圮兼舍環龜凡戰設而觀其作視
敵而舉待則循而勿鼓待衆之作攻則屯而伺之凡戰
衆寡以觀其變進退以觀其固危而觀其懼靜而觀其
怠動而觀其疑襲而觀其治擊其疑加其卒致其屈襲
其規因其不避阻其圖奪其慮乘其懾凡從奔勿息敵

人或止於路則慮之凡近敵都必有進路退必有反慮
凡戰先則弊後則懾息則怠不息亦弊息久亦反其懾
書親絶是謂絶顧之慮選良次兵是謂益人之強棄任
節食是謂開人之意自古之政也

司馬法

欽定四庫全書

子部

尉繚子卷一至五

詳校官助教臣常循

臣紀昀覆勘

總校官候補知府臣葉佩蓀

校對官中書臣康儀鈞

謄録監生臣濟東阿

欽定四庫全書　子部二

尉繚子　兵家類

提要

臣等謹案尉繚子五卷周尉繚撰其人當六國時不知其本末或曰魏人以天官篇有梁惠王問知之或又曰齊人鬼谷子之弟子劉向別錄又云繚為南君學未詳孰是也漢志雜家有尉繚二十九篇隋志作五卷唐志作

六卷亦並立於雜家鄭樵譏其見名而不見書馬端臨亦以為然然漢志兵形勢家內實別有尉繚三十一篇故胡應麟謂兵家之尉繚即今所傳而雜家之尉繚並非此書今雜家亡而兵家獨傳鄭以為孟堅之誤者非也特今書止二十四篇與所謂三十一篇者數不相合則後來已有所亡佚非完本矣其書大指主於分本末別賓主明賞罰所言往往合於正如云兵不攻無過之城不殺無罪之人又云兵者所以誅暴亂禁不義也兵之所加者農不離其田業賈不離其肆宅士大夫不離其官府故兵不血刃而天下親皆戰國談兵者所不道晁公武讀書志有張載注尉繚子一卷則講學家亦取其說然書中兵令一篇於誅逃之法言之極詳可以想見其節制則亦非漫無經畧高談仁義者矣其書坊

本無卷數今酌其篇頁仍依隋志之目分為五卷乾隆四十九年閏三月恭校上

總纂官臣紀昀臣陸錫熊臣孫士毅

總校官臣陸費墀

欽定四庫全書

尉繚子卷一

周　尉繚　撰

天官第一

梁惠王問尉繚子曰黄帝刑德可以百勝有之乎尉繚子對曰刑以伐之德以守之非所謂天官時日陰陽向背也黄帝者人事而已矣何者今有城東西攻不能取南北攻不能取四方豈無順時乘之者耶然不能取者城高池深

兵器備具財穀多積豪士一謀者也若城下池淺守弱則取之矣繇是觀之天官時日不若人事也按天官曰背水陣為絶地向阪陣為廢軍武王伐紂背濟水向山阪而陳以二萬二千五百人擊紂之億萬而滅商豈紂不得天官之陣哉楚將公子心與齊人戰時有彗星出柄在齊柄所在勝不可擊公子心曰彗星何知以彗鬬者固倒而勝焉明日與齊戰大破之黄帝曰先神先鬼先稽我智謂之天官人事而已

兵談第二

量土地肥磽而立邑建城稱地以城稱人以人稱粟三相稱則内可以固守外可以戰勝戰勝於外備主於内勝備相應猶合符節無異故也

治兵者若秘于地若邃于天生于無故開之大不窕小不恢明乎禁舍開塞民流者親之地不任者任之夫土廣而任則國富民衆而制則國治富治者民不發軔甲不出暴而威制天下故曰兵勝于朝廷不暴甲而勝者主勝也陣而勝者將勝也

兵起非可以忿也見勝則興不見勝則止患在百里之内不起一日之師患在千里之内不起一月之師患在四海之内不起一歲之師

將者上不制于天下不制于地中不制于人寬不可激而怒清不可事以財夫心狂耳聾目盲以三悖率人者難矣

兵之所及羊腸亦勝鋸齒亦勝緣山亦勝入谷亦勝方亦勝圓亦勝重者如山如林如江如河輕者如炮如燔

如垣壓之如雲覆之令人聚不得以散散不得以聚左不得以右右不得以左兵如總木弩如羊角人人無不騰陵張膽絕乎疑慮堂堂決而去

制談第三

凡兵制必先定制先定則士不亂士不亂則刑乃明金鼓所指則百人盡鬬陷行亂陣則千人盡鬬覆軍殺將則萬人齊刃天下莫能當其戰矣

古者士有什伍車有偏列鼓鳴旗麾先登者未嘗非多

力國士也先死者亦未嘗非多力國士也損敵一人而損我百人此資敵而傷我甚焉世將不能禁征役分軍而逃歸或臨戰自北則逃傷甚焉世將不能禁殺人於百步之外者弓矢也殺人於五十步之內者矛戟也將已鼓而士卒相囂拗矢折矛抱戟利後發戰有此數者內自敗也世將不能禁士失什伍車失偏列奇兵捐將而走大衆亦走世將不能禁夫將能禁此四者則高山陵之深水絕之堅陣犯之不能禁此四者猶亡舟楫絕江河不可得也

民非樂死而惡生也號令明法制審故能使之前明賞於前決罰於後是以發能中利動則有功

令百人一卒千人一司馬萬人一將以少誅衆以弱誅强試聽臣言其術足使三軍之衆誅一人無失刑父不敢舍子子不敢舍父況國人乎

一夫仗劒擊於市萬人無不避之者臣謂非一人之獨勇萬人皆不肖也何則必死與必生固不侔也聽臣之

術足使三軍之衆為一死賊莫敢當其前莫敢隨其後而能獨出獨入焉獨出獨入者王霸之兵也

有提十萬之衆而天下莫當者誰曰桓公也有提七萬之衆而天下莫當者誰曰吳起也有提三萬之衆而天下莫當者誰曰武子也今天下諸國士所率無不及二十萬之衆然不能濟功名者不明乎禁舍開塞也明其制一人勝之則十人亦以勝之也十人勝之則百千萬人亦以勝之也故曰便吾器用養吾武勇發之如鳥擊

如赴千仞之谿今國被患者以重幣出聘以愛子出質以地界出割得天下助卒名為十萬其實不過數萬爾其兵來者無不謂其將曰無為人下先戰其實不可得而戰也

量吾境內之民無伍莫能正矣經制十萬之衆而王必能使之衣吾衣食吾食戰不勝守不固者非吾民之罪內自致也天下諸國助我戰猶良驥騄駬之駃彼駑馬鬐興角逐何能紹吾氣哉

吾用天下之用為用吾制天下之制為制修吾號令明吾刑賞使天下非農無所得食非戰無所得爵使民揚臂爭出農戰而天下無敵矣故曰發號出令信行國內民言有可以勝敵者毋許其空言必試其能戰也視人之地而有之分人之民而畜之必能內有其賢者也不能內有其賢而欲有天下必覆軍殺將如此雖戰勝而國益弱得地而國益貧由國中之制弊矣

戰威第四

凡兵有以道勝有以威勝有以力勝講武料敵使敵之氣失而師散雖刑全而不為之用此道勝也審法制明賞罰便器用使民有必戰之心此威勝也破軍殺將乘闉發機潰衆奪地成功乃返此力勝也王侯知此所以三勝者畢矣

夫將之所以戰者民也民之所以戰者氣也氣實則鬬氣奪則走刑未加兵未接而所以奪敵者五一曰廟勝之論二曰受命之論三曰踰垠之論四曰深溝高壘之

論五曰舉陣加刑之論此五者先料敵而後動是以擊虛奪之也善用兵者能奪人而不奪於人奪者心之機也令者一衆心也衆不審則數變數變則令雖出衆不信矣故令之之法小過無更小疑無中故上無疑令則衆不二聽動無疑事則衆不二志未有不信其心而能得其力者也未有不得其力而能致其死戰者也

故國必有禮信親愛之義則可以饑易飽國必有孝慈廉恥之俗則可以死易生古者率民必先禮信而後爵

禄先廉耻而後刑罰先親愛而後律其身

故戰者必本乎率身以勵衆士如心之使四肢也志不勵則士不死節士不死節則衆不戰勵士之道民之生不可不厚也爵列之等死喪之親民之所營不可不顯也必也因民所生而制之因民所營而顯之田禄之實飲食之親鄉里相勸死喪相救兵役相從此民之所勵也使什伍如親戚卒伯如朋友止如堵墻動如風雨車不結轍士不旋踵此本戰之道也

地所以養民也城所以守地也戰所以守城也故務耕者民不饑務守者地不危務戰者城不圍三者先王之本務本務者兵最急故先王專於兵有五焉委積不多則士不行賞禄不厚則民不勸武士不選則衆不強器用不備則力不壯刑罰不中則衆不畏務此五者靜能守其所固動能成其所欲

夫以居攻出則居欲重陣欲堅發欲畢鬭欲齊

王國富民霸國富士僅存之國富大夫亡國富倉府所謂上滿下漏患無所救

故曰舉賢任能不時日而事利明法審令不卜筮而獲吉貴功養勞不禱祠而得福故曰天時不如地利地利不如人和聖人所貴人事而已

夫勤勞之師將必先己暑不張蓋寒不重衣險必下步軍井成而後飲軍食熟而後飯軍壘成而後舍勞佚必以身同之如此師雖久而不老不弊

攻權第五

兵以靜勝國以專勝力分者弱心疑者背夫力弱故進退不豪縱敵不擒將吏士卒動靜一身心既疑背則計決而不動動決而不禁異口虛言將無脩容卒無常試發攻必衄是謂疾陵之兵無足與鬭將帥者心也羣下者支節也其心動以誠則支節必力其心動以疑則支節必背夫將不心制卒不節動雖勝幸勝也非攻權也

夫民無兩畏也畏我侮敵畏敵侮我見侮者敗立威者勝凡將能其道者吏畏其將也吏畏其將者民畏其吏

也民畏其吏者敵畏其民也是故知勝敗之道者必先知畏侮之權夫不愛說其心者不我用也不威嚴其心者不我舉也愛在下順威在上立愛故不二威故不犯故善將者愛與威而已

戰不必勝不可以言戰攻不必拔不可以言攻不然刑賞不足信也信在期前事在未兆故衆已聚不虛散兵已出不徒歸求敵若求亡子擊敵若救溺人

分險者無戰心挑戰者無全氣鬬戰者無勝兵

凡挾義而戰者貴從我起爭私結怨應不得已怨結雖起待之貴後故爭必當待之息必當備之

兵有勝于朝廷有勝于原野有勝于市井鬬則得服則失幸以不敗此不意彼驚懼而曲勝之也曲勝言非全也非全勝者無權名故明主戰攻之日合鼓合角節以兵刃不求勝而勝也兵有去備徹威而勝者以其有法故也有器用之蚤定也其應敵也周其總率也極故五人而伍十人而什百人而卒千人而率萬人而將已周已極其朝死則朝代暮死則暮代權敵審將而後舉兵故凡集兵千里者旬日百里者一日必集敵境卒聚將至深入其地錯絕其道棲其大城大邑使之登城逼危男女數重各逼地形而攻要塞據一城邑而數道絕從而攻之敵將帥不能信吏卒不能和刑有所不從者則我敗之矣敵救未至而一城已降津梁未發要塞未修城險未設渠答未張則雖有城無守矣遠堡未入戍客未歸則雖有人無人矣六畜未聚五穀未收財用無歛

則雖有資無資矣夫城邑空虛而資盡者我因其虛而攻之法曰獨出獨入敵人不接刃而致之此之謂也

尉繚子卷一

欽定四庫全書

尉繚子卷二

周　尉繚　撰

守權第六

凡守者進不郭圉退不亭障以禦戰非善者也豪傑英俊堅甲利兵勁弩強矢盡在郭中乃收窖廩毀折而入保令客氣十百倍而主之氣不半焉敵攻者傷之甚也然而世將弗能知

夫守者不失其險者也守法城一丈十人守之工食不

與焉出者不守守者不出一而當十十而當百百而當千千而當萬故為城郭者非特費於民聚土壤也誠為守也千丈之城則萬人之守也池深而廣城堅而厚士民備薪食給弩堅矢強矛戟稱之此守法也

攻者不下十餘萬之衆其有必救之軍者則有必守之城無必救之軍者則無必守之城若彼城堅而救誠則愚夫惷婦無不蔽城盡資血城者期年之城守餘於攻者救餘於守者若彼城堅而救不誠則愚夫惷婦無不守陴而泣下此人之常情也遂發其窖廩救撫則亦不能止矣必鼓其豪傑英俊堅甲利兵勁弩強矢并於前么麽毀瘠者并於後

十萬之衆頓於城下救必開之守必出之出據要塞但救其後無絕其糧道中外相應此救而示之不誠示之不誠則倒敵而待之者也後其壯前其老彼敵無前守不得而止矣此守權之謂也

十二陵第七

威在於不變惠在於因時機在於應事戰在於治氣攻在於意表守在於外飾無過在於度數無困在於豫備慎在於畏小智在於治大除害在於敢斷得衆在於下人悔在於任疑孽在於屠戮偏在於多私不祥在於惡聞已過不度在於竭民財不明在於受間不實在於輕發固陋在於離賢禍在於好利害在於親小人亡在於無所守危在於無號令

武議第八

凡兵不攻無過之城不殺無罪之人夫殺人之父兄利人之財貨臣妾人之子女此皆盜也故兵者所以誅暴亂禁不義也兵之所加者農不離其田業賈不離其肆宅士大夫不離其官府由其武議在於一人故兵不血刃而天下親焉

萬乘農戰千乘救守百乘事養農戰不外索權救守不外索助事養不外索資夫出不足戰入不足守者治之以市市者所以給戰守也萬乘無千乘之助必有百乘

之市

凡誅者所以明武也殺一人而三軍震者殺之殺一人而萬人喜者殺之殺之貴大賞之貴小當殺而雖貴重必殺之是刑上究也賞及牛童馬圉者是賞下流也夫能刑上究賞下流此將之武也故人主重將

夫將提鼓揮枹臨難決戰接兵角刃鼓之而當則賞功立名鼓之而不當則身死國亡是興亡安危應在枹端柰何無重將也

夫提鼓揮枹接兵角刃君以武事成功者臣以為非難也古人曰無蒙衝而攻無渠答而守是謂無善之軍視無見聽無聞由國無市也夫市也者百貨之官也市賤賣貴以限士人人食粟一斗馬食菽三斗人有饑色馬有瘠形何也市有所出而官無主也夫提天下之節制而無百貨之官無謂其能戰也

起兵直使甲胄生蟣蝨者必為吾所效用也鷙鳥逐雀有襲人之懷入人之室者非出生也後有憚也

太公望年七十屠牛朝歌賣食盟津過七十餘而主不聽人人謂之狂夫也及遇文王則提三萬之衆一戰而天下定非武議安能此合也故曰良馬有策遠道可致賢士有合大道可明

武王伐紂師渡孟津右旄左鉞死士三百戰士三萬紂之臣億萬飛廉惡來身先戟斧陣開百里武王不罷士民兵不血刃而克商誅紂無祥異也人事修不修而然也今世將考孤虛占咸池合龜兆視吉凶觀星辰風雲

之變欲以成勝立功臣以為難

夫將者上不制于天下不制于地中不制于人故兵者凶器也爭者逆德也將者死官也故不得已而用之無天于上無地于下無主于後無敵于前一人之兵如狼如虎如風如雨如雷如電震震冥冥天下皆驚勝兵似水夫水至柔弱者也然所觸丘陵必為之崩無異也性專而觸誠也今以莫邪之利犀兕之堅三軍之衆有所奇正則天下莫當其戰矣故曰舉賢用能不時日而事

利明法審令不卜筮而獲吉貴功養勞不禱祠而得福又曰天時不如地利地利不如人和古之聖人謹人事而已

吳起與秦戰舍不平隴畝樸樕蓋之以蔽霜露如此何也不自高人故也乞人之死不索尊竭人之力不責禮故古者介胄之士不拜示人無已以煩也夫煩人而欲乞其死竭其力自古至今未嘗聞矣

將受命之日忘其家張軍宿野忘其親援枹而鼓忘其身吳起臨戰左右進劒起曰將專主旗鼓爾臨難決疑揮兵指刃此將事也一劒之任非將事也

三軍成行一舍而後成三舍三舍之餘如決川原望敵在前因其所長而用之敵白者堊之赤者赭之

吳起與秦戰未合一夫不勝其勇前獲雙首而還吳起立斬之軍吏諫曰此材士也起曰材士則是也非吾令也斬之

將理第九

凡將理官也萬物之主也不私於一人夫能無私於一人故萬物至而制之萬物至而命之君子不救囚於五步之外雖鉤矢射之弗追也故善審囚之情不待箠楚而囚之情可畢矣笞人之背灼人之脇束人之指而訊囚之情雖國士有不勝其酷而自誣矣

今世諺云千金不死百金不刑試聽臣之言行臣之術雖有堯舜之智不能關一言雖有萬金不能用一銖今夫決獄小圄不下十數中圄不下百數大圄不下千數

十人聯百人之事百人聯千人之事千人聯萬人之事所聯之者親戚兄弟也其次婚姻也其次知識故人也是農無不離田業賈無不離肆宅士大夫無不離官府如此關聯良民皆囚之情也兵法曰十萬之師出日費千金今良民十萬而聯於囹圄上不能省臣以為危也

原官第十

官者事之所主為治之本也制者職分四民治之分也貴爵富祿必稱尊卑之體也好善罰惡正比法會計民

之具也均井地節賦斂取與之度也程工人備器用匠工之功也分地塞要殄怪禁淫之事也守法稽斷臣下之節也明法稽驗主上之操也明主守等輕重臣主之權也明賞賚嚴誅責止奸之術也審開塞守一道為政之要也下達上通至聰之聽也

知國有無之數用其仂也知彼弱者強之體也知彼動者靜之決也官分文武惟王之二術也俎豆同制天子之會也遊說間諜無自入正議之術也諸侯有謹天子

之禮君民繼世承王之命也更好易常違王明德故禮得以伐也官無事治上無慶賞民無獄訟國無商賈何王之至也明舉上達在王垂聽也

尉繚子卷二

欽定四庫全書

尉繚子卷三

周 尉繚 撰

治本第十一

凡治人者何曰非五穀無以充腹非絲麻無以蓋形故充腹有粒蓋形有縷夫在芸耨妻在機杼民無二事則有儲蓄夫無雕文刻鏤之事女無繡飾纂組之作木器液金器腥聖人飲于土食于土故埏埴以為器天下無費

今也金木之性不寒而衣繡飾馬牛之性食草飲水而給菽粟是治失其本而宜設之制也春夏夫出於南畝秋冬女練于布帛則民不困今裋褐不蔽形糟糠不充腹失其治也古者土無肥磽人無勤惰古人何得而今人何失耶耕有不終畝織有日斷機而奈何饑寒蓋古治之行今治之止也

夫所謂治者使民無私也民無私則天下為一家而無私耕私織共寒其寒共饑其饑故如有子十人不加一飯有子一人不損一飯焉有喧呼酖酒以敗善類乎民有輊佻則欲心與爭奪之患起矣橫生於一夫則民私飯有儲食私用有儲財民一犯禁而拘以刑治烏在其為人上也

善政執其制使民無私為下不敢私則無為非者矣反本緣理出乎一道則欲心去爭奪止囹圄空野充粟多安民懷遠外無天下之難內無暴亂之事治之至也

蒼蒼之天莫知其極帝王之君誰能法則往世不可及

來世不可待求己者也

所謂天子者四焉一曰神明二曰垂光三曰洪叙四曰無敵此天子之事也野物不為犧牲雜學不為通儒

今說者曰百里之海不能飲一夫三尺之泉足止三軍渴臣謂欲生於無度邪生於無禁大上神化其次因物其下在於無奪民時無損民財夫禁必以武而成賞必以文而成

戰權第十二

兵法曰千人而成權萬人而成武權先加人者敵不力交武先加人者敵不威接故兵貴先勝於此則勝彼矣弗勝於此則弗勝彼矣凡我往則彼來彼來則我往相為勝敗此戰之理然也夫精誠在乎神明戰權在乎道之所極有者無之無者有之安所信之

先王之所傳聞者任正去詐存其慈順決無留刑故知道者必先圖不知止之敗惡在乎必往有功輕進而求戰敵復圖止我往而敵制勝矣故兵法曰求而從

之見而加之主人不敢當而陵之必喪其權

凡奪者無氣恐者不可守敗者無人兵無道也意往而不疑則從之奪敵而無前則加之明視而高居則威之兵道極矣

其言無謹偷失其陵犯無節破矣水潰雷擊三軍亂矣必安其危去其患以智決之高之以廊廟之論重之以受命之論銳之以踰垠之論則敵國可不戰而服

重刑令第十三

將自千人以上有戰而北守而降離地逃衆命曰國賊身戮家殘去其籍發其墳墓暴其骨于市男女公于官自百人以上有戰而北守而降離地逃衆命曰軍賊身死家殘男女公於官使民内畏重刑則外輕敵故先王明制度於前重威刑於後刑重則内畏内畏則外堅矣

伍制令第十四

軍中之制五人為伍伍相保也十人為什什相保也五十人為屬屬相保也百人為閭閭相保也伍有干令犯

禁者揭之免於罪知而弗揭全伍有誅什有干令犯禁者揭之免於罪知而弗揭全什有誅屬有干令犯禁者揭之免於罪知而弗揭全屬有誅閭有干令犯禁者揭之免於罪知而弗揭全閭有誅吏自什長以上至左右將上下皆相保也有干令犯禁者揭之免於罪知而弗揭者皆與同罪夫什伍相結上下相聯無有不得之奸無有不揭之罪父不得以私其子兄不得以私其弟而況國人聚舍同食烏能以干令相私者哉

分塞令第十五

中軍左右前後軍皆有分地方之以行垣而無通其交往將有分地帥有分地伯有分地皆營其溝洫而明其塞令使非百人無得通非其百人而入者伯誅之伯不誅與之同罪軍中縱横之道百有二十步而立一府柱量人與地柱道相望禁行清道非將吏之符節不得通行采薪芻牧者皆成行伍不成行伍者不得通行吏屬無節士無伍者横門誅之踰分于地者誅之故内無干令犯禁則外無不獲之奸

尉繚子卷三

尉繚子卷四

周 尉繚 撰

束伍令第十六

束伍之令曰五人為伍共一符收於將吏之所亡伍而得伍者當之得伍而不亡有賞亡伍不得伍身死家殘亡長得長當之得長不亡有賞亡長不得長身死家殘復戰得首長除之亡將得將當之得將不亡有賞亡將不得將坐離地遁逃之法戰誅之法曰什長得誅十人伯長得誅十長千人之將得誅百人之長萬人之將得誅千人之將左右將軍得誅萬人之將大將軍無不得誅

經卒令第十七

經卒者以經令分之為三分焉左軍蒼旗卒戴蒼羽右軍白旗卒戴白羽中軍黄旗卒戴黄羽卒有五章前一行蒼章次二行赤章次三行黄章次四行白章次五行黑章次以經卒亡章者有誅前一五行置章于首次二

五行置章于項次三五行置章于胸次四五行置章于腹次五五行置章于腰如此卒無非其吏吏無非其卒見非而不詰見亂而不禁其罪如之鼓行交鬬則前行進為犯難後行退為辱衆踰五行而前者有賞踰五行而後者有誅所以知進退先後吏卒之功也故曰鼓之前如雷霆動如風雨莫敢當其前莫敢躡其後言有經也

勒卒令第十八

金鼓鈴旗四者各有法鼓之則進重鼓則擊金之則止重金則退鈴傳令也旗麾之左則左麾之右則右奇兵則反是一鼓一擊而左一鼓一擊而右一步一鼓步鼓也十步一鼓趨鼓也音不絕騖鼓也商將鼓也角帥鼓也小鼓伯鼓也三鼓同則將帥伯其心一也奇兵則反是鼓失次者有誅讙譁者有誅不聽金鼓鈴旗而動者有誅百人而教戰教成合之千人千人教成合之萬人萬人教成會之于三軍三軍之衆有分有合為大戰之法教成試之以閱

方亦勝圓亦勝錯斜亦勝臨險亦勝敵在山緣而從之敵在淵沒而從之求敵若求亡子從之無疑故能敗敵而制其命夫蚤決先定若計不先定慮不蚤決則進退不定疑生必敗故正兵貴先奇兵貴後或先或後制敵者也世將不知法者專命而行先擊而勇無不改者也其舉有疑而不疑其往有信而不信其致有遲疾而不遲疾是三者戰之累也

將令第十九

將軍受命君必先謀於廟行令于廷君身以斧鉞授將曰左右中軍皆有分職若踰分而上請者死軍無二令二令者誅留令者誅失令者誅將軍告曰出國門之外期日中設營表置轅門期之如過時則坐法將軍入營則閉門清道有敢行者誅有敢高言者誅有敢不從令者誅

踵軍令第二十

所謂踵軍者去大軍百里期于會地為三日熟食前軍而行為戰合之表合表乃起踵軍饗士使為之戰勢是謂趨戰者也興軍者前踵軍而行合表乃起去大軍一倍其道去踵軍百里期于會地為六日熟食使為戰備分卒據要害戰利則追北按兵而趨之踵軍遇有還者誅之所謂諸將之兵在四竒之内者勝也兵有什伍有分有合豫為之職守要塞關梁而分居之戰合表起即皆會也大軍為計日之食起戰具無不及也令行而起

不如令者誅凡稱分塞者四境之内當興軍踵軍既行則四境之民無得行者奉王之命授持符節名為順職之吏非順職之吏而行者誅之戰合表起順職之吏乃行用以相參故欲戰先安内也

尉繚子卷四

尉繚子卷五

周　尉繚　撰

兵教上第二十一

兵之教令分營居陳有非令而進退者如犯教之罪前行者前行教之後行者後行教之左行者左行教之右行者右行教之教舉五人其甲首有賞弗教如犯教之罪羅地者自揭其伍伍内互揭之免其罪

凡伍臨陳若一人有不盡死於敵則教者如犯法者之罪凡什保什若亡一人而九人不盡死於敵則教者如犯法者之罪自什以上至于裨將有不若法者則教者如犯法者之罪

凡明刑罰正勸賞必在乎兵教之法將異其旗卒異其章左軍章左肩右軍章右肩中軍章胸前書其章曰某甲某士前後章各五行尊章置首上其次差降之

伍長教其四人以板為鼓以瓦為金以竿為旗擊鼓而進低旗則趨擊金而退麾而左之麾而右之金鼓俱擊

而坐伍長教成合之什長什長教成合之卒長卒長教成合之伯長伯長教成合之兵尉兵尉教成合之裨將裨將教成合之大將大將教成陳於中野置大表三百步而一既陳去表百步而決百步而趨百步而騖習戰以成其節為之賞罰

自尉吏而下盡有旗戰勝得旗者各視其所得之爵以明賞勸之心戰勝在乎立威立威在乎戮力戮力在乎正罰正罰者所以明賞也令民背國門之限決死生之

分教之死而不疑者有以也

令守者必固戰者必闘奸謀不作姦民不語令行無變兵行無猜輕者若霆奮敵若驚舉功別德明如白黑令民從上令如四肢應心也

前軍絕行亂陳破堅如潰者有以也此之謂兵教所以開封疆守社稷除患害成武德也

兵教下第二十二

臣聞人君有必勝之道故能并兼廣大以一其制度則威加天下有十二焉一曰連刑謂同罪保伍也二曰地禁謂禁止行道以網外奸也三曰全軍謂甲首相附三五相同以結其聯也四曰開塞謂分地以限各死其職而堅守也五曰分限謂左右相禁前後相待垣車為固以逆以止也六曰號別謂前列務進以別其後者不得爭先登不次也七曰五章謂彰明行列始卒不亂也八曰全曲謂曲折相從皆有分部也九曰金鼓謂興有功致有德也十曰陣車謂接連前矛馬冒其目也十一曰

死士謂衆軍之中有材智者乘于戰車前後縱橫出奇制敵也十二曰力卒謂經其全曲不麾不動也此十二者教成犯令不舍兵弱能強之主卑能尊之令弊能起之民流能親之人衆能治之地大能守之國車不出于閫組甲不出于櫜而威服天下矣

兵有五致為將忘家踰垠忘親指敵忘身必死則生急勝為下百人被刃陷行亂陣千人被刃擒敵殺將萬人被刃橫行天下

武王問太公望曰吾欲少間而極用人之要望對曰賞如山罰如谿太上無過其次補過使人無得私語諸罰而請不罰者死諸賞而請不賞者死伐國必因其變示之財以觀其窮示之弊以觀其病上乖下離若此之類是伐之因也

凡興師必審內外之權以計其去兵有備闕糧食有餘不足校所出入之路然後興師伐亂必能入之地大而城小者必先收其地城大而地窄者必先攻其城地廣

而人寡者則絕其阨地窄而人衆者則築大堙以臨之無喪其利無奪其時寬其政夷其業救其弊則足以施天下令戰國相攻大伐有德自伍而兩自兩而師不一其令率俾民心不定徒尚驕侈謀患辨訟吏究其事累且敗也日暮路遠還有剉氣師老將貪爭掠易敗

凡將輕壘卑衆動可攻也將重壘高衆懼可圍也凡圍必開其小利使漸夷弱則節吝有不食者矣衆夜擊者驚也衆避事者離也待人之救期戰而蹷皆心失而氣傷也傷氣敗軍曲謀敗國

兵令上第二十三

兵者凶器也爭者逆德也事必有本故王者伐暴亂本仁義焉戰國則以立威抗敵相圖而不能廢兵也

兵者以武為植以文為種武為表文為裏能審此二者知勝敗矣文所以視利害辨安危武所以犯强敵力攻守也

專一則勝離散則敗陳以密則固鋒以疏則達卒畏將

甚于敵者勝卒畏敵甚于將者敗所以知勝敗者稱將於敵也敵與將猶權衡焉安靜則治暴疾則亂

出卒陳兵有常令行伍疏數有常法先後之次有適宜常令者非追北襲邑攸用也前後不次則失也亂先後斬之

常陳皆向敵有內向有外向有立陳有坐陳夫內向所以顧中也外向所以備外也立陳所以行也坐陳所以止也立坐之陣相參進止將在其中坐之兵劍斧立之

兵戟弩將亦居中

善御敵者正兵先合而後扼之此必勝之術也陳之斧鉞飾之旗章有功必賞犯令必死存亡死生在枹之端雖天下有善兵者莫能禦此矣

矢射未交長刃未接前譟者謂之虛後譟者謂之實不譟者謂之秘虛實秘者兵之體也

兵令下第二十四

諸去大軍為前禦之備者邊縣列候各相去三五里聞大軍為前禦之備戰則皆禁行所以安內也

內卒出戍令將吏授旗鼓戈甲發日後將吏及出縣封界者以坐後戍法兵戍邊一歲遂亡不候代者法比亡軍父母妻子知之與同罪弗知赦之

卒後將吏而至大將所一日父母妻子盡同罪卒逃歸至家一日父母妻子弗捕執及不言亦同罪

諸戰而亡其將吏者及將吏棄卒獨北者盡斬之

前吏棄其卒而北後吏能斬之而奪其卒者賞

軍無功者戍三歲

三軍大戰若大將死而從吏五百人以上不能死敵者斬大將左右近卒在陣中者皆斬餘士卒有軍功者奪一級無軍功者戍三歲

戰亡伍人及伍人戰死不得其屍同伍盡奪其功得其屍罪皆赦

軍之利害在國之名實今名在官而實在家官不得其實家不得其名聚卒為軍有空名而無實外不足以禦敵內不足以守國此軍之所以不給將之所以奪威也

臣以謂卒逃歸者同舍伍人及吏罰入糧為饒名為軍實是有一軍之名而有二實之出國內空虛自竭民歲曷以免奔北之禍乎

今以法止逃歸禁亡軍是兵之一勝也什伍相連及戰鬬則卒吏相救是兵之二勝也將能立威卒能節制號令明信攻守皆得是兵之三勝也

臣聞古之善用兵者能殺士卒之半其次殺其十三其

次殺其十一能殺其半者威加海内殺十三者力加諸侯殺十一者令行士卒故曰百萬之衆不用命不如萬人之鬬也萬人之鬬不如百人之奮也賞如明月信如四時令如斧鉞制如干將士卒不用命者未之聞也

尉繚子卷五

欽定四庫全書　子部

黄石公三略卷上中下

三畧直解卷上中下

詳校官助教臣常循

臣紀昀覆勘

總校官進士臣程嘉謨

校對官檢討臣錢世錫

謄錄監生臣汪致基

欽定四庫全書　　子部二

提要　　兵家類

黄石公三略

臣等謹案黄石公三略三卷始見于隋書經籍志云下邳神人撰成氏注唐宋藝文志所載並同相傳其源出于太公圯上老人以一編書授張良者即此蓋自漢以來言兵法者往往以黄石公為名史志所載有黄石公記

三卷黄石公略注三卷黄石公陰謀乘斗魁剛行軍秘一卷黄石公神光輔星秘訣一卷又兵法一卷三鑑圖一卷兵書統要一卷今雖多亡佚不存然大抵出于附會是書文義不古當亦後人所依託鄭瑗井觀瑣言稱其剽竊老氏遺意迂緩支離不適于用其知足戒貪等語蓋因子房之明哲而為之辭非子房反有得于此其非圯橋授受之書明甚然後漢光武帝詔書引黄石公柔能制剛弱能制強之語實出此書中所載軍讖之文其為漢詔援據此書或為此書剽竊漢詔均無可考定疑以傳疑亦姑過而存之焉

三畧直解

臣等謹案三畧直解三卷明劉寅撰寅始末未詳自題前辛亥科進士考進士題名洪武辛亥有劉寅崞縣人蓋即其人也三畧一書

漢志不著于録張商英偽作素書託盜者得之張良冢中而以稱三畧出黄石公者為誤寅辨其襍取子書中語更換字樣聯屬之詆商英言涉虛無其論甚當顧必以三畧為真出太公至黄石公始授張良而于書中引越王句踐投醪飲士一事無以為解則指為黄石公所附益又適其說以為句踐以前或别有投醪之事今不可考則其誣與商英等矣

然隋志著録稱為下邳神人撰真德秀西山集有是書序亦以為雖非太公作而當為子房之所授則寅說亦有自來鼂公武讀書志稱元豐中以六韜孫子吳子司馬法黄石公三畧尉繚子李衛公問對頒行武學號曰七書則宋時且列為功令其大旨出于黄老務在沈幾觀變先立于不敗以求敵之可勝操術頗巧兵家或往往用之寅所解詞意頗明

顯又能參考諸本註其異同較他家所刻亦特為詳贍中有闕字無可考補今亦姑仍之

乾隆四十九年八月恭校上

總纂官臣紀昀臣陸錫熊臣孫士毅

總校官臣陸費墀

欽定四庫全書

黄石公三略卷上

夫主將之法務擥英雄之心賞祿有功通志於衆故與衆同好靡不成與衆同惡靡不傾治國安家得人也亡國破家失人也含氣之類咸願得其志

軍讖曰柔能制剛弱能制强柔者德也剛者賊也弱者人之所助强者人之所攻柔有所設剛有所施弱有所用强有所加兼此四者而制其宜端末未見人莫能知

天地神明與物推移變動無常因敵轉化不為事先動而輒隨故能圖制無疆扶成天威康正八極密定九夷如此謀者為帝王師故曰莫不貪强鮮能守微若能守微乃保其生聖人存之以應事機舒之彌四海卷之不盈杯居之不以室宅守之不以城郭藏之胸臆而敵國服軍讖曰能柔能剛其國彌光能弱能强其國彌彰純柔純弱其國必削純剛純强其國必亡

夫為國之道恃賢與民信賢如腹心使民如四肢則策

無遺所適如肢體相隨骨節相救天道自然其巧無間

軍國之要察衆心施百務危者安之懼者歡之叛者還之寃者原之訴者察之卑者貴之强者抑之敵者殘之貪者豐之欲者使之畏者隱之謀者近之讒者覆之毀者復之反者廢之横者挫之滿者損之歸者招之服者活之降者脱之獲固守之獲阨塞之獲難屯之獲城割之獲地裂之獲財散之敵動伺之敵近備之敵强下之敵佚去之敵陵待之敵暴綏之敵悖義之敵睦攜之順

舉挫之因勢破之放言過之四網羅之得而勿有居而勿守拔而勿久立者勿取為者則已有者則士焉知利之所在彼為諸侯已為天子使城自保令士自處

世能祖祖鮮能下下祖祖為親下下為君下下者務農桑不奪其時薄賦斂不匱其財罕徭役不使其勞則國富而家娱然後選士以司牧之夫所謂士者英雄也故曰羅其英雄則敵國窮英雄者國之幹庶民者國之本得其幹收其本則政行而無怨

夫用兵之要在崇禮而重祿禮崇則智士至祿重則義士輕死故祿賢不愛財賞功不踰時則下力并敵國削

夫用人之道尊以爵贍以財則士自來接以禮勵以義則士死之

夫將帥之必與士卒同滋味而共安危敵乃可加故兵有全勝敵有全因昔者良將之用兵有饋簞醪者使投諸河與士卒同流而飲夫一簞之醪不能味一河之水而三軍之士思為致死者以滋味之及己也軍讖曰軍

井未達將不言渴軍幕未辦將不言倦軍竈未炊將不言飢冬不服裘夏不操扇雨不張蓋是謂將禮與之安與之危故其衆可合而不可離可用而不可疲以其恩素蓄謀素合也故曰蓄恩不倦以一取萬

軍讖曰將之所以為威者號令也戰之所以全勝者軍政也士之所以輕戰者用命也故將無還令賞罰必信如天如地乃可使人士卒用命乃可越境

夫統軍持勢者將也制勝敗敵者衆也故亂將不可使

保軍乖衆不可使伐人攻城不可拔圖邑則不廢二者無功則士力疲敝士力疲敝則將孤衆悖以守則不固以戰則奔走是謂老兵老兵則將威不行將無威則士卒輕刑士卒輕刑則軍失伍軍失伍則士卒逃亡士卒逃亡則敵乘利敵乘利則軍必喪

軍讖曰良將之統軍也恕己而治人推惠施恩士力日新戰如風發攻如河決故其衆可望而不可當可下而不可勝以身先人故其兵為天下雄

軍讖曰軍以賞為表以罰為裏賞罰明則將威行官人得則士卒服所任賢則敵國畏

軍讖曰賢者所適其前無敵故士可下而不可驕將可樂而不可憂謀可深而不可疑士驕則下不順將憂則内外不相信謀疑則敵國奮以此攻伐則致亂夫將者國家之命也將能制勝則國家安定

軍讖曰將能清能靜能平能整能受諫能聽訟能納人能採言能知國俗能圖山川能表險難能制軍權故曰仁賢之智聖明之慮負薪之言廊廟之語興衰之事將所宜聞將者能思士如渴則策從焉夫將拒諫則英雄散策不從則謀士叛善惡同則功臣倦專己則下歸咎自伐則下少功信讒則衆離心貪財則奸不禁内顧則士卒淫將有一則衆不服有二則軍無式有三則下奔北有四則禍及國

軍讖曰將謀欲密士衆欲一攻敵欲疾將謀密則奸心閉士衆一則軍心結攻敵疾則備不及設軍有此三者

則計不奪將謀泄則軍無勢外闚内則禍不制財入營則衆奸會將有此三者軍必敗

將無慮則謀士去將無勇則士卒恐將妄動則軍不重將遷怒則一軍懼軍讖曰慮也勇也將之所重動也怒也將之所用此四者將之明誡也

軍讖曰軍無財士不來軍無賞士不往軍讖曰香餌之下必有死魚重賞之下必有勇夫故禮者士之所歸賞者士之所死招其所歸示其所死則所求者至故禮而

後悔者士不止賞而後悔者士不使禮賞不倦則士爭
死
軍讖曰興師之國務先隆恩攻取之國務先養民以寡
勝衆者恩也以弱勝强者民也故良將之養士不易于
身故能使三軍如一心則其勝可全
軍讖曰用兵之要必先察敵情視其倉庫度其糧食卜
其强弱
察其天地伺其空隙故國無軍旅之難而運糧者虛也

民菜色者窮也千里饋糧士有饑色樵蘇後爨師不宿
飽夫運糧千里無一年之食二千里無二年之食三千
里無三年之食是謂國虛國虛則民貧民貧則上下不
敵敵攻其外民盜其內是謂必潰
軍讖曰上行虐則下急刻賦重斂數刑罰無極民相殘
賊是謂亡國
軍讖曰內貪外廉詐譽取名竊公為恩令上下昏飾躬
正顏以獲高官是謂盜端

軍讖曰羣吏朋黨各進所親招舉姦枉抑挫仁賢背公
立私同位相訕是謂亂源
軍讖曰强宗聚姦無位而尊威無不震葛藟相連種德
立恩奪在位權侵侮下民國內諠譁臣蔽不言是謂亂
根
軍讖曰世世作姦侵盜縣官進退求便委曲弄文以危
其君是謂國姦
軍讖曰吏多民寡尊卑相若强弱相虜莫適禁禦延及

君子國受其害
軍讖曰善善不進惡惡不退賢者隱蔽不肖在位國受
其害
軍讖曰枝葉强大比周居勢卑賤陵貴久而益大上不
忍廢國受其害
軍讖曰佞臣在上一軍皆訟引威自與動違于衆無進
無退苟然取容專任自己舉措伐功誹謗盛德誣述庸
庸無善無惡皆與己同稽留行事命令不通造作苛政

變古易常君用佞人必受禍殃

軍讖曰姦雄相稱障蔽主明毀譽並興壅塞主聽各阿所私令主失忠

故主察異言乃覩其萌主聘儒賢姦雄乃遷主任舊齒萬事乃理主聘巖穴士乃得實謀及負薪功乃可述不失人心德乃洋溢

黃石公三略卷上

欽定四庫全書

黃石公三略卷中

夫三皇無言而化流四海故天下無所歸功帝者體天則地有言有令而天下太平君臣讓功四海化行百姓不知其所以然故使臣不待禮賞有功美而無害王者制人以道降心服志設矩備衰四海會同王職不廢雖甲兵之備而無戰鬬之患君無疑於臣臣無疑於主國定主安臣以義退亦能美而無害霸者制士以權結士

以信使士以賞信衰則士疏賞虧則士不用命

軍勢曰出軍行師將在自專進退內御則功難成

軍勢曰使智使勇使貪使愚智者樂於立功勇者好行其志貪者邀趨其利愚者不顧其死因其至情而用之此軍之微權也

軍勢曰無使辨士談說敵美為其惑衆無使仁者主財為其多施而附於下

軍勢曰禁巫祝不得為吏士卜問軍之吉凶

軍勢曰使義士不以財故義者不為不仁者死智者不為闇主謀

主不可以無德無德則臣叛不可以無威無威則失權臣不可以無德無德則無以事君不可以無威無威則國弱威多則身蹶

故聖王御世觀盛衰度得失而為之制故諸侯二師方伯三師天子六師世亂則叛逆生王澤竭則盟誓相誅伐德同勢敵無以相傾乃攬英雄之心與衆同好惡然

後加之以權變故非計策無以決嫌定疑非譎奇無以破奸息寇非陰計無以成功

聖人體天賢人法地智者師古是故三略為衰世作上畧明禮賞別奸雄著成敗中略差德行審權變下略陳道德察安危明賊賢之咎故人主深曉上畧則能任賢擒敵深曉中畧則能御將統衆深曉下畧則能明盛衰之源審治國之紀人臣深曉中畧則能全功保身夫高鳥盡良弓藏敵國滅謀臣亡亡者非喪其身也謂奪其威廢其權也封之於朝極人臣之位以顯其功中州善國以富其家美色珍玩以悅其心夫人衆一合而不可卒離權威一與而不可卒移還師罷軍存亡之階故弱之以位奪之以國是謂霸者之略故霸者之作其論駁也存社稷羅英雄者中略之勢也故勢主秘焉

黄石公三略卷中

黃石公三略卷下

夫能扶天下之危者則據天下之安除天下之憂者則享天下之樂能救天下之禍者則獲天下之福故澤及于民則賢人歸之澤及昆蟲則聖人歸之賢人所歸則其國強聖人所歸則六合同求賢以德致聖以道賢去則國微聖去則國乖微者危之階乖者亡之徵

賢人之政降人以體聖人之政降人以心體降可以圖

始心降可以保終降體以禮降心以樂所謂樂者非金石絲竹也謂人樂其家謂人樂其族謂人樂其業謂人樂其都邑謂人樂其政令謂人樂其道德如此君人者乃作樂以節之使不失其和故有德之君以樂樂人無德之君以樂樂身樂人者久而長樂身者不久而亡

釋近謀遠者勞而無功釋遠謀近者佚而有終佚政多忠臣勞政多怨民故曰務廣地者荒務廣德者強能有其有者安貪人之有者殘殘滅之政累世受患造作過制雖成必敗

舍己而教人者逆正己而化人者順逆者亂之招順者治之要

道德仁義禮五者一體也道者人之所蹈德者人之所得仁者人之所親義者人之所宜禮者人之所體不可無一焉故夙興夜寐禮之制也討賊報讎義之決也惻隱之心仁之發也得己得人德之路也使人均平不失其所道之化也

出君下臣名曰命施于竹帛名曰令奉而行之名曰政夫命失則令不行令不行則不立政不立則道不通道不通則邪臣勝邪臣勝則主威傷

千里迎賢其路遠致不肖其路近是以明君舍近而取遠故能全功尚人而下盡力

廢一善則衆善衰賞一惡則衆惡歸善者得其祐惡者受其誅則國安而衆善至

衆疑無定國衆惑無治民疑定惑還國乃可安

一令逆則百令失一惡施則百惡結故善施于順民惡加于凶民則令行而無怨使怨治怨是謂逆天使讐治讐其禍不救治民使平致平以清則民得其所而天下寧

犯上者尊貪鄙者富雖有聖主不能致其治犯上者誅貪鄙者拘則化行而衆惡消清白之士不可以爵祿得節義之士不可以刑威脅故明君求賢必觀其所以而致焉致清白之士修其禮致節義之士修其道然後士

可致而名可保

夫聖人君子明盛衰之源通成敗之端審治亂之機知去就之節雖窮不處亡國之位雖貧不食亂邦之粟潛名抱道者時至而動則極人臣之位德合於己則建殊絕之功故其道高而名揚于後世

聖人之用兵非樂之也將以誅暴討亂也夫以義誅不義若決江河而溉爝火臨不測而擠欲墜其克必矣所以優游恬淡而不進者重傷人物也夫兵者不祥之器天道惡之不得已而用之是天道也夫人之在道若魚之在水得水而生失水而死故君子常懼而不敢失道

豪傑秉職國威乃弱殺生在豪傑國勢乃竭豪傑低首國乃可久殺生在君國乃可安四民用虛國乃無儲四民用足國乃安樂

賢臣內則邪臣外邪臣內則賢臣斃內外失宜禍亂傳世

大臣疑主衆奸集聚臣當君尊上下皆昏君當臣處上

下失序

傷賢者殃及三世蔽賢者身受其害嫉賢者其名不全進賢者福流子孫故君子急于進賢而美名彰焉

利一害百民去城郭利一害萬國乃思散去一利百人乃慕澤去一利萬政乃不亂

黃石公三略卷下

欽定四庫全書

三畧直解卷上

明 劉寅 撰

三者上中下三卷也畧者謀畧也世以為黃石公書授張子房於圯橋者也按漢書藝文志云張良韓信序次兵法凡百八十二家删取要用定著三十五家並不言有三畧者漢成帝時任宏論次兵書分權謀形勢陰陽技巧四種共五十三家而三畧亦不載焉

史稱張良少匿下邳與老父遇於圯橋出書一編曰讀此則為王者師遂去旦日視之乃太公兵法也通鑑綱目亦曰張良與沛公遇於留良數以太公兵法說沛公公善用之常用其策與他人言輒不省良曰沛公殆天授遂不去正義曰七録云太公兵法一帙三卷唐李靖亦云張良所學太公六韜三畧是也然則三畧本太公書而黃石公或推演之以授子房所以兵家者流至今因以為黃石公書也宋張商英又云素書乃黃石公所授子房者也世人多以三畧為是葢傳之者誤耳素書者晉亂有盜發子房塚於枕中獲之上有祕戒不許傳於不神不聖之人又摘取書中數語以證子房之事且曰自漢以來章句文辭之學熾而知道之士極少知諸葛亮王猛房喬裴度等雖號為一時賢相至於先天大道曾未知其髣髴此書所以不傳於不道不神不聖不賢之人也今觀素書原始章首特論道德仁義禮本三畧下卷中之文

因而推廣之耳下文賢人君子明於盛衰之道通乎成敗之數審乎理亂之勢達乎去就之理故潛居抱道以待其時若時至而行則能極人臣之位得機而動則能成絕代之功是以其道足高而名揚於後世及能有其有者安貪人之有者殘舍已以教人者逆正已以化人者順皆三畧全文而少變之耳其後五章亦是雜取古書中語而更換字樣聯屬之非秦漢以前古書況商英之言多涉虛無觀其曰雖有雖無

之謂道非有非無之謂神有而無之之謂聖無而有
之之謂賢又曰老子言其體故云禮者忠信之薄而
亂之首黃石公言其用故云道德仁義禮不可無一
焉此其深於斯道者之言也素書果出於子房塚中而
隋唐以來名儒碩士何故無一言及此恐是後人依倣
而為之者所以宋先正程朱輩俱不暇論也今亦未敢
必以為然姑明其大槩係於三畧直解下以俟知者焉

上畧

夫主將之法務攬英雄之心賞祿有功通志於衆故與
衆同好靡不成與衆同惡靡不傾治國安家得人也亡
國破家失人也含氣之類咸願得其志

夫為主將之法務延攬英雄之心厚賞祿其有功之
人通上下之志於衆故與衆人同為美事靡有不成
者與衆人同作惡事靡有不傾者治國安家得賢智
之人而用之也亡國破家失賢智之人而不用也故
含氣有生之類皆願得遂其所志或曰好惡皆去聲

未知是否

軍讖曰柔能治剛弱能治强柔者德也剛者賊也弱者
人之所助强者人之所攻

讖者驗也言將來之驗也其書有曰柔者能制其剛
弱者能制其强夫柔者非柔懦而不立也示之柔以
制其剛也弱者非怯弱而不振也示之弱以制其强
也如漢文帝以柔而制趙佗孫臏以弱而制龐涓之
類是也柔者德也謂柔嘉維則為德若柔而過中又

非德也剛者賊也謂剛愎不仁為賊若剛而得中又
非賊也弱而有德者衆人之所助援故古人有濟弱
扶傾者所以弱者人多助也若弱而無德誰肯助之
强而不仁者衆人之所攻擊故古人有禁暴救亂者所
以强者人多攻也若强而仁孰肯攻之今本柔能制
下皆欠剛弱能制四字悉依舊本增之

柔有所設剛有所施弱有所用强有所加兼此四者而
制其宜

柔有所設不妄設也剛有所施不妄施也弱有所用不妄用也強有所加不妄加也兼此剛柔強弱四者制其宜而行之上文言剛者賊也強者人之所攻戒人之過於剛與強也此言剛有所施強有所加勉人剛強而適其宜也始如處女柔有所設也後如脫兎剛有所施也令軍減竈弱有所用也萬弩齊發強有所加也但要制其宜而行之耳今本強有下無所字亦依舊本正之

端末未見人莫能知天地神明與物推移變動無常因敵轉化不為事先動而輒隨故能圖制無疆扶成天威康正八極密定九夷知此謀者為帝王師

大凡天下之事端倪本來未曾顯見人莫得而知也天地之神明即所謂二氣之良能也天之道春而夏夏而秋秋而冬冬而復春矣地之道生而長長而收收而藏藏而復生矣興亡盛衰榮枯代謝是與物推移者也故為將者或奇或正變動無常因敵之強弱虛實而轉化焉不為事先謂不先人而首事也人動而我輒隨而應之故能謀制無疆而扶成天威康正乎八極密定乎九夷知此謀者真可為帝王之師此子房所以佐漢高滅秦項定四海為帝王者師也八極者四方四維之盡處也九夷者畎夷于夷方夷黃夷白夷赤夷元夷風夷陽夷是也

故曰莫不貪強鮮能守微若能守微乃保其生

故曰人人莫不貪求其強少有能持其機微者若能

持守幾微則知足知止乃能明哲而保其生也此子房所以不擇齊三萬戶而願封於留全身遠害而托以從赤松子遊而去也

聖人存之以應事機舒之彌四海卷之不盈杯居之不以室宅守之不以城郭藏之胷臆而敵國服

聖人存之方寸以應酬事機舒而放之則彌滿乎四海卷而收之則不盈乎一杯即中庸集註所謂放之則彌六合卷之則退藏於密是也今本皆作坯字誤

也居之不用室宅守之不用城郭言道體在乎心是以心居之以一守之所以不用室宅與城郭也心在胷臆而為身之主妙衆理而宰萬物故曰藏之胷臆而天下服此子房所以運籌帷幄之中決勝千里之外也

軍讖曰能柔能剛其國彌光能弱能強其國彌彰純柔純弱其國必削純剛純強其國必亡

軍讖有曰為主將者能柔能剛則其國愈益光顯如

文王囚於羑里之庫其臣南宫适散宜生求美女善馬獻紂而出之是能柔也伐崇伐密一怒而安天下是能剛也如日月之照臨光於四方顯於西土其國豈不光乎為主將者能弱能強則其國愈益彰明如齊威王使孫臏田忌救趙臏使齊軍入魏地為十萬竈明日為五萬竈又明日為三萬竈是能弱也候至馬陵萬弩齊發是能強也進敗魏軍虜太子申威震海内其國豈不彰乎若為主將者純用柔純用弱則其國必然衰削如韓魏或獻地或請朝求媚於秦以幸一日之安是純柔純弱也卒致宗社傾危其國豈不削乎為主將者純用剛純用強則其國必然喪亡如項羽破彰邯殺子嬰圍漢王於榮陽敗漢兵於渭水後至陰陵不肯渡江而東是純剛純強也八千兵散至以自刎其國豈不亡乎今本純柔純弱下皆無其國必削四字亦依舊本增之

夫為國之道恃賢與民信賢如腹心使民如四肢則策

無遺

夫治國之道倚恃賢士與衆民聽信賢人之言如自已之腹心役使衆民如自已之四肢則其策無遺失也

所適如肢體相隨骨節相救天道自然其巧無間

凡有所往如四肢與身體相隨從骨節相救護此天道之自然其巧無間隙也

軍國之要察衆心施百務

軍國之要道審察衆心而施設百務百務者言事務之多也今本作施肯務亦依舊本正之

危者安之懼者歡之叛者還之寃者原之

危殆者則扶而安之畏懼者則喻而歡之叛去者則致而還之寃抑者則宥而原之

訴者察之卑者貴之强者抑之敵者殘之

來訴者則審而察之卑微者則尊而貴之强梁者則禁而抑之敵我者則殘而滅之

貪者豐之欲者使之畏者隱之謀者近之

性貪者則豐而富之願欲者則順而使之有畏者隱之使勿出有謀者近之使籌畫

讒者覆之毀者復之反者廢之横者挫之

讒佞者則傾而覆之敵毀辱我者則令人復之有不當復者姑忍之以伺其便耳反滅者則廢滅其身與家上言叛者還之是謀背本國而往他國者若能還之古人猶赦之也此言反者廢之是反逆不道謀危社稷者故當廢而滅之也暴横者則挫其威使不復横也

滿者損之歸者招之服者活之降者脱之

志盈滿者則滅損之欲歸順者則招來之已服從者則全活之願降附者則解脱之

獲固守之獲阨塞之獲難屯之獲城割之獲地裂之獲財散之

得堅固之處則守之得險阨之處則塞之得艱危之

處則屯之得城池則割以與人得土地則裂以封人得財貨則散以濟人

敵動伺之敵近備之敵强下之敵佚去之敵陵待之敵暴綏之敵悖義之敵睦攜之

敵人將動吾則伺其便敵人相持地近吾當修其備敵人勢力盛强吾當以卑下驕之敵人之力閑佚吾當遠而去之敵人之勢憑陵吾當待其衰敵人之氣剛暴吾當安其衆或曰綏當作需亦待之也敵人狂

悖吾以義服之敵人親睦吾與攜待之
順舉挫之因勢破之故言過之四綱羅之
吾順人心而舉事則能挫敵之威吾因敵虛實之勢
而出奇則能破其衆聞放浪之言則過譎之恐惑衆
也招延賢士當張四綱而羅取之欲致其用也
得而勿有居而勿守拔而勿久立而勿取
得人財則當散勿以為已有取人之所居勿安於所
守拔人之城當以速勿用久敵已立君而主社稷勿

用攻而取如齊人已立法章為王而拒燕欲取之而
不能後至於敗是也
為者則已有者則士焉知利之所在彼為諸侯已為天
子使城自保令士自處
案此節疑有闕文誤字或曰為國政者在自已有成
功者在衆士何以知利之所在彼為諸侯之職已為
天子之任使天下之城自保守令天下之士自處置
言在上不能任賢守城而權出於衆也未知是否

世能祖祖鮮能下下祖祖為親下下為君
世之人君能以尊祖之禮祀其祖少有能以撫下之
道字其下者以尊祖之禮祀其祖是為親也以撫下
之禮字其下是為君也
下下者務耕桑不奪其時薄稅斂不匱其財罕徭役不
使其勞則國富而家娛然後選士以司牧之
下下者務耕田蠶桑不侵奪其耕作之時月輕薄稅
斂不匱竭其日用之財貨罕少徭役不使令民力之

勞困如此則國富足而家娛樂然後選用賢士以司
牧之蕭何曰養民以致賢人胡氏曰天之立君以為
民也君之求臣以行保民之政也臣之事君以行養
民之術也故世主無養民之心則天下之賢人君子
不為之用而上之所得者莫非殘民害物之人是以
民心日離君勢日孤亡秦之轍可以鑑矣蕭何有見
乎此而高祖聞言即悟漢業之興不亦宜哉三畧先
言養民之法而後云選士亦此義歟

夫所謂士者英雄也故曰羅其英雄則敵國窮

夫所謂士者英雄是也故曰網羅其英雄而用之則敵國窮困言國無英雄為之謀畫經理則百職皆廢而困窮矣猶孟子所謂不信仁賢則國空虛之義

英雄者國之幹庶民者國之本得其幹收其本則政行而無怨

英雄者國家之幹蔽庶民者國家之根本得其幹蔽收其根本則政化行而人無怨幹築墻兩旁木以制

板者左傳僖公十年有曰禮者國之幹也又木之正出者為幹

夫用兵之要在崇禮而重祿禮崇則智士至祿重則義士輕死故祿賢不愛財賞功不踰時則下力并敵國削

夫用兵之要道在崇其禮節而重其祿秩禮節崇則有智之士至如燕昭王事郭隗而致樂毅之至是也祿秩重則有義之士輕視其死如公子光以專諸之子為卿而得鱄設諸之死是也故以祿養賢者不愛惜其財賞賚有功者不踰過其時則下之力并而所敵之國削而敗

夫用人之道尊以爵贍以財則士自來接以禮勵以義則士死之

夫任用人才之道尊之以爵贍之以財則賢士自來接之以禮勵之以義則義士為我死之

夫將帥者必與士卒同滋味而共安危敵乃可加故兵有全勝敵有全因

夫為將帥者必與士卒同食滋味而共處安危然後士卒感激奮發而敵乃可加因字未詳或曰當作湮言吾兵有全勝則敵有全湮者未知是否

昔者良將之用兵有饋簞醪者使投諸河與士卒同流而飲夫一簞之醪不能味一河之水而三軍之士思為致死者以滋味之及已也

昔者良將之用兵有人饋獻簞醪者簞竹器漆之可盛酒河北方流水之通名是時三軍皆渴一簞之酒

不足飲之故使投之河與士卒同流而共飲三軍之士思為致死者以滋味之能及已而將不獨飲也按此是勾踐事豈黃石公引之而增廣其說歟或踐之前别有以簞醪投諸河而飲三軍者歟

軍讖曰軍井未達將不言渴軍幕未辦將不言倦軍竈未炊將不言饑冬不服裘夏不操扇雨不張蓋是謂將禮

軍讖有曰軍井鑿而未通將不先言渴以求飲軍幕施而未完將不先言倦以求息軍竈設而未炊將不

先言饑以求食冬雖寒而不敢服裘蓋欲與士卒同其寒也夏雖熱而不敢操扇蓋欲與士卒共其熱也雨雖濕而不敢張蓋蓋欲與士卒共其濕也是謂為將之禮

與之安與之危故其衆可合而不可離可用而不可疲以其恩素蓄謀素合也故曰蓄恩不倦以一取萬

與之同其安與之同其危故其衆人之心可合而不可離衆人之力可用而不可疲蓋以其恩惠數蓄而謀計素合也故古人有言蓄恩惠而不倦息以吾一而取人之萬也非謂一人而可取萬人蓋此一人之恩蓄之不倦而萬人自歸之也

軍讖曰將之所以為威者號令也戰之所以全勝者軍政也士之所以輕戰者用命也故將無還令賞罰必信如天如地乃可使人士卒用命乃可越境

軍讖有曰將帥之所以為威者號令之嚴也戰鬭之所以全勝者軍政之明也士卒之所以輕戰者用將

之命也故將無還反之令罰欲必而賞欲信也如天之春夏秋冬不失其期如地之生長收藏不失其時乃可以使人士卒聽用將命乃可以越人之境

夫統軍持勢者將也制勝敗敵者衆也故亂將不可使保軍乖衆不可使伐人攻城不可拔圖邑則不廢二者無功則士力疲弊士力疲弊則將孤衆悖以守則不固以戰則奔北是謂老兵

夫總統三軍握持形勢者大將之權也制伐之勝以敗敵者衆人之力也故自亂之將不可使保護三軍乖錯之衆不可使攻伐敵人以亂將馭乖衆攻城則不可拔圖邑則不可廢二者既無功則士卒之力皆疲弊士民疲弊則將孤於上衆特於下以之而守則不固以之而戰則奔北此謂之老兵春秋傳以師曲為老是也

老兵則將威不行將無威則士卒輕刑士卒輕刑則軍

失伍軍失伍則士卒逃亡士卒逃亡則敵乘利敵乘利則軍必喪

兵老則將之威令不行於下將無威令則士卒輕上之刑而不畏懼士卒既輕刑則軍必失行伍而不整軍既失伍則士卒必逃亡者多士卒既逃亡則敵人必乘利而動敵人既乘利則吾軍必至於喪敗

軍讖曰良將之統軍也恕已而治人推惠施恩士力日新戰如風發攻如河决故其衆可望而不可當可下而不可勝以身先人故其兵為天下雄

軍讖有曰良將之統御三軍也以恕已之心而治人推已及人為恕是推愛已之心以愛人所以推惠施恩而士力日新也戰闘如風發之迅疾攻擊如河决之猛烈故其衆但可望而不可當可下人而不可勝我也將能以身先人故其兵為天下之雄焉

軍讖曰軍以賞為表以罰為裏賞罰明則將威行官人得則士卒服所任賢則敵國畏

軍讖有曰行軍以賞為之表以罰為之裏賞罰嚴明則將之威令行授官任人得其道則士卒服所任用者皆賢而有德則敵畏

軍讖曰賢者所適其前無敵故士可下而不可驕將可樂而不可憂謀可深而不可疑

軍讖有曰賢者所往其前無人可敵如樂毅之往齊齊誰能與之敵哉故士可以禮下之而不可以驕將可樂之而不可使憂如燕昭之於樂毅能下而樂之

此齊所以敗而燕所以勝也至燕惠王則驕而憂之此毅所以去而燕所以敗也為謀可深而不可疑謀疑則事不成矣

士驕則下不順將憂則內外不相信謀疑則敵國奮以此攻伐則致亂

待士而驕則在下之人不順士民之望也故驕其士則下之人亦不順矣將而使之憂則內外不相信君治內將治外故將有憂心則內外不相信矣憂者憂

其讒佞之譖已也主將之謀疑而不定則敵國必奮而勝我矣以此攻伐敵人則自致其亂

夫將者國之命也將能制勝則國家安定

夫將者國家之司命也將能制勝於敵則國家自然定矣

軍讖曰將能清能淨能平能整能受諫能聽訟能納人能採言能知國俗能圖山川能表險難能制軍權

軍讖有曰將要能清清則不可干以私要能淨淨則不可欺以詐要能平平則處心均而人自順要能整整則能率下而士不亂要能受諫受諫則衆善進而無遺謀要能納人納人則衆賢集而無遺才要能採言人之言有是有非是者採而聽之無稽者則不聽也要能知敵國之風俗敵國風俗各有所尚知其所尚則隨其俗而為之備要能圖山川之形勢山川形勢各有遠近險易之不同圖其形勢則知地利而易為戰守之機要能表白其險難之處險難之處能表

白之則無應變之失要能制三軍之權三軍之權將之所以御下威敵者也苟能制之則三軍服威士卒用命戰無强敵攻無堅陳矣

故曰仁賢之智聖明之慮負薪之言廊廟之語興衰之事將所宜聞將者能思士如渴則策從焉

故曰仁賢之智略聖明之謀慮及負薪之言廊廟之語前代興衰之事將所宜聞也將能思士如渴之欲飲則策無不從焉

夫將拒諫則英雄散策不從則謀士叛善惡同則功臣倦專已則下歸咎自伐則下少功信讒則衆離心貪財則奸不禁內顧則士卒淫

夫將者拒絕諫諍則英雄皆離散夫人之籌策不能聽從則知謀之士皆叛去矣善者當賞惡者當罰善惡不分而雷同視之則功臣皆倦怠而不為用矣專任私智則下皆歸咎於上矣自伐其善則下之人少有成功矣聽信讒言則士衆皆離心矣貪取財貨則

姦邪之人不可禁矣有內顧之心則士卒皆好淫矣

將有一則衆不服有二則軍無式有三則下奔北有四則禍及國

已上八事之中將或有一事則衆心不服矣有二事則軍無法式矣有三事則下奔北矣有四事則禍及於國矣若八事俱全則身死家殘國必破滅其任將者可不慎歟

軍讖曰將謀欲密士衆欲一攻敵欲疾將謀密則姦心閉士衆一則軍心結攻敵疾則備不及設軍有此三者則計不奪

軍讖有曰將之謀計欲祕密而不泄士衆之心欲專一而不散攻擊敵人欲疾速而不遲將之謀密則姦宄之心閉而不得張矣閉音鼈閉也今本作閉非書皆押韻故下云士衆專一則軍心固結攻敵疾速則防備之具不及施設行軍而有此三者則計不為人所奪矣

將謀泄則軍無勢外闚內則禍不制財入營則衆奸會

將之計謀泄則軍無威勢矣外人得以闚視吾內則禍患不可得而制矣財貨入營則衆奸皆會聚矣為將有此三者軍必敗

將而有此三者則軍必敗亡矣

將無慮則謀士去將無勇則士卒恐將妄動則軍不重將遷怒則一軍懼

將無遠慮則智謀之士亦去矣將無才勇則士卒亦

有畏恐之心矣將妄動而動則軍亦不持重矣將遷移忿怒則一軍皆懼矣

軍讖曰慮也勇也將之所重動也怒也將之所用此四者將之明誡也

軍讖有曰慮也勇也將之所宜重者動也怒也將之所宜用者言慮與勇不可無而動不可妄怒不可遷也此四者為將之明誡不可不察也

軍讖曰軍無財士不來軍無賞士不往

軍讖有曰軍中無財則士卒不來軍中無賞則士卒不往上言財入營則衆姦會乃為將貪求私取之財也此言軍無財士不來乃為國積聚公用之財也

軍讖曰香餌之下必有死魚重賞之下必有勇夫

軍讖有曰釣者香餌之下必有死魚國家重賞之下必有勇夫

故禮者士之所歸賞者士之所死招其所歸示其所死則所求者至

故禮者士之所顧歸賞者士之所輕死招其士之所歸示其士之所死則所求者皆至矣

故禮而後悔者士不止賞而後悔者士不使禮賞不倦則士爭死

故以禮待人而後有悔者士不肯止矣舊本作往止用韻今從之以賞與人而後有悔者士不為之使矣禮與賞用之不倦則士爭為之死矣

軍讖曰興師之國務先隆恩攻取之國務先養民以寡勝衆者恩也以弱勝强者民也

軍讖有曰欲將興師之國務先隆勝其恩謀欲攻取之國務先撫養其民以寡少而勝衆者恩使之也以怯弱而勝强者民助之也

故良將之養士不易於身故能使三軍如一心則其勝可全

故良將之養士如養自己之身而不可少改易也能養士如此故能使三軍如一人之心則其勝可全得

也
軍讖曰用軍之要必先察敵情視其倉庫度其粮食卜其强弱察其天地伺其空隙
軍讖有曰用兵之要道必先審察敵人之情視其倉庫之有無度其糧食之多少卜其勢力之强弱察其天時地利之得失伺其敵人之空隙
故國無軍旅之難而運糧者虛也民菜色者窮也千里饋糧士有饑色樵蘇後爨師不宿飽

故國家無軍旅之難而輸運糧食者知其內虛也民有菜色者知其國之貧窮也千里饋送糧食者則士有饑餒之色樵蘇後炊爨而食師無隔宿之飽採薪曰樵刈草曰蘇
夫運糧千里無一年之食二百里無二年之食三百里無三年之食是國虛國虛則民貧民貧則上下不親敵攻其外民盜其內是謂必潰
夫運糧千里則國無一年之食運糧二百里則國無二年之食運糧三百里則國無三年之食上既云千里恐百字皆千字之誤也無糧食是國內空虛國內空虛則民亦貧餒民既貧餒則上下不相親敵人或攻之於外民貧而盜之於內是謂必潰之國也
軍讖曰上行虐則下急刻賦重斂數刑罰無極民相殘賊是謂亡國
軍讖有曰上行暴虐則下之人皆急迫苛刻賦於民者重斂於民者數刑罰之用無有窮極則民相殘相

賊是謂將亡之國此一節言煩刑重斂之禍
軍讖曰內貪外廉詐譽取名竊公為名令上下昏餙躬正顔以獲高官是謂盜端
軍讖有曰內務貪求外似廉潔詐為虛名以取美名盜竊公室以為私恩致令上下皆昏暗而耳目如無所見聞務餙躬而正顔以獲取國之高官重爵是謂起盜之端也此一節言詐欺私蔽之禍
軍讖曰羣吏朋黨各進所親招舉姦枉抑挫仁賢背公

立私同位相訕是謂亂源

軍讖有曰軍吏相為朋黨各進其所親愛之人招延舉薦者皆姦邪矯枉之徒抑止挫辱者皆仁德賢能之士背棄公道樹立私恩雖在同位亦相訕謗是謂生亂之源也此一節言羣小朋黨之禍

軍讖曰强宗聚姦無位而尊威無不震葛藟相連種德立恩奪在位權侵侮下民國内諠譁臣蔽不言是為亂根

軍讖有曰强大之宗相聚為姦無有爵位妄自尊大擅立威勢而人無不震懼依時朋姦如葛藟之相連繫葛藟皆草名蔓生者也種植小惠樹立私恩攘奪有位之權侵侮在下之民使國内之人諠譁不止為大臣者蔽而不言是謂生亂之根也此一節言强宗擅權之禍

軍讖曰世世作姦侵盜縣官進退求便委曲弄文以危其君是謂國姦

軍讖有曰世世蹈襲作為姦惡侵欺盜竊於宰邑之官或進或退求取便利於已委曲弄其文法以危殆在上之君是謂一國之姦人也此一節言世族姦欺之禍

軍讖曰吏多民寡尊卑相若强弱相虜莫適禁禦延及君子國受其害

軍讖有曰為吏者多為民者少卑尊相若言人無尊卑也强弱相虜言以强凌弱也在上者莫適禁止禦

防之患延及於君子而國家亦受其害矣此一節言法令不行之禍

軍讖曰善善不進惡惡不退賢者隱蔽不肖在位國受其害

軍讖有曰善其善不能進而用之惡其惡不能退而遠之賢者隱蔽不用不肖者任之在位而國亦受其害矣此一節言不能進善退惡之禍

軍讖曰枝葉强大比周居勢卑賤凌貴久而益大上不

忍廢國受其敗

軍讖有曰根本弱而枝葉强大黨比周偏居於勢要之地卑賤之人得以欺凌尊貴之人久而益大為上者不忍廢之而國亦受其敗矣此一節言本弱末强之禍

軍讖曰佞臣在上一軍皆訟引威自與動違於衆無進無退苟然取容專任自己舉措伐功誹謗盛德誣述有庸無善無惡皆與己同稽留行事命令不通造作苛政

變古易常君用佞人必受禍殃

軍讖有曰諛佞之臣在上一軍之人皆訟彼乃牽引威勢自許其能動作則違於衆無進無退言不知進退而苟合取容於上專任自己之智一舉一措夸伐功能誹謗盛德之士誣述有功之人庸功也禮曰保庸安有功也又曰勞也一說虛妄稱述庸下之人謂盛德之士反誹謗之庸下之人反稱述之所謂無善無惡皆欲與己合也稽留行事謂臨事不謹也命令不通謂扞格君命也造作苛刻之政變亂古道改易常法為君者好用諛佞之人必受禍害殃咎也此一節言佞臣用事之禍

軍讖曰姦雄相稱障蔽主明毀譽並興壅塞主聽各阿所私令主失忠

軍讖有曰姦雄之人互相稱譽障蔽人主之明毀譽相並而興壅塞人主之聽毀者讒人之短譽者稱人之美此姦雄之人善者反毀之不善者反譽之所以

壅塞人主之聰明使不能分別善惡而用舍之也人主既不能分別善惡故姦雄各阿比其所私令人主失其忠臣而不見用也此一節言姦雄蔽主之禍

故主察異言乃覩其萌主聘儒賢姦雄乃遁主任舊齒萬事乃理主聘嚴穴士乃得實謀及負薪功乃可述不失人心德乃洋溢

故人主能審察異言乃能覩其事之將萌者矣人主能聘用儒士賢才姦雄者皆遠遁而不敢出矣人主

能用故舊耆德之士則萬事皆得其理矣人主能聘用巖穴隱逸則士乃得其實矣得其實言非徒取其名也人主謀及芻薪微賤之人則功業可述矣人主下不失衆人之心則德洋溢於四海矣上文凡十引軍讖言不能用賢之禍故末以此六事結之蓋欲人主行此六事而免被十禍也其丁寧之意深矣

三畧直解卷上

欽定四庫全書

三畧直解卷中

明　劉寅　撰

中畧

夫三皇無言而化流四海故天下無所歸功

夫上古之世三皇為君無言而化流四海故天下之人無所歸功三皇者伏羲神農軒轅也此時風氣方開太朴未散其民易治故人君無用多言而化自行也

帝者體天則地有言有令而天下太平君臣讓功四海化行百姓不知其所以然故使臣不待禮賞有功美而無害

帝者體天之道法地之理有言有令施於兆民而致天下太平君臣相讓其功而教化行乎四海百姓亦不知其所以然所謂其民皡皡而不知為之者故使臣不待禮賞有功盡美而無害帝五帝少昊顓頊高

辛唐堯虞舜也言令讓功之事載在典籍皆可考焉
言出於口者也令施於竹帛者也
王者制人以道降心服志設矩備衰四海會同王職不廢雖甲兵之備而無鬬戰之患君無疑於臣臣無疑於主國定主安臣以義退亦能美而無害
王者制人以道道謂父子君臣夫婦長幼朋友之道制者制為禮節等級使上下不亂如此則能降人之心服人之志又設立規矩法度以備衰世使四海諸

侯皆來會同而王職不廢也矩法度之器所以為方者也衆見曰會殷見曰同雖甲兵備具而無鬬戰之患為君者無疑於臣為臣者無疑於君國家人主皆安定而臣告老致仕以義而退亦能盡美而無害王三王夏禹商湯周之文武也君臣無所相疑如禹之於伯益湯之於伊尹文武之於周召太公同心一德豈有所疑哉
霸者制士以權結士以信使士以賞信衰則士疏賞虧則士不用命
霸者制士用權道結士用信實使士用賞賜若上之信衰則士亦疏上之賞虧則士亦不肯用命霸若以太公之時論之即夏昆吾商大彭豕韋之類為是若以黃石公之時言之則齊桓晉文之類為是
軍勢曰出軍行師將在自專進退内御則功難成
軍勢論兵家之形勢也其書有曰凡出軍行師為將者在自專其任若進若退而君自内御之則功勳難

得而成矣
軍勢曰使智使勇使貪使愚智者樂立其功勇者好行其志貪者邀趍其利愚者不顧其死因其至情而用之此軍之微權也
軍勢有言曰為主將者當使有智謀之士使有勇之士使貪財之人使愚昧之人有智謀之士喜樂建立其功有勇敢之士好愛行其所志貪財之人專務邀趍貨利愚昧之人進戰不顧其死能因其至情而用

之此行軍之微權也微權權之微妙者也

軍勢曰無使辯士談說敵美為其惑衆無使仁者主財為其多施而附於下

軍勢有曰無使辯給之士談說敵國之美為其惑亂於衆無使仁者主掌財用為其多惠施而親附於下

軍勢曰禁巫祝不得為吏士卜問軍之吉凶

軍勢有曰禁止巫祝之人不得與吏士卜問軍中之吉凶亦恐其惑衆也

軍勢曰使義士不以財故義者不為不仁者死智者不為闇主謀

軍勢有曰使有義之士當以禮不以財故有義之士不為不仁者効死言不仁者不能使人以禮雖有財義士亦不為之死有智之士不為昏闇之主謀言闇主不能使人以禮雖有財智士亦不與之謀也

主不可以無德無德則臣叛不可以無威無威則失權

人主治國不可以無德無德則臣下皆離叛臨民不可以無威無威則失人主之權行道而有得於心謂之德有威而可畏謂之威德以附之威以臨之無德無威則無以治國而君臨兆民矣

臣不可以無德無德則無以事君不可以無威無威則國弱威多則身蹶

臣不可以無德無德則無以事奉人君臣不可以無威無威則國勢衰弱夫人臣之威當行於敵國施於士衆則國勢盛强若威多震主則身反顛蹶矣

故聖王御世觀盛衰度得失而為之制故諸侯二師方伯三師天子六師世亂則叛逆生王澤竭則盟誓相誅伐

故聖王御世觀望氣化之盛衰量度人事之得失而為之法制故諸侯之國二師二師二軍也方伯之國三師三師三軍也天子之國六師六師六軍也此師字與六師移之之義同非五旅為師萬二千五百人耳世亂是無聖王在上則叛逆之人生王澤竭是御

世之道衰則諸侯盟誓以相征伐

德同勢敵無以相傾乃攬英雄之心與衆同好惡然後加之以權變故非計策無以決嫌定疑非譎奇無以破姦息寇非陰計無以成功

德與之同勢與之敵無可以相傾乃延攬英雄之心與士衆同好同惡然後加之以權變之術故非籌策無以決嫌而定疑如薛公之策英布於謹之策肖繹是也非譎奇無以破姦而息寇譎奇譎謀之譎詐奇

異者如陳平六出奇計之類是也非陰密之計無以成就事功陰計謂謀之祕密者機事不密則害成故陰計可以成功也

聖人體天賢人法地智者師古

上古聖人體天而行天道無為而成化聖人無為而成治賢人法地而行地道有為方成生長之功賢人亦有為方成安民之治若春不種地何以生夏不耘地何以長是以必待有為而成功也賢人非聖人比也安能以無為無成治哉知者必師古人書曰事不師古匪說攸聞詩曰古訓是式盖法古而行惟智者能之

是故三畧為衰世作上畧設禮賞別姦雄著成敗中畧差德行審權變下畧陳道德察安危明賊賢之咎

是故三畧之書為衰世而作也上畧一卷陳說禮賞之事區別姦雄之人著顯成敗之迹中畧一卷差別德行審度事變下畧一卷數陳道德審察安危明賊臣與賢士之殃咎按此節以下至中卷末疑是黄石

公推演之言學者詳之

故人主深曉上畧則能任賢擒敵深曉中畧則能御將統衆深曉下畧則能明盛衰之源審治國之紀

故人主深曉上畧則能任賢用人擒取敵將上畧設禮賞所以能任賢也著成敗所以能擒敵也人主深曉中畧則能御治將師統屬士衆中畧差德行審權變所以能御將統衆也人主深曉下畧則能明辨盛

衰之根源審察治國之綱紀下畧陳道德察安危明賊賢之咎所以能明盛衰之源審治國之紀也

人臣深曉中畧則能全功保身

人臣深曉中畧則能全功而保身中畧審權變人臣知權變之道所以能全功保身也不言上畧中畧者但論人臣全功保身之事也

夫高鳥死良弓藏敵國滅謀臣亡亡者非喪其身也謂奪其威廢其權也

夫高鳥之死則良弓藏之於府庫敵國既破滅則謀臣皆亡去亡者非喪亡其身也謂人君奪其威廢其權不令總兵柄也此下又言人主保全功臣之道

封之於朝極人臣之位以顯其功中州善國以富其家美色珍玩以悅其心

封之於朝使極人臣之位以彰顯其功與之中州善國使納貢賦以富其家賜之美女珍玩以娛悅其心此漢光武宋太祖保全功臣之術非上古聖帝明王所以保全功臣之道

夫人衆一合而不可卒離權威一與而不可卒移還師罷軍存亡之階故弱之以位奪之以國是謂霸者之畧故霸者之作其論駁也

夫人衆一合而不可倉卒以離之權威一與而不可倉卒以移之還師罷軍之日存亡之階梯也故弱之以位不使執大權奪之以國不使居要地此謂霸者之謀畧故霸者之作其論駁雜也弱之以位奪之以國此漢高所以偽遊雲夢擒楚王信奪其國而降封

為淮陰侯也論者以為漢雜霸道於此亦可見矣

存社稷羅英雄者中畧之勢也故勢主秘焉

存守社稷搜羅英雄者乃中畧之權勢也故權勢之主祕密而不肯泄焉

三畧直解卷中

欽定四庫全書

三畧直解卷下

明　劉寅　撰

下畧

夫能扶天下之危者則據天下之安能除天下之憂者則享天下之樂能救天下之禍者則獲天下之福

夫人能扶持天下衆人之危者則據天下之安能除去天下衆人之憂者則享天下之樂能救天下衆人之禍者則獲天下之福

故澤及於民則賢人歸之澤及昆虫則聖人歸之賢人所歸則其國强聖人所歸則六合同

故德澤及於人民則賢人來歸之德澤及於昆虫則聖人來歸之賢人之所歸則其國盛强聖人之所歸則六合和同六合天地四方也

求賢以德致聖以道賢去則國微聖去則國乖微者危之階乖者亡之徵

人君求賢當以德致聖當以道德不盛則賢不至道不隆則聖不歸人君欲求賢致聖而不修道德亦安能致之來哉賢人若去則國家衰微聖人若去則國家乖舛微者危殆之階梯乖者亡滅之徵兆如穆生去而楚危微子去而殷亡是也

賢人之政降人以體聖人之政降人以心體降可以圖始心降可以保終降體以禮降心以樂

賢人之為國政降人以體聖人之為國政降人以心以體降人可以謀其始以心降人可以保其終降吾之體以下人當以禮降吾之心以下人當用樂

所謂樂者非金石絲竹也謂人樂其家謂人樂其族謂人樂其業謂人樂其都邑謂人樂其政令謂人樂其道德如此君人者乃作樂以節之使不失其和

所謂樂者非金石絲竹之類也金鐘也石磬也絲琴瑟也竹簫管也葢謂人樂居其家謂人樂會其族謂人樂守其業謂人樂處其都邑謂人樂奉其政令謂

人樂聞其道德如此君主斯人者乃作樂以節之使不失其本然之和也

故有德之君以樂樂人無德之君以樂樂身樂人者久而長樂身者不久而亡

故有德之君以樂樂天下之人即孟子所謂與人樂樂之義無德之君以樂樂自已之一身即孟子所謂獨樂樂之義以樂樂人者其國祚久而長以樂樂身者其國祚不久而亡

釋近謀遠者勞而無功釋遠謀近者佚而有終佚政多忠臣勞政多怨民

釋近而圖謀其遠者則勞而無功如秦越韓魏而攻齊是也釋遠而圖謀其近者則佚而有終如范雎說秦遠交而近攻是也佚政則國多忠藎之臣勞政則下多怨懟之民

故曰務廣地者荒務廣德者強能有其有者安貪人之有者殘殘滅之政累世受患造作過制雖成必敗

故曰務廣求土地者必荒而不能治務廣施德惠者必強而無敵能有自已之當有者則國安貪人之有而強取之者則國殘如東胡貪冒頓千里馬閼氏智伯貪趙蔡皋狼之地皆為所滅是也殘滅之政使子孫累世受患造作過其制度雖成而後必敗如秦造阿房過制二世而亡是也素書引能有其有者安貪人之有者殘二句以足第五章之義

舍已而教人者逆正已而化人者順逆者亂之招順者

治之要

舍已之身以教人者其事逆正已之身以化人者其理順逆者乃亂之招順者乃治之要正已化人即董子所謂正身以正朝廷正朝廷以正百官正百官以正萬民之義已身不正而欲化民其可得乎素書引此二句於末章而增逆者難從順者易行難從則亂易行則理四句以廣其意耳

道德仁義禮五者一體也道者人之所蹈德者人之所

得仁者人之所親義者人之所宜禮者人之所體不可無一焉

道德仁義禮五者原於天而具於心其體則一也然大用之流行則各有異耳道者事物當然之理人之所踐行者也德者行道而有所得也仁者愛之理親親仁民愛物皆人之所親但有厚薄之不同也義者處物而得其宜也禮者節文度數人之所體而行之也五者不可無一焉然仁義禮皆德也道散之萬事

德備於一心分而言之各有體有用統而論之其原皆出於天而體則歸於一也素書引此一節而推廣其意以成文耳

故夙興夜寐禮之制也討賊報讐義之決也惻隱之心仁之發也得己得人德之路也使人均平不失其所道之化也

故早興夜寐不失其節皆禮之制也討賊虐之人報君父之讐皆義之決也惻怛隱痛之心仁之發見者也既有得於己又有得於人乃德之路也得己者得之於心也得人者得人心之歸也使人均平如一而不失其所乃道之化也道之化謂政教化人之道也此亦以其大用之流行者言之若論其體則微妙而難見耳

出君下臣名曰命施於竹帛名曰令奉而行之名曰政

出於君下於臣名曰命施之於竹帛名曰令百官奉而行之布於四海名曰政

夫命失則令不行令不行則政不立政不立則道不通道不通則邪臣勝邪臣勝則主威傷

命王言也王言有所失則施於竹帛之令亦不能行令既不行則百官奉行之政亦不能立政既不立則三綱五常之道亦不能通道既不通則邪臣由是而勝邪臣既勝則人主威權亦傷矣

千里迎賢其路遠致不肖其路近是以明君舍近而取遠故能全功尚人而下盡力

千里迎賢其路甚遠招致不肖之人其路甚近言賢
者難求而不肖者易致也是以明君舍不肖之在近而
迎賢者於千里之遠故能全功尚人而在下者務盡
其力

廢一善則衆善衰賞一惡則衆惡歸善者得其祐惡者
受其誅則國安而衆善至

廢一善而退之則衆善皆衰賞一惡而進之則衆惡
皆歸若善者得其為善之福惡者受其為惡之誅則

國家安寧而衆善皆至

衆疑無定國衆惑無治民疑定惑還國乃可安

衆人皆疑則無安定之國衆人皆惑則無平治之民
衆疑皆定衆惑皆廻國家乃可安也

一令逆則百令失一惡施則百惡結故善施於順民惡
加於凶民則令行而無怨

一令既逆則百令皆失一惡既施則百惡遂結故國
家之善令施於順服之民惡令施於凶頑之民則君
令行而下無所怨善令如飲射讀法之類惡令如鞭
朴械繫之類

使怨治怨是謂逆天使讐治讐其禍不救治民使平致
平以清則民得其所而天下寧

使怨者治怨人是謂逆天之理使讐者治讐人其禍
遂不可救如秦二世使趙高治李斯之獄是也治民
要使之平均孔子云不患寡而患不均詩云赫赫師
尹不平謂何故治民必欲使之平均也致民之均平
當清其心而無纖毫私欲之染則民得其所而天下

安寧

犯上者尊貪鄙者富雖有聖主不能致其治

干犯在上者反尊之以爵貪殘卑鄙者反富之以祿
雖有聖主在上不能致天下之治

犯上者誅貪鄙者拘則化行而衆惡消

干犯在上者以刑誅之貪殘卑鄙者以法拘之則教
化行而衆惡皆消矣

清白之士不可以爵禄得節義之士不可以威刑脅
士之志行清白者不可以爵禄得如齊之魯仲連漢之嚴光周黨是也士之有節義者不可以威刑脅如樂毅之於王蠋白公之於宜僚是也
故明君求賢必觀其所以而致焉致清白之士修其禮致節義之士修其道然後士可致而名可保
故明君徵求賢士必觀視其所以致之之術欲致清白之士當修其禮欲致節義之士當修其道然後賢

士可致之來而名可保於成也
夫聖人君子明盛衰之源通成敗之端審治亂之機知去就之節
夫聖人君子明乎盛衰之源通乎成敗之端審乎治亂之機知乎去就之節聖人神明不測之號君子才德出衆之稱源如水之源國家將盛將衰必有本源端者端倪也國家將成將敗必有端倪之先見者也機者國家將治將亂必有發動之機節限量也士之

去就必有節不可妄為之也四者惟聖人君子能明之通之審之知之所謂至誠之道可以前知者是也曰源曰端曰機非至誠前知其孰能之素書引此語更為賢人君子明於盛衰之道通乎成敗之數審乎理亂之勢達乎去就之理其義深矣
雖窮不處亡國之位雖貧不食亂邦之粟
雖窮困不處亡國之爵位雖貧乏不食亂國之穀禄即孔子所謂危邦不入亂邦不居者也

潛名抱道者時至而動則極人臣之位德合於己則建殊絶之功故其道高而名揚於後世
潛名者不沽名者也潛名抱道之士時至而動則能極人臣之位君之德與己相合則能成絶代之功故其道隆高而名譽稱揚於後世如伊尹傅説躬耘版築潛名抱道及遇成湯高宗德與己合功成名遂後世無比素書引此語改為潛居抱道以待其時若時至而行則能極人臣之位得機而動則能成絶代之

功如其不遇沒身而已也是以其道足高而名揚於後世此蓋有益於功名矣

聖王之用兵非樂之也將以誅暴討亂也

聖王之用兵非喜而好之也將以誅暴君討亂臣也

夫以義誅不義若決江河而漑爝火臨不測而擠欲墜其克必矣

夫以義而誅不義若決長江大河之水而灌漑爝火臨不測之淵而擠欲墜之人其克必矣

所以優游恬淡而不進者重傷人物也夫兵者不祥之器天道惡之不得已而用之是天道也

聖王所以優游恬淡不肯剛勇而進者重傷害人物也夫兵者不祥之器專主殺伐天道好生故惡之聖人不得已而用兵是亦天道也天道春生夏長物盛而極故秋冬嚴霜凛雪亦用收斂殺伐之耳

夫人之在道若魚之在水得水而生失水而死故君子常懼而不敢失道

夫人在道中若魚在水中魚得水而能生失水而必死喻人不可無道有道則存無道則亡故君子常常戒懼而不敢失道此即中庸道也者不可須臾離也君子戒慎乎其所不睹恐懼乎其所不聞之義

豪傑秉職國威乃弱殺生在豪傑國勢乃竭豪傑低首國乃可久殺生在君國乃可安四民用虛國乃無儲四民用足國乃安樂

豪傑之人秉持百官之職國之威勢乃衰弱而不振

矣殺生之權在豪傑國之威勢乃窮竭矣如魯三家晉六卿之類豪傑低首而不敢專權將勢順而國可長久殺生之權在人君國家乃可安寧士農工商謂之四民四民之用空虛國家之儲亦竭矣四民之用豐足國家乃安而且樂矣

賢臣內則邪臣外邪臣內則賢臣斃內外失宜禍亂傳世

自古賢臣在內則邪臣皆屏之於外邪臣在內則賢

臣擯擠㬥致於死地如宋哲宗元祐間用賢臣司馬光范純仁呂大防等則邪臣章惇安惇蒲宗孟王中正等屏之於外紹聖間用邪臣楊畏曾布蔡卞呂惠卿張商英等則謫貶正臣范純仁以下三十餘人併追貶司馬光等一十餘人竄呂大防劉摯蘇軾皆致之死地而欲盡擠元祐諸賢内外之職失宜則禍亂傳世豈有安寧乎此宋所以釀成靖康之亂而戰爭之禍無已也

大臣疑主衆姦集聚臣當君尊上下乃闕

大臣有闕之心則衆姦皆集聚矣大臣闕

則上下闕矣人君當臣之處則上下失序矣臣

當尊是下侵上權也君當臣處是上行下職也

傷賢者殃及三世蔽賢者身受其害嫉賢者其名不全進賢者福流子孫故君子急於進賢而美名彰焉

傷害賢者殃禍及於三世蒙蔽賢者自身受其患害嫉妬賢者其名譽不能保全薦進賢者福澤流於子孫傷賢如弘恭石顯之殺蕭望之武三思之殺五王侯覽之殺陳蕃李膺蔽賢如臧文仲之下展禽嫉賢如龐涓之刖孫臏進賢如宋三司使李士衡保任才吏數百力薦呂文靖公陳文惠公張鄧公後皆至宰相是也

利一害百民去城郭利一害萬國乃思散去一利百人乃慕澤去一利萬政乃不亂

利一人而害百人則民去城郭而不守矣利一人而害萬人則國中思欲散亂矣去一人而利百人則人人思慕恩澤矣去一人而利萬人國政不致於危亂矣

三畧直解卷下

欽定四庫全書

子部

黃石公素書

詳校官助教臣常循

臣紀昀覆勘

總校官進士臣程嘉謨

校對官主事臣陳墉

謄錄監生臣吳朝綸

欽定四庫全書　　子部二

黃石公素書　　兵家類

提要

臣等謹案素書一卷舊本題黃石公撰宋張商英注分為六篇一曰原始二曰正道三曰求人之志四曰本德宗道五曰遵義六曰安禮黃震日抄謂其說以道德仁義禮五者為一體雖於指要無取而多主於卑謙損節背

理者寡張商英妄為訓釋取老子先道而後德先德而後仁先仁而後義先義而後禮之說以言之遂與本書說正相反其意蓋以商英之注為非而不甚斥本書之偽然觀其後序所稱圯上老人以授張子房晉亂有盜發子房塚於玉枕中得之始傳人間又稱上有秘戒不許傳於不道不仁不聖不賢之人若非其人必受其殃得人不傳亦受其殃尤為

道家鄙誕之談故晁公武謂商英之言世未有信之者至明都穆聽雨紀談以為自晉迄宋學者未嘗一言及之不應獨出於商英而斷其有三偽胡應麟筆叢亦謂其書中悲莫悲於精散病莫病於無常皆仙經佛典之絶淺近者蓋商英嘗學浮屠法於從悅喜講禪理此數語皆近其所為前後注文與本文亦多如出一手以是核之其即為商英所偽撰

明矣以其言頗切理又宋以來相傳舊本姑録存之備參考焉乾隆四十九年閏三月恭校上

總纂官臣紀昀臣陸錫熊臣孫士毅

總校官臣陸費墀

黄石公素書原序

黄石公素書六篇按前漢黄石公圯橋所授子房素書世人多以三畧為是蓋傳之者誤也晉亂有盜發子房塚於玉枕中獲此書凡一千三百三十六言上有秘戒不許傳於不道不神不聖不賢之人若非其人必受其殃得人不傳亦受其殃嗚呼其慎重如此黄石公得子房而傳之子房不得其傳而葬之後五百餘年而盜獲之自是素書始傳於人間然其傳者特黄石公之言耳

而公之意其可以言盡哉竊嘗評之天人之道未嘗不相為用古之聖賢皆盡心焉堯欽若昊天舜齊七政禹叙九疇傳説陳天道文王重八卦周公設天地四時之官又立三公以燮理陰陽孔子欲無言老聃建之以常無有陰符經曰宇宙在乎手萬化生乎身道至於此則鬼神變化皆不逃吾之術而况於刑名度數之間者歟黄石公秦之隱君子也其書簡其意深雖堯舜禹文傅説周公孔老亦無以出此矣然則黄石公知秦之將亡

漢之將興故以此書授子房而子房者豈能盡知其書哉凡子房之所以為子房者僅能用其一二耳書曰陰計外泄者敗子房用之嘗勸高帝王韓信矣書曰小怨不赦大怨必生子房用之嘗勸高帝侯雍齒矣書曰決策於不仁者險子房用之嘗勸高帝罷封六國矣書曰設變致權所以解結子房用之嘗致四皓而立惠帝矣書曰吉莫吉於知足子房用之嘗擇留自封矣書曰絕嗜禁欲所以除累子房用之嘗棄人間事從赤松子游

矣嗟乎遺粕棄滓猶足以亡秦項而帝沛公況純而用之深而造之者乎自漢以來章句文詞之學熾而知道之士極少如諸葛亮王猛房喬裴度等輩雖號為一時賢相至於先王大道曾未足以知髣髴此書所以不傳於不道不神不聖不賢之人也離有離無之謂道非有非無之謂神有而無之之謂聖無而有之之謂賢非此四者雖口誦此書亦不能身行之矣張商英天覺序

欽定四庫全書

黃石公素書

宋　張商英　註

原始章第一

註曰道不可以無始

夫道德仁義禮五者一體也

註曰離而用則有五合而渾之則為一一之所以貫五五所以衍一

道者人之所蹈使萬物不知其所由

註曰道之衣被萬物廣矣大矣一動息一語默一出處一飲食大而八紘之表小而芒芥之內何適而非道也仁不足以名故仁者見之謂之仁智不足以盡故智者見之謂之智百姓不足以見故日用而不知也

德者人之所得使萬物各得其所欲

註曰有求之謂欲欲而不得非德之至也求於規

矩者得方圓而已矣求於得者無所欲而不得君臣父子得之以為君臣父子昆蟲草木得之以為昆蟲草木大得以成大小得以成小邇之一身達之萬物無所欲而不得也

仁者人之所親有慈惠惻隱之心以遂其生成

註曰仁之為體如天天無不覆如海海無不容如雨露雨露無不潤慈惠惻隱所以用仁者也非親於天下而天下自親之無一夫不獲其所無一物

不獲其生書曰鳥獸魚鼈咸若詩曰敦彼行葦牛羊勿踐履其仁之至也

義者人之所宜賞善罰惡以立功立事

註曰理之所在謂之義順理而決斷所以行義賞善罰惡義之理也立功立事義之斷也

禮者人之所履夙興夜寐以成人倫之序

註曰禮履也朝夕之所履踐而不失其序者皆禮也言動視聽造次必於是放僻邪侈從何而生乎

夫欲為人之本不可無一焉

註曰老子曰失道而後德失德而後仁失仁而後義失義而後禮失禮者散也道散而為德德散而為仁仁散而為義義散而為禮五者未嘗不相為用而要其不散者道妙而已老子言其體故曰禮者忠信之薄而亂之道黃石公言其用故曰不可無一焉

賢人君子明乎盛衰之道通乎成敗之數審乎治亂之

勢達乎去就之理

註曰盛衰有道成敗有數治亂有勢去就有理

故潛居抱道以待其時

註曰道猶舟也時猶水也有舟楫之利而無江河以行之亦莫見其利涉也

若時至而行則能極人臣之位得機而動則能成絕代之功如其不遇沒身而已

註曰養之有素及時而動機不容發豈容擬議者

哉

是以其道足高而名重於後

註曰道高則名隨於後而重矣

正道章第二

註曰道不可以非正

德足以懷遠

註曰懷者中心悅而誠服之謂也

信足以一異義足以得衆

註曰有行有爲而衆人宜之則得乎衆人矣

才足以鑒古明足以照下此人之俊也行足以爲儀表

智足以決嫌疑

註曰嫌疑之際非智不決

信可以使守約廉可以使分財此人之豪也守職而不

廢

註曰孔子爲委吏乘田之職是也

處義而不回

註曰迫於利害之際而確然守義者此不回也

見嫌而不茍免

註曰周公不嫌於居攝召公則有所嫌也孔子不

嫌於見南子子路則有所嫌也居嫌而不茍免其

惟至明乎

見利而不茍得此人之傑也

註曰俊者峻於人也豪者髙於人傑者傑於人有

德有信有義有才有明者俊之事也有行有智有

信有廉者豪之事也至於傑則才行足以明之矣

然傑勝於豪豪勝於俊也

求人之志章第三

註曰志不可以妄求

絶嗜禁欲所以除累

註曰人性清静本無係累嗜欲所牽捨己逐物

抑非損惡所以禳過

註曰禳猶祈禳而去之也非至於無抑惡至於無

損過可以無禳爾

貶酒闕色所以無污

註曰色敗精精耗則害神酒敗神神傷則害精

避嫌遠疑所以不誤

註曰於迹無嫌於心無疑事不悮爾

博學切問所以廣知

註曰有聖賢之質而不廣之以學問弗勉故也

高行微言所以脩身

註曰行欲高而不屈言欲微而不張

恭儉謙約所以自守深計遠慮所以不窮

註曰管仲之計可謂能九合諸侯矣而窮於王道商鞅之計可謂能強國矣而窮於仁義弘羊之計可謂能聚財矣而窮於養民凡有窮者俱非計也

親仁友直所以扶顛

註曰聞譽而喜者不可以得友也

近恕篤行所以接人

註曰極高明而道中庸聖賢之所以接人也高明者聖賢之所獨中庸者衆人之所同也

任材使能所以濟務

註曰應變之謂材可用之謂能材者任之而不可使能者使之而不可任此用人之術也

殫惡斥讒所以止亂

註曰讒言惡行亂之根也

推古驗今所以不惑

註曰因古人之迹推古人之心以驗方今之事豈有惑哉

前揆後度所以應卒

註曰執一尺之度而天下之長短盡在是矣倉卒事物之來而應之無窮者揆度有數也

設變致權所以解結

註曰有正有變有權有經方其權有所不能行則變而歸之於正也方其經有所不能用則權而歸

之於經也

括囊順會所以無咎

註曰君子語默以時出處以道括囊而不見其美順會而不發其機所以免咎

橛橛梗梗所以立功孜孜淑淑所以保終

註曰橛橛者有所持而不可摇梗梗者有所立而不可撓孜孜者勤之又勤淑淑者善之又善立功莫如有守保終莫如無過也

本德宗道章第四

註曰本宗不可以離道德

夫志心篤行之術長莫長於博謀

註曰謀之欲博

安莫安於忍辱

註曰至道曠夷何辱之有

先莫先於脩德

註曰外以成物内以成己脩德也

樂莫樂於好善神莫神於至誠

註曰無所不通之謂神人之神與天地參而不能神於天地者以其不至誠也

明莫明於體物

註曰記曰清明在躬志氣如神知是則萬物之來其能逃吾之照乎

吉莫吉於知足

註曰知足之吉吉之又吉

苦莫苦於多願

註曰聖人之道泊然無欲其於物也來則應之去則無係未嘗有願也古之多願也莫如秦皇漢武國則願富兵則願彊功則願高名則願貴宫室則願華麗姬嬪則願美艶四夷則願服神仙則願致然而國愈貧兵愈弱功愈卑名愈鈍卒至於所求不獲而遺恨狼狽者多願之所苦也夫治國者固不可多願至於賢人養身之方所守其可以不約

乎

悲莫悲於精散

註曰道之所生之謂一純一之謂精精之所發之謂神其潛於無也則無生無死無先無後無陰無陽無動無静其舍於形也則爲明爲哲爲智爲識血氣之品無不稟受正用之則聚而不散邪用之則散而不聚目淫於色則精散於色矣耳淫於聲則精散於聲矣口淫於味則精散於味矣鼻淫於

臭則精散於臭矣散之於己其能久乎

病莫病於無常

註曰天地所以能長久者以其有常人而無常其不病乎

短莫短於苟得

註曰以不義得之必以不義失之未有苟得而能長也

幽莫幽於貪鄙

註曰以身徇物闇莫甚焉

孤莫孤於自恃

註曰桀紂自恃其才智伯自恃其彊項羽自恃其勇王莽自恃其智元載盧杞自恃其狡自恃則氣驕於外而善不入耳不聞善則孤而無助及其敗天下爭從而亡之

危莫危於任疑

註曰漢疑韓信而任之而信幾叛唐疑李懷光而

任之而懷光遂逆

敗莫敗於多私

註曰賞不以功罰不以罪喜佞惡直親黨違正小則結匹夫之怨大則激天下之怒此多私之所敗也

遵義章第五

註曰遵而行之者義也

以明示下者闇

註曰聖賢之道内明外晦惟不足於明者以明示下乃其所以闇也

有過不知者蔽

註曰聖人無過可知賢人之過造形而悟有過而不知其愚蔽甚矣

迷而不返者惑

註曰迷於酒者不知其伐吾性也迷於色者不知其伐吾命也迷於利者不知其伐吾志也人本無

迷惑者自迷之矣

以言取怨者禍

註曰行而言之則機在我而禍在人言而不行則機在人而禍在我

令與心乖者廢

註曰心以出令令以行心

後令繆前者毁

註曰號令不一心無信而事毁棄矣

怒而無威者犯

註曰文王不大聲以色四國畏之故孔子曰不怒而民威於斧鉞

好衆辱人者殃

註曰己欲沽直名而置人於有過之地取殃之道也

戮辱所任者危

註曰人之云亡危亦隨之

慢其所敬者凶

註曰以長幼而言則齒也以朝廷而言則爵也以賢愚而言則德也三者皆可敬而外敬則齒也爵也内敬則德也

貌合心離者孤親讒遠忠者亡

註曰讒者善揣摩人主之意而忠者惟逆人主之過合意者多悦逆意者多怒此子胥殺而吴亡屈原放而楚滅是也

近色遠賢者惛女謁公行者亂

註曰太平公主韋庶人之禍是也

私人以官者浮

註曰淺浮者不足以勝名器如牛仙客為宰相之類是也

淩下取勝者侵名不勝實者耗

註曰陸贄曰名近於虛於教為重利近於實於義為輕然則實者所以致名名者所以權實名實相資則不耗匱矣

畧已而責人者不治自厚而薄人者棄

註曰聖人常善救人而無棄人常善救物而無棄物自厚者自滿也非仲尼所謂躬自厚之厚也自厚而薄人則人將棄廢矣

以過棄功者損羣下外異者淪

註曰措置失宜羣情隔塞阿諛並進人人異心求不淪亡不可得也

既用不任者踈

註曰用賢不任則失士心此管仲所謂害霸也

行賞悋色者沮

註曰色有靳悋有功者沮項羽之刓印是也

多許少與者怨

註曰失其本望

既迎而拒者乖

註曰劉璋迎劉備而反拒之是也

薄施厚望者不報

註曰天地不仁以萬物為芻狗聖人不仁以百姓為芻狗覆之載之含之育之非責其報也

貴而忘賤者不久

註曰道足於已者貴賤不足以為榮辱貴亦固有賤亦固有惟小人驟而處貴則忘其賤此所以不久也

念舊而棄新功者凶

註曰切齒於睚眦之怨眷眷於一飯之恩者匹夫之量有志於天下者雖仇必用以其才也雖怨必録以其功也漢高祖侯雍齒録功也唐太宗相魏鄭公用才也

用人不得正者殆彊用人者不畜

註曰曹操強用關羽而終歸劉備此不畜也

為人擇官者亂失其所彊者弱

註曰有以德彊者有以人彊者有以勢彊者有以

兵彊者堯舜有德而彊桀紂無德而弱湯武得人而彊幽厲失人而弱周得諸侯之勢而彊失諸侯之勢而弱唐得府兵而彊失府兵而弱其於人也善為彊惡為弱其於身也性為彊情為弱

法策於不仁者險

註曰不仁之人幸災樂禍

陰計外泄者敗厚斂薄施者凋

註曰凋削也文中子曰多斂其國其財必削

戰士貧游士富者衰

註曰游士鼓其頰舌惟幸煙塵之會戰士奮其死力專陣場之虞富彼貧此兵勢衰矣

貨賂公行者昧

註曰私昧公曲昧直也

聞善忽畧記過不忘者暴

註曰暴則生怨

所任不可信所信不可任者濁

註曰濁溷也

牧人以德者集繩人以刑者散

註曰刑者原於道德之意而恕在其中是以先王以刑輔德而非專用刑者也故曰牧之以德則集繩之以刑則散也

小功不賞則大功不立小怨不赦則大怨必生賞不服人罰不甘心者叛

註曰人心不服則叛也

賞及無功罰及無罪者酷

註曰非所宜加者酷也

聽讒而美聞諫而仇者亡能有其有者安貪人之有者殘

註曰有吾之有有則心逸而安身

安禮章第六

註曰安而履之之謂禮

怨在不捨小過患在不豫定謀福在積善禍在積惡

註曰善積則致於福惡積則致於禍無善無惡則亦無禍無福矣

饑在賤農寒在惰織安在得人危在失士富在迎來

註曰唐堯之節儉李悝之盡地力越王句踐之十年生聚漢之平準皆所以迎來之術也

貧在棄時上無常躁下無疑心

註曰躁靜無常喜怒不節羣情猜疑莫能自安

輕上無罪侮下無親

註曰輕上無禮侮下無恩

近臣不重遠臣輕之

註曰淮南王言去平津徒如發蒙爾

自疑不信人

註曰暗也

自信不疑人

註曰明也

枉士無正友

註曰李逢吉之友則八關十六子之徒也

曲上無直下

註曰元帝之臣則弘恭石顯是也

危國無賢人亂政無善人

註曰非無賢人善人君不能用故也

愛人深者求賢急樂得賢者養人厚

註曰人不能自愛待賢而愛之人不能自養待賢而養之

國將霸者士皆歸

註曰趙殺鳴犢故夫子臨河而返

邦將亡者賢先避

註曰若微子去商仲尼去魯是也

地薄者大物不產水淺者大魚不遊樹禿者大禽不棲林疎者大獸不居

註曰此四者以明人之淺則無道德國之淺則無

忠賢也

山峭者崩澤滿者溢

註曰此二者明過高過滿之戒也

棄玉取石者盲

註曰有目與無目同

羊質虎皮者辱

註曰有表無裏與無表同

衣不舉領者倒

註曰當上而下

走不視地者顛

註曰當下而上

柱弱者屋壞輔弱者國傾

註曰材不勝任謂之弱

足寒傷心人怨傷國

註曰夫沖和之氣生於足而流於四肢而心為之君氣和則天君樂氣乖則天君傷矣

山將崩者下先隳國將衰者人先弊

註曰自古及今生齒富庶人民康樂而國衰者未

之有也

根枯枝朽人困國殘

註曰長城之役興而秦國殘矣汴渠之役興而隋國殘矣

與覆車同軌者傾與亡國同事者滅

註曰漢武欲為秦皇之事幾至於傾而能有終者末年哀痛自悔也桀紂以女色亡而幽之褒姒同

之漢以閹官亡而唐之中尉同之

見已生慎將生惡其迹者預避之

註曰已生者見其去之也將生者慎而消之也惡其迹者急履而惡跡不若廢履而無行妄動而惡知不若絀心而無動

畏危者安畏亡者存夫人之所行有道則吉無道則凶吉者百福所歸凶者百禍所攻非其神聖自然所鍾

註曰有道者非己求福而福自歸之無道者畏禍愈甚而禍愈攻之豈其有神聖為之主宰乃自然之理也

務善策者無惡事無遠慮者有近憂重可使守固不可使臨陣貪可使攻取不可使分陣廉可使守主不可使應機此五者各隨其才而用之同志相得

註曰舜則八元八凱湯則伊尹孔子則顏回也

同仁相憂

註曰文王之閎散微子之父師少師周旦之召公管仲之鮑叔也

同惡相黨

註曰紂之臣億萬跖之徒九千是也

同愛相求

欽定四庫全書　黃石公素書

註曰愛利則聚斂之臣同之愛武則談兵之士求之愛勇則樂傷之士求之愛仙則方術之士求之愛符瑞則矯誣之士求之凡有愛者皆情之偏性之蔽也

同美相妬

註曰女則武后韋庶人張良娣是也男則趙高李斯是也

同智相謀

註曰劉備曹操翟讓李密是也

同貴相害

注曰勢相軋也

同利相忌

注曰害相刑也

同聲相應同氣相感

注曰五行五氣散於萬物自然相感

同類相依同義相親同難相濟

注曰六國合從而拒秦諸葛亮連吳以敵魏非有仁義存焉特同難爾

同道相成

注曰漢承秦後海內凋弊蕭何以清靜涵養之何將亡念諸將俱喜功好動不足以知治道惟曹參在齊嘗治蓋公黃老術不務生事故引參以代相

同藝相規

注曰李醯之賊扁鵲逄蒙之惡后羿是也規者非之也

同巧相勝

注曰公輸子九攻墨子九拒是也

此乃數之所得不可與理違

注曰自同志下所行所可預知智者知其如此順理則行之逆理則違之

釋己而敎人者逆正己而化人者順

注曰敎者以言化者以道老子曰法令滋彰盜賊多有敎之逆者也我無為而民自化我無欲而民自順化之順者也

逆者難從順者易行難從則亂易行則理

注曰天地之道簡易而已聖人之道簡易而化順日月而晝夜之順陰陽而生殺之順山川而高下之此天地之簡易也順災沴而消之順化育而贊之順君子而爵之順小人而役之順善惡而賞罰之順九土之宜而賦斂之順人倫而序之此聖人之簡易也夫烏獲非不力也執牛之尾而使之卻行則終日不能步尋丈及以環桑之枝貫其鼻三尺

之絅縻其頸童子服之風于大澤無所不至者葢其勢順也

詳體而行理身理家理國可也

註曰小大不同其理一也

黃石公素書

欽定四庫全書 子部

李衛公問對卷上至下

詳校官助教臣常循

臣紀昀覆勘

總校官候補知府臣葉佩蓀

校對官編修臣胡敏

謄録監生臣李汝誠

欽定四庫全書　子部二

李衛公問對　兵家類

提要

臣等謹案李衛公問對三卷唐司徒并州都
督衛國景武公李靖所對太宗問兵事而後
人録以成書者也靖少為其舅韓擒虎所知
謂孫吳不是過卒為唐初名將史稱所著兵
法世無完書惟通典中畧見大槩此書出於

宋初大抵因杜氏所有者而附益之何薳春
渚紀聞謂蘇軾嘗言世傳王通元經關子明
易傳及此書皆阮逸所偽撰蘇洵曾見其草
本馬端臨據四朝國史兵志謂神宗熙寧間
嘗詔樞密院校正此書似非逸所假托胡應
麟筆叢則又稱其詞旨淺陋俚俗最無足采
阮逸亦不應鄙野至此當是唐末宋初村儒
俚學掇拾貞觀君臣遺事而為之諸說紛紜
多不相合其果出阮逸與否固未可定而非
靖所自著則絶無可疑特其所言分別奇正
指畫攻守變易主客於兵家術法頗見詳盡
亦不至遂如胡應麟所詆鄭瑗謂問對之書
雖偽然必出於有學識謀畧者之手斯言較
為得之惟宋代遂立之學官使與孫吳並稱
雜然無別斯則不免失於詳考耳世所行本
不分卷數今依文獻通考定為三卷仍著之

於録以備兵書之一種乾隆四十九年四
月恭校上

總纂官臣紀昀臣陸錫熊臣孫士毅

總校官臣陸費墀

欽定四庫全書

李衛公問對卷上

太宗曰高麗數侵新羅朕遣使諭不奉詔將討之如何靖曰探知蓋蘇文自恃知兵謂中國無能討故違命臣請師三萬擒之太宗曰兵少地遥以何術臨之靖曰臣以正兵太宗曰平突厥時用奇兵今言正兵何也靖曰諸葛亮七擒孟獲無他道也正兵而已矣太宗曰晋馬隆討涼州亦是依八陣圖作偏箱車地廣則用鹿角車

營路狹則為木屋施於車上且戰且前信乎正兵古人所重也靖曰臣討突厥西行數千里若非正兵安能致遠偏箱鹿角兵之大要一則治力一則前拒一則束部伍三者迭相為用斯馬隆所得古法深也

太宗曰朕破宋老生初交鋒義師少卻朕親以鐵騎自南原馳下横突之老生兵斷後大潰遂擒之此正兵乎奇兵乎靖曰陛下天縱神武非學而能臣按兵法自黄帝以來先正而後奇先仁義而後權譎且霍邑之戰師以義舉者正也建成墜馬右軍少卻者奇也太宗曰彼時少卻幾敗大事曷謂奇耶靖曰凡兵以前向為正後卻為奇且右軍不卻則老生安致之來哉法曰利而誘之亂而取之老生不知兵恃勇急進不意斷後見擒于陛下此所謂以奇為正也太宗曰霍去病暗與孫吳合誠有是夫當右軍之卻也高祖失色及朕奮擊反為我利孫吳暗合卿實知言太宗曰凡兵卻皆謂之奇乎靖曰不然夫兵卻旗參差而不齊鼓大小而不應令喧囂而

不一此真敗者也非奇也若旗齊鼓應號令如一紛紛紜紜雖退走非敗也必有奇也法曰佯北勿追又曰能而示之不能皆奇之謂也太宗曰霍邑之戰右軍少卻其天乎老生被擒其人乎靖曰若非正兵變為奇奇兵變為正則安能勝哉故善用兵者奇正在人而已變而神之所以推乎天也太宗俛首

太宗曰奇正素分之歟臨時制之歟靖曰按曹公新書曰己二而敵一則一術為正一術為奇己五而敵一則

三術為正二術為奇此言大畧耳惟孫武云戰勢不過奇正奇正之變不可勝窮奇正相生如循環之無端孰能窮之斯得之矣安有素分之耶若士卒未習吾法偏裨未熟吾令則必為之二術教戰時各認旗鼓迭相分合故曰分合為變此教戰之術耳教閱既成衆知吾法然後如驅羣羊由將所指孰分奇正之别哉孫武所謂形人而我無形此乃奇正之極致是以素分者教閱也臨時制變者不可勝窮也太宗曰深乎深乎曹公必知

之矣但新書所以授諸將而已非奇正本法太宗曰曹公云奇兵旁擊卿謂若何靖曰臣按曹公註孫子曰先出合戰為正後出為奇此與旁擊之說異焉臣愚謂大衆所合為正將所自出為奇烏有先後旁擊之拘哉太宗曰吾之正使敵視以為奇吾之奇使敵視以為正斯所謂形人者歟以奇為正以正為奇變化莫測斯所謂無形者歟靖再拜曰陛下神聖迥出古人非人所及

太宗曰分合為變者奇正安在靖曰善用兵者無不正無不奇使敵莫測故正亦勝奇亦勝三軍之士止知其勝莫知其所以勝非變而能通安能至是哉分合所出惟孫武能之吳起而下莫可及焉太宗曰吳術若何靖曰臣請畧言之魏武侯問吳起兩軍相向起曰使賤而勇者前擊鋒始交而北北而勿罰觀敵進取一坐一起奔北不追則敵有謀矣若悉衆追北行止縱横此敵人不才擊之勿疑臣謂吳術大率多類此非孫武所謂以正合也太宗曰卿舅韓擒武嘗言卿可與論孫吳亦奇

正之謂乎靖曰擒武安知奇正之極但以奇為奇以正為正耳曾未知奇正相變循環無窮者也

太宗曰古人臨陣出奇攻人不意斯亦相變之法乎靖曰前代戰鬬多是以小術而勝無術以片善而勝無善斯安足以論兵法也若謝玄之破苻堅非謝玄之善也乃苻堅之不善也太宗顧侍臣檢謝玄傳閱之曰苻堅甚處是不善靖曰臣觀苻堅載記曰秦諸軍皆潰敗惟慕容垂一軍獨全堅以千餘騎赴之垂子寶勸垂殺堅

不果此有以見秦軍之亂慕容垂獨全蓋堅為垂所陷明矣夫為人所陷而欲勝敵不亦難乎臣故曰無術焉苻堅之類是也太宗曰孫子謂多筭勝少筭少筭勝無筭凡事皆然

太宗曰黃帝兵法世傳握奇文或謂為握機文何謂也

靖曰奇音機故或傳為機其義則一考其辭云四為正四為奇餘奇為握機奇餘零也因此音機臣愚謂兵無不是機安在乎握而言也當為餘奇則是夫正兵受之

於君奇兵將所自出法曰令素行以教其民者則民服此受之於君者也又曰兵不豫言君命有不受此將所自出者也凡將正而無奇則守將也奇而無正則鬬將也奇正皆得國之輔也是故握機握奇本無二法在學者兼通而已

太宗曰陣數有九中心零者大將握之四面八向皆取準焉陣間容陣隊間容隊以前為後以後為前進無速奔退無遽走四頭八尾觸處為首敵衝其中兩頭皆救數起于五而終于八此何謂也靖曰諸葛亮以石縱橫布為八行方陣之法即此圖也臣嘗教閱必先此陣世所傳握機文蓋得其粗也

太宗曰天地風雲龍虎鳥蛇斯八陣何義也靖曰傳之者誤也古人秘藏此法故詭設八名耳八陣本一也分為八焉若天地者本乎旗號風雲者本乎旛名龍虎鳥蛇者本乎隊伍之別後世誤傳詭設物象何止八而已乎

太宗曰數起於五而終於八則非設象實古制也卿試陳之靖曰臣按黃帝始立邱井之法因以制兵故井分四道八家處之其形井字開方九焉五為陣法四為閑地此所謂數起于五也虛其中大將居之環其四面諸部連繞此所謂終于八也及乎變化制敵則紛紛紜紜鬬亂而法不亂混混沌沌形圓而勢不散此所謂散而成八復而為一者也太宗曰深乎黃帝之制兵也後世雖有天智神畧莫能出其閫閾降此孰有繼之者乎靖

曰周之始興則太公實繕其法始於岐都以建井畝戎車三百輛虎賁三千人以立軍制六步七步六伐七伐以教戰法陳師牧野太公以百夫制師以成武功以四萬五千人勝紂七十萬衆周司馬法本太公者也太公既沒齊人得其遺法至桓公霸天下任管仲復修太公法謂之節制之師諸侯畢服太宗曰儒者多言管仲霸臣而已殊不知兵法乃本於王制也諸葛亮王佐之才自比管樂以此知管仲亦王佐也但周衰時王不能用

故假齊興師耳靖再拜曰陛下神聖知人如此老臣雖死無愧昔賢也臣請言管仲制齊之法三分齊國以為三軍五家為軌故五人為伍十軌為里故五十人為小戎四里為連故二百人為卒十連為鄉故二千人為旅五鄉為師故萬人為軍亦由司馬法一師五旅一旅五卒之義焉其實皆得太公之遺法

太宗曰司馬法人言穰苴所述是歟否也靖曰按史記穰苴傳齊景公時穰苴善用兵敗燕晉之師景公尊為司馬之官由是稱司馬穰苴子孫號司馬氏至齊威王追論古司馬法又述穰苴所學遂有司馬穰苴書數十篇今世所傳兵家者流又分權謀形勢陰陽技巧四種皆出司馬法也太宗曰漢張良韓信序次兵法凡百八十二家刪取要用定著三十五家今失其傳何也靖曰張良所學太公六韜三畧是也韓信所學穰苴孫武是也然大體不出三門四種而已太宗曰何謂三門靖曰臣按太公謀八十一篇所謂陰謀不可以言窮太公言

七十一篇不可以兵窮太公兵八十五篇不可以財窮此三門也太宗曰何謂四種靖曰漢任宏所論是也凡兵家流權謀為一種形勢為一種及陰陽技巧為二種此四種也

太宗曰司馬法首序蒐狩何也靖曰順其時而要之以神重其事也周禮最為大政成有岐陽之蒐康有酆宮之朝穆有塗山之會此天子之事也及周衰齊桓有名陵之師晉文有踐土之盟此諸侯奉行天子之事也其

實用九伐之法以威不恪假之以朝會因之以兵甲言無事兵不妄舉必於農隙不忘武備也故首序蒐狩不其深乎

太宗曰春秋楚子二廣之法云百家象物而動軍政不戒而備此亦得周制歟靖曰按左氏說楚子乘廣二十乘廣有一卒卒偏之兩軍行右轅以轅為法故挾轅而戰皆周制也臣謂百人曰卒五十人曰兩此是每車一乘用士百五十人比周制差多耳周一乘步卒七十二

人甲士三人以二十五人為一甲凡三甲共七十五人楚山澤之國車少而人多分為三隊則與周制同矣

太宗曰春秋荀吳伐狄毀車為行亦正兵歟奇兵歟靖曰荀吳用車法耳雖舍車而法在其中焉一為左角一為右角一為前拒分為三隊此一乘法也千萬乘皆然臣按曹公新書云攻車七十五人前拒一隊左右角二隊守車一隊炊子十人守裝五人廐養五人樵汲五人共二十五人攻守二乘凡百人興兵十萬用車千乘輕重二千此大率荀吳之舊法也又觀漢魏之間軍制五車為隊僕射一人十車為師率長一人凡車千乘將吏二人多多倣此臣以今法參用之則跳盪騎兵也戰鋒隊步騎相半也駐隊兼車乘而出也臣西討突厥越險數千里此制未嘗敢易蓋古法節制信可重也

李衛公問對卷上

欽定四庫全書

李衛公問對卷中

太宗幸靈州回名靖賜坐曰朕命道宗及阿史那社爾等討薛延陀而鐵勒諸部乞置漢官朕皆從其請延陀西走恐為後患故遣李勣討之今北荒悉平然諸部番漢雜處以何道經久使得兩全安之靖曰陛下敕自突厥至回紇部落凡置驛六十六處以通斥堠斯已得策矣然臣愚以謂漢戍宜自為一法番落宜自為一法教

習各異勿使混同或遇寇至則密敕主將臨時變號易服出奇擊之太宗曰何道也靖曰此所謂多方以誤之之術也番而示之漢漢而示之番彼不知番漢之別則莫能測我攻守之計矣善用兵者先為不可測則敵乖其所之也太宗曰正合朕意卿可密教邊將只以此番漢便見奇正之法矣靖再拜曰聖慮天縱聞一知十臣安能極其說哉

太宗曰諸葛亮言有制之兵無能之將不可敗也無制之兵有能之將不可勝也朕疑此談非極致之論靖曰武侯有所激而云爾臣按孫子有曰教道不明吏卒無常陳兵縱橫曰亂自古亂軍引勝不可勝紀夫教道不明者言教閱無古法也吏卒無常者言將臣權任無久職也亂軍引勝者言已自潰敗非敵勝之也是以武侯言兵卒有制雖庸將未敗若兵卒自亂雖賢將危之又何疑焉太宗曰教閱之法信不可忽靖曰教得其道則士樂為用教不得法雖朝督暮責無益于事矣臣所以

區區古制皆纂以圖者庶乎成有制之兵也太宗曰卿為我擇古陣法悉圖以上

太宗曰番兵惟勁馬奔衝此奇兵歟漢兵惟強弩犄角此正兵歟靖曰按孫子曰善用兵者求之於勢不責於人故能擇人而任勢夫所謂擇人者各隨番漢所長而戰也番長於馬馬利乎速鬬漢長於弩弩利乎緩戰此自然各任其勢也然非奇正所分臣前曾述番漢必變號易服者奇正相生之法也馬亦有正弩亦有奇何嘗

之有哉太宗曰卿更細言其術靖曰先形之使敵從之是其術也太宗曰朕悟之矣孫子曰形兵之極至於無形又曰因形以措勝於衆衆不能知其此之謂乎靖再拜曰深乎陛下聖慮已思過半矣

太宗曰近契丹奚皆內屬置松漠饒樂二都督統于安北都護朕用薛萬徹如何靖曰萬徹不如阿史那社爾及執失思力契苾何力此皆番臣之知兵者也臣嘗與言松漠饒樂山川道路番情逆順遠至于西域部落十

數種歷歷可信臣教之以陣法無不點頭服義望陛下任之勿疑若萬徹則勇而無謀難以獨任太宗笑曰番人皆為卿役使古人云以蠻夷攻蠻夷中國之勢也卿得之矣

太宗曰朕觀諸兵書無出孫武孫武十三篇無出虛實夫用兵識虛實之勢則無不勝焉今諸將中但能言備實擊虛及其臨敵則鮮識虛實者蓋不能致人而反為敵所致故也如何卿悉為諸將言其要靖曰先教之以奇正相變之術然後語之以虛實之形可也諸將多不知以奇為正以正為奇且安識虛是實實是虛哉太宗曰策之而知得失之計作之而知動靜之理形之而知死生之地角之而知有餘不足之處此則奇正在我虛實在敵歟靖曰奇正者所以致敵之虛實也敵實則我必以正敵虛則我必以奇苟將不知奇正則雖知敵虛實安能致之哉臣奉詔但教諸將以奇正然後虛實自知焉太宗曰以奇為正者敵意其奇則吾正擊之以正

為奇者敵意其正則吾奇擊之使敵勢常虛我勢常實當以此法授諸將使易曉耳靖曰千章萬句不出乎致人而不致於人而已臣當以此教諸將

太宗曰朕置瑤池都督以隸安西都護番漢之兵如何處置靖曰天之生人本無番漢之別然地遠荒漠必以射獵而生由此常習戰鬭若我恩信撫之衣食周之則皆漢人矣陛下置此都護臣請收漢戍卒處之內地減省糧饋兵家所謂治力之法也但擇漢吏有熟番情者

散守保障此足以經久或遇有警則漢卒出焉太宗曰孫子所言治力如何靖曰以近待遠以佚待勞以飽待饑此畧言其槩耳善用兵者推此三義而有六焉以誘待來以靜待躁以重待輕以嚴待懈以治待亂以守待攻反是則力有弗逮非治力之術安能臨兵哉太宗曰今人習孫子者但誦空文鮮克推廣其義治力之法宜徧告諸將

太宗曰舊將老卒凋零殆盡諸軍新置不經陣敵今教以何道爲要靖曰臣嘗教士分爲三等必先結伍法伍

法既成授之軍校此一等也軍校之法以一爲十以十爲百此一等也授之裨將裨將乃總諸校之隊聚爲陣圖此一等也大將察此三等之教於是大閱稽考制度分别奇正誓衆行罰陛下臨高觀之無施不可太宗曰伍法有數家孰者爲要靖曰臣按春秋左氏傳云先偏後伍又司馬法曰五人爲伍尉繚子有束伍令漢制有尺籍伍符後世符籍以紙爲之於是失其制矣臣酌其法

自五人而變爲二十五人自二十五人而變爲七十五人此則步卒七十二人甲士三人之制也舍車用騎則二十五人當八馬此則五兵五當之制也是則諸家兵法惟伍法爲要小列之五人大列之二十五人參列之七十五人又五參其數得三百七十五人三百人爲正六十人爲奇此則百五十人爲分二正而三十人分爲二奇蓋左右等也穰苴所謂五人爲伍十伍爲隊至今因之此其要也

太宗曰朕與李勣論兵法多同卿説但勣不究出處爾卿所制六花陣法出何術乎靖曰臣所本諸葛亮八陣法也大陣包小陣大營包小營隅落鈎連曲折相對古制如此臣爲圖因之故外畫之方内環之圓是成六花俗爲號爾太宗曰内圓外方何謂也靖曰方生于步圓生于奇方所以矩其步圓所以綴其旋是以步數定于地行綴應于天步定綴齊則變化不亂八陣爲六武侯之舊法焉太宗曰畫方以見步點圓以見兵步教足法兵數手法

手足便利思過半乎靖曰吳起云絶而不離却而不散此步法也教士猶布棋于盤若無畫路棋安用之孫子曰地生度度生量量生數數生稱稱生勝勝兵若以鎰稱銖敗兵若以銖稱鎰皆起於度量方圓也太宗曰深乎孫武之言不度地之遠近形之廣狹則何以制其節乎靖曰庸將罕能知其節者也善戰者其勢險其節短勢如彍弩節如發機臣修其術凡立隊相去各十步駐隊去師隊二十步每隔一隊立一戰隊前進以五十步

為節角一聲諸隊皆散立不過十步之内至第四角聲籠鎗跪坐於是鼓之三呼三擊三十步至五十步以制敵之變馬軍從背出亦以五十步臨時節止前正後奇觀敵何如再鼓之則前奇後正復邀敵來伺隙擣虛此六花大率皆然也

太宗曰曹公新書云作陣對敵必先立表引兵就表而陣一部受敵餘部不進救者斬此何術乎靖曰臨敵立表非也此但教戰時法耳古人善用兵者教正不教奇驅衆若驅羣羊與之進與之退不知所之也曹公驕而好勝當時諸將奉新書者莫敢攻其短且臨敵立表無乃晚乎臣竊觀陛下所製破陣樂舞前出四表後綴八旛左右折旋趨走金鼓各有其節此即八陣圖四頭八尾之制也人間但見樂舞之盛豈有知軍容如斯焉太宗曰昔漢高帝定天下歌云安得猛士兮守四方蓋兵法可以意授不可以語傳朕為破陣樂舞惟卿已曉其表矣後世其知我不苟作也

太宗曰方色五旗為正乎旛麾折衝為奇乎分合為變其隊數曷為得宜靖曰臣參用古法凡三隊合則旗相倚而不交五隊合則兩旗交十隊合則五旗交吹角開五交之旗則一復散而為十開二交之旗則一復散而為五開相倚不交之旗則一復散而為三兵散則以合為奇合則以散為奇三令五申三散三合復歸于正四頭八尾乃可教焉此隊法所宜也太宗稱善

太宗曰曹公有戰騎陷騎遊騎今馬軍何等比乎靖曰

臣按新書云戰騎居前陷騎居中遊騎居後如此則是各立號名分為三類爾大抵騎隊八馬當車徒二十四人二十四騎當車徒七十二人此古制也車徒當教以正騎隊當教以奇據曹公前後及中分為三覆不言兩廂舉一端言也後人不曉三覆之義則戰騎必前于陷騎遊騎如何使用臣熟用此法回軍轉陣則遊騎當前陷騎當後陷騎臨變而分皆曹公之術也太宗笑曰多少人為曹公所惑

太宗曰車步騎三者一法也其用在人乎靖曰臣按春秋魚麗陣先偏後伍此則車步無騎謂之左右拒言拒禦而已非取出奇勝也晉荀吳伐狄舍車而行此則騎多為便惟務奇勝非拒禦而已臣均其術一馬當三人車步稱之混為一法用之在人敵安知吾車果何出騎果何來徒果何從哉或潛九地或動九天其知如神惟陛下有焉臣何足以知之

太宗曰太公書云地方六百步或六十步表十二辰其術如何靖曰畫地方一千二百步開方之形也每部占地二十步之方橫以五步立一人縱以四步立一人凡二千五百人分五方空地四處所謂陣間容陣者也武王伐紂虎賁各掌三千人每陣六千人共三萬之衆此太公畫地之法也太宗曰卿六花陣畫地幾何靖曰大閱地方千二百步者其義六陣各占地方百步分為東西兩廂空地一千二百步為教戰之所臣嘗教士三萬每陣五千人以其一為營法五為方圓曲直銳之形每

陣五變凡二十五變而止太宗曰五行陣如何靖曰本因五方色立此名方圓曲直銳實因地形使然凡軍不素習此五者安可以臨敵乎兵詭道也故强名五行焉文之以術數相生相尅之義其實兵形象水因地制流此其旨也

太宗曰李勣言牝牡方圓伏兵法古有是否靖曰牝牡之法出於俗傳其實陰陽二義而已臣按范蠡云後則用陰先則用陽盡敵陽節盈吾陰節而奪之此兵家陰

陽之妙也范蠡又云設右為牝益左為牡早晏以順天道此則左右早晏臨時不同在乎奇正之變者也左右者人之陰陽早晏者天之陰陽奇正者天人相變之陰陽若執而不變則陰陽俱廢如何守牝牡之形而已故形之者以奇示敵非吾正也勝之者以正擊敵非吾奇也此謂奇正相變兵伏者不止山谷草木伏藏所以為伏也其正如山其奇如雷敵雖對面莫測吾奇正所在至此夫何形之有哉

太宗曰四獸之陣又以商羽徵角象之何道也靖曰詭道也太宗曰可廢乎靖曰存之所以能廢之也若廢而不用詭愈甚焉太宗曰何謂也靖曰假之以四獸之陣及天地風雲之號又加商金羽水徵火角木之配此皆兵家自古詭道存之則餘詭不復增矣廢之則使貪使愚之術從何而施哉太宗良久曰卿宜秘之無泄于外

李衛公問對卷中

欽定四庫全書

李衛公問對卷下

太宗曰嚴刑峻法使人畏我而不畏敵朕甚惑之昔光武以孤軍當王莽百萬之衆非有刑法臨之此何由乎靖曰兵家勝敗情狀萬殊不可一事推也如陳勝吳廣敗秦師豈勝廣刑法能加於秦乎光武之起蓋順人心之怨莽也况又王尋王邑不曉兵法徒誇兵衆所以自敗臣按孫子曰卒未親附而罰之則不服已親附而罰

不行則不可用此言凡將先有愛結於士然後可以嚴刑也若愛未加而獨用峻法鮮克濟焉太宗曰尚書云威克厥愛允濟愛克厥威允罔功何謂也靖曰愛設於先威設於後不可反是也若威加於前愛救於後無益於事矣尚書所以慎戒其終非所以作謀於始也故孫子之法萬代不刊

太宗曰卿平蕭銑諸將皆欲籍偽臣家以賞士卒卿獨不從以為蒯通不戮于漢既而江漢歸順朕由是思古

人有言曰文能附衆武能威敵其卿之謂乎靖曰漢光武平赤眉入賊營中按行賊曰蕭王推赤心於人腹中此蓋先料人情本非爲惡豈不豫慮哉臣頃討突厥總蕃漢之衆出塞千里未嘗戮一楊干斬一莊賈亦推赤誠存至公而已矣陛下過聽擢臣以不次之位若於文武則何敢當

太宗曰昔唐儉使突厥卿因擊而敗之人言卿以儉爲死間朕至今疑焉如何靖再拜曰臣與儉比肩事主料

儉説必不能柔服故臣因縱兵擊之所以去大患不顧小義也人謂以儉爲死間非臣之心按孫子用間最爲下策臣嘗著論其末云水能載舟亦能覆舟或用間以成功或憑間以傾敗若束髮事君當朝正色忠以盡節信以竭誠雖有善間安可用乎唐儉小義陛下何疑太宗曰誠哉非仁義不能使間此豈纖人所爲乎周公大義滅親況一使人乎灼無疑矣

太宗曰兵貴爲主不貴爲客貴速不貴久何也靖曰兵不得已而用之安在爲客且久哉孫子曰遠輸則百姓貧此爲客之弊也又曰役不再籍糧不三載此不可久之驗也臣較量主客之勢則有變客爲主變主爲客之術太宗曰何謂也靖曰因糧於敵是變客爲主也飽能饑之佚能勞之是變主爲客也故兵不拘主客遲速惟發必中節所以爲宜太宗曰古人有諸靖曰昔越伐吳以左右二軍鳴鼓而進吳分兵禦之越以中軍潛涉不鼓襲敗吳師此變客爲主之驗也石勒與姬澹戰澹兵

遠來勒遣孔萇爲前鋒逆擊澹軍孔萇退而澹來追勒以伏兵夾擊之澹軍大敗此變勞爲佚之驗也古人如此者多

太宗曰鐵蒺藜行馬太公所制是乎靖曰有之然拒敵而已兵貴致人非欲拒之也太公六韜言守禦之具爾非攻戰所施也

太宗曰太公云以步兵與車騎戰者必依丘墓險阻又孫子曰天隙之地丘墓故城兵不可處如何靖曰用衆

在乎心一心一在乎禁祥去疑儻王將有所疑忌則羣情搖羣情搖則敵乘釁而至矣安營據地便乎人事而已若澗井陷隙之地及如牢如羅之處人事不便者也故兵家引而避之防敵乘我卯墓故城非絶險處我得之為利豈宜反去之乎太公所說兵之至要也

太宗曰朕思凶器無甚於兵者行兵苟便於人事豈以避忌為疑今後諸將有以陰陽拘忌失于事宜者卿當丁寧誡之靖再拜謝曰臣按尉繚子云黃帝以德守之

以刑伐之是謂刑德非天官時日之謂也然詭道可使由之不可使知之後世庸將泥于術數是以多敗不可不誡也陛下聖訓臣宜宣告諸將

太宗曰兵有分有聚各貴適宜前代事跡孰為善此者

靖曰苻堅總百萬之衆而敗於淝水此兵能合而不能分之所致也吳漢討公孫述與副將劉尚分屯相去二十里述來攻漢尚出合擊大破之此兵分而能合之所致也太公曰分不分為縻軍聚不聚為孤旅太宗曰然苻堅初得王猛實知兵遂取中原及猛卒堅果敗此縻軍之謂乎吳漢為光武所任兵不遙制故漢果平蜀此不陷孤旅之謂乎得失事迹足為萬代鑒

太宗曰朕觀千章萬句不出乎多方以誤之一句而已

靖良久曰誠如聖語大凡用兵若敵人不誤則我師安能克哉譬如奕棋兩敵均焉一着或失竟莫能救是古今勝敗率由一誤而已況多失者乎

太宗曰攻守二事其實一法歟孫子言善攻者敵不知

其所守善守者敵不知其所攻即不言敵來攻我我亦攻之我若自守敵亦守之攻守兩齊其術奈何靖曰前代似此相攻相守者多矣皆曰守則不足攻則有餘便謂不足為弱有餘為強蓋不悟攻守之法也臣按孫子云不可勝者守也可勝者攻也謂敵未可勝則我且自守待敵可勝則攻之爾非以強弱為辭也後人不曉其義則當攻而守當守而攻二役既殊故不能一其法太宗曰信乎有餘不足使後人惑其強弱殊不知守之法

要在示敵以不足攻之法要在示敵以有餘也示敵以不足則敵必來攻此是敵不知其所攻者也示敵以有餘則敵必自守此是敵不知其所守者也攻守一法敵與我分而為二事若我事得則敵事敗敵事得則我事敗得失成敗彼我之事分焉攻守者一而已矣得一者百戰百勝故曰知彼知己百戰不殆其知一之謂乎靖再拜曰深乎聖人之法也攻是守之機守是攻之策同歸乎勝而已矣若攻不知守守不知攻不惟二其事抑

又二其官雖口誦孫吳而心不思妙攻守兩齊之說其孰能知其然乎

太宗曰司馬法言國雖大好戰必亡天下雖安忘戰必危此亦攻守一道乎靖曰有國有家者曷嘗不講乎攻守也夫攻者不止攻其城擊其陣而已必有攻其心之術焉守者不止完其壁堅其陣而已必也守吾氣以有待焉大而言之為君之道小而言之為將之法夫攻其心者所謂知彼者也守吾氣者所謂知己者也太宗曰誠哉朕嘗臨陣先料敵之心與己之心孰審然後彼可得而知焉察敵之氣與己之氣孰治然後我可得而知焉是以知彼知己兵家大要今之將臣雖未知彼苟能知己則安有失利者哉靖曰孫武所謂先為不可勝者知己者也以待敵之可勝者知彼者也又曰不可勝在己可勝在敵臣斯須不敢失此誡

太宗曰孫子言三軍可奪氣之法朝氣銳晝氣惰暮氣歸善用兵者避其銳氣擊其惰歸如何靖曰夫含生禀

血鼓作鬬爭雖死不省者氣使然也故用兵之法必先察吾士衆激吾勝氣乃可以擊敵焉吳起四機以氣機為上無他道也能使人人自鬬則其銳莫當所謂朝氣銳者非限時刻而言也舉一日始末為喻也凡三鼓而敵不衰不竭則安能必使之惰歸哉蓋學者徒誦空文而為敵所誘苟悟奪之之理則兵可任矣

太宗曰卿嘗言李勣能兵法久可用否然非朕控御則不可用也他日太子治若何御之靖曰為陛下計莫若黜

勣令太子復用之則必感恩圖報于理何損乎太宗曰善朕無疑矣太宗曰李世勣若與長孫無忌共掌國政他日如何靖曰勣忠義臣可保任也無忌佐命大功陛下以肺腑之親委之輔相然外貌下士內實嫉賢故尉遲敬德面折其短遂引退焉侯君集恨其忘舊因以犯逆皆無忌致其然也陛下詢及臣臣不敢避其說太宗曰勿泄也朕徐思其處置

太宗曰漢高帝能將將其後韓彭見誅蕭何下獄何

故如此靖曰臣觀劉項皆非將將之君當秦之亡也張良本為韓報讐陳平韓信皆怨楚不用故假漢之勢自為奮爾至于蕭曹樊灌悉由亡命高祖因之以得天下設使六國之後復立人人各懷其舊則雖有能將將之才豈為漢用哉臣謂漢得天下由張良借筯之謀蕭何漕輓之功也以此言之韓彭見誅范增不用其事同也臣故謂劉項皆非將將之君太宗曰光武中興能保全功臣不任以吏事此則善于將將乎靖曰光武雖藉前構易于成功然莽勢不下于項籍鄧寇未越于蕭曹獨能推赤心用柔治保全功臣賢于高祖遠矣以此論將將之道臣謂光武得之

太宗曰古者出師命將齋三日授之以鉞曰從此至天將軍制之又授之以斧曰從此至地將軍制之又推其轂曰進退惟時既行軍中但聞將軍之令不聞君命朕謂此禮久廢今欲與卿參定遣將之儀如何靖曰臣竊謂聖人制作致齋於廟者所以假威於神也授斧鉞又

推其轂者所以委寄以權也今陛下每有出師必與公卿議論告廟而後遣此則邀以神至矣每有任將必使之便宜從事此則假以權重矣何異于致齋推轂耶盡合古禮其義同焉不須參定上曰善乃命近臣書此二事為後世法

太宗曰陰陽術數廢之可乎靖曰不可兵者詭道也託之以陰陽術數則使貪使愚茲不可廢也太宗曰卿嘗言天官時日明將不法暗將拘之廢亦宜然靖曰紂以

甲子日亡武王以甲子日興天官時日甲子一也殷亂周治興亡異焉又宋武帝以往亡日起兵軍吏以為不可帝曰我往彼亡果克之由此言之可廢明矣然而田單為燕所圍單命一人為神拜而祠之神言燕可破單于是以火牛出擊燕大破之此是兵家詭道天官時日亦猶此也太宗曰田單託神怪而破燕太公焚蓍龜而滅紂事相反何也靖曰其機一也或逆而取之或順而行之是也昔太公佐武王至牧野遇雷雨旗鼓毀折散

宜生欲卜吉而後行此則因軍中疑懼必假卜以問神焉太公以為腐草枯骨無足問且以臣伐君豈可再乎然觀散宜生發機于前太公成機于後逆順雖異其理致則同臣前所謂術數不可廢者蓋存其機于未萌也及其成功在人事而已

太宗曰當今將帥惟李勣道宗薛萬徹除道宗以親屬外孰堪大用靖曰陛下嘗言勣道宗用兵不大勝亦不大敗萬徹若不大勝即須大敗臣愚思聖言不求大勝亦不大敗者節制之兵也或大勝或大敗者幸而成功者也故孫武云善戰者立于不敗之地而不失敵之敗也節制在我云爾

太宗曰兩陣相臨欲言不戰安可得乎靖曰昔晉師伐秦交綏而退司馬法曰逐奔不遠縱綏不及臣謂綏者御轡之索也我兵既有節制彼敵亦正行伍豈敢輕戰哉故有出而交綏退而不逐各防其失敗者也孫武云勿擊堂堂之陣勿邀正正之旗若兩陣體均勢等苟一

輕肆為其所乘則或大敗理使然也是故兵有不戰有必戰夫不戰者在我必戰者在敵太宗曰不戰在我何謂也靖曰孫武云我不欲戰者畫地而守之敵不得與我戰者乖其所之也敵有人焉則交綏之間未可圖也故曰不戰在我夫必戰在敵者孫武云善動敵者形之敵必從之予之敵必取之以利動之以本待之敵無人焉則必來戰吾得以乘而破之故曰必戰者在敵太宗曰深乎節制之師得其法則昌失其法則亡卿為纂述

歷代善于節制者具圖來上朕當擇其精微垂于後世
靖曰臣前進黃帝太公二陣圖幷司馬法諸葛亮奇正之法此已精悉歷代名將用其一二成功者亦衆矣但史官鮮克知兵不能紀其實跡焉臣敢不奉詔當纂述以聞

太宗曰兵法孰爲最深者靖曰臣嘗分三等使學者當漸而至焉一曰道二曰天地三曰將法夫道之說至精至微易所謂聰明睿智神武而不殺者是也夫天之說

陰陽地之說險易善用兵者能以陰奪陽以險攻易孟子所謂天時地利者是也夫將法之說在乎任人利器三略所謂得士者昌管仲所謂器必堅利者是也太宗曰然吾謂不戰而屈人之兵者上也百戰百勝者中也深溝高壘以自守者下也以是較量孫武著書三等皆具焉靖曰觀其文跡其事亦可差別矣若張良范蠡孫武脫然高引不知所往此非知道安能爾乎若樂毅管仲諸葛亮戰必勝守必固此非察天時地利安能爾乎其次王猛之保秦謝安之守晉非任將擇才繕完自固安能爾乎故習兵之學必先由下以及中由中以及上則漸而深矣不然則垂空言徒記誦無足取也太宗曰道家忌三世爲將者不可妄傳也亦不可不傳也卿其愼之靖再拜出盡傳其書與李勣

李衛公問對卷下

欽定四庫全書　子部
太白陰經卷一至三

詳校官助教臣常循

臣紀昀覆勘

總校官進士臣程嘉謨
校對官中書臣馬猶龍
謄録監生臣紀大奎

欽定四庫全書　子部二
太白陰經　兵家類
提要

臣等謹案太白陰經八卷唐李筌撰筌有陰符經注別著録此篇乃其自著談兵之書也考唐書藝文志及宋史藝文志皆云太白陰經十卷而此本止八卷疑非完帙然核其篇目始於天地陰陽險阻終於雜占首尾完具又似無關佚者殆後人遞相傳寫有所合併故卷數不同歟兵家者流大抵以權謀相尚儒家者流又往往持論迂闊諱言軍旅蓋兩失之筌此書先言主有道德後言國有富强内外兼脩可謂持平之論其人終于布衣其術亦未有所試不比孫吳穰苴李靖諸人以將畧表見於後世然杜佑通典兵類取通論二家一則李靖兵法一即此經其攻城具篇則

取為攻城具守城具篇築城篇鑿濠篇弩臺篇烽燧臺篇馬舖土河篇游奕地聽篇則取為守拒法水攻具篇則取為水戰具濟水具篇則取為軍河渡水火攻具篇火戰具篇則取為火兵井泉篇則取為識水泉宴設音樂篇則取為聲感人則佑之採用此書與李靖之書無異其必有以取之矣靖之兵法宋時已殘闕外訛荃此經至今猶存惟篇首陰經

總序及天地無陰陽篇有録無書今亦姑仍原本録之焉乾隆四十九年八月恭校上

總纂官臣紀昀臣陸錫熊臣孫士毅

總校官臣陸費墀

欽定四庫全書

太白陰經卷一

唐 李筌 撰

人謀上

陰經總序第一 原闕

天地無陰陽第二 原闕

人無勇怯篇第三

經曰勇怯有性強弱有地秦人勁晉人剛吳人怯蜀人

懦楚人輕齊人多詐越人僥薄海岱之人壯崆峒之人武燕趙之人鋭涼隴之人勇韓魏之人厚地勢所生人氣所受勇怯然也且勇怯在謀強弱在勢謀能勢成則怯者勇謀者奪也夫制勇怯之道言秦人勁申屠之子敗于嶢關杜洪之將北于瀍水則秦人何得而稱勁吳人怯吳王夫差兵無敵于天下敗齊于艾陵爭長于黃池則吳人何得而稱怯蜀人懦諸葛孔明擁巴蜀之衆窺兵中原身為殭屍而威加魏將則蜀人何得而稱懦

輕項羽破秦擄王離殺蘇角威加海内諸侯俯伏
敢仰視楚人何得而稱輕齊人多詐田横感五百烈
士東奔海島及死同日而伏劒則齊人何得而稱詐越
人澆薄越王勾踐以殘亡之國恤孤老之衆九歳滅吴
以弱攻強以小取大則越人何得而稱澆薄燕趙之人
鋭蚩尤敗于涿鹿燕丹死于易水王濬縛于薊門公孫
戮于上谷則燕趙之人何得而稱鋭涼隴韓魏亦然所謂
勇怯在乎法成敗在乎智怯人使之以刑勇人使之以

賞刑能移人之性賞能勵人之心者在刑賞之間勇之
與怯于人何有哉

主有道德篇第四

經曰古者三皇得道之統立于中央神馬化遊以撫四
方天下無所歸其功道廢王者出而尚仁義仁義廢伯
者出而尚智力智力廢戰國出而尚詭詐聖人之道不
足以理則用法法不足以理則用術術不足以理則用
權權不足以理則用勢勢用則大兼小强吞弱周建一
千八百諸侯其後併為六國六國連兵結難戰爭日起
六國之君非踈道德而親權勢權勢用不得不親道德
廢不得不踈其理然也唯聖人能返始復本以正理國
以奇用兵以無事理天下正者名法也奇者權術也以
名法理國則萬物不能亂以權術用兵則天下不能敵
以無事理天下則萬物不能撓不撓則神清神清者智
之原智平者心之府神清智平乃能形物之情人主知
萬物之情裁而用之則君子小人不失其位夫德厚而

位卑者謂之過德薄而位尊者謂之失寧過于君子無
失于小人過于君子則人闕其理失于小人則物罹其
殃故曰人不鑒于流水而鑒于止水以其清且平也人
主之道清平則任人不失其材六官各守其職四封之
内百姓之事任之于相四封之外敵國之事任之于將
語曰將相明國無兵舜以干戚而服有苗魯以頖宮而
來淮夷以道勝者帝以德勝者王以謀勝者伯以力勝
者強強兵滅伯兵絶帝王之兵前無敵人主之道信其

然矣

國有強富篇第五

經曰國之所以富強者審權以操柄審數以御人課農者術之事而富在律謀戰者權之事而強在兵故曰興兵而伐叛則武爵任武爵任則兵強按兵而勸農桑勸農桑則國富國不法地不足以成其富兵不法謀不足以成其強古者聖人法天而皇賢君法地而帝智主法人而伯乘天之時因地之財用人之力乃可富強乘天

時者春植穀冬植麥夏長成冬備藏因地之財者國有沃野之饒而人不足于食罷用不備也國有山海之利而人不足于財商旅不備也通四方之珍異以有易無謂之商旅飭力以長地之財用資軍實謂之農夫絲麻以成其衣服謂之女工雲夢之毛羽黔溪之丹砂荆揚之革角骨江衡之楠梓會稽之箭燕齊之魚鹽旃裘兗豫之枲絺苧鄭之刀宋之斤魯之削吳越之劍燕之角荆之簳妢胡之笴吳越之金錫此地之財也燕之涿郡趙之邯鄲魏之溫軹韓之滎陽齊之臨淄陳之宛丘鄭之陽翟洛之上周越之具區楚之雲夢齊之鉅鹿宋之孟諸此地之良也共居其地非有災害疾病而貧者非惰則奢世無奇業而獨富貴者非儉則力同列而相臣妾者富貴使然也同貫而相兼併者強弱使然也同地而或強或弱者理亂使然也苟有市井交易所通貨財可積也夫有容身之地智者不言貧地誠任不患無財人誠用不畏強禦故神農教耕而王天下湯武戰伐而

服諸侯國愚則智可以強國智則力可以強人用智者可以強于內而富于外富于內而強于外是以漢武帝南平百粤以為園圃却羌胡以為苑囿珍怪異物充于後宮騊駼駃騠實于外廄馬庶乘堅良人間厭橘柚此謂智強于內而富于外秦孝公行墾草之令使商不得糴廢逆旅一山澤貴酒肉之價重關市之賦使農逸而商勞行之數年而倉廩實人知禮義至于始皇以為之資東向而併吞諸侯此謂力富于內而兵強于外也故

知王伯之業非智不戰非農不贍過此以往而致富強者未之有也

賢有遇時篇第六

經曰賢人之生于世無籍地無貴宗無竒狀無智勇或賢或愚乍醜乍醒不可以事跡求不可以人物得其得之者在明君之心道合而志同信符而言順如覆水于地先流其濕如燎火于原先就其燥故伊尹有莘之耕夫夏癸之酒保湯得之于鼎飪之間升隔而放桀太公

朝歌之鼓刀棘津之賣漿周得之于垂綸之下殺紂而立武伍員披髮徒跣挾弓矢乞食于吳闔閭向風而高其義下階迎之三日與語而入郢范蠡生于五户之墟為童時内視若盲反聽若聾時人盡以為狂大夫種來觀而知其賢叩門請謁相與歸于地户管夷吾束縛于魯齊桓任之以相百里奚自鬻于虞秦穆公任之以政韓信南鄭之亡卒淮陰之怯夫漢高歸之以謀故曰人君之心如明鑒如澄泉圓明于中形見于外則使賢任能不失其時有非心之見非智之知因人之視借人之聽其猶炫眊叟以黼黻玄黄詔聾瞶以韶濩宫徵無貫于心欲求得人而幸其霸未之有也故五帝得其道而興三王失其道而廢興之道在人主之心得賢之用

將有智勇篇第七

經曰太古之初有伯王氏至于容城氏不令而人自化不罰而人自齊不賞而人自勸不知怒不知喜俞然若赤子庖犧氏神農氏教而不誅軒轅氏陶唐氏有虞氏

誅而不怨蓋三皇之政以道五帝之政以德夏禹商湯武王廢道德任智謀秦任商鞅李斯之智而并諸侯漢任張良陳平之智而滅項籍光武任寇恂馮異之智而降樊崇曹公任許攸曹仁之智而破袁紹孫權任周瑜魯肅之智而破魏武劉備任諸葛亮之智而王西蜀晉任杜預王濬之智而平吳苻堅任王猛之智而定八州之衆石勒任張賓之智而生擒王浚拓拔任崔浩之智而保河朔之師宇文任李穆之智而挫高懽之鋭梁王

任僧辯之智而面縛陳主太宗任李靖之智而破頡利可汗有國家者未有不任智謀而成王業者也故曰將軍之事以静正理以神察微以智役物見福于重闗之内慮患于杳冥之外者將之智謀也

實有陰經篇第八

經曰古之善用兵者必重天下之權而研諸侯之慮重權不審不知輕重强弱之稱揣情不審不知隱匿變化之動静重莫難于周知揣莫難于悉舉事莫難于必成

此三者聖人能任之故兵有百戰百勝之術非善之善者也不如不戰而屈人之兵善之善者也夫太上用計謀其次用人事其下用戰伐用計謀者營惑敵國之主陰遣諂臣以事佐之惑以巫覡使其尊鬼事神重其彩色文繡使賤其菽粟令空其倉廪遺之美好使蠱其意熒其志遺之巧匠使起宫室高臺以竭其財役其力易其性使化政淫奢暴驕恣賢人結舌莫肯匡助濫賞淫刑任其喜怒政令不行信卜祠鬼退忠進諂請謁公行而無聖人之政愛而與官無功而爵未勞而賞喜則赦罪怒則肆殺法居而自順令出而不行信蓍龜卜筮鬼神禱祠讒諂詼佞奇技貨財行于門户其所謂是者皆非非者皆是離君臣之際塞忠諫之路然後淫之以色攻之以利娱之以樂養之以味以信為欺以欺為信以忠為叛以叛為忠忠諫者死諛佞者賞令君子在野小人在位急令暴刑人不堪命所謂未戰以陰謀傾之其國素已破矣以兵從之其君可擄其國可隳其城可拔其

衆可潰故周用之而殷紂殺越用此而吴國墟楚用此而陳蔡舉三家用此而魯滅韓魏用此而東周分儒生之言皆曰兵强大者必勝小弱者必亡是則十國之君無霸王之業萬乘之主無破亡之兆昔夏廣而湯狹殷大而周小越弱而吴强所謂不戰而勝者順傾之術襲行之道文武之教聖人昭然獨見忻然獨樂其兹乎

數有探心篇第九

經曰古者隣國烽煙相望雞犬相聞而足跡不絶于諸

侯之境車軌不結于千里之外以道存生以德安形人樂其居後世澆風起而淳朴散權智用而譎詐生隣國往來用間諜縱横之事用隱括之人矣徐偃守仁義社稷丘墟魯尊儒墨宗廟泯滅非違與智慧不能禦伐不勞心苦思不能原事不悉見情偽不能成名材智不明不能用兵忠直不伸不能知人是以鬼谷先生述捭闔揣摩飛箝抵巇之篇以教蘇秦張儀遊説于諸侯之國而探諸侯之心于是術行焉夫用探心之數者先以道

德仁義禮樂忠信詩書經傳子史計謀成敗渾而雜説包而羅之澄其心靜其志伺人之情有所愛惡去就從欲而攻之陰慮而陽發必虛往而實來此虛言而往彼實心而來因其心察其容聽其聲考其辭言不合者反而求之其應必出既得其心反射其意符應不失契合無二膠而漆之無使返復如養由之操弓逢蒙之挾矢百發無不中正者設罝罦以羅魚兎張其腰脇其虛必衡綱而掛目亦奚有孑遺哉夫探智人之心必以信勿

以財探勇士之心必以義勿以懼探智人之心必以忠勿以欺探愚人之心必以蔽勿以明探小人之心必以懼勿以常探好財之心必以賄勿以廉夫與智者言依于博智有涯而博無涯則智不可以測博與博者言依于辯博古而辯應今則古不可以應今與貴者言依于勢貴位高而勢制高則位不可以禁勢與富者言依于物富積財而物可寶則財不足以易寶與貧者言依于利貧匱乏而利豐贍則乏不可以調豐與賤者言依于

謙賤人下而謙降下則賤不可以調謙與勇者言依于敢勇不懼而敢剛毅則勇不可以慴剛與愚者言依于鋭愚質樸而鋭聰明則樸不可以察聽此八者皆本同其道而末異其表同其道人所欲聽異其聽而不曉如此則不測淺不測深吾得出無間入無災獨往而獨來或縱而或横如偃枯草使東而東使西而西如引停水決之則流壅之則止用謀何患乎不從哉夫道貴制人不貴制于人制人者握權也制于人者遵命也制人之

實避人之長攻人之短見己之所長蔽己之所短故獸之動必先爪牙禽之動必先嘴距螫蟲之動必以毒介蟲之動必以甲夫禽獸虫豸尚用所長以制物況其智者乎夫人之好言道德者必以仁義折之好言儒墨者必以縱横禦之好談法律者必以權術挫之必乖其始合其終摧其牙落其角無使出吾之右徐以慶弔之言憂喜其心使其神不得為心之主長生安樂富貴尊榮聲色喜悦慶言也死亡憂患貧賤苦辱刑戮誅伐弔言

也與貴者談言弔則悲與賤者談言慶則悦將其心迎其意或慶或弔以惑其志情變于内者形變于外常以所見而觀其所隱所謂測隱探心之數也雖有先王之道聖智之術而無此者不足成霸王之業也

政有誅強篇第十

經曰夫國有亂軍者士卒怯弱器械柔鈍政令不一賞罰不明不預焉所謂亂軍者豪家權臣閹寺嬖昵為之軍吏權軍之勢擅將之威公政私行私門公謁上發謀下沮議上升令下不行猛如虎貪如狼狠如羊強不可制者是亂軍皆宜誅之文宣誅少正卯于兩觀而魯國清田穰苴斬莊賈于表下而軍容肅魏絳戮揚干而諸侯服夫誅豪者益其威戮強者增其權威權生于豪強之身而不在于士卒之庸豪強有兼才者則駕而御之敎而導之如蓄鷙鳥如養猛虎必節其飢渴翦其牙爪絆其足楔其舌呼之而隨嗾之而走牢籠其心使馴吾之左右豪強無兼才者則長其惡積其凶縱其心横其

志使禍盈于三軍怨結于萬人然後誅以壯吾氣故曰不善人者善人之資為將帥者國之師不誅豪強何以成軍之威哉

太白陰經卷一

欽定四庫全書

太白陰經卷二

唐 李筌 撰

人謀下

善師篇第十一

經曰兵非道德仁義者雖伯有天下君子不處周德既衰諸侯自作禮樂專征伐始于魯隱公齊以技擊強魏以武卒奮秦以銳士勝說者以孫吳為宗唯荀卿明于

王道而非之謂齊之技擊是亡國之兵魏之武卒是危國之兵秦之銳師是干賞蹈利之兵至于齊桓晉文之師可謂入其域而有節制矣故齊之技擊不可以遇魏之武卒魏之武卒不可以直秦之銳士秦之銳士不可以當桓文之節制桓文之節制不可以敵湯武之仁義故曰善師者不陣善陣者不戰善戰者不敗善敗者不亡黃帝獨立于中央而勝四帝所謂善師者不陣也湯武征伐陳師誓衆放桀擒紂所謂善陣者不戰也齊桓南服強楚使貢周室北伐山戎為燕開路所謂善戰者不敗也楚昭王遭闔廬之禍國滅出亡父兄相與奔請救秦人出兵楚王反國所謂善敗者不亡也凡兵所以存亡繼絕救亂除害故伊呂之將子孫有國與殷周並至末代苟任詐力貪殘孫吳韓白之徒皆身被刑戮子孫不傳于嗣蓋兵者凶器戰者危事陰謀逆德用凶器非道德忠信不能以兵定天下之災除兆民之害

貴和篇第十二

經曰先王之道以和為貴貴和重人不尚戰也春秋左傳曰君若以德綏諸侯誰敢不服君若以力楚國方城以為城漢水以為池雖君之衆無所用也是故晉悼公使魏絳和戎以正諸夷八年之間九合諸侯如樂之和無所不諧羌戎亦歸晉惠公為不侵不叛之臣于是有殽之師譬如捕鹿晉人角之戎人掎之有道之主能以德服人有仁之主能以義和人有智之主能以謀勝人有權之主能以勢制人戰勝易和勝難語曰先王耀德

不觀兵戢而時動動則威觀則玩玩則無震故有衣冠之會未嘗有歃血之盟有兵車之會未嘗有戰陣之事兵者不祥之器不得已而用之古先帝王所以舉而勝人成功出于衆者先文德以懷之飭玉帛以啗之啗之不來然後命士將練車馬鋭甲兵攻其無備出其不意所謂叛而必討服而必柔既懷既柔可以示德書曰戒之用休董之用威夫如是則四夷不足吞八蠻不足庭也

廟勝篇第十三

經曰天貴持盈不失陰陽四時之紀綱地貴定傾不失生長均平之土宜人貴節事調和陰陽布告時令事來應之物來知之天下盡其忠信從其政令故曰天道無災不可先來地道無殃不可先昌人事無失不可先伐四時相乘水旱愆和冬雷夏霜飛蟲食苗天災也山崩川涸土不稼穡水不潤下五葉不樹八穀不成地殃也重賦苛政高臺深池興役過差縱酒荒色遠忠聽佞窮兵黷武人失也必上視天災下覩地殃傍觀人失兵不則天不可動師不法地不可行征伐不和于人不可成天贊其時地資其財人定其謀靜見其陽動察其陰先觀其迹後知其心所謂勝兵者先勝而後求戰敗兵者先戰而後求勝故曰未戰而廟算勝者得算多也未戰而廟算不勝者得算少也多算者勝少算者不勝而況于無算乎以此觀之勝負易見矣

沈謀篇第十四

經曰善用兵者非信義不立非陰陽不勝非奇正不列非詭譎不戰謀藏于心事見于迹心與迹同者敗心與迹異者勝兵者詭道也能而示之不能用而示之不用心謀大迹示小心謀取迹示與惑其直疑其詐直詐不決則強弱不分湛然若玄陰之無象淵然如滄海之不測如此則陰陽不能算鬼神不能知術數不能窮卜筮不能占其況于將乎夫善戰者勝敗生于兩陣之間其謀也策不足聽其勝也形不足觀能言而不能行國之

實能行而不能言國之用故曰至士不說奇兵不言微乎神乎故能通天地之理備萬物之情是故貪者利之使其難厭強者卑之使其驕矜自智則愚守廢攜貳則謀臣去周文離商而商受殺勾踐卑吳而夫差戮漢高離楚而項羽亡是故屈諸侯者以言役諸侯者以策夫善用兵者攻其愛敵必從擣其虛敵必隨多其方敵必分宜其事敵必備從隨不得守城分備不得併兵則我逸而敵勞敵寡而我衆夫以逸擊勞者武之順以勞擊

逸者武之逆以衆擊寡者武之勝以寡擊衆者武之敗能以逸擊勞以衆擊寡吾所以得全勝矣夫竭三軍氣奪一將心虔萬人力斷千里糧者不在武夫行陣之勢而在智士權算之中柔兮弱兮卷之不盈懷袖沈兮密兮舒之可經寰宇五寸之鍵能制闔開方寸之心能易成敗知周萬物而不殆曲成萬物而不遺順天信人察始知終則謀何患乎不從哉

子卒篇第十五

經曰古者用人之力歲不過三日藉斂不過什一公劉好貨居者有積倉行者有裹糧太王好色內無怨女外無曠夫文王作刑國無冤獄武王行師士樂其死古之善率人者未有不得其心而得其力者也未有不得其力而得其死者也故國必有禮親愛信之義然後人以飢易飽國必有孝慈廉恥之裕然後人以死易生人所以守戰至死而不衰者上之所施于人者厚也上施厚則人報之亦厚且士卒之于將非有骨肉之親冒鋒鏑

突干刃死不旋踵者以恩信養之禮恕導之小惠漸之如慈父母育愛子也故能救其險危拯其塗炭卑身下士濟免甘苦親臨疾病寒不衣裘暑不操扇登不乘馬雨不張蓋軍幕未便將不言坐軍井未達將不言渴妻子縫補于行間身分功于役作簞醪之饋必投于河挾纊之言必巡于軍是以人喜金鐸之聲厚卒于嬰兒可與之赴深溪視卒如愛子可與之俱死厚而不能使愛而不能令亂而不能理譬如驕子不可用也是故令之

以文齊之以武是謂必取語曰夫妻諧可以攻齊小復怨可以攻魯王翦李牧吳起田穰苴竟以此術而兵強于諸侯

選士篇第十六

經曰統六軍之衆將百萬之師而無選鋒渾而雜用則智者無所施其計辯者無所施其說勇者無所施其奮力者無所著其壯無異獨行中原亦何取于勝負哉故孫子曰兵無選鋒曰北夫選士有以賞賞得其進用士

有以刑刑懼則退古之善選士者懸賞于中軍之門有深沈謀慮出人表者以上賞而禮之名曰智囊之士有辭縱禮橫飛箝捭闔能移人之性奪人之心者以上賞而禮之名曰卞說之士有得敵國君臣門閭請謁之情性者以上賞而禮之名曰鄉導之士有制造五兵攻守利器奇變詭譎者上賞得而厚之名曰伎巧之士有引五石之弓矢貫重鎧戈矛劍戟便于利用陸搏犀兕水攫黿鼉佻身捕虜搴旗擫鼓者上賞得而撫之名曰猛毅之士有立乘奔馬左右超忽踰越城堡出于廬舍而亡形迹者上賞得而聚之名曰蹻捷之士有往返三百里不及夕者上賞得而聚之名曰疾足之士有力負六百三十斤行五十步者上賞四百二十斤次賞得而聚之名曰巨力之士有五行運三式多言天道譎說陰陽者下賞得而存之名曰伎術之士夫十士之皆盡其材任其道計謀使智囊之士談說使卞說之士離親間疎使間諜之士深入諸侯之境使鄉導之士建造五兵使伎巧

之士摧鋒捕虜守危攻強使猛毅之士掩襲侵掠使蹻捷之士探報計期使疾足之士破堅陷剛使巨力之士托愚惑癡使伎術之士此謂任才之道選士之術也三王之后五伯之辟得其道而興失其道而亡興亡之道不在人主聰明在其選能之當其才也

勵士篇第十七

經曰激人之心勵士之氣發號施令使人樂聞興師動衆使人樂戰交兵接刃使人樂死其在以戰勸戰以賞

動賞以士勵士水石無心猶可危而動安而靜況于勵士乎古先帝王伯有天下戰勝于外班師校功集衆于中軍之門上功賜以金章紫綬錫以錦綵衣以繒帛坐以重裀享以太牢飲以醇酒父母妻子皆賜紋綾坐以重席享以少牢飲以酎酒大將軍捧賜偏將軍捧觴太將軍令於衆將曰戰士某乙等奮不顧身斬元戎之首搴大將之旗功高于衆故賜上賞子孫後嗣長稱鄉大夫之家父母妻子皆受重賞牢席有差衆士咸知次功

賞以銀章朱綬文綾之衣坐以重席享以少牢飲以酎酒父母妻子賜以繒帛坐以單席享以雞豚飲以醴酒偏將軍捧賜子將軍捧觴大將軍令于衆曰戰士某乙等勇冠三軍功經百戰斬驍勇之首搴虎豹之旗功出于人以序賜賞子孫後嗣長為勲給之家父母妻子皆受榮賞牢席有差衆士咸知下功以布帛之衣坐以單席享以雞豚飲以醲酒父母妻子立而無賞坐而無席子將軍捧賜卒捧觴大將軍令于衆曰戰士某乙等戮力行間劬勞歲月雖無搴旗斬將實以跋涉疆場錫以下賞子孫後嗣無所庇受父母妻子不及坐享衆士咸知令畢命上功起再拜大將軍讓曰某乙等忝列王臣敢不盡節有愧無功叨受上賞大將軍避席曰某乙不得謬居師長賴爾之功梟懸兇逆盛績美事某等無功退而復坐命次功再拜上功上功曰某乙等無謀無勇遵師長之命決勝負于一時無退生之辱身受殊賞上光父母下及妻子其勉旃退而復坐命下功再拜次功

次功坐受曰某乙等少猛寡毅遵師長之命決勝負于一時身受次賞上光父母下及妻子其勉旃下功退而復坐夫如是勵之一會則鄉勉族黨里勉隣父勉子妻勉夫二會縣勉州朋勉友三會則行路相勉聞金革之聲相踐而出隣無敵國亦無堅城士何患乎不勵哉

刑賞篇第十八

經曰有虞氏畫衣章服以刑輔繆而姦不犯其人醇湯武鑿五刑傷四肢以繆輔刑而姦不止其人淫有虞非

仁也湯武非暴也其道異者時也古善治天下者不賞仁賞仁則争為施而國亂不賞智賞智則争為謀而政亂不賞忠賞忠則争為直而君亂不賞能賞能則争為巧而事亂不賞勇賞勇則争為先而陣亂夫蒞衆以仁權謀以智事君以忠制物以能臨敵以勇此五者士之常賞其常則致争致争則致亂致亂則非刑不治故賞者忠信之薄而亂之所由生刑者忠信之戒而禁之所由成刑多而賞少則無刑賞多而刑少則無賞刑過則無

善賞過則多姦王者以賞禁以刑勸求過而不求善而人自為善賞文也刑武也文武者軍之法國之柄明王首出庶物順時以撫四方執法而操柄據罪而制刑按功而設賞賞一功而千萬人悦刑一罪而千萬人懼賞無私功刑無私罪是謂軍國之法生殺之柄故曰能生而能殺國必強能生而不能殺國必亡又曰能生死而殺殺者上也刑賞之術無私于人賞公于世以為道其道也非自立于堯舜之時非自逃于桀紂之朝用得之

而天下治用失之而天下亂治亂之道在于刑賞不在于人君過此以往雖彌綸宇宙經絡萬品生殺之道不外聖人兩言

地勢篇第十九

經曰善戰者以地強以勢勝如轉圓石于千仞之深溪者地勢然也千仞者險之地圓石者轉之勢地無千仞而有圓石置之窳塘之中則不復轉地有千仞而無圓石投之方稜偏匾則不能復移地不因險不能轉圓石

石不因圓不能赴深溪故曰兵因地而強地因兵而固善用兵者高陵勿向背丘勿迎負陰抱陽養生處實則兵無百病是故諸侯自戰于其地名曰争地彼我可往名曰交地三屬諸侯之國名曰衢地深入背人城邑名曰重地山林沮澤險阻名曰圮地出入迂隘彼寡可以擊吾衆名曰負地疾戰則存不戰則亡名曰死地故散地無戰輕地無掠争地無攻交地無絶衢地合交重地則掠圮地則行負地則謀死地則戰是故城有所不攻

計不合也地有所不受未見利也君命有所不聽不便事也凡地之勢三軍之權良將行之智將遵之而旅將之欲幸全勝飛龜舞蛇未之有也

兵形篇第二十

經曰夫兵之興也有形有神旗幟金革依于形智謀計事依于神戰勝攻取形之事而用在神虛實變化神之功而用在形形粗而神細形無物而不鑒神無物而不察形詭而惑事其外神密而圓事其內觀其形不見其

神不見其事參之旣柴揚塵形之衆也滅竈滅火形之寡也勇而無剛當敵而速去形其退也斥山澤之險無所不至形其進也油幕冠樹形其強也偃旗卧鼓寂若無人形其弱也故曰兵形象陶人之埏土鳧氏之冶金為方為圓或鐘或鼎金土無常質因上以之名戰陣無常勢因敵以為形故兵之極至于無形則間諜不能窺智畧不能謀因形而措勝于衆衆不能知人皆知我所以勝之形莫知吾所以制勝之形形不因神不能為變化神不因敵不能為智謀故水因地而制形兵因敵而制勝也

作戰篇第二十一

經曰昔之善戰者如轉木石木石之性圓則行方則止行者非能行而勢不得不行止者非能止而勢不得不止夫戰人者自闘于其地則散投之于死地則戰散者非能散勢不得不散戰者非能戰勢不得不戰行止不在于木石而制在于人散戰不在于人而制在于制勢

而戰人也夫未見利而戰雖衆必敗見利而戰雖寡必勝利者彼之所短我之所長也見利則起無利則止見利乘時帝王之資故曰時之至間不容息先之則太過後之則不及見利不失遭時不疑失利後時反受其害疾雷不及掩耳卒電不及瞑目赴之若驚用之若狂此因利之戰人也夫戰者左川澤右丘陵背高向下處生擊死此平地之戰人也逼敵無近于水彼知不免致死拒我困獸猶闘蜂蠆有毒況于人乎令其半濟而擊之

前者知免後者慕之蔑有鬬心敵逆水而來迎之于水內此水上之戰人也左右山陵溪谷險隘與敵相遇我則金鼓蔽山旌幟依林登高遠斥出沒人馬此山谷之戰人也勢利者兵之便山林平陸者戰之地夫善用兵者以便勝以地強以謀取此勢之戰人也如建瓴水于高宇之上砉然而無滯霤又如破竹數節之後迎刃自解無復著手

攻守篇第二十二

經曰地所以養人城所以守地內得愛焉所以攻守不足攻有餘力不足者守力有餘者攻攻人之法先絕其愛使無外救料城中之粟計人日之費糧多人少攻而勿圍糧少人多圍而勿攻力未屈粟未盡城尚固而支者攻之至也力屈粟殫城壞而不支者守之至也夫守城之法以城中壯男為一軍壯女為一軍男女老弱為一軍三軍無使相遇壯男遇壯女則費力而奸生壯女遇老弱則老使壯悲弱使強憐悲憐在心則使勇人更慮壯夫不戰故曰善攻者敵不知所守善守者敵不知所攻微乎微乎至于無形神乎神乎至于無聲故能為敵之司命

行人篇第二十三

經曰國君擇日登壇拜大將軍繕甲兵具卒乘出則破人之國敗人之軍殺人之將擄人之俘齎糧萬里行于敵人之境而不知敵人之情將之過也敵情不可求之于星辰不可求之于鬼神不可求之于筮卜而可求之

于人昔商之興也伊尹為夏之庖廚周之興也呂望為商之漁父秦之帝也李斯為山東之獵夫漢之王也韓信為楚之亡卒魏之伯也荀彧為袁紹棄臣晉之禪也賈充仕魏魏之起也崔浩家晉故七君用而帝天下夫賢人出奔必有佞臣持君之衡是以度佐有扈狐功專驩兜成均權三苗推移佞桀崇侯諂紂優旃惑晉故曰三人去而商墟二老歸而周熾子胥死而吳亡范蠡存而越伯五羖入而秦喜樂毅出而燕懼將能收敵國之

入而任之以索其情戰何患乎不克故曰羅其英敵國傾羅其雄敵國亡他山之石可以攻玉夫行人之用事有二一曰因敵國之人來觀釁于我我高其爵重其祿察其辭覆其事實則任之虛則誅之任之以鄉導二曰吾使人觀敵國之君臣左右孰賢孰愚中外近人孰貪孰廉舍人謁者孰君子孰小人吾得其情因而隨之可就吾事夫三軍之重者莫重于行人三軍之密者莫密于行人行人之謀未發有漏與告者皆死謀發之日削

其藁焚其草金有口木有舌無使內謀之泄若鷹隼之入重林無其蹤如遊魚之赴深潭無其跡離婁俛首師曠傾耳不聆其聲微乎微乎與纖塵俱飛豈飽食醉酒恃力輕合之將而得見行人之事哉

鑒才篇第二十四

經曰人稟元氣所生陰陽所成淳和平淡元氣也聰明俊傑陰陽也淳和不知權變聰明不知至道夫人柔順安恕失于決斷可與循節難于權宜強悍剛猛失于猜忌可與涉難難于持守貞良畏慎失于狐疑可與樂成難與謀始清介廉潔失于局執可與立節難于通變韜晦沈靜失在遲迴可與深慮難于應捷夫聰明秀出謂之英膽力過人謂之雄英者智也雄者力也英不果敢雄不能智謀故英得雄而行雄得英而成夫人有八性不同仁義忠信智勇貪愚仁者好施義者好親忠者好直信者好守智者好謀勇者好決貪者好取愚者好矜人君合于仁義則天下親合于忠信則四海賓合于智

勇則諸侯臣合于貪愚則受制于人仁義可以謀縱智勇可以謀橫縱成者王橫成者伯伯王之道不在于兵強士勇之際而在于仁義智勇之間此亦偏才未足以言大將軍若夫能柔能剛能翕能張英而有勇雄而有謀圓而能轉環而無端智周萬物而道濟于天下此曰通才可以為大將軍矣故曰將者國之輔輔周則國強輔隙則國弱是謂人之司命國家安危之主不可不察也明主所以擇人者閱其才通其用鑒其貌厚其賞察

其心貞其明居高而遠望徐視而審聽神其形聚其精若山之高不可極若泉之深不可測然後審其賢愚以其辭擇其智勇以任事見為可而後任之夫擇聖以道擇賢以德擇智以謀擇勇以明擇貪以利擇奸以隙擇愚以危事或同而觀其道或異而觀其德或權變而觀其謀或攻取而觀其勇或臨財而觀其利或捭闔而觀其間隙或恐懼而觀其安危故曰欲求其本察其性欲求其古察其今先察而任者昌先任而察者亡昔帝偷自育于晉晉察而用之勝楚伊尹自育于湯湯察而用之放桀智能之士不在遠近仁人不因困厄無以廣其德智士不因棄時無以舉其功王者不因絶亡無以立其義霸者不因強敵無以遺其患明主任人不失其能直士舉賢不離于口無萬人之智者不可據于萬人之上故曰不知軍中之事而同軍中之政者則軍惑矣不知三軍之權而同三軍之任者則軍士疑矣既疑且惑則諸侯之難至矣夫如是則軍不虚王臣不虚貴所謂

君道知臣臣術知事者也

太白陰經卷二

欽定四庫全書

太白陰經卷三

唐　李筌　撰

授鉞篇第二十五

經曰國有疆埸之役天子居正殿命將軍詔之曰朕以不德謬承大運致寇敵侵擾攻掠邊陲宵旰忘食憂在寤寐勞將軍之神武師師以應之將再拜受詔乃令太史卜齋三日于太廟拂龜太史擇日以授鉞君入廟西面而立親操鉞以刃授將軍曰從此以往上至于天將

軍制之復操斧柄授將軍曰從此以往下至于泉將軍制之將軍既受命跪而答曰臣聞國不可從外治軍不可從外御二心不可以事君疑志不可以應敵臣既受命專斧鉞之威臣不願生還請君亦無垂一言之命于臣臣不敢將君許臣乃辭而行軍中之事不聞君命皆由于將將出臨敵決戰無有二心若此無天于上無地于下上無君命傍無敵人是故智者為之慮勇者為之鬬氣勵清爽疾若馳騖兵不接刃而敵降服戰勝于外功立于內于是將軍乃縞素避舍請罪于君君命捨之

部署篇第二十六

經曰兵有四正四奇總有八陣或合而為一或離而為八以正合以奇勝餘奇為握奇聚散之勢節制之變也一萬二千五百人為一軍一萬二千象十有二月五百象閏餘窮陰筭陽備物成功征無義伐無道聖人得以興亂人得以廢廢興存亡昏明之術皆由兵也司馬穰

苴曰伍伍為伍二伍為部部隊也一軍凡二百伍十隊每十隊以為三奇風后曰餘奇握奇故一軍以三千七百五十人為奇兵隊七十有五外餘八千七百五十人部隊一百七十五分為八陣陣有一千九十三人七分五銖隊有二十二人七人為一隊陣之部署令舉一軍則千軍可知矣

將軍篇第二十七

經曰三軍之衆百萬之師張設輕重在于一人不可不

察也一人大將軍智信仁勇嚴謹賢明者任二人副大將軍智信仁勇嚴毅平直者任一人主軍糧一人主軍馬四人總管勇嚴識軍容者任二人主左右虞候二人左右押衙八人子將明行陣辦軍革曉部署任八人大將別奏十六人大將兼傔從官吏八人副大將別奏一十六人總管兼八人子將別奏一十六人子將兼忠勇驍果孝義有藝能者任一人判官沈深計密事精敏者任懦鈍勿用一人主軍糧一人主征馬正主軍令斬斷

罪隸及行軍禮儀進止賓客祭祀四人軍典謹厚明書算者任

陣將篇第二十八

經曰古者君立于陽大夫立于陰是以臣不得窺君下不得窺上則君臣上下之道隔矣夫智均則不能相使力均則不能相勝權均則不能相懸道同則不能相君勢同則不能相主情同則不能相順情異則不能相同故大將以智裨將以勇以智使勇可得而從者一人偏將軍勇猛果敢輕命好戰者任二人副將軍無謀于敵有死于力守成規而不失者任四人子將目明旌旗耳察金鼓心存號令宣布德威者任二人虞擒奸伏探覘非常伺察動靜飛符走檄安忍好殺事通惟時者任二人承局點差均平更漏無失糾舉必中者任六人偏將軍別奏一十二人偏將兼六人副偏將別奏一十二人副偏將軍兼八人虞候兼充子虞候並忠勇驍果孝義藝能者任一人判官主倉糧財帛出納軍器刑書公平

任二人軍典明書計謹厚者任

隊軍篇第二十九

經曰智者之使愚者也聾其耳瞽其目迷其心任其力然後用其命如驅羣羊驅而往驅而來莫知所之登高去其梯入諸侯之竟廢其渠役之以事勿告之以謀語之以利勿告之以害則可得其心而主其身如此則生死聚散聽之于我是謂良將一人隊將經軍陣習戰鬬識進止者任一人押官一人隊頭二人副隊頭主文書

酧功賞知勞苦明部分行列踈密並責成于副隊副公直明曉者任一人秉旗二人副旗並壯勇者任一人抱鼓主昏明嚴警進退節制氣勇志鋭者任一人吹角主收軍退陣謹守節制懦怯忠謹者任一人司兵主五兵利鋭支分器仗明辦者任一人司倉主支分財帛給付軍糧清廉者任一人承局主雜供差料人情惡口舌者任五人火長主厨饍飲食養病守火内衣資樵採戰陣不預仁善者用任

征馬篇第三十

經曰夫戎馬必安其處所適其水草節其飢飽冬則溫廐夏則涼廡刷剔毛鬣熨落四蹄狎其耳目使不驚駭習其驅馳閑其進止人馬相親然後可使鞍勒轡銜必先完堅有斷絶必補凡馬不傷于末必傷于始不傷于飢必傷于飽日暮道遠必數上下寧勞于人愼無勞馬常令有餘備敵覆我能明此者可以横行八方凡馬軍一人支兩匹一軍征馬二萬五千匹其無馬亦加五支令以兩匹為率一征馬副大將軍軍中擇善牧養者任二人征馬總管副偏將軍軍中擇善牧養者任八人征馬子將軍陣中擇明閑養牧者任五十人征馬押官軍中擇取善牧養者任五百人羣頭善乗騎者任一人羣頭醫亦羣頭中取外差一千人馬子軍外差又以五百人馬子醫馬在内

鑒人篇第三十一

經曰凡人觀其外足知其内七竅者五臟之門户九候

三停定一尺之面智愚勇怯形一寸之眼天倉金櫃以別其貴賤貧富夫欲任將先觀其貌乃知其心神具有餘法容貌堂堂精爽清徹聲色不變其志榮枯不易其操是謂神有餘形心有餘法頭頂豐停腹肚濃厚鼻圓而直口方而稜顱額相臨顴耳高聳肉多而不餘骨粗而不露眉目明朗手足鮮紅望下而就高比下而就小是謂形有餘神心有餘法遏惡揚善後己先人不疾人以自貪無危人以自安好施陰德常守忠信豁達大度

不拘小節是謂心有餘神○鑒頭目鼻口舌齒法○虎頭高視富貴無比犀頭崒嵂富貴鬱鬱象頭高廣禄福居長鹿頭側長志氣雄強龜頭郁縮喉豐酒肉獺頭橫濶志氣豁達駝頭蒙鴻福禄千鍾蛇頭平薄財帛聊落貉頭尖鋭貧厄無計兔頭蔑頡志氣下劣狗頭尖圓泣涕連連眉直頭昂富貴吉昌眉薄而希少信多欺鬚欲細密鬢欲粗疎眼目光彩明靜者貴眼鼻成就者魂魄強聚眉目捐爪者好施眼鼻口小者多虛無實眼鼻口

大者有實無虛眼中赤脉貫瞳子奇兵死雞目捲頭不淫即偷羊目直視有刑氣猪目應瞪刑禍相仍亦小貴蜂目豺聲常行安忍枯樓目心難服魚目多厄鮓目窮寒鷹視狼顧常懷疾妬牛頭虎視富貴無比目隆圓實富貴終吉鼻孔小縮慳貪不足蜣蜋鼻少意智野狐鬢無期信殺羊鬚多狐疑口如烏喙心險難制口如馬嘴窮來客死口如河海富貴自在唇如點朱才學代無舌紅目厚神識自守吐舌及鼻有壽且貴鋸齒食肉平齒

食菜疎齒猛毅密齒醇和細齒長貧名曰猊齒○鑒頷耳項胷背面肚黑子面形法○燕頷封侯顋尖之肉意智不足耳輪厚大者貴而且壽小薄者夭而且賤虎項圓粗富貴有餘鷄頸了鳥財物之少起居露處凶不待語凡人面欲圓胷欲方尻欲厚背欲圓上欲長下欲短五嶽成四瀆好頭高足短臂長似虎所謂行住坐卧飲食音似非一處也○鑒頭骨玉枕額文法○腦頭聳起者將軍之相○三關玉枕萬户侯近下將軍○車輻枕封

侯三星枕封王○偃月枕封侯○木方枕二千石○酒罇枕二千石三公○上字枕封侯○圓枕封侯○額上有北字文將軍○額上兩立文二千石眉間有四文封侯○眉間有八字龍文將軍○額上有三偃月文封侯○額上有覆月文將軍○眉上有文通髮將軍○眉間有土字文封侯○眉間有文字文者死凡人色欲正不欲邪白如凝脂黑如傅漆紫如爛椹黄如蒸栗赤如炎火青如浴藍皆三公將相也

相馬篇第三十二

經曰相馬之法先相耳目欲耳如撥竹眼如鳥目麞脊麟腹虎胷尾如垂篲次相頭稜角成就前看側看但見骨側狹見皮薄露鼻衡柱高低額欲伏臺骨分明分段俱善視兮欲遠精神體氣高爽立蹄攢聚行止循良走驟輕捷毛鬣輕順喘息均細擎頭如鷹龍頭高舉而遠望深視而遠聽前看如雞鳴後看蹲局立如獅子避兵萬里頷鼻中欲得受人拳名曰太倉太倉寬易飼胷臆

欲濶胷前三臺骨起分段分明鬉欲高頭欲方目欲大而光脊欲強壯有力腹脇欲張四下欲長耳欲緊小小即耐勞目大膽大膽大則不驚鼻欲大鼻大則肺大肺大則能走賺欲小小則易飼肋欲得蜜口欲上尖下方古欲薄長赤色如朱齒欲齶瓣分明牙去齒二寸欲下廣且平方牙欲白則長壽望之大就之小筋馬也前視見目傍觀見腹後視見肉駿馬也齒欲齊密上下相當上唇欲急而方下唇欲緩而厚口欲紅而有光如穴中看火千里有壽臆間欲廣一尺以上能久走頭欲高如剝兔龍顱突目平脊大腹肶肉多者行千里眼紫縷貫瞳子者五百里上下徹者千里凡馬不問大小肥瘦數觔有十二十三四百里十四十五五百里旋毛起腕膝上者六百里腹脊上五里項轅大者三百里目中有童人如並立並坐者千里羊鬚中生距如雞者五百里耳本下角長一二寸者頸如渴烏者千里馬初生無毛七日方能行者千里尿過前蹄一寸以上五百里尿舉一

足如犬者千里腹下逆毛千里蘭孔中有觔皮及毛者五百里眼上孔是也蹄青黑赤白紅硬如鋒有巄道成附者軟口又吻頭厚者硬口又淺小者不能食眼下無狀蟲又骨肉者咬人目小多白驚後蹄欲曲腕耳中欲促凡馬後兩足白者老馬駒前兩足白者少馬駒馬有五勞卸鞍不驏者骨勞驏而不起者筋勞起而不振者皮勞振而不噴者氣勞吐而不尿者血勞絆之卻行三十步瘥皮勞以手摩兩鞍下汗出瘥氣勞長韁牽之行得

尿瘥血勞高繫勿令低頭而食瘥馬口春青色夏赤色秋白色冬黑色皆死

誓衆軍令篇第三十三

經曰陶唐氏以人戒于國中欲人強其命也有虞氏以農教戰漁獵簡習故人體之夏后氏誓衆于軍中欲人先其慮也殷人誓于軍門之外欲人先意以待事也周人將交白刃而誓之以致人意也夏賞于朝賞善也殷戮于市戮不善也周賞于朝戮于市兼質文也夫人心

定言以言出令故須振雄畧出勁詞鋭鐵石之心凛風霜之氣發揮號令申明軍法

誓衆文○某將軍某乙告爾六軍將吏士伍等聖人弦木為弧剡木為矢弧矢之利以威不庭兼弱攻昧取亂侮亡今夷狄不庭式干王命皇帝授職斧鉞肅將天威有進死之榮無退生之辱用命賞于祖不用命戮于社軍無二令將無二言勉爾乃成慎從王事無干典刑

軍令○經曰師衆以順為武有死無犯為恭故穰苴斬莊賈魏絳戮楊干而名聞諸侯威震隣國令之不行不可以稱兵三令而不起于發者吏士之罪也申明而不如法者將之過也先申三日懸令于軍門付之軍正使執本宣于六軍之衆有犯令者準令按理而後行刑使六軍之禁勿敢違也一漏軍事者斬漏泄軍中陰謀及告事者皆死一背軍走者斬在道及營臨陣同一不戰而降敵者斬背順歸逆者一不當日時從期者斬討事會戰同阻雨雪水火不坐一與敵人私交通者斬籍沒其

家言語書疏同一失主將者斬隨令即不坐一失旌旗節鉞者連隊斬與敵人所取同一臨難不相救者斬為敵所急不相救者同一詐惑訛言妄說陰陽卜筮者斬妄說鬼神災祥以動者同一無故驚軍者斬呼叫奔走妄言煙塵有賊者同一遺棄五兵軍裝者斬不謹固檢察者同一自相竊盜者斬不計多少一將吏守職不平藏情相容者斬理事曲法者同一以強凌弱摶捕忿爭酗酒喧競惡罵無禮于理不順者斬因公宴集醉者不坐

一軍中奔出車馬者斬將軍以下並步入營乘騎者同一破敵先擄掠者斬入敵境者亦同一更鋪失候犯夜失號擅宿他火者斬恐奸得計一守圍不固者斬罷一火及主吏一不復差遣及主吏使不平者斬有私及強梁者斬一侵百姓姦居人子女及將婦人入營者斬恐傷人軍中慎女子氣一違將軍一時一令皆斬

關塞四夷篇第三十四

經曰關塞者地之要害也設險守固所以乖蠻隔夷內

諸夏而外夷狄尊衣冠禮樂之國界氈裘毳服之長是以荒要侯甸從茲别矣○關內道自京西北出關鎮經朔方節度去西京一千八百五十里去東京二千里關五原塞表匈奴之故地以渾部落為臯蘭都督府斛律部落為高闕州渾匐焦部為浚稽州魯嚴塞下胡州党項十四州拓拔舍剁僕國野剁桑乾節子等部落救其原野○黃河北道安北去舊西京五千二百里東京六千六百里今移在永清去西京二千七百里去東京三千四百里關大漢以北回紇部落為瀚海都督府多覽等部落為燕然督都府思結部為盧山都督府同羅部落為龜林都督府匐利羽為雞田州奚結部落為雞鹿州道歷陰山牟那山龍門山牛頭山鐵勒山北庭山大剌山諾真山涉黑沙道入十姓部收居地○河東道自京西東出蒲津關經太原抵河東節度去西京二千七十五里去東京一千六百四十五里關榆林塞北以頡利左渠故地置雲中都督府管阿史那等五州道歷三

川口三山母谷道通室韋大落泊東入溪西入默啜故地○隴右道自京出震關經隴西節度去西京一千四百里去東京二千二百七十五里南出關党項襍羌置崌叢麟可等四十州分隸緣邊諸府西拒吐蕃去西京一萬二千里北去鳳林關渡黃河西南入鬱標柳谷彰濠青海大非海鳥海小非海星海泊悅海萬海白海魚海入土蕃○河西道自西京北出蕭關金城關自河西節度去西京二千一十里去東京二千八百十一里北海

抵日停海彌峨山獨洛河道入九姓十箭三窟故居○北庭道自北京西北出經河東節度出玉門關涉河關蒲昌海東出高昌故地置西州以突厥處密部落為瑤池都督府以西北故胡處部為庭州為北庭都護去西京一千七百五十六里去東京六千七百七十六里北抵播塞厥海長海關海曲地以突結骨部落置堅昆都督府管拘勃羅都督為燭龍州北抵瀚海去西京二萬里○安西道自西京出涉交河出鐵門關至安西節度

去西京八千五十里路入疎勒鄯耆碎葉于闐黒海雪海大宛月支康居大夏掩蔡黎軒支烏孫等國○劒南道自東京西南出大散關經甘亭關百牢關越劒關松嶺關至劒南節度去西京二千三百七十里去東京三千二百一十六里出蠶涯關過筰道雜羌六十四州分列山谷路入吐蕃南出卭僰開通越嶲渡瀘河雲南關西徼行雜蠻置冉駹弄覽六十州路入甘河夜郎滇池身毒五天竺國去西京三萬五千里○范陽道自西京出潼關至范陽節度去西京二千五百二十里去東京一千六百八十六里北去居庸關盧龍關塞外東湖故地以契丹蕃長置饒樂都督府回紇五部落分為五州以白霫部落為居延州黒霫部落為寘顔州至北烏羅渾去東京一萬五千里○平盧道自西京經范陽節度東至榆林關至平盧節度去西京三千七百里東京三千里抵安東度遼水路接奚契丹室韋勃海靺鞨高麗黒水○嶺南道自西京南出藍田關漢越江大庾嶺經

南海節度去西京五千六百里去東京四千二百七十里路入銅柱林邑九真日高真臘銅勒交阯等國○河西道自西京出潼關經東萊節度去西京二千七百六十里去東京一千八百五十三里東涉滄海距熊津都督府北濟國又東抵雞林都督府新羅國又東南涉經海抵利磨國屬維涉海達倭國一名日本其海行無復里數

太白陰經卷三

欽定四庫全書

子部

太白陰經卷四至六

詳校官助教臣常循

總校官進士臣程嘉謨
校對官中書臣馬猶龍
謄録監生臣紀大奎

欽定四庫全書

太白陰經卷四

唐　李筌　撰

戰具類

攻城具篇第三十五

經曰善守者藏于九地之下善攻者動于九天之上人所不見謂之九地見所不及謂之九天是故黑縈帶為桓公輸造飛雲之梯無所施其巧所謂善守者敵不知所守守而必固者守其所不攻攻而必取者攻其所不

守孫武子曰具器械三月而後成拒城闉三月而後已其攻守器械古今不同今約便事而用之○轒轀車四輪車上以繩為脊犀皮蒙之下可十人填隍推之直抵城下可以攻掘金木火石所不能及飛雲梯以大木為牀牀下致六輪上立雙牙有括梯長一丈二尺有四梲相去三尺勢微曲遞互相括飛于雲閒以窺城中其上城梯首冠雙轆轤枕城上礮車以大木為牀牀下安四輪

上建雙栓栓間橫括中獨立竿首如桔槔狀其竿高下長短大小以城為準竿首以窠盛石大小多少隨竿力所制人挽其端而投之其車推轉逐便而用之亦可埋脚著地而用其旋風四脚亦隨事用之○車弩為軸轉車車上定十二碩弩弓以鐵鉤連軸車行軸轉引弩持滿弦掛牙上弩為四衢七衢大箭一鏃長七寸廣五寸箭笴長三尺圍五寸以鐵葉為羽左右各三箭次小于中箭其牙一發諸箭齊起及七百步所中城壘無不崩

殞樓櫓亦顛墜尖頭轤以木為脊長一丈徑一尺五寸下安六脚下濶而上尖高七尺可容六人以濕牛皮蒙之敵人其下舁直抵城下木石金火不能及用攻其城○土山城外起土乘城而上鑿通為道行于城下因攻其城每一丈建柱以防崩陷復積薪草于柱間而燒之柱折城崩○板屋以八輪車車上豎高竿竿上安轆轤以繩挽板屋高五尺方四尺有十二孔四面列布車可進退圍城而于城中遠望謂之窠車狀如鳥窠○木幔以板為幔立桔槔于四輪上懸逼城壘間使趫卒蔽之蟻附而上矢石所不能及○火箭以小瓢盛油冠矢端射城樓櫓板屋上瓢敗油散後以燒箭射油散處火立焚復以油瓢續之則樓櫓盡焚雀杏磨杏核中空以艾內火實之繫雀之尾薄暮羣雀飛入城壘中棲宿其積聚廬舍須臾火發蜀钁鐵鏨蜀钁短柄也鐵鏨井鏨也

守城具篇第三十六

經曰善守者藏于九地之下善攻者動于九天之上人所不見謂之九地見所不及謂之九天禽滑釐問墨翟

守城之具墨翟荅以五十六事皆繁冗不便于用其後韋孝寬守晉州王偘守臺城皆約封胡子伎巧之術古法非不妙然非今之用也今術便于事者如左方濬隍深開濠塹也增城增修樓櫓也懸門懸木板以為重門突門于城中對敵營自鑿城內為暗門多少臨時令厚五六寸勿穿或于中夜或于敵初來營列未定精騎從突門躍出擊其無備襲其不意塗門扇厚五寸備火又

云塗棧以泥門上木棧棚也○積石積礮石大小隨事轉關○橋梁為橋梁端著橫括橋以關轉人馬不得渡皆傾水中秦用此橋以殺燕丹○積石備石于城上不限多少為妙滚拋石射之長矛刺之○樓櫓卻敵上建堠樓以板為之跳出樓櫓笓籬戰格于女牆上跳出去牆三尺内著橫括前端安轄以荆栁編之長一丈濶五尺懸安椽端用遮矢石○布幔以複布為幔以弱竿橫掛于女牆外去牆七八尺折拋石之勢則矢不復及牆

○木弩以黄楊柘桑為弩可長一丈二尺中徑七尺兩稍三寸以絞車張之發如雷吼以敗隊卒○燕尾炬縛葦草為炬尾分為兩岐如燕尾狀加油蠟灌之如火從城上墜下使騎轤木而燒之○松明炬以松明燒之鐵索墜下巡城點照恐敵人乘城而上脂油燭然秉燭于城中四衢要路門户晨夜不得絶明以備非常行轤常鎔鐵汁舁于城以洒敵人土甑盛汁拋之敵攻城不覺○遊火鐵筐盛火以脂蠟鐵索懸墜城下燒孔穴掘城之人灰褋糠粃因風于城上擲之以眯敵人之目因以鐵汁洒之又云眯目因風以糠粃灰擲之使不得施為連梃如打禾枷狀打女牆上城敵人○叉竿如鎗刃有兩岐用叉飛雲梯上人鉤竿有鎗兩邊有曲鉤可以鉤物○天井敵攻城為地道來反自于地道上直下穿井以邀防之積薪井中加火薫之敵人自然焦灼○油囊盛火城上直出火車中囊敗火發○地聽于城八方穿井各深二丈令人頭覆戴新瓮于井中坐聽則城外五

百步之内有孔城道者並聞于瓮中辨方所遠近○鐵菱狀如蒺藜要路水中著以刺之中人馬之足○陷馬坑坑長五尺濶一尺深三尺坑中埋鹿角竹籤其坑十字相連狀如鉤鎖復以芻草葦加以土種草實令生苗蒙覆其上軍城營要路設之○拒馬鏘以木徑二尺長短隨事十字作孔縱橫安括長一丈鋭其端可塞城門要道人馬不得奔前○木柵為敵所逼不及築城壘或山河險勢多石少土不任板築且建木為柵方圓高下

隨事深淺埋木根重複彌縫其闕內量長短為閣道立外柱外重長出四出為女牆皆泥塗之內七寸又立閣道內柱上布板木為棧立竿為柵上懸門擁牆濠塹拒馬一如城壘法

水攻具篇第三十七

經曰以水攻者強水因而成勢為源高于城本大于末可以遏而止可以決而流故晉水可以灌安邑汾水可以浸平陽先設水平測其高下可以漂城灌軍浸城敗

將也○水平槽長二尺四寸兩頭中間鑿為三池池橫闊一寸八分縱闊一寸深一寸三分池間相去一尺五寸間有通水衢闊三分深一寸三分池各置浮水木闊狹微小于池匡三分上建立齒高八分厚一分槽下為轉關脚高下與眼等以水注之三池浮木齊起眇目視之齊平以為天下準或十步或一里及至十數里目力所及隨置照板度竿亦以白繩計其尺則高下丈尺分寸可知也照板形如方扇長四尺二寸黑上二尺白闊三尺柄長一尺方可握度竿長二丈刻作二百寸二千分每寸刻小分其分隨向遠近高下立竿以照板映之眇目視之三浮木齒及照板黑映齊平則召主板人以度竿之尺寸為高下遞相往來尺寸相乘則水源高下可以忖度也

火攻具篇第三十八

經曰以火佐政者明因天時燥旱營舍茅竹積芻穗軍糧于枯草嚴霜之中月在東壁南翼之夕設五火之具

因南風而焚之推月宿法周天三百六十五度四分度之一二十八宿四方分之月二十八日夜一周天行二十八宿一日一夜行一十三度少強者皆以月中氣日月合宿為首角十二度亢九度氐十五度房五度心五度尾十八度箕十一度東方七宿共七十五度斗二十六度牛八度女十二度虛十度危十七度營室十六度東壁九度北方七宿共九十八度奎十六度婁十二度胃十四度昴十一度畢十七度觜一度參十度西方七

宿共八十一度東井三十三度鬼四度柳十三度星七度張十八度翼十八度軫十七度南方七宿共一百一十度○雨水正月中日月合宿營室八度于辰在亥為陬訾于野衛分并州為野于將登明春分二月中日月合宿奎婁十四度于辰在戌為降婁于野魯分徐州于將河魁穀雨三月中日月合宿昴三度于辰在酉為大梁于野趙分冀州于將為從魁小滿四月中日月合宿參四度于辰在申為實沈于野魏分益州于將為傳送

夏至五月中日月合宿東井二十五度于辰在未為鶉首于野秦分雍州于將小吉大暑六月中日月合宿星六度于辰在午為鶉火于野周分梁州于將勝光處暑七月中日月合宿翼十二度于辰在巳為鶉尾于野楚分荆州于將太乙秋分八月中日月合宿亢八度于辰在辰為壽星于野鄭分兖州于將天罡霜降九月中日月合宿氐十四度于辰在卯為大火于野宋分豫州于將大衝小雪十月中日月合宿箕十二度于辰在寅為析木于野燕分幽州于將為功曹冬至十一月中日月合宿斗二十一度于辰在丑為星紀于野吳越分揚州于將大吉大寒十二月中日月合宿虛五度于辰在子為玄枵于野齊分青州于將為神后○假如正月雨水一日夜半行營室八度至後二日夜半行十三度少強即至東壁五度至後三日夜半行十三度少強即至奎九度順行二十八宿每日夜行十三度少強玉門京曰倍月加日從營室順數即位月宿所在○假令正月五日倍

月加二加五成七從營室數至七宿至畢他皆倣此然東井三十三度觜之一時恐將不定故為通算以決之而用五火之具兵以驍騎夜銜枚縛馬口身負束薪藁草藏火直抵賊營一時舉火營中驚亂急而乘之彼靜不亂棄而勿攻○火獸以艾蘊火置瓢中瓢開四孔繫野麞項下爇其尾端望敵營而縱之奔彼草中器敗火發○火禽以胡桃剖令空開兩空實艾以繫雞足計其尾而縱之奔入草中器敗火發○火盜選一人勇

捷語言服飾與敵同者竊號逐便懷火偷入營中焚其
積聚火發乘亂而出○火矢以臂長弩射及三百步者
以瓢盛火冠矢以數百端候中夜齊射敵營中焚其積
聚火發軍亂乘便急攻

濟水篇第三十九

經曰軍行以大水河渠溝澗無津梁舟楫難以濟渡太
公以天艎大船皆朴而不便于事今隨事應變以濟百
川○浮甖以木縛甕為筏甕受二石力勝一人甕濶五

尺以繩鉤聯編槍于其上令形長方前置枝頭後置稍
左右置棹槍筏槍十根為一束方力勝一人四千一百
六十六根四分為一筏皆去鐏刃束為魚鱗以横而縛
可渡四百一十六人半為三筏計用槍一萬二千五百
根率渡一千二百五十人十渡則全軍畢濟○蒲筏以
蒲九尺圍顛倒為束以十道縛之以束槍為筏量長短
多少隨蒲之豐儉載人無蒲用蘆葦法亦如蒲筏○挾
絙以木縛小繩先挾渡水次引大絙于兩岸立大橛急

張定絙使人挾絙浮渡大軍畢可為數十道豫多備○
浮囊以羊渾脱皮吹氣令滿緊縛其孔縛于脇下可以
渡也

水戰具篇第四十

經曰水戰之具始自伍員以舟為車以楫為馬漢武帝
平百粤鑿昆明之池置樓船將軍其後馬援王濬各造
戰船以習江海之利其船濶狹長短隨用大小皆以米
為率一人重米二石則人數率可知其楫棹篙櫓樓絙

索沈石調度與長船不殊○樓船上建樓三重列女牆
戰格豎旗幟開弩窗矛穴置拋車壘石鐵汁狀如城壘
晉龍驤將軍王濬伐吴造大船長二百步上置飛檐閣
道可奔車驅馬忽遇暴風人力不能制不便于事然為
水軍不可以不設形設勢○蒙衝以犀皮革蒙覆其背
兩相開掣棹孔前後左右以弩窗矛穴敵不得近矢石
不能敗此不用大船務于速進乘人之不備非戰船也
○闘艦船舷上設中牆半身牆下開掣棹孔舷五尺又

建棚與女牆齊棚上又建女牆重列戰卒人無覆背前
後左右樹牙旗幟旛金鼓戰船也○走舸亦如戰船也
舷上安重牆棹夫多戰卒少皆選勇士精銳者充往返
如飛乘人之不及兼備非常救急之用○遊艇小艇以
備探候無女牆舷上槳牀左右隨艇大小長短四尺牀
會計進返回車轉陣其疾如飛虞候居之非戰舫也○
海鶻頭低尾高前大後小如鶻之狀舷下左右置浮板
形如鶻翅其船如風浪漲天免其傾側背上左右張生

牛皮為城牙旗金鼓如戰舡之制

器械篇第四十一

經曰工欲善其事必先利其器器之于事如影之隨形
響之應聲其相須如左右手故曰器械不精不可言兵
五兵不利不可舉事上古庖犧氏之時剡木為兵神農
氏之時以石為兵尚書砮石中矢鏃黃帝之時以玉為
兵蚩尤之時鑠金為兵割革為甲始制五兵建旗幟樹
夔鼓以佐軍纛六面大將軍中營建出引六軍古者天
子六軍諸侯三軍今天子一十二衛諸侯六軍故有六
纛以主之門旗二面色紅八幅大將軍牙門之旗出引
將軍前列門槍二根以豹尾為刃榼出居紅旗之後止
居帳前左右建立五方旗五面各具方色大將中營建
出隨六纛後在營亦于六纛後建嚴警鼓一十二面大
將營前左右行列各六面在六纛角一十二枝以代金
隊旗二百五十面尚色圖繪于本陣同五副認旗二百
五十面尚色圖繪與諸隊不同各自為識認出居隊後

恐士卒交雜陣將門旗各任所色不得雜恐紛亂大將
軍陣將鼓一百二十面臨時警敵所用甲六分七千五
百領戰袍四分五十領槍十分一萬二千五百條其兵
縛拑牛皮牌二千五面二分馬軍以團牌代四分支弩
四分弦三分副箭一百分弦三付箭三十六枝弓一萬
二千五百張弦七千五百條箭二十五萬條箭弓十分
弦三副箭三十六枝弓一萬二千五百張弦三萬七千
五百條箭三十七萬五千枝射甲者五萬枝射生鏃箭

二萬五千枝長垜箭弓袋胡鹿張弓袋並十分一萬二千五百副佩刀八分一萬口陌刀二分二千五百口棓二分二千五百張馬軍及陌刀並以啄鎚斧鉞齊四分支搭索二分二千五百條馬軍用

軍裝篇第四十二

經曰軍無輜重則舉動皆闕士卒以軍中為家至以錐刀不可缺驢六分七千五百頭鞍絡自副幕一萬二千五百口竿梁釘橛鎚自副鍋一分一千二百五十乾糧

十分一人一斗二升一軍一千五百石麩袋十分一萬二千五百口韋皮縫可繞腰受一斗五升馬盂十分一萬二千五百口皆堅木為之或熟之三斗冬月可以煖食刀子錯子鉗子鑽子藥袋火石袋鹽袋解結錐礪石各十分一十一萬一千五百事麻鞋五十分三萬七千五百領緉攤子鞁䩫滿子各十分三萬七千五百事袴帑抹額大帶帽子氈帽子各十分六萬二千五百事氈牀十分一萬二千五百領皮裘皮袴各三分七千五百領或作氈蓄兵用柳罐栲栳各三分五千口皮囊袋亦得鍬钁鎚斧鋸鑿各二分一萬二千五百事鐮四分五千張切草二分二千五百張布行槽一千二百五十具大小胡瓢二分二千五百枚牧馬軍鞍轡革帶十分三萬七千五百具入藥一分三黃丸水解散瘧痢藥金瘡刀箭藥等五十貼披氈披馬氈引馬索各十分計三萬七千五百事軍馬無幕故以披氈代插捷十分一萬二千五百具絆二十分二萬五千條皮毛連枝中半皮條

三十分三萬七千五百條備收賊襯使右各隊隊備辦公廨軍裝並須貴行貯備使令勿臨時有闕

太白陰經卷四

欽定四庫全書

太白陰經卷五

唐　李筌　撰

預備總序

經曰不備不虞不可以師師愚者有備與智者同功故天下有道守在四境諸侯有道守在四隣國所以立疆埸關塞亭障者將欲稽出入別内外置烽燧刁斗者所以警邊徼勵士卒也

築城篇第四十三

經曰先王之制大都不過三國之一中五之一小九之一故曰都城過百雉國之害也今諸侯之城方兩京之城濶狹合五之一其高為邊隅之守不可為節制古今度城之法者城下濶與高倍上濶與下倍城高五丈下濶二丈五尺上濶一丈二尺五寸高濶狹以此為準料功以下濶加上濶得三丈七尺五寸半乘之得一丈八尺七寸五分以高五丈乘之一尺之城積數得九十二丈七尺五寸每一工日築二丈計工四十六人日築城一丈餘七尺五寸一步計役二百七十八人餘五尺土一百步計工二萬七千八百二人餘一丈土一里計工一十萬一百九十人餘一丈土率一里則十里可知其出土負置並計二丈土以工其羊馬城于濠内築高八尺上置土女牆計工準上

鑿濠篇第四十四

經曰濠面濶二丈深一丈底濶一丈以面濶加底濶積

數三丈半得數一丈五尺深一丈乃乘之鑿濠一丈得數一十五丈每一工出土三丈計工五人一步計工三十人一里計工一萬八千人一里為率則百里可知

弩臺篇第四十五

經曰臺高下與城等敵去我城百步臺相去亦如之濶四丈高五丈上濶二丈上建女牆臺内通暗道安屈膝梯人上便卷之收之中設氊幕置弩手五人備乾糧水草等候敵近城壘則攢弩射其來將

烽燧臺篇第四十六

經曰明燧于高山四望險絶處置無山亦于平地高迥處置下築羊馬城高下任便常以三五為準臺五丈下濶三丈上濶一丈形圓上蓋屋覆下屋徑濶一丈六尺一面挑出三尺以板為之上覆下棧屋上置突竈三所臺亦置三所並以石灰飾其表裏復置柴籠三所流大繩三條在臺側上下用軟梯上收下垂四壁開孔望賊及安望火筒置旗一面鼓一面弩兩張礟石壘水停水

炭乾糧生糧麻緼火鑽火箭蒿艾狼糞牛糞每夜平安舉火一把聞警舉二把見煙舉三把見賊舉燒柴籠如早夜平安不舉節烽子為賊捉一烽六人五人烽子遞加更刻觀望動靜一人烽率知文書符牒傳遞

馬鋪土河篇第四十七

經曰每鋪相去四十里如驛逈遠于要路山谷間牧馬兩匹與遊奕計會有事警急煙塵入境則奔相報致土河于山口賊路横截要道鑿之横濶二丈深二尺以細沙散土填平早夜行檢掃令平淨有狐兎入境亦知足跡多少況于人馬乎

遊奕地聽篇第四十八

經曰于遊兵中選驍果諳山川泉者與烽子馬鋪土河計會交牌日夕邏候于亭障之外捉生事問敵營虛實我之密謀勿令遊奕人知其副子將並久諳軍旅好身手者任他聽選少睡者令抱空甖卧有人馬行三十里外東西南北皆有響見于甖名曰地聽可預防奸野

猪皮為甖尤妙

報平安篇第四十九

經曰報平安者諸營鋪百司主掌皆入五更有動靜報虞候知左右虞候早出大將軍牙前帶刀磬折大聲通曰左右廂兵馬及倉庫營並平安諸復退本班如有盜賊動靜緊急即具言其事若在野行軍即言行營兵馬及更鋪並平安

嚴警鼓角篇第五十

經曰夫城軍野營行軍在外一更初日没時搥鼓一通三百三十搥為一通鼓音止則角音動吹一十二聲角為一疊角音止鼓音動如此三鼓三角而昏明畢行軍第一角聲動兵士起第二角聲動戎裝了第三角聲動中外辦角音絶兵馬齊動而發

定鋪篇第五十一

經曰每日戌時嚴警鼓角初動虞候甲士十二隊建旗幟立號頭巡軍營及城上如在野巡營外定更鋪疎密

坐者唱曰是甚麽人巡者答曰虞候總管某乙巡坐唱曰作甚行答曰定鋪坐唱曰是不是答曰是如此者三唱三答坐曰虞候總管過號頭及坐唱以聲雄者充

夜號更刻篇第五十二

經曰夜取號于大將軍處粘藤紙二十四張十五行界印縫安標軸題首云某軍某年某月某日號簿每日戌時虞候判官持簿于大將幕取意于一行中書兩字上一字坐是唱下一字行是答于將軍前開函付請號令到彼巡檢所主者以本鑰起開函告報不得令有漏泄一晝夜行二十四張三百六十行盡一載更别其簿○更漏牌一日一夜一百刻以竹馬為一百牌長三寸濶一寸逐日題云某月更牌一日一夜計行二百里探更人每刻徐疾行二里常取月氣為正○雨水正月中夜轉牌四十九四分一更傳牌九餘一里一百七十三步三尺二寸○春分二月中夜轉牌五十一更傳牌十○穀雨三月中夜轉牌三十七六分一更傳牌七餘一里

一十四步二尺○小滿四月中夜轉牌三十六三分一更傳牌七餘一百七十步四尺八寸○夏至五月中夜轉牌三十五分一更傳牌七○大暑六月中夜轉牌三十六三分一更傳牌餘一百七十五步一尺二寸○處暑七月中夜轉牌三十六三分一更傳牌七餘一百七十五步一尺二寸○秋分八月中夜轉牌四十四五分一更傳牌八餘一里二百八十六步一尺二寸○霜降九月中夜轉牌四十九五分一更傳牌九餘一百十八

步五尺六寸○小雪十月中夜轉牌五十三三分一更傳牌十餘一里一百一十五步一尺二寸○冬至十一月中夜轉牌五十五一更傳牌十一○大雪十二月中夜轉牌五十三三分餘一里一百二十五步一尺二寸

右件古法多不合令

鄉導篇第五十三

經曰即鹿無虞徒入于林中不用鄉導難得地利夫用其鄉導者不必土人但諳彼山川之險易敵之虛實即

可任也賞之使厚收其心也備之使嚴防其詐也是故錫之以官爵富之以財帛使有所戀匹之以妻子使有所懷然後察其辭鑒其色覆其言始終如一可以用之也

井泉篇第五十四

經曰沙磧鹵莽之中有水野馬黄羊之蹤尋之有水鳥鳥集處有水地生葭葦菰蒲之處有伏泉地有蟻壤之處有伏泉

迷途篇第五十五

經曰遠征路迷南北不分當以北辰為正○正月昏參中朝尾中○二月昏弧中朝建星中○三月昏七星中朝牽牛中○四月昏翼中朝婺女中○五月昏亢中朝危中○六月昏心中朝奎中○七月昏建星中朝畢中八月昏牽牛中朝觜中○九月昏虚中朝柳中○十月昏危中朝七星中○十一月昏東壁中朝軫中○十二月昏婁中朝氐中○其陰雪則用老馬引前昔齊桓公

伐孤竹值雪迷路驅老馬尋途不迷

搜山燒草篇第五十六

經曰軍至險阻溝間林泊翳薈葭蘆草莽之處翔鳥不下伏獸驚起草木無風而動必謹察之恐伏奸也邊城十月一日燒境上草及惡山深谷大川連水左近草樹敵騎若來無所伏藏

前茅後殿篇第五十七

經曰周禮挈壺以令軍井挈轡以令軍舍挈畚以令軍

糧前茅慮無建旗幟以表之皆古法也今以先鋒令先探井泉水草宿止賊路與鄉導計會及進軍戰則有唱後皆抜白刃以臨使之進如却便斬敵來追我則後殿與戰無驚擾大軍也

釁鼓篇第五十八

經曰軍臨敵境使遊奕捉敵一人立于六纛之前○祝曰敵人不道敢干天常皇帝授我旗鼓剪滅兇渠見吾旗纛者目眩聞吾鞞鼓者魄散令敵人跪纛前乃腰斬

之首横路之左足横路之右取血以釁鼓鞞六纛從首足間過兵馬六軍從之而往出必勝敵亦名際敵

屯田篇第五十九

經曰洪範八政食乃為先是以商鞅入秦行墾草之令夷吾霸齊富農工之術夫地所以養人城所以守地務耕者其人不衰務守者其地不危務戰者其城不圍四海之内六合之中有奚貴曰貴于土奚貴于土曰人之本奚貴于人曰國之本是以興兵伐叛而武爵任武爵任則兵勝按兵務農則粟富粟富則國強人主待農戰而遵三時務農一時講武使士卒入無遺力出有餘糧所謂興兵而勝敵按兵而國富也合屯田六十頃四十頃種子五頃大豆種子五頃麥子五頃麻種子五頃蕎種子屯外五十畆菜不入至秋納宴設厨四十畆蔓菁種子十畆蘿蔔種子已上種子各依鄉原種一屯六十丁一丁給米二升一日一石二斗一月三十六石一年四百三十二石牛料一頃屯六頭牛日給豆五升十

月一日起料四月一日停一日三石一月九十石六月五百四十石一屯丁種牛料種子耒屯耒東以長三百七十八尺五寸三分三毫繩之四分之一長九十三尺六寸三分四毫四月磔櫪繩内有田一畆對屯田官分三等田内上中下耒之以三尺五寸圍成東則數耒三等可知耒屯苗子横耒取三等東對屯田官打下苗子斗升合數為兩絹袋各盛苗子一挽與屯田官者來使對一挽與使掌者屯田封其後恐有耗損者耒來取子

一斗平量對屯田官擣米得幾米為率則一屯斛斗可知等級殊等九千石第一等七千石第二等六千石第三等五千石歲無水旱災蝗滿四千石者屯官有殿一軍一載粟一十二萬八千石六分支米九萬石以殊等屯一十四餘萬二千石方支一歲糧神農書曰雖金城十仞湯池百步帶甲十萬而無粟者不能守也故充國伐西戎杜茂守北鄙創制屯田以為耕植也

人糧馬料篇第六十

經曰一軍一萬二千五百人人日支米二升一月六斗一年七石二斗一軍一日支米二百五十石一月七千五百石一年九萬石以六分支粟一人日支粟三升三合三勺三抄三圭三粒一月一石一年一十二石一軍一年二十萬八千石小月入支粟九斗六升六合六抄六勺六圭六粒其大麥八分小麥六分蕎麥四分大豆八分小豆七分豌豆七分麻七分黍七分並依分折米每人鹽一人日支半合一月一升五合一年一斗八升

一軍一日六石二斗五升一月一百八十七石五斗一年二千二百五十石馬料一人二匹一軍二萬五千匹朔北河西一人二匹范陽河東隴右安西北庭則二人三匹平盧劍南嶺南則一人一匹計馬二萬五千匹為一隊計五百萬五十匹為一隊分為十坊秣馬五十隊十月一日起料四月一日停料一馬一日支粟一斗一月三石六箇月一十八石○一軍馬一日支粟一千二百五十石一月三萬七千五百石六箇月二十二萬五

千石馬鹽一日支鹽三合一月九升六箇月五斗四升一軍馬日支鹽三十七石五斗一月一千一百二十五石六箇月六千七百五十石○茭草一馬一日支茭草二圍一月六十圍六箇月三百六十圍一軍馬六箇月九十萬圍○油藥其油藥取逃亡兵士殘糧賜醫獸人于馬押官郡頭中差取

軍資篇第六十一

經曰軍無財士不來軍無賞士不往香餌之下必有懸

魚重賞之下必有死夫興師不有財帛何以結人心哉軍一人一年支絹布一十二疋絹七萬五千疋布七萬五千疋賞賜馬鞍轡二十具錦一百疋緋紫襖子衫具帶魚袋五十副色羅三疋婦人錦繡夾襭衣披袍二十副緋紫綾紬二百疋彩色綾百疋金銀器二百事銀壺瓶五十事酒罇杓一十副帳設錦褥一十領紫綾褥二十領食單四十張食器一千事長幕三十條錦帳十所白氈一百事牀圍二十條鴆袋繡墩一百口

宴設音樂篇第六十二

經曰雲上于天需君子以飲食宴樂用宣王之惠暢吏士之心古人出師必犒以牛酒頒賞有序設席有差以激勵于衆酒酣拔劍起舞朋聚角觝伐鼓叫呼以增其氣絲竹哀怨悽愴征夫感而泣下銳氣沮喪復安得而用哉酒一人二升二百五十石羊一口分為二十節六百二十五口牛肉代羊肉一人二斤二萬五千斤白米一人五合六十二石五斗薄餅一人兩箇二萬五千箇每一斗麪作二十箇一百五十石饅頭一人一枚一萬二千五百枚一斗麪作三十枚散子一人一枚一萬二千五百枚一斗麪作三十枚用麪四十一石六斗七升蒸餅一人一箇一萬二千五百箇一斗麪作一百枚麪二十五石每麪一斗使油二十二斤餜饠一人一枚一萬二千五百枚一斗麪作八十枚麪一十五石六斗二升五合餢飳一人三合糯米三十七石五斗菜一人五兩二千九百五十斤零四兩羊頭蹄六百二十五具充

餐醬羊肚肝六百二十五具并四等充羹鹽三人一合四石一斗六升醬一人半合六石二斗五升醋一人一合一十二石五斗椒五人一合二石五斗薑一十人一兩七十八斤零二兩葱三人一兩二百六十斤零六兩

隨筵樂例

大鼓　杖鼓　腰鼓　破陣樂　笛　柏板　舞劍
渾脫　角抵　投石　技拒　蹙鞠

太白陰經卷五

太白陰經卷六

唐 李筌 撰

陣圖總序第六十三

經曰黄帝設八陣之形車箱洞當金也車工中黄土也風雲烏翔火也折衝木也龍騰却月水也鴈行鵝鸛天也車輪地也飛翼浮沮巽也風后為演握奇圖云以正合以奇勝或合而為一或離而為八聚散之勢節制之

度復置虛實二壘力牧以創營圖其後秦由余蜀將諸葛亮並有戰圖以教人戰夫營壘教戰有圖士卒知進止識金鼓其應敵戰陣不可預形故其戰勝不復而應形無窮兵形象水水因地而制形兵因敵而戰勝能與敵變化而取勝者謂之神則其戰陣無圖明矣而庸將以教習之陣為戰敵之陣不亦謬乎

風后握奇壘圖篇六十四

經曰自風后至于太公倶用此法古之握奇文不滿尺理隱難明其范蠡樂毅張良項籍韓信黥布皆用此法得其糟粕而霍光公孫弘崔浩亦採其華未盡其實今以八陣握其人數為壘班布守地闊狭頃畝列之如後

原闕

握奇外壘

一軍一萬二千五百人以十人為一火一千二百五十火幕亦如之幕長一丈六尺舍十人人守地一尺六寸十以三為奇以三千七百五十人為奇兵餘八千七百五十人分為八陣陣有一千九十三人七分五銖守地一千七百五十尺八陣積率為地一萬四千尺率成三千三百三十步餘二尺積率成六里餘一百七十三步二尺以壘四面乘之一面得地一里餘二百二十二步

二尺壘內得地一十四頃一十七畝餘一百九十七步四尺六寸六分以為外壘

天陣居乾為天門　地陣居坤為地戶

風陣居巽為風門　雲陣居坎為雲門

飛龍居震為飛龍門　虎翼居兌為虎翼門

鳥翔居離為鳥翔門　蛇盤居艮為蛇盤門

天地風雲為四正龍虎鳥蛇為四奇乾坤艮巽為闔門震離兌坎為開門有牙旗遊隊列其左右偏將軍居壘門內禁出入察奸詐壘外有遊軍定有端前有衡後有軸四隅有輔以備非常中壘以三千七百五十人為中壘守地六千尺積尺得一里餘二百四十步以中壘四面乘之一面得地二百五十步壘內有地兩頃餘一百步正門為握奇大將軍居之六纛五麾金庫鼓藏輜重居中壘

太白營圖篇第六十五

經曰參七星伐三星連肩足十星為十將軍西方白虎

宿也主殺伐此星出而天下秋草木搖落有若軍威故兵出而法焉 原闕

一將一千人十將一萬人幕千人守地一萬六千尺積尺得二千六百六十六步餘四尺積步得七里餘一百四十六步四尺以營四面乘之一面得地一里餘三百六十步四尺營內有地一十八頃七十畝餘一百四十三步五尺三寸三分地主居坎為地主門和德居艮為和德門高叢居震為高叢門大昊居巽為大昊門大威居離為大威門大武居坤為大武門大簇居兑為大簇門陰德居乾為陰德門四仲為開門四維為闔門外置

牙旗遊隊四維門置鋪偏將居壘門內以禁出入察奸邪十將幡旗圖會五色五行列右一將行得水黑幡幟旗圖熊額白脚青右二將行得火赤幡幟旗圖鶡額白脚黃右三將行得木青幡幟圖熊額白脚青右四將行得金白幡幟旗圖狼額白脚黑右五將行得土黃幡幟旗圖虎額青脚白左一將行得水黑幡幟旗圖熊額青脚白左二將行得火赤幡幟旗圖鶡額青脚黃左三將行得木青幡幟圖熊額青脚赤左四將行得金白幡幟旗

圖狼額青脚黑左五將行得土黃旛幟旗圖虎額青脚白中營二千人為左右決勝軍大衛五百為二百五十人守地四千尺積尺得六百六十六步餘四尺積步得一里餘三百二十步四尺以營四面乘之一面得地一百六十八步餘四尺其中營小每面加四十三步一尺三寸三分通成二百二十二步一尺三寸三分每幕相去一尺五寸四分營內有地二頃四畝餘一百五十七步一尺五寸九分

休門主一居子　生門主八居艮　傷門主三居
卯　杜門主四居巽　景門主九居午　死門主
二居坤　經門主七居酉　開門主六居乾
右八門四維四仲唯開景門致大將將軍旗纛金
鼓如握奇法

偃月營圖篇第六十六

經曰偃月營形象偃月皆背山岡面波澤輪逐山勢隨
面直形地窄小狹之所下營　原闕

偃月外營常以四六分幕一萬人以六千人守地九千六
百尺積尺得一千六百步積步得四里餘一百六步為
營輪四千人守地六千四百尺積尺得一千六百步餘
四尺積步得二里餘三百四十六步四尺為弦弦致三
門每門相去三百五十五步一尺五寸五分營內有地
一十八頃八十畝餘五十八步四尺右置上弦門中置
偃月門左置下弦門偃月中營以二千五百人守地四
千尺積尺得六百六十步餘四尺積步得一里三百步

餘四尺五寸四分每幕中兩箱置土馬一十二匹大小
如常馬備真鞍令士卒擐甲槖弓矢佩刀劍持矛盾左
右上下以習騎射

陰陽隊圖篇第六十七

經曰陽遁起一至九陰遁起九至一隊有五十人一人
為長一隊九人不失四十五人之數卒間容卒相去二
步隊間容隊相去一十八步前後一十步其隊相去前
後亦如之黃帝曰陣間容陣隊間容隊曲間容曲也　原

闕

一隊布地三十六步一陣二十二隊布地七百九十二步方圓斜曲長短皆如之大長不預教習而支罷仗亦料其分數之内甲三十領六分戰袍二十領四分槍五十桿十分牌十面二分弩十張二分陌刀十張二分箭四十副八分佩刀四十口八分棓十具六分右守用陰隊左攻用陽隊矛盾弓布置各有行列前後陰陽不同

教旗圖篇第六十八

經曰春秋末並為戰國增講武之禮以為戲樂用相夸競而秦更名為角抵故國雖大好戰必亡天下雖安妄戰必危故春蒐秋獮夏苗冬狩振旅理兵所以不忘戰也宣尼曰不教民戰是謂棄之今邊軍更名曰教旗使士卒識金鼓列旗幟知行列諳部分乃一軍之節制也

原闕

凡教旗于平原高山大將軍居其上南向左右各置鼓一十二面角一十二具各樹五色旗六纛居前旌旗次之監軍御史裨副左右衙官騎隊如偃月形為候騎下臨平野使士卒目見旌旗耳聞鼓角心存號令乃命十將左右決勝將總十二將一萬二千人兵刃精新甲馬旗幟分為左右廂各以兵馬使為長班布其次陣間容陣隊間容隊曲間容曲以長參短以短參長回車轉陣以前為後以後為前進無奔迸退無趨走紛紛紜紜鬭亂而不可亂渾渾沌沌形圓而不可敗者奇正是也進止有度疾徐有節以正合以奇勝聽音望麾乍合乍離于是三令五申白旗點鼓音動則左右廂齊合朱旗點角音動則左右廂齊離離與合坎離子午之地左廂陽向而旋右廂陰向而旋左右各復本位白旗掉鼓音動左右雲蒸鳥散彌川絡野然而不失部隊之疎密朱旗掉角音動左右各復本位前後左右無差尺寸經曰散則法天聚則法地如此三合而三離三聚而三散不如法者吏士之罪可從軍令于是大將軍出五彩旗一十二面各樹于左右陣前每旗選壯勇士五十人守旗選壯勇士五十人奪旗右廂奪左廂左廂奪右廂鼓音動而奪角音動而止得旗者勝失旗者負勝賞負罰離合之勢聚散之形勝負之理賞罰之信因是而教之

草教圖篇第六十九

經曰古之諸侯畋獵者為田除害上以供祭祀下以習武事太古之時人食鳥獸之肉衣鳥獸之皮後代人民浸多禽獸寡少衣食不足于是神農教其播植導其紡績以代鳥獸之命自是以後禽獸盈山林害禾稼人民苦之于是王公秋冬無事教習畋獵簡練兵革奮揚威武以戒非常季冬之月獵日太陰用事萬物畢成蟄蟲以伏乃具卒乘從禽于山澤以教兵令知部分進退之儀矣 原闕

一人守圍地三尺一十二將守地三萬六千尺得步六千積步得一十五里餘六千步圍中徑闊得地五里餘二十步以左右決勝將為校頭其次左右將各主士伍為行列皆以金鼓旌旗為節制其初起圍張翼隨山林地勢無遠近部分其合圍地虞候先擇定訖以善弧矢者為圍中騎其部卒槍幡守圍有漏禽獸者坐守圍吏大獸公之小禽私之以觀進止

教弩篇圖第七十

經曰弩者怒也言其聲勢威響如怒故以名其力也穿剛洞堅自近及遠古有黃連百竹八擔雙弩之名今有絞車弩射七百步攻城拔壘之擘弩射三百步步戰用之馬弩射二百步馬戰用之弩張遲臨敵不過一二發所以戰陣不便于弩非弩不利于戰而將不明于弩也夫弩不離于短兵當別為隊攢箭注射則前無立兵對無橫陣復以陣中張陣外射番次轉回張而復出射而復入則弩不施聲敵無薄我置弩必處其高爭山奪水

守隘塞口破驍陷陣果非弩不利也 原闕

張弩後左廂丁字立當弩八字立高揎手垂衫襟左手承撞右手迎上當心看張張有闊狹左脞右轉還復當心安箭高舉箭賊若遠高擡弩頭賊若近平身放左右有賊迴身放賊在高處拏脚放放箭訖唱殺却掣物蝎尾覆弩還著也

合而為一陣篇第七十一

經曰從一陣之中離為八陣聽音望麾以出四奇飛龍虎翼鳥翔蛇盤為四奇陣天地風雲為四正陣夫善戰者以奇勝以正合相生如循環之無端孰能窮之奇為陽正為陰陰陽相薄而四時行焉奇為剛正為柔剛柔相得而萬物成焉奇正之用萬物無所不勝焉 原闕

離而為八陣圖篇第七十二

經曰風后演握奇圖自一陣之中分為八陣天有衝或圓而布色帝白小則圓利為主色尚玄為乾原闕

地陣方布利為客色黃為坤原闕

風附于天風象其形銳首利為客色尚赤為巽原闕

雲附于地上太公曰左右相向是也其形鋭首利為客色尚白為地 原闕

飛龍形屈曲似龍利為主色上玄下赤為震 原闕

虎翼居中法翼而進其形罷利為主色上黄下赤為兑 原闕

鳥翔太公曰突擊之義是也其形迅急利為客色上玄
下白為離 原闕

蛇蟠太公曰圍之義也其形宛轉利為主色上黃下赤
為艮
已上四陣為陣奇 原闕

欽定四庫全書

太白陰經卷六

欽定四庫全書

子部

太白陰經卷七八

詳校官助教臣常循

總校官進士臣程嘉謨

校對官中書臣馬猶龍

謄録監生臣李昇

欽定四庫全書

太白陰經卷七

唐 李筌 撰

祭文書藥方總序

經曰古者天子望于山川徧于羣神諸侯祭其封内其觸石吐雲之山川神祇皆祭并所過名山大川福及生人神祇爾雅云旣類旣禡師祭也旣伯旣禱馬祭也師初出則禡軍之牙門禱馬羣廐蚩尤氏造五兵制旗鼓

師出亦祭之其名山大川風伯雨師並所過則祭不過則無妄祠毗沙門神本西湖法佛説四天王則北方天王也于于闐城有廟身披甲右手持戟左手擎化塔祇從羣諸殊形異狀蕃人事之往年吐蕃圍于闐吐蕃人夜見金人披髮持戟行于城上吐蕃衆數千萬盡患瘡疾莫能勝兵又化黑鼠咬弓弦無不斷絶吐蕃扶病而遁國家知其神乃于邊方立廟元師亦圖其形旗上號曰神旗出居旗節之前故軍出而祭之至今州縣府多立天王廟也一云昔吐蕃圍安西北庭表奏救之唐玄宗曰安西去京一萬二千里八月方到到則無所及矣左右請召不空三藏令請毗沙門天王師至請帝執香爐師誦真言帝忽見甲士前立帝問不空不空曰天王差二子獨揵領兵救安西來辭陛下後安西奏云城東北三十里雲霧中見兵人各長一丈約五六里至酉時鳴鼓角震三百里停二日康居等五國抽兵彼營中有金鼠咬弓弦弩器械並損須臾北樓天王現身

禡牙文篇第七十三

維某載歲次某甲某月朔某日某將軍某敢以牲牢之奠告于牙軍之神在昔三皇無師五帝有師所以伐奸凶猰貐鷙封豕洊食長蛇流毒寇掠我生聚殘害我邊陲我軍恥不祥之器以伐謀為兵愛不戰而屈人借前箸為策遂得東夷貢矢西旅獻獒川明海澄亦有年矣今吐蕃遺噍起蜥遠山紂犬吠堯梟獍狼顧天子授我斧鉞錫我彤弓鑿門分閫使專征伐惟迓乃神翼兹貔

武左霹靂右雷公天乙在前太乙在後風雹雨霰尅勝犀醜抱鼓未揮元兇授首惟爾神靈來歆旨酒

禡馬文篇第七十四

維某載歲次某甲某月朔某日某將軍某謹以清酌少牢之奠祭爾羣牧馬之神靈古者庖犧氏作服牛乘馬引重致遠以代人勞爾能節齊和鑾舉鞞鼓陷矢石殪奔禽聲嘶而長風始至影滅而浮雲猶見穆滿八駿足跡接于瑤池王良駟馬人事標于天漢國家恩覃無垠

光宅有土皇化潛謐白旗來展沈鐵浮毛貢金納帛而猶豺狼難厭返首逆鱗舉三苗之不共慕九黎之亂德叛而不討何以示戒天子齊壇場拜飛將軍身衛彤戈手執金鼓揮陣雲以出塞乘明月而渡河誓將掃穜埋落禽魑摘魍火烈具舉勢蹻飄風惟爾馬神使我馬肥風馳電轉龍驟魚奔晶甲霜明草木皆偃飛矢星落江河斡旋一舉成功俟我脱甲示不復用休爾于華山之陽而已矣

祭蚩尤文篇第七十五

維某載歲次某甲某月朔某日某將軍某謹以牲牢之奠祭爾炎帝之後蚩尤之神太古之初人尚敦素拓石爲門弦木爲弧今乃鑠金爲兵割革爲甲樹旗幟建鼓鞞爲戈矛爲戟楯聖人奄有寰宇四征不庭服強畏威伐叛誅暴擊五兵之利爲萬國之資皇帝子育羣生義征不惠邊徼兇狡蟻鬬要荒今六軍戒嚴躬行天罰人之不誅景福來臻使鼉鼓增氣熊旌佐威邑無堅城野

罕橫陣如飛霜而捲木拔山而壓卵火烈風掃戎夏大同允我一人之德由爾五兵之功而已

祭名山大川文篇第七十六

名山文

維某載歲次某甲某月朔某日某將軍某謹以清酌少牢之奠敬祭于某山之神惟神聰明正直惡盈福謙亭育黎甿作鎮方土國家天覆地載罔不宅心航海梯山回首內向獨彼兇醜烏合戎羣滔天虐人窺邊猾夏天

階其禍養成其凶皇帝取亂侮亡兼弱攻昧赫斯怒奮雷霆濁濩轟宏風捲電擊今則萬騎雲會八陣戎裝頓軍峰巒樵蘇林麓天道助順人情好謙天人共棄神鑒孔明何不蒸雲欝霧飛沙轉石助我軍威全師克獲牲牢匪馨明德惟馨

大川文

維某載歲次某甲某月朔某日某將軍某謹以牢敬祭于某川之神惟神植德靈長善利萬物其柔也能沈鴻毛纖

芥其剛也轉巨石截横山漂湖蕩越澄清撓濁避高就下兵形法焉我君冑有萬國道涵四海伐叛懷遠今文齊武足使扶餘肅慎願効馳驅夜郎滇池咸供指使惟彼凶醜敢干天常負固憑山搖蜂蠆之毒乘危走險運螳蜋之臂天子授我某等不戰而屈人之兵士卒與我一心聞鼓有死難之志神居五行之長百瀆之源藏蛟躍龍蒸雲致雨今大將軍利涉全師既行何不渴海若吐天吳驅風伯逐鯨魚使波無運瀕厲有淺清成軍將之事贊天子之威

祭風伯雨師文篇第七十七

風伯文

維某載歲次某甲某月朔某日某將軍某謹以牲犬清酌祭于風伯之神惟神道出地户跡遍天涯東温而層冰澌散西烈則百卉摧殘鼓怒而走石飛沙翻江倒海安靜則雲屯浪息綻柳開花暢百物以敷蘇使八方而寧謐達庶人之理暢大王之雄國家至道深仁豚魚服信杜絶僭叛混一車書海宴河清遠安邇肅惟彼凶孽

尚敢憑陵持烏合之衆將恃蜂屯之卒徒險憑蟻壤浮遊朝菌逭我天誅曉電清霜延爾時命皇帝道惡殺生鞠養群品乃威以斧鉞懷以惠和先茅屈途後殿臨境兩軍相見八陣將施惟爾明神號吼颷飈折木偃草使旗旄指敵驚沙走石飛太山之行晝不見于敵目震雷霆之響近不聽于敵耳蒙袂僵仆款我轅門兵不血刃而革面同風而已

雨師文

維某載歲次某甲某月朔某日某將軍某謹以牲牢之奠致祭于雨師之神惟神溥陰陽而成氣馭風雲而施德威合風雷則禾木盡偃恩覃霧露而卉物敷榮昆陽惡盈蕩新室之衆龜茲順助益濟涼之師其賞善也如此則罰惡也如彼國家大業醇被休德洽如懷生之倫盡荷明德而敵人握異志竊遐荒使謀臣不暇高枕戰士脫甲天子瞑目按劍發驍勇誅不道天下士衆猋集

星馳氣騰青霄精貫白日熏狡兎穴覆梟鳥巢惟神何不傾湫倒海以助天威蕩寇清讎以張軍勢按劍則日中見斗揮戈而曜靈再晡壯戎軍之氣乃爾神之功

祭毗沙門天王文篇第七十八

維某載歲次某甲某月朔某日某將軍某謹稽首以明香淨水楊枝油燈乳粥酥蜜粽糗供養北方大聖毗沙天王之神伏惟作鎮北方護念萬物衆生悖逆肆以誅夷如來涅盤委之僧法是以寶塔在手金介被身威凜商秋德融湛露五部鬼神八方妖精殊形異狀襟帶毛羽或三面而六手或一面而四目瞳顏如藍礫髮似火牙崝崒而出口爪鉤兜而露骨視雷霆喘雲雨吸風飈噴霜雹其叱咤也豁大海拔須眉摧風輪粉鐵圍並隨指呼咸類驅策國家欽若釋教護法降魔萬國歸心十方面向惟彼兇敵尚敢昏迷肉食邊甿漁獵亭障天子出師問罪要荒大王宜發大悲之心軫護念之力助我甲兵戮彼兇孽使刁斗不驚太白無芒雖事捷邊將而

功歸于天王哉

捷書露布篇第七十九

某道節度使牒上中書門下破逆賊某乙下兵馬使告捷事得都知兵馬使某牒稱今月某日某時于某山川採見賊與戰俘斬略盡今乘勝邊背未暇點拔殺獲生級罷械斗馬續即申上者天威遠播狂寇敗亡將盡煙塵同增慶抃謹差某乙馳驛告捷具狀牒上中書門下謹牒某年某月某日官某牒判官某官某行軍司馬某

使某官某道節度使奏破某賊露布事拔逆賊某城若干所生擒首領某人若干斬大將若干級斬首若干級獲賊馬若干匹甲若干領旗若干面弓弩若干張箭若干隻槍牌若干面衣裝若干事件應有得者具言之中書門下尚書兵部某道節度使某官臣某言臣聞黄帝興涿鹿之師堯舜有版泉丹水之役雖道高于千古猶不免于四征我國家德過唐虞功格區宇蠢斯狂狡昏迷不恭烏合成羣犯我亭障臣令令都知兵馬使某官

某都統馬步若干人為虞候某官某領強弩若干人為奇兵設伏虞候總管某官某領陌刀若干人為後節度副使某官某領蕃漢子弟若干人為中軍遊騎以某月日時于某山川與賊大軍相值埃塵漲空旌旗蔽野臣令都知兵馬使官某大將軍當其衝左右虞候兩為翼勢欲戰酣伏兵竊發賊衆俱駭虞候某陌刀掩至白刃霜飛紅血星流從寅至午經若干陣所有殺獲具件如前人功何能天力是賛謹差先鋒將某官某奉露布以聞持望宣布中外用光史冊臣某頓首謹言某年月日

掌書記某官某上

治人藥方篇第八十

經曰藥者和草木之性治人寒溫燥濕之病道達經脈通理三關九候五臟六腑扶衰補虛人氣鬱蒸其病或瘟瘴瘧疾痢金瘡墜馬所以隨軍備急

療時行熱病方

梔子二十枚 乾薑五兩 茵陳三兩 升麻三兩 大黄五兩 芒硝五兩

右六味為末飯汁飲調服空心三錢匕須臾利不利則煖粥投之利多則漿水飯止之愈陰陽毒不可服

療赤班子瘡

梔子二十枚 柴胡兩 黄芩三兩 芒硝五兩

右為細末飯飲調下三錢匕以利為愈

療天行疫方

瓜蔞四十九粒 丁香四十九粒 赤小豆

右為末井花水空心調服方寸匕次兩鼻中各搐此

散一大豆許須臾鼻出黃水吐利良久乃愈

療瘧疾方

鱉甲三兩　生常山二兩　甘草二兩　松羅二兩

右為末用烏梅煎湯調服方寸匕日二服少加之以吐為愈如未瘥者服當歸六味散

桂心三兩　當歸　白朮　細辛已上各五兩　大黃五兩　朴硝八兩熬

右為末平旦空心服方寸匕加之得利為度

療瘟瘧者可服鬼箭十味丸方

甘草　丁香　細辛　蜀椒　烏梅肉各三兩　地骨皮　橘皮　白朮　當歸各五兩　鬼箭二兩

右為細末煉蜜為丸如梧桐子大每服十五丸烏梅湯送下再服加至三十丸三五日後覺腹中熱以粥飲壓之

療痢病方

黃連　黃芩各五兩　黃芪　黃柏各四兩　龍骨八兩

右五味為散空心粥飲調方寸匕日再加三寸匕止

療穀痢方

白朮六兩　附子四枚炮去皮　乾薑四兩炮　細辛五兩　油麪末一升熬變色

右為末以粥飲如前法

療血痢方

阿膠炒　黃柏炙各四兩　乾薑　艾葉各三兩　犀角末五兩

右為末如前法服

療膿血痢方

黃芪六兩　赤石脂八兩　艾葉三兩　厚朴炙三兩　乾薑煨四兩

右為末服法如前

治霍亂方

巴豆一兩去殼　乾薑三兩炮　大黃五兩

右為末煉蜜為丸如梧桐子大米飲服三丸以利為度不利粥湯投之

治脚轉觔方

木瓜水煎五合服之愈本方云生薑一斤煎二升
半服之
入戰辟五兵不傷人方
雄黃一兩　白礬二兩　鬼箭一兩帶柄用　羖羊角燒二分半　竈中土三分
右為末以雞子黃并雞冠血為丸如杏子大置一丸
于小囊中繫腰間及膊上勿令離身亦辟一切毒
療馬齒毒方

灰汁數斗暖者洗瘡處愈又以馬糞者亦可
療馬膿垢附人作瘡方
馬鞭梢二寸燒灰飛鼠七枚各燒灰敷之
療金瘡傷因發者及傷裂突出腸方
黃芪　當歸　芎藭　白芷　續斷　黃芩
細辛　乾薑　附子　芍藥各三兩
右件為末先飲酒醉次服五錢匕日三服又云服半
錢匕日三服加至方寸匕驗

療金刃中骨脈中不出
白蘞　半夏各等分
右為末酒調服方寸匕日三服至二十日自出立愈
療金瘡傷中破驚方
火燒葱取汁塗之立愈亦用女人中衣舊者以襠
炙熨之為愈
療馬墜損有瘀血在腹內方
生地黃五升爛研以酒擣汁一盞日服三服至服

愈又方地黃二升擣令乾以無灰酒半斗煮三二
沸重戶地暖飲之常令醺醺
療馬墜折手腳骨痛方
右擣大麻根并葉取汁服之氣下乃蘇若無大麻子
根葉研子溫酒調下亦得
治馬藥方篇第八十一
經曰馬有四百八病蓋在將調冷熱之宜常加消息
春夏常灌馬方

鬱金　芎藭　當歸　大黄　升麻　黄連

細辛

今方不用當歸芎藭細辛却入黄柏吴藍青黛梔子秋冬加官桂乾薑右為末每灌七錢蜜油各一合湯半斤攪匀灌之其冷氣則加乾薑官桂各一兩令多以煑糯米粥半升油五合猪脂四兩蜜三兩早飲了啖之候日色温來日復啖之

馬熱不食水草方

芒硝　鬱金

右每灌七錢入酥半兩水一升攪匀灌之云刺帶脉取出血

治馬漏蹄方

先以刀削令穩便須以髮灰羊脂填了以黄蠟固之

療馬內黄不食水草顫喘卧數起口張喘急頭微垂利方

青黛三兩　大黄二兩　白鹽五合

右為末每灌三七油蜜各一合温水一升灌之馬有黑汗出卧不起汗流如珠顫喘氣急嘗汗淡即死鹹即不死取人汗韉燒湯挼濃汁灌三升瘥又方刀子劄馬尾小頭作十字使出血以人糞塗之良或燒人糞以亂髮傅之差

療馬轉脬不大小便方

以人糞并大蒜攪湯成膏納尿孔中則立尿又纏馬腸放後蹄間挽之令跳自止

療馬結草方

以熱手捻令結消不消以火炙掃箒柄築之

療馬蟲顙方

桑根皮　大棗肉　葶藶子各一兩熬令黄色另研作膏

右和匀水三升灌之一時辰令頭低滴鼻中惡物愈次以大黄油雞子清灌之又云桑白皮一握舊乾煑棗五十枚煑取穰葶藶子六兩熬令黄右以水六升桑根大棗炙取汁一大升去滓內葶藶子膏攪匀相

得更煎取強半停令冷暖得所分為兩度灌所患之鼻如人行八九里一灌乾地著草縶頭底即出鼻中惡物令甚走又以大黄油雞子煎灌之

太白陰經卷七

欽定四庫全書

太白陰經卷八

唐　李筌　撰

雜占總敘

經曰天文者懸六合之休咎兵書者著六軍之成敗今約一戰之事編為篇目其餘災變昧而不書夫天道遠而人道邇人道謀而陰故曰神成于陽故曰明人有神明謂之聖人夫聖人者與天地合其德與日月合其明與四時合其序與鬼神合其吉凶故曰先天而天弗違後天而奉天時天且弗違而況于人乎況于鬼神乎人若謀成策員則天地日月鬼神皆合之人若謀缺策敗則雖使大撓步歷黄帝抜元甘德占星巫咸望氣務成災變風后孤虚欲幸以勝未之有也蓋天道助順所以存而不亡若將賢士鋭誅暴救弱以義征不義以有道伐無道以直取曲以智攻愚何患乎天文哉可博而觧不可執而拘也

占日篇第八十二

經曰日者實也光明盛實布照四方神靈御之葵霍向之太陽之精積而成象光明外發休魄內含故人君法之吉凶禍變必照臨下土日珥者拜大將軍有軍在野珥南則南勝珥北則北勝東西準此兩軍相對將欲解和○日暈而珥外軍凶○日抱暈隨內軍勝○日有白足破軍殺將○日有背氣色青赤曲向外為背叛之象其外有臣叛將軍守邊有二心○日有玦氣似背有枝

直向外如山字兩軍相當所臨者敗○日有暈氣傍日周圓中赤內青營軍之象對敵之上色濃厚者隨方軍勝○日月皆暈兵陣不合七日暈不解不可起兵暈而珥外兵凶○日抱暈而珥者易上將○日暈而玦者兩軍相當隨玦兵敗○日暈而直氣在傍所臨軍勝○日暈而背虹珥及直而貫之者順虹擊之大勝○兩軍相當日有冠纓者和解抱戴者大喜○日暈而有兩珥在內外者并有雲聚不出三日下有圍城

占月氣色篇第八十三

經曰月者缺也盈極必缺太陰之精積而成象光以照夜女主之義比德刑罰吉凶休咎以警戒于下土○月有暈先起兵者勝○月暈抱戴有赤色在外外人勝在內內人勝○月暈抱戴赤色明客勝○月暈歲星赤色客勝○火入月中色惡客敗色明客勝○月暈鎮星色不明主人勝明客勝○月暈太白色不明主人勝明客勝○月昏星辰不明主人勝明客勝○月暈亢先起兵

欽定四庫全書

有喜且勝軍出月蝕凶○月昏房糠大風起○月暈參伐兵起有軍不勝

占五星篇第八十四

經曰五星者昊天上帝之使也稟受帝命各司其職雖幽潛深遠罔不悉及之故福德祐助禍淫威刑或順軌而守常或錯亂而表異光芒角變色動衰盛居留干犯句衛掩蜜所以告示下土凡五星各有常色本體吉歲星青熒惑赤（如參左角狀）鎮星黃太白白（如五車大星）辰星黑凡

五星青為飢憂赤圜為旱交爭黃熟女主吉白兵喪黑水疾五星黃角有兵交爭赤角犯我城白角有邊兵青角憂愁生黑角死喪行五星色變常者青憂白兵赤旱黑喪黃熟

歲星木星占

木乘金偏將軍死木金合鬬將死木守七星天下起兵木乘昴國有憂畜主死木入畢中邊起兵木犯畢附邇起兵木守參代有兵木犯井兵起木經柳有兵木守軫

罷兵木入天將軍興軍吉木入五車兵起木守羽林兵起木星犯參旗大將軍出征凶

熒惑火星占

火用宜背火在鶉火之次宜背午地他皆倣此火犯木土為大戰犯之亡偏將軍熒惑環太白偏將軍死火與太白相連而鬬破軍殺將火入太白中上出破軍殺將客勝火所不利先火起犯左右角有兵火守亢有兵火入亢有兵水災火入房馬貴出房馬賤火入鍵兵起火犯南斗破軍殺將一年吳主死中國飢火入牛破軍殺將越主死火入須女入危兵起火犯東壁伏兵起火守昴邊人不安入昴匈奴破期三年火犯畢左角大戰右角小戰五星犯畢邊兵起火犯附耳兵起火犯觜趙凶兵起火犯參有兵火入東井一星將軍野戰死火犯輿鬼兵起火守七星外有兵起火乘張有兵火與張合兵起有災火守張大將軍驚火犯翼邊兵起火入軫有兵火行南河界有邊兵火犯太微上將上將亡次相次相

亡火犯角大臣亂而有憂入亢有白衣會主將死入多疾疫入氐主兵起失國天子惡赦吉火犯心戰不勝大將死絕嗣大臣亂主出營有哭泣入尾臣下妖淫年多妖祥大亂入箕穀大貴妃后惡之燕王死入虛齊王死相走出兵罷犯畢人疫臣反主崩大水兵起入壁魏王死天下兵留壁二十日土工米貴女主惡之犯奎魯王凶大水大疫大臣謀主犯婁有暴兵有死主大飢盜賊起犯胃趙大有兵主大勝犯鬼執法有誅天下大疫有

女喪大赦吉犯柳有木工犯星大臣亂易服色

鎮星土星占

土犯星左角大將戰死水災土守右角兵路不通土守亢有兵臣下反土守糠大兵起土入天廟有兵起土守虛出入有客兵至不過五日自去入奎兵起土入婁邊兵起天下凶土入胃客軍敗主軍用土入昴番王死邊人為亂土入觜兵起土逆行守參有番兵土守牛越兵起土出入胃舍七星兵起員海大濱土守張多盜賊兵

起與土工土入軫兵發而自敗入天庫有兵土守南河蠻夷起兵邊界有憂土出東掖門為將事東出德事出西掖門為將守事西出刑事犯氐星皇后憂宮人死天下大疫犯房天下相代皇妃亡邊兵反犯心天子絕嗣將相死放大赦修德吉犯尾天下不安后妃惡之犯箕大亂女主憂民流亡大兵起犯斗其國失地先後旱大臣逆亂犯牛有奸賊牛馬棄于道天下急宜赦犯女更往令天子喜有女喪犯虛有刑令大憂有客兵鈇鉞用入危天下亂國亡將死人哭泣入室關梁不通貴人死女子恣橫犯壁遠方入貢國大水天下立王犯畢令不行將相亡入觜相死兵大起侵死有反者犯參多水旱邊兵起入井水旱大臣死犯鬼多戮死秦地有反

太白金星占

太白一名長庚西方金德白虎之精招搖之使其性義斷其事言詞其時秋其日庚辛其辰申酉其帝少皞其神主蓐收太白主兵馬為大將軍為威勢為斷割為殺

伐故用占之是以重述其德異于常星也金體大而色白光明而潤澤所在之地兵強國昌兵出則出兵入則入順之吉逆之凶出高深入吉淺入凶先起勝出下淺入吉深入凶後起勝金晝見有軍軍罷無軍軍起金出東方始出為德月未盡三日在月南得行在月北失行是謂反生不有破軍必有屠城北國當之金出東方月未盡三日在月北圓海之國不勝在月南中邦不勝在月北是謂失行金入火必敗兵金西方為德月三日金

在月北員海之國戰勝在月南員海之國敗金與月相夾有兵拔城偏將大戰金與月共出守者屠城金與月宿相犯小戰金與五星相犯大戰金在南南軍勝在北北軍勝金出東方舉事用兵順之吉逆之凶西南北皆倣此金守南斗三十日邊兵來侵金入羽林兵起金蝕畢昴番王死金光暗戰不勝將軍死金變色戰勝隨方色青東方他皆倣此金入月客軍大敗野有死將金白而角文可戰色赤而角武不可與戰金與木合無怒必

戰金應出而不出應入而不入此謂失舍不有破軍必有死將所受之邦不可與戰未當出而出未當入而入必有破軍于野受金十日後將軍死金初大後小兵弱初小後大兵強金有角有兵敢戰吉不戰凶順角指處擊之吉逆凶金行遲兵遲行疾兵疾金大行用兵疾吉遲凶金入則兵入出則兵出兵行法此金木一東一西害侯王一南一北兵乃伏金犯畢左角左將死金入月客將死金出而水沒金水俱出東方東軍勝西方西軍

勝水居金前軍罷水居金北小戰金南大戰金進則兵進金退則兵退金出未高而敵深者勿與戰去而勿追金赤角兵戰白角則軍起黑角軍罷青角軍憂白角又主國喪軍亡隨角所指處應金晝見是謂經天金犯五星大有兵起犯火大戰在南南勝他皆倣此金犯角大戰不勝將軍死金陵房赤色有兵戰金干亢大將不勝將軍鬬死金入留守尾兵起于野將士滿道金入南斗將軍死金犯南斗破軍殺將金犯牽牛將軍失其衆守

牛兵起金入危犯守有兵起金入營室暴兵滿野將軍死金守犯東壁大兵起金入奎兵起外兵來入國金犯守婁將軍功金守胃兵起金守昴蕃王死四夷憂金犯畢邊兵起金犯左角北兵大戰金入畢馬貴兵有傷金犯觜兵起宜用斧鉞金犯守參主邊兵起左右肩大將憂金犯參伐兵起金守犯東井將軍惡之金入東井大兵起金入柳大兵起益地金犯輿鬼大兵起金入翼大將死天下兵起金犯七星將軍出塞金犯軫其國出軍

得地

辰星水星占

水土合為覆軍水出東方大而白有兵在外解金水俱出東方員海國勝水入月主人敗兵亡地水金合旗出破軍殺將客勝視其所指以命破軍水還遠太白興兵大戰客勝主人敗水過金其間可容劍小戰則客勝水出太白左小戰磨太白又去三尺軍戰水在金北利主人在金南利客水守房北軍敗水守婁北兵起水干昴邊

地兵起水守心大臣相殺大水異姓立王犯尾大水犯箕有赦若守左角動色貴臣戮死犯斗大臣誅一曰兵守赤色天下敗兵犯五穀不成水湧犯女有婚娶事萬物不成犯虛天下亂多水犯危大水有後喪臣謀君主犯室有兵大水犯壁刑法苛朝廷憂犯奎有火為害水乘昴出其北蕃王死中國大水水入畢有兵出北蕃王憂出南南憂犯觜發兵水守參伐星移南南蠻下移北北兵侵水入東井星進兵進星退兵退水干犯輿鬼兵起水入庫兵起水入柳牛馬貴犯星臣亂水守張兵起大水水入翼中刑及賢相大凶犯軫大兵起萬物不成犯角大水舟船相望犯亢大水干犯五車兵起水留心南河兵起西方

占流星篇第八十五

經曰夫流星者天之使也自上而降下曰流自下而升上曰飛大者曰奔小者曰流星大則使大星小則使小星者謂紫微宮太微宮出入而徐行漸經次于列宿之

次也或于列星之坐為使也聲大怒之象行疾則其疾行遲則其遲非二宮出者並為妖星流星赤色有角者四夷前赤後黑兵敗將亡流星入參不出先起者勝後起者敗流星干七星者兵起流星入建星者色青兵起流星入河鼓者大將軍亡出河鼓兵出入河鼓兵入流星入王良馬盡驚流星入天將軍軍驚流星入將入星出將出流星入紫微宮匈奴兵起流星入三台大將出流星入騎官騎官死流星入羽林兵大起流星抵北落

兵大起流星出天宫匈奴兵起流星抵天市垣大將出流星抵天狗犯弧矢將有千里之行使星出天廄兵馬出

占客星篇八十六

經曰客星者非本位之星故曰客星也色白如氣勃勃然似粉絮故所過之宿分野必有災害客星出營室無兵則兵起有兵則兵敗客星入奎破軍殺將客星犯婁番人亂客星入昴番人犯塞客星入畢邊有急兵客星

干觜城堡虛兵儲少軍民饑死客星守張將軍有陰謀兵起客星入招摇北軍大起客星入天槍中兵起客星入天棓兵起客星犯文昌將星色蒼將有憂色多赤將驚色黃將有喜色黑將死客星守傳舍羌人入中國客星守天雞天下兵馬盡驚客星守天街蕃王死客星入庫婁與守南門與守軍士守老人皆主兵起客星守騎官將憂士卒散客星守北落師門敵入入塞兵起客星入天倉粟大貴客星入天廄兵起馬死客星入天弓天下弓弩皆張客星出天弓匈奴兵起客星守狼夷狄來降客星守弧南夷降客星守車騎西羌來降客星守九州珠口員海國不安客星入天節蕃王死

占妖星篇第八十七

經曰妖星者五星之餘氣結而為妖殊形異狀凶多吉少所見之分必有災害奔星所墜之下有大兵起流星前赤後黑客軍敗散流星從敵營上來我軍上墜者有間諜來說吾兵流星尾長三四尺輝輝然軍使也色赤

者將軍使也流星色青赤有光尾長三四尺者名曰天鴈將軍之精華也兵從星所擊者勝流星色蒼白為使赤有兵黑將死飛星如大甕後大曉然白前卑後高所謂頓頑大將死邑削飛星後化雲者名曰大滑流血積骨之象枉矢類流星色青蛇形如矢而枉道所指將軍死天狗如奔星有聲墜如火光炎炎燭天其下有積屍流血狗來食之

占雲氣篇第八十八

猛將氣　勝軍氣　敗軍氣　城壘氣　伏兵氣
暴兵氣　戰陣氣　陰謀氣　四夷氣　遠近氣

經曰天地相感陰陽相薄謂之氣久積而成雲皆物形于下而氣應于上是以荆軻入秦白虹貫日高祖在沛形雲自覆積蜃之氣而成宮闕精之積必形雲之氣故曰占氣而知事望雲而知其人也

占猛將氣

猛將之氣如龍如虎在殺氣中猛將欲行先發此氣如

無將行當有暴兵起吉凶以日神占之猛將之氣如煙如粉沸如光火夜照人猛將之處有赤白氣相遶猛將之氣如山林如竹木色如紫蓋如門樓上黑下赤如旌旗如張弩如塵埃頭尖本大而高兩軍相當敵軍罷上氣如囷倉正白見日愈明此皆猛將之氣不可擊也敵人營上氣黄白潤澤將有威德不可擊也氣青白如膏將勇大戰前白如卑後青如膏將怯士勇前大後小大小將怯不明敵上氣黑中赤氣在前者將精悍不可當敵上青氣而疎散者將怯敵軍上氣發漸漸如雲裏山形將有陰謀不可擊若在吾軍之上速戰大勝敵上氣如蛟蛇向人此猛將之氣不可當若在吾軍之上速戰大勝

占勝軍氣

氣如火光如山隄如塵埃粉沸如黄白旌旗無風而飄輝輝指敵此勝軍之氣所在勝軍不可擊雲氣如三疋帛前横後大氣如樓緣似赤氣者所在兵鋭不可擊軍

上有氣如人持斧如蛇舉首而向敵者皆勝氣如疋帛者此助勝之氣所在不可擊軍上氣如覆舟如牽牛如鬬雞所在不可擊軍入有五色氣連天不可擊軍上有雲氣如華蓋如飛鳥如伏虎所在不可擊攻軍上氣如五馬頭低尾仰如杵如赤馬在黑氣中如黑人在赤氣中如杵在黑雲中如人十十五五旌旗在黑氣中有赤色者皆精悍亦不可擊

占敗軍氣

敗軍之氣如馬肝如死灰如偃蓋如卧魚乍見乍隱如霧之曚朧衰氣也若居敵上宜急擊之雲氣如壞山從軍營而墜軍必敗氣昏發連夜照人則軍士散亂軍上有氣一斷一續軍必敗軍上黑氣雲如牛狀如猪脂如羣羊名曰瓦解之氣軍必敗軍上有雲氣如雙蛇擊之勿疑

軍上氣如塵灰如粉煙雲霧勃勃撩亂者軍敗走軍上有五色襍氣東西南北不定或如羣鳥亂飛如紛紛如

轉蓬或如敗船或如卧人無手足或如覆車散亂不起者皆敗軍之氣擊之必克軍上氣上大下小者士卒日減軍上氣十日無氣發者其軍必散十日無氣忽有赤白氣乍出即滅者外聲欲戰實欲退散軍上氣出而半絶者欲敗漸盡者走一絶一敗再絶再敗三絶三敗在東發白氣災深赤氣如火光從天而下入軍軍亂將死軍上氣蒼蒼須臾散或前高後卑或黑氣如牛馬形從氣霧中漸漸入軍名曰天狗食血其軍散敗○兩軍相當十里之內三里之外望彼軍上氣高而後前白青散者敗氣也○雲氣如人頭雞兔臨軍上雲蓋道蒙濛晝晦者宜急走不然必敗○軍上氣先青而變黑者其將必死○散軍之氣如燔生草之煙前雖銳而後必退○軍上氣如丹蛇者如尾在氣霧中臨軍上者中人與外人通○軍行有白氣如猪來臨者大驚宜備○日暈有氣如死蛇屬暈者不利先舉○日暈旁有赤雲如懸鐘其下死將○日月暈有背所臨者敗○白虹及蜺入營

者敗○日暈有四玦在外軍悉敗散○日暈薄及後至先去其下敗軍○降氣如人十十五五皆低頭叉手相向或氣如黑山以黄為緣者白氣如鳥趣入屯營連絡不絶須臾下者當有來降

城壘氣

正白如旌旗或白氣如旗而赤界其邊或氣出于外如火煙或有雲分為兩截狀如城壘皆堅而不可攻○白氣如城中南北出者城上黑雲如星名曰軍精宜急解

去○赤雲或黃雲臨城城中喜青雲從軍城南北出者不可攻○城上有雲青色如牛頭觸人外向者城中有氣出東其光黃大一城也○白氣中出青氣入北反覆回還不可攻○凡攻城圍邑過旬不雷不雨者為城輔勿攻城壘氣出于外如煙火者或如雙蛇舉首向敵或赤氣如杵形從城中出向外內兵突出客敗○凡攻城有諸氣從城中出兵不得入日暈有青氣濛氣繞城而不入城外兵不得入日暈有青氣從中起

四出者圍中勝○凡攻城有黑氣臨城者積土固險之象黑者水之氣城池之象也我據城敵不可攻敵據城我不可攻凡圍城平旦視圍上氣鬱鬱如火光芒勢翕翕然者其方救止無者救不至受圍者望外救亦以是占

伏兵氣

氣如赤杵幢節在鳥雲中或如鳥入在赤氣中或黑氣渾渾圓而赤氣在其中或白氣粉沸起如樓狀其下皆有伏兵○若軍行近山谷之間林坑甚防之○雲紛紛綿綿相絞及似蒿草長數尺者以車騎為伏兵如布席似蒿草長尺許者步卒為伏兵○黑雲出營南賊逃我後有伏兵謹候察之○兩軍相當赤氣伏兵氣若前有赤氣則前有伏兵後有赤氣後有伏兵左右亦如之○黑雲變赤反白形如山者有伏兵雲如山林或前有黑氣後有白氣者有伏兵

暴兵氣

氣白如瓜蔓連結部隊相逐須臾罷而復出或如八九而來不斷者有急賊至○白氣如仙人衣千萬連結部隊相逐罷而復興當有千里兵來○黑氣從彼來我軍者欲襲我也敵入急宜備不宜戰敵還從而擊之必得小勝天色蒼茫而有此氣依支干數內無風雨所發之方必有暴兵日尅時則凶時尅日則自消散此氣所發之方當有事告急一人來則氣一條依數計之若散漫一方則有衆來依日支干數內有風雨則伏兵氣如人

持刀盾或有雲如坐人赤色所臨城邑有猝兵至赤氣如人持節雲如方虹或如赤虹其下暴兵或如旌旗如虎躍如人行或白氣如道帶竟天或白虹所出或赤雲如火或雲如疋布著天經丑未者天下多兵赤者尤甚○有雲如敵人列陣或白氣廣五六丈東西竟天有雲如豹五六枚相聚或如狗四五枚聚四方清明獨有赤雲赫然者所見之地兵起○四望無雲獨有黑雲極天名曰天溝兵起○壬子日候四方無雲獨有雲如旌旗

其下兵起徧四方天下兵起○雲氣一道上白下黃白色如布疋長數丈或上黃下白如旗狀長三二丈或長氣純赤而委曲一道如帛布皆謂之蚩尤旗見兵大起

戰陣氣

氣如人無頭如死人如丹蛇赤氣隨之必有大戰殺將○四里無雲獨有赤雲如狗入營所下有流血或獨見赤雲如立蛇或赤雲覆船其下大戰○白虹或赤屈虹見城營上其下大戰流血○白氣如車入北斗中轉移者大戰雲如耕壠大戰○日旁白氣如虹或白氣如虹交見兩軍相當必大戰無軍兵起○四五六虹見大戰○日月有赤雲截之如大杵軍在外萬人戰死兩軍相當其下不利先舉○日暈有一缺萬人死其下兩軍不利先舉○月初滿而蝕有軍必戰○蒼白雲氣經天其下有拔城大戰○赤氣漫漫如血色有大戰流血

陰謀氣

氣白而厚行徘徊結陳來者他國人來相圖謀也不可

應視其所往隨而伐之可得黑氣如幢出于營中上黑下黃敵欲來求戰而無誠實言信相反九日內必覺備之吉○黑氣臨我軍如車輪行敵人謀亂國有小臣勾引宜察之○黑氣如引索來如陣前銳者有陰謀○天沈陰不雨晝不見日夜不見星月三日已上者陰謀也將軍宜慎防左右○連陰十日亂風四起欲雨不雨其曰濛為臣謀君○天陰沈日月無光有雲障之不雨為此君臣俱有陰謀兩敵相當則陰謀起若晝陰夜晴君

謀臣夜陰晝晴臣謀君○日月濛濛無光士卒謀亂内將軍宜循法度察有功以自明止嚴刑而伺奸人謀議也

四夷氣

海旁蜃氣象樓臺○廣野氣成宫闕○自華以南○上黑下赤○嵩高山河氣正赤○恒山之北氣清○渤海之間氣正黑○江淮之氣皆白○東海氣如員簦○河水氣如引布○江漢氣勁如杼○濟水氣黑犯○渭水

氣如狼白尾○淮南氣如白羊○少室氣如白兔青尾○恒山氣如黑牛青尾○東夷氣如樹○西夷氣如室屋○南夷氣如閣臺或如舟船幡旗○北夷氣如羣羊如穹廬○韓雲如布○周雲如車輪○秦雲如行人○衛雲如犬○齊雲如絳衣○越雲如龍○蜀雲如囷○宋雲如車○魏雲如鼠○吳雲如日○當其地而見者不占

遠近氣

凡候氣之法氣初出時若雲非雲若霧非霧彷彿若可見初出森森然若在桑榆之上高五六尺者是千五百外氣也平視則千里舉目望則五百里仰望中天即百里内平望桑榆間二十里登高下屬地者三千里

凡候敵上氣敵在東日出候之在南日中候之在西日入候之在北夜半候之○欲知我軍常以甲己日及庚子戊午日未日亥日及八月十八日去軍十里登高望之但百人以上則皆有氣凡氣欲似甑出炊氣勃勃而

上升外積結成形而後可占氣不積結散漫不定不能為災祥必須和雜殺氣森森然乃可論也凡軍城上氣安則人安氣不安則人不安氣盛則衆盛氣衰則衆衰氣散則衆散

凡氣得旺相色吉休囚死色凶

軍上氣高勝下厚勝薄實勝虛長勝短澤勝枯

凡占災祥先推九宫分野六壬月日不應陰霧風雨其下乃準

凡欲候氣常以平旦下晡日出没之時蓋氣假日月光耀照之而形故暈珥抱背皆出日月之旁虹蜺相象莫不因實而見是故晝候日旁夜候月旁輝光所燭無得而隱矣凡氣見近三日遠七日内有大風雨則災不成故曰風以散之雨以解之

凡軍行先觀其氣兵有勝負氣有盛衰氣鋭兵强氣伏兵弱兵行氣行兵往氣往兵急氣急兵散氣没故曰氣是兵主風是兵苗為將者不可不知也

太白陰經卷八

欽定四庫全書

子部

武經總要前集卷一

詳校官編修臣程嘉謨

臣紀昀覆勘

總校官候補中允臣王燕緒

校對官編修臣朱鈙

謄録監生臣袁文邦

御製題宋仁宗武經總要六韻

論兵千載如聚訟真是徒工紙上談居重馭輕自不易

困民養卒則何堪若言愛物斯誠有以曰知軍或未諳

宋仁宗為三代以下令辟其勤民愛物誠有足稱然優柔畏事之見在所不免至于治兵用武諸要務則固非其所長也

龐籍汰多意猶韙韓琦救後慮惟覃

仁宗時內外禁廂軍總一百二十五萬天下患兵冗帑庾不能給樞密使龐籍請議揀汰之法從之省兵幾數萬人韓琦復云祖宗時就糧之兵不甚多邊陲有事則以京師兵益之其屢也深而費也鮮願詔樞密院同三司量河北陝西河東及三司権貨務歲入金帛之數約可贍京師及三路兵馬幾何立為定額詔擬祖宗東兵數以聞自是稍加裁制

第觀卅卷稱綜古詎足武經為指南旗籍綠營維內外

宋時召募之兵籍良民為之雖有兵之名而不適于用蓋古者寓兵于農由于列國分界人戶無多不能復判兵民為二而非所論于大一統之世也杜甫詩已見其概即如綠旗兵未嘗經訓練尚且葸懦無能況驅不習之民而歸之卒伍乎宋明之弱未必不由乎此我朝滿洲兵制以黃白紅藍正鑲各一列為八旗分兩翼各按方居京城內蒙古漢軍兵亦如之復掄其精者為健銳火器二營外省營制則用綠旗漢兵分列營伍而南北諸大省亦間用滿洲兵駐守內外相維深資利用然總未至一百二十五萬之多祖宗立法盡善誠萬年所當遵守也

慎遵

祖制萬方戢

武經總要　　　　　　　　子部二

提要　　　　　　　　　　兵家類

臣等謹案武經總要四十卷宋曾公亮丁度等奉勅撰晁公武讀書後志稱康定中朝廷恐群帥昧古今之學命公亮等採古兵法及本朝計謀方畧凡五年奏御仁宗御製序文其書分前後二集前集制度十五卷邊防五

卷而十六卷十八卷各分上下後集故事十五卷占候五卷仁宗為守成令主然武事非其所長公亮等亦但襄贊太平未嫺將畧所言陣法戰具其制彌詳其拘牽彌甚大抵所謂檢譜角觝也至于諸蕃形勢皆出傳聞所言道里山川以今日考之亦多剌謬然前集備一朝之制度後集具歷代之得失亦有足資考證者讀書後志別載王洙五經聖畧十

五卷方寶元中西邊用兵詔泳編祖宗任將
用兵邊防事迹爲十二門今已佚南渡以後
又有御前軍器集模一書今惟造甲法二卷
造神臂弓法一卷尚載永樂大典中其餘亦
佚宋一代朝廷講武之書存者惟此編而已
固宜存與史志相參也乾隆四十九年十月

恭校上

總纂官臣紀昀臣陸錫熊臣孫士毅

總校官臣陸費墀

武經總要原序

仁宗皇帝御製

朕聞天道尚武示震曜以宣其威國事在戎設營衛以整其旅輔於文德著之善志自繩契斯草篇牘攸紀古先哲王維御函夏制軍詰禁去暴誅慢睽弧取象則弧矢利夫天下師嚴以律則地水制夫剛中周紹夏商建官最備大司馬總九伐之法以正邦國簡車籍馬悉出井田之賦治兵振旅先辨旗物之用逮夫戰國羣雄競起任權詐而兼形勢包陰陽而用技巧孫武吳起之說尉繚穰苴之傳數且百家類分四種刪取要用留侯所以叙兵法也捃摭遺逸揚僕所以脩軍政也洪惟三聖開統繼照奮神武以平多壘揚天聲以薄四海豐功美利非可殫紀昨藩臣阻命王師出戎深惟帥領之重恐鮮古今之學命天章閣待制曾公亮等同加編定慮汎覽之難究欲宏綱之畢舉俾夫善將出抗彊敵每畫籌策悉見規模公亮等編削之效寖踰再閏深沉之學莫

匪素蘊凡軍旅之政討伐之事經籍所載史冊所記祖尚仁義次以鈐畧至若本朝戡亂邊防禦侮計謀方畧咸用槩舉且用兵貴乎有紀尚節制也決勝至于無形尚權變也六師訓練四方風土爰從刪正可備曠悦又若營陣法制器械名數攻取之具守拒之用並形圖繪以訓釋考星歷辨雲氣刑徳孤虛推步占驗行之軍中缺一不可命司天監楊惟徳等參考舊說附之于篇共勒成四十卷内制度一十五卷邊防五卷故事十五卷

占候五卷目曰武經總要夫前王用兵蓋不得已以殺止殺殺之可也以戰去戰戰之可也且出提金鼓付之閫事取鑒成敗可以立功貴伐謀而無倖勝善統衆而無專勇庶幾識為將之體也尚書工部侍郎參知政事丁度總領書局適成編綴形于奏請顧賜叙引因言用兵之道有愧博古之能聊以冠篇傳之可久

武經總要原序

欽定四庫全書

武經總要前集卷一

宋　曾公亮等　撰

選將

傳曰有必勝之將無必勝之民又曰君不擇將以其國與敵也由是言之可不謹諸古者國家雖安必常擇將擇將之道惟審其才之可用也不以遠而遺不以賤而棄不以詐而疏不以罪而廢故管仲射鉤齊桓公任之

以霸孟明三敗秦穆公赦之以勝穰苴拔於寒微吴起用於覊旅張儀之遊蕩樂毅之疏賤孫武之兀合白起之世舊韓信之懦怯黥布之徒隷衛青人奴去病假子諸葛亮不親戎服杜預不便鞍馬謝艾以參軍推石虜鄧禹以文學扶漢業李靖用於罪累李勣收於降附是豈以形貌閥閲計其間哉而庸人論將常視於勇夫勇者才之偏爾未必無害蓋勇必輕鬬未見所以必取勝之道也大凡將以五才為體五謹為用所謂五才者一

曰智二曰信三曰仁四曰勇五曰嚴非智不可以料敵應機非信不可以訓人率下非仁不可以附衆撫士非勇不可以決謀合戰非嚴不可以服彊齊衆所謂五謹者一曰理二曰備三曰果四曰誡五曰約理者理衆如理寡旌旗有分金鼓有節故一人學戰教成十人備者出門如見敵行則整戰陣住則嚴防守果者見敵不懷生傳曰殺敵為果致果為毅誡者雖克如始戰宋義謂項羽戰勝而將驕卒惰者敗約者法令省而不煩政煩則人擾水濁則魚病法令滋彰盜賊多有明君知此十者而猶懼取人之難則必設九驗

之言詞以考之為九術之科例以覆之所謂九驗者遠使之以觀其忠近使之以觀其恭繁使之以觀其能卒然問焉以觀其智急與之期以觀其信委之以貨財以觀其仁告之以危以觀其節醉之以酒以觀其態雜之以處以觀其色君子易觀不肖難明由是驗之可知也又曰二人交爭則知曲直二人議論則知道德二人舉重則知有力二人忿鬬則知勇怯二人俱行則知先後二人治官則知貪廉所謂九術者一曰道之以德齊之以禮知其饑寒悉

見其勞苦之謂仁將二曰事無苟免不為利撓有死而榮無生而辱之謂義將三曰貴而不驕勝而不逸賢而能下剛而能忍之謂禮將四曰奇變不常動靜無端轉禍為福因危立勝之謂智將五曰進之有重賞退之有嚴刑賞不逾時刑不擇貴之謂信將六曰足輕戎馬力越千夫善用短兵長於射之謂步兵七曰臨高歷險馳射若飛進則先行退則為殿之謂騎將八曰氣陵三軍志輕彊虜怯於小戰勇於大敵之謂猛將九曰見賢思

齊見善若不及從諫如流寬而能剛簡而少傲之謂大將也然而使能有長短局力有大小器而使之若鈞石之權不可以稱錙銖斗筲之量不可以代庾斛若兵法所謂論除謹動靜時吏卒辨兵甲治正行伍連阡陌明鼓旗此尉之官爾尉軍司馬前後知險易見敵知難易發斥不亡遺此候之官爾候軍之虞候隧路塞行輜治賦物均處軍輯井竈通此司空之官爾軍司空主繕治收藏於後遷舍不離無浮輿無遺輜此輿之官爾輿軍之後殿者然此五者之於

大將也若車之有衆材各司其任未足以宰制一車之用也故曰先語察事勸而與食實長希言賦物平均此十人之將也切切截截垂意嚴肅不用諫言數行刑戮刑必見血不避親戚此百人之將也訟辯好勝嫉賊侵淩斥人以刑欲整一衆此千人之將也容貌作作言語時出知人饑飽習人劇易此萬人之將也戰戰慄慄日戒一日近賢進謀使人知節言語不慢忠心誠畢此十萬人之將也法曰夫將雖以詳重為貴不可有不決之疑雖博訪為能而不欲有多端之惑此語

將之妙也溫良實長用心無兩見賢進之行法不枉此百萬人之將也此伎能局力之所以異也凡將有五危六敗十過十五貌情之不相應者又不可不察所謂五危者必死可殺必生可虜忿速可侮廉潔可辱愛民可煩此五者用兵之災也何謂六敗一曰不量衆寡二曰本乏刑德三曰失於訓練四曰非理興怒五曰法令不行六曰不擇驍勇所謂十過者有勇而輕死者可暴也有急而心速者可久也有貪一作貧而好利者可遺也有仁而不忍者可勞也有智而心怯者可窘也有信而喜信人者可誑也有廉潔而不愛人者可侮也有智而心緩者可襲也有剛毅而自用者可事也有懦而喜用人者可欺也如揣敵人知其情所謂十五貌不與中情相應者有嚴而不肖者有溫良而為盜者有貌恭肅中心欺慢者有外廉謹而內無至誠者有精精而無情者有湛湛而無成者有好謀而不決者有如果敢而不能者有悾悾而不信者有恍恍惚惚而反忠實者有詭激而有功效者有

外勇而內怯者有肅肅而反易人者有嗃嗃而反靜慤者有勢虛形劣而外出無所不至無所不遂者是以擇將之主澄其心如水鑑平其誠如權衡使真偽不能竄於察視大小不能移其稱訂然後可以得人而不惑然後可以任之而不疑管子曰王者不能知人害霸也知人而不能用害霸也用而不能任害霸也任而不能信害霸也既信而又使小人參之害霸也是知能信在於能任能任在於能用能用在於能知則知人之道可

不重歟

將職

將者民之司命國家安危之主三軍之事專達焉兵法曰輔周則國彊輔隙則國弱蓋言其才不可不周用事不可不周知也故將在軍必先知五事六術五權之用與夫九變四機之設然後可以內御士衆外料戰形茍昧於茲雖一日不可居三軍之上矣所謂五事者一曰道二曰天三曰地四曰將五曰法道者令民與上下同意也故可以與之死可以與之生而民不畏危道者仁義也李斯問兵於荀卿答曰彼仁義者所以脩政者也政脩則民親其上樂其君輕為之死復對趙孝成王論兵曰百將一心三軍同力臣之於君也下之於上也如子之事父弟之事兄手臂之捍頭目而覆胸腹也如此始可令與上下同意死生同致不畏懼不危疑天者陰陽寒暑時制也地者遠近險易廣狹死生也將者知信仁勇嚴也知者能機權識通變也信者使人不惑於刑賞也仁者愛人憫物知勤勞也勇者決戰乘機不逡巡也嚴者以威刑肅三軍也法者曲制官道主用也曲者部曲隊伍有分畫也制者金鼓旌旗有節制也官者偏裨校例各有官司也道者營陣開闔各有道徑也主者管庫廝養職守主張其事也用者車馬器械三軍須用之物也所謂

六術者制號政令欲嚴以威慶賞刑罰欲必以信處舍收藏欲周以固處舍營壘也收藏財物也用密牢固則敵不能凌辱徒舉進退欲要以重欲疾以速靜則安重而不輕舉動則疾速而不失機權窺敵觀變欲潛以深欲伍以參謂使間諜覘敵欲潛隱深入也伍參猶錯雜也使間諜或參之或伍之多敵之間而盡知其事遇敵決戰必道吾所明無道吾所疑道言所行也所謂五權者無欲將而惡廢無怠勝而忘敗無威內而輕外無見其利而不顧其害彊使出戰而輕敵凡慮事欲孰而用財欲泰孰謂精量審泰謂不吝賞也所謂九變者圮地無舍無舍無依也水毀曰圮地也衢地合交結諸侯也絕地無留無久止也圍地則謀發奇謀也死地則戰死戰也塗有所不由隘難之地所不當從不得已從之則設奇變以防敵之掩襲軍有所不擊軍雖可擊以地險難以留之銳卒勿攻歸師勿遏窮寇勿逼死地不可攻或我強敵弱前軍先至亦不可擊恐驚之退走也言有如此之軍皆不可擊之也城有所不攻蓋敵於要害之地深峻城隍多積糧食欲留我師若攻拔之未足為利不攻則挫我兵勢故不可攻之也地有所不爭小利之地得而失之則不爭得之難守失之則無害也君命有所不受苟便於事不拘於君命也所謂四機者張設輕重在於一人謂之氣機道狹路險名山大塞十夫所守千夫不過謂之地機

善行閒諜分散其衆使其君臣相怨上下相咎謂之事機車堅舟利士馬閑習謂之力機此五事六術五權九變四機者皆良將之所要聞而兵家之所先務也古之言將者曰靜以幽正以治清靜簡易幽深難測平正無偏故能致治也能清能靜能平能整不内顧不還怨樂而不憂深而不疑凡將之自治如此然而事有常患為將之災夫鑿凶門而出臨死而不為生將之勇矣然而上死者不勝將無策畧苟以死先士即死之當敵則懾故不勝也必死者可殺戰謹進止臨生而不為

死將之畜矣然而上生者多疑將無義心苟求全避難則事多疑必生者可虜策不再計勇不留決戰如風發刃上果以敏攻戰必利決斷速疾則不失時也將之決矣然而忿者可侮獲財散之清不可污將之廉矣然而潔者可辱恕己以治人推惠而施恩將之仁矣然而愛人者可煩養事不以異財與之安與之危將之公矣然而上同者無獲將明將智與衆同等不能自用又不能用人隨衆取同故無功自予而不循常自負不循理也將之專矣然而上專者多死而下歸咎將無明知恥求賢問能而自專於事故戰者多傷死惟善

自治者使柔有所設剛有所施弱有所用強有所加慮必雜於利害而後能遠茲患也兵法曰視卒如嬰兒故可與之赴深溪視卒如愛子故可與之俱死厚而不能使愛而不能令亂而不能治譬若驕子不可以用此愛之不可獨任明矣兵法曰十卒而殺其三者威振於敵國十殺其一者令行於三軍然而卒未親附而罰之則不服不服者難用此威之不可獨任又明也惟善御衆者附之以文齊之以武文仁也武法也而後所為無不從移所

指無不從死發號施令人乃樂聞興師動衆人乃安闘黄石曰士卒可下而不可使有驕讙以接士故曰可下制之以法故曰不可驕其此之謂乎夫善用兵者能愚士之耳目而使之無知言使軍士非將軍之令其他皆不知如聾愚也易其事革其謀使人無識所為之事所有之謀不使知其造意之端識其所言之本易其居迂其途使人不得慮易其居去安履危迂其途舍近即遠故士卒懷必死之心也師與之期如登高而去其梯師與之深入諸侯之地而發其機使無退心孟明焚舟是也若驅羣羊驅而往來莫知所之一其心也

三軍但知進退之令不知攻取之端聚三軍之衆投之於險險難也可合而不可離可用而不可疲蓋可使由之不可使知之之道也故知良將不以己貴而賤人不以獨見而違衆故冬不披裘夏不張蓋所以同寒暑度險不乘上陵必下所以同勞佚軍食熟然後敢食軍井通然後敢飲所以同饑渴合戰必立矢石所及所以同安危夫將拒諫則英雄散策不從則謀士叛將自臧則下少功如此而望智者為之慮勇者為之鬬則安可得哉夫上之用下也使

智使勇使貪使過智者樂立功勇者好行志貪者好趨利過者不顧死下之為上也死愛死怒死威死義死利視下如子則人死愛心意激勉則人死怒使人以刑征之以義則人死威賞罰分明則人死義爵厚賞重則人死利也危者安之懼者歡之叛者還之寃者原之訴者察之卑者貴之彊者抑之敵者殘之貪者豐之欲者使之畏者隱之謀者近之讒者覆之毀者覆之不彊不使不欲不能能受諫能聽諍能納人能探言故曰將主之法務在覽英雄之心蓋謂此矣智莫大於棄疑事莫大於無悔進退無疑見敵無謀深知敵情計謀素定進故無疑不待見敵而謀也慮必先事也若一言不信則三軍之心惑一事不當則三軍之聽疑一法不舉則三軍之志惰一惠不周則三軍之情懈如此賞罰豈明而威豈行哉故刑上極賞下通聽誅無誑其名無變其旗軍法不反令於父不移令於子有罪雖親不問其名不易其旗示公而不改法也夫令素行於民則民服令不素行則民不服故令素信者與衆相得也凡兵之敗道有六皆將之過謂勢均一以擊十曰走夫以一擊十之道先須素敵人與我將之智謀兵之勇怯天時地利饑飽勞逸十倍相遼然後

奮一擊十若勢均力敵不能自料以我之一擊敵之十則雖奔走不能返舍從為駐止矣卒彊吏弱曰弛言卒伍豪強將帥懦弱不驅卒故弛折壞吏彊卒弱曰陷言其將欲為攻取士卒怯弱不量其力強進之則陷沒於死地也大吏怒而不服遇敵懟而自戰將不知其能曰崩大吏小將也大將怒之而不厭服忿而赴敵不量輕重將弱不嚴教道不明吏卒無常陳兵縱橫曰亂言吏卒皆不相常度引兵出陳或縱或橫此乃自亂也將不能料敵以少合衆以弱擊彊兵無選鋒曰北此必走之兵也此六者將之不可不察也軍之所患者三不知軍之不可以進而進不知軍之不可以退而退

是謂縻軍為將不知軍之利害惟欲在已用權令軍士不能立功而縻縶之矣不知三軍之事而用三軍之政則軍惑軍國異容所理各異欲治以國之法以治軍所軍事惑亂不知三軍之權而同三軍之任則軍疑不知用兵權謀之人用為將則三軍士疑惑也三軍既疑且惑是謂亂軍引勝士疑惑而無畏則亂此三者又不可不察也兵法曰知可與戰不可與戰者勝知吾卒之可擊而不知敵之不可以擊者勝之半知敵之可擊而不知吾卒之不可以擊者勝之半知敵之可擊知吾卒之可擊而不知地形之不可以戰者勝之

半知彼知己百戰不殆不知彼而知己一勝一負不知己而不知彼每戰必敗兵法曰上下同欲者勝故善用兵者如攜手而使人人不得已也兵法曰以虞待不虞者勝故戰如守行如戰有功如幸兵法曰將能而君不御者勝故不受命於主有三可殺而不可使處不全可殺而不可使擊不勝可殺而不可使欺百姓此三者將之勝敗之先得也夫上將料敵之極險阨遠近饋運之費人馬之力攻守之便皆在險阨遠近言若能料此以制敵乃為將臻極之道也至於天時審得地形審便車馬審彊衆寡審悉士卒審練器械審利居處審安堠望審察軍實審足進退審宜精而不踈舉而不窮良將之百舉百勝得此道也夫將不可愠而致戰合於利而動不合於利而止非利不赴非得不用非危不戰故不敢不重也兵法曰上煩輕上暇重子路問於孔子曰子行三軍則誰與子曰必也臨事而懼好謀而成荀卿曰百事之成也在恭其敗也在慢故恭勝怠則吉怠勝恭則滅計勝欲則從欲勝計則凶恭謀無曠恭事無曠恭吏無曠恭衆無曠恭敵無曠是之謂五無曠

然後可以為天下之將而通於神明善用兵者造次必於是顛沛必於是豈有敗哉

軍制

古者天子六軍諸侯大國三軍次國二軍小國一軍夏商而上制度無載不可得而記也周官以一卿為大司馬掌制軍詰禁又有小司馬軍司馬官皆用大夫又有輿司馬行司馬官皆用士又有小司馬官皆用士是謂

建其正立其貳設其考陳其衆以相督攝以相輔承而武官之例備矣凡制軍國中自六尺以及六十野自六尺及六十有五皆征之一鄉萬有二千五百家家出一人故五人為伍而屬之比長五伍為兩而屬之閭胥四兩為卒而屬之族師五卒為旅而屬之黨長五旅為師而屬之州長五師為軍而屬之命卿是謂五有長兩有司馬卒有長師有師軍有將焉居守征行以相部曲而師營之法備矣齊威公用管夷吾之說制國五家為軌

則五人為伍有軌長以帥之十軌為里則五十人為小戎里有司以帥之四里為連則二百人為卒有連長以帥之十連為鄉則二千人為旅有鄉良人以帥之五鄉為一帥則萬二千五百人為軍有五鄉之帥以帥之故有中軍之軍高子之軍國子之軍焉蒐旅獮治畧本周法亦大國三軍之制也戰國以前軍士在於閭里有事焉而簡稽有時焉而教習於功暇日農作而居家未有留屯坐食番上長征之法是以其所處軍置吏之名一

隨於鄉黨惟出師行營則以部隊裨校之號一切為殊漢以後大改三代之軍始有州郡教士京都校卒而掌兵興衆不任鄉黨之吏矣初詔郡國選有材力之民籍為材官騎士使守尉令丞典領課試以備征討京師則有虎賁羽林之士多者千人就選材高者遷為將監而屬在光禄又有南宮北宮衛士有令丞一人掌之左右劒戟士有都候丞一人掌之而屬在衛尉又有越騎屯騎步兵長水射聲五校士各七百人設置員吏稍尊有

司馬稍尊有校尉而屬在北軍中候皆閑時宿衛有征則行自高帝至建安雖士員官號吏易廢統隸大約如漢逮於西魏始立諸府府不滿百人有郎將主之隸在二十四軍軍一開府將之每二開府屬一大將軍凡十二大將軍分屬六柱國隋則每府有隊副旅帥校尉鷹揚郎將副郎將步卒有步兵校尉騎士有越騎校尉雜典兵馬而征防上免內聽命於十二衛衛二將軍一大將軍判之唐正觀以後上府至千二百人中府至千人下府八

百人十人為火火有長備六馱馬五十人為一隊立隊正三百人為一團置團校尉兩府有折衝左右果毅知府並判府事內屬諸衛則如隋制凡武士成丁入軍六十而免應宿衛者離為三番其征人防人亦有迭次起西魏大統至唐天寶凡名軍防鄉團衛士武士皆謂此也

本朝沿唐末五代之制並號禁軍黥面營處衣食公上草教日閱無得番休大凡百人為都五都為營五營為軍十軍為廂或隸殿前或隸兩侍衛司自廂都指揮使

而下皆節級有員品每都立軍使都頭兵馬使則古之任也每營立指揮使則古之旅師之任也每軍立都指揮使虞候則古之師之任也每軍每廂每第立軍都指揮使則古之軍將之任也各有副遣以貳其政其兩河關西諸州則別募蕃漢丁壯差置將職以傚內軍至其戍守征伐則古有大將元帥大總管今謂招討使都部署是也古有副將副元帥副總管今謂招討副使副部署鈐轄是也古有跳盪左右虞候今謂之先鋒策先鋒殿後策殿後是也古有校尉已下兵職今謂都監隊將之類是也立軍置吏古今率同其名雖殊其任則一凡涖師者亦當參考前制以為今事之成法焉

料兵

夫大將受任必先料人知其材力之勇怯藝能之精粗所使人各當其分此軍之善政也古法馬步三軍每軍一萬二千五百人總三萬七千五百人近代營陣法或以二萬人為率今按古法馬軍每將三百人其差次則

先以善騎者次以蹻健者末以善用短兵者總六千人步軍每將五百人其差次先以彊力疾足負重能走者三千人次能射遠趨二百里者三千人次能射親者四千人但能射遠者四千人次壯碩輕勇能格鬬者一萬人總二萬四千人將校並居內為馬步戰兵之數也其所由司車御大長牧人工匠別計七千五百人此合兵之大卒也過與不及數者約而損益之或有蓄健則以蕃將統押每將一百五十人蕃戎鬬戰善聚散必以隊

少為利也

選鋒

夫士卒疲勇不可混同為一一則勇士不勸疲兵因有所容出而不戰自敗也故兵法曰兵無選鋒曰北昔齊以伎擊強魏以武卒奮秦以銳士勝漢有三河俠士劒客奇材吳謂之解煩齊謂之決命唐則謂之跳盪是皆選鋒之別名也兵之勝術無先於此凡軍衆既具則大將勒諸營各選精銳之士須蹻健出衆武藝軼格者部

為別隊大約十人選一萬人選千所選務寡要在必當擇腹心健將統押自大將親兵前鋒奇伏之類皆品量配充此色之外又有大勇敢死樂傷者聚為一卒名曰冒刃之士有銳氣壯勇彊暴者聚為一卒名曰陷陣之士有奇表長劒接武齊列者聚為一卒名曰勇銳之士有枝距伸鉤彊梁多力潰破金鼓絕滅旌旗者聚為一卒名曰勇力之士有踰高絕遠輕足善走者聚為一卒名曰寇兵之士有王臣失勢欲復見功者聚為一卒名曰死鬬之士有死將之人子弟欲為其將報仇者聚為一卒名曰死憤之士有貧窮忿怒欲快其志者聚為一卒名曰必死之士有贅壻人虜欲掩迹揚名者聚為一卒名曰勵鈍之士有胥靡免罪之人欲逃其恥者聚為一卒名曰倖用之士有材技兼人能負致重遠者聚為一卒名曰待命之士由是集而別之禮而厚之屬之於大將有急則隨事呼用各使所能無不盡力報効也

選能

夫總兵之任務搜拔衆材以助觀聽以資籌略春秋戰國之際雖九九之技鷄鳴狗盜之士無不延見收養以為己用其藏器草莱奮迹麾下者蓋不乏矣故大將每受任則與副佐講求人材有異能者無問執之大小貴賤皆置在幕府以備役用其或仗策挾術自干於軍門亦詢視其顏色察驗其所來所履可則明試而錄之凡沉謀秘畧出於人上者可使佐謀巧詞善說能移人意者可使遊說歷聘四方知風俗人情之隱者可使佐謀

術得敵人之門廬請謁之情者可使為間知山川險易形勢利害井泉芻牧道途迂直者可使導軍巧思出入能爍金剡木為器械者可使佐攻材力蹻健能猱騰鶻擊踰溝越壘來往無迹者可使密覘能占風候氣視月觀星揲蓍轉式達於休咎者可使佐譎凡此色類非可

悉數但負一能軍中有以用之不可棄也由智將之所裁量爾其待遇資給則隨色為差次

武經總要前集卷一

欽定四庫全書

武經總要前集卷二

宋 曾公亮等 撰

練卒

傳曰士不選練卒不服習起居不精動靜不習趨利弗及避難不畢前擊後解此不習勒卒之過也其法百不當一故曰軍無衆寡以治則勝以亂則負兵不識將將不知兵雖百萬之衆安能求勝哉所謂治者居則閑習

動則整堅進不可以犯退不可以追前却如節左右應麾可合而不可離可用而不可疲雖絶成陣雖散成行治之素也古法曰三官不繆五教不亂是謂能軍三官者鼓金旗也五教者耳目手足心也教目知行色之旗教耳知號令之數教足知進退之度教手知長短之兵教心知賞罰之用五者用習取勝之治卒也故用兵欲其便用器欲其利將校欲其精士卒欲其教蓋士有未戰而震懾者馬有未馳而疲汗者非人怯馬弱不習之

過也前古講武教旗之法草教習勒之常雖未盡制勝之方要之卷舒離合坐作進止不失其節矣然後觀敵應變臨事制宜使之赴水蹈火出生入死同心一力前無彊對寧不由斯而致焉方今雖有訓練之方然而法制未立是以旗幡雖設不主進退鼓角雖備不為號令行伍雖列不問稀密部陣雖立不講步伐見敵即馳遇地即戰不制奇正不為備伏不擇險易不詢孤虛及夫連師百萬決機呼吸事不素定難乎應敵今故悉采前

世教閱之法重復研究詳載於篇夫訓士之法雖貴約棄繁舍迂求要欲使人心齊勸指顧如一然有不可得省要須兼存故但習其容不可施之戰鬬者草教日閱是也雖曰訓習便可勒為行陣者講武教騎教步教弩是也故不先日閱是謂教而無漸不後講武是謂訓習而無功斯則交相為用而成折衝靖難之具也若夫乘三農之隙習六師之容順威儀明少長嚴賞罰陳號令麾焉使必從指焉使必赴則將帥者當於此求其一二而施之行事云

講武

仲冬之月前期十有一日所司請講武遂申命將帥選閱軍士所由先於都門外芟萊除地為場方一千二百步四出為和門於其中墠地為步騎六軍營域之處左右廂各為三軍上軍在北中軍次之下軍在南東西相向中間相去容三百步五十步立表一行凡立五行表間前後各容五十步為三軍進止之節前一日將帥及

士卒集於墠地所禁諠譁依色建旗為和門於都墠之中四角皆建五綵牙旗金鼓甲仗威儀悉備大將以下各有統率如常式步軍大將披甲冑乘馬教習士衆為戰陣法是日未明十刻士衆嚴備五刻將士皆擐甲各為直陣以俟將軍儀服備物大將各處於其中立於旗鼓之下（若六軍則每軍鼓十三鉦二大角四旗並止於其軍後表之下）立定吹大角三通中軍大將各以鞞合鼓二軍俱擊鼓三鼓有司偃旗步士皆跪二軍諸帥果毅已上各疾趨集於中軍旗鼓

之下左廂中軍大將立於旗鼓之東西面諸軍將立於旗鼓之南北面西上以聽誓大將軍曰今講武以教人戰進退左右一如軍法用命有常賞不用命有常刑可不勉之誓訖左右三軍别長史二人振鐸分循以警衆請果毅各以詞告其所部遂擊鼓有司舉旗士衆皆起騎徒皆行及表擊鉦騎徒乃止又三鼓有司偃旗士衆皆跪又擊鼓有司舉旗士衆皆起騎驟徒趨及表乃止整列位定東軍一鼓而舉青旗為直陣西軍一鼓而舉

白旗為方陣以應之次西軍一鼓而舉赤旗為鋭陣東軍亦鼓而舉黑旗為曲陣以應之次東軍鼓而舉黄旗為圓陣西軍亦鼓而舉青旗為直陣以應之次西軍鼓而舉白旗為方陣東軍亦鼓而舉赤旗為鋭陣以應之次東軍鼓而舉黑旗為曲陣西軍亦鼓而舉黄旗為圓陣以應之凡陣遞為客主先舉者為主從五行相勝之法為陣以應之每變陣二軍各選刀楯五十挑戰於兩軍之前第一第二挑戰迭為勇怯之狀第三為敵均之勢第四第五為勝敗之形每將變陣先鼓而為直陣然後變為餘陣之法五陣畢兩軍集俱為直陣又擊三鼓有司偃旗士衆皆跪又擊鼓舉旗士衆皆起騎馳徒走左右軍俱至中表相擬擊而還每退行至一表跪起如前遂復本列乃講騎軍二軍吹角擊鼓誓衆俱進及表乃止皆如步軍惟無跪起騎軍東西迭為客主為五變之陣皆如步法每陣八騎挑戰於兩陣之間五陣畢俱待擊鼓而前盤馬相擬而罷遂振旅徒還

教例

凡教為陣少者在前長者在後其還則長者在前少者在後長者持弓矢短者持戈矛力者持旌勇者擊鼓刀楯為前行持稍者次之弓箭為後行將帥先告示衆使習見旌旗指揮之節旗仆則跪舉則起習知金鼓動止之節擊鼓則進鳴金則止知刑罰之苦（或作明）賞賜之利持五兵之便戰鬬之備習慣跪起及行列險隘之路凡步騎三軍之士備則滿數省則半之損益隨時唯不得

減將帥凡相擬擊皆不得以刃及凡步士進退踰過中表二十四步而止不得過也

教旗

凡教旗人無常數大抵五百人為一營以營之多少分左右廂列次第建名號營壁已定依次秣馬甲冑器仗置本隊幕前輕重兵糧置本隊幕下凡步隊隊五十人其職儀則隊頭一人副一人執旗一人（天旗）傔旗二人（認旗）其給器仗則鎗一十五根通旗在內弩五具弓矢十具

捧六具陌刀五具拍把四具牌五具凡騎隊隊五十人執儀如步隊器仗則鎗矟弓箭自餘不須凡左右廂給鼓與鉦各五具異色都教大旗旆二口大角各四定中央幡稍十口左右立牌隊別一枝（牌長二尺）凡第一角聲動營各營被馬裝束擐甲第二角聲動即作隊馬步皆當前依次立第三角聲絕步兵依次先發引至戰地凡折衝果毅（令則諸軍虞候指揮使等）及隊頭看排量地之宜依次均列星布捉隊隊頭旗前立副者押隊若南北列陣則東西相向東西列陣則南北相向凡一戰隊為兩副隊為駐對初立皆搶脚量地布置步陣已定第四角聲絕即引騎軍左右廂從營蹀躞緩行從南去步隊二十步以下次魚麗駐立騎隊已定乃集折衝果毅隊頭等宣示法令授田旋陳規矩告禍福然後還著本隊各令明告示衆聞鼓即戰聞鉦即退立定已後第五角聲絕大旗向前麾步騎齊行十步已下大旗向後麾步騎齊住大旗卧步兵皆胡跪卧搶大旗舉并起立第六角聲絕視大

旗捺諸隊皆捺矟胡跪解幡大旗舉左右廂齊舉矟第七角聲絕左右廂並擊鼓戰隊皆捺矟齊呌緩行相向交戰右廂擊鉦息鼓諸隊引退左廂逐至右廂立隊處右廂息鉦擊鼓駐隊捺矟齊呌而前左廂擊鉦息鼓却田引退至中央左廂息鉦擊鼓却回交戰少頃左廂擊鉦息鼓引退至駐軍右廂逐至左廂立隊處右廂息鼓擊鉦却退左廂息鉦鳴鼓駐隊捺矟齊呌而前逐至中央右廂息鉦擊鼓却回交戰少頃左右廂皆擊鉦息鼓

各還本布陣地立定視大旗聽鼓聲旗合鼓動左右廂前後正副三隊作一隊齊呌捺矟至中央交戰聽左右廂鉦聲動各還本地依隊舉矟立定少頃聽鼓視大旗合兩戰隊相依并四副隊共為一隊且行且合而前直入齊呌至中央交戰聽左右鉦聲動即止各還本隊處此是三百人作一隊戰也立定聽鼓視大旗合左右廂三戰隊并六副隊共為一隊且行且合齊呌直前中央交戰少頃聽左右鉦聲則止各還本隊處此是五百人作一隊戰也立定大旗捺

諸隊槍皆捺大旗舉諸隊槍皆舉又捺至半諸隊即降槍大旗擺鼓聲動左右廂齊呌緩步行唱譢譢大旗急擺更大呌吐槍急入相刺當此之時大旗頭著地聽鉦聲動大旗舉即還依本隊處立不得舉槍須大旗舉諸隊槍齊舉大旗合大隊自簇立定視大旗旋本隊還歸本處視大旗捺諸隊槍齊捺大旗舉諸隊槍齊舉又捺大旗諸隊即降槍聽鼓聲視大旗擺却直前齊唱譢譢至中路以後更大呌急入左右廂刀交直過左廂向右廂地立右廂向左廂地立立定視大旗擺左右諸隊準前直入齊唱譢譢中路大呌急入刀交直過各還本地立視大旗舉諸隊舉大旗合正副隊齊簇隊步軍立定第八角聲動絶左右騎軍從北相掩相交蹀躞緩行繞兵一匝還舊位立定步軍視大旗捺從北而南以次歌舞還營至營依隊次立少頃第九角聲絶胡跪捲旗纏幡視大旗捺諸隊齊捺大旗舉諸隊齊舉大旗旋諸隊散還本幕步軍散後更捺大旗騎軍以次從北卷隊蹀躞

緩行還營至營依隊次立少頃第十角聲絶以次解脱馬復槽櫪

旗例

凡掉而招旗則衆皆集一點卓旗則隊頭集二點卓旗則百人將集三點卓旗則五百人將集一點一招則千人將集一招而掉則譢簇旗則整齊掉而指則合左再揮則左右再擺則右偃旗則止擺而指則開再掉而指則聚再掉則散卷旗則啣枚卧旗則俯伏舉旗則起三

掉則見敵左右掉則布陣再䏈則進招而掩則跪再招則退再招再掉則素救援再䏈則發軍歸

習勒進止常法

凡教前一日諸營將校各分方位立旗以自表東軍立青旗西軍白旗南軍赤北軍黑皆牙旗為和門大將居於中黄牙旗以為四旗之主諸軍行止視大將之旗金鉦鼓角陳之於牙旗之左右其法每隊五十人教日逐隊自營纒旗槍至場左右廂各依隊次解幡而立隊各相去十

步方十步分布使匀其駐隊塞空去前隊二十步布列已訖諸營將校悉向大將軍牙旗候處分每隔一隊定一戰隊即出隊前五十步聽角第一聲絶諸隊一時散立第二聲絶諸隊一齊捺槍卷幡張弓拔劒第三聲絶諸隊一齊舉槍第四聲絶諸隊一齊籠槍跪膝目視大將軍黄旗耳聽鼓聲如黄旗前亞鼓聲動齊唱嗚呼嗚呼兩廂隊並進前至中界齊鬬唱殺擊刺爭戰勝負訖勝從負不過三十步審知其敗馬軍逐北聞鼓鉦即止叫却行轉上架槍側行回身向本處散立第一角聲絶一時掩槍解幡第二聲絶一時舉槍第三聲絶一齊簇隊聽進止如放散更聽角一會然後以次發引歸本營失節度者有罪凡教戰如須加兵作大隊者即視大將軍碧白二旗交即五隊合為一隊是合二百五十人為隊其隊發及卷旗舉槍簇隊鬬戰一依前法若大將五旗交即十隊合為一隊是合五百人為一隊慮賊大隊前衝故作大隊以禦之也隊法如初教訖欲還營聽次角第一聲絶即散二百五十人為隊第

二角聲絶即散五十人為一隊如此凡三度則教畢

教平原兵

凡教兵必擇平原曠野孤山高隴可以登高視遠之地大將居其上南向左右置鼓十二面角二十枚立五色旗分左右六纛在前旗節次之監軍御史裨副左右衙官駐隊如偃月形為後騎下臨平野使士卒自見旌旗耳聞鼓角心存號令乃命諸將分為左右皆去兵刃以精新甲冑旗幟教之蓋以易見而生勇也各以兵馬使

為長班布其次陣間容陣隊間容隊曲間容曲人間容人出入來往不閡馳逐以長參短以短參長回軍轉陣以後為前以前為後進無奔迸退不趨走紛紛紜紜鬬亂而不可亂渾渾沌沌形圓而不可敗以正合以奇勝聽音望麾乍合乍離於是三令而五申之白旗點鼓聲動則左右廂齊合朱旗點角聲動則左右廂齊離離之與合皆不過子午之位左廂陽向而旋右廂陰向而旋左右各復初位信旗下立侯白旗掉鼓音動左右廂各

雲蒸鳥散彌川絡野然而不失部隊之疎密朱旗掉角音動左右廂各復初位前後左右人立之疎密使無差尺寸散則法天聚則法地如此三合三離三聚三散不如法者軍吏之罪罰從軍令既畢大將乃立五色旗十二口置於左右廂陣前每旗用壯士五十人守之使壯士五十人奪旗左廂奪右廂旗右廂奪左廂旗鼓音動而奪角音動而止得旗者勝失旗者負勝則賞負則罰因是使習知立陣之法

教步兵

凡教陣先量士卒多少即教場中分三道土河中分左右廂相四隊夾一土盆以次布戰鋒隊第一隊為戰隊間一隊抽取一隊為駐隊隊隨多少每廂各兩重布隊凡入教場布陣先六纛次五方旗次角次鼓次鉦次認旗次左右廂兵馬使次第相續立定一隊為駐隊隊為戰隊皆取五方信旗為號（凡士卒動靜皆號信旗）吹角一會點青旗兵馬使都虞侯（凡旗皆須地上卦為照也）點赤旗十將副將同集

點皂旗小所由悉集受處分訖却歸本隊（放歸本隊須候却揭五色旗乃還）丁寧曉諭訖南頭第一隊兩廂各出一旗以告辨（辨謂排比所教練兵馬已記）告訖旗歸本隊即視信旗合擊鼓一槌諸隊盡簇信旗開鼓一槌諸隊盡開却依本處立信旗舉鼓一槌諸隊槍旗並舉齊唱軋聲信旗亞又鼓一槌諸隊槍旗並亞齊唱千聲諸隊弩手齊出至前第三土河作上弩勢（凡出並至前第三土河）又鼓一槌架箭又鼓一聲皆唱殺聲却退至本隊立定又鼓一槌齊唱千聲弓手齊

出至土河各為架箭勢又鼓一槌齊唱殺聲陌刀齊亞
不得背面起陌刀頭却還本隊立定（凡歸隊却行皆須前脚續後脚不得回面行也）信旗又三點一點一交聲三點三交聲訖鼓三聲（一聲警衆二聲排比三聲陳長行）便長打鼓皆作何何聲左右廂並進
至中央出此河立定大呌交交胡祿交亟右廂退左廂
還至本隊前土河右廂點信旗喚駐隊大呌交交走救
與戰隊齊立定左廂退右廂逐之至本土河前左廂點
點信旗喚駐隊大呌交交走呌與戰隊立定右廂退左

廂逐之至中央土河立定良久聽聲歇何何聲絕鼓一
槌齊唱千聲槍頭並舉與肩齊（若槍頭低去地一尺已下也）又鼓一
聲齊唱殺槍旗盡亞三聲三殺然後擊鉦鉦發左右廂
齊退並不得回面起槍至本土河立定訖候鼓聲一槌
齊千聲槍旗並揭立信旗合鼓一槌諸隊齊作羽林聲
聽角聲發羽林聲止教畢（候轉語齊唱喻）視信旗點著地則兩
廂齊唱喻視五方旗及角聲行左右廂兩頭各出一隊
至第二土河行依軍次還營

教騎兵

凡出騎兵須以五方旗先引次角次鼓次金鉦餘依軍
次左右廂兵馬相續至教場法就進退一視信旗金鼓
左右廂各十隊（大小臨時量馬數多少）已至教場立定惟展信旗
餘諸旗幡盡卷左右廂相去各二百步散立凡一騎軍
縱模各四步立定吹角一會點青旗大將集點赤旗副
將集點皂旗小所由集其所由來集須軍行傍隊前從
南左右廂齊對抽來（還隊亦準此法）取教練使處分曰兵貴靜

而惡喧一切齊整勿令紛亂進退去就一視信旗所由
得處分訖還隊各諭本隊士衆須左右兩旗出至中央
土河告辨訖專聽角聲第一通角聲絕斂兵作隊第三
通角聲絕旗預皆捺解幡第三通角聲絕旗稍盡舉而
亞左右廂擊鼓齊動兩廂齊呌急行進至中央土河便
唱何何交戰少時右廂鉦聲動右廂引退至本立處左
廂鉦聲動左廂引退至本立處其右廂逐至左廂第二
土河右廂鉦聲動右廂即引退至中央土河其左廂人

還遜至中心土河左右廂即引退擊鼓齊唱何何更交
戰少時畢左右廂擊鉦鉦聲動即各退還本立處聽角
聲第一通絶捲旌旗幡攝箭弛弓第三通絶諸旗稍一
時盡舉旗作隊第二通絶各引散還本立處視五方旗
及信旗從南作兩隊相對直出向南至教場中央相合
叟旗續五方旗及鼓角即歸並如來次

武經總要前集卷二

欽定四庫全書

子部

武經總要前集卷三 四

詳校官編修臣程嘉謨

總校官候補中允臣王燕緒
校對官主事臣金光悌
謄錄監生臣楊省曾

欽定四庫全書

武經總要前集卷三

宋 曾公亮等 撰

制度三

敘戰上

夫上兵伐謀其次伐交其次伐兵伐謀者攻敵之心使不能謀也伐交者絶敵之援使不能合也伐兵者合刃于力士之場不得已而用之也然則善制戰者必先審

於己一得地利二卒習服三罷用利然後審彼之形勢不明敵人之政者不加兵不明敵人之情者不誓約不明敵人之將者不先軍不明敵人之士者不先陣知彼知此則始定計于內出兵于境是于以理擊亂以教卒練士白徒毆衆無不克也故兵法曰善用兵者修道而保法一曰度二曰量三曰數四曰稱五曰勝（上五者未戰之先也）計處必勝 地生度（地者遠近險易也度計也未出軍先計敵國之險易道路之迂直甲兵孰多勇怯孰計度可伐卽出其軍也）度生量（酌量彼我之形勢）量生數（數機變也先酌量計度彼我之強弱利害然後為機數也）數生稱（稱較也較彼我之勝負）稱生勝（稱量計度萬無失勝之道此所謂修道保法也）是故勝兵先勝而後求戰敗兵先戰而後求勝其或知吾卒之可以擊而不知敵之不可以擊勝之半也知敵之可以擊而不知吾卒之不可以擊勝之半也知敵與吾卒之可以擊而不知地形之不可戰勝之半也夫戰兵先欲圍一圍一則千人同心千人同心則有千人之力萬人異心則無一人之用心齊力均故古之稱如率然率然者常山蛇也擊其首則尾至

擊其尾則首至擊其中則首尾皆至或問可使如率然乎曰可矣吳人與越人相惡至其同舟而濟則其相救也如左右手又曰軍身也卒肢也伍拇指也（大將以軍為身小將為肢士伍為拇指也）謂將之役士士之從將如一身之與四肢拇指也夫伍兵伍當也常以衛短短以衛長（五兵長短各有所宜）不雜則不利長兵長短以衛短兵以守太長則犯太短則不及太輕則銳銳則易亂太長則頓頓則不及（犯為觸挂也兵長短相為衛太犯太輕皆不中法度也）故給兵配仗咸有率分夫兵以

詐立以利動[見利始動]以分合為變也[或分或合以戰敵人觀其應我之形然能為變化以取戰勝也]其至如風[來無迹其至迅疾也]其徐如林[言緩行須有行列如林木以防所掩襲也]侵掠如火[猛烈不可向也]難知如陰[如凝雲蔽天不見三辰也]動若雷霆[如空中擊莫知所避]掠鄉分衆[敵之鄉道聚落無有守兵六畜財穀劫掠則須分配次第使衆人皆得往也不可獨有所任則大小强弱皆欲與敵爭利也]闢地分利[開拓土境則分割與有功者]懸權而動[如權衡稱量已定然後動也]動不可久久則鈍兵費財挫威屈力殫敵生變失利後時故善用兵者見敵之虛乘而勿假追而勿舍迫而勿去始如處女敵人開戶後如脫兔敵不及拒敵之開合當亟入之[敵有間當急入]故曰兵之情貴速乘人之不及也雖然猶須以治待亂以靜待譁以逸待勞以近待遠以飽待飢故曰見利宜急未利則止趨利乘時間不容息先之一刻則太過後之一刻則失時也夫善戰者能易寡為衆易衆為寡何為其然哉常出其不意衝其所虛形人而我無形使我常專使敵常分我專為一敵分為十則此衆彼寡我所與戰者約矣我之戰地常使不可知則敵所備者多則我所

與戰者又寡矣故曰心疑者北力分者弱若能分人之兵疑人之心則錙銖有餘不能分人之兵疑人之心則數倍不足夫戰固有當擊當避當縱者擊其微靜[懈怠無備而靜]避其彊靜[攻守自備閑處而靜]擊其勞倦避其閑窕[勞倦者困閑窕者暇逸]無擊堂堂之陣無邀正正之旗[堂堂大也正正齊也]至如朝氣銳晝氣惰暮氣歸必避其銳氣擊其惰歸歸師勿遏圍師必闕窮寇勿迫[圍兵者圍其一面開其一面以示生路也]如此類皆敵人方乘氣盡銳而來不可急爭故避而殺其鋒開而誘其潰也或曰敵衆而整將來待之若何曰先其所愛則聽矣敵所愛而恃者便地饒野粮道也先之奪敵人之心也夫戰兵貴勢勢可以先戰而震敵于其乘利則疾怒敵不暇支則辟如破竹數節之後迎刃自解不復嬰手然則兵之所以能為勢者有三一氣勢二地勢三因勢若將勇輕敵士卒樂戰三軍之士氣如飄風此謂氣勢也闗山狹路大阜深澗龍蛇盤磴羊腸狗門一夫守險千人莫過此地勢也因人惰怠疲勞飢渴前營未合後

軍未涉此謂因勢也有此三者若兵非齊志非敢決非必死非畜怒亦莫能為勢也故曰善戰者其節短其勢險勢如張弩節如發機又曰戰人之勢如轉圓石于千仞之山決積水于千仞之溪至于漂石者皆勢由然也可不務乎夫戰兵常持有餘以待不足故無犯進止之節無失飲食之適無絶人馬之力若進止不度飲食不繼馬疲人倦而不解舍則兵不堪命不堪命則不任其上令上令既廢以居則亂以戰則北矣其要在更戰

更息則用之不竭也故曰三軍人戒分日（戒三軍人之中如半日可止）夫衆以合寡則為追衆而開之（合交戰也追逐也衆圍也以衆敵寡者逐而圍之開其去道令無為窮寇也）或分而迭擊（以衆攻寡分衆更戰更息使我佚彼勞故能克也）或三分而乘之（三分以一分餌之彼趨利而亂餘二分為奇以襲之）彼衆則以方從之（方術也謂設詭詐奇變敵雖衆分其形勢使不併力而戰也）又曰敵若衆衆則受圍（以兵少士意不專當作利道受圍以堅衆心分兵四向面受敵則人以死向生也）兵士甚陷我乃不懼（以陷則死戰求生也）故知以固存以危勝（人雖危則以死而易生也）又曰使人如坐漏舟伏燒屋之下（投兵于死地示令自求生）則智者不得不謀勇者不得不決也夫重用兵者強輕用兵者弱猶為不可故國黷武而國不危者未之有也善用兵者故後不再籍粮不三載因粮于敵以助軍食是謂兵聞拙速未見巧之久也法曰天下以戰為國者五勝者亡四勝者禍三勝者霸二勝者王一勝者帝此謂兵黷戰久殘人屈財之如此也故古之明主知將以言乎戰者莫之敢易也

敘戰中

兵法曰凡戰日以旌旗旄旛為麾夜以金鐸鼓笳荻為節（笳荻蘆葉古先吹為號令）麾左而左麾右而右鼓之則進金之則止一吹而行再吹而聚三軍服威肅命如此則前無堅敵若聞金不止聞鼓不起即有百萬之衆何益于用哉

故戰之道等藝立卒伍定行列正從容固言名實（等比方也次第其才能相集使卒百人五五行列左右前後從容者住止未戰時欲堅固有備言名者以是為名也）位欲嚴政欲栗色欲寵氣欲閑心欲一（上下尊卑能相臨制賞罰必行故人戰栗寵佚也氣閑則軍靜不攖一同也心一則其力同）陣行惟疏戰惟密（疏者間空其間）

密者行止相承之道也遠者示之則不畏近者勿示則不散用兵之道間敵之實示敵之虛凡相去遠吏士見實猶不畏近則勿示敵虛實但嚴備以一心心也示之以顏色告之以所生大將示人以悅樂之色告以利害及必勝之道兩鋒相值有將未知敵則用寡而觀其變先以卑弱不能示之進退而觀其固以輕兵進至敵左右觀察之也危而觀其懼觀以危事以知其恐怖得失形勢也靜而觀其怠敵靜不動相視吏士懈怠與否也動而觀其疑輕兵挑戰相示敵人知其疑否襲而觀其治虛者鬬無固志怠者錯亂相干設而觀其作設我陣伍視敵所施皆候敵家先動變生其間我得其形則以計應當攻

其亂不攻其治故善戰者應形于無窮每有形我則隨應之其理未可見且以數相持人若執數我先動則就陰以虛應實必為之擒辟夫虎豹不動不入檻穽麋豕不動不罹網羅凡物未有不以先動而受制于人也或待衆之作則循物而勿鼓或待我衆自動欲戰則因而鼓進之未戰且當循理兵械部曲申明號令勿得先鼓也故曰揣衆因地因敵陣令心揣量衆寡之數土地之宜因敵陣行為陣令出必得人心雖然若後動者不能審敵而制計則禍愈于先動故曰先則敝後則懾也兵先舉則勞弊後起則志意不定而恐懼也又曰先人有奪其心後人有待其衰也其或敵攻則屯而伺之敵盛來攻則吾屯守為主人視敵為客客有虛失然後可以兵應之也敵謀老我師堅陣不動則譟以先之先使輕翼兵譟呼而動之擊其疑篤其卒示敵以利而不敢進者疑也則不可先加兵以卒暴擊之也致其屈襲其規分敵之衆以盡其人襲其不悉之處也上下同欲人莫之禦戰勝則與衆分善將不自分功推與下分之若將復戰則重賞罰戰勝而重當戰凡先擔以居前無復賞罰復戰者必又以賞罰約束先擔軍其戰則變易不可用先所勝者耳夫先處戰地而待敵勞勞故善戰者致人而不致于人令敵來我畜力

待之不往復敵恐人勞也能使敵人自至者利之也誘以利也能使敵人不得至者害之也出其所必走攻其所必救也若擅利則釋旗迎而反之反轉戰也若已據利地則藏衆委旌旗示敵寡弱使輕兵挑戰迎之于險也夫戰以猶豫為凶以隱微為勝事莫大于必果功莫成于勇決譬夫一寇奮戈于市則萬人辟易非一盜獨勇萬人皆怯必死與必生非對也故曰居國惠以信在軍廣以武刃上果以敏刃士合兵也凡攻戰必利決斷不失其時也夫戰以寡圍以衆治寡利煩衆利正兵少故不可勝兵多大勝不錯亂行伍列正旌旗也以輕行輕則

危也（輕兵高材疾足追奔逐北翼助進退者必當戒部伍循節進止也）以重行重無功（重兵若但持堅固守不妄進退雖不可勝不能得利無功也）進則相為重輕也（重兵持堅固守輕兵攻取相恃為用為守固）夫必勝之兵隱謂先用弱而敵而後戰也（計先定為必勝藏其形勿令敵知知則備我）譬夫摶攫抵噬之獸其用齒角爪牙也託于卑微隱蔽所以能為暴（言勝兵隱伏形勢以驕敵人伺其微怠則擊之也）故曰亂生于治怯生于勇弱生于強（欲偽為亂行以誘敵人先須至治後敵人不知也欲偽為怯形以誘敵人先須至勇然後敵人不知也欲偽為弱形以誘敵人先須至強然後能使敵人先能輕侮我軍矣）善動者形之形之敵必從之

（見羸形也）予之敵必取之（以利誘敵敵遠離其量而以便利擊之也）以利動之以本待之故事省而功倍也（利害動敵敵既從我則嚴以待之）所以佯北勿從（恐有伏兵）餌兵勿食皆謂此也亦復因敵之險以為已固因敵之謀以為已事審因求勝不可窮也

敘戰下

唐李靖法凡出兵且以二萬人為準分為七軍中軍四千人左右虞候二軍各二千八百人左右四軍各二千六百人揔而言之得二萬人内取萬四千人為二八十四隊出戰六千人守輜重凡軍中四千人内揀兵二千八百人五十人為一隊凡五十六隊其間弩手四百弓手四百馬兵一千跳盪五百奇兵五百左右虞候軍各二千八百人每軍取戰兵一千九百人弩手三百弓手三百馬軍五百跳盪四百奇兵四百左右軍各二千六百人每軍内揀戰兵一千八百五十人弩手二百五十弓手三百馬軍五百跳盪四百奇兵四百凡出戰布陣先從右虞候軍引出次右軍

次中軍次後軍次左軍次左虞候軍自馬軍八十隊外其步軍二百隊中軍三十六隊左右虞候兩軍各二十八隊左右廂四軍各二十七隊須至至大隊以三十隊（或作三隊）合為一隊防賊并兵衝突其隊在陣中安置使均其大隊五十隊（或作十五隊）中軍三隊餘六軍各二隊通五十八隊合有七十隊（或作百七十）為戰駐等隊其馬軍各在當在駐隊後左右下馬立布陣訖鼓音發其弩手去賊百五十步即發箭弓手去賊六十

步即發箭若賊至五十步内即射手合弓弩令駐隊人收其射手先絡膊將刀棒自隨即與戰鋒隊齊入奮擊戰鋒每隊在行在戰隊前聞鼓聲即羣入也其馬軍跳盪奇兵不得輙動若步兵被賊蹙逐則跳盪馬軍奇兵迎前騰擊步兵須却回整頓拔前若跳盪奇兵又為賊排退戰鋒等隊即須齊進奮擊如賊退馬軍亦不得遠追審知敵勢散亂然後追襲敗賊已收軍其舉槍卷旗亦如教法如營中不守固無險可恃即軍壘險可恃兩隊

充駐隊令堅營壘若軍牢固不要防守其駐隊亦不須出戰若敵人恃險回山布陣不得橫列兵士分列則宜為立或作堅陣法其法弩手弓手與戰鋒隊相間引前駐隊兩邊相翼布列既定軍聽角聲分旗捉隊看大將黃旗向敵亟鼓聲動諸軍弩手弓手及戰鋒隊各令人從馬一時籠槍大呼齊入若弩手弓手戰鋒等隊敗北回還即跳盪奇兵再入如見黃旗不亟即聞擊鉦聲乃上膊上架鎗引還各于舊處排立如聞角聲即捲幡簇隊如便放散更聽鼓角聲依次還營此行軍用兵之大率也其便宜變易則按諸陣之法

凡軍行遇敵即縮為方陣待戰方陣具軍行次第敵人或擊我前或擊我後進止未得者其陣中間充忌斷絕須速令總管部勒逐方面兵相承勿斷也

凡兵出戰每營跳盪馬軍隊戰鋒隊駐隊等分為五等各有將領出時先用某等兵入戰若續者益兵則更令一等進如此至進五等輜重隊不得輙用

凡兵每隊有隊頭兵雖隊頭前引則戰次立執旗次立左傔旗在左右傔旗在右次則隊兵分作五行在傔旗後左右均立第一行戰鋒七人第二行八人第三行九人第四行十人第五行十一人五行皆解鐙布列為隊也

凡戰隊皆以副隊頭一人執刀押後觀兵士不入陣者斬果毅領傔人執刀又居後督陣觀不入陣者斬兵士盡須知左膊左肩行立依次

凡隊頭與賊鬬廹賊即左右傔旗急須救援若傔旗又被賊廹賊即行内急前救援前行進救為賊所廹則後行凖前進救之

凡隊伍被賊攻廹衆寡不敵鄰近對伍並須齊進救援之

凡以十人敵一人則圍之五人敵一人則三人攻之二人為奇伏

凡兵方戰其跳盪奇兵馬軍等隊即須量抽人馬當之

仍於隊内抽捉人馬

凡彼我相敵以地力阻之不得地力以陰符阻之又不得則併力偏攻

凡料敵戰地若便利之守不則去若未得便地雖見利不可救之

凡背山戰宜藏軍少誘之入伏攻之

凡背水戰步軍當衝馬軍為翼步軍後排營有利則前戰無利則後進

凡軍前有水陷我則據高以待之候賊至陷中即擊若賊不來則設伏退軍以誘之

凡駐軍結陣不得包原隰險阻在内

凡前有深草我則緩行以待之候賊來入草則焚之賊若守不近我則迂路攻之

凡粮道易絶雖有大利不宜深入

凡前無虜畧粮不支月不宜深入

凡暴寒暴暑雖有大利不宜進攻

凡賊無故退軍不宜進逐

凡賊守阨險我不得進則易路退軍以誘之

凡兵趋賊帳或中道過大城要砦須下之或脩之而後過

凡與敵相迎我從直路置人迂路使之力疲可勝

凡前路有險阻賊又固守則示利誘之潛令人取背奪之

凡未測敵情雖遇羸弱不進攻之

凡賊半隱半見似驚似亂必有謀不進攻之

凡賊數來掠我激怒士衆或偏師挑戰者不須應之恐設伏陷軍

凡賊入隘口待十過其三則從後促脅之如賊驚亂即奮兵横斷之然後戰

凡賊出隘口來鬭令其半出擊之左右夾攻斷其進路之路可全虜

凡賊隊暴來掠我苗稼牛羊者當勿擊其鋭按兵自固

俟其暮去必重按力疲其心亦恐退還務速行隊不屬我則追擊之

凡賊來震威步伍又整我須且擇險地自固甲辭禁掠無激其怒賊既衆又且日久伺其懈怠或方食時便可急擊也

凡兵士當戰不得離隊獻功恐為賊所乘

凡擊敵營初破不得便捉生口

凡戰勝逐奔約三百步則須收軍正衆恐賊窮反鬭軍亂難整遣候騎審探若已潰則長驅追之仍分散追之勿令敵衆得聚

凡賊敗而走追之防有救援過一里且止則嚴兵緩進常去十里随之晝則時時驚之令不得食夜則以火照之以鼓脅之令不得宿也

抽隊

夫兵進輕退重士卒利退爭先難整敵若自後驚我軍衆必亂敵若乘而襲我其患尤故對衆抽軍其設方計

隔一隊抽一頭隊押官反押後副隊頭反引前隊兵皆看副隊頭進止退至百許步其隊便且止定立整頓鎗刀執弓弩架前為將戰勢定定則又抽前隊一如上法若賊來逼則立隊便當捍敵見抽之隊亦須回軍拒戰

凡退並按次徐動不得急行仍逐隊不得相越

軍爭

兵法曰凡用兵之法將受命于君合軍聚衆交和而舍（軍門為和門兩軍相當為交和也）莫難于軍爭軍爭之難者以迂為直

以患為利故迂其途而誘之以利後人發先人至此謂當戰有所爭利則先示敵人以迂遠敵人以怠慢復誘敵人以利然後倍道兼行出其不意故能後發先至而得所爭之要害也凡趨而爭利者不可舉軍皆進又不可棄軍實而往故曰舉軍而爭利則不及委軍而爭利則輜重損其法若在百里之外則千人中擇百人最勇者先往次勇者數百人繼往罷軟者後往令相續而至也故曰卷甲而趨日夜不處倍道兼行千里而爭利擒

三軍將勁者先罷者後其法什一而至是也在五十里之外千人中擇勇者五百人先往罷者繼往故曰五十里而爭利者其法半至是也若二十里外爭利者則十人中擇七人先往以其道近人可易至故可去者多亦少敗亡故曰三十里而爭利者三二之二至是也所以常無失也先後戰有代更也又曰先所所愛微與之期謂敵所愛恃之處我先奪之必密與其處為期潛往赴期敵人不覺而後之焉此皆軍爭之道也

以寡擊衆

夫以寡擊衆利在于出奇也兵法所説有三焉一曰要之于險二曰以整擊亂三曰以日之暮將能明此三者則可以一擊十以千擊萬雖敵人甚衆則其勢易覇今列兵家舊説于後

凡敵衆我寡必避之於易要之于險一人守之千人莫向如險阨相值我軍鼓譟卒起彼雖衆多前徒固已驚駭乗此擊之勢却則破也一説得卭阜林木之地

可廣設旗幟多置鼓鐸散為疑兵敵人必分軍以備我則選精鋭出奇以擊之若未得利且依蔽林木踈我行隊以弓弩居前當之俟夜宴則急擊也

凡小陣逢大陣不利持久敵人輕我必不悍戰宜乗利速進敵人兵衆陣大多連亙不整鉦鼓之音不相聞旌旗之色不相見左不聞右右不聞左前不聞後後不聞前如此我以少衆併力擊之必勝矣或敵人下營未定布陣未集溝壘未成教令未施皆可疾擊也

兵法又謂敵衆我寡則作利道受圍以堅衆心四向而受敵我兵則在死地而决戰也

凡戰敵人之衆或分為三四或東或西更息更戰或鼓譟而行或静居而伏使輕騎馳我左右則我當候日暮而擊之使一人操炬二人同鼓或明或晴或鼓或呼或卸枚急聲而疾擊其兩傍衝其左右或勇士直衝其陣敵人雖衆其將可虜也

捉生

凡軍中立威怖敵莫重捉生獲賊千兵不如生擒一將其法擇士之身手强敏者專教以弓矢鎗刀撩鈎搭索悉使精習馬之壯健急走鞍勒牢密者部為三百人每百人為一隊若賊出小陣偏師其將必勇宜為利以誘之使貪功輕鬭乃以一隊即近為伏一隊為直衝一隊為駐隊直衝隊既入緩則撓擊急則引走駐隊候直衝隊過直前粗若支敵示引走敵見兩隊全走又無傍救必速追奔待引賊過伏隊處即發掩

伏背殺之兩隊回旗應接自成擒矣如列大陣以三隊合為一隊望陣踈或罝處突過之背捉賊將或未獲撓之令亂亦當奔北也

武經總要前集卷三

欽定四庫全書

武經總要前集卷四

制度四

用車

宋 曾公亮等 撰

車戰三代用之秦漢而下寖以騎兵為便故車制湮滅世莫得詳至漢衛青擊胡以武剛車自環為營縱騎兵出擊單于於是遁走李陵深入胡地卒與虜遇衆寡不

敵陵以大車為營引士卒于外千弩俱發虜乃解去晉馬隆討劉機能賊乘險設伏遏截隆前後隆依八陣圖作偏箱車地廣則以鹿角車營路狹則為木屋施于車上且戰且前遂平羌衆唐馬燧亦造戰車衆以狻猊象列戰于後行則載甲兵止則為營陣或塞陜以遏奔衝本朝咸平中吳淑上議又謂平原廣野敵騎猋至苟非連車以制之則何以禦其奔突用車戰為便其制取常車接其衡扼駕以一牛布為方陣四面皆然東西鱗次前後櫛比上置槍以辨外向上被革以防火攻列士卒于外前行持槍盾後行持弓弩賊至合兵士上車每載四人皆持弩車陣之內數十步間連六車或四件上為重屋旋強弩賊至擊鼓為節以射之賊不能犯乃出騎兵以擊之此數者皆謂以車為衛則非三代馳車擊戰之法然自足以禦敵制勝也惟唐房琯擊安祿山用春秋車戰之法用車二千乘夾以馬步賊順風揚塵鼓譟牛皆震駭因縛芻縱火焚之人畜撓敗琯遂遁走此亦古今殊時而用有利害也則知車戰之法所以蹦躒強陣止禦奔衝行則負載糧械止則環作營衛其用一也其制則不必盡同取之已所利與敵

人之所害或因或改便于施用而已其用車之要古兵法皆具之今附於左

兵法曰用車之法五車有一長十車有一吏五十車有一率百車有一將易戰之法五車為列前後相去四十步左右十步隊間六十步險戰之法車必循道十車為一聚二十車為一屯前後相去二十步左右六步隊間三十六步五車一長縱横相去一里易戰之法以車當步卒八十人八十人當一車一車當十騎十騎當一車

車騎者軍之武兵也故十乘敗千人百乘亂萬人用車之道陰濕則停陽灶則起貴高賤下馳其要害逐其糧草若進若止必從其道敵人若起必逐其跡其士須選少壯矯健走追奔馬及馳而乘之則前後左右上下周旋能縛束草旂力可引弩八石能射前後左右便習者名武車之士養之不可以不厚也然用車之道死地有十勝勢有八不可不審察也可往而無以還者車之死地越絶險阻乘敵遠行者車之竭地前易後險者車之

困地出之險阻出而無以反者車之絶地圮下漸澤黑土黏埴者車之勞地左險右易上陵仰坂者車之逆地殷草横畝犯歴深澤者車之拂地車少地易與步不敵者車之敗地後有溝瀆左有深者者有深埊者車之壞地日夜霖雨旬日不止道潰地陷前不能進後不能解車之陷地此十者車之死地也拙將之所以見擒明將之所以見避凡以車陷敵者敵之先後行陣未定即陷之旌旗擾亂人馬數動即陷之士卒或前或後或作或起即陷之陣不堅固士卒前後相顧即陷之前往而疑後恐而怯即陷之三軍卒驚背薄而起即陷之戰于易地暮不能解即陷之遠行而暮舍三軍恐懼即陷之此八者車之勝勢也將明于十害八勝人莫之禦也至若敵騎摽輕以安車制之適當其理河朔坦平以車騎行之正得其便故曰以車禦侮以騎逐利行有所恃止有所息居則不可犯動則不可失機此用車之利也

用騎

兵法曰騎者軍之伺候也所以撃便寇絶粮道也置騎之法凡五騎一長十騎一吏百騎一卒二百騎一將為陣之法五騎一列前後相去二十步左右四步隊閒五十步險戰之法前後相去十步左右二步隊閒二十五步三十騎為屯六十騎為輩十騎一吏縱横相去百步周環各復故處易戰之法一騎當步卒八人八人當一騎一車當六騎六騎當一車車騎者軍之武兵也故十騎亂百人百騎敗千人選士之法取年四十以下身長

七八尺材必健疾力邁等倫能馳騎而善射前後左右周旋進退超越溝塹馳山陵踰險阻絕大澤涉名水敵犯强敵亂大衆者名曰武騎之士養之不可以不厚也故步貴知變動車貴知地形騎貴知別徑奇道三軍同名異用若乃逆敵始至乘亂擊虛追敗離結邀前蹑後斷絕糧道掠其輜重攻其關津絕其橋梁掩其不備攻其未整擊其懈怠出其不意燒其積聚掠其市里攻其田野俘其子弟此十六者騎兵之所長也加以能合能

離能冣能追百里之期不終日千里之赴不隔旬倏而集忽而散利則擊否則迴三軍既合陣已成列擊首則尾應備前則衝後古之善騎者無陣不摧此又陣之捷利也故用騎之道有八勝九敗敵人始至行陣未定前後不屬車陷其前騎擊其後則敵人必走敵人行陣整齊堅固士卒欲戰吾騎翼而勿走或馳而往或馳而來疾馳如風急擊如電白晝而昏數更旗鼓變易衣服敵人可克敵人行陣不固士卒不鬭薄其前後獵其左右

翼而擊之敵人必懼敵人日暮抽軍翼其兩傍急擊其後或阨其壘門無令得交敵人必敗敵人涉險而來以騎絕其糧道敵人必飢地若平易四面受敵車騎合而犯之敵人必亂三軍皆走或翼其兩傍或掎角其前後敵人可敗其將可擒吾軍暮歸敵來薄我其行陣勿亂令我騎十而為隊百而為屯車五而為聚十而為群明舉旗鼓誘之大來抗以强弩或陷其兩傍或擊其前後敵將必虜此謂之八勝也所謂九敗者凡以騎陷敵而

不能破陣敵人偽退以車騎反擊我後此騎之敗地也追北踰險長驅不止敵伏我兩傍斷絕我後此騎之圍地也能往而不能反或陷于天井頓于地穴此騎之死地也所從入者泥濘所從去者遥遠彼弱可以擊我强彼寡可以擊我衆此騎之沒地也大澗深谷叢林隱蔽此騎之竭地也左右有水前有大阜後有高山三軍戰兩水之傍敵居表裏此騎之絕地也敵絕我糧道往而無以反此騎之困地也汙潴塹澤退進不便此騎之患

地也左有深溝右有坑阜高下如平地望見之廣易進退相敵此騎之陥地也此九敗之地也明將之所預見拙將所以陥敗可不戒之哉孫臏亦曰騎戰之道以虛實為主變化為輔地形為佐又有十利八害焉一乗其未定二掩其不固三攻其不屬（屬接也謂布陣相接也）四邀其糧道五絶其關梁六襲其不慮七襲其戰罷八陵其恐惰九掩其未裝十追其奔散此十利也八害者一敵乗背虛寇躡其後二越阻追背為敵所覆三往而無以返入

而無以出四所從入者隘所由去者遠五澗谷所在地多林木左右水火前後山阜七地多汙澤難以進退八地多溝坑衆草接茂此八害者皆士成敗之機將必習之乃可以從事焉

奇兵

夫奇兵者正兵之變也伏兵者奇兵之別也奇非正則無所恃正非奇則不能制勝故不虞以擊則謂之奇兵匿形而發則謂之伏兵其實則一也歷觀前志連百萬之師兩敵相向列陣以戰而不用奇者未有不敗亡也故兵不奇則不勝凡陣者所以為兵出入之計而制勝者常在奇也韓信破趙奇而有正也苻堅敗于晋正而無奇也項羽善用兵者也烏江所存惟二十八騎猶分奇正況衆多者乎兵法曰凡布大陣常以十分之三為奇兵設有萬人則一千五百為兩奇一千五百為兩伏奇兵如手伏兵如足正陣如身三者合為一體迭相救援戰則互為進退循環而無已故兵以正合以奇勝善

出奇者無窮如天地不竭如江河奇正相生如循環之無端此言奇亦為正正亦為奇處則合而為正出則分而為奇乗敵之不意以擊之之謂也至其出入詭道馳驟詐力則勢有萬變故兵法曰能而示之不能用而示之不用近而示之遠遠而示之近利而誘之亂而取之實而備之强而避之怒而撓之卑而驕之佚而勞之親而離之飽而飢之安而動之攻其所不備出其所不意此兵法之所以為奇也所謂能而示之不能者匈奴羸

師以誘漢祖圍于白登是也所謂用而示之不用者李牧按兵雲中大敗林胡是也所謂遠而示之近者韓信陳船臨而渡夏陽是也所謂近而示之遠者晉侯伐虢假道于虞是也所謂利而誘之者赤眉委輜重而餌鄧洪是也所謂亂而取之者李靖乘輕舟而滅蕭銑是也所謂實而備之者關羽討樊多留兵備公安南郡是也所謂强而避之者隨季良無與楚軍遇是也所謂怒而撓之者漢兵擊漢無咎于汜水是也所謂卑而驕之者

石勒奉戴王浚是也所謂佚而勞之者吳子亟肆以疲楚軍是也所謂親而離之者漢王慢楚使而疑范增是也所謂飽而飢之者晉文因諸葛誕而拔壽春是也所謂安而動之者齊軍走大梁而退魏師是也所謂攻其無備者制人以不虞而敗南燕是也所謂出其不意者鄧艾由邪徑而趍劍閣是也此十有六者皆前世已然之效也亦有因地形以為變者兵法曰師行已近敵人者大將必謹視山川原隰之形必預討之為伏兵之地

大率溪谷險阻者所以止禦車騎也扼塞深林者所以用少擊衆也坳澤窕冥者所以匿其形也暴疾如流矢擊之若發機者所以破精微也詭伏遠引者所以擒敵將也四分五裂者所以擊圓破方也因其驚駭者所以用一擊倍也因其恐懼疲倦者所以用十擊百也臨逵深草者所以伏藏也假奇技者所以濟江河大水也大風甚雨者所以搏前擊後也偽稱敵偽者所絕糧食謬號令也山林翳薈者所以默行往來也夫兵以詐立以

利動使敵人前後不相及上下不相收將士不相救衆寡不相恃辟如蠆蜂出于懷袖烈火出于廬舍雖壯夫勇士無不驚撓我得乘而制之之謂也本朝雍熙中契丹犯塞貪婪不整無資粮輜重之給利夫虜獲衆議清野堅壁以挫之然既踰亭障散馳原野分掠田里太宗特出聖謀選騎士之饒果及募禁衛之班之膽勇者使押其隊分為數十或至百隊伏緣邊要害地候其侵軼與大軍表裡奮擊日則虛張旗幟依蔽林木使其可疑

夜則潛伏郊野多用火鼓使其可畏彼腹背受敵無所俘掠我則相為援時師臣馬知節上策亦曰北面邊徼之地橫亘雖長然據要害來路惟順安抵西山耳若列陣于此各設奇兵相應使其久莫能進衆將疲敝時以偏師輕騎逼而撓之如敢來犯深入力戰彼將顛覆不暇也咸平中敵犯邊真宗命諸將擇銳卒散為奇兵侯敵首南侵我取徑道趨幽燕取其車帳仍俾邊郡應援之景德初亦命我軍大陣駐中山別擇四健將分握精

騎候敵至則深道深入北境撓敵腹心以牽制之所部皆聽便宜不取上將節制此四者亦因地用奇之術也

料敵將

夫敵國治戎交和而舍不以冥冥決事必先探其將能否而後戰因形用權則不勞而功舉左右既震則敵雖衆必擒其將故其將愚而信人者可誘而詐貪而忽名者可貨而賂輕變無衆者可勞而困上富而驕下貧而怨可離而間（可用間也）凡兩軍相望而患不知其將者當令賤而勇者將吾輕銳之衆犯而挑之觀敵之來一作一起其政以理其退北佯為不及見利佯為不知此智將也勿遽與戰若其衆諠譁旗旛紛亂其卒自行自止其兵或縱或橫其退北恐不及見利恐不得此愚將也雖衆可獲又如兩軍相持未戰未挑欲知敵將之能者何以能之曰彼士馬驍雄反示我以羸弱陣伍齊整反示我以不戰見小利佯為不敢爭必奇兵誘以奔北內實嚴備而外為弛慢頻使諜來託以忠告或執使以相憤

或厚賂以相悅移軍則減竈合營則偃旗非得地而不舍非全軍而不侵以多擊少必候晨朝以寡擊衆必候日暮如此則兵有甚伏將有深圖理曲為防備也兵法曰知彼知己百戰不殆不知彼而知己一勝一負不知彼不知己每戰必殆是也

察敵形

兵法曰敵近而靜者恃其險也敵遠而挑者欲人之進也其所居易者利也（言遠來挑者恃其所處平易利于作戰故欲我進前）衆木動

者來也（伐木除道欲來）衆草多障者疑也（澤中結草障蔽道路以設疑我恐見追也）鳥起者伏也（下有伏兵）獸駭者覆也（敵陣張翼來覆我軍）塵高而銳者車來也（車馬行疾塵土衝起）塵卑而廣者徒來也散而條達者樵採者少而往來者營軍也辭卑而益備者進也辭强而驅者退也（軍任詭詐兩敵使在其間視其言之發可料其情）輕騎先出居其側者陣也（陳兵欲戰）無約而請和者謀也奔走而陳兵者期也（或有外兵相應之期或候吉時）半進半退者誘也杖而立者飢也汲而先飲者渴也向人見利不進者勞也鳥集者虚也夜呼

者恐也軍擾者將不重也旌旗動也亂也吏怒者怨也殺馬食肉軍無粮也（殺馬食肉是無蓄儲也）懸缶不返其舍者窮寇也（軍無懸缶者表破之示不復炊也）諄諄翕翕徐與人言者失衆也（諄翕兩人切語貌士卒怨將私作謗誹也）數賞者窘也（軍驕不肯戰數賞以勸之此窘迫也）屢罰者困也先暴而後畏其衆者不精之至也（先行刻暴以示强欲士卒畏服不以刑法德征不精之至）來委謝者欲休息也（隨進隨退謂之謝如此倦戰也）兵怒而相迎久而不合又不相去者有奇謀也使者目動而言肆懼我也幣重而言甘誘我也兵非益多足以

併力料敵取人而已若不慮而易于敵者必擒于人也太公亦云用兵之法大要在審察敵人其形之變十有五變見則擊之新集可擊（敵初至行陣未整）未食可擊（陣軍或陣日高尚未食）奔走可擊（行陣失次用力不齊布陣不陣）不戒可擊（我示弱誘敵敵不設備）不順可擊（逆風向水向山之謂也）動勞可擊（倍道兼行人馬未歇卷甲束械夜行于路）（陣雖成列行陣未整）將離可擊（大將已離士卒獨仕小將小將無威不能率領人皆不服）長路可擊（遠行爭路夜日不息）擾亂可擊（敵未成列即不相篤又不相對或作或五）不暇可擊（貪利求食不暇成陣）候濟可擊（渡河半濟）險路可擊（山路險狹沮澤泥濘車馬單行左右難救）驚怖可擊（阨路相逢都無據險鼓譟掩擊三軍怖懼）不定可擊（陣數移易人馬

候望）皆謂乘其不備出其不意使其不能為計也吳起曰其進退多疑其衆無依可震而走士輕其將而有歸心塞易開險可要而取（疑為不失也無依無制度者怯也士輕其將為無威也塞易開險得地形也可要而取言其易也）進道易退道難可來而前（可誘敵使前）進道險退道易可薄而擊居軍下濕水無所通霖雨數至可灌而沉居軍荒澤草莽幽穢可焚而滅停久不移將怠士懈可潛而襲日暮道遠士卒勞倦飢未及食解兵而

息可乘而虜此八者不可不察也凡戰又有不卜而與戰不占而避之者八夫疾風大寒剖氷濟水不憚艱難一也盛夏炎熱早行晏止士卒飢渴務于取遠二也師行既淹久百姓怨嗟妖祥數起上不能止下無其準前攻失序言高音遏三也軍資既竭薪芻又寡天多陰雨欲掠無所四也兵徒不多地又不利人馬疾疫四隣莫至五也將薄吏輕士卒不固三軍數驚師徒無助六也戰勝而驕士卒獻功行伍失序軍中諠亂七也（一本作道遠日

暮士無勞俱倦而未食解甲而息已也）陣而未定舍而未畢行汲涉險半陷半出八也諸如此者擊之勿疑若夫土地廣大財阜人衆惠施流博賞信刑察發必得時陳功居列任賢使能師徒之衆甲兵之精四鄰之助大國之援凡此不如敵人者避之勿疑所謂見可而進知難而退兵法曰又當視敵鼓角人馬隊伍諠靜以避之凡金鐸之音下以濁鼙鼓之音濕如沐旗幟背重而自垂曳如沾霧此衰敗之兆也戎馬驚奔士卒恐懼妖言相惑以耳相屬此潰散之象也隊伍擾亂行陣不定或坐或起言語諠譟此軍亂之象也皆可乘而掩取也雖然察敵之意可擊如此又當反慮敵矯計誘我所謂兵怒而相迎久而不合又不相去半進半退之類宜審察之此必有奇伏之變雖云鳥起者下有伏中其或自伏兵之上謫為栖鳥高棲不動或數人立于草木之中挽弓引彈以袪飛鳥令人疑之之類則察者又須以他事參驗而後動也故曰察之而知得失之計候之而知動靜之理以衆攻衆

衆存不攻以食攻食食存不攻以備攻備備存不攻釋實而攻虛釋堅而攻脆釋難而攻易此百勝之術也

武經總要前集卷四

欽定四庫全書 子部
武經總要前集卷五 六

詳校官編修臣程嘉謨

總校官候補中允臣王燕緒
校對官編修臣吳舒惟
謄録監生臣李邦燮

欽定四庫全書

武經總要前集卷五

宋 曾公亮等 撰

制度五

軍行次第 并圖

凡軍將發先使腹心及鄉道前覘逐營各以跳盪竒兵馬軍先出去營一里外當前面布列戰鋒隊駐各持仗依營四面布列隊伍一如臨陣法待營中裝束輜重訖依次第起發凡聞第一角聲絶右虞候捉馬驢第二角聲絶即被駕右一軍捉馬騾第三角聲絶右虞候即發右一軍被駕右二軍捉馬驢第四聲角絶右一軍一即發右二軍被駕（已上共等唐制令官之號見令陣法）以後諸軍每聽角聲裝束被駕準此（或用笛聲代角亦便）每營各出一戰隊令取虞候進止防有賊至便用騰擊如其路更狹小須更加角聲仍令將校排比推督急過勿令停擁其步兵隊輜重隊二千步外引馬軍去步軍二里外

引（李靖裴緒亦同）令以軍行次第圖列之于右

欽定四庫全書

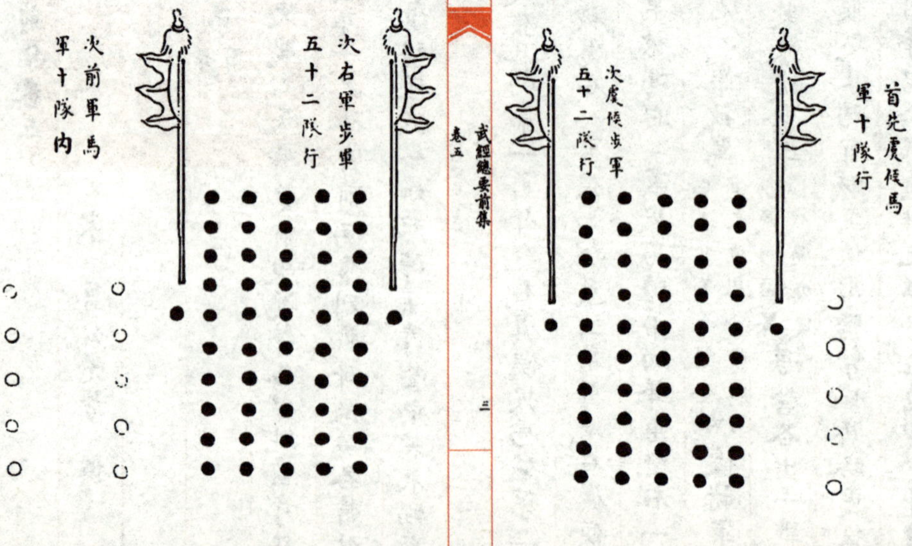

欽定四庫全書

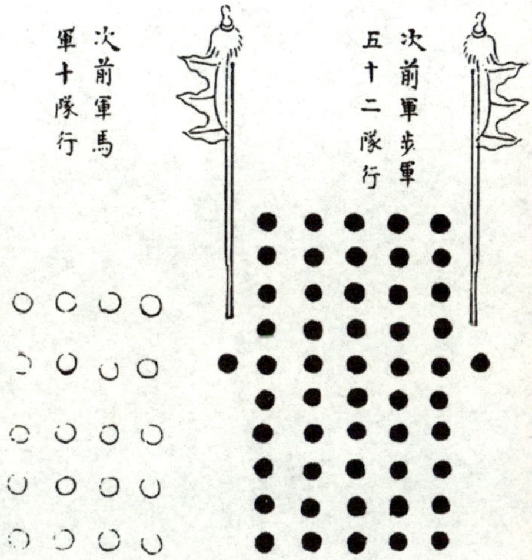

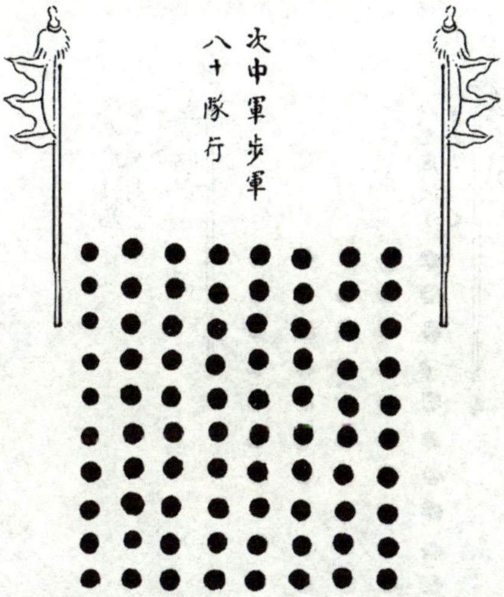

欽定四庫全書

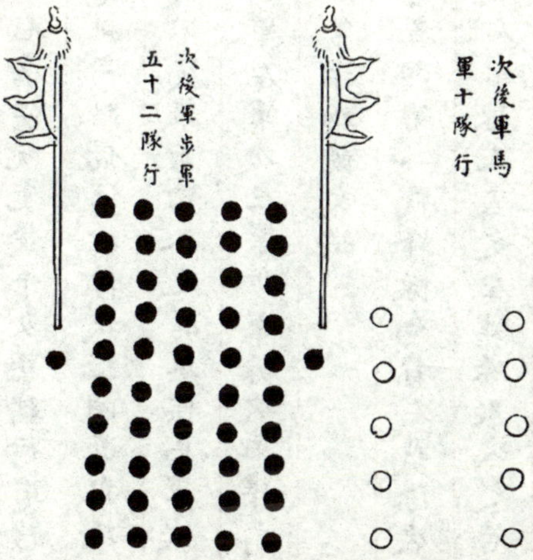

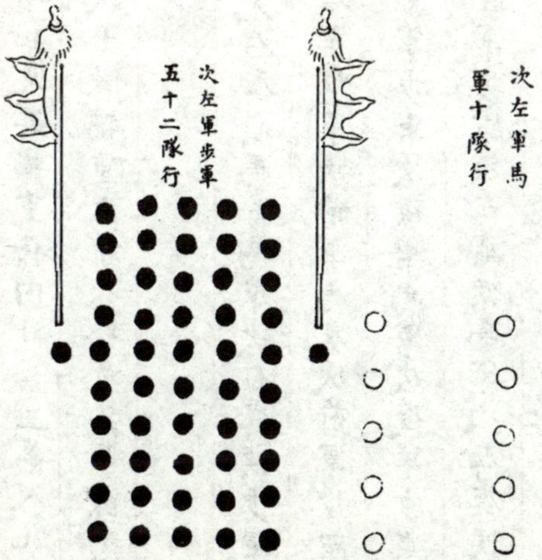

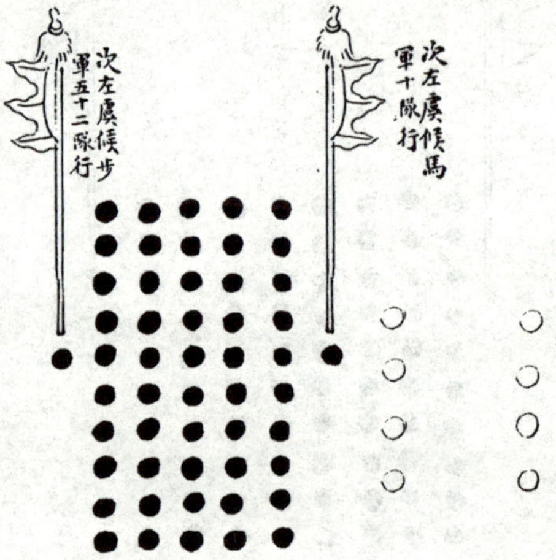

右行軍之法大率如此其輜重在内計兵三萬人凡四百隊除馬軍八十隊輜重六千人外奇兵等隊悉在内也

凡軍馬行動常先右虞候馬首為軍次右虞候步軍次右軍馬軍次右軍步軍次前軍馬軍次前軍步軍次中軍馬軍次中軍步軍次後軍馬軍次後軍步軍次左軍馬軍次左軍步軍次左虞候馬軍次左虞候步軍某行每經高處即令三五騎踏高四顧以候不虞

餘軍準此候望右虞候既先發半安營踏行道險行水草左虞候先排窄路橋津捍後收拾闌遺排比對仗整齊次序使不交雜若回入先左虞候馬軍次左虞候步軍次左軍左軍次左軍步軍餘次第準前却轉其虞候軍職掌準初發交換

凡道狹不可並行者即第一戰鋒隊為首右戰隊次之左戰隊又次之右駐隊又次之左駐隊又次之若道平川濶可得並行者宜作統行法其統行法每統戰

鋒隊居前兩戰並行次之又兩駐隊並行次之餘統準此若更堪齊頭行者每統五隊橫引齊行後統次之如每統三百人簡取二百五十人分為五隊第一隊為戰鋒隊第二隊為戰隊第三隊為奇伏隊第四隊第五隊為駐隊頭一人副隊一人其下等五十人為輜重隊别著隊頭一人副隊頭一人擬戰日押輜重遥為聲援若兵數更多皆倣此類

凡兵每隊給一旗行則引隊住則立於隊前（武作側）大總

管及副總管則立十旗以上小總管則立四旗以上行則前引住則立於帳前（武作側）統頭亦别給異色旗擬臨陣之時辨其進退駐隊等旗别樣製造令引輜重各令本軍營隊識認此旗

凡大將立五方旗依色配方面（青亂黑以畢代之務易辨也）中央土位不動故大將軍以黄旗為四旗之主常使諸軍準望之大將軍所在若南方有賊大將舉赤旗以應之東方有賊則舉青旗以應之西方有賊則舉白旗之

應之北方有賊則舉黑旗以應之無賊常偃之舉旗者令諸軍知賊所從來也其諸軍見本方旗舉當方面兵急裝束旗若亞則前進奮擊旗正立即止旗却偃即回

凡大將置鼓四十面小總管給十面營列給鼓一面行即負隨纛下擬晝夜及在道有警急擊之令傳響相聞如軍行時前軍卒逢賊即急擊鼓中腰聞之抽兵急救中腰有警前軍便住後軍有警中腰亦如之（凡有

警皆擊鼓）並量抽軍兵相救如發引稍長更須置鼓傳響使前後得聞

凡軍行須令候騎前持五色旗見溝坑揭黄河橋揭白水泉揭青林木揭黑野火揭赤以告大將

凡軍行若遇道途泥濘山河險隘並右虞候於諸軍抽取役兵先行以充脩橋理道開拓窄隘之用

凡兵分數道於賊界相逢遠望未審善惡臨發時須同計會如遠探相見之時便令定立合令一隊向前二

百步外分為兩隊左在左（或作右）右在右（或作左）轉待前隊盤旋相應訖即並隊左轉三面前軍右轉三面各記去時旗號臨時改號亦得然後各令一人相迎委非賊馬即得前進仍須嚴備以待之

凡軍行在道十里齊整休息三十里會乾糧六十里食（凡法三十里為一舍倍道兼行一日再舍六十里為食宿亦量軍士緩急為節）

凡軍士行其輜重委（於為反）積（子賜反）並在營陣中安置以防焚掠

凡下營排兵布陣人皆取隊後過發兵收軍人皆取隊前過如入城郭街巷窄狹兩面下營人即前隊過

凡軍所過先報所在四面各三里禁絕行人六畜水陸船乘皆令息泊虞候並遊奕將與地界所由先二十里約此清路

行為方陣法（并圖）

凡軍行漸近賊陣或行于賊境我軍有數營發引逢賊首尾難救須行引時先準為方陣行列以兵分為四方輜重為兩道引戰鋒等隊亦為兩道引其第一分初發輜重及戰鋒分為四道行兩行輜重在中心盤引戰鋒隊並在各輜重外左右夾雙引其第二分戰鋒與前面左右行戰鋒戰相當輜重隊與前行輜重隊相當其三第分第四分並準上令約行列圖之於后

行列圖

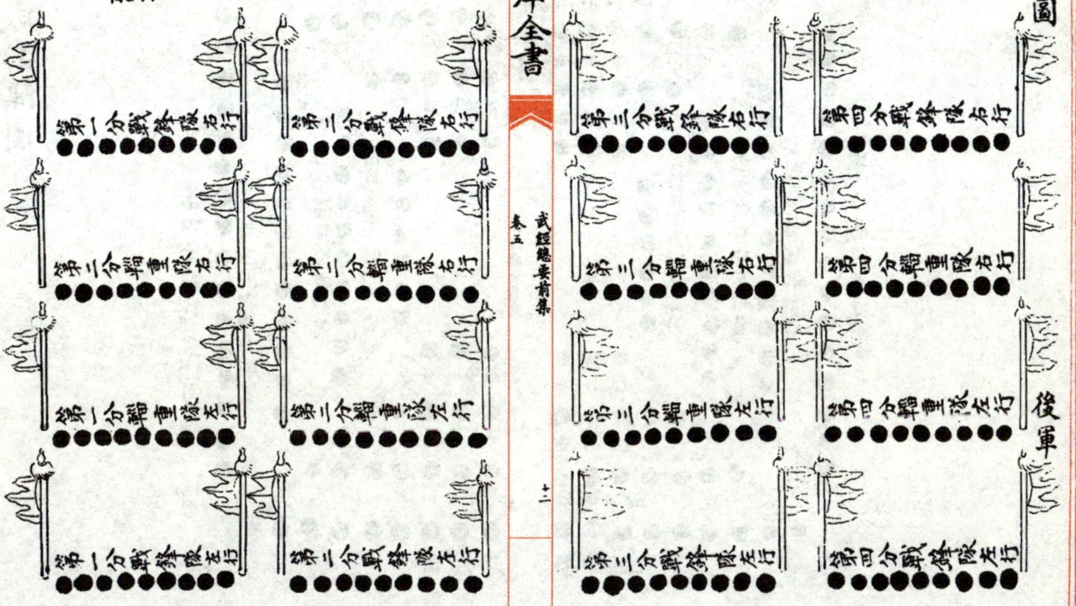

凡戰鋒隊當輜重隊兩頭

李廷真

凡軍行既逢賊即抽第一分中兩輜重横列在内為兩重其兩行戰鋒隊横列在外兩重為陣前面第二分中兩行輜重即前進居陣内右偏直列為兩重其兩行戰鋒隊前進居陣内兩為重居右偏輜重外為陣右面其第三戰鋒輜重依二分法轉為陣左面第四分戰鋒輜重依第一分法轉為陣後面令四角相接結成方陣緩急遇賊即戰賊退則成陣而行常令輜重併近前頭戰鋒隊相去十步下一隊則戰鋒常裹輜重若逢川陸平坦用之尤便要在前行隊縱横相當布列使匀也其制具圖如左

立成方陣圖

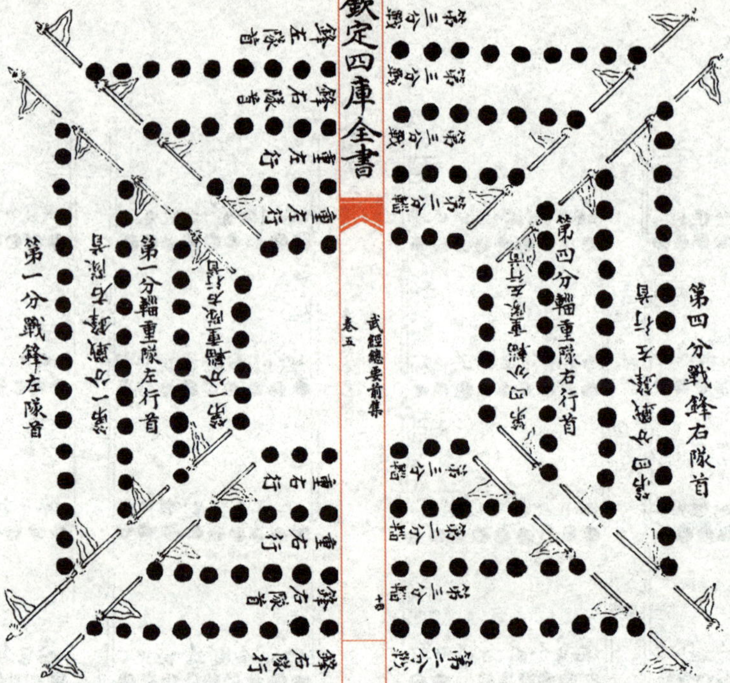

欽定四庫全書　武經總要前集　卷五

李廷真

凡山路隘狹布陣不得須使奇隊密相連接槍旗兩邊弓弩居緩行即過

凡盛夏行師道中深草茂木四望不絶者亦約有方陣而行

凡兵進敵境若過州縣城鎮皆先使人守門城中人無得輒出

凡入敵境若船渡橋梁先過重物試之然後渡軍

凡軍入賊境所經要路平陸須遣人前行採地審試慮敵人先作方田種苗于上誘陷人馬

凡暴寇衆劫掠牛馬財貨不可輕動其初至氣銳犯之未必勝候其去則邀擊之

凡騎軍入賊境惟戰具外餘物不得負斤兩之重步軍戰具外帶物不得過十斤

禁諠

凡兵體尚靜悉靜則有序諠則必亂其軍行在路若要喚及進退止息即令每隊取晚事者兩人一人執小

欽定四庫全書　武經總要前集　卷五　十五

緋旗於本隊外傍去行隊十步以為望一人專聽傳喚如去賊進則遞相暗報欲令止息即臥旗於當隊下即住候見旗立即速行或要抽退令旗不住前招當隊回身速行其大軍首尾亦各差小校令主將處分他人不得輙傳聲

度險

凡軍行入山林翳會之地防有伏兵先須選趫健三百百人於險阻不防之處偷路把過其出道又選驍勇當道搜索或自高樹山杪使人遠視使無藏伏分兵前後以為領招然後遣輜重老小先渡以步兵繼其渡水亦如之

凡遇坑坎澗三五尺人馬不可通即令軍中每人把一木橛子及一束薪芻之類遞傳填之立可渡

凡遇峭崖峻壁之阻則以棲梯倚壁選壯健者手執鈎竿身繫二繩索緣梯並句木石而上至平穩處即繫繩于木垂兩頭至地繫橫關為軟梯與衆軍攀緣并續加繩索及縋人登之

出隘

凡軍行賊境若逢山水狹隘橋梁濟渡須防壅遏自相蹂踐及為敵人邀截先令左右廂虞候各領第一隊過便于兩邊卓隊排陣以為招防次第二隊過以次排立第三隊亦如之餘軍亦準此待末隊過盡即左右兩廂對相引發如非賊境即軍伍相連緩行過渡依常引發仍置斥候遠望如前法

齎糧

夫千里餽糧士有飢色樵蘇後爨師不宿飽況深入敵境飛輓不通襲師躡寇並資擬備雖云因糧于敵亦虞清野以待舊法人持乾糧三㪷可用數旬若班師在道去境猶遠儲峙乏絕即須揀擇羸瘦牛馬廳卒以充軍食廢人力不至為賊困逼　舊法米一石取無穀者淨淘炊熟下漿水中去水曝乾淘去塵又蒸曝之經十遍可得二斗每食取一大合先以熟水浸

之待濕徹然後煮食之一人可五十日
塩三升以水和入鍋中炭火焼之即堅小不消一人
食可五十日又宜夏月將行　粗布一尺以一升釅
醋浸曝乾以醋盡為度每食以方寸煑之可食五十
日　取小麦麪作蒸餅一枚浸醋一升（或作斗）曝乾以
醋盡為度每食梧桐子大煑之人可食五十日　豉
三升搗如膏加塩五升捻作餅子曝乾每食如棗核
大醬菜人可食五十日米麪一升人可食一日　牛

一頭食之五十人可一日馬一匹食之五十人可一
日驢一頭食之三十人可一日　如更急難諸戎裝
用皮者亦可煑食救飢　山行即採松皮每十斤與
米五合煑之令爛熟半斤一人可食一日　每人將
油麻半升如渴取三十粒含之立止亦可將烏乾酪
行每人將葫蘆子或竹筒皮榼可受三升者料前程
乏水即盛行馬軍每人將乾酪與馬恐渴乏　近代
邊兵遠行則有麋餅皺飯雜餅之類麋餅用麋末作

麪作挍沸湯和為餅厚一分候冷切作碁子曝乾収
貯如在營砦内以湯沃而食之如路行及戰陣中乾
食之味美不渴愈於雜餅皺飯麨並製如法惟曝極
乾令可齎持及久

斥堠聽望

凡軍遣候吏必擇精明勇敢奇謀遠慮者令彼鄉國之
人引導而往或刻獸足即中路為却行之狀或上寇
藏窩而隱伏叢薄之間蓋欲察聲晦迹懼人知覺然

後傾耳而聽專目而視諦伺察物以迎知寇人之情
故見水痕則知敵渡之早晚覩樹動則知寇衆之馳
驟衆草多障者使我疑也飛鳥不泊者下有伏兵也
駭獸奔逸者謀潛襲也（襲敵來之伏餘見察敵形門）　凡此之類皆
可察而預知之必待逢敵之軍而後用其耳目則不
能及矣若師斥堠行多擇高要之處察望四邊前探
不得推後探以為鋒左手不得望右手以為固是以
軍行軍止必先謹聽候之法也

探馬

軍前及左右下道各十里之内五人為一部人持一白幡一絳幡見騎賊舉絳幡見步賊舉白幡轉語後第二部第三部詣主者白之賊百以人下但舉幡指百人以上舉幡大呼主者遣疾馬往視

探馬

軍行前後及左右肋上五里著探馬兩騎十里加兩騎十五里更加兩騎三十里用十二騎前後為一道其

最遠及以次遠者各等第揀壯馬給與之馬弱則恐為賊所擒若兵多發引稍長即肋上更量加一兩道其乘馬人每令遥相見常接高行各執一方面旗無賊則卷有賊則舒以次第應之大軍見旗展則知賊至庶先賊來足得摘利便設機應變迎前出戰也

遞鋪

凡軍行去營鎮二百里以來須至遞鋪以探報警急務擇要邏使往來疾速平陸則健足之人水路則作飛艇或五里或十里一鋪縱來寇來之方亦須置之

烽火

烽燧軍中之耳目預備之道不可闕也唐兵部有烽式尤為詳具今之邊塞所置則頗為簡畧而易從唐李筌所記法制適與今同以唐式録于前而今法次之庶叅考用焉

唐法凡邊城堠望每三十里置一烽須在山嶺高峻處若有山崗隔絶地形不便則不限里數要在烽烽相

望若臨邊界則烽火外周築城障

凡掌烽火置師一人副一人每烽置烽子一人並取謹信有家口者充副師往來檢校烽子五人分更刻望視一人掌送符牒並二年一代代日須教新人通解始得代去如邊境用兵時更加衛兵五人兼守烽城無衛兵則選鄉丁武健者給仗充

置烽之法每烽别有土筒四口筒間火臺四具臺上插橛擬安火炬各相去二十五步如山險地狹不及二

十五步但取應火分明不須限遠近其烟筒各高一丈五尺自半已下四面各濶一丈二尺向上則漸銳狭造筒先泥裏後泥表使不漏烟筒上着無底瓦盆蓋之勿令烟出下有烏爐竈口去地三尺縱橫各一尺五寸着門開閉其烏爐竈門用木為骨厚泥之勿令火焰燒及其烽筒之外皆作深塹環繞在烽貯備之物要柴蒿木材每歲秋前別採艾蒿莖葉葦條草節皆要粗雜為放烟之薪及置麻蘊火鑽狼糞之屬

所委（於為反）積（子賜反）處以掘塹環之防野燒延燎近邊者亦量給功弩用烽火之法應火炬長八尺橛上火炬長五尺並二尺圍乾葦作薪葦上用乾草節縛縛處周回插肥木其次炬橛等在烽每道當蓄二千（武作十）具以上于舍下作架積貯不得雨濕其土筒內常須着羊糞欝心火使暖

凡應火土筒若向東應筒口西開若向西應筒口東開南北準此比諸烽烟相應時於土筒旁級上立開盆放烟合盆滅烟其看放烟時若無事畫一時有事一日若晝放烟至夜即放火無事晝一夜若夜放火至天曉還續放烟後烽放訖前烽不應烟盡一時火盡一炬即差脚力人走問探知得失堠或被賊掩捉其脚力問者即亦須防慮且至烽側遥聽如無消息喚烽帥姓名若無人應接先徑過向前烽依式放火仍録被捉失堠之狀告所在州縣勘當

凡白日放烟夜則放火先須看筒裏至實不錯然後相

應時將火炬就烏爐灶口內焚熱成烟出外應滅訖捉五尺火炬安着土中橛上烟相應時一土筒烟一人開閉二筒烟二人開閉三筒烟三人開閉四筒烟四人開閉若晝日陰晦霧起望烟不見元放之所即差脚力人速告前烽霧開之處依式放烟如有一烽承兩道已上烽者用騎一人擬告州縣發驛報烽來之處若烽與驛相連者即差驛馬

凡寇賊入境馬步兵五十以上不放五百人者放烽炬

炬得蕃界事宜又有烟塵知欲南入放烽兩炬若餘寇賊則五百人以上不滿三千人亦放兩炬蕃賊五百騎以上不滿千騎審知南入放烽三炬若餘寇賊三千騎以上亦放三炬若餘蕃賊千人以上不知頭數放鋒四炬其放鋒二一萬人以上亦放四炬其放烽一炬者至所管州縣鎮止兩炬以上者並至京元放烟火處州縣鎮即録狀馳驛奏聞若依式放烽至京訖賊回者放烽一炬報平安凡放烽告賊者三應

三滅報平安者兩應兩滅

凡告賊烽起處即須傳告所近州鎮縣城堡村坊等人令當處警不得浪遞牒

凡烽號隱密不令人解者惟烽帥烽副自執烽子亦不得知委

凡烽帥烽副當番者常須在烽臺檢視若將家口聽於塹内安泊烽子則晝分為五番夜分持五更晝㷭烟夜望火凡烟火一晝夜須行二千里

今法與李筌法同明烽臺于高山四望險絶處置無山亦于平地置下築羊馬城高下任便常以三五為準臺高五丈下廣三丈上廣一丈形圓上建圓屋覆之屋底徑闊一丈六尺一面露出三尺以板為上覆下棧屋上置突竈三所臺下亦置三所並以石灰泥飾其表裏復置柴籠三所流火繩三條在臺側近上下用屈膝梯上訖復收之四壁開四望賊孔及安火筒置水甖乾糧麻緼火鑽蒿艾狼糞牛羊糞每旦夜半安舉

一火聞警鼓舉二火見烟塵舉三火見賊燒籠柴如每旱夜平安火不來則烽子為人所捉一烽六人五人烽子遞知更漏觀望動静一人烽帥知文書符牒轉遞之事

行烽

凡軍馬出行擬停三五日即須去軍一二里以來權置爌烽如有動静舉烽相報其烽並于賊來要路每二十里置一烽連接至軍所其遊奕馬騎晝日遊奕變

視至暮即移十里外止宿防賊徒暮間見烟火掩襲烽人其賊路左右仍伏人宿止以聽賊徒如覺賊來即學烽遞報軍司賊十騎以下即舉小炬火前烽應訖即滅火若不及百騎至二百騎即放一炬若三百騎至四百騎即放二炬若五騎至五千騎即放三炬準前應滅前烽應訖即放軍若慮走不到軍即且抵山谷藏伏既置烽堆軍内即須置一都烽應接四山諸烽其都烽如見煙火忽舉即報大總管某道烟火

起大總管當須戒嚴收歛畜產遣人斥探

軍祭

本朝咸平四年詔禮官詳定禡于所征地之禮付北面總管其祭除地為墠以祀黃帝軒轅氏用羊豕代太牢都總管為初獻餘用舊儀其牙神纛神用一少牢其幣牙以白纛以皂用剛日以漆器常饌食之於墠繞以青繩覆以幄幕（置軍牙大纛位方七寸厚三分）亦三獻釁以一豕祠官皆戎服清齋一宿舊法無祭風師祭雨師祭馬祖其薦獻亦用牲牢酒脯香幣如上儀惟風師禡犬以為牲祝曰維某年某月日將帥具官稱名姓謹以某物之奠致祭于某神凶黨首難干紀亂常毒流生人惡在不赦受命徂征恭行天討殄殲克敵惟神是助尚饗（一說祭為位設毗沙門天王有祠則就其祠無祠則望北為位設燈清泉淡湯脯乳粥酥蜜餅食之屬）三軍首路之日則祭道路神以車犯軷禮（祭於城外首路封土為山形首芻秣狗為神主祭儀牲幣皆準上）祭畢以車轢之而謂過之犯軷軍在道路凡遇岩山大川百神祠廟皆遣

官以酒脯祭告

軍誓

兵法曰夏后氏誓衆于軍中欲人先成其慮也商人誓衆于軍軍之外欲人先意以待事也周人將交刃而誓之以致人意也故書之所記三代令主出兵伐罪必立誓命之文所以申飭有衆堅整士心為戰陣之首也令之出師凡將發及戰主帥當親臨士衆明布誓言使在下無不聞者感激衆志然後行也大行某

官告爾三軍將校士卒整爾衆無譁其端聽予命令今戎夷不賓侵敗王畧撓我邊陲害我穡事毒流于庶民皇帝授我斧鉞肅將天誅爾尚一乃心力鋭乃戈矛往殲大憝有進死而榮無退生而辱用命有厚賞不用命有顯戮勉哉爾衆服勤王事毋干典刑此誓之大急也主兵者臨時為約以誓于軍

定惑

夫衆萬之聚事變不一起為譁亂不可不慮或士卒未

信下輕其上或妖異數起衆情生畏主將當修德改令繕厲鋒甲勤誡誓以祇天誡復擇吉時兵牲牢盛饌振鼓鐸之音以祭牙旗精意虔請以觀祥應若人馬喜躍旌旗皆前指高陵金鐸之音揚以清鞞鼓之音宛以鳴此得神靈之助當示衆以安其心否則矯說善祥于下乃可定也雖云任賢使能則不占而事利令明法審則不筮而計成然而知者以權佐政古稱有五助焉一曰助謀二曰助教三曰助怯四曰助疑五曰助地兵家之機不可不察者也餘見故事假託安衆門

武經總要前集卷五

欽定四庫全書

武經總要前集卷六

宋 曾公亮等 撰

下營法

軍志曰止則為營行則為陣言營陣同制也法云陣中容陣謂隊伍布列有廣狹之制欲其回轉離合無相奪倫營中有營謂部分次序有疏密之法欲其左右救援不相奸亂卒有外寇侵軼皆堅整全備莫得

而動也苟非規模素定其孰能與於此乎故司馬宣王觀武侯營壘處所而嘆曰天下奇才矣其法制精妙也昔衛青出塞以武剛自環（蓋今之車營也）充國屯田則校聯不絕（蓋今之木柵營也）其來尚矣今採諸家之法著于篇云

凡置營先計人數列營幾重配地多少隨師多寡一人一步使隊閒容隊寧使剩隊不得少隊已住便定不得移易如一廂有剩所剩之隊支配守禦不使士卒煩擾如久住暫時各量其宜咸立表於十二辰立五旂長二丈八尺審子午卯酉地勿令邪僻以朱雀旂立午地白虎旂立酉地玄武旂立子地青龍旂立卯地招搖旂立中央其樵牧汲飲不得出表外

凡軍營將下之時當營跳盪奇兵馬軍并戰鋒駐隊各令嚴備持仗一準發兵法待當營卓幕訖方可立隊釋仗各於本隊下安置若有警急隨方捍禦其馬軍下營訖取總管進止其馬合羣牧放

凡下營不得近田苗及城市須去城十里外要人入城市買者營司判官差人押領不許擅入城郭

營法 并三圖

李靖法凡大將軍出征且約授兵二萬人即分為七軍如或少臨時更定（大率十分之中以三分為奇兵）

中軍四千人內取戰兵二千八百人（五十人為一隊）計五十六隊戰兵內弩手四百人 弓手四百人 馬軍一千人 跳盪五百人 奇兵五百人

左右虞候各一軍每軍各二千八百人内各取戰兵一千九百人(共計七十六隊)戰兵内每軍弩手三百人 弓手三百人 馬軍五百人 跳盪四百人 奇兵四百人

左右兩廂各二軍每軍各二千六百人内各取戰兵一千八百五十人(共計一百四十八隊)弩手二百五十人 弓手三百人 五軍五百人 跳盪四百人 奇軍四百人

凡馬步軍通計總當萬四千人共二百八十隊當戰餘六千人守輜重下營之時以四千人為中營在中心左右虞候左右廂四軍共六總管各一千人為營六面援中軍六總管下各更有兩小營每隊幕五口若在賊境地狹則四步下幕若地土寬廣不在賊境則五步下幕

凡五十人為一隊其隊内兵士須結其心每三人自相得意者結為一小隊又各三小隊得意者結為一中隊又合五中隊為一大隊餘少五人押官一人隊頭執旗一人副隊頭一人左右傔旗二人郎五十人至於行立前卻當隊並須自相依附如三人隊失一人者九人隊失小隊二人者臨陣日仰押官隊頭便斬不救人陣散計會隊内少者勘不救所由斬

每軍大將一人(副奏八人傔十六人)副二人(分掌軍務奏傔減大將軍半)判官二人典四人總管四人(二主左右虞候二主左右押傔各五人)子將八人(委其分行陣辨金鼓及總管傔各二人)執鼓十二人吹角十二人

司兵司倉司騎司胄承局各一人每隊五十人押官一人隊頭一人副隊頭一人旗鼓一人副二人火長五人 纛六口大將軍中營建出引六軍古者天子六軍諸侯三軍唐制天子一十二衛諸侯六軍故纛有六以主之 門旗二口色紅八幅大將軍牙門之旗出引將軍前列 門槍(或作旗)二根以豹尾為刃榼出居紅旗後止居帳門前左右卓立 五方旗五口各逐其方色大將軍中營建出隨六纛後在營亦於

纛後隨方而建　嚴警鼓十二面大將軍營前左右行列各六面左六纛後　角十二具於鼓左右行列各六具以代金　認旗二百五十口尚色圖禽獸與諸隊不同各自出為誌認出居隊前恐士卒交雜陣將門旗色隨所尚不得以紅恐亂大將軍　陣將鼓一百二十五面備設疑警敵用　甲六分七千五百領　戰袍四分五千領　槍十分一萬二千五百根備揚兵縛筏用　斗助牌二分二千五百面馬軍以

團牌代四分支　弩二分弦三副箭一百分計弩二千五百張弦七千五百餘條箭二十五萬隻弓十分弦三副箭三十六隻計弓一萬二千五百張弦三萬七千五百條射甲箭三十七萬五千隻生鋼箭五萬隻長垜箭二萬五千隻　弓袋胡盧張弓袋並十分一萬二千五百副　佩刀八分一萬口　陌刀二分二千五百口　棓二分二千五百張馬軍及陌刀並以啄錐鉞斧代各四分支共千事榻索二分二千五

百條馬軍用　驢六分七千五百頭鞍駱自副　幕十分一千二百五十口革梁鐵鐝縋自副　鍋一分一千二百五十口各受五斗　乾糧十分一人一斗二升一軍二千五百石麨袋十分一萬二千五百口羊皮縫可統腰受一斗五升或以夾絹練袋代皮亦得　馬四十分一萬二千五百具皆以堅木為之或以熟鐵為之受三升冬月可煖食　刀子錯子鉗子鑽子藥袋鹽袋大石袋解礪石都共一十萬二千五

百事　盛額六帶帽子氊帽子各十分都共六萬五千五百事　攤子麴𩍐漉子各十分三萬七千百量氊裘十分一萬二千五百領　麻鞋三十分三萬七千五百兩　皮裘皮袴各三分都共七千五百腰領詐為蕃兵用　柳罐袴[illegible]各二分共五千口有皮囊可代柳罐鍬鎚斧鋸鑿各二分都共一萬二千五百事　鎌四分五千張　切草刀二分二千五百事行布槽一分一千五百五十具大小瓢二分都共二

千五百枚小者容八合大者受二升　馬鞍轡革帶各十分都共三萬七千五百具　披氊被馬氊共三萬七千五百事馬軍無幕故以皮氊代　插捷十分一萬二千五百具　絆二十分二萬五千條皮毛及連板（或作枝）中半　韋皮條三十分五萬七千五百條盤於帶上擬縛賊用

大總管給帳一口食幕三口氊四領褥三領　副大總管給帳一口食幕二口氊二領褥一領　總管子總

管長史司馬各給帳一口食幕一口氊一領　判官每人各幕一口　別勅差行折衝果毅各幕一口典五人共給幕一口傔十人共給幕一口隨軍以下不滿此數並量給　鎮守准此

凡弓弦有副箭有鏃鎗不鏽刀不澁衣甲動用常須閱視不得臨事有悮

方營法

法曰諸軍逢平原廣澤無險可恃即作方營兵既有二萬人已分為七軍中軍四千人左右四軍各二千六百人虞候兩軍各二千八百人左右軍及左右虞候軍別三營六軍都當十八人中軍作一大營如其不在賊境內田土寬平每營中間使容一營如地狹則不得使容一營地中軍在中央六軍總管在四畔象六出之花軍出入右虞候引其前營在中央右廂向南左軍虞候押後在中央後左廂追北結角兩軍虞候相當狀同日月若左虞候在前即右虞候在後諸

軍并却轉其左右兩廂營在四面各令依本營卓幕相統攝急緩須相救救若欲得放馬其外營幕即狹長布列務取營裏面寬廣不使街巷狹窄營外仍置

拓隊

方營圖

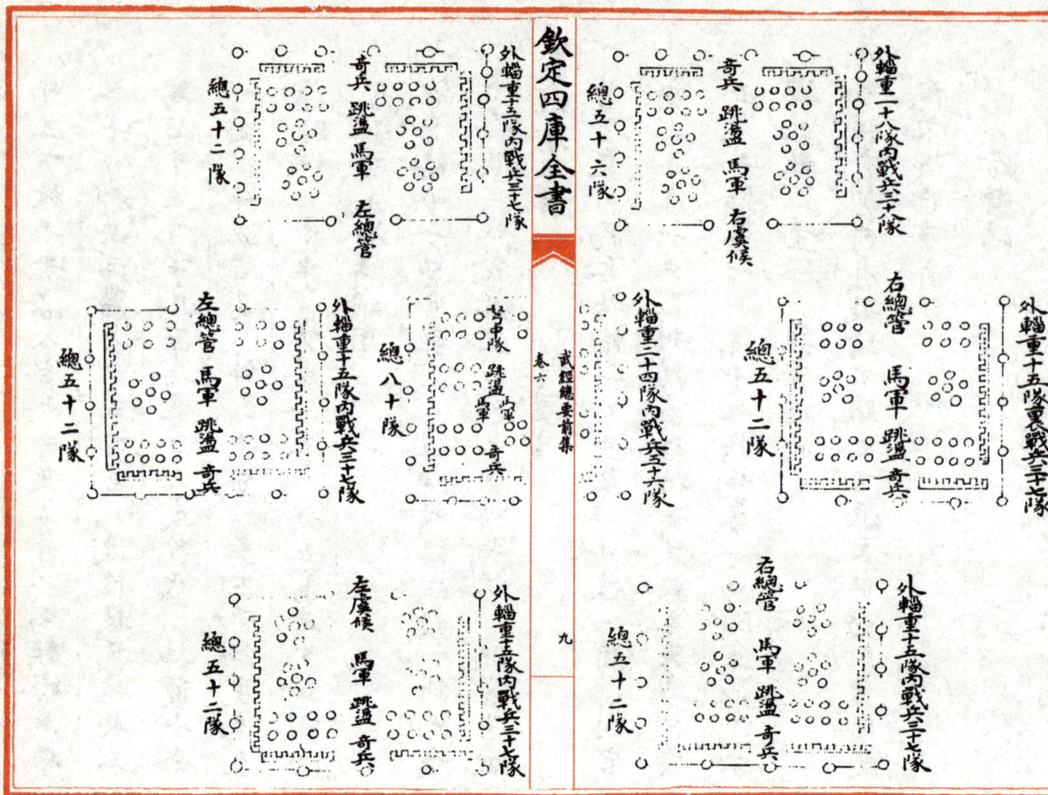
欽定四庫全書
武經總要前集 卷六
九
外輜重十六隊內戰兵三十隊
奇兵 跳盪 馬軍 右虞候
總五十六隊
外輜重十五隊內戰兵三十七隊
奇兵 跳盪 馬軍 左總管
總五十二隊
右總管 馬軍 跳盪 奇兵
總五十二隊
外輜重二十四隊內戰兵三十六隊
總八十隊
左總管 馬軍 跳盪 奇兵
總五十二隊
右總管 馬軍 跳盪 奇兵
總五十二隊
左虞候 馬軍 跳盪 奇兵
總五十二隊

偃月營圖

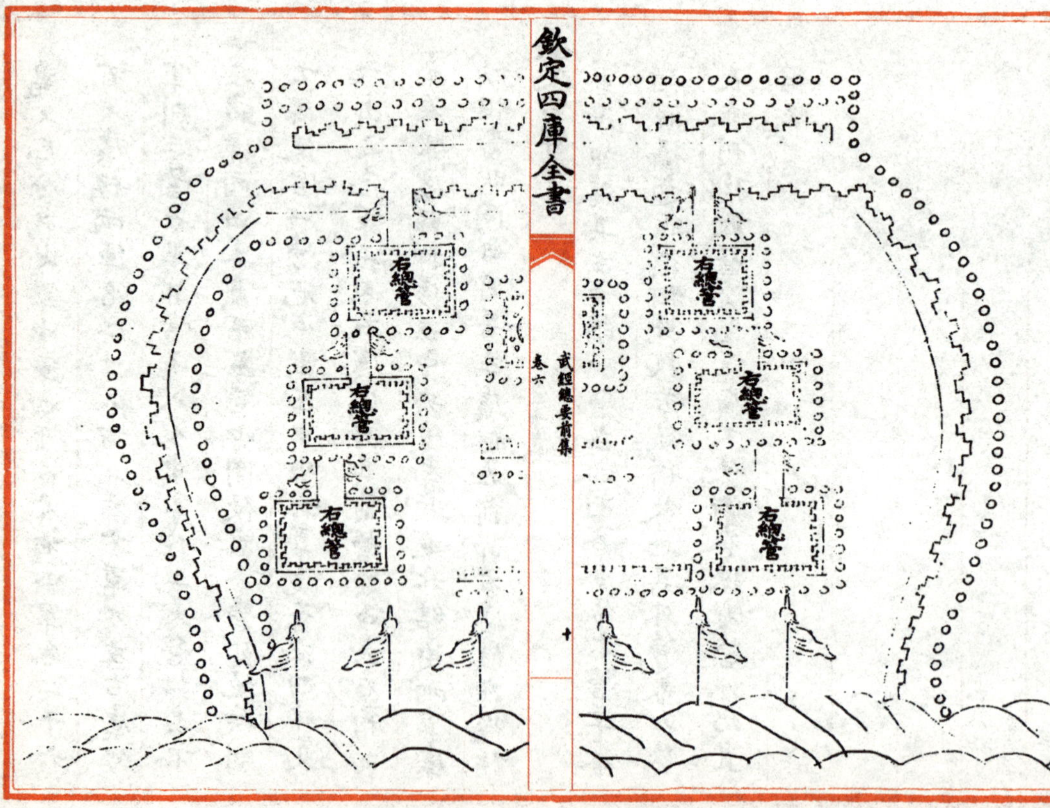
欽定四庫全書
武經總要前集 卷六
十
右總管
右總管
右總管
右總管
右總管
右總管

方營圖

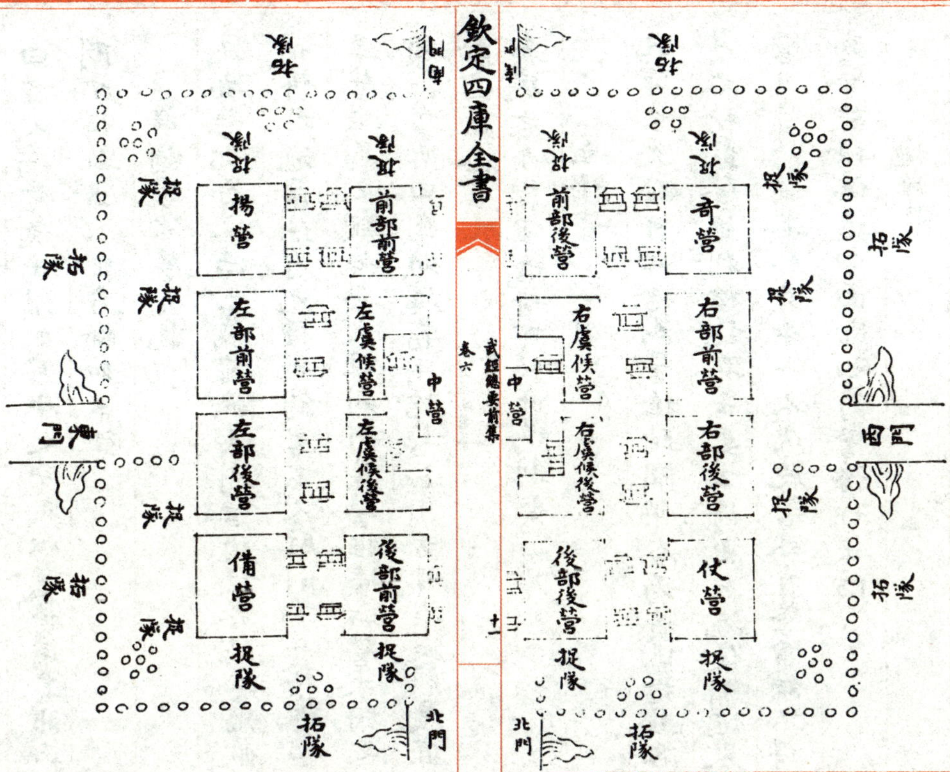

法曰凡地帶半險須作月營其營軍列面平背險而兩翅向險如月初生每營相去疎密及安置隊伍準前法其門則臨時計之至若兵馬多少幕次所設此大要也如有警急畜牧並於營後安置一説安營之法與圖陣相侔每一大營有四十子營營各四十幕為一部其一子營皆空其内八間開三逕十二旗十六鼓左矛右戟前楯後弩旗鼓中央大將之所餘法準上同

裴緒營法

凡兵師之營據于城郭宮室必須牢固不可得而犯亂也其古法多依九宮六甲太乙天門地户之法皆為疑惑不便於事今則但取山川地形利便水草隨其險易為之禦平則方列圓水則圓開山路則盤回川流則屈曲務於適時便用耳

法曰凡下營非賊境田土寬平即布大方陣營内一十七小營中間相去使容一營如在賊庭即須窄狹不得使容一營其營四編入髩鬚使圓（圓則易守）其一十七小營

計一萬七千人古制一萬二千五百人為軍令加四千四百人為奇伎揚備則軍中之手足以應時用其非正門不得輒出入犯者論如軍律

詳諸家軍營九說

凡安營部分之法已載前說其周營須設界限立藩蔽以捍外寇舊法有九種大約軍不久駐則為立槍攏槍車營拒馬之類若兵久駐則用柴營掘壕城營木栅之類符彥卿曰在賊境宿用槍營行用方陣准大將度宜而處之令禦軍者皆可約此為制也

立槍營

凡軍不久駐可立槍為營槍頭間架令均黃昏擂鼓各看本槍鼓聲絕刺槍訖兵士更不得出白繩便斷烟火營外置約鋪其外更著一人伏聽營外有警當鋪不得高聲敲槍傳過四面即如有警豫作提防

攏槍營

凡攏槍為營者其槍如鵶窠攏冪外七尺攏槍之外造土壕一重槍去幕七步衣甲器械每人一堆如有警急易著衣甲車牛在旁横排

柴營

凡柴營其柴須密排不通人過其間釘橛仍著木壓之其車横排須用間架均急疾轉車便可為城（或作砲）若久住營中置一望竿

掘壕營

凡掘壕立槍則白繩取定其壕底闊一丈二尺深一丈

口闊一丈五尺其土向裏拍作土岸高四尺五寸令實勿至摧塌裏面削成其上通人行立壕門掘徹即權施浮橋急疾折去當界二十步置一戰樓以門扇及他板木權造壕門脣外掘陷馬坑一重闊二十五步（凡布棘令堅為營其棘須魚鱗布之棘令頭平闊三十尺）

城營

凡築城為營其城身高五尺闊八尺女牆高四尺闊三尺每百步置一戰樓五十步置旋風砲一具每三尺置

連枷棒一具每鋪更板并架城內去城五十步卓幕城中置高望竿七十尺城外置羊馬城一重其外掘壕一重其外闊三步立木柵一重柵外更布棘城重棘外陷馬坑一重

車營

凡車營法每車五十步一乘每百步取一乘為戰車車中出戰隊其車子營及外營橫排牛在當中拒為槍在外仍連車轅為左右廂和門

木柵

凡木柵因敵所逼不及築城壘或因山河險勢多石少土不任板築乃建木為柵方圓高下隨時深埋木根根重複彌縫其闕內重短為閣道外柱一重長出四尺為女牆皆泥塗之柵外掘壕一重闊二丈深一丈木柵裏每百步造戰樓一具中置望樓以遠探望

繩營

凡繩營所以援馬若入敵境芻秣不給即須尋擇水草放牧每人給罥馬索一條入夜則為繩營以護畜產其制立槍為杠凡兩重上繫罥馬索連絣相續馬居營中布官健牧人四面衛馬使不得逸出營外復置更鋪夜則環營擊更鼓為備內外軍士各守本界不得過從交雜即姦人無便以入

拒馬營

每人配鹿角馬槍兩枝　去前槍城三步布置須首尾相擊魚鱗布之則牢固矣

擬下營擇地法

夫下營之法擇地為先地之善者左有草澤右有流泉背山險向平易通達樵牧為之四備大約軍之所居就高去下向陽背陰養生處實無以水火為慮居陽山不在水澤避卑不居惡名謂豆入斗口之類不居無障塞謂四通八達之道受敵益多不居深草恐有潛襲或被火燒不居水衝恐有漲溢或彼決壅不居無水及死水恐渴飲致病不居無出路謂四面地隘恐被圍難解及

糧運阻絶不居無草菜恐軍乏絶不居下濕恐人多疾病軍馬不利不居廢軍故城久無人居者急疾無固守不居冢墓間與鬼神處春夏宜居高以防暴水秋冬不居溝澗深阜慮有延潦兵法亦曰山中之高謂之天柱澤中之高謂之地柱高中之下謂之天獄下中之下謂之地獄斥鹵之地草木不生謂之飛鋒故村墟落荒城古砦謂之虛耗川谷之口乏水無草謂之天竈窮隆鐵背四面平坦謂之沃焦亦名龜背神祠社木謂之天社邱陵

之上大山之口謂之死地大山之端謂之龍頭凡遇此亟去無留常令我遠之敵近之我迎之敵背之則此利而彼害矣

巡緣營雜制

凡兵馬每下營訖營主即須幹當四司官典司兵及左右令分頭巡隊問兵士到否如有未至即差本火主持畜產及水食如逃走即牒所在捕捉

凡軍下營訖司騎及佐分行巡視馬驢有疾者醫有瘡者剪剔傳藥有傷者申送量事決罰

凡下營訖司冑及佐即巡隊檢校兵甲器仗等如有破綻損汚即須修葺磨礪如其棄失申上所由便為案記準法科決

凡在營司倉及佐監管兵士糧食封貯點檢勿令廣費

凡兵士每下營訖先令兩隊共掘一廁

凡營壘既定其自外屠沽販賣人一切禁斷營內自交易即不禁

凡營門各配隨近將校守把雜色職掌亦專配一門出入不得交雜仍令識認以防姦細

凡軍中皆令三人或五人為保同行不得分散遞相覺察不得與外人私語軍事及授人財賄者重罪同保同罪

凡陷沒人投來當別差主務勿使隨軍恐為彼用

嚴警備

凡軍營下定常須防禦於營外去幕二十步列隊仗如

臨陣對寇法晝夜嚴警縱逢雨雪幷抽隊官幷不得離隊每營留馬五疋幷鞍勒放飼防有警急立要馳告

凡都營警備之外每軍必別設兵候一軍量抽戰士三五十人於當軍四面三五里外要害之路夜設外鋪每鋪給鼓三面自隨如夜中有賊犯大營其外鋪看賊與大營交戰即從後鳴鼓大叫以擊賊後乘得機便必當克捷

凡軍營下定夜則別置外探每營以折衝果毅迭作番次每面四人每人領馬五騎於營四面去營十里外遊奕以備非常如有警急馳報軍中或令馬軍至一更時舉火相應賊見火號不敢偷營

凡軍營遇夜又於賊來要路以探騎為暗鋪各持薪炬藏火遞相應接仍於路左草中伏人或於高木遙望如覺有賊走報馬鋪舉火前鋪應了即馳赴大軍大軍亦置望烽人舉火相應（烽制具烽火門）

凡馬鋪每三十里一鋪以押官部押

凡晝日有賊犯營被犯之營即急擊鼓諸營亦擊鼓應訖無賊之營即止惟所犯之營非賊散鼓聲不得輒止諸軍各著衣甲持仗看火將五方旗所指之方即是賊來之路裝束兵馬出前布列未得輒動如須兵救聽大總管進兵

凡每夜定鋪令貯火炬五條乾草五束仍令種火若有警軍斫鋪並銜枚傳鋪相報不得隔越仍舉火炬照

之中軍即擊鼓令諸營遍覺將士但被甲冑持弓矢見走者即射自然立定賊若稍多中軍即出兵救援其偷營警軍多作叫聲宜審辨之

凡軍營慮有突犯即於營外常置拓隊防護並抽當營戰隊充其隊去幕三十步均布門客隊若賊來拓隊不敵然後營中出兵相助不得令賊犯大營

凡軍營被賊來犯大總管自將兵救之常先與諸將潛約或兵士隨身帶胡桃鈴之類為號被犯之營聞之

即知大總管兵至或鈴或鐸皆不可預定恐賊人偷號

凡軍人久住於山谷賊路掘斷為土壕闊三丈深二尺以細沙散土填平每日檢行掃令淨平姦人出入與兵馬往來盡見

凡軍所住於奇兵中選驍果諳山川道路及久在軍前人與鋪兵計會交牌日夕遞候於亭障之外用捉生之法捉敵人樵牧間覘者生擒以歸以訊問賊中事

機其舉用勿令遊奕人知

凡軍中至夜百步著聽子二人每更一替充雜聽伺如夜聞敵營馬嘶則謀備夜出攻掠之類其餘倣此以驚不虞猶慮聽探之不遠故又選聽耳少睡者令臥枕空胡鹿其胡鹿必以野猪皮為之凡人馬行在三十里外東西南北皆響聞其中每營置一二所營中闊者置三四所若孤鎮鋪柵亦各置一所聽子須頻改易回互勿常定處所仍以子將一人幹當每日一替

凡軍營中必為望樓其數量兵與地大率倣地聽之數選明目能視三四十里外辨物色者以為望子亦頻改易勿常置一處亦以子將一人幹當每日替之

先備夜戰法

兵法曰晝戰多旌旗夜戰多火鼓所以變人之耳目也

或曰夜黑之後必無與敵列陣尅期而戰若但襲敵之營鳴鼓然火適足以助敵人之耳目於我反害其義安在曰此孫武之徽旨也

凡夜戰者多為敵來襲我軍壘不得已而與之戰其法在於立營立營之法與陣法同故軍志曰止則為營行則為陣蓋大陣之中必包小陣大營之內亦包小營前後左右之軍各自有營大將營居中央諸營環之隅落鉤連曲折相去遠不過百步近不過五十步道逕通達足以出入部隊壁壘相望足以弓弩相救

凡路口必立小堡上置柴薪穴為暗道以胡梯上之令人守望夜聞鼓聲四起即令燔燎賊人夜入營門四

顧屹然皆有小營各自堅守未知所攻大將營中或諸小營先覺賊至者當按兵勿動縱賊盡入然後擊鼓諸營齊應衆堡皆起然火内照諸營兵士悉閉門登壘下瞰敵人勁弩強弓四面俱發若姦人潛入一營斫營殺士卽諸營擧火出兵四面繞之號令營中不得輒動須臾之際善惡自分若或出走皆有網羅矣今之立營通洞豁達部分無法若有賊夜至軍中斫營軍中無不驚擾雖多置斥堠嚴為備守晦黑之

後彼我不分縱有衆力安能用之哉故夜戰之法貴在於乘敵之不備幸敵之撓亂駭而攻之則有勝記前史所記或因天之陰霾夜之風甚各執火炬銜枚疾馳出其不意若寇營士卒驚怖蹂躪吾以精騎勁兵乘之此必勝之理也若乘之而不亂攻之而愈靖將士不驚營壁如故則是彼之法制謹嚴備預周密我當含而勿攻不然非已利也蓋兵者避實擊虚以整待亂故鋭而避之亂而取之此良將之善計也晉羅尚遣人夜襲賊將李特營特知之戒嚴以待及至營特堅卧不動俟其衆半入發伏擊之大敗此所謂含而勿攻者也

密立號

每日酉時虞候於大將軍幕府請號其號簿先粘紙二十四張張界一十五行卽縫褾軸題首云某軍某年某月日已後號簿出號時大將軍率意於一行書兩字上字是坐喝下字是行答一夜書一行二十四紙三

百六十行盡一年訖則更其簿於閏年則加二紙其號不得犯國諱及大將軍元帥都統等諱其分巡虞候及諸將等俟大將軍號出分明傳寫審勘凡坐喝行答者乃號之大綱及有警急或恐敵人偷竊或虞内應則不可專循定法須臨事改變或踰時出或平明改其白晝則以片綵為號其綵亦須逐日改易如分兵掩襲及設奇伏白晝或以門旗為主表色為號暮夜或吹笛或擊小鼓子銅盂子小木之類聲音可

通一里餘者或使人長嘯為應驗隨大將臨時處分

巡定鋪

定鋪者每日戌時嚴警鼓動虞候領甲士一隊建旗幟立號頭巡軍中及城上在野則巡營外定鋪踈密坐者喝問誰何行者答曰虞候總管某坐喝曰坐何行曰定鋪如此三喝三答訖坐者曰虞候總管過

專持更

凡營夜持更者每鋪十人每更二人候漏鼓擊板一人

專聽雜事以致睡魘驚衆者亦須遞相警覺臨時或添密號鼓弓箭應之即姦人無所施計舊法更鋪之次更置狗鋪軍在賊境將士遠行困乏藉狗以為警也

謹巡探

凡定鋪發更後當軍折衝果毅并押鋪宿畫更探遞相分付虞候及中軍官健通探都巡探人不得高聲喝號行者敲弓一下坐者叩㢧三下方拋軍號以相應答營內巡探周而復始

定漏刻

凡軍中雖置水漏則用更牌一晝夜一百刻以竹為一百牌長三尺闊一寸題云某月更牌以探更人每更徐疾行二里傳一牌一日夜計行二百里則傳一百牌常取月中氣為正

雨水正月中夜傳牌四十九四分一更傳牌九餘一里一百七十三步三尺三寸　春分二月中夜傳牌

五十一更傳牌一十　穀雨三月中夜傳牌三十七六分一更傳牌七餘一里一十四步二分　小滿四月中夜傳牌三十六三分一更傳牌七餘一百七十步四尺八分　夏至五月中夜傳牌三十五一分一更傳牌七　大暑六月中夜傳牌三十六三分一更傳牌七餘一百七十五步一尺二寸　處暑七月中夜傳牌三十六二分一更傳牌七餘一百七十五步一尺二寸　秋分八月中夜傳牌四十四五分一更

傳牌八餘一里二百八十六步一尺二寸　霜降九月中夜傳牌四十九五分一更傳牌八餘一里一百八十步五尺六寸　小雪十月中夜傳牌五十三三分一更傳牌一十餘一里一百一十五步一尺二寸

冬至十一月中夜傳牌五十五一更傳牌一十一

大寒十二月中夜傳牌五十三三分一更傳牌一十餘一里一百二十五步一尺二寸

又法曰行軍於外日出日沒時撾鼓吹角為嚴警凡鼓

三百三十槌為一通角一十二變為一疊鼓音止角音動凡鼓三通角三疊晝夜足矣又近代馬上法以數珠記時先約一晝夜為準餘日倣之與刻漏無差

預防毒

軍行近敵地則大將先出號令使軍士防毒

凡敵人遺飲饌者受之不得輒食民間沽賣酒肉脯醢麩豆之類亦須審試方可食之

凡防毒有五一謂新得敵地勿飲其井泉恐先置毒二謂流泉出於敵境恐潛於上流入毒三謂死水不流四謂夏潦漲霪自溪塘而出其色黑及帶沫如沸或赤而味鹹或濁而味澁五謂土境舊有惡毒草毒木惡蟲惡蛇如有含沙水弩有蜮之類皆須審告之以謹防慮

先尋水源法

行軍下營須先擇水泉舊法軍行右虞候在前兼視水草道中遇水則揭青旗以告衆

凡軍至處乏水則視沙磧中有野馬黃羊路蹤尋其所至當有水

凡野外鳥獸所集或水鳥聚處並當有水

凡地生葭葦菰蒲并有蟻壤處其下皆有伏泉也一說馲駝能知水若行渴以足跑沙其下亦當有泉

凡大軍冬月行人各持氷片可以備渴

凡水泉有峻山阻隔者取大竹去節雄雌相合油灰黃蠟固縫勿令氣泄推竹首插水中五尺於竹末燒松

樺薪或乾草使火氣自竹內潛通水所則水自竹中逆出

凡踰越山阻以縆繫竿頭引掛高處擬固能勝人便即令上又增縆次引人而又加大縆續更汲上則束馬懸車可以立辦

調養病

凡軍行士卒有疾病者陣傷者每軍先定一官專掌藥餌馱轝及扶養之人若非賊境即所在寄留責醫為

治并給傔人扶養若在賊境即作馱（或作驢）馬轝及給傔將之隨軍而行每日本隊將校親巡醫藥專知官以所疾申大將閒往臨視疾愈則主者傔人並厚賞恐不用心故賞之如棄擲病人并養飼失所主者皆量事決罰氣未絶而埋瘞者斬庸將多不恤士即被棄擲生埋以此求士死力不可得也其有死者葦醪祭酎塞深四尺將校親哭之仍立標記以防後取若非賊庭遞歸本貫每人給錢帛充送終之用所由不舉者罪之

牧征馬

兵法曰凡營馬必安其處所適其水草節其饑飽冬則温廐夏則涼廡剋剔毛鬣謹落四蹄戢其耳目毋令驚駭習其馳逐閑其進止人馬相親然後可使鞍轡勒御必令全好乏絶輒補

凡馬不傷於末必傷於始不傷於飢必傷於飽日暮道遠必數上下寧勞於人切無極馬常令有餘備敵之

覆我也

凡軍行每營先差一官專職牧放不得連繫諸營各作一異旗放馬一記旗放驢並於所管地界放牧如營側草惡即計會虞候別擇放地不得交雜如卒有警急追喚見旗則知驢馬處所

凡牧畜馬居中央放驢在四面援馬牧人並於驢羣四面環繞若賊盜偷驢羣在外驅趂稍難

凡馬逐營各為印記以防闌失理認如死即申所部官

驗印是本營畜產即令皮剝如印不同即是盜殺他營畜產論如軍律

凡諸營遺失驢馬衣服馱運並於捍後虞候處理認擅取及借人不送弄剪破印記毛尾者論如軍律

凡軍馬正給馬外每軍更量分數增給備馬諸營除六馱外每火別置驢一頭準備疾病添補如當隊不足均抽比隊比營（並音毗）其雜畜非警急兵士不得輒騎

凡軍中畜產非理致死並償填

凡非時不得乘官馬遊獵及迴換軍司六畜若借人乘用並論如軍律因檢校而行者不坐

凡傳乘官馬非警急不得輒奔走致馬汗及打磨傷破並論如軍律（已上量輕重科罪平居則輕臨敵則重）

凡官健有私驢馬隨行即官給芻秣令均載衣物

凡車牛行十里一歇仍刷口鼻三十里一飲飼

凡征馬之職有副使（佐主將）有總管有押官有子將（並擇善牧養者充）有郡頭（擇善騎馬教習及知醫藥者充）其數以馬為準

武經總要前集卷六

欽定四庫全書

子部

武經總要前集卷七八

詳校官編修臣程嘉謨

總校官候補中允臣王燕緒
校對官編修臣吳舒帷
謄錄監生臣李邦燮

欽定四庫全書

武經總要前集卷七

宋　曾公亮等　撰

陣法總說

昔稱善師者不陣善陣者不戰此言伐謀制變先聲後實軍志素定奪敵人之心不待旗壘之相摩兵矢之相接而勝負之勢決於前矣其次則立部曲度權譎先偏後伍彌縫其闕用以乘機而佐勝由中古以來未之或改大要在士卒訓練兵械堅良號令以申之賞罰以督一因山川形勢之宜講步騎離合之要不嚚不隘按陣而居常以我逸待彼勞常以我治待彼亂常以我近待彼遠常以我飽待彼飢故其疾如風其徐如林不動如山難知如陰震動如雷侵掠如火此制勝之道也所謂善師善陣者如此法曰以正合以奇勝然則正者行陣也奇者無方以用變也奇不得正雖銳而無恃正不得奇雖整而無功故必交

相為用而後能百戰百勝矣故曰治衆如治寡非分數不能鬭衆如鬭寡非形名不輯三軍之衆可使受敵而無敗非其正不可故有天陣地陣人陣以象三才直陣鋭陣曲陣方陣圓陣以法五行其體易明其習易成從昔之成法當今之可用且古者以言不相聞故為金鼓視不相見故為旌旗金鼓旌旗所以一人之耳目耳目既一則勇者不得獨進怯者不得獨退勇怯並用出生入死誰與我敵哉若夫鳴一鼓舉黑旗則為曲陣鳴二

鼓舉赤旗則為鋭陣鳴三鼓舉青旗則為直陣鳴四鼓舉白旗則為方陣鳴五鼓舉黄旗則為圓陣此應敵之畧也凡卒一人居地廣縱各二步十人為列十列為隊則廣縱各二十步陣間容陣隊間容隊曲間容曲此行列之法也前禦其前後禦其後左防其左右防其右行必魚貫立必鴈行長以參短短以參長回軍轉陣以後為前以前為後進無速退無遽走四頭八尾觸處為首敵衝其中兩頭俱救此教習之詳也然則陳兵誓衆

者胡可忽而不務耶議者或曰武夫介士出於閭井非有明達之姿强毅之性而令心存進退耳聽金鼓手知擊刺足趨坐作隨旗變陣猋馳電發俄頃之際事自繁多則心迷意倦勞而無暇安能乘便奮鋭獵敵爭勝哉若但使聞鼓知進聞金知退辨旌旗之指麾習器械之便利粗明三四不必遍知亦足勒兵示法殺敵致果兹誠一端之論不為無旨然特施於忘戰之久市人之合或庶幾焉若乃提卒十萬深入賊境大軍在前堅城未下

欲戰則勝負未決欲攻則利害難知自非整飭車徒部分營壘或先據地之要害或先扼敵之襟喉蛇蟠月偃中權後勁疇能收萬全之勝哉秖如平原大野深林險道前丘後澤乘高趨下頓兵擁衆呼吸竢命若不素練施設敢問何以處之然後知議者之言粗而不精也或曰唐人李筌號能言兵者其說曰兵猶水也水因地以制形兵因敵以制勝能與敵變化而取勝者謂之神則戰陣無圖明矣而庸將自以教習之法為戰敵之陣不

亦謬乎是大不然觀荃之八合八難則雜而無章四奇四正則定而不變自膠其柱而謂瑟無五音其愚而妄決矣昔諸葛亮推衍八陣得其新意以巴蜀弱卒數萬東屯渭水天下震動司馬宣王以十萬之衆抗之堅壁不敢出會亮死僅能取勝馬隆以步卒三千案八陣圖轉戰千里破者機能數萬騎之衆以復涼州今謂二人為庸將可乎謂不為戰陣之陣可乎此荃之不足為準也今取古今陣法繪出其圖以存梗槩俾將帥度宜而

行之若能沿古以便今聞一而悟十觸類以長此又寄之明哲要之與孫吳暗合為極致耳歷代陣法沿襲各殊蓋施於古者或泥於今恭惟藝祖皇帝以武德綏靖天下於古兵法靡不該通雍熙中契丹數寇邊境太宗皇帝乃自制平戎萬全陣圖以授大將軍俾從事焉今存其詳用冠篇首以示聖制云

本朝平戎萬全陣法

前行每隊五十人　後行每隊三十人　前後並五隊

為一點　每陣計一千四百四十地分方五里每地分車一兵二十二并十地分為一點

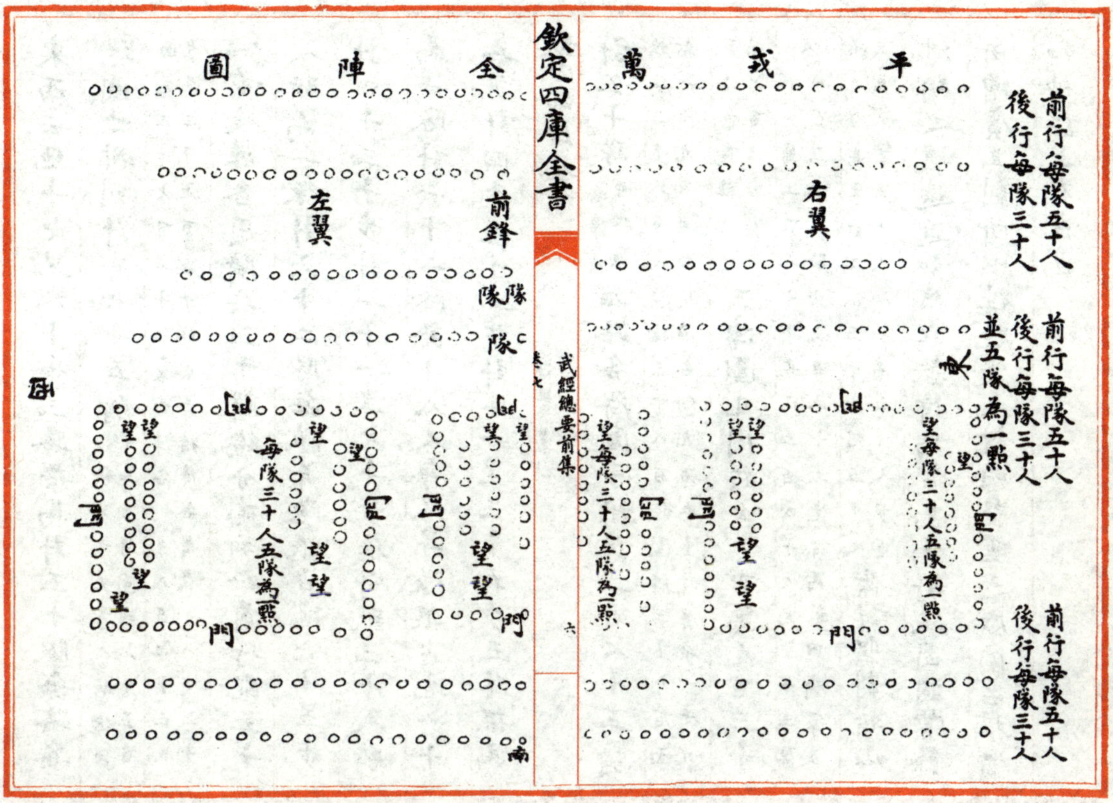

右九圍共成一陣（內三為方陣一為前鋒一為後殿二為左翼二為右翼）凡中心連排方陣三每陣各大將一人主之其陣各方五里人相去一里東西占十七里每陣周迴二十里計七千二百步每五百步為一地分每一地分用戰車一乘兵士二十二人（三人在車上四人掌拒馬四小牌四槍四劒四六人掌床子弩二四人掌步弩二四人掌刀提二小牌二三人掌弓三圓牌三）一陣計千四百四十地分戰車千四百四十乘地分兵士三萬一千六百八十人無地分兵士五千人以三十人為一隊計百六十六隊餘二十人

其兵士隊於陣內列行（拒馬五千七百六十槍五千七百六十劒五千七百六十床子弩二千八百八十步弩五千七百六十棹刀二千八百八十小牌八千六百四十步弓四千三百二十二千八百八十步步弩五十七望樓八座每座望子十人計八十人凡陣之四面列戰車傍牌及諸兵器皆持滿外響車中貯糧軍中所用之物又每牌西門一門為臨時啟閉之節）

東西稍陣各用騎兵萬人解鐙分為兩行前行配五十騎為一隊計百二十五隊每隊并隊眼占地五十步計六千二百五十步計一十七里一百三十步後行配三十騎為一隊計百二十五隊每隊并隊眼占地五十步

東西占地十七里九十步三路探馬計三十隊每路各浮圖子排列計百六十五騎（輕騎七千五百人騎槍七千五百條圓牌七千五百面劍三千七百五十口東西陣各劍千八百七十五口骨朶三千七百五十條東西稍陣各骨朶千八百七十五條）前後陣各用騎兵五千解鐙分為兩行前行配五十人騎為一隊計六十二隊每隊并隊眼占地六十五步計四千三十步計一十一里七十步後行配三十人騎為一隊計六十二隊餘十八人每隊并隊眼占地六十五步計四千九十五步計十一里三十五步五路探馬計五十隊（後陣減兩路牌）每路各浮圖子排計二百七十五騎（輕騎三千八百人騎槍三千八百條圓牌三千八百面劍一千九百口前後陣各劍九百五十口骨朶一千九百條前後陣各骨朶七百五十條）三陣圖凡用兵士十四萬九百三十人（十一萬二百八十人步內二百四十人充望子三萬六百五十人騎內六百五十人充探馬數內騎軍及無地分兵士共四萬五千六百五十人三萬六百五十人騎一萬五千人步也）伏詳聖制特以河朔之壤遠近如砥北敵恃馬常為奔衝故因洞曉餘法增廣其制所以挫馳突之銳明堅重之威循名摘實知神謀之有在也

本朝八陣法

法曰八陣者蓋本裴緒新令方圓牝牡衝方罘置車輪鴈行之名也今約李靖陣法用一萬四千人為之馬步軍並以五千人為一隊計二百八十隊步軍二百隊馬軍八十隊分為中軍左右虞候左右前後七軍凡布陣一卒占地二步一馬縱廣二步陣中每十人為列皆面面相向背背相承陣間容陣隊間容隊太抵前禦其前後禦其後左防其左右防其右陣有八門所謂四頭八尾觸處為首敵衝其中兩頭俱至者也其駐隊者即今之陣脚兵也戰鋒隊戰隊跳盪奇兵者即今之陣內戰兵及無地分兵也右虞候右軍者即今之先鋒策先鋒將也前軍後軍者即今之左助右助將也左虞候左軍者即今之殿後策殿後將也但古今互立其名故學者惑而難曉每出戰則馬步迭用更戰更息循環無窮戰鋒隊出則為銳陣狀如鼎足左右戰隊各分為兩列如鴈行翼之故以正合以奇勝正者陣也金鼓之嚴衛將

欽定四庫全書

師之大防奇兵之機要奇因正則出不意掩不備欲圖西北先擊東南視彼虛實衝其心腹可以決勝矣

北陣

於卦坎 於音羽 為玄武

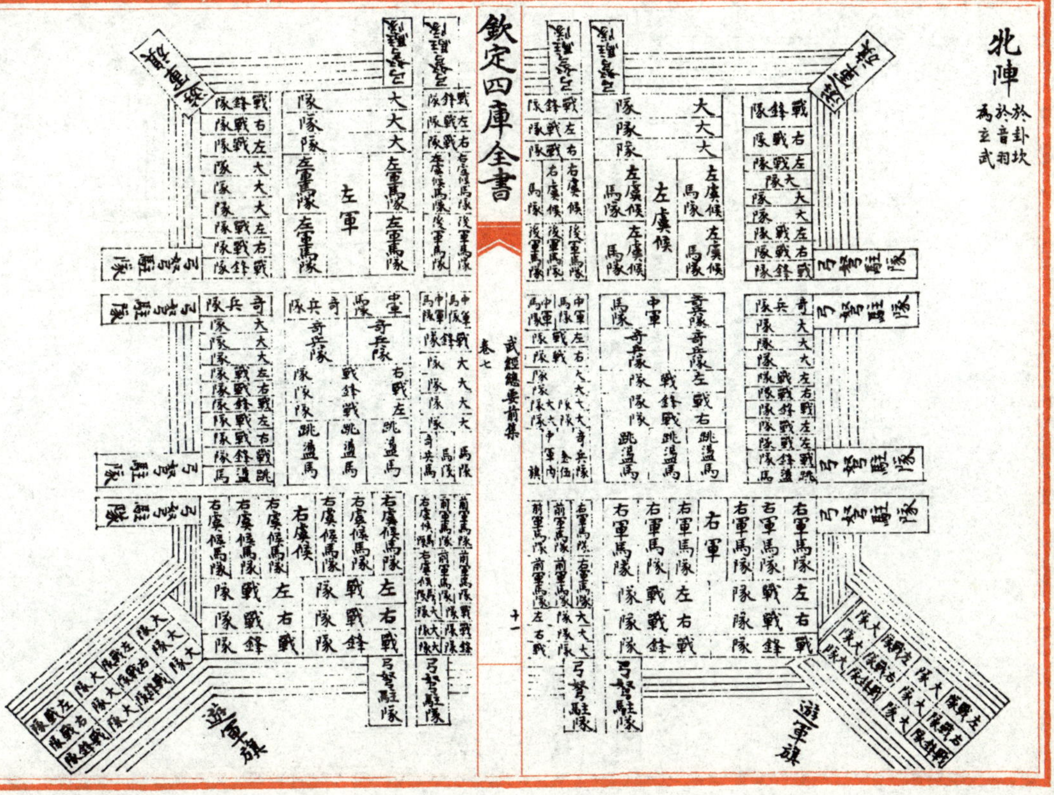

欽定四庫全書

右北陣即黃帝五行之水陣孫子之北陣吳起之曲陣諸葛亮之龍騰劉裕之却月也舉皂旗鳴鼓則為之左右俱高行軍溪谷利為北則前張兩翼使於呑掩使彼奔衝三面受敵足以勝牡矣牡之列也前銳後重象劍之鋒北張兩翼夾攻其鋒經曰銳而鋒者夾擊之故北勝牡猶復勝單

牡陣 於卦離 於音徵 為朱雀

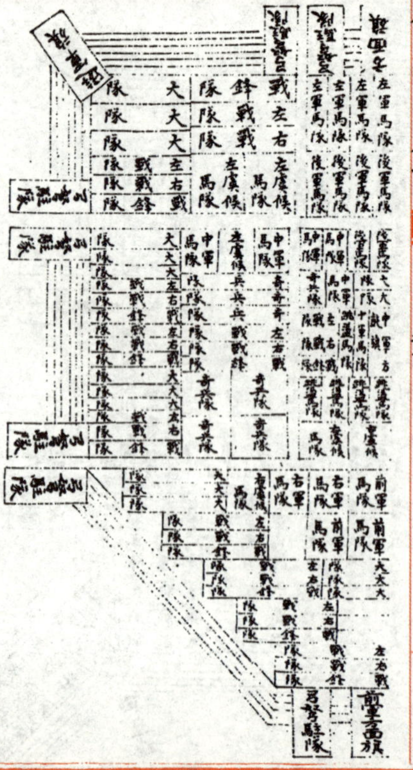

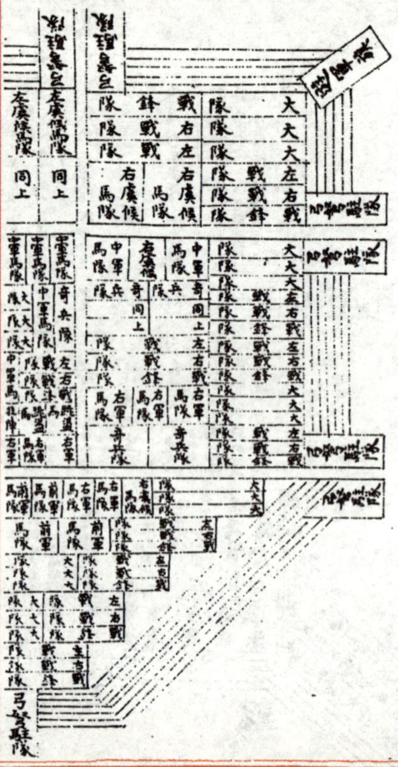

右牡陣即黄帝五行之火陣孫子之牡陣吴起之鋭陣諸葛亮之鳥翔舉朱旗鳴鼓則為之前下後高乘虚冒因其地勢則利為牡可以勝衡方矣衡方前衆後疎戰者相促居者有餘經曰得地助者昌失地助者亡故牡陣勝衡方

衡方陣 於卦震於音角為青龍

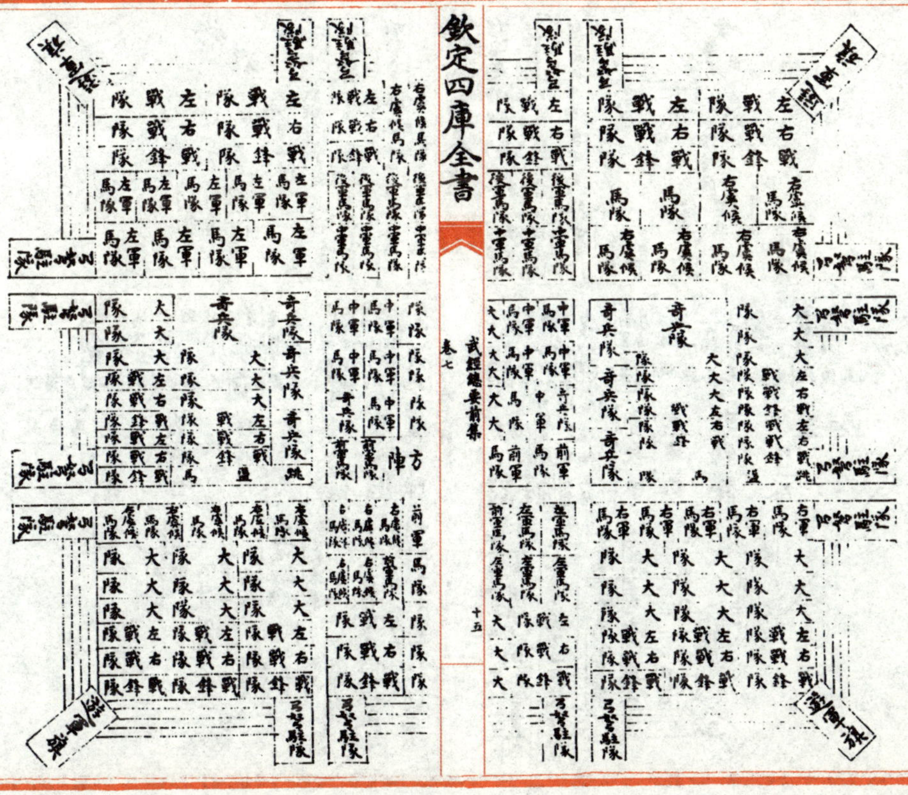

右衝方陣即五行之木陣孫子之衝方吳起之直陣諸葛亮之折衝也舉青旗鳴鼓則為之前高後下左右或險則利為衝方可以勝車輪兵得成行善亂敵而畏險阻衝方守險以疲車輪敌衝方勝車輪

車輪陣 於卦坤宮

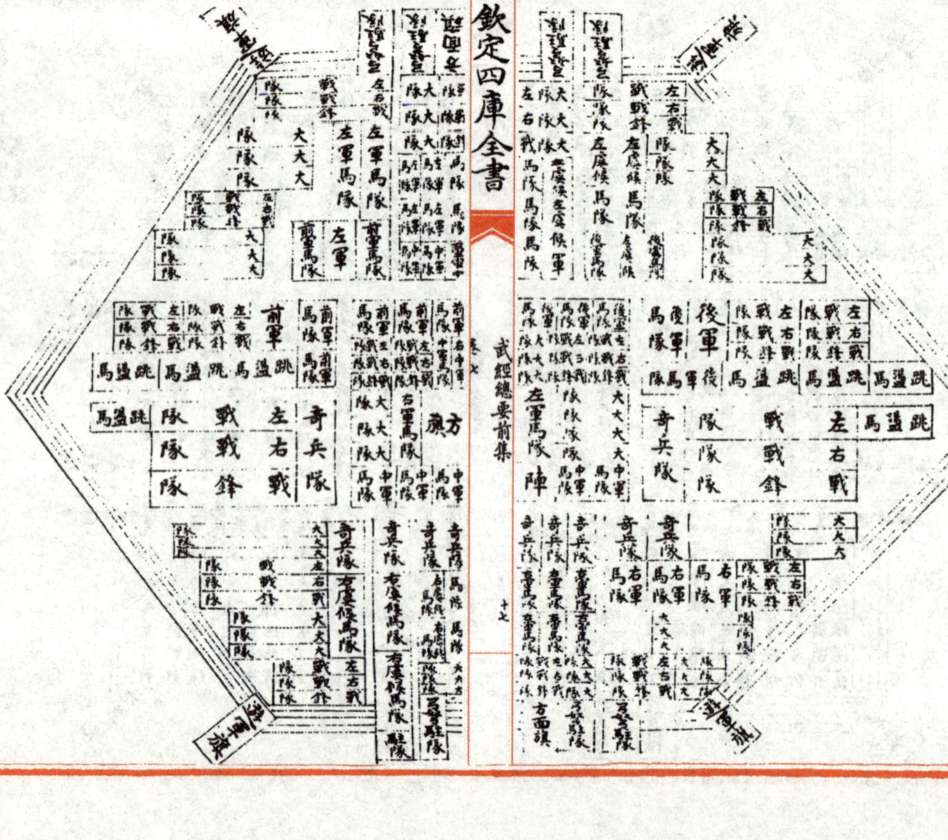

古車輪陣即太公三才之地陣孫子之車輪陣吴起之衡陣諸葛亮之握機也舉熊旗八鼓則為之平原廣野且行且戰宜為車輪車輪利進可以勝罘罝罘罝備其首尾虚任兩旁其勢不堅車輪四備彊弩善衝亂敵經曰以守待攻者彊以動待敵者亡故車輪勝罘罝

罘罝陣

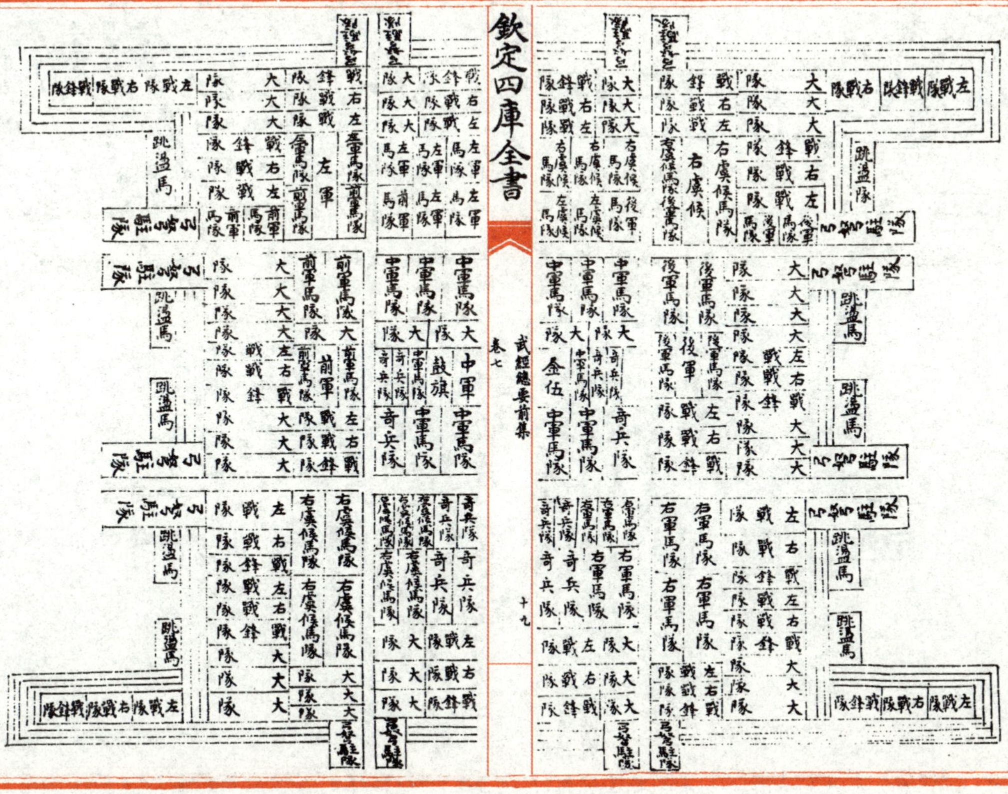

右衆置陣即太公三才之人陣孫子之衆置吳起之卦陣諸葛亮之虎翼左傳之魚麗也舉虎旗七鼓則為之川澤漫衍草木扶疎遇敵決勝則為衆置前後橫中央縱張其四翼利於相救鴈行延斜惡其斷絕故可以勝

鴈行

鴈行陣

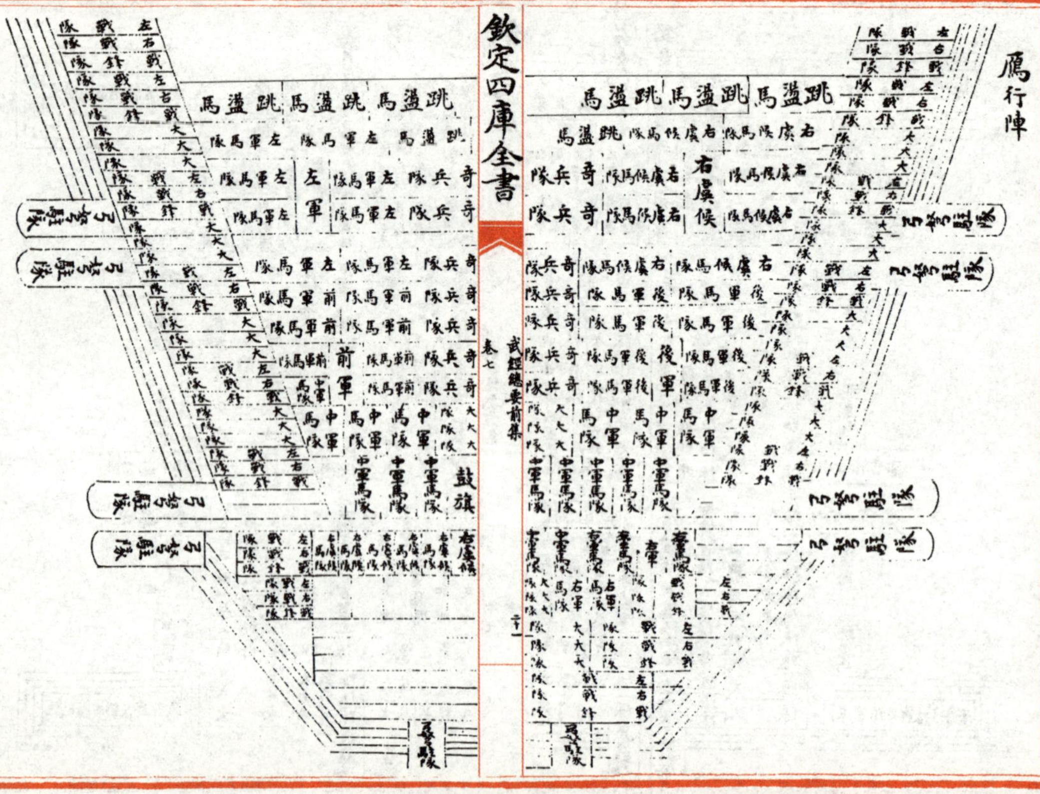

右鴈行陣即太公三才之天陣孫子之鴈行吴起之鵝鸛諸葛亮之衡陣也舉鵰旗九鼓則為之背城南敵易斷繞則利為鴈行可以勝方陣鴈行前鋭後張延斜而行便於左右利於周旋經曰厚而正者堅當選勇力齊其兩旁故鴈行勝方陣

容輜重方陣

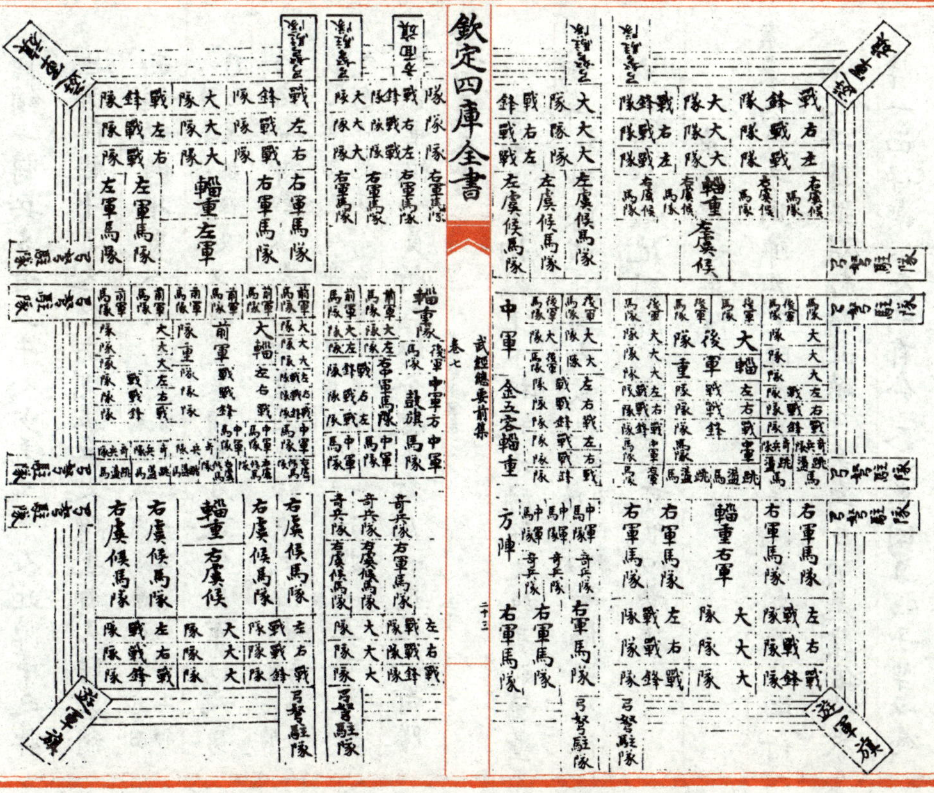

右客輜重方陣

本朝常陣制

大陣

大陣即中軍陣也布陣之法大約指畫分明進退有節審地勢設陣形或排長陣（常山蛇陣也）或排方陣（今號四門斗底陣）以步軍槍刀手在前（為方陣即四面排布凡一指揮五百人則八十人槍手四十人陌刀手）雜以旁牌標槍（今廣捷步軍悉教槍牌）當陣面聯布木拒馬或間以大車謂之陣腳兵（按隋書乘鹿角設戎車為方陣步騎相參大抵皆古法也）良弓勁弩居其後以雙弓床子弩參之行伍厚薄出於臨時務於堅整戎馬無以馳突一陣開四門騎兵居其中候出戰即開門放戰隊出出絕閉之有駐隊有戰隊環相為用不竭人馬之力也若馬軍在前先踴戰即候戰久抽歸步軍陣後（若排方陣即插歸陣中）亦依門而入馬步軍都部署（若出師伐罪即立招討使名）押大陣古之中軍也觀大將軍鼓旗所在應敵用兵俱稟成算有先鋒陣策先鋒隊拐子陣前陣拒後陣皆受節

制（先鋒陣策先鋒陣拐子陣非後陣各有法制具載于右）今以鈐轄都監每一員領一將兵多者五千人少者三千人此陣中之陣也若裨將十員各領兵則五萬人陣也押大陣東稍西稍臨時措置今不具錄（本朝雍熙迄景德年北面用兵選兵官鈐轄以上押大陣東稍及西稍乃置排陣使）又有應募驍果及取使臣軍校之勇幹者分押戰隊大約皆千人此隊中之隊也（掌一將兵馬分押戰隊自景祐年後夏回阻命邊將建議永為軍旅之制）凡一指揮以五百人準之皆軍校一員所轄仍分隸五都凡一將佐一部隊一營壘大小相轄上下相維元帥統之故居則營壘辦行則陣隊成此其大較也（營陣之法各有門類）如偏師出征或行隘狹之地則隨形布陣不可限以常法

東西拐子馬陣

案東西拐子馬陣為大陣之左右翼也本朝西北面行營拐子陣並選精騎北敵用兵每弓騎暴集偏攻大陣一面捍禦不及則有奔突之患因置拐子陣以為救援其兵量大陣之數臨時抽揀

先鋒陣

案春秋傳曰治兵入曰振旅所以辨等列順少長也說者云出則以少者在前先勇力也還則在後明尊卑也是知出師之時以少壯勇健之士在前則先鋒之義也入則少壯勇健者在後則後殿之義也當時列國諸侯戰陣軍旅已用此法楚人軍行右轅左追蓐前茅慮無中權後勁謂前建茅旌以慮敵之有無又使權謀者居中勁悍者在後也詩曰伯也執殳為王前驅軍鋒之冠乃前代才力之選漢有樊酈滕灌先登陷陣光武以馮異馬武為衆軍前鋒曹魏以于禁張遼樂進徐晃迭為軍鋒晉謝元鎮廣陵領應募驍銳為前鋒後唐置踏白橫衝二軍自古先鋒之選所以禦奔衝陷堅陣擊銳師盡須勇力也本朝行營掌選精兵置先鋒陣將領三員或二員抑之慮捍禦不及患在奔衝又置策先鋒陣為援兵雍熙北伐置先鋒部署以下將佐咸平中契丹寇河北鎮定高陽關三路都部署總兵部十餘萬里會合選騎兵二萬為先鋒又命五將各領三千精騎陣於先鋒之前犄角相應景德初所出陣圖防捍北敵前鋒陣外盛選銳兵命驍將領之別為一隊遏其奔衝（陣前置五將各領精騎及驍將別為一隊并本朝一時之制不須並置）咸平中真宗觀陣因曰北敵寇邊常遣精悍為前鋒若捍禦不及即有侵軼之患今盛選銳兵命驍將統領別為一陣遏其奔衝彼既挫銳而退餘則望風不敢進矣

策先鋒陣

凡置陣在先鋒陣後驍將一員統之先鋒抗敵或兵勢不支則策先鋒陣為應援制其奔突

前陣

案本朝用兵排陣之法中軍大陣之前別擇銳士散為奇兵謂之前陣披風后握奇圖曰凡兵萬二千五百人為軍（五十人為一隊總二百五十隊有中壘有外壘有陣兵有奇兵陣兵一百七十五隊奇兵七十五隊陣兵九千人奇兵三千五百人）孫武曰三軍之衆可使受敵而

無敗者奇正是也謂當敵以正陣決勝以奇兵前後左右俱能相應則常勝而無敗凡戰以正合以奇勝（當敵為陣外擊為奇）則用奇之策揣摩敵形指向分衆兵非貴多也乘機取勝而已咸平景德歲契丹南牧三路重兵會合中軍陣步騎常滿十萬人前陣騎士滿三萬人約掘圖奇兵之數

無地分馬

案無地分馬輕鋭之兵也凡一指揮各成戰隊分遣指

使臣或軍頭一員押之處大將軍營陣左前右後備緩急驅使其戰隊多少臨時分置無定數

拒後陣

案拒後陣殿後兵也凡出征伐必為拒後軍陣之制糧道居後若强寇對壘欲圖奇變引重兵踊戰潛選精鋭由間道掩襲我委（於偽反）積輜重則須殿後捍之（宋朝與北敵戰拒馬河戰若子諠戰望都王師不利因為糧道斷絕）本朝咸平中上出北面地圖曰北敵好遣精兵出大陣後斷我糧道因别選良將領二萬人兵殿其後倚之捍寇緩急用之無腹背受敵之患

武經總要前集卷七

欽定四庫全書

武經總要前集卷八

宋　曾公亮等　撰

八陣法

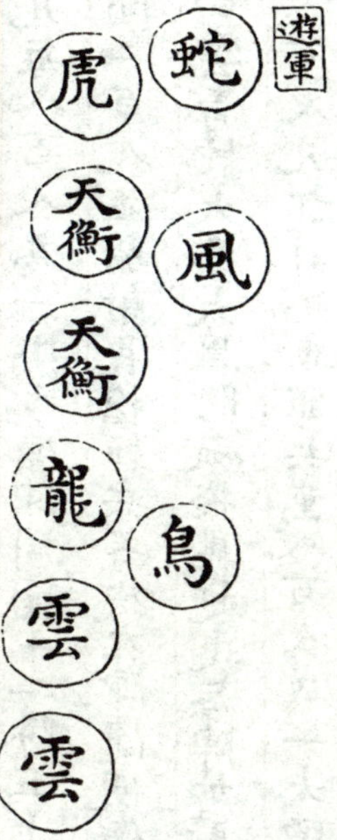

黃帝所傳風后握奇陣圖

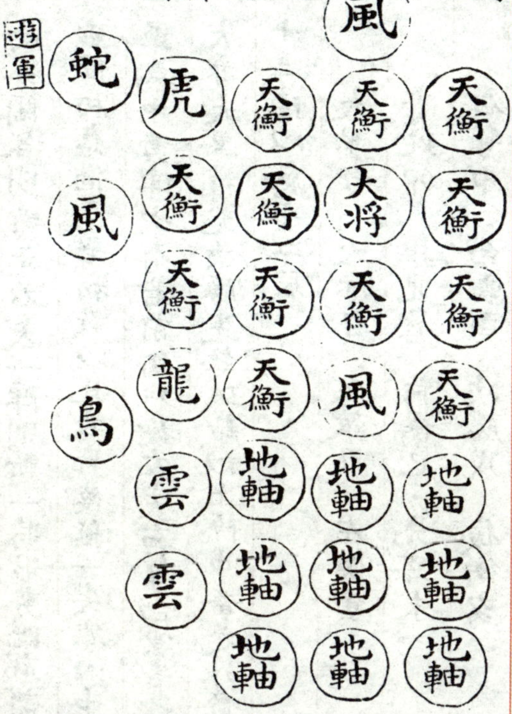

右兩端其次地居中間兩地為此是也地為動為從天陣變化為地陣或即張形布勢破敵攻圍不定其形故為動也雲象龍縱布兩天次之縱布四地次於天後縱布四風挾天地之左右天前衝居其左雲居兩端人多傳韓信注釋者與此微有差異而有范蠡樂毅之說相雜今亦錯綜於其中（公孫弘解續上之意謂之上語）其於部隊或三或五或三十或五十陣圖如此變通由人其八陣用方圓陣法以寡禦衆陣法如此面面相

向背背相承騎出其間出奇突擊馬隆以三千步卒敗羌萬騎用此術也

李靖陣法

古今以來臨戎對敵每作四面陣周回受敵以為必固倘若選鋒而擊之其陣必破此非天殃將之失也亦或作長陣或作蛇陣皆以隊伍步騎相接或被衝破一處即敗散不全大將避潰師之罪移過於下遂使驍勇小將無罪受誅今則反成定制各立陣名部

曲分闊各明奇正若失一陣則斬一將形勢既就諸
戰陣相應猶手臂相救以此攻守萬無一失然以中
軍為中黃陣次有若前衝行衝左突右擊白雲青蛇
大赤大黑權宂決勝先鋒破敵以上除中黃之外餘
十二陣以應十二辰

大墨子　大赤午　破敵丑　左突寅
青蛇卯　推宂辰　前衝巳　先鋒未
右擊申　白雲酉　決勝戌　後衝亥

凡每八百人為一小方陣陣周圍十二隊五十人中
間二百人並騎射長槍短兵等伏在陣隨便衝擊其
白雲青蛇大赤大黑既礙掩尾趂退每陣加騎長槍
一百人凡都計馬步軍共萬八百人成一大陣其中
三千人是騎射長槍馬軍除中黃大黑大赤白雲青
蛇之外餘八陣每陣抽騎射弓弩一百人共八百人
充遊奕軍挑戰亂兵引敵如兵少即於隊中減人兵
多即於隊中加數必要存其陣隊止即為營動即為
陣逢賊告急鼓聲一發陣即立成更不在煩勞指布
此則應變之法出入如神攻取皆勝所嚮無敵其小
陣皆有四頭每頭配勇將一人用戰鼓一面中央立
一大旗號凡每面如有賊來攻擊即諸陣相應欲救
南陣即南面動鼓八百人一時順日向南轉戰東西
北同此只轉步人騎兵不移每陣相去廣狹一百步
狀如街陌設詐挑戰引之令入即背他陣突出弓弩
騎射長槍左右夾擊前抄其胷後掩其尾是以先為
不可勝以待敵之可勝也

裴子法

五陣之法一鼓舉黑旗則為曲陣二鼓舉朱旗則為
銳陣三鼓舉青旗則為直陣四鼓舉白旗則為方陣
五鼓舉黃旗則為圓陣陣之疎密卒一人居地廣縱
各二部十人為一列一隊凡十列廣縱各二十步陣
間容陣隊間容隊曲間容曲前禦其前後禦其後左
防其左右防其右行必魚貫立必雁行長以衛短短

以參長回軍轉陣以後為前以前為後進無奔逸退無伏走五陣乃理

凡百人曰隊  二隊曰官 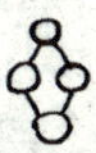 二官曰曲 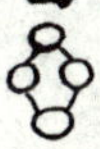  二曲曰部

常山蛇陣

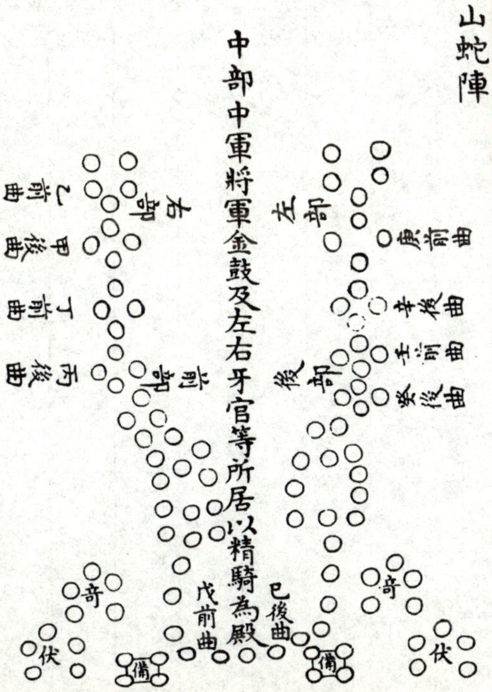

常山蛇陣又圖

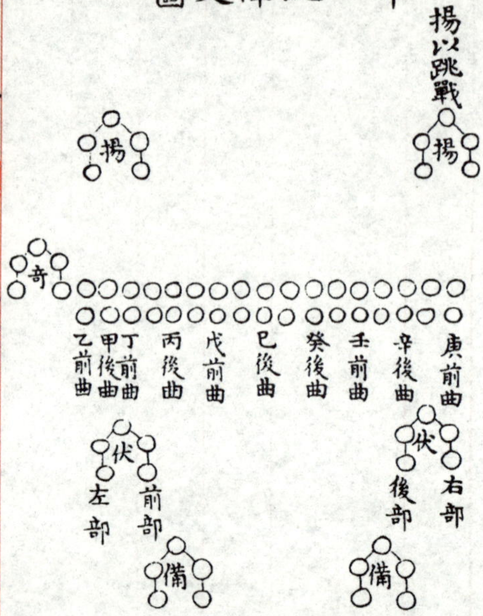

右以常山陣部辛五部凡四千人其中前後左右等軍量山川土地之形按陣而居可以逸待勞以飽待饑其揚奇伏備皆馬騎分而為八凡二千人逐便而居以應權也六鼓舉龍旗則為常山矣按陣國策曰常山蛇擊其首其尾救擊其中其首尾皆救此其義也

方陣圖

黃帝五行之金陣於卦屬兌宮五音屬商為白獸則生孫子之方陣吳起之車箱陣諸葛亮之洞當陣以其行伍洞徹而相當也其揚奇備伏兵後八陣皆倣常山之法布之恐煩多不重錄

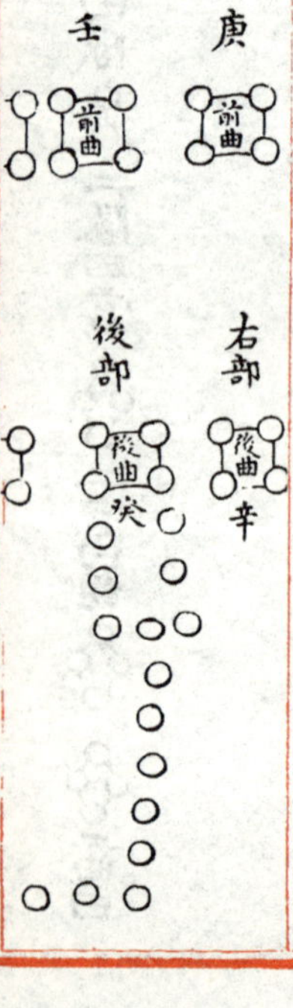

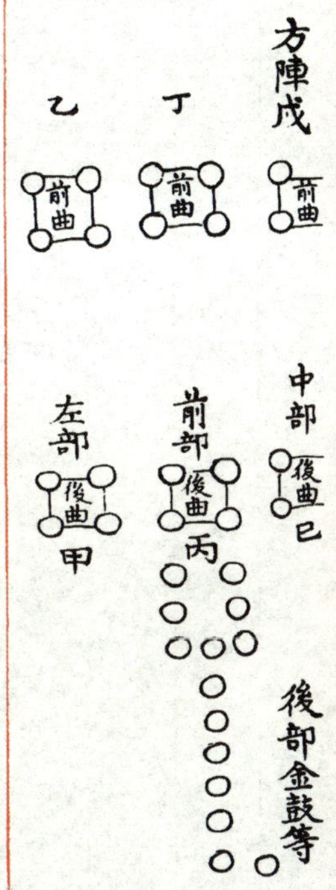

右為方陣法曰舉白旗聞鼓音左部居左右部居右前部居前後部居後中部居中部皆並置校尉左右中央司馬各按部以前後曲相次曲以左右官相當官以前後隊相隨以百人為列列以十人為對對以

五人為伍各按其處無動隊分為團團合為隊謂之分合卒一人居地二步一方十步廣二十步隊間容隊曲廣十步曲間容曲部袤百八十步部間容部陣廣四百六十步陣間容陣凡設方者所以弛張也高平利方方利變矣

圓陣圖

黄帝五行之土陣於卦屬艮宮於五行屬宮為勾陳則孫子之圓陣吳起之車軏陣諸葛亮之中黄陣以其居中位者土也

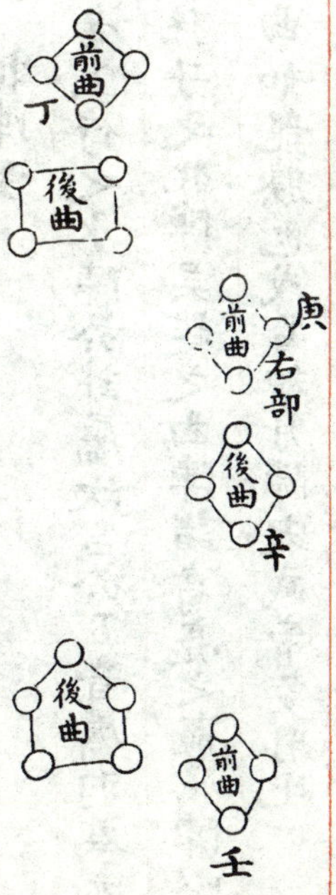

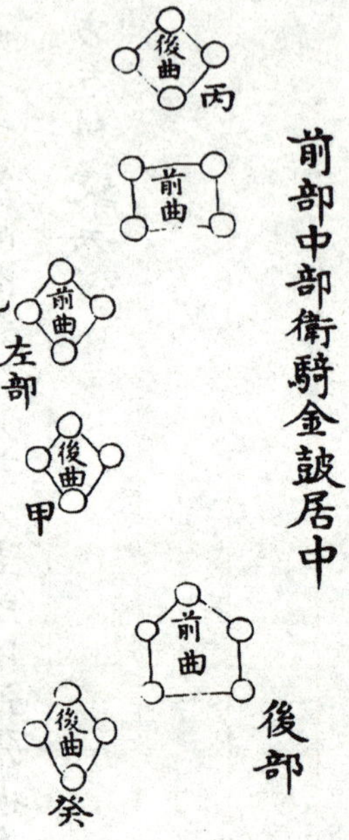

右以方陣為圓陣法曰舉黃旗聞二鼓音前部前曲出其前前部後曲出與之並後部後曲出其後後部前曲出與之並左右部及中部各旋向左右衛騎隨

之校尉司馬部後地如法四方高利圓圓利守

牝陣圖

黃帝五行之水陣於卦屬坎宮於五音屬羽為元武則孫子之牝陣吳起之曲陣諸葛亮之龍騰陣以其屈曲如龍騰也或名却月陣宋武帝多用此

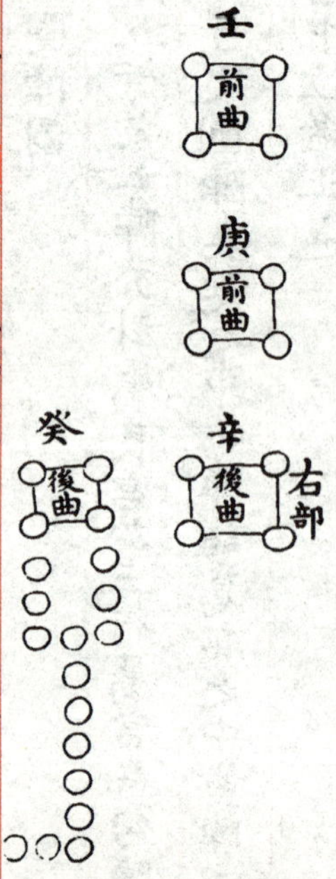

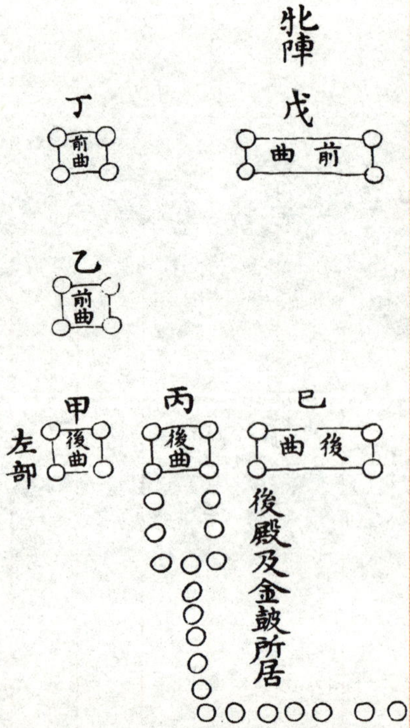

又牝陣圖

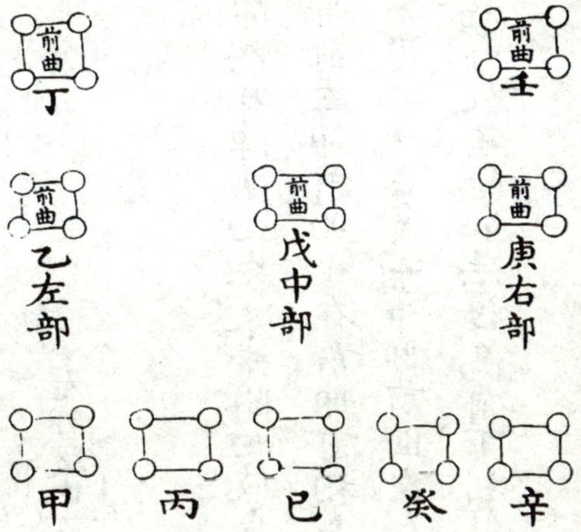

右以方陣為牝陣法曰舉黑旗聞三鼓音前部前曲出在左部前為左翼後部前曲出在右部前為右翼中部前曲左右騎隊分為左右與後隊並校尉司馬部後居地如法左右高利牝牝利吞

牡陣圖

黃帝五行之火陣於卦屬離宮於五音屬徵為朱雀太公名鳥雲陣則孫子之牡陣吳起之銳陣諸葛亮之鳥翔陣以其輕銳如鳥飛翔

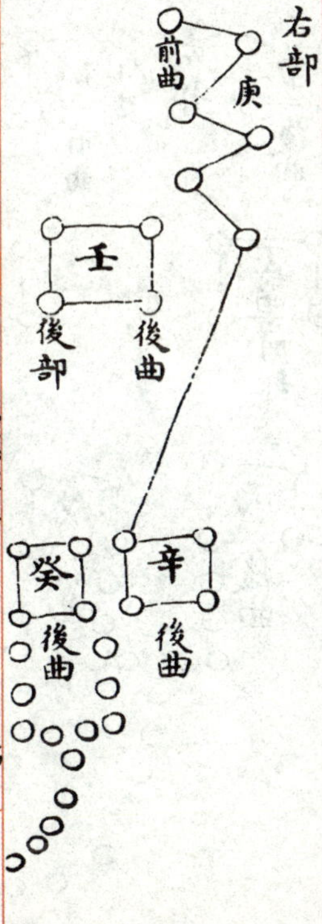

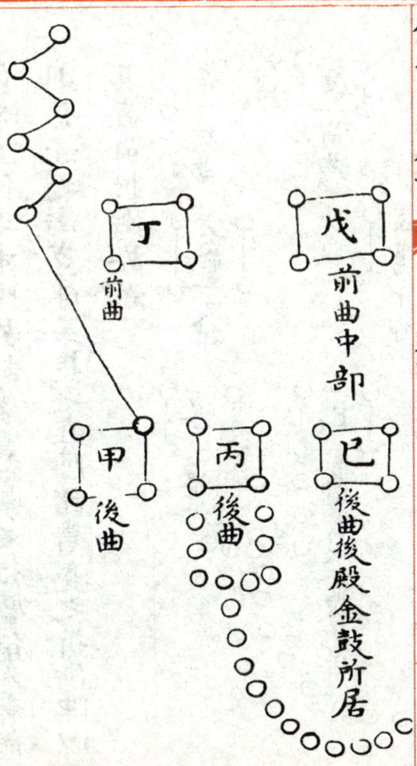

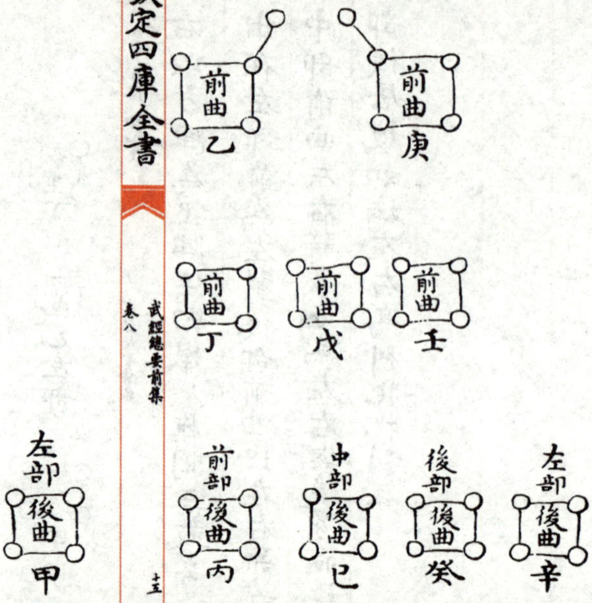

右以方陣為牡陣法曰舉朱旗聞四鼓音右部前曲出在後部前左部前曲出在前部前相去二十部左右官各前進二十步為嘴中部前曲左右隊前次之校尉司馬部後居地如法後高前下利牡利牡潰

衝方陣

黃帝五行之木陣於卦屬震宮於五行屬角為青龍則孫子之衝方陣吳起之直陣諸葛亮之折衝陣以其直前折衝於敵

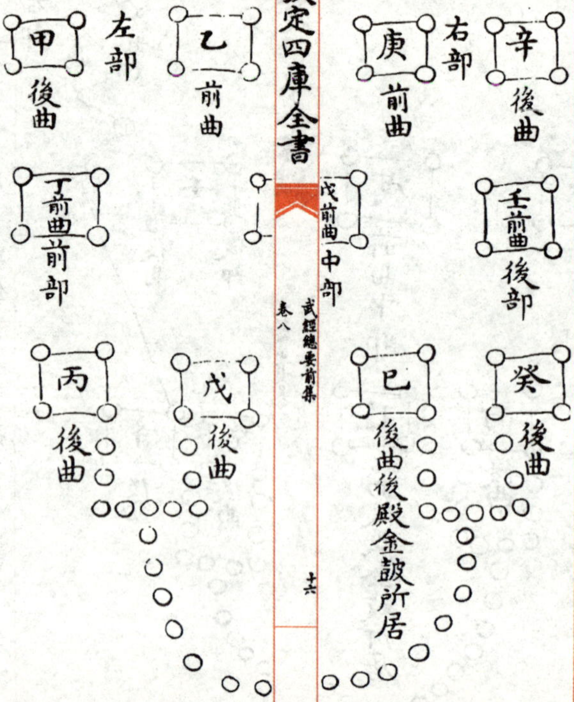

右以方陣為衝方陣法曰舉青旗聞五鼓音左右之部出在前後中三部前並列相從而居校尉司馬部後居地如法前高後下利衝方衝方利爭險

車輪陣圖

太公三才之地陣於卦屬坤宮則孫子之車輪陣吳起之衡陣諸葛亮之握機陣以其進止機巧為名

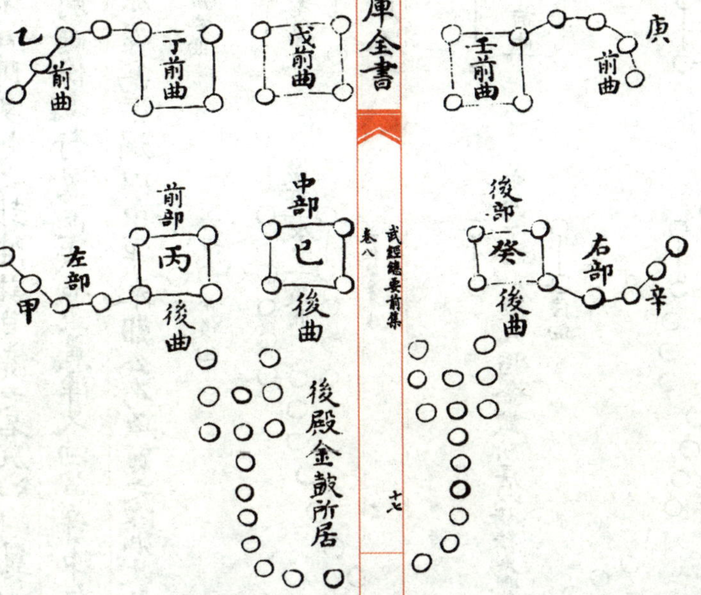

又車輪陣圖

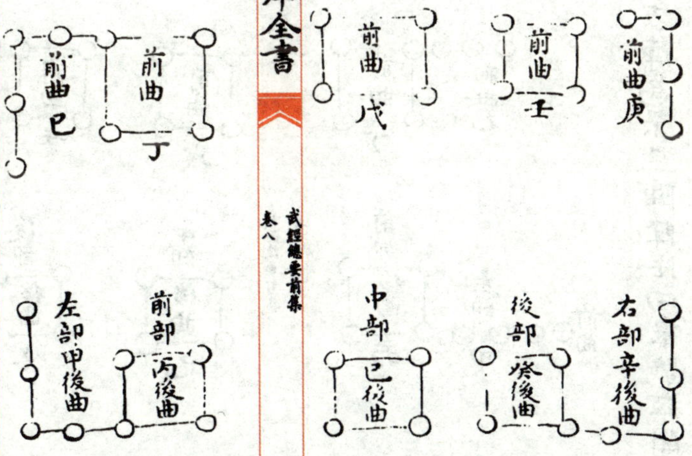

右以方陣為車輪陣法曰舉熊旗閙六鼓音左部前曲後隊左右官後曲前隊左右官各左移出二十步右部亦如之相近如皷翼狀校尉司馬部後居地如法平易利車輪車輪利進矣

罘罝陣圖

太公三才之人陣一曰飛翼陣於卦屬巽宮則孫子之罘罝陣吳起之卦陣諸葛亮之名虎(武作禽)翼以其遊騎兩傍而舒翼也或名魚麗陣又曰魚貫陣左傳曰原繁高渠彌以中軍奉鄭公為魚麗之陣則此也

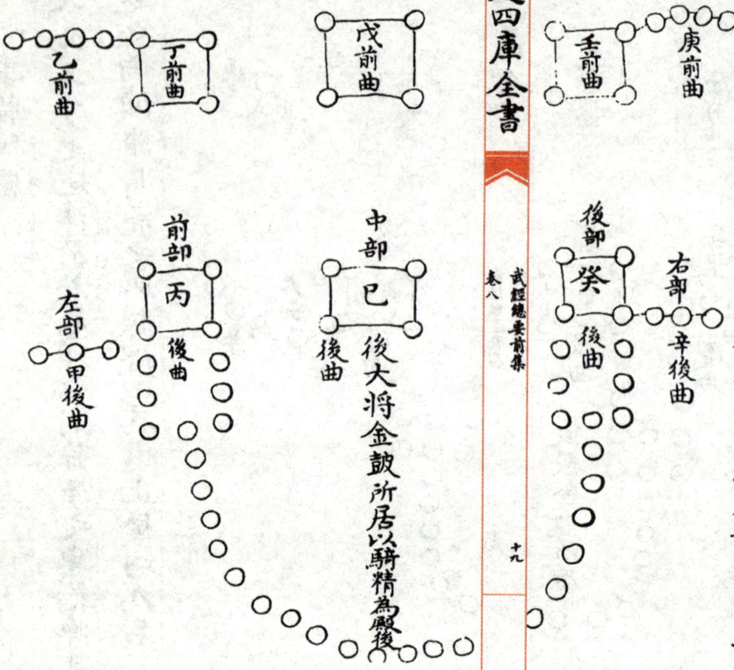

又罘罝陣圖

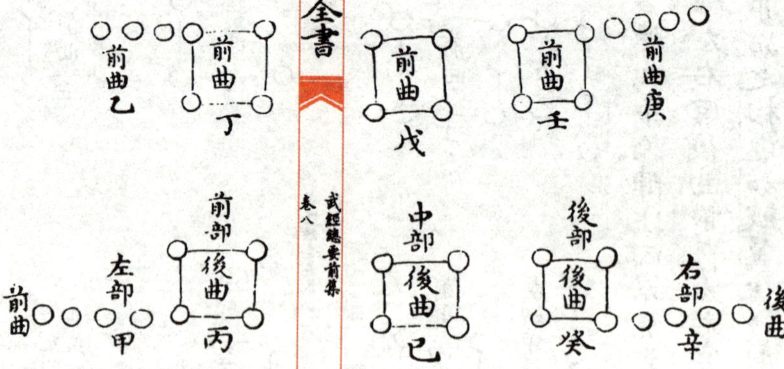

右以方陣為罘罝陣陣法曰舉鶻旗聞七鼓音左右部前曲左右官居前橫列後曲居後亦如之中部及前後部曲等布地如法斥澤利罘罝罘罝利救

鴈行陣圖

太公三才之天陣於卦屬乾宮則孫子之鴈行陣吳起之鵝鸛陣諸葛亮之衡陣以其連接如秤衡也傳曰鄭翩願為鸛其御願為鵝是也

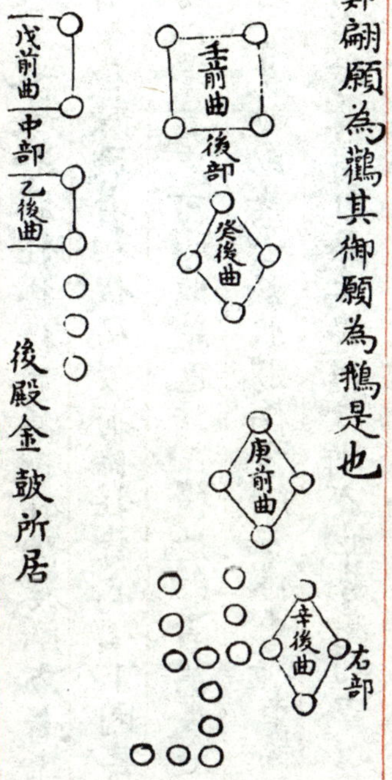

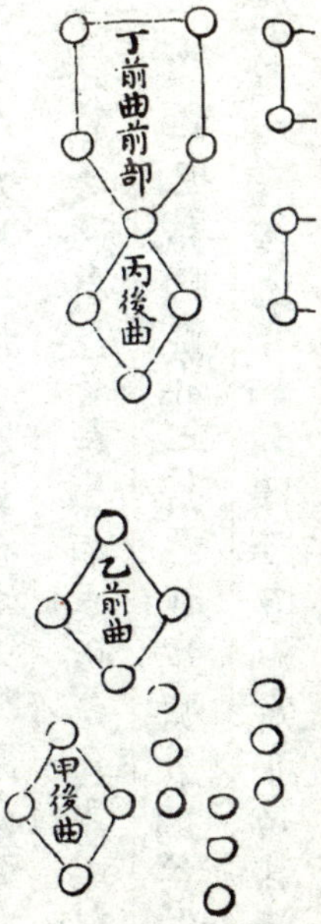

右以方陣為鴈行陣法舉鶻旗聞八鼔音中部前曲進前出為首其後曲次之與前部前曲後部前曲並前前部後曲左斜官曲相隨後部後曲右斜官曲相隨右部却次後曲皆有斜亦官曲相隨左部却次前後曲皆左斜亦官曲相隨校尉司馬部後居地如法城卯利鴈行利繞 裴子法曰凡八陣之法轉而相勝更為雌雄

方陣正而厚圓陣隨而取正厚者力併故方勝圓猶厚勝薄也圓陣無角利以堅守牝陣張其兩翼若巻取之以牝吞圓勢可敗也法曰翼而張者攻其兩角故圓勝牝猶聚勝散也牝陣勝牡者牡陣前鋭後重象劔之鋒而牝張其兩翼前單後復也法曰鋭而鋒

者夾擊之故牡勝牡猶復勝單也牡陣勝衡方者衡方前衆後踈戰者相促居者有餘牡背高項下因其地勢以潰其虛可以敗敵也法曰得地助者昌失地助者亡失地助者亡故牡勝衡方衡方勝車輪車輪兵得成行善冐亂敵而畏阻險衡方地勢高利守以疲車輪之力故衡方勝車輪也罘罝備在首尾虛在兩傍其勢不堅車輪之兵備以彊弩善衝亂敵法曰以守待攻者強以動待敵者亡此車輪勝罘罝也

鴈行以前銳後張延斜而行便於繞入罘罝前後橫中央縱便於絕延斜利於相救且戰且息此罘罝勝鴈行也　方陣行重而厚伏居者衆用力者寡鴈行延斜張兩翼便於左右利於周旋也法曰厚而升者堅當選其勇力脅其旁此鴈行勝方陣也凡三軍遷徙次舍之宜必就所喜避所惡依其水草利以芻牧因險阻為溝壘則施攻薄而易備凡屯兵處軍於山之高者則為敵所接於山之卑者則為敵所困故知處山之勢據其陰陽備其左右命曰烏雲之陣言能烏散而雲合應變從利也

右陣法兵之形勢也靁動猋舉後發而先至離合向背變化無常以輕疾制敵者也自春秋戰國出奇設伏變詐之兵並作漢張良韓信序次兵法定著三十五家而孫武書凡八十二篇圖九卷孫臏八十九篇圖四卷復有蚩尤二篇李左車韓信等篇目並亡今之秘府所存孫武書惟二十篇無圖其所言皆權謀

之事極為精密太公六韜黃石公三畧穰苴法吳子書皆遠古所存可觀者唐李靖兵法於近世最為詳練可舉而行杜佑采其條目著於通典其書亡慮數十家悉淺近無取而陣圖所存者惟唐人李筌有八陣圖而其說難以依據裴緒新令有九陣圖參引太公孫子諸葛之法為證舍是無有焉惜哉兵家形勢之法不可無也戰國無如二孫吳起輩號善用兵者而著書皆有圖漢名臣如韓信子方刪定亦著其法

周公六典司馬教坐作進退之度蓋陣法者所以訓齊士衆使其上下如一前後左右進退周旋如身之運臂臂之使指無不如意可與之俱生可以與之俱死升天險赴深谿莫有逆其命者猝馬遇冦莫有錯亂然後可以從事於剋敵驅馳於絕域同乎禍福存亡則能決勝計矣無是法也則將何以使人哉平居則訓齊遇敵則擊搏此其義也故廢陣形而用兵者敗將也執陣形而求勝者愚將也夫便擊刺之利習

廣縱之勢見敵而無奔北撓亂之禍拱揖指揮無不服從者是豈不由素所習哉素習之法非形勢不可是以孫武云紛紛紜紜鬬亂而不可亂混混沌沌形圓而不可破不用陣法其孰能與於此乎

武經總要前集卷八

欽定四庫全書

子部

武經總要前集卷九

詳校官編修臣程嘉謨

總校官候補中允臣王燕緒
校對官編修臣吳錫麒
謄錄監生臣趙應谿

欽定四庫全書

武經總要前集卷九

宋 曾公亮等 撰

九地 六形 雜叙戰地 土俗

夫用兵之道有地利焉我先據勝地則敵不能以制我敵先居勝地則我不能以制敵若擇地頓兵不能趨利避害是驅百萬之衆而自投死所非天之灾將之過也兵法曰地形者兵之助料敵制勝計險阨遠近上下者

將之道也孫武論之曰九地之變屈伸之利人情之理不可不察也故兵之情圍則禦之不得已則鬬過則從是故不知諸侯之謀者不能豫交不知山林險阻川澤之形者不能行軍不用鄉導者不能得地利四五者一不知非霸王之兵也葢言九地之利儻不知一則非霸王之舉況皆昧者乎是以處軍之法好高惡下以其居得其勢則易為制人故秦人得殽函之固六國諸侯常叩關而攻秦無亡鏃遺矢而諸侯之師以困然而秦之地不廣於吳楚秦之兵不勁於燕趙所以能勝者以其地有險固也故其勢有建瓴之喻其守有百二之利可不勝哉今著地形一篇

九地

散地

士卒所駐近家懷戀妻子爭則散走是地一曰地無關鍵士卒易散走居此地者不可數戰又曰地遠四平更無要害士卒不堅意而易離散故曰散地也兵法曰諸

侯自戰其地者為散地（士卒戀土道近易散）是故散地則無戰（恐走散也）又曰散地吾將一其心（守則志一戰則易散）吳子問孫武子曰散地士卒顧家不可與戰則必固守不出敵攻我城壘掠吾田野禁吾樵採實吾要道待吾空虛而急攻則如之何哉武曰敵人深入吾都多背地邑士卒以軍為家專志輕敵吾兵在國安土懷生以陣則不堅以鬬則不勝當集人衆聚穀蓄帛保城備險遣輕兵絕其糧饋使彼挑戰不得轉輸不至野無所掠三軍困餒因而誘之

可以有功若欲野戰則必因勢以險設伏地無險則隱于天氣陰晦昏霧出其不意襲其懈怠可以有功

輕地

輕於退也入敵境未深往返輕易不可止息將不得數力勞人兵法曰入人之地而不深為輕地輕地則無止又曰輕地吾將使之屬（屬營壘連屬也一備逃遁一敵至易相救也）吴子問孫武子曰至輕地始入敵境士卒思還難進易退未背險阻三軍恐懼大將欲進士卒欲退上下異心敵守其城壘整其軍騎或當吾前或繫吾後則如之何武子曰至輕地士卒未專以入為務無以戰為務無近其高（武作名）城無由其通路設疑佯惑示若將去迺選驍騎御以先入掠其牛馬六畜三軍見得進乃不懼分吾良卒密有所伏敵人若來擊之勿疑若其不至捨之而去又曰軍人入敵境敵人固壘不戰士卒思歸欲退且難謂之輕地當選驍兵伏要路我退敵追來則擊之

爭地

便利之地先居者勝是以爭之兵法曰我得亦利彼得亦利為爭地（可以少勝衆弱勝強乃險要也）又曰爭地則無攻（敵人若已先得則不可攻也）吾將趨其後（利地在前當速趨其後）吴子問孫武曰敵若先至據要保利簡兵練卒或出或守或備或奇則如之何武曰爭地之法先據為利敵得其處慎勿攻之引而佯走建旗鳴鼓趣其所愛曳柴揚塵惑其耳目分吾良卒密有所伏敵必出救人欲我與人棄吾取此爭先之道若我先至而敵用此術則選吾銳卒固守其所輕兵外眠於險阻敵人還鬭伏兵傍起此全勝之道也

交地

平原交通也一曰可以交結不可杜絶之絶之致隙又曰交通四達（武作遠）不可遏絶也兵法曰我可以往彼可以來為交地（道路相交錯也一曰川廣道平可往可來足以交戰對壘也）又曰交地則無絶（使車騎步伍連屬恐敵人乘我也）吾將謹其守（嚴壁壘也）吴子問孫武曰交地吾將絶敵令不得來必全吾邊城備其守備深絶道路固其阨塞若不先圖之敵人已備彼可而得

來吾不得而往衆寡又均則如之何武曰既我可以往彼可以來吾分卒匿之守而易怠示其不能敵人再至設伏隱廬出其不意可以有功

衢地

地居要衢地控帶數道先據此地衆必從之得之則安失之則危也兵法曰諸侯之地三屬我與敵相當旁有他國也先至而得天下之衆者為衢地先至其地卽交結諸侯之衆為助也衢地則合交交結旁國諸侯又曰吾將固其結交結諸侯使牢固也吳子問孫武曰

衢地必先若吾道遠發後雖馳車驟馬至不能先則如之何武曰諸侯叅屬其道四通我與敵相當而傍有他國所謂重者必先重幣帛使約和旁國交親結恩兵雖後至衆已屬矣我有衆助彼失其黨與諸國掎角震鼓齊攻敵人驚恐莫知所當

重地

入敵已深國糧難應資給將士不挾何取兵法曰所入之地深而難返背地邑多者為重地所以既深津梁皆為所持糧道不無阻絕之掠人畜給我軍用而持久伺敵者也又曰凡我客之道入深則專主人不尅言大凡為客攻伐若深入敵則士卒有必死之志專一則主人不能勝掠於饒野三軍足食謹養而勞併氣足力運兵計謀為不同測養士氣併兵為不可測度之計又曰深入敵人境須掠其田野使我足食然後閉壘養之勿使勞苦氣力盛一發取勝也投之無所往死且不北言背死戰而不奔北也死焉不得言士必死安有不得勝之理也士人盡力士竭其力也在難地必併也兵士甚陷則不懼陷於危險勢不獨死三軍同心故不懼也無所往則固入深則拘往走也言深入敵境走無生路則人心堅固如拘縛者不得已則鬬不得已者陷在死地必不生全以死救死益不得已則人皆悉是故其兵不循而戒不求而得不約而親不令

而信不求索其意自得也此言兵在死上下同志不待修整而自戒慎不待求索而自情實不待約束而自親附不待號令而自聽信禁祥去疑至死無所之禁妖祥之言去疑惑之計黃石公曰禁止巫祝不得為吏士卜射問吉凶恐惑亂軍士之心言既去疑惑之路則士至死無異心也無餘財非惡貨也無餘命非惡壽也皆焚燒財物非惡貨之多弃財致死者不得已也若有財貨恐士卒顧戀有生之心無必死之志者也令發之日士坐者涕流或作沾襟偃寢者涕交頤皆持必死之計將士背有以死為約為戰之日先令曰今日之事在此一舉若不用命身膏草野為禽獸所食耳投之無往諸劌之勇也言所投之處皆

為專諸曹劌之勇也吳子問孫武曰吾引兵深入重地多所踰越糧道絶塞設欲歸還勢不可過欲食於敵持兵不失則如之何武曰凡居重地士卒輕勇轉輸不通則掠以繼食下得粟帛皆貢於上多者有賞士卒無歸意若欲還出即為戒備深溝高壘示敵且久敵宜通途私除要害之道仍令輕車銜枚而行以牛馬為餌敵人若出鳴鼓隨之陰伏吾士與之中期内外相應其敗可知

圮地

少固之地之不可為城壘溝隍宜速去之兵法曰行山林阻險沮澤難行之道者為圮地吾將進其塗疾去無去留

吳子問武子曰吾入圮地吾將險阻難從之道行久卒勞敵在吾前而伏吾後營吾左而守吾右良車驍騎要吾隘道則如之何武曰先進輕車去軍十里與敵相候接斯險阻或分而左或分而右大將四觀擇空而取皆會中道倦而乃止也

圍地

入則隘險歸則遷迴進退無從雖衆何用能為奇變此地可由兵法曰所由入者隘所從歸者遷彼寡可以擊吾衆者為圍地出入艱難易設奇覆又曰背固前隘者圍地也則謀艱難之地與敵相候持須用奇險不測之謀吾將塞其闕圍其三面開其一面塞之則人死戰

吳子問孫武曰吾入圍地前有強敵後有險阻隘路敵絶我糧道利我走勢鼓譟不進以觀吾能則如之何武曰圍地之宜必塞其闕示無所往則以軍為家萬人同心三軍齊力并炊數日無見火烟故為毁亂寡弱之

形敵人見我備之必輕則告勵士卒令其奮怒陳伏良卒左右險阻擊鼓而出敵人若疾擊我則前鬬後拓左右犄角也又曰敵在吾圍伏而深謀示我以利索我以旗紛紛若亂不知所之柰何武曰千人操旗分塞要道輕兵進挑陣而勿搏交而勿去此敗謀之法

死地

力戰或生守隅則死兵法曰疾戰則存不戰則亡為死地進兵行師不因鄉導陷於危敗為敵所制左谷右山前窮後絶野無水草軍乏資糧一人當隘萬夫莫何

是也死地吾將示之以不活示之必死令自奮求生不活者為塡井窺伺焚燒寶貨是也又曰死地則戰此地速為死戰則生使士卒氣衰糧餉又絕則不死何待也置之亡地然後存陷于死地然後生衆陷于害然後能為勝敗吳子問孫武曰吾師出境軍於敵人之地敵人大至圍我數重欲突以出四塞不通欲勵士激衆使之沒命潰圍則如之何武曰深溝高壘示為守備安靜勿動以隱吾能告令三軍示不得已殺牛燔車以饗吾士燒盡糧食塡夷井竈割髮損冠絕去生慮將無余謀士有死志

於是砥甲礪刃并氣一力或攻兩旁武作奇震鼓疾譟敵人亦懼莫知所當銳卒分行疾攻其後此是失道而求生故曰困而不謀者窮窮而不戰者亡吳子曰若吾圍敵則如之何武曰山峻谷險難以踰越謂之窮寇擊之之法伏卒隱廬開其去道示其走路求生透出為無鬭意因而擊之雖衆必敗兵法曰若敵人在死地士卒勇氣欲擊之法順而無抗陰守其利陣而勿戰善法也

六形

通形

可以先先之以待敵兵法曰我可以往彼可以來曰通居通地先居高陽利糧道以戰則勝兵法寧致於無人致於人通者四戰之地須先據高陽之處勿使敵人先得而我後至也利糧道者我每於津扼之要衝築壘城武作通道以護之右曰通地雖有高板而無要害故兩通往來處高陽候望向陽示生糧道使人轉運所以利于戰也

掛形

出不勝返亦難也兵法曰我可以往難可以退謂掛形敵無備出而勝之敵若有備出而不勝可以返蓋不利

也掛者險阻地與敵地犬牙相錯動有掛礙也設往攻敵敵若無備攻之必勝雖有險阻相錯敵人已敗不能要我歸路矣若敗人有備則不能勝人為敵人守險邀我歸路難以返矣一日不得已陷在彼須為持久之計掠取敵人之糧以伺利便而擊之可也

支形

支者隅隘可以相要截相支持故不利先出也兵法曰我出而利彼出而不利曰支敵雖邀我我無出也引而去之令敵半出而擊之利支者如我與敵人各守高險中有平地狹而且長出軍則不能成陣攻敵則自下禦上彼我之勢俱不利便如此則當引去伏卒待之敵若躡我俟其半出發兵擊之則

無不利若敵先出以誘我我不可出也

隘形

隘形者敵先將守隘我去之若無守我從之兵法曰隘形者我先居之必盈之以待敵若敵先居之盈而勿從不盈而從之盈滿也言遇兩山之間中有通谷則須當山口為營與兩山口齊如水之在器與口齊也如此則平易險阻皆制在我而得以出奇也若敵人得隘近如此以待我當引而去不可從之如敵人據隘之半不知齊口盈滿之術馬我則入隘以從之蓋人敵在隘我亦在隘俱得地形勝敗在兵不在地形也夫齊口盈滿之術非惟隘形獨能有口譬如平坡迴澤車馬不通舟楫不勝中有一逕亦須據其路口使敵不得

進也諸可知之

險形

險形者居險阻之地不可後於人也兵法曰險形我先居之必居高陽以待敵先居之引之引而去之勿勿也凡據險隘者尤不可致於人也險者山峻谷深非人力所能為必據高陽以待敵若敵先據之必不可以爭則當引去陽者南面之地恐與敵人持久我居陰而生疾也今若於湑澠遇敵則此據北山此乃面陽而背陰也高與陽二者寧捨陽而就高不可捨高而就陽孫子乃統而言之者也

遠形

力敵而戰勝敗未可知也兵法曰夫遠形勢均難以挑戰而不利挑戰者延敵也譬如我與敵壘相去三十里若我來就敵壘延敵致戰者是我困敵銳故戰不利若敵就我壘延我與戰者是我佚敵勞戰亦不利故言勢均然則如之何曰必欲戰者則移壘而相近也

雜叙戰地

兵法曰凡處軍相敵絕山依谷近山草更利也絕過也依近也言若行軍經過山險須近谷而處有水草之利也視生處高生者陽也處高而南向也戰隆無登隆高也敵人在高我不可自往高敵迎敵人而接戰敵處高勿攻是也此處山之軍也凡見敵先

據山谷攻戰進戰與平地不同武登逢教山戰陟領或援樹引藤或透險緣巖須素教之令便習也渡水必遠水寬敵令渡也客絕水而來勿迎之於水內令半渡而擊之利半渡勢不併易擊而敗也欲戰者無附於水而迎客附近也水迎之敵必不渡視生處高視生而向陽遠視也軍處高遠見敵勢則敵不潛來出我則不意者也無迎流水水流之地可以流吾軍可以流毒藥一云逆流而營軍兵家之忌也此處水上之軍也絕斥澤惟亟去無流若交軍於斥澤之中必依水草而背衆樹不得已與敵會於斥澤之中却須有水草林木而處之此處斥澤之軍也平陸之軍處易言於平陸必擇其坦易平穩之地以處軍使我車騎得之馳逐也

面右背高前死後生戰便利也太公曰軍必左川澤而右丘陵死者下而不高也下不可以禦高戰不便於利軍馬也此處平陸之軍也凡四軍之制黃帝所
以勝四帝者也吳子問孫武曰敵人保據山險擇利而
處之糧食又足挑之則不出乘間則侵掠為之奈何曰
分兵守要謹備勿懈潛探其情密候其意以利誘之禁
其牧採久無所得自然變改待離其固則奪其所愛也
又魏武侯問於吳起曰凡左右高山地甚狹迫卒遇敵
人擊之不敢退之不得者奈何此谷戰也而我雖眾不用

當募吾材士與敵相當陽為不驚輕足利刃以排前行
分車列騎隱於四旁相去數里令無見兵敵必堅陣進
退不敢於是出旌列旗行出外山營之敵人必懼以騎
挑之勿令休息敵若堅守急行間諜以觀其變亂則擊
之縮則復之此可勝也凡谷戰之兵巧於設伏選精銳
當前列以強弩次以短兵勇鬬而速戰又選輕足之卒
擇徑升高下瞰敵兵而戰或多建旗鼓自以震之凡於
山峽卒遇敵即急鼓譟先使其驚亂然後合變以擊之

凡發兵深入遇大林木與敵分林相拒謂之林戰以我
軍分為衝陣使兵所處矛弩為表戟楯為裏斬除草木
極廣吾道以便戰所高置旌旗謹於軍衆無使敵人知
吾情實然後率吾矛弩相與為伍若遇林少樹則以騎
為轉見利則戰未見則止若遇林木多又有險隘阻以
衝陣謹備前後更息更戰敵人必走又林戰之道晝廣
旌旗夜多火鼓利用短兵巧在奇伏或發於前或起於
後左之右之中以強弩利且守險而止擊冒頓匿其精

兵見其羸弱漢悉兵北逐之高帝先至平城步兵未盡
到冒頓從精兵三十萬圍之白登七日此已然之驗也
近世戎狄奇策亦不過是此多將之所察而愚將之所
陷也上下山阪出溪澗而中國之馬弗與也與猶如也險道
傾仄且馳且射中國之騎弗與也風雨罷勞饑渴不困
中國之人弗與也此匈奴之長技也若夫平原易地輕
車突騎則匈奴之衆易撓亂也勁弩長戟射疎及遠則
匈奴之弓弗能格也堅甲利刃長短相雜遊弩往來什

伍俱前則匈奴之兵弗能當也材官騶發騶矢之善也矢道
同的則匈奴之革笥木薦革笥以皮作如鎧皮之木薦以木短如柏也弗能
及也下馬地鬬劒戟相接去就相薄則匈奴之足弗能
給也此中國之長技也由此觀之匈奴之長技三中國
之長技五前史稱胡兵五而當漢兵一今雖頗得漢巧
猶三而當一是中國之利器居多且人善騎而不能善
步中國走兵有強弩利刃之銳足以抗之然中國之不
敵者人姓習安不若其耐勞若於霜雪沙磧不毛之地

又其性不善攻攻亦不久惟利衝擊故前世名將必以
奇制之而不與爭馳逐也南方夷蠻其性剽悍狠愨樂
為盜賊而勢不能堅惟用標槍旁牌飛刀環刀木弩以
為兵械善為藥箭中者大叫信宿輒死依山阻水怙持
其險急則竄伏緩則鈔掠浮船則水道多絕陸行則險
阻不進非中國之所能擊此之法利於平地以奇畧誘
其人隱伏積兵竊發而擒之誘之之術多從反間出甘
言重幣招致使來則入吾計中大凡中國之民屋宿火

食衣被繒纊北方殺氣早降手足皸瘃不能渡漢南方
暑濕谿谷毒癘不能踰嶺以中國之人戍守則十不當
一故古者以蠻夷攻蠻夷則強弱相當是以濱塞之民
召募為用闢曠土以食之厚賞格以激之馳射格鬬是
其素所畜積省縣官之費減轉餉之勞多縱間諜以重
賂誘其酋豪大姓使之攻擊比用華人其利十倍故吳
起古之善將也亦常論六國之俗不同曰夫齊陣重而
不堅秦陣散而自鬬楚陣整而不久燕陣守而當走三

晉陣理而不用三晉燕趙魏也夫齊性剛其國富君臣驕奢而
簡於細人其政寬祿不均齊威王新立不理國政委於卿大夫故言驕奢而祿不均
簡者輕易也細人皁隸牧之屬也一陣兩心前重後輕上驕下怨故曰兩心擊之
之道必三分之獵左右脅而從之其陣可壞卒不戢偷其生故其陣自
壞也秦性強其地險秦左崤函右汧隴終南在太白前朔方郡其後其政嚴賞罰
甚明人不讓皆有鬬心故散自鬬也秦孝王用商鞅強國之術人皆勇於
戰敢於私鬬也擊此之心必先示之以利引而去之士貪於得
而離於將乘乖設伏其將可取楚性弱江淮之間地薄人性怯懦其

地廣其政躁其人疲故整而不久楚悼王急於政令故躁疲者整而不能久也擊此之道襲亂其屯先奪其陣輕進退弊而勞之切勿與爭戰其兵可敗驚其屯聚出其不意以動其氣既則勿與戰楚人輕薄不能持久自散敗之燕性慤士厚以深故性端慤其人甚好勇義寡詐謀地近蕃戎俗習騎射好勇好騎而無機變擊此之道觸而迫之凌而遠之使忿其將可慮迫之使用及怒遠之令疑惑性拆不可怒怒則必死可出奇取之三晉中國也其性和其政平有成計而施於用一不中式則勝負隨至故陳豨不守漳水而高祖擒之龐涓失計於馬陵而孫臏破之成安君不保井陘終擒於韓信慕容超不固大峴

卒敗於劉裕趙奢之登北山秦兵雖強而莫上李弼之據渭曲齊師雖衆而弗利已上見故事門得失之鑒較然如斯可不務哉

土俗

夫五方之民有五方之俗皆有性不可推移剛柔遲速異齊器械異制衣服異宜故朔陲積陰之野食肉飲酪其人密理故耐寒百粤多陽之地其人疎理故耐暑是其天性然也古之名將受命伐國必度其俗之強弱能之長短常以我之長擊彼之短料其所好而誘之因其所惡而攻之大抵北方之人與西方之人其性相類士力能彎弓盡為甲騎其寬則隨畜田獵禽獸為生急則習戰攻以侵伐為事其長兵則弓矢短兵則刀鋋利則進不利則退不羞迫走苟利所在其擊之法利為伏兵相其險阻隱匿之地或叢林薈翳之處擇精兵利器千人為部委在各伏其要而不堅者從以弱卒佯為不利以數百千人委之必貪其獲俟其競進發伏以擊之必

克若與之平原曠野度長挈大兵一切之利則非我所長又彼之能在弓矢我當以強弩邀之故春秋時戰法曰使勇而無剛者嘗寇而速奔之為覆以待之切戒輕而不整貪而無親勝不相讓敗不相救先者見獲必勝進進而遇覆必速奔後者不救則無繼矣此已試之效也其俗亦好為誘兵羸師而致敵宜謹視之大凡兵之體用好高而惡下貴陽而賤陰養生而處實生為陽養

於陽則氣勝實為高處於高則遠絶卑濕百疾不起人安於用此兵之利而地之助也兵法曰絶澗天井天牢天羅天陷天郤六者謂之六害遇之者速去不可近也所謂絶澗者山水深大之地也天井者地形下大水可及之地也天羅者山澗迫狹可羅絶人之地也天牢者林木隱蔽葭葦深廣之地也天陷者道路泥濘人馬不通之地也天郤者土多溝坑坎陷木石之地也常令吾遠之敵近之吾迯之敵背之軍行有險阻者潢井生葭

山林翳薈者必謹覆索之此伏姦之所也故兵行途有所不攻攻地所有不爭謂此類也夫出師有主客而用兵有步騎所有既殊則地亦不能無利故鼂錯曰丈五之溝漸車之水（漸浸也）山林積石經川邱阜（經川常川之水也）草木所在此步兵之地也車騎三不當一土山邱陵曼衍相屬平原廣野此車騎之地也步兵十不當一平陵相遠川谷居閒仰高臨下此弓弩之地也短兵百不當一兩陣相近平地淺草可前後此長戟之地也劒楯三不當一亂葦竹蕭草木蒙蘢枝葉茂接此矛鋋之地也長戟三不當一曲道相伏險阻相薄此劒楯之地也弓弩三不當一兵法曰候望所及阻壑分川可以從弓矢深葦與草可以施風火左右俱高山則張翼而進後高前下則鋭鋒而進歷漸澤則整隊而亟過居平陸則前死而後生邱陵則必處於陽而右背之提防則必據其陰左向之若此者皆須大將察理而諭於心則其人疾於戰習於兵輕其將薄其士無死志故理而不用（軍務不息則民背其

將勝敗無常則士薄其祿不畏戚不貪利則士無死志故初理而後不堪用也）擊此之道阻陣而壓之衆來而拒之去則追之以倦其師則可敗也皆謂揣其人性之弊又度其國政之失因其弊而制之則我得其利彼受其害且易為之力矣司馬法曰人各生其方則其性情嗜好有東西南北之不同習與性成俗化則異言四方兵勢西與北有兵馬之便東與南有舟檝之利西與北寒慘無金鐵東與南暑濕毀弓弩中土多五兵雜木便弓馬舟檝是其異宜也故燕無函秦無

盧胡無弓言其俗之所長也孫武曰校之以計而索其情主孰有道將孰有能亦言先定彼之善否不知此而用兵猶瞽之無相其顛隕立可待矣

武經總要前集卷九

欽定四庫全書　子部

武經總要前集卷十

詳校官編修臣程嘉謨

總校官候補中允臣王燕緒
校對官中書臣李斯咏
謄錄監生臣湯觀瀾

武經總要前集卷十

宋　曾公亮等　撰

攻城法

用兵之法全國為上破國次之全卒為上破卒次之皆謂用謀以降敵必不得已始修車櫓具器械三月而後成踊土距闉又三月而後已恐傷人之甚也故曰攻城為下然攻亦有道必在審彼之強弱量我之衆寡或攻而不圍或圍而不攻知此之道則能勝矣攻之者大要攻其所必守與其所必救故城有宜急而取之者有宜緩而尅之者若彼我勢均外有強援慮腹背之患者須急攻之以速其利如我強彼弱外無寇援力足以制者當羈縻守之以待其斃是謂不以兵攻以計攻困之令其自拔令其自援若城堅兵衆欲留我師外援且至則表裏受敵拔之未足為利不拔足以挫威若是而將

有不勝其忿而蟻附之士卒被傷城終不拔者乃攻之災此所謂不審彼之強弱者也法曰十則圍之五則攻之兵少則不可久圍環而闕之離而合之此所謂量我之衆寡者也城有所不攻者有所必攻者故兵向城必先使諜者求知城中之糧數計人為費糧多而人少則攻而勿圍糧少而人多則圍而勿攻此所謂或攻或圍者凡欲攻城備攻具然後行之得生地然後臨之趨其所邑謂攻其軍主之所在絕其所恃謂斷其糧道而守

其歸路使外交不得相救也圍兵必去城三百步外則弓矢不及姦偽不通賊出突圍勢力已困欲攻其一面則四面撓之使敵不知所備此兵謀也不發掘墳墓不殺老幼婦女不焚廬舍不污井竈不毀神祠佛像恐怒敵也破城鼓聲未絕不許散俘虜俘虜須限以時及時擊鼓三通軍人便須歸營若捉獲婦女者三日外不許留置在營此軍禮也得賊城堡非有要害可恃者不分兵鎮守得賊城近境者則固守以積糧儲薪芻中備之

物以所以免轉輸之勞也今來歷代攻城之器可施設
者圖形於左以備用云

地道

右地道約高七尺五寸廣八尺凡攻地者使頭車抵城鑿城為地道每開至尺餘便施橫地栿立排沙柱架巻防城土下推鑿之漸深則隨益設之役夫運水皆自頭車緒棚内外往來穴城欲透量留三五尺以來則積薪於内縱火焚之柱折則城摧

距闉

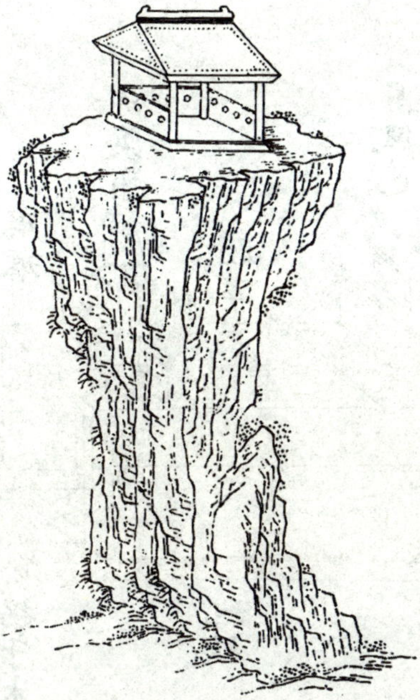

右距堙即土山也凡頭車攻城則取其土為堆阜非攻城者亦可鑿土為之使人乘城而上世亦謂之疊道仍用生牛皮作小屋并四面蒙之屋中容運土人以避矢石

不排搭緒棚

梯盤

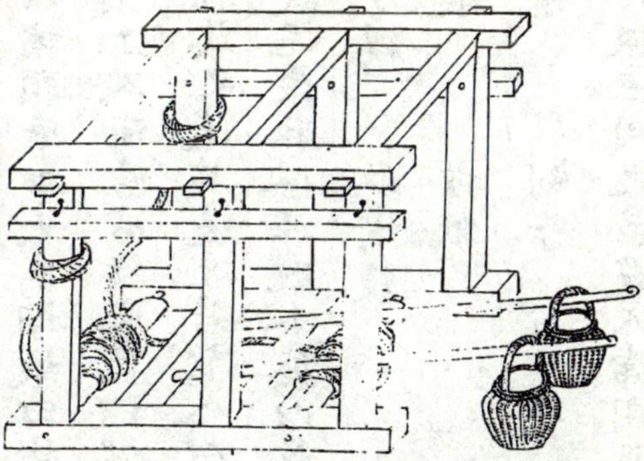

土筦子

緒棚蓋芭

緒棚垂芭

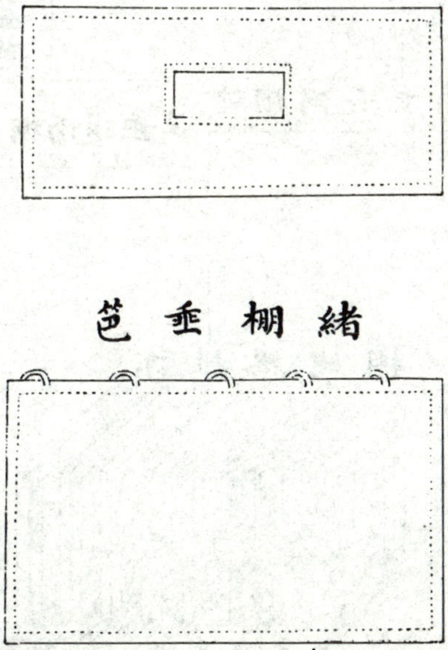

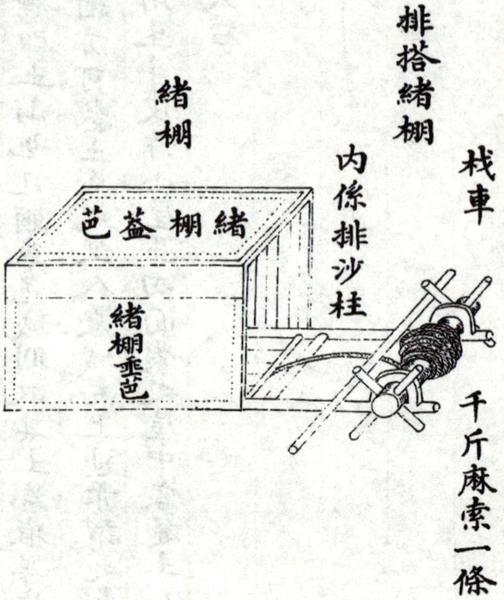

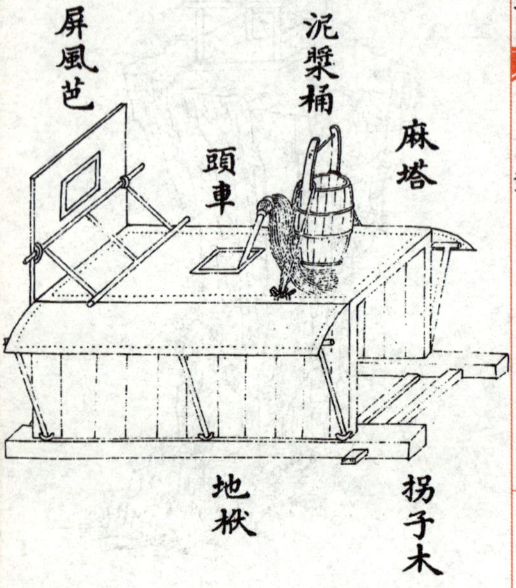

欽定四庫全書

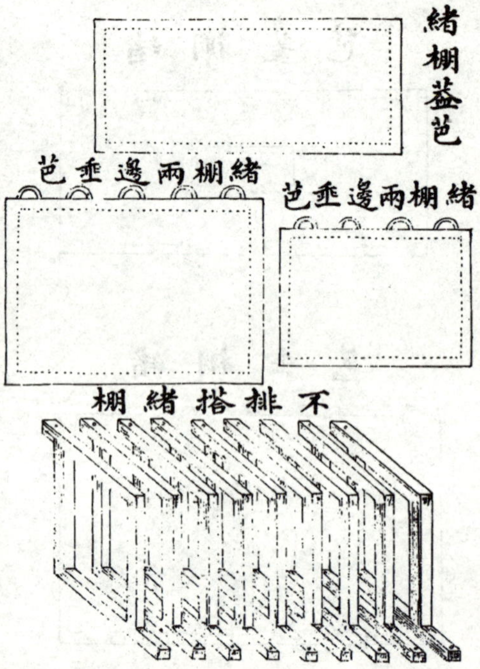

右緒棚接緒頭車架木為棚故曰緒棚其高下如頭車棚上及兩旁皆設皮芭以禦矢石若頭車進則益設之隨其遠近若敵人以火焚車及棚則施設泥漿麻搭渾脫水袋以救之

鋒刃钁　鴉嘴钁

鏵鍬　方鍬

鐵鏝　剗子

右地道内搬土用之並設人常用更不圖形

排搭緒棚

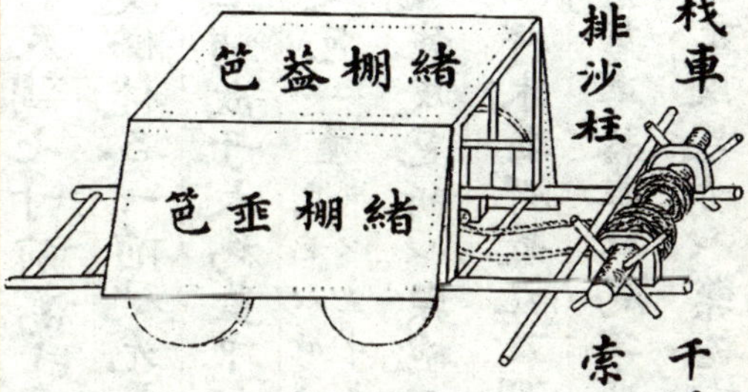

頭車

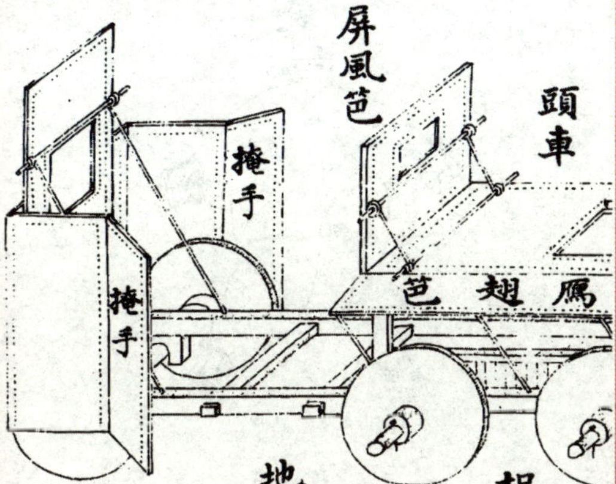

欽定四庫全書

鴈翅笆

屏風笆

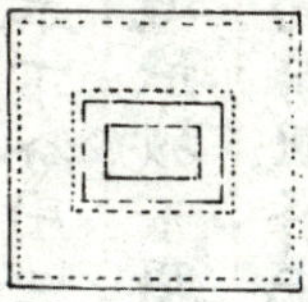

鴈翅笆

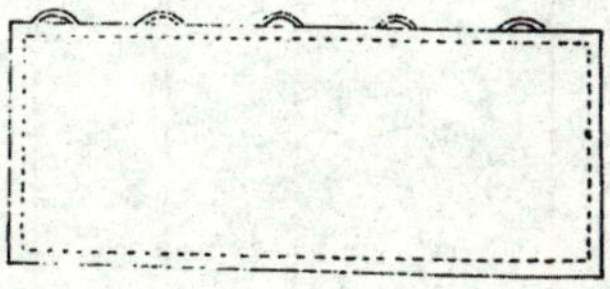

水馬子

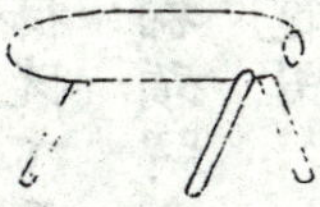

上頭車梯

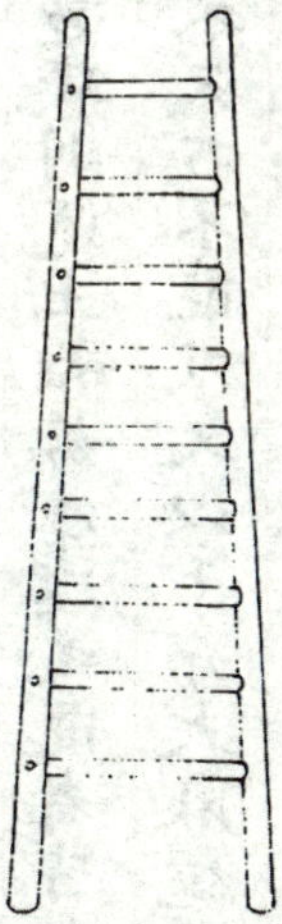

編皮笆

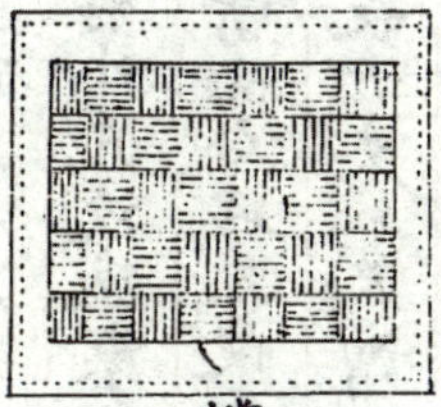

撐鴈翅笆拐

渾脫水袋

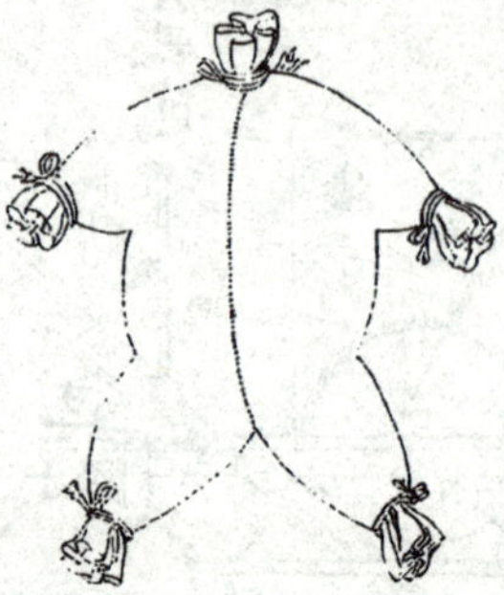

右頭車攻城器也身長一尺闊七寸前高七尺後高八尺以兩巨木為地袱前後梯梲各一前梲尤要壯大上置四柱柱頭設梃衣梁上鋪散子木為蓋中留衣竅橫二尺容人上下蓋上鋪皮笆一重（皮笆以竹片編成以生牛皮漫）笆上鋪穰藁厚尺餘穰藁上又施皮笆所以禦砲石也車三面皆設約竿（如坐榻上上欄干）頭牌木每牌長九尺濶五寸厚六寸首有小竅以皮繩繫著車蓋垂在約竿外木無定數但取遮衮三面牌外又垂皮笆亦以禦砲方竅下置梯以升蓋前上施屏風壹笆中開箭窻倚以木馬令人於笆內射外凡攻城鑿地道以車蔽人先於百步內放矢石擊當面守城人使不能立乃自壕外進車用大木二條各長一丈八尺謂之揭竿首揷前梲下稍壓後梲出以土囊壓竿稍令揭車首昂起車每進便設緒棚續車後遇壕則運土雜芻藁填之運者皆自車中及緒棚下往來矢石不能及又以千斤大麻繩繫車梲引向後出以絞車自後急緩以助竿力令車首常去地尺餘兩

面約竿牌本下分用三十人推挽梯梲下又以木橛鈇梃斡跳使進抵城下頭車舊木無輪頭牌令添入兩旁十輪及前面屏風并兩捲手愬可適用

行砲車

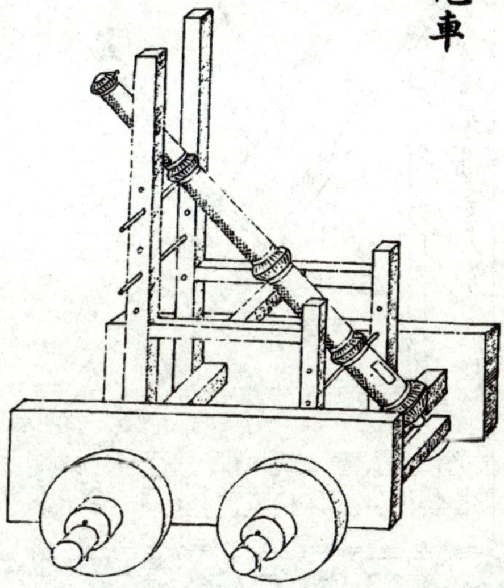

軒車砲

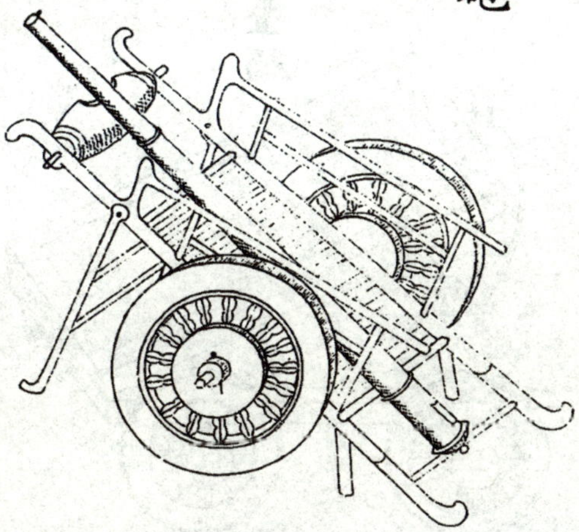

槔橋

右槔橋長短以濠為準下施兩巨輪首貫兩小輪推進入濠輪陷則橋平可渡若濠濶則用摺疊橋其制以兩濠橋相接中施轉軸用法亦如之

摺疊橋

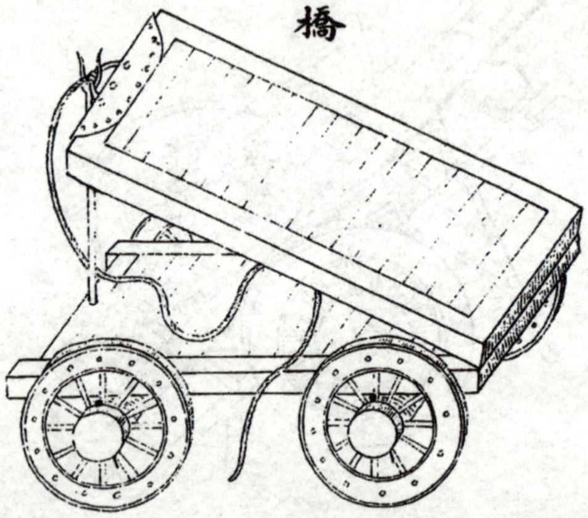

雲梯

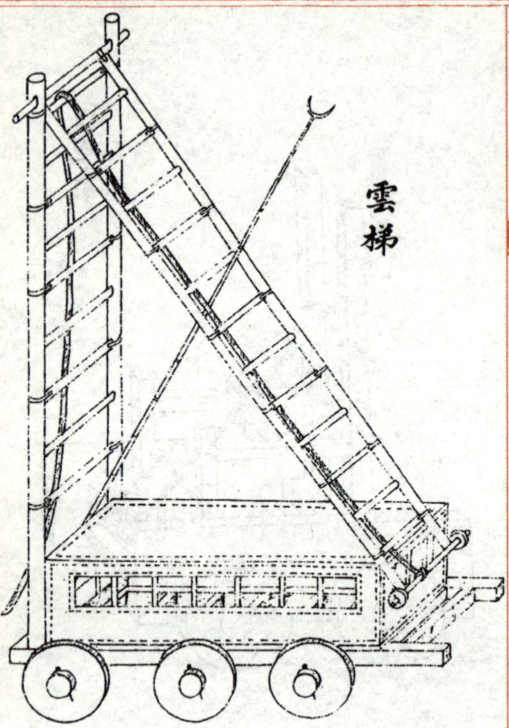

右雲梯以大木為牀下施六輪上立二梯各長二丈餘中施轉軸車四面以生牛皮為屏蔽內以人推進及城則起飛梯於雲梯之上以窺城中故曰雲梯

飛梯長二三丈首貫雙輪欲蟻附則以輪著城推進　竹飛梯用獨竿大竹兩旁施脚澁以登　躡頭飛梯如飛梯之制為兩層上層用獨竿竹中施轉軸以起梯竿首貫雙轆取其附城易起

火車

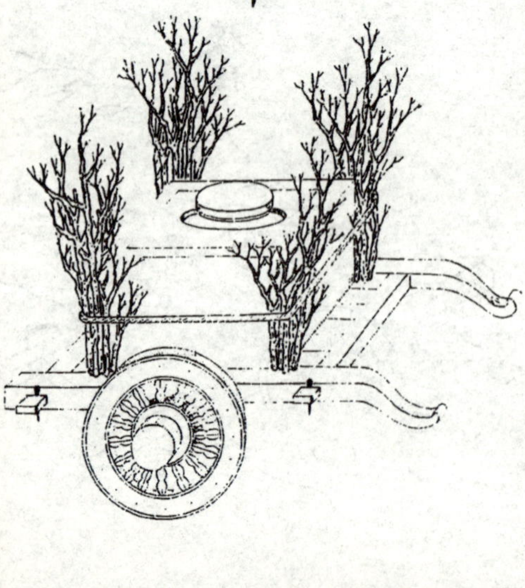

右火車以兩輪車中為爐上施鑊滿盛以油熾炭火爨令沸仍四面積薪推至城門樓下縱火而去敵必下水沃之油得水其焰益高則樓可燔也

飛梯

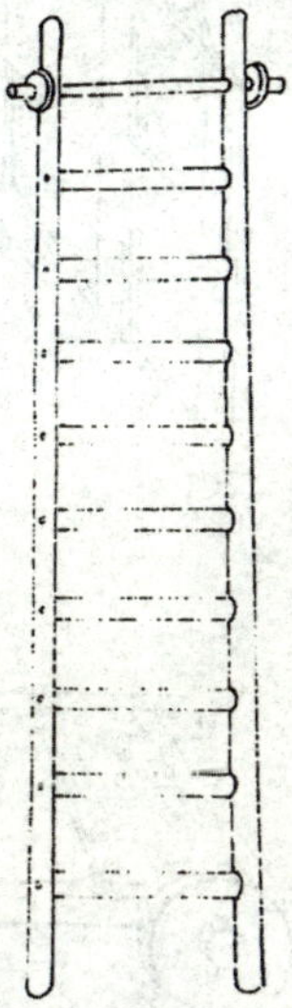

竹飛梯

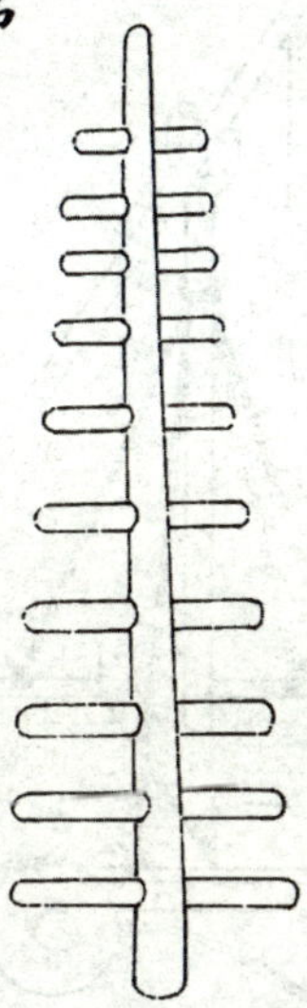

躡頭飛梯

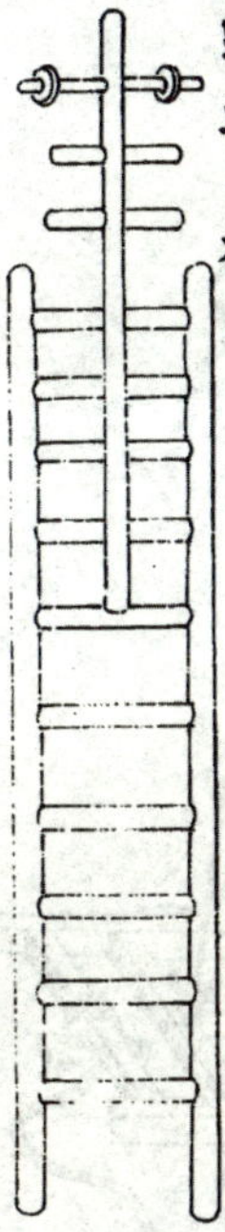

轒轀車

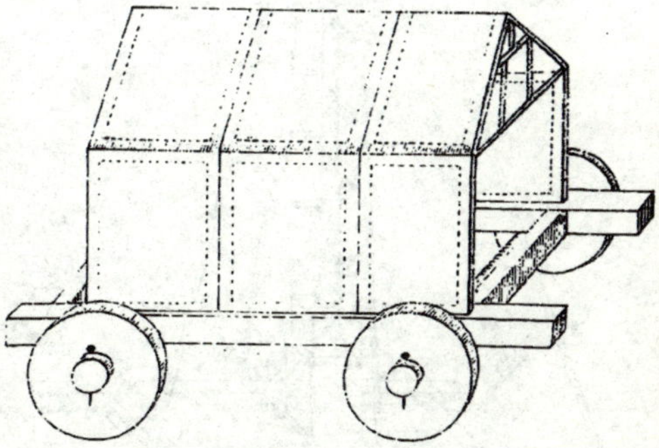

尖頭木驢

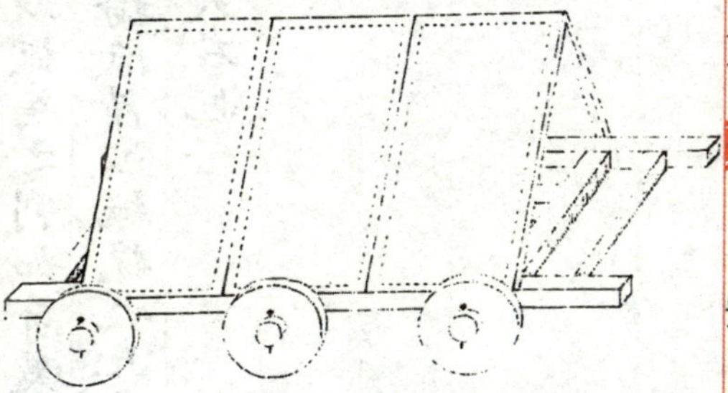

木牛車

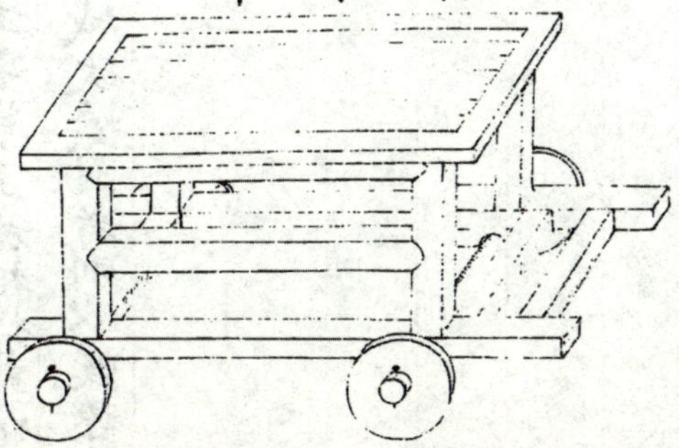

木幔

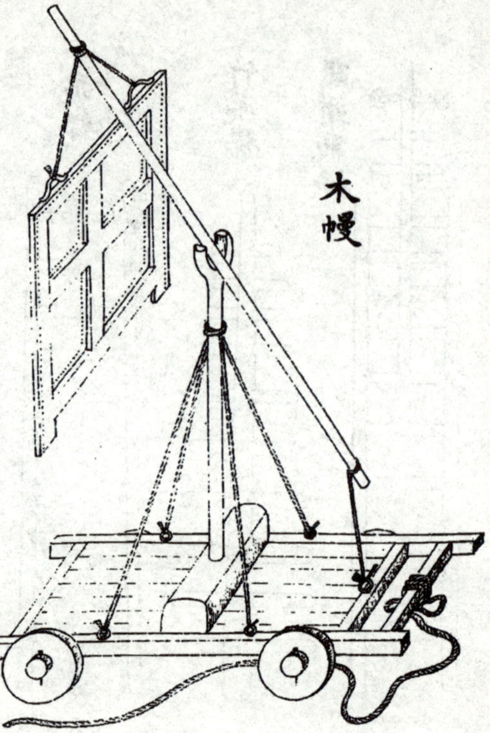

右轒輼車下虛上蓋如斧刃其車梯盤勿施枕板中可容人着地推車載以四車輪其蓋以獨繩為脊以生牛皮草蒙之中可蔽十人塡隍推之直抵城下攻擊

尖頭木驢形如轒輼車惟增二輪上橫大木為脊長一丈五尺上銳下方高八尺以生牛草裹之內蔽十人推過城下以攻城作地道木牛以堅木厚板為平屋裹以生牛草下施四車輪自內推進以蔽攻城下亦木驢之類也

木幔以板為之制如屏裹以生牛草上施桔槔載以四車輪低昂以繩挽之凡攻城欲蟻附者則以幔禦當面矢石也

望樓車

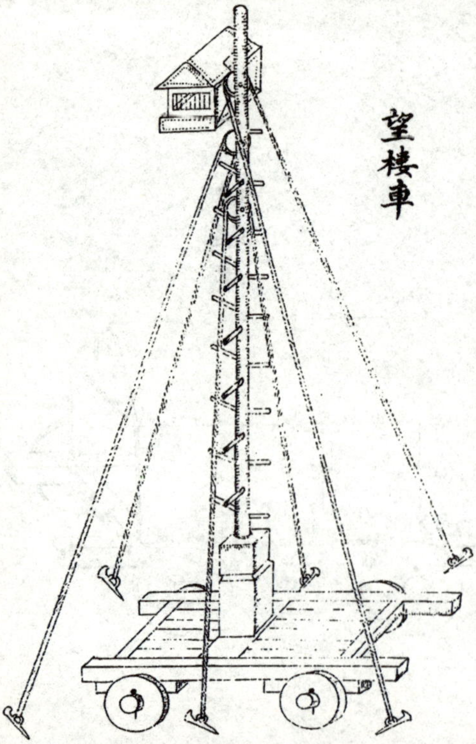

右凡望樓與城中望樓為一制具守城門所以下望城中事攻城欲利推徙故車載其制以堅木為車坐并轅長一丈五尺下施四輪輪高三尺五寸上建望竿凡堅竿皆用鹿頰木長四十五尺上徑八寸下徑一尺二寸如乏長木亦可接用上安望樓竿下施轉軸兩旁施义手木繫麻繩三棚上棚二條各長七十尺中棚二條各長五十尺下棚二條各長四十尺帶鏁鉄橛六條皆下銳凡立竿如舟上建檣法釘橛繫繩六面維之令固餘制及

候望去皆約城中望樓也

鐵猫

火鈎

火鐮

火义

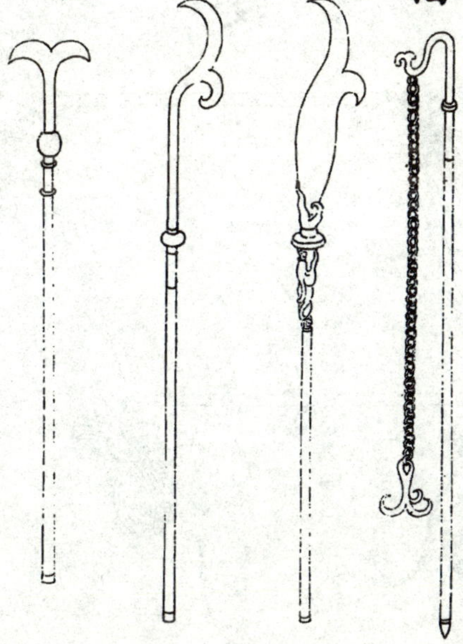

右鐵猫以鐵索擊三鬚　火鈎以雙鈎刀為刃　火鐮以鈎刀為刃　火义以鐵為兩岐凡攻城將透積薪草松明麻籸(音詵)於地道中加以膏油縱火焚城積之令不滅則施四物以備用燒之三日其城自摧

短刄鎗　短錐槍　抓槍　蒺藜槍　拐槍

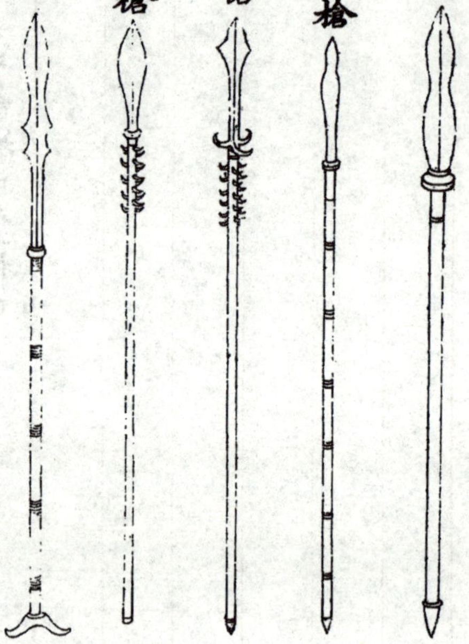

右烈鑚刃連袴長一尺五寸上鋭下方濶八寸柄長三尺有拐　雕耳刃刃連袴長一尺上鋭下狹柄長三尺凡穴城先用鐵鑚土後施鍬鍤　钁錐刃連袴長二尺柄長二尺五寸穴城深者以錐探透否　蛾眉钁長九寸刃濶五寸柄長三尺　鳳頭斧頭長八寸柄長二尺五寸並地道内撅土用之

注盤

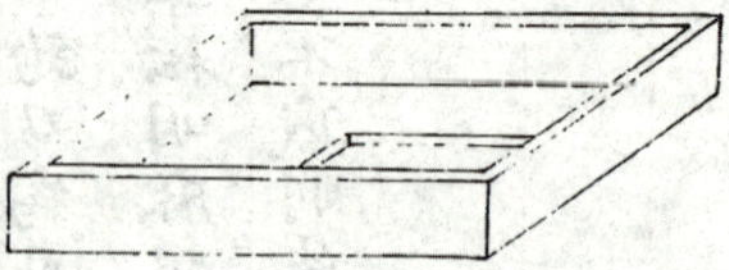

木檻

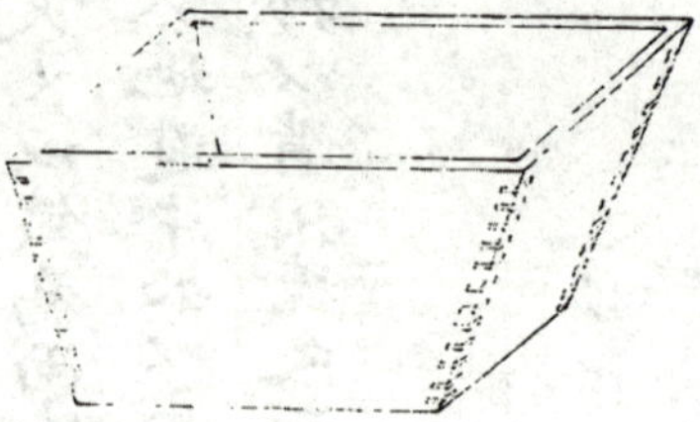

皮透槽

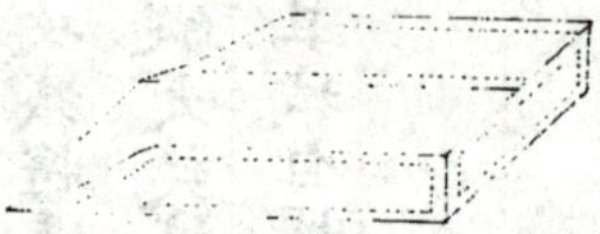

皮漫

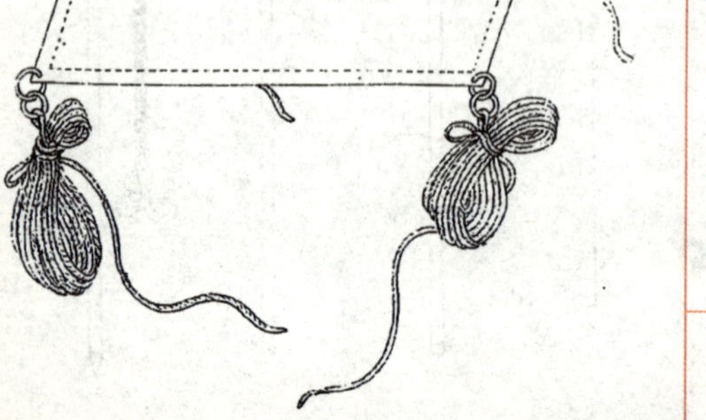

右注盤方四尺深七寸開一竅　木檻方四尺深二尺以儲人清臭藥　皮透槽長四尺闊三尺以生牛皮為之　皮漫方六尺五寸亦生牛皮為之四角各施鐵連鐶環貫火繩凡攻城為地道敵人返穴以迎我我則煮人清臭藥自翻身窟中以注盤透槽下灌敵人

翻身謂城中鑿地道迎我以甕聽審知所自我則傍穿暗道層級漸高直至敵人所鑿地道上為穴穴口施注盤以透槽注藥以灌之

皮漫凡我鑿地道敵人作翻身窟注藥害我我則張皮漫縶繩於排沙柱端以蔵之則無害

行女墻

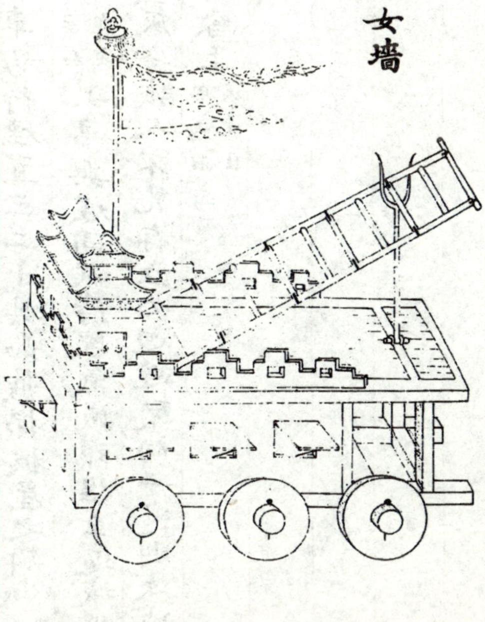

木女墻

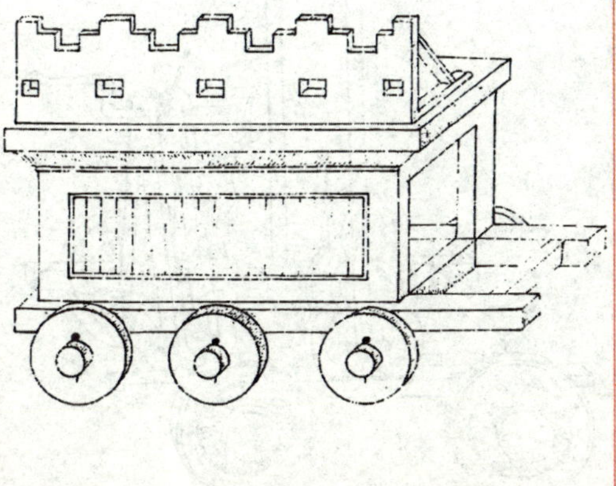

行天橋

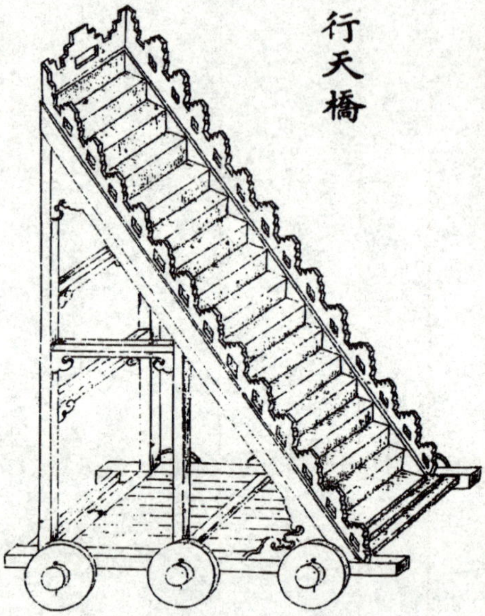

避檑木飛梯

把車

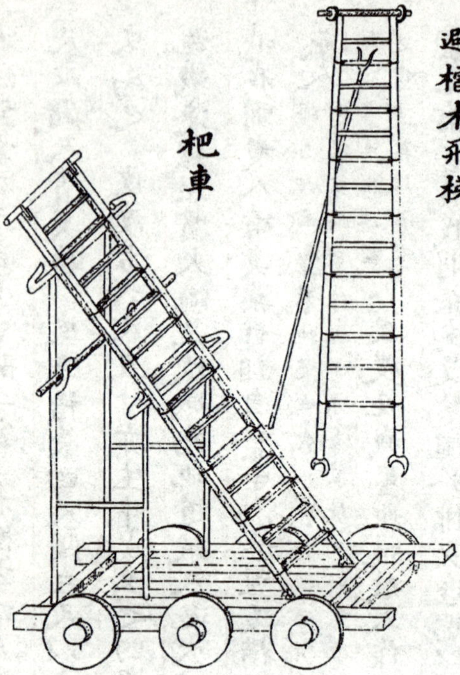

颶塵車

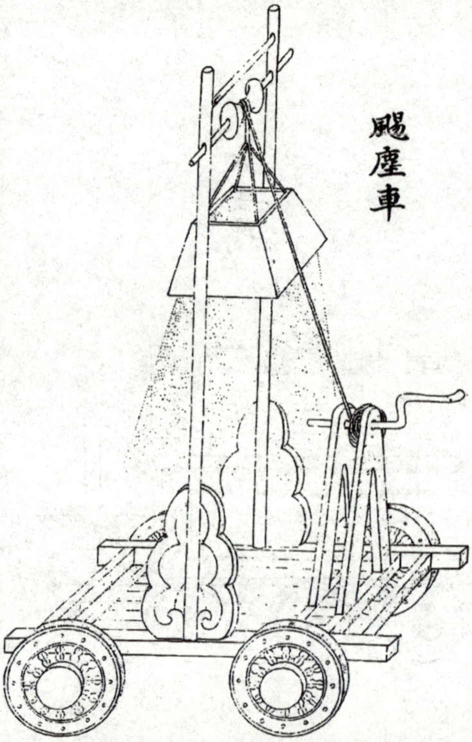

颶塵車約行煙置三二十具如飛梯板屋之類（或即以飛梯板屋移用之亦通）其車與煙同縱待煙氣盛即推車逼城颶其塵灰守城人不能存立必迴避聚向一邊則攻城人可緣上（用矢石灰最佳）

填壕車

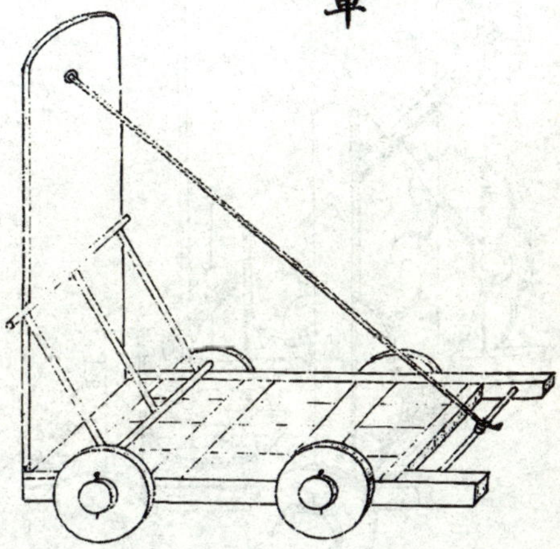

填壕皮車

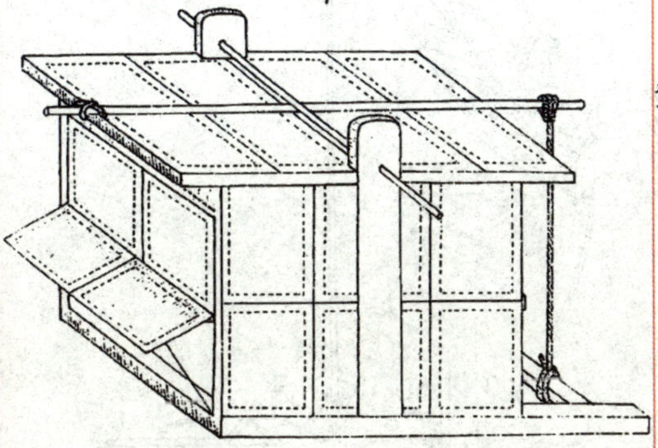

巢車

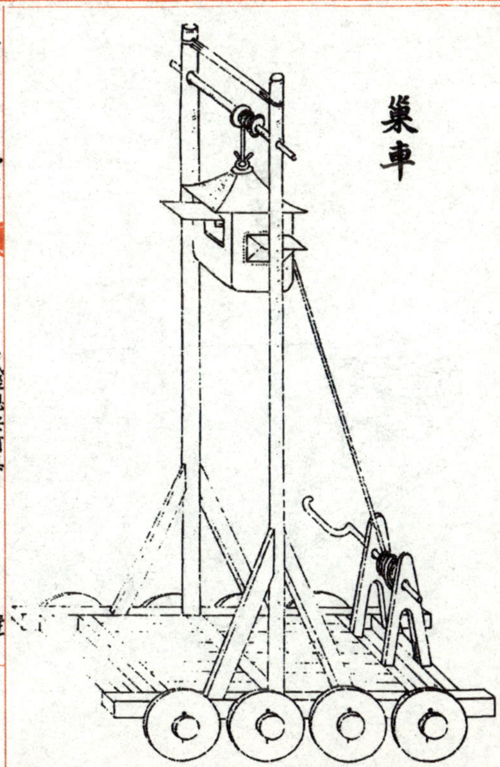

右巢車其制以八輪車當中建高竿竿首施轆轤以繩挽板屋上竿首其屋方四尺高五尺以生牛皮裹之以禦矢石竿之高下以城為準使人藏屋中下窺城中事遠望如鳥巢故謂之巢車也

雙鈎車

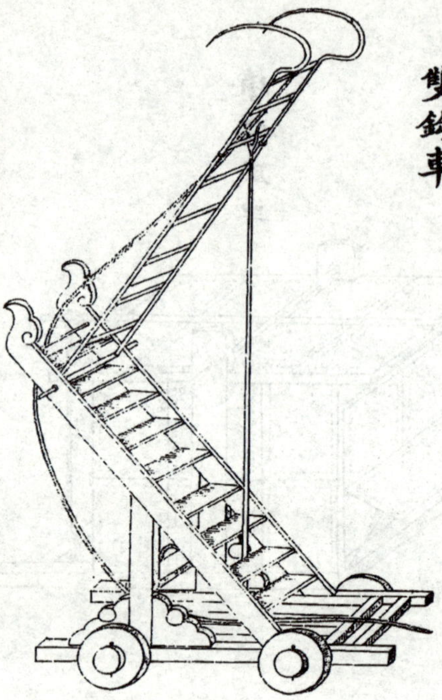

搭車

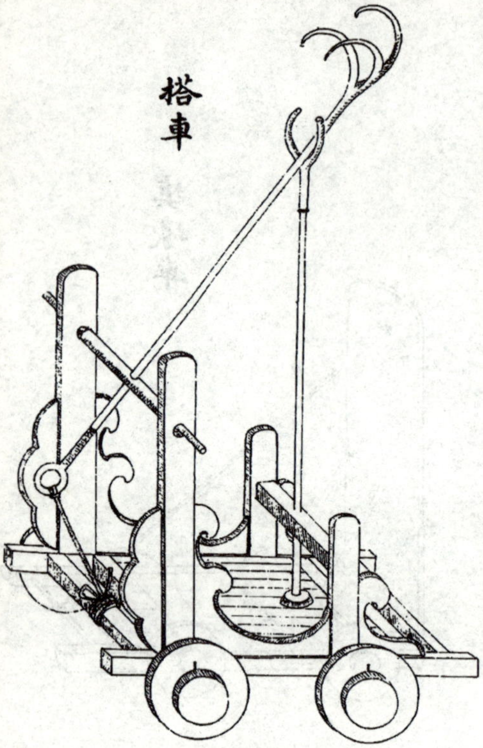

餓鶻車

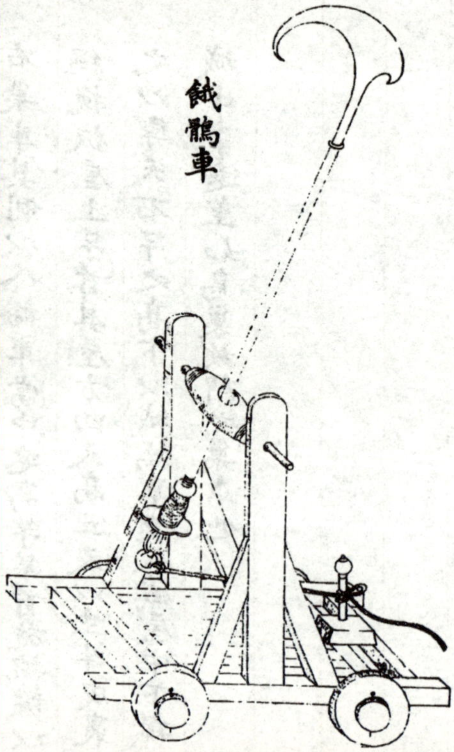

鈎撞車

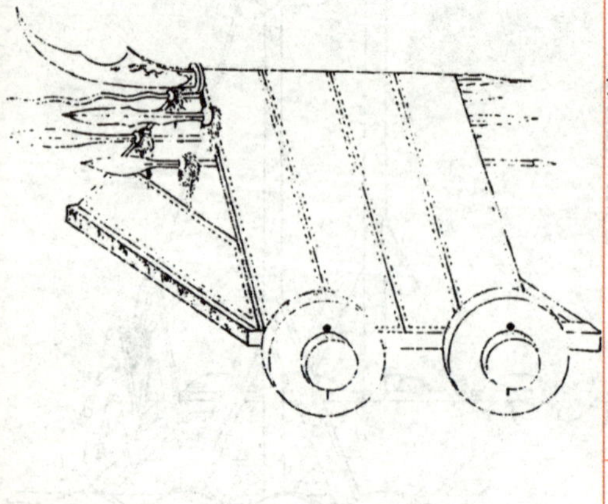

地戟

風輪船

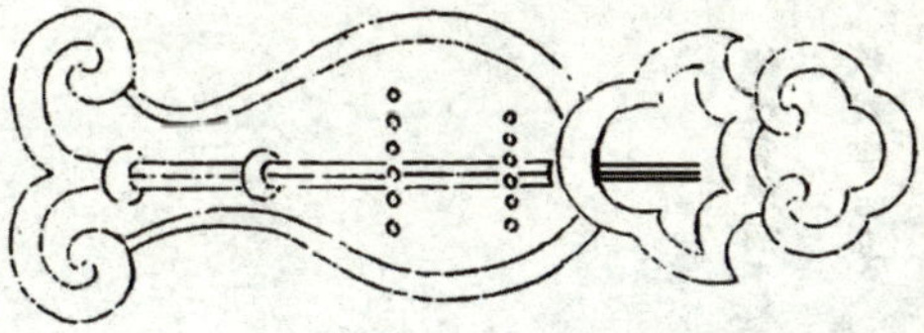

欽定四庫全書

武經總要前集 卷十

三十四

距馬槍

欽定四庫全書

武經總要前集 卷十

三十五

武經總要前集卷十

欽定四庫全書

子部

武經總要前集卷十一

詳校官編修臣程嘉謨

臣紀昀覆勘

總校官候補中允臣王燕緒

校對官中書臣李斯咏

謄録監生臣湯觀瀾

欽定四庫全書

武經總要前集卷十一

宋 曾公亮等 撰

水攻 并圖

夫水攻者所以絕敵之道沈敵之城漂敵之廬舍壞敵之積聚百萬之衆可使為魚害之輕者猶使緣木而居懸釜而炊故曰汾水可以灌安邑河水灌大梁淯水灌潁川韓信夾濰水決沙囊而斬龍沮曹公引沂泗注下邳而克吕布皆控帶山埠得地形之利也若平陸引水勞力費功利害相半智伯以水攻而亡此又水攻者之宜戒也今存其法焉故兵法曰以水佐攻者彊凡水因地而成勢謂源高於城本高於末則可以遏而止可以決而流或因而絕路或堰以灌城或注毒於上流或決壅於半濟其道非一須先設水平測度高下始可用之也

水戰 并圖

吳楚揚越之間俗習水戰故吳人以舟檝為輿馬以巨海為平道是其所長春秋時吳以舟師伐楚又越軍舟戰於江伍子胥對闔閭以船軍之教比陸軍之法大翼者當陸軍之車小翼者當輕車突冒者當衝車樓船者當行樓車橋船者當輕足驃騎大翼以下皆船名公輸船自魯之楚為舟戰之具謂之鉤拒退則鉤之進則拒之漢武伐南越於昆明開池習水戰製樓舡上建樓櫓戈矛船

下置戈戟以禦蛟鼉水怪之害然樓船戰艦形制之盛不若輕疾之利焉故張威畜罷械以樓船大船為先趨便利力功效則走舸海鶻為其用或伏襲而入敵境則凡舟皆可用也故呂蒙襲關羽白衣搖櫓作商賈服羽不聞遂立功焉

水平

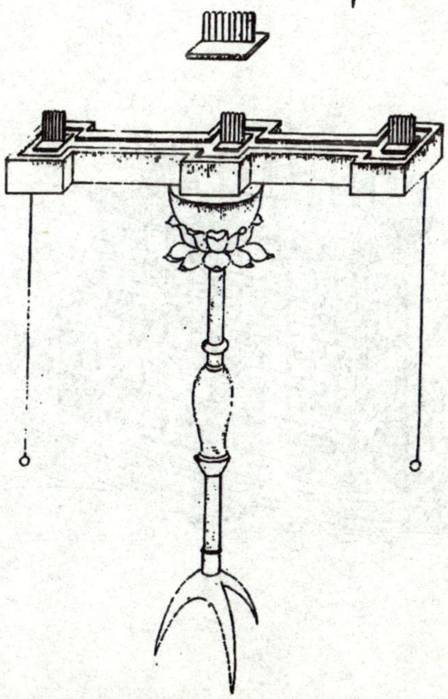

水平者水槽長二尺四寸兩頭及中間鑿為三池池橫闊一寸八分縱潤一寸三分深一寸二分池間相去一尺五寸間有通水渠闊二分深一寸三分三池各置浮木木潤狹微小於池箱厚三分上建立齒高八分潤一寸七分厚一分槽下轉為關脚高下與眼等以水注之三池浮木齊起剏目視之三齒齊平則為天下準或十步或一里乃至數十里目力所及置照版度竿亦以白繩計其尺寸則高下丈尺分寸可知謂之水平

照板形如方扇長四尺下二尺黑上二尺白闊三尺柄長一尺可握度竿長二丈刻作二百寸二千分每寸內小刻其分隨其分向遠近高下其竿以照板映之眇目視三浮木齒及照板以度竿上尺寸為高下遞而往視尺寸相乘山岡溝澗水之高下淺深皆可以分寸度之

照板

戰船

凡水戰以船艦大小為等勝人多少皆以米為準一人不過重米二石帆櫓輕便為上以金鼓旗幡為進退之節其戰則有樓船鬭艦走舸海鶻襲則有蒙衝遊艇其罷則有拍竿為其用利順流以擊之諸軍視大將之旗旗前亞聞鼓則進旗立聞金則止旗偃即還若先鋒遊奕等船被圍而須外援則視大將赤旗向賊點則進旗前亞不舉則徐退若張疑兵則於浦泥廣設旌旗幡檣以惑之此其大畧也

遊艇

遊艇者無女墻舷上槳牀左右隨艇子大小長短四尺一牀會進止回軍轉陣其疾如風虞候用之拍竿者施於大艦之上每作五層樓高百尺置六拍竿并高五十尺戰士八百人旗幟加于上每迎戰敵船若逼則發拍竿當者船舫皆碎隋高祖命楊素伐陳自信州下峽造大艦名五牙艦上起樓五層高一百餘尺左右前後置六拍竿並高五十尺容戰士八百人旗幟加于上次曰黃龍置兵五百人自餘平乘舴艋

等各有差軍下至荊門陳將呂仲肅於州以艦拒素素令巴蠻乘五牙四艘逆戰船近以拍碎陳十餘艦奪江路

蒙衝

蒙衝者以生牛草蒙戰船背左右開掣棹空矢石不能敗前後左右有弩窻矛穴敵近則施放此不用大船務在捷速乘人之不備

樓船

樓船者船上建樓三重列女牆戰格樹幡幟開弩窻矛穴外氊革禦火置炮車檑石鐵汁狀如小壘其長百步可以奔車馳馬若遇暴風則人力不能制不甚便於用言施之水軍不可以不設足張形勢也

走舸

走舸者船舷上立女牆棹夫多戰卒皆選勇力精鋭者充往返如飛鷗乘人之所不及金鼓旌旗在上

闘艦

闘艦者船舷上設女牆可蔽半身牆開掣棹空音孔船內五尺又建棚與女牆齊棚上又建女牆重列戰士上無覆背前後左右豎牙旗金鼓晉謀伐吳詔王濬修船艦乃作大舟連舫一百二十步受二千人以木為城起樓櫓開四門其上皆得馳馬畫鷁首怪獸以懼江神

海鶻

海鶻者船形頭低尾高前大後小如鶻之形船上左右置浮板形如鶻翼翅助其船雖風濤怒漲而無側傾覆背左右以生牛皮為城牙旗金鼓如常法

濟水附

凡軍行遇津渡泛溢及入山谷逢水暴漲止則無舍濟則無舟太公對周武王以飛橋轆轤越溝壍飛江天艎濟大水而不顯制度無以追究然須罷用素具乃克無患或有緩急難以齎持故韓信以木罌渡河而虜魏王豹鄧訓以縫草置筏而擊胡此又臨事制宜而利涉者也今以所存法圖之於左

凡軍行渡水上流有浮沫至者須待其定測水不漲則

渡蓋慮半渡水漲或虜壅遏上流欲絕吾軍也

凡殊方異域水勢有洄洑險惡者及蛟鼉水害之屬兵師濟渡須皆先得鄉導問狀預為防慮

凡將渡先於岸上四面列陣仍令乘高遠望以候騎探之防寇之掩襲然後分隊旋濟

凡濟必先戰隊既升岸勒為方陣亦令人乘高遠望如前法

凡䈬筏謂以竹木及有屋宇處可以毀折為筏浮渡并束草芻亦可用也

凡遇溝澗小水河淺可伐水旁木并枝柯縻以藤蔓縆索推置水中使前後積聚相挽可以渡人

凡大寒欲濟流澌未合以巨繩橫絕水面約澌須臾流澌自合可以濟矣

凡軍行遇溪陂未得濟者則度水闊狹以軍中車用鐵索相維橫絕中流實以土囊以遏水勢水稍淺諸軍可渡

蒲筏

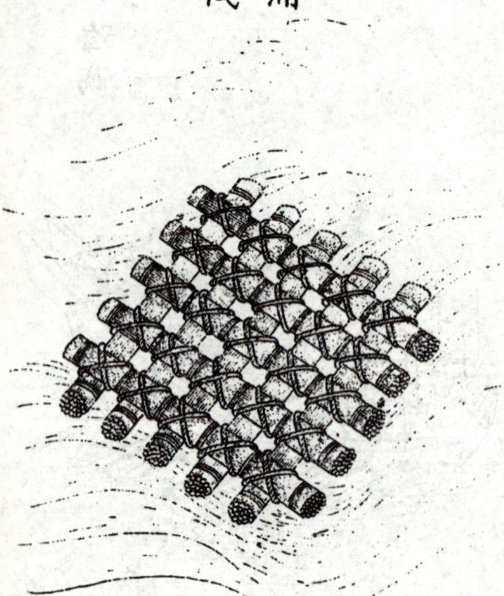

蒲筏者以蒲束九尺圍顛倒為十道縛如束槍狀量
長短為之無蒲用葦可以浮渡

飛絙

飛絙者募善浮水士或使人腋挾浮水繫繩於腰先
浮渡水次引大絙於兩岸立大柱急定其絙使人挾
絙浮水而過罷械載於首如大軍可為數十道渡

浮囊

浮囊者以渾脫羊皮吹氣令滿繫其空束於腋下人
浮以渡

皮船

皮船者以生牛馬皮以竹木緣之如箱形大乾之浮
於水一皮船可勝一人兩皮合縫能勝三人以竹槃
木助之可勝十餘也

木罌

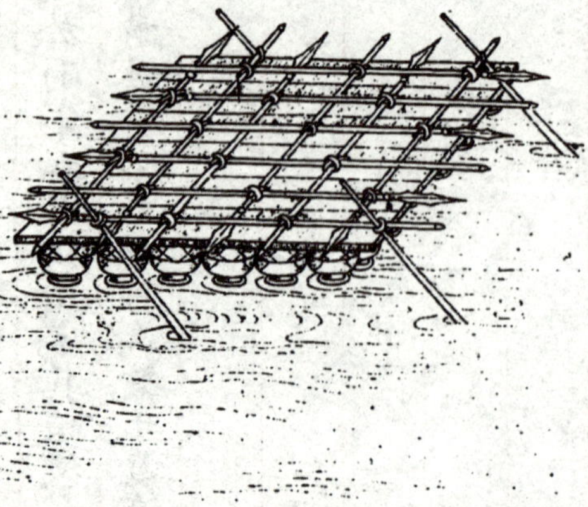

木罌縛甕缶以為筏甕缶受二石力勝一人甕間容
五寸下以繩勾聯編槍其上形長而方前置筏頭後
置稍左右置棹

械筏

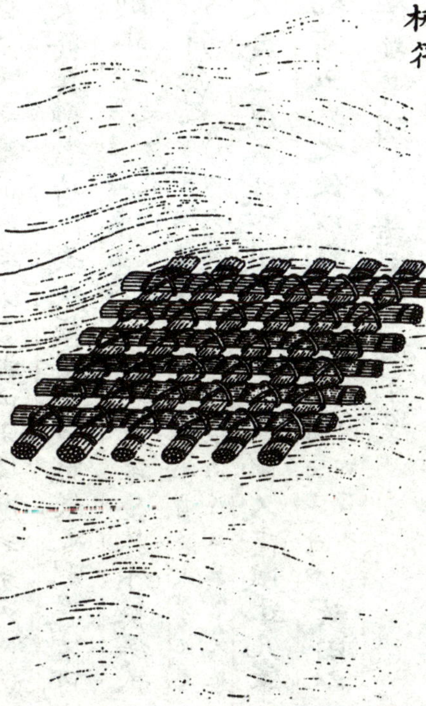

械筏者以槍十條為一束力勝一人且以五千條為
率為一筏槍去鐏刃鱗次而排縱橫縛之可渡五百
人或左右各繫浮囊二十先令水工至前岸立大柱
繫二大絙屬之兩岸以夾筏絙上以木絙環貫之施
繩聯著於筏筏首繫繩令岸上牽挽之以絙為約免
漂溺之患

火攻

兵法曰凡火攻有五一曰火人二曰火積三曰火輜四

曰火庫五曰火隊所謂火人者焚其營柵及其士卒駭
而攻之必潰也所謂火積者焚其糧食薪芻軍無以存
也所謂火輜者罷械財物及軍士衣裝在道未止者也
所謂火庫者軍在營壘已有舍也二者焚之使其乏絶
也所謂火隊者焚其行伍因亂擊之可覆也此五者滅
敵大利也又曰煙火必素具謂蒿芽薪芻膏油之屬皆
素備也發火必有時起火必有日時者天燥也燥者旱天也
日者宿在箕壁翼軫也此四宿者風起之月也凡火攻

必因五火之變而應之火發於内則軍應之於外（謂以外兵攻之）火發兵静者待而後攻極其火力可從之則從不可從則止（謂火晝以來若敵擾亂則攻之不撓則收兵而退）火可發於外無待於内以時發之（若敵居草萊則可從外及時發火不必更待内火發而應之恐敵自燒草萊我不能起火）火發上風無攻下風（以兵隨風勢攻之）晝風久夜風止凡軍必知有五火之便以數之（須算星躔之數守風起之日乃可發火）故曰以火佐攻者明令以諸家舊附于後

兵法曰引兵深入敵境叢林深草在軍前後三軍行遠人馬疲倦不及休止敵人因疾風之利燔吾上風鋭兵伏於吾後若此者則焚燔吾前之草木以絶火勢又燔吾後以拒敵人我軍按黒地而處堅整隊伍敵莫能害

火禽

火禽以胡桃劀剖分空中實艾火開兩孔復合先捕敵境中野雞縶項下鍼其尾而縱之奔入草罷敗火發

雀杏

雀杏磨杏子中空以艾實先捕取敵人城中及倉庫中雀數十百枚以杏繫雀足上加火薄暮羣飛入城壘中棲宿其積聚廬舍須臾火發

火兵

火兵以騎枚縛馬口人負束薪束緼懷火直抵敵營一時舉火營中火亂急而乘之靜而不亂捨而勿攻

火獸

火獸以艾熅火於間及置瓢中開四孔繫瓢於野豬獐鹿項上針其尾端向營而縱放之奔走入草瓢敗火發

火牛

古法也用牛前膊槍其刃向外以樺皮細草桂尾上驅其首向敵發火其牛震駭前奔敵衆必亂可以乘之古有燧象火馬其法畧同皆可度宜用之

火船

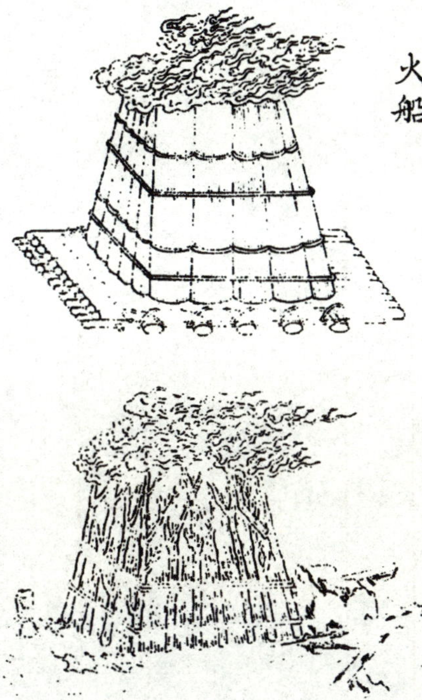

凡水戰用弊船或木筏載以芻薪從上風順流發火
焚敵人樓船戰艦

火人

擇人壯貌音服與敵同者夜竊號遂便懐火偷入營火
焚其積聚火發衆亂而出以兵攻之

風煙

猛煙衝人無拒者凡攻城邑旬日未拔則備蓬艾薪草
萬束已束其束輕重使人力可負以乾草為心濕草
外傅俟風勢急烈於上風班布發煙漸漸逼城仍具
皮笆傍牌以禦矢石

煙毬

毬内用火藥三斤外傅黄蒿一重約重一斤上加火毬
法塗傅之令厚用時以錐烙透

毒藥煙毬

毬重五斤用硫黄一十五兩焰硝一斤十四兩草烏頭
五兩芭頭五兩狼毒五兩桐油二兩半小油二兩半
木炭末五兩瀝清二兩半砒霜二兩黄蠟一兩竹茹
一兩一分麻茹一兩一分搗合為毬貫之以麻繩一

條長一丈二尺重半斤為絃子更以故帋一十二兩半麻皮十兩瀝清二兩半黄蠟二兩半黄丹一兩一分炭末半斤擣合塗傅於外若其氣熏人則口鼻血出二物並以砲放之害攻城者　凡燔積聚及廳可燔之物並用火箭射之或弓或弩或牀子弩度遠近放之其法見攻守及罷械門

武經總要前集卷十一

欽定四庫全書

子部

武經總要前集卷十二

詳校官編修臣程嘉謨

總校官候補中允臣王燕緒
校對官中書臣李斯咏
謄錄監生臣湯觀瀾

武經總要前集卷十二

宋 曾公亮等 撰

守城（并器具圖附）

兵法曰守城之道無恃其不來恃吾有以待之無恃其不攻恃吾有所不可攻故善守者敵不知所攻非獨為城高池深卒強糧足而已必在乎智慮周密計謀百變或彼不來攻而我守或彼不挑戰而我擊或

多方以誤彼師或屢出以疲彼師或彼求鬭而我不出或彼欲去而懼我若此者皆古人所以坐而役敵國之道也此雖得禦攻之計然又要先審可守之利害凡守城之道有五敗一曰壯大寡小弱衆二曰城大而人少三曰糧寡而人衆四曰蓄貨積於外五曰豪彊不用命加之外水高而城內低土脈疎而池隍淺守具未足薪水不供雖有高城宜棄勿守亦有五全一曰城隍修二曰器械具三曰人少而粟多四曰能上下相親五曰刑嚴賞重加之得太山之下廣川之上既高不近旱而水用足下不近水而溝防省因天財而就地理土堅水流險阻可恃兼此形勢守則有餘故兵法有曰城有不可攻又曰善守者藏於九地之下皆以謂此也凡守之道敵來逼城靜默而待無輒出拒候至其矢石可及則以術破之若遇主將自臨度其便利乃以彊弩叢射飛石併擊斃之則軍聲沮喪其勢必遁矣若得敵人稱降及和切勿弛備當益加守禦防其詐降我若敵攻已久不拔而去此為疲師可躡而襲之必

能破此又寄之明哲見利而行不可羈以常檢也古法有曰三里之城萬家守之足矣今若遇敵逼近人力不得暇者即且約容一軍人馬如築於閑時須稍寬闊作為四門二開二閉門外築甕城城外鑿壕去大城約三四十步上施釣橋壕之內岸築羊馬城去大城約十步餘凡城上皆有女牆每十步及馬面皆上設敵棚敵團及敵樓甕城（敵團城角也）有戰棚棚樓之上有白露屋城門

及重門牌版鑿扇城之外四面有努臺自敵棚至城門則常設兵守以觀候敵人圖形於左

右平陸築城下闊與上倍其高又與下倍假如城高五丈則下闊二丈五尺上闊一丈二尺五寸其城外甕城或圓或方視地形為之高厚與城等惟偏開一門左右各隨其便

羊馬城高可一丈以下八尺以上亦偏開一門與甕城門相背若甕城門在左即羊馬城門在右也女牆

高可五尺壕面各隨其城為闊狹大要在面闊底狹其深及泉使箭砲難及即住

壕橋直對羊馬城門若城門汲水須在城外則甕城羊馬城各更對開一門以通汲路惟不得對大城門若依山帶河地勢不便則大城須為偃月形開三門而已餘不攺平陸之制

甕城上各設戰棚其制與敵樓同間數視城之廣狹

其山城則又擇前後左右以去大城近處隨山形別築一城令與大城相接必盡據高地外亦開塹兩城之中或設烽臺以為遠候賊至即以兵專守免先為賊所據下窺城中虛實今秦州邠州城皆若是也

一說築城之法每下闊一丈上收四尺凡城高五丈底闊五丈上收二丈尤堅固矣

城制

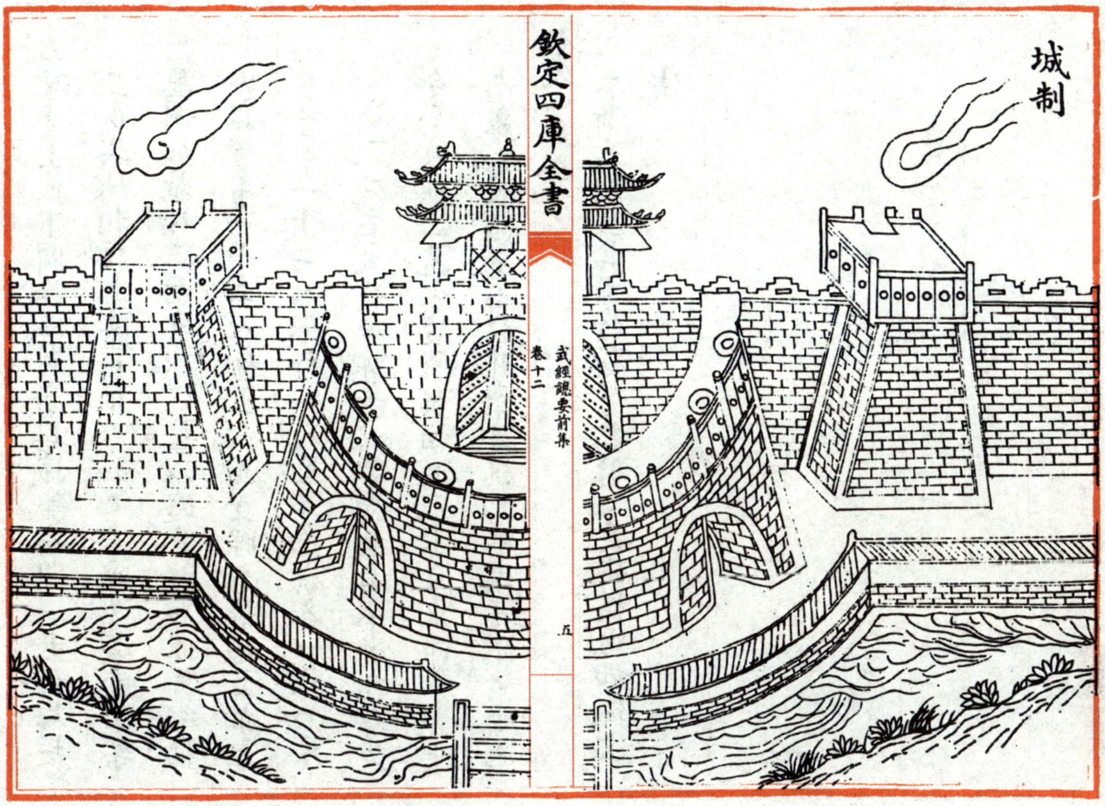

弩臺

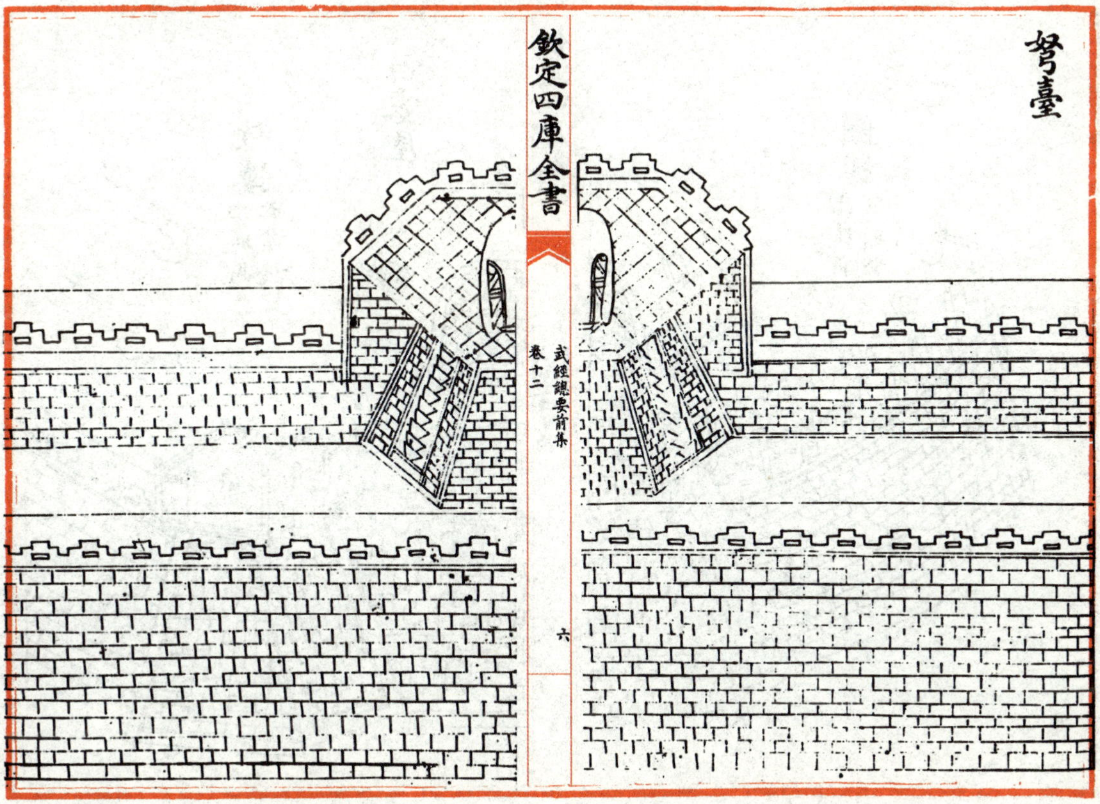

右弩臺上狹下闊如城制高與城等面闊一丈六尺長三步與城相接每臺相距亦如之上通潤道臺上架屋制如敵棚三面垂以濡氈以遮垂鐘版亦備繩梯内容弩手一十二人棚上三面立牌遮箭棚上亦容弓弩手一十二人隊將一人置五色旗各一鼓一弓弩檑木砲石火鞴等皆蓄之常伺寇至舉旗為表號令臺及城上見之皆舉旗相應寇來自東即舉青旗南舉赤旗西舉白旗北舉黑旗已來復還舉黄旗寇

來漸近則望其主將發弩叢射之其砲檑用如城上法

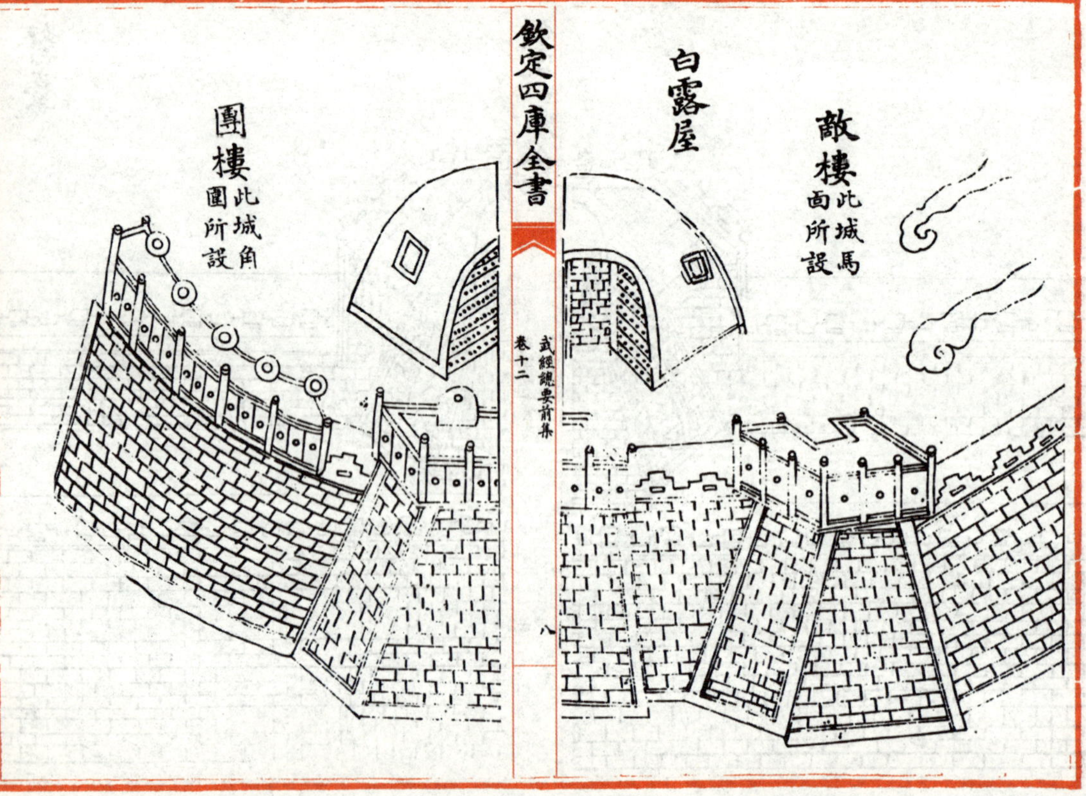

右白露屋以江竹或榆柳條編如窮廬狀外塗石灰有門有竅中容一人以為候望每敵樓戰棚上五間置一所於兩傍施木柜馬笓籬笆隱人於下持泥漿麻搭以備火攻

敵樓前高七尺後五尺每間闊一步深一丈其棚上下約容二十人若城愈闊則愈深上施搭頭木中設雙柱下施地栿仍前出三尺常法一間二柱此用四柱以備矢石所摧上密布椽覆土厚三尺加石灰泥

之被以濡氊及椽栿之首並以牛革裹之以防火箭

敵樓之制與戰棚同

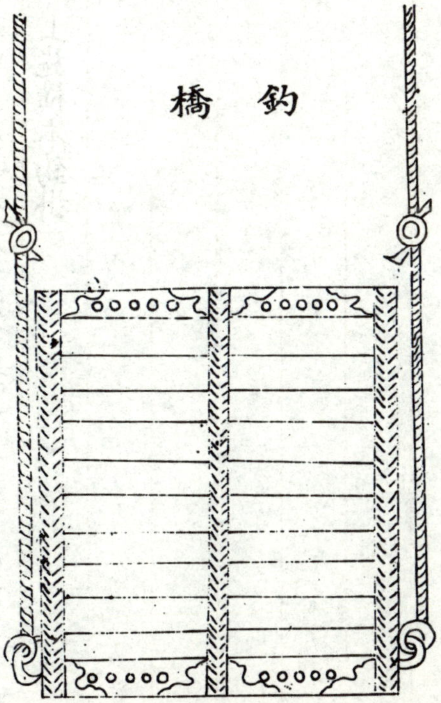

右釣橋造以榆槐木其制如橋上施三鐵環貫以二鐵索副以麻繩繫屬於城樓上橋後去城約三步立二柱各長二丈五尺開上山口置熟鐵轉輸為槽以架鐵索并繩貫其易起若城外有警則樓上使人挽起以斷其路亦以護門城上常以砲及弓弩禦敵慮以火熇燒及被攻斫

垂鐘板

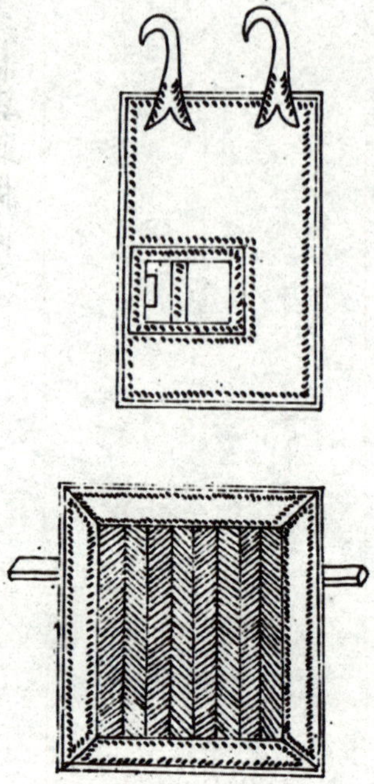

皮竹笆

木馬子

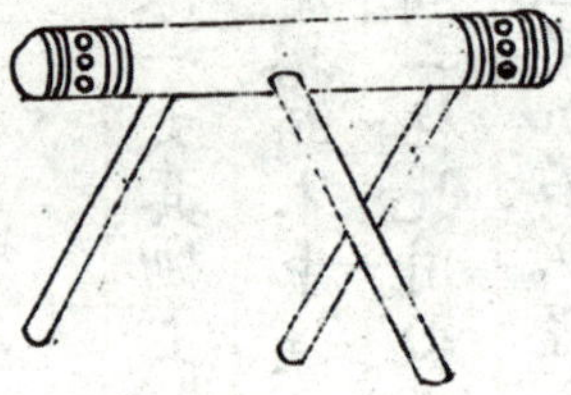

狗脚木

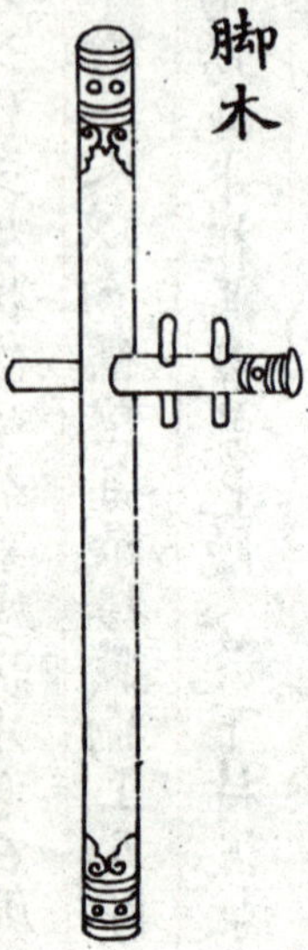

右垂鐘版長六尺闊一尺厚三寸用生牛皮裹開箭牕
施於戰棚前後有伏兔拐子木
笓籬笆以荆柳編成長五尺闊四尺漫以生牛皮背
施横竿長六七尺用于戰棚上則以木馬倚之在女
牆外以狗脚木掛之
皮竹笆以生牛皮條編江竹為之高八尺闊六尺施
于白露屋兩邉以木馬倚定開箭窻可以射外
木馬子一横木下置三足高三尺長六尺
狗脚木植二柱于女牆内相去五尺準牆為高下柱
上施横木鈎掛

𢄼版

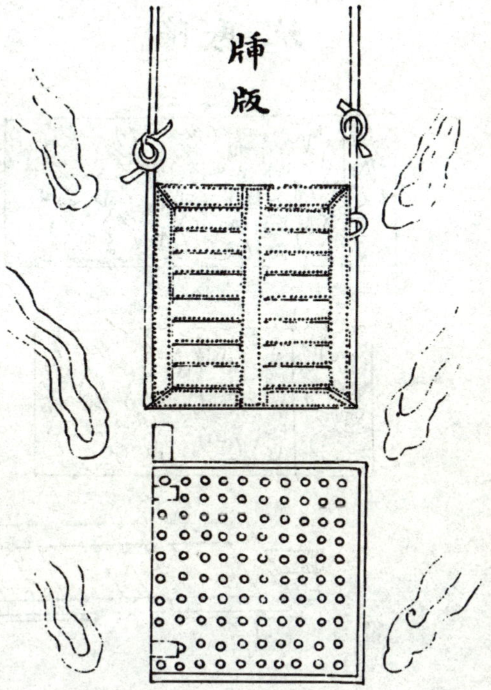

暗門

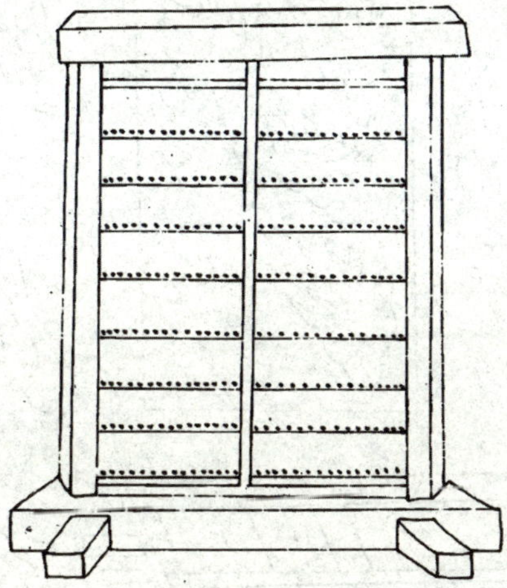

右𢄼版與城門為重門其制用榆槐木廣狹準城門漫
以生牛皮裹以鐵葉兩傍施鐵環貫鐵凡大城門去
門闔五尺立兩頰木木開池槽亦用鐵葉裹之若寇
至即以絞車自城樓上抽所貫鐵索下𢄼版于槽中
外實以土防火攻內枝以柱防傾折一說不用𢄼版
則鑿門數十孔敵逼城門則出矛戟以彊弩射之謂
之鑿扇暗門更于兵出入便處潛鑿城為門外存尺
餘勿透以備出兵襲敵其製高七尺闊六尺內施排

沙柱上施橫木搭頭下施門門闔常伺敵間出奇兵
以襲擊之仍于城上多積巨石及虞敵人犯門即下
石擊而斷之

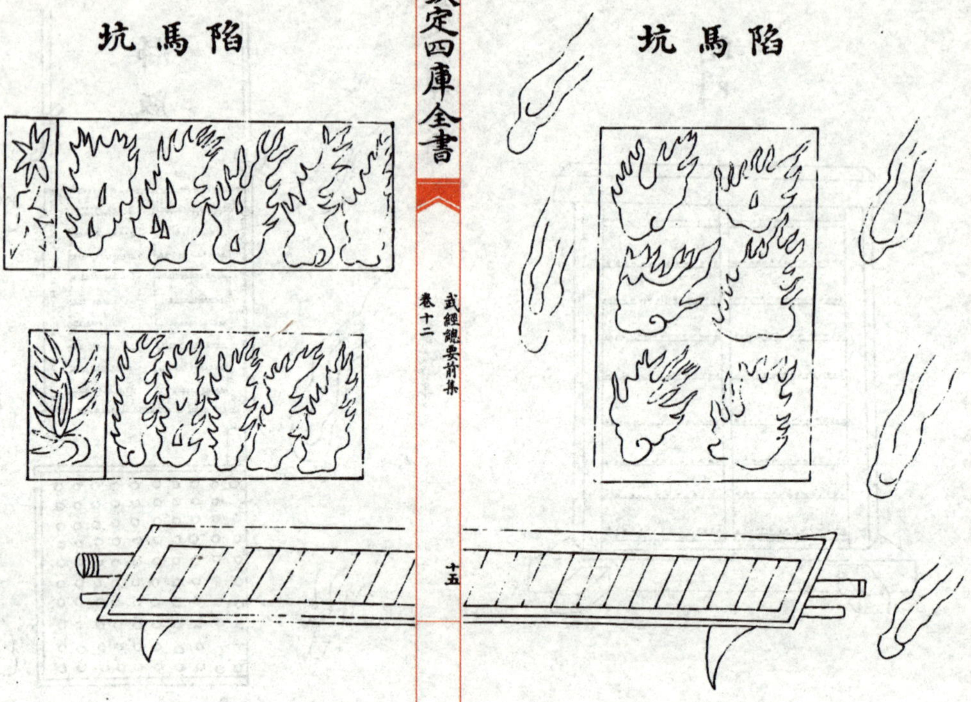

右陷馬坑長五尺闊三尺深四尺坑中植鹿角槍竹簽二物皆削尖入火令堅其坑排如卜字或解鎗為之覆以弱草或上種草苗務令敵人不覺凡敵來路及城門内外皆設之

機橋用一梁仍為轉軸兩端横施栝置溝壕上賊至即去栝人馬践之則翻

搊蹄

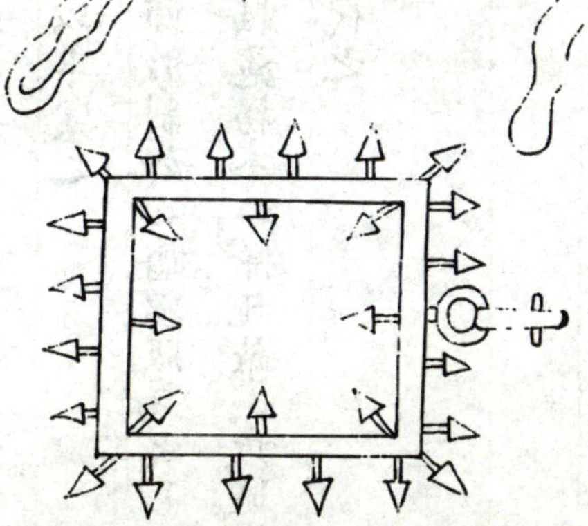

鐵菱角

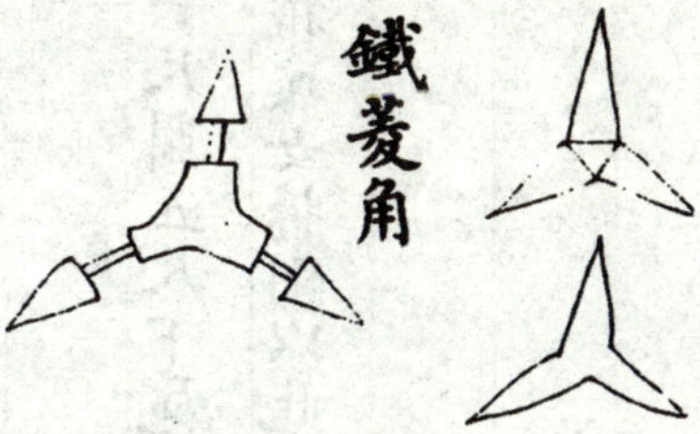

右鐵菱角如鐵蒺藜布水中刺人馬足

鹿角木擇堅木如鹿角形者斲之長數尺埋入地深尺餘以閡馬足

地澁以逆鬚釘布版厚三寸長闊約二三尺鐵蒺藜並以置賊來要路使人馬不得騁古所謂渠搭也

搊蹄鬬四木為方形徑七寸中横施鐵逆鬚釘其上亦攔馬之具

木蒺藜以三角重木為之

凡壕中遇天旱水淺則布鐵菱角于水中城外有溪陂可絶者亦布之大城外遍植鹿角木

塞門刀車

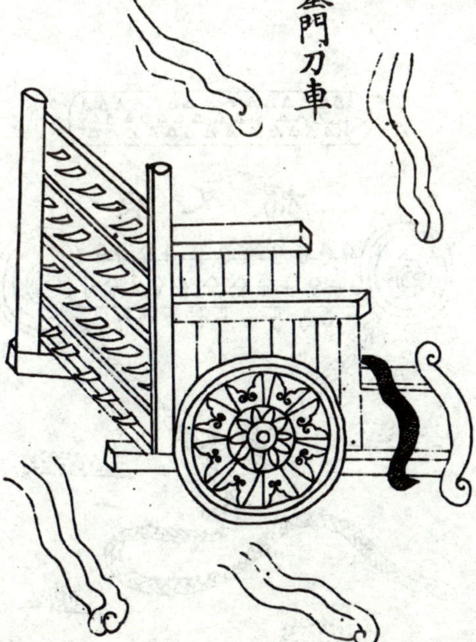

木女頭

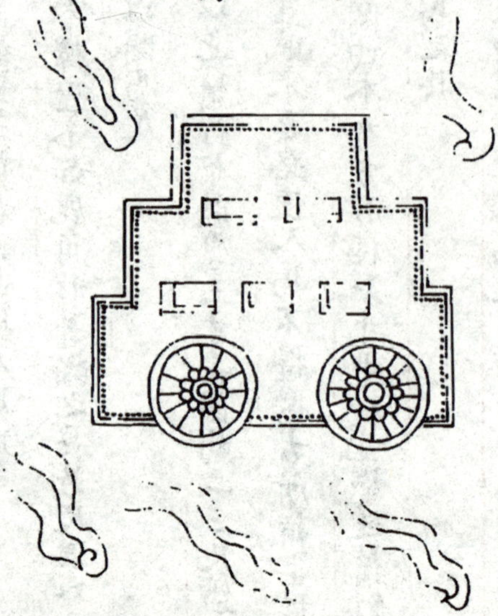

右刀車以兩輪車自後出鎗刃密布之凡為敵攻壞城門則以車塞之

木女頭形制如女牆以版為之高六尺闊五尺下施兩輪軸施拐木二條凡敵人攻城摧壞女牆則以此木女代之

木檑

夜叉檑

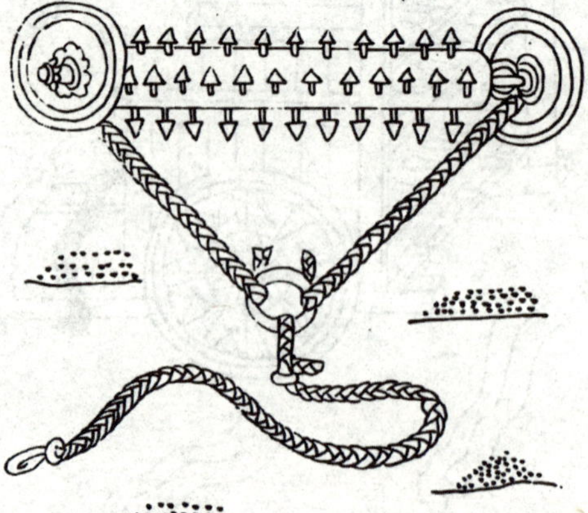

塼檑

泥檑

車脚檑

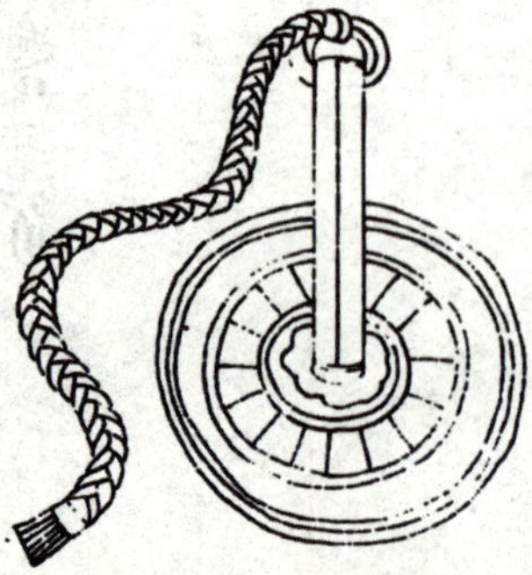

右木檑以木體重者為之長四尺徑五寸

泥檑用緊慢土調泥入猪鬃毛馬尾毛麤三十斤擣熟捍成長二三尺徑五寸

塼檑如檑形燒塼為之長三尺五寸徑六寸

車脚檑以繩繫獨輪以絞車放下復收

夜义檑一名留客住用濕榆木長一丈許徑一尺周回施逆鬚出木五寸兩端安輪脚輪徑二尺以鐵索絞車放下復收並以擊攻城蟻附者

狼牙拍

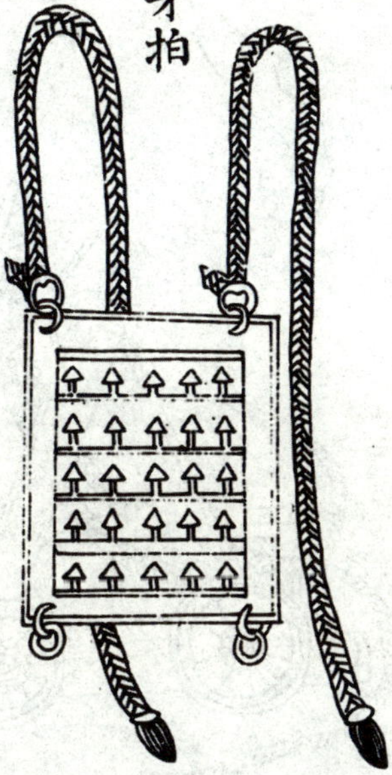

飛鈎

右狼牙拍合榆木為箕長五尺濶四尺五寸厚三寸以狼牙鐵釘二千二百箇皆長五寸重六兩布釘于拍上出木三寸四面施一刃刃入木寸半前後各施二鉄環貫以麻繩鈎于城上敵人蟻附登城則使人掣起下而拍之

飛鈎一名鉄鴟脚鈎鋒長利四出而曲貫鉄索以麻繩續之凡敵人被重甲頭有鍪笠又畏矢石不得仰視候其聚處則擲鈎于稠人中急牽挽之每鈎可取三兩人

絞車

撞車

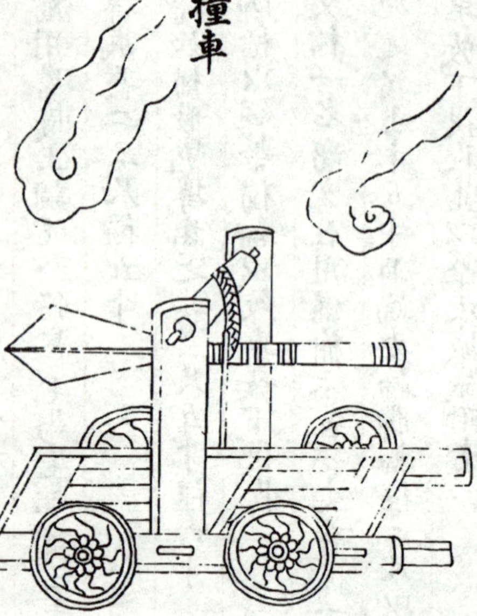

右絞車合大木為床前建二叉手柱上為絞車下施四車輪皆極壯大力可挽二千斤凡飛梯木幔逼城使善用搭索者遥抛鈎索掛及梯幔併力挽令近前即以長竿舉大索鈎及而絞之入城如絞木驢待其逼城且擲大木櫑石擊之次下小石勿絶使木驢内驚懼人不敢出則使二壯士坐皮屋中自城上設轆轤繫鐵索縋至木驢上二人俱出引絞車鈎索掛搭木驢畢復拽上即速絞出入城

皮屋以鐵棬為質生牛革裹之開出入竅可容二壯士

撞車上設撞木制如榨油撞法以鐵葉裹其首逐便移徙伺飛梯臨城則撞之

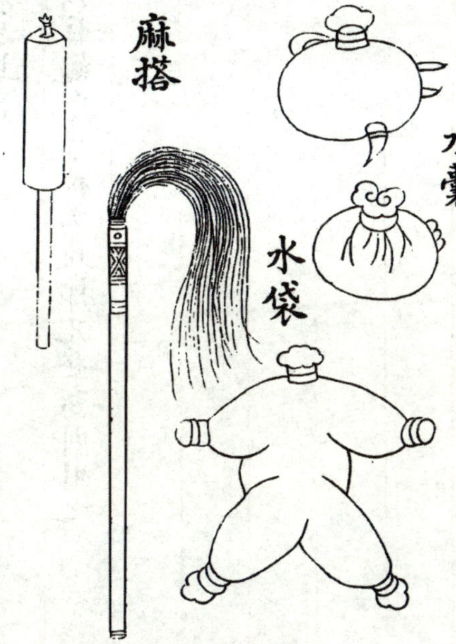

右水袋以馬牛雜畜皮渾脱為袋貯水三四石以大竹一丈去縛于袋口若火焚樓棚則以壯士三五人持袋口向火蹙水注之每門置兩具

水囊以猪牛胞盛水敵若積薪城下順風發火則以囊擲火中古軍法作油囊亦便

唧筒用長竹下開竅以絮裹水桿自竅唧水麻搭以八尺桿繫散麻二斤蘸泥漿皆以蹙火

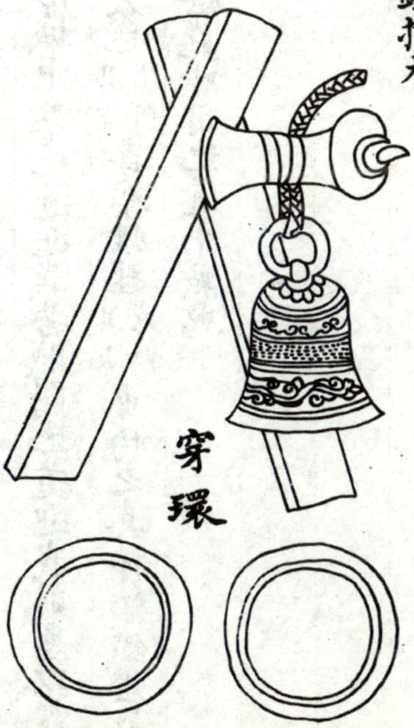

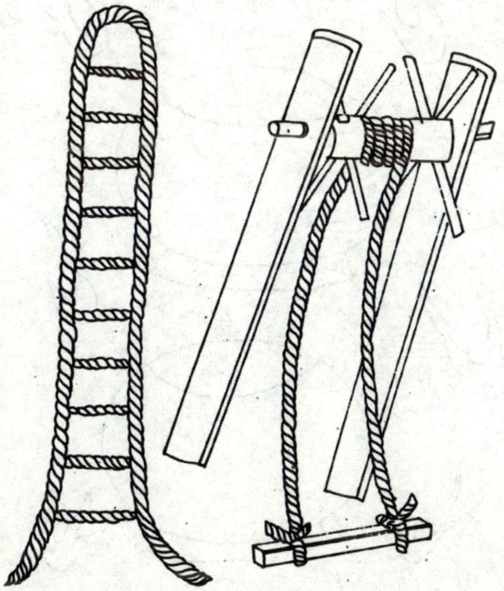

右鐵撞木木身鐵首其首六鐵鋒鋒大三指長尺餘鋒尖為逆鬚其末貫鐵索凡木驢逼城即自城上以轆轤絞鐵撞下而斲之皮革皆壞乃下燕尾炬燒之

穿環鍜鐵或屈柔肥木為大環以索繫之則用撞車及城則舉環穿掛車一併力挽繩隨以弓弩兩傍射之其車必翻射仍勿止車下人多不披甲當遁走急縋健卒擲薪芻以焚之

絞車立兩頰木横施轉軸施十字絞木垂兩縋下貫

髆版乘之上下

繩梯以巨繩繫横桄為軟梯凡登高則用之

甕聽

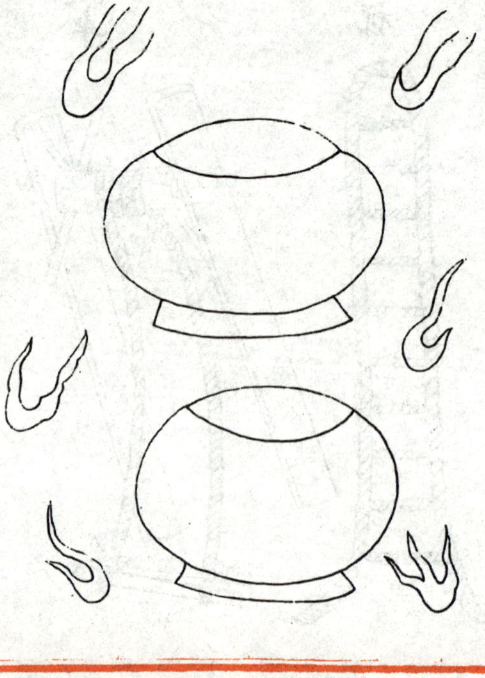

右甕聽用七石甕覆于地道内擇耳聰人坐聽于甕下

以防城中鑿地道迎我若賊開地道迎我則急以霹靂火毬（具守城門）毒藥煙毬（具火攻門）熏灼之其樺燭鐵燈籠木燈籠皆用地道中點照

風扇車

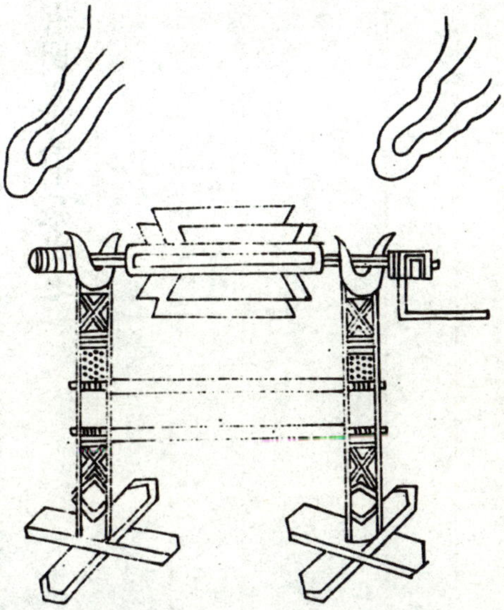

右風扇車二柱二桄高闊約地道能容上施轉軸軸四面施方扇凡地道中遇敵人用扇颺石灰散火毬烟以害敵人

布幔

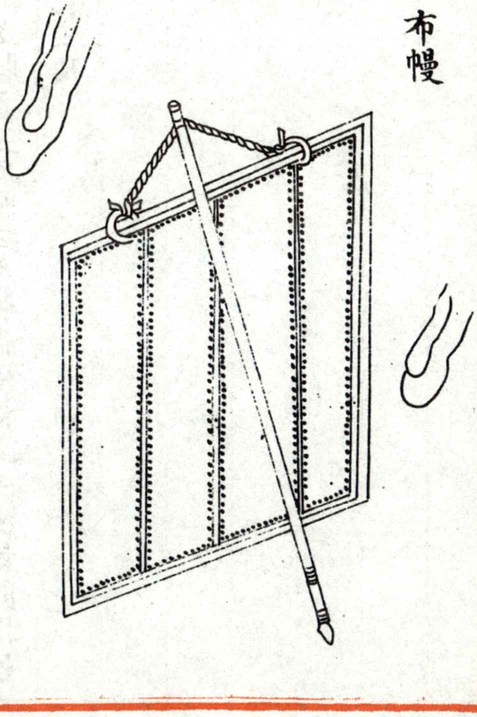

右布幔以複布為幕度矢石來處以弱竿張掛去城七八尺居女牆之外以折矢石勢一說結麄繩為網如布幔張掛亦可護女牆樓櫓

皮簾

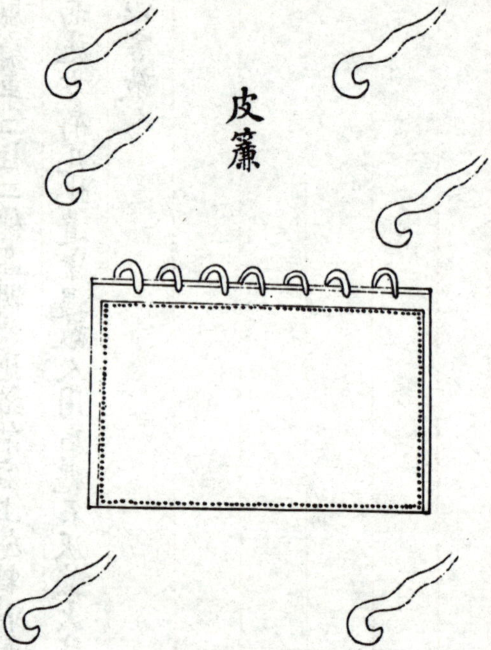

右皮簾以水牛皮為之闊一丈長八尺横綴皮耳七箇

凡城上有闕遮蔽則張掛之

木立牌

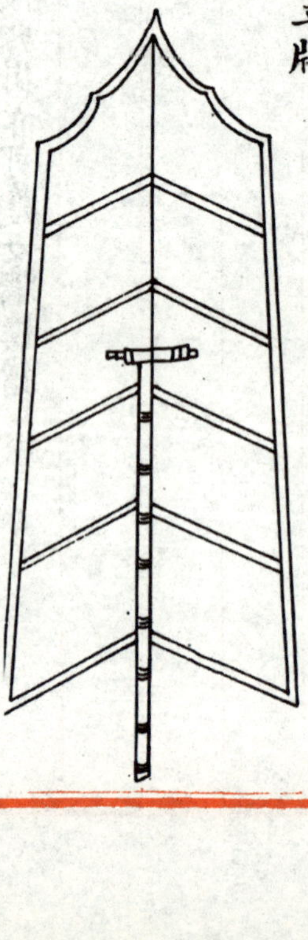

右木立牌高五尺闊三尺背施横楅筆力反連轉關拐子長三尺

竹立牌

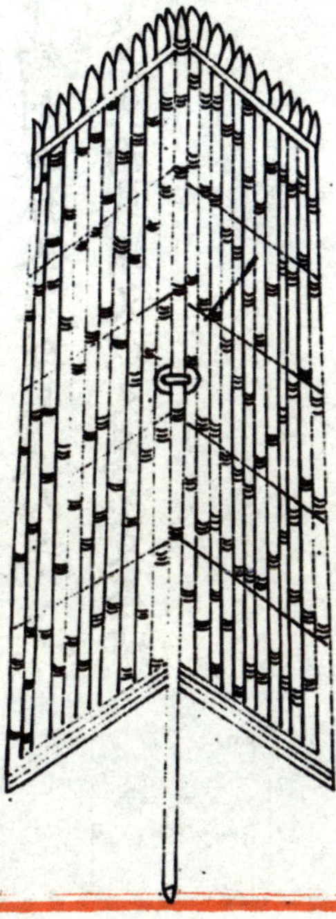

竹立牌取厚竹條闊五分長五尺者用生牛皮條編成上銳下方餘如木牌之制一法用全生牛皮穿空以厚竹編之尤堅皆楯之類也可以廵城及敵棚上以防火砲火箭之類亦以蔽人射外

拐突鎗

抓鎗

拐刃鎗

鉤竿

剉手斧

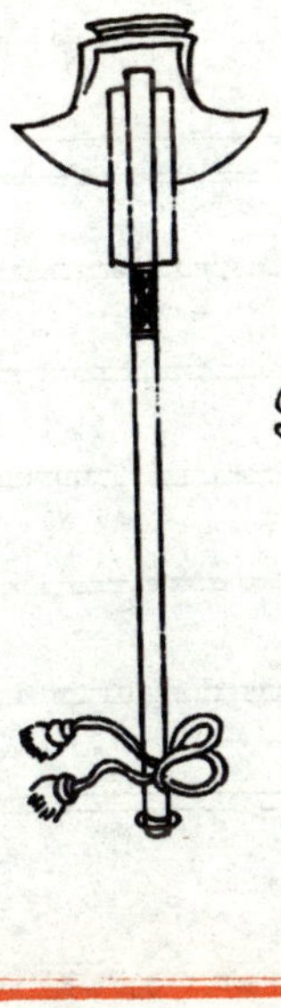

叉竿

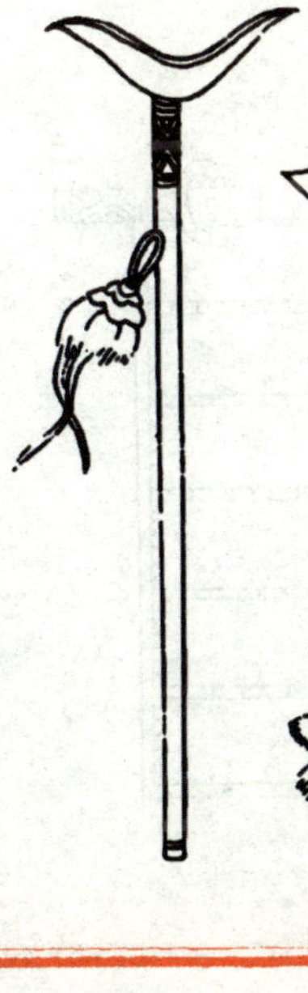

右拐突鎗桿長二丈五尺上施四稜麥穗鐵刃連跨長二尺後有拐

抓鎗二丈四尺上施鐵刃長一尺下有四逆鬚連跨長二尺

拐刃鎗桿長二丈五尺刃連跨長二尺後有拐長六寸

鉤竿如鎗兩傍加曲刃竿首二尺裹以鐵葉施鐵刺如雞距

剉手斧直柄横刃刃長四寸厚四寸五分闊七寸柄長三尺五寸柄施四刃長四寸並用于敵棲戰棚蹈空版下鉤刺攻城人及斫攀城人手

叉竿長二丈兩岐用叉以叉飛梯及登城

土色氈簾

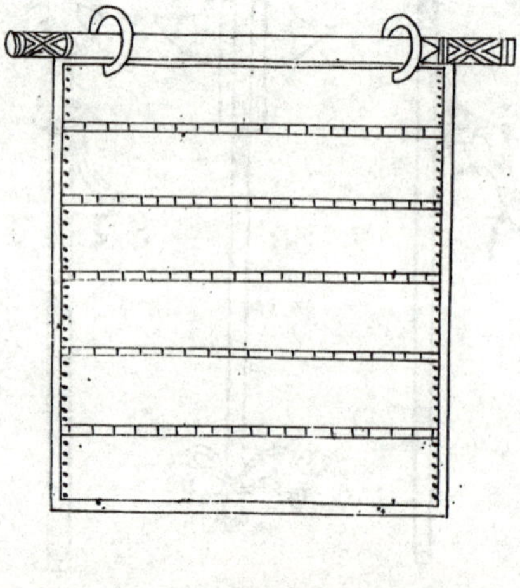

右氈簾制為土色凡地道兩傍皆横鑿洞穴可容十人執短兵藏穴中外垂簾為蔽與土色無別敵人攻奪地道則出兵捍之

砲車

右砲車大木為床下施四輪上建獨竿竿首施羅匡木上置砲梢高下約城為準推徙往來以逐便利其施放及用物一準常砲法

單梢砲

右單梢砲用前後脚柱四前長一丈八尺上出山口六寸裹以鐵葉後長一丈六尺五寸上扇桄長八尺五寸除仰斜留四尺五寸下扇桄長一丈三尺除仰斜留一尺上會桄一長八尺五寸除仰斜留四尺五寸下會桄一長一丈三尺除仰斜留九尺鹿耳四夾軸兩端長一尺一寸闊五寸厚三分軸一長一尺徑一尺卷頭木二長七尺徑一尺楔十六長一尺八寸闊四寸厚三分梢一長二丈五尺大徑四寸小徑二寸八分鵶頭一長二尺五寸闊七寸厚三分极竿二長二丈三尺大徑四寸小徑二寸鐵雙蝎尾一長一尺一寸重二斤鐵束二每箇重七兩圍七寸狼牙釘十八絃子二長二丈五尺十二子用麻一斤八兩皮窩一長八寸闊

六寸扎索六長五丈每條用麻二斤半拽索四十長四丈用麻四斤

凡一砲用四十人拽一人定放放五十歩石重二斤

單梢砲

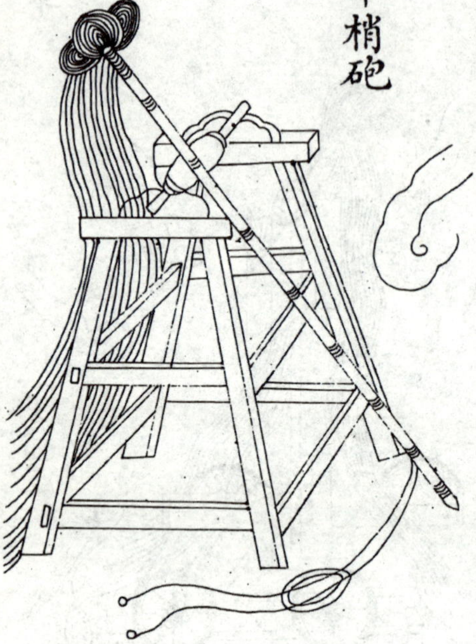

右單梢砲用脚柱四長一丈徑一尺二寸仰斜三寸從檝栗頭至上扇桄五尺七寸上扇桄二長一丈除仰斜留六尺五寸下扇桄二長一丈五尺除仰斜留一尺自上扇桄至此五尺九寸上會桄二長留一丈除仰斜六尺五寸下會桄二長一丈六尺除仰斜留一丈二尺軸一長八尺除仰斜留五尺鑿眼一闊三寸徑一寸鹿耳四夾軸兩端長一尺二寸闊五寸厚三寸罨頭木二長八尺徑九寸楔二十長一尺八寸闊五寸厚三寸梢一長二丈六尺大徑四寸小徑二寸八分鵶頭一長二尺五寸闊八寸厚五寸鵝項一長五尺鐵蝎尾二長一尺二寸每條重二斤半鐵束四每箇重七兩圍七寸狼牙釘十六絃子二長二丈五尺每條十二子用麻三斤皮窩一長八寸闊六寸如鞋底樣繫索二十五長五尺每條用麻二斤半拽索五十長五尺每條用麻五斤

凡一砲百人拽一人定放放八十步外石重二十五斤亦放火毬火鷂火槍撒星石放及六十步外二砲守則圍敵馬面及甕城內

雙梢砲

右雙梢砲用脚柱四長二丈徑一尺二寸仰斜三寸從檥栗頭至上扇桄二尺七寸上扇桄二長一丈除仰斜留六尺五寸下扇桄二長二丈五尺除仰斜留一丈一尺自上扇桄至此一尺九寸上會桄二長一丈除仰斜留六尺五寸下會桄二長一丈六尺除仰斜留五尺鑿孔二圓四寸徑一寸鹿耳四夾軸兩端長一丈二尺闊五寸厚三分罨頭木二長八尺徑七寸楔二十長一尺八寸闊五寸厚三分梢二長二丈六尺大徑四寸小徑八分鵶頭木一長二尺五寸闊八寸厚三分鵝項一長五尺五寸极竿一長二丈四尺徑六寸极竿一長二尺四寸徑六寸鐵蝎尾二長一尺二寸每條重二斤八兩鐵束四每箇重七兩圍七寸狼牙釘八絃子一長二丈五尺十二子用麻三斤皮窩一長八寸闊四寸扎索九長五丈每條用麻二斤八兩拽索四十五長五丈每條用麻五斤

凡一砲四十人拽一人定放放五十步外石重二斤守則設于城内四面以擊城外寇

五梢砲

凡五梢砲用脚柱四長一丈二尺徑一尺二寸仰斜三寸從檝栗頭至上扇桄二尺七寸上扇桄二長一丈二尺除仰斜留八尺下扇桄二長一丈八尺除仰斜留一丈四尺自上扇桄至此一尺九寸上會桄二長一丈三尺除仰斜留九尺下會桄二長一丈九尺除仰斜留一丈五尺軸一長九尺除仰斜留六尺五寸徑一尺二寸鹿耳四夾軸長一尺二寸闊五寸厚三分罨頭木二長九尺目方一尺用軸尺方闊四尺八寸楔二十長一尺八寸闊五寸厚三分梢三長一丈五尺大徑四寸小徑二寸八分鴟頭一長四尺闊八寸厚四寸鵝項一長五尺七寸柭竿二長二丈五尺大徑四寸小徑二寸八分鐵蝎尾二長一尺五寸每條重三斤鐵束四每箇重八兩圍七寸

狼牙釘十六紘子二長五丈十二子用麻三斤皮窩二長一尺濶八寸繫索四十五長五丈每條用麻二斤半拽索八十長五丈每條麻五斤

凡一砲用百五十人拽二人定放放五十步外石重七八十斤二砲則具設于大城門左右擊攻城人頭車

七梢砲

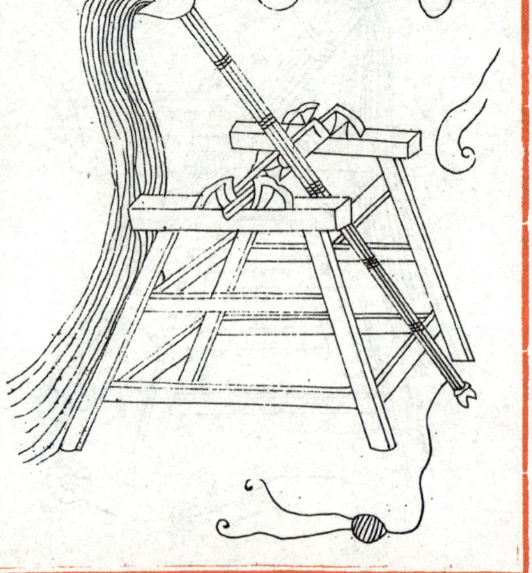

右七梢砲用脚柱四長二丈一尺徑一尺二寸仰斜三寸從檝栗頭至上扇桄三尺七寸上扇桄二長一丈二尺除仰斜留八尺下扇桄二長一丈八尺除仰斜留一丈四尺自上扇桄至此一尺九寸上會桄二長一丈三尺除仰斜留九尺下會桄二長一丈九尺除仰斜留一丈五尺軸一長九尺除仰斜留六尺五寸徑一尺二寸鹿耳四夾軸兩端長一丈二尺闊五寸厚三分罨頭木二長九尺五寸目方一尺用轉尺取方四尺八寸楔二十長一尺八寸闊五寸厚三寸梢四長二丈八尺大徑四寸小徑二寸八分鴟頭一長四尺闊八寸厚四寸鵝項一長五尺七寸柭竿三長二丈五尺大徑四寸小徑七寸八分鐵蝎尾二長一尺五寸每條重三斤鐵束四每箇

重八兩圍七寸狼牙釘十六紘子二各長二丈八尺十二子用麻三斤皮窩一長一尺二寸闊一尺繫索五十長五十尺每條用麻二斤半拽索一百二十五長五丈每條用麻五斤

凡一砲用二百五十人拽二人定放放五十步外石重九十斤

旋風砲

右旋風砲用衝天柱一長一丈七尺徑九寸下埋五寸別置夾柱木二夾木二長八尺五寸闊八寸厚五寸軸一長四尺五寸徑八寸兩頭用鐵葉裹包鐵仰月二每箇重十兩梢一長一丈八尺大徑四寸小徑二寸八分鵰頭一長一尺五寸闊七寸厚三寸鐵蝎尾一長一尺二寸重一斤半鐵束二每箇重七兩圍七寸狼牙釘八紘子一長二丈三尺十二子用麻一斤八兩皮窩一長八寸闊四寸如鞋底樣皮用八兩拽索四十長四丈每條用麻四斤扎索六長四丈每條用麻一斤半

凡一砲用五十人拽一人定放放五十步外石重三斤

其柱須埋定即可發石守則施于城上戰棚左右

手砲敵近則用之砲竿一長八尺蝎尾一長四寸鐵環一皮窩一方二寸半繫于竿上

用二人放石重半斤

虎蹲砲

右虎蹲砲用前後脚柱四前長一丈八尺上出山口六寸裹以鐵葉後長一丈六尺五寸上會梹二長八尺五寸除仰斜留四尺五寸下會梹二長一丈三尺除仰斜留九尺軸一長七尺徑一尺鬈頭木三長七尺徑一尺楔十六長一尺八寸闊四寸厚三寸梢一長二尺五寸大徑四寸小徑二寸八分鵶頭木一長二尺五寸闊七寸厚三寸极竿一長二丈三尺大徑四寸小徑二寸八分鐵雙蝎尾一長一尺二寸重二斤鐵束二每箇重七兩圍七寸狼牙釘十八絃子二長二尺五寸十二子用麻皮一斤八兩皮窩一長八寸闊六寸鞦索六長五十尺每條用麻二斤八兩拽索四十長四丈每條用麻四斤凡一砲七十人拽一人定放放五十步外石重十二斤

柱腹砲

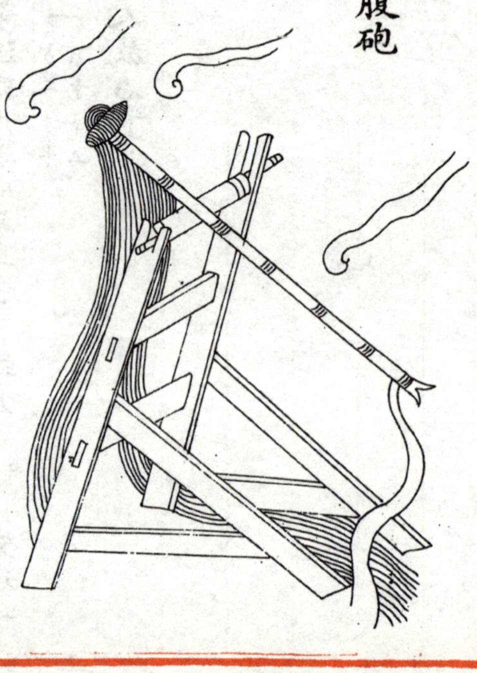

獨脚旋風砲

旋風車砲

臥車砲

欽定四庫全書

車行砲

旋風五砲

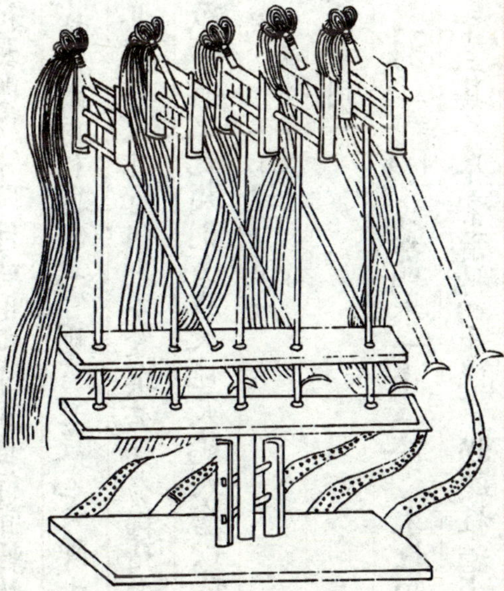

合砲

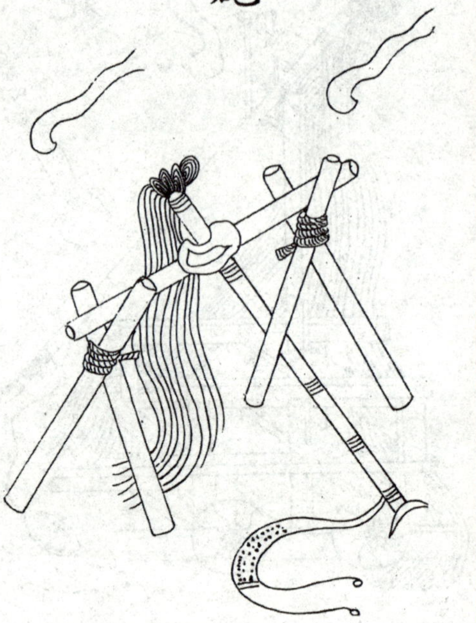

火砲

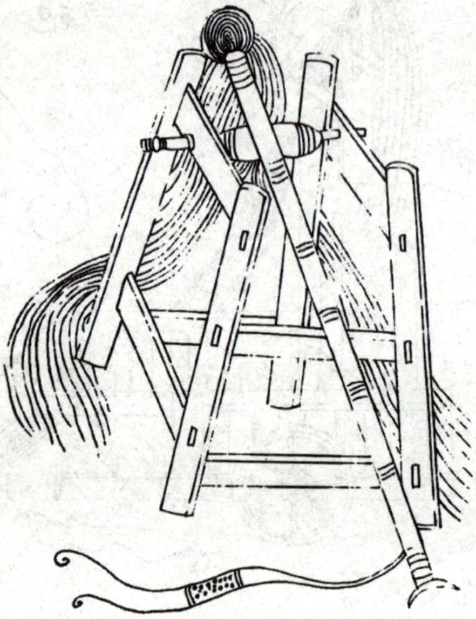

凡砲中之利器也攻守師行皆用之守宜重行宜輕故
旋風單梢虎蹲師行即用之守則皆可設也又陣中
可以打其隊兵中其行伍則不整矣若燔芻糧積聚
及城門敵棚頭車之類則上施火毬火鷂火槍以放
之（推車梢不可放以其力小故也其火毬等重及十二斤）

隨砲動用

長木十二根〔長一丈徑三寸〕　簽頭木一十二條　木杠四
條　大斧三具　界索滑椽四十條　拐頭柱一十
八條　皮簾八片　皮索一十條　撒子木二百五
十條　救火大桶二　鐵鉤十八箇　大木檻二箇
界扎索一十條　水灑二箇　拒馬二　麻搭四
具　小水桶二隻　唧筒四箇　土布袋一十五條
界椽索一十條　鍬三具　氊一領　钁三具
火索一十條
右隨砲預備用以蓋覆及防火箭

火藥法

晉州硫黄十四兩　窩黄七兩　焰硝二斤半　麻
茹一兩　乾漆一兩　砒黄一兩　定粉一兩　竹
茹一兩　黄丹一兩　黄蠟半兩　清油一分　桐
油半兩　松脂一十四兩　濃油一分
右以晉州硫黄窩黄焰硝同搗羅砒黄定粉黄丹同
研乾漆搗爲末竹茹麻茹即微炒爲碎末黄蠟松脂
清油桐油濃油同熬成膏入前藥末旋旋和勻以紙
五重裹衣以麻縛定更別鎔松脂傳之以砲放復有

放毒藥煙毬法具火攻門

火砲罐法

右先以人清塼槽内盛煉擇静晒乾打碎用篩羅細盛
在甕内每料人清一秤用狼毒半斤草烏頭半斤巴
豆半斤皂角半斤砒霜半斤砒黄半斤班猫四兩石
灰一斤荏油半斤入鑊内煎沸入薄瓦罐容一斤半
以草塞口砲内放以擊攻城人可以透鐵甲中則成
瘡潰爛放毒者仍以烏梅甘草置口中以辟其毒

金火罐法

右其制圍九寸高四寸形圓口徑八分先用麻皮泥礬
次使麥麪泥次又用猪鬃泥逐重塗傳煨煖後盛金
火汁以麥麴土泥塞口用濕氊五指裹至肘者入炮
内放其盛器則有生鐵篩盆（用鑄成以盛金汁仍有兩耳手把）杷注
則有生鐵杓熟鐵杓（並浥注金汁）若敵來攻城有團隊者
以金砲打之人馬中則解散放宜急勿使凝給凡砲
拽二聲放此可一聲放之

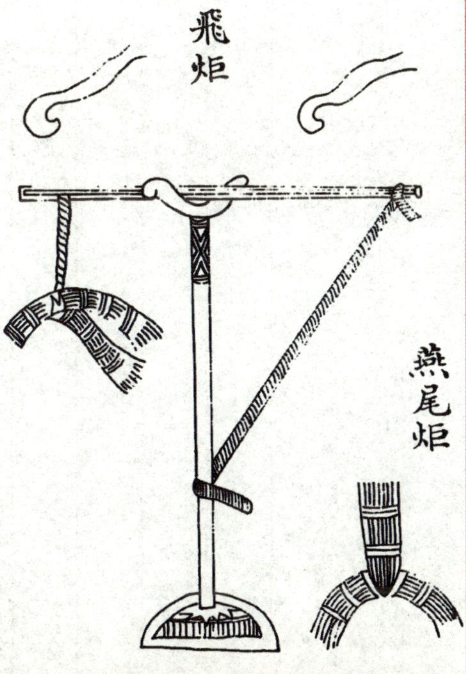

鞭箭

火藥鞭箭

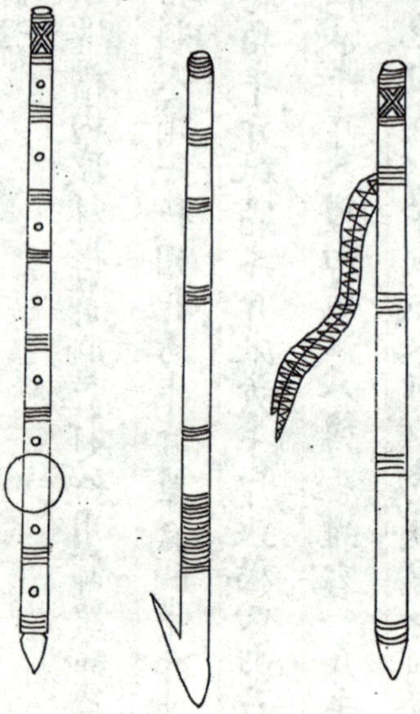

右燕尾炬束葦草下分兩岐如燕尾以脂油灌之發火自城上縋下騎其木驢板星燒之

飛炬如燕尾炬城上設桔槹以鐵索縋之下燒攻城蟻附者

鞭箭用新青竹長一丈徑寸半為竿下施鐵索梢繫絲繩六尺別削勁竹為鞭箭長六尺有鏃度正中施一竹梟（亦謂之鞭子）放時以繩鈎梟繫箭於竿一人摇竿為勢一人持箭末激而發之利在射高中人如短兵

放火藥箭者加樺皮羽以火藥五兩貫鏃後燔而發之

鐵火床

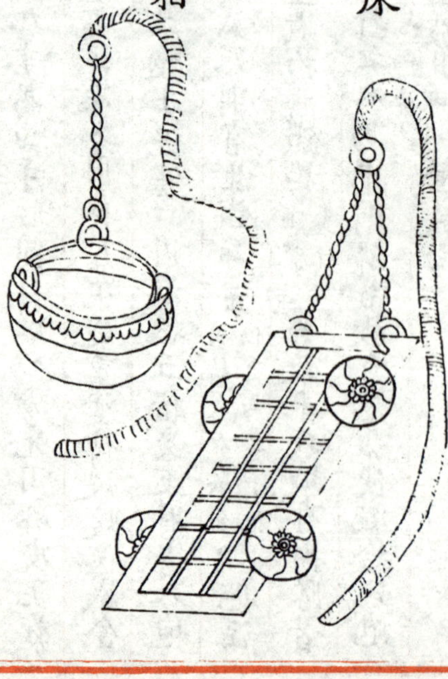

遊火鐵箱

行爐

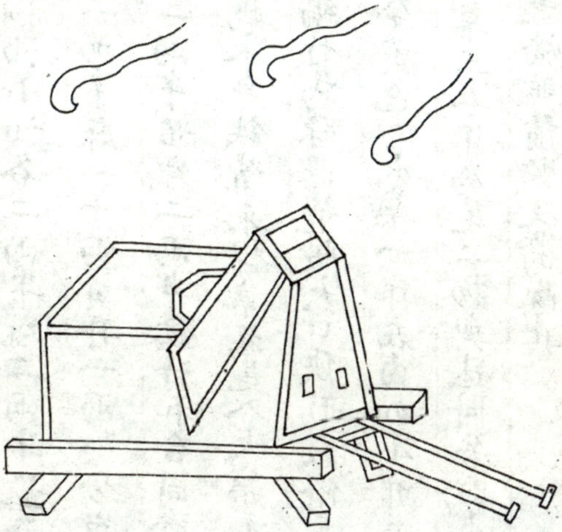

右鐵火床製用熟鐵長五六尺闊四尺下施四木輪以鐵葉裹之首貫二鐵索上縛草火牛二十四束自城縋下燒灼攻城者并可夜照城外

遊火箱以熟鉄如藍形盛薪火加艾蠟以鉄索縋下燒灼穴中攻城人

行爐鎔鉄汁舁行于城上以潑敵人

引火毬

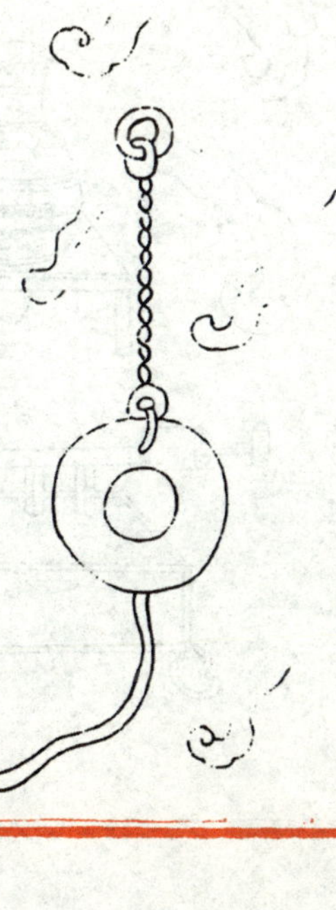

蒺藜火毬

鐵嘴火鷂

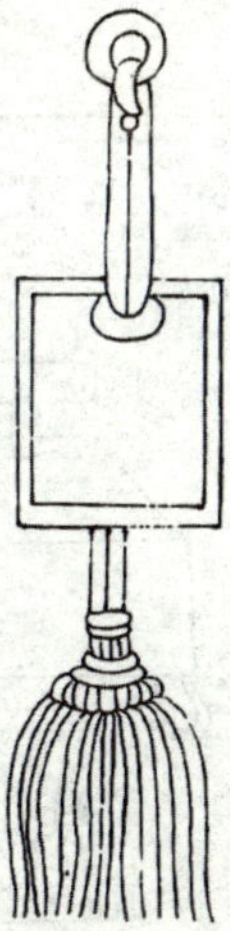

竹火鷂

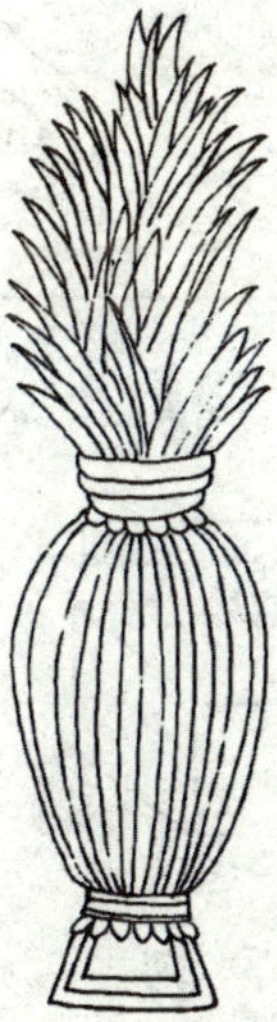

右引火毬以紙為毬內實塼石屑可重三五斤熬黄蠟
瀝青炭末為泥周塗其物貫以麻繩凡將放火毬只
先放此毬以準遠近
蒺藜火毬以三枝六首鐵刃以藥藥團之中貫麻繩
長一丈二尺外以紙并雜藥傅之又施鐵蒺藜八枚
各有逆鬚放時燒鐵錐烙透令焰出　火藥法用硫
黄一斤四兩焰硝二斤半麄炭末五兩瀝青二兩半
乾漆二兩半搗為末竹茹一兩一分麻茹一兩一分

剪碎用桐油小油各二兩半蠟二兩半鎔汁和之傅
用紙十二兩半麻一十兩黄丹一兩一分炭末半斤
以瀝青二兩半黄蠟二兩半鎔汁和合周塗之
鐵嘴火鷂木身鐵觜束稈草為尾入火藥于尾內
竹火鷂編竹為踈眼籠腹大口狹形微脩長外糊紙
數重刷令黄色入火藥一斤在內加小卵石使其勢
重束稈草三五斤為尾二物與毬同若賊來攻城皆
以炮放之燔賊積聚及驚隊兵

火樓

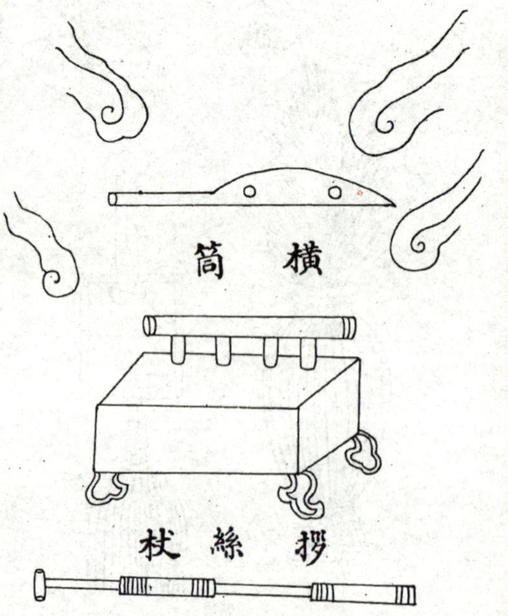

火罐

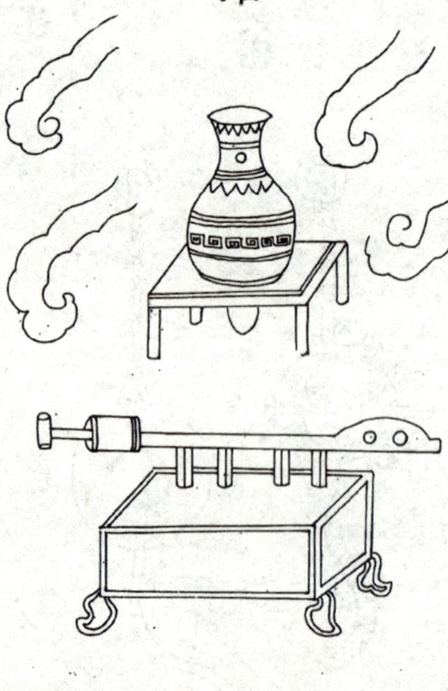

法椀

杓

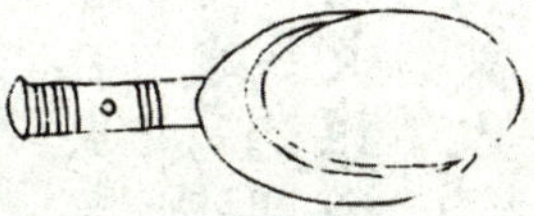

沙羅

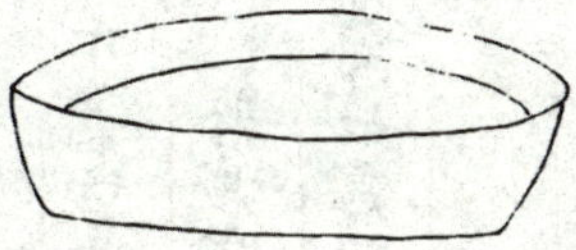

通錐

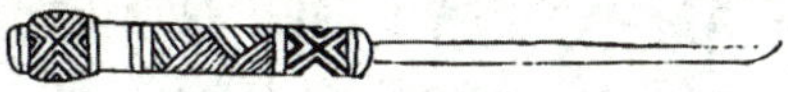

霹靂火毬

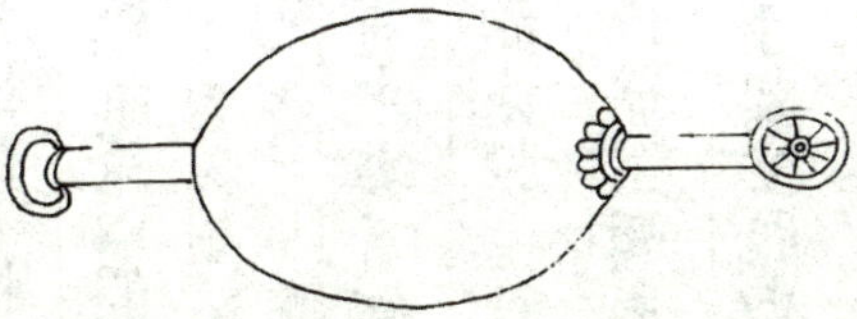

鉤錐

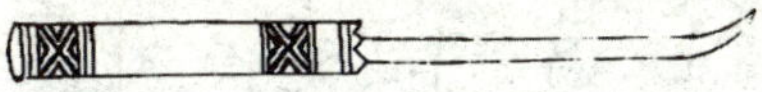

火鈐

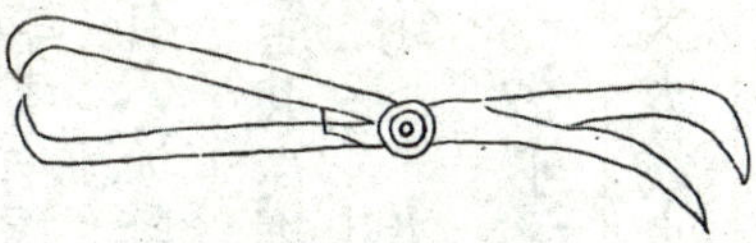

烙錐

烙鐵

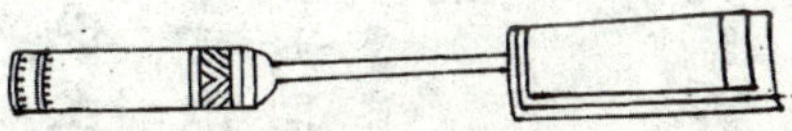

右放猛火油以熟銅為櫃下施四足上列四卷筒卷筒上橫施一巨筒皆與櫃中相通橫筒首尾大細尾開小竅大如黍粒首為圓口徑寸半櫃傍開一竅卷筒為口口有蓋為注油處橫筒內有拶絲杖杖首纏散麻厚寸半前後貫二銅束約定尾有橫拐拐前貫圓揜入則用閉筒口放時以杓自沙羅中挹油注櫃竅中及三斤許筒首施火楼注火藥于中使然發火用烙錐入拶杖于橫筒令人自後抽杖以力蹙之油自

火楼中出皆成烈焰其挹注有椀有杓貯油有沙羅發火有錐貯火有罐錐通錐以開筒之壅塞有鈐以夾火有烙鉄以補漏（通櫃筒有鑄瀉以蠟油青補之凡十二物除鈐錐烙鐵外悉以銅為之）一法為一大卷筒中央貫銅胡盧下施雙足內有小足相通（亦皆以銅為之）亦施拶絲杖其放法凖上凡敵來攻城及大壕內及傅城上頗衆勢不能過則先用藁秫為火牛縋城下于踏空版內放猛火油中人皆糜爛水不能滅若水戰則可燒浮橋戰艦于上流放之先于上流箴糠粃熟草以引其火

右霹靂火毬用乾竹兩三節徑一寸半無罅裂者存節勿透用薄瓷如鉄錢三十片和火藥三四斤裹竹為毬兩頭留竹寸許毬外加傅藥（火藥外傅藥注具火毬說）若賊穿地道攻城我則穴地迎之用火錐烙毬開聲如霹靂然以竹扇簸其煙焰以熏灼敵人（放毬者含甘草）

地聽

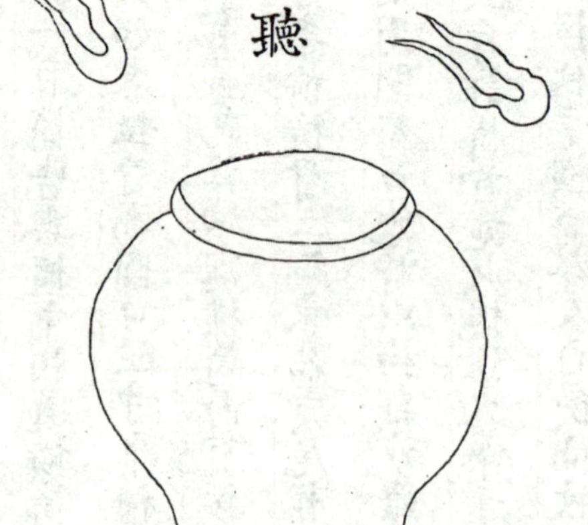

右地聽于城內八方穴地如井各深二丈勿及泉令聽事聰審者以新甕自覆于井中坐而聽之凡賊至去城數百步內有穴城鑿地道者皆聲聞甕中可以辨方面遠近若審其處則鑿地迎之用熏灼法（法具霹靂毬說）

托叉　火鈎　火鐮　鐵貓　氈　甕

柳罐　柳水灑

右常置城上托叉火鈎火鐮鉄貓濡氈以救焚甕柳罐以貯水　筒以使上

大燈籠　鐵籠　燈搭子　蠟燭　樺燭
右常置城上用以備夜防賊攻城
鐵鑊　鐵鐃　大斧　牛皮　石灰袋
右常置城上鐵鑊鐃斧牛皮以應緩急石灰袋飃颺以
害蟻附攻城人以上並常用更不圖形
凡守城之法若寇賊將至城外五百步内悉伐木斷橋
焚棄宿草撤屋埋井有水泉皆投毒藥水石磚瓦茭
芻糇糧畜牧與居民什器盡徙入城内徙不逮者焚

之主將閱視守禦器械各令牢具又頂穿井無數惟
無近城又備糧備布帛芻草蘆葦茅荻石灰沙土鐵
炭松樺蒿艾膏油麻皮氊㓰棘笓籬釜鑊盆甕桶缶
木石塼竹鐵鑊鐃斧錐鑿梯索之類凡委(於撝切)積(子智切)
及櫓棚扇門棧但火攻可及之處悉皆氊覆泥塗
棚樓下隨處積檑木檑石鎗斧及他短兵外立弩車
砲架(弩車砲架形制具攻城門)棚樓女牆上加笓籬竹笆城中立
望樓籍民中壯男為一軍以充兵人壯女為一軍以
隸雜役老弱為一軍以供飲飼放牧樵採三軍無得
相為探望延問軍中奇謀勇力機捷跅弛精伎絕能
之士如雞鳴狗盜之類無不加禮以備防用城上每
將各立一典掌呼索百用先作小旗數十枚有呼索
即大書物名貼于旗上舉以示城下仍預檢校備用
之物各為部分使吏主當謹伺見舉旗則應送城上
城下百步給雜役三五十人掌負挈所須索物仍各
授一官督領衢巷通夜張燈燭察姦人出入與軍士

之私相過從者量城上一步置一甲士十步增五人
防非時抽易五步有五長十步有十長百步有將別
令虞候領戰隊作雌雄契符以巡城所至與守隊勘
同乃過(契符形制在符契門)若賊勢外振士心内貳則或轉左
隊以為右易前軍以置後或一日數易或數日不移
又間使人持僞契巡行以驗試將士每將各設四表
賊來近則舉一表賊至城則舉二表賊登城則舉三
表賊攀女牆則舉四表夜則加燭于表上虞候戰隊

視舉表處急緩如敵人向城乘城將士皆援立牌以蔽障城及賊上並度賊遠近施放矢弓火毬火鷂鞭箭飛炬城下則拋飛鈎賊若城壕則為火藥鞭箭以射焚燒芻藁橋械賊傅城欲上則隨其處下檑木檑石以擊之隨飛炬以燒其兵器下火床及以行爐鎔鐵洒灼敵人颺石灰糠麩眯害其目踏空版内雜出短兵下刺登者若登者漸多則禦以狼牙鐵拍手漸攀城則以連枷棒擊之（連枷之制具兵器門）剉手斧斷之賊以

衝車等進則穿以鐵環木環放猛火油賊雲梯倚城則引叉竿推撞車賊木驢空（音孔）城則用絞車鐵撞燕尾炬壞之賊飛砲石則張布幔繩遏勢賊為地道來攻則為地聽候其來方穿井邀之霹靂火毬雜兵等害之賊附高穴城則縋遊火箱灼之賊築土堙傍城欲上則穿地道至堙下引取其土賊堙自壞（凡穴地道所用器械與攻城室子所用器司其名件制度具在攻城器械門圖）或賊薄城起堙相對則盛兵抵禦賊以火攻城則以城上應救火之具托

叉火鈎火鐮柳灑弓柳罐鐵貓手唧筒尋常之所預備者（形制具攻城器械圖中）若賊火猛至則為水袋水囊以投之一應棚樓器械雖已塗覆更頻舉麻搭潤濕若賊為火炬燒城門則下土沙滅之切勿以水加之則火勢愈熾賊若毒烟向城則列甕缶以水漿各實五分人覆面于上其烟最能犯鼻目賊夜圍城則每五十步以一犬繫城下置食其前城上聞犬吠則縋火下照舉表加備又于城半腹每十步繫一燈籠又束蘆

葦為櫛揷以松明樺皮可用照城上城下（城下以鐵索縋之）賊或攻推女墻者則以木女代之或攻壞城門則以刀車塞之

凡賊攻城不利必引水灌城我則壅塞諸門察視城穴之處悉加傅築城内促圍望外水高下別築淵橋牆外取土可深一丈兵隊備城如故周視地勢有可洩水處十數步開一井井内各相通以洩流之若水已入城則于新築牆外作船二十隻選勇士每船三十

人質其父母妻子各授弓弩短兵鍬钁遣暝夜從銜枚並赴賊堤堰破賊營砦所選之士須預習水戰度力不能勝加船以進或賊已覺則城上設鼓

凡賊攻城必先攻城門雖攻開城門我當偽為不知開以誘其入預設陷馬阬機橋于重牆曲巷内出兵迎擊引誘以陷之或約其入一二百人即下重垂鐘版使其前敗後絶

凡城内器械戰備守禦已得當出奇用詐以戰代守以

擊解圍先為暗門或因賊初至營陣未整或暮夜乘賊不覺或賊攻城初息或賊圍久已怠潛出精騎銜枚擊之擊敗不可遠襲或我兵已出賊未出賊突門而入則自城上向裏連下巨石擊壓以斷其入

凡城中日給百用至于水漿皆有限量令民竈為天井高突防火仍預下令凡失火者斬杜姦人也或城内有火發只令本防官吏領丁徒救仍急報主將主將遣左右親信人促住

凡城中失火及非常警動主將命擊鼓五通城上下吏卒聞鼓不得輙離職守民不得奔走街巷

凡賊至城外則城中不得忘舉高物如竿表之類及吹奏樂器恐與賊應

凡城中有使至神校民吏等各守職掌不得私相探問

凡有曉星術占驗及軍陳之人槩不得與他人竊語及自論說怪誕以駭衆聽

凡號令一出主將并副將以下不得專異指揮餘依行

軍約束條件

武經總要前集卷十二

欽定四庫全書

子部

武經總要前集卷十三

詳校官編修臣程嘉謨

總校官候補中允臣王燕緒
校對官編修臣吳錫麒
謄録監生臣黃廷鳳

武經總要前集卷十三

宋　曾公亮等　撰

器圖

右稱工欲善其事必先利其器蓋士卒猶工也兵械猶器也器利而工善兵精而事強勢則然矣故曰兵不精利與空手同甲不堅密與袒裼同弩不及遠與短兵同射不能中與無矢同中不能入與無鏃同鬬而不勇與無手同其法五不當一然則五兵者三軍所以恃而為勇也可不謹乎歷代異宜形制有異今但取當世兵械繪出其形以紀新制云

黃樺弓

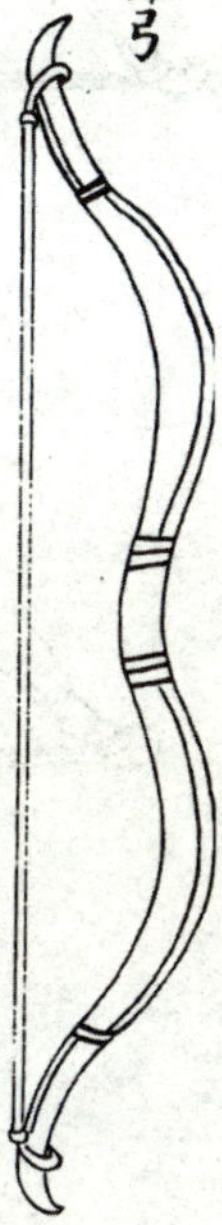

黑漆弓

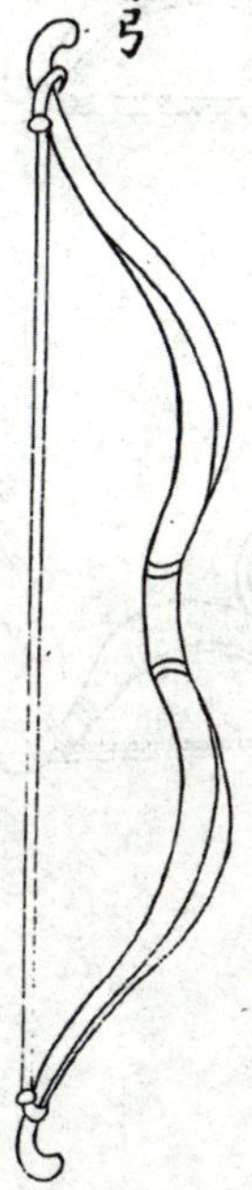

白樺弓

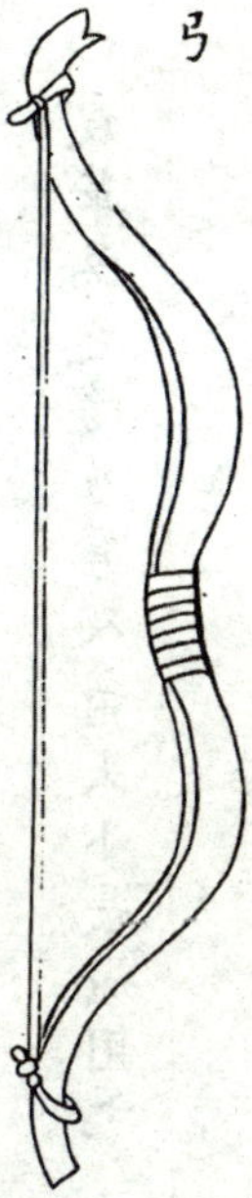

麻背弓

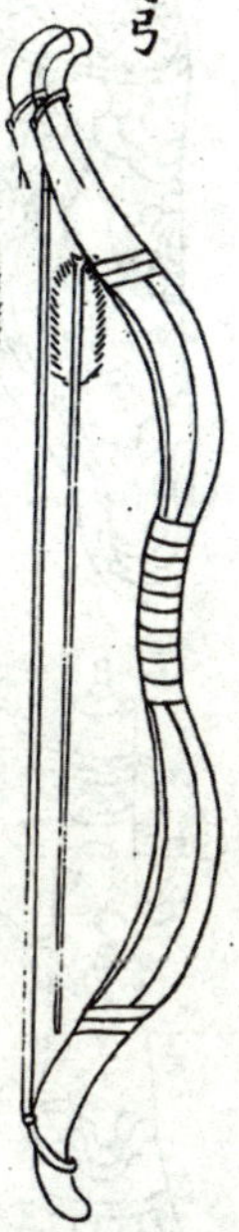

點鋼箭

木撲頭箭

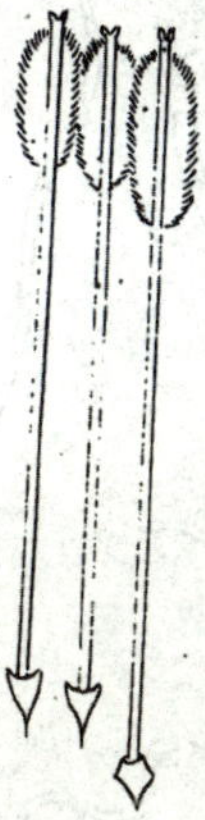

火箭

鳴鶻箭

右其飾有黑漆黃白樺麻背之别其强弱以石斗為等箭有點鋼木撲頭鳴鋼精鐵也木撲頭施於教閲鳴鶻戲者又有火箭施火藥於箭首弓弩通用之其傳藥輕重以弓力為準

欽定四庫全書
武經總要前集 卷十三
三

弓鞬

弩箭葫蘆

弓箭葫蘆

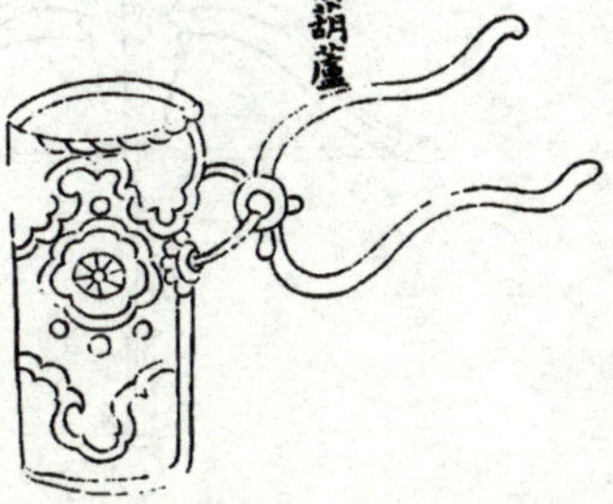

弓袋

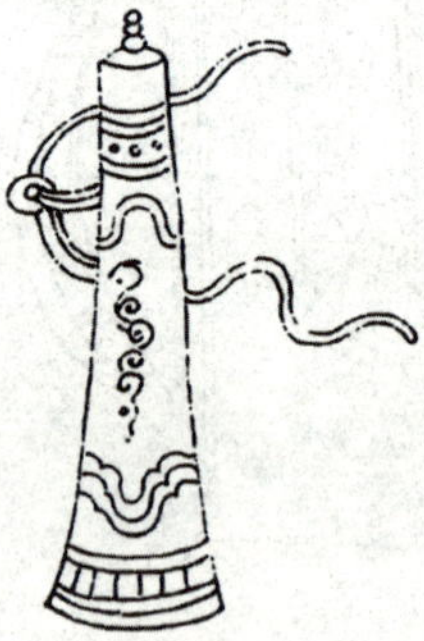
箭韇

右以皮革為之隨弓弩及箭大小長短用之

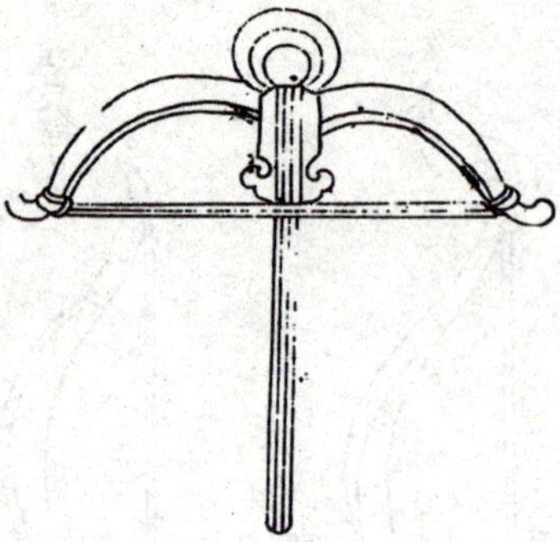
黑漆弓

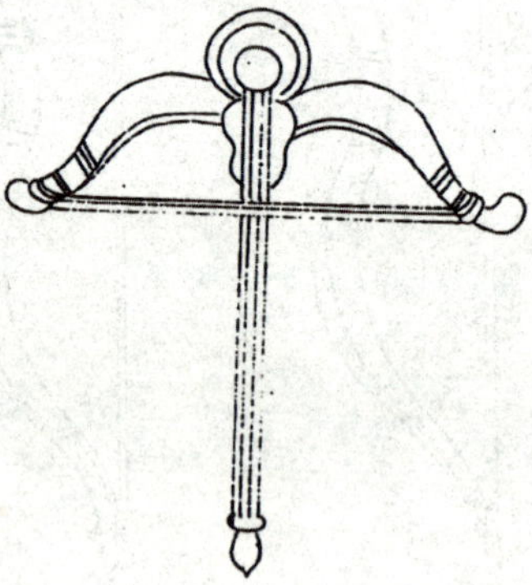
雌黃樺梢弓

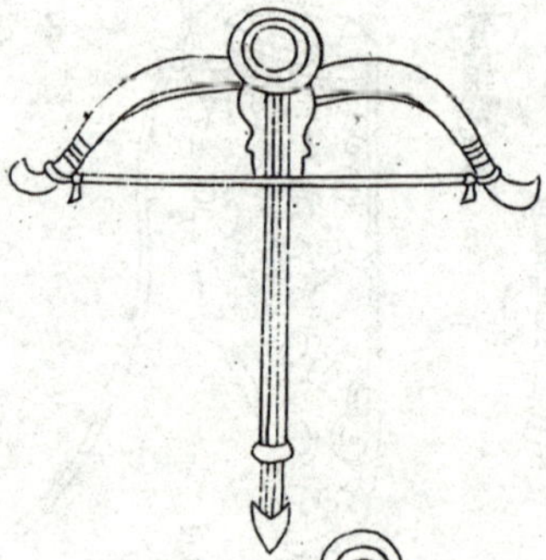
黃樺弓

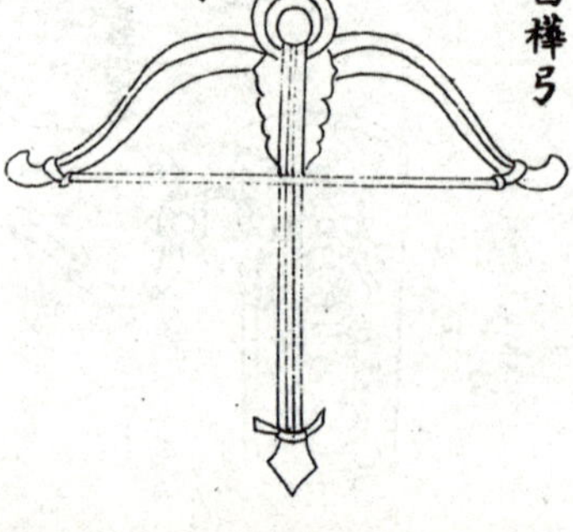
白樺弓

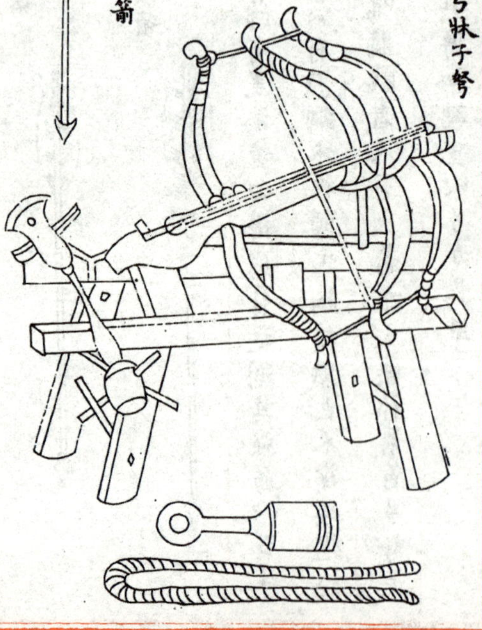
三弓牀子弩

牀子箭

右雙弓床弩前後各施一弓以繩軸絞張之下施牀承弩其名有大小合蟬有手射合蟬者謂如兩蟬之狀大者張時用十許人次者五七人一工準用射高下一人以槌發其牙箭用大小鑿頭箭惟手射牀子弩最小數人就牀張訖一人手發之射並及一百二十大步　三弓牀弩前二弓後一弓世亦名八牛弩張時凡百許人法皆如雙弓弩箭用木幹鐵翎世謂之一槍三劍箭其次者用五七十人箭則或鐵或翎次三弓並利攻城故

人謂其箭為踏橛箭者以其射者城土人可踏而登之也又有繫鐵斗於弦上斗中著常箭數十隻凡一發可中數十人世謂之斗子箭亦云寒鴉箭言矢之紛散如鴉飛也三弩並射及三百大步其箭皆可施火藥用之輕重以弩力為準

跳鐙弩

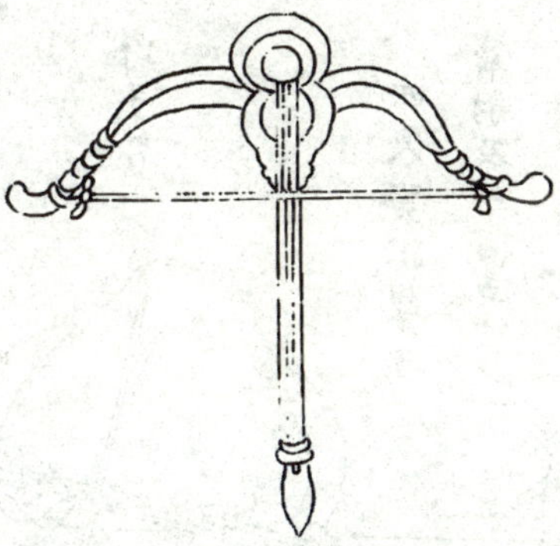

三停箭

木羽箭

點鋼箭

木弩

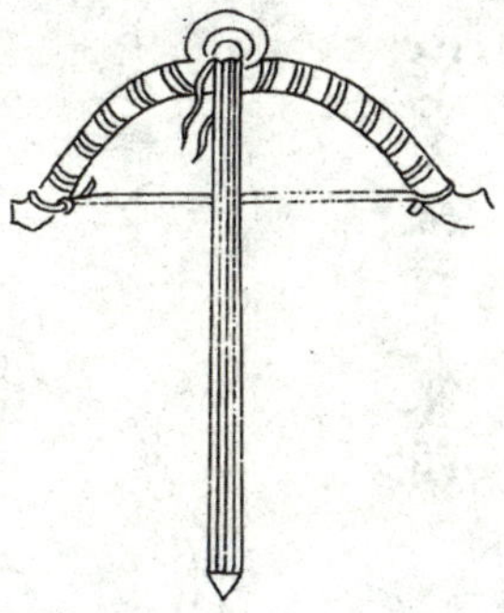

風羽箭

撲頭箭

古人自踏張者其飾有黑漆黄白樺雌黄樺稍小則有跳鐙弩木弩跳鐙亦曰小黄其用尤利木弩雖可施不能久邊兵不甚用其力之彊弱皆以石斗為等箭有點鋼木羽木撲頭三停木羽者以木為幹羽咸平初軍校石歸宋上之箭中人雖幹去鏃留牢不可拔敵人最畏之風羽者謂當安羽處則空兩邊以容風氣則射時不掉此不常用備翎羽之之耳三停者箭形至短羽幹鏃三停故三停箭中物而不能出以短故也

雙弓牀弩四色箭附

鐵羽大鑿頭箭

大合蟬弩

以七人張發大鑿頭箭射及一百五十步

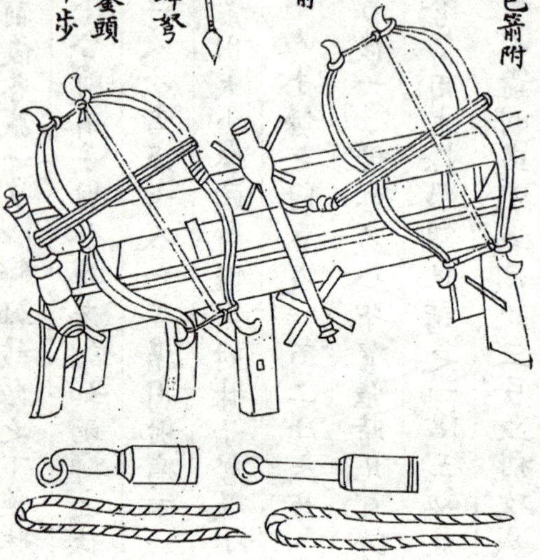

小合蟬弩

以七人張發大鑿頭箭射及一百四十步

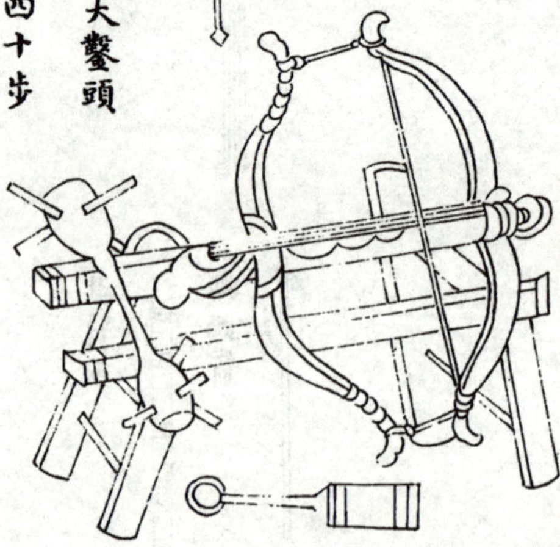

小鑿頭箭

斗子弩

以四人發小鑿頭箭射及一百五十步

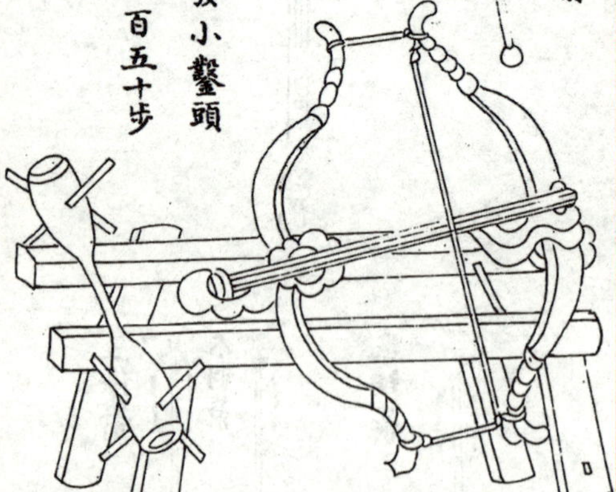

手射弩

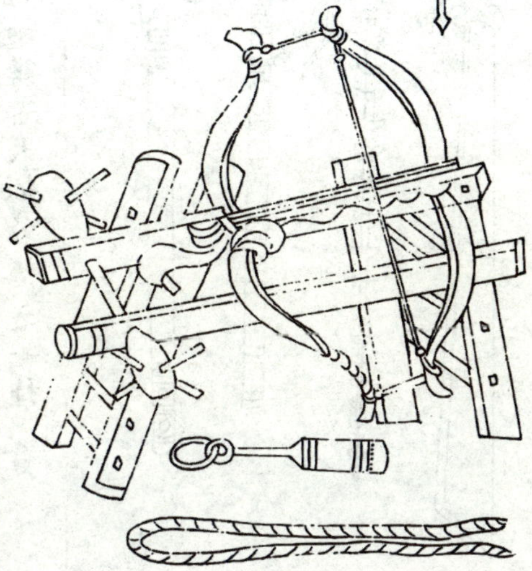

三弓牀弩三色箭附

三弓弩

一槍三劍箭

以七十人張發一槍三劍箭射及三百步

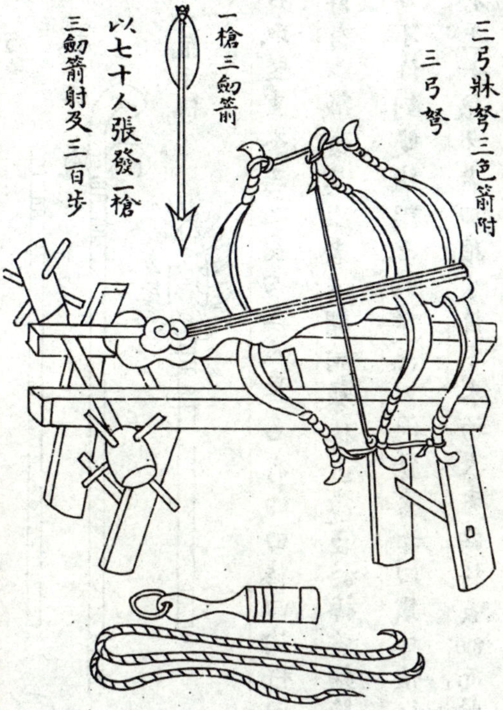

三次弓弩

跳鐙箭

以十人張發鐙箭射及二百步

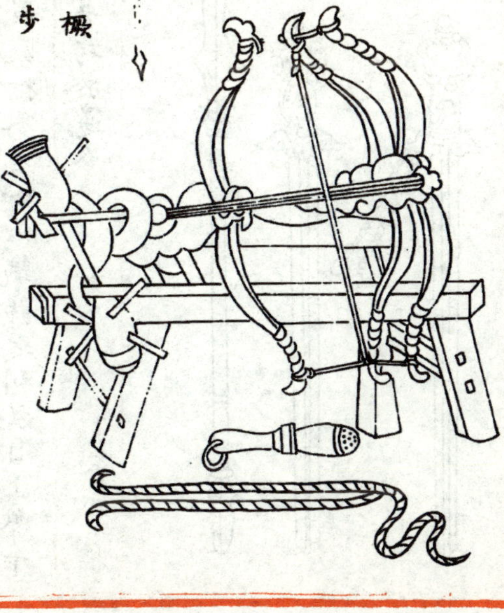

訶藜棒

鈎棒

桿棒

杵棒

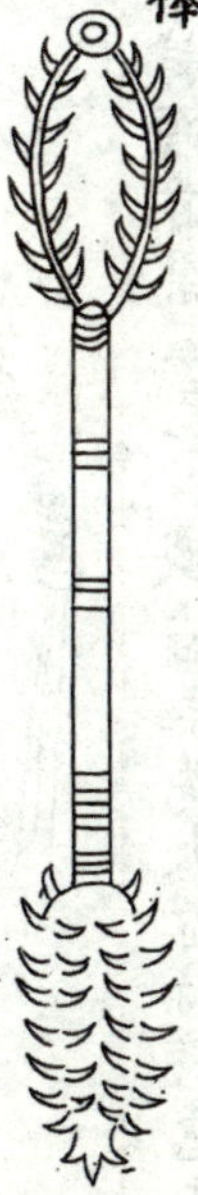

白棒　抓子棒　狼牙棒

右取堅重木為之長四五尺異名有四曰棒曰棆杵曰桿有以鐵裹其上者人謂訶藜棒近邊臣於棒首鏃銳刃不作倒雙鉤謂之鉤棒無刃而鉤者亦曰鐵抓植釘於上如狼牙者曰狼牙棒本末均大者為杵長細而堅

重者為桿亦有施兩鐏者大抵皆棒之一種

蒺藜　蒜頭　鐵鞭　鐵簡

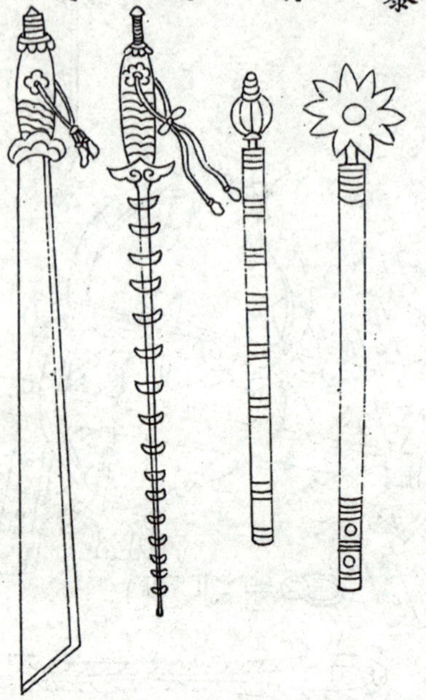

鐵鏈夾棒

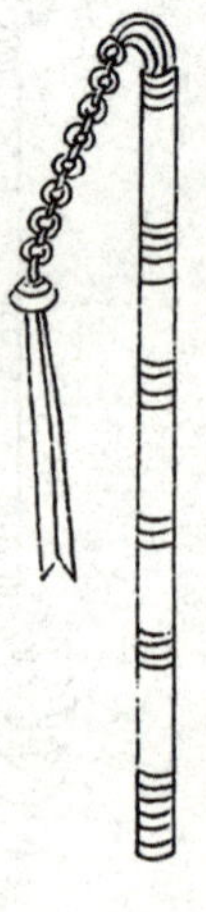

右蒺藜蒜頭骨朶二色以鐵若木為大首跡其意本為胍肫大腹也謂其形如胍而大後人語訛以胍為骨以肫為朶其首形制不常或如蒺藜或如蒜首俗以隨宜呼之　短柄鐵鏈皆骨朶類特形製小異耳　鐵鞭鐵簡兩色鞭其形大小長短隨人力所勝用之又有作四棱者謂之鐵簡言方棱似簡形皆鞭類也鐵鏈夾棒本出西域馬上用之以敵漢之

步兵其狀如農家打麥之枷以鐵飾之利於自上擊下故漢兵善用者巧於邊人

搗馬突槍　劒　劒

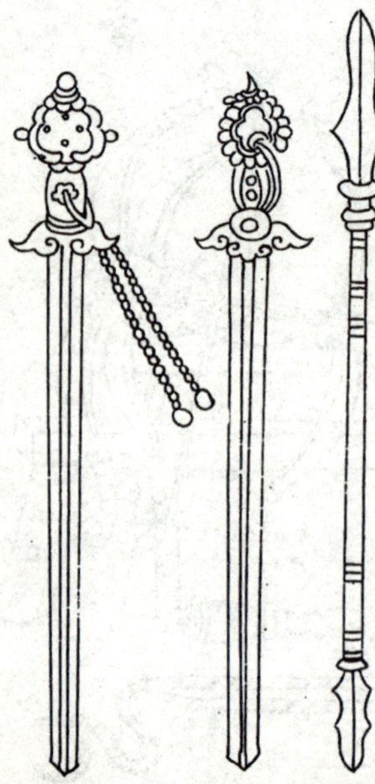

大斧

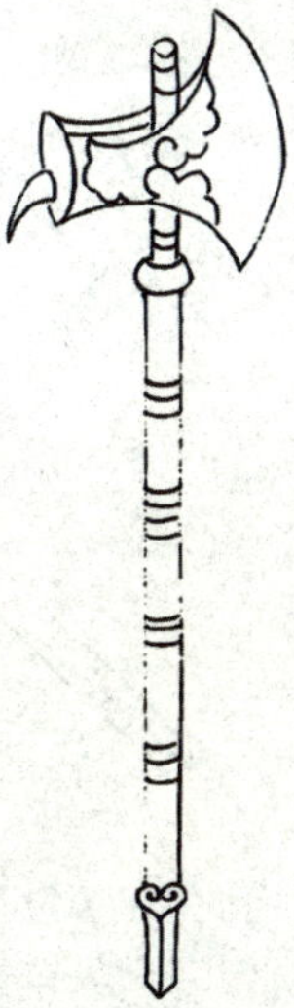

右搶馬突槍其狀如槍而刃首微闊　鈎飾有銀鍮石銅素之品近邊臣乞製厚脊短身鈎軍頒便其用　大斧一面刃長柯近有開山靜燕日華無敵長柯之名大抵其形一耳

手刀

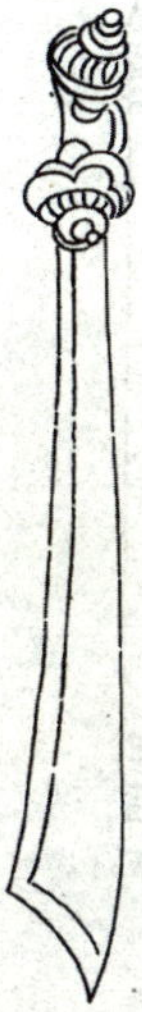

棹刀

屈刀

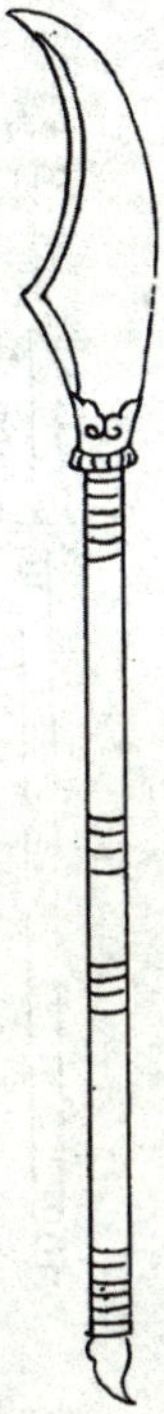

筆刀

右手刀一旁刃柄短如鈎棹刀刃首上闊長柄施鐏屈刀前鋭後斜闊長柄施鐏其小别有筆刀此皆軍中長用其間健鬬者競為異製以自表故刀則有太平定戎朝天開山開陣劃陣偏刀軍刀匕首之名棹則有兩刃山字之製要皆小異故不復出

槍九色

雙鈎槍

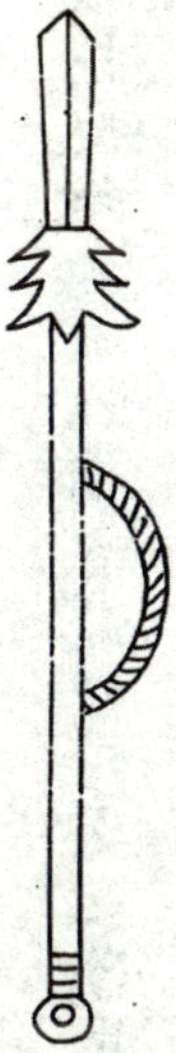

單鈎槍

環子槍

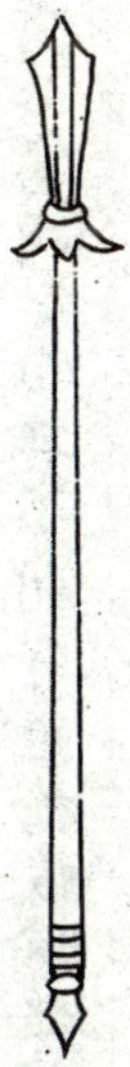

素木槍

鴉項槍

錐槍

梭槍

槌槍

大寧筆槍

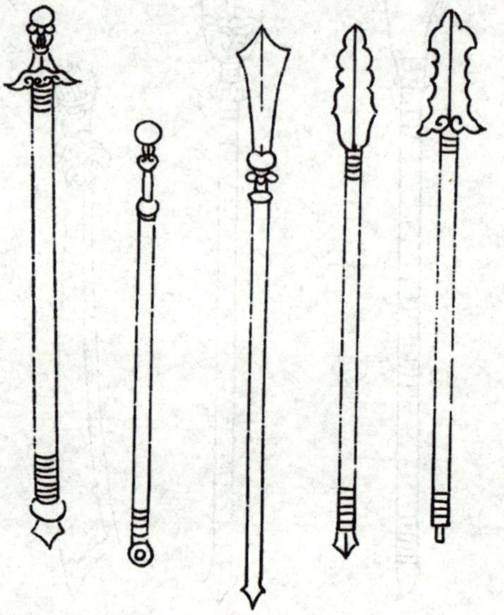

拒馬木槍竹槍同

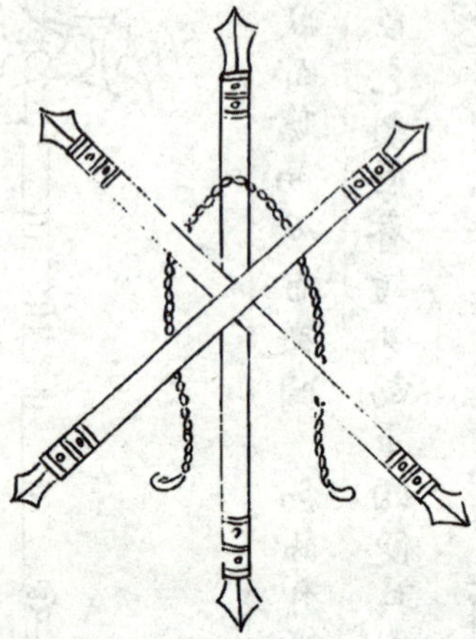

右槍九色其制木桿上刃下鐏騎兵則槍首之側施倒雙鉤倒單鉤或桿上施環步兵則直用素木或鴉項者以錫飾鐵嘴如鳥項之白其小别有錐槍梭槍槌槍者其刃為四稜頗壯銳不可折形如麥穗邊人謂之麥穗槍梭槍長數尺本出南方蠻獠用之一手持旁牌一手摽以擲人數十步内中者皆踣以其如梭之擲故云梭槍亦曰飛梭槍槌槍者木為圓首教閲用之近邊臣獻大寧筆槍首刃下數寸施小鐵盤皆有刃欲刺人不能

捉搦也以狀類筆故云近有静鋒筆槍亦其小異也今不悉出

拒馬槍其制以竹若木三枝六首交竿相貫首皆有刃植地輒立貫處以鐵為索更相勾聯或布陣立營拒險塞空皆宜設之所以禦賊突騎使不得騁故曰拒馬

旁牌一種二色

正

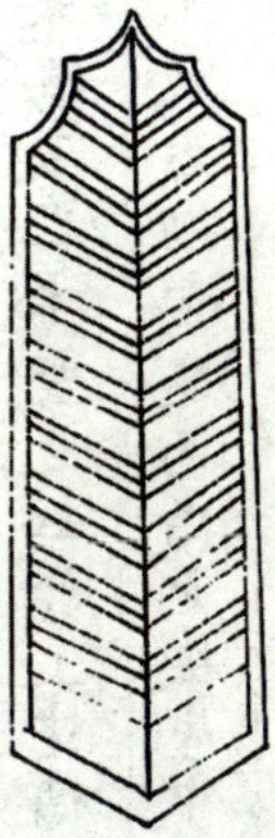

裏

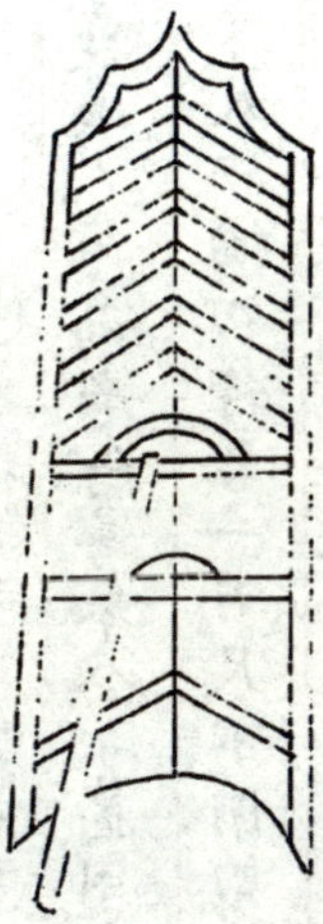

騎兵旁牌

正

裏

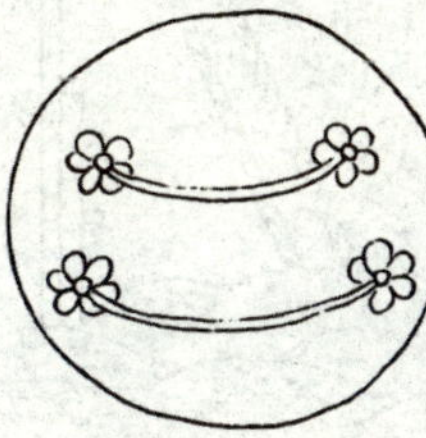

右並以木為質以革束而堅之步兵牌長可蔽身内施槍木倚立於地騎牌正圓施於馬肘左臂繫之以捍飛矢

帶甲神旗

轉光雜色旗

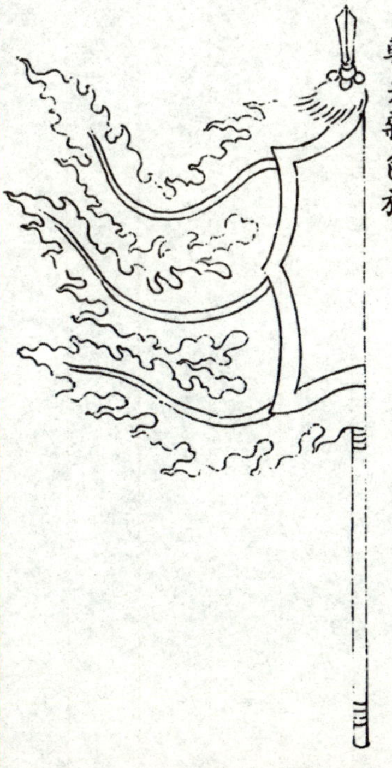

右旗之色本名號無常隨宜呼之竿首施鐵世謂耀篦下注旌謂之纛旗頭旗脚或三或二

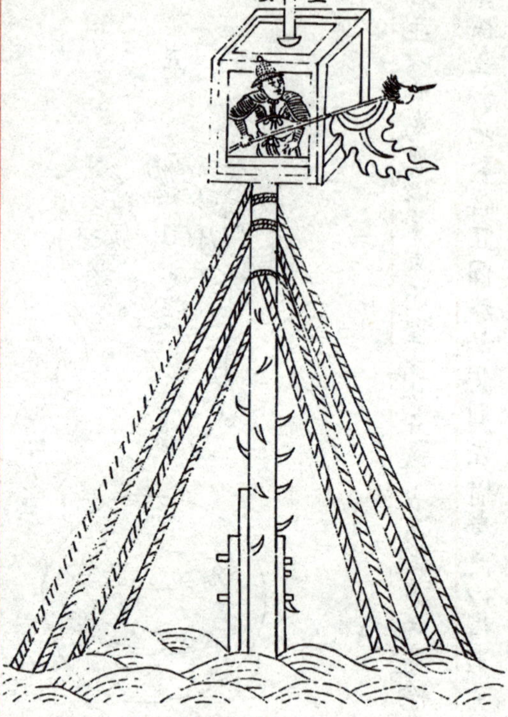

右望樓高八丈以堅木為竿木不及八丈則三兩接亦可上施板屋方闊五尺上下開竅過人竿兩旁釘尋舉八十箇用索棚四條各一百二十尺中棚四條各一百尺下棚四條各八十尺尖鐵橛十二箇各長三尺橛端穿鐵環凡起樓用鹿角木二各長一丈五尺深埋之入地八尺用鐵叉層竿數條更用木馬及巴木堅之如船上建檣法其高亦有百尺百二十尺者棚索隨而增之板屋中置望子一人手執白旗以候望敵人無寇則卷來則開之旗竿平則寇近垂則至矣寇退徐舉之寇去復卷之此軍中備預之道也

虎車

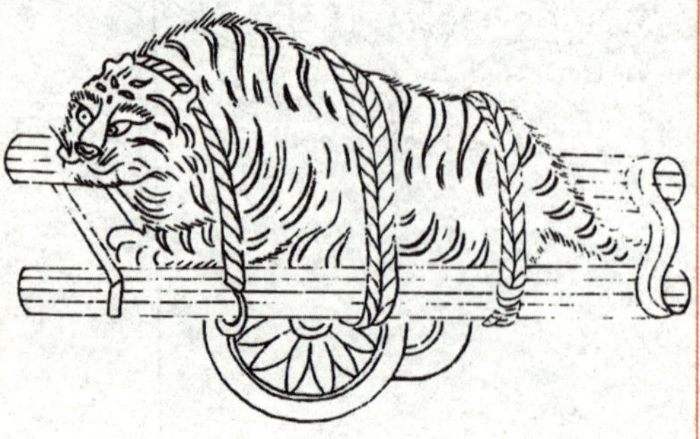

運乾糧車

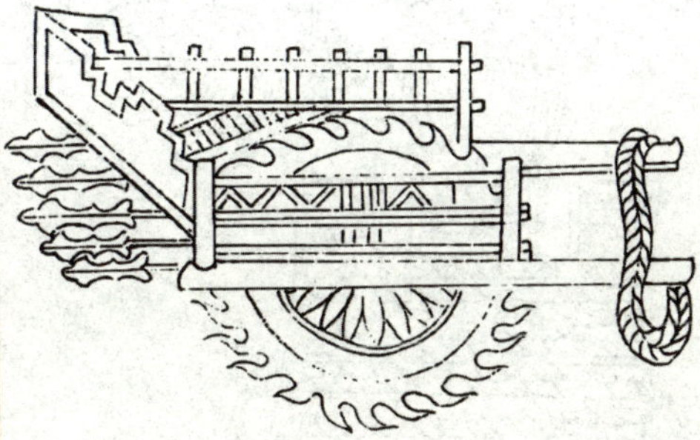

巷戰車

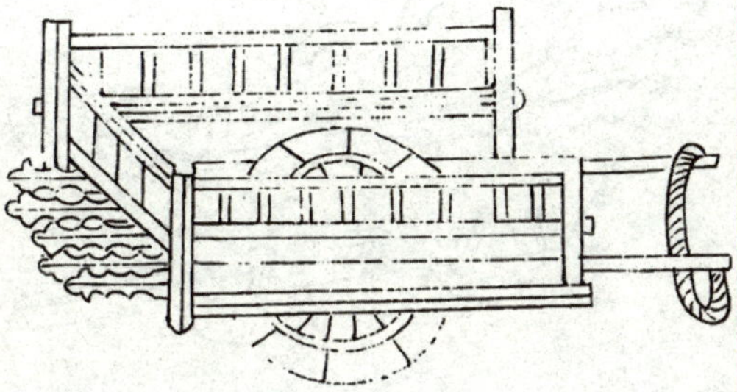

象車

槍車

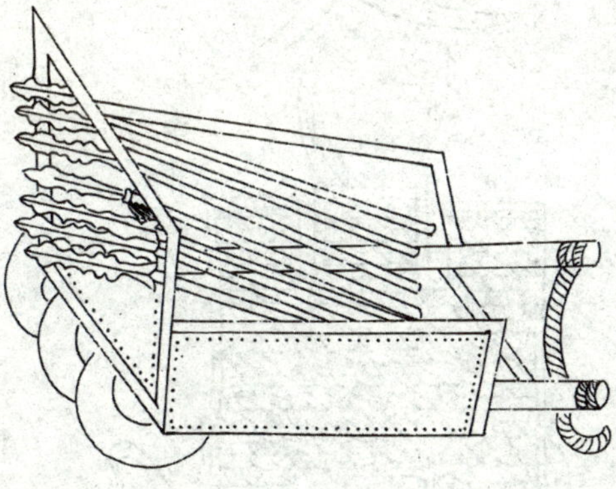

槍車

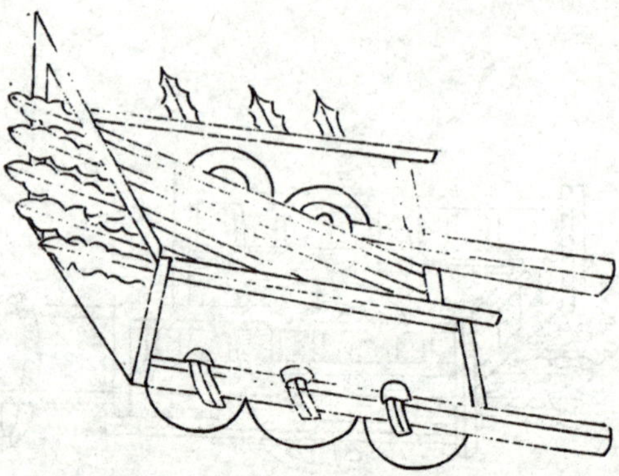

步人甲

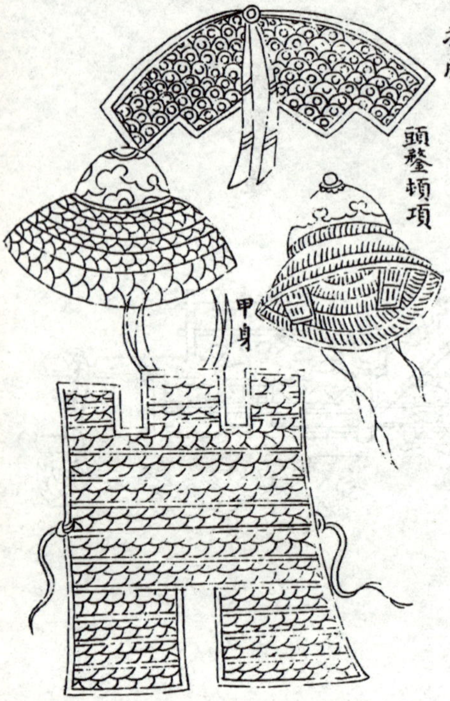

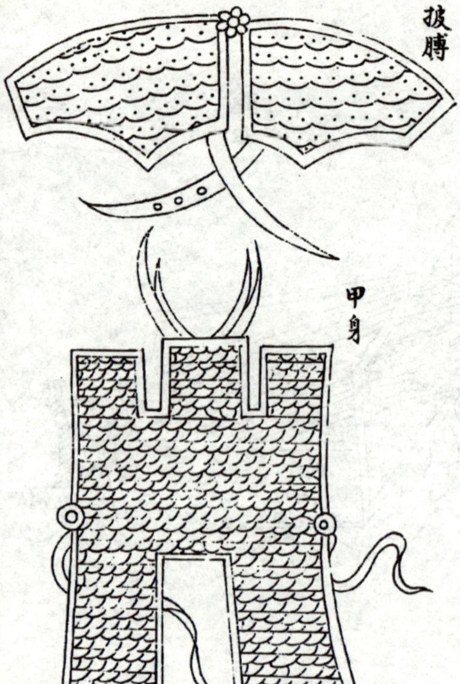

馬甲

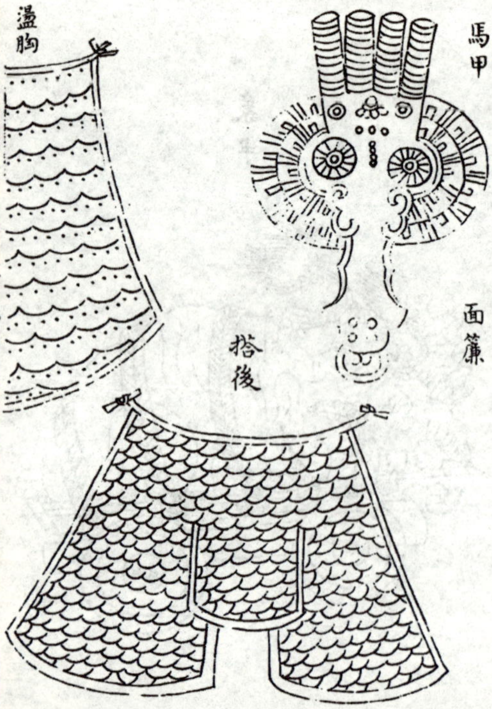

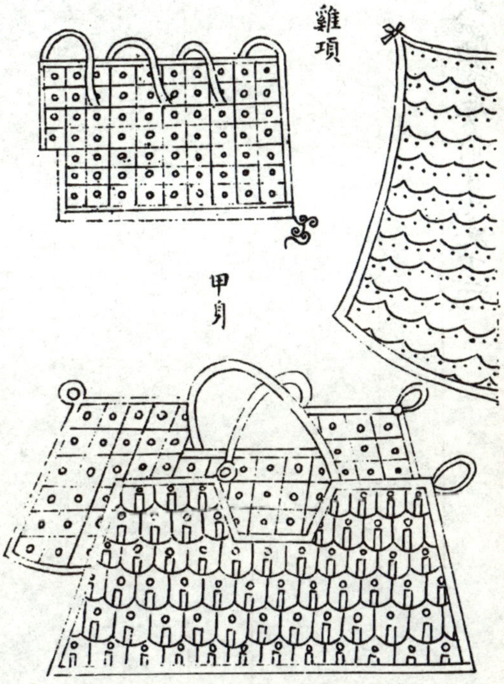

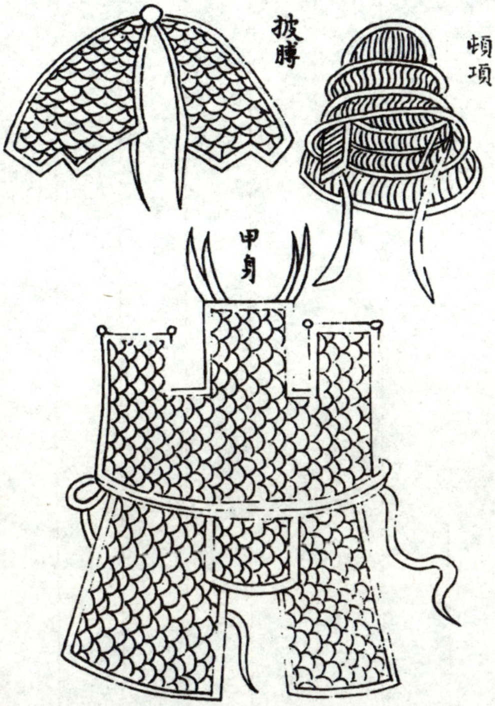

右有鐵皮紙三等其制有甲身上綴披膊下屬吊腿首
則兜鍪頓項貴者鐵則有鎖甲次則錦繡緣䌷裏馬裝
則並以皮或如列鐵或如笏頭上者以銀飾次則朱漆
二種而已

武經總要前集卷十三

欽定四庫全書

武經總要前集卷十三　二十八

欽定四庫全書

子部

武經總要前集卷十四五

詳校官編修臣程嘉謨

總校官候補中允臣王燕緒

校對官中書臣李斯咏

謄録監生臣張姚仁

武經總要前集卷十四

宋 曾公亮等 撰

賞罰法

右軍中賞罰之法於舊史往往雜見而備存者獨今令有兵衛律有擅興自漢以來沿革損定隨世為異本朝之制大將每出討皆給御劍自隨有犯令者聽其專殺兼置隨軍賞給庫或付空名宣符有立功者聽大將便

宜爵賞不待中覆景德初真宗垂意邊務始增著賞格罰條慶歷之後陜西用師上復詔近臣參定比舊文益為詳密頒於邊鄙可為永式與律令並行今列於左

賞格

陣獲轉遷賜物等第

三陣

以少擊多為上陣　數相當為中陣

以多擊少為下陣

三獲

據敵數十分率之殺獲四分以上輸不及一分為上獲

二分已上輸少獲多為中獲

一分已上輸獲相當為下獲 以上並謂大勢得勝者若有獲而奔敗不用此例

轉官

七資為第一等　五資為第二等

三資為第三等　二資為第四等

一資為第五等

右轉及諸司使副者即依平轉例以五資為一資

賞等

上陣上獲第一等　上陣中獲第二等

上陣下獲第三等

中陣上獲第二等　中陣中獲第三等

中陣下獲第四等

下陣上獲第三等　下陣中獲第四等

下陣下獲第五等
右以上都監巡檢及隨軍使臣用此例其賜物臨時
準陣獲上下約數支給鈐轄已上定陣獲上下奏取
朝旨
轉階級
三轉為第一等　兩轉為第二等
一轉為第三等
右廂禁軍畨落義軍弓箭手副都頭副兵馬使以上

用此例凡軍頭十將以下隨屬處牒補訖奏副都頭
副兵馬使以上先用此例給付身功狀憑牒奏乞降
宣其軍都指揮使以上奏取朝旨
五轉為第一等　三轉為第二等
一轉為第三等
右廂禁軍畨落及義軍弓箭手自長行軍士以上用
此例　賜物

絹十疋錢十貫為第一等　絹七疋錢八貫為第二等
絹五疋錢五貫為第三等　絹三疋錢三貫為第四等
絹一疋錢三貫為第五等
右廂禁軍用此例軍都指揮使以上委諸主將定功
大小約此等優加酬賞給訖奏聞
絹十疋為第一等　絹八疋為第二等
錢十貫為第三等　錢五貫為第四等
錢三貫為第五等

右畨落義軍弓箭手用此例此上二等賜物或有舊
支錦襖子腰帶者自依舊例支仍將價值約準賜物
等第配折第四等以下更不支錦襖子腰帶
一臨陣對敵矢石未交先鋒馳入陷陣突衆師徒因而
破敗者為奇功或敵鋒堅鋭城池險固山林阻隘道
路遥遠及救兵不繼如此之類既制勝克敵難易相
遠並不可以常格酬叙委主將臨時録奏旌賞
一殺敵斬一級者與第四等賜其臨陣破營率先用命

及突衆深入各有殺獲者與第二等轉轉者謂轉階
級下條轉准此
一臨陣或斫營生擒者每一人與二等轉
一生擒敵人員者與第一等轉
一斫敵營寨能使寨動敵亂因而大敗者若使臣部領
與第三等轉官若軍員部領與第一等轉仍並給與
第二等賜隨從軍士各與第三等賜若使臣部領有
軍員隨從其軍員第二等轉賜物準此

一臨陣能用命殺退敵者除主將準陣獲行賞外其餘
軍士非擒生斬級者每人給第五等賜若與敵對陣
不決勝負因策應而得勝者其策應將士各加一等
賞賜
一能邀獲敵探馬遊騎者與第二等轉
一深入殺敵致中傷者給第四等賜雖中傷仍有獲除
轉遷外給第三等賜重者加一等
一擒生斬級有中傷者除轉遷外别給第四等賜重者
加一等
一臨陣斫散頭首旗鼓者與第三等轉仍給與第五等
賜如能奪致旗鼓者與第二等轉仍給本等賜奪致
者須主將臨陣親見及衆人舉保方得行賞
一將校臨陣被傷有能救免者與第一等賜
一數人共擒斬首一人或數十人共擒斬首數人者除
親擒獻到依上條賞賜外餘隨從人各降一等
一將士每有戰傷官司並給與公憑若重傷兩次輕傷

三次與第三等轉
一覘得軍情者賜物如因此敗敵優與酬賜
一捕獲諸姦細者賜物
一告人與敵通情得實者賜物仍别給所犯之家妻子
雜畜資財以上三條並隨功大小酬給賜物先定數
如有探知敵大謀祕計因此得致剋獲若誘降部長
城戍及軍庭用事將相者並為竒功録奏特議旌賞
一攻戰所獲軍帳人畜資財雜物等並賜所獲之人内

有馬及甲仗納官給償
一大捷多獲除賞奇功外一半入官一半均賞戰士其
物非私家得用者官給其直
一擒斬到敵近上頭首並理入奇功委主將録奏
一將士得功或高於所立賞格者並比奇功録奏
一破蠻獠立功者減西北邊戰功二等賞之

戰傷例

禁軍副指揮使以上至軍都指揮使傷重者支絹七疋
輕者五疋副都頭副兵馬使以上重五疋輕三疋長

行以上重三疋輕二疋
廂軍義軍弓箭手副指揮使以上重五疋輕三疋副都
頭副兵馬使以上重三疋輕二疋長行以上重二疋
輕一疋
右為裹瘡之賜其酒藥錢物並臨時約舊例隨輕重
支給以公用物充

戰亡例

陣亡軍士各隨軍分指揮給與賻贈其等第用三司宣
例
陣亡軍士之家子孫及親弟姪取最長一名年二十已
上充填本軍内有人材過本軍等樣或不及元軍分
等樣配軍並倍支入軍例物内十五以上身無殘疾
願充軍者且支半分請受俟年及二十據等配軍其
無人充軍者家屬隨便仍給錢十貫
陣亡軍員子孫指揮使副指揮使録用三人副都頭副
兵馬使以上二人並充殿侍或已在軍者與十將如

十將以上者量與轉遷若無子孫可録指揮使家給
錢一百貫副指揮使八十貫副都頭副兵馬使以上
七十貫其都虞候以上録用子孫列奏取旨

行賞約束

一立功將士應合酬敘者皆令主將於敵退後諸軍未
散時對衆將叙定直言斬獲中傷次第務從簡速
一將士得功主將即時對定明具姓名申奏不得以隨

身牙隊親識移換有功人姓名致抑壓先鋒遠探及
臨陣效命之人如士卒顯有功狀為人移易抑壓者
許經隨處官司自言
一申得功將士使臣皆具官任軍分姓名本屬主帥并
官軍敵衆多少彼此殺獲輸失之數及奪到軍資器
械并戰時月日戰處去州縣遠近仍具部署等姓名
聞奏亦須文字簡遠不得淹滯
一定將士戰傷内臨陣者如背後傷中不在賞例若深

入殺人斫營臨陣雖傷中在背後不緣退怯亦與賞
賜
一應隨軍賞賜錢帛袍帶等約數將行備軍前合要即
時支給外若將士得功應賜者並主將先給印紙開
坐色件付身其印紙不得臨陣對壘給散別致喧擾
軍回日所在州軍疾速申請若有違約束者並科違
制之罪

罰條

一漏軍事或散號漏泄者斬
一尅日會戰或計會軍事後期者斬計會軍事如大雨
雪及水火力不能赴者不坐
一軍中非大將令副將下輒出號令及改易旌旗軍號
者斬若號令未便須合改易者先申大將如事當機
速不及先申其改易實便者不坐即叫呼或吹物涉
為號者亦斬
一排陣已定都監使臣軍員以下輒抽一人一騎者斬

一會戰或臨營下寨行列不齊旌旗不正金鼓不鳴主
者及所犯者皆斬教陣而違者杖一百斷
一下營誤不如法主者杖一百在賊庭者斬
一背軍走者斬非出軍臨陣日依廂禁軍勑條
一邊塞有警急及探得彼中事機不取主將法度而擅
發兵者斬若兵已叩境即時須兵馬策應關報主將
不及者勿坐
一不候銅符木契與宣命文牒相勘合而輒發兵者斬

得符契不發及不即發者斬（不即發謂出軍臨陣之時）若尋常抽發移替自依常程日限或雖得符契不依次第及宣命文牒相副而輒發者亦斬

一臨陣先退者斬

一逐隊部被攻危急前後及左右隊部當救不救因致陷者全隊部皆斬

一臨陣非主將命輒離隊先入者斬

一賊軍去陣尚遠弓弩亂射者斬（亂射謂射力不及之地）

一臨陣聞鼓聲合發弓弩而不發或雖發而箭不盡（不盡謂若衆射三箭已獨射二箭之類）及拋棄餘箭者斬

一臨陣弓弩已注箭而回顧者斬

一將校士卒臨陣詐稱病者斬在邊鎮詐有所規免者絞或副部署以上詐稱病者奏裁

一臨陣或在敵境非應得傳言而輒高聲者斬非臨陣在敵境者杖一百

一下營訖非正門輒出入者斬

一覘候謬說事宜更相推托及漏泄者斬

一將卒有私讐至臨陣以相報復者斬

一臨陣失馬者斬力戰馬被傷殺者不坐即軍員將弱馬換軍士壯馬者亦斬鈐轄以下除名決配副部署已上勘取奏裁

一合戰取他人所獲首級者斬若衆力殺獲不辨主名輒取首級者亦斬

一逐北將帥指定遠近處所而輒過者斬或不及指定

處所者亦斬

一不戰而降敵者或背國歸敵者父子年十六以上皆絞仍没其家（没家者男子年十五以下及母女妻祖孫兄弟姊妹資財田宅並没官餘條没官准此）並科違制之罪

一戰陣失主將者親兵並斬或臨陣擅離主將左右者

一失旗鼓旌節者全隊斬或為敵所取者亦全隊斬

一陣定後輒進退亂行者即前後左右所行處聽便斬

一設奇伏掩襲務應接速捷前將先合後將即赴進退
應接乖者斬
一敵來可出軍而不出者斬
一令遠探早望不覺敵來者斬
一差探敵軍及入敵境可往而不往或更相推托及回
不以實言者斬
一有警急不舉烽及前烽已舉後烽不應者斬或無警
而誤舉烽致驚擾城寨及舉烽多少不如法致誤事
者亦斬承誤而應者不坐

一守城不固者本地分及主者皆斬或圍敵城不固亦
斬
一更鋪失候夜巡失號止宿他火者斬
一行軍不赴隊伍犯攔後馬者斬
一器仗不預修整臨陣不堪施用或給受之際不即言
上致臨陣敗事者斬
一部署鈐轄以下商議兵政務在和允即時裁遣違者
以違制論若所親顯涉頗曲者除名
一部署鈐轄等每有行下宣勑文字並具承受日時疾
速報遲者以違制論
一出軍在道及緣邊城寨凡請受典級敢減剋糧食草
料衣資賞賜者不以多少皆斬
一吏卒與敵私相交通或言語書疏者斬仍沒其家財
一主吏役使不平者斬主吏謂指揮使以下
一不服差遣者斬

一自相竊盜者不計物多少並斬非出軍臨陣自從常
法
一巧詐以避征役者斬
一避役自傷殘者斬
一將吏受贓枉法及論功定罪故不以實者斬失者委
一主帥量罪斷遣妄張敵數致誤奏陣獲者亦斬
一隱欺破敵收獲及死亡兵士資財者斬
一以强凌弱忿爭酗酒喧悖惡罵或搖惑恐赫軍伍及

犯階級於理不順者斬
一博戲賭錢物者斬非出軍臨陣自依常法
一失去衣甲器械者斬主將見而不收從違制之罪及故毀棄軍裝或盜賣器械軍裝而詐稱失去者亦斬
一大軍在路遺落器械衣物皆須移在道傍令收後人收候下營處名主分付如他人妄認及隱匿者斬收後人不收者杖一百
一軍中奔車走馬者斬自指揮使以下並須步入營寨違者杖一百營寨謂主帥所在

一貪爭財物資畜而不赴殺獲者斬
一訛言狂惑妄說陰陽卜筮道釋鬼神災祥以動衆心者斬
一無故驚軍叫呼奔走妄言敵至及夜呼驚衆者並斬即有乘暗攻營將士輒喧動者亦斬
一軍中有卒警及失火在軍中輒呼叫奔走者所在官司得斬之若在城守圍中者亦斬

一放火者斬仍沒其家或遺火燒屋宇軍幕及財物積聚通計錢二貫足已上者斬
一軍中有火除救火人外皆嚴備若輒離本職掌部隊等處者斬
一入敵境軍士擅發冢墓焚廬舍殺老幼及婦女踐禾稼伐樹木者斬如主將有命令蹂踐敵地禾稼伐樹木或燒蕩廬舍者不坐
一軍士雖破敵有功擅掘冢燒舍掠取財物者斬

一姦犯居人婦女及將婦女入營者斬
一有使人入軍非主司輒與語者斬若擒獲敵人及來降者並領見主帥不得詢問敵中事宜若違因而漏泄者斬
一行營吏卒私議軍中事宜者斬
一行營吏卒受他人財物情涉交通者斬親戚供饋者不坐
一得敵射書吏卒即時封送大將輒開讀者斬如士卒

有親故贈遺書信者領付主將驗認給付違者杖一百

一敵軍棄仗來降而輒殺者斬

一破敵先虜掠者或入敵境擅虜掠者並斬

一破敵後因爭俘虜相傷者斬

一戰罷收軍須徐緩而行輒走者斬

一違主將一時之令者斬謂隨時號令

一軍行下營亂走失伍及樵牧汲飲出表外者杖一百

一凡見奇禽異獸怪物入營壘及捕獲者當時報主將不告而輒傳道者杖一百

夫三軍之衆畏我則不畏敵畏敵則不畏我此賞罰之所以設也明將知其然故彰利示害以曉衆信賞必罰以勸功及對陣交綏咸見鈇鉞爵祿之具在則士卒雖欲勿戰亦不可得也故使疲者勇懦者決進有幸生退有必死焉昔戰國時秦人兵力最雄蓋能敎蓄勁士恒之以慶賞嚴之以刑罰凡民欲要利於上者非鬬無由其有軍功者各以律受上五甲首而隷五家以此爲賞民無不勉若軍大戰而大將死吏自五百石以上不能死敵皆當斬大將左右吏卒亡軍者皆斬士卒有軍功者奪無軍功者戍三歲五人爲伍十人爲行戰而亡其伍同五人奪功無功者亦戍三歲以此爲罰民無不懼也所以四世有勝衛擊六國六國莫敢抗之非幸也有術數然也是以善用兵者誅大以爲威賞小以爲明刑上及而不避貴重

下通而不遺廝賤誅僇一卒而萬衆畏勸者用此道也

武經總要前集卷十四

欽定四庫全書

武經總要前集卷十五

行軍約束　宋　曾公亮等　撰

凡行軍及在營應軍中條約主將並須先出榜曉告令將士知審

凡行軍大將平明與諸將論一日之事暮與諸將議一夜之事

凡欲攻圍只主將知委應行將士不得預知並候臨時唱發

凡前有闘敵主將先須下令合到遠近處所及收軍記號準節

凡軍行在路四面各三里止絶行人不得令輒犯隊伍犯者並執送所在官司其山川狹隘處更不定地里但犯隊伍者即坐

凡將佐在行營應行交代者舊將不得出迎須先令嚴兵守備待新將到營之日發得符契合同即聽其交代

凡敵已臨境事機急切之際而主將適不在軍營中又馳報不及者其時即副使商議與發兵馬仍飛報主將

凡將佐及將士内有宿相讐嫌者不許相監統及同營隊士卒具事申主將大將奏聞

凡未發軍三日以前所須排比早定臨行一日須内外

寂靜如常日

凡諸將給親兵外不得更於諸隊抽揀勇士為隨身防衛

凡軍行不得踐踏田苗

凡軍行不得搔擾居民

凡與敵戰勝逐北須留軍後守輜重諸軍亦不得輒動其奇兵追赴不得過百步審知敵勢敗散乃許遠逐之

凡行營吏卒非於親戚不得輒受他人饋遺財物

凡營幕作食事已訖未昏以前須滅火或夜中有文牒及抄寫須火燭者申主將判押乃聽

凡營壘已定兵士須出採樵及市易者每人持一木牌書其姓名門司驗認始聽出入出須三人以上不得獨行

凡營門常須嚴整呵察出入雖勑使至皆須先報主將候嚴整軍備然後見

凡破城陣所得軍器糧儲即收入官餘物並給獲功之人

凡敵中有人來降即直引見主將餘人不得輒問敵中事宜

凡步軍既入敵境除器械外不得負重過十斤如不在敵境任輕重自負

凡馬軍除器甲及的須物外不得負斤兩之重

凡隨軍發運糧須主將密定行期關報官司不得漏泄

凡士卒給弓弩須分軟硬為三等量人力强弱均配衣甲亦定短長為三等量人材大小給之

凡朝廷問機密事宜及兵甲錢糧文字不得只憑口宣須親見宣勑方得奏報

凡行軍主將不以有無事機並須日一發奏仍令急遞或事非文字可傳者即差親信馳奏

凡士卒臨事務熟主將指呼如已分定使臣主領其所管部隊不得頓有移易

凡軍行在道十里一令整齊二十五里食訖糧五十里

宿食或步騎衆多或山川險阻並令主將約此裁令

凡軍中不得多繫俘虜虛占防守之人

凡敵境有直路狹隘險阻泥陷處不得引軍過之以防掩襲

凡軍行所至處有水泉及放牧草地並差人監當不得令濁亂及非理踐蹂

凡破陣得殊方異物堪以奉人主者隨物給價與所獲人物即歸官

凡士卒臨陣隨身私物將挈不得者各書姓名色件付本隊輜重主者收領

凡將欲臨陣士卒不能執作勞役聽補緝衣屨務令安逸

凡軍士軍裝衣資並將校檢察勿得浪費

凡士卒乘馬皆本軍將校遞為撿轄令謹切愛護以時飲飼

凡軍馬未見敵騎十里步十里事警急不得輒馳走以

損馬力

凡馬須揀擇遲速相等者給配同隊有强惡者別揀為羣以備衝突若性惡不可制者不得給配戰士

凡戰士給配得馬有鈍弱不堪入戰者許自白主將聽與換給

凡探候得敵事宜並與隣道主將密相關報

凡行軍主將先令士卒白軍行所到之處兵士不得妄刈稼穡伐林木殺六畜掠財物姦犯人婦女

凡將佐三日一巡本部吏士營幕閱其飲食精麤均勞逸恤疾苦

凡軍中不採風言及匿名論人是非者恐姦人謀害良善

凡軍中不得諷誦歌詩曲調感切人者及樂中不得為悲凉之聲

凡士卒有過本因錯失非有害軍士者主將量情原減以懷人心

凡軍中彊暴凌人不受羈制者並當除去

凡軍中除依時教閲外主將不得勞擾軍士務令休息

凡軍中行住營三日外並須教習武藝繕備器械

凡軍中教射先教射近次教習遠

凡輜重常令在軍中不得在前後恐遇偏攻

凡軍營無利不住經時久則弛慢敵因得計但時有移易則人不懈怠敵亦不測

凡軍破不許捉生恐因爭競以致軍亂

凡吏士殺敵得資財畜產並悉數以白大將無得輒隱
凡合戰時不許收賊器械恐軍號錯雜
凡軍中掠獲除按條賞士外大將不得輒取
凡得被掠將佐及敵中偏裨並驗問申奏
凡陣中不使羸老疾病人在戰列恐牽潰行陣不使工
巧人戰鬬妨葺理軍器
凡書生雜吏不許臨陣觀瞻
凡得敵中降人自陳軍中利害者不可即聽須受而審

覆之
凡得生口無問逆順皆不輒殺以招來者漸以誘問敵
情亦不可縱逸防為間諜
凡敵勢未窮蹙輒求和合者當佯許勿拒之益戒軍中
為備
凡行營每隊定官一員專察高聲或諸軍前後相遠須
傳聲換人則委差定當傳者他人不得輒傳合傳不
傳不合傳而傳者皆論如軍律

凡軍中請器械並戰袍并定斤兩標記色號槍劍弩等
並各記之軍司明立文簿軍還送納皆按簿交受
凡軍士請納器甲須本營將校部勒同畀不得前後自
便
凡軍中得闌遺物產並當日於所屬送納
凡軍中除炊炮及應得存火外餘並不許輒留
凡軍士不得輒議敵中事宜
凡軍中除習武藝為戲外（如拔距投石之類也）餘博戲並皆禁斷

凡軍中有克捷所送露布由都部署以聞仍牒轉軍使
遍下營內
符契
符契之設尚矣周武王問欲引兵深入諸侯之地三軍
卒有緩急利害吾將以近通遠從中應外以給三軍
之用柰何太公曰主與將有陰符凡八等有大勝克
敵之符長一尺破軍擒將之符長九寸降城得邑之
符長八寸有卻敵報遠之符長七寸警衆堅守之符

長六寸請糧益兵之符長五寸敗軍亡將之符長四寸有失士亡利之符長三寸諸奉使行符稽留若符事聞泄告者皆誅之敵雖聖智莫之能識然近代或用或置沿革不同本朝康定初制符契頒於沿邊諸部令附其法於後云

銅符長五寸闊二寸厚六分上面刻篆字曰某處發兵符下面鑄虎豹為飾中分為二段牙槽相合右一段左旁作虎豹頭四枚左一段右旁開四竅為勘合訖

却將篆字面相向合定於側向刻十干字為號　第一符勘甲已字為合　第二符勘乙庚字為合　第三符勘丙辛字為合　第四符勘丁壬字為合　第五符勘戊癸字為合

左符即全刻十干半字右符即依次刻甲乙等兩半字右五段留京師左五段降付逐道主將收掌

凡發兵馬令指揮或三百人以上至五十人用一虎一豹符五千人以上用雙虎雙豹符以下符之法委樞密院以右符第一為始盛以木函封以本院印與宣命相副付於使臣宣內具言下第一符發兵馬若於主將遇宣與符即將左符看驗得合乃為興發發訖即以本司印封題右符還付使臣歸京仍飛驛別奏

凡主將所掌符契專擇一官為腹心典領

凡給受符契次第月日所發兵馬之數皆書於籍勿得謬誤以備照覆若再有抽發樞密院即下右符第二至第五各以次行用周而復始其降宣遣使封題勘

合並如下第一之制其銅符右段委樞密長官於本院嚴固封鎖以承旨主事各一員典掌亦置籍抄記如法本院官通押遞相照驗

木契長七寸闊二寸厚一寸五分上下面並題云某處契中剖為上下二段上段內為魚形并題一二三次第下段內刻空魚為勘合之處左側題云左魚合右側題云右魚合上三段下一段上三段留主將收掌下一段付諸軍州城寨主收掌

凡主將差發兵馬百人以上先發上契第一段盛以皮
囊封以本司印并文牒相副遣指揮使或職員賫付
文牒內具言發第一契兵馬若干其州縣城寨主得
牒與契即將下契勘驗得合即付兵馬付訖其上契
却用本司印封題還付使人賫歸其第二第三差發
勘合並如下第一契條約如有抽發即依次用之周
而復始其收掌給受委官置籍一準符制

傳信牌

本朝大將石普上言北面抗敵行陣間有所號令則遣
人馳告恐失計畫復虞奸詐請令將帥各持破錢作
牌遇傳令合而為信真宗以古有兵符廢之已久因
制漆木為牌長六寸闊三寸腹背刻字而中分之置
鑿枘令為合右穿二竅容筆墨上施紙劄每臨陣則
分而持之或傳令則書其言而繫軍吏之頸至彼合
契乃書復命焉

字驗

舊法軍中咨事若依文牒往來須防泄漏以腹心報覆
不惟勞煩亦防人情有時離叛今約軍中之事畧有
四十餘條以一字為暗號

請弓　請箭
請刀　請甲
請鎗旗　請鍋幕
請馬　請衣賜
請糧料　請草料

請車牛　請船
請攻城守具　請添兵
請移營　請進軍
請退軍　請固守
未見賊　見賊訖
賊多　賊少
賊相敵　賊添兵
賊移營　賊進兵

賊退軍　賊固守
圍得賊城　解圍城
被賊圍　賊圍解
戰不勝　戰大勝
戰大捷　將士投降
將士叛　士卒病
都將病　戰小勝
右凡偏裨將校受命攻圍臨時發以舊詩四十字不得
令字重每字依次配一條與大將各收一本如有報

覆事據字於尋常書狀或文牒中書之加印記所請
得所報知即書本字同亦加印記如不允即空印之
使衆人不能曉也

間諜

兵法曰明君賢將所以動而勝人成功出於衆者先知
也先知者不可取於鬼神不可象於事不可驗於度
必取於人而知敵之情者也夫用間有五有因間有
内間有反間有死間有生間　因間者因敵鄉國之
人而厚撫之使為間也　内間者敵之官人有賢而
失職者有無過而被刑者有寵嬖而貪財者有屈在
下位而不得任使者有欲求展已之才能者有翻覆
變詐常持兩端之心者如此之官皆可以潛通問遺
厚賂金帛而結之因求其國中之情察其謀我之事
復間其君臣使不和同也　反間者敵有間來窺我
我必先知之或以厚賂誘之反為我用之或佯為不
覺示其偽情而縱之則敵人之間反為我用　死間

外詐立事跡令吾間憑其詐跡以輸於敵而得敵信
若我進取與詐跡不同間者不能脫則為敵所殺
生間者取内明外愚形劣心壯閑於鄙事能忍饑寒
詬恥者往來通報也　此五者皆當謹察其人而任
之否則不能成務而自屬其自漏吾軍事也故曰三
軍之事莫親於間賞莫厚於間事莫密於間非聖知
不能用間非仁義不能使間謂先量間者之性誠實

多知乃可用之然則間亦有利於財貨不得敵之情實但將虛詞以赴我約此非用心微妙不能酌其情偽

凡軍之所欲擊城之所欲攻人之所欲殺必先知其守將左右謁者門者舍人之姓名令吾間必索知之使往則自適也又曰必索間（謂常於軍中搜索敵人間諜）敵間之來者因而利之導而舍之故反間可得而用也因是而知之故鄉間內間可得而使也因是而知之故死間

為誑事可使告敵因是而知之故生間可使如期五間之事主必知之知之必在於反間故反間不可不厚也五間俱起莫知其道是為神紀此謂善任間者同時而任五間異辭合謀往之於敵雖有明智無不惑者又有求彼鄰好旁致事端佯綴罪囚露此偽跡通尺書以離其親信卻降虜以示吾虛狀臨敵為計非一途也

凡遣間者受詞指縱必於臥內其人非素舊者亦當羈執其族使雖死不敢漏吾密故曰間事未發而先聞者間與所告皆死也夫水能濟舟亦能覆舟我用間以謀人人亦有用間以謀己我以密往人以密來為將者亦當酌此以待之可無失矣

嚮導

經曰不用嚮導者不能得地利管子曰主兵者審知地圖然後可以行軍襲邑蓋入人之境內者我孤軍以進彼密嚴而待渡險則有發伏之慮涉川則有壅決

之憂晝行則有暴來之闘夜止則有虛驚之撓頓舍必就薪水畜牧必依芻草一事不備則自投於死安能獲敵哉故敵國之山林邱阜可以設險者灌叢茂草蒲葦之可以隱藏者道里之遠近城郭之小大委（於偽切）積（子智切）之所在水草之所有乘卒之衆寡器甲之堅脆必盡知之則兵行嚮導不可暫無

凡用軍事或得虜為嚮導者須防間諜陰持姦計為其誘誤必在鑒其色察其情參驗數人之言委曲相合

乃可信任便當厚其頒賞要之爵秩仍選腹心智謀之士挾而偕相出處密防其貳也然不如素蓄堪用之士但能諳練行途亦不必土人也如在曠野四隅莫辨又值夜晦當視北辰候中星為正

正月昏昴中旦心中　二月昏井中旦箕中

三月昏柳中旦南斗中　四月昏翼中旦牽牛中

五月昏角中旦危中　六月昏氐中旦壁中

七月昏尾中旦婁中　八月昏南斗中旦畢中

九月昏牛中旦井中　十月昏虛中旦室中

十一月昏營室中旦軫中　十二月昏奎中旦亢中

若遇天景曀霾夜色暝黑又不能辨方向則當縱老馬前行令識道路或出指南車及指南魚以辨所向指南車法世不傳魚法用薄鐵葉剪裁長二寸闊五分首尾鋭如魚形置炭火中燒之候通赤以鐵鈐鈐魚首出火以尾正對子位蘸水盆中没尾數分則止以密器收之用時置水椀於無風處平放魚在水面令浮其首常南向午也

武經總要前集卷十五

欽定四庫全書 子部

武經總要前集卷十六上

詳校官編修臣程嘉謨

總校官候補中允臣王燕緒

校對官編修臣孫希旦

謄録監生臣姚潽

欽定四庫全書

武經總要前集卷十六上

宋 曾公亮等 撰

邊防

敘曰王者守在四夷東西北九重懐柔示信謹疆埸之事折衝禦侮張藩衛之服治險阻繕甲兵嚴烽燧設亭障斯長轡遠馭之術也國家革五運之澆季闢四海之封域舟車所暨聲教大同若方隅守備則東起滄海至北平軍十數城六百餘里屬河北路東起代郡西縁大河至隰州十三城千餘里屬河東路東起延安窮邊至階州十五城千餘里本朝之制凡一路砦堡關鎮皆屯戍兵屬陝西路巴蜀之地黎雅威茂文龍永康屬益州路戎瀘夔施黔雲安屬梓州夔州路荊辰澧鼎潭衡全邵桂陽屬荊湖南路北路廣桂宜邑欽融廉雷容瓊屬廣南東西路皆山川阻深綿亘數千里此自古限隅防禦之地其邊鎮襟帶之處建都部署鈐轄

都巡檢專督戎政治城郭塞蹊隧置關鎮立堡砦以為禦衛之備遣禁衛之師三載更戍謂之駐泊兵募土人泊邊雜之師隸禁軍額者謂之就糧軍州兵係訓練者亦充營陣之役又約府兵之制河東置義勇三十餘萬人陝西以土人願從邊者給田置堡有事則戰無事力農謂之弓箭手熟户蕃部至本族巡檢都軍主以下兵官凡十一級蕃部百帳以上補軍主其次指揮使以下至正副兵馬使本族巡檢叙土官

之列至殿侍延石嵐隰有捉生民兵荆湖施夔閒置砦將蠻酋土人為之名曰士丁義軍亦置都指揮使以下戎校分戍城壘其非控帶四邊州郡略而不書今釐為五卷為之邊防疆域之遠近城戍之要害開卷盡在是矣

河北路

河北禹貢冀州之域天文畢昴之分春秋趙魏悉居其境言星者十二分野災異可以參驗（他路放此）古之障塞始以盧龍山鎮為限五代以來陷于北土今定州至于西山滄州距東海地方千里無險阻可恃本朝則定州真定府高陽關皆屯重兵離為三路脩蒲陰為祁州則有高陽關會兵之路山井陘至常山則河東道進師之所自滄州至海口百六十里即平州界至淳化後順安軍以東有塘水隅限敵騎莫州屯步兵以護隄道保州屬一路平川曠野利敵騎馳突置沿邊巡徼兵北平路又置兵馬一司山西斷之路登州隸京東海路抵女真

及契丹界置水師隸巡檢司全魏之地河朔根本內則以屏蔽王畿外張三路之援又置北京路兵官（屬內地後不録）方今保邊砦咸以兵馬為務亦罕任文吏防秋捍患實為他路之劇其有戰守之策塘水之利悉論次于後

定州路

定州中山郡冀州之域戰國為中山國地平近邊西北捍奚契丹東至瀛州二百八十里東北至保定一百二十里南至真定府一百二十里北至長城口一百

六十里至蔚州四百九十里西南至蒙城路至趙州
百九十里東南至深州百七十里東北至莫州二百
五十里本朝廣屯重兵為邊鎮之劇置本路駐泊馬
步軍都部署以下兵官以州為治所統定保深祁廣
信安肅順安永寧八州軍本路置州兵及朝廷遣禁
旅更戍外又領鄉軍義勇總五十八指揮凡二萬八
千三百四十八人咸隷之

北平軍治北平縣秦曲逆縣地後魏改名北平本朝建

砦築城控安陽州四望口一帶山路至蔚州界給軍
滿萬人斷西山之路東至保州五十里西至北平軍
城砦南至定州九十里西北安陽川口三十里北至
易州界狼山砦九十里國初孫行友咸平中荆嗣輩
嘗領是職慶歷初建軍使兼都監知縣事東至保州
五十里南至定州九十里西龍泉鎮六十里北至易
州界狼山砦九十里西北至安陽川口三十里

砦鋪二十六所

魚臺口鋪　北至界首桑乾河一十里北至北界新起
團標約一里東至保州界柏山口鋪二十里南至北
平軍三十里東南至驢馬嶺約二十里惟通單騎西
南合入安陽口十五里西南至道務村五里道務村
西南至安陽口一十里東南濶約二百五十步耆老
言賊馬多于此出入易州未陷時皆驛路也魚臺口
濶約半里

四望口鋪　北至界首桑乾河二十里北至北界一十

五里契丹新建一砦東至魚臺口約二十里至安陽
口十里西至捉馬口三十里東南至軍約四十里口
甚狹惟通單騎兵級巡子共六十三人

捉馬口鋪　其口甚狹不通騎惟通人行北至界首灰
嶺山二十五里次北界無鋪東至四望口三十里東
南合入安陽關口四十里西至唐縣界白土口十里
東南至本軍七十里兵級巡子共六十三人

安陽口鋪　東北合入魚臺口一十五里南至本軍三

十里西北合入捉馬口四十里正北合入四望口一十里

魚鼻山口　在軍東北山嘴約二十里不通北界惟譏察商販而已

白崖砦　其上面平東西約一里南北長約一里半在軍西北四十里惟通人行内二十里居民常避兵于此

唐縣　西北至白土口鋪九十里西北至花塔子口鋪

約一百六十里西北至常田口鋪六十里西北至鋸牙口鋪七十里西北至黄蛇口鋪約一百一十里西北至下葦子鋪約一百一十五里西北至上葦子鋪約一百三十里北至軍城砦黄蛇口鋪七里東南至唐縣七十里西北至鶻神谷三十里鶻神谷東北至銀坊城約四十五里北至唐河三十里今移置鶻神谷口

白土口鋪　通單騎北至界首南道入谷五十里北至契丹界無鋪正東落北至北平縣界捉馬口鋪約十里北至花塔子鋪約二十里東南至本縣界九十里西南至田常口鋪約二十里口西約五十步有唐河西流水口北以界内河濶處五十七步狹處三十步

花塔子鋪　鋪北山路濶處五七十步狹處一二十步南至蕃服（或作脈）嶺約一十五里惟通行人今移至周家庄北至界首石碑子約四十五里南至白土口鋪二十里南至葛洪山約五十里西至馳茂山川軍鋪

三十里

田常口鋪　甚狹通人行北至界首約八十里北至契丹界無鋪東北至白土口鋪約二十里南至唐縣六十里西北至鋸牙口二十里北至唐河約二十里西北至乾河口三十里乾河口西北至沙嶺子一十里沙嶺子東北至銀坊城一十里今移置張政庄

鋸牙口鋪　惟通人行北至界首約八十里北至契丹界無鋪東北至白土口鋪二十里西南至東娘神鋪

二十五里東娘神嶽領分水爲界約八十里北至下
葦子鋪約五里北至上葦子鋪約三十里北至柳家
谷北界石牆約五十里東北至黄蛇口鋪約七里東
北至北界石牆處十里北至銀坊城新修砦七里
黄蛇口鋪　以北山路不通車騎北至界首石碑約八
十里北至契丹界邢𡡉砦約二十里東南至鋸牙口
鋪四十里西北至秦王嶺一十五里南至軍城砦七
里西至石門子鋪約三十里北至唐河三十里今移

置乾河口
下葦子鋪　北行山路惟通單騎西南至界首倒馬關
約八十里北至契丹界無鋪東北至黄蛇口約三十
里南至軍城砦約五里西至于家砦約二十里
上葦子鋪　北行山路惟通單騎吴兒口西北至界首
倒馬關約七十里北至契丹界無鋪西北至金公神
谷約五里西北至南嶺子一十五里
馳茂川鋪　本唐河官道濶處約一百步狹處約四十

步南道人谷至石道人谷約四十里南道人谷至碑
碑子舊界二十里
軍城砦　東至東娘子神鋪約七里南至嫌薄山約十
五里西南至三會口約一十五里西北至于家砦鋪
一十三里西北至子鋪約一百三十里
于家砦鋪　西北至界首嶽嶺路約六十里北至契丹
界無鋪東至本砦約二十里南至三會口鋪約十里
西北至石門鋪約一十五里山路濶處一百步狹處

約十步自石門西北至界首約四十五里惟通單騎
石門鋪　西北至界首嶽嶺路約四十五里北至契丹
界無鋪東至于家砦約十五里南至古道口約十里
西至舊磨谷約一十五里鋪西北至界首惟通單騎
今移置夾耳安王谷
和家砦　北至界首嶽嶺路約八十里北至契丹界無
鋪東北至軍城砦七十里東北至三會口約五十里
東北至嶽嶺口鋪約三十五里東北至古道口鋪約

三十里直東至龍泉鎮約六十里東南至曲陽縣約
九十里曲陽縣至定州約六十里北至和家口鋪約
七里直北落西至安王口鋪約一十五里西北至板
谷口鋪約十里西南至玉柳口鋪約二十五里西南
至北砦玉柳口鋪約三十五里西南至北砦約五十
五里至安王口鋪山路濶處約一百步狹處約十步
步安王口鋪以北至界首約五十里山路惟通單騎
至本砦管口鋪

三會口鋪　西北至界首嶽嶺路約七十里北至契丹
無鋪東北至軍城砦十五里東南至龍泉鋪約四十
里西至嶽嶺口鋪約二十里北至軍城砦于家口鋪
一十三里鋪西北約二十五里到分辟嶺山路濶處
一百步狹處約一十步自分辟嶺以西至界首二十
里惟通單騎今移置柳家谷

嶽嶺口鋪　西北至界首嶽嶺路約五十里北至契丹
界無鋪東至三會口鋪三十里東南至龍泉鎮約六
十里西至古道口鋪約三里北至軍城砦石門鋪約
十里鋪西北約七里至分辟嶺山路濶處約一百步
狹處約十步自分辟嶺西至界首約六十里惟通單
騎

古道口鋪　西北至界首嶽嶺路約四十里北至契丹
界無鋪東至嶽嶺口鋪約三里南至聞風山約五里
西至安王口鋪十五里鋪西北約五里至分辟嶺山
路濶處約一百步狹處約一十步自分辟嶺山路以

西界首約六十里惟通單騎今移置石舊

安王口鋪　北至界首嶽嶺路約五十里北至契丹無
鋪東至古道口鋪約十里南至和家口鋪約八里西
北至輅轤谷約三十里鋪北山路惟通單騎

和家口鋪　北至界首嶽嶺路約八十里北至契丹界
無鋪東北至古道口鋪約二十五里南至和家砦約
七里北至安王口鋪約八里山路濶處約一百步狹
處約一十步自安王口鋪以至界首約五十里惟道

單騎今移在南山坡上
板谷口鋪　西北至界首破河約六十里北至契丹界
無鋪東至和家砦約十里南至五柳口鋪二十里西
南至北砦約六十里北至安口鋪二十里西北約一
十里至劉素庄山路濶處約一百步狹處約一十步
自劉素庄西北至界首約四十五里惟通單騎今移
在輅轤谷
五柳口鋪　西北至界首破河嶺約九十里北至契丹

無鋪東南至曲陽縣約一百一十里南至沙河五里
西至北林砦五柳口鋪五里北至板谷口鋪二十里
西北約五十里至輅轤谷口山路濶處約一百步狹
處約一十步自輅轤谷西北至界首約三十里惟通
單騎
保州治保塞縣舊莫州青苑縣地建隆初建保塞軍太
平興國初建為州每邊馬南牧率師捍禦常為軍烽
之寇今置保州廣信軍安肅軍緣邊至西山都巡檢
使以保州為治所東至順安軍七十里南至定州一
百二十里北至廣信軍四十里北至契丹狼山砦百
里東北至安肅軍約四十里南至永寧軍九十里西
至北平軍七十里西北至栢山口鋪約六十五里
口鋪六
子口鋪　濶一里西北至界首赤嶺子約四里又西北
至契丹訓口鋪約五里其鋪有番漢十人守把東南
至保州約三十五里正東落北至廣信軍約三十里

東北至廣信軍龍口鋪約七里西南至八角口鋪約
十里有客主户五十餘家
八角口鋪　即趙曠川口也川濶約六里西北至界首
赤嶺子約五里自界首東北至契丹訓口鋪約四里
其鋪有番漢十人守把東南至保州約四十里南至
跳山約六里東北至子口鋪約十里西至兩嶺口鋪
五里川内有五村約二百家
兩嶺口鋪　西北至界首赤嶺子約五里自界首北至

契丹魏家莊鋪五里有番漢十人守把東南至保州約四十五里東至八角口鋪五里西至狗號口鋪一十里東至謁山村約五里凡兩嶺其南嶺濶九步北嶺濶一十五步

狗號口鋪　北至南界首赤嶺約五里北至契丹魏家庄鋪約七里其鋪有番漢十人守把東南至保州約五十五里東至兩嶺口鋪一十里西至白道口一里東至兩王村約十里嶺濶二十步

白道口鋪　至界首赤嶺約五里北至契丹魏家庄鋪約七里其鋪有番漢十人守把東南至保州五十里東至狗號鋪約一里西至栢山口約一十里東至兩王村一十里嶺濶六十步

栢山口鋪　北至界首赤嶺約五里自界首北至魚臺村鋪三里其鋪有番漢十人守把東南至保州約六十五里東至白道口鋪一十里西至北平軍地分魚臺口約二十一里栢山口鋪周回有人户約五十餘家口濶五百二十步

廣信軍治遂城縣戰國時武遂縣地秦築長城所起因名遂城本朝建軍東至安肅軍二十里西至長城一十里南至安肅軍一十五里西南至北平軍約九十里西至北易州七十里

砦鋪一十五

謝坊口鋪　北至當軍界十里界首北至契丹界濶臺鋪七里東至安肅軍界王馬村鋪二里西至本軍界二里西北至新河鋪二里

新河鋪　北至軍界首二十里界首東北至契丹界陳村鋪五里東至謝坊口鋪二里西南至本軍一里西南至張花村鋪二里

張花村鋪　北至本軍界三十里北至契丹新水村鋪二里東至新河鋪二里東南至本軍一里西至許家庄鋪二里

許家庄鋪　北至當軍界首二十里北至契丹界北城

村鋪三里東至張花村鋪二里東南至本軍三里西至龎村鋪三里半

龎村鋪　北至界首一十八里界首北至契丹界孤山村鋪三里東至許家庄鋪三里半東南至本軍六里半西至赤魯村鋪一里半

赤魯村鋪　北至界首一十七里界首北至契丹界太山鋪二里半東至龎村鋪一里半東南至本軍八里西至廣門村鋪三里

廣門村鋪　北至界首一十五里北至契丹界無鋪東至赤魯村鋪三里西北至馬家庄鋪二里半

馬家庄鋪　北至界首一十三里無鋪東南至廣門村鋪二里半東南至本軍一十三里半西北至長城口鋪三里

長城口鋪　口濶一十步至界首一十里界首北至契丹田珪庄鋪三里半東南至馬家庄鋪三里東南至本軍一十六里半西至弁山鋪二里

弁山鋪村　山口濶九百步北至界首八里界首北至契丹界田珪庄鋪三里東至長城口鋪二里東南至本軍十八里半西至佛陽口鋪四里

佛陽口鋪　山口濶一百二十步北至界首約一十三里界首北至契丹界荊口鋪一里東至弁山鋪四里東南至本軍二十二里半西至園道山鋪五里

園道山鋪　山口濶一十步北至界首四里界首北至契丹界樓山鋪三里東至佛陽口鋪五里東南至本

軍二十七里半西南至釜山村鋪四里

釜山村鋪　西至界首五里界首以北至契丹界無鋪東北至園道山鋪四里東南至本軍三十一里半西南至黑山村鋪十里

黑山村鋪　山口濶三百二十步西至界首八里界首以西契丹界無鋪東北至釜山村鋪一十里東至軍約三十里西南至龍山村鋪六里半

龍山村鋪　山口濶六十步西至界首七里界首西至

契丹界無鋪東北至黑山村鋪六里半東至軍約三十五里南至保州界五里半

安肅軍治安肅縣唐宥戎鎮周為梁門口砦太平興國中建軍東至雄州八十里西至廣信軍二十里南至保州四十里北至契丹一十里東南至順安軍四十五里西南至保州四十里東北至雄州二十里西北至易州二十里

砦鋪二十六

間板口鋪　東南至順安軍界約一里半西非至軍約三十五里北至順安軍界首約三十六里界首北至契丹界無鋪

高公口鋪　東南至間板口鋪約二里西北至軍約三十三里北至界首約三十四里界首北至契丹界無鋪

李三口鋪　東南至高公口鋪約二里半西北至軍約三十里半北至界首約三十里界首北至契丹界無鋪

大商村大橋鋪　東南至李三口鋪約一里半西北至軍約二十九里北至界首約三十二里界首北至契丹界無鋪

漢陽口鋪　東至大商村大橋鋪約三里半西北至軍約二十五里半北至界首約三十一里界首北至契丹界無鋪

千秋口鋪　東南至漢陽口鋪約一里半西北至軍約

二十四里北至界首約三十里界首北至契丹界無鋪

萬年橋鋪　東南至千秋口鋪約二里半西北至軍約二十一里半北至界首約二十八里界首北至契丹無鋪

拗觜鋪　東北至萬年橋鋪約二里西北至軍約一十九里半北至界首約二十九里界首北至契丹界無鋪

界渠鋪　東北至拗觜鋪二里半西北至軍約一十七里北至界首約二十八里半界首北至契丹界無鋪

沙口大砦　東南至界渠鋪約一里半西北至軍一十五里半北至界首約二十八里界首北至契丹界無鋪

徐城口鋪　東至沙口砦約二里半西北至軍約一十三里北至界首約二十五里界首北至契丹界無鋪

楊家口鋪　東至徐城口鋪約二里半西北至軍約一

十里半北至界首約二十二里界首北至契丹渠頭鋪約四里半有契丹七人守把

菱角河橋鋪　東南至楊家口鋪二里半西北至軍約八里北至界首約二十二里界首北至契丹界無鋪

三叉口鋪　東南至菱角河橋鋪約二里西北至軍約六里北至界首約二十一里界首北至契丹界無鋪

郭老鋪　東南至三叉口鋪約二里西北至軍約四里北至界首約二十一里界首北至契丹界無鋪

橋門鋪　東南至郭老鋪約一里半西至軍二里半北至界首二十里界首北至契丹界無鋪

柳灣鋪　東南至橋門鋪約一里半西南至軍約二里半北至界首二十里界首北至契丹固城鋪約二里半有契丹五人守把

北橋門鋪　東至柳灣鋪約一里南至軍約一里半北至界首約二十里界首西北至青塚鋪約二里有契丹五人守把

霸子口鋪　東至北橋鋪約二里東南至軍約一里半北至界首一十八里界首北至契丹界無鋪

姜女廟鋪　東至霸子口鋪約一里半東至軍約三里北至界首約十八里界首北至契丹界無鋪

車道口鋪　東至姜女廟鋪約一里半東至軍約四半北至界首約十九里界首北至契丹界無鋪

碾窩口鋪　東至車道口鋪約二里東至軍六里半北至界首約二十里界首北至契丹界無鋪

辛家口鋪　東至碾窩口鋪約二里東至軍約八里半北至界首約二十里界首北至契丹界無鋪

赤崖口鋪　東至辛家口鋪二里半東至軍約一十五里北至界首約一十九里界首北至契丹界無鋪

王馬村砦　東至赤崖口鋪二里東至軍約一十三里北至界首約一十九里界首北至契丹界無鋪

王馬村　係廣信軍兩界首鋪東至大砦約二里東至軍約十五里北至界首約一十九里鋪西正屬廣信

軍界

順安軍治高陽縣舊瀛州屬邑本朝號為重鎮常屯重兵與定州路兵馬掎角捍禦其地東至定州百二十里西至井陘路至并州五百里燕趙人謂山脊為陘今縣城控其要害漢書曰井陘車不得方軌騎不得成列南至趙州百里北自西山至蔚州四百九十里西南至平定軍三百二十里今置真定府路駐泊馬步軍都部署以下兵官統真定府磁相邢趙洺六州以府為治所本路置州兵及朝廷遣禁旅更戍外又領鄉軍義勇一百十八指揮凡四萬五千二十人

砦鋪八

北砦　東至定州一百八十里東南至真定府二百一十里西至承天閣一百里西至代州三百五十里東北至破河嶺約一百里東北至交牙川山嶺八十里北至箭笘嶺約一百里北至西鐵嶺約八十里北至上竿嶺約八十里北馬軍嶺約一百三十里管七鋪

王柳口鋪　北至界首破河嶺約七十里界首北至契丹界無鋪東至定州地分東北至東王柳口鋪約三四里西至本砦三十里西北至黃家砦鋪三十里南至丁家庄鋪約十五里出路闊處約一丈或五尺狹處二尺惟通人行

黃家砦鋪　北至界首交牙川嶺約六十里以北至契丹界倍泉砦約二十里東至王柳河約一十五里西南至本砦二十五里東南至王柳口鋪約三十里西

至番眼嶺鋪約一十五里西北至薄蝨神鋪一十五里山路濶處三二十走狹處三兩步通人騎

番眼嶺鋪　北至界首東鐵嶺約七十里以北至契丹界下平砦約三十里東至黄家砦約一十五里東北至薄蝨神鋪約二十里南至北砦一十里西北至東曹谷鋪三十里山路惟通單騎行人

薄蝨神鋪　北遠熊頭山北過至界首箭笞嶺約七十里以北契丹界安保砦約二十里東南至黄家砦約

十里南至北砦約三十里西南至三眼嶺鋪約二十里西北至東曹谷鋪約三十里界首山路濶處約一丈狹處三二尺惟通單騎

西曹谷鋪　北至界首上竿嶺約五十里以北至契丹界首靈邱城約五十里莫州二百九十里西北至莫州二百六十里

砦九

尼姑砦　東至鮫臍港鋪十里北至界首梁州河

雙港砦　東至尼姑砦二十五里

三女鎮砦　東至雙港砦八里

葦場港砦　東至三女鎮砦二十里

小南河砦　東至葦場港砦一十八里

百萬渦砦　東至小南河砦三十里

沙渦砦　東至百萬渦砦十一里

獨流砦　東至沙渦砦一十二里

釣臺砦　南至乾寧軍六十里北至獨流砦六十里砦

城居其中沿御河一路獨有稻田務

乾寧軍治乾寧縣唐盧臺軍地控御河岸在滄霸二州之境先為契丹割據并為寧州周世宗收復關南地因建軍

砦五

當城砦　東至獨流砦十五里北至渤海縣入平州路

李祥砦　東至當城砦二十五里

佛聖渦砦　東至李祥砦二十五里

狼城砦　東至佛聖渦砦一十四里

田家砦　東至狼城砦一十四里西至龍竊三十里北至契丹界首靈丘城約五十里東南至北砦約三十里東至東曹谷鋪約三十里西至龍渦庄二十五里山路通人馬騎

龍竊庄鋪　北至界首馬軍嶺約六十里又北至契丹界鐵冶砦五十里東至西曹谷鋪二十里東南北砦七十里至代州羊頭山七十里山路闊處約一丈至

七尺狹處三五尺惟通人騎

高陽關路

瀛州河間郡古燕之南境周世宗恢復土宗兩河之地並至三關（霸益州關雄州九橋關津瀛州高陽關）捍禦北境分重兵守之西與真定府三路軍馬相為犄角其地東至霸州百里西至永寧軍六十里南至永靜軍九十里北自君子館至莫州百里東南至滄州百二十里西南至深州四十五里今置高陽關路馬步軍都部署已下兵官統瀛州莫雄霸涀冀滄永乾寧信安十一州軍以州為治所本路置州兵及朝廷遣禁旅更戍外又領鄉軍義勇七十七指揮四萬二千五百八十人滄州橫海軍冀兗二州之域齊趙二國之境地居九河下流（書兗州九河既道河分九道悉在州境）東距大海趨平州路北距界河下至幽陵東至大海百八十里西至瀛州二百里南至德州二百四十里北至乾寧軍九十里至幽州五百五十里東北至海口二百三十里太平興國

中置唐興砦淳化中建為軍東至莫州六十里南至瀛州一百一十里西至安肅軍三十里北至契丹界易州二十里東北至雄州八十里東南至莫州約七十里西南至保州七十里西南至安肅軍約四十五里

砦鋪十五

順安砦　下至柳林鋪二里軍東路自順安砦至莫州界二十六里凡一十一鋪

柳林鋪　下至新鋪二里
新鋪　下至祭頭鋪二里
祭頭鋪　下至向陽寨四里半
向陽砦　下至舊砦鋪一里
上新鋪　下至緒口鋪一里
緒口鋪　下至下新鋪三里
下新鋪　下至百易鋪三里
百易鋪　下至泥口鋪三里

泥口鋪　下至莫州地界一里
開事鋪　下至牙家港鋪約三里軍壯路自開事鋪至
安肅軍界約一十五里凡四鋪
牙家港鋪　至第二鋪約二里半
第二鋪　至馬村鋪二里半
馬村鋪　至安肅軍界約六里

真定府路

真定府常山郡古趙地也

信安軍舊幽州安次縣地古淤關口也周朝置砦戍守
太平興國中升為北路軍至景得初改今名東至獨
流百二十里西至霸州六十里北界河

砦六

周河砦　東至信安軍五里
鹿角砦　東至周河砦六里
嘉渦砦　東至鹿角砦十里北至幽州永清縣
黎陽渦砦　東至嘉渦砦二里

鴈頭砦　東至黎陽渦砦二里北幽州香河縣
阿翁砦　東至鴈頭砦六里

霸州治永清縣古上谷郡地北枕拒馬水即幽州之南
境舊號益津關周朝建為州滄州北控海口霸州控
莫州金口塘水不接及水勢淺狹可步兵馬然瀕海
斥鹵地形沮洳東北近三百里野無所掠非出入之
徑景德中以前滄州部署常兼都巡檢使令省移置
霸雄州路界河至海口都巡檢使以霸州為治所海

口北趨平州路限以界河朝夕有潮水東自海岸西距
塘泊其間葭葦蒙密徑路迂直非鞍馬馳騁之利何
承矩曰自淘河至尼姑口屈曲九百里天設險阻真
地利也今治水戰之具蒙衝鬬艦走舸海鶻百餘隻
治水師廣徳懐順治禁兵歲時講習淳化中兼護塘
水緣邊滄霸州乾寧軍自契丹界緣河增補巡徼軍
曰忠順（舊曰鄉丁真宗達軍額）寶元初因補闕又有增置緩急
之備大為要害矣東至信安軍六十里西至雄州九
十里南至保定軍三十里北至拒馬河至契丹界

砦十
劉家渦砦　東北至霸州四里
莫金口砦　東北至劉家渦砦四里
桃花砦　東至莫金口砦五里
父母砦　東至桃花砦五里
新垣砦　東至桃花砦六里北至幽州安次縣
紅城砦　東至新垣砦六里
七姑砦　東至紅城砦三里
大渦砦　東至七姑砦五里
雙柳東砦　至大渦砦十里北至幽州固安縣
雙柳西砦　東至雙柳東砦十里
雄州治歸信縣本涿州瓦橋關在易州水東當九河之
末周收復三關此其一也地控幽薊故建為州至淳
化中創水田以捍兵馬走集今知州河北邊安撫營
田使東至霸州九十里西至順安軍八十里南至莫
州三十里北至白溝河三十里

砦四
木場砦　東至三橋子砦三里
張家砦　東至木場砦三里
王家砦　東至張家砦三里
向陽砦　東至馬村砦十八里
莫州治文安縣漢鄚縣唐景雲中分瀛州屬邑置州南
縣君子館路至瀛州百餘里北緣隄岸至雄州三十

里東至保定軍塘泊狹淺舊置部署以下兵官屯兵滿萬人以護塘泊東至保定軍六十里北至雄州三十里

塘水

一塘水東滄州界去海西岸黑龍港口西至乾寧軍沿御河津以破船淀滿淀方淀灰淀四淀合成一水其水東西百二十里南北九十里至一百三十里深約五尺

一東起乾寧軍西信安軍御河西以鵝巢陳八燕丹大泥孟家五淀合成一

水其水東西約一百二十里南北約三十里至五十里深約丈餘至六七尺

一東起信安軍御河西至霸州莫金口以水汶得勝下光小蘭子大蘭六淀合成一水其水迂而直東西約七十里南北約十五里至六里其深約六七尺

一東北起霸州莫金口西南保定軍父母砦以糧料回淀三淀合成一水其水東西二十七里南北八里深六尺霸州至保定軍沿塘岸行其水最為淺狹至咸平景德頻年南牧霸州信安軍並邊馬歸路

一東南起保定軍西北雄州以百十雄黑羊小蓮花三淀合成一水其水東之西約六十餘里南北約二十五里至十五里其深約丈餘至八九尺

一東起雄州西至順德軍以大蓮花洛陽牛橫史軍康淀池畤白羊七淀合成一水其水之東西約七十餘里南北約三十餘里至四十餘里深一丈有餘至六七尺

一東起順安軍西邊吳淀至保州益以齊女宜子淀勝勞淚四淀合成一水

其水之東西約三十餘里南北約五十餘里深約一丈有餘至二三尺

一起安肅廣信軍之南保州西北以沉沔河聚為塘泊南北二十里東西十餘里深五尺至三尺號沈沔泊至西山口約二十里

一自保州西雞距泉向泉二水合成并方田稻田南北東西各十里深五尺至尺號西塘泊

右塘之北畫河為界所以限南北謹障塞也初淳化中

雄州何承距制置緣邊屯田以大理丞黄懋充判官懋於河北大興作水田緣山導泉倍省工力以陂塘甚多引水溉田公私獲利因詔承距領護之發戍兵萬八千人給其役承距於順安軍西開易河蒲口引水東注至海東西三百餘里南北五十七里滋其陂澤築堤貯水為屯田以助要害捍蕃騎侵軼時多為將帥所阻云甲馬雄盛不宜示弱殊不知地利者兵之助也又順安至西山地跨數軍路遥百里縱有邱

陵岡阜而多泉濆因而廣之審地勢而制塘埭令滄州乾寧軍常督壕寨吏專視㪷門水口旦夕候海潮至放水入御河東置堰以益塘水由是順安瀕于海廣袤數百里悉為稻田莞蒲蚌蛤民賴其利本朝太宗以為渠田之設制邊馬之長技又以安撫司專制置緣邊浚陂塘築隄道為條式畫圖以付邊郡屯田司東自尼姑海口地凡一百六十里西盡邊吳泊凡歷七州軍近復據樞密使夏竦上言沿邊塘泊自海

而西至邊吳淀及安肅軍保州而西接西山路闊一百餘里其間有鮑河曹河徐河㕦㗋泉尚泉方順河安陽河唐河盡可堰截引水灌注以為唐淀遂詔脩保州廣信安肅安永寧五州軍提道依滙水之備此並中國戰守之助也

登州附見

登州古東牟郡漢黄縣也唐建州蓬萊鎮即今治所也東西北三面距大海各五里一路至女真界揚帆一

日一夜至馬石山按皇華四達記北渡海至馬石山五百里舊女真國今契丹界開寶年以前女真内附產良馬通中國貿易詔登州大謝島人户等持免地租令許置舟船渡女真馬往來淳化中契丹去海岸四百里建砦置兵三千女真朝貢遂絶一路往韓海行東北歷大謝鼉𩿧烏湖等島約三百里又傍海岸歷青泥鋪桃花浦杏花鋪駱駝灣約八百里自其江口即新羅界東控高麗諸國唐置東牟東萊二郡守

悉兼守捉使本朝隷京東路領水軍舠魚船入海戰
艦數百教習水戰知州兼海内戰棹都巡檢使

武經總要前集卷十六上

欽定四庫全書 子部
武經總要前集卷十六下

詳校官編修臣程嘉謨

總校官候補中允臣王燕緒
校對官編修臣戴心亨
謄録監生臣曹洪梁

欽定四庫全書

武經總要前集卷十六下

宋　曾公亮等　撰

北番地

契丹其先與奚異種同類俱為慕容氏所破竄于松漠之地後居黄龍之北遼澤間遼澤去榆關一千一百里榆關去幽州七百里其地南接海東際遼西包冷陘北界松陘山川東西三千里唐置契

丹王兼松漠府都督光啟中中原多故北邊無備其王欽徳稍蠶食搭坦奚室韋之屬咸被驅役族帳寖盛天祐末遂僭號欽徳政衰别部部長按巴堅彊大乃攻渤澥海扶餘城下之徙其人而盡有其地又陷中國平營二州石晉有國割幽薊瀛漠涿檀順新嬀儒武雲應寰朔蔚十六州之地周世宗復收瀛漠本朝陷易州今契丹盡有奚搭坦室韋渤海扶餘及中國十八州而據其地武豐州舊在朔中朝廷置吏領之今亦陷其國東南界新羅熟女真東際生女真東北控黒水靺鞨西接夏國西南距河東嵓嵐火山寧化軍代忻并州南濱真定州西山界泊保雄滄州東南泛海至京東登萊州

燕京州軍十二

中原舊地幽州古冀北之地舜置幽州東有朝鮮遼東北有樓煩白檀西有雲中九原南有滹沱

易州唐置范陽節度臨制奚契丹理幽州自石晉割賂契丹建為南京又改燕京東至符家口三百九十里正東微北至松亭關四百五十里西至中山口一百里正西微北至居庸關一百一十里東北至中京出北門過古長城至望京四十里又過溫餘河大夏陂五十里至順州東北過白嶼河七十里至檀州自此漸入山五十里至金溝淀入山屈曲無復里堠過朝鮮河九

十里北至古河口兩傍峻崖有路僅容車軌八十里至新館過雕窠嶺四十五里至卧如來館又七十三里至柳河館過松亭嶺七十里至打造部落又東南行五十里至半山館八十里至鹿兒峽館又九十里至鐵漿館自北塹山七十里至富谷館又八十里至通天館又二十里至中京南至雄州出南門渡盧孫河六十里至良鄉縣又過劉李河范水琢水至涿州共十里又

七十里至新城縣又四十里至白溝河渡河至雄州

關口

幽州四面平川無險阻可恃惟自古北口以來山谷險峻兩傍陡崖據其要害可以設兵屯置堡砦唐范陽節度之地古北口松亭關野狐門等路並立堡障至今石壘基堞尚存有入番之路十數

大林口　幽州正南東北至監治北至灤河石城縣西北至符家口山路

符家口　幽州正東三百四十里正東至灤河即灤州北至平州山路之西屬幽州東屬平州

松關亭　關東北五十里至灤河關城自幽州東趨營平路甚平坦自古北人入邊多由此路幽州東北四百八十里北趨澤州路至中京四百五十里至西平州薊州有櫃安燕氏二山口通車馬

古北口山　幽州正東二百七十里兩邊陡峻中有路僅容車軌本范陽防扼奚契丹之所最為隘口

得勝口　山口在幽州正北山口盤道數層俗名思鄉嶺南至擅州北至安州

宋王口　幽州北一百二十里居宋王山口之地屬山後

曹王口　幽州微北一百二十里居曹王山口之北屬山後

居庸關　幽州西北一百二十里關之西北二十里即居庸關山一路西至嬀州一路北至儒州

牛山口　在幽州西

紫荆嶺口　幽州西南二百里嶺口之南屬易州北即山後蔚州界

幽州四面州軍

涿州古涿鹿之野軒轅皇帝戰蚩尤之地漢高祖置涿州郡隋煬帝伐遼開永濟渠二千里泛龍舟通涿州

是也新城即古督郵亭之地州之北有涿水范水劉李河入幽州界南至漢州一百二十里東北至水一百二十里

祁溝關　東北至涿州四十里西北至易州六十里

薊州漁陽郡隋置總管府唐開元中分漁陽玉田縣置州東至平州三百里西至幽州二百一十里南至海口百八十里北至廢長城塞二百三十五里東南置平州一百八十里東北至盧龍戍一百里西北至檀州二百七十里

檀州治密雲縣漢李廣弭節白檀是也隋置州為燕之邊陲障塞唐置威武軍東至薊州二百一十里西至幽州界北長城四十五里南至幽州五十五里東北至長城障塞百里西至嬀州二百五十五里

順州治懷柔縣唐開元中置東至薊州一百三十里南至幽州九十里東北至檀州八十里

平塞軍在涿州西南北至易州四十里南至廣信軍四

十里

易州漢涿郡固安縣地隋為上谷郡唐武德中平竇建德改為易州石晉割賂北敵尋為定武軍節度孫行友取襲之雍熈中再陷有駁牛山五迴嶺易水徐水東牛欄二砦南北莫州百八十里廣信軍七十里東北至幽州二百一十里西北至紫荆嶺一百里趨飛狐口至蔚州三百八十里西南至定州一百四十七里

灤州治義豐縣唐末劉守光據州叛暴虐尤甚營平之地於中國為南海隅其民不得已歸於北敵會石晉割賂燕薊易定帥王都盡驅其民入契丹因以灤河為名以居之縣邑猶不改望都安喜之名東北灤河按賈耽所説自薊州西北一百二十里至鹽城把守又至渡灤河至盧龍鎮西至石城九十里南至海一百二十里北至平州四十里

遼州古遼西北之地臨榆關在州東北五里先是平渤

海遷其民置州以居之仍名其邑曰遷民東至萊州七十里西至潤州四十里南至海州三十里北至利州四百五十里

潤州盧龍塞東北至遼東澤唐光啟中契丹有營平之叛既討平遷其部落置州以居之取潤水為名東至遼州四十里西至榆關四十里南至海三十里北至中京五百五十里

平州龍郡漢屬遼西郡三國志曹公北伐烏桓田疇從盧龍道引軍塹山堙谷五百里登白狼山即此路隋置北平郡有長城臨渝宮碣石有玄水盧水沮水潤水龍泉水灤河又有黃洛水今有羊洛城（語訛也）西至冀州三百里南至海二百里北至上谷口八十里東北至榆關守捉百九十里西北至盧龍塞二百里

北安州後魏置安州築城在幽州之北正當松漠之地契丹今建為北安州墨斗嶺牛山會仙石灤河柳河皆在其境東北至中京二百五十里西南至北口二

百八十里南至幽州二百五十里西至柳河五十里

招賢州置州以渤海部落居之東小陵河西南至幽州四百五十里南至潤州界地至澤州以上並幽州四面州軍

西京州軍十一

雲州雲中郡平城白登山單于臺並在其境唐置大同軍雍熙中王師北伐潘美楊業並出雲應路連拔雲應寰朔四州師次桑乾河會曹彬班師遂不克守遷

四州民于內地今契丹偽號西京東取嬀州路至幽州七百里正西微北至單于都會府三百里西北南至代州界一百五十里北至長城蕃界三百里西南至并州七百里西北至黑山七百里東北至陽河曲蕃三百四十里

雲州四面諸州

嬀州嬀川郡唐初置北燕州貞觀中改嬀州取城中嬀水為名涿鹿山磨笄山版泉在焉石晉割賂契丹周

世宗時其主避歸周之名改為克汗州東北至儒州二百里西南至蔚州二百九十里東南至幽州二百里西南至代州四百二十里東北至美女關百里北至張說築長城九十里禦夷鎮後魏築長城今契丹改為望雲縣按皇華四達記嬀州北一百四十里至廣邊鎮一名白城又東北五十里至赤城又百七十里至鎮城陘山在鎮城西北即奚契丹避暑之處今曰炭山

蔚州安邊郡有胡盧河即周禮并州漚夷川也漢塞飛狐之口言其隘也有松子口即古之松徑嶺也本朝田重進將兵北征牙將李存璋與契丹主帥率其民空壁來降重兵無一兵一矢之損會幽陵不守棄之東至易州三百二十里西至蔚州三百八十里西至代州四百六十里賈耽曰西行一百九十里至靈邱縣又二百里至代州南至真定府五百里北至天池軍百八十里東南至幽州五百里西南至亂柳關九十里

朔州漢馬邑城唐初置州西北二百四十里即單于臺東北四十里至白登山桑乾河三合坡並在其境本朝雍熙中王師北伐圍城節度副使趙希贊以城降會曹彬班師尋棄之東至蔚州四百里西南至黃河南至南界茂城川口四十里川口至岢嵐軍三十里北至應州二百里東南至大山軍界六十里西南至神武縣自縣至南界寧化軍二十五里西北至雪山百六十里與岢嵐軍分界

新州治永興縣後唐同光中升為威塞軍節度以嬀儒
武三州隸之契丹改為奉聖州東即桑乾河源所出
東至嬀州九十里東南至幽州三百里西南至蔚州
百里南至雲州四百里
儒州治縉山縣唐隸河北道不知創州之由東至望雲
縣九十里南至幽州二百五十里西至蔚州百二十
里西南至雲州九十里西北至九十九泉
武州治文德縣舊曰毅州長興中改為武州地有武川

石晉割賂契丹改為歸化州南至新州七十里
應州治金城縣後唐天成中建為彰德軍節度以寰州
隸焉本朝雍熙中潘美乘雲朔之捷兵至城下節度
副使艾正以城降東至雲州二百里西至黄河南至
朔州二百里北至崑源縣八十里
寰州治寰清縣本朝雍熙中大將潘美北伐出鴈門西
徑路與敵遇力戰至城下州將趙彦辛以城降會幽
陵不守棄之

振武軍單于府陰山之陽黄河之北漢遣固捍將軍公
孫敖築塞外受降城唐為振武節度使治東受降城
善陽嶺燕然山李陵臺竇憲銘在焉東南至幽州一
千二百里南至朔州三百五十里北至黑沙磧石口
七百里
安北都護府唐朔方軍與突厥以河為界北岸有佛雲
祠突厥將入寇先詣祠祭酬牧馬料兵而後渡河張
仁愿乘虚取之河北築城三所以佛雲祠為中受降

城與東西兩城相應皆據津濟開元中豐勝二州界
至都護府東南至東受降城二百里西南至西受降
城百八十里北至陰山八十里西北至磧石口三百
里
故豐州九原郡隋開皇中置豐州又云唐貞觀中平突
厥置州天寶中於水剌山置横塞軍尋改為天德軍
郭子儀為之使仍兼九泉太守以歸附之衆置郡護
府惟領蕃兵西受降城在州北河外九十里

外蕃舊地

中京鮮界之地在饒樂府西南本奚王國牙帳之地奚部落南距古北口北距黃水東即營州千餘里皆其境土後為契丹所併景德中敵主築宮室城垣建為中京偽造號大定府東至營州界青山嶺一百七十里西即山後儒州界東南至建州二百百三十里南至幽州九百里一路由松亭關一路由古北口北至上京六百九十里正北八十里至臨都館又四十里至宮室館又七

十里至松亭館又七十里至崇信館又九十里至廣寧館又五十里至桃峿館又五十里至咸寧館又三十里渡漢石橋傍有饒州蓋唐朝常於契丹至饒樂州又五十里至保和館又七十里渡黑水河至宣化館又五十里至長泰館西二十里即祖州又四十里至上京東徼北至木葉山五百一十里

中京四面諸州

澤州松亭關北遼澤之地東至利州百里北至中京百里西至北安州二百里南至平州二百五十里西至松亭關二百里

渝州隋臨渝宮之地北控營平歷代置關戍守今陷契丹置東北海州西北至中京百七十里西至招遥州四十里

黔州敵主耶律德光初置東北至望海峯五十里東至顯州五十里東南至梁家務六十里北至閭山縣六十里

來州號歸德軍女真國五部落相率來降契丹因建州以居之東至隰州七十里西至遼州七十里南至大海四十里北至建州三百五十里

利州敵承天后所建東至建州百二十里東北至建州百一十里西南至蘭州六十里南小陵河路至平州五十五里西北京中百五十里

建州契丹地今號保静軍節度本遼西之地德光立為州嗣王即位契丹號穆宗三關之地復為周世宗所取時

江南諸國欲牽制中原遣使齎金幣泛海至契丹國乞出師南牧卒不能用其謀入蕃人使舟楫水師悉留之建州雙州霸州並置營居之號通吳軍東南至羆伏山三十里東北至霸州九十里南至渝州五十里西南至小陵河十里

興中府營州地漢末烏桓鮮卑所居唐平盧軍節度使治所今號興中府東至遼河三百里西至中京三百里西南至建州六十里北至湟水四百里舊契丹界西北

至松徑嶺百里舊奚界東南至安東都護府二百七十里號平壤城東北至白川州七十里

新州本契丹國之地東至徽州二百里西至惠州一百三十里南至霸州三百里北至永州三百七十里

白川州築城在遼澤之中東距醫巫閭山西至營州地桑柘民知織紝之利歲奉中國弊帛多書白川州税户所輸云東至黔州七十里西至中京四百三十里東南至宜州百里西南至霸州七十里

宜州按皇華四達記營州東百八十里凡九遞至燕郡城自燕郡東經波羅寺抵渡遼州七十里驛至安東都護府約五百里今以契丹地圖校至東京五百二十里

東京即安東都護治所州域即古之燕郡城是也本遼西之地漢魏間烏桓鮮卑所據在營州之東契丹置崇儀軍節度舊有江南水軍號通吳軍置營居之東醫巫閭山西至霸州二百里南至錦州九十里

北白川州遼州遼縣故地本朝天禧中契丹建為州仍曰始平軍東至乾州百二十里西北至宜州四十里南至海二百里北至中京五百五十里北至醫巫閭山八十里

海北州古城也在遼河之西滄海之北按邑堅建為州東至錦州八十里南至海一百二十里西北至中京五百三十里

暉州土人呼為暉州禄州穆州並曰于越王城耶律遜

寧者敵中大將也蕃語謂之于越王不知創立之因
東至宗中西紫濛川南酒糟河北潢水祿州東曼頭
山西南暉州北夢送河穆州東醫巫閭山西中京四
百里南醫巫閭山岩北酒糟河
恩州德光所建本烏桓舊地南至中京六十里西至馬
盂山六十里西北曼頭山三十里山地至宜坤州五
十里西南至上京二百五十里北至高州百二十里
惠州按巴堅所建在鮮卑之地本朝景德初契丹入侵

河北德清軍失守俘虜人民於此置城居之城方二
里之至低小城内瓦舍倉廪人多漢服東至新州百
三十里西南至中京北二十里南至建州二百三十
里北至漢水石橋至州百五十里
高州契丹攻新羅諸國俘虜人民置州以居之仍置倚
郭一縣以三韓為名南至中京北四十里東南置恩
州五十里西北至饒州六十
東京遼東安市城也城之東即大遼河城之西即小遼

河秦屬遼東郡漢屬幽州唐太宗平高麗因名所幸
山為駐蹕山山在東北後為渤海國契丹建為遼州
得其地為東京邑州在其東即李勣所平白邑州也
皇華四達記曰自安東府東南至平壤城八百里西
南至都里海口約六百里西北至建安城約五百里
正南微東至鴨綠江北泊約七百里今以契丹地形
圖參校惟建安城不知處所其他地形遠近率同也
東至熟女真界約五百里西至遼河百五十里又八

百八十里至中京西六十里至鶴柱館又九十里至
遼水館又七十里至閭山館在醫巫閭山中又九十
里至獨山館又六十里至唐葉館又五十里至乾州
微北六十里至楊家砦又五十里至遼州北六十里
至宜州又百里至牛心山館在牛心山北中又六十
里至霸州又七十里至建安館五十里至富水會安
至中京三驛河各去七十里南至平州五十里自平
州至幽州五百五十里北至瀋州百二十里東南至

鴨緑水九十里西南至錦州四百里北至黄龍府九百里西北至顯州三百里

東京四面諸州

瀋州徳光所建仍曰昭徳軍契丹舊地也東至大遼水水東即女真界西南至東京一百三十里北至雙州八十里

韓州在三韓之地本渤海西北邉之邑舊有三州契丹併為韓州東北至女真界至西徳州九十里西西北

遼河六十里南至通州八十里

同州按巴堅所建仍曰鎮安軍契丹舊地東至生女真界西南至東京二百里西北雙州七十里東北至集州七十里

耀州地控新羅界舊爲要害之地東鴨緑江女真界西大遼南石城北至東京百五十里

信州唐天后時置州以處契丹失活部落隸營州都督明年遷于青山州安置今契丹建為彰勝軍東南北三面至生女真界各三十里西至逆流河七十里東南至長春州百二十里北至黒水河三十里地有黄龍縣古渤海之地今敵中號黄龍府自云高祖射黄龍之所詩詞也

銀州阿保機所建女真國舊地東至逆流河五里入生女真界西至雙州七十里南至東京三百里北至渤海州六十里

雙州契丹號保安軍有通吴軍營東至逆流河二里入生女真界西至遼州七十里南至瀋州七十里北至

渝州百二十里

貴州古城方二十里曹魏時公孫康所據城也漢樂浪等地東南北皆生女真界西至瀋州八十里

顯州渤海國按皇華四達記唐天寶以前渤海國所都顯州後為契丹所併又有集康二州並撥屬本州東至遼州九十里又三百九十里至東京西至宜州百二十里南至乾州七里北至醫巫閭山

乾州在醫巫閭山之南古遼澤之地敵主景宗陵寢在

馬今置廣德軍節度兼山陵都署東至顯州八里西
南至銀野砦二十五里西至遼州六十里北至兔橋
四十里
宗州石熊山之陽管熊山一縣古遼東之地東遼水南
至顯州一百里北漢水
𨚗州本高麗所據之地唐太宗伐遼師次白𨚗城下因
之建為𨚗州今契丹置兵屯守州名不改東至女真
界百九十里東南至東京五十里南集州白雲山縣

開州渤海古城也契丹東討新羅國都其城要害建為
州仍曰開遠軍西至來遠城一百二十里西南至吉
州七十里東南至石城六十里敵中庚戌年討新羅
國得要害地築城以守之即中國大中祥符三年也
東至新羅興化鎮四十里南至海三十里西至保州
四十里
保州渤海古城東控鴨綠江新羅國界仍置榷場通五
市之利東南至宣化軍四十里南至海五十里北至

大陵河二十里
吉州三韓古城也契丹置兵防控新羅諸國東石城西
南鴨江東至大鹽州百里西至海
鹽州三韓之地舊有城邑置兵防置新羅諸國又有小
鹽州相去八十里東保州西至海南即海北小鹽州
綿州遼西之地南至大海北距柳城按巴堅建為州今
號臨海軍東至顯州二百里西南至嚴州百七十里
南至大海二十里北至宜州百二十里

嚴州柳城之南古遼西之地按巴堅建為州東至錦州
北七十里南至南海四十里北至霸州二十里
隰州敵主隆緒建為州東至海二百里西至來州八十
里南至海五里北至建州三百三十里
上京潢水之北東至遼河西色冷陘南與奚人部落相
接距幽州千七百里本鮮卑之地居長姓大賀氏有
八部唐貞觀中諸部咸請內屬乃置松漠府以居之
賜姓李氏兼松漠都督至阿保機始私立年號稱大

遼國建所居部落馬西樓有樓閒而已後燕人所教
乃為城郭宮室之制邑屋門皆東向如東帳之法至
德光建為上京至臨潢府東至潢水二百一十里西
南至饒州三百里西至鹽泊八十里

上京四面諸州

長春州契丹國舊地仍曰昭陽軍亦為罪讁者配隷之
所北至黄龍府百里東北至龍化州四百里南至微
州三百五十里西至新州四百里西北至上京二百

里

永州在木葉山之陽潢之北契丹國舊地也一路西北
至韃靼二百里一路西北至上京三百里

烏州本契丹國舊地為烏素部畜牧之所今建為州東
南至犀鹿二十里東北至遂州地七十里北至鴨子
河三十里

龍化州州在水葉山東千里按巴堅始置四樓此即是
東樓也會病卒葬于西南山即今之祖州也以所卒
之地置州曰龍化州誇詞也東至泉州二十里西至
降聖州五十里西南至蔚州四十里南至遂州二百
里北至夢送河五十里

降聖州契丹國舊地東遼河西野狐山東南至暉州三
十里南平頂山北至龍化州五十里

宜坤州契丹為啟聖軍節度即應天太后所生地也東
至長泊十五里西南至上京二百里北至蹹弩河二
千里河北至大水泊五十里

祖州按巴堅既創西樓又西南築一城以貯漢人今名
祖州在唐置饒樂府西北祖山之陽因為州名按巴
堅葬所也今號天成軍南至饒州百八十里北至上
京四十里

懷州契丹號奉陵軍州將兼山陵都部署即敵主德光
葬所也東南至中京三百五十里西至平地松林四
十里北至潢河十里河北至上京百五十里西北門
至韃靼國三百里

慶州契丹舊邑號黑河州置州在黑山之陽北至黑山三十里即敵主隆緒葬所也近年改為慶州東自金河館至曼頭山西塔坦國界南至潢水二十里北至室圍國七百里東南至上京三百五十里

饒州唐建饒樂府都督以處奚人部落契丹建為饒州在潢水之北石橋傍以渤海人居之西南至平地松林百里南至中京五百里北至沱河十里東至上京三十里西北至祖州七十里

通州夫餘國在高勾麗北本濊貊之地其國長城之北界與鮮卑接地方二千里後為渤海國按巴堅平之名為東丹王國今改為通州仍名曰夫餘國

蕃界有名山川

陰山東南至雲州八百里秦始皇平天下北卻匈奴築長城渡涿河以陰山為塞是也前漢侯應曰北境塞至遼東外有陰山東西千餘里草木茂盛多禽獸本冒頓單于依阻其中理作弓矢常出幽州為寇是其苑囿也孝武力奪此地然後邊境少安長老言匈奴失陰山之後過之未嘗不哭周隋間突厥復治陰山

炭山本匈奴避暑之處地多豐草掘丈餘即有堅氷賈耽所說嬀州西北八十里至陘山即奚契丹避暑之處唐史載契丹之地西至冷陘是也其土人目為炭山近更名霙山自幽州西北路清河館即居庸關鵰窠館赤城口始有居人望雲縣受賜川凡十日程至炭山

木葉山本按巴堅葬處又云祭天之所離中京皆無館舍但宿窮帳將至山三十里始有居人瓦舍僧居又歷荆榛枯草復渡土河始至馬初按巴堅强盛於木葉山置樓謂之南樓山北置樓謂之北樓大部落東千里置樓謂之東樓今上京置樓謂之西樓四時遊獵於四樓之門西至上京三百里南至中京五百一十里

長白山草木鳥獸盡白上有古城

曼頭山鮮卑之地有曼頭山在甘肅界今北土亦有曼頭山南距潢水契丹之地敵主避暑之處今更名大安山渡蹹笴河至大水泊南至中京東至宜坤州西木葉山

鮮卑山柳城縣秦漢時鮮卑所保

醫巫閭山周禮曰東北曰幽州其山鎮曰醫巫閭山其川曰貕養即遼東山也唐築巫閭守捉城契丹改為閭州又置乾州顯州在山之南二州相去七里

首陽山古孤竹國之地伯夷叔齊孤竹之二子餓死首陽之下即此山也

碣石山地理志碣石山在北平驪城縣西南漢武帝登之以望巨海而勒其石枕海有石長潤數十里大石如柱形世名天橋柱

十三山北醫巫閭山南距大東至東京西至小遼水

狼山北黑山東祖州

駐蹕山在東京之東唐太宗駐蹕之所

墨斗嶺亦名慶雲嶺在德勝嶺之北百二十里唐置墨斗軍使禦捍奚界

鴨緑水高麗國西源出靺鞨國水色似鴨頭去遼東五百里高麗之中也此水最大波瀾清徹恃之以為天塹水闊三百步在平壤城西北四百五十里水東南二十里分界至新羅國興化鎮自黄土巖二十里西北至東京八百五十里南至六十里

遼水在漢樂浪玄菟之地東西四百八十里水經云遼水源出靺鞨國西南山南流會白滄水至安市城今號東京小遼水源出小遼山西南流與天梁水會在

國西也

潢水出西北塞外不知發源之所水北即紫濛川有石橋本契丹國田地

蹹笴河源出木葉山東流入鴨子河在曼頭山北

易水源出涿郡故安縣東流過武遂西山范陽容城馬邑西東流至易州幽州東南隅東入于海

拒馬河出代州郡廣昌縣淶山即淶沮也有水二源俱出深山過容城北東入于海

白馬淀秦起塞西自臨洮北臨沙漠即此也

金泊河唐開元中勝州置陽壽縣後改名金河今屬振武隋大業中煬帝親廵泝金河而東北幸突厥啟民帳是也泊東西二十里周圍十里上承紫河汲濛水西流入河

長泊周圍二百里泊多野鵝鴨舊為射獵之所道出中

京之北四日程經渝林館飢烏館香山子館南北即長泊北至上京八百里西至宜坤州十五里

九十九泉水經曰阻陽城東八十里有牧羊山山下有九十九泉即滄海之上源也後魏多住九十九泉其主每南牧多聚謀于此南至雲州北至炭山

鴛鴦泊在狗泊西鹽泊東北西南至幽州千三百里南至儒州佛峪嶺至泊八百里東南嬀州搶杆嶺至泊千里

清泉淀幽州西北清河館至清泉淀三日程

尼姑河水經曰尼故河從塞外來一曰姑水出禦夷鎮北九十里過漁陽南與溫餘水合為姑河今號尼姑海口

大鹽泊周圍三百里東至上京一千五百里契丹中更名廣濟湖土人呼為麇到斯裊灤州東南亦有大鹽泊小鹽泊高接漢界

小鹽泊周圍百里東至上京二千里契丹更名恵民湖

落黎泊東至炭山西至鹽泊南至退渾都落北至狗泊

大水泊周圍三百里至上京五百里至幽州千三百里敵中呼為撒得梟一在曼頭山北西至木葉山東至鴨子河

鴨子河在大水泊之東黄龍夜之西是鴈鴨生育之處

放馬泊番子中呼為招討放馬泊在天德之北

軒車泊周圍三十餘里南中京北上京

驢駒兒泊河源出塞外在契丹國西北契丹命齊王妃撻覽捍塔坦即此也　狗泊西鴛鴦泊北塔坦國界

東南炭山

平地松林東至懷州四十里西南至幽州千七百里

紫濛川秦制三十六部北沙漠即紫濛川白馬淀是也偽燕慕容廆世居北土邑於紫濛之野元康中定都大棘城在大漠之南唐營州節度張守珪破契丹出師次于紫濛川大閱軍實

奚　渤海　女真　始末附見

奚本匈奴别部牙帳在東湖之地其長號王唐制蕃饒樂府都部居陰涼川東至營州五百里西南至幽州九百里後徙居琵琶川在幽州東北數百里古北口之北天祐初契丹漸盛遂受制焉或徙居嬀州依山而居之有東西奚之號今契丹盡取奚之故地

渤海夫餘之别部本濊貊之地其國西與鮮卑接地方三千里唐平高麗就平壤城置安東都護府統之萬歲通天中契丹攻陷營州靺鞨之人反據遼東分王高麗之地渤海因保挹婁故地中宗封為渤海郡王兼漢州都督天成初契丹按巴堅兵力雄盛東北諸蕃多臣屬之以渤海土地相接有吞併之志攻其國夫餘城下之立長子突欲為東丹王領兵守之

女真者渤海之别部也契丹在其西南地多山林俗勇悍善射後有首領三十分領其衆地多良馬本朝來貢方物建隆中詔登州沙門島人户置舟揖濟渡女

真馬往來淳化中契丹怒其朝貢中國去海岸四百里置三城以兵三千絶其貢獻之路今附契丹者為熟女真置一十八州

耀州　嬪州　海州　銅州　教州　崇州　盧州

興州　荊州　荷州　朝州　韉州　廣州　郢州

鐵州　定理州　懷北州

居於東京三面皆僑立州名民籍每州千户至百户餘依山林不服從者謂之生女真

武經總要前集卷十六下

欽定四庫全書

子部

武經總要前集卷十七　十八上

詳校官編修臣程嘉謨

臣紀昀覆勘

總校官候補知府臣蔡佩蓀

校對官中書臣王煦

謄録監生臣陳夢龍

武經總要前集卷十七

宋 曾公亮等 撰

河東路

禹貢冀雍二州之域而冀州為多天文觜參之分春秋晉地秦之太原河東上黨鴈門四郡皆其境其地東際常山西控黨項南盡晉絳北扼雲朔人生勁悍便於弓馬剛勇好義風俗使然今沿雍熙舊制鄉兵訓以戰射

又招募羗渾泊邊雜之師分據要害皆守方綏遠之畧也

并代忻州寧化岢嵐軍路

并州古太原也唐置河東節度與朔方掎角以禦北敵統天成大同横野岢嵐軍五代為劉氏竊據本朝降劉繼元始平河東移州治三交東至真定府五百里西至石州三百九十里南至潞州四百五十里北至忻州一百八十里地近北敵其俗尚武為天下雄鎮今置馬步軍都部署以下兵官以州為治其所統十五州軍并忻代三州寧化岢嵐二軍督控契丹雲州朔州界雲中定襄句注四盧州草城川鄰府二州守河外十數城嵐石隰三州北火山保德二州軍緣黄河捍夏國綏州界本路置兵及朝廷遣禁兵更戍外又領鄉軍義勇一百六十六指揮七萬二千九百人

關砦四

赤塘關　關城控西北金山嶺一帶入定襄鴈門路當

川谷之口號為險固慶歷中再加版築為重複守禦之地

天地關　關城控西北嵐石谷天設險阻慶歷中再加修築為重複守禦之地

石井砦　北控石嶺官路二砦相應接

楊興谷砦　西北控五臺山嶺連北界路

代州鴈門郡今置廣武城三面臨邊自古匈奴入寇之路號要害之郡忻州相應援置十三砦守之仍為沿邊

安撫司治所東北至契丹應州界七十里東南至契丹蔚州五百九十里北至契丹朔州四百七十里三百里至姜女館五百十里至嬀州

縣二

繁畤縣　在州東六十里敵樓戰具全代州地形號牛角川繁畤崞縣二縣各屯戍兵以相犄角有谷路三抵北界

崞縣　在州西五十里敵樓戰具全縣西舊有九河一曰羗河二曰唐昌三曰馬墟四曰部村五曰龍泉六曰白泉七曰五里八曰軍坊九曰宇文淳化中嘗浚之以捍敵人南牧西至朔州界陸蕃領四十里南至忻州忻口砦六十里北至朔州界分水嶺三十里

砦十三

凡沿邊十三砦起代州至忻州東西故三邊每砦各當川谷之口控敵騎走集凡有谷路大小通契丹界四十里

瓶形砦　距河三里北至梅廻砦十五里東北至契丹靈邱縣界有谷路三至北界二通車騎一通行人東南至契丹飛狐縣界

梅廻砦　距河三里北至麻谷砦八里東北至契丹蔚州界有谷路三通車騎東至契丹靈邱縣界

麻谷砦　有井泉南北至義興治砦六十里北至契丹蔚州界有谷路三通車騎

義興砦　西北大石砦三十里東西至契丹蔚州界有谷路三通車騎

大石砦　距河一里西至茹越砦六十里北至契丹界有谷路通車騎一通行人

茹越砦　距河二里西南至胡谷砦四十里北至契丹應州界有谷路七三通車騎四通行人

胡谷砦　距河三里西至鴈門砦北至契丹應州界

鴈門砦　距河三里西至西陘砦北至契丹界有谷路二澗五十步一纔通車騎

西陘砦　有井泉河水西至土墱砦七十里按河東記契丹寰州句注在州西北三十里即西陘山也自古匈奴入寇之路北至契丹平寇鎮谷路十二十通車騎二通行人

土墱砦　距河五里西至石鐵砦三十里北至契丹寰州界有谷路三皆通行人

石鐵砦　西至楊武砦二十里北至契丹朔州界有谷路一可濶十步

楊武砦　有井泉河水西至樓板砦三十里北至契丹朔州界有谷路一通行人

樓板砦　有井泉河水西至雲内砦二十里北至契丹界

忻州定襄郡治秀容縣後漢匈奴擾邊遂空定襄雲内鴈門地建安中曹公招緝流散置郡因舊名唐為忻州東至五臺縣百五十里西至嵐州二百四十里南至并州一百四十里北至代州一百六十里

關一

石嶺關　太平興國中築在州南三十里山勢回抱號為險阻路可行單車舊有關城控扼慶歷中關南削山為城即烽火山南至控山口西連天澗地勢險深可遏北敵南牧山東西溝澗四百餘步置開方田

砦三

雲内砦　有井泉河水太平興國中築雲内谷口西至徒合砦東至興州六十里北至契丹界

徒合砦　取河水三里東至忻州七十里北至契丹界

忻口砦　有泉水太平興國中築城北唐林縣居兩山之口最為險要南至忻州五十里砦西即金山嶺四盧川東西至寛平拾七里敵騎入寇之路

又三受降城路自州北九十里入朔門西界又三十里至朔門又三百四十里至單于都護府號振武軍又西百二十里至東受降城又西二百里安北都護府至受降城（在黄河北拂雲堆上）又西二百里至天德軍又西二

百里至西受降城又三百里至鸊鵜泉

寧化軍本嵐州地偽漢劉崇置軍控西北至契丹界本朝太平興國中改今名管安慶歷番兵二百人馬二百匹東至徒合砦九十里至契丹朔州雲山分界五十里南至憲州界六十里北至契丹朔門横嶺界六十里西北至朔州又百里東北至代州陽武砦一百里西南至岢嵐軍界鍬钁嶺四十里

砦三

窟谷砦城　居大川之口在軍城東南至大山軍

細腰砦　在軍城西至故長城下

石州昌化郡漢西河郡也後周為石州今因河為塞嵐石隰參州西北至黄河緣河置城戍關度河外入麟州路捍夏國界景德中置石隰路兵馬都部署令合三州為一路置都巡檢使以下兵官以石州為治所本路置州兵及朝廷遣戍外又領蕃捉生一千六百二人東至汾水一百六十里西至綏州一百四十里至定胡縣經孟門渡黄河二十五里即綏州延福驛又八十里至綏州界分南至隰州二百五十里北至嵐州二百三十里東北至并州三百九十里

縣一

平夷縣　縣地形險固慶歷中再加修築為重復守禦之地

砦一

尅胡砦　砦城西濟河即綏州界南至保德軍天津界

二十八里置鋪十二北至保德軍乳浪寨四十里置鋪二十三

隰州大寧郡漢河東郡也唐建州北控大河東至汾州界一百六十里西至延州一百三十里南至磁州界一百八十里西北至綏州三百五十里

關一

永和關　漢孤躡縣後周臨河郡也控索陁谷口關之西七十里河即綏州界定仙嶺路上津拾五里置二

鋪下津十五里置三鋪
鐵茄嶺路自伏落津濟河西入鐵茄平過古綏州沿無定河川行入銀州北入夏州西入鹽州濟黃河即銀州界西北入夏州鹽州地形平坦淳化中李繼隆進軍入夏州至道中五路出師王超領兵過河至烏白池即此路
嵐州樓煩郡漢汾陽郡地後魏置嵐州以境內岢嵐山為名東至憲州四十里西至合河津二百三十里南

至石州二百三十里北至岢嵐界四十里至契丹朔州共三百里東北至寧化軍界四十里至代州共三百里西南至石州界六十里西北至岢嵐界五十里以鹿鳴峽為界至契丹勝州共一百八十里兼領三部族千人馬三百匹

津一

合河津　以蔚汾水西與黃河合因以為名砦城當一川之口北渡河至麟州百二十里按黃華四達記合河津關至麟州以黃河為界即唐時張說出師之路一說過河三十五里至瓦浪又三十里至欄竿嶺又五十里入麟州路甚平易

岢嵐軍治嵐谷縣在嵐州北百里隋大業中置岢嵐鎮捍草城川賊路唐長壽中李迥秀奏置軍尋廢本朝太平興國中再建軍仍別屯禁軍控河外麟府一路西南至岢嵐州一百七十里東北至契丹朔州百六十里至韓光嶺界五十里東至契丹朔州雪山界六

十里自分界至朔州各百里西至嵐州合河縣百七十里

川谷城堡五

草城川　川口濶一里餘川中有古城景德中築長城控扼賊路

峩婆谷　胡谷　二谷地形甚狹北至契丹界

洪谷　唐乾符中沙陀部寇河東戰于洪谷即此地亦匈奴入寇之處谷在軍東一十餘里有平路接契丹界雲山容車騎之地

飛鳶堡　堡之北西即草城川洪谷義婆谷胡谷四路至契丹界偽漢劉崇嘗建軍本朝慶歷中修葺重復險固以兵戍守

火山軍本嵐州地東控契丹界西接藏牙三族最為極邊偽漢劉崇置雄勇鎮居河上本朝太宗平晉陽始建軍於鎮西三十里改今名仍臨河置護水砦舊制別屯禁兵應援忻代一路緣沿邊城砦西至黃河七里東至契丹界七十里軍境河勢西流至保德軍界

一百五十里北至契丹界一百二十三里西北至雄勇津七十里南西至府州五十里

津砦六

久浪津　南自雄勇津鎮至軍北至契丹靜冦鎮南自榷場西南至黃河渡三里至河瀆堡

雄勇津　南至軍城東南至久浪津西渡河至石臺神砦

偏頭砦　在軍城軍北一百二十里控韓光嶺偽漢天會中築

桔槔砦　在軍城東南五十里偽漢置西北濟河至府州四十里

横谷砦　在軍城東十五里雍熙中築

董家砦　在軍城北八十里雍熙中築

保德軍淳化中析憲州地置定羌軍北濟河八里接府州界最為衝要景德中改今名南至嵐州合河津界一百里東至府州界五里西至府中界二十里軍西白喬家會鋪二十里河勢南流至大堡津

津砦關六

大堡津　據一川之口在軍西南四十里去合河津七十里置鋪七

天渾津　控一川之口西濟河即綏州界至定胡縣界三十一里置鋪十八北至尅胡砦三十五里置鋪三十

定胡縣砦　後周置定胡郡即今孟闗縣城西河濟至

綏州延福縣其地險阻南至伏落津五十里置鋪二
十四北至天津津四十四里置鋪二十
伏落津　西至河入故綏州界鐵茄平路至上平關土
荆河界二十八里置鋪十二
浮浪砦　在一川之口南至石州魁胡縣砦北渡黄河
至麟州神樹堡銀城砦牛欄川
上平關　關城隸石樓縣建隆中置以荆河為界山谷
阻深管三鋪通河北路自土門路即古之井陘口通

真定府定州咸平初契丹寇河北加兵防守黄澤關
路遼川正控其要又加兵防守吳兒谷路潞州界由
川谷入邢洺磁州界

麟府路

府州黨項羗故地河西蕃中一鎮也在大河之外折嗣
倫代為鎮將後唐莊宗有河朔以代北諸部屢為邊患
天佑中詔建為州改今名以扼蕃寇居下城寺以契丹
侵擾移州於留人堡即今也晋高祖起義以契丹援之而
立賂以雲中河西契丹欲徙其民以實遼東析民保險
拒之漢升為永安軍延勝振武振武朔州忻州緣河五鎮隸
焉東至火山軍四十里西至麟州百四十里南至岢嵐
軍百四十里北至豐州百二十里東南濟河至火山軍
桔槔砦四十里東北至唐龍鎮百五十里今置麟府路
軍馬司以并代路鈐轄領之朝廷遣戍兵置州兵外又
領大路蕃漢義勇軍三千九百人

砦堡十五

清岩砦堡　東南至府州二十里西北至百勝砦二十
里南至石梯子及赤土谷至黄河北横陽河三十里
百勝砦　地名深泊堝城北控西界横陽河敵路南至
府州四十里北至青崗峽黄河東至宣威砦二十里
西至石馬川
宣威砦　城控步陀溝路東南至黄河天橋子入火山
軍路南至府州六十里東北至安豐砦龍門川西至
後河川

懷來堡 東至永寧堡西至三茭川南至清岩砦堡北至寧府砦

安豐砦 舊號石臺神砦康定中陷豐州特築城以安豐為名地接故豐州安輯蕃漢戶口兼控龍門川入府州路南至府州七十里東至河濱堡十里即雄勇津路西南至永寧砦十五里南至宣威砦四十九里北至故豐州五十二里入受降城路西北至鎮戎軍故砦五十里地名宜羅娍泊舊漢地

河濱堡 城東控雄勇津一路東至黃河三里濟河即雄勇津西至安豐砦十六里南至府州六十里北自故盧子砦白家津入唐龍鎮

永寧堡 城控西北故豐州路東北至安豐砦十五里西北至寧府砦二十八里南至府州五十七里北至桔槔峯黑榆林賊路

寧府堡 東至永寧堡二十九里西至三茭河南至府州七十二里北至故寧遠砦三十里西至橫陽河川百里

西安堡 控三茭川一帶敵路東至寧府砦二十里西至靖化堡十四里南至府州六十里北至故來遠砦煖泉峰敵路

靖化堡 東至西安堡十四里西至建寧砦三十七里南至府州五十七里西北至兎毛川

金城堡 北控後河川乾谷南至黃河沙谷津東至府州五里西北至乾谷川路南至黃河北至兎毛川

麟州治新秦古白翟地漢武帝徙貧民實之謂之新秦後赫連勃勃有之唐黨項叛并州都督張說掩擊大破之招集流散秦置麟州乾德元年遷於吳兒堡即今城也地形依險三面孤絕城中少水今為鎮西軍節度東西至府州百四十里西南至夏州五百里南至銀州三百里北至豐州一百三十里東南至合津河百二十里西北至夏州谷離鎮百二十里

砦堡十二

横陽堡　天祐中置北控横陽河一帶敵路東至府州
靖化堡八十五里西界不和市我友谷南至故連谷
縣北至横陽河
臨塞堡　東至鎮川堡三十里西至故連谷縣路西界
大横水谷約六里南至州十三里北至横陽堡八里
靜羌堡　控兎毛川一帶敵路東南至建寧砦十七里
西至鎮州堡十二里至州三十八里南至黄河没遮
川百里北至西界

鎮川堡　居兎毛川西嶺上景德以前歳運麟州芻糧
下營堡防援即此地今設城堡扼塞嶺三松木一帶
敵騎侵冦東至靜羌堡十三里西至鎮川堡十三里
南至横戎堡二十五里北至横陽河
建寧砦　控張師嶺一帶戎馬来路康定中敵陷寧遠
砦特築城賜今名東至府州中候砦十二里西至麟
州五十里東北至府州靜化堡北至靜羌堡十七里
神堂堡　即麟州舊城也咸平中廢慶歴中修復東至
大堡津一百里西至故麟州南至銀城砦四十里北
至建寧砦五十里
横戎堡　廢砦也地控横陽川賊路慶歴中重修東至
神堂砦十五里西控窟野河西界梁版谷南至神堂
砦十五里北至麟州十五里西至白草平敵路
通津堡　築城控合河津路東至石馬川路南至黄河
一百歩西至神樹堡四十五里北至府州一百十里
神樹堡　麟州舊砦也咸平中廢慶歴中修復東南至

通津堡西至西界南至黄河十里即合河津路
肅定堡　地名清水谷南至神樹砦二十里北至銀城
砦二十五里
銀城砦　即麟州廢縣慶歴中始築為砦西扼敵路西
接西界榆平嶺三十五里南至通津堡五十五里北
至惠寧堡三十五里
惠寧堡　西控泥多谷窟野河一帶敵路西北至麟州
南至銀城砦二十五里北至神樹砦二十里

寙野河路自麟州過河西入鹽州約七百里南至銀州約三百里控寙野河一帶敵路西北至麟州南至銀州以西則地勢平易可行大軍至道中五路出師一將寙野河路

廢壘

豐州九原郡春秋戎狄之地接勝州界有藏才三族并在河北東隣契丹北接韃靼南即麟府東火山軍界開寶初契丹偽立藏牙酋長王承美歸順因建州就治郡

事累陞為防禦州今陷于敵其地控于河汊一帶蕃部東至火山軍西至横揚川南至故寧遠砦北至隔河藏牙族東南至府州

砦鎮二

濁輪砦　控合河路至道中以重兵戍守置濁輪砦部署蕃户三挨次一千五百帳徙于嵐石州給田居之今陷于

唐龍鎮　舊遥隷并州景祐以前西北蕃部互市良馬之所酋帥来氏世其職亦受契丹及夏國封爵東南至火山軍久良津北至故勝州西北至柳川東北至子河汊混波川今陷于

武經總要前集卷十七

欽定四庫全書

武經總要前集卷十八上

宋 曾公亮等 撰

陝西路

陝西路禹貢雍梁冀豫四州之地而雍州全得焉天文東井輿鬼宿之分西接羌戎東界潼陝南連巴漢北際朔方自安定北地上郡皆逼近北敵歷代未嘗去戰備武都之地則氐羌雜處武威以西北皆匈奴接境故防

秋乘塞嚴兵置戍並列雄鎮以講武為朝廷之西屏

鄜延丹坊保安軍路

延州延安郡古白翟地唐置州升為總管府徙谷吐渾部落立渾州寬州浩（音誥）府寄治州界（涼州有浩亹河谷吐渾唐初遷部族在州界橋立渾州寬州郡渾州寬州川也）迄今蕃漢雜處唐置鄜延節度本朝為彰信軍節度其地東至隰州三百七十里西至慶州三百三十里南至鄜州一百四十里北至保安軍一百五十里又至大理河二百七十里東北至綏州西北宥州皆三百餘里自綏宥靈夏以北皆党項所據官軍戍守設砦十七置鄜延坊保安軍路馬步軍都部署以下兵官以州為治所控綏銀夏盧子關一帶本部置州兵及朝建禁軍更戍外又領熟戶蕃戶蕃兵九大族一萬二千七百人馬一千四百九十匹弓箭手一千五百二十一人馬一百五十五匹

堡砦十七

順安砦 即唐初南平州安固縣地本朝建南安砦康

定中棄之慶歷初重修賜今名自砦西北至懷寧綏平二砦俱一州守禦之要東至白草砦十里西至南石胡砦四十里北至綏州四十里西至懷寧砦四十里南至青澗城五十里

懷寧砦 故長寧砦也慶歷中重修賜今名東至順安砦四十里南至寬州川至青澗城四十五里西至綏州砦四十里北至大理河八十里至橫山一帶

綏州砦 綏平州城平縣也隋時置城平川本朝天聖

中築賜名永平近年棄之慶歷中又復賜今名東至順安砦西至金明縣界一百一十里南至永平川北邊濠接綏州西南至州百里東北無定河至鈌茄平五里

黑水堡　慶歷中築東控城平川西黑水川路入盧子關北自大理河至横山最為要害之地東至綏平砦四十里西至土門堡二十里南至安定堡六十里北至大理河六十里

白草砦　東控黄河伏落關路北綏州界鐵茄平定僊嶺滿堂川路最為要害之地東至黄河二十里西至順安砦四十里南至隰州上平關三十里

清澗城　即故綏德縣地名清澗川東控黄河一帶賊路慶歷中修東至石胡鎮四十里西至永平砦八十里西南至延州二百里南至延州砦四十里北至懷寧砦四十五里

石胡砦　慶歷中築西至南清澗城四十里北至順安砦四十里

丹頭砦　舊號丹頭堡東寛州川路慶歷中修東至清澗城四十里西至安定堡四十里南至永平砦四十里北至綏平砦四十里

安定堡　地名馬蹄川控清澗川一帶東至控安遠廢砦慶歷中築東至丹頭砦七十里西南至安遠廢砦南至大狼砦七十里北至黑水堡五十里

青化砦　太平興國中築號青化堡加兵戍守西控青化川口慶歷中增修建砦東至永平砦七十里西至

延平五十里

永平砦　東控永平川東南至清澗城八十里西南至清化砦七十里北至丹頭砦四十里

招安砦　北接杏子河至横山一路慶歷中築東至金明砦三十里西至靜邊鎮八十里北至堡安軍八十里

新砦　控延川東北疆遠川一帶太平興國中重修東

至清化砦二十里西至金明砦四十里

金明砦 控金明一川之口本漢高奴縣地董翳所居後魏為廣落縣隋改金明唐置化武州本朝以縣為砦東至青化砦八十里西至招安砦二十五里南至延州四十里北至龍口平二十里

龍安砦 在廢栲栳砦之西地名龍口平控塞門川廢砦一帶戎馬來路東至新砦七十里南至金明砦三十五里西至萬安砦七十里北至塞門故砦八十里

萬安砦 東控五龍川入延州路東至延州八十里西渾州川路至招安砦北至保安軍八十里南至敷政縣

園林堡 西控土門一帶敵路入渾州川至瓦堂川慶歷中置堡戍守東至龍安砦八十里西至保安軍五十里南至招安砦八十里北至瓦堂川界分

鹽夏路自州北過塞門砦度盧子關由屏風谷入夏州界石堡烏延嶺入平夏至鹽州約六百里其路自塞門至石堡烏延并山谷中行最為險狹烏延至鹽州地平國初塞門至烏延蕃部內附石堡城置兵戍守至道中五路出師范廷召從此路進軍凡二十日至烏白池會師今廢盧子關石堡安遠塞門四城北路山谷險峻比諸路最甚

保安軍舊延州栲栳城唐為神策軍控扼蕃寇本朝建軍置三砦守之東至延州百五十里經敷政敷施二縣界山谷不通車軌西至慶州界九十里南至延州界一

百一十里北至長城八十里十里即蕃族界入宥州夏州路

砦三

德靖砦 北控洛河川入西界金湯鎮大路舊號建子城天聖中賜今名東至軍六十里西至金湯鎮六十里南保勝砦七十里北熨斗平川路至金湯鎮六十里

順寧砦 東控大蟲谷口北五里即生戶歸娘族至大

理河慶歷中築東至塞門棄砦百六十里西北至西界南至軍四十里北至歸娘嶺三十里

保勝砦　東北控吃黄河路一帶蕃部慶歷中築東至萬安砦八十里西至義征川南至靜邊鎮五十里北至保安軍四十里

長城嶺路自軍北歸娘族六十里過長城嶺北至秦王井驛入平夏經柳泊嶺并鐵巾白池人頭堡若井三分山谷口河北九驛至故靈州懷遠鎮七百里今為建興州

此路自軍至秦王井在山谷口行險狹自秦王井地勢漸寛平經沙漬少水泉可掘沙為井夏國宥州界並沙磧地卑濕漏丈餘則有水若因大風尋復湮塞堡安軍至賊界三十里此路可行師

鄜州洛文郡古白翟國唐武德中置州以鄜畤為名又建為都督府本朝為保大軍節度東至丹州百二十里西至慶州界百八十里南至旁州界七十里北至延州百六十里

康定軍康定元年以鄜州城縣置

砦一

直羅縣砦　唐武德中分三州洛文置縣以城枕羅水其川平故也今分兵戍控華池一帶蕃部至慶州華池鎮四十里

邠寧環慶路

慶州安化郡古義渠戎地隋置州今城在白馬川口唐為中軍都督府又立安化芳池二都督府党項野利種

落皆寄治州界為邠寧節度其地南至寧州百二十里北環州八十里西南寧州七十里東北宥州本朝置邠寧環慶路馬步軍都部署以下兵官以州為治所北控瀚海靈鹽一路居要害之地本路置州兵及朝廷遣禁兵更戍外又領熟戶蕃兵二百四十七族總四萬四千人馬四千三百九十疋弓箭手二十一指揮馬一百九十五疋

城砦鎮堡十二

淮安鎮　古懷安縣地北控通塞川道路寛平最為要害地咸平中築去環州木波嶺八十里二鎮兵馬為諸路之援按唐史開元中檢校逃户置為因懷安守訛謂之淮安東至五交鎮三十里西北至柔遠砦五十里南北七十里東北至東谷砦三十里北至西谷砦四十里西至西界五十里

淮安東谷砦　北控入西界通塞川大路西南至州百七十里南至淮安鎮四十里北至西界五里

淮安西谷砦　淮安西邊谷口入環州路西南至州百八十里南至淮安鎮四十里北至西界五十里

美泥堡　西南至州一百五十里東谷砦十五里淮安鎮十五里

雪泥堡　西南至州一百五十里淮安鎮十五里西谷二十五里

華池鎮　後魏蔚州故城控盧河川路入鄜州鎮羅縣界隋為縣有子午山本朝置巡檢兵官總華池平戎鳳川柔遠淮安自子午山狗道嶺至義征達磨洛河川保安車小胡族東南至州一百三十里西至鳳川鎮二十里東至平戎鎮四十里鄜州至直羅四十五里

業樂鎮　大中祥符中築因蕃族内附特築業樂鳳川柔遠三城西南至州七十里淮安鎮七十里柔遠砦五十里

五交鎮　西至淮安鎮三十里西南至州百里北至西界五十里

鳳川鎮　西北控子午嶺路至西界大中祥符中築東至州北五十里西南至合水鎮五十里東至南華池鎮二十里西界四十里

合水鎮　即唐之合川縣本朝祥符中修理廢縣為鎮西至鳳川六十里東至華池七十里西至州五十里至西界百里

平戎鎮　控洛河一帶入西界路西至州北六十里西

南至華池鎮四十里西界六十里
柔遠砦　東有路入西界白豹後橋二鎮大中祥符中築東南至州百二十里東至業樂鎮五十里東北入西界後橋白豹谷三十里
大順城　新城北據兩川之口東至自烏川路至故鳳川城西自後橋堡川路至十二盤堡北自假木領與夏國以古道分界東至華池縣界西至柔遠砦界其假木嶺即突厥川也東至烏川西至十二盤堡南至

州北至蕃界十五里
車箱峽路　自淮安西北入通塞川經大明泊靜邊鎮
香柏砦　取車箱峽路過慶州舊蕃戎地今為建安州北入鹽州約五百北路山原川谷中行不至南險國初淮安至鹽州蕃部並內附至道中五路出師丁罕從此路進軍至鹽州令靜邊白豹金湯後橋等鎮並為賊境各置堡砦
環州治通遠縣古朔方鳴沙地秦長城在焉居人部落相雜唐為樂州天寶後陷吐蕃宣宗收復建為威州割木波馬嶺二鎮隸之周置通遠軍使本朝淳化中復為州改今名其地三面控蕃戎最為據塞之劇東至蕃界十五里西至蕃界十五里南至慶州百四十里木波鎮路北至洪德砦八十里砦北即蕃界青岡峽清遠軍積石浦洛河耀德鎮清邊砦靈州共七程沙磧無郵傳冬夏少水按皇華四達記至靈州五百四十里
鎮砦十三

洪德砦　西北路即舊入靈武大路號青岡峽東至鹽州路號歸德川東永和砦南至州十里西至肅遠砦東北邊壕二十里接界
烏崙砦　控烏崙川一帶賊馬來路咸平中重修東接蕃界西即永和砦南至州二十五里北至肅遠砦十三里
肅遠砦　北控大洛乾川即駞駝平地入西界舊路咸平中增築新城賜今名南至州三十七里北至洪德

砦十三里
定遠砦 在三店溝戎馬来路北控西界三條路天聖中置東至平遠砦二十里西至蕃界十五里南至熟戸北至邊壕十五里
平遠砦 東控大峴川入靈武路天禧中築東至州七十里西至定邊砦二十里南熟戸二十里
大拔砦 入慶州路西北至州七十五里東至熟戸郭家族十五里西至石昌鎮五十里南至馬嶺四十五

里北至氷波嶺三十里
永和砦 西控大峴川北至蕃界天禧中始築東至洪德砦西至熟戸南至金湯族北至蕃界
安塞砦 北控西界九皇原路天禧中築東至邊壕界三十里西至州四十里南至州四十里
團堡砦 天禧中築東至熟戸南至熟戸西至熟戸北至石昌鎮四十里又至州一百五十里
馬嶺鎮 舊屬靈州周廣順初割屬環州即古之馬嶺縣漢為牧地川形似馬嶺因為縣名今控馬嶺川大路東至熟戸東南至慶州六十五里南至府城鎮二十五里北至火拔塞四十五里至州一百三十里
木波鎮 舊屬靈州北路通慶州咸平中重修東至北界西至合道鎮四十里南至大拔砦三十里北至州四十五里
石昌鎮 控西北馬嶺大川口入故威州路北與合道鎮相應援咸平中重修東北至大拔砦五十五里西

至州百五十里南至團堡砦四十里西北至界
合道鎮 東至木波鎮四十里西至西界南至熟戸北至州百一十里
靈鹽路自洪德砦西北入青岡峽上至美利砦入清遠軍軍城則太宗朝轉運使鄭文寶建議築之在靈州南界積石嶺上瀚海中至靈環各三百里餘地不毛無水泉浦洛河耀德鹽井清邊鎮入靈州約五百里本靈環州大路咸平中陷清遠軍明年陷靈州棄美利砦路經

瀚海中無水泉一路至洪德砦東北入歸德川上過西界蝦蟇砦駞駞會取雙堆峰至鹽州約至三百餘里洪德砦至駞駞會係歸德川槳水谷甚為險狹多泥濘自駞駞會至鹽州路路平人馬易行建隆以來蕃族並為熟戶至道中五路出師李繼隆由此路進軍日行數十里凡十日到鹽州

涇源儀渭鎮戎德順軍路

渭州舊治襄武縣秦伐義渠戎置郡唐為渭州至德後

後陷于吐蕃元和中置州于平涼一境坦平無險利于馳突其東至涇州一百三十里西鎮戎軍一百四十里南至儀州北原州並七十里本朝咸平中曹瑋守邊自州界循隴山而東跨邊壕數百里頗得守禦之要今置涇原儀渭鎮戎德順軍馬步軍都部署以下兵官初屯涇州今以州為治所本路置州兵及朝廷遣禁旅更戍外又領熟戶蕃兵百七十七族一萬三千三百四十一人馬五千五百匹弓箭手一百四十七指揮二萬一千五百九十七人馬六千五百六十八疋

縣砦鎮七

六盤關砦　古六盤關也在瓦亭西南隴山上唐天寶後陷吐蕃宣宗朝收復本朝置砦戍守東至木波砦二十里西神林砦四十里南杜家堡三十里北瓦亭砦二十里

瓦亭砦　控隴山一帶即漢唐郡縣地古蕭關也後漢隗囂使牛耶守瓦亭山即此彈箏峽在焉東至安國

鎮路至州七十里西至安邊堡二十里南定州堡一十里北東山砦五十里

安國鎮　唐中和中置靜塞砦後改今名東至州三十里西自山河砦入瓦亭砦四十里南至定州砦十里西北二里至彈箏峽

新砦　地名小盧關開寶中置賜今名東北至耀武鎮五十里西至萬店溝戎馬来路南至州二十五里北至鎮戎軍彭陽城三十里

定川砦　西控六盤山一帶太平興國中置東至州四十里西趙林砦二十里西南儀州制勝關三十里北至山砦五十里

潘原縣　古邑也唐至德後河隴盡陷國之西境極于潘縣宣宗恢復建為武州今仍舊為縣東至涇州界五十里西平涼縣界十三里南至儀州華亭縣界五十里北至原州臨涇縣界三十五里西北至平涼縣界十五里

耀武鎮　東至原州鐵原砦十五里西至安國鎮三十五里南至州四十里北至平安砦二十五里

原州治臨涇縣取高平曰原為名唐天寶末河湟隴右盡陷元中和始修臨涇城為原州自是西界無犯邊者四封之地遠人雜居北捍蕃境置十一鎮砦守之東北寧州七十里西鎮戎軍界百三十里南至渭川界百三十里北慶州百三十界

鎮砦十二

柳泉鎮　舊名鶉鴿泉今名柳泉鎮西即熟戶明珠滅藏康奴等族帳北綏寧砦西至故城五里東至寧州界七十里南至州四十里北至環州界十里

新城鎮　控大盧川路東至州六十里西鐵原砦二十五里南渭州潘原縣二十五里北開遠砦三十里

鐵原砦　東至新城鎮二十五里西至渭州界十里南耀武鎮十里北至平安砦三十里

開遠砦　東至威州三十里西至平安砦三十里南至

新城鎮三十里北至新門砦十里

平安砦　東至開遠砦三十里西至彭陽城二十里南至鐵原砦三十里北至綏寧砦八十里

新門砦　東至州三十里西邊壕南開遠砦北西壕砦十里

西壕砦　東至彭陽城七十里西至新門砦十五里南至州四十里北至柳泉鎮三十里

綏寧砦　在柳州西北按地圖細腰古城北有一路入

蕃界故威州慶歷中修築賜今名與靜安砦相應援得守禦之要與柳泉等八砦為次邊東南至州百一十里東柳泉鎮西北軍馬來路東南環州邊定砦西至胡盧泉三十里

靖安砦　地名胡盧泉地有二路一入蕃界故威州一入新門砦慶歷中修築賜今名得守禦之要東南至州百三十里東北至綏寧三十里鎮戎軍乾興砦北羊囑族帳軍馬來路

鎮空平堡　古城也慶歷中修捍北邊軍馬來路東環州定邊砦西耳朶城南至州地邊界

耳朶城　古城也慶歷重修與綏寧靖安二砦相應援東佛平川要綏安砦南至州北邊界

鎮戎軍故原州城也蕭關都盧山朝那湫及涇水所出即其境唐至德中陷于吐蕃自是三府西無禁帶之固時宰臣元載上議曰今西境極于潘原吐蕃防戍在摧沙堡原州界其間當西塞之口接隴山之固草肥水甘舊壘在馬吐蕃北毀其垣墉棄之不居其西則監收故地長壕大塹重復深固乘間築之可移大軍居涇州以為本根分兵守石門木峽隴山之關北抵於河皆連山峻極不可越置鳴沙縣為豐安軍之羽翼靈武五城為形勢然後舉隴右之地以至安西是謂斷匈奴之脛圖其地以獻量井泉計徒庸畚鍤皆具而不果城本朝咸平初詔曹瑋修築建軍自隴山而東緣古長城開峻壕塹初李繼隆請城戎鎮朝廷詢其事弟繼和秦白平涼

舊地山川險阻旁扼夷落為中華襟帶乃城之故迄今為便東至涇州百八十里西至南臨洮軍六百里南至秦州四百七十里北至靈州五百里

城砦堡九

朝廷以軍境平易無扼東利于馳突令旁隴山而東循古長城剗大壕以隔敵騎砦城並在壕內

三川砦　在捺龍川天府川武延川之間因名三川西控妙娥山一帶西北入天都山路可至靈武地寬平

美水草西天麻川北至定州砦去好水川一百里
定川砦　北控胡盧河大川入西界天都山正扼賊路
東至渭州四十里西至蘭州約五百里南至制勝關
三十里北至故會州約三百里
高平砦　北至西界野鷄峯軍馬来路東天聖砦西定
川砦南至軍三十里北至肅遠砦野鷄峰北至西界
菜園等川軍馬来路
天聖砦　天聖中築因賜名東乾興砦西高平砦北安

遠堡控蘭肅川菜園川賊路
乾興砦　天禧中築明年賜名乾興東至原州界黑砦
溝三十里西南至軍七十里西天聖砦北至邊壕七
十里南彭陽城北至三川堡軍馬来路
彭陽城　東至平安砦二十里西東山砦路至軍七十
里南渭州新砦四十里北至乾興砦五十里
東山砦　東至彭陽城三十里西關遠堡接隴山西至
軍五十里西南安邊堡三十里北至天聖砦六十里

開遠堡　祥符中置東至東山砦三十五里西堆沙堡
六盤山一帶南至安遠堡三十里北至軍三十里
劉璠堡　緣胡盧河川路北控敵界從葦子灣至故蕭
關
蕭關路自軍北劉璠堡緣胡盧河川過古城入葦子灣
出蕭關至鳴沙縣界入靈武約至百餘里地勢平敞至
道中李繼隆護送芻糧入靈武由此路
德順軍舊籠竿城也在六盤山外祥符中渭州曹瑋言

今隴山外有棄地號籠竿川坦為兵衝曽無捍蔽熟户
以田輸官因相地形築城盡要害之地以兵戍之立堡
砦置弓箭手居之慶歷初經畧使韓琦言籠竿外為山
外四砦之首北接鎮戎軍捍一路軍馬走集北緣胡盧
河川經古蕭關至鳴沙縣乞建為軍因賜名德順自六
盤山砦二十里至瓦亭四十里又七十里至渭川西自
神林砦四十里至石門蕃界七十里東南至儀州百二
十里東北至鎮戎軍百一十里南好水川界

城砦堡七

隆德砦 天禧初築砦屬渭州地名邪沒龍川蕃語訛謂之羊牧隆城慶歷初改今名隸德順軍在隴山外隆德靜邊二砦居邊壕外東至籠竿城六十里西至邊壕四十里南至靜邊砦四十里北至德勝砦三十五里南石門路宣宗朝收復六關即石門也

靜邊砦 在邊壕外祥符中蕃部獻南市城地天禧初築賜今名西控捺龍谷天麻川戎馬來路南自三

角城路入秦州弓門砦舊屬渭州慶歷中移屬東至神林堡四十里西至邊壕二十里南至熟戶番族四十里北至羊牧隆城四十里

德勝砦 舊屬渭州天聖中築與隆德靜邊砦抵秦州界東南至軍八十里東至李武堡十里西至邊壕一十里南至籠竿城七十里北至懷遠城二十里又至界瓦川會百五十里即西蕃龕谷也北至延川軍馬來路有摘星關邊二堡

中安堡 東至軍三十里西隆德砦南章川堡北熟戶地

漳川堡 東北控扼西峽口軍馬來路地名漳川頃因生戶求內附築城賜今名東南結公城西靜邊砦捺龍川一路南秦州白石堡北林堡熟戶地

水路城 慶歷中蕃部鐸廝那等獻水洛結公二城地因命版築又獻良肥地數千頃募弓箭手居之以為捍禦開秦亭之路蘇溫囉等族獻山林連延數百里

去水洛城三十里儀州制勝關德勝靜邊漳川砦遂為內地又於隴城川一城南至麻穰砦隴城砦今屬秦州勝關百里西熟戶王家族西南至麻穰砦五十里東南至弓門砦七十里又四十里秦州東北至順德軍百一十里北至靜邊砦九十五里

結公城 南至水 城三十五里北至漳川堡二十里東至制勝關百里西至靜邊砦六十里西南至秦州百里

涇州定安郡唐平薛仁杲置州涇渭之間地形平敞正當西塞之口至徳以後河湟盡陷西鄙之地極於潘原遂屯重兵升州為方鎮又謂散地不足守禦乃建平涼為渭州臨涇縣為行原州外張蕃翼之衛本朝建戎軍以通隴右置徳順軍以制山林漸復襟帶之固今為章化軍節度東至邠州界六十里西至渭川界三十里南至鳳翔府界百里西至原州界三十五里

砦一

長武砦　築城在安仁谷中四面險固皆阻大澗涉絶惟有一路可上唐太宗封薛仁貴頓兵於此與析摭城相對皆天險也後置神策軍地髙崇文嘗為長武城使西北至州四十里南至靈臺州

儀州華亭縣舊隴州屬邑也後魏築城置鎮以扼蕃戎之路唐為神策軍地後唐同光中置儀州本朝改今名東至涇州百里西至南蕃界一百里南至隴州九十里地至涇州瓦亭砦一百二十里

關一

制勝關　控隴西一帶舊號大震關改賜今名管縁山小砦二十五里

秦隴鳳翔隴階城州路

秦州天水郡本秦初封之地在汧渭之間諸羌雜處唐武徳初置都督府天寳後陷于吐蕃至宣宗時為内地土壤遼曠尤宜畜牧其東入隴州界故關山路至蕃界一百九十里南鳳州界一百八十里東北隴州界百四

十里本朝建為雄武軍節度振巴蜀之境陷河湟之城其西又控黨項吐蕃隴右山之外今之一都會也置砦二十三以守禦之和州舊兼縁邊都巡檢使今置秦隴鳳翔階成六州軍馬步都部署以下兵官以州為治所本路置州兵及朝廷遣禁旅更戍外又領熟戶兵馬百七十四族總三萬五千六百人馬二萬二千四百七十足弓箭手六十指揮五千九百人馬二千六百四十二足

砦二十三

州境曠遠曹瑋在邊增築弓門治房麻穰静戎三陽定西伏羌永寧小落門威遠凡十砦浚壕三百八十里

永寧砦　建隆中築西北控龕谷至蘭州五百五十里號尚書砦至道中賜今名置稻田以為險固東至伏羌砦三十里西至來遠砦二十里南至小落三十里北至崇竒城九百里

伏羌砦　本唐初伏州後改為縣天寳後陷于吐蕃本

朝建隆中酋長尚波于獻地特置砦戍守東至定西砦四十里南至永寧砦三十里南至夕陽鎮三十里

大落門砦　在伏羌砦西有落門谷良木所産先為羌戎所據雍熈中知州温仲舒發兵侵取頗致騷動詔中使視之言得地甚利遂至今為内地祥符中再修置東至永寧砦三十里西威遠砦北來遠砦二十里

弓門砦　太平興國中築在赤城川東坡上管小砦五里至隴州故關七十里西至治坊砦四十里南至床穰砦六十里北至邊壕西南至州百五十里

定邊砦　至本州一百八十里東至隴州定戎鎮四十里南至清水縣八十里西至弓門砦三十里

治坊砦　太平興國中築在卧牛山東管小砦西東至弓門砦四十里西至壕門外蕃界五里南至床穰砦六十里北至邊壕熟戶二里西南至州一百二十里

床穰砦　開寳中築控床穰砦川一帶管小堡十一東至治坊砦西至静戎砦四十里東至州百五十里東

南至清水縣十里北至蕃界二里

静戎砦　太平興國中築在長山嶺下管小堡五東至床穰砦四十里西至三陽砦四十里南至隴城界五里開寳中重修

三陽砦　開寳中築扼三谷口慶歷中置開稻田四十頃以捍賊路管小砦十六東至静戎砦四十五里西至定西砦十三里南至州三十五里北至蕃界七里

定西砦　太平興國中築管小砦四東至三陽砦十五

里西至伏羌砦四十里南至州四十里北至蕃界五
里
威遠砦　祥符中築舊名烏䴉改賜今名東至小落門
砦五里西至壕門外蕃部三里南至馬䮃砦十二里
北至來遠砦八里
安遠砦　天禧中築東伏羌砦三十里西來遠砦一十
里小落門砦三十里北至生户五十六里
臨江砦　雍熙初築在渭水之南與漢陽水合流俗謂

之西江東至良恭故縣四十里西至蕃界五十里西
北將雞砦四十里北至蕃界五十里
陷山砦　太平興國中築東至骨谷鎮七十里西至良
恭鎮九十里東北至長安縣界九十里
來遠砦　至州一百九十里東至永寧砦二十里西至
寧遠砦郢南谷一十一里南至威遠堰堨一十里北
至渭河窮邊
小落門砦　至州一百四十里東至永寧砦三十里西

南至威遠砦八十里北至來遠砦二十里
寧遠砦　至州一百三十里東來遠砦定邊堡一十里
西至熟户南至馬家族二十里北至丁家部族二十
里
榆林砦　至州三百四十五里東至良恭家鎮五十里
西至臨江砦四十里南至蕃界二十里北至管下將
雞砦一十里
將雞砦　天禧中築東南至古良恭城四十里西至臨

江砦五十里南至馳項十五里北至蕃界一百里
馬䮃砦　在州西䮃馬嶺下東至故城鎮五十里至州
一百九十里西至壕外蕃界五里南至長道縣三十
里北至威遠砦界八里
靜邊鎮　祥符中詔築於南市城西南至州百五十里
東北至順德軍八十里秦渭相接扼西戎之要
隴城砦　唐縣也至德後陷于吐蕃本朝慶歷中建砦
與德順軍水洛城結公城二城相接東弓門砦六十

里南北石砦四十里北瓦龍谷堡四十里東南至治坊砦四十五里東北水洛城五十里西床穰砦六十里達龍谷堡　慶歷中築東至鎮川約四十里西至西界生戶約百里東南安遠砦六十里

河湟甘肅瓜沙路自州西北三百一十里至故渭州又百八十里至臨州又東北二百里至蘭州北渡黃河出金城關二百六十里至涼州松昌縣又二百一十里至涼州五百一十里至甘州又四百里至肅州又

九十里渡玉門關又四百二十里至瓜州又三百里至沙州入洮疊州路自州西北三百一十里至渭州又二百里至泯州又百九十里至洮州百八十里至疊州

階州武都郡本白馬氐之地西魏置武州唐大歷中陷于吐蕃大中三年收復尋改今名東至興州三百里西至巖州二百七十里南至文州百五十里北至成州二百六十里

砦二

峯貼峽砦　捍吐蕃并控巖州路南巖州七十七里北至州二百里

武平砦　地居險要生戶蕃部往年頻有聚刼慶歷中改砦李平築城賜今名與沙灘峯貼峽二砦防托應援管青崗峽圍城谷斫鞍三堡子東磨鼻巖婦口西青崗峽沙灘川

成州同谷郡古白馬氐所居國其地險固唐至德後吐蕃

擾百姓流散因廢為鎮咸通中人戶漸復再置州其東至鳳州界五十五里西至秦州界一百五十里南興州五十里北秦州界七十里東南至州三百五十里

論曰遠人即叙部落寔繁古之申遠畧制勁敵者重隆附之爵用羈縻之策罔不納質嚮化叩關請吏今之夷人內附者吐蕃黨項之族居西北邊部落不相統三款塞者謂之熟戶餘謂之生戶陝西則秦隴源渭環慶鄜延四路河東則濕石麟府二路其酋長則命之戎秩賜

以官俸量其材力功績世相承襲凡大首領得為都軍主自百帳以上得為軍正又其次者皆等級補指揮使以下職名其立功者别建為刺史諸衛將軍諸司使副使至借職殿侍自克本族巡檢綏懐族帳謹固疆界器械糇糧無煩於公上

蕃部巡檢有諸司使副使承制崇班供奉官至內侍受俸準正員官添支亦如之諸刺史諸衛將軍者受俸準蕃部官首領都軍主副都虞候指揮使副兵馬使者其力給自三十至三百為差每歲冬又給袍服紅錦者七種紫綾者二種其月以官為差次十將以下皆給土田景德中鎮戎軍豐瓘言蕃部兵衆為請錢其列校皆朝

廷補授多部已衰老願省者以本軍人充之

凡四路總六百七族十五萬五千六百人三萬四千三百疋馬其隸鄜延路者皆延州保安軍界隸邠寧路者居環慶州界隸涇原路者居源渭州鎮戎軍界隸鳳路者居秦鳳州界所以捍敵人之勢張蕃翼之衛也又若敵兵防邊之制前代率皆代更俾之乘障為費甚大故鼂錯建策不如選常居者為室屋具田器及募民徙塞下所以減贍邊用又得俗習之使國家用是法於西陲募土人為弓箭手給田頃出一甲士三頃乃出戰馬一疋税租徭役悉為蠲復器械糧餉俾其自給分築堡壘使相聚居設營校之名循卒伍之制亦置指揮以下戎秩以統率之有戰功者亦補軍都指揮使仍置弓箭手巡檢以護領之每戰則常為諸軍前鋒凡四路總一百二十指揮三萬二千五百八十人馬九千五百九十疋此備塞禦戎之至要也

武經總要前集卷十八上

欽定四庫全書

子部

武經總要前集卷十八下

詳校官編修臣程嘉謨

總校官候補中允臣王燕緒
校對官中書臣王學海
謄録監生臣汪承洞

欽定四庫全書

武經總要前集卷十八下

宋 曾公亮等 撰

西蕃地界

夏州漢朔方郡後魏置夏州深在沙漠之地唐開元中為朔方軍大總管兼安北都護唐末拓拔思恭鎮是州討黄巢有功賜姓李氏世有銀夏綏宥靜五州之地五代李仁福彝超繼領節鉞號定難軍本朝太平興國中繼捧來朝願納土疆得州酋豪二百七十八部族五萬帳復為王土其弟繼遷時十七歲不樂内徙嘯聚亡命侵擾邊境淳化中詔廢毀舊城其州兵徙相州置營仍曰夏州遷居民於綏銀州分官地給之咸平末繼遷死景德中子德明款塞内附朝廷假本道節制德明死子元昊康定初復叛遂封夏國王以綏懷之今有夏銀綏宥靈會鹽蘭勝涼甘肅十二州地東銀州三百餘里西鹽州三百里南鹽州三百八十里北蕃界東南綏州四

百里西南慶州五百九十里西北豐州九百里東北勝
州九百里
鎮砦二
洪門鎮　本夏州地唐邠寧節度張獻甫築洪門鎮城
置兵以防蕃寇本朝雍熙中廢夏州其地今為洪州
石堡鎮　本延州西邊鎮塞也至道中陷于敵今偽號
為龍州
賀蘭山　東至懷鎮六十里涇陽圖經曰賀蘭山在邑

西九十三里
天都山　按關右隴西圖記並無此山今敵中自為天都山
在鎮戎軍西北百五十里土地寛平西南有路入渭州
山外德順軍四砦界
瓦川會　東至鎮戎軍易藏山界西入蘭州界皆山路
南至明堂州北至會州界皆川谷路
天麻川　東北控龍谷路入靜邊砦西至馬啣山南至
合龍谷路北至瓦川會皆川路

銀州銀川郡漢屬西河郡為圁陽縣地以其在圁水之
陰也五代以來為夏州屬郡夏州廢毀遷居民於延
石州今陷于敵東石州界一百六十里西夏州界二
百里南綏界六十里北麟州界三百里
綏州上郡秦所置西魏為綏州唐屬朔方節度城在延
州東北無定河川本朝太平興國中李繼遷叛河右
俶擾以高文岯知州事繼遷攻擊不已因從文岯洎
居民于石州廢毀其城咸平初言事者請城綏州屯

兵積穀以遏黨項言利害者相半遣工部侍郎錢若
水馳往規度既而若水上言綏州頃為內地民富登
集尚須旁郡轉餉自賜趙保忠以來人戶凋殘今若
城之須廣屯戍兵倍於往日芻糧之給全仰河東地
隔黃河大小鐵碣二山城下有無定河緩急用兵輸
運艱阻即罷其役德明既款附上言乞綏州土田隸
當道詔以誓表令邊臣詳定附之其地東至石州一
百三十里一説自石州孟門渡河一百五里至綏州

西夏州四百里南延州三百五十里北銀州一百六十里

河二

浦洛河東南五十里至清遠軍

無定河

宥州寧朔郡即漢三封縣之地自河曲靈夏有蕃戎部落後周武帝乃立胡州以統之唐天寶中改寧朔郡後寄理於經畧軍以地形居中可總統蕃部北以應

接天德南為夏州之援元和十五年復置宥州於長澤縣隸夏綏銀節度刺史兼管神策軍本朝太平興國中李繼捧納國復為王土自夏州廢毀因陷于敵東夏州界六十里西鹽州界二百里無保安軍界約百里北夏州界約百五十里

靈州靈武郡唐之為回樂峯也自後魏置靈州初在河北大統六年築城即今城是也唐開元中邊境置節度以遏四夷以州為朔方節度理所管兵六萬四千七百人捍禦北敵經畧軍安豐定安西受降城安北都護振武等七軍內經畧軍治在城內肅宗即升都督府本朝至道初陽瓌為部署道黃河溉泯田數千頃戶四千餘課利四十五萬貫咸平中陷于賊河外舊有五鎮今夏國僞升為州按唐史元載獻議以靈武城為之勢形開元中朔方節度張議往巡五城處置兵馬既北地東鹽州三百里西涼九百里南原州五百六十里東北豐州九百里

鎮砦九

保靜鎮 本河外鎮咸平中陷今為僞靜州本鎮舊管蕃部六族

臨河鎮 城鎮舊管蕃部三族置巡檢使以首長為之

懷遠鎮 本河外縣城西至賀蘭山六十里咸平中陷今為僞興州舊管鹽池三管蕃部七族置巡檢使七員以本族酋長為之有水田菓園本赫連敎勅菓園置堰分河水溉田號為塞北江南即此地

定遠鎮　唐削朔方節度下定遠一軍七千餘人在北城南至懷遠鎮一百里西賀蘭山六里西南至懷鎮一百里西賀蘭山六里西南至二百里本朝至道中建為威遠軍咸平中陷今為偽州其城則唐光天中朔方總官郭元振以西域援潤豐安勢孤中間千里無城郭烽堠故置北募城官建五千五百人鎮守為行軍計集之所後信安郡王瑋又築羊馬城幅員十四里國初管蕃部四族以酋長為巡檢使

靈武鎮　外河鎮也南渡河至靈武州五十里東保靜鎮四十里西賀蘭山六十里北懷鎮七十里咸平中陷今為偽順州以上五鎮自咸平中以前以靈州都監兼五原鎮都巡檢使主之

豐安軍　唐屯田二十萬以上並河外六鎮也天寳末魏少游為六城水運使杜鴻漸為朔方留後度支使副率兵白草鎮迎謁肅宗言朔方天下勁兵靈武州用武之地上倉儲庫物之數

艾山舊渠　後魏刁雍為骨律鎮將上表請開富平西三十里艾山舊渠南北二十六里東西四十里鑿以通河自禹舊跡兩岸作溉田大渠廣十步以河水溉公私田四萬頃人獲其利

回樂峯　置縣在州城開元初置東皐蘭州皆九姓突厥部落

温地　唐神龍年置縣側有鹽池唐洎五代節度使兼領温池推壖事開元初置燕然燭龍二州寄治温州

池界並九姓突厥部落

鹽州原部唐都督府中元中成為吐蕃所毀塞外無堡障敵騎入寇復加板築既成之後邊患息然迄德宗敵人不敢犯塞今陷東綏州六百里西會州八百里南慶州二百五十里北宥州一百四十里東延州五百三十里東北夏州三百里西南原州七百里西北靈州三百里其地有曰池南北九十里舊蕃戎之地有以其地有鹽池置城以護之唐曰白池縣又名井

城葭蘆澤貞元中度支使兼靈鹽等州池井榷鹽使
本朝景德中趙明德乞入青鹽交易不允
清遠軍東南七十里至環州美泥砦西北五十里至浦
洛河又七十里至聖泉七十里至定邊鎮又五十里
至靈州西甜水堡五里南至水波鎮四十里本席城
地太宗以靈武道路難阻欲城古威州以通漕輓轉
運使鄭文寶固請築北城以清遠軍為名深在瀚海
不毛之地素無泉井陝西之民甚苦其役咸平中都

監段義踰城叛尋陷于賊
勝州榆林郡戰國為雲中地隋置州為下都督府煬帝
發丁男百萬築長城東至紫河西距榆林車駕因幸
榆林突厥啓民可汗來朝即此地唐貞觀中平梁師
都時柴紹亦破滅匈奴奪得河南之地因置以決勝
為名今廢東北東受降城二百里東朔州四百二十
里南麟州四百里
河鎮二

紫河　隋築長城起于紫河即此地今謂之紫河汊地
產良馬
唐龍鎮　在勝州之境地居險峻東至黃河二十里河
之東曰東蹍西曰西蹍騎所不能及蕃族來義者嘗
持兩端事契丹及夏國真宗朝與叔璘不協璘召契
丹破之來依府州義非大族朝廷憫其窮而款塞優
容之賜錦袍帶子孫官景祐中為夏國所併
涼州武威郡唐為河西節度使以斷羌人統亦水大斗

建寧冦王門黑離豆盧新泉等八軍內四軍涼州界
地勢西北斜出在南山之間南隔西羌道西域漢時
號為斷匈奴右臂西晉末張軌據之為一會府號前
涼後呂光有其地號後涼唐建方鎮開元末宰相兼
領節鉞以鎮之天寶末陷于西戎宣宗恢復河湟命
土豪領之自置牧守或請于中朝五代漢高祖命身
師厚為之帥迄今州郭外數十里尚有漢民陷沒者
耕作餘皆土蕃本朝開寶中復來請師以殿直丁惟

清領州事時惟清境大豊稔因為馬于凉市而西州所留就而命也咸平初潘羅支來貢命為六國大首領李繼遷來寇凉州戰于城下退至三十井死羅支武威郡至天聖初土貢不絶東會州六百里西甘州五百里西北三百里先至甘州三百里刪冊又二百里至州南浩亹河二百六十里東南蘭州五百四十里東北會蘭縣界

赤水軍唐武德中置在凉州城内軍之最大者幅員五千里赤烏鎮有赤泉水因以為名

大斗軍在州西百二里又百八十里即張掖郡古安西城也唐開元中以赤水軍守捉改大斗軍以西按張掖東連武威州故曰大斗其鎮曰雲山在軍南五十里

建康軍在州西二百里即甘肅二州中在祁連山下唐證聖中王李傑　西鎮置軍張守珪常為軍使

寧寇軍後周保中定置號同城戍在州東北千餘里唐舊號同城守捉天寶中置軍隸張掖守捉使

馬支山漢霍去病將萬騎出隴西涉狐奴水過馬支山千餘里執渾邪王收體屠祭天金人即此地也山在河西郡界東西百里餘里南北二十里有松栢古木其水草甘美宜畜牧一說馬支山在刪冊故縣東西百餘里南北二十里

甘州張掖郡地理風俗記曰漢結烏孫絶隔諸羌裂匈奴右臂自張其掖後魏為甘州以地有峻山為名號匈奴右地禹貢曰導弱水至於合黎餘波入于流沙

即此地也今黎水並在郡居延海祁連山有得勝障在此障係路博德所築隋大業車駕巡河右置橋梁於浩亹河以幸張掖唐天寶之亂遂陷回鶻後尚公主迄本朝景初以來猶陳甥舅禮酋長稱可汗王妻稱公主朝廷歳頒正朔東凉州五百里西肅州四百二十里南雪山北張掖河三百里

山一

祁連山　在張掖酒泉二界之上東西二百餘里南北

百餘里山中冬溫夏涼美水草畜牧古匈奴嘗失二
山乃歌曰亡我祁連山使我六畜不蕃息亡我焉支
山使我婦女無顏色隋自西平善州臨羌城以西且來以
東祁連山以南雪山以北東西四十里南北二十里
皆為隋土置郡縣鎮戍發天下輕罪徙居之山下霍
將軍神祠
肅州酒泉郡漢元狩中昆邪王以其衆來降於其地為
武威酒泉郡以隔絶故與羌通路又西通月支大夏

故以公主妻烏孫王以分匈奴西方之援後為涼武
昭所據隋置肅州玉門在其西去長安二千八百里
東至甘州四百二十里至西玉關七十里又四百一
十里瓜州南界北回鶻界
玉門軍本廢玉門縣唐開元中置隸河西節度在州西
二百里瓜州里晉昌縣右西戎地漢武帝開之為燉
煌郡置隋瓜州前秦苻堅徙江漢之人于燉煌中州
人有田疇者亦徙千戶涼武昭王以南人置會稽郡
中州人置廣夏郡西方之俗髙武力唐之驍將郭知
運王君㚟俱郡人也今城即元開中刺史張守珪所
築東南肅州五百二十里西至沙州二百八十里南
新昌鎮北豹門守捉西北至伊州界五百里
墨離軍本支國舊地唐武德初置瓜川因置軍馬隸河
西節度城在瓜州西北千里張守珪嘗為軍使脩築
城北河西隴右節度王忠嗣發代吐渾於黑離川虜
其全軍而歸即此地也

沙州漢燉煌郡地居流沙東北以其風吹沙流行謂之
流沙在郡西八十里唐天寶後陷于西戎大中後刺
史張義潮以州歸順特建義軍節度以義潮為帥本
朝太平興國中義潮孫延禄承襲累封譙國王迄
今脩貢東至瓜州二百八十里西南口烽北鹹泉戍
三百二十里東北至伊州界三百八十里即大磧之
外也
關山四

陽關　漢龍勒縣地縣有陽關玉門關

玉門關　漢列河西地通道玉門障塞出長城外數千里是也東至沙州百二十里東南至沙州二百五十長安三千六百里自度關流沙西一千至鄯州有自關度流沙北行二千三百里至車師隋煬帝巡狩河西至玉門關置伊吾且末等郡唐為玉門縣

鳥鼠同穴山　渭水出於山中有鳥如家雀色小白鼠小黄而無尾同穴

白龍堆　在沙州玉門關外東倚三危北望蒲昌是為西極匈奴要路

伊州伊吾郡漢烏壘地城在沙北大磧之外去玉關門八百里隋將段文振征吐谷渾出伊吾道逐敵於清海即此路地多沙磧一說烏壘城去陽關二千七百里唐郭知運王君㚟相繼為刺史東至瓜州八百里西至西州七百三十里南至沙州界一百四十里北至伊吾軍三百里

屯山二

伊吾屯　漢置伊吾屯田後漢置宜禾都尉以為屯田號膏腴之地置邑唐正觀中分置納職縣

天山　伊吾有天山高十五里廣六十里冬夏積雪一名雪山匈奴過之皆下馬拜漢遣二師將軍李廣利將三萬騎出酒泉擊右賢王於天山得虜萬人而還即此地也一說且彌國治天山東大谷去長安八千六百里

伊吾軍本昆吾國地西拒大磧唐景龍中置軍隸北庭節度在伊州西北三百里甘露川

西州交河縣本車師國之高昌壁也漢和帝時班超定西城置戊已校尉領兵五百人戍之以地勢高峻人物昌盛故立高昌壘有八城唐太宗命侯君集交河道行宮太總管平高昌置西州以高河城為高河縣其水流出邑地始昌城為天山縣田北城為柳中縣東鎮城為蒲城縣昌儀鳳中土蕃叛洮河道總管裴行儉帥

至州破之立碑其城以記皆此地東至伊州七百五十里西北至輪臺縣五百里南吐蕃界北北至逄都護府四十五里

河一

交河　河水分流遶城下故號交河去東京九千三百里城北三源一源出東北五里一源正北六里一源出西北五里去城百步三河流合又分流城之四合故曰交漢戊己校尉所理

天山軍漢戊己校尉所理唐貞觀中置隸安西節度在西北三百里東西三百里其山冬夏積雪

庭一

北庭　治金蒲縣在流沙西北漢烏孫縣舊地也去陽關二千七百里與渠梨官田相近土地肥饒歷代為遠人所居唐貞觀中置庭文明中郭元振奏置瀚海軍後為北庭都護府又置節度統瀚海天山伊吾三軍防制突騎施堅昆東至伊吾界六百八十里西碎葉嶺南至西州界四百五十里東北回縣

瀚海軍在西安都護府唐長安中置隸北庭節度居金山之北赤野之南北方五千里漢烏孫王之境海縣

蒲類海　一名鹽澤去玉門陽關三百餘里廣袤三百里其水冬夏不增減一名婆惜海漢班超將兵繫伊吾於蒲類海是也水經曰河水一源出于闐國南山下水北流與葱嶺河合又東住于蒲昌即蒲類也隋開皇中西羌內附詔宇文攸持節安緝蒲昌鹽澤二郡以安降附

輪臺縣　漢桑弘羊上希主意遣士卒遠田輪臺築城以禦西域即是此地後棄之唐時因城置縣

安西都護府唐太宗開西域初置府高宗開四鎮西境開拓數千里得于闐焉耆龜茲疏勒諸國明慶中移都護於龜茲東接焉耆西連疏葱至領七百里後西陲不守並陷吐蕃如意初王孝傑大破吐蕃克復龜茲于闐疏勒碎葉四鎮郭元振郭知運輩並相次為

都護府後為安西節度撫寧西域統領四國今龜茲
即安西都護治所
疏勒國　都白山南百里漢時舊國東至西安三千里
北至碎葉二千里唐亦置都督府東去京一萬五百
里
于闐　統十三州國周四千里都葱嶺之北二百里東
北去瓜州二千八百里北至龜茲一千四百里東去
鄯州一千五百里去長安九千六百里宜五谷氣序

和暢知禮義
者國　都白山之南七百里漢時舊國貞觀中附馬都
尉阿史那社尒平之置都督府北至燉煌南至且末
並石界
山一
葱嶺山　西域三十六國兩限以葱嶺其河兩源水經
葱嶺高千里行十二日可至其頂一說葱嶺在燉煌
西河源替登其嶺分為二水一說自玉門渡流沙北

行二千二百里至車師又一說自步東西行百里至
葱嶺
鄯州西平郡治湟水縣本西羌烏弋為奚厥所攻下之
湟中亦月支別種也趙充國代先零計度臨羌至浩
亹為屯田可墾者三千頃霍去病逐諸羌及渡河湟
築障居塞隋煬帝出臨津關渡黄河至西平後漢為西平郡
陳兵講武大獵於拔延山長圍周亘三千里皆此地
唐平薛舉置鄯州為障石節度使治所管臨洮河源

安仁振武威戎莫門寧塞積石鎮西共九軍綏和合
州平夷三守捉東至蘭州廣武百十里西至吐蕃界
三百八十里自州西北百二十里至河源軍又百二
十里至白水軍又八十里至定戎軍又七十里石堡
城南一百八十里至廓州北七十里至清海涼州二
十里至昌松縣界
水一
湟水　經曰水城東允吾縣北即湟河之源地里志赤

謂湟水所出處

積石軍在廓州遠化縣西界本吐谷渾地唐貞觀中吐谷渾叛初置靜邊鎮儀鳳中升軍額

城一

石堡城　天威軍唐開元中信安王攻下之置振武軍後為吐蕃所陷天保中又哥舒翰攻下置軍

臨洮軍秦始皇築長城界中國西下過臨洮是也唐開元中移洮州是也縣置軍自軍西六十里即河大夏

縣又一百一十里至河界東南至故渭州一百九十里西北至蘭州二百里

河源軍置在湟州東西今鄯州西一百二十里一雲漢趙充國亭堠地也

白水軍唐開元中郭知運張懷亮置

安仁軍在鄯州西北星宿州唐開元中置

振武軍在鄯州鄯城縣西界東距州二百里本吐蕃鐵仞城

威戎軍唐開元中杜希望收吐蕃新城因置軍在鄯州西北三百五十里

故渭州隴西郡漢陽有坂名曰隴坻今州城處西故曰隴西嶺夷道等十一縣風俗尚武力習戰射西漢六部良善廣德中西戎犯邊洮蘭秦渭盡為邊境廢城在秦州永寧塞北七十里熟戶張香兒族帳之所東秦州三百里西岷州三百里西岷州三百里南城州四百里北蘭州四百里

蘭州金城漢昭帝置以其地並狄種故曰狄道築城得金故曰金城趙充國願馳至金城圖上方略即此地范曄後漢書曰西戎在漢金城郡之西南即之古西羌地也東北會州二百里鄯州四百九十里南故渭州四百里北涼州五百五十里城北渡金城關二十驛至涼州

水一

浩亹水　出西塞外東至允吾入湟水蘭亹故城

會州會寧郡古西戎城秦併天下屬金城郡漢昭帝分天水隴西張掖各二縣為金城安定二郡此為櫟陽縣地屬金城後魏置會寧縣西魏因立會州尋廢唐復建州東故原州四百里西涼州六百里南蘭州四百二十里北靈州六百里

關二

烏蘭關　會寧關西四十里

會寧關　州西北一百八十里

河州枹罕縣禹貢導河自積石山在金城西南河之所經漢始元中分隴西天水張掖三郡立金城郡金州即金城之枹罕縣唐平李軌置河州後陷于敵東蘭州三百里廓州三百九十里南洮州三百里北鄯州三百里自州北百里過鳳州關渡黃河百四十里至鄯州龍支縣又百六十里至鄯州鎮西軍

山二

積石山　書曰導河自積石唐正觀中吐谷渾叛詔李靖侯君集為西海路大總管師出鄯州行空虛之地二千里過星宿川望積石原觀河源之所出乃班師

臯蘭山　在積石山下有石門其河水西南流禹貢導河積石也漢元狩中霍去病出隴西至臯蘭山下

洮州臨洮縣本羌戎地秦分三十六部西臨洮即其地洮水出西羌中北至枹罕東入河州恭帝至州唐隸隴右道天寶初哥舒翰破吐蕃於臨洮城二百里遂以其地為神策軍後唐長興中建為保順軍節度塞

外十鎮洮州則其一也今邈川大首領唃廝囉立文法臨制諸羌欵塞為蕃臣其部族在洮河之地康定中命為節度以羈縻之東至岷州百七十里西無州縣南至疊州百七十里北至河州三百十里

莫門軍在洮州唐儀鳳中置

山海三

洮水　漢水洮水出西羌中北至抱罕東入于河

清海　在谷吐渾國甘松之南洮水之西其海周圍千

餘里中有小山其俗至冬輒放牝馬於其上言得龍種吐谷渾常得波斯草馬放入海因生驄駒能日行千里故時稱青海驄隋將段文振征吐谷渾出伊吾逐敵于青海唐天寶中築神策軍於青海上吐蕃攻破哥舒翰築城於青海之中龍駒島吐蕃遂不敢近

青海

金山　會州之西青海之東甘州之南邈州之北蠕蠕國世居金山之陽山之西南薛延陀舊地

岷州政和秦三十六郡隴西之臨洮縣地蒙恬擊胡出塞築長城起於此通道原至雲陽後魏大統中置岷州唐武德初置都督府天寶初改今名政和郡至德後陷于敵東至故渭州三百里開元中置八驛西至洮州一百七十里南至懷州二百十里北至蘭州狄道縣五百二十五里

廓州寧塞郡古西戎之地城本吐谷渾所築漢宣帝時諸羌皆叛後將軍趙充國屯隴西羈縻諸羌羌衆不敢動即此地

疊州合川郡其地山多重疊秦漢晉魏為諸羌所據後周西逐諸羌始統有其地因置州焉唐李勣出為都督唐西域之地皆設說屯田以為戰守之備宰相婁師德常為河源積石懷遠軍河蘭鄯廓等州檢校營田使西河隴右凡三百六十屯大者五十頃小者二十頃河西歲入二十六萬石隴右四十四萬石今皆在蕃地

武經總要前集卷十八下

欽定四庫全書

子部

武經總要前集卷十九

詳校官編修臣程嘉謨

總校官候補知府臣蘇佩蓀
校對官中書臣王　照
謄録監生臣陳夢龍

欽定四庫全書

武經總要前集卷十九

宋　曾公亮等　撰

東西川路

東西川峽路禹貢雍梁荆三州之地而梁州為多天文與秦同分春秋楚巴庸夔僰諸國之地後皆屬楚秦之漢中蜀郡黔中南郡巴郡皆其境也東至荆峽北控劍棧西南接羌戎巴蜀廣漢本南夷地沉黎川至生獠吐

蕃雲安靖江控牂牁夜郎江油陰平扞氐羌之地南溪瀘川撫南詔之國其涪渝數州亦有夷人不為邊患而施州黔中置義軍士丁防守邊徼此本朝控制之要也

益利路

益州秦漢蜀郡地晉武帝改為成都累朝皆為益州唐領西川劒南節度統為結營及松維蓬恭雅黎姚悉等八州兵馬天寶中平戎昆明寧遠澄州南江等六軍陣劒南節度治成都本朝緣唐制節度使兼統押近界諸

蠻及西山八國雲南安撫制置等使其地東至蘭州陽安縣界六十六里西至永康軍導江縣八十七里南至陵州籍陽縣界九十二里北至漢州雒州界六十七里一路十五州軍邛威茂黎雅五州西抗吐蕃南撫蠻獠暨雲南諸國利州路十一州軍文龍二州捍吐蕃今合二路為一置鈐轄以下兵官以益州利州為所

邛州臨邛郡漢蜀郡故地梁於浦水口立壘柵為城屯官兵以控生獠改曰邛州以南邛來山為名今置一砦

守之東至夷界百三十里西北至羌戎界百二十里西南至羌戎界百三十里以山為界西無郡縣

砦一

平樂砦 在火井界北至縣三十里

黎州洪源郡古邛都國漢置沈黎郡後周破羌夷得此地土因立黎州長安中割洪源越嶲州之陽山置州取以沈黎為名舊領羈縻五十四州（今並荒便不通）西控吐蕃南則捍蠻界東南至邛州郡蠻十一日程（西南夷之種也居漢蠻越嶲郡地其酋長自稱百郡都鬼王）西至戎州州西南百二十里渡大渡河出瘴州口清溪關二百三十里至嶲州界又四百九十里至嶲州嶲州即西南夷也控須莽之要扼蕃蠻之口共八日程嶲州今廢又三百六十里與南詔分界即雲南國

羈縻州五十四

羅巖州 索右州 泰上州 合欽州

劇川州 輒索州 蓬州 柏坡州

博盧州 明川府 胣肢州 蓬矢州

大渡州 米川州 大屬州 河東州

諸莽州 甫嵐州 昌明州 歸化州

附樹州 東川州 上貴州 滑川州

北川州 吉川州 南藻州 北地州

蒼榮州 野州川 邛陳州 貴林州

蒙川州 嚴夏州 和良州 和都州

護川州 上欽州 時蓬州 儼馬州

擨查州　邛川州　護邛州　脚川州

開望州　上蓬州　北蓬州　剥重州　久護州

瑤劒州　明昌州　郎郭州　牒綜州　浪弭州

雅州盧山郡嚴道故地後魏因招携離散矯立盧山郡唐初立雅州都護府今管羈縻四十六州吐蕃生獠置五砦守之東至邛州界八十里西南至黎州百里州西陲行三百六十里蠻界嚴羅州盧山縣西北六十里章盧山下有石澗三丈長二百步俗謂之盧關外硤口即

生獠也西北陸行五百七十里吐蕃栖鷄城東陸行二百三十里塗州西陸行二百三十里悉州南陸行二百六十里至雪嶺北陸行九十三里冀州界東南陸行一百六十里吐蕃舊界

砦戍五

硐門砦　在嚴道縣界東南至縣八十里

靈門鎮砦　在盧山縣界南至縣八十里四面險峻以控帶蕃界今有土兵鎮守

索經縣砦　在本縣城內有兵馬監押戍守

魚泉戍　在盧山縣界南至縣西四十里接邛州西北接火井縣

瑠璃戍　在盧山縣界南至縣二十里

羈縻州四十六

自羅巖州至州四百八十里

馬當州至羅巖州二百里至州四百七十八里

三井州至羅巖州五里至州四百七十五里

來鋒州至羅巖州二里至州四百七十八里

名配州至羅巖州二里至州四百七十七里

鉼茶州至羅巖州二里至州四百七十八里

斜恭州至羅巖州五里至州四百七十五里

畫重州至羅巖州二里至州四百七十八里

羅林州至羅巖州三百里至州四百七十七里

龍羊州至羅巖州一里至州四百七十九里

林波州至羅巖州六十里至州四百四十里

林燒州至羅巖州四十里至州四百四十里
龍蓬州至羅巖州四十里至州四百四十里
索古州至羅巖州五十里至州四百三十里
敢川州至羅巖州四十里至州四百四十里
警川州至羅巖州五十里至州四百三十里
禍眉州至羅巖州七十里至州四百四十里
木燭州至羅巖州四十里至州四百四十里
百坡州至羅巖州四十里至州四百四十里

當品州至百坡州五十里至州三百七十五里
嚴城州至百坡州二十里至州二百六十里
中川州至百坡州五里至州三百七十五里
鉡失州至百坡州二十五里至州三百五十五里
昌磊州至百坡州二十五里至州三百六十里
鉡并州至百坡州二十五里至州三百五十五里
林坡州至百坡州三里至州三百七十七里
會野州至百坡州六里至州六百三十里

當仁州至會野州三百里至州六百二十五里
堆梅州至會野州一十里至州六百二十里
作稱州至會野州二十里至州六百二十里
禍林州至會野州一十里至州六百二十里
金林州至會野州四十里至州六百一十里
諾祚州至會野州四十里至州六百一十里
三恭州至會野州五十里至州五百八十里
布嵐州至會野州六十里至州五百七十里

欠馬州至三恭州五里至州六百二十五里
羅蓬州至欠馬州一十里至州六百二十里
以上三十七州並管羅巖州會野州路
諭川州至州五百八十里
讓川州至諭川州五里至州五百七十里
遠南州至讓川州二十五里至州五百六十里
甲盧州至夔州二十里至州五百六十里
夔龍州至甲盧州二十里至州五百六十里

糴川州至金川州十五里至州五百六十里
金川州至糴川州十五里至州五百六十里
東嘉梁州至金川州二十里至州五百六十里
西嘉梁州至東嘉梁州十里至州五百六十里
以上九州並管夏陽路
茂州汶山郡漢武置汶山郡梁置繩州取桃關之路以繩為橋因作州唐置茂州又建都督府管羈縻十七州東至綿州四百里西至威州二百二十里州北陸行百

五十里至翼州又二百里至松州又三百里至茅州西南陸行三百七十里至塗州州西北陸行至吐蕃栖鷄城
羈縻州十七
靜州管部落四百户去州七十五里
恭州管部落二百户去州五里
當州管部落五十户去州六十五里
直州管部落二百二十户去州三十里

時州管部落一百户去州六十里
岩州管部落二百七十五户去州二十里
塗州管部落六十户去州五里
達州管部落一百户去州百五十里
松州管部落一百户去州七十里
飛州管部落二百户去州三百里
柘州管部落一百户去州七十里
乾州管部落四百户去州三百里

悉州管部落三百一十五户去州二百里
可州管部落二百户去州五百里
翼州管部落二百户去州三百里
向州管部落五十户去州三十里
居州管部落五十户去州三十里
威州維州郡古徼外羌冉駹之地蜀姜維馬忠討汶山叛羌即此地也唐武德中白狗羌内附乃於姜維故城置維州南界江陽岷山連嶺而西不知其極北望陽山

積雪如玉東望成都若井底一面臨峯三面臨江是西
蜀控吐蕃之要也唐時吐蕃得之號無憂城宣宗收復
本朝以羈縻保霸二州額焉景祐初改今名為威州東
至塗州三百三十里西至悉州二百三十里南至雪嶺
二百八十里北至蕃界

羈縻州二

保州雪山郡本維州定廉縣南至吐蕃為夷落之極寒
唐開元以來董氏世襲刺史

霸州靜戎郡唐天寶中招慰生羌置郡亦許世襲
利州治綿谷縣本漢中地昔蜀王封弟苴侯命邑曰葭
秦命司馬錯伐蜀出劍閣即此地亦謂石牛道東至
閬州岐坪縣集州南江縣界三百十四里西至文州
曲水縣龍州江油縣劍州劍門縣界二百八十里南
至劍州劍門縣閬州蒼溪縣界一百六十里北至三
泉縣文州曲水縣界三百二十五里西南控巴蜀東
北接梁陽號為要害唐為都督府今為昭武軍節度

今置益利路兵馬鈐轄治於益州
文州陰平郡古氐羌之地漢開西南夷置陰平道屬武
都郡西魏置文州西至龍州四百里南至閬州二百
里東至扶州界一百二十里北至楷州六十五里西
南陸行六十里扶州界又九十里至扶州又三百里
至松州西北吐蕃界大恭嶺一百二十里
龍州江油郡漢魏以前為無人之境鄧艾伐蜀由陰平
道景谷行七百里鑿山通道作橋閣山高谷深至為

險難艾以氊自裹縛而下將士攀木緣崖魚貫而進先
登至江油即此地也西魏建州東至利州界三百三
十里西至松州界二百四十五里接蕃部山谷險深
不通人行南至綿州界八十五里北至文州一百一
十五里西三百里至松州西北五百里至扶州

梓夔路

梓州梓潼郡漢屬廣漢巴西二郡地隋置梓州左帶潼
水右挾中江居水陸之要東至果州西充縣界二百

里西至漢州德陽縣界一百五十五里南至普州縣界三百三十八里北至劒州普安縣界一百六十二里凡統十五州軍戎瀘二州處邊防夔州路九州軍施黔二州雲安軍居蠻徼西盡巴僰控帶夷獠唐置東川節度夔州置團結兵戍守與西川節度相掎角

本朝合二路為一置鈐轄以下兵官遂州夔州為治所兼領施黔思三州緣邊儲砦將士丁義軍四千三百二十七人並隸州巡檢司慶歷中詔着還職例自

押蕃至軍頭凡七年一轉資副都頭至指揮使十年一轉資緣功者不循此例功微者但給塩菜義軍之守邊最為健伉習知山川道路每蠻寇至不計遠近掩殺官軍守險策應而已

戎州南溪郡（政和四年改為叙州）古僰侯國也秦惠王破滇池通五尺道漢武得唐蒙道即於此而破牂牁郎因置僰道梁置州以鎮戎夷隋移於南溪唐置中都督府管羈縻州三十鎮東至瀘州三百十里西羈縻武昌德州三千五百七里南至馬湖江羈縻武昌德州界二千三百一十七里北至榮州公井縣界三百四十五里西至馬湖江千里又至石門鎮三百里協州四百里至南詔國所居陽苴咩城二千三百里置一砦控其要

縣砦一

南溪縣砦　漢南廣縣地控生獠後周置南武戎隋乃改今名東至瀘州江安縣南至清井塩界三十五

里其西至青衣江西岸界並夷獠所居南至瀘州之江安縣界十五里北至瀘州江安縣界二十五里

瀘州瀘川郡梁置州取瀘水為名唐開山洞置羈縻州十三並屬瀘郡都督後又益五州晋夷人丁口十萬今東至渝州江津縣界三百三里西至戎州南溪縣界一百八十里至納州五百二十七里北至昌州永川縣界八十五里（戎州西二十里渡江即至納溪口水路自生户夷人界入烏蠻路）置砦四控其要真宗朝夷獠叛詔曰瀘州三月即若

瘴毒蠻人倢拒可量差戎兵守其要害之地以防之

塩縣砦四

淯井塩　西控悅江口隋富世縣地有塩井人獲厚重利號玉女泉故名富世今升為塩控夷獠之要衝地也水路至州九日程塩城舊無濠塹祥符中巡檢官王懷信發兵浚濠築城捍近界夷人東戎州百里有悅江口至蠻界悅州西烏蠻界南晏州界

江安縣　漢江陽縣地隋改今名天喜中為戎瀘資

江榮都巡屯所夷獠警擾便於應援縣東南自納州之溪水至烏蠻界

合江縣　漢江符縣地晉置安樂縣周改今名地當綿水大江之名口在涇水之南

三江砦　西北至州陸路三日程水陸五日程自江中路入黔南至淯井塩三十里

烏蠻姚州戎瀘州界唐武德後開拓山洞置四十八州安輯夷獠迄今許世襲通時貢或臣或否羈縻而已隸戎州者三十隸瀘州者十八本朝慶歷中烏蠻王得蓋自言十年彈壓人不入漢界為功因乞州名符命詔名姚州即雲南國之地也

戎州羈縻州三十

連州在戎州西南九百二十七里從均州析出

南州在戎州西五百四十五里從盈州析出

德州在戎州南五百六十四里從志州析出

為州在戎州南四百九十里從扶德州析出

洛州在戎州南四百二十里從昭州析出

移州在戎州西南五百八十七里從悅州析出

昭州在戎州南三百九十六里

筠州在戎州南四百一十七里

志州在戎州西四百五十六里

盈州在戎州西五百五十七里

獻州在戎州南六百六里

武昌州在戎州南二千二百一十七里

扶德州在戎州東南四百五十七里
播篩州在戎州南二百八十七里從瀘州析出
商州在戎州西北七百九十三里
馴州在戎州西北七百九十三里
浪川州在戎州西一千三百四十里
騁州在戎州西一千三百二里
協州在戎州西南八百里
靖州在戎州西南五百一十里

曲州在戎州西南九百里
播陵州在戎州南五百七十七里
鉗州在戎州西南四百五十七里
哥靈州在西南一千四百里
切騎州在戎州西四千一百里
品州在戎州西北二千三百九十五里
從州在戎西南二千六百四十二里
柯連州在戎州南九百里

碾衛州在戎州西南九百九十七里
高州在戎州南九百一十二里

瀘州羈縻州十八

納州北自納溪口至瀘州三百五十里以施池水為界
唐儀鳳中開山洞置天寶中改都寧郡乾原中復為
納州
薛州在瀘州西南七百六十里北淯井盐唐儀鳳中招
生獠置天寶中改為黄池郡乾元中復為薛州管山

後夷人丁口五萬
晏州在瀘州東南五百三十里北淯井盐唐與薛州同
置天寶中初為羅陽郡乾元初為晏州繫州前管六
縣夷人丁口三萬
鞏州在瀘州西南六百里西北淯井盐唐儀鳳中開山
洞置天寶初改為因忠郡乾元初中為鞏州管山後
夷人丁口一萬
奉州在瀘州西南七百里北淯井盐唐儀鳳中置管山

後夷人丁口三千
悦州州之東有三路一入淯井塩甚平易一自峽口路至淯井塩險隘一自悦江口水路入瀘州管山前夷人丁口萬人
思義州在瀘州東南四百五十里東至淯井塩西南至戎州南溪縣界唐天授中置管山前夷人丁口八千
長寧州在瀘州西南五百里
淯州在瀘州西南四百五十里唐天授中置淯川縣管山前夷人丁口六百

能州唐天定中置
浙州唐儀鳳中置理浙原縣管山前夷人丁口六百
定州在瀘州西南七百六十里本淯州新定縣地分置州管山後夷人丁口五百
宋州在瀘州東南三百五十里
順州在瀘州東南四百五十里唐載初中置理曲中縣管夷人丁口萬人

藍州在瀘州東南六百里
溱州唐貞觀中置
髙州在瀘州西南七百八十里
姚州在淯井塩三十日程漢武帝開西南夷置益州部永昌郡雲南郡屬邑也蜀諸葛亮南伐五月渡瀘深入不毛即此地遂置雲南郡居弄棟川天保中蠻王閤羅鳳弗恭以鮮于仲通將兵十萬討之大為所敗韋臯鎮蜀兼雲南招撫大使冊為南詔是也厥後或臣或否西南夷中最大者今僑立姚州領得蓋命之

夔州雲南郡古巴郡地也晉置三巴都尉綏靜蠻寇隋立夔州揔管府州城臨大江之險據三峽上游今東至歸州三百四十里西至雲南軍界一百二十里南至施州界五百里北至大寧監界六十二里為寧江軍節度置梓州夔路兵馬鈐轄以梓州為治所置五砦守其要

砦五

茆田砦　黄連砦　土場砦　石門隘砦

支隴呼石磊砦
已上並在蜀江南岸
施州清江郡古巴郡之境唐置施州雜夷落土俗輕捍今管羈縻等五州時通朝貢置十二砦守之管義軍士丁砦將一千二百餘人東至峽州界三百一十里西至萬州界二百二十里南至高州界三百一十五里北至夔州界一百一里西北至夔州界一百三十里西南至黔州界一百三十六里東南至澧州界二百四十七里

又自稚子巖小路至澧州慈利縣界東北陸行五百五十里至敘州南三百四十里至高州

砦十二

寧邊砦　舊名暗利天聖中賜今名北至州三百里其西至五路溪口八蠻界約五十里南至安化州蠻夷界

連天砦　其西至州四百五十里東南羅大砦松木隘大曲木隘入溪洞懿州路南至蠻界二十里又三十五里至順州

尖木砦　東北至州二百里七日程砦城咸平中置馬初高州蠻人抄掠漢界乃置砦守之溪洞帖息

永寧砦　東北至州二百六十里

靜邊砦　東北至州二百五十里七日程南順州西至尖木砦十五里

施度砦　北至州二百二十五里西南歌羅砦

永興砦　南控五路溪口入天賜州界控蠻夷五路

溪口其北至州二百六十里

歌羅砦　東至施度砦十五里西南至永寧砦西北至本州二百四十五里

細砂砦　北至州二百八十五里

太平砦　北至州一百三十二里

羅大砦　在建始縣界北至縣四百七十三里

支土隘　在建始縣界北至界二百七十里

羈縻州三十五

咸平中轉運使丁謂招撫蠻人每有誠諭並令歃血
　為盟置鐵柱以誌其事條制甚多蠻酋三十人悉
　　補砦將
西高州夜郎郡古山獠夜郎國之地漢牂牁都尉居之
唐蒙自僰道抵牂牁江即此地舊名珍州蠻酋田氏
世襲乾德中改今名北至尖木砦五日程祥符初五
團蠻嘯聚攻高州欲令暗利砦出兵援之真宗以蠻
夷相攻不許

富州蠻酋向氏世襲刺史天禧初向通漢來朝官至五
溪十洞都防禦使
　順州　奉化州　天賜州
黔州治彭水縣古蠻夷地春秋庸人率群蠻叛即其地
秦置黔中郡五溪蠻之西界也五溪謂酉辰巫武沅
也永嘉後沒入蠻夷二百五十年偽蜀移黔南奇治
涪州本朝理黔州管黔內思南費溱夷播六州東與施溪
錦將五州隔一高嶺其西南榛高州與瀘州接境又有羈縻州數十其十州

山村砦　在縣東二程
鹿角砦　在縣東七程
社營砦　在縣東四程
葥田砦　在縣東四程
吉水砦　在縣東五程
蠻家砦　在縣東五程
木欄砦　在縣東一程
洛水砦　在縣東六程

潛魚砦　在縣東七程
虎眼砦　在縣東三程
木孔砦　在縣東一程
六堡砦　在縣東北一程
相陽砦　在縣東三程祥符中重立有砦主以管軍
　而兼土丁守把
土溪砦　在縣東北一程
東流砦　在縣東北兩程

有名得通朝貢並夷獠部落置砦三十二守之管土軍三千四百人東至南州四百里西至涪州界四百四十里南至夷州界五百九十一里北至忠州二百四十三里西北至涪州界四十二里東南至思州界二百二十里西南行二十九日至南寧州接雲南昆明部落

黔江縣管砦二十九

白石砦　在縣東一程併與洛長至兩砦為一砦把扼

馬欄砦　在縣東一程半

白水砦　在縣西四程

佐水砦　在縣東二程併合蓬重王兩砦為一砦把扼

永安砦　在縣東三程明道中重修

安樂砦　在縣東三程

雙洪砦　在縣東四程

李昌砦　在縣東北一程

石柱砦　在縣東南一程

高望砦　在縣東南一程

石門砦　在縣東南一程

萬就砦　在縣東南一程

小溪砦　在縣東南五程

僕射砦　在縣東南二程

彭水縣管砦三

雜溪砦　在縣東三程

小洞野林橋隘砦　在縣西一程

界山砦　在縣東四程

羈縻州西南漢牂牁郡地唐置費珍莊琰播郎牂牁夷等諸州今謂之黔內者六謂之羈縻者十皆以黔州控扼之其領都者或以土豪或補以牙職而一方帖然此本朝規制之得也

黔內州六

思南費溱以黔州牙職典州事租稅貢奉夷播二州土人世襲

思州隋巴東之務州縣也唐置務州改為思州當牂牁要路以招慰生獠西北至州三百五十里管義軍一千四百二十二人

南州南川郡木夔溪生獠唐招慰之以置郡尤為高險東至渝州西至黔州四百里南至溱州三百五十里東北自合龍川路至州千里

費州涪川郡因費水為名隋志曰九郎之外有費州是也唐貞觀中分黔州涪川縣置招慰生獠州之南即廣南溪洞界西入西南番路北至州七百五十里

溱州溱溪郡即唐初開拓南蠻因置州即夜郎地東至州五百五十里東至州水路千一百里西至瀘州七百六十里西南興元府城固縣界

夷州綏陽郡本牂牁地荆州之外歷代不臣附隋置夜州唐置夷州于寧夷縣領夜郎等縣古徼外蠻夷也

播州播川郡即秦夜郎苴蘭二郡西南隅之地貞觀中置郡于播川東北至州八百一十里

羈縻州十

充州夜郎侯邑也牂牁八郡在夜郎之西司馬相如開之至牂牁州百五十里

牂州牂牁郡五代志曰牂牁之地宜州之西陸行四十五日程東辰州二千四百里南交州一千五百里西昆明九百里無城郭散居村落稻皆熟征戰時乃相聚

莊州楚威王時莊蹻將甲士入牂牁地討平之置州以莊為名

蔣州龍溪郡至牂牁百里又五十里至健州

健州東北至牂牁州百里西南至莊州五十里又有里至挂蒲關

南寧州本清溪鎮東北至黔州二十九日程西南八日程至羅殿王部落接雲南界地出名馬產寶貨隋嘗

令史萬歲討平之

琬州　清州　矩州　蠻州

雲安軍軍城漢朐䏰縣地今縣西萬户故城是也地有

鹽井之利蠻夷雜居本朝始建為軍置三砦守之焉

東至夔州百三十里西至萬州百四十二里南至施

州城二百七十里北至大寧監四百三十六里自蜀

江水路東入夔州界一十八里西入萬州界六十里

砦三

思問砦　在縣南二百里

南平砦　在縣南二百里

挼文砦　在縣南一百里

已上並本朝咸平置

武經總要前集卷十九

欽定四庫全書　子部

武經總要前集卷二十

詳校官編修臣程嘉謨

總校官候補中允臣王燕緒

校對官編修　臣王天禄

謄錄監生　臣范準

欽定四庫全書

武經總要前集卷二十

宋 曾公亮等 撰

荆湖路

荆湖兩路皆天文翼軫之分春秋楚地秦之長沙黔中南郡悉其郡境東界鄂渚西接溪洞南抵五嶺北連漢沔其人多勁悍決勇於私鬬自南郡夷陵瀘溪辰陽諸郡蕃雜蠻夷散處山谷其外又有羈縻州縣歲時修貢間侵邊境朝廷據要害戍守凡典城領兵馬者並擇武幹以充其任其澧辰峽澤金邵永州仍募土丁置砦將與官軍雜戍界上

荆湖北路

江陵府南郡禹貢之荆州漢初領南蠻校尉晉為南平郡居江左上流外控蠻蜑土地遼郡至南朝皆擇重臣守之唐初為都總管府上元中加荆南節度領澧峽夔萬歸等州本朝改今名其地東至復州二百二十里東北至荆門州軍百九十里西至峽州三百有五十里南至澧州二百七十里今置荆湖北路兵馬都督鈐轄已下兵管領鄂金辰鼎等十三州軍以府為其治所其捍邊寇者澧鼎而下五州焉本路置兵及朝廷所遣禁旅更戍外又領義軍土丁一萬九千四百六十有三人

澧州天門郡漢屬荆州吳分武陵西界立郡曰天門隋改為澧州在澧水之北今與辰鼎二州並為極邊分控羈縻州數十州境置十砦東至岳州水路七百里西至蠻界溪州水陸一千里南至鼎州一百八十里西南至辰州六百七十里北至江陵府三百里

砦十

伏求砦 舊城砦也東至州九十里咸平中置

石門縣砦 漢屬武陵郡吳為天馬郡隋平陳為石門縣本朝咸平中置砦東至州百里南慈利砦

慈利縣砦 漢零陽縣隋改今名天禧中置砦東至

於州水行二百四十六里西至武口砦接黔州界十
有餘里南至辰州辰陽縣界三百三十里東北靈溪
砦
靈溪砦　捍高州蠻界咸平中置西北慈利砦北爲
石門砦
臺宜砦　舊砦也天聖中移置東至州水路四百七
十里七日程
索口砦　天禧中置在慈利縣境東至六日程東北

接臺宜砦西南西牛砦南澧川砦西北安福砦
澧川砦　祥符中置在慈利界正控溪洞之口東至
本州九日程
西牛砦　天禧中置東至州十日程
武口砦　在慈利縣界正控溪洞與澧川砦同置東
北至州十日程西東下溪州二百三十里西接高州
之茨𡚁界砦城三面控武溪口
安福砦　天禧中置深在蠻境控没底溪惡石溪二

大水東至州十四日程東南索口砦東北施州羅大
砦
鼎州武陵郡隆興二年升爲常德府　秦使白起畧取蠻夷置黔中
郡後司馬錯立城據此以扼五溪之要有壺頭山天
門山後漢五陵蠻叛伏波將軍討破於臨沅即此地
隋置郎州本朝改今名東至岳州華容縣界三百五
十里西至辰州辰陽縣界二百四十六里南至潭州
益陽縣界一百六十五里北至澧州澧縣界九十里

管砦
砦四
董石砦　東南至州一百二十里
白塼砦　東南至州一百七十里
湯口砦　東南至州二百二十里
桃源砦　砦城本武陵縣地乾道中析其西境置以
屯兵戍之東至州六十里
溪洞州在辰鼎澧三州之界外皆盤瓠遺種世爲邊寇

討之則負固自守事久則勞人煩費故前代皆烏獸
畜之款附則受而不逆反叛則弃而不追唐季承亂
遂自立州縣建為刺史晉天福中馬希範守湖南溪
州酋彭士愁等以溪錦獎三州歸馬氏立銅柱為界
本朝因而撫之太宗時溪錦叙富四州蠻相率詣辰
州願比內郡民輸租稅詔本道案山川地形以圖來
獻卒不許之此聖王深維遠覽之至也惟設溪洞諸
州賜以印綬羈縻不絕故屯戍之兵差減前世今管

溪洞南北西江五十六州北江州三十六

北江州三十六

上溪州為古靈溪郡分辰州大鄉縣置州東至辰州三百六十里西至黔南五百里南至錦州五百六十里

下溪州自澧州武口砦過生羊峽設木梯到馬騌嶺渡江至州天禧中知辰州錢絳嶺兵至城下焚其砦柵

忠彭州　來化州　南州　謂州

永順州　溪寧州　感化州　溶州

徠州慶歷中改為賜州　溪監州　新府州

永州　順州　保信州　古州

萬州　遠州　費州慶歷中改為天賜州東至獎州六百里

奉州　襄州　許賜州　越州

寧化州　向化州　歸明州　新定州

歸信州　保安州　順現州　保福州

永安州　新化州　遠富州　新賜州

南江州二十

富州有刺史並兼都巡檢使因本州向通漢上言五溪十洞控西夷之地為辰州墻壁故加是名天禧中求納土彊不許

懿州始湖南馬希範以叙州潭陽縣為州古州也

叙州在秦為黔中漢武陽地在武水之陽唐貞觀中分辰州之龍標縣置巫州東至辰州五百三十里南至融州一千五百里西至古州二千一百里北至辰州五

百里

元州　鶴州今為西高州　雲州

硤州　黔州　衡州

繡州　波州　顯州

晃州

奬州古盧陽郡唐垂拱中分麻陽縣并開山洞置州西南至費州六百里龍溪郡北至錦州一百五十里

錦州之東至辰州三百五十里唐垂拱分辰州開山洞

乃於麻陽縣界置州北至溪州五百六十里

保勝州　允州　冷州

錦州

辰州治沅陵縣古蠻夷地秦置黔中郡漢曰辰陽在辰水之陽縣西故城是也馬援征蠻壺頭山頭度巂至臨沅即此地唐初為辰州尋升都督府又為盧溪郡在牂牁東界置十九砦控之守郡者兼溪洞巡檢使東至鼎州四百六十里南邵州界五百二十里西南至溪州三百八十里自石門洞縁崮水行西南至敘州三百二十里按皇華四達記二百四十里即敘州界十里又一百二十里至蔣州又一百八十里至允州又百里至牂州又五十里至倸州又五十里至吐州北至澧州七百五十里西北溪州百八十八里

砦十九

盧溪砦　在州西南一百三十里招諭縣北盧溪縣河口因縣城置砦縣西有武陵水路入蠻界祥符中有轉運使言盧溪慢水等砦最為衝要只以木為砦

之城因請版築從之舊有石洞砦深在蠻界不當要衝路無所控扼遂毁有事許馳報盧南溪砦

慢水砦　在州東三百里

敘浦砦　漢義陽縣也因縣城置砦控敘浦江口東北至州西南至富州界

新興砦　在州北百里西北至下溪界自深源水路而入

招諭砦　因縣城為砦下枕辰溪在州西南一百四

十五里西麻陽縣砦東麻陽砦南龍門砦北狤獠洞
西溪砦　在州西七十里西北狤獠洞北盧溪界狤獠團至盤瓠崖
落鶴砦　在州西北五十里西盧溪界入經團又西北至狤獠洞
東亭砦　在州東三百里控東亭溪口
江口砦　東西南招諭砦南龍葦洞砦城三面控溪水口以盧溪砦主領之

烏速砦　在前西北五十里南烏速洞口北落鶴砦之城在西溪上
黔陽砦　在州西六十里西南溪堡蠻砦城控黔溪與西溪二口
銅安砦　在州西南二百五十里東富州桃溪路西至富峽三川界
麻陽砦　東招諭縣西北錦州以縣城為之控馬爺溪一路蠻洞

龍門砦　在州西南二百八十里東大苗洞西富州地界
騾子砦　在州六十里北溪州界砦城居西溪上
詩人砦
招人砦　在州東北二百五十里
黄頭砦　在州東北四十里
金溪砦　在州西北五十里
峽州治夷陵縣漢屬南郡有夷陵山在西北因以為名

控川峽水路頗為險要孫權時尤重號為西門廣武德中置州治抗故壘其地兼扼蠻獠置八砦守之東至江陵三百五十里西至歸州二百里南至江陵府水路三百三十里北至襄州五百七十里西南至施州七百里
砦八
新安砦　在州西南一百六十里
長陽砦　在州西九十里

麻溪砦　在州西一百三十五里

漢流砦　在州西南二百二十里

巴上砦　在州西南一百八十里

長阜砦　在州西南二百二十里

魚羊砦　在州西南三百一十七里

梅子埡砦　在州西南三百四十里

荆湖南路

潭州長沙郡古三苗國秦置長沙郡以統相川南通嶺

嶠控帶溪洞歷代號為重鎮隋建州唐初為都督府尋置觀察團練使督湘中七都本朝領武安節度其地東至袁州界二百五十里北至岳州二百七十里南至邵州四百七十里西至鼎州三百七十里南至衡州五百里令置荆湖南路兵馬鈐轄以下兵官州為治所領八州監其捍溪洞者譚及全邵衡永道桂陽而已凡朝廷置州兵及遣兵更戍外更領土軍弩手義軍土丁五千一百五十八人

砦一

寧鄉縣七星砦　在寧鄉地控梅山洞口太平興國中始置以制蠻獠

全州治清湘縣南扼邕桂之路晉天福中馬希範奏置州西帶溪洞設峽口七砦禦之管土丁弩手四百人咸平中知州錢絳請招誘溪洞酋豪真宗曰西南蠻惟全州一境久已安靜不必以虛名生事不許東至永州百三十里西至桂州二百五十里西南溪洞至

叙州水陸六百八十里北至邵州三百三十里

砦七

全西溪洞有粟氏率常殺掠吏民雍熙中置五砦禦之不能止知州柳開遣以衣帽等物招諭粟氏五酋長俱出聽命皆補全州上命作時鑑一篇刻石誡之至今服從

峽江砦　在羊狀洞口東至州三十里

香煙砦　南至禄唐砦三十五里北至石家源五里

羊狀砦　南至峽口砦二十里西南至小洞二十里
磨石砦　南至桂州大同府十五里北至護源砦四十里
獲源砦　南至磨石砦四十里北至峽砦四十里
長烏砦　南至峽口砦四十里北至香煙砦四十五里
禄塘砦　南至長烏砦十里北至香煙砦三十五里
自七砦之外又有洞源路口十六皆夷獠出入路界

也故以諸砦兵遊徼遣土兵丁弓弩手防扼之
大藏源口　南至香煙砦五里北過山嶺通永州垣源砦
石家源口　西入洞路通邵武州崗縣南至香煙砦十五里
横溪源口　南至禄塘砦三十里北至香煙砦五里
紫溪源口　南至禄塘砦三十五里北至香煙砦十五里

古毋洞口　南至禄塘砦十五里北至香煙砦二十五里
哥洞口　南至長烏砦十五里北至香煙砦三十五里
雄江源口　東至長烏砦五里北至禄塘砦十五里
栗村源口　南至峽口砦二十里北至長烏砦二十五里
驛馬源口　南至郎源口五里在羊狀砦背山外

郎源口　南至羊狀砦三里北至驛馬源五里
包源口　東北至羊狀砦二十里
高良源口　南至獲源砦二十里北至峽口砦二十五里
獲源洞口　東至獲砦五里南至耿峽源十里
耿峽源口　南至北石砦三里北至獲源砦十里
西廷洞口　入洞西北陽田黄沙鎮約八十里又北至大木砦約三十五里又至官洞約二十里並山溪

路

孤留洞口　南至桂州界十五里北至磨石砦五里

邵州治邵陽縣吳分零陵郡北部立邵陵兼置郡以理

之湘南有梅山洞連數州界開寶中江左用兵乘間寇

武山岡暨太宗初年鈔盜不止命將討平置十五砦守

之管上丁弩手一千三百二十四人東至潭州五百三

十五里西至蠻界誠州一千一十里南至永州二百六

十里北至辰州六百五十里

砦十五

武岡縣砦　即舊城置砦控海山洞口開寶太平興

國中有梅山洞左甲首右甲首寇砦城發譚州兵平

之

真田砦　在州西北一百五十里

白沙砦　在州北一百二十五里

水竹砦　在州北一百一十五里

界崗砦　在州東北八十里

玉堂砦　在武崗縣界北至縣九十里

羅尾砦　在武崗縣界北至縣一百一十五里

盆溪砦　在武崗縣界北東至縣五十里

塘兜砦　在武崗縣界東至縣六十五里

古限砦　在武崗縣界東至縣五十五里

查木砦　在武崗縣界東至縣六十五里

新興砦　在武崗縣界南至縣五十五里

安定砦　在武崗縣界南至縣七十里

三門砦　在武崗縣界南至縣一百四十里

峽口砦　在武崗縣界南至縣九十里

永州零陵郡戰國時楚之南境後漢書云地多下濕築

土城多壞編木以為城唐初置州去湘水八里控溪洞

之要置三砦守之管土丁二千六百二十八人東至桂陽

監一百二十里至邵州一百六十里南至道州百五十

里北至衡州百三十里

砦三

東安砦　在東安縣界三十里五代馬氏置東安場
至本朝升為縣天聖中置砦
零陵縣砦　即今零陵縣也去州一百里天聖中置
樂山砦　砦在祁陽縣地名樂山鎮控鎮方山徑賊
之來路
衡州衡陽郡隋置以衡山為名東至吉州永興縣界三
百里西至邵州邵陽縣界一百三十里南至桂縣界一
百九十里北至潭州湘陽縣界九十二里蠻徭錯居山

谷間慶歷中置二砦守之
砦二
懷遠砦　在常寧山中夾控漿中白水洞蠻徭嘯聚
之所也接衡道永三州桂陽監界慶歷中度地形便
利乃剗山為城又控太平浮竹等九洞詔以懷遠為
之名至衡州常寧縣一日程
泉石砦　在常寧縣地慶歷中築地名泉水嶺山林
紛延袤數百里接衡永道桂陽監九疑山衡山界舊
日皆山徑耕鑿自給近與亡命嘯聚因討平建砦與
同冷石源大泉觀村樂山砦分控山之口
道州江華郡春秋楚地秦漢以下或隷長沙或入荆州
唐為道州地與溪洞相接東至桂陽監一百四十四里
西至昭州三百一十里南至賀州二百五十里北至永
州一百五十里
砦二
冷石源砦　在區分容冷石泉

桂陽監漢為桂陽郡今為桂陽軍　在桂陽洞之南唐桂陽監
地與溪洞相接東至郴州六十五里南至連州二百三
十里西至道州百七十里北至衡州三百里
砦一
大泉觀砦　在平陽縣地名大泉觀村控安樂佛節
及大泉羅塘四山口
廣南路
廣南東西路本荆楊二州之城天文牽牛織女之分春

秋百粵地後屬楚秦取百粵增置南海桂林象郡自漢
武破滅南粵入海得大州分置諸郡皆其地也東南濱
大海西控夷洞北限五領人性輕悍好相摽殺多結讐
怨漢世朱崖數反叛朝議弃之唐置五營屯兵命使領
之故嶺南經畧使綏靜夷獠統經界清海二軍桂容邕
南四經畧使以重其備禦唐末曲承美據交趾劉隱據
南海本朝平僭竊始復被聲教迄今並建四鎮以為禦
之諸州自内遣戍兵外又置澄海戰兵而儋崖萬安州

地狹户少常以瓊管牙校典治安南數郡土壤遐僻山
海深險尤多瘴毒故但羈縻不絶而已

廣南東路

廣州南海郡即古百粵也皆蠻蜑所居自漢以後遂入
為郡縣唐為清海軍節度本朝平劉鋹復建方鎮為一
大都會提舉十六州兵甲盜賊控海外諸國有市舶之
利焉蕃漢雜處命王師出戍置巡海水師營壘在海之
東西二口闊二百八十丈至屯門山二百里治舠魚入
海戰艦其地東南至大海四十里東至惠州四百二
十里西至端州二百四十里南至恩州七百五十里
北至韶州二百五十里東南海路四百里至屯門山
二十里皆水淺日可行五十里計二百里從屯門
山用東風西南行七日至九乳螺州又三日至不勞
山在螺州國界又南三百里至陵山東有甜水其西南至大
食佛師子天竺諸國不可計程太平興國中朝廷遣
三將兵伐交州由此州水路進師今置廣南東路兵

馬鈐轄以州為治所

廣南西路

桂州始安郡紹興三年升為靜江府秦桂林郡唐置總管府為大
都督府又領桂管經畧軍使乾元中為桂州東至韶州
計二百六十里西至柳州四百七十里南至蒙州三百
有四十六里北至全州二百五十二里本朝為靜江軍
路節度本路置兵馬鈐轄以州為治所領二十九州其
屬宜融二州西捍蠻徼邕欽廉三州南控交趾雷容二

州南控海路瓊州臨制海外焉
宜州龍水郡唐乾封中以桂管溪洞地置宜州控交趾
昆明等十五部嶺南要害今置五砦控守管羈縻十
八州知軍州者兼領溪洞廵檢使淳化中朝廷又以
琳州為懷遠軍環州鎮寧州金城州智州並立城砦
加兵戍守或置以牙職焉其地東至梛州三百里西
北至大山無徑路西南至冊州三百里南至芝忻州
百里北至融州羅城縣界六十五里

砦五
天河砦　南至州百里北融州安箱砦西德謹砦其
西北控安化州蠻界
思立砦　東至州七十五里西環州七十五里南至
懷安軍北安化州化遐鎮
普義砦　東至州一百八十五里西富人監北安化
州
帶溪砦　東至州一百七十里西北鎮寧州北安化
州南環州
德謹砦　東至州百五十里西南思立砦西安化州
羈縻州三十八
州境悉蠻夷故地西南昆明羅殿王國北牁牂部落自
餘溪洞綿亘十餘里風壤溫濕加之瘴癘即其土人
建立郡縣有時貢無地租領州者多許夷人世襲
芝忻州唐忻城郡地水土最遠惡在州南一百四十二
里東至述昆州界二十里西至紆州界二十五里南

至賓州十五里東至象州界三十里西至芝忻州界
十五里南至國恩州七十里北至象州界六十五里
歸恩州　在州南二百五十里東至梛州界十五里西
至紆州界二十五里南至象州界三十五里北至梛
州界二十五里
蕃州　在州西南四十五里東至龍水縣界一十里西
至龍水縣界二十里南至芝忻州界十五里北至龍
水縣界一十里

述昆州　在州西南一百二十二里東至龍水縣三十八里西至智州界二百里南至富安監界三十里北至金城州界一百一十里

環州唐貞觀中李洪節開拓生獠置州以環國為名在州西一百三十五里東至懷遠軍界五十二里北至金城州界三十里南至懷遠軍界六十里北至安化軍一百餘里

鎮寧州　在州北二百二十一里東至懷州界六十里

西至山無路南亦無路西南界一百里

金城州　在州西一百六十里東至懷安軍界二十七里西至智州界十三里南至述昆州界三十里北至懷州界五十里

智州在州西二百一十五里東至金城州界四十二里西至富仁監界七十五里界南至述昆州三十里北至金城州界八里

文州在州西七百二十里

蘭州在州西六百五十里

安化州　在州西北百八十里本撫水州唐隷黔南在宜州南有四縣曰撫水京水多逢古勞保聚山險祥符中屢為抄寇朝廷以南蠻異類收剿不足以勤絶又以其道隘險難進師第令因而撫之宣言其兵過惡嶺入黃泥嶺賊依篁竹間時出戰鬬遂破之焚其廬舍皆面縛詣軍願遷漢地者七百餘口分置廣西荆湖間改為安化州撫其餘種令蠻分為上中下三

州

南丹州溪洞之別種也與管下金州接界太宗朝以蠻夷之俗羈縻而已許世襲知州莫進巡者祥符中因撫水蠻反詔進巡約勒溪洞不從誘脅明年平撫水州並以勞進秩

泉州温泉郡秦留郡地今以牙職領之西北至州百里

思順州西北至州九十里嘗以蠻首主之

懷遠州在州西三十二里本溪洞林州控龍江水口天

聖中移置西至金城州一百三十里南濟江至述昆
州六十里東至州三十二里
富安監在州西二百九十五里東至三寶山一里西至
文州界清水界五里南至智州富力縣界五里北至
南丹州白坑二里
融州融水郡在牂牁東南隋始安郡之義熙縣也唐初
平蕭銑置州地控溪洞置三砦以兵戍之東至柳州
落容縣界三百一十里西至宜州東零縣界二百里

南至柳州柳城縣界一百七十九里西北至古州水
路八百里南至宜州三百五十里北至敘州一千六
百里
砦三
安廂砦　東至州百二十里南陸路至宜州天河砦
其北陸路至安化州界本武陽郡地淳化中析為安
廂砦至景德中置接安化一帶蠻界東北武陽郡砦
樂善砦　即古牂牁縣地東至州西南安化西北控

安化一帶蠻界
武陽砦　邕州永寧郡古駱越州地北有鬱江出牂
牁唐初為邕州都督府長慶後刺史充邕管經略
使咸通中分置嶺南西道節度本朝建武軍節度
東至橫州永定縣二百九十二里水路至溪洞蠻
州三百四十里西至田州六百四十里南至瀼州
二百八十里北至澄州二百七十里南至交州界
七百里舊至交趾水路隘險巨石梗塗高駢在安

南鑿開迄今舟楫無滯東南至欽州界三百三十
里西北至恩州二百七十里嶺嶠之外土地遼曠
管左右西江羈縻州縣洞總三十六南控交趾治
甲洞夷人西至馬援銅柱南蠻界盡西南要害之
地置四砦守之今知州兼溪洞都巡檢提舉七州
兵甲賊盜
砦四
太平砦　在左江南岸南控思藍蠻洞右江地分

東至州十日程西廣源州二日程西南門外州水口
南鏄洞口一日程西北平州北砦西州界
遷龍砦　控武盈洞一帶蠻界東至州四日程西則
思明州北江州南思州接欽州抵掉鋪入交趾蘓武
州界並一日程
永平砦　東至州西南交趾甲洞册波界並一日程
南平砦　東至州西南交趾十二程西至平州西南
至徼外洞蠻溪界

羈縻州三十
州境跨邕州三面分左右江皆蠻夷所居太平興國中
左江十溪洞首領獻款内附因隸入邕州其地鳥許
蠻之舊最難服屬朝廷得控禦之策惟城要害置屯
戍來則通之去則備之羈縻而已故不為邊患焉
鵜州南至州九日程本洞監州本朝太平興國中改為
鵜州令廢
思成州南至州八日程

禄州東北至州十一程東南至交趾蘓武州南册波蠻
界西甲洞蠻界正西微南至銅柱界端拱中交州所
管蘓武州以鄉兵五千寇禄州擊退
武籠州東南至州十日程
田州東南至州五百五十一程東至横山砦東南古甑
洞西北徼外擁鵜洞蠻界
思恩州東南至州六百里
思陵州東南至州九日程

萬承州東南至州六日程
左州東南至州九日程
凍州北徼外推鵜洞東南至州十二程
龍州貞觀十二年清平公李節招慰生蠻置州南古甑
洞東南至州十日程北古甑洞都控洞西羅緋洞
波州東南至州六日程北若洞龍英洞畢寧洞
西平州東南至州十二日程東南至平故砦西北門州
水口北至七源州南至甲洞蠻夷界

上凍州南下凍州北至武德洞接外界廣源州及銅柱
界東南至州十三日程
武義州今邕州武緣縣地天寳年改為武義州
忠州東至州三日程
右西州東至州八日程　廣源州東北至州四日程
上思州東北至州四日程昆明州東北至州七日程
歸思州東至州七日程　思明州至州七日程
歸樂州西至蕃州二日程　萬德州至州十日程

富勞州舊田州管下　婪鳳州舊田州管下
功饒州舊田州管下
七源州東至州十二程太平興國中率十洞首領内附
輸税授官爵
獖武州東北至州十三日程南至海北古萬洞西北祿
州西丹波東伏佀洞州之間又有十七洞一曰龍英
二曰寧畢三曰都控四曰門增五曰聳洞六曰武德
七曰羅緋八曰武盈九曰古甑十曰鐏洞十一曰憑
祥十二曰萬古十三曰思藍十四曰伏佀十五曰卓
洞十六曰古甑十七曰擁鵝
交趾路自州西南陸行取馬援路至瀼州二百七十里
又二百四里至祿州又二百至交州天寶以陸行凡二
十驛一説南渡欝江西南行經羈縻五州至交州約六
百里安南城西至愛州界小黄河口四百六十里南至
常州界靖江鎮百五十里西北至峯州界論江口水路
百五十里東至朱鳶界小黄河界五百五十里北至武

定江二百五十里太平興國中伐交州命蘭州團練使
孫全興師三將兵由邕州路進師
欽州寧越郡漢合浦縣梁置州唐初置總管府本朝移
治南賓縣州臨漲海又有如洪咄步如昔三鎮皆瀕
海與交州密邇置六戍守東至嚴州四百里西至瀼
州五十八里南大海楊帆一日至西南岸即交州朝
陽鎮西南至陸州七百四十里
砦鋪四

咄步砦　南至州四十五里南即咄步水口入海路
以至交阯朝陽鎮兼陸行拒交阯管下蘇武州玉山
砦及如昔帖浪等洞今已廢
抵掉軍鋪　南即抵掉水口入海至交阯朝陽陸路
則捍交州管下蘇武州永安州玉山砦如昔帖浪等
四洞其東至如洪水口西邕州界伏侶洞接交州界
如洪鎮　鎮城舊為砦有戍兵天禧中廢近交阯蘇武
州界接洪水口入海至交阯朝陽鎮水路端拱中交

阯戰艦一百艘至鎮掠居民刼廪食而去
如昔軍鋪　本如昔洞地在安遠縣界東北至縣一百
三十里東至州西邕州界接交阯蘇武州
廉州合浦郡漢所置吳改珠官宋兼置臨瘴郡及越州
領郡三並治於此時西江督護陳伯紹為刺史始立
州穿土為城威服獠唐置廉州地界控海口有瘴
江置二砦守之東至白州百二十里西至欽州三十
里南至大海六十里北至欽州百四十里東南西南
皆大海東北白州二百六十里
砦二
鹿井砦　在州西南控象鼻渉大水口入海通交州
之水路
三村砦　在州東南控寳蛤灣至海口水路東南則
轉海至雷州遞角場
海路州西南邊海有譚家水口黄標水口藏涌水口西
陽水口大灣水口大停水口並入海之路

雷州海康軍漢屬合浦縣梁置合州後以合肥為合州
因加南字唐為雷州控入海水路東至海三十里西
至海一百五十里南至海一百七十里北至化州一
百六十里
海路從海州東北陸行二十五里抵譚源泛海入羅場
接吳州縣從通江水從吳川上水至化州三日程自
化州下水至海州四日程從州東至海三十里渡海
抵化州界地名㟴州入思廣州通江浙福建等路從

州東南陸行一百四十五里抵海至諸蕃國從州南陸行一百七十四里至遞角場抵南海即瓊州對岸泛海一程可至瓊州從州西陸行一百五十里從海水路至安南諸蕃國從州西北陸行至成月驛兩程至化州吳川縣界舊從廉渌場陸行至廉州六程有海湧共六處水口

容州晉寧郡古越地宋南留郡唐平蕭銑置銅州尋改容州置經略軍使兵千人鬼門關距州南五十里交

趾海路由此本朝為寧遠軍節度管一路九州兵甲賊盜東至滕州九十九里南至儀州五十八里

瓊州瓊山郡海中之州也其地方千里編戶泊黎人所居漢武宋置朱崖儋耳二郡盡其境元帝納賈捐之議棄之唐憲宗朝瓊管六州六十二洞歸順復置刺史治之今知州兼瓊管一路轉運使及兵甲盜賊東至海一百二十里西北至儋州一百八十里南至萬安州界七日程北至海一十里

黎洞雜瓊管舊地在大海南北對雷州岸泛海舟至其地有黎母山黎人居焉今澹崖萬安皆以黎為境其服屬州縣者為熟黎其居山洞無行徑者為生黎亦時於郡人互市焉

論曰蠻夷諸種惟其內屬之國則皆列為郡縣有酋長頗同齊人其餘類無君長隨溪谷羣處有採捕而無賦役則曰莫徭錯居山谷間者則曰夷人獠人黎人瀕海而居者則曰蜑戶其名不可勝紀皆依岾嵓

險居篁竹之間鑿山谷種火雜射獵為食然天性喜寇盜稍窮則相攻奪甚則至侵犯邊民祥符中萬安州言黎洞人互相殺傷巡檢使臣深入誅捕王卒有戰傷者真宗曰朕累有宣諭蠻夷相攻止令和斷不得擅發兵甲致其不寧當令禁止之蓋聖主之愛民也不以不居之地不教之俗反勞散中國之衆也是以前代遇四夷率羈縻而不屬其反覆者備之而已不討其罪其侵軼者驅之而已不報其怨先帝戒吏

正謂此馬苟謹守勿生事則邊患亦鮮矣凡湖湘夔峽三路邊州義軍土丁三萬九百八十人以守諸砦命土人總領以代王師之戍者不給賦役不資饋餉習其風土故罕嬰瘴毒知其溪谷故可制狡獪仍置都指揮使軍將指揮使副指揮使兵馬使都頭副都頭以下戎級以部勒之有分番代更之制有叙功廷補之列施之裔夷正得禦策其廣南及戎瀘雅三路不置故不書

武經總要前集卷二十

四庫全書選刊　文津閣本

兵典

第二册

廣陵書社

目録

欽定四庫全書

子部

武經總要後集卷一

詳校官編修臣程嘉謨

總校官候補知府臣葉佩蓀

校對官中書臣王照

謄錄監生臣陳夢龍

武經總要後集卷一

宋 曾公亮等 撰

故事一

上兵伐謀

前漢韓信擊破楚將龍且遂平齊使人言於漢王曰齊誇詐多變反覆之國南邊楚不為假王以鎮之其勢不定今權輕不足以安之臣請自立為假王當是時楚方急圍漢王於滎陽使者至發書漢王大怒罵曰吾困於此旦暮望而來佐我也乃欲自立為王張良陳平伏後躡漢王足因附耳語曰漢方不利寧能禁信之自王乎不如因而立之使自為守不然變生漢王亦悟因復罵曰大丈夫定行使即為真王耳何以假為遣張良立信為齊王名其兵使擊楚

高帝時人有上書告楚王韓信反高帝問諸將諸將曰亟發兵坑豎子耳帝默然以問陳平平固辭謝曰諸

將云何工具告之平曰人之上書言信反人有聞知者乎曰未有平曰信知之乎曰弗知平曰陛下兵精孰與楚王曰不能過也平曰陛下將用兵有能敵韓信者乎上曰莫及也平曰竊為陛下危之上曰為之柰何平曰古者天子巡狩會諸侯南方有夢澤陛下弟出偽遊雲夢會諸侯於陳陳楚之西界信聞天子出遊其勢必郊迎謁而陛下因擒之特一力士之事耳高帝以為然乃發使告諸侯會陳吾將南遊雲夢

上因隨以行行至陳楚王信果郊迎道中高帝預具武士見信即執縛之

唐馮行襲武當人僖宗在蜀有賊首孫喜者聚徒數千人欲入武當刺史呂燁惶駭無策行襲伏勇士於江南乘小舟迎喜謂喜曰郡人今得良牧衆心歸矣但緣兵多民懼虜掠若駐軍江北領肘腋以赴之使某前導以慰安士民可立定也喜然之既渡江軍吏迎謁伏甲奮起行襲擊喜仆地援劍斬之其黨盡殪賊衆在江北者悉奔潰

本朝夏師趙保忠叛逆命李繼隆率師問罪春翰監護其軍次延州翰慮保忠遁逸即乘驛先往矯詔安撫以緩其陰計王師至翰又諷保忠以地主之禮郊迎因并驅而出保忠遂就擒

不戰屈人之師

前漢七國反周亞夫為太尉擊之因謂于上曰楚兵剽輕難與爭鋒願以梁委之絕其食道乃可制也上許

之楚方攻梁梁急請救亞夫引兵東北走昌邑深壁而守不出使輕騎絕吳楚兵後食道吳楚飢乃引而去

後漢黄霸討周建蘇茂既戰歸營賊復聚衆挑戰霸堅臥不出反饗士作樂茂雨射營中中霸前酒尊霸安坐不動軍吏曰茂已破今易擊霸曰不然茂客兵遠來糧食不足故挑戰以激一時之勝今閉營休士所謂不戰而屈人之兵也茂不得戰乃引還

魏揚州刺史毋丘儉反文欽在外為遊兵司馬宣王自將兵五六萬人渡淮進討之使諸葛誕督豫州諸軍軍從安豐進拔壽春胡遵督青徐軍出譙宋絕其歸路王基督前鋒諸軍據南頓以徐之皆堅壁勿戰儉欽欲進不得戰鬭退恐見襲不得歸計窮不得所為棄衆宵衆追儉斬之

蜀將姜維依麴山築二城聚羌胡等質逼魏境魏雍州刺史陳泰與郭淮謀所以禦之泰曰麴城雖固去蜀則險遠當須運糧羌夷維患勞役未必肯附圍而取之可不血刃拔其城雖有救山道險阻非行兵之地乃進兵討之維果自牛頭山來救泰曰兵法貴不戰而屈人之兵今絕牛頭山彼無返路遺擒必矣欲堅守不戰絕維歸路維遁去

用間

春秋時楚師伐宋九月不服將去宋楚大夫申叔時僕曰築室反耕者宋必聽命楚子從之（築室於宋分兵歸田示無去志）王從其言宋人懼使華元夜入楚師登子反之牀起之曰寡君使元以病告（兵法因其鄉人而用之必先知其左右守將謁者門者舍人之姓名因以利道之蓋元用此得自通焉矣）蓋曰弊邑易子而食析骸而爨雖然城下之盟有以國斃不能從也（寧以國斃不從城下盟）去我三十里惟命是聽子反懼與之盟而告王退三十里宋及楚平（華元若不用間謀無由得入楚軍）

春秋時楚子反命軍吏察夷傷（夷亦傷也）補卒乘（補益也）繕甲兵（繕治也）展車馬（展陳也）雞鳴而食惟命是聽（復欲戰）晉人患之苗賁皇徇曰蒐乘補卒秣馬利兵脩陣固列蓐食申禱（申重也）明日復戰乃逸楚囚（逸縱也）王聞之召子反謀穀陽豎獻飲于子反醉而不能見（穀陽子反內臣）王曰天敗楚也夫余不可以待乃宵遁

戰國鄭武公欲伐胡先以其子妻胡因問羣臣曰吾欲用兵誰可伐者大夫關期思曰胡可武公怒而戮之曰胡兄弟之國子言伐之何也胡君聞之以鄭為親已而不設備鄭人襲胡取之

燕使樂毅伐齊齊湣王出奔已而保莒城莒師長驅平齊田單東走保即墨即墨大夫出戰敗死城中相與推田單為將軍以即墨拒燕頃之燕昭王卒惠王與樂毅有隙單聞之乃縱反間於燕宣言曰齊王已死城之不拔者二也樂毅畏誅而不敢歸以伐齊為名實欲連名南面而王齊人未附故且緩攻即墨以待其事齊人所懼惟恐他將之來即墨殘矣燕王以為然使騎劫代樂毅樂毅因歸趙單又宣言曰吾惟懼

燕軍之劓所得齊卒置之前行與我戰燕人聞之如其言城中人見齊諸降者盡劓皆怒堅守惟恐見得又縱反間曰吾懼燕人掘吾城外冢墓僇辱先人燕軍盡掘壟墓燒死人即墨人從城上望見皆涕泣單又收民金得千鎰令即墨富豪遺燕將曰即墨即降願無擄掠吾族家妻妾令安堵燕將大喜許之燕軍由此益懈單乃鑿城夜縱火牛壯士鼓譟出擊燕軍大駭敗走所亡七十餘城皆服

趙奢為趙將秦伐韓軍於閼與趙王令趙奢將兵救之兵去邯鄲三十里而令軍中曰有以軍事諫者死秦軍武安西（屬魏郡在邯鄲西）秦軍鼓譟勒兵武安屋瓦盡振軍中有一人言急救武安趙奢立斬之堅壁留二十八日不行復益增壘秦間來入奢善食而遣之間以報秦將大喜曰夫去國三十里而將不行乃增壘閼與非趙地也奢既已遣秦間乃卷甲而趨之大破秦軍遂解閼與之圍而歸

范雎為秦昭王相使右庶長王齕攻韓取上黨上黨民走趙趙軍長平齕因攻趙趙使廉頗堅壁以待秦秦數挑戰趙兵不出趙王數讓之而范雎使人行千金於趙為反間曰秦之所獨畏馬服子趙括將耳廉頗且服矣趙王既怒廉頗軍多失亡軍數敗又反堅壁不敢戰及又聞秦反間之言因使趙括代廉頗將以擊秦秦聞馬服子將乃以武安軍白起為上將軍秦軍射殺趙括括臣將卒四十萬人降武安君武安乃挾詐而

盡坑殺之
王翦為秦將攻趙趙使李牧司馬尚禦之李牧數破走
秦軍殺秦將軍騎翦惡之乃遺趙王寵臣郭開等金
使為反間曰李牧司馬尚欲與秦反趙以多取封于
秦趙王疑之使趙葱及顏聚代將斬李牧廢司馬尚
後三月翦因急擊趙大敗殺趙葱虜王遷及其將顏
聚遂滅趙
前漢陳平初為漢王護軍中尉項羽圍漢王於滎陽城

漢王患之請割滎陽以西和項王弗聽平曰顧楚有
可亂者彼項王骨鯁之臣亞父鍾離眜龍且周殷之
屬不過數人耳大王能捐出萬斤金行反間間其君
臣以疑其心項王為人意忌信讒必內相誅漢因舉
兵而攻之破楚必矣漢王以為然乃出黃金四萬斤
與平恣所為不問出入平既多以金縱反間於楚軍
宣言諸鍾離眜等為項王將功多矣然終不得裂地
而王欲與漢為一以滅項氏分王其地項王果疑之

使使至漢為太牢之具舉進見楚使舉鼎俎而來即陽驚
曰吾以為亞父使乃項王使也復持去以惡草具進
楚使去肉更具惡草使歸具以報項王果大疑亞父欲急
擊下滎陽項王不信不肯聽亞父亞父聞項王疑之
乃大怒疽發背而死卒用陳平計滅楚
後漢堅鐔為大將與諸將攻洛陽而朱鮪別將守東城
者為反間私約鐔晨開上東門鐔與建議大將軍朱
祐乘朝而入與鮪大戰武庫建始殿東有太倉太倉東有武庫藏兵之所也

殺傷甚衆至旦食乃罷朱鮪遂降
魏賈詡為執金吾參太祖司空軍事太祖後與韓遂馬
超戰於渭南超等索割地以和并求任守詡以為可
魏許之太祖乃用詡謀離間超遂更相猜疑軍乃大
敗
蜀將孟達降魏遇之甚厚司馬宣王以達言行傾巧乃
以達為新城太守達與申儀有隙陰與蜀連潛圖中
國諸葛武侯惡其反復又慮其為患欲促其事乃遣

譔詐降過儀因泄其謀違遂被誅
吳陸遜為大將軍右都督鎮荆州時魏江夏太守逯式兼領兵馬深為邊患而與文聘子休宿不協遜聞知即假作荅式書云得報懇惻知與休久結嫌隙勢不兩存欲來歸附輙以密呈來書表聞選衆相迎宜潛速嚴更示定期以書置界上式兵得書以見式式惶懼遂自送其子妻于洛由是吏民不相親附式遂罷免

周魴為鄱陽太守加昭義校尉被命密求山中舊族名帥為北敵所聞知者令譎挑魏大司馬揚州牧曹休魴荅恐民帥小醜不足仗任事或漏泄不能致休乞遣親人賫牒七條以誘休且曰今使君若從皖道進屯江上魴當從對岸南歴口為應若未經到江岸可住百里上令此間民知北軍在彼即自喜也此間民非苦飢寒而甘兵戢苦於征討樂得北屬但窮困舉事不得見應尋受其禍耳如使石揚及青徐諸軍首尾相御牽綴彼兵使不得進退者則善之善也魴生於江淮長於時事見其便利百舉百捷時不再來敢布腹心休果信魴帥步騎十萬輜重滿道經來入皖魴亦合衆隨陸遜横截休休幅裂瓦解斬獲萬計魴初建密計時頻有即奉詔詰問諸事魴乃詣部郡門因下髪謝故休聞之不復疑慮事捷軍旋帝大會諸將歡酒飲酣謂魴曰君下髪戴義成孤大事君之功名當書之竹帛加裨將軍賜爵關內侯

賊帥董嗣負阻劫鈔豫章臨川普受其害吳粲唐咨嘗以三千兵攻守連月不能拔周魴表乞罷兵得以便便從事魴遣間諜授以方策誘殺嗣嗣弟怖懼詣武昌降陸遜乞出布自改為善由是數郡無復憂惕
晉衛瓘為征北大將軍都督幽州護烏桓校尉時幽并東有烏桓西有力微並為邊害瓘離間二虜遂至嫌隙於是烏桓降而力微以憂死朝廷加其功賜一子亭侯

杜預為鎮南大將軍都荆州至鎮繕兵甲耀威武乃簡精鋭襲吳西陵督張政吳之名將也據要害之地恥以無備取敗不以所喪之實告于孫皓預欲間吳邊將乃表還其所獲之衆於皓皓果召政遣武監劉憲代之故大軍臨至使其將帥移易以成傾蕩之勢

劉琨為并州刺史領匈奴中郎將劉元海時在離石相去三百里許琨力遣離間其所部雜虜降者萬餘落元海甚懼遂城蒲子而居之

李矩為冠軍將軍領河東平陽太守劉聰遣從弟暢討矩矩選勇敢千人夜掩暢營暢僅以身免先是聰使其將趙固鎮洛陽長史周振與固不協密陳固密矩之破暢也營中得聰書勅暢平矩訖過洛陽收固斬之便以振代固矩以示固固即斬振父子遂率騎一千來降矩還令守洛陽

益州牧羅尚遣將隗伯攻蜀李雄於郫城互有勝負雄乃募武都人朴泰鞭之見血使詭投羅尚欲為內應以火為期尚信之悉出精兵遣隗伯等率兵從泰擊雄雄將李驤於道設伏泰以長梯倚城而舉火伯軍見火起而爭緣梯泰又以繩擊尚軍百餘人皆斬之雄因放兵內外擊之大破尚軍此用內間之勢

後涼呂光將呂延乞伏乾歸大破之乃縱反間稱衆潰東奔成紀延信而追之司馬耿雅曰告者視高而色動必有姦計不可追延不從相遇戰敗死之

後周楊樹為太祖大行臺左丞率領徒吏為經畧於是

遣諜士誘說東魏城堡旬月之間平河南北絳建二州太寧等城並請為內應大軍因攻而拔之詔樹行正平郡事左丞如故

韋孝寬為兗州牧東魏將段琛堯傑據宜陽遣其揚州刺史牛道常扇誘邊民孝寬深患之遣諜人偽為道常與孝寬書論歸款意及魏事迹令送於琛營琛得書果疑道常其所欲經畧皆不見用孝寬知其離阻因出奇兵掩襲道常及琛等崤澠遂清後孝寬為驃

騎大將軍鎮玉壁孝寬善於撫御能得人心所遣間諜入齊者皆為盡力亦有齊人得孝寬金貨遥通書疏訪其動静朝廷皆先知時有主師許盆孝寬委以心膂齊令守戍一城盆乃以城東入孝寬怒遣諜取之俄而斬首而還其能致人情如此

韋孝寬為後周將軍北齊將斛律光在汾北孝寬忌光英勇乃作謡言令間諜漏其文于鄴曰百勝飛上天明月照長安（光字明月）又曰高山不推自摧槲木不扶自

立齊臣祖珽穆提婆與光有隙因續之曰盲老翁背上下大斧饒舌老母不得語令小兒歌之於路提婆聞之以告後主乳母陸令萱以饒舌斥己盲老翁謂祖珽也遂相與協謀以謡言啓後主誅光武帝聞之始有滅齊之意竟平其國

達奚武為東魏泰州刺史時齊神武趨究沙太祖遣武覘之武從三騎皆衣敵之衣服至日暮去營數百步下馬潛聽得其軍號因上馬歷營若警夜者有不如法者往往撻之具知敵之情狀以告太祖太祖深嘉焉遂破之

孝達為都督義州弘農等二十一州諸軍事每厚撫境外之人使為間諜敵中動静必先知之至有事泄被誅戮者亦不以為悔其得人心如此

隋陰壽為幽州總管保寧舉兵反壽討之寶寧奔于北壽班師留開府城道昂鎮之寶寧遣其子僧迦率輕騎掠城下而去尋引契丹靺鞨之衆來攻道昂苦戰

連日乃退壽患之於是重求寶寧又遣人陰間其所親任者趙世模王威等月餘世模率其衆降寶寧復走契丹為其麾下趙脩羅所殺北邊遂安

唐長孫晟為奉車都尉以突厥攝圖玷厥阿波厥利等各握强兵同寇邊晟知難以力任可易離間因上書陳突厥强弱形勢高祖皆納用乃遣太僕卿元暉出伊吾道使詣玷厥賜以狼頭纛謬為欽敬禮甚優玷厥使來引居攝圖使上反間既行果相猜貳授晟車

騎將軍將黃龍道費幣賜奚霫契丹等遣為鄉道得至處羅侯所深布腹心誘令内附三年攝圖四十萬騎自蘭州入至於周盤破達奚長孺軍更欲南入玷厥不從引兵而去

裴矩為黄門侍郎大業中以始畢可汗强盛漸生怨隙言於帝曰突厥本淳易可離間但由其内多羣胡盡皆桀黠教導之耳臣聞史蜀胡悉尤多奸計幸于始畢請誘殺之帝曰善矩因遣人告胡悉曰天子出珍

物命在邑馬欲共蕃内多作交關若前來者即得好物胡悉貪而信之始畢率其部盡驅六畜星馳爭進冀先互市矩伏兵馬邑下誘而斬之詔報始畢曰史蜀胡悉忽領部落走來云背可汗請我容納突厥既是我臣彼有背叛我當共殺今已斬之故令往報

太宗討竇建德入武牢逼其營多所傷殺凌敬進說曰宜悉兵渡河攻取懷州河陽使重將居守更率衆鳴鼓建旗踰太行入上黨先聲後實傳檄而定漸趨壺口稍駭蒲津收河東之地此策之上也行必有三利一則入無人之境師有萬全二則拓土得兵三則鄭圍自解建德將從之而世充之使長孫安世陰賫金玉啗其諸將以亂其謀衆咸進諫曰凌敬書生耳豈可與言戰乎建德從之退而謝敬曰今衆心甚亂此天贊我耳因此決戰必將大捷已依衆議不得從公言也敬固爭建德怒扶出於是悉衆進逼武牢官軍按甲挫其鋭建德中鎗竄於牛口渚車騎將軍楊武

威生獲之

劉世讓拜廣州總管將之任高祖問以備邊之策世讓對曰突厥南寇徒以馬邑為其中路耳如臣所計請於崞城置一智勇之將多儲金帛有來降者厚賞賜之數出奇兵畧其城下芟踐禾稼敗其生業不出歲餘彼當無食馬邑不足圖也高祖以無可任者乃使世讓馳驛往經畧之突厥懼其威名乃縱乃間言世讓與可汗通謀將為亂高祖不之察遂誅世讓

曹王皐大歴中鎮江西先是牙將伊慎討梁崇義摧鋒陷鋒李希烈意欲虜之慎以計遁歸皐始至動陵大集將吏得慎而壯之拔為大將繕理舟師希烈慎懼為曹王所任乃遺慎七屬之甲詐為慎書行間馬德宗遣中使郎軍以詰之皐乃抗疏論雪上章未報會賊沂江來寇皐乃召慎勉之令戰大破餘衆朝廷始信其不貳

五代梁帝以岐人堅壁不戰且慮師老意欲反旆歸河

中因密召上將數人語其事時親從指麾使高季昌獨前出抗言曰天下雄傑窺此舉者一歲矣今岐人已困願少俟之帝嘉其言因言兵法以正合以奇勝奇者勝也乘机集事必由是乎乃命季昌密募人入岐以結之尋有騎士馬景堅願應命且曰是行也必無生理願録其孥帝愯然立止其行景固請乃許之明日軍出諸砦屏匿如無人景因躍馬西走直叩岐闉詐以梁軍悉東遁為告且言列砦尚留萬餘人俟夕將遁矣宜速掩之茂貞信其言遽啓二扉悉衆來寇時諸軍已介馬待之中軍一鼓百營俱進又分遣數百騎以處其闉岐人進不能駐其趾退不能入其壘殺戮蹂踐不知其數茂貞由是喪膽但閉壘而已

用謀

春秋時楚子元為楚令尹（子元楚文王弟也）以車六百乘伐鄭入桔柣之門（桔柣鄭遠郊之門也）諸侯救鄭楚師夜遁鄭人將奔桐丘諜告曰楚幕有烏乃止（幕帳也）

欽定四庫全書

唐朱泚反將吏自賊中逊來者言泚衆携離可滅之狀會賊將姚令言僞中丞崔宣感使諜覘我軍為邏騎所得拘送於李晟晟解縛食而遣之謂之曰爾報崔宣善為賊首諸將勉力自固勿不忠于賊也

李愬討淮西舊軍令有舍賊諜者屠其家愬除其令因使厚之諜反以情告愬愬益知賊衆中虛實

覘國

春秋時子罕為宋司城（宋以武公諱司馬為司城）陽門之介夫死（陽門

宋國門甲名介夫子罕入而哭之哀晉人之覘宋者反報於晉侯曰陽門之介夫死而子罕哭之哀而民悅殆不可伐也孔子聞之曰善哉覘國乎善知其微詩云凡民有喪匍匐救之救猶助也雖微晉而已天下孰能當之微猶非也

晉與秦戰晉侯逆秦師使韓簡視師韓簡晉大夫復曰師少於我鬬士倍我公曰何故對曰出因其資謂奔梁求秦入用其寵為秦所納飢食其粟三施而無報是以來也今反擊之我怠秦奮倍猶未也公曰一夫不可狃況國乎

狃猶伏也言避秦則使伏衆遂使請戰秦伯獲晉侯以歸

晉侯將伐鄭鄭人聞有晉師使告于楚姚句耳與往句耳鄭大夫楚子救鄭司馬將中軍令尹將左右尹子辛將右公子任夫姚句先歸子駟問馬對曰其行速過險而不整速則失志不思慮也不整喪列志失列喪將何以戰楚果敗

魏無忌安釐王時為信陵君不以富貴驕人公子與魏王博而北境傳舉烽言趙寇至且入界王釋博欲召大臣謀公子曰趙王田獵耳非為寇也王大驚問公子何以知之公子曰臣之客有能探趙王陰事者趙王所為客輙以報臣臣以此知之

後魏鎮北將沓封沓亡入蠕蠕說令擊司馬楚之以絕糧運乃遣蠕蠕覘楚之軍截驢耳而去有告失驢耳者楚之曰必覘賊截之為驗耳賊將至乃伐柳為城灌水令凍城立而賊至不可攻逼不可走

後周韓果性强記兼有權畧善伺敵虛實揣知情狀有

潛匿溪谷欲為間隙者果登高望之所疑處往必有獲周是由是以果為虞候都督每從征行常領候騎晝夜巡察畧不眠寢從大將軍破稽胡於北山胡地險阻人迹罕至果進兵窮討散其種落稽胡憚果勁勇趫健號為著翅人

用敵人以為謀主

春秋時楚聲子通使于晉還如楚令尹子木與之語問晉故焉且曰晉大夫與楚孰賢對曰晉卿不如楚其

大夫則賢皆卿材也如杞梓皮革自楚往也杞梓皆木名也雖楚有材晉實用之言楚有亡臣多在晉今楚多淫刑其大夫逃死於四方而為之謀主以害楚國不可救療所謂不能也子儀之亂析公奔晉在文公十四年晉人寘諸戎車之殿以為謀主殿後軍也繞角之役晉將遁矣析公曰楚師輕挑易震蕩也若多鼓鈞聲以夜軍之鈞同其聲楚師必遁晉人從之楚師宵潰晉遂侵蔡襲沈獲其軍敗申息之師於桑隧獲申麗而還成公六年晉欒書救鄭與楚師遇于繞角

楚師還晉侵沈獲沈子復侵楚敗申息獲申麗鄭於是不敢南面楚失華夏則析公之為也雍子奔晉晉人之與鄐鄐晉邑也以為謀主彭城之役晉楚遇於靡角之谷晉將遁矣雍子發命于軍曰歸老幼反孤疾二人役歸一人簡兵蒐乘簡擇蒐閱秣馬蓐食師陳焚次次舍也焚舍亦必死明日將戰行歸者而逸楚囚欲楚知之楚師宵潰晉降彭城而歸諸宋以魚石歸楚失東夷子辛死之則雍子之為也子反與子靈爭夏姬子靈巫臣而雍害其事子反與雍害巫臣使不得取夏姬子靈奔晉晉人與之邢邢晉邑也以為謀主扞禦北狄通吳於晉教吳叛楚教之乘車射御驅侵使其子狐庸為吳行人焉吳於是伐巢取駕克棘入州來駕棘皆楚邑巢國都邑東北有棘亭楚罷於奔命至今為患則子靈之為也見成七年若敖之亂伯賁皇奔晉晉人與之苗若敖亂在宣四年苗晉邑也以為謀主鄢陵之役楚晨壓晉軍而陣晉將遁矣苗賁皇曰楚師之良在其中軍王族而已言楚之精卒惟在中軍若塞井夷竈成陳以當之塞井夷竈以為陳欒范易行以誘

之欒書時將中軍士燮佐之易行謂簡易兵備欲令貪己不復顧三穆之兵中行二郤必克二穆郤錡時將上軍中行偃佐之郤至佐新軍令此三人分良以攻二穆之兵楚子重子辛皆出於穆王故曰二穆吾乃四萃於其王族必大敗之四萃四面集攻之晉人從之楚師大敗王夷師熸夷傷也吳楚之間以火滅為熸子反死之鄭叛吳興楚失諸侯則苗賁皇之為也子木曰是皆然矣聲子曰今又有甚於此椒舉娶於申公子牟子牟得戾而亡君大夫謂椒舉汝實遣之懼而奔鄭引領南望曰庶幾赦余亦弗圖也言楚亦不以為意今在

晉矣晉人將與之邑以比叔向以舉才能比叔向也彼欲謀害
楚國豈不為患子木懼言諸王益其爵祿而復之聲
子使椒鳴逆之
唐李愬討吳元濟初賊將吳秀琳之降愬單騎至柵下
與之語親釋其縛以為衙將秀琳感恩期於效報謂
愬曰君欲破賊須得李祐某無能為也祐者賊之騎
將有膽畧守興橋柵嘗侮易官軍去來不可備愬召
其將史用誠誡之曰今祐以衆穫麥于張柴爾可以三

百騎伏傍林中又使搖於前示將焚麥者祐素易我
軍必輕而來逐耳以輕騎搏獲之用誠等如其言果
擒祐而還官軍嘗苦祐皆請殺之愬不聽解縛而客
禮之乘閒常召祐及李忠義等屏人而語或至夜分
忠義亦降將也愬致之軍中多諫愬愬益寵祐始募
敢死者三千人以為突將愬自教習之愬乃拜祐為
散兵馬使令佩刀巡警出入帳中畧無猜閒李光顔
節制陳許賊悉以精卒抗光顔於是愬乘其無備夜
以李祐率突將三千為先鋒李忠義副之愬自率中
軍三千田進誠以後軍三千殿而行初出文城柵衆
請所向愬曰東六十里至賊境曰張柴盡殺其戍卒
苦寒抱戈僵仆者道路相望川澤險夷張柴已東師
人未嘗蹈其境皆謂必不生還既至張柴諸將請所
止愬曰入蔡州取吳元濟也諸將皆失色監軍使哭
而言曰果落李祐計中愬不聽速令進軍愬道分五
百人斷洄曲路橋又分五百人斷郎山路至縣瓠城

夜半雪逾甚近城有鵝鴨池愬令警擊之以亂軍聲
賊恃吳房郎山之固晏然無一人知者李祐李忠義
破墉而先登敢銳者從之盡殺守門卒而登其門留
擊柝者黎明雪亦止愬入止元濟外宅蔡吏告元濟
曰城已陷矣元濟猶望董仲質來救愬令乃訪仲質
家安卹之使其家人持書召仲質仲質單騎而歸愬
愬以客禮待之田進誠焚子城南門元濟城上請罪
進城繩梯而下之乃檻送京師

縱生口

後漢光武初遣耿弇征張步步聞之乃使大將費軍邑歷下分兵屯祝阿别於泰山鍾城列營數十以待弇弇渡河先擊祝阿自旦攻城未中而拔之故開一角令其衆得奔歸鍾城鍾城聞祝阿已潰空壁亡去費邑遣弟守巨里弇進軍先脅巨里使揚言多伐林木以填塞阬塹數日有降者言邑聞弇欲攻其里謀來救之弇嚴命軍中趣脩攻具後三日當悉力攻巨里陰縱生口令亡歸歸者告邑邑將精兵三萬來救

弇曰脩攻具者欲誘致邑耳今適其所求也大敗之

班超在西域發于闐諸國兵擊莎車而龜茲王遣兵五萬令温宿王以救之超名將校及于闐王議曰今兵少不敵莫若散去于闐從是而東超亦於西歸可須夜鼓而發陰緩所得生口歸以超言告龜茲王王聞之大喜自以萬騎於西界遮超温宿王將八千騎遮于闐超知二虜已出密召諸部勒兵雞鳴馳赴莎車營胡大驚亂奔走追斬五千級自是威鎮西域

唐元和中魏博義成軍送擒獲逆賊李師道下都知兵馬使夏侯澄等四十七名並從釋放仍却遞送軍前驅使如緣父母猶在軍中或羸者疾病情切歸還者仍量事優給放去澄等至行營賊覘之知潜相傳告由是叛徒皆感朝恩繼有降者

武經總要後集卷一

欽定四庫全書

子部

武經總要後集卷二

詳校官編修臣程嘉謨

總校官候補中允臣王燕緒

校對官主事臣金光悌

謄録監生臣楊省曾

武經總要後集卷二

宋 曾公亮等 撰

故事二

明賞罰

晉文公既立從亡賤臣壺叔曰君行賞不及臣臣不欲請罪文公報曰夫導我以仁義防我以德惠此受上賞輔我以行卒以成立此受次賞矢石之難汗馬之勞此復受次賞三賞之後固且及子矣晉人皆悅

鄭人賂晉侯歌鐘之樂晉文公以樂之半賜魏絳曰子教寡人和諸戎狄以正諸華八年之中九合諸侯如樂之和無所不諧（諧亦和也）請與子樂之辭曰夫和戎狄國之福也八年之中九合諸侯諸侯無慝君之靈也二三子之勞也臣何力之有焉抑臣願君安其樂而思其終也詩云樂只君子鎮天子之邦樂只君子福禄攸同便蕃左右亦是率從（便蕃數也言遠人相率伏從更蕃然在左右）

夫樂以安德義以處之禮以行之信以守之仁以厲之而后可以殿邦家同福祿來遠人所謂樂也書曰居安思危思則有備有備無患敢以此規規正公也公曰子之教敢不承命抑微子寡人無以待戎待遇也不能濟河渡河南服鄭

衛獻公出奔反于衛及郊將班邑于從者而后入柳莊曰如皆守社稷孰羈靮而從如皆從則孰守社稷君反其國而有私也無乃不可乎不果班

衛孫良夫帥師及齊師戰于新築敗績新築人叔仲于奚救孫桓子桓子是以免于奚守新築大夫新築衛之地既衛人賞之以邑辭請曲懸繁纓以朝許之仲尼聞之曰惜也不如多與之邑惟名與器不可以假人君之所司也若以假人與人政也政亡則國家從之不可止也此濫賞以情軍志

晉文公與楚戰于城濮晉中軍風于澤亡大旆之左旃祁瞞奸命司馬殺之以徇于諸侯使茅茷代之師還壬午濟河舟之僑先歸士會攝右權代舟之僑也秋七月丙申振旅凱以入于晉獻俘授馘飲至大賞名會討貳殺舟之僑以殉于國民于是大服君子謂文公其能刑矣三罪而人服三罪祁瞞舟之僑顛頡

趙宣子言韓獻子于晉靈公以為司馬河曲之役趙孟使人以其乘車干行獻子執而戮之衆咸曰韓厥必不沒也其主朝升之而夕戮其車其誰安之宣子召而禮之曰吾聞事君者比而不黨夫周以舉義比也

舉以其私黨也夫軍事無犯犯而不隱義也吾言汝于君懼汝不能也舉而不能黨孰大焉事君而黨吾何以從政吾故以是觀汝汝勉之苟從是行也長主晉國者非子其誰皆告大夫曰二三子可以賀我矣吾舉厥也而中吾乃今知免于罪矣

晉侯之弟楊干亂行于曲梁魏絳戮其僕僕御也晉侯怒謂羊舌赤曰合諸侯以為榮也楊干為戮何辱如之必殺魏絳無失也對曰絳無二志也事君不避難有

罪不逃刑其將來辭何辱命焉言終魏降至授僕人書僕人晉侯之僕御也將伏劍士魴張老止之公讀其書曰君之使斯臣司馬也斯此臣聞師衆以順爲武軍事有死無犯爲敬君合諸侯臣不敢不敬君師不武執事不敬罪莫大焉臣懼其死以及楊干無所逃罪不能致訓至于用鉞用鉞斬楊干之僕也臣之罪重敢有不從以怒君心請歸死于司寇致尸于司寇請戮之公跣出曰寡人之言爱新也吾子之對軍禮也寡人有弟不能敎訓使干

大命寡人之過也子無重寡人之過敢以爲請晉侯以魏絳爲能以刑佐民矣反役與之禮食使佐新軍

司馬穰苴田完之苗裔齊景以爲將軍捍晉燕之師苴曰臣素卑賤君擢加大夫之上權輕願得君之寵臣以監軍乃可景公乃使莊賈往苴既辭與賈約曰日中會于軍門穰苴先馳至軍立表下漏待賈至苴曰何後期賈曰親戚送之故留苴曰將受命之日則亡其家臨軍約束則亡其親援枹鼓之急則亡其身今鄰國深入君不安席百姓之命皆懸于君何爲相送召軍吏問曰軍法期而後至者云何對曰當斬遂斬賈以徇三軍三軍皆震讋於是遂擊燕燕師遁遂取所亡之地而歸

本朝王師征蜀劉光乂下遂州入城安撫盡出府庫錢帛以給軍士初諸將入覲太祖謂曰所破郡縣當傾帑藏爲朕賞戰士國家所取惟土疆耳故人效命所至成功如席卷之易

軍政不一必敗

春秋時楚伐鄭晉師救鄭荀林父將中軍先縠佐之士會將上軍郤克佐之趙朔將下軍欒書佐之趙括趙嬰齊爲中軍大夫鞏朔韓穿爲上軍大夫荀首趙同爲下軍大夫韓厥爲司馬及河聞鄭及楚平桓子欲還曰無及于鄭而勦民焉用之桓子林父勦勞也楚歸而動不後動兵伐鄭隨武子曰善武子士會彘子曰不可晉所以霸師武臣力也今失諸侯不可謂武有敵而不從不可

謂力由我失霸不如死我弗為也以中軍佐濟韓獻子謂桓子(獻子韓厥)彘子以偏師陷子罪大矣子為元帥師不用命誰之罪也失屬亡師為罪已重不如進也(令鄭屬楚故曰失屬彘子以偏師陷故曰亡師)事之不捷惡有所分與其專罪六人同之不猶愈乎晉師濟河楚子欲還伍參言于楚子曰晉之從政者新未能行令其佐先穀剛愎(愎很也皮逼反)不仁未肯命命其三率者專行不獲聽而無上衆誰適從此行也晉師必敗楚少宰如晉師曰寡

君少遭閔凶不能文(閔憂也)聞二先君之出入此行也(楚成王穆王也)將鄭是訓定豈敢求罪于晉二三子無淹久(淹留也)隨季曰昔平王東遷命我先君文侯曰與鄭夾輔周室毋廢王命今鄭不率(率遵也)寡君使羣臣問諸鄭豈敢辱候人(候人伺候望敵者)敢拜君命之辱彘子以為諂使趙括從而更之曰行人失辭(言悞對也)寡君使羣臣遷大國之跡于鄭(遷徙也)曰無辟敵羣臣無所逃命晉終為楚人所敗

吳師伐楚州來楚救之吳人禦諸鍾離楚將子瑕卒楚師熸(音潛吳楚之閒謂火滅為熸軍之重主喪亡故其軍無勇氣)吳將公子光曰諸侯從于楚者衆而皆小國也畏楚而不獲已是以來聞之曰作事威克其愛雖小必濟(克勝也軍事尚威)胡沈之君幼而狂(性無定)陳大夫齧壯而頑頓與許蔡疾楚政楚令尹死其師熸遂越為帥賤而多寵政令不一(遂越非正卿也軍多寵人政令不一于越)七國同役而不同心(七國楚頓胡沈陳蔡許也)帥賤而不能整無大命楚可敗也從之楚師大奔

後漢末曹操擊馬超始超每一部到操輒有喜色超破之後諸將問其故荅曰關中長大若彼各依險阻征之不一二年不可定也今皆來集其衆雖多莫相歸服軍無適(音的)主一舉可滅為功差易吾是以喜也

軍無政令必敗

後魏末原州人豆盧即害都督大野末兒等據州城反州人李賢乃名集衆豪謀曰賊起倉卒便誅二將其勢雖盛其志已驕然其政令莫施惟以殘剝為業夫

以羈旅之餘而御烏合之衆勢自離散今若從中擊之賊必喪膽如吾計者指日取之衆皆從焉乃率敢死三百人分為兩道乘夜鼓譟而出郡賊大驚一戰而敗遂追斬之

將帥和必有功

春秋時秦桓公既與晉厲公為三狐之盟而又召狄與楚欲同以伐晉諸侯是以睦于晉晉欒書將中軍荀庚佐之士燮將上軍郤錡佐之韓厥將下軍荀罃佐

之趙旃將新軍郤至佐之步毅御戎欒鍼為右孟獻子曰晉帥乘和師必有功五月丁亥晉侯以諸侯之師及秦師戰于麻隧秦師敗績

魏中山王元英攻北徐州圍刺史昌義之于鍾離衆兵百萬武帝遣征北將軍曹景宗拒之次邵陽州築壘相守未敢進帝怒詔韋叡會焉賜以龍環佩刀曰諸將有不用命者斬之叡自合肥徑趍陰陵大陵過澗谷造飛橋以濟師人畏魏軍盛多勸叡緩行叡曰鍾離今鑿穴而處負戶而汲車馳卒奔猶恐其後而況緩乎旬日而至邵陽洲初帝勑景宗曰韋叡卿望卿善敬之景宗見叡甚謹帝聞之曰二將合師濟矣叡于景宗營前二十里夜掘長塹立鹿角截州為城比曉而營立元英大驚以杖擊地曰是何神也遂克之

梁胡景畧與前軍趙祖悅同軍交惡志相陷害畧一怒自齧皆流血韋師以將帥不和致患禍酌酒自勸胡

景畧曰且願兩虎勿復私鬭故終于此役得無害焉

將帥不和必敗

唐初劉黑闥引突厥冦河北淮陽王道元受山東道行軍總管師次下博與賊軍遇道元帥騎先登命副將史萬寶督軍繼進萬寶與之不協及道元深入而擁兵不救謂所親曰吾奉手詔言淮陽小兒雖名為將而軍之進止皆委于吾今其輕銳越泥交戰大軍若動必陷泥溺莫如結陣以待之雖不利于王而利

于國道元遂為賊所擒

左衛大將軍程知節征賀魯為前軍總管至鷹娑川突厥率二萬騎來拒總管蘇海政與戰未决既而突厥別部鼠施等等又領二萬騎續至蘇定方正歇馬隔一小領去知節十許里望見塵起率五百騎馳往擊之賊衆大潰追奔二十里殺五千人獲馬二千疋死馬及所棄甲仗綿亘山野不可勝計副總管王文度害其功謂知節曰雖云破賊官軍亦有死傷蓋決成

敗法耳何為此事自今正可結為方陣輜重納于腹中四面布隊人馬被甲賊來即戰自保萬全無為輕銳致有損傷又矯稱別奉聖旨以知節恃勇輕敵使文度為其節制遂收軍不許深入終日跨馬被甲結陣由是馬多瘦死士卒疲勞無有鬬志定方謂知節曰本來討賊今乃坐守馬餓兵瘦逢賊即敗怯懦如此公為大將閫外之事不許自專別遣軍副專其號令理必不然須囚係文度飛表奏之知節不從至恒篤城有降胡附文度比我兵回彼還作賊不如盡殺取其資財文度曰如此自作賊耳何名伐叛文度不從師還竟無功文度作處死

本朝銀夏李繼遷逆命至道初命將部送粮草于武靈時會州觀察使田紹斌洎裨將皇甫繼明白守榮皆在陣中至浦洛河與虜角鬬大敗之詔紹斌諸將曰蕃戎輕挑勿棄輜重但按轡結陣徐行守榮怒曰我不受君節制乃率兵去輜重四五里繼迁初見紹斌

旌旗不敢動守榮等欲邀奇功遂與戰賊先伏兵以羸騎挑戰既而伏兵發走榮等敗走

法貴不犯

前漢胡建守軍正丞時監軍御史為姦穿北軍壘垣以為賈區建斬之奏曰軍法立武以威衆誅惡以禁邪今有穿軍垣以求賈利私買賣以為姦貪無以帥士大夫法曰壘壁已定穿路不由路是謂姦人姦人者殺臣昧死以聞制曰司法法國客不入軍軍客不入

國三王戒示誓于軍中欲民先成其慮也建又何疑
建由是顯名
後漢祭遵從光武征河北舍中人犯法遵格殺之光武
怒命收之主簿陳副諫曰明公常欲令衆軍整齊今
遵奉法不避是教令所行也乃以為刺奸將軍謂諸
將曰當避遵吾舍中兒犯法尚殺之必不私諸卿也
吳將呂蒙為漢昌太守圍關羽定南郡盡得羽將士家
屬皆撫慰之約令軍中不得干歷人家有所求取蒙

麾下士汝南人取民家一笠以覆官鎧鎧雖公物蒙
以為犯軍令不可以鄉里故而廢法遂垂涕斬之
隋樊子蓋東都留守属楊玄感作逆逼城子蓋遣河陽
贊務裴弘策逆擊之反為所敗遂斬弘策以徇國子
祭酒楊汪小不恭子蓋又將斬之汪拜謝頓首流血
久乃釋免于是三軍莫不戰慄將吏無敢仰士元感
每盡銳攻城子蓋徐設備禦至則摧破
唐高崇文憲宗初為右神策行營節度統諸鎮兵討西
川劉闢至興元中軍有所逆旅亡箸者斬以徇初闢
陷東川擒節度使李康及崇文克梓州乃歸康求雪
已之罪崇文以康敗軍失守斬之
韋雲起契丹入寇營州詔護突厥兵往討之啟民可汗
發騎二萬受其處分雲起分為二十四營四道俱引
營相去各一里不得交雜聞鼓聲而行聞角聲而止
自非公使勿得走馬三令五申之後擊鼓而發軍中
有犯約者斬訖十一人持首以徇于是突厥來入謁

之皆膝行股戰莫敢仰視終立功焉
王智興元和中王師追吳元濟戰賊令姚海率勁兵二
萬圍豊攻城甚急智興擊破之于賊壁獲美妾智興
懼軍士爭之乃曰軍中有女子安得不敗此雖無罪
違軍法也即斬之以徇
郗士美討王承宗士美遣兵馬使王悍領勁兵一萬為
前鋒獻玄惡悖亂逗撓不進遽令名至數其罪斬之
下令曰敢後出者斬士美親鼓之兵合賊軍大敗上

大悅曰吾固知士美能辦吾事
高仙芝每出征討令封常清知留後事常清有學果決
知留後時仙芝乳母子鄭德詮已為郎將威望動三
軍常清偶他出而回諸將皆引前德詮自後走馬突
常清而去常清至使院令左右密引至廳凡經數重
門德詮既過命隨後閉之常清離席謂曰常清起自
細微中丞過聽以常清為留後使郎將何無禮對中
使相凌因叱之曰郎將須暫死以肅軍容因令杖六

十面仆地拽出仙芝妻及乳母于門外號哭救之不
得因以其狀上仙芝覽之驚曰已死矣及見常清遂
無一言常清亦不謝于是軍中股慄
本朝雲州觀使郭進在石嶺關幹敏有才善聽斷以鈎
距得其情御下有方畧軍政嚴肅然天性喜殺士卒
少有違令必寘于法每有討伐皆奮不顧死多致克
捷在西山太祖每遣戍卒必諭之曰女輩宜謹奉法
我猶赦汝郭進殺女矣其為將嚴肅如此

馬知節從知定遠軍時部民入堡卒有盜婦人首飾者
護軍止笞而遣之知節曰民庇外虜而來反為内寇
所掠此而可恕何以肅下即斬之又蕃衆犯塞民相
携入城知節與之約有盗一錢者斬之俄有竊童兒
錢二百者即戮之自是無敢犯者

兵道尚嚴

漢文帝時匈奴入邊以周亞夫軍細柳營帝至軍吏被
甲鋭兵刃控弓弩持滿天子先驅至不得入曰軍中

聞將軍令不聞天子詔帝使持節詔曰吾欲勞軍亞
夫傳言開壁門士請車騎曰將軍約軍中不得驅馳
天子按轡徐行至營中為改容式車曰真將軍也
魏平寇將軍徐晃既破關羽諸將皆集曹操按行諸營
士卒咸離陣而觀獨晃營營齊整將士駐陣不動曹操
曰徐將軍可謂有周亞夫之風矣
宋龍驤將軍蒯恩伐魯宗之其子軌衆勝擊恩矢下如
雨呼聲震天地恩整厲將士置陣堅嚴肅屢衝之不

動乃退
隋楊素為行軍總管討突厥行軍嚴整有犯軍令者立斬之無所寬貸戰無不勝稱為名將
杜伏威聚衆自稱總管有敢死之士五千人號為上募寵之甚厚與同甘苦有攻戰則令上募擊之及戰罷閲視有瘡在背者便斬之以其退而被擊也所獲資財皆以賞軍士及戰死者以其妻妾狥葬故人自為戰所向無敵

唐文德皇后之葬也段志元及宇文士及分統士馬出肅章門大宗夜使宦官至二將軍所士及開營納使者志元閉門不納曰軍門不可夜開使者曰此有手敕志元曰夜中不辨真偽竟停使者至曉太宗聞而嘆曰此真將軍也周亞夫無以加焉
李晟與李懷光同討朱泚懷光軍輒虜掠驅牛馬百姓苦之晟軍無所侵犯收復京城告諭于衆百姓安堵秋毫不犯後其子愬克復蔡州市不改肆復踵其美

長安城使高崇文統神策軍討劉闢崇文在安練卒常若寇至及中使至卯時宣命辰時出師兵仗軍須無不備具
五代周韓令坤平揚州吳人遣孟俊率衆數萬來逼城世宗遽命本朝太祖皇帝領兵二千援之帝所領多天武禁兵有臨陣逗撓不用命者帝必奪劍斫其皮笠視有劍迹者得數十人立斬以狥自是人皆死戰
後漢邳彤從光武于河北時王郎所置信都王捕繫彤

父弟及妻子使為書呼彤曰降者封爵不降者滅族彤涕泣報曰事君者不得顧家彤親屬所以致今日得于信都者劉公之恩也公方爭國事彤不得復念私也會更始將拔信都郎兵敗走彤家屬得免
梁羊侃為都督尚書侯景叛逼城侃長子鷟為景所獲報來城下示侃侃傾宗報主猶恨不足豈復計此一子幸汝早殺之數日復持來侃謂鷟曰久以汝為死猶復在耶吾以身報主誓死無貳終不以汝而生進

退之心因引弓射之賊感其忠義亦弗之害

唐肅宗即位于靈武僕固懷恩從郭子儀赴行在所時周羅部落自西京叛北寇朔方子儀與懷恩等擊之懷恩子玢領徒擊賊兵敗而降及潜歸懷恩叱而斬之將士慴駭無不一以當百遂破周羅

仁愛

晉羊祜為平陽將軍增修德信以懷初附每與吳人交兵尅日方戰不為掩襲之計將帥有欲進譎詐之謀

者飲以醇酒使不得言人有掠吳二兒為俘者祜遣送還其家後吳將夏祥邵顗等來降二兒之父亦率其屬與俱吳將陳尚潘景來寇祜追斬之美其守節而厚加殯斂景尚子弟迎喪祜以禮遣還吳將鄧香掠夏口祜募生縛香既至宥之香感其恩率部曲而降祜出軍行吳境刈穀為粮皆計所侵送絹償之每會衆江沔遊獵常止晉地若禽獸先為吳人所傷而為晉兵所得者皆封還之于是吳人翕然悅服吳將陸抗告其戍曰彼專為德我專為暴是不戰而自服也

宋檀道濟為高祖北伐前鋒至洛陽凡拔城破壘俘四十餘人議者謂應戮以為警道濟曰伐罪弔民正今今日皆釋而遣之于是戎狄感悅相率而歸之者衆

劉勔為寧朔將軍會裕預州刺史商琰反假勔輔國將軍討之及琰開門請降勔令三軍不得妄動城內秋毫無犬百姓感曰來蘇生為立碑

唐程名振武德初遥授永年令率兵經畧河北名振夜襲鄴俘其男女千餘人去鄴八十里見婦女有浮汁者九十餘人悲放歸之人感其仁

唐劉仁軌檢校帶方州刺史勒兵鎮守初百姓經福信之亂合境凋殘僵尸相屬仁軌始令收斂骸骨瘞埋祭弔之賑貸貧乏存問孤老條録戶口人懷其惠

本朝開寶中江南李煜違詔稱疾不朝治城壘繕甲兵漸失藩臣禮詔曹彬李漢瓊田欽祚率兵先赴荊州

發舟艦又命潘美發騎士共十餘萬水陸齊進太祖語彬曰南方之事一以委卿切勿暴略生民惟示威令使自歸順不須急擊彬等率士卒晨夜攻城長圍中彬每緩師冀煜之歸服煜常為左右所惑及鑿城將陷彬又使人入諭曰事勢如此所惜者一城生聚主能歸命策之上也煜猶豫不決翌日城陷彬申嚴禁暴之令兵不血刃煜與其臣百餘人詣軍門請罪彬慰安之待以賓禮請煜入宮治裝盡以其族歸京

師彬數騎待于宮門外煜既入左右密啟彬曰縱煜入宮或致不測為之奈何彬笑曰煜甚懦素無斷既已降必不敢自決果如彬言偽朝文武官員賴彬保全各得其所親屬為軍士所掠者即遣還之大搜軍中無得匿人妻女倉廩府庫委轉運司按籍檢視彬一不問

士卒同甘苦

齊田穰苴為將閱士卒次舍井竈飲食問疾醫藥身自撫循之悉取將軍之資粮享士卒身與士卒平分粮食比其羸弱者三日而後勒兵病者皆求行爭奮出為之赴戰晋師敗走

漢耿秉擊匈奴休止不結營部然遠斥候明要誓有驚軍陣士卒皆樂為之死

唐朱泚之亂李晟于畿甸率衆征賦吏民樂輸守禦益固由是軍不乏食神策軍家族多陷于泚晟家亦百口在賊中左右或有言及家者晟輿秉下曰乘輿何

任而敢恤家乎泚又使晟小吏王無忌之婿詣晟軍且曰公家無恙城中有人問晟曰尔敢與賊為間邊命斬之時供輸不至盛夏軍士或衣裘褐晟以同甘苦每以大義奮激士卒無離散者

五代王晏球圍賊城既久常遣使督攻城晏球曰賊壘峻堅但食三州租稅撫恤黎民愛養軍士彼當漸潰帝然其言晏球能與軍士同其甘苦所得祿賜私財皆以享士日具酒饌與將校晏飲待軍士有禮軍中

無不敬服其年冬平賊自初至城拔不戮一士上下歡心衆議以為有將帥之畧

親受矢石

春秋時晉師伐偪陽荀偃士匄帥師攻偪陽親受矢石遂滅之

唐崔義元為婺州刺史屬睦州女子陳碩真舉兵叛遣其黨童文保領徒四千人掩襲婺州義元將督兵拒戰時百姓訛言碩真當昇天犯其兵馬者無不滅門

衆皆兇懼司功參軍崔元籍言于義元曰起兵仗順猶且不成此乃妖誑豈能得久義元以為然因命元籍為先鋒義元率兵繼進至下淮戍擒其間諜二十餘人詰朝進戰身先士卒左右以楯蔽箭義元曰刺史尚欲避劍誰肯致死由是士卒力斬首數百級餘悉許其歸首進兵至睦州果降

韓游瓌以德宗出幸奉天衛兵未集與慶州刺史俞性明合兵三千赴難自乾陵北過赴醴泉以拒泚會有人自京城來言賊信宿當至上遽令退游瓌等軍總入壁賊果至乃出闘城下小不利乃退入城賊急奪門游瓌與賊隔門血戰賊日攻門游瓌等拒守躬當矢石赴難之功游瓌首焉

本朝征河東太祖每被甲冑蒙犯矢石指揮戎旅左右有諫者上曰將士爭效命于鋒鏑之下朕豈忍坐觀士卒聞之皆奮勇冒白刃爭為先登凡控弦之士數十萬列陣于乘輿前蹲甲交射矢射于前城上如蝟

毛每給諸軍矢數百萬必頃刻而盡捕得生口云繼元城中募士所射之箭以十錢易一隻凡得百餘萬隻聚而貯之太宗聞之笑曰此箭為我畜也及城降盡取之時又以牛革為洞室猛士數百蒙以攻城上欲親至其中慰勞士卒彰德軍節度李漢瓊泣曰晉陽孤壘危如累卵諸軍用命戰士賈勇城堞之下矢射如雨陛下奈何以萬乘之尊欲親臨之若不聽臣言臣願先死上甚佳之

撫士

春秋楚師伐宋圍蕭蕭潰申公巫臣曰師人多寒楚子巡三軍撫而勉之三軍之士皆如挾纊纊者綿也忘其寒也

魏吳起為將與士卒最下者同衣食卧不設席行不乘騎親裹贏糧與士分勞卒有病疽者吳起為吮之卒母聞之而哭或謂其母曰子卒也而將自吮其疽何哭為母曰非然也往年吳公吮其父父戰不旋踵遂死于敵今又吮其子妾不知其死所矣是以哭之于

是擊秦拔其五城

後漢段熲為破羌將軍以征西羌行軍仁愛士卒疾病者親自瞻省手為裹創在邊十餘年未嘗一日蓐寢與士同甘苦故皆樂為死戰

皇甫規為中郎將持節監討零吾等羌會軍中大疫死者十三四規親入菴廬巡視將士軍中感悅東羌遂遣使乞降

唐太宗親征高麗國駕次定州城北門親撫慰之有從卒一人病不能起太宗自至牀前問其所苦仍勅州縣厚加供給凡在征人莫不忻然縱有病者悅以忘疲師次白巖城將軍李思摩中弩矢太宗親為之吮血由是從行文武兢思奮勵及軍回行次柳城招集戰亡人骸骨設太牢以祭之太宗慟哭盡哀軍人無不洒泣兵士觀者歸家以告其父母曰吾兒之死無所恨

司空李勣每行兵在軍識其臧否聞人片善扼腕而從

事提之日多推功于下前後在軍所得金帛皆散之將士以是人皆為用所向多克捷及薨哭之或有嘔血者

本朝王超為將善統部分御下有恩與高瓊同典禁旅嘗休假他適過營壘軍校不時伺知瓊即箠罰超沮之以為非公行不得加罪

得士心

齊田横為韓信襲擊走歸彭城漢滅項籍後横及其徒

屬五千人入海居島中帝使使招橫赦罪而詔之曰橫來大者王小者侯不來發兵加誅橫乃及其客二人乘傳詣洛陽至尸鄉廐置謂其客曰陛下所以欲見我不過欲一見我面貌耳陛下在洛陽今斬吾頭馳三十里容貌尚未改猶可知也遂自刎令客奉其頭從使者馳奏之帝以王者禮葬之橫既葬二客穿其冢旁皆自刎餘五百人在海島中聞橫死亦皆自殺于是乃知田橫之兄弟能得士心也

漢將軍李廣得賞賜輒分麾下飲食與士卒共之將兵之絶處見士卒不盡飲不近水不盡飡不嘗食士卒所以皆樂為用及死之日皆為垂涕

魏諸葛誕守壽春以司馬氏累代擅權遂舉兵以輔魏氏為難司馬文王帥師討之壽春城陷誕死文王招其徒不降且招且戰數百人拱手為列每斬一人輒問皆曰為諸葛公死不恨以至于盡無一人降時人比之田橫兵戍將于銓嘆曰大丈夫受命其主以兵救人既不能克又束手于敵吾所不取乃免冑冒陣而死其得士心如此

曹真每征行與將士同勞苦軍賞不足輒以家財頒賜士卒皆願為用

晉王濬為巴郡太守郡邊吳境兵士苦役生兒多不養濬乃嚴其科條寬其徭課其產育者皆與休復其全活者數千人及伐吳先在巴郡之所全者皆堪徭役供軍其父母戒之曰王府君生爾耳必勉之無愛也

唐烏重胤為河陽節度討蔡州賊將有李端者過溵河降重胤其妻為賊束縛于木臠肉至死將絶猶遥謂其夫曰善事烏僕射其得人心如此

得士死力

西魏將王思政守潁州郡東魏帥師十萬攻之備盡攻擊之術以潁水灌城陷之思政知事不濟率左右謂曰義士受恩遂辱王命力屈道窮無計所出惟當効死以謝朝恩耳因仰天大哭左右皆號慟思政向西

再拜便欲自刎衆共止之不得引決及城陷日頴川
士卒八千存者纔三十人終無叛者
貴先見
春秋時秦師襲鄭過周北門左右免冑而下（車非非大將御者在中故左右下御）超乘者三百乘王孫滿幼觀觀之言于王曰
秦師輕而無禮必敗（謂過天子門不卷甲束兵而超乘示勇也）輕則寡謀
無禮則脫（脫易也）入險而脫又不能謀能無敗乎晉人
敗秦師于殽

魏將諸葛誕據壽春反魏將王基討之吳遣朱異來救
誕于安城詔王基引諸軍轉據北山基謂諸將曰今
圍壘轉固兵馬尚集但當精修守備以待越逸而更
移兵守險使當放縱雖有智者不能善後矣遂守便
宜上疏曰今與賊家對敵當不動如山若遷移依險
人心搖蕩于勢大損諸軍並據深溝高壘不可傾
動此禦兵之要也書奏報聽壽春竟拔司馬文王與
基書曰足下上違詔命下拒衆議終至制敵擒賊雖

古人所述不過是也
後魏薛永宗叛帝西巡進軍圍之永宗出兵欲戰帝問
崔浩曰今日可擊否浩曰永宗未知陛下自來人心
安固北風迅急宜急擊之須臾必破若待明日恐見
官軍盛大必夜遁走帝從之永宗潰滅車駕渡河前
驅告賊在渭北帝至洛水橋賊已夜遁詔問浩曰蓋
吳在長安北九十里渭水北裁草不備欲渡渭南西
行何如浩曰蓋吳營去此六十里賊所在擊蛇之法

當先破頭頭破則尾豈能動宜乘勢先擊吳今軍往
一日便到吳平之後回向長安亦一日而至一日之
之未即損傷臣愚謂宜從北道若從南道則蓋吳徐
入北山卒未可平帝不從乃渡渭南吳聞帝至盡散
入山林果如浩言軍無所克帝悔之
知己知彼
前漢高帝築壇拜韓信為大將問曰將軍何以教寡人
計策信曰今東向爭權天下豈非項王耶帝曰然信

曰大王自料勇悍仁彊孰與項王曰弗如也信拜賀曰惟信亦以惟大王弗如也然臣嘗事項王請言項王之為人也咽嗚猝嗟千人皆廢（猝嗟猶咄嗟也項羽一咄嗟而千人皆失氣也）然不能任屬賢將此特匹夫之勇也大王之入武關秋毫無所害除秦苛法與民約法三章秦民無不欲得大王王秦者于諸侯之約大王當王關中民盡知之王失職之蜀民無不恨者今王舉而東三秦可傳檄而定也于是漢王聽信計舉兵東出

項羽圍漢王于滎陽漢王患之請割滎陽以西與之和項王不聽漢王謂陳平曰天下紛紛何時定乎平曰然項王為人恭敬愛人士之廉節好禮者多歸之至于行賞功爵忍弗能與（言愛惜之）士亦以此不服今大王慢人少禮士之廉節者不來然大王爵賞不吝士之嗜利貪貨者亦多來歸大王誠能去兩短集兩長天下指揮即定矣

高帝時黥布反帝名薛公以問對曰使布出于上計東取吳西取楚并齊取魯傳檄燕趙固守其所山東非漢之有也出中計東取吳西取楚并韓取楚據敖倉之粟塞成皐之險勝敗之數未可知也出下計東取吳西取蔡歸重于越身歸長沙陛下高枕而卧漢無事矣上曰是計將安出對曰必出下計布故驪山之徒也身致高乘之尊此皆為身不顧後為百姓慮者也故出下計果如薛公之言東擊荆荆王劉賈敗死（時賈都丹徒）漢終破布

後漢末曹操征荆州劉琮降得其水軍及步軍遂遺書孫權云今將水軍八十萬當與將軍會獵于常州之死將士聞之恐權集諸將問以計策咸曰曹操託名漢相挾天子以征四方動以朝廷為辭今日拒之事更不順且將軍大勢可以拒曹者長江也劉表治水軍蒙衝鬬艦千數曹悉浮以沿江兼有步兵水陸俱下此為長江之險已與我共之矣而勢力衆寡又不可論愚謂大計莫如迎之權將周瑜曰不然曹操雖

托名漢相其實漢賊將軍以神武雄才兼仗父兄遺烈割據江東地方數千里兵精足用英雄樂業尚足橫行天下為漢家除殘去穢況操自送死而可迎之耶請為將軍籌之今使北土已安操無內憂能曠日持久來爭疆埸又能較勝負于舟檝今北土既未安加以馬超韓遂在關西為操為患且捨鞍馬仗舟檝與吳越爭衡本非中國所長今又盛寒馬無稿草以中國士衆遠涉江湖不習水土必生疾病此數者兵

之患也而操皆冒行之瑜請得精兵三萬人進住夏保代將軍破之權曰卿言當擊甚與孤合拔劒斫前奏案曰諸將吏敢復言迎曹操者與此案同果有赤壁之捷焉

蜀大將諸葛亮率大衆十萬由斜谷出始平據武功五丈原魏將司馬宣王帥師拒之與亮對于渭南亮分兵屯田為久住之計屢使交書及致巾幗（音號婦人之飾）以激宣王宣王亦屢表請戰魏使衛尉辛毗仗節而致魏師不復出亮曰彼本無戰心所以固請者示武于衆耳將在軍君命有所不受苟能制吾豈千里請戰耶宣王使二千餘人就軍營東南角大聲稱萬歲亮使問之荅曰吳有使至請降亮謂曰吳必無降法懿之詐謀也懿與亮相持百日亮卒于軍中及軍退宣王行其營壘曰天下奇才也

陳將吳明徹進逼壽陽北齊將王琳拒之又遣大將皮景和率兵數十萬來援去壽陽三十里頓軍不進諸

將咸曰堅城未拔大援在近不察明公計將安出明徹曰兵貴神速而彼結營不進自挫其鋒吾知其不敢戰也明矣于是躬擐甲冑疾攻一鼓而克壽陽

料敵主將

春秋時楚師伐鄭晉師救之晉楚遇于鄢陵范文子曰欲戰郤至曰楚有六間不可失也其二卿相惡（子反子重）王卒以舊（罷老不壯）鄭陳而不整蠻軍而不陳（蠻夷從楚者不結陣）陳不違晦（晦月終陰之盡故兵家以為忌）在陳而囂合而加囂（陣合宜靜）

而楚有聲各顧其後莫有鬭心人恤其所底舊不必良以犯天忌我必敗之楚子登巢車以望晉軍巢車車上為櫓子重使大宰伯州犁侍于王後州犁晉伯宗子前年奔楚王曰騁而左右何也曰召軍吏也皆聚于中軍矣曰合謀也張幕矣曰虔卜于先君也徹幕矣曰將發命也甚囂且塵上矣曰將塞井夷竈而為行也皆乘矣左右執兵而下矣曰聽誓也左將師右軍右戰乎曰未可知也乘而左右皆下矣曰戰禱也禱請于神也伯州犁以公卒伯王公晉侯也苗賁

皇在晉侯之側亦以王卒告賁皇越椒子皆曰國士在且厚不可當也晉侯左右以伯州犁在楚知晉之情且謂楚衆多故憚合戰與苗賁皇意異苗賁皇言于晉侯曰楚之良在其中軍王族而已請分良以擊其左右而三軍萃于王族必大敗之然如其言敗楚師于鄢陵

邲之戰楚子北師次于郔北地沈尹將中軍子重將左子反將右將飲馬于河而歸子反公子側聞晉師旣濟王欲還武參言于王曰晉之從政者新未能行令其佐先縠剛愎不仁未肯用命愎很也其三師者專行不獲欲專其所行而不得聽而無上衆誰適從此行也晉師必敗且君而逃臣若社稷何王病之告令尹改乘轅而北之次于管以待之晉師在敖鄗之間鄭皇戌使如晉使曰楚師驟勝而驕其師老矣而不設備子擊之鄭師為承楚師必敗欒武子曰欒書楚自克庸以來其君無日不討國人而訓之訓治也在軍無日不討軍實而申儆之軍實軍器先大夫子犯有言曰師直為壯曲為老我則不直而儆怨于楚我曲楚直不可謂老其君之戎分

為二廣君之親兵廣有一卒卒偏之兩十三乘為一廣司為一廣人為卒二十五人為兩車十五乘為大偏今廣十五乘亦用舊法復以二十五人以為承副右廣初駕數及日中左廣受之以至于昏內官序當其夜內官近官以次序也以待不虞不可謂無備晉終為楚人所敗

秦為令狐之役故冬秦伯伐晉取羈馬晉邑晉人禦之趙盾將中軍荀林父佐之郤缺將上軍臾駢佐之欒書將下軍胥甲佐之范無恤御戎以從秦師于河曲臾

駢曰秦不能久請深壘固軍以待之從之秦人欲戰秦伯謂士會曰若何而戰對曰趙氏新出其屬曰臾駢必實為此謀將以老我師也（臾駢趙盾屬大夫新出佐上軍）趙有側室曰穿晉君之婿也（側室支子）有寵而弱不在軍事好勇而狂且惡臾駢之佐上軍也若使輕者肆焉其可（肆暫往而退也）乃皆出戰交綏而退

蔡侯吳子唐侯伐楚舍舟于淮汭自豫章與楚夾漢二師陳于柏舉闔閭之弟夫槩王晨請于闔閭曰楚令

尹囊瓦不仁其臣莫有死志先伐之其卒必奔而後大師繼之必克弗許夫槩王曰所謂臣義而行不待命者其此之謂也今日我死楚可入也以其徒五千先擊子常之卒子常之卒奔楚師亂吳師大敗之吳入郢

漢高祖如滎陽謂酈食其曰緩頰往說魏王豹豹不聽以韓信曹參灌嬰俱擊魏食其還漢王問曰魏大將誰也對曰柏直王曰是口尚乳臭不能當韓信騎將誰也曰馮敬曰是秦將馮無擇子也雖賢不能當灌嬰步將誰也曰項它曰不能當曹參吾無患矣遂克之

陳豨反趙代地皆豨有高祖聞豨將皆故賈人上曰吾知與之矣乃多以金賂豨將多降

後漢曹操征張繡于穰一朝引軍退繡自追之賈詡曰不可追追必敗繡不從大敗而還詡謂繡曰更追之必勝繡曰不用公言以至于此今已敗柰何復追詡

曰兵勢必變亟往必利繡信之遂收散卒追之戰果勝還問曰繡以精兵追退軍而公曰必敗以敗卒追勝兵而公曰必尅悉如公言何其皆驗詡曰此易知耳將軍雖善用兵非曹操敵也軍雖新進曹操必自斷後追兵雖精將既不敵彼士亦銳故知必敗曹操攻將軍無失策未盡力而退必國內有故已破將軍必輕軍速進縱諸將斷後諸將雖勇亦非將軍敵也故雖用敗兵而戰必勝也繡大服

魏張遼圍昌豨于東海數月粮盡欲引軍還遼曰數日以來每行諸圍豨輙屬目又射矢更豨此必自計猶豫故不力戰遼欲挑與語倘可誘也乃使謂豨曰曹有命使遼傳之豨果下與遼語遼曰曹公神武先附者受大賞豨果降遼入豨家拜妻子豨歡喜隨詣曹操

曹操征呂布至下邳布敗退固守攻之不下連戰士卒疲曹操欲還荀攸曰呂布勇而無謀今三戰皆北鋭

氣衰矣三軍以將為主主衰則軍無奮志夫陳宮有智而遲及今布氣之未復宮謀之未定急進攻之布可拔遂生擒布

料敵致勝

秦康公送公子雍于晉晉人乃背先蔑而立靈公晉使先蔑如秦請公子雍以禦秦師箕鄭居守趙盾將中軍先克佐之荀林父佐上軍先蔑將下軍先都佐之步招御戎戎津為右及堇陰宣子曰我若受秦秦則賓也不受寇也既不受矣而復緩師秦將生心先人有奪人之心奪敵之戰心也軍之善謀也逐寇如追逃軍之善政也訓卒厲兵秣馬蓐食潛師夜起蓐食早食于寢蓐也戊子敗秦師于令狐至于刳首

楚子與若敖氏戰于臯滸楚地伯棼射王汰輈及鼓跗著于丁寧伯棼越椒也輈車轅汰過也箭過車轅上丁寧鉦也又射汰輈以貫笠轂兵車尊者則人執笠依轂而立禦寒暑名曰笠轂此言箭過車轅以穿王之蓋師懼退王使巡師曰吾先君文王克息獲三矢焉伯棼竊其

二盡于是矣鼓而進之遂滅若敖氏

魏司馬宣王征公孫文懿賊保襄平宣王進軍圍之會霖雨平地水深數尺三軍恐懼欲移營宣王令軍中有言徙者斬令史張靜犯令斬之軍中乃定賊恃水樵牧自若諸將欲取之皆不聽司馬陳珪曰昔攻上庸八部並進晝夜不息故一旬之半拔堅城斬孟達今者遠來而更安愚竊惑焉宣王曰孟達衆少而食支一年吾將士四倍于達而粮不滿月以一月圖一

年安可不速令賊衆我寡賊飢我飽雨水乃爾功力不設雖當促迫亦何所為但恐賊糧盡而圍路未合拾其牛馬抄其樵採此故驅之走也夫兵者詭道賊馮衆恃雨故雖飢困安肯束手當示無能以安之取小利以驚之非計也既而雨止遂合圍起土山地道矢石雨下攻而拔之

趙劉曜舉兵攻洛陽石勒將親救之程遐等以為不可諫勒勒大怒按劒叱遐等出名徐光而謂之曰劉曜

効敵乘高侯之勢圍洛陽庸人之情以為其鋒不可當然曜帶甲十萬攻一城而百日不克師老卒怠以我初銳擊之可以一戰而擒若洛陽不守曜必送死冀州自河以北席卷南向吾事去矣程遐等不欲吾親行卿以為何如對曰劉曜乘高侯之勢而不能進臨襄國更守金墉此其無能為也懸軍三時無攻伐之利若鸞旂親駕必望風奔敗天下之計在今一舉勒笑曰光之言是也使內外戒深有泄者斬命石堪等各統衆會滎陽使石季龍進據石門以左衛石邃都督中軍事勒統步騎四萬赴金墉勒顧謂徐光曰曜盛兵成皐關上計也阻洛水其次也坐守洛陽者待擒也諸軍集于成皐勒見曜無守軍大悅乃卷甲啣枚出于鞏訾之間曜陳兵十餘萬于城西勒入自宣陽門升故太極前殿季龍率步卒三萬自城而西攻其中軍石堪石聡等各以精騎八千自城西而北攻其前鋒大戰于西陽門勒躬環甲冑出自閶闔夾

擊之曜軍大潰勒遂擒曜

秦姚萇與苻登相持未解登將魏揭飛自稱大將軍衝天王率氐胡數萬人攻長安北姚當城于襄城雷惡地應之攻鎮東姚漢得于李閏萇議將救之羣臣咸曰陛下不憂六十里苻登乃憂六百里揭飛萇曰登非可卒殄吾城亦非登所能卒圖惡地多智非常人也西引揭飛東結董成甘言美說以成奸謀若得杏城李閏惡地據之控制遠近亦為羽翼長安東北非

復吾有于是潜軍赴之甚時衆不滿二千揭飛惡地衆至數萬氐胡之首尾不絶甚每一見軍至輒有喜色羣下怪而問之曰今同惡相濟皆來會集吾將乘勢席卷一舉而覆其巢穴東北無復餘慮矣揭飛等以甚兵少盡衆來攻甚固壘不戰示之以弱潜使子宗率騎數百出其不意以擊其後揭飛兵擾亂甚使王超等率步騎擊之揭飛衆大潰揭飛惡地請降

東魏荊州刺史辛纂據穰西魏將楊忠從獨孤信討之

纂迎戰敗退信令忠為前驅馳至其城呼門者曰今大軍已至城中有應女等求活何不避走門走盡散忠乗城而入彎弓大呼纂兵衛百餘人莫之敢禦遂斬纂以狥城中慴伏

唐高祖率衆攻屈突通于河東士卒登城而上者已千餘人高祖在東原會雨暴至鳴角止軍衆將勸進攻之高祖曰屈突通習兵而無勇若决戰非其所長嬰城難以必勝此自守虜耳不足為虞也遂收兵

吐蕃大將麴莽布支率騎數萬寇涼州入自洪源谷將圍昌松縣唐休景以數千人往擊之臨陣登高望見賊衣甲鮮盛與麾下曰自欽陵死贊招降麴莽布支新主賊兵欲耀威武故其國中酋豪子弟皆從之人馬雖精不習戰事吾為諸軍破之乃被甲先登與賊大戰破之斬其將二人首五千五百級築京觀而還

輔公祏反于丹陽詔趙郡王孝恭為元帥李靖為副以討之李勣任瓌張鎮州黄居濩等七總管並授節度

師次舒州公祏遣將馮惠亮帥舟師三萬屯當塗陳正通徐紹宗率步騎二萬屯于青林山仍于梁山連鐵索以斷江路築却月城連袤數十里與惠亮等為掎角之勢孝恭集諸將會議咸曰惠亮正通並倚彊兵為不戰之計城柵既固卒不可攻請指丹陽掩其巢穴丹陽既破惠亮自降孝恭將從其議靖曰公祏精鋭雖在水陸二軍然其所統之兵亦皆勁勇惠亮等城柵尚不可攻公祏既保頭頭豈應易拔若我師

至丹陽停留旬月進則公祐未平退則惠亮為患腹背受敵恐非萬全之計惠亮正通並是百戰餘賊必不憚於野戰止為公祐立計令其持重但欲不戰以老師今若攻其城柵出其不意滅賊之機惟賊之舉孝恭然之請乃師黃君漢等先擊惠亮破之殺傷及溺者萬餘人惠亮遁奔靖師輕兵先至丹陽公祐大懼先遣首將左遊仙等領兵守會稽以為應援公祐領兵東走

武后時徐敬業據揚州亂詔李孝逸討之魏元忠監其軍孝逸至臨淮為敬業先鋒雷仁智所敗敬業已陷潤州回兵以拒孝逸懼其鋒按甲不敢進元忠促之乃進敬業屯下河谿其弟敬猷帥偏師擊淮陰元忠請先擊敬猷諸將曰不如先擊敬業敗則敬猷不戰而擒矣若擊敬猷則敬業引兵救之是腹背受敵也元忠曰賊勁兵皆在下河利在一決若不捷則大事去矣敬猷本博徒不習戰閑其衆寡弱人情易揺其勢可尅我克敬猷乘勝而進彼若引救淮陰計程則不及又恐我軍進掩江都必邀我于中路彼則勞倦我以逸待之破之必矣孝逸從之一戰而破敬猷敬猷走敬業隔溪相拒前軍為敬業所破孝逸懼欲退元忠曰風順荻乾利火攻之計請決戰乃平敬業

本朝至道中府州觀察使折御卿授本州節度使而兵不滿數千太宗戒之曰北敵嘗以西戎為小蕃必輕敵或引衆入境可先令近下蕃族以羸師誘之伏精

兵以擊之必在吾掌中矣至是御卿恪遵聖畧果大克捷

馬知節為益漢九州都巡檢使會韓景祐伏下劉旰脅牙兵為亂自淮安連下衆踰三千知節領兵三百人至蜀州與之力鬭自未至亥賊懼奔邛州招安使上官正飛書還成都許議知節曰賊衆已踰三千若破邛州必越新津大江去我九十里官軍雖倍制之亦勞不如出兵迎擊破之必矣即率所部夜渡江屯萬

井鎮與賊遇悉屠之

景德中知宜州劉承規在郡嚴課課登海卒伐木葺州數不中程即杖之雖甚風雨不停其役衆怨之于是登海軍校陳進率所部殺承規洎監押國鈞擁判官盧成均為謀主嬰城拒命詔東上閤門使忠州刺史曹利用等發兵擊之初奏真宗謂王旦曰司天憂言當有兵方憂遠地牧守不得其人今果有是當速使翦除廷議旦言利用精于方畧悉心王事尤知用兵

張從古頗知嶺外山川除悉張繼能勇敢可任此賊不出三策保其家屬拒城固守一也擄城貲以趨山林二也用此二策不足為虜若選募驍勇立謀主以趨廣州賊之上策然其智識必不及此猶慮為人誘教耳及聞賊分據柳州洛曹縣帝曰此不能離窟穴枉自棄耳不久遂平

料敵形勢

晉劉裕征慕容超時議者欲分守諸津帝曰賊衆我寡分其兵則人測虛實一處失利則沮三軍之心若聚衆石頭城則衆力不分帝移鎮石頭賊大至帝曰不如新亭直上且避之若回泊蔡侯戍擒耳徐道覆欲自新亭焚舟而戰盧循多疑少決每求萬全乃泊蔡洲以待師潰帝登石頭以望之十二月大軍次大雷賊方江而下帝躬提幡鼓命大軍齊力擊之軍中多神弩所至莫不摧陷帝自于中流蹙之因風水賊艦悉薄西岸岸上軍先備火具焚之大尋逃潯陽遂走

豫章

梁侯景作亂遣宋子山襲陷郢州景乘勝西上號二十萬衆連旗十里江左水軍之盛未之有也武帝聞之謂御史中丞宋懍中若賊分守巴陵鼓行西上荊州殆危此上策也身頓長沙徇地零桂運糧以至洞庭非吾有此中策也擁衆江口速攻巴陵銳氣盡于堅城士卒飢于半菽此下策也吾安枕而臥無憂矣及次巴陵王僧辯沉船臥鼓若將遁景遂圍城元帝遣

平北將軍胡僧祐及居士陸法和大破之
西魏遣將于謹討梁元帝于江陵長孫儉問謹曰為蕭繹之計將欲如何謹曰耀兵漢沔渡長江直據丹陽是其上策移郭內退于城峻具陴堞以待至是其中策若難于移動據守羅郭是其下策儉曰揣繹之計定何策謹曰必用其下儉曰彼棄上而用下何也謹曰蕭氏世據江南綿歷數世屬中原多故未遑外畧又以我有齊氏之患謂力不能分且憚懦而無謀多

疑少斷愚人難與慮始多戀城邑既惡遷移當保羅郭所以用下策也謹乃命中山公護及大將軍楊忠等帥精騎先據江津斷其走路梁人立木柵于外城廣輪六十里尋而謹至衆圍之梁主屢遣兵于城南出戰輒為謹所破旬有五日外城遂陷梁主退保子城翌日率其太子以下面縛出降尋殺之
晉王與梁相持周德威言于晉王曰賊勢甚盛宜按兵以待其衰王曰吾孤軍遠來救人之急三鎮烏合利於速戰公乃欲按兵持重何也德威曰真定之兵長于守城短於野戰且吾所恃者騎兵利于平壙可以馳突今壓賊壘門騎無所展其足且使彼知吾虛實則事危矣王不悅退卧帳中諸將不敢言德威往見張承業曰大王驟勝而輕敵不量力而務速戰今去賊咫尺所限者一水耳彼若造橋以薄我我衆立盡矣不若退軍高邑誘賊離營彼出我守彼歸我出別以輕騎掠其饋餉不過踰月破之必矣承業乃褰帳

撫王曰此豈王安寢時耶德威老將知兵其言不可忽王蹶然而興曰余方思之時梁兵閉壘不出有降者告之曰方多造浮橋王謂德威曰果如公言是日拔營退保高邑
晉王進兵趨大梁至胡柳陂詰旦候者言梁兵自後至周德威曰賊倍道而來未有所舍我城柵已固守備有餘既深入敵境動須萬全不可輕發此去大梁至近梁兵各念其家內懷憤激不以方畧制之恐難得

志王宜按兵勿戰德威請以騎兵擾之使彼不得休息營壘未立樵爨未具乘其疲乏可一舉滅之王曰前在河上恨不見敵今賊至不擊尚復何待即以親軍先出德威不得已引幽州兵從之謂其子曰吾無死所矣賀瓌結陣而至横亘數十里王師銀鎗都陷其陣衝盪擊斬往返十餘里王彦章先破晋兵西趨濮陽晋輜重在陣西望見梁旗幟入幽州陣大潰幽州兵亦亂自相蹈藉周德威不能制父子皆戰死晋

兵無復部伍梁兵四集勢甚盛晋王據高邑收散兵而歸

武經總要後集卷二

欽定四庫全書 子部
武經總要後集卷三 四

詳校官編修臣程嘉謨

總校官候補中允臣王燕緒
校對官中書臣榮樸
謄録監生臣梅用調

欽定四庫全書

武經總要後集卷三

宋 曾公亮等 撰

故事三

方畧

元徽中桂陽王休範舉兵於潯陽朝廷惶駭與潘淵等集議中書省議莫有言者道成曰昔上流謀逆皆因淹緩以敗休範必遠懲前失兵急下乘我無備請頓師新亭以當其鋒因索筆下議中書舍人孫千齡與

休範有密契獨曰宜依舊遣軍據梁山道成正色曰賊今已據梁山豈可得再據新亭既是兵衝所欲以死報國耳乃單車白服至新亭築壘未畢賊前軍已至道成方解衣高卧以安衆心乃索白虎幡登西垣使寧朔將軍高道慶等浮舸與賊水戰大破之斬休範首餘賊進至杜姥宅車騎將軍與蕺茅恬開東府納賊冠軍將軍沈懷明於石頭奔散張永潰於白下宮内傳新亭亦陷太后執蒼梧王手泣曰天下事敗

矣道成遣軍正陳顯達等從石頭濟淮間道自承明門入衛宮闕休範黨與蕺許公詐稱休範在新亭士庶惶惑詣壘赴休範投名者千數至是道成隨得輒燒之登城北謂曰劉休範父子皆已戮屍在南崗下覩汝等名皆已焚除勿懼也乃分遣衆軍擊平賊黨道成振旅凱入百姓緣道聚覩曰全國家者此人也

唐郭虔瓘為北庭都護突厥默啜遣其子移温克汗及同俄時勒率精騎圍逼北庭虔瓘率衆固守時勒單

騎親逼城下虔瓘使勇士伏於路左突起斬之賊衆既至時勒相率於城下乞降請盡軍中衣資器械以贖時勒及聞其死三軍慟哭便引退默大恐頡利亦遣石阿失畢與時勒偕領兵以時勒死不敢歸率妻孥降

馬燧鎮太原燧以晉陽王業所起都城東西平易受敵時天下騷動北邊數有警急及引晉水界汾而注城之東潴以為池寇至計有守陴者萬人又決汾水環

城多為池沼植柳以固堤太原承錢政範防百井敗軍之後兵甲寡弱燧乃悉名將吏收牧馬廝役得千餘人悉補騎卒教之數月為精兵造甲者必令長短三等以稱士卒服被

田悅與晉青恒冀通謀自率兵三萬圍邢州次臨洺張重城絶其内外以拒救兵邢將李洪臨洺張伾皆堅守昭義軍告急詔燧將步騎二萬與昭義節度使李真神策行營兵馬使李晟合軍救臨洺燧軍出峙口

未過險持書諭悅為好語悅謂燧畏之十一月師次邯鄲悅遣使至燧燧皆斬之遣兵擊破其前軍射殺其將成炫之悅自攻臨洺遣大將楊朝光將兵萬人於臨洺南雙崗東西列二柵以禦燧燧率李抱真李晟進軍營於二柵中其夜東柵逃歸燧明日進軍營明山取其棄柵置輜重悅謂將吏曰朝光堅柵不下假令燧等盡銳攻之此數日計不能下殺傷必甚吾必拔臨洺賞勞軍士而與之戰必勝之術也悅乃分恒州李惟岳兵五千以助朝光燧率兵攻朝光田悅將萬餘人救之燧令大將李自良李奉國將奇兵合神策軍於雙崗禦之令曰悅得過者斬自良等擊却悅燧乃縱火車以焚其柵斬朝光及大將盧子昌及首五千餘級生虜八百餘人居五日進軍至臨洺田悅悉軍復戰燧自將銳兵拒其衝口凡百餘合士皆死戰悅兵大敗

曲環鎮許州劉昌裔為屯田副使有兵馬使安國寧留

後上官說謀反以城降蔡賊事洩昌裔密計斬之即名其麾下千餘人賞以酒食縑匹伏兵要害令持縑者悉斬之無一人得脫

史思明亂王師敗績乘勝而西李光弼整衆徐行至洛謂留守韋陟曰賊乘鄴下之勝再犯王畿宜按甲以挫其鋒不利速戰洛城非禦備之所公計若何陟曰加兵陝州退守潼關據險以待之足挫其銳矣光弼曰此兵之常勢非用奇之策也夫兩軍相守貴進尺

寸之間令女委百里而不顧足張賊勢也若移軍河陽北阻澤潞三城以抗勝即擒之敗則自守表裏相應使賊不敢西侵此猿臂之勢也判官韋損曰東京帝宅侍中何不守之光弼曰若守洛城汜水崿嶺皆須人守子為兵馬判官能守之乎遂移牒留守及河南尹并司官徒坊市居人出城避寇空其城率軍士運油鉄諸物以為戰守之備時史思明已至偃師光弼軍方至石橋令秉炬徐行與賊相隨而不敢犯一

夜入河陽三城排門守備賊憚光弼威畧頓兵白馬寺南不出犯宮闕

李愬為隨唐鄧節度使討吳元濟愬當兵士摧敗之餘氣勢傷沮愬揣知其情乃不肅軍陣不齊部伍或以不肅為言愬曰衆方安袁尚書之寛易吾不欲使其改備乃紿告三軍曰天子知愬柔而忍恥故令撫養女輩戰者非吾事也衆軍信而樂之愬士卒傷夷者親自撫之其賊既敗高袁二師且輕愬名位無所畏憚頗懈備居半歲知人可用乃謀襲蔡表請濟師詔河中鄜防奇兵二千人益之由是脩葺器械陰計戎事諜知賊中虛實陳許節度使李光顏勇冠諸軍賊悉以精卒拒光顏愬乗其無備遂襲蔡州取元濟以獻

李抱真鎮昭義軍留後密揣山東當有變上黨且當兵衝是時乗戰餘之地土瘠賦重人民益困無以養軍乃籍戶丁男三選其一有材力者免其租徭給弓矢

令之曰農之隙則分曹角射歲終吾當會試按簿而試之以示賞罰復命之如初比三年則皆善射抱真曰可用矣於是閲之鄉丁得成卒二萬不仰衣食於官府而倉庫益實乃繕甲兵為戰具遂雄視山東天下稱昭義步兵冠諸軍乃遣門客賈林說王武俊合從擊朱泚武俊許之時兩軍尚相疑抱真乃以數騎詣武俊營武俊設備甚嚴抱真曰朱泚李希烈僭竊大位朱滔攻圍涓州嘗欲凌駕吾與足下既不能自

劾於數賊之間乃捨九葉天子而北面臣反虜乎適者聖上在奉天下罪已之詔可謂禹湯之主也因言及播越持武俊涕泗交下武俊亦哭感慟左右因退臥武俊帳中酣寢久之武俊感其不疑待之益恭指心仰天曰此身已許公死敵矣飯乞結為兄弟而別約明日合戰遂擊破朱滔於涇城

五代後唐李存進將王師據德勝渡汴軍據楊村渡在上流汴人取洛陽編竹木造浮梁以濟軍士王師以

船渡緩急難濟存進率意造浮橋軍吏曰河橋須竹笮大艑兩岸石倉鐵牛以為固今無竹木竊慮難成存進曰成筭在心必有所立乃課軍造葦笮維大船數十艘作土山巨木於岸以繫之初軍中皆謂無成月餘橋建制度周至於是皆服其巧智

符存審初為蕃漢馬步軍都指揮使梁太祖北伐至棗彊存審以奇兵三千屯於趙州初梁軍聲言五十萬存審以兵少不敵心頗憂之謂裨將趙行實曰但得老賊在東別將在西來尚可從容晝策不旬日楊師厚攻棗彊賀德倫寇蓚縣攻城甚急存審謂趙行實曰吾王方事北面南鄙之事付我等數人今西道無人蓚縣危急我等坐觀其弊何以自安老賊既不下蓚城必西寇深冀不預為方畧則滋蔓難圖與公等輕騎而行覘其所向選精騎八百急輒信都扼下博橋道存審令史建唐李嗣弘分兵拒守建唐分麾下五百騎為五軍一軍之衡水一軍之南宫一軍之信

都一軍之阜城自將一軍深入各命俘賊討芻糧者十人而會于下博橋翊日諸軍所至遇梁軍之樵芻者執數百人皆殺之留數人斷臂縱去曰為我語朱公晉王大軍至矣時梁祖引師厚兵就德倫共攻蓚縣始至縣西未置營嗣弘建唐各領百餘騎用賊旗幟與芻糧者相雜而行至暮及賀德倫營門殺其門者縱火大呼俘斬而旋其芻樵者斷手臂者歸言晉大兵至梁祖大駭遂夜遁

本朝李繼遷陷清遠軍以王超為西面行營都部署蔡翰為鈐轄領步騎六萬援靈州上問以策畧超上二圖其一置資糧在軍中布兵周援賊無以鈔畧其一遇賊即變而為陣其外即分列遊兵持勁弩則遇賊易聚而可併力上甚奬之

五路討李繼遷以李仲貴為麟府州獨輪塞路都部署名對便殿因言賊居沙漬中逐水草畜牧無定居便於戰鬭利則進不利則走令五路齊入彼聞兵勢大

或不來接戰且謀遠遁欲追則人馬乏食欲守則地無堅壘臣輩無功何顏以見陛下太祖善之出御劍以賜又累遣使撫勞至則諸將果無大功

權奇

春秋時齊師宋師次於郎魯侯禦之公子偃曰宋師不整可敗也（偃魯大夫）宋敗齊必還請擊之公弗許自雩門竊出蒙皐比而先犯之（雩門魯南城門皐比虎皮）公從之大敗宋師於乘丘齊師乃還

晉楚相持城濮之戰晉師陳于莘北胥臣以下軍之左當陳蔡楚子玉以若敖之六卒將中軍曰今日必無晉矣子西將左子上將右（子西鬬宜申子上鬬勃）胥臣蒙馬以虎皮先犯陳蔡陳蔡奔楚右師潰（陳蔡屬楚右師）毛設二旆而退之（旆大旗也又建二旆而退使若大將稍却）枝使輿曳柴而偽遁（曳柴起塵詐偽衆走）楚師馳之原軫郤溱以中軍公族橫擊之（公族公所率之軍）狐毛狐偃以上軍夾攻子西楚左師潰楚師敗績

齊侯執陽虎將東之陽虎願東（陽虎欲西奔晉知齊必反故詐以東為願也）乃囚諸西鄙盡借邑人之車鍥其麻約而歸之（鍥刻也欲絶追者）載蔥靈寢於其中而逃（蔥靈輜車名）

吳伐越越子勾踐禦之陳于檇李勾踐患吳之整也使死士再屬焉不動使罪人三行屬劍于頸而辭曰二君有治臣奸旗皷不敏於君之行前不敢逃死遂自剄師屬之目越子因而攻之大敗之

華登帥吳師以敗宋師公欲出廚人濮曰吾小人可藉

死（可備死于難）而不能送亡君請待之（請君待後戰決勝負）乃徇曰揚徽者公徒也（徽幟也）衆從之公自陽門見之（見人皆揚徽幟）（陽國門門名）下而巡之曰國亡君死二三子之恥也豈專孤之罪也齊烏枝鳴曰用少莫如齊致死齊致死莫若去備（備長兵也）彼多兵矣請皆用劍從之華氏北復即之廚人濮以裳裹首而荷以走曰得華登矣遂敗華氏於新里

晉師伐秦秦人毒涇上流師人多死（飲毒水故也）

楚師伐吳鍼尹固與王同舟王執燧象以奔吳師（以象火燒象尾使赴吳師驚却之）

戰國燕師伐齊以下七十餘城圍即墨未下齊將田單乃收城中得千餘牛為絳繒衣畫以五色龍文束兵刃于其角而灌脂束葦於尾燒其端鑿城數十穴夜縱火牛壯士五千人隨其後牛尾熱怒奔燕軍燕軍視之皆竜文大驚盡被觸死傷五千人因銜枚縱擊城中鼓譟從之老弱皆擊銅器聲動天地燕軍大敗復齊七十餘城

宋將宗慤征林邑還入象浦大渠南來注浦宋師阻渠置陣林邑王傾國來迎限渠不得渡以其裝被象諸將憚之請待前後軍進然後擊慤曰不然吾已屠其堅城破其銳衆士氣方勵彼已破膽一戰可定何疑馬慤以外國有獅子威服百獸乃制其形與象相禦象果驚奔衆因此潰亂慤率兵直渡渠奮擊遂克林邑

王鎮惡與武帝期尅洛陽既而鎮惡至潼關請率水軍自河入渭直至渭橋鎮惡所乘皆蒙艟小艦行船者悉在艦內泝渭而進艦外不見行船人北土素無舟楫莫不驚以為神鎮惡既至令將士食畢便棄舟登岸渭水流急諸艦悉逐流去鎮惡撫慰士卒曰去家萬里而舫乘衣糧已逐流去豈復有求生之理惟死戰可立大功士卒莫不爭先遂克長安

秦苻堅陷襄陽晉將桓沖攻之堅及慕容垂等率步騎

五萬救之以石越為前鋒次於沔水垂越夜命三軍人持十炬火繫炬於木枝光照數十里沖懼引還

永王璘拒命肅宗詔中使官談廷瑤招討之判官李銑裴茂以廣陵步卒三千同出於瓜步洲廣張旗幟耀於江津璘登陴望之竟日始有懼色其夕銑等多燒火人執兩炬以疑之隔江望者逆見火光亘十餘里以為官軍悉濟矣璘率妻子及麾下宵遁

朱滔帥幽州建中初成德李寶臣死其子惟岳謀襲父

位滔與張孝忠征之大破惟岳於東鹿東鹿遂陷命偏裨守之進圍深州惟岳統萬餘衆及田悅援兵圍東鹿惟岳將王武俊以騎三萬横進滔繪帛為狻猊象使猛士百人蒙之鼓譟奮馳賊馬驚亂隨擊大破之惟岳焚營而遁

臨陣制宜

春秋時晉陽處父侵蔡楚子救之與晉師夾泜(水名)而軍陽子患之使謂子上曰吾聞之文不犯順武不違敵子若欲戰則吾退舍子濟而陳(若使楚渡成陣而後戰)遲速惟命不然紓我老師費財亦無益也乃駕以待子上欲涉太孫伯曰不可晉人無信使涉而薄我悔將何及不如紓之乃退舍(楚欲退使晉渡)陽子宣言曰楚師遁矣遂歸楚亦歸

東晉盧循寇逼建業劉道規司馬王鎮之及將軍檀道濟彦之等赴援朝廷至潯陽鎮為循黨荀林所破林乘勝伐江陵聲言徐道覆已赴建鄴而恒謙自長安

入蜀詔以謙為荆州刺史與其大將譙道福俱赴江陵道規乃會將士戒之曰吾東來文武足以濟事欲去者不禁因夜開城門衆咸憚服莫有去者

唐張守珪為瓜州刺史使墨離軍使領衆築成州板堞纔立賊暴至城上城中相顧失色相率登陴卒無守禦之意守珪曰彼衆我寡創夷之後不可以矢石相持須以權道制之乃於城上置酒作樂賊徒疑城中有備而退因縱兵擊敗之

大歴中城涇州段秀實當留後馬璘奉詔徙鎮涇州其士衆嘗四鎮北庭赴難中原僑居驟移頗為勞怨刀斧將士童義因人心動搖導以為亂或告其事且曰候嚴警鼓為約矣秀實乃召告人揚怒失節且戒曰每更籌盡必來報之輒延數刻四更畢而曉至刻既差亂不能告者復曰令夜將焚草場期救火者同作亂秀實嚴警備夜半火發令於軍中曰救火者斬之童義居外營請入救火不許明日斬之

王翃為河中少尹有裨將淩正横暴擾軍政約至夜鼓譟斬關以逐翃有告者翃縮夜漏數刻以差其期賊驚駭正軍城乂安

王甫代宗時武將也廣德元年十月吐蕃犯長安甫誘長安惡少數百人集六衛鼓於朱雀街大鼓之吐蕃聞而震懾乘夜遁初吐蕃既至廣武王承宗將刼京城安工匠整隊伍及是聞鼓聲謂有變遂俱奔潰

本朝王師平成都虎捷都校呂翰與綿州都校全師雄謀叛賊約以三鼓攻城裨將曹翰諜知之戒掌漏者但擊二鼓賊衆不集至明而遁王師襲破之

太祖朝劍外初平馮瓚知梓州視事纔數日偽軍校上官進嘯聚士卒千餘衆刼村民數萬人夜攻州城瓚曰賊乘夜奄至此烏合之衆以箠挺相撻擊必無固志正可持重以鎮之待旦自潰矣躬自率衆巡城密令促其更籌未夜分擊五更賊悉遁去因縱兵追之擒上官進斬於市招誘餘黨得千餘人並赦其罪令復業郡境以安

太宗朝契丹入寇詔趙延進與崔翰李繼隆將兵八萬禦之賜陣圖分為八隊師次蒲城敵騎奄至延進乘高望之東西亘野翰等方按圖布陣陣相去百步延進曰主上委吾等以邊事期於尅敵今敵衆若此不如合而擊之可以決勝違令而獲利不猶愈於辱國乎儻有喪敗則延進獨當其責於是改為二陣前後相副士衆皆喜三戰咸捷

太平興國元年梅山洞蠻叛命田紹武翟守素分路掩擊至邵州聞蠻酋包漢陽死去其居十里為陣大敗之擒蠻二萬令軍中取利劍二百斬之留五十餘人遣歸曉諭諸洞自是蠻人不擾三年梅山洞蠻恃險又叛詔遣翟守素率諸州屯兵往擊之值霖雨彌旬弓弩解弛不堪挽明日將接戰守素一夕令削木為弩及旦賊奄至交射之賊遂敗乘勝逐北盡平其巢穴先是數郡大吏富人多與賊帥包漢陽交通既而

得其書數百封守素並焚之反側以定

端拱初李繼隆為定州部署朝議有寇至令堅壁清野勿戰一日敵衆寇蒲城至唐河護軍袁繼忠慨慷請出師中黄門林延壽等五人以詔書止之繼隆曰閫外之事將軍得專乃與繼忠出兵戰數合擊走之

詭道

後漢初馮異將數萬人與賊約期會戰使壯士變服與赤眉同伏於道側明日赤眉使萬人攻異前部異出救兵少以示弱賊見之遂悉衆攻異異乃縱兵大戰日暮賊氣衰伏兵猝起衣服相亂赤眉不能識别衆遂驚潰追擊之破於崤底

後漢末袁尚出軍於平原使其將審配守鄴曹操攻鄴城袁尚聞鄴急棄平原而救欲入城以計事主簿李孚請行尚曰急當何所辦孚曰今鄴圍甚堅多人則不可孚乃自選温信者三人不示其謀各給駿馬金鐸戎器伺日暮直抵鄴下自稱曹公都督巡歷圍壘

所遇呵責失侯者輒笞之自東至西徑入曹公營當城門復怒守圍者縛之因開圍馳至城下配以繩引之孚得入城中鼓譟皆呼萬歲守圍者以狀聞操笑曰此非徒入方且復出孚計事訖欲還而外圍益急謂配曰城中穀少無用老弱不如驅出之以省穀配從之乃夜簡得一千人皆令持白旛秉脂燭三門而出請降孚將所乘騎隨降人而出時圍吏聞城中悉降火光照耀但共覩火不復視圍孚乃歸明日操聞

孚已得去曰果如吾言

曹操征馬超軍於渭南超率騎衝突營不得立地又純沙不勝版築婁伯子說操曰今天寒可起沙為城以水灌之營壘可就也公從之其夜朔風大作水與沙交凍比明視之堅如鐵石

檀道濟都督征討諸軍事與魏軍二十餘戰多捷軍至歷城以資運將竭欲還卒有降魏者具說粮食已罄士卒憂懼莫有固志道濟夜唱籌量沙以所餘少米

覆其上及旦魏軍見資糧有餘故不復逼以降者為妄斬之時道濟兵寡弱軍中大懼道濟乃命軍士悉去甲白服乘輿徐出外圍魏軍懼有伏不敢追乃歸

後魏万俟醜奴稱亂關右魏將賀拔岳討之軍於汧渭之間宣言遠近曰今氣候漸熱非討征之時待至秋涼更圖進取醜奴聞之遂以為實分遣諸軍散營農於岐山之北百里納川使大尉侯元進領兵五千據險立柵其千人以下為柵者亦有數處且田且守拔岳知其勢分乃密嚴備晡時潛遣輕騎先行斷諸路然後諸軍盡發昧朝攻圍元進柵拔之諸所俘執皆放之其餘柵悉降拔岳宣言徑取涇州其刺史侯長貴亦以城降醜奴乃棄平亭而走

齊王憲大舉東討憲為前鋒守雀鼠谷大將軍永昌公椿屯雞棲原宇文盛守汾水關並受憲節度憲密謂椿曰兵者詭道汝今為營不須帳幕可伐柏為菴示有處所兵去之後賊猶致疑時齊主分軍萬人向千

里徑令其衆入汾水關自率大兵與椿對宇文盛馳告急憲自救之齊人遽退文盛與柱國侯莫陳芮逐之多有斬獲俄而椿告齊衆稍逼憲又救之會彼追還率兵夜返齊人果謂栢菴為帳幕不疑軍退翌日始悟

後周將賀若敦率騎六千渡江取陳相州陳將侯瑱過之江路遂斷糧援遂絕人懷危懼敦於是分兵鈔掠以充資費恐瑱等知其糧少乃於營內聚土覆之以

來因名側近村人伴有所訪問使於營外遥見遂即遣之頊等聞以為實乃據守要險欲曠日老之敵又增修營壘造廬舍示以持久軍中數有叛人乘馬投頊頊遂納之敵又别取一馬牽以趣船令船中遂以鞭鞭之如是者再三馬便畏船不上後伏兵於江岸遣人乘畏船馬以招頊軍詐稱投附頊便遣兵迎接竟來牽馬馬既畏船不上敵發伏掩之盡溺又湘羅之人乘輕船載米粟及菴雞鴨以餉頊軍敵患之乃

偽使人裝船伏甲士於中頊兵見之謂餉船之至逆來爭取敵甲士出而擒之此後實有船餉並不敢取相持歲餘頊不能制

隋開皇中文帝大議代陳諸將皆云大江闊遠兵不習水以為疑襄邑公賀若弼獻十策其一請多造船船既多賊必防礙更甚今南地無馬請付傍江諸州二十歲已上老馬令飼以平陳為名賊必懼求馬擬戰密勅刺史令私買博大船江南下濕時不宜馬不適周年並當死盡終不為彼用陳叔寶果大造船輸船市馬輸既多方覺不便而止高乃請所得博船運諸州來為貯壽陽穿大池以蓄魚遨遊為名造船放水戰仍以賀若弼為壽州總管終以平陳

韋雲起討契丹以其與突厥相通素無猜忌雲起既入其界使突厥詐云向柳城郡欲共高麗交易勿言營中有隋使敢漏泄者斬契丹果不為備去其營百里詐復南渡夜復還去營五十里結陣而宿契丹弗之

知也既明萬騎俱發襲之盡獲其男女四萬口女子及畜產以半賜突厥餘將入朝男子皆殺之煬帝大喜集百官曰雲起用突厥而平契丹

五代梁太祖屯軍于岐下晉軍潛襲絳州前軍不利晉軍恃勢而攻臨汾叔宗嚴備禦乃於軍中選壯士二人深目虬鬚貌如沙陁者令就襄陽縣牧馬於道州晉軍見之不疑二人因雜其行間俄而伺隙各擒一人而來晉軍大驚且疑有伏兵遂退據蒲城

葛從周圍兖州兖州人不出從周詐揚言并人鄆人來救即引軍趨高吳夜半潛却歸砦朱瑾果出兵攻外壕梁軍突出掩殺千餘人生擒都將孫漢筠

奇計

春秋時吳伐楚吳公子光喪其乘舟餘皇光請于衆曰令喪先王之乘舟豈惟光之罪衆亦有焉請藉收之以救死（藉衆力以取舟）衆許之使長鬣者三人（長鬣多髭鬚與吳人異形狀詐為其人）潛伏於舟側曰我呼餘皇則對從之三呼皆迭對楚人從而殺之楚師亂吳大敗之取餘皇以歸

吳將周瑜使甘寧據夷陵魏將曹仁圍寧呂蒙往救之乃遣三百人斫柴斷險道賊敗走可得其馬到夷陵即交戰所殺過半仁衆夜遁行過柴道皆捨馬步走蒙兵追擊獲馬三百匹方船載以還

東晉劉裕北征廣固嶺南賊將徐道覆說其帥盧循曰今日之機萬不可失既尅都邑劉裕雖還無能為也循從之初道覆密欲裝舟乃使人伐材木於南康山云將下都貨之備力少不能得致即賤賣之價減數倍居人雖貧賤賣衣物而市之贛石水急出船甚難皆儲之如是百數以故船板大積而百姓弗之疑及道覆舉兵案賣券而取之無得匿者乃并裝之旬日而辦遂舉衆寇南康廬陵豫章郡諸守相皆委任奔走

晉劉裕率兵伐後秦姚泓後魏遣將鵝青等步騎十萬屯河北常有數千騎緣河隨晉軍進止時晉軍緣河南岸牽百丈繩河流迅急有漂渡北岸者輒為魏人所殺掠遣軍纔過岸即退軍還復來宋武乃遣白直隊主丁旿率七百人車七百乘於河北岸上去水百餘步為却月陣兩頭抱河弓弩畢張使立一白旄魏人乃初不解其意並未動宋武先命將朱超石戒嚴白旄既舉超石馳往復之并齎大弩百張一車益二十人設柵排於轅上魏人見營陣立乃進圍營超石先以軟弓小箭射之魏軍四面俱至攻營于是百弩俱發又選善射者叢射之魏衆既多弩不能制超石

初行齋大鎚并大弩千餘張乃斷稍長三四尺以鎚之一稍輒洞貫三四人魏衆不能當遂奔潰

宋檀祇為廣陵相亡命司馬國璠兄弟自北徐州聚衆數百潛過淮陰因夜晦率百許人緣廣陵城得入呌喚直上聽事祇驚起出門將處分賊射之傷脚入密語左右曰賊來暗得入掩我不備但打五更賊懼曉必逸賊驟聞皷鳴將謂曉遂奔散追擊盡獲之

武帝謀討劉毅王鎮惡曰公若有事西楚請給百舸為前驅及西討轉鎮惡叅軍事使率龍驤將軍蒯恩領百舸前發鎮惡受命晝夜兼行聲言到兖州毅為信然不設備鎮惡去江陵城二十里舍舸步行蒯恩軍在前鎮惡次之舸留一二人對舸上岸立鎮惡語所留人曰計我將至城使長嚴令後有大軍狀又分隊在後令燒江津船鎮惡徑前襲城津百姓皆言劉藩實上晏然不疑將至城逢毅嬖將朱顯之馳前問藩所在軍中荅曰在後及至軍後不見藩又望見江津

船被燒而皷聲甚盛知非藩上便躍馬告毅令閉城鎮惡亦馳追入城便因風縱火燒城南門及東門而襲破之

東昏侯遣輔國將軍劉山陽就荆州蕭穎胄兵襲蕭衍衍時為雍州刺史將起兵慮穎胄不同遣穎胄親人叅軍王天虎詣江陵聲言山陽西上并襲荆雍書與穎胄勸同舉兵穎胄意猶未決山陽至江陵衍復令天虎齎書與穎胄及其弟穎達且設奇畧以疑之是時或云山陽謀殺穎胄入荆州舉兵及山陽至江安遲回十日餘不上穎胄大懼計無所出夜呼叅軍席闡文與柳忱閉閤定議闡文曰蕭雍州蓄養士馬固非一日江陵素畏襄陽人又衆寡不敵取之必不可制就能制之歲久復不為朝廷所容今若殺山陽與雍州舉事立天子以令諸侯霸業成矣山陽遲疑不進是不信我今斬送天虎則疑可釋至而圖之動罔不濟詰旦穎胄謂天虎曰天下之事懸在於卿今就

卿借頭以詐山陽昔樊於期亦以頭借荆軻乃斬天
虎以示山陽山陽大喜至江津單車白服從左右數
十人詣穎胄穎胄使劉孝慶等伏兵城內山陽入門
即於軍中斬之
侯景反宣城王大器都督城內諸軍事羊侃副之軍旅
指揮一決於侃景乘勝至闕下城中恂懼侃詐稱得
射書云邵陵王西昌侯援兵已至近旅衆乃少安景
縱火燒諸門侃使鑿門上為竅下水沒火景作木驢

數百攻城城上投石碎之景更作尖頭木驢攻城矢
石所不能制侃作雉尾炬灌以膏蠟叢擲焚之俄盡
景又作登城樓高十餘丈欲臨射城中侃曰車高塹
虛彼來必倒可卧觀之車動果倒景又東西起土山
以臨城侃命為地道潛引其土山不能立反於城內
築土山以應之會大雨城內土山崩賊乘之垂入苦
戰不能禁侃令多擲火繩以斷其路徐於內築城人
不能入

葛榮率衆將向洛陽衆號百萬魏將爾朱榮自太原討
之率精騎七千馬皆有副倍道兼行東出滏口葛榮
自鄴以北列陣數十里箕張而進榮潛軍山谷為奇
兵分督將以上三人為一處有數百騎令所在處揚
塵鼓譟使賊不測人多少以人馬逼戰刀不如棒密
勒軍士馬上各齎棒一枚置於馬側至戰時慮廢騰
逐不聽斬級使以棒棒之而已乃分命壯士勇者當
衝突號令嚴明將士同奮榮身自陷陣出於賊後

表裏合擊大破之於陣擒葛榮
東魏高仲密反魏宇文泰帥諸軍應之至洛陽圍河橋
南城東魏兵十萬至河北泰縱火船於上流以燒河
橋東魏斛律金使張亮以小艇百餘載長鎖伺火船
將至以釘釘之引鎖上岸橋遂獲全
魏將于謹嘗率輕騎出塞覘候屬鐵勒數千騎奄至謹
以衆寡不敵退必不免乃散衆騎使匿叢薄間又遣
人升山指麾若部分軍衆者鐵勒望見之疑有伏兵

既恃其衆不以為慮乃進軍逼譙常乘駿馬名紫騮賊先所識乃使二人各乘一馬突陣而出賊以為譙也皆爭逐之譙乃率餘軍擊追騎賊遂奔走因得入塞

南齊將魯康祚趙公政率衆萬餘侵魏豫州大倉口魏將傅永率三千人擊之時康祚等軍於淮南永舍於淮北十有餘里永量吳楚之兵好斫營即夜分兵為二部出于營外又以賊若夜來必於渡淮之所以火

記其淺處永既設伏乃密令以瓠盛火渡南岸當深處置之教云若有火起即亦燃之其夜康祚等果親領兵來斫營東西二伏夾擊之康祚等奔趨淮水火即競起不能記其本濟處遂望永所置火爭渡水深溺死斬首千級生擒公政康祚人馬墜淮水及曉獲其尸斬首并公政送京師

後趙將石虎領兵救陳州為祖逖所敗收兵掠豫州留將桃豹守州故城居西臺逖遣韓潛等居東臺同一城賊從南門出入牧放逖軍開東門相守四旬逖以布囊盛土如米狀使千餘人運上臺又令人負運真米僞為疲極而息於道賊果逐之運米者棄走賊獲米謂逖士衆豐飽而已飢久益懼無復膽氣

後周末楊堅為丞相輔政尉遲迥在河北拒命河南州縣多從迥堅遣于仲文討之迥將檀讓屯成武別將高士儒以萬人屯永昌仲文詐移書州縣曰大將軍至可多積粟讓謂仲文未能猝至方椎牛享士仲文

知其怠選精騎襲之一日遂至遂拔成武迥將席毗羅衆十萬屯於沛縣將攻徐州其妻子在金鄉仲文遣人詐為毗羅使者謂金鄉城主徐善淨曰檀讓明日午時至金鄉將宣蜀公令（即尉遲迥）賞賜將士金鄉人謂信然皆喜仲文簡精兵僞建迥旗幟倍道而進善淨遥見仲文軍至以為檀讓乃出迎謁仲文執之遂取金鄉諸將多勸屠之仲文曰此地是毗羅起兵之所當寛其妻子其衆自歸如即屠之彼望絶矣衆皆

稱善於是毗羅恃衆來薄官軍仲文背城結陣出軍數里設伏於麻地中兩陣纔合伏兵俱發曳柴鼓譟塵埃漲天毗羅軍大潰仲文乘之賊皆投洙水死水為之不流獲檀讓轞送京師江南悉平

韓雄除徐州刺史東魏雍州刺史郭政畧接境頗為邊患雄密圖之輕將千騎夜入其境伏於道側遣都督韓仕結束若東魏人狀詐若自河陽叛投關西者畧出馳之雄自後射之畧墜馬遂斬畧首

隋達奚長儒與烏丸軌圍陳將吳明徹於呂梁陳援軍至軌令長儒拒之長儒取車輪數百繫以大石沈之清水連轂相次以待之船艦礙輪不得進之長儒縱兵大破之獲吳明徹

劉芳授驩州道行軍總管征林邑至海口林邑王梵志遣兵守險芳擊走之師次闍黎江賊據南岸立柵芳盛陳旗幟擊金鼓賊懼而潰既渡江行三十里賊乘巨象四面而至芳戰不利乃多掘小坑草覆其上因以兵挑之梵至率衆而陣芳與戰偽奔梵志逐之象多陷地顛蹶轉相驚駭軍遂亂芳又以弩射象象中槍却走蹂其陣因以鋭師繼之梵志大敗而走俘馘萬計於是濟區粟渡六里前後每戰必捷進至大緣江賊據險又擊破之經馬援銅柱南行八日至其國都梵志棄城入海芳入城獲其廟主十八皆鑄金為之汙其宫室刻石記功而還

漢王諒據并州反代州總管李景發兵拒諒諒遣喬鍾

馗圍景煬帝詔楊義臣率兵救之義臣自以兵少悉取軍中牛驢得數千頭復令兵數百人人持一鼓潛驅之義臣於山谷間晡後與鍾馗戰兵初合驅牛驢者疾進一時鳴鼓塵埃漲天鍾馗軍不知以為伏兵發因而奔潰遂擊大破之

唐北狄鐵勒薛延陁發同羅僕骨回紇等合二十萬渡漠屯白道州據善陽領以擊突厥可汗李思摩之部思摩引其種落走朔州留精騎以拒戰薛延陁乘之

及塞太宗乃令張儉李勣等率兵數道擊之太宗戒之曰延陁負其兵力踰漠而來經途數千里馬已瘦瘦夫用兵之道先利速進不利速退吾先勑思摩燒薙秋草延陁粮肉日盡野無所獲頃有偵者來云其馬畜嚙噉林木皮草略盡卿等犄角思摩不須前戰俟其將退一時奮擊制勝之舉也先是延陁擊沙鉢羅及阿史那杜爾等皆以步戰而勝及其將來寇也先講武於國中教習步戰每五人以一人經習戰陣

者使執馬而四人前戰尅勝即援馬以追奔失於應接罪至於死沒其家口以賞戰人至是遂行其法突厥兵先合輒退延陁乘勝逐之勣兵拒擊延陁弓矢俱發傷我戰馬勣令去馬步陣率長矟數百為隊齊奮衝之其衆潰散副總管薛萬徹率數千騎收其執馬者其衆失馬大敗

高宗遣將軍裴行儉討突厥於黑山至朔州謂其下曰用兵之道撫士貴誠制敵尚詐前日蕭嗣業運糧為突厥所掠士卒凍餒故敗今突厥必復為此謀宜有以詐之乃詐為糧車三百乘每車伏壯士五人各持陌刀勁弩以羸兵數百為之援且伏精兵於險要以待之虜果至羸兵棄車散走虜驅車就水草解鞍牧馬方擬取糧壯士自車中躍出擊之虜驚走復為伏兵所邀殺獲幾盡自是糧運無敢近者

雍熙初張齊賢知代州敵騎自胡谷入寇薄城下神衛都校馬正以所部列南門外衆寡不敵副都署盧漢

斌畏懦堡壁自固張齊賢選廂軍三千出正之右誓衆感慨一以當百敵遂却走循胡盧河南而西先是約都部署潘美以并師來會戰無何間使為敵所得齊賢以師期既漏且虞美之衆為敵所乘俄而美有使至大師出并州四十里至栢井忽得密詔東路王師衂於君子館有詔并之全軍不得出戰已還州矣于時敵騎塞州齊賢曰敵知美之來而未知美之退乃閉其使密室中夜發兵二萬人持一幟負一束芻距

州城西南三十里列幟燃芻敵遥見大光中有旗幟意謂并師至矣駭而北走齊賢先伏步卒二千人於土墱岩掩擊大敗之擒其北大王之子一人帳前舍利一人斬數百級獲馬千餘器甲甚衆齊賢乃歸功漢斌捷奏至太宗嘉之優詔褒美

武經總要後集卷三

欽定四庫全書

武經總要後集卷四

宋 曾公亮等 撰

故事四

將貴輕財

漢李廣歷七郡太守前後四十餘年賞賜輒分與麾下飲食與士卒共之家無餘財終不言生産事將兵之絶處見水士卒不盡飲不近水士卒不盡餐不嘗食士卒以此愛樂為用也

竇嬰為大將軍嬰言袁盎欒布諸名將賢士在家者進之所得金陳廊廡下軍吏過輒裁量其用金無入家者

後漢祭遵為人廉約小心克己奉公光武以為刺姦將軍賞賜輒盡與士卒家無私財

魏曹真累遷大司馬每征行與將士同甘苦軍賞不足輒以家財班賜士卒皆願為用

魏田豫為護烏桓鮮卑校尉後為護匈奴中郎將并州

刺史豫清約儉素賞賜皆散之將士每胡狄私遺悉
簿藏官不入家家常貧匱雖殊類咸高豫節

西魏將梁椿性果毅善於撫納所獲賞物分賜麾下故
每戰敵境咸得其力

唐李勣為行軍總管前後戰勝所得金帛皆散之將士

蕭瑀出為河池郡守即日遣之既至郡有山賊萬餘人
寇暴縱横瑀潛募敢勇之士設奇而擊之當陣而降
其衆所獲財畜咸賞有功由是人竭其力

馬燧討田悦先戰燧誓軍中曰戰勝請以家財行賞既
勝盡出其家財以頒將士德宗嘉之詔度支出財錢
五萬貫行賞還燧家財

石雄為豐州刺史雄臨財甚廉每破賊立功朝廷時有
賜予皆不入私室置於軍門首取一分餘並分給以
此軍士感義皆思奮發

將貪必敗

晉張燕為巴邑太守時泰州人鄧定等二千餘家饑餓
流入漢中因保于城漸為抄盜梁州刺史張殷遣燕
討之定窘急偽乞降于燕并餽金銀燕喜為之緩師
定密結李雄雄遣衆救之燕退定遂進逼漢中太守
杜正仲東奔魏燕亦棄官而遁

前秦苻堅遣王猛伐前燕慕容暐師次潞州燕將慕容
評率兵守禦以持久制之猛乃遣其將郭度率騎五
千夜從間道起火于高山因燒評營衆遁先是評素
性貪鄙障固山川賣柴鬻水積錢絹如丘陵三軍莫

有闘志因而大敗

王玄謨為寧朔將軍北征將士多離怨玄謨素營貨利
疋布責及千錢以此倍失人心及魏大武軍至乃奔
退麾下散亡畧盡

唐獨孤懷恩武德中為工部尚書率士討賊素無籌畧
貪冒財貨頻為賊所敗高祖屢下詔責之

王佖為靈鹽節度使先是吐蕃欲成烏蘭橋每於河壖
先置材木朔方節度使每遣人潛載之委於急流終

莫能成蕃人知佖貪而無謀先厚遺之然後并役成橋仍築月城圍守之自是朔方禦寇不暇佖黷貨邊上至今患焉

李象古為安南都護為土賊楊清所殺象古貪縱人心不附安南數日城陷故及於害

李泳為河陽節度使泳本以布人發迹禁軍以賄賂交通遂至鎮武節度轉為河陽所至以貪殘為務恃所交結不畏憲章犒宴所陳果實皆以木刻綵繪聚斂

無已人不堪命遂至於亂數日方止文宗貶永豐州長史

臨敵易將

戰國燕昭王使將樂毅下齊七十餘城惟莒即墨二城未下惠王嗣立聽齊間以騎劫代毅遂為齊將田單所敗

後周楊堅為相尉遲迥據湘州舉兵堅命上柱國韋孝寬為東道元帥帥次永橋軍於沁東會沁水漲未得渡長史李詢密啓堅云梁士彥宇文忻崔弘度等並受尉遲迥金軍中慅慅人情大異堅深以為憂謀代此三人李得林獨進計云公與諸將並是國家貴臣未相伏從前所遣者疑其乖異後所遣者安知其能盡腹心耶又取金之事虛實難明臨敵代將自古所難樂毅所以辭燕趙括所以取敗如愚所見但遣公一腹心明於智畧為諸將由來所信伏者速至軍所觀其情偽縱有異志必不敢動堅大悟即令高熲馳

驛往軍中監視諸將節度竟成大功

將驕必敗

春秋楚大饑庸人率羣蠻以反楚（庸人楚之屬國也）楚使廬戢黎侵庸庸人逐之囚子楊窻（窻戢黎官屬也）三宿而逸曰庸師衆羣蠻聚焉不如且起王卒合而後進楚將潘尪曰不可姑又與之遇以驕之彼驕我怒而後可尅與之遇三遇皆北惟裨鯈魚人實逐之（裨鯈魚庸三邑也輕楚故但三邑人逐之）庸人曰楚不足與戰矣遂不設備楚子乘驛會

師於臨品(驛傳車也臨品地名)分為二隊(隊部也)兩道夾攻之子
越自石溪子具自仞伐庸遂滅之
秦末項梁起兵吳中北至定陶再破秦軍項羽等又斬
秦三川守李由益輕秦有驕色宋義諫曰戰勝而將
驕卒惰者必敗臣竊為君畏之梁不听迺使宋義於
齊路逢高陵君曰公將見項梁乎曰然義曰臣論武
信君軍必敗公徐行則免疾行則及禍秦果悉起兵
益其將章邯夜銜枚擊梁大破之定陶梁敗而死(梁自

號武信君)
後魏崔延伯既破秦賊乃與蕭寶寅率衆會安定甲卒
十二萬鐵馬八千匹軍威甚盛時万俟醜奴置營涇
州西北七里當原城時或輕騎暫來挑戰大兵未交
便爾奔北延伯矜功負勝遂倡議先驅伐木別造大
排內為鎖柱教習彊兵負而趨走號為排城戰士在
外輜重居中自涇州緣原北上衆軍將出未戰之門
有賊數百騎詐持文書云是降簿乞緩師寶寅延伯
謂其事實逡巡未閱俄而宿勤明達率衆自東北而
至乞降之賊從西競下諸軍前後受敵延伯上馬突
陣賊勢摧挫便爾逐北徑造其營賊本輕騎延伯軍
兼步卒兵力疲怠賊乃乘間得入排城延伯軍大敗
後周末丞相堅輔政大將尉遲迥在河北舉兵拒命遣
兵畧地河南州縣多下之丞相堅遣于仲文率兵討
之仲文兵至汴州之東倪塢(烏古反)與迥將劉子昂劉
德裕等相遇進擊破之軍次蓼隄迥將檀讓擁衆數

萬仲文以羸師挑戰讓悉衆來拒仲文偽北讓軍頗
驕于是仲文遣精兵左右翼擊之大敗讓軍生獲五
千餘人
隋末翟讓李密起兵于河南滎陽郡守張須陀以兵攻
讓讓數為須陀所敗聞其來大懼將遠避之密曰須
陀勇而無謀兵又驟勝驕狠可一戰而擒之公且列
陣以待保為公敗之讓不得已勒兵將戰密分兵千
餘人于林木間詐與戰不利軍稍却密發伏自後掩

之讓令擊須陀衆大敗遂斬須陀

矜伐致敗

春秋時楚屈瑕伐羅鬬伯比送之還謂其御曰莫敖必敗舉趾高心不固矣遂見楚子曰必濟師楚子辭焉入告夫人鄧曼鄧曼曰大夫其非衆之謂其謂君撫小民以信訓諸司以德而威莫敖以刑也莫敖狃于蒲騷之役將自用也必小羅君若不鎮撫其不設備乎楚子使賴人追之不及莫敖使徇于師曰簡者有

刑及鄢亂次以濟遂無次且不設備及羅羅與盧戎兩軍之大敗之莫敖縊於荒谷

前秦苻堅議伐晉石越曰吳人國有長江之險朝無昏二之釁臣愚以為利用脩德未宜動師堅曰以吾之衆投鞭於江足斷其流遂興師苻融攻陷壽春乃馳使白堅曰賊少易俘但懼其越逸宜速進衆軍掎角擒賊必矣堅大悅恐謝石等遁去乃捨大軍于項城以輕騎八千兼道赴之遂為謝玄所敗

不矜伐

後漢馮異為偏將軍從光武破王郎封應侯為人謙退不伐行與諸將相逢輒引車避道進止皆有表識軍號為整齊每所止舍諸將並坐論功異常獨屏樹下軍中號曰大樹將軍

晉朱伺為陶侃騎督將時西陽夷賊抄掠江夏守楊珉每請督將議拒賊之計伺獨不言珉曰諸將軍何以不言伺荅曰諸人以口擊賊伺以力耳珉又問將軍

前後擊賊何以每得勝也伺曰兩敵共對惟當忍之彼不能忍是以勝矣珉大笑

將帥自表異致敗

春秋時狄人伐衛于滎澤衛師敗績衛侯不去其旗是以甚敗遂滅衛

東晉末桓玄篡位劉裕起義師討之玄敗泝流奔荆州留其將何澹之郭銓郭昶之守湓口劉裕將何無忌等次桑洲澹之等率軍來戰澹之常所乘舫旌旗甚盛無忌

謂衆曰賊帥必不居此欲詐我耳宜亟攻之衆曰澹之不在其中縱得無益無忌曰今衆寡不敵戰無全勝澹之雖不居此舫取之則獲因縱兵進攻可一鼓而敗也遂攻獲舫因傳呼曰得澹之矣賊衆驚撓無忌之衆亦畏然因乘勝勢繼進無忌鼓譟赴之銓等大潰

宋晉安公子勛舉兵潯陽宋將殷孝祖討之時賊據赭圻孝祖進與賊合戰常以鼓蓋自隨軍中相謂曰殷統軍其將死矣今與賊交鋒而以羽儀自標異若善

射者十人共射欲不斃得乎是日於陣為矢所中而死

東魏大將高歡與西魏大將宇文泰戰邙山其時泰見歡出旗鼓識之乃募敢勇三千人令賀拔勝總之以犯其軍敵與歡相遇時募士皆用短兵接戰乘勝逐歡數十里刃垂及之會勝馬為流矢所中死比副騎至歡已逸去矣

高敖曹與侯景等攻魏將獨孤信于金墉城大將宇文泰率衆救之戰於邙山敖曹心輕敵建旗蓋以陵陣周人盡銳擊之一軍皆沒敖曹輕騎走河陽城仰呼求繩不得拔劍刺門未徹而追至敖曹奮頭呼曰來吾與汝關國人追者斬之

將帥自表異以奪敵心

唐朱泚之亂李懷光自河北赴難李晟每將合戰必自異衣錦裘繡帽前行親自指道懷光望見惡之乃謂晟曰將帥當持重豈宜自表飾以啗賊也晟曰晟久

在涇原軍士頗畏服故欲令先識以奪其心耳悅光益不悅

均服

後周河橋之戰王思政下馬用長矟左右橫擊之一擊踣數人時陷陣既深從者死盡思政被重創悶絕會日暮敵亦收軍思政久經軍旅每戰惟著破衣弊甲敵人疑非將帥故得免有帳下督雷五安於戰處哭求思政會已蘇乃割衣裹瘡扶思政上馬夜久方得

還軍

隱語軍政急難不可使衆知因假物易隱語諭之

春秋時楚師傳於蕭還無社與司馬卯言號申叔展還無社蕭大夫司馬卯申叔展皆楚大夫也無社素識叔展故以卯呼之叔展曰有麥麴乎曰無有山鞠窮乎曰無麥麴鞠窮亦以禦濕欲使無社逃泥水中無社不解故曰無軍中不敢正言欲為謎語河魚腹疾奈何叔展言無禦濕藥將疾也曰目於眢井而拯之無社意解欲入井故使叔展拯視虛廢井而求拯焉出溺為拯也若為茅絰哭井則已叔展又教結茅以表井須哭乃應以為信明日蕭潰申叔

視其井則茅絰存焉號而出之

吳申叔儀乞糧於公孫有山氏申叔儀吳大夫公孫有山氏魯大夫舊相識曰佩玉蘂兮余無所繫之蘂服飾襚也已獨無以繫佩言吳王不恤下者矣旨酒一盛兮余與褐之父睨之一盛一器也睨視也褐塞賤之言但得視不得飲對曰粱則無矣麤則有之若登首山以呼曰庚癸乎則諾

唐許欽明常出按部突厥默啜率衆數萬奄至城下欽明拒戰久之力屈被賊將所執至靈州城下令說城中早降欽明大呼曰賊中都無飲食城內有美醬乞二升粱米乞二斗墨乞一鋌是時賊營處四面阻泥河惟一路得入欽明將此物以喻城中冀其簡兵練將候夜掩襲城中無悟其旨者

先鋒後殿

魏于禁張遼樂進張郃徐晃俱為名將太祖每征伐咸迭為前鋒還為後拒持軍嚴整

晉大將謝玄北鎮廣陵時苻堅彊盛玄多募勁勇劉宇

之何謙諸充高衡劉軌田洛孫元忠等以驍猛應募領驍銳為前鋒百戰百勝時號北府兵敵人畏之所向必克

隋大將楊素馭戎嚴整每對陣先令一二百人赴敵陷陣則已如不陷陣而還者斬之又令三五百人復如前法將士恐慄有必死之心戰無不勝從素征伐者微功必録雖嚴忍士亦願從

梁韋叡為輔國將軍伐魏合肥既平高祖詔班師去賊

頗近懼為所懾叡遣輜重居前乘小輿後殿魏人服
叡威名望之不敢逼全軍而還
後周齊王憲從文帝與齊人相拒帝已去晉州留憲拒
後憲阻水為陣齊領軍段暢至橋憲隔水問暢姓名
暢曰領軍段暢也公復為誰憲曰我魏候大都督耳
暢曰觀公言語不是凡人何用隱言名位憲乃曰我
齊王也遍指陳王純已下並以告之暢鞭馬去憲即
命旋軍齊人遽追之戈甲甚銳憲與開府于文忻為

殿拒之斬其驍將賀蘭豹三人齊衆乃退
祿山反詔闗內節度使李嗣業與郭子儀僕固懷恩等
犄角長安廣平王俶收長安陳於香積寺北澧水之
東嗣業以北庭軍為前鋒王思禮為後軍戈鋋鼓鞞
震曜山野列長陣待之賊將李歸仁初以銳師數來
挑戰因攢矢逐之賊軍大至我師囂亂嗣業曰今若
不以身啖寇決戰于陣萬死冀一生我軍無孑遺矣
乃脫衣執長刀立陣前大呼當者人馬死碎陣復整
嗣業帥前軍各執長刀而進所向摧靡
蘇定方貞觀初為道府折衝隨李靖襲突厥頡利於磧
石靖使定方率二百騎為前鋒乘霧而行去賊一里
許忽然霧歇望見其牙帳掩殺數十百人頡利及隨
公主狼狽散走餘衆俯伏靖軍既至遂悉降
代宗幸陝避吐蕃雍王為中軍先鋒以僕固懷恩為副
領河東朔方節度使行營及鎮西回紇兵馬赴陝州
并令諸道節度一時齊進懷恩與回紇左隊為先鋒

觀軍容使魚朝恩陝州節度郭英乂為後殿自澠池
入懷恩等師至黄水賊徒數萬堅柵自固懷恩陣于
西原上廣張旗幟以當之命驍騎及回紇之衆傍南
山出於東北兩軍旗內應表裏合擊之一鼓而殺賊
數萬
五代梁牛存節大舉以伐淮南至濠州東開前軍失利
於清口皆軍退至洱河無復隊伍存節過其後與諸
將釋旗步鬭諸軍稍得濟收合所部兵并敗兵共八

千餘人至於淮涘時不食已四五日矣存節訓勵部分以禦追寇遂得旋師

王景仁伐壽州至霍丘接戰擒賊將袁叢王彥威王璠等送京師俄而朱瑾以大軍至景仁力戰不屈常以數騎身先奮擊寇不敢逼乃引兵還及濟淮復後殿軍故不甚衂瑾亦不敢北渡

擊其後

春秋時楚子為舟師以畧吳疆(畧行也行吳界將侵之)沈尹戌曰

此行也楚必亡邑不撫民而勞之吳不動而速之(速召也)吳踵楚(踵隨楚之後)而疆埸無備邑能無亡乎越大夫胥犴勞王於豫章之汭(汭水西曲)越公子倉歸王乘舟(歸遺也)倉及壽夢帥師從王(壽夢越大夫也)王及圉陽還(楚地)吳人踵楚而邊人不備遂滅巢及鍾離而還

後漢赤眉青犢十餘萬衆並在射犬(漢野王縣有射犬聚)光武引兵將擊之耿純軍在前去營數里賊忽夜攻純兩軍營中士多傷純勒部曲堅立不動選敢死士二千人俱持強弩使銜枚間行純出賊後齊聲呼譟彊弩並發賊衆驚走追擊遂破之

宋柳元景為隋郡太守既至而蠻反斷驛道欲攻郡郡虛糧兵又乏元景設方畧得六七百人乃分五百人屯驛道或曰蠻將逼城不宜分衆元景曰蠻聞郡遣重戍豈悟城內兵少且表裏合勢於計為長會蠻垂至乃使驛道兵潛出其後戒曰火舉馳進前後俱發蠻衆驚擾投鄖水死者千餘人斬獲數百郡境肅然

南齊末蕭衍舉兵伐雍州東下(雍州今襄陽郡)大軍已次江寧衍使呂僧珍與王茂率精騎先登移頓於越城僧珍守白板齊東昏侯將李居士知城中衆少率銳卒萬人直來薄城下僧珍謂將士曰今既力不敵不可與戰亦勿遙射須至城裏當併力破之俄而皆越城拔柵僧珍分人上城矢石俱發自率馬步三百人出其後守陴者復踰城而下內外齊擊居士等應時奔散

陳將周炅鎮安蘄等州北齊遣陸騫將衆二萬出巴蘄

與昊相遇昊留羸弱輜重設疑兵以當之身率精騎由間道以邀其後敗之

後魏于謹邙山之戰大軍不利謹率麾下偽降立於路左神武乘勝逐北不以為虞謹自後擊之敵人大駭又收兵於後奮擊神武神武軍亂以此大軍得全

唐吐谷渾寇邊詔右僕射李靖為崑崙道行軍大總管江夏王道宗與吏部尚書侯君集副之賊聞兵至走入嶂山已行數千里諸將議息兵道宗固請追討李

靖然之君集不從道宗遂師偏師兼行倍道去大軍十日追及之賊據險要道宗潛遣千餘騎踰山襲其賊表裏受敵一時奔潰

吐谷渾党項寇邊詔霍國公柴紹討之虜據高臨下射紹軍矢下如雨紹乃遣人彈琵琶二女子對舞虜異之駐弓矢相與聚觀紹見虜陣不整密使精騎自後擊之虜大潰斬首五百餘級

王君㚟為隴右節度使吐蕃大將悉諾邏率衆入寇大斗谷及移攻鄯州焚燒市里而去軍㚟以其兵疲遂整士馬掩其後君㚟先令人潛入賊境於歸路燒草悉諾邏還至大非川將息甲牧馬野草被燒皆盡馬死過半君㚟襲其後至青海時海水冰合君㚟率將士乘冰而渡悉諾邏輕重及疲兵尚在青海之側君㚟縱兵盡獲之及羊馬萬計

梁師都作亂高祖遣延州總管段德操討之師都與突厥之衆數千騎來寇延安營於野豬嶺德操以衆寡

不敵按甲閉壘伺師都稍怠遣副總管梁禮率衆擊之德操以輕騎出其不意師都與禮酣戰久之德操多張旗幟掩至其後師都驚潰虜男女二百餘人

元和中西戎頻歲犯邊史奉敬與節度杜叔良請兵三千備一月糧深入蕃界叔良以二千五百人授之奉敬既行十餘日人莫知其所向皆謂吐蕃盡殺之矣乃由他道深入突出蕃衆之後戎大驚奉敬率衆大破之殺戮不可勝紀

唐元帥廣平王率蕃漢兵十五萬進收長安回紇遣葉護領四千騎助國討賊郭子儀與葉護晏狎脩好相與誓平國難子儀奉元帥為中軍與賊將安守忠李歸仁戰京師香積寺之北王師結陣亘三十里賊衆十萬餘陳於北歸仁先薄我軍亂李嗣業奮命馳突擒賊十餘騎乃定回紇以奇兵出賊陣後夾攻之賊衆大潰斬首六萬級賊將張道儒守長安聞敗奔陜翌日廣平王入京師

本朝太平興國中北敵至定州奪唐河橋李重進名李繼宣田紹斌赴援紹斌為敵所敗繼宣獨按部轉鬬入定州敵北去重進命將五千騎躡其後抵拒唐河及敵據楊曈繼宣徑掩擊之敵焚廬舍而遁

劉延翰四年從征太原劉繼元降車駕北征俄班師命延翰李漢瓊率兵屯真定崔彥進屯關南崔翰屯定州上謂延翰等曰敵人必來寇邊當會兵設伏夾擊之必大捷是冬敵果縱兵南牧延翰先陣於徐河彥進率師出黑盧隄北緣長城西行南下長城銜枚躡敵後崔翰李漢瓊兵亦至合擊之大敗敵衆於蒲城

端拱中威敵軍糧餽不繼敵欲竊取之上遣大將李繼隆發真定屯兵萬人護送輜重數十乘敵將于越諜知之率精銳數萬騎將邀王師邊將尹繼倫領步騎千餘巡塞上正當敵所入道敵不擊而過往襲大軍繼倫謂麾下曰敵視我猶魚肉若捷回日乘勝驅我北去不捷亦洩怒於我將無遺類矣令可卷甲銜

枚襲其後敵銳氣前去其心輕我不虞我至力戰而死猶不失忠義豈能為敵地鬼乎衆皆憤激從命繼倫令軍中秣馬俟夜持短兵潛躡其後行數十里至唐河徐河天未明敵去大軍四五里會飲食訖將戰繼倫列陣以待之繼倫出其不意從後急擊殺敵將一人號皮室（皮室者敵相也）衆遂驚亂于越方食失匕箸為短兵中其臂其傷甚善馬先遁敵望見大將奔北大潰自相蹂踐死者無數餘黨皆引去自是敵人不敢

竄邊以繼倫面黑相戒曰當避黑大王

景德元年契丹南牧真宗與之繼好敵人請盟北歸所過猶侵掠不已遂以張凝為緣邊安撫使提兵躡其後敵乃出境不復肆掠

退師

前漢高帝被匈奴圍於平城七日高宗使間使厚遺閼氏迺開圍一角于是高帝令士皆持滿傅矢外向奮擊而出與大軍合冒頓引兵去

後周大將晉公護伐齊遣將尉遲迥圍洛陽為敵所敗周將達奚武與齊王憲屯於邙山欒之至夜收軍憲欲待明更戰武欲還固爭未決武曰洛陽軍散人情駭動若不因夜速還明日欲歸不得武在軍旅久矣備見形勢大王少年未經軍事豈可將數營士衆一朝輕棄乎憲遂從之全軍而返齊人弗悟而不追若追之必克也

五代黃文靖佐葛從周送朱崇節入潞會晉軍十餘萬屯外垣砦文靖慮孤軍難守乃與葛從周啓闉出師文靖為殿後命矢刃皆外向持重而還晉人不敢逼

武經總要後集卷四

欽定四庫全書

子部

武經總要後集卷五

詳校官編修臣程嘉謨
臣紀昀覆勘
總校官候補中允臣王燕緒
校對官助教臣周鋐
謄錄監生臣申庭桂

欽定四庫全書

武經總要後集卷五　　宋　曾公亮等　撰

故事五

出奇

戰國廉頗為趙將秦使間曰秦獨畏趙括耳廉頗易與且降矣會頗軍多亡失數敗堅壁不敢戰又聞秦反間之言使括代頗括至則出軍擊秦秦軍佯敗而走張二奇兵以刼之趙軍逐勝追造壁不得入而秦奇兵二萬五千絶趙軍後又五千騎絶趙壁趙兵分為二糧道絶括卒敗

突厥犯塞煬帝令唐高祖與馬邑太守王仁恭率衆備邊斯時馬邑王仁恭以衆寡不敵有懼色高祖謂之曰今主上遐遠孤城絶援若不死戰難以圖全于是親選精騎二千出為遊軍居處飲食隨逐水草一同于突厥見敵候騎但馳射獵示若輕之及與敵相遇則掎角置陣選善射者為别隊持滿以待之一可以

當百寡可以敵衆步伐整齊弓矢森嚴彼莫能測不敢決戰因縱奇兵擊走獲其特勒所乘駿馬斬首千餘級

唐太宗嘗選精銳千餘騎為奇兵皆皂衣黑甲分為左右隊隊建大旗令騎將秦叔寶程齩金尉遲敬德翟長孫等分統之每臨敵太宗躬被黑甲先鋒率之候機而進所向摧靡常以少擊衆賊徒氣懾

開元二年吐蕃精甲拾萬寇臨洮王晙率所部二千人

卷甲倍程與臨洮兩軍合勢以拒之賊營于大來谷口吐蕃將坌達延率兵繼至晙乃出奇兵七百人衣蕃服是夜襲之相去五里置鼓角令前者遇寇大呼後者擊鼓以應之賊衆大懼疑有伏兵自相殺傷死者萬計俄而攝右羽林將軍薛納率衆邀擊吐蕃至武衛谷去大來谷二十里為賊所隔晙率兵迎納之軍賊置兵兩軍之間連亘數十里晙夜出壯士啣枚擊之賊大潰乃與訥合軍掩其餘衆追奔至洮水殺獲不可勝數

元帥廣平王率蕃漢之師十五萬進取長安戰于香積寺北結陣三十里賊將李歸仁先薄我軍我軍亂李嗣業奮命馳突擒十餘騎乃定回紇奇兵出賊背夾攻之斬首六萬級

王忠嗣少勇敢自負及為節將以持衆安邊為務嘗謂人云國家昇平之時為將者在撫其衆而已吾不欲疲中國之力以徼功名但訓練士卒缺則補之有漆

弓百五十張常貯之袋中示無所用軍中皆日夜思戰因多縱間諜以伺彼之隙時以奇兵襲之故士樂為用師出必勝每軍出即各名本將付以其兵罷令給士卒雖一弓一箭必書其姓名于上以記之軍罷而納若遺失即驗其名罪之故人人自勸甲仗充牣

五代漢高祖在晉陽郭進往謁之漢高祖壯其材會北人屠安陽城因遣進攻拔之即遁去授方州刺史其主道斃高祖出兵井陘進以奇兵間道先入洺州因

定河北

伏兵

春秋時邲之戰晉士卒使鞏朔韓穿帥七覆于敖前（七覆為伏兵七處）故上軍不敗

北戎侵鄭鄭伯禦之公子突曰使勇而無剛者嘗寇而速去之（嘗試也勇則能往無剛不恥退）君為三覆以待之（覆伏兵）戎人之前遇覆者奔鄭將祝聃逐之衷戎師前後擊之盡殪

吳侵楚楚將養由基奔命楚司馬子庚以師繼之養由基曰吳乘我喪謂我不能師也必易我而不戒（戒備）

漢景帝時吳楚反以周亞夫擊之至霸上趙涉說亞夫曰吳王素富懷輯死士久矣此知將軍且行必置人於殽澠之間然兵事上神密將軍何不從右去走藍田出武關抵洛陽不過差一二日直入武庫擊鍾鳴鼓諸侯聞之以為將軍從天而下也如其計至洛陽使吏捜殽澠間果得吳伏兵

後漢荊州劉表遣劉備北侵至葉曹公遣將李典與夏侯惇拒之備一朝燒屯去惇率諸軍追擊之典曰賊無故退疑必有伏南道窄狹草木深不可追也惇不聽與于禁追之典與惇果入伏中禁往救備見救至乃退

後魏万俟醜奴作亂關中魏將賀拔岳率兵討之岳以輕騎八百北渡渭殺掠其人以挑之醜奴大將尉遲菩薩果率步騎二萬至渭北岳以輕騎數十餘與菩

薩隔水交言兵稱揚國威菩薩自言强盛往復數返時已逼暮于是各還岳密于渭南傍水分精騎數十處隨地形便置之明日自將百餘騎隔水與賊相見岳漸前進先所置騎隨岳而集騎既漸增賊不測其多少行二十里至水淺可濟之處岳使馳馬東出似欲奔遁賊見與岳走乃棄兵南渡渭水輕騎追岳東行十餘里依橫岡設伏兵待之賊以路險不得齊進前後繼至半渡崗東岳乃回與戰身先士卒急擊之

賊便退走岳號令所部賊下馬者皆不聽殺賊顧見之便悉投馬俄而虜獲三千人馬亦無遺遂擒菩薩仍渡渭北降步卒萬餘

魏傅永為豫州刺史南齊將裴叔業來侵楚王戍（地名）永令戍鎮塞外塹夜伏戰士二千人于城外及曉而叔業等至頓于城東列陣將至長圍永所伏岳于道左擊其後軍破之叔業乃令將佐守所列之陣自率精甲數千人救之永上門樓觀叔業南行五六里許便

開門奮擊遂摧破之叔業奔走左右欲追之永曰弱卒不滿三千彼精甲猶盛非力屈而敗直墮吾計中耳既不測我之虛實足喪其膽俘此足矣何暇追之

十六國後趙將石季龍攻晉劉演于景庭兗州豪右將平等起兵救演季龍夜棄營設伏于外揚聲將歸河北張平以為信然入于空營季龍回擊敗之遂陷廩丘

夏赫連勃勃屯依力川後秦姚興來伐至三城勃七率騎禦之興遣其將姚文崇拒戰勃勃偽退伏兵以待姚興倫生等追之伏兵夾擊皆被擒

後周時尉遲迥作亂詔宇文忻韋孝寬擊之迥遣子盛兵武涉忻擊走之遂進兵迥遣甲騎三千伏野馬崗忻以五百騎襲之斬獲略盡進至草橋迥又拒守忻以奇兵破之直趣鄴下迥背城結陣大戰官軍不利時鄴城士庶觀戰者數萬人忻謂左右曰事急矣吾當以權道破之于是觀射者悉走之轉相騰藉聲如

雷霆忻乃大呼曰賊敗矣衆復振齊力以擊之廼軍大敗

韓褒為汾洲刺史先是齊寇數入民皆廢耕桑前後刺史莫能防捍褒至適會寇來褒乃不下屬縣人既不及備以故多被抄掠齊人喜其不覺以為州先未集兵令還必不能追躡由是益懈不為營壘褒已先勒精銳伏兵北山中分據險阻邀其歸路乘其衆怠縱伏擊之盡獲其衆

隋初周將尉遲迥河北拒命文帝遣將于仲文討之迥將檀讓屯成武仲文簡精兵為建迥旗幟倍道而進檀讓出謁仲文執之仲文背城結陣出軍數里設伏於麻田中迥將毗羅恃衆而來兩陣纔合伏兵俱發曳柴鼓譟塵埃漲天毗羅兵潰爭投水死

王世充欲擊李密密屯偃師北山上時新破敵有輕世充心不設壁壘世充夜遣二百餘騎潛入北山伏溪谷中令軍人秣馬蓐食遲明而薄密密出兵應之陣

未成列而兩軍合戰世充伏兵發乘高而下馳密營又縱火焚其廬舍密軍潰降其將張重仁陳智略進下偃師密走保洛口

唐太宗封竇建德至武牢建德自滎陽西上太宗以數百騎出武牢東二十餘里以挑之往往設伏比至賊營纔四騎而已賊初見騎少疑為斥堠太宗謂曰我秦王也因引弓射之斃其壹將賊以五六十騎並援搶而進從者咸失色太宗謂之曰爾但去前我自殿後于是按轡徐行賊至輙引弓射之斃一賊賊退懼而復來來則必斃之賊乃不敢復逼太宗引賊入伏内伏兵相次而發合擊破之獲其大將殷秋斬首數百級

李密之叛將出山南史萬寶懼密威名不敢拒謂盛彥師曰密驍賊也又輔以王伯當決策而判其兵思欲東歸若非計出萬全則不可也兵在死地殆不可當彥師笑曰請以數千之衆邀之必梟其首萬寶曰計

將安在對曰軍法尚密不可為公說之便領衆踰熊耳山南傍道而止令弓弩者挾路乘高刀楯者伏于溪谷令曰待賊半渡一時齊發弓弩據高縱矢刀楯即亂出薄之或問之曰聞李密欲向洛州而公入山何也彥師曰密聲言往洛實走襄邑城就張善相耳必當出人不意若賊入谷口我自後追之山路險隘無所展力一夫殿後必不能制今吾先得入谷口擒賊必矣李密既渡陝州以為餘不足慮遂擁衆徐行

果踰山南彥師擊之寇衆首尾斷絕不得相救遂斬

李密

封常清為安南節度討大勃律師次賀薩勞城一戰而勝常清逐之判官段秀實曰賊兵示弱餌我也請備左右搜其山林遂殲其伏

郭子儀自杏園渡河圍衛州安慶緒與其繞將安雄俊崔乾祐薛嵩曰承嗣悉其衆來援分為三軍子儀陣以待之預選射者三千人伏于壁內誡之曰俟吾小

却賊必爭進則登城鼓譟弓弩齊發以廹之既戰子儀偽遁賊果乘之及壘門遽聞鼓譟俄而弓弩齊發矢注如雨賊徒震駭子儀整陣追之賊衆大敗

郭子儀赴鳳翔賊將李歸仁以勁卒五千邀之于三原北子儀窘急使僕固懷恩及王昇陳廻光渾釋之李國正等伍將伏兵于白渠留運橋以待之賊至伏發歸仁大敗而走又從子儀戰于清渠不利歸于鳳翔及回紇來赴國難肅宗乃遣廣平王為元帥以子儀為副而懷恩領回紇兵從之汶水賊兵于營東懷恩引回紇馳往殺之匹馬不歸賊乃大潰

史朝儀叛至貝州與大將軍薛忠儀兩節度合僕固瑒至臨清懼賊氣盛駐軍以俟變朝儀領衆三萬來攻瑒令高彥嵩渾月進李光逸等設三伏以待之賊半渡伏發合擊敗之時回紇兵至軍益振瑒卷甲馳之戰于下博東南賊背水而陣大軍衝擊而摧之積屍擁流而下朝儀走莫州

唐哥舒翰充隴右節度副使先是吐蕃每至麥熟時即率部衆至積石軍取之共呼為吐蕃麥莊前後無敢北之者至是翰使王難得楊景暉等潛引兵至積石設伏以待之吐蕃以五千騎至翰于城中率驍勇馳擊殺獲略盡餘散走伏兵邀擊匹馬不還

吐蕃北冦靈朔陷麟州德宗遣使至成都府令韋臯討虜臯師師萬人深入據險設伏以待先出千人挑戰論莽執見我師之少悉衆追之發伏掩擊鼓譟震駭

蓄衆大潰生擒莽執其衆十萬殱夷者半

五代梁將戴思遠攻德勝北城莊宗命李嗣源設伏于戚城令騎軍挑戰梁軍大戰莊宗御中軍以禦之時李從珂僞爲梁幟奔入梁壘斧其望樓梁君望見大恐步騎漸散李嗣源以鐵騎三千乘之梁君大敗俘斬二萬計

本朝雍熙中王師北征以田重進爲定州路行營馬步軍都督署兵至飛狐城下敵遣其將大鵬翼等來援

監軍袁繼忠謂重進曰敵多騎兵利于平地不如乘險逆擊之重進率兵伏飛狐南口敵兵乃出乃麾擊之遂擒鵬翼

至道中以李繼隆護送芻粟入威虜軍敵將于越率騎八萬來邀王師李繼隆所領步騎纔一萬先命千人潛伏于城北十里繼隆與尹繼倫列陣以待敵衆方食繼倫出其不意擊走之繼隆追過徐河十餘里俘獲其衆

多方以誤之

春秋時吳子闔閭問于伍員曰伐楚何如對曰楚執政衆其臣莫適（音的）任患若爲三師以肄焉（肄猶勞也）一師至彼必皆出彼出則歸彼歸則出楚必道弊（罷弊于道）亟肄以罷之（亟數也音罷）多方以誤之既罷（音疲）而後以三軍繼之必大克之闔閭從之楚于是乎始病吳遂入郢

後漢末曹操征關中進軍渡渭馬超及韓遂數請戰不許因請割地來任子操用賈詡計僞許之韓遂請與

操相見操與遂交馬語移時不及軍事但說京都故舊拊手歡笑既疲超等問遂操何言遂曰無言也超等疑之他日又操與遂書多所點抹如遂改定者超等愈疑遂操乃尅日會戰先以輕兵挑之戰良久乃縱驍騎夾擊大破之遂超等走涼州

魏將田豫率兵進擊鮮卑柯比能將銳卒深入其境敵人衆多抄軍前後斷絕歸路豫乃進軍去其地十餘里結屯營多聚牛馬糞燃之從他道引去彼見烟火

不絶以為尚在行數十里乃知之

魏末諸葛誕文欽反據壽春投吳請援司馬文王總兵討之王謂諸將曰誕嘗突圍決一朝之命或謂大軍勢不能久者食減口兾有他變料賊之情不出此二者今當多方以亂之備其越逸此勝計也因命合圍分遣羸疾就穀淮北廩軍士給大豆人三升欽聞之果喜文王愈以弱示之多縱反間揚言吳救方至誕等益寛恣食俄而城中乏粮諸將並請攻之文王曰

誕聚粮固守外結吳人自謂足據淮南必不便走今若急攻之損諸軍之力外寇卒至表裏受敵此危道也但堅守三面若賊陸道而來軍粮必少吾以遊兵輕騎絶其轉輸可不戰而破外賊破欽等必為我擒矣誕欽等出攻長圍諸軍逆擊之初誕欽內不相協及至窮蹙轉相疑貳誕殺欽欽子鴦踰城降以相將軍封侯使鴦徇城而呼文王見城上持弓者不發矢因令攻而拔之

東晉平州刺史崔毖陰結高句麗及宇文段國等同滅慕容廆以分其地廆聞之曰彼信崔毖虛說邀一時之利烏合而來耳既無統一莫相歸服吾今破之必矣然彼軍初合其鋒甚鋭幸我速戰若逆擊之落其計矣不若靜以待之必懷疑貳迭相猜防一則疑吾與毖譎而覆之二則自疑三國之中與吾有韓魏之謀者待其人情阻惑然後取之于是三國攻之廆閉門不戰遣使送牛酒以犒宇文大言于衆曰崔毖昨

有使至于是三國果疑宇文同于廆也引兵而歸宇文悉獨官曰二國雖歸吾當獨兼其國盡衆逼城連營三十里廆簡精鋭士命子皝推鋭于前（皝音晃）子翰領精騎為兵兵從傍出直衝其廆營方陣而進悉獨官自恃其衆不設備見廆軍至方率兵拒之前鋒始交翰已入其營縱火之衆遂大敗

東魏初齊高歡每揚聲云欲討尒朱兆復出復止如此者數四揣兆歲首必應會飲使將竇泰率精騎先驅

一朝一夜行五百里兆軍人休惰縱飲皆醉忽見秦軍莫不驚愕因而尅之

後燕慕容盛據遼東遼西太守劇陰引後魏軍上表請發兵以拒寇盛曰此必詐也召其使而詰之果驗盡滅劇聞其家被誅亦擁二千餘户以自固及聞旱中路而還謂有内變不復為備留養子令支守已率衆追魏師早知之襲尅令支遣裨將追劇及于無終斬之盛謂羣臣曰前以追旱還者以劇新為判逆必忌官威一則鳩合同類刼害良善二則亡竄山澤未可

卒平故非意而還以盈怠其志卒然掩而尅之理也羣臣皆曰非所及也

後魏陵州木籠獠恃險每行抄刼大將陸騰討之獠因山為城攻之不可拔騰于城下多設聲樂及諸雜妓示無戰心諸獠果弃其兵杖或携妻子臨城觀樂騰知其無備密令衆軍俱上獠賊惶懼不知所為遂縱兵討之盡擒之

周法尚初自陳來歸樊猛濟江討之法尚遣部曲督韓朗詐偽背已奔陳告猛曰法尚步兵不願降此若得軍來必無闘者自當倒戈耳猛以為然引師急進法尚乃佯為畏懼自保于曲江猛陳兵挑戰法尚先伏輕船于浦中又伏精鋭于古村之北張旗幟逆流拒之戰數合偽退登岸投古村猛舍舟逐之法尚疾走與村北軍合復前擊猛猛退走赴船既而浦中伏發取其船建周旗幟猛于是大敗僅以身免

隋有熲獻取陳之策曰江北地寒田收晚江南土熱禾早熟量彼收穫之際頗令士馬聲言掩襲彼必屯兵禦守足廢其農時彼既聚兵我便解甲再三若此賊以為常後雖集兵彼必不信猶豫之頃我乃濟師登陸一戰兵氣益倍文帝行其策陳人益弊

賀若弼鎮淮南請沿江防人每交代之際必集歷陽大列旗幟官幕被野陳人以為大兵至悉發國中士馬既知江防交代其衆復散後以為常不復設備其後

弼以大軍濟江陳人弗之覺遂滅陳
聲言欲退誘敵破之
東晉末妖賊孫恩北出海鹽時劉裕拒之築城于海鹽故海賊日來攻城城內兵力甚弱裕深慮之乃一夜偃旗匿衆若已遁者明早開門使羸疾數人登城賊遙問劉裕所在曰夜已走矣賊信之乃率兵衆入城豫乘其懈怠奮擊大破之
後梁呂光遣將呂延伐西秦大敗之乞伏乾歸泣曰死

中求生正在今日乃縱反間稱乾歸來奔城絶呂延信之引師輕進司馬耿雅諫曰乾歸雄勇過人權略難測破王廣克楊定皆羸師以誘之雖蕞爾小國不可輕也困獸猶鬭況乾歸乎今宜布陣而前步騎相接俟諸軍大集可一舉滅之延不從而戰敗
北涼主沮渠蒙遜伐西涼李歆于酒泉先攻浩亹（音門）蛇盤于帳前蒙遜笑曰前一為騰蛇今盤在吾帳天意欲吾回師先定酒泉乃燒攻具而還次于川嵒聞歆集兵欲攻張掖蒙遜曰入吾計矣但恐聞吾回軍不敢前也兵事尚權乃露布西境稱得浩亹將進軍黄谷歆聞而大悅進入都瀆澗蒙遜逆之敗歆于懷城遂進攻酒泉拔之
五代梁楊師厚率步騎屯于臨朐而聲言欲東援密州留輜重于臨朐王師範果出言來擊師厚設伏于野追擊至堅土山殺萬餘衆擒都將八十人
聲言怠敵取之
唐吐蕃叛詔裴行儉為洮州道總管行儉建議白吐蕃

背叛干戈未息敬玄審理失律喪元安可更為西方生事今波斯王身沒其子泥涅師克質在京望差使往波斯冊立即路由二蕃部落便宜從事必可有功高宗從之因命行儉冊送波斯王仍為安撫大食使行至西州人吏郊迎行儉召其豪傑子弟千餘人隨已而西乃揚言紿其下曰天時方熱未可涉遠須秋涼之後方可漸行都支覘知之遂不設備行儉仍召

四鎮諸蕃中之豪傑謂曰憶昔此遊未嘗厭倦雖還京輦無時暫忘今因是行欲尋舊賞誰能從吾獵也是時吐蕃子弟請從者僅萬人而行儉揚為略遊教試部伍數日遂倍道而進去都支部落十餘里先遣都支所親問其安否外示閒候似非討襲續又使人趣召相見都支先與遮匐同謀秋中擬拒漢使卒聞軍到計無所出自率妻子首領五百餘騎就營來謁遂擒之是日傳其契箭諸部酋長悉來請命並執送

碎葉城簡其精騎輕齎曉夜前進將虜遮匐途中果獲都支還使與遮匐使同來行儉釋遮匐使者令先往者諭其主并言都支已擒遮匐尋復來降

稱降及和因懈敗之

秦末天下兵起沛公西入武關欲以二萬人擊秦嶢關下軍張良曰秦兵尚强未可輕也臣聞其將皆屠子賈豎易動以利願王必使人為五萬人具食益張旗幟諸山之上為疑兵令酈食其持重寶啗秦將果欲連和西襲咸陽沛公欲聽之良曰此獨其將欲叛士卒恐不從必危不如因其懈怠擊之沛乃引兵擊之秦軍大破

晉將李矩守滎陽劉總將劉暢步騎三萬討矩屯于韓王故壘相去七里遣使招矩時暢卒至矩未暇為備乃遣使奉牛酒詐降于暢潛匿精勇見其老弱暢不以為虞大饗士卒人皆醉矩夜襲之暢僅以身免

唐貞觀初突厥頡利可汗退保鐵山使入朝謝罪請為

藩臣太宗遣唐儉安修仁持節出塞以安撫之以李靖為定襄道總管往迎頡利頡利不肯朝覲請待草青馬肥將踰砂磧靖與副將張公謹謀曰制使到彼虜必自寬率精騎齎二十日粮兼閒掩襲諸將皆曰詔許其降行人在彼柰何攻之請曰此兵機也如唐儉等輩何足惜督軍疾進自北道襲之至陰山遇其斥堠千餘帳皆俘以隨軍頡利見使者甚悅不虞靖軍至及到縱擊之遂滅其國

甲辭怠敵取之

單于冒頓初立東胡方强遣使謂冒頓欲得千里馬冒頓以問羣臣皆曰千里馬國之寶勿以與冒頓曰奈何與人隣國愛一馬乎遂與之居頃東胡遣使來曰願得單于一閼氏冒頓問羣臣皆怒曰東胡無道乃求閼氏冒頓曰與人隣國愛一女子乎與之居頃東胡復曰匈奴有棄地千里餘吾欲有之冒頓問羣臣或曰與之冒頓大怒曰地者國之本也奈何與之諸

言與之者皆斬之冒頓上馬令國中有後至者斬遂往襲之東胡輕冒頓不為備遂為冒頓所滅

魏初馬超屯潼關曹操大破之諸將咸問曰賊初守潼關渭北道決不從河東擊馮翊而反守潼關若吾入河東賊必引守諸津則西河未可渡也吾欲盛兵向潼關賊衆悉南守西河之備虛故徐晃等得掩取河西然後引軍北渡賊不能與吾爭河西者以有二將之軍也連車樹柵為甬道而南既為不可勝且以示

弱渡渭為堅壘虜至不出所以驕之也故賊不為營壘而求割地吾順言許之所以縱逸其志使自安而不為備因畜士卒之力一朝擊之所謂迅雷不及掩耳兵之變化固非一道也

隋末楊玄感反攻東都刑部尚書衛元玄感詐令人大呼曰官軍已得玄感矣官軍稍怠玄感與數千騎乘之元于是大敗

甘言怠敵以擊之

東晉初石勒僞推奉晉幽州刺史王浚浚不疑勒遂率輕騎宵行至易水浚督護孫緯馳遣白浚引軍拒勒浚將左咸請出擊勒浚怒曰石公來正欲奉戴我者也敢言擊者斬乃命設饗以待之勒晨至薊叱開門疑有伏兵先驅牛羊千頭聲言上禮實欲塡諸街巷使兵不得發浚乃懼勒入城升其廳事命甲士執浚立之于前數其罪惡而誅之遂取幽州

梁末侯景反陷建業高州刺史李遷仕據大皐圖逆名

鄗京太守馮寶寶欲往其妻沈氏止之曰刺史無故不合召太守此詐君欲為反耳頃者京師危逼羽檄召兵遍于郡縣刺史稱疾不赴繕甲訓兵今已備矣而更召君往必見留顧且勿行遣使諭之曰身疾篤謹遣傳意併送土物以省之彼聞必無所防為君取之如反掌耳寶從之于是沈氏自將千人皆藏短兵步擔雜物唱言琛貨先書報遷仕曰太守馮寶疾篤謹令妻沈氏傳啟并奉上貢以資軍費遷仕大悅迎

沈氏因釋擔出兵大破之遷仕脫身而遁沈氏入據其城盡收其糧

擣虛

後漢將軍耿秉與竇固合兵一萬四千騎擊車師有後王前王前王即後王之子其地相去五百餘里秉議先赴後王以為併力取根本則前王自服固計未決秉奮身上馬衆軍不得已遂進並縱兵鈔掠斬首數千級牛羊馬疋十餘萬頭後王安得震怖將數百騎出迎秉降

袁紹曹操持于官渡沮測居反授說紹可遣將奇兵別為支軍于外以絕曹操之援紹不從許攸進曰操兵少而悉力拒我許下其勢必虛弱若分遣輕軍星夜襲許則操為我擒矣如其未潰可令首尾奔命破之必也紹又不用竟為曹操所敗

魏武征河北師次頓丘黑山賊于毒等攻東武陽魏武引兵入西山攻毒等本屯毒等聞之棄東武陽魏武

要之于内大破之

梁同州刺史陳慶之率衆圍東魏南荊州東魏將堯雄與行臺使侯景救之雄曰白駒梁之北面重鎮因其空虛攻之必尅彼若聞難荊圍自解此所謂機不可失也遂率衆攻之慶之果棄荊州而來未至雄已陷城擒梁鎮將苟求廣

東魏大將高歡率兵伐西魏濟河集諸將議進取之計斛律羌舉曰宇文黑獺雖聚凶黨今困守無粮援可

恃有同困鬬若不與其戰而徑取長安長安空虛可不戰而尅拔其根本彼無所歸則黑獺之首懸于軍門矣諸將議有異同遂戰于渭大敗而歸

隋趙煚于江南岸置安蜀城以禦陳屬霖雨數旬城頹者百餘步蠻酋鄭南鄉叛引陳將吳明徹欲掩安蜀議者皆勸煚益修守禦煚不從乃遣使誘江外生蠻向陽武陽令乘虛掩襲南鄉所居獲其父母妻子南鄉聞之其黨各散陳兵亦遁

王世充與李密相持于陳都世充夜渡陳于洛水之北其時密已渡洛水陳兵與世充相對東接月城西去石窟多騎兵長槍宜寬平放縱世充兵多矛矟攢宜隘險然南逼洛水北阻泰山地形褊促騎不成列世充縱矛攢蹙之密軍失利與數子登船南濟餘兵皆東走月城世充乘勝長驅直至月城下密既渡南岸即策馬上西直向世充本營左右麾旗相繼而世至充營内見密兵來逼急連舉六烽世充乃捨月城之圍收兵西退自洛北達于黑石中間四十餘里奔赴顛狽大喪師徒密之行也東北之圍不救而自解西南之寇不戰而成功世充伏其權奇不復輕出

擊東南備西北

前漢景帝時七國反吳楚兵之糧飢欲退數挑戰終不出夜軍中驚内相攻擊擾亂至于帳下周亞夫堅卧不起頃之復定吳奔壁東南陬亞夫使備西北已而精兵果奔西北不得入

後漢末黄巾賊起漢將朱儁率兵討之賊帥韓忠據宛拒儁兵少不敵乃長圍結壘起土山以臨城内鳴攻鼓其西南賊率衆赴之儁自將精兵五千掩其東北乘城而入忠乃退保小城惶恐乞降

西魏末涼州刺史宇文仲據州不受代魏將獨孤信率兵討之仲嬰城固守信夜令諸將以衝梯攻其東北信親帥壯士襲其西南遲明尅之

聲言擊東其實擊西

後漢耿弇攻張步于劇步遣弟藍屯西安分諸將守臨淄相去四十里弇進軍居二城之間弇視西安城小而堅藍兵又精臨淄名雖大而實易攻乃勑諸校曰後五日攻西安藍聞之晨夜儆守至夜半弇勑諸將皆蓐食會明至臨淄城荀梁等爭之以為宜速攻西安弇曰西安聞吾欲攻之日夜為備臨淄出不意而至必驚擾攻之可拔也臨淄若下西安自潰所謂擊一而得二者也若西安不能卒拔頓兵堅城之下深入敵地後絕轉輸敵制吾受弊矣遂攻臨淄半日而

拔藍棄西安而遁

岑彭將軍兵三萬餘人南擊秦豐拔黃郵豐與其大將蔡宏拒彭等于鄧數月不得進彭夜勒兵馬申令軍中使明旦西擊山都乃縱所獲虜令得逃亡歸以告豐豐即悉其軍西邀彭彭乃潛兵渡沔水擊其將張楊于河頭山大破之徒山谷間伐木開道直襲黎丘擊破諸屯兵豐聞大驚馳歸救之彭依東山為營豐與蔡宏相依攻彭彭先為之備出兵逆擊之豐敗走

曹操與袁紹相持官渡紹遣將郭圖淳于瓊顏良等攻東郡太守劉延于白馬紹引兵至黎陽將渡河操北救延荀攸說曰今兵少不敵分其勢乃可公到延津若將渡兵向其後紹必西應之然後輕兵襲白馬掩其不備顏良可擒也操從之紹聞操兵渡師分兵西應操乃引軍兼行趨白馬未至十餘里良大驚來迎戰使張遼關羽前登擊破斬良遂解白馬之圍

唐嗣曹王皋討李希烈烈立壁柵于蔡山皋度峻險不可攻乃聲言西取蘄州理戰船分兵傍南淮與舟師泝江而上賊以老弱守柵引軍循江隨戰艦南北與皋兵相去直蔡山三百餘里皋乃步兵登舟順流東下不日拔蔡山賊還救間一日方至大破之因進拔蘄州降其將

示形在彼而攻于此

春秋時楚囊瓦伐吳師于豫章（從舒鳩言）吳人見舟于豫章

僞將與楚代相而潛師于巢實欲以擊楚冬十月吳軍楚師戰于豫章敗之楚不忌故也遂圍巢克之獲楚公子繁

越伐吳吳子禦之笠澤夾水而陣越子為左右句卒鈎五相著別為左右屯句音鈎使夜或左或右鼓譟而進吳師分以禦之越以三軍潛涉當吳中軍而鼓之吳師大亂遂敗之左右句卒為犄勢以分吳軍而三越伐吳楚軍于江南乃其左右將軍有私卒六千人為中軍日昏乃令左右軍銜枚泝江五里左右軍銜枚沿江五里夜半鳴鼓吳師聞之大駭曰越來攻我乎因分其軍為二陣以拒越王乃以其中軍銜枚以襲之吳師大敗此國語左氏傳其語少異故附于註末

後漢將吳漢岑彭討公孫述述使其將延岑等悉兵拒廣漢及襄中又遣侯丹率兵二萬人拒黃石彭乃多張疑兵使護軍楊翕與臧宮拒延岑自分兵浮江下還江州今南平郡即漢江州縣泝都江而上襲擊侯丹大破之因晨夜倍道兼行二千餘里徑拔武陽使精騎馳廣都去成都數千里勢若風雨所至皆奔散初述聞漢軍在平曲故遣大兵逆之及彭至武陽繞出延岑軍後蜀地震駭

魏田豫到馬城鮮卑攻圍之十重豫密使建旗旌鳴鼓吹將步騎從南門出胡人皆屬目往赴之豫將精銳自北門出鼓譟而進兩頭俱發出虜不意虜衆散亂皆無弓馬步走追三十餘里僵屍蔽地

魏將司馬宣王征公孫淵師次于遼水東淵遣將軍畢衍楊祚等步騎數萬阻遼水以拒之圍塹二十餘里宣王令其軍穿圍多張旗幟出其東南賊盡銳赴之乃泛舟潛濟急赴東北斜趨襄平衍等恐襄平無備夜遁走

郭淮討叛羌遮莫等屯竒闗白土故城據河拒官軍淮見兵上流密于下渡據白土故城大破之

蜀諸葛亮領兵出斜谷魏將司馬懿屯北源後數日亮盛兵西行諸將皆謂欲攻西圍郭淮獨以為此見形于西欲使官軍應之必攻陽遂耳其夜果攻陽遂有備不得上

義熙八年劉裕遣將朱齡石代譙縱于蜀裕謀曰往年

劉敬宣出黃虎無功而退賊為我今應從外水往而料我出其不意猶從内外來也必以重兵守涪城以備内道若向黃虎正墮其計中今以大衆自外水取成都疑兵出内水此制敵之奇也而以此聲先馳賊審虛實而别有函封付齡石署曰至白帝乃開諸軍雖進未知處分至白地發函曰衆軍悉從外水取成都臧熹朱林從中水取廣漢使羸弱乘高艦十餘里由内水向黃虎衆軍乃倍道兼行譙縱果備内水

使其大將譙道福以重兵戍涪城遣刺史侯輝譙詵等率衆萬餘屯彭模夾水為城齡石至彭模諸將以賊水北城險衆多咸欲先攻其南城齡石至不然雖寇在北今屠南城不足以破北不若盡鋭以攻北壘南城不麾而自散也遂攻北城詰旦戰至暮焚其樓櫓四面並登斬侯輝譙詵仍引軍迴趨南城即時潰散

宋劉道濟為益州刺史刑政失中羣盗蜂起攻圍州城道濟將裴方明出東門破賊三營斬首數萬級賊雖敗復合方明復僞出北門迴擊城東大營殺千餘人時天大霧方明等復揚聲出東門而潛自北門出攻城北城西諸營賊衆大潰于是奔散

西魏末岷州羌據州城反獨孤信討之信乃勒兵向萬年嶺三交谷口賊併力拒守信因詭道趨稠松嶺賊不意信兵之至望風奔潰乘勝逐北至城下賊並出降

前燕將慕容垂討丁零翟釗于滑臺次于黎陽津釗于南岸拒守垂徙營就西津為牛皮船百餘艘載疑兵列仗泝流而上釗先以大衆備黎陽見垂向西津乃棄營西拒垂潛遣桂林王慕容鍾慕容國于黎陽津夜濟壁于南河釗聞而奔還士衆疲惕走歸滑臺釗攜妻子率數百騎北趋白鹿垂遣追擊之盡擒其衆

隋漢王諒作亂遣其將余公理自太行下河内隋將史祥討之軍于河陰久不得濟祥謂軍吏曰公理輕而

無謀素不足稱又新得志謂其衆可恃恃衆必驕且河北人不習兵所謂擁市人而戰不足圖也乃令軍中修攻具攻河陽公理使諜知之果屯兵于河陽内城以拒祥祥于是艤船河南公理聚甲以當之祥乃簡精銳于下流潛渡公理率衆拒之祥至瀆古闕反水兩軍相對公理未成列祥縱擊大敗之

雍熙中知雄州賀令圖與大將孫懐浦薛維絡劉文裕侯莫陳利用相繼上言敵后專政寵倖用事請乗其

釁以取幽薊遂遣曹兵崔彦進與米信自雄州田重進趋飛狐潘美出鴈門尅期齊舉將發太宗謂之曰潘美之師但先次雲應卿等以十萬衆聲言取幽州且持重緩行不得貪利敵聞大兵再至必悉衆救范陽不暇援山後矣既而美之師先下寰朔雲應等州重進之師又取飛狐靈丘蔚州多得山後要害之地而曹彬之大軍亦連下州縣軍勢大振每捷奏至太宗已訪彬進兵之速且憂敵斷粮道彬次朔州旬日食盡因退師以援餉餽太宗聞之曰豈有敵人在前而退軍以援芻粟何失策之甚也亟遣使止彬勿前急引師緣白溝河與米信軍會集按兵養銳以張西師之勢待美等盡略山後之地會重進之師東下合勢以取幽州時彬部下諸將聞潘美重進攻城野戰累獲其利以為已握重兵不能有所攻取謀畫蜂起更相矛楯彬不能制乃裹二十日粮再往攻洲敵大衆當其前且戰且行去城纔百里已二十日矣雖頻

克捷而時方炎暑軍士困之粮餉且盡彬退軍無復行伍為虜所躡遂至散敗

武經總要後集卷五

欽定四庫全書

子部

武經總要後集卷六

詳校官編修臣程嘉謨

總校官候補中允臣王燕緒

校對官中書臣榮模

謄錄監生臣梅用調

欽定四庫全書

武經總要後集卷六

宋　曾公亮等　撰

故事六

張大聲勢

春秋時諸侯伐楚楚子使屈完如師齊侯陳諸侯之師與屈完乘而觀之齊侯曰以此衆戰誰能禦之以此攻城何城不克曰君若以德綏諸侯誰敢不服君若以力楚國方城以為城漢水以為池雖衆無所用之

屈完及諸侯盟

諸侯伐鄭（鄭從楚也）季武子齊崔杼宋皇鄖從荀罃士匄門于鄟門（鄟城門也三國從中軍）衛北括曹人邾人從荀偃韓起門于師之梁（師之梁亦鄭城門三國從上軍）滕人薛人從欒黶士魴門于北門（三軍從下軍）杞人郳人從趙武魏絳斬行栗（三國從餘軍行栗表道）甲戌師于汜（衆軍漸聚汜鄭地）令于諸侯曰修器備盛餱粮歸老幼（示將久師）居疾于虎牢（諸侯已取鄭虎牢使軍有疾病者息其中）肆眚圍鄭（肆緩也眚過也）鄭人恐乃行成

晉伐齊齊侯登巫山以望晉師晉人使司馬斥山澤之險雖所不至必旆而疏陳之（斥候也疏建旌旗以為陣示衆）使乘車者左實右偽以旆先（以為衣物為人形也建旆以為驅）輿曳柴而從之齊侯見之畏其衆也乃脫歸（脫不帳旗幟）

後漢虞詡為武都太守討叛羌率衆數千遮詡于陳倉崤谷詡停軍不進宣言上書請兵須到乃發羌聞之乃分掠旁縣詡因其兵散日夜進道兼行百餘里令吏士各作兩竈日增倍之羌不敢逼既到因伏于淺

水掩擊大破之

隋楊義臣為朔州總管煬帝即位漢王諒作亂并州代州總管李景為漢王將喬鍾葵所圍詔義臣救之義臣自以兵少悉取軍中牛驢得數千頭復令兵數百人人持一鼓潛驅之出其不意義臣晡後與鍾葵戰兵初合牛驢者疾進一時鳴鼓塵埃漲天鍾葵軍不知所為伏兵發因時大潰縱擊破之

煬帝為突厥所圍郡縣皆發兵赴援時唐太宗年未弱冠名募從軍隸屯衛將軍雲定興師將發太宗勸之多賫旗鼓設疑兵以威突厥定興不納而太宗又謂之曰始畢掃其境內敢圍天子本疑國家倉卒無援忽見旗鼓之盛必謂救兵雲集今者進師可前後相次數十里間連亘不絕晝則旗幡相續夜則金鼓相應以張形勢賊必見懼望塵而退此計之上也不然為彼所輕悉軍戰公必不能支矣定興從之將次崞縣突厥後騎馳告始畢曰兵大至矣遂解圍而退果

如所料

先聲後實

春秋晉侯伐齊齊禦諸平陰塹防門而守之廣里晉將范宣子告齊大夫析文子曰吾知子敢匿情乎魯人莒人皆請以車千乘自其鄉入既許之矣若入君必失國子盍圖之文子以告公公恐晏嬰聞之曰君固無勇而又聞是弗能久矣（不能久敵）齊師夜遁

漢王遣韓信破陳餘後信募得廣武君李左車師事之

韓信曰僕欲北攻燕東伐齊若何而有功對曰今將軍涉西河虜魏王擒夏說一舉而下井陘不終朝破趙二十萬衆誅成安君名聞海内威振天下此將軍之所長也然而衆勞卒罷（音疲）其實難用今將軍欲舉倦弊之兵頓之燕堅城之下欲戰恐力不能支情見勢屈曠日糧竭而弱燕不服齊必拒境以自強也燕齊相持而不下劉項之權未有所分也若此者將軍之所短也臣聞善用兵者不以短擊長而以長擊短

為將軍計莫如按甲休兵鎮撫孤弱百里之内牛酒日至以饗士大夫醳兵（魏都賊曰醳者順也劉逵亦曰醳酒也）北首燕路而後遣辯士奉咫尺之書暴所長于燕燕必不敢不聽從燕已從使者東告齊齊必從風而服雖有智者亦難為齊計矣如是則天下事可圖也兵固有先聲而後實者此之謂也韓信從行之燕從風而靡

春秋時楚聲子聘晉還謂令尹屈達曰子儀之亂析公奔晉以為謀主繞角之役析公曰楚師輕窕易震惕也若多鼓鈞聲以夜軍之（鈞同其聲）楚師必遁晉人從之楚師宵遁

前漢沛公欲擊秦張良曰秦兵尚強未可輕敵願先遣人多張幟于山上為疑兵酈食其陸賈往説秦將啗以利秦將果欲連和

後漢廉范為雲中太守會匈奴大入塞范自率士卒拒之虜衆盛不敵會日暮令士各交縛兩炬三頭爇火虜遥見之多謂漢救兵至待朝將退范乃令軍中蓐

食晨往擊之斬首數百級虜自此不敢向雲中

陳登守廣陵孫策遣軍攻登于庚琦城登使人求救于曹公而密去城十里軍營處多聚柴薪兩束一聚相去十步縱横成行令俱起火爇其聚城中稱慶若大軍到賊覩火驚潰登勒兵追擊斬首萬級

吳孫堅少時與父共載船至錢塘會海賊胡玉等從匏里上掠取賈人財物方于岸上分之行旅皆住船不敢進堅謂父曰此賊可擊請討之父曰非爾所圖也

堅行操刀上岸以手東西指麾若分部以遮賊狀賊望見以為官兵追捕之即委財物散走堅追斬得數級以還

魏文帝至廣陵吴人大駭乃臨江為疑城自石頭至于江乘架以木幹衣以葦席加彩飾一夕而成魏人自江西望見憚之遂退軍

疑兵

曹休與孫權戰休敗權遣兵斷夾石諸將不知所出賈

逵曰休敗于外進不能戰退不能還安危之機不及終日賊以軍無後繼故至此今疾進出其不意所謂先人以奪其心賊見吾兵必走乃兼道進軍多設旗鼓為疑兵吴人見之遂退

大將軍曹爽襲蜀蜀將劉敏王平鎮漢中拒之或謂但可守城不出拒敵必自引退敏以為男女布野餘粮棲畝若聽敵人入則大事去矣遂帥所領與平據形勢多張旗幟彌亘百里會費禕至爽軍退

東晉末桓玄篡晉劉裕起義兵討之玄遣董譲何澹之屯覆舟山裕先使羸弱登蔣山多張旗幟以油帔冠諸木披徧滿山谷玄不之測大懼裕乃與劉毅等分數隊進突譲陣皆殊死戰無不以一當百時東北風急縱火烟塵漲天鼓譟之音震駭京邑譲等諸軍一時奔散

宋晉安王子勛舉兵反鄧琬因遣臨川内史張淹自鄱陽嶠道入三吴明帝命將討之時朝廷罷甲悉克南

討故軍需寡缺乃編棧皮為馬甲裝折竹為槍又夜舉火進軍賊望見恐懼未戰而走

蠕蠕侵西魏大將于謹率二千騎追之因領輕騎出塞覘賊屬屬騎奄至謹以衆寡不敵退必不免乃散其衆騎使匿叢薄間又遣人升山指麾若部分軍衆賊遥見疑有伏軍乃退

察虚聲

西魏將宇文測行綏州事每歲河冰合後突厥即來寇

掠故先遣居人入城堡以避之測至皆令安堵如舊乃于要路數百處并多積薪仍遠斥候伺其動靜是年十二月突厥從連谷入寇去界數十里測命積薪之處一時縱火突厥謂有大軍至懼而遁走自相蹂踐委棄雜畜及輜重不可勝數測徐率所部收之分給百姓自是突厥不敢復至

南齊將馮道根守阜陵城望遠斥候有如敵將至者衆頗笑之道根曰怯防勇戰此之謂也時未畢會魏將

黨法宗傅豎眼率兵二萬奄至城下道根塹壘未固城中衆少皆失色道根命開門緩服登城選精銳二百人出與魏將戰敗之

劉鄩圍晉陽誡衆曰有病者殺而焚之三軍咸稱不病及退因選精卒殿後徐而退之至石會關留數馬及旌旗虛設于高岡之上晉人疑有伏兵遂不敢追時服其謀

本朝開寶中伐金陵王師自鄂渚乘戰艦而下以黄州刺史王明領戰艦為先驅江州路巡檢偽將姚令贇自上江領兵十五萬連大艦沿流而下將焚采石浮梁直抵金陵明請益舟師以襲令贇上曰非應急之策也令贇朝夕至金陵之圍解矣乃密遣人諭明于淵浦間多立長木若帆檣之狀令贇望見果疑我師襲其後逗留不進移檄諸軍生擒令贇

威塞軍節度使曹翰為幽州東路行營都部署受詔開河自雄州至莫州通漕運輸遣夫數萬人抵敵境伐

木以給用先用五駿騎為斥候以五色旗授之人執一旗前有林木舉青旗有火舉赤旗敵來舉白旗水潦舉黒旗陵阜舉黄旗以為驗凡敵之將至也必舉狼烟為堠翰命大舉烟于境上敵衆疑有伏兵引去不敢近塞得巨木數萬

避實擊虛

春秋時楚伐隨軍于淮漢之間隋將季梁曰楚人尚左君必左無與王遇且攻其右右無良馬必敗偏敗衆

乃櫓矣少師曰不當王非敵也弗從（不從梁諫）戰于速杞隨師敗績

吳人伐州來楚薳越帥師及諸侯之師奔命救州來吳人禦諸鍾離吳公子光曰諸侯從于楚者衆而皆小國也畏楚而不獲已是以來吾聞之曰作事威克其愛雖小必濟（克勝也軍事尚威）胡沈之君幼而狂（性無常）陳大夫齧壯而頑頓與許蔡疾楚政楚令尹死其師熸帥賤多寵政令不一（帥賤薳越非正卿也軍多寵人政令不一）七國同役而

不同心帥賤而不整無大威命楚可敗也若分師先犯胡沈與陳必先奔三國敗諸侯之師乃搖心矣諸侯乖亂楚必大奔請先者去備薄威（示之不整以誘之）後者敦陳整旅吳子從之戊辰晦戰于鷄父（兵忌晦戰擊楚所不意）吳子以罪人三千先犯胡沈與陳（因徒不習戰以示不整）三國爭之吳為三軍以擊于後中軍從王光帥右掩餘（吳王子）帥左吳之罪人或奔或止三國亂吳師擊之三國敗獲胡沈之君及陳大夫舍胡沈之囚使奔許與蔡頓曰吾君死矣師譟而從之三國奔楚師大敗

吳楚二師陳于柏舉闔廬之弟夫槩王晨請于闔廬曰楚瓦不仁其臣莫有死志先伐之其卒必奔而後大師繼之必克之以其屬五千先擊子常之卒楚師亂吳師大敗之（楚瓦楚令尹囊瓦也）

魏文帝問司馬懿曰吳蜀宜討何者為先對曰吾以中國不習水戰故散居東關且攻敵必扼其喉擣其心夏口東關賊之心喉若為六軍以向皖城引權軍東

下為水戰復以大軍向夏口乘其虛而擊之此神兵從天而下破之必矣

東晉王敦反寇石頭城欲攻晉將劉隗（五罪反）其將杜弘曰劉隗死士衆多未易可克不如攻石頭其守將周禮少恩兵不為之用必敗禮敗隗自走敦從之禮果開城門納弘諸將與敦戰晉師大敗

以寡擊衆

後漢更始初王莽聞漢帝立大懼遣大司徒王尋等將

兵百萬甲士四十二萬人趋昆陽搜天下能為兵法者六十三家數百人以為軍吏選練武衛招募猛士旌旗輜重千里不絶又驅猛獸虎兕之屬以助威光武將數千兵邀之于陽關諸將見尋兵盛反走馳入昆陽惶怖欲散歸諸城光武曰今之兵穀既少外寇又大併力禦之庶功可立如欲分散勢無俱全諸將曰劉將軍何敢如是光武笑而起會大兵至城北軍陳數百里不見其後諸將遽相謂曰更請劉將軍計

之光武復為圖畫成敗諸將憂迫竟日時尋兵圍數十重列營數百里車十餘丈埃塵連天鉦鼓聞數里矢下如雨城中負所而汲王鳳等乞降尋邑自以功在頃刻不許光武遂與營部俱進自將步騎千餘為陣尋邑亦遣兵數千合戰光武奔之斬首數十級光武復進尋兵却諸部共乘之斬首數千級光武乃與敢死者三千人從城而上衝其中間尋陣亂乘勝遂殺城中亦鼓譟而出尋兵大潰

曹操征張魯孫權率十萬衆圍合肥魏護軍薛悌謂張遼曰公遠征在外若北救至破我必矣及其未合逆擊之折其盛勢以安衆心然後可守也成敗之機在此一戰于是遼夜募敢死之士得八百人椎牛饗之明日大戰平旦遼披甲持戟先登陷陣殺數十人斬二將大呼自名直衝壘入至權麾下權大驚衆不知所為走登高阜以長戟自守遼叱權下戟權不敢動望見遼所部少乃聚衆圍遼數重遼左右麾圍直前

急擊圍開遼將麾下數十人得出餘衆號呼曰將軍棄我乎遼復還突圍救出餘衆權人馬皆披靡無敢當者自旦戰至日中吳人奪氣還修守備衆心乃安及引退遼率諸軍追擊幾獲權

後魏葛榮舉兵反向京師衆號百萬相州刺史李神儁閉門自守爾朱榮率精騎七千人倍道兼行至東山京口與葛榮遇衆寡非敵葛榮聞之喜乃令其衆辦長繩曰至便縛之自鄴以北列陣數十里箕張而進

榮潛軍山谷為奇兵分遣諸將已上三人為一處處有數百騎令所在揚塵鼓譟使賊不測多少又以人馬逼戰刀不如棒密勒軍士馬上各齎神棒一枝至戰時不聽斬級以棒擊之而已乃命壯勇所當衝突榮身自陷陣出于賊後表裏合擊大破之擒葛榮餘衆悉降

河北賊葛榮别帥韓婁郝長等有衆數萬人屯據薊城魏將侯淵率騎七百討之去薊百餘里值賊帥陳周

馬步萬餘衆淵遂潛伏以乘其背大破之擄其卒五千餘人尋還其馬復縱令入賊城左右諫曰既獲何為更資遣之淵曰我兵既少不可力戰須設計以離間之淵度其已至遂率騎夜進昧朝叩其城門韓婁果疑降卒為之内應遂遁走追擒之

唐高祖為山西河東道撫慰大使率兵以擊羣盜行至太平關遇賊數千人時所將兵少左右皆懼高祖謂之曰此烏合之衆易與耳因率精騎百人出擊之所向披靡衆情始定并力奮擊大敗之

竇建德率衆十萬寇范陽羅藝逆拒之薛萬均謂藝曰衆寡不敵今君出門百戰百敗當以計取之可令羸兵弱馬阻水背城為陣以誘之觀賊之勢必渡水交兵萬均請騎百人伏于城側待其半渡擊之破賊必矣藝從其言建德果引軍渡水萬均邀擊大破之明年建德率衆二十萬復攻幽州城攀堞萬均與萬徹率敢死士百人從他道而出直掩賊背擊之賊遂奔

潰

薛仁貴從征遼東乘勝領二千人進攻扶餘城諸將咸言兵少仁貴曰在主將善用耳不多者也遂先鋒而行賊衆來拒奮擊大破之殺獲萬餘人遂拔扶餘所轄四十餘城乘風震懼遂送款

大歷中吐蕃圍靈州大將李抱玉遣右軍都將李晟將兵五千以擊吐蕃晟辭曰以衆則不足以謀則太多乃請將兵千人疾出大震關至臨洮屠定秦壁焚其

積聚擄堡帥慕容谷種而還吐蕃因解靈州之圍而去

王晙爲朔方副總管開元初吐蕃精甲十萬寇臨洮晙率步兵二千卷甲倍程與臨洮軍合晙出奇兵七百人在蕃後夜襲之去賊五里置鼓角令前者遇賊大呼後者擊鼓賊大懼疑有伏兵自相殺者萬計

攻其必救

春秋時楚子及諸侯圍宋公孫固如晉告急先軫曰報

施救患取威定霸于是乎在（先軫晉下軍之佐也報宋贈馬之施）狐偃曰楚始得曹而新婚于衛若伐曹衛楚必救之則齊宋免矣（前年楚使申叔時戍穀以偪齊）宋人使門尹般如晉師告急（門尹般宋大夫）公曰宋人告急舍之則絶（與晉絶）告楚不許我欲戰矣齊秦未可若之何先軫曰使宋舍我而賂齊秦（求救於齊秦）藉之告楚（假齊秦使爲宋請）我執曹君而分曹衛之田以賜宋人楚愛曹衛必不許也（不許齊秦之請）喜賂怒頑能無戰乎（言齊秦喜得宋賂而怒楚之頑必自戰也不可告請故曰頑）公說執曹伯而分曹衛之田以畀宋人遂與楚戰大敗之

魏伐趙趙請救于齊田忌引兵救趙孫臏曰夫解雜亂紛糾者不控食（兵員反）救戰者不搏撠批吭擣虛形格勢禁則自爲解令魏趙相攻輕兵鋭卒必竭于外老弱罷于内君不若引兵疾走大梁據其街路衝其方虛彼必釋趙而自救是我一舉解趙之圍而救弊于魏也田忌從之直走大梁魏果去邯鄲

漢先零（音憐）罕幵（音汧）二種羌解仇合黨爲寇漢將趙充國

討之上書曰先零羌虜欲爲背叛故罕幵解仇然私心恐漢兵至而罕幵背之當赴罕幵之急以堅其守約若先擊其幵先零必助之今虜馬肥糧食方饒擊之恐不能傷害適使先零得施德于罕幵也堅其約合其黨虜交堅黨合誅之用力數倍臣恐國家憂累繇十數年不二三歲而已先誅先零則罕幵之屬不煩兵服矣宣帝從之果如其策

王莽末光武起兵據昆陽時城中惟有八九千人莽遣

將王邑嚴尤討之軍到城下者且十萬光武留王鳳等守城與李軼等十餘騎夜出既至郾定陵悉發諸營兵嚴尤說王邑曰昆陽城小而堅今假號者在宛急進大兵彼必奔走則昆陽自服邑曰吾昔以虎牙將軍圍翟義坐不生得以見責今將百萬之衆遇賊而不能下何謂耶因進圍之卒為光武所敗

光武東圍鉅鹿王郎守將王饒堅守月餘不下連攻不克耿純曰久守鉅鹿士衆疲弊不如引大兵精銳進

攻邯鄲若王郎已誅鉅鹿不戰自服矣光武從之乃留將軍欽滿守鉅鹿進軍邯鄲連戰破之郎少傅李立開門納漢兵遂拔邯鄲

司馬懿征公孫淵淵遣步騎數萬阻遼水拒之懿盛兵南出賊盡赴之乃泛舟潛濟以出其北傍水作長圍棄賊而向襄平諸將言不攻賊而作圍非所以示衆也懿曰賊堅營高壘欲以老吾兵也古人言敵雖高壘不得不與我戰者攻其所必救也賊大衆在此巢

窟虛矣我直指襄平必人懷內懼懼而與戰破之必矣遂整陣而過賊見兵出其後果邀之懿因謂諸將曰所以不攻其營正欲至此不可失也乃縱兵逆擊大破之三戰皆捷

東晉末劉裕進伐南燕慕容超超留羸老守廣固使其廣寧王賀剌盧及公孫五樓悉力拒臨朐大軍分車四千兩為二翼方軌徐行車張幰御者執矟以為遊軍軍令嚴肅比及臨朐賊騎交至裕命兗州刺史劉

藩并州刺史劉道憐等陷其陳日向昃戰猶酣裕用參軍胡藩策襲剋臨朐賊乃大奔超遁還廣固

唐馬燧討田悅軍中乏糧悅堅壁不戰燧令諸軍持十日糧進次倉口與悅夾洹水而軍李抱真問曰糧少而深入何也燧曰糧少利速戰兵法善于致人不致于人今田悅與淄青恒三軍為首尾計欲不戰以老我師若分軍擊其左右悅必救之則我腹背受敵戰必不利故進軍逼悅所謂攻其所必救也彼茍出戰

為諸軍破之燧乃造三橋逾洹水日挑戰悅不敢出恒州以軍少懼為燧所并乃引軍合于悅悅謂燧明日復挑戰乃伏兵萬人欲邀燧燧乃令諸軍半夜皆先食雞鳴時擊鼓吹角潛傍洹水徑趨魏州令曰聞賊至則止為令又令百騎鳴鼓吹角皆留于後仍抱薪持火待軍畢發止鼓角匿其傍伺悅畢渡焚其橋軍行十數里悅乃率淄青恒州步騎四萬人踰橋掩其後乘風縱火鼓譟而進燧乃坐申令無動命前軍

除斬荊棘廣百步以為陣募勇士得五千餘人分為前列以候賊北至悅軍至氣之力疲燧乃縱兵擊之悅軍大破走橋橋已焚矣悅軍亂赴水斬首二萬淄青軍殆盡

五代漢除趙暉為鳳翔節度屬王景崇叛據岐山不受代朝廷命暉統兵討之時李守正叛于蒲趙思綰據于雍與景崇遞相為援乃引蜀軍出大散關勢不可遏暉數戰勝然後塹而圍之暉屢使人挑戰賊終不出暉乃潛使千餘人于城南一舍之外擐甲執兵偽為蜀兵旗幟循南山而詐令諸軍聲言川軍至矣景崇令數千人潰圍而出以為應援暉設伏而待一鼓盡殪之自是景崇膽破無復敢出明年春擒之

夜擊

春秋時楚屈瑕將盟二軫（二國名）鄖人軍于蒲騷將與隨絞州蓼伐楚師（鄖隨絞州蓼皆國名）莫敖患之（莫敖楚官名即屈瑕）鬬廉曰鄖人軍其郊必不誠且日虞四邑之至也（虞度也四邑隨

絞州蓼邑亦國名）君次于郊郢以禦四邑（君謂屈瑕也郢楚也）我以銳師宵加于鄖鄖有虞心而恃其城（恃近其城）莫有鬬心若敗鄖師四邑必離莫敖曰盍請濟師于王（盍何不也濟益也）對曰師克在和不在衆商周之不敵君之所聞也（商紂也周武王也傳曰武王亂臣十人紂有億萬人）軍車以出又河濟馬莫敖曰卜之對曰卜以決疑不疑何卜遂敗鄖師于蒲騷卒盟而還

越子伐吳吳子禦之笠澤夾水而陣越子為左右句卒

句卒句伍相著別為左右也使夜或左或右鼓譟而進吳師分以禦之越子以三軍潛涉當吳中軍而鼓之吳師大亂遂敗之

後漢馬援為隴西太守發步騎三千人擊先零羌羌將其妻子輜重移阻于允吾谷（允吾音鈆牙）援乃潛行周道掩赴其營羌人大驚復遠徙唐翼谷中援復追討之羌引精兵聚北山上援陳軍向山而分遣數百騎將襲其後乘夜放火鼓譟虜遂大潰

曹操征張魯至陽平張魯據桓山築城綿亘十餘里攻之不拔乃引軍還賊見大軍退其守備稍懈操密遣驍將乘險夜襲大破之

武德中突厥突利頡利二可汗寇原州太宗率兵拒之曰今欲先令勁兵亂其陣率突騎驅其後虜俗進不相救自此以北澗谷深長惟有一道魚貫以渡因而廹之彼數十萬騎坑穽中物耳追至黃河縱不盡擒必當十獲八九此曉兵者所解諸君勿疑于是師夜出冐雨而進醜徒震駭因縱反間于突利于是各相猜疑並請使求和

劉迦論舉兵反屈突通發關中兵擊之通候其無備簡精甲夜襲之賊衆大潰遂斬迦論

杜伏威令輔公祏擊李子通于江都使王雄誕為輔戰于溧水子通大敗公祏乘勝追之却為子通所破軍士皆堅壁不敢出雄誕謂公祏曰子通軍無營壘且狃于初勝而不設備若擊之必尅公祏不從雄誕以

其私屬數百人銜枚夜擊之因順縱火子通大敗走渡太湖

後唐李嗣源襲鄆州高行周為前軍會日暮陰雨人無進志行周曰此天贊也彼必無備是夜涉河至城下鄆人不知李從珂先登啓闗納外兵旦拔其城

五代周李謙溥知隰州并人來圍其城議者皆請速救楊廷璋曰隰州壁壘甚固敵人掩至猝未能攻當出奇兵以破之乃募敢死士七百人許以重賞使人與

讓浦潛為之期既至賊果不為備遂與城中相應街枚夜擊并人驚潰逐數十里斬首萬級獲鎧甲萬計

李讓溥知隰州與太原接境讓溥至則浚城隍嚴兵備不旬日并人果以數千騎來寇城時盛暑讓溥服絺綌搖羽扇引小吏登城徐步按視賊知是讓溥勒兵不敢動讓溥遣敢死士百人短兵堅甲夜縋而出搏賊營鼓譟營中大擾遁去

潛兵襲營

漢王遣將韓信擊趙趙師拒于井陘信與趙軍戰良久棄旗鼓走趙空壁來逐信信先遣兵二千騎持漢赤幟從間道依山潛伏候趙壁空馳入乃拔趙幟立漢幟二千趙軍既攻信不克欲歸還壁見漢幟大驚遂亂遁出趙將斬之不能禁漢兵夾擊大破之

涿郡賊帥盧明月衆十餘萬軍祝阿隋河南道討捕使張須陁邀之所將纔萬人去賊六七里立柵相持經十餘日糧盡將退謂將士曰賊見兵却必輕來追我其衆既出營內即虛欲以千人襲營可獲大利此誠危險誰能去者人皆莫對惟秦叔寶與羅士信願行于是須陁委柵而遁使二人分領千兵潛伏于草莽既而明月悉兵追之叔寶士信馳至柵柵閉門不得入二人超升其樓拔賊幟各殺數人營中大亂叔寶斬關而納外兵因放火焚其三十餘柵烟焰漲天明月奔還須陁逐之大破賊衆明月以百騎遁走餘皆擒之

李密擊宇文化及精兵良將多有死傷王世充在東陳乘其獘而擊之率步騎二萬營于洛南李密軍于偃師北世充潛遣二百騎夜伏于邙山自統其衆遲明渡水以襲密營密出兵以拒之陣未成兩軍已伏兵于邙山中乘高而下馳入密營燒其廬舍密見營中火發因而遁走

李希烈將兵五萬圍寧陵劉昌守寧陵四十五日不釋甲浙西節度韓滉所遣別將王栖耀以強弩數千夜

入寧陵希烈不知明晨弩矢及希烈坐幄希烈驚曰此江淮弩士入矣遂不敢攻而去

横擊

春秋時城濮之戰晉師陳于莘北胥臣以下軍之佐當陳蔡子玉以若敖之六卒將中軍曰今日必無晉矣子西將左子上將右胥臣蒙馬以虎皮先犯陳蔡陳蔡奔楚右師潰陳蔡屬楚右師狐毛設二旆而退之旆大旗也又建二旆而退使若大將稍卻欒枝使輿曳柴而偽遁曳柴起塵詐偽奔也楚師

馳之原軫郤溱以中軍公族横擊之公族公所率之軍狐偃以上軍夾攻子西楚左師潰楚師敗績子玉收其卒而止故不敗三軍惟中軍全不大崩晉師三日館穀館舍也食楚軍糧三日

高歡拔鄴爾朱兆等衆二十餘萬會于鄴歡出將戰于韓陵土豪陳昂自領鄉里部曲王桃湯東方老等三千人高歡將鮮卑十餘萬人共相叅合昂對曰昂所將部曲練習已久不煩更配也歡從之及戰歡軍少不利兆等方乘之昂與蔡雋以千騎自突圍出横擊兆軍大破之是日微昂等歡幾殆矣

魏宇文泰六軍與東魏高歡合戰沙苑李弼為右拒軍為敵所乘因帥鐵騎横擊之東魏兵中絶分為二遂大破之

唐高祖初率兵擊羣盜龍門縣有賊毋端兒聚衆數千人掩至城下時諸軍無備為賊所乘高祖親率十餘騎横出擊之所射應弦而倒賊大潰逐北數十里伏

屍相枕道旁

乾封初高麗大將泉男生率衆内附高宗遣將軍龐同高侃等迎接之男生弟男建率國人逆擊同侃等詔薛仁貴統軍馬為後援同侃等至新城夜為賊所襲薛仁貴遣驍勇救斬首數百級同侃等又進至金山為賊所敗高麗乘勝而進仁貴横擊之賊大敗斬首五萬餘級遂拔其南蘇木底蒼巖等三城

掩襲

後漢赤眉青犢衆十萬並在射犬光武將擊之耿純軍在前賊忽夜攻純兩軍多傷純勒部曲不動選敢死士二千俱持強弩各傅三矢銜枚間出行賊後齊聲呼譟強弩並發追擊破之

後漢末廬江太守劉勳理皖城恃彊兵士勇橫于江淮之間無出其右者孫策惡之時已有江左自領會稽太守使人卑辭厚幣而說之曰海昏上繚宗人數敗下國患之有年矣擊之路由不便幸因將軍神武而

臨之且上繚國富廩實吴娃越姬充于後庭明珠大貝被于帑藏取之可以資軍雖蜀郡成都金碧之府未能過策願舉敝邑率士卒以為外援勳允之曄諫曰上繚雖小而城堅池深守之則易攻之則難不可旬日而拔也且兵疲于外而國虛于內孫策多謀而善用兵乘虛襲我將何禦之而將軍進屈于敵退無所歸羝羊觸藩其在茲乎勳不從乃大興師伐上繚策果襲廬江破之勳窮蹙遂奔曹操

袁紹將許攸降曹操因說曰袁氏輜重有萬餘兩屯軍無嚴備今以輕兵襲之燔其積聚不過三日袁氏自敗矣操大喜選精銳步騎皆用袁氏旗幟銜枚縛馬夜從間道出人負束薪所歷道有問者應曰袁公恐曹操抄掠後軍遣兵以益備聞者信以為然既圍屯因放火營中驚亂大破之盡燔其糧穀及寶貨

魏初曹操征張魯至陽平魯使弟衛據陽平關橫山築城十里餘魏兵攻之不拔引軍還賊見大軍還其守

備遂懈操乃密遣驍將乘險夜襲大破之

曹公北征烏桓謀臣郭嘉曰兵貴神速今千里襲人輜重多難以趨利且彼聞之得以為備不如留輜重輕兵兼道以出掩其不意公乃密出盧龍塞直指單于庭虜聞操至惶怖合戰大破之斬蹋頓及名王以下數人

後魏幽州刺史孫定兒擁衆數萬據其州宇文泰令劉亮襲之定兒以義兵尤遠未為備亮乃將二十騎先

植蠢于近城高嶺即馳入城定兒方高會卒見亮至衆皆駭愕亮乃麾兵斬定兒懸首州門號令賊黨仍遣指城外蠢命二騎曰出迎大軍賊黨恟懼一時降服

唐高祖遣將薛仁貴郭待封等伐吐蕃次大非川將趍烏海仁貴謂待封曰烏海險遠軍行艱澁若引輜重將失事機況破賊即回不煩轉運彼多瘴癘無宜久留大非川嶺上寛平足堪置柵可留二萬人作兩柵

輜重並留柵内吾等輕鋭倍道掩其未備即撲滅之矣仁貴遂率衆先行至河口遇賊擊破之斬獲甚衆收其牛羊萬餘頭

思結闕俟斤都曼擁諸胡及踈勒鞊鞨槃陀三國叛詔蘇定方為安撫大使率兵討之至業葉水而賊保馬頭川于是選精卒一萬人馬三千疋馳掩襲之一日一夜行三百里詰朝至城西十里都曼大驚舉兵拒戰于城門之外賊師敗退保馬頭城王師進屯其門

入夜諸軍漸至四面圍之伐木為攻具布列城下都曼自知不免面縛出降

羌人康待賓率衆反據長原縣自稱葉護陷蘭池等六州詔王晙率兵討之乃命張説知經略事時叛羌與党項連結攻銀城連谷以據倉糧説統馬步萬人出合河關掩擊大破之追至駱駝堰羌及黨項自相殺阻夜羌乃西遁入鐵建山餘党潰散説招集党項復其居業

偽退掩襲

魏太和三年孫權揚聲欲向合肥征東將軍滿寵表召兖豫諸軍皆集權尋退詔罷兵寵以為今賊大舉而還非本意也此必欲偽退以罷吾兵而倒還乗虚掩不備也表兵不宜罷後十餘日權果再到合肥城下不克而還

後魏將慕容暐南征以酈範為副使師次無鹽宋將申纂憑城固守議者咸以攻具未周不宜便進範曰輕

軍遠襲深入敵境無宜淹留以失機候且纂必以我軍來速不能即攻謂方城可凴弱卒可恃今若外潛威形內整戎旅密勵將士出其不意可一鼓而克之曜遂潛軍偽退示以不攻纂果不設備于是夜即部分晨便攻城崇朝而克

後魏末幽州刺史劉靈助以莊帝被爾朱兆所弒遂舉兵倡義諸州豪右咸相通結靈助進屯于定州之固安魏遣將叱列劉延慶討之諸將謂延慶曰靈助善

卜筮百姓信惑所在嚮應未易可圖若萬一戰有利鈍則大事去矣未若還師入關據險以待其變延慶曰劉靈助庸人也天道深遠豈其所識且彼恃妖術坐看符魘大兵一臨誰肯戮力致死與吾爭勝負哉如吾計者正欲出營城外詭言西歸靈助聞之必信而自寬其倫潛軍往襲可一舉而擒之乃出頓城西揚聲將還簡精騎一千夜發詰朝造次助壘戰于北城遂擒之

西魏宕昌羌獠甘作亂逐其主彌定魏遣將史寧討破之甘將百騎走投生羌鞏廉王彌定遂得復位寧未獲獠甘密欲圖之乃揚聲欲還甘聞之復招引叛羌依山起柵欲攻彌定寧謂諸將曰此賊入吾術中當進擒之遂大破獠甘并獲鞏廉王

隋嶲州烏蠻反遣周法尚討之軍將至賊棄州城走散山谷間法尚捕不能得于是遣使慰諭假以官號偽班師行二十里潛遣人覘之賊首領盡歸柵聚飲法

尚遣步騎數千人襲擊破之

武經總要後集卷六

欽定四庫全書 子部

武經總要後集卷七 八

詳校官編修臣程嘉謨

總校官候補中允臣王燕緒

校對官主事臣金光悌

謄録監生臣楊省曾

欽定四庫全書

武經總要後集卷七

宋 曾公亮等 撰

故事七

持衆

秦王翦將兵六十萬代李信擊荆荆聞王翦益軍而來乃悉國中兵以拒翦至閉營休士日飲沐而撫循之久之使人問軍中戲乎對曰方投石超距翦曰士卒可用矣先是荆數挑戰而翦不出荆乃引而東翦因舉兵追之令壯士擊之大破荆軍

漢趙充國擊西羌至金城欲渡河恐為虜所遮夜遣三軍啣枚先渡會明以次盡渡虜數騎出入軍傍充國曰吾士馬辛苦不可馳驅此皆驍騎難制恐誘我也且擊虜以殄滅為期小利不足貪令軍毋擊遣騎候四望陜中之虜名諸校司馬曰吾知羌虜無能為矣充國常以遠斥候為務行必為戰備止必為堅壁尤

能持重愛士卒先計而後戰羌豪相責曰語汝亡反令趙將軍來善為兵欲一鬬而死可得耶虜久屯聚解弛望見大軍棄輜重欲度湟水道阸狹充國徐行驅之或曰逐利行遲充國曰此窮寇不可追也緩之則走不顧急之則還死戰諸校曰善虜赴水溺死者數百後竟降之

曹操西征馬超韓遂與超等夾淮而軍遣使請和操不許數挑戰又不出固請割地求送任子為質賈詡僞

許之遂請與操相見于是交馬甚歡操又與遂書克日會戰超等敗走諸將問操操曰吾與馬超韓遂戰既為不可勝且以示弱渡渭為堅壁賊至不出所以驕之也故賊不為營壘而求割地吾順言許之所以縱其意使自安而不為備因畜士卒之力一旦擊之所謂疾雷不及掩耳兵之變化固非一道也

蜀諸葛亮率衆出渭南魏大將軍司馬懿拒之亮分兵屯田為久駐之基使人致巾幗婦人之飾以激怒懿懿屢表請戰魏使辛毗持節不許出戰六軍皆肅然莫敢犯違

梁韋叡進討合肥堰肥水使王懷靜築城于岸守之魏攻陷其城乘勝至叡隄下其勢甚勝監軍潘靈佑勸叡退還巢湖諸將又請歩保三叉叡怒曰寧有此耶將死綏有前無却因令取傘扇麾幢植之隄下示無動志叡素羸每戰未甞騎馬以板輿自載督厲衆軍賊却城潰合肥既平高祖詔班師叡以賊近懼為所

所躡遣輜重在前身乘小輿殿後魏人服叡威名望之不敢逼全軍而還

唐李嗣昭守潞州甞饗諸將登城張樂梁軍矢中其足嗣昭密拔之坐客不之覺酣飲如故以安士卒心

輕敵必敗

戰國時公子卬為魏將秦孝公使衛鞅將而伐魏魏使擊之軍既相拒衛鞅遺卬書曰吾與公子驩今俱為兩國將不忍相攻可與公子會盟樂飲而罷兵以

安秦魏子卬以為然方會盟而軼伏甲士虜公子卬
因攻其軍盡破之
晉陶侃為荆州刺史鎮武昌時新破杜弢乘勝擊杜曾
有輕曾之色侃司馬魯詒言于侃曰古人戰争先料
其將今使君諸將無及曾者未易可逼也侃不從進
軍圍之于石城時曾多騎而侃兵無馬曾密開門出
侃陣後反擊其背侃師遂敗投水死者數百人
朱序鎮襄陽苻堅遣苻丕石越攻之次沔北序以秦無

舟楫不以為虞石越遂遊馬以渡序大懼固守城中
越攻陷外郭獲船百餘艘以濟後屢戰每引兵退序
不設備督護李伯密送款于秦為内應丕遂克襄陽
執序送長安
謝琰為會稽太守時孫恩作亂琰不設備恩奄至海口
入餘姚破上虞進邢浦琰遣叅軍劉宣之擊破之未
幾官軍失利恩乘勝徑進人情震駭咸議宣持重嚴
備且設水軍于南湖分兵設伏以待之琰不聽賊既
至尚未食琰曰要當先滅此而後食也跨馬而出廣
武將軍先寶為前鋒陣陷鋒推殺賊甚多而塘路窄
狹琰軍魚貫而前賊于艦中傍射之前後斷絕琰至
千秋亭敗績琰帳下督都張猛於後斫琰馬琰墮地
與二子肇峻俱被害寶亦死之
後燕慕容翰驍武有才為弟皝所忌奔段遼遼弟蘭與
翰寇柳城皝遣慕容翰及封鑾等救之皝戒翰曰賊
衆氣鋭難與爭鋒宜顧萬全謹無輕進必須兵集陣

整然後擊之翰性驍鋭領千餘驍騎為前鋭鋒而進
封鑾止之翰不從為蘭所敗死者大半
西秦乞伏益州乾歸之弟也時天水姜乳襲拒上邽遣
益州討之邊芮王松壽言于乾歸曰益州以懿弟之
親屢有戰功狃于累勝常有驕色若其遇寇必將易
之未宜專任示有所先乾歸曰益州驍勇諸將莫及
之但恐其專擅耳若輔之以重臣當無慮也於是以
韋乾為長史務和為司馬至大寒嶺益州恃勝自矜

不為部陣令將士解甲游獵縱飲令曰敢言軍事者斬虔等諫不聽乳率衆拒戰益州果敗乾歸曰孤違蹇叔以至于此是孤之罪也皆赦之

東魏莫多婁貸文為南道大都督與行臺侯景攻獨孤如願于金墉城宇文太軍出幽谷景與高昂貸文請率所部擊其前鋒景等固不許議整旅勵卒以待其至貸文性勇而專不受命以輕騎一千軍前出陜西過瀍澗全軍戰沒

王則太原人初以軍功除給事中爵白水子從元文穆討王果輕騎入為果所擒

後周賀若惇為驃騎大將軍陳將侯瑱安都等圍逼湘州遏絕糧道乃令惇率步騎六千渡江赴救慎等以惇等孤軍深入欲窺取之惇設奇伏運戰破瑱乘勝徑進遂次湘川因此輕敵不以為虞俄而霖雨不已秋水泛溢陳人濟師湘路遂斷而敗

隋薛世雄為右翊衛將軍竇建德僭稱長樂王遣世雄率三萬討之至河間城南營於七里井建德聞世雄至伏精兵數千人於河間南界澤中悉拔諸城偽遁去亡入豆子谷中世雄以為建德果亡乃不設備建德覘知之自率敢死士二千人襲擊世雄會雲霧晝晦兩軍不辨隋軍大潰自相騰藉死者萬餘世雄以百數騎而遁

唐姜寶誼武德初為右武衛將軍時劉武周將黃子英往來雀鼠谷高祖令寶誼擊之子英以輕兵挑戰寶

誼兵繼接子英輒遁如此者再三寶誼悉衆以逐之伏兵發軍遂大敗寶誼為賊所擒

趙景慈武德初領軍行總管與獨孤懷恩擊蒲州時堯君堯兵鋒甚銳前後擊將皆不能尅景慈將兵至城下君素出甲拒之景慈躍馬突進從者十餘人直趨南門斷賊歸路遂入其壕內賊于地道中出兵掩之懷恩不能救諸軍皆走景慈被傷墮馬為賊所擒

郭孝恪為安西都護貞觀中阿史那社尒既禽龜茲王

孝恪守之龜兹相那利潜引西突厥之衆并其國中萬餘人來襲孝恪時營于城外有兹龜人來謂孝恪曰那利我之國相人心素歸今亡在野必思為變城中之人頗有異志公其備之孝恪乃不以為意那利率兵掩至孝恪始覺領部下千餘千將入城而那利之徒已登城矣城中降胡與那利表裏合擊孝恪自為前鋒力戰而入既失部分則為胡賊所蹂躪流矢越斧亂下孝恪旋顧所部尤有數十人隨之孝恪復

將出城既至西門為胡寇所殺

程千里有勇力為上黨郡長史天寶中賊將蔡希德數以騎挑戰千里開門獨將麾下百餘騎逐希德欲生獲之渡横橋壞墜坑中為賊所執

李仁矩明宗時為閬州節度董璋乃率兇黨以攻其攻仁矩召軍校謀守戰利害皆曰璋久圖反計以賂誘士心兇氣方勝未可與戰宜堅壁以老之倘旬日之間大軍東至賊必自退仁矩曰蜀兵懦安能當我精甲即驅之出戰兵未交為賊所敗既而城陷仁矩被擒

後唐伐蜀班師時副招討使任圜至利州會延康孝叛據漢州掌書記張勵獻策于圜請伏精兵于後先以羸師誘之圜深以為然延孝驍將也任圜儒生也延孝睹其羸師殊不介意及戰酣發精兵擊之遂擒延孝

戒輕舉

春秋時吳子諸樊伐楚以報舟師之役門于巢（攻巢門）牛臣曰吳王勇而輕若啓之將親門（啓開門也）我獲射之必殪（殪死也）是君也死疆其少安從之吳子門焉牛臣隱于短墻以射之卒

楚伐絞軍其南門莫敖屈瑕曰絞小而輕輕則寡謀請無扞採樵者以誘之（扞衛也樵薪也）從之絞人獲三十人（獲楚人也）明日絞人爭出驅楚役徒于山中楚人坐其北門而覆諸山下（坐猶守也覆設伏兵而待之）大敗之為城下之盟而

還（城下盟諸侯所恥）
屈瑕伐羅鬬伯比送之還謂其御曰莫敖必敗舉趾高心不固矣（趾足也）及鄖亂次以濟且不設備及羅羅與盧戎兩軍之（盧戎是南蠻）大敗之莫敖縊于荒谷

隋煬帝征吐谷渾至覆袁州時吐谷渾主與數騎遁其臣詐為渾主保車師代真山帝令將張定和率師擊之定和既與賊遇輕其衆少呼之命降賊不應定和不被甲登山賊伏兵于巨石之下發矢中之而斃

唐王世充移營洛北造浮橋悉衆以擊李密密與千餘騎拒之不利而退世充因薄城下密簡鋭卒數百人以邀之世充大潰爭趨浮橋溺死者數萬人

太宗命皇甫繼明白守榮馬紹忠護送軍粮于靈州朝發軍乘分為三輩護送寇至為禦仍命田紹斌率兵援接轉運李繼遷知之邀于洛浦河守榮等欲擊之紹斌曰蕃戎輕佻勿棄輜重與但接轡結戰徐行守榮等忿曰我不受君節度勿預吾事紹斌因率所部去輜重四五里繼遷望見紹斌旌旗不敢擊守榮自欲邀功遂與戰賊先以羸挑戰既而伏發守榮敗中矢潰走死者無數紹斌振旅徐還所部不失一人至清遠與張延州會食見濠中裸而呼之曰我白守榮也以繩引上解衣遺之

堅壁挫鋭

春秋時晉將欒書伐楚將戰楚晨壓晉軍而陣（壓乘其未備也）軍吏患之裨將范匄趨進曰塞井夷灶陣于軍中而

疏首行（疏行首者當陣而前決開營壘為戰道）書曰楚師輕挑固壘而待之三日必退退而擊之必獲勝焉終敗楚師

後漢更始初光武在河北擊銅馬賊于鄡吳漢將突騎來會青陽賊數挑戰光武堅營自守有出擄掠者輒擊取之絶其糧道積月餘賊夜遁去追至館陶大破之

蜀先主率大衆東伐吳吳將陸遜拒之蜀主從建平連圍至夷陵南立數十屯先遣將吳班以數千人於平

地立營數挑戰諸將皆欲擊之遜曰備舉兵東下銳氣始盛且乘高守險難且卒攻攻之即下尤難盡克若有不利損我大勢非小故也今但獎勵將士廣施方畧以觀其變若此間是平原廣野當恐有㳅沛交馳之憂（㳅音摽）今緣山行軍勢不得展自當疲頓于木石之間徐制其弊耳備知其計不行乃引伏兵八千人從谷中出遜曰吾所以不聽諸擊軍班者揣其必有巧故也諸將並曰攻備當在初當今乃令入五六

百里相御持經七八月其諸要害已固守擊之必無利矣遜曰備是猾虜其軍始集思慮精專未可干也今住已久不得我便兵疲意沮計不復生犄角此寇正在今日乃先攻一營不利遜曰吾已破之之術乃令各持一束茅以火攻之諸軍同時發火破四十餘營備升馬升上陳兵自繞遜督促諸軍四面蹙之土崩瓦解死者萬數備因夜遁

魏末吳將諸葛恪圍合肥新城司馬師使鎮東將軍毋丘儉揚州刺史文欽等拒之儉欽請戰師曰恪卷甲深入投兵死地其鋒未可當且新城小而固攻之未可拔遂令諸將高壘以偪之相持數月恪攻城力屈死傷者大半師乃令欽督銳卒趨合榆斷其歸路儉帥兵以為後斷恪懼而遁欽擊大破之斬首萬餘級

前趙劉曜遣將討諸羌大酋權渠率衆保險阻曜將遊子遠頻敗之權渠欲降其子伊餘大言于衆曰使劉曜自來尤若無人晨壓子遠壘門左右勸出戰子遠

曰吾聞伊餘有專諸之勇慶忌之捷其父新敗盛氣甚盛且西戎勁悍其鋒不可擬也不如緩之使氣竭而擊之乃堅壁不戰伊餘有驕色子遠候其無備夜分喻衆秣馬蓐食遲明設伏而戰擒伊餘盡俘其衆

唐武德中太宗師師往河東討劉武周江夏王道宗從從軍太宗登玉壁城睹賊謂道宗曰賊恃其衆來邀我戰汝謂何如對曰羣賊鋒不可當易以計出難與力爭令衆深壁高壘以挫其鋒烏合之徒不能持久

粮運致竭自當退散可不戰而擒太宗曰汝意見暗與我合後賊果食盡夜遁追及介解一戰敗之

武德中太宗領兵征仁果攻折墌（上思力反下之石反）城賊有十萬餘衆兵鋒甚鋭數來挑戰諸將咸請戰太宗曰我士卒新挫衂彼鋭氣尤盛必輕敵好鬭我且閉壁以折之待其氣衰而後奮擊可一戰而破此萬全計也因令軍中曰敢言戰者斬相待者久之賊粮絶軍中頗攜二其將相繼來降太宗知仁果人心内離謂諸

將曰可以戰矣命行軍總管梁實營于淺水原以誘之賊將宗羅睺自恃驍悍求戰不得氣奮者久之及是盡鋭來攻梁實冀逞其志梁實固險不出以挫其鋒羅睺攻之愈速太宗度賊已疲復謂諸將曰彼氣將衰吾當取之申令諸軍遲明合戰令將軍龐玉陣于淺水原南出賊之右以先餌之羅睺并軍共戰玉軍幾敗太宗親御大軍奄自原北出其不意羅睺廻師相拒三軍齊奮聲震天地羅睺氣奪于是大潰

太宗討劉黑闥阻水列營以逼之分遣奇兵斷其粮道黑闥又挑戰太宗堅壁不應以挫其鋒黑闥城中粮盡太宗度其必來决戰預壅洺水上流謂守堤吏曰我擊賊之日候賊半度而决堰黑闥果率步騎二萬渡洺水而陣與官軍大戰氣索而潰水又大至黑闥衆不得渡斬首萬餘級溺死者數千人黑闥與范願等以千餘人奔于突厥

僕固懷恩引吐蕃回紇党項數十萬南下京師大恐郭

子儀出鎮奉天帝召子儀問禦戎之策子儀曰以臣所見懷恩無能為也帝問其故荅曰懷恩雖稱勇力素失士心今所以能為亂者因思歸之人耳懷恩本臣偏將其下皆臣之部曲恩信常及之今臣為大將必不忍以鋒刃相向以此知其無能為也虜寇邠州子儀在涇陽令長男朔方兵馬使曜率師援之與邠寧節度使白孝德閉城拒守懷恩前鋒至奉天近城挑戰諸將請擊之子儀止之曰彼深入利在速戰不

可與爭鋒況彼皆吾之部曲緩之自當携二若迫之是速其戰戰則勝負未可知言戰者斬堅壁待其弊是不戰而退

本朝征高平付潘美精卒數千扼江猪嶺敵果由是路來援美堅壁不與戰敵遁去

避鋭

春秋時城濮之戰楚子使子玉去宋曰無從晉師曰晉侯在外十九年矣而果得晉國險阻艱難備嘗之矣

人之情偽盡知之矣天假之年而除其害天之所置其可廢乎子玉不從而敗

後漢末袁尚據鄴率兵圍擊凡譚于南皮留蘇由審配守城曹操圍鄴尚還救鄴諸將皆以北歸師人自為戰不如守之操曰尚從大道來當避之若從西山來者此成擒耳尚果循西山來臨滏水為營夜遣兵犯圍操逆擊破走之城中奔潰

陳安州刺史吳明徹江中夜上將襲湓城齊王林遣巴陵太守任忠大敗之明徹僅以身免琳引兵東下陳太尉侯瑱司馬侯安都等拒之琳等以瑱軍方盛引軍入蕪湖避之時西南風急林謂得天得將直取揚州侯瑱等徐出蕪湖躡擊敗之

隋來護高智慧據江南叛從楊素討之賊據浙江岸為圍營亘百餘里船艦初渡鼓譟而進護言于素曰吳人輕鋭利在舟揖必死之賊難與爭鋒公且嚴陣以待之勿與接刃請假奇兵數千潛渡江掩破其壁使退無所歸進不得戰此韓信破趙之策也素以為然

乃以輕舸數百直登江岸襲破其營因縱火烟焰漲天賊顧火而懼素因前後合之智慧敗死

李靖從河間王孝恭討蕭銑兵至夷陵銑將文士弘率精兵數萬屯清江孝恭欲擊之靖曰士弘銑之健將士卒驍勇今新失荆門盡兵出戰是救敗之師恐不可當也宜且泊南岸勿與爭鋒待其氣衰然後奮擊破之必矣孝恭不從留靖守營自率師與敗合戰孝

恭果敗奔于南岸

以逸待勞

梁司州刺史柳仲禮留長史馬岫守安陸自率步騎一萬寇襄陽西魏將楊忠帥衆南伐攻梁隨郡克之進圍安陸仲禮聞隋郡陷恐安陸不守遂馳歸赴援諸將恐仲禮至則安陸難下請急攻之忠曰攻守勢殊未可卒拔若引日勞師表裏受敵非計也南人多習水軍不嫻野戰況仲禮今已在近吾出其不意以奇

兵伐之彼怠我奮必克之則安陸不攻自拔諸城可傳檄而定也于是選精騎二千啣枚夜進遇仲禮於漴忠親自陷陣擒仲禮悉俘其衆安陸及竟陵郡皆降如忠所策

後周遣將率突厥之衆逼齊晉陽齊將段韶禦之時大雪之後周人以步卒為前鋒從西山下去城二里諸將咸欲擊之韶曰步卒氣力有限今凝雪積厚逆之非便不如陣以待之彼勞我逸破之必矣既而交戰大敗之敵前鋒盡殪餘衆宵遁

唐武德中太宗戰竇建德于汜水東建德列陣彌亘數里太宗將數騎登高而觀之謂諸將曰賊度險而囂是軍无政令逼城而陣有輕我心陣久卒飢必將自退退而擊之何往不克建德列陣自卯至午兵士飢倦皆列坐又爭飲水太宗曰可擊矣遂戰大敗之生擒建德

矯情安衆

楚漢相持漢王與項羽臨廣武之間而語漢王數羽十罪羽大怒伏弩射中漢王傷胷乃捫足曰虜中吾足（傷胷而捫足者以安衆）漢王病瘡臥張良强請漢王起勞軍以安士卒毋令楚乘勝漢王出行軍疾甚因馳入城皐

後漢耿弇征張步飛矢中弇股以佩刀截之左右無知者至暮罷

吴漢征茂迎戰墮馬傷膝還營諸將曰大敵前先而公傷卧衆心懼矣漢乃勃然裹創而起推心饗士軍

士激怒人倍其勇
蕭衍舉兵指建康至新林楊公則自越城移屯領軍府
壘北樓與南掖門相對嘗登樓望賊城中遥見麾蓋
縱神弩射之矢貫胡床左右皆失色公則曰虜幾中
吾足談笑如初東昏夜選勇士攻公則栅軍中驚擾
公則監卧不起徐命擊之東昏軍乃退公則所領皆
湘州人素號怯懦城中輕之每出戰輒先犯公則壘
公則獎勵士卒克獲更多

武帝遣曹仲宗等攻魏渦陽又以韋放為明威將軍總
兵會之魏大將費穆率衆奄至于軍營未立麾下止
有三百餘人放從弟洵驍果有勇力單騎擊刺屢折
魏軍洵馬被傷不能進放冑又中三矢衆失色請放
突去放厲聲叱之曰今日惟有死耳乃免冑下馬拒
胡床處分士卒皆死戰莫不一當百遂大破穆諸營
壘一時奔潰衆軍乗之斬獲畧盡
本朝安守忠淳化中從知雄州放與僚佐宴飲有軍校
謀變擁及門閽吏狼狽入白守忠言笑自若徐顧坐
客曰此輩酒狂耳一時禽獲人服其量駙馬都尉王
尉王承衍知天雄軍時契丹寇鎮陽候騎至冀州去
魏二百里隣境戒嚴城中大恐屬上元節承衍獨下
令市中及佛寺燃燈設樂與賓佐遊達旦人賴以安
雍熙中王師大舉北伐幽州道行營前軍都監郭守文
與虜遇為流矢中氣色不撓督戰益急左右騎從莫
之知也

景德中契丹入寇車駕幸澶淵以向敏中為鄜延部署
知延州賜密詔盡付西鄙許以便宜從事敏中受詔
藏之視政如常日邉藩以安車駕還乃詔前納
少府監雷有終討蜀賊李順進至廣安軍軍壘瀕江三
面立栅會夜陰晦賊衆奄至鼓譟舉火士伍恐懼有
終安坐櫛髮氣貌自若賊既合圍有終引奇兵出其
後擊之賊衆驚赴水死者無算
軍中虛偽

漢景帝時吳楚反周亞夫將兵擊之吳楚乏糧欲退數挑戰不出夜軍中驚內相攻擊擾亂至于帳下亞夫堅臥不起頃之復定

魏將張遼以荊屯長社臨發軍中有謀反者夜驚亂起火一軍皆驚擾遼謂左右曰勿動是非一營中謀反必有造變者欲以擾亂衆人耳乃令軍中安坐遼親將兵中陣而立得首謀者立殺之

鎮敵安衆心

後漢誅王郎收文書得吏人與郎交関謗毀者數千章光武不省會諸將軍燒之曰令反側子自安

東晉末寇逼建鄴荊州都督劉道規遣别將檀道濟到彥之赴救朝廷為賊所破時雍州刺史魯宗自襄陽來赴或謂宗之未可測道規乃單車迎之衆咸感悅衆議欲使檀道濟到彥之共擊苟琳等道規曰非吾自行不決乃使宗之居守委以心腹率衆將破賊時蜀焦縱又以桓謙寇江陵為荊州刺史道規擊敗之斬謙及苟琳初謙至江陵士庶皆與謙書言城內虛實道規一皆焚燒衆乃大安士庶咸感其焚書之恩終無二志

唐李晟率勤王兵入京師勒兵屯于含元殿側號令諸軍曰長安士庶多陷庭賊若小有震驚則非伐罪弔民之義也晟與公等各有家室離別數年今已成功五日內不得斬通家信違命者斬乃遣京兆尹李齊運告諭百姓居人安堵秋毫無所犯軍人有擅取賊

馬者及大將高曜明麾一賊妓司馬俚取賊馬二疋晟皆立斬之莫敢仰視士庶無不感悅咸歔欷流涕遠方居人亦有經宿方知者

辨詐偽

本朝太平興國中馬知節領兵戍秦州秦李飛雄矯乘驛稱詔使至境召知節與劉文裕等縻縶之將加害知節辨其詐因詔文裕反執飛雄案其奸而族之

裴濟知鎮州立春日出土牛以祭酌奠始畢有卒扶牛

去濟察其舉止知欲為變亟命擒之果有竊發者數百人已刼壘閉矣皆蒐捕腰斬之軍民肅焉

裴濟監戍兵于威虜將逐次鎮州夜有賊騎扣城門大呼曰官軍至矣州將信之促守吏開關濟遽止之曰此必妄也及旦果有胡兵退去太宗嘉之

武經總要後集卷七

欽定四庫全書

武經總要後集卷八

宋　曾公亮等　撰

故事八

御士推誠

後漢更始初光武為蕭王定河北諸賊銅馬餘衆降封其渠帥為列侯降者猶不自安光武知其意勑令各歸營勒兵乃知乘輕騎按行陣降者皆相語曰蕭王推赤心置人腹中安得不投死乎由是皆服

東晉末劉道規為荆州刺史判臣桓元餘黨荀林屯江津桓謙屯枝江二寇交通久絶都邑之間荆楚既破桓氏故舊并懷二心道規乃會將士告之曰桓謙今在近聞諸頗有去就之計吾東來文武足以濟事若去者又並不相禁因夜開城門達旦不閉衆咸憚服莫有去者

西魏王熊守華州（今馮翊郡）時西魏師戰於河橋下不利東

魏降卒趙青雀據長安城所在莫有固志熊聞之大開州門名軍人謂之曰汝聞天子敗績不知凶吉諸人驚駭咸有異志王熊受恩于此以死報恩諸人如有異圖可來殺我恐城陷沒者亦任出城如有忠誠能與王熊與心者可共固守軍人見其誠信皆無二心

與敵推誠

唐將郭元振在涼州時西突厥首領烏質勒部落强盛

然屢請和元振就其牙帳計會軍事時天大雪元振立於帳前與烏勒質公議須臾雪深風凍元振未嘗移足烏質勒年老不勝寒苦會罷而死其子娑葛以元振故殺其父謀勒兵攻之副使解琬知謀勸夜遁元振曰吾以誠信待人何所疑懼且身在寇庭遁將安適乃安卧帳中明日親入虜帳中哭之甚哀行弔贈之禮娑葛乃感其義復與元振通好

郭子儀屯于涇陽僕固懷恩率蕃虜來寇郭子儀一軍萬餘人而經虜圍之數重子儀使李國臣拒其東魏楚玉當其南陳回光當其西朱元琮當其北子儀帥甲騎二千出沒左右前後虜見而問曰此誰也報曰郭令公也回紇驚曰令公存乎僕固懷恩言天可汗棄四海令公亦謝世中國無主故我從其來攻今公公存天可汗存乎對曰皇帝萬歲無疆回紇皆曰懷恩期我子儀又使諭之曰公等頃歲遠涉萬里剪除凶逆恢復二京子儀與公等周旋艱難何日忘之今

一旦棄舊好助一叛臣何其愚也且公等背主棄親於公等何有回紇曰為令公亡矣不然何以至此今公誠存果得而見之乎子儀將出諸將諫曰戎狄之心不可信也請無往子儀曰虜有數千輩之衆今力固不敵且至誠感神况虜輩乎諸將曰請選鐵騎五百衛送子儀曰適足以為害也乃傳呼曰令公來虜初疑持矢待之子儀以數十騎免胄徐出而勞之曰安乎公等久同忠義又何至於是回紇皆捨兵下馬

拜曰果吾父也子儀名其首領各飲之酒與之佳錦
歡好如初

德宗時朱泚朱滔王武俊聯兵反泚既汙宮闕羣賊附李希烈希烈僭號欲稱制衆心稍離帝自奉天下罪已詔赦昭儀帥李抱真先遣門客賈林以大義說武俊合從擊泚武俊雖許之然尚猶豫抱真乃以數騎徑入武俊營謂曰朱泚希烈僭竊大位足下不能自振於數賊之間乃捨九葉天子而臣反虜乎因言及

播越抱武俊大哭涕泗交下武俊亦哭感動左右又于武俊帳中酣寢久之武俊感其不疑結為兄弟而别明日合戰大敗朱滔

淮西既平裴度為節度使招撫蔡人大悦舊令途偶語語夜不然燭人或以酒食相過從者以軍法論度乃約法除盜鬬殺外餘盡除其往來者不復以晝夜為限蔡之遺民始知有生人之樂度以蔡卒為牙兵或以為反賊之子其心未安不可自去其備度笑而荅曰吾受命為帥元惡既擒蔡人即吾人也父老無不感泣

賈耽為義成軍帥時淄青李納雖未奉朝命而心常蓄併吞之謀納兵士數千自行營歸路由滑州大將請城外舘之耽曰與人隣道奈何野處其兵士因舘之城內淄青將心服之

令狐楚為河陽節度使為重徹移鎮滄景以河陽銳卒三千為牙兵士卒不願去鄉中路潰散不敢歸屯於

境上時楚未至聞之即疾馳赴鎮潰卒亦至城北將大寇掠楚單車出諭以順逆咸令兵士釋甲弛弓用之為先驅以歸仍斬首惡衆遂定

五代李茂貞為鳳翔節度性至有部將符昭者人或告其謀反茂貞親至其家去左右熟寢經宿而還上下遂服之

以恩信結敵人

唐蘇定方之討賀魯薛仁貴上疏曰臣聞兵出無名事

故不成名其爲賊衆乃可服今泥熟仗素懷不服賀魯爲賀魯虜其妻子也或于賀魯諸部落得泥熟等家口將充賊者宜括取送還仍加賜賚使百姓知賀魯是賊知陛下德澤廣及也高宗然其言使括泥熟家口悉送還之於是泥熟等請隨軍效死

張儉嘗在朔州屬李靖平突厥之後有思結部落貧散離散儉招慰安集之其不來者或居磧北既親屬分住私相往還儉并不拘責但存紀綱羈縻而已及儉

移任州司謂其將叛遽以奏聞朝廷議發兵進討起儉爲使觀動靜儉疋馬入其部落仍名諸首領以腹心咸稽顙而至便移儉就代州即令儉檢校代州都督儉遂勸其營田每年豐熟慮其私蓄富實易生驕奢表請和糴擬充貯備蕃人喜悅邊軍大收其利

隋末義兵起屈突通鎮長安兵敗勢蹙或說通歸降通泣曰吾蒙國家重恩歷事兩主受人厚祿安可逃難有死而已每自摩其頸曰要當爲國家受人一刀耳勞免將士未嘗不流涕人亦以此懷之

本朝至道中交趾酋長黎桓不順海賊頻劫剽朝廷加恩於桓以轉運使陳堯叟爲國信使先是將命交趾者必贈遺數千緡桓所賦斂往往斷民手足堯叟名其子瑗受其子瑗受以朝命却以朝命及交趾民卜文勇等先殺人亡命昔鎮將賊匿凡有百餘人堯叟皆搜護送之且戒之勿加酷法交趾感恩桓乃捕送海賊爲謝且言已勒溪洞不得騷動

知人

後漢光武任使諸將多訪於鄧禹禹每有所舉皆當其才光武以爲知人吳漢爲人質厚少文造次不能以辭自達光武將發幽州兵夜名禹問可使行者禹曰數與吳漢言其人勇悍有智謀諸將鮮及即拜大將軍果立大功

蜀將諸葛亮帥諸軍駐漢中以魏延領司馬楊儀爲長史延善養士卒勇猛過人又性矜高當時皆避下之

惟儀不假借延延深忿之有如水火儀常規畫部分籌度粮穀不稽思慮須臾便了軍戎節度取辦于延亮深惜儀之才幹延之驍勇常恨二人之不平不忍有所偏廢延儀才有所偏孔明任人各取所長

晉羊祜為征南將軍王濬參軍事祜深知之或曰濬為人志大奢侈不節不可專任宜有以裁之祜曰濬有大將軍才若濟其所欲必可用也識者謂祜能舉善焉濬後為益州刺史祜以濬有奇畧密表名濬伐吳

之役舉杜預自代遂立大功

陳武帝嘗與諸將宴杜僧明周文育侯安都為壽各稱功武帝曰公等悉良將也而並有所短杜公志大而識暗狎於下而驕於上務其功不知其拙周侯交不擇人而推心過差居危履險猜防不設侯卽傲誕不無猒輕挑而肆志並非全身之道卒如其言

隋代州總管漢王諒作亂李景發兵拒之諒遣劉嵩裔鍾𦤎等攻之景帥士卒殊死戰屢挫其鋒司馬馮孝慈司法參軍呂玉並驍勇善戰儀同三司侯莫陳頴多謀畫拒守之術景推任此三人無所關預惟務持重時出撫循而已

唐裴行儉知用兵有奇術兼負知人之術嘗所引偏裨程務挺張虔朂崔智𧦬方翼党金毘劉敬同郭待封李多祚黑齒常之盡為明將至刺史者十數人

西川劉闢反杜黃裳以為獨任高崇文可以成功遂拜神策行營節度使兼統左右神策奉天麟遊諸鎮兵

以討闢時宿將專征者甚衆人人自謂當選及詔出大驚崇文在長武城練卒五千常若寇至及是中使至長武卯時宣命而辰時出師五千人器用無缺者至興元有折逆旅之匕箸者斬之以狥西從閬中入遂却劍門之師解梓桐之圍黃裳又奏請不以中官為監軍只委高崇文為使崇文素憚劉澭黃裳使人謂崇文曰若不奉命當以劉澭代汝由是得崇文死力旣平闢宰臣入賀帝目黃裳曰此卿之

本朝曹彬為樞密使太宗詔舉才堪將帥者久之彬曰知人不易朝廷雖是未可知有子璨好謀而斷謂可試用太宗喜其內舉乃自閤門祇候擢知渭州時年十九至部牓檄區落告以丹青之侯戎人皆泣下康奴羌舉族内附李繼遷寇西涼次石門璨率兵邀敗之城籠竿川滅章理族卒破唃囉以功累歷方鎮

善用人

前漢陳評事魏王說不聽去歸項羽羽久不任平乃就

漢因魏無知求見漢王拜為都尉使驂乘護軍諸將及絳冠等毀平曰平居家時盜嫂事魏王不用亡歸楚楚不中又亡歸漢伏願大王察之漢王疑之以詰無知曰有之乎曰有之臣所言者能也陛下所問者行也今有尾生孝已之行而無益于勝負之數陛下何暇用之乎今楚漢相持臣進奇謀之士顧其計誠足以利國家耳盜嫂安疑乎漢王名平問曰吾聞先生事魏不遂事楚亦楚今又從吾遊信者固多心乎平曰臣事魏魏不能用臣說故去事項羽項羽不信人事以歸大王信臣計畫有可采者願大王用之使無可用者大王所賜金俱在請封輸官得乞骸骨漢王乃謝厚加賜拜以為護軍中尉諸將乃不可言卒用平討滅楚封户牖侯世世勿絶平辭曰非臣之功也王曰吾用先生計謀戰勝克敵非功而何平曰非魏無知臣安得進上曰若子者可謂不背本矣乃並賞無知

唐尉遲敬德舉城來降大宗大悦引為右府軍統領屈突通殷開山咸諫太宗引入卧内賜以金寶謂曰丈夫以意氣相期勿以小疑介意吾終不聽讒言以害忠良公宜體之必欲去願以此金相資表一時共事之情也他日從獵於榆窠遇王世充領步騎數萬來戰世充驍將單雄信領騎直趍太宗敬德躍馬大呼橫刺雄信墜馬賊衆稍却翼太宗以出賊圍更率步騎與世充交戰數合其衆大潰擒魏將陳知畧獲排

稍兵六千人太宗謂公必叛我意獨保明之福善有
憑何相報之速也
鄭從讜知人善任性不驕矜故所至有聲績在太原時
大將張彥球强桀難制前後帥守以疑間貽釁故軍
旅不寧及從讜撫封四年知其才用可委開懷任之
得其死力故抗虜全城多彥球之力也
郭孝恪唐初拜萊州刺史令與徐勣經營武牢以東所
州縣委以補選其後竇建德率衆來援王世充孝恪

于青城宮進策于太宗曰世充日蹙月迫力盡計窮
懸首面縛翹足可待建德遠來助虐糧道阻絶此天
喪之時請固武牢屯軍汜水隨機應變則易為功太
宗然其計及破建德平世充太宗于洛陽置酒高會
諸將曰孝恪謀擒建德之策王長先龍門下米之功
皆出諸人之右也
顏真卿為平原太守祿山遣其將顏庭奏高邈何千年
等守土門真卿從父兄常山杲卿與長史袁履謙謀

殺奏邈擒千里送京師土門既開十七日同日歸順
共推真卿為帥得兵二十餘萬横絶燕趙詔加真卿
户部侍郎依前平原太守清河客李萼年二十餘與
郡人來乞師謂真卿曰聞公義烈首倡大順河朔諸
郡恃公為長城方今清河寔公之西鄰也僕幸寓家
得虛實知可為長者用今計其蓄積足以三年平原
之富士卒可以二于平原之疆因而撫之以為腹心
輔車之郡其他小郡運之如臂使指惟公所命誰敢

不從真卿借兵四千人令萼將之真卿謂曰兵出也
吾子何以教我萼曰今聞朝廷使程千里統衆十萬
自太行東下將出崞口為賊所扼兵不得前今若先
伐魏郡斬袁知泰公同馬垂使為西南主分兵開崞
口之路而出千里之兵使討鄴幽陵平原清河合力
固志十萬之衆徇平陽分兵而討其衛計王師不下
十萬公當堅壁無與挑戰不數十日賊必潰而相圖
矣真卿然之乃遺牒清河等郡遣其大將李擇及副

將范冬馥裨將和琳徐浩等進兵與清河數千人合勢而博平以千人來三郡之師屯于博平去棠邑師西南十里袁知泰遣其將白嗣深乙舒蒙等以二萬人來拒戰大敗之斬首萬餘級

解仇用人

春秋時魯師及齊師戰于乾時魯師敗績鮑叔帥師來言曰子糾親也請君討之（鮑叔師勝而進志在生得管仲故托不忍之辭也）管召讎也請受而甘心焉（管仲射桓公故曰讎甘心言欲快意戮之）乃殺子糾于生竇（魯地也）召忽死之管仲請囚鮑叔受之及堂阜而脫之（堂阜齊地）歸而以告曰夷吾治于高傒（高傒齊卿高敬仲也言管仲高於敬仲之才多于政事）使相可也公從之

初臼季使過冀見郤缺耨其妻饁之相待如賓（臼季胥臣邑耨鋤也野餉曰饁）與之歸言於文公曰臣聞之德德之聚也能敬必有德德以治民君請用之公曰其父有罪可乎（缺父冀芮欲殺文公）對曰鯀舜之罪也也用禹以濟管仲桓公之罪人也實相以濟文公以為下軍大夫反自其

襄公以三命命先且居將中軍（且居先軫之子父死故進之也）以二命命先茅之縣賞胥臣曰舉郤缺子之功也（縣絕後故取其縣以賞胥臣）以一命命郤缺為卿復與之冀（還其父故邑）

前漢韓信擊敗趙軍令軍中無戰廣武君（李左車）有生得之者賞千金頃之縛而至麾下韓信解其縛東向坐而師事之得平燕之策

周德威與李嗣昭有私憾李克用臨終顧謂其子存勗曰進通忠孝不負我（嗣昭小名進通）重圍累年似于德威有

隙以吾命諭之若不解重圍死有遺恨存勗達遺旨德威感泣由是奮力哭戰竟破強敵與嗣昭歡愛如初

使過

春秋時殽之役晉人既歸秦帥秦大夫左右皆言于秦伯曰是敗也孟明之罪也必殺之秦伯曰是孤之罪也夫子何罪復使為政其後秦伯伐晉濟河焚舟（示必死也）取王官及郊晉人不出遂自茅津濟封殽尸而還

遂羈西戎用孟明也

晉侯入曹令無入僖負羈之宮而免其族報施也（報昔險璧之施）魏犫顛頡怒曰勞之不圖報于何有爇僖負羈氏魏犫傷於胸公欲殺之而愛其才使問且試之病將殺之魏犫束胸見使者曰以君之靈不有寧也距躍三百曲踊三百（距躍超越也曲踊跳踊也百猶勵也）乃舍之殺顛頡以狥于師

邲之役晉中軍師林父敗績晉師請死晉侯欲欲許之

士貞子諫曰不可（貞子士渥濁也）城濮之役晉師三日館穀文公猶有憂色左右曰有喜而憂如有憂而喜乎（言喜失時也）公曰得臣猶在憂未歇也困獸猶鬬況國乎及楚殺子玉（子玉得臣）公喜曰莫余毒也已是晉再克而楚再敗也楚是以再世不競今天或者大儆也也而又殺林父以重楚勝毋乃不可乎林父社稷之衛也奈何殺之夫其敗也如日月之蝕焉何損于明晉侯使復其位

唐蕭銑據荊州遣李靖安輯之至陝州阻水漲久不得進高怒其遲留陰敕陝州刺史許紹斬之紹惜其才為之請命於是獲免會開州蠻首冉肇則反率衆寇荊州趙郡王孝恭與戰不利靖率兵八百襲其營後于要險設伏臨戰斬肇則俘獲五千人高祖大悅謂公卿曰朕聞使功不如使過李靖果展其效

嗣曹王臯為江西節度其將伊慎嘗領江西兵從李希烈平襄州希烈反恐臯用伊慎乃陰遺之鎧甲又詐

為慎書往復置于境上上聞即令中使斬之臯表請赦令自効會與賊夾淮為軍中使又至臯乃勉令以功自贖賜以所乘馬及罷甲令推鋒而先臯率兵繼之冀其有功果大破賊斬首數千級慎方得免罪

高崇文伐蜀次萬勝堆大將阿跌光顏與崇文約到行營愆期一日懼誅請深入以自贖乃軍于鹿頭西大河之口以斷賊粮道賊大駭是日賊綿江柵將李文悅以兵三千歸順尋而鹿頭將仇良輔舉兵二萬及

以城降

本朝初西山巡檢郭進善以權道任人嘗有軍校自西山來訟進不法事太祖謂近臣曰所訴事多非實蓋御下甚嚴必是此人有過畏懼而誣罔之耳令中使送與進令詰而殺之進方奉表稱謝會并人入寇進因謂曰汝敢訟我信有膽氣今捨汝罪令汝掩殺并寇如得勝即薦于朝如敗便可自殺其人踴躍聽命果大致克捷進即以聞乞還其職太祖悅而從之

田紹斌嘗盜官馬數疋事發獄具庭紹斌稱死罪太祖知其驍勇欲宥之拘于門外遣內侍私謂之曰女今死有餘責紹斌曰若恩代死必能盡節上報詛庭下特釋之容賜金帛會征江南擇諸軍備事得五百人為步軍令紹斌統之及率衆二千抵昇州城下多所克捷

示信

春秋時晉文公命三日之粮圍原原不降命去之諜出諜間曰原將降矣軍吏請待之公曰信國之寶也人也之所庇也得原失信何以庇之所亡滋多退一舍而原降

晉文公伐楚歸國行賞狐偃為首或曰城濮之役先軫之謀文公曰城濮之事偃說我無失信不備三舍之約先軫所謀軍事吾用之以勝然此一時之說偃言萬代之政奈何以一時之利而加萬世功乎是以先之衆人悅服

魏明帝自征蜀至長安遣張郃領勁卒十餘萬向劍閣諸葛亮有戰士二萬人依代當還者八萬人時魏軍始至參佐咸以敵衆强多非力所制留當還者以并聲勢亮曰吾聞用兵行軍以大信為本得原失信古人所惜今當還者束裝以待期妻子企踵而計日豈可留之乃勅速遣于是當去者咸悅願留一戰遂拔刃爭先無不一以當十大敗張郃之衆

示義

春秋時晉將荀吳伐鮮虞圍鼓（白狄別種）鼓人或請以城降吳曰聞諸叔向好惡不愆民知所適事無不濟或以吾城叛吾所甚惡也人以城來吾獨何好焉賞所甚惡如所好何（無復以加所好）若其弗賞是失信也何以庇民使鼓人殺叛人而繕守備圍鼓三月鼓人或請降使其民見曰猶有食色姑修而城軍吏曰獲城而不取勤民而頓兵何以事君吳曰吾所以事君也獲一邑而教民怠將焉用邑好惡不愆城可獲而民知義所

（知邑所在也苟吾心莫能以示義或生變）有死而無二心不亦可乎鼓人告食竭力盡而後取之克鼓而反不戮一人

晉羊祜都督荊州軍士卒營兵出鎮南夏開設庠序綏懷遠近甚得江漢之心與吳人開布大信降者欲去皆聽之吳石城守去襄陽七百餘里每為邊害祜患之竟以詭計令吳罷守于是戍兵士墾田六百頃大獲其利祜之始至也軍無百日之粮及至季年有十年之蓄祜以孟獻營虎牢而鄭人懼晏嬰城東陽而萊子服乃進據險要開建五城收膏腴之地奪吳人之資石城以西盡為晉有自降者前後不絕乃增修德信以懷柔初服將帥有欲進譎詐之策者輒飲以醇酒使不得開口吳將陳尚潘景來寇祜追斬之美其死節而厚加殯斂景尚子弟迎喪祜以禮遣還吳將鄧香掠夏口祜募生縛香既至赦之香感其恩德率部曲而降祜行軍吳境刈穀為粮皆計所侵送絹償之每會江沔遊獵常止晉地若禽獸先為吳

人所傷而為晉兵所得者悉封還之于是吳人翕然悅服呼為羊公不名吳將陸抗賞病祜饋之藥抗服之不疑左右多諫抗抗曰羊祜豈酖人者抗每告其戍曰彼專為德我專為暴是不戰而自屈也

隋絳郡賊柴保昌等有衆八萬煬帝令戶部侍郎樊子蓋擊之子蓋深溝高壘不敢出戰有來歸者必坑殺之由是不敢降連年不能克煬帝命唐祖攻之賊有來降者皆引至左右推赤心以待之人咸自安願效

死力其黨相謂曰我等皆本無逆心徒以政令嚴酷懼死為盗耳前後首者皆為子蓋所殺窮無所歸今唐公與人無隔愚義如此我輩知不死矣遂相率歸前後至者數萬人餘賊散走他郡

以義感人

唐嗣曹王臯遷湖南觀察使前使辛京杲貪殘有將王國良鎮武岡縣富豪京杲以罪死加之國良危懼遂散財募衆據縣以叛諸道同討連歲不能下臯受命

乃曰驅疲罷誅反側非所奉聖朝事遣使遺國良書曰觀將軍非為逆者盖遭殘疾耳我已蒙聖朝昭雪使我我何加力救將軍將軍以為不然我以陣術破將軍陣以攻法屠將軍城非將軍所度也國良且憂且喜遣使請降臯即日赴縣受降中道有候騎馳告曰國良軍中有變言降是詐也臯曰非爾輩所知遂留麾下兵單騎假稱使者直入國良壘中國良名使者入臯遂大呼軍中曰有人識曹王否國良何不速降一軍愕然不敢動會有識者走至傳呼曰是國良匍匐叩頭請罪臯執手約為兄弟盡焚攻守之具散倉庫給兵士令復農桑焉

劉昌初至平凉刼盟之後所收聚亡没骸骨坎瘞之因感夢于昌有愧謝之意昌上聞德宗下詔深自刻責遣祕書少監孔述睿及中使御饌內造衣服數百襲令昌收其骸大將三十人將士百人各具棺柩衣服葬于淺水原分建二塚大將曰聚義塚將士曰懷忠

塚詔翰林學士撰銘志祭文昌勝陳兵設幕次具有饌祭之昌及大將皆素服臨祭焚其衣服紙錢別立二石標題以塚名而各道師徒莫不感泣昌在西川僅十五年彊本節用軍儲豐羨

朔方大使王晙誅河曲降虜阿布思等千餘人時并州大同橫野等有九姓同羅拔曳固等部落皆懷震懼張說率輕騎二千人持旌節直詣其部落宿于帳下名其帥撫慰之副使李憲以為人情難信不宜輕涉

彼地馳狀以諫說報書曰吾肉非黃羊必不畏吃血非野馬必不畏刺且士見危致命是吾效死之秋也于是九姓感義莫不悅服

淮安王孝恭討蕭銑銑將帥與官軍拒戰死者罪狀既重當藉沒其家以賞軍士李靖曰王者之師義存弔伐百姓既受驅逼拒戰豈其所願今新定荊郢宜弘寬大以慰遠近之心降而藉之恐非救焚拯溺之道但恐自此以南城鎮堅守不下非計之善遂止江漢

城邑聞之莫不爭下

激怒士心

燕圍齊即墨田單宣言曰吾恐燕軍劓所得齊兵燕人如其言齊人皆怒愈堅守田單又縱反間言曰吾懼燕人掘吾城外冢墓戮辱先人可為寒心燕軍盡掘冢墓燒死人齊人于城上望見皆涕泣甚欲出戰怒自十倍單知士卒可用遂破燕師

後漢班超使西域至西善會其吏士三十六人與共飲酒酣因激怒曰今俱在絕域欲立大功以求富貴虜使到纔五日而王廣禮貌即廢如收吾屬送匈奴骸骨當為豺虎食矣官屬皆曰今在危亡之地死生從司馬超曰不入虎穴不得虎子當今之計獨有因夜以火攻虜使彼不知我多少必大震怖可殄盡也滅此虜則功成事立矣衆曰善夜將吏士奔虜營會大風超令十人持鼓藏虜舍後約曰見火然皆鳴鼓大呼餘人悉持兵弩夾門而伏超順風縱火前後鼓譟

虜衆驚亂超手格殺三人餘悉燒死

蜀龐統勸劉備攻益州收劉璋備曰此大事不可倉卒及璋委備擊張魯乃從璋求萬兵及資寶欲以東行璋但許兵四千人餘皆給半備因激怒其徒曰吾為益州強敵師徒勞瘁不遑寧居今積帑藏之財而吝于賞功願士夫出死力戰其可得乎由是相與破璋

唐安祿山反常山郡盡為賊傷死人蔽野大將李光弼師本鎮兵來援親酹其屍而哭之為賊幽閉者出之

皆平冦難衆皆感動

李愬受魏博節度時出鎮復亂田正正遇害弘正累世為魏帥愬聞之素服以令三軍曰魏人所以富庶而能通聖化者田公也天子以其仁愛使治鎮州且田公出于魏撫卒七年一旦鎮州不道敢滋殘害以魏無人也若父兄子弟受公恩者其何以報衆皆大哭願效用焉

後唐栢鄉之後兩軍旣成列莊宗以梁兵甚盛慮所部

弱欲激壯之手銀罍賜李嗣源酒謂曰卿見南軍白馬赤馬都否覩之令人胆破嗣源曰彼徒有其表耳翌日當歸吾廐中莊宗撫髀大笑曰卿以氣吞之矣嗣源引鍾盡酹即屬鞬㩗弦躍馬挺身與其部下百人直犯白馬赤馬都奮檛舞矟生挾二騎而還飛矢麗其胄如蝟毛由是三軍增氣自辰及未騎兵百戰源嗣往來衝擊執獲不可勝計是日梁兵大敗

前漢郅都為雁門大守匈奴素知郅都名不犯其境都不近鴈門匈奴中為偶人象都以木為人象都之形也馳射莫能中其見憚如此

魏司馬懿討公孫淵淵保襄平懿進軍圍之會霖雨大水平地數尺三軍恐欲移營帝令軍中敢有言從者斬都督令使張静犯令斬之軍中乃定旣破城兵士寒凍乞襦或曰幸多故襦可賜之帝曰襦者官物人臣無私施不與

唐范希朝為振武節武界上有党項室韋交居蕃落之

俗有長帥至必效奇騎名馬雖廉者猶曰當從俗以致其歡希朝一無所受積十四年皆保塞不敢横逆蕃雜鼠竊狗偷必捉無赦

朔方節度張仁愿築三受降城表留滿鎮兵以助其功時咸陽兵二百餘人逃歸仁愿悉擒之斬于城下軍中股慄役者無不盡力六旬而三城俱就

武經總要後集卷八

欽定四庫全書

子部

武經總要後集卷九

詳校官編修臣程嘉謨

總校官候補知府臣葉佩蓀
校對官學錄臣常循
謄錄監生臣沈琳

欽定四庫全書

武經總要後集卷九

宋　曾公亮等　撰

故事九

絕藝

梁大同初魏軍復圍南鄭杜懷瑤命第三子嶷帥二百人與魏前鋒戰於光道寺流矢中馬目敵人交矟將至嶷斬其一騎而奪馬馳歸嶷膂力絕人善騎射所佩霜明朱弓四石每出殺傷甚多人憚之號為杜彪

陳衆軍北伐蕭摩訶隨都督吳明徹濟江攻秦郡時齊遣大將尉破胡等率衆十萬來援其前隊有蒼頭犀角大刀之號皆身長八尺膂力絕倫其鋒甚鋭又有西域胡妙於弓矢弦無虚發衆軍尤憚之及將戰明徹謂摩訶曰若殪此胡則彼軍奪氣摩訶曰願得識其形狀明徹乃召有識胡者云絳衣樺皮裝弓兩端骨彌明徹遣人伺胡在陣仍自酌酒飲摩訶摩訶飲訖馳馬衝齊軍胡挺身出陣前十餘步捔弓發矢摩

訶遥擲銑鋧（音本妹柔錐也）正中其額應手而仆齊軍大力十餘人出戰摩訶又斬之於是齊師退走明徹追至吕梁復與齊大戰摩訶率七騎先入手奪齊軍大旗齊衆大潰以功授譙州刺史及周武帝滅齊遣其將宇文忻爭吕梁忻時有精騎數千摩訶領十二騎深入周軍縱横奮擊斬馘甚衆及周遣大將王軌結長圍連鏁於吕梁下流斷大軍還路摩訶謂明徹曰聞軌始鏁下流其兩頭築城今尚未立公若見遣擊之

彼必不敢相拒彼城若立則吾屬虜矣明徹不從水路遂斷周兵益至摩訶又請曰今求戰不得進退無路若潜軍突圍未足為恥願公率步卒乘馬徐行摩訶驅馳前後必使公安達京邑明徹曰吾為總督必須身居其後相率兼行弟馬軍宜須在前摩訶因夜發選精騎八千當先衝突後以衆騎繼之比旦達淮南

隋竇榮定擊突厥史萬歲詣轅門請自效榮定素聞其名見而大悅因遣人謂突厥曰當各遣一壯士決勝負突厥許諾因遣一騎挑戰榮定使萬歲出應之萬歲馳斬其首而還突厥大驚遂引軍去

唐高祖率兵擊羣盜至龍門縣賊毋端兒衆數千人至城下高祖親率十餘騎擊之高祖連射七十發賊大敗皆應弦而倒明日斬首築為京觀於屍上盡得所射箭其妙如此

太宗討劉黑闥於肥鄉列陣太宗親率左右擊之有突

厥勇壯絶倫直衝太宗刃將接太宗以天策上將大箭射之中心洞背應弦而斃遂傳此箭於北蕃突厥見而驚嘆又嘗覘敵壘遇三騎皆賊中驍勇有名者舉鎗而進左右請避之太宗不從待其將至連發三矢相次皆斃敵人懾氣焉

尉遲敬德善避矟每戰單馳入賊矟攢刺終不能傷又能奪賊矟還以刺之出入重圍往返無礙齊王元吉亦善矟聞而輕之欲親自試命去矟及以竿相刺敬

德曰縱加刄終不能傷請勿除之敬德矟謹當却刄元吉竟不能中太宗問曰奪矟避矟何者難易對曰奪矟難乃命敬德奪元吉矟元吉執矟躍馬意在刺之敬德俄頃三奪其矟元吉素驍勇雖相嘆異甚以為恥王世充領步騎數萬來戰世充驍將單雄信領騎直赴太宗敬德躍馬大呼橫刺雄信墜馬賊徒稍却敬德翼太宗以出賊圍

薛仁貴領兵擊九姓突厥於天山將行高宗内甲令薛

仁貴試之上曰古之善射有穿七扎者卿且試射五重仁貴射而洞貫之高宗大驚更取堅甲以賜之時九姓有衆十餘萬令驍健數十人來挑戰仁貴發三矢射殺三人餘俱下馬請降仁貴恐為後患并坑殺之更就磧北安撫餘衆擒其僞主葉護兄弟三人而還軍中歌曰將軍三箭定天山戰士長歌入漢關九姓自此衰弱不復更為邊患

哥舒翰有家奴曰左車年十五六亦有膂力翰善鎗每追賊及之以鎗搭其背而喝之賊驚顧翰從而刺其喉皆剔高三五尺而墜無不死者左車輙下馬斬首率以為常

史敬奉形甚短小若不能勝衣至於野外馳逐能擒奔馬自執鞍隨鞍躍上然後羈帶弓矢在手前無强敵甥姪及僮使僅二百人每以自隨臨入敵輙分其隊為四五隨逐水草每數日各相遇已而皆獲勝

逆賊史思明攻河陽使驍將劉龍仙率鐵騎五千臨城

挑戰龍仙健勇自恃舉右足加馬鬣上嫚罵李光弼登城顧望謂諸將曰孰可取者僕固懷恩請行光弼曰此非大將所為歷選其次左右曰白孝德可光弼問所欲幾何兵孝德曰可獨往耳弼壯之終問所欲對曰願選五十騎於軍門為繼兼請大軍鼓譟以增氣勢他無所用光弼撫其背以遣之孝德挾二矛策馬截流而渡龍仙見其獨來甚易之足不降躡稍近將動孝德揺手示之若使其不動龍仙不之測乃止

孝德呼曰侍中使余致辭非他也龍仙去數步與之言褻罵如初孝德勒馬伺便因瞋目曰賊識我乎龍仙曰誰耶孝乃大將白孝德也龍仙曰是何猪狗孝德發聲彪㘚持矛躍馬而摶城上鼓譟驍騎繼進龍仙矢不暇發環走堤上孝德追及斬首執之而歸

王敬蕘魁傑沉勇多力善戰所用鎗矢皆以純鐵鍛就槍重三十餘斤摧鋒破陣率以此勝敵一時無不畏服

太宗幸太原城西督諸將麾兵發機石攻城初帝選諸勇士數百人教以劍舞皆能擲劍空中躍其身左右承之妙絶無比見者無不恐懼會北戎遣使修貢賜宴便殿因出劍示之擅場鼓譟揮刄而舞跳擲承接霜鋒雪刄飛舞滿空戎使見之懼形於色及巡城耀武必令劍士前導各呈其技賊衆乘城望之破胆

挑戰

春秋時楚許伯御樂伯攝叔為右致晉師（單車挑戰示不欲和以疑晉之師）許伯曰吾聞致師者御摩旌摩壘而還（摩旌疾驅）樂伯曰吾聞致師者左射以菆（左軍左也菆矢之善也）代御執轡御下兩馬掉鞅而還（兩飾也掉止也示閒暇）攝叔曰吾聞致師者右入壘折馘（折馘斷耳）執俘而還皆行其所聞而復晉人逐之左右角之（張兩角從旁夾攻之）樂伯左射馬而右射人角不能進

楚漢相持彭越數絶楚糧道項羽欲討越謂其將曹咎曰謹守成皐勿與戰無令得東我十五日必誅彭越

定梁地漢果數挑戰楚軍不出使人辱之五六日曹咎怒渡兵汜水漢擊之大破楚軍盡得楚寶貨曹咎自剄汜水上

前秦苻堅遣黄眉鄧羗等率步騎討姚襄據黄洛深溝高壘固守不戰鄧羗説黄眉曰傷弓之鳥落於虛發襄頻為晉將桓温張平所敗鋭氣衰矣今固壘不戰是窮寇也襄性剛狠易以剛動若長驅鼓行且壓其壘襄必忿怒而出師可一戰而擒也黄眉從之遣羗

率騎三千軍於裏壘以挑之裏果怒盡銳出戰羌僞不勝引騎而退裏追之至於三原羌回騎拒裏俄而黃眉至大戰斬之盡俘其衆

宋蒼梧王遇賊沈攸之自江陵舉兵東下分兵出夏口據魯山既至有驕色以郢城弱小不足攻遣人告行郢州事柳世隆曰被太后令當暫還都既相與奉國想得此旨世隆答曰東下之師久承聲問郢城小鎮自守而已攸之將去世隆遣軍於西渚挑戰攸之果

怒令諸軍登岸燒郭邑築長圍攻之世隆隨宜拒應乘間屢破之

武德四年太宗圍王世充於東都竇建德自河北率兵十餘萬來援太宗自率步騎三千五百人趨武牢建德自滎陽西上築壘於板渚太宗以五百騎出武牢東二十餘里挑戰先是李勣程齩音咬金秦叔寶令尉遲敬德執矟造建德壘下大呼致師賊衆大驚撓出兵數千騎太宗逡巡漸却遂引賊入伏內李勣奮擊大破之獲其大將殷秋石瓚斬首數百級

勢宜決戰

太宗圍王世充於洛陽旬餘不克將士皆思歸總管劉宏基等請班師太宗曰今日興兵欲一勞永逸東道諸州望風歸附洛陽孤城何能持久功在垂成何乃棄之而去乃令諸軍曰王世充未破師必不還更有言班師者斬衆心乃定高祖知士卒有歸志恐衆心離不堪持久密勑旋軍太宗抗表固請尅日當定太

祖喜而從之果平世充

五代梁將劉鄩攻同州朱友謙求援於晉遣將符存審李嗣昭赴之次河中晉營朝邑時河中久臣於梁衷持兩端及諸軍大集芻粟暴貴嗣昭懼其翻覆將急戰以定勝負居旬日梁軍逼我營會望氣者言西蜀南有黑氣如鬬雞之狀當有戰陣存審曰我方欲決戰而形於氣象得非天贊歟是夜閱兵詰旦進軍與梁戰大敗之追斬二千餘級自是梁軍保壘不出

晋王存勗進兵至胡柳陂梁將賀瓌結陣而至引兵據陂中土山晋兵望之有懼色諸將欲領兵還營詰朝復戰閆寶曰王彦章騎軍已入濮陽山下惟列步兵向晚皆有歸志我盡銳擊之敗走必矣今若引退必為所乘我軍未集更聞賊勝耶不戰而自潰也凡決勝料敵情勢已得斷在不疑今王之成敗在此一戰若不決戰設使餘衆渡河河朔非王有也其勉之晋王聞之愕然曰微公幾失計耶引騎大譟奮稍登

山大敗梁兵

春秋時孟明帥師伐晋戰于彭衙秦師敗績秦伯猶用孟明增修國政重施於民明年秦伯伐晋濟河焚舟（示必死也）取王官及郊（王官郊晋地也）遂霸西戎用孟明也

隋末稽胡五萬餘人掠宜春賓軌討之行次黄欽山與賊相遇賊乘高縱火王師稍去斬其部將十四人拔隊中小帥以代之勒兵復戰自率百騎殿於軍後令之曰聞有鼓聲不進自後者斬之既而鼓之士卒爭赴敵賊射之不能止因大破之

昭宗時幽州劉仁恭率軍士十萬寇魏州屠其郡梁將葛從周自邢臺馳入魏州燕軍突之上水關攻館陶門從周與賀德倫率五百騎出戰謂門者曰前有敵不可返顧命闔其門從周等極力死戰大敗燕人擒都將薛突厥王鄶郎等翊日破其八砦追擊至臨清

戮力必勝

春秋時晋師伐齊陣于鞌晋解張御郤克鄭丘緩為右

及戰郤克傷於矢流血及屨未絶鼓音（中將軍自執其鼓故雖傷而擊鼓未息）曰余病矣張侯曰自始合而矢貫余手及肘余折以御左輪朱殷（馬閑反）豈敢言病吾子忍之緩曰自始合苟有險余必下推車子豈識之然子病矣（以其不識推）張侯曰師之耳目在吾旗鼓進退從之此車一人殿之可以集事若之何其以病敗君之大事也擐甲執兵固即死也（擐音患即就也）病未及死吾子勉之左并（必正反）轡右援枹（音桴）而鼓馬逸不能止師從之（晋從郤入齊軍）

齊師敗績遂之三周華不注（山名）

晋元帝時賊帥杜曾聚兵數萬命周訪擊之訪帥衆八千時曾銳甚盛訪曰先人有奪人之志軍之善謀也使將軍李常督左甄許朝督右甄訪自領中軍高張旗幟曾畏訪先攻左右甄曾勇冠三軍訪甚惡之自於陣後射雉以安衆心令趙徹領其父秀餘兵屬左甄力戰敗而復合徹馳馬告急于訪訪怒叱之令更進徹號哭還自辰至申兩甄皆敗訪選精銳八百人

自行酒飲之敕不得輒動聞鼓音乃進未至三十步訪親鳴鼓將士皆騰躍奔赴曾遂大潰殺千餘人遂定漢沔

隋突厥沙鉢畧可汗并弟葉護及潘那可汗寇掠而南詔以達奚長儒為行軍總管擊之遇於周槃衆寡不敵軍中大懼長儒慷慨神色愈烈為虜所衝突散而復聚且戰且行轉鬬三日五兵咸盡士卒以拳毆之手皆見骨殺傷萬計虜氣稍奪於是解去突厥本欲大掠秦隴既逢長儒兵皆力戰虜意大沮明日於戰處焚屍大慟哭而去

杜伏威聚徒數萬屯歷陽煬帝遣右禦衛將軍陳稜以兵八千討之稜不敢戰伏威遺稜婦人之服以激怒之并致書號為陳姥稜大怒悉衆而來伏威逆拒自出陣前挑戰稜部將射中其額伏威怒指之曰不殺汝我終不拔箭遂馳之稜奔入陣伏威突入稜陣大呼衝擊所向披靡復獲所射者使拔箭然後斬之携

其衆復入稜軍大潰僅以身免

唐太宗從高祖破突厥於馬邑太宗手射殺虜一人由是虜遂退

高祖拒歷山飛深入賊陣重圍數匝太宗望見之將輕騎突圍而進弓矢亂發殪數十餘既接短兵所向必披靡拔高祖於萬刄之中時騎兵已散高祖氣憤將戰太宗苦諫乃止適會步兵繼至太宗奮擊大破之（歷山飛魏刀兒自號也）

李光弼駐軍河陽自將於中潬城外置柵柵外掘塹闊二丈深亦如之賊將周摯捨南城併力攻中潬光弼命荔非元禮出勁卒於羊馬城以拒賊光弼於城東北角植小紅旗下望賊軍恃衆直逼其城以車千乘載木鵝鶻衝鬬接撞車隨其後督兵填城下塹三面各八道過其兵又當塹開柵各置一門光弼遥望見賊逼城使人語荔非元禮曰中丞看賊填塹開柵擁兵居然不顧何也元禮報曰大尉擬守乎擬戰乎光

弼曰戰元禮曰若戰賊為我填塹復何嫌也光弼曰吾吾志不及公其勉之元禮俟柵開率其勇敢出戰一逼賊軍走追數百步元禮料敵軍陣堅難出入馳突不足破賊收軍稍退以俟怠而攻之光弼望見收軍大怒使人喚元禮欲按軍令元禮云戰正忙作何為良久令軍中鼓譟出寨門徒搏奮追賊大潰

後晉時契丹大舉入寇以杜重威為都招討使至陽城遇虜圍晉師數重軍中乏水鑿井徹壞人馬渴死甚衆時晉師居下風將戰弓弩無所施符彥卿曰與其束手受擒曷若力戰未必死乃與張彥澤樂元福等引精騎擊之虜衆大敗虜主乘橐駝以遁獲車仗器械數萬計虜自陽城之敗大畏彥卿或馬病不飲齕必唾而祝曰此中其有符王耶

驍勇敢前

西魏將王羆為華州刺史常修城未畢梯在城外時高歡遣將韓能軌從河東宵襲羆不之覺比曉軌衆已

乘梯入城羆尚卧未聞閤外洶洶有聲羆裸身露髻徒跣持一白挺大呼而出敵見之驚退遂至東門左右稍集合戰破之軌衆遂遁

後魏中山王英征義陽傅永為統軍當長圍過其南門齊將馬仙琕連營稍進欲解長圍永乃分兵付長史賈思祖令守營壘自將馬步千餘人南逆仙琕賊射永洞貫其左股永出箭復入遂大破之仙琕燒營卷甲而遁英曰公傷矣且入營永曰昔漢祖捫足不欲

人知雖國家一帥柰何使有傷將之名遂與諸軍追
之極夜而返
後周河橋之戰諸將退走竇熾時獨從兩騎為敵人追
至印山下熾乃下馬背山抗之俄而敵漸多矢下如
雨熾騎士所執弓並為敵人射落熾乃總收其箭以
射之所中人馬應弦而倒敵乃相謂曰得此三人未
足為功乃稍引退熾因其怠突圍而出
唐馬璘從李光弼攻賊洛陽賊將史朝儀自領兵拒王

師於北邙營壘如山旌甲耀日諸將驚愕不敢動璘
獨率所部橫戈而出入賊陣者數次賊披靡潰去副
元帥李光弼壯之曰吾用兵三十年未見以少擊衆
雄健有如馬將軍者
唐廣德初僕固懷恩誘吐蕃入寇代宗幸陝州馬璘師
自河右轉鬬戎虜間至於鳳翔蕃軍雲合鳳翔節度
使孫志直方閉城自守璘乃持滿相向突入懸門不
解甲背城出戰吐蕃奔潰璘以勁騎追擊斬俘數千
計血流遍野由是雄名益振代宗召見慰勞之
李靖擊吐谷渾表薛萬徹同行及至賊境與諸將各率
百餘騎先行卒與虜數千相遇萬徹單騎擊之虜無
敢當者還謂諸將曰賊易與耳躍馬復進諸將隨之
斬數千級人馬流血勇冠三軍
本朝魏能咸平中鎮定高陽關三路時有鐵騎三萬餘
復來寇能率州軍陣於南門令其子正與都監劉知
訓間道探敵形勢邀戰數十合賊退薄西山追擊走

之獲其器械十八萬戎人常謀入抄掠能伺知即發
兵逆擊之生擒首帥斬殺殆盡
馬知節平劍州還及三泉詔與王繼恩討賊繼恩自行
貴勢惡知節之不附己遣守彭州配以羸兵三百舊
卒悉召還成都適賊十萬衆攻城知節率兵力戰自
寅至申衆寡不敵士多死者逮暮退守州廨慨然曰
死賊手非壯夫也即橫槊潰圍而去休於郊外黎明
救兵至遂鼓譟以入賊黨敗去

耿全斌從征太原還遇敵於蒲陰追擊至徐河因據水口要害遷補車騎副兵馬使又改雲騎軍使屯瀛州與敵戰所乘馬兩中流矢死易馬凡三戰不却敵為引去

陷陣摧堅

晉襄公以狼瞫為右箕之役先軫黜之而立續簡伯瞫怒其友曰盍死之瞫曰吾未獲死所其友曰吾與女為難（欲其殺先軫）瞫曰周志有之勇則害上不登於明堂

（周志周書也明堂廟也君所以策功序德故不義之士不得升）死而不義非勇也子姑待之及彭衙之役既陣以其屬馳秦師死焉晉師從之大敗秦師

吳代楚楊匄為令尹卜戰不吉（陽匄穆王曾孫令尹子瑕）司馬子魚曰得上流何故不吉（子魚公子魴也順流而下易用勝敵）且楚故司馬令尹我請改卜令曰魴也以其屬死之楚師繼之尚大克之（得吉兆）戰于長岸子魚先死楚師繼之大敗吳師獲其乘舟餘皇（餘皇舟名）

唐初段志玄從劉文靜拒屈突通於潼關文靜為通將桑顯和所敗軍營已潰志玄率二十騎赴之擊殺數十人而還為流矢中足慮衆心動忍而不言更入賊陣者再顯和亂大軍因此復振擊大敗之

薛仁貴梁廷芳契苾阿力於遼東與高麗大軍溫沙門戰於橫山仁貴匹馬先入莫不應弦而倒高麗有善射者於石城下射殺十餘人仁貴單騎直往衝之其賊弓矢俱失手不能舉便生擒之

契苾阿力與涼州都督李大亮將軍薛萬均同征吐谷渾軍次赤州萬均率騎先行為賊所攻兄弟皆中鎗墮馬徒步而鬭兵士死者十六七阿力聞之將數百騎馳往突圍而前縱横奮擊賊兵披靡萬均兄弟由是獲免

天寶之亂賊將史朝儀領鐵騎十萬陣於昭覺寺賊皆殊死決戰短兵既接相殺甚衆官軍驟擊之賊陣不動魚朝恩令射生五百人下馬弓弩亂發多中賊而

死陣亦如初鎮西節度使馬璘曰事急矣遂揺旗而進單騎奔擊奪賊兩牌突入萬衆之中左右披靡大軍乘乘之而入朝儀大敗斬者一萬六千級生擒四千六百人降其三萬三千人轉戰於石榴園老君廟賊黨又敗人馬蹂踐填於尚書谷朝儀輕騎遁走

天寶末吐蕃入寇報新城之役晨壓官軍衆寡不敵王忠嗣單騎而進左右馳突當者無不辟易出而復合殺數百人賊衆遂亂三軍翼而擊之吐蕃大敗

五代晉皇甫遇拜滑州節度使虜率衆屯邯鄲戰遇與安審琦慕容彦超等禦之遇將渡漳河虜前鋒大至遇引追轉鬬二十里至鄴南榆林店遇謂審琦等曰彼衆我寡走無生路不如血戰自辰至未戰百餘合所傷甚衆遇乘馬中矢而斃遇有親僕杜知敏以馬授遇遇得馬復戰久之稍顧杜知敏已為虜獲遇謂彦超曰知敏匆皇之中以馬授我義也安可使陷於賊中遂與彦超躍馬取知敏而還胡騎壯之俄而率軍復合遇不能解時審琦已至安陽河謂首將張從恩曰皇甫遇等未至必為虜騎所困若不急救則成擒矣從恩曰虜勢甚盛難以支吾將軍獨往何益審琦曰成敗命也設若不濟則與之俱死若失此二將將何面目而見天子遂率鐵騎北度赴之虜見塵起謂救軍併至乃引去遇與彦超中數槍得還時諸軍歎曰此三人皆猛將也

晉王存勗舉兵擊梁救趙進軍栢鄉五里遣周德威先

以鐵騎薄梁營梁將韓勍等率精兵三萬鎧甲炫燿晉人望之懼形於色德威謂李璋存曰賊志在不戰欲以兵甲耀威耳乃遣存璋諭諸軍曰爾等見賊軍否此等俱是汴州天武健兒屠子傭販虛有其表徒被精甲十不當一擒獲足以為貨德威自率精騎擊其兩偏左馳右決出沒數四獲百餘人賊遂渡河而退

本朝咸平初契丹入邊張凝率部兵設伏於瀛州西出

其不意腹背奮擊挺身陷敵陣凝子昭遠從行纔十六歲即單騎疾呼突入敵中掀擬而出左右披靡不敢動

表裏夾攻

春秋時衛人以燕師伐鄭鄭祭足原繁洩駕以三軍軍其前使曼伯與子元潛軍軍其後燕人畏鄭三軍而不虞制人（此制鄭邑今河南成皋縣一名虎牢）六月鄭二公子以制人敗燕師

北戎侵鄭鄭伯禦之患戎師曰彼徒我軍懼其侵軼我也（徒步兵也軼突也）公子突曰使勇而無剛者嘗寇而速之（嘗試勇則能往無勇不耻退）君為覆以待之戎輕而不整貪而無親勝不相讓敗不相救先者見獲必務進進而遇覆必速奔後者不救則無繼矣乃可以逞從之戎人之前遇覆者奔祝聃逐之（祝聃鄭大夫）衷戎師前後擊之盡殪（為三部伏兵祝聃使勇而無剛者先犯戎而速去引之以遇伏兵至後伏兵起戎復還之祝聃光逐之戎人前后二處受敵故曰衷戎師殪死也）

楚鬬廉帥師及巴師圍鄾（鬬廉楚大夫）鄧養甥帥師救鄾三逐巴師不克（二甥皆鄧大夫）鬬廉衡陳於巴師之中以戰而北（衡横也分巴師為二部鬬廉横陳於其間以與鄧師戰而偽北也）鄧人逐之背巴師而夾攻之（楚師偽走巴師偽攻之鄧師逐之背巴師楚師自前還與戰）鄧師大敗鄾人宵潰

後漢初光武遣王霸馬武擊河南賊周建於垂惠賊師蘇茂將五校兵四千餘人救建而先遣精騎遮擊馬武軍糧武往救之建從城中出兵夾擊武武恃霸之

援戰不甚力為茂建所敗武軍奔赴霸營大呼求救霸曰賊兵盛出必兩敗當閉營堅壁軍吏皆爭之霸曰茂兵精銳其衆又多吾吏士心恐而捕虜（馬武也）與之相持兩軍不一此敗道也今閉營固守示不相援賊必乘勝輕進捕虜無救其戰自倍如此茂衆疲勞吾承其疲乃可尅也茂建果悉兵攻武合戰良久霸軍士壯士路潤等數十人斷髮請戰霸知士心銳乃開營後出軍精兵襲其背茂建前後受敵驚敗亂走

武德三年七月詔秦王世民督諸軍擊王世充世民移屯青城宫營壘未立王世充率衆二萬自方諸門出憑故馬坊垣塹臨穀水以禦之諸將甚懼秦王以精騎陳於北邙山親登魏宣武陵以望之謂左右曰賊勢迫矣悉衆而出利在一戰今日破之其後不能出矣乃令屈突通率步兵五千渡水以擊之誡通曰待兵交即放煙吾當率騎軍南下兵纔接煙作秦王以騎衝之挺身先進與通表裏合擊俘七千人

武德三年十月羅士信取千金堡秦王令屈突通守之王世充自來攻堡通懼舉烽請救太宗度通力堪自守且緩救以驕世充通舉三烽已急秦王方出援之左右未獲從以兩騎而進遇賊騎將葛彥暉射之應弦而墜擒之後軍亦繼至通軍復振表裏奮擊世充大敗幾獲之

秦王討薛仁杲營中無水人馬不飲者數日賊將宗羅睺攻之愈急太宗度賊已疲復謂諸將曰彼氣將衰吾當取之必矣申令諸軍遲明合戰復令將軍龐玉陣於淺水原南出賊之右以先餌之賊將宗羅睺併軍共戰王軍將敗既而太宗親御大軍奄自原北出其不意羅睺望見復回師相拒我師表裏齊奮呼聲動天地羅睺氣奪於是大潰斬首數千級投澗谷而死者不可勝計

肅宗初逆賊安慶緒遺嚴莊悉其衆十萬來赴陝以抗官軍賊聞官軍至悉其衆屯於陝西負山為陣郭子

儀以大軍擊其前回紇登山乘其背遇賊潛師於山中與鬭過期大軍稍却子儀麾回紇令盡進殺之師馳至其後於黄埃中發數十箭賊驚顧曰回紇來即時大敗僵屍遍山澤

至德六年賊安慶緒遣嚴莊助張通儒拒官軍於陝李嗣業從郭子儀討賊遇於新店力戰數合我師初勝而後敗嗣業遂急應接回紇從南山望見官軍敗曳白旗而下徑穿賊背遶過賊陣西北角先陷嗣業又

率精騎前擊表裏齊進賊衆大敗走河北

乘勝破敵

晉杜預襲吳樂鄉虜都督孫歆州郡皆望風歸命奉送印綬時衆軍會議或曰百年之寇未可盡克目今當暑水潦方降疾疫方起宜俟冬更為大舉預曰昔燕樂毅藉濟西一陣以併彊齊今日兵威已振譬如破竹數節之後迎刃而解也遂召諸將直指秣陵所過城邑莫不束手遂平吳先議者慙而謝焉

東晉將周訪討賊杜曾曾大潰殺千餘人訪夜追之諸將請待明日訪曰曾驍勇能戰向之敗也彼勞我逸是以尅之宜及其衰乘之可滅鼓行而進遂定漢沔

十六年蜀李特攻晉將張徵軍潰特議欲釋徵還涪諸將進曰徵軍連戰士卒傷殘智勇俱竭宜因其弊遂擒之若舍而寬之徵養病收亡餘衆更合圖之未易也特從之復進攻徵潰圍走特遣將水陸追之遂殺徵生擒徵子存以徵喪還之

唐武德初劉武周據太原使其將宋金剛屯河東太宗往征金剛適走太宗追擊大破之乘勝逐北一日一夜行二百餘里轉戰十合士卒疲弊至高壁嶺總管劉弘基抗馬諫曰糧已竭士卒疲勞且停營待兵糧咸集而後戰太宗曰攻者難成而易破機者難得而易失金剛走到汾州衆心已阻我及其未定當乘其勢擊之此破行之勢也若更遲留賊必生計此失機之道遂策馬去諸軍乃進莫敢以饑乏為辭夜宿於

雀鼠谷之西源太宗不食二日不解甲三日軍中皆饑此夕惟有一羊太宗撫將士與之同食三軍感恩皆饑而思奮明日趨汾州金剛列陣南北七里以抗官軍太宗遣總管李勣等當其北翟長孫等當其南親御大軍以臨之諸軍戰小却為賊所乘太宗率精騎三千直趨金剛賊衆大潰遂破之

太宗破薛仁杲宗將羅睺於高墌乘勝帥二千餘騎追之竇軌苦諫曰仁杲猶據堅城雖破羅睺未可輕進

請按兵以俟其變太宗曰慮之久矣破竹之勢不可失也賊大軍已敗餘衆何足為慮遂率衆而進之夜半軍臨賊城守陴者皆投而下仁杲窮蹙開門請降

郭子儀僕固懷恩擊賊將李歸仁大敗之日暮懷恩謂子儀曰賊必棄城走請以二百騎追之縛取李歸仁田乾真安守忠張通儒子儀曰將軍戰亦疲矣且休追明而圖之懷恩曰歸仁守忠天下驍賊也驟勝而敗此天助吾奈何縱之不取若使得聚復為我患雖

悔無及夫戰尚速何明日為子儀固止之令還營懷恩又固請往而復返者數延明諜追之守忠等果遁

朱泚之亂賊驍將張庭芝逼柵求戰李晟謂諸將曰吾恐賊不出今冐死而來天贊我也勒諸將縱兵擊之時駱元光領華州兵營在北兵少賊併力攻之晟遣李演孟華以精卒救之中軍鼓譟演力戰大破之乘勝入光泰門再戰又敗之殭屍蔽地翌日將復出師諸將請待西軍至則左右夾攻晟曰賊既傷敗須乘勝撲滅若俟其有備豈王師之利耶晟乃號令誓師畢陣於光泰門外使王佖李演率騎軍史萬頃領步卒直抵苑墻先是夜使人開苑墻二百餘步至是賊已立木柵賊倚柵拒戰晟叱軍士曰安得從賊如此當先斬公等萬頃懼先拔柵而入王佖軍繼進賊奔潰大軍分道並入驅蹙至於白華忽有賊騎千餘出於官軍之背晟以麾下百餘騎入左右呼曰相公來賊聞之驚潰官軍追斬不可勝計朱泚姚令言遁

走其餘兇黨相率來降

乘機破敵

蜀將孟達降魏以達領新城太守達連吳固蜀潛圖中國謀洩將舉兵司馬懿乃潛軍進討諸將皆言達與二賊交結宜審察而後動懿曰孟達無信義此其相疑之時也及其未定往決之倍道兼行八日到城下吳蜀各遣將救達分兵拒之初達與諸葛亮書曰宛去洛八百里去吳二千里聞吾舉事當表上天子比

相反覆一月間也則吾城已固諸軍足辦吾無患矣及吳兵到達曰吾舉事八日兵至城下何神速也懿八道攻之尋斬達

唐高祖討宋老生太宗親與公子建成分路追兵時方中夜太宗馳入深谷遂失道下馬步行久而路得及兵回高祖乃令太宗自為武侯將輕騎夜發行前遲明至霍邑城下宋老生不出戰遂大言激怒之老生欲戰高祖曰兵疲未食恐不可戰且欲停營太宗曰

機不可失當破賊會食豈得下營先食乎高祖乃與公子建成當東面令太宗當南面部分纔定宋老生出兵交戰左軍遂敗太宗與軍頭段志玄躍馬先登深入賊陣敵人矢下如雨太宗為流矢所中拔而復戰衝突出其陣後憤氣彌厲手殺數十人衆披靡老生遂大敗

太宗討薛仁杲既尅諸將奉賀因問曰始大王野戰破賊其主尚保堅城王無攻且輕騎騰逐不待步兵徑薄城下咸疑不克而竟下之何也太宗曰此以權道迫之使其計不暇發以故尅也宗羅睺恃往昔之勝兼復養銳日久見吾不出意在相輕今喜吾出悉兵來戰雖擊破之擒殺蓋少若不急躡還走入城賊收而撫之則便未可得矣且兵衆皆隴西人一敗退走不及回顧散歸隴外則折墌自虛我軍隨而迫之所以懼而降也此可謂成筭諸君顧不悟耶諸將曰此非凡人所能及也

乘風雨破敵

後漢楊旋為零陵太守時蒼梧賊攻刼州縣賊衆多而旋力

後魏賀拔岳討万俟醜奴醜奴尋棄岐州北走安定尒朱天光方自雍至與岳合勢宣言今氣候已熱非征討之時至秋涼更圖進取醜奴聞之遂以為實分遣諸散營衆於岐州北百里使太尉侯元進據險設柵岳知其勢分密與天光嚴備昧旦攻圍元進柵拔之即

擒元進餘慰撫悉降命輕騎追醜奴及之於平凉一
戰擒之
貞元九年朝廷築鹽州城慮為吐蕃掩襲詔劒南節度
使韋臯發兵深入吐蕃以分其勢臯命大將董勔張
芬出西山及南道破峨城通鶴軍焚定廉凡平堡柵
五十餘所城之二旬而畢其後賛普北寇靈朔又令
臯出兵深入臯乃命陳泊等出三奇路崔堯臣出龍
溪石門路仇冕等趨吐蕃維州城邢玭等趨雞棲老

翁城高倜等趍故松州韋良金等出雅州黎嶲路王
有道等過大渡河入蕃界陳孝孫等進攻昆明城諸
濟自八月出軍齊入至十月破蕃兵十六萬生擒六
千斬首萬餘級轉戰千里蕃軍連敗
石晉時契丹入寇杜仲威領大兵至白團衛村下營賊
騎環繞之奇兵出寨後斷粮道是夜東北風大起至
旦愈甚發屋折木營中掘井輙壞人馬俱渴契丹主
令其衆曰晉軍止此地當盡擒之命鐵鷂四面下馬

拔鹿角而入奮短兵以擊晉軍順風縱火揚塵以助
其勢晉軍憤怒大呼曰招討使何不出軍而令士卒
徒死諸將咸請戰重威曰俟風稍緩徐觀可否李守
貞曰此風助我也彼衆我寡風沙之内莫測多少奮
命而鬬强者必勝如俟風止我無焦類矣即呼曰諸
軍齊力擊賊又謂仲威曰令公善守禦守真以中軍
決死矣張彦澤召諸將問計樂元福曰軍中饑渴已
甚若俟風反出戰吾屬為虜矣彼謂我不能逆風以

戰宜出其不意以擊之此亦兵家要訣也符彦卿曰
與其束手受擒曷若以身狥國乃與元福等引精騎
出西門擊賊諸將繼至契丹却數百步彦卿謂守真
曰且曳隊往來乎直前奮擊以勝為度乎守真曰事
勢如此安可回鞚宜長驅取勝耳彦卿等躍馬而去
風勢益甚昏晦如夜乃擁萬餘騎横擊契丹呼聲動
天地契丹大敗而走
散衆

後漢初河南張步據齊地漢將耿弇討敗之步肉袒負斧鑕於軍門弇傳步詣行在所勒兵入據其城樹十二都旗（弇凡平城陽琅琊高密膠東牟北海齊千乘濟南平原泰山臨淄）時步衆尚十萬餘輜重七千餘兩弇令降軍各以郡人詣旗下皆罷遣軍人令歸鄉里齊地悉平

後魏末河北賊葛榮為魏將軍朱榮所擒餘衆悉降以賊徒既衆若即分割恐其疑懼或生變亂乃下令各從所樂親屬相隨任所居止於是羣情喜悅兵即四

散數十萬衆一時散盡待出百里之外乃始分道押領隨便安置咸得其宜擢其渠帥量才授用親附者咸安時人服其據分之盡善

武經總要後集卷九

欽定四庫全書

子部

武經總要後集卷十

詳校官編修臣程嘉謨

總校官候補中允臣王燕緒

校對官編修臣吳舒帷

謄錄監生臣何清

武經總要後集卷十　宋　曾公亮等　撰

故事十

兵貴有繼

後漢初張步據齊地十二郡漢將耿弇討之壁於臨淄以伺步是時步與其黨重異共擁強兵勁旅（重姓異名也）號二十萬屯臨淄大城東將攻弇弇先出淄水上與重異遇突騎欲縱擊弇恐挫其鋒令步不敢進故示

弱以驕其氣乃引歸水城陳兵於內步氣盛直攻弇營與弇裨將劉歆等合戰弇升王宮懷臺（臨淄本齊國所都即齊王宮中之懷臺也東觀記作環臺云）視歆等鋒交乃自引精兵以橫突步戰於東城下大破之

呂布從東緡與陳宮將萬餘人又來與曹操戰時曹操兵皆出取麥不能以千人屯營不固曹操乃令婦人守埤悉將兵拒之屯西有大堤其南林木幽深布疑有伏兵乃相謂曰曹操公多詐勿入伏中引軍南七十餘里明日復來曹操隱兵堤裏出半兵堤外布並進乃令輕兵挑戰既合伏兵乘堤步騎並進大敗之

魏大將軍曹休從皖口深入與將賈逵度吳無東關之備必併軍於皖仍部署諸將水陸並進行三百里聞休戰敗孫權遣兵斷夾石諸將不知所出或欲待後軍逵曰休軍敗於外路絕於內進不能戰退不能還安危之機不及終日賊以軍無後繼故至此合疾進出其不意所謂先人以奪其心賊見吾兵必走若待

後軍賊已斷險兵多何益乃兼道進軍多設旗鼓為疑兵賊見逵軍遂退

蜀將姜維圍狄道魏將陳泰等進軍度高城嶺潛行夜至狄道南西高山之上多舉烽火鳴鼓角城中見救者至皆憤勇維謂救兵當須集衆而發乃率聞救已至似有奇變宿謀倉忙引兵退去

兵無繼必敗

唐契丹李盡忠孫萬榮叛有詔王孝傑起白衣為清邊

總管統兵十八萬討之孝傑軍至于峽石谷遇賊道險虜甚衆孝傑以精卒銳士為先鋒且戰且行及出谷布方陣以捍賊後軍總管蘓定暉畏賊衆棄甲而遁孝傑既無有後繼為賊所乘營中潰亂孝傑墮谷而死兵士被殺殆盡時張說為節度管書記馳奏其事則天問孝傑敗亡之狀說曰孝傑忠勇敢死深入賊境以少禦衆但為後援不至所以致敗

兵多宜分軍相繼

東魏大將軍高歡大舉以伐西魏將渡蒲津其將薛琡曰西賊連年饑饉但以分兵諸道勿與野戰比及來年夏秋人多盡應餓死西賊自然歸降願無渡河也侯景亦曰今者兵衆極大萬一不捷卒難收斂不如分為二軍相繼而進前軍若勝後軍全力前軍若敗後軍承之高歡皆弗聽遂有沙苑之敗

救兵

春秋時楚伍員與申包胥交包胥楚臣其亡也謂申包胥曰我必復楚國也復報申包胥曰勉之子能復之我必能興之及昭王在隨申包胥如秦乞師曰吳為封豕長蛇以荐食上國（荐數也言吳貪害如蛇豕）立依於庭墻而哭日夜不絶聲勺飲不入口七日秦師乃出申包胥以秦師至秦子蒲子虎帥車五百乘以救楚（五百乘三萬七千五百人）子蒲曰吾未知吳道（謂道路也）使楚人先與吳人戰而自稷會之大敗夫概王于沂（稷沂皆楚地名）

力少分兵必敗

漢初黥布反渡淮擊楚發軍與戰徐僮間楚為三軍欲以相救為奇兵或說楚將曰布善用兵人素畏之且兵法自戰其地為散地今別為三軍彼敗吾一軍餘皆散走安能相救楚將不聽布破其一軍二軍散走遂西與高帝兵遇於蘄西大戰帝軍敗之

後漢初漁陽太守彭寵反自將二萬餘人攻幽州刺史朱浮於薊光武使將軍鄧隆救薊隆軍路南浮軍雍奴遣吏部奏狀帝讀檄怒謂使者曰營相去百里其

勢豈得相及比若還北軍必敗矣寵果盛兵臨河以拒隆又别發輕騎二千襲其後大敗之隆軍去朱浮遠遂不能救引而去

吴漢討公孫述乃進軍攻廣都拔之光武戒嘆曰成都十餘萬衆不可輕也但堅據廣都待其來攻勿與爭鋒若不敢來攻公轉營迫之俟其力疲可擊也漢乃乘利遂自將步騎二萬進逼成都去城十里阻江北為營作浮橋副將劉尚將軍萬餘人屯於江南相去

二十餘里帝聞大驚使責漢曰公既輕敵深入又與尚别營事有緩急不能相及賊若出兵攻公而以大衆攻尚破尚公即破矣急引兵還廣都詔書未到述果使其將李豐袁吉攻漢使别將攻尚漢敗入壁豐圍之漢乃詔諸將勵之曰今與劉漢二處受圍其禍難量欲潛師就尚於江南并兵禦之若能同心一力人自為戰大功可立如其不然敗必無疑於是饗士秣馬閉營三日不出乃多立幡旗使煙火不絶夜啣枚引兵與尚合軍豐等不覺明日分兵拒水北自將攻河南漢悉兵迎戰自辰至晡遂大敗破之斬袁吉於是引還廣都留劉尚拒述帝報曰公還廣都甚得其宜述必不敢畧尚而擊公也若先攻尚公從廣都悉兵騎赴之破之必矣自漢與述戰於成都廣都之間八戰八克

蜀先主引兵東下伐吴魏文帝聞備立栅連營七百餘里謂羣臣曰備不曉兵權豈有七百里營可以拒敵

者乎包原隰險阻而軍者為敵所擒此兵家之忌也緩急不相救一軍潰則衆心恐矣數日果聞備敗

梁將王僧辯討侯景與陳霸先會于白茅彎進尅姑熟次蔡洲景登石頭城望官軍之盛不悦密謂左右曰彼軍士有如是紫氣不易可當因率鐵騎萬人聲鼓而進霸先謂僧辯曰善用兵者如長山之蛇首尾相應賊今送死欲為一戰我衆彼寡宜分其勢僧辯然之乃以强兵勁弩攻其前輕銳蹂其後大兵衝其中

景遂夜潰棄城而遁

魏末賊莫折後熾所在寇掠郡縣州人李賢率鄉兵與涇州刺史史寧討之後熾列陣以待賢謂寧曰賊聚結歲久徒衆甚多數州之人皆為其用我若總為一陣併力擊之彼既同惡相濟理必總萃敵我勢既不分衆寡不敵我便救於首尾無以制之今莫若諸謂軍分為數隊多設旗鼓掎角而前以脅諸柵公既統精兵直指後熾按甲而待莫與交鋒後熾欲前則憚

公之銳諸柵欲出則懼我疑兵令其進不得退戰不得走以待其懈而擊之必破後熾一敗則衆柵不攻自拔矣寧不從屢戰頻北賢乃率數百騎經後熾營收其妻子僮僕五百餘人並輜重等屬後熾與寧戰勝方欲追奔忽遇賢乃棄寧與賢接戰遂大敗後熾單騎遁走

前秦將堅諸將呂光領兵伐龜茲光軍其城南五里為營深溝高壘廣設疑兵以木為人被以甲羅之壘上龜茲王帛純嬰城自守乃傾國資寶乞救諸國溫宿尉頭等國互合七十餘萬衆以救之皆便弓馬善矛矟鎧如連鎖射不可入衆甚憚諸將咸欲每營結陣按兵拒之光曰彼衆我寡營又相遠勢分力散非良法也於是遷營相接陣為勾鏁之法精騎為遊軍彌縫其缺戰于城西敗之帛純遁走王侯降者三十餘國

分勢敵破之

項籍圍漢王於滎陽漢將紀信詐降而漢王得出走入關收兵欲復東轅生說漢王曰漢與楚相拒滎陽數歲漢常屢困願君入武關項羽必領兵南走王深壁於滎陽成皐間且得休息使韓信等輯河北趙地連燕齊君王乃復走滎陽未晚也如此則楚所備者多而力分漢得休息復與之戰破楚必矣漢王從其計出軍宛葉間項羽聞漢王在宛果引兵南漢王深壁不與戰終以此弊楚也

晉武帝欲滅吳以羊祜都督荆州諸軍事祜上疏曰蜀平之時天下皆謂吳當并之自此來十三年是謂一周今不速平吳而更阻兵相守不可長久非計也今莫若引梁益之兵水陸俱下荆楚之衆進臨江陵南平豫州直指夏口徐揚青兖並向秣陵鼓旆以疑之多方以誤之以一隅之吳當天下之衆勢急行危所備皆悉巴漢奇兵出其空虚一處傾壞則上下震蕩吳緣江為國無有内外東西數十里以藩籬自持所

敵者大無寧息孫皓與下多忌將疑於朝士疑於野無有保世之計一定之心平常之日猶懷去就終不齊心致死已可知也軍不踰時必可滅吳矣帝納之卒以此勝吳

唐末朱全忠遣氏叔琮等將兵五萬攻李克用入自太行魏博都將張文恭入自磁州新口葛從周以兖鄆兵會成德兵入自土門洺州刺史張歸厚入自馬嶺義武節度使王處直入自飛狐權知晉州侯言以慈隰晉絳兵入自陰地叔孫入天井關進軍昂車沁州刺使蔡訓以城降河東都將蓋璋詣侯言降叔琮拔澤州刺使李存彰棄城走叔琮進攻潞州昭義節度使孟遷降之河東屯將李審達王周將步軍一萬騎卒二千要叔琮降叔琮進趍晉陽出石會關營於洞渦驛張歸厚引兵至遼州遼州刺使張鄂降别將白奉國會成德兵自井陘入（陘音刑縣名屬鎮州）拔承天軍與叔琮烽火相應叔琮等引兵抵晉陽城下數挑戰城中

大恐李克用登城備禦不遑飲食時汴軍既衆芻粮不給久雨士卒瘧痢全中乃召兵還

上速

春秋時舒鳩人叛楚令尹子木伐離城（舒鳩城）吳人救之子木遽以右師先（先至舒鳩）子彊子息與子犍子駢子盂帥左師以退（五人不及子木與吳相遇而退）吳人居其間七日（居兩軍之間）子彊曰久持墊隘隘乃擒也不如速戰（墊隘慮天雨）請以其私卒誘之簡師陳以待我（簡精兵駐為陳）我克則進奔

亦視之（視其形勢而救之）乃可以免不然必為擒從之五人以其私卒先擊吳師奔登山以望見楚師不繼復逐之傳諸其軍（吳還遂五子至其本軍）簡師會之吳師大敗遂伐舒鳩滅之

宋華登以吳師救華氏（登前軍奔吳）齊烏枝鳴救伐宋（烏枝鳴齊大夫）廚人濮曰（濮廚宋邑大夫）軍志有之先人有奪人之心後人有待其衰盍及其勞且未定也伐諸君入而固則華氏衆矣悔無及也從之齊師敗吳師于鴻口（宋地）

蜀將孟達降魏魏以達領新城太守達復連吳固蜀潛圖中國謀洩時司馬懿秉政恐達速發回書紿以安之達得書猶豫不決懿乃潛軍進討諸將皆言達與二賊交結宜審而後動懿荅曰達無信義此相疑之時也當及其未定往討之乃倍道兼行八日到其城下吳蜀各遣其將向西城安橋木蘭塞以救達懿分諸將拒之初達與諸葛亮書曰宛去洛八百里去吳二千里聞吾舉事當表上天子比相反覆一月間也則吾城已固諸軍足辦吾所在深險司馬公必不自來諸將來吾無患矣及兵到達又告亮曰吾舉事八日而兵至城下何其神速也懿城下八道攻之旬有六日達甥鄧賢將李輔等開門出降遂斬達

後秦姚萇與苻登相持萇將茍曜有衆萬人密引苻登萇與登戰敗于馬頭原收衆復戰姚碩德謂諸將曰上謹於輕敵每欲以計取之今戰既失利而更逼賊必有由也萇聞而請碩德曰登用兵遲緩不識虛實

今兵直進逼據吾東必茍曜孺子與之連結也事久便成其禍難測所以速戰者欲使孺子謀之未就好之未深散其事耳進戰大敗之

武後初徐敬業舉兵於江都以盩（張流反）厔（竹乙反）尉魏思溫為謀主問計於思溫對曰明公既以太后幽縶少主志在匡復兵貴神速宜早渡淮北親率大衆直入東都山東將士知公有勤王之舉必以死從此則指日刻期天下必定敬業欲從其策薛璋又說曰金陵

之地王氣已見宜早應之兼有大江其險足以自固
請且收取常潤等州以為王霸之業然後率兵北上
鼓行而前此則退有所歸進無不利實為良算也敬
業以為然乃自率兵四千人南渡以擊潤州思溫密
謂杜求仁曰兵勢宜合不可分今敬業不知并力渡
淮率山東之衆以合洛陽無能為也果敗

李靖征蕭銑集兵於夔州銑以時屬秋潦江水汎漲三
峽路險必謂靖不能進遂休兵不設備九月靖乃率

師而進將下峽諸將皆請停兵待水退靖曰兵貴神
速機不可失今兵始集銑尚未知若乘水漲之勢倏
忽至城下所謂疾雷不及掩耳此兵家上策縱彼知
我倉卒召兵無以應敵此必成擒也銑果大懼而降

唐莊宗命將征蜀以康延孝為先鋒排陣斬砟使破鳳
州收固鎮克興州取蜀三招討兵於三泉所俘皆諭
而釋之自是晝夜兼行王衍自利州奔歸成都斷結
柏津以絶追軍延孝復造浮梁以度進收綿州王衍
復斷綿江浮橋而去水泛無舟楫可渡延孝謂招討
使孝嚴曰吾懸軍深入利在速戰乘王衍破膽之時
人心離沮但得百騎過鹿頭關彼即迎降不暇如俟
修繕津梁奄留數日若王衍堅閉近關折吾兵勢儻
延旬浹則勝負莫可知也宜促騎渡江因與李嚴乘
馬浮江於時得濟者僅千人步軍溺死千餘人延孝
既濟長驅過鹿頭關進據漢州遂平蜀

後漢唐明宗將如汴州至滎陽宣武節度使朱守殷疑

懼孫晟勸守殷反守殷遂乘城據守帝遣范延光諭
之延光曰若不急攻則汴城堅矣願得騎兵五百臣
先赴之則人心必駭明宗從其請延光自酉時至夜
半馳二百餘里奄至城下與賊交鬬翌日守陴者望
見乘輿乃相率開門延光乃入與賊巷戰盡殲其黨

建隆元年李筠反謀已決樞密使吳延祚因奏太宗曰
潞城巖險且有太行之阻賊若保之未可以歲月破
筠素輕銳若速舉兵擊之彼必不出但離巢穴即成

擒矣上從其言遂親征次滎陽西京留守向供勸上濟大河踰太行乘其未集誅之儻稽留旬浹恐賊愈滋攻之難為力矣趙普亦曰兵尚神速不貴巧遲倍道兼行掩其未備可一戰而剋若使堅壁固守老我師徒饋運險難則勝負未決上納六月己巳朔上至澤州召控鶴左廂都指揮使馬全義問計全義請并力急攻旦日緩之恐生變上命諸軍奮擊親師衛兵繼之辛巳剋其城

示緩攻敵有緩急附

秦伐趙令趙奢將兵救之去邯鄲三十里令軍中曰有以軍事諫者死秦軍鼓譟勒兵武安屋瓦盡震軍中候有一人言急救武安奢立斬之堅壁留二十八日不行復益增壘秦間來者善食遣之間以報秦將大喜曰夫去國三十里而軍不行乃增壘閼與非趙地也必矣奢既以遣秦間乃卷甲而趨之二日一夜至令善射者去閼與五十里而軍壘成秦人聞之悉甲而去奢從兵擊破之遂解閼與之圍

曹操征張繡荀攸曰繡以游軍仰食於劉表表必不能供也勢必離不如緩以待之可誘而致若急之勢必相救操不從遂進軍與繡戰表果救之操敗

曹操既剋鄴袁尚袁熙遂奔遼東有衆數千時遼東太守公孫康恃遠不服曹操破烏桓或說操遂征之尚熙可擒操曰吾方使康斬送其首不煩兵矣操引兵還康果斬尚熙傳送其首諸將或問操還兵而斬尚熙何也操曰彼素畏尚熙吾急之則併力緩之則相

圖其勢然也

示弱

春秋時楚武侵隨楚國今義陽江陵縣使薳章求成焉薳章楚大夫軍於瑕以待之瑕隨地也隨人使少師董成少師隨大夫董政也鬬伯比言於楚子曰吾不得志於漢東也我則使然鬬伯比楚大夫令尹子文之父我張吾三軍而被吾甲兵以武臨之彼則懼而協以謀我故難間也漢東之國隨為大隨張必

棄小國小國離楚之利也少師侈請羸師以張羸弱也王毀軍而納少師楚伯比之謀少師歸請追楚師隨侯將許之信楚弱也季梁止之曰天方授楚楚之羸其誘我也君何急焉君姑修政而親兄弟之國庶免於難隨侯懼而修政楚不敢伐

楚大飢庸人率羣蠻以叛楚楚子使廬師叔侵庸師叔廬大夫及庸方城方城庸地庸人逐之囚子陽窻窻廬獄官屬三宿而逸曰庸師衆羣蠻聚焉不如復大師且起王卒合

而後進師叔曰不可姑又與之遇以驕彼彼驕我怒而後可克先君蚡冒所服陘隰也蚡冒楚武王父又與之遇七遇皆北走北惟裨鯈魚人實逐之裨鯈魚庸三邑輕楚故但使三邑來逐之也庸人曰楚不足與戰矣遂不設備楚子乘馹會師于臨品馹車也臨品地名分為二隊隊部也兩道攻之子越自石溪子貝自仞以伐庸子越闘椒秦人巴人從楚師盟蠻見楚彊故也遂滅庸傳言楚有謀臣所以興

戰國趙將李牧常居代郡鴈門備匈奴以便宜置吏市租皆輸入幕府為士卒費日擊數牛饗士習騎射謹烽火多設間諜厚遇戰士為約曰單于為盜若入堡有敢捕虜者斬匈奴每入烽火謹輒入堡不敢戰如是數歲餘匈奴每來戰數不利失亡多復遺牧牧至如故約匈奴數歲無所得終以為怯將士日得賞賜皆不受願一戰於是乃選兵車得千三百乘騎萬三千足百斤之士五萬控弓弩者十萬人悉勤習戰大縱畜牧人衆滿野匈奴少入佯北不勝以數千人委

之單于聞之大率衆而來牧多為奇陣張左右翼擊之破殺匈奴十萬餘騎單于奔走十餘歲不敢近邊

韓魏相攻齊將田忌率兵伐魏魏將龐涓聞之釋韓而歸孫臏謂田忌曰彼三晉之兵素皆悍勇而輕齊故善戰者因其勢而利導之兵法百里趣利者蹶上將蹶猶挫也五十里趣利者半至乃入魏地使士卒為十萬竈明日為五萬竈又明日為三萬竈龐涓行三日大喜曰我固知齊卒怯入吾地三日士卒亡者過半矣

乃棄其步兵與其輕銳倍日併行逐之（併必正反）孫子度其行暮當至馬陵道狹而旁多阻隘可伏兵乃斫大樹白書之曰龐涓死此樹下於是令萬弩夾道而伏期日暮見火舉而俱發龐涓夜至斫樹下見白書乃索火燭之讀書未畢齊軍弓弩俱發魏軍大亂涓乃自剄

前漢韓王信反亡走匈奴與匈奴謀攻漢高祖自往擊之至晉陽使人覘匈奴冒頓匿其壯士肥牛馬但見

老弱（力為反）回言匈奴可擊帝使劉敬復往使匈奴還報曰兩國相爭此宜矜誇見所長今臣往徒見羸胔老弱此必欲見拒伏奇兵以爭利愚以為匈奴不可擊也是時漢兵已踰句注帝怒以為慢沮軍心械繫敬廣武遂帥兵至平城匈奴果出奇兵圍高帝於白登七日然後圍解

後漢末孫策攻陳登於匡琦城賊初到旌甲覆水羣下咸欲引軍避之登乃閉門自守示弱不戰旣而登城觀形勢知其可擊乃申命士衆宿整兵器昧爽開南門引兵指策營步騎鈔其後策將周章方結陣不得還船登縱兵乘之遂即大敗策

陳霸先討杜龕以侯安都居守齊軍乘虛入據石頭遊騎至於闕下安都閉門偃旗幟示之以弱且令城中曰有登陴看賊者斬及夕賊收軍還石頭安都夜令士卒密營禦敵之策明晨賊騎又至安都率甲士三百人開東西掖門與戰大敗之賊乃退不敢逼城

後周末楊堅作相尉遲迥拒命堅遣將于仲文率兵定關東次蓼隄迥將檀讓擁衆數萬人仲文以羸師出戰讓悉衆來拒仲文偽北讓軍頗驕於是遣精兵左右翼擊之大敗讓軍進攻梁郡迥守將劉子寬棄城遁走

晉末妖賊孫恩作亂出海鹽劉裕築城於故海鹽賊日來攻城內兵少裕乃選敢死士擊走之時雖連勝裕深慮衆寡不敵乃夜偃旗示以羸弱覩其懈乃奮擊

大破之

隋末賊率孟讓衆十萬屯盱眙煬帝遣王世充拒之保都梁山不與戰乃宣言士卒亡叛使賊中聞之讓果大笑曰王世充文法吏何能為將吾當生縛之於是進攻其柵世充偽戰佯不勝讓益輕之乃分兵虜掠世充知其可擊令軍中夷平撤幕設方陣四面而出戰大敗之虜男女十餘萬口僅以身免

五代周世宗伐江南大將張永德請行效命至壽春劉

仁贍壁不下永德出疲兵居前餌之伏精兵於便地每戰佯不利北退三十里伏兵悉起前後夾攻大敗之仁贍僅以身免

本朝太宗時契丹與西賊相結窺邊上密授成算於府州折御卿使為之備至是北將韓得威萬餘衆誘黨項勒浪等族自振武入寇御卿大敗之於子河汊勒浪等乘敵之亂詐為府州兵躡其後敵衆死者十六七奏至上召其使問狀謂左右曰北地之兵輕進易退常戒邊將勿與爭鋒待其深入即分奇兵斷其歸路從而擊之必無遺類果如我言左右呼萬歲因遣内府往圖地形觀之勒浪等族與敵有隙悉款塞内附

示彊

春秋時楚將子元以車六百乘伐鄭師于桔柣之門桔柣鄭文門也桔胡結反柣徒結反入自純門及逵純門鄭外郭門也郭門道上市縣門不發楚言而出子元曰鄭有人焉縣門施於内城不閉城門出兵鄭示

楚以閑故子元畏之不敢進諸侯救鄭楚師夜遁鄭人將奔桐丘諜告曰楚幕有烏乃止諜間也幕帳也

楚大饑戎伐其西南戎山夷也庸人率羣蠻以叛楚庸屬楚之小國麇人率百濮將以伐楚百濮夷也麇居鈞反於是申息之北門不啓備中國也楚人謀徙於阪高楚之別邑也蔿賈曰不可我能往寇亦能往不如伐庸夫麇與百濮謂我饑不能師故伐我也若我出師必懼百濮離居將各走其邑誰暇謀人乃出師旬有五日百濮乃罷自廬以往振

廪同食往代廪上下同食廪倉也無異饌也

後漢虞詡為武都太守以討叛羌羌乃率衆數千遮詡於陳倉崤谷詡即停軍不進而上書請兵羌聞之乃分抄旁縣詡因其兵散日夜進道兼行百餘里令吏士各作兩竈日增倍之羌不敢逼或問孫臏減竈而君增之兵法日行不過三十里以戒不虞而今日且二百里何也詡曰彼衆吾兵少徐行則易為所及速進則彼有所不測彼見吾竈日多必謂郡兵來迎衆

多行速必憚追我孫臏見弱吾今示彊勢有不同故也既到郡兵不滿三千而羌衆萬餘攻圍數出停數十日詡乃令軍中使彊弩勿發而潛發小弩羌以為矢窮力弱救不能至併兵急攻詡於是使彊弩競射發無不中羌大震駭奔北詡日出城奮擊多所殺傷明日悉陳其衆令從東郭門出北郭門入更易衣服迴轉數周羌不知其數更相恐動詡計賊當退乃潛遣五百餘人淺水設伏候其走路遂果奔因掩擊大大破之

後漢石勒以荊州監軍郭敬寇晉襄陽勒令敬退屯樊城戒之使偃藏旗幟寂若無人彼若使人覘察則告之曰自愛堅守後七八日大騎將至相禁不復得走敬又使人浴馬于津周而復始晝夜不絶偵謀還告晉南中郎將周撫以勒大軍至懼而奔于武昌敬遂入襄陽

示閒暇

漢景帝時匈奴大入上郡天子使中貴人從李廣勒兵擊匈奴貴人將數十騎出獵見匈奴三人與戰被射傷中貴人走告廣廣曰必是匈奴射鵰者也鵰善飛故使善射者廣乃從百騎往馳三人必令其騎張左右翼而進廣身射彼三人殺其二人生得一人果射鵰者遥見匈奴有數千騎見廣以為誘騎皆上山陣廣所從百騎皆大恐欲還馳走廣曰吾去大軍數十里今若走匈奴遣射立盡今我留匈奴必以我為大軍之誘

必不敢擊我廣令諸騎曰前來匈奴陣二里所止皆下馬解鞍其騎曰虜多有且近即有急奈何廣曰虜以我為走今皆解鞍示不走皆以堅其意胡騎遂不敢擊有白馬將出護其兵於是廣上馬與十餘騎奔射殺之復還其騎中解鞍皆縱馬卧是時會暮胡兵終怪之卒不敢擊向夜半時胡兵以為漢有伏軍於旁皆引兵去詰朝廣乃歸其大軍

曹操軍臨漢中蜀將趙雲將數千騎輕行猝與曹操大

軍遇遂前突其陣且闘且却操軍追至營雲更大開門偃旗息鼓操軍疑有伏兵遂引去

蜀諸葛亮屯陽平遣魏延引兵東下亮惟留萬人守城魏將司馬懿率二十萬衆拒之亮城中兵力弱將士失色亮時意氣自若勅馬令軍中皆偃旗卧鼓不得出巷慢開四門掃地却洒懿疑其有伏兵於是引軍趣北山亮謂參佐曰司馬懿謂吾有伏循山走矣邏候還白如亮所言懿後知之深以為恨

前涼張重華以謝艾為軍師率騎三萬進軍臨河後趙石季龍將麻秋以三萬衆拒之艾乘軺車冠白（必奉反）鳴鼓而行秋望而怒曰艾年少書生冠服如此輕我也命黑矟（音朔）龍驤三千人馳擊之艾左右大擾或勸艾乘馬艾不從乃下車據胡床指麾處分賊以為有兵伏也懼不敢進又遣將緣河截其後秋軍乃退艾乘勝奔擊遂大敗之

東魏高仲密叛以北豫州附魏宇文泰帥軍應之至洛

陽與東魏高歡戰于印山趙貴為左軍惠為右軍歡兵突左軍趙貴等戰不利會日暮歡進兵攻惠擊之皆披靡至夜惠引去歡復來追之惠徐下馬顧命廚人營食食訖謂左右曰長安死此中死有異乎乃建旗鳴角收敗軍徐還歡追騎憚惠有伏兵不敢逼

唐壯蕃陷瓜州王君奐死河西洶懼以張守珪為瓜州刺史領餘衆方復築州城賊又暴至略無守禦之具守珪曰彼衆我寡又創痍之後不可以矢石相持須

以權通制之也乃於城上置酒作樂以會將士賊疑城中有備不敢攻城而退守珪縱兵擊敗之

本朝李讙溥初事周為閤廐使知隰州與太原接境讙溥至則浚城隍嚴兵備不旬日并人果以數十騎來寇城時盛暑讙溥服絺綌搖羽扇引二小吏登城徐步按視賊知讙溥勒兵不敢動讙溥遣敢死兵百人短兵堅甲夜縋而出薄之賊營中大擾遁去

素教

春秋時晉侯將伐虢大夫士蔿曰不可虢公驕若驟得勝於我必棄其民無衆而後伐之欲禦我誰與夫禮樂慈愛戰所蓄也夫人讓事樂和愛親哀喪而後可用也（上之所教以義讓哀樂孝慈為本不可力強也）虢弗蓄也亟戰將饑後為晉所滅（言虢不當義讓而力戰也）

晉文公蒐于被廬（被廬晉地）作三軍謀元帥趙衰曰郤縠可臣亟聞其言矣說禮樂而敦詩書詩書義之府也禮樂德之則也德義利之本也夏書曰敷納以言明試以功車服以庸（敷納以言觀其志明試以功考其事車服以庸報其勞）君其試之乃使郤縠將中軍郤溱佐之使狐偃將上軍讓於狐毛而佐之（毛偃兄也）命趙衰為卿讓于欒枝先軫乃使欒枝將下軍先軫佐之荀林父御戎魏犨為右晉侯始入而教其民二年欲用之子犯曰民未知義未安其居於是乎出定襄王（定王室以示事君之義）入務利民民懷生矣將用之子犯曰民未知信未宣其用於是乎伐原以示之信民易資者不求豐焉（不以多）明徵其辭公曰

可乎子犯曰民未知禮未生其共於是乎大蒐以示之禮作執秩以正其官（執秩主爵秩之官）民聽不惑而後用之出穀戍釋宋圍一戰而霸文之教也

素備

蕭衍為雍州刺史日招聚驍勇以萬數因命按行城西空地將起數十間屋為止舍多伐材竹沉於檀溪積茅若山阜皆未之用軍中呂僧珍獨悟其指因私具櫓數百張及起兵悉取檀溪材竹茅為船艦葺之以

茅並立辨衆軍將發諸將索櫓者甚多僧珍乃出先所具每船付二張爭者乃息武帝以僧珍為輔國將軍出入卧内

唐王忠嗣在朔方每至交市時即高估馬價以誘之諸蕃聞之競來求市來輒買之故蕃馬益少而漢軍益壯及在河隴又奏請朔方河東戎馬九千匹以實之其軍乃壯迄於天寶末戰馬蕃息賴其用馬

端拱初敵自大石路南侵張齊賢預簡廂軍千人為五

部分屯繁峙及崞縣下令曰代西有寇則崞縣之師應之代東有寇則繁峙之師應之比接戰則郡兵集矣至是果為繁峙兵所敗帝降詔褒美焉

先設備取勝

春秋時城濮之役晉無楚備以敗於邲邲之役楚無晉備以敗於鄢自鄢以來晉不失備而加之以禮重之以睦(君臣和)是以楚弗能報

吳子欲因楚喪而伐之使公子掩餘公子燭庸帥師圍潛(潛楚邑)使延州來季子聘于上國(季子本封延陵後復封州來故曰延州來)遂聘于晉以觀諸侯(觀強弱)楚莠尹然麇尹帥師救潛(二尹楚官然麇其名)左司馬沈尹戌帥都君子與王馬之屬以濟師(都君子在邑之士王都馬之屬王之養馬官屬)與吳師遇于窮令尹子常以舟師及沙汭而還(沙水名)右尹郤宛工尹壽帥師至於潛吳師不能退(楚師彊故吳不能退)楚師濟於羅汭沈尹赤會楚子次於萊山遠射帥繁揚之師先入南懷楚師從之及汝清(南懷汝清皆楚界)吳不可入(有備)楚子遂觀

兵於坻箕之山(觀兵示武也)是行也吳早設備楚無功而還

周末判人伐陳吳救之軍行三十里雨十日夜不見星左師倚相謂大將子期曰雨十日夜甲輯兵聚吳人必至不如備之乃為陣吳人至見判有備而迈左皮曰其迈覆六七十里其君子休小人為食我行三十里擊之必尅從之遂破吳軍

魏大將南征吳到精湖大將滿寵帥諸軍在前與敵隅

水相對寵令諸將曰今夕風甚猛賊必來燒營宜為之備諸軍皆警夜半賊果遣十部來燒營寵掩擊破之

晉將羅尚遣廣漢都尉曽元牙門張顯等潛率步騎三萬襲蜀賊李特營特素知之乃繕甲礪兵戒嚴以待之元等至時安卧不動待其衆半入發伏擊之殺傷者甚衆遂害曽元張顯等

北燕馮跋據遼東其弟方泥阻兵以叛遣將馮弘與將

軍張興討之尅期出戰弘曰賊明日出戰今夜必來刼營宜備之乃戒嚴仍入課草拾束伏以待之是夜方泥果遣壯士千餘人斫營衆火俱起伏兵邀擊俘斬無遺遂平方泥等

戒不備附

貞元初詔李元諒從渾瑊與吐蕃會盟于平涼元諒謂瑊曰本奉詔令營於潘源堡以應援侍中竊思潘源去平涼六七十里蕃情多詐倘有急變何由應赴請次侍中為營瑊以君命固止之元諒欲與瑊同進瑊營距盟所二十里元諒營次之壕柵深固及瑊赴會乃戒嚴部伍結陣營中是日虜果伏甲乘瑊無備竊發時士大夫皆朝服就執軍士死者十七八瑊單馬奔歸虜追躡瑊營將李朝彩不能整衆多已奔散瑊至空營而已賴元諒之軍嚴固瑊既入營虜皆散去是日無元諒軍瑊幾不免元諒整軍先遣輜重次與瑊俱申號令嚴其部伍而還時謂元諒有將帥之

風

武經總要後集卷十

欽定四庫全書

子部

武經總要後集卷十一

詳校官編修臣程嘉謨

總校官候補中允臣王燕緒

校對官助教臣周鋐

謄録監生臣申庭桂

武經總要後集卷十一　宋 曾公亮等 撰

故事十一

新集可擊（擊未集附）

蜀劉先主遣吳蘭屯下辨曹操遣厲鋒將軍曹洪禦之以曹休為騎都尉蜀主遣張飛屯固山欲斷軍後衆議狐疑休曰蜀實斷道宜及未集擊蘭蘭破飛自走矣從之進兵擊蘭破之飛果走

後漢曹操征張魯定漢中劉曄進說曰今舉漢中蜀人望風破膽矣劉備人傑也新得蜀人猶未附今破漢中蜀人振恐其勢自傾以公之神明因其傾而壓之無不尅若小緩之諸葛亮明於理而為丞相關羽張飛勇冠三軍而為將蜀人既定據險守要則不可犯也今不取必為後憂曹公不從居數日蜀降者說蜀一月數十驚備斬之而不能禁也曹公又問曄曰今尚可擊否曰今已小定未可擊也

齊高歡伐西魏至許原西宇文泰拒之至渭南召其兵皆未至諸將以衆寡不敵請待歡更西以觀之泰曰若至咸陽人情轉搔擾今及其新至便可擊之即造浮橋於渭令軍人齎三日粮輕騎渡渭輜重自渭南夾渭而軍李弼謂泰曰彼衆我寡不可平地置陣此東十里有渭曲可先據以待之遂進至渭背水為陣李弼為左拒趙貴為右拒命將士皆偃戈於葭蘆中日晡齊師至望見泰軍少競萃於左軍亂不成列泰

乃鳴鼓士皆奮起合戰李弼率鐵騎横擊絶其軍為二遂大敗之

太宗時命李靖為西海行軍大總管討吐谷渾伏羌以侯君集及任成王道宗並為之副使次鄯州君集言於靖曰大軍已至賊虜尚未定險宜簡精鋭長驅疾進彼不我虞必有大利若此策不行潛遁必遠山障為阻討之實難靖然其計乃簡精鋭輕齎深入道宗追及伏羌之衆於庫山破之伏羌輕兵入磧以避官軍靖乃中分士馬為兩道並入靖與薛萬均李大亮趣北路且使君集道宗趣南路歴破邏真谷踰漢哭山經途二十餘里行空虚之地盛夏降霜山多積雪轉戰過星宿川至于柏海頻與虜遇皆大剋獲北望積石山觀河源之所出焉乃旋師與李靖會于大非川

本朝太宗征太原時節度使何繼筠把石嶺關大戎來援繼筠率數千騎禦之敵至乘其未成列遽麾兵擊

之敵衆大潰追奔數十里

太祖親征澤潞車駕次滎陽西京留守向拱朝于行在召拱與語拱曰李筠逆節久露兵勢漸成陛下宜速濟大河歴太行乘其未集而擊之平之必矣或稽浹旬恐賊鋒鋭難為力矣筠在澤州五月戊辰王師薄其城下癸酉拔其城

半濟可擊

春秋時宋公及楚人戰於泓宋人既成列楚人未既濟

未盡渡泓水司馬曰子魚也彼衆我寡及其未濟也請擊之
公曰不可既濟而未成列又以告公曰未也既陳而
後擊之宋師敗績公傷股門官殲焉門官守門者師行則在君左右
殲盡也宋公違之故敗
吳伐楚楚師敗及清發水名將擊之夫槩王曰困獸猶鬭
況人乎若知不免而致死必敗若使先濟者知免後
者慕之蔑有鬬心矣故半渡而後可擊也從之又敗
之楚人為食吳人及之奔食而從之敗諸雍澨音誓五

戰及郢奔食食者奔而不陣
項羽引兵東擊彭越令大司馬曹咎謹守城皐即漢王
欲挑戰慎勿與戰漢果數挑戰楚軍不出乃使人辱
之咎怒渡兵汜水半渡漢擊之大破楚軍
後漢末黃巾賊三十萬衆入渤海界欲與黑山合公孫
瓚率步騎二萬人逆擊於東光南大破之斬首二萬
餘級棄重車數萬兩奔走渡河瓚曰因其半濟薄之
賊徒大破死者三萬

魏將郭淮在漢中劉備欲渡漢水來攻時諸將以衆寡
不欲依水為陣以拒之淮曰此則示弱而不足以剉
非算也不如遠水為陣引而致之半渡而後可擊備
可破也既陣備疑不敢渡
魏鍾繇都督關中匈奴單于作亂平陽繇帥諸軍圍之
未拔而袁尚所置河東太守郭援到河東兵衆甚盛
諸將議欲釋之去繇曰袁氏方強援之來關中陰與
之通所以未悉叛者顧吾威名故耳若棄而去示之

以弱所在之民誰非寇讎縱吾欲歸其得志乎此為
未戰先自敗也援剛愎好勝必輕易吾軍若渡汾為
營及其未濟擊之可大尅也援果輕渡汾衆止之不
從濟水未半擊大破之
隋煬帝征高麗將宇文述與九軍過鴨綠水東濟薩水
去高麗平壤城三十里因山為營高麗國相乙支文
德偽降請述還師奉其主高元朝行在所述見士卒
疲弊不可復戰又平壤險固卒難致力遂因其詐而

還半濟賊擊後軍於是大潰不可禁止將士奔還一日一夜至鴨綠水行四百五十里初渡遼九軍三十萬五千人還至遼東城惟二千七百人矣

唐武德初羅藝為幽州總管竇建德率衆十萬來寇藝將逆戰薛萬均曰衆寡不敵今若出戰百鬬百敗當以計取之可令羸師弱馬阻水背城為陣以誘之賊若渡水交兵請公精銳百人伏於城側待其半渡而擊之必敗矣從之建德引兵渡水萬均邀擊大破之

本朝石保興為銀夏都巡檢使嘗巡黒水河戎人知之以數千騎邀戰保興所部不滿三千賊恃衆據險渡河求戰保興分短兵伏於河滸俟戎師半渡即發之疾戰大有斬獲

飢渴可擊

蜀諸葛亮出祁山魏將張郃督諸軍拒之亮將馬謖於街亭依南山下據城郃絶其汲道大破之

隋初突厥寇蘭州大將賀婁子幹率衆拒之至洛峐山與賊相遇賊衆甚盛子幹阻山為營賊軍不得水數日人馬飢斃縱擊大破之

唐太宗圍王世充於東都竇建德悉衆來救太宗頓兵武牢登高邱觀之謂諸將曰賊未見大敵今渡險而囂是軍無政令逼城而陣有輕我心我按兵不出待彼氣衰陣久卒飢必將自退追而擊之何往不克建德列陣自辰至午兵士飢倦太宗曰可擊矣乃師輕騎先進大軍繼之所向披靡生擒建德

心怖可擊

晉侯圍曹門焉多死（攻曹城門）曹人尸諸城上（磔晉死人于城上）晉侯患之聽輿人之謀稱舍於墓師遷焉曹人恟懼（至曹人墓也恟懼恐懼聲也兇音呼勇反）晉人因其恟懼攻之遂入曹

鄧艾既平蜀言於司馬昭曰兵有先聲後實者今因平蜀以乘吳吳人震恐席卷之時也然大舉之後將士疲勞不可便用宜徐緩之煮鹽興冶為軍農要用並作舟船然後發使告以利害吳必歸化可不征而定

也會艾誅不果行

晉師伐吳杜預遣牙門將周旨等率騎兵八百汎舟夜渡襲樂鄉多張旗幟起火巴山出要害之地以奪賊心吳督將孫歆震恐與伍延書曰北來諸軍皆飛渡江也吳之男女降者萬餘口

朱齡石伐蜀賊譙縱縱將譙道福重兵守涪齡石師次彭模夾岸連城立柵齡石謂裨將劉鍾曰天方暑熱賊今固險攻之難拔祇困我師吾欲蓄銳息兵伺隙

而進卿以為何如鍾曰不然前揚言大衆由內江故譙道福不敢捨涪今重軍逼之出其不意侯軍之徒已破膽矣只可因其恐懼而攻之勢當必尅尅彭模之後鼓行而前成都必不能守若緩兵相持彼之虛實涪軍復來難為敵也進不能戰退無所資二萬餘人悉為蜀虜耳從之翌日進攻皆尅斬侯暉等縱之城守相次瓦解

唐正觀中突厥離叛將圖進取以李靖為代州道總管靖率驍騎三千自馬邑出其不意直趨惡陽嶺逼之突利可汗不虞於靖見官軍奄至大懼相謂曰唐兵若不傾國而來靖豈敢孤軍而至一日數驚靖知之令間諜離其腹心進擊破之部落並走磧北

奔走可擊

吳孫權拒曹公於赤壁諸葛亮說權云曹操之衆遠來聞追劉豫州一日一夜行三百里此所謂強弩之末不能穿魯縞也兵法忌之曰必蹶上將從之遂敗

曹公

晉劉琨守太原遣大將姬澹率衆十萬餘討石勒勒將拒之或諫曰澹兵馬精盛其鋒不可當宜深溝高壘以挫其銳攻守之勢必獲萬全勒曰澹大衆遠來休疲力竭犬羊烏合號令不齊可一戰擒之何強之有寇已垂至胡可捨去大軍一動豈易中還若澹乘我之退顧走乃無暇焉得深溝高壘乎此為不戰而自滅之道也立斬諫者以孔萇為前鋒都督令三軍後

出者斬設疑兵於山下分為二伏勒輕騎與澹戰偽收衆而北澹縱兵追之勒前後伏發夾擊澹軍大敗

魏孝武帝將圖高歡勒兵南出以高敖曹為前鋒稍逼京師帝親管六軍屯河橋宇文泰謂左右曰高歡數日行八九百里曉兵者所忌正須乘便擊之而主上以萬乘之重不能渡河決戰方且緣津據守殊不知長河萬里扞禦為難若一處得渡大事去矣果如其言帝西奔長安

梁將陳慶之攻後魏之渦陽魏遣將元昭等率兵來援前軍至駝澗去渦陽四十里慶之謂諸將曰魏人遠來皆已疲倦去我既遠必不見疑及其未集須出其不意以挫其氣且聞虜所據營林木甚盛必不夜出諸君若皆疑惑慶之請獨取之於是率麾下五百騎奔擊破其前軍魏人震恐

東魏大將高歡伐西魏軍至許原西宇文泰至渭南召諸州兵皆未會乃召諸將謂之曰高歡越山渡河遠來至此天亡之也及其新至便可擊之即造浮橋於渭令軍人齎三日糧輕騎渡渭南夾渭而軍至沙苑距歡軍六十里歡聞泰至引軍來會見泰少競馳而進不為行列泰鳴鼓士皆奮起其將李弼等率鐵騎橫擊之絕其軍為二遂大敗之斬六十餘級降者二萬餘人歡夜遁棄鎧仗十有八萬

唐鐵勒薛延陀等合衆二十萬渡漠屯白道川太宗遣李勣張儉率兵數道擊之戒之曰延陀負其兵力踰

漠而來經途數千里馬已疲瘦夫用兵之道見利速進不利速退吾已勅李思摩燒薙秋草延陀糧肉日盡野無所獲因一時奮擊其衆潰散

唐貞觀中軍討高麗令江夏王道宗與李靖為前鋒濟遼水尅高羊城逢賊兵大至軍中僉欲深溝保險待太宗徐進道宗曰不可賊赴急遠來兵實疲頓恃衆輕我一戰必摧昔景弇不以賊遺君父我既職在前軍當清道以待車駕靖然之乃與壯士數千騎直

衝賊陣左右出入合擊大破之

安禄山反郭子儀李光弼率師下井陘拔常山賊將史思明以數萬人踵其後我行亦行我止亦止子儀選騎五百挑之三日至行唐賊疲乃退我軍乘之又敗于沙河禄山聞思明敗益以精兵我軍至恒陽賊亦隨至子儀堅壁自固賊來則守賊去則追獲晝揚其兵夜襲其幕賊人不及息數日光弼曰賊怠矣可以戰戰于嘉山斬馘四百級

氣衰可擊

春秋時齊師伐魯莊公將戰曹劌請從公與之同乘戰于長勺公將皷之劌曰未可齊人三皷劌曰可矣齊師敗績公問其故對曰夫戰勇氣也一皷作氣再而衰三而竭彼竭我盈故尅之也

後漢涼州賊王國圍陳倉不拔而去將軍皇甫嵩進兵擊之卓曰不可兵法窮寇勿追歸衆勿遏今我追國是遏歸衆追窮寇也困獸猶鬬蜂蠆有毒况大衆乎嵩曰不然前吾不擊避其鋭也今而擊之待其衰也所擊疲師非歸衆也國衆且走莫有鬬志以整擊亂非窮寇也遂獨進擊之使卓為後拒連戰大破之斬首萬餘級國走而死

荀攸從曹公征吕布至下邳布敗固守攻之不拔連戰士卒疲曹公欲還攸與郭嘉説公曰吕布勇而無謀今三戰皆北其鋭氣衰三軍以將為主主衰則軍無奮意且布之謀主陳宫有智而遲今及布氣衰而未

復宫謀之未定進急攻之可拔也乃引沂泗灌城衆潰生擒布

魏將毌丘儉文欽反司馬師遣鄧艾督大山諸軍進屯樂嘉欽軍將攻艾師衛校徑造樂嘉欽子鴦年十八勇冠三軍謂欽曰及其未定諸將登城皷譟擊之可尅也既謀而行皷譟而欽不能應鴦退相與引而東師謂諸將曰欽走矣命發鋭軍以追之諸將曰鴦少而鋭引軍內入未有失利必不走也師曰一皷作氣

再而衰三而竭矯三鼓而欽不應其勢已屈不走何待欽將適矣乃與驍騎千餘推鋒陷陣所向皆披靡遂引去師遣驍騎八千翼而追之欽父子與麾下走儉聞欽敗棄衆宵遁追儉斬之

唐太宗討薛仁杲相持於折墌城者六十餘日兵鋒甚銳太宗按甲以挫之賊粮盡太宗曰彼氣衰矣吾當取之親御大軍奮擊斬首數千級

糧盡可擊 糧道不繼必適附

漢王與項籍約中分天下漢欲西歸張良陳平說曰漢有天下大半而諸侯皆附楚兵疲食盡此天亡之時也宜因其幾而取之今釋不取所謂養虎自遺患也從之會諸侯兵於垓下終滅羽

後漢初河南賊董憲與劉紆悉共兵數萬人屯昌慮招誘五校餘賊與之拒守建陽光武親征之去憲百里諸將請進帝不聽曰五校乏食當退敕各堅壁以待其弊頃之五校果引去帝乃親臨四面攻憲三日大敗之

漢末青州黃巾衆百萬入兖州界刺史劉岱欲擊之鮑信諫曰今賊衆百萬百姓皆震恐士卒無鬬志不可敵也觀賊衆羣輩相隨無輜重惟以抄掠為資今不若畜士衆之力先為固守使彼欲戰不得攻又不能其勢必離散然後選精銳據要害擊之可破也岱不從遂與賊戰果為所殺

曹操征張繡荀攸曰繡與劉表相持為強然繡以遊軍

食表表不能供也勢必離不如緩軍以待之可誘致也若急之其勢必相救操不從表果救之進戰不利謂攸曰不用君言至是

蜀諸葛亮急攻陳倉魏主驛召張郃問計曰亮無已得陳倉乎郃知亮孤軍無穀不能久攻對曰比臣來到亮以走矣因屈指計亮不至十日郃日夜進至南鄭亮退

姜惟破王經軍進圍狄道鄧艾等以為兵鋒宜避之不

如據險自保觀釁待弊然後進救計之得者也陳泰
曰維提輕兵深入正欲與我爭鋒原野求一戰之利
狐軍遠險糧穀不繼破賊之時也果遁去
隋末宇文化及作亂率兵來攻李密於黎陽密知化及
糧且盡因偽降以弊其衆化及弗之悟大喜資其兵
食冀密饋之會密部下有人獲罪亡投化及且以密
情告化及大怒其食又盡乃渡水濟渠與密戰于童
山之下其將陳智畧張重仁等率所部兵歸於密前

後相繼
唐武德初劉武周據太原其將宋金剛屯於河東太宗
往征之謂諸將曰金剛持軍千里深入吾地精兵驍
將皆在於此武周自據太原專倚金剛以為捍蔽金
剛雖衆內實空虛虜掠為資意在速戰我堅壁畜銳
以挫其鋒分兵汾上衝其心腹彼糧盡計窮自當遁
走必待此機未宜速戰於是遣劉宏等絕其糧道金
剛乃遁

竇建德以兵十萬來援王世充於酸棗太宗將拒之諸
將進諫曰腹背受敵恐非萬全請班師且據穀州以
觀勝負太宗不許曰世充糧盡內外忿嫉當不勞攻
擊坐收其弊耳建德新破海西公將驕卒惰今我進
據武牢扼其襟要若賊恃勝冒險爭鋒吾當破之必
矣賊若不戰旬月之間世充自潰終如其言
穆宗用裴度伐鎮魏時諸道兵十五萬既深入輦運艱
阻芻薪不繼諸軍分番樵採度支轉運車六百乘盡

為庭湊邀而擄之兵食益困遂休兵
不得地利可擊
韓信擊趙趙王聚兵井陘口稱二十萬李左車說王曰
韓信乘勝去國遠鬬其鋒不可當臣聞千里餽糧士
有飢色樵蘇後爨師不宿飽今井陘之道車不得方
軌騎不得成列行數百里其勢糧食必在後願假奇
兵三萬人從間路絕其輜重足下深溝高壘勿與戰
彼前不得鬬退不得還吾奇兵絕其後野無所掠鹵

不至十日兩將之頭可致麾下趙王不從信使間人偵知之大喜乃敢引兵遂下未至陘三十里止舍夜半轉發選輕騎二千人各持一赤幟從間道草山而望趙軍戒曰趙見我走必空壁逐我汝疾入壁拔趙幟立漢幟信又謂諸軍吏曰趙已先據便地壁且彼未見大將旗鼓未肯擊前行相郎反恐吾阻險而還乃使萬人先行出背水陣趙兵望見大笑平旦信建大將旗鼓行出井陘口趙開壁擊之大戰良久信棄其

鼓旗走水上軍趙空壁爭漢旗信已入水上軍皆殊死戰信所出騎兵二千見趙空壁逐利即馳入趙壁立漢赤幟趙軍已不能得信欲還歸壁壁皆漢赤幟遂亂遁走虜趙王

晉王存勗與梁軍戰于胡柳陂陂中有土山梁軍先據之帝曰今日之戰得土山者勝賊已據山吾與汝等率軍而先登遂奪其山諸軍繼集梁軍大敗時元軍令吳瓊等各部役徒萬人於中山曳柴揚塵鼓譟助其勢梁軍不之測自相騰藉棄甲山積

天時不順可擊

唐武德中突厥頡利二可汗寇涼州太宗率兵拒之值雨連月太宗召諸將謂之曰虜控弦鳴鏑弓馬是憑今雨連時弧矢俱弊突厥人衆如鳥鎩羽我屋宿火食鎗槊犀利料我之逸揣敵之勞此而不乘夫復何待令先以勁兵亂其陣突騎躡其後虜進不相遜退不相救縱不盡擒必十獲八九此曉兵者所解因潛師夜出冒雨而進醜徒驚駭請和而去

張公謹副李靖經畧突厥因言突厥可取之狀曰頡利縱欲肆情窮凶極暴塞北霜早餱糧乏絶若師出塞垣自然有應者太宗深納之果破定襄敗頡利

五代梁將劉鄩趣黃澤關路歸後唐莊宗遣兵追之時霖雨積旬鄩倍道兼行皆腹疾足腫顛墜巖坂陷于泥濘死者十二三

後唐契丹寇望都莊宗追擊氊裘毳幕不可勝紀大雪

平地五尺虜之芻糧人馬斃踣于道纍纍不絶乘勝追襲大破之

不暇可擊

曹操北征白檀歷平剛指柳城登白狼山與虜遇左右皆懼操登高望虜陣不整乃以張遼為先鋒縱兵擊之虜衆大潰

梁沮渠蒙遜率兵伐南梁禿髮傉(内沃反)檀至顯陵徙數千户而還傉檀追及蒙遜于窮泉蒙遜將擊之諸將

皆曰賊已安營不可犯也蒙遜曰傉檀謂吾遠來疲弊必輕而無備及其壘壁未成可一鼓而滅進擊之果敗乘勝至于姑臧夷夏降者萬數傉檀懼請和而歸

周尉遲迥起兵反楊堅遣韋孝寬討之迥子惇率衆十萬人㳂水東拒之與孝寬隔水相持乃布兵二十里麾軍小却欲待孝寬軍半濟而擊之孝寬因其小却鳴鼓齊進大破之

解暉為小校尉會征北戎暉率敢死士犯戎人之帳戎人方解鞍縱馬卧暉出其不意急擊之一族無遺類

不戒可擊

春秋時衛人以燕師伐鄭(南燕國今東郡燕縣)鄭祭足原繁洩駕以三軍軍其前使曼伯與子元潛軍軍其後燕人畏鄭三軍而不虞制人(北制鄭邑今河南城皋縣也一名虎牢)六月鄭二公子以制人敗燕師于北制(二公子曼伯子元也)君子曰不備不虞不可以師

吳侵楚養由基奔命子庚以師繼之(子庚楚司馬)養叔曰吳乘我喪謂我不能師也(養叔養由基也)必易我而不戒子為三覆以待我(覆伏兵也)我請誘之子庚從之戰于庸浦(庸浦楚地)大敗吳師

漢高祖時齊王田廣軍歷下以距漢使酈食其往說之與連和廣然之乃弛歷下守備縱酒且遣使與漢平韓信渡平原襲破齊

後漢曹操征張魯至陽平張魯使弟衛據陽平關橫山

築城十里攻之不拔乃引軍還衛見大軍退弛其守備操密遣驍騎等乘險夜襲大破之

晉妖人孫恩北出海鹽劉裕為將築城於故海鹽賊來攻城城内兵力甚弱裕慮之一夜偃旗匿衆若已遁明日開門使羸疾數人登城賊遥問所在曰夜已走矣信之乃率衆進向滬瀆裕乘其懈怠奮擊大破之

將離部伍可擊

燕昭王使樂毅伐齊湣王出奔莒城燕師長驅平齊昭

王卒惠王立與毅有隙田單縱反間於燕曰燕王已死城之不拔者二樂毅畏誅而不敢歸以伐齊為名實欲南面而王齊齊人所懼惟恐他將之來燕王使騎刼代毅燕士卒忿齊師遂敗之

後漢中郎將朱儁擊黄巾賊據宛城自六月至八月不拔有司奏召儁司空張溫上疏曰秦用白起燕用樂毅皆曠年歷載乃能剋敵今儁方略已設臨軍易將兵家所忌乃止儁擊賊帥趙宏斬之

太宗征高麗築土山逼其城山頂數丈下臨城中使果毅傅伏兵愛領兵於山頂以防敵會伏愛私離所部高麗出城而戰據有土山攻之能剋遂班師

撓亂可擊

春秋時魯莊公與齊師戰于長勺公將鼓之曹劌曰未可齊人三鼓劌曰可矣齊師敗績公將馳之劌曰未可下視其轍登軾而望之曰可矣遂逐齊師既剋公問其故曰大國難測也懼有伏焉吾視其轍亂望其

旗靡故逐之

後漢皇甫嵩與朱儁共討潁州黄巾賊儁前與賊戰戰敗嵩因退保長社賊引大衆圍城嵩兵少軍中皆恐因謂軍吏曰兵有奇變不在衆寡今賊依草結營利於火攻若用夜燒必大驚亂吾出兵擊之四面俱合功可立成其夕大風勑約軍士束芻乘城使鋭士間出圍外縱火大呼城上舉燎應之因鼓而突其陣賊驚亂奔走大破之

陣久力疲必敗

唐武德中太宗圍王世充於東都竇建德悉衆來援太宗頓師武牢拒之建德陣於汜水東彌亘數里諸將有懼色太宗將數騎登高以望之謂諸將曰賊起山東未見大敵今度險而囂是無軍政逼城而陣有輕我心我按兵不出待彼氣衰陣久卒飢必將自退乃追擊之何往不尅建德列陣自卯至午卒伍飢倦皆列坐久爭飲水太宗令宇文及率三百騎經賊陣南

西南試之曰賊若不動宜引歸如其覺動即引東出士及纔過賊果動太宗曰可擊矣乃命騎將建旗列隊自武牢城乘高入南山循谷而東以掩賊背建德遽却陣上東原未及整列太宗率輕騎擊之所向披靡程齩金等縱騎纒幡而入（齩音咬）直突出賊陣後齊張旗幟內外表裏俱奮賊徒大潰生擒建德

則天時徐敬業起兵揚州稱匡復武后令將軍李孝逸討之敬業拒于高郵之下阿谿敬業置陣既久士卒多疲怠孝逸率衆擊之因風縱火敬業懼火而退孝逸進擊大破之

後梁遣王景仁將兵七萬人擊趙至栢鄉趙告急于晉晉王存勗遣周德威先屯趙州而自將會之梁兵馬鎧冑光彩炫燿晉人望之奪氣晉王欲速戰德威欲待其衰乃退軍鄗邑久之德威將精騎三千壓梁壘門試之景仁怒悉軍以出横亘六七里汴宋之軍居西魏滑之軍居東晉王謂德威曰我為公先公可繼

進德威曰觀梁兵之勢可以勞逸制之未易以力較也彼輕出而遠來與我轉戰雖挾糗糧亦不暇食日昳之後飢渴內廹矢刃外交士卒勞倦必有退志當是時我以精兵乘之必大敗於今未可也王乃止至晡梁軍未食士無鬬志景仁等兵稍却德威皷譟而進麾其西偏曰魏滑軍走矣又麾其東偏曰梁軍走矣晉兵爭進梁兵亘相驚怖遂大敗自鄗追至栢鄉横尸數十里

攻不整

春秋時齊師宋師次于郎公子偃曰宋師不整可敗也（公子偃魯大夫）宋敗齊師必還請擊之公弗許自雩門竊出蒙臯比而先犯之（雩門魯南城門臯比虎皮）從之大敗宋師於乘邱齊師乃還

晉伐楚晉大夫郤至曰楚有六閒其二卿相惡（子重子反）王卒以舊（罷老）鄭陳而不整蠻軍而不陣陣不違晦在陣而囂合而加囂各顧其後莫有鬭心舊必不良以犯天忌我必克之敗于鄢陵

曹操討烏桓引軍出盧龍塞外道不通乃塹山堙谷五百餘里經白檀歴平剛涉鮮卑庭東陷柳城未至二百里虜乃知之將數萬騎逆軍登白狼山卒與虜遇衆甚盛操登高觀虜陣不整使張遼為先鋒縱兵擊之虜大敗

東晉時苻堅率衆號百萬進屯壽陽列陣臨淝水謝元使謂苻融曰若遠涉吾境而臨水為陣是不欲速戰諸將稍却令吾士得周旋僕與將軍緩轡而觀之不亦樂乎堅衆皆曰宜阻淝水莫令得上我衆彼寡勢必萬全堅曰但却軍令得過而我以鐵騎數十萬向逼而殺之融亦以為然遂麾使却陣衆因亂不能止於是元等以精騎八千徑渡淝水右軍距張蚝小退元琰仍進決戰淝水南堅中流矢融馳騎略陣欲以師退者馬倒為晉兵所殺秦兵奔潰自相藉蹈投水而死者不可勝計淝水為之不流餘衆棄甲宵遁獲堅乘輿器械軍資珍寶山積

唐垂拱二年突厥犯邊命黒齒常之率兵拒之躡至兩井忽逢賊三千餘衆常之見賊徒爭下馬着甲遂領二百餘騎身當先鋒直衝之賊遂棄甲而散俄頃賊衆大至日將暮常之令伐木營中然火如鋒燧時東南忽有大風起賊疑有救兵相應狼狽夜遁

敵無固志可擊

春秋時晉侯伐齊齊侯駕將走郵棠（郵棠齊地）太子與郭榮

扣馬(太子光也崇齊大夫)曰師速而疾略地(言欲行略地無久攻意)將退矣君何懼焉且社稷之主輕則失衆君必待之將犯之太子抽劍斬鞅乃止於是晉師東侵至維南及沂

晉將劉毅泝江追桓玄戰于峥嶸洲時官軍止數千玄兵甚盛而玄懼有敗衂常漾輕舸於船側故其衆莫有鬬志官軍乘風縱火盡鋭爭先玄衆大潰

擊不備

春秋時衛人以燕師伐鄭祭足原繁洩駕以三軍軍其

前使曼伯與子元潛軍軍其後燕人畏鄭三軍而不虞制人六月鄭二公子以制人敗燕師

楚大夫子囊師師于棠以伐吳吳不出而還子囊殿(殿軍)後以吳為不能而弗儆吳人自皐舟之隘要而擊之(皐舟吳險阨之道)楚人不能救吳人敗之獲楚公子宜穀

楚子重自陳伐莒圍渠丘渠丘城惡衆潰奔莒楚入渠丘莒人因楚公子平楚人曰勿殺吾歸而俘莒人殺之楚師圍莒莒人亦惡庚申莒潰楚遂入鄆莒無備故也君子曰恃陋而不備罪之大者也備豫不虞善之大者也莒恃其陋而不修城郭浹辰之間而楚克其三都無備也夫

曹操征烏桓諸子多懼許嘉曰胡恃其遠必不設備因其無備卒然擊之可破滅也操行至易水嘉又曰兵貴神速今千里襲人輜重多難以趨利不如輕以出掩其不意乃密出盧龍塞直指單于庭合戰大破之

曹操擊袁譚袁尚於黎陽使李典與程昱等以船運糧

會尚遣高蕃將兵屯河上絶水道典與諸將議曰蕃軍少甲而恃水有懈怠之心擊之必尅昱亦以為然遂北渡河攻蕃破之水道得通

隋末李密攻宇文化及還其勁兵良多死死隋將王世充守東都郤乘擊之簡練精鋭得二萬餘人馬三千餘匹至偃師營於通濟渠南是時密新得志於化及有輕世充之心不設壘世充夜遣二百餘騎潛入北山伏谿谷中令軍士秣馬蓐食既而宵濟人奔馬馳

遲明而薄寨寨出兵應之陣未成列而兩軍合戰其伏兵蔽山而上潛登北原乘高而下馳壓之寨營遂亂無拒之者即入縱火軍大驚潰

唐李靖陳圖蕭銑十策有詔拜行軍總管軍政委馬靖閱兵夔州銑以時屬秋潦江水汎漲三峽路危謂靖必不能進遂休兵不設備靖曰兵宜神速機不可失今兵始集銑尚未知乘水漲之勢倏忽急至城下所謂疾雷不及掩耳縱使知我倉卒無以應敵此必成

擒也遂進兵至陵銑始懼召兵江南果不能至靖勒兵圍城銑遂降

會昌中回鶻寇天德詔劉沔為招撫使以太原師屯雲州沔謂大將石雄曰黠虜離散不足驅除今覘其所為勢陵我軍若稟朝旨或恐依違我輩捍邊患但能除患專之可也公可選驍健乘其不意徑趨虜帳彼以疾雷之勢不暇支吾必棄公主遠竄苟不能捷吾自繼進亦無患也雄自選勁騎并雜虜三千騎月暗夜發馬邑徑趨烏介之牙帳逼振武雄入城登堞視其衆寡見氊帳車數十從者朱碧諜者曰此公主帳也因進兵斬萬餘級迎公主還太原

劉迦論舉兵反據雕陰郡有衆數十萬屈突通發關中兵擊之師臨安定初不與戰軍中以通為怯乃揚聲旋師而潛入上郡迦論不之覺遂進兵南寇去通七十里而舍分兵掠諸城邑通候其無備簡精甲夜襲之賊衆大潰斬迦論

契苾何力從征吐谷渾時吐谷渾主在突倫川何力復欲襲之薛萬均懲其前敗言不不可何力曰賊非有城郭逐水草以為生若不襲其不虞便恐鳥驚魚散一失機會安可傾其巢穴耶乃自選驍兵十餘騎直入突倫川襲破吐谷渾牙帳斬首數千級獲駝馬牛羊二十餘萬頭吐谷渾主脫身以免

李元平大言好論兵宰相關播奇重之薦於上以為將相之器時李希烈反朝廷以汝州與賊接境刺史韋

光裔懦弱以元平代之既至部募工徒繕理郛郭布烈乃使勇士應募執役版築凡入數百人元平不之覺布烈遣偽將李克成以數萬騎突至其城先應募執役者應於內縛元平馳去既見布烈遺下瀉地布烈見之曰盲宰相使汝當我何待我者淺耶

梁兵攻潞州會晉王克用死太祖以為援兵不能復來不復設備存勗與諸將謀曰朱温所憚者先王耳聞吾新立以為童子未嫻軍旅必有驕怠之心若簡精

兵倍道趣之出其不意破之必矣取威定霸在此一舉不可失也乃大閱士卒發晉陽軍于黃碾伏兵三垂岡詰旦大霧進兵直柢夾寨梁軍無斥候不意晉兵之至將士尚未起軍中驚擾晉兵燒寨鼓譟而入梁兵大潰失亡將校士卒以萬計

李嗣源襲鄆高行周為前軍會夜分大雨人無進志行周曰此天贊我彼必無備宜出其不意是夜涉河入東城比平明之

後周李謙溥知隰州北漢兵來圍其城議者皆請速救節度使楊廷璋隰兵壁壘甚固敵人掩至未能為攻城具當出奇以破之乃募敢死士百人許以重賞使人潛與謙溥約夜襲其營俾城中相應北漢軍潰逐數十里斬首千級獲鎧甲萬計未幾謙溥擊北漢石會關拔其六寨

出不意

魏鍾會鄧艾伐蜀蜀將姜維守劍閣鍾會攻維未能克

艾上言請從陰平由斜徑出劍西入城都騎兵衝其腹心劍閣之軍不還則應涪之兵寡矣軍志云攻其不備出其不意今掩其空虛破之必矣冬十月艾自陰平行無人之地七百餘里鑿山通道造作橋門山高谷深至為艱險又糧運將匱瀕於危殆艾以氊自裹推轉而下將士皆攀木緣崖魚貫而進先登至江曲蜀守將馬邈降諸葛瞻自涪還綿竹列陣相拒大敗之斬瞻及尚書張遵等軍進至城都蜀主劉禪面

縛鼻櫬詣軍請降

晉王渾領豫州刺史與吳接境宣布威信前後附降甚多吳將薛瑩魯淑衆號十萬淑向弋陽瑩向新息時周兵並放休息衆纔一旅渾浮淮潛濟出其不意瑩等不虞晉師之至渾擊破之

石勒據襄國晉將王浚遣督護王昌及鮮卑段就六眷末柸等部衆五萬餘以討勒時城隍未修乃築隔城重柵以待之就六眷屯于渚勒分遣諸將連出挑戰

頻為六眷所勒曰吾將士卒大陳於於野以決之何如張賓曰今段氏精勇悉在末柸所可勿復出戰示之以弱速鑿北壘為突門二十餘道候賊列守未定出其不意直衝末柸帳敵必震恐計不及設所謂迅雷不及掩耳末柸之衆既奔人自摧散擒末柸之後王浚指日而定勒納之即以孔萇為攻戰都督造突門于北城鮮卑入屯北壘勒候其陣未定躬率將士鼓譟于城會孔萇督諸突門伏兵俱出戰擊之生擒末柸就六眷等衆遂奔散

晉劉裕與朱齡石密謀取蜀曰劉敬宣往年出黃虎無功而退賊今謂我應從外水往而料我當出其不意猶從內水來也重兵守涪城以備內道若向黃虎正墮其計今以大衆自外水來取成都疑兵出內水此制敵之奇也而慮此聲先馳賊審空實別有函封付齡石題曰至白帝乃開諸軍雖進未知處分至白帝發書曰衆軍悉從外水取成都藏熹朱牧從中水取

廣漢使羸弱乘高艦十餘由內河向黃虎譙縱果備內水使其大將譙道福戍涪城遣其秦州刺史侯暉僕射譙詵等屯彭模夾水為城以拒晉軍諸將多欲先攻南城齡石帥諸軍急攻北城克之斬侯暉譙詵朱牧至漢廣復破譙道福別軍

東魏西荊為梁將曹義宗所圍東魏召人赴救慕容儼應募赴之時東魏北淯太守宋帶劒謀叛儼乃帥騎出其不意帶劒直至城下語云大軍已到太守何不

出迎帶劒惶恐不知所為使出迎儼即執之一部遂定

東魏丞相高歡將率兵伐西魏屯軍蒲坂造三道浮橋渡河又遣其將竇泰趣潼關高敖曹圍洛州西魏將宇文泰出軍廣陽召諸將謂曰賊人倚吾三面又造橋於河示欲必渡欲絆吾軍使竇泰得西入耳久相與持其計得行非良策也且高歡用兵以泰為先驅其下多鋭卒屢勝而驕今出其不意襲之必克克泰

則歡不戰而自走矣諸將曰賊今在近捨而遠襲事若差跌（徒結反）悔將何及泰曰歡前再襲潼關吾軍不過壩上今者大來兵未出郊賊顧謂吾自守耳無遠闘意又狃於得志有輕我心乘此擊之何往不尅賊雖造橋未能徑至此五日中吾取竇泰必矣幸公等勿疑泰遂率騎六千還長安聲言欲往隴右既而潛軍東出晨興至小關竇泰卒聞軍至惶懼依山為陣未及成列泰乃縱兵擊之斬泰傳首長安高敖曹適陷洛州聞泰死焚輜重棄城而走

後周惰公堅為丞相益州總管王謙舉兵反堅命梁睿為元帥討之進至龍門謙將趙儼擁兵十萬據險為營周亘三十里睿令將士銜枚出自到道四面奮擊破之謙令高阿那環達奚其等以盛兵攻利州聞睿將至其分兵據關睿顧謂將士曰此虜欲遏吾兵勢當出其不意破之必矣遣一將趨劒閣一將詣巴西一將水軍入嘉陵又遣將分道進自午及申破之

其奔於謙睿進逼成都謙令達奚其守城親率精兵五萬背城結陣睿擊之謙不利將入城其先以城降謙將麾下三十騎遁走

魏正光末賊元伯圭西自崤潼東至鞏洛屠陷塢壁所在為患孝武遣京畿都督匹婁昭討之昭請以五千人行段永曰此賊無城柵惟以寇鈔為資取之在速不在衆也若星馳電發出其不虞精騎五百足矣帝然其計於是命永伐昭以五百騎倍道兼進遂平之

東魏北豫州刺史高仲密叛降魏宇文泰以仲密所據遼遠難為應援諸將皆憚比行李遠獨曰比豫遠在賊境高歡又屯河上以常理而論實難救援但不入獸穴不得獸子若奇兵出其不意事或可濟脫有利鈍固兵家之常如其顧望不行便無尅定之日矣泰大喜曰李萬歲所言差強人意乃授遠行臺尚書前驅東出泰率大軍繼進遠乃潛師而往拔仲密以歸

唐貞觀中吐谷渾寇邊以李靖為西海道行軍大總管

統使侯君集任城王道宗等五總管征之軍次侯城吐谷渾燒去野草以飢我師退保大非川諸將咸言春草未生馬已羸瘦不可赴惟靖決計而進出其不意深入敵境遂踰積石山前後戰數十合殺傷甚衆大破其國

唐光啓中秦宗權數為朱全忠所敗恥之悉力以攻汴州其將張晊屯於北郊秦賢屯於板橋各有衆數萬列三十六寨連延二十餘里全忠謂諸將曰賊蓄銳休兵方來擊我謂我兵少畏懼止於堅守而已今出其不意先擊之乃親引兵攻秦賢砦將士踴躍爭先賊果不備連拔四砦斬首萬餘級賊衆以為神助

本朝初征偽蜀蜀人退守劍門斷道王全斌遣裨將分兵趨來蘇小路渡江出劍閣南因起浮橋於江上蜀人見橋成棄砦而道全斌等以銳兵擊破劍門生擒將王昭遠趙崇韜

大陣動可敗

春秋時吳伐越勾踐禦之陳於檇李勾踐患吳之整也使死士再擒焉不動（使敢死之士往輒為吳所擒欲使吳師亂而取之而吳不動）使罪人三行屬劍於頸（以劍注頸）而辭曰二君有治（治軍政）臣奸旗鼓（犯軍令）不敏於君之行前不敢逃刑敢歸死遂自剄也師屬之目越子因而伐之大敗之

蔡侯吳子唐侯伐楚陳於柏舉闔廬之弟夫槩王晨請於闔廬曰楚瓦不仁（瓦子常名）其臣莫有死志先伐之其卒必奔奔而後大師繼之必克弗許夫槩王曰所謂

臣義而行不待命者此之謂也今日我死楚可入也以其屬五千先擊子常子常之卒奔楚師亂吳師大敗之

武后廢中宗徐敬業在揚州舉兵此匡復為辭旬日間得勝兵数十餘萬太后遣將軍李孝逸討之敬業屯高郵之下河溪勒兵拒守孝逸戰不利欲引退魏元忠固請決戰敬業陣既久士卒多疲倦顧望陣不能整孝逸進擊之敬業大敗

擊未成列

春秋時晉中行穆子敗無終及羣狄於太原（即大鹵也無終山戎也）崇卒（崇聚也）已將戰魏舒曰彼徒我車所遇又隘（地險不使車）以什其車必尅（更增十人以當一車之用）困諸阨又尅（車每困於阨道今去車故尅）請皆卒（去車為步卒）自我始乃毀車以為行（魏舒先自毀其屬車為步陣）五乘為三五（乘車者三人五乘十五人今改去車要以五人為五分為三）荀吳之嬖人不肯即卒斬以徇（魏舒輒斬之荀吳不恨所以能立功）為五陣以相離兩於前五於後專為右角偏為前拒（皆臨時處置之名）以誘之翟人笑之（笑其失常）未陣而薄之大敗之

後魏侯莫陳崇從賀拔岳力戰破万俟醜奴與輕騎逐北至州長坑及之賊未成列崇單騎入賊中於馬上生擒醜奴遂大破之

隋漢王諒作亂遣其將綦毋良自塗中徇黎陽塞白馬津余公理自太行河內朝廷以史祥為行軍總管討之於河陰久不得濟祥謂軍吏曰余公理輕而無謀

又新得志謂其衆可恃恃衆必驕且河北人先不習兵所謂擁市人而戰不足圖也乃令軍中修攻具公理使諜知之果屯於河陽內城以備祥於是艤船南岸公理聚甲當之祥簡精銳於下流潛渡公理拒之未成列祥縱擊大破之

唐李希烈反已屠汴州又遣騎將杜少誠將步騎萬餘來寇蘄黃將絕江道嗣曹王臯遣尹慎將七千餘衆禦之遇于永安戍慎列三柵相去纔四里列鼓角中

柵少誠至分兵四面圍之部隊未嚴而鼓聲發三柵齊出奮擊不爲行陣賊亂少誠敗走斬首萬級封尸爲京觀

武經總要後集卷十一

欽定四庫全書 子部

武經總要後集卷十二

詳校官編修臣程嘉謨

臣紀昀覆勘

總校官候補中允臣王燕緒

校對官中書臣鄔㨔

謄録監生臣黄馨性

武經總要後集卷十二　宋　曾公亮等　撰

故事十二

餌兵勿食 防毒附

春秋時楚伐絞軍其南門莫敖屈瑕曰絞小而輕輕則寡謀請無扞采樵者以誘之 扞衛也樵薪也 從之絞人獲三十人 楚役人也 明日絞人爭出驅楚役徒於山中楚人坐其北門而覆諸山下 坐猶守也覆設伏兵以待之 大敗之為城下之盟而還

後漢光武初馮異與鄧禹率車騎將軍鄧宏等議攻赤眉異曰賊餘衆尚多可稍結以恩信難卒以用兵破之也上令使諸將屯澠池邀其東而異擊其西一舉取之此萬全計也禹宏不從遂大戰赤眉佯敗棄輜重走車載土以覆其上兵士飢爭取之赤眉引還擊宏宏軍潰亂大為所敗

魏曹公西征馬超與夾關而軍公急持之而潛遣徐晃朱靈等夜渡蒲坂津據河西為營公自潼關北渡未濟超赴船急戰公放牛馬以餌賊賊亂取牛馬公乃得渡河循河為甬道而南賊退拒渭口公乃多設疑兵潛以舟載兵入渭為浮橋夜分兵結營於渭南賊夜攻營伏兵擊破之

曹公與袁紹相持官渡既乃循河而西紹於是渡河追公軍至延津南公勒兵住營南坂下使登壘視之曰可五六百騎有頃復白騎稍多步兵不可勝數公曰勿復白乃令騎解鞍放馬是時輜重就道諸將以為敵騎多不如還保營公曰此所以餌敵也如何去之紹騎將文醜與蜀主將兵五千騎前後至諸將復白可上馬公曰未也有頃騎至稍多或分取輜重公曰可矣乃皆上馬時騎不滿六百遂縱兵進擊大破之

晉將劉牢之討妖賊孫恩恩敗走虜男女二十餘萬一時入海懼官軍躡其後乃緣道棄寶物子女時東土殷實莫不縻麗盈目牢之等遽於收斂故恩復得逃

去

李矩守滎陽後趙石勒親率兵襲矩矩遣老弱入山令所在散牛馬因設伏以待之賊爭取牛馬伏發齊呼聲動山谷遂大破之斬獲甚衆勒乃退

南涼禿髮傉檀守姑臧秦姚琪遣將姚弼等至於城下傉檀驅牛羊於野弼衆鈔掠傉檀因分擊大破之

後魏末大將廣陽王元深伐北狄使于謹單騎入賊中示以恩信於是西部鐵勒酋長也列河五萬餘戶並

並欵附相率南遷廣陽欲至折敦嶺迎之謹曰六汗拔陵之陵兵衆不少聞也列河等歸附必來要擊彼若先據險要則難與爭鋒今以列河等餌之當競來鈔掠然後設伏以待必指掌破之廣楊然其計拔陵果來擊破也列河於嶺上部衆皆沒謹伏兵發賊遂大敗悉收也列河之衆

隋煬帝征高麗于仲文率軍從樂浪道次烏骨城仲文簡羸馬驢數千置於軍後既而率衆東過高麗出兵掩襲輜重仲文迴擊大破之

唐薛萬均為將會竇建德率衆十萬來寇范陽萬均曰衆寡不敵今日出門百戰百敗當以計取之可令羸兵弱馬背城為陣以誘之觀賊之勢必渡水交兵萬均請精騎伏於城側待其半渡擊之從其言見建德果引兵渡水因邀擊大破之

防毒附

後魏時厙莫奚亂詔濟陽王率衆討之乃為毒酒賊既逼棄營而走賊至競飲毒作王以輕騎縱擊俘獲萬

計

圍敵勿周

後漢初張步據齊地漢將耿弇總兵討之步使其大將費邑軍歷下又分守祝阿鍾城弇先擊祝阿自旦攻城未日中而拔之故開圍一角令其衆得奔歸鍾城鍾城人聞祝阿已潰大恐懼遂空壁而去

建武中妖賊單臣傅鎮等相聚入原武劫掠吏民自稱

將軍臧宫將數千人圍之賊食多數攻不下士卒死傷帝召公卿諸侯問方畧明帝時為東海王對曰妖巫相刼勢無久立其中必有悔欲亡者但外圍急不得出耳小緩之令得逃亡則一亭長足以擒矣帝然之即勑令撤圍緩守賊衆分散遂拔原武斬單臣等

將軍朱儁與荊州刺史徐璆共討黃巾賊餘賊韓忠據宛乞降不許因急攻之連戰不克儁登土山視之顧謂張超曰吾知之矣賊今外圍周固内營迫急乞降不受欲出不得所以死戰也萬人一心猶不可當況十萬乎其害甚矣今不如撤圍并兵入城忠見解圍勢必自出出則易破之道也既而解圍忠果出戰儁因擊大破之忠等並降

曹操圍壺關下令曰城拔皆坑之連月不下曹仁言於操曰圍城必示之活門所以開其生路也今公告之必死將人自為守且城固而糧多攻之則徒傷士卒守之則日久兵屯堅城之下攻必死之虜非良計也太祖從之城遂降

後魏末高歡起義兵於河北爾朱兆天光度律仲遠等四將同會鄴南士馬精強號二十萬圍歡於南陵山是時歡馬二千步卒不滿二千人兆等設圍不合歡連繫牛馬自塞之於是將士死戰四面奮擊大破兆等

窮寇勿迫

漢趙充國討先零羌覩大軍棄輜重欲渡湟水道阸狹充國徐徐驅之或曰逐利行遟充國曰窮寇也不可迫緩之則走不顧急之則還致死戰諸將皆曰善虜果赴水溺死者百數於是大破賊衆

前燕大司徒慕容恪圍段龕於廣固諸將請急攻恪曰軍勢有宜緩以尅敵有宜急而取之若彼我勢均且有强援虜腹背之患者宜急攻之以速大利如我强彼弱外無救援力足制之者當羈縻守之以待其弊兵法十圍五攻此之謂也龕結恩賊黨衆未離心今

凴天險上下同心攻守勢倍軍之常法若其促攻不過數旬尅之必矣但恐傷吾士衆當持久以取耳乃築室返耕嚴固圍壘終尅廣固

呂護據野王陰通晉事覺燕將慕容恪等率衆討之將軍傅顏言之恪曰護窮寇假合王師既臨則上下喪氣殿下前以廣固天險守險隘易攻故為長久之計今賊形不與往同宜急攻之以省千金之費恪曰護老賊經變多矣觀其為備之道未易卒圖今圍之窮

城樵采路絶内無蓄積外無强援不過十旬斃之必矣何必殘士卒之命而趍一時之利哉此謂兵不血刃坐以制勝也遂列長圍守之凡經六月而野王潰護南奔于晉悉降其衆

後晉開運中契丹擁衆南向約八萬餘騎晉將杜重威懼退保泰州契丹踵之晉軍至陽城契丹大至晉軍與戰逐北十餘里契丹踰白溝而去晉軍結陳而南胡騎四合如山諸軍力戰拒之是日纔行十餘里人馬饑乏晉軍至白團衛村埋鹿角為行寨契丹圍之數重竒兵出寨後斷糧道是夕東北風大起破屋折樹營中掘井方及水輒崩士卒取其泥帛絞而飲之人馬俱渴至曙風尤甚符彦卿曰與其束手就擒曷若以身徇國乃與彦澤元福及右相都排陣使皇甫暉引精騎出西門擊之諸將繼至契丹卻數百步彦卿等擁萬餘騎横擊契丹呼聲動天地契丹大敗而走勢如崩山李守貞亦令步兵盡拔鹿角出鬬步騎俱

進逐北二十餘里鐵鷂既下馬蒼皇不能復上皆委棄馬及鎧仗蔽地杜重威曰賊已破膽不宜更令成列遣精騎擊之皆渡水去

高陵勿向

秦伐韓趙王令趙奢救之秦人聞之悉甲而至軍士許歷請以軍事諫曰秦人不意趙師至此其來氣盛將軍必厚集其陣以待之不然必敗奢曰請受令歷又曰令先據此山者勝後至者敗奢許諾即發萬人趨

之秦兵後至爭山不得上耆縱兵擊之大破秦軍
周人遣尉遲迥等襲洛陽齊召段韶赴洛陽圍仍令督精騎一千發晉陽五日濟河韶師帳下三百騎與諸將登邙阪觀周軍形勢至太和谷與周軍遇即馳告諸營追集騎士結陳以待之韶為左軍蘭陵王長恭為中軍斛律光為右軍周人以步兵在前上山逆戰韶且戰且却以誘之待其力弊然後下馬擊之周師大敗一時瓦解投墜溪谷死者甚衆

佯北勿從

戰國秦師伐趙趙奢之子括代廉頗將拒於秦陰使白起為上將軍趙出兵攻秦軍秦軍佯敗而走張二奇兵以刼之趙軍遂勝追造秦壁拒不得入而秦奇兵二萬五千人絶趙軍後又一軍五千騎絶趙壁間分趙軍而為二糧道絶秦出輕兵擊之趙戰不利因築壁堅守以待救秦王聞趙糧道絶自至河内發卒遮絶救兵趙卒食絶四十六日陰相殺食括與鋭卒自轉戰秦軍射殺之趙軍大敗坑卒二十餘萬人

蜀劉表遣劉備北侵至鄴曹操遣夏侯惇李典拒之一朝備燒屯退兵惇遣諸軍追擊之典曰敵無故自退疑必有伏南道窄狹草木深茂不可追也不聽惇等果入伏中戰不利典往救備見救至乃退

西魏末大將軍史寧與突厥木杆可汗同伐吐谷渾遂至樹敦樹敦即吐谷渾之舊都多諸珍藏而其主先已奔賀真城留其征南王數千人固守寧進攻之偽

退吐谷渾人果開門逐之因迴兵奪門門未及闔寧兵遂得入生獲其征南王俘虜男女財寶盡歸諸突厥

東魏侯景叛高澄歸梁圍彭城澄遣慕容紹宗討之將戰紹宗以梁人剽悍恐其衆不能支召諸將師語之曰我當佯退誘吴兒使前汝可擊其背初景誡梁人曰逐北勿過二里會戰紹宗實敗走梁人不用景言乘勝入魏人以紹宗之言為信掩擊遂大敗之

郭子儀討安慶緒渡河圍衛州慶緒率衆來援分為三軍子儀陣以待之預選射者三千人伏於壁内誡之曰候吾小却賊必争進則登城皷譟弓弩齊發以逼之既戰子儀偽退賊果乘之乃開壘門遂聞皷譟弓弩齊發矢注如雨賊徒震駭因整衆追之賊衆大敗

察敵進止

春秋時齊師伐魯公將戰曹劌曰可以一戰戰則請從公與之乘戰于長勺公將皷之劌曰未可齊人三皷

劌曰可矣齊師敗績公將馳之劌曰未可下視其轍登軾而望之曰可矣遂逐齊師既克公問其故對曰大國難測也懼有伏焉（恐詐奔）吾視其轍亂望其旗靡故逐之

東晉末劉裕自京口舉義兵討桓元元將桓謙屯于東陵卞範之屯覆舟山西以拒之裕疑賊有伏兵顧左右見劉鍾曰北山下有伏兵卿可率部下往索之鍾應聲馳進果有伏兵數百一時奔走

宋雍州刺史袁顗舉兵反沿流入鵲尾與官軍相持既久軍士張興世越鵲尾上據錢溪劉胡攻之不下遣人傳唱錢溪已下官軍並懼沈攸之曰不然若錢溪實敗萬人中要應有逃亡得還者必是彼戰失利唱空聲以惑衆心耳勑軍中不得輒動錢溪捷報尋至果大破賊攸之悉以錢溪所送胡軍耳鼻示之顗駭懼急追胡還遂敗之

後魏將司馬楚之討蠕蠕潛遣奸覘入楚之軍截驢耳

而去有告失驢耳者諸將莫能察楚之曰必是覘賊截之以為驗賊將至矣即使軍人伐柳為城灌水令凍城立而賊至冰凝城固不可攻逼賊乃走散

西魏將韓果性强記兼有權畧所行之處能記山川形勢兼善伺敵虛實揣其情狀有潛匿溪谷為間偵者果登高視之所疑之處往必獲焉

周大將軍永昌公椿帥師東討屯雞揵原受齊王憲節度憲密謂椿曰兵者詭道去留不定見機而作不得

遵常汝今為營不須張幕可代栢為菴示有處所令兵去之後賊猶致疑會被勑追還率兵夜反齊人果謂栢菴為帳幕不疑軍退翌日始悟

察敵逃遁

春秋時秦伐晉取羈馬晉師禦之出戰馬交綏秦行人夜戒晉師曰兩軍之士皆未慭也明日請相見也晉大夫庾駢曰使者目動而言肆懼我也將遁矣薄諸河必敗之胥甲趙穿當軍呼曰死傷未收而棄之不惠

也不待期而薄人於險無勇也乃止秦師夜遁

晉師伐齊齊侯畏衆齊師夜遁師曠曰烏之聲樂齊師其遁（烏烏得空營故樂也）邢伯曰有班馬之聲（夜遁馬不相及故鳴也班列也）齊師其遁叔向曰城上有烏齊師其遁

魏司馬懿帥師拒諸葛亮於渭南相持百餘日亮卒於軍中及軍退百姓奔告懿追焉亮長史楊儀結陣反旗鳴鼓若將向懿者懿乃退不敢逼經二日行其營壘曰天下奇才也乃急追之關中多蒺藜懿使軍士二千人著軟材平底木屐前行蒺藜悉著屐然後馬步俱進退至赤岸方知亮死審聞百姓為之諺曰死諸葛走生仲達懿笑曰吾便料生不便料死故也

後周齊王憲伐齊將班師乃燒糞壤而去高齊視之二日乃知其空營

梁將劉鄩拒晉以晉兵盡在魏州晉陽必虛欲以奇計取之乃潛引兵自黃澤而去晉人怪鄩軍數日不出寂無聲迹遣騎覘之無斥堠者城中亦無烟火但有

烏止於壘上時見旗幟循堞往來晉王曰我聞劉鄩用兵一步百計必詐也更覘之乃縛旗於芻偶之上使驢負之循堞而行得城中羸老者語云軍去已二日矣既而有人自鄩軍至者兵已趨黃澤晉王發騎追之

歸師勿遏

曹操圍張繡於穰劉表遣兵救繡以絶軍後操將引還繡兵來操兵不得進連營稍前劉安衆與表兵合守

險操軍前後受敵乃夜鑿險為地道悉過輜重設竒兵會明繡謂操為遁也悉軍來追乃縱竒兵步騎夾攻大破之操謂荀彧曰虜遏吾歸師吾死地戰是以知勝

宋建武初魏圍鍾離張欣泰為軍士隨崔慧景救援魏軍退邵陽洲上餘兵萬人求輸馬五百匹假道慧景欲斷路攻之欣泰說慧景曰歸師勿遏古人畏之兵在死地不可輕也慧景乃聽之過

前秦苻堅犯晉至壽春兵敗還長安慕容泓起兵于華澤堅命苻叡討之叡勇果輕敵不恤士衆泓聞其至也懼率衆將奔關東叡驅兵邀之姚萇諫曰鮮卑有思歸之心宜驅令出關不可遏也叡弗從戰於華澤叡敗績被殺

夏赫連勃伐禿髮傉檀大敗之驅掠二萬餘口牛馬羊數十萬而還傉檀率衆追之其將焦殷曰勃勃御軍齊肅未可輕也今因抄掠之資率思歸之士然人自為戰難與爭鋒不如從溫闈北渡趨萬斛堆阻水結營制其咽喉百戰百勝之術也傉檀不從勃勃聞之大喜乃於陽武下峽鑿陵埋車以塞路勒衆逆擊傉檀大敗之殺傷萬計

後涼呂宏攻段業於張掖不勝將東走業議欲追擊之其將沮渠蒙遜諫曰歸師勿遏窮寇勿追此兵家之戒不如縱之以為後圖業曰一日縱敵悔將無及遂率衆追之為宏所敗

漢韓信擊趙使萬人先行出背水陣趙軍望見大笑平明信建大將旗鼓行出井陘口開壁擊之良久信走水上軍殊死戰不可敗遂破趙軍擒趙王歇諸將因問信曰兵法右背山陵前左水澤今者將軍令臣等反背水陣此何術也信曰此在兵法顧諸君不察耳兵法不曰陷之死地而後生置之亡地而後存乎且信非得素拊循士大夫此所謂驅市人而戰之也其勢非置死地使人人自為戰即與之生地皆走寧尚

得而用之乎諸將皆曰非所及也

後涼呂光遣二子紹纂伐段業南涼禿髮烏孤遣其將鹿孤及楊軌救業紹以業等軍盛欲從三門關挾山而東纂曰挾山示弱取敗之道不如結陣衝之彼必憚我而不戰也紹乃引軍而南業將擊之其將沮渠蒙遜諫曰楊軌恃虜騎之强有窺伺之心紹纂兵死地必決戰求生不戰則有太山之安戰則有累卵之危業曰卿言是也乃按兵不戰紹亦難之各引兵歸

梁將陳慶之守渦陽城與後魏將相持自春至冬數百戰師老氣衰魏之援兵復欲築壘於軍後諸將恐腹背受敵議退師慶之曰兵來至此涉歷一歲糜費極多諸軍並無鬬志皆謀退縮豈是欲立功名直聚為鈔暴耳吾聞置兵死地乃可求生須虜圍合然後與戰諸將壯其計從之魏人掎角作十三城慶之銜枚夜出陷其四壘所餘九城兵甲尤盛乃陳其俘馘鼓譟而攻魏師遂大奔潰斬獲畧盡

高齊北豫州刺史司馬消難請降於周周遣楊忠達奚武等率騎士五千迎之從間道馳入齊境五百里前後三遣使報消難皆不應去虎牢三十里武疑有變欲退忠曰有進死無退生獨以千騎夜趨城下城四面峭絕但聞擊柝聲武親來麾數百騎西去忠勒餘騎不動候門開而入馳遣召武齊進城敬遠勒甲士二千人據東城舉烽嚴警武憚之不欲保城乃多取財帛以餌消難及其屬先歸忠以三千騎為殿到洛

南皆解鞍而卧齊衆追至洛北忠謂將士曰但飽食今在死地賊必不敢渡水當吾鋒食畢齊師佯若渡水忠驅將擊之齊兵不敢逼遂引而還

立竒功

前漢傅介子以駿馬監求使大宛因詔令責樓蘭龜茲國介子至樓蘭責其王教匈奴遮殺漢使王謝服復至烏孫道過龜茲介子復責其王王亦伏罪介子從大宛還到龜茲龜茲言匈奴使從烏孫還在此介子

因率其吏士共誅斬匈奴使者還奏詔拜介子為中郎遷平樂監介子謂大將軍霍光曰樓蘭龜兹數反覆而無信不誅無所懲艾介子過龜兹時其王近就人易得也（附近而親就言不相猜阻也）願往刺之以威示諸國大將軍曰龜兹道遠且驗之於樓蘭於是白遣之介子與士卒俱齎金幣揚言以賜外國為名至樓蘭樓蘭王意不親介子陽引兵至其西界使譯謂曰漢使者持黄金錦繡行賜諸國王不來受我去之西國矣即

出金幣以示譯譯還報王王貪漢物來見漢使者介子與坐飲陳物示之飲且醉介子謂王曰天子使者私報王（謂密有所諭）王起隨介子入帳中屏語（屏人而共語）壯士二人從後刺之刃交胸心立死其貴人左右皆散走介子告諭以王負漢罪天子遣我來誅王當更立太子質在漢者漢兵方至毋動動滅國矣遂持王首還詣闕

唐契丹及奚連年為邊患契丹衙官可突干驍勇有謀略頗為夷人所伏張守珪到官頻出擊之每戰皆捷契丹首領屈剌與可突干恐懼遣使詐降守珪察其偽遣管記右衛騎曹王悔詣其部落就謀之悔至屈剌帳賊徒初無降意密遣使引突厥將殺悔以叛會契丹別帥李過折與可突干爭權不協悔潛誘之夜斬屈剌及可突干盡誅其黨率餘燼以降守珪因出師次于紫蒙川大閲軍實犒賞將士傳屈剌可突干等首於東都

高仙芝為安西副都護小勃律國王為吐蕃所招妻以公主西北二十餘國皆為吐蕃所制貢獻不通節度使田仁琬蓋嘉運累討不捷元宗勅仙芝以馬步萬人為行營節度使往討之時步軍皆有私馬自安西行十五日至撥換城又十餘日至握瑟德又十餘日至蘇勒又二十餘日至葱嶺守捉又行二十餘日至播密川又二十餘日至時勒滿川即五識匿國也仙芝乃分為三軍使蘇勒守捉趙崇玭統三千騎趣吐

蕃連雲堡直北谷又使撥換守捉使賈崇瓘自赤佛堂路入仙芝與中使邉令城自護密國入約七月十三日辰時會於吐蕃連雲堡中又兵千人於城南十五里因山為柵又兵八九千人屯城下自婆勒川水漲不可渡仙芝以三牲祭河命諸將選兵馬人齎三日乾糧早集河次水既難渡將士皆以為狂既至人不溼衣馬不溼韉已濟而成列矣仙芝喜曰向吾半渡賊來吾屬敗矣今既濟成列是天以此賊賜我也

遂登山排擊從辰至巳大破之至夜奔逐殺五千人生擒千餘人餘並散走得馬千餘匹軍資器械不可勝數仙芝留令誠等以羸病尫弱三千餘人守其城仙芝遂進三日至怛駒嶺直下峭峻四十餘里仙芝料之曰阿弩越胡若速迎即是好心又恐兵士不下乃先令二十餘騎詐作阿弩越胡服上嶺來迎既至怛駒嶺兵士果不肯下云大使將我欲處去言未畢其仙芝使二十人來迎云阿弩越城胡並好心奉迎婆夷河藤橋已斫訖仙芝佯喜以號令兵士盡下婆夷河即古之弱水也不勝草芥毛髮下嶺三日城胡果來迎明日至阿弩越城當令將軍席元慶賀婁餘潤先修橋路仙芝明日進軍又令元慶以千騎先詣勃律王曰吾先取汝城亦不斫汝橋但借汝路過向大勃律去城中有首領五六人皆赤心為吐蕃仙芝先約元慶云軍到首領百姓必走入山谷招呼取以勅命賜綵物首領至齊縛之以待我元慶既至一如

先芝所教縛諸首領王及公主走入石窟取不可得仙芝至斬其為吐蕃者五六人急令元慶斫藤橋去勃律猶六十里及暮纔斫了吐蕃兵馬大至已無及矣藤橋濶一箭道修之一年方成勃律先為吐蕃所詐借路遂成此橋至是仙芝徐自招諭勃律及公主出降並平其國

大歷中擢王翃為容管經畧使自安祿山之變谿洞夷獠相延為亂陷城邑遂據容州前經畧使陳仁琇元

結長孫全緒等皆僑治藤梧翃至言於衆曰我容州刺史安容治他所必得乃止即出私財募士有功者許署吏於是人人自奮不數月斬賊帥歐陽珪因至廣州請節度使李勉出兵併力勉不許曰容陷城久獠方强今速攻祇自敗耳翃曰大夫即不出師願下書州縣揚言以兵為助冀此聲成萬一功勉許諾翃乃移書義藤二州刺史約皆進討引兵三千與賊鏖戰日數遇勉檄止之輒匿不發戰愈力卒破賊禽崇

牽悉復容州故地捷書聞詔更置順州以定餘亂翃凡百餘戰禽首領七十

軍師伐國若中路遇大城須下而過

秦末沛公破南陽守齮魚綺反走保城守宛沛公引兵過而西張良諫曰沛公雖欲急入關秦兵尚衆距險今不下宛宛從後擊强秦在前此危道也於是沛公夜引軍從他道還更旗幟黎明圍宛城三匝黎未也又黎黑也亦未明候也南陽守欲自剄其舍人陳恢曰死未晚也乃踰城見沛公曰臣聞足下先入咸陽者王之今足下留守宛宛大都也連城數十人民衆積蓄多吏人自以為降必死為足下計莫若納降封其守因使守城引其甲士之西諸城未下者聞聲爭開門而待足下矣沛公曰善乃以宛守為殷侯封陳恢千戶引兵而西無不下者

武德中李靖隨河間王孝恭討輔公祐公祐遣將馮惠亮率舟師三萬屯當塗陳正通徐紹宗領步騎二萬

屯青林山仍於梁山連鐵鏁以斷江路築却月城延袤十餘里與惠亮為掎角之勢孝恭集諸將會議皆云惠亮正通並握强兵為不戰之計城柵既固則不可攻請直指丹陽掩其巢穴丹陽既破惠亮自降孝恭欲從其議請曰公祐精銳雖在水陸二軍然其自統之兵亦皆勁勇惠亮等城柵尚不可攻公祐既保石頭豈應易拔若我師至丹陽留停旬月進則公祐未平退則惠亮為患此便腹背受敵恐非萬全之計

惠亮正通皆是百戰餘賊必不憚於野戰止為公祐立計令為持重但欲不戰以老我師今若攻其城柵乃是出其不意滅賊之機惟在此舉孝恭然之靖乃率黃君漢等先擊惠亮苦戰破之殺傷及溺死者萬餘人惠亮奔走靖率輕兵先至丹陽公祐大懼先遣偽將左遊仙領兵守會稽以為應援公祐擁兵東走以趨遊仙至吳郡與惠亮正通並相次擒獲江南悉平

舍小圖大

春秋時晉荀偃士匄請伐偪陽而封宋向戌焉（以宋常事晉而向戌有賢行故欲封為附庸焉）荀罃曰城小而固勝之不武弗勝為笑固請丙寅圍之弗克

後周時詔發關中兵以韋孝寬為元帥東封尉遲迥軍次河陽迥所置儀同薛公禮等圍偪懷州遣兵擊破之進次懷縣永橋城之東南其城既在要衝雉堞牢固迥已遣兵據之諸將士以此城當路請先攻取孝寬曰城小而固若攻而不拔損我兵威今若破其大軍此亦何能為也於是引軍次于武陟因大破迥之子惇惇輕騎奔鄴軍次西門豹祠之南迥自出戰又破之迥窮迫自殺

師不襲遠

春秋時秦伯使杞子逢孫戍鄭杞子自鄭使告于秦伯曰鄭人使我掌其北門之管若潛師以來國可得也穆公訪蹇叔曰勞師以襲遠非所聞也勞師力竭遠

人備之無乃不可乎且行千里其誰不知公辭（辭不受其言）召孟明西乞術白乙丙使出師于東門之外蹇叔哭之曰孟子吾見師之出而不見其入也蹇叔之子與師哭而送之曰晉人禦師必於殽殽有二陵焉其南陵夏后皋之墓（皋夏桀之祖父）其北陵文王之所避風雨也必死是間余收爾骨焉秦師遂東晉先軫曰秦違蹇叔而以貪勤民天奉我也奉不可失敵不可縱縱敵患生違天不祥必伐秦師欒枝曰未報秦施而伐其

師其為君乎先軫曰秦不哀我喪而伐我同姓秦則無禮何施之為吾聞之一日縱敵數世之患謀及子孫可為死君乎言不可謂背君遂發命遽興姜戎子墨縗絰晉文未葬故縗稱子以凶服從戎故墨之遂敗秦師於殽獲百里孟明視西乞術白乙丙以歸

曹操定荆州將順流東下遺孫權書欲以水軍八千會獵於吳諸葛亮見權於柴桑説權曰曹操之衆遠來疲弊聞追豫州劉備也輕騎一日一夜行三百里此謂

强弩之末不能穿魯縞也兵法忌之且北方之人不習水戰荆民附操者偪兵勢耳非心服也今將軍能命將統兵數萬於豫州協規同力操破必矣權遂以兵戰操敗于赤壁

軍勝重掠伏襲必敗

南涼秃髮傉檀伐沮渠蒙遜於姑臧至番禾苕藋掠五千餘戶其將屈右進曰陛下轉戰千里無完陣徙戶資財盈溢衞路宜倍道旋師早渡峻險蒙遜善於用兵士衆習戰若輕軍卒至出吾慮表大敵外逼徙戶內攻危道也衞尉伊力延曰我軍勢方盛將士勇氣自倍彼徒我騎勢不相及君倍道旋師必損棄資財示人以弱非計也俄而昏霧風雨蒙遜軍大至傉檀大敗而還

唐武德中李靖隨河間王孝恭討蕭銑於江陵銑悉兵出拒孝恭將擊之李靖止之曰彼救敗之師策非素立勢不能久不若且治南岸緩之一日彼必分其兵

或留拒我或歸自守兵分勢弱我乘其懈而擊之蔑不勝矣今若急之彼則併力死戰楚兵剽銳未易當也孝恭不從留靖守營自帥銳師出戰果敗走趨南岸銑衆委舟收掠軍資人皆負重靖見其衆亂縱兵奮擊大破之乘勝直抵江陵入其外郭又攻水城拔之大獲舟艦李靖使孝恭盡散之江中諸將皆曰破敵所籍當藉其用奈何棄以資敵靖曰蕭銑之地南出嶺表東距洞庭吾懸軍深入若攻城未拔兵四集

吾表裏受敵進退不獲雖有舟楫將安用之今棄舟艦使蔽江而下援兵見之必謂江陵已破未敢輕進往來覘伺動淹旬日吾取之必矣銑援兵見舟艦果疑不進銑降

擊歸墮

襄公九年晉人不得志於鄭以諸侯復伐之十二月癸亥攻其三門閏月戊寅濟於陰坂侵鄭次于陰口而還（陰口鄭地名）子孔曰晉師可擊也師老而勞且有歸志必大克之

地有所不爭

晉陶侃鎮武昌議者以武昌北岸有邾城宜分兵鎮之侃每不荅而言者不已侃乃渡水獵引將佐語之曰所以設險而禦寇正以長江耳邾城隔在江北內無所恃外接羣夷晉人貪利夷不堪命必引寇虜乃致禍之由斯待寇也今縱以兵守之亦無益於江南若羯虜有可乘之勢此又非所資也後庾亮伐之果大敗

武經總要後集卷十二

欽定四庫全書

子部

武經總要後集卷十三

詳校官編修臣程嘉謨

總校官進士臣程嘉謨
校對官編修臣朱攸
謄録監生臣李昂

欽定四庫全書

武經總要後集卷十三

宋　曾公亮等　撰

故事十三

察敵降

項羽圍漢滎陽漢王和割滎陽以西者為漢亞父勸項王急攻滎陽漢王患之陳平反間既行羽果疑亞父大怒而去疽發病死紀信曰事急矣臣請誑楚可以

間出於是陳平夜出女子東門三千餘人楚因擊之紀信乃乘王車黄屋左纛曰食盡漢王降楚楚皆呼萬歳之城東觀之以故得乘數十騎出西門遁

曹公入荆州劉琮降得水軍步軍十萬孫權與曹公遇於赤壁部將黄蓋曰今寇衆我寡難與持久觀操方連船艦道尾相接可燒而走也乃先書報欲降曹公軍吏士皆引頸觀望指言蓋降蓋放諸船同時發火時風猛烟焰漲天人馬燒死者甚衆

晉將李矩守滎陽城劉聰遣從弟暢帥騎三萬討矩屯于韓王故壘相去七里遣使招矩時暢卒至矩未暇為備遣使奉牛酒詐降于暢潛匿精勇見俘老弱暢不以為虞大饗渠帥皆醉飽矩選勇敢千人夜掩暢營斬數千級暢僅以身免

後魏萬俟醜奴宿勤明達等叛寇掠涇州魏將崔延伯率衆討之醜奴時或輕騎挑戰暫或大兵未交便示奔北延伯伐木別造大排内為鎖柱教強兵負而趍

走號排城戰士在外輜重居中衆軍將出未戰之間有賊數百騎詐持文書云是降簿乞緩師延伯謂其事實巡遂未闘俄而宿勤明達率衆自東北而至乞降之賊從西直下諸軍前後受戰賊本輕騎延伯軍兼步卒兵力疲怠賊乃乘間得入排城延伯軍大敗死傷者大半

魏宇文泰與東魏高歡戰于邙山大軍不利裨將于謹率其麾下偽降立于路左歡乘勝逐北不以為意追騎過盡謹乃自後擊之敵人大駭獨孤信又收兵於後突擊歡軍亂以西北魏軍得旋而返

唐調路中突得阿史得溫傅反與阿史那大念合詔裴行儉揔諸軍討之行儉乃縱反間使相猜二伏念恐咨送降欵乃請自效行儉不泄其事而密表以聞數日有烟塵漲天而至斥候惶恐來白行儉詔三軍謂曰此是伏念執溫傅來降非他然受降如受敵但須嚴備更遣單吏迎前勞之少間伏念果率其屬縛溫

傅詣軍門請罪盡平突厥餘黨

唐史思明陷洛陽賊鋒甚盛副元帥李光弼守江陽謂李抱玉曰將軍能為我守南城二日乎抱玉曰過期若何光弼曰過期而救不至任棄城也賊率周摯領安太清徐黃玉等先攻南城將陷抱玉乃紿之曰吾粮盡明日當降賊衆大喜斂軍以俟之抱玉因得繕完設備明日堅壁請戰賊怒欺紿急攻之抱玉出奇兵表裏攻之殺傷甚衆摯軍退光弼自將于中灘城摯

舍南城攻中灘不勝乃整軍將攻北城光弼以兵出
戰大敗之
唐貞元三年吐蕃入寇李晟邀擊之又襲破其摧沙堡
深恨晟及渾瑊馬燧陰計圖之乃卑辭厚禮告馬燧
請重立盟誓則蕃軍引去德宗不許燧自入朝言之
上令崔翰入蕃報結贊言還我盟夏二州則同盟結
贊曰清水之會則同盟人少是以和好輕慢不成及
蕃相及元帥以下凡二十二人赴盟靈州節度杜希

全涇原李觀皆和善守信境外重之此時須令與盟
翰約盟于清水結贊曰清水非吉地請盟于原州土
梨樹盟畢則歸二州翰歸備奏其事神策將馬友麟
奏曰土梨樹地多險阻恐蕃軍隱伏不利不如于平
凉其地坦平且近涇州為便帝從之詔報以希全只
在靈州李觀又已改官令遣侍中瑊渾充盟會使崔
漢衡副之鄭叔矩為判官瑊統兵二萬又詔華州節
度駱元光以本鎮兵從瑊瑊與結贊初約以兵三千

列于壇之東西是時蕃軍精騎數萬列于壇西結贊
瑊以下具衣冠劍佩瑊等入幕次坦無他虞結贊伐
鼓三通其衆呼譟而進瑊遽出自幕後遇得他馬跨
而奔馳追騎雲合流矢雨集崔翰衛以下六十餘人
陷于賊
本朝知夏州尹憲司知李繼遷適在澤州乃與都巡檢
曹光實選精騎襲之繼遷僅以身免獲其母妻繼遷
復結婚于西部轉徙匿浸以强盛使人紿光實曰今

我數奔北勢窘不能自存矣公許我降乎因陳甥舅
之禮期某日于葭蘆川降光實信之且欲擅其功故
不與人謀至期繼遷設伏止領十數人近城迎光實光
實從百騎赴之繼遷前導北行至其地忽舉手麾鞭
伏兵盡起光實被害
張煦為西洛行營都監朝廷討靈武煦與張凝入敵境
清遠故城有敵首請以甲騎三萬來降煦與凝曰此
必詐也亟嚴兵以待果然凝按部歸環州道為敵所

邀煕間領所部銳兵自慶州赴之與凝會射殺敵帥

與凝同還

招降

昭公十三年魯叔弓帥師圍費弗克敗焉為費人所敗平子怒令見費人執之以為囚俘冶區夫曰非也區夫魯大夫若見費人寒者衣之飢者食之為之令主而供其乏困費來如歸費氏亡矣民將叛之誰與居邑若憚之以威怒之以怒民疾而叛為之聚也若諸侯皆然費

人無歸不親南氏將焉入矣平子從之費人叛南氏

高帝時陳豨反於代帝自往擊之到邯鄲喜曰豨不南據邯鄲而沮漳水吾知其無能為矣上令周昌選趙壯士可令將者昌見四人帝慢罵曰豎子能為將乎四人慙皆伏地帝封之各千戶以為諫左右諫曰從入蜀漢伐楚功賞皆未行今此何功而封帝曰非汝所知陳豨反趙代地皆豨有吾以羽檄召天下兵未有至者今計唯獨邯鄲中兵耳吾何愛四千戶侯此四人以慰趙子弟皆曰善

孫權令呂蒙西取長取長沙零桂三郡蒙移書二郡望風歸服惟零陵太守郝普城守不降蒙既定長當之零陵過酃載南陽鄧元之元之者郝普之舊也欲令誘普乃被書當還蒙秘之夜召諸將授以方畧晨當攻城顧謂玄之曰郝子太聞世有忠義事亦欲為之而不知時也今吾士卒精銳人思致命至尊遣兵相繼于道曾不移日而城必破城破之後身死何益於

事而令百歲老母戴白受誅豈不痛哉得此家不得外問謂援可恃故至于此耳君可見之為陳禍福元之見普具宣蒙意普懼而聽之元之先出報蒙普尋後當至蒙預勅四將各選百人普出便入守城門須臾普出蒙執其手與俱下船語畢出書示之因拊手大笑普見書知備在公安而羽在益陽慚恨入地及到南郡士仁糜芳皆降蒙入據城盡得羽及將士家屬皆撫慰約令軍中不得干歷人家有所求取且暮

使親近存恤耆老問所不足疾病者給醫藥飢寒者給衣糧羽府藏財寶以封閉之以待權至羽在道路數使人與蒙相問蒙輒厚遇其使周遊城中家家致問或手書示信羽人還私相參訊咸知家門無恙見待過于平時故羽吏士無鬬心會權尋至羽自知孤窮乃走麥城西至漳鄉衆皆委羽而降權

隋山獠作逆以衛元為資州刺史以鎮撫之元既到官時獠攻圍大牢鎮元單騎造其營謂羣獠曰我是刺

史銜天子詔安養汝等勿驚諸賊莫敢動於是說以利害渠帥感悅解兵歸附者十萬餘口

唐將邱行恭大業末與兄師利聚兵二萬保故郡城百姓多附之原州奴賊數萬人圍扶風郡太守竇璡堅守經數月賊中食盡野無所掠衆多離散投行恭者千餘騎行恭遣其酋渠說諸奴賊共迎義軍行恭又率五百人皆負米麥持牛酒自詣賊營奴帥長揖行恭手斬之謂其衆曰汝等並是好人因何事奴為主使天下號為奴賊衆皆俯伏曰願改事公行恭率其衆共謁太宗于渭北

馬遂與渾瑊駱元光韓遊瓌合軍討懷光于次于長春宮懷光將徐庭光以兵六千守宮城預備甚嚴遂度長春不下則懷光自固攻之曠日持久所傷必甚乃挺身至城下呼庭光庭光素憚遂威名拜于城上遂度庭光心已屈乃徐謂之曰我來自朝廷可西面受命庭光復拜遂乃喻之曰公等皆朔方將士祿山

已來首建大勳四十餘年攻伐最高奈何棄祖父之勳力背君上為滅族之計耶從吾非止免禍富貴可圖也賊徒皆不對遂又曰爾以吾言不誠今相去不遠數步爾射我乃披襟示之庭光感泣俯伏軍士亦泣下先一日賊焦籬堡守將尉珪以兵二千因堡降燧廷廷東道既絕乃率衆出降遂數騎徑入城處之不疑服不畏服諭以禍福

春秋時齊孝公伐魯北鄙僖公使展喜犒師勞齊師使受

命於展禽（柳下惠）齊侯未入境展喜從之曰寡君聞君親舉玉趾將辱于敝邑使下臣犒執事齊侯曰魯人恐乎對曰小人恐矣君子則否齊侯曰室如懸磬野無青草何恃而不恐對曰恃先王之命昔周公太公股肱宗室夾輔成王王勞之而賜之盟曰世世子孫無相害也載在盟府太師職之（太公為太師兼主司盟之事）威公是以糾合諸侯而彌縫其缺匡救其災而謀其不協昭舊職也及君即位諸侯之望曰其率威之功（率循也）我

敝邑用不敢保聚（用此舊盟故不聚衆保守）曰豈其嗣世九年而棄命廢職其若先君何君必不然恃此以不恐齊侯乃還（此展喜以大義責齊齊遂班師）

唐太宗討薛仁杲乘勝逼其城下仁杲嬰城自守太宗具知城中虛實將領大軍繼至四面合圍仍令縱辯士諭以禍福城中震駭計無所出詣朝仁杲率其將士開門請降得其精兵萬餘人

李大亮為玉門令北敵入境大亮衆少不敵遂單馬詣敵營召其豪帥喻以禍福豪帥感悟相率請降大亮又將所乘馬與之宴樂徒步而歸前後降者千餘縣縣境以清

張長遜除為豐州總管時梁師都薛舉請兵於突厥欲令渡河長遜知之詐為詔書諭以逆順與莫賀咄設示知其謀突厥乃拒師都等使高祖嘉之

縱舍

春秋時楚子圍鄭旬有七日鄭人卜行成不吉卜臨于

大宮（臨哭也太宮鄭祖廟）且巷出車吉（出兒車于巷示將遷不得安居）國人大臨守陴者皆哭（陴城上睥睨皆哭所以告楚窮也）楚子退師鄭人修城進復圍之三月克之（哀其窮哭故為退師而猶不服故復圍之九十日）入自皇門至于逵路（塗方九軌曰逵）鄭伯肉袒牽羊以迎（肉袒牽羊亦服為臣僕）曰孤不天（不為天所佑）不能事君使君懷怒以及敝邑孤之罪也敢不惟命是聽左右曰不可許也得國而赦王曰其君能下人必能信用其民矣庸可及乎退三十里而許之平

蜀諸葛亮南征所在戰捷聞孟獲者為夷漢所服募生致之既得之使觀營陣之間問此軍何如對曰向日不知須實故敗今蒙賜觀營陣若祇如此即易勝耳亮笑之使更戰七縱七擒而亮猶遣獲獲曰公天威也南人不復反矣遂至滇池南中皆平

陳貞明三年隋師濟江宜黄侯慧紀率將士三萬餘艘欲趨臺城遣南康太守呂肅將兵據巫峽肅竭私財以充軍用隋將楊素兵擊之四十餘戰爭馬鞍山及

磨刀澗守隘隋軍死者五千餘人陳人盡取其鼻以表功既而隋軍屢捷獲陳之三士縱之肅乃遁走

唐太宗討薛仁杲因率左右二千餘騎追奔直趁圻墉以乘之仁杲列陣城下太宗據涇水以臨賊賊徒氣沮無敢進戰其驍將渾幹等數人臨陣來降請還取馬太宗縱遣之於是各乘良馬須臾並至

占候

春秋時八月甲午晉侯圍上陽 上陽虢國都在今宏農陝縣西東 問于卜偃曰吾其濟乎對曰克之公曰何時對曰丙之晨龍尾伏辰 龍尾尾星也日月之會曰辰日在尾故尾星伏不見 均服振振取虢之旂 戎事上下同服振振盛貌旂軍之旌旂 鶉之賁賁天策焞焞火中成軍虢公其奔 鶉鶉火星賁賁鳥星之體也天策傅說星時近日星微焞焞無光也言丙子平旦焞火中軍事有成功也已上皆童謡言也童稚之子未有念慮之感而會成嘻戲之言似有憑者其言或中或否博覽之士能推思又兼而志之以為鑒戒以為來者之驗有益于世教 其九月十月之交乎 以星驗推之知九月十月之交謂夏之九月十月也交晦朔交會 丙子旦日在尾月在策 是夜日月合朔于尾月行疾故至旦而過于策 鶉火中必

是時也冬十二月丙子朔滅虢虢公醜奔京師

鄢陵之戰晉呂錡夢射月中之退入于泥占之曰姬姓日也異姓月也必楚王也射而中之退之于泥亦必死矣及戰射共王中目王召養由基與之兩矢使射呂錡中項伏弢

城濮之戰晉侯夢與楚子搏楚子伏己而盬其腦是以懼子犯曰吉我得天楚伏其罪吾其柔之矣 晉侯上向故得天楚子下向地故伏其罪腦所以柔物子犯審見事宜故推言以吉夢

後魏議擊蠕蠕朝臣内外盡不欲行太后亦固止帝皆不聽惟崔浩贊成之尚書令劉潔左僕射安原等乃使黄門侍郎郭仇齊推郝連太史張淵徐辨説帝曰今年已巳三陰之歳星襲月太白在西方不可舉兵北伐必敗雖克不利于上羣臣共賛曰等云淵少時嘗諫苻堅不可南征堅不從而敗今天時都不和恊如何舉動帝意不決乃召浩與淵等辨論之浩難淵曰陽者德也陰者刑也故日食修德月食修刑夫王

者之用刑大則陳之原野小則肆之市朝戰伐用刑之大者也以此言之三陰用兵蓋得其類修刑之義也歳星襲月年飢人流應在他國遠期十二年太白行蒼龍宿於天文為東不妨北伐淵等俗生志意淺近牽于術數不達人體難與遠圖臣觀天文比年以來月行掩昴至今猶然其占三年大破旄頭之國蠕蠕高車旄頭之象也夫聖明御時能行非常之事古人語曰非常之原黎氏懼焉及其成功天下晏然願陛下勿謂蠕蠕恃遠謂國家力不能至自寛來久故夏則散衆放畜秋肥乃聚背寒向温南來寇抄今掩其不備大軍卒至必驚駭望塵奔走牡馬護牝牝馬戀駒驅馳難制不得水草必數日聚而困弊可以舉而滅遂行軍將入其境蠕蠕先不設備於是分軍捜東西五千里南北三千里所虜及獲畜産車廬數百萬高車殺蠕蠕種類歸降者三十餘萬落餘虜散亂帝沿弱水西至涿耶山諸大將軍慮深入有伏兵勸

帝止後有降人言蠕蠕大檀先被疾不知所為乃焚穹廬料車自載將百人入山南走人畜窘聚方六十里無人統領相去百八十里追軍不至乃徐西遁得免若復前行二百則盡滅之矣帝恨之

隋仁壽元年長孫晟在朔州大利城安撫新附表奏曰臣夜登城樓望見磧地有赤氣長百餘里皆如雨下垂被地謹按兵書此名洒血其下之國必且破亡欲滅匈奴宜在今日詔楊素為行軍元帥晟為受降使

者北伐遂敗匈奴

齊建武中魏將王肅寇攻司州刺史蕭誕甚急明帝遣左衛將軍王廣之赴救蕭衍為偏師隸廣之一旦有風從西北陣雲隨之來當肅營尋而風回雲轉還向西北衍曰此所謂歸氣魏師遁矣令軍中曰望麾而進聽鼓而動肅乃傾壁十萬陣于水北衍揚麾鼓譟響振山谷敢死之士執短兵先登長戟翼之城中見援至因出軍攻魏柵魏軍表裏受敵因大敗肅衵單

馬走斬獲千計血流絳野

至誠獲神助

後漢耿恭為戊已校尉擊匈奴恭以疏勒城有澗水可固乃引兵據之匈奴復來攻恭募先登數千人直馳之胡騎散走匈奴遂于城下擁絕澗恭于城中穿井十五丈不得水吏士渴之笮馬糞汁而飲之恭仰嘆曰聞昔貳師將軍拔佩刀刺山飛泉湧出今漢德神明豈有窮哉乃整衣冠向井再拜為吏士禱有頃水泉奔出衆皆稱萬歲乃令吏士揚水以示虜虜出不意以為神明遂引去

唐裴行儉討吐蕃且作安撫大食使途經莫延賀磧屬風沙晦暝導者並迷行儉命下營虔誠致祭令告將吏井泉非遙俄而雲收風靜行數百步水草甚豐後之人莫知其處衆皆悅服比之貳師將軍

開元初厥降者復叛勅王浚率并州兵西濟河以討之晙乃間行倍道以夜繼晝卷甲舍幕而趨之夜于山

中忽遇風雪甚盛晙恐失期仰天誓曰晙若事君不忠不討有罪明神所殛固自當之令士衆何辜令其艱苦誠心忠烈天鑒大明當止雪回風以濟戎士言訖風回而雪止時叛者分為兩道其在東者晙追及之殺一千五百餘人獲一千四百餘人駝馬牛羊甚衆

建中十三年楊朝晟築木波城以捍吐蕃初軍次方渠無水師徒囂然遽有青蛇乘高而下視其跡水隨而

流朝晟命築防環之遂為渟泉軍人仰飲以足圖其
事上聞詔置祠焉

推人事破災異

周武王伐紂師至氾水牛頭山風甚雷疾鼓旗毀折王之驂乘惶震而死太公曰用兵者順天之道未必吉逆之未必凶若失人事則三軍敗亡且天道鬼神視之不見聽之不聞智智不怯而愚將拘之若乃好賢而用能舉事而得時此則不拘時日而事利不假卜

筮而事吉不禱祀而福從遂命驅之前進周公曰今時逆太歲龜灼告凶卜筮不吉星變為災請還師太公怒曰今紂刳比干囚箕子以飛廉為政伐之有何不可枯草朽骨安可知乎乃焚龜折筮援枹而鼓率衆先入河武王從之遂滅紂 此事六韜說與荀子異

後趙石勒伐張重華將謝艾帥兵往擊之夜有二梟鳴于衙中艾曰梟邀也六博得梟者勝今梟鳴衙中克敵之兆于是進戰大破之

唐初輔公祐據江東反趙郡王孝恭為元帥討之將發與諸將宴集命取水忽變為血在坐者皆失色孝恭舉止自若諭之曰禍福無門惟人自召自顧無負于物諸君何見憂之深公祐惡積禍盈今承廟算以致討盤中之血乃公祐首受之兆遂盡飲而罷時人服其識度而能安衆遂平公祐

李晟以朱泚之叛屯于渭橋時熒惑守歲久之方退賓介或賀曰今熒惑已退皇家之利也可速用兵晟曰

天子外次人臣但當死節垂象高遠吾安知天道耶及平賊後晟謂參佐曰前者士大夫勸晟出軍非敢拒也但軍可用之不可使知之嘗聞五星盈縮無定懼復來守歲則我軍不戰而自潰參佐皆嘆服

李愬攻蔡州吳房軍吏曰今日往亡請避之愬曰賊以往亡謂吾不來正可擊也及戰遂捷而歸

假託安衆

春秋時晉文公卒將殯于曲沃出絳柩有聲如牛 如牛吼聲

卜偃使大夫拜曰君命大事將有西師過軼我擊之必大捷焉秦伯使孟明視等三將襲鄭晉禦于殽而敗之（聲自柩出故曰君命也大事戎事也偃自聞秦密謀故因柩鳴以正衆心）

燕將騎刼攻齊即墨齊將田單拒守乃令城中人食必祭其先祖於中庭飛鳥悉翔舞城中而下食燕人怪之單復宣言曰神來下教又曰曰當有神人為師者有卒曰臣可以為師乎因返走田單起引東鄉事之卒曰臣欺君誠無能田單曰子勿復言也因事每出

入約束必稱神師衆心乃安終破燕軍

秦二世初天下亂陳勝呉廣起兵於蘄欲收人心謀曰項燕為楚將數有功愛士卒楚人憐之或以為在誠以吾衆為天下唱宜多應者（謂首號令）廣為以然乃行卜卜者知其指意曰足下皆成功然足下卜之鬼乎（卜者云事成有功然須假託鬼神乃可興起耳故廣勝曉其意則為魚書狐鳴以惑衆也）勝廣喜曰此教我先威衆耳乃丹書帛曰陳勝王置人所罾魚腹中卒買魚烹食得書已怪之矣又令間廣之次所旁叢祠中夜搆火狐鳴呼曰大楚興陳勝王（間謂竊令人行也密于廣所次舍旁側祠中為之叢叢謂草木之岑蔚處也祠神祠搆結搆處）卒皆夜驚恐朝曰卒中往往指目廣勝因而號令衆遂從之

魏曹操行軍失道三軍皆渴公令曰前者有大梅林饒子酸可以解渴士卒聞之口皆出水遂及前水

晉將李矩守滎陽城劉暢討矩奉牛酒詐降謀夜襲之兵士以賊衆皆有懼色矩令郭誦禱于鄭子產祠曰君昔相鄭惡鳥不鳴胡臭羯何得過庭使巫揚言曰

東里有教當遣神兵相助將士聞之皆踴躍爭進乃使精銳勇敢千人夜掩暢營獲鎧馬甚衆斬首千級暢僅以身免

嶺南賊盧循寇建鄴宋武帝擊破之賊徒至彭蠡湖乃悉力柵斷左里大軍至左里將戰宋武帝所執麾竿折旛沉水衆皆怪懼公歡笑曰往年覆舟之戰旛竿已折今者復然賊必破矣即攻柵而進循兵雖殊死戰弗能禁諸軍乘勝奔之循單舸走所殺及投水者

萬餘人
梁庾域為華陽太守後魏軍攻圍南郡時糧儲寡少人懷恟懼州有空倉數十所域手自封題指示將士此中粟皆滿足支二年但努力堅守衆心安虜退
後魏皇始二年慕容寶將慕容賀麟帥三萬餘人寇新市甲子晦道武帝進軍討之太史令晁崇奏曰不吉帝曰何也對曰昔紂以甲子日亡兵家忌之帝曰武王不以甲子日勝乎崇無以對帝遂進軍新市賀麟

退阻泒水依漸沮澤以自固甲戌帝臨其營戰于義臺塢大破之
隋末李密破宇文化及還士卒皆疲倦王世充欲乘其弊擊之恐衆心不一乃假鬼神言夢見周公遂立祠于洛水之上宣言周公欲令僕射急討李密當有大功否則兵奔疾病世充兵多楚人信妖言故以惑之衆皆請戰遂破密

下營擇地

唐裴行儉率突厥軍至單于都護府之北際曉營壕塹既周遽令移就崇岡衆謂已就安堵不可勞擾行儉不從促從之比夜風雨暴至前設營所水深丈餘將吏驚服問行儉何以知之行儉曰自今第如我節制勿問我所以也
五代朱温遣龐師古與葛從周分統大軍渡淮以伐楊行密師師營清口其地卑下或請就高為栅師古以非太祖命弗從淮人決水浸之諜者告淮人決河上

流至矣師古怒其惑衆斬之已而水至軍不能戰遂見殺

據險

春秋時蔡侯吳子唐侯伐楚舍舟于淮汭自豫章與楚夾漢水而陣楚左司馬沈尹戍謂子常曰子沿漢而與之上下（沿漢上下遮勿使渡也）我悉方城外以毀其舟（以方城外人毀兵所舍舟）還塞大隧直轅宜阨（三者漢東三阨陝道也欲塞阨阨宜革切）子濟漢而伐我自後擊之必大敗之既謀而行楚大夫

武城壘謂子常曰吳用木我用草可不久也不如速
之大夫史皇曰楚人惡子而好司馬若司馬毀吳舟
于塞淮城口而入（城口三阨道之總名）是獨克吳也子必速戰
不然不免乃濟漢而陣自小别至于大别（二山名）三戰
子常知不可遂奔

後漢末曹操使夏侯淵張郃屯漢中先主進兵漢中屯
于陽平關南沔水沿山稍前於定軍山作營壘淵自
將大軍來爭其地先主乃命黄忠乘高鼓譟攻之大

敗淵軍遂斬淵曹公自長安南征先主遥策之曰曹
公雖來無能為也我先有漢川矣及曹公至先主斂
衆據險終不交鋒積日不戰兵士亡者多曹公果引
軍退先主遂有漢中

晉羊祜都荆州以孟獻築武牢而鄭人懼晏弱城東陽
而萊子服乃進據要開建武城状膏腴之地奪吳人
之資石城以西盡為晉有自是前後降者不絶

劉裕討南燕慕超容名羣臣議拒晉師大將公孫五樓
曰吳兵輕果利在速戰初鋒勇鋭不可爭也宜守大
峴使不得入曠日延時沮其鋭氣徐簡精騎二
千循海而絶其粮道别勅段暉率兖州之衆緣山東
下腹背擊之上策也各命守宰依險守固校其資儲
之外餘悉焚蕩芟除粟苗使敵無所資堅壁清野以
待其動中策也使賊入峴出城逆戰下策也超曰京
中殷盛户口衆多非可一時入守青苗布野非可卒
芟設使芟苗守城以全性命朕所不能今據五州之

險帶河山之固戰車萬乘鐵馬萬羣縱令過峴至于
平地徐以精騎踐之此成擒也慕容鎮曰若如聖旨
必須平原用馬為便宜出峴逆戰戰而不勝猶可退
守不宜縱敵入峴自貽窘逼昔成安公不守井陘之
險終屈于韓信諸葛瞻不守東烏之險卒擒于鄧艾
以為天時不如地利阻守大峴上之策也超又不從
乃揖莒梁父二戍脩城隍簡馬士畜鋭以待之其夏
晉師次東莞超遣其左車段暉等步騎五萬進據臨

朐徒而晉師度峴超懼率卒四萬就段暉等于臨朐
謂公孫五樓曰宜進據川原晉軍至而失水亦不戰
矣五樓馳騎據之劉裕前驅將軍孟龍符已至川原
五樓戰敗而反裕遣咨議叅軍檀韶率銳卒攻破臨
朐超大懼單馬奔段暉于南城衆又戰敗裕軍人斬
暉超又奔還廣固徙郭內人入保小城後超出亡為
裕軍所執
後魏遣將代後燕慕容寶已平并州寶在山中引羣臣

議之中山尹苻謨曰魏軍強盛千里轉之乘勝而來
勇氣𠅘倍若逸騎平原形勢方盛殆難為敵宜杜險
拒之中書令睦乃曰魏軍多騎師行剽銳馬上齎粮
不過旬日宜令郡縣聚千家為一堡深溝高壘清野
待之至無所掠資食既竭不過六旬自然窮困尚書
封懿曰今魏師十萬天下之勍敵也百姓雖欲營聚
不足自固是則聚粮集兵以資寇賊且動衆心示之
以弱阻關拒戰計之上也慕容麟曰魏今乘勝氣銳

其鋒不可當宜完守設備得其弊而乘之於是修城
積粟為持久之具魏攻中山不克追據博陵魯口諸
將望風奔退悉降于魏
後周遣韋孝寬率衆攻壽陽並拔之初孝寬到淮南所
在皆密送誠欵然彼五門尤為險要陳人若開塘放
水即津濟路絕孝寬遽令分兵據守之陳州刺史吳
文立果遣決堰已無及于是陳人退奔江北悉平
武德四年秦王世民圍洛陽宮城遣王世充書諭以禍

福世充弟世辯遣其將郭士衡將兵會之合十餘萬
號三十餘萬軍于成臯之東原築宮版堵遣使世充
相聞秦王集將佐議之皆請避其鋒郭孝恪曰世充
窮蹙垂將面縛建德遠來助之此天意欲兩亡之也
宜即武牢之險以拒之伺間而動破之必矣記室薛
收曰充保據東都府庫充實所將之兵皆江淮精銳
即日之患但乏粮食耳以是之故為我所持求戰不
得守則難久建德親師大衆遠來赴援亦當極其精

銳致死于我若縱之至此兩寇合從轉河北之粟以
饋洛陽則戰爭方始偃兵無日混一之期殊未有涯
也宜令分兵守洛陽深溝高守世充出兵慎勿與戰
大王親帥驍帥先據成皐厲兵訓士以待其至以逸
待勞決可克也建德既破世充自下不過二旬兩主
縛矣世民善之收道衡之子也蕭瑀屈突通封德彝
皆曰吾民疲老世充憑守堅城未易卒拔建德席勝
而來鋒銳氣盛吾腹背受敵非完策也不若退保新

安以乘其弊秦王曰世充民摧食盡上下離心不煩
力攻可以坐克建德新破海西公將驕卒精吾拒武
牢阨其咽喉彼若冒險爭鋒吾取之甚易若狐疑不
戰旬日之間世充自潰城破兵勢氣強自倍一舉兩
克在此行矣若不速進賊入武牢諸城新附必不能
守兩賊併力其勢必強何弊之乘吾計決矣通等又
請解圍據險以觀其變秦王不許中分麾下使通等
副齊王元吉圍守東都世民將驍勇三千五百人東

趨武牢時正晝出兵歷北邙抵河陽趨鞏而去王世
充登城望見莫之測也竟不敢出建德迫于虎牢不
得進留屯累月戰數不利將士思歸秦王遣輕騎千
餘抄其糧運又破之諜者告曰建德伺唐軍芻盡牧
馬河北將襲虎牢秦王因留馬千餘匹牧于河渚以
誘之夕還虎牢建德果悉衆而至自板渚出牛口置
陣北距大河西薄汜水南屬鵲山（薄迫也汜音巳邑名屬孟州屬之欲反逵也）
亘二十里鼓行而進諸將皆懼世民將數騎登

高邱以望之謂諸將曰賊出山東未嘗見大敵今度險
而囂是無紀律逼城而陣有輕我心按兵不動彼勇
氣自衰陣久卒飢勢將自固退而擊之無不克者與
公等約甫過日中必破之矣建德列陣自辰至午士
卒飢倦皆坐列又爭飲水逡巡欲退秦王命宇文士
及將三百騎經建德陣西馳而南上戒之曰賊若不
動爾宜引歸動則引兵東出士及至陣前陣果動秦
王曰可進矣時河渚馬亦至乃命出戰秦王率輕騎

先進大軍繼之東涉氾水直薄其陣建德羣臣方朝
謁唐騎猝來朝廷趨就建德建德召騎兵使拒唐召
騎兵阻朝臣不得過建德揮朝臣令卻進退之間唐
兵已至建德窘廹退依東坡竇兵引之以擊賊小不
利秦王帥騎赴之所向皆靡于是諸軍大戰塵埃漲
天秦王帥史大柰程知節秦叔寶宇文歆等卷旆而
入出其陣後張唐旂幟德建將士顧見大潰追奔三
十里斬首三千餘級建德中槊竄匿于牛口渚車騎

將軍白士讓楊武威逐之建德墜馬武威下擒之
李懷光為寧慶晉絳慈隰等州節度使引衆城長武據
原首臨涇水以拒吐蕃空道自是不敢南侵
晉王存勗起師趨汴至胡柳陂梁北面招討使賀瓌
結陣而至橫亘數十里王師銀鎗都陷其陣王彥章
先敗走晉輜重在陣西望見梁旂旌驚潰入幽州陣
幽州兵亦擾亂自相蹈藉晉兵無復部伍梁兵四集
勢其盛陵中有土山賀瓌引兵據之王謂將士曰今

日得此山者勝吾與汝曹奪之即引騎兵先登李從
珂與王建極以步卒繼之梁兵紛紛而下遂奪其山
日向晡還陳于山西晉兵望之有懼色諸將以為不
若斂兵還營詰朝復戰閻寶曰王彥章騎已入濮
陽山下惟步卒向晩皆有歸志我乘高趨下擊之破
之必矣王建極擐甲橫槊而進曰王但登山觀臣為
王破賊乃以賊兵大呼陷陣諸將繼之梁兵大敗棄
甲山積死亡者幾三萬人

先據要地

秦師伐韓圍閼與趙遣將趙奢救之軍士許歷曰秦人不
意趙師至此其來氣盛將軍必厚集其陣以待之不
然必敗又曰先據北山上者勝後至者敗趙奢即發
萬人趨之秦兵後至爭山不得上趙奢縱兵擊之大
破秦軍遂解閼之圍（與音余）
光武遣諸將上隴為隗囂所敗乃詔馮異軍栒邑未至
（栒音詢）隗囂乘勝使其將王元行巡將二萬餘人下隴

因分遣枸取枸邑翼即馳兵欲先據之諸將皆曰虜兵盛而新乘勝不可與爭宜止軍便地徐思方畧翼曰虜兵臨境忸服小利（忸服猶慣習也謂慣習前事而復之為也）遂欲深入若得枸邑三輔動揺是吾憂也夫攻者不足守者有餘令先據城以逸待勞非所以爭也潛往閉城偃旗鼓行巡不知馳赴之翼乘其不意卒擊鼓建旗而出巡軍驚亂亂奔追擊數十里大破之

蜀諸葛亮領師十萬出斜谷壘于渭之渭水南原魏司

馬懿曰百姓積聚皆在渭南必爭之地也遂引軍而濟背水為壘因謂將曰亮若勇者當出武牢依山而東若西上五丈原則無事矣亮果上原是時懿屯渭南郭淮策亮必屯北原宜先守之議者多謂不然淮曰若亮跨渭登原連兵北山隔絶隴道揺盪民夷此非國之利也宣王善之淮遂屯北原塹壘未成蜀兵大至淮逆擊走之

東魏高歡伐魏軍過蒲津涉洛至許原西魏將宇文泰軍至沙苑歡聞泰至引軍來會候騎告歡軍至泰召諸將謀李弼曰彼衆我寡不可平地置陣此東十里有渭曲可先據以待之遂至軍至渭曲背水東西為陣合戰之破之歡夜遁

據水草

後魏建武十三年武都参狼羌與塞外諸種為寇殺長吏馬援將四千餘人往擊之羌在山上援據便地奪其水草不與戰羌遂窮困諸種萬餘人悉降

流至矣師古怒其惑衆斬之已而水至軍不能戰遂見殺

據險

春秋時蔡侯吳子唐侯伐楚舍舟于淮汭自豫章與楚夾漢水而陣楚左司馬沈尹戍謂子常曰子沿漢而與之上下（沿漢上下遮勿使渡也）我悉方城外以毀其舟（以方城外人毀吳所舍舟）還塞大隧直轅冥阸（三者漢東三阸陝道也欲塞阸阸宜早切）子濟漢而伐我自後擊必大敗之既謀而行楚大夫

武城墨謂子常曰吳用木我用革可不久也不如速之大夫史皇曰楚人惡子而好司馬若司馬毀吳舟于塞淮城口而入（城口三阨道之總名）是獨克吳也子必速戰不然不免乃濟漢而陣自小別至于大別（二山名）三戰子常知不可遂奔

後漢末曹操使夏侯淵張郃屯漢中先主進兵漢中屯于陽平關南沔水沿山稍前於定軍山作營壘淵自將大軍來爭其地先主乃命黃忠乘高鼓譟攻之大

隋開皇初突厥寇蘭州賀婁子幹率衆拒之至河洛峻（右哀反）山與賊相遇賊衆甚盛子幹阻川為營賊軍不得水數日人馬甚敗縱擊大破之

據倉廩

漢王屯滎陽韓信收兵與漢王會與楚戰滎陽南京索間破之築通道屬河以取敖倉粟項羽數侵奪漢甬道漢軍乏食羽圍城皋漢王逃獨與滕公共車出成皋玉門馳入張耳韓信壁奪其軍使盧綰劉將卒二萬人騎數百入楚地佐彭越燒楚積聚漢王數挑成皋戰大破楚軍漢王引兵渡河復取成皋軍廣武就敖食

隋大業末翟讓等奉李密為王是時河南山東大水死者將半密將李勣言于密曰天下大亂本是為飢今若得黎陽一倉大事濟矣乃令勣領麾下五千人自武原渡河掩河掩襲即日克之開倉恣食旬日之間得兵二十餘萬

斷敵糧道

秦攻趙趙使趙括將軍長平秦乃使白起為上將軍括至則出兵擊秦秦軍佯敗而走張二奇兵以劫之趙軍遂勝追造秦壁堅拒不得入秦奇兵二萬五千人絕趙軍後又一軍五千騎絕趙壁間趙軍分二糧道絕秦出輕兵擊之趙戰不利因築壁堅守以待救至秦王聞趙食道絕自之河內賜民爵各一級發年十五以上者悉詣長平遮絕趙救兵及糧食趙軍不得

食四十六日人相食趙括出轉戰秦軍射殺括趙卒四十萬人皆降

漢王遣將韓信與張耳以兵數萬欲東下井陘擊趙王與成安君陳餘聚兵井陘口稱二十萬時李左車說餘曰聞漢將韓信涉西河虜魏王豹擒夏說新喋血閼與今乃輔以張耳議欲下趙乘勝而去國遠戰其鋒不可當臣聞千里饋粮士有飢色樵蘇後爨師不宿飽井陘之道車不得方軌騎不得成列行數百里

其勢粮食必在後願足下假臣奇兵三萬人從間道絕其輜重足下深溝高壘堅壁勿與戰彼前不得戰退不得還吾兵絕其後野無所掠不十日而兩將之頭可致于麾下不然則必為所擒矣餘嘗自稱義兵不用詐謀奇計左車曰今韓信之兵號數萬千里而襲我亦已罷極今如避之不擊後有大者何以加之不聽信使人間視知其不用左車謀還報大喜乃敢引兵進破趙軍

吳楚反周亞夫以中尉為太尉東擊吳楚因自請上曰楚兵剽輕難與爭鋒願以梁委之絕其粮道乃可制上許之亞夫會兵滎陽吳攻梁梁急請救亞夫引兵東北走昌邑深壁而守使輕騎絕吳楚兵後粮道吳兵乏食數欲挑戰終不出乃引去

王莽篡漢光武兄縯起兵欲進攻宛與莽將甄阜梁邱賜戰軍敗阜賜乘勝留輜重於藍鄉引精兵十萬南度泚水阻兩川間為營絕後橋示無還心縯于是大

享軍士設盟約休卒三日分為六部潛師夜起襲取藍鄉盡獲其輜重明日與下江兵攻阜賜斬之

漢光武在河北擊銅馬賊於鄡鳥賊挑戰光武堅營自守有出鹵掠者輒擊取之絕其粮道積月餘賊食盡夜遁去追至館陶大破之

後漢末曹操與袁紹相持官渡沮（側居反）授言于紹曰北兵雖衆而勁果不及南南軍雖精而資財不及北南利在于急戰北利在于緩師宜徐持久曠以日月紹

不從連營稍前操亦分營相當合戰操不利復還堅
壁紹為高樓起土山射營中皆蒙楯而行衆大恐操
乃為霹靂車發矢石擊紹樓皆破紹為地道攻操操
于內為長塹以拒之紹運穀車數千乘至官渡操遣
徐晃擊走之燒其輜重復遣車運穀使淳于瓊等率
兵萬餘人送之沮授又説紹遣將為支軍於表以絶
曹操之鈔掠紹又不從瓊宿于烏巢去紹軍四十里
會紹謀士許攸奔于操謂操曰公孤軍獨守外無救

援危急之時也袁氏輜重有萬餘兩軍無嚴備可輕
兵襲之不虞而至燔其積聚不過三日袁氏自敗也
操乃自將步騎五千人皆用袁氏旗幟夜銜枚縛馬
口從間道出人負束薪時有問者紹之曰袁公恐曹
公鈔掠後軍遣兵以益備聞者信之既至圍屯放火
營中驚亂執瓊等悉斬之數日紹棄甲而遁
蜀將姜維率衆侵魏依麴山築二城使牙門將句安李
歆等守之衆羌胡質任等冦逼諸郡魏將郭淮與陳
泰謀所以禦之泰曰麴城雖固去蜀險遠當須運糧
羌夷患維勞役必未肯附今圍而取之可不血刃而
拔其城彼雖有救山道險阻非行兵之地使鄧艾等
近兵圍之斷其運道及城外流水安等挑戰不許將
士困窘分糧聚雪以稽歲月維果來救自牛頭山與
泰軍相對泰曰兵法貴在不戰而屈人勑諸軍堅壁
無戰使淮截其還路維乃遁走安等孤守遂皆降
祖逖將韓潛與後趙將姚豹分據陳川故城豹居西臺

潛居東臺豹居久兵飢後趙將劉夜堂以驢千頭運
糧以餽豹逖遣潛及馮鐵等邀擊于汴水盡獲豹皆
遁
咸亨元年吐蕃入冦以薛仁貴為行軍大總管郭待封
等副之軍至大非川發將趍烏海仁貴謂待封曰烏
海險遠軍行維艱若引輜重將失事機破賊即迴又
煩挽運况地多瘴氣不宜久留大非嶺上足堪置栅
可留二萬人作兩栅輜重等並留栅內吾等輕銳倍

道掩其未整即撲滅之矣仁貴遂率所部先行至河口遇賊破之盡収其牛羊萬餘頭回至烏海城以待後援待封遂不從仁貴之命領輜重繼進北至烏海遇吐蕃二十餘萬悉衆來救邀擊待封敗走軍粮及輜重并為賊所掠仁貴遂退軍屯于大非川吐蕃又益衆四十萬拒戰官軍大敗

武徳中輔公祏反河間王孝恭為行軍元帥擊之公祏遣其將馮恵髙陳當時領水屯于愽望陳正通徐紹

宗率步騎軍于青林山孝恭至堅壁不與戰使竒兵斷其粮道賊漸餒夜薄我營孝恭安卧不動明日縱羸兵以攻賊壘使盧祖尚率精騎列陣以待之俄而攻壘者敗走賊出追奔数里遇祖尚軍與戰大敗之正通棄營而走

伏歸路敗之

武平二年周遣將攻邊髙齊將斛律光率師禦之段韶請周人于姚襄城南更起城鎮諸將咸欲攻其新城韶曰地險不可攻不如更作一城壅其要路遂圍定陽屠其外城韶曰光謂此城三面重澗並無走路惟慮東南一處耳畏若突圍必從此出但簡精兵專守自是成擒光乃令壯士千餘人設伏于東南澗口其夜果如所策兵出城伏兵擊之大潰

唐天復二年河東李嗣昭等攻慈隰下之進逼晉絳朱全忠遣兄子友寧將會兵晉州刺史氏叔宗擊之嗣昭等襲取絳州汴將康懷英復敗之嗣昭等屯蒲縣

汴軍十萬屯于蒲南叔宗夜率衆斷其歸路而攻其壘破之殺獲萬餘人

武經總要後集卷十三

欽定四庫全書　子部

武經總要後集卷十四

詳校官編修臣程嘉謨

總校官候補中允臣王燕緒
校對官主事臣金光悌
謄録監生臣楊省曾

欽定四庫全書

武經總要後集卷十四

宋　曾公亮等　撰

故事十四

水戰

晉武帝謀伐吴詔王濬修舟艦乃作大船連舫方百二十步受千餘以木為城起樓櫓開四門出其士皆得馳馬往來又畫鷁首怪獸於船首以懼江神舟檝之盛自古未有濬造船于蜀其木材蔽江而下建平太守吴彦取流柹以呈孫皓曰晉必有攻吴之計宜增建平兵建平不下終不敢渡皓不從濬發自成都帥巴東監軍廣武將軍唐彬攻丹陽克之擒其丹陽監盛紀于江險磧要害之處並以鐵鎖横截之又將鐵錐長丈餘暗置江中以逆拒船先是羊祜獲吴間諜具知情狀濬乃作大筏數十亦方百餘步縛草為人被甲持杖令善水者以筏先行筏遇鐵錐錐輒著

筏去又作大炬長十餘丈大數十圍灌以麻油在船前遇鎖然炬燒之須臾融液斷絕於船無所礙順流鼓棹徑造三山皓遣遊騎將軍張象帥舟軍萬人禦濬象軍望旗而降

東晉末盧循率兵數萬塞江而下劉裕帥兵拒之出輕利鬬艦躬提幡鼓命士齊力擊之又分步騎屯于西岸右軍參軍庾樂生乘艦不進斬而徇之于是衆軍騰踴爭先軍中多萬鈞神弩所至莫不摧陷裕自於中流蹙之因風水勢賊艦悉泊西岸岸上軍先備火具乃投火焚之烟焰騰天賊衆大懼追奔至夜乃歸循等單舸走

晉劉裕討關中王鎮惡請率水軍自河入渭直至渭橋鎮惡所乘皆蒙衝大艦行舟者悉在艦內泝渭而進艦外不見有行船人北土素無舟檝莫不驚以為神

順帝初四方反叛張興世為龍驤將軍領水軍拒戰南賊屯在鵲尾既相持久不決興世建議曰賊據上流

兵張地勝今以奇兵潛出其上使其首尾周遑進退疑阻糧運艱礙乃制勝之術沈攸之吳喜並贊其計分戰士七千配之興世乃令輕舸泝流而旋復廻還一二日中輒復如此使賊不為之防賊帥劉胡聞之笑曰我上不敢越彼下取揚州興世何人欲據我上興世謂攸之等曰上流唯有錢溪可處乃往據之及劉胡來攻將士欲戰擊之興世曰賊來尚遠而氣驟盛矣夫驟盛力盡勝亦宜衰此曹劌所以破齊也將士不合妄動賊來轉近興世乃命壽寂之率壯士擊走之

宋桓護之為鍾離太守隋王元模攻滑臺護之以百舸為前鋒進據石濟及魏救將至馳書令元模急攻之不見從元模敗退不暇報護之而魏悉去元模水軍大艚連以鐵鎖三重斷河以絕護之還路河水迅急護之中流而下每至鐵鎖以長柯斧斷之魏人不能禁惟失一舸餘舸並存

梁天監中魏圍司州時城中衆不滿五十人食才半歲魏軍攻之不息乃作大車載土四面俱前欲以填塹刺史蔡道恭於塹内作蒙衝鬬塹以待之魏人不得進又潛作伏道以决塹水道恭載土堙塞之道恭百餘日前後斬獲不可勝計魏大造衝梯圍日急道恭用烏漆四石大弓射所中皆洞甲飲羽一發或貫兩人敵人望弓皆靡又于城内作土山多作大矟長二丈五尺施長刃使壯士執以刺魏人魏軍甚憚之

魏中山王英與將軍楊大眼等衆數十萬攻梁鐘離城于卲陽州南岸為橋樹柵數百步跨淮通道英據南岸攻城大眼據北岸立城以通粮道梁高祖令叡將兵救鐘離令豫裝高艦使與魏等為大攻之計令景宗與叡各攻一橋叡攻其南景宗攻其北會淮水暴漲六七尺叡使馮道根與廬江太守裴邃秦郡太守李文釗（釗止苗切）乘鬬艦競發擊魏州上軍盡殪別以小舟載草灌之以膏從而焚其橋風怒火盛烟塵晦冥敢死之士拔柵斫橋水又漂急倏忽之間橋柵俱盡道根等皆身自搏戰軍人奮勇呼聲動天地無不一當百魏軍大潰英見橋絶脱身棄城走大眼亦燒城去諸壘以次土崩悉棄其器爭投水死者十餘萬斬首亦如之

梁末譙秦二州刺史徐嗣徽以州入于齊引齊人度江據蕪湖陳霸先召周文育還都嗣徽等列艦于青墩至于七磯以斷周文育歸路文育鼓譟而發嗣徽等

不能制至旦反嗣徽將鮑砰獨以小艦殿軍文育乘單舴艋與戰（博雅舴艋小舟）跳入艦中斬砰乃牽其艦而還嗣徽衆大駭

後梁王琳欲攻陳文帝命侯瑱督諸兵出屯蕪湖琳引合肥巢湖之衆舳艫相次而下軍勢甚盛瑱進軍虎檻琳亦出軍列于江西隔舟而泊明日合戰琳兵少卻歸保西岸及夕東北風大作舟艦並没于沙中浪大不得還浦及旦風定琳入浦治舟瑱等亦退于蕪

湖周人聞琳東下遣都督荆襄等五十二州諸軍事荆州刺史史寧將兵數萬乘虛襲郢州孫瑒嬰城自守琳聞之恐其衆潰乃率舟師東下去蕪湖十里而泊擊柝聞于陳軍齊儀同三司劉伯球將兵萬餘人助琳水戰瑱令軍中晨炊蓐食以待之時西南風急琳自謂得天助引兵直趨建康瑱等徐出蕪湖躡其後西南風反為瑱用琳擲火具以燒陳船皆反燒其船瑱發撥以拒琳艦又以牛皮冒蒙衝小船以觸其

艦并鎔鐵洒之琳軍大敗兵士溺死者十二三餘皆棄船登岸走為陳兵所殺殆盡

閩中守陳寶應舉兵反據建安晉江二郡界水陸為柵陳將章昭達討之據其上流命軍士伐木連枝葉為筏施於其上綴以大索相次連營夾兩岸寶應數挑戰昭達乃按甲不動俄而天暴雨江水大漲昭達放筏衝突水柵盡破又出兵攻其步卒寶應大潰遂克定閩中

歐陽紇據嶺南反陳將章昭達督衆軍討之紇聞昭達奄至乃出屯洭口多聚沙石盛以竹籠置于水柵之外以過船艦昭達居其上流裝艦造拍以臨賊柵又令人啣刀潛行水中以斫竹籠籠篾皆解因縱大艦隨流突之賊衆大敗因而擒紇

留異據東陽叛陳將安都奉詔討之異本以臺軍自錢塘江上安都乃步由會稽之諸暨出永康異大恐奔桃枝嶺處岩谷間竪柵以拒守安都躬自接戰為流

矢所中流血至踝安都乘輿麾軍容止不變因其山隴為堰屬夏潦水漲安都引船入堰樓艦與異城等發拍碎其樓堞異與其子脫身奔晉安

唐李靖隨河間王孝恭討蕭銑屬江水汎漲諸將皆請停兵以待水退靖謂孝恭曰兵貴神速机不可失今若乘水漲之勢倏忽至城下所謂疾雷不及掩耳銑必成擒也孝恭從之進兵至夷陵銑將文士弘屯清江靖與之決戰大破賊軍

五代梁貞明中詔吳越王錢鏐大舉伐吳鏐以其子元瓘為水戰諸軍都指揮使帥戰艦五百艘（四方施板其狀如牢艘蘓刀切船總名也）自東州擊吳吳遣舒州刺史彭彥章及裨將陳汾拒之元瓘與彥章遇元瓘命每船皆載灰豆及沙乙巳戰于狼山江吳船乘風而進元瓘引舟避之及過自後隨之吳回船與戰元瓘使順風揚灰吳人不得開目及船舷相接元瓘使措沙于己船而散豆于吳船豆為戰血所漬吳人踐之皆僵仆元瓘焚

火焚吳船吳兵大潰彥章戰甚力兵盡繼之以木身被數十創陳汾按兵不救彥章知不免遂自殺元瓘俘吳裨將七十人斬首千餘級焚戰艦四百艘

梁賀瓌攻晉德勝南城百道俱進以竹笮連艨艟十餘艘蒙以牛革設睥睨戰格如城狀橫于河流以斷晉之救兵使不得渡晉王自引兵馳往救之陳于北岸不能進令善游者馬破龍入南城見守將氏延賞延賞言矢石已盡陷在頃刻晉王積金帛于軍門募能破艨艟者皆莫之為計親將李建及曰賀瓌悉兵而來冀此一舉若軍不渡則彼為得計今日之事建及請以死決之乃選效節敢死士得三百人被鎧操斧帥之乘舟而進將至艨艟流矢雨集建及使操斧者入艨艟間斧其竹笮又以木罌載薪沃油然火於上流縱之隨以巨艦實甲士鼓譟攻之艨艟即斷隨流而下梁兵焚溺者殆半晉兵乃得度瓌解圍走

周師攻吳壽州吳人大發樓船蔽江而下次于濠西周

師頗不利吳將林仁肇以水陸軍齊進又以船載薪蒸乘風縱火將焚周所為浮梁周將張永德使習水者沒其船下縻以鐵索急引輕舫擊吳人船不得進退溺者甚衆奪巨艦數十永德觧金帶賞習水者

濟水

魏正光五年莫折念生兄天生下隴東寇征西將軍元志為天生所擒賊衆甚盛進屯黑水詔延伯為西道都督行臺蕭寶寅與延伯結壘馬嵬南北相去百餘

延伯選精騎數千下渡黑水列陣而進以向賊營賓寅率衆於水東循原西北以示後繼於時賊衆大盛水西一里營營連接延伯徑至賊壘營揚威恊之徐而還退賊以延伯衆少開營徑追衆過十倍臨水逼蹙賓寅親覩之懼有虧損延伯不與之戰身自殿後抽衆東渡轉運如神須臾濟盡徐乃自渡賊衆奪氣相率還營

唐馬燧討田悅悅求救于淄青恒冀淄青軍其東恒冀軍其西首尾相應馬燧率諸軍進屯於鄴奏請益河

陽兵詔河陽節度李芃將兵會之軍次于漳悅遣將王光進以兵守長橋築月城以為固兵不得度燧乃於下流以車數百乘維以鐵鏁絕中流實以土囊水稍淺諸軍渡乃造三橋道踰洹水與悅挑戰悅率步騎四萬人逾橋鼓譟而進燧縱兵擊之悅軍大敗

梁主以王彥章為北面招討使問以破敵之期彥章對曰三日左右竊笑彥章出二日馳至滑州置酒大會陰遣具舟於楊村夜命甲士六百皆持巨斧載薪炭乘流而下會飲未散彥章佯起更衣引精兵數千循河南岸趍德勝天微雨朱守殷不為備舟中兵舉鎖燒斷之因以巨斧斬浮橋而彥章引兵急擊南城浮橋斷南城遂破斬首數千級時受命適三日矣守殷以舟載甲士濟急救之不及彥章進攻景殿諸塞皆拔聲勢大振帝遣宦者焦彥賓急趍楊劉與鎮使李周固守命守殷棄德勝北城撤屋材為筏載兵械浮河東下助楊劉守備徙其芻粮薪炭于澶州所耗失

殆半王彥章亦撤南城屋材為筏浮河而下各行一岸每遇灣曲輒于中流交鬪飛矢雨集或全舟覆沒一日百戰互有勝負比及楊劉亡士卒之半王彥章段凝以十萬之衆攻楊劉百道俱畫晝夜不息連巨艦九艘橫亘河津以絕援城垂陷者四頼李周悉力拒之與士卒同甘苦彥章不能克退屯城南為連營以守之會晉王以大兵來援彥章乃退

周世宗親征淮南至濠州城西北十八里有灘唐人柵於其上謂水自固謂周兵必不能涉帝自攻之命內殿直康保裔率甲士數百乘駝橐涉水太祖皇帝帥騎兵繼之遂拔之李重進破濠州南關城帝自攻濠州王審琦拔其水塞唐人屯戰船數百于城北植巨木于淮水以限周兵帝命水軍攻之拔其木焚戰船七十餘艘斬首二千級獲其羊馬城中震恐

斷船路

梁將趙祖悅帥水軍偷峽石石後魏將崔延伯率兵討之延伯夾淮為營遂取軍輪去輞削銳其輻兩兩接對揉竹為絙貫連相屬並十餘道橫水為橋兩頭施大轆轤出沒任情不可燒斫既斷祖悅走路又令舸不通梁武援兵不能赴救祖悅合軍咸見俘虜

陳將吳明徹軍至呂梁總管梁士彥頻戰不利嬰城自守明徹遂堰清水以灌之列船艦于城下以圖攻取詔以王軌為行軍總管率諸軍赴救軌引軌兵及淮口令達奚長孺多豎大木以鐵鎖貫車輪係以大石沉之清水橫斷陳船歸路方欲密決其堰以斃之明徹知之乃破堰遽退冀乘決水以入淮北至清口川流已濶水勢亦衰船並礙于車輪不得復過軌因帥兵圍而蹙之惟有騎將蕭摩訶以二千騎走得免明徹及將士三千餘人並器械輜重並就俘虜

引水灌城

後漢末曹公進軍攻袁尚將審配于鄴先為地道配亦

于內作塹以當之配將馮李開突門納操兵三百餘人配知之從城上以大石擊突中柵門柵門閉入者皆沒曹操遂圍之為塹周四十里初令淺若可越配望之而笑不出爭利公一夜掘之廣深二丈決漳水以灌之自五月至八月城中餓死者過半尚將軍還救操遂擊之敗還尚懼遣陰夔陳琳乞降

後魏將劉昶攻宋壽春宋將桓從祖乃于城西北立堰塞肥水堰北起小城使數千人守之謂長史封延伯

曰虜必悉力攻小城若破此堰放水一激急逾三峽自然沉溺豈非小勞而大利耶及魏軍由西道集堰南分軍東路內薄小城崇祖著白沙帽肩輿上城巡視晡時決小埭水勢奔下魏攻城之衆溺死十萬大衆退走

梁韋叡討合肥按行山川曰吾聞汾水可以灌平陽即此是也乃堰肥水頃之堰成水通舟艦繼至魏初築東西城夾肥水叡先攻二城既而魏援將楊靈胤帥

軍五萬奄至衆懼不敵表請益兵叡曰師已至城下方復求軍且吾求濟師彼亦徵衆師克在和古人之義也因戰破之軍人少安

陳將吳明徹進逼壽陽齊遣王琳拒守明徹乘夜攻之中宵而潰齊兵退據相國城明徹令軍中益修攻具又遏肥水灌城城中苦濕多腹疾手足皆腫死者十六七會齊遣大將皮景和率兵十萬來援去壽春三十里頓軍不進諸將咸曰計將安出明徹曰兵貴在速而彼結營不進自挫其鋒吾知其不敢戰明矣於是躬擐甲胄四面疾攻城中震恐一鼓擒王琳等

大順二年朱全忠遣丁會攻宿州刺史張筠堅守會乃率衆于州東築堰壅汴水以浸其城筠乃降宿州平帝遂大舉南伐命龐師古以徐宿宋滑之師直趨清口葛從周以兗鄆曹濮之衆徑赴安豐淮人遣朱瑾領兵以拒師古因決水以浸軍梁兵敗師古歿焉

太祖皇帝北伐王師薄太原築長堤壅汾水灌其城決

晉祠水注城下置寨于城四面李繼勳軍于南趙普軍于西曹彬于北党進軍于東以逼之太祖幸城北引汾水入堤浸城內又幸城東南命水軍乘小舟持強弩進攻其城時殿前指揮使趙庭翰上言以城壘未下諸班衛士咸願登城以力以圖攻取太祖曰汝等皆吾躬自訓練一以當百所以備肘腋同休戚也一旦以小寇未平欲先登陷敵吾寧不得太原城不欲令汝輩蹈必死之地左右皆感泣再拜呼萬歲其

後北漢主決城下水注之臺駘澤水已落而城多摧圮契丹使者翰知璠猶在太原嘆曰王師之引水浸城也知其一而不知其二知先浸而後涸則并人無遺類矣

壅水誤敵

漢高帝遣韓信定齊臨淄遂東追齊王田廣至高密城時項羽使龍且將二十萬人救廣與信夾濰水而陣信乃夜令人為萬餘囊盛沙壅水尚流引兵半度擊

龍且佯不勝退去龍且果喜曰固知信怯也乃自逐信渡水信于是使人決壅沙水大至龍且兵大半不得渡急擊殺龍且水東軍遂敗走

後漢董卓領兵三萬人討先零羌為其所圍糧食乏絕進退逼急乃于所渡水中偽立堨以為捕魚而潛從堨(音偃)下渡過比賊追之決水已深賊不得渡時衆軍敗走唯卓全師而還

唐初劉黑闥據洺州太宗統兵進討阻洺水列營以逼之分遣奇兵絕其粮道黑闥又數挑戰太宗堅壁不出以挫其鋒黑闥城中粮盡太宗度其必來決戰預壅洺水上流謂水堤吏曰我擊賊之日候賊半渡而決堰黑闥果率步騎二萬渡洺水而陣與官軍大戰賊衆大潰水又大至黑闥衆不得渡斬首萬餘級溺死者數千人

火攻

李陵與匈奴戰斬首三十餘級引兵東南循故龍城道

行四五日抵大澤葭葦中匈奴于上風縱火陵亦令軍中縱火以自救

後漢班超使西域到鄯善將夜將士吏奔虜營會天大風超令十人持鼓藏虜舍後約曰見火焰即鳴鼓大呼餘人悉持兵弩夾門而伏超乃順風縱火前後鼓噪虜衆大亂超手格殺三人餘衆燒死

皇甫嵩師兵帥黄巾賊張角嵩保長社賊引大衆圍城嵩兵少軍中皆恐乃謂軍吏曰兵有奇變不在衆寡

令賊衆依草結營易為風火若因夜縱火必大驚亂奔出兵擊之其功可成其夕遂大風嵩乃約出兵士皆束薪秉城使鋭士間出城外縱火大呼城上舉燎應之嵩故鼓而奔其陣賊大亂奔走大破之嵩進兵討角弟張梁大戰於廣宗梁衆精勇嵩不能克明日乃閉營休士以觀其變知賊意稍解乃潛夜勒兵雞鳴馳赴其陣戰至晡時大破之燒輜重三萬餘輛

曹操克荆州得劉琮水軍三萬餘下吴王孫權遣將周

瑜領兵逆曹操遇于赤壁曹操在北瑜等在南岸瑜步將黄蓋曰今寇衆我寡難以持久然觀曹軍方連船艦首尾相接可燒而走也乃取蒙衝鬬艦數十艘實以薪草膏灌其中裹以帷幕上建牙旗先書報曹公欲降又先備走舸各繫于大船之後因風相次俱前曹公軍吏士皆延頸觀望指言蓋降蓋放船同時發火時風盛猛悉燒岸上營落頃之烟焰漲天人馬溺死者甚衆操軍遂敗走

曹操出兵與紹戰許攸曰曹操兵少而悉以拒我許下餘守勢必空虚若分遣輕軍星夜掩襲則許可拔也拔許則奉迎天子以討曹曹成擒矣如其未潰可令首尾奔命破之必也紹不從曰吾要當先取操會攸家犯法審配收繫之攸怒遂奔操操聞攸來跣出迎之撫手笑曰子卿遠來吾事濟矣既入坐謂操曰袁氏軍盛何以待之今有幾糧乎操曰尚可支一歲攸曰無之更言之又曰可支半歲攸曰足下不欲破袁氏耶何言之不實也操曰向言戲之耳實可一月為

之柰何攸曰公孤軍獨守外無救援而粮穀已盡此危急之日也袁氏輜重萬餘乘在故市烏巢屯兵無嚴備若以輕兵襲之不意而至燔其積聚不過三日袁氏自敗也操大喜乃留曹洪荀攸守營自帥步騎五千人皆用袁氏旗幟啣枚縛馬口夜從間道出人抱束薪所歴道有問者告之曰袁公恐曹鈔畧後軍遣兵以益備聞者信以為然皆自若既至圍屯大放

火營中大亂盡燒其糧殺士卒千人皆取其耳鼻牛
馬割唇舌以示紹軍驚擾其衆遂大潰
先主自巫峽至夷陵畧立數十屯自正月與吴相拒至
六月不決陸遜將攻漢軍諸將並曰攻備當在初今
乃令入五六百里相守經七八月其要害皆已固守
擊之必無利矣遜曰備是猾虜更嘗事多其軍始集
思慮精專未可干也今住已久不可我便兵疲意沮
計不復生犄角此寇正在今日乃先攻一營不利諸

將皆曰空殺兵耳遜曰吾已曉破之之術各持一把
茅以火攻其一營遂乘勢率諸軍同時俱攻斬張南
馮習及番王沙摩柯首破其四十餘營
殷浩北伐中山適為諮議參軍姚襄結營以逼浩浩令
適擊之適進兵至其營謂將校曰今兵非不精而兵
少于羌且塹柵甚固難于校力吾當以計破之乃取
數百鷄以長絕繫之繫火于足羣鷄駭散飛集襄營
火發因其亂遂而擊之襄遂敗

侯景反舉兵趨建康彭文粲以石頭城降景景列兵攻
臺城於城東西起土山城中亦起土山應之會大雨
城內土山崩賊乘之垂入若戰不能禁羊侃令多置
火為火城以斷其路徐于內築城賊不能進
陳章昭達為都督江州刺史在江陵時梁明帝與周軍
大蓄舟艦于青泥中昭達分遣偏將錢道戢程文季
乘舸舟焚之
秦王堅遣將王猛伐燕屯于潞州與慕容評相持猛笑

曰評眞奴才雖億兆之衆不足畏況數十萬乎吾今
茲破之必矣乃遣遊擊將軍郭慶帥騎五千夜從間
道出其營後燒其輜重火見鄴中燕主暐趣評使戰
猛衆踴躍燕兵大敗
隋文帝嘗問高熲取陳之策熲曰江南舍多竹茅所有
儲積皆非地窖密遣行人因風放火待彼修立復令
燒之不可數年自可財力俱盡行其策于是陳人益
弊

乾寧中朱全忠親領大軍由鄆州東路北次于魚山攻朱瑄方整軍出塞瑄與弟瑾已陣于前須臾東南風大起汴軍旌旂失次甚有懼色全忠即令騎揚鞭呼躡俄而西北風忽發時兩軍皆在草莽中全忠因令縱火烟焰亘天乘勢以攻賊陣瑾大敗殺萬人餘衆擁入清河因築京觀於魚山下

唐兵平蜀康延孝自劍州擁兵西還自稱西川節度三川制置等使招諭蜀人三日間人至五萬董璋將兵

會任圜討之追及延孝于漢川延孝出兵逆戰圜使璋以羸兵先戰而卻伏精兵于後擊破之延孝入漢州閉城不出漢州無城壍以竹木為柵圜帥諸軍鼓譟而進四面縱火烟焰亘天延孝危急引騎出陣又敗率十餘騎奔綿竹追擒之

開寶八年王師征江南次秦淮南人水陸十萬陣于城下時舟楫未具潘美下令曰美提驍果數萬人戰必勝攻必取豈限此一衣帶水而不徑渡乎遂率所部先濟王師隨之行營馬軍都指揮使李漢瓊帥所部渡淮南列巨艦實以葭葦順風縱火攻其水寨拔之斬首數千級

用車

元狩四年春大將軍衛青等軍數十萬出定襄翕侯趙信者故胡人後與單于戰兵盡奔降單于為單于謀曰漢兵即出漠人馬罷匈奴可坐收虜耳迺悉遠徙其輜重皆以精兵待漠北而適直青軍出塞千餘里

見單兵陳而待于是青令武剛車自環為營而令五千騎往當匈奴匈奴亦縱五千騎會日且入而大風起沙礫擊面兩軍不相見漢益令左右翼繞單于單于視漢兵多而士馬尚彊戰而匈奴不利莫莫單于遂乘六羸壯騎可數百直冐漢圍西北而去

後漢光武嘗造戰車可駕數牛上施樓櫓置于塞上以拒匈奴虜皆遠去遂卻北狄拓地千里

魏鄢陵侯彰征代郡以弋陽太守田豫為左軍次易北

虜伏騎擊之軍人擾亂莫知所為豫因地形廻車結陣弓弩持滿于內短兵塞其隙故不敢進退去追擊大破之

魏將楊大眼率萬餘騎來歸鍾離勇冠三軍所向皆靡梁帝詔韋叡會宗宗拒之叡結車為陣大眼聚騎圍之叡以強弩二千一時俱發洞甲穿胄殺傷者衆矢貫大眼右臂而走明旦魏中山王元英自率衆來戰叡乘素木輿執白角如意以麾軍一日數合元英甚

憚其強

本朝景德初契丹寇河朔車駕親征大將李繼隆為駕前排陣使赴澶州陳兵城北澶州城壁不足守無敵柵戰格之具繼隆計度其三面距大河毀車為營去車之一輪也先命士卒掘重濠複塹埋鹿角數十里今謂之硬砦以大車數千乘重疊環之步騎處其中軍馬數萬來犯急攻其營禦之遁去

用騎

後漢安帝時以任尚為中郎將伐班雄屯三輔懷令虞詡說尚之兵法弱不攻疆走不逐飛自然之勢也今虜皆馬騎日行數百里來如風雨去如絕弦以步追之勢不相及所以難屯兵二十餘萬曠日持久而無功也為使君計莫如罷諸郡兵各令出錢二千二十人共市一馬以萬騎之衆逐數千之虜追尾掩截追尾如字尾猶等也其道自窮便民利事大功立矣尚即上言用其計遣輕騎擊杜季貢于丁奚城破之

魏武泰初以爾朱榮為柱國大將軍時葛榮向京師衆號百萬相州刺史李神儁閉門自守榮率精騎七千馬皆有副倍道兼行東出滏口而與葛勞衆寡非敵葛榮聞之喜見于色乃令其衆辦長繩至便縛取自鄴以北列陣數十里箕張而進榮潛軍山谷為奇兵分督將已上三人為一處處有數百騎令所在揚塵鼓噪使賊不測多少又以人馬逼戰刀不如棒密令兵士馬上各齎一枝袖棒至戰時逐馳不限斬級使

以棒僕之而已乃分命壯勇所當衝突號令嚴明將
士同奮榮身自陷陣出于賊後表裏合擊大破之于
陣擒萬榮餘悉降

隋開皇中突厥達頭可汗犯塞以楊素為靈州行軍總
管出塞討之先是諸將與虜戰每胡騎奔突皆以戎
車步騎相參舉鹿角為方陣騎在其內素謂人曰此
自固之道非取勝之方也於是悉除故法令諸軍為
騎陣達頭聞之大喜曰此天賜我也因下馬仰天而

拜率精騎十餘萬而至素奮擊大破之達頭被重創
而遁殺傷不可勝計羣虜號哭而去

五代符彥卿遇虜寇於陽城彥卿以拒馬為行寨因大
風出其不意開拒馬出騎兵以掩虜虜乃大敗

遊騎

後漢光武擊銅馬賊于鄡吳漢將突騎來會青陽城數
挑戰光武堅營自守有出擄掠者即擊取之絕其粮
道積月餘賊食盡夜遁走追至館陶大破之

晉末劉道規都督荊州循盧黨徐道復奄至破衆道規
使劉遵為遊擊擊之前驅失利道規壯氣欲厲遵自
外橫擊大破之初使遵為遊兵衆咸言不宜割見力
置於無用之地及破道復果得遊軍之力衆乃服焉

武經總要後集卷十四

欽定四庫全書

子部

武經總要後集卷十五 十六

詳校官編修臣程嘉謨

總校官候補中允臣王燕緒

校對官主事臣金光悌

謄録監生臣黃鉞

欽定四庫全書

武經總要後集卷十五

宋　曾公亮等　撰

故事十五

修城柵

後周韋孝寛在汾州屬生胡抄掠居人阻斷河路孝寛深患之而地入於齊無方誅翦欲當其要處置一大城乃於河西徵役徒十萬甲士百人遣開府姚岳監築之岳色懼以兵少為難孝寛曰計成此城十日即畢既去晉州四百餘里一日創手二日偽境始知設令晉州徵兵二日方集某議之間自稽三日計其軍行三日不到我之城隍足得辦矣乃令築之齊人果至南首疑有大軍乃停留不進其夜又令汾州以南傍介山稷山諸村所在縱火齊人謂是軍營遂收兵自固版築克就卒如其言

劉昌為四鎮北庭涇原節度營田使躬率士衆力耕三

年軍食豐羨復築連雲堡受詔築城平涼以扼彈箏峽口昌命徒庀事旬餘而畢又於平涼西别築胡谷堡名曰彰信平涼當四會之衝居北地之要分兵授戍遏其要衝築神威軍於青海中龍駒島名神龍城吐蕃屏跡不敢近青海

范希朝為振武節度使有党項室韋交居川阜陵犯為盜日入慝作謂之刮城門居人懼駭鮮有寧日希朝於要害處置堡柵斥候嚴密人遂獲安異蕃雖鼠竊狗盜必殺無赦戎虜憚之曰張光晟苦我久矣聞是

乃更姓名而來其畏如此

貞元中楊朝晟奏方渠合道木波皆吐蕃要路請城其地以備之詔問所須幾何朝晟奏曰臣部下兵自可集事不煩外助復問前築鹽州凡興師七萬今何其易也朝晟曰鹽州之役諸軍蓄戎盡知之今臣境迫虜若大興兵師即戎蕃來寇寇則戰戰則無暇城矣今請密發軍士不十日至塞下未三旬而功畢蓄人

始知已無奈何上從之已事軍還吐蕃始來數日退

張仁愿為朔方軍總管先是朔方軍北與突厥以河為界河北岸有拂雲神祠突厥將入寇必先詣祠祭酹求福因牧馬料兵而後渡河時突厥嘿啜盡衆西擊突騎施葛娑仁愿請乘其虛奪取漢南之地於河北築三受降城首尾相應以絶南寇之路太子少師唐休景以為兩漢以來皆北守黄河今於寇境築城恐勞人費功終為賊虜所有建議以為不便仁愿固請不已中宗竟從之六旬而三城俱就以拂雲祠為中

城與東西城相去各四百餘里皆據津濟遥相應接北拓地三百餘里於牛頭朝那山北置烽堠一千八百里自是突厥不得渡山放馬朔方無復寇掠減鎮兵數萬人仁愿初建三城不置壅門及曲敵戰格之具或問曰此邊城禦賊之所不為守備何也仁愿曰兵貴在攻取不宜退守寇若至則當併力出戰迴顧望城猶須斬之何用守備生其退恧之心也其後當

元楷為朔方軍總管始築壅門以備寇議者以此重仁愿而輕元楷焉

本朝三交西北三百里地名固軍溪谷絶險敵人之所保多由此入寇潘美潛師襲之敵棄城遁軍使安慶以其族降因積粟屯田以守之自是敵不敢侵軼居民以安

守城

春秋時齊使鄭伯伐許傅于許頴考叔取鄭伯之旗蝥

弧以先登子都自下射之顛瑕叔盈又以蝥弧登周麾而呼曰君登矣（周徧也 麾招也）鄭師畢登遂入許

齊侯伐魯北鄙圍龍（龍魯邑）頃公之嬖人盧蒲就魁門焉（攻龍門也）龍人囚之齊侯曰勿殺吾與而盟無入而封（封竟）弗聽殺而膊諸城上（膊磔也）齊侯親鼓士陵城三日取龍遂南侵及巢丘

齊武平中周師來寇以叚韶斛律光拒之行達西境有栢谷城者敵之絶險諸將莫肯攻圍韶曰汾北河東世為國家之有若不去栢谷事同痼疾計彼兵會於南道今斷其要路救不能來城勢雖高其中甚狹大弩射之一旦可進遂攻之城潰仍城華谷置戍而還是月周又遣將攻邊斛律光先率軍禦之韶亦請行五月到服秦城西仍於姚襄城南更起城鎮韶抽壯士襲之使人潛渡河告姚襄城中内外相應戰大破之諸將欲攻其新城韶曰此城一面阻河三面地險不可攻不如更作一城壅其要道破服秦併力圖之

從之徙圍定陽屠其外城時韶病在軍中謂蘭陵王長恭曰此城三面重澗並無走路惟慮東面一處耳賊若突圍必從此出長恭乃設伏夜果如策伏兵擊之大潰

唐侯君集伐高昌率兵至柳谷候騎言其國王文泰尅日將葬國人咸集諸將請襲之君集曰不可天子以高昌驕慢無禮使吾恭行天罰今襲人於墟墓之間非問罪之師也於是鼓行而前賊嬰城自守先是大

軍之發也詔山東善為攻城器械者悉遣從軍君集遂刊木塡隍推撞車撞其埤堄抛車飛石擊其城中其所當者無不靡碎咸張氊被用障抛石城上守陴者不復得立遂拔之虜其男女七十餘口仍進兵圍其都城

代宗時吐蕃與諸雜羌寇陷西山柘靜等州詔嚴武收復武遣崔旰統兵山西旰善撫士卒皆願致死命始次賊城周圍皆石磧攻具無所設唯東南隅環丈之

地壤土可穴諜知之以告旰晝夜穿地道以攻之再宿而拔其城因拓地數百里下城寨數十蕃衆相語曰崔旰神兵也將吏前進以糧盡還武大悅裴七寶轝迎旰入成都以誇士衆

晉王存勗如魏州視河氷已堅引步騎稍度梁甲士三千戍陽劉城緣河數十里列柵相望（緣俞絹切柵測革切編木為之也）晉王急攻皆陷之進攻陽劉城使步卒斬其鹿角負葭葦塞塹四面進攻即日拔之獲其守將安彥之

攻城

梁侯景反浮江西寇軍次夏口王僧辯為大都督軍次巴陵景既陷城將進荆州於是松江屯戍望風請服僧辯並沉公私船於水分命衆軍乘城固守偃旗臥鼓安若無人翌日賊衆濟江輕騎至城下謂城中曰語王領軍何不早降僧辯使答曰大軍但向荆州此城自當非礙僧辯百口在人掌握豈得便降頃之景軍內薄苦攻城內同時鼓譟矢石雨下賊乃引退元

帝又命平北將軍胡僧祐率兵援僧辯是日賊復攻城不尅又為火艦燒柵風不便自焚而退有流星墮其營中賊徒大駭相顧失色賊帥任約又為陸法和所擒景乃焚營夜遁

侯景反攻陷歷陽至新林帝使羊侃入副宣城王都督城內諸軍景軍既至百姓競入公私混亂無復次序侃乃區分防礙皆以宗室間之軍人爭入武庫自取器甲所司不能禁侃命斬數人方得止及賊逼城衆

皆恟懼侃為稱得外射書云邵陵西昌侯已至近路衆乃少安賊攻東掖門縱火甚盛侃以水沃滅火射數人賊乃退有詔送金五十兩絹萬匹賜戰士侃辭不受部曲千餘人並私加賞賚賊為尖頭木驢攻城矢石所不能制侃作雉尾炬施鐵鏃以油灌之擲驢上焚之俄盡賊又東西起二土山以臨城城中震駭侃命為地道潛引其土山不能立賊又作登城樓高十餘丈欲臨射城中侃曰車高塹虛彼來必倒可臥

而觀之其車動果倒衆皆服焉賊既頻攻不捷乃築長圍朱异張綰議出擊之帝以問侃侃曰不可賊多日攻城既不能下故立長圍欲引城中降者耳今擊之出人若少不足破賊若多則一旦失利門隘橋小必大致挫衂不從遂使千餘人出戰未及交鋒望風退走果以爭橋赴水死者大半

西魏將韋孝寬守玉壁時東魏大將高歡傾山東之衆志圖西入以玉壁衝要先命攻之連營數十里乃於城南起土山一乘之以入當其山處城上先有兩高樓孝寬更縛木接之令極高峻多積戰具以禦之歡使謂城中曰縱爾縛接至天我會穿城取爾遂於城南鑿地道又於地北起土山且作且攻晝夜不息孝寬復掘長塹截其地道仍簡戰士屯城外每穿至塹戰士即擒殺之又於塹外積柴貯火敵人有在地道內者便下柴火以皮韛吹之火氣一衝咸即灼爛城外又造攻車車之所及莫不摧毀雖有排楯莫之能

撓孝寬乃縫布為縵隨其所向則張設之布既懸於空中其車總不能壞城外又縛松於竿灌油加火規以燒布并欲燒樓孝寬復作長鐵鈎利其鋒刃火竿既來以鈎遥割之松麻俱落城四面穿地二面穿地二十一道分其四路於其中各施梁柱作訖以油灌柱放火燒之柱折城並崩壞孝寬又於崩處堅木柵以扞之敵不能入城外盡其攻擊之術孝寬咸拒破之歡無如之何乃遣倉曹參軍祖孝徵謂曰未聞救

兵何不降也孝寬報曰我城池嚴固兵食有餘攻者自勞守者常逸豈有旬朔之間已須救兵適憂爾衆有不反之危我關西男子必不為降將軍也孝徵乃射募格於城中云能斬城主降者拜太尉封郡公邑萬户賞帛萬匹孝寬手題書背反射城外云若有斬高歡者一依此賞孝寬弟子遷先在山東又鎖至城下臨以白刃云若不早降便行大戮孝寬慷慨激揚畧無顧意士卒莫不感勵歡苦戰六旬傷及病死者

十四五智力俱困而發疾夜遁去後因此忿恚遂殂

魏王羆為荆州刺史梁遣曹義宗圍荆州堰水灌城不沒者數版于時內外多虞未遑救援乃遺鐵券云城全當授本州刺史城中糧盡乃煑粥與將士均令食之每出戰常不擐甲冑大呼告天曰荆州城孝文皇帝所置天若不祐國家使箭中王羆顧不爾王羆須破賊屢經戰陣亦不被傷彌歷三年義宗方退

魏王思政守潁川東魏太尉高岳來攻築土山以臨城飛梯火攻盡攻擊之法思政亦作火穳因迅風便投之土山又射以火箭燒其攻具乃募勇士縋而出戰據其兩土山置樓堞以助防守高澄更益兵堰洧水以灌城時雖有怪獸每衝壞其堰然城被灌已久亦多崩頹悉衆苦攻思政身當矢石與士同勞苦乃更修堰作鐵龍雜獸用厭水神堰成水大至城中泉湧溢懸釜而炊糧力俱竭慕容紹宗劉豐生及其將慕容永珍意以為閑共乘樓船以望城內令善射人俯

射城中俄而大風暴起船力飄至城下城上人以長鉤牽船弓弩亂發紹宗窮迫赴水而死豐生浮向土山復中矢而斃擒永珍并獲船中器械思政謂永珍曰僕之破亡在於晷漏知殺卿無益然人臣之節守之以死乃流涕斬之思政初入潁川士卒八千人被圍既久城中無鹽腫死者十六七及城陷之日存者纔三十人雖外無救援亦無叛者

後周梁士彥為晉州刺史齊後主親率兵攻圍之樓堞

皆盡短兵相接士彥慷慨自若謂將士曰死在今日吾為爾先於是勇烈齊奮呼聲動地無不一當百齊師少却乃令妻妾及軍人子女晝夜修城三日而就武帝救軍亦至齊師圍解士彥見帝持帝鬚泣帝亦為之流涕時帝欲班師士彥叩馬諫帝從之執其手曰朕有晉州為平齊之基宜善守之

唐朱泚亂德宗幸奉天居數日賊軍至造雲橋成濶數十丈以巨輪為脚推之使前施濕氊生牛草多懸水

囊以為陣直指城東北隅兩旁構木為廬冒以牛草迴環相屬負土運薪於其下以填壕塹矢石不能傷城中恟懼相顧失色帝名渾瑊勉諭之令齋空名誥身自御史大夫實封五百户已下千餘軸募諸軍軍突將敢死之士以當之並賜瑊御筆一管當戰勝量其功伐即署其名授之不足者筆書其身因命以位撫瑊背而遣之前幾日瑊與防城使侯仲莊揣雲橋來路先鑿地道下可深丈餘上積馬糞深五六尺次二日即令爇火次一日復下柴薪夜燒之平明火焰高于城壘是時北風正急賊乃隨風推橋以薄城下賊三千餘人相繼而登城上士卒皆久寒餒又少甲冑瑊但感激戒勵之以饑弱之衆當劇賊之鋒雖力戰應敵人憂不濟公卿已下仰首祝天賊徒至地道所橋脚偏陷不能進須臾風迴焰起雲橋焚為灰燼賊焚死者數千城中鼓譟振地時瑊中流矢遽自拔之血流霑沐格鬬不已不言瘡痛以激士心既而李懷光大軍至賊解圍去

吳少誠攻許州上官涚知節度留後欲棄城走判官劉昌裔追止之曰留後既受詔宜以死守城中士馬足以破賊但堅壁不戰不過五七日賊勢必敗我以全制之可也涚然之賊日夕攻急堞壞不得修昌裔令造戰柵木柵以待之募壯士破營得突將千人鑿城分出大破之因立戰柵木柵於城上城以故不陷

五代梁軍敗於上黨晉人乘勝進迫澤州州城將陷河

南留守張全義名牛存節謀遂以本軍及右龍武羽林等軍往援應上黨至天井關存節謂諸將曰是行也雖不奉詔旨然澤州要害城池不可失也當救之時晋人新勝其鋒甚盛存節引衆而前銜枚夜至澤州適遇守陴者已縱火鼓譟以應外軍刺史王班保牙城下知所為存節至乃定晋軍尋至乃分布守禦晋軍四面攻鬬開地道以入城存節亦以隧道應之逆戰於地中晋軍不能進又以勁弩射之中者人馬皆

洞經十三日晋軍死傷者甚衆焚營而退郡以獲全

黄巢陷長安趙犨為陳州刺史語諸將吏曰以吾計巢不為長安市人所誅必驅其衆東走吾州適當其衝矣乃治城池為守備遷民六十里内者皆入城中選其子弟配以兵甲以其弟昶珝為將巢敗果東走先遣孟楷據項城昶擊破之執楷歸巢從後至聞楷被執大怒既而秦宗權以蔡州附巢巢勢甚盛乃悉衆圍犨置舂磨糜人之肉以為食陳人恐犨語其下曰吾家三世陳將必能保此爾曹男子當於死中求生建功立業未必不因此時陳人皆踴躍巢柵城北三里為八仙營營中置百官聚糧餉欲以久弊之其兵號三十萬陳人舊有巨弩數百皆糜壞後生弩工皆不識其器珝創意理之弩矢擊五百步人馬皆洞以故巢不敢近圍凡三百日犨食將盡乃乞兵於梁梁太祖與李克用皆自將會擊敗巢將黄鄴于西華西華有積粟巢恃以為餉及鄴敗巢乃解圍去

晋將李嗣昭守潞州汴將李思安將兵十萬攻之嗣昭乃築夾城深溝高壘内外重複飛走路絶撫循士衆登城拒守嘗享諸將登城張樂賊矢中足嗣昭密拔之坐客不知覺酣飲如故以安士心梁祖馳書說又百端嗣昭焚其偽詔斬其使者城中固守經年晋王卒周德威等攻梁梁兵大潰嗣昭方開門

屯田

漢趙充國擊先零羌充國欲罷騎兵屯田以待其弊奏

曰臣聞兵者所以明德除害也故舉得於外則福生於内不可不慎臣所將吏士馬牛食月用糧穀十九萬九千六百三十斛鹽千六百九十三斛茭藁二十五萬二百八十六石難久不解徭役不息又恐它夷卒有不虞之變相應並起為明主憂誠非素定廟勝之策且羌虜易以計破度臨羌東至浩亹羌虜故田及公田民所未墾可二千頃以上其間郵亭多壞敗者臣前部士入山伐材木大小六萬餘枚皆在水次

願罷騎兵留弛刑應募及淮陽汝南步兵與吏私從者合凡萬三百八十一人用穀月二萬七千三百六十二斛鹽三百八斛分屯要害處斛漕下繕鄉亭浚溝渠治湟陿以西道橋七十所令可至鮮水左右田事出賦人二十畮至四月草生發郡騎及屬國胡騎伉健各千倅馬十二就草為田者遊兵以充入金城郡益積蓄省大費今大司農所轉穀至者足萬人一歲食謹上田處及器用簿唯陛下裁許上報曰皇帝問將軍言欲罷騎兵萬人留田即如將軍之計虜當何時伏誅兵當何時得決熟計其便復奏充國上狀曰班師罷兵萬人留田此坐支解羌虜之具也臣謹條不出兵留田便宜十二事步兵九校吏士萬人留屯以為武備因田致穀威德並行一也又因排折羌虜令不得歸肥饒之地貧破其衆以成羌虜相畔之漸二也居民得並田作不失農業三也軍馬一月之食度支田士一歲罷騎兵以省大費四也至春省甲

士卒循河湟漕穀至臨羌以眎羌虜揚威武傳世折衝之具五也以閒暇時下所伐材繕治郵亭充入金城六也兵出乘危徼幸不出令反畔之虜竄於風寒之地離霜露疾疫瘃墮之患坐得必勝之道七也亡經阻遠追死傷之害八也内不損威武之重外不令虜得乘間之勢九也又亡驚動河南大开小开使生它變之憂十也治湟陿中道橋令可至鮮水以制西域信威千里從枕席上過師十一也大費既省繇役

豫息以戒不虞十二也留屯田得十二便出兵失十二利詔罷兵獨充國留屯田明年五月充國奏言羌本可五萬人軍凡斬首七千六百級絳者三萬一千二百人溺河湟死者五六千人定計遺脫與煎鞏黄羝俱亡者不過四千人羌靡忘等自詭必得詭責也自以為憂責言必不能得之請罷屯兵奏可充國振旅而還

曹操既破黄巾欲經畧四方而苦軍食不足羽林監棗祗建置屯田於是以任峻為典農中郎將募百姓屯田於許下潁川郡許昌縣也得穀百萬斛郡國例置田官數

年之中所在積粟倉廩皆滿

正始中司馬懿督諸軍伐吳因欲廣田積穀為兼并之計乃使鄧艾行陳項以東至壽春艾以田多水少不足以盡地利宜開河渠可以大積軍糧又通漕運之道乃著濟河論以喻其旨又以為昔破黄巾因為屯田積穀於許都以制四方今三隅已定事在淮南每大軍征舉運兵過半功費巨億以為大役陳蔡之間上下田種可省許昌左右諸軍田并水東下令淮北北萬人淮南三萬人十二分休且田且守永豐常收三倍於西計除衆費歲完五百萬斛以為軍資六七年間可積三千萬斛於淮上此則十萬之衆五年食也以此乘敵無不克矣懿善之皆如艾計乃大興屯屯守開淮陽百尺二渠又脩諸陂於賴潁之南北萬餘頃自是淮北倉庾相望壽陽至於京師農官屯兵連屬焉

唐郭元振遷涼州都督隴右諸軍州大使先是涼州封界東北不過四百餘里既逼突厥吐蕃二寇頻歲奄至城下百姓苦之元振於南境硤口置和戎城北界磧中置白亭軍控其要路乃拓州境一千五百里自是寇虜不復更至城下元振又命甘州刺史李漢通開置屯田盡其水陸之利舊涼州粟麥斛至數千及漢通收率之後數年豐稔乃一疋絹糴數十斛積軍糧支數十年

唐黑齒常之克河源軍副使以河源軍正當賊衝欲加兵鎮守恐有飛輓之費遂遠置烽戍七十餘所度開營田五十餘頃歲収百餘萬石

後唐張希崇遷靈州節度使先是靈州城接戎兵餉道常苦抄掠希崇乃開屯田教士耕種軍以足食而省轉饋明宗下詔褒美

讓功

後漢馮異為人謙退不伐與諸將相逢輒引車避道每所止舍諸將並坐論功異獨屏樹下光武以此賢之隗囂降異上書言狀不敢言伐諸將欲分其功帝下璽書曰征西功若丘山而自以為不足孟之反奔而殿亦何異哉

建安二十三年代郡烏桓反曹操以子彰為北中郎將行驍騎將軍入涿郡界叛胡數千騎卒至彰身自摶戰射胡騎應弦而倒者前後相屬戰過半日彰鎧中數箭意氣益厲乘勝逐北至於桑乾一日一夜與虜相及擊大破之斬首獲生以千數彰乃倍常科大賜將士將士無不悦喜時操在長安召彰詣行在所謂彰曰卿新有功今面見上宜勿自伐應對常若不足者彰到如太祖言歸功諸將太祖喜持彰鬚曰黄鬚兒竟大奇也

晉唐彬監巴東諸軍事加廣武將軍上征吴之策甚合武帝意後與王濬共伐吴彬屯據衝要為衆軍前驅每設疑兵應機制勝陷西陵樂鄉多所擒獲自巴陵沔口以東諸賊所聚莫不震懼倒戈肉袒彬知賊寇已殄孫皓將降未至建業二百里稱疾遲留以示不競果有先到者爭物後到者爭功于明有職莫不高彬此舉

隋高熲為左領軍大將軍伐陳為元帥長史陳平以功授上柱國高祖常從容命與賀若弼言及陳平事熲曰賀若弼先獻十策後於蔣山苦戰破賊臣文吏耳焉敢與大將軍論功帝大笑時嘉其有讓

辭賞

魏王公叔痤為魏將而與韓趙戰會北禽樂作魏王説郊迎以賞田百萬禄之公叔痤反走再拜而辭曰夫使士卒不崩直而不倚撓陳而不辭者此吳起餘教也臣不能為也前脉地形之險阻決利害之便使三軍之士迷惑者巴寧爨襄之力也縣賞罰於前使民昭然信之於後者王克敵之明法也鼓之不敢怠倦者臣也王以為臣之不能怠倦賞臣可也若以臣之有功臣何力之有乎王曰善如是索吳起之後賜之田二十頃巴寧爨襄田各十頃王曰公叔起非長者哉既為寡人勝强敵矣又不遺賢者之後不掩能士之跡公叔何可無益乎故又與田四十頃加之百頃之上使百四十頃故老子曰聖人無積盡以與人已愈多公叔當之矣

楚昭王失國屠羊説走而説王王反國將賞從者及屠羊説説曰大王失國政失屠羊大王反國説亦反屠羊臣之爵禄巳復也又何賞之有王曰强之屠羊説曰大王失國非臣之罪也故不敢伏其誅大王反國臣之功也故不敢當其賞王曰見之屠羊説曰楚國之法必有重賞大功而後得見今臣之智不足以存國而勇不足以死寇吳軍入郢説畏難而避寇非故隨大王也今大王欲廢法毀約而見説此非臣之所聞於天下者也王謂司馬子綦曰屠羊説居處卑賤而陳義甚高子綦為我延之以三旌之位屠羊説曰夫三旌之位君知貴於屠羊之利也然豈可以貪爵而使吾君有妄施之名乎説不敢當願返吾屠羊之肆遂不受之

武經總要後集卷十五

武經總要後集卷十六

宋　曾公亮等　撰

占候一

叙曰仰觀天文著在圖籍昭昭可驗者也七曜所行經星常宿次舍陵犯飛流鬬蝕暈璚背穴抱珥虹霓迅雷妖風怪雲變氣皆陰陽之精其本在地而上發于天猶影之象形響之應聲使拘者為之則牽於禁忌泥小數

捨人事任鬼神凡誓軍旅履行陣制勝決于人事參以天變則虧缺者鮮今以司天少監楊維德等編纂天地日月星辰風雲候氣之式占候訣分為五卷列于左云

天占

天裂　劉向曰天裂陽不足地動陰有餘　武密曰天裂者主地欲分裂　五行傳曰天鳴有聲萬姓勞形不知驚懼終降惡災此皆亂國之所生　晉元帝大興二年八月戊戌天鳴東南有聲如風水相薄京房曰天有聲主憂三年十月壬辰天又鳴甲午止其後主師敗績

雨血　傳曰天雨血是為天見其妖不出三年起兵

雨石　甘德曰天雨石隕墜地大可一尺如雞子兩頭銳名曰天皷所下之邦必有大戰伏尸　隋開皇七年五月已卯雨石于武安滏陽間十里

雨草　五行傳曰君恡爵禄厥妖天雨草　京房曰火失其性則有草妖其歲民兵死

雨魚　五行傳曰天雨魚國有兵魚介蟲本於水雨魚水失其性

無雲而雨　五行傳曰貌之不恭是謂不肅夫雨者從龍而作無雲而雨故書灾　隋開皇帝末無雲而雨尋漢王諒反伏誅殺其黨數千家

無雲雨雷　五行傳曰雷者天皷也無雲而雷當有暴兵　隋高祖開皇二十年二月丁丑天無雲而雷三月辛卯熙州人李英林反遣行軍總管張衡平之四

月壬戌突厥犯塞

雨毛　五行傳曰金失性則天雨毛　隋開皇六年京師天雨毛如馬騣尾長者二尺餘短者六七寸其月梁士彦宇文忻劉昉謀反伏明誅年發十萬築長城衆役繁興兵革不息

雨骨　五行傳曰天雨骨是謂陽息王者德衰政令不行主有内兵　梁惠成王八年天雨骨于赤鄆其後國廢兵役並起

雨金　五行傳曰天雨金鐵是謂刑餘國君殘酷好殺無辜不出一年主兵災　秦獻公八年雨金櫟陽二十一年與晉戰于石門斬首六萬級隋文帝仁壽四年諸州造舍利塔時陜州天雨金銀花人以為佛像祥瑞卒有漢王諒之亂

雨灰　五行傳曰上暴虐無道則雨灰梁武帝大同三年天雨灰色黄終有侯景之亂

雨水銀　五行傳曰天雨水銀兵將興失道之君當之水失其性也

大霧　五行傳曰霧者百邪之氣陰來冒陽姦臣謀上擅竊主威在天為濛在人為霧　李淳風曰霧氣不順為陰陽錯亂積陰不解天下分離　陳後主三年正月朔會大霧四塞入人鼻者辛酸隋代陳

蒼雲經天　傳曰蒼雲經天下有拔城　後周武帝天祐六年正月丁卯夜有蒼雲廣三尺許經天自戌加辰三月己丑齊國公憲自龍門濟河斛律明月退保

華谷憲攻拔其新築五城

雨釜　傳曰天雨釜人相食　春秋晉惠公二年天雨釜至六年春穆公伐晉是歳天下饑荒人民相食

非時雪　傳曰凡雨陰也出非其是迫近之象亡京房易傳曰夏雪賊臣為賊亂　晉成帝咸和九年八月成都大雪是歳李雄死

非時雷　傳曰非時而雷賊臣起

雨木氷　傳曰上陽弛不下通下陰弛不上達故雨而

木為兵雺氣寒木不曲直也劉向曰冰者陰之為木者少陽貴卿大夫象也此人將有害則陰氣脅木木雨而木先寒故得雨而冰也　一說木冰為木介介者兵之衆

雨雹　國有兵

雨膏如蟲　將師敗

雨絲　主有兵

雨墨　多陰謀

雨物非人所見者皆主大兵

晝夜陰晦　傳曰天晝夜陰晦下有陰謀　漢夏侯勝曰天久陰不雨下必有謀上者

地占

地震　五行傳曰地者積陰主靜若震動陽伏而不能出陰迫而不能入陰陽相擊地故震動　或曰高者為谷下者為陵此用小人之咎　李國曰地陰也法當安靜越陰之職專陽之政故應以震又曰陰乘陽弱乘強又曰陰背陽則地裂邊人叛劉向洪範傳曰地動陰有餘皆下之強盛　梁武帝太清二年九月戊辰震江左尤甚壞屋殺人地生白毛二尺時候景叛逆內外騷動民困歲歉

地裂　五行傳曰地圻裂者士庶分離若裂而有聲天下不寧四方兵衆其主失國　三苗欲滅地圻及泉　河圖祕微篇曰地之裂有臣叛　漢孝和元興二年五月癸酉古扶風地裂其後西羌寇涼州

名讖　岑彭伐蜀去成都四十里下營有地名彭亡彭聞之欲移營會日是暮夜彭為公孫述刺客殺　魏太祖圍呂布大司馬楊張救之為其將楊醜所殺楊醜將陸固又殺醜屯兵射犬有巫誡之曰將軍字白兎而邑名射犬兎見犬心驚宜急去固不從明日戰死

山鳴　傳曰山鳴其下大亂商討末年山鳴為武王所伐　漢獻帝建安八年長沙醴陵縣有大山常大鳴

如牛吼聲數年後豫章賊攻臨醴陵掠吏民

五行占

木行　木非時枯落是為金刑木不出三年有暴兵從外國來　枯木冬生是謂陰陽易位　木生一夜盈尺凶　木卒生道中木忽自鳴作金聲地將分裂軍壘中草木自死凶　軍中地忽生五穀一軍收賞天助之兆　龍飲軍中水國虛龍冬見於道或闘邑中其地有爭戰　雷聲不發軍當振威武　攻城過

旬不雷不雨城有大助　軍中尤多迅雷者其軍即罷　凡行軍將軍馬前忽見大蛇攔道便宜住軍不可進亦不可攻戰不利所往有奸人來驚我軍　軍行忽見蛇交者主將凶　軍行前見大赤蛇者急警備必有交戰軍行見蛇道中入水者得敵便利吉軍行既成有大蛇入營中求食者營欲荒急移營吉在軍壘中有陰謀　蛇集道上及郡邑中主急兵軍營中地多蛇散敗之兆　軍行見蛇在道前有伏兵

火行　星墜為鳥有兵　野鳥飛入官府其軍將去鸛鶴鸜鵒巢軍營宮室不出三年邊人來侵　鴻鴈之屬來翔于官府之上或三日羣謀將起大兵且至鳥巢地上城下不出一年其城被國　鳥不巢木多在屋室上此謂失常　衆鳥集水上有兵革　蝗蟲飛從他處來忽死不出三日兵大起春秋時雨魚于宋　軍在野蜂衆集營壘軍散敗　蜂蝶衝軍賊有

而觀之其車動果倒衆皆服馬賊既頻攻不捷乃築長圍朱异張綰議出擊之帝以問侃侃曰不可賊多日攻城既不能下故立長圍欲引城中降者耳今擊之出人若少不足破賊若多則一旦失利門隘橋小必大致挫衂不從遂使千餘人出戰未及交鋒望風退走果以爭橋赴水死者大半

西魏將韋孝寬守玉壁時東魏大將高歡傾山東之衆志圖西入以玉壁衝要先命攻之連營數十里乃於

城南起土山一乘之以入當其山處城上先有兩高樓孝寬更縛木接之令極高峻多積戰具以禦之歡使謂城中曰縱爾縛接至天我會穿城取爾遂於城南鑿地道又於地北起土山且作且攻晝夜不息孝寬復掘長塹截其地道仍簡戰士屯城外每穿至塹戰士即擒殺之又於塹外積柴貯火敵人有在地道內者便下柴火以皮韛吹之火氣一衝咸即灼爛城外又造攻車車之所及莫不摧毀雖有排楯莫之能

下地凶　有大鳥逆行陣上主兵至　衆鳥四向鳴軍上有暴戰　野鵲衆多先水後旱冬有兵　雉相戲軍中及鬬其兵憂　鷄不卵而生子及異其形皆主有兵　鵄聚鳴主大兵

土行　石自移主分野亂又軍中地生礌石其地吉可久居養士卒　星墜為人言善惡如其言　婦人好為小服兵革動　人衣服尚寬將平人吉　食器中有血宜棄之　衣服無故腥臭者宜弁忽服　衣服無故裂有聲者宜弃毀之　人死復生者兵起　人生牛馬兵起小兒里巷戲以土自壅是為熒惑不守不出一年有兵攻城　小兒為旗旛戲者不出二年戎馬興　小兒作兵馬戰鬬不出一年兵起小兒聚土為城有兵起　小兒以土壅車轍者四夷侵擾凡為歌謠戲語善惡如其言　人尚短後衣主兵起人尚彩畫衣服主兵起　國城郭門府寺門無故自開不出三年兵從城郭起郭凡城邑門及人家門

户夜鳴者有兵　鼓忽自鳴主敵人來

金行　星墜為金鐵天下有兵鐘鼓自鳴不出三年有兵　金鼓鳴將有功　六畜能言善惡如其言亦為大水　軍中忽有豹狼之類猖獗來衝軍凶　熊羆及害人獸入營中賊欲至　狐貉嘷鳴廻走軍壘中軍敗將辱　猿猴入營軍壘中內有姦謀兵起　狐狸走入軍營中作窠其營主空　野獸突入我軍旅中主其軍分　猛獸在軍前如引軍主有城降　獺

入人家中及屋上主憂病　麞鹿入軍營兵敗散急
去之無害　狐狼向彼軍鳴者彼軍散宜急擊之若
鳴於我軍宜撫士卒　兎上城邑必空軍行卒有白
兎破軍殺將　牛馬言善惡如其言牛生兩頭其軍
分　牛生犢人面獸身起兵　牛夜鳴有暴兵　犬
羣會於街衢上有大賊將起　犬羣會於街衢上有
賊兵犬能言善惡如有言　軍在野及營中馬食砂
石戰勝　軍人安營畢忽有牛馬入我軍中戲軍敗

騾馬相戲追於軍門兵罷　軍行路見赤鼠在軍
前良久不去必有伏兵須警備　軍行野宿鼠咬旗
皷者賊欲來斫營　軍行營陣未罷有鼠作雄鷄聲
行營凶　軍中夜被鼠穿地作空孔者移營　營壘
中晝夜見鼠走者五日內主水火災鼠巢入木主大
水　鼠衆無於道主兵　鼠無故皆夜去邑有兵
鼠咬兵伏主被傷　鼠嚙人足有亡敗　鼠羣行不
畏人晝為饑夜為兵　鼬鼠在軍軍破移營無灾數

出見軍中將有叛者
水行　星墜於水有兵　陂澤忽自竭主地邑虛　秋
水漲江臣下有憂主兵起竈井忽自沸溢或濁及有
聲主將帥亡　井中氣直上兵起　軍在野營中忽
見龜兵散亡
凡舉兵行師兵强將勇必見吉祥將怯士懦必有妖異
審而用之在乎先見不至敗亡

太陽占

日旁雲氣　雲氣近日黃潤皆吉祥　日黃光大旁
有雲氣抱者孝經援神契曰黃氣抱日氣曲向日為
抱當隣國臣佐來降　日有一珥者李淳風曰為喜
兩軍相當軍欲和解所臨者喜　日有二黃人守日
孝經雌雄圖曰外國人來降日有戴氣者瑞應圖曰
人君德至於天則日有戴氣戴有德也國有喜　日
有纓氣者謂氣小而在日下曲向上者為纓晉書天
文志曰得地為喜　日有負氣者謂氣小如半暈狀

在日上為負晉書天文志曰得地為善　日有承氣者為氣如半暈在日下名曰承氣晉書天文志曰承者臣承君之象也　日下有黃氣三種若抱名曰福人主有喜得地　天文總論曰赤氣若布席掩日為大戰　白氣如席萬人戰　黑氣如龍來日旁及如人臥背日旁者下有叛臣　白虹貫日其下有謀亂者赤氣尤甚　氣如青龍貫日主疾疫　氣如白蛇貫日起兵　氣如赤蛇貫日主叛臣　氣如黃蛇貫

日下有交兵　氣如黑蛇貫日有雨水　氣如人頭旌旐皆為有兵流血　日出入有黑雲貫之不出三日有暴雨　日中有雲如人狀其下有叛臣　日旁有赤雲曲如車輪此名曰日提其下有兵亡地　有氣如青龍守日主有謀　赤氣如牛守日其下有兵　日下如氣如人垂衣天子之氣　氣如馬守日若戰有兵傷　日旁有氣如蛇其下有賊可防之　日旁有氣相交穿貫於日將不和有反主者　雲如赤烏啄日兵起　日旁有赤雲如相交其於下不宜先起兵　日下漠漠氣如車馬馳走之狀其下有破軍　日下有雲如虎踞大將叛　日有青氣在上下者吉可出軍　日下有氣如箭外向三日軍出　日旁有赤氣如冬木者有兵起客勝　日下有氣如人所持者主其下其叛　青雲扶日者其分野臣下有謀　白雲廣二尺在日左右其分野有兵起國憂日上下有黑氣如蛟龍者主風雨　日出有黑雲膈主其

下有兵有雨即解之　日始出有雲如車蓋必雨　日出沒時有黑氣橫截之主驚恐三日内有雨即解　日旁有赤氣兩端鋭其下不宜先舉兵　赤雲如雄鷄在日上不出三月其下分野有兵　赤雲扶日其下有兵起失地　赤雲掩日其下戰亡地　赤白青黃氣刺日其分野有兵　日下有雲如赤馬馬者主敵人相謀宜警備之　有赤雲如鳥夾日而飛其分野憂　有氣在日旁去疾者軍無功停半日者小

勝終日大勝　赤雲如虹與日俱出所臨國分野有兵

日暈　甘德曰日暈七日無風雨主兵　日暈而不冠天下有立侯王　日暈無珥主有謀軍在外　日有交暈貫日者其下破軍死將　日有交暈抱日者有爭暈先衰後盛者敗　日暈有氣如人居暈中不出三日寇入城　日暈不合有雲如人在暈外似相就者不勝　京房曰日暈有兵在外者客勝　日暈而

明有兵兵罷無兵兵起　日有黃暈主風雨時若國安　日有黑暈災在用事臣　日兩旁暈不合主謀不成　日上有半暈如禹蓋有欲請和親者　日有半暈兩角銳者有戰必勝　日半暈再重主國民蕃息歲大和以日宿占分野　日暈再重有德之君得天下　日有青暈再重其下有兵穀貴　日有赤暈再重其災在下所見之國蝗旱多盜　日有黃暈再重其災歲中兵起　日有白暈再重所見之國多風

雨百日不安有兵穀貴　日有黑暈再重不出三年其下大水流民散　日暈有赤雲如車輪曲向日為內提內臣叛其主曲背日為外提外臣叛其主　背氣在暈中青外赤臣背主命　日暈上下有兩背璚無兵兵起有兵兵罷　日有暈衆雲如毛羽臨日不去其下國有憂　孝經雌雄圖曰日暈庚辛將帥不利　夏氏占曰有半暈一背璚臣有邪謀不成日暈中見馬軍散期三年　日暈珥兩背璚在暈外臣叛

日暈有直珥者為破軍貫日為殺將　日暈重暈中有兩璚者叛從中起不成　日暈有四背璚在暈中臣不和四背璚在軍外臣叛　日暈外有一直暈外臣欲自立其青青外赤中不成　日暈有三直氣有謀者不成　日暈有虹貫從虹所貫戰勝　日暈有聚雲在外不去者兵起又云聚云在外不出三日圍城　日暈有青雲貫者圍城　日暈有赤雲如戰臨之其下兵起　高宗占曰日有方暈二背將敗

民散　日暈有兩直氣有叛臣　日暈有四銳氣如
鋒四出者其下亡地　日暈氣如蛇大軍憂　天文
總論曰日有重暈有立王者　日暈三重主兵起有
赤暈貫之其下失地　日暈有四重敗於野其下有
叛臣一曰攻城圍邑不拔軍散　日暈五重不出一
年主兵　日暈六重其下國失政憂兵　日暈七重
主戎强盛　日暈八重民亂君憂　日暈九重主歲
荒夷人交侵　日暈十重天下喪亂不期年各以宿

辰及日辰占之
日並出　武案曰兩日並出天下用兵無道者亡之
又曰兩軍相當數日並出有大戰拔城各以分野言
之
日鬬　武案曰兩日相鬬其下國亂
日隕地　其下失政
日中見烏　主其下國分若是三足烏見其地受殃出
軍遇之軍敗

日中黑子黑氣　京房易傳曰天不順茲謂逆厥異黑
者陰也臣不掩君惡令不見百姓惡君則有此變
河圖占曰日中黑氣日薄也其說曰凡日蝕皆於晦
朔者為日薄雖非日月同宿時陰氣盛掩其光也其
占類日蝕
日無光　京房易傳曰日出東方二竿停停無光曰日
病日未入西方二竿停停無光曰日死占云日病日
死其地分王侯灾　又云奸臣盛則日晝昧　甘德
曰日無光晝昏到暮不鮮有大水　日失色所臨之

國不昌又主臣逆君
日赤　日赤如赭色大將軍野戰　感精符曰日赤如
炭主兵急　郗萌曰日有赤足則其國謀叛　考靈
異曰日有赤足有舉兵者　武案曰赤日如血主其
下君憂臣背灾厲盜賊並起
日夜出　廣古今占曰日生牙其下有賊臣欲相殘害
白虹白氣貫日　天文志曰虹貫日侯侯有叛　白氣

貫日主其下君憂　晉武帝太康元年正月己丑朔
白氣貫日占曰君道失明丑為斗牛主吳越分是時
吳王孫皓暴虐至四月降晉
日蝕皆從西缺若中央黑名曰黑子日蝕者陰氣盛陽
不克也　夏氏占曰日蝕而出軍者軍傷亡後有疾
病有軍必戰　日蝕而從中者內有伏謀色青則謀
者止色赤則其事成色黃則謀者諸色白則其事覺
色則則謀逆成　李淳風占曰日始出而蝕有兵失

地　日午時以後蝕者有兵兵罷　日蝕而暈珥白
雲來去掩映主兵起　日蝕而旁有雲似兎如鹿守
之者不出其年其分野兵起兎凡秋有日蝕者兵戰
客勝　八月日蝕兵起京房占曰若十二月蝕主有
兵　日蝕既邊兵起既者盡也當嚴號令以止其灾
日以甲乙見有二珥四珥而蝕有白雲從中出兵
起疾疫日以丙丁見有二珥四珥而蝕有黑雲從
中出兵起疾疫　日以戊己見有二珥四珥而蝕有

青雲從中出有兵　庚辛壬癸日不占兵　武密曰
日蝕大寒者邊兵動　行軍占曰日從下蝕將有憂
凡日蝕從虧處擊之勝

太陰占

荆州占曰月有戴氣不出百日人主有憂　月終歲不
暈主天下偃兵鄰國來和　月下有氣如人相隨者
是謂惡成其下分野侯王主之　月下有如人形者
有兩主爭客勝　有赤雲黑雲相交臨月當其國有

亡軍月旁有白雲大如奸抵月者期六十日外有戰
敗軍死將　若月旁多赤雲如人頭大戰多白為兵
多黑為雨　月旁有白雲一黑雲二蒼雲三其大如
厚布抵月貫月國城拔邑　月始生而復沒者亂
月角各一星有軍在外者敗　月生爪其下軍憂
河圖帝覽嬉曰月有兩珥國嬉兵在外勝　月有四
珥主喜　月大而無光其城不降月小而無光其城
降　月如出時有雲居其中似禽獸狀乙乙日見東

方受其害丙丁見南方受其害戊巳日見中央受其害庚辛日見西方受其害壬癸日見北方受其害

天文總論曰月暈無光是謂大盈其下有兵王者以德令除之無咎　星入月中其下兵起破軍殺將

武密曰白虹貫中大兵將起主野戰　春秋運斗樞曰月垂芒刺國昏亂其地弱　春秋占曰月赤足臣有過　考異郵曰諸侯謀叛則月生足　高宗占曰月晝明陰國兵强

珥背璚　河圖帝覽嬉曰月暈而珥六十日兵起不暈而珥有嬉兵在外亦喜　月珥青有兵黄有喜白而喪黑失地皆期以三年　月不暈而四璚璚者臣下有謀不成　高宗占曰月有兩珥主國喜　荆州占曰月昏而珥者有半喜夜半而珥者邊地有恐　月珥具戴不出百日有喜　李淳風曰月有抱珥在暈外赤者外人勝　武密曰月有白珥其下城降　春秋感精符曰月有背璚臣下弛縱欲相殘賊

月暈　李淳風曰經歲不暈下下平　河圖帝覽嬉曰暈再重大風起暈三軍主兵暈四重其下亡國五重貴女憂六重其國失政七重其下易主國亡八重其下國亡九重其下起兵流血亡地　月暈有蜺雲垂之有戰從蜺所擊者大勝　月暈有雲如厚布若三若四貫月者以戰忽當當者破軍　荆州占曰孟月十一日仲月八日季月九日皆當月有暈若不暈主有暴風雨　一月五軍至九暈者失地　月暈如連

環有白虹於外不及月者主女人陰謀　月暈有雲横貫之起兵者勝　月暈三重赤雲貫之其下亡國

月暈無光主兵降　高宗占曰月交暈赤光其國不過二年遇兵　月暈多白氣從外入城攻城拔得大將　月暈背重背在外者私成於外背在内者私成於内　月暈不合外四四背璚外有謀不成　武密曰軍在外月暈者主戰勝一曰先起兵者戰勝　月春暈歲星夏暈熒惑秋暈太白冬暈辰星四季暈塡

星皆主其下有兵　月暈五星各以分野言之五星
色不明主勝五星色明客勝
月蝕　河圖帝覽嬉曰所宿國其下有大戰拔城　兵
在内而月蝕者其國受殃　兵未起而月蝕者所當
之國兵戰不勝月滿而蝕者兩國相當若無兵主將
死于野　月蝕從上始謂之失道國軍當之月蝕從
旁始謂之失令相當之月蝕從下始謂之失法將軍
當之矣　月春蝕東方夏蝕南方秋蝕西方冬蝕北

方其下畢憂　月犯熒惑而暈者其下破軍亡地大
將憂近一年遠三年　夏氏占曰月蝕出軍折傷後
有失地　月蝕東方其月惡風　月蝕西方主人利
荆州占曰月蝕有大戰破軍死將拔邑亡地　月蝕
不盡破軍將憂　月蝕青色五穀貴　月蝕赤色宜
為客不出一年　月蝕黄色有立諸侯國王者　月
蝕白色其國失地或有喪　月蝕盡者糴貴客以其
下宿國占之　月已蝕而青者為憂　月已蝕而赤

者為兵　月已蝕而黄者為財　月已蝕而白者為
喪　月已蝕而黑者為水　月秋蝕西方兵起　月
蝕歲星而蝕者天下大戰　月暈太白而蝕者其國
兵強若戰大將有二心　巫咸曰月犯填星而蝕主
土功　武密占曰軍在外月蝕自下而上者將軍當
之　月蝕而闘有軍必戰無軍兵起隨所蝕戰利
兩月並蝕天下亂　月蝕有氣從外來入月中者
主憂氣從中出者客憂從南行南軍憂東西北亦然

氣所向者敗　月蝕後三日有雨事解　月蝕有彗
星入月者其下有兵

陵犯雜占

月犯歲星　其宿風飢民流主邊客　晉書曰月蝕歲
星其宿國有兵叛逆像之　月與歲星同宿而蝕粟
貴
月犯熒惑　巫咸曰熒惑與月同光其月月蝕有叛大
民飢　月犯熒惑小戰　河圖帝覽嬉曰熒惑入月

中憂在內非兵乃盗　熒惑入月中有兵以戰不勝
京房易傳曰月與營惑會其宿國主死　海中占
曰月與熒惑合其宿國主內兵　荆州占曰月與熒
惑合光芒相及其宿國亂起兵　月犯熒惑戰勝之
國大將死　月蝕熒惑其師破敗　天官書曰月蝕
熒惑其國地亂

月犯填星　巫咸曰填星與月同光其月月蝕若星搖
徙其下亡地　荆州占曰月與填星合下國飢先舉

事者敗　月蝕填星不明主勝不明客勝　天文志
曰月蝕辰星民流千里　高宗占曰月暈填星所在
之國兵起不勝　河圖帝覽嬉曰月暈填星所守之
國在德

月犯太白　天文錄曰太白與月同光其月月蝕其下
有兵　荆州占曰月與太白皆出其城守軍宜更城
守吉　太白入月君出主將死　月暈太白星入暈
中者星色不明則客散星色明而有角客勝　太白
與月並明主大戰相去五寸有城拔二寸憂兵　太
白與月合其分野主憂兵　月犯太白天下民靡散
月戴太白有卒兵期五日　入月三日太白失行而
南月在北秦兵有戰不勝　秋冬入月三日太白出
西方居月北者强居月南者弱　入月三日刺太白
陽大邑拔陰小邑驅掠出南方為陽北方為陰　海
中占曰太白居月中無光名月蝕太白强國君死
太白有光名太白蝕月臣叛主期三年　太白出月

右陰國有謀太白出月左陽國有謀　天官書曰月
犯太白强國以戰敗　郗萌曰相去五寸天下憂兵
又曰太白出月中國失政　河圖帝覽嬉曰月犯
太白强侯作難戰不勝　月與太白期不出六年國
有兵戰敗亡地　月暈太白其野受兵戰不勝所守
之國兵起　太白入月中將軍死戍謀主不成　又
曰必有內惡戰不勝　月與太白相遇者月出其南
陽國受兵月出其北陰國受兵巫咸曰月未盡三日

候太白出東方在月北中國不勝負海國勝　天文
總論曰月未盡三日候太白出東方與月相並舉指
準之間容一指入月三日有破軍死將主人不勝客
二指入月九日相並舉軍政敗主人亡地宂容三日
入月十五日有破軍主亡地容四指入月二十日客
軍大敗容五指入月二十五日有兵戰戰並出則占
不並出則不占

月犯辰星　巫咸曰辰宿與月同光其月蝕　海中占

曰月與辰星相遇所合宿主雨水　河圖帝覽嬉曰
辰星入中中臣欲叛　月與辰星合宿其國亡地
月犯辰星兵大起　月蝕辰星其國憂水飢兵未起
而蝕所當之國戰不勝　荆州占曰辰星入月復出
其國分野主死入而不出其國君臣憂　又曰月與
水合所宿國兵起　海中占曰月暈辰星春主大旱
秋主大水又主兵

彗星犯月　海中占曰彗星入月中主兵大起期十二
年大飢　若彗星入月無光不出期年有亡國　荆
州占曰臣叛主若彗星貫月有臣謀主　彗星在月
上有大兵起將死四夷來侵　河圖帝覽嬉曰彗星
在月中兵大起

流星犯月　河圖帝覽嬉曰大星流入月中無光者有
兵有光者亡國　荆州占曰月暈有流星出暈中青
色主憂主城拔黄色主益地白色主豐熟黑色主軍
敗

月犯列星　河圖帝覽嬉曰星貫月陰國可伐　甘德
曰月犯列宿其國受兵　荆州占曰月犯列星其下
有兵　月蝕列星不見者國亡　京房妖異占曰月
中有星天下盜賊星多者盜賊多　荆州占曰列星
居月中不見其國飢其國以二十八宿所屬十二分
野而言之

武經總要後集卷十六

欽定四庫全書

子部

武經總要後集卷十七 十八

詳校官編修臣程嘉謨

總校官候補中允臣王燕緒
校對官主事臣金光悌
謄錄監生臣黃鉞

武經總要後集卷十七

宋　曾公亮等　撰

占候二

日月五星二十八舍凡妖災變籍日辰以辨之有歲有月日有時所生吉凶在焉

甲為齊

乙為東夷

丙為楚

丁為江淮南蠻

戊為中國

己為韓魏

庚為秦

辛為華山以西西夷之地

壬為燕趙

癸為常山北北夷燕趙之國

子為周
丑為翟亦主遼東
寅為趙楚
卯為鄭
辰為晉
巳為魏
午為秦
未為中山梁宋
申為齊晉魏

酉為魯
戌為趙
亥為燕代
歲月日辰時及見災所在之地皆同用也假令丙辰年七月丁卯日午時災見於未地太歲在丙為楚辰為晉七月申又為鄭又午時為秦災見未地復為中山梁宋即是其地各有災也他不言倣此

五星占

歲星曰東方春木於人五常仁也五事貌也仁虧貌失逆春令傷木氣則罰見歲星歲星盈以其舍命國其所居久其國有德厚五穀豐昌不可伐其對為衝歲乃有殃歲星安靜中度吉盈縮失次其國有憂不可舉事用兵
熒惑曰南方夏火禮也視也禮虧視失逆夏令傷火氣罰見熒惑法使行無常出則有兵入則兵散以舍命

國有亂為賊為疾為喪為飢為兵所居國受殃環繞鉤已芒角動揺變色乍前乍後乍左乍右其為殃愈甚其南丈夫北女子周旋止息乃為死喪冦亂其野亡地其失行而速兵聚其下順之戰勝
填星曰中央季夏土信也思也仁義禮智以信為主視言視聽以思為正故四星皆失填乃為之動動而盈侯王不寧縮有軍不復所居之宿國吉得地及女子有福不可伐去之失地若有女憂居宿久國有厚福

太白曰西方秋金義也言也義虧言失逆秋令傷金氣罰見太白太白進退以候兵高卑遲速靜躁見伏用兵皆象之吉其出西方失行邊地敗出東方失行中國敗若經天是謂亂紀人衆流亾晝見與日争明强國弱小國强女主昌

辰星曰北方冬水智也聽也智虧聽失逆冬令傷水氣罰見辰星辰星見則主刑主燕趙以北宰相之象亦為殺伐之氣戰鬬之象又曰軍於野辰星為偏將之

象無軍為刑事

凡五星木與金合有破軍火與金合為爍為喪不可用兵與金水合為北軍用兵舉事大敗火與水合為焠不可舉事用兵土與水合為壅沮不可舉事用兵有覆軍與金合亾地與木合主飢水與金合為變謀為兵憂入太白中而上出破軍殺將客勝下出客亾地視所指以命破軍環繞太白若與大戰客勝

凡木火土金與水鬬皆為戰兵不在外凡同舍為合相陵為鬬二星相近其殃大相遠毋傷七寸以内忌之

凡五星分天之中積於東方中國利積於西方外國用兵利　辰星不出太白為客其出太白為主出而與太白不相從及各出一方為格野雖有軍不戰

凡五星見伏留行逆順遲速應歷度者為得其行政合于常違歷錯度而失路盈縮者為亂行亂行則為天夭彗孛而有亾國革政兵飢喪亂之禍

凡五星合是謂易行有德受慶王者奄有四方五星皆

大其事亦大皆小其事亦小四星合是謂大盪其下兵喪並起　三星合是謂警世絶行其國外兵内喪主飢

塡星太白辰星合宿為國亾地戰不勝

歲星熒惑同舍相去三尺相守七日至四十日其國外有叛臣

塡星所在歲星從之伐者不利

天文總論曰太白辰星同日出於東方東方有兵同日

出於西方西方有兵　太白辰星俱出在東方皆赤而角瀕海之國大敗　太白辰星俱出西方皆赤而角中國大敗　太白辰星色皆黑外國辰星色黑而出與太白不相從其野雖有軍不戰　辰星與太白不相近出東方若二十日至三十日不入東南國有軍不戰至春夏有兵　辰星與太白不相近出西方二十日至三十日不入西方北方有兵　辰星與太白相近三四尺於西方二十日至三日有軍戰星星

相去遠不戰　辰星隨太白於東方兵起期六十日　太白出辰星北客利一太白出辰星南主人利若併出東利以西伐東軍勝若出西方利以東伐西軍勝　太白辰星俱出東方太白先出昇星後出辰星上過太白而去其下有臣背不出一年　辰星過太白間可容劒小戰客勝居太白前上旬三日軍罷若出太白左小戰壓太白右有數萬人戰主人吏死　辰星未抵太白不去將死有旗出上破軍殺將客勝

太白出東方辰星居其前而不去十五日若二十日而入陰國兵威不大戰客去兵罷　辰星出東方居太白前利主　辰星與太白俱在西方居太白前相近其間可容劒在西北陰國有兵在西南陽國有兵　太白辰星在西南南國之事在西北北國之事在酉中則中國之事　太白辰星相遇太白迫之主人不利　太白出辰星之右居其前主人利　辰星入太白中五日而出破軍殺將客勝不出客亡地三

百里視旗所指以命破軍　辰星太白會為客兵為變謀　辰星隨太白於西方環繞若抵白白居西北則陰國兵起居西南則陽國起兵期半年　太白自暈天下有赦有兵有嘉不出二十日其邑國失兵　辰星自暈有兵有水　火星自暈兩軍相當而雲掩熒惑必有覆軍死將二十八宿次舍凡二十八舍五星干犯之言備者同占之以星列舍犯之事及分野主之言其災變

東方七宿七十四度

角宿二星十三度為天關其内天庭黄道經其中七曜之所行左為天田主刑右為將主兵　月暈左角主兵左將軍憂　月暈右角主兵右將軍憂　填星犯左角大戰　太白犯左角不可戰

亢宿四星九度半天子内朝也　月暈亢多雨　月暈亢外有兵革之事　犯距星軍將死　歲星陵犯有小兵　熒惑入亢主兵　太白入亢主邊兵

氐宿四星十六度（四度十二分宋之分野）王者之宿宫也　月暈

大將憂　月犯兵起　太白入氐主兵疫辰星守氐主兵

房宿四星五度為明堂天子布政之宫其四星四輔也下一星上將次將第三星次相上星上相中間為天門黄道之所經　日暈主兵　月暈主大風　歲星太白守犯將相憂

心宿三星五度天王正位中星曰明堂為大辰主天下賞罰　熒惑太白凌犯戰不勝　填星守光明赤黄主慶賜之事

尾星九星十七度（八度五十三分燕之分野）后妃之府　大陰陵犯陰國將軍死　日暈陰國弱　歲星守犯主旱　太白犯之人民不安

箕宿四星十度後宫妃后之府也　月從箕星多風雨又主客蠻夷故貊故變胡將動必先占此　日蝕主疾風雨飛石折木　月暈兵西北來者勝　月蝕主飢車騎滿野　月并歲星犯守穀貴

北方七宿九十七度半二十五分

斗宿六星二十三度丞相太宰之位亦主兵一曰天機南三星天之庫也天梁也北三星天府庭也　月蝕大將刑　月陵犯占風雨之變　太白辰星犯守有兵　填星犯守臣下不軌

牛宿六星七度天之關梁一曰天鼓又上一星主道路次星主關梁次三星主南粤動揺變色則占之　日暈陰國主死　日月蝕兵起　月陵犯大水　旗星

居宿度三十日以上天下和平四夷來服 太白入
主兵革
女宿四星十一度（六度六十三分齊之分野）主婦之界者 太白犯
之布帛貴亦主兵
虛宿二星十度二十五分半主北方城邑廟堂 日暈
齊地主兵 月暈主兵 日月蝕暈旅飢 歲星入
齊地飢
危宿三星十八度大（十五度六十九分衛之分野）

室宿二星十七度為軍旅糧之府主土工事一星為宫
一星為三軍之廩故置羽林之衛無芒角不動天下
安 離宫六星在側日蝕衛地有憂 月蝕民乏食
月暈蠻來 熒惑逆行陵犯臣下有謀主起兵 填
星凌犯主關梁不通斧鉞用
壁宿三星九度主文章 日暈風雨主大水
西方七宿八十二度半少
奎宿十六星十七度（四度四十一分魯之分野）天之武庫一曰天豕

又曰封豕所以禁暴横也又主溝瀆 歲星守之北
狄懐服 熒惑填星入分野凶
婁宿三星十三度大為天獄 月暈所守犯有兵在外
不戰 日蝕魯地 歲星守之天下安 熒惑守犯
主兵起
胃宿三星十四度（六分三十一分趙之分野）天之藏庫主食廩五穀
府也一曰主討捕誅勝 日暈年穀不熟 月蝕將
軍憂 月犯之趙北兵 歲星犯之五穀不實 熒
惑守之旱飢 填星流舍三月客軍敗 太白犯之

兵起 辰星犯之大吉
昴宿七星十一度天耳也主西方畢昴間為天街黄道
之所經 七星背黄兵大起星動若跳躍邊兵起
日暈陰國邊帥病 日蝕臣下憂 月犯將軍死兵
不安 歲星乘昴出北陰國有憂邊帥死熒惑守犯
邊人病疾 填星守犯國安 太白守犯趙地旱
畢宿八星十六度（十度四十六分晉之分野）其星太白天高主邊兵

日月暈蝕五星守犯主陰國憂邊主死

胃宿三星一度為畢之候行畢之府藏也主師旅收斂萬物　日暈陰國弱邊地多疾疫　日蝕邊兵憂月犯主小戰　歲星熒惑填星辰星守犯魏兵起

參宿十星九度少一曰參伐一曰鐵鉞主斬刈所以斬伐萬物助陰也　日暈鮮畀死又曰邊將憂　月蝕晉地起兵　熒惑犯守兵火　填星太白辰星犯之主兵

南方七宿一百十度大

井宿八星三十度二十度五十五分秦之分野天之南門黃道之所經天之停候主水衡法令所取平也王者用法平則明而端列鉞一星附井之前主伺淫奢不欲其明明與井齊鉞斧用　日暈主風雨日蝕秦地凶　月蝕年穀不登　月犯之鉞斧用　歲星太白犯守主秦地兵　辰星入井在外星進主兵星退守井若角動色赤主兵黑主水黃潤主善　五星犯動鉞悉為兵災

鬼宿五星二度大天目也主視明察奸謀東北星主積布帛西北星主積金玉隨變占之中央為積尸一曰鈇鑕主誅斬　鬼星明大五穀不成不明則民流散其其忽忽不明明則起兵　日蝕月暈秦地有兵粟貴人民憂　填星熒惑犯之斧鑕用　太白辰星守犯兵起犯則積尸貴臣憂

柳宿八星十四度少七度五十六分周之分野天之廚宰又主雲雨

日暈兵　月暈周地不安　積星主犯周地旱太白辰星守犯主兵

星宿七星七度一名天都主兵急盜賊星明王黃昌日暈周地憂　月蝕其地蝕　月犯守兵在外戰主民飢　歲星守犯主盜賊起

張宿六星十八度十六度七十一分楚之分野主珍寶宗廟天廚及賞賚之事　日暈將相憂　歲星入內外兵起　熒惑填星太白守犯主兵起　辰星守犯主水

翼星二十二星九度少天之樂府又主邊地遠客負海之賓星明大則禮樂興四夷來動則邊地使來離行則天子舉兵　月暈主自卒逃循熒惑太白辰星守犯守兵起

軫宿四星十八度半十二度十二分鄭之分野主車騎凡軍出皆占於軫　日蝕楚地兵　熒惑填星太白守犯楚地兵起

諸星占

大角一星在攝提間赤為兵

梗河三星在帝座北天矛也主矛鋒以備不虞一曰天鋒主邊兵起

招搖一星在梗河北主胡兵占其星芒角變動則主兵革

天門二星在左角南不見則大兵至　日暈天門關梁不通兵起

庫樓十星在角宿南為天庫之府其六大星庫也南四星樓也旁十五星三三而聚者柱也中央四小星衡也星明大芒角雲氣流星客星干犯則兵起

折威七星在亢南主斷軍獄　月犯折威邊將有棄叛陣

車三星在氐南天之車革也　金火守犯兵革滿野

騎官二十七星在氐宿南天子宿衛騎士之象　五星守犯主兵

騎陣將軍一星騎將也

車騎三星在騎官南總騎車之將主布陣行列

西咸四星在房宿北東咸四星在心宿北日月五星之道也　月犯東西咸有陰謀事五星犯有兵起

積卒十二星在房宿西南五營軍士之衆　五星入守天下兵起　月犯天江有兵强河津不通

天雞二星在狗國北　金火入守兵太起

狗國四星在建星東主三韓鮮卑烏桓玁狁之屬　五星守犯狗國外國有憂　火守東邊兵起

右右旗九星在牽牛北天之鼓旗為旗表主設備知敵謀

天壘地十三星形如貫索在哭泣南主鬼方北夷丁零匈奴之數所以候興敗存亡

斧越三星在八魁西北主行誅拒敵斬伐奸謀星欲不明若明動皆為斧鉞用

北落師門一星在羽林星西南主北方蕃落亦主候兵

壘壁陣十二星在室宿南是羽林之垣壘主天軍營陣

五星入壘壁陣大兵起

羽林四十五星三三而聚散在壘壁之南主天軍營陣羽衛之象 月犯羽林兵戈起 五星入羽林闗梁不通兵起

天將軍十一星在婁宿北中央大星天之大將也外星吏士也動摇主兵起旗真揭者隨所擊勝

左右更五星在婁宿西秦爵名也主牧師之官牧養牛馬之屬金火犯守左右更山澤有兵起

天街二星在昴畢間為陰陽之所分 月犯天街兵塞道路金火犯守兵起

參旗九星在參宿四天弓也弓弩之候如弓張則兵起旗星偃曲也 五星犯參旗主兵起弓弩用

狼一星在參東南為野將主侵掠

弧矢九星在狼星東南天弓也主行陰謀以備盜賊常屬矢而向狼

凡諸星不言兵者不具之皆以星名所主占之雲氣彗

孛

客星流星有干犯諸星以其五色星名分野言其禍福

星變

瑞星

景星 傳景星者德星也 符瑞圖曰景星者大星也狀如半月生於晦朔助月為明 巫咸曰景星見其國昌

周伯星 晉書曰周伯星黃色煌然所見之國大昌

含譽星　孝經援神契曰含譽光耀似彗其國喜則含譽射之蠻夷奉貢則含譽射之

天保星晉書曰天保星者流星之類有音如炬火下野雉鳴天保也所墜之國有喜　隋開皇元年十一月已已有流星如炬火燭地占曰流星有聲者名曰天保所墜之處其國有喜後九年陳平天下一統

妖星

天棓星　傳曰天棓一名覺星本類彗星末鋭長四丈

或出東北方奮事　運斗樞曰彗星出東方名天棓　甘德曰天棓出其國凶不可舉事用兵必有破敗軍拔臣　天官書曰歲星失次進而東北三月生天棓長四尺末鋭

蚩尤旗星　傳曰蚩尤旗類彗而後曲象旗或曰赤雲獨見或曰其色上黄下白所見之方下有兵大起　天官書曰蚩尤旗見則王者討罰四方　孟康曰蚩尤旗者熒惑之精也　唐中宗景龍二年七月有赤氣亘天其光燭地經三日不見占曰蚩尤旗也主暴兵十一月庚申突厥首領娑葛犯塞

國皇星　傳曰國皇大而赤類南極老人星或曰去地三丈如炬火主内寇内難或曰其下兵起兵强或曰内外有兵　春秋考異郵曰國皇見東方兵起

照明星　天官書曰照明星大而白無角乍上乍下所出國起兵多變　孟康曰照明星形如三足机机上有九彗上向熒惑之精也

司危星　天官書曰司危如太白有角或曰出西方之野星去地可六丈大而白司危出其下主兵衡不利　孟康曰星大而有毛兩角熒惑之精也

天讒星　巫咸曰彗出西北如劒長可四五丈名天讒　運斗樞曰彗出西如劒長可四丈名曰天讒見則兵起

五殘星　巫咸曰五殘星出東方星狀類辰星可去地六七丈　春秋合誠圖曰蒼彗散為五殘如辰星出

角五殘者五分也為毀敗之兆　荊州占曰大而赤
類動察之而青為五殘見則兵起

六賊星　巫咸曰六賊星出正南方其星去地六丈大
而赤動有光　天官書曰六賊星所出非其方其下
主兵衡不利

天鋒星　宋均曰天鋒彗象而形似矛鋒若見則天下
兵起

長庚星　天官書曰長庚如一疋布着天見則兵起

枉矢星　晉書曰枉矢類流星色蒼黑蛇行望之如有
毛角長數丈見則謀反之兵合射所誅亦為以亂伐
亂　又曰枉矢黑軍士不勇　漢書曰秦兵亡項羽
救鉅鹿枉矢西流矢所觸天下之所伐射滅亡衆也
物莫直於矢今蛇行不能直枉而不正以象項羽執
正亂也

天狗星　巫咸曰天狗狀如大奔星色黃有聲其下地
類狗所墜望之如火光炎衝天其上銳其下圓如數
頃田孟康曰星有毛旁有短彗有狗形
郄萌曰星出其狀色赤白有光下即為天狗　荊州
占曰流星有光見人而墜無音若有足名天狗其色
白其中黃如遺火狀主侯兵討賊破軍殺將

營頭星　司馬彪曰營頭星者有雲如壞山墜所謂營
頭之星所墜其下覆軍流血千里　一曰流星晝隕
為營頭

客星

天文總論曰客星者非其常有偶見於天此天皇大帝
之使以告休咎也　一曰客星見無常所或出西或
出東曰多者事大而禍深日少者事微而禍淺或見
而變色芒角必有謀殺之兆其色微小即有陰謀兵
亂之事各以星色占之色白者其分野兵起有芒角
者其下破軍殺將侵奪城邑　魏文帝黃初三年九
月甲辰客星見太極左門內占曰客星出太微國有
兵十月帝南討孫權自後累有兵

流星

流星天之使也自上而降曰流自下而昇曰飛大者曰奔奔亦流星也星大者使大星星小者使小星聲隆隆者怒之象也行疾者其速行遲者期緩大而無光者衆人之事小而有光者貴人之事大而有光者其人貴且衆也乍明乍滅者成敗也前大後小者恐憂也前小後大者喜事也蛇行者姦也往疾者往而不返也長者其長久也短者事疾也　流星所墜其下

有兵　無風雲有流星見良久間乃入為大風發屋折木小流星數百四面行者衆庶移流之象　流星如甕者為有發謀起事　凡圍城而有流星來往過城或墜城内營壘之中者軍旅散散之象　流星從彼敵出來吾軍上必當有間諜來説吾士卒夜半或寅時使至　流星有流不止者不出百八十日動衆離散若墜吾軍營中大凶可以速退軍避之一云易將而禳之　流星色青赤名曰地鴈其所墜者起兵

流星有光青赤長二三丈名曰天鴈陣中之精華也其國起兵將軍當從星之所向吉　流星有芒或有聲　天文總論曰此為怒氣各以分野占之色青為憂為飢赤為兵為旱黄為喜為土功之事白為兵為刑罰黑為疾疫為死為水災先看休王而占之各以日辰宿分所屬之國分野論之　流星有光尾伏如布疋蒼白色為使色赤論兵色黑論死　流星甚大其光照地色青赤流四旁者五穀不登　流星犯

日映日而赤色向日而流者天下不安唐太宗大歴二年九月乙丑晝有流星從午没丑潯桂州山獠陷州城逐刺史　衆流星者陰陽之精五行之氣形體在下精耀在上衆流星者萬人不安之象凡衆星並流將軍舉兵隨流星所向擊之勝後魏文帝和平元年三月有流星數千萬西行三年六月詔將軍陸真討雍州叛民破之

流星犯歲星　天文總論曰其地辱主

流星熒惑惑　天文總論曰流星衝熒惑其下君有福
慶若光映熒惑者鄰國有奸謀之意宜勤防之
流星犯塡星　天文總論曰外邦有奸人入國　流星
來衝塡星其塡星光潤其分野有福　流星犯塡星
而色赤其分野有兵色黑其分野其水
流星犯太白　天文總論曰流星來犯太白其分野軍
弱無兵起兵　流星衝太白太白無光其軍師有憂
流星潤澤前後有光而銳來穿太白其下君有德

令臧行外若有軍即還
飛星　天文總論曰飛星類流星自下而上曰飛星
晉書曰飛星大如缶或有星如甕復皎然白前卑後
高此謂頓頑其所從者死亡
奔星　天文總論曰有大流星曰奔其星所墜其下有
大兵光跡相連曰流絕跡而去曰奔
隕星　天文總論曰星隕如雨有兵亂起
彗星　傳曰彗星所以除穢布新也　晉書曰彗星所
謂掃星本類星末類彗小者數寸長或亘天見則兵
起大水掃除也除舊布新有五色各依五行本精所
生　按彗無光假日而為光夕見則東指辰見則西
指在日南北皆隨日光而指頓挫其芒或長或短光
芒所及為災　天文總論曰兩軍相對有彗星見隨
彗所指擊之者勝　彗星有行有止若行者事小止
者事大各以其分野占之　荆州占曰諸彗出長三
丈以上期一年四丈以上期三年十丈以上期五年

凡彗星所干歷百日以上期三年百五十日以上
期五年二百日以上期七年　彗星見則敵國兵起
得本者勝　彗見昏見其國受兵　彗星見久其災
深短則其災淺彗星出有叛者兵起其國一日不出
一歲天下大水其邦尤甚　運斗樞曰彗星見後曲
象旗則王者伐四方
孛星　傳曰孛星者惡氣所生為亂兵以分野占之主
兵災

虹蜺 武密占曰虹蜺陰陽之氣和則為雨露怒則為風雷散則為虹蜺虹者攻也陰氣攻陽氣也蜺者嚙也灾氣傷害於物如有所嚙 一曰樞星之氣散為虹蜺者斗之亂精也斗失度則為之 一曰陰陽不和交錯之氣雄曰虹雌曰蜺雙出色鮮者為虹暗者為蜺 若攻城有虹從外入飲城中水者從外順虹攻之勝 屈虹入城中其城可屠 若城上有黃虹貫城中主喜青黑㐫赤白城隘大戰流血 虹蜺直

指從所指擊之勝 三屈虹東出其下有大戰亡城破軍將死 五虹俱出兵起期三年 虹蜺似日月暈者必有破軍先起者勝虹從井中出或飲井水者主兵起

風角

凡候風之法選高迥之地立五丈竿首作木槃書八卦分四維十二辰上安三足木烏機關轉運使烏口銜花視花動揺即占之 又法以雞羽八兩為葆繫於竿首候羽葆平直即占之

灾祥

吉祥之風日色清明風氣和緩從歲月日時德幷德合或乘王氣而來人心悅順是為吉祥主德令下施之應

德者陽德自處謂甲丙戊庚壬為陽假如甲日甲德在甲也 陰德在陽謂乙德在庚丁德在壬己德在甲辛德在丙癸德在戊是為德合其有王氣者隨四

時王方也

㐫灾之風日色白濁天氣昏寒其聲叫怒而揚沙秉刑殺而暴至發屋折木詳五音而定㐫灾起止刑衝定八方而知善惡皆明備矣

五音之法 一言土 三言火 五言水 七言金 九言木 子午庚 丑未辛 寅申戊 卯酉巳 辰戌丙 巳亥子 假令甲子金從甲數至庚得七即納音是金也 假令乙數至辛得七

即納音是金也此乃大撓五音配五行音宅倣此
以求之　地有配十二辰屬五音之法子為陽宮
午為陰宮　丑寅為陽徵未申為陰徵　卯為陽
羽酉為陰羽　辰為陽商戌為陰商　巳為陽角
亥為陰角
若鳴條以上怒風起止皆詳其五音與日辰刑殺五墓
五行相生相尅而言吉凶其下主客之法即以日辰
所得納音五行是客時下十二辰與風所來方為主

人則可定主客勝負　假令甲子日納音是金商為
客也時加巳時亥時此時是木角為主人金尅木客
勝主人餘皆倣此
凡年月日時四殺五墓上來天氣白濁昏寒皆為凶風
其日三刑最急坐不及起有賊暴至若行即防有伏
兵歲月日時三刑者　寅刑巳巳刑申申刑寅未刑
丑丑刑戌戌刑未子刑卯卯刑子以上為三刑　寅
午戌殺在丑亥卯未殺在戌甲子辰殺在未巳酉丑

殺在戌以上為四殺　木墓在未火墓在戌水墓在
辰辰金墓在丑以上為五墓
凡年月日時三刑四殺五墓之風天色白濁昏塞興兵
動衆見此須急準備賊兵奔衝侵掠嚴整武備
八節六情
八節之日　風乘王卦而來為吉
立春日風從艮來春分日風從震來　立夏日風從
巽來夏至日風從離來　立秋日風從坤來秋分日

風從兌來　立冬日風從乾來冬至日風從坎來皆
乘王卦
六情之日　申子日貪狼
北方水水生於申盛於子水性觸地而行觸物而潤
多所好而貪故曰貪狼
亥卯日陰賊
東方水木生於亥盛於卯木性受水氣而生貫地而
出故為怒以陰賊氣害木故為陰賊貪狼必待陰賊

而後動陰賊必得貪狼而後用二陰並行故王者忌
于卯也
寅午日廉正
南方火火生寅盛於午火性猛烈無所容受故為惡
其氣精勇嚴整故曰廉正
巳酉日寛大
西方金金生於丑盛於酉金之為物喜以利刃加萬
物刃所加無不寛大故曰寛大

辰未日姦邪
上方之情樂東與北也陽氣所萌故為上方辰窮水
也未窮木也木落歸本水流歸末故木利在未水利
在辰盛衰各得其所也水窮則無隙不入木窮則旁
行故為姦邪
戌丑日公正
下方南與西也陰氣所萌故為下方戌窮火也丑窮
金也金剛火强各歸其鄉故火利午金利酉酉午金

火之盛也盛時又利至窮無所歸故曰衰也火性無
私金性方剛故曰公正
凡寅午巳酉丑戌日風和緩而來日色晴明皆為吉風
主恩令慶賀 申子亥卯辰未日主為凶風主貪掠
陰謀姦詐 又看風來地位以日時支干五行數言
之王相多休囚則少
觀風察將
凡勢隆隆如車如雷如擊鼓聲者謂之宮風其將寛和

而有信 風勢如金如石相敲擊如金聲雜佩和響
者謂之商風其將威猛而好殺風勢肅肅習習如動
林木者謂之角風其將仁恕不可詐欺風勢如奔馬
火焱掣裂者謂之徵風其將猛裂難與争鋒勢如流
水揚波激氣相雜者謂之羽風其將貪暴多姦詐
處氏曰兩軍相當陳師原野未知主客勝負如何者以
先舉為主後應為主常以其時與來方為主其日納
音為客若時與來方能制納音主勝若納音制時與

來方者客勝若相生者為比和不戰常以地十二位
分之
子為陽宮午為陰宮屬土　丑為陽徵未申為陰
徵屬火　卯為陽羽酉為陰羽屬水　辰為陽商
戌為陰商屬金　巳為陽角亥為陰角屬木　王
時以然皆屬主命　假令壬子癸丑壬午癸未戊
辰己巳戊戌己亥庚寅辛卯庚申辛酉皆木屬角
曰為客軍命在木若風從辰戌商未上來時加辰

戌者謂辰戌金能制木皆主軍勝客軍敗　若風
從子午宮上來加子午宮屬土時與風來方屬土
納音是木能制土客軍勝主軍敗攻城得捷軍臨
若納音是木風從卯酉羽上來或從丑未寅申徵
上來皆為相生主軍和解
李淳風曰兩相當先分八卦以察主客勝負若風從西
北乾上或正北坎上或東北艮上來宜先舉為客勝
後應為主敗　若從正東震上或東南巽上或正南

離上來者利後舉主勝先舉為客敗　若從西南坤
上來者主有謀不成兩不利　若從正西兌上來者
客有伏兵主宜設備否則大敗

用兵勝負

謝臨曰初出軍日風從後來衝霧突雲人雄壯馬嘶逸
旌旗如舉勢指敵方鼓角聲清而震響軍臣對問以
調和必獲全勝以建大功若從旁來而前向者得天
人之助獲得糧儲敵來降我　若從出軍日風從五

音相生位上來天色暗明人馬奔逸上下懽心風氣
調暢軍行勝捷將成大功假令巳亥角日風從卯酉
羽上來此名母來翊子風從丑未寅申徵上來此名
子來扶母出軍當勝有成功須天色晴明風勢和緩
者捷天氣昏濁風勢寒色塵土蓬勃者即有戰傷
若入敵境經要害過城壘三日內有風雨雷霆從我
軍上去入賊境有威怒之勢天助我軍行克城池獲
全玉蓋得龍處助軍之象謂雲從龍風從虎也　若

平安之時風雲相交即雨至　若用兵之時龍虎相交即急戰風為主雲為客　若風勢急大雲容薄小者主勝客負　若雲色濃後來勢且急風勢微弱不能震怒者

客勝主負

謝臨曰初出軍及三日内行次風勢蓬勃逆來衝我旗幟難舉人聲怯馬不嘶或從後或從旁起吹沙觸塞人馬行過回視無跡者此名鬼風軍必敗　若出軍

三日内急風甚雨威不能震者軍必大敗　若天氣沉昏風聲錯亂或久陰不雨皆為下謀上宜設備以順天意　若出軍日頓無風草木不動者賊不可得

若初立牙旗日飃風驟來牙旗摧折旗旛繞竿者此為不順天時上將死　若軍行旗旛指後者三軍敗戰將死　若半道逢賊分軍兩向或往戰風來逆吹旗旛却飛不進者大敗　若旗幟繞竿或下垂者交戰將死　若營陣既成列旗鼓初張有暴風卒來相掩軍幕傾旗旛折林木摧者此為惡兆主將失位軍人叛散　若風雨逆來不霑衣者此名泣軍師徒大敗　若交戰風雨驟來者此名洗尸戰大敗

中國伐四夷

張衡曰欲知中國狀伐四夷者當候四季受角之日戊辰戊戌癸丑癸未為角日日中半夜風勢緊急從四季上來謂四季屬土土畏木今日角木克土故知中國將伐四夷也當以風止之處知所伐之地　假令

東止辰伐東夷　止未伐南蠻　止戌伐西戎　止丑伐北狄　若風止有雨景色温和即不行　若四季受害之日丙辰丙戌辛未辛丑為受害日風從巳酉上來或四季上來皆外兵欲降不為惡　若四季日風從巳酉來皆賊兵解散　若風勢和緩天色温和為不來寒尅即來

攻城

虞氏曰若敵城相近攻擊未尅風從敵上射我軍經日

不絶止而復起數日如此者賊有伏兵欲來襲我或賊救兵將至宜整戈甲待便尅之當得賊城池財寳　若軍行得境下營纔定未逢戰者晝夜有急風來射我軍行勢奔速乍西乍東急防賊軍過我營砦宜安隊屯兵攻其不意　若旋風入營昏沉蔽天干戈倒帳幕傾者宜急設備以防不虞　若旋風吹物上天人皆恐怖宜防軍中有人與賊連謀順天時撫將校犒士卒則禍去灾除若與敵相守營砦相近旋風

歷城者隨其所在賊至宜設兵備之　或雲氣旋風從外入敵城者從入處攻之必尅

營砦驚急

李淳風曰兩軍相敵各有城寨相守經時勝負未決者當以風勢察之　若從風歲月日時刑上來假令子年十一月子日夜半有風從卯上來者是勢遲緩者宜秣馬利兵急設驚備以防賊至必有大戰若勢急速乍起乍止當有狂賊逢小戰　若兩軍相守未戰忽有風從賊方上來初起塵土蓬勃及至我軍之上勢低小高而不緊者其賊住十里外兵不交鋒各無相戰

敵城將陷

李淳風曰角日風從子午上來時交日中夜半其勢迅急寒尅者城必陷若從角上來勢號怒發屋折木者敵兵將至宜避若從亥子上來夜發晝止大寒夜必有賊攻其城砦　凡羽日大風寒尅日沉沉冥有兵

圍城客勝主不利　若貪狼姦邪日風從陰賊上來或商角日天氣昏寒與歲月日時刑相會者急賊至角日宮時大風急怒者其城破

敵兵解退

京房曰寬大廉正之日風從巳酉上來天氣溫和者敵兵退散四激上來者敵兵自退四激者春戌夏丑秋辰冬未是也　寬大受商之日風從丑來連未上來連三日者主客軍退散商風起幕中來不利客客退

一日受傷之日風從酉上來連三日天色清明大軍皆退 又寬大之日時加寬大風從巳酉上來止於巳酉時羣賊解散 若寬大日風從巳酉上來夜起晝止者主衆賊皆未散 若晝風夜止天氣溫和上下同心解散 若天陰寒亦未解

邊兵犯塞

京房曰欲知邊兵犯塞當視四季受羽受宮之日時當日中夜半風勢號怒𤋮帶刑殺者當有邊兵犯塞

乙丑乙未庚辰庚戌為受商之日 壬辰壬戌丁未丁丑為受羽之日 丙戌丙辰辛未辛丑為受宮之日 其日風從四季辰戌丑未時加日中夜半或甲子亥卯上來其勢急速者有夷兵侵界晝伏夜行風勢寒濁者必成也

李淳風曰壬辰為夷乙未為蠻壬戌為戎乙丑為狄其日若風從申子亥卯辰未上來勢寒尅者當有寇入境若壬辰壬子壬戌壬辰日風從甲子亥卯上來其勢急者有外寇與夷狄兵同侵國中 四季上來發屋折木比及三日主客軍入界 若商日風從陰賊上來主賊自殺其主 若陰賊日風從亥卯上來其勢寒尅賊自殺

軍城凶吉

李淳風曰欲知軍城吉者當視諸商日有風折木從丑寅陽徵上來連三日城中主軍勝客軍敗其將死城中人力少者客軍退城中蘇息 又五音逐日風起

時及地位五音尅日辰納音者主軍勝客軍敗 如純有徵風起在徵日寬大時敗客軍急退之象

假如甲子日屬金為客時加寅申風從陽徵上來者火為主火起制金為主制客則主軍勝客軍敗若甲子受金之日風從乙亥上來時加巳亥屬木金能制木為客制主則客軍勝主軍敗 又寅日風起於寅此名純徵日時加巳酉為寬大時有風卒起為客軍退之象

李淳風曰凡營營久相固守及初下營後擬為攻卻未定或有八難生者遂須迴避若賊攻城城必下風起時其狀徧歷八方周旋不定折木發屋吹塵不解蔽天城可屠宜預設備防之其風止則令弱兵先退奇兵漸進以強馬向敵作陣而回之　若城內忽有枉風起勢大惡倒戈驚人宜嚴警備　或旋風入營天色昏暗吹帛向空人皆見之者其軍不利宜祭天地良將預知故順天時撫士卒勞軍伍則災消

李淳風曰欲知賊數多少者視風所來之門為月期所乘辰為黑道以止發時支竿為人數乘王相則數倍乘休囚則數減

假令風從坎來起夜半止日中者坎居子位建子為十一月子數九其十賊當以十一月來住九百里或九十里內賊九人或九十人九百人　王氣十倍相氣五倍休廢如數　支干數者甲己子午各九　乙庚丑未各八　丙申寅辛各七　丁壬卯酉各六　戊癸辰戌各五　巳亥各四　日辰王相十倍休廢如數囚死減半　若大國兵臨未陣則言萬數中邦言千數邊鄙言百數各大小論之

伏兵

京房曰暴風忽起昏塵蔽天堅葉茂條皆落起於三刑五墓之上者宜防前後當有伏兵

武經總要後集卷十七

欽定四庫全書

武經總要後集卷十八　宋　曾公亮等　撰

占候三

雲氣

將軍氣象　將軍氣上達於天主名將多謀　猛將之氣如龍兩軍相當若發其上則其將猛鋭如虎在殺氣中猛將欲行動發此氣亦主有暴兵起吉凶以日辰決之　又猛將之氣或如火烟狀或如山林竹木

或紫黑如門樓或上黑下赤似黑旗或如張弓弩或如塵埃頭鋭而大者皆猛將氣也　軍上氣如囷倉正白見日益明者此猛將之氣不可擊　敵上氣黄白而轉澤者將有盛德不可擊　氣青白而高者將勇大戰前白後青而高者將弱士勇前大後小者將怯　敵上氣黑下勇赤氣在前者將者悍不可當　氣青而疎散者將怯弱　氣上發漸如雲又變作山形者將有深謀大智不可輕若在吾軍即當速戰必得大勝　敵上氣如蛟蛇向人此猛將氣不可當若在吾軍戰必勝　凡赤氣上與天連軍中有名將一云賢將

軍勝氣象　將帥士卒勇鋭則為勝氣　凡氣上與天連此軍士彊盛不可擊若在吾軍戰必勝　軍上氣如火光將帥勇士卒猛此氣不可擊在我軍上速戰大勝　軍上氣如山堤林木將士驍勇不可與戰若在我軍上戰必大勝　軍上氣如塵埃粉沸其色黄

有赤黄氣上達于天亦不可攻　凡軍上有五色氣上與天連此天應之軍不可擊　其氣上尖下大其軍旅日增益士卒鋭　其軍上氣似堤覆前後白必勝若覆吾軍上者急往擊之大勝　氣鋭色黄白團圓而潤澤者敵將勇猛其士能彊戰不可擊　雲如日月而赤氣繞之如日月暈狀有光者所見之地大勝不可攻　敵上氣如雲自中天而至及軍上常有氣不變者堅固難攻　凡雲氣如虎踞在軍上者勝軍

有赤黃氣上達于天亦不可攻　凡軍上有五色氣上與天連此天應之軍不可擊　其氣上尖下大其軍旅日增益士卒鋭　其軍上氣似堤覆前後白必勝若覆吾軍上者急往擊之大勝　氣鋭色黃白團圓而潤澤者敵將勇猛其士能彊戰不可擊　雲如日月而赤氣繞之如日月暈狀有光者所見之地大勝不可攻　敵上氣如雲自中天而至及軍上常有氣不變者堅固難攻　凡雲氣如虎踞在軍上者勝軍

上氣如塵埃前後高者將士精鋭不可擊　敵上氣虎伏者難攻　軍上常有氣者其兵難攻　軍上氣如華蓋勿與戰　有雲其狀如飛鳥所見國戰勝雲如旌旗如鋒刃向人者勿與戰兩軍相當敵有氣如飛鳥徘徊在軍上或來向高者兵精鋭不可擊黑氣出上有赤氣臨我軍上敵彊我弱　軍上氣如馬首低尾昂者勿與戰　軍上雲如杵勿與戰　望四方有赤氣如赤鳥在黑氣中如黑人在赤氣中如赤杵在黑氣中如十十五五及狀如旌旗在黑氣中有赤色在前者敵人精悍不可當敵上有雲如山嶽不可擊　有雲長如引索於陣前後鋭或一或四黑有陰謀青黑兵青色叛黃色急去　月暈有黑雲氣入暈中者隨所入擊之勝暈有抱所臨者勝　日暈相交居上者勝　虹直指順之而擊可勝　暈有抱有虹順抱者勝　日旁伴暈兩頭尖有戰者隨所指擊之

城吉氣象　白氣從城中南北出者兵不可攻城不可居　城中有黑雲如星名曰軍精急解圍去有突軍出客敗　城中白氣如旌旗者勝若赤界其邊精鋭不可當　赤雲臨城有大慶　黃雲臨城大喜慶青色從城中南北出者城不可攻　青色如牛頭觸人者城不可攻　城中有氣東其色黃此天城不可代　白氣從中出青氣從北入及回旋者軍不得入城　諸攻城圍邑過旬不雷不雨者為城有賢輔疾

去之勿攻　城中氣出於外如火烟者主人欲出戰其氣若無者不可攻　城中氣如雙蛇者難攻若前高後卑攻之可拔後高前卑者不可攻　赤氣如杵形從城中出向外者內兵突出主人勝　城上有雲分為兩彗狀攻不可得　城上之氣不見於者不可攻　有赤氣從城上出者兵內勝宜備之　凡城有諸氣從城中出入吾軍上者敵家氣也濛氣繞城不入者外兵不得入　日暈有青氣從中起四出者圍

中勝

戰陣氣象　氣青白而高者將勇大戰　氣如人無頭如死人臥敵上氣如舟蛇赤氣隨之必大戰損將　四望無雲獨見赤氣如狗入營其下有流血　四望無雲獨見赤氣如立蛇其下有流血　四望無雲獨見赤雲如覆船者其下有戰　初出軍日天氣昏漠雲氣陰沉寒慘者必戰　若清暢晴和風塵不動者不見敵亦不戰　有青氣見軍之王相方上者當成

交戰不見者不戰　若白蛇赤蛇見敵上其下必大戰流血　赤氣血出盤旋往者其下有兵流血　白氣如車入北斗中轉移者其下有流血大將死　雲如耕壠者兵必大戰　日傍氣相交貫穿或相背軍中不和　日有白氣若虹交見者從上擊下勝無軍而見者下必流血兩軍相當必交戰　有白虹四五六見者亦為大戰　日旁有一玦萬人死其下兩軍相當不利先舉　月初滿而蝕有軍必戰　日月有赤雲截之如大杵軍在外萬人死其下兩軍相當不

利先舉

陰謀氣象　白氣羣行徘徊結陣來者為他國人來欲圖人不可視其所往隨而擊之可得　日月濛混無光士卒內亂將軍宜循法度察有功以自明及有兵內發用嚴刑而伺姦人者勝　天陰沉不雨晝不見日夜不見星月三日以上陰謀也將軍宜謹左右及敵人五日至七日有謀擁蔽將奪其權主形殺事連

陰十日亂風四起欲雨不雨名曰濛臣謀上　天陰沉日月俱無光晝不見日夜不見星月皆有雲障之而不雨此謂君臣有陰謀兩敵相當共圖議事　若晝陰夜月出上者下夜陰晝日出下謀上　黑風氣如鍾出於營中上黑下黃敵欲來求其戰誠實通言九日内宜警備之吉　黑氣臨我軍如車輪敵人謀亂我軍　黑氣遊行中含五色臨我軍上敵必合謀來伐諸國反謀軍自敗

攻城氣象　凡城上有赤氣黃氣四面繞之城中大將死城降　城上赤氣如飛鳥城中急攻必破城上有赤氣如破車城可攻　城上無雲氣主士卒散敗　城上營中有赤黑狀如狸皮斑及正赤軍破　城上氣如死灰色及止不出者城可攻　一云攻城圍邑其氣如死灰出而覆其軍上者多病城可屠　氣出復入者人欲逃遁　城上氣聚如樓見外者攻之可得　城中氣起而上赤可屠城　城上有雲如象人頭赤色下多流血死喪　氣出南城可尅　其氣出而東城可攻　其氣出而西城可降　其氣出而覆其軍上者士多病　其氣出而高無所止日久長有氣從外而來者兵欲盜攻　凡攻城黑雲臨城者積土固險之象黑水之氣城池之象我據城敵不可攻敵據城我不攻　若白氣如蛇來上敵城上者急攻之必緩則失　若從其城來指我營者宜急固守凡攻城有見白氣繞城而入城者隨所入急攻之必

緩則失　凡攻城若雨濛霧曰日死（無色曰日死）主兵勝　氣如雄雉臨陣其下必有降者　濛霧圍城而入城者外兵得入　有雲如立人之狀或如立牛圍城上者氣如交頸虹向内城可攻　若有屈虹從外入城中三日内城可屠　日重暈而白虹貫日圍城客勝

暴兵氣象　白氣如瓜蔓連結部隊相逐須臾罷而復出至八九日急兵至　白氣如仙人千萬連結部隊

相逐罷而復出者當有千里兵來　黑氣從敵上來我軍上敵欲襲我敵人至宜備不宜戰敵回從而擊之小勝天色蒼茫有此氣依日支干數内無風雨則所發之方必有暴兵日尅時則凶時日自消散此氣所發之方當有使人告急一人來則氣一條二人來則氣二條三人來則氣三條若散滿一方則有衆來期至依支干數數内有風雨則伏　壬子候四望無雲獨見赤雲如旌旗下有兵起若遍四方者天下盡

有兵　若四望無雲獨見黑雲極天天下兵起雲半天兵半起名曰天溝三日内有雨災解　敵欲來者其氣上有雲下赤其下敵必至　雲氣如旌旗賊兵暴起　氣如人色赤白而悴者是暴兵起　氣如人持刀盾有雲如坐人赤色所臨城邑有卒兵至驚恐須臾去赤氣如人持刀節兵未息　雲如赤虹有暴兵白虹長出皆有暴兵流血　有雲如人行至不定有暴兵　赤雲如火者所向兵至　天有白氣狀如白布經丑未者天下多兵赤者尤甚　有雲如胡人列陣天下兵起　白氣起廣六丈東西亘天者兵起有雲如布疋亘天者兵起有雲如狗四五相聚圍兵起　四方晴明獨有赤雲赫然者所見之地有兵

伏兵赴氣象　軍上有黑氣渾渾圓長赤雲在其中其下必有伏兵不可擊　兩軍營欲戰或對壘相守望彼軍上白氣粉沸起如樓閣狀其下伏兵萬人不可輕舉　軍行近山林坑谷間當善防之既是伏兵之

地而上有氣者不疑　雲氣紛相連及如蒿草數尺此以車騎為伏兵　雲如布席之狀似蒿葉盈尺許此以步卒為伏兵　伏兵之氣如幢節在黑雲中或如赤杵在雲中或如黑人在赤雲中勿先動　黑氣出營南賊逃我後有伏兵謹候察之　兩軍相當赤氣者伏兵之氣若前有赤氣前有伏兵後有赤氣後有伏兵左右亦如之審察則知伏兵所在　軍上有氣黑色黑色中有赤氣必有伏兵不可攻　前有黑

氣後有白氣必有伏兵兵不可攻　有雲如山林在外有伏兵

軍敗氣象　敵上有氣上黄下白名曰善氣所臨之軍欲求和退　敵上氣囙發散如馬肝色或如死灰色或類偃蓋或類魚皆爲將敗　敵上氣乍見不見乍聚乍散如霧如氣此敗氣可擊若上大下小士卒日減　凡軍營上十日無氣發此軍必敗有赤白氣出乍即滅外聲欲戰其實欲退散黑氣如壞山墮軍

上者名曰營頽之氣其軍必敗　軍上氣如火光夜照人軍士散亂　軍上氣出而半絶者欲敗漸盡者是一絶一敗再絶再敗三絶三敗在東發白氣者災深　軍上氣如羊形或如猪形此是瓦解之氣軍必敗　敵上有氣如雙蛇疾往攻之大勝　軍上有氣中似雙蛇守日急往擊之大勝　軍上氣如粉如塵勃如烟軍欲散　軍上氣五色雜亂東西南北不定者其軍欲敗　軍上氣如羣猪在氣中此衰氣擊之大勝　軍上赤氣炎炎降於天士衆亂將死　赤氣如火光從天來流下入軍軍亂將死　彼軍上有氣蒼須臾而散擊之必勝在我軍上宜固守　軍上有黑氣如牛形或如馬形從東起氣霧中下漸漸入軍名曰天狗下食血主軍散敗　敵上氣如羣烏亂飛衰氣也伐之則我軍勝　望彼軍上氣如垂衣如人相隨擊之可得　望彼軍上氣紛紛如轉蓬者急擊之望彼軍上氣色如揚灰敵欲退去　氣蒼黑紛亂

者士卒饑　兩軍相去十里内三里外望彼軍上氣高而前後白青散此敗軍之氣可擊　雲如覆船如車蓋者其軍必敗　雲氣如人頭臨中營中戰不勝主流血　敵上雲如羣羊如驚鹿必退走宜急擊之　雲如卷席如疋布亂壞者皆爲喪敗之兆可攻而擒　雲氣蓋道蔽濛晝冥者飯不暇食炊不及熟可急去也　雲如雞兎臨營者軍敗走　軍上氣黑而卑如樓狀軍移必敗　氣如擊牛凶敗之氣　敵上

氣如雙蛇如飛鳥如決提如壞屋如人相指如人無頭如驚鹿相逐如兩頭鷄相向皆為將敗之氣　凡降人氣如人皆叉手低頭又如人叉手相向白氣如鳥　入屯營連結百餘里不絶而須臾下者當有他國來降　氣如黑山以黄雲為縁者欲降服之象氣清而漸黒者將欲死　雲氣如人頭者是將軍失兵衆之象　散軍之氣如燔生草之烟前雖銳後必退得歲月便擊之必勝　黒氣臨營或聚或散如鳥

將散主敵人畏我心意不定終必有逃遁逼之大勝若在吾軍善撫士卒　日暈中有氣如死蛇者將死兩軍相當不利先舉　日旁有赤氣如垂鍾其下有將死　日月暈有紫氣所臨者敗　軍上有白虹及蜺出者敗　軍上有白虹及蜺入營者敗日暈氣後至先去者敗凡日月暈與氣以先至者為發以先去者為敗　軍上若日旁虹蜺及犯逆之戰者敗　日暈有四缺在外軍盡散敗

氣象雜占

星有兩彗上似有蓋下連星名曰歸斜見有歸國者日暈有黄色抱珥直光戴覆黄色皆喜慶之事

京房占曰赤氣如繖蓋覆軍上千里内戰有慶千里外有憂黄色臨營西向東戰並凶北向吉

赤氣隨日出軍必有憂隨日沒外告急

赤氣漫血色者流血之象

赤氣如火影見者臣叛其君不過三朔

赤氣如龍蛇在山頭住又如夜光者臣離其君為客所傷人民流移遠其鄉里

黒氣如死人頭在營上敵人有所獻且求降許之不許必有戰功雖成士卒多死

黒氣如牛頭龍馬蛇變化當審而察之夷兵欲欺中國宜遣伺候讒言為惡

凡出軍向東代而有白雲從西來因隨而擊之勝若有赤雲從東來逆軍者敵勝我軍當敗急宜屯守他皆

做此

黑氣如積土在我軍上敵來襲我我必堅守經曰敵心必離離而後戰大勝

凡對敵在東方白雲東去而有雲又東來相逆須臾過者雲已去而有風隨之所望龍虎之狀若在我軍皆大勝雖雲從而風逆者亦不可戰

凡有雲氣横來者兩軍不合急先伏止當有遁將黄氣在吾軍者急令舉兵不速戰士卒懼人有遁心罷軍

吉

凡兩軍相當彼軍上有赤氣狀如疋布廣長數十丈其下色黄白必有背叛之軍暈見在臣位夜見在兵宜備之

凡被圍平旦視圍上氣鬱鬱如火光芒勢翁翁然者其救方至無者無救

軍行有白氣如虹者軍大驚宜備之若黑雲南北如陣國將有憂不然有大水為害白雲白氣極天南北如陣有憂黑氣東西如陣有憂若天氣蒼茫而東西極天移日不動者為憂深此氣以戊己日出為災赤雲臨圍上東西如陣者敗

凡霧夏以丙丁巳午日氣色赤出西行為利客主人凶

凡霧四季以戊辰戌丑未日氣色黄行向北利客主人内亂

凡霧秋以庚辛申酉日氣色白東行利為客先舉兵勝後舉兵敗

凡霧冬以壬癸亥子日氣色黑利南行

興軍動衆雲氣亂壞大風將至視所從來避之雲甚潤而厚大雨必暴至

四始之日有黑氣如陣後重大而多雨

氣若霧非霧著衣冠而濡見則其城帶甲而趨

日出没時有雲横截之白者喪黑者驚三日内有雨則災解

雲氣如兎臨軍營中軍士死亡

天有青氣入營者兵弱驚恐
天有赤氣入營者兵暴驚
天有黃氣入營者有兵和解
天有白氣入營者兵殭
天有黑氣入營者大主疾病一云兵相殘急移營有雲
有雲如蛟龍所見處將見失䰟
有雲如日月暈赤色其國凶青白色有大水
有雲狀如龍行國大水流亡

凡遇四方盛氣勿向之戰甲乙日青氣在東方丙丁日
赤氣在南方庚辛日白氣在西方壬癸日黑氣在北
方戊己日黃氣在中央四季日戰當此日吉逆之必
甲乙日平旦所向有白雲不可攻丙丁日日中所向
有黑雲皆為堅敵不可攻他倣此
赤氣如火者叛其君赤氣加西者客勝加北方者客敗
加東方者和解不鬬加南方者軍還天下安他倣此
凡天見五色雲氣望東西南北至子午卯酉若百步千
步一尺一丈十丈百丈如車道行百十丈日辰相尅
者大鬬不相尅者不戰生氣所臨有天命為兵殭相
氣所臨為戰勝死氣所臨為喪敗囚氣所臨為拔圍
降敵休氣所臨為罷無功各以王相休囚言之

軍行災異雜占

將帥床帳及車無故自動者主遠行如無遠行下欲謀之
將帥衣服無故血污下欲謀上宜施恩驚備
將帥槍刀劒無故出匣者主鬬

凡軍馬旗纛節倒拆主將失位鼓角刀劒自鳴者陰謀
之應
將軍眼瞤自動耳鳴及無故自驚並不自覺咄嗟者並
是下人起念生謀
軍中馬生角下謀上
將帥騎馬之次無故回頭齧入靴鐙觸人衣裳者主下
有陰謀已成
大將門廳鳴者下謀上將

鴉鵲禽雉等入帳幕中無聲者必有下傷害
大將軍食次匕筋自動其下行毒
狗無故上床主下謀上
蛇入廳及帳幕中屈盤勿損將謀相助
將帥睡中高語自覺驚寤計謀必成有神助之應
凡城郭中及營寨中木上有烏作巢及却拆卸去者兵
大出行不然别下城寨
若夢得大魚戰大勝

若夢見聞雷必破大賊急進兵大勝
夢見日暈有下人謀上
夢見霜雪軍威失勢夏月大凶士卒逃散
夢見槌鼓大鳴大勝小鳴小勝不鳴不勝
夢見食泥土必收城郭
夢見大水泛漲軍陣必勝
夢見自身病必加無因者甚吉傍有哭者聲必凶
夢見吐嘔者有病出也

夢見水乾得小魚半死半生者主口舌五日内當戰主
大勝
夢見牙旗折倒者軍威失利
夢見走馬得快利戰勝行遲者凶
夢見身入井者被牢獄厄宜撫士卒
夢見人遺刀劒利戰必勝
夢見身飛颺者戰勝名聞千里
夢見天道及大戰者有戰

凡為將帥領士卒察淵奥側成敗參諸天道不可不知
常視神光可見吉凶欲交戰之時當以手隱眼角則
見色若見光色各以五行言之黃光必獲敵人金帛
赤光者大喜白光者兵辦相交主流血青光者主有
憂黑光主大憂
夫出軍忽見虎狼在軍前後吼哮及入軍營中者不出
五七日有戰先衝變者大勝又云虎豹熊入軍營及
傷害人者主大賊至麞鹿之類入軍皆主營空急移

營吉軍行營幕已成忽有虎從外入我營走過軍中者急移必敗猛獸至軍營敵人勇必突入我營或有姦覘我軍

兩軍相當飛鳥入我城壘營陣者大凶急移營陣吉

兩軍相當有虎狼豹狸圍繞軍營悲鳴將有凶必大敗宜撫士卒翼日兩戰吉若在彼軍中鳴急宜進兵攻戰

若有猛獸橫入軍營中者急宜備戰主必敗

軍中或有豹狼及雉飛入軍營者皆凶急修德揚武吉

營陣有狐狸向軍四面鳴者戰必敗宜固守

軍營城壘往往捉得狐狸者敵人來戰必破敗

狐狸麞鹿之類入軍營者不出五日主軍驚若上將移軍後得敵人降建立營砦

凡野獸入軍皆與王將爲應兆兩軍相當應禽獸從將軍命德上幷歲月日德上來者有吉慶事從將軍命刑歲月日刑上來者主失位之兆

軍行馬無故食砂石厥應兵彊戰勝也

軍中馬晨夜鳴當有暴兵至急去士卒戰敗之兆

太乙

太乙者天帝之神也其星在天乙之南總十六神知風雨水旱金革凶饑陰陽二局存諸秘式星文之次舍分野之災祥貴于先知逆爲之備用軍行師主客勝負蓋天人之際相參焉

出軍太乙主客勝負占

經求年月日時四計太乙入七十二局之數乃用其局吉凶歲計小遊積年一百九十三萬七千六百一以周紀三百六十除之又以元法七十二除之慶歷甲申歲用第二丙子元九局月計甲申年前十一月建甲子立丑紀第四庚子元第二十五局未月計三元六紀法日計與時計同甲子年年十一月建甲子月計第一紀己亥己巳第二紀甲戌甲辰第三紀己酉己卯第四紀甲申甲寅第五紀己未己丑第六紀從

第一元通數之求紀法六十除之
有餘者為入局求日計大乙入局之法至所求積年
以章月人千一百二十六乘之章歲六百五十七而
一為積月又以月以法一千四百四十七乘之日法
四十九而一為所求天正十一月朔大小餘每日加
一算其積日既以三百六十餘之以紀法六十去之
餘為八紀日又以局法七十二去之餘為入局之數
依法求之求時計於日計於日計甲子上取之與月

計六紀法同求大乙四計周法行宮法三每二十四
行一周天月行十六神乾坤重一算陰局取其衝艮
巽重留計神子歲計起寅退行日月時同從天自命
算至大乙之宮前止得生算之數三之為參將命算
乾坤艮巽八宮二宮四宮六宮為正神起宮數數之
間辰有八節戌亥丑寅辰巳未申是也天目在此起
一餘依宮數數之客算以計神加和德宮天上十六
神加臨地下十六神於主天目之下是始擊將所臨

依前命算所得之算即得客大將所在宮三因為參
將計目以歲月日時計合神加歲月日時天目下為
定計目所臨命數得定計大將所在助客之算也既
看與太乙同宮之時主名曰囚在太乙前後一宮或
一辰名廹始擊同宮名掩在太乙前後名擊大小將
在客主目或太乙宮前後為挾大小將自相同宮為
關則有客關主人主人關客當相關之時若一林二
虎一泉一蛟氣有盛衰勢不兩立則以主客目所臨

之神五行決之勝負可見矣若主客得五并十五二
十五三十五名八門杜塞不利興師若算得一名畧
地經云出兵畧地並用其二客得則客利主得則主
利凡客算以長多為勝短少為負若算長多利深入
若算短少利淺入凡出軍宜向算戰陣利皆算凡伏
兵必有掩追之時凡奇兵必各置於客主大殺之地
天目始擊將也奇兵者百人用三十人為之皆依此
為則俟得敵人之便鳴鼓高旗鼓譟之令竊發而取

勝故曰能知奇伏轉禍為福將若不知分合不可以語奇

太乙有月陣舉旗之法難求精妙今採其吉歸若筭得一六即用曲陣舉黒旗筭得三七用直陣舉青旗筭得四九宜用鋭陣舉赤旗算二五用圓陣舉黄旗筭得七六用方陣舉白旗若算得三門具五將發利以興兵動衆但文昌主目不四廹始擊客目無掩擊即是三門具五將發不在所直八門之不吉八門筭

法擊而無用今更不錄

太乙目在陽筭得偶為和太一天目在陰筭得奇為和陽者謂太乙在八三四九宫也陰者太乙在二七六一宫也天目在正宫為陽間神為陰凡筭得陰陽和利以兵

凡言主客者先後之禮動静之義也陳兵原野旗鼓相望先動為客後動為主人安居伐先舉事者為主人後應者為客欲明天道審逆順先作主人歲計次推客計　若客主俱得善計三門具五將發陰陽和利以稱兵所向必尅先起則勝後起則敗　若客主俱得惡計三門不具五將不發陰陽不和先起者敗後起者勝　若客主計一吉一凶則利客客勝吉凶等則筭長者勝算短者敗

凡占外國動静皆以時之客計占之算得八門杜賊不來若三門具五將發陰陽和八關格格掩廹客主俱會太乙前所聞見為實占賊來障不為盗若天目数

轉北而行者為不來

凡占敵使可信當視太乙所制　假令時計太乙在二宫屬火始擊將臨武德屬金火制金敵使來不敢有他意

凡占間諜有無當視賊目　假令太乙在一宫則六七二宫為前外八三四宫為後内若客目臨戌陰主為賊來窺覘間諜

凡占射賊來多少若客筭十六已上陰陽順有虜必多

有將若十五以下虜少無將天目臨左虜從東方來臨右從西方來八門杜不來

若天子巡狩太乙天目在四維之歲

若舉方正必在癸卯未之歲及太乙歲計三門具五將發之年

凡占聞事虛實占天目掩迫太乙聞不善事實善事虛

若三門具五將發聞吉則吉聞凶不凶　若三門不具五將不發聞凶則凶聞吉不吉

凡對敵常須觀風雲之勢察飛鳥之情　若太乙所在風雲飛鳥從衝上來急須準備　假令太乙在九宮巽屬木風雲鳥從一宮來屬金制太乙大凶　若風雲飛鳥從主人太乙德上來急擊其衝主人勝　若從客主自大將宮來則主人急且備敵

凡太乙算得一至四步卒在前車騎次之算得五至九車騎在前步卒次之

凡雲氣隨日幹五行在我軍往敵我利　假令壬癸日黑氣在我軍上自北之南隨雲氣攻南必勝

凡擇日擇時當審日時之計所利興兵吉

太乙神名凡一十六其年月日時計命起武德惟有陰陽冬至氣應後用陽局夏至氣應後用陰局其陰局皆以陽局所命之對衝則陰局太乙所在也

十六神名命申為武德酉為大族戌為陰主乾為陽德亥為大義子為地主丑為陰德艮為和德寅為呂申卯為高聚辰為太陽巽為太炅巳為大神午為大威未為天道坤為大武

辨九宮太乙有蹉宮之義即一宮在西北二宮正南三宮東北四宮正東五宮居中六宮正西七宮西南八宮正北九宮東南

十精太乙皆以七十二局之數除之年月日時

十精太乙伺候雲氣災變軍行不可不知　一曰天皇以小國周法二十除之不盡者命武德順行十六神至陰德和德大炅大武重留一筭即天皇所在　二

曰帝符小周二十除之不盡者命起陰生順行十六神至地主高藂大威大族重留一算外即帝符所在　三曰天時小周十二除之不盡者命起呂申順行十二辰算外即天時所在　四曰太尊小周四除之不盡者命起八宫次六宫次二宫次四宫逆行四正宫算外即太尊所在　五曰飛鳥以飛鳥小周九除之不盡命起一宫順行九宫算外即飛鳥所在　六曰五行以五行小周法五除之不盡者命起一宫次八

三九七算外即五行所在　七曰八風小周九除之不盡者命起二宫順行九宫算外即八風所在　八曰五風以五風小周九除之不盡者命起一宫次三五七九二四六八算外即五風所在　九曰三風小周九除之不盡者命起五宫次七二六一五九四八算外即三風所在　十曰太乙數以太乙局法七十二除之不盡者命起一數算外即太乙數所在

十精與太乙諸神相合王風雨以休王消息用之　經曰天皇太乙者在紫微垣勾陳曰中星賛曰天皇太帝秉萬靈神天皇若與大乙合則日暈大風合於王相之地風偏天下合在東方日暈大風合在西方日暈有雲氣合在南方大昏合在北方陰昏天皇若與大尊合有太陰雨日月為變天皇若與飛鳴合之小陰雨天皇若與天時合有小昏天皇若與五風合有疾風起天皇若與太乙計數合有大風雨　經曰帝符太乙者天節之所使也星賛曰天節奉使專對無

疑帝符若與太乙合則日暈大風若合在太乙王相之地小雨小陰雲狂風卒起帝符若與天目合當小陰疾風或曰日月有變　經曰天時太乙者鷄星之使也星賛曰鷄鳴伺曉審夜察時天時與太乙合於王相之地有風雲卒起或則陰雨　經曰太尊黃生之長若與太乙合王相之地有太陰雨寒若合在八宫日暈合在六宫陰昏合在二宫太陰寒合在四宫日暈天尊與飛鳥合天温有水雨大尊帝符合天有

陰雨大昏大尊與天目合天有陰雨　經曰飛鳥太乙者七星之使朱雀之體也則主天星有變飛鳥若與太乙合有大風飛鳥若與天時合有陰風　經曰五行太乙者五星之使也其變猶影響之與形聲也五行與太乙合在王相之地暴風大寒雲氣昏暗或則有兩五行與天目合有大風雨日月有變五行與八風合有小陰風雨五行與五風合有小陰日月為變五行與帝符合風昏小陰五行與大尊合日月變

色小陰五行與天符合有大陰昏風雲起　經曰八風太乙者畢星之使也謂畢有八星故八風與太乙合在王相之地雲氣小雨八風與五星合有大風八風與天時合陰日月有變八風與帝符合陰雨八風與天星合有大陰疾風日月有變八風與帝符合陰雨八風與天星合有太陰疾風日月為變八風與太乙合陰宮有雨合陽宮有風　經曰五風太乙者箕星之使也箕星有五故曰五風五風與大乙合在王

相之地日月有變連陰不見天暴風疾雨並作五風與大尊合天小陰雨日月有變五風與飛鳥合疾風起五風與天符合有大風雨五風與天時合天大風五風與天目合大陰小風日月為變　經曰三風者心星之使也心有三星故曰三風三風與太乙合在王相之地日月無光寒雲四起三風與天時合有小陰風三風與飛鳥合有疾風雲陰日月變色三風與大尊合小陰風三風與帝符合小陰三風與五風合

日月有變色有小陰三風與天星合天溫小風陰日月有變三風與天目合有大陰雨　經曰太乙數者五子元七十二局之數也數與太乙合日暈太風起數與太乙衝者日暈風起數得三十日暈大風數得四十陰雨黃霧數得五十天目王相合日暈數與太乙合挾天目陰雨大風數與飛鳥合六九八宮日暈日暈數與天地相當大風數與太乙飛鳥合疾風推候日精太乙雲氣　經曰帝以太乙初移日出日午

日晡餘二日不候也及時計初移宫時餘二時亦不
占當候之日上下左右若雲氣色青而日時計三四
則變發在寅卯時若雲氣色赤而日時計得九二則
變發在巳午時若雲氣色白而日時計得七六則變
發在申酉時若雲氣色黑而日時計得一八則變發在
亥子時　經曰帝符太尊天時五行八風五風三風
與太乙合在陽宫則爲旱合在陰宫則爲陰爲雨合
陽者陽位合陰者陰位也天皇與太乙合在陽宫則

日暈晝瞑合在陰宫則月暈夜昏飛鳥與太乙合則
風從其上來天氣純厚則雨天氣華薄則風天氣黄
露則暈天氣黑赤則風天氣青白則寒天氣凝潤則
霧雨雲氣如掃則晴雲色文彩輪囷蕭索則天大晴
若天旱則以常陽占之若天雨則以常陰占之若得
王相氣則其變疾而速也

武經總要後集卷十八

欽定四庫全書　子部

武經總要後集卷十九

詳校官編修臣程嘉謨

總校官候補中允臣王燕緒
校對官庶吉士臣蔣予蒲
謄録監生臣劉如皋

欽定四庫全書

武經總要後集卷十九

宋　曾公亮等　撰

占候四

太乙定主客勝負陽局立成

第一局　甲子　丙子　戊子　庚子　壬子

太乙在一宮天目武德　主算七主大將七宮客目掩主參將一宮囚始擊時大武掩主大將　客算十三和客大將三宮發客參將九宮格計神寅　此局客算長和門具將發利為客見陣利先動出軍宜東北戰利西南利直陣舉青旗雲氣從東北來客勝聞賊備西南奇兵西南伏兵利戌亥時　太乙雖助主主大將為客自掩之算短不和不利為主聞賊備西南

第二局　乙丑　丁丑　己丑　辛丑　癸丑

太乙在乙宮天目大族　主算六不和主大將六宮內迫主參將八宮外迫始擊將陰主擊　客算一不和氣客大將一宮囚主挾客參將三宮利計神丑　此局主大小將客大將囚主客俱不利各宜固守主聞賊備正西客聞賊備西北

第三局　丙寅　戊寅　庚寅　壬寅　甲寅

太乙在一宮天目陰主辰迫　主算單一不和主大將一宮囚主參將三宮發始擊將大義辰迫　客算四十不和客大將四宮發客參將二宮發計辰子此局發客算長門其將發利為客見陣利先動出軍宜正東戰利正西利銳陣舉赤氣雲氣從東來客勝聞賊備西北奇兵西北伏兵戌亥時　青辰迫不和算短大將囚不利為主宜固守聞賊備正東

第四局　丁卯　己卯　辛卯　癸卯　乙卯

太乙在二宮天目陰德　主算二十五八門杜主大將參將不出中宮始擊將陽德　客算十七不和客大將七宮內迫參將一宮發計神亥　此局主人杜

塞無門客筭不和大將廹主客俱不利　主聞賊偹西北　客聞賊偹東北

第五局　戊辰　庚辰　壬辰　甲辰　丙辰

太乙在二宫天目陰徳　主筭二十五八門杜主大將衆將不出中宫始擊將呂申　客筭十四和客大將四宫𤼵客衆將二宫囚計神戌　此局太乙助客客筭和大將𤼵利為客見陣利先動出軍宜正東戰利正西利鋭陣舉赤旗雲氣從東來客勝聞賊偹東北奇兵東北伏兵利巳午未時　主人杜塞不利宜固守聞賊備正東

第六局　己巳　辛巳　癸巳　乙巳　丁巳

太乙在二宫天目大義　主筭二十五八門杜主大將衆將不出中宫始擊將大陽　客筭十孤陽客大將一宫𤼵客衆將三宫𤼵計神酉　此局太乙助客客大小將𤼵利客見陣利先動出軍宜西北戰利東南利曲陣舉黒旗雲氣西北來客勝聞賊偹東南奇兵東南伏兵利巳午未時　主人杜塞不利宜固守聞賊備西北

第七局　庚午　壬午　甲午　丙午　戊午

太乙在三宫天目地主　主筭八不和主大將八宫内廹主衆將四宫外廹如擊將大神　客筭二十五八門杜客大將衆將不出中宫計神申　此局主人大小將廹客杜塞無門主客俱不利各宜固守主聞賊偹正北　客聞賊偹東南

第八局　辛未　癸未　乙未　丁未　己未

太乙在三宫天目陽徳辰廹　主筭一和大將一宫𤼵主衆將三宫囚始擊將大武　客筭二十二客大將二宫𤼵察客衆將六宫𤼵計神未　此局客筭長和門具將𤼵利為客見陣利先動出軍正南戰利正北用陣圓陣舉黄旗雲氣從南來客勝聞賊備西南奇兵西南伏兵利丑寅時主廹衆將囚主人不利宜固守聞賊備西北

第九局　壬申　甲申　丙申　戊申　庚申
太乙在三宫天目和德囚　主筭三不和主大將三
宫囚主參將九宫發始擊將大族　客筭十五八門
杜客大將參將不出中宫計神午　此局主目大將
囚客杜塞無門主客俱不利各宜固守　主聞賊備
東北　客聞賊備東北
第十局　癸酉　乙酉　丁酉　己酉　辛酉
太乙在四客天目吕辰迫　主筭一和主大將一宫

發主參將三宫内迫始擊將陰德　客筭十二長和
客大將二宫發客參將六宫格計神巳　此局客筭
長和大將發利為客見陣利先動出軍宜正南戰利
正北用圓陣舉黄旗雲氣從南來客勝聞賊備西北
奇兵西北伏兵利寅卯辰時　主目參將迫太乙雖
助主人筭短不利宜固守聞賊備東北
第十一局　甲戌　丙戌　戊戌　庚戌　壬戌
太乙在四宫天目髙聚囚　主筭四不和主大將四

宫囚主參將二宫發始擊將陽德　客筭四不和客
大將四宫囚客參將二宫發計神辰　此局主客大
將囚主客俱不利各宜固守　主聞賊備正東　客
聞賊備東北
第十二局　乙亥　丁亥　己亥　辛亥　癸亥
太乙在四宫天目太陽辰迫　主筭三十七長和主
大將七宫發主參將七宫發使擊將吕申辰擊　客
筭一客大將一宫發客參將三迫宫内迫計神卯

此局太乙助主主人筭長和大小將門具將發利為
見陣利後動出軍宜西南戰利東北用方陣舉白旗
雲氣從西南來主勝聞賊備東南奇兵東南伏兵利
寅卯辰時　客筭短不和客目辰擊參將内迫不利
為客宜固守聞賊備東北
第十三局　丙子　戊子　庚子　壬子　甲子
太乙在六宫天目天昊　主筭十八短和主大將八
宫發主參將四宫格始擊將太陽　客筭四計神寅

此局太乙助客大小將利主見陣利後動出軍宜正北戰利正南利曲陣舉黑旗雲氣從北来主勝聞賊備東南奇兵東南伏兵利申酉戌時　客見陣利先動出軍宜東南戰利西北利鋭陣舉赤旗雲氣從東南来客勝

第十四局　丁丑　己丑　辛丑　癸丑　乙丑

太乙在六宮天目大神　主筭十孤陽主大將一宮外迫主參將三宮發始擊將大威　客筭九和客大

將九宮發客參將七宮内迫計神丑　此局太乙助客筭和大將發利為客見陣利先動出軍宜東南戰利宜西北銳陣舉赤旗雲氣從東南來客勝聞賊備正南奇兵正南伏兵利申酉戌時主大將迫不利為主宜固守聞賊備東南

第十五局　戊寅　庚寅　壬寅　甲寅　丙寅

太乙在六宮天目大勝　主筭九和主大將九宮發主參將七宮内迫始擊將大武擊　客筭七不和客大將七宮内迫客參將一宮外迫計神子　此局主人門具將發利為主見陣利後動出軍宜東南戰利西北利鋭陣主赤旗雲氣從南來主勝聞賊備正南奇兵正南伏兵利申酉戌　客目擊太乙主目挾客大將客大小將迫不利為客宜固守聞賊備正南

第十六局　己卯　辛卯　癸卯　乙卯　丁卯

太乙在七宮天目天道神迫　主筭一和主大將二宮發主參將三宮格始擊將大族　客筭三十三長

和客大將三宮格客參將九宮發計神亥　此局太乙助客雖大將格參將發客筭長和利為客見陣利先動出軍宜東北戰西南利直陣舉青旗雲氣從東北來客勝聞賊備正西奇兵正西伏兵利未申時　主目辰迫筭短參將格不利為正宜固守聞賊東北

第十七局　庚辰　壬辰　甲辰　丙辰　戊辰

太乙在七宮天目大武囚　主筭七不和主大將七宮囚主參將一宮發始擊將大義　客筭二十七不知

客大將之宫囚客衆將一宫發計神戌　此局文昌將囚主客大將主囚客大將相闘關主人關客主客俱不利各宜固守　主人聞賊備西南客聞賊備正西

第十八局　辛巳　癸巳　乙巳　丁巳　己巳

太乙在七宫天目大武囚　主筭七不和大將七宫囚主衆將一宫發客挾始擊將地主　客筭二十六不和客大將六宫迫客衆將八宫發計神酉　此局

主人大小將挾客大將客大小將又挾主人衆將主客俱不利各宜固守　主人聞賊備正西　客聞賊備西南

第十九局　壬午　甲午　丙午　戊午　庚午

太乙在八宫天目武德客挾　主筭八不和主大將八宫囚主衆將四宫發始擊將和德　客筭三十二長和客大將二宫格衆將六宫發計神申　此局客大將雖客算長和大小將挾文昌依依利客見陣利先動出軍宜正南戰利正北利圓陣舉黃旗雲氣從南來客勝聞賊備東北奇兵東北伏兵利子丑時主人筭短主人為客挾之大將囚太乙雖助主不利為主宜固守聞賊備西南

第二十局　癸未　乙未　丁未　己未　辛未

太乙在八宫天目太族　主筭七和主大將七宫發主衆將一宫内迫始擊將太陽　客筭二十六宫大將六宫主挾客衆將八宫囚計神未　此局太乙助

主主大小將挾客主筭和大將發利為主見陣利後動出軍宜西南戰利東北利方陣舉白旗雲氣從西來主勝聞賊備西南奇兵西南伏兵利亥子丑時客大將為主人大小將挾之不利為客宜固守聞賊備西

第二十一局　甲申　丙申　戊申　庚申　壬申

太乙在八宫天目陰主主算二算短主大將二宫格主衆將六宫發始擊將大神　客筭十七長和客大

將七宮發客參將一宮内迫計神午　此局主人大小將挾客大將客不利主將格筭短主客勢均各宜固守　主人聞賊備西南　客聞賊備正南

第二十二局　乙酉　丁酉　己酉　辛酉　癸酉

太乙在九宮天目陰德　主筭十六和主大將六宮發主參將八宮發始擊將天道　客筭三十孤陽不和客大將三宮發客參將九宮囚計神巳　此局主人太小將門具發利為主見陣利後動出軍宜正西戰利正東利方陣主白旗雲氣從西來主人勝聞賊

備西北奇兵西北伏兵利辰巳時　客筭孤陽不和參將囚不利為客宜固守聞賊備西北

第二十三局　丙戌　戊戌　庚戌　壬戌　甲戌

太乙在九宮天目陰德　主算十六和主大將六宮發主參將八宮發始擊將武德　客筭二十三長大將三客參將九宮囚計神辰　此局主客俱利主人筭和門具將發利為主見陣利後動出軍宜正西戰利正東利方陣舉白旗雲氣從西來主勝聞賊備西北奇兵西北伏兵利辰巳時　客筭長太乙助參將雖囚大將發依依利客見陣利先動出軍宜東北戰利西南利直陣舉青旗雲氣從東北來客勝聞賊備西南奇兵西南伏兵利辰巳時

第二十四局　丁亥　己亥　辛亥　癸亥　乙亥

太乙在九宮天目大義　主筭十六短主大將六宮主參將八宮發擊將陰主　客算十七長和客大將

七宮發客參將一宮　格計辰卯　此局客大小將挾主大將太乙助客筭長和利為客見陣利先動出軍宜西南戰利東北利方陣舉白雲氣從西南來客勝聞賊備西北奇兵西北伏兵利辰巳時　主人筭短客大小將挾主大將不利為主宜固守聞賊備西北

第二十五局　戊子　庚子　壬子　甲子　丙子

太乙在一宮天目地主　主算三十九主大將九宮格主參將七宮發始擊大將義辰擊客算四十孤陰

客大將四宮發客參將三宮發計神寅　此局客筭長大小將發利為客見陣利先動出軍宜正東戰利正西利銳陣舉赤旗雲氣從東來客勝聞賊備西北奇兵西北伏兵利戌亥時　主人大將格太乙雖助主大將為客大小將挾之主人不利宜固守聞賊備東北

第二十六局　己丑　辛丑　癸丑　乙丑　丁丑

太乙在一宮天目陽德　主筭三十二長主大將二

宮發主參將六宮内迫始擊將和德　客筭三十一客大將一宮囚客參將三宮發計神丑　此局太乙助主主筭長大將發利為主見陣利後動出軍宜正南戰利正北利圓陣舉黃旗雲氣從南來主人勝聞賊備北奇兵東北伏兵利戌亥時　客大將囚筭短不利為客宜固守聞賊備東北

第二十七局　庚寅　壬寅　甲寅　丙寅　戊寅

太乙在一宮天目和德　主筭三十一主大將一宮内迫參將三宮與天目囚始擊將高蒙　客筭二十八和客大將八宮主挾客參將四宮發計神子　此局太乙雖助主主人大將囚參將又與天目囚主大小將挾客大將客大小將挾主參將主客俱不利各宜固守　主聞賊備東北客聞賊備正東

第二十八局　辛卯　癸卯　乙卯　丁卯　己卯

太乙在二宮天目呂申　主筭十四長主大將四宮發主參將二宮囚始擊將大炅　客筭九宮大將九

宮内迫主挾客參將七宮外迫計神亥　此局太乙雖助客主人大小將與太乙俱挾客大將客大小將挾太乙并主參將主客俱不利各宜固守　主聞賊備東南

第二十九局　壬辰　甲辰　丙辰　戊辰　庚辰

太乙在二宮天目高蒙　主筭十三主大將三宮發主參將九宮内迫始擊將天道擊　客筭三十九客大將九宮内迫客參將七宮外迫計神戌　此局主

筭和大將發利為主見陣利後動出軍宜東北戰利
西南用直陣舉青旗雲氣從東北來主勝聞賊備
正東奇兵正東伏兵利巳午未時客目擊大小將迫
太乙雖助客擊宮不利宜固守聞賊備西南

第三十局　癸巳　乙巳　丁巳　己巳　辛巳
太乙在二宮天目太陽　主筭十孤陽主大將一宮
發主參將三宮發始擊將武德　客筭三十二宮
大將二宮囚客參將六宮發計神酉　此局主人門

具將發利為主見陣利後動出軍宜西北見陣利東
東利曲陣舉黑旗雲氣從西北來主勝聞賊備東南
奇兵東南伏兵利巳午未時太乙雖助客大將囚客
不利宜固守聞賊備西南

第三十一局　甲午　丙午　戊午　庚午　壬午
太乙在三宮天目大炅　主筭三十三主大將三宮
囚主參將九宮與主目囚始擊將陰主　客筭十和
孤陽客大將一宮發客參將三宮囚計神申　此局
客筭和大將發利為客見陣利先動出軍宜西北戰
利東南用曲陣舉黑旗雲氣從西北來客勝聞賊
備西北奇兵西北伏兵利丑寅時太乙雖助主主筭
不和大將囚參將與主目囚主人不利宜固守聞賊
備東南

第三十二局　乙未　丁未　己未　辛未　癸未
太乙在三宮天目大神　主筭二十五八門杜主大
將參將不出中宮始擊將地主宮擊　客筭八短客
大將八宮內迫客參將四宮外迫計神未　此局主

人杜塞無門不利客大小將迫筭短主客俱不利各
宜固守主聞賊備東南客聞賊備正北

第三十三局　丙申　戊申　庚申　壬申　甲申
太乙在三宮天目大威　主算二十四長主大將四
宮外迫客挾主參將二宮發始擊將和德掩擊
客筭三客大將三宮囚客參將九宮　主挾計神午
此局太乙雖助主主筭不和大將迫客大將囚大

小將挾主人大將主大小將挾客衆將　主客俱不
利各宜固守主聞賊備東北
第三十四局　丁酉　己酉　辛酉　癸酉　乙酉
太乙在四宮天目天道　主筭二十六長和主大將
六宮格主衆將八宮發始擊將高蒙　客筭四客
大將四宮囚客衆將二宮發計神巳　此大乙助主
大將雖格筭長和衆將發依依利主見陣利後動
出軍宜正西戰利正東利方陣舉白旗雲氣從西

來主勝聞賊偹西南奇兵西南伏兵利戌亥時客大
將囚不和為客宜固守聞賊備正東
第三十五局　戊戌　庚戌　壬戌　甲戌　丙戌
太乙在四宮天目大武　主算二十五八門杜主大
將衆將不出中宮始擊將大神　客算二十八長
客大將八宮發客衆將四宮囚計神辰　此局客筭
長大將發利為客見陣利先動出軍宜正北戰利
正南用曲陣舉黑旗雲氣從北來客勝聞賊備東

南奇兵東南伏兵利寅卯辰時主人杜塞無門不利
宜固守聞賊備西南
第三十六局　己亥　辛亥　癸亥　乙亥　丁亥
太乙在四宮天目大武　主筭二十五八門杜主大
將衆將不出中宮始擊將大威　客筭二十七長
和客大將七宮發客衆將一宮發計神卯　此局客
筭長大小將發利為客見陣利先動出軍宜西南戰
利東北利方陣舉白旗雲氣從西南來客勝聞賊偹

正南奇兵正南伏兵利寅卯辰時　主人杜塞無門
不利宜固守聞賊備西南
第三十七局　庚子　壬子　甲子　丙子　戊子
太乙在六宮客挾天目武德迫　主筭一主大將一
宮外迫主衆將三宮發始擊將大武　客算七客大
將七宮內迫客衆將一宮外迫計神寅　此局主大
將迫　客衆將并主客俱不利各宜固守主聞賊備
西南　客聞賊備正西

第三十八局　辛丑　癸丑　乙丑　丁丑　己丑
太乙在六宫天目大族囚　主算六主大將六宫囚
主衆將八宫發始擊將陰主　客筭二十五八門杜
客大將衆將不出中宫計神丑　此局主目主大將
囚客杜塞無門主客俱不利各宜固守主聞賊備正
西　客聞賊備西北
第三十九局　壬寅　甲寅　戊寅　丙寅　庚寅
太乙在六宫天目陰主辰迫　主筭三十五八門杜

主大將衆將不出中宫始擊將大義　客筭三十四
和客大將四宫格客衆將二宫發計神子　此局客
大將雖格筭和太乙助客利為客見陣利先動出軍
宜正東戰利正西利鋭陣舉赤旗雲氣從東來客勝
聞賊備西北奇兵西北伏兵利申酉戌時　主入杜
塞無門不利為主宜固守聞賊備西北
第四十局　癸卯　乙卯　丁卯　己卯　辛卯
太乙在七宫天目陰德　主筭二十七不和主大將
七宫囚主衆將一宫發始擊將陰德　客筭十九客
大將九宫發客衆將七宫囚計神亥　此局太乙助
客筭和大將發依依利客見陣利先動出軍利東南
戰利西北利鋭陣舉赤旗雲氣從東南來客勝聞
賊備東北奇兵東北伏兵利未申時　主入筭不和
大將囚不利為主聞備西北
第四十一局　甲辰　丙辰　戊辰　庚辰　壬辰
太乙在七宫天目陰德客挾　主筭二十七不和主

大將七宫囚主衆將一宫客挾始擊將呂申　客筭
不六不和客大將六宫外迫主挾客衆將八宫發計神
戌　此局主大將囚客大將迫主入大小將挾客大
將客大小將又挾主目及衆將主客俱不利各宜固
守　主聞賊備西北客聞賊備東北
第四十二局　乙巳　丁巳　己巳　辛巳　癸巳
太乙在七宫客挾天目大義　主筭二十七主大將
七宫客挾囚主衆將一宫始擊將太陽　客筭十二

客大將二宮内迫客參將六宮外迫主挾計神酉
此局客大將挾太乙主大將囚客大小將挾主大將
客大小將迫主客俱不利各宜固守　主聞賊備西
北　客聞賊備東南
第四十三局　丙午　戊午　庚午　壬午　甲午
太乙在八宮天目地　主筭八不和主大將八宮囚
主參將四宮始擊將大神　客筭十七長和客大將
七宮發客參將一宮内迫計神申　此局客筭長和

客大將發利為客見陣利先動出軍宜西南戰利東
北利方陣舉白旗雲氣從西來客勝聞賊備東南奇
兵東南伏兵利亥子丑時　主人筭短主目大將囚
不利為主宜固守聞賊備正北
第四十四局　丁未　己未　辛未　癸未　乙未
太乙在八宮天目陽德辰　迫主筭三十三長主大
將三宮外迫主參將九宮客挾始擊將大武　客筭
十四客大將四宮發主挾客參將二宮掩計神未

此目主目大將參將為客挾不利為主客大將為主
大小將挾之參將格不利為客主客俱不利各宜固
守　主聞賊備東北　客聞賊備西南
第四十五局　戊申　庚申　壬申　甲申　丙申
太乙在八宮天目和德官迫　主筭三十二長和主
大將一宮格主參將六宮發始擊將大族　客筭七
短客大將七宮主挾客參將一宮内迫計神午　此
局主大將雖格參將發主筭長和依依利主太乙助

主見陣利後動出軍宜正南戰利正北利圓陣舉黃
旗雲氣從南來主人勝聞賊備東北奇兵東北伏兵
利亥子丑時　客大將為主大小將挾主參將内迫
筭短不利為客宜固守聞賊備正西
第四十六局　己酉　辛酉　癸酉　乙酉　丁酉
太乙在九宮天目呂申　主筭五八門杜主大將參
將不出中宮始擊將陰德　客筭十六長和客大將
六宮發客參將八宮發計神巳　此局客筭長和大

小將門具將發利為客見陣利先動出軍宜正西戰利正東利方陣舉白旗雲氣從西來客勝聞賊備西北奇兵西北伏兵利辰巳時　主人杜塞無門不利宜固守聞賊備東北

第四十七局　庚戌　壬戌　甲戌　丙戌　戊戌

太乙在九宫主挾天目高蘩宫迫　主筭四不和主大將四宫内迫主參將二宫外迫始擊將陽德　客八不和筭長客大將八宫發客參將四宫内迫計神

辰　此局客筭長大將發太乙助客利為客見陣利先動出軍宜正北戰利正南利曲陣舉黑旗雲氣從北來客勝聞賊備東北奇兵東北伏兵利辰巳時　主人大小將迫挾太乙筭短不和不利為主宜固守聞賊備正東

第四十八局　辛亥　癸亥　乙亥　丁亥　己亥

太乙在九宫太陽辰迫　主筭一主大將一宫格主參將三宫發始擊將呂申　客筭五八門杜客大將參將不出中宫計神卯　此局主自迫將格客大小將杜塞無門主客俱不利各宜固守　主聞賊備東南　客聞賊備東北

第四十九局　壬子　甲子　丙子　戊子　庚子

太乙在一宫天目大炅　主筭二十四長和主大將四宫發主參將二宫發始擊將大陽　客筭十五八門杜客大將參將不出中宫計神寅　此局太乙助客筭長和大小將門具將發利為主見陣利後動出

軍宜正東戰利正西利銳陣舉赤旗雲氣從東來主勝聞賊備東南奇兵東南伏兵利亥戌時　客杜塞無門不利宜固守聞賊備東南

第五十局　癸丑　乙丑　丁丑　己丑　辛丑

太乙在一宫天目大神　主筭十六長和主大將六宫内迫主參將八宫外迫始擊將大威　客筭十五八門杜客大將參將不出中宫計神丑　此局太乙雖助主大小將迫客杜塞無門主客俱不利各宜固

守　主聞賊備東南　客聞賊備西南

第五十一局　甲寅　丙寅　戊寅　庚寅　壬寅

太乙在一宫天目大威　主筭十五八門杜主大將衆將不出中宫始擊將大武　客筭十三和客大將三宫　發客衆將九宫格計神子　此局客筭長和大將發利爲客見陣利先動出軍宜東北戰利西南利直陣舉青旗雲氣從東北來客勝聞賊備西南伏兵利戌亥時　主人杜塞無門不利宜固守聞賊

備正南

第五十二局　乙卯　丁卯　己卯　辛卯　癸卯

太乙在二宫主挾天目天道辰迫　主筭三十九主大將九宫内迫主衆將七宫外迫始擊將大族　客筭三十一和客大將一宫　發客衆將三宫發計神亥　此局太乙助客客筭和門具將發利爲客見陣利先動出軍宜西北戰利東南利曲陣舉黒旗雲氣從西北來客勝聞賊備　正西奇兵正西伏兵利巳

午未時　主人大小將迫不利主宜固守聞賊備西南

第五十三局　丙辰　戊辰　庚辰　壬辰　甲辰

大乙在二宫天目大武宫迫　主筭三十八長主大將八宫格主衆將四宫發始擊將大義客筭二十五八門杜客大將衆將不出中宫計神戌　此局主筭長大將雖格衆將發依依利主見陣利後動出軍宜正北戰利正南利曲陣舉黒旗雲氣從北來主勝聞賊備西南奇兵西南伏兵利巳午未時　客杜塞

無門不利宜固守聞賊備西南

第五十四局　丁巳　己巳　辛巳　癸巳　乙巳

太乙在二宫天目大武宫迫　主筭三十八主大將八宫格主衆將四宫發始擊將地主　客筭二十四和客大將四宫發客衆將二宫囚計神酉　此局太乙助客大將發利爲客見陣利先動出軍宜正東戰利正西利鋭陣舉赤旗雲氣從東來客勝聞賊

偹正北奇兵正北伏兵利巳午未時　主人大長格
主目迫不利為主宜固守聞賊偹西南
第五十五局　戊午　庚午　壬午　甲午　丙午
太乙在三宮天目武德　主筭十六長和主大將六
宮發主參將八宮內迫始擊將和德掩擊　客算三
和客大將三宮囚客參將九宮發計神申　此局太
乙助主主算長和大將發利為主見陣利後動出軍
宜正西戰利正東利方陣舉白旗雲氣西來主勝聞

賊偹西南奇兵西南伏兵利寅卯辰時　客目掩擊
大將囚不利為客宜固守聞賊偹東北
第五十六局　巳未　辛未　癸未　乙未　丁未
太乙在三宮天目大族　主筭十五八門杜主大將
參將不出中宮始擊將太陽　客筭三十四長客大
將四宮外迫客參將二宮發計神未　此局主人杜
塞無門客大將迫主客俱不利各宜固守　主聞賊
備正東　客聞賊備東南

第五十七局　庚申　壬申　甲申　丙申　戊申
太乙在三宮天目陰主　主算十孤陽和主大將一
宮發主參將三宮囚始擊將大神　客筭二十五八
門杜客大將參將不出中宮計神午　此局太乙助
主主算和大將發利為主見陣利後動出軍宜西北
戰東南利曲陣舉黑旗雲氣從西來主勝聞賊偹
西北奇兵西北伏兵利丑寅時　客杜塞無門不利
宜固守聞賊備東南

第五十八局　辛酉　癸酉　乙酉　丁酉　己酉
太乙在四宮天目陰德　主筭十二和主大將二宮
發主參將六宮格與客大將關始擊將天道　客算
二十六客大將六宮格與主參將關參將八宮發計
神巳　此局太乙助主主筭和大將發利為主見陣
利後動出軍宜正南戰利正北利圓陣舉黃旗雲從
南來主勝聞賊備西北奇兵西北伏兵利寅卯辰時
客大將格不利宜固守聞賊偹西南

第五十九局　壬戌　甲戌　丙戌　戊戌　庚戌
太乙在四天目陰德　主筭十二短主大將二宮客挾主參將六宮格始擊將武德　客筭十九長大將九宮外迫客參將七宮主挾計神辰　此局大乙雖助主主人大將爲客大小將挾　客大將迫主小將挾客參將主客俱不利各宜固守　主聞賊備東北客聞賊備西南

第六十局　癸亥　乙亥　丁亥　己亥　辛亥

太乙在四宮客挾天目大義　主筭十二和主大將二宮發主參將六宮格始擊將陰主　客筭十三不和客大將三宮内迫客參將九宮外迫計神卯　此局主乙助主主人筭和大將發利爲主見陣利後動出軍宜正南戰利正北利圖陣舉黄旗雲氣從南來主勝聞賊備西北奇兵西北伏兵利寅卯辰時　客筭不和大小將迫不利宜固守聞賊備西北

第六十一局　甲子　丙子　戊子　庚子　壬子
太乙在六宮天目地主　主筭三十三長和主大將三宮發主參將九宮客挾始擊將大義　客筭三十四客大將四宮格挾客參將二宮發計神寅　此局主筭和主參將雖爲客挾之主大小將挾客大將利爲主見陣利後動出軍宜東北戰利西南利直陣舉青旗雲氣從東北來主勝聞賊備正北奇兵正北伏兵利申酉戌時　客大將格太乙雖助客客不利聞賊備西北

第六十二局　乙丑　丁丑　己丑　辛丑　癸丑
太乙在六宮天目陽德　主筭二十六主大將六宮囚主參將八宮發始擊將和德　客筭二十五八門杜客大將參將不出中宮計神丑　此局主大長囚客杜塞無門主客俱不利各宜固守　主聞賊備東北　客聞賊備正北

第六十三局　丙寅　戊寅　庚寅　壬寅　甲寅
太乙在六宮天目和德　主筭二十五八門杜主大

將衆將不出中宮始擊將高蒙　客筭二十二客大將二宮發客衆將六宮囚計神子　此局太乙助客客大將發利為客見陣利先動出軍宜正南利正北利圓陣舉黃旗雲氣從南來客勝聞賊備正東竒兵正東伏兵利申酉戌時　主人杜塞無門不利為主宜固守聞賊備東北

第六十四局　丁卯　己卯　辛卯　癸卯　乙卯

太乙在七宮天目呂申　主筭十六不和主大將六

宮外迫主衆將八宮發始擊將大炅　客筭十一客大將一宮主挾客衆將三宮格計神亥　此局主人大小將挾客大將主筭不和大將迫主客俱不利各宜固守　主聞賊備東北　客聞賊備東南

第六十五局　戊辰　庚辰　壬辰　甲辰　丙辰

太乙在七宮天目高蒙　主算十五八門杜主大將衆將不出中宮始擊將天道神辰擊　客筭一客大將一宮發客衆將三宮格計神戌　此局雖客目擊

太乙助客客大將發依依利客見陣利先動出軍宜西北戰利東南利方陣舉白旗雲氣從西北來客勝聞賊備西南竒兵西南伏兵利未申時　主人杜塞無門不利宜固守聞賊備正東

第六十六局　己巳　辛巳　癸巳　乙巳　丁巳

太乙在七宮主挾天目太陽　主筭十二主大將二宮內迫主衆將六宮外迫擊將武德辰擊　客筭二十四長和客大將四宮發客衆將二宮內迫計神酉

此局太乙助客客筭長大將發利為客見陣利先動出軍宜正東戰利正西利鋭陣舉赤旗雲從東來客勝聞賊備西南竒兵西南伏兵利未申時　主人大小將迫不利宜固守聞賊備東南

第六十七局　庚午　壬午　甲午　丙午　戊午

太乙在八宮天目大炅　主筭二十五八門杜主大將衆將不出中宮始擊將陰主　客筭二和客大將二宮格客衆將六宮發計神申　此局太乙助客筭

和大將雖格衆將發爲客見陣利先動出軍宜正南戰利正北利圓陣舉黄旗雲氣從南來客勝聞賊備西北奇兵西北伏兵利亥子丑時　主人拄塞無門不利宜固守聞賊備東南

第六十八局　辛未　癸未　乙未　丁未　己未

太乙在八宮天目大神　主筭十七長和主大將七宮發主衆將一宮内迫始擊將地主掩　客筭十八和大將八宮囚客衆將四宮發計神未　此局太乙

主主人筭長和大將發衆將雖迫利爲主見陣利後動出軍宜西南戰利東北利方陣舉白旗雲氣從西南來主勝聞賊備東南奇兵東南伏兵利亥子丑時　客目掩筭短不和大將囚不利宜固守聞賊備正北

第六十九局　壬申　甲申　丙申　戊申　庚申

太乙在八宮天目大武　主筭十六和主大將六宮發主衆將八宮囚始擊將和德宮擊　客筭三十二客大將二宮格客衆將六宮發計神午　此局太乙

助主主大將發依依利主見陣利後動出軍宜正西戰利正東利方陣舉白旗雲氣從西來主勝聞賊備正南奇兵正南奇兵正南伏兵利亥子丑時　客目擊大將格不利爲客宜固守聞賊備東北

第七十局　癸酉　乙酉　丁酉　己酉　辛酉

太乙在九宮天目天道　主筭二十長主大將三宮發主衆將九宮囚始擊將高叢宮擊　客筭四十和客大將四宮内迫主挾客衆將二宮外迫計神巳

此局主大將發筭長大小將挾客目大將利爲主見陣利後動出軍宜東北戰利西南利直陣舉青旗雲氣從東北來主勝聞賊備西南奇兵西南伏兵利辰巳時　客目擊大小將迫主挾客大將不利爲客宜固守聞賊備正東

第七十一局　甲戌　丙戌　戊戌　庚戌　壬戌

太乙在九宮天目大武　主筭二十九主大將九宮囚主衆將七宮挾客始擊將大神辰擊　客筭三十

二客大將二宮外迫太乙天目主挾客參將六宮發計神辰　此局太乙天目主人大小將客大將客大小將挾主參將主人大將囚客大將迫主客俱不利各宜固守　主聞賊備西南　客聞賊備東南

第七十二局乙亥　丁亥　己亥　辛亥　癸亥

太乙在九宮天目大武　主筭二十九主大將九宮囚主參將七宮與主目囚始擊將大威客擊　客筭三十二客大將一宮格主參將三宮發計神卯

此局太乙助客筭長和大將雖格參將發依依利客見陣利先動出軍宜西北戰利東南利曲陣舉黑旗雲氣從西北來客勝聞賊備正南奇兵正南伏兵利辰巳時　主目大小將囚不利為主宜固守聞賊備西南

武經總要後集卷十九

欽定四庫全書

子部

武經總要後集卷二十

詳校官編修臣程嘉謨

總校官候補中允臣王燕緒

校對官庶吉士臣蔣予蒲

謄錄監生臣劉如皋

欽定四庫全書

武經總要後集卷二十　宋　曾公亮等　撰

占候五

六壬

六壬之説出于陰陽家者流按大衍數云天一生水始于北方許慎釋文曰水者準也生數一成數五以水數配之爲六壬也又曰昔軒轅帝受式於玄女離爲三品以法三才宰以五行災祥言夫臨戎對敵洞究術數辨

休王而去拘忌則天人之際有以相助與甚矣六壬之不可不講也

出軍盡勝雜占

凡六壬之法先求日宿之宮而爲將次取於日辰其日辰陰陽共爲四課將者亥爲登明右書皆云爲正月將今引而證之昔後漢大初元年丁丑冬至日日在斗宿二十度至今皇宋慶歷甲申崇天歷冬至日在斗宿五度八十四分比驗可以知之經一十九甲子一千一百四十八年太陽行度退縮不及者一十四度有奇零每八十五年退一度每年不及者一分差矣今即不止定亥爲登明正月將但太陽行黄道入宮則爲其將皆無差失也自慶歷四年甲申歲逐月中氣後太陽黄道入宮所用神將列之如左

雨水正月中日在危十五度四十九分後一日入雙魚宮其神登明

春分二月中日在奎二度四分後三日入白羊宮其神

天魁

穀雨三月中日在胃一度五十三分後五日入金牛宮其神從魁

小滿四月中日在畢五度九十六分後五日入陰陽宮其神傳送

夏至五月中日在井八度四十分後六日入巨蟹宮其神小吉

大暑六月中日在柳五度二十八分後三日入獅子宮

其神勝光
處暑七月中日在張十二度二十三分後四日入雙女
宮其神太乙
秋分八月中日在軫四度九十三分後八日入天枰宮
其神天罡
霜降九月中日在亢四度四十六分後十日入天蝎宮
其神太衝
小雪十月中日在尾初度五十分後八日入人馬宮其

神功曹
冬至十一月中日在斗五度八十四分後四日入磨蝎
宮其神大吉
大寒十二月中日在女五度九十二分後一日入寶瓶
宮其神神后
凡言日辰者即五音之陰陽而為十干日也辰者謂
六律以其陽律陰呂配之為十二辰
一入式明相生相尅等例

甲乙寅卯木　丙丁巳午火　庚申辛酉金　壬癸
亥子水　戊己辰戌丑未土
甲課寅　乙課辰　丙戊課巳　丁己課未　庚課
申　辛課戌　壬課亥　癸課丑
五行相生例
金生水　水生木　木生火　火生土　土生金
五行相尅例
金尅木　木尅土　土尅水　水尅火　火尅金

地支相刑例
寅刑巳　巳刑申　申刑寅　丑刑戌　戌刑未　未
刑丑　子刑卯　卯刑子　辰午酉　亥自刑
地支相衝例
子午卯酉　辰戌丑未　寅申巳亥
一入式課加臨永用例
凡用式之法以大陽黃道宮神加占事之時四課之中
以下剋上為用如無下剋上始以上剋下為用若二三

四上尅或下尅當以此為用俱比俱不比以涉害深為
用用為初傳傳之為次傳末傳

四課無相尅取日辰遥尅例

四課無相尅先取日辰遥尅日如無即取日遥尅辰為
用而傳之為三傳

四課昴星例

四課無遥相尅剛日仰視酉上柔日伏視從魁所臨為
用剛日先辰後日柔日先日後辰為三傳若昴星不備

為無四課當別摘一神為用剛日以干合上神柔日以
支合上神為用次傳日上末與初傳同

剛柔伏吟例

十二神各歸本位剛用日柔用辰為用盡刑及衝為三
傳

六乙日伏吟有尅為用先衝後刑為中末用辰午酉亥
自刑之辰剛日先傳日後傳辰柔日先傳辰後傳日以
刑及衝為末

子午反吟例

子午相加是也十二辰各易其位如常課再衝為中末
傳無相尅有是四名四柔己丑辛丑丁丑辛未是也當
以辰衝為用次辰上末日上為三傳辰衝丑日衝巳巳
上為用末日衝亥亥上為用丁未己未反吟屬八專依
八專辰上陰神逆數三辰為用次傳末傳日上重之

陰陽八專例

庚申丁未己未甲寅癸丑五日為八專為陰陽共處相

尅如常課占之若無相尅剛日從日上陽神順數三辰
為用柔日從辰上陰神逆數三辰為用第二課是辰之
陰神次傳末傳皆日辰之上重臨之以上門例各得用
起三傳

求天乙十二將

天乙居中而前盡於五後盡於六其前也皆背天門而
向地戶數至用起之神所臨遞傳盡於三傳而各得其
名將求天乙貴人所臨以日宿所臨之辰加時分日之

晝夜凡星隱為晝星出為夜甲戊庚日晝丑夜未乙己之日晝子夜申丙丁之日晝亥夜酉壬癸之日晝巳夜卯六辛之日晝午夜寅

天乙貴人前

一騰蛇　二朱雀　三六合　四勾神　五青龍

天乙貴人後

一天后　二太陰　三玄武　四太常　五白虎　六天空

謹按出軍行師起課十二將吉凶

用起天乙將兵大捷開地千里敵人畏伏

用起騰蛇兵數驚駭上下相剋士卒損傷

用起朱雀士卒驚恐志作口舌

用起六合將兵戰勝得女子金帛

用起勾陳士卒戰死車折馬傷

用起青龍將兵大勝得敵人邦國營塞府庫

用起天后不戰憂敗

用起太陰士卒怯弱

用起玄武軍移遺失戰不利

用起太常將兵大勝又主衣服華飾事

用起白虎將帥士卒死

用起天空士卒不利防欺詐

凡神與將比和相生王相吉相剋休囚凶若神與將相剋則為內外戰皆不利比和神者登明神后以下十二神也將者天乙前五後六是也

神將內外戰法

黄帝曰神將內戰禍害難解神將外戰禍害易解神剋將為內戰將剋神為外戰

釋卦名

凡以上剋下為用卦名元首主臣忠子孝事因男子問事皆實此時行軍利先不利後利客不利主

凡以下剋上為用卦名重審事起女人下交以上事多不順此時行軍利後不利先利主不利客

凡比用者為與日辰比類也卦名知一比者近也賊不出邑里占賊占人皆在近也

凡涉害深為定用卦名見機謂察其微也占之所作稽留憂患難解占出軍主損傷

凡辰遥尅日名蒿矢日遥尅辰名彈射如折蒿為矢以彈當弓皆無所中當此之時問事皆無所中

凡用起昴星名曰虎視剛日動行稽留於關梁男子遠行外憂柔日伏藏不欲見人凡出軍剛日防忌關梁

柔日利於伏藏若攻討彼亦有潛伏

凡天地伏吟諸神各歸其位剛日欲行中止柔日伏藏不起逃亡不出邑里盜賊不越其境天地六合不容須臾合者將離居者將移關梁杜塞出軍此時皆此象也

凡時值反吟天地反覆十二神各易其位禍從外來父有不順之子君有逆節之臣内陽外陰占事災若出軍尤宜審忌

凡八專之日謂甲寅丁未己未庚申癸丑之日是也謂一神二神陰陽共為卦名帷箔不脩邪亂不正之象出軍戰敵遇此日尤宜謹忌之

右以上九卦為式門之宗首其餘如枝葉之類也引之為例當審而明之

審出軍戰敵

凡出軍戰敵審候十二曜見行所在之宫看所臨消息禍福氣神禽直進退休王兼而用之此為微妙

出軍擇歲月日時法

凡出軍攻伐擇歲月日時為先忌衝太歲金神若為主候大白辰星東見之月若為客候大白辰星西見之月其月即避衝王方

凡出軍擇日諸家六壬各有擇日篇多與月内凶辰六壬神殺相犯忌之叶吉犯之有殃諸家舊法亦皆存之於後凶辰合避今録之於前

凡出軍忌月建之日損大將具次應行軍避忌凶惡之

日不可用兵
凡天火狼籍日凶不可用兵　正五九月在子　二六十月在卯　三七十一月在午　四八十二月在酉
八龍七鳥九虎六蛇日凶　春甲子乙亥為八龍　夏丙子丁亥為七鳥　秋庚子辛亥為九虎　冬壬子癸亥為六蛇
凡九醜之日忌行軍　乙戊己辛壬之日臨子午卯酉之辰此是九醜若時更遇殺神臨支干主大凶

凡往亡日月蝕不出軍歸亦忌不宜用
凡年日收日為天剛天魁不可用
凡兵禁日不宜出軍　正月起寅逆行六陽辰
凡大敗日與咸池日同　正月起卯逆行四仲
凡四離日不可用春分秋分冬至夏至前一日不可用占時月宿更臨四離之辰名曰天寇凶
凡四絕日　玉門經曰四立前一日名曰絕辰立春立夏立秋立冬前一日不可用也占時日干臨四絕之辰名為天禍凶
凡月厭衝對之辰皆凶　月厭正月起戌逆行十二辰
凡受死日凶　正戌二辰三亥四巳五子六午七丑八未九寅十申十一卯十二酉
凡龍虎日凶　正巳二亥三午四子五未六丑七申八寅九酉十卯十一戌十二辰
凡罷至日凶　正午二子三未四丑五申六寅七酉八卯九戌十辰十一亥十二巳

凡伐日忌攻討支尅干日是也
凡飛廉大殺日凶不可用　正戌巳二三午未五寅六卯七辰八亥九子十丑十一申十二酉以上日不可出軍最為凶惡並須避之
凡擇日取其王相日辰制剋所攻之方吉若休癈無氣皆凶
神樞經曰欲出軍擇日常以天剛加月建傳送從魁下為歲前天魁下為天府登明神后下為歲對大吉下

為歲後以上日辰皆吉　大衝下為抉畢天罡下為負衝太乙下為折衝勝光下為掩衝小吉下為致死以上日皆凶

七十二占曰　辰巳日再見青龍故曰辰巳利行賞賜戌亥日再見白虎故曰戌亥利行刑賞以順天心辰巳日再見螣蛇宜動外財　戌亥日再見天后宜靜內財　午日終大不見太陰子日終不見六合故子午為經不可逃亡是陰陽之始也卯日終不見

玄武酉日終不見朱雀故卯酉為緯不可攻亥是陰之終也雖有吉神良將猶不可用

黃帝占曰反支日不可出軍　戌亥為月朔則一日七日十三日十九日二十五日是　申酉為月朔則二日八日十四日二十日二十六日是　午未為月朔則三日九日十五日二十一日二十七日是　辰巳為月朔則四日十日十六日二十二日二十八日是寅卯為月朔則五日十一日十七日二十三日二十九日是　子丑日為月朔則六日十二日十八日二十四日是

曾門經曰四六窮日不可出軍　每月四日十九日二十八日是

王門經曰天乙絕氣日不可出軍　正月六日二月七日三月八日四月九日五月十日六月十一日七月十二日八月十三日九月十四日十月十五日十一月十六日十二月十七日

按日占用兵應日

神樞經曰將欲出兵假令以木日聞警急事謂四方舉兵及攻恐必以火命人用火日火時從火門出兵大勝此名子孫為父母報仇勿令金命上將以金日金時出金門必敗言金尅其木日也假令三月甲子日聞警急事利以丙丁日巳午時出火門太乙勝光下大勝餘倣此

擇日擇時擇六凶神藏吉神

謹按六壬靈匣經云甲戌庚日善能用者使前一螣蛇墜水二朱雀頭破後三玄武折足四勾陳大獄五白虎燒身六天空破剥　假令二月庚申日申時天魁為將加坤即天乙庚日晝治兵大吉而臨乾前一螣蛇火神臨壬水故曰墜水前二朱雀火神臨癸水故曰頭破前四勾陳土神臨甲木故曰入獄後三玄武水神臨坤土故曰折足後五白虎金神臨丙火故曰燒身後六天空土神臨巽木故曰破剥為吉時利於此時出軍攻討與

動土工皆吉但十二月用將加課之時

凡甲戊庚日晝即晝治貴神在丑夜即夜治貴神在未若臨乾之時即得六凶神藏四惡殺没於四維此時最吉自餘七日乙巳丙丁壬癸六辛日各依日夜貴人臨乾之時六凶神藏若辰戌丑未臨乾坤艮巽四維之上即為四殺没皆為吉時

按月擇四殺没吉時

按諸家陰陽書云孟月甲庚丙壬仲月乾坤艮巽季月乙丁辛癸為四殺没時緣太陽每歲退一分悉退縮不及者八十五年而退一度差殊浸多用之有失今證之但太陽入宫以其宫神言之候太陽至雙魚宫其神登明方可用甲丙庚壬為四殺没於四維言時四殺者辰戌丑未為五墓四殺凶神四維者乾坤艮巽是也其太陽黄道入宫度分已備釋在前今具孟仲季月中氣候太陽入宫用將法則如後

雨水後二日　小滿後五日

處暑後七日　小雪後八日

右用甲丙庚壬時為四殺没時

春分後三日　夏至後六日

秋分後八日　冬至後四日

右用乾坤艮巽時為四殺没時

穀雨後五日　大暑後三日

霜降後十日　大寒後一日

右用乙丁辛癸時為四殺没時

以上四惡殺沒於四維之上為吉時利為百事每三百六十五分隨日東行移用一刻即一歲三百六十五日移用百刻周矣此說得其微妙前後諸家陰陽書未嘗明

臨陣釁鼓之法

凡出軍攻敵有釁鼓之法厭伏敵人軍臨敵境便遣兵捉敵一人立於大纛之前祝曰賊人不道敢干天威皇天授我旗鼓摧剪凶渠見吾旗纛者目眩聞吾鼓擊者

魂散令敵人跪纛下乃腰斬之首橫路之左足橫路之右取血以釁鼓皮乃持大纛從首足間過兵馬六軍從之而出往必勝敵亦名祭纛法

軍行啣枚之法

凡出軍攻敵六壬宜為主後動有啣枚之法待彼先動欲戰之時令軍中人卧旗並啣枚坐陣待敵先發乃擂鼓大呼進擊必勝

六壬雷公式

六壬有用雷公式取其敵將姓名生年月日時辰朱書乃一氣書之安歲殺之下左手捻式鬼門右手轉式天罡厭之以天罡令敵畏伏自敗其法具於玄女絳囊經

陰陽神道出軍

神樞經曰出軍有神道之法陽歲用大吉陰歲用小吉加歲建之辰天上丙壬下為天道天上甲庚下為人道天上乙辛下為兵道天上丁癸下為鬼道出軍乘天道上吉人神次吉兵道見血鬼道疾病假令太歲

在寅陽辰以大吉加寅天上甲寅臨地下乙辛為天道天上丙壬臨地下坤巽為人道天上丁癸臨地下坤艮為鬼道他皆倣此

月中神道即用大小吉加月建同此例推之

用式權道出軍

龍首經曰著龜能知吉凶而不能變吉凶用式則能變吉凶故有權道

一曰討捕盜賊視日辰行年上神能制玄武則攻之賊

不敢格鬬
一曰今日之辰起後二攻前四賊不敢格鬬又曰子日
後二在戌前四在辰餘倣此
一曰不可以因對相死當王謂秋甲乙向西攻盜是死
當王
一曰宜以陰攻陽謂背亥子擊巳午
一曰將攻盜賊以勝光加四仲王神春木王加夘也出
勾陳下必剋

一曰兵四面圍守者以月將加時出天上丁癸下吉
一曰有急往者以天魁加正時天魁加孟可入如加仲
神在門宜同守加季可出
一曰避危難出奔者當從開星下去吉以月將加時春
三月出夘夏三月出午秋三月出戌冬三月出亥巳
上為開星下
一曰欲奔亡者須避大乙直符下犯之為吏執縛直符
者正月起天魁逆行十二神

一曰不可以青抵白言甲乙日不可西攻不可以黒白
黄言壬癸日不攻四維他皆倣此
勝負出軍分主客
曾門經曰諸欲戰鬬先分主客然後方明勝負主客者
先起為客後為主人先起者無令下剋上後起者無令
上剋下詳勾陳所臨之辰若神勝將則主人勝將勝神
則客勝
出軍野宿安營寨

玉門經曰出軍日暮將下營寨者以神加正時若遇三
刑加日辰必不可住三刑者大衝天罡太乙也假
令二月甲子日時加未欲下營寨便以月將天魁正
時則大衝加子太乙加甲日辰並在三刑之下夜有
賊來宜急移營寨
神樞經曰若有安營止宿以月將加正時魁罡加日辰
軍夜驚　螣蛇白虎加日辰軍寨驚　魁罡加日太
將死加辰小將死　假令三月甲申日時加丑占十

營寨便以將神從魁加丑則天魁加甲天罡加申則
日辰在天魁天罡之下主其軍夜驚魁罡皆臨日辰
主大小將死
曾門經云大吉加日上宜急去不可住
一曰日辰上見大衝夜必有風雨若神后太乙加日辰
有盜賊至若帶王相氣今夜必來若帶死囚氣不來
靈匣經曰怖不怖視五墓謂發用五墓皆恐怖墓加日
辰亦不安寧　假令小吉將以甲申日時加寅占下

營寨以小吉加寅則小吉為日之墓加甲上當有恐
怖此名墓加日辰必不安
曾門經曰絳宮時下營利中明堂時利前玉堂時利後
兩軍敵兵相守戰與不戰
龍首經曰兩軍相當視勾陳若上下相剋必戰若上下
相生為不戰若勾陳與刑並或臨日辰亦戰故曰戰
不戰視勾陳若軍出時大小吉臨日辰則兩軍相解
不戰又曰斗加孟神在內宜止斗加仲神在門戰必
傷斗加季神在外宜出戰大勝
玉門經曰用起戰雄者勝用起戰雌者敗　戰雄者春
寅夏巳秋申冬亥　戰雌者春申夏亥秋寅冬巳
神樞經曰上將軍行年若剋勾陳白虎大勝不爾勾陳
剋玄武必勝　又曰勾陳所居神能制所攻之辰方
勝所攻之時與勾陳並則天乙下神能制所臨之辰
是為敵降有大勳
一曰神勝將主人敗將勝神客敗　干剋支客勝支剋

干主人勝
曾門經曰上將軍本命與六害并大敗故曰敗不敗視
六害兼之白虎必死　若天乙臨上將行年及在有
氣之鄉玄武在囚死之地大勝若玄武臨日辰遥剋
將上神勿戰
一曰對敵當視天罡加孟可勞賜士衆加仲兩相傷加
季戰大勝
出軍聞賊未審來否

金匱經云占賊來不來審視遊都所臨遊都臨日辰賊今日至臨前一日賊後一日至臨前二辰則後二日至臨前三辰則後三日至臨前四辰賊已過不來遊都王相剋日辰甚凶囚死不剋日辰無患遊都臨所好之鄉不戰有降兵臨所畏之鄉大戰中外不相信臨東方兵凶臨南方賊不可當臨西方宜勞士卒臨北方利勝捷遊都加孟賊不來加仲半路加季即至推遊都法甲己日在丑乙庚日在子丙辛日在寅丁

壬日在巳戊癸日在申龍首經曰寧與人馬奴不示人遊都

靈匣經曰聞賊欲知所在以月將加正時視大吉所臨之方賊在其下若大吉加子午賊在大衝下加五未賊在太乙下加寅申賊在傳送下加卯酉賊在從魁下加辰戌賊在登明下加巳亥賊在大吉下

神樞經曰聞有賊不知在何處以正視時天目所臨方賊在其下天目者春在氐氐乙下夏在柳柳丁下秋在胃胃辛下冬在女女癸下

靈匣經曰問賊來不來正時以庚為太白丙為熒惑太白入熒惑賊來熒惑入太白不來

出軍問賊去不去

神樞經曰聞有賊未知去否專視斗罡若斗罡加孟日賊未去加仲欲去加季賊已去

一曰聞賊未知出界當視大吉若大吉過干賊已出界大吉未過干賊未出界賊在前後

按時占賊所在方

玉門經曰欲知賊在前後者正時視子卯巳三辰所臨若臨日賊在前加辰賊在後　一曰太乙加日賊在前加辰及人年賊在後

龍首經曰欲求盜賊所在當於天日下求之天日者勝光下是也　假令勝光臨酉賊在正西　一曰正時日辰加前有賊日辰加後無賊　一曰神后登明加日賊在大路加辰賊在小路

一曰賊卒至宜往房星下避之房星者大衝下假令房星加午宜出正南避之

在野被兵圍

靈匣經曰或在野被兵圍欲求出者當破青龍下所謂八極俱張利加鋒鋋　青龍者天罡下是　又曰絳宮時出得送從魁下明堂時出大衝下玉堂時出天魁下　月將加時登明臨仲為絳宮　神后臨仲為明堂　大吉臨仲為玉堂

曾門經曰忽被兵圍未知傷與不傷當視日辰若日辰上下神將相生為不傷相剋為傷　假令今日乙丑神后加乙為不傷將得天后為重傷　若神后加丑天魁加乙為傷神后又為前二為重傷故曰傷不傷

視陰陽

一曰吉神與吉將並而臨日辰及行年勾陳所居神制所出之辰又用起陰得傳出陽者必免難

軍行疑有伏兵

金匱云出軍行師前後疑有伏兵者正時若遇巳申子卯四辰臨支干此神王相與殺並必大戰此神伏廢不與殺并伏兵不敢起

金匱經曰斗加季必有伏兵　干傷支吉有伏兵在前支傷干凶有伏兵在後　支干俱傷有伏兵戰不勝

審視涉險宜在前後

黄帝占曰險隘處如憂懼謂行隘恐有惡人者當視日辰上而决之　日傷勿在前辰傷勿在後時下傷勿

在中日辰俱傷亦勿在中　又曰斗加孟勿在前加仲勿在中加季勿在後　若天罡加日辰必有惡人躡跡宜急去

曾門經曰天魁太衝勝光登明加日辰者前有賊天罡太乙加日辰者後有賊

軍行度關覘賊

玉門經曰度關覘賊者當視行年若在歲月日時衝破下者皆凶故曰凶不凶視破衝　若日辰上神王相

有氣上下相生宜進反此宜退　一曰日辰上傳登
明天罡勝先宜急去

玄武出軍吉路

神樞經云出軍擇吉路者當視玄武　若玄武能制所往之方大勝若玄武畏所往之方不利出軍　假令勝光為玄武不可北行襲人謂火畏水也　若木神為玄武則庚辛申酉日勿戰及不得向西攻伐餘倣此

左右欲避寇難

神樞經曰聞賊來迫欲避難者神在内宜右避神在門宜中避神在外宜左避　一曰月將加時出大衝從魁下去吉又宜從天上甲下去吉　若有迍邅須至逃匿者忌抵王方王方者春東夏南秋西冬北

審占軍出迷路

黄帝占曰軍出忽迷道路者當視天罡若天罡加孟左道通加仲中道通加季右道通　一曰斗加陽左道通斗加陰右道通

黄帝曰軍行迷路正時若遇功曹傳送臨日辰則前道通若遇蛇虎魁罡臨日辰者則前道不通

防備出軍見異人

黄帝占曰備不備見人異謂軍歷危險忽逢異人者正時小吉臨卯此人來伺候宜防備之

若被圍危急欲突圍出者當從天罡下出吉此為八極俱張無有豪強人不敢當

出軍敵有使來占其言虛實

黄帝占曰對敵有使來言可信否當以日辰而決之罡時勝曰上神者其言實日勝時者其言不實　辰上神尅日者其言誠信日上神制辰者其言虛誕若將與朱雀天空並加日辰者其言反覆來為奸詐若太陰天空加日辰言皆不可信若辰上神與日上神相生欲來求和合

近敵用奇兵伏

以奇用兵謂與敵相近當出奇兵以決勝　奇兵者百人用三十千人用三百萬人用三千皆選驍雄勇鋭之人伏於要路仍以太歲太陰月建大將軍下伏之上將於亭亭下候時至出攻敵之不意萬勝　太歲為陽神常以建子順行十二辰太陰天之貴神歲之后常在太歲後三辰　月建者正月起寅順行十二次

按歲大將軍三年一位推移之法

孟歲以勝光仲歲以小吉季歲以傳送加太歲天罡下為大將軍　亭亭者常以月將加正時神后下是

出軍入敵境安營

玉帳曰軍入敵境當下營寨擇善地者上將宜居太歲太陰大將軍月建下　一曰豹尾之下九天之上宜下營寨　豹尾者申子辰在戌亥卯未在丑巳酉丑在未寅午戌在辰其衝名黄幡　九天者春功曹夏太乙秋傳送冬登明

按方探賊兵

玉帳曰欲令人探賊兵宜出何方以月將加時出天上太衝下則人鬼不見又曰宜往太陰之上探之其道深矣

六壬用禽法

六壬氣神用禽以日宿宮加時視日下天乙貴人晝夜在何神依晝夜用之審天上十一曜在何宫宿而時下臨何宿用天上二十八宿地下布二十八宿將日直宿以加時宿消息以定吉凶忌奎婁角亢為魁罡金神凶首尾月索宿凶若用太陽火水直日吉時亦吉神進退休正用之

按氣看遊都敵都法

看遊都敵都所在有氣無氣將軍行年本命日辰見何神而臨何神以天禽地獸食啗王相休囚並在消息用天時地利人事以相參會

演遁甲

昔大撓造甲子推天地之數風后演遁甲究鬼神之奥極大幽隱遁之謂歟以六甲儀為直符以二十四氣為式局六戊之下貴神攸處凡王師討伐料敵制勝不離掌握之内㕘合天人之理則虧屻者鮮矣因擇其指要别加編次庶開卷而易曉也

六甲直符遁法式順逆數局

冬至 坎宫 立春 艮宫

冬至天元 一七四 立春天元 八五二

坎小寒地元 二八五 艮雨水地元 九六三

大寒人元 三九六 驚蟄人元 一七四

春分 震宫 立夏 巽宫

春分天元 三九六 立夏天元 四一七

震清明地元 四一七 巽小滿地元 五二八

穀雨人元 五二八 芒種人元 六三九

夏至 離宫 立秋 坤宫

夏至天元 九三六 立秋天元 二五八

離小水地元 八五二 坤處暑地元 一四七

大暑人元 七一四 白露人元 九三六

秋分 兌宫 立冬 乾宫

秋分天元 七一四 立冬天元 六九三

兌寒露地元 六九三 乾小雪地元 五八二

霜降人元 五八二 大雪人元 四七一

凡一節三氣八節各起主卦冬至後陽遁順數自一至九夏至後陰遁逆數自九至一冬至後順布六儀逆

布三奇夏至後順布三奇逆布六儀

凡六甲為直符直事乙為日奇丙為月奇丁為星奇戊己庚辛壬癸為六儀

凡常以直事加時宫即知開休生三門所臨又以直將加時干天上三奇與開休生三門合則為吉道能知其門可以出軍行師吉無不利

凡九宫之法盖天有九星以鎮九宫地有九州以應九土其式託以靈龜戴九履一左三右七二四為肩六

八為足五居中宮而寄於坤二　九星者從正北一宮順數天蓬一宮正北天任八宮東北天衝三宮正東天輔四宮東南天英九宮正南天芮二宮西南天柱七宮正西天心六宮西北天禽中五寄坤二宮八門者自西北起開門順數開休生傷杜景死驚開六宮休一宮生八宮傷三宮杜四宮景九宮死二宮驚七宮

凡用局法　甲己加仲為上元加孟為中元加季為下

元　甲己仲者甲子甲午己卯己酉為甲己仲各終五日為上元　甲己孟者甲寅甲申己巳己亥為甲己孟各絡五日為中元　甲己季者甲辰甲戌己未己丑為甲己季各終五日為下元　以上甲己之日看在是何節氣之中即知合用何局但甲己日夜半生甲子是甲子宮至黃皆甲戌其六甲為直符直事也　假令冬至後甲子日寅時用上元一局夜半生甲子一即休門直事天蓬直符逆布三奇六乙日奇在九六丙月奇在八六丁星奇在七使以休門直事加三宮即開門在東北休門在東南　又以直符在天蓬加時干六丙八宮即天蓬在六丙月奇與休門合正東為有奇之門吉此時可以舉兵行師出其門吉他皆倣此　假令夏至後用陰遁九局甲子日卯時為丁卯夜半生甲子景門為直事天英為直符丁卯時六宮順布三奇六乙日奇六乙日奇在一六丙月奇在二六丁星奇在三使以景門直事加時下六

宮即開門在正東休門在東南生門在正南人以直符天英加時下六丁日奇在東南為有奇之門可以出軍行師出奇門吉

凡五日六十時周而復始　甲己之日夜半生甲子乙庚之日夜半生丙子丙辛之日夜半生戊子丁壬之日夜半生庚子戊癸之日夜半生壬子若得天地人遁之時出軍最吉　生門合月奇臨六丁為天遁華孟日精所蔽　開門合日奇加六己為地遁紫微華

蓋所蔽　休門與星奇合太陰為人遁得太陰所蔽
凡時逢五六遇即損其門不可出兵行師為時下之干
剋日干是也　假令甲日庚時是也
凡陽遁後一九天二九地前二太陽三合六陰遁前一
九天二九地後太陰三六合即陳兵於九天之上伏
藏於九地之下伏兵於太陰之中逃亡於六合之地
又曰六甲為九天六癸為九地六丁為太陰六己
為六合

凡地有三勝五不擊　三勝者一勝天乙宮二勝九天
宮三勝居生門　五不擊者一不擊天乙宮二不擊
九天宮三不擊生門宮四不擊九地宮五不擊直使
宮
凡三甲明主客勝負將進上局仲甲之時關格刑德在
門不可以出戰上局甲子甲午時是也中局孟甲之
時刑氣在內德氣在外主客俱不利中局甲寅甲申
時是也下局季甲之時陽氣在外陰氣在內此時顯

赫利以出軍利為客吉　又曰三申之時陽星加時
吉陰星加時凶陽星者天蓬天任天衝天輔天禽也
陰星者天英天芮天柱天心也
凡時有五陽若得甲乙丙丁戊為五陽時善神治事甲
為德丙為威皆利客不利主客宜先舉則高旗鳴
鼓大喊揚威武主宜低旗待敵以候天時若得己庚
辛壬癸時為五陰時惡神治事利主不利客見陣利
後動惟宜設謀秘密偷號斫營

凡天綱四張之時不可以出當看天乙居何宮若在一
二三四宮尺寸低人即可揚聲而出若天上直符居
六七八九宮尺寸過人為天綱四張不可舉兵
凡十干相加凶時縱有吉宿奇門不可興師舉衆
凡青龍反首之時六甲加六丙是也飛鳥跌穴之時六
丙加六甲以上二時百戰百勝
凡六丁加六癸名朱雀入水六癸加六丁名螣蛇夭矯
此時不可舉兵六辛加六乙名白虎猖狂六乙加六

辛名青龍避走此時凶

凡六庚所加名之為格六丙加臨名之為勃遇勃紊亂紀綱值格則闘傷主客六庚加日干名為伏干格日干加六庚名飛干格六庚加直符名伏宮格直符加六庚名飛宮格

凡六丙加今日干名之為勃此時防下有勃亂者

凡太白入熒惑謂六庚加六丙是也若熒惑入太白謂六丙加六庚是也　經曰金入火而賊來火入金而

賊退

凡六庚加六己名刑格此時凶勿闘敵賊若奔亡亦不可襲逐

凡六庚加六癸名大格此時凶逃者不可追

凡子加午為伏吟

凡午加子為反吟不可舉兵行師

凡六儀擊刑不可用今日甲子直符時加卯加三宮是也甲戌且符時加未加二宮甲申直符時加寅加八

宮甲午直符加午加九宮甲辰直符時加辰加四宮甲寅直符時加巳加四宮已上是六儀擊刑時也

凡三奇入墓凶不可用乙為日奇臨於坤丙為月奇丁為星奇臨六宮天門已上是三奇入墓又乙未丙戌時亦為奇入墓六宮天門戌也

凡吉向三避五之時謂三宮震發生而為吉五象中宮無門户死氣而為凶　凡時下宮三為吉五為凶也三為生氣利為百事如甲子日用丙寅時之類五為

害氣百事皆凶如甲子日用戊辰時之類

凡三奇得使最為吉良謂甲戌甲午乙為使甲子甲申丙為使甲寅甲辰丁為使　假令陽五局乙庚之日人定為丁亥時此時六乙日奇下臨九宮甲午是為乙奇得使假令陽五局丁壬之日日中為丙午時此時六丙月奇下臨一宮甲子是為丙奇得使　假令陽五局丙辛之日人定為己亥時此時六丁星奇下臨四宮甲辰是為丁奇得使

凡地有八門開門萬事通達利以將兵遠出顯赫揚兵　休門選練軍旅和合衆情　生門陽氣盛宜貢獻上書興兵舉衆　傷門主傷殺血凶唯宜弋獵　杜門不可出行唯宜誅凶誅逆　景門宜上書貢獻死門宜射獵祭祀　驚門出入不安唯宜擒姦捕盜

凡時下得九星之名天任天衝天輔天禽天心宿吉時下得天蓬天英天芮天柱凶隨身用兵時便出其六甲旬六丁之符于囊外以指敵人自散不敢交兵也

凡取木時必先齋戒取酒一斗鹿脯三觔鹽一盞祝文祭之以白茅爲薦北向再拜祝曰杜剬之先百鬼之神曾孫某甲欲與子俱遊六甲之陰百鬼之神與子俱遊某變化某身以子所指莫不服者謹奉清酌美脯香鹽願歆饗之祝訖再拜凡三呪之事畢乃伐取木勿令穢汚亦勿令人近汚物及雞犬見之先持之法齋戒五日沐浴蘭湯食香潔淨飯無食五辛之物及書符畢以六甲之日夜半醮之方壇之上置壇方一丈二尺外垠方一十二丈開一十二辰門一竹爲幕凡長二尺或九尺隨地色列之在四向六陰之符置壇上依位次以五色繒綵各三尺五寸上安酒三杯脯三觔鹽一盞白茅爲座北向再拜跪呼其方四堂之長六甲六陰神　倣令甲子日陰在丁夘再拜呼其神而祝之以絳帛爲囊盛陰符常隨已身則百鬼不能侵以陰符指敵敵人自滅如倉卒無壇者但于庭中或野外晝地爲之

凡能履陰陽符者令敵人兵不起爲術之法　甲乙日平旦南向丙丁日食時西向戊已日日中北向庚辛日日昳東向壬癸日日入南向各以此日所向取方寸桃枝書敵師姓名著左履下求者必得履敵人之名兵不起者謂書敵人怨賊姓名著在履下訖祝曰敵人某甲不善大逆輕毀天地日月伐名木下得天蓬天英天芮天柱凶

凡宿山野欲乇營自固或藏形潛伏有真人閉六戊之

法當于當旬戊上掘土六斗于中央分置六戊之上持刀從鬼門左行一周大小以木為法安刀于取土之處而持刀念呪曰泰山之陽常山之陰盜賊不起虎狼不行城郭不完閉以金關千凶萬禍莫之敢干于其中宿不復出也說云置營壘訖取有犢悖牛繫母于營中置犢于外依法閉六戊呪訖即犢終不敢入是驗

凡對敵制勝有六甲陰之法　經曰為上將禦敵者須

作六甲陰符法令敵人自誅故曰寧與人千金不與人六甲之陰符天地之間此道最禁藏之金匱貫之于心不傳非人勿泄盜視者盲盜讀者瘂若作六甲陰符必須齋戒若干犯則無驗矣　六甲之陰者甲子旬陰在丁卯其神兔頭人身甲戌旬陰在丁丑其神牛頭人身甲申旬陰在丁亥其神豬頭人身甲午旬陰在丁酉其神雞頭人身甲辰旬陰在丁未其神羊頭人身甲寅旬陰在丁巳其神蛇頭人身

凡作符法常以月蝕之時伐社荊及梧桐等陰枝亦可以栢心悉長九寸廣二寸厚二分雌黃色圖畫之作神像并書其神名著像下丁卯神名孔林族丁丑神名梁兵叔丁亥神名陵盛陸丁酉神名貴陽明丁未神名玉屈奇丁巳神名許咸池

凡書符以錦絳囊盛之大將自社樹使神不得血食神但持之吾自與神誅擊陰陽神理共來剪滅先于符下畫作敵人之像從月建上來呼其人名而隨六甲之神所在滅之則敵人死仇自消亡矣

凡欲行千里萬步呪曰六甲九章天圓地方四時五行日月為光禹為治道蚩尤避兵蒼龍駕轂白虎扶衡熒惑前引辟除不祥北斗誅伐除去凶殃五神從我周旋四方當我者死向我者亡左社右稷冦賊伏匿行者有喜求者有福五神祐我所須者得急急如律令

凡出天門入地户過太陰居青龍法　經曰初兵出天

門六戊也入地戶六己也過太陰六丁也居青龍六
甲也居其下百戰百勝　假令冬至上元甲己之日
夜半生甲子初起兵出天門辰地入地戶巳地過太
陰卯地居青龍子地即百戰百勝
人一法曰出天門者出天上六戊在一宮入天上地戶
在九宮過天上太陰在七宮居天上青龍在一宮他
皆倣此
凡欲伏匿藏形法　伍子胥曰常人乘青龍六甲也歷

蓬星六乙也過明堂六丙也出天上六戊也入地戶
六己也過太陰六丁也取草折半障人中半入天藏
六癸也　假令六甲日夜半生甲子欲伏匿者初從
子地六甲也歷丑六乙也過寅六丙也出辰六戊也
入巳六己也還卯六丁也取草折車障人中半置卯
地六丁而入酉六癸去人無見者過太陰時呪曰天
翻地覆九道皆塞有來追我至此而極徑入天藏慎
勿反顧庚為天獄辛為天庭壬為天牢宜避之不可
抵向即被束縛
凡亭亭白奸者王章曰亭亭者天之貴神背之而擊其
衝為勝推此之法以月將加時神后下是亭亭所在
　假令正月登明為月將時加午即神后臨未為亭
亭所居白奸者天之奸神常與亭亭合子巳亥格子
寅申當合之時皆格之當格之時俱合之宜背亭亭
向白奸推此之法以月將加時寅午戌上見孟神即
是白奸之位常行亥寅巳申四孟　假令正月登明

為月將時加午登明孟神臨午即白奸在亥
凡六甲下營法　三元經曰夫將兵四出統衆屯營必
取其法則其法以六甲為首十時十日移員卓白以
歲月旬而為肰或依歲月或取六甲旬首而排布之
大將居青龍六甲為青龍旗鼓居蓬星六乙為蓬星
卒居明堂六丙為明堂伏兵居太陰六丁為太陰軍
門居天門六戊為天門小將居地戶六己為地戶斬
罰居天獄六庚為天獄判斷居天庭六辛為天庭囚

擊糧儲居天牢六壬為天牢府庫甲伏居天藏六癸為天藏　假令甲己之日青龍在子大將居之蓬星在丑旗鼓居之明堂在寅士卒居之太陰在卯伏兵居之天門在辰軍門居之地户在巳小將居之天獄在午斬罸居之天庭在未判斷居之天牢在申因擊糧儲居之天藏在酉府庫甲伏居之

凡涉於險阨之中　經曰山阿水澗之際兵不得轉移若敵從利方上來即是天時若陽時者令士卒皆袒

左肩引聲大呼鳴鐘擊鼓先舉而擊之若陰時令士卒銜枚駐馬桴鼓不鳴静以待之若敵四面圍之者當分兵為三部一居月建之上一居日建之上一居日德或月德之上一居王神之上監軍大將居亭亭之上引兵而擊之則大勝

凡三奇遊六儀　三元經曰三奇遊于六甲利以宴樂歡悦此時唯宜宴會為喜樂之事六儀者六甲也三奇者乙丙丁也謂乙丙丁遊于六儀之上甲子旬有庚午甲戌旬有　卯甲申旬有戊子甲午旬有丁酉甲辰旬有丙午甲寅旬有　卯此為三奇遊六儀又名玉女守門之時

凡天輔之時三元經曰天輔之時有罪勿疑斧鑕在前天猶救之謂甲己之日時下得己乙庚丙辛丁壬戊癸日時下得甲　假令甲己之日禺中乙庚之日晡時丙辛日日中丁壬日食時戊癸日平旦是天輔之時也凡此時有罪者無不可消釋矣

凡遁甲擇日

葛洪曰遁甲擇日出軍征討興造百事者其中有寶日義日制日伐日遇寶日為上吉謂干生支也甲午乙巳丙辰丁丑戊戌丁未戊申己酉庚子辛亥壬寅癸卯義日為次吉謂其日支生干也甲子乙亥丙寅丁卯戊午己巳壬申庚辰癸酉庚戌辛未辛丑制日者上制于下謂干剋支也甲辰甲戌乙未己丑丙申丁酉戊子己亥庚午辛卯壬午癸巳已上日為中平伐

日者下伐于上謂支剋干也甲申乙酉丙子丁亥戊寅己卯庚午辛巳壬辰壬戌癸未癸丑己上日不出軍

凡急則從神緩則從門　三元經謂有急事不得擇日時并三奇吉門者當于天乙所居宮及直符之神所臨而出若緩則可待三奇吉門而去凡天乙居直符宮天上六戊所在出其方並吉為六戊當為天門故也　假令冬至上元陽一局甲己之日平旦為丙寅

時此時天乙加六丙于八宮直符在一宮六戊在一宮若有急事可于東北天一正北直符六戊下皆吉

玉女局法

玉女經云閉局之法宇庭巷野以六數為法或六尺六步六丈郊野二百四十步尺皆可也十二日從干上入然乃下籌得算為室中六尺為局庭中六步為方若野六十步畫地玉女行籌法子日取子上籌投於戌上次丑上籌投卯上依頌文次第行籌鼠行失穴入狗市牛向兎園食甘草猛虎耽耽来到巳兎入牛闌伏不起龍來馬廐因留止螣蛇宛轉歸甲裏為入龍泉飲甘水羊雞易處來其酉猿猴擊攫北奔亥雞飛落薄羊闌裘犬向子地捕其鼠豬投虎窟自投死度筭行籌呼神次第一青龍移第二籌子仰天大呼青龍下他皆傚此二朱雀三勾陳四白虎五玄武六六合每行一筭次第呼一神行六筭畢即從地戶上出

凡地戶所在立成　子丑日在乙寅日在庚卯辰日在丁巳日在壬午未日在辛申日在甲酉日在巽戌日在癸亥日在丙

凡天門所在立成　子丑寅日在丙卯辰巳日在庚午未申日在壬酉戌亥日在甲

凡玉女所在立成　子日在庚丑日在辛寅日在乾卯日在壬辰日在癸巳日在艮午日在甲未日在乙申日在巽酉日在丙戌日在丁亥日在坤

出軍不得三奇吉門或遇敵臨事不得已者當須變機
乃作玉女反閉局用籌行籌取天門地户玉女所在
依法為之上將軍入地户出天門統兵破敵得玉女
所助無不決勝玄女訣當敵安營深入敵境或彼倚
伏强暴掩襲當雨之時又課遁無門軍

武經總要後集卷二十

欽定四庫全書

子部

虎鈐經卷一至五

校官編修臣程嘉謨

總校官候補中允臣王燕緒

校對官中書臣柴模

謄録監生臣楊熙

欽定四庫全書　子部二

虎鈐經　兵家類

提要

臣等謹案虎鈐經二十卷宋許洞撰洞字淵夫吳興人登咸平三年進士為雄武軍推官免歸尋召試中書改烏江縣簿坐事變姓名隱中條山龔明之中吳紀聞謂洞平生以文章自負所著詩篇甚多歐陽修嘗稱為俊逸之士者是也是書大都彙輯前人之說而參以己意惟第九卷所載飛鶚長虹重覆八卦四陣及飛轅寨諸圖為洞自創耳其四陣統論自以為遠勝李筌所纂其間亦多迂闊誕渺之說不足見諸施行然考漢書藝文志兵家者流有兵權謀兵形勢陰陽諸類凡七百餘篇蓋古來有此專門之學今漢志所録者久已亡佚而洞獨能掇拾遺文撰次成帙不

可謂非一家之言録而存之亦足以備一說也乾隆四十九年閏三月恭校上

總纂官臣紀昀臣陸錫熊臣孫士毅

總校官臣陸費墀

虎鈐經卷一

宋 許洞 撰

天功第一

天道變化消長萬彙契地之力乃有成爾天貴而地賤天動而地靜貴者運機而賤者効力上有其動而下行其化矣是以知天之施地匪専也知地之應天有常也生機動則應之以生氣機動則應之以氣機正則泰機

亂則否萬物列形而否泰交著見之於地焉豈止地之為乎蓋天道内而地道外者也王者天也將地也將者天也士卒地也我天也敵地也由此觀其所動故負勝可知矣王之於將也閫外之寄擇賢授柄舉無所疑將必内應其正外務其順應以正則師律嚴務以順則臣節貞舉而禦敵詎有輿尸之患乎君恃智以自用倨禮而傲下授柄匪人任人不信將不正應内包猶豫之惑外喪敵衆之威矣舉而禦敵寧免失律之凶乎師之成

敗見之於將焉豈將之為乎將之為仕也智敵萬人苟無萬人之用與愚者同矣勇冠三軍苟無三軍之用與懦者同矣善為將者正而能變剛而能恤仁而能斷勇而能謀以策馭吏士未有不振拔勲業以勘禍亂者也反是則吏士外無攻取之心内多離散之勢勇怯見之豈吏士之為乎夫我之於敵也攻拔戰勝使敵不敢抗衡者豈敵怯乎由我威令整進退肅賞罰明也覆兵殺將弱國削地者豈敵彊乎由我不嚴師律故也夫如是

則自上而及下自内而達外其猶天地之用乎故天必籍地力然後運四氣正生殺也貴必籍賤力然後能立元功而建王業也

地利第二

地之形險易殊也地之氣寒熱異也用形與氣在如逆順焉昧此道者不能得地利必矣善用地者則不然險而易之易而險之也夫居險用險必内潰居易用易必内蹶當有形之用逆之者善矣何謂險而易之曰簡以

夷其政要以節其動寬以緩其約不以疎慢為失也何謂易而險之曰進止戒嚴內外無怠用其謹懼不以暴急為務也如是者乃險易之用也以方位觀之則寒熱之氣異也當有氣之用順之者善矣南方之氣熱北方之氣寒也其氣異則水土之性必相戾逆諸人而使之飲其地脉食其土毛蒙其風氣瘴癘之疾凍溢之災加馬以我之不便犯順方之人不有患乎天不能以氣順人君能以人順氣可也是故利不可以專一北人之馬

南人之航也各有便焉反是不可以措手足矣行師者不能擇而用之斯亦更南北之所便也冀其成功遠矣是知地之所利者可兼而有乎善用兵者擇利而從之善矣

人用第三

今之世取人也每務其多學而捨其偏伎非良術也兵家所利隨其長短而用之也是以善撫恤者勿使頻鬬慮其勞疲而無勇也善保守者勿使進攻慮其遲緩而而不猛也多方者勿使與於決事慮其猶豫也多勇者勿與謀敵慮其過輕也精悍者使鬬果敢者使攻也沉毅而性執者使據阻險見小而貪財者不可使守儲蓄智而善斷者可擇其言輕健者使誘敵剛愎者使當鋒利口喋喋者使行間善鼠竊狗盜者使盜號探敵惡言多罵者使之揚毀訾詈奇材異識者使預談論深識大度者使安衆倔彊多力者使斬關榛莽善隨地形結搆者使度樹營柵怯懦者使輦運器用老弱者使備炊汲

諳山川擇高下水泉之利者使相地形妖言詐辭善張皇鬼神之說推引天命者使揚聲惑衆以動敵心善擇地勢平易險阻知往來細大之蹊路者使通糧儲奇辭偉辯能架虛矜大者使奮振威德耳目聰明探察敵人情者使伺候奸偽敏才健筆者使主箋檄明七曜休咎者為歷數之士善占風雲吉凶者為候氣之士曉六壬遁甲者為選日時之士諳蓍龜者為卜筮之士是四人者雖推驗體測陰陽各不可使相亂責其專一也醫藥

之人二十人已上以兵數增之獸醫亦如醫人之數大將軍擇通材者與之參議可否故我大衆之内有善有惡無棄人馬人無所棄斯不怨則動有功矣

三才應變第四

易曰見機而作不俟終日故用兵之術知變為大軍雖氣銳時勝（一作天時遇）而行列散潰旌旗紊亂金鼓不節擊之可也或曰彼得天時詎可破乎許洞曰天之所祐正也怙天時而戾軍政與天違也天人相違不凶何俟故

兵利以順應順也順而逆應之必凶之兆也或曰軍乘天時誇有地利將士驕怠謀畫不精軍陣散亂如之何洞曰可擊也曰彼獲天地之利如何擊之曰人者天地之心也苟心不正雖有其表將焉用乎或曰軍違天時逆地利大將深謀沉毅部伍清肅進退有節如之何許洞曰未可擊也曰不獲天地之利奚謂未可乎曰正則可以率天地之用草寇可為王矣或曰彼如是也我之動將如之何許洞曰先以人次以地次以天然後攻之必克敵也曰先後如之何曰利為主何謂主曰動為客靜為主觀敵之動何如乃應之（夫書言動者不必戰陣時敵人先動為客也但客構敵人所為之事謂之動則我以機應之為勝焉）先勝而後舉神明之道也

三才隨用第五

天著吉凶以陰陽辨也地布險易以山川章也人包勇怯以戰陣見也苟（一作有）欲陰陽之順險易之利勇怯之用在乎閒暇可得而擇也當彼我相逢各出不意忽然交合曷能擇所利而用哉或曰兩師不期逼於險地天

地震晦雨雪交積山川不辨當此之際何以禦之許洞曰大將止衆堅陣嚴肅號令雖敵來攻勿與交戰俟天變少罷觀弱彊之勢而後進退之曰我既安矣彼自驚擾則如之何曰以精兵乘之又曰倉卒之際大將以何術即能堅行陣嚴號令使士卒不自驚亂許洞曰善用兵者有勇必備預擇輕勇者二十四人八方各三騎相去一里晝以旗夜以鼓（過山川委曲叢林茂密晝亦鳴鼓恐不見旗）第一騎見賊晝舉旗第二騎亦如之第三騎馳告夜用鼓如晝

法（恐敵聞鼓聲急馳告）烟霧蓊塞風雷震驚旗之不見鼓之不聞亟馳告斯謂八卦探奇者也是以偵賊而能備焉苟天地有變則引輕兵突之大陣不可妄動（凡大兵之常以輕騎數十人別分部隊為游兵其將擇驍勇）觀彼動靜而後舉焉故我常用其整也此皆隨天之變也或曰與敵卒然相遇或平原廣澤或山谷深峭或坂嶝穹隆或拗汚沮洳或草木蒙密俱是危地當其用之如何許洞曰迴渠汚澗可以衝車突馳也深峽隘口可以少擊衆也長林豐草可以為伏也原

野漫衍可以騎兵相屬也草木隱障可以步士戰也平郊往來可進可退可以長戟當敵踰水跨遠高下相乘不可得親近可以弓弩當敵崖壁相隱狹徑斗迴可以甲楯當敵葦蕭蘆荻枝葉蔚茂可以戈鋋（一作挺）當敵此皆隨地之性也或曰寨柵之間三軍已怨寇敵乘間衝突攻擊當此之時如之何許洞曰使勇者據其前怯者匿其後忿遽之時怯者彊驅而前進焉必挫鋒折鋭不若隱之也曰當此之時何暇别勇怯之用乎曰不然善

用兵者防亂於未亂備急於未急結營既定預擇彊勇者衛外怯弱者附之所以慮晦夜之急也此皆隨人之性也如是順天地人預備之道者也故易之卦以豫者預也取預備之象為難之用也故曰重門擊柝以待暴客蓋取諸豫用兵者可不審於此乎

虎鈐經卷一

虎鈐經卷二

辨將第六

宋 許洞 撰

國家行師授律生殺之柄大將所主將者國之腹心三軍之司命也可不慎於選乎苟欲命將預以精誠辨其可否者有四一曰貌二曰言語三曰舉動四曰行事其一曰貌九眉上雙骨橫起而隆巘者語言而不純者目

反仰視者方坐內多虛驚者此六者人有其一斯人常蘊不臣之心不可使之也豐下銳上神氣安詳者重德而善安衆人也目黑多白少點睛深而神氣與形相副者機度沉厚不可以詐動人也目睛熒朗五岳相照燕頷虎顋者心機疾速勇而有斷人也龜背虎臆點睛深而朗徹瞻視詳啼而神骨聳峭者雄壯有智慮人也是五人者有其一可使之也至若神氣重濁骨相不正頭薄面淺頸大腹細目睛昏慒點睛近上視顧不正此皆志氣淺劣智識庸鄙人也其二曰言語人有言肆而目駭視者心懷異圖也言枝蔓而不經者心有隱也矜大人善言唯恐不至者黨人也言錯綜而無歸者心躁競也方言而他視者心不誠也言卑而色下者心有所屈也方言而四顧者其言妄也言人之短而視不定者誣罔人也言多以私事為擾者顧妻子之人也言大而理不精者其學虛也色悅而徐徐順人意者佞媚人也矜己善而斥人不善者崛彊人也言欲發而却縮者含蓄

人也言無公私必及利者貪人也色卑而言多諂者志下劣人也事曲而言直氣悖而言順心鄙而言大事不詳而彊能理矯而彊正者此姦詐人也是十有六者人有其一不可使之也言大而意精至者有識度人也言希而出必中者志節人也言動而必及國家者忠孝人也言奪而不迂者壯直人也辭寡而意慤者正公人也言多及軍吏之私者善拊恤人也言及陣敵喜動色者好勇人也言及細微而能剖析是非者有智人也言迂

闊而卒近於理者識深見遠人也言少而事詳者大度人也語氣和而神色相稱者善納衆人也言徐徐而事備者性緩而有德人也言速而事當性急而不暴有識人也是十三者人有其一皆可使之也其三曰舉動行有狼顧者行與坐忽如驚恐者非時召語而手足紛拏者方食而不覺棄匙筯者方行而首偏口目輒斜動者行而唯恐有人逐者欲坐而頻四顧如有所駭者方言勃氣上騰神色自得者待下多卑恭而不實者覩事覺

已如不知而目它視者是十者有其一此皆心不誠實多蓄異人也不可使之也行欲如大輅足動而身不搖也坐欲如山岳形神俱定也卧欲如覆舟神炁安詳也此皆智度沉深大節崇德人也是三者人有其一可使之也其四曰行事有人行事先已後人者好私人也事繁多而應用不當者無智人也作事不急於用者無益人也作事有首無尾者偽人也先急而後慢者卒庸人也事不求詳而輒為是者粗疎人也巧妙而無裨急用者浮艷人也所措捨魯鈍而不適用者愚人也利害章章而不能析之者無識人也臨事而懼者懦弱人也進退不决者無斷人也記一而忘二者神昧人也事虛而構架廣大以善為惡以惡為善者姦人也善候人之顔色隨所欲而言者佞人也是十四者人有其一不可使之也有事簡而用當者有喜怒之事不露於色者臨大事而神氣自若者此謂神有餘也人有微而不棄大而不煩者事不懼美事不喜者事有衆惑而獨斷之者事

有衆戹而獨安之者事有難動而獨動之者事有難安而獨安之者此謂志有餘人也是十者人有其一皆可使之也是以知貌也者神之聚也言語也者神之發也舉動也者神之用也行事也者神之本也察其神則盡其為人之道也大矣況國之命將可不審於此乎

論將第七

萬機論曰雖有百萬之師恃吞敵在將者恃將也夫舉國之利器以授之茍非其人是輕天下將何以為謂小

大者各有四焉八者皆無何足以謂之將乎其大者一曰天將二曰地將三曰人將四曰神將其小者一曰威將二曰彊將三曰猛將四曰良將凡興師舉衆列營結陣視旌旗之動審金鼓之聲揆日度時以決吉凶隨五行運轉應神位出入以變動兵敵人不測其所來以神用兵我師不知其所為動有度靜有方勝負在乎先見持天地鬼神之心以安士衆此之謂天將者也所至之境詳察地理(一作利)山澤遠近廣狹險易林藪之厚薄谿

澗之深淺若視諸掌戰陣之時前後無阻左右無滯歩騎使其往來弋戟叶其所用指揮進退皆順其情人馬無逼塞之困攻守護儲蓄之利振野得水草之饒使人馬無飢渴之色陷死地而能生攻亡地而能存逆地而順用之順地而逆用之不擇險易皆能安而後動動而決勝者此之謂地將者也又若廉於財節於色疎於酒持身以禮(一作公)奉上以忠憂樂與士卒同獲敵之貨賂而不蓄得敵之婦女而不留納諫而能容疑而能斷勇

而不淩物仁而不喪法匿(一作原)其小罪決其大過犯令者不諱其親有功者不忌其讐老者扶之弱者撫(一作恤)之懼(一作驚)者寧之憂者樂之訟者決之濫者詳之賊者平之彊者抑之懦者隱之勇者使之横者殺之服者原之失者扶之亡者逐之來者爵之暴者挫之智者昵(一作眙)之讒者遠之得城不攻得地不專敵淺以待變敵詭以順會逆勢則觀順勢則攻此之謂人將者也又若以天為表以地為裏以人為用舉三將而兼之此之謂神

將者也行師之時無失天時無失地利無失其人無有勇怯聞敵而即行心無疑慮犯令者罪無大小必繩以刑敵聞之即畏(一作降)當之即破此之謂彊將者也師無多少敵無彊弱三軍順令若臂使指往復萬變出敵不意舉動如神匹馬單劒摧鋒先入使敵人失措懼而遠遁此之謂猛將者也夫能以威為表以猛為裏以彊居中兼三將而有之此之謂良將者也國之任將也得天將可以當違天之敵得地將可以當逆地之敵得人將

可以當悖人之敵得神將可以當天下之敵舉無遺筭矣威將可附天將(上能順天下壯威武所宜附也)彊將可附地將(上明地理下知進退所宜附也)猛將可附人將(上明人心利害下以精敢禦敵所宜附也)良將可保四方曰雖有敏捷之用然皆不可以獨用焉如是者將之體也

出將第八

王者既審定大臣之可否以將於是居正殿召之曰今某地不臣願煩將軍討之社稷安危亦在將軍乃使太

史氏擇吉日授之斧鉞王入太廟西面而立王操鉞持其首授之柄曰從是以上至天者將軍制之復操其柄授之以刃曰從是以下至地者將軍制之將既受命拜而報曰臣聞國不可以從外理軍不可以從中御二心不可以共濟疑心不可以應敵臣既受命專斧鉞之威臣不敢生還廼辭而行鑿凶門而出是以將之行也不問妻子示其忠於國君之命將不敢輕其禮示其崇於用將之於外也君命有所不受唯逐便利國家是務其於己也潔其於人也至是故將拒諫則英雄散策不從則謀者去善惡等則賢愚混賞罰亂則綱紀散多喜則不威多怒則人心離多言則機泄多好則智惑寬則衆懈暴則衆怨將專權則下歸咎將自善則下無功將納讒則正人離將好賂則士卒盜將內顧則士卒淫貶聲揮色所以自潔避嫌遠疑所以自持沉機遠慮所以不失委時順變所以建功恕物篤行所以歸愛昵善斥讒所以來遠先度後作所以應卒先信後言所以伏下信

賞必罰所以正人明經鑑古所以照衆卑己貴人所以保終去私循公所以存國其神欲正其形欲端動欲如風(取其順健也)止欲如山鬪欲如雷電機欲如鬼神思欲如照影令欲如霜雪(取其必殺也)苟有此者可以當國之大命矣

軍令第九

大將既受命總專征之柄犒師於野畢而下令焉不從令者必殺之夫聞鼓不進聞金不止旗舉不起旗低不

伏此謂悖軍如是者斬之呼名不應召之一作引不到往復愆期動乖師律此謂慢軍如是者斬之夜傳刁斗怠而不振更籌乖度聲號不明此謂懈軍如是者斬之多出怨言怒其不賞主將所用崛彊難治此謂横軍如是者斬之揚聲笑語若無其上禁約不止此謂輕軍如是者斬之掌器械弓弩絶弦箭無羽鏃劍戟澁鈍旗纛凋敝此謂欺軍如是者斬之妖言詭辭撰造鬼神託憑夢寐以流言邪説恐惑吏士此謂妖軍如是者斬之姦舌

利嘴鬭是攢非譖怨吏士令其不協此謂謗軍如是者斬之所到之地淩侮其民逼其婦女此謂姦軍如是者斬之竊人財貨以為已利奪人首級以為已功此謂盜軍如是者斬之將軍聚謀逼帳屬垣竊聽其事此謂探軍如是者斬之或聞所謀及軍中號令揚聲於外使敵聞知此謂背軍如是者斬之使用之時結舌不應低眉俛首而有難色此謂狼一作恨軍如是者斬之出越行伍爭前亂後言語喧譁不馴禁令此謂亂軍如是者斬之託傷詭病以避艱難扶傷舁死因而逐遠此謂詐軍如是者斬之主掌財帛給賞之際阿私所親使吏士結怨此謂黨軍如是者斬之觀寇不審探寇不詳到而言不到不到而言到多而言少少而言多此謂誤軍如是者斬之營壘之間既非犒設無故飲酒此謂狂軍如是者斬之此令既立吏士有犯之者當斬斷之時大將以問諸將曰罪當斬遂令吏士挾於外斬之斬斷之後使傳令告諸吏士曰某人犯某罪適與諸將議當斬已處斬

訖公等宜觀此以自戒是大將以禮行罰使士卒無冤死與衆有畏心矣故軍法者將之大柄也可不重乎是以吕蒙涕泣而斬鄉人穰苴立表而誅莊賈此皆先尊法令後收功名者也

船戰第十

夫水戰之時擂一通鼓吏士皆嚴肅再擂一通鼓士伍皆就船整持一作治櫓棹戰士各持兵器就船各一作為當其所幢幡鼓角各一作為隨所戰船鼓三通大小船以

次發左不得右右不得左前後不得易越違令者斬之

步戰第十一

夫步戰之法擂鼓一通步騎皆裝再通騎上馬步結屯三通以次出之隨幡住（一作往）者結屯住（一作往）幡後聞鼓音整陣斥候者視其地形廣狹從四角而立表制戰陣之法諸部曲各（一作為）安部陣兵曹舉曰不如令者斬之若欲結陣對敵營先白表乃引兵就表而臨皆無諠譁明聽鼓者旗幡麾前則前麾後則後左則左麾右則右

麾不聞令而擅前後左右者斬伍中有不進者伍長殺之伍長不進什長殺之什長不進督兵者殺之督戰部曲將則拔刃在後察違令不進者即斬之一部受敵餘部不進救者斬臨戰兵器弓弩不可離陣離陣伍長什長不舉發者與同罪無將軍令而妄行陣間者斬臨戰陣騎兵皆在軍兩頭前陷陣騎次之游騎在後若步騎與賊對陣臨時便欲使騎獨進討賊者聞三鼓音馳騎從兩翼進戰視麾所指聞三金音即還此謂獨進戰之時也步騎大戰進退自如法焉

虎鈐經卷二

虎鈐經卷三

兵機統論第十三

宋　許洞　撰

臣聞兵者陰也陰之德以虛為用而應於體也月者太陰之精氣也朔望不常何也蓋由以虛為變也兵者既為陰類則其機宜常虛合變以法月也能以虛含變以敵動必利矣觀乎天文之風雲星辰有吉凶者天之示於人也善用兵者得其吉象不可恃之恃之者凶得其

凶象不可懼之懼之者怯苟知天象之吉凶者是虛其機以應天者也觀乎地利山川險易有生死存亡之途者地之利於人也善用兵者於地理無生死存亡觀彼我之勢察去就之情何如然後順其事而用之苟知地理之險易者是虛其機以應地者也觀乎人事彊弱有勝敗之勢者事皆係於人也善用兵者能以變合於事事合於時時合於理無彊弱無利害則敗勢可以為勝勝勢可變而為敗苟知人事之勝敗者是虛其機以應人者也是故善戰者雜於凶而難可釋雜於吉而勢可壯吉凶交雜而能不惑於用者此可以上不畏天矣雜於險而事利雜於易而事難險易交雜而能常處其變者此可以下不畏地矣雜於利而敵見其害雜於害而我敗其利利害交雜而不能屈於敵者此可以中不畏人矣知此三者而用兵其盡三才之變乎自古兵法及臣所著之書其閒申明利害者特直指其形貌言爾以臣

所謂能審一時之機者其在天也無吉凶其在地也無險易其在人也無利害

軍謀第十三

用兵之道先正其禮次測其謀次擇其人然後詳天地之利害審人心之去就行賞罰之公慎喜怒之理擇進退之地張攻代之權明成敗之畲度主客之用能愛人之生者可使人捨生而赴死能親人之身者可使人捐身而犯難是故先親於人俾人然後親之先勝於敵就

敵然後勝之故用兵必以糧儲為本謀略為器彊勇為用鋒刃為備祿位為誘斬殺為威彊弱相援勇怯相間前後相趨左右相赴遠近相取利鈍相蔽步騎相承長短相用（長兵短兵之用也）敵欲堅陣我則突其不意敵欲直衝我則脩其所從攻必先攻其所寡擊必先擊其所動薄者可突長者可截亂者可惑疑者可脇夫軍之為政也勞在乎役無度怨在乎賞不均弱在乎逼迫窮在乎絶地離在乎將失道懼在乎將無勇飢在乎遠輸渴在乎

窮井軍之為逸也樂在乎安靜利在乎賞罰當其死在乎軍檢正成其功在乎戰陣如此者戰陣之術也軍之即於戰陣也從生擊死從實擊虛從整擊亂從利擊害從逸擊勞從有餘擊困窮山陵之戰不仰高不逐深不衝隘不遠追水上之戰不違風不逆流林中之戰不連翼不相馳草上之戰不涉深平陸之戰不遠離此戰法之利也軍之禁也不節語言必泄不峻令行必亂不行賞士必怠行伍紊亂由於昧暗（一作旺）在明察以正之晦夜驚怖在鎮靜以嚴之是以知陣之嚴整軍之表也軍吏畏愛將之柬也軍之所親將之所存非智賢孰能與此乎

教戰第十四

諸教戰陣每五十為隊從營纏槍幡至教場左右廂各依隊次解幡立隊伍相去各十步分布使均其駐隊塞空去前隊二十步列布訖諸營士卒一時即向大將麾下聽令每隔一隊定（一作）戰隊即出向前各進五十步

聽角聲第一聲絶諸隊即一時散立第二聲絶諸隊一時捺槍張弓捲幡抜刀第三聲絶諸隊一時舉槍第四聲絶諸隊一時跪膝籠槍坐目看大將黃旗耳聽鼓聲黃旗向前亞鼓聲動齊唱嗚乎（並去聲）齊向前到中間（一作界）一時齊唱聲殺齊入賊退敗訖可趂行三十步審知賊徒喪敗馬軍從背逐北聞金鉦動即須息却行前上架槍側行回身本處散立第一聲絶一時捺槍便解幡旗第二聲絶一時舉槍第三聲絶一時簇隊一看大將

處兩旗交即五隊合為一隊即是二百五十人為一隊其隊法及捲幡舉槍簇隊鬭戰法並依前一看大將處五旗交即十隊為一隊即是五百人合為一隊其隊法及捲幡舉槍簇隊鬭戰法如前聽第一聲角絕即散二百五十人為一隊如此凡三度即教畢諸士卒一時聽大將賞罰進止第三聲角絕即從頭引隊伍還軍

先謀第十五

用兵之要先謀為本是以欲謀行師先謀安民欲謀攻

敵先謀通糧欲謀疏陣先謀地利欲謀勝敵先謀人和欲謀守據先謀儲蓄欲謀彊兵先謀正其賞罰欲謀取遠先謀不失其邇苟有反是而用兵者未有不為損利而趨害者也是故聖王之兵先務其本本壯則末亦從而茂矣苟能知利害之本謀以禦敵雖有百萬之衆可不勞而克矣

先勝第十六

孫子曰勝兵先勝謂先定必勝之術而後舉也何謂必勝許洞曰先務三和次務三有餘次務三必行何謂三和曰和於國然後可以出軍和於軍然後可以出陣和於陣然後可以出戰國不和則人心離軍不和則教令亂陣不和則行列不整不先務此三和之道我其可戰耶何謂三有餘曰力有餘食有餘義有餘也力無餘則困於鬭食無餘則怠於時義無餘則吏士怨不務三有餘之術師其可動耶何謂三必行曰必行其謀則奸樸不成必行其賞則好功者不愛死必行其罰則有過者

不歸咎不能務三必行之道人其可用耶是以知善務和者公無私捨小惠務大惠善務有餘者力諸事而不自怠善務必行者興勇斷去猶豫之謂也舉是九者務令預定之於前則萬變千機然後動乎其中矣率此以禦敵未有不勝者也故曰勝兵先勝者勝在我也其在大易曰先天不違之義也

勝敗第十七

用兵之術戰勝不可專專勝有必敗之理戰敗不可不

專專敗有反勝之道戰勝而敗者有五急難定謀狐疑不決一敗也機巧萬端失於遲後二敗也機事不密三敗也似勇非勇似怯非怯四敗也主將不一五敗也此五者皆戰勝而反敗也戰勝而欲必勝者定謀貴決機巧貴速機事貴密進退貴審兵權貴一也勢敗而反勝者有四吏士飢渴所愛啗之（割所愛者謂在急難之中殺所乘駿馬愛妾以啗吏士也）衆有飽之用矣吏士恐懼奮身先之衆有勇之用矣期應不到殺其所昵（所昵者謂所嬖倖或子弟諸姻同在軍中若有主守者犯命則先殺之也）衆有懼之用矣人有疑惑陰為鬼詐（鬼詐者謂詐為狐鳴篝詞中之類也或假托卜筮百端不一）衆有天之用矣（天謂天所授也）如是者以敗為勝也勝敗之術非勇決神智安能行之耶

知姦第十八

敵使來目數動色數異而言肆者刺客也敵未困而請和者謀也敵卑辭厚幣者驕我也使雖頻來為寇不止者侮我也厚貨啗我左右者欲搆我密謀也使來言語辯利欲兩國休解者將掩我不備也使言崛彊者欺我也敵使有此七者宜細詳之將為挾之（謂謁見之時以操兵者挾輔而見）謀者反其謀（謂偽詐之却掩其不備也）驕者反其驕（拒其辭幣使敵人信我為驕也）侮者凌之（舉兵其無禮）搆者示之（佯不知而反示之以虛事也）將掩不備復之（佯聽其說反掩其不備也）欲者誅之（誅無禮以威敵）留使者不可久久則知我微不若殺之是以知姦之道兵之本也不可不審

奪恃第十九

敵無恃不可以為寇欲審者預審而奪之敵之為梗或以彊或以隘或以勇或以緩之謂也奪彊以氣奪隘以動奪勇以威奪緩以誘夫敵以力有餘而加於人我則以緩伺其力衰而乘之此奪氣者也敵以嶮地壁守或阸隘而陣我雖士民豐逸不可以彊取守者以利暢其心否則俟動則攻之陣者以勢逼其敵否則俟動隨而衝之此奪隘者也關塞營壘糗糧所揺預於要路伏兵絕之必力奪其輜重敵可使飢此奪緩者也人逸馬良恃彊輕戰可擄隘設伏示弱以誘此奪勇者也不知四

奪不足以語奇也兵術萬途不可專一先能奪其所恃則彼力衰半矣

襲虛第二十

襲虛之術有二焉一曰因二曰誘何謂因曰敵兵所向我亦佯應之別其精兵潛出虛地或攻其壘或斷其後或焚其積聚也何謂誘曰欲敵之要地則不攻而佯攻其隣大其攻具盛其師旅以誘敵兵敵兵到則勿與戰復與壁守潛以精銳襲所出兵之城而掩其内此二者

皆襲虛之道也

任勢第二十一

兵之勝敗非人之勇怯也勇者不可必勝怯者不可必敗率由勢焉耳勢之任者有五一曰乘勢二曰氣勢三曰假勢四曰隨勢五曰地勢勢之敗者有三焉一曰剉勢二曰支勢三曰輕勢凡新破大敵將士樂戰威名隆震聞者駭懼迴其勢而擊人者此之謂乘勢者也將有威德部伍嚴整士有餘勇名譽所加懾如雷霆此之謂氣勢者也士卒寡少盛其鼓張其旗為疑兵使敵人震懼此之謂假勢者也因敵疲困懈怠襲擊之此之謂隨勢者也合戰之地便其干戈利其步騎左右前後無有陷隱此之謂地勢者也用兵者乘此五勢未有不能追亡逐北以建大功也又若累戰累北吏士畏於戰敵此之謂挫勢者也（挫勢者言曾於敵人挫辱故言勢不利也）將無威德謀慮賞罰不當吏士之心率多離散此之謂支勢者也吏士諠譁不循禁令部伍不肅此之謂輕勢者也凡用兵有此

三者未有不敗軍殺將者焉是故乘（闕）　在我可以指揮進攻矣任（一作乘）勢在敵我當有道反能擊之若夫敵有乘勢而到者未可與戰堅壁固守待之曠日久敵心必懈於始到矣俟其攻無所拔掠無所得敵之衆心益以慢矣當於中夜潛令驍勇襲其營壘攻其無備乘其亂出精兵兩道擊之地勢便則兩道出不便則一道出壁中鼓噪應之如此則可以破其敵者矣敵有恃氣勢而到者可以後潛精兵偽示以老弱敵進攻則發伏

擊之必勝矣何謂也許洞曰乘勢加人者止用勇敢疾速為務鮮能精謀慮彼見老弱必輕進樂(一作摽)凌之堅陣以俟一鼓不勝鋒必挫反為我乘矣敵有以假勢而列旗鼓之盛埃塵之多者(旗鼓或虛設埃塵或曳薪)預料敵國兵如國有十萬之衆侵伐之地不及五萬之師矣降之不溢三萬矣國有百萬之衆侵伐之地不及五十萬之師矣降之不溢三十萬(謂其各有屯拨之地及死亡之所或敵兵不能盡到侵伐之地)以此料之百萬之國其衆來者有百萬六十七十八十九十

欽定四庫全書　虎鈐經　卷三　十二

萬之旗鼓與號令者必不溢四十萬矣餘皆疑兵也十萬之國其衆來者有四萬五萬之旗鼓與號令者此必不溢三萬矣餘皆疑兵也(敵國大小敵衆多寡皆以此類數知之也)是以知旗鼓多者其兵少矣不可怖但以精兵出其不意必敗矣或敵探我動靜者為我所知即詐示以疲倦懈怠使知之敵必隨勢而來預於諸間道及通衢陰伏鋭兵俟之(先令細人密探敵人舉兵之期然後設伏兵待亦可)過半則邀擊之敵得地勢以薄我未可以戰堅壁觀之持久則衆心怠夫得敵有挫勢者可以自外擊之敵有支勢者可以自內擊之(內攻為用間盖其敵心然後擊之也)敵有輕勢者可以突之(掩不備也)此隨敵三敗勢攻之也以此言之是故多勝者非彊也多敗者非弱也率由勢爾夫水之柔弱方圓任性而能蹶(一作寢)隄漂石者水之勢也火之剛(一作測)炎亘天而起者火之勢也薪木既灰而滅影者木之勢也故用兵之道既知水火之旺敗則盡於勢之用矣

使間第二十二

欽定四庫全書　虎鈐經　卷三　十三

周禮巡國傳謀反間也用間之道聖人以用兵決勝不可不間用間決中不可不密苟非大智孰能臻於是乎故間之行也觀事而舉其術有八焉其一曰兩國相拒兵抗其境詐為疲困畏懼潛漏其言厚貨啗敵所愛倖因以所求中之次使使者致玉帛子女與駿馬精佩之飾以求和解覺其驕慢陰選精兵分道早夜兼進以乘不備此以使者為間者也其二曰獲敵生口以所謀泄之(謀皆虛者非實也)俾得聞焉陰緩使逃去令敵得所謀而信

之我行則不然也此以敵人為間者也其三曰敵來間我詐為不知也及事示之敵得偽事我則出其不意而擊之此反求來言以為間也其四曰敵以間來厚賂之令反其言以間敵此反以來人為間也其五曰與敵人戰佯為小敗亟引兵深壁示以懼色乃選語言鄙鈍無智慮者使於敵令盛張皇我使之彊盛俾敵知為間者必以我為懼以彊詞來間也既行即舉奇兵隨而襲擊之此以明間而為間者也其六曰敵有內寵令腹心者

以金寶饋其家使潛搆敵情此以內嬖為間者也其七曰敵有謀臣則潛行賂敵親信搆讒於內外以事應讒者言使君臣相疑自相殘害此以讒人為間也其八曰求敵所委信者副其所欲陰求其動靜言語者此以鄉人為間者也是以知間者兵家之要妙也苟非賢智莫能用之故用間之道在乎微密潛誠此良將之所注意也

分守第二十三

守備不可以間善守者如環使敵不得其間而入焉夫人之治身者血脉往來通暢於四肢則安寧矣或一脉不來一氣不通未有免於病者是以善用兵者雖困屯急難則如首尾相顧而不窮斯為妙矣

虎鈐經卷三

欽定四庫全書

虎鈐經卷四

宋 許洞 撰

十可擊第二十四

敵人信鬼多祈禱者必懷疑懼不能任人故也一可擊也敵惟務天時擇其方位觀其雲氣不顧地形之險易不詳人心之逆順二可擊也敵止以地利為擇不能整肅號令嚴戒行伍三可擊也結營分陣時多動移者此

多疑恐四可擊也軍發言無誠實事多利己吏士怨怒五可擊也將士淫怠六可擊也結營之地四要無防四要者四面問道也七可擊也將馭人無禮八可擊也賞罰顛倒九可擊也將士多輕十可擊也苟欲擊之先令細人審搆其實而我乘之然後行擊必中矣我師亦宜以此自為戒焉

五不可擊第二十五

兩師相去數里見敵兵疲弱懈怠號令不肅僉謂敵人可擊也而我未備知敵地之形勢或注物沮或曲道相伏高下相承叢林茂草當應敵示弱而匿其彊示不肅而藏其整示無謀而匿其智示遠而弊在近如是而敵久不退者必有奇謀一不可擊也合戰未久敵師不甚傷殘即棄其旗鼓疾奔者勿逐之必有伏兵二不可擊也我之生口為敵所獲一旦逼歸以敵事語我或獲敵生口亦以敵事語我皆敵謀也勿信之三不可擊也敵師乘勢鼓行進攻於我則勒兵堅陣待之候其氣衰此乘勢

之兵氣威鋒鋭與戰必不利四不可擊也敵結陣不顧死絕之地而鼓旗整肅者五不可擊也

五異第二十六

太公曰智與衆同非人師也伎與衆同非國工也動莫神於不意勝莫大於不識孫子曰善戰者其勢險其節短率謂異諸常也是以善用兵者其異有五一曰險二曰輕三曰危四曰愚五曰畏窮途遼谷死絕之地敗壘夷整馳突之所衆以險也去焉我當內固軍陣外若不

蹵以誘敵內嚴部伍外若有畏以驕敵彼既不識隱之以變衝之以卒此用險之道也彼衆我寡力殫糧絕勝勢在彼敗勢在我當歃血誓士嚴令厚賞進退以必死提寡少之兵突彊禦之衆以我為輕也當有輕之用由窮地而闢生門反輕而決焉此用輕之道也敵強攻急師人大震衆以為危我不以忽遽自亂當有危之用嚴號謹備以天命慰撫吏士外閒其貌內潛速其機以奇出兵此用危之道也敵人以間來間我佯不知而受之

敵人以探來探我佯無備而設伏待之敵以我愚也當有愚之用反而智焉此用愚之道也望敵之兵來退縮守壁見敵之使來卑辭下氣如欲和解衆以我為畏也當有畏之用退縮則設伏而攻之出奇衝之欲和解則以利動之以卑驕之此用畏之道也是五者反衆之法也衆以我為險者我用其利也衆以我為輕者我用其決也衆以我為危者我用其安也衆以我為愚者我用其智也衆以我為畏者我用其勇也故太公曰不能推移不可語奇此之謂也

五機第二十七

兵有五機一曰地機二曰事機三曰勢機四曰利機五曰神機列營布陣先據要害敵取逆我取順動息是謂地機審探敵事因而為之以中敵情使敵不知為我所覺得以欺敵是謂事機鼓十人之氣為百人之用鼓百人之氣為千人之用威名氣焰動如雷電所當者破是謂勢機糧弱儲積士馬習閑凡敵境糧道通利是謂利

機敵人料我於前失之於後料我於遠失之於近動靜出入敵不能察是謂神機用兵以五機應敵未有不能攻城掠地者也

被圍第二十八

我師為敵所圍可以力守者三外有援兵一可守也人士勁勇弱衆豐備二可守也城池完固民人富庶三可守也可以決戰者三外無援兵一可戰也人勁馬壯甲兵堅利儲畜不備二可戰也城池不完士民窮匱三可

戰也守可以必守戰可以即戰何謂必守許洞曰盡我力馬援之不到俟敵困懈出奇兵以戰（如光武昆陽水上鼓譟而出如田單即墨火牛之類是也）何謂即戰許洞曰既圍即戰謀未備也圍久則困（一作用）馬被圍之師不可出者二敵無故開圍一角者有伏也退圍數里者誘也示以老弱者誘也可以急備者二攻其西謹備其東（一面皆如之）敵示以閒暇者此必緩我而欲求懈陰將衝突也夫被圍者當先安其内而後反其外可也

圍寇第二十九

逐寇於城隍壘堡逼而圍之者踰數旬不變非克敵之術如圍中士馬精壯兵器堅利芻糧豐溢外有援可恃者宜樹土山濬渠池去圍百里廣遶間道築壁備之人數不可多隨地大小用之盛其游兵分部往來提舉遇急則救應之圍中寇敵窮匱慮以可守復生他計則伏精兵於敵路以待（敵路者謂敵人要路及歸路也）本圍實三面兵士嚴為備禦開圍一角令得生路敵不奔則戰（在圍一心死守出圍則心散各求生路）奔則伏兵發戰則志散此可以必克矣是故圍寇之道不可以堅守為事易曰窮則變變則通此之謂也

防敵第三十

深入敵境寂然不逢一人不可輕動防有伏馬宜詳審四衝之雲氣秣馬悍士坐畀以之結營之地俟夜於營數里四圍各以勁勇之士伏彊弩利楯多列鼓鞞有賊遽發擊鼓為號賊擊衛兵則中營出輕兵援之賊擊中營

則四面夾攻之中營堅陣坐以俟變而已賊退則隨之勿逼之中營亦隨而進馬夫頓兵敵境暇則秣食不常其時備不測之寇所行之地遇平川大澤分五方之師左右前後人等差隨時去中軍不可過遠大將軍處於中軍隨軍芻粟處於中軍賞賜資貨處於中軍若山川險狹則斂左右二軍前後如故馬與賊相遇不可忽遽周營當寅畏戒嚴俾吏士若臨大敵鼓則進金則止不金不鼓湛如停淵雖使之奔衝馳突不可妄動何也曰

凡深入敵境與常戰不同地形我不細究其順逆叢林我不曉其厚薄但堅其大陣於陣中數出奇兵左右掩逐利則進不利則止貧則掠人則殺而已此皆深入之道也苟不先備而俟之必有驚擾刼奪之困可不慎哉

候敵第三十一

兩師未合先候敵人之情故其遇之偏才皆可見之也其有猛而輕死者可伏而挑之智而遲者可逼也機事速疾而不精者可誘也機緩而精者可抗也自伐者可

間也信人者可詐也不信人者可離也剛愎自用者可擊也親愛人者可侮也（侮一作悔）貪者可賂也鄙者可奪也廉者可汚也清者可辱也畏鬼神可驚也懦而善用人者可欺也將有是十五者擊之無疑也卒使用無時者可擊也士馬秣食無時者可擊也結營之地無出入之便者可擊也臨陣喧嘩約之不止者可擊也營栅無衆源溪澗者可擊也動而不能避日耗月刑者可擊也諸將爭功者可擊也謀臣放逐者可擊也吏士怨怒者可擊也傳呼不應節者可擊也是十者能候而擊之無疑馬孫子曰候之而知動靜之理者此之謂也苟不能候敵之情而浪與戰者是謂舉衆與敵也

追敵第三十二

敵戰既北可以追之者五不可以追之者六何謂也曰彼勝氣可追者一也步騎散亂奔多顛躓不成部伍二也奔其鄉里赴其城壁三也（前有生路可往士卒無鬬心矣）輜重甲兵散而不收四也主將已死五也又若敵人雖敗惓氣不

減一不可也舊溪澗水流（又一作水急）絶盗已過二也（慮其絶水之計耳）敗軍適走行伍不甚亂旌旗不甚錯三也（慮其詐敗欲我逐之然後發其伏兵者也）吏士奔走不堪蹶躓步騎不相叅錯四也（慮其亦詐也詐則心安故走不躓也）敵敗失道左右山谷前亦如之五也（無路可走必還而致死）途窮食盡吏士未甚散六也是以可追者急追不可追者堅壁而觀必有利害之變矣俟舉兵我則利進而害退也

詭敵第三十三

兵者詭道也卷舒萬變雖天地畏神不可使測之（不可使測之一作莫能知之）是故詭敵之道其術有三敵使到以權臣私之豐寶貨露誠疑為結使者之術使其信我不疑然後以憤（一作怨）惑之復以國家事泄（皆以國家虛實似是而非者）既密乃反構敵意料不以我為疑即以通情於敵君示舉兵期與他以內應之號待期（一作奇）則以精兵出不意擣其虛我外通之其術一也（內應號皆虛號也亦為我臨兵之害）募勇敢者以為待一旦佯為怒笞之見血即潛使竄敵復囚其妻子俾

知之而為怨（一作怒）我以密事告（亦虛事也）使傳聞於敵詐言以某時當加兵於某處我潛應其言及期果與言合乃陰出銳兵攻其不意其術二也此皆以奇為勝者兵之要道不可以不詳於此也

困敵第三十四

敵有謀臣以間疏之敵有積聚細人焚之敵有種植欺而刈之敵有民人彊而（一作以）虜之陰賂敵之密人使進敵美女以惑其意獻良犬駿馬以蕩其心多方以設之迨其外困而內惑則國事懈矣然後舉兵伐之可不勞而功立矣善用兵者常謀困敵敵困則我逸矣以逸擊困尚何敵之不克哉

周備第三十五

一方之地一界之內一城之間分兵守之要地則盛兵防禦量人數多少分為步騎中營大將所居外皆環列營陣所備之地不空虛焉敵來襲擊四面皆救援急則引中營之兵以赴焉表裏互相救也慮敵人擊其一處則立左右營陣以護防之

遠近第三十六

兵者詭道也詭可使虛為實遠示之近近示之遠故遠近之用其術有六善攻敵者警前掩後聲東擊西出敵所不備趨敵所不意利而誘之安而動之逸而勞之飽而饑之覘其無備卒然乘之其術一也所臨之地界於洪淵大壑不可卒濟即駐兵築壘鑿林刳木廣為舟航示以必濟也（如不可卒辦之則令彼備此行我則不然也）中夜陰令精兵銜

枚於他處舉筏而渡擊㳂流屯守俟彼衆亂大兵筏而隨之其術二也加兵之地斷敵之路大軍陰謀以詭敵敵聞焉如以為然所備必緩即陰令輕捷者從間道以懸梯行索接續以亟渡出其不意我即令大軍以應之其術三也兩敵相向敵人鼓譟挑戰勿即應久之則徐徐引退敵來薄陣則亟出驍勇衝其心後軍張翼而從之其術四也交戰既酣陰以奇兵分左右翼自陣後兩出擊之使外潰而内駭焉其術五也敵戰時於大軍後

以精兵伏之不施旗鼓唯以彊弩劍楯戈鋋藏隱於身埋伏山林深草之處伺前兵大戰令後伏兵先出彊弩射之後麾前戰兵四向徐逼敵佯敗誘追伏動則撲之其術六也此六者皆示以近而取勝在遠也如是者奇正之謀也孫子曰兵以正合（一作才）以奇勝此之謂也

虎鈐經卷四

欽定四庫全書

虎鈐經卷五

宋　許洞　撰

料地第三十七

用地之法考地之形勢有六焉一曰通二曰挂三曰支四曰隘五曰險六曰遠我可以往彼可以來曰通居通地利秉高待敵後通糧運障其間道絶敵之潛來用戰則利也我可以往彼難以反曰挂居挂地先詳敵無備

伏兵絶其歸路則利焉敵有備而出則自蹟焉我出而不利彼出而不利曰支居支地若敵引兵而去是誘我也勿擊之待其自出薄我則擊之利焉守山谷之口界乎兩向峭絶曰隘我先居隘地整其營陣待敵絶衝突之患若敵先居之盈陣待之（言盈陣者實降絶隘口）如攻不盈則從其它攻之利焉處高待下處安待危曰險居險地我先居之利以戰若敵先居之勒兵退乃見其利焉與敵相去營壘之遥曰遠地敵不先進但挑戰戰則不可進必

有伏焉敵不戰而引退亦不可逐逐則不利故古人云用兵之道地利為寶此之謂也

生地第三十八

生地者謂左右前後非死絶之地通糧道進退皆利也生地雖曰兵家之利可以用者六焉若夫懸車深入一可用也士馬精壯陣勢習熟二可用也將明令嚴三可用也我强敵弱四可用也大將夙著恩信吏士服從五可用也吏士樂戰六可用也其不可以用者有三焉士

卒顧家者一不可用也前無利誘士卒退心二不可用也進則害退則利三不可用也茲生地之利害可不審乎

死地第三十九

死地者謂背山負水糧道生路皆絶也死地雖曰兵家之害可以用戰者四焉將之恩威未著吏士未服一也我兵與敵等我力戰則利畏戰則害欲令吏卒死戰者二也為敵所逼糧芻將竭三也前軍既破後軍尚固四也其不可以用者三焉彼衆我寡一也利害未審矯衆强為二也將心猶豫三也

料山第四十

山勢迫而障於近者勿營慮伏在側也山亞而遠林薈者勿營慮四週有伏也山迴於路者不可妄行慮伏在前也山伏於後者速過急以兵守其後慮為敵所絶也左右前後皆山我頓軍於中者細究其往來之蹊路堙諸間道以兵守之凡諸山坂及野地有林麓近我我利

而得之戰則為伏急則為藏守則為薪也苟能知山林之利害者鮮不勝也

料水第四十一

頓軍之地水流而清澈者食之上也水流而黃濁有沙者食之次也流之黑者食之下也（水黃黑以膠投之可以青）又設或水停而不流者勿食水流而上源在敵者勿食水流而中有黑脉不定毒流者勿食食者死水多糞草者勿食食者病水上有人狗彘之尸者勿食如無水可食當於

其側穿井以汲吏士營必以水暫憩必以水若將有所涉也水流而或盈或減者勿涉必有壅囊之機水上而為陂為沮洳限於路者勿涉必有澤淖之陷水在敵要地而無甲兵防之者未可即涉先令輕兵搜檢山谷崎岸處有伏馬欲奪敵之力者先奪其水得之上流者美莫大焉

料塵第四十二

敵之始來塵有條而散漫者曳薪也穗起而驚亂者塵

車來也塵高濃厚渾渾而起者騎兵來也卑而廣奮奮而起者步兵來也兵少而塵散亂者部伍不肅也兵多而塵淨者部伍按行將之令整也塵倏左右前後起者使人無常法也軍動而塵埃不散漫條達而起者軍止而塵亦止者此皆大將威德行部伍整肅故也列營結陣之時有塵飛起者隨所起處防之必有賊兵潛到臨賊以塵為候亦料敵取勝之術者也

料敵陣第四十三

敵陣稍長心薄者我軍當自堅其稍先以勁兵力衝敵陣之心力困則益兵進之俟敵陣稍動而來救於心則退衝心之兵復堅我陣俟敵陣稍動則麾我兩稍之兵乘之若敵陣心實而稍圓不可輕擊俟變而後動焉若敵陣於死地部伍齊肅如一者此將賢而兵精也不可輕擊焉陣於死地部伍不肅多動多諠旗幟撩亂此皆將軍愚昧不能擇地利使士伍心動故也可迫而擊之必勝也若陣於生地人馬利於出入行列嚴整旌旗如

畫金鼓應節人無喧囂此將有謀而善於得地利者也不可輕擊敵陣於生地令不嚴肅行列不整進退不節此蓋將內不能曉軍政外不能擇地利故也吏士之心必不固可放兵擊之必勝也若敵陣左右山峽而不能盈者可擊也列陣而不能順其地勢者可擊也是以善戰者莫不能此而能料其勝負也

料敵營第四十四

敵營粮道不通利者可守之敵營得高燥之地而不顧

泉水之利者可俟之俟之久則人馬多渴也敵營得泉水之利而地勢下濕者可逼之敵營地勢不順出入者可攻之敵營寬大而兵少者可薄之敵營圍密而兵寬者不可輕之敵營四周守備不均者隨其虛處以攻之敵營前後左右有出入之便水草之利者不可輕之此皆料陣法也

料用天氣第四十五

望氣者以氣勝敗告於大將觀敵之氣衰則進攻氣旺

則止兵勿與戰此之謂順天時者彼之氣旺他人皆懼怯不敢進兵我獨勇而進焉反能必勝者何也在乎以智逆於氣而已順任斗時者也夫五行之旺以日時為用靜為主動為客敵之勝氣有如門上樓如杵如枝或白赤為木我則俟金時自西擊之可克矣水日水時不可也水能生木故也敵上勝氣或赤如火光火烟之狀暈暈而起者木日木時不可也為木能生火也日為火亦俟水時自北擊之可克矣敵上勝氣如白粉者白為金水日金時皆不可也苟金日火時利自南方攻之可克矣敵上勝氣黃如土臺者土日金時不可也金日土時不可也金日金時土日土時皆不可也土日木時利自東擊之黃者土也臺者亦土也不言雲氣如水狀而及色黑者緣黑氣多為敗氣此不復用或敵人先據吉地我之頓軍我駕逼近於凶神死氣之上不得利門而出者但觀我軍上雲氣及敵上雲氣形與色以五行相生相克用之敵氣能生我我則出師進戰我軍上氣能

克敵亦利出師進戰不然則勒兵撫士戒嚴警備俟時而動焉不可妄也夫天下轉勝敗之氣由人用之而已兵家萬變此其一也

逆用地形第四十六

兵法曰散地無戰散地者境内地土也士卒顧家其意未專不可戰也輕地則無止入敵地尚淺士卒意未堅不可以進敵當自堅其心也爭地則無攻山谷隘險之口以弱勝強以少擊衆之地也交地則無絕俱可進退

之地不可以兵絕之衢地則合交有路往來我可結交於諸侯也重地則掠深入敵境士卒意已堅固可以掠取財物圍地則謀士卒困於險隘鬬則兵弱持久則糧食乏絕則當用謀以免難死地則戰前有高山後有大水糧食乏絕進退守備皆無所利當則曰死戰也許洞曰此八者古人用戰地之法若地恊於用則用之不恊於用則反之反之之謂何也曰若敵衆深入吾境營壁不完芻糧寡少守且不利詎可以散地而不戰乎在我

當以必戰為約怯退示以必死擒獲示以必賞令立告諸吏士將軍之際後顧斬之臨敵而目不定足數移者斬之有憂色者斬之偃蹇者斬之相視而動目者斬之遺弓刀器械者斬之金鼓不應節者斬之獲一首級者亦厚賞之如是則有散地之用矣入敵地尚淺險則據而挑夷則守而應慮士卒心不固當擇左右前後背險絕面夷生路肅部伍嚴節制使人人有自戰是則有輕地之用矣山谷險隘敵人先得以控隘我勢我當屯師

為大營廣陣務攻其懈其機狀如不密俾敵見之則泄謀矣欲敵人備在前陰出精銳敢死者循間道或扼其糧運或擣絕其後凡間道必多險阻或有高崖峭壁之地則為懸梯竹索以陟登之或有深淵澗則罌缶渡之覺敵內撓則自營陣中出精兵為應內外夾攻有爭地之用矣道路相錯我可以往彼可以來利設伏進戰戰佯北俟逐兵過半則舉號發伏衝擊之反佯北之師以應有交地之用矣頓泊之地逕達四面當選腹心勁勇

者各將步騎以扼四衢人數隨多少使之雖無交應有衢地之用矣致兵敵境凡屬守備者順時安之否則夷之資食所獲必賞吏士內以悅師人外絕敵所恃豈直深入然後用掠乎如是則有掠非止重地之用矣大兵將動先料其強弱觀其雲勢察地勢逆順審人心向背而後舉焉兵法曰策之而知得失之計候之而知動靜之理故得失之道利在先知謀勝於未勝慎失於未失者善有死地之危始謀於軍者必有後機之困矣設能

反後機而達先知必無圍地之患矣高山大澤險阻峭壁沮洳谿逕斷絶無以生遁此乃智士用謀之地路也當宜用兵時出不意以衝寇敵而後擊之出奇奔衝或利用燧馬燧牛如田單揚璇之類是也或候夜昏詐為號直奔衝敵師混服飾軍伍辨認之類是也如止以死戰為期苟敵兵益壯我後不到則李陵有弓折矢盡之之困矣戰極力斃當自隕陷能竭智用謀萬變不極則無死地之憂矣孫子曰戰貴地利然則地利者不可一

用也但臨時觀其用何如耳兵貴以變設不能以變用兵雖得地利無益也

逆用古灋第四十七

學兵用武率以古灋為勢馬與膠柱鼓瑟無異爾未見決中者也兵家之利利在變通之機觀其逆順夫興師之際當先探敵將才不才設若敵將不能以兵法使衆惟以勇敢為已任我則順古法待之也或敵將善用古法我則逆用古法待之也夫用兵之奇莫奇於設伏設伏之奇莫奇於新智新智者非不師古也古而反之爾古人料敵以其始來戰陣未合先以賤而勇者挑之觀其號令旗鼓之整與亂士馬之強弱營陣之偏正行伍之齊肅散亂言語之諠譁緘默以定勝負焉是以古法曰若其衆喧旗亂其卒自行自止其兵或縱或横其追北恐不及見利恐不得如此者將必無謀雖衆可獲矣許洞曰如古人以此取功苟人能料我當順其所料伏兵待之以詐示之俟彼出師則發伏攻之古法曰杖而

立者饑也汲而先飲者渴也見利不進者勞也軍擾者將不重也旌旗動者亂也吏怒者倦也懸瓶不返其舍者窮寇也諄諄翕翕徐與相敵者弱兵也數顧者失其羣也來委謝者欲休息也許洞曰觀古人以此料敵今則不然當令精鋭吏士分而伏於要衝使其勞倦傷殘者如飢渴失群之狀或數搖動其旗或數驚擾其衆使吏士諠譁應敵人所料苟出師襲我則潛發所伏出其不意擊之古灋曰敵始來到行陣未定可擊也跋涉長

道後行未息可擊也行坂涉險半隱半出可擊也涉水半渡可擊也險道狹路可擊也旌旗亂動可擊也陣數動移可擊也許洞曰在我則不然如以行陣未定四面可設伏也長道移行未息中可設伏也山岅半隱半出長林土谷可設伏也涉水半渡則崖峤坡坂可設伏也狹路險道則前後可設伏也旗鼓亂動陣數動移前後可設伏也如或敵人敗走我師未敢逐之者防有伏也

古瀘曰鳥起者伏也衆樹動者來也不如此未必伏與

來也欲為疑兵也我已奔遁多令老弱者動其衆樹及驚鳥起之類也又曰無約而請和者謀也半進半退者誘也此亦大兵已潛遁恐後人逐者設此為疑也許洞曰料敵以事者多慮為勝反古之瀘也多中為奇用之於人也是以兵法如車之載物則車之轉者由輪也及有車之用則東西南北者由人也故兵法不可執而用之也明矣

虎鈐經卷五

欽定四庫全書

子部

虎鈐經卷六至九

校官編修臣程嘉謨

臣紀昀覆勘

總校官候補中允臣王燕緒

校對官中書臣柴模

謄録監生臣何清

欽定四庫全書

虎鈐經卷六

宋　許洞　撰

水戰第四十八

凡水戰之具船闊狹長短大小載人多少以米為則一人重米二石則人數積而可知也棹篙櫓帆席絙繩索沉石調度與常船殊樓船上建樓三重列女牆戰格樹幡幟開弩窻矛穴礮車罍木鐵汁狀如守城王濬伐

吳作大船長二百四十步建飛簷閣道可以奔馬馳車忽遇大風則人力不能制甚不便戰鬬然為水軍不可不設以張形勢蒙衝以牛皮蒙覆船背兩廂開製棹孔前後左右有弩窻矛穴敵不得近矢石不能敗此不用大船務於疾速非戰船也鬬艦船上設女牆可蔽半身牆下開製棹孔船內五尺建牆于女牆上重列戰格上無覆背前後左右樹牙旗金鼓此戰船也走舸艇上重列女牆棹夫多戰卒選驍勇精銳者往反如飛鷗乗人之不及旗幟金鼓列之於上此戰船也遊艇小艇船無女牆船上置漿床左右隨艇大小長短四尺一床計會進止迴軍轉陣其疾如飛虞候居止之非戰船也海鶻頭低尾高前大後小如鶻之狀左右置浮板如鶻翅翼雖風波漲天無有傾側覆背上左右張生牛皮為城建牙旗金鼓如常法江海之中戰船也

水利第四十九

兵法曰以水佐攻者彊善用水者其道有四一曰因二

曰逆三曰賊四曰絶因水之用其道有二或絶中流而栅我得上游因風之利可以鼓棹縱火順流衝之絶栅而過風轉則止又若敵在下士馬逆流我得上游可以攻之此二者所謂因者也逆水之用也則為崇隄以障其下注溢于內然後引之以灌所謂逆者也賊水之用也敵所以賴水也當潛以水攻審地理陰為畎澮導之他處竭敵所賴所謂賊者也絶水之用也或以薪木土石實舟沉之于上别為長渠泄之或為沙囊於上流以

壅其水欲水行則以決囊所謂絶者也用水之道有其地非所用而必用反為所害順則善矣

水攻第五十

凡量水之高下水平槽長二尺四寸兩頭及中間鑿為三池橫闊一寸八分縱濶一寸三分深一寸二分池間相去一尺五寸間有通水渠闊三分深一寸三分三池各置浮木闊狹微小於池箱厚三分上建立齒高八分闊一寸七分厚一分槽下置轉關脚高下與眼等以水

注之三池浮水齊起眇目視之三齒齊平則為天平准或十步或一里乃到數十里因力所及置照板度竿以白繩計其尺寸則高下丈尺分寸可知照板形如方扇長四尺下二尺黑上二尺白闊三尺柄長一尺人可持度竿長二丈刻作二百寸二千分每寸內十刻隨所向遠近高下置竿以照板映之眇目視之三浮木齒及照板以度竿上尺寸為高下遞而往來尺寸相乘則山㵎水源高下淺深可以分寸度矣

過水第五十一

罌筏一凡縛罌甕為筏瓮間闊五寸深受二石米力勝一人底以繩勾連之編槍於上形長勿方前置拔頭後置板稍左右掉之槍筏槍十根為一束力勝一人四千一百六十六根六分為一筏去鑽刃束為魚鱗次橫括而縛之可度四百一十六人為三筏計用一萬二千五百根渡人一千二百五十人十渡則一軍濟矣挾絙以善水者繫小繩於要處先浮渡水次引大絙於兩岸立

大橛及繫於樹急定絙使人挾絙浮渡大軍可分為十道渡之浮囊以渾脫羊皮吹氣令滿繫其孔束於兩腋下浮而渡

尋水脈第五十二

無水之地擇地有黃羊糞者必有水砂滷甘潤者下有水細草蒙茸與無水處不同者亦如之

火利第五十三

將有天時之用先知其日（日者為春丙丁夏戊己秋壬癸冬甲乙此日有大風雨故）

也次順其風（我得上風則放火燒下風一作起馬）攻城冦寨風助順利為飛火（飛火者謂火炮火箭之類也）相守不動利於姦火（姦火者因其人焚其積聚甲兵也）兩陣相合御風之便揚（一作褐）塵鼓烟利為燧牛以俟之若敵於上風放火我亦縱火為解火法（敵燒門縱火恐火威我使積薪以互外火亦此類也）凡入敵境郡邑窮匱城隍頹靡山川非設險之地而非敵所恃者則存之茍拔敵所恃之邑皆火之以絕其望焉敵境之林木茂草皆火之故火為兵之大利也

火攻第五十四

月對（一作在）東壁南箕翼軫之夕則設火候風以焚之（四宿日多風利火攻）以驍騎夜銜枚縛馬口人負薪及東熅懐火直抵敵營一時舉火營中驚亂急則乘之靜而不動勿攻火獸以艾熅置瓢中開四孔繫野猪獐鹿項下針其尾端望敵營而縱之奔走入草内則火起火起以胡挑空中實艾開兩口復合之繫野雞項下針其尾而縱之飛宿於草上則火發

守城法第五十五

城不守者大而人少小而人衆糧寛而柴水不供壘薄而攻具不足土踈地下溉灌可没人户疲悴修緝未就凡此類者速徙之營壘高厚城堅溝深糧食衆多地利險阻所謂無守無不守也故曰善守者敵不知其所攻

築城第五十六

凡築城下闊與高倍上闊與下倍城高五丈下闊二丈五尺上闊一丈二尺五寸高下闊狹以此為准料工上

闊下加闊得三丈七尺五寸半之得一丈八尺七寸五分以高五丈乘之一尺之城積數（積數一作積利）得九十三丈七尺五寸每一工日築土二尺計工約四十七人一步五尺之城計役二百三十五人百步之城計工二萬三千五百人三百六（一作九）十步計工八萬四千六百人率一里則十里可知也其出土負簣並計之於工内矣城内面別穿井四所置水車大瓮二十口竈千所却敵上建候樓以跳板出為櫓與四外無戍晝夜瞻視以備警急

城壕第五十七

鑿壕之法面闊二丈深一丈底闊一丈以面闊二丈加底闊一丈積數約半得之得數一丈五尺以深一丈乘之鑿壕一丈得數一十五丈每工日出三丈計工五人一步五尺計工二十五人十步計工二百五十人百步計工二千五百人三百六十步計工九千人率一里則百里可知也

防城第五十八

城上一步一作里一甲卒十步加五人以備雜供之要五步有伍長十步有什長五十步百步皆有將長文武相兼量才授任而統領精銳驍勇或十隊或二十隊三十隊大將副將各一作為領隊巡城曉諭激勸赴役城上分四隊別立四表以為攻城之候焉若敵欲攻之處去城五六十步即舉一表橦梯逼城舉二表敵若登梯舉三表欲攀女牆舉四表夜則舉火如表法城上四隊之間各一作為置八旗若須木擂拯板舉蒼旗須灰炭稕鐵舉赤旗須礧木樵葦舉黃旗須砂石塼瓦舉白旗須水湯不潔之物舉黑旗須皮氊麻綟鍱鐵鍬钁斧鑿舉雙兔旗須戰士銳卒舉熊虎旗須戈戟矢弓刀劒舉鷙旗當主之官隨色而供城內老少丁女除營食外皆令應役於城上分為八隊使識文字者點檢常旗物與八部也

反浸第五十九

我城若居卑下之地敵人擁水灌城速築牆壅諸門及陷處更於城內作圍周匝視水高下而闊築牆外取土

高一丈以上立於城牆內取土而薄築之精兵備守不得用容雜色人如有洩水之處即十步為一井井內潛通引洩漏城中速造一作結船一二十隻募解舟檝者載以弓弩鍬钁每三十人自暗門穴啣枚而出斫營敵覺即急於城上鼓譟決其堤堰即以精銳急出助之

弩臺第六十

高下與城等去城百步每臺相去亦如之下闊四丈高五丈上闊二丈下建女牆內通暗道安屈膝梯人上便

卷收之中設𧃍幕置弩手五人備乾糧水火

烽火臺第六十一

高山四顧險絶處置之無山亦於孤逈平地置之築羊馬城高低便常以三五為堆臺高五丈下闊二丈上闊一丈形圓上建圓屋覆之屋徑闊一丈六尺一面跳出三尺以板為之上覆下棧屋上置突竈三所臺下亦置三所並以石灰飾其表裏復置柴籠三所流火繩三條在臺側近上下用屈膝梯上收下垂屋四壁開覘賊孔

及安視火筒置旗二口鼓一面弩兩張礮石壘木停水甕乾糧麻繩火鑽火箭蒿艾狼糞每晨及夜平安舉一火聞驚覺舉二火見煙塵舉三火見賊燒柴籠如每晨及夜半平安烽火不來即烽子為人所捉一烽五人為烽子遞如更刻觀視動静一人為傳知文書符牒轉遞

望樓第六十二

牙帳前立百尺竿上置板屋四面開門狀如斗令人上望賊賊有所攻隨其方面以小白旗招之衆賊往來聚散遠近皆審而視之以告于下

馬鋪第六十三

每鋪相去三十里於要路山谷間牧馬兩疋與遊奕計會有事警急煙塵入境即報探設土河於山谷口當賊路横斷闊二丈深二尺以細沙土填平每日撿行掃令平淨人馬入境即知足跡多少

遊奕第六十四

軍中選驍勇諳山川泉井者充之常與土河烽鋪計會

文牒日夕選（一作邏）候於亭障之外捉生問事其軍中虛實舉用勿使遊奕人知其副使子將並用久在軍中行人（一作善）騎射者充之

守城具第六十五

雜物守城之時其什物五穀糗糒魚鹽布帛醫藥工巧戎具鍛冶秸稿茆荻蘆葦灰炭柴薪松樺蒿艾脂膿麻皮𨮂錟荆棘芘蘺釜鑊盆甕壘木搥鑿刀鋸長斧長刀（一作弓）長錐長梯短梯大鉤連鎖但人所用之物一一預

備仍令修緝不得損壞雜備城上八隊之間安轉關小礮（一作磯）二機關大礮一雲梯撞礮等間先從城身用木跳出為重女墻高於土女牆五寸以上以板覆之隨事緩急而開閉之敵若以大石擊牆樓石下之處出跳空中懸生牛皮或氊毯等袋以乘其石城内人家咸令置水防火先約（先一作但）先火者斬火發之處多恐姦人放火但令近便主當八部官人領老小婦女救之火起所部急白大將大將領親信左右人救火城中有卒

驚及雜人城上不得輒離職掌亂走街巷違者斬之敵若推輪排來攻先以手砲打手砲既衆所中傷必多來者被傷則力不齊矣懸門懸板為門也鐵鞾之如棧板用之懸鐘板繞城於敵柵上上皆懸板受敵之時則板起發矢突門於城中對敵營自鑿城内為暗門多少臨事令五六寸勿穿或於中夜於敵初來營列未定精騎從突門躍出擊其不意塗扇以泥泥城門可厚三尺備火鑿門門為敵所逼先自鑿門扇十數孔出強弩射之

長矛刺之敵且不得近門塗棧以泥塗門上木棧可厚五寸備火芘籬戰格於女牆上跳出掾去牆三尺着橫檢掾安鍇以荊柳編為之長一丈闊五尺懸安掾端以遮矢石布幔以複布為幔用弱竿懸掛於女牆外去牆七八尺禦炮石之勢則矢石不復近牆矣連梃如打禾連枷狀打女牆外城上人釵竿如槍刃為兩岐用叉飛梯及人鉤竿如城兩旁有曲刃可以鉤人長柄鉤城上以木為棚容兵一隊作長柄鐵鉤隨要便以為之備若

敵攀女牆踴身待其身出衆鉤齊拾掣入城中百刀錐斧助之若敵以木驢攻城我用鐵蒺藜下而敦之其法以熟鐵為之闊徑一尺二寸四條縱橫如蒺藜形以生鐵汁灌其中央重五十斤上安鼻索鎖擲下敦訖以轆轤掬上若木驢有牛皮并泥敦著即夆速以火炬灌油燒之鐵菱狀似小鐵蒺藜要路撒之串鐶敵若推轒車攻城我以麄鈌鐶并屈桑木為之用索相連遇轒頭適到速以鐶串轒頭於其傍便處令壯士牽索則擅車當

倒弓弩齊射自然敗走眯敵石灰糠粃因風（一作羅）於城上擲之以眯敵目因以鉄汁洒之轉關橋梁拾（一作為）橋梁端著橫括拔去括（一作橫）橋轉關人馬不得渡皆傾水中轉關牆凡攻城之兵禦捍矢石頭戴（闕）帽側視不便衣甲重厚進退又難前既不得上城退則師逼迫人衆煩鬧我作轉關女牆騰出城外轆轤墜鐵索索頭安鵰脚當聚鬧處擲下撥人木弩以黄連桑柘為之弓長一丈二尺中徑七寸兩弰三寸較車張之大矢一發聲如雷

吼積木備礧木徑一尺小頭六七寸長五尺候敵人上城則擲下礧之積石備砲（一作礮）石大小隨身下捉敵人地探於城四隅穿井各深二丈令覆載新瓮於井中坐而聽城外賊到內有孔穴地道并聞瓮中辨遠近矣地聽於城內八方穿井各深二丈以新瓮用薄皮鞔口如鼓令聽耳者於井中枕瓮而聽則去城五百步悉知之既審其處我則隨地鑿穴迎之若相遇以乾艾一石燒令烟出乃用板於穴口封之勿令烟洩更以鞴鼓之則

敵人焦灼矣警火每城四面夜間設有警火油囊盛水於城上擲安火上囊敗火滅救火用水筩敵若縱火焚樓櫓以粗竹長一丈鏤去節以生薄皮為盛令貯水二三石將筩內於袋內急縛如測筒令壯士三五人撮水口急蹙之救火每門常貯兩具無竹即以木合桶漆之而用井小濺筩二十（一作百）具助之門內常以瓮貯水添用燕尾炬縛葦草為炬分為兩岐如燕尾狀以油蠟灌之加火縱城墜下使人騎木驢而燒之松明炬以松木

為之燒令明直縋下隨城照之恐敵人乘暗上城脂油燭炬燃脂束燭於城四衢要路門下晨夜不得絶明用備非常行鑪鎔鐵汁鑪舁行於城上以洒敵遊火鐵箱盛火加脂蠟鏁鎚城下燒穴孔中人毒井守城之時城外有井先沉之以毒藥陷馬坑孔長五尺闊一丈深三尺坑中埋鹿角槍竹籤坑如亞字相連狀如鉤鏁覆以蒭草莭禾加土種草令生苗蒙覆其上軍城畾壁要路皆設之拒馬槍以木徑二尺長短隨時十字鑿孔縱橫

安檢長一丈銳其端可塞城中門巷要路木柵為敵所逼不及築城壘或因山河險隘多石少土不任板築則建立木為柵方圓高下隨時深埋木根重複彌縫其闕内重柱為閣道外重柱長出四尺為女牆皆泥塗之又於閣道内柱上布板木為棧立閘干行於柵上懸門擁牆濠塹拒馬一如守城法

攻城具第六十六

橨榲車四輪車上以繩為脊犀革蒙之内可藏十人填

隍推之直抵城下可以攻掘金木水火石所(一作俱)不能敗飛雲梯一大木為床床下置六輪上立雙牙牙有檢梯節以長一丈二尺有四桄桄相去三尺勢微曲遞互相檢飛於雲間以窺城中有上城梯首冠雙轆轤枕城而上拋車以大木為床下安四獨輪床上建雙陛陛間橫括中立獨竿竿著桔槔其竿高下長短大小以城為準竿首以窠盛石大小多少隨竿力所制人挽其端而投之其車推輪逐便而用之亦可埋脚著地而用之其旋風四脚亦隨事而用轉軸車車上定十四石弩弓以鐵鉤繩連轉行軸轉引弩持滿弦推牙上弩為七衢中衢大箭一鏃刃長七寸廣五寸簳長三尺圍五寸以鐵鍱為羽左右各三箭次小於中箭其牙一發諸箭齊起及七百步所中城壘罔不崩潰樓櫓亦顛墜謂之車弩尖頭木驢以木為脊長一丈徑一尺五寸下安六脚下闊而上尖頭高七尺内可容六人以濕生牛皮蒙之蔽其下移至城下木石鐵火皆不能敗用攻其城土山於

城下起土為山乘城而上地道鑿地為道行於城下因以攻城往往建柱積薪於柱間而焚之柱折而城崩板以八輪車上樹高竿竿上安轆轤以繩挽板屋上竿首以窺城中板屋方四尺高五尺有十二孔四面列布車可進退圍城而行於營中遠望謂之巢車言如鳥巢也木幔以板為幔立桔槔於四輪車上懸幔逼城其間使趫卒敵之蟻附而上矢石亦不能敗又火箭以小瓢盛油灌矢端射城樓櫓板木上瓢敗油散因以箭鏃内簳

中射油散處火立燃復以油瓢續之則樓櫓盡焚磨雀杏子中空以艾實之繫雀足上加火於薄暮羣飛入城壘中栖宿其積聚廬舍須臾火發用鐵钁鋤鐲钁短柄著鋼鐵以壍鋤其域將軍礮置四柱長短為之其下四面著橫括中之則前及左右著括後其下著其頂上左右亦著轉輪致竿其竿隨架所宜為之其絙索之類隨其礮之大小增減竿稍懸繩置窠窠中盛礮其架編全竹為衣以禦敵矢石狗蹲礮前置兩長柱中著橫拔如

前礮狀竹衣亦然旋風礮左右著二方木括亦如之鑿一孔通貫下括左右前後皆可運轉埋之於地其頂轉輪著竿如前狀此礮不用衣

地聽第六十七

令少睡者枕空葫蘆卧有人馬行三十里外東西南北皆響見于葫蘆中

失道第六十八

夜失道以北斗建為正以四時定之然後知四方之路矣如本路則放老馬以從之

虎鈐經卷六

欽定四庫全書

虎鈐經卷七

宋 許洞 撰

旗幟第六十九

旗幟者軍中之標表也以門旗為首竿上置金銅珠大纛深紅八幅樹大將牙帳前鼓坐其下五方旗各按方面將有事旗戰陣大將齋戒潔心淨服俟天清星皎中夜立壇率諸將校宣祝文隨方面祭之大將之行先以

五色旗導引之衡向方位甲乙日青旗丙丁日紅旗戊已日黄旗庚辛日白旗壬癸日黑旗（五方旗所向在後）或前後林藪嶮隘下斧钁斫伐開道舉青旗前有山峽高峯深溪無避賊冦處復風火相逼即抽兵要逐風燒草以避賊舉紅旗前遇敵列陣即排列輜重引兵結陣擇高勝地守隘以拒賊舉白旗前值山川地濡卑濕溪澗不平舉皂旗前平原大澤無他患害舉黄旗五色牙帳旗隨天地（一作氣）四時雲色舉之見青雲舉青旗他皆同此厭土以青旗厭火以皂旗厭金以紅旗厭水以黄旗厭木以白旗厭旌旗之上文以熊虎者象其猛也文以鶡鷄者象其鬬也文以日月星辰者法天文也文以鬼神雲氣者如其變也坐罪人於白旗之下殺之於黑纛之下也初得敵人刳其心以祭旗塗其血以釁鼓為我之號者隨我所主焉故春秋傳曰晝施旌旗以威其目夜施火鼓以威其心是故旗幟之用大軍之本也

大將旗鼓第七十

纛六口槍二根以豹尾為刄樝居帳門前五方旗隨六纛後在營亦在纛後嚴警鼓一十二面居大將帳前左右列六纛後角一十二具居鼓左右代金隊旗二百五十口尚色圖禽獸與本陣同五幅認旗二百五十口尚色圖禽獸與諸隊不同各因為認出居隊後恐卒伍交錯

陣將旗鼓第七十一

門旗不得用五色嫵亂大將鼓一百二十五面恐設疑

驚敵人用之甲五分七千五百領戰袍四分五千領搶十分一萬二千五百根縛(一作傳)筏牛肋牌二分二千五百面馬軍以團伐牌一伐分支弩二分(弦三付)兵一分二千五百張弩七千五百條弦二十五萬隻箭弓十分(弦三付)矢二十六萬隻一萬三千五百糧弓二萬七千五百條弦三十七萬五千射甲箭弓袋胡禄并張弓袋並十分一萬二千五百副佩刀八分一萬口陌二分三千五百口揞二分三千五百條馬軍及陌刀並付以鎚鉞斧(一作為)四支

金鼓第七十二

周禮六鼓樂人掌教六鼓以節樂和軍旅一曰銅鼓二曰鐃鼓一在軍中金之制有四司馬法曰卒長執鐃兩司馬長執鐸進軍鳴鐸退軍鳴鐃大戰之時擊鼓以進擊金以退(一作止)三曰錞周禮曰一金錞和鼓四曰鐲以節鄭玄曰鐲鉦也軍行鳴之以節鼓也五曰鐸周禮曰以金鐸通鼓鐸鈴也刁斗按黃帝大傳曰與蚩尤戰擊之以警夜也六曰鉦樂志曰鉦形如半鐘旁有小柄樂師持之以和樂節制鉦者進退用之有征之義也

蠡角第七十三

黃帝戰蚩尤吹角長六尺聲甚鳴後有涿鹿之敗帝問曰所吹何物蚩尤曰角也吹之則風霧俱集後以六尺曰角五尺曰蠡近世列陣金鼓之外餘無他聲號或陣形長為山谷所掩映慮不能照宜於陣兩稍為蠡角(隨牌大小增之)値敵攻稍則吹之為號中軍吹而應焉

鼓角第七十四

鼓角者大將之威德十萬兵已上大角二十四具大鼓六十四面五萬兵已上大角一十六具大鼓四十二面三萬兵已上大角八具大鼓二十四面一萬兵已上大角六具大鼓一十四面或深入敵境欲敵人畏謂我師旅大盛但多著之不用此法也動鼓角之時日没前二刻先吹小角次吹大角一會十六聲三會計四十八聲為一曲畢暮擊鼓三會間第一會五十六聲六疊一間三

間畢吹大角一十六聲引第二會鼓五十六聲六疊一間三間畢發鉦一百五十聲畢軍門掣鎖諸將各按部靜吏士無敢諠譁傳刁斗報更漏謹廵警曉起角在四更二點吹小角畢（一作吹）四更三點過吹大角引第一會鼓四十五聲六疊一間三間畢吽（一作吽）四更四點過吹大角引第二會鼓四十五聲六疊一間三間畢吹（一作吽）四更五點過吹大角引第三會鼓四十五聲六疊一間三間畢吽五更一點過吹泊五更四點轉鼓至天曉一

十八轉吽五更五點過擊鉦一百五十聲絶聲擊鼓三百聲絶軍門鎖開大將軍嚴裝坐牙帳之上引諸將以次朝

漏法第七十五

木匱一枚八角高二尺四寸闊二尺三寸雜色裝畫金銅鐶紐及蓋水匱三片共闊二尺四寸厚一寸五分布黑漆貯水生銅鑊一口闊一尺九寸深一尺五寸重七十斤金銅引水龍一條長二尺六寸前脚踏虛雲朶一枚重二十斤龍腹中熟銅飲水渴烏一條內空長四尺八寸圍一寸五分力士柱二枚各長六尺圍一尺二寸五分并脚下卷荷坐水雕獅子四箇裝褫畫力士柱頭鍍金寶珠二枚及鐵漩一枚（一作枚）闊二寸五分長三尺六寸金銅釘鈸水秤一梁身長五尺六寸徑一寸五分金銅鐶連鑠長一尺四寸金銅象鎚一枚連鑠九寸共重七斤半（一作平）準竿一條長六尺竿身八楞圍八寸五分向本上雕一隻脚踏蓮花坐向下卷雲座金銅鐶紐

及曲尺金銅工一枚長一尺五寸熟銅鍍金壺一枚面闊一尺一寸深七尺金銅連鑠三條各長二尺二寸及連金銅小蓋一枚闊三寸五分共重一十四斤四兩銅觜一枚重十八銖大鼓一面闊一尺一寸深七寸蟠龍遠腔彩畫鉦一面厚四分銅水斗一枚平準竿一條皆以約漏刻也

傳箭第七十六

每時有八刻二十分一刻六十分一日十二時合一百

刻冬至前三日改第一箭晝四十刻(日出辰時一刻)夜六十刻(日入申時八刻)每更一十二刻每點二刻二十四分後三日改第二箭晝四十一刻(日出辰時半刻)夜五十九刻(日入酉時半刻)每更一十一刻四十八分每點二刻二十二分小寒初日改第三箭晝四十二刻(日出卯時八刻)夜五十八刻(日入酉時一刻)每更一十一刻三十六分每點二刻一十八(一作九)分後九日改四箭晝四十三刻(日出卯時七刻半)夜五十七刻(日入酉時一刻半)每更一十一刻二十四分每點二刻一十六分大寒後

三日改第五箭晝四十四刻(日出卯時七刻)夜五十六刻(日入酉時二刻)每更一十一刻一十二分每點二刻一十四分立春前三日改第六箭晝四十五刻(日出卯時六刻半)夜五十五刻(日入酉時二刻半)每更一十一刻每點二刻一十二分後六日改第七箭晝四十六刻(日出卯時六刻)夜五十四刻(日入酉時三刻)每更一十刻四十八分每點二刻九分雨水初日改第八箭晝四十七刻(日出卯時五刻半)夜五十三刻(日入酉時三刻半)每更一十刻三十六分每點二刻七分後第九日改第九箭

晝四十八刻(日出卯時五刻)夜五十二刻(日入酉時四刻)每更一十刻二十四分每點二刻四分驚蟄後三日改第十箭晝四十九刻(日出卯時四刻半)夜五十一刻(日入酉時四刻半)每更一十刻十分每點二刻二分春分前三日改第十一箭晝五十刻(日出卯時四刻)夜五十刻(日入酉時五刻)每更一十刻每點二刻後六日改第十二箭晝五十一刻(日出卯時三刻半)夜四十九刻(日入酉時五刻半)每更九刻四十八分每點一刻五十七分清明初日改第十三箭晝五十二刻(日出卯時三刻)夜四十八刻

(日入酉時六刻)每更九刻三十六分每點一刻五十五分後九日改第十四箭晝五十三刻(日出卯時二刻半)夜四十七刻(日入酉時六刻半)每更九刻二十四分每點一刻五十二分穀雨後三日改第十五箭晝五十四刻(日出卯時二刻)夜四十六刻(日入酉時七刻)每更九刻一十二分每點一刻五十分立夏前三日改第十六箭晝五十五刻(日出卯時一刻半)夜四十五刻(日入酉時七刻半)每更九刻每點一刻四十八分後六日改十七箭晝五十六刻(日出卯時一刻)夜四十四刻(日入酉時八刻)每更八

刻四十八分每點一刻四十五分小滿初日改第十八箭晝五十七刻（日出寅時半刻）夜四十三刻（日入戌時半刻）每更八刻三十六分每點一刻四十二分後九日改第十九箭晝五十八刻（日出寅時八刻）夜四十二刻（日入戌時一刻）每更八刻二十四分每點一刻四十分芒種後三日改第二十箭晝五十九刻（日出寅時七刻半）夜四十一刻（日入戌時一刻半）每更八刻一十二分每點一刻三十分夏至前三日改第一箭晝六十刻（日出寅時七刻）夜四十刻（日入戌時二刻）每更八刻每點一刻三

十六分後六日改第二箭晝五十九刻（日出寅時七刻半）夜四十一刻（日入戌時一刻半）每更八刻一十二分每點一刻三十八分小暑初日改第三箭晝五十八刻（日出寅時八刻）夜四十二刻（日入戌時一刻）每更八刻二十四分每點一刻四十分後九日改第四箭晝五十七刻（日出卯時半刻）夜四十三刻（日入戌時半刻）每更八刻三十六分每點一刻四十三分大暑後三日改第五箭晝五十六刻（日出卯時一刻）夜四十四刻（日入酉時八刻）每更八刻四十八分每點一刻四十五分立秋前三日

改第六箭晝五十五刻（日出卯時一刻半）夜四十五刻（日入酉時七刻半）每更九刻每點一刻四十八分後六日改第七箭晝五十四刻（日出卯時七刻）夜四十六刻每更九刻一十二分每點一刻五十分處暑初日改第八箭晝五十三刻（日出卯時二刻半）夜四十七刻（日入酉時六刻半）每更九刻二十四分每點一刻五十二分後三日改第九箭晝五十二刻（日出卯時三刻）夜四十八刻（日入酉時六刻）每更九刻三十六分每點一刻五十五分白露後三日改第十箭晝五十一刻（日出卯時二刻半）

夜四十九刻（日入酉時五刻半）每更九刻四十八分每點一刻五十七分秋分前三日改第十一箭晝五十刻（日出卯時四刻）夜五十刻（日入酉時五刻）每更十刻每點二刻後六日改第十二箭晝四十九刻（日出卯時四刻半）夜五十一刻（日入酉時四刻半）每更十刻十二分每點二刻二分寒露初日改第十三箭晝四十八刻（日出卯時五刻）夜五十二刻（日入酉時四刻）每更一十刻二十四分每點二刻四分後九日改第十四箭晝四十七刻（日出卯時五刻半）夜五十三刻（日入酉時三刻半）每更一十刻三

十六分每點二刻七分霜降後三日改第十五箭晝四十六刻(日出卯時六刻)夜五十四刻(日入酉時三刻)每更一十刻四十八分每點二刻九分立冬前三日改第十六箭晝四十五刻(日出卯時六刻半)夜五十五刻(日入酉時二刻半)每更一十一刻每點二刻一十二分後六日改第十七箭晝四十四刻(日出卯時七刻)夜五十六刻(日入酉時二刻)每更一十一刻一十二分每點二刻一十四分小雪初日改第十八箭晝四十三刻(日出卯時七刻半)夜五十七刻(日入酉時一刻半)每更一十一刻二

十四分每點二刻一十六分後九日改第十九箭晝四十二刻(日出卯時八刻)夜五十八刻(日入酉時一刻)每更一十一刻三十六分每點二刻一十八分大雪三日改第二十箭晝四十一刻(日出辰時半刻)夜五十九刻(日入酉時半刻)每更一十一刻四十八分每點二刻二十一分

測影第七十七

先定南北使正樹八尺表竿為勾卧一丈四尺腹中歷氣日中視之影之尺寸若與歷合則吉不合則凶冬至十一月中律中黃鐘管長九寸徑三分影長一丈三尺小寒十二月節影長一丈二尺四寸三分大寒十二月中氣律中大吕管長八寸三分影長一丈一尺二寸立春正月節影長九尺八寸雨水正月中氣律中大簇管長八寸影長八尺一寸七分驚蟄二月節影長六尺六寸七分春分二月中氣律中夾鐘管長七寸四分影長五尺三寸七分清明三月節影長四尺二寸五分穀雨三月中氣律中姑洗管長七寸一分影長三尺二寸六

分立夏四月節影長二尺五寸三分小滿四月中氣律中仲吕管長六寸五分影長一尺九寸九分芒種五月節影長一尺六寸九分夏至五月中氣律中蕤賓管長六寸二分影長一尺五寸小暑六月節影長一尺六寸九分大暑六月中氣律中林鐘管長五寸九分影長一尺九寸二分(一作九)立秋七月節影長二尺五寸三分處暑七月中氣律中夷則管長五寸六分影長五尺三寸七分白露八月節影長五尺七寸秋分八月中氣律中南

呂管長五寸三分影長六尺二寸三分寒露九月節影長六尺一作八六寸七分霜降九月中氣律中無射管長四寸九分影長八尺一寸七分立冬十月節影長八尺九寸小雪十月中氣律中應鍾管長四寸七分影長一丈二尺二寸大雪十一月節影長一丈二尺四寸三分夫周天三百六十五度四分度之一為十二次華夷共同亦至十二國王侯之所度日一日行一度月一日行十三度月節遲疾平行九道故二十八日行三百六十

度餘日逐日度合朔一歲十二月行十三周天與日同夏至日在井去極近冬至日在斗去極遠日陽用事則進北而影短月陽用事則退南而影長測法極遠近以影而知以定南北也

虎鈐經卷七

欽定四庫全書

虎鈐經卷八

宋 許洞 撰

結營統論第七十八

立營之法按八宮陰陽數置一作至之營居陽卦之上以九為法九十步九百步九里九十里量人數加之陰卦之上以六為法如九之法營門向陽以受生氣不飲死水不處死地天地坑暮間也不居地柱地柱者四下中之高也不居地獄地獄者四高中之下也不居天竈天竈

者谷口也不居龍首龍首者山之端也大將軍居九天之上頓泊玉帳九天青龍也玉帳者建前之三辰也假令正月當居巳地是也已下類此推之如隨六甲所居則將軍居青龍旗鼓居蓬星士卒居明堂伏兵居大陰軍門居天門小將居地戶斬殺居天獄軍糧居天牢治罪居天庭軍器居華蓋此所謂立營居天道也

六甲第七十九

甲為青龍大將住出呼門戶解領行門神名號徐儀直

户神孫齊甲子神乙下蓬星古角過丙下明堂士卒亨
丁下大陰伏兵利戊下天門師入行己下神户小將位
齊衆軒斷天獄庚治罪判斷天庭辛囚繫糧儲天牢壬
癸下天倉安庫藏又為華蓋避敵兵

甲子旬營
天庭治罪位　陽孤華蓋位
申　酉　戌
朝
亥　子　丑
陰孤　青龍　大將軍　蓬星　旅殺位
出　牙帳面酉
辰　卯　寅
明堂士卒位　陰中伏兵位　人門軍門位
未　午　巳

甲戌旬營
陰陽孤　青龍大將位
申　酉　戌
朝　牙帳面未
亥　子　丑
蓬星旗鼓位　明堂士卒位　陰中伏兵位
出
辰　卯　寅
斬殺天獄位　小將地户位　天門軍門位
未　午　巳

甲申旬營
青龍大將位　蓬星旗鼓位　明堂士卒位
申　酉　戌
朝　牙帳面巳
亥　子　丑
陰伏兵位　天門軍門位　地户小將位
辰　卯　寅
斬殺天獄位　天牢軍糧位　天庭治罪位
未　午　巳

甲午旬營
明堂士卒位　陰中伏兵位　天門軍門位
申　酉　戌
牙帳面卯　出
朝
亥　子　丑
地户小將位　天獄斬殺位　天牢軍糧位
辰　卯　寅
天庭治罪位　華蓋軍殺位　陽孤位
未　午　巳

甲辰旬營
斬殺天獄位　小將地户位　天門軍門位
申　酉　戌
出
朝　牙帳面丑
亥　子　丑
天牢軍糧位　天庭治罪位　華蓋軍殺位
辰　卯　寅
未　午　巳

甲寅旬營
斬殺天獄位　天牢軍糧位　天庭治罪位
申　酉　戌
出　牙帳面亥
亥　子　丑
華蓋軍殺　陽孤　陰孤
辰　卯　寅
青龍大將位　蓬星旗鼓位　明堂士卒位
未　午　巳

地勢第八十

凡立營之地非生氣不王非山不固營壘之法欲北據連山南憑高岡左右襟帶地水東流故自乾山伏下旁通子丑寅卯之地入于巽宮未申酉戌地欲高前欲有迎生平穩地勢欲支條脈散氣象欲欝茂林叢聳四維阜隴欲如鷄籠映起巽上欲水順流地欲順東南凡造壘之時先從戊已上起扳築若或其地草木不生則去之鳥獸不集則去之古城古社則去之窰竈古墓則去

之焦石砂礫則去之河水逆流則去之此六者營壘之大忌也

山勢第八十一

山如蟠龍旺案數重宛轉斜曲首尾相從山如鳳凰翅翼開張羣隊十萬帶挾隴岡前御印綬後有回翔山如飛龍支翼遠通或驚或躍乍横乍從臺嶺池間舞鶴連鴻山如毋狗頭拳尾就腹内乳見項上連首山如生蛇或曲或斜後岡前谷隱馬藏車山如麒麟乍立乍蹲羣從數萬朝者數人山如卧牛屈膝拳頭三光照覆兩水分流屬帶林隴依附土丘山如伏龜四方無缺清泉東流亢陽下歇三門起高一户雙闕山如游龍倚伏數重華蓋隱隱美草茸茸前如雀躍後如鷄籠剛柔順俯八卦皆通山如舞鶴趐翼開拓背臆犇崒首尾盤礴如此者皆可以居之也

四獸第八十二

南有汙池為朱雀北有堆阜為玄武東有叢林為青龍

西有大道為白虎四獸既具八卦既列乃立表測影以定子午之位（立表法在前）若夫朱雀無頂不可居也玄武折足不可居也白虎銜刀不可居也青龍悲哭不可居也強居之者軍覆將死

握奇營第八十三

外壘一軍一萬二千五百人以十人為火一千二百五十火幕數一如是幕長一丈六尺舍十人守地一尺六寸以三為奇以三千七百五十人為奇數餘八千七百

五十人分為八陣陣有一千九百九十七分五銖守地一千七百五十尺八陣積卒守地一萬四千尺卒城二千三百一十二步餘二尺積步卒六里餘一百七十三步二尺以壘四面乘之一面得地一里餘二百二十步内壘得地一十四頃十七畝餘一百九十步四尺六寸六分以為外壘天陣居乾為天門地陣居坤為地門風陣居巽為風門雲陣居坎為雲門飛龍陣居震為飛龍門虎翼陣即陣居兑為虎翼門鳥翔陣居離為鳥翔門蛇

盤陣居艮為蛇盤門天地風雲為四正龍虎鳥蛇為四奇乾坤艮巽為闔門離坎兑震為開門有牙旗遊隊列左右偏將軍居壘門禁出入外有遊軍兩端前有衝後有隊四隅有鋪中壘一奇兵三千七百五十人為中壘守地六十尺積步得二里餘二百八十步以壘四面乘之得二百五十步壘内地二頃餘一百步六纛旗鼓五麾金鼓府藏皆在中壘

握奇圖

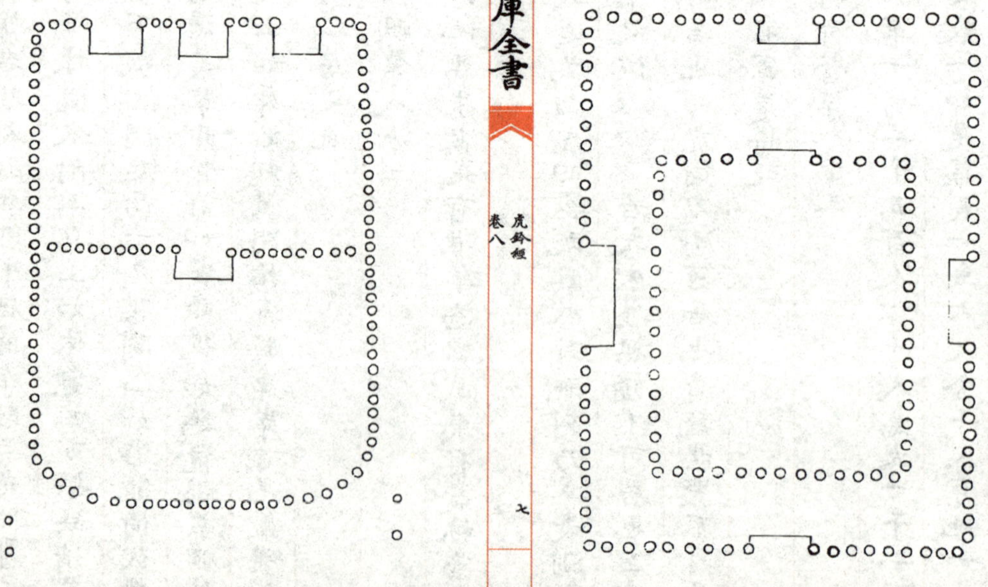

偃月營第八十四

背山崗面陂澤前後險阻其地狹窄之營也凡偃月外營以四分幕一萬人以六千人守地九千六百尺積得前一千六百步積得四里餘一百六十步為營轉以六千四百尺得步一千六十六步四尺為弦弦置三門相去三里五十步一尺五寸營內有地一十五頃八十五畝五十八步四尺右置上弦門中偃月門左下弦門偃月中營營以二千五百尺守地四千尺得前六百六十

步餘四尺積步得一里餘三百步四尺每幕加地四尺五寸四分每幕營中兩廂置土馬一十二疋大小如常馬被其鞍令士卒披甲冑櫜弓矢佩刀劍持矛盾左右上下以便習事

教弩第八十五

凡弩古有黃連百竹八擔雙弓之號今有絞車弩中七百步攻城拔壘用之擘張弩中三百步騎用之凡臨敵用不過一二發故戰陣不便于用弩也弩不可離於短兵當別為隊攢箭注射則前無立兵對無橫陣復以陣中張陣外射番次輪迴張而復出射而復入如是則弩無絕聲敵無薄我矣夫置弩必處其高爭奪山川守隘塞之口者非弩不克焉欲教之時乃下命曰張弩後丁

字立當弩八字立高搯手屈衫襟左手承撞右手迎上當心看張張有闊狹左髀右膊還復當心安箭高舉射敵遠撞弩頭敵在左右回身放敵在高挈脚放敵在近平身放射訖却唱殺掣拗蝎尾覆弩在地焉此教弩之法也

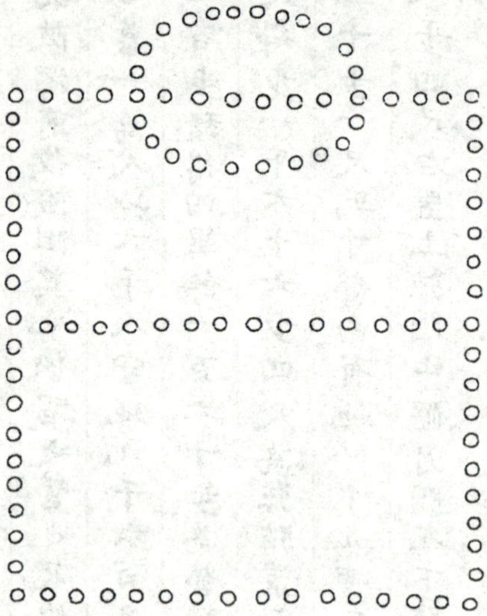

教弓第八十六

凡射必中席而坐一膝正當垜一膝前竪按席稍吐下消向前微令上傾向右然後取箭覆其手微拳令指第二節齊平以三指捻箭三分之一加於弓亦三分之一以左手頭指受之則轉弓令弦稍離身就箭即以右手尋箭羽下至闊以頭指第二指節當闊約弦徐徐送之令衆差池如鳳翮使當於心又令當闊羽向上弓弦既離身即易見箭之高下取其平直然後撞弓離席目睨

其的按手頤下引之令滿其持弓手與控指及右膊肘平如水准令其肘可措杯水故曰端身如幹直臂如枝直臂者非初直也架弦畢使引之比及滿使臂直是也引弓不得急急則失威儀而不主皮不得緩緩則力難為而箭去遲惟善者能之箭與弓弛齊為滿地平之中為盈貫信美而術難成要令大指知鏃至然後發箭故曰鏃無（一作不）上指必無中矢指不知鏃同於無目試之至也或以目視鏃焉上與暗中則乖此為無術矣故矢

在弓右視在弓左箭發則靡其弰㕀其肘仰其腕目以注之手以駐之心以趣之其不中何為也夫矢量其弓弓量其力無動容無作色和其肢體調其氣息一其心志謂之揩式知此五者為上德故曰莫患弓軟服當自遠莫患力羸恒當引之但力勝其弓則容貌和發無不中故始學者先學持滿須能制其弓定其體後射之初去地一丈百發百中寸以加之漸到於百步亦百發百中乃為之術成或升其的於高或致其的於下或以禽

獸為的也凡弓惡左(一作右)傾箭惡直穤(音溥)頭惡傍引頭惡腳垂(一作既)胸惡前亞背惡後偃皆射之骨髓病也故身前竦為猛虎方騰額前臨為封兕欲鬬出弓弰為懷中吐月平箭射為弦上懸衡此皆有容儀之善也控弦有二法無名指壓小指中指壓大指頭指當弦直竪此新法屈大指以頭指壓勾指此舊法也新法力少利馬上舊法力多利步用然其持妙在頭指間世人皆以其指末敓弦致箭曲又傷羽但令指面隨弦直竪即脆而易中其致遠乃過常數十步古人以為神而秘之新法不使大指過頭指亦為妙爾其執弓欲使把箭入虎後當四節指本節平其大指成(即承)鏃却其頭指使不礙則和美有聲而後快也射之道備矣

教旗第八十七

凡教旗幟平原曠野登高遠視處大將居其上南向左右各置鼓一十二面角十二具各樹五色旗六纛居前列旗次之而監軍使御史裨副次左右牙官隊如偃月

形為後騎下臨平野使士卒目見旌旗耳聞鼓角心存號令乃命十將左右決勝將摠一十二將一萬二千人要兵刃精新甲馬幡幟分為左右廂各以兵馬使為長班布其節次陣間容陣隊間容隊曲間容曲以長參短以短參長回軍轉陳以後為前以前為後進無奔迸退無遽走(孫子所謂紛紛紜紜鬬亂而不可亂渾渾沌沌形圓而不可敗者此之謂也)以正合以奇勝聽音視麾乍合而乍離之便也每一陣分校(四陣皆有五校)五校各立將軍校尉以準於古每校亦各有陣數

其分布隊五皆准畐之逐部兵器率以槍戟戈鉦居首隊而包於弓弩焉包於弓弩一作包弓弩於戈左校以青龍旗表之右校以白虎旗表之中校軒轅大將所處左鼓右旗四陣皆同謂之一隊者二十五人一部者二十隊也每一校不常其部各列陣數應敵之勢貴戰鬬之際前後不相交亂也飛鶚陣前校出首騎者所以為重也前出一部為觜次四部為面餘五部包之於首左右校出騎兵者内以副身外以副項及首也夫鶚以搏擊為後故陣

欲觜爪之利焉重霞陣衝其不動即分兩穗從旁擊焉敵若驚亂前校騎兵兩穗進擊步士則不可輕進但在本處受戰若前衝騎退即前校騎兵退進前校騎兵即前衝騎兵進夫雲霞以開闔進退不常其法故前校其兵往來氤氳以象之也長虹陣及八卦陣皆有衝突外以出敵之不意内以衛大陣也夫長虹以為名者取陣形彎前扼敵之勢八卦以名之者取八面受敵之象也凡四陣逐部結陣之法横七隊為首横七隊為身横六隊為尾步兵每一隊横七十步首横七十步厚十步身亦如之尾横六十步厚十步身去首二步前後並同騎兵每一隊横一百四十步厚六十八步首横一百二十步厚二步身亦如之尾横一百二十步身去首四步亦如之受戰之時大陣不可輒動敵衆未薄則大敵離於是三令五申白旗點鼓音動則左右廂齊合朱旗點角聲動則左右廂齊離合與離皆不離中央之地左廂陽回而旋右廂陰回而旋左右各復本位白旗掉鼓音動

左右各雲蒸鳥散彌川絡野然而不失部伍之疎密朱旗掉角音動左右各復本位前後左右無差尺寸散則法天聚則法地如此則三合三離三聚三散不如法者使士罪之從軍令於是大將出五彩旗十二口各樹於左右陣前每旗用壯勇士五十人奪旗者勝賞而負罰離合之勢聚散之形勝負之理賞罰之信因是而教之

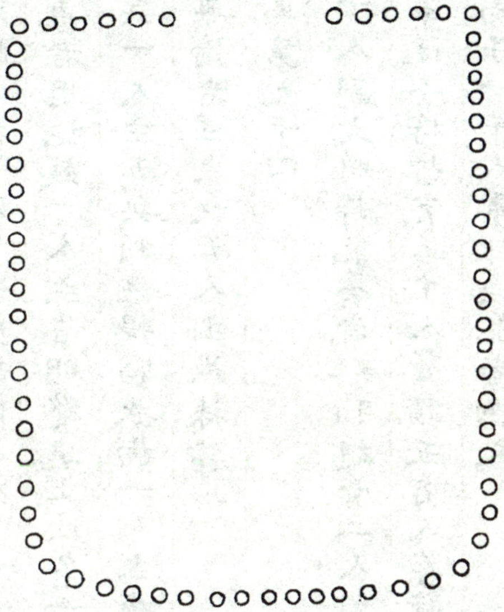

校獵第八十八

校獵一人守圍地三尺量其人多少以左右兩將為交頭其次左右將各主士伍為行列皆以金鼓旗為節制其初起圍張翼隨山林地勢無遠近部分其合圍地虞候先擇定訖以善弧矢者為圍中騎其步卒槍幡守圍有漏獸者坐守圍吏大獸公之小獸私之以觀進止之節亦教戰一端也

軍樂第八十九

夫軍中作樂所以激揚壯氣和其心滔其憂而已故其樂但清厲峭拔雄壯之音至於彈弦鼓簧柔媚之音使人悲感怨懟者皆不可取焉其戲亦取壯猛而可觀者樂鼓杖笛觱篥鉦拍多少隨部伍用戲板槭角鴟馬騎飛石劒門斫刀搶牌獅子

軍賜第九十

錦袍金帶銀帶金壺瓶銀壺瓶金錢銀錢每一文重一兩所得敵人財帛所得敵人婦女酒食鞍馬弓箭玩好

等皆充軍賜之物

大將軍員第九十一

大將軍一人智信義勇賢明公正者任副將軍二人主一軍糧一主馬糧智信仁勇忠義平直者任總管四人嚴勇諳識軍容者任二主虞候二主押衙子將八人明行陣金鼓曉部署者任大將別奏八人傔十六人副大將總管別奏並同大將忠勇有才者任判官二人沉厚密謀者任兵會騎曹四人偏僻腐儒令掌禮儀賓客祭祀

陣將軍員第九十二

偏將一人勇猛果敢揮戈掉劍力敵百夫好勇者任副偏將二人子將四人明旌旗金鼓節令者任一候二人多機謀能擒奸摘伏者任戍房二人點平更漏無失紀舉偏將别奏六人傔一十二人副將奏同傔判官一人虞候傔充子虞候八人典二人

隊將軍員第九十三

押官一人經軍陣習戰對隊頭二人副隊二人主文書名目點簿酬功行賞知勞苦明部隊行列秉旗一人副旗二人勇者用抱鼓一人主昏明警進止吹角一人主收軍司兵一人主五兵利鈍提轄承拘一人主摧崖科惡口舌無情者任火長五人主樵採等

征馬第九十四

征馬副一人副大將擇能養者已下並同總管二人副將子將八人軍隊子將押官五十人羣頭五百人善騎馬奔走者任馬子一千人軍外差能者御之

牧放第九十五

諸營各作異旗一放馬每隊作記旗放驢於外其馬中央令四面援馬放驢馬子並宜於驢羣四面圍遶驢羣知更牧狂賊偷馬倒須一作倒頓驢奔走羣在外驅趂稍難以此防閑亦甚允便營别即令别放諸軍不得相交非直發引之時不難忽有不虞追喚亦易諸行軍立營驢馬各於所管地界放牧如營側草惡便擇好處放仍與虞候計會不許交雜各執本營認旗如須追喚見旗即知驢馬處所諭諸軍驢馬牧放不得連繫每軍營令定一官專撿校逐水草合羣牧放仍定一虞候果毅專巡諸營水草令各分界牧放不使參雜

虎鈐經卷八

虎鈐經卷九

四陣統論第九十六

宋 許洞 撰

四陣圖者非古陣也臣切見李筌纂聚諸家陣圖但有形勢而已其部伍行列精微尺寸則莫能釋然其名既多其要則寡臣因辨古陣之法創造新意别為四陣之施可與而變因著論以明之論曰臣聞兵陣戰場止尸

之所不能規度以固法何以取功决勝而定天下乎是故結陣之術不可踈踈則難應不可密密則難用首欲捷翼欲輕腹欲實尾欲正捷者不可使過輕者不可使凌實者不可使不應機正者不可使不知便令之所定四陣者十萬人之正陣也人數之多少臨時增減此非執蓋此十萬人為准則焉每一陣步兵七萬騎兵七萬以為常准但四陣更變各隨所便而用之爾每步兵一人占地兩步騎兵一人占地四步取其出入輕各受敵夫四陣我以之法若敵為

彎陣我以飛鶚陣應之敵為直陣我以重霞陣當之敵為突陣我以長虹陣當之敵引兵四面圍我我以八卦陣當之此所謂應敵者也其隊校所動各飛敵之去就焉善結陣者先結人心何謂先結人心賞罰明也欲士伍應變之精熟在日月數習之不能教陣者是舉其師以與敵也夫孔子云以不教人戰是謂棄之此之謂也雖萬變之機不能精於陣戰之事與愚者同也然善戰者不陣騎兵也一部謂之五百步兵如騎之數

飛鶚陣第九十七

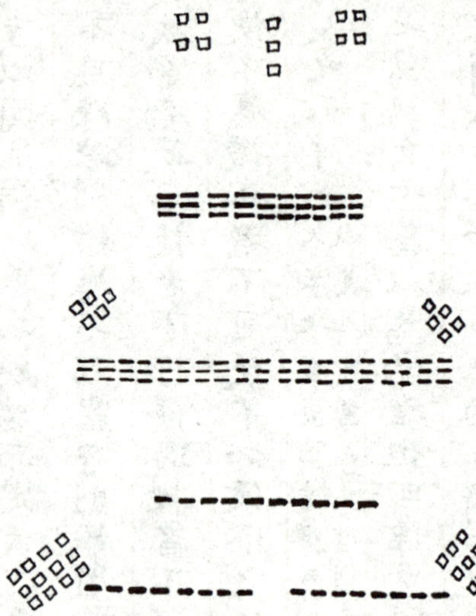

前校首騎三陣一十部合成五千騎一陣一部長一百四十步第二陣四部（左右各祇一隊文陣中並同）長一里二百步（計五百六十步）第三陣五部長一里三百四十步（計七百步）前校項兵三陣步兵二十七部合一萬三千五百人第一陣九部長一里二百七十步（計六百三十步）第二陣并第三陣亦如之中校五陣步兵九十二部合四萬六十人第一陣二十一陣（即部）長四里三十步（計一千四百七十步）第三陣第四陣亦如之第五陣八部長一里二百步（計五百六十步）後校尾兵一直陣步兵二十一部合（一作各）一萬五百人長四里三十步（計一千四百七十步）左校爪騎二陣五部合二千五百騎第一陣二部長一里六十步（計四百二十步）第二陣長一百八十步右校爪騎亦如之左校翼騎四陣二十部一萬騎第一陣五部長一里三百四十步（計七百步）第二陣第三陣第四陣亦如之右校翼陣亦如之前校首騎三陣之中兩處各虛六十八步計一百三十六步在內虛實都厚三百四十步前校項兵三陣之中兩處各虛三十四步計六十

八步（一作一百三十步）虛實都厚三百七十步中校五陣之中四處各虛三十四步計一百三十六步虛實共厚三百六步後校一陣厚三十四步右校爪騎二陣之中一處虛六十八步計二百四步虛實都厚一里一百一十六步左校翼騎亦如之前校之項前去首騎之末三百四十步中校之首去前校項兵之末一百七十步後校之首去中校之末自前校之首到後校之末并虛在內共厚四里三百二十步（計一千七百六十步）左校爪騎居中校左校

相接之地中校稍前一百三十步右校爪騎所居之地亦如之左右校低於中校第二陣一隊與中校相去各一里四十步統成一大陣虛實共長八里二百七十步計三千一百五十步

長虹陣第九十八

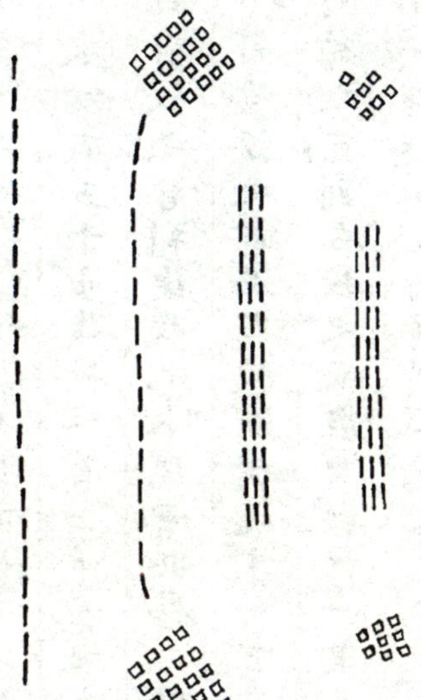

前校三陣步兵三十七部合一萬八千五百人第一陣九部長一里二百七十步（計六百三十步）第二第三陣亦如之中校五陣步兵九十二部合四萬六千人第一陣一十九部長三里二百五十步計一千三百三十步第二陣二十一部長四里三十步（計一千四百七十步）第三第四陣亦如之第五陣十部長一里三百四十步（計百七步）後校一陣步兵二十一部合一萬五百人長四里三十步（計一千四百七十步）右校衝騎四陣八部合四千騎第一陣五部左右各抵

隊長一里三百四十步（計一千步）第二陣亦如之第三陣六部長二里一百二十步（計八百四十步）第四陣亦如之左校四陣與右校同法前校三陣之中二處各虛三十四步（計六十八步）左內都厚一百七十步中校五陣之中四處各虛三十四步計一百三十六步虛實都厚二百六步後校一陣都厚三十四步左校衝騎四陣之中一處虛六十八步虛實都厚二百四步右校衝騎亦如之左校四陣之中三處各虛五十八步計一百七十四步虛實都一

里一百二十二步（計四百八十二步）右校亦如之中校之首去前校之末一百五十步後校之首去中校之末一百二十步自前校之首到後校之末虛實共厚二里六十步（計七百八十步）自後校之首左右校衝騎之末一百五十步自左校衝騎之首到右校之末虛實共厚一里三百一十六步（計六百七十六步）右校衝騎到左校之末亦如之左右校角各去中校角一十步計二十步在內左右校第一陣第二陣與中校齊頭（以向中校巡各一部為准外府高於中校六十步）左右校角

第三第四陣皆掩一百在中之後統成一大陣彎長七里二百三十步計二千七百五十步

重霞陣第九十九

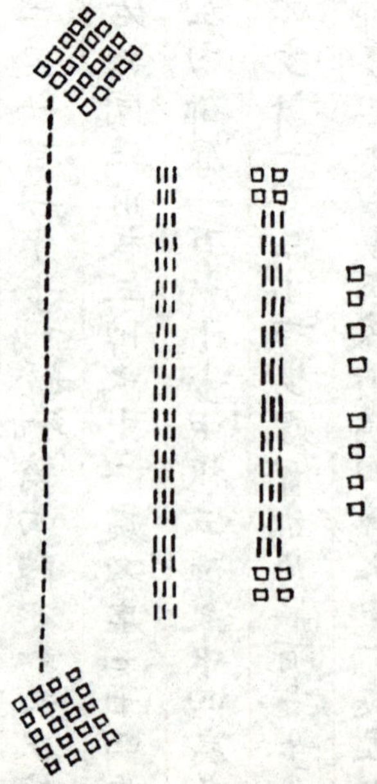

前校衝騎三陣一十二部合六千騎第一陣六部左右各抵一隊長二里一百二十步（計八百四十步）第二陣亦如之前校四陣步兵三十五部騎兵八部兵四十三部計步騎各二萬一千五百人第一陣步兵九部步騎兵左右各二部計一十三部長五里一百一十三步（計一千一百九十八步地各虛步并步騎二處相接四步在內）第二陣步兵九部長一里二百七十步（計六百三十步）第三陣與第一陣同法第四陣步兵八部長一里二百步（計五百六十步）中校四陣步兵八十四部合四

萬二千人第一陣二十一隊四里三十步計一千一百七十步第二陣第三陣第四陣亦如之後校一陣二十一部合一萬五百人長四里三十步計一千四百七十步右校四陣騎兵二十部合一萬騎第一陣五部長一里三百四十步計七百步第二陣第三陣第四陣亦如之右校四陣與左校同法前校衝騎二陣之中一處虛六十八步虛實都厚二百四步前校四陣之中三處各虛三十步計一百二步虛實都厚二百三十八步騎兵各虛六十八步厚薄同數中校

四陣之中厚薄之數與前校同法無騎兵數校後一陣後三十四步左校四陣之中三處各虛六十八步計二百四步虛實都厚一里一十六步計四百七十六步右校亦如之前校之首去中騎之末二百步自衝之胸到後校之末并虛在內共厚二里二百三十四步計一千三百一十四步左右校於中校平頭各相去四步計八步在內統成一大陣長七里三百五十八步計三千八百七十八步

八卦陣第一百

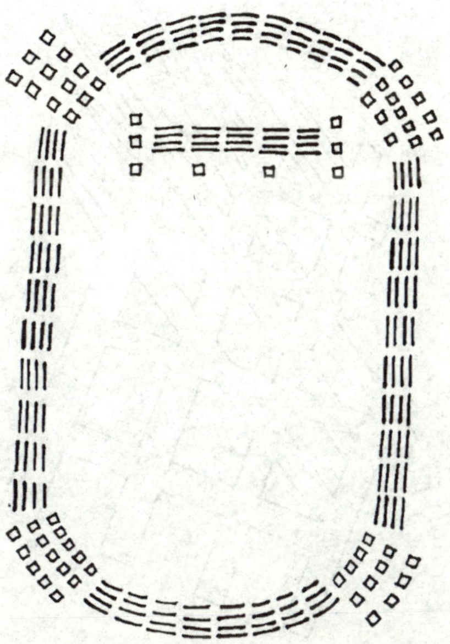

衝騎四穗各五部每穗一部居中中部則居於左右前各二處各相去二十步虛實彎長二里二十步計七百四十步每穗各二千五百計四穗並同居大陣角前披掩左右去大陣三十步不係大陣厚薄之數四陣並同法前校四陣步兵二十部騎六部共計六十四部步騎合一萬七千人第一陣步兵七部騎兵左右各二部計一十一部長二里三里五十八步計一千五百八步并部騎三處相接之地各虛四步第二陣步兵七部長一里一百三十步計四百九十步第三陣步兵七部騎兵左

右各一部計九部長二里五十八步（計七百七十八步虛法同前）第四陣與第二陣同法左右後校並同前校法中校七陣步兵二十八部騎兵八部共三十六部步騎合一萬八千人第一陣步兵五部騎兵左右各一部共七部長一里二百七十八步（計六百八十六步并步騎二處相接之地各虛四步）第二陣步兵五部長三百五十步第三陣第五陣與一陣同第四陣與二陣同法第六陣步兵三部長二百一十一步第七陣步兵二部長二百八十步前校四陣之中三處各

虛三十四步計一百二步虛實都厚二百三十八步騎兵各虛六十八步厚薄同數左右後校並同前校法中校七陣之中六處各虛三十四步虛實都厚一里一百一十六步（計四百七十六步）中校不常之地觀四面敵人力攻之處則應之別出騎兵八部居大陣四角之內每二部第二陣後一部兩稍抵大陣祇去五步第三陣後一部同前部法（四面並同）統成一大陣每角前虛一百步計四百步在內徑三里一百八十步（計一千三百六十步）四方並同外環

一十二里三百一十三步（計四千六百三十二步）如敵引兵四面俱以衝騎力戰大陣不可輒動衝敵之進退令無反自自蹂踐我陣焉

飛轅寨第一百一

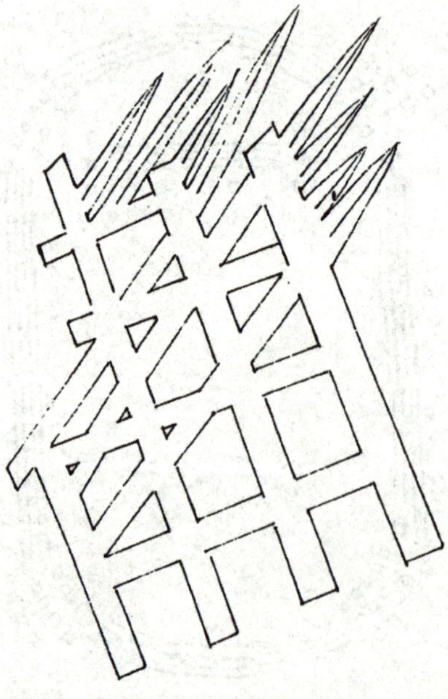

飛轅寨者非古寨也臣切謂戎馬以衝突為利因此寨以禦之每一車竿四條每四條長六尺五寸徑方一寸五分前間一尺為槍頭側立（槍頭以好鐵為之）一尺為幹過竿方八尺二寸五分笋中間二尺近鐏方一寸五分笋後間八寸為幹三寸為鐏（鐏亦以鐵為之）其竿各相去七寸一分鑿圓竅以扇之其方兩頭各露六寸三分槍頭四條每條長二尺五寸內一尺為槍頭一尺為幹（同前法）二寸五分入槍頭方笋二寸五分五分通過後以拴之脚四度每

隻長四尺徑方一寸五分搭腦（一作腦）笋入一寸上間一尺過笋方入二寸五分笋中間一尺一寸置槍頭方入二寸五分笋下間一尺一寸陷雲頭笋二寸令透底脚各居笋亭中安置兩畔間各闊七寸一分中闊一尺五寸七分方二條每條長四尺徑二寸五分穿脚兩頭各露二寸鑿竅各闊一寸五分以脚穿之近鐏方一條長四尺二寸五分闊一寸五分搭腦方一條長四尺徑方以一尺五寸雲頭自四角起狀如車輛而起闊一寸五分厚三寸二分彎長七寸一分車通竿上用鐵鈎二左右各一也一照內而一垂下以牛革挽之如有所用則衆車相鈎聯周環如城以拒衝突欲戰則旋折開為門內鐏強彎為守行則剖之止則聯之每一車用步士一人禦之其用兵器者不限其數或立營或據險皆可用之也

虎鈐經卷九

欽定四庫全書

子部

虎鈐經卷十至十四

校官編修臣程嘉謨

總校官候補中允臣王燕緒

校對官中書臣柴模

謄録監生臣朱坤

欽定四庫全書

虎鈐經卷十

宋 許洞 撰

相人第一百二

凡欲擢用先須辨人形神肌骨之貴賤且人神隱於中形藏於身氣發於外先觀其形夫山有美玉草木滋茂人有貴相氣色豐閏人雖處下品顏色形神器度動止與衆殊也相有七等也一曰看骨二曰看神氣三曰看肉四曰看色五曰看文理黒子赤子六曰看毛髪七曰看星文人相有十成一曰神氣清二曰五岳齊三曰笑語美媚四曰聲色深沈五曰鬚髪無間六曰詞語穏重七曰接對無僞八曰不欺信行九曰為事正直十曰風骨合度此謂十成之相也十成之人其可信乎經曰七成八成臣中子（一作）尊貴位極人臣也凡欲相人先視其頭頭者五臓之主四體之父百骸之母頭面之間有五嶽有四瀆有四骨四瀆鼻江口河目淮耳濟骨龍骨神

龜驛馬伏犀平滿爲頰髙成爲岳入耳曰顴骨入鬢曰驛馬耳際爲將軍左目後骨爲日角右目後骨爲月骨圓爲龍宫鼻上天中曰伏犀次兩邊溝外神龜額間後爲中子中子下髙爲龍角骨主三公台輔之骨腦後爲玉枕此骨一十六般並應頭面之主且玉枕之相自兩耳上中平爲百歲前頭後腦前爲星堂後爲玉枕也其一〇卒軸枕其二⁘六字枕其三°°°連珠枕其四◡仰月枕其五⌒覆日枕其六八兩背日枕其七)(上下相背

月枕其八◎如環日枕其九十十字枕其十一一字枕其十一ノ左稍枕其十二ㄟ右稍枕其十三〇垂露枕其十四〇雞子枕其十五口犀口其十六口懸枕如此者皆公侯之相也又若人之形也魂居肝魄居肺志居脾精居命神居心故心有五輪則目亦有五輪五行各以居其位且一作祇觀其目則知其心矣是以心圓者上也鈴次之破梯者主奸詐如月形者爲盜如弓形者主非命夫心圓者主事無虚妄之情其目多正視主忠孝慈恵心鈴形者屬火能辯明昏禮義目視重大回顧有常聰明智慧心破梯者目視瞬息髙下主多作盜言詞虚妄無信心月形者目視百迴髙下屬水水流急而還少信行不忠孝殆貶流在外而死心如弓形者目視左右髙下方回兼露白睛必死遠方爲子殺父爲臣殺君至若解尻如鬼神有形而無骨莽蒼無色黄髮亂竪口葉舌尖胸淺語薄似歎不歎似顛不顛面毛半茸若有塵灰腦髮倒垂鶴頭露結忽行後視神采昏

殘骨法不正如是者皆極賤人也

金瘡統論第一百三

人爲兵器所傷出血者甚渴者不可即與飲食恐簇毛在吻須乾食食肥膩之物無所妨害貴解渴而已不可多食粥則血沸出人心死矣所忌者有八焉一曰嗔怒二曰喜笑三曰大言四曰勞力五曰妄想六曰熱羮粥七曰飲酒八曰鹹酸此八者犯之未有不死者矣夫金瘡不可治之者有九焉一曰傷腦戸二曰傷天瘡三曰

傷臂中跳脉四曰傷脾中陰股五曰傷心六曰傷乳七曰傷鳩尾八曰傷小腸九曰傷五臟此九者皆死處也又曰金瘡不可治之者有四焉一曰腦髓出二曰腦破而咽喉中沸聲啞目直視三曰痛不在瘡處者此謂傷經絡也四曰出血不止前赤後黑或自肌肉腐臭寒冷堅忍其瘡難愈此四貟皆不可療矣除此之外復胗其脈脈虛細者生數實者死沈小者生浮大者死其所在傷出血度而脈微緩者生急疾者死矣

治金瘡第一百四

金瘡方右五月五日平旦使四人出方於五里採採一方草木莖葉每種各半把勿令脫漏一事日午時捽擣令極爛仍先揀好石灰一斗同杵之復選大實樹三兩株鑿作十竅令可受藥內藥於竅中緊裹之畢即以麻皮絲之用麻擣石灰塗泥不令洩氣更以皮纏定令牢到九月九日午時取出陰乾百日藥成擣之曝令極乾更擣用絹羅之凡有金瘡傷所出血用藥封裹勿令轉動十日即瘥矣不膿不腫不畏風若傷後數日始得藥須先用温水洗令血出即傳之此藥大驗如神須多合之金瘡之要無出此者治金瘡中風痓口不語方赤箭一兩桂心三分防風三分去蘆頭巴豆二分去皮及心然後研之極爛用紙裹壓又法用吳茱萸半兩湯浸七遍焙乾微炒天南星三分泡令烈白附子半兩泡烈硃砂一兩水飛過乾姜一分泡烈附子三分去尖皮臍泡烈乾蝎半兩生用右件搗羅為末用釅醋三升熬成膏

丸如同子大每服三丸不計時候熬葱酒下服後汗出為效金瘡辟風止痛方當歸半兩剉微炒川椒半兩去目及閉口者微炒出汗澤瀉半兩芎藭一兩附子一兩去皮臍右件搗藥羅為末若金瘡有出瘀血以温酒調下一錢日三服止金瘡出血不止方龍骨一兩剉微炒芎藭一兩熟乾地黃一兩鹿茸半兩塗蘇炙令微黃色先須去毛烏樟根三兩突厥白一兩右件搗羅為末傅在瘡上血即止如服以温酒調下二錢日三服金瘡

内漏方金瘡通内血者為内漏而腸脹者不能食死瘀血搏在於腹内腹牢大脈沈者死耳以方虻蟲三十枚去翅及足微炒桃仁一兩湯浸去皮尖雙心麩炒微黄桂心一兩半川大黄三兩剉碎微炒水蛭三十枚微炒黄右件為末每服二錢用童子小便一鍾煎至五分温和滓服日五服夜三服如卒無小便用水并酒代之服訖然後以胡粉散傅上瘡胡粉方粉二兩乾姜二兩生栗子二分陰乾去皮為末敷瘡上即瘥矣出箭頭方蜣

蜋自死者一枚狗子三枚婦人髮灰少許右先將蜣蜋去殻取其白肉與二味同研如泥用生油塗中箭處則如膏藥候肉作痒即以手蹙之其箭自出出骨中箭頭方雄黄一分蜣蜋一分研石灰末一分牛糞火燒之令赤色威靈仙一分朝桂鼠一枚去頭取血右為末入鼠血并煉蜜和丸如黄米大内瘡口中其箭鏃不拘遠年自出出肉中箭頭方巴豆一枚去皮膩粉一分砒礵少許磁石半兩細研蜣蜋一枚右為末以雞清和丸如菉豆

大先以鍼撥開瘡癬用生男子乳汁化一丸撥在破處上用醋麪紙封貼常痒痒極不可忍其鏃自出也多年者兩上當年者一上即出箭鏃出後服食方牡丹半兩鹽半兩白芨半兩右為末每於食前以温酒調下二分中毒箭方蘆根一兩藍葉一兩紫檀半兩石灰末二兩以牛糞火燒令赤右為末不拘時候以藍葉汁調下一錢粥飲下亦得中毒箭後皮肉瘀腫方梨母子一觔爛研去核鹽麩子五兩擣之爆乾更擣用絹羅之凡去粗

漬菉豆三兩炒熟石灰末三兩牛糞火燒令赤藍子五黄連三兩去鬚獨顆栗子三兩生用黒豆三兩炒熟大黄五兩赤芍藥三兩右為末煉蜜調為膏每服以温酒下一茶匙日三四服刀槍破腹腸胃突出方磁石三兩燒紅醋淬七次擣碎研如粉滑石三兩鐵精三兩右為末傅槍腸胃上後將磁石末用粥飲調下一錢一日三四服腹又縫補方又若皮肉斷裂剥取新桑白皮作線縫之以新桑白皮裹之又以桑白皮汁塗之極妙小瘡但以

桑白皮𥿻之如筋斷後亦封於上可以續之付毒箭及
馬汗方蚩蟲取大首者去翼於端午日收之陰乾為末
每服一錢撥破瘡口以藥傅之然後醋麪糊紙靨子貼
之即出毒也又方石灰末二兩以牛糞火燒令赤色蜜
陀僧一兩黃柏半兩剉膩粉一分右為末每用先以鹽
水洗瘡後用藥傅之日一換之

疫氣統論第一百五

結營須相山川卑濕之地其濕𤊹毒氣腫襲人口鼻者

則山瘴之瘧癘生焉又若寒暑之氣不節夏寒冬燠或
夏傷於大暑熱氣盛藏於皮腹之間加以士卒之衆衆
之氣相蒸為溫臭則時疫生焉抑又所蒸之地士卒不
便水土之性溫涼之氣致陰陽二氣紊亂於腸胃間則
霍亂吐瀉生焉斯之三者衆處生疾之地十有五六焉
故臨戎之先得不預備之乎

治疫氣第一百六

時氣方疫用茵陳二兩大麻仁五兩研如膏豉五合炒
乾常山三兩梔子二兩芒硝三兩細研鼈甲二兩塗醋
汁令去裙襴杏仁二兩湯浸去皮尖雙仁麩炒微黃色
巴豆一兩去心炒令黃紙裹壓去油細研右為末合勻
煉蜜和擣五六百杵丸如桐子大每服粥飲下三丸或
吐或痢或汗或不吐痢或不汗再餌之若更不吐痢以
熱粥飲投之觀其症候加減霍亂吐瀉方桑葉一握楄
（一作篇）竹一握右細剉末用水一大盞服山瘴瘧方常山
三兩烏梅二十七枚甑帶三寸獨顆蒜一枚以酒二大盞

作二服初一服先未發時喫次一服臨欲發時服如不
發即止溫瘧方麻黃一兩去根節牡厲粉一合（一作分）蜀
漆甘草犀角屑知母各半兩右為末用水二大盞慢火
煎一盞半去柤分為三服早起午初夜服之

治皸瘃第一百七

士卒涉水蹈冰冡犯霜雪寒風一切淩凍所苦或失於
飲食肌體虛勞故頭目手足皸瘃也治手足皸瘃血出
方豬胰洗之立止手足皸瘃方右取川椒四合以水煑

之去滓漬頃出令炒須臾後浸乾即塗羊猪腦髓尤妙涉水冒霜手足凍裂方又取菱蕖濃煎汁熱洗之即愈手足凍裂成瘡方右以羊髓熬成膏油入炒黄丹攪匀令搽塗之三五次即愈手足指節皴裂欲隨落方萊州青石作器物者以刀子細刮取末欲落指節相柱文縷徼連便以石灰末厚覆其上以帛子繫纏之其痛即止其指十日即復安矣

禳厭第一百八

厭敵兵法中夜設於北斗下致酒脯焚香為祭藉用白茅用五色采為幣大將北面再拜禱祝以所祈之事三奠而止伐陰木之枝為六甲符符中書六甲名祭罷以為六囊各盛一符即以本旬符囊繫於旗纛内勿令人覺之遂舉而出敵人當自駭走矣厭疫法大疫當取虜獲首級不計多少於上風焚之人疫大盛則有用此法疫少亦假用之令其烟氣衝襲（一作疫）者經時撤去可以辟厲氣矣厭王氣法敵之王氣久而不衰者覩其氣王於何方當六甲旬首正子時於營中月空上環三九步以朱畫八卦壇位成三界其内畫十二辰及月將之名東西南北相去數步取蒼狗白雞各一隻大將披素服右手仗劒左手二畜北面立嘿誦敵將名氏即即斬之埋於氣旺之方深三尺氣衰則去之厭敵將法敵將之命厭於我（命者謂五行細人密搆其敵將之命也當令生年日月時也）我即以所旺相之色可以克彼者隨所旺月日及時密制克之（所旺四時假令敵將火命王我則擇火日水時為黒道休省之勿令他人見）戰陣當以皂旗為衝

（宅者倣此）伏鳥厭兵法夜伏兵於林簿處禽鳥驚啼者當以方書十干之號十有二辰之號十有二月之號十有二歲之號二十八宿之號懸於林上則禽自不驚啼而兵可伏矣（干謂從甲到癸辰謂從子到亥歲月從攝提格到亦奮若星從角到軫也）

相馬統論第一百九

夫馬之所生無毛者能行千里先舉一足者行五百里但數其筋得十即凡馬也十一十二者五百十三者千里過十三者天馬也（一作枝）毛起腕上者六百里腹脊上

下平者百里五項圓者五百里眼中如童兒並坐者二百里腹下有横筋者五百里耳根下生角長一寸者三百里二寸者五百里三寸者一千里尿射過前脚者五百里頭如渴烏者一千里如初生面七日不能行才行便能飲水者千里之駒也放尿舉足者亦然（一作前）腹下毛逆生者同芝蘭孔中有毛長一寸此駑馬也鼻中金字者（一作金人）十八歲四字者八歲八字者四歲鼻上赤者二十歲鼻上青者三十歲鼻上如有公王字者二十五

歲眼圓有旋毛者三十歲目下不滿而白睛多者此多驚也目白不深唇不覆面口小又淺不健食齒參差不相當雖遇齒欲得上鈎者好也凡馬頭欲如側摶耳欲得厚小左耳却害主右耳却不入陣眼圓欲得滿睛努（一作努）肉滿身額前錐毛欲得濃盛鼻欲得大上唇欲得緩下唇欲得急口中欲得赤舌欲方大齒欲如鈎鋸面欲藏骨腓欲寬胸欲廣雙筋欲得分明蹄欲得圓膝欲得開腹欲得垂陰欲得小肚欲得方胜肉垂足足後欲得無毛尾欲得毛散尾核欲得長齊於梁骨尾林欲得麄汗溝欲得深膊際横文欲得分明脊欲得平身欲得短毛欲得細而突（一作笑）如是者馬之要相也

馬忌第一百一十

石灰泥槽損馬不得繫馬於門上令落駒養獼猴於坊内辟患并去疥癬戊寅日及庚寅日不得作廐作之者不及一年凶丙寅日不可出入馬三年人馬俱死申日不宜取馬必死戊午庚子之日不取并忌入廐大敗凡

養馬作廐之法當擇時日之良而知所忌之凶矣

馬毛利害第一百一十一

若馬或白點入口者名的盧目下有横毛者名死泣旋毛在吻後者名御褐白馬黑鬃鞍下有回毛者名負屍腋下有回毛者名挾屍左脇下有白毛直上者名白帶劍汗溝過尾根者踏殺人腮上有旋毛者名目圍或後足左右白者或馬渾白而四蹄黑者或從前膊外從項去到肤腮應有毛旋者或毛旋在項者或爪黑面白者

已上馬毛病者不利主也或馬前兩甲膊後近低處毛旋者能行五百里後眼近前低處毛旋者行八百里後（一作從）前膊到喉中間有旋毛者名印綬能行千里兼益主也

治馬金瘡藥第一百一十二

馬中金瘡腸胃突出方芍藥黄耆當歸芎藭白芷續斷鹿茸黄芩細辛乾姜附子已上各三兩右為末先飲酒令醉服五分七日三服稍加到方寸立愈

治馬雜病第一百一十三

灌馬方春夏用白礬秋冬用鬱金芎藭當歸大黄升麻黄連細辛乾姜已上各一兩右為末入湯中以酒調灌之啗馬方鬱金大黄甘草山梔子貝母白芍藥黄藥秦膠（一作花）黄栢黄連欵冬花知母桔梗藁本等分為末右用油并蜜和啗之每服二兩治馬温方右以獵肝肚肉去糞煮汁灌之治馬肚熱結寒顫不食方末連末二兩白鮮皮末一兩油五合以臘猪脂四兩白水一升半調下牽行拋糞立効治馬卒熱肚脹欲死方以藍汁二升并水二升同灌之立效治馬急起方又取壁上多年石灰細研羅出用油調二兩灌之立效治馬黒方忽卧不起汗流如珠肉顫氣喘者當汗淡即死汗醎不死以人脚下汗襪以水二升洗取汁灌之立瘥治馬不進水草方芒硝一兩駞駱半升已上和鬱金散灌之并刺帶血出一升治馬傷水方又以葱鹽油相和搓成團子內鼻中以捉馬鼻令不通氣又待眼中淚出即止治馬傷食

方右以生蘿蔔三五箇切作片子啗之立效治馬喉中腫方軟物裹刀子露一刺咽喉令便瘥又方以乾馬糞置瓶中將頭髮蓋之以火燒煙出薫馬鼻中立瘥又方以猪脊邊脂伴髮燒薫鼻中立效治馬草結方以白礬末分為二兩服每服和水飲後即啗之神效又方以手捻令銷如不銷火燒掃箒柄服之效點馬眼方青鹽黄雞仁馬牙硝已上各等分細研用蜜煎以磁瓶盛水浸點之治馬疥瘡臭方黄臘月猪脂煎髮令銷及熱塗之

立效治馬瘡方以齒莧石灰同搗令勻擣作餅子候晒乾復搗為末先水以口含洗淨用藥貼之治駒兒肚瀉方以藁本為末將大麻子研汁調三錢灌下便效次將黄連末麻子解之湯藥方莨菪子烏頭芫花茱萸扣眷蒼术木鼈子葶藶子右等分為末每服用半兩以醋麪椒蒜煎為膏治之

虎鈐經卷十

欽定四庫全書

虎鈐經卷十一

宋　許洞　撰

天時統論第一百十四

天時者兵家之主也若夫星辰變見雲氣聚散六壬旺相遁甲休咎風露雷雨之所動作陰陽晦明之所啓閉鼙鼓之震響禽鳥之示情通天地鬼神之心開勝敗休咎之兆者其道何也臣竊謂天地之道大正也夫陽為實陰為虛實有常而虛不常也法其實者政令之謂也政令一定之象也法其虛者權智之謂也權智應變之象也動以虛實為用者天地之正（一作身）道也是以知政令權智之所設能應於天地者此之謂大順也或天地示其災變我以順應之示其吉祥亦以順應之是以順應正也如能以順應正行師豈有敗乎然雖黑（一作雲）氣出壘赤氣臨軍六窮起風三刑生霧皆為敗象當其時苟能觀其凶變修政謹身卜地遷營應天擇日恭受讜

戒一作恕而警省焉此可以易凶為吉矣斯乃以順道應天者也臣今所列時日雲氣歷象之間其占候既不一在乎用兵者因其時擇而用之也若能善服人心以順天地之情和陰陽之性使災咎不見率由政令權智之得其道也又何暇審占天時以為候哉

出軍日第一百十五

月殺月虛日利命將出征又曰十二月中各有出軍吉凶日正月戊辰丙子庚午辛卯戊子壬辰丙辰丙申二

月丁卯辛卯此是九醜日宅月皆不犯三月甲子乙丑戊辰己巳丙辰庚申四月丁卯己卯辛癸卯一作丑五月丙申戊戌庚戌庚申壬戌六月辛未己未癸未庚寅丙申辛卯壬寅庚申七月乙丑乙酉己酉丁巳癸丑八月庚午癸酉壬午丙午戊午九月癸酉乙酉丙申丁酉壬寅己酉甲寅十月己酉甲寅己上用皆吉十一月十二月九醜八魁無翹大禍反激天賊天門四不出六絕血忌大敗諸日今悉刪而去之不在此十二月吉日一作月中唯犯九醜大凶一說云天乙絕氣日不可出軍攻戰征月初六二月七三月八四月九以次周十二月一說云六窮日不可出軍初四十九二十八一說云天門日亦謂之往亡不可出軍正月初七二月十四日三月二十一日四月八日五月十六日六月二十四日七月九日八月十八日九月二十七日十月十四日十一月二十一日十二月三十日若有急難擇時吉辰而動不用此日可也

四戰圖第一百十六

孤虛第一百十七

一人已上用時孤虛萬人已上用日（一作月）孤虛日內如或賊不在虛上我已得其便地即用旬孤虛若復逼迫不得用孤虛之位背建向破假令卯為建則酉為破是也用日孤虛子日亥孤巳虛丑日子孤午虛寅日丑孤未虛卯日寅孤申虛辰日卯孤酉虛巳日辰孤戌虛午日巳孤亥虛未日午孤子虛申日未孤丑虛酉日申孤寅虛戌日酉孤卯虛亥日戌孤辰虛用時孤虛以時為

主方位並同旬孤虛甲子背戌亥擊辰巳甲戌背申酉擊寅卯甲申背午未擊子丑甲午背辰巳擊戌亥甲辰背寅卯擊申酉甲寅背子丑擊午未背者為孤擊者為虛也用孤虛之時須觀年月所建（一作見）兵刃如山何可為敗如或賊在虛久戰而不敗者切不可引退但併力擊之必勝矣故法曰背孤擊虛一女子當五丈夫此之謂也

九勝法第一百十八

黃帝曰行兵要背天目向地耳甲子旬天目在庚午地耳在戊辰甲戌旬天目在庚辰地耳在戊寅甲申旬天目在庚寅地耳在戊子甲午旬天目在庚子地耳在戊戌甲辰旬天目在庚戌地耳在戊申甲寅旬天目在庚申地耳在戊午

地兵瀘第一百十九（愚謂地兵者六丙耳丙為天氣故不可觸也）

太公曰凡行兵向陣勿可犯地兵將軍忌之甲子旬地兵在寅甲戌旬地兵在子甲申旬地兵在戌甲午旬地

兵在申甲辰旬地兵在午甲寅旬地兵在辰

黃幡豹尾第一百二十

凡戰背豹尾向黃幡吉午戌歲黃幡在戌豹尾在辰子辰歲黃幡在辰豹尾在戌卯未歲黃幡在未豹尾在丑酉丑歲黃幡在丑豹尾在未也

遊門第一百二十一

出兵攻敵常須遊門正月天門在申百死在酉二月天門在酉百死在戌三月天門在戌百死在亥四月天門

在亥百死在子五月天門在子百死在丑六月天門在
丑百死在寅七月天門在寅百死在卯八月天門在卯
百死在辰九月天門在辰百死在巳十月天門在巳百
死在午十一月天門在午百死在未十二月天門在未
百死在申

八卦第一百二十二

一日從艮擊坤二日從震擊兑三日從巽擊乾四日從
離擊坎五日從坤擊艮六日從兑擊震七日從乾擊巽

八日從坎擊離一日十一二十一日同前例擊之每到
十日二十三十日並軍忌不可用也

五姓第一百二十三

角德在巳陽子陰午生氣卯死酉刑禍申羽德在申
陽子陰午生氣子死午刑禍丑徵德在寅陽午陰子生
氣午死子刑禍未商德在亥陰子陽午生氣酉死卯刑
禍午宮德在巳陽子陰午生氣子死午刑禍亥以生氣
擊死氣以陰擊陽

天罡第一百二十四

舊說曰天罡加孟神在内加仲神在門加季神在外凡
有所用以天罡加地户可以入山林設伏兵以天罡加
天門可以攻敵以天罡加酉隨便伏匿可以探敵事他
人不覺知以天罡加子天地所通吉候也天罡加丑天
地不(一作小)通以為吉事不可以私忿興兵征伐遠行三
十里止合吉(一作凶)天罡加寅天地慶悅舉小事吉天罡
加卯天地開格不可舉衆天罡加辰天地初呼不可侵

人關界守己地則敵人不能攻之天罡加巳天地神祐
無憂患但進兵入敵境逢敵則止營勿與即戰天罡加
午天地初起而縱横之時凶天罡加未天地小通宜小
心行賞賜撫將校慎兵馬如是吉反是凶天罡加申天
地不遠揚兵堅壁設備吉天罡加酉天地關無路若出
兵中道奔亡遇敵即敗大凶宜守營自備天罡加戌天
地迫逆吏士謀殺主將主將備之天罡加亥天地迫無
路行者止占戰鬬天罡加孟(孟謂寅申巳亥是也)利力戰加仲(仲謂

（子午卯酉是也）主客傷加季（季謂辰戌丑未是也）利客勿迎戰從去之占卒聞敵出軍加孟不出加仲半出加季全出占卒聞敵罷軍加孟不罷加仲及季俱罷占聞憂加孟不足憂加仲小憂加季大憂

雷公第一百二十五（雷公者六庚耳庚為天刑故不犯又庚乃百神聚之方）

攝殺六律曰雷公將軍在午游庚領十二月將及風伯雨師其所在之處羣居嚮應而到若出軍布陣立營則雷之所處慎不可犯之主敗軍殺將也甲子旬六庚在午甲戌旬六庚在辰甲申旬六庚在寅甲午旬六庚在

子甲辰旬六庚在戌甲寅旬六庚在申

十二將第一百二十六

用起天一以將兵大捷（一作樓）闢地千里敵畏服用起六合以將兵主得子女玉帛用起青龍以將兵大勝得敵之邦國府庫用起大陰以將兵士卒怯怖用起天后以將兵不戰自敗用起太常以將兵無功用起騰蛇以將兵士卒驚駭上下相尅多傷用起朱雀以將兵士卒驚恐或妄作口舌用起勾陳以將兵士卒敗車馬折傷用起玄武以將兵軍多亡逋戰不利用起白虎以將兵師敗無救援用起天空以將兵士卒死亡為敵所欺詐說曰天一者人皇之靈也上潛精而為星在紫薇宮下遊十二次則居巳丑主慶賀事治大吉小吉臨甲乙寅卯假令天一治大吉小吉而臨甲乙寅卯是也餘皆例此凶神將騰蛇者飄風之精也居大陽之丁巳雷公六律曰天一奉車都尉凶神也（一作而）大小殺並主憂驚朱雀

者（一作星）月之精也居大陰之丙午雷公六律曰天一羽林下為霹靂凶將也主刑戮口舌六合者大陰之精也居少陽之乙卯吉將也雷公六律曰天一光祿大夫主和合吉事勾陳者雷電之精也居大陽戊辰雷公六律曰天一大將軍也凶將也主戰鬬多傷敗青龍者大陽之精也居少陽之甲寅雷公六律曰天一左丞相吉將也主喜慶事天后者水之精也居大陽之癸亥雷公六律曰天一綵女也吉將也主敵匿事大陰者金之精也

居少陽之辛酉雷公六律曰天一御史中丞吉將也主陰私事也玄武者北方七星之精也居少陰之壬子雷公六律曰天一之後將也凶將也主逃亡離别盜賊若與風伯雨師二神并必有盜賊大常者土之精也居少陰之巳未雷公六律曰天一大常卿吉將也主財帛白虎者西方七星之精也居少陰之庚申雷公六律曰天一廷尉也凶將也主囚禁骸骨天空者斗魁之精也居少陰之戊戌雷公六律曰天一宜師（一作司直）凶將也主欺

詐事

三九第一百二十七

一九命榮衰安怨成壞（一作敗）友親二九業榮衰安怨成壞（一作敗）友親三九貽榮衰安怨成壞（一作敗）友親大將軍將有事即預揆已所生之日以月將推之為命宿（一室二奎三胃四壁五参六鬼七張八角九亢十心十一牛十二虛）第一命宿次榮衰安怨成壞友親之類一九之法次以業宿為准前三九周二十七宿而推之（假令大將生於五月五日胃宿為第一命宿二昴為榮三畢為衰四觜為安五参為怨六井為成七鬼為壞八柳為友九星為親次為二九之法十張為業宿復起之為首餘皆以類推之訖於三九他皆倣此也）設或值命業宿直日宜舉號命（一作令）數習士馬建立營寨吉榮宿值（一作吉）日攻之取戰吉衰宿值日所作凶安宿直日移兵遷寨吉餘凶怨宿直日惟利結交於諸侯及延納賓客餘凶成宿直日設權詐及禳厭吉壞宿直日宜大舉師旅討伐叛逆及鎮厭呪詛皆吉友宿及親宿直日備藥餌治軍病犒勞宴賞此三九之用也茍欲求其直日之法即以二十八宿本直之日配於

大將軍命業胎宿之次以定吉凶之後以七元甲子起之第一虛宿直大陽受日（房星昴直示大陽受日他皆倣此）是謂天元甲子第二奎宿直木星受日（斗角井所直同）是謂地元甲子第三畢宿直大陽受日（危心張所直同）是謂人元甲子第四鬼宿直金星受日（牛亢婁所直同）是謂鬼元甲子第五翼宿直火星受日（亢觜室所直同）是謂江元甲子第六氐宿直土星受日（女宿昴胃所直同）是謂河元甲子第七箕宿直水星受日（軫參畢壁所直同）是謂海元甲子以二十八宿所直之内足以見九宿

之日假令三月一日為鬼元甲子即翼宿直火星受日二日乙丑軫宿直水星受日丙寅即角宿直木星受日以類次之凡七元起於天元終於海元周而復始茍欲知其七元甲子之資次當以長歷推之凡見所直之宿可以配於三九也行師者能以三九用日五行用時孤虛用地雲氣星辰用天沈機用人未有不建百世之功者也

虎鈐經卷十一

欽定四庫全書

虎鈐經卷十二

宋 許洞 撰

六壬傳課第一百二十八

凡用六壬若占利害之時先以月將加正時假令正月占以正月合神登明為月將卯時占以登明加卯他皆例此若占今日今時（而行四課之法）何謂四課假令今甲子先視甲上所見神為第一課號曰日之陽次視神本位上所見之神為第二課號曰日之陰次視子上所見之神為第三課號曰辰之陽次視此神本位上所見之神為第四課號曰辰之陰此謂四課四課既畢見有相克取以發課故金匱經曰用兵當知刑克之忌（猶克也）凡四課之內上克下者正月甲子日寅時用勝光是也又有下克上者二月丁巳日午時用從魁是也兩俱克者皆下以克上為用上以克下為體也下克上者用兵之家憂深上克下者憂淺自兩上克下以此為用三月庚午日

河魁是也自有俱比以涉害深者為用四月戊辰日丑時勝光是也自有涉害俱深以先見者為用五月己酉日戌時用勝光是也自有上下俱不相克以遥相克為用也金匱經曰交俱不入當獨立此謂遥見相克也假令正月甲辰日寅時即以正月合神登明加甲上甲日見登明水木不相克辰上見大吉二土不相克登明本位亥上見傳送是金遥克甲木即以傳送此謂遥見克他皆傚此自有俱遥見克者以比者為用自有俱比以

遥克見用自有日遥克神神遥克日兩俱見以神克時日為用無神克者乃取日克神為用自有兩遥克者亦以比為用自有俱比以此先見者為用先見為先後辰課四課上下又無遥相克者當以仰伏視之此法為用何謂仰伏視之説者曰西方白虎宿有昴星主天獄也剛日當從地下星仰望天上隨所見神仍以為用柔日當從天上昴星伏視地下所見辰以此神本位為用假令仰見大吉即以大吉為用假令伏視地下見午以天

上勝光他皆傚此所謂仰伏視為用也昴星不可全信以日辰上審之剛日中傳辰後傳日柔日中傳日後傳辰自有八專曰唯有兩課見有相克亦涉害深為用無克日剛日從日上陽神順數柔日從辰上陰神逆數皆及三神為用何謂八專甲寅庚申己未丁未癸丑辰同也假令正月甲寅日寅時以月將加時申上寅上見登明此謂地上二神也共見天下一神假令正月甲寅日卯時以月將加卯上寅上共見河魁此謂一神臨二神

河魁本位上見勝光不相克即以河魁為用無相克乃用逆之之數焉順數法假令正月庚申日戌時庚與申共見從克從河魁本位上見河魁皆不相克庚剛日當從庚申上起從魁順數之及三神到戌上登明即以登明為用也逆數法假令正月己未日戌時以月將加戌己未共見傳送傳送本位申上起河魁皆不相克柔日當從傳送傳送本位申上起從魁為始逆數到午上得小吉為用自有伏吟時剛日用日上神柔日用辰上神

皆前刑而後克前破而後衝以為三傳金匱經曰剛以日柔以辰不共言無相克也剛日起日上神柔日以辰上神為用凡伏吟皆前刑後克前破後衝何謂刑用寅刑巳用子刑卯之屬也何謂破午無刑破子刑卯亥無刑破巳刑申之屬也辰無刑破丑酉無刑破子是也自有反吟時剛日以日一作月衝為用柔日以辰衝為用皆載衝而後刑為三傳何謂四衝假令甲子日甲衝辛辛上見天罡以為用天罡而又反衝河魁此為載衝然後

刑未何謂辰衝假令乙丑日丑衝丙丙上見登明為用用登明而後破功曹又辰衝太乙此謂再衝然後刑申一云反吟猶有課課發卦而後前衝後刑玉歷詳之凡加臨四課式反伏二吟皆須知發課之神即三傳也何謂三傳假令小吉臨寅為用即小吉為第一傳小吉本位見神后神后即第二傳神后本位見太乙太乙即為第三傳所以三者象三正四者象四時能於傳課以求相克之神斯足以見用兵之利害矣集一作利靈經曰用式之時朝向南暮向北避歲月二建說曰甲乙日日入時丙丁日夜半時戊巳日平旦時庚申日巳時壬癸日晡時巳上不可占也一云正月五月九月卯二月六月十月子三月七月十一月酉四月八月十二月丑巳上以天罡加之增減式法

遁甲遊都第一百二十九

璧玉經曰玄女言寧可與人妻奴不可示人遊都欲知敵人必決遊都之法甲巳日大吉乙庚日神后丙辛日

功曹丁壬日太乙戊癸日傳送皆以月將加時聞賊時遊都加日辰敵即到臨一辰一日到臨二辰後二日到臨三辰已過矣勿憂都旺相克日辰凶益甚囚死不克日辰無以患說者曰吏神姦神一名遊都吏在天一前姦在天一後姦在後加日辰在我家年止謀我身又說曰以吏為遊都以賊為虜都其法同加日皆不可出軍也甲巳之日吏神丑賊神未乙庚之日吏神子賊神午丙辛之日吏神寅賊申一作巳盜神亥丁壬之日吏神巳盜

申賊神亥戌癸之日吏神申盜神巳賊神寅說曰申子辰功曹為天賊亥卯未太乙為天賊巳酉丑登明為天賊寅午戌傳送為天賊說曰遊都將者總護天賊天殺諸將若加臨辰則立到臨好鄉則不戰有降兵卒臨所畏大戰父子不相親中外不相信臨東方兵凶南方兵威不可加臨西方利勒兵賜將士臨北方利禦敵凡為將皆須知是遊都將不能知是者與士伍同耳若欲都將之術甲巳之日大吉乙庚之日神后丙辛之日功曹

丁壬之日太乙戊癸之日傳送說曰都將凡臨日辰而相克者賊來疾速加季制吏亦為來（一作求）四孟神不來（一作求）若在天一前一辰一日來（一作求）二辰二日來（一作求）三辰三日來（一作求）四辰無賊來後三辰為過去凡三都將所臨賊在其下說曰欲知賊消息往天耳聽之天耳者大吉小吉是也說曰正時占大白入熒惑賊來熒惑入大白賊不賊不來丙丁為熒惑庚辛（一作申）為大白說曰天一加日今到天罡小吉太乙神后加日辰敵來至急又曰天罡加孟言虛加仲賊來至半道加季即到說曰巳在前賊不知處者正時天目所臨賊在其下矣天目者春氐氐乙下夏柳柳午下秋胃胃辛下冬女女癸下一說神后為玄武加日時敵急到說曰宵聞敵三刑加日辰到急三刑者天罡大衝大乙也又占敵以月將加時天罡或如房屋或臨日辰不可出軍當逢劃掠說曰白虎勾陳加到巳地聞應有巳即為盜或甲日必有敵揚兵見血螣蛇朱雀但驚恐耳傳送加孟敵肇發

加仲半道加季即到說曰占聞前後有奸賊欲知何所在者以月將加時看大吉大吉加子午賊在大衝不加丑未在太乙下加寅申在傳送下加卯酉在從魁下加辰戌在登明下加巳亥在大吉下勿避此等必有傷害聞有賊用月將加時便看大吉前在也正時大衝神后太乙加日賊在前加辰賊在後說曰甲巳之日丑為吏未為賊乙庚之日子為吏午為賊丙辛之日寅為吏巳為賊丁壬之日巳為吏申為賊戊癸之日申為吏卯為

賊占賊有氣其賊必來占死氣賊不到又此時言吉凶以意消息之可也

五行勝負第一百三十

五行者順五行所直之時日以定主客之利害也金日金時無所害也行師不遇敵旗色上白報兵馬事來（一作求）虛聲也金日水時若值申子辰之日忌申子辰時當避之行師不遇敵旗色上黑報兵馬事來則不到見賊亦無戰自相休解金日火時若寅午戌日忌寅午戌時

避之行師宜客為我利乘敵未動亟引兵擊之旗色上赤若敵先來攻我不與戰報兵馬事凶急備之金日木時宜主我不可往旗色上白敵來堅陣待之與戰必勝報兵馬事大吉金日土時不遇敵亦無戰陣旗色上黃報兵馬事來勿憂若值子日子時避之火日火時無所害也不遇敵遇亦不戰旗色上赤報兵馬事來虛聲也火日水時宜客報兵馬事凶急避之見敵若未動則我先引兵赴戰并力擊之旗色上黑若敵先來攻我我則堅壁固守不可應之火日金時宜主不利往敵來攻我我舉赤旗反往擊之必勝矣火日土時亡所害也見敵亦無戰旗色上黃報兵馬事來虛聲也火日木時亦相生不相克也更觀時之衰如何宜主敵來攻我則舉赤旗擊之報兵馬來（一作來）木日木時亡所害也不宜動作事多不就亦無戰陣報兵馬事虛聲木日火時宜客利速引兵赴敵旗色上赤（一作黑）若敵先來不可應戰報兵馬事凶亦覩時之衰旺如何值巳酉丑日當忌巳酉丑

時避之木日金時宜客利我速引兵擊之旗色上白若敵先來攻利固守勿與戰木日水時不遇敵遇亦自退旗色上黑報兵馬事來虛聲也木日土時宜主若敵來攻舉青旗擊之報兵馬事凶（一作吉）水日水時無所害也不遇敵遇亦自散旗色上黑報兵馬事來虛聲也水日火時宜主慎勿先動若敵先來攻當舉黑旗放兵大擊之報兵馬事大吉水日金時見敵不與害旗色上白報兵馬事虛聲也水日木時旗色上青報兵馬事虛聲也

水日土時不可動衆報兵馬事安靜勿憂夫土能克水水旺又能決土也更審時之衰旺如何若敵來乘土上旺勿與戰土衰則反舉黑旗擊之土日土時無所害也不可動衆旗色上黃報兵馬事虛聲也土日木時宜客利敵先動而擊之旗色上青若敵固守勿與戰報兵馬事凶土日金時不遇敵遇亦無害報兵馬事虛聲也土日火時主不可動敵來攻勿與戰戰者少衰敵兵馬事來小有焚燒驚恐土日水時先觀時之衰旺何如然後

動靜焉土旺宜主水旺宜客敵來氣生勿與戰衰則擊之報兵馬事凶甲子甲午金日甲子乙丑金時丙寅丁卯火時戊辰己巳木時庚午辛未土時壬申癸酉金時甲戌乙亥火時乙丑乙未金日丙子丁丑水時戊寅己卯土時庚辰辛巳金時壬午癸未木時甲申乙酉水時丙戌丁亥土時丙寅丙申火日戊子己丑火時庚寅辛卯木時壬辰癸巳水時甲午乙未金時丙申丁酉火時戊戌己亥木時丁卯丁酉火日庚子辛丑土時壬寅癸

卯金時甲辰乙巳火時丙午丁未水時戊申己酉土時庚戌辛亥金時戊辰戊戌木日壬子癸丑木時甲寅乙卯水時丙辰丁巳土時戊午己未火時庚申辛酉木時壬戌癸亥水時己巳己亥木日甲子乙丑金時丙寅丁卯火時戊辰己巳木時庚午辛未土時壬申癸酉金時甲戌乙亥火時庚午庚子土日丙子丁丑水時戊寅己卯土時庚辰辛巳金時壬午癸未木時甲申乙酉水時丙戌丁亥土時辛丑辛未土日戊子己丑火時庚寅辛

卯木時壬辰癸巳水時甲午乙未金時丙申丁酉火時戊戌己亥木時壬寅壬申金日庚子辛丑土時壬寅癸卯金時甲辰乙巳火時丙午丁未水時戊申己酉土時庚戌辛亥金時癸酉癸卯金日壬子癸丑木時甲寅己卯水時丙辰丁巳土時戊午己未火時庚申辛酉木時壬戌癸亥水時甲戌甲辰火日甲子乙丑金時丙寅丁卯火時戊辰己巳木時庚午辛未土時壬申癸酉金時甲戌乙亥火時乙亥乙巳火日丙子丁丑水時戊寅己

卯土時庚辰辛巳金時壬午癸未木時甲申乙酉水時
丙戌丁亥土時丙子丙午水日戊子己丑火時庚寅辛
卯木時壬辰癸巳水時甲午乙未金時丙申丁酉火時
戊戌己亥木時丁未丁丑水日庚子辛丑土時壬寅癸
卯金時甲辰乙巳火時丙午丁未水時戊申己酉土時
庚戌辛亥金時戊寅戊申土日壬子癸丑木時甲寅乙
卯水時丙辰丁巳土時戊午己未火時庚申辛酉木時壬
戌癸亥水時己卯己酉土日甲子乙丑金時丙寅丁卯

火時戊辰己巳木時庚午辛未土時壬申癸酉金時甲
戌乙亥火時庚辰庚戌金日丙子丁丑水時戊寅己卯
土時庚辰辛巳金時壬午癸未木時甲申乙酉水時丙
戌丁亥土時辛巳辛亥金日戊子己丑火時庚寅辛卯
木時壬辰癸巳水時甲午乙未金時丙申丁酉火時戊
戌己亥木時壬午壬子木日庚子辛丑土時壬寅癸卯
金時甲辰乙巳火時丙午丁未水時戊申己酉土時庚
戌辛亥金時癸未癸丑木日壬子癸丑木時甲寅乙卯

水時丙辰丁巳土時戊午己未火時庚申辛酉木時壬
戌癸亥水時甲申甲寅水日甲子乙丑金時丙寅丁卯
火時戊辰己巳木時庚午辛未土時壬申癸酉金時甲
戌乙亥火時乙酉乙卯水日丙子丁丑水時戊寅己卯
土時庚辰辛巳金時壬午癸未木時甲申乙酉水時丙
戌丁亥土時丙戌丙辰土日戊子己丑火時庚寅辛卯
木時壬辰癸巳水時甲午乙未金時丙申丁酉火時戊
戌己亥木時丁亥丁巳土日庚子辛丑土時壬寅癸卯

欽定四庫全書　虎鈐經　卷十二　十三

金時甲辰乙巳火時丙午丁未水時戊申己酉土時庚
戌辛亥金時戊子戊午火日壬子癸丑木時甲寅乙卯
水時丙辰丁巳土時戊午己未火時庚申辛酉木時壬
戌癸亥水時己丑己未火日甲子乙丑金時丙寅丁卯
火時戊辰己巳木時庚午辛未土時壬申癸酉金時甲
戌乙亥火時庚寅庚申水日丙子丁丑水時戊寅己卯
土時庚辰辛巳金時壬午癸未木時甲申乙酉水時丙
戌丁亥土時辛卯辛酉木日戊子己丑火時庚寅辛卯

木時壬辰癸巳水時甲午乙未金時丙申丁酉火時戊戌己亥木時壬辰壬戌水日庚子辛丑土時壬寅癸卯金時甲辰乙巳火時丙午丁未水時戊申己酉土時庚戌辛亥金時癸巳癸亥水日壬子癸丑木時甲寅乙卯水時丙辰丁巳土時戊午己未火時庚申辛酉木時壬戌癸亥水時

戰位第一百三十一

龍首經曰將欲出兵初以木日聞事謂四方舉兵及仇

怨皆是不利我欲攻之日必以火日火時行火日出出必火門此謂父母與子除害子為父母報讐故以火日火時出行火門慎勿出金門勿合金神加年上（謂大將年也）言金木也假令三月甲子從魁加戌聞驚事甲木日也到其行時以丙丁日巳午時往為火時出勝光太乙火門也太乙又火時也假令大將年為木傳送加之為（一作如）金神克其年也西南抵申又況從魁加之為出金門也木運不可金大凶太乙勝光加木年上吉也龍首經曰諸欲（一作求）陳兵必伺（一作同）向白虎六甲為青龍六丙為朱雀六戊為勾陳六庚為白虎六癸為玄武假令甲子旬青龍在子朱雀在寅勾陳在辰白虎在午玄武在酉大將處青龍執法行刑抵朱雀將往來抵勾陳以白虎加敵人伏勾陳抵玄武他皆倣此白虎不以克大將軍年上之神假令大將年立從魁傳送加之甲子旬白虎在勝光此克年上之神也奎婁向左角亢向右北斗向柳張權衡而從斗魁陰攻陽以河魁到大衝陰

也以天罡到從魁陽也大吉攻小吉是其當日加四仲以陽攻陰往攻大吉是逆兵也又不令青抵白甲乙不可西行向攻喪也黑不可抵黃言丑癸不可向四季鄉可向四維攻他皆倣此又言春庚辛不可向南攻戰也春戊己不可東攻也立今日之神起其後攻其前面甲寅日後二在子也又言天一吉將加所攻之處也今年上神往制所攻之神及其上神即擒敵矣又不可攻有氣之神後自為患子攻父母大逆天道威不能彊必主

折兵自傷甲乙日北向攻焉父母也逆天之理兵不成威將受戮南攻者攻其類衆人莫貴還受其屈西南攻者其不勝是自窮東南攻者此謂自攻也攻四維攻其所勝大吉有福他皆倣此首察於死生之理謂神之後二通神又重之以天一之道謂六壬癸之吉將也故曰通於三天者順斗行一也攻所勝二也其後二之辰攻其前面三也十二月甲子將加壬從戌攻辰是後二也大將年五十立卯功曹臨之甲子旬白虎在勝光不與

將年上神相克也東西攻辰地攻所勝也又有四將勾陳攻所勝之辰年上之神勾陳神皆制所攻之鄉若上之辰克下辰是謂敵降此又背胃昴攻房心隨斗擊乃行政一當百矣諸欲戰闘者必以先為客後為主人先起者令下克上後起者無令上賊下謂陳勾所臨之辰也若辰勝將則主人勝客將勝辰則客勝主人反此兵雖強上將必不勇也

八宮第一百三十二

八宮之地結陣立營必居一焉以順陰陽動靜之用師之屯致於東方東方震宮也震之象一陽在內而二陰在外陽為主將之位也牙帳深軍中利作樂利先震其威聲大將不可使敵見其刑爵一作雀殺罰以甲乙日祭青旗合戰之時大將不可暴露於外師之屯致東南方東南巽宮之象一陰在內二陽在外也以陰為主將之位牙帳宜深大將宜一作利先宜明號令慎其聲聞以密以正自近及遠主將深隱令出必行師之屯致於南方

離宮也離宮之象一陰在中二陽在外以陽為主將之位牙帳宜居中大將利外嚴威號令不可與人狎使人望而畏之內則虛以待賢者利多禮明視為務以丙丁日祭赤旗出戰利處中不宜深隱亦宜顯揚師之屯致西南坤宮也坤之象三位皆陰也牙帳利於西南戰將宜嚴厚寬順以色容善馭為務動不妄順則吉以戊己日祭黃旗出戰及在營不利暴露於外師之屯致西方兊宮也兊之象一陰在外二陽在內以陰為主將之位

也牙帳宜近外大將宜剛嚴肅政多所决罰制斷以順布澤以庚辛祭白旗出戰宜近外接部伍不宜宜深隱師之屯致西北方乾宮也乾之象三位皆陽也牙帳利不常立其地大將宜剛正圓轉任其智慮應變不窮出戰之時不可使人知處麾軍運動左右順用師之屯致於北方坎宮也坎之象二陰在外一陽居中主將之位也牙帳利得中大將宜柔容貌以禮接賓客中多剛斷運動不惑以壬癸日祭黑旗出戰之時利居中不利暴露

於外亦不利深匿（一作慝）師之屯致於東北方艮宮也艮之象一陽居外二陰在内也陽為主將之位也牙帳利近外大將宜慎重敦厚游言勿聽敵言勿驚撓妄動出戰之時利近外指揮吏士如是者居其方而順性者善也動靜與天地鬼神合加之以不私於心斯謂之善矣

虎鈐經卷十二

欽定四庫全書

虎鈐經卷十三

宋　許洞　撰

占相兵臨利害第一百三十三

金匱經曰戰不戰視勾陳勾陳克日則戰與刑克必戰甲子日刑在東方傳送與從魁為勾陳臨甲又相克必戰鬬勾陳上下相克亦鬬又曰軍出時大吉小吉臨日辰兩解不戰他神臨日辰皆合戰又說曰斗加孟神在

内宜止加仲神在門兩相傷加季神在外宜出戰必大勝

占兵已交勝負第一百三十四

金匱經曰敗不敗視六害說者曰酉戌相害子未相害午丑相害巳寅相害辰卯相害申亥相害假令本命在子而小吉為白虎加之此為見六害以此將兵今日敗將能此者可校之戰矣龍首經曰先起為客後起為主先起不可下克上後起不可上克下謂初陣（一作傳）也辰勝

神將主人勝神將勝辰客勝説曰（一作假令）三傳終始見前三五後二四（一作之）有氣天一之神臨主帥行年本命或用起天一而治（一作値）有氣之鄉玄武（一作都）立四死之地則戰勝矣若玄武臨日辰而遥克時勿戰必不利矣用戰起雄吉春寅夏巳秋申冬亥用戰起雌凶春申夏亥秋寅冬巳一云都將旺相而臨囚死賊勝都將囚死而臨旺相討賊者勝審察之説曰決勝敗者勾陳克都將官軍勝都將克勾陳賊軍勝都將三相加臨囚死亦賊

勝説曰將軍年克勾陳白虎大勝不然者勾陳克玄武以攻之必勝説曰將勾陳所軍神往攻所制之神勝所攻之勝神與勾陳并氣自下制其所臨之辰是為敵降必有大攻説曰初起者欲勾陳下克上後起者欲勾陳上克下辰勝將將勝神主人勝神克將將克辰客人勝干克支客勝支克干主人勝

占伏兵第一百三十五

卯子甲巳臨日辰必有伏兵此神旺相與殺并大凶必

曰綺官左角理（一作李）右角將大角者天王帝廷其兩旁各有三星鼎足勾之曰攝提者直斗杓以指以建時節故曰攝提格亢者為首宗廟主疾其南北兩大星曰南門氐為天根主疫厄（一作尾）為九子曰君臣斥絶不知箕為敎客后妃之府曰口舌火犯守角則有陣戰犯房心王者惡之南宮朱雀權衡軒轅為權大微為衡大微三光之庭衡十二星藩臣將東相南四星曰執法中端門門左右掖門内六星諸侯其内五星五帝座後

聚一十五星曰哀烏郎位旁一大星將位也五星順入軌道司其出所守天子所誅也其逆入若不順軌道以所犯命之中座成形中座者犯帝者也成形者成禍福之形也羣下不從謀也金火尤甚廷藩西有隋星五曰少微士大夫權軒轅黄龍體如騰龍也前大星女主象旁小星御者後宮屬月五星守犯者如衡占東井為水事其西曲星曰鉞鉞北北河南南河兩河天闕間為關梁輿鬼鬼祠事中白者為質火守南北河者兵起之象

占災危第一百三十九

吉辰與良將并臨日辰及行年勾陳制所欲出之辰之用起陰傳出陽者可出必克免難金匱經曰傷不傷觀陰陽說曰今日是乙丑加一為不傷將得天后為重不傷吉神后加丑從（一作可）魁加一為傷人為前二重傷皆凶也

占野地立營正宿第一百四十

金匱經曰怖不怖視五墓怖懼墓加日辰亦不寧說曰

闞有敵兵士卒行疲日晚欲停此宿運式占之遇三刑加日辰必不可停敵欲來攻三者卯辰巳也說曰絳宮時宜正明勿留也已止宿未定而心動眼瞤若吏士虛驚者以月建此三字住一云將加時魁罡加日辰急去之夜必有賊來攻一云大吉日急去不可止一云辰上見大衝有風雨見神后太乙有盜賊說曰絳宮時宿利在中明堂時利在前玉堂時利在後也一云大吉干日急去不可宿說曰辰巳見卯夜有風雨子巳加卯有盜賊帶旺相氣即來帶囚死氣即不來說曰安營止宿以月將加時魁罡加日軍夜驚騰蛇白虎臨日辰軍載驚一云魁罡加日大將死

占度關梁探賊第一百四十一

金匱經曰凶不凶視破衝說曰行年在歲月日時破衝下皆凶也日辰上神見旺相宜進反此宜止說曰命在一處日辰上罡光明急去勿住也說曰闞此賊干傷或支傷勿度占或度支干俱吉說曰欲入賊營視二門天

罡六合大常大衝勝光臨之可行若出入見勾陳朱雀騰蛇白虎勿行必為賊所擒

虎鈐經卷十三

欽定四庫全書

虎鈐經卷十四

宋　許洞　撰

占星統論第一百四十二

臣謹按星經及諸傳記凡諸星宿中外羅列周天盖隱見變化下應人事七曜往來以為經緯災變之作實在於兹凡為大將不可不詳察星位以括休咎焉或興受命之符或起敗亡之兆鮮不由此矣中宫天極其一明者太乙常居也旁三星曰三公或曰子屬後四星末（一作未）大星曰正妃餘三星後宫之屬也環之十二星藩臣也皆曰紫宫前列直斗口三星隨北（一作北北）端䡴微曰陰德或曰天一紫宫左三星天槍右三星天棓後列六星絶漢抵營室曰閣（一作閤）道北斗七星所謂璇璣玉衡以齊七政杓攜龍角（杓斗柄也龍角東方宿也攜連也）衡中南斗魁枕參首用昏建者杓杓自華山以西南（斗第七星法大白主杓者斗之尾為陰又其用昏昏陰位在西方故主西南也）夜半建者衡衡正中州河濟之間（假令

欽定四庫全書

杓昏建寅衡夜半亦建寅也）平旦建者魁魁海岱以東北也（斗魁第一星法為一作於日主齊魁斗之首首陽也其用在明陽為明德在東方故主東北方也）斗為帝車運於中央臨利（一作制）四海（一作極）分陰分陽建四時均五行移（一作利）節度定諸紀（一作躔）皆繫於斗斗魁載匡六星曰文昌一曰上將二曰次將三曰貴相四曰司命五曰司中六曰司祿在魁中貴人之牢（魁中四理曰天理四星在斗魁中貴人牢曰天理）魁下六星兩兩相比者曰三台三台色齊君臣和不齊為乖戾輔星明近主輔臣親強暗小主疏弱杓端有兩星一內為矛招搖（近北斗者天矛星也招搖近河三星天矛天鋒天楯招搖一一星也）一外為盾天鋒（遠北斗也在招搖第一星也名曰天鋒）有勾圜（一作圖）十五星曰賤人之牢牢中星實則囚多虛則開出也若夫天一天槍天矛天盾動搖其芒角則天下之兵戈大起也東宫蒼龍房心（謂房心載角曳尾若龍也）心為明堂大星天王前後星子屬不欲直直王失計房為天府曰天駟其陰右驂旁二星（旁一作房）曰鈐北一星曰牽牛東北曲十二星曰旗旗中四星曰天市天市中星衆者曰實虛則耗房南衆星

曰綺官左角理（一作李）右角將大角者天王帝廷其兩旁各有三星鼎足勾之曰攝提者直斗杓以指以建時節故曰攝提格亢者為首宗廟主疾其南北兩大星曰南門氐為天根主疫厄（一作尾）為九子曰君臣斥絕不知箕為敖客后妃之府曰口舌火犯守角則有陣戰犯房心王者惡之南宮朱雀權衡軒轅為權大微為衡衡大微三光之庭衡十二星藩臣將東相南四星曰執法中端門門左右掖門內六星諸侯其內五星五帝座後

聚一十五星曰哀烏郎位旁一大星將位也五星順入軌道司其出所守天子所誅也其逆入若不順軌道以所犯命之中座成形中座者犯帝者也成形者成禍福之形也羣下不從謀也金火尤甚廷藩西有隋星五曰少微士大夫權軒轅黃龍體如騰龍也前大星女主象旁小星御者後宮屬月五星守犯者如衡占東井為水事其西曲星曰鉞鉞北北河南南河兩河天闕間為關梁輿鬼鬼祠事中白者為質火守南北河者兵起之象也穀不登故德成衡觀成潢日月五星不軌道也衡大微廷也觀占也潢五潢五帝車舍也傷成鉞賊傷之占先成形於鉞也誅成質熒惑入輿鬼天質占曰大臣有誅也禍成井東井主水事火入之一星居其旁天子且以火敗故曰禍柳為鳥咮主草木七星頸為員官主急事張嗉為厨主觴客翼為羽翮主遠客車為車主風其旁有一小星曰長沙星不欲明明與四星等若五星入軫兵人起也軫南衆星曰天庫樓庫有五車車

星角若益衆及不具亡處車馬西宮咸池曰天五潢五帝車舍火入旱金入兵起水潦水中有二柱柱不具者兵起奎曰封豕為溝瀆婁為聚衆胃為天倉其南衆星曰廥積昴曰髦頭胡星也為白衣會畢曰罕車為邊兵主弋獵其大星旁小星為附耳搖動有讒亂之臣在側畢昴為天街其陰陰國其陽陽國陰與陽各判也參為白虎三星直者是為衡石參三星白虎宿中東西直有似稱衡也下有三星銳曰罰在參間之星也上小

下大（故曰鉞鉞曰罰三小星斜列無鉞形）為斬艾事其外四星左右肩股
（一作瞍）也小三星隅置曰觜觿為虎有首主保旅事（保守旅也）
（軍衆言佐參伐艾除凶慝也）其南有四星曰天廁廁下一星曰天矢
矢黃則吉白及青黑凶其西有勾曲九星三處羅列一
曰天旗二曰天苑三曰九游其東有一大星曰狼狼角
角變色則多盜賊下有四星曰弧直狼比地有大星曰
南極老人星見則有天下治平不見兵起常以秋分候
之南郊附耳星入畢中天下兵起北宮玄武虛危為蓋

屋（危上一星高旁二下似蓋屋也）虛為哭泣之事東（一作其）南有衆星曰
羽林天軍（虛危一作營室陰陽始終如為之處際會之間常多奸邪故設羽林為兵衛）天軍
之西曰壘或曰鉞旁一大星曰北落若微天（一作亡）軍星
動角益希及五星犯北落入天庫（一作軍）兵大起火金水
犯之尤甚火犯多憂兵事水犯憂水患木土之則吉危
東六星兩兩相比曰司寇（一作空）營室為宗（一作清）廟四（一作
曰）離宮閣（一作閤）道漢中四星曰天駟旁一星曰王良策
馬車騎滿野旁有八星絕漢曰天潢星旁江星動人涉
水杵曰四星在危南若匏瓜有青黑星守之魚鹽貴南
斗為廟其北建星建星者旗也牽牛為犧牲其北河
鼓大星為上將左右者為左右將婺女其北為織女織
女者天孫也是以聖人於春秋二百四十二年之間日
食三十六彗星三見夜明常星不見夜中星殞如雨
變異皆書之當時禍亂輒應上下交怨諸侯犇走戰伐
並興（一作與）不保其社稷者不可勝數是知玄象示變吉
凶之徵也凡為將者不可不詳之也

日第一百四十三

無雲而日色昏晦者主將不明也或日月陰沈無光不
雨或十晝夜不見日月者曰蒙此時不可妄委兵於人
大將不忠之象也日色青軍令削弱吏士多凌正也或
或日邊雲氣文成五色者破軍殺將之象也其大禍在
二年之內或赤雲截日如杵形者兵將大戰血氣先動
者敗或日月旁有物如枯樹起兵者勝或雲氣如青衣
人無手在日西立者所見之軍當有帝王此勝侯也兩

軍相當日暈等者力均若曰殺將抱日而負且戴者有圍在於中者內兵勝圍在於外者外兵勝日弭（一作珥）拜大將有兵在野日有白足者所臨破軍殺將有背氣青赤色曲而向外者為背叛之象也其將有二心日背有鈌氣被直向外如山守者兩軍相當所臨者敗兩軍相當日有冠纓者和解抱截（一作戴）大喜日外青內赤則兩軍以和相去日外赤內青則兩軍以惡相去日之氣暈先至而後去居軍勝若先至先去前有利後有病後至後去前病後利先去前後皆病居軍不勝見而去其發疾雖勝必亡功見半日上功大暈（一作而）鈌兩軍相當從鈌方擊之勝抱暈者隨抱暈克日背暈而弭外軍凶暈有直氣在外者所臨克日有背暈兵陣不合七日日暈不解者不可起軍暈而背抱弭及值而實之者順從擊之克暈而兩弭一在外一在內併有聚雲不出三日兩軍和解之又有他軍圍城凡日暈制勝近期三十日遠期六十日日下有雲氣如龍形蜿蜒者凶日鬬將

大血戰天下亂日失行凶日有揚光重輪日五色當之大吉利日無光而赤暈主將憂黑暈敗白暈驚子日日食兵起魏分丑日日食兵起趙分忌六月十二月兵動寅日日食兵起燕分忌正月七月卯日日食兵起魯分忌二月八月辰日日食兵起楚分忌三月九月巳日日食兵起宋分忌四月十月午日日食兵起韓分忌正月七月未日日食兵起齊分忌六月十二月申日日食兵起魏分其禍最深忌五月十一月酉日日食兵起鄭分忌二月八月戌日日食兵起宋分忌正月七月亥日日食兵起秦分忌四月十月夫日食從上食者不出九十日國有征伐日從下食者百姓更有侵奪日從旁食者兵動隣國

月第一百四十四

黄虹貫月者兵起月旁氣漸漸大者不可攻城叩陣宜屯兵以自守敵來勿與戰月旁氣細細從外侵輪但攻城小戰勝月旁氣遠之不得攻城切宜堅自守備或氣

繞月而光明者主人吉但守勿憂外賊或星在月背城中兵欲敗走星在月角軍内有智謀之士勿輕敵月之下角有星敵人潛入我軍宜精守四門詳別詐偽或三星上下在月之上下角及在月背用兵不利攻城不拔或三星俱在月背攻戰（一作城）皆不利軍中亦有失叛之事宜精慎明察恤撫三軍或三星俱在月上者攻戰不利或三星俱在月形中敵中兵亂三日内降（月形中者謂彎月之虛氣也）三星俱在月下敵中當有詐降大造戰具欲乘間

大戰月入太微出北座若犯北座則下謀上月出房戶北為兵亂出房戶南為兵敗喪月暈七重在參畢之間兵大起辰星在翼月犯之大將死太白入月胡兵退月暈光起兵者勝抱載（一作負載）赤色在外外克在内内克月之時歲星鎮星色暗客勝若明主勝月暈太白色暗主勝色明客勝月起房箕大風起暈於參畢大兵起軍出之時卯蝕即凶大星入月色暗惡客敗色明客勝月暈赤色客勝月垂四珥敵來攻月帶四彗而出密備奸人謀主將不忠兵大起月在天獄中吏士多犯禁星貫月中主將多淫亂之事亦防姦人亂軍兩月相重吏士爭亂（一作大爭）日月並見將弱士彊月食謀者不明入井中者兵起月逼近太微者大臣謀亂月臨天獄者從四邊周回食向心者大亂食於八月九月者敵兵盛（一作勝）苟欲詳日月星辰之變當以二十八宿之分野驗之則知在於彼我矣

雜星第一百四十五

福慶之星其化者何積天地淳（一作純）粹之精氣也精氣而化之也飛流之星其化者何五星之精氣也五星有變則精氣散而為妖星是故漢書曰天暒而景見（暒者赤赤方與青相連連赤方氣中有兩星明也青方氣中有一黄星明凡三星相合而明則為景星者也）景星者也黄而潤澤其狀無常常出有道之國苟或見於軍上此乃應天之兵大慶之兆也若在當速自退軍不可與抗也或流星長四五丈如龍蛇動搖者大將凶或白雲如車輪下有流星旋入北斗者主人當走星有勃於

招搖者外蕃將亂或流交於天心者敵盛或流衡太白而過者大將凶或流星貫日而滅敵凶或流星貫於紫宮備奸賊下謀上流星前赤後青黑者客軍敗流星從敵上來至吾營上者當有奸謀來說吾軍流星尾長三尺暉然者氣使也赤色者將軍使也凡用兵攻其星見之所則克也流星色蒼白者為使赤則有兵黑則喪星有曳光如疋練墜軍中者星有色如血及星有光奕奕細碎墜軍中者敵兵陰到多殺傷或星無尾形色如橘

或有拖光如劍形墜軍中者敵兵剛猛我必敗或大星無尾狀如斗及火星狀如橘大而色黑晝墜軍中者主大殺害星有五色曳尾或有圓光大如斗内赤黄而外青及有頭如血而尾白墜軍中者敗北也

客星第一百四十六

客星者非主座之星也故曰客星色白如氣勃勃似絮所過之宿必有災害出營室無兵亦不罷入奎破兵殺將犯婁邊卒亂入昴大將傷入畢邊有急兵一作水犯觜堡虛軍儲少饑犯柳兵起守張將有陰計兵起入招搖敵兵起入天槍兵起入天棓兵起犯文昌星色蒼將有憂色多赤將驚色黄將喜色黑將死守傅曰邊將失利守天雞天下兵馬驚守天街敵帥死入庫樓兵起守南河兵起守騎官將憂士卒疫守北落師門防有賊兵起守天倉粟貴入天苑兵作馬死入天宮天下弓弩皆張出天宮北方兵起守庫騎西羌來降守九洲殊口負海不安

妖星第一百四十七

天鴈星軍中之精華也色青赤有光尾長三四丈天猾星者飛星忽作為雲者也所以兆地有流血積骨之象也頓頑星如大甕前卑後高見則大將死燭星者狀如太白其出也不行纔見而滅所燭之地城邑拔兵破亂也天狗星者狀如大流星有聲星其下也止地其形類狗遠望之如火光炎炎中天而下圓如數頃田而上銳黄色見則千里破軍將死也二曰有尾如狗形也蚩尤旗類彗而

尾曲象旗見則王者征伐四方天蓬絮者類十小星綿聯如絮所見之野當有兵起虎頭星者其落如大月着地（一作城）則光星類里大聲如雷所墜之地兵火起句星出於北斗旁狀如雄雞怒則青黑象伏鼈見則兵亂格澤星者如炎火之狀黃白色起地上銳（一作純）而下大也其見也不種而穫不有土功必有大害枉天星者類大流星蛇行而蒼黑如有毛日長如一疋布着天此星見則天下兵起昭明星者白而無角乍上乍下所見之

地兵多變動也五殘星者出正東方東方之星也其狀如辰星去地可六丈大而黃六賊星者出正南方南方之星也去地（一作行）六丈大而數動有光焰司詭星者出正西方西方之星也去地六丈其狀如太白大而白咸漢星者出正北方北方之星也去地可六丈而赤數動察之則中青此四星所出非其方其下當起兵為亂衝擊者不利焉四鎮星者出四隅之地去地可四丈地維咸光星者亦出四隅去地可三丈若月之初出所見則下有亂兵興動有德者昌或二赤星在月背者利宮姓為將或三赤星從西北向東南者利徵姓為將或一赤星從西向東者利角姓為將或二赤星共尾一處從東向西者利商姓為將或三赤星引尾直上者利羽姓為將夫星象所見兵家禍福之本不可不詳之

流星第一百四十八

流星者天使也上者曰飛下者曰流也飛大曰奔星小曰流星大使大星小使小星謂紫微太微宮也徐行漸

進經於列宿之次或於大星之座為使也聲大者怒象也疾出遲出者並為妖星八角邊徼兵起前黑後赤兵敗將亡入參不出先起者敗犯七星兵起色青兵起入河鼓大將亡一云河鼓兵起出王良兵起入將軍及羽林兵大起抵北落兵起使星出入天庫匈奴兵起抵天市垣大將亡抵天狗犯弧矢將有千里之行使星出廁兵馬起

彗星第一百四十九

彗星長而亘天兵大起也引尾入城城將拔近則八日遠則十二日有應彗直垂入軍營者凶宜（一作遠）拔之否則士卒俱死若在敵宜急擊之彗出於月之左右者不出三十日有兵起抵觸月者暴兵起若色白者有大喪也蒼黃者臣下謀叛黑者兵大起也從中天出曳尾向西者奸人謀主將從南曳尾向北者妄殺害從天中出身尾向東者士民多饑曳尾向東者民凶從北出曳尾向南者士人凶彗形如寶冠來疾速形如幢節者寇強不

可妄動色如血者敵兵陰到光焰爛爍而尾長闊者敵盛凡彗所指處皆凶地也

虎鈐經卷十四

欽定四庫全書

子部

虎鈐經卷十五至二十

校官編修臣程嘉謨

總校官候補中允臣王燕緒

校對官中書臣柴模

謄録監生臣勵世求

欽定四庫全書

虎鈐經卷十五

宋 許洞 撰

五星統論第一百五十

歲星之行也太陰在四仲則歲行三宿太陰在四孟及四季則歲行二宿二八十六三四十二行二十八宿十二歲而周天也熒惑之行常十月入太微受制而出行列宿司無道出于無常也太白之行常以正月甲寅見

營室與熒惑俱晨出東方二百三十日而入入二十五日而復出西方二百三十日而入入二十五日而復出東方出以辰戌入以丑未也辰星之行也當以二月春分見奎婁五月夏至見東井（一作西）八月秋分見角亢十一月冬至見牽牛出以辰戌入以丑未二旬而入辰候之東方也戌候之西方也鎮星之行也常以甲辰元始建斗歲鎮一宿二十八宿（一作歲）而周天也凡木星與鎮星合則為內亂與辰星合則為變謀與熒惑合則為飢為旱與太白合則為白衣之會及為水熒惑太白合則為死喪用兵者凶與鎮星合則為憂與辰星合則軍困先舉兵者大敗鎮星與辰星合則有覆軍亡師與太白合則為疾病為內亂（一作兵）辰星與太白則為變謀為兵憂矣凡歲星熒惑鎮星太白與辰星鬬皆大戰之象兵不在外與（一作興）內兵搆亂一曰火與水合為淬與金合為鑠（一作爍）不可舉事用兵土與金合國亡木合國飢與水合為雍沮不可舉事用兵木與金合鬬國有內亂（同舍

為合相陵為鬬）二星相近者其殃大二星相遠者無傷也（犯者七寸以內光芒相及也陵者相過也）凡五星所聚之宿其國當王于天下從歲星以義從熒惑以禮從鎮星以重（重者以威重者也）從太白以兵從辰星以法三星若合是謂驚立絕行其國內外皆興兵人民飢饉改立王公四星若合是謂大盪（大盪者盪滌也）其國兵喪並起五星若合是謂易行有德受慶（一作立）王（一作正）者奄有天下主時泰五星大其事立五星小其事不立凡五星色皆圜白為喪為乾旱色赤而中不平

為兵青為水黑為多疾黃吉五星皆角而赤兵大起黃有爭地之役角白喪角青亦興兵黑潦五星同色天下偃兵百姓安樂夫太白主中國而辰星主外地也凡五星早出為盈晚為縮盈為客縮為主人五星盈縮必有天應五星入大將軍興兵吉五星犯畢兵起用兵之道不能先徵五星之休咎是舉其師（一作兵）與敵也

木星第一百五十一

木星者東方之宿也木之精也所臨之地必有（一作施）福

祐天子布德人君之象也其下為太和之神以逆行為不軌為賊殃其木星小則多病大則喜（一作加）以臨之宿為有禮有福苟無禮則無福所見之分野不依位而見其色光芒動搖謂之怒此則無禮也故有殃其精所居之地或為婦人或為近臣揚其殃禍亂其人民歌謠異語興動盛衰凡木星出若非常之處青黃之色勃勃然有光芒三角者名曰攝提亦名應星亦名重華若角邉見者名重華久住有災過則無災兵喪應之木星所臨之舍國不可伐伐者受禍可以征（一作往）伐人凡木星之行也趨舍為盈退舍為縮盈則其國有兵無傷縮則其國有憂而將死軍敗設若所去焉則失地所到焉則得地亦曰當居不居國亡所居（一作到）之國昌已居之而東西去者凶不可舉事用兵利以安靜中度吉凡木星守亢則天下兵起乘昴陰國有憂胡王死入畢邉兵起犯畢及附耳兵亦起犯參伐兵起經柳兵起守軫兵起入五星兵起守羽林兵起犯參旗兵起

火星第一百五十二

火星者南方之宿火之精也為執法之星歲一周天其形焰其行速與諸星遲逆不同所臨之地主兵飢喪亂妖孽常以十月入太微宮受制取無道之國句曲芒角動搖為凶一云東西南北其行無有常定下為風伯神一名罰罰者其形類留彗勃勃赤焰如火見于分野有憂國人飢亂父不父子不子兵甲起征伐不息其精在無道之國化為童兒著赤衣在于廛（一作廬）里教為歌謠

使國人相惑或為異鳥飛入軍營皆有災異此星在五星中最為妖惡灾異甚于諸星或逆行一舍二舍為不祥居之三月所臨之分國有災五月受兵七月國半亡地九月大敗亡且夫火星之精氣也為亂為賊為飢為喪為兵所居之國當受殃若角動繞環之及乍前乍後乍左乍右者災愈甚若火星臨敵我利之可以力攻之臨我則勿妄動熒惑出則有大兵入則兵散周旋止息乃為死喪寇盜也臨其地則亡地以戰則不勝東行疾

則兵聚于東方西行疾則兵聚于西方其南為丈夫喪其北為女子喪火星天子理也故曰雖有明天子必視火星所在凡鶉火之時宜背午地他皆做此火犯土木主大戰金星摶之亡偏將火環金星偏將死與金星相違而鬬破軍殺將入金中上出者破軍殺將客勝下出所在不利先起犯左右角及守亢兵起入房馬貴入糠兵起犯南斗星破軍殺將火入女及入危兵起守昴胡人不寧匈奴破在三年犯畢右角大戰左角小戰犯附耳及角兵起犯參兵起犯東井一星將軍野戰死犯鬼兵起守七星外有兵起大乘張及與張合兵大凶守張舍大將驚犯翼邊兵起入軫兵起火行河南界邊兵起犯大微宮門之右大將亡左小將亡

金星第一百五十三

金星者西方之宿金之精也歲行分方主義主將策主姦謀主誅伐將軍之象也其精下為風伯雨師所在之宿止其分野其芒色搖動可以隨形見灾以出入不時

為凶其星日出則沒日入色大（一作木）甚光（一作火）大者表帝王之德正也若合伏不伏合見不見不依常道者此主君之失政臣下用權之兆也或見非常之處芒角七鋒色多似赤者名曰七公亦曰殷公亦名太公（一作心）表帝王草政大喪之兆也或出東方不依伏沒其精名啟明亦名大相乃在左右大臣不赴（一作附）君心也萬姓蒼皇（一作黃）流移異國兵革伏起其星凡（一作几）鋒色白暈其精伏于昴酉四十五日若依位而見則灾消明更見于

非常其名大囂亦曰木華亦曰夾易芒角所臨之國其大災有七一曰大水二曰大火三曰芒散四曰兵聚五曰大兵六曰大飢七曰賢聖飛騰出境出獸食人天下大亂日南方金星居其北者曰盈王侯不寧用兵進吉退凶日北方金星居其南者曰縮王侯有憂用兵退吉進凶當出不出當入不入為失舍不有破軍必有死亡之兆一曰天下偃兵野有兵者所當之國大凶當出不出未當入而入天下偃兵未當出而出當入而不入天

下起兵所當之國亡其當期（一作斯）而出也其國昌出青（一作東）為東方入黑為北方出白為西方入赤為南方所居久其國利疾過則其鄉凶入七日而後復出將軍戰死入十日而後復出相死入又復出王者惡之已出三日出三日而後微（一作沒）三日而乃復盛出是謂火（一作央）伏其下國有軍將死已入三日又復微出三日乃復盛入其下國有憂師雖衆敵人食其糧用其兵擄其師出西方失行外蕃兵敗出東方失行中國兵敗一曰出早為月食晚為天夭為彗星將發其國出東為德迎之吉金星出而留桑榆間疾其下國行遲而下也正出舉國平正出桑榆上者餘二千里上而疾未盡其日過三天疾其對國分天為三在戌酉間過其一也經天天下當革主日陽也金星陰星也日出則星亡晝見于午上為經天是謂亂紀金星晝與日爭明强國弱女主昌且金星者兵象也出而高用兵吉淺凶金星庳淺吉深凶行疾用兵疾吉遲凶行遲用兵遲吉疾凶有芒角敢戰吉

不敢戰凶左右進退順角所指吉逆之凶動摇為躁國以静吉金星出則兵出入則兵入赤角戰白角喪黑憂青有木事黃有土事有年金星猶憂軍也而熒惑憂也故火星從金星軍憂離散金星出畢之陰有邊兵起出畢之陽有征伐之事當其行火星還之破軍殺將也辰星者殺伐之氣戰鬬之象也與金星俱出東方皆赤而南方之兵勝與金星俱出西方皆出而角則北方之兵勝五星分天之中積于東方中國利積于西方邊地

用兵者利辰星相從雖有軍不戰若辰星出東方金星出西方辰星出西方金星出東方為格野雖有兵不戰辰星入金中五日乃出及入而上出者破軍殺將客勝下出者客亡辰星抵金金星不去者將死正旗出破軍殺將客勝下出客亡地視旗所指以命破軍其繞環金星若與鬬大戰客勝主人吏士死水星與金鬬可撼劍撼劍者其間可容一劍也小戰客勝居金星前三日軍罷出金星左小戰摩金星有數萬人戰主人吏士死出金星右去三

尺許軍急約戰凡金星所出所直之辰其國得位得位者所直之辰順其色而角者勝其色害者敗隨地而敗向也鄭色黃而未蒼小敗宋色黃而赤黑角者小敗楚色赤黄小敗燕色黑黄先小敗移却則勝之金星白比狼赤比心黃比參右肩青比參左肩黑比奎大星色勝位行勝色大白行得其度則勝色也行其度盡勝之凡金星與月相火有兵拔城偏將戰與月俱出守城者敗與列宿相犯小戰與五星相犯大戰金星在南南軍勝在北北軍勝出東方背之吉逆之凶西南亦如之金星守北

斗三十日外蕃来侵入羽林兵起入昴及入畢邊師死滅金星之光戰敗將死金星變色隨方色戰吉若青則東克餘亦如之入月客兵敗將死色白而角可與戰金星之出也初大後小兵弱初小後大兵强金星與木星一東一西害王侯一南一北刀伏藏犯畢左角右將死右角大戰將死陵房色赤兵起句芒大戰不勝將鬬死金星出入而留守于尾兵起于野將士滿道入斗將戰死犯河鼓敗軍殺將犯牽牛時天衆守牛甲兵犯房一作

厖亦兵起入室暴兵滿道將死敗東壁大兵起守奎外兵入國犯塞守妻征無功守胃兵起邊師死四境多憂鶩犯畢邊兵欲毀犯畢右角邊師大戰入畢口馬貴軍傷犯觜兵起犯參邊將起左右廂大將憂犯参伐兵起犯井將軍惡之入井兵起犯輿鬼兵起入柳兵起益地守柳大將死犯星大將入塞入翼天下兵起犯軫其國兵大起

水星第一百五十四

水星者北方之宿水之精也出于仲月天下和平若仲月不見則災變生大飢陰陽錯亂國家傾危冬溫夏涼害人傷物主制王刑偏將軍之象也其精下為先農之神出入以辰戌丑未一名細一作扭極其時宜效不效為凶其光青白輝輝然者此帝王之為德及一作正也如此星見多夜雨晝晴者臣下用陰謀其上也至于偏裨他皆做此其星若不見四仲見于四孟之月者其神一名鈎星光芒勃勃然如片雲大如景星爍爛似月所見分

野人多流亡迭相噬食白衣聚會兵起吞併九州十年大荒其變如此審詳候之其久而不沒聚光兩角變彗勃勃然者象海鯨魚死易王迎新之象其神又名爂星芒急輝輝然其芒角五鋒狀如厲劍形于一作於萬物也出早為月蝕晚為彗星一時不出其時不和四時不出天下大飢失其時而出一作為當寒反溫當溫反寒當出不出是謂一作以擊卒兵大起也與他星遇而鬭天下大亂凡水星入月主敗兵與金星合而出破軍殺將客勝

客勝視所指以命破軍環金星大戰客勝守房敵敗守婁兵起犯畢夷傷主人客勝出昴北邊帥死守畢昴邉兵起守參伐南北人入塞入井則兵進出井則兵退犯鬼兵起入婁兵起守柳中馬貴守張兵起入翼兵大起犯五軍兵起留心兵起四方

土星第一百五十五

土星者中央之宿土之精也若見于四季表主之盛衰也其神隱于大微或下于人間為妖異為艷女起亂亡

破國家為妖言惑亂人心或為近臣間鬬忠良若其星光潤鮮明見井鬼之間伏沒依常道則正道不失不依常道則三綱錯亂夫此星之色本黃而光明獨鋒在上如火焚一作炎之狀四面衆光細而附上毳然即土星之本體土星所居國吉未當居而居之若已去而還復居之國得土地當居不居既已居之又東西去之國失土居其宿久則福一作禍厚居其宿易則福薄之當所居不失舍其下國不可伐其盜為王不寧縮有軍不復其失

次上二三宿曰盈有主命不成不乃大水失次下二三宿曰縮有后戚其歲不復不乃天裂若地動凡犯左角大將戰死守右角兵起守糠兵大起入天廟兵大起守虛有客兵至不過五日自去守奎入奎有邊兵起入婁亦如之入胃客兵敗主兵不用入昴邊師死入畢為亂入觜兵起逆行守參敵兵起守井越兵起入胃舍七星負海大張守張多盜賊與土工兵起入軫兵發事自敗入天庫兵起守南河界外蕃兵起出東掖門為將軍寶事出西掖門為將軍受事西出受刑

虎鈐經卷十五

欽定四庫全書

虎鈐經卷十六

宋　許洞　撰

分野統論第一百五十六

易曰天垂象聖人則之又曰仰以觀乎天文俯以察乎地理此皆前聖人洞吉凶興亡之道然而天文地理兵象之要畧得不審而用之哉行師之際五星伏沒遲順而曜盈虧薄蝕飛流示變孛彗為妖既知之矣必審必詳所居躔度焉其躔度既詳之矣必審所管分野焉苟如是方可以精別災異順其舉動而已矣今臣輒上據天文下推地理以別十二分野外以觀星辰之變內以備山川之用天地之間燦然在目其圖其狀以視于來者焉

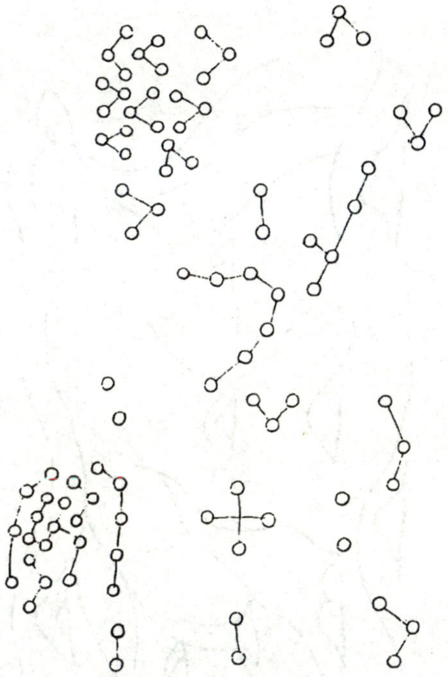

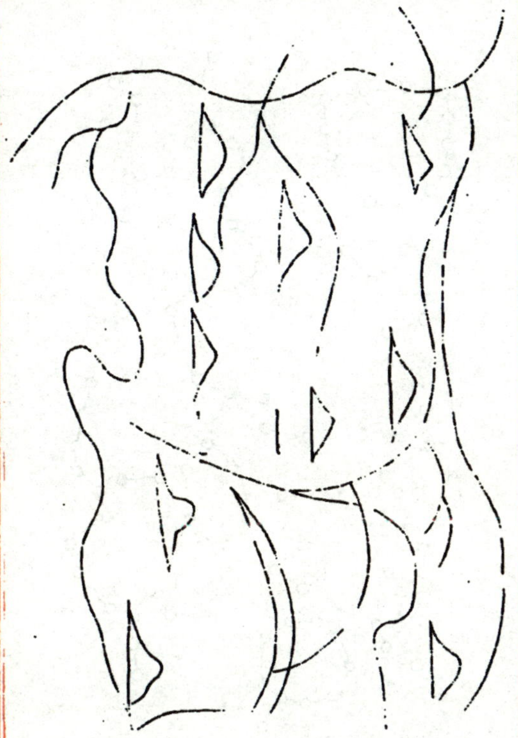

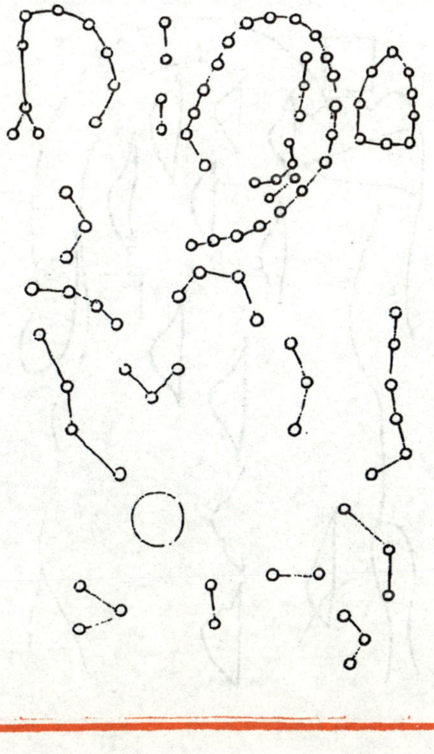

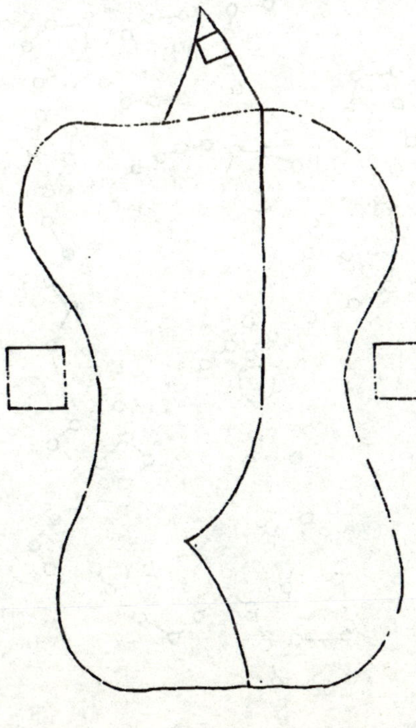

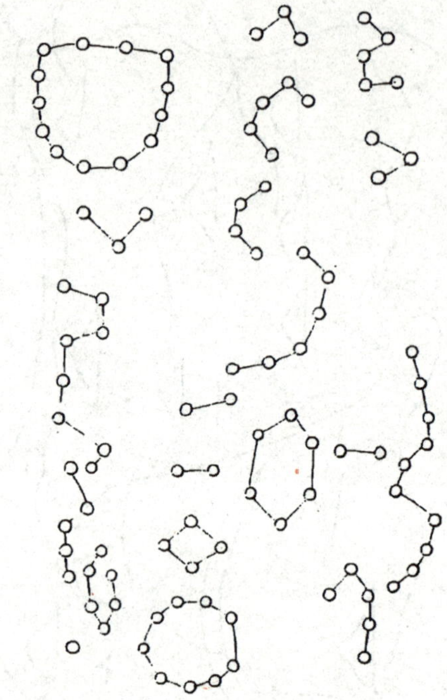

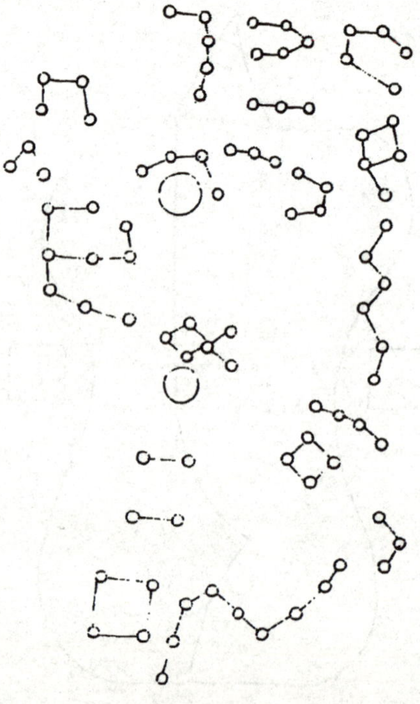

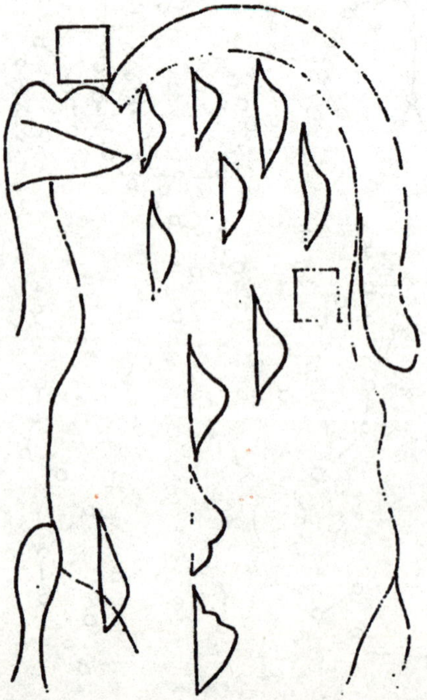

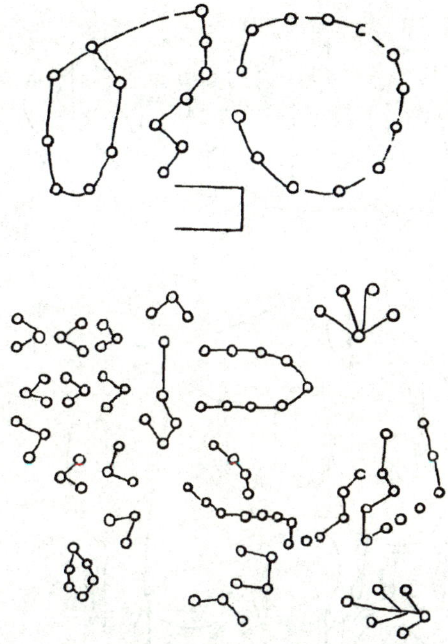

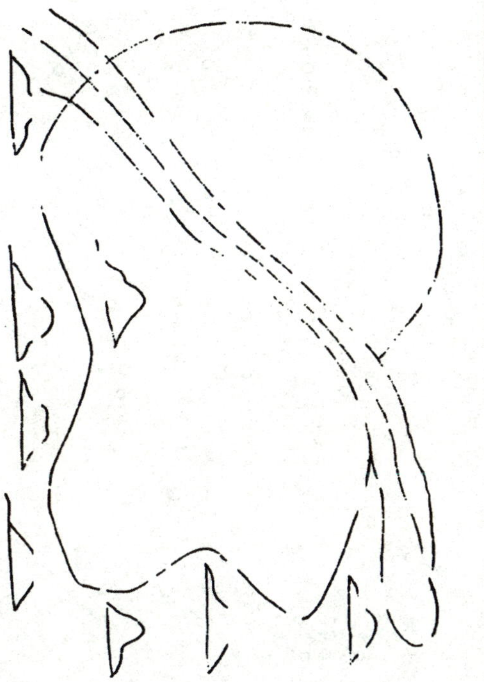

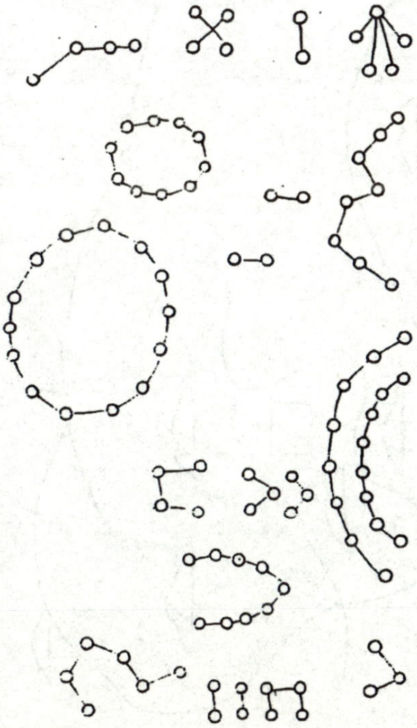

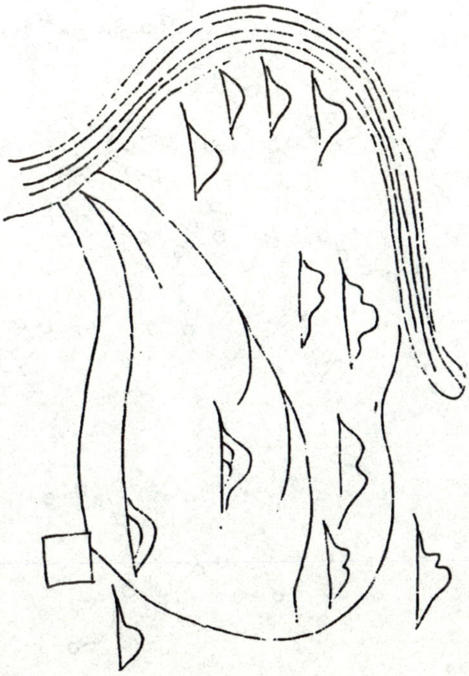

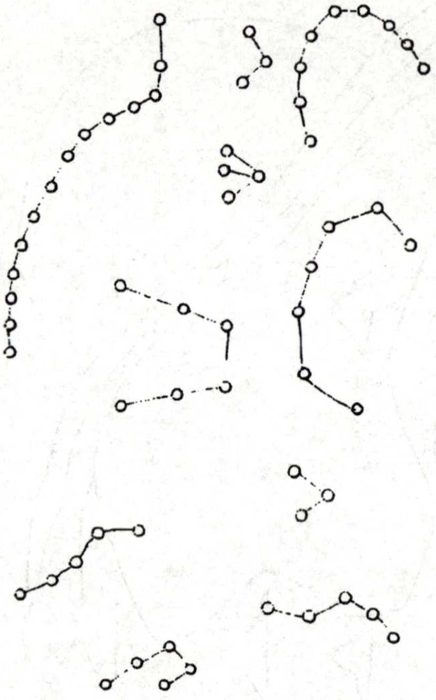

欽定四庫全書

虎鈐經　卷十六

八

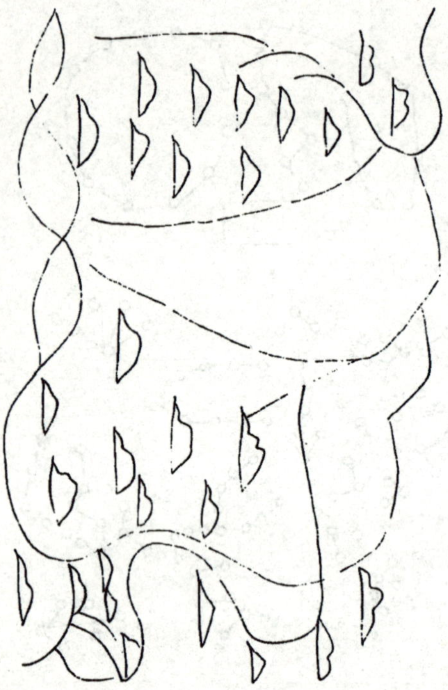

欽定四庫全書

虎鈐經　卷十六

九

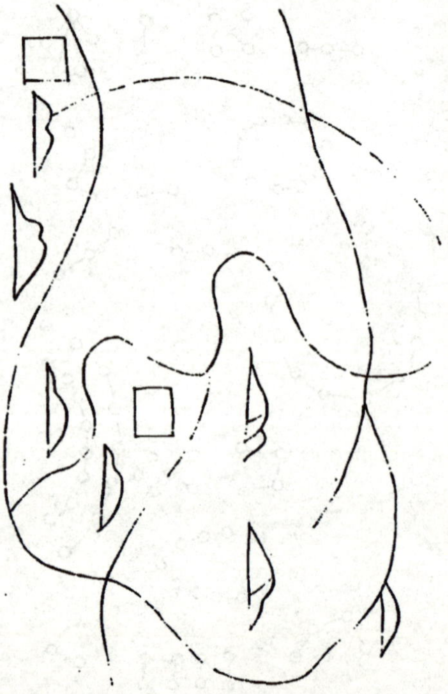

謹案此書原本二十卷分二百十篇今本卷數相符次第亦相連屬而自第一百二十六篇至一百六十八篇全闕蓋佚其一卷而傳寫者匀分諸篇以補之如宋人之刻水經注篇亡而卷如故也

虎鈐經卷十六

欽定四庫全書

虎鈐經卷十七

宋 許洞 撰

雲氣統論第一百六十九

臣聞百人已上勝敗之氣必俱焉是以順之者昌逆之者亡天地無言吉凶以象占雲氣有異必契災變占氣之時觀氣之初出如甑上炊勃鬱上騰氣積而為霧氣陰氣結為虹霓暈珥之屬不積不結散漫不定不能為災必須和雜殺氣森森然疾起者乃可占常以平明下晡日出沒時候之期内有風雨為解者不成災也若出

軍之日天氣漠漠雲彩陰沉而寒者必戰之象也若清明和暢風塵不動者不戰也如或有青氣見軍王相上者大勝青屈旋留注者下流血大霧五十日日不散者其境當有兵馬霧色蒼黄者亦有災變也白雲如疋練經丑未者兵之象也或雲如人行排列如陣或壬子日四面無雲獨見出雲如旌旗皆真象也或雲三道如霧

非霧如塵非塵者敵人發軍之徵隨其起處防之或白雲如疋布起于東方者大兵起也色赤者尤甚青者夫喪黑者亦如之也或黑雲三道首尾鋭而中裂者其下将有大戰或雲氣赤而其緣黄者大臣専權之兆也不早除之将有大變于軍上往来則往者敗来者勝或雲氣散如錦文者當有赦書行天下天下若無慶賀事必見流血或雲氣如虎頭者暴亂之象也（象一作衆）或雲氣如弩弓之状者天子之氣或雲氣長數十百丈者猛将之

氣也或雲氣無故如虎行空中者當暴兵至也或雲如人字在空者所發之處（處一作地）必有人来告急一人則氣一條雲如方一紅者暴兵至也或望無雲獨見赤氣如旦暮之霧或見黑雲極天或白雲如仙人衣十萬聯結部隊相逐罷而復起或白雲廣六七丈東西極天如此者皆起兵之象或有黑雲如人持刀楯者暴兵之氣也如見之國當嚴號令肅士伍以備之

雜雲氣第一百七十

凡占氣三四百里仰而望之平望在桑榆上餘二千里登高望之下屬地者三千里雲氣有獸居上者勝自華以南氣下黑上赤嵩高三河之郊氣正赤恒山之北氣下黑上青渤碣海岱之間氣皆黑江淮之間氣皆白徒氣白土功氣黄車氣乍高乍下往往而聚騎氣卓而（卓一作卑）布卒氣摶前卑而後高者疾前方而高後鋭而卑者却其氣平者徐行前高後卑者不止而反氣相遇者卑勝高鋭勝方来卑而循車轍者不過三四日去之五六

里見氣来高七八尺者不過五六日去之十餘里二十里見来高丈餘二十丈者不過三四十日去之五六十里見稍雲精白者其将悍其士怯其大根而前絶遠者當戰青白而前低者戰勝其前赤而仰者戰不勝陣雲如立垣杼雲類杼軸雲摶兩端鋭杓雲如繩者居前亘天其半天雲蜺者類闘旗鼓鈎雲句曲諸此雲見以五色合占而澤摶密其見動人乃有占兵必起合闘其直王朔所候決于日旁雲氣人主象皆如其形以占故北

狄之氣如犀喬穹閭南夷之氣類舟航旛斾(一作旗)若冬至之候夜明者陽氣之動也不足占

勝兵雲氣第一百七十一

處營臨陣之時紫氣出于軍上者大慶之兆也即日有喜或軍上雲氣如覆隄前赤後白者勝氣利進兵攻擊在敵則勝或軍上氣凝成雲中天而住(一作往)堅固不變者名曰剛氣在敵則勿攻之或軍上雲氣作盤踞之狀者此之謂天威也宜用兵精固以漸進戰或軍上雲氣

如華蓋先動者或雲氣上赤下黑臨軍者此弱彼強然弱破強小能擊大大戰大勝小戰小勝或雲氣如黑人在赤雲中謂之捷(一作梅)氣或雲氣如十五童子氣中赤氣在前者強兵之氣也或雲氣如山隄林木或白氣粉(一作分)澤聳如樓臺緣以赤氣或雲氣爛如火光或湧如山火烟或雲氣如山蓋分為(一作高)兩穗蓬蓬然又類草烟之狀此得天勢也或雲氣凝白逐五軍而覆或雲氣十十五五如高薄蹲黑氣中或氣如黑烟或雲氣如馬頭高尾低或雲氣如人持斧向敵或雲氣如一疋練此十者勁兵之氣也在敵則宜避之在我則所向皆克矣或雲氣黃白厚潤而重者或雲氣動廣如三疋皂帛前大後狹軍行其中有雲如鬬鷄赤白相隨在氣中或陣上有五色氣連天或雲氣連天如烏衣人在赤雲中或黃氣亘天此五者應天之兵也擊之大凶或軍上氣如虵舉頭向敵或赤黃氣于天或雲氣如日月而赤氣繞之或雲氣如日暈有光著(一作者)或氣凝聚而不散或赤

雲如龍彩色蔚蔚沖天或雲相繞又如鳳凰之狀或雲氣光潤如城門隱隱在白雲中或氣內赤外黃此九者強兵之勝氣一曰王者之氣也雲氣如是具在我軍上則出擊敵若在敵上則慎勿妄動又若在我軍上及敵入軍氣如常者亦勝兆也

城上雲氣第一百七十二

進兵攻城及敵來圍我亦審雲氣之吉凶或城上或營上有氣如人十十五五皆叉手低頭者軍人願降也(此章

（一緣勝敗之氣雜論之又多言城中之事故别立此章若于營塞及陣上吉凶亦同）或雲氣上黄下白名曰喜氣所臨之軍欲相和解或城中氣如白旗者不可拔或黄雲臨城者城中有大喜慶或青色氣如牛頭觸人者城中不可屠（一作畜）或城中氣出東方色黄者此天鉞不可伐伐者大禍或城上氣如火烟空湧者主人欲出戰也其氣不可擊諸氣但出而無極者不可屠或赤氣或黑氣如杵形從城内向外者内兵突出主人大勝或城上雲氣分為两穗火之狀者不可攻或濛

繞城而不入者外兵不得入凡攻城塞有諸氣出入吾軍者勝氣也謹備之或攻城赤氣在城上黄氣在四面繞之者城中大將死城降或城上赤氣如飛鳥者急攻之立可破矣或氣出入于城中者城中居（一作軍）民欲逃散無鬭志急攻之或氣如死灰而覆其城寨者吏士（一作使）病城可屠或城上全無雲氣者士卒心散或城上赤氣如衆人頭向下者其下多死喪血流或白氣繞城而入者急攻之可拔或白氣光如劍形長百餘丈自敵上起而横城上者攻之者受禍城不可屠八十一日内應或黑雲髙起以黄為緣長凝于陣前横列如跪伏如手相牽三三五五低頭拱手營陣之上者人必降或雲氣如鷄雉及走兎者賊當來攻城急備之或雲氣三條五條横列成陣文如虎斑者所臨之軍必拔城殺將見之急攻之或雲如龍行于城上者必有大水凡城上勝敗之氣如是者勝在敵不可攻之敗在敵可攻之勝在我則利出兵進擊敗在我則堅壁清野嚴以守之雲氣所見天地心也可不慎哉

將軍雲氣第一百七十三

欲知敵將之賢愚亦以雲氣占之夫軍上青雲帶赤中黄白色自晝至夜不散者其主弱臣强大將軍驕恣法令顛倒可急攻之或軍上雲氣昏昏暗濁者主將不明賢良不附也或軍上雲氣如蛟龍者主將軍神魂散亂可擊之或出自白日没之後有青氣西亘天者經十日不雨大將當失位應在三年之内也已而變赤者大敗

之兆也或軍上青氣漸黑者大將軍死或雲氣黄白而潤澤者將有威德也或軍上氣漸漸如雲變作山形者將有深識也或雲外黑而中赤向前者或兩軍相當雲氣如囷倉者或赤氣如山者此三者將悍精驍勇也或雲上與天連者將有智也或雲氣如龍虎在煞氣中或如火烟奮奮或如火光爽爽或如林木龍蛇者或如塵埃頭尖而卑者或色紫黑狀如門上樓者或如紫粉一作粉素霏拂者或如龍游黑霧中者或如日月有赤氣起繞

者或狀如門上黑下赤者或皂旗者或如弓形或蜿蜒如蛟蛇者此十三者猛將之氣也或雲氣青而疎散者將怯弱也或前大後小者將不明也或內黑緣以白氣者將懦無謀也如此者可以詐動可以事惑可以威讋可以強逼決勝矣

伏兵雲氣第一百七十四

進兵之時先于山川四面望其雲氣渾渾圓長赤氣在其中者或如赤杵在黑雲中者其下有伏兵或氣青黑色掩北斗者敵將設伏兵以待我也或兩軍相當赤氣在陣前後者亦有伏兵隨氣所在防之或雲絞絞綿綿者此以車騎為伏也或雲氣脩然類山丘形者此皆精猛之伏兵也或雲氣如布席狀者此以步卒為伏也所見之地急防之

姦賊雲氣第一百七十五

白氣羣行徘徊結陣而來者他國人來欲圖亂我不可應之視其所往隨而擊之可得也或有黑氣臨我軍上

如車輪行敵人深入謀襲營柵或有黑氣游行中含五色臨我軍上必有謀合諸侯而伐我諸侯必謀反敵軍敵軍當自敗或有黑氣如幢節之象出于營中上黑下黄敵人來求戰無誠實言信相及九日內必覺備之吉凡雲氣如是者敵之密謀也

敗兵雲氣第一百七十六

軍上氣如死灰或如馬肝或如偃蓋或如羣羊或如驚鹿或黑氣如人手皆敗徵也或黑如壞山壞一作敗隨軍軍

敗將死隨我亦一作移當避之或雲氣白黃昏發連夜襲敵者軍士散亂擊之吉或軍上氣畢而一絕一敗在東發者灾深或雲氣五色雜亂而東西南北不定者軍欲敗或赤氣炎炎降于天者大將軍死衆自潰亂或黑氣如牛馬從霧中漸漸入軍者名曰天狗下食血急營于遠處避之或雲氣蓋道濛蔽而晝冥者立敗之徵也凡不暇熟急避之若雲氣或青或碎如瓦礫所臨之軍即敗也若雲氣或赤或白如人首頓如人卧匐地抵頭所

臨之軍敗也當流血百餘里在吾而欲禳之者大將移營他處即吉也士卒令其歡心上騰可以解禍或雲氣如水士伍潰敗之兆也敵將潛兵擊我之後或夜雲氣長如引索垂下所臨之軍敗也或夜半雲氣濃黑者多陰謀色青白及蒼黑者皆反戾之兆也或黑雲如車輪轉而入軍者小人謀逆急察備之或雲氣狀如犬者其下多流血或雲氣黑色而黃色在上者士卒怯懦內亦有反亂之計也或黑雲如幡幢在氣中者或赤氣如血

飛鳥在黑氣中者皆敗兆也或黑雲碎如群豕或如羣牛馬或如羣驚鳥者皆敗兆也或雲氣如浮塵散漫者士卒謀反逆或赤如火之猛焰燭天而起者大敗流血或赤雲如人三三兩兩或行或坐者暴兵將至也或雲氣如焚生草烟所臨之軍大敗也或夜半雲氣濃黑者多陰謀其色青白及蒼黑者皆反之兆也或雲氣如焚生草烟所臨之軍雖前勇後當自退能以歲月候而擊之可勝或赤雲氣漫漫而如垂蓋者軍當自亂或赤雲

兩向狀如八字將各有守尾銳而後大者大戰流血先動者敗言先動而敗者謂有兩軍交刃之時之兆也或雲氣如懸衣敗兆也雲氣如轉蓬者敗兆也或兩軍相當敵上全無雲氣者擊之可破也或兩軍相當敵上雲氣極天如陣者此之謂橫海氣力攻之可破也或兩軍相當望彼軍上有火照人者此失將士之心攻之可破也或雲氣如羣鳥亂飛者敗兆也或雲氣毵毵若虎尾垂于軍上者軍欲降不然將有奸人為敵應或兩軍相

當去十里內望見彼軍上氣白又高後有青雲者立敗之兆也宜速鼓行而擊或雲氣蒼黑者敗兆也或雲氣如行牛或如鼓車或如羣蛇亂走或黑氣如人牽牛皆敗兆也或雲如壞屋之狀兵敗將死或淡黑雲中有深黑雲黯黯而如星者謂之敗軍之氣兵大突夫師動衆天以勝敗之氣告人者有以也當勝氣者不可恃之當修軍正（一作君政）精智慮嚴號令正賞罰此可以答天地之貺也苟或恃其勝氣而軍正不修荒怠敗度此可以反

勝為敗也偶敗者氣詎能必敗也當以嚴敎令謹智慮責躬罪己恭答天譴此可變敗為勝也大將得不以勝敗之象立修德之方乎

虎鈐經卷十七

欽定四庫全書

虎鈐經卷十八

宋　許洞　撰

天第一百七十七

天裂（一作制）于敵上者敵人自亂之兆也天色如血兵戰之兆也天雨甘露所雨之地兵大勝也雨雖在敵敵敗也在我軍避之天雨魚鼈在敵敵敗也在我亦當避之天雨血在敵急擊之可勝也在我避之或在我彼兩界

將大血戰吏士俱傷天雨絮及粟在敵敵亾在我避之天雨海鳥毛大亂之兆也天雨毛所雨之地大將信任邪謀也若烟非烟慶雲也雲開有德若星非星歸邪也歸邪有人若霧非霧泣軍也泣軍多殺將若雷非雷天鼓也天鼓多敗軍不雲而雨天泣也天泣多覆國凡天下之事變異于人者急慎之

地第一百七十八

地裂者兵戈之兆也營中地生錢者下謀叛也急備之

營中地上生毛者吏士多亡敵嚴令防之軍在野營地震者有災星到也營地生五穀者將士有喜慶大將有封邑營中地色忽變黄者大慶之兆也營中地忽拆裂有軍敗將死也急移營避之地忽陷者主將破滅之兆也營中地忽生血者賊来急速避之城中與營内山忽有夜崩者吏士欲分散移營避之屯兵之城山春崩者敵来伐城山夏崩者有大水至山秋崩者有暴兵至山冬崩者軍民飢結營之地吼如雷者敵来急速備之流

水無故絶者設伏兵至水忽赤如血者軍士欲自亂急備之

虹蜺第一百七十九

攻敵人之城有虹蜺屈曲從外入者三日内城屠虹蜺飲軍井者大凶移營避之虹蜺垂營中者亦敗兆也五色虹蜺繞城城中將亂急攻之白虹見于軍上者軍敗流血白虹貫中師不可出白虹繞城而不匝者從不匝處攻之必拔矣繞城而匝者即候從漸錯處攻之亦虹從天直垂地者所垂之地敵兵至十一月屈虹出破軍敗將天有白虹如霧者營中防姦賊及兵將反黑虹所見之地大水到其處利于高處置營亦虹半隱雲上有火災亦當敗黄虹在營上吏士多驚撓青虹亦如之不為災

雷霆第一百八十

營中雷折木者大將凶利修軍政春三月内甲子乙丑戊寅辛卯戊午有雷及霹靂下石殺人者軍在野營將

有大戰一月内應之雷一聲而止者將軍有重令行將戰之時雷聲自我陣後起漸漸入敵者必勝也隨其聲而擊之吉從敵震迅而来者凶也急抽兵避之天陰不雨雷霆在我軍上隨而擊之者大勝也合戰之時大雷一聲而止先動者勝渾渾圓長者從来處吉聲四起東西南北不定者軍有大血戰兩軍傷大雷疾速自我入敵者勝也自敵来凶霹靂當牙帳急搜檢（一作驗）之營中有姦人為賊應亦慮暴兵至或夜半無雲而雨者吏士

不從軍令也火急施恩布惠（一作講我）以禳其禍

戰候第一百八十一

交戰之時五色采旗掣拽不動者大勝候也敵强力戰慎不可追之臨戰之時鼙鼓之音鳴于常者勝候也角聲清澈者勝候也風不起而旌旗悠揚前指敵陣者勝候也馬驕嘶而喜躍欲進者勝候也牙帳無故倒折者敗候也鼙鼓之音重濁不上徹者敗候也角聲洪濁不清潔者敗候也焦而四亂者敗候也横而不圓者內亂

將發旌旗撩亂不整者敗候也馬亦多驚嘶退縮者敗候也臨陣之際勝敗之候能詳審者善矣

雜占第一百八十二

結營之地天火焚其林墅者賊兵疾到火無故自發焚其帳幕者有大水到溪澗中水忽出主有陰賊到其地凶移營避之或出軍之時或將戰之際有兎及麋鹿之類走過者忽殺之勝兆也營中黄龍見者大勝也營中山池沼溪澗忽自然自外而入者士卒凌主將龍鬬營中及左右者賊大至亦防大水羣虵集營前道上者有急兵至營中竹樹忽然生血者大將有重憂營中不雨而樹濕者賊兵起營中忽得五色魚者勿殺之殺則大水立至不然暴兵到有魚上下于樹者水亦至急移營高處避之鷄有重距重翼飛来營內者勝兆也殺則大凶兩軍相當遥見敵上有龍者不出一月敵當大敗大尿溺營前大道者移營避之有灾至營中馬忽驚嘶者即起卒兵立具兵器備之恐賊潛到馬前營生角者多

殺傷馬毛無故而赤主將灾也將帥之馬夜無故嘶者其主凶城忽出水者賊兵相侵鼠嚙甲胄（嚙一作齧）及兵器者損吏士也鼠群行即有大水鼠頻出軍中防叛逆虎狼入營者賊兵至傷人大凶

占風統論第一百八十三

凡灾風之来多有殺氣克日濁塵飛埃蓬勃四起也凡祥風之来多與佳氣併而日色清朗天氣凉索令鳴條去地少高不動塵而過也

五音占風第一百八十四

宮風聲如雷吼空中（一作風）商風聲如驅羣羊徵風聲如奔馬羽風聲如擊濕鼓角風聲如千人子午為宮丑未寅申為徵卯酉為羽辰戌為商巳亥為角宮風發屋折木米貴來年兵起徵風發屋折木四方有急羽風發屋折木米貴（一作情瘍）商風發屋折木主兵角風發屋折木急鬬戰

刑殺占風第一百八十五

歲月日時干陽德自處陰德在干合歲月日時子刑卯卯刑子丑刑戌戌刑未未刑丑丑刑巳巳刑寅（一作申）辰午酉亥各自相刑子丑寅巳申為上刑卯寅巳為下刑大風從三刑上來官軍克大寒大克小寒小克風從刑下來禍從刑上來福從三刑為上從自刑為下

十二位占風第一百八十六

申子為貪狼主欺紿不信已賊遇盜賊主攻刼巳酉為寬大主福祿賞賜衆宴酒食主貴人君子亥卯為陰賊主戰鬬殺傷謀反大逆殺人之事寅午為廉宜（一作貞）主賓客禮樂嫁娶儀誠信丑戌為公正執仇怨主兵辰未為奸邪主欺慢人貪狼之日風從寬來即以貪狼系說吉凶他皆倣此有殺氣從三刑上來或五墓上來有伏兵不戰必克

逆風第一百八十七

蓬勃四起或自上來觸地此逆風也暴兵至寅時發主人逆辰時發客逆午時發親戚逆申時左右逆黄昏發

外賊逆宮日風從角上來卒急有兵圍至月中折木者城陷羽日風喧喧日無光深霧兵圍城客克商日風從四季上來關梁不通路色陰賊日風從陰賊上來大寒日（一作賊）日相殺

風雨雜占第一百八十八

攻城圍邑經旬不雷雨者城中有輔疾去之征出之日細雨沐兵捷之徵也若大風雷雨不見日辰午戌亥自刑之日兵家大忌也臨戎之際忽來陰氣旁勃牙杠折

陰不見日旌旗抑揚此敗徵也慢風與氣從敵所俱来我勝急擊之反是則凶旌旗暈暈（一作暈）順風搖曳舉向賊者即擊之勝也大將牙旗之日風勢順動旌旗前指聲鼓之音清亮此勝兆也持此可以勝定安三軍之心風施塵如穗如虵形屈屈来樣者凶急備之風来畢而埽地者敵兵至速高則来緩營中大風折木者大將失位風無常而無定者賊即至合戰之際大風晝昏揚塵衝敵大勝反是凶兵初至所伐之城天色陰翳又無風

而細雨空濛者軍將敗若初臨敵而大雷雨隐而至者大勝之兆也有旋風入營折絶旗幟干戈次壞帳幙必有盜賊入營將死

八節占風第一百八十九

候風之次（一作發）常于其節寅時候之立春之日位應艮宮本宮綽綽然和風徐徐而至者此之謂條風也風自人門起者軍民不利也春分之日位應震宮本宮風来抑之非低飈之非高習然得風者此之謂明庶風也明庶風應候軍民寧泰之兆也風自金門起者軍民不利也立夏之日位應巽宮本宮風至陶陶然圓緩而不散亂者此之謂清明風也清明風應候軍民寧泰之兆也風自天門起者軍民不利也夏至之日位應離宮本宮風薰薰然融和而普者此之謂景風也景風應候軍民寧泰之兆也風自水門起者軍民不利也立秋之日位應坤宮本宮風来暢而諭（一作渝）者此之謂涼風也涼風應候軍民寧泰之兆也風自鬼門起（一作来）者軍民不利

也秋分之日位應兌宮本宮風来肅然者此之謂閶闔風也閶闔風應候軍民寧泰之兆也風自木門而起者軍民不利也立冬之日位應乾宮本宮風潔清瑩爽而至者此之謂不周風也不周風應候軍民寧泰之兆也風自土門起者軍民不利也冬至之日位應坎宮本宮風来淒涼不惡者此之謂廣漠風也廣漠風應候軍民寧泰之兆也風自火門起者軍民不利也風之来也順者為祥逆者為妖皆由人志正邪然後通天地鬼神之

心也是以八節之首日而占之可以知其吉凶矣行師者能以順正之道應乎天欲風之不祥也其可得乎

虎鈐經卷十八

欽定四庫全書

虎鈐經卷十九

宋　許洞　撰

時加占鳥情第一百九十

巳酉為寛大之日時加巳酉烏鳴其上值旺相吉為長吏休廢囚死有酒食時加寅午鳴其上有酒食辭讓時加丑戌鳴其上有酒食詞訟口舌時加卯亥鳴其上有酒食時加辰未鳴其上有酒食婦人口舌時加申子鳴其上有酒食庚午為廉貞日時加廉貞鳴其上旺相有長吏休廢囚死有諫諍責讓（一作釀）時加巳酉鳴其上有遠客時加申子鳴其上有爭財物事時加辰未鳴其上有陰私口舌時加丑戌鳴其上有酒食時加亥卯鳴其上以酒食起爭丑戌為公正日時加公正鳴其上旺相有長吏公正之事休廢囚死者有来慰問事時加巳酉鳴其上有公正酒食賜與時加寅午鳴其上有公正慶賀事時加辰未鳴其上有使（一作吏）士来說陰私事時加

申子鳴其上有吏一作人来作公正事時加亥卯鳴其上有士来說賊相殺事辰未為奸邪日時加辰未鳴其上謙讓人說奸訟事時加巳酉鳴其上有賊兵刼申子為貪狼日時加申子鳴其上旺相有言羣盗攻刼休囚廢死有盗賊事時加巳酉鳴其上有酒食攻刼事時加寅午鳴其上有善人說攻刼事時加丑戌鳴其上有文書追盗賊事時加辰未鳴其上有婦人說羣賊事時加亥卯鳴其上有羣賊攻奪事亥卯為陰賊日時加亥卯鳴

其上旺相有羣賊大戰事休廢囚死有鬬傷事時時加巳酉鳴其上有酒食起争相傷事時加丑戌鳴其上有使人逐賊以至相傷事時加寅午鳴其上有因婦人姦私起争以至相傷事時加辰未鳴其上亦如之時加申子鳴其上有羣賊自相攻刼事凡諸陰賊日有烏鳴或羣飛及飄風從四季上来時加四季皆為閗鬬捜索之事

運加占烏情第一百九十一

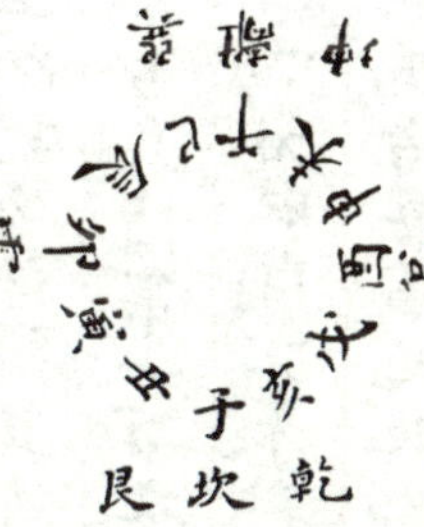

烏從子上来大将不可震威武敵来勿與戰必不利丑上来者不宜出戰兵進戰内有陰謀将發細察備之寅上来者吉音至卯上来者利進戰大将有禄慶之事辰上来者有吉信至營六步忽見牛羊大吉見死物凶巳

上来者不利戰陣兩軍俱傷午上来不利出兵未上来戰鬬主吉客凶申上来不利出兵酉上来利出兵有喜戌上来吏士有異心潜備之亥上来不利戰此十二辰位占烏之情也常以怪字居甲上占之假令甲子旬即在子上是也又若烏從四散併来到營上居惡聲而止住之者賊兵已入境矣急飛過者賊勇鋭疾如雷電速為之備但疾與戰我可以勝鷙鳥飛来将軍牙帳上搏擊者有賊不可出戰三足烏飛来營前後謂之灾飲烏

也賊将来至營中者凶急備之赤烏入營者防姦人剌客群烏三三五五營上往来無聲而四散者吏士有逃潰之心鸛鵲急来營上作巢而鳴速移營避之大水至烏至營按干蒙難者吏士謀大将即有禍速避之烏鵲忽来䥺上作巢者吏士謀大将潛驗之方戰之時有白烏狀如鷹鶚飛赴者赴敵者并力擊之大勝兆也自敵来赴我者凶急退軍勿戰

雜占烏情第一百九十二

出師之日烏于軍前逆飛者征無功在左則吉在右則凶逆軍而作惡聲查查者大凶兆也或從右發聲和順自大将後而過左復聲者大兵有慶之兆也烏及相呼于一作子者吉也烏于軍前一足卓立地者進必不一作有寇在枯卉上鳴者凶振迅疾飛視顧周陣而不止者前賊也烏来牙旗上立者急移營避之其地不祥烏立牙帳上作惡聲者有吏士潛謀逆速捜驗之必得奸狀烏来鼓角上鳴者将軍吏士心雄益奮也器械上鳴者即有戰陣也遠營而飛鳴者所来之處賊兵至也凡烏之来大将宜別令一人候之此皆能通天地鬼神之情者也

時加占烏第一百九十三

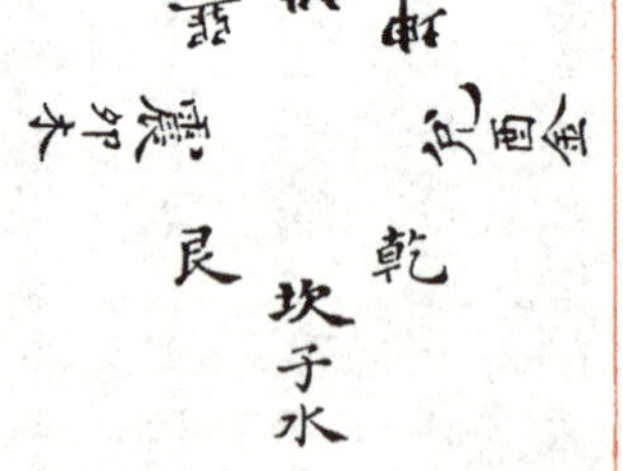

登明方鳴者凶神后大吉功曹等方者太衝天罡太乙方者勝光小吉傳送方者吉從魁河魁方者凶更看神與月将相克假令登明是凶神在寅卯申酉即相生為吉也假令傳送是吉神在寅卯巳午即相克為凶也他皆倣此宜細認方位辯其吉凶

六甲占烏情第一百九十四　六甲旬圖在第八卷但以圖按其方可也

烏在上　鳴者賊聞不来與戰大吉　鳴者合有吉無他戰陣　鳴者喜信之兆也　鳴者防慎在内當有細

人潛為賊應不然有謀叛者察防之　鳴者軍無他戰
鳴者有賊信當有戰陣　鳴者聞賊不來急備之不
利戰凶兆也　鳴者亦慎之或有小盜必殺之不然當
有大驚　鳴者防吏士亡遁　鳴者將有戰事主吉
鳴者有賊信者　鳴者防內有奸人潛為賊應謹備之
夫占鳥之法立營之地非鳥所巢而有鳥來鳴方可論
占若藪林群鳥之所栖泊而嘲囂無常者不足占也

虎鈐經卷十九

欽定四庫全書

虎鈐經卷二十

宋　許洞　撰

誓文第一百九十五

有虞氏戒于國夏后氏誓于軍殷人誓于軍門之外周人將交刃而誓所誓不同吾從周誓之誓曰惟天至仁亭毒萬物其有逆于道德者激霆以震之惟神至幽游息六氣其有淫于禍亂者潛靈以殛之惟王至明順卹

九服其有悖于教化者興師以察之此四王同條而共貫也是知軍（一作君）天下者揮長戈以賓不臣未為不善也滌穢滓以廣王化未為不嘉也今逆冦不庭亂常反德吾為天子恭行天討誓剪大憝決垂元功即出（一作即）凶門已即敵境咨爾衆士用命賞于祖弗用命戮于社生死榮辱在是一舉勿使自躓為邦之羞爾其勉之勉之

祭毘沙門天王文第一百九十六

維年月日某官謹以香燭蔬果祭于毘沙門天王惟天王神靈通暢威德奮震據大陰之正位降普天之妖魔左手擎塔尊神顯于西土右手仗戈（一作戟）天威游于北方一舉而羣魔駭再舉而沙界裂目激電以日暗髮聚藍而雲委阜犖萬古爵稱元神今妖孽未除生靈塗地凶聲逆氣滋天浮星皇帝命某帥領碓權剿戮羣黨大勲未立壯心徒奮天王受佛法印廣揚神通尚能卷大地于掌中納須彌于芥子今此小醜豈不能怯伏惟降慈悲心救衆生苦開大神力神兵右迴左旋剪滅賊衆脫苦腦于刀兵之切發濟拯于風火之輪則某也虔心皈依寘在此日尚饗

祭風伯雨師文第一百九十七

年月日具官某謹以牲牢（一作羊）香酒之奠祭于風伯雨師之神惟神箕畢之精陰陽之粹也動息無間游潛太虛大塊噫氣鼓天地以發籟飛龍在天合雲雷而作解茫茫禹跡民其賴之今某出師有期惟靈是禡冀神陰

嘉（一作佳）祐以贊我師旅或則駕舟楫濟巨川神其施九罭之恕號或則陟嶔岑歷險阻神其減十期之霧霈然後蕩妖氛之氣如塵飈空掃兇頑（一作妖）之血為波汪海大事尚濟敢忘玄貺尚饗

祭山川神文第一百九十八

年月日具官某謹以牲牢香酒之奠祭于山川當境之神始疏山濬川所以應天文裂地紀限夷夏宣風雨雷也惟神者必靈有祈者必應蓋山川為之府而神靈為之主也禍淫福善神其掌之故聖人列于典禮國家配于羣望所冀發善者之福祐殲不善之屍骨惟神景天地之命為山川之靈監我懇誠贊我兵力使收功于須臾馘元惡于頃刻尚饗

祭黃帝文第一百九十九

年月日具銜某謹致祭于黃帝之神惟神天資懿睿首美兵戎（一作戎）敷演三才披攘九極陶精頤（一作積）粹凝立夐古雖蹈迹之不腆寘（一作實）伊聖之有作方今天人合

發夷夏稱忠隱幽千黄屋之尊告廟起白旄之命惟神素章元聖開闢往世驅（一作馳）逐兇慝（一作逆）揄揚天功綿歷千載（一作祀）光靈不泯陰垂嘉祐以贊我師旅収闢土地誅鋤鯨鯢幽明合誠幸享多福尚饗

祭蚩尤文第二百

年月日具官某謹致祭于蚩尤之神惟神雄材（一作才）自任命世特立卓絶萬古讎為人豪在昔（一作官）炎靈不御土（一作御）德不熾公鄙自天之職纂即戎之緒足蹴九土

手掉五兵而奮臂一呼四溟飛水瞪目再顧兩曜暗光呼氣而烟霧蒸吹蠡（一作角）而風雨作金虎亦病神龍亦屠然公之丙靈實（一作寳）萬萬世不泯異垂嘉祐贊衛我師獲敵樹勲戴（一作以）荅作貺尚饗

祭八神文第二百一

年月日具官某謹致祭于八方之神兩儀設象八卦成文中合粹氣結為神靈聖君則之以奠萬民悠悠姦醜敢有不賓逆天返道罹殃道迍吾今有告神順所闢天

門地戶人門鬼門震靈（一作雷）洞洞火靈焞焞水澤之神聚類合鱗茫茫太白靈氣詵詵掃殄兇悖廓清妖氛（一作氣）明靈之神鑒之尚饗

祭當境神文第二百二

年月日具官某謹備酒牢奠祭于當境山川之神惟神受天明命辨位司民禍淫福善神之恒德今姦醜肆暴聚謀不軌汙瀆我境土擄掠我生（一作士）庶尚未伏鑕授（一作誅報）首豈神禍淫之道耶俾我元戎肅壇命將提戈遠

征大憝未誅元勲未輯豈神福善之道耶今某虔統大軍以涉靈境回當饗我血薦潛助其力贊扈天之兵誅悖道之寇則神正直之方于是乎在尚饗

禡牙旗文第二百三

年月日具官某謹禡于牙旗之神昊天有命澤祐元王純精播社玄德勝光蕞爾醜黨取（一作敢）謀亂常麏驚黔首鼠噬邊疆天子命我仗鉞專征耀我威武討彼不庭嘗聞天地福謙鬼神害盈善終其祐惡殄其生咨爾（一作

示陰祇回将郊靈台太乙吁雷公馳白虎走青龍玄龜鎮後朱雀衛前濯蕩狡寇掃除妖虹兵不血刄告厥成功神其知之鑒兹予衷尚饗

禡門旗文第二百四

年月日具官某謹禡于門旗之神惟神奠兵作元揚靈戎首闢向方之正位立凶器之宏規指顧師徒予實賴汝今醜黨尚肆妖氛未清是致伐鼓建牙聲噭秉律藉神陰祐俾建殊功誠宜磨五兵之氛作三軍之氣納邉徼之地載肩華風鏁鯨鯢之屍盡為京觀神其聽之尚饗

禡五方旗文第二百五

年月日某謹禡于五方旗之神惟神稟命昊穹實司所職體國經野正位辨方前指則摧撲兇頑當位則表列師旅伊靈有用由古賴諸我國家自奠丕基遐宣惠政鯨霄鼇柱揔八極以天臨木口金鈴震九疆而雷動方資廣被孰敢不賓何邉鄙之遊魂嚮妖氛而背惠伊宗既興于嘯聚在予載掌于車徒戎事有征戡元無爽冀神垂祐陰贊六師奮朱雀以前驅命元龜以後殿青旂鼓蒼龍之氣素旌宣白虎之威黃龍鎮中為我軍主誠宜內順指顧外威姦雄一揮而龍塞生塵窮兇罄殄載皷而狼居破膽敗寇靡奔掃大憝于陬隅耀殊勲于簡牘廓清萬里藉神之靈尚饗

禡六纛旗文第二百六

年月日某謹禡于六纛之神夫行殺氣于北方表戎事者大纛也是故以黑為飾順其位也為君之表嚴其令

也師徒搏節首在于誠宣我大用威被元兇所當者皆摧所指者皆靡則神順成之功斯亦至矣尚饗

禡五兵文第二百七

年月日某謹禡于五兵之神天道不謟助我元王我作五兵以征四方靈星為衆刃名大房角星示本弓名曲張二星主弩曰遠望熒惑主矢曰徬徨彼長戟名大将賴参星而抑揚今則幺麼聚臭孛彗騰光流血如水傷骨成岡茍不剪滅孰為忠良皆爾五兵為天大刑大玄

之垂象方子之淳精順我動使以撲不庭明靈之神鑒之尚饗

禡馬文第二百八

年月日某謹禡于馬神東方蒼龍實曰天駟考星史而立象垂休觀大易則乾文取譬懿惟馬之用功為邦家之大利何倥偬之邉陲聚亢頑之黨類列旗幟而星蓄掉戈矛而蝟起將耀武于三軍當載揚于六纛所賴者穹昊儲禎明神效祉尚芻飲之叶宜庶陰靈之不昧尚

饗

釁鼓文第二百九

年月日某謹釁于鼓神三軍之威職在震動鼓旗之用實為兇神塗血致誠古之常典以聲為度兵之令儀進退周旋實在于爾用誠致饗神其鑒兹

虎鈐經卷二十

欽定四庫全書

子部

何博士備論

校官編修臣程嘉謨
臣紀昀覆勘
總校官候補知府臣葉佩蓀
校對官學錄臣常循
謄錄監生臣吳人驥

欽定四庫全書　子部二

何博士備論　兵家類

提要

臣等謹案何博士備論一卷宋何去非撰去非字正通浦城人元豐五年以特奏名廷試除右班殿直武學教授博士元祐四年以蘇軾薦換承奉郎五年出為徐州教授軾又奏進所撰備論薦為館職不果行是編即軾所奏進者軾狀稱二十八篇此本僅二十六篇蓋佚其二也去非本以對策論兵得官故是編皆評論古人用兵之作其文雄快踔厲風發泉涌去蘇氏父子為近蘇洵作六國論咎六國之賂秦蘇轍作六國論咎四國之不救去非所論乃兼二意其旨尤相近故軾屢稱之卷首惟載軾薦狀二篇所以誌是書之緣起也卷末有明歸有光跋深譏是論之謬且以元符政和之敗歸禍本於去非夫宋之釁由於用兵而致釁之由則起於狃習晏安廢弛武備驅不可用之兵而戰之故一試而敗再試而亡南渡以後卒積弱以至不振有光不咎宋之潰亂由士大夫不知兵而轉咎士之談兵明代通儒所見如是明所由亦以弱亡歟乾隆四十九年三月恭校上

總纂官臣紀昀臣陸錫熊臣孫士毅

總校官臣陸費墀

何博士備論薦狀

元祐四年正月日翰林學士朝奉郎知制誥兼侍讀蘇軾狀奏右臣伏見左侍禁何去非本以進士六舉到省元豐五年以特奏名御廷唱名先帝見其策對詞理優贍長於論兵因問去非願與不願武臣官去非不敢違聖意遂除右班殿直武學教授後遷博士今已八年嘗見其所著述材力有餘識度高遠其論歷代所以廢興成敗皆出人意表有補於世去非雖喜論兵然本儒者

不樂為武吏又其他文章無施不宜欲望聖慈特與換一文資仍令充太學博士以率勵學者稍振文律庶幾近古若後不如所舉臣等甘伏朝典謹錄奏聞伏候勅旨奉聖旨特授承事郎依舊武學博士

元祐五年十月十八日龍圖閣學士左朝奉郎知杭州蘇軾狀奏右臣自揣虛薄叨塵侍從常求勝己以為報國恭惟先皇帝道配周孔言成典謨雲漢之光藻飾萬物而臣子莫副其意蓋嘗當食不御有才難之歎伏見承事郎徐州州學教授何去非文章議論實有過人筆勢雄健得秦漢間風力元豐五年以累舉免解答策廷中極論用兵利害先帝覽而異之特授右班殿直使教授武學不久遂為博士臣揆聖意必將長育成就以待其用豈特以一博士期去非而已哉而去非立志强毅不苟合於當時公卿故莫為一言推轂成就之者臣任翰林學士日嘗具以此奏聞乞換文資置之太學雖蒙恩換承奉郎而今者乃出為徐州教授比于博士乃似

左遷非獨臣人微言輕不足取信亦恐朝廷不見其文章議論無以較量其人謹繕寫去非所著備論二十六篇附遞進上乞降付三省執政考覽如臣言不謬乞除一館職非獨以取羅逸才風曉士類亦以彰先帝知人之明一經題目決無虛士書之史策足為光華若後不如所舉臣甘伏朝典謹錄奏聞伏候勅旨

欽定四庫全書

何博士備論

宋　何去非　撰

六國論

秦得所以并天下之形而天下遂至於必可并六國有可以拒秦之勢而秦遂至於不可拒者豈秦為工於敵六國耶其禍在乎六國之君自戰其所可親而忘其所可讐故也秦之為國一而已矣而關東之國六焉計秦

之地居六國五之一校秦之兵當六國十之一以五一之地十一之兵而常擅其雄強以制天下之命者由其據形便之居俯扼天下之吭而踏其膺背於足股之下故也使六國之君知夫社稷之實禍在秦而相與致誠締交戮力以擯秦即秦誠巧於攻鬬則亦何能鞭笞六國使之駢首西嚮而事秦哉又況得以一二而吏滅之也蓋其不知慮此凡所以早朝而晏罷者皆其自相屠斃之謀此秦所以得收其獘而終為所擒也蓋六國之勢莫利於為縱莫害於為衡從合則安衡成則危必然之勢也方其為從於蘇秦也秦人不敢窺兵函谷關者十五年已而為衡於張儀而山東諸侯歲被秦禍日割地以求事秦之歡卒至於地盡而國為墟六國固嘗收合從之利矣然而終敗於為衡之害者其禍在乎自戰其所可親而忘其所可讐故也所謂戰所可親忘所可讐者秦人稍蠶食六國而并吏之則關東諸侯皆與國也宜情親勢合以謀抗秦然而齊楚自恃其強有并吞

燕趙韓魏之志而緩秦之禍燕趙韓魏自懲其弱有疑惡齊楚之心而脅秦之威是以衡人得而因之散敗從約秦以氣恐而勢喝之故人人震迫爭入賂秦唯恐其獨後之也曾不知齊楚雖強不足以致秦之畏而其所甚忌者獨在乎韓魏也韓魏者實諸侯之西蔽也勢能限秦而使之無東秦苟有以越之我得以制其後此秦之所忌使齊楚燕趙審夫社稷之實禍在秦而知韓魏之為蔽於我委國重而收親之固守從約併力一志以

譬虎狼之秦使其一下兵於六國則六國之師悉合而從之則秦甲不敢輕越函谷而山東安矣或曰韓魏者秦之錯壞也秦兵之加韓魏也戰於百里之內其加於四國也戰於千里之外韓魏之致秦兵近在乎一日之間而其待諸侯之救乃在乎三月之外秦攻韓魏既歸而休兵則四國之乘徼者尚未及知也今徒執虛契以役韓魏則秦人固將疾攻而力蹙之是使三國速被實禍而齊楚燕趙反居齒寒之憂非至計也噫齊楚燕趙

之民裹糧荷戟以應秦敵者無虛歲也然終不能紓秦患於一日四國誠能歲更各國之一軍命一偏將提之以合戍韓魏而佐其勢則是六國之師日萃於韓魏之郊仰關而伺秦秦誠勇者雖日辱而招之固不輕出而以腹背支敵矣夫蘇秦張儀雖其為術生於揣摩辨說之巧人皆賤之然其策畫之所出皆足以為諸侯之利害而成敗之蓋蘇秦不獲終見信於六國而張儀之志獨行於秦此六國之所以見并於秦也嗟乎使關東之國裂而為六者豈天所以終相秦乎向使關東之地合而為一以與秦人決機於韓魏之郊則勝負之勢蓋未可知使齊能因其資而遂并燕趙楚能因其資而遂并韓魏則鼎足之勢可成以其為國者六是以秦人得以間其歡而離其交終於一一而夷滅之悲夫

秦論

兵有攻有守善為兵者必知夫攻守之所宜故以攻則克以守則固當攻而守當守而攻均敗之道也方天下

交臂相與而事秦之强也秦人出甲以攻諸侯蓋將取之也圖攻以取人之國者所謂兼敵之師也及天下攘袂相率而叛秦之亂也秦人合卒以拒諸侯蓋將却之也圖拒以卻人之兵者所謂救敗之師也兼敵之師利於轉戰救敗之師利於固守兵之常勢也秦人據崤函之阻以臨山東自繆公以來常雄諸侯卒至於并天下而王之豈其君世賢耶亦以得乎形便之居故也二世之亂天下相與起而亡秦不數歲而為墟以二世之不

道顧秦亦足以亡然而使其知捐背叛之山東嚴兵拒關為自救之計雖以無道行之而山西千里之區猶可歲月保也不知慮此乃空國之師以屬章邯李由之徒越關千里以搏寇而為鄉日堂堂兼敵之師亦已悖矣方陳勝之首事而天下豪傑爭西嚮而誅秦也蓋振臂一呼而帶甲者百萬舉麾一號而下城者數十又類皆山林倔起之匹夫其存亡勝敗之機取決於一戰其鋒至鋭也而章邯之徒不知固守其所據以老其師乃提

孤軍棄大險渡江踰洛左馳右騖以嬰其西合之鋒卒至於敗而沛公之衆揚袖而下空函關雖二世之亂足以覆宗天下之勢足以夷秦而其亡遂至于如此之急者用兵之罪也夫秦役其民以從事於天下之日久矣而其民被二世之毒未深其勇於公闘樂於衛上之風聲氣俗猶在也而章邯之為兵也以攻則不足以守則有餘周文常率百萬之師傅於城下矣章邯三擊而三走之卒殺周文使其不遂縱以搏敵而坐關固守為救敗之師關東之土雖已分裂而全秦未潰也或曰七國之反漢也議者歸罪於呉楚以為不知杜成臯之口而漢將一日過成臯者數十輩遂至於敗亡今豪傑之叛秦而罪二世之越關搏戰何也嗟夫務論兵者不論其逆順之情與夫利害之勢則為兵亦踈矣夫秦有可亡之形而天下之衆亦鋭於亡秦是以豪傑之起者因民志也關東非為秦役矣漢無可叛之釁而天下之民無志于負漢則七國之起非民志矣天下皆為漢役者也

以不為秦役之關東則二世安得即其地而疾戰其民以方為漢役之天下則漢安得不趨其地而疾誅其君此戰守之所以異術也昔者賈誼司馬遷皆謂使子嬰有庸主之材僅得中佐則山西之地可全而有卒取失言之譏於後世彼二子者固非愚於事機者也亦惜夫秦有可全之勢耳雖然彼徒知秦有可全之勢而不知至於子嬰而秦之事去矣雖有太公之佐其如秦何哉

楚漢論

王天下者其資有三有以德得之有以力并之有以智取之得之以德者三代是也并之以力者秦人是也取之以智者劉漢是也蓋以力則不若智之勝以智則不若德之全至于項羽之爭天下也其所執者為何資耶德非羽之所得言者矣其於智力之資又加兩亡焉而後世之議乃曰項羽其亦不幸遇敵於漢而遂失之嗟夫雖微漢高帝則羽之於天下固將失之也漢王之於智蓋疎矣以其能得真智之所在此所以王項羽之於

力嘗强矣以其不知真力之所在此所以亡彼項羽以百戰百勝之氣蓋於一時手裂天下以王豪傑而宰制之自以天下莫能抗也觀其所賴以為資蓋有類乎者矣雖然彼之所謂力者内恃其身之勇叱咤震怒足以威匹夫外恃其衆之勁搏捽决戰足以呑敵人而已至於阻山河據形便俯首東瞰臨制天下保王業之固遺後世之强所謂真力者彼固莫之知也是以輕捐關中天險之勢燔燒屠戮以益其暴卒舉而遺之二三降虜

反懷區區之故楚而甚榮其歸乃曰富貴不歸故鄉如衣繡夜行誰能知者此特淺丈夫之量安足為志天下者道哉後之數羽之罪者皆曰奪漢王之關中負信義於天下此所以亡嗟夫使項氏無意於王而徒奪漢王之關中則謂其得罪於區區之信義可也如其有意於王而奪之是得計也惟其知奪而不知有此所以亡耳古者創業造邦之君而為是之為者可勝罪哉韓信未釋垓下之甲而高祖奪其兵不旋踵而又奪其齊然而

智者不非而義者不罪者以其為天下者重而負人者輕故也是以不顧意氣之微恩而全社稷之大計也漢高帝挾其在己之智術固無足以定天下而王之然天下卒歸之者蓋能收人之智而任之不疑也夫能因人之智而任之不疑則天下之智皆其資也此所謂真智者也又其所負者帝王之度故於其西遷也則曰吾亦欲東耳安能悒悒久居此乎此其與項羽異矣雖然使無智術之士以主其謀則天下之事亦去矣方其入關

乃封秦府藏還軍霸上其畫婉矣乃怵於妄議一旦拒關無納東兵以逆其衆集之鋒幾不免於項氏之暴使遂甲而驕之當其舒徐拱揖以得項王之歡心莫枕而王關中撫循其衆徐為後圖則天下不足定矣幸而猶獲漢中之遷因思歸之士并三秦定齊趙收信越以與項王親角者數歲僅乃得之向使項羽據關而王驅以東出使與韓彭田黥之徒分疆錯壤以弱其勢則關東之土尚可得兼哉信乎王者之興固有所謂驅除者也

晁錯論

古者持國任事有四臣焉杜患於未兆弭菑於未形者賢臣也禍結而排之使安難立而戡之使平者功臣也國安矣挈而錯之危世治矣汨而亂之者非愚臣即姦臣也蓋姦臣之不足者忠愚臣之不足者知忠知不足而持國任事禍之府也昔者晁錯嘗忠於漢矣而其知不足以任天下之大權也是以輕發七國之難而其身先戮於一人之言可不謂愚乎彼錯者為申韓之學銳氣而寡恩好謀而喜功之臣也自孝景之居東宮而錯說之以人主之術數也固以知寵之矣及其即位而以天下聽之彼挾其君之以天下聽之也欲就其所謂術數之効是以輕為而不疑決發而不顧卒以憂君危國幾成劉氏之大變而後世之士猶或知之獨子雲乃謂之愚子雲之愚錯也非以其知不足以衛身而愚之也亦以其不能杜七國未發之禍而故趣之於亂也東諸侯之勢誠强矣强而驕驕而反其理也然而束之而

使之無驕御之而使無反者豈固無術耶而錯之策曰削之不削皆且反也削之則反速而禍小不削則反遲而禍大是錯之術無他趣之以速反而已錯之所謂禍小者以吾朝削其地而暮得其民故也安有數十年拊循之民一旦而遂不為之役也吳王所發五十萬之衆者皆其削郡之民也連七國百萬之師西向而圖危關中乃曰禍小者真愚也夫七國之王獨吳少嘗軍旅為宿姦故惡其六王皆驕夫孱稚非有高材絶器挾智任術

足以就大計者其謀又非前締而宿合之也今一旦徜徉相視而起皆吳實迫之欲并以為東帝之資耳當孝文之世濞之不朝發於死子之隙而反端著矣賈誼固甞為之痛哭矣然而孝文一切包匿不窮其姦而以恩禮羈之是以迄孝文之世三十餘年而濞猶無他變也濞之反於孝景之三年而其王吳者四十三稔矣齒髮固已就衰而鄉之勇決之氣與夫驕悍之情窺覬之姦皆已沮釋矣今一旦奮國西嚮計不反顧者濞豈得已

哉有錯之鞭趣其後以起之也昔高帝之王濞者三郡且南面而撫其國者四十餘年錯之任事一旦而削其二郡楚趙諸齊皆以暗隱微慝奪其封國之半彼固知其地盡而要領隨之是以出於計之無聊為一決耳向使景帝襲孝文之寬假而恩禮有加焉而錯出於主父偃之策使諸侯皆得以其封地分侯支庶以弱其勢則濞亦何事乎白首稱兵冀所非望而楚趙諸齊不安南面之樂而甘為濞役也吳王反虜也固天人之所共棄

未有不至於敗滅者然亦幸其未為曉兵者也使其誠曉兵則關東非漢有而錯之罪可勝戮哉方濞之起也其謀於宿將則曰必先取梁其謀於新將則曰必先據洛二策者皆勝策也而吳王昧於所用故敗亡隨之其曰必先取梁者梁王親景帝之母弟國大而強北距泰山西高陽今釋梁不下而兵遂西則漢衝其膺梁擣其穴不戰而成擒矣此宿將以先取梁為功者圖全之策也所謂以正合者也洛陽阻山河之固扼西兵之衝積

武庫之械豐敖倉之粟今不疾據而徐行留攻則漢騎騰入梁楚之郊以覆之敗可立待也此新將以先據洛為功者立奇之策也所謂以奇勝者也二策者皆勝策也雖反國之虜無所恃之亦兵家之至數也幸其當時無以雙舉而並施之以教之也是以吳王用其攻梁而不用其據洛此所以亟敗也所謂雙舉而並施者銳師卷甲以趣洛陽重兵疾攻以覆梁都雖無能入關而山東舉矣知取梁而不知取洛則漢兵得以東下知據洛

而不知取梁則梁兵得以躡後使鋭師據洛而重兵攻梁洛已據則漢兵不能即東漢兵不東則必舉梁梁舉而山東定矣幸其不出於此乃屯聚而不分以壓梁壁梁未及下而亞夫之莗馳入滎陽而壁昌邑矣求戰不得欲去不可徬徨無所之而坐成擒故曰幸其未為曉兵者也向使吳王兩用其策而又假田禄伯以偏師提之以趨武關周兵長驅遂歷陽城之北反雖不遲而禍實大矣嗚呼孰謂鼂錯非真愚者哉

漢武帝論

兵有所必用雖虞舜太王所不欲固當舉之有所不必用雖蚩尤秦皇之不厭固當戢之古之人君有忘戰而惡兵其敝天下皆得以陵之故其勢蹙於弱而不能振有樂戰而窮兵其敝天下皆得以乘之故其勢斃於強而不知屈然則兵於人之國也有以用而危亦有以不用而殆矣西漢之興歴五君而至於孝武自高帝之起匹夫誅強秦蹙暴楚已而平反亂征不服迄終其世而天下伏尸流血者二十餘年呂后惠文乘天下初定與民休息深持柔仁不拔之德其於兵也固憚言而厭用之也可謂知天下之勢矣孝景之於漢也蓋威可抗而兵可形之時也然而即位未幾卒然當於七國之變故其志氣創艾亦姑安天下之無事未暇為天下之勢慮也然其為漢之勢亦浸以趨弱矣孝武以雄才大畧承三世涵育之澤知夫天下之勢將就弱而不振所當濟之以威強而抗武節之時也方是時也內無姦變之臣外無強偪之國而世為漢患者獨匈奴耳夫匈奴自楚

漢之起乘秦之亂復踐河南之地而其勢始強高帝曾以三十萬之衆困於白登之圍蓋士不食者七日已解而歸不思有以復之而和親始議矣高后被其嫚書之辱臨朝而震怒矣終之以婉辭順禮慰適其桀驁之情凡此者皆欲與民息肩姑置外之而不校也孝文之立其所以順悅輸遺者甚至飾遣宗女以固其歡蓋送車未返而寇已大舉深入矣候騎達於甘泉雍迫其後乍

親乍絶益為寇患至於近嚴霸上棘門細柳之屯以衛
京都以孝文之寛仁慎静攝衣發憤親駕而驅之者再
乃至乎輟飯搏髀而思頗牧之良能也孝景之世其所
以悦奉之情與夫遺給之數又加至矣然其寇侵之暴
㹓然其不止也由是觀之漢之於匈奴非深懲而大治
之則其為後患也可勝備哉是以孝武抗其英特之氣
選徒習騎擇命將帥先發而亟誅之蓋師行十年斬刈
殆盡名王貴人俘獲百數單于捧首窮遁漠北遂收兩

河之地而郡屬之剗四世之侵辱遺後嗣之安强至於
宣元成哀之世單于頓顙臣謁請期聽令以朝位次比
内諸侯雖曰勞師匱財而功烈之被遠矣使微孝武則
漢之所以世被其患其戍役轉餉以憂累縣官者可得
而預計哉甚矣昧者之議不知求夫天下之勢强弱之
任而猥曰文景為是慈儉愛民而武帝黷於兵師祈祀
至於秦皇同日而非詆之豈不痛哉使孝武不溺於文
成五利之姦以重耗天下攘虜之役止於衛霍之既死
而不窮貳師之兵則其功烈與周宣比隆矣

李陵論

善將將者不以其將予敵善為將者不以其身予敵主
以其將予敵而將不辭是制將也將以其身予敵而主
不禁是聽主也故聽主無斷而制將無權二者之失均
焉漢武召陵欲為貳師將輜重也而陵恥於屬人自以
所將皆荆楚勇士奇才劍客願得自當一隊以步卒五
千涉單于庭而無所事騎也夫所謂騎者匈奴之勝兵

長技也廣澤平野奔突馳踐出没千里非中國步兵所
能敵也以匈奴之强兵騎之衆居安待逸為致敵之主
而吾欲以數千之士擐甲負糧徒步深入策勞罷憊為
赴敵之客是陵輕委其身以予敵矣而漢武不之禁也
乃甚壯之而聽其行上無統帥而旁無援師使之窮十
日之力涉數千里之地以與虜角而兾其成功陵誠勇
矣雖其所以摧敗足以暴於天下卒以衆寡不敵身為
降虜辱國敗家為天下笑者是漢武以陵與敵也故曰

二者之失均焉法曰小敵之堅大敵之擒也陵提五千之士孤軍獨出當單于十萬之師轉鬬萬里安得不為其所擒也是以古之善戰者無幸勝而有常功計必勝而後戰是勝不可以幸得也度有功而後動是功可以常期也秦將取荆問其將李信曰度兵幾何而足信曰二十萬足矣以問王翦翦曰非六十萬不可秦君甚壯信而怯翦也遂以二十萬衆信將而行大喪其師而還秦君大怒自駕以請王翦翦曰必欲用臣顧非六十萬

人不可也秦王曰謹受命翦遂將之卒破荆而滅之焉冒頓單于嫚辱呂后漢之君臣廷議欲斬其使遂舉兵擊之樊噲請曰願得十萬衆橫行匈奴中季布曰噲可斬也昔高祖以四十萬衆困於平城噲柰何欲以十萬衆橫行匈奴也呂后大悟遂罷其議向使王翦狥秦君以將予敵而不辭呂后聽樊噲以身予敵而不禁則二將之禍可勝悔哉夫李廣李陵皆山西之英將也材武善戰能得士死力然輕暴易敵可以屬人難以專將世主者茍能因其材而任之使奮勵氣節霆擊鷙搏則前無堅敵而功可期矣漢武皆乖其所任二人者終僨覆而不濟身辱名敗可不惜哉大將軍衛青之大擊匈奴也以廣為前將軍青徙廣出東道少回遠乏水草廣請於上曰臣部為前將軍令臣出東道臣結髪與匈奴戰乃今一得當單于臣願居前先死單于而青陰受上旨以廣數奇無令當單于恐不得所欲廣遂出東道卒以失期自殺夫以廣之材勇得從大將軍全師之出其勝

氣已倍矣又獲居前以當單于此其志得所逞宜有以自效無復平日之不偶也柰何獨摧擯之使其枉道他出遂死于悒悒而天下皆深哀焉至若陵也又聽其以身予敵而棄之匈奴僥倖於或勝及其以敗聞徒延首傾耳望其死敵而已無他悔惜也嗟夫漢武之於李氏不得為無負也蓋用廣者失於周而用陵者失於易其所以喪之者一也賈復中興之名將也世祖以其壯勇輕敵而敢深入不令別將遠征常自從之故復卒以勳

名自終蓋壯勇輕敵者可以自從而别將遠征之所深忌也觀貫復之所以為將無以異於陵廣也而世祖不令别將遠征常以自從者是明以知復而得所以馭之之術也故卒收其效而全其軀不然則復也亦殞於敵矣嗚呼任人若世祖者幾希矣

李廣論

先王之政不求狥人之私情而求當天下之正義正義之立在國為法制在軍為紀律治國而緩法制者亡理

軍而廢紀律者敗法制非人情之所安然吾必驅之使就者所以齊萬民也紀律非士心之所樂然吾必督之使循者所以嚴三軍也昔者李廣之為將軍其材氣超絶漢之邊將無出其右者自漢師之加匈奴廣未嘗不任其事蓋以兵居郡者四十餘年以將軍出塞者嵗相繼也而大小之戰也十餘遇以漢武之厚於賞功自衛霍之出斬虜而取侯封者數十百人廣之吏士侯者亦且數輩而廣每至於敗衄廢罷無尺寸之功以取封爵卒以失律自裁以當幕府之責當時後世之士莫不共惜其材而深哀其不偶也竊嘗究之以廣之能而遂至於此者由其治軍不用紀律此所以勲烈爵賞皆所不與而又繼之以死也夫士有死將之恩有死將之令知死恩而不知死令常至於驕知死令而不知死恩常至於怨善於將者使有以死吾之恩又有以死吾之令可百戰而百勝也雖然死恩者私也死令者職也士未有以致其私而有以致其職者可戰也未有以致其職而有以致其私者未可戰也蓋私者在士而職者在將在

士者難恃在將者可必故也夫部曲行陣屯營頓舍與夫晝夜之警嚴符籍之管攝皆所謂軍之紀律雖百夫之率不可一日輒廢而緩於申嚴約束者也故以守則整而不犯以戰則肅而用命今廣之治軍欲其人人之自安利也至于部曲頓舍警嚴管攝一切弛畧以便其私而專為恩所謂軍之紀律者未嘗用也故當時稱其寛緩不苛士皆愛樂而程不識乃謂士雖佚樂為之死

敵然虜卒犯之無之禁也此其恩不加令而功之難名也士誠樂死之矣然其紀律之不戒者亦所以取敗也故曰厚而不能令譬如驕子不可用也昔者司馬穰苴卒然擢於閭伍之間而將齊軍一申令於莊賈而三軍之士莫不奮爭為之赴戰遂一舉而摧燕晉之師彭越起於羣盜百人之聚其所率者皆平日之等夷一旦號令斬其後期衆皆莫敢仰視遂以其兵起為侯王卒佐高祖平一天下二人者豈獲所謂素撫循之師者哉以

其得治軍之紀律能使夫三軍之士必死於令故也廣不求諸此乃從妄人之談而深自罪悔於殺已降以為禍蓋莫大於此者亦已疎矣

霍去病論

天之所與不可强而甚高者材也性之所受不可習而甚明者智也以天下無可强之材可習之智則凡大智有以大過於人者皆天之所以私被之也天下之事莫神於兵天下之能莫巧於戰以其神也故溫恭信厚盛德之君子有所不能知以其巧也而桀惡欺譎不羈之小人常有以獨辦由是觀之凡材智之高明而自得以兵之妙用者皆天之所資也昔者漢武之有事于匈奴也其世家宿將交於塞下而衛青起於賤隸去病奮於驕童轉戰萬里無嚮不克聲威功烈震於天下雖古之名將無以過之二人者之能豈出於素習耶亦天之所資也是以漢武欲教去病以孫吳之書乃曰顧方畧何如耳不至學古兵法信哉兵之不可以法傳也昔之人

無言焉而去病發之此足知其為曉兵矣夫以兵可以無法而人可以無學也蓋兵未嘗不出於法而法未嘗能盡於兵以其必出於法故人不可以不學然法之所得而傳者其粗也以其不盡於兵故人不可以專守蓋法之無得而傳者其妙也法有定論而兵無常形一日之內一陣之間離合取舍其變無窮一移踵瞬目而兵形定矣守一定之書以應無窮之敵則勝負之數戾矣是以古之善為兵者不以法為守而以法為用常能緣

法而生法與夫離法而會法順求之於古而逆施之於今仰取之於人而俯變之於己人以之死而我以之生人以之敗而我以之勝視之若拙而卒為工察之若愚而適為智運奇合變既勝而不以語人則人亦莫知其所以然者此去病之不求深學而自顧方畧之如何也夫歸師勿遏曹公所以敗張繡也皇甫嵩犯之而破王國窮寇勿迫趙充國所以緩先零也唐太宗犯之而降薛仁杲百里而爭利者蹶上將孫臏所以殺龐涓也趙

奢犯之而破秦軍賈詡犯之而破叛羌強而避之周亞夫所以不擊吳軍之銳也光武犯之而破尋邑石勒犯之而敗箕澹兵少而勢分者敗黥布所以覆楚軍也曹公用之拒袁紹而斬顏良臨敵而易將者危騎劫所以喪燕師也秦君用之將白起而破趙括薛公策黥布以三計知其必棄上中而用其下賈詡策張繡以精兵追退軍而敗以敗軍擊勝卒而勝宋武先料譙縱我之出其不意然後攻彼之所不意李光弼暫出野次急馬而歸即降思明之二將凡此者皆非法之所得膠而書之所能教也然而善者用之其巧如是此果不在乎祖其緒餘而專守也趙括之能讀父書詳矣而藺相謂徒能讀之而不知合變也故其於論兵雖父奢無以難之然奢不以為能而逆知其必敗趙軍者以書之無益於括而妙之在我者不特非書之所不能傳而亦非吾心之能逆定於未戰之日也昔之以兵為書者無若孫武武之所可以教人者備矣其所不可者雖武亦無得而預

言之而惟人之所自求也故其言曰兵家之勝不可先傳又曰奇正之變不可勝窮又曰人皆知我所勝之形而莫知我所以制勝之形故其戰勝不復而應形於無窮善學武者因諸此而自求之乃所謂方略也去病之不求深學者亦在乎此而已嗟乎孰謂孫吳之遺言以人之空言求合乎其所以疑而不求其所不可教乃因謂之妄者亦已妄矣

劉伯升論

古之豪傑遭天下之變亂慨然而起皆有拯民撥亂之志其兵力威勢亦足以就功成業者已而一旦肝腦屠潰於庸夫孺子之手曾不少悟為天下笑者何也恬氣而易人矜衆而易禍卒然而發於心意之所不及故也昔者王莽之盜漢也而劉氏宗屬誅夷廢錮救死不暇而其存者皆孱駑不肖習為佞媚苟生而已獨伯升憤然有興復絶緒之志收結輕俠起以誅莽雖莽亦深憚之方其起也獨率舂陵子弟八千人乃誘合新市平林

數千之兵以助其勢而光武之衆亦倡於宛是以斬甄阜梁丘賜而破嚴尤陳茂之師不數月而衆至十萬其勢振矣於是豪傑相與議立漢帝以從人望其意固在乎伯升也而新市平林憚其威明且樂更始之懦弛也遂定策立之伯升爭之而不得也已而伯升拔宛光武大破尋邑百萬之衆更始君臣愈不自安遂誅伯升嗟乎伯升之志固大矣而其死也愚夫且及知之而伯升之不悟也夫新市平林之將帥故羣盜耳方吾之起而藉其兵已而連郤大敵而擁衆十萬者功在我也人以其功而欲崇立之新市平林之不樂也舉已屬之駑弱之更始則三軍之權不在伯升而在乎新市平林矣權分於人而又固爭更始之立宜其不旋踵而誅矣昔者呂后之欲王諸呂也以問其相王陵陳平王陵力爭而陳平可之夫王陵之爭將欲以安漢而權諸呂也不知陳平之可者乃所以安漢而權諸呂也伯升所拒更始之立者王陵之爭也非所以自安矣雖然伯升之心固未嘗忘新市平林之於更始也惜其撫機而不知發而

為人發之此其死而不悟也宋義之令軍中曰猛如虎狠如羊貪如狼強不可使者斬之其意固在乎項羽也羽知其意之在我也是以先發而誅之使其不先發即羽亦誅矣伯升以新市平林之為附我是以德之而未忍負之也孰若蜀先主之於劉璋李密之於翟氏也璋舉全蜀倚先主先主遂取之以為鼎足之資人不非其負璋而與其得取蜀之機也密始臣於翟氏翟自以其

才之不逮密也推而主之已而微有間言密即誅之其權遂一而兵以大振使伯升乘舉宛之威而又因世祖破尋邑之勢勒兵誓師以戮新市平林之驕蹇而黜更始則中興之業不在世祖矣嗟乎伯升之不忍者亦婦人之仁耳古之求集大事者常不忍於負人而終為人之所負者以其相伺之機間不容髮故也世祖之連兵決戰不及伯升而深謀至計乃甚過之蓋伯升類項羽而世祖類高皇此所以定天下而復大業也始伯升之

見殺而世祖馳詣更始逡巡引過深自咎謝不為戚傷是以更始信而任之卒至摧王郎定河北其資成矣乃徐正其位號遂以其兵西加更始而定長安使其遂形憤怏不平於伯升之禍則亦併誅而已矣

漢光武論

師不必衆也而効命者克士無加勇也而致死者勝古之人有以衆而敗有以寡而勝者王尋王邑以百萬而敗於三千之光武曹公以八十萬而敗於三萬之周瑜苻堅以百萬而敗於八千之謝安是也夫率師百萬以臨數千之軍者必勝之軍也然有時而至於敗者驕吾所以必勝而以輕敵敗也提卒數千以當百萬之衆者必敗之道也然有時而至於勝者奮吾所以必敗而以致死勝也夫兵多在敵者智將之所貪而愚將之所懼也兵寡在我者愚將之所危而智將之所安也多固可懼而我貪之恃吾可以覆其驕也少固可危而我安之恃吾有以激其奮也提數千之兵以抗大敵使人人自

致其死而忘其為數千之弱者易能也連百萬之衆以臨小敵使人人各効其命而忘其為百萬之強者難能也何則弱則思奮而強則易懈故也弱而奮則奮者其氣也強而懈則懈者其情也於氣則易棄於情則難率因易乘之氣而激之故有以寡而勝者矣就難率之情而驅之故有以多而敗者矣是以古之善論將者必知其所以勝任之多寡苟非所勝任雖多而累矣韓信以高祖之所勝將者十萬耳而其自謂則雖多而益辦也

是以古之善將者其用百萬如役一人分數旣定形名旣
飾節制素明威賞素著有術以用其鋒故也趙括一用
趙人四十萬束手而就長平之坑者敗於衆也王翦必
用秦軍六十萬然後取勝於荆者辨於多也漢高祖嘗
一大用其軍矣𠜇五諸侯之兵合六十萬以攻楚也而
項羽逡巡以三萬之鋭起而覆之濉水為之不流此將
逾其分而韓信之所憂也曹公之於兵也巧譎奇變離
合出沒其應無窮白首於兵未嘗不以少敵衆也卒喪

赤壁之師而成劉備周瑜之名者驕荆州之勝恃水陸
之衆而敗於懈也方尋邑百萬之衆以厭昆陽其視狐
城之内外者皆几上肉也然而光武合數千之卒申之
以必死之誓激之以求生之奮身先而搏之則其反視
尋邑之衆者皆几上肉也是以勝雖然是役也人以其
為光武之能事而莫知其所以為能事也唯諸將觀其
生平見小敵怯見大敵勇也皆竊怪之而不知光武為
是勇怯者乃所謂能事而皆以求勝也夫怯於小敵者
其真情也勇於大敵者其權術也敵小而怯怯而戒戒
而勵勝之道也敵大而勇勇而決決而奮亦勝之道也
於敵之小而示之其真情是以不易勝之也於敵之大
而用其權術是以不畏勝之也光武非特能以少敗衆
也固又至於多而益辨也嗚呼光武之於取天下者亦
何獨不出於真情之與權術歟顧人莫之測耳始伯升
之結賔客喜士規以誅莽以復劉氏而世祖乃獨事田
業勤稼穡而已故伯升比之高祖兄仲而人亦以謹厚

目之不意其有他也及其部勒賔客絳衣大冠而起于
宛則勇決之氣又有過於伯升者焉夫光武意之所以
在莽者豈一日之閒耶然於莽之世而為伯升之所為
者固亦危矣是以光武之獨事田業為謹厚者其權術
也卒然而起絳衣大冠者其真情也故伯升首事而光
武收之嗚呼英雄若世祖者為難及也

魏論上

昔者東漢之微豪傑並起而爭天下人各操其所爭之

資蓋二袁以勢呂布以勇而曹公以智劉備孫權各挾乎智勇之微而不全者也夫兵以勢舉者勢傾則潰戰以勇合者勇竭則擒惟能應之以智則常以全强而制其二者之弊是以袁呂皆失而曹公收之劉備孫權僅獲自全於區區之一隅也方二袁之起藉其世資以安夫以紹舉四州之衆南向而逼官渡術據南陽以擾江淮遂竊大號呂布驍勇轉鬬無前而爭兗州方是之時天下之視曹公疑不復振而人之所以爭附而樂赴者

袁呂而已而曹公逡巡獨以其智起而應之奮盈萬之旅北摧袁紹而定燕冀合三縣之衆東擒呂布而收濟兖賦袁術於淮左徬徨無歸遂以奔死而曹公智畫之出常若有餘而不少困彼之所謂勢與勇者一旦潰敗皆不勝支然後天下始服曹公之為無敵而以袁呂為不足恃也至於彼之任勢與力及夫各挾智勇之不全者亦皆以曹公之獨以智强而未易敵也故常內憚而共賦之唯曹公自恃其智之足以鞭笞天下而服役之

也故常視敵甚輕為無足虞於其東征劉備也袁紹欲躡之於其官渡之相持也孫權欲襲之於其北征烏桓也劉備欲乘之三役者皆所以致兵招冦而窺伺間隙者所起之時也然而曹公晏然不為之深憂而易計者亦失於負智輕敵之已甚是以數乘危而儌倖也雖然於勢不得不起者蓋劉備在所必征袁紹在所必拒然又其近在於徐州之與官渡使其人之謀我而我亦將有以應之未有乎顛沛也至於烏桓之役則其輕敵速

寇而未免禍敗者固無殆於此時也夫袁紹雖非曹公之敵亦所謂一時之豪傑橫大河之北奄四州之土南向而爭天下一旦摧敗卒以憂死而其二子孱駑不肖曹公折箠而驅之北走烏桓以茍歲月之命雖未就梟戮亦可知其無能為矣方是之時中土未安幽冀新附而孫權劉備覘伺其後獨未得其機以發之耳而操方窮其兵力遠即塞北以從事於三郡烏桓為不急之役以徼倖於一決可謂至危矣使劉表少辦事機而備之

謀得逞舉荊州之衆卷甲而乘許下之虛則魏之本根撥矣曹公雖還而大河之南非復魏有矣然則操之數爲此舉而蔑復顧者特其智之足以逆制於人而易之也夫官渡徐州之役在勢有不得不應雖易之可也今提兵萬里後皆寇讐而前向塞北且甚易之而不顧者亦已大失計矣劉備之不得舉者天所以相魏耳嗟乎人惟智之難能苟惟獲乎難能之智加審處而慎用之則無所不濟今乃恃之以易人則其與不智者何異曹

公所以屢蹈禍機而幸免者天實全之耳後之人無求祖乎曹公而謂天下之可易也矣

魏論下

言兵無若孫武用兵無若韓信曹公武雖以兵爲書而不甚見於其所自用韓信不自爲書曹公雖爲而不見於後世然而傳稱二人者之學皆出於武是以能神於用而不窮竊嘗究之武之十三篇天下之學兵者所通誦也使其皆知所以用之則後世孰不爲韓曹也以韓曹未有繼於後世則凡得武之書伏而讀之者未必皆能辦於戰也武之書韓曹之術皆在焉使武之書不傳則二人者之爲兵固不戾乎武之所欲言者至其所以因事設奇用而不窮者雖武之言有所未能盡也驅市人白徒而置之若地惟若韓信者然後能斬陳餘遏其歸師而與之死地戰惟若曹公者然後能克張繡此武之所以寓其妙固有待乎韓曹之傳也諸衆圖勝而人莫之能知既勝而復誦以語人人亦從而信之不疑此

韓信曹公無窮之變詐不獨用於敵而亦自用於其軍也蓋軍之所恃者將將之所恃者氣以屢勝之將持必勝之氣以臨三軍則三軍之士氣定而神安雖有大敵故嘗吞而勝之韓信以數萬之衆當趙之二十萬非脆敵也乃令裨將傳食曰破趙而後會食信策趙爲必敗可也而曰必破而後會食者可豫期哉使誠有以破趙雖食而戰未爲失趙之敗也然而韓信爲此者以至寡而當至衆危道也故示之以必勝之氣與夫至暇之情

所以寧士心而作之戰也曹公之征關中馬超韓遂之所糾合以拒公者皆劇賊也每賊一部至公輒有喜色賊既破諸將問其故答曰關中長遠若賊各據險征之不一二年不可定也今其皆集可一舉而滅之是以喜耳袁紹追公於延津公使登壘而望之曰可五六百騎有頃復白騎積多步兵不可勝計公曰勿復白乃令解鞍縱馬待馬有頃縱兵擊之遂大破紹斬其二將夫敵多而懼者人之情也以曹公之勇而形之以懼則其下

震矣故以偽喜偽安示之衆恃公之所喜與安也則畏心不生而勇亦自倍此所以勝之也故用兵之妙不獨以詐敵而又以愚吾士卒之耳目也昔者創業造邦之君蓋莫盛於漢之高皇考其平日之智勇實無以逮其良平信越之佐然其崛起曾不累年誅秦覆楚遂奄天下而王之曹公之資機警挾漢以令天下其行兵用師決機合變當日無與其儷也然卒老於軍不能平一吳蜀此其故何也議者以為持法嚴忍諸將計畫有出於己右者皆以法夷之故人舊怨無一免者此所以不濟嗟夫曹公殘刻少恩必報睚眦之怨真有之矣至此謀夫策士收攬聽任固亦不遺未嘗深負之也蓋嘗自詭以帝王之志業期有以欺眩後世然稽其才畧蓋亦韓信之等夷而其遇天下之變無以異於劉項之際劉備孫權皆以人豪因時乘變保據一隅而公之諸將皆非其敵至於鞭笞中原以基大業皆公自為之而老期迫矣此其為烈與漢異也

司馬仲達論

昔之君臣相擇相遇天下擾攘之日君未嘗不欲其臣之才臣未嘗不欲其君之明臣既才矣而其君嘗至於甚忌君既明矣而其臣嘗至於甚憚者何也君非有惡於臣而忌之也忌其權畧之足以貳於我也臣非有外於君而憚之也憚其剛忍之足以不容於我也此忌憚之所由生也雖然君固有所不忌以其得無所當忌之臣臣固有所不憚以其得無所當憚之君昔者蜀先主

之與諸葛孔明苻堅之與王猛是也至於曹公之於司馬仲達則忌憚之情不得不生矣非仲達不足以致曹公之忌非曹公不足以致仲達之憚天下之士不應曹公之命者多矣而仲達一不起已將收而治之矣仲達之不起因疑其不為已容曹公之欲治固疑其不為已用此相期於其始者固已不盡君臣之誠矣則忌憚何從而不生也雖然仲達處之卒至乎曹公無所甚忌仲達無所甚憚者此所以為人豪以威夫取魏之資也人

之挾數任術若荀文若者幾希矣蓋曹公之策士而倚之為蓍龜者也公之欲遷漢祚也於其始萌諸心而仲達啟之以中其欲於其既形於迹而文若沮之以悖其情已而文若出於直言而不能救其誅仲達卒為之腹心而遂去其憚方曹公之鞭笞天下求集大業也將帥四出無一日而釋甲而仲達獨以其身雍容治務而已未嘗一求將其兵雖公亦不以為能而求使之迨公之亡始制其兵出奇應變奄忽若神無往不殄雖曹公有所不逮焉魏文固已無忌仲達固已無憚天下始甚畏之猶公之不亡也由是觀之仲達之以術畧自將其身者可得而窺哉奈何諸葛孔明欲以其至誠大義之懷數出其兵求與之決於一戰以定魏蜀之存亡哉仲達孔明皆所謂人傑者也渭南之役人皆惜亮之死以為不見夫二人者決勝負於此舉也亮之僑軍利在速戰仲達持重不應以老其師而求乘其弊亮以巾幗遺之欲激其應仲達表求決戰魏君乃遣辛毗杖節制之亮

以仲達無意於戰其請於君徒示武於衆耳嗟夫謂仲達之請戰以示武於衆者則或有之謂其有所終畏而無意於一決者亦非也雖然使辛毗不至則仲達固將不戰也仲達之所求者克敵而已今以一辱不待其可戰之機乃悻然輕用其衆為忿懥之師安足為仲達也晉之朱伺號為善戰人或問之伺曰人不能忍而我能忍是以勝之豈以仲達而無朱伺之量耶察其所以誅曹爽者足見其能忍而待也故其策亮曰亮志大而不

見機多謀而少決好兵而無權雖提卒十萬已墮吾畫中破之必矣此仲達之志也亮之始出也仲達語諸將曰亮無勇者當出武功依山而東若西上五丈原則諸軍無事矣昔曹公攻鄴袁尚以兵救之諸將皆以歸師勿遏當避之公曰尚從大道來且避之若循西山則成擒耳尚果循西山一戰擒之盧循反攻建鄴宋武策之曰賊若新亭直上且當避之回泊蔡洲則成擒耳循果泊蔡洲一戰而走之亮之趨原與袁尚之循西山盧循

之泊蔡洲等耳蓋銳氣已奪固將畏而避之不足為人之所畏避此三君者所以易而吞之也亮常歲之出其兵不過數萬不以敗還輒以饑退今千里負糧餉師十萬坐而求戰者十旬矣仲達提秦雄之勁卒以不應而老其師者豈徒然哉將求全於一勝也然而孔明既死蜀師引還而仲達不窮追之者蓋不虞孔明之死其士尚飽而軍未有變蜀道阻而易伏疑其僞退以誘我也向使孔明之不死而斃於相持則仲達之志得矣或者謂仲達之權詭不足以當孔明之節制此腐儒守經之談不足為曉機者道也

鄧艾論

事物之理可以情通而不可以迹係通之以情則有以適變而應乎聖人所與之權係之以迹則無以制宜而入乎聖人所疾之固是以天下事功之成常出於權而其不濟常至於固夫以人為是而求踐之不知所以踐者於今為非以人為非而求矯之不知所以矯者於今

為是是皆不求通之於今日之情而係之以既往之迹故其所以踐與矯者適足以為禍悔之資也昔衛青之擊匈奴其裨將蘇建盡亡其軍於今當斬青以不敢專誅於外囚建送之人皆多青之不擅權得所以為臣與師之順道也皇甫嵩討賊梁州董卓副之賊平詔卓以兵屬嵩卓不受詔挾兵睥睨人皆勸嵩誅之嵩不欲其專誅於外也而以狀聞卓因遂其兇逆卒以不制夫嵩之舍卓者非出於他也蓋以衛青不戮蘇建獲恭厚之

釁遂係迹而求踐之不知所以舍卓者於今為縱寇也鄧艾之伐蜀也出於萬死不顧一生之計乘危決命卒俘劉禪可謂功矣然其心氣潤畧以為閫外之任當制威賞乃大專拜假至欲擅王劉禪留西不遣雖司馬文王以順諭之猶不見聽是以鍾會得入其間以及於誅而不悟也夫艾之專制者非出於他也蓋以皇甫嵩當要釁求全而失於董卓故蹈後悔遂係迹而求矯之不知所以矯嵩者於今為召禍也是皆不求通之於今日

之情而專係乎既往之迹此所以不自知夫禍悔之集也觀艾之為將也急於智名而銳於勇功喜邀前利而忘顧後患者也艾常以是勝敵矣而卒結禍于其身者亦以此也始鍾會以十萬之勁而趨劍閣姜維以摧折之師僨於奔命雖能拒扼而終非堅敵也艾為主帥不務以全策縻之乃獨以其兵萬人自陰平邪徑而趨江油以襲劉禪蓋出其不意而行無人之境七百餘里鑿山險治橋閣巖谷峻絶士皆攀緣崖木投墜而下又糧

運不至而艾至於以氊自裹轉運而下嗚呼可謂危矣士皆殊死決戰僅獲破諸葛瞻之師而劉禪悸迫即時束手使禪獨忍數日之不降以待援師之集則艾為以肉餧餓虎矣艾一不濟則鍾會十萬之師可傳呼而潰矣艾以其身為僥倖之舉者乃求生救敗之計非所謂取亂侮亡之師而亦非大將自任之至數也是役也非艾無以取勝於速而其勝也有出於幸使其不幸而至於潰敗者亦艾致也夫奇兵之道將以掩覆於其外必

有以應聽於其內然後可以勝期而功會也唐李愬之入蔡以取吳元濟也以其有李祐之為鄉道故也使其無應聽之主則愬亦何能乘危而僥倖也西漢中興之名將無若趙充國史稱其沈勇有大畧觀其為兵期於克敵而已每以全師保勝為策未嘗苟競於一戰故其居軍無顯赫殲滅之効卒至勝敵於股掌之上安邊定寇皆其出畫而獨收其成勳他將無與焉幾於所謂無智勇功名之善者也由是觀之艾之所以不免者亦其

操術之致然也

吴論

古之豪傑有功業之大志其才力雖足有以取濟而無謀夫策士合奇集智以更輔其不逮使無失乎事機之會則往往功敗業棄而為徒發者皆是也昔東漢董卓之變豪傑相視而起於中州者若袁曹劉吕皆負其姦豪之姿求因時乘變以濟所欲特孫堅激其忠勇投袂特起於區區之下郡奮以誅卓雖卓亦獨憚而避之惜

乎三失大機而功業不就卒以輕敵遂殞其身由無謀夫策士以發其智慮之所不及故也始堅以義從之士起於長沙北至南陽衆已數萬南陽太守不時調給堅責以稽停義師按軍律而誅之人大震服南陽民籍且數百萬兵强食阜而堅不遂據之以治軍整卒命一偏將西趨武關以震三輔身扼成臯而定鞏洛迎天子而奉之仗順討逆以濟其志乃反棄去而袁術得以起而收於羈旅之中以為已資遂以驕肆此堅之一失也夫

董卓之强天下畏之袁紹曹公相與歃血而起者凡十一將皆擁據州郡衆合數萬然無敢先發以向卓者獨曹公與其偏將遇遂以敗北而堅獨以其兵趨之合戰陽人大破其軍集其銳將卓深震憚乃遣腹心詣堅和親咸令疏其子弟勝刺史郡守者悉表用之向使堅陽合而陰離之差其宗親苟勝軍事者皆列疏與馬使得各據土權兵以大其勢徐四起而蹙之則其取卓易於反掌不知出此乃怒辱其使誓必誅卓使之憤懼遂殘

汙洛陽劫持天子西引入關以避其鋒而窮其毒此堅之二失也夫兵以義動者其勢足以特立則何至於附人苟惟不能而有所附必其德義足以為天下之所歸往者然後從之袁術徒膺藉世資以役天下其驕豪不武非託身之主也堅已驅卓而修復雒陽之殘壞不能阻山河之固因形勢之便以觀天下之變乃還軍魯陽聽役於術為之崎嶇轉戰以搏黄祖卒隕其身於襄漢之間無異士伍此堅之三失也夫一舉事而三失隨之

則其功業遠矣孫策壯武術畧過於其父又有周瑜魯肅之傳以輔其起惜乎堅之不善基也使其不得奮於中原以競天下然策一舉而遂收江東為鼎足之資使其不死當為魏之大患策之不得起於中原非其智力之不逮蓋袁紹已據河北曹公已收河南獨無隙以投之故也以劉備之間關轉戰至於白首不獲中州一塊之壤以寓其足而策乃能以敝兵千餘渡江轉鬬不數歲而席卷江東此其過備遠矣權之勇決進取無以逺

其父兄然審機察變持保江東於權有焉夫三國之形雖號鼎足而其雌雄强弱固有所在魏雖不能遂并天下蓋不失其為强雄吳蜀雖能各據其國然不免為雌弱權惟能知乎此是以內加撫循而外加備禦而已時有出師動衆以示武警敵者北不逾合淝而西不過襄陽未嘗大舉輕發以求徼倖於魏而魏人之加於我亦甞有以拒之未嘗困折是以終權之世而江東安由是觀之則權之為謀審於諸葛武侯之用蜀矣

蜀論

或曰劉備之爭天下也不因中原而西入巴蜀此所以據非其地而卒以不振歟曰有之也備非特委中原而趨巴蜀也亦爭之不可得然後委之而西入耳備之西者由智窮力憊蓋晚而後出於其勢之不得已也方其豪傑並起而備已與之周旋於中原矣始得徐州而呂布奪之中得豫州而曹公奪之晚得荆州而孫權奪之備將興復劉氏之大業其志未嘗一日而忘中州也然

卒無以暫寓其足委而西入者有曹操孫權之兵軋之備之既失豫州而南依劉表也始得孔明於羈窮困蹙之際而孔明始導之以取荆取益而自為資孔明豈以中州為不足取而以區區荆益之一隅足以有為耶亦以魏制中原吳擅江左天下之未為吳魏者荆益而已顧備不取此則無所歸者故也是以一敗曹公而遂收荆州繼遂劉璋而取益州者孔明之畧也雖然孔明之於二州也得所以取之而失所以用之至於遂亡荆

州而勞用蜀民功業亦以不就良有以也夫荆州之壤界於吳蜀之間而二國之所以爭者也自其勢而言之吳而爭荆則近而順以蜀而爭荆則遠而艱蜀之不能有荆猶魏之不能有漢中也是以先主朝得益州而孫權暮求其荆州權之求之也非以備之得蜀而無事乎荆也亦以其自蜀而爭之不若乎吳之爭故也故直求之者所以示吾有以收之也蓋備一不聽而權已奪其三郡備無以爭而中分界之以分裂不全之荆州而有

孫權之窺聽其後為之鎮撫則安動復則危亮不察此而恃關侯之勇使舉其衆以北侵魏之襄陽故孫權起躡其後梟關而盡爭其荆州此孔明失於所以用荆也然後備之所有獨岷益耳雖然地僻而固魏人不敢輕加之兵而鼎足之形遂成使備之不西而惟徘徊於中州則亦不知所以税駕矣備之既死舉國而屬之孔明孔明有立功之志而無成功之量有合衆之仁而無用衆之志故嘗數動其衆而亟於立功功每不就而衆已疲此孔明失於所以用蜀也夫蜀之為國巖僻而固非圖天下者之所必爭然亦未嘗不忌其動以其有以窺天下之變出而乘之也雖然蜀之與魏其為大小强弱之勢蓋可見矣曹公雖死而魏未有變又有司馬仲達以制其兵孔明於此不能因備之亡深自抑弱以盈怠其心使其無意於我勵兵儲粟伺其一旦之變因河渭之上流裹糧卷甲起而乘之則莫不得志乃以區區新造之蜀倡為仁義之師强天下以思漢日引而北以求

吞魏而復劉氏故常千里負糧以邀一日之戰不以敗還即以饑退此其亟於有功而忘其量以待之也善為兵者攻其所必應擊其所不備而取勝也皆出於奇孔明連歲之出而魏人每雍容不應以老其師遂至於徒歸而又以吾小弱而向强大未嘗出於可勝之奇蜀師每出魏延常請萬兵趨他道以為奇亮每拒之而延深以憤惋孔明之出者六蓋嘗一用其奇矣聲言由斜谷而遂攻祁山以出魏人之不意一旦而降其三郡關輔

大震卒以失律自喪其師奇之不可廢於兵也如此而孔明之不務此也此銳於動衆而無其智以用之也嗚呼非湯武之師而惡夫出奇卒以喪敗其衆者可屢為哉雖然孔明不可謂非其賢者也要之黠數無方以當司馬仲達則非敵故也范蠡之謂勾踐曰兵甲之事種不如蠡鎮撫國家親附百姓蠡不如種范蠡自知其所長而亦不強於其所短是以能濟孔明之於蜀大夫種之任也今以種蠡之事一身而二任之此其所以不獲

兩濟者也

陸機論

埽境內之衆而屬人以將持疏遠之身而將人之兵於君臣授受之際皆危機也善任將者不以其兵輕屬於人善為將者不以其身輕任其寄君必有以深得於臣而使之將臣必有以深得於君而為其將故武事可立而戰功可收君臣皆獲令名於天下古之人有行之者孫武之於吳王闔閭田穰苴之於齊景公周亞夫之於漢文帝是也始吳以兵法干吳王也王試之以婦人武即因其所以試我者探其心而占之其意已在乎二姬之首也二姬王之所甚愛者武固知夫深宮之婦人且安王之寵豈嘗知枹鼓之約束而嚴將軍之令哉然必斬之而不釋者非有怨夫二姬者也且藉其首以探王之誠心所以信我者固與不固也吳王果不恤二姬之死而知孫武之善兵遂卒將之武亦知王之所以任我者固而安為其將故能西破強楚北威齊晉而吳以強

霸齊景公以田穰苴之為將軍也受鉞之始因請其寵臣莊賈以監其軍穰苴豈真以人微權輕而有賴於賈哉其意固已在乎賈之戮也賈雖差頃刻之約可以請免也然卒不置其誅者非有忍於賈也姑借其死以探齊君之誠心而占其所以任我者篤與否也景公果賢其人而任之不疑故能大却燕晉之師而還其所侵漢文嚴三將軍之屯以備胡躬勞其軍至於細柳之亞夫雖天子之詔而屈於將軍之令方是之時細柳之士徒

知亞夫之威而不知漢文之尊也豈亞夫於此悖君臣之分而為是不可犯哉亦以探孝文之誠心以占其待我者至與未至也漢文果髙其才屬於景帝以為可以重任而亞夫亦以閫外之事自專故七國之反緫制其軍遂能固拒救梁之詔而平關東之變世之淺者徒見夫三人得徇衆立威之道曾不知其為術也微非特主乎徇衆立威而已也至於君臣所以相得之始固結其心不可以間離毀敗而以勲名自全者皆出乎此故也

甚矣陸生之不講乎為將之術也機以亡國覊旅之身委質上國於術無所恃于氣無所養徒矜才傲物犯怒於衆司馬頴强肆不君舉犯順之師豈足為托身之主哉機以怨讐之府一朝身先羣士都督其軍而衆且數十萬漢魏以來出師之盛未嘗有也彼既失所任矣而機内無術以探其所以任我者之心外無權以濟其所以屬我者之事乃方掀然自擬管樂臨戎之始孟超以偏校干其令而辱之若遇僕虜而機不以為戮而舍之以是而將用是而戰雖提師百萬孰救其敗哉故鹿苑之潰死者如積衆毁因之遂致其誅為天下笑才不足勝其所寄智不足濟其所知一投足舉踵則顛踣隨之乃歸禍於三代之將豈不繆歟或曰機雖世將而儒者也軍旅之事非其素所長者遂喪其師此王衍房琯之徒皆以招敗也嗟乎以儒而將至乎喪師者才不足以任將故也必曰儒果不可以將將果不可用儒者非也才之所在無惡其儒也使儒而知將則世將有所不能

窺也至若機者適足以殺其軀而已何足道哉

晉論

神器之重有以自歸而後收之有以才取而後得之自歸而後收之者三代之上是也力取而後得之者秦漢而下是也夫歸我而收之與夫我取而得之固有間矣而其所以取之之道又有甚異者焉然則享天下者亦觀夫所取之道何如耳魏之取漢異於漢之所以取秦晉之取魏異於魏之所以取漢魏視晉以所取漢之迹

晉襲魏以所取魏之權是晉之取魏者魏啓之也晉將蹈迹而取魏也是以汲汲而求執魏之權魏徒見權之去我而在晉猶昔之去漢而在魏也是以安其所取而以天下輸之乃自謂所當然者故晉於得魏之迹無以異於魏得漢而於所以取魏之道最為無名蓋有類夫王莽之盜漢也雖然晉室之禍亦魏有以遺之嗚呼豈亦天意者耶昔者秦為無道天下之民惟恐秦之不亡也是以豪傑相與起而誅秦秦亡而漢得之漢無所負

於秦也東漢自董卓之亂天下痛其禍漢之深相與建議歃血起而誅卓者凡以為漢也卓既誅矣而曹操二袁乃始連兵相噬以爭天下而求代漢曹操先得挾漢之策以令天下終於漢不自亡而操取之是魏猶有負於漢也漢之亡也非天下亡之是操取之也雖然微曹操則漢之天下不得不亡以其有二袁之竊取之也操收天下於二袁竊取之中是漢嘗亡天下矣而操收之則魏猶為有名也故曰魏之取漢異乎漢之取秦也至

於晉也則不然自司馬仲達已韜藏禍姦於操之世操嘗悟之而不自決也以授之於丕而丕昏弱加全佑而倚任之故其於操之亡乃稍駸以立其盜權之功遂收其權而私執之所謂盜權之功者蓋東定遼東而取孟達南摧王凌而內誅曹爽耳非有存其既亡續其既絶之大勳若魏之於漢也蓋知夫魏之取漢其道由此也是以汲汲求蹈其迹而竊收其權更四世而固執之至於一旦取魏於偃然無事之間而天下之人亦安之於

無可奈何是最為無名而有類夫王莽之盜漢也及夫晉之宗室內叛劉石外攻至於陵夷而不可勝數者亦魏有以遺之魏亡公族之恩雖號加侯王而無尺土一民之奉晉人取而代之矯其無枝葉之庇於是大植宗室假之制兵專國之權一旦八王內相屠噬至於禍結不可勝解而戎羯乘之關右秦川帝王之宅也魏武大徙塞外種落而錯居之以扞蜀寇至於近發肘腋不可勝救以成永嘉之禍由是觀之則凡晉室之大變皆魏

有以遺之至發於肘腋之間而被不可勝言之禍矣雖然自非明智英果之主為子孫後世之慮則不能決於有為以救其未發之深禍彼晉武自平一吳會方以侈欲形於天下其能有及於此耶雖郭欽抗疏江統著論其言反復切至皆恬不為省方抱虎而熟寐爾嗟乎為天下者無恃其為平日之福而忽所隱之禍也哉

苻堅論上

兵以義舉而以智克戰以順合而以奇勝堅之為是役

也貿於義順則犯考於奇智則詘悖於其所興者三玩於其所用者二此其所以敗亡而不救也所謂悖於其所興者三不懲魏人再舉之退敗而求濟其欲於天命未改之晉一也忘其偏隅之割據求襲正統而干授天命二也溺於鮮卑中我以禍而忘其為社稷之讐三也三者悖矣而又玩於所以用者二焉勢重不分而趨一道首尾相失無他奇變一也驕其盛強足以必勝棄其大軍易敵輕進二也此兵家之深忌也吳王趙七國百萬之師而西不用田祿伯之言乃專力於梁以至於敗者惡其權之分也祿山舉范陽數十萬之衆而南不用何千年之畫乃併兵徐行卒以不濟者惜其勢之分也雖假息一時敗亡隨之亦昧於兵之至數也趙括之論兵工矣雖其父奢無以難之然獨憂其當敗趙軍者以其言於易也王邑恥不生縛其敵而徒過昆陽卒以大敗者以其用於易也惡其權之分則不以其兵屬人無屬人以兵是自疑之也惜其勢之分則不以其兵假

人無假人以兵是自孤之也以易言之者有所不將而將必敗也以易用之者有所不戰而戰必潰也蓋衆而惡分則與寡同強而易敵則與弱同出於衆強之名而居於寡弱之實者其將皆可覆而取也夫東南之所恃以為固而抗衡中原者以其有長淮大江千里之險也然而吳亡於前而陳滅於後者彼之動者義與順所出者智與奇也晉之取吳也二十萬耳而所出之道六隋之取陳也五十萬耳而所出之道八惟其所出之道多

則彼之所受敵者衆是其千里之江淮固與我共之矣今堅之所率者百萬之强而前後千里其為前鋒者二十五萬而專向壽春堅嘗自恃其衆之盛謂投鞭於江足斷其流乃自向項城棄其大軍而以輕騎八千赴之是以晉人乘其未集而急擊之及其既敗而後至之兵皆死於蹦踐惡在其為百萬之卒也使堅之師離為十道偕發並至分壓其境輕騎游卒營其要害將自為敵士自為戰雖主客之勢殊攻守之形異晉誠善距而郤

我之二三則吾所用以取勝者蓋亦六七雖未足以亡晉而亦以勝還矣嗟夫堅之於諸國也固所謂鐵中之錚錚者矣然至此而大悖者蓋信乎兵多之難辦也蓋兵有衆寡勢有分合以寡而遇衆其勢宜合以衆而遇衆其勢宜分黥布反攻楚楚為三軍以禦之而又自戰於其地布大破其一軍而二軍潰散吳漢之討公孫述以兵二萬自將而逼成都授其裨將劉尚萬人使别屯江南相距者二十里述分將攻之漢尚俱敗此兵少而

分之患也然而知其妙者雖少猶將分之以兵必出於奇而奇常在於分故也項羽之二十八萬而分之為四會之為三是也至於兵大勢重而致潰敗者未嘗不在乎不分之故也法曰善用兵者譬如率然率然者常山之蛇也擊其首則尾至擊其尾則首至擊其中身則首尾俱至此言其陣之分也以陣而必分則凡兵之大勢者可知也蓋兵大勢重分之則所趨者廣足以出奇而人自為戰不分則所應者獨難以合變而身萃其敵將

以其身萃敵而士不自為戰求其無敗不可得也嗟乎常樂乎大衆之率茍唯不知其所用而用之雖至死而不悟者豈特為苻堅也哉

苻堅論下

荆陽雖居天下之一隅而有長淮大江之阻其俗輕易勁悍喜事爭亂自周之微為吳越楚之僭强常以其兵服役天下然其為形勢非圖天下者之所先事而必爭故後世豪傑多乘中州之擾趨而據之自其為孫氏之

矣已而為晉宋齊梁陳之代興雖不能徧撫二州之境然皆以帝號自娛抗衡北方而不為下自非中州大定而其國失政雖以重師臨之鮮有得志故魏武乘舉荆之勢以數十萬之衆困於烏林魏文繼之大舉臨江歎息而返苻堅以秦雄百萬之强而臨淮淝一戰而潰惟其後世孱昏驕虐上下攜叛而中州之主為伐罪弔民之師則雖江淮之阻亦無足以憑負矣然而陳叔寶猶謂周師之弱嘗退敗於五至而不以為虞是以晉武

之俘孫皓隋文之俘叔寶皆易於拾遺也而苻堅不懲魏人之不濟乃欲申其威於天命未改之晉此其所以敗也雖然苻秦本晉屬部不可妄思并集天下於一統者此姚弋仲所以重訓其子孫使必無忘於歸晉而苻融惓惓致戒於堅者凡以此也而堅昧於自度常以正朔不被四海為愧而銳於東南之并違忠智之言收姦偉之計一舉而大喪其師寇讎因之遂亡其國不惟失天之所相亦其自取之速也始堅以豪壯之姿奮於氐族獲王猛之材以輔成其志業遂能自三秦之强平殄燕代吞滅梁蜀九州之壤而制其七可謂盛矣然而東晉雖微衆材任事主無失德而堅乃咈衆圖之其廷臣戚屬相與力爭而不得也獨慕容垂以失國之讎欲以其禍中之求乘其弊而復燕祀乃力贊其起堅甚悅而不疑以為獨與己合遂空國大舉而僨於一戰返未及境而鮮卑叛羌共起而乘之身為俘虜遂亡其國嗚呼可不謂其非昏悖矣夫昔之智者多能中人以禍使之

悅赴而不以為疑而昧者常暗投其禍雖死而不悟漢世祖方安集河北更始之將謝躬以兵數萬來屯於鄴光武忌之乃好謂之曰吾行擊青犢必破而尤來在山陽者勢當潰走若以君之威力擊之則成擒耳躬善其言遂以其兵去鄴而趨尤來世祖即命吳漢襲奪其城躬敗還鄴而漢殺之孫策之渡江也廬江太守劉勳新得袁術之衆而貳於策策深惡之時豫章上繚宗民萬家保於江東策語勳曰上繚吾之疾也然欲取之而路

非便以公之威臨之無不克也勲信而行策遂以其輕鋭襲拔盧江而盡降劉勲之衆政慕容垂所以用之弊秦而復燕祀於既亡也夫與人為敵乃受其甘言而從其所役未有不墮其畫中者也法曰智者之慮必雜於利害傳曰成敗之機在於善察人之言堅於垂之言也慮其所以為利而不慮其所以為害一失其機於無以察人之言而遂至於喪敗人之於慮察也可得而忽哉嗟夫以堅之晩而昏悖自用雖景畧之尚在固將不用其言而亦無以救秦之亡矣

宋武帝論

天下之事日至而無窮而吾有以應之莫不中理者在乎善用其機況乎爭天下之利處兩軍之交不得其機以決之則事亦隨去矣蓋機之為物不可以期待不能以巧致者也卒然而會迅忽渺微及其去之疾不容瞬先機而去於機為妄赴後機而發於機為失應是以御天下之事於一已而權不移制天下之變於無窮而智不詘夫機有待之百年而不至者有居之一日而數至者待之百年而無可乘之機則吾未嘗遲之而求於先發居之一日而機數至則吾未嘗厭之而怠於必應嗚呼人能知此然後可以濟天下之大業矣昔者越王勾踐辱於會稽之棲迨其返國苦身焦思拊循其民求有以報於吳也蓋七年而民求奮於吳其臣逢同大夫種范蠡之徒止之以為未覩其可乘之機以發之也於是乎斂形匿迹以伺其隙者凡十八年一旦吳王空國北

從黃池之會遂一舉而敗吳再舉而亡之西晉自永嘉之亂劉石並起而分中原元帝竄身南渡收區區之江左以續宗祀而諸國自相搏噬驟興驟滅百年之久至於苻堅諸部略盡乃空國大舉而圖江南遂及淝水百萬之敗及未及國而慕容亡燕之裔並起而乘之垂收陝東而冲亂關右苻丕坐困鄴城求我糧援既而垂以幽冀之民饉死殆盡其黨潰敗退保中山堅冲相持其勢俱憊於斯時也可謂千載一至之機也晉人有能乘

燕秦相弊之餘因泚水克敵之勢選師擇將而命二軍一軍北攻鄴城以舉燕代一軍西趨咸陽而定關隴據舊都之固復七廟之墜鎮撫士民以靖中外則武帝之業一朝可復而大恥刷矣晉人撫機而不知發乃方出師漕粟以慰其既來而尺土不獲而師以喪敗此謝安以氣怯而失機也宋武帝以英特之姿攘袂而起平靈寶於舊楚定劉毅於荆豫滅南燕於二齊克譙縱於庸蜀殄盧循於交廣西執姚泓而滅後秦蓋舉無遺策而

天下憚服矣北方之寇獨闕東之拓跋隴北之赫連耳方其入關魏人雖強不敢南指西顧以議其後而秦民大悅以為百年償辱去於一朝相與涕泣而留之以其為漢室之裔乃以長安十陵咸陽宮室以動其情使武帝因三秦悅附之民治兵蒐騎而留拊之通江淮之漕下巴蜀之粟舉荆豫之師發青齊之甲以扼趙魏從事於中原則天下之勢不勞而遂一矣然其席不暇煖舉千里之秦屬之乳褓之兒引兵遽還無復顧慮大違秦民之望蓋一舉足而赫連躡踵以收關中如探物於懷間此宋武以志卑而失機也察夫宋武之心非以秦雍為當捐而趙魏為足憚也然其亟去而不顧者蓋以其艱難百戰凡所以造宋之基業者皆在乎江左故也往日南燕之役盧循乘虛而下幾失建業今之速返者畏人之議其後而為盧循之舉也此所以輕捐關中而不顧也又其起於漁樵匹夫之微崎嶇轉戰以經略江左者凡十三年今之西師者徒欲成敗晉之資而其志慮

之所在亦曰代晉而已未暇為王業萬世慮也使司馬氏卒不復見中州之定而天下遂截然分南北者由再失天下之大機也嗟夫集大事者惡夫志卑而失機宋武兼之矣

楊素論

戰必勝攻必取者將之良能也良將之所挾亦曰智勇而已徒智而無勇則遇勇而挫徒勇而無智則遇智而蹶智足以役勇勇足以濟智然後以戰必勝以攻必取

天下其孰能當之昔者楊素之於隋可謂一代之名將
矣而賀若弼評之謂其特猛將耳非所謂謀將也甚哉
弼之過於自負而輕於議人也隋自平陳之後素已為
統帥矣其克敵斬虜功策為多既俘陳主而江湖海岱
羣盜蜂起大者數萬小者數千而素專閫外之權轉戰
萬里窮越嶺海無向不滅已而突厥犯塞宗室稱兵而
社稷危矣素之授鉞專征其所摧陷者不可勝計遂空
虜廷而清內難然素之兵未嘗小衂隋功臣無與肩者

其為烈亦至矣而弼猶不以謀將處之特曰猛而已夫
目之以猛而不許之以謀蓋所謂徒勇而無智者矣考
素之功烈如此苟其智之不逮則凡所以決機取勝者
其誰之謀也自隋文平一天下所謂名將者獨韓擒虎
賀若弼史萬歲與素耳擒弼自陳平之後不獲立尺寸
之効獨史萬歲從素征討以驍勇稱而弼乃以大將自
處而目是三人者皆不能盡其材亦見其不知量而務
以其私言動世主也素之馭戎嚴整而喜誅每戰必求

士之過失者斬之以令常至百輩而先以數百人赴敵
陷陣不能而還卻者悉斬之復進以數百人期必陷陣
而止是以士皆必死前無堅敵此弼之所以得目之為
猛也嗟乎素非有忍於士也以為士之必死者乃所以
決生必生者乃所以決死故也唐之善於兵者無若李
靖其為書曰畏我者不畏敵畏敵者不畏我是以古之
名將十卒而殺其三者威振於敵國殺其一者令行於
三軍靖豈以卒為不足愛哉以為殺一而百奮則奮者

可期於勝也縱一而百惰則惰者可期於敗也奮而克
敵與夫惰而為敵所克則是殺者乃所以生之愛者乃
所以害之也善為將者能審乎此則無惡乎其苟忍也
雖然在素之術有足以致勝未足以為勝之工也法曰
兵無選鋒曰北詩曰元戎十乘以先啓行其啓行者選
鋒之謂也越王勾踐之伐吳其為士者數萬而又有君
子六千人所謂君子者其選鋒也素之所使以陷陣者
其選鋒之謂歟然至有不克而還不免於誅者疑其非

選之特精而養之素厚之士也又嘗觀唐太宗之將未嘗先以其身親搏戰也必以驍騎勁旅而經營於其傍或瞰臨於其高常若無意於戰其兵既交其鬬皆力而未決也卒然率之而奮士皆殊死突貫其敵之陣而出其背凡所嬰者無不摧敗猶之二人之相搏也其材鈞而力偶方相持而未決也卒然一夫起其旁而助之則夫受助者蔑不勝矣此法所謂以正合以奇勝者也使素之所用以為鋒者皆精其選而又量敵之堅脆以遣

之其必足以陷敵無至乎不克而還又加之誅而常出於唐太宗之奇則如弼者亦何得而妄議矣

唐論

據天下之勢必有所以制天下之權蓋權待勢而立勢待權而固有是之勢而其權不足以固之則其勢日就傾弱而天下莫能安強是以人主之於權也不可一日使之去已而分於人凡物之去已者猶可收分者猶可全也至於權也一去而不可復收一分而不可復全而所據之勢隨之可不慎哉昔者唐之太宗以神武之畧起定禍亂以王天下威加四海矣然所謂固天下之勢以遺諸子孫者蓋未立也於是乎籍兵於府置將於衛據關而臨制之處兵於府則將無內專之權處將於衛則兵無外擅之患然猶以為未也乃大誅四夷之侵侮者破突厥夷吐渾平高昌滅焉耆皆俘其王親駕遼左而殘其國凡此者非以黷武也皆所以立權而固天下之勢者也武后以女主專制挾唐以令天下圖移神器

天下之人莫不屏息重足從其制命彼得天下之權而逆持之然猶若此況以順守者哉明皇以英果之氣起平內難遂襲大統可謂英主矣然狃於承平晏安之久府衛之制一切廢壞盡推其權以假邊將祿山虎視幽薊橫制千里而軍中之吏凡三千人故范陽之變一起天下大震徒驅市人以嬰其鋒使微肅宗名號忠義駕馭豪武奮不顧身與之從事則兩都不復矣雖能再造王室然其所賴以收天下者皆為方鎮矣天下之權已

分於下而不全矣至於代宗僅夷殘盜乃瓜裂河朔以師冦黨遂相為背腹世襲不禁陵夷至於大歷貞元之間兩河方鎮日以强肆而當時之君畏縮摧抑常若抱虎包羞含垢媚嫵不暇以苟旦暮之無事而陵犯益至雖内設禁軍統以閹尹然亦不足以待天下之變故涇師之亂而神策六軍名之無一至者從奉天之幸者四百士耳及章武之興天下之為方鎮者五十縣官賦入止於東南八道而已而章武乃能振激武烈期於不赦

排斥衆議而大治之於是擒劉闢於劍南執李錡於浙西縛盧從史於昭義服王承宗於鎮冀誅李世道淄青五世之襲平吳元濟淮西三世之叛可謂盛烈矣然其至於後世益以不振在内之權而閹尹執之在外之權而方鎮執之浸微浸削而遂至於亡焉蓋唐以權奪勢傾而亡天下然其亡不在乎僖昭之世而在乎天寳之載焉以其喪所以制天下之權者實兆乎此故也故其後世之君若章武者僅能自立不為之深屈而已況其非章武者乎嗟夫後之為天下者苟無意於所執之權而為人執之則視唐可知也矣

郭崇韜論

人謂漢高祖以布衣之微名號豪傑起定禍亂乃瓜裂天下以王勲將韓彭英布皆連城數十南面稱孤舉天下之籍而據其半及夫釋甲就封創血未乾而相視誅滅蓋由高祖封賞過制陷之驕逆其於功臣不能無負光武率義從之士平夷盜逆收還神器天下既定遂鑒

高祖之失第功行封爵為通侯大者不過數縣而不任以吏事是以元勲故將皆能自全李靖談兵之雄者也亦以為光武得將將之道賢於高祖遠甚嗟乎是皆不深求高祖光武之事者也天下之事有所必然者雖聖智不能還而避之高皇以寛仁大度役天下之智力而集大業豈所謂陰忮暴忍而喜忌人之功者耶秦為無道天下高材疾足爭起而競搏之皆有代秦之心也彭越黥布皆以人傑操兵特起未以其身輕屬於人者也

韓信挾百戰百勝之畧擇主而附亦有大志故身定全齊而自主之方漢王大敗於彭城隨何不能緩頰於淮南則黥布不至及困於固陵諸侯棄約不會微張良之畫則彭越韓信不從方是時漢王不捐數千里之地以克三人者之欲而致其兵則楚不亡漢之待此三人者譬若養虎飽若不動饑則噬人由是觀之封賞過制豈得已哉欲就大業於須臾之頃故也雖然大業就矣而三人者之逼天下之所共寒心也以天下之皆寒心則

彼持是而安歸且高祖亦得安枕而卧乎故疑似之釁一發而大禍集矣此其勢必至於夷滅而後定也光武痛宗社之禍收率懷漢之民投袂而起凡所攀附者多南陽故人其尤偉傑者寇鄧數人而已然較其才畧徒足以供光武指顧之役非有驕桀難制若韓彭之與高祖也天下既定封以數千之户莫不志欲盈足惟恐持保之不獲為光武者獨何隙以誅除之哉而曰光武獨得保全勳舊之術高祖於功臣有不容之忍此不求二

主所遇之不同與夫勢理有所必至者也後唐莊宗承武皇之遺業假大義挾世讐以與梁人百戰而夷之乃有天下可謂難且勞矣然有二臣焉其為韓彭者李嗣源為寇鄧者郭崇韜也嗣源居不賞之功挾震主之威得國兵之權執之而不釋也莊宗無以奪之而稍忌其逼崇韜常有大功於國忠而可倚而嗣源之所畏者也莊宗苟能挾所可倚而制所可忌則忌源雖畏不自安而有顧憚非敢輒發也莊宗知其所忌而不知其所倚

故崇韜以忠見踈讒疾日急使其營自救之計乃求將其征蜀之兵莊宗歸國中之師屬之而西崇韜雖已舉蜀捷奏才上而以讒死矣莊宗知得蜀足以資其威强而不知崇韜之死已去嗣源之畏故鄴下之變嗣源以一旅之衆西趨洛陽如蹈無人之境其還大器易若反掌且内有權臣窺伺間隙乃空國之師勤於遠役固已大失計矣而又去我之所倚與彼之所畏者則大禍之集可勝救哉雖得百蜀無救其失國也使崇韜之不死

舉全蜀之衆因東歸之士擁繼岌欃方鎮以討君父之讐雖嗣源之强亦何以禦之葢嗣源有韓彭之遏而不踐其禍者莊宗無高祖之畧故也崇韜有寇鄧之烈而不全其宗者莊宗無光武之明故也嗟乎人臣之禍起於操權而速禍之權莫重於制兵崇韜謀逭禍自全而方求執其兵此與抱薪救火者何異也

五代論

唐以陵夷寖弱遂亡天下而真主未興五代之君遂相

攘取朝獲暮失合其世祀不數十年自古有國成敗得喪未有如此之亟者然竊窺之莫不皆有所以必至之理也梁祖起於宛朐羣盜之黨已而挾聽命之唐鞭笞天下以收神器亦可謂一時之姦雄然及其衰暮而河汾李氏基業已大固已氣吞而志滅之矣借使不遂及於子禍則其後嗣有足以為莊宗之抗哉此梁之亡不待旋踵也後唐武皇假平讐之忠義發跡陰山轉戰千里奄踐汾晉及其子莊宗以兵威霸業遂夷梁室而王天下可謂壯矣然天下畧定强臣驕卒遂至不制一倡而叛之不及反顧而天下遂歸於明宗至於末帝所以失天下者猶莊宗也夫以新造未安之業而有强臣驕兵以乘其失政其能自立於天下乎晉人挾震主之威乘釁而起臣事契丹假其兵力以救天下易若反掌一朝嗣主孱昏肆易乃負反之及其所以蒙禍辱者不可勝言觀其所以自托而起者如此則晉安得而後亡哉漢祖承契丹擾踐之餘生靈無所制命起視天下復無英雄慨然投袂而作者乃建號而應之而天下之人無

所歸往亦皆俯首聽役於漢然一旦委裘而强臣巨室已不為幼子下矣然不勝其忿起而圖之僥倖於一決而周人抗命卒無以禦之而至於亡周之太祖世宗皆所謂一時之雄而世宗英特之姿有足以居天下而自立者然降年不永孺子不足當天之眷命而真人德業日隆已為天下之所歸戴則其重負安得而不釋哉由是觀之自梁以迄於周其興亡得喪世祀如此安足怪

哉皆有所以必至之理也又嘗究之若唐之莊宗與夫末帝皆以雄武壯決轉鬬無前摧夷强敵卒收天下而王之非夫孱昏不肖者也然明宗之旅變於鄴下晉祖之甲倡於并門彼二主者乃低摧悸迫兒女悲涕垂頋拱手以需死期無復平日萬分之一者何也有强臣驕兵以制其命唯至乎此始悟其身之孤弱無以自救之也夫以功就天下者常有强臣以力致天下者常有驕兵臣非故强也恃勲賞之積而卒至於强兵非故驕也

恃戰役之勤而卒至於驕故古者撥亂定傾之主不憂天下大計之不集而深虞大臣之或强戰士之或驕故常先事而董治之使其操制常在於我是以天下既集而國家安强舉而遺之沖人弱息而變故不作彼以亂繼亂者則不然方其圖天下之即集也日責功於將而責戰於士責功之亟則凡所以酬將者未嘗恤其或至於强責戰之切則凡所以撫士者未嘗病其或至於驕是以天下略定强臣倚驕兵而睥睨驕兵挾强臣而冀望一旦相與起而迫之及視其身徬徨孤立而大事且去則雖有平日壯決之氣特是而安歸哉此唐之莊宗末帝所以失天下者由此故也嗟乎圖天下於亟集而不計其既集之利害者終於亟亡而已矣

何博士備論

何博士備論跋

右何博士備論二十八篇今缺二篇而符秦論頗有脫誤又編寫失次未得善本校之宋世士大夫憤於功之不競而喜論兵如此熙寧間徐僖蕭注熊本沈起之徒用之而輒敗天子尋以為悔元符政和開邊之議復起馴致國亡嗚呼兵豈易言哉右歸震川先生題詞庚寅四月二日録于貞復堂

欽定四庫全書　子部

守城録卷一二

校官編修臣程嘉謨

臣紀昀覆勘

謄録附生臣曹如壁

御題陳規守城録詩

攝篆德安固守城因而失事論東京陳規於靖康丙午攝德安府事羣盜王在等攻城規在城上問賊何因至此賊言東京已破規初不信迨賊遁遣人詣都城奏功始知城果陷因嘆當時身不在圍城中以效守禦並論官吏將帥應敵捍禦之失更因靖康朝野僉言於所載攻守各條下附以已見并爲之序陳規屢禦應之暇守城機要備載陳規守德安事自城郭門牆樓櫓之制以及攻城備禦之方凡四十餘條極爲詳備又載羣賊王在等攻德安未兩月而退張世李孝義四日引去揚進十六日引去孔彥舟三次皆不克而去董平三萬人即日敗去趙壽亦三日引去曹成李宏閱九月始引去桑仲夏邢尚孫羣賊閱三月引去李横則六十五日引去前後應敵機宜紀載甚悉其後瀏陽人湯璹編爲德安

守禦録表上其書欲沿邊守牢共爲紬繹其意固善夫陳規力保危城九遇賊至皆隨機應敵卒賴安全可謂長於守矣但此特施之郡邑用得其人或見功效然因幸遇小寇耳若宋靖康汴京之失則由於平日政事之乖違豈盡係臨事捍禦之疎略彼時即陳規果在圍城又安能救其敗亡之禍乎湯璹深知紀以精小縣傍州或可賴通都大邑轉難行四夷守在垂

明訓逮迫臨衝禍早成

欽定四庫全書　子部二

提要　兵家類

守城録四卷

臣等謹案守城録四卷宋右正議大夫陳規在德安禦寇事蹟也規字元則密州安邱人中明法科靖康末金兵南下荆湖諸郡所在盜起規以安陸令攝守事連敗劇寇建炎元年除知德安府擢鎮撫使群盜先後來攻隨

機捍禦皆摧破去尋召赴行在又出知順昌與劉錡同却金兵又移知廬州兼淮西安撫使卒乾道中追封忠利智敏侯立廟德安事蹟具宋史本傳是書凡分三種首爲規所撰靖康朝野僉言後序朝野僉言本夏少曾作備載靖康時金人攻汴始末規在順昌見之痛當日大臣將帥捍禦失策因條列應變之術附於各條下謂之後序徐夢莘嘗採入北

盟會編一百三十九卷中然其文與此大同小異疑傳録者有所删潤也次曰守城機要亦規所作皆論城郭樓櫓制度及攻城備禦之方宋史本傳載規有攻守方畧傳世疑即此書次曰建炎德安守禦録乃劉陽湯璹所作璹淳熙十四年進士官德安教授尋訪規守城遺事作為此書紹熙四年除太學録乃表上之案規本傳載乾道八年詔刻規德安

守城録頒天下為諸守將法藝文志亦别有劉荀建炎德安守禦録三卷而無璹書之名疑荀所撰者即乾道所頒之本璹書上於紹熙時距乾道已二十餘年或又據荀書而重加增定歟三書本各自為帙不知何人始併為一編觀書末識語則寧宗以後人所輯矣宋自靖康板蕩寓内淪胥規獨能支拄經年不可謂非善於備禦然此僅足為守一城秉

一障者應變之圖而不足為有國有家者固圉之本當時編為程式原欲令沿邊肄習斷保殘疆然至元師南下直破臨安為東京之續卒未聞有一人登陴以抗敵者豈非本根先撥雖有守禦之術亦無所用歟伏讀

睿題闡發精微抉汴梁喪敗之由申守在四夷之訓然後知保邦諟命自有常經區區輸攻墨守之技固其末務矣謹録存是帙以不沒規

一事之長並恭録

宸翰弁於簡端俾天下萬世知

聖人之所見者大也乾隆四十六年十月恭校上

總纂官臣紀昀臣陸錫熊臣孫士毅

總校官臣陸費墀

守城録卷一

陳規靖康朝野僉言後序

靖康丙午規以通直郎知德安府安陸縣事丁未春正月羣盜王在等犯德安府時郡將闕規攝府事賊來攻城規在城上與賊語問何因到此賊言京城已為金破規獨念都城之大壕塹深濶城壁高厚實龍淵虎壘況禁旅衛士百萬雖金人乘我厄運一時彊盛亦何能破

殆不足信二月四日賊遁遣人詣都城奏功還乃知京城果為敵陷徒深痛切但不知城破之所以然爾又恨當時不得身在圍城中陪守禦之士以効緜薄紹興已酉春三月朝廷既復河南規自祠宫被命知順昌府夏五月到官行及期年暇日會同僚語及靖康之難汝陰令云嘗收東齋雜録一編中有靖康朝野僉言具載金人攻城始末規得之熟讀痛心疾首不覺涕零嗟乎治亂彊弱雖曰在天有數未有不因人事得失之所致也

揚雄所謂天非人不因人非天不成靖康京城之難若非人事之失則天亦不得而為災規不揆至愚竊觀金人攻陷京城朝廷大臣與將吏官帥應敵捍禦之失雖既往不咎然前車之覆後車之戒事有補於將來不可不備論也朝廷欲再援太原大臣以為中國勢弱敵勢方強用兵無益宜割三鎮以賂之殊不知勢之彊弱在人為我之計勝彼則彊不勝彼則弱若不用兵何術以壯中國之勢過敵人之彊用之則有彊有弱不用則終

止於弱而已彊者復弱弱者復彊彊弱之勢自古無定惟在用兵之人如何耳

河東宣撫使統兵十七萬以援太原又招河東義勇禁兵五萬共兵二十二萬皆敗績致太原陷於敵非兵不多蓋用兵之失也其所以失者兵二十二萬直行而前先鋒遇敵者有幾一不勝而却與其後大兵皆却宜乎不能拔也有識者觀之不待已敗而後知其不能援也殊不知攻城者分攻城兵備戰兵運糧兵扼援兵若兵

不多則攻必不久而速退又不待其援也假使當時往援者將良得計雖無兵二十二萬只十萬亦可以必援又無十萬只五萬亦可以優為之援也又不五萬至其下亦有可援之理且以五萬為率若止分為五十將留十將護衛大將兼備策應内分三兩將詣扼援兵前廣張兵勢牽制扼援之兵以二十將分地深入敵境綿亘可布三五十里不知敵人用兵多少便能盡害以二十將周圍行偏僻小路尋求鄉導多遣遠探向前設伏伺

望敵人打糧出兵多則退之少即擒之但絶其糧道不必深入直抵城下其賊自退又且兵既分遣則人力並用假令數將失利其大兵必不至於一齊敗衂潰散為盜京城之難其源在於援太原之失利也

尼瑪哈（舊作粘罕今改正）攻太原之壽陽壽陽城小而百姓死守凡三攻殘敵之衆萬人而竟不拔此必守城人中有善為守禦之策者僉言以為城小而百姓死守者非也攻城者有生有死善守者有生無死壽陽之人可謂善守而不得謂之死守又或云城小而堅者亦非也若城太小矢石交通善守者亦難以設險施策規以為城愈大而守愈易分段數作限隔則易守若已先策定險備設使賊欲登城縱令登城已登即死賊欲入城引之入城已入即死今夫百里之城内有數步之地賊人登之守城之人便自甘心伏其城拔乞命於賊者非攻之善乃守之不善也

九月安砲於封丘門外大砲數百座皆在城外賊至不

收遂為金人所得咸謂金人得攻城之具規以為破亦不在此有善守者假使更資砲數百座亦必無害在於禦砲之術善不善也統制官辛康宗以賊去城遠止兵不得發箭止之甚善百姓鼓衆擊殺此亦見其自亂素治之術失也

敵先採濕木編洞屋以生牛皮蓋其上戴之令人運土木填濠欲進攻城守城人若得計則城内先施大砲碎之亦可用單梢砲取遠至二百五十步外者制其首領

用衆之人蓋益州郡舊有朝廷所降守禦冊定格單梢砲上等遠至二百七十步中等二百六十步下等二百五十步不知京城當時倉卒之際此格用與不用若人稍不究心則下等二百五十步亦莫能及若能究心則二百七十步過之甚易又以小砲禦近衆其小砲每十人已上不過十五人施放一座亦可以致數十步匆謂小砲不能害物中人四肢則四肢必折中腰以上則人必死中馬亦然又況大砲每放一砲小砲可放數砲不

必用石以重三四斤泥圓為之泥圓之利亦博不獨放時易得無窮放去中人人必死傷不中則泥圓為砲擊破不致反資敵用若要摧毀攻械則須用大砲及石金人攻城用大砲蓋欲摧壞城樓守城者欲摧毀敵人攻械大砲與小砲齊用縱敵在城外伐大木為對樓雲梯火車等攻械可以破盡金人廣列壘石砲座尋碑石磨盤石羊虎為砲欲攻之所列砲座百餘飛石如雨擊守城之卒死傷日不下一二十人此非攻城之能蓋守禦官一時失計耳苟守禦官得計止令卒近女頭牆坐立城外砲來高則於女頭牆上過低則打中女頭牆擊破在外無緣中人一卒亦不至於死傷日不下一二十人者惟女頭牆稍加高厚則愈加安堵又須先用稍大木造高一丈長一丈濶一丈上下外直裏斜外密裏稀洞子外密處以大麻繩橫編如荆竹笆相似以備砲石衆多攻壞女頭牆即於兩邊連珠進洞子向前以代女頭若此則砲石縱大數多未易損壞間有損者即逐旋抽

换假令只如此禦捍則砲石亦何能害人已可必其無虞也

敵以雲梯對樓攻東水門其間禦捍有設重樓獲勝者固甚善也又恐人在重樓之上愈招矢石又攻東門守禦官守具亦備對樓雲梯至每以木衝倒仆死者無數此亦奇策然持衝木人與對樓上人相對不免互傷亦非全勝金人填壕橋成運對樓過濠攻城城下列砲座二百餘所七梢砲撒星砲座石砲並發又以強弩千餘

助之城上矢石如雨使守禦卒不能存立然後推對樓使登城每對樓上載兵八十人一對樓得城則引衆兵上此金人攻城之方也其砲大數多矢石齊發只前説女頭牆次備以洞子皆可隔盡矣對樓登城每一對樓果能載兵八十人樓廣不過二丈當面立得幾人與守城人接戰者不過十數人而已假令八十人盡用力施設五對樓止四百人此外必無伏兵亦無奇兵樓高須及五丈乘高而來其跡亦自甚危自履危地來與城上

立平地人接戰勝負人人可以自決若守城者於此不勝則交戰於平田廣野之地不知其敗若何況對樓填平壕上惟可以直進直退必不能於城下橫行守人備禦不過止備對樓所占之地假使有十對樓所占地步數亦不多不獨接戰可以必勝縱兵上城獲全勝者術亦多矣不思則弗得也

敵用雲梯止要登城每座雲梯須十餘人可以負荷到城城上禦之亦難向前來縱不禦之使敵倚城登梯上至城頭少不死者何以致之於女頭牆裏鵲臺上靠牆立排叉木每空闊三四寸一根通度槍刀向上高出女頭牆五六尺敵至女頭牆上必為排叉木隅住背後乘空守禦人於木空中施槍刀刺擊豈有刺擊不下者下而不死者鮮矣

閏十一月二十四日再攻推對樓五座盛矢石來城上以竿衝倒三座城上士卒爭持草以焚之對樓木多而草盛火熾火乘南風遂引燒城上樓子三座對樓既倒

在城外必不能却回亦不能再起自是堵住敵人攻械來路可以置而不問焚者失也縱不引燒城樓止燒了敵人對樓亦是城上人自持草火與敵燒閑再進攻械來路此事大失所有再造城樓骨格欲於舊處安立者以理度之自是敵必不容矢石必倍守禦官若能用前説造洞子於闕樓子處兩頭連珠並進不終日決可蔽合權代女頭牆以隔矢石矢石雖愈倍於前亦必無害次於燒了城樓處兩頭橫直深埋排叉木以防敵急登

城上分甲兵兩向攻打城裏從下斜築向上至城面外根向下陡峻次於城裏脚下取土為深壕離壕三五丈築月城圍之使敵乘對樓到城如不下對樓上城却回則已若上城必自立不得倒入壕内無不死者如此一挫必罷攻退兵乃守禦之人失之以致城陷豈不痛哉

凡攻守之械害物最重其勢可畏者莫甚於砲然亦視人之能用與不能用耳若攻城人能用而守城人不能禦之則攻城人可以施其能若守城人能用則攻城人

雖能者亦難施設竊聞金人用砲攻城守禦人於城上亦嘗用砲城面地步不廣必然難安大砲亦難容數多雖有砲臺砲臺地步亦不甚廣又砲纔欲施放敵人在外先見必須以衆砲來擊又城上砲亦在高處自然招城外敵人用砲可以直指而擊之以此觀當時守禦之人其不能用砲也明矣假令當時於城裏脚下立砲仍於每座砲前埋立小木為衣敵人在外不見立砲所在雖有能用砲者何由施設或謂砲在城裏砲手不能見得城外事無由取的每一座砲别用一人於城上專管城裏一座外照物所在裏照砲梢與外物相對即令施放少偏則令砲手畧少那脚太偏則就令拽砲人擡轉砲座放過則令減人或用砲稍大者不及則令添人或用砲稍小者照料得一砲打中後砲少有不中又城裏立砲可置數多守禦人用砲若止能如此則攻城人用砲何能為也

築城之制城面上必作女頭牆女頭中間立狗脚木一

條每兩女頭中掛搭笓籬惟可以遮隔弓箭於砲石則難以遮隔若改作平頭牆不用笓籬只於近下留品字方空眼與女頭相似亦甚濟用

或問何以備禦城外脚下自有馬面牆兩邊皆見城外脚下於牆頭之上下害敵之物又敵人初到城下覷其攻械勢恐難遏宜便於城裏脚下取土為深闊裏壕去壕數丈再築裏城一重對舊城門更不作門却於新築城下緣裏壕入三二里地新城上開門使人入得大城

直行不得須於裏壕垠上新城脚下繚繞行三二里方始入門若此則假使敵善填壕止不過填得裏壕若由門入城須行新城脚下裏壕垠上新城上人直下臨敵何物不可施用正是敵人死地必不敢入由正門入城尚且不敢則豈肯用命打城但只如此為備則敵兵雖多攻械百種誠可談笑以待之矣又況京師舊城亦自可守若逐急措置便可使勢如金湯有不可犯之理兼京城之内軍兵百姓金銀粟帛計以億兆之數亦莫能

盡若令竭力修作不獨添築一城一壕可不日而成假令添築城壕數重亦不勞而辦重城重壕既備然後招敵人入城議事彼若見之必不攻而自退俗諺云求人不如求已古人云上策莫如自治又事貴制人不貴制於人皆此之謂也

京城周圍地約一百二十里聞當時敵在城外諸門多閉有以土實者止開三兩門通人出入如此乃是自閉生路而為敵開其生路也為守之計不獨大啓諸門仍於兩門之間更開三兩門使周圍有門數十座齊開於城内運土出外填壕作路使戰兵出入無至自礙城上覘望敵人空隙稍得便處即遣兵擊殺或夜出兵使敵在外所備處多晝夜備戰無有休息彼自不能久攻兼既城内創開城門自運土填壕欲為出兵計則其在外填壕欲入之計不攻自破然所以敢自剏開城門出填壕者非謂敵兵可欺蓋恃其自於城内設險已備引敵入城而敵必死耳晉王浚遣都護王昌及鮮卑段疾陸

眷末柸等部五萬之衆以討石勒諸將皆勸勒固守以疲寇獨張賓孔萇以為可速鑿北壘為突門二十餘道勒即以萇為攻戰都督造突門于北城鮮卑入屯北壘勒候其陳未定躬帥將士鼓譟于城上會孔萇突諸門伏兵俱出擊之生擒末柸疾陸眷等衆皆奔散萇乘勝追擊枕尸三十餘里獲鎧馬五千匹此乃守中有攻可謂善守城者也後之守城者何憚而不法歟

州郡城池之制人皆以為盡善城上有敵樓而敵人用

大砲推擊城高數丈而敵人用天橋鵝車對樓幔道雲梯等攻具登城據其城池之制作可以自謂堅固前古所未有奈何敵人攻械之備亦前古所未有故事貴乎仍舊而人憚於改作皆不可必者古人所謂利不百者不變法功不十者不易器以今城池之制觀之雖利不至于百功不至于十然自古聖人之法未嘗有一定之制可則因否則革也為今之計如敵樓者不可仍舊制也宜於馬面上築高厚牆下留品字樣方徑及尺空眼

以備覘望及設施槍路牆裏近下以細木蓋一兩架瓦棚可令守禦人避寒暑風雨屋在牆裏比牆低下則砲在外雖大而數多施設千萬悉莫能及人

壕上作橋橋中作弔橋暫時隔斷則可若出兵則不能無礙宜為實橋則兵出入俱利

城門宜迂迴曲折移向裏百餘步置不獨敵人矢石不入其舊作門樓處行入一步向裏便是敵人落于阱何謂落阱蓋百步內兩壁城上下臨敵人應敵之具皆可

設施又於舊門前橫築護門牆高丈餘兩頭遮過門三二丈城門啟閉人馬出入壕外人皆不見孰敢窺伺

城外脚下去城二丈臨壕垠上宜築高厚羊馬牆高及一丈厚及六尺牆脚下亦築鵲臺高二三尺闊四尺鵲臺上立羊馬牆上亦留品字空眼以備覘望及通槍路亦如大城上女頭牆牆裏鵲臺上栽埋排叉木以備敵填平壕塹及攻破羊馬牆至城脚下則敵與羊馬牆內兩邊受敵頭上大城向下所施矢石即是敵當一面而

守城人三面禦之羊馬牆內兵賴羊馬牆遮隔壕外矢石是羊馬牆與大城係是上下兩城相乘濟用使敵人雖破羊馬牆而無敢入者故羊馬牆比大城雖甚低薄其捍禦堅守之效不在大城之下也又羊馬牆內所置之兵正依城下寨以當伏兵不知敵人以何術可解若此則既有羊馬牆而鹿角木可以不用仍於大城上多設暗門以備遣兵於羊馬牆內出入又羊馬牆脚去大城脚止於二丈不令大遠者慮大城上拋擲磚石難過

牆外反害牆内人又不令太近者慮其太窄難以回轉長槍又於大城裏城脚下作深濶裏壕裏壕上向裏度地五七丈可作來往路外築裏城排义木但多備下敵攻城應敵處用此以設備雖使敵人善攻不足畏也墨翟宋大夫善守禦公輸般為雲梯之械將攻宋墨子見之乃解帶為城以褋為械九設攻城之機墨子九拒之公輸般攻械盡墨子守有餘公輸屈曰吾知所以拒我者以此見攻械者宜乎古人以為策之下也夫守城者

每見敵人設一攻械而無數策以拒之者未之思也規嘗聞孫子曰兵者國之大事死生之地存亡之道不可不察也又以為兵者詭也用無中形詭詐為道故能而示之不能用而示之不用近而示之遠遠而示之近攻其不備出其不意此兵家之勝不可先傳也然而有傳之于家而達之于遠有利而無害有得而無失者不可不先傳也嗟乎靖康丙午金人以兒戲之具攻城守禦者一時失計遂致城拔迄及一紀有餘而金人猶不思當時幸勝尚以驕氣相陵規於未知金人攻城設砲之前每見人云金人攻城大砲對樓勢豈可當貴顯言之則怏然而不敢辯衆人言之則亦不敢痛折今既知其詳則豈可不盡曲折剖其所見而言之然用兵之道以正合以奇勝善出奇者無窮如天地不竭如江海千變萬化人莫能窮之今止據金人攻城施設畧舉捍禦之策至於盡精微致敵殺敵之方雖不憚於文繁而有所謂真不可示人者未之傳也又況雖欲傳之有不可得

而傳者矣惟在乎守城之人於敵未至之前精加思索應變之術預為之備耳區區管見輒序於僉言之後紹興十年五月日陳規序

欽定四庫全書

守城録卷二

陳規守城機要

一城門舊制門外築甕城甕城上皆敵樓費用極多以禦尋常盜賊則可以遮隔箭鑿若禦敵人大砲則不可用須是除去甕城止於城門前離城五丈以來橫築護門牆使外不得見城門啟閉不敢輕視萬一敵人奔衝則城上以砲石向下臨之更於城門裏兩邊各離城二

丈築牆丈五六十步使外人乍入不知城門所在不可窺測縱使奔突入城亦是自投陷穽故城門不可依舊制也

一護門牆只於城門十步内橫築高厚牆一堵亦設鵲臺高二丈牆在鵲臺上高一丈三尺脚厚八尺上收三尺兩頭遮過門二三丈所以遮隔衝突門之啟閉外不得知縱使突入牆内城上砲石雨下兩邊羊馬牆内可以夾擊

一城門貴多不貴少貴開不貴閉城門既多且開稍得便利去處即出兵擊之夜則斫其營寨使之晝夜不得安息自然不敢近城立寨又須為牽制之計常使彼勞我逸又於大城多設暗門羊馬城多開門實填壕作路以為突門大抵守城常為戰備有便利則急擊之

一城門舊制皆有門樓別無機械不可禦敵須是兩層上層施勁弓弩可以射遠下層施刀槍又為暗板有急則揭去注巨木石以碎攻門者門為三重却後一門如

常制比舊加厚次外一重門以徑四五尺堅石圓木鑿眼貫串以代板不必用鐵葉釘裹又外一重以木為柵施於護門牆之兩邊比之一樓一門大段濟事

一城門外壕上舊制多設釣橋本以防備奔衝遇有寇至拽起釣橋攻者不可越壕而來殊不知正礙城内出兵若放下釣橋然後出兵則城外必須先見得以為備若兵已出復拽起橋板則緩急難於退却尚為敵所逼逐往往溺於壕中此釣橋有害無益明矣止可先於門

前施機械使敵必不能入拆去釣橋只用實橋城內軍馬進退皆便外人皆懼城內出兵晝夜不敢自安

一千戈板（亦名兼板）舊制用鐵葉釘裹置於城上之前城上用轆轤車放亦是防過衝突其礙城內出兵則與釣橋無異既於城門裏外安置機械自可不用千戈板以為出兵快便之利

一城身舊制多是四方攻城者往往先務攻角以其易為力也城角上皆有敵樓戰棚蓋是先為隄備苟不攺

更攻城者終是得利且以城之東南角言之若直是東南角攻則無足畏砲石力小則為敵樓戰棚所隔砲石力大既必過入城裏若攻城人於城東立砲則城上東西數十步人必不能立又於城南添一砲則城上南北數十步人亦不能立便可進上城之具此城角不可依舊制也須是將城角少縮向裏若攻東城即須近北立砲若攻南城則須近西立砲城上皆可用砲倒擊其後若正東南角立砲則城上無敵樓戰棚不可下手將城角縮向裏為利甚不可忽也

一女頭牆舊制於城外邊約地六尺一個高者不過五尺作山字樣兩女頭間留女口一個女頭上立狗脚木一條掛搭皮竹笓籬牌一片遮隔矢石若禦大砲全不濟事又女頭低小城外箭鑿可中守禦人頭面須是於城上先築鵲臺高二尺闊五尺鵲臺上再築牆高六尺厚二尺自鵲臺向上一尺五寸留方眼一個眼闊一尺高八寸（一云方徑及尺）相離三尺又置一個兩眼之間向上一

尺又置一個狀如品字向上作平頭牆敵上登城只於方眼中施槍刀自可刺下方眼向下自有平頭牆即是常用笓籬牌掛搭不必臨時施設也更於鵲臺上靠牆每相去四寸立排义木一條高出女牆五尺橫用細木夾勒兩道或三道攻城者或能過品字眼亦不能到平頭牆上更兼牆上又有排义木限隔若要越過排义木必須用手攀緣則刀斧斫之鎗刀刺之無不顛仆守者用力甚少攻者必不得志也

一馬面舊制六十步立一座跳出城外不減二丈濶狹
隨地利不定兩邊直覻城脚其上皆有樓子所用木植
甚多若要畢備須用氊皮掛搭然不能遮隔大砲一為
所擊無不倒者樓子既倒守禦人便不得安或謂須預
備樓子隨即架立是未嘗經歷攻守者之言也樓子既
倒敵必以砲石弓弩併力臨城雖損害人命至多亦不
可架立今但只於馬面上築高厚牆中留品字空眼以
備覘望又可通過鎗刀靠城身兩邊開兩小門下看城

外可施禦捍之具牆裏造瓦廈屋與守禦人避風雨遇
有攻擊便拆去瓦廈屋靠牆立高大排叉木用麤繩橫
編若造笆相似任其攻擊必不能為害
一城不必太高太高則積雨摧塌修築費力城面不可
太濶太濶則砲石落在城上緩急擊中守禦人城面通
鵲臺只可一丈五尺或一丈六尺高可三丈或三丈五
尺沿邊大郡城壁高亦不過五丈濶不過二丈而已
一羊馬牆舊制州郡或無之其有者亦皆低薄高不過
六尺厚不過三尺去城遠近各不相同全不可用蓋羊
馬城之名本防寇賊逼逐人民入城權暫安泊羊馬而
已故皆不以為意然捍禦寇攘為利甚溥當於大城
之外城壕之裏去城三丈（一云去城二丈）築鵲臺高二尺（一云高二三尺）濶四尺臺上築牆高八尺（一云高及一丈）脚厚五尺（一云厚及六尺）
上收三尺每一丈留空眼一個以備覘望遇有緩急即
出兵在羊馬牆裏作伏兵正是披城下寨仍不妨安泊
羊馬不可去城太遠太遠則大城上抛甎不能過太近

則不可運轉長鎗大刄攻城須填平壕方可到羊馬牆
下使其攻破羊馬牆亦難為入入亦不能駐足攻者止
能於所填壕上一路直進守者可於羊馬牆内兩下夾
擊又大城上甎石如雨下擊則是一面攻城三面受敵
城内又有一小砲可施凡攻城器械皆不可直抵城脚
攻計百出皆有以備之也
一羊馬牆内須酌量地步遠近安排叉木作排叉門分
布安排人兵易於點撿兼防奸細入城

一城郭舊制只是一重城外有壕或有低薄羊馬城者使善守者守之雖遇大敵攻討百出亦可退卻或不經歷攻守者忽遇大敵圍城不無畏怯須是先為隄備當於外壕裏修築高厚羊馬牆與大城兩城相副即是一壕兩城更於大城裏開掘深濶裏壕上又築月城即是兩壕三城使攻城者皆是能者亦無可攻之理大抵城與壕水一重難攻如一重至若裏城裏壕則必不可犯計羊馬牆與裏城裏壕之費亦不甚多若為永久之計

實不可缺

一修築裏城秪於裏壕垠上增築高二丈以上上設護險牆下臨裏壕須濶五丈深二丈以上攻城者或能上大城則有裏壕阻隔便使能過裏壕則裏城亦不可上若此則不特可禦外敵亦可潛消內患裏城亦費用不多不可不設庶免臨急旋開築也

一修城舊制多於城外脚下或臨壕栽了乂木名為鹿角大為無益若城中人出至鹿角內壕外人施放弓弩鹿角不能遮隔若乘風用火可以燒爇不如除去為便也

一今來修城制度止是在外州軍城池若非京都會府須於城內向裏量度遠近再於外修築一重其外安置營寨向裏更築一重作官府若此豈獨堅固而已哉內外之患無不革盡

一攻城用雲梯是欲蟻附登城今女頭上既留品字眼又有排乂木又有羊馬牆重重限隔則雲梯雖多無足

畏也

一攻城用洞子止是遮隔城上箭礮欲以搬運土木甎石填壘壕塹待其填平方進攻具或欲逼城剗掘今既有羊馬牆為之限隔則洞子亦自難用

一對樓則與城上樓子高下相對鵝車稍高向前瞰城頭向下附城脚天橋與對樓無異止是於樓上用長板作脚道或摺疊翻在城上皆是登城之具今羊馬牆既有人守自可兩邊橫施器刃敵人别用撞竿與其他應

急機械自不足畏大凡攻城用天橋鵝車對樓火車火箭皆欲人驚畏有以備之則不能為害

一攻城多填幔道有至三數條者高與城等直逼城頭令羊馬牆中既有人拒敵又大城上抛擲甎石自然難近大城更照所填幔道於城内靠城脚急開裏壕垠上更築月城兩邊栽立排叉木大城上又起木棚置人於棚上又於欲來路上多設鐵刺使能登城亦不能入城或能入城亦不能過裏壕縱過裏壕決不能過月城以幔道攻城者百無一二今所備如此亦何足畏凡攻城者有一策則以數策應之

一攻城用大砲有重百斤以上者若用舊制樓櫓無有不被摧毁者今不用樓子則大砲已無所施兼城身與女頭皆厚實城外砲來力大則自城頭上過但令守禦人靠牆坐立自然不能害人力小則為牆所隔更於城裏亦用大砲與之相對施放兼用遠砲可及三百五十步外者以害用事首領蓋攻城必以驅擄脅從者在前首領及同惡者在後城内放砲在城上人照料偏正遠近自可取的萬一敵砲不攻馬面只攻女頭急於女頭牆裏栽埋排叉木亦用大繩實編如笆相似向裏用斜柱撐搶砲石雖多亦難擊壞砲既不能害人天橋對樓鵝車幔道之類又皆有以備之則人心安固城無可破之理

一攻守利器皆莫如砲攻者得用砲之術則城無不拔守者得用砲之術則可以制敵守城之砲不可安在城上只於城裏量遠近安頓城外不可得見可以取的每砲於城立一人專照斜直遠近令砲手定放小偏則移定砲人脚太偏則移動砲架太遠則減拽砲人太近則添拽砲人三兩砲間便可中物更在砲手出入脚步以大砲施小砲三及三百步外若欲摧毁攻具須用大砲若欲害用事首領及搬運人須用遠砲砲不厭多備若用砲得術城可必固其於制造砲架精巧處又在守城人工匠臨時增減製造砲梢須及時月夏以六月冬以十一月十二月採取櫟木檀木皆一生筍

長成少枝節者置溝渠内淹浸百餘日或半年取出去皮窨乾用穩木上下自根至梢按捺如張盤新弓相似取畧無損者然後用麻索生皮相間繫扎以防陰晴緩慢日晴則皮緊索緩陰雨則索堅皮緩若此繫扎可保無失

一用砲摧毀攻具須用重百斤以上或五七十斤大砲若欲放遠須用小砲只黄泥為團每個乾重五斤輕重一般則打物有準圓則可以放遠又泥團到地便碎不為敵人復放入城兼亦易辨雖是泥團若中人頭面胷臆無不死者中人手足無不折跌也

一城被圍閉城内務要安靜若城外有人攻擊城内驚擾種種不便須是將城内地步分定界分差人巡視遇有人逼城號令街巷不得往來非籍定係上城守禦及策應人不得輒上城在城上人不得輒下城過當防閑不特可免驚惶亦可杜絕不虞

欽定四庫全書

子部

守城録卷三 四

校官編修臣程嘉謨

謄録監生臣吳璜

欽定四庫全書

守城録卷三

湯璹德安守禦録上

王在党忠寇德安二十日引去

靖康元年十二月二十一日羣賊王在党忠閻僅薛廣等攻陷隨州守臣陸德先以下俱逃或盡室遺擄遂犯德安府知安陸縣事陳規先被差部押縣兵赴京行至信陽郡盜梗路二十八日承府牒抽回赴府捍禦二十

九日還至應山縣七里河賊夥閻僅千餘人在寨子市置酒張樂邀截歸路二年正月初一日規率同部押官知應城縣宋理應山縣丞權縣事夏暈各以所部弓手土軍名募人合五七百餘人結甲定安陸縣弓手節級馬立黄晃名募人雷智和管界巡檢寨土軍劉允應城縣弓手節級李吉三州寨土軍向吉應城縣弓手節級竹清三縣巡檢寨土軍楊素凡八人徑領衆入應山縣掩殺羣賊僅等大敗餘黨潰散投入王在夥中王在寨去府百餘里規尋得路將所部兵到府時知德安府李公濟已往諸處招集人兵通判周子通先往諸縣起發民兵及士曹張顔悦因賊至驚死司録士曹局務官安陸縣丞簿尉皆緣故搬家適去初三日城中官吏軍民推規權領府事初六日通判周子通回府當日規交府事與通判準府牒規權通判仍充統領守禦人兵迎敵規遂措置修築城壁名募騰勇刷差軍兵勾抽保甲隄防守禦十一日知府李公濟回更不交割牒府乞折資

監當即日離任去十三日王在人馬入府界刼掠十四日權兵曹應城主簿田緯出城逃走十五日賊遊騎數十人至城下與城上人相射至晩回寨十六日王在領馬步五千餘人着顔色衣各執弓箭背牌及板門扇來圍城攻諸門委管界巡檢胡善三州都巡檢張惟德出戰二人先走匿於孝感縣九峻山寺是日賊與守禦人相射申後賊退往府東天慶觀泰山廟等處下寨十七日賊又攻城賊首王在及近上首領多在齊安門外規

與權府周子通城上呼賊與語諭以禍福賊暫退是晚周子通驚中風疾十八日牒府在假本府止有規及安陸縣尉董貽兵馬都監趙令戣監酒稅務趙康輔四員而已於是官吏軍民又推規權領府事規以城危急不敢辭遂糾率官吏軍民多方措置盡死堅守是日賊搬積柴草欲燒齊安門守門人於未到十餘步先放火箭爇之賊又用松栢長木及大竹雲梯五十座齊力並進城上人用磚石及連蕪棒長鎗弓弩拒退良久遣人縋

城毀斫雲梯二十日賊列騎成陣逼城驅人擡鵝車洞子樓座用牛皮并氈包漫攻齊安門被城上人及城門上門空處先以撞竿托义抵定次用搭鉤鉤去洞子上皮氈墜大石及磚石摧擊又用弓弩箭射去賊退去續次下城焚燒毀斫盡絶賊又進雲梯約高二丈各有梯道四圍用綿被并氈皮包裹煙火箭鑿不可侵近約用四五十人擡擁向城被守城人先以長竹併力撞衝雲梯傾倒壓死賊數人次磚石弓弩箭射擊賊人走退是日賊又進天橋約高二丈濶一丈以木長四丈餘可以並行數人如城之幔道用以登城賊衆數十人擡以向城被城上人用弓弩磚石射擊致擡者止於十步外不能前進又於諸攻具之外列大砲十餘座四面向城飛石擊守城人其城上人存身向笓籬以避之城下人向木柵存身以避之致其砲並不曾傷守城之人是日賊又前以步後以騎列陣向城城内多設砲座城上人看覷賊近遠向著諭與定砲人向賊放擊發而多中其賊

遠退只於城東十餘處下寨自是每日遣人至城下相射鬬敵及四散燒刼畧無退意三十日早又有党忠人馬五六千人齊到城下著雜色衣與王在兩夥同來爭先攻擊四面繚繞風水不通規與機宜閻孝周登城招王在諸酋至城下開説大義薄許犒設賊意稍解又招賊大將蔣宣入城置酒欵説禍福却令出城二月初三日王在引兵去党忠人馬仍用洞子火櫃齊攻城門被城上人用撞竿磚石弓弩箭拒退當日景陵門下打死

賊五人并砲打殺鼓賊一名是夜三更賊乘暗忽由四邊停雲梯上城被城上人用槍及磚石剌打下又攢火炬燒望雲朝天齊安等門又用長鈎鈎城上人又用竹木縛荻把作火炬長二丈列二三百炬如火山向城門及燒城上竹城笓籬並被守城人併力用撞竿托义抵拒及用磚石弓弩箭射并放砲石如此鬬敵自三更至曉方暫退初四日早覘見攻擊危急賊不肯遠退遂點第一隊第三隊人兵開朝天門出乘賊不備分頭掩擊

党賊敗走即收兵入門却開景陵門令第二第四隊并第一第三併力出門掩殺其賊大敗乘勢趕逐除斬獲生擒外逼入溳河死者不知其數餘黨遂潰是日奪到旗六十三面鼓四十面鉦五面槍刀二十三條牌十五面甲七連弓三張弩二枝牛五十二頭馬九十匹騾五頭驢十二頭自正月十五日至二月初四日凡攻圍二十日今考具措置於後

一踏逐過往寄居官進士勇敢者借補官資差攝職事

一選募有心力百姓分布諸門上城禦敵及分認地頭譏察姦細及催督修城人夫工役

一差使院典級黃謹等行軍期司專一行遣防城守禦修城文字及各帶器甲隨規巡城

一選差安陸縣吏楊玠等提轄防城軍民弓手日夜巡邏及催促添修城壁

一差撥軍民弓手分作四隊及選差弓手節級長行每二人共管押一隊内馬立馬政管押四百一十五人李全許進管押三百一十六人郭政田全管押三百六十

五人劉德李清管押三百五十人各分布城下準備出戰

一差撥有心力驍勇保正隊頭黃壽等部領保甲人兵一十六隊計八百餘人準備出戰

一招集到茶客楊政等自名募人準備出戰并僧雷知和自名募僧行百姓二十六人殺賊

一城上極是尖狹有不及一尺濶者其上不能容立一

人及無女頭尋於城上裏邊用鍬钁直削向下三尺以代女頭下城磴道添造竹木栅棧令人坐立可以施放弓箭等器械守禦

一城壁卑矮遂於城外添立竹栅間安笓籬外可以遮隔弓箭內可以施用兵仗於土城之上又立竹城一層

一城有極卑薄處遂於城內脚下離城三尺別立木栅一重約高一丈五尺間空五寸立木一根於城稍低薄處無不週遍係於土城之內又立木城一重於木城之

外每兩步立一人與城上人更互上下守禦

一城門薄怯損敝尋於門外別立小門一重各以氈皮釘裹上開門頂空隙以備墜石及下施兵仗又於門內兩邊栽立枋木作鹿頂約高一丈五尺長五十步其中路濶六尺至盡處用木拒馬四五重閉定每五寸立木一根兩邊木外每步立一人持長槍

一城上以千字文為號每步一字每字一人以五人為一甲十甲為一隊互相統制分布城上又以在城火夫客戶置籍結甲上城守禦

一選人兵一百五十人令保正副六人甲頭二人管押統領晝夜准備應援如東壁有報警急即提兵東應西則西應自攻圍二十餘日每有警急無有不至者

一於賊退之後其未遠止在四外側近圍繞之中寅夜偷工開壕築城仍命工人計城厚薄而中分之先併力以築其表高及尋丈度不可以驟登則又併力以築其裏適相當然後增築以成之內具畚鍤以督役外荷戈

矛以備警起五邑之夫萬人竭作不淹時而畢

一城壁長八百八十二丈高二丈五尺上濶一丈六尺底濶三丈七尺五寸及於城壁外開築城壕繞城壕塹計長七百八十八丈上濶三丈底濶一丈八尺深一丈五尺

張世李孝義寇德安四日引去

建炎元年九月二十二日李孝忠餘黨張世李孝義賊馬五萬餘衆已破襄陽荊門軍荆南府郢復州遂寇德

安府先行文字稱欲就招安一面擺拽兵馬環繞府城本府以方議招未敢禦敵是夜五更一點忽全時發喊雲梯火砲弓弩箭鑿攻城勢焰兇猛本府官吏軍民以死禦賊至二十三日巳時賊始退是日矢石殺死賊兵三百餘人賊拽屍以去沉之河及積薪焚之被傷一千餘人諸門奪下雲梯七十餘座二十四日夜賊兵又乘暗至西北兩門以城上肅靜隄防不能下手夜半引去其時有御營使司同都統制范瓊討捕李孝忠等領兵

在府北累遣至城下應援掩擊不下二十五日拔寨南去

楊進寇德安一十六日引去

建炎二年三月初四日羣賊楊進號沒角牛領衆至本府城外四面下寨遣人賫文字來稱有衆一百五十萬馬三萬五千餘匹自京東登萊沂密濰淄徐等州前來逐州官員盡皆勦殺本府視賊寨約有十餘萬人馬三千餘匹是日畧來脅城不多時各退歸寨初五日以後朝暮繞城矢石所不及處擺布人馬三五重更番替換又於前分布攻城人馬大振金鼓喝喊馬軍在後用刀鎗擁逼步人并力攻城一齊發弓弩及神臂弓箭鑿射城上人并持雲梯四面奔城被城上守禦人弓弩箭鑿砲石磚石雨下賊並不曾得利城中時出兵衝殺賊遂少退四五日後賊復添立攻具高起望樓下瞰城中并造戰柵對樓洞子用牛皮包漫又用夾布作遮箭幕約高三丈箭鑿皆不能害又立大砲攻具日增夜遣人搬

柴草向羊馬城并城門放火亦被守禦人救護撲滅并矢石禦退賊不得利十七日增望樓四座大砲五十餘座洞子一百餘個遮箭布幕三十餘座大戰柵一座對樓一座及雲梯不知其數其戰柵約高二丈四方各濶一丈六尺有餘先用人裹外撞夯向城被城上人用弓弩箭鑿并砲先射打退撞夯人及打得傾側使用不得棄下退去其對樓約高四丈濶一丈五尺有餘作五層縛木梯斜上高過于城其勢太重推拽難行兼被城上

守禦人施放矢石射打推拽人莫能近前其餘遮箭幕盡被砲石打得碎破其洞子湊城又被城上墜下柴草積火焚燒皆不得近前其砲亦被城内放砲多打殺定砲人其賊凡所立攻具一一施用數日皆不能傷城上人自初四日至十九日計十六日遂戰鬬殺傷數多賊知城不可攻二十日方遣人至齊安門下高聲呼城上人且不要放箭防禦教來打話當時城上人問打甚話其人言恁也不出來共喻厮殺我也打恁城不破有招

安官來喻只待要些犒設受招安城上人荅待恁受招安了與恁犒設其人便去至晚有一人著紫道服領二十餘人持東京留守司請召旗一面向城隔壕與城上人説話稱是東京留守宗元帥使臣成忠郎王申元帥遣來招安楊防禦高聲讀示宗元帥咨目并劄子言楊防禦今日方肯受招安待問本府要些犒設并出劵往東京本府許之二十一日送犒設在城外其楊進領人親到齊安門下收受致謝而去是日楊進領衆起離向信陽軍前去契勘楊進自三月初四日圍城攻具甚盛被城上人施用弓弩箭礮砲石磚石射打死損賊人數多及出兵衝殺入壕渰死者五十餘人及於壕内撈漉到賊屍於公身搜到借補使臣文帖四道及被擄人回稱楊進被箭射著頭又被磚砲打著頭倒臥累日後起來嗔在邊將官不來扶救斬之又聽得楊進言自出京以來不曾折了人却到這裏折却許多又折了強將四員見得楊進計窮力盡方受招安

孔彦舟三次寇德安皆不克引去

建炎二年十二月二十八日有北來一項羣賊數萬人稱是單州團練使郢州鈐轄孔彦舟在黄州麻城縣作過至三年正月初七日賊至黄州皆改易服色作金人

裝束是夜填塞壕塹用雲梯及牛皮洞子安立砲座攻圍黄州城及肆掠黄陂縣并侵犯德安府孝感縣界本府慮賊來犯城遂分布官吏軍民於諸門地分嚴行隄備其賊迤邐至孝感縣東舊鎮殺人放火刼掠財物二十四日到環河鎮殺傷已受范瓊招安下吳錫人馬二十六日到府東十八里下寨稱是武經大夫榮州團練使東平府兵馬鈐轄京東西路統制軍馬孔彦舟二十七日領全軍數萬至府城下四外占岡擺布搭立砲設

弓箭射城上守禦人被城上人齊發砲石弓弩賊衆不敢近當夜遁走向隨州前去至閏八月十一日復自光州回至本府應山縣作過再占據隨州九月初一日分遣賊騎侵犯本府圍城本府乘時出兵掩殺初八日賊遁去復回占隨州十一月初一日彦舟又自隨州領人馬至本府城下圍繞劄寨初八日大隊併至攻城被本處守禦人施放弓弩箭礮砲石禦敵至晚退却止在城外初九日拔寨南去占據復州又往占據荆南府（正月二十

七日攻城當夜引去　九月初一日攻城初八日引去　十一月初八日攻城次日引去）

董平寇徳安三萬人即日敗去

建炎三年三月羣賊董平部領人馬至應山縣稱勤王兵沿路刼掠四月初四日夜掩刼孝感縣官吏居民逃走有不及者悉為驅擄及焼盡一縣官私屋宇是日在本縣東舊鎮劄寨分遣賊徒剽掠本府差撥人兵六頭項前去掩殺董平起離取唐州去九月十二日有宣撫處置使司差知信陽軍武經郎孫璘到本府差兵護行至信陽交割至十二月二十日董平破信陽璘僅以身脫其家并官屬皆沒於賊平差人占據信陽自往唐州大義山劄寨令隨唐信陽三郡人户送納糧草并收逐處税錢四年三月十六日平領三萬餘衆到本府本府差正將辛選發兵往應山界迎敵戰數合賊大敗走殺賊千餘人鉦鼓旗槍弓箭器械輜重棄之滿道平尋走往西京界為鄉村把隘人所殺

欽定四庫全書

守城録卷四

湯璹德安守禦録下

趙壽寇德安三日引去

建炎四年五月十二日羣賊趙壽號不忙自黄州領衆數萬餘人至孝感縣界刼掠遣人至本府欲就招安是月有朝奉郎守尚書兵部員外郎福建廣南東西荆湖南北等路撫諭使馮康國到本府守臣陳規白馮乞行

招安會趙壽亦遣人以書與馮願受招安規復遣人往壽寨説以撫諭肯行招安之意六月初二日壽領衆至城外是晩馮親出城見壽初三日壽擒數隊入城聽撫諭聖訓謝恩招安了當馮牒壽令權於江州黄州駐劄聽候朝命本府亦支給錢糧犒設訖十二日壽起發至東四十里環河鎮駐劄忽夜遣人馬分頭項於本府八門改换色衣偽作民兵裝束一擁奪門賴諸門守禦素備即時以死捍禦旋增弓弩砲石鬬敵至巳時方退復於箭砲不及處擺布圍城迭來攻打被城上弓弩砲石不歇及遣兵披城出戰三晝夜計窮力盡二十日賊拔寨南走

曹成李宏寇德安自六月至二月引去

建炎四年六月有曹成李宏賊自舒州歷光州信陽至本府衆數十萬布滿諸縣直抵襄隨郢州界駐劄三龍河時早禾始熟廣被芟掠本府以賊兵衆盛不輟隄備七月三十日賊衆至城下攻打府城本府一面施放弓

弩箭鑿砲石一面發兵出外披城鬬敵賊不能破巳時方退八月十四日賊衆又至城下本府再發人兵出城迎敵賊復退於近城桐栢廟下立寨分遣騎於八門一二里外立小寨圍困本府不通往還本府官吏軍民以死捍禦間出兵掩殺每夜遣兵刼擾小寨奪糧入城晝夜相拒六十餘日是時成等人馬實多本府兵極少其勢不敵遂設計謀差人齎公文前去問當成等誘以禍福利害指其自新之路成等始退十月初三日遣人入

城商議稱一行兵衆元非為賊止為鄉中不可居止遂前來尋有糧喫用却蒙朝廷收還招安之後所授官職止乞元來官資湔洗招安之民及齎到成等申狀本府於初五日備録奏聞成等始於十六日復還三龍河大寨仍不住於府城四外燒劫又因本府抄截掩殺之故十一月二十四日復領衆來攻城本府出兵迎敵至午方退五年二月十九日成等領衆起離三龍河往漢陽軍渡江前去

桑仲夏邢尚孫羣賊寇德安三月引去

紹興元年十二月初四日有信陽軍邢舍人尚統領等部領二千餘人至本府城下焚掠本府即時閉門捍禦雖稍退未肯遠去十七日又有隨州孫彪統領人馬三千餘人亦來圍城本府閉門捍禦及遣兵出城戰殺傷百餘人方退亦未肯遠去二賊梗路不通二十日夜賊齎至城下弓弩箭鑿雲梯布牌攻諸門本府官吏軍兵拒敵二十一日早始退離城百步外圍繞是夜信陽軍賊馬前去攻孝感縣不克復回本軍隨州賊馬前去攻復州陷之二年正月二十八日再發人馬兩路前來本府近城四外焚劫本府官吏軍民晝夜上城不曾解甲以死捍禦及時出兵掩殺三月初間始退向隨州去續據忠訓郎權孝感縣韓適狀准鎮撫使差權縣事踏逐到離舊縣一十里臨溳河地名紫溳就周圍積水為壕創築城壁欲就緒間十二月二十四日有信陽軍賊馬二千餘人自府城來奔本縣先二百人到城北邊即分

布守禦發兵迎敵賊敗走五里逢賊大隊至復圍縣城施放弓弩尋於壕外呼曰憨是信陽大後軍邢舍人尚統制人馬向北打了一百八十座山寨壞了鄧州信陽軍并天目山寨今決要取本縣屯泊人馬就糧贍軍圍至夜只於壕外分布劄寨二十五日賊掠溳河客船載兵入壕及用布牌木牌遮箭撞夯雲梯五十座向前水陸攻縣城被本縣人施弓弩砲石併力捍禦至晚賊退向寨二十六日賊多拽河內船舫五七隻為一綾用大

竹絞成竹牌立於船頭旋添船併作浮橋於北壁壕內攻縣城城上弓弩砲齊發敵不能近復拽船泊岸只攻東壁亦被禦退至夜回寨適恐賊別生計遂親領兵三更出刼賊寨殺賊三百餘人及收到被擄男女五百餘人入城二十七日賊於壕外添砲數座及分布船隻向前攻城至午禦退二十八日又以雲梯向前併力攻城至夜禦退二十九日賊又用船六十餘隻通作一絞用板釘鋪船面船頭並用竹木布牌兩頭遮箭後立長槍

五百餘人撐拽攻西壁勢光猛適激勵人兵西門放出戰船十五隻於壕內及城上弓弩砲石齊發至未時賊大敗渰溺無數盡奪所絞船舫其岸上擺立賊兵即時回寨至夜拔寨遁去

李横寇德安六十五日引去

紹興二年六月十三日桑仲餘黨知鄧州李横號九哥哥領襄陽府鄧隨郢州所管軍馬及逐州百姓共約五六千人內正兵約四千人前來德安府近城下寨大小七十座賊首李横大寨在城西隔河早晚舉平安火諸寨相應遇夜諸寨有警即時舉火每寨各立望樓樓上人執白旗城北東西三面各正視城門門內人出入必先見出稍多即舉旗向門本寨及兩邊連寨人競出掩撲或城內出兵迎敵及刼寨即時諸寨舉旗指示悉來應援城南有望樓四座占高阜下瞰城內街巷往來動息皆見之城上守禦人人可數纔見城內稍似擺拽即舉旗諸寨各為備夜於四外更互相應把斷出入之路

圍閉府城內外風水不通本府雖不住出兵鬬敵終是兵少難勝亦嘗於城上招到横親近打話諭以禍福横只以本府收藏霍明為辭誣執本府順番必要打城七月初三日五更一點城外發喊用弓弩箭射城上人及將雲梯到城搬草擁門火之城上人用弓弩砲石磚石射打不能上城至辰時賊退雲梯六十餘座皆棄下初四日横親領衙兵往隨州至襄陽府喚木匠鐵匠搬取牛皮繩索及於大洪山取氊及索十餘日回來再造天

橋洞子三梢大砲及雲梯等攻城器械八月初四日攻具成遂至城西南角下寨裝鬬天橋衆填壕一夜平初五日入逺壕内立大砲七座攻打城上人其砲石小者不下十斤大者四五十斤用大木造四脚洞子一個長約二丈濶丈五脊高丈二以上用濕栢木大椽密牌牛皮漫之面與兩邊用木椽并厚氊簾其脚高四尺五寸厚似癡車脚其狀如兩間屋推臨裏壕用大木椽絞成狗脊洞子接連兩行各長五十餘步并厚木板牌二百

餘面遮護賊人搬運草木磚石填裏壕數日鬬就天橋脚尖六隻高五尺厚薄一如洞子脚長六丈以上濶二丈高三丈五尺以上近及四丈上濶一丈以上當頭自下至上斜高向前約一丈以上中下三層當面并兩邊及頂上皆用牛皮厚氊毯棉被掛搭其天橋底盤上復繫大竹索兩條各長二十餘丈每條百餘人牽拽規暗料賊必是欲以砲打城門并城上人使住立不得然後進洞子向前填平壕便推天橋就城因以上城規即時

令人於城上照賊填壕處相對用大木置起戰棚一座上下兩層其上横鋪大木三重及於城裏脚下深栽高木棚一所以防賊人萬一上城後若便下城則必陷在棚中又於城上兩邊面女頭牆密用大木埋起高排乂柱遮隔砲石又於戰棚南北各東西横埋排乂柱兩重柱外各分布長鎗手并斬馬刀又於柱外各東西更置戰棚一座棚上各備磚石弓箭以備賊人萬一上城分頭兩向沿城殺入及防戰棚上下人有不盡死禦敵者

致於必死之地使之無不用命又於城裏相對賊定砲并填壕處亦立大砲七座内三座亦可施放砲石重三五十斤至五六十斤者又於砲架前并兩邊高埋大木砲架中心拽砲人上横排木椽作砲棚遮隔賊砲每砲一座用砲手三人更互使用城上照料城内放出砲石遠近偏正一人城上戰棚下用大木兩條各長二丈四五横用枯木兩條各長六尺當用横木一條長一丈造就托竿一所又以乾竹柴草造下火牛三百餘個又以

大枋木三條合就長板一片約長一丈五尺有餘又以火砲藥造下長竹竿火鎗二十餘條撞槍鉤鐮各數條皆用兩人共持一條準備天橋近城於戰棚上下使用又於兵衆中選用有膽勇人分為十四甲逐日輪當戰棚上下并排叉柱外及羊馬城外及準備諸處緊急應援以安陸縣尉李居正統領又以副將馬立統領一項人兵專點檢四壁守禦及攻城緊處策應幸而其賊所置攻城器具前來一一皆如所料賊所立砲七座不住

施放一十四晝夜雖打壞城上門樓并城門護板及打折排叉柱并戰棚上橫鋪木植但逐旋打壞逐旋添補立起並不曾正打著城上城內一人惟是城裏放砲出外遠近偏正有城上照砲人招呼令逐旋那移轉動砲架及添減拽砲人數或砲石大小施放所以城外賊人稍有攢聚砲力可及處即時打散其賊砲手并拽砲人多被打殺所有賊人狗脊洞子只於當日晝皆打倒并人亦打殺更不能使用惟有大洞子臨壕約中城內大

砲三二百下方始打動上蓋少有損壞其當面椽簾氊簾一齊打碎砲入洞子內打殺人多卻推向前再修別無牛皮作簾并簾裏硬排立木又向前來再打損壞方推拽向後不用只擁驅擄到老少婦女搬運草木磚石填壕並不顧城上箭砲打殺若是打殺近上首領并親近正賊即馱背或舁去窖埋若是打殺驅擄人并已下人即時剮肉食用其壕相近填滿方再以土傅城城上人併射火箭在所填草木上偶值風順其賊衆向前打

撲不及被火燒著兩三晝夜尚未燒盡其賊又只用磚石并土相兼再填又兩三日相近填滿其老少婦女死損外見存無幾兼近城腳難向前來遂選壯健人與正賊牙兵相兼以布袋盛土走奔向前來并布袋撇下急走回去其搬運填壕并定砲拽砲及城下往來之賊中箭并砲前後死損甚多其賊漸窘少闕糧食襄鄧隨郢四郡界內人田種萬無一二回去亦難得食打劫已徧並無可劫除正賊近上甲頭人有些裝著餘人並藍縷

惟指望打城後為飽煖之計所以其賊攻城亦不惜他人命用意堅確不肯輕退八月十五日宣撫使司送到襄鄧隨郢州鎮撫使司書寫機宜文字譚憲公文稱朝廷已差李横充襄鄧隨郢州鎮撫使又將譚憲文字付李横照驗横言便是朝廷差我做鎮撫使教我去那裏喫著甚底我也不能做得他鎮撫使我待打城破後相度十八日賊衆遂填平裏壕十九日四面分布打城賊安排下雲梯伺候同時下手及四外高阜處及要路上

各布馬軍準備梢截城破走出之人至午時推天橋湊城西南角正是所填壕上於天橋兩邊擡雲梯三十餘座後布長槍手約一千餘人發喊並鉦鼓齊發及弓弩箭砲石一齊施放射打城上守禦人其天橋已是近城規即於城上戰棚脚下推長板出城頭數尺放板上併手推滚下大石於城外脚下打推天橋賊衆及推出托竿托住天橋爭一丈有餘不能到城其戰棚上下方欲施用火鎗撞鎗鈎鐮之次其天橋脚下人倒推并牽拽竹索人倒拽天橋急回約五十餘步方住得一時辰以上却向前來於天橋先行路稍近南行意欲閃避托竿無可行得近南地步丈尺稍多所填壕不甚實處致陷住天橋東南前脚前來不得却向後拽又因人衆用力太多拽斷竹索進退不得致羊馬城内兵出與天橋下賊人用命鬭敵并城上磚石弓弩箭鑿城裏砲石并下移時方始殺退賊兵尋於城上推下火牛柴草被羊馬城内人並出搬柴草積在天橋脚下焚之其天橋上併

中隅内賊兵方始慌忙走下一齊退却并遶城四外賊兵各被城上守禦人施放弓弩磚砲射打退走棄下雲梯及向外高阜處并要路上分布人馬一齊回寨其賊大敗當夜遁去契勘其賊初來之時止有五六千人自入府界百餘里驅擄人數甚衆皆以正賊監押收刈稻穀搬材木置造攻城器具後來收盡田稻并梨棗等及造就攻具一齊追收回寨併使打城共數實有一萬餘人雖人數不為甚多然所造攻具雄壯擺布施設次第似乎不容人力可敵兇焰實為可畏加之城内人飢餓雜草木皮葉食之凡守禦六十五晝夜横之攻城也久之不下一日遣人請議事規在城上見之横曰願得粟二百斛而去左右請勿與規曰我糧無幾横來請是視我虛實不與即謂糧乏攻益力去愈緩

與之則適有日矣即送與之明日横衆攻城規坐城樓砲折足指容色不變圍益急糧不繼諸將請鎚牛以食規曰殺牛代食敵聞之圍猝未解矣乃盡取酒務麹糵分給之仍搜家財得萬緡以犒軍横又遣人來云願得府之魁妓而後罷攻諸將曰城圍七十日矣以一婦人活一城之衆不亦可乎規曰使横即退是我以婦人求和況未必退乎其再來當斬妓首以遺之孝感縣令韓適來告曰縣有粟百斛路絶不通規命乘風雨呵殿而來賊軍疑其有神不敢睥睨横以天橋鵝車逼城規曰技止此爾縱火焚之即退凶歎曰使横更七日不解麹麋亦盡矣

湯璹字君寶潭州瀏陽人淳熙十四年進士授德安府教授先是建炎間陳規守徳安屢經大寇皆應以

閒暇於城上築鵲臺城外築羊馬城又於羊馬城外設木棚賊至輒敗後知順昌府府多儲粟計議司來起粟赴河上規請代以金帛已而金人圍城竟賴其粟以充軍食卒以破敵璹訪尋其事編為建炎徳安守禦録紹熙四年璹除太學録表上其書

右陳規守城法用於倉猝無備之中凡攻凡拒應敵無窮十萬百萬靡不退却程式具存剖析尤備凡沿邊守宰細繹此書思過半矣

四庫全書選刊　文津閣本

兵典

第三册

廣陵書社

目録

欽定四庫全書

子部

武編前集卷一

詳校官檢討臣何思鈞

臣紀昀覆勘

總校官編修臣朱鈐

校對官編修臣汪學金

謄録監生臣張裕田

欽定四庫全書　子部二

武編　兵家類

提要

臣等謹案武編十卷明唐順之編順之有右編已著録是書皆論用兵指要分前後二集前集六卷自将士行陣至器用火藥軍需雜術凡五十四門後集徵述古事自料敵撫士至堅壁摧標凡九十七門體例畧如武經總要所録前人舊說自孫吳穰苴李筌許洞諸兵家言及唐宋以來名臣奏議無不摭集史稱順之於學無所不窺凡兵家弧矢壬奇禽乙皆能究極原委故言之具有本末其應詔起為淮揚巡撫剿倭也負其宿望慮憍恃氣一戰而幾為寇困賴胡宗憲料其必敗伏兵豫救得免殆為宗憲玩諸股掌之上然其後部署既定亦頗能轉戰戡賊捍禦得宜著有

成效究非房琯劉秩迂繆僨轅者可比是編
雖紙上之談亦多由閱歷而得固未可槩以
書生之見目之矣乾隆四十九年閏三月恭
校上
總纂官臣紀昀臣陸錫熊臣孫士毅
總校官臣陸費墀

欽定四庫全書

武編前集卷一

明　唐順之　撰

將

許洞曰國家行師授生殺之柄大將所主將者國之腹心三軍之司命也可不慎於選乎苟欲命將豫以精誠辯其可否者有四一曰貌二曰言語三曰舉動四曰行事其一曰貌凡眉上雙骨橫起而隆嶻者語言而不相

合者目如鷹仰視者方坐內多虛驚者行而瞠乎必照後者目睛白多而有赤脉瞻視不端者此六者人有其一斯人常蘊不臣之心不可使之也豐下銳上神氣安詳者重德而善安衆人也目黑多白少點睛深而神氣與形相副者機度沈厚不可以詐動人也圓睛瑩朗五嶽相照者燕頷虎頭者心機疾速勇而有斷人也龜背虎臆點睛深而朗徹瞻視詳諦而神骨聳峭者雄壯有慮人也是五者人有其一可使之也至若神氣重濁骨

相不正頭薄面淺頸大腹細目睛昏瞢點睛近上視顧不正此皆志氣淺劣智識庸鄙人也其二曰言語人有言肆而目駭視者心懷異圖也言枝蔓而不徑者心有隱也矜大人善惟恐不至者黨人也言錯綜而無所歸者心躁競也方言而他視者心不誠也言平而色下者心有所屈也方言頻四顧者其辭妄也言人之短而視不定者誣搆人也言多以私事為憂者顧妻子之人也言大而理不精者其學虛也色悅而徐徐順人意者佞

媚人也矜己善而訐人不善者崛強人也言欲發而却縮者含蓄人也言無公私必及利者貪人也色卑而言多求者志下劣人也事曲而言直氣悖而言順色鄙而言大事不詳而強能理矯而強正此皆姦詐人也是十有六者人有其一不可使也言大而意精至者有識度人也言希而出必中者志節人也言動而必及國家者忠孝人也言奮而不迂者壯直人也辭寡而意懇者至公人也言多及軍吏之私者善拊恤人也言及陣敵喜

動於色者好勇人也言及細微而能剖析是非者有智人也言迂濶而卒近於理者識深見遠人也言少而事詳者大度人也語氣和而神氣相稱者善納衆人也言徐徐而事備者性緩而有德人也言速而事當性急而不暴有識人也是十三者人有其一皆可使之也其三曰舉動行有狼顧者行與坐忽如驚恐者非時言語而手足紛拏者方食而不覺棄匕筯者方坐而首偏口目輒斜動者行而惟恐有人逐者欲坐而頻四顧如有所

駭者方行而勃氣上騰神色自得者待下多卑恭而不實者觀事覺已如不知而目它視者十者人有其一此皆心不誠實多蓄異圖人也不可使之也行欲如大輅足動而身不搖也坐欲如山嶽形神俱定也卧欲如覆舟神氣安詳也此皆志度深沉大節崇德人也是三者人有其一可使之也其四曰行事有先己後人者好私人也事繁多而用不當者無智人也作事不急於用者無益人也作事有首無尾者偽人也先急而後慢者卒

暴人也事不求詳而輒為者粗疎人也巧妙而無裨急用者浮艷人也舉措魯鈍而不適用者愚人也利害章章而不能折之者無識人也臨事而懼者懦弱人也進退不決者無斷人也記一而忘二者神昧人也事虛而搆架廣文以善為惡以惡為善者姦人也善佞人之顏色隨所欲而言者佞人也是十四者人有其一不可使之也有事簡而用當者有喜怒之事不露於色者臨大事而神氣自若者此謂神有餘人也有微而不棄大而

不煩者凶事不懼美事不喜者事有衆惑而獨斷之者事有衆危而獨安之者事有難動而動者事有難安而能安者此謂志有餘人也是十者人有其一皆可使之也是以知貌也者神之聚也言語也者神之照也舉動也者神之用也行事也者神之本也察其神明盡其為人之道矣況國之命將可不審於此乎師有十過勇而輕死可暴貪而好利可遺仁而不忍可勞知而心怯可窘信而喜信人可誑廉潔而愛人可侮慢而心緩可襲剛毅自用可誘懦志多疑可惑急而心速可久

孫子注曰必死可殺勇而無謀期必於死鬬者則可以設奇伏誘而殺之如梁成輕進為劉牢之所殺是也必生可擄臨陣畏怯期必於生全者則可以襲而擄之如晉與楚戰趙嬰齊具舟於河欲敗而先濟此等豈不可襲而擄之乎忿速可侮性之剛忿急速者則可以陵侮而致之来以敗之如楚將子玉剛忿晉人執其使者以怒之子玉果從晉師遂為所敗是也廉潔可辱性之廉

潔者可設計詬辱之辱之必致其怒而輕出則當因而擊之若吳起節廉而中公叔仲之計是也愛民可煩性之仁慈愛人者惟恐殺傷士衆可出奇煩而擾之也若蜀先主戀民而幾為曹操追及是也

李筌曰夫人柔順安恕失於決斷可與循節難與權宜強悍強猛失於猜忌可與涉難難與持盈真良畏慎失於狐疑可與樂成難與始謀清介廉潔失於局執可與立節難與通變韜晦沉靜失於遲迴可與深慮難與應

捷夫聰明秀出謂之英膽氣過人謂之雄英者智也雄者力也英不能果敢雄不能智謀故英得雄而行雄得英而成

北征録曰人之身所以能自立於天地之間者忠與義而已殺身成仁君子不恤首陽汨羅之士皆以一死見稱於千萬世之下至於忠臣義士每以所欠一死為恨是知見危致命乃古人亘亘之節而全身遠害誠趨利避害者之為耳苟無懲忠義則死奚足靳也至於將帥

則不然操兩國之死生司三軍之性命吾之安危係社稷之存亡吾之憂樂係生靈之休戚别將遠征恐敗於無援漢武所以戒李廣孫軍深入慮有圍困後世所以議鄧艾至於國之根本竟成一俘者皆基於龐涓之一死趙括不恤乃躬直出搏戰已日上黨虎牢太原諸郡皆為秦土徒成武安之名者由其不能自保厥生遂致身殞國辱為萬世笑今之為將帥者每有委命不曰死節則曰死敵不曰願効一死報答國家則曰願以一死上報君父吁有死之榮無生之辱兵家固有貴死賤生之説矣然言士卒而不言將帥也奪死則生偉生則死兵家固有好死惡生之説矣然論士卒而不論將帥也嘗聞士卒用命矣未聞將帥用命也嘗聞士卒不愛死矣未聞將帥之不愛死也以是觀之忘命輕死者士卒之事也重命恤死者將帥之事也自今宜令戒飭將帥無輕生而深入無易敵而挑戰以沉辱不撓為法以玩忽輕舉為戒庶使將帥士卒之事不至倒用雖然死一

也有愛者焉有畏者焉願與將軍決死戰此愛死也寇將率其衆來降此畏死也愛死者足以死人畏死者足以死身兵勢不敵墮於重圍廟筭莫施陷於重地當是之時將束手以就擒耶將忘命以死戰耶吁郭偉不死於符離而死於市朝之戮皇甫斌不死於下蔡而死於南郡之囹圄是皆不死其所當死終或死其所不當死抑又可為將帥偉生者之戒

兵家之法戰則敗不戰則勝兵家之秘有戰則有敗不

戰則無敗兵非果不事夫戰也戰則勝負勢均矣兵危事也戰死道也勝負可聽於自然耶夫鬬勝負於死生之場者謂之戰知其必勝而後戰者謂之謀伐謀者孫子謂之上兵而攻城伐兵之策皆為次下故齊人之得舒不曰戰而曰取魯人之於蔡不曰戰而曰入齊人之於紀不曰戰而曰如韓信之於安邑不曰戰而曰襲曹公之於江陵不曰戰而曰下皆不戰也夫邀整整之旗擊堂堂之陣者戰也士卒之事也立於不敗之地而不

失敵之敗者不戰也將帥之事也以將帥之事而責士卒固不可況以士卒之事而責將帥哉今之將帥所以動輙敗衂者皆專學戰而未得夫不戰之妙也學戰易學不戰難司馬法論國雖大好戰必亡孫子以不戰而屈人之兵為善之善捨是之外雖百戰百勝亦所不取不得已則鬬未有得已而鬬者也欲望嚴飭諸軍將帥招致謀夫策士講求不戰之一法若夫鬬智角力於勝負未分之地臣所不取

李綱曰古之受命為將者付任未專威信未著則必有所假借以立威然後士卒可用而功名可成至於付任已專威信已著則不必如此故齊景公欲用田穰苴為將以捍燕晉之師穰苴曰臣素卑賤君擢之閭伍之中加之大夫之上士卒未附百姓不信人微權輕願得君之寵臣國之所尊以監軍乃可於是景公使莊賈往而穰苴因其後期不至而斬之又戮使者之僕車之左駙馬之左驂以狥而三軍之士皆振慄燕晉之師聞之解

去追擊之盡取所亡之地振旅以歸此付任未專威信未著而有所假借以立威者也衛青將六將軍兵出定襄以擊匈奴左將軍蘇建盡亡其軍獨以身自歸青問其罪議郎周霸曰自大將軍出未嘗斬裨將今建棄軍可斬以明將軍之威青曰青幸得肺腑待罪行間不患無威而霸說我以明威甚失臣意以臣之尊寵而不敢自擅專誅於境外其歸天子自裁之於以風為人臣不敢專權不亦可乎軍吏皆曰善此付任已專威信已著

而不必如此者也後之為將者起死散而威令未行當以穰苴為法藉貴寵而威令已行當以衛青為法夫豈不同惟度其時勢使各有所當則善矣

士

李筌曰勇怯者性強弱者地秦人勁晉人剛吳人怯蜀人懦楚人輕齊人詐越人澆薄海岱之人壯崆峒之人武燕趙之人鋭涼隴之人厚地氣所生人氣所受勇怯然也且勇怯在謀強弱在勢謀能勢成則怯者勇謀奪

勢失則勇者怯既言秦人勁甲屠之子在於崤關杜洪之將在於黴水則秦人何得而稱勁吳人怯吳王夫差兵無敵於天下敗齊於長勺陵晉於黃池則吳人何得而稱怯蜀人懦諸葛孔明撮巴蜀之衆窺兵中原身為偃屍而威加魏將則蜀人何得而稱懦楚人輕項羽破強秦擄王離殺趙角威加四海諸侯俯伏莫敢仰視則楚人何得而稱輕齊人詐田横五百死士東奔海島聞横死同日伏劍則齊人何得而稱詐越人澆薄越王勾踐以殘亡之國恤孤寡之衆九年滅吳以弱攻強以小取大則越人何得而稱澆薄燕趙之人鋭蚩尤敗於涿鹿燕丹死於易水王浚縛於薊門公孫瓚於上谷則燕趙之人何得而稱鋭以此觀之則所為勇怯在乎法成敗在乎智怯人使之以刑則死勇人使之以賞則死能移人之怯變人之心者在刑賞之門勇之與怯於人何有哉北征録曰聚天下之材者在乎財散天下之財者在乎材相為盛衰而不容兩立也夫子論何以聚人曰

財志食貨者亦以財為役天下之具古人間人之君臣報人之仇怨未嘗不以此為首謀至於受千金之恩而甘心於圖窮之誅者將不止於荆軻一人而已也何者壯士之顏色不在乎血氣之剛衰而在乎牀頭之有無通神明役鬼神亦係於所積之多寡故古人一則曰輕利好施二則曰盡將家資散施鄉里朋舊三則曰不事家人生產作業是皆輕天下之財重天下之材而英雄豪傑之士感其解衣推食之恩蒙其得利則均之惠它

日可卜其不我鄙而樂為之用雖赴湯蹈火不恤也故壯勇之士則曰募以財而募之也巖穴之士則曰聘以財而聘之也三軍之衆十萬之師棄性命如草芥赴鋒鏑如衽席買間諜以破其腹心之謀求鄉導以乘其藩墻之隙非有賞賚以維其心非有金帛以壯其氣彼安能樂為我用哉是謂之財才相用

北征録曰孫子論間之一篇有曰殷之興也伊摯在夏周之興也吕牙在殷夫殷周之王固天命之所攸屬何

伊摯吕才之能為興亡也哉蓋天命之去留係豪傑之去就羅其英雄則敵國自下秦實無人始為可圖季良猶在則腹心之憂未去故用間之法不以人材之未附為國家之急而以人材之外附為國家之大患五就湯五就桀者所以為造邦之臣去虞而虞亡之秦而秦伯者所以為伯者之佐韓信不用於楚而用於漢此高祖之所以得天下樊若水不官於曹衛而官於宋此藝祖之所以得江南盖豪傑之士致之於朝廷用之於幕府則可以為忠臣為義士遺之於郊野棄之於山林則可以為亂臣為賊子得之於我則可以成帝王之功棄之於敵則適以資姦宄之策古之聖賢務擥英雄之心如黄石之著三畧延攬英雄如鄧禹之告光武觧衣推食以固其樂為我用之心吐哺握髮以啟其無鄙我之意斯為善耳不然則楊朱之岐多於南北孟軻之水決於東西天之所以資我者將轉而為資彼之具矣夏雖未亡而摯去則亡周雖未興而望至則興豈不畏哉豈不

畏哉自今宜廣行招致幕府將帥精加延攬使無遺於草萊使無逸於郊野取之不拘於勢分用之不嫌於細故將見襄淮之翹楚江湖之豪放荆楚劍客煙波釣徒風門霧集臂奮鬣鼓求備吾之採擇矣是為豪傑為間

人事軍律曰軍中才藝片善莫遺臨事有闕如何卒救或施小計以獲大功設一計而收萬全或致死擒生或知情識變若多藝而無行則擇藝而棄行能謀而怯鬬則捨怯而用謀各有所長難為求備亦有雞鳴狗盗孟

嘗得以脫身㕁門屠夫信陵納之全國選士之時宜多
採究
北征録曰高祖以販繒屠狗之徒而得天下田文以雞
鳴狗盜之徒而保其軀韓信驅市人而破趙王霸募市
中人而敗王郎是皆招軍取士不拘於一門兼收並蓄
不狥於一節故隨所寓以用人隨所用以成事使在彼
無棄材在我無遺用也近年以來國家招軍立為定法
及等仗者方為招收而身材矮短所欠毫末則雖勇如

關張亦所不招無殘疾者方為刺補而指斷目眇略有
小疵則雖智如良平亦所不刺自侍衛三司至江上諸
軍例皆扼以等仗扼以年齒更扼以犯徒刺環而未嘗
破格收刺一人豈知及等仗者未必皆可用之士有殘
疾者未必皆可棄之材雖年未十六年逾六十而武藝
過人雖嘗犯徒項嘗刺環而材武無敵豈可拘於定
制並行棄逐使居山林伺生他變是必廣行招致隨材
任用故自正兵之外復收諸色材技分為二十八將各

置隊伍教以本色材技兼習武藝戰鬭則普天之下無
非可招之軍四海之内無非可用之卒三司五駐與夫
沿邊諸屯戍自無兵少之慮矣是謂廣士
李綱曰世之危亂民之失業與夫兵之潰散者多聚而
為盜賊誅之則不可勝誅而力有所不給惟因而招納
之以為我用其利有五以弭内患一也以禦外敵二也
善良脅從者可散而歸田畝三也强猾勇敢者可籍以
備行陳四也以盜賊攻寇讐勝則享其功敗則不足惜

五也昔者光武用緑林下江銅馬諸軍而致中興曹操
用黄巾而破紹衛太宗起於晋陽取關中以定海内亦
多招傑羣盜而用之然自非推赤心以置其腹中恩足
以結其心威足以讋其氣使遵我之紀律而聽我之驅
策則用賊盜有五難已嘗放肆而欲收其憤戾之心一
難也已嘗擄掠而欲窒其貪婪之志二難也易置將帥
則懷疑三難也畀之部曲則易叛四難也恩過則驕威
勝則怨而反以為患五難也惟善駕馭者恩威得所寬

猛得中內得其心外得其力使之視殺敵如殺人取敵資如擄掠雖易將帥而不疑雖畀部曲而不叛與正軍相為表裏而無驕怨之患則其難也將轉而為易昔者光武太宗曹操嘗從事於斯術矣

李筌曰有深沉謀慮出人意表者名曰智囊之士有辯縱理橫飛箝捭闔能移人之性奪人之心者名曰辯說之士有得敵國君臣門閭請謁之術者名曰間諜之士有知山泉水井次舍道路迂直者名曰鄉導之士有制

造五兵攻守利器奇變譎詭者名曰伎巧之士有引五石之弓矢貫重鎧戈矛劍鉞便於利用陸搏犀兕水攫黿鼉挑身捕擄搴旗擫鼓者名曰猛毅之士有立乘奔馬左右超忽踰越城堡出入廬舍而無形迹者名曰趫捷之士有往返三百里不及夕者名曰疾足之士有力負三百六十斤行五十步者名曰巨力之士有步五行運三式多言天道譎詭陰陽者名曰伎術之士

謀士　辯士　壯士

死士　諳知山川道路之人　久從軍老將

能水　姦人　能盜　能作鳥獸聲者

死囚　賊軍讐人　賊軍主椎者親戚

獸醫　獵戶　善算　善書寫

畫工　雕刻匠人　木匠　鐵匠

一辯說將招善游說辯說者充　一間諜將招善聽探事務者充

一鄉導將招曾歷內外道路者充　一伏兵將招善搜伏隱路者充

一營塞將招善辨形驗勢者充　一聽望將招耳聾目瞽者充

一偷刦將招善攻營襲寨者充　一潛身將招善無火夜行者充

一輕捷將招善上竿立索者充　一樓閣將招善緣墻上壁者充

一窟穴將招善穿窟穴者充　一煙火將招善飛煙走炮者充

一毒藥將招善修合藥餌者充　一醫人將招善醫人者充

一醫馬將招善醫馬病者充　一波濤將招善弄潮泛水者充

一洋海將招識海道者充　一風雲將招善辯風驗雲者充

一孤虛將招善灼龜揲易六壬太乙者充　一游獵將招善羅弋禽獸寵檻教使者充

一鋒刃將招善煉鋼圖鐵者充　一筋角將招善製弓弩者充

一皮革將招善熏皮鞾緣者充　一樓櫓將招善斤斧繩墨者充

一油漆將招善煎油髹漆者充　一機杼將招善機織錦羅者充

一丹青將招善揮染繪畫者充　一機巧將招雕鎸裝塑者充

北征録曰今日招軍之資用有三曰鬻爵曰獻粟曰度牒皆所以調招軍之費也然鬻爵之文布滿墻壁而爵未盡鬻獻粟之諭徧下州縣而粟未聞有多獻者葢買官獻粟素係襍流人皆知其不能遠到雖優之以免銓比之以奏薦而民間終不顧售者以紹興之間皆以此

誘天下至承平則又以流外官待之矣此所以終不見信於天下也魏公張浚嘗得此濟時之策曉諭民間招軍一百人與補承信郎已上各有差等令不兩月軍致數萬此其為効速若影響其招軍之家自備錢糧部轄起發至樞密院及兩宣司者比類與補文資並依軍功轉行立為定制畫一加詳昭告天下至於度牒則招軍五十人與剃一僧招軍一百人與剃兩僧如此則招軍之費不繁而招軍之門自廣是謂勸募

蘇氏曰夫惟義可以怒士士以義怒可以百戰凡戰之道未戰養其財將戰養其力既戰養其氣既勝養其心謹烽燧嚴斥堠使耕者無所顧忌所以養其財豐犒而優游之所以養其力小勝益急小挫益厲所以養其氣用人不盡其所欲為所以養其心故士常蓄其怒懐其欲而不盡怒不盡則有餘勇欲不盡則有餘貪故雖并天下而士不厭兵此黄帝之所以七十戰而兵不殆也不養其心一戰而勝不可用也矣凡將欲智而嚴凡士

欲愚智而不可測嚴則不可犯故士皆委已而聽命夫安得不愚夫惟士愚而後可與之皆死

古之善軍者以刑使人以賞使人以怒使人而其中必有以義附者焉不以戰不以掠而以備急難故越有君子六千人韓之戰秦之鬬士倍於晋而出穆公於淖者赦食馬者也

制

班固曰春秋之後滅弱吞小並為戰國稍增講武之禮

以為戲樂用相夸視而秦更名角抵先王之禮沒於淫樂中矣椎桀之士因勢輔時作為權詐以相傾覆吳有孫武齊有孫臏魏有吳起秦有商鞅皆禽敵立勝垂著篇籍當此之時合從連衡轉相攻伐代為雌雄齊愍以技擊彊魏惠以武卒奮秦昭以銳士勝世方爭於功利而馳說者以孫吳為宗時唯荀卿明於王道而非之曰彼孫吳者上勢利而貴變詐施於暴亂昏嫚之國君臣有間上下離心政謀不良故可變而詐也夫仁人在上

為下所仰猶子弟之衛父兄若手足之扞頭目何可當也鄰國望我歡若親戚芬若椒蘭顧視其上猶焚灼仇讐人情豈肯為其所惡而攻其所好哉故以桀攻桀猶有巧拙以桀詐堯若卵投石夫何幸之有詩曰武王載旆有虔秉鉞如火烈烈則莫我敢遏言以仁誼綏民者無敵於天下也若齊之技擊得一首則受賜金事小敵脆則偷可用也事鉅敵堅則渙然離矣是亡國之兵也魏士武卒衣三屬之甲操十二石之弩負矢五十箇置戈其上冠胄帶劍贏三日之糧日中而趨百里中試則復其戶利其田宅如此則其地雖廣其稅必寡其氣力數年而衰是危國之兵也秦人其生民也陿阸其使民也酷烈劫之以勢隱之以阸狃之以賞慶導之以刑罰使民所以要利於上者非戰無由也巧賞相長五甲首而隸五家是最為有數故能四世有勝於天下然皆干賞蹈利之兵庸能鬻賣之道耳未有安制矜節之理也故雖地廣兵彊鰓鰓常恐天下之一合而共軋己也至

於齊桓晉文之兵可謂入其域而有節制矣然猶未本仁義之統也故齊之技擊不可以遇魏之武卒魏之武卒不可以直秦之銳士秦之銳士不可以當桓文之節制桓文之節制不可以敵湯武之仁義故曰善師者不陳善陳者不戰善戰者不敗善敗者不亡若夫舜修百僚咎繇作士命以蠻夷猾夏寇賊姦軌而刑無所用所謂善師不陳者也湯武征伐陳師誓衆而放禽桀紂所謂善陳不戰者也齊桓南服彊楚使貢周室北伐山戎

為燕開路存亡繼絶功為伯首所謂善戰不敗者也楚昭王遭闔廬之禍國滅出亡父老送之王曰父老返矣何患無君父老曰有君如是其賢也相與從之或奔走赴秦號哭請救秦人為之出兵二國并力遂走吳師昭王返國所謂善敗不亡者也若秦因四世之勝據山河之阻而用白起王翦豺狼之徒奮其爪牙禽獵六國以幷天下窮武極詐士民不附卒隷之徒還為敵讐猋起雲合果共軋之斯為下矣凡兵所以存亡繼絶救亂除

害也故伊呂之將子孫有國與商周竝至於末世苟任詐力以快貪殘爭城殺人盈城爭地殺人滿野孫吳商白之徒皆身誅戮於前而國滅亡於後報應之勢各以類至其道然矣

周制萬二千五百人為軍將皆命卿二千五百人為師師帥皆衆大夫五百人為旅旅帥皆下大夫百人為卒卒長皆上士二十五人為兩兩司馬皆中士五人為伍伍皆有長齊管子言於齊桓公曰欲正卒伍修甲兵則

大國亦將為之君有征戰之事則小國有守圉之備矣公欲速得意於天下諸侯則事有所隱而政有所寓乃作内政而寓軍令焉三分齊國為高子之里為國子之里為公之里以為三軍擇其賢人使為里君鄉有行伍卒長則有制令且以田獵因以賞罰百姓通於軍事矣於是乃制五家以為軌軌為之長十軌為里里有司四里為連連為之長十連為鄉鄉有良人以為軍令是故五家為軌故五人為伍軌長率之十軌為里故五十人

為小戎里有司率之四里為連故二百人為卒連長率之十連為鄉故二千人為旅鄉良人率之五鄉一帥故萬人為一軍五鄉之帥率之三軍故有中軍之鼓有高子之鼓有國子之鼓春以田曰振旅秋以田曰獮治兵是故卒伍定於里軍政定於郊内教既成令不得遷徙故伍之人人與人相保家與家相愛少同居長同游祭祀同福死喪相恤禍福同憂居處同樂行作同和哭泣同哀是故夜戰其聲相聞足以無亂晝戰其目相見足

以相識懽欣足以相死是故以守則固以戰則勝君一
有此教士三萬人以横行於天下
凡以五十人為隊其隊内兵士須結其心每三人自相
須意者結為一小隊又合三小隊得意者結為一中隊
又合五中隊為一隊餘次五人押官一人隊頭一人執
旗副隊頭一人左右傔旗二人即成五十至於行立前
却當隊竝須自相依附如三人隊失一人者九人隊失
小隊二人者臨陳日仰押官隊頭便斬不救人陳散計
會隊内少者勘不救所由斬唐制每軍六分支甲四分
弓箭四分矛戟二分盾一分支戈三分支旗排八分佩
刀
每隊驢六頭幕五口每火鍋一口乾糧麨袋以皮為之
馬盂刀子錯子鉗子鑚子藥袋火石袋鹽袋用夾帛解
結錐拷奴抹額大帶冐子氊冐子攤子鞦韉鋸鑿各分
鑣四分切草刀二分行布槽一分大小瓢二分馬軍鞍
轡革帶披氊披馬氊皆二絆挿揵每馬一疋韋皮條各

皆三絆
北直隷長箭手真保達兵山西白棒手河南嵩山礦徒
毛葫蘆兵少林僧兵徐邳鹽徒青州長鎗手沂州沙家
兵竿子手廣東藤甲軍處州坑兵漳州海倉兵上杭賴
家兵廣西狼兵湖廣土兵

練

李靖兵法曰諸軍將伍旗各准方色赤南方火白西方
金皁北方水碧東方木黄中央土土既不動用為四旗
之主而大將行動持此黄旗於前立如東西南北有賊
各隨方色舉旗當方面兵急須裝束旗向前亞方面兵
急須進旗正竪即往卧即迴審細看大將軍所舉之旗
須依節度使諸每隊給一旗行則引隊住則立於隊前
其大總管及副總管則立十旗以上子總管則立四旗
以上行則在前住則立於帳側統頭亦別給異色旗擬
臨陳之時則辯其進退駐隊等旗別様別造令引輕重
各令本軍營隊識認其旗如兵數校多軍營復衆若以

異色認旗遠看難辯即每營各别畫禽獸自為標記亦得不然旗身旗脚但取五方色迴互為之則更易辯惟須營營自别務使指麾分明諸教戰陳每五十人為隊從營纏槍幡至教場左右廂各依隊次解幡立隊隊别相去各十步其隊方十步分布使均其駐隊塞空去前隊二十步列布訖諸營十將一時即向大將處受處分每隔一隊派一戰隊即出向前各進五十步聽角聲第一聲絶諸隊即一時散立第二聲絶諸隊一時捺槍卷

幡張弓拔刀第三聲絶諸隊一時舉槍第四聲絶諸隊一時籠槍跪膝坐目看大總管處大黄旗耳聽鼓聲黄旗向前亞鼓聲唱嗚呼嗚呼齊向前至中界一時齊鬬唱殺齊入敵退敗訖可趂行三十步審知賊徒喪敗馬軍從背逐北聞金鉦動即須息呌却行膊上架槍側行迴身向本處散立第一聲絶一時簇隊一看大總管處兩旗交即五隊合一隊即是二百五十人為一隊其隊法及卷幡舉槍簇隊鬬戰一依前法一看大總管處五

旗交即十隊合為一隊即是五百人為一隊法及舉幡舉槍簇隊鬬戰法並依前聽第一聲角絶即散二百五十人為一隊第二聲角絶即散五十人為一隊如此凡三度即教畢諸十將一時取大軍賞罰進止第三聲角絶即從頭卷引還軍又云教戰練兵中間隊須加減審看大總管處白碧兩旗交跳盪隊戰鋒隊駐隊每色三隊合為一隊添入中隊計會使稀稠均即是一百五十人為隊如不須更合隊便即交戰一准前捺槍解幡如

須加兵合隊即看大總管處赤皁兩旗交諸隊各依本色又三隊合為一隊准前添入中隊使稀稠均即是四百五十人為一隊如須交戰卷幡舉槍簇隊並依前教戰了欲散還營看大總管處兩旗臥即分散却為一百五十人隊各依舊立又兩旗即散五十人為一隊還依舊初立聽角聲第一聲絶一時捺槍便解幡第二聲絶一時舉槍第三聲絶一時簇隊聽還營進止如放散更聽一會角聲即依軍伍次發引還營其應前進而不進

應卻退而不退應坐而不坐應起而不起應簇而不簇應散而不散應捺而不捺應卷而不卷應合而不合應擘而錯擘入他隊言語讙譁不聞鼓聲旌旗分擾踈容失所竝節級科罰其教法各令子總管以下録一本教依兵士教旗法一云凡教旗於平原曠野登高遠視處大將居其上南向左右各置鼓十二面角十二具左右各對五色旗六纛居前列旗次之左右牙官駐隊如偃月形為後騎下臨平野使士卒目見旌旗耳聞鼓角心

存號令乃命諸將分為左右皆要兵刃精新甲胄幡幟分為左右廂各以兵馬使長班布其次陳間容陳隊間容隊曲間容曲以長參短以短參長回軍轉陳以後為前以前為後進無奔迸退無趨走以正合以奇勝聽音覩麾乍合乍離於是三令五申白旗點鼓音動則左右廂齊合朱旗點角聲動則左右廂齊離合之與離皆不離中央之地左廂陽向而旋右右廂陰向而旋左左右各得本初白旗掉鼓音動左右各雲蒸鳥散彌川絡野

然而不失部隊之踈密朱旗掉角音動左右各復本初前後左右無差尺寸散則法天聚則法地如此則三合而三離三聚而三散不如法者吏士罪之務從軍令於是大將出五綵旗十二口各樹於左右廂陳前每旗命壯勇士五十人奪旗左廂奪右廂右廂奪左廂鼓音動而奪角音動而止得旗者勝失旗者負勝賞而負罰離合之勢聚散之形勝負之理賞罰之信因是而教之

總要曰仲冬之月前期十有一日所司請講武遂申命

將帥選閱軍士所司先於都門外芟萊險地為場方一千二百步四出為和門於其中墠地為步騎六軍營坪之處左右廂合為三軍上軍在北中軍次之下軍在南東西相合中間相去容三百步五十步立表一行凡立五行表間前後各容五十步為三軍進止之節前一日將帥及士卒集於墠地所禁喧譁依色建旗為和門於都墠之地四角皆建五采牙旗金鼓甲仗威儀習備大將已下各有統率如常武步軍大將被甲冑乘馬教習

士衆為戰陣法是日未明十刻士衆嚴備五刻士皆擐
甲各為直陣以候將軍儀帳備物大將各處於中立於
旗鼓之下立定吹大角三通中軍大將各以鞞合鼓二軍
俱擊三鼓有司偃旗步士皆跪二軍諸帥果毅已上各疾
趨集於中軍旗鼓之下左廂中軍大將立於旗鼓之東西
面諸軍大將立於旗鼓之南北面西上以聽誓大將軍曰
今講武以教人戰進退左右一如軍法用命有常賞不用
命有常刑可不勉之誓訖左右三軍別長史二人振鐸分

循以警衆果毅各以告其所部遂擊鼓有司舉旗士衆
皆起騎徒皆行及表擊鉦騎徒乃止又三鼓有司偃旗
士衆皆跪又擊鼓有司舉旗士衆皆起騎驟徒趨及表
乃止整列位定東軍一鼓而舉青旗為直陣西軍一鼓
而舉白旗為方陣以應之次西軍一鼓而舉赤旗為銳
陣次東軍一鼓而舉黑旗為曲陣以應之次東軍鼓而
舉黃旗為圓陣西軍亦鼓而舉青旗為直陣以應之次
西軍鼓而舉白旗為方陣東軍亦鼓而舉赤旗為銳陣

以應之次東軍亦鼓而舉黃旗為圓陣以隱之凡陣通
為客主先舉者為主按五行相勝之法為陣以應之每
變陣二軍各選刀楯五十挑戰於大軍之前第一第二
挑戰迭為勇怯之狀第三為敵軍之勢第四第五為勝
敗之形每將變陣先鼓而為直陣然後變為餘陣之法
五陣畢兩軍集俱為直陣又擊三鼓有司偃旗士衆皆
跪又擊鼓舉旗士衆皆起騎馳徒走左右軍俱至中表
相擬擊而還每退行止一表跪起如前遂復本列仍講

其軍二軍吹角擊鼓勢衆俱進及表乃止皆如步軍遂
無跪起騎軍東西迭為賓主為五變之陣皆如步法每
陣八騎挑戰於兩陣之間五陣畢俱待擊而前盤馬相
擬而罷遂振旅徒還

校獵一人守圍地三尺量人多少以左右兩將為交頭
其次左右將各主士伍為行列皆以金鼓旗為節制其
初起圍張翼隨山林地勢無遠近部分其合圍地虞候
先擇定訖以善張矢者為圍中騎其步卒槍幡守圍有

漏獸坐守圍吏大獸公之小獸私之以觀進止斯亦教
戰一端也
令
李筌曰夫國有亂軍者士卒怯弱器械朽鈍政令不一
賞罰不明不預焉所謂亂軍者豪家權臣閹寺嬖妃為
之軍吏權軍之勢擅將之威公政私門公謁上廢謀下
阻議上令不申下令不行猛如虎狠如狼貪如羊不可
制也是為亂軍皆可誅也孔子誅少正卯於兩觀而魯

國清田穰苴戮莊賈於表下而軍容肅魏絳戮楊干而
諸侯服項籍斬宋義而天下怖夫誅豪者益其威戮強
者增其權在於豪強之身而不在於士卒之庸豪強有
材者駕而禦之教而導之如畜鷙鳥如養猛虎必節其
饑渴剪其爪牙絆其足禦其舌呼之則隨嗾之則走牢
籠其心使馴吾之左右豪強無材則長其惡積其凶從
其心橫其志使禍盈於三軍怨結於萬人然後誅之以
壯吾氣故曰不善人者善人之資為將帥為國不誅豪
強何以成軍之威也
許洞曰大將既授命總專征之柄犒師于野畢而下令
馬夫聞鼓不進聞金不止旗舉不起旗低不伏此謂悖
軍如是者斬之呼名不應點之不到往復愆期動違師
律此謂慢軍如是者斬之多出怨言怒其不賞主將所
用屈強難治此謂橫軍如是者斬之揚聲歎語若無其
上禁約不止此謂輕軍如是者斬之所學器械弓弩絕
弦箭無羽鏃劍戟澀繡旗纛凋敝此謂欺軍如是者斬

之妖言詭辭撰造鬼神詭憑夢寐以流邪說恐惑吏士
此謂妖軍如是者斬之奸舌利嘴鬬是攢非構怨吏士
令其不悅此謂謗軍如是者斬之所到之地凌侮其民
逼其婦女此謂姦軍如是者斬之竊人財貨以為己利
奪人首級以為己功此謂盜軍如是者斬之將軍聚謀
逼帳屬垣竊聽其事此謂探軍如是者斬之或聞所謀
及軍中號令揚聲於外使敵聞知此謂背軍如是者斬
之使用之時結舌不應低眉俛首而有難色此謂狠軍

如是者斬之出越行伍爭前亂後行列喧譁不馴號令此謂亂軍如是者斬之託傷詐病以避艱難甚或佯死因而遁避是謂詐軍如是者斬之主掌財帛給賞之際阿私所親使吏士結怨此謂黨軍如是者斬之覘寇不審探寇不詳到而言不到不到而言到多而言少少而言多此謂誤軍如是者斬之營壁之間既非犒勞無故飲酒此謂狂軍如是者斬之此令既立吏士有犯之者當斬斷之者大將以問諸將曰罪當斬遂令吏士挾於

外斬之斬斷之後使傳令告諸吏士曰某人犯某罪與諸將議當斬已處斷訖公等宜觀此以自戒是大將以禮行罰使卒無冤死衆有畏心矣故軍者大將之柄也可不重乎是以吕蒙涕泣而斬鄉人穰苴立表而誅莊賈此皆先尊法令後收功名者也李靖曰古之善為將者必能十卒而殺其三次者十殺其一三者威振於敵國一者令行於三軍是知畏我者不畏敵畏敵者不畏我如曰盡忠益時輕利重節者雖讐必賞犯法怠惰敗

事貪財者雖親必罰服罪輸情質直敦素者雖重必捨游辭巧說飾偽狡詐者雖輕必戮善無微而不贊惡無纖而不貶斯乃勵衆勸功之要術昔馬謖軍敗諸葛亮對泣而行誅鄉人盜笠吕蒙先涕而後斬馬逸犯麥曹公割髮而自刑兩椽辭屈黃蓋詰問而俱戮故知威克其愛雖小必濟愛勝其威雖多必敗蓋賞罰不在重在必行不在數在必當故尉繚子曰吴起與秦人戰戰而未合有一夫不勝其勇乃怒而前獲首而返吴起斬之

吏曰此壯士也不可斬吴子曰雖壯士然不從令者必斬之故須勸之以重賞威之以嚴刑隨時而與之移因機而與之他可謂不濫矣凡人耳目不可以視千里之外因人耳目而視聽之既無善不聞無惡不見故目貴明耳貴聰心貴知三者並進則明不可蔽如能賞罰不欺明於察聽則千里之外隱微之事莫不陰變而為忠信若賞罰在於耳目之前而不聞見者誰肯用命哉故上無疑令則下不二聽動無疑事則衆不二志由是言

之則將軍之急務莫大於賞罰矣諸有功合賞不得踰時有罪合罰限三日内遇非時賜賞及諸受獲隨時支散不得過時及減落不如元數改換色額散而不均必有怨生兵書曰賞不逾時是也士卒有罪犯情理別無切害或誤犯者捨之情理重即時處分若移時恐有變大捷不賞大敗不誅一軍俱同偏黨生怨飲酒不可飲醉醉後不可行刑慮有所失行軍在外未經戰陣吏卒有過輕則捨之重則囚禁送於別司處分未可刑責抑

且行軍不利又恐軍心不樂矣主將常自和顔悦色謙恭而下士士卒有病將必親行撫問醫藥則士卒盡死力戰古人云舍蓼問疾越王霸於諸侯兵將纔聚人馬未相諳識不可興師攻討謂將不識兵兵不識將將雖法令嚴明人心未相依附主將須親行詢問材伎勇怯强弱高下選揀堪可作何任使曉諭賞罰立定信義犒勞激勵使士卒知將之智勇將知士卒之熟練然後料敵興師戰無不捷發號施令預先決定不可臨時反覆進退不定使三軍惑亂進戰無功採訪到事聞善不喜聞惡不怒在其再三斟酌可也三略曰仁賢之智聖明之慮負薪之言廊廟之謀興衰之事將所宜問不可不詳軍中士卒多惑妄言軍馬事端故人心惑旌旗折帳幄動六畜為怪一切不常異事主將再三詳察慮於未萌則大禍不生矣遇天子有制詔或與三軍時下不便於事者不得漏泄於外即時回奏謂大戰勝負未知賞罰未定驟遏軍興或彼軍未退欲擬抽軍振疑士衆或

改差將吏人情未便之類兵法曰君命有所不受謂不便於事是也主將在内統兵偏裨領兵出戰在外凡軍前有所缺用及賊兵事宜變動若用公文往來告報被奸人於路接之或賊軍捉去即漏泄事機反遭其害合將遞書題内於月日下書號即知所言事宜若被捜捉了無知號故置簿兩相符合配定字號主帥統將各收一本隨身如字號用古詩或千字文假令配定天字號弓箭地字號添步兵如統將軍前要弓箭即書天字號

軍前動靜可知應報若神庶免漏泄軍機反遭所害違主將一時之令者斬吏士承受到軍令合行曉諭衆人知者不得妄有增減言語或動摇衆情别生利害承受到應係所屬官司告報文字合行告報曉諭衆人知之即不移時須當分明一名名盡知不得轉託他人附語告報事不審實致有錯誤設或文字合有關報申舉不得時刻遲滯如係常程文字別有疎虞則罪有所歸如誤軍期急速文字者斬賊壘相近事有招呼不許高聲

呌喚恐賊聞知凡主將有令指揮事理須是令惺惺人當面一隊一隊告報押隊人員須逐名曉諭令兵士會得事意或勾動押隊人員主將當面指揮如兩軍對陣即不得勾動押隊人員須是使偏將親行告諭各各會意則臨事不悞也漏洩軍事斬承受到軍期密號令及關報賊情聲息事宜字文只長吏自知常作隄備不許漏泄令衆知之如漏泄致賊變生者斬之士衆有聞自家軍中變動或聞賊軍消息來報主吏不拘晝夜即時

引報主將不得時刻遲滯報而不實者罪之凡有見奇異禽獸蟲蛇雜類詭怪之狀或近軍伍或入營壘當時報本將領見總帥輒有傳説者違律吏士在行營切防為人陷誘如有親故贈遺書信使人往来即領見本將詰辯真偽或射擲遺書獲者不得輒開密封送總帥違者違律與敵私交通斬之言語書疏竝同有告得與敵通情者其妻妾僕馬資產悉以賞之擒獲敵人或有来降者直命見總帥不得訪問敵中事若違因而漏洩者斬之或

説道釋祈禱鬼神陰陽卜筮災祥訛言以動衆心與其人往還言議斬之無故驚軍呌呼奔走謬言烟塵斬之凡言覘候或更相推托謬説事宜兼復漏洩者斬之軍中不許採撰風言及飛章論人是非恐有賊謀枉害良善也亦防用閒之義軍中不許妖言歌謡恐有惑衆犯者司軍法軍中不得吟諷古詩動切懈怠軍士怠軍者罪同軍法凡有私仇須先言狀令其避仇若不言因戰陳報復者斬之姦人妻女及將婦女入營斬之攻城邑

收得婦女三日外不許安置營中有傷銳氣軍陣古法
有女子之忌律諸應請甲葉數行數於甲襟上抄記其
袍秤如斤兩於袍背上具注斤兩并槍量長短尺丈軍
司并立為文案如事了却納取案勘數長短斤兩同即
納如有欠少隨即科决徵備其軍器常須磨礪修補亦
不得毀棄諸兵士隨軍皮袋上具注衣服物數并衣資
弓箭鞍轡器仗並令具題本軍營州縣府備及已姓名
仍令營官視撿押署營司抄取一本立為文案如有破

用隊頭火長須知用處即抄為文記五日一申報營司
如其勘撿衣資與簿不同物有勝數即是偷來並仰當
火隊見有他物即須看當狀送營司其衣資不上文歷
縱使遺失官不為理亦不得遽相寄附即是盜未受寄
物人並釋罪諸拾得闌遺物當日送納虞候者五分賞
一如緣軍須者不在外賞之限三日內不送納官者後
殿見而不收者收而不申軍司者並重罪三日外者斬
諸有人拾得闌物隱不送虞旁人能糺告者賞物二十

叚知而不糺告者杖六十其隱物人斬李諸軍內行偽
無首從同罪買財沒官害典取兵士十錢以上絹一尺
以上重罪盜軍資雜物并被賊偷賂一錢以上無首從
同罪如貸易官物計滿一疋無首從同罪應減截兵馬
糧料一升以上無首從同罪棄擲軍糧二升以上無首
從行盜一疋以上無首從並同罪諸軍中有摴蒱博戲
賭一錢以上同坐所賭之物沒官李有告主者欺隱應
所給比常倍賞之諸軍馬聚會其數既衆應行六畜並

仰明為軍印仍須別為營印防闌走失擬憑理認李諸
營兵發以後拾得闌遺畜生亦有兵士失却驢馬衣服
馱運不能勝舉并仰於捍後虞候處取闌遺畜生馱至
前營不經虞侯擅取者及借不送還并剪破印及毛尾
者斬諸六畜隨軍如有死者須諸所部官陳牒檢驗是
當營六畜驗印記同然後許令剝皮如印不是本營印
即是盜他六畜殺李借貸賒買貨物依市交還錢物不
許遠約常備隨身器械整齊合用相須之物不可缺一

若有弓弩無弦箭無羽鏃或有而不牢及有弩牙器械不利施方放不行主將用心點檢備敵用之經隨身衣甲器械不得容私貺換如有損折或不便使用者即别請給如善弓弩鎗刀之類者從士卒之便經諸隊設旗不許與主將旗號相犯諸將三日一廵本部吏士營幕閲其食餘飲爨精均勞逸卹疾苦視醫藥有死即上陳以禮祭葬優給家室有死于行陣同火收其屍及因敵傷致斃並本將校具陳其狀亦以禮祭葬弔贈如但為

敵所損即隨輕重優賞諸每營病兒各定一官人令檢校煮羮粥食飼及領將行其初得病及病損人每朝通狀報總管令醫人巡營將藥救療如法仰營主共檢校病兒官量病兒氣力能行者給傔一人如重不能行者加給驢一頭如不能乘騎畜生通前給驢二頭傔二人縛轝將行如棄擲病兒不收拾者不養飼者檢校病兒官及病兒傔人各杖一百未死而埋者斬諸兵士死亡祭埋之禮祭不必備以棺櫬務令權宜輕重折衷如賊境死者單酌祭酹墓深四尺主將使人臨寘內地非賊庭死者准前祭哭遞送本貫背軍逃走斬之後期斬之有故不坐行列不齊旌旗不正金革不明斬之配定隊伍次第而行雖遇急速路逢險阻後隊不得攙過前隊先鋒遊奕捉生入他境不得先放烟火恐驚自家人馬及賊見預備配走諸隊旗號不得雜亂若過換交加如有不便即上請軍發欲有征伐但令收拾行裝不可令知往何處恐有姦人探候致賊先設備來邀截我軍我可慎

防之軍發欲往東南襲敵佯言西北使敵人不具備攻其不意入他境不得令入賊界取河井水飲之恐放毒藥在內行軍遇水并汲水喫飲可先令死罪人或孳畜試嘗其水恐有人施毒在內人馬飲之枉遭其害渡水亦然渡泥途先令人探過恐安放簽刺於泥中及作陷坑或上流壅決之之類昔蠻儂智高安刺泥中韓信決壅流而斬龍且入他境不許欺凌婦女殺害老小毀折墳墓燒毀民屋倉庫砍伐林木入他境不奉令不得擅

握水塘放火延燒積聚軍中病人被傷損稍重並須移歸近便州縣將養以防急病遺棄被賊収擒説其事機漏泄軍務山中狐兔野獸奔走出林及衆禽飛鳴喧噪必有賊兵衆来也宜備禦之賊人下營日久非時廣設烟火妄生機變者此必棄本營而欲往别處攻擊故特示虛詐行此事意欲退軍恐我追逐故待示虛張詐意此可急使鋭兵伏於要路邀擊之賊若以寡兵而廣列營壘虛張軍勢誘我人馬詐来相拒彼必别分人馬於

他路攻我不意之處昔西戎犯境列虛營於鄜延欲以大衆至涇原大破我師彼大衆卒至而我兵寡少難為應敵不可當頭迎遏衆寡不敵可於要害待其半濟大兵已行邀其中道或截糧草賊欲合圍我兵速退占高順勢往来擊之可勝賊若廣張旗幟於高山大隴揚兵而行者必别有精騎伏於間道潛進攻我營寨於不意之處我亦當高置望樓探望或有塵飛鳥翔之處選精兵或騎先往探取果有賊兵分軍於要害處邀之賊有

晝伏夜行者必有謀也謹備之賊入我境廣張人馬擄掠驅駕車乘搬載積聚擁生口欲歸者不可使人馬當路衝擊彼衆我寡難以應敵但發人馬别路數道料賊回程於要害之處多設奇伏分兵左右即以鋭騎一進一退一出一入使賊欲進不得欲往不安或攻其首或擊其尾或邀其中及使勇壯之士專逐其主將無令討掠而歸彼既主管不定必棄其輜重遁去一夜聞賊營馬嘶必有偏師攻刼宜在審候急備之也一不戰而降

敵没其家布陳旗亂吏士驚惶罪在旗頭斬之搴旗斬將陷陣推鋒上賞陳定或輙進退或輙先取敵致亂行者前後左右所干之行使之或有弓弩已注矢而迴顧者或干行失位後行斬前行不動行干失之行守圍不固一火及主吏並斬之遇敵攻圍危急若前後左右部隊不救致陷者全部隊皆斬之設奇伏掩襲務應機速捷前將先合後將即副進退應接乖者並斬之為敵所乘失旗鼓節鉞者全隊斬之與敵鬭旗頭被傷救得者

重賞戰敵旗頭被敵殺爭得屍首者免坐不得者一旗皆斬之凡戰敵失主將隨從皆斬之失旌旗節鉞者全隊斬之戰鬬失關河險隘之處者斬之將禦敵裨將以下不等差主率不齊力同戰更相救助者伏法斬之不許文儒雅吏傍陣恐忽爾驚亂誤軍合戰時不許收賊器械恐軍號潛亂合戰不許脫剥衣等自致損傷吏士雖破敵濫行殺戮發塜墓焚廬室踐稼穡伐樹木者皆斬之破敵先擄掠者斬之入敵境同破敵所得資物僕馬等

竝給戰士每收陣之後裨將虞候收歛對總帥均分凡隱欺破敵所收獲及吏士身死有隱欺其資物兼違令不收卹者斬之

永樂十二年令凡交鋒之際突入敵陣透出其背殺敗敵衆者勇敢入陣斬將搴旗者本隊已敗敵衆别隊勝負未決而能救援克敵者受命能任其事出奇破敵成功者皆為奇功齊力進前者首先敗敵者前隊交鋒未決後隊向前殺敗敵衆者皆為頭功凡建立奇功頭功者其親管頭目即為報知妄報者治以重罪行營及下營之時擒獲奸細者陞賞准頭功哨馬生擒敵中一人賞銀三十兩斬首一級者二十兩凡行營之時遇有鞍馬衣服器械不同者衣甲器械相同而喝問答號不同者皆即擒之来降敵人所携人口財畜分毫不許侵犯即時来報凡與敵對陣須齊力殺敵不許聚為一處制掩空缺如力不能支不能決勝無勇無謀及不盡力殺敵者全伍皆斬凡隊伍已定不許馬軍入步隊步軍入

馬隊違者重罪如臨陣混戰失其本隊揷入别隊者不拘凡殺敗敵須盡力進勦不許搶掠人畜財物違者重罪如所乘馬困乏許以所擒敵馬換乘凡對敵之際一隊遮看一隊有不齊力前進者戰勝之後許連隊之人首告治以重罪容情不首者罪同凡管軍頭目須恤愛軍士軍士聽令不許怠慢如伍中有一人不在小旗報總旗總旗報百户以次報至總兵官總兵官奏知從征官軍有在逃者斬該管頭目不報者重罪凡軍士須人

馬相應不許以軟弱不堪者揷入隊伍如人壯馬弱或馬壯人弱者許弱者以馬與壯者若自已有馬臨陣之際能借與驍勇者殺敵有功許借馬人分賞不願分者聽其戰馬臨敵許騎無事騎者治罪各營馬驢須愛惜馱載該管官時常檢閱有違及將軍器抛失或盜賣者俱重罪凡軍士行糧該管旗時行點閘有過用及遺棄者幷該管頭目皆斬凡軍行及下營之時須各認隊伍不許擅離及襍入別營違者幷該管頭目俱重罪凡夜

行相遇即喝問有答號不得者擒送辯驗果是奸細照例陞賞故不答號及見而不擒者事覺俱治以重罪凡軍中遇夜以各樣大小銅角笛聲為號不許聲音相同各聽號聲識認隊伍不許吽營違者論罪但夜間有諠譁者即問所起之處及左右應聲之人與該管頭目皆治以重罪凡行營須待大營旗纛起行或聽駕前銅角聲各營方許起行每日下營量撥步軍或五隊十隊馬軍五隊或三四隊步軍披甲馬軍不摘鞍伺候長圍及

架砲者布列已定方許入營休息有盜人衣糧諸物及盜驢馬宰殺幷撿括隱藏人遺失物者俱斬知情首實者給賞知而不首者同罪若收得馬驢騾垛者即送該軍轉送大營名人識認如有遺失被後哨官軍收獲者收後官治以重罪凡各營有失火者即是與敵遞送消息幷該營頭目俱重罪其每日行營不許在途炊飯違者幷本營頭目皆斬下營掘井必令人堅守不許作踐及占藏自用凡軍中有病者管隊官旗即令醫療掌藥

料官及醫士常加巡視不許勒取財物違者重罪凡長圍及坐冷者須晝夜關防各營架砲者務依方瞭望有灰塵揚起人馬往来若聞哨馬營及四面砲響即時傳報其管事官遇有事隨即飛報不許頃刻遲慢凡掠陣官臨敵時視有畏避退後者即斬之紀功過官遇有功者即紀之有過者即録之以憑賞罰凡臨陣令内官持象牙牌視有勇敢當先殺敵能立奇功頭功者即與牙牌收執徑赴大營給與勘合以憑陞賞凡軍中有妄談

災異及妖言或漏泄軍機者皆斬知情不首者罪同首實者重賞凡見鹿及野馬黃羊諸物驚走突入營伍及望見塵起或旋風揚沙野獸騰踏及見死馬牛羊與牛羊馱馬遺穢踪跡或拾得一應物件若男女衣服首飾幷文字等項不論久近隨即報知凡軍行在道不許圍獵或遠望似馬非馬似鹿非鹿似人非人白日見烟入夜見火不論是非即報凡功次務須實報有虛誑者重罪所報實者給與勘合無勘合者不准陞賞凡號令總

兵官告都指揮都指揮告指揮指揮告千戶千戶告百戶百戶告總旗總旗告小旗小旗告軍士務令遵守十四年令每隊中立公正掌令官二人務令頭目軍士死生相顧臨陣有進無退若頭目軍士先自退怯者掌令官即斬其首別選頭目代之若軍士不顧頭目先自退怯者許後隊斬前隊准常功陞賞軍士不勇不進致頭目失陷者斬其前隊頭目不勇不進致軍士失陷十人者斬首至二十人者斬首不與承襲至三十人及全隊

者斬首籍沒其家凡軍士頭目應斬而有奇功量與贖免其總兵官中令不明不嚴致十隊退怯者罰俸一年至三十隊者降一級至五十隊以上者罷職全軍退怯者斬但降敵者全家斬首籍沒財產行軍之際有敢搶擄民財至十貫以上者斬首示衆頭目縱容軍士搶掠至十人者罷職充軍二十人以上至全隊者梟首營門軍士並皆處死軍中及召募新來之人不知軍法敢有造言惑亂人心沮撓號令致悞事機者凌遲處死籍沒

其家臨陣在逃及不聽總兵號令者斬成化元年令總兵官出師臨敵軍中有違犯號令者聽以軍法從事尋常出哨等項不計

料

管子曰天時地利其數多少其要必出於計數故凡攻伐之為道也計必定於內然後兵出乎境計未定而出兵是則戰之自毀也故不明敵人之攻不能加也未可加兵不明敵人之積不能約也不能約誓不明敵人之

將不先軍不明敵人之士不先陣是故以衆擊寡以治擊亂以富擊貧以能擊不能以教卒練士擊敺衆白徒故百戰百勝也又曰善攻者料衆以攻衆量吾衆寡彼衆寡然後攻餘倣此料食以攻食料備以攻備以衆攻衆衆存不攻彼衆存則我不能亡之也故不攻以食攻食食存不攻以備攻備備存不攻釋實而攻虛知其實宜避之釋堅而攻毳釋難而攻易夫國搏不在敦古在於合今時宜搏聚也治世不在善攻在於權宜霸王不

在曲成

李靖曰凡與敵相逢持軍相守欲知彼籌將揣其謀則如之何對曰士馬驍雄示我以羸弱陣伍齊肅示我以不戰見小利佯為不敢爭伏奇兵故誘以奔北內實嚴警外為弛慢恣行間諜託以忠告或執使以相忿或厚賂以相悅移師則減竈合營則偃旗智足以及謀勇足以及怒非得他而不舍非全事而不侵以多擊少必取於晨朝以寡擊衆必候於日暮如此則兵多詭伏將有深謀理須曲為防慎不可入其規畫故傳曰見可而進知難而退軍之善政也但敵故固小蜂蠆有毒且鳥窮則啄獸窮猶觸者皆自衛生命而求免於禍難也若困而不鬭乃智不逮鳥獸其能將乎必須料敵制勝誠於小利然後可立大功矣所謂料敵者料其彼我之形定乎得失之計始可出兵而決於勝負矣當料彼將吏孰與己和主客孰與己逸排甲孰與己堅器械孰與己利教練孰與己明地勢孰與己險城池孰與己固騎畜孰

與己多糧儲孰與己廣工巧孰與己能秣飼孰與己豐資貨孰與己富以此揣而料之焉有不保其勝哉夫軍無小聽聽必審也戰無小利利必大也審聽之道詐亦受之實亦受之巧亦受之拙亦受之其詐而似實亦受之其實而似詐亦受之但當明聽其實參會衆情倸思其驗鍛鍊而用不得逆詐自用挫折愚人之詞又不得聽庸人之說稱敵寡弱輕侮衆心而不料其實又不得受敵人以小利餌我勇士輙掠財畜獲其首級將闇不

斷而重賞之忽敵無備必為所敗揣敵之術亦易知矣若辭怒而不戰者待其援也杖而立汲而先飲者倍程迫速渴之兼也夫欲行無窮之勢圖不測之利其事煩多略陳梗槩而已若遇小寇而有不可擊者為其將智而謀深士勇而軍整鋒甲堅鋭而地險騎畜肥逸而令行如此則士畜必死之心將懷擒敵之計此當固而待之未得輕而犯也如逢大敵而必闕

多而衆心闕

糧運不繼窘無闕

取之抑又聞之統戎闕

縱兵夫為將能識此機變知彼之物情亦何慮功不逮闕不勝哉

李綱曰善用兵以料敵為巧非謂料其強弱虛實而已能料敵之情而勢必至於此之為巧也孫臏為齊救趙而引兵以趨大梁知魏之數輕齊也故減竈以誘之魏將龐涓果棄其大軍與輕鋭併倍日并行以逐臏此未為巧而能度其行暮當至馬陵伏萬弩夾道期見火舉俱發而破魏軍遂殺龐涓此為至巧韓信擊趙引兵東下井陘知趙軍未見大將旗鼓未肯戰也故使萬人先行背水陣而棄旗鼓趨水上軍以誘之趙軍果爭漢旗鼓而逐信此未為巧而能度其空壁逐利先出奇兵二千騎狙伺馳入趙壁拔趙旗幟立漢赤幟而破趙軍遂斬成安君泜水上此為至巧寇恂之降高峻遣軍師皇甫文出謁辭禮不屈恂怒將誅之諸將諫以為不可恂

不聽遂斬之而遣其副歸報曰軍師無禮已戮之矣欲降急降不欲固守峻惶恐即日開城降諸將皆賀因曰敢問殺其使而降其城何也恂曰皇甫文峻之腹心其所取計者也今來辭意不屈必無降心全之則文得其計殺之則峻亡其膽是以降若恂者其料敵可謂巧矣李光弼之降高暉李日越也逐史思明壁野水渡至夕還師留牙將雍希顥守曰賊將高暉李日越萬人敵也賊必使刼我爾留此賊至勿與戰若降與偕來左右竊

怪語無倫是日思明果名日越使以鐵騎刼取光弼不然無歸日越至光弼已去遂請降希顥與俱至厚待之高暉聞亦降或問公降二將何易也光弼曰思明再敗聞我野次命將來襲必許之以死希顥無名不足以為功日越懼死不降何待降者見遇貳者得不思奮乎若光弼者其料敵可謂巧矣惟其料敵之巧如此故足以立奇功兩軍相持不能料其强弱虛實者未有能制勝者也戰功曰多以多筭勝而少筭不勝然則不計强弱

虛實而浪戰者欲無敗難矣况能立奇功哉

覘

北征録曰臣聞兵家論正正之旗則曰無邀堂堂之陣則曰勿擊何畏寧而也蓋善用兵者惟因其釁而已釁之未至雖卧薪嘗膽十有八年不以為緩釁之既至雖一日一夜去閧與九十里不以為速夫釁應於我者謂之機見於彼者謂之隙決在我之機投在彼之隙敵誠智者將敗亡之不繼矣然釁之在人其別有二有天釁有人釁故釁出於天良將乘之惟恐其失敵也釁出於人良將畱之惟恐其謂我也所謂天釁者一曰淫雨謂陰雨連作營壘甲濕人馬泥濘筋角解脫二曰久雪謂積雪尋丈草木氷結居之樵爨行迷道路三曰暴風謂旌旗卷折蘆舍摧倒塵埃四興行陣不分四曰大雹謂霰雹亂擲人馬驚擊帷幕破傷坑塹填沒五曰星變謂天狗日飛天鼓夜擊星流彗掃墜泊其營六曰妖祥謂鼎釜自鳴戈甲自動瓦缶有聲屋舍搖撼七曰暴水謂

江漲河決潮作湧泉漂蕩寨伍淹沒人馬八曰火災謂延燒城邑自燔積聚或火晝發而行陣驚亂或火夜焚而披帶不及九曰雷擊謂烈風雷電震擊營壁燎灼林木霹靂泉石十曰旱魃謂天時亢旱赤地千里河枯井竭人馬煩渴十一曰人疫謂久負苦役士多病患次舍卑濕士多疾疫遞相傳染不容醫療十二曰馬瘟謂風土不伏水草不甘蒭秣不時勞佚不節一馬受病百槽傳毒是謂天釁凡兩軍相持釁見於我急宜厭避釁見

於敵急宜乘擊所謂人釁者一曰移營謂舊營未徹新營未安空便未知行陣未定二曰涉水謂道遇溪澗急涉未得城有壕塹急攻不利士卒泥濘人馬勞徒三曰分兵謂將佐或去或留士卒或行或止未安厥居未及所至四曰易將謂君臣疑貳而廢置不平長貳離間而去守不一士卒不服號令未孚五曰絕糧謂糧食不通三軍外掠漕運不繼將士饑餒六曰未合抵暮入營行陣未設違旦出隊擺布未定七曰陣亂鼓不知進金不

知止旗不隨將卒不隨隊八曰兵疲涉險千里士不去甲勞師數月馬不解鞍九曰令雜將帥離心而士卒無所適從朝夕異令而緩急無所聽信十曰主疑謂將帥有功而忌疾易生屯戍無功而間諜易入十一曰驚畏謂士不諳戰鬬而遇敵驚惶將不經行陣而陳師懦怯行伍夜呼而將不能禁行陣相結而令不肯前十二曰將驕謂恃勝而將佐驕矜屢捷而師徒無備十三曰得間謂間諜得實而營壘可破十四曰下離謂士卒離心

而號令不行十五曰内變謂國家多難災變屢興十六曰失險謂賊方恃山為固而忽移營於四達之衢非水自安而忽移屯於坦陷之地是為人釁凡兩陣相持釁生於我則急便秘避釁生於敵則急令訪察古人之用兵所以為是進退攻守之計者一任乎釁而已故勝兵先勝而後戰不於已戰之後而始求其謂勝合於利而動不於已動之後而始求其所謂利觀釁之法深溝高壘觀釁而後動銳兵利器待釁而後發多設間諜厚賂

採探有釁可攻則戰如風發攻如河決無釁可乘則外閉其營内休其士庶無輕舉妄動之失是謂觀釁

丘法又當視敵鼓角人馬隊伍諠靜以避之凡金鐸之聲下以濁鼓擊之音隰如沐旗幟皆重而自垂曳如霑霧此衰敗之兆也戎馬驚奔士卒恐懼妖言相惑或以耳屬此潰散之象也隊伍擾亂行陣不定或坐或起言語諠譟此軍亂之象也皆可乘而掩取也雖然見敵之意可擊如此又當反慮敵人矯計誘我所謂兵怒而相

迎持久而不合又不相去半進半退之類宜審察之此必有奇伏之變雖云鳥起者下有伏兵其或大兵之上譎為棲鳥安立不動或來人立於草木之中執彈丸以祛飛鳥令人疑之之類則察者又須以他事參之

間

李筌曰古者鄰國烽烟相望鷄犬相聞而足跡不接諸侯之境車軌不結于千里之外以道存生以德安形人樂其居後世澆風遠而淳朴散權智用而謀詐生鄰國

往來用間謀縱横之事用隱括之人矣徐守仁義社稷卭墟魯道儒墨宗廟泯滅非達與智惠不能禦侵伐不勞心苦志不能原事不悉情偽不能成名材智不明不能用兵忠實不能知人是以鬼谷先生述捭闔揣摩飛拑抵巇之篇以教蘇秦張儀遊説諸侯之國而探諸侯之心於是術行焉夫用探心之數者先以道德仁義禮樂忠信詩書經傳子史計謀成敗渾而雜説包而羅之澄其心淨其志伺人之心情有所愛惡去就欲從而攻之陰慮而陰發必虛往而實來此虛言而往彼實心而來卜其心察其容聽其聲考其辭言不合者反而求之其應必出既得其心反射其意符應不失契合無二膠而漆之無使反覆如養由之操弓逢蒙之挾矢百發無不中正者設罝罦以羅魚兔張其會其腰脇其虛必衝網其掛目亦奚有子遺夫探仁人之心必以信勿以財探勇士之心必以義勿以懼探智士之心必以忠勿以欺探愚人之心必以蔽勿以明探不肖之心必以懼勿

以常探好財之心必以財勿以廉夫與智者言依于博博無窮而智有涯則智不可以測博與博者言依于辯辯師古而應令則博不可以應令與貴者言與富者言依於位富積財而位可寶財不足以易寶與貧者言依於利貧匱乏而利豐贍財乏不可以賙豐與賤者言依於謙賤人而謙降下財賤不可以語謙與勇者言依於敢勇不懼而敢剛毅則勇不敢以懾剛與愚者言依於鋭愚質朴而鋭聰明則朴不可以察聰此八言者皆本

同其道而末異其表同其道人所欲聽而異其表人所不曉如此則不測淺深吾得出無間閒無朕獨往而獨来或縱而横如偃枯草使東而東使西而西如引停水決之則流壅之則止誰何患乎不從哉夫道貴制人不貴制於人制人者握權也制於人者尊命也制人之術避人之長攻人之短見己之所長蔽己之所短故獸之動必先爪牙禽之動必先嘴距螫虫之動必以毒介虫之動必以甲夫禽獸虫豸尚用所長以制物況其大者

乎夫好言道德者必以仁義折之好言儒墨者必以縱横樂之好言法律者必以權術對之必乖其始合其終摧其牙落其角無使出吾之右徐以慶弔言之憂喜其心使其神不得為心之主長生安樂富貴尊榮聲色喜悦慶言也死亡憂患貧賤苦辱刑戮誅罰弔言也與貴者言談弔則悲與賤者言談慶則悦將其心迎其意或慶或弔以惑其志情變於内形變於外常以所見而觀其所隱所謂測隱探心之數也雖有先王之道聖智之術而無此心不足以成霸王之業也

李靖兵法曰大戰之取勝此豈求之於天地在乎因人以成之歴觀古人之用間其妙非一即有間其君者有間其親者有間其賢者有間其能者有間其助者有間其鄰好者有間其左右者有間其縱横者故子貢史廖陳軫蘇秦張儀范雎等皆憑此術而成功也且間之道其有五焉有因其邑人使潛伺察而致詞焉有因其仕子故洩虚假令告示焉有因敵之使矯其事而返之焉

有審擇賢能使覘彼向背虚實而歸說之焉有佯緩罪戾漏我偽情浮計使亡報之焉凡在五間皆須隱秘重之以賞密之又密始可行焉若敵有寵嬖任以腹心者我當使間遺其珍玩恣其所欲順而傍誘之敵有重臣失勢不滿其志者我則啗以厚利誂相親附採其情實而致之敵有親貴左右多詞夸誕好論利害者我則使間欲曲情尊奉厚遺珍賓揣其所間而反間之敵若使聘於我我則稽留其使令人與之共處矯致殷勤偽相

親暱朝夕慰諭倍供珍味觀其辭色而察之仍朝暮令使獨與己伴居我遣聰明者潛於復壁中聽其所言使既遲違恐彼怪責必是竊論心事我知計遣而用之且夫用間以間人人亦用間以間己彼以密來理須獨察於心參會於事則不失矣若敵使人來欲候我虛實察我動靜覘知事計而行其間者我當佯為不覺舍其厚利而善啗之微以我偽言誑事示以前却期會即我之所須為彼之所失者因其有間而反間之彼若將我虛

而以為實我即乘其弊而得其志矣夫水所以能濟舟亦有因水而覆沒者間所以能成功亦有憑間而傾敗者若束髮事主當朝正色忠以盡節信以竭誠不詭伏以自容不權宜以為利雖有善間其可用乎

武經曰因間者因敵鄉國之人而厚撫之使為間也內間者敵之官人有賢而失職者有無過而被刑者有寵嬖而貪財者有屈在下位而不得任使者有欲求展己之才能者有反覆變詐常持兩端之心者如此之官皆可以潛通問遺厚貺金帛而結之因求其國中之情察其謀我之事復間其君臣使不和同也反間者敵有間來窺我我必先知之或以厚貺誘之反為我用之或佯為不覺示其偽情而縱之則敵人之間反為我用死間者外詐立事跡令吾間憑其詐跡以輸誠於敵而得敵信若我進取與詐跡不同間者不能脫則為敵所殺生間者取內明外愚形劣心壯閑於鄙事能忍饑寒詬恥者往來通報也此五者皆當謹察其人而任之否則不

能成務而自屠其身漏吾軍事也故曰三軍之事莫親於間常莫厚於間事莫密於間謂先量間者之性誠實多智乃可用之然則間亦有利於財貨不得敵之情實但將虛詞以赴我約此非用心微妙不能酌其情偽

李筌曰古之善用兵者必重天下之權而研諸侯之慮權衡不審不知輕重強弱之高下揣情不審不知隱匿變化之動靜重莫難於周知揣莫難於悉舉事莫難於必成此三者聖人任之故兵有百戰百勝之術非善之

善者也不如不戰而屈人之兵善之善者也夫太上用計謀其次用人事其下用戰伐用計謀者熒惑敵國之主陰移諂臣以事佐之惑以巫覡使其尊鬼事神重其彩色文繡使賤其菽粟令空其倉廩遺之美好使熒其志道巳巧匠使起宫室高臺以竭其財役其力易其性使化改淫俗奢暴驕資賢人結舌莫肯匡助濫賞淫刑任其喜怒政令不行信卜祠鬼逆忠進諂請謁公行而無聖人之政愛而與官無功而爵未勞而賞喜則赦怒

則殺法居而自順令出而不行信筮龜卜筮鬼神禱祠讒諂諛佞奇技貨財行於門戶其所謂是者皆非離君臣之際塞忠讜之路然後淫之以色攻之以利娛之以樂養之以味以信為欺以欺為信以忠為叛以叛為忠忠諫者死諂諛者賞君子在野小人在位急令暴刑民不堪命所謂未戰以陰謀傾之其國素已破矣以兵從事其君可擄其城可拔其衆可潰故湯用此法而夏桀放周用此法而殷紂殺越用此而吳國墟楚用此而陳

蔡舉三家用此而魯滅韓魏用此而東周分儒生言之兵強大者勝小弱者必亡是則小國之君無霸王之業萬乘之主無破亡之兆昔夏廣而殷狹殷大而周小越弱而吳強所謂不戰而勝者陰傾之術夜行之道文武之數聖人超然獨見欣然獨樂其在茲乎

許洞曰周禮巡國諜謂反間也用間之道聖人以來尚之矣夫用兵決勝不可不用間用間決中不可不審茍非大智孰能臻於是乎故間之行也觀事而舉其術有

八焉其一曰兩國相拒兵抗其境詐為疲困畏懼潛漏其言厚貨啗敵所愛倖因以所求中之次使使者致玉帛子女輿馬之飾以求和解覺其驕慢陰選精兵分道星夜兼進以乘不備此以使者為間者也其二曰獲敵生口以所謀漏洩俾得聞焉（謀皆虛也）陰緩使遁去令敵得所謀而信之我行則不然也此以敵人為間者也其三曰敵來間我詐為不知也反事示之敵得偽事我則出不意而擊之此反以來言為間者也其四曰敵以間來

厚賂之令反其言以間敵此反以来人為間者也其五曰與敵人戰佯為小敗亟引兵深避示以懼色乃選調言語鄙鈍無智慮者使於敵令其張皇我師之强盛俾敵之其為間者必以我為懼以强詞来間也既行即舉奇兵隨而襲擊之此以明間而為間者也其六曰敵有內寵令腹心者以金寶饋其家使潛購敵情此以內嬖為間者也其七曰敵有謀臣則潛行金貨賂敵親信講讒於內外以事應讒者言使君臣相疑自相殘害此反以讒人為間也其八曰求敵所委信者副其所欲陰求其動靜言語者此以鄉人為間者也是以知間者兵家之要妙也茍非智賢莫能用之故用間之道在乎微密潛成此良將之所注意也

兵者詭道也卷舒萬變雖天地鬼神不可使測之是故詭敵之道其幽深有二敵使到以權臣私之豐寶貨露誠款偽結使者反亦陰期到則益於前所以憤（一作急）惑之復以國家事泄之（皆以國家虛實似是而非者）既密與反構敵意料不以我為疑即以通情於敵君示舉兵期與地以內應之得期則以精兵出不意擣其虛我外通之其術一也（內應蹤皆虛蹤也示馬我兵之害）募勇敢者以為待一旦佯怒笞之見血即潛使竄敵復囚其妻子俾知之而偽怨我以密事告或以某時當加兵以某處我潛應其言及期果與言合乃陰出銳兵攻其不意其術二也此皆以奇為勝者兵之要道不可以不詳於此也

敵使来目數動色數異言肆者刺客也敵未困而請和者謀也敵卑辭厚幣者驕我也使雖頻来為寇不止侮我也厚貨啗我左右欲構我密謀也使来言語辨利欲兩國休解者將掩我不備也使言屈强者欺我也敵使有此七者宜細詳之將為刺者挾之（謂謁見之時以操刃者挾輔而見）謀者反其謀（謂詐許之却掩其不備也）驕者反其驕（器其詞薄其幣使敵人信我為驕也）侮者凌之（舉兵責其無禮）構者示之（佯不知而反之以虛事也）將掩其不備者復之（佯聽其說反掩其不備之）欺者誅之誅無禮以威敵留使者不可久久則知我微不如殺之是以知奸之道兵之

本也不可不審
李靖兵法曰凡是賊徒好相掩襲須擇勇敢之夫選明察之士兼使鄉導潛歷山原密其聲晦其跡或刻為獸足而印履於中途或上冠微禽而幽伏於叢薄然後傾耳以遥聽竦目而深視專智以度事機注心而候氣色見水痕則可以測敵濟之早晚觀樹動則可以辨来寇之驅馳也故烟火莫若謹而審旌旗莫若齊而一爵賞必重而不欺刑戮必嚴而不捨敵之動靜而我必有其

備彼之去就而我豈不得保其全哉必須先覘敵國道遠近澇山川谿谷險阨城邑大小溝渠深潛畜積多少兵革之豪傑姓名審而知之用兵之要也
蘇氏曰孫武子既言五間則又曰商之興也伊摯在夏周之興也呂牙在商故明君賢將能以上智為間者必成大功此兵之要三軍所恃而動也按書伊尹適夏醜夏歸亳史太公嘗事紂去之歸周所謂在夏在商誠矣然以為間何也湯文王固使人間夏商耶伊呂固與人為間耶桀紂固待間而後可伐耶是雖甚庸亦知不然矣然則吾以天下存亡寄於一人伊尹之在夏也湯必曰桀雖暴一旦用伊尹則民心復安吾何病焉及其歸亳也湯必曰桀得伊尹不能用必亡矣吾不可以安視民病遂與天下共亡之呂牙之在商也文王必曰紂雖虐一旦用呂牙則天禄必復吾何憂焉及其歸周也文王必曰紂得呂牙不能用必亡矣吾不可以久遏天命遂命武王與天下共亡之然則夏商之存亡待伊呂用

否而決今夫問將賢者必曰能逆知敵國之勝敗問其所以知之之道必曰不愛千金故能使人為之出萬死以間敵國或曰能因敵國之使而探其陰計嗚呼其亦勞矣伊呂一歸而夏商之國為決亡使湯武無用間之名與用間之勞而得用間之實此非上智其誰能之夫兵雖詭道而本於正者終亦必勝今五間之用其歸於詐成則為利敗則為禍且與人為詐人亦將為詐我故能以間勝者亦或以間敗吾聞不忠反為敵用一敗也

不得敵之實而得敵之所偽示者以為信二敗也受吾財而不能得敵之陰計懼而以偽告我三敗也夫用心於正一舉而羣綱舉用心於詐百補而千穴敗智於此不足恃也故五間者非明君賢將之所上明君賢將之所上者上智之間也是以淮陰曲逆義不事楚而高帝擒籍之計定左車周叔不用於趙魏而淮陰進兵之謀決嗚呼是亦間也幣重而言甘誘我也使者目動而言肆懼我也

明

蜀諸葛亮兵要云軍已近敵羅落常平明以先發絕軍前十里內各按左右下道亦十里之內數里之外五人為部人持一白幡登高外向明看隱蔽之處軍至轉尋高而前第一見賊轉語後第二第二詣主者白之凡候見賊百人以下但舉幡指百人以上便舉幡大呼主者遣疾馬往視察之

非征録曰兵家之有採探猶人身之有耳目也耳目不具則為廢人採探不設則為廢軍故古人以峰山卓望為軍目以游騎採探為軍耳一身之聾瞽徒能廢吾之四體而三軍聾瞽則其所廢者可勝計哉故侯吏不嚴君子以為無耳目之軍杜預設絳白之旗而見敵有辨馬成設烟火之燧而事皆預知趙充國之破先零得高山遠望之便呂蒙之襲關羽必先縛其屯候使不聞知而降其二將渾鎬之討義武知其邊備不設故能深入城境而大敗其師李愬之入蔡州乘其侯吏不知故能直入賊營而生擒元濟兵家惟其先人故能有奪人之

心關中之王在於先入北山之勝在於先據彼有賊至帳中軍吏未覺至城內簫鼓未絕皆由其無採探也國家承平以來廟堂惡聞邊備將帥不買間諜無事而修邊防則謂之引惹邊事有事而論形勢則謂之泄漏兵機所謂夾山之張合肥之魏磨盤之王正陽之邊塗山之石花屬之解安豊之倪小王衛之張蘆塘之朱桐木之周九里關之胡石門之王桐栢之吳界山之江故家

遺俗世相傳襲其所謂子弟非過淮盜馬則越漢運鹽
其所謂牙爪非私販銅錢則私通椎貨淮河之地如其室
家商號之間即其堂閣紹興年間如張劉諸臣皆廣行
招致以備緩急近年以來諸將例皆庸駑不材之士上
自宣招三司帥臣下而江上諸軍將帥未聞有一人能
搜訪間諜收拾遺逸以資聽聞者所謂採探之法視為
何物甚至邊候不嚴邊鋪不設無賞賚以維人心無金
帛以壯士氣得事者無功誤事者無罪故士不出境探

不入賊盱眙山陽之於漣海安豐花靨之於壽春桐栢
唐城之於褒信招信濠梁之於汴泗相隔一水相望一
舍烟火之氣騰空相接而莫知屯兵之多寡雞犬之聲
朝昏相聞而不知敵國之虛實所謂賊將之姓名賊技
之能否賊勢之進退賊情之勇怯蓋殆若異世之事耳
敢望得其萬一哉此無怪其喪敗也惟能依此置鋪台
募間諜明遠斥堠則屯邊無事得以休息有事不知寇
東是謂採探

兵法視不相見故為之旌旗聽不相聞故為之金鼓所
以傳遞相報瞬息百里而非人力所能及也然舊法日
用烽烟謂如燒一烟則賊不至燒二烟則賊塵起燒三
烟則賊步至之類是也然其患有四一則烟霧罩占二
則暴風吹散三則雪雨昏暗四則塵埃遮蔽此烽烟之
不足恃也舊法夜用烽火謂如舉一火則賊不至舉二
火則賊騎至舉三火則賊步至之類是也然其患有三
一則烽火以雙隻而見賊之遠近陰雨晦冥則雙隻不

分二則烽火以縱橫而見賊之東西遇烟霧則縱橫不
辨三則烽火以巨細而見賊之多寡遇塵埃則巨細不
測此烽火之不足恃也新法日用旗號謂舉青旗則賊
不至舉白旗則賊塵起舉黃旗則賊騎至舉赤旗則賊
步至之類是也然其患亦有三一則陰雨而不辨其高
低二則烟霧而不辨其青黃三則塵埃而不辨其遠近
此旗號之不足恃也新法夜用金鼓謂如一金一鼓則
四顧平安二金二鼓則兵發動有金無鼓則賊步起有

鼓無金則賊騎至之類是也然其患亦有五一則相去太遠聲音不聞二則風勢不順聲音不接三則暴雨擊剥聲音不辨四則賊振金鼓聲音混亂五則溪澗端急聲音交雜此金鼓之不足恃也四者之法良所以濟四者之不及也然此四法行軍用師不可時刻廢廢則為人掩襲是謂候望

獨力所勝不如兼力之輕假目於人不如親見之為審事之出於獨力之所成就者有不若兼聽集視之為易

得其真至於事不切於其身利害不係於其心者往往失於不知緩急之變採探之法尤患於此況夫採探之遲速係乎三軍之勞逸採探之得失係乎三軍之勝負採探之吏乃萬人之司命一將之權輿也故古人於先鋒立將白旗立隊劄探立鋪皆所以重採探專候望也然舊法惟令安豊有警則特令安豊之兵傳報花靨霍兵等處盱眙有警則特令盱眙之兵傳報招信淮陰等處不知安豊之人視霍兵花靨外戍為不足恤兼安豊受敵方自顧不及奚暇恤其所謂花靨霍兵之事盱眙之人視招信淮陰别軍為不切之務兼盱眙受敵方自顧不暇奚問其所謂招信淮陰之事此斷遞之患每見於邊鋪死鋪之患每聞於邊探也況入探不遠方見塵埃賊已鄰境急報本戍已為稽緩復何責其能報他所之營壁是皆立治不良為謀不審臨敵之際多至誤事今日聚探盡革前弊謂如沿邊十五鋪每鋪三十人每屯各三人或遇有故則甲探報甲乙探報乙彼此互見

而不至於隅嶴遠近交通而不至於斷絶是謂聚探

立法之不詳故臨事而多闕人力之所不及事皆可以言天而兵家獨不敢以言天故烽候之相遠利害不得而周知採訪之不容動静不容於偏覺而後有硬探遊奕小探之制皆所以濟數者之不及也硬探謂遴募膽勇材士遠出賊境必要探知賊之虚實謂如安豊硬探直至龍灣額口等處盱眙硬探直至臨壁青陽等處遊奕小探謂揀募輕捷驍勇馬軍往来於邊鋪空闕去處

必要探知賊人消息謂如安豐遊奕小探常出設於花靨泙可夹淮等處盱眙遊奕小探常往来於龜山柵口夹淮等處硬探則差出之日重借資賞日幇五券合干頭目人又加倍支候其探伺得實即令正補仍令添支錢銀買覓間諜招募姦細其有賊将至而不知姓名賊軍至而不知多寡並依軍令遊奕小探則差出之日亦借資賞日幇三券頭目合干人又加倍支候其探探得實即令正補亦令添支錢銀以助其用其有誤事並依

軍令如此名土豪則有其貲買間諜則有其具彼邀劫則可以贖驅遇關河則可以逃命是謂關遮

有間可乘不可謂良諜有弊可指不可謂良法候望之法固足以測敵人之遠固而其弊患所在世將皆未之曉也故候望之弊有二其一曰掠候謂烟火則躁踐而不令燃炙烽火則漂酒而不令點舉旗號則抜去而不令展布金鼓則掠去而不令鳴擊此掠候也吾則有聚探關遮之法二曰誤候謂烟燧則易一烟為二烟三烟而使吾軍之不知其情易一火為二火三火而使吾軍之不諭其事旗號則易青為白而使吾軍之不辨其色金鼓則易金為鼓而使吾軍之不得其實此誤候也吾則有暗辨之法烟火則三隱三見三聚三散敵不知其數目旗號則三高三低三展三卷敵不知其節奏金鼓則三擊三止三急三緩敵不得以例學是謂密辨

天下之事耳之所聞目之所見者皆可以預備耳目之所不聞見則預備之術何自而施聲音之不接顔之不

相覩雖欲巧而致之詎可得耶兵家攻其所不戒者皆伏兵説也孫吳之書韓曹之術皆有出奇設伏之名而不及九伏十一伏之法雖遺逸之士言其大槩而得其傳者類皆粗略故其所傳惟九伏而已一曰山伏謂山巖崎曲關隘險阻二曰土伏枯壕堤岸古城舊壘三曰草伏草蒿蓊欝茅葦掩映四曰林伏蕉葭荆棘茂林修竹五曰夜伏天色昏暗夜氣晦冥六曰烟伏山嵐氣霧畢占郊野七曰水伏東葦流身覆荷蓋面八曰津伏橋

梁枯涸屋舍幽暗九曰偽伏我欲設伏而匿於無兵欲不設伏而恐其襲我故就險阻之處偽為塵埃旗幟如設伏之狀使賊疑而遁以是九者出軍之日先選機巧合千人名為伏兵將應行軍下營專一揀擇形勢多設奇伏以備盜刼故伏兵之法一人不知萬人不期一夫不睹萬騎失措至於曳柴揚塵而中有突騎斷木成菴而後有伏弩皆所謂流伏者是也善伏兵者藏於九地之下善發伏者動於九天之上鬼神有所不能測雷電

有所不能及微乎微乎至於無聲神乎神乎至於無形伏而至此詎容以以言盡耶葢伏生於奇奇生於機機生於正奇正發於無窮之源非負機之君子安能與於此哉然善於設伏而不善於搜伏恐我之伏以陷彼者將轉而為陷我之具矣故搜伏之法遠入敵地營壘生疎道路險隘恐其設伏尤當先發發伏兵將縱横搜索斯無疎失故艸中走獸突出則伏必在草林中飛鳥鳴噪則伏必在林無風而竹葦自動則伏必在山無雨而灘磧自濕則伏必在水溪澗渾濁則伏必流凹塢昏暗則伏必僻野無起塵則伏必未定未曉雞鳴則伏必夜動故善搜伏者必依四搜之法炬木絙竹擊石連弩搜生而縱死搜向而縱背縱火於東而靜搜於西發弩於左而靜搜其右是謂搜伏

涉水為兵家之至險半渡可擊見於書半濟而擊詳於法故分兵而涉則過路多而敵無禦我之謀合兵而涉則過路少而我無絶敵之策此分渡之法不可不講也

然其妙有二兵多地廣分一為十使對敵一軍先至水次而不得渡敵軍必相持於水岸而不容吾軍急涉即佯與交鋒於水之兩傍使其餘去敵差遠九軍急涉彼岸直衝敵軍之後與敵邀戰待其反顧而拒我九軍則吾對敵之軍可不戰而自涉矣兵少地狹分一為五使對敵一軍先逼水岸而不得渡敵軍必相持於水岸而不容吾軍急涉即佯與交鋒於水之兩傍使其餘去敵差遠四軍急涉彼岸直衝直軍之後與敵邀戰其顧而

扼我回軍則吾對敵之軍可不勝而自涉矣故分渡之妙後涉之軍先發先涉之兵後發彼誠能拒我之二三則我之已涉者蓋已七八彼誠能拒我之一二則吾之已涉者蓋已三四是謂分渡

陰陵之失項羽之勇無所逃霸陵之失李廣之智不能免吾騎遠出吾軍遠探或雪迷路逕而士卒易忌或烟暗山川而士卒莫辨或塵埃草莽而難認形勢或風雨晦冥而不見山坂或星昏月黑而夜入它道或人疑馬

惑而誤行別徑是謂軍迷最為惡證在我有自認之法一則採探馬軍及吾軍將士常帶五色花紙錢替代數沓及造小布袋一枚內貯石灰令滿安在搭袋之內遇白晝兼程星夜潛發路無辨認野無蹤跡雪則用五色花紙錢替代之屬擊掛於茅葦草木之上仿以數之多寡而辨其遠近次序則積雪之中不致迷道雨則用石灰布袋之屬印灰點於地面之上仍以點之多寡而寓其遠近先後之別前隊先回則添紙錢增灰點而使後隊之不相失後隊先回則又減紙錢亂灰點而使前隊之不相誤紙錢則青黃赤白黑五色以表遠近灰點則以一二三四五數目以表往來紙錢則收以便袋腰複而以備緩急灰點則曳以鞭梢而用以印點賊人見人將謂村民祈福之具獵人捕獸之跡而不知吾軍用為鄉導後軍欲尋前軍則望此趨向前軍欲追後軍則得此認記是謂自認

北人遺事曰肓骨在契丹時謂之朦骨國其人長八尺

捕生麋鹿食之其目能視數十里秋毫皆見蓋不食烟火故眼明與金隅一江嘗渡江之南為寇禦之則返無如之何其行軍常恐衛伏雖偏師亦必先發精騎四散而出登高眺遠深哨一二百里間掩捕居者行者以審左右前後之虛實如某道可進某城可攻某地可戰某處可營某方有敵兵某所有糧草皆責辨於哨馬回報如大勢軍馬併力蝟奮則力燒琵琶決擇一人以統諸部霆見韃人未嘗屯重兵於城內所過河南北郡縣城

内並無一兵只城外村落有哨馬星攞棊布忽遇風塵之警哨馬響應四向探剌如得其實急報頭目及大勢人馬也

烟尋泉入山遠道及砂磧之處乏水者掘一穴容一二石許用濕蓬艾蒲中燒之火猛而閉留一小穴相通四望之但見烟出之處不論遠近掘之得泉脉也妙哉石山中即近石拙之如土山即草木掘之砂磧擇高處掘之此能救急但烟出多水惟深更妙亦但尋烟出處皆

有水一食頃烟未出者再開一穴求之無不得泉勝也

角烟怖虎凡人入山持牛羊角等角於上風燒之則虎山精迅速避不敢見形蛇虺絶跡井泉陂塘内多生虫蛙為害者投馬骨於中則絶跡

總要曰趨而爭利者不可舉軍皆進又不可棄軍實而往故曰舉軍而爭利則不及委軍而爭利則輜重捐其法若在百里之外則千人中擇百人最勇者先往次勇者數百人繼往罷軟者後往令相續而至也故曰卷甲而趨日夜不處倍道兼行百里而爭利擒三軍將勁者先罷者後其法什一而至是也在五十里外千人中擇勇者五百人先往罷者繼往故曰五十里而爭利者其法半至是也若三十里外爭利者則十人中擇七人先往以其道近人所易至故可去者多亦少敗亡故曰三十里而爭利者三分之二至是也所以常不失也

疑

北征録曰反泄我秘敵泄則勝常在我敵秘我泄則勝

常在敵近日邊政正墮乎此故自由俊邁擒而敵人出我頼河安豊之兵盡用吾軍之旗幟而吾軍每敗於辨認不真自吳曦叛而敵人入我安復荆襄之兵盡識吾軍之隊伍而吾軍每泄於機械之不密此兵家反泄之法益不可不講也然反泄之法有四一曰號名謂昔以青旗而招將佐今以青旗而招士卒昔以白旗而招統制官今以白旗而招隊部將二曰旗幟謂昔以青為左白為右今則以青為白使敵人不得以知吾左右之名

昔以青為直黑為曲今則以黑為青使敵人不得以知吾曲直之勢三曰金鼓謂昔聞鼓而進今則聞鼓而反止昔聞金而止今則聞金而反進四曰燧燧謂昔以一燧為遇寇二燧而索救今則反以一燧而為索救之號無烟為無事有烟為有警今則反以有烟而為無事之驗是謂反泄

暗認晉師偽旆曳柴而司馬得脫升御易衣入質而敵人果信曹公偽為袁氏之旗而焚袁氏之輜重于仲文

偽建尉遲之幟而襲尉遲之守將皆吾軍詐以誘敵而致其師也況使敵人詐以致我哉此暗認之法不可不講也一曰旗號謂恐敵軍作為吾軍合於相遇之際先將逐旗幟三伏三起盡行捲軸復將旗捍三伏三起盡行舒展若彼軍起伏皆如我法然後合陣否則番軍即時掩殺二曰金鼓謂恐賊軍詐吾號令即令諸軍於相見之際一鼓一金次二鼓二金次三鼓三金彼既同此相見應即是吾軍然後合陣否則番軍即時掩殺三曰陣法謂恐賊軍詐吾軍陣令諸軍於相遇之際各以人馬多寡分為兩隊左隊左旋右隊右旋至一周遭而止彼既同此相應乃令諸軍急合而為一陣雙日左旋隻日右旋至一周遭而止彼又同此相應即是吾軍然後合陣否則番軍即時掩殺是謂暗認

潛易以將聞於天下者易將不易兵以兵聞於天下者難兵不易將吾之能將素為三軍倚重一旦他出別營則賊軍必見間吾後吾之精兵素為敵國震服一旦改

發他道則賊軍必伺吾隙故兵家秘易將則兵不隨行所以使兩軍之皆重易兵則將不同往所以使彼此之兼全兵發之日去藉徹釁而宿無蹤曉出夜行而塵不起將發之日不徹儀仗以愚敵軍不落號帶以安我士故易將而兵無失將之憂易兵而將無失兵之慮是謂潛易

詭

凡戰軍三千一字排開紅戰服如不勝旗摇陣亂又排開乃黃戰服若不勝又排開乃青戰服元數三千乃變

九千陣中倒變服戰中顯軍衆上紅以紙為之中黄以衣為之下青以東為之已勝變服廣兵多以敗乃變徹兵之勝不能救要詳察

凡戰將交兵以顯青旗若敗被追却顯白旗乃觀生兵使彼兵懼不敢追假令陣戰顯紅旗五十面旗揺不見紅旗却見皂旗五十面元旗數旌竿五十面却顯一百五十面乃是變法一面紅旗以紙為之後一面皂旗以絹為之中面黄旗竿去乃紅紙旗原開却是皂旗捲皂旗却是黄旗正數五十面變一百五十面從將使令何

不可詳察

假令排軍布陣陣定而後出戰交兵時殺人眼紅不認人使精兵能戰用面鬼子猙獰之相帶于面上又護了顔使彼兵怕懼未交兵時各藏不要顯出將臨陣帶之威風人懼但見陣以真先顯是誰後乃用面鬼子殺兵如變神像宋狄青亦然

假令排兵交戰時鼓響已若敗棄大鼓數十面若彼不將去小可若將去到營城之間夜間呼號鑼鼓乃變人也投燒糧草後間營城裏合外應鼓腔四尺二寸闊五尺五寸乃是挑鼓以腔中使人潛于中以板攀閣充饑藥三丸留出氣眼不可不詳察

假令攻城日久不破裏無糧草外無兵上司賞攻城兵數百之羊日西之間自亂自殺數十里棄羊而走去城中人開門趕入城隨入城之間乃變人也已兵護圍攻城裏應外合乃用兵手足並行熟古言匍匐是也

假令已用糧車於彼兵邊過若彼兵接糧草拖車人棄車而走彼兵若將趕車至營城以信砲為號車乃變軍裏應外合用夾箱車每一車軍三五名

絆馬索法凡彼兵營兩邊如相護遮於營邊安索於此伏兵埋藏然後劫那一營此營若救先動必中此索之計伏兵兩勒習射乃是法奪馬損車安索要詳細假令安下索用樁不可夜響恐驚營裏樁數十條離地四尺五寸可安五七道如彼兵到索邊埋伏後追殺驚走

刼營法假令刼營西面入去先使兵東面大號鼓響彼聚兵會准防東面之兵不防西面猛入殺戰彼後不能防名曰眼前之驚腦後之患此是先詐而後鬼通取詳哉似王陵驚楚

假令黄昏間去彼兵營約二里之地燈籠一盞寫牌一面名曰會軍將至半夜於此處刼營不到者决斬彼見明必遣使覘知此牌之意彼必此准備此以一盞燈使彼兵一夜不寧息至天明交戰使不得而食至晚於彼

兵營數十里埋柱架五七條鈞羊前足以後於鼓上名曰懸羊擂鼓至天明交戰至晚精兵刼寨至三更之後信雷忽發悶耳不及先以燈刼營後以鼓鬧寨三以兵入乃是先詐後鬼而變真成

假令知彼寨用卒數十箇每一卒擰馬數十匹上馱草人卒掛鐵甲於營邊相遠彼兵必射行三五遭箭滿可歸又可再刼營彼出若放火燒草人馬見火必走又驚營慌惚不可不詳

武編前集卷一

欽定四庫全書

子部

武編前集卷二

詳校官檢討臣何思鈞

總校官編修臣朱鈐

校對官編修臣汪學金

謄録監生臣陳裕昆

欽定四庫全書

武編前集卷二

明　唐順之　撰

戰

武經曰所謂能而示之不能者匈奴羸師以誘漢祖圍於白登是也所謂用而示之不用者李牧按兵雲中大敗林胡是也所謂遠而示之近者韓信陳船臨晉而渡夏陽是也所謂近而示之遠者晉侯伐虢假道於虞是也所謂利而誘之者赤眉委輜重而餌鄧洪是也所謂亂而取之者李靖乘輕舟而破蕭銑是也所謂實而備之者關羽討樊多留兵備公安南郡是也所謂强而避之者隋季良無與楚君遇是也所謂怒而撓之者漢兵擊曹咎於汜水是也所謂卑而驕之者石勒奉戴王浚是也所謂佚而勞之者吳子亟肄以疲楚軍是也所謂親而離之者漢王慢楚使而疑范增是也所謂飽而饑之者晉文困諸葛誕而拔壽春是也所謂安而動之

者齊軍走大梁而退魏師是也所謂攻其無備者制人以不虞而敗南燕是也所謂出其不意者鄧艾由陰平而趨緜閣是也此十有六者皆前世已然之效也

許洞曰兵者詭道也詭可使為實遠示之近近示之遠故遠近之用其術有六夫將取敵者志於要而攻不急攻其不備聲之以必取潛緩所得生口俾敵知之此急彼守必緩陰以兵卒黙乗之其術一也所臨之境界於洪淵大壑不可卒濟即駐兵築壘鑿林刳木廣為舟航

示以必濟如未可卒辦之則僉仗備此行我則不然也夜陰令精兵銜枚於他處舉筏而渡擊沿流之守俟彼衆亂大兵筏而隨之其術二也加兵之地抵斷絕之路大軍倒回以詭敵敵聞焉姑以為然所備必緩即陰令輕捷者傍間道以懸梯竹索接續以亟渡出其不意我即回大軍以應之其術三也兩陣有向敵人鼓譟挑戰勿即應久之則徐徐引退敵來薄陣且動即亟出突騎衝其心後軍張翼而從之其術四也交戰既酣陰以奇兵分左右翼自陣後而四出擊之使外潰而内駭焉其術五也敵戰時於大陣後以精兵伏之不施旗鼓弓箭惟以强弩劒楯戈鋋而已俟前陣大戰士伍困則麾開前陣令後伏兵先出强弩射之復麾前陣兩向兵徐逼敵陣攻之稍動則撲之其術六也此六者皆示以近而取勝在遠也如是者奇正之謀也孫子曰兵以正合以奇勝此之謂也

舉兵用武率以古法為用執之與膠柱鼓瑟無異爾未

見決中者也兵家之利利在變通之機觀順逆爾夫興師之際當先探敵將才不才設若敵將不能以兵法使衆惟以勇敢為已任我則順用古法以待之也或敵將善用古法我則逆用古法待之也夫用兵之奇莫奇於設伏設伏之奇莫奇於新智新智者非不師古也因古而及之爾古人料敵以其始來戰陣未合先以賤而勇者挑之觀其號令旗鼓之整與亂士馬之强弱管陣之偏正行伍之齊肅散亂言語之諠譁緘嘿以定勝負焉

是以古法曰若其衆諠譁亂其卒自行自止其兵或縱或横其追兵恐不及見利恐不得如此者將必無謀雖衆可獲矣許洞曰如古人以此助功苟敵人料我當順其所料伏兵待之以詐示之俟彼出師則發伏收之古法杖而立者飢也汲而飲者渴也見利不進者勞也軍擾者將不重也旗動者亂也吏怒者倦也懸缶不反其舍者窮寇也諄諄翕翕徐與人言者失其衆也數顧者失其羣也來委謝者欲休息也許洞曰如古人以此料

敵今則不然固當擇精鋭吏士外而伏於要衝使其老倦傷殘者如飢渴失羣之狀或數揺動其旗或數驚擾其衆使吏士諠譁應敵人苟出師襲我則潛發所伏出其不意擊之古法曰敵始來到行陣未定可擊也渉長道後行未息可擊也行坂渉險半隱半出可擊也渉水半渡可擊也險道狹路可擊也旌旗亂動可擊也陣數動移可擊也許洞曰在我則不然如以行陣未定四面可設伏也長道後行未息中可設伏也山坡半隱半出長林大谷可設伏也渉水半渡則崖岸坡坂可設伏也狹路險道前後可設伏也旌旗亂動陣數動移後可設伏也如或敵人敗走我師未敢逐之者古法曰鳥起者伏也衆樹動者來也如此未必伏與來也慮為疑兵也兵已奔遁多令老弱者動其衆樹及驚鳥之類也又曰無約而請和者謀半進半退者誘也此亦大兵已潛遁恐後人逐者設此疑也許洞曰料敵以事者多慮為反古之事也是以兵法如車載其物則車也及有車之用

則東西南北者由人也故兵法不可執而用之也明矣兵有三勢一曰氣勢二曰地勢三曰因勢若將勇輕敵士卒樂戰三軍之衆志厲青雲氣等飄風聲如雷霆此所謂氣勢也若關山狹隘大阜深澗龍蛇盤陰羊腸狗門一夫守險千人不過此所謂地勢也若因敵怠慢勞役飢渴風波驚擾將吏縱横前營未合後軍半濟此所謂因勢也若遇此勢當潛我形出其不意用奇設伏乃取之矣是以良將用兵審其機勢而用其氣仍須鼓而

怒之感而勇之賞而勸之激而揚之若鷙鳥之獲猛獸之搏必修其牙距度力而下遠則氣衰不及近則形見而不得故良將之戰必整其三軍礪其鋒甲設其奇伏量其形勢遠則力病而不及近則敵知而不能應若不通此機乃智不及於鳥獸亦何能取勝於勍寇乎乃須怒士厲衆使之奮勇故能無强陣於前無堂陣於外以弱勝强必因勢也許洞曰兵之勝敗非人之勇怯也勇者不可必勝怯者不可必敗率有勢焉耳勢之勝者有

五一曰乘勢二曰氣勢三曰假勢四曰隨勢五曰地勢勢之敗者有三焉一曰挫勢二曰支勢三曰輕勢凡新破大敵將士樂戰威名隆震聞者駭懼廻其勢而擊人者此之謂乘勢者也將有威德部伍嚴整士有餘勇名譽所加懾如雷霆此之謂氣勢者也士卒寡少盛其鼓旗張為疑兵使敵人震懼此之謂假勢者也因敵度倦懈怠襲擊之此之謂隨勢者也合戰之地便其干戈利其步騎左右前後無有陷隱此之謂地勢者也用兵者乘此五勢未有不能追亡逐北以建大功者也又若累戰累北吏士畏於敵戰此之謂挫勢者也將無威德謀慮賞罰不當吏士之心率多離散此之謂支勢者也吏士諠譁不循禁令部伍不肅此之謂輕勢者也凡用兵有此三者未有不敗軍殺將者焉是故其勢勝在我可以指揮之矣勝勢在敵我當有道反能擊之若夫敵有乘勢而到者未可與戰堅壁清野待之曠日持久敵心必慢於始到矣候其攻無所拔掠無所得敵之衆心益

以慢矣當於中夜潛聽呼吏號之聲小有失則陰出精兵兩道擊之地勢便則兩道出不便則一道出壁中鼓譟應之如此則可以破其乘勢者矣敵有恃氣勢而到者可以後潛精兵偽示以老弱敵進攻則發伏兵擊之必勝矣何謂也許洞曰以氣勢加人者止用勇敢疾速為務鮮能精謀深慮彼見老弱必輕進凌轢之堅陣以俟一鼓不勝鋒必挫反為我乘矣敵有以假勢而到者旗鼓之盛塩挨之多旂鼓或虛衆挨塩或曳薪豫料敵國兵如敵有十萬之衆侵伐

之地不及五萬之師矣降之不溢三萬矣國有百萬之衆侵伐之地不及五十萬之師矣降之不溢三十萬矣（謂其各有分屯防援之地及無亡之所滅故兵不能盡到侵伐之地）以此料之百萬之國其衆來者有百萬六十七十八十九十萬之旗鼓與號令者必不溢四十萬矣餘皆疑兵十萬之國其衆來者有四萬五萬之旗鼓與號令者此為不溢三萬矣餘皆疑兵也（敵國大小敵衆多寡皆以此類數知之也）是以知旗鼓多者其兵少矣不可怖但以精兵出其不意必敗矣或敵探我動靜

者為我所知即佯示以疲倦懈怠使知之敵必隨勢而來豫於諸道及通衢陰伏鋭兵以俟之（先令細人密探敵人舉兵之所然後伏設以待亦可）過半則邀擊之敵先得地勢以薄我未可與戰堅壁觀之持久則衆心怠矣得便地者心多恃之持久必緩故可以俟而擊之也是皆反用五勢之法也敵有挫勢者可以自外擊之敵有支勢者可以自内擊之（内攻為用間怠其敵心然後擊之）敵有輕勢者可以突之（掩不備也）此隨敵三敗勢攻之也以此言之是故多勝者非強也多敗者非弱也率由勢爾夫水之柔弱方圓任性而能蹶隄漂石者勢之至也火之剛炎亘天而起者火之勢也薪木既灰而滅影者勢之去也故用兵之道能知水火之旺敗則盡於勢之用矣

李筌曰夫兵有神有形旗幟金革依於形智計計事依於神戰勝攻取形之事而用在神虚實變化神之功而用在形形粗而神細形無物而不鑒神無物而不察形往而惑事其外神密而圓事其内觀其形不見其神見

其神不見其事以是衆之曳柴揚塵形其衆也滅竈減火形其寡也勇而無剛嘗敵而速去之形其退也斥山澤之險無所不至形其進也油幕冠樹形其強也偃旗卧鼓寂若無人形其弱也故曰兵象陶人之埏土鳬氏之治金為方為圓或鼎或鐘金至無常性因功以為名戰陣無常勢因敵以為形故兵之極至於無形無形則間諜不能窺智略不能謀因形而措勝於衆衆不能知形不因神不能為變化神不因敵不能為智謀水因地

而制形兵因敵而制勝也許洞曰太公曰智與衆同非人師也伎與衆同非國工也動莫神於不意勝莫大於不識孫子曰善戰者其勢險其節短亦無異謂也是以善用兵者其異有五一曰險二曰輕三曰危四曰愚五曰畏窮途邃谷死絶之地敗壘夷塹馳突之所衆以險也去馬我當内固軍陣外若不整以誘敵内嚴部伍外若不嚴以驕敵彼既不識隱之以變衡之以卒此用險之道也彼衆我寡力殫粮絶勝勢在彼敗勢在我當飲

血誓士嚴令厚賞進以必死提寡少之兵突强禦之衆以我為輕也當有輕之用由窮地而闢生門及輕而決焉此用輕之道也敵强攻急師人大震衆以為急我不以怱遽自亂當有危之用嚴號密備以天命慰撫吏士外閉其窺内潛速其機以奇出兵此用危之道也敵人以間來間我佯不知而受之敵人以探來探我佯無備而設伏待之敵以愚也當有愚之用反而智焉此用愚之道也望敵之兵來退縮守壁見敵之使來卑辭下氣如欲和解衆以我為畏也當有畏之用退縮則設伏而攻之出奇衝之欲和解則以利動之以單騎挑之此用畏之道也是五者反衆之為也衆以我為險者我用其利也衆以我為輕者我閉其決也衆以我為危者我用其安也衆以我為愚者我用其智也衆以我為畏者我用其勇也故太公曰不能推移不可語奇此之謂也用兵之術戰勝不可以專勝勝必有反敗之理勢敗不可以專敗敗必有反勝之道戰勝而敗者有五急難定謀

狐疑不決一敗也機巧萬端失於遲後二敗也機事不密三敗也似勇非勇似怯非怯四敗也主將不一五敗也此五者皆戰勝而必反敗也戰勝而欲必勝者定謀貴決機巧貴速機事貴密進退貴必兵權貴一也勢敗而反勝者有四吏士饑割所愛啗之（割所愛者謂在急難之中所乘駿馬及愛妾以啗吏士也）衆有憤之用矣吏士恐奮身先之衆有勇之用矣期應不到殺其所暱（所暱者謂所嬖幸或子弟諸姻同在軍合有定守者犯令則先殺之）衆有懼之用矣人心疑惑陰為鬼詐（鬼詐者詐為狐鳴謂叢祠

中之類也或假託卜筮者一端不一有天之用矣天謂天所授也如是者以敗為
勝也勝敗之術非勇神決智安能行之耶
蘇氏曰知有所甚愛有所不足愛可以用兵矣故夫善
將者以其所不足愛者養其所甚愛者士之不能皆銳
馬之不能皆良器械之不能皆利固也處之而已矣兵
之有上中下也是兵之有三權也孫臏有言曰以君下
駟與彼上駟取君上駟與彼中駟取君中駟與彼下駟
此兵說也非馬說也下之不足以與其上也吾既知之

矣吾既棄之矣中之不足以與吾上下之不足以與吾
中吾不既再勝矣乎得之多於棄也吾斯從之矣彼其
上之不得其中下之援也乃能獨完耶故曰兵之有上
中下也是兵之有三權也權也者以一致三者也管仲
曰攻堅則瑕者堅攻瑕則堅者瑕嗚呼不從其瑕而攻
之天下皆強敵也漢高之憂在項籍耳然親以其兵而
與之角者蓋無幾也隋何取九江韓信取魏取代取趙
取齊然後高帝起而取項籍夫不汲汲於其憂之所在

而徬徨乎其不足卹之地彼蓋所以孤項氏也秦之憂
在六國蜀最僻最小最先取楚最強最後取非其憂在
蜀也諸葛孔明一出其兵乃與魏氏角其亾宜也取天
下取一國取一陣皆如是也范蠡曰凡陣之道蓋左以
為牡右以為牝春秋時楚伐隋季梁曰楚人上左君必
左無與王遇且攻其右右無良焉必敗偏敗衆乃攜蓋
一陣之間必有牡牝左右要當以吾強攻其弱耳唐太
宗曰吾自興兵習觀行陣每戰視敵強其左吾亦強其

左弱其右吾亦弱其右使弱常遇強強常遇弱敵犯吾
弱追奔不過數十百步吾擊敵弱常突出自背反攻之
以是必勝後之戎將既不能處其強弱以敗而又曰吾
兵有老弱雜其間非舉軍精銳以故不能勝不知老弱
之兵兵家固亦不可無無之是無以耗敵之強兵而全
吾之銳鋒敗可俟矣故智者輕棄吾弱而使敵輕用其
強忘其小喪而志於大得夫固要其終而已矣
李靖曰兵用上神戰貴其速練士卒申明號令曉其目

以麾幟習其耳以鼓金嚴刑罰以誡之重芻豢以養之浚溝塹以防之指山川以導之名木能以任之迷奇正以教之如此則雖敵人有雷電之疾而我亦有所恃若兵無先備則不應卒卒不應則失於機失於機則後於事則不制勝而軍覆故呂氏春秋凡兵者欲爭以一決取勝不可久而用之矣或曰兵之情雖主速乘人之不及然敵將多謀戎卒輯睦令行禁止兵利甲堅氣鋭而嚴力全而勁其可速而犯之耶答曰若此則當卷迹藏

聲蓄盈待靖避其鋒勢與其持久安可犯之哉廉頗之拒白起守而不戰宣王之畏武侯抑而不進是也

將戰必審知其將之賢愚與賢將戰則持之與愚將戰則乘之持之則容有所伺而為之謀乘之則一舉而奪其氣雖然非愚將勿乘之乘之不動其禍在我分兵迭進所以持之也并力而一戰所以乘之也

兵有長短敵我一也敢問吾之所長吾出而用之彼將不與吾校吾之所短吾蔽而置之彼將強與吾角柰何曰吾之所短吾抗而暴之使之疑而却吾之所長吾陰而養之使之狎而墮其中此用長短之術也善用兵者使之無所顧有所恃無所顧則知死之不足惜有所恃則知不至於必敗李綱曰昔之用兵者有以少擊衆若昆陽之破尋邑淝水之敗苻堅是也有以多勝敵若王翦之伐荊韓信之定燕趙是也有以速為策若岑彭之攻公孫述李靖之擒蕭銑是也有以遲為策若亞夫之破七國趙充國之討先零是也夫以少擊衆者必將因

便乘勢而躪蹙之其機在少譬猶蹙巨石于千仞之山而不假於多力故昆陽之戰尋邑擁百萬之衆驅虎豹犀象以助其威獨傲然有輕漢之志而光武得以投其間與敢死之士三千人衝其中堅城中亦鼓譟而出聲震天地莽兵遂以大潰淝水之戰苻堅將百萬之師以臨江漢慨然吞東晉之心而謝玄帥偏師八千以禦之乘其軍却衆亂追奔逐北而堅之師遂以敗散聞風聲鶴唳皆以為王師將至然則以少擊衆而能成功者豈

非其機在少因便乘勢而躝蹷之不假於多力乎以多勝敵者必將以殄滅為期而不再舉其機在多譬猶拔大木之本根而役不再籍非衆其力則不可故秦欲伐荆而王翦亦為非六十萬不可卒如其數以與之遂破荆軍而平其地以為郡縣韓信既將兵擄魏王豹而定魏地請益兵三萬人願以北舉燕趙東擊齊南絶楚之糧道漢王與之而皆如其言然則以多勝敵而成功者豈非其機在多以殄滅為期而不再舉非衆其力則不

可乎兵之以速為策者其機在速譬猶獵者之逐獸兔起鶻落少縱則失之岑彭之攻公孫述也襲破侯丹因晨夜倍道兼行二千餘里徑拔武陽使精騎馳廣都去成都數十里勢若風雨所至奔敗述大驚以杖擊地曰是何神也而述遂亾李靖之攻蕭銑也大閱兵雲安秋潦濤瀨漲惡諸將請江平乃進靖曰兵機事以速為神今士始集銑不及知若乘水傳壘是震霆不及塞耳安能倉卒召兵以禦我此必擒也諸將從之而銑果擒然則以速為策者豈非其機在速而少縱則失之乎兵之以遲為策者其機在遲譬猶獵者之檻虎俟其困而搏之則不為其所傷周亞夫之擊七國也以謂楚人剽輕利於速戰難於爭鋒故以梁委之而堅壁不與之爭而絶其餉道待其饑而一舉破之趙充國之討先零也以謂强結之則合緩之則散大兵久留其費不貲故上屯田之策班師罷兵以萬人留田待弊而一舉滅之然則以遲為策者豈非其機在遲俟其困而搏之則不為其

所傷也乎夫兵之多少遲速皆機也善用其機皆以成功而不善用之則以少而殲若陳饜之嘗秦軍以多為累若趙括之敗長平以速而趨利如龐涓之死馬陵以遲而養寇如劉繇之失江東者多矣可不察哉

總要曰兩敵未交以數相持敵若執數我先動則以陽就陰以虛應實必為之擒譬如虎豹不動不入檻穽麋鹿不動不罹網羅凡物未有不以先動而受制於人也雖然若後動者不能覩敵而利計則禍愈於先動曰先

則弊後則懾也又曰先人有奪其心後人有待其衰也夫軍中聲望莫重捉生雖殺千兵不如生擒一將非奇計安能致之須揀馬疾走者揀人身手相副者專教習刀鎗弓射撩鉤搭索皆令便熟臨時任成兵事若賊出小陣其將列多驍勇小為利誘必貪其功令捉生馬三百疋分為三隊以一隊逐便埋伏以一隊直衝以一隊駐隊直衝隊緩則攪刺急則走駐隊候直衝隊走過便向前路支敵亦引走賊見兩隊全走又無傍救必速追

犇引過埋伏隊起背後殺之即兩隊回旗應接自成擒矣夫若列大陣之時即以馬軍三百騎全以直衝陣踈處須突過取背捉賊將軍縱使不獲亦須奔走撓賊擾亂豈能堅鬬凡陣無大小須擒振時之威勢也

總要曰凡隊伍被賊攻迫衆寡不敵隣近隊伍并須齊進救援之凡以十人敵一則圍之五人敵一則三人攻之二人為奇伏凡兵方戰其挑盪奇兵馬軍等隊即須量抽人馬當之仍於隊内抽捉馬人凡彼我相敵以地利阻之不得地利以陰伏阻之又不得則併力偏攻凡料敵戰地若便利則守不利則去若未得戰地雖見利不可就之凡背山戰宜藏軍少誘之伏攻之凡背水戰步軍當衝馬軍為翼步軍後排營有利則前戰無利淺進凡軍前有水陷我則據高以無激其怒賊既衆又且日久伺其懈怠或方食時可急擊也凡兵士當戰不得離隊獻功恐為所乗

賊中事體左右作變以危其將多施巧說以怠其師用

得其權攻取之謀必矣又我軍蓄藏精銳示以虛羸使彼莫有鬬心不為固守偏師游突逢鬬詐逃料彼軍情必然懈怠候其不備襲之可潰又揀能行二百里三百人馬軍三百騎各分為三隊或即為馬步分為三道晝則抄掠人畜夜則擾賊營或斷絶津防或燒刼村野或左出右入或前衝後攻或殺採樵或擒遊奕彼則不勝其忿必出衆追奔我則疾走歸營不令接鬬不三五度人亦懈怠審其可引設伏取之若彼衆我寡力未可加

賊欲待來但存故必退讓無令怒賊既停兵日久資用費多必分人諸處採取候乘風雨或因火之便凡與敵戰若我衆强可為示怯弱以誘之敵必輕來與我戰吾以銳卒擊之其軍必敗法曰能而視之不能凡戰若敵衆我寡敵强我弱須多設旌旗倍增火竈示强於敵使彼莫能測我衆寡强弱之勢則敵必不輕與我戰我可速去則全軍遠害法曰强弱形也凡出師征討行則備其邀截止則禦其掩襲營則防其偷盜風則恐

其火攻若此設備有勝而無敗法曰有備不敗凡戰所謂奇者攻其無備出其不意也交戰之際驚前掩後衝東擊西使敵莫知所備如此法曰敵虛則我必為奇凡敵人强勝未肯用命須置之死地告令三軍示不獲已殺牛燔車以享戰士燒棄粮食填夷井竈焚舟破釜絕去其生慮則必勝法曰必死則生凡與師深入敵境若彼堅壁不與戰欲老我師當攻其君主擣其巢穴截其歸路斷其粮草彼必不得已而須戰我以銳卒擊之可

敗法曰我欲戰敵雖高壘不得不與我戰者攻其所必救也凡與敵戰必先遣使約和敵雖許諾言語不一因其懈怠選銳卒擊之其軍可敗法曰無約而請和者謀也凡戰若敵衆我寡暴來圍我須相察衆寡虛實之形不可輕易遁去恐為尾擊當圓陣外而受敵之圍雖有缺處我自塞之以堅士卒心四面奮擊必獲其利法曰敵若衆則相衆而敵受裹凡與敵戰若我軍曾經錯衂須審察士卒之氣盛則激勵再戰氣衰則且養銳待可

用而使之法曰謹養勿勞併氣積力

攻守

李筌曰地所以養人城所以守地戰所以守城守不足攻有餘力不足者守力有餘者攻攻人之法先絕其援使無外救料城中之粟計人日之費粮多人少攻而勿圍粮少人多圍而勿攻力未屈粟未盡城尚固而拔者攻之至也力屈粟殫城壞而不拔者守之至也夫守城之法以城中壯男為一軍壯女為一軍老弱為一軍三

軍無使相遇壯男遇壯女則費力而姦生一云志散而力不專强壯遇老弱則老使壯者悲弱使强者憐悲憐在心則使勇人更慮壯夫不戰故善攻者敵不知所守善守者敵不知所攻

古之善攻者不盡兵以攻堅城善守者不盡兵以守敵衝盡兵以攻堅城則鈍兵費粮而緩於成功盡兵以守敵衝則兵不分而彼間行襲我無備故攻敵所不守守敵所不攻攻者有三道焉守者有三道焉三道一曰正

二曰奇三曰伏坦坦之路車轂擊人肩摩出亦此入亦此我所必攻彼所必守者曰正道大兵攻其南鋭兵攻其北大兵攻其東鋭兵出其西者曰奇道大山浚谷中盤絕徑潛師其間不鳴金不撾鼓突出乎平川以衝敵人腹心者曰伏道故兵出於正道勝敗未可知也出於奇道十出而五勝矣出於伏道十出而十勝矣何則正道之城堅城也正道之兵精兵也奇道之城不必堅也奇道之兵不必精也伏道則無城也無兵也攻正道而

不知奇道伏道焉者其將木偶人也守正道而不知奇道與伏道焉者其將亦木偶人是也今夫盜之於人抉門斬關而入者有焉他戶之不扃鍵而入者有焉乘壞垣坎牆趾而入者有焉抉門斬關而主人不知察幾希矣他戶之不扃鍵而主人不知察大半矣乘壞垣坎牆趾而主人不知察皆是矣為主人者宜無曰門之固而他戶牆隙之不卹焉夫正道之兵抉門之道也奇道之兵他戶之道也伏道之兵乘垣之道也所謂正道者若

秦之函谷吳之長江蜀之劍閣是也昔者六國嘗攻函谷矣而秦將敗之曹操嘗攻長江矣而周瑜敗之鍾會嘗攻劍閣矣而姜維拒之何則其為之守備者素也劉濞反攻大梁田祿伯請以五萬人别循江淮收淮南長沙以與濞會武關岑彭攻公孫述自江州泝都江破侯丹兵徑拔武陽遶出延岑軍後疾以精騎赴廣都拒成都不數十里李愬攻蔡蔡悉精兵以抗李光顏而不備愬愬自文城破張柴疾馳二百里夜半到蔡黎明擒元

濟此用奇道也漢武攻南越唐蒙請發夜郎兵浮船牂牁道番禺城下以出越人不意鄧艾攻蜀自陰平由景谷攀木緣磴魚貫而進至油江而降馬邈至緜竹而斬諸葛瞻遂降劉禪田令孜守潼關關之左有谷曰禁而不之備林言尚讓入之夾攻關而關兵潰此用伏道也吾觀古之善用兵者一陣之間尚猶有正兵奇兵伏兵三者以取勝況守一國攻一國而社稷之安危繫焉者其可以不知此三道而欲使之將耶

攻

兵法云用兵之法全國為上破國次之全卒為上破卒次之皆謂用謀以降敵必不得已始修車櫓具器械三月而後成踊土距闉又三月而後已恐傷人之盛也故曰攻城為下然攻亦有道必在乎審彼之强弱量我之衆寡或攻而不圍或圍而不攻知此之道則能勝矣攻之者大要攻其所必守與其所必救故城有宜急而取之者有宜緩而克之者若彼我勢均外有强援慮腹背之患者須急攻之以速其利如我强彼弱外無救援力足以制者當羈縻守之以待其斃是謂不以兵攻以計困之令其自拔令其自毀若城堅兵衆欲留我師外援且至則表裏受敵拔之未足為利不拔足以挫威若是而將有不勝其忿而蟻附之士卒被傷城終不拔者乃攻之災此所謂不審彼之强弱者也法曰十則圍之五則攻之兵少則不可以圍環而闕之離而合之此所謂量我之衆寡者也又城有所必攻者有所不攻者故兵

向城必先使諜者求知城中之粮數計人為費粮多而人少則攻而勿圍粮少而人多則圍而勿攻也此所謂或攻或圍者凡欲攻城備攻具然後行之得主地然後臨之趨其所邑謂其攻軍主之所在絶其所恃謂斷其粮道而守其歸路使外交不得相救也圍兵必去城三百步外則弓矢不及姦偽不通賊出突國勢力已困欲攻其一面則四面撓之使敵不知所備此兵謀也不發掘墳墓不殺老幼婦女不焚廬舍不汚井竈不毀神祠

佛像恐怒敵也破城鼓聲未絶不許散掠俘擄俘擄須限以時及時擊鼓三通軍人便須歸營若捉獲有婦女者三日外不許留置在營此軍禮也得賊城堡非有要害可恃者不分兵鎮守得賊城近境者則固守以積粮儲薪芻中備之物所以免轉輸之勞也

頭車攻城罷也身長闊七尺前高七尺後高八尺以兩巨木為地栿前後梯桄各一前桄尤要壯大上植四柱柱頭設涎衣梁上鋪散子木為蓋中留方竅度二尺容

人上下蓋上鋪皮笆一重（皮笆以竹片編成以生牛皮縵）笆上鋪穰藁厚尺餘穰藁上又施皮笆所以禦砲石也車三面皆設約竿（如今坐擱上欄干）頭牌木每牌長九尺闊五寸厚六寸牌首有小竅以皮繩繫著車蓋垂在約竿外木無定數但取遮容三面牌外又垂皮笆亦以禦砲方竅下置梯以升蓋上前施屏風笆一笆中開箭窓倚以木馬令人於笆内射外凡攻城鑿池道以車蔽人先於百步内以矢石擊當面守城人使不能立乃自壕外進車用大木二條各長一丈八尺謂之揭竿首揷前桄下稍壓後桄出以土囊壓竿稍令揭車首昂起車每進便設緒棚續車後遇壕則運土雜芻藁填之運者皆自車中及緒蓮下往來矢石不能及又以千金大麻繩繫車前桄引向後出以絞車自後急絞以助竿力令車首常去地尺餘兩面約竿牌木下分用三十人推挽梯桄下又以木擫鐵挺斡跳使進抵城下頭車舊本無輪今添八兩旁十輪

攻城戰具作四輪車上以繩為脊生牛皮蒙之下可藏

十人填隍推之直抵城下可以攻掘金火木石所不能敗謂之轒轀車

以大木為牀下安四輪上建雙陛陛間横檢中立獨竿首如桔槹狀其竿高下長短大小以城為準首以窠盛石大小多少隨竿力所制人挽其端而投之其車推轉逐便而用之若理脚著地其旋風四脚亦可逐便而用謂之砲車

作軸轉車車上安十二石弩弓以鐵鈎繩連車行軸轉

引弩弓持滿弦牙上弩為七衢中衢大箭一鏃刃長七寸廣五寸箭簳長三尺圍五寸以鐵葉為羽左右各三箭次小於中箭其牙一發諸箭齊起及七百步所中城壘無不催隕樓櫓亦顛墜謂之車弩

以八輪車上樹高竿竿上安轆轤以繩挽板屋上竿首以窺城中板屋方四尺高五尺有十二孔四面別布車可進退圜城而行於營中遠視亦謂之巢車如鳥之巢即令之板屋也

守

宋陳規沂州人以明法補官靖康初知徳安府之安陸縣金人陷都規率兵數萬勤王半道兵潰而反會郡守及僚屬棄城出奔惟規獨留不去衆遂推規攝府事規乃聚兵積糧修城以守敵相繼來攻皆敗而去范宗尹為相分鎮以為徳安府漢陽軍鎮撫使兼知徳安府名赴行在在州八年累破敵衆中原郡縣皆失守惟徳安一城獨存識者偉其能然嚴刑重斂頗失民心規有朝野僉言後序曰規守順昌日得靖康朝野僉言具載全人攻城始末反覆熟讀痛心疾首不覺涕落嗟我國家不幸有如此悲夫世之治亂國之强弱雖曰在天有數未有不因人事得失之所致也揚雄所謂天非人不因人非天不成靖康京城之難若非人事之失則天亦不得而為災若非天欲降灾則人事亦無此失規不揆至愚竊觀金人攻陷京城朝廷大臣守禦大帥施設應敵扞禦攻城之失與夫管見却敵之策論列而序言之朝廷再援太原大臣以謂中國勢弱外鄰方强用兵無益

宜割三鎮以賂之殊不知勢之强弱在人為我之計勝彼則强不勝彼則弱强弱之勢自古無定惟在用兵之何如耳河東安撫使統兵十七萬以援太原又招河東義勇禁兵五萬共兵二十二萬尋皆敗績致太原陷於敵非兵不多蓋用兵之失也其所以失者兵二十二萬直前而行先鋒禦敵者有幾一不勝而却自後者大敗皆走宜乎不能援也有識者觀之不待巳敗而後知其

不能援也豈不知攻城者分攻城兵備戰兵運糧兵扼援兵若兵不多必不久而速退又不待其援也假使當時往援者將良得計雖無兵二十萬只十萬亦可必援又無十萬只五萬亦可必為之援也且以五萬兵為牽若止分為五十將留十將護衛大軍兼備策應內分三兩隊作諸鎮援兵前廣張兵勢牽制扼援之兵以二十將分地深入敵境綿亘可布三五十里不知敵兵多少便能盡害以二十將周圍行徧僻小路尋鄉導多遣遠

探向前設伏伺望敵人打粮出兵多則退之少則擒之但絕其糧道必不深入直抵城下其敵自退又且兵既分遣則人力並用假令數將失利則大兵必不致於一齊敗衂潰散為盜京城之難其原在於援太原之失利也尼堪攻太原之壽陽城小而百姓死守凡三攻殘敵之衆萬人而竟不拔此必城中有善為守禦之策者僉言以為城小而百姓死守者非也攻城者有生有死而善守者有生無死壽陽之人可謂善守而不得謂之死守又云城小而堅者亦非也若謂城小矢石交通善守者亦難以設險施策規以為城愈大而守愈易分段數作限隔則易守若已守先策定險設伏使敵欲登城縱令登城已登即死敵欲入城引之入城入城即死今夫百里之城有數敵登之守城之人便自甘心乞命於敵者非攻之善乃守之不善也九月按砲於封丘門外大砲數百座皆在門外敵至不收遂為金人所得咸為攻城之具規以為城破亦不在此有善守者假使庚資砲

數百座亦必無害在於禦砲之術善不善也統制官辛康宗以敵去城遠止兵不得放箭此善言也百姓鼓衆擊死巳見其因亂制治之術失也敵先採濕木編洞屋以生牛皮蓋其上載之令人運土木填壕以進攻械守城人若得計則城內先施砲碎之亦可用單稍砲放遠至二百七十步下等二百步五十步不知京城當時倉卒之際用與不用此格若人不究心則下等二百五十步亦莫能及若能究心則二百七十步過之甚易又有

小砲禦近衆其小砲每十人已上不過十五人可致一座亦可以到數十步外不謂小砲不能害物人中四肢則四肢必傷中腰已上則人必死中馬亦然又況大砲每放一小砲可教數砲兼小砲必不用石以重三四斤泥丸為之泥丸之利亦博不獨時放易得無窮放去人人必傷死若要推毀攻械則須用大砲及石金人攻守用大砲蓋欲摧毀城樓守城欲摧毀敵人攻械大砲與小砲遠砲齊用縱敵在城外伐木為對樓雲梯火車等

攻械可以砲盡金人廣列礮石砲尋碑石磨盖石羊虎為砲欲攻之所列砲座百餘飛石如雨擊守城之卒死傷日亦不下一二十人此非攻城之能盖守禦官一時之失計耳苟守禦官得計止令卒迎女頭牆坐城外砲來高則於女頭牆上過低則打中女頭砲擊在外無緣中人一卒不至於死傷又豈有死傷日不下一二十人者惟女頭牆稍加高厚則全安堵矣又須用造高木長一丈闊一丈一丈上下外直裏斜外密裏希洞子外密

處以大麻繩橫編如竹笆相似以備砲石衆多攻壞女頭即於兩邊連進洞子向前以代女頭若此則砲石縱大至多亦無損壞間有損者即逐旋抽換假令止如此捍禦則砲石亦何能害人已可必得無虞也敵以雲梯對樓攻東水門其間捍禦有設重樓獲勝者固甚善也又恐人在高樓之上愈招矢石矣又聞宋門守禦官亦以禦對樓雲梯至每以木衝倒仆死者無數此亦奇策然持撞木人與對樓上人相對不免互相殺亦非全勝

金人填壕成五對樓過壕攻城下列砲二百餘所七稍砲可施五十斤石能散星砲每坐可施處以理度之自是敵必不容矢石必倍守禦官若能令人依前說造洞子於闕樓子處兩頭連珠並進不終日決可築合代女頭以隔矢石矢石雖愈倍於前亦必無害次於燒了城樓子兩頭措置深埋排杈木以防敵急急登城上分兵兩向次於城裏從下斜築向上至城面外垠向下陡峻次於城裏脚下取土為深壕三五丈築月城圍之使敵

乘對樓到城如不下對樓上城却回則已若上城必自立不得到内壕内無不死者如此一到必當罷攻退兵不期守禦之人於此一失以致城陷重念國家之難豈不痛哉攻守之械害物是重其勢可畏者莫甚於砲然亦全在人用若攻城人能用而守城人不能禦之則攻城人可以施其能若守城人能用則攻城人能者亦難施設竊聞敵人用砲攻京城守禦人亦嘗用砲城闕内必然難安大砲亦難容數多雖有砲臺而臺地步亦不

甚廣又砲才欲施放敵人在外先見必須以衆砲來擊又城上砲亦在高處自然招敵外敵人用砲可以直指而擊之以此觀之守禦之人可謂不能用砲也明矣假令當時於城裏脚下立砲仍每座砲前埋立木為衣敵人在外不見立砲所在雖有善用砲者何能施設或人以謂砲在城裏砲手不能得見城外事無由取的每座砲別用一人於城上專管裏砲稍與外物相對即令設施少偏却令砲手少那脚上大偏則就令拽砲人擡轉

砲座照料得一砲打中得砲少有不中又城裏立砲可置數多守禦人用砲若止能如此雖敵用砲何能為也築城之計城面上必作女頭中間立狗脚木一條每女頭中掛搭笓籬惟可以隔遮弓箭弩於砲石則難以遮隅若改作平頭牆不用笓籬只於近下留品字方眼與女頭相似亦甚濟用或問何以備禦城外脚下自有馬面牆兩邊皆見城外脚下于牆上頭墜下害敵之物敵人初到城下觀其攻械勢恐難遏宜便於城裏脚下取

土深濶裡壕壕外去壕數丈再築重城一重對舊城門更不作門却於新築城下緣裡壕又二三里地新城上開門使人入得大城直行不得須於裡壕垠上新城脚下繞繚三二里地方始入門若此則假使敵善填壕止不過填外壕必不能填得裏壕敵若由門入城須行新城脚下裡濠垠上新城上人直下臨敵何物不可施用正是敵死地必不敢入既由正門入城尚不敢豈肯用命打城且只如此為備敵兵至多攻城百種試可談笑

以待之又況京都舊城亦自可守若遂措置便可使勢如金湯有不可犯之理兼京城內之軍百姓金銀粟帛計以億兆之數亦莫能盡若能竭力修作不特添此一城一壕可不日而成假使添築城壕數重人亦不勞而辦重城既備然後招敵使入城議事彼若見之必不攻而自退俗諺云求人不求己古人云上策莫如自治又事貴制人不貴制於人皆此之謂也京城周圍地約一百二十里聞當時敵在城外諸門多閉有以土塞者止

開兩三門通人出入如此乃是自塞生路而為敵生路也及為守之計不獨大起諸門仍於兩門之間更開三兩門使周圍門有數十座齊於城內運土木出外填壕作路使戰兵出入無至自礙城上觀望敵人瞭哨乘便處即遣兵擊殺或夜出兵使敵在外所備處多晝夜備戰無有休息彼自不能久攻兼既城內夥開城門自運土填壕欲為入計不攻自敗所以敢自夥開城門出填壕者非謂其敵兵可欺蓋恃其自於城內設除已備敵入城而死耳晉王浚遣都護王昌及鮮卑段就六眷末柸等部伍萬之衆以討石勒諸將皆勸勒固守以疲寇獨張賓孔萇以謂可速鑿北壘為突門二十餘道勒即以萇為攻戰都督造突城於北城鮮卑入城北壘勒俟其未陣躬率將士鼓譟於城上會孔萇突諸門伏兵俱出擊之生擒末柸等衆皆奔散萇乘勝追擊滿尸三十餘里獲鎧甲五十疋此乃守中有攻可謂善守城法也後之守城者何憚而不法歟州郡城池之制人皆以為

盡善城有敵樓而敵人用火砲擊樓城外有壕而敵人用洞子壘填城高數丈敵人用天橋鵞車對樓慢道雲梯等攻具登城據其城池之制可以自謂堅固前所未有柰何敵人攻械雄傑亦前古所未有故事貴乎仍舊而人憚於改作皆不可必者古人所謂利不百者不變法功不十者不易器以今城池之制觀之雖然利不至於百而功不至於十其間有須臾改者不可不更改也自古聖人之法未嘗有一定之制可則因否則革也為

今之計如敵樓者不可仍舊制也宜於馬面上築高厚牆下留品字方徑及尺空眼以備覘望及施設槍路牆裏近下以細木蓋一兩架死棚可令守禦避寒暑風雨屋牆裡牆皆低下則砲雖在外數多悉不能及又壕上作橋橋中作弔橋時暫隔敵則可若出兵則不能無碍宜為弔橋兵出入俱利城門宜迂回曲折移向裏百餘步置不獨敵矢石不及其舊作門樓處行入一步向裏便是敵陷穽蓋百步内兩壁城上下臨敵人應殺敵之

具皆可設施舊門前横築護門牆高丈餘兩頭遮過門三二丈城門啓閉人馬出入壕外人皆不見孰敢窺伺城外脚下去城二丈臨壕根上宜築高厚羊馬牆高及一丈厚及六尺牆内脚下亦築雀臺高二三尺闊四尺雀臺上於羊馬牆上亦留品字空眼以備覘望及通槍路一如大城上女牆頭牆頭重疊雀臺上埋排扠木以備敵填平壕塹及破羊馬牆至城脚下則敵於羊馬牆内兩邊受敵雀臺上與大牆向下所施矢石即是敵當

一面而守城人三面禦之羊馬牆内兵賴羊馬牆遮隔壕外矢石是羊馬牆與大城係是兩城相乗齊用使敵人雖破羊馬牆無敢入者故羊馬牆比大牆雖甚低薄其捍禦堅守之効不在大城之下又羊馬牆内所置之兵正是披城下寨以留伏兵不知敵人以何術可解若此既有羊馬牆其鹿角可以不用仍於大城上多設暗門以備遣兵於羊馬牆内出入又羊馬牆去大城脚止二丈不可令太遠者慮大城上拋擲磚石難過牆内反

害牆内人又不令太近者慮其太窄難以回轉長槍又於大城脚下作深闊裏壕壕向上裏度地五七丈可作來往路外築裡城排扠木但多備下敵寇城應敵處用此設備雖使敵人善攻不足畏也墨子宋大夫善守禦公輸般為雲梯之械將攻宋墨子見之乃解其圍城以械為牒九設攻城之機墨子九拒之公輸般攻械盡墨子守有餘公輸屈曰吾知所以拒我者以見此攻城者宜乎古人以為策之下也夫守城者每見敵人設為一

攻機而無策以應之者未有思也規嘗謂孫子曰兵者國之大事死生之地存亡之道不可不察也又以謂兵者詭也用意中形詭詐為道是以善守者藏於九地之下使敵不知其所攻今夫備禦之策宜乎藏之於身待敵而用不可以先傳之然而有傳之於衆而達之於遠有利而無害有得而無失不可不先傳也嗟乎靖康丙午敵人以兒戲之具攻打京城守禦者不以時設計遂致城拔迨今一紀有餘而敵人不思當時幸勝尚以驕

氣相矜在規未知敵人攻京城械器施設之前則每聞人云金人攻城大砲對樓勢不可當貴顯言之則快然而不敢辨衆人言之則亦不敢痛折今即知其詳則豈可不盡剖其所見而言之規竊嘗聞國之利器不可以示人又機爭不密則害成然而用兵之道以正合以奇勝善出奇者無窮如天地不竭如江海千變萬化孰能窮之今止據其敵人拔京城當時攻械施設略舉其捍禦之策大槩言之至於盡精微致敵之方有不可得而傳之者矣惟在乎守城之人於敵未至前精加思索應變之術預為之備耳區區管見不能自揆輒序於僉言之後

王稟守太原尼堪攻城之具曰砲石洞子鵞車偏橋雲梯火梯凡有數千每攻城先列克列砲三十座凡舉一砲聽鼓聲齊發砲石入城者大之於斗樓櫓中砲無不壞者賴總管王稟先設虛棚下又置糠布袋在樓櫓上雖為所壞即時復成尼堪填壕之法先用洞子下置車

轉輪上安居木狀如屋形以生牛皮縵上又以鐵葉裹之人在其內推而行之節次相續凡五十餘兩人運土木柴薪於中尼堪填壕先用大板薪次以薦覆然後置土在上增覆如初王稟每見填即先穿壁為竅致火鞴在內俟其薪多即便放燈于水中其燈下水尋木能燃濕薪火既漸盛令人鼓鞴其焰亘天至能不令填壕其鵞車一如鵞形下亦用車輪冠之以皮鐵使數十百人推行欲上城樓王稟於城中亦設跳樓亦如鵞形使人

在內迎敵亦先以索給巨石置彼轒車上又令人在下以搭鈎及繩拽之其車前倒又不能進其雲梯火梯悉用車輪其高一如城樓悉如王稟隨機應變終不能攻又嘗內起重城慮外壁之壞

我師為敵所圍可以力守者三外有援兵一可守也人士勁勇芻粟豐備二可守也池城完固民人富實三可守也可以決戰者三外無援兵一可戰也人勁馬壯兵甲堅利儲蓄不備二可戰也城池不完士民窮匱三可

戰也守可以必守戰可以即戰何謂必守許洞曰盡我力焉援兵不到即俟敵懈出奇以戰如光武昆陽水上鼓譟而出如田單即墨火牛之類是也何謂即戰許洞曰既圍即戰謀未備也圍久則固焉被圍之師不可出者三敵無故開圍一角者有伏也退圍數里者謀也示以弱者誘也可以急備者二敵攻其西謹備其東敵示以閑暇者此必緩我而欲乘懈陰將衝突也夫被圍者當先安其內而後及其外可也

兵法曰守城之道無恃其不來恃吾有以待之無恃其不攻恃吾有所不可攻故善守者敵不知所攻非獨為城高池深卒強糧足而已必在乎慮智周密計謀百變或彼不來攻而吾守或彼不挑戰而我擊或多方以誤彼師或屢出以疲彼師或彼求鬬而我不出或彼欲去而懼我襲若此者皆古人所以坐而役敵國之道也此雖得禦攻之計然又要先審可守之利害凡守城之道有五敗一曰壯夫寡小弱衆二曰城大而人少三曰糧

寡而人衆四曰蓄貨積於外五曰豪強不用命加之外水高而城內低土脈疎而池隍淺守具未足薪水不供雖有高城宜棄勿守亦守有五全一曰城隍修二曰器械具三曰人少粟多四曰上下相親五曰刑嚴賞重加之得大山之下廣川之上高不近旱而水用足下不近水而溝防省因天財就地利土堅水流險阻可恃兼此形勢守則有餘故兵法曰城有不可攻又曰善守者藏於九地之下皆謂此也凡守之道敵來逼城靜默而待

無輒出拒候其矢石可及則以銜破之若遇主將自度其便利以彊弩叢射飛石併擊覽之則軍聲阻喪其勢必遁若得敵人稱降及和切勿弛備當益加守禦防其詐我若敵攻已久不拔而去此為疲師可躡而襲之必破此又寄之明哲見利而行不可羈以常槍也古法曰三里之城萬家守之足矣今若遇敵逼近人力不暇者即且約容一軍人馬如築於閑時須稍寬闊守城之法凡寇賊將至於城外五百步內悉伐木斷橋焚棄宿草

撤屋堙井有水泉皆投毒藥木石磚瓦茭芻餱糧畜木與居民什器盡徙入城內徙不逮者焚之主將閱視守禦器械各令牢具又預穿井無數惟井無近城又備粮糒布帛芻草蘆葦茅荻石灰沙土鐵炭松樺蒿艾膏油麻皮氊判棘笓籬釜鑊甕盆桶缶水石磚竹鍬钁鏡斧錐鑿梯索之類凡委積及樓棚門扇門棧但火攻可及之處悉皆氊覆泥塗棚樓下隨處積擂木擂石鎗斧及他短兵外立弩單砲架棚樓女牆上加笓籬竹笆城中立望樓籍民中壯男為一軍以充防人壯女為一軍以隷雜役老弱為一軍以供飲飼放牧樵採三軍無得相過主將延問軍中奇謀勇力機捷跅弛精伎辯口之士如雞鳴狗盜之類無不加禮以備防用城上每將各立一典掌呼索百用先作小旗數十枚有呼索即大書物名貼旗上上舉以示城下仍預檢校備用之物各為部分使吏主當謹伺見降旗則應送城上城下百步給雜役三五十人掌負挈所須索物仍各授一官督領衢巷

通夜張燈燭察姦人出入與軍士之私相過從者量城上一步置一甲士十步增五人防非時抽易五步有五長十步有十長百步有將別令虞候領戰隊作雌雄契持以巡城所至與守隊勘同乃過若賊勢外振士心內貳則或轉左隊以為右易前軍以置後或一日數易或數日不移又間使人持偽契巡行以驗試將士每將各設四表賊來近則舉一表賊至城則舉二表賊登城則舉三表賊攀女牆則舉四表夜則加燭於表上虞候戰

隊視舉表處急援如賊已向城乘城將士皆援立牌以自障城及弩臺上並度視遠近施放矢石火球火鷂鞭箭賊在城下則拋飛鉤賊若填壕則為火藥鞭箭以射焚其芻藁橋械賊傅城欲上則隨其處下擂木擂石以擊之投飛炬以燒其攻䃭下火牀及以行爐鎔鐵洒灼敵人颺石灰糠麸眯害其目樓棚踏空版內雜短兵下刺登城者若登者漸多則禦以狼牙鐵拍手漸攀城則以連枷棒擊之剉手斧斷之賊以衝車等進則穿以鐵

鑱木環放猛火油賊雲梯倚城則引叉竿推撞車賊木驢穴城則用絞車鐵撞燕尾炬壞之賊飛砲石則張布幔繩過其賊為地道來攻則為地聽候其來方穿井邀之霹靂火球烟球等害之賊附高穴城則縋遊火箱灼之賊築土堙傍城欲上則穿地道至堙下引取其土賊堙自壞或城內薄城起堙相對盛兵抵禦賊以火攻城則城上應救火之具有托叉火鉤火鐮柳洒子柳罐鐵手猫唧筒尋常之所預備者若攻具猛至則為水袋水囊以投沃之應棚樓䃭械雖已塗覆亦頻舉麻搭潤護若賊為火車燒城門則下濕沙滅之切勿以水水加則油燄愈熾賊若縱煙向城則列甕缶以醋漿水各實五分人覆面於上其煙不能犯鼻目賊夜圍城則每五十步以一人繫城下置食其前城上聞犬吠則縋火下照舉表加備又於城半腹每十步繫一燈籠又束蘆葦為挿以松明樺皮可用照賊或攻摧女牆則以木女牆代之或攻壞城門則以刀車塞之

凡賊諸攻不利必引水灌城我則壅塞諸門察視城中陷穴之處悉加傅築城內促圍望外水高下別築濶牆牆外取土可深一丈兵隊備城如故周視地勢有可洩水處十數步開一井井內各相通以洩疏之若水已入城則於新築牆外作船二十隻選勇士每船三十人質其父母妻子各授弓弩短兵鍬鑺遣暝夜從門銜枚並出決賊堤堰破賊營砦所選之士須預習水戰度力不足則加船以進或賊已覺則城上鼓譟為助

凡賊有勇悍之卒必使來突我城門我當偽為不知開門以待於道路設陷馬坑機橋於重牆曲巷內出奇伏兵掩擊逼陷之或約其過一二百人即下重門揷板使其前敗後絶

凡城內罷械已備守禦已得當出奇用詐以戰代守以擊解圍先為暗門或因賊初至營陣未整或暮夜乘賊不覺或賊攻城初息或賊圍久已怠潛出精騎衝枚擊之擊敗亦不遠襲或我兵已出賊突門而入則自城上

向裏連下巨石擊壓以斷其入

凡城中日給百用至於水漿皆有限量令民竈為天井高突防火仍預下令凡失火者斬杜姦人也或城內有火發只令本坊官吏領丁徒赴救仍急報主將主將遣左右親信人促往

凡城中失火及非常警動者主將命擊鼓五通城上吏卒聞鼓不得輒離職掌民不得奔走街巷凡賊至城外禁城中不得妄舉高物如竿表之類及吹擊樂罷恐賊內應凡城中有使至門者徑導詣主將裨校民吏不得輒見如得城中飛書不得輒讀持送本營對衆封送主將凡有曉星氣數術人悉收隸官府不得與他人竊語及禁論說怪異以惑衆心凡號令一出主將并副將以下不得專異指揮餘依行軍約束條件

羅拱辰一守議各城雖有濠河之險必須附城壕邊就以挑起淤土離城脚丈餘不等臨隄圍築五尺高牆使賊雖或渡濠亦難輒抵城下况不時出奇兵數十人於

城下得此牆遮蔽可以藏伏窺視如賊近對壕我兵即於牆內潛發長罷不露形體使彼不知我兵多寡有兵在城下時賊以為有無兵在城下時賊亦不知其無也所謂有有無無虛虛實實者此也且四鄉逃難男婦又得此牆暫容其身若賊來必不就先扯去弔橋恐奔來逃難男婦未能盡過不免立以待斃是可哀也既有此牆若果賊將來只須謹閉城門俟其到城方去弔橋亦不為遲況賊畏城上銃砲決不敢近我城下其城無敵

臺則不能眺遠顧下何以言守必要貼城築出敵臺每座相去或五六百步或七八百步或二三百步各隨城勢之曲直回折以為遠近其守之之法最要靜治嚴禁諠譁庶臨敵不亂兵疲倦必要更番休養又恐乘怠而入須於垛外盖出浮棚每扇約闊三四尺或長六七八尺不拘環城接連駕設之法或用小木或竹每根比棚闊三四尺以一半伸出垛外一半放入垛内其外門浮棚棚上壓以磚石天晴加置石灰數包於上其内用繩

縛墜石虛懸若賊加梯棚上則棚軟不乘其梯其磚石墜擊城下而内懸木石墜落牆内守垛者且自警覺若賊置梯棚下而上登其棚觸首一移動而亂石又墜矣若再加嚴固沿城周圍垛牆之上竪架柰何木其製竪立架木二根機關横挑木各一根上閣一木謂之柰何木木上錯綜釘以竹簽其木之輕重與挑木相稱賊來攀援則其勢自然下擊而傷人既不能扳駕又不能取脫故名柰何木也敵至城下我兵輕動其木墜下又何

擊之况此棚木易於成造且所費不多今各縣城低難守相應速製至於夜間守城用燈燭所費甚多且皆高懸於垛上是使賊得以視我我不便視賊其利在彼矣甚非所宜為今之計應造鐵火毬中燃柴木則柴木之價比桕燭相去倍蓰况火光散闊及遠比燈火相去千萬每垛口二十箇三十個止該用火毬一枚挑出垛外墜於城半則火光在下我視在上不悖其光我得以見賊而賊不能見我其利在我矣倘或城中一時火發恐

是奸細在城中為裡應或居民失謹慎其守城兵夫未免驚疑且往救家宅必至棄其所守請先出示禁諭庶不踈虞

守城鄙見

一壹城居民各於平居之時就方隅與城相近有司預派垛夫必須一垛一夫庶事有責成不許二夫三垛恐成就閣各令備鋒利器械一件或鎗或刀或扒或弓矢各須精緻皆適實用平居出示曉諭聞砲即登城預將

垜頭粉白一處上書垜夫某人係保長某人甲長某人下始不敢推托悞事

一賊泊城下晝夜攻圍交戰之時垜夫一名不許下城賊退之後垜夫輪班喫飯夜衛約定申時上城卯時始下各令分定信地該管官員逐名點查夜間長號擊柝疑神各於分垜向下向壕専視或見賊渡河或至城下安梯或聞水響或在壕外結衆聚望或射箭打砲急喊臨垜之夫及兵官知之用磚石星飛抛擊

一垜夫夜間切不可睡盖一垜之夫睡熟則一垜無人照顧

一垜夫止於守禦若黠寇聚衆晝夜攻擊又非此輩可也須以兵力勝之兵技第一大佛郎機其次鳥嘴銃又其次弓矢如事急人人能舉用之不竭無如磚石也須多多積備陸續接濟可也

一每垜頭必用斗許大石一塊大約一人之力能舉者預布垜頭賊有頂門下梯者就將此石向頭推打一石不中又借鄰垜一石擊之不中又借一石擊之必擊之賊寇而後已排難解紛無如此技也

一四圍之城大勢四門各四官四隅又分四官統領各臺至一臺又分一頭目管領各强弱搭配兵若干名分定信地庶事有責成每分地須用一條鞭銃數管大佛郎機一架盖邊銃止能擊無遮牌之賊而有被有牌之寇非郎機不能制也

一城除定兵之外每於一面又當備遊兵一枝擇將士

最强者為之每遇事急即遣此兵輔之始保無虞一専委一員官將銀包三錢五錢一兩二兩至十兩者及花紅之類咸備一遇官兵垜夫或能擊賊或能退賊或能報賊渡水或能報賊取梯即時量功大小對衆賞之庶人心感戴爭相防守矣

一每敵臺用竈燒滾湯數鍋備長柄澆杓數把賊有登梯上城及登城者即以澆杓當頂澆之盖秃頭畏滾湯也

一近來賊鉛銃甚多須要付傍牌遮蔽一垛一牌更妙力不能及數垛一牌亦可人家鍋蓋垛夫執之亦能却矢毒也

一藥線鉛子火藥皆當預多備

一晝夜皆當周巡分地一官往來一官之地一面分官往來巡一面之地四面總委周巡四面之地各官皆須盔甲以防流矢鉛彈

一賊船泊城下借隣近大佛郎機并力攻之必使離城

而後已

一城中專委一官執牌往來巡視恐有他盜乘機竊發

一各門用石嚴砌以防他虞

一水門及木橋多用水甕以防不虞

一每垛一燈三垛懸一燈落地始能照見城下之賊然懸索宜細止勝一燈庶賊不能攀躋也

一城頭牌巡不許訛言不許驚恐及引頸出垛外望最悞事也

一各敵臺各備起火流星一二十枚某臺事急不能堵當急燃起火則本面遊兵應之

一預令有司多備油燭以防久困至若竹纜草把各鋪皆當積備令人掌之以防夜戰也

一賊攻圍須掣去橋梁若城外男女居民有欲進城者須窺賊稍遠先放入甕城待盤詰的當而後放入內城

一城上用快馬傳消息

一分付各兵不許先存恐懼盖我在城上彼在城下用

上擊下易為力也

地

許洞曰古法曰散地無戰散地者境内地也士卒顧家其意未專不可戰也輕地無止者入敵地尚淺士卒意未堅不可以遽戰當自堅其心也爭地則無攻山谷隘下之口以弱勝強以少擊衆之地也交地則無絶俱可進退之地不可以兵絶之也衢地則合交有路往來我可以結交於諸侯也重地則掠深入敵境士卒意已堅

固可以掠取財物也圍地則謀士卒困於險隘鬬則兵弱持久則糧食絶乏則當用謀以免難死地則戰前有高山後有大水糧食乏絶進退守備皆無所利當即日死戰也許洞曰此八者古人用地之法也若地恊於用則用之不恊於用則反之反之謂何曰古人用地之法若敵衆深入吾境壁壘不完芻糧寡少守且不利詎可以散地而不戰乎在我當以必戰為約怯退示以必死擒獲示以必賞令立告諸吏士將戰之際後顧者斬之

相視而目動者斬之遺弓刀罷械者斬之金鼓不應節者斬之獲一首級者亦厚賞之如是則有散地之法也入敵地尚淺險則據而挑夷則守慮士卒心不固當擇左右前後負背險絶斷其生路肅部伍嚴節制使人人自戰勢我當屯師為大營廣陣務攻具露其機狀如不容俾敵見之欲敵人備在前陰出精鋭敢死者循間道或扼其糧運或擣絶其後凡間道必多險阻或有岩岸峭壁之地則為懸梯竹索以陟降之或有深澗闊壑則

為木桶瓦缶之類渡之覺敵内撓則自營陣中出精兵為内應外夾攻有爭地之用矣道路相錯我可以往彼可以來利設伏進戰戰佯北佚逐兵過半則舉號發伏衝擊之反佯北之師以應有交地之用矣頓泊之地徑達四面當選腹心勁勇者各將步騎以扼四衝人數多少隨用之雖無交應有衢地之用矣致兵敵境凡屬守備者順則安之否則夷之資食所獲必副吏士内以悅師人外絶敵所恃豈直深入然後用掠乎如是則用掠

非止重地之用矣大兵將動先料其强弱覸其雲氣察地勢逆順審人心向背而後舉焉兵法曰策之而知得失之計候之而知動静之理故得失之道利先知謀勝於未勝決失於未失者善也有死地之圍始謀於軍者必有後機之困矣設能及後機而達先知必無圍敵之患矣高山大澤險峭沮洳溪徑絶斷無以生遁此乃志士用謀之利也當宜用奇兵出其不意以衝寇敵而後擊之也出奇奔衝或利用燧馬燧牛如田單陽班之類

是也或候夜昏詐為號直奔衝敵師混服飾軍伍使不辨認之類是也如止以死戰為期苟敵兵益壯我援不到則李陵有弓折矢盡之困矣戰極力斃當自隕陷能竭智用謀萬變不極則無死地之憂矣然則地利者不可一槩用也但臨時觀其用何如耳兵貴設變不能以變用兵雖得地利無益也軍志云失地之利士卒迷惑三軍困敗饑飽勞逸地利為寶不其然矣是以彼此俱利之地則讓而設伏趨其所愛而傍襲之彼此不利之

地則引而佯去待其出而邀擊之平易之所則率騎而與陣險隘之處則勵步以及徒往易歸難左險右阻沮洳幽穢垣墻溝瀆此車之敗地也候視相及限壑分川斯可以縱弓弩聲塵既接深林盛薄斯可以奮矛鋋蘆葦深草則必用風火蔣蒲翳薈則必索其伏平坦則方布汚斂則圓形左右俱高則張翼後高前下則設衝凡戰之道以形地為主虛實為佐變化為輔不可專守險以求勝也仍須節之以金鼓變之以權宜用逸待勞掩遲為疾不明地利其敗不旋踵矣或有進師行軍不因鄉導陷于危敗為敵所制左谷右山束馬懸車之徑前窮後絕雁行魚貫之巖兵陣未整而強敵忽臨進無所憑退無所固求戰不得自守莫安住則日月稽留動則首尾受敵野無水草軍乏資粮馬困人疲智窮力極一夫守隘萬夫莫向如彼要害敵先據之如此之利我已失守縱有驍兵利器亦何以施其用事至於此可不慎之哉若此地疾戰則存不疾戰則亡當須上下同心併

氣一力抽腸濺血一死上前因敗為功而轉禍為福矣

晁錯論兵法曰丈五之溝漸車之水山林積石經川丘阜山木所在此步兵之地也車騎二不當一土山丘陵漫衍相屬平原廣野此車騎之地也步兵十不當一平陵相遠川谷居間仰高臨下此弓弩之地也短兵百不當一兩陣相近平地淺山可前可後此長戟之地也劍楯三不當一萑葦竹蕭草木蒙龍枝葉茂接此矛鋋之地也長戟二不當一曲道相伏險阸相薄此劍楯之地

也弩弓三不當一
武經曰詳諸兵書安營之法相視地形各有所宜今大河之北至於右北平千餘里三關南北幽燕恩冀之間地平如掌頓軍置營方圓自取其便惟深溝高壘大車為固今西北銀夏麟府鄜延環慶涇原秦鳳地接隴蜀南北數千里地無百里之平置營多在廣原大隴高坂之地或尖斜或屈曲或披大山或臨深澗就其地形坡坂逓互相掩人馬咫尺不相見可以登高視之遠見人

馬易為設備今二廣之地自荆湖之南桂嶺至邕廣之地山水重復雖有平原盡為水田少有平陸江山雖固安營亦多占高原平曠之地可以固守近者儂智高亦使丁壯沿山穿道中夜斫亂營寨潰散人馬又西南巴蜀之界地接蠻夷昔樊綽蠻書云高山峭壁萬仞連天深澗有底莫測其原昔武侯屯兵舊迹亦隨巖穴磵道屈曲坡坂之中凡置營陣之法但求其地形穩便臨時相度人馬多寡有無出入通糧之路四面無高岡大隴視下之勢者可置營寨亦不離九地之法也意欲揚威示人則虛列廣張旗幟勢弱減竈臥旗伏戈詳在主將目視心生隨四方山川水陸形勢應時之變也

士卒恃近懷戀妻子爭則散走是為散地一曰地無關鍵士卒易散走居此地者不可數戰又曰地遠四平更無要害士卒不堅意而易離散故曰散地也兵法曰諸侯自戰其地為散地是故散地無戰又曰散地吾將一其志吳子問孫武曰散地士卒顧家不可與戰則必固

守不出敵攻我城壘掠吾野田禁吾樵採塞吾要道待吾空虛而急攻則如之何武曰敵人深入吾都多背城邑士卒以軍為家專志輕敵吾兵在國安土懷生以陣則不堅以鬭則不勝當集人衆聚穀蓄帛保城避險遣輕兵絶其糧道彼戰挑不得轉輸不至野無所掠三軍困餒因而誘之可以有功若欲野戰則必因勢依險設伏地無險則隱於天氣陰暗昏霧出其不意襲其懈怠可以有功

入敵境未深往返輕易不可止息將不得數動勞人兵法曰入人之地而不深爲輕地則無止又曰輕地吾將使之屬吳子問孫武曰吾至輕地始入敵境士卒思還難進易退未背險阻三軍恐懼大將欲進士卒欲退上下異心敵守其城壘整其車騎或當吾前或擊吾後如之何武曰軍至輕地士卒未專以入爲務無以戰爲故無近其名城無由其通路設疑佯惑示若將去乃選驍騎銜枚先入掠其牛馬六畜三軍見得進乃不懼分吾

良卒密有所伏敵人若來擊之勿疑若其不至捨之而去又曰軍人入敵境敵人固壘不戰士卒思歸欲退且難謂之輕地當選驍兵伏要路我退敵追來則擊之

便利之地先居者勝是爲爭地兵法曰我得亦利彼得亦利爲爭地又曰爭地則無攻吾將趨其後吳子問孫武曰敵若先至據要保利簡兵練卒或出或守或偏或奇則如之何武曰爭地之法先據爲利敵得其處愼勿攻之引而佯走建旗鳴鼓趨其所愛曳柴揚塵惑其耳目分吾良卒密有所伏敵必出救人欲我與人棄吾取此爭先之道若我先至而敵用此術則選吾銳卒固守其所輕兵外伏於險阻敵人還鬭伏兵傍起此全勝之道也

謂之交地平廣卒通兵法曰我可以往彼可以來爲交地又曰交地則無絕吾將謹其守吳子問孫武曰交地吾將絕敵令不得來必全吾邊城修其守備絕深道路固其隘塞若不先圖之敵人已備彼可得而來吾不得

而往衆寡又均則如之何武曰旣我可以往彼可以來吾分卒匿之守而勿怠示其不能敵人必至設伏隱廬出其不意可以有功

地居要衝控帶數道爲衢地先據此地衆必從之故得之則安失之則危也兵法曰諸侯之地三屬先至而得天下之衆者爲衢地衢地則合交又曰吾將固其結吳子問孫武曰衢地必先若吾道遠發後雖馳車驟馬至不能先則如之何武曰諸侯參屬其道四通我與敵相

當而傍有他國所謂先者必先重幣帛使約和旁國交親結恩兵雖後至衆已屬矣我有衆助彼失其黨與諸國犄角震鼓齊攻敵人驚恐莫知所當

入敵已深國糧難應資給將亡不挾何取為重地兵法曰入人之地深而難返背城邑多者為重地重地則掠吾將繼其食又曰凡為客之道入深則專主人不剋掠於饒野三軍足食謹養而勿勞併氣積力運兵計謀為不可測吳子問孫武曰吾引兵深入重地多所踰越糧

道絶塞設欲歸還勢不可過欲食于敵持兵不失則如之何武曰凡居重地士卒輕勇轉輸不通則掠以繼食下得粟帛皆貢於上多者有賞士卒無歸意若欲還出即為戒備深溝高壘示敵且久敵疑通途私除要害之道乃令輕車銜枚而行以牛馬為餌敵人若出鳴鼓隨之陰伏吾士與之中期內外相應其敗可知

少固之地為圮地不可為域壘溝隍宜速去之兵法曰行山林阻險沮澤難行之道者為圮地圮地吾將進其塗吳子問孫武曰吾入圮地山川險阻難從之道行久卒勞敵在吾前而復吾後營吾左而守吾右良車驍騎要吾隘道則如之何武曰先進輕車去軍十里與敵相候接期險阻或分而左或分而右大將四觀擇空而取皆會同道倦而乃止也

入則隘險歸則迂迴為圍地進退無從雖衆何用能為奇變此地可由兵法曰所由入者隘所從歸者迂彼寡可以擊吾衆者為圍地又曰背固前隘者圍地也圍地

則謀吾將塞其闕吳子問孫武曰吾入圍地前有強敵後有險阻隘路敵絶吾糧道利我走勢鼓譟不進以觀吾能則如之何武曰圍地之宜必塞其闕示無所往則以軍為家萬人同心三軍齊力并炊數日無見火煙故為毀亂寡弱之形敵人見我備之必輕則告勵士卒令其奮怒陳伏良卒左右險阻擊鼓而出敵人若疾擊我則前鬬後拓左右犄角也又曰敵在吾圍伏而深謀示我以利索我以旗分塞要亂不知所之柰何武曰千人

操旗紛紜若道輕兵進挑陣而勿搏交而勿去此敗謀
之法
力戰或生守隅則死為死地兵法曰疾戰則存不戰則
亡為死地死地吾將示之以不活又曰死地則戰投之
亡地然後存陷于死地然後生衆陷于害然後能為勝
敗吳子問孫武曰吾師出境軍於敵人之地敵人大至
圍我數重衆欲突以出四塞不通欲勵士激衆使人投
命潰圍則如之何武曰深溝高壘示為守備安靜勿動

以隱吾能告令三軍示不得已殺牛燔車以饗吾士燒
盡糧食填夷井竈割髮捐冠絶士生慮將無餘謀士有
死志於是砥甲礪刃并氣一力或攻兩旁震鼓疾譟敵
人亦懼莫知所當鋭卒分行疾攻其後此是失道而求
生故曰困而不謀者敗窮而不戰者亡吳子曰若吾圍
敵則如之何武曰山高谷險難以踰越謂之窮寇擊之
之法伏卒隱廬開其去道示其走路求生透出必無鬬
意困而擊之雖衆必敗兵法又曰若敵人在死地士卒
勇氣欲擊之法順而勿抗陰守其隙則必開去道以精
騎分塞要路輕兵進而誘之陣而勿戰敗謀之法也
通形可以先先之以待敵兵法曰我可以往彼可以來
曰通居通地先居高陽利糧道以戰則勝兵法寧致人
無致於人通者四戰之地須必據高陽之處勿使敵先
得而我後至也利糧道者或每於控扼之要衝築壘城
或作通道以護之又曰通地雖有高陽而無要害故兩
通往來處高陽俟望向陽示生粮道便人轉運所以利
於戰也

挂形出不勝返亦難也兵法我可以往難可以退曰挂
形敵無備出而勝之敵若有備出而不勝難以返不利
也挂者險阻之地與敵地犬牙相錯動有挂礙也往攻
敵敵若無備攻之必勝則雖與敵險阻相錯敵人已敗
不能邀我歸路矣若我能往而敵人有備則不能勝必
為敵人守險邀我歸路難以返矣一或不得已陷此地
須為持久之計掠取敵人之糧以伺利便擊之也

支形者隅隘可以相要截支持故不利先出也兵法曰我出而不利彼出而不利曰支敵雖邀我我無出引而去之令敵半出而擊之利支者如我與敵人各守高險中有平地狹而且長出軍則不能成陣攻敵則自下傈上如此之類皆彼我不利宜堂堂引去伏卒待之敵若躡我俟之半出險中發伏擊之則無不利敵先去以誘我我不可出也

隘形者敵先守隘我去之若無守我從之兵法曰隘形

者我先居之必盈之以待敵若敵先居之盈而勿從不盈而從之盈滿也言遇兩山之間中有通谷則須當山口為營與兩山口齊如水之罌與口齊也如此則平易險阻皆制在我而得以出奇也若敵人在處隘之半不知齊口盈滿之術我則入隘以從之若敵人在隘我亦在隘俱得地形勝敗在兵不在地形夫齊口盈滿之術非惟隘形獨能有口譬如平陵迫澤車馬不通舟楫不勝中有逕亦須據其路口使敵不得進也諸可知之

險形者居險阻之地不可後於人也兵法曰險形我先居之必居高陽待敵若敵先居之引而去之勿從也凡地隘險者尤不可致於人也險者山險谷深非人力所能作為必居高陽以待敵敵若先據之必不可與爭則當引去陽者向南地恐與敵人持久居陰而生疾也今若於峭澀相遇須先據北山此乃面陽而背陰也高與陽二者寧捨陽而就高不可捨高而就陽經乃統而言之也

遠形者力敵而戰勝敗未可知也兵法曰夫遠形勢均難以挑戰則不利譬如我與敵對壘相去三十里者我來就敵壘而挑戰者我困敵逸故戰不利敵若來敵我壘是我逸敵困亦不利故言勢均然則如之何曰必欲戰者則移壘而相近也

大凡兵之體用好高而惡下貴陽而賤陰養生而處實生為陽養于陽則氣勝實為高處於高則遠絕卑濕有疾不起人安於用此兵之利而地之助也兵法曰絕澗

天井天牢天羅天陷天郤六者謂之六害遇之者速去不可近也所謂絕澗者山水深大之地也天井者地形窪下大水可及之地也天羅者山澗迫狹可羅絕人之地也天牢者林木隱蔽葭葦深廣之地也天陷者道路泥淖人馬不通之地也天郤者土多溝坑坎陷木石之地也常令吾遠之敵近之吾迎之敵背之軍行有險阻潢池并生葭葦山林翳薈者必謹覆索之此伏奸之所也故兵行途有所不攻地有所不爭者諸此類也夫出

師有主客用兵有步騎所有既殊則地亦不能兼利故晁錯曰丈五之溝漸車之水草木所在此步兵之地也車騎二不當一土山丘陵曼衍相屬平原廣野此車騎之地也步兵十不當一平陵相遠川谷居間仰高臨下此弓弩之地也短兵百不當一兩軍相近平地淺草可前可後此長戟之地也劍楯三不當一亂葦竹蕭草木朦龍枝葉茂接此矛鋋之地也長戟二不當一曲道相伏險阨相簿此劍楯之地也弓弩三不當一兵法曰候望所及阻壑分川可以縱弓矢深葦輿草可以施風火左右俱高則張翼而進後高前下則銳衝而進歷漸澤則整隊而亟過居平陸則前死而後生丘陵則必處於陽而右背之隄防則必據其陰而左向之若此皆須大將察理而諭於心先計而施於用一不中式則勝負隨至故陳豨不守漳水而高祖平之龐涓失計於馬陵而孫臏破之成安君不保井陘終擒於韓信慕容超不固大峴卒敗於劉裕趙奢之苴北山秦兵雖強而莫上李

弼之據委曲齊師雖衆而勿利得失之鑒較然如斯可不務哉

一賊若據險我以利餌之或退師以致之從其計則遣精兵潛出其背以奪之不從其計則引而去之一賊入境內初來氣銳不可當頭截殺俟其四散搶掠其衆必分我當潛兵於鄉村擊之或待其將歸預為分兵伏於歸路從三分之二以邀攻之則勝一我軍入賊境未深士卒思家難進易退兵法所謂輕地經曰輕地勿止當

以速進深入為務敵人必將固守以老我師我欲戰則攻其所必救以致之我欲退必選銳設伏然後退待賊來追後則伏兵奮起前則返旗回攻勝之道也一戰地先居者勝兵法所謂爭地也敵先至慎勿與爭引兵而退或攻其所必救或以利而誘之敵若從之我則潛發精兵出其背而奪之敵若不從則引而去之我先至而敵若用此術則選吾銳卒固守其所仍以輕兵外伏於險阻敵人來鬬伏兵傍起全勝之道也一戰地平原四

達我可以往彼可以來兵家謂之交地我當為車營或拒馬營嚴加固守先為不可勝敵必輕我則其志必怠伺其來攻我當機應而變乘其不意不備之處奮擊之勝一軍行山峽之間卒然與賊相遇道路窄狹雖衆難用當令冒刃勇力之士先鳴鼓大譟而乘之以短兵接戰再遣健步精兵潛登若崖險阻夾攻古人以此為谷戰譬如兩虎鬬於穴中猛者必勝一與敵遇於深林之內當視林木疎密疎處則布騎兵雜於鎗牌密處則布

短兵各以奇正更戰更息此謂林戰之法也蜀諸葛亮兵法曰山陵之戰不仰其高水上之戰不逆其流草上之戰不涉其深平地之戰不逆其虛此兵之利也故戰鬬之利唯氣與形也

奇法曰凡與敵戰於江湖之間必有舟楫須居上風上流上風者順風火以焚之上流者隨勢使戰艦以衝之則戰無不勝法曰欲戰者無迎水流凡遇敵戰或岸邊為陣或水上泊舟皆謂之水戰若近水為戰須去水稍

遠一則誘敵使渡一則示敵無疑我欲必戰勿近水迎敵恐其不得渡我欲不戰則拒水阻之使敵不能濟若敵率兵渡水來戰可于邊水伺其半濟而擊之則利法曰涉水半渡可擊凡出軍行師或遇沮澤圮毀之地宜倍道兼行速過不可稽留也若不得已與不能出其地道遠日暮宿師於中必就地形之環龜者中高四下為圓營四面受敵一則防水潦之厄一則備四圍之寇法曰歷沛圮堅舍環龜一軍行前有深草我則緩行以待之

候賊入草焚之賊若守而不進我則迂路攻之一軍行前有水陷我即据高以待之候賊至陷中擊之賊若不來我則設伏退軍以誘之一軍行前有深林謹須搜索賊若固守順風草上焚之一軍行前有險阻賊兵固守即利而誘之候敵出潛令奪之

北攻録曰爭山不得上則利在趙而不在秦爭水不得渡則利在漢而不在楚兩軍相遇不據利地以抗之拒能扼敵人於倉卒之際哉此據利之法不可不講也然

其法有三一曰據山謂三軍遇敵既無城邑又無溝壘即於近便有山不拘高低據以為險靜以待敵登高望遠可見虛實而施吾破賊之謀發石斷木可避鋒鋭而扼其逼我之勢二曰據水謂三軍遇敵進無可依退無可保即於近便有水不拘淺深急據為險靜以待敵敵渡則俟其半涉而擊其濟簿之師敵逼則誓衆以死而激其背水之戰三曰據林謂三軍遇敵既無山阜可依復無川澤可據即於近便有林木掩映急據以為待敵之所敵將而愚則依林設伏而敵不及備敵將而智則緣林發矢而敵不可入林燥則畏焚而敵兵不可搜林密則畏絆而敵騎不敢逼然後張翼僞遁而反擊之是謂急據

勢不兩立術不兩全處已於順則在彼皆逆處已於逆則在彼皆順故爭山不得魏兵以敗拒水上流蜀軍以勝順風揚塵賊軍以潰皆古人就順之驗也兵家未嘗明言之近者諸將失紫金山而花靨受敵失故鎮河而

符離受閉夏風多南冬風多北不諳風勢而淮北之師敗於暴風霰雹之所震鼓者屢矣此順就之法不可不講也一曰順山必使吾軍先居高險則賊自陷於低下故矢石擊發我遠彼近人馬馳逐我逸彼勞我則前峻後險而無向不濟彼則內卑外高而數面受敵二曰順水必使吾軍先占上游則賊自墮於下流故順水行舟順流濟兵而利害之勢已分拒水為營背水為陣而難易之形已判自上而下在我有摧枯折朽之易自下而

上在彼有登高陟險之難三曰順風每遇戰鬭風起必使吾軍先背上風則賊自不能免於風故曳柴揚塵而敵軍莫知吾之虚實吹沙走石而敵軍莫當吾之衝突順風揚藥而敵之口鼻可以受毒因風縱火而敵之營壁可以延燒是謂就順

筆談曰唐六典述五行有禄命驛馬湴河之目人多不曉湴河之義予在鄜延見安南行營諸將閱兵馬籍有稱過范河損失問其何謂范河乃越人謂淖沙為范河

北人謂之活沙予嘗過無定渡河活沙人馬履之百步之外皆動澒澒然如人行幕上其下足處雖甚堅若遇其一陷則人馬駞車應時皆没至有數百人平陷無孑遺者或謂此即流沙也又謂沙隨風流謂之沙流湴字書亦作埿按古文埿深泥也術書有湴河者蓋謂陷運如今之空亡也

水

許洞曰兵法曰以水佐攻者強善用水者其道有四一曰因二曰逆三曰賊四曰絶因水之用其道有二或敵絶中流而柵我得上游因風之利可以鼓棹縱火順流衝之柵絶而過風轉則止又若敵在下流士馬賴是水我得上游可以毒之此二者所謂因者也逆水之用則為祟隄以障其下注溢於内然後引之以灌所謂逆者也賊水之用敵所賴者水也當潛以水工審地理陰為畎澮導之他處竭其所賴所謂賊者也絶水之用或以薪衣土以石實舟沈之于上别為長梁泄之或沙囊於

上流以壅其水欲水行則決囊所謂絶者也用水之道有其地非所用而必用反為所害順則善矣

武經夫水攻者乃所以絶敵之道沈敵之城漂敵之廬舍壞敵之積聚百萬之衆可使為魚害之輕者猶使緣木而居縣釜而炊故曰汾水可以灌平陽濟水可以灌安邑河水灌大梁淯水灌穎川韓信夾濰水決沙囊而斬龍沮曹公引沂泗注下邳而克吕布皆控帶山阜得地形之利也若平陸引水勞力費工利害相半智伯以

水攻而亡此又水攻者之宜戒也今存其法焉故兵法曰以佐水攻者強凡水因地而成勢謂源高於城本高於末則可以遏而止可以決而流或引而絕路或堰以灌城或注毒於上流或決壅於半濟其道非一須先設水平測度高下始可用之也

水平及水戰具附

木檯長二尺四寸兩頭中間鑿為三池池橫闊一寸分縱闊一寸深二寸一寸三分池間相去一尺五分間有

通水渠闊二分深一寸二分三池各置浮木木闊狹微小於池箇厚三分上建立齒高八分闊一寸七分厚一分槽下為轉脚下高與眼等以水注之三池浮木齊起眇目視之三齒齊平則為天下準或十步或一里乃到數十里目力所及置照板度竿以句繩計其尺寸則高下丈尺分寸可照板形如方扇長四尺下二尺上二尺面闊三尺柄長一尺大可握度竿長二丈尅作二百寸二千分每寸內小尅隨所向遠近高下置竿以照板應之眇目視之三浮木齒及照板以度竿上尺寸為高下遞而往來尺寸相乘則山淵水源高下淺深可以分寸度矣

我城若居卑下之地敵人擁水灌城速築牆壁壅諸門及陷處更於城內促圍周匝視水高下而闊築牆外取上高一丈以上城立於牆內取上而薄築之精兵備伏守不得離也如有洩水之處則十步為一井井內潛通外洩漏城中速造船一二十隻募解舟檝者載以弓弩

鍬钁每舟三十人自開暗穴啣枚而出斫營敵覺即急於城上鼓譟決其堤堰以精銳急出助之

開寶初車駕親征偽漢引汾水灌太原城時盛夏藝祖露臂跣足亦不裹頭手持刀坐黃蓋下督兵吏運土築堤以堰汾河城上望見矢石雨坌不避也水浸城者餘數版而已又命水軍乘舟焚其樵門幾陷會班師獲免其後敵有使於偽漢者見水退而城始大圮乃笑曰南朝知壅水灌城之利且不知灌而決之則無太原矣敢

問遇敵劄立高阜我軍卑下如何結營各項火器如何安置擊打答曰兵家好高而惡下貴陽而賤陰大凡行軍必須遠為哨探如遇天井天牢天陷天隙必亟去之無疑也萬一卒然遇敵劄立高阜我軍亦必相其高處趨而赴之不得處於卑下奇兵弓箭手各帶小神鎗與二連銃砲手相兼擺例當先衝陣護營軍依法布立牌架軍隨即裝釘牌架樁橛就於脚下按圖結營以防衝突賊勢稍緩移營五六百步以防流矢且將奇兵收回

營內隨將釘板品字安置堅其營壘以待大段地利未得宜守而不宜攻若賊持久不退其手把銃小神鎗專守營架砲裝勿放但盞口將軍大連珠相兼安置盞口將軍就地大連珠後樹一渠前枕木枕昂頭高四五寸各裝枕在地齊向敵營攻打如法裝換敵必遁去仍須差人哨探的確方可回營以防佯北之詐如敵就衝來照依前法攻打問我軍占劄高處賊立低淺又該何如結營各項火器如何安置擊打答曰兵法云視生處高戰隆無登此處山之軍也我軍占劄高處賊立低淺地利得矣則賊必不敢近其下相去亦必四五百步既爾據險然且不必結營但隨其山勢方圓按圖劄立即分遣奇兵於要衝以防掩襲其手把銃小神鎗亦裝勿放先將盞口將軍及大連珠各相兼安置於牌架手把銃之前盞口將軍就地大連珠前面亦就地但後掏一渠昂頭平放各向賊營擊打賊或遣客騎來攻誘我飛砲鉛子須號令官軍慎勿妄發如果逼近我兵其盞口將

軍大連珠勢高必遠不可輕放却令牌架手把銃問道而出於前再出奇兵手把銃不於前兩班輪番裝放及出弓箭小神鎗齊力擊打賊必潰亂乘勝出奇追斬滴水匡之戰是也

問賊與我軍彼此俱在山坡平漫地相敵四圍僕僕如何戰守火器攻放如賊旋轉左右來攻火器如何放打答曰夫山坡者高下之間也賊與我軍一遇於此雖地形兩得亦必隨其高下按圖劄立隨分遣奇兵占立山

頂勢緩方可結營攻戰如賊占山頂上下夾攻倉卒不能結營但火罷利上弓矢利下須急令奇兵守把銃以攻上坡弓箭手各帶小神鎗以攻下坡及出牌架手把銃輪番放打庶能取勝小蒜澗之地形是也或遇平漫地上雖勢均力敵須令奇兵衝陣當先護營軍如法布立牌架軍按圖結營如賊勢重大急收奇兵回營舉放盞口將軍大連珠依法裝換隨將釘板安置以固營陣如四圍僕衝則出牌架手把銃於護營軍稍前如賊旋

轉或左右來攻則出奇兵手把銃於牌架手把銃又前輪番裝放及出弓箭手小神鎗齊力射打賊必遁去大段輪班裝放宜進而不宜退雖曰稍退數步難免紊亂倉荒若賊乘隙衝撲不無僨事二姑原之戰是已必須更番漸進俟賊稍退方可緩回原立地方

問如賊離營百步內外或二三百步盞口連珠手把等砲銃用藥若干安子若干砲銃昂頭高下鉛子平擊多寡或遠或近有力無力俱期增減停當百發百中彼此不差答曰賊離營百步盞口將軍用藥七兩力大高遠若平置則後縮難放其大連珠砲每出用快藥一兩七錢安鉛子三箇每箇亦重一兩七錢裝置在地昂頭高一寸許鉛子第一箇可及三百步第二箇可及二百步第三箇可一百步手把銃每出用快藥八錢安鉛子二箇每箇重一兩三錢腳立在地打放鉛子第一箇可及二百步第二箇可及一百步如大連珠昂頭高三寸鉛子第一箇可五百步第二箇可三百五十步第三箇可二百

步手把銃執把在手昂頭平擊第一箇可三百步第二箇可二百步如大連珠向高阜去處打放止裝鉛子二箇昂頭高四五寸第一箇可五百步第二箇可三百步手把銃止裝鉛子一箇昂頭執把稍高亦可及五百步然用藥雖同鉛子則異但先出者其力大後出者其力小其盞口將軍聲勢勝大昂頭少差釐毫遠近卒難度量凡火罷手合用

方

婦人月水解毒箭并女勞復又方治聚血兼箭鏃在胸喉燒婦人月經衣酒服浣褌汁解毒箭并女勞復亦善扶南國舊有奇術能令刃斫不入惟以月水塗刃便死此是汚穢壞神氣也人合藥所以忌觸之

治金瘡出血不止以精塗之

營

李靖兵法曰諸逢平原廣澤無險可恃即作方營兵既有二萬人已分為七軍中軍四千人左右四軍各二千

六百人虞候兩軍各二千八百人左右軍及左右虞候軍別三營六軍都當十八營中軍作一大營如其無賊田土寬平每營中間使容一營如地狹不得使容一營中軍在中央六軍總營在四畔象六出花軍出日右虞候引前其營在中營前右廂向南左虞候押後在中營後左廂近北結角兩虞候相當狀同丑未若左虞候在前即右虞候在後諸軍並却轉其左右兩廂營在四面各令依近本軍卓幕得相統攝緩急須有救援若欲得放馬其營幕即狹長卓務取營畧寬廣不使街巷窄狹如其招隊兵少量抽不戰隊相助如兵有多少准數臨時加減其隊去幕二十步布列使均或地帶半險須作月營其營單列面平背險兩翅向險如月初生其營相去中間亦令容一營如逼賊庭不得使容一營若有警急畜牧并於營後安置其隊依前於營外去幕二十步均列布之諸

行

道狹不可并行者即第一戰鋒隊為首其次右戰隊次之其次左戰隊次之其次右駐隊次之其次左駐隊次之若道平川闊可得并行者宜作統行法其統法每統戰鋒隊居前兩戰隊并行次之又兩駐隊并行次之餘統准此若更堪齊頭行者每統五隊橫列齊行後統次之加每統三百人簡取二百五十人分為五隊第一隊為戰鋒隊第二隊三隊為戰隊第四第五隊為駐隊每隊隊頭一人副隊頭一人其下等五十人為輜重隊別

著隊頭一人副隊頭一人擬戰日押輜重遥為聲援若
兵數更多皆此類諸軍當軍折衝果毅必須排定隊伍
每行引發營須依次第戰右有罪須罰有功須賞依名
排次甚為省易不然雄逐稍難爭競不定諸軍討伐列
其數營發引逢賊首尾難救行引之時須先為方陣應
行之兵分為四分輜重為兩道引戰鋒等隊亦為兩道
引其第一分初發輜重及戰鋒分為四道行兩行輜重
在中心雙引兩行戰鋒隊并各在輜重外左右夾雙引

其次一分戰鋒隊與前班左右行戰鋒隊相當輜重隊
與前行輜重相當又其次一分准上最後一分亦准上
初發第一分引戰鋒輜重相當如其逢賊前後分四行
兩行輜重抽縮兩行戰鋒横引作前面甚易其次兩分
先作四行長引其戰鋒即在外便充兩面甚易其次兩
分後分亦先作四行其輜重進前戰鋒隊横列相接便
充後面亦易其方陣立即可成如此發引縱使狹路急
緩亦得成陣每軍戰鋒等隊須過本軍輜重稠行戰鋒

等隊稠引常令輜重併近前頭戰鋒隊相去十步下一
隊輜重隊相去兩步下一隊如此行即須裹得若逢川
陸平坦彌加穏便其戰鋒輜重等隊分布使均諸軍馬
行動須知次第出先右虞候馬軍為首次右虞候步軍
次右軍馬軍次右軍步軍次前軍馬軍次前軍步軍次
中軍馬軍次中軍步軍次後軍馬軍次後軍步軍次左
軍馬軍次左軍步軍其次左虞候馬軍次左虞候步軍
其馬軍去步軍兵一二里外行每有高處即令三五騎

于馬上立四顧以候不虞以後餘軍維前立馬四顧右
虞候既先發安營踏行道路修理泥濘橋津撿行水草
左虞候排窄路橋津捍後收拾闌遺排比隊伍整齊軍
次使不交雜若軍廻入先左虞候馬軍次左虞候步軍
次左馬軍次左步軍其次第准前却轉其虞候軍職掌
准初發交換諸軍營各量置虞候子并使排比依軍次
行如此發引卒逢寇賊部伍甚易若令重疊散行牽率
難就萬一賊至并非所營諸軍馬發引或遇泥濘或阻

山河其路有須填補有須開拓左右虞候軍兵先多予諸軍取充虞候子石虞候先將此兵修橋梁泥淖開拓窄路左虞候排窄路捍後收拾闌遺諸軍營將發之時當營挑盪奇兵馬軍去營二三里外當面布列戰鋒隊駐隊各持仗依營四面去擬撒幕處二十步布列隊伍一如臨陣法待營中裝束輜重訖其步兵輜重隊二十步引馬軍去步軍二里外行引諸每隊給一旗行則引隊駐則立於隊前其大總管及副總管則立十旗以上

子總管則立四旗以上行則前引駐則立於帳側統頭亦別給異色旗凝臨陣之時辨其進退駐隊等旗別樣別造軍引輜重各令本軍營隊識認此旗諸軍相去既遠語聲難徹走馬報又勞煩故建旗幟用為節度其方面旗舉當方面兵急須裝束旗向前亞方面兵急須進旗正豎即駐旗臥即迴審細看大將所舉之旗大將方面旗東碧南方赤西方白北方黑專看方色旗亞處即是旗方賊來便須捍禦攻擊諸兵馬既逼賊庭探候事須明審諸營住及營行前後及左右廂助上

五里著馬兩騎十里更加兩騎二十里更加兩騎至三十里一道用人馬十二騎若兵多發引稍長助上即更量加一兩道使令相見其乘馬人每令遥相見常接高行各執一方面異旗無賊此旗常卷見賊即須速展軍營見旗展即知賊至須覔穩處既先知賊來得設機伏整齊部伍迎前出戰其最遠及以次遠人須與好馬乘騎不然被賊捉將諸軍馬擬停三五日即須去軍一二里以為動靜設熢烽知有動靜舉烽相報其烽并於賊路

左側逐要置每二十里置一烽應接令遣到軍其游奕馬騎晝日游奕候視至暮速作食吃訖即移十里外止宿慮防賊徒暮間見烟火夜深掩襲捉將其賊路左右草中著人止宿以聽賊徒如覺來報烽烟皆舉烽遞報軍司如覺十騎以上五十騎以下即放一炬火前烽應訖即滅火若一百騎以上二百騎以下即放兩炬火准前應滅賊若五百騎以上五千騎同即放三炬火准前應滅前烽應訖即赴軍若慮走不到即且投山谷逐空

方可赴軍如以次烽候視不覺其舉火之烽即須差人急走告知賊路既置熢烽軍内即須應接又置一都烽應接四山諸烽其都烽如見烟火急報大總管云某道烟火起大總管當須嚴備收拾畜生遣人遠探每烽令别奏一人押一道烽令折衝果毅一人都押諸大將置鼓四十面子總管給十面營别給鼓一面行即負隨纛下晝夜及在道有警急擊之傳嚮令諸軍嚴警兼用防備賊侵逼如軍行引之時先軍卒逢賊寇先軍即急擊

之中腰及後軍聞聲急須向前相救中腰聞賊即須擊鼓前軍聞聲便住後軍聞聲須急向前赴救後頭逢賊即擊鼓前頭中腰聞聲即須住弃量抽兵相救如發引稍長鼓聲不徹中腰更須置鼓傳響使前後得聞其諸營自須著鼓一面用防夜中有賊犯營即急擊令諸軍有警備諸行軍立營數則多討或途泥濘或阻山河同聽角聲俱共齊發路狹難進喂飼馬驢第一角聲絶右虞候捉馬驢第二角聲絶即被駕右一軍捉馬驢第三角聲絶右虞候即發引右一軍被駕右二軍捉馬驢第四角聲絶右一軍即發引右二軍被駕以後諸軍每聽角聲裝束被駕准此每營各出一戰隊令取虞候進止防有賊至便用縢擊前有賊前頭用後有賊廻捍後如其路更細小即須更加角聲乃令虞候及當營官人虞候子排比催督急過不得停擁過訖以後軍准前排比催廹急過

止

諸軍營將下之時當營跳盪奇兵馬軍并戰鋒隊駐隊各令嚴備持仗待當營卓幕訖方可立隊釋仗於本隊下安置若有警急隨方禦捍馬軍下營訖取總營進止其馬令羣牧放諸兵士每下營訖先令兩隊共掘一廁諸行軍出師兵士不得浪費衣資廣為吃用又不得近田苗及城中下營須去城十里外要有市買入城營司判官差人押領不許輒入城郭必免酗酒鬬打偷盜奸非亦不損暴田苗也諸馬兵每下營訖營主即勾當四

司官與司兵及佐分頭巡隊問兵士到否如有卒忽未到即差本隊本火主將畜生及水食却迎取如其地走遠差人捕捉諸軍下營訖司騎及佐分頭巡隊檢驗驢馬羣先有脊破即令剪毛洗瘡傅藥療救不許連絆如新打破作瘡腫并有繫絆即將所由人領過營主量事決罰司冑及佐下營訖即巡隊檢校兵甲等色如有破綻損污須即修葺磨礪如其棄失申上所由便為案記准法科結司倉及佐捉搦兵士糧食封署㸃檢勿令廣

費

宿

凡安營下定事須防禦於營外去幕二十步列隊仗如臨陣對寇法晝夜嚴警縱逢雨雪列隊并押隊官并不得離隊每營留五匹馬并鞍轡放飼防有警急即令馳告至夜每陣前百步外各著聽子二人一更一替以聽不虞仍令探聽子勿令眼睡其晝日諸軍前各亦逐高要處安置斥候以示動靜諸軍營隊伍每夜分更令人巡探人不得高聲唱號行者敲弓一下坐者扣稍三下方擲軍號以相應會營界探周而復始擲號錯失便即決罰當軍折衝果毅并押鋪宿晝更巡遞相分付虞候及中軍官人通探都巡諸軍營常須慮有卒急要設外鋪每夜軍别量抽三五人於當軍前或於軍側三五里外穩便要害之處安置外鋪仍令各將一兩面鼓自隨如夜中有賊犯大營其外鋪看賊與大營交戰即從鳴鼓大叫以擊賊後乘得機便必當克捷諸軍營下定每

營夜别置外探每營折衝果毅相知作次每夜面别四人各領五騎馬於營四面去營十里外遊奕以備非常警急

警

奔馳報軍諸晝日有賊犯營被犯之營即擊鼓諸營內亦擊鼓相應訖無賊之營即止唯所犯之營非賊散鼓聲不得輒止諸軍各著衣甲持仗看大將五方旗所指之方即賊來之路裝束兵馬出前布陣諸軍嚴警如

須兵救一聽大總管進止不得輒動諸夜有賊犯軍營被犯之營擊鼓傳警一如晝日非賊去不得輒止仍須盡力禦捍百方防備諸軍擊鼓傳警訖鼓音即止各自防備不得輙動被犯之營賊侵逼急即令告中軍大總管自將兵救餘軍各准常法於營前後出隊布陣以聽進止諸狂賊夜來犯被犯之營但擊鼓拒戰不得呌喚諸營擊鼓傳警訖鼓音即止當頭著衣甲防備被犯之營既鼓聲不止大總管身將兵救先與諸將平章兵士

或隨身將胡桃鈴為標記不然打鼓從内面外以相救助

節度

聞鼓鐸聲即知大總管兵至其兵内節度大總管臨時改變處分每晨朝即共諸軍將論一日事至暮即共論一夜事若先為久長定法則恐有漏洩狂賊萬一得知翻輸機便其胡桃鈴或鐸之類皆不可先定恐賊知誤人也諸營暮作食事須及早天暗以後即須滅火如有夜文牒須讀及抄寫者

須先狀上營主附行軍須知曰軍行舍信各以校部前後為次失位及樵蘇取水出表者違律野營日暮差出伏路人馬已出營門其有事回報即隔門傳報先辯軍號及辯語音識認是自家軍人方可向前問得事宜次第報知不可開門伏路人馬在外多恐被賊軍捉了於夜黑監放來詐作有事故報覆寨中及賊施計謀欲陷我軍者須是隔門仔細辯認野營中夜後伏路人去先放其號與之則營中别令放號不得令伏路知之恐被

賊捉了偷號亂營營中專令人主管夜號簿籍放號不許重疊恐有交錯其號須是主將臨夜親行發放不得預定野營中遇夜透入奸細在營内但得令士衆不得動身呌喚肅靜禁聲諸隊安坐則細作自然不敢興動候天明認識如身動者即賊也野營賊壘相近不鳴更鼓多是暗坐五更若要知更數須是於營裏外周圍數里傳箭為準如夜令初更至曉傳得五十轉則每更得十轉以此為約今置簿記定何年月日夜營圍里數看

四時晝夜長短臨期增減為約如賊相近故要鳴更號則不然也計在臨期變通安營日久軍士不得眠睡人多困倦精神不爽懈怠無力鋭氣漸衰須令逐隊圍子隔一人坐更一人睡分前後半夜為定庶幾人得眠睡精神不疲黑韃遺事曰其營必擇高阜主將駐帳必向東南前置邏騎韃語托落赤分番警地（惟前面無軍營）帳之左右與夫帳後諸部軍馬各歸頭項以序而營營又貴分務令疎曠以便芻秣營留二馬夜不解鞍以防不測營

主之名即是夜號一營有警則旁營備馬以待追襲餘營則整整不動也惟哨馬之營則異於是主者中據環兵四表傳木刻以代夜邏（即漢軍傳箭法）秣馬營裏使無奔逸未暮而營具火謂之火鋪及夜則遷於人所不見之地以防夜刼而火鋪則仍在於初營之所達曉不動也霆見其多用狗鋪其下營直是日早要審觀左右形勢

戰

李靖法曰諸軍以二萬人為率用一萬四千人戰計二百八十隊有賊將出戰布陣先從右虞候軍引出即次右軍即次前軍即次中軍即次後軍即次左軍即次左虞候除馬軍八十隊其步軍有二百隊其中軍三十六隊左右虞候兩軍各二十八隊共五十六隊其左右廂四軍各二十七隊共一百隊須造大隊以三隊合為一隊慮防賊徒併兵衝突其隊居當軍中心安置使均其大隊一十五隊中軍三隊餘六軍各二隊通十五大隊合有一百七十隊為戰駐等隊隊別通隊及街閒空處

據地二十步十隊當二百步以八十五隊為戰隊據地計一千七百步其八十五隊為駐隊塞空處其馬軍當戰隊後駐軍左右下馬立布陣訖鼓發其弩手去賊一百五十步即發箭弓手去賊六十步即發箭若賊至三十步内即射手弩手俱手弓弩令駐隊人收其弓弩手先絡膊將刀捧自隨即與戰鋒隊齊入奮擊其馬軍跳盪奇兵亦不得輒動若步兵被賊蹙迴其跳盪奇兵馬軍即迎前奮擊步兵即須却迴整頓向前若跳盪及奇

兵馬軍被賊排退戰鋒等隊須即齊進奮擊其賊却退奇兵及馬軍亦不得遠逼審知賊驚怖散亂然後可乘馬追趂其駐隊不得輙動前却打賊退敗收軍舉鎗卷幡一依教法如營不牢固無險可恃即軍別量抽一兩隊充駐隊使堅營壘如其輜重牢固不要防守駐隊亦須出戰也諸逢賊布陣須有次第先右虞候為首其次右軍其次前軍其次中軍其次後軍其次左軍其次左虞候其諸軍跳盪奇兵馬軍各隨本軍以次行至戰前

并於本戰鋒隊駐隊前布列待諸方旗節度如戰鋒等隊打賊不入其跳盪奇兵排後即入每入山谷林木蒙密之處并渡水狹路及下營戰處百里以來總須捜踏清淨不然兵引過半臨戰下營伏兵起發致損軍旅其收軍還營却抽左虞候先入即左軍後軍中軍前軍右軍右虞候諸軍將戰每營跳盪隊馬軍隊奇兵隊戰鋒駐隊等分折為五等當軍等別各令一官押令出戰之時先用某等兵戰鬬如更須兵以次更取某等兵用盡

當營輜重隊不得輙用亦各一官押領使堅營壘各令知其部伍不使紛雜自餘節度一依横陣諸賊徒恃險因山布陣不得横列兵士分立宜為堅陣其陣法弩手弓手與戰鋒隊相間引前兩駐隊兩邊相翊布列即定諸軍即聽角聲其角聲節度一准前看黄旗向賊亞聞鼓聲發諸軍弩手弓手及戰鋒隊各令人捉馬一時籠槍大叫齊入若弩手弓手戰鋒等隊引退跳盪奇兵隊一時齊入戰鋒等隊伍比迴還與奇兵同入如見黄旗却立不亞及聞金鉦聲乃止膊上架槍引還各於舊處

准前聽角聲卷幡簇隊一准前如便放散即更聽一會角聲依軍次發引諸方陣既成逢賊鬬戰或打頭或尾尾頭行不停其陣中間多有斷絶須面别各定總管都押勾當勿令斷絶諸每隊布立第一立隊頭居前引戰第二立執旗一人以次立左傔旗在左次立右傔旗在右次立奇兵分作五行傔旗後左右均立第一行戰鋒七人次立第二行戰鋒八人次立第三行戰鋒九人次

立第四行戰鋒十人次立第五行戰鋒十一人次立并橫列鼎足分布為隊隊副一人兵後立執陌刀觀兵士不入者便斬果毅領傔人又居後立督戰觀不入便斬并須先知左肩右髆行立依次諸隊頭共賊相殺左右傔旗急須前進相救若左右傔被賊纏繞以次行人參前急須進救其前行人被賊殺後行不救者仰押官及隊副使便斬但有隊被賊纏繞此隊亦須速救臨陣不救者皆斬凡將須使兵士簡靜處分有序將百萬之衆

如領一人每軍定一官知高聲營別有虞候差主師一人知高聲營四面各差一人知高聲隊別亦定一人知高聲諸見賊聲高喧閙者仰押隊官及隊頭便斬押隊官隊頭不斷即斬押隊官及隊頭諸軍將或在前或在後須傳聲喚隊及人者仰押隊官自傳兵士不得輒傳諸每隊戰鋒五十人重行在戰隊前布陣立隊訖聞鼓聲發戰鋒隊即入其兩戰隊亦排後即入若戰隊等有人不同入同隊人能斬其首者賞物五十段別隊見不入人能斬其首者準前賞物唯駐隊人不得輒動凡與敵鬬其跳盪奇兵馬軍等隊即須量抽人下馬當之隊別量抽捉馬人先定名字若臨鬬時捉馬人有前却及應捉撩亂失次第致失鞍馬者斬若其賊退步趂不得過三十步亦不得即乘馬起審知賊退撩亂驚怖可騎馬逐北約與諸隊齊進其折衝果毅當鬬之時雖蹔下馬賊徒敗走以後即任騎馬檢校騰逐諸軍弩手隨多少布列五十人為一隊人持弩一具箭五十隻人各絡

髆將陌刀棒一具各於本軍戰隊前鴈行分立調弩上牙去賊一百五十步内戰齊發弩箭賊若來逼相去二十步即停弩持刀棒從戰鋒等隊過前奮擊違者斬如其共賊相持守捉城邑其弩手等即依弩式看旗發用諸兵馬被賊圍逼抽拔須設方計一時齊拔賊即遂背揮戈因此必敗其兵共賊相持事須抽拔即須隔一隊抽一隊所抽之隊去舊隊百步以下遂便立隊令持戈槍刀棒并弓弩等張施待賊張施了即抽前隊如賊來

逼所張弓弩等人便即放箭奮擊如其賊止不來其所抽隊便過向前百步以下遂便准前立隊張施弓弩等待賊既張施訖准前抽前隊隔次立陣即免被賊奔蹙其被抽之隊不得急走須徐緩而行如賊相逼即須迴拒戰其隊頭押官押後副隊頭引前如有走者仰押官隊頭便斬違失節度者斬全隊

營制

武經軍志曰止則為營行則為陣言營陣同制也法云

陣中容陣謂隊伍布列為廣狹之制欲其回轉離合無相奪倫營中有營謂部分次序有密路踈之法欲其左右救援不相奸亂卒有外寇侵軼皆堅整全備莫得而動也苟非規摹素定其孰能與於此乎故司馬宣王觀武侯營壘處所而歎曰天下奇才美其法制精妙也昔衛青出塞以武剛自環蓋今之車營也充國屯田則校聯不絕蓋今之木柵營也其來尚矣櫳槍營凡櫳槍為營者其槍如鴉窠櫳幕外七尺櫳槍之外造土壕一重槍去幕七步衣甲器械每人一堆如有警急易著衣甲車牛在旁横排

立槍營凡軍不久駐可立槍為營槍頭間架令均密擂鼓各着擂槍聲絕槍立訖兵士更不得出白繩便斷烟火營外置約舖其外更着一人伏聽營有警當領不得高聲敲搶傳過四面既知有警預作阻防車營凡車每五十步乘每百步取一乘為戰車車中出戰隊其車子營及外營横排牛在當中拒馬搶在外仍車轅為左右

廂和門拒馬營每人配鹿角馬搶兩枝去前搶城三步布置須首尾相繫魚鱗布之則牢固矣

柴營凡柴營其柴須密排不通天人過其間釘撅仍着木壓之其車横排須間架均急疾轉車便可為城若久駐營中置望竿

掘壕營凡掘壕立搶則白繩取定其壕底闊一丈二尺深一丈口闊一丈五尺工向裏拍作土岸高四尺五寸令實勿至摧塌裏面削成其上通人行立壕門掘徹即

權施浮橋急疾拆去當界二十步置一戰樓以門扇及他板木權造壕唇外掘陷馬坑一重濶二十五步每坑鹿角槍三根尖頭入令堅近壕布棘城一重濶二十五步凡布棘令堅為營其棘須魚鱗布之令棘頭平濶三十尺

城營凡築城為營其城身髙五尺濶八尺墻髙四尺女墻髙四尺濶二尺每百步置一戰樓五十步置旋風砲一具每二尺置連枷棒一具每鋪更板并架城内去重

其外掘壕一重闊三步立木柵一重柵外更有棘外陷馬坑一重木柵營凡木柵因敵所逼不及築城壘或因山河險勢多石少土不任板築乃建木為柵方圓髙下随宜深埋木根重復彌縫其闕内重短為閤道外住一重長出四尺為女墻皆泥塗之柵外掘壕一重闊二丈深一丈木柵裏每百步造戰樓一具

繩營凡繩營所以援馬若入敵境芻秣不給即須秉擇水草放牧每人給刀肓馬索連絆相續馬居營中布宫

健吏鼓為備内外軍士各守本界不得過從交雜即姦人無便以入凡周營須設界限立藩蔽以扞外寇　牌皮幕　氊幕　布幕　命籠

茅竹弩營細篾籄每三寸插茅竹籤一根長三尺周圍繞營

舊法有九種大約軍不乆駐則為立槍欜車營拒馬之類若兵乆駐則用柴營掘壕城營木柵之類符彦卿曰在賊境宿用槍營行用方陣

下營法不居大山之端防後有人馬沿山而來破我營寨前臨險阻被賊堅守我無出入之路名曰龍首之地是也不居死地謂安營不臨墓塚之地人馬多夜驚乆居士卒必為疾病不居地柱謂四下中髙其地四面廣平中間有岡如覆釜之形若安營其上八面招風周匝受敵不居地獄謂四髙中下其地廣衍平原中有地形如仰盆之象者若安營其中被賊四面乗髙攻我必敗其中也不居山林草木蒙密之地春夏枝葉茂盛不見

人馬恐賊穿生路而来驚我營寨秋冬草木枯敗恐被上風放火因而刼我難以退避應敵不居江河溝澗灣曲之地恐被賊於要害處堅守則我無進退之路外無交接卒難相救不居大江險絶掩抱之中被賊守定隘阨若救軍不至我無進退應敵之路不居江河之岸太山之側三面受敵最惡後無進退之路若中有舟楫船抵傍岸又有通糧之道上流有救應之兵乃可安營若居江河夾岸連水下營須防上流火船及水賊鑿船沉

溺之患不居四面長川四達之境四面賊來攻擊外無救援受敵最多

通典曰凡軍不欲居死水不欲居死地死水者不流之水死地者丘墓之間也

下營算法

方營法置積數為實別置一算為下法從末常超一位定實實上商置第一位得數下法亦置上商名曰方法乃命上商除積至盡而止不盡乃倍方法為廉於上商之次續商第二位得數廉法之次照上商量隅以廉隅二法命上商除積得盡而止不盡乃陪隅法併為廉又於上商置第三位得數廉法之次照上置隅以廉隅二法皆命上商除積至盡而止不盡如法命之若欲為三角營則取方營積數倍之得三角營得積數布算如方營法得三角營一面之數凡三角得方二而一若欲為直營凡直積數如方則從横相當直則從羨而横減其所羨與所減亦相當也既得積數如準從也以為上商

而消息其衡之步以為下法如準衡也以為上商而消息其從之數以為下法其布算大略如方營而上下法不齊為異若欲為鋭營則取直營積數倍之如三角營取方營之數也既得積數布算如直營法凡鋭得直二而一若欲為圓營則取方營之積四乘而三歸之得圓營積數布算如方營法得圓營徑三之得其圓凡圓得方四而三大花營如圓營法若欲為偃月營則取圓營積數倍之或取方營積數八乘而三歸之得偃月營積

數布算如方營法得偃月弦徑半之得偃月矢徑凡偃月得圓二而一得方八而三凡營因地以立營遂以起數所謂地生量量生數數生稱稱生勝也如軍以萬七千九百五十六人為率每一人從横占地四步總之七萬一千八百二十四步是為方營之積方徑二百六十八步直營之積如之直廣徑百步則其從七百一十八步有奇其從徑七百一十八步則其廣百步有奇從與廣率相消息也四方積而三之得九萬五千七百六十

三步三分步之一是為圓與六花之積其徑三百八十四步餘積十九步七分不盡其圍一千一百四十二步有奇八方積而三之得十九萬一千五百二十六是為偃月之積其弦徑四百二十九步有奇半之得矢借方積得十四萬三千六百四十八是為三角與鋭之積三角徑三百七十九步强鋭徑底百步則鋭長千四百三十六步有奇鋭長千四百三十六步則底百步有奇鋭與底率相消息也方營法其術置積數七萬一千八百

二十四步為實别置一筭為下法從末常超一位約實百下約一萬約百實上商置第一位得數二百下法之上亦置上商二百名曰方法乃命上商除實二三而四除實四萬餘三萬一千八百二十四二乘方法得四百步為廉於上商之次續商第二位得數六十共為二百六十廉法之次照上商置隅六十以廉隅二法共四十六命上商除實四六二十四六六三十六除實二萬七千六百餘四千二百二十四二乘隅法併為廉得五百

二十又於上商置第三位得數二百六十之次商置八下法之上亦置八為偶以廉偶二法共五百二十八命上商除實五八為四十八八為六十四共 除實四千二百四十四適盡得方營函數除營布算皆準此而消息則視其積云

總要司馬穰苴曰伍人為伍十伍為隊一軍凡二百五十隊餘奇為握奇故一軍以三千七百五十人為奇兵隊七十五以為中壘守地六千尺積尺得四里以中壘

四面乘之一面得地三百步壘內有地三頃餘百八十步正門為握奇大將軍居之六纛五麾金鼓府藏輜積皆在中壘外餘八千七百五十八隊百七十五分為八陳八陳各有千九十四人八陳各減一人以為一陳之部署舉一軍則千軍可知李靖兵法曰諸大將出征且約授兵二萬人即分為七軍中軍四千人內取戰兵二千八百人計五十六隊戰兵內弩手四百人弓手四百人馬軍千人跳盪五百人步奇兵五百人步左右虞候

各一軍每軍各二千人百人內各取戰兵千九百人戰兵內每軍弩手三百人弓手三百人馬軍五百人跳盪四百人奇兵四百人左右廂各二軍軍各有二千六百人各取戰兵千八百五十人戰兵內每軍弩手二百五十人馬軍五百人跳盪四百人奇兵四百人馬步通計總當萬四千共二百八十隊當戰餘六千人守輜重諸圍三徑一尺寸共知復造幕尺丈已定每十人共一幕且以二萬人為軍四千人為營在中心左右虞候左右廂四軍共六總管各一千人為營兵多外面逐長二十七口幕橫列十八口幕六面援中軍六總管下各更有兩營共虞候兩營兵多外面逐長二十七口幕橫列十八口幕四總管營外面逐長二十二口幕橫列各十八口幕四部下計當千一百三十六步又有十二營街各別闊十五步計當一百八十步通前當千三百十六步以圍三經一取中心堅徑當四百二十九步以下下營之時先定中心即向南地東西各步二百四十步並令

南北東西及中心標端四面既定即斜角更安四標準南北令端從此以後分孽配營極易計二萬兵除守輜重六千人馬軍四千人步兵令當二百隊別取六步三尺二寸地併衝塞總盡若地土寬廣不在城郭即五步以上下幕准算折若地陜安置不得即須逐角長斜算計尺寸一依下營法卷終

武編前集卷二

欽定四庫全書

子部

武編前集卷三

詳校官檢討臣何思鈞

總校官編修臣朱鈐
校對官編修臣汪學金
謄録監生臣王三錫

欽定四庫全書

武編前集卷三

明　唐順之　撰

陣

武經曰昔稱善師者不陣善陣者不戰此言發謀制變先聲後實軍志素定奪敵人之心不待旗壘之相摩兵矢之相接而勝負之勢決於前矣其次則立部曲度權謀先偏後伍彌縫其闕用以乘機而佐勝由中古以來

未之或改大要在士卒訓練兵械堅良號令以申之賞罰以督之因山川形勢之宜講步騎離合之要不亂不隘按陣而居常以我逸待彼勞常以我治待彼亂常以我近待彼遠常以我飽待彼饑故其疾如風其徐如林不動如山難知如陰震動如雷侵掠如火此制勝之道也法曰以正合以奇勝然則正者行陣也奇者無方以用變也奇不得正雖銳而無恃正不得奇雖整而無功故必交相用而後能百戰百勝矣故曰治衆如治寡非

分數不能鬬衆非刑名不輯三軍之衆可使受敵而無敗非奇正不成故有天陣地陣人陣以象三才鋭陣直陣曲陣方陣圓陣以法五行其體易明其習易成從昔之成法當今之可用且古者以言不相聞故為金鼓視不相見故為旌旗金鼓旌旗所以一人之耳目耳目既一則勇者不得獨進怯者不得獨退勇怯并用出生入死誰與我敵哉若夫鳴一鼓舉黑旗則為曲陣鳴二鼓舉赤旗則為鋭陣鳴三鼓舉青旗則為直陣鳴四鼓舉

白旗則為方陣鳴五鼓舉黃旗則為圓陣此應敵之略也凡卒一人居地廣縱各二步十人為列十列為隊則廣縱各二十步陣間容陣隊間容隊曲間容曲此行列之法也前禦其前後禦其後左防其左右防其右行必魚貫立必鴈行長以參短短以參長回軍轉陣以後為前以前為後進無速奔退無遽走四頭八尾觸處為首敵衝其中兩頭俱救此教習之詳也然則陳兵誓衆者胡可忽而不務邪議者或曰武夫介士出於閭井非有

明達之姿强敏之性而令心存進退耳聽金鼓手知擊刺足趨坐作隨旗變陣猋馳電發俄頃之際事目繁多則心迷意倦勞而無暇安能乘便奮鋭躐敵爭勝哉若但使聞鼓知進聞金知退辨旌旗之指麾習器械之便利粗明三四不必遍知亦足勒兵示法殺敵致果玆誠一端之論不為無旨然時施于忘戰之久市人之合或庶幾焉若乃提卒十萬深入賊境大將在前堅城未下欲戰則勝負未決欲攻則利害難知自非整飭卒徒部

分營壘或先據地之要害或先扼敵之襟喉蛇蟠月偃中峯後勁疇能收萬全之勝哉秪如平原大野深林險道前丘後澤乘高趨下頓兵擁衆呼吸俟命若不素練施設敢問何以處之然後知議者之言粗而不粗也或曰唐人李筌號能言兵者其說曰兵猶水也水因地以制刑兵因敵以制勝能與敵變化而取勝者謂之神則戰陣無圖明矣而庸將自以教習之法為戰敵之陣不亦謬乎是大不然筌之八口八離則雜而無章四奇四

正則定而不變自膠其柱而謂瑟無五音其愚而妄決矣昔諸葛亮推衍八陣得其新意以巴蜀弱卒數萬東屯渭水天下震動司馬宣王以十萬之衆抗之堅壁不敢出會亮死僅能取勝馬隆以步卒三千按八陣圖轉戰千里破樹機能數萬騎之衆以復涼州今謂二人爲庸將可乎謂不爲戰陣之陣可乎此筌之不足爲準也今取古今陣法繪出其圖以存梗概俾將師度宜而行之若能沿古以便今聞一而悟十觸類以長此又寄之明

哲要之與孫吳暗合爲極致耳

王應電纂握奇經曰天地風雲龍虎鳥蛇四爲正四爲奇餘奇爲握奇或總稱之先出游軍定兩端天有衝地有軸前後有衝風附於天雲附於地天衝重列各四隊前後之衝各四隊風居四維故以圓地軸單列共三隊前後之衝各三隊雲居四角故以方天居兩端地居中間總爲八陣陣訖游軍從後躡敵或驚其左或驚其右聽音望麾以出四奇天地之前衝爲虎翼風爲蛇蟠圍繞之義也虎居於中張翼以進蛇居兩傍向敵而蟠以應之天地之後衝爲龍飛雲爲鳥翔突擊之義也龍居於中張翼以進鳥翼兩傍向敵而翔以應之虛實二壘皆逐天文氣候山川向背利害隨時而行以正合以奇勝天地以下八重以列或曰握機望敵即因其後以犄角前列不動或合而爲一因離而爲八各隨師之多寡觸類而長天或圓而不動前爲右後爲左天地四望之屬天居兩端其次風其次雲左右相向是也地方布風

雲各在前後衝之前天居兩端其次地居中間兩地爲比是也從布天一天二次之從布地四次於天衝後從布四風挾天地之左右天地前衝居其右後衝居其左雲居兩端虛實二壘則此是也

四正四奇其餘奇零之兵大將居中所握猶弩之有機故曰握機八陣總以天地風雲四者天地取其動靜開闔風雲取其往來屈伸衝者車駕馬以行天衝十六陣包陣外猶天之運乎外故曰天衝軸者車持輪不動而

輪之運由之地軸十二陣主陣內猶地之靜而化生萬物故曰地軸䡴者陷敵決戰之義天地各有前後䡴者陰陽各以剛決威武為用也風者摧撓剝落之義行乎天下故附天雲者晦冥變化之義出乎地中故附地游軍乃陣後二十四陣餘軍也未知敵之虛實故先遣游軍驚動以窺之按游軍乃兵家至要安營則為兵候為應援為游騎以備非常軍行則為探馬探旗而在陣前為奪險為遊騎以當險阨戰則為探敵為陷陣為間道

別支之軍皆蹻捷不羈之士其所立皆非常之功御之亦宜以非常之思不可不知也天衡地軸天地前後䡴總名天地四角總名風雲四為體出戰合前右總名為虎合後左總名為龍而四風稱為蛇四雲稱為鳥四為用體用皆合八陣而為四陣兼體用而言亦為八陣也天前䡴居右乃正虎地前䡴居前而總謂之虎兵家先陰故以前軍與右軍同用也天後䡴居左乃正龍地後䡴居後而總謂之龍兵家後陽故以後軍與左軍同用也四面兵不逐方并出而與兩面同出欲更休無空缺也風從虎故虎進則蛇應變風言蛇者虎蛇皆陰類也雲從龍故龍進則鳥應變雲言鳥者龍鳥皆陽類也四角風雲各自為更休而不逐隅并出者亦使常空缺也虛實二壘此有二義謂出者為虛居守者為實陣有定名為實壘無定名為虛奇正者居中當敵者為正兩旁夾擊者為奇也天圓布而不動以下言布陣之法有三一陣以天衡分居四方而在外天前䡴居右天後䡴居

左地前䡴居前地後䡴居後此據天衡在外包運而為陣也一陣以天衡重列居兩端天地前䡴并居前天地後䡴并居後此據天地前後䡴而為陣也二陣之法體數不殊而在布列稍異者蓋平原曠野四面受敵如是為營則宜天衡在外四面不動而中四䡴更迭出兵此條首四句則明此陣天或圓而不動言天衡在外為營不動也前為右後為左者天前䡴居陣右天後䡴居陣左其出軍則天地前䡴總為右虎天地後䡴總為左龍

也天地四望之屬者天前衝為虎天後衝為龍地前衝為鳥地後衝為蛇以天地之衝分屬於四方也若有險可據則以天衡對敵併兵防守不動而以前後衝從險處出兵此條自天居兩端至兩地為比俱明此陣蓋險在左右則天衡重列居前後兩端以對敵故曰天居兩端天衡在中而風雲在傍故曰其次風其次雲左右相向前後衝在左右而風雲亦在旁故曰風雲各在前後衝之前地軸居中而與地衝相比故曰兩地為比然此

乃布陣之例若險在前後則當據其前後而天衡居左右以對敵險在一隅則當據一隅而天衡總補其缺布陣者所當知也又一陣乃五行陣法也從布天一天二次之者以天衡重列居左右當青龍白虎之位也從布地四次於天衡後者即地軸居中也從布四風挾天地之左右者在青龍白虎之外而為輔也天衡地軸四風南北而列故曰從天地之前衝居其前後衝居其後者當朱雀玄武之位也雲居兩端在朱雀玄武之外而為輔也其法馬軍皆在四正方而四角空處則以游軍補之必如此立陣者蓋或敵衆圍我之軍吾欲潰圍而出勢須四方八面皆用精騎或敵來挑戰吾不得利不欲與戰其勢不復用遊軍必合而為一不使斷絶或軍行之時敵人来乘我軍吾倉卒不暇結營故亦以馬軍勍卒在外以當其衝三者皆用此然亦不過變通陣法使敵不能窺耳陣有定法壘為虛位所布之陣為實不布者為虛故曰實虛二壘也

八陣圖說

八陣之制始於風后壘於武侯今所傳握機文魚腹石磧是也其法以八為數八八六十四陣為正軍三八二十四陣為遊軍天地風雲四正也龍虎鳥蛇四奇也十六陣為天衡衡重列居兩端左右為挾各二隊十二陣為地軸軸單列居中間上下為比各三隊八陣為天衡四陣在衡之左為天前衡四陣在衡之右者為天後衡各二隊十二陣為地衡六陣前軸之前為地前衡六陣

後軸之後為地後衝各三隊天衝四面地衝六者衝有餘而軸末足也八陣為風風居四維維各一隊八陣為雲雲居四角角各一隊六十四陣為三十二隊者兩陣為一隊也二十四隊為遊軍居八陣之後凡十二隊正軍方列象陰靜也遊軍圓後象陽動也靜者所以為動動者所以為靜也飛龍翔鳥者陽體而陰用也虎翼蛇蟠者陰體而陽用也分合之機陰陽之節剛柔之宜非智者莫能窺凡兵之要欲簡不欲繁欲易不欲難六十

四陣其為隊則三十二也三十二隊其二陰陽則十有六也故八陣之妙在乎四奇四奇之法在乎二變二變者一之用也凡兵之要不虛內以役外不重末以輕本六十四陣虛實二壘而居者半也衡軸中居四奇發而居者又半也龍飛虎翼迭致其用而居者又半也故曰先為不可勝以待敵之勝者此也夫兵之法在於審虛實達奇正虛則乘之實則避之出其不意攻其無備欲索其情要在形人形人之極至不可測批亢擣虛如卵

投石審而用之萬不失一不有乎正何有乎奇正以稱之奇以勝之奇發若機正靜若山奇正相生如環無端或正為奇或奇為正頃刻萬變難與豫合勝而無名要在致人虎伏蛇伸蛇遶虎嗔龍為之變用無定形慎詳其意動與敵乘勢險節短如雷如霆何堅不摧何難不平譬之率然靡喻其神順天之道應地之形勿蕩勿拘乃可議兵令之言八陣者異於是昔風后因井田之法以立兵制開方九九而主將所居一寄於八八六十四

也令為陣者每陣特制中軍列為九陣九九八十一矣天地風雲龍虎鳥蛇八陣之目也令為陣者以天地魚麗金木水火土合為八陣夫天地五行固非例矣魚麗之陣又可參乎天地風雲龍虎鳥蛇雖曰八而用實四令之言兵者以天地風雲龍虎鳥蛇各有奇正列為八圖豈不大謬歟握機陣數自有明法多寡之分機要所繫令之言兵者陣法皆九無復等殺固已謬矣五人為伍古制然也作字之義亦本於此令言八陣者必曰八

人豈不為大謬歟嗟夫八陣之制妙矣神矣不可復加矣後之敗者不知乎是法者也後之勝者暗合乎一二者也武侯遠矣太宗之問李靖之對若深於是圖者詳而考之粗而形名猶或未盡况於幾微之妙神而不可測也乎且夫後世九陣之失皆起於空中大將居之之語靖號知兵猶且於是乎他何議哉若夫先君子之所論者此不復著也

八陣圖說

兵以正合以奇勝若奧古風后八陣曰天地風雲曰龍虎鳥蛇有奇有正惟變是適其動如神故先為不可勝以待敵之可勝至蜀諸葛武侯式是古訓布之魚腹壘石八行行間相去二丈八人成行為陣六十四其形正方如棋盤六十四陣後有二十四陣分為兩行謂之遊軍其形曲如偃月此然峙乎大江平沙之上巨流弗轉迄今猶存夫其用以遺後人雖然斯法久廢至今千有餘年觀其圖者漫然莫辨孰為天地風雲孰為龍虎鳥蛇又安能推其意而行之乎晉桓溫遠武侯僅百餘年人已莫能識獨桓溫知其勢常山之蛇首尾犄角是以相應而猶未盡通奇正攻敵之妙唐獨孤及雖用韜鈐之容記其遺制而猶未盡明其義李筌太白陰經繪為九圖其名雖同而陣形則異與武侯之圖益舛暨本朝諸儒類皆紙上語又摭諸家陣法以附益之益駁而難同惟唐太宗李衛公以為形如井字開方九焉大將居中諸部連繞四頭八尾觸處為首此數語最為切當可

以為開方之用矣嘗觀握機經馬隆贊即魚腹圖八陣八畫隊陣地軸十二居中天衡八隊居前又八隊居後天前衝四隊居右地前衝六隊次之天後衝四隊居左地後衝六隊次之風八隊居四維雲八隊居四角此天地風雲四陣為四正也天地前衝為虎翼居右天地後衝為飛龍居左又風變為蛇蟠雲變為鳥翔此龍虎鳥蛇四陣為奇也然八陣中有握奇之數寓於地軸共為九陣即九夫為井之制也八陣外有遊軍或鷩其左或

驚其右或分為疑兵或設為伏兵或絶敵糧道或邀遮敵人或夜擊敵營或居擊敵後或軍行未止營舍未定行列未立必先巡警八面斷敵来道以防卒然之衝突皆臨時别變錯綜八陣而用之即井田有溝洫為之經緯者也此法古人所未言用之教陣訓兵則其文炳矣然其教皆起於參天兩地兩地之數行而為四為八參天之數衍而為六為十二合之為六十四總之八十八其部隊則有戰前隊迎敵有正隊更化有奇隊若非奇

隊則正隊不能以更化又有駐隊自固有輔隊為駐隊之衛有殿隊為駐隊之後拒若非殿隊輔隊則駐隊不能自固要皆隊間容隊陣間容陣隅落勾連曲部相對四面八向隨感而應常以逸而致勞以實而擊虛其法可謂密矣或曰按六十四陣壘石為營曲抱其前中開一門是特營壘之法非可用之戰鬭也於戲殆亦未深攷之矣且營壘戰鬭其治則同其用則異部伍隊陣隅落勾連則因地與敵而制形立名則異庸可泥乎當用

諸家之説觸類而推之合九陣而言則天包地外風附天而雲附地折九陣而言則一陰一陽兩兩相從似分而實合以方位而言則四陣為正四陣為奇以遊軍對八陣而言則八陣為正遊軍為奇以戰而言則正或變為奇奇或變為正接戰者正也以隊法從旁擊者奇也却而致敵者奇也左右夾擊者正也以隊法而言則因其名而别雖百萬之衆各有分數而不亂如李衛公謂天地風雲本乎旗旛龍虎鳥蛇本乎隊伍是也以置陣

而言則隨地而布雖有鳥蛇廣狭之不同而皆協於義如馬隆所為合而為一平原如城離而為八隨地之形是也以其命意而言則天地取乎動静開闔用以衝敵風蛇取乎往来屈伸用以繞敵圍敵鳥雲取悉翱翔用以突擊而握機經所載蛇蟠為圍繞鳥翔為突擊之類是也以其取象而言之則圓者為天方者為地放而衝撓者為風散而復聚者為雲屈而圍繞者為蛇蟠張翼而突進者為鳥翔四翼一首者為虎翼六翼一首者為

飛龍而李靖方陣之法即地陣之類也李廣張左右翼
為圓陣外嚮者即天陣之類也敵數十萬騎出入守邊
者即風陣之類也李廣張左右翼以擊匈奴衛青將左
右翼以繞單于清溝之戰安守忠以驍騎九千為長蛇
陣官軍擊之前尾為兩翼夾擊官軍大敗即蛇陣之類
也宗城之戰王重肩請杜重威分銳士擊安重榮左右
翼自率兵以衝其中軍重榮少却官軍乘之重榮大敗
即鳥翔陣之類是也項羽垓下之戰韓信將兵當之孔

將軍居左費將軍居右皇帝居後絳侯柴將軍又在皇
帝後即虎翼陣之類是也金人之拐子馬先以精兵從
中衝我軍如我軍陣動則擁大衆張兩翼以邀我後此
亦虎陣之類是也崔乾祐潼關之戰十十五五散而列
星或疎或密或前或却嚴精兵陳於其後及兵既合偃
旗如欲遁以誘其進乃發伏兵而乘之即雲陣之類也
韓世忠大儀之戰先勒五陣設伏二十餘所約聞鼓即
起擊金人不知擁鐵騎過五陣東世忠傳小麾鳴鼓伏
兵四起金軍擾亂宋師迭進世忠麾勁騎四面蹂躪人
馬俱斃即龍陣之類也雖李廣衛青崔乾祐王重肩韓世
忠之徒未能知此八陣之法而暗與古法合亦足以制
勝矣今思古陣而制教法一陣自具八體八體各具八
變皆因地勢而分列因敵勢而變化靜則有定體動則
有定用觸之則為首援之則為尾一陣遇敵諸陣相援
首動尾應奇正迭出變化無方是之為八陣活法儻拘
文泥圖以求古法而不知變化神妙之用或繁碎而重

疊無以應卒而適宜是謂八陣無法何以制勝乎夫知
陣法而不知變化者固不足與語用兵之事也近年諸
將併與陣法失之乃謂今與古異戰則戰耳奚以陣法
為曷不思陣法果何從而起乎衆則易亂亂則易潰於
是隊伍之法生焉地有巖阻原谷形有高下小大曲直
因地形而列隊伍於是行陣之法生焉苟謂陣法無所
用之則三軍之衆若何而布列是以士卒自占其地而
布列無法也使士卒自占其地則隊伍必然紛亂而不

整布列無法則勢如風痺左右不能相顧首尾不能相應安能奇正生生之妙行陣無奇正隊伍不整治皆敗之道也項羽止有二十八騎猶有陣法分為四隊四面馳下期山東為一處而況兵以十萬計豈可無陣法自黃帝迄於本朝皆用陣法豈令一旦獨不可用乎不肯自悟不能用陣法而謂陣法不可用且昧金人拐子馬類風后之虎翼陣而謂敵無陣法其曾不知兵亦甚矣考數百年之兵戰用陣法而勝者多不用陣法而勝者

少凡不用陣法而勝者皆出於彼此浪戰均無法制其間有以勇而遇弱以衆而遇寡以治而遇亂以和睦而遇怨離耳烏可執一而廢百指其幸者以為常哉由兵事者盍深思之

四正方四衡四幢凡八將四隅方四風四雲凡八將此十六隊將各主其本隊之事者也四正每正各總其衡幢凡四將四隅每隅各總其風雲凡四將合十六而為八此八陣將各主其方面之事者也地軸將總地軸地幢八雲之兵為三十二陰天衡將總天衡天軸八風之兵為三十二陽此合八而為二挈零執簡以為提挈弛張也地軸將又總八陣兵合二為一此大將之事也天衡將與地軸相表裏此副將之事也天地之前幢為虎翼而風應之天地之後幢為飛龍而雲應之合前于右合後于左八陣以四為用四陣以兩而化此三將之事也風將總其四風雲將總其四雲應於四正此驃騎將之事也遊軍二十四陣與大軍為援此遊擊將之事也

武經總要曰古今臨戎對敵每作四面陣周圍受敵以為必固儻遇鋒而擊之其陣必破此非天殃將之罪也亦或作長陣或作蛇陣皆以隊伍步騎相接被衝破一處即敗亡不全大將避潰師之罪移過於下遂使驍男小將無罪受誅今則合立陣勢各分部曲各明奇正若失一陣則斬一將形勢既就諸陣相救手臂相應止即為營動即為陣逢賊告急鼓聲一發陣即立成更不在勞煩指布如南面鼓動八百人一時向南轉戰東西北

俱同只須轉步騎兵不移每陣相去廣狹一百步狀如街陌設詐挑戰引之令人即皆結陣突出弓弩騎射長鎗左右夾擊前抄其胸後掩其尾此則應變之法出入如神攻取皆勝所向無敵也

握機出軍法

軍在營以為守出營以為戰苟出軍無法晝營之方面以行使營中空缺胡以守乎唯出之有次第故居者行者勞佚相均以戰以守并行不悖也經曰天地之前衝

為虎翼風為蛇蟠張虎翼以進蛇居兩旁向敵而蟠以應之天地之後衝為飛龍雲為鳥翔龍張翼以進鳥翼兩旁向敵而翔以應之蓋每遇敵其為天衝在外之陣則右兵與前兵先往而四風應之左兵與後兵繼往而四雲應之其為天衡居兩端之陣則前陣之兵先往而四風應之後陣之兵繼往而四雲應之此八陣兩番更休之法其當方面兵各自為更休大約一隊有兩隊首次天地之前衝內每二百人以百人為駐隊其應調百

人內七十五人出戰為番法二十五人將大車不動二次天地之後衝往亦然三次前衝之駐隊往四次後衝之駐隊往如是而一軍之兵調無不遍力無不休當營并無缺對敵常不窮也風有左右雲有前後凡天前衝發則四風之右應地前衝發則四風之左應天後衝發則四風之前應地後衝發則四雲之後應其陣內亦自為更休與四正同天衡乃副將所轄定為家計死守不移不可敗在我之道一軍以之為歸地軸乃大將所握

囊橐輜輳經畫策應猶人之心腹萬衆恃以無恐或前後衝輪轂力殫衡軸畜力思奮即調之出戰或欲布大陣即衡軸之兵齊出或有危急則全軍皆死戰蓋不得已而後用之常戰不過前後衝風雲無得輒有動搖也兵不貴多但以不教民戰是謂棄之須十分教閱無不一當百乃可衡在外軸在中俱不動所用者前後衝風雲而已然前衝後衝更出迭入動者半而靜者半也不盡營以行虛實二壘一戰一守用者半而休者半也不

空方而戰故八陣之兵所用者無幾大約以十之一萬取千千取百惟以其犯之不可入當之無不斃與敵人曠日持久可擇利以圖全勝所以為善陣開四門常戰則前後幢更出迭入敵兵小用衆少則偏將領一面之兵出戰開門放出出絕閉之餘面不動所謂離而為八也敵兵大用衆多或欲取大捷即四門之兵齊出前當其幢左當其左右當其右中軍與後軍在其後風雲兩旁其留駐隊以為守輜重隊以守大車皆如前法所謂

合而為一也別有八門法唯大將審用之

握機戰法

人之力一鼓而作再鼓而勝三鼓而竭使三軍齊奮而至於竭胡以相繼且夫援桴鼓之勇怯并奏再鼓而怯者不得獨後終而怯者罷矣勇者不能立故有大敗之師也三定戰法隨機用之凡戰以正兵當之以風雲在旁繞之突之翼之代之以遊軍在外警之疑之援之救之凡戰有戰鋒隊鼓音發弩手去賊百五十步發箭弓手去賊六十步發箭賊至二十步射手舍弓弩後隊人收之射手絡膊將刀捧與戰隊齊入奮擊有左戰隊右戰隊戰鋒隊出則為鋭陣狀如鼎足左右戰隊分為兩行如雁行翼之宋制三等兵或為五等大約一接戰奮擊一整頓俟戰一少憩息陣後更戰更息環相為用不竭其力此即牧誓不愆于五步六步七步乃止齊焉不愆于五伐六伐七伐乃止齊焉是也止齊者即欲使休之意而與敵交兵無止息之時所謂陣行無疏戰唯密

也有馬隊進止與步軍同步兵戰酣即迎敵走擊宋制為跳盪馬隊奇兵馬隊經所謂虎翼以進蛇居兩旁向敵而蟠以應之龍張翼以進鳥翼兩旁向敵而翔以應之是也宋制以奇兵馬隊跳盪馬隊分布在各步軍後俟步軍戰酣然後馬隊出戰此花法也握機則在陣旁陣法雖異戰道則同凡戰隊頭引前次立執旗左右有傔旗副隊頭立隊後觀不陣者隊頭戰傔旗救隊內人戰同隊救一隊戰鄰隊救應救不救斬及失旌旗節鉞

全隊斬凡失一人則一伍誅失一吏則一隊誅立功減罪語云一人捨命萬人莫敵以一伍一隊之人致死欲立功夫誰與敵哉此所謂堂堂之陣正正之旗也設有勍敵乘我軍未成列而來突我師亦有敵衆我寡吾欲乘其未列而往擊之此則非遊軍無以致勝故虎蛇龍鳥之兵接戰大將别遣驍將統遊軍或耀兵而示之使之驚疑或潛師而行之出其不意或未知敵之虛實如經所云從後躡敵或驚其左或驚其右或居陣外援我

之師乘敵之敝或繞出敵後與我軍夾攻之或設伏于敵之前令我軍佯北過而邀之或别遣于間道擣其巢穴絶其應援燒其芻糧奪其要害皆大將臨時擇利遊軍應機為之又出正陣之外或用或不用大約十取其二三亦更迭遣之也

武經總要曰凡布大陣常以十分之三為奇伏設有萬人則一千五百人為兩奇一千五百人為兩伏正陣如身奇兵伏兵如足三者合為一體迭相救援戰則互為進退循環無已凡戰須更番一戰一食一憩按此特簡略用兵法耳八陣則風雲在陣旁即兩奇遊軍在陣後即兩伏也裴子野法有揚奇備伏四軍皆騎兵而分為八逐便而居大約揚以設疑奇以續戰備以補缺伏以設覆然亦不出于奇伏二軍也

以大軍對遊軍言大軍為正游軍為奇以正陣言外八陣為正中握機為奇以外八陣為衡輊為正風雲為奇以中握機言十二地軸為正四角無地分馬為奇以敵

攻言當頭受敵者為正二尾旁援者為奇以更休言就列為正駐隊為奇以戰言正兵接戰者為正兩旁風雲翼擊者為奇正兵中戰鋒隊出為鋭陣者為正左右戰隊分為兩列如鼎足俟戰者為奇凡設伏其休交代後左右夾擊者為正却而致敵者為奇蓋正或變為奇奇或變為正故曰正奇無窮如環無端也

五陣之名曰水木火金土五陣之形曰方圓曲直鋭西方主金殺氣也其形方其色白故陣法皆起于方方陣

者即八陣總圖是也可用以守圓陣者以方陣規而圓之八面皆對敵圓融而無空缺者也被圍用之曲陣者右軍在前軍前之右左軍在前軍前之左前張兩翼以進也掩敵用之直陣者前軍居中右軍居右左軍居左并列而戰也凡對敵皆用之鋭陣者右軍在前軍後之右左軍在前軍後之左如鳥喙矢鏃之進也衝敵用之此三者軍皆在陣後為主後軍又在中軍後以為拒風雲皆在四隅為奇兵也雖曰前軍在前然逐方面皆可為前軍凡陣皆指離陣出戰所

為在營則轉功也

易範經緯曰五行之初生水而木木而火火而金金而土故西方之金為方陣而方變為圓中央之土為圓陣而圓變為曲北方之水為曲陣而曲變為直東南方之木為直陣而直變為鋭南方之火為鋭陣而鋭又變為方五行之相尅火尅金金尅木木尅土土尅水水尅火火之尅金也故鋭陣可以破方陣金之尅木也故方陣可以破直陣木之尅土也故直陣可以破圓陣土之尅水也故圓陣可以破曲陣水之尅火也故曲陣可以破鋭陣五陣之變必始于方卷而藏之則為方陣圓陣而握機之數在軍中舒而張之則為曲陣直鋭陣而握機之數在陣後

方者所以弛張也高平利方方利變四方高利圓圓利守左右高利北北利吞後高前下利壯壯利潰前高後下利衝方衝方利争險平易利車輪車輪利進斥澤利罘罳罘罳利救城丘利雁行雁行利繞洞當陣方布之

以其行伍洞徹而相當也故云平原廣野彼寡我衆則利為洞當洞當利變可以變前為後變後為前變左為右變右為左其形正而厚可以勝中黄法曰方陣正而厚圓陣隨而取正厚者力併故洞當勝中黄猶厚勝薄也中黄陣圓布之以其居中位者土也故云四面俱高中央處下彼衆我寡則利為中黄中黄無角宜于堅守可以馳龍騰龍騰張其兩翼若掩取之以北吞圓勢可敗也法曰翼而張者角必薄偏攻其角北可敗也故中

黄勝龍騰猶聚勝散也龍騰陣偃月布之前翼而後方龍之躍足在前此陣兩翼屈曲如龍騰也故名左右俱高行軍谿谷則利為龍騰其形前張兩翼便于吞掩使彼奔輳三面受敵足以勝鳥翔鳥翔前銳後重衆劍之鋒龍騰以兩翼夾攻其鋒法曰銳而重者夾擊之故龍騰勝鳥翔猶複勝單也鳥翔陣尖布之前銳而後衆鳥之飛首在前此陣前銳如鳥飛翔故名前下後高乘虛冒亂因其地勢則利為鳥翔鳥翔可以勝折輳折輳前衆

後踈戰者相從居者有餘鳥翔背高向下因其勢以潰其虛可以敗敵法曰得地助者昌失地助者亡故鳥翔勝折輳折輳陣前廣後狹布之前衆而後踈以其直前折輳千敵故名前高後下左右或險則利為折輳折輳可以勝握機握機兵得成行善冒亂敵而畏險阻折輳勢仰高守險以疲握機故折輳可以勝握機握機陣廼文布之中齊而旁銳以其進止機巧得名平原廣野且行且戰則利為握機握機利進可以勝虎翼虎翼備其

首尾虛在兩旁其勢不堅握機四備强弩善輳亂敵法曰以守待攻者强以動待敵者亡故握機勝虎翼虎翼陣直方布之首尾薄張兩翼以其遊騎兩旁而舒翼故名一名魚麗左傳曰原繁高渠彌以中軍奉鄭公為魚麗即此川澤漫衍草樹扶踈則利為虎翼虎翼前後横中央縱張其四翼備其首尾且戰且息利于相救雁行斜而行惡其斷絶故虎翼可以勝雁行雁行一名衡陣延斜布之前銳而後張以其連接如秤衡也故名背城向敵

易斷繞人則利為衡陣衡陣前銳後張延斜而行便于左右利于周旋可以勝洞當洞當形重而後伏居者衆用力者寡法曰厚而正者堅當選勇力脇其兩旁故衡陣勝洞當蔡氏曰八陣皆生于方圓方者坤也圓者乾也輳方衆邑北陣皆方之變即巽離兑也壯陣車輪雁行皆圓之變即震坎艮也其相為勝負者向背虛實之機也此公孫弘所謂世有八卦陣法亦可參用者此也王氏按此八陣皆古有是名一逐地形因敵勢之當然不出於五

陣而已蓋洞當者陣之祖用以為象地五陣之方陣是也中黄者被圍而設五陣之圓陣是也衝方者對敵布陣五陣之直陣也龍騰者掩敵之陣五陣之曲陣是也鳥翔者衝敵之陣五陣之鋭陣是也握機者裁而為六蓋即六花陣圓之變也罘罳者張其四翼方之變也雁行者延袤兩行用之以行直之變也因敵變化皆可以致勝今其法曰方勝圓牝勝牡豈圓不足以勝方牡不足以勝牝也雖有此理拘則不通學者知而勿泥可也

洞當即孫子之方陣吳子之車箱陣舉白旗鳴一鼓則為之中黄即孫子之圓陣吳子之車杠陣舉黄旗鳴二鼓則為之龍騰即孫子之牝陣吳子之曲陣劉錡之卻月陣舉黒旗鳴三鼓則為之鳥翔即孫子之牡陣吳子之鋭陣舉朱旗鳴四鼓則為之折衝即孫子之衝方吳子之直陣舉青旗鳴五鼓則為之握機即孫子之車輪吳子之衡陣舉熊旗鳴六鼓則為之虎翼即孫子之罘罳吳子之卦陣舉虎旗鳴七鼓則為之衡陣即孫子之雁行吳子之鵝鸛舉鵰旗鳴八鼓則為之

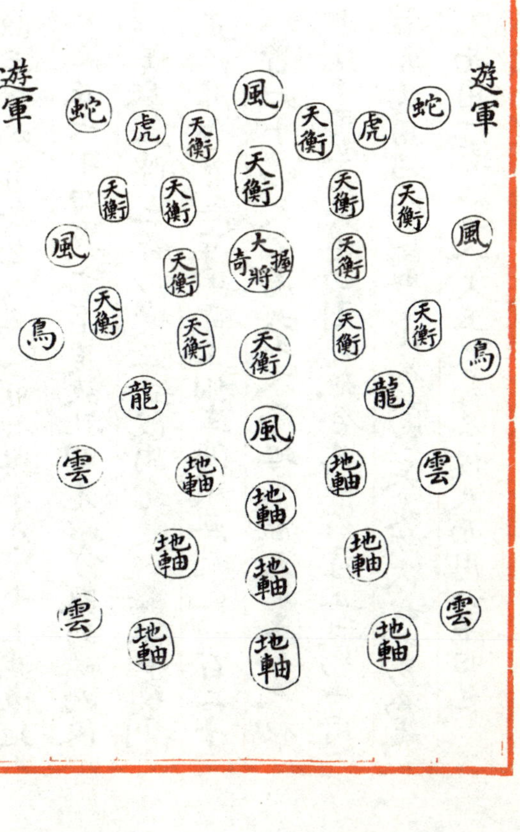

彌牟八陣圖

原是六八四十八爲正兵
十六爲奇兵

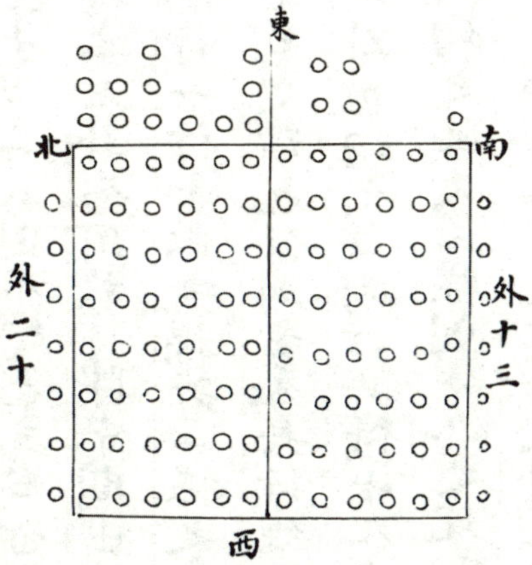

左壘六十配
上經三十卦

右壘六十八配
下經三十四卦

在廣漢者（即下彌年圖）隆土為魁基以江右四門二首六十四卦塊八八成行兩陣俱立周圍四百七十二步其魁百有二十八在魚腹者因江為勢積石憑流前蔽壁門後依却月可以識縱橫皆八魁間二丈偃月內面九六鱗差七八以為經八陣兵為八列中道則七正陣故曰經九六以為緯遊軍九列復加六隊奇兵故曰緯

觀物張行成曰僕假守廣漢道過彌牟迸兵適至令人各執旗立于壘上三番數之皆如此數近時士夫記彌

牟八陣皆云土壘六十四者妄也當頭陣法者立隊之初也一百二十八陣分作兩邊每行多少不等疑若其不整靡而鼓之各認五色旗八陣分作兩邊乃安布治兵者有數法蓋平時如此按閱使人習熟一旦當敵雖萬變雜糅亦不離散故曰紛紛紜紜鬬亂而不可亂混混沌沌形圓而不可敗也行之多寡雖不等皆本於易數左邊六十右邊六十八者上經三十卦下經三十四之理是知雜卦比卦序卦雖卦次雜亂至於上統三十

下統三十四其數則不變也左右皆七行者先天卦各八卦為本七卦為用故八陣中間出入之道各有七焉兩旁兩行一行七數者揲蓍一揲之奇不五則九均之各得七數之理也餘兩旁各六行總十二行或十一對八或十對九均之每兩行共得十九者蓍得六揲之總三十八均之每爻三揲則十九之理也總一卦六爻則一百一十四矣三揲之蓍者八卦之所自出也八卦者正數八卦用七故七分為正兵也五揲者奇數每三揲

故三分為奇兵也天三之奇七與十九變于上然後地八之正六十四成于下是故孔明先以奇數列隊而後以正數立陣也奇以變正正復用奇是故臨敵制變則正無非奇奇無非正奇正相生循環無端也一百二十八者六十為天之用六十八為地之體天地未合之初未見于用也為六十四則天地合為一體奇正通為一用體亦為用用亦為體變化為無窮矣是故伏羲之易為先天而用一百二十八文王之易為後天而用六十四也

嚚嚚子書此編得之紹興李莊簡公家今逸其姓名愚按編中言二敵不足滅此必宋南渡前時人所作至正丁酉七月二十三日盧陵劉汝成録

武侯八陣舊圖

天陣一 地陣一 魚麗陣一 金木水火土五行之陣五凡此八陣包括山川險易形勢其布皆起方隊本體其法存於分數而其用則在握機知此二者觸類而長變化無窮矣

方陣本體者八變自此出也凡軍行止布宿亦如之止而為營則電擊四隊居四脇其法用三十五隊以四為電擊十五為戰隊三為中軍合作六隊作六華陣或用九隊隨地制宜十為駐隊又三為殿後及左右踵凡三十有五隊合為一陣奇留中軍電擊居前戰隊次之中軍居中駐隊次之殿後及左右踵又次之其為形勢如人有臂腹足又互相羽翼故能相救應而無孤守之患也八陣之用變動無常而皆以此為體故設之為本體也凡戰兩軍相迎在百步外則電擊先出乘敵未定攻弱擣虛利則大軍繼進不利則退居四脇或擊其左或擊其右倏往忽来迅速如電不可制也故名電擊兩軍既交戰隊整肅遠則施射近則用兵進不過三十六步外退不得越行次惟敵敗北而聞擂鼓聲則各散為鳥雲以追逐之復如前敵非佯北而旌旗靡亂行列無次則中軍鳴鼓戰隊皆散為鳥雲以追逐之鳥雲或三或五無定如鳥雲聚散也

駐隊者取駐代之義也凡戰前軍合則駐隊秣馬蓐食整兵而待聽中軍號令即出而代戰換戰隊以與敵戰鬭攻名為戰隊

駐隊之法中先出奇兵居兩脇以為犄角鳴金四聲前軍却退兵来過則駐隊接戰奇兵犄角從兩脇出夾擊之一電擊如遌鋒是也有電擊以破敵有戰隊以應敵而又有駐隊代換故我軍常佚而彼軍常勞我士常飽而彼士常饑我氣常壯而彼氣常之如此無窮敵雖常衆茂

不敗矣此既足破敵則又置殿後與左右踵何也蓋妨敵人分兵自後躡我也若敵二而已一則敵必分其兵來襲戰故備之後軍若敵分兵當前而來則以戰隊為正兵電擊為奇兵敵若分兵自後而來則駐隊為正兵殿後與左右踵迭為奇兵敵若分兵自左脇而來則戰隊左脇引而向上駐隊右臂引而向下合以圍之中軍三隊便為正兵從中出奇以破之敵若分兵自右脇而來其戰如前法是為四頭八尾觸處為首也故桓温過蜀見壘石而識之曰常山蛇勢也八陣戰鬬皆以此法每一陣中各有奇正奇正之外又有餘奇餘奇兵或用為伏或用為襲或用為權或用為疑或用補闕敗皆非正隊數俱藏於中軍大將觀敵變動臨時分遣其法蓋存於分數此乃武侯秘而不傳者黄帝所謂餘奇為握奇是也

經曰横以前為第一行縱以左為第一行第一角聲動前行向左後行向右中行向前兩端四亞其形像華蓋虞鼓動肅儀仗第二角聲動前行向左後行向右前端

俱起相背而立其形像偃月虞鼓動肅儀仗天陣者據高原平垣之地也前有漫坡下視敵人其勢順利便於馳擊則布之前象華蓋後象偃月者法天星斗之文也太公曰日月斗柄一左一右一向一背此之為天陣故武王取義也

經曰第一角聲動左行向左右行向右三行分居前列其下虞鼓動肅儀仗第二角聲動前行向左後行向右兩端俱起為戰人綴其形如偃月虞鼓動肅儀仗地陣者居平原曠野通道大衢左右無丘林墳墓以為蔽翼則布之此四面受敵之陣其形前方後圓以法地天泰之象環開五門并駕武衛强弩以防奔突主將居中用雲梯飛樓觀敵變動臨出奇兵制勝其戰如天陣之法若敵為衝陣當面來其衆倍我則變為金陣以破之金陣法見後

經曰第一角聲動左行引而向左右行引而向右中行曲而向前其形如龍蛇横縱勢虞鼓動肅儀仗第二角聲動前行向左後行向右兩端曲而向下其形如覆月虞鼓動肅儀仗魚麗陣者左據水右依林木後背山嶺

高岡則布之或與敵人分沮澤之地後有高岺隱阪可據亦布之此一面受敵之陣也凡精甲利器悉居前列中軍居駐隊之中凭高觀望視敵虛實從中出奇兵制勝其取名魚麗者以其在大澤中如魚首之相比也若引兵深入猝遇拒敵彼衆我寡士無鬬志而後有溪澗深木者亦布之分吾殿後與左右踵兵悉居前與戰隊併力疾鬬此以危決勝之陣也故經云龍蛇縱横勢龍蛇皆矯首而蟠尾伸縮進退無有常形要知左右相應不相離也

經曰第一角聲動前行向左出後行右出中行曲而相接也兩端俱起其形象偃月虞鼓動肅儀仗第二角聲動前行向左後行向右兩端相麗其形如偃月虞鼓動肅儀仗水陣者自上伐下之勢也凡入敵國遙見敵兵前有戰地坦平而狹後有高山大阜利下馳擊則布之或危要衝斷敵道遇彼衆我寡度其必來亦據之其布戰法居山之陽則備其陰據山之左則備其右敵兵來至先後奇正偃旗卧鼓示之以利毋張皇聲勢敵若分兵當前而來則兩端俱起循山而下合以圍之駐隊從進其勢如建瓴故經云前象偃月之形若敵知我情分兵半至則駐隊與中軍無出前軍追逐

經曰第一角聲動前行向左後行向右中行向前分為三隊其形如鏵鍬虞鼓動肅儀仗其二角聲動前行向左後行向右分為二隊其形如鏵鍬虞鼓動肅儀仗火陣者自下攻上之勢也敵得地利先據高山大陵陣而待我吾衆彼寡我欲攻之則為大陣分吾軍為五戰隊居前平道伐木

而又操行馬雜戈以進驟往驟止示之以利無與爭道以避其鋒令我駐隊盡持強弩去敵五里依山而伏以為兩翼令我中軍與左右踵去千里以為表裏而急出飛聚材士盡居前隊輕甲遠往以致敵敵若逐我則引而走與後軍合兩翼旁出夾擊之使餘奇之兵間道潛往拔其營壘其衆必破此所謂利而迂之以致其害也

經曰第一角聲動左行向左右行向右三行而居前分為五隊其形如木有支榦虞鼓動肅儀仗第二角聲前

行向左後行向右分為二隊其象如箕踞虡鼓動肅儀
仗木陣者孫兵深入猝遇敵來衆其勢不敵前後左右
無險阻可依而獨有大林則據之其布陣法分五前軍
列為五隊斬木開路以通中軍便利人馬弓矢居前矛
盾居後林間木疎之處多用蒺藜行馬以塞中道見便
則出戰不便則止若敵兵十倍於我斷我糧道絶我歸
路吾援不至則據林謹守稍薪炬係木之末多布火鼓為夜
戰法以擊破之可以潰圍而去此必固之兵制勝之陣也

經曰第一角聲動前行向左後行向右中行曲而向前
其形如鏵鍬虡鼓動肅儀仗第二角聲動前行向左出
後行向右出兩端相向其形如偃月虡鼓動肅儀仗金
陣者破方圓之勢凡敵先據地布行陣待我其軍衆倍
或分為三或列為五翼我左右越我前後則吾為金陣
以應之凡布金陣前鋭以利突擊兩端如雁翅以備兩
翼中軍用天梯飛樓視敵虛實臨時出奇制勝其戰如
天陣法八陣皆因地勢以制勝其利惟金陣無施不宜
蓋方圓曲直俱可破也
經曰第一角聲動前行向左出曲而向右後行右出曲
而向左中行兩端屈而相接其形如彈丸虡鼓動肅儀
仗第二角聲動前行向左後行向右兩端各曲而相附
其形如彈丸虡鼓動肅儀仗土陣者八面受敵之兵也
凡遇敵師敗北我兵追逐深入其地猝逢敵衆翼我前
後斷我歸路吾援不至而前無山阜後無丘陵左右又
無水澤林木可為依倚者布土陣土性圓其前後皆如

彈丸主將居戰隊之中號令戒嚴進退齊一前行弓弩
矛盾相翼武衛神獸衛其左右開我四門用奇取勝焚
其輜重示以必死若敵堅陣而守我布為夜陣多為火
鼓潰圍而出此天下之危兵也

八陣辨正

營陣之法起自風后初作天地風雲龍虎鳥蛇八陣形
勢以破蚩尤其法用二為正二為應四為奇而餘奇為
握奇故謂之握機經風后握機經以天地為正陣風雲

為正陣龍虎鳥蛇為奇陣此外皆為餘奇餘奇之兵蔵於中軍而法存於分數故云至孔明相蜀亦作天地魚麗金木水火土八者形勢以代魏吳其法以戰隊為正則電擊為奇駐隊為應則殿後及左右踵為奇而亦有餘奇蔵於中軍故謂之八陣圖風后制三軍用步輔車為正兵以騎從中出而旁擊敵為奇兵後世廢車而用二軍故武侯於戰隊駐隊皆用步兵為正兵電擊中軍及左右踵皆用奇兵此外亦有餘奇蔵於中軍然武侯

八陣與風后名同而實異後世得其書不究其制度得其圖不知其變用之法是以二子之術雖傳於世俱隱而不明甚矣李靖之好妄也其唐宗問曰天地風雲龍虎鳥蛇此八者何義而靖對云古人祕蔵以法其實一陣詭設八名且若天地風雲者本乎旗號旛名龍虎鳥蛇者本乎隊伍之別又曰黄帝始制丘井八家之法起於此也太宗復問卿所作六花何術也靖本諸葛亮圖外畫之方内環之圓是成六花俗所稱有且握機言陣

勢有八天地風雲龍虎鳥蛇而經曰風雲龍虎鳥蛇居其中張臂以進鳥居於外翔擊以應之其法實然固非難考而謂為旗號何哉武侯行師合三十五隊為一陣有電擊有戰隊有中軍有駐隊有殿後并左右踵分布衆寡各適地利之宜如人有首臂腹足皆以相捍翼而謂之外方内圓而為六花何哉夫聖賢立法垂世固有待於明哲之士若智不足以究其精微缺焉可也而靖於二子之術無所窺見獨騁一時雄辯欺其君以惑

後人使後人用兵不知營陣每遇征討不大勝則必大敗者靖之過也臣嘗讀衛公問觀靖奇正一本孫武而不知孫武所謂況知二子耶葢孫武之言曰凡兵以正合以奇勝知之者出奇無窮此言正布陣之法也奇亦為正正亦為奇此指言分合之法也布陣之法於一陣之中各有正有奇而於奇正亦各有隊伍之別故曹公云已二敵一則三為正三為奇此明奇正

鳥雲亦曰奇正既設是也今靖之言曰臣但教諸將以

正為奇以奇為正而虛實自知審如是乃孫武所謂分合法耳非陣法也又武侯言有制之兵無能之將不可敗也無制之兵有能之將不可守也而靖對太宗謂其言非極致然武侯用此常以寡當衆未聞以敗衂街亭之役馬謖違之而輙喪師此其效顯然烏得謂非極致乎凡靖所論者皆詭譎變詐之術雖在兵家不可無要知非王師征討之法如以建成墜馬少却為奇是其僥倖使後世師此得無疑耶雖然靖遭風雲之會以果敢

成功後世智識無以過靖而不辨其真偽遂尊其說而以其書列於七經悲夫王師無術久矣今遇聖治當明征伐以為萬世法故臣作八陣辨正

辨四奇四正天地風雲龍虎鳥蛇附

握奇文曰四為奇四為正餘奇為握奇曰天地風雲龍虎鳥蛇此十九字者黃帝握奇經三百六十字之文也後世誦握機之文推而廣之曰陳者數也中心零者大將握之四面八向皆取其準焉四頭八尾觸處為首敵衝其中兩頭皆救數起於五而終於八兵家者流雖縱横辨論所可知者握機大意而已然四奇四正龍虎鳥蛇之義意亦不明莫識其要有以天地風雲為四正龍虎鳥蛇為四奇者有以金鼓之數一二三四更相迭用為龍虎鳥蛇隊之別者有以四正四奇起乎八卦而天地風雲龍虎鳥蛇為定陣執而不變者雖用兵如李靖猶且不能明說則無怪乎八陣之不傳於天下也嘗詳攷奇正之文參於鳥蛇之說窮其淵源而涉其波流探

其指歸而識其極致四奇四正龍虎鳥蛇其指甚明其法不遠但後世不能推尋其義亦學古兵法者求之太過耳夫天地風雲龍虎鳥蛇者八陣之名耳猶一二三四至於八也四為正四為奇者天地風雲龍虎鳥蛇迭為四奇之說也猶以奇為正以正為奇也故以天地風雲為四正則龍虎鳥蛇為奇矣正者受敵者也奇者旁擊者也又曰先出合戰為奇一陣之間凡所受敵者皆正也所以救之者皆奇也故天地風雲四陣交敵則龍

虎鳥蛇四陣為奇而應之矣龍虎鳥蛇四陣受敵則天地風雲四陣為奇而救之矣然豈特八陣有龍虎鳥蛇奇正之說小而一伍一隊大而一部一陣皆是也項羽二十八騎耳猶分奇正以破漢軍則知一隊一伍之間皆奇正矣今有二人鬬者一人從旁擊而救之其鬬者正也其門者奇也故以八人為伍者天地風雲龍虎鳥蛇各居一人焉以八伍為一隊者天地風雲龍虎鳥蛇各居一伍焉以八隊為一小隊以八小陣為一大陣天地風雲龍虎

鳥蛇各居一隊一陣迭為奇正莫不皆然也此四奇四正龍虎風雲交相為用以奇為正以正為奇奇正相生如循環之無窮後世惑於異端紛紜之論巧文穿鑿遂失其真至於龍虎鳥蛇為四獸之陣以商金羽水徵火角木白虎青龍玄武勾陳等紀而象之此又求之過也

辨八陣伍法

八陣所以不明於後世者何所傳者握機大意而已所不傳者伍法而已夫有伍法然後有隊法有隊法然後有陣法故伍法不明則隊法不立隊法不立則陣法失傳矣然握奇之伍法具在非不傳也學者明於四頭八尾觸處為首數起於五而終於八之說以為陣法如此而不知陣法乃隊法隊法乃伍法也四頭八尾起於一伍八人之數積而至於八八六十四為一隊積隊而為陣積小陣而為大陣無非觸處為首故曰數起於五而終於八伍者伍法之謂也以五人為伍近古司馬之法也以八人為伍者上古黃帝之法也蓋以奇數起是五

之而二十五五等為一伍而已司馬取其法而加之故十人為五人太宗問李靖曰數起於五而終於八何也靖曰古者井田之法形如井字開方九焉五為伍法四為閑地此數起於五而終之於八也此李靖不明乎五之義而曲為之說以欺太宗耳夫井田九位以為陣法猶云可也而四為閑地此義何也如此則終於八者何據而言乎八陣之法若曰數起於伍法而終於八陣之謂也則知八陣伍法亦明矣或曰古者兵法皆以五人

為一伍而八陣亦曰數起於五豈八陣之法亦以五人為伍乎曰不然太宗曰伍法有數家孰者為要則知伍法不止五人為伍也李靖亦曰漢制有尺籍伍符後世轉籍以紙為之於是失其制矣由是言之則黃帝八伍之法不存所存者司馬五伍之法而已嘗觀武侯布石為陣縱橫八行八八六十四然後知八陣之法以八人為伍以六十四人為隊而握機之數不與焉自伍法而生隊法自隊法而生陣法自小陣而大陣皆以八為數

也故一伍之中者有伍必有長一隊之中有長必有副以奇數足之兵七十五人為一大隊三代以來教車戰者取一隊七十五人之數分而三之取一伍十人之數分而兩之以五人為伍十五人為一卒三卒之數步卒七十二人甲士三人共七十五人為一車之隊其穰苴又以五人為伍十伍為隊至今用之則古八陣隊伍之法遂廢而不講矣此古今伍法之變也

八八六十四者正陣之數也三八二十四者握機之數也正陣之數其勢方握奇之數其勢圓方圓者陣之法也正陣之變必始於方圓方猶圓也圓猶方也故自方而變圓自圓而變曲自曲而變直自直而變銳此五陣之變初終之勢也或曰武侯八陣止有六十四其二十四者後人增之也杜牧之言夔州前武侯以石縱橫八行布為方陣則知八陣止有六十四非也三八二十四者握奇之大數亦武侯之遺意杜牧之舉八八之數者握機之數有所未明故略而言之耳或曰六十四者正也二十四者奇也又曰

疑軍以固有餘地遊軍以接其後列夫疑軍遊軍皆奇兵也八陣文曰四為正四為奇豈八陣之外後別有奇兵耶未之有也或曰握奇出之兵既無定數而武侯必以三八二十四為數何也曰此一陣之大約也凡一陣之中握奇之數多寡與大陣相稱如金鼓旗角刀手銳士吏傔子將之屬主將親握之者必八分之一輜重炊子斥堠鋒手工匠伎巧所以協從大陣者必八分之一此三八二十四者之大數也然後世學者不敢指二十

四為握奇者以為握奇之數皆在陣中迷於中心空者大將握之之説故也八陣之體卷而藏之則為方陣圓陣而握機之數在陣中矣舒而張之則為曲陣直陣鋭陣而握奇之在陣後矣此又何疑焉故三八二十四者存之可也廢之可也存之則使後世知有握奇之數而求乎八八數之妙也廢之者使後世因乎八八之數而推尋握奇之用也然八陣之體定於握奇若取而廢之則握奇之義隱奥難見學者述之則并與八陣而失之

矣此武侯所以存而不廢也八陣之辨其説如此

八陣圖序

八陣之法不傳於天下久矣所傳者握奇大數而已至於四奇四正天地風雲龍虎鳥蛇之説紛紜於天下莫能得其樞要使確乎其不可破也自風后佐黄帝破蚩尤歷千餘載至武王伐商太公始增損握奇之法以四萬五千人破紂七十餘萬而增損之文亦久失其傳矣戰國譎詐如秦韓游談如蘓張用兵如孫吳皆不聞有推明八陣之論雖漢武帝使公孫宏數演其意而霍光習之於長樂館大抵名有而實亡矣不然衛霍名將何無一言以及八陣乎漢末羣雄角逐三國爭衡雌雄之勢未有所分諸葛孔明以八陣之法佐先主於崎嶇羇旅之中竟成鼎足三分之勢南方之戰七擒孟獲祁山之戰聲振華戎司馬懿見其營壘以為天下奇才此武侯深得八陣之妙而祖乎黄帝之遺法也雖其書不存所可見者夔州石陣而已自太公至三國千有餘載八

陣之法亡而復存幽而復明自武侯至今又千餘載矣未有能發明其義者也去古既遠異端如林李者執四奇四正龍虎鳥蛇之文馳騁私意巧詞鑿説率皆逞其妄喪其真八陣之意愈亂而不可攷唐人李筌談兵著書尤為異説注陰陽術數之學以八卦起成八陣雖為八義以為天圓地方風鋭雲垂龍飛虎跱蛇蟠鳥翔取物成象附會其説肆為奇怪近乎不經裴緒論兵雖稍近理然亦以八陣各别為陣又加以一而九謂九陣之

法其部隊營曲分合形勢與八陣之法背馳尤甚其書又載孔明八陣之名以乾為連衡坎為龍騰艮為中黄震為折衝巽為虎翼離為鳥飛坤為握奇兌為洞當雖必有依據然特謬傳必非孔明真法裴緒掇取其說以為九陣之證馬耳益嘗學八陣以筌為法象之論出於臆說非八陣本意取四奇四正之文反覆研究然後見天地風雲龍虎鳥蛇之義昭然甚明無他險怪奇異者然而所疑者八陣之法不傳猶未敢信其説其後過永

安見武侯布石為陣縱横八行於是得其八陣立法者為甚詳焉蓋黄帝八陣之法以八人為伍八八六十四人為隊積而廣之至八八六十四陣皆是法也然武侯八八之數不知自得之歟抑亦有所宗承而為之歟固不可得而知之也然後四奇四正龍虎鳥蛇之義與夫四頭八尾觸處為首數起於五而終於八其義皆八八之義冥符暗合然後知武侯以五八本法也自伍法而求隊法自隊法而求陣法而握奇之文昭然可得之矣

蓋八陣之法虛中之法也自伍而至陣法皆虛其中焉當於是虛中之法而足握奇之數故八人為伍置伍長一人八伍為隊置長副三人以八隊為一大陣三隊之數均置子將吏傔金鼓旗角刀手鋭士之屬八分之一大將握之居其中以制八陣焉八陣之數其四方三千有奇計小陣六十四而為大陣者一而已矣四奇四正龍虎鳥蛇各角配偶迭為奇正卷而藏之則為八陣為圓陣舒而展之則為曲陣為直陣為鋭陣八陣之體陣

間容陣隊間容隊以前為後以後為前進無奔衝退無速步敵衝兩頭首尾相應敵沖其中兩頭皆救數起於五而終於八方陣者變陣之始是也故自方而變圓自圓而變曲自曲變直自直變鋭鋭而復直直而復曲曲而復圓圓而復方以奇為正以正為奇奇正相生如循環之無窮矣或曰物之不齊物之情也兵有衆寡必然之勢也武侯布陣止以八八六十四者果能盡合衆寡之用乎曰八八六十四者八八生六十四不可改也故

八人為一伍八伍為一隊八隊為一部此八八六十四
伍為一小陣也八隊為一部八部為一將此八八六十
四隊為一陣也八部為一將八將為一軍此八八六十
四部為大陣也自小至大從微至著積而廣之無非八
八之數者故武侯以石為陣合乎易數通乎鬼神此江
流所以不能轉也又曰八八之數則誠不可易矣握奇
之數存乎人無定數也以正兵之數如此而握奇之數
當用如此如身使臂臂之使指雖多無嫌雖少無害也

故一伍之間伍長足以制之矣一隊之間隊長足以命
之矣以至一部一將而一陣自小陣中陣而大陣金鼓
旗角吏傔之數與夫大將總管子將之屬各有率統足
以指揮號令鈐制四面八向而無失乎節此握奇之大
要也故當推演其數握奇悉繪為圖專見其法庶幾繼
千古湮没之學明黃帝不傳之書八陣幽微如指諸掌矣
李靖傳諸葛武侯八陣圖法而變通其意自抒心裁
損益古制共成十二將兵作為陣法自一至九變入無
窮十二將兵目曰四奇曰八正以步人為正馬軍為奇
四奇一曰前奇二曰右奇三曰左奇四曰後奇八正一曰
先鋒二曰左角三曰右角四曰右爪五曰左爪六曰左牙
七曰右牙八曰後軍常以一奇當二正前奇當先鋒左角
右奇當右角右爪左奇當左爪左牙後奇當右牙後軍四
奇取稟於大將八正取稟於四奇故正常以奇為首所謂
以寡制衆者此也居則各視其奇之所止出則各視其奇
之所行則奇常居前卒然遇敵則觸處為首騐於亮之

八陣靖之六花其法不相遠矣以下制為陣法凡八變
因敵變化循環無窮焉第一大將軍營陣利布奇正列
營則開四門前門在先鋒左角之間左門在左爪左牙
之間右門左右角右爪之間後門在右牙後軍之間
大將軍營陣亦曰四門陣又曰方陣象金其陣利守初
先鋒左角馬隊更番而出五番而遍次前奇出於陣前
更番出擊入番而止返入本處而右奇出次左奇出次
後奇出周而復始見利則左奇後奇自兩門而出必勝

則四奇由四門俱出兵觸前則前奇應觸左則左奇應觸右則右奇應觸後則後奇應行則前奇居前次先鋒次左角次右奇次右角次右爪次左奇次左爪次左牙次後奇次右牙次後軍止則四頭八尾遇敵觸處為首應敵則擊尾而首至第二變鴈行陣利以衆敵寡及利圍先正陣馬更番而出五番而遍次出奇隊馬更迭為奇正八番而遍如見利則兩奇俱出必勝則四奇俱出第三變七門陣平川廣野以衆敵寡及利用正兵第四

變雙門陣先左爪右牙正隊馬更番而進次左角右爪如之次出前奇右奇兩將故擊左則前奇應擊右則右奇應見利左奇後奇俱出其陣利前狹後廣及利奔衝分合制敵亦曰鋭陣象火第五變八門陣更番四面八門而出以應敵見利則左牙後奇引四正為左右翼以勝之其陣利以寡制衆及利自固亦曰圓陣象土第六變四天陣利於阻中卒然遇敵分其兵以據阻第七變張翼陣利吞敵亦曰曲陣象水凡曲陣應鋭陣方陣應直陣第八蛇行陣利用奇亦曰直陣象木先左角先鋒馬更番出遍次前奇全將從左出戰右奇自右進補前奇左奇自左出補右奇後奇自右出補左奇前奇還却自左入補後奇如此周而復始見利左奇引二正為左翼後奇引二正為右翼以擊之右因敵變化與之委蛇宜終而復始以取無窮焉

歸屯 即攢屯　經㨨撤單行　手接手成營

撤陣 即下營　抽替撤雙行

欽定四庫全書　武編前集 卷三

縱五步橫二十五步積實占地一百二十五步為歸屯開才四面各二十五積虛若干為撤陣中營正居十三步中

陣從中應外抽戰隊從中起最中則最先在外也倭兵用鎗亦是前一層支住第二層三層從前層人腋下鑽出向前戳人

五十八倭兵止二十四人在千軍圍中每四人背對背左右前後各當一面用鎗殺出傷軍五六十人

第一變四門陣

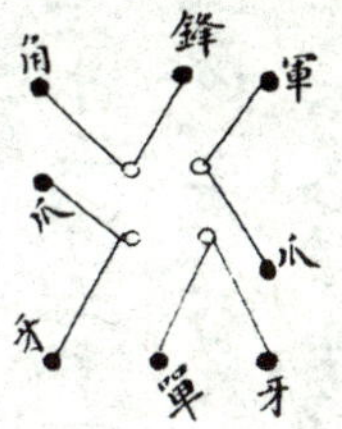

第三變七門陣

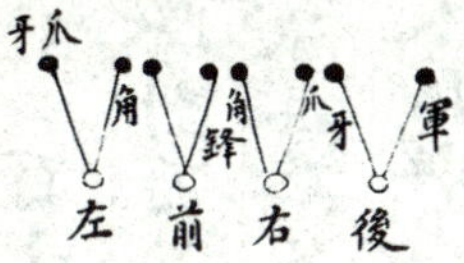

第二變雁行陣

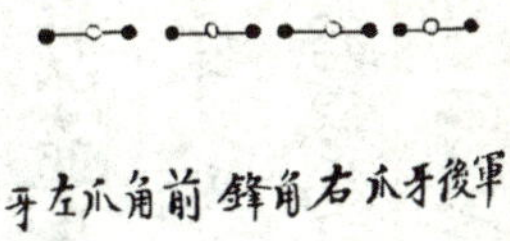

第四變雙門陣

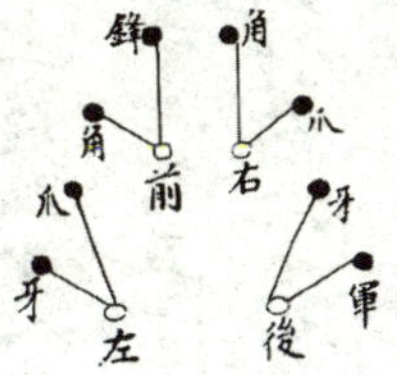

第五變八門陣

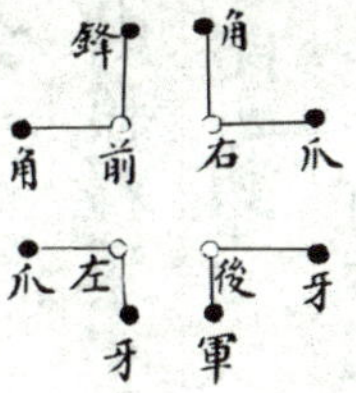

第七變張翼陣

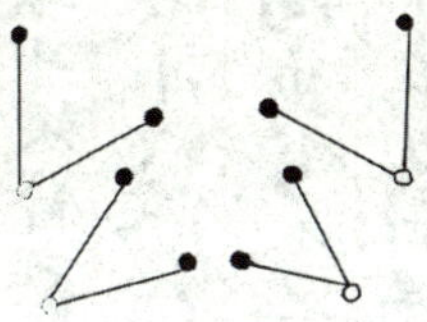

第六變四天陣

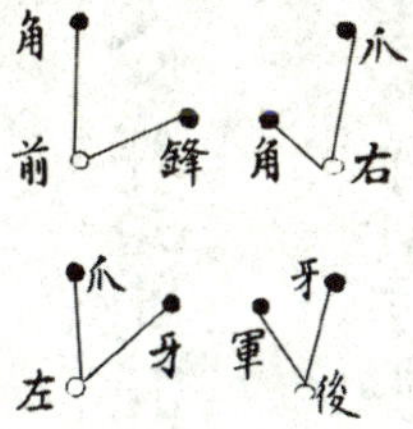

第八變蛇行陣

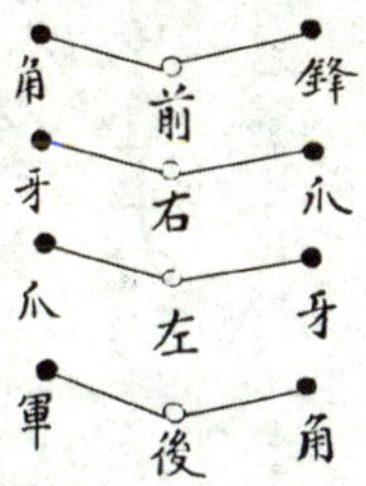

宋太宗平戎萬全陣

騎居步十分之四

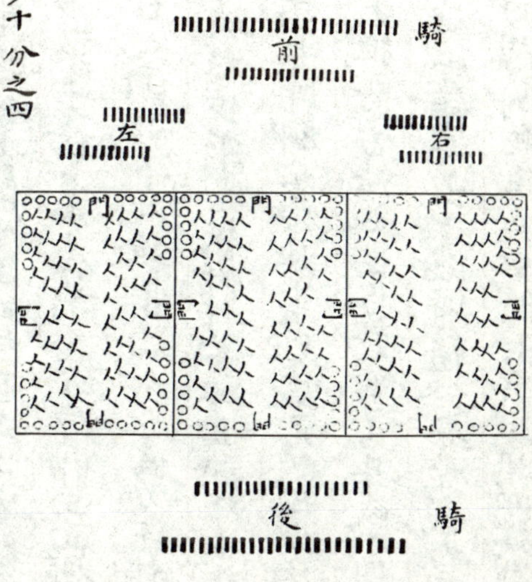

右萬全陣法凡七圍共成一陣内三為方陣一為前鋒一為後殿一為左翼一為右翼凡中心連排方陣三每陣各大將一人主之其陣各方五里八相去一里東西占十七里每陣周迴二十里計七十二百步餘每五步為一地分每一地分用戰車一乘兵二十二人三人在車上四人掌拒馬四小牌四槍四劍四六人掌床子弩二四人掌棹刀二小牌二三人掌圓牌三一陣計千四百四十地分戰車千四百四十乘地分兵三三萬一千

六百八十人餘無地分兵士五千人以三十人為一隊計百六十六隊餘二十人其兵士隊於陣內列行拒馬小槍劍步弩人各一具床子弩棹刀半之小牌八千六百四十步刀團牌各四千三百二十步望樓八座每座望子十人計八十人

凡陣中貯糗糧軍中所用之物又每牌面開一門為臨時啓閉之節

東西稍陣各用騎兵萬人觧鐙分為兩行前行配五十

騎為一隊計二百十五隊共六千二百五十人後行配三十騎一隊計百二十五隊共三千七百五十人路探馬計三十隊每路各浮圖子排列計百六十五騎輕騎七千五百人槍牌人各一副劍與骨朵半之

前後陣各用騎兵五千觧鐙分為兩行前行配五十騎為一隊計六十二隊三千一百人後行配三十人騎為一隊計六十三隊一千八百九十人餘十人五路探馬計五十隊後陣減兩路牌每路各浮圖子排計二百七十五騎輕騎三千八百人槍團牌人各一副劍骨朵各半之

三陣圖凡用兵士十四萬九百三十人十一萬二百八十人步內二百四十人充望子三萬六百五十人騎內六百五十人充探馬數內騎軍及無地分兵士共四萬五千六百五十人三萬六百五十人騎一萬五千人步也伏詳此制特以河朔之壤遠近如砥北敵恃馬常為奔衝故因洞當餘法增廣其制所以挫馳突之鋭明堅重之威也

大陣即中軍陣也布陣之法大約指畫分明進退有節

審地勢設陣形或排長陣常山蛇陣也或排方陣令號四門斗底陣以軍步槍刀手在前為方陣即四面排布凡一指揮五百人則六十人鎗手四十人為刀手雜以旁牌標槍令廣右步軍悉教鎗牌當陣面聯布木拒馬或間以大車為之陣脚兵按陣書舉鹿角設戎車為方陣步騎相參大抵皆古法也良弓勁弩居其後以雙弓床子弩參之行伍厚薄出于臨時務於專整戎馬無以馳突一陣開四門騎兵居其中候出戰即開門放戰隊

出出絶閑之有駐隊有戰隊環相為用不竭人馬之力也若馬軍在前先出戰即候戰久抽歸步軍陣後若排方陣即抽歸陣中押大陣古之中軍也觀大將軍鼓旗所在應敵用兵俱稟成筭有先鋒陣策先鋒隊拐子陣前陣拒後陣皆受節制凡一將佐一部隊一營壘大小相轄上下相維元帥統之故居則營壘辦行則陣隊成此其大較也如偏師出征或行隘狹之地則隨形布陣不可阻以常法東西拐子馬陣為大陣之左右翼也宋

北面行營拐子陣并精選精騎敵人用兵每弓騎暴集偏攻大陣一面捍禦不及則有突奔之患因置拐子陣以為救援其兵量大陣之數臨時抽揀先鋒陣春秋傳出曰治兵入曰振旅所以辨等列順少長也說者云出則以少者在前先勇力也還則在後明尊卑也是知出師之時以少壯勇健之士在前則先鋒之義也入則少壯勇健者在後則後殿之義也當時列國諸侯戰陣軍旅已用此法楚人軍行右轅左追蓐前茅慮無中權後

勁謂前建茅旌以虞敵人之有無又使權謀者居中勁悍者在後也詩曰伯也執殳為王前驅軍鋒之冠乃前代才力之選漢有樊酈滕灌先登陷陣光武以馮異馬武為衆軍前鋒曹魏以于禁張遼樂進徐晃迭為軍鋒晉謝玄鎮廣陵領應募驍鋭為前鋒後唐置踏白横衝二軍自古先鋒之選所以禦奔衝陷堅陣摯鋭師盡須勇力也宋朝行營常選精兵置先鋒陣將領三員或二員押之慮捍禦不及患在奔衝又置策先鋒陣咸平中

真宗觀陣圖因曰北敵入邊常遣精悍為前鋒若捍禦不及即有侵軼之患今盛選鋭兵驍將統領别為一隊過其奔衝彼既挫鋭而退餘則望風不敢進矣策先鋒陣置陣在先鋒陣後驍將一員統之先鋒抗敵或兵勢不支則策先降陣為應援禦其奔突前陣宋用兵排陣之法中軍大陣之前别擇鋭士為奇兵謂之前陣接風后握奇圖曰凡兵萬二千五百人為軍有中壘有外壘有陣兵有奇兵陣兵九千人奇兵三千孫武曰三軍之

衆可使受敵而無敗者奇正是也謂當敵以正陣決勝以奇兵前後左右相應則常勝而無敗凡戰以正合以奇勝當敵為正外擊為奇則用奇之策揣摩敵形指向分衆兵非貴多也乘機取勝而已咸平景德歲契丹南牧三路重兵會合中軍陣步騎常滿十萬人前陣騎士滿三萬人約握奇圖奇兵之數無地分馬軍輕鋭之兵也凡一指揮各成戰隊處大將營陣左右前後備緩急驅使其戰隊多以臨時分置無定數拒後陣殿後兵也

凡出征伐弃為拒後軍陣之置糧道居後若彊寇對壘欲圖奇變引重兵躡戰潛遻精鋭由間道掩襲我委積輜重則須殿一捍之宋咸平中上出北面地圖曰北敵好遣精兵出大陣後斷我糧道因别選良將領二萬人兵殿其後倚之捍寇緩急用防腹背受敵之患

宋神宗嘗謂令之邊臣無知奇正之體者況奇正之變乎且天地五行之數不過五五陣之變出於自然非强為之嘗曰李靖結三人為隊必有意星書羽林皆以三人為隊靖深曉此非無據也趙卨奏曰置陣之法以結隊為先李靖以五十人為一隊每三人自相得者結為一小隊合三小隊為一中隊合五中隊為一大隊餘押官隊副隊頭左右傔旗五人即充五十並相依附年聖制每一大隊合五中隊五十人為之中隊合三小隊九人為之小隊合三人為之亦擇心意相得者又選善槍壯勇者一人為旗頭令自擇如已藝心相得者二人為左右傔自選勇悍者一人為引戰又選軍校一人執刀

在後為擁隊凡隊內一人用命二人應援小隊用命中隊應援中隊用命大隊應援大隊用命小隊應援如逗撓觀望不即赴救致有陷失者本隊委擁軍校次隊委本轄隊將審覩不救所由斬之其有不可救或赴救不及或身自受敵體被重創但非可救者皆不坐其説雖與古同而用法尤為精密此蓋陛下天錫勇智不學而能也然議者謂四十五人而一長不若五人而一長之密且以五人而一長即五十人而十長也推之於百千

萬則為長者多而統制不一也至如周制五人為伍屬之比長五伍為兩屬之閭胥四兩為卒屬之族師五卒為旅屬之黨正五旅為師屬之州長五師為軍屬之命卿此猶今之軍制百人為都五都為營五營為軍十軍為廂自廂都指揮使而下各有節級有員品亦昔之比長閭胥族師黨正之任也議者謂十伍之制於都法為便然都法恐非臨陣對敵決勝之術也況八陣之法久失其傳聖制一新稽之前聞若合符節夫法一定易以

致人敵好擊虛吾以虛形之敵好背實吾以實形之然而所擊者非其虛所背者非其實故逸能勞之飽能饑之此所謂致人而不致於人也誠一等初用李靖六花陣法約受兵二萬人為率為七軍兩虞候軍各二千八百人取戰兵千九百人為七十六隊戰兵內每軍弩手三百弓手三百馬軍五百跳盪四百奇兵四百輕重每軍九百是為二千八百人帝諭近臣曰黃帝始制八陣法敗蚩尤於涿鹿諸葛亮造八陣圖於魚腹平沙之上

壘石為八行晉桓溫見之曰常山蛇勢此即九軍陣法也至隋韓擒虎深明其法以授其甥李靖靖以時遇久亂將臣通曉者頗多故造六花陣以變九軍之法使世人不能曉之大抵八陣即九軍九軍者方陣也六花陣即七軍七軍者圓陣也蓋陣以圓為體方陣者內圓而外方圓陣即內外俱圓矣故以方圓物驗之則方以八包一圓以六包一此九軍六花陣之大體也六軍者左右虞候軍各一為二廂虞候軍左右廂各二為四廂軍

與中軍共為七軍八陣者加前後二軍共為九軍開國以來置殿前馬步軍三師即中軍前後軍師之別名而馬步軍都虞候是為二虞候軍天武捧日龍神衛四廂軍也中軍帥總制九軍即殿前都虞候專總中軍一軍之事務是名實與古九軍及六花陣相符而不少差也今論兵者俱以唐李筌太白陰經中陣圖為法失之遠矣朕嘗覽近日臣僚所獻陣圖皆妄相眩惑無一可取果如其說則兩敵相遇必須遣使預約戰日擇寬平之

地夷阜塞壑誅草伐木如射圃教場方可盡其法爾以
理推之其不可用決矣今可約李靖法為九軍營陣之
制然李筌圖乃營法非陣法也朕采古之法酌今之宜
曰營曰陣本出于一法特止曰營行曰陣在奇正言之
則營為正陣為奇也為將者少知將兵之理且八軍六
軍皆大將居中大將譬則心也諸軍體也運其心智以
身使臂以臂使指攻左則右救攻右則左救前後亦然
則軍何由敗也熙寧七年詔已降五陣法軍諸將教習其舊

教陣法并罷蓋九軍營陣為方圓曲直銳凡五變是為五陣
國朝兵部尚書靖遠伯王驥嘗督師征麓外克之還守
南京沈靜有大略嘗閱師覆舟山北問將校曰部伍行列
若何曰隊各五十人殆為一字列聞鼓聲則變而為方圓
斜直之勢今日所校練是也驥笑曰此何以約束兵五人為
伍必一人居中執旗而四人者立四面此四人者皆聽止一
人所使人皆堅立不動赴敵則五人必居中一人使四人者
相顧應四人死中一人不得獨生由五人至二十五人為

一隊最中一人執旗稍大以令其四面如前五人之法又
倍而成五則為一百二十五人其再倍則為二百五十
人為一營左右前後相應而聽于中以一百二十五人
分寄四隅與中為遊擊出奇而正兵一百二十五人堅
駐不動互相倚賴而功可成矣又以五營如前法分布
之則正兵一千二百五十人更以一千二百五十人如
前法為奇兵遊擊則總三千五百人為一師相機調遣
聽於中軍主將一人之令其下由伍而隊而營各有一

人為中中一人者以將之令令其餘人如是豈有紀律
不嚴約束不齊而功不成哉當時將校莫不信服驥嘗
誨人曰士大夫不可無憂國之心不可有憂國之言
提綱曰適來諸將皆謂可戰則戰奚以陣為殊不知用
陣以束部伍用衆如用一使其勇者不得獨進怯者不
得獨退以求萬全之義也昔諸葛亮推衍八陣以巴蜀
弱卒數萬屯渭水代魏司馬宣王以十萬之衆不敢與
戰馬隆率步卒三千按八陣圖轉戰千里破數萬騎以復

源州令為將者統兵數萬果可不用陣乎如無陣法則衆為一簇左右不能相應首尾不得相援豈得不敗故廢陣形而用兵者敗將也執陣形而求勝者愚將也其用陣之法始敵攻吾右以天衝八隊敵之次出天前後衝八隊張兩翼而攻之是為鳥翔陣如勝未決再出西南西北二隅風雲八隊夾擊之是為虎翼陣勝又未決以東南東北二隅風雲八隊邀其後或圍繞之是為蛇蟠陣如兩陣相當而敵未動者我先出西南西北二隅

兵往来敵傍撓之伺敵空虛之處而奮衝之是為風揚陣大將列中軍以待敵或伏兵四隅候敵来戰起而聚擊是為雲垂陣又有游兵二十四隊或遮敵援兵或夾擊左右或擊其背或絶敵糧道或邀敵歸路而取勝也故陣有八面舉此一面以例其餘八陣之制初無定位皆臨時制宜隨地而設故地有廣狹尖斜之形陣有方圓曲直之勢錯綜八卦實河圖縱横十五之圖井字開方之義大將居中諸部連綫四頭八尾觸處為首敵衝其中兩頭皆救如兩手之捍頭目

許洞曰結陣之術不可疎疎則難應不可密密則難用首欲捷翼欲輕腹欲實尾欲正捷者不可使過輕者不可使凌實者不可使不應機正者不可使不知變每步兵一人占地兩步騎兵一人占地四步取其出入轉動之便也每一陣分五校四陣皆有五校五校各立將軍校尉以准於古每校亦各有陣數其分布部伍皆准圖之狀逐部兵器率以鎗戟戈鋋居首隊而包於弓弩馬左校以青龍旗

表之右校以白虎旗表之前校以朱雀旗表之後校以玄武旗表之中校軒轅大將所處左鼓右旗四陣并同謂之一隊者二十五人一部者二十隊也每一校不常其部各列陣數應敵之勢貴戰鬬之際前後不相交亂也飛鶚陣前校出首騎者所以為衝也前出一部為嘴次四部為目餘五部包之於首數馬左右校出爪騎者内以副身外以副項及首也夫鶚以搏擊為俊故陣欲取嘴爪之利馬重霞陣衝騎皆衝敵陣不動即分兩穗退於左右校之前即

麾前校騎兵兩憩進擊步士即不可輕進但在於本處受敵若前衝騎退前校騎兵進前校騎兵退即衝騎進夫雲霞以開闔進退不常其狀前校騎兵往来氛氲以象之也長虹陣及八卦陣皆有衝騎者外以掩敵之不備内以衛大陣也夫長虹以為名之者取陣形後曲前彎有抱鼓之勢八卦以名之者取八面受敵之義也凡四陣逐部結陣之法横七陣為首横七隊為身横六隊為尾受戰之將大陣不可輒動敵衆来薄則大陣各受敵夫四陣所用之法若

敵為彎陣我以飛鶚陣當之敵為直陣我以重霞陣當之敵為突陣我以長虹陣當之敵引四面圍城我以八卦陣當之此所謂應敵者也其逐校所動各因敵之去就焉飛鶚前校首騎三陣一十部第一陣一部第二陣四部第三陣五部前校項兵三陣步兵二十七部三陣各九部第二陣并第三陣亦如之中校五陣步兵凡十二部四陣各二十一步第五陣八部尾兵一直陣步兵二十一部左校介騎二陣五部第一陣三部第二陣二部右校介騎亦如之左校翼騎四陣二十部四陣各五部右校翼騎亦如之

長虹前校三陣步兵二十七部合三陣各九部中校五陣步兵九十二部第一陣一十九部第二陣三陣四陣二十一部第五陣一十部後校一陣步兵二十一部左校衝騎二陣八部右校衝騎亦如之左校騎兵四陣二十二部第一陣二陣各五部三陣四陣各六部右校四陣與左校四陣同法

重霞前校衝騎二陣一十二部二陣各六部前校四陣

步兵三十五部騎兵八部共四十三部第一陣步兵九部騎兵左右各二部第二陣步兵九部第三陣與第一陣同法第四陣步兵八部中校四陣步兵八十四部四陣各二十一部後校一陣步兵二十一部八卦衝騎四陣各五部每陣一部居中四部側居於左右前後四處前校四陣步兵二十八部騎兵六部第一陣步兵七部騎兵左右各二部第二陣步兵七部第三陣步兵七部騎兵左右各一部第四陣與第二陣同法左右後校並同

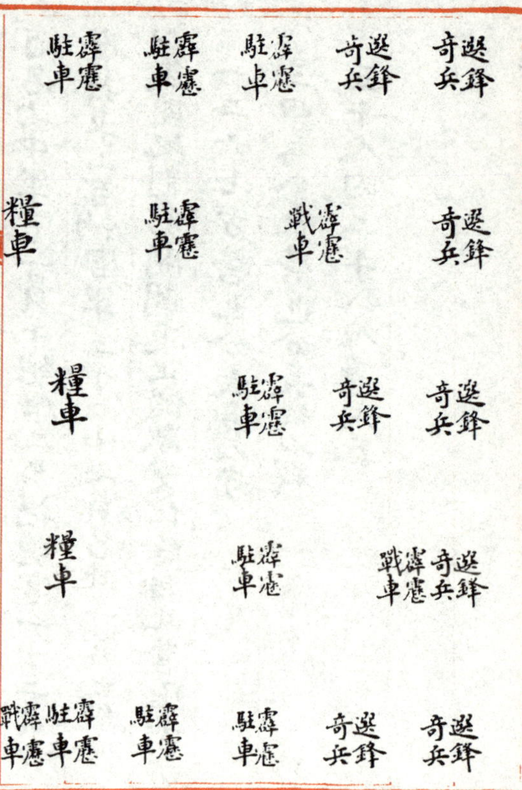

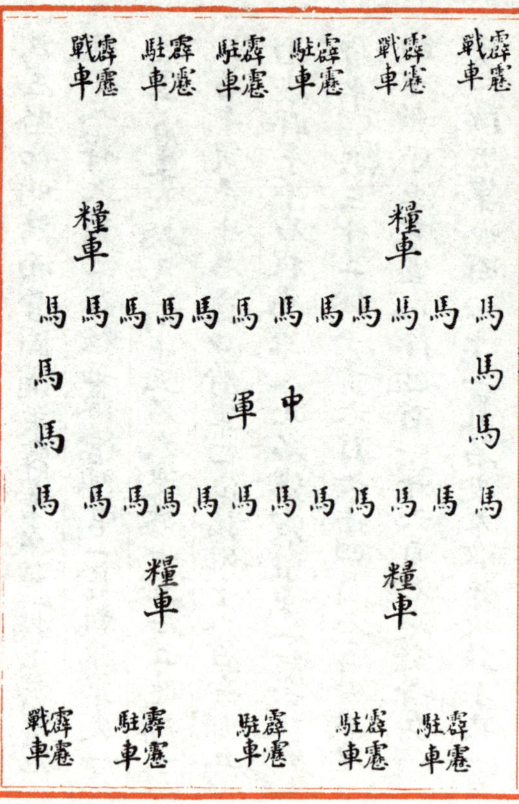

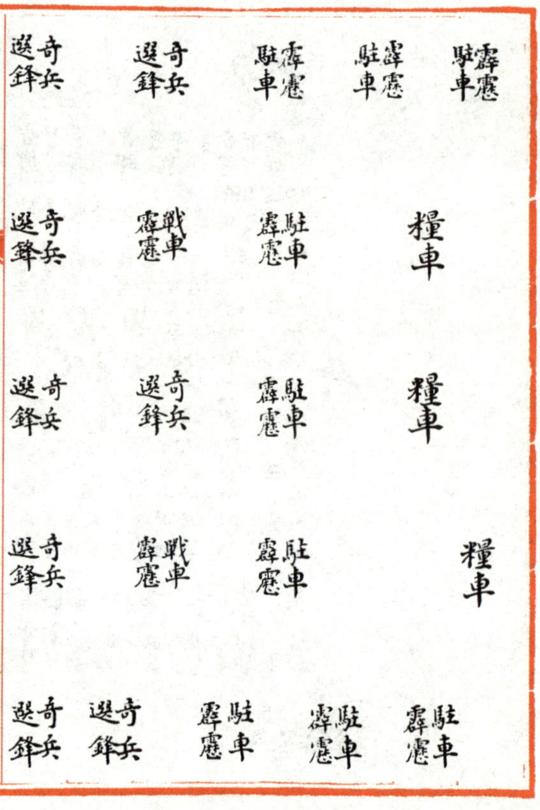

第一立營總圖

凡兵馬演習營陣初分五股而行第一層遻鋒奇兵五隊第二層遻鋒奇兵三隊兩旁各夾霹靂戰車一隊第三層霹靂駐車八隊居中與左右二路駐車俱兩隊合為一隊內二路各一隊通融為五路駐車之內以粮車四面環列羅為子圍子圍之中則中軍旗鼓也左右粮車之外各列霹靂駐車八隊仍各間以霹靂戰車二隊子圍之後霹靂戰車駐車與殿後奇兵又設三層亦分

為五路如哨法而營圖備矣霹靂車每一輛上載霹靂砲十八桿火箭二百枝每隊管隊官一員執旗軍吏一名霹靂車五輛弓箭手五名大連珠手五名二連珠手五名手銃手十名盞口將軍四位該砲手八名旁牌五面該牌手十名捉馬軍人七名霹靂駐車一百六十輛守車官兵三十二隊一千六百六十四員名霹靂戰車四十輛守車官軍八隊四百一十六員名選鋒奇兵一十六隊官軍八百三十二員名夜不收并吹鼓手共一百名内中軍官一員千總官二員把總官一十二員合營共車二百輛官軍三千二十七員名此一營之總會以後因地制形開闔進止隨敵變化皆自此營出去

一二六七方營也分表裏以守

三四五八長營也分長後以戰

五十人内二十八人管火器

駐戰圖

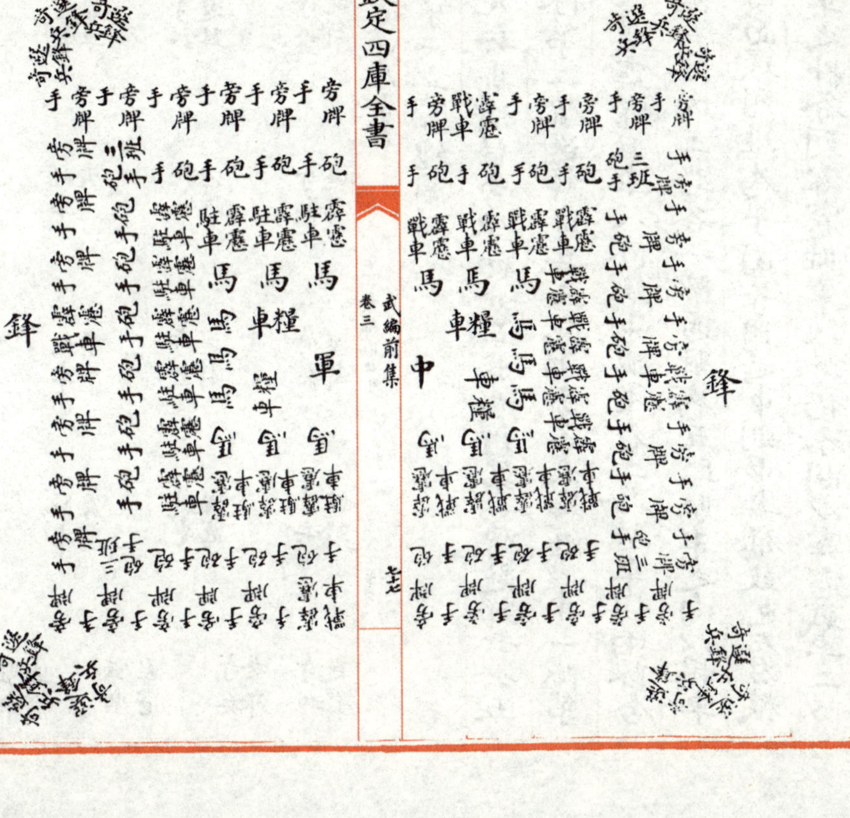

第二遇敵駐戰圖

凡兵馬遇警下營則選鋒并殿後各奇兵四面成列迎敵護衛即將各霹靂車照依行伍內外環列結為兩重隨車軍士俱各下馬馬歸營內士出營前牌手執牌立於前鋒車空每空各四面其大小連珠手把盞口將軍等火器弓箭相兼裝整列置三班立于戰車後駐車前營下既定選鋒馬軍各驟隊營之四角三隊攢整相犄又於營之四門每門一隊分為兩隊列於門之左右敵

来衝突則頭火器出於前鋒車前鋒迎機點放二班火器出至戰所頭班方回三班火器出至戰所二班方回更番迭出循環不窮如敵勢不退或大衆四集則將前鋒戰車上霹靂火砲箭一擁齊發而四角選鋒奇兵弓箭手魚貫繼之敵衆可摧陷矣凡下營時擺營以鐵索鉤連防其衝突軍人捉馬盡斂入車營內輜重器具俱在中軍子圍此方營也因地制形或圓或直或尖或曲行營對敵悉依此法云

車馬步陣皆是一營分三節

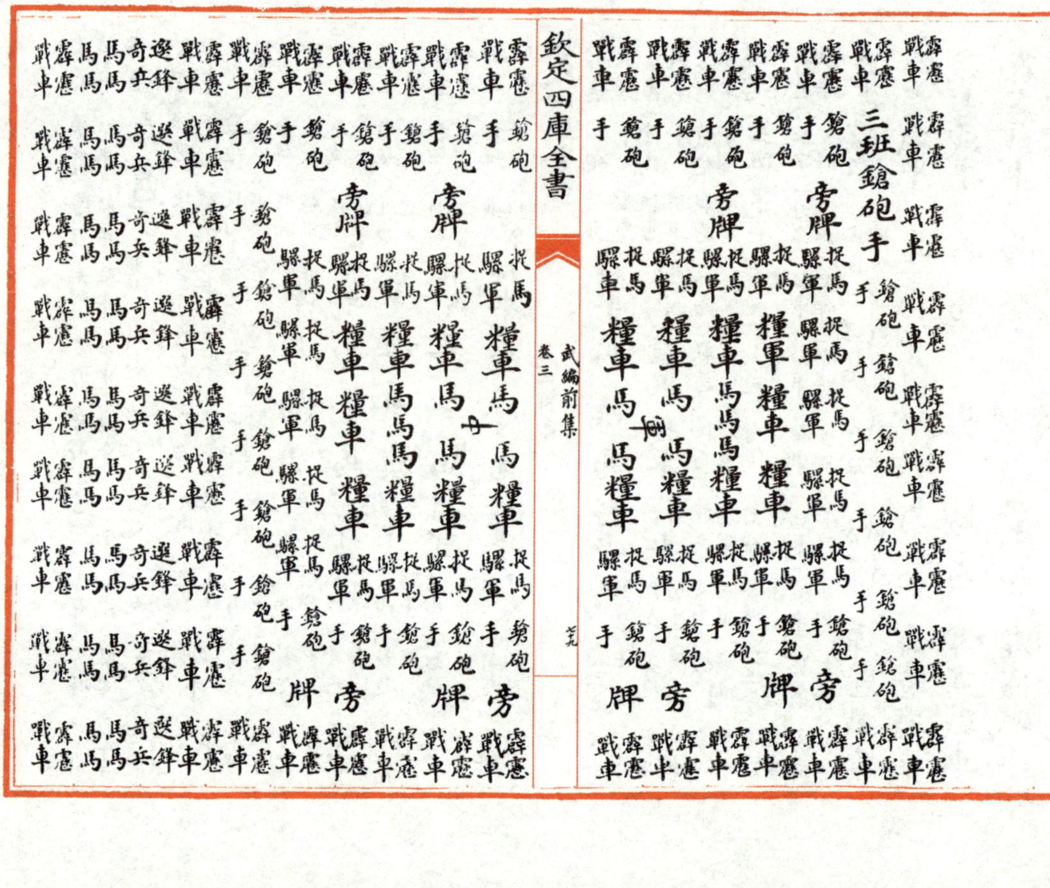

霹靂戰車 長鎗 馬 吹手 吹手 馬 長鎗 霹靂戰車
霹靂戰車 長鎗 馬 吹手 吹手 馬 長鎗 霹靂戰車
霹靂戰車 大刀 馬 吹手 官 吹手 馬 大刀 霹靂戰車
霹靂戰車 大刀 馬 吹手 鋒 吹手 馬 大刀 霹靂戰車
霹靂戰車 大刀 馬 吹手 前 吹手 馬 大刀 霹靂戰車
霹靂戰車 長鎗 馬 吹手 吹手 馬 長鎗 霹靂戰車
霹靂戰車 霹靂戰車 霹靂戰車 霹靂戰車 霹靂戰車 霹靂戰車 霹靂戰車 霹靂戰車

車前

第三前鋒車戰圖

復套之兵有車戰有騎戰有步戰隨宜應敵如行營報到敵勢重大川湧雲集而來則當用車戰中軍舉號將前後霹靂戰車盡數齊出連營結隊布為方陣選鋒奇兵伏列戰車後老營前而老營又綴於後以為聲援候敵之來挨牌火器畨伏畨發如前攻打遇敵氣少衰則營中奇兵奮勇突出就陣擒斬是以火器攻其堅以精銳擊其惰勞逸主客之勢在我而敵疲於奔命矣

霹靂駐車 旁牌駐車 旁牌駐車 旁牌駐車 旁牌駐車 旁牌駐車 旁牌駐車 旁牌駐車 旁牌駐車
霹靂駐車 三班鎗砲手 鎗砲手 鎗砲手 鎗砲手 鎗砲手 三班鎗 旁牌駐車
霹靂駐車 鎗砲 捉馬騾車 糧車 捉馬騾車 糧車 捉馬騾車 糧車 捉馬騾車 砲手 旁牌駐車
霹靂駐車 鎗砲手 捉馬騾車 糧車 馬 馬 糧車 捉馬騾車 鎗砲手 旁牌駐車
霹靂駐車 鎗砲手 捉馬騾車 糧車 馬 馬 糧車 捉馬騾車 鎗砲手 旁牌駐車
霹靂駐車 鎗砲手 捉馬騾車 糧車 旗 中軍 旗 糧車 捉馬騾車 鎗砲手 旁牌駐車
霹靂駐車 鎗砲手 捉馬騾車 糧車 馬 馬 糧車 捉馬騾車 鎗砲手 旁牌駐車
霹靂駐車 鎗砲手 捉馬騾車 糧車 馬 馬 糧車 捉馬騾車 鎗砲手 旁牌駐車

霹靂駐車 鎗砲 捉馬騾車 糧車 馬 旗 馬 糧車 捉馬騾車 鎗砲 旁牌駐車
霹靂駐車 手 捉馬騾車 糧車 馬 糧車 捉馬騾車 手 旁牌駐車
霹靂駐車 鎗砲 捉馬騾車 糧車 糧車 糧車 糧車 捉馬騾車 砲手 旁牌駐車
霹靂駐車 手 捉馬騾車 鎗砲手 鎗砲手 鎗砲手 鎗砲手 捉馬騾車 鎗砲 旁牌駐車
霹靂駐車 三班鎗砲手 三班鎗 旁牌駐車
霹靂駐車 旁牌駐車 旁牌駐車 旁牌駐車 旁牌駐車 旁牌駐車 旁牌駐車 旁牌駐車
霹靂戰車 霹靂戰車 霹靂戰車 馬馬馬馬馬馬 霹靂戰車 霹靂戰車
霹靂戰車 馬 馬 馬 馬 霹靂戰車
霹靂戰車 馬 馬 馬 馬 霹靂戰車
霹靂戰車 馬 吹手 官 吹手 馬 霹靂戰車
霹靂戰車 馬 馬 鋒 前 馬 馬 霹靂戰車

霹靂戰車 馬 吹手 馬 吹手 馬 霹靂戰車
霹靂戰車 馬 馬 旗大旗 馬 馬 霹靂戰車
霹靂戰車 霹靂戰車 霹靂戰車 霹靂戰車 霹靂戰車
馬馬馬 馬馬馬 馬馬馬 馬馬馬
遊鋒奇兵 奇兵 馬 奇兵 遊鋒奇兵
馬馬馬 馬 馬馬馬
奇兵 馬 奇兵
馬馬馬 馬 馬馬馬
刀弓鎗 遊鋒奇兵 遊鋒奇兵 奇兵
馬馬馬 馬馬馬 馬馬馬 馬馬馬 馬馬馬 馬馬馬

第四騎兵逐戰圖

車戰足以自衛而不足於追逐如遇賊敵衝戰氣衰力疲勢將欲遁或哨得遊騎散失亂而不整或襲搗巢穴驚其内顧其勢必用騎戰遊鋒軍士内弓箭刀棍火器之類各就所長責差騎將統領隨宜擒斬勢必有功

霹靂駐車 霹靂駐車 霹靂駐車 霹靂駐車 霹靂駐車 霹靂駐車 霹靂駐車
霹靂駐車 旁牌 旁牌 旁牌 旁牌 旁牌 旁牌 霹靂駐車
霹靂駐車 三班鎗砲手 鎗砲手 鎗砲手 鎗砲手 鎗砲手 旁牌 霹靂駐車
霹靂駐車 旁牌 鎗砲手 捉馬騾車 捉馬騾車 捉馬騾車 捉馬騾車 鎗砲手 旁牌 霹靂駐車
霹靂駐車 旁牌 鎗砲手 捉馬騾車 粮車 粮車馬 粮車 捉馬騾車 鎗砲手 旁牌 霹靂駐車
霹靂駐車 旁牌 鎗砲手 捉馬騾車 粮車馬中 馬粮車 捉馬騾車手 鎗砲 旁牌 霹靂駐車
霹靂駐車 旁牌 鎗砲手 捉馬騾車 粮車馬 馬粮車 捉馬騾車手 鎗砲 旁牌 霹靂駐車
霹靂駐車 旁牌 鎗砲手 捉馬騾車 粮車馬 粮車 捉馬騾車手 鎗砲 旁牌 霹靂駐車
霹靂駐車 旁牌 鎗砲手 捉馬騾車 捉馬騾車 捉馬騾車 捉馬騾車手 鎗砲 旁牌 霹靂駐車
霹靂駐車 旁牌 鎗砲手 鎗手 鎗手 鎗手 鎗手 旁牌 霹靂駐車

霹靂駐車 旁牌 砲手 砲手 砲手 砲手 旁牌 霹靂駐車
霹靂駐車 旁牌 三班鎗砲手 鎗手 鎗手 鎗手 旁牌 霹靂駐車
霹靂駐車 旁牌 旁牌 旁牌 旁牌 旁牌 旁牌 霹靂駐車
霹靂駐車 霹靂駐車 霹靂駐車 霹靂駐車 霹靂駐車 霹靂駐車 霹靂駐車 霹靂駐車
霹靂駐車 遊鋒馬 遊鋒馬 遊鋒馬 遊鋒馬 霹靂駐車
霹靂駐車 遊鋒馬 馬 馬 遊鋒馬 霹靂駐車
霹靂駐車 遊鋒馬 馬 遊鋒營 馬 大旗 遊鋒馬 霹靂駐車
霹靂駐車 遊鋒馬 馬 馬 遊鋒馬 霹靂駐車
霹靂駐車 遊鋒馬 遊鋒馬 遊鋒馬 遊鋒馬 霹靂駐車
霹靂駐車 霹靂戰車 霹靂戰車 霹靂戰車 霹靂戰車 霹靂戰車 霹靂駐車

三班選鋒兵　弓箭手　弓箭手　刀手　弓箭手　砲手　弓箭手　三班　弓箭手
弓箭手　刀手　五色旗　馬　砲手　弓箭手　弓箭手
弓箭手　砲手　馬　五色旗　刀手　弓箭手
弓箭手　刀手　馬　馬　砲手　弓箭手
兵　弓箭手　弓箭手　馬　選鋒營　馬　刀手　弓箭手　兵
鋒　弓箭手　刀手　馬　馬　砲手　弓箭手　鋒
選　弓箭手　弓箭手　弓箭手　弓箭手　弓箭手　弓箭手　選
火箭手　砲手　火箭手　砲手　火箭手　砲手　火箭手

第五步兵搏戰圖

火器足以威遠而不宜於近騎兵利於平易而不便於險如陰雨晦暗或谿谷陡隘賊勢奮迅飄忽至營前勢必當用步戰即出前鋒奇兵馬留營內步出相接弓矢往來什伍俱前如此奮擊撲斫賊必辟易而險阻之地我軍亦有備矣

第四第五陣總是馬前車後俱用選鋒當敵但有上馬下馬之别耳

馬前後車兩旁

選鋒奇兵　選鋒奇兵　選鋒奇兵　選鋒奇兵　選鋒奇兵　選鋒奇兵　選鋒奇兵　選鋒奇兵　選鋒奇兵　選鋒奇兵
霹靂戰車　三班鎗砲手　鎗砲手　鎗砲手　鎗砲手　鎗砲手　鎗砲手　鎗砲手　鎗砲手　鎗砲手　霹靂戰車
霹靂戰車　鎗砲手　霹靂駐車　捉馬騾軍　捉馬騾軍　捉馬騾軍　捉馬騾軍　捉馬騾軍　捉馬騾軍　霹靂駐車　鎗砲手　霹靂戰車
霹靂戰車　鎗砲手　霹靂駐車　捉馬騾軍　糧車　糧車　糧車　糧車　捉馬騾軍　霹靂駐車　鎗砲手　霹靂戰車
霹靂戰車　鎗砲手　霹靂駐車　捉馬騾軍　糧車　糧車　捉馬騾軍　霹靂駐車　鎗砲手　霹靂戰車
霹靂戰車　鎗砲手　霹靂駐車　捉馬騾軍　糧車　糧車　捉馬騾軍　霹靂駐車　鎗砲手　霹靂戰車
霹靂戰車　鎗砲手　霹靂駐車　捉馬騾軍　糧車　糧車　捉馬騾軍　霹靂駐車　鎗砲手　霹靂戰車
霹靂戰車　鎗砲手　霹靂駐車　捉馬騾軍　糧車　糧車　捉馬騾軍　霹靂駐車　鎗砲手　霹靂戰車

霹靂戰車　鎗砲手　霹靂駐車　捉馬騾軍　糧車　馬　馬　馬　糧車　捉馬騾軍　霹靂駐車　鎗砲手　霹靂戰車
霹靂戰車　鎗砲手　霹靂駐車　捉馬騾軍　糧車　馬　馬　馬　糧車　捉馬騾軍　霹靂駐車　鎗砲手　霹靂戰車
霹靂戰車　鎗砲手　霹靂駐車　捉馬騾軍　糧車　馬　馬　糧車　捉馬騾軍　霹靂駐車　鎗砲手　霹靂戰車
霹靂戰車　鎗砲手　霹靂駐車　捉馬騾軍　糧車　中軍　糧車　捉馬騾軍　霹靂駐車　鎗砲手　霹靂戰車
霹靂戰車　鎗砲手　霹靂駐車　捉馬騾軍　糧車　糧車　捉馬騾軍　霹靂駐車　鎗砲手　霹靂戰車
霹靂戰車　鎗砲手　霹靂駐車　捉馬騾軍　糧車　馬　馬　馬　糧車　捉馬騾軍　霹靂駐車　鎗砲手　霹靂戰車
霹靂戰車　鎗砲手　霹靂駐車　捉馬騾軍　糧車　馬　馬　馬　糧車　捉馬騾軍　霹靂駐車　鎗砲手　霹靂戰車
霹靂戰車　鎗砲手　霹靂駐車　捉馬騾軍　糧車　馬　馬　馬　糧車　捉馬騾軍　霹靂駐車　鎗砲手　霹靂戰車
霹靂戰車　鎗砲手　霹靂駐車　捉馬騾軍　糧車　大旗一手　糧車　捉馬騾軍　霹靂駐車　鎗砲手　霹靂戰車
霹靂戰車　鎗砲手　霹靂駐車　捉馬騾軍　糧車　小旗五手　糧車　捉馬騾軍　霹靂駐車　鎗砲手　霹靂戰車

霹靂戰車　鎗砲手　霹靂駐車　捉馬騾車　粮車　粮車　捉馬騾車　霹靂駐車　鎗砲手　霹靂戰車
霹靂戰車　鎗砲手　霹靂駐車　捉馬騾車　粮車　粮車　捉馬騾車　霹靂駐車　鎗砲手　霹靂戰車
霹靂戰車　鎗砲手　霹靂駐車　捉馬騾車　粮車　粮車　捉馬騾車　霹靂駐車　鎗砲手　霹靂戰車
霹靂戰車　鎗砲手　霹靂駐車　捉馬騾車　捉馬騾車　捉馬騾車　捉馬騾車　霹靂駐車　鎗砲手　霹靂戰車
遊鋒奇兵　遊鋒奇兵　遊鋒奇兵　遊鋒奇兵　遊鋒奇兵　遊鋒奇兵　遊鋒奇兵　遊鋒奇兵　遊鋒奇兵　遊鋒奇兵

第六行營進攻圖

今日進兵主於驅敵出走不專浪戰我兵既入重地盤據之敵必来迎戰戰數失利自然潰遁遁則當行營以進逼之是故霹靂火車與馬步官軍整搠嚴肅以防敵之蹂躪前後戰車俱分營之兩旁勢如堵牆以備夾攻四面奇兵一直前一殿後以制衝突此戰中寓守使敵難撼也

鎗砲手似是步兵

車前後馬兩旁

遊鋒奇兵　霹靂戰車　霹靂戰車　霹靂戰車　霹靂戰車　霹靂戰車　霹靂戰車　霹靂戰車　霹靂戰車　霹靂戰車　遊鋒奇兵
旁牌　旁牌　旁牌　旁牌　旁牌　旁牌　旁牌　旁牌　旁牌
遊鋒奇兵　三班鎗砲手　鎗砲手　鎗砲手　鎗砲手　鎗砲手　鎗砲手　鎗砲手　鎗砲手　鎗砲手　遊鋒奇兵
鎗砲手　霹靂駐車　霹靂駐車　霹靂駐車　霹靂駐車　霹靂駐車　霹靂駐車　鎗砲手
遊鋒奇兵　鎗砲手　霹靂駐車　馬　馬　馬　馬　馬　馬　馬　馬　馬　霹靂駐車　鎗砲手　遊鋒奇兵
鎗砲手　霹靂駐車　馬　粮車　粮車　粮車　馬　霹靂駐車　鎗砲手
遊鋒奇兵　鎗砲手　霹靂駐車　馬　粮車　馬　馬　粮車　馬　霹靂駐車　鎗砲手　遊鋒奇兵
鎗砲手　霹靂駐車　馬　粮車　馬　粮車　馬　霹靂駐車　鎗砲手
遊鋒奇兵　鎗砲手　霹靂駐車　馬　粮車　馬　粮車　馬　霹靂駐車　鎗砲手　遊鋒奇兵

鎗砲手　霹靂駐車　馬　粮車　馬　馬　粮車　馬　霹靂駐車　鎗砲手
遊鋒奇兵　鎗砲手　霹靂駐車　馬　粮車　馬　馬　粮車　馬　霹靂駐車　鎗砲手　遊鋒奇兵
鎗砲手　霹靂駐車　馬　粮車　馬　馬　粮車　馬　霹靂駐車　鎗砲手
遊鋒奇兵　鎗砲手　霹靂駐車　馬　粮車　馬　中軍　馬　粮車　馬　霹靂駐車　鎗砲手　遊鋒奇兵
鎗砲手　霹靂駐車　馬　粮車　馬　馬　粮車　馬　霹靂駐車　鎗砲手
遊鋒奇兵　鎗砲手　霹靂駐車　馬　粮車　馬　馬　粮車　馬　霹靂駐車　鎗砲手　遊鋒奇兵
鎗砲手　霹靂駐車　馬　粮車　馬　馬　粮車　馬　霹靂駐車　鎗砲手
遊鋒奇兵　鎗砲手　霹靂駐車　馬　粮車　馬　馬　馬　粮車　馬　霹靂駐車　鎗砲手　遊鋒奇兵
鎗砲手　霹靂駐車　馬　粮車　粮車　粮車　粮車　馬　霹靂駐車　鎗砲手
遊鋒奇兵　鎗砲手　霹靂駐車　馬　馬　馬　馬　馬　馬　馬　馬　馬　霹靂駐車　鎗砲手

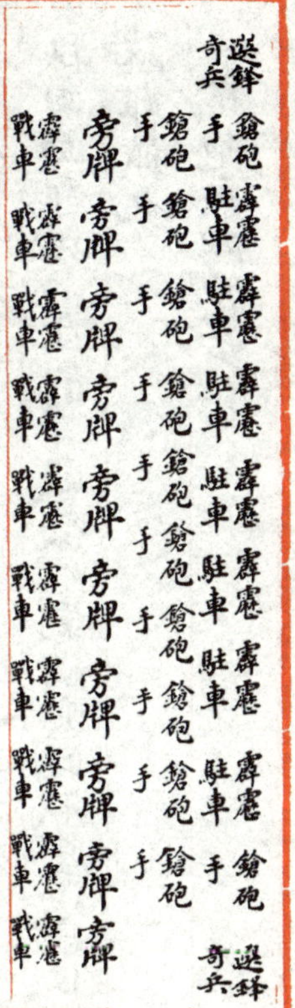

第七變營長驅圖

如遇夌中山溪險阻道路迴合運掉車馬不無煩難令因地制形如兩旁險隘兩前後平坦即以兩廂戰車分為前後首尾而行却將前後馬步官軍分為左右兩翼遇敵之來且戰且行此亦安靜持重之道

霹靂駐車

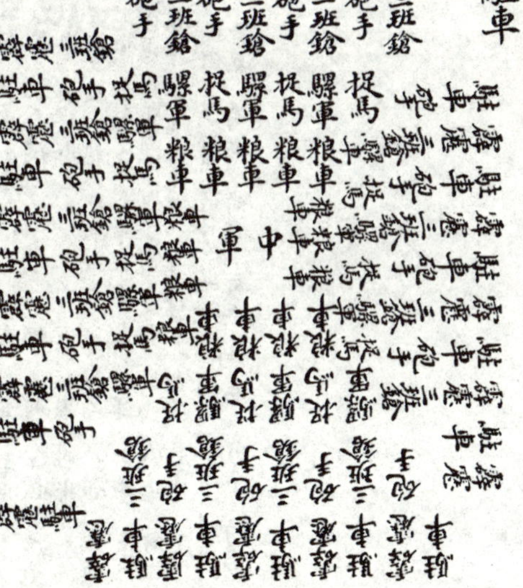

車表馬裏

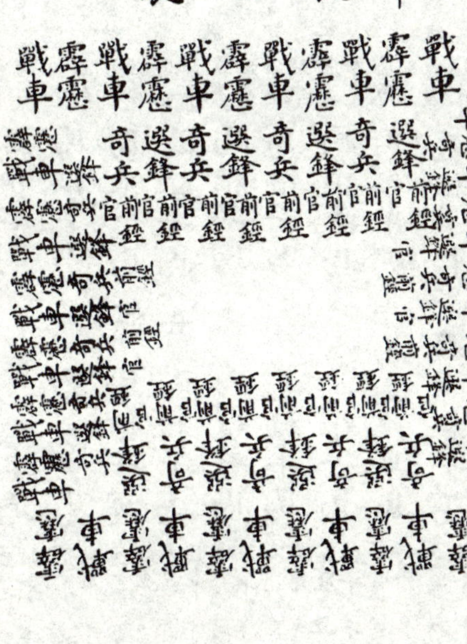

第八獲功收兵圖

出師千里戰非一合倘遇有功便當斂戢不宜玩黷我兵乘勝追斬敵如糾衆来援中軍鳴金舉號速將戰士斂入車營敵衆雖至無能為也遇夜則馬軍戰車合歸大營照舊分布仍撥奇兵二三百名每五十名聯為什伍分投哨探於大營之外仍坐更傳籌以嚴警報

陣圖總說

一强敵據套日久為患日深恢復之議自來每難之殊不知彼既得我地利孳收轉盛氣勢日强門庭之敵不思剪除是長其不逞之謀而養其無厭之亂也是故河套乃必爭之地兵出故有名也夫兵出有名事可成矣茍坐作進退士卒有所未精開闔變化營陣有所未熟攻取擊刺器械有所未利山川險易形勢有所未諳是故有名無實又非兵家之所宜今將行師機宜列為八

圖因次其說夫凡事必有綱維而後綜理運用有其地故先之以立營總圖聚兵應敵則必有戰故次之以駐戰駐戰者兼車騎步而用之也戰無常勢體無定用如平原曠野賊勢重大則當先用大器戰車以摧其堅火器者中國之長技所以褫敵魄而奪其氣者也故次之以選鋒車戰車戰者持重之計至於先登陷陣追奔逐北取勝于數十里之外者非騎兵不可故次之以騎戰險道傾側猝與敵遇車騎所不及施奮臂鏖戰而敵不敢近者步兵之良也故次之以步戰敵之長技不過弓矢健馬彼來挑戰我以神機火砲制之必挫衂而遁遁則乘勝以逐之故次之以行營行營之際開闔奇正變動不拘使敵不可測故次之以變營以上戰陣之律皆先為不可勝以待敵之可勝固不患于無功也每遇陣斬獲有功期于萬全故以獲功收兵終焉然營變有八其實一營之所為也昔趙充國為將行則為營止則堅壁壘謹烽堠遠間諜故所向克捷其謀蓋不出此議

者謂套地山溪險阻車戰恐非所宜本部嘗據降人及內地諜者卜如赤脫罕等俱報稱套中地形多平野沙漠而山林險阻十無二三今車騎步兵表裏兼用未見其不可也昔衛青擊匈奴出塞千餘里以武剛車自環為營可為明驗然今之營陣又不獨自環而已有體有用有動有靜有奇有正如陰陽之相生也如雷霆之交作也如山川之流峙也止則不可撼也行則不可禦也我軍有所恃而不恐束部伍也敵人有所憚而不攻制

衝突也故曰先為不可勝以待敵之可勝制人而不制于人也至於臨敵相機隨宜變化或設伏以掩其不意或乘虛以覆其巢穴或縱反間以疑其黨或募死士以夜斫其營或先聲以寒其心或犄角以分其勢或布威信以開其降或申曉諭以縱其歸緩急進止務在隨時難以遙度盡言也謹將陣圖大略總說於此而隨圖備細節目則各列於其下方云

一營霹靂駐車并霹靂戰車共四十隊每隊車五輛共

二百輛

每車一輛上載霹靂砲一十八桿二百輛共砲三千六百桿每桿每出藥八錢五十出共藥二斤半一十八桿該藥四十五斤每營共該藥九千斤每桿每出鉛子五個每個重八錢五十出該鉛子二百五十個重一十二斤半每營共該鉛子九十萬個共重四萬五千斤火線每桿五十條共一十八萬條火箭每輛二百枝共四萬枝

每車大連珠砲一桿二百輛共二百桿每桿每出藥一兩八錢三十出共藥三斤六兩每營共藥六百七十五斤一兩八錢每桿每出鉛子十個每個重一兩八錢二十出共鉛子二百個共重二十二斤半每營共該鉛子四萬個共重四千五百斤每桿火線十條共火線二千條　每車二連珠一桿二百輛共二百桿每桿每出藥一兩八錢三十出共藥三斤六兩每營共藥六百七十五斤一兩八錢每桿每出鉛子五個每個重一兩八錢三十出共鉛子一百五十個共重一十六斤一十四兩

每營共該鉛子三萬個共重三千三百七十五斤每桿火線十條共火線二千條

每車手把銃二桿二百輛共銃四百桿每出藥八錢五十出共藥二斤半每營該藥一千斤一兩每桿每出鉛子二個每個重一兩五十出共鉛子一百個共重六斤四兩每營共鉛子四萬個共重二千五百斤每桿火線二十條共火線八千條

每隊盞口將軍四位四十隊共一百六十位每位每出火藥八兩二十出藥十斤四位該藥四十斤每營共該藥一千六百斤每位裝就小砲二十個四位該八十個每營共該三千二百個木馬子亦該三千二百個火線三千二百條

迓鋒竒兵一十六隊每隊手把銃一十四桿共二百二十四桿每桿每出藥八錢五十出共藥二斤半十六隊共藥五百六十斤每桿每出鉛子二個每個重一兩五

十出該鉛子一百個重六斤四兩十六隊共鉛子二萬二十四百個共重一千三百四十五斤

每隊二連珠八桿一十六隊共一百二十八桿每桿每出藥一兩八錢三十出共藥三斤六兩十六隊共藥四百三十斤二兩每出鉛子五個每個重一兩八錢三十出共鉛子一百五十個重一十六斤十四兩十六隊共鉛子一萬九千二百個共重二千一百六十斤每桿火線十條共該火線一千二百八十條

各項通共藥一萬三千九百四十斤三兩霹靂砲共三千六百桿大連珠共二百桿二連珠共三百二十八桿手把銃共六百二十四杆盞口將軍共一百六十位小飛砲共三千二百箇

各鉛子不等通共一百五萬一千六百個共重五萬八千八百七十二斤

武編前集卷三

欽定四庫全書　子部

武編前集卷四

詳校官檢討臣何思鈞
臣紀昀覆勘
總校官編修臣朱鈐
校對官編修臣汪學金
謄録監生臣畢繼曾

欽定四庫全書

武編前集卷四

明　唐順之　撰

陣

積卒陣記

積卒之象天之陣也在房度西南共星十二點布為內外三重外圍以八八營也內握以四中壘也合內外而為九九軍也各三星品連而相統以為左右前後四獸之陣向於前者　前拒之為鳥陣也向於後者　後拒之為蛇陣也向於左者　左角之為龍陣也向於右者　右角之為虎陣也又外體圓　天陣布也內體方　地陣布也外四隅各一　風雲起四維也東西各二　天衡居左右也內二縱相對　天衡居前後也二橫相對　地軸貫中央也又外四位之相間各離二星之廣　內四星之相去各離一星之廣　陣間容陣隊間容隊也前參連後參連　左參連右參連　以前為後以

後爲前四面如一觸處爲首也合有五營即散有八陣蓋數起於五而終於八也以内之四統外之八四奇傳命於八正八正取稟於四奇也其法咸備如此豈非自然之理乎蓋民物有治亂敵國有盛衰帝王有興替盜賊有熾滅冥冥之中天所陰制而黙調者蓋用以此其陣至簡而備至約而要至整而固聖人雖智其何能加於此

宋史天文志積卒十二星在房西南（步天歌屬心）五營軍士之象主衛士掃除不祥星小為吉明則有兵一星亡兵少出二星亡兵半出三星亡兵盡出五星守之兵起不測近臣誅彗星守之禁兵大出天子自將風雲犯之青赤爲大臣持政欲論兵事

黄帝握奇經曰（風后所作）縱步二天二天次之縱布四地次於天後縱布四風挾天地之左右縱布四雲起天地之四維縱布天衡居其左右縱布天衡居其前後縱布地軸居其中央

右古經文凡六十字所以記陣之名數及布列之次序約而極備真聖人之筆也後世握奇經一本有范蠡樂毅韓信等注相雜蓋范蠡樂毅乃古人傳注之法約其義爲傳以係於經文之注至韓信張良次序兵法又釋范樂之傳猶大傳之少傳也後錯而爲一經傳不分辭義不明公孫弘徒於難道之處增字發明則雜亂愈甚矣今略辯别而分析之如左云

握奇經傳義　大傳范蠡樂毅之文傳下小注韓信之文圏外小注即公孫弘增字發明之文也

縱者直陣龍象也三十二隊陽　十六隊天衡八隊天衡八隊風三十二隊陰　十二隊地軸十二隊地衡八隊雲　天地之前衝為虎翼天地之後衝為飛龍風為蛇蟠上為鳥翔天地以下八重以列或曰握奇望敵即引其後奇兵以犄角重列不動

或分而爲八或合而爲一分合各隨人之多少觸類而長天圓布前為左後為右天地四望是也　天衡居兩

端其次雲其次風左右相向是也　公孫弘曰此爲動地方布風雲各在前後衝之前其次地居中間兩地爲比是也　公孫弘曰此爲静　經曰縱布二天二天次之縱布四地次於天後縱布四風挾天地之左右縱布四雲起天地之四維縱布天衝居其左右縱布天衝居其前後虛實二壘是也天前衝居其左天後衝居其右雲居四端縱布地軸居其中間

公孫弘曰人多傳韓信釋注天員布以下以此微有

差異而范蠡樂毅相雜今亦錯綜於中其步隊或三十或五十變通之理寄之明哲不復備載千古以来其文不滿多憑口訣以相傳授今于難解處增字發明之耳

正義（俗傳爲握機經）漢三分天下有諸葛孔明者以區區之蜀爭衡三國之間八陣之法亦嘗考之矣四爲正四爲奇餘奇爲握機或總稱之先出遊兵定兩端天有衝地有軸前後有衝風附於天雲附於地衝重列各四隊前後之衝（天衝）各四隊風居四維故有圓軸單列各三隊前後之衝（地衝）各三隊雲居四角故有方天居兩端（天衝天衝）地居中間（地衝地軸）總爲八陣陣訖遊兵從背躡敵或驚其左或驚其右聽音望麾以出四奇天地之前衝爲虎翼風爲蛇蟠圍繞之義也虎居中間張翼以進蛇居兩端向敵而蟠以應之天分之後衝爲飛龍雲爲鳥翔突擊之義也龍居於中張翼以進鳥掖兩端向敵而翔以應之虛實二壘皆逐天文氣候山川向背利害隨時而行以正

合以奇勝今魚腹江中平沙上有土石馬其八陣遺踪尚可想也隅落鈎連曲折相對出入變化莫知其終是殆黃帝太公管仲之遺制與（此篇不知誰氏之作蓋推演孔明陣法而托名爲風后握奇經也）

風后握奇經（此俗傳握奇經也自三十二隊天句起增字發明之耳句止經傳錯雜自角音五句起師并旋句止孔明之法附會其中）

角音二初警衆末收衆韋音五一誓兵二結陣三行四闔五急闔金音五一緩二止三退四背五急背麾五一

玄二黃三白四赤五青旗法八一天玄二地黃三風青四雲白五天前衝上玄下赤六天後衝上玄下白七地前衝上黃下青八地後衝上黃下赤二葦二金為天三葦三金為地二葦三金為風三葦二金為雲四葦三金為龍三葦四金為虎四葦五金為鳥五葦四金為蛇此八陣各用金鼓之制也其金葦之閒加一角音者在天為兼風在地為兼雲在龍為兼鳥在虎為兼蛇加二角音者全師進東加三角音者全師進西加四角音者全

師進南加五角音者全師進北鞞音不止者師不整金葦既息而角音不止者師并旋三十二隊天十六隊天衝八隊天前後衝八隊風三十二隊地十二隊地軸十二隊地前後衝八隊雲以天地前衝為虎翼天地後衝為飛龍風為蛇蟠雲為鳥翔天地以下八重以列或曰握機望敵即引其後遊兵以犄角重列不動或合而為一或離而為八分合各隨人之多少觸類而長天或圓布前為右後為左天地四望之屬是也天居兩端其次風其次雲左右相向是也公孫弘曰此為靜地方布風雲各在前後衝之前天居兩端其次地居中閒兩地為軸是也公孫弘曰此為動縱布二天三天次之縱布四地次於天後縱布四風挾天地之左右天前衝居其右後衝居其左雲居四端虛實二壘則此是也公孫弘曰人多傳韓信注釋天或圓布以下於此微有差異而范蠡樂毅之說相雜今亦錯綜於中其部隊或三十或五十陣圖如此變通由人凡一本自五十以下云變通之理寄之明哲不復備載千古以來其文不滿多憑口訣以相傳授於今於難解處增字發明之耳

第一章

猷按先師論著軒轅握奇陣及孔明八陣者夫天地定位山澤通氣雷風相薄水火不能射伏羲先天之圓圖也黃帝則之是為圓陣故首布乾而坤次布兌而艮次布巽而震次布離而坎帝出乎震齊乎巽相見乎離致役於坤說言乎兌戰乎乾勞乎坎成言乎艮文王後天之方圖也諸葛亮則之是為方陣故首布乾次坤次巽次艮次震次兌次離次坎黃帝之陣有七以象而取之陣於外為天陣於內為地陣於天地之間變化不測為

風雲

上下不動爲衡兩端不動爲軸卯酉相當爲衡奇正之法在其中矣諸葛亮之陣其名有八以方位而取之陣於乾為天陣於坤為地陣於巽為風陣於艮為雲陣於震為龍陣於兑為虎陣於離為鳥陣於坎為蛇旌旗隊伍之制在其中矣河圖之於數一二三四五為奇六七八九十為正一與六同宗而居乎北二與七同朋而居乎南三與八同道而居乎東四與九為友而居乎西五

與十相守而居乎中五奇居内五正居外各一正包一奇焉黄帝之陣天也衡也風也雲也各居外地也衡也軸也各居内亦各以一奇而包於一正洛書之於數二四六八為奇一三五七九為正一居北而六居北之西隅以宗之七居西而二居西之南隅以共之九居南而四居南之東隅以同之三居東而八居東之北隅以友之四隅為正四方為奇各一奇而間一正焉諸葛亮之陣四隅為正四方為奇亦各以一正而間一奇夫聖賢

制陣之理與河圖洛書相為表裏與八卦九章相為經緯此其所以妙也

第二章

猷按先師論著九軍制陣與夫奇正相生之法者夫天有九天星有九野地有九泉數之所自出者如此故洛書之數四隅四正以合中衍而為九河圖之數四虚四實以合中衍亦為九聖人則之制器尚象以九方而作卦位以九類而作洪範以九宫而作歴數以九府而作

圜法以九州而作封建以九區而作貢賦以九室而作明堂以九軍而作陣法無非用九一何各得其妙哉九軍八陣之法孔明實得之孫子孫子實得之太公太公實得之黄帝黄帝實得之伏羲伏羲實得之積卒之宿是與河之圖洛之書同出天地理數之原也是與義之易禹之範大撓之歴同出聖人心法之推也是與文武呂旦之貨泉封建明堂井田相關並行而不悖者也夫易止於六爻之位而已極其變也陽往居陰陰往居陽

變動不居周流六虛而神明生焉伏羲之陣內險而外順順所以為正而險所以為奇黄帝之陣內靜而外動靜所以為正而動所以為奇太公之陣五行為正三才為奇周公之陣三軍為正游闕親戎為奇象棋之陣象士卒為正車馬礮為奇韓信之陣右中後為正前左為奇孔明之陣四隅為正四方為奇太白陰經之陣四方為正四隅為奇曹操之陣先出合戰為正後出旁擊為奇李靖之陣車徒居前為正馬軍跳盪居後為奇及乎臨

機制敵之變化無常奇亦為正之正正亦為奇之奇奇正之變如循環之無端是與易爻同一屈伸盈虛消長往来之機也所以然者有一定之數斯有一定之理有一定之理斯有一定之勢為勢而不本乎理數之自然則逆而且敗矣聖人豈有意於强合以為奇哉亦豈無意而姑取之以為準則哉

第三章

猷按先師論著陣法多本易卦及布師卦為八陣圖者夫兵為陰坤者陰之卦為兵之象文王周公作易而著行兵用衆之占凡十有五繫皆有坤之卦如坎貞坤悔為師也初六曰師出以律否臧凶九二曰在師中吉无咎王三錫命六三曰師或輿尸凶六四曰師左次无咎六五曰田有禽利執言无咎長子帥師弟子輿尸貞凶上六曰大君有命開國承家小人勿用坤貞坎悔為比也六五曰顯比王用三驅失前禽邑人不戒吉艮貞坤悔為謙也六五曰不富以其隣利用侵伐無不利上六

曰鳴謙利用行師征邑國坤貞震悔為豫也彖曰利建侯行師震貞坤悔為復也上六曰用行師終有大敗以其國君凶至于十年不克征坤貞離悔為晉也上九曰維用侵伐厲吉无咎坤貞兌悔為萃也彖曰君子以除戎器戒不虞純坤為坤也上六曰龍戰于野其血玄黄夫聖人遇坤之卦輙著象占以示人用兵之道如此聖人之重兵可知矣坤卦三畫皆陰大衆之象坎卦二陰居上下小衆之象一陽居二陰之間為將握兵之象大

衆居外小衆居内大小相容營衛相包大陣之象伏羲故名之曰師陣於後為拒陣於中爲中壘後覓則不整中擾則虛初當其後三當其中不宜於動者周公繫辭而其辭皆凶所以欲人敦陳而整旅也中當軍之前為駐隊駐隊以拒禦為主非瀕於危不用之四當其位可以動可以無動而其辭不責其左次所以欲人持重而自守也駐隊之前為前陣前陣之前為先鋒二者兵之先陣之首折衝之奇也五當其前六當其先其動宜矣

而其辭皆吉所以欲人交發而并至也夫聖人之善兵可知矣夫聖人在位消之於微剪之於著既善於兵而又必進重用之故治日多而亂日少也

第四章

猷按先師論著聖人制陣有奇有正有分有合一本於化造圖書之數者夫天地一動一靜焉山澤一流一峙焉日月一盈一虧焉星辰一經一緯焉動者流者虧者緯者變化之著也靜者峙者盈者經者變化之根也皆動則傾皆靜則墜皆流則陷皆峙則竭皆虧則幽皆盈則亢皆緯則錯皆經則緊矣聖人制陣一奇一正之相參其正也不動如山其徐如林難知如陰其奇也侵掠如火其疾如風動如雷震豈出於私智强爲哉河圖之數六八七九相連而爲外層一三二四相連而為第二層十相連而為第三層五相連而為裏層合而為一者也洛書之數一居北六轉而居西北三居東北轉而居東北七居西二轉而居西南九居南四轉而居東南五

居中分而為九矣而伏羲方圖之卦乾坤否泰相對而爲外層兌艮咸損相對而為第二層坎離旣未濟相對而為第三層巽震恒益相對而為裏層亦合而為一者也圓圖之卦折自乾以之泰八卦而轉居於午折自否以之坤八卦而轉居於子折自履以之臨八卦而轉居於東北折自遯以之謙八卦而轉居於西北折自同人以之明夷八卦而轉居於卯折自訟以之師八卦而轉居於酉折自无妄以之復八卦而轉居於東北折自姤以

之升八卦而轉居於西南太極居中亦分而為九矣故聖人制陣一分一合之相仍其合也無不内外四層大小相包如城如郭如衛如營周迴完密深固而不可敗馬其分也無不離為八向握奇居中有首有尾有手有足有翼有身馬豈出於私智强為哉法曰以正合以奇勝又曰大陣包小陣大營包小營又曰分不分為縻軍聚不聚為孤旅是知當然而已耳知其所以然非聖人吾與誰歸

穰苴握奇營辯

虎鈐經穰苴握奇營圖一首元許洞之所演也杜祐通典其穰苴法以一萬二千五百人為軍十之三布之中壘十之七布之外營許洞演為營法配孔明八陣之名天地風雲龍虎鳥蛇布為内外二重方如斗底四隅有鋪四方有門守地有步尺之數何辨之蓋自古營陣同制大小相包廣狹相容以利固守便救應不可失也黄帝之時遷徙無常處城郭宮室未備每止舍輙以兵師為營衛八衛而包八營八營而包握奇其收如街陌相通此則握奇營之舊制也諸葛孔明以六十四陣四而分之為二百五十六陣布為下營陣法名曰滿天星以八卦而包九宮以八宮而包中黄斯得風后之遺法也許洞以平列布為内外二重失其制矣豈得為穰苴法耶田穰苴司馬法自古無傳通典蓋杜祐私意所撰而握奇營又許洞之臆見固無足取惟四時教閲以習坐作進退之節則此圖不能外也古人教閲平時教人以

金鼓旗幟號令之辯不敢教人以陣在營教人以正不敢教人以奇故孔明殁而悍將魏延不能竊其風李靖殁而將薛萬徹等終無能為邊患皆知正而不知奇故也斯圖所以不行於世者以此

辯之甚是但平列二字義欠明白不如改平列為單列

許洞虎鈐經營外壘一軍一萬二千五百人以十人為火一千二百五十火幕數亦如是幕長一丈六尺舍五

每一人守地一尺六寸十以三為奇以三千七百五十人為奇數以餘八千七百五十人分為八陣陣有一千九十三人七分五銖守地一千七百五十尺八陣積尺守地一萬四千尺積步二千三百三十三步餘二尺積里六里餘一百七十三步二尺以壘四面乘之得地一里餘二百二十三步壘内得地一十四頃一十七畝餘一百九十步四尺五寸六分以為外壘天陣居乾為天門地陣居坤為地門風陣居巽為風門雲陣居艮為雲

門龍陣居震為飛龍門虎陣居兑為虎翼門鳥陣居離為鳥翔門蛇陣居坎為蛇蟠門天地風雲為四正龍虎鳥蛇為四奇乾坤艮巽為闔門坎離震兑為開門門有牙旗遊隊左右偏將軍居壘門禁出入外有遊軍定兩端前有衝後有軸四隅有鋪中壘以奇兵三千七百五十人為中壘守地六千尺積得二里餘二百八十步以壘四面乘之一面二百五十步壘内地二頃六十畝餘一百步六纛五麾金鼓府藏在中壘

此許洞襲李筌之誤只是營法不可兼陣法營法亦未是無單作兩列之理

孫武子八陣辯

武經總要孫武子八陣圖八音唐裴緒之所演也以步兵五部十曲為前後左右中騎兵八陣為揚奇備伏揚兵前出奇兵中應備伏後援十干分合通變為方圓牝牡衝方車輪罘罝鴈行等八形以陣形配五行五音八卦以定尅勝之法何辯之蓋制陣之法握奇為本八陣

為宗有動有静體用乃立有體有用奇正乃生正多而無奇則重而無功奇多而無正則輕而不固故氤氲變化者四方交互而出遊廣更迭而至而中軍四隅之陣未嘗敢動也四隅兵動則四方轉而為正四方之陣未嘗敢動也裴緒以十曲變化則舉陣皆動矣變多則煩動多則亂兵之至危莫甚於此至若步騎之用有衆寡分合有遠近行陣有疏密奇正有先後前却遲急則因地形之險易廣狹高下斜正臨時相敵以為之節觀武

侯街亭之戰命馬謖以大兵據城趙雲以步兵據箕谷李平領兵千餘去大兵之外以為援馬謖不違制則趙雲李平之兵皆有用也此所謂因地制形如此而已裴緒以一地而變一陣一陣有一形一形有一尅制之理此兒童之戲巫覡之妖耳何可從哉其以太公孫吳諸葛而假名者皆誣也辯得最無逃躲處然亦不必辯也

孫武子常山蛇陣辯

武經總要常山蛇陣圖一首唐裴緒之所演孫子九地篇有云善用兵者譬如率然率然者常山之蛇也擊其首則尾至擊其尾則首至裴緒演而為蛇陣一軍六千人四千為步兵布為左右前後中二千為騎兵布為揚奇備狀形如蛇之蟠曲何辯之蓋軍有前後左右自古之制也其法不方則圓中軍居中前後左右環而繞之此奇正之所由出裴緒以前後左右中布為直陣已失其制矣況孫子所謂率然者謂士卒深入死地其情不得不相救在法而不在形其形如蛇一攻可貫欲首尾相救其可得乎魚腹浦中孔明以石縱橫布為六十四壘其形正方桓溫見而嘆曰此常山蛇勢也蓋孔明八陣法以前為後以後為前四頭八尾觸處為首敵衝其中兩頭皆救桓溫知孔明之法故云然也孫武之陣名曰乘之八陣出孔明魚腹之八陣是其舊制後世未之考耳武子兵書自古十三篇漢藝文志乃有武子八十二篇陣圖九卷皆春秋戰國之士所增假名孫子者也

自呂后之世已失無傳裴緒附會九卷之說妄撰方圓牝牡衝輪罘罝鴈行併常山蛇共為九陣以迎合其數則偽而又偽何足以為法也

諸葛亮八陣記

八陣之陣漢丞相諸葛亮經略中原之所作也壘石為之其迹在夔州魚腹灘自古相傳乘之六十四陣而已易卦為之宗握奇為之原其孰能推之哉孔明乃則河圖之圓而分為四層則洛書之方而分為九軍則井田

公私之制而分為中外之營則文王後天卦位而定四奇四正之名西北乾卦也曰天陣西南坤卦也曰地陣東南巽卦也曰風陣東北艮卦也曰雲陣取艮為霧也東方青龍之獸也曰龍陣西方白虎之獸也曰虎陣南方朱鳥之獸也曰鳥陣北方玄武之獸也曰蛇陣中為中軍陣太極之位也中軍四象為正四獸為奇四象四獸各以六陣相從或四象七陣四獸五陣中軍大將所居中中四陣為餘奇大將所握别為游騎二十四陣以

繫八陣之後陣有八門開闔出入以為變化南正手北正足中立身前奇首後奇尾左右奇翼遊騎爪牙首尾伸縮以為節也兩翼翕張以為權也爪牙往来以為勢也身體手足鵠立鼇據以為主也氤氲變化為方為圓為曲為直為鋭其變無窮不外八陣分合而已後世有以天地衝軸衝分配者有演為天覆地載風揚雲垂龍飛虎翼鳥翔蛇蟠八形者又為三百六十四變合天度之數者不足信也

唐太宗問曰陣數有九中心零者大將握之四面八向皆取凖馬陣閒容陣隊閒容隊以前為後以後為前進無速奔退無遽走四頭八尾觸處為首敵衝其中兩頭皆救數起於五而終於八何謂也李靖對曰諸葛亮以石縱横布為八行方陣之法即此圖也太乙統宗曰四維為正四方為奇乾之天坤之地巽之風艮之雲四正陣也震之龍兑之虎離之鳥坎之蛇四奇陣也中閒奇零握奇陣也四正四奇所以分布之用握奇所以立陣

之體也若草木子曰八陣圖出於井田公田即中軍也私田八家即八陣也瞿塘魚腹江前六十四魁其體方後遊騎二十四魁形如却月共八十八陣也奇兵分為四衝衝各六陣以配大陣四正四奇中軍之用所謂四頭八尾者是其制也行則騎兵居先止則奇兵居後戰則奇兵變化如牙如爪其用不窮孔明總平列而為兩行寄於六十四魁之後人不測其故以為殿後之兵云

風后握奇陣辯

武經總要風后握奇陣圖一首宋朝士之所演也宋神宗詔朝士討古陣法有以此圖進者以前為外後而為內衝陣在外圓布以象天軸陣在內方布以象地風陣當衝陣之四面雲陣夾軸陣之兩旁虎蛇尚敵於前鳥龍上下於後衝陣十有四軸陣九風雲陣各四龍虎鳥蛇陣各二合陣三十有九而為大陣何辯之蓋風后制陣天地居前後天衝居兩端風雲居四隅地軸居中央正兵主守不動為義故名衝軸奇兵主戰變動為義故

名風雲衝陣數有九中軍零者大將握之故名握奇此古文握奇經然也後世謂孔明之八陣即風后之握奇遂有天地前後冲變為龍虎鳥蛇之說握奇八陣交相混雜故唐客韜鈐獨孤及目為風后握奇而為之記及去天陣地陣天衝陣三陣之名更於龍虎鳥蛇湊衝軸風雲為八陣不本握奇古文而別為之圖亦相襲混雜之誤也然古人制陣之要所貴有奇正有分合利於相救便於攻守紛紜而不亂如此而已獨孤及記陣名雖不合於經而定位備物致用之者疑兵游兵二廣四奇之稱奇正分合可以意會心韜鈐之圖規模形勢曲盡其妙而及之文足以發之也總要所繪圖其陣名布置實按獨孤及之記之文其形勢方不成八圓不成六奇正分合一無可觀何哉蓋握奇經文藴奥難曉韜鈐風后握奇八陣又湮沒無考朝之文士姑以獨孤及之記為據妄自揣度而為之耳殊不知陣無多寡不越六十四陣然後七軍九軍之法具焉豈有三十九陣而可以

為陣哉徒知握奇之名而失握奇之義於制陣烏乎可

獨孤及風后八陣圖記夫物不終靜必受之以動當純坤用事陰凝於陽則飛龍戰大朴已散聖盜并起故戎馬生乃有力吞八荒爭截九有大者天柱折地維絕小者作慿廬山負阻中冀上帝慿怒下民是恤乃眷武德黃帝受之始順殺氣以作兵法文昌以命將於是乎征不服討不庭其誰佐命曰元老風后蓋旌諸圖側以為三皇之故事六藝之餘伎云

師律提綱用陣法邇来諸將皆謂可戰則戰奚以陣為殊不知用陣以束部伍用衆如用一人使其勇者不得獨進怯者不得獨退以求萬全之義也昔諸葛亮推演八陣以巴蜀弱卒數萬屯渭水伐魏司馬懿以十萬之衆不敢與戰馬隆步卒三千按八陣圖破樹機能數萬以復涼州今為將者統兵數萬果可不用陣乎如無陣法則衆為一簇左右不能相應首尾不得相援豈得不敗故廢陣形而用兵者敗將也執陣形而求勝者愚將

也其用之法如敵攻吾右以衡八隊敵之次出天前後衡八隊張兩翼而攻之是為鳥翔陣如勝未決再出西南西北二隅風雲八隊夾擊之是為虎翼陣勝負未決以東南東北二隅風雲八隊邀其後或圍繞之是為蛇蟠陣如兩陣相當而敵未動者或先出西南西北二隅兵往来敵傍撓之伺敵空虛之處而奮衝之是為風揚陣大將列中軍以待敵或伏兵四隅候敵来戰起而聚擊是為雲垂陣又有游兵二十四隊或遮敵援兵或夾擊左右或擊其背或絕敵糧道或邀敵歸路而取勝也故陣有八向舉此一向以例其餘八陣之位初無定位皆臨時制宜隨地而設故地有廣狹尖斜之形陣有方圓曲直之勢錯綜八卦實河圖十五之圖井字開方之義大將居中諸部連繞四頭八尾觸處為首敵衝其中兩頭皆救如兩手之捍頭目也

諸葛亮瞿塘方陣辯

通鑑夔州瞿塘永安宮南一里魚腹灘中孔明壘石六

十四魁各高五丈布為方陣即其圖也後之演者不同正義（俗呼握奇經）以前後外十六魁為天衡陣左右外八魁為地衡陣通鑑王氏以前後外八魁為天衡陣左右外十六魁為地衡陣太乙統宗寶鑑以前後外四魁鈎連內二魁為地衡陣左右外八魁為天衡陣天衡地軸各易位而居內風雲十六陣同居四隅其說不一何辯之夫黃帝握奇陣圖也圖者分表裏孔明八陣方也方者定八向圓陣以裏為正表為奇故名內陣曰地曰軸曰

衡取靜之義也名外陣曰天曰銜曰風雲取動之義也方陣以四隅為正四方為奇名四正為天地風雲者乾坤巽艮之位也名四奇為龍虎鳥蛇者震兑離坎之位也是則孔明之天地風雲非軒轅之天地風雲軒轅之衡軸衡非孔明之龍虎鳥蛇亦猶伏羲文王之易先天後天各隨所取爾欲論握奇只求其法於內外勿雜以龍虎鳥蛇之稱欲論八陣只求其法於八向勿混以衡軸衡之號斯兩得之按此三家之說其於制陣內外相

包之理奇正分布之要無一知之徒各以己意牽合握奇經又強比而同其謬甚矣吁孔明八陣之義唐太宗以問於李靖則太宗未之了了可知李靖以旛名隊號為答則李靖之粗略可見况乎方士俗儒而可怪之耶

諸葛亮八陣八形辯

太白陰經諸葛亮八陣圖八首唐李筌之所演也以六十四陣內外前後左右四隅分析而為陣天覆地載內外之第一變風揚雲垂前後之第二變龍飛虎翼左右之第三變鳥翔蛇蟠四隅之第四變每三十二陣為一陣陣各以其名而為形何辯之蓋自古先王制陣惟有法度與步數而已至孫子始以虛實論形以險短論勢二篇之外別無餘法後世權詐之士內循先王之法度外假形勢以變人之耳目雖有鵞陣鸛陣魚麗函箱偃月等陣之名而形勢實在法度之內焉孔明八陣所向八方乾坤巽艮之位而名為天地風雲子午卯酉之位而名為龍虎鳥蛇四正自四隅而立四奇自四方而出

合乎先王制陣之法度也區區形勢肖像之說何與之有李筌之圖求形勢於法度之外其誣武侯多矣宋神宗曰今之論兵者皆以李筌陰經陣圖為法妄相眩惑無一可取如其說須兩敵相遇遣使預約戰日得一寬平之野夷阜塞壑伐草誅茆如射圃教場方可盡其言耳神宗之論兵舉朝之士未有能過者也惜所未聞者先王制節之法也

諸葛亮八陣八形新變辯

太乙統宗寶鑑孔明八陣新變圖八首張煜之所演也以陣内外前後左右四隅八變而成天覆地載第一變與李筌同其餘六陣形其巧過之何辯之蓋李筌好奇造偽宋神宗皇帝斥之其説不行矣世猶存者一則教場操練虛習分合之容無叛軍難制之患二則草莽之中奸妖倡亂用此塗塞耳目自娱其計李靖曰存之所以廢之是也張煜怪誕之士屢變屢下求巧反拙神宗明論漢然而末之闇惑歟誤哉雖然太宗問李靖曰孔

明斯八陣何義也靖對曰天地者本乎旗號風雲者本乎旛名龍虎鳥蛇本乎隊伍之别李靖名將尚失其旨況何議於煜耶夫必知天地風雲衡軸衡之名之義然後可與論風后之握奇必知天地風雲龍虎鳥蛇之名之義然後可與論孔明之八陣不知其義而求其法也難矣

諸葛亮六陣辯

太乙統宗寶鑑諸葛亮六陣圖一首六變六形陣圖六首皆張煜之所演也六陣圖其隊三十六奇正各三有天地風雲前後衡而無天衡地軸六形陣圖有風揚雲垂龍飛虎翼鳥翔蛇蟠而無天覆地載裁入為六本李靖問答六形襲李筌陰經何辯之蓋孔明八陣之制内外四層四陣為握奇十二陣為中軍四十八陣鈎連六隊相從以為四奇四正李以方陣變為六花則握奇中軍不動惟以外營四十八隊鈎連八隊相從為六廂故李靖曰八陣為六武侯之舊法也謂孔明斜谷路狹裁

為六陣者妄説也凡布陣狹隘之地及過險出隘自有約隊之法武侯伐魏入陣常用八萬人若裁為六一陣反有一萬三千人矣安謂約隊故不足信李筌八陣之形既誤而張煜蹈襲更為六陣之形則誤而又誤者也不待重為之贅

諸葛亮五行陣辯

太乙統宗諸葛五行陣圖五首張煜之所演也或云雜兵書有之以天地風雲龍虎鳥蛇各自為一陣更迭變

化陣隊多寡不同何辯之蓋先王之兵四時有教不過乎列行陣以教聲容與號令而已不教民以分合變化之節也其防微杜漸如此李唐之初番漢雜處塞内李靖兼領其將卒不得不教姑設為詭道以愚其耳目分六花陣為六陣以一為營以五為方圓曲直銳之形每教閲一陣各五變凡二十五變而止雖知分合變化之節特為花部耳於臨敵無所用之臨敵之時相視地形或邱阜林壑平陸斥澤之用不同或高下險易廣狹死

生支掛之不一而因以制夫步騎多寡疏密輕重分合奇正之所宜而已非真有方圓曲直銳之地形真有方圓曲直銳之陣勢也黄帝之陣前後左右中五軍分五方而布之號為五行者乃俗人不知其理而加之名耳黄帝未嘗有形也張煜之為此陣蓋本於此其失不待言矣

諸葛亮八陣六陣鉤連蟠曲辯

太乙統宗寶鑑諸葛亮八陣鉤連蟠曲圖一首六陣鉤連蟠曲圖一首張煜之所演也唐太宗問李靖曰卿六花陣法出何術乎李靖曰臣所本諸葛亮八陣法也大陣包小陣大營包小營偶落鉤連曲直相對古制如此臣為圖因之故外畫之方内環之圓是成六花張煜誤以八陣六陣皆孔明舊法而各編隸四奇四正三奇三正之圖矣猶以為未及鉤連蟠曲之勢故復為圖配以成周邱乘之數自云參古法而行己意也何辯之蓋周制車一乘用卒百人三人為甲士在車上餘分為四隊

隊各二十四人分布車下前後左右挾轅以為戰此一乘法也五車為隊二十五乘為偏五偏車一百二十五乘卒一萬二千五百人前後左右中布而為軍此一軍法也大國三軍上軍下軍大夫將之中軍諸侯將之鼎足而立其陣方其勢簡易一鼓一麾而列成再鼓再麾而出戰呼吸之間開闔變化如臂使指若驅車策馬以為蟠曲之勢則不勝其煩且亂矣其畫為鉤連者圖也孔明陣圖八八相乘混然無别觀者以筆鉤而連之以

定九軍之所中心四隊相連為握奇十二隊相連為中軍四隅四方各以六隊相連而為奇正八陣故隅落有曲折相對之勢使觀者知陣隊之別而已臨敵交戰則以神速為貴何取於蟠曲之巧耶李筌張煜漫不知兵徒泥合古文私意杜撰其實難哉

諸葛亮十二將兵陣辯

太乙統宗寶鑑諸葛亮十二將兵陣圖一首張煜之所演也李靖脫變八陣為七軍名之六花陣再變八陣為

十三軍名之十二將兵陣唐司空杜佑推演布列之法初鼓而陣再鼓而布旗三鼓而就列張煜依杜佑布列奇正之法配以周井田邱乘之制以施於孔明之八陣外營八陣陣八隊隊一百二十五人兵一萬二千五百人用車一百二十五乘戰馬三百七十五騎以當甲士三人之數謂孔明之舊法然也何辯之蓋李靖十三軍者中軍一陣十六隊外營四十八隊各以四鉤連而為十二陣四為奇八為正奇用騎正用步奇居四隅正居四方四奇者前奇後奇左奇右奇也八正者左角右角左爪右爪左牙右牙先鋒後軍也四奇取稟於大將八正取稟於四奇此李靖法也張煜之圖有十二將之名無四奇之陣失其制矣孔明八陣中軍自在其中張煜凡演八陣之外別有八陣以為中軍此又煩矣古人所謂三軍謂上中下三陣也晉之三軍恒用十餘萬人齊之三軍別有先驅申驅啟胠遊闕等陣之號何嘗拘以井田邱乘之制故凡論節制而以田賦為據者皆惑也

風后之握奇孔明之八陣周制之農兵各自為法張煜定以風后天地風雲衡軸之陣名配以萬二千五百之車徒欲強而合之其可得乎

諸葛亮當頭陣辯

太乙統宗寶鑑當頭陣圖一首張煜之所演也孔明壘石為陣凡三處一在瞿塘魚腹江者至今猶存一在成都府新都縣之彌牟鎮一在漢中府沔縣之定軍山其迹皆已泯滅無傳張煜用其己意以六十四陣兩兩倍

之為一百二十八陣以步兵三十二小陣分為四坤四
巽八天衡十六天衡於前三十二小陣布為四乾四艮
十二地衡十二地軸於後三十二小陣布為握奇於中
以騎兵三十二小陣布為四先鋒七斗樞八翼候十二
遊兵於前後左右之間謂孔明彌牟鎮當頭陣如此也
何辯之蓋古人制兵置左右二陣謂之二拒其用如左
右手其勢不得不重四奇迭用乍進乍退其勢不得不
輕煋以四坤四巽為二拒而先鋒斗樞翼候反倍之非

奇正之制矣至於天衡地軸各以重兵居內將安用之
此尤為奇巧煩碎之甚者也不假辯以發之將何以為
懲亂之法耶

諸葛亮滿天星陣辯

太乙統宗寶鑑諸葛亮滿天星陣圖一首張煋之所演
也以六十四陣而倍之而為一百五十六隊以六十
四小陣為中軍以七十二小陣包中軍為內營以六十
四小陣重包之為外營以十二騎陣護四角為拓隊以
四大隊重護拓隊為鋪為樓謂孔明定軍山滿天星下
營法如此也何辯之蓋通書所載九宮體用天地盤數
九宮居中八卦五星居外力士蠶室奏書博士居四隅
張煋好神其法蓋布為滿天星陣實準天地盤數之格
也殊不知古人陣營本同一法下營尤以簡便為貴善
用兵者陣一止即為營營一分即為陣當就脚下可以
立成豈有更分二百五十六陣之理即多分多合愈煩
愈亂節制之道決不為如此也

諸葛亮八翼陣辯

太乙統宗寶鑑八翼陣圖一首張煋之所演也孔明陣
無有八翼之名者煋以步卒一十六陣為前後二廂以
騎兵三十二陣為左右翼候正兵之後無奇奇兵之後
無正何辯之蓋孔明六十四陣皆古之車制無非正兵
別以二十四陣為游兵則孔明參用騎兵之法也瞿塘
石陣八八成列騎兵環繞於後非特為殿後耳接戰之
時或居先或居左右為翼為候為衝為突為揚為伏無

定名也張煜推演陣圖動以六十四陣居外實不知孔明游兵之用也大率制兵當知伍法中軍如身前軍右軍如兩手左軍後軍如兩足皆為正兵四奇迭出於前後左右之間者則如爪如牙如嘴如角如羽如翼無正形無定位以此而識輕重之權以此而求動静之理然後可以與追議孔明之兵法

李靖六花陣記

六花之陣唐衛公李靖開國之所作也本孔明八陣圖而變之其中心一二層有十六點為中軍此不易者惟以外三四層四十八點鈎連而有六陣左右總管各二陣左右虞侯各一陣各皆八點以相從所謂八陣為六

孔明之舊法即此圖也李靖因之内方環之為圓外直畫之為方蹠而開之其形六出故號為六花中一如花心外六為花瓣去其隊數參用古法步騎與車三者相兼而間立步隊百人為率騎隊二十五人為率車隊七十五人為率車曰駐隊步曰戰鋒隊為正居前騎曰戰隊曰跳盪隊為奇居後中外凡七軍杜佑通典因述為七軍陣正六花之别名也其教閲恒用三萬人分左右六廂一廂為營法五廂為方圓曲直鋭之形安營布陣以六花為正中軍為奇斯陣也以開唐家之運制服遠方其功偉矣若以為盡孔明之閫奥則猶有間也

四門斗底陣記

四門斗底之陣唐衛公李靖開國之所作也隋大業中征遼東制每軍一萬二千人百人為隊騎兵四十隊步兵八十隊各分為四團將發步兵第一團出營東門東向陣第二團出營南門南向陣第三團出營西門西向陣第四團出營北門北向陣輜重乃出第一輜重出收東面陣分為南道夾以行第二團輜重出收南面陣夾以行第三團輜重出收西面陣夾以行第四團輜重出收北面陣夾以行至營第一團騎兵陣於東第二團騎兵陣於南第三團騎兵陣於西第四團騎兵陣於北合為方陣四面外向護以車乘亦如之步兵各以其輜重

入於陣內以次安營此蓋隋高祖楊堅之成法也李靖六花七軍之陣消息其法一軍三萬人五十人為隊騎兵八十隊步兵四十隊輜重兵一百二十隊亦各分為四分引行止舍一以為則馬斯陣也取其簡便易成變化不滯而已李靖六花用之善矣苟制陣無奇正分合之勢徒方陣以當敵則騎兵見蹙於前者有妨於退步兵欲救於後者不便於進出入相躁行列難行雖將如劉錡尚無壘陣之善策況其他乎

十二將兵陣記

十二將兵之陣唐衛公李靖定邊之所作也以乘之陣外兩層四十八陣各四分之為十二小陣四隅四陣為奇四方八陣為正奇兵用騎正兵用步兵一將各一人中騎兵十有六陣為中軍大將主之大將統乎四奇之將四奇統乎八正之貟首尾有相因之勢行止有相隨之分奇正有同力之義故名為十二將兵之陣是時突厥寇掠敵騎奔衝復變六花而為此也唐太宗蓋用其法太宗為秦王破劉武周軍中作破陣樂武舞前出四表者非象四奇乎後綴八旛者非象八正乎用一百二十八人者以六十四陣為總陣八正之貟各領八陣別有六十四小陣以為中軍一人所以象一陣也其原同出於武侯而各隨所變杜佑推演孔明布列之序直以太宗李靖之法以為之法夫豈無所本哉

十二辰陣記

十二辰之陣亦唐衛公李靖定邊之所作也唐太宗初

四方內附番漢之兵雜處而并用之番長於騎漢長於步靖因其勢一變八陣而為六花凡外營六軍各車步當前騎兵當後車步為拒騎兵從背出此一法也再變六花為十二將兵凡騎分為四步分為八騎居四維為奇為首步居四方為正為尾一奇各當二正二正各正一奇一面受敵首尾相應又一法也三變十二將兵為十二辰混步騎而為一凡外營周圍十二陣皆步而騎各包步之中一奇各當一正一正不離一奇一陣受敵

各自為戰奇正相混無不是正無不是奇敵意兵正則步開騎出而擊之以奇敵意其奇則騎入步合而擊之以正敵不知吾正之所在不測吾奇之所出經所謂奇正之變而循環之無端至此而後見矣是再又一法也夫是時用兵既久番將薛萬徹阿史那執失思力之徒皆黠桀之資苟騎兵別聚為一陣教之知奇正之方則誰可得而制者靖以步而參之騎以騎而隷之步或分之使居四隅或折之使隨各陣屢變其名屢換其勢何

莫而非顛倒駕馭之微權也哉他日侯君集謂太宗曰陛下使李靖教臣兵法靖匿其精者是李靖欲反也靖曰得臣之粗者足以服四方更欲得臣之精是君集欲反也後君集果以逆誅靖之遠慮蓋如此

李靖六花陣辯

太乙統宗寶鑑李靖六花陣圖一首張煜之所演也李靖因八陣為六花者以中軍變方而為圓以外營變直而為方中軍如花心外六陣如花瓣張煜之圖八陣具在但以軸地衡轉居於外以天衡天衡轉居於內謂之六花何辯之蓋兵之有陣猶碁之有畫路也陣之有方圓所以記度量多寡之數定遠近之限制險短之節也方計其步圓計其奇奇者徑一圍三之謂也六花中一廂前二廂後二廂左右一廂每一廂步騎相間而立成相去十步或三十步或五十步前騎後正觀敵何如再鼓之前正後奇其出以五十步爲節離而不絕却而不散皆由方圓度量而起數是則外畫之方內環之圓者

節制之所在非如裴緒李筌五行生尅之說矣大抵李靖六花之制步兵在前馬軍在諸陣之後得之於左傳車戰之法先偏後伍是也其變化出入不與孔明同所謂天地軸風雲龍虎鳥蛇之義不惟無其陣而且異其法張煜拘以地軸天衡內外轉移之末而求六花之理不亦迷且惑哉

李靖五花陣變為六花陣辯

雜兵書李靖六花陣圖一首作無名氏以前後左右中

五陣號爲仁義禮智信謂之曰五花以一十七陣交五爲六陣謂之曰六花何辯之蓋制軍以伍法爲要列之五人爲伍自一乘言之甲士居中步卒分爲四隊居前後左右自一偏言之二十五車也大而列之伍偏爲一陣也然數起於五而終於八然後奇正備焉李靖六花陣自孔明八陣而變孔明九軍中軍十六陣外營八軍每軍六陣李靖七軍中軍一十六陣外營六軍每軍八陣六陣居外如六出之花故以爲名李靖兵書未有五

花之陣之說也學兵不讀左傳不攷衛公問答譬如棋無畫路而一步不可行也爲此圖者妄指爲六花陣蓋於左傳及問答平生未嘗觀也行之於世誤殺將不爲毒且烈哉

平邊萬全陣記

平邊萬全之陣宋太宗皇帝備遼之所作也車四千三百二十乘騎三萬六百匹兵士一十四萬九百三十人布爲前後左右中五軍之大陣前後左右各以二行相從爲表裏中以三陣相從爲輔弼故五軍而有七陣也中陣以車一千四百四十乘方布如城郭每乘卒二十二人爲戰備陣中置拒馬五千具别用戎行之不修則師律用爽陰謀之不作則凶器何恃故天命聖者以廣戰術俾懸衡於未然察變於倚數握機制勝作爲陣圖夫八宫之位正則數不僭神不忒故八其陣所以定其位也衡抗於外軸布於内風雲附其四維所以備物也虎張翼以進蛇向敵而蟠飛龍翔鳥上下其勢而致用

也至若疑兵以固其餘地游兵以接其後列門具將發然後合戰弛張則二廣迭舉犄角則四奇皆出必使陷堅陣拔深壘若星馳天旋雷動山破魏之觀列鄭之魚麗成周之熊羆昆陽之虎豹出匪以律我異於是既而圖成俎豆帝用經略北逐獯鬻平蚩尤戮黎于阪泉省方於崆峒底定萬國旁羅七曜鼎成龍至去而上遷於是遺風冥冥時亡而圖存焉於戲聖迹長往神機未昧酌其流者猶足以決勝三軍禦侮萬里故項籍得之以

霸西楚黥布得之以奄有九江漢孝武得之攘匈奴服甌越東收濊貊西拓大夏然則聖圖幽賛未始有涯天寶中客為韜鈐者得其遺制於黄帝書之外篇裴素而圖之勝敗之由在我股掌天地之心見於毫末議欲獻諸策府廣武事會天子以不戰為師無為為寶則是圖也興於多難廢於昇平湮淪不書盛德其没乃五千人守之四角置望樓八座別用八千人守之凡中三陣計用步兵一十一萬二百八十人以之為正前陣後陣之

前行各三千一百騎隊五十人前陣後陣之後行各一千九百騎隊三十人東稍西稍之前行各二千六百五十騎隊五十人東稍西稍之後行各三千七百五十騎隊三十人餘六百五十騎隊三十人分為各隊探報之卒凡前後左右等陣計用騎兵三萬五千人也皆為奇蓋雍熙之時契丹内侵太宗制此陣以禦敵騎奔突故曰平邊萬全之陣夫宋不自征伐有天下莫知古人制陣之法務以輕鋭為戒持重為主如此則其勢之弱實由茲而起矣

宋神宗皇帝九軍新陣辯

武經總要九軍新陣圖七首宋神宗皇帝之所演也宋有契丹西夏之禍太宗製平邊萬全陣真宗製常陣皆不勝元豐五年神宗更大稽古制別為九軍陣用李靖陣為七將用裴緒新令為牝牡衡方罘罝車輪雁行之形牝取其廣壯取其鋭車輪取其圓罘罝取其包絡鴈翼取其張舒以形相制治而為法出於神宗之宸斷者

何辯之蓋黄帝孔明之陣四奇四正併中軍而為九大將之將得四之一八陣之衆得四之三謂之握奇開闔出入千變萬化其道無窮何形勢之有神宗為九軍似矣惜乎中外無等奇正不分泥於形勢知為九軍而不知所以用之況李靖六花陣軍七故將亦七九軍置四將可知操縱開闔進退出入決善政也積弱累敗至於喪亡宜哉或曰孰與平邊常陣為優劣耶曰陣起於五而終於八起於五者前後左右中五正也不及四奇終

於八者四奇四正也而不及中此萬世不易之法乎邊常陣雖知五軍而布其所失過於固守怯於進取均為敗陣惟不泥於形勢庶幾不類於兒戲耳

元四陣圖辯

虎鈐經陣圖四首元許洞之所演也例十萬卒以七為步為正三為騎為奇曰飛鶚者搏擊勢重霞者氤氳勢長虹者彎抱勢八卦者四應勢遞相變化以為法何辯之蓋握奇五法二者製陣之大要握奇所以立陣之體

也體立則四支為之用而守固伍法所以定布置之所也布置有方則進退出入開闔奇立整而不亂寡可以為衆弱可以為强兹洞四陣皆以一面為勢中校平列一字為中軍是無握奇矣四隅無兵以首項身尾為次序是無伍法矣苟處軍平曠之地敵出以奇驚其左右則中軍自擾前後不相救夾而攻之則斷而為二為三聚攻其一處其背可透小挫大遂大亂其患殆非止一端也烏得為節制之理哉雖著論紛然要人必信稍識虛實者皆笑其為謬戾夫厭李筌形勢之偏卒不能自免於形勢之累一弊流源千萬載而不悟至於如此也耶

第一分陣隊者衝兵未布於陣中無事於衝突故以奇哨相錯綜而蔽護中軍此屯營時也即八陣遊兵置後圖之意

第二陣分將校以統之

第三發行則以次而不亂結陣即撞營之意行時亦成

營陣敵伏兵不得衝之所以衝盡在四面也

第四營柵

第五初布陣始以衝兵分屬於各隊此則列於陣外矣蓋每一隊奇哨該有一隊衝兵奇哨各為方陣而不為前之錯綜者正以利於衝兵之出入也

第六斂衝待敵不駐衝於各隊之外者示之弱也而駐衝切近於各隊之内者暗防敵之衝也此所謂不為第十六陣之藏於奇哨隊中也是時尚未定賊之来

路也

第七嚴陣挑戰蓋因示之以弱而敵不至則必出以挑之是時賊在前故於四奇之中各撤一隊以歸之前右哨止留一隊衝兵以防後前右二哨既借四奇而又各駐衝兵一隊於旁以自固者正所謂嚴陣也使賊見二哨兵之多必由挑戰之處而来若賊来又不以衝兵與戰而以前奇與戰衝兵以宜閃開兩邊將以前奇誘之使入則伏兵起而攻其左右前校與所駐中軍衝兵當其前挑戰之兵要其後然前後皆有重兵恐兩旁之一隊衝兵不足以當之故以左右奇聽招將視其勢之强弱以進止也

第八先鋒應敵則全軍皆動獨左後二哨不動前右二哨自固如前然前以衝兵駐於二哨之傍今以之駐於二哨之前者蓋以初有三隊衝兵在前挑戰與揚兵今止一隊故也以當先一隊與之戰而以兩隊衝兵藏於傍以為兩翼伏二隊於後蓋敵至則如前之夾攻不則亦可以隨衝而出也初以左右奇聽招今即以之備伏故以後奇聽招而向前後奇既向前則疑於後之踈也故以衝兵一隊分駐之於後蓋此進兵時也故兩腋亦須防賊之伏兵是以不以兩奇之兵聽招而以之備伏又駐衝兵二隊以為備蓋左右有急則應左右前有急則應前此其駐衝兵之妙也

第九前哨受敵則右哨之自固如前而前奇駐以衝兵二隊以其近於賊之来處亦當自固也然左奇有三

旗兩衝處置與三面不同正以待戰也前奇自固衝在後左哨自固衝在傍在後二哨則衝亦無之皆與左奇制陣不同此待戰與自守之别也然後右亦未嘗不分衝兵以駐之又移中軍以向前哨他陣前奇交戰則有衝兵在前而此無之者以前奇止是五隊前哨是八隊故即以本隊兵與之戰也八隊内原借前奇一隊在内今還之而又借右奇一隊補之蓋以右遠而前近也右哨受敵可知矣

第十前右二哨俱受敵則前奇左奇右奇俱逼近賊矣故本奇自有五隊而又各駐以衡兵因兩處受敵而衡兵不足故不得已撤中軍左右校以備之中軍左右校既撤仍懼左右腋之勢孤故揚衡兵於外以張其勢前奇駐以衡兵兩隊而左右只是一隊者以前奇夾在二哨中則兩面須備敵而左右奇只是一面也

第十一迭右奇者以前奇戰乏故以右奇迭之又以左

奇聽招以待右奇之乏然兩腋疑於踈矣故以衡兵一隊待之復移前右二哨之衡兵於兩旁者正以近左右二腋而便於策應也

第十二迭左奇意亦如前然以右奇整於前而以前奇列於右者以其從後而退便抽換也

第十三迭前校意亦如前然不用後奇而用前校者蓋以漸次向前便於進也他陣以一隊衡兵助奇兵戰而此以兩隊助之者以各奇有五隊而前校止是曰

隊也分左奇於兩腋者以當前隊出敵之時則左奇從中分自兩旁而退且欲收前右二奇於中也所以收前右二奇於中者以他陣俱有衡兵在內今衡兵向外故以奇代之又二奇休息已久將可再出衡兵交戰已久將欲收入故列於此待衡入而直出也藏二衡兵於二哨之中者欲示之弱以分其勢使不專於前也

第十四三軍大戰以他陣奇校相更而衡兵則未嘗更

至此則衡兵亦欲更矣故收衡兵以待逐敵之用既無衡兵於外則不得不合三奇之兵以對敵左右奇既出而兵又乏故暫移左後二哨以為腋以前陣在腋之衡兵補其空

第十五戰勝追逐則奇校俱入陣而以輕兵追賊一得以更迭休息一則按其行伍勝而不至於亂

第十六收陣整兵故分布衡兵於各隊常以衡兵護奇哨此以奇哨護衡兵人馬解鞍卸甲俱在營中矣追

逐歸後疲倦之餘
第十七據險阻敵他處皆十二隊衝兵而此獨倍之者蓋於險處則設疑兵之似衝兵者以懼敵也
第十八迴軍轉戰則敵在我後故衝兵皆駐於後蓋衝兵原以隨處禦敵也
此陣於受敵處固駐以重兵而子細防之而不受敵處亦未嘗疎則敵之聲東擊西者無患矣四面固有衝兵来往以防守而中軍亦未嘗無衝兵一則以固本根一

則以隨時應用屯營則奇哨在外行營則衝兵在外或虛而張其威則衝兵在外或實而示之弱則衝兵居中細觀其作用衝兵最勁奇校兵次之哨兵又次之其陣常定而隨敵可以應之以駐衝兵之得宜也不言三迭陣而迭陣在其中矣合来則十八陣總是一陣分之則變化無窮此其所以為妙也

秘戰第七

一秘戰者即新名鴛鴦陣之謂也每衝鋒五人為伍用長挨牌一面伍長選身長力大者一名在前執牌面左止許顧左不許顧右後身第二名執狼筅面右以筅出牌右五尺緊緊靠牌其鎗手在筅之後三步平執鎗伍長執牌徑進餘各緊緊依法隨行敵决不敢以鎗戳牌如將鎗由牌頂戳来伍長用牌一起即將鎗高閣急待收鎗我之鎗兵出而戳敵矣如左面戳来必欲中傷執狼筅兵之後脊鎗須由牌兵面前過三尺餘牌兵可以手握其鎗後之鎗手出矣如敵兵將鎗由右来欲傷牌

兵之臂筅兵以用筅挨其鎗鋒而後行鎗手又出矣如賊用鎗由牌下戳牌兵之足牌兵用牌一坐下壓其鎗而後之鎗手又出矣至於賊之短兵刀鈎等項必不能近惟牌兵專視一面而既護筅兵之脊筅兵亦專一面而護牌兵之後鎗射銃手俱立牌後六七尺則正面矢石已不能及而復左右皆救矣再如賊衆道平我則通將牌齊列雖有萬賊進不能與我相交刃退後有所逼而不敢驟生延望相持稍久而我之奇伏相機遣出又

張聲勢兩翼漸逼賊必分兵四禦我則開牌縫而出甲
士則敵賊計窮矣夫浙兵之不敢戰謂其以赤身生命
抗死冦無自衛之策也鴛鴦陣之法最妙者取其敵之
鋒刃不能及兵身庶兵之膽可恃以無恐而敢進且退
則有蔽於後進則如載堵墻而前百戰不殆此也振勇
破堅此也直擣巢險此也再如賊在山上有擂木滚石
我欲山下仰攻而上賊將木石下抛則每牌下止用三
人執牌於前而上遇有木石下擲以目看正各兵伏身

其下以此牌遮其身上牌下根附山高土坡牌頭下垂
則木石遇之而直行無礙順勢滚下我再舉牌復登破
險上山尤要器也但牌身如用銃打透諸計皆罔矣草
銃新牌之功用何如哉
夫陣或數十人或百人列為前陣衝突官兵營壘地陣
或數十人或百人列為後衝專恃隱伏邀擊於陣居中
或為應兵或為遊變或為牙介也天陣先出三人為宗
各相依背面外而立或隱伏草莽或出没空舍崖岸如
鷹隼鵞鶻使官兵莫能測五人為伍前二人後三人能
使飛刀者直衝官兵之前能使鎗鏁次而進如官軍直
衝羣擊而前我當分伏夾道無惹尾令士卒羣聚蹲踞
咆哮而前各執短刀分兩翼横跳而進則後陣自潰前
中皆奪散矣可收兵歸營不可深追參彼兵臨我我兵
執紙蓋而直衝其前彼若不解破法我用卒然之勢首
尾包絡彼兵即敗箕令士卒羣蹲踞滚刀而前角我兵
戴一角披髮而突入其陣彼不知破我兵可先斬其馬

次及前衝則彼皆自潰矣斗令士卒分五陣四面而進
亢彼兵臨我我用兩卒口銜刀手執白紙幡向兩路夾
攻陣中彼不曉破我用羣刀手大噪而進彼兵盡為我
挫矣并所至處先令人放火使煙焰衝天然後埋伏草
野以次而進無不勝者翼彼兵臨我我兵頂一方板手
執長蛇以進彼不知解我兵先横跳而進之矣此謂之
倒戈陣也奎令士卒伏地而来先截尾陣次及先鋒其
勢如山畢彼兵臨我我兵口銜短刀兩手如翼向後後

兵吶喊而進彼不知解我得大羸凡陣能潰圍背先令人登高樹屋望之次四野伏殺妻令軍二十人手足抵地作犬聲而進星令士卒跑跳哮吽而進一衝前陣其勢如劈竹柳先令士卒手執鋒刀三尖刀一跳十數步横奔而来昴主將即向前令兵兩手如飛鳥相似張翼前進各執大刀吶喊殺来張以頭觸物而進令士卒羣聚殺殺勇不可當虚天陣如飛鷹捉兎乃為天鼠三軍大刀大斧飛奔前進地陣如穿山甲透山掃地而往各

持短刀喊吽滚在地上向前名為地鼠攛穴孔陣如狼迷人飛槌抛打飛刀飛鎗齊進三陣一時同發名為日鼠飛躍心令三軍喊呼向前各執長鎗三尖利刀牛令士卒各執大刀大斧口作牛聲而進鬼令士卒以頭向敵各執短刀短鎗如風齊進勢不可當室令士卒各執飛刀捲地而入壁令士卒各用三尖大刀月斧大進胃令士卒手執三尖刀三股义齊聲吶喊大吽殺入房令士卒喊呼殺殺手執大斧齊進危令士卒各執雙刀如

鳥翅飛開殺聲不住一躍前進氐軫令士卒分兩邊各執短刀一路長鎗一路迅速齊到勢不可止殺人最快交鋒時角木蛟用扇拍拍所領軍五人為伍前二人後三人彼此背後相靠見扇拍時一躍丈餘殺至彼營尚不知也少時中陣尾火虎埋伏在草莽或山岩空舍之中見敵人迎来陡起来殺變為虎陣乃人陣法也専恃隱伏邀擊一變為女土蝠陣乃地陣法也或為天陣遊奕或為人陣牙兵不拘常也或挾飛刀向前鎗在後或

飛鎗在前藥箭在後出没隱伏交鋒迎敵更難測度此乃日日演習照二十八宿交戰法行之此法訓練百日務要熟閑然後用二十八人胸前懐之立制營壘用人操練仍照前法一一施行又練百日俟人成熟慣戰方取用之凡人操練亦用裝敵人對壘交鋒如是方得精也

演禽戰法　凡稱我者倭自謂也稱彼者謂官軍也以此推之章章自明矣

此法自晉孫恩海上作亂樓舡千艘賊兵萬數然出敵

不過數十人屯聚不滿一二百而專恃此法人號長生百誇神算天厭其亂能破其術者有劉牢之也大戰海洋賊衆覆敗孫恩溺死盧循繼反劉牢之復破而滅之

此法傳自榜葛剌彭亨倭奴諸島者至今兩廣猺獞苗蠻皆效之也

此法不擇日不擇門不避孤虛惟用棗木刻二十八宿真形行則佩之立營隨方供之

陣法分天地人陣天陣前衝天陣或數十人或百人列為前陣衝突官兵營壘地陣或數十人或百人為後衛專恃隱伏邀擊人陣居中或為應兵或分游變或為牙爪也天陣先出

三人為宗各相背立隱伏出沒如隼如鶻各相依背面外而立或隱伏草莽或出沒空舍崖岸如鷹隼鳶鶻使官兵莫能測也五人為伍前二後三飛刀直前鎗鐮次也前二人後三人能使飛刀者直冲官兵之前能使鎗鐮者次而進先出者潑扇鼓譟一進先出者俯白扇向前對官兵而潑之衆皆鼓譟而進也彼知破法亦潑扇而裂之踏足下令軍士用牯牛釵直衝羣擊而前官兵能知破法亦用白扇破而裂之收踏足下令軍士用紅布纒頭左右各揷竹枝一根手執細梢竹一根向賊陣羣擊之賊人必敗矣蝠夜飛人常以細竹急速揺擊則蝠必自觸於竹而死官兵既用牯牛釵破賊之法賊人受破難敵也我當分伏夾道無恙不然彼有大斧長鎗執彩扇面背前拍拍而來則我兵大危矣賊破破必分夾道而伏以避之無害矣若官兵再有大斧長鎗執彩扇背前拍拍而來賊兵大危矣此第一摺法也　名女土蝠

主將臨陣默念唵吽吽哈哈哈叱叱叱　一變為尾火虎陣令士卒羣聚踞咆哮而前各執短刀主者裂白扇棄地或水中分兩翼横跳而進則後陣自潰前中皆奔散矣可收兵歸營不可深追若彼知破令軍士羣棄草鞋一隻投陣中鑼聲大震而進主將披髮直前衆兵自

走矣賊行蝠陣被破賊首念咒作髪必變尾火虎陣賊令卒屯聚咆哮以向官兵各執短刀賊首裂白扇棄地或水中分兩邊横上官兵後陣必自潰前陣中陣皆奔散矣自收兵歸寨不敢深追若官兵知破令軍士脫所穿草鞋一隻投賊陣中令各隊鑼聲不絕大將披髪直突賊陣之前賊兵自然迷惑束手自擒矣譬如虎行杖落必有虎倀導引擒虎者必棄所穿草鞋一隻於山麓倀得之必猶豫不進虎即為獵者所獲矣彼兵臨我兵執紙蓋而直衝其前彼若不解破法我用率然之勢首尾相招彼兵即敗使彼用此我能破之人執白棒於前鎗斧居次先斬執蓋次斬先鋒令婦裸體用

簸箕扇之然後旗指戈向則勢如壓卵矣(官兵出陣臨城賊人執紙傘直突官兵前若官兵不知破去賊人用率然之勢率然者常山之蛇也擊首則尾應擊尾則首應擊中則首尾皆應而官兵必敗矣若官兵用前法臨陣賊令白棒向前鎗斧居次先斬執蓋次斬先鋒如不能斬執蓋先鋒賊必陷斬就令婦人裸體用簸箕向官兵扇之而旗指戈向之處勢如壓卵矣官兵彼時知破用箒颭溺洒之簸帚即昏賊首可獲也)此第二揩法也　名參水猿

臨陣主將默念唵咖囉吵九遍用劍横畫地上直躍而前一變為箕水豹陣令士卒羣蹲踞滾刀而前狎者用扇向肯前拍之彼不知解即以扇向前招搖之口念

唵吽吽嚙嚧啷九遍用劍直指須臾隱隱迷霧衆兵皆為我傷矣彼知破法用疊陣破之槌斧長鎗居前中勁弩在後以次而進主將用扇横分左右扇之收踏脚下雖勇猛亦為所困也(賊行猿陣被破賊首念咒作法仗劍横畫地上直躍官兵之前變為箕水豹陣令賊衆蹲踞滾地使刀而前押陣者即用扇向前招搖之口念咒作法用劍直向官兵前指之頃刻迷霧隱隱官兵受傷使官兵知破法用大斧長鎗强弓勁弩挨陣而進大將用扇横分左右扇之收足下踏之雖有賁育在内亦為所困矣)彼兵臨我我兵戴一角披髮而突入其陣彼不知破我兵可先斬其馬次及前衛則彼皆自潰矣使彼用此臨我兵夏月用斬蛇以投陣内冬月用草編為草蛇以待之既斬蛇投陣内然後兵再用笓籬蔽前勁弩後發兵士務去襦袴方勝(官兵臨賊陣賊兵戴一牛角披髮纏紅巾直突衛官兵之陣官兵不知破賊人必先斬官兵馬足次及前衛官兵必敗官兵知破夏月斬蛇投賊陣冬月編草蛇以待之既斷蛇投賊陣再用笓籬蔽前笓籬竹挨牌也勁弩隨後而發官兵居前陣者務去襦袴則大勝矣蓋蛟者乃蜃蛇所化斷蛇則蛟傷真形也)此第三揩法也　名角木蛟

主將臨陣默念唵吽吽叱叱叱啜啜啜九遍　一變為斗木獬令士卒分五陣四面而進主將用扇向前頭上

嚕嚕之聲如招人狀其兵俱斂手受刃也使知解法用来撤陣内去下袴羣執重器火砲中半邀殺無不勝也(賊行蛟陣被破賊首念咒作法變為斗木豸陣令士卒分五陣四面環繞而進賊首用扇面頭頂上口中作嚕嚕聲如招人狀官兵則束手無措官兵知破用白米亂撒賊陣中軍士去下襦袴羣執重器火砲或中渡或半道邀擊大取其勝也)彼兵臨我我用兩卒口銜刀手執白紙幡而夾攻陣中彼不曉破我用羣刀手大譟而進彼兵盡為我挫矣使彼兵用此法加我得風則燒其旛無風用竹篠令軍士羣擊之幡斷陣破主將可擒(官兵臨賊賊人令兩卒口中銜

刀手執白紙幡令賊衆兩路夾攻官兵不知破賊人用犀刀手齊鼓噪而進官兵受其挫矣假使官兵知破此法得上風則令軍士燒其幡無風用哨竹犀擊突陣內幡斷陣潰賊首就擒矣　此第四揖法也　名亢金龍

主將臨陣默念唵嚙嚙嚙嚙囉吵攝九遍用劍指尖直揮而退　一變為井木犴此宿入山擒猛虎入海㗖龍蛟所至處先令人放火使煙焰衝天然後埋伏草野以次而進無不勝者如彼知破令軍士各執五指釵而進如無用魚叉亦好　賊行龍陣被破賊首念咒作法變為井木犴陣遇官兵先令人放火使煙

焰漫天然後分投各處三伏草野挨次而進攻無有不勝者官兵知破令軍士執五指釵而進如無魚叉亦可狂獸性猛入山擒虎豹下水㗖蛟龍原其真形乃大魚所化五指釵獺之真形也魚叉亦所畏之器也　彼兵臨我我兵頂一方板手執長蛇以進彼不知解我兵先橫跳而進之矣此謂之倒戈陣也彼使用此加我必先用大礮居前或鼓哨披髮斜行大斧直向先斬先鋒次擒上將也　官兵臨賊賊人頂方板一片手執長蛇以次而進攻官兵不能破之賊兵必令前陣橫跳而入官兵必輸官兵曉破先用發熕居前衝令頭目數十人鼓哨披髮斜行大斧直前向賊陣先鋒賊首必就擒矣蛇蟄蟲也發熕聲震其物斂藏　此第五揖法也　名翼火蛇

主將臨敵默念唵咖囉唎囉煞用劍虛刺而進　一變為奎木狼令士卒伏地而來先截尾陣次及先鋒其勢如山彼知解法惟以槌鞭斧簡犀向前而進攻之然後令士卒務以圓尖二陣行之無不破矣若視以尋常必受其害　賊行蛇陣被破賊首念咒作法用劍望空虛刺而進變為奎木狼陣令卒伏地而犯官兵先截尾陣次及先鋒其勢重如山官兵知破專用大槌大斧鐵鞭長簡犀聚而進攻務罷圓尖二陣賊人必敗矣若視以尋常玩忽必受大害　彼兵臨我我兵口銜短刀兩手如翼向後後兵吶喊而進彼不知解我得大贏此陣能潰圍如彼用此襲我兵先令執紙蓋而直衝之先斬後陣前中自

散　官兵臨賊賊人令卒口銜短刀兩手如鳥張翼而後後衆賊齊吶喊而進攻官兵不知破法賊人大勝此陣能潰圍官兵知破令一卒執一紙傘而突入賊陣先斬後陣則前陣中陣自然離散官兵大獲全勝也

此第六揖法也　名畢月烏

主將臨陣默念天轉地轉吵囉啜　一變為觜火猴先令人登高樹屋望之次四野伏殺仍執紙蓋短幡直衝斬柳枝投陣內大勝彼知破法務以火鎗方勝　賊行烏陣被破賊首念咒作法變為觜火猴陣先令人登高樹或高屋遠望次伏四野截殺仍執紙傘短幡直衝再斬柳枝投

官兵陣內取勝官兵知破務用火龍鎗直倒賊陣賊兵大敗猴性輕佻惟火能制賊見破了觜
火猴陣主將用扇拍拍而来前念咒曰吒利利那囉囉
一變而為婁金狗令軍二十人手足抓地作犬聲而
進隨用大斧長鎗殺来我軍被殺不知破法大敗而歸
官軍知見狗陣各軍頭扎虎頭形盔帽作虎聲向前手
執肉十數塊抛入彼陣鼓翼而進賊必大敗賊若變為婁金狗我這裏知是狗陣即用肉或牛羊骨頭上抛進以制之蓋狗性喜肉彼見之顧食不進又見虎豹在前畏懼退縮也　此第七摺陣法也　名婁金狗

主將臨陣默念咒曰變移移星神聽令可劍一指　一
變為星日馬令士卒跑踘哮吽而進一衝前陣其勢如
劈竹彼知破法各以鞭棰叉棍向前料豆亂撒地下賊
兵返回自傷害矣賊見破了狗陣主將念咒作法變為星日馬咆哮冲来若不知破法官軍受傷矣馬性懼縛喜料彼見鞭繩豆穀即退陣矣　此第八摺陣法也　名柳
土獐
主將見破遂執黑旗在手左旋不住默念速速来摩囉
摩囉　即變為柳土獐陣先令士卒手執鋒刃三尖刀
一跳十數步橫奔而来彼知破法各軍三股叉欒弩箭
向前口作犬聲方勝獐性跳躍怕犬叉若不知破法官軍被其殘害獐見索網大叉自退縮矣　此第九摺陣法也　名昴日雞
主將即向前令兵兩手如飛鳥狙似張翼前進各執大
刀吶喊殺来官兵不知解法賊人大勝若知破法即用
米穀撒去手執竹棒打去飛槌殺入即解主將見解即
變為張月鹿陣以頭結物而進作法持咒手執黃旗旋
轉默念黃由由頭角崢嶸速速唵唵令士卒羣聚殺殺

勇不可當官軍不知破法被賊冲擊受害奔走若知破
法各兵口作犬聲以三股魚叉欒弩網索齊進賊反受
害矣
主將見破即念咒作法手握皂旗披髮口噴淨水按上
中下口念咒云唵嚙吟吟鼠即情一變為虛日鼠陣此
陣最惡天陣如飛鷹捉兎乃為天鼠三軍大刀大斧飛
奔前進地陣如川山甲入山掃地而往各持短刀喊吽
滚在地上向前名為地鼠攛穴人陣如狼迷人飛槌抛

打飛刀飛鎗齊進三陣一時向發名為日鼠飛躍主將先用軫扇拍拍不住諸軍見扇拍打不住一當百官兵不知破法無一人得存盡被殺死若知破法令三軍手執竹葉長竹口作猫聲以破失鼠手執團牌短刀齊隅飛槌飛刀飛鎗牌下短刀砍賊脚口亦作猫聲前進以破人地二陣無不勝也

主將見破即令三軍喊呼向前各執長鎗三尖利刀作法默念狐精救我三軍唵吒吒摩哩哩即變為心月狐

陣殺入狐性喜變婦女怕網索猫犬官軍口作犬聲頭上畫婦人美色墨包賊陣噠哩哩殺殺即變為牛金牛令士卒各執大刀大斧口作牛聲而進不知破法受其害矣若知破法令三軍各執長鞭口中念啼（即拂也）大喊齊進賊反受攻主將見破作法默念魍魎魍魎助我真常吒吒囉囉速速疾即變為鬼金羊令士卒以頭向敵各執短刀短鎗如風齊進勢不可當若知破法令軍頭頂虎頭狼面作虎聲喊大刀尖刀殺入而解賊見法破即行作法默念咒曰鐵脚田王速速當當飛揚飛揚即變為室火猪令士卒各執飛刀捲地而入若知破法即令三軍拋糟入陣尖刀相迎手執長索鐐鈎齊抵相戰主將見破即行作法默念大悲龍神救我兵人速疾疾唵吽吽吒吒即變為壁水㺄陣令士卒各用三尖大刀大斧而進若知破法令軍口作大聲手執三股魚叉迎敵賊見法破即作法念咒云吒吒那那飛飛殺殺即變為胃土雉陣令士卒手執三尖刀三股叉齊聲吶喊大

吽殺入官軍以網羅長繩大刀頭上插茅草柳枝敵住賊見法破即又作法呼曰三陽三陽速来軍旁水護水護匆悮匆悮即變為房日兎此兎陣照耀四方為三軍頭著令士卒呼喊殺殺手執大斧齊進官軍頭帶虎狼巾口作犬聲敵住賊見法破即行作法將皂旗旋轉默念悉怛怛社公公速至至即變為危月燕陣令士卒各執雙刀如鳥翅飛開殺聲不住一躍前進官兵不知破法被賊跳入殺傷若知破法令各軍手執竹桿望空不

住打下長鎗隨後迎敵或點火把燒去即解賊兵返回盡被官軍殺害賊見法破又行作法用淨水三口噴去大聲喝云土神水神遠至遠至唵哩唵哩殺殺殺即變為氐土貉軫水蚓二陣令士卒分兩邊各執短刀一路長鎗一路迅速齊到勢不可止殺人最快敵不見軍官兵以鋤頭大刀破入鑼聲不絶口作猫犬聲齊進無不勝矣

凡遇作法必主將披髮執旗先念天轉地轉人轉天旋

地旋人旋三遍喝聲疾疾此作法也

凡遇破陣法必行後處破陣中咒語作法依之行之無不敵人陣也

凡遇變陣即行後面的藏身法每令各軍依藏身法遮隔前進賊兵飛躍至前官軍亦不見矣知賊變法預為解釋方得解破如草鞋草蛇火把竹葉長竹簸箕米糠詑斧紙畫龍蛇虎豹美人一應破法無不備具方為完足應敵無不取勝

凡交戰出征領兵頭目手中花扇白扇紅扇各色扇各備十數把以備號令以破陣法中用以毀壞脚踏作法用之如白紙幡紅布巾細竹竹篠牛角俱預備三股魚义箝鉤網索紙紋花茅草紅草蘆葉生鐵等件先要備用前此陣法雖列但二十八宿隨時列陣遇春決是蛟龍蛇蚓等得令先行此陣也餘倣此

凡二十八宿看何宿直日如角木蛟的日辰即令各軍布角木蛟陣為先後看日辰及来軍之勢利何如耳變

化相刑相尅禽陣也二十八宿依此為例

又二十八宿主管統帥紫微天皇星貪巨禄文廉武破七星為輔佐天罡為先鋒棗木刻為聖像或寫立牌位照後行禽操練之法

二十八宿操練之法

角木蛟蛇頭人身着五采袍手持三尖兩刃刀率領蛇蝞等兵交鋒一變尾火虎或變室火猪各領部下兵交戰日在於卓上操演行法人口念咒炷烈爀熒子宛玄

燒符三道
其法擇六甲日中遇角木蛟直日起手行法先於甲子庚申丙午癸亥四日用棗木九寸長刻二十八宿真形照後搽漆顏色器械衣裝按四方日刻如甲子日屬木刻角木蛟四宿也其三方照此刻太陽太陰八日於朔日刻房日兎也房日刻心月狐也裝點顏色亦依此行之不可違此恐有蹤失不靈凡操練之時先立壇場祭告北斗天皇五星等神寫立牌位排設金水五星亦刻

形像祭練之日五星率所屬聽令告畢第二日方行操練先立營星淨室中鋪席在地先是金星在前亢金龍四宿在後木星在前角木蛟四宿在後餘做此操練三日後五星供養在上止用二十八宿操練先立天陣在前如角木蛟領兵先進一躍即至敵所與敵交鋒先於二日扎草人二三十人俱長七八寸俱用紙衣紙甲顏色糊成竹木雕造刀鎗器械聽用交戰畢俱行燒毀要行再做

交鋒時角木蛟用扇拍拍所領軍五人為伍前二人後三人彼此背後相靠見扇拍時一跳丈餘殺至彼營尚不知也少時中陣尾火虎埋伏在草莽或山岩空谷之中見敵人迎来陡起来殺變為虎陣乃人陣法也專恃隱伏邀擊一變為女土蝠陣乃地陣法也或為天陣遊奕或為人陣牙兵不拘常也或伏飛刀向前鎗在後或飛鎗在前藥弩在後出沒隱伏交鋒迎敵更難測度此乃日日演習照二十八宿交戰法行之此法訓練百日

務要閑熟然後用二十八人背前懷之立制營壘用人操練仍照前法一一施行又練百日俟人成熟慣戰方敢用之凡人操練亦用裝敵人對壘交鋒如是方得精也此三陣須習操練之法非人勿示慎之慎之

所用祭禮　鹿脯五盤　兎脯五盤　獐肉五盤
羊首二枚　果品五色　麵食五樣　方酒五盞
醴酒五盞　明燈五盞

設八方位按乾坎艮震巽離坤兌八卦排土座様式五

色彩帛掛五方燒帛五段所設劍鏡牌印金銀紙錠燭炬列五方紙旗令英勇五人執掌行法人被髮默念請神咒乞降此壇聽令其行法時符咒俱用後面的每次燒符三道除後咒先念炷烈爇焚于宛玄燒符一道念本宿咒燒符一道又咒云天神天神假汝之靈助我軍行勦除惡敵輔翼聖君急急如紫微天皇帝君律令勅燒符一道又云天罡星君貪巨禄文廉武破七位星君助吾行法遣將出軍聽吾法令不得留停吾得成功奏

請天庭吾奉

太上老君律令勅用令牌急打三下步九尾鳳罡左手持劍右手執水盞天門上噀水一口吸祖炁三口大喝一聲疾如此三次行法不可忽也喏

天神下降露出真形不可畏懼但言咒曰請神歸位土座受吾供養褻慢神明聽吾法令輔國安民望

神哀憫宥罪安寧不勝欣慶祝畢淨手焚香再告心事祝文唱讀

煉飛刀法

其法取庚申日煉淨好瓜鐵十二斤三人打渾鋼如斬人刀樣者六口先於丙丁日砌鑪朝西方打鐵人俱齋戒入淨室中起手打雌雄六把陽日打雄陰日打雌打畢供養在老君之位三七日日祭祀每日持咒牲血灑刀上祭雄刀咒曰莫耶莫耶老君煉成你爲天主三陽之精令你斬人不得留停太上老君急急如律令勅祭雌刀咒曰千將千將老君持杖渾鐵打成三陰之象

令你殺人如風掃蕩太上老君急急如律令

破飛刀法用重喪袋一條一拋而去口噙血水噴去唱一聲落咒曰飛刀飛刀返歸殺毛主人伎你殺主不饒殺殺殺殺

煉飛鎗法

其法打鎗亦同但放雄留雌放雌留雄取敵人首如探囊取物之易也行法人齋戒謹慎公心正直一有不戒不獨不靈反自傷身不可忽之至囑至囑

太陽所管　房日兎　虚日鼠　昴日雞　星日馬
太陰所管　心月狐　危月燕　畢月烏　張月鹿
金星所屬　亢金龍　牛金牛　婁金狗　鬼金羊
木星所屬　角木蛟　斗木獬　奎木狼　井木犴
水星所屬　箕水豹　壁水貐　參水猿　軫水蚓
火星所屬　尾火虎　室火猪　觜火猴　翼火蛇
土星所屬　氐土貉　女土蝠　胃土雉　柳土獐
右凡交戰出軍金星執白旗向前四禽星火後止此五

人出去交鋒一人當百人不敢當也其旗隨變色如大
紅旗也

二十八宿形像

角木蛟蛟頭人身長一丈面色赤着紅錦袍緑弔敦嵌
金青頭巾㡇金帶烏油履跨長劍
亢金龍龍頭人身長一丈面色青額上有雙角着青袍
烏弔敦㡇玉帶身執鐵棒
氐土貉貉頭人身長八尺面黄色着蒼色嵌黄戰袍腰
跨寶彫弓手執箭一根
房日兎兎頭人身長六尺五寸面黄白淨色二目放光
金色着大青錦文戰袍黄金比甲烏油金線戰靴手執
三股叉
心月狐狐頭人身長六尺五寸面粉紅色着花邊紅戰
袍嵌金緑頭巾烏油靴跨紫金鞭
尾火虎虎頭人身長一丈面黄色雙目金灼着花錦戰
袍嵌金紅頭巾手執大刀

箕水豹豹頭人身長一丈面紅黄色雙目光耀着金錢
黄戰袍黄頭巾烏油履跨大桿刀
斗木獬獬頭人身長一丈一尺面青色兩目金色光耀
着大紅袍烏油履手執三尖刀
牛金牛牛頭人身長一丈二尺面黄黑色額上生雙肉
角着黑甲戰袍金頭巾上有黄字手執大刀
女土蝠蝠頭人身長五尺五寸面土黄色着黄邊緑戰
袍戴赤巾手執金簡

虚日鼠鼠頭人身長四尺五寸面黑黨色着鐵青袍黄
包巾手執大刀
危月燕燕頭人身長一丈面花青色着黄袍繫金帶青
金比甲烏油靴跨長青鋒劍
室火猪猪頭人身長六尺五寸面玄色着油黑戰袍緑
弔敦紅包巾跨鐵簡
壁水貐貐頭人身長四尺五寸面黑色着土黄戰袍白
布金嵌弔敦跨短刀

奎木狼狼頭人身長五尺面蒼黑色着皂絹袍金花黄
布比甲烏油履手執兩刃刀
婁金狗狗頭人身長四尺五寸面黄黑色着青戰袍金
花布比甲黄皮靴跨弓一把箭一枝
胃土雉雉頭人身長四尺面紫棠色着金花黄布袍白
金弔敦烏油履手執三尖刀
昴日雞雞頭人身長九尺面紫色着紅錦戰袍烏油比
甲青皮靴手執三股叉

畢月烏烏頭人身長八尺面黑色着皂戰袍嵌金黄比
甲烏油靴跨青鋒劒
觜火猴猴頭人身長四尺五寸面紅色着青金戰袍黄
嵌緑比甲白皮履跨劍一口
參水猿猿頭人身長五尺面蒼色着花紅布袍黄嵌金
弔敦烏油履手執長鎗
井木犴犴頭人身長一丈面黑色雙目金灼如鬼形着
大紅袍紫皮弔敦烏油靴手執青鋒劍

鬼金羊羊頭人身長七尺面紅白色雙目金色光灼着
皂戰袍烏油履跨長柄腰刀
柳土獐獐頭人身長六尺五寸面黄色着柳黄戰袍青
黑色弔敦執紅纓長鎗
星日馬馬頭人身長一丈面紫赤色着大紅袍金箱邊
黄比甲烏油靴跨寶刀
張月鹿鹿頭人身長一丈面紅白色着花錦戰袍紅黄
色闕　尖刀

翼火蛇蛇頭人身長七尺面赤色着青袍柳黄比甲白
皮靴手執大捍刀
軫水蚓蚓頭人身長九尺面紫棠色着白袍青比甲跨
劍一口

二十八宿遁藏身法

角木蛟藏身用水一大盆行法人將水用竹一根攪水
咒曰水流水流洒我軍頭敵人相遇一鼓而休俟水定
用竹葉以水每軍浣面目手足畢持竹洒軍身上方出

交鋒無不勝也
亢金龍藏身亦用水一盆以手揚之咒曰水神水神變
化過靈與敵交鋒不見身形令各軍用水溼手作雷聲
隨身齊出應敵無人敢當
氐土貉藏身用青竹葉包裹頭舉揷一枝在頂中咒曰
竹葉揷頭殺人最毒百萬敵兵一陣而伏令各軍口呼
殺殺大吉
房日兔藏身用茅草揷頭上或用黄紙畫一五綵圓月
光安頭上咒曰月光月光玉兔深藏敵兵遇我一陣而
亡令軍士奔走喊呼而出大利
心月狐藏身用茅草札成三五把桐樹大葉裹身上手
撚石塊子打出各軍齊喊打打打數聲不絶行法人念
咒曰唵唵茅草遮身木葉安敵兵見我舉足眠殺殺殺
尾火虎藏身用大木葉揷頭上將花黄紙畫佛字王字
扎額上行法人大呼咒曰佛王山王勇猛誰當千軍萬
將一吼歸降即令各軍口作勇烈聲向前敵人懼怕犇

潰
箕水豹藏身用蘆花竹葉木葉揷頭背後用黄布畫金
錢一幅披身行法人咒曰羅命尾曲連念九遍令軍作
虎聲前進
斗木獬藏身用水一盆令各軍洗面目手足横跳而去
行法人持碗搯水潑揚咒曰水揚水揚神水到處無人
敢當咄咄咄令軍士横跳前進
牛金牛藏身用草揷頭上頂角行出口作牛聲行法人

呪曰唵先羅羅于呵呵打打令軍士齊奔
女土蝠藏身用瓦頂頭上手撚瓦一片行法人呪曰宛
玄靈阤元爾聿殺殺令軍吶喊如風而進
虛日鼠藏身用土一包裹頭上手撚茅草口中呷呷而
出行法人呪曰天鼠鼠不怕泰山土堙一衝而退進進
進
危月燕藏身用茅草一團扎頭上手撚土一窩口中支
支而出行法人念呪唵唵支支摩阿阿殺殺

室火猪藏身用紙畫山若石洞安頭上手撚土一包撥
土而進行法人口念吒吒殺殺呵呵
壁水貐藏身用水一盆行法人持柳棒繳云寇師鬱單
七遍令軍洗面目手足揷草頭上念前呪不絶
奎木狼藏身令軍各用木葉揷頭上口中吐氣嗤不絶
行法人念呪儁去命元隱隱隱
婁金狗藏身令軍士頭裹亂草手撚亂草桿口作犬聲
行法人念燮䖍旋云
胃土雉藏身令各軍士頭揷柳葉枝手撚茅草出口中
吡吡不絶行法念尸原巨光光
昴日雞藏身令軍士頭裹茅草手撚茅草出行法人念
火羽亥四四殺殺
畢月烏藏身令軍士頭揷木葉手撚樹枝出行法人念
法律勿靈啄啄
觜火猴藏身令軍士頭裹草手撚柳枝出行法念呪
陵十巨炎炎

參水猿藏身同前
井木犴藏身用布畫五待安上寫雲字令軍戴頭上頭
內裹蘆荻葉而出行法人念震沱天子叱叱叱
鬼金羊藏身用竹葉爲帽令軍戴頭上出行法人念演
蔚聿進進
柳土獐藏身用木葉爲帽戴頭上手撚石手一塊出行
法人念氣熖六四四摩呵呵呵
星日馬藏身用紙畫鞍令軍戴頭上口中作馬聲跑出

行法人念勿它竜㲺台㲺台
張月鹿藏身用草裹頭上口銜花枝木葉出行法人念
宛黄由蛤蛤趕
翼火蛇藏身用紙畫龍為帽草裹在頭上戴前帽出行
法人念毒龍聿起起呵呵
軫水蚓藏身茅草為巾令軍裹頭手撚土一塊出行法
人念戌巳唵那那殺殺

二十八宿破陣法

角木蛟陣我軍一見知是此陣令各軍將生鐵一包或
一片抛入彼陣内或犁頭鐵一騎馬奔入打去彼陣彼
蛟見鐵即懼而退與之交兵彼敗我勝矣行法人手執
黑旗念咒唵唵吒吒割你頭角殺殺殺
亢金龍陣令各軍口念唵唵數聲不絶將生鐵大塊齊
抛入陣行法人手執三星青旗念咒云唵吒斬你頭角
你角令各執長鎗大斧喊吽而進
氐土貉陣將黄紙畫青雲抛入陣内各軍齊聲喊吁如
犬猫聲大刀斫入打鑼不絶行法人手執杏黄旗咒曰
唵吽吽網羅羅捉捉捉大勝而歸
房日兎陣將紙畫虎面或犬面扎頭上口作虎聲或犬
聲奔入彼手執料豆抛之一軍持網索地進行法人手
執青旗旗心一日咒曰唵唵囉囉摩那那三軍齊持大
斧砍刀噪入
心月狐陣將紙畫一婦人各軍掛在頸項上手執破網
長索打入各手執大刀一湧而進口作犬聲不住行法

人手執青旗旗四道月咒曰欝草子羅度路殺殺進
進
尾火虎陣用金鑼不住或鼓弓弩紙畫獅子掛頸項上
大啄而進抛入陣中先抛猪羊肉剉之各軍手執劍叉
乗虎馬叉或用草扎獅子一個外用皮裹抛入彼陣行
法人手執紅旗一面念咒曰龍圖龍圖赤易訶訶
箕水豹陣與尾火虎陣破法同
斗木獬陣將亂石打入口中作鴉聲不住各軍執長鎗

三股叉齊進行法人手執青旗咒曰先羅之之唵吒吒
牛金牛陣各軍手執長鞭口作虎聲不住先用鹽塗手
足各軍大斧斬刀而進行法人手執白旗咒曰囉命命
尼曲曲唵摩摩
女土蝠陣令各軍手執扇打入先用油浸燈心拋入彼
陣中以制之用手網一層大刀一層殺進行法人手執
黄旗一面念咒曰宛亥臭陁衣子書殺殺殺訶訶訶
虛日鼠陣令軍各包米穀拋入彼陣以制之三軍作猫

聲砍刀一湧而上行法人手執五彩旗旗心一日咒曰
唵唵訶訶摩尼尼蓬呵呵
危月燕陣令各軍執火把大刀一柄拋入彼陣中各軍
手執長竹打入長鎗後隨行法人手執太陰青旗咒曰
巨完阜炎阜炎
室火猪陣令軍作虎聲各包糟一團拋入彼陣隨用鎗
鈎長劍齊入口吽殺殺行法人手執紅旗揮入念咒曰
熒惑熒惑吒吒尼尼

壁水㺄陣令各軍作犬聲手執繒網拋入彼陣大刀齊
斫行法人咒曰阿亙車陁咒咒
奎木狼陣用鑼鼓齊鳴各軍持石子打入陣中行法人
手執青旗咒曰唵唵摩尼尼令兵砍刀湧入口中殺殺
絶
婁金狗陣令各軍作虎聲手執滚湯先潑入陣後用扎
口繩索而進大斧砍刀齊入行法人手執白旗旋遶咒
神獒神獒吒吒訶訶

胃土雉陣令各軍頭插柳枝手執長繩網羅三股叉大
刀弓弩齊進行法人手執黄旗咒曰唵唵中尖囉吪吪
殺殺呵麽麽
昴日雞陣令各軍作鴉聲先拋米穀以制之後用砍
刀殺入行法人手執太陽青旗咒曰太陽太陽烏烏殺
殺
畢月烏陣令各軍用紙四撚弓搭箭射之出頭上將死
雞拋入以制之行法人念咒曰火光火光神鴉鴉

星日馬陣令各軍手攙料豆及繩索拋入陣內手執鞭
訶
繩索大刀而進行法人手執黃旗念咒曰原蛤蜃山訶
柳土獐陣令各軍作犬聲紙面弓箭拋入陣中各軍執
殺
大石打入彼陣行法人手執白旗念咒曰唵宛延豆厲殺
鬼金羊陣令各軍作犬聲虎聲紙畫虎頭狼面扎頭上
速殺殺

後口中大呼魔王魔王行法人手執青旗念咒曰大魔魔
井木犴陣令各軍士手執繩網火把而進大刀長鎗隨
參水猿陣破法同前
呵呵
寨進口中大呼大赤了行法人念咒曰唵唵山神神摩
箭拋入彼陣令各軍作大聲手執繩索一層火把一層大刀長鎗
觜火猴陣令各軍作大聲先拋鮮棗桃子後用紙畫弓
吒吒

破陣口念唵數聲或犁頭鐵打入陣中
亢金龍藏身用水遲手作雷聲方出
破陣用犁頭鐵拋入陣勝
角木蛟藏身水洗面目手足方出
二十八宿藏身破陣之法
殺
刀殺入行法人手執皂旗揮進口中念摩訶吒哩哩
軫水蚓陣令各軍作鴉聲手執鐵鋤拋入陣中長鎗砍

摩
進行法人手執紅旗揮入口中念咒曰神羅大岳摩摩
翼火蛇陣令各軍作鴉聲手執蝦蟇拋入陣內大刀殺
聿侖允川進進
中大喊殺而進行法人手執太陰黑旗揮進口念咒曰
張月鹿陣令各軍作犬聲以炭拋入陣中手執鋼叉口
咒宗氣赤昌趕趕
子大刀大斧殺進行法人手執太陽紅旗繞口中念

氐土貉藏身用竹葉揷頭吉
破陣口作犬聲或紙畫雲拋入陣
房日兔藏身用茅草揷頭或紙畫月安頭上
破陣口作犬聲或虎聲拋豆制之
心月狐藏身三五莖草或木葉手撚石頭出
破陣作犬聲紙畫一婦人用破網打入陣勝
尾火虎藏身用木葉揷頭上或紙畫佛字戴頭上
破陣用鑼或弓箭紙畫獅子大喊入陣拋肉制之

箕水豹藏身用蘆花竹葉木葉揷頭
破陣與尾火虎同又用肉一塊拋入陣制之
斗木獬藏身用水洗手足面木橫行而去
破陣各人將亂石打去後作鴉聲入陣
牛金牛藏身用草揷頭上生頂角而行
破陣作虎聲入陣先用鹽塗手足
女土蝠藏身手撚瓦行吉
破陣用破扇打入先用油浸燈心制之

虛日鼠藏身手撚茅草出吉
破陣作猫聲而入先拋米穀制之
危月燕藏身手撚土一撮出吉
破陣用扇一把拋火入陣
室火猪藏身用紙寫山字安頭上吉
破陣作虎聲先拋糟糠入次用鐐鉤拋入
壁水㺄藏身用水洗面目手足揷草頭上吉
破陣作犬聲及繒網入

奎木狼藏身用木葉揷頭上吉
破陣用鑼鼓及打石入陣
婁金狗藏身手撚亂茅桿方出
破陣作虎聲用湯先潑入陣
胃土雉藏身頭揷木葉出
破陣作鴉聲用繒網拋入先以米穀制之
昴日雞藏身手撚茅草吉
破陣作鴉聲先拋米穀制之

畢月烏藏身用手撚亂茅草頭插木葉出吉
破陣用紙畫月弓箭射入先拋死雞制之
觜火猴藏身手撚楊枝出
破陣作犬聲入或用弓箭先拋果子制之
參水猿藏身與前同
破陣作鴉聲虎聲或用弓箭鎗果子制之
井木犴藏身用紙畫雲字或蘆荻戴頭上
破用縉網火把拋入陣中

鬼金羊藏身用竹葉插頭上吉
破陣作虎犬之聲入
柳土獐藏身頭插木葉手撚石出
破陣作犬聲或弓箭射入
星日馬藏身用紙畫鞍戴頭上吉
破陣用料豆及鐵索繩拋入
張月鹿藏身口銜花木葉吉
破陣作犬聲及花拋入或弓弩射入

翼火蛇藏身用紙畫龍或土草戴頭上
破陣作鴉聲先拋蝦蟇制之
軫水蚓藏身手撚土一堆出吉
破陣作鴉聲用鍬鋤先拋之
金威符　此符用白絹長四寸闊三寸庚申日墨書辛酉日佩之能避箭欲試此符取雞十隻籠十步之外一雞佩符九雞不佩令箭手射之九雞皆傷一雞有符者無恙人佩衣領近小襟　闕

符

闕

書符時澄心默念咒曰　金水相生相尅以成陰陽二十八宿太白玄光鎮星奎畢以成紀綱三尺布中可以包藏急急如律令

書符作用　泥丸久息氣如霆（泥丸宮百會穴也人端坐久閉息聚氣實頂後呵於筆上）鼻引清風口難開（鼻肺竅也引西方金氣吹筆上開口息氣）電肺猛風吹日月（電肺金屬也鼓金氣吹於白絹上閉兩目良久）電光飛火透心来（火本制金）

金反與火相合肺部陣雲天地暗肺氣亂如陰霾狀脾位雷霆兩入懷土相金旺其津直注腎過尾閭霜露斷斷橋山下玉霄臺腎水經尾閭過夾脊直貫泥丸玉京有道終須到精神搬運老松材玉京即重樓絳宮能運動有路可到再鼓舞周身之氣如喬木挺挺也

審得倭賊陣法第一真武陣將刀横掠我兵亦要將刀横掠就將刀打斷以破其陣第二傘陣他將傘撐開我兵亦將傘撐開即便打壞他便退陣去了第三扇陣即蝴蝶陣他將扇扇幾扇我兵亦將扇扇幾扇就扯破第

四風陣他將布裙一揿我兵亦將布裙一揿解壞第五羊陣他先將羊一隻放將来我就將羊放之第六女陣他就將擄去之婦女放来言稱逃難我這裡即殺之第七亂風陣他將自己頭髮鬆亂我亦將自己頭髮鬆亂扯一路用手蹉之已上七陣俱效他即破陣等情

行持祖氣法

行法人先要戒五葷三厭持齋戒酒不近女色終日危坐收心十四日然後行功趺坐子前午後點朝上帝履踐天光回風混合出入玄牝練得純熟求其效驗兩腎如火黄庭如湯熱先天一點真陽生於元海作法之時大喝一聲先天祖炁嘘入符水中所奉神將隨聲聽令方得書符咒水靈異訓練百日方得功靈行法務要如前行持方驗慎之慎之尚有内外天罡相合行持九妙

二十八宿符式　後符天罡祖氣加諱字倣此

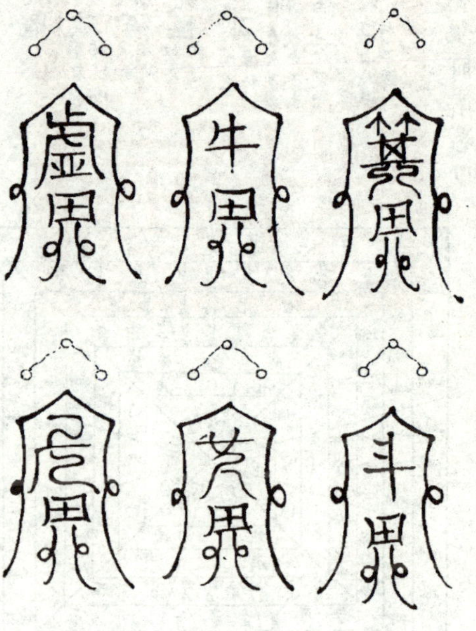

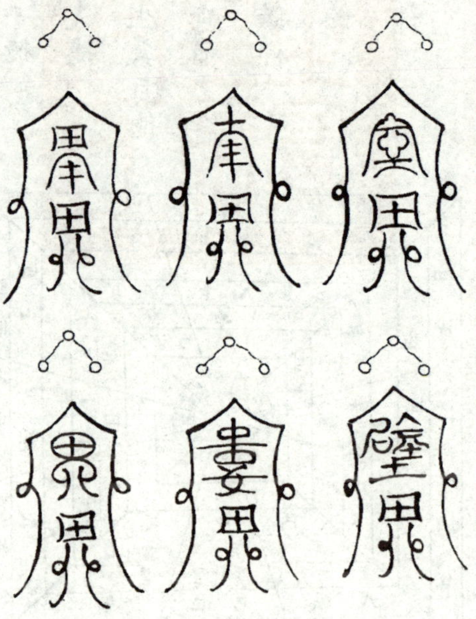

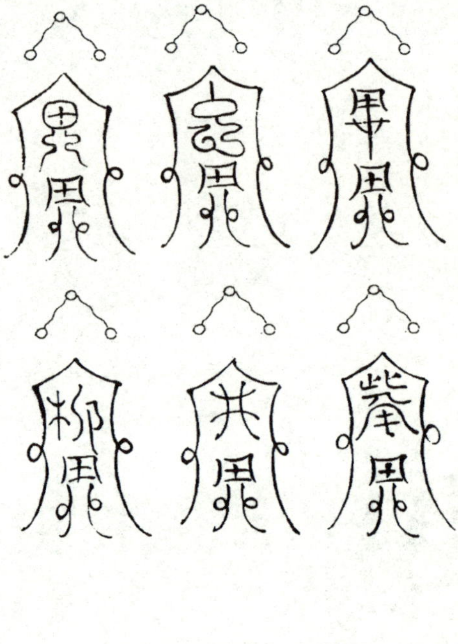

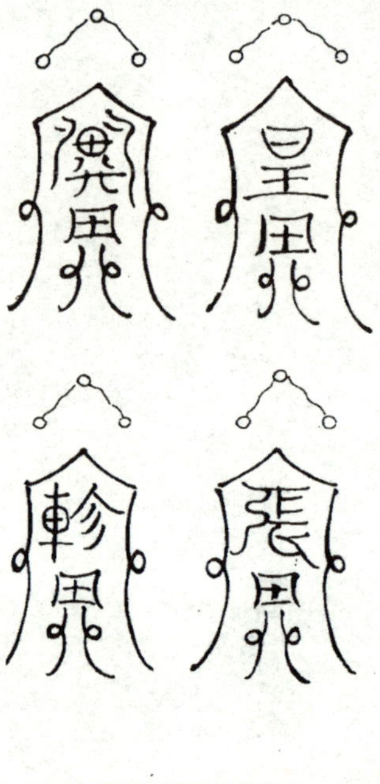

一日干德
二日支德
三日生氣月德
四日奇神
五日儀神
六天德
七解神

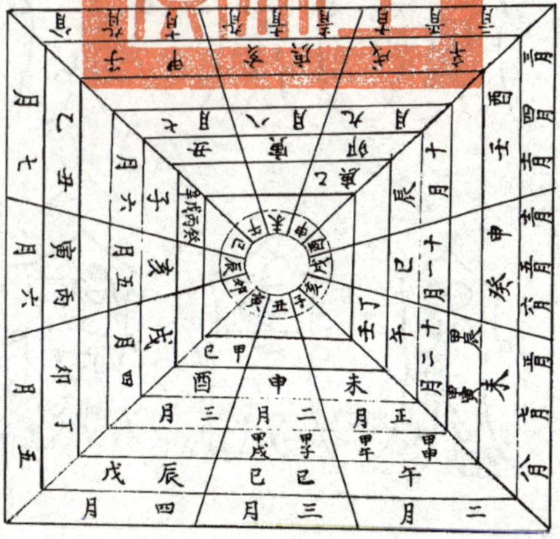

一日鬼
二辰鬼
三月破 弔虎破䆒 歷統同
四孤寡 伏連 大殺
五光怪 血支 血忌
六信殺 飛廉 會神
哭神 春辰夏戌 秋丑冬未
憂神 春丑夏子 秋戌冬亥
地火 正月戌逆 行四季

武編前集卷四

欽定四庫全書
子部
武編前集卷五

詳校官檢討臣何思鈞

總校官編修臣朱鈐
校對官編修臣汪學金
謄録監生臣張誽

欽定四庫全書

武編前集卷五

明 唐順之 撰

牌

羅拱辰牌論曰若敵在百步之外我兵必先用弓弩及邊銃以制其鋒及至來近短兵相接尚在三十步內外必須用鏢鎗以飛擊之敵人見鏢必避之中鏢者必倒我兵必乘其勢各持便器而入各兵衝進又必列牌於隊前以蔽矢石而牌乃陣中第一器所不可少者陸戰之法大率以千人為一隊每隊以一人為隊

長就將原熟竿子鎗工縛一號旗以便攞陣用內牌手三人執牌在前謹蔽敵鋒用手牌者執鏢一二枝以備飛擊鏢既發矣而隨用腰刀其用挨牌者手持長鎗一以護衆一以旋刺而腰刀又隨身可用也次鎗手四人傍牌而行避身牌後亦各隨帶鏢鎗一枝次又或弓或弩或銃者共三人又藏身于鎗手之後居中立者其面向前左右立者以背相向臨敵則先發弓弩銃賊近則牌手竿子手所執飛鏢齊發鏢發則牌手與弓弩銃等兵乘勢并進長短相間彼此相護斯能取勝手牌亦名燕尾牌宜用白楊木或輕松木為之取其輕而堅也每面約長五尺七寸濶一尺上下兩頭比中間闊三四分俱小尺用手牌便於用刀先以鏢鎗飛擊先挫賊鋒然後用刀則前後左右隔賊技器施我刀法此手牌之利也左手執牌大指橫挽刀一把裏又帶鏢一枝右手擎鏢一枝與賊相近三十步內外先用右手鏢飛擊次取牌裏鏢又飛擊然後用刀瞷賊或鎗或刀如後六式相應之手牌隔鎗左手執牌右手執刀與賊相近時見賊用則將牌下手節閃於身前露身對賊賊鎗必對身戳來以牌向後一拍

我刀順牌角而下則賊鎗被牌拍去而我刀傷賊矣又一法將牌緊閉身俟賊鎗對戳來略將牌前面向後一扭其鎗自虛落於我後我刀隨即砍去手牌隔刀與賊相近以左手執牌將牌略閃身後露身前半俟賊刀砍下以牌從前執起迎隔賊刀右手用刀攔腰砍下賊刀被我牌隔去而我刀傷賊身矣挨牌亦用白楊木為之每面約長五尺闊一尺五寸下頭比上略小四五分俱小尺挨牌用繩索用木檄欖者用挨牌則以牌上長繩上木

橄欖孔入繩回中掛於項上以左手中指縫中夾牌下短繩上木橄欖仍以五指挽鎗前半節右手執鎗後半節或伸或縮或長或短或左或右旋刺非惟護自身且護從牌之兵手止用得鏢與刀一手持牌也挨牌可以用鎗兩手俱不持牌也此用挨牌式以左手中指縫中緊夾下面短索上木橄欖照前

牌下式以頸項掛牌上繩照前牌上式仍以左手五指挽鎗前半節右手執鎗後半節或伸或縮或出長出短或左或右旋刺非惟護自身且護從牌之兵

兹者乞製無敵神牌二十八面其牌可以衝鋒乞取䂨礶五萬斤其物可以足餉揀選精兵日逐訓練使知攻殺擊刺之方出奇理伏之妙任倭千萬無能相拒仰惟試用生民萬幸儒生令承考試理合繪圖具呈須至呈者

計開

無敵神牌式

此是軍中一枝名曰無敵神牌一人可以敵百十卒能敵千人無拘山戰水戰可用攻營守營能鎖我兵之不退能拒敵兵之前進

提綱曰團牌者櫓盾之屬用以遮蔽矢石也若雜於五兵互相捍衛可以拒勍敵可以遏奔冲若獨用可以護身殺敵可以擺路塞門遇溪河可以浮人渡水執所器者須會大七星閃馬牌等法習熟為能凡操牌俱攢一處二十五人一行令通曉跳牌官旗教演聽鑼聲為節

制鑼響一聲習牌一路如有進退合度覽牌如壁閃牌如雷起伏得宜翻身不露身滚牌不露足張牌能殺其敵斂牌能蔽其身是謂能手用之以拒勍敵以衛短兵

大七星歌曰牌彎覽牌扻刀上步再牌彎扻刀背擊刀紋絲步向撒花蓋頂收了出牌見力翻身上小跳翻身下出牌截刀上小跳翻身下閃馬牌歌曰截牌再截牌坎一刀復一刀再坎一刀再復一刀翻身上小跳翻身下又坎一刀又復一刀又刀一刀又復一刀翻身上小跳翻身下

鐵

澤潞出鐵上等鐵絲鐵如黃豆大長丈餘用工最多次等鐵條鍱中鑿三眼三等手指鐵鏨五條紋下等塊子鐵出鐵之處條鐵止用兩箇錢一斤而已

薊州好兵器用攙鐵

北方鍊鐵用馬糞火

鐵有生鐵有熟鐵鋼有生鋼有熟鋼生鐵出廣東福建火鎔則化如金銀銅錫之流走令人鼓鑄以為鍋鼎之

類是也出自廣者精出自福者粗故售廣鐵則加價福鐵則減價熟鐵出福建溫州等處至雲南山西四川亦皆有之聞出山西及四川瀘州者甚精然南人實罕用之不能知其悉熟鐵多瀵滓入火則化如豆查不能走冶工以竹夾夾出以木捶捶使成塊或以竹刀就罏中畫而開之今人用以造刀銃器皿之類是也其名有三一方鐵二把鐵三條鐵用有精粗原出一種鐵工作用

以泥漿淬之入火極熟糞出即以鐵捶捶之則渣滓瀉而淨鐵合作煉色白而聲濁久煉則青色而聲清然二地之鐵百煉百折雖千斤亦不能存分兩也生鋼出處州其性脆攝工揀之為難盖其出爐冶者多雜糞炭灰土且其塊粗大惟巧工能看火候不疾不徐捶擊中節若火候過則與糞滓俱流火候少則本體未鎔而不相合此鋼出自處惟浙東用之若其他遠土則皆貨熟鋼也熟鋼無出處以生鐵合熟鐵煉成或以熟鐵片夾廣

鐵鍋塗泥入火而團之或以生鐵與熟鐵并鑄待其極熟生鐵欲流則以生鐵於熟鐵上擦而入之此鋼合二鐵兩經鑄鍊之手復合為一少沙土糞滓故凡工鍊之為易也人謂久鍊則生鐵去而熟存存其性柔頗似不然盖生鐵雖百鑄所折甚少熟鐵存其性柔頗似多其去其存不知其孰多而孰少也人有謂團鋼久鋼則脆與性柔之說相反此二鋼久鍊之其形質細膩其聲清甚若鐵之久鍊者聲雖清然不及鋼也一先將毛鐵逐塊下爐入火候微紅時鉗出用稻草灰拌鐵身却入爐大火扇透紅發值時鐵花飛冐之際鉗出鎚成板子就以鋼鏨鏨縱横深紋於其上其紋路俱隔分數如此三遍初次一煉一二次二合一三次四合一

其蘸灰鏨紋總同前法但盡此法製其色白聖如銀其聲清而有韻此其証驗

計用福建方毛鐵對客買每百斤算買脚并搬運脚價共用銀九錢

福建條鐵令人用造釘裝家火造大器械不用廣東條鐵令人用抽鐵絲造大器不用

一鍊鐵每十斤攉鍊作三斤計用匠五工工食二錢五分約用炭價銀一錢六分通算鍊就鐵計用銀一錢六分六厘六毫得鐵一斤此鍛鍊之大數至於成造刀銃工又益加鐵又益折此須逐様監試一件纔能定價

一鍊鋼每斤計銀二錢可作甲葉計銀三兩可作好刀

一弊端估造器械官價率有餘然內而監造人員與掌

局工作以漸侵尅是以高價而得低物也鐵與鋼鍊之已精未精非若金銀可以成色辨計往昔只照常制造尚自弊多至於鍊鐵則弊益着手盜炭指粗鐵以為精鐵以粗鐵而易精鐵將無所不至矣

一鍊鐵之工須得素用堪用之人方彼此相解若造鳥銃須得慣造得法之人為之指撥

刀花羊角煅灰粉心水提過酸酸草燒灰硝醬刀方羊角鐵石硇沙

火器

一保生牌上列鉛子小銃一十五箇人人左手執牌右手執刀內運某機則銃齊發發無不中較之鳥銃嘴只傷一人者有間矣此為衝鋒第一神器也

一百步火龍內藏神器二十四件諸般毒藥飛沙發泄而凝聚不散入目則目盲入喉則喉啞刦營破寨勢若燎火陸戰水攻截殺用之無不取勝此為破敵第一神器也

一千子銃即大將軍也以毒藥法制生鐵千斤藏於銃內銃發則片如雨雖萬衆莫能當也一中其賊頃失其命而不自知其終矣　宿火用鐵片炭基

一水底雷以大將軍為之埋伏於各港口遇賊船相近則動其機銃發於水底使賊莫測舟揖破而賊無所逃矣用大水作𥮧油灰粘縫内宿火上用繩絆下用三鐵茴墜之

一法制火毬以諸般毒藥和火器為之毬碎而火不息

火散而毬不滅此宜於水攻破敵而燒舟揖者也一子母舟母用二小船為之遇賊船密以繩連環其柁柁不應則船不可使然後以戰艘臨之無不破敵一飛懸神銃固守城池者也埋伏於城下每離十箇垛口只用一人守之遇賊攻城上動其機則銃發於城下此為形而示之以無形伏而疑之以無伏兵不勞而城可守者也一迷眼火沙以諸般毒藥為之置於長鎗之首占其上風賊中火器氣則目即盲

一火車取勝或以牛馬載之縱之使入賊營陣則火舉而賊衆奔潰觸處皆傷手足無措聞其烟氣者命絶而不知所終矣

鳥銃匠頭義士馬十四呈每銃一桿用福鐵二十斤價銀二錢

炭一百七十斤該價銀五錢一分

煉坯打板六工該工食銀一錢八分

煑筒六工共該工食銀一錢九分內加鉗手銀一分

鑽銃心每桿七工該工食銀二錢一分

剉磨四工該工食銀一錢二分

打照星火門促杖頭并剉完共二共該工食銀六分鑲星火門事件該工食銀八分

剉銃磨鏨幫鑲一工該工食銀三分

鑽火門事件細眼一工該工食銀三分

發剉匠一工該工食銀三分

打鑽修接通條二工該工食銀六分

木托工料銀九分

銅打鉸鍊工食銀一錢二分

促杖竹捍該工料銀一分

油硝醬竹甲鐵綿共銀二分

鋼鐵一斤銀四分

通條爐楞鑽鐵二斤銀二分

外照依沓式活底螺螄篆工料銀三分

以上每銃一捍用工料價銀二兩三錢一分

今閞王值估定過每鳥銃一桿該用工料價銀三兩八錢三分

每銃一捍用鐵四十斤該銀三錢六分炭五百斤該銀八錢五分

煉鐵爐每爐六人煉該四日共二十四兩內鉗手每工四分散匠三分算該銀七錢六分并鐵一爐六人用一日內鉗手四分散匠三分算該銀一錢九分

煑筒一爐六人每煑日內鉗手四分散匠三分算該銀

一錢九分
鑽鐓十工該銀三錢
剉磨五工該銀一錢五分
螺螄篆該銀三錢
打剉火門照星一工銀三分
鑲嵌雜用照星銀八分
剉銃鑽
通條雜用鐵銀三分

修通條鑽頭一工銀三分
作剉一工銀三分
鋼鐵該銀二分
簇林木托柸價銀六分
木匠二工銀六分
銅撥鬼活釘一副重六兩連炭該銀六分
銅匠二分銀六分
稻草該銀三分

硝醬竹甲鐵線該銀二分

射

吳越春秋論射曰其道甚微而易其意甚憂而深道有門户亦有陰陽開門閉户陰衰陽興凡手戰之道内實精神外示安儀見之似好婦奪之以懼虎布形候氣與神俱往杳之若日偏如兎追形逐影光若彷彿呼吸往來不及法禁縱横逆順直復不聞斯道者一人當百百人當萬正射之道道衆而微古人聖人射弩未發而前

名其所中臣未能如古之聖人請悉其要夫射之道身若戴板頭若戴激卵左蹉右手若足横左手若附枝右手若抱兒舉弩敵翕心咽煙與氣俱發得其和平神定思去去止分離右手發機左手不知一身異殺豈況雄雌此正射用弩之道也願聞望敵儀表投分飛矢之道音曰夫射之道從分望敵合以參連弩有斗石矢有輕重石取一兩其數乃平遠近高下求之銖分道要在斯無有遺言

弓

王琚教射經曰凡射必中射而坐一膝正當垛一膝横順席執弓必中在把之中且欲當其弦心也以弓當左膝前竪按席稍吐下弰向前微令上傾向右然後取箭覆其手微拳令指第三節齊平以三指捻箭三分之一加於弓亦三分之一以左手頭指捘之則轉弓令弦稍離身就箭即以右手尋箭羽下至闊以指頭第二指節當以約弦徐徐送之令衆指差池如鳳翮使當知心又

令當闊羽向上弓弦既離心即易見箭之高下取其中平直然後擡弓離席目睨其的按手顧下引之令滿其持弓手與控指及左膊肘平如水准令其肘可措杯水故曰端身如幹直臂如枝直臂者非初直也架弦畢便引之此及滿使臂直是也引弓不得急急則失威儀而不主皮不得緩緩則力難為而箭去遲唯善者能之箭與弓靶齊為滿羊靶之中為盈實信美而樹難成要令大指如鏃至然後發箭故曰鏃不上指必無中矢指不知鏃同於無目試之至也或以目視鏃馬上與暗中則乖此為無術矣故矢在弓右視在前箭發則靡其弰厭其肘仰其腕目以淫之手以駐之心以趣之其不中何為也又曰矢量其弓弓量其力無動容無作色和其支體調其氣息一其心志謂之揩式如此五者為上德故曰莫患弓軟服當自遠若患力羸恒當引之但力勝其弓則容貌和發無不中故始學者先學持滿須能制其弓定其體後乃射之然其的必始於一丈百發百中寸

以加之漸至於百步亦百發百中乃為術之成或升其的縱横其的於高山或致其的於深谷或曳之或擲之使其的縱前却所以射禽獸與敵也凡弓惡右傾箭惡直幰顧惡傍引頸惡却垂胷惡前凸背惡後偃皆射之骨髓疾也故身前竦為猛方騰額前臨為封兕欲闕出弓弰為懷中吐月平箭闊為弦上縣衡此皆有威儀之稱也　又曰凡控弦有二法無名指中指壓大指頭指當弦直堅中國法也屈大指以頭指壓勾之此外法也

此外皆不入術外法力少利馬上漢法力多利步用然
其持妙在頭指間世人皆以其指末敱弦則致箭曲又
傷羽但令指面隨弦直豎即脫而易中其致遠乃過常
數十步古人以為神而秘之外法不使大指過多指亦
為妙耳其執弓欲使把前入扼把後當四指本節平其
大指承鏃却其頭指使不礙
井儀　開弓形所謂懷中吐月也
襄尺　襄平也尺曲尺也平其肘所謂肘上可置抔水

也
白矢　矢白鏃至指也所謂彀率也
剡注　注指也以弓硝直指於前以送矢俗所謂絕力
送矢而不撓也弓硝也靡其硝以往也
參連　矢行急疾而連參也
俞大猷曰烈女傳曰怒氣開弓息氣放箭蓋露氣開弓
則力雄而引滿息氣放箭則心閒而慮周凡打袖皆因
把持不固凡矢搖而弱皆因鏃不上指也法曰指不知

鏃同於無目此指字乃是左手中指末知鏃者指末自
知鏃到不假於目也必指末知鏃然後為滿必箭箭皆
知鏃方可言射妙審者審於弓滿弓發之際令人多於
大半矢之時審之亦何益乎審者令人皆以為審的而
已殊不知審的第審中之一事耳蓋弓滿之際精神已
竭手足已虛若率然而發則矢直不直中不中皆非由
我心知之也必加審之使精神和易手足安固然後發
矢其不直不中為中大指壓中指把弓此至妙之古法

也凡箭去寧高而過的慎勿低而不及也
習挽進力古法曰莫患弓軟服當自遠蓋習射之始必
須積挽其法以木弓二四斗挽少至多不可驟越積至
弓服然後加以手力推而上之至一石止蓋石力人皆
有之可勉而及挽力既進則架箭以試其滿弓欲弱箭
欲長弓弱則易至滿箭長則引滿有餘他日射之可無
殘箭之患
古事林廣記曰執弓取箭古法曰遠之能近之功蓋挽

力既進然後習以左手連雙箭夾弓而執箭筈齊上弰上三指實下二指虛其箭自偃以右手下三指仰抹取偃箭至箭之半即以小指句定推近鏃分寸之間次以食指勾其上箭控筈上弦不可以目視筈取凡取箭之體側右手於右則不撞弝不視取筈則恐不真不真則不能及强揣摸久之則又非武亦恐有落架脫弦之病必控筈之際以食指包簳其筈縱未遽入弦可以一移而無脫落者習於十步之内百發百中然後增五步推而上之至百步止此古善射者之法

牽放體勢古法曰前手如托太山後手如抱嬰兒前足如踏鷄子後足如踏蝎蝮丁字不成八字不正謂手欲前直而後圓足欲前虛而後實前足尖對的後足横則有力也左膊惡高右肘惡下頸惡傍引頭惡却垂胷惡前仰背惡後偃肚惡凸臀惡高力勝弓則容貌閑和弓勝力則體動神疲蓋射以和容為上主皮次之其或攝口挽弓嗔目牽箭斜視其的架挽失容一身態度尚不自持又安能求中

遣放求古法曰射不入鐵不如不發射不入石徒勞爾力又曰有力不親不能害人親而無力不能入物又曰疾而箭狂反被敵傷親而箭遲敵可閃移三者射之要也蓋射始於舉算終於道箭筈高則㨨㨨而箭斜筈低則上揷而前徐弓急則失威儀而難中弓緩則力弱而去遲昔由基百步穿楊鏄甲七札精通於神唯在遣放遣放之法須人力勝弓操審在我偃手左手仰其右腕箭發則靡其前弰前弰畫地後弰附右膊後手不得

戀前手不得連身不得動文牽而武放然後發無不疾疾無不毒毒無不親

治心調攝古法曰得之於心應之於手蓋心一不治則射無中理凡射有十不可他想不可他憂不可奔走而忽至不可醉不可饑不可飽不可怒不可不欲射不可多而好不止不可爭奪不可戒此十者則不欲射矣射中勿喜喜則心易而反跌射不中勿憂憂則心惑而無

主手執其弓弦安其箭目注其的心實運之平居暇日更當調其氣息節其飲食避其寒暑持其喜怒誡其嗜欲此射之至要

步射總法左肩與胯對垜之中兩腳先取四方立後次轉左腳大指垜中心此為丁字不成八字不就左手閻虎口微鬆下二指轉弝側臥則上硝可隨矢直指的下硝可低髀骨下此為靡其硝右手摘弦盡勢翻手向後要肩背與腕一般平直仰掌現掌紋指不得開露此為

壓肘仰腕

持弓審固左手垂下微曲大指羈弝第二指三指着力把弓箭餘斜籠下硝指左腳面曲右手當心右臂貼肋以大指第二第三指於節上四指絃戛促硝箭筈與手齊訣持弓審固事須垜在南時面向西右手捉弓左當弝仍令箭筈兩相齊

舉弝摟弦斂身微曲注目視的左手輪指坐腕弝弓箭如懷中吐月之勢續以左手第二指與第三指靠心斜入撥弦令弓上傳着右肩然後舉左腳三移其步以箭訣曰舉弝撥弦横從腳輪指坐腕手微斂上硝斜傳右肩膊左手持弝横對心

抹羽取箭以左手三指丞下緊抵前四指五指鉤落上箭先舉右腳隨步合右手指硝低弝以二指按箭三指斜擗箭四指五指向裏斜鉤左手二指三指羈簇掣箭至鏃訣曰前當弓弝一般齊三實兩虛勢漸離小指取箭緊羈鏃抹羽入弦無暫遲

當心入筈右手第二指緊控箭筈大指捻筈當心前手就後手拶箭入筈左腳尖指垜腳跟微出右腳横直鞋衩對垜淺坐箭筈左手第二第三指坐腕羈前雙眼斜覷賊訣曰右手二指抱箭筈兩手相迎穩入弦捻筈當心斜覷貼緊膨兩膝直如衡

鋪膊牽弦輪指把弝推出前手微合上硝兩臂硝曲不可展盡左手輪指空第二指過弓弝節上大指面緊着弓弝屈起指節餘指實屈鋪下前膊左右膝着力同入

筈法訣曰前脚推下若推山右手彎弓緊冠弦兩臂稍不展盡丈牽須用綫接肩

斂身開弓以左手第二指知箭弝外覷帖側手引箭至鏃大指靠定血盆骨為進凡鏃與弦齊為滿半弝之間為貫盈貫盈信美難有及者大抵脇肋脚膝着力亦同

入筈法訣曰開弓發矢要斂身弝外分明認帖真前筈肘上翻雙膊聳脅肋脚膝力須匀

極遣遣箭竦腰出弰上弰畫地下弰傅右膊後手仰腕

極力碇後肘過肋倚後手向後前手猛分虎口着力向下急捺轉腕以第四第五指緊鈎弓弝兩肩凸出則箭力倍勁訣曰弰去猶如搦斷弝箭發應同然折弦前弰畫韃後靠脊極遣出猶自然

捲弦入弰後箭前兩手相迎直右手過胷曲左手捲弦以左手第二指取箭前脚跟聳身稍斂雙眼覷帖曲右帖肘以左手第二第三指側手羈簳直右手上臂仰仰腕過胷取箭訣曰右指羈箭當胷出左手捲弦弰靠肩箭已中時無動手抹羽入筈法如前

修後手法宋盧宗邁大尉釋撇蘸剳切說文云側手擊物曰撇謂當後手如擊物之狀令臂與肩一般平直是也捩音列說文云捩拗也謂以前手推弝後手控弦如用力拗捩之狀劈粗說切說文云劈斷也謂當以後手摘弦如劈斷之狀翻手向後仰掌向上令見掌文是也控丁結切俗作揃說文云控擲也謂當以前手點弰如擲物之狀令上弦指的下弰抵脾骨下也

步射病色開弓勘手謂前手太高後手低不平開弓提手謂前手太低後手高開弓偃弰謂身直頭偃前手腕仰兩摘謂不發用力及前後分解不齊斫弦謂遣箭分弓實握不轉腕微鬆手轉弝肥弝謂手太鬆倒提手弝劄弰弰子大二件謂下弰傅二胛後手約謂手側不仰腕後手小謂斂定手不放平後手偃後手捲二件謂遣箭不直硬或剪弦列手

射馬總法勢如追風目如流電滿開弓硬放箭目無瞬

視身勿倨坐不失其馳舍矢如破射疏及遠中微制大必資於弓矢令弓手止射長箭而不知射邊箭弩手亦不知用弩之法況各止用竿子雖可取勝殊非長技為照長箭去遲而敵人易見故彼得以閃避且得拾取復射其利在彼邊箭去疾而敵人難窺非惟彼不能回箭況邊箭所到倍長箭百步有餘其利在我長邊二箭務令弓手兼習若賊尚遠緩則射邊箭如來近迫則射長箭各從其便鈞石之石五權之名

石重百二十斤後以二一斛為一石自漢已如此飲酒一石不亂者也挽蹶弓弩古人以鈞石率之今人乃以粳米一斛之重為一石凡石者以九十二斤半為法乃漢秤三百四十一斤也今之武卒蹶弩有及九石者計其力乃古之二十五石比魏之武卒人當二人有餘弓有挽三石者乃古之三十四鈞比顏高之弓人當五人有餘此皆近歲殺養所成以至擊刺馳射皆盡中外之術器伏鎧胄極今古之工巧武備之盛前世未有其比

黑韃遺事曰其騎射則孩時繩束以板絡之馬上隨母出入三歲以索維之鞍俾手有所執從重馳騁四五歲挾小弓短矢及其四時業田獵凡其奔驟也跂立而不坐故力在跗者八九而在髀者一二疾如飆至勁如山壓左旋右折如飛翼故能左顧而射右特特抹鞦而已

弓有六善一者往體少而勁二者太和而有力三者久射力不屈四者寒暑力一五者弦聲清實六者一張便開凡弓往體少則易張而壽但患其不勁欲其勁者妙

在治筋凡筋生長一尺乾則減半以膠湯濡而極之復長一尺然後用則筋力已盡無復伸弛又揉其材令仰然後傳角與筋此兩法所以為筋也凡弓節短則和而虛（虛謂挽過吻則無力）節長則健而柱（柱謂挽過吻則木強而不來節調把捎稗木長則柱短則虛）節得中則和而有力仍弦聲清實凡弓初射與天寒則勁強而難挽射久天暑則弱而不勝矢則膠之為病也凡膠欲薄而筋力盡強弱任筋而不任膠此所以射久力不屈寒暑力一也弓所以為正者材也相材之

法視其理其理不因矯揉而直中繩則長而不跛此弓人之所當知也

弓制

一馬蝗面弓謂用大牛角解截成面而闊遇拽滿則曲如扇圈受力均勻不嚼不走不閃不朒

一泥鰍面弓謂用小牛角解截成面而狹遇拽滿則曲如折竹受力不匀易嚼易走易閃易朒

一披背筋法披筋一版晴暄合待半月陰雨合待一月方令再上或連披數版則內濕外乾用不旬月解脫可待

一髹弓背面法用漆一重晴暄合待十日陰雨合待二十餘日方再漆不可日添數重則內濕外乾射不季月斷脫可待

一裹弓之法或用黃樺或用桃皮或用朱紅皆不若黑生漆逸被水透

一弰弓之法或用白角或用魚枕或用繪畫或用紅綠花彩皆不若用黑生漆免費工績

臣器聞軍器三十有六而弓為稱首武藝一十有八而弓為第一其緊切尚矣今之制者何蔑之之甚邪蓋筋角不能自相固結故假之以膠漆膠漆不能相堅實故故壯之以筋角然二物相資必隔旬日候其自乾然後再用是謂年弓月箭否則弓雖易成膠亦易脫馬蝗面闊而受力均匀受弦端正故發矢可期於破甲泥鰍面狹而弓受走反面愛斷嚼故臨用多至於誤人皆由擇

角之初大角價高小角價低有司喜賤而惡貴故凡所在買到軍須小角常多而大角常少有司非喜用小角而惡用大角也大角之價常倍於小角小角之價常半於大角此固價之不相若矣況角之大者至為艱得若全用大角則非匠所選愈難而倉卒亦無收買去處戎監只得兼用夫小角界成狹面面闊則力硬故令面薄遂成馬蝗之狀泥鰍乃員滑之水族馬蝗乃闊匾之介蟲此取喻耳至若用黃樺桃皮以裹弓面牛角魚枕以

裹弓捎徒為觀美不若用出生漆漆刷鬆兩重則雨不能濕水不能透亦心弓力軟弱饑疲之卒方能牽挽滿箭不能則拽不過面箭去無力是謂弓制

矢不破堅與無失同矢不破甲反資敵用造矢不可無法尚矣近日所制箭鏃太重箭簳太粗膠易解散翎易脫落其故何耶盖古人之制箭欲其去之勁直也故翎之以羽曰鶬曰觀曰鴻曰鶻所用不拘於一名欲其去之鋒利也故鏃之以金石石蓮曰鑿子曰喬麥稜曰破甲錐所制不拘於一樣簳有腦節巴翎腰䐗之辨箬有山繭采色桐油柿漆之別然考其已驗之迹翎則鵰鷳野雉為最揀鏃則寸金鑿破甲錐為最鋭簳則通簳去直而易中箬則黒漆易成而省費餘皆徒事觀美不堪適用敵中軍器上皆有元監造官姓名年月遇有損壞有誤使用即將元監造官依法施行斷不輕恕所以敵人器具一一如法而吾軍製作之司一切不問只欲速成可以逃責備數足矣此所以類皆茍簡蔑裂而不中用也況鏃重則弓軟而去地遠箭重則弓硬而中甲不入舊法箭頭重過三錢則箭去不過百步箭身重過十錢則弓力當用一顴是謂弓箭制

古事林廣記曰古法曰弓不等箭與短兵同箭不等弓與無鏃同謂箭去則緩輕則颺也盖弓有强弱矢有銖兩弓不合度矢不端直雖蒙羿不能必中古者弓矢之制弓八斗以弦重三錢半箭重八錢為準學成或致的於深谷或昇於高山或曳或擲使其的縱横前却施之於敵發無不中

焙宜火候江南之地多卑濕弓矢四時必火焙適宜然後筋角膠漆和暢而不解使弓斗力常存矢翎羽常附凡造焙之制高不過五尺横稱弓身而有餘隨弓之多寡而廣狹之弓之去火四尺之上下火通太迫則燥火去弓太遠則火氣不及務適宜耳弓面上向焙其背不焙其面凡火四時有寬猛增減不欲太猛亦不欲太寬盖太猛則有弓栝之患太寬則火氣易息與無火同火

在爐春夏秋冬上常覆三分灰於梅蒸則宜上覆二分之灰春夏陰潤亦如之常使微露見火朝以繼日四時值天氣明爽時取弓出而列於架使筋角之活良久復藏於焙江南射者易傷其弓往往時秋冬不潤或置之風殊不知一日失焙弓未解遽積日則解矣凡自焙内取弓出射必候頓晷令弓絶無火氣方可安弦庶幾無傷折之患箭亦不可不焙不焙則翎羽不附焙箭之法要在以安安箭箭横安則易曲也弦之新者必潤安之

於焙以去其潤然後結而上弓庶不差於長短大抵射以弓矢為本凡當護其逐月用火分數詳列於左正月二月用火五分三月四月用火六分五月梅蒸用火十分六七月用火七八分十一月十二月用火五分八九十月用火六七分矢長八寸為鞭箭四寸為白蛇吐信皆用溜子發之鞭箭先搭箭後搭溜子白蛇先搭溜子後搭箭

弩

程太昌曰書云若虞機張往省括於度則釋機者弩牙也牙之所以遏弦也括者矢之尾末岐而為二可以御弦也度者立為分寸使可以準望以求正鵠之所也故必持其尺寸之實故力始可發也虞者度也入聲往者矢尚在弦未離弓臂之上也為其目力已注乎機即為往來欽厥止者弩人虞度機牙之時也所止已定則率祖而行以釋矢於弦者也釋者發機激之時也揚子曰蓂而後發發必中矣後漢愍王寵善弩射十發十中中

皆同處李賢注曰寵射秘法曰三微為經三小為緯經緯相將萬勝之方然要在機牙案此即三微三小者其措矢之分寸也目之所注分寸可準則矢之所發必無毫厘或差弓弩盖一律也夫惟有分寸可準則虞度所施正在擬發之間矣三微三小分寸在弦而十發十中往必中鵠以機牙之分寸必與正鵠與分寸相對也目注乎此而擬度及彼是為往省也

列子仲尼篇言射者能令後鏃中前括發相及矢矢相

屬前矢造準而無絶落後矢之括猶銜弦視之若一馬唐六典庫武令注箭曰其本曰鏑其旁曰羽其矢末曰括括旁曰疑書所謂往省括于度則釋者矢之末分歧而銜弦者是括也

劉天和曰前代名將如漢耿恭虞詡唐李靖郭子儀宋劉錡吴璘宗澤輩用彊弩以破敵人者不可勝數而漢且置彊弩將軍之官宋始有神臂弓之制其實弩耳臣亦未敢遽是也近於陜西省城見有城樓舊題神臂弩

數百張相傳者百餘年矣乃知若先朝亦嘗制此雖皆損壞而制度猶存但箭則無矣臣謹從宜遵倣造成其制以濶厚堅勁大弓其力一百五十斤上下及一百二十斤上下及九十斤上下為三等慮人力有强弱也其長均四尺五寸矢取其利最遠而端可及三百步内外者為式其長均七寸五分其重則六錢上下亦三等俾與弩稱復倣漢耿恭之法箭鏃開四尖又傳以河南嵩縣等處射虎箭藥俾人馬中之無不立斃尤敵所畏其箭鏃後小鐵管心僅長分許入箭簳處内用漆膠外用竹絲以夾縛之俾敵不能取以返射蓋敵之射藝極精矢無虚發惟此足以勝之臣謬謂彊弩為中國長技之一者此也

提綱曰最為利器射堅及遠爭險守隘遏衝制突非弩不克或者謂用弩不便於戰然非弩不便於戰乃為將者不善於弩也善用弩者列為五層每層或三或五攢箭注射射訖掣回而張張訖挨次而射遞相輪翻繼而

不絶尤宜處高臨下仍令弩手各帶腰刀一把賊若近前則跨弩而用刀如此則長短得以相濟一放弩法曰張弩丁字立當弩八字立高擅手屈衫襟左手承撞右手迎上當心著張張有闊狹左髀右膊還復當心安箭高舉手敵遠則擡頭放箭敵近則平身敵右則右回身敵左則左回身敵在高高擎手敵在下低伏手發訖唱殺殺然後掣

北征録一跣弩牙裡一尺八寸五分葫蘆頭長四寸水

檐長五尺八寸一名馬蝗一名克敵一名一滴油張憲伏之中林而捉真珠郎時俊用之於射敵闌而遂敗四太子一神臂弩樁牙裡一尺八才葫蘆頭四寸鞍二寸樁長二尺三寸角檐長四尺五寸一鐙頭如樁二尺葫蘆頭五寸鞍五寸三口五寸鐙頭五寸樁凡長四尺水檐長七尺春夏雨水蒸濕宜用角弩畨長於馬漢長於弩制騎一弩此舊說也然近日諸軍弩手皆次指版入身通以五尺為率上頂至項一尺則下止四尺泥濘五

寸則上止有三尺四五寸弩手進則踏弩以射退則病弩以歸檐長若過六尺樁長若過三尺肩弩則檐梢柱地而下有綰絆之憂踏弩則樁頭柱胷而上無牽挽之力草萊藤蔓之地懼其牽綰必棄弩而空走塗泥泥塹之地被其踢絆必為弩而喪軀今欲使弩斛力自二碩至三碩不許太硬令久疲之兵易於躍踏使弩檐自五尺至六尺不許太長令矮短之兵易於肩射夏暑之月梅雨蒸潤筋角易脫則用木弩秋冬之月風色嚴冷木索重滯則用角弩其鐙頭等樁檐太長者悉令諸軍減令短捷則庶幾廢器是謂弩制

臣聞弩箭之制與弓箭暇弦而安筈頗覺其難若夫弩箭平頭而安筈甚易弓箭太長而擇簳甚費弩箭太短而擇簳甚省比者帥臣造華車弩而箭用索翎故失於太鈍而不能取親均於無用要之鏃用石蓮頭蕎麥稜則光滑而不能入甲不若用破甲錐金金鑿子則鑿上有鋒而易入竅隙翎用禽羽則得箭者尚堪再射不若

用竹片裁製則翎口如刀而易穿肌肉是謂弩箭制

弩有踏張者梢小則有跳蹬弩亦曰小黃弩亦曰小黃其用尤利木弩雖可拖不能久邊兵不勝用其力之弦弱皆以石斗為等箭有點鋼木羽風羽木撲頭三停木羽者以木為落羽咸平初軍校石歸宋上之箭中人雖簳去鏃留牢不可破故人最畏之風羽者謂當安羽處剔空兩邊以容風入故射時不捍此不常用備翎羽之之耳三停者箭形至短羽簳鏃三停故云三停箭中物

不能出以短故也

雙弓牀弩前後各施一弓以繩軸絞張之下施牀承弩其名有小大合蟬有射手合蟬者謂如兩蟬之狀大者張時用十許人次者五七人一工準所射斗子弩最小搥發其牙箭用大小鑿頭箭惟手射斗子弩最小數人就牀張訖一人手發之射并及一百二十大步

二弓休弩前二弓後一弓世一名八十弩張時凡百許人法皆如雙弓弩箭用木簳鐵羽世謂之一鎗三劍箭

其次者用五七十人矣則或鐵或翎為羽次三弓并利攻城故人謂其箭為踏撅箭者以其射著城上人可踏可登之也又有繫鐵斗於弦上斗中著當箭數十隻凡十發可中數十人世謂之斗子箭亦云寒鴉箭言矢之紛散如鵶飛也三弩并射及二百大步其箭皆可施藥藥用之輕重以弩力為準

三弓弩用皮弦一條甚寬宛轉貫三弓之間或用兩小鐵圜在弓梢

窩弓

伏弩連發

甲

程大昌曰三代秦漢以前軍旅多用皮甲其曰犀兕者是也然史傳所載已有鍛金為甲者矣顧其用之者少耳管子曰葛盧之山發而出黃金蚩尤受之以為劍鎧鎧即甲也然則前乎三代已有金甲矣若其軍旅之所通用不勝其多則直鍛皮為之耳許氏說文鎧甲也釬

臂鎧也鍜鍜頭鎧也三者字皆從金則可知其必以金鑄矣周禮函人所典犀甲兕甲合甲凡三甲也此三甲者率皆以皮為札札成堅之以火故函人曰凡鍛不摯則不堅已敝則撓是也三者惟牛可畜則可隨須隨有矣若犀與兕皆非可畜之獸其皮亦不可多得也句踐又有水牛之甲即以水牛皮為之矣荀子曰楚人鮫革犀兕以為甲堅如金石鮫魚者皮上傳砂其鋋可錯可以為甲亦與犀兕同堅於是遂名水犀者即是本鮫魚

之為水犀而取之以名也晉書載馬隆之討凉州也夾道累磁石賊首負鐵鎧行不得前隆卒即被犀甲無所留礙賊以為神則是隆軍有鐵甲可擐而不得擐也王隱晉書亦載其事乃曰隆兵悉著牛皮鎧得過則是實用牛皮為之而名以為犀焉耳

仲長統昌言曰古者以兵車戰而甲無用鋏之制令誠以革甲當强弩亦必喪師亡國則甲用鐵札西都已然不待漢末也

慶歷元年太常丞田況言令賊甲皆冷砧而成堅滑光瑩非勁弩可入自京齎去衣甲皆軟不足當矢石以朝廷之事力國之役巧乃不如一小羌乎由彼專而精我漫而略故也今請下逐處悉令土匠冷碍打造純鋼甲旋發赴緣邊先用八九斗力弓試射以觀透箭深淺而賞罰之聞太祖朝舊用絶為精好但歲久斷綻乞且穿貫三五萬聯均給四路亦足以禦敵也

止正錄周禮有函人之職司馬法有甲士之制晁錯以五同論兵甲弩矢馬燧以短長三制造鎧衣士皆所以避鋒鏑全肢體稱大小便進趨也然造甲之法步軍欲其長馬軍則欲其短弩手欲其寬鎗手則欲其窄其用不同其制亦異否則拘於定式昧於從變肥者束身太緊甲身則可周後背而前胷不交甲裙則可閉後胯而前胯不掩瘦者掛體太寬挽弓發箭則甲不貼體而胷臆緋撲有繼弦脫筈之憂揮劒刺鎗則甲不付身而腰背鬆虛有抵手礙足之患長者不過膝下而矢石可及

短者垂及脚面而泥濘不前小有不便則拆去甲葉而遺棄不收偶有所妨則割去全段而抛擲不顧製作之難費耗之廣不幾於徒費乎故君子謹其微於制作之初

士有肥瘠甲身不可無廣狹材有高下甲裙不可無長短故第一等甲所以給肥胖之事也肥胖之士亦有長短故甲裙又分為三制使肥而長肥而短者皆可披帶第三等甲所以給中常之士也二者亦有長短故甲裙

又為三制使長者短者皆可披帶每遇給散則隨其肥瘠長短而選給之則肥瘠長短無一不稱其用人瘦甲寬則都管皮柱定不可行坐甲小人大則包掩不及罔避金矢皆成棄物是謂人甲制

馬軍與步人之甲有四不同步人則直起起立馬軍與蹲坐抵控馬軍腰圍若依人步皆用五吊則上柱兩腋而不容低昂下擦雙胯而不堪轉動所以獨用四吊步人則兩足循行左掩則背要結項有穿扣不順馬軍則

緩急上馬右掩則擿定左足而跨鐙不及馬軍甲身所以獨用左掩步人則直身行立短則露足馬軍則曲膝蹲坐長則綰絆馬軍甲裙所以獨用過膝三寸步人則甲身腰圍吊腿連成一片名曰全裝而易為披帶馬軍則吊腿拖泥遶作二段名曰摘足而便於去取故截為叚上安結項四枚遇敵則掛上吊腿而用避矢石退師則解入搭袋而免被牽制馬軍吊腿所以獨用摘足是謂馬軍甲制

弩手與鎗牌弓箭劍斧手馬軍之甲有三不同蓋馬軍鎗牌等手例欲身材長大獨弩手不嫌矮短故軍中類選不及等伏者為之比馬軍鎗牌弓箭手已為最短況舉人入蹬而易被兜絆曲膝靠揺而易為走衮此弩手裙所以獨用短捷其他甲裙後交前倥則恐被矢石弩手甲裙前交後倥則有礙揺鞍蓋故法陣前有車車後伏弩令制陣前有牌弩隨牌後弩手之甲雖不庇兩足而車高一丈二尺牌高六尺五寸全身亦可庇護此

弩手甲裙所以獨用向後它甲惟欲緊束則挽弓刺鎗無所牽制弩手惟欲鬆寬則踏鞍衮揺無所靠倚此弩手甲身所以獨用寬綽是謂弩手甲制

周馬之身最為利害惟順面胷臆馬面子舊制雖巧近日符離陳蔡之役馬多被傷中壽星腦額而死臣今制為貼額用綿布衲作一片貼在馬面子内額腦之間設遇矢石可透鐵面尚有鐵額可隔此馬面所以合用貼額大全裝鷄項大而秋錢小或暑月悶熱雪雨水結徹

去秋錢尚有了項可蔽肥肉此馬甲所以合用小全裝我軍馬甲甲身例是垂下過韈一尺許所以披帶重滯馳驅絹絆賊軍馬甲甲身只是平腹下用虎斑布裙遇箭皆被矯揉所以披帶輕捷馳驟俏俊此馬甲身所以合用平鞶鷄項重則頭低項曲面馬被控抑鷄項輕則頭高項直而馬騣鬆寬此鷄項所以合用綿布甲納赤身帶甲則擦損肌肉而久成臭爛襯以藉褥則護惜皮毛而不致破傷此馬甲所以未帶甲先用馳滑辣甲圈

兩件是謂馬甲制廣西造皮法法生牛皮裁成甲片用刀刮毛以破碗舂碎篩取末大屑調生漆傅上油浸透則利刃不能入

拳

拳有勢者所以為變化也横邪側面起立走伏皆有墻户可以守身以攻敌謂之勢拳有定勢而用時則無定勢然當其用也變無定勢而實不失勢故謂之把勢作勢之時有虛有實所謂驚法者虛所謂取法者實也似驚而實取似取而實驚虛實之用妙存乎人故拳家不可執泥裡外圈長短打之說要須完備透曉乃為作手技欲精欲用欲熟欲驍欲狠兩精則多者勝兩多則為熟者勝兩熟則驍與狠者勝數者備矣乃可較敵一家數温家長打七十二斤着二十四尋腿三十六合鎖趙太祖長拳多用腿山西劉短打用頭肘六套長短打六套用手用低腿呂短打六套趙太祖長拳山東專習江南亦多習之三家短打鉞亦頗能温家拳則鉞所專習

家有譜令不能盡述也略具數節於後一勢四平勢井闌四平勢高探馬勢指襠勢一條鞭勢七星勢騎虎勢地龍勢一撒步勢拗步勢長拳變勢短打不變勢逼近用短打若遠開則用長拳行着即曉短打復會行着短不及長矣一手有上中下切斫鈎扳攙金手高立搭揚逼攻抖盤旋左右脚來踏調出五横三推肘你行當面我行傍你行傍來我直走倘君惡狠奔當胷風雷絞砲劈掛手騰搥手雙打雙砍雙過肘左右走手怕邊拳調

出飛虹忽捉手喝聲打上下頭虛顱下還須上捉手只些真訣是原傳還有通仙六隻手揢鼓拳閃横拗步脚上前高怕黄鶯雙拍手低怕撩陰跨襠拳挨靠緊追休脱手會使斜横搶半邊長拳行着凡打法行着多從探馬起直行虎打法三着打左右七星拗步高探馬驚法右腿蹴驚右手斬手左手飛拳上臉連右手拳一齊再發搭脚進步高探馬左拳哄臉右腿低彈左腿右拳飛拳上臉倒身一踏倒揷幡高探馬專打高探馬右腿驚

左腿左腿上踏玉女穿針高探馬變一條鞭右拳驚右腿隨拳窩裡暗出倒馬鐙四平變身法同身勒馬聽風諸勢俱打一腿六腿左右通用本家俱有短腿可破又有還腿可用一鑽左手右鑽右上左鑽一踏左顛右踏右顛左踏左偷右踏右偷左踏一蹉一蹴一掛一跟一低彈演法凡學腿先虛學踢開腿後依法演習鑽腿虛學踏腿懸米袋或蒲團學蹉腿虛學或用柱掛蹴腿虛學或用掛柱腿用柱學跟腿虛踢後用柱式彈腿用三

尺長櫈竪立或用石礅在平地上學

圓光手四平手腮肩手高搭手沉墜手鈎脚行着短打長拳卧魚脚踢一脚鬼撮脚伸一脚俱右俱用鐵門銓即搶壁卧畬雙脚打重不倒身站法脚尖正昔人腿脚起如馬踢為踏腿平踢為彈腿習彈腿便捷用櫈以脚凳際地上彈腿踢去取平行不倒為度習彈腿力用礫石以踢遠礫石為度習踏腿虛腿用糠懸梁上踏腿高踢去復還以俱腰力為主度習踏腿實腿用柱以橋腿

踢柱上儘力為度鈎腿指拳腿灣向裡習橋腿則有力綿張拳護胷脇腰温拳護頭面頸脚要打高手亦取高專用脚以手輔之手不能當脚脚起半邊虛說不着温家高脚拄下用脚接低脚踢上用脚斷長拳張拳設套待被套套本家設套待用調處疾遲痴死四勝左手如鑽錢右手如弄琴前腿如山後腿如撑前手如龍變化後手如虎靠山左右不離前後方鈎入眼不瞫見鎗速進鈎連密莫犯莫敵點用單手送如點水蜻蜓有活動

之意扎用雙手老實送一扎用稍一棍用根根稍五用步步進前如陰手棍陰手益陽手絮此是少林士真妙訣扒止左右打上揭不宜向下磕恐扒頭重難起也盤腿裡盤外盤腿

鎗

頭一合鎗先用圈鎗為母後用封閉捉拏救護閃賺是花鎗名色呌做梨花擺頭第二合先有纏鎗後有攔鎗黄龍戰扞黑龍入洞拿鎗救護閃賺是花鎗名色呌做

鐵子掃第三合鎗先有穿指鎗後有穿袖鎗鷂子拿鶴鶉救護閃賺是花鎗名色呌做鳳點頭第四合鎗先有白拿鎗後有進步鎗如猫捉鼠加朋退救護閃賺是花鎗呌做白蛇弄風第五合鎗先有迎風鎗後有截進鎗四封四閉死中逈活無中生有四面使鎗第六合一截二進三拿四纏五攔六徹共加六路花鎗後有塲泰王摩旗下有塲撥草尋蛇中調四路閃賺梨花擺頭鐵掃子鳳點頭白蛇弄風

爾鎗動我鎗拿爾不動我鎗發中間一點難招架指指人頭取人面高低遠近通要見鎗勢浮腰索先取手後取脚取了脚與手閉住五路通傷口鎗有三件大病那三件大病一立身法不正二立當不上不照鼻尖中不照鎗尖下不照脚尖三件大病疾上又加疾扎了猶嫌遅

他使裡把門等我我將鎗閃向圈外攔拿放鎗他若一攔拿我我閃過圈內進鎗他若使外把門等我我將鎗

閃過圈裡纏拿放鎗他若一纏拿我我閃過圈外進鎗此順其勢而用之也他若使裡把門等我我用纏拿硬上一剁放鎗他纏拿我我閃從圈外進鎗他若使外把門等我我攔拿硬上一剁放鎗他攔拿我我閃從圈裡進鎗此逆其勢而用之也沓來覆去我從圈裡放鎗他纏拿我我閃從圈外反攔拿他所謂死中反活也沓來復去我從圈外放鎗他撑拿我我閃過圈裡反纏拿他所謂無中生有也拿圈裡鎗為纏拿為封拿圈外鎗為

攔拿為閉重手為拿輕手為封閉仰手向裡為穿指陰手向外為穿袖鳳點頭上下帶左右後手上下動上覷面下覷手白蛇動風右轉梨花擺頭左右上下鐵掃子左右動俯身者進仰身者退也纏拿伸前手後拿倐身身俯攔拿縮後手前手挨身身仰纏拿後手手心向裡攔拿後手手心向老楊封閉皆用陰陽滚手老樊以以為滚手遲一着只兩手心俱向下拿定竿子救入裡鎗只前手略左旋一即打開為封救其外鎗只前手略右

轉一是為閉手法甚緊其中為母雙手持鎗離彼前手前三尺即放下前手將後手挨竿一轉進鎗其救下鎗為提亦不全滚手略滚一半便轉手持中平鎗頭交三尺滚彼在手裡即轉右手兩手用氣力將竿捺住為纏或彼抽出鎗札我向外即將竿從下向上一挑為攔彼若使花鎗則纏攔不住我或用低鎗或用降鎗彼若將穿過時我鎗從上乘機疾札前手蓋彼以左穿右穿為妙我在乘其穿而用之也穿指鎗從身外穿過扎入裡我用先入抱琵琶勢將前後手一縮向上托開穿袖鎗從手裡穿過扎入外我用帖挑勢從下向上托開向左

此二法纔用滚手以彼撤手進鎗者也二鎗從下揭上

此二法一楊所無

樊封閉移後脚左右孔鳳封閉移前脚左右離子午松單手轉身進步送鎗本雙手跪進鎗濟寧吏單手不進步送進鎗俱不離子午

一鎗桿疾藜條為上柘條次之楓條又次之餘木不可用

鎗制木桿上刃下鐏騎兵則鎗首之側施倒雙鉤倒單鉤或桿上施環步兵則直用素木或鵶項鵶項者以錫飾鐵嘴如鳥項之白其小別有錐鎗梭鎗槌鎗錐鎗者其刃為四稜頗壯銳不可折形如麥穗邊人謂為麥穗槍梭槍長數尺本出南方蠻獠用之一手持旁牌一手摽以擲人數步步内中者皆踣以其如梭之擲故云梭槍亦曰飛梭槍槌鎗者木為圓首穀閱用之近邊臣獻

凡鎗以動靜兩分動則為攻靜則為守攻內有行守內

攻行守固法

此猶開弓之左右也

處州人使狼筅右脚右手在前陰陽手使攢扒亦多如

法

相又以圻鎗竿長丈二三圓轉不停即眞狼筅降鎗同

鎗頭離一尺五寸置一橫拐離一尺又置一橫拐十字

有月牙鏟左擄右擄使孫臏拐小拐拿鎗亦降鎗前有

妙在善於以鐮圈桄人目則即進鎗也呂公拐降鎗前

脚左手在前右脚使圓腰右脚右手在前陰陽手使其

繩繫槍頭則為針鞭繩離鎗頭尺餘則為圓腰斜鞭左

空皆宜設之所以禦賊突騎使不得驟故曰拒馬

植地輒立貫處以鐵為索更相勾聯或布陣立營拒險

拒馬槍其制以竹若木三枝六首交竿相貫首皆有刃

狼筅也以狀類筆故云

大寧筆槍首刃下數寸施小鐵盤皆有刃欲刺人不能

實扎 虛扎 拿扎 打扎 穿扎 滚扎

扎法

右論攻行守固不在扎法內講

識斜正

行化論故可以守待其動也神不定而心亂為謂之不

治人斜正交行內有虛見子午配合觀其動靜知識攻

鬬之機何以為勝敗乎守固者皆為備已攻行者諸能

激為問之必答問而無應者如癡啞之人面立也戰

攻行之內發用之道也

無制攻行之說乃進鎗之要訣也外有虛空無之要乃

備也備以勾隔劈殺為外五行固偏故不及子午正攻

為正五行五行有變上下跳躍走步謂之不正為斜斜

以前攻行激守皆為正攻內有化為斜以金木水火土

有守攻而不行方激而後行以守激不行而再激行得

此棍頭接着為得氣攻而有兩行則以守攻而後行內

有固此為攻行守固以無為是也凡攻至交始得氣處

單手扎　扎中扎　三陽扎　挫手扎
有不犯五行扎
有量鎗扎衝開子午之門謂埋頭上扎先陰變陽至
於高扎乃陽變陰攻此三扎不在五行虛實中論
虛實有空忘無交合交合故有内去留之道分其清濁辨
其浮沉可取皆在於五行混濁之内紛紛遶遶周度無
窮洞察玄微道合氣行有億萬物生學者可以詳究為
節萬無一失論中處實　滾穿花浮為虛

打拿挫撲為實　上拋　中量　下顛　扎内行空至
極為無伏虎等勢俱斜路棍晋棍法兩敲卓離一尺高
一尺

劍

電掣昆吾晃太陽
一升一降把身藏左右四顧四劍
搖頭進步風雷嚮
滾手連環上下防開右足一劍進左足一劍又左右各一劍收劍

左進青龍雙探爪縮退二步開劍用右手十字撩二劍刺一劍
右行單鳳獨朝陽用左手一刺跳進二步左右手各一跳左右手各一蓋右手一門轉步開劍作勢
撒花蓋頂遮前後右滾花六劍開足　雙暨劍
馬步之中用此方
蝴蝶雙飛射太陽右足進步右手來去二劍右足進步左手一刺一晃
梨花舞袖把身藏退二步從上舞下四劍
鳳凰浪翅乾坤少進右足轉身張兩手仍翻手左手一劍右手來去二劍左手又劍開劍進右足

掠膝連肩劈兩旁
進步滿空飛白雪從下舞上四劍先右手
回身野馬去思鄉右手抹肩一劍右手抹腳一劍抹肩一劍左手抹腰一劍一次一手收劍
鏌鋣曾入千軍隊
寒氣光芒銳莫當
以生牛皮裁成甲片用刀刮毛以破碗舂碎篩成半米
大眉調生漆傳上則利刃不能入

刀

雙刀他若使一伏虎打我頭却以左手監住右手一抹刀若被他徹捧走了番身一抹刀他若使一水平鎗來扎我却以右手監住左手一抹刀他若使一禿鼀來斫我脚面以左手監住右手斫虎口他若使一單提來打我旁不拘左右以手監住一抹刀他若死老僧拖杖掃我脚以左監住右手一抹刀若徹捧走了就削虎口他若使一横龍鎗來札我以左手監住右手一抹刀他若

使一仙人教來來戳以左手監住右手一抹刀他若使一老鸛銜食來斫我脚以刀十字架住一刀就斫虎口他若使一鞭鋪來打我以右手監住左手一抹刀他若使一舉手朝天來打我以刀左手監住一右手一抹刀他若使一虎歇勢來打我不拘左右一手監住一抹刀

用者有法

簡

簡破奉法簡有刺手臥步且如他一絞手掃賺疾便把簡以左手監住右手刺胷若被他提立水走了番身左手斫右手刺右邊右手一般使用他若打一伏虎以右手監住以右手刺心下若被他打腰以右手監住左手刺左邊以左手監住右手刺之若使一水平鎗來以左手監住右手刺侯下他若徹鎗走了便隨他番身就斫刺肋下若接草打我頭以簡十字架住徹右手簡次齊他若番鑚折我心就以右手簡住刺斫他若使老僧拖杖來掃我脚以簡住不拘左右手刺之他若使一禿鼀

來折我脚面以左手監住右手刺之他使一虎歇勢來打我以右手監住左手刺之他若使一草提來打我膀不拘左右手簡監住刺之他若使果然强來掃我脚以左手簡監住右手刺之右邊以右手簡住住左手刺之他若使一黄龍鎗來握我把脚步攝過來以左手簡住住以右手刺之他若後面打一伏虎來打我頭番身不拘左右簡住刺肋下他若使一棒來打我耳根以右手撲開左手刺之他若使一下絞手來打我以左手簡監

住右手刺之右邊以右手監住左手刺之他若使老鸛銜食來折我面我不拘左右手監住刺之他若使猿猴抱樹以簡抵住徹右手簡刺之若被他番鑽折我心頭以簡監住刺之用者有法

且如他使一伏虎我脚以左手把開右手打平也若使一禿鵰來折我脚面不拘左右手打開却打頭他若使一水平鎗平扎我以左手打開却以右手打頭他徹鎗走了番身却打他若使一果然强來掃我脚却以左手

打開右手打頭他若使一老鸛銜食來斫脚面却以左手打開右手打他若使一鎗來扎我膝不拘左右以手打開却打他若使一脚伏梁來打我膀以右手打左手手打頭他若使一老僧拖杖來掃脚不拘左右以手打開却打他若使一黃龍鎗來扎我却以左手打開右手打頭用者有法

鎚

夫鎚者暗器也不得已而用之步勢為之黑星穿月流星鎚有二前頭者謂之正鎚後面手中執者謂之救命鎚用者有法上使撒花蓋頂下使枯樹盤根

扒

扒步勢謂之七賢過關若被他一伏虎打我頭我使一扒就他托起番鑽折心頭若被一捧打開我又復一扒他使一水平鎗來戳我一中横扒打開就戳踐下他使一絞手打我脚一鑽住支一復一扒他若右邊使一絞手打我脚我使一鑽支住就發一鎗他若使一伏虎來

打我頭番身一鑽打開又復一扒打面他若使後頭戳一水平鎗來番身一中横扒打開他若使一單提來打我膀一上横扒打開番一鑽戳喉下使打開一横戳心下用者有法

欓

欓大進三步使小七星上存身卧步後回步角入步大量上托掩護頭身脚步裡步外分左右要遮攔雙手雙脚要舉正不欲外視分圖裡圖外扎遠對棒不要懼飛

身入合功難當上面來時并口掩月下若扎賺疾死鷄撥食就削中刺水平中横攩打開疾莫上步左肋使天王托塔那步又劻掩月向前鵓子翻身左邊若是棒家急進步一鎗一棒疾為先海青拿鵝左手攢高右手將頭在地雙魚錢水中扎用之飛身追趕相隨步正面對機關不怕英鎗伏虎左右脇肋切要護如若左邊一棒來一鑽打開提玉兔畨身三滚手切莫向右走一頭了十頭低虎背山前威勢有九托三趕七畨八拗十撲二

十四攩攩且如他打一伏虎一鑽打開復一横攩他若使水平鎗先來扎我我以一中横攩打開就削上去若使一絞手撢賺一鑽打開復一拍攩就削上去若使禿龜來折我脚面一鑽打開就削上去他若使一鞭鋪來打我膀一鑽打開復上一横攩削之地若使横龍鎗來打我膀一鑽攩打開就削之地若使一長行用來打我我以一鑽打開復一横攩就削之上有機關下有散法

火

兵法曰凡火攻有五一曰火人二曰火積三曰火輜四曰火庫五曰火隊所謂火人者焚其營栅及其士卒駭而攻之必潰也所謂火積者焚其糧食薪芻軍無以存也所謂火輜者器械財貨及軍士衣裝在道未止者也所謂火庫者軍在營壘已有止舍也二者焚之使其乏絶也所謂火隊者焚其行伍因亂擊之可覆也此五者滅敵之大利也

呈為軍務事一凡用火須用發竿遠近務要定准其火

内藏鐵銃發去可傷人可阻衝陣其火從地而起使賊不能伏地隨用火龍車開則排成勢勢合作作為一城衝打一陣之後衆兵俱入城内觀賊聚散如何復再衝打至夜觀賊團結何所用火箭射入賊巢内觀其虚實我兵暗火三面多用火器發入巢内我兵暗處埋伏望明處急發弓弩火器使賊自亂我兵各帶小燈用青步為罩不露火光炤行各散埋暗處見賊散走急急衝殺此決勝之策以逸待勞備具用火意思待置造操演纔

見明白
五材並用火德最靈秉熒惑之精氣酌朱雀之權衡軒
轅創法以衛民生五金八石按炎帝之草經範金脩火
命風后而制兵謂銛鋒利鏃力尚有窮而火燄之精無
堅不潰雖則硝硫之悍烈亦藉飛灰而匹配驗火性之
無我寄諸緣而合會硝則為君而硫則臣本相須以有
為硝性豎而硫性橫亦並行而不悖惟灰為之佐使賓
附尾於同類善能革物尤長陷陣性炎上而不下故畏

軟而欺硬臣輕君重藥品斯匀烈火之劑一君二臣灰
硫同在臣位灰則武而硫則文剽疾則武收殊績猛炸
則文策奇勛雖文武之二途同輸力於主君世直道而
番右武時橫行而乃尚文如狶苓與桔梗時為帝而稱
珍若乃硝材真正君明則宜硝匪其材主暗取譏君賢
明而治理城郭完全文恬武嬉君不明而暴虐文武縱
橫滅裂裳衣且藥不精專雖多亦少藥能精製以少為
多過與不及兮失其調劑用之適中兮爕理平正灰硝

少文雖速而發火不猛硝黃缺武縱燃而力慢奈何棄
武用文勢既偏而力弱堪成白火之用棄文用武事雖
濟而力窮乃在噴火之科臣懦君強不堪布政惟宜直
前宣吐臣勇君明有似煥汗忽爾中含激烈賢哲明比
兩端昏愚豈暗優劣文一武十是謂先驅渾圓則流轉
不窮而四圍跳躍直遂則中通一線而百步爭遂縱一
兩之藥行三百步有奇恐千里之馬終有一蹶不虞難
於百發百中大抵藥力多少之論耳若夫方以類聚材

在兼收滴醋以酸折助順火酒以燥性相投木折皮或
微潮而噀逺班猫以酷烈而取適至如獨蒜氣亦相求
論其製法須諳利弊硫黃粗兮灰易細文武乖睽硝研
細而黃灰粗剪熬失味合藥不厭精碾藥不厭細鎚打
不嫌多築虛最所忌若夫土囊所以壓砲蓋為金土相
生沸湯用以和藥是則水火既濟耶且撮其大都指破
迷途之士
解云謂硝產不是道地硝性微軟故曰不明因硝不道

地加上黃灰恐致暴裂故曰虐
硝六分之一爆伏用之黃居硝三十分之一灰居硝五分之一為下料為行火藥火箭流星地老鼠及藥綿用之一云有硝無黃為藥綿黃多則能發火杉灰為緊藥輕煤為慢藥柳枝灰茄楷灰最輕而易引火瓢灰蜂窠灰則又輕矣
硫黃本是火之精燄硝一見便與兵硝為君而硫作臣炭灰佐使最通靈硝力豎而硫性横炭灰在内助力真

三家本是各類產會合君臣萬古雄
黃居硝三分之一或四分之一灰居硝四分之一為上料凡紙筒紙毬梨花竹筒瓦罐敵口之物火箭頭上及銕砲欲炸者用之黃居硝二分之一古火毬煙毬用之黃居硝十分之一為中料灰同為中料凡銃砲及鳥銃用之黃與灰各居
口敞則火散而力緩口撮則火拘而力急如人開口舒氣則無撮撮口出氣則有力藥箭出管難則行遠出管易則行近如射箭後手放箭扣緊則有力扣鬆則無力
砲聲細則嚮而震耳聲宏則散而不震耳入樂聲管聲入耳深鼓聲入耳淺
緼青此二物和匀半斤黃蠟四兩香油入水不息紙在中間布夾在外三分布一分紙撚紙撚以蠟油裹浸透
各藥稱足分兩先碾硫黃如麪細次上硝碾將灰稱足投入熟水投入硝黃内碾為片塊晒乾復碾極細愈細愈佳此即良法

火兵以驍騎夜銜枚縛馬口人負束薪束緼懷火直抵敵營一時舉火營中驚亂急而乘之靜而不亂捨而勿攻火攻皆因天時燥旱營舍茅竹積芻稿糧軍營於桔草宿莽之中因風而焚之
火獸以艾熅火置瓢中瓢開四孔繫瓢於野猪麞鹿項上針其尾端向敵營而縱之奔走入草瓢敗火發火盜
遣人音服與敵同者夜竊號逐便懷火偷入敵營焚其積聚火發乘亂而出
火弩以擘張弩射及三百步者以瓢盛火冠矢端以數

百張中夜齊射敵營中芻草積聚
火禽以胡桃剖分空中實艾火開兩孔復合繫野鷄項上針其尾而縱之奔入草器敗火發
火箭以小瓢盛油冠矢端射城樓櫓版木上瓢敗油散因燒矢鏃內簳中射油散處火立然復以瓢續之則樓櫓盡焚
猛火油以熟銅為櫃下施四足上巻四巻筒巻筒上橫施一巨筒皆與櫃中相通橫筒首大尾細尾開小竅大

如黍粒首為圓口徑寸半櫃傍開一竅巻筒為口口有蓋為拄油處橫筒內有拶絲杖杖首纏散麻厚寸半前後貫二銅束約定尾有橫拐拐前貫圓㨂入則用閑筒口放時以杓自沙羅中挹油注櫃竅中及三斤許筒首施火樓注火藥中中然然（發火用烙錐）入攤絲杖放於橫管令人自後抽杖以力蹙之油自火樓中出皆成烈焰其挹注有椀有杓貯油有沙羅發火有鑵貯火有鑵有鈎錐通錐以開筒之壅塞有鈴以夾火有烙鐵以補漏（通櫃有鏬漏以蠟油清補之凡十二物除錐鈴烙鐵外悉以銅為之）一法為大一巻筒中央貫銅胡盧下施雙足內有小筒相（亦皆以銅為之）亦施攤絲杖其放法準上凡敵來攻城在大壕內及傅城上頗衆勢不能過則先用藁秸為火流絕城下於踏空版內放猛火油中人皆糜爛水不能滅若水戰則可燒浮橋戰艦於上流放之（先於上流籢糠粃𤁓草以引其火）

火箭頭白火　六兩四錢　六錢四分　樟腦八錢
淨江龍慢藥　六兩二錢　輕煤四兩八錢　砂四兩

雄四錢八分　硇八錢　鉛制汞四兩
緊藥四兩八錢　杉灰四兩　一兩六錢　雄硇砂汞
同上
噴鎗　五兩　四錢八錢　一兩六錢　雄二兩四錢
砂三兩二錢　汞三兩二錢　鋨沙半斤
子夯火藥　四兩　四兩一云八錢　一兩六錢
一云硝一斤　黃五兩　灰同上
噴筒　四兩八錢　四兩八錢　八錢一云余皮久烟

一窩蜂　四兩　四兩八錢　火彈五分　石子三分
砂一兩六錢　鐵蒺一錢　鐵子一錢　汞四兩　火
毬　四兩　三錢
荔枝砲　四兩　杉灰四兩
火龍口　四兩　柳灰四兩　四兩八錢
紙砲急藥　三兩二錢　四兩
機銃　一兩六錢　二兩四錢　四兩
銃母藥　一兩六錢二分　四兩

炮仗　一兩二錢八分　二兩四錢
流星藥線　四兩八錢
火龍暴　鷩風猪　四錢八分　四兩八錢　八錢
火箭　硝一斤　黄四錢八分　灰四兩八錢　離筒
四指半稱勻不勻後相鎻墜子
廣東梨花方　硝一斤　黄六兩　砂六兩八錢
輕煤　六錢　二兩四錢　砲長藥二兩八錢
砲長藥方　硝一斤二兩三錢　灰二兩三錢

不灰木五斤　用五倍子代之　黑棗三斤　煤炭五
斤　鐵皮四兩八錢　黄三兩　七兩圍七日
又南棗栗炭木等分糯米粥丸七兩圍五日
子砲用火燒紅投入醋內三次其鐵脆而易於炸碎貯
火用鏇罐火藥用木器
破綿紙碎五錢舊青布碎五錢用此二物微有烟又用
作紙撚用舊綿花絮浸陰溝内取乾入罐内燒存性馬
勃

不灰木出上黨今澤潞山中皆有之葢石類也其色青
白如爛木燒之不然以此得名或云滑石之根也出滑
石處皆有今處州山中出一種松石如松幹而實石也
或云松久化為石人家多取以飾山亭及琢為枕難不
入藥然與不灰木相類故附之陳藏器要燒成灰即所
破以牛乳煑了便燒黄牛糞燒之成灰榆麵不灰木炭
屑棗肉内獸炭料艾三兩杉灰三兩星石黑的即火石
一兩星石耐火無星石用陳乾桃核破兩半个入諸末

内乾綿子玄仁二兩煤用自然煤末取其輕一兩
提硝用瓦烏盆濾至一百斤得三十斤乃可作藥線用
熬熟老桐油粘紙作藥線衣過水入地無碍
火毬 硝一斤 黄四兩 灰三錢
荔枝砲 硝一斤 黄四兩 杉灰四兩
火龍口 硝一斤 黄四兩 柳灰四兩 砒四錢八
分 藥信方 硝一斤 黄四錢八分 杉灰四錢八
分

一母十四子砲焰硝一斤 硫黄三兩二錢 杉灰四
兩 小一窩蜂即鐵梨花 硝一斤 黄四兩
杉灰四兩八錢 硃砂一兩六錢為末鉛治過水銀四
兩
石子每箇重三分火彈子每箇重五分用火藥打成塊
生鐵菱角每箇一錢生鐵子每箇重一錢一云製過用
硫黄煎鐵塊噴鎗一把連竿竹節替馬子發箭硝一斤
黄五兩 杉灰四兩八錢 砒霜一兩六錢 硃砂三
兩二錢 雄黄二兩四錢 水銀三兩二錢 鉛治大
生鐵砂半斤
細作水攻 淨江龍 緊藥方 硝一斤 黄四兩八
錢 杉灰四兩 雄黄四錢八分 砒霜一兩六錢
硇砂八錢水飛過 硃砂四兩 鉛治水銀四兩共為
細末聽用
慢藥方 硝一斤 黄六兩二錢 墨煤四兩
砒霜四錢 雄黄四錢八分 硇砂八錢水飛過

硃砂四兩 鉛治水錢四兩共研細末聽用
蜂窠火 噴筒松皮久烟火彈石彈 烏璧喜灰灰硝
十兩 黄八兩 灰 嫩柳枝 輕煤 瓢灰 茄科
灰 萬藥線方 硝四兩 黄一兩二分
灰一兩二錢 火藥方 硝一斤 黄一兩一錢二分
灰四兩 杉木炭灰一錢五分毋快火藥方
白一斤芐黄四兩黄四兩芐黑八錢再加朝腦錢八分
便是無敵大將軍 獨火飛將軍 盞口將軍 藥線

硝一兩灰三錢極要研細拌勻（硝四兩黃一錢二分灰一兩二錢）噴筒一箇用藥十料每料硝一斤黃四兩八錢（黃多則能發火）信八杉灰灰四兩八錢內用八錢浸燒酒數次細細築實愈實愈好每一寸築五分用鐵槌打凡流星水老鼠火箭皆同此料水老鼠用氏礬紙

總要火求法（加人草烏巴豆狼毒各五兩砒二兩則為毒烟毬若其氣熏人則口鼻血出）

晉州硫黃十四兩　窩黃七兩　焰硝二斤半

麻茹兩兩　竹茹一兩　乾漆兩兩　雌黃一兩

定粉一兩　黃丹一兩　黃蠟半兩　清油一分

桐油半兩　濃油一分　松脂十四兩

右以晉州硫黃窩黃焰硝同擣羅雌黃定粉黃丹同研乾漆擣為末竹茹麻茹微炒為碎末黃蠟松脂清油桐油濃油同熬成膏入前藥末旋和勻以紙五重裹以麻縛定更別鎔松脂或瀝青傅之以砲放

紙砲火鍼

神驚石半斤　硝四兩　熏黃一斤　狼筋十斤　巽羽一斤　攖蝮二斤　硇一斤　孔雀尾二斤　砒半斤　鴟鴞肉共用一斤　砂四石　隱飛鳥十个鴟共煎油一斤骨成灰共為末裝為帋包其大如斗外以竹絲圜之內以針塞密火發針刺人無不立死

藥方製法不嚮一斤硝用用燒存性為末二錢又云壁喜窠硝用好硝十斤入鍋提六七分務要提淨形如針芒者可用硫用好硫黃十斤將麻油先製去油後用去硫黃內油法先將硫打荳粒樣碎塊每斤硫黃用麻油

二斤入鍋燒滾再下青栢葉半斤在油內看栢枯黑色撈去栢葉然後入硫黃在滾油內待油面上黃末起至半過隨取起安在冷水盆內倒去硫上黃油浮硫凝一併在鍋底內者是取起打碎入栢枝湯內煮洗淨聽用

砒紅者去脚用

膏百斤入銅鍋內慢火熬清去查再熬入芒硝硫黃砒霜三味各等分量油多寡入鍋熬煉漫漫微火焙枯火大即著全在微微火候煉時不可見風日

膏乾用膏先熬清淨然後火熬乾成黑灰用
煉塵染一斗將水拌濕為團入炭火内煆紅再濕再團再煆如此九次至輕白聽用
苦蘆灰　將苦蘆切為細塊黄甕内閉了口外用糠火煨通紅量内蘆成灰止火
特蓬殺收數斤煆成黑灰同前法
鐺灰　取鐺上輕灰見火星即着者用

風火砲

見日與風則發如陽燧取火特蓬殺二斤分半膏炒入膏百斤煉十斤
砒一斤同當灰炒入鐺灰二斤硫十斤升淨同瓢灰研
瓢灰二斤　班毛四兩　蝭毛灰三兩
黄天硫八錢末炒一斤取八錢
硇四錢賣魚腥水制過

水火藥

鸕夷魚油肝及子末半斤砂㮶子一斤邵陽魚尾四兩土濕地生足多如蠼螋蟲十兩子脂三兩黄淨二十斤鮎蠖魚油二十斤硝淨三十斤蠱蟲二斤五色蜘蛛一斤硇一斤砒半斤不灰木一斤
蓼霜　硇砂砒各一斤俱為極細麪　蕎霜　茄霜
蓼霜　硇砂砒各一斤俱為極細麪
川烏二斤　草烏二斤　用燒酒十五碗臘醋十五碗煮二烏熬去十碗去查將前酒醋熬成膏子同前七樣和膏一處慢火炒乾仍研極細仍入鍋炒成灰冷定手

試隨縫而出方可成或做紙砲或烟太花筒俱於中間做小筒盛火藥小筒週遭將毒烟藥築滿照常紙砲點放
先天風火藥特蓬殺為主先天水火藥江豚油為主特蓬殺味辛苦温小毒主飛金石之之煉丹亦須生西國似石脂蠣粉之類透金石鐵無礙下通出
邪彈火次火丸　硝八兩　黄四　染塵二　苦胡灰一　特蓬灰一　鐺灰一有半　人言六二　神膏制

過藥四　神膏乾五錢　擂絶細末擂了再擂細酉卯
內半中間入火丸中去黃白乾淨老雄鷄 缺 神膏　油
胡桃二　棗核內肉一　不灰木五錢為末 缺 梁塵五
錢　槐花末五錢共搗成團和如細桐子大入卯時燒
紅用 缺 缺 花縛定
井油出眉州入水不息從石中出春夏流不止一分二
厘一斤
神烟方火硝一斤硫四兩用小便煮過炭三兩樟腦一

兩輕粉一錢陽起石一兩石黃一斤砒四兩共研極細
緊築於竹筒內發之可迷百步良久不散
神火方烟硫一斤為末好燒酒三斤拌汁晒乾加硇砂
一兩硝半斤針砂四兩硫黃四兩炭二兩共研極鰲緊
築干鎗筒內臨敵發之可燒賊人也
一柱香
夏枯草末五斤　鬧羊花五斤末　地星草子二十斤
地胡椒 金線斷腸草十斤 秋海棠 金喬麥楷五斤　黃

花地丁二斤　紫花地丁二斤　江豚油二斤　射香
五兩　牙皂一斤　硇一斤　鳳仙五斤　膽礬十斤
金星草二兩 或栢樹背陰之地生 獐腦一斤　公灰三十斤
柳灰 粉霜五斤 有葉如韮菜背金精相對 榆樹皮二十斤　銅青
一斤　土蜂房三斤 黑胡蜂窠在壁上 檀香二斤　高良姜
宿斤　宿香一斤　兩頭尖 竹節附子二斤 栢香十斤　川
烏草一斤　毒蛇十條　浮萍一斤 膏十斤合壯撟五斤 爛
體烟　以物染油使有附着

砒二斤　班毛一斤　獐屎一斤　江豚油五斤　黃
十斤　石脂二斤　硝二十斤　南星子一斤　硇二
斤　茄灰五錢　瓢灰十斤　壁蟃二斤　巴豆二斤
蛇理草十兩 主 信十兩 用桃花色 蛇含石五兩　羊烏
三兩　狼毒三兩　杏仁二兩　竹茹三兩　大蒜十
兩　人糞十兩 炒 皂角 主二十兩 大戟五兩　斷腸草
五兩 甲燒酒浸 鑽骨草 五兩童便浸 紅商陸五兩　血見愁 十兩
童便浸 木鱉子三兩　巴豆五兩

狼糞二十兩主　班毛五兩　右用硝六十五斤　硫十
斤　炭十三斤　若灰三斤　燒酒童便共製三次藥
末計一百三十四兩通共九十六斤十一兩
達達蒜　囉囉藤　商陸　狼毒　川烏　草烏焦芫
花　鬧羊花　蛇埋草　鐵甲將軍草　皂角　鑽骨
草　金絲斷腸草　鐵線草　黄龍尾　甘遂紅牙大
戟　碎骨草　透腸草　箭頭草　馬連草　大蓼
小蓼　水葫椒草　蒼耳草　巴豆　南星　寉蝨草

左纏藤　蔓葩花　旋風草　鐵角蘭　鑽心穿肺草
韭子　鵝腸猫眼草
已上三十六味按三十六天罡俱用童便制七次過為
末
九老仙師兵甲遁法白雲神水一宗
先取陽起石陰起石二物真正者研為細末用清水在
磁盆内淘淨輕隨水飛出之物澄又淘如此九次只要
要用功淘澄細膩者晒乾如膩粉有光亮射目方好用
也無光采少神氣不可用也澄出者以一斤為則用好
燒酒浸過日晒如此浸透晒乾七次為准聽用
配合法白粉五觔研細為末風化石灰四觔羅細共一
處拌勻火酒浸晒三次又重羅篩細加樟腦半斤雲母
粉半斤共研極細每半斤裝一銃先裝銃藥完後裝此
藥紙筒内安在銃中心用藥二包成砲築夯筒内如法
封固臨敵砲響白雲蒙結敵陣如此一個時辰慢慢散
去

製神水之法先用人之大便以鐵鍋熬成黑色如膏焙
乾煅細紅入清滚水濾汁去查仍將汁熬至半乾入草
烏膏一斤麻花膏四兩信石一斤硇砂半斤人靈石四
斤五靈膏水調汁熬如稀糊收貯臨用時以五靈膏水
調汁安疾桶内用之白雲銃一枚在前疾桶百枚在後
此神水發之人着黙皮肉腐爛而死
烟毬用好火藥加皁角末川椒末乾姜末皆生用毒每
火藥一斤加四末五六兩隔紙帯末半斤用五灰水煉

成五毒膏加硇信并狼毒和在隔紙末内用瓦甕
行煙猛衝人無拒者凡攻城邑旬日未拔則必備蓬艾
薪草萬束已上其束輕重使人力可負以乾草為心濕
草外傅候風勢急烈於風班布發烟漸漸逼城仍具皮
笆傍牌以禦矢石

天火毬　此火不用凡火以藥脩合三五個月仍可用
見風見日即着合必須在地窨内不見風方可其藥用
黒豆楷燒灰每存性每一斤加焰硝半斤硫黄四兩班

毛一兩真黄丹硫一兩六錢無風日處攅合當時即裝
入鷄鴨卵殼内令滿每一個令加熕石子一塊如栗大
夾紙封口用茄柴灰固濟半指厚遇敵令軍士以繩圈
投去到彼處跌破不拘落在草船木人身服成火水亦
不能救若陸戰燒敵糧輜積尤妙

火鑵内有火塊　刀背藏銃　鴛鴦銃藏鉛子拒銃叢
軟硬相兼猫竹挂草薦軟泡　又云綿包沙
月落香銷毬即大砲　天墜砲即子母砲
千里勝即竹發熕　子砲用醋煮過易碎

結烟　狼糞雌黄陽起石石黄

爛藥　硇班毛巴豆紫紫金沙壞眼出雲南番中

麻藥　績花川草烏附子半夏南星

碎藥　密陀僧雌黄雄黄　信製大慢藥性宜用不宜
多

又如製造紙糊圓砲令製者不過震響一聲無益於用
本職因此舊物而觸為新製造成此砲待其糊成紙殻

之時中含小鐵刺菱二三十枚地火鼠一二十枝方入
藥於其内然後緊糊其口每砲一枚開藥線眼四處各
穿藥線使其丟落城下不至滅火賊近城下時燃砲而
下砲一响則砲中所藏刺菱自然布散其中火鼠飛去
賊見火鼠燒身必走而刺菱又傷其足况城上且擊之
矣

飛空神砂火光此砂製度不一水陸皆可用也用山水
河内流出細砂類玉田確者佳如無將爛石擣為末先

用細絹羅麪不用次用粗羅麪調匀砂每斤用藥一升炒過聽用以神火鎗自空飛去以害敵人眼目鎗用白竹片為身用起火二桶交口顛倒之連身長七尺徑一寸五分絲麻纏綁一處前桶口向後後桶口向前此来去身也前用爆磹一個長七寸徑七分安在桶頭上藥線置起火桶内爆外用三四層夾紙作圜桶連起火粘為一處爆外圜内裝前製過砂糊嚴密頂上用薄倒須鎗如在陸地不用此鎗於時先照前身起火藥線用大

茅竹作榴子桶照敵放去刺彼蓬上彼不齊救信破爆落砂下每一星入人眼内痛若錐剜既瞎莫救彼既不敢救信至後桶其船即焚矣如陸戰對敵於去碾破砂下其鎗身自回本營敵莫知其所以也

一窩蜂噴筒之意用檀木桿子徑二寸半趕紙筩一尺三寸厚四分貳用大竹外以生牛皮裹住晒乾亦可頭上留大指頭一眼以紙塞住用前數件藥末并後五件攪匀打實封固綁於鎗鎗頭上火發三四丈長鎗一丈二尺此器火發如羣蠭相似敵人離我四五丈地先被此火并火石鐵三色子燒臉目不能睁我先勝四五丈地彼敵不能前進參離大軍短刀長牌於隊中此為步下攻城之寳也

一把蓮用毛竹一段約長二尺五寸打通節留底下用黄土上用鐵口外用細麻索細繞一層用濃凡水瀝於上又用麻布料灰一層晒仍用麻布再用麻索一層麄細瓦灰後上搽却將半指厚鐵片照桶底大小安平黄

土實築二寸晒乾為度將前各色藥攪匀實築畢打再用隨竹箭大小竹一節二寸在口内上加黄土築石方安木桿鐵頭鐵翎箭在口内捙滿長一尺皮作護手盤子下以木柄鐵箍三道晒乾聽用久不打的銃砲恐其驟打而炸也究地窖丈餘先用火燒坑以銃使砂石打洗内外淨入坑中内以泥塗覆薪燒煉俟其冷取出復用桃艾湯洗以牛或羊猪血塗内外仍入坑煉之

神鎗改為快鎗即鉛錫銃

手把銃歌曰一裝鎗二撚線三裝藥四馬子五按歪子六打三鎚七揷箭八行鎗九聽號頭唎唎嚮單擺子鑼點火摔鈥嚮收隊

火器手合用 藥匙 汪碗 藥簡 透針 鋼鎚 木馬子 裂鑽 歪子 斧子 北九件快藥不用凡

地中有寶及藏物伏屍之類可用神燭照之法常以十二月猪脂和曾青硵硝二兩石膏硫黄一兩末不用水搜手合子內七月七日收麻花中或花暈中照之星明

地下者有伏藏金錢也色赤光四散者近不過五尺下有金也聲鳴或暗或明不散者兵器錢物也光搖色明者銀也色赤白聲烘烘者寶玉也青焰光而有聲者赤寶玉也黃淡或明或暗者古銅兵器也光聲垂地或光微垂地火照處小者鐘鼎器也光如龍蛇照赤明動而焰直上烟如虹者寶劍珪璧符璽也暗黑影大如沉者伏屍也然然明咤黑光下垂者人墓也內有寶物金玉不明咤下垂也不動者婦人也動者丈夫也聲如雷鳴紅光震動者下有神龍也不可動之光有青圓乍欽者錢也色青龍况而影動搖或下垂者乃鉛汞之物色白不明或聚不散不得照之有班物及冤家死之鬼也仔細察之無不驗矣光焰停不動高明輝耀異常者下有神丹不死之藥或神書異物舍利等及古人所藏寶器異常之物

又法丞丹砂中取出水銀方家謂之靈液與牛羊豕三脂同杵萬下山中有金寶處以通草為炷照色赤明而

下垂者有金白者銀黑者鐵黃者銅青者鉛明而嚮者至寶也不明者砂磺相雜也赤明垂散者井砂也青見亭亭周上赤暈者玉也四散星光暗而明者以異常妖怪或隱伏龍蛇不可發也五色如虹上下者丹藥異寶也

鮎魚無鱗寒而有毒勿多食赤目赤鬚者並殺人也豚魚一名鯸鮧

蠼螋能溺人影令發瘡如熱沸而大繞腰匝不可療蟲

如小蜈蚣色青黑長足山蠼螋溺毒更猛諸方中大有
主法其蟲無能惟扁豆葉傅即瘥
予脂有毒折傷肉損瘀血以脂塗上炙手及熱摩之即
透生嶺南蛇頭鱉身亦水宿亦樹栖俗其膏以銅及瓦
器盛之浸出唯鷄卵盛之不漏摩理毒腫大驗透物甚
於醍醐也
砂挼子有毒㲉飛禽走獸合射罔用之人亦生取剮椀
令夫妻相好生砂石中作旋孔有蟲子如大豆背有刺

能倒行一名倒行狗子性好睡亦呼為睡蟲是處有之
蝮蛇俗名土虺膽味苦微有毒主䘌瘡肉釀作酒療癩
疾蝮蛇形短鼻反錦文著足斷者著手斷手不爾合身
糜潰其蝮蛇七八月毒盛時嚙樹以泄其氣樹便死又
吐口中涎沫於草木上著人身腫成瘡卒難療名曰蛇
漠瘡衆蛇之中此獨胎生
蠱蟲陶云服敗鼓皮即喚蠱主姓名按古人愚質造蠱
圖富皆取百蟲甕中盛經年間之必有一蟲盡食諸蟲
即此名為蠱能隱形似鬼神與人作禍然終是蟲鬼咬
人至死者或從人諸竅中出候取之㸐乾有患蠱人燒
為黑灰服少許立愈亦是其類自相伏耳新注云凡蠱
蟲療蠱是知蠱名即可治之如蛇蠱用蜈蚣蠱蟲蜈蚣
蠱用蝦蟆蠱蟲病蟆蠱蟲用蛇蠱蟲是亙相能伏者可
取治之
五灰　桃柳桑灰　蕎麥灰　好陳石灰　和水煉熟
每斗水加信四兩　硇六兩　蟾酥一兩

五毒膏　川烏主　草烏主　南星半夏狼毒加入神水內
煉成膏若作神砂用五灰水煉成五毒膏加　䖟巴豆
末和砂焙乾麻
桑柴灰五斗　若蕎麥灰十斗　豆楷灰三斗五升
茄楷灰三斗　五燈頭灰五斗　巴豆灰一斗五升
藜蘆灰一斗　川草烏灰二斗　地星草汁三斗
共淋水三石煎至八斗後入地星草汁微熬再入硇五
兩砒三兩膽礬五兩皂末二兩銅青三兩再微熬藥滓

為度以竹筒出之

又水出鹽處久積鹽水鹽膽水三斤苟印油二斤古塚中水五斤藍蛇頭七個春夏水蛇毒水五斗陰泉水背陰泉水三升銅汗三升熱湯過銅器汗

糞砲罐法先以人清磚内成揀擇淨曬乾打碎用篩羅細盛在甕内每人清十六斤用狼毒半斤草烏頭半斤巴豆半斤皁角半斤砒霜半斤砒黄半斤班猫四兩石灰一斤桐油半斤入鑊内煎沸入薄罐容一斤半者以

草塞口入砲内放以擊攻城人可以透鐵甲中則成瘡潰爛放毒者仍以烏梅甘草置口中以辟其毒

金火罐法其制圜九寸高四寸形圓口徑八分先用麻皮泥漿次使麥麪泥次又口用猪濕氊裹入砲放其盛器則有生鐵節用鑄成者以盛金汁仍有兩耳手把把注則有生鐵杓熟鐵杓並把注金汁若敵來攻成有圍隊者以金砲打之人馬中則解散放宜急勿使凝結

鍈汁入信錫每斤入錫四兩則常融而不凝

人糞不落地鍊霜白馬汁

三四月間採草烏頭子一百斤去皮葉止用肉搗碎酒窨部窨水約三十斤將竹篾做簍高四尺一丈而下留一門燒火紙糊將薄板三四塊作一層架楞上半中間將大椀盛藥水用紙蓋碗口放在板上下用木窩樹柴有量星在上出在杭州細明火如蔑纜歎火燒四日四夜時時要將藥水并在大家火盛一處去椀底滓脚將

布拭淨又將椀盛熏二日三夜仍前并換去脚十次後用細柴煨烟熏三日三夜仍前并換去脚十次後火熏至成藥二斤將雞試不斃再薰試好收入磁器收貯帛在烟火頭上不可冷處又忌松烟一入藥性則解又忌煤烟并出脚手在何内猪雞食死

八月採烏喙搗竿取汁日晒為財罔以傅箭射走獸十步倒地中人則死速宜解之

製弩箭藥法　合弩箭藥

大金藤　飛蠱藤　地鞠　地油麻　呂公縧　樟木

悶多羅根　百蛇藤　單摩根　半天藤　烏龍藤 爛藥
少許 木通
右各等分為粗末用淨瓦碗一箇地上掘一孔放碗在孔内用薄竹葉葢在碗口上用生茅草三葉十字放在竹笆上後放藥末在竹笆上用大樹葉或諸般樹葉葢在藥上留頂上孔却用温灰團團煨住頂孔上放炭火燒徐盡火量時抽屈茅草看黄色為度取出竹笆用碗内藥汁調擴藥母乳鉢内研爛不稀不稠就擦上箭頭

上晒乾後用粟殼草燒烟薫箭頭此箭見血便死每一錢擴藥母須搽七根箭頭為效此箭用箭筒裝不要走了氣掛在燒火有烟處搽藥時箭頭上用綿子些少纏住箭頭上後然後搽藥上方不落了藥

烏頭味辛甘温大熱有大毒其汁煎之名射罔殺禽獸

射罔味苦有大毒按中蠱通用藥云射罔温大毒云土附子味鹹辛熱有毒生去皮搗濾汁澄清旋添晒乾取膏名為陶獵人將作毒箭使用或中者以甘草藍青小豆葉浮萍冷水薺苨皆可禦也

射罔毒藍汁大小豆汁竹瀝大麻子汁六畜血貝齒屑葍根屑蚯蚓屎藕芰汁

草烏藥傳矢臨用浸以姜汁以火薫以助藥力炒冬把包則火藥盡壞故以此解

桂海志云蠻人以毒藥濡箭鋒中者立死藥以蛇毒草為之

好毒箭藥出那地州諸蠻亦不能多得

桂海虞衡志云都管草一莖六葉辟蜈蚣蛇

圖經云都管草生施州及宜州田野味辛辣性寒主風癰腫毒赤疕以醋磨其根塗之亦治咽喉腫痛切片含之立愈其根似羌活頭歲長一節高二尺許葉似土當歸有重臺生二月八月採根陰乾施州生者作蔓又名香毬蔓長丈餘赤色秋結紅實四時皆有採其根枝煎湯淋洗去風毒瘡腫

解箭頭藥名

大昴頭（解牙齒緊又能治塗卷脛痛喉内疼痛）　大統管（解擴治脏痛）
小昴頭（解散治骨脉疼痛毒瘡擂爛酒調）　山桂皮（治大畜散）
山八角（解壯血存生氣治利）　九將官（解身骨痛）
木都管（解擴藥治百木死氣）　飄風浪（解水面生氣）　山明靈（解飛蛇）
木明靈（解水高龍魚鱉）　飄風散（解散心氣血脹）　解土藤（解吐）
青龍藤（解百蛇噴心）　白龍藤（解百蛇）　南蛇藤（解百蛇氣）
猛蛇藤　烏龍藤（解擴藥子）　大烏蛇藤（解蛇）
霜涼藤（解喉渴）　蝴蝶藤（解迷悶困睡）　大蚶藤（解牙緊）

半天藤（煮水洗刀傷）　小烏蛇藤（解蛇）　大金藤（解身骨病痛）
温手藤（解血氣）　白蛇藤（解蛇）　引領藤（謌論泉生氣即天冬）
木通藤（解手脚軟弱）　車帶藤（洗刀傷）　蜈蚣藤（治蜈蚣洗腫毒）
川石藤（治攣筋發）　照項木（煮洗腫爛）　破石攀根（解蛤睡即胡系姜）
七闘根（洗刀傷骨即）　通引藤（引出生氣）　百萬解（解泉生氣即今刖根）
銀弟（解擴）　縛脛香藤（解泉生氣不冷藥發用水浸細如筋縛濵上藥箭不功喉）
金弟（解擴）　項引藤（解引緊）　山獸藤（解山上烏猿如法此藤煎酒喫洗）
小丁茹藤（解洗箭口）　身硬藥（煮水洗身）　高樓望月（根能飛禽）

山都管（解擴藥）
右為末引子用五倍子為末用鹽等分焰硝等分烏梅肉多用水煎爛同煉蜜搜為膏磁罐收之不許乾了如不酸倍加五倍子烏梅肉此係酸藥各每服一錢重噙化下日進三服治被藥箭傷通即先服此藥踈醒後却服定心丸

定心丸
母丁香（減半）　木香（烏明）　沙　焰硝　甘草　沈香

雄黃　辰砂各等分
右將前五十味藥同八味煉為膏密用罐盛之每服一錢噙化日三服為丸如米粥

解擴藥箭　服酸藥塾後服此
大昴豆　九將官　大統官　木都管
山都管　金弟　銀弟　地菊
山苦練　金藤　紗藤　山八角
右件為末合成用酒煎滚放家鹽摻温服不犯鐵器用

銅銚煎更將原燒藥竹笆燒作灰碾爛酒調服金解了
藥煎過藥合就得每服一餅細嚼姜湯送下如利不止
涼水補之更用涼水洗手然後喫粥

大戟五兩　地油麻一兩　土當歸一兩

右為末稠米糊為餅子即過藥

千里漿一名水葫蘆

木瓜　紫蘇　葉桂各半兩　烏梅肉　赤茯苓各一兩

右為細末煉蜜為丸如彈子大噙化一丸嚥津

又方

百藥煎　烏梅肉　紫蘇葉　人參　甘草

麥門冬

右冬等分為細末煉蜜為丸噙化

甘草三兩為末　甘葛二兩為末　綠豆粉一兩五錢　蒲黃五錢為末

烏梅肉二兩　厚朴二兩　紫合花草二兩

將蜜水與烏梅肉為丸如圓眼核大噙化

走血藥似解毒

桂心　乾蝎　烏樟根　突厥白

蚩蟲　水蛭　蟯蜋　土狗子

不灰木　朝桂鼠渾　鹽葉　黎母子

鹽麩子　獨顆栗子　大糞火　鐵精末

邊俗

十國三邊五方之民俗皆有性不可推移剛柔遲速異齊器械異制衣服異宜故朔陲積陰之野食肉飲酪其人密理故耐寒百粵多陽之地其人踈理故耐暑是其

天性然也古之名將受命伐國必度其俗之强弱能之長短常以我之長擊彼之短料其所好而誘之因其所惡而攻之大抵北方之人與西方之人其性相類士力能彎弓盡為甲騎寬則隨畜田獵禽獸為生急則習戰攻以侵伐為事其長兵則弓矢短兵則刀鋋利則進不利則退不羞遁走苟利所在其擊之法利為伏兵相其險阻隱匿之地或叢林薈翳之處擇精兵利器千人為在各伏其要以猛而不堅者從其弱卒佯為不利以數

百千人委之必貪其獲俟其競進發伏以擊之必克若與之平原廣野度長挈大爭一切之利則非我所長又彼之能在弓矢我當以強弩邀之故春秋時戰法曰使勇而無剛者嘗寇而速去之為三覆以待之戎輕而不整貪而無親勝不相讓敗不相救先者見獲必務進進而遇覆必速奔後者不救則無繼矣此已試之效也其俗亦好為誘兵羸師以致敵宜謹視之故漢高帝擊冒頓冒頓匿其精兵見其羸弱漢悉兵北逐之高帝先至

平城步兵未盡到冒頓縱精兵三十萬圍之白登七日此已然之驗也近世其俗奇策亦不過是此名將之所察而愚將之所陷也然其技藝與中國異匈奴之長技三中國之長技五前史稱其兵五而當漢兵一今雖頗得漢巧猶三而當一是中國之利器居多且其人善騎而不善步中國步兵有強弩利刃之能足以抗之然中國之不敵人者人性習安不若其耐勞苦於霜雪沙磧不毛之地又其性不善攻攻不久為利衝擊故前世名將必以奇制之而不與爭馳逐騎也南之夷蠻其性剽悍狼怒樂為盜賊而勢不能堅惟用標槍旁牌飛刀環刀木弩以為兵器善為藥箭中者大叫信宿輒死依山阻水怙恃其險急則竄伏緩則抄掠泛船則水道多絕陸行則險阻不進非中國之所能擊此之法利於平地以奇略誘其人隱伏精兵竊發而禽之誘之術多縱反間出甘言重幣招致使來則入吾計中大凡中國之民屋宿火食衣被繒纊北方殺氣早降手足皸瘃不能渡

漢南方暑濕谿谷毒癘不能踰嶺以中國之人戍守則十不當一故古者以蠻人攻蠻人則強弱相當是以濱家之民名募為用闢曠土以食之厚賞格以激之馳射格鬬是其素所畜積省縣官之費減轉餉之勞多縱間諜以重賂誘其酋豪大姓使之攻擊比用華人其利十倍

制北人者先制其馬制東夷者先制其船制南蠻者先制其鏢牌

遼記曰每契丹南侵其衆不啻十萬國主入界之時步騎車帳不從阡陌東西一槩而行大帳前及東西面差大首領三人各散萬騎支散遊弈百十里外交相覘邏謂之欄子馬其主吹角為號衆即頓舍環遶穹廬以近及遠折木稍屈之為弓子鋪不設槍營壍柵之備每軍行聽鼓三伐不問昏晝一布便行未逢大敵不乘戰馬俟近敵師即競乘之所以新羈戰馬蹄有餘力其用軍之術成列而不戰俟退而乘之所多伏兵斷糧道冒夜

舉火上風曳柴饋餉自齎退敗無策散而復聚寒而益堅此其所長也

金記云其用兵則戈為前行號曰硬軍人馬皆全甲刀自副弓矢在後設而不發非五十步不射弓力不過七斗箭鏃至六七寸形如鑿入輒不可出人攜不滿百隊五之法十五百皆有長五長擊柝十長執旗伯長挾鼓千長則旗幟金鼓悉備五長戰死四人皆斬十長戰死五長皆斬百長戰死十長皆斬負鬬戰之師以歸者則得其家貲之半凡為將人自執旗人視其所向而趨自主帥至步卒皆自馭無從者國有大事適野環坐畫灰而議自卑者始議畢即漫滅之人不聞聲其密如此將行軍大會而飲使人人獻策主帥聽而擇焉其合者即為將任其事師還又大會論有功高下賞之以金若干舉以示衆或以為薄復增之初叛之時率皆騎兵旗幟之外各有字記小大牌子繫馬上為號每五十人分為一隊前二十人全裝重甲持棍槍後三十人輕甲操戈

每遇敵必有一二人躍馬而出先覘陣之虛實或向其左右前後結隊而馳擊之百步之内弓矢齊發中者常多勝則整隊而緩追敗則復聚而不散其分合出入應變若神人自為戰則勝

方大戰時烏珠被白袍乘甲馬以牙兵三千督戰兵皆重鎧甲號鐵浮圖戴鐵兜牟周匝綴長簷三人為伍貫以五貫索每進一步即用拒馬擁之人進一步拒馬亦進退不可却敵又以鐵騎分左右翼號拐子馬皆其官

為之號長勝軍專以攻堅戰酣然後用之自用兵以來所向無前

尼堪二太子優劣雖殊皆善將兵皆紀律嚴密鼓下皆用命頃在殿前見御寶批降到金人三生陣同命隊法令姚友仲已下各陳所見以聞凡敵人遇我師必布圓圜陣當鋒次張兩陣左右夾攻故謂之三生陣每隊一十五人一人為旗頭二人為角三人為從四人為副五人為纛旗頭死從不得生還還者并斬得勝受賞亦然

故謂之同命隊諸將亦皆畫陣圖詣殿前師司獻欲以方陣迎敵次兩陣夾攻其左右敵兵厚重復用兩直陣掩其旁此五行陣法也或欲分為八陣擊首則尾應擊左則右應擊中則首尾皆應此八陣法也僕笑而進曰自古陣必相其地之利便敵人之多寡或披山或背水或設伏料敵應變在臨時豈可預為之若使敵人知我之情別布他陣將何以禦姚友仲以為然復問同命隊法柰何僕曰國家條伍連法行之舊矣且如五人為伍積五十人為隊押隊引于前擁隊驅于後全伍勝擁押隊有賞全伍負有誅如此則自然用命北方之法不足遵也姚公友仲深以為然

北人其陣利野戰不見利不進動靜之間知敵強弱百騎環繞可裹萬衆千騎分張可盈百里摧堅陷陣全藉前鋒衽革當先例十之三凡遇敵陣則三三五五四五斷不簇聚為敵所包大率步宜整而騎宜分敵分亦分敵合亦合故其騎突也或遠或近或多或少或聚或散

或出或沒來如天墜去如電逝謂之鴉兵撒星其合而分視馬箠之所向其分而合聽姑詭之聲以自為好自過而遠俄頃千里其夜則望燎煙而知其將戰其極寒無雪則磨石而禱天其破敵則登高眺遠先相地勢察敵情偽專務乘亂故交鋒之始每以騎隊徑突敵陣一衝纔動則不論衆寡長驅直入敵雖十萬亦不能支不動則前隊橫過次隊再撞再不能入則後隊如之方其衝敵之時乃遷延時刻為布兵左右與後之計兵既四

合則最後生者一聲姑詭四方八面嚮應齊力一時俱撞此計之外或臂圓牌下馬步射一部中譎則兩旁俱潰潰則必亂從亂疾入敵或見使以騎蹙步則步後駐隊馳敵迎擊敵或堅壁百計不中則必驅牛畜或鞭生馬以攪敵陣未有不敗敵或森戟外列拒馬絶其奔突則環騎踐哨時發一矢使敵勞動相持稍久敵必絶食或乏薪水不容不動則進兵相逼或敵陣已動故不遽擊待其疲困然後衝入或其兵寡則先以土撒後以木

拖使塵衝天敵疑兵衆每每自潰不潰則衝其破可必或驅降俘聽其戰敗乘敵力竭擊以精鋭或纔交刃佯北而走詭棄輜重故擲重白敵或謂是誠敗逐北不止衝其伏騎往往全沒或因真敗而巧計取勝只在乎彼縱此横之間有古法之所未言者其勝則尾敵襲殺不容逋逸其敗則散逬走追之不及

一倭賊本無長技但聞官兵進剿輒將賊黨或十名或四五十名預于土堆溝旁叢林茂草人家僧寺等處凡可隱形藏身者各先行潛躲謂之伏兵一遇官兵則伏兵四起或自後邊圍繞以致官兵眩惑紛錯務遣嚮馬導并精鋭馬兵四望爪探搜捕行陣對敵嚴謹防備毋墮計中一倭賊臨陣先以數十人前來衝突官兵進剿仍佯敗即回使我兵輕視遠追入其套中賊復擁衆來攻謂之誘兵宜相度地勢審察機宜可追則追可止則止毋得輕率致有違失一倭賊防我官兵進剿先將錫塊傾為銀錠及將粗惡衣服雜于蒿草裹為大包遇兵戰賊勢不支之時

即將錫錠衣包拋擲在地使兵不察其僞羣去搶奪賊將乘兵淆雜肆其兇殘謂之餌兵如遇賊拋棄物件在地不許爭取敢有違者統兵官即于陣前將本犯斬首若獲功取勝之後所遺財物監督官查給軍士並不入官一倭賊黠詐多端每遣奸細探知我兵號色衣裝輒照號衣色樣臨陣混入及至陣中方去僞衣露出本色衣號謂之詭兵凡我發去號衣俱臨進兵之期方行縫綴自相認識不得先期呈露為賊規探以售其姦

永順保靖二司凡一鄉出一無賴之徒能殺人放火者則極意撫養以為殺手財貨美妻恣其所欲一鄉盡役屬之以是能强其兵

武編前集卷五

欽定四庫全書

子部

武編前集卷六

詳校官檢討臣何思鈞

總校官編修臣朱鈐
校對官編修臣汪學金
謄録監生臣武開吉

武編前集卷六

明 唐順之 撰

車

王應電車戰通令說曰凡戰卒不如騎畏其淩殘也騎不如車畏其衝突也此皆其勢然也古者百人為卒大車兵車各一乘車十五乘為偏九乘為小偏二十五乘為大偏二偏為卒卒亦曰廣五偏五伍將大車者二十五人炊家子十人樵汲五人固守衣裝五人兵車之上三人中為百夫長詩所謂中軍作好是也左持弓右持兵左傳左射以菆周禮凡國之勇力之士能用五兵者屬于司右是也七十五人先後于兵車一為前拒一為右角一為左角戰則卒車相參居則以車為營故詩云君子所依小人所腓二千年未有易者戰騎出自後世所謂控弦引弓也管子載騎寇始服專指北方唐太宗謂蕃兵惟勁馬奔衝則兼西北之勇中國用騎始自燕

趙以其邊人秦漢時乃專用步騎衛青言武剛車李陵言大車皆主自環為營曹操始為戰騎陷騎遊騎操且云車徒常教以正騎隊常教以奇武侯八陣在四角戰則居陣旁翼蓋亦教奇之意惟馬隆言地廣則以鹿角車營地狹則施木屋于車且戰且前衛公七軍騎分布各軍戰則居陣後為繼其十二辰陣一法騎居四角一法騎布各軍是後不復用車矣愚以謂後世之兵車步騎三者咸不可缺蓋茍失古人前拒左右角之制去步卒而專用車則馬易傷而車易仆正如烏珠拐子馬為武穆所破此房琯所以用車大敗也無卒而專用騎下馬則不能行此亦敵人所短故步騎相兼乃中國之長技也無車而專用卒則為戎馬之所馳突此後世所以畏外敵如虎也奈何車法一廢不復殆有其故蓋小車立乘人所不便一也駕乘勞重不如肩輿馬騎之輕捷二也車制久廢用失其道或以取敗遂為口實三也夫一車駕四馬一馬被傷全車遂頓此所謂用失其道也

若如古者一車有前拒左角右角之七十五人為之先後出入以相應援人以車為依車以人為輔又何有車仆馬斃之患唯夫肩輿馬騎用之既久而立乘果非今人所便耳然天下事豈有古能之而今不能者哉世人亦每言之顧言之者不任其事任之者不知其術非有心計雄略之士安能為之無弊用之輒效乎莫要名諸色人巧思者推魏勝如意車之意而為之成造演習務輕捷便利上施利兵火器以長竿在後用人為御專用

以馳敵衝陣誠勝敵之一奇則與大車相三為營行則與大車共載兵甲戰則別為偏伍乘便驟發與步騎相表裏或事急不及成造即民小車上施木板以皮為障亦可備緩急之用庶乎人心有所依不懼兵馬之淩突也師律提綱亦曰車營乃中國之長技古人多以取勝李靖謂車戰一則治力一則前拒一則東部伍此車戰之長今當依放馬燧狻猊車而為之材小輪低比古制差輕止用二人曳行但容人馬行處車亦可行如遇山險溝塹不過四人肩輿而行且不妨戰士止處便可為營雜于槍盾間以弓弩設其神槍大銃賊至百步之外則用槍銃禦之百步以裏則用弓弩禦之皆擊鼓為節鎗銃弓弩一齊舉發當者無不立斃故行則可以為陣止則可以為營居則必不可犯動則敵不可過此用車之制也

北遣車俱是輪轉心不轉

考索曰戰國以來乃用騎兵車猶有間見者漢鼂錯以

輕車突騎為中國之長技衛青與匈奴戰以武剛車自環為營李陵對單于亦以大車為營此車之用於西都者也後漢光武造戰車可駕數牛上作數櫓置於塞上以拒匈奴靈帝之時楊琁為零陵守制車數十乘以禦賊此車之用于東都者也曹操新書攻車七十五人守車一隊共二十五人田豫與敵戰亦用車而戰晉馬隆征羌八陣圖用扁廂車地廣則鹿角車營路狹則為木屋施于車上此車之用于魏晉者也劉裕伐南燕亦以

車四千乘為左右翼朱超石戰河上以車百乘抱河為却月營魏大武壯伐蠕蠕用車十五萬兩隋諸將與突厥戰皆戎車步騎相參與鹿角為方陣此車之用於南北朝者也唐李靖與太宗論兵法曰跳盪騎兵也戰鋒隊步騎相半也駐隊兼車乘而出也臣討突厥越險數千里此制未嘗敢易則唐固嘗用車矣唐裴行儉突厥阿史德溫傅反行儉詐為糧車三百乘伏壯士五輩敵果掠車車中士突出殺獲幾盡初李光弼在太原乃徹

民屋為欃車二百人挽之矢石所及輒數十人死賊傷十二初馬燧為戰車行則以載止則為陣討田悅燧乃推大車焚悅將陽朝先柵破之宋咸平四年吳淑請復古車戰之法夫匈奴所長者騎兵苟非連車以制之則何以禦其奔突哉故用車戰為便其制取常用車接其衡扼駕以牛車上置槍以為外向列士卒于車外賊至射之賊退乃出奇兵擊之此制勝要術也戰之用車一陣之甲鎧也故可以行止為營陣賊至則斂兵附車以拒之賊退則乘勝出兵以擊之出則藉此為所歸之地入則以此為所居之宅故人心有依不懼敵騎之陵突也至和二年韓琦言郭固就民車約古制為之臨陣禦敵緩急易集其車前銳後方上置七槍為前後二拒此馬燧戰車行載兵甲止為營陣也又以民車之箱增為重廂高四尺四寸革輓之吳起所謂革車掩戶輓輪籠轂是也琦以為可用于平川之地臨陣以折奔衝下營以為寨脚令固自齎車式進呈試之以固為衛尉寺丞

魏勝嘗自創如意戰車數百兩礮車數十兩車上為獸面木牌大槍數十垂氈幰軟牌每車用二人推轂可蔽五十人行則載輜重器甲止則為營掛搭如城壘人馬不能近遇敵又可以禦箭簇列陣則如意車在外以旗蔽障弓車當陣門其上置牀子弩矢大如鑿一矢能射數十人發三矢可數百步礮車在陣中施火石礮亦二百步兩陣相近則陣間發弩箭礮近陣門則刀斧槍手突出交陣則出騎兵兩翼掩擊得捕則拔陣追襲少却則入陣稍憩士

卒不疲進退俱利伺便出擊慮有拒遏預為解脱討夜習不使人見以其製上于朝詔諸軍遵其式造馬李綱嘗以步不勝騎騎不勝車金人以鐵騎奔衝非車不能勝之有張行中者獻戰車制度兩竿雙輪笆皮籬搭運轉徑捷每車用甲士二十五人執弓弩槍牌之屬以輔翼之結陣以行鐵騎遇之皆退遁造千餘兩日肆習之也總制劉天和奏曰葢古兵家者流卒不能勝騎騎不能勝車歷考前代名將如漢衛青之破匈奴出

塞數千里史稱其值單于急以武剛車自環為營唐李靖之禽突厥自謂越險數千里未嘗敢易車騎相兼之制晉馬隆作偏箱車以三千五百人轉戰千餘里破樹機能數萬之衆卒平凉州其餘以車戰勝敵者不可勝數而漢且置輕車將軍之官況臣今用車非深入廣沙絶漠數千里之地亦惟用之延寧邊花馬池一帶敵人頻年大舉深入要害之地靖蘭等處臨河渡口敵常踏冰入寇之地及他處敵常出没有險可據之地爾及訪寧夏先年總兵官仇鉞曽用屯田車以解寧夏寨之圍近年總兵官王効曽拽柴空車以遏興武營敵人之入固有成効矣然非臣創為也查今各邊亦有國初以來歷年所造戰火兵車其制度多寡不一甘肅見存一千一百五十九輛寧夏見存千兩固原有亦一百二十八輛其餘邊堡亦多有兵車車但皆雙輪大車每輛二十餘人輓之其行甚遲少遇溝澗險阻即不能越以是不適于用惟弘治年間前任總制尚書秦紘後次段造

隻輪小車嘗以樣車上請孝宗皇帝加奬命紘取名全勝車今幸存破損數輛畧備規制臣因再加損益其制輪高三尺一寸輪輮長四尺七寸二分下施四足前二足釘以圓鐵軸行則懸之左右箱各廣九寸五分於上安熟鐵佛郎機八及流星炮炮或一窩蜂炮一上馬架用安銅鐵神鎗一及近年所造三眼品字鐵銃一飛火槍筒一箱之四角揷倒馬長鎗開山巨斧各貳斬馬刀鐵鈎各一併火藥鉛子撒鏤鹿角等器通不過重一

百五十餘斤箱前樹獸面牌繪以狻猊之象及旁各掛虎頭挨牌戰則張之以蔽矢兩車相連可蔽三四十人每車二人推之輓之二人翼之戰則隨地形環布為陣軍馬居中敵遠則施火器稍近則施強弩弓矢逼近則用鎗斧鈎刀短兵出戰敵敗則馬軍出追遇夜則用火箭敵騎圍繞則火器弓弩四面各發勢如火城敵不敢逼進退所向無前敵不敢遮其火器安于車上點放安穩不搖審定其苗頭高下一以高五六尺為準所中非人即

馬較之手中點放戰搖百不一中者大不侔矣蓋馬步兼用長技並使戰守皆宜誠可萬全取勝止則環列為營傍施鹿角連以鐵繩臣復制為隨車小帳以免軍士露宿用存恤愛是雖不能追奔逐北星馳霆擊然擺列邊牆以遏敵入據阨險要以邀敵歸占據水頭以據敵馬誠可化弱為強以寡敵衆修邊耕穫俱可用以防衛我軍而車製輕便前遇險阻陷沙可以扛擡以過久之精熟雖直衝敵陣徑攻敵營挑壕以樁釘地以繩繫樁自保不暇者誠萬萬不侔矣臣謬謂輕車為中國長技此也且每輛止費銀二兩餘每車千輛僅當馬軍人千名一月之費耳

如意車此衝堅陣破硬敵用之一名威敵車用好木底前後四輪前二輪各製轉軸如轆轤樣後二輪相連如水車樣高三尺五寸長四尺濶三尺內可容二人上窄如人形後留一門以便出入周圍用生牛皮張裹四面皆留箭眼槍眼以放火藥箭等具中作一轉軸自下至頂上繫絲繩四條繩尾各縣一鐵錘斧頭等具內裏轉動

并起人馬觸者必死神箭神砂三面飛出仍雲霧五色豪光繞其身彼視之如神或三五輛或十數輛夾攻敵中砂箭者十無一生者馬中砂箭者必自跳躍其營必亂欲近不能我大軍乘亂擊之仍令三軍大呼神助我也回則倒轉其輪敵亦不敢追孫子曰兵者詭道也

破敵

雙輪屏風車高六尺頂分中有橫梁如瓦形梁上有三道鐵箍一活落好旋風皮輪一徑過五尺車濶二尺長

三尺有欄杆扶手第二外頭有鉤搭挨牌車廂如匣品字樣上口勁弩下兩口神鎗壯士披掩襟每人鵝眉刀二把此策應誘車之兵也

水路龜陸路鼇機巧法妙神鬼不測龜不龜鼇不鼇尺寸方圓腹裏各别進退風雷破敵倒穴神弩暗藏火器不絶八面威風藤軍雷掣

龜頭進鼇頭退左右面顧能倒對忽然口内火光飛獨脚連珠人膽碎渾身抖擻八門開萬隊貔貅流血淚腹

内三關風火藏膜外九宫安藏雜類

鼇似鼇頭搖尾動神仙訣裙邊拖地善遮攔四爪風雲如雷掣脊背如弓横梁直柱妙無窮頭上將牛皮裹渾身毛孔梨花朶住時控穴進裙邊二尺五深三尺濶底板玲瓏圓又方活輪一尺堅如鐵裙邊遮天八門風鉤搭推開朝天闕背上先年左右旋日看夜守何曾歇

戰車有許多造法只是造出來要輕便先要遮護的本營人馬不驚動士卒安心向前破敵這等的戰車進退分合左右遮護前後接應或分騎步于兩哨或藏騎步于中軍看賊遠近多寡或賊四散或浪戰驚或隊伍周全或輕騎先來哨探或鼓噪衆賊齊奔或偷營舉火或刼寨奪門或餌兵詭計或陰雨動兵或天昏地黑或霧結雲生所以將者軍之司命未動先定地形平日操練經熟臨敵不必叮嚀此係大將嚴肅各路人馬分明如重而不可輕敵如寡而不可重兵分毫不可差錯賞罰軍律難容臨敵觀其動静哨探暗合無形

輕便戰車

皮輪管心旋風護軍車此車破敵安營日夜風雨灰砂矢石發中可行前有引戰唠車擺列認旗後帶四子夾攻輪流火器不斷此火器不用人力其間暗藏古怪大風雷雨隨意攻守

各子戰車不同

長子神鎗雙翅車

二子黑牛金眼銀星百點車

三子伏虎連環車

四子獅子滚毬車

其間戰敵擺列器具遠近各樣旗號不同

此名連環車或七或九相連內藏戰士施火器藥弩專禦北軍馬衝如去環則散行可以載資重可以結堅營兩旁竪板厚五寸高三尺長九尺濶四尺上架木柱可以閑矢石如中加一輪可以行狹路拒獠猫四輪在外一進一出輪大三尺厚二寸管心俱用鐵裹兩頭用鐵箍扣拑定其箍如饅頭樣

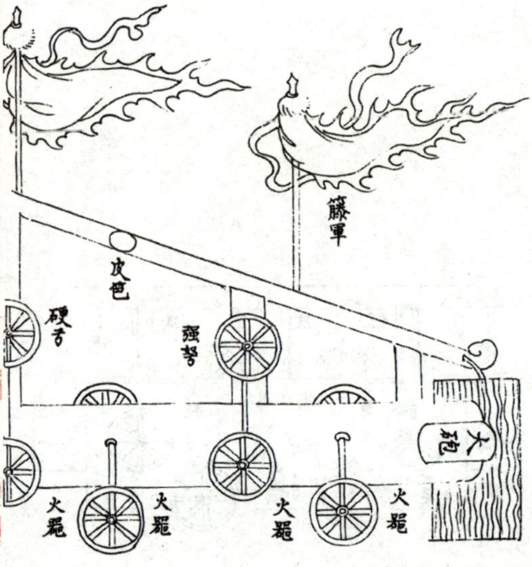

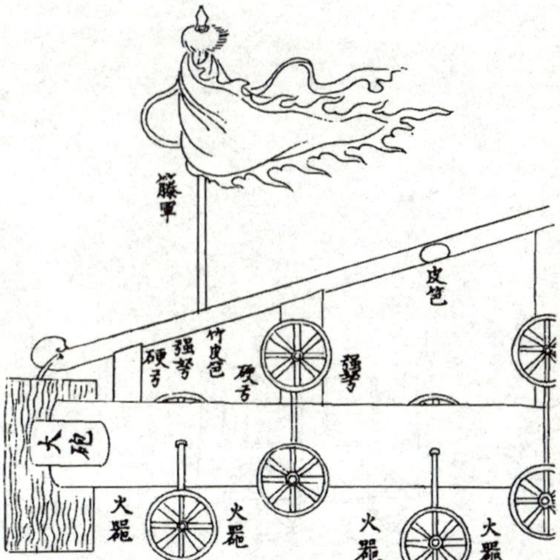

此車用獨木為之其輪如千斤車輪大一出一進上加直柱横梁厚板遮上皮笆遮外身長七丈或九丈共十四輪戰士隱皮笆内上下兩層施諸般大器弓弩神鎗車心用檀木為之身方兩頭圓徑二寸用鐵饅頭箍扣扣定活輪可以攻城可以渡河可以跨濠塹可以破陷坑如用破北擄騎陣妙不能述

每一乘約價三十兩名曰百足火龍車

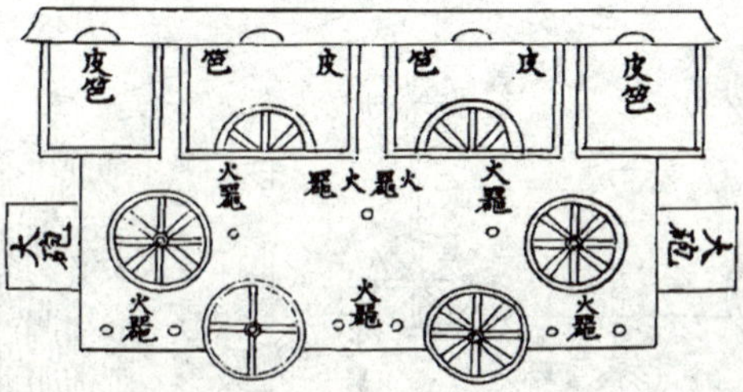

此車名獨戰千里車用厚板二片為伏枕長一丈二尺高五尺上架四梁直柱任意加皮牌四面遮護隱戰士在内施諸般兵器四輪在外二輪在内輪高三尺厚三寸身濶五尺可以衝陣深入燒營陸破倭奴埋伏鳥嘴銃并備獠猫藥弩又可過敵騎塞歸路又可載資重使戰常逸如大將坐此巡營疾如馬可防細每輛約價十二兩

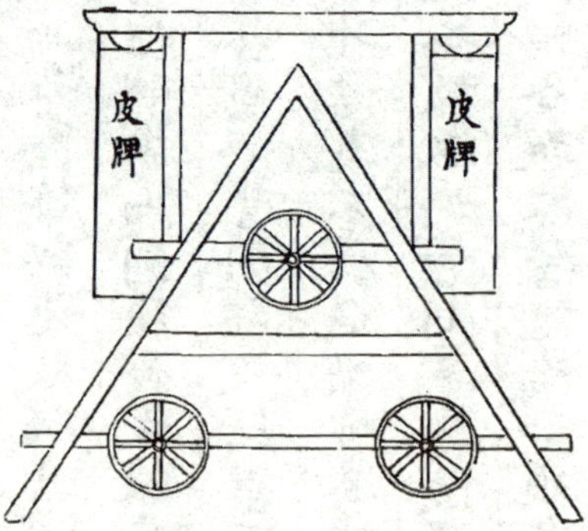

一輪向前二輪在後易於轉動此可當挨牌乃車之最輕捷者此名笭字專用厚板作胎鐵裹尖頭上架皮牌或皮傘可避鳥嘴銃并佛郎機輕便可使功勝木城每輛約價三四兩可以遮護十餘人今日南北皆可用

馬

孫臏曰用兵有十利一曰迎敵始至二曰乘敵虛背三曰追散亂擊四曰迎敵擊後使敵奔走五曰遮其糧食絶其軍道六曰散其肆關發其橋梁七曰掩其不備擊其未整八曰攻其懈怠出其不意九曰燒其積聚虛其市里十曰掠其田野係纍其子弟此十者騎戰之利也能聚能離能合能散能集百里為期合之兵也

武經曰出戰之時荳涉陂坡過渡溝澗所載人馬衣甲

器械乾糧食用約重二百餘觔卒遇戰鬭使之馳驟盤迴賊兵未退經日不下若不知其饑飽勞逸必取死損但依時餵飼水草饑飽得所不可過度即百病不生又馬亦有大小行步疾遲筋力强弱出戰之時量力施用則人不勞馬不損若選練不精使人强馬弱人欲進而馬不前馬欲進而人怯懼如此者雖有百萬人衆如病犬逐兎盲鷹逐雀縱有孫吳韓白之能不得取其勝矣

一有善走坡驀澗者名曰跳盪馬聚為一等可衝突敵

陣追逐賊寇探報人馬遊奕捉生用之一有精神惺惺又善馳驟者名曰哨脚馬聚為一等可充奇兵隊陣翼衛主將應急使用一有見羣馬動而不嘶鳴馴良者為一等敵營相近可夜去營塞伏截賊寇偷路亂營用也一有壯健生性遲鈍不能遠步者為一等可作使駐隊遮掩步兵使弓弩相射賊衆一馬軍擇疾速健壯力齊者配成羣隊免有前後不及者其惡類不可制馭者不給戰士乘騎恐致奔越為害則可揀為别羣以備衝突之用

諸營各令作異旗放馬每隊作認旗放驢其馬居中央放驢令四面而援馬狂賊偷馬例須奔走驢羣在外驅趂稍難以此防閑亦甚穩便營别即放諸軍不得相交交非直發引之時不准忽有不虞追喚亦易諸行軍立營驢馬各于所營地界放牧如營側草惡便擇好處放與虞侯計會不許交雜各執本營認旗如須追喚見旗即知驢馬處所諸軍驢馬牧放不得運繫每軍營令定一官專檢校逐水草合羣放牧仍定一虞候果毅專巡諸營水草各令方界牧放不許參雜非圍獵不得乘官馬遊獵諸應乘官馬事非警急不得輙奔走致馬汗及打脊破

一馬雖平安亦可每日騎習使之慣熟諳會金鼓旗色進止迴軍轉陣遇敵之法若遇緩急不惧驅使

一將戰預於一月之內不住令人披帶全副衣器械習逐務要演其筋力慣熟

馬有斃古法合令窖埋今多開剝筋肉食用如軍中剝割死馬喫用之時毋令生馬見之轉生疾病雖是畜類亦與人性不殊不可不慎昔苻堅兵敗墜澗其馬垂韁跪授堅得免難

臨陣出戰馬纔出且緩行看敵近遠臨時趨驟不致枉損也馬飽之時如平安行路未可上馬牽行二三里方可騎之如餵飽牽下多時即不拘也當令士卒自行斟酌馬隊行路出戰不拘緊慢前後各離一馬稀稠放令

自在見路而行迴軍轉陣不致衝撞如險路逢賊亦易為廻護馬盛走驟之時欲住者看遠近緩緩收勒不可陡然驟收常自約度免致喘損也

黑韃遺事曰其馬野牧無芻粟六月饜青草始肥壯者四歯則扇故潤壯而有力柔順而無性能風寒而久歳月不扇則反是且易嘶駭不可設伏蹄鍥薄而怯石者葉以鐵或以板謂之脚澁凡馳驟勿飽凡解鞍必索之而仰其首待其氣調息平四蹄冷冰然後從其水草牧

者謂之烏喇齊回回居其三漢人居其一也嘗考北人養馬之法自春初罷其後凡出戰好馬并恣其水草不令騎動直至西風將生則取而空之縶于帳房左右啖以些少水草經月膘落而實騎之數百里自然無汗故可以耐遠而出戰尋常正行路并不許其喫水草蓋辛苦中喫水草不成膘而生病此養馬之法而南人反是所以馬多病也其牡馬留十分壯好者作移剌馬種外餘者都扇了所以無不强壯也移剌者公馬也不留扇

專管騍馬羣不入扇馬隊扇馬騍馬各自為羣隊也凡馬多是四五匹為羣隊只兩烏喇齊管手執雞心鐵撾以當鞭箠馬望之而畏每遇早晚烏喇齊各領其所管之馬環立于主人帳房前少頃各散去每飲馬時其井窟止可飲四五百馬各以資次先後于于自來飲足而去次者復至若有越次者烏喇齊遠揮鐵撾俯首佇足無或敢亂最為整齊其騍馬羣每移剌馬一疋管騍五十疋騍馬出羣移剌馬必咬踢之使歸或他羣移剌馬

踰越而來此羣移剌馬必咬踢之使去摯而有別尤為可觀冀越集曰余留上都開平路冀州之域馬最蕃育月有騸有駘騸則左前足與右後足相應故其後足過於前足所以遲疾駘則左前足與右後足同起右前足與右後足相應故彼中以繩繫前後二足教其駒駘學駘也又嘗至廣西此其地接雲南八番冬有雪有氊衫有車輛産大馬能上下山谷亦人教之縶馬母山巔繫其駒于山下饑則嘶鳴放之苴山又捨其駒于高峻之

所留馬母于其下鐵則放駒下山如此一二年則蹄脚牢硬履險如夷其馬性急喜掉尾壞人衣服用針刀斷其尾筋者皆良馬

程大昌曰市馬于北蕃古記無載然已有其事鹽鐵論曰齊陶之縑南漢之布中國以一端縵得匈奴累金之物驢騾駱駝可使銜尾入塞則漢世已嘗出縑帛買馬塞外矣顧其時敵未知中國縑帛真價故得出一縑一布而得累金之物至唐世則病其酬帛之多矣

事林相馬經曰二十二相眼為先次觀頭面要方圓眼似鍾鈴紫色鮮滿眶凸出不驚然白縷貫瞳行五百玨如撒豆不同看面顱側擊如鐮背鼻如金盞可藏拳口又須深牙齒遠舌如垂劍色如連口無黑齶須長命唇似垂箱蓋一般食槽寬濶頤無肉咽要平弓筋有攔耳如楊葉刀批竹燕骨高弓髀不堅入肉八弓彎左右龍會高弓上古傳項長如鳳須彎曲鬃毛茸細腰如綿髻長膊濶搶風小臆高胷濶脚前寬膝要高弓員似掏骨細筋粗節要攢蹄要圓實須卓立身平充闌要平寬筋骨節彎須蹙密排鞍肉厚穩金鞍二峰壓二如藏骨臥如猿落立如山鵝鼻曲直如停穩尾似流星散不連膂筋大小須勻壯下節攢筋蹙一錢羊鬚有距如雞距能奔急走日行千以前貴相三十二萬中難選一俱全

眼如垂鈴腦骨欲圓垂睛欲高耳如削筒頰骨欲圓項長彎細鬃欲茸鬐欲高排鞍欲厚脊梁欲平

腰要短促硯骨欲平肋扇骨密後看須蹲狗接脊骨短

眼光有肉面如削兔鼻要寬大上唇欲方口文欲深下唇欲損槽欲寬項欲筆鳴膌欲平胸欲濶鎧肉欲厚膝欲圓脚欲直蹄欲員脛脡骨細脚大而實掌骨欲高肚下生逆毛節欲近筋骨欲旋後蹄欲大欲近鹿節欲曲曲池欲深腹平尾欲端汗溝欲深尾骨欲短外腎欲小腿似琵琶尾欲茸細後脚欲細

宋熙寧六年初馬軍用大鞍不便野戰至是始用邊様皮韀小鞍用木鞍長韁回旋轉射得盡驟之技北征錄

曰馬鞍橋制有數等一曰太師橋二曰錯結裹三曰海湖橋四曰西橋近日三司諸軍皆用太師錯結裹海湖三樣池陽江鄂京南襄陽多用海湖一樣海湖之制前後橋低貼馬肉其樀篬低壓馬脊師出日久馬膘瘦減受重則鞍頰打破馬脊膿血潰爛不堪乘騎以至死傷前歲泗上符離唐鄧之役皆坐此患海湖橋病也錯結裹後橋雖高而前橋亦低故傷馬前脊太師橋前橋雖高而後橋亦低故傷馬後脊惟西橋一樣前後橋比他

橋皆高數寸搭袋常繫後橋之下雖上載甲軍下稍搭袋鞍頰亦不著肉鞍橋亦不研脊甚為利便關西人多用故曰西橋然諸軍鞍座盡用粉皮欲使騎坐者不被隱閣不知粉水也過雨浸內透坐馬者衣袴皆濕大為利害不若用黄油皮鞔之及鞍橋雖用高空下用連替樀篬免有轉側緣凉替與鞍相離上馬攀橋則鞍與替不相粘著多致攀轉鞍橋墜下馬腹臨急悞人性命是謂鞍制

韃靼其鞍轡輕簡以便馳騁重不盈七八觔鞍之鴈翅前竪而後平故折旋而膊不傷鐙圓故足中立而不偏底潤故靴易入綴鐙之革手揉而不哨灌以羊脂故不受雨而不斷爛潤不踰一寸長不逮四總故立馬轉身甚順

北征錄曰馬軍騎馬則弔腿欹斜而兩足可憂下馬則釜刺暗投而鞋履可破鞋之功大矣然近日馬軍類多脫去馬靴或怠于附帶而棄之郊野或寧便赤露而束

之鞍韂殊不可曉及考其所自蓋今日諸軍之靴皆用牯牛皮製造故皮性太硬未著則不能穿足入脚襪凹太深既著則不能擡足起步牽馬下程則夾破脚研而久成瘡瘍落馬墜地則柱定膝胯而不能起立不惟肌肉不保且反傷于磨擦其視金人所製之靴萬萬不同今後宜令襪用軟皮而上則繫以皮帶鞋用硬皮而下抹以漆蠟其制與今人軟凹泥靴相類而不用釘距是謂靴制

井田之法非獨為均田制祿而已蓋所以陰寓設險守國之意故中原平衍設立許多溝澮許多阡陌使車不得方其軌騎不得騁其足故也豈非寓至險於大順之中者乎觀晉欲克欲使齊人盡東其畝以便戎車吳玠在蜀於天水軍作地網以阻金兵之騎於此可以驗之也

北征錄曰陷騎之法不止一端大率不過敵騎衆多不容鬭敵伺其所行之道制為陷騎之具勿令賊知之後

示之以弱以誘其必來啖之以利以致其必至使其墮我之圈圚而不自知入我之陷穽而不可脫其法有六一曰伏鎗用火煉竹鎗斜埋成列郤于鎗頭所到處堀地成窟長一尺五寸闊半之用竹一尺八寸埋在内次以竹圈挽鎗著地覆以草茇不令知見復用挽鎗竹圈從窟内繫提頭索别曳於鎗頭所止處一丈許遇賊馬踢動提頭索拽去挽鎗竹圈則鎗頭向敵起地三尺賊馬無不中傷二曰絆索用麻索各長五丈以下兩頭及中間各長一丈用木椿繫索釘之於地用青竹竿五條撑索腰控低著地扣以機結木鉤如獵具制遇馬足觸動機結則撑索竹去地三尺賊馬無不被絆三曰馬拖謂用竹削成筋大其長數倍於筋其錐甚銳用以簪地其尾則用熟湯煮過令搥碎和麻各以成索索尾又安扣頭扣轉于竹片之上仍將鎗捍拽索於竹片之首遇馬被套而走則索尾之鎗自卓其腿腹四曰馬筩用堀地成穽深一尺闊三寸内置攢錐遇馬足被陷則攢錐

自刺其蹄踵五曰青穽謂於麻麥草芥之地堀而成穽不拘廣狹上以蘆蓆苫盤竹蓆之屬覆之而掩以麻麥草芥隨其物之顏色使敵馬不覺足陷六曰白穽謂於塵沙土石之地堀而成穽不拘廣狹上以蘆蓆竹箔之屬覆之而掩以塵石沙土隨其地之顏色使敵馬不覺足陷以上六法皆於道路預先修設以待其來然器用之設非瞬息可成制作之艱非頃刻可辦乃若倉卒相逢不期而遇前不得以膺其鋒後不得以避其銳當是

之時不費寸土尺木而賊馬自抵於損傷不勞匹馬隻輪而賊騎自至於顛覆其法亦六一曰刺毬四方有鋒中間有蔕以鐵為之二曰蒺藜礪之以鋒萃之以毒以鐵為之三曰茅針其形如針而稍大以鐵為之四曰鵝項其形兩曲而上下皆鋭以鐵為之五曰菱角以鐵為菱角六曰皂角以鐵為皂角以上方法皆預先打造遇欲用則令筌捶撒擲在地然平原曠野我知而敵不知乃可施巧道狹路隘敵險而我亦險將何以為兩難見

巧之策莫若因地設險使敵騎之來可入而不可出吾軍之利可見而不可奪其法有八一曰踢圈以竹為圈插於馬道以索續於竹圈之上用套馬足二曰截徑用竹弩一張竹櫓七片菠菱箭一隻以馬尾頭髮之屬曳之馬道馬頭觸之則箭發馬倒三曰伐木馬行於林樾之中令伐木横道則馬不可過仍止令半折不得伐斷恐為敵人下馬拖拽離路四曰結草謂馬行于草野之中其正路故令斷絶磚石堆塞柴茨却于四圍用草結圍其稍令闌絆過路馬急走則被絆衆隊皆倒五曰種冰謂道路險峻或高坡峻岸或斜城陡岡當令迎風灌水凍結成冰則滑溜不可過六曰裂石謂馬道窄狹兩傍皆土水當令抄掘塞路七曰斷橋謂馬經過橋梁必毀折令不得渡八曰瑯琊版謂用版釘瑯琊釘于上行則載於糧車之上用則埋於沙礫之地以上八法皆能陷賊騎於道峽險要且扼賊於險此固可用賊知險而不入將安用之在我則有誘騎之術使賊馬見此踴躍

而前奔騰而至自抵死亡自投陷穽而不容止遏其法有四一曰蒭誘謂敵馬行遠久闕草蒭故下置陷穽鎗刺而上覆蒭秣使馬見之自投死地二曰餌誘謂賊馬饑餓日久故下置陷鎗刺而上覆菽粟豆料使馬見之自投死地三曰獻青謂賊馬入境久不牧放有草茨青蒼之地設陷穽鎗刺使賊馬望見草色而不顧險陷四曰獻白謂賊馬入境久不汲飲即于陂池溪澗之地設陷穽錐刺使賊馬望見水色而不顧險陷以上四法皆

令賊馬自赴水火前凡二十四法皆陷騎䭾要其宅如水藥之祕風沙之變雖曰奥妙然微似浮誕姑置勿論

牛

相牛經曰須頭小腦大頭長身短角方眼圓脊高臂大低領毛不分立齊足乃可為耕力頭欲瘦小不用多肉面欲得長短則命促經云面高正長有齒無旋面若兩分益主損身眼欲得大去角要近有白脈貫瞳吉眼赤者觸人眼下有旋毛名淚滴主張眼鼻欲軟而大易牽

鼻七毛逆凶經云鼻如鏡鼻難牽無力口欲方大易餵能食齒欲白若齦有緣招官灾經曰齒牙雪白多招田宅角短方大紋浪角形如仰弓吉向前吉向後凶兩角間有亂毛起名頭陀妨主經云角圓紋細使即遲滞耳去角要近畧可容指方好多長毛不耐耳後有旋毛名剌環招盜賊經云耳角近促不用營祿耳去角遠千里不轉頸骨欲得長大肩膂欲得宂若宂則為雙肩主有力若宂者為單肩少力毛短密硬而黑者柰寒疎長如鼠毛者怕寒毛赤堅自害損主倚毛向前吉向後凶肚下有捞毛使即倒行前脚欲直而濶後脚若曲而開股瘦小則捷快經云前脚如筒後脚如弓蹄欲得大青黑紫為鐵吉經云蹄色黄白行不滿百陰虹屬頸者千里牛也前帶抱喉及臨耳者早死經云前後無帶至老無害後帶半長法主横傷乳紅多子吉乳疎黑無子生袋深隱乃吉䏶出者凶尿射前胯者快直下者鈍尿欲圓放經云尿如螺旋用力如雷聲身欲得圓莖欲得密脊

欲得斂臀欲厚重尸骨麄少毛者有力尾稍長大吉

舟

吳楚揚越之間俗習水戰故吳人以舟檝為輿馬以江海為平道是其所長春秋時吳以舟師伐楚又越軍吳軍舟戰于江伍子胥對闔閭以船軍之教比陸軍之法大翼者當陸軍之車小翼當輕車突冐者當衝車樓船者當行樓車船者當輕足驃騎（大翼以下皆船名）公輸船自魯之楚為舟戰之具謂之鈎拒退則鈎之進拒之漢武伐

南越於昆明開池習水戰製樓船上建櫓樓戈矛船下置戈戟以禦蛟鼉水怪之害然樓船戰艦形制之盛不若輕疾之利故張兵威畜器械以樓船大艦為先趨便利立功效則走舸海鶻為其用或伏襲而入敵境則游艇蒙衝凡舟皆可用也

李龜年楊公本末曰車船者置人于前後踏車進退皆可其船皆兩重載千餘人又設拍竿其制如大桅長十餘丈上置巨石下作轆轤繩貫其顛遇官軍船近即倒

拍竿擊碎之其名曰渾江龍者即為龍首每水鬬楊么多自乘此海鰍者鰍頭船也蓋車船如陸戰之陣兵海鰍船如陸戰之輕兵而官軍船不能近每戰輙敗江東來是月詔鼎澧鎮撫使程昌寓與荆南潛分遣兵討之旣而昌奏殺賊至闕　亦用番機如虎尾砲

水戰之具其船濶狹長短隨用大小勝人多少皆以米為率一人重米二石其檝棹篙櫓帆席絙索沉石調度與常船不殊樓船船上建樓三重列女牆戰格樹幡幟開弩牕茅穴置抛車壘石鐵汁狀如城壘王濬伐吳作大船長二百四十步建飛簷閣道各以奔車馳馬忽遇暴風人力不能制此亦非便于事然為水軍不可不設以張形勢鬬艦船舷上設女牆可蔽身高三尺牆下開掣棹孔舷內五尺又建棚與女牆齊棚上又建女牆重列戰格上無覆背前後左右樹牙旗旛幟金鼓此戰船也海鶻頭低尾高前小後大如鶻之狀舷左右置浮版形如鶻翅翼以助其船雖風濤漲天免有傾側覆背上

左右張生牛皮為城牙旗金鼓如常法江海之中戰船也走舸舷上列女牆置檝夫多戰卒少皆選勇力精銳者往返如飛鷗乘人之不及金鼓旗幟列之於上此戰船也蒙衝以生牛皮覆背兩廂開掣棹孔前後左右有弩矛穴敵不能近矢石不能敗此不用大船務於速進退乘人之不及非戰船也游艇無女牆舷上置槳牀左右隨艇大小長短四尺一牀計會進止廻軍轉陣其疾如風虞候居之非戰船也

金山守禦書曰東南諸海島日本占城琉球為近吕逆百花潛山白葛達阿哇打回等夷遠莫可數其蕃舶出没皆為海患金山地薄東溟南瀕大洋少西為浙江北為淮揚諸郡負在背膂松江蘇州嘉興尤近心腹蓋浙淮喉襟處也國朝既設衛屯戍尋命淮揚等處備倭總帥復於此駐節據守得地而兵防整嚴屹為東北一雄障矣歲凡仲春東南風始迅蕃舶至是時皆北行四五月間風尤迅者海人呼為舶卓風凡舶遇此風日行數

百里雖猛不為害也沿海六所初奉例設巡哨海船每所一十艘每艘旗軍一百名春夏出哨秋回每軍月支行糧四斗船有虧折有司補造損者軍自修理正統七年盛總督琦奏易以馬立騎卒入操春夏走哨遇有警急往來海上馳報每船一艘以易馬二匹給騎餘丁二人廄牧衛四所八十疋中前中後各四十疋倒死者所均價買補海防水塞之廢自此金山距衛一十八里山多竹蔚成茂林上有平坡可二十人坐北有寒穴泉總督歲回遣兵巡邏名曰捜山沿海墩臺軍士各擇一人諳熟海洋聲息者充小甲率四人晝夜更番瞭望見有倭船即舉放一礮一烽船到舉放二礮二烽登岸放舉三礮三烽接遞通報每墩臺竪旗竿一晝以縣旗夜以縣燈架信礮烽把各三銅鑼鐵鈴木析各一鐵盔腰刀鐵叉雨蓑草履各五飯鍋火石火鐮煤各全鳴鷄吠犬一

俞大猷曰夫倭奴之所以悍而難禦者非真有過人之

能也兵法謂深入則專不得已則鬬乃見倭奴之悍而我兵所長足以刺彼者惟樓船高大足以壓之火藥足以焚之然大捷之功尚未能收者何哉蓋我之樓船每港不過數隻通浙直而計之不滿百隻其兵不過數千人而已耳今歲賊船結連而至者凡幾䑸每䑸凡有一二百隻其黨兵五六萬人多寡之勢相縣若是又安望其能收大捷之功乎請于堪兵船地方如江北設樓船三十隻於儀鎮瓜洲江南設樓船三十隻於鎮江孟河

江北之狼山江南之江陰福山及江中之塘沙馬沙褚
家沙共設樓船九十隻南風俱泊於各沙之北北風俱
泊于各沙之南又江北之海門通州呂四江家場七星
港一帶共用樓船八十隻江南之劉家河吳淞江江之
中崇明新舊二縣沙兵用樓船一百五十隻寧波府之
定海舟山大嵩爵谿昌國等港共用樓船八十隻台州
府之健跳海門淞門等港共用樓船五十隻温州府之
黄華盤石端安三揚等港共用樓船六十隻又内江每

樓船十隻間以邊江船五隻外江每樓船十隻間以蒼
山沙船共五隻寧台温每樓船十隻間以蒼山八槳船
共五隻各為小哨共泊原派港分無事則在港防守有
警則合勢攻捕并不許遠離遠巡哨故名曰正兵請於
今年十月間照依原估樓船尺數除一號者大而難駕
不用外只造二號三號各一半請限年終各到地方以
應來年正月之用乃可及事如正二月不到則有噬臍
無及之悔矣然船在江海波濤之上數年之間或遇怪
風之變不免又費修造之功則當付諸適然之值不可
因咽而廢食多設游兵夫倭賊自彼島入寇遇正東風
必由茶山入江以犯直隸則江内正兵之船可以禦之
遇東北風必由下八山陳前里西倒球千邪清水馬蹟
蹟蒲浹丁興長塗衢山羊山普陀馬墓等澳經過然後
北犯南直隸西南犯浙江請於浙直共設二百隻蒼船
一百隻分伏于前海澳往來巡探攻捕之曰遊兵為正
兵之輔而遠遏之于大洋之外量處漁船夫採漁乃浙

江沿海之民所賴以為生禁之誠拂其情縱之不能無
弊今欲聽其採捕因而為兵則彼船甚小難以勝賊合
無行各府縣之官預先曉諭每漁船大者二十五隻為
一艅責其合造樓船一隻以為兵船小者五十隻為一
艅責其合造樓船一隻以為兵船就將所造樓船丈量
明白造冊通報照依僱船之例逐月給與稅銀其駕船
兵稍則雇兵之例給與口糧斯大小相資各有實用而
浙江沿海漁船數千隻可得樓船一二百隻為技矣田

鷹山曰福船利于迎擊沙船利於應援其八槳快船專用不時飛報餘船如蒼船等不過備數而已

鎮江江灘大碇用鎮海船即三寶太監下西洋舊物也

乙酉日丁酉日燒三家雄毛揚其灰風立至更揚之風止一法五酉皆可巽為風酉巽禽也以類相招若江海之中卒遇惡風燒黑戊皮揚立止此法甚妙又猪毛人髮制龍

福船最大可容百人上下兩層板平鋪自船底至上層

為三層周圍鋪板或列茅竹禦銃上設木女墻及砲牀前後皆不可入惟兩傍各開一小門以入桅上網制為斗可容二人此舟最為海賊所畏每遇海賊不用戰鬬但使船騎賊船而沉之蓋以大勝小高勝卑也每船約價銀五百兩兩大船底深而板木堅厚重故能上有樓而不覆

蒼山船一名鐵船小於福船今寧波蒼山人用之周圍無板福人尚可使蒼山人驕野難使

沙船又小于鐵船亦無周板出蘇常鎮江海沙上即用沙民駕之崇明為最靖江江陰次之鎮江又次之福船利騎船但無風不可動沙船輕捷利鬬須用福船相兼行使

又有草撇梭子撮網八槳之類皆輕捷極小船也燕尾桄水戰用以裹敵轉輪拖于船桄中間為槽

浪山一帶下通大海最深上連長江又淺純用福船固可制勝但其長舵尖底受水最淺宜于大海而不宜于長江純用沙船固雖平底可行淺行但其卑小難以禦敵大小偏用未得萬全故斟酌二船之用議造定波船之製底似沙船可以涉淺面似福船可以禦敵

又賊人深入必搶內地船隻水陸兼進故夫內河水兵戰船又其急務者也內河戰與海船不同其制有二焉一則三櫓二跳以至於六跳乃是吳中之兵所習駕者行走便疾而無自蔽之具一遇賊人矢石只欲逃走逃不離有棄船下水而已一為鷹船乃福廣蒼山等兵所習駕者此船搖櫓駕槳之兵皆伏藏不露賊人矢石不能傷而我船之銃砲噴筒矢石飛鏢之類可以傷敵如六合填之揵聖墩之阻回來賊皆賴此船成功然三櫓

等船取其疾走而不取其鬬戰鷹船取其鬬戰而不取其疾走二者宜相資以為用原鷹船用雙塔船改四櫓八跳船容三十人頭打發熕四櫓六跳亦打熕三櫓五跳三櫓兩跳容八九人三櫓用二槳二櫓二槳容三五人一櫓兩槳一櫓一槳容三四人用偷營上陣衝鋒愈少則愈勇大船使鑽篙人極勇鑽篙撒船止用可容十人之舟微倭止能跳岸不能跳小船八卦六花船此船江海之中攻守皆用不懼風濤欲攻則敵不能當

欲守則敵不能近故水戰首製此船以保全勝也用厚楠木板作五槽底槽前平頭槽後為尾其製造有八卦六花之義故名焉上有三桅中有八輪後有舵樓順風則用篷逆風則轉輪快利如風底中一槽高七尺闊六尺旁二槽高六尺濶五尺儘邊二槽高五尺濶四尺每槽相離置輪一尺五寸共濶三丈六尺兩頭接鋪平中間上作倉長三丈六尺槽前平頭三丈六尺槽亦三丈六尺尾起舵樓底空內定八輪居中作官倉長三丈六尺濶一丈八尺兩舷各濶九尺前後中共三樯篷索用藥水刷過遇雨中不濕重彼若有火來到篷即滅週圍安立挨牌倉上并牌皆用生牛皮也裹以防矢石底下用狼牙釘品字密釘以防姦細水怪此統軍大將取勝也次附以車輪舸鴛鴦艜遊艇走舸鬬艦鉤鉅等船倉內載以神槍神砲神箭神火神水等器欲要刼營斬關奪寨暗渡則有浮帶浮毬木罌縄筏蒲筏械筏等具更相參古製無不勝者

製篷索藥　每白礬十觔　皮硝五斤　梔子四斤為末入水五斗熬五五沸制在篷索上以防雨火也鴛鴦槳即鶯船此槳用二舟并合一處形如艦船不用篷樯各長三丈五尺濶九尺倉上用生牛皮張裹棹槳人并槳把俱在倉內槳尾自內入水每一邊八把倉上前後兩旁俱留箭眼鎗眼以便放火藥神器如赴敵則兩邊飛棹與敵相近則放神器分為兩邊夾攻使彼左右難救賊亂既中我藥箭神器等具其人必傷其船必焚此

輕舟近敵之法如捕巨魚之法也待彼勢弱敗我則近而擒之矣

車輪舸此舸長四丈二尺濶一丈三尺外虛邊匡各一尺空內安四輪輪則入水約一尺許軸在倉內令人轉動其行如風船前平頭長八尺中倉長二丈七尺後尾長七尺為舵樓倉上居中通前徹後用一大梁蓋板自兩邊伏下每一塊長五尺濶二尺下安轉軸如吊窻樣臨敵先從內裏放神砂神箭火等器彼不能見人亦不

用篷檣棹櫓賊勢少弱我軍一齊掀開船板立於兩邊即同旁牌牌與倉俱用生牛皮張裹人立於內抛大毬於標槍使鉤拒捍套索等器其船必焚賊必就擒矣

破船舸此舸用大木五根各長三丈餘將木居中鑿空仍補平厚以蔴粘之前後橫拴串錠一處加筏勢兩邊六輪上作船倉輪軸在內前平頭長一丈倉長一丈五尺尾長七尺安舵樓前平頭上安破舟銃其銃如神鎗樣鎗頭如蕎麥樣用純鋼極快利頭長三寸後桿長四寸如鎗安置銃內凡一舟前用三俱約木頭與水頗相平約與船相近倉內點放火線其槍徑打入船內連一二三銃其船必爛而沈矣

子母舟此舟長三丈五尺前二丈如艦船樣後一丈五尺只有兩邊板帮腹內空虛上倉前後通連內藏一小舟亦有蓋板掩人兩邊四棹母船使風逆風棹槳前倉內裝以柴薪皆用油蔴縛沃交貫火藥粗線船前兩腋俱錠狼牙釘釘皆用鋼尖快利或迎抵彼船或順風趕

上臨棹飛奔彼船尾後倉內發鈎拒捍搭以留索與彼相連一處先往船上將箭砂火等具即發將我舟與彼并焚我軍從子舟而出矣

太倉往福建針路

太倉港口開船用單乙針一更船平時驗之用單乙針及乙卯針一更船平寶山到南嘴匯用乙辰針出港口打水六七丈正路沙泥三更見茶山在東北邊用巽巳針三更船見大小七山一路打水六七托用坤未針及

丁未針三更船取灘山打水七八托用單丁及丁午針三更船靠山用單午針入西後門用巽巳針三更取茅山用乙辰針廟州門內崎山頭取斗口羅嶼用丁未針出雙嶼用丙午針三更船取孝順洋及亂礁洋打水九托十度平九山西邊沉礁打浪出水行船仔細用丙午針二更船壇頭山對開東邊有一半洋紅片礁出水內過船正路前去西邊見大佛山打水八九度用丁未針五更取大陳山及羊嶼西邊真谷山用丁未針五更船

取拔山及黄裳山用丁未針一更船取東洛山外過用丁未針二更船南麂山外過船西南是金鄉大澳對開有半洋礁出水打浪用坤未針三更船黑蔴山船過用坤針四更船芙蓉山及西洋山船北邊過沿坤申使定海千戸所山二更平淺取五虎門

太武回太倉針路

太武山用單艮針七更船平烏坵山內過用艮演針四更船平牛嶼山用單艮針五更船取龜山用丑艮針七更船平崙山用丑艮針二更船取東路及黄裳山用艮艮針四更船真谷山及羊崎嶼東邊過用子癸針五更船取東西雞山及壇頭山對開有紅片礁仔細用過用子癸針三更船取九山及亂礁洋孝順洋雙嶼港過崎頭昇羅嶼水緊可拋船在廟州門轉過崎出西後門用壬子針二更平灘山用丑癸針平三姑山用丑艮針三更船平大小七山一路打水六七度船千萬看流水急慢務要見茶山取港口收寶山進入太倉港內拋船為

妙

日本往太倉針路

日本爪哇港口開洋單艮針二十二更船取南麂山（在温州府瑞安縣南二百里）丑艮針二更取東洛及黄裙山丑艮針四更船取拔山丑癸針四更船取真谷山及牛崎山東邊過子癸針五更船取東西雞山及壇頭山開有片礁內外過壬子針二更船取九山及孝順洋并亂礁洋壬子針三更船取雙嶼港癸丑針取崎頭過廟州門出西後

門單子針四更船取灘山癸丑及丑艮針三更船取大小七山乾亥針四更船取茶山東北來辛亥針取港洪又南湖嘴并寶山妝太倉劉家河

太倉往日本針路

太倉港口開船用單乙針一更船平吳淞江用單乙針及乙卯針一更平寶山到南嘴匯用乙辰針出港口打水六七丈正路沙泥地三更見茶山在東北邊用巽巳針三更船見大小七山一路打水六七托用坤未針及丁未針三更船取灘山打水七八托用單丁針及丁午針三更船蓬山用單午針入西後門用巽巳針三更船取茅山用乙辰針取廟州門內過船頭取昇羅嶼用丁未針出雙嶼港用丙午針三更船取孝順洋及亂礁洋打水八九托十度到九山（在外國西南海洋二百里太嵩南二百里）用單卯針二十七更過洋至日本爪哇山港打水七八托泥地東北邊有坤申酉南邊有低嶼三箇小嶼平平拋船底有三角港中央港是爪生港口有沙壇線過西入港打水二三度

倭船不靠天江賊船亦不靠天言其只多櫓槳不論有無風也

冠帶捕盜闍昂　呈令將各年月節候風颶輕重逐一開後　今開

正月初二三頭颶　初七八颶　十二三颶　十七八燒燈風　二十二三風　二十七八風　無雨風輕

立春過後未驚蟄先動雷一月天門不開日夜海上有風浪驚蟄過後雷響不妨春雷起風雷春颶雷先行

二月初二三風　初七八風　十二三風　十七八風　二十二三風　二十七八風　春有雷雹海上有風浪本月初二霧露生日本日若重一年俱重如輕則輕

三月初三除颶風清明日主有大風本月二十一日立夏如發北風准有二十日北風如南風天定也

四月夏雷壓三風前立春日過後下雪一百二十日雪子風正月初八日下雨風輕晴明風重

五月初八日夏至發北風重梅雨本日晴明俱是南風
黄魚從南來北風吹散魚頭羊山無魚
六月十二彭祖忌有大風前三後四初十起十五止此
幾日内發風俱作忌風　六月有日　月有半闕
七月立秋日起五十二日龍風過後發是秋黄風七日
鬃七日慢秋雷起壓天定立秋掛鬃三日過有大風七
日過有風則輕鬃掛亂雷響無風

八月起後早西風晚東風天定了本月二十七日蕭山
張老相公生日主有大風
九月初九日定颶風當日發風准定本日不發不一二
日　二年不定俱是亂風　十二三風　十七八風
二十二三風　二十七八風
十月初二三風　初七八風　十二三風　十七八風
十月五有大風
十一月初二三風　初七八風　十二三風　十七八
風　二十二三颶　二十七八風
十二月初二三　初七八風　十二三風　十七八風
二十二三風　二十七八風　本月發西南風下雪
本月二十四日送神風　冬怕赤鬃有一箇月風浪羊
山以西爲裏海馬跡以東爲外海外海交春後止有南
潮一片只向北流不轉南交秋後又只向南流不轉北
雖送風亦行漁船以其潮急也此洋打水有五十托倭
船春來若遇北海潮水落又帶北風則北寇蘇松無倭

船過洋無風船櫓不動三日三夜可止羊山潮四面繞
轉柁工隨潮使網分水礁在茶山分水潮日夜只向東
北流從分水礁一日一夜纔到大小七山落西行送風
須過東南東北順風水風力不能行以風送潮也分水
礁以東纔有四面潮其羊山大小洋七洋皆當打魚處
處上面長潮下面遇水長潮與過水各四五丈未有風
先知浪定有大風水泡墨黑有大風水色黄白無風山
上有蜃氣樓臺必知風山頭白漫有風

由舟山至普長塗羊山灘山許山北向北行東風使落潮西風使長潮岑港第一列港第二沈家門三長塗四瀆海居人值三秋大汛潮天大雨東北風張甚或山𡒄海唑海人驗候云山𡒄風潮來海唑風雨多皆不誣𡒄謂海中素迷望之山忽皆在目唑讀如鹺萬喙聲也海鷗啾啾鳴或是年後至七日逢壬輒憂海溢朱子築黃巖塘法用鐵為盈丈巨盤置之潮衝潮至盤所輒不復作豈金固止水物邪

翠微北征錄曰江湖禁涉之法不一而足懼其淺而步騎可涉也吾則曲鐵為鉤曳之以索謂之聚鉤所觸無不死傷直鐵為針透之以木謂之涉針所過無不淺滅編竹為索紐蒺為刺謂之水毛蝟所以錐涉者之飢膚斷木為軸釘鐵為維謂之水蒺藜所以刺水兵之脛股煉竹為簽代之泥濘謂之蹋簽所以毒人之脚面理柘為距置之沙淺謂之雞距所以碎人之脚板凡此六者雖有灘磧賊安能涉我境哉懼其深而舟楫可航也吾則綴鐵鉤於浮筒之上謂之浮鉤遇賊船則底版可沈繫索網於江流之中謂之拒櫓遇賊船則槳棹可得採綿欀採禾稭以裹賊船之柏舵而杆櫓難搖割縺蘆割藤蔓以礙賊船之划水而車版難蹈水勢湍急則立刀口木而使賊船之底不鑿自破水勢浩渺則立曲膝錐而使賊船之板不錐自透置挽索於水底使賊船過之而尺寸不移兵家謂之神繫卓倒纂於水渦使賊船捲之而旋轉千匝兵家謂之鬼鑽凡此十者雖有舟楫賊

安能及我岸哉懼賊兵浮罌浮環以我襲之津岸也吾則造木竹造谿木於灘磧而賊不可用懼其駕飛翼搭浮橋以跨我之河道也吾則造火牌造檣筏於急流而賊不可施懼其紐蘆束葦以濟也吾則斷木為查手木穿木為阜角木置之半渡之處而使其物之不可行懼其附纜結捍以濟也吾則橫木為闌河連水為截河置之未渡之時而使其具之不可至懼吾步岸之易登也吾則立伏牛交馬使賊人之船近岸不得以下卻懼吾

壕塹之易通也吾則釘暗樁使賊人之船曳簰不可以順流懼賊船之乘風而前也吾則有撩風榻水以絶其帆之不可使懼賊船之拽縴而至也吾則有礙竿虛木以阻其縴索之不可通上流高而下流低吾則占其上流立堰板以灌其軍彼勢闊而我勢狹吾則因其勢堆沙囊以没其卒賊廹岸則立四索番車以碎其船賊卒上岸則立獨面暗樁以掩其卒此其為利顧不偉歟然勝在於敵人之不及知事敗於吾軍之不能秘事機之

無窮一彧不密則我之所以制敵者敵反得以制我矣公孫述拒岑彭述為浮橋攢鈎以拒彭之船艦其術似矣未幾彭乃預知縱火焚橋鈎而述兵以敗韋昭達征嶺南賊為竹籠盛沙石以拒招達之舟楫其智非不巧也不知招達得以預知使士卒持刀斫籠而賊兵以潰吳人之下晉可謂得策然鐵鎖截船之術一泄而不能免王濬搽大筏火炬之燒杜弢之禦晉師可謂盡善然桔槔打船之具一彰而不能免周訪長岐棖之拒是皆敗於輕泄而貴于善秘

旱船過水用布周方各四尺雙層十字縫柱四方每方用猪胞四箇各收口抽嚴放於水上胞布各有製

立站過水用皮做視連襪當中容放食物用搭包一條以布做四小袋乘猪胞四箇繫放腰間過水

軍需

廣州州學教授林勲獻本政書十三篇大畧謂國朝兵農之政大抵因唐末之故今農貧而多失職兵驕而不

可用是以饑民竄卒類為盜賊宜做古井田之制使民一夫占田五十畝其羨田之家毋得市田其無田與游惰末作者皆使為農以耕田之羨雜紐錢穀以為什之一税本朝二税之數視唐增至七倍今本政之制每十六夫為一井提封百里共有千四百井率税米五萬一千斛錢萬二千緡每井賦二兵一馬率為兵六千八百人馬三千四百匹此方百里之縣所出賦税之數歲取五之一以為上番之額以給征役無事則又分為四番以

直官府以給守衛是民凡三十五年而後始一徧也悉
上則歲食米萬九千餘斛錢三千六百餘緡無事則減
四分之三皆以一同之租稅供之匹夫之貢絹三尺綿
一兩百里之縣歲收絹四千餘匹綿二千四百斤非蠶
鄉則布六尺麻二兩所收視綿絹倍之行之十年則民
之口算官之酒酤與茶鹽香礬之榷皆可弛以予民其
說甚備李筌曰國之所以富強者審權以操柄審數以
御人課農者術之事而富在粟謀戰者權之事而強其

兵故曰興兵而伐叛則武爵任武爵任則兵強按兵而
勸農桑農桑勸則國富國不法地不足以成其強古者
聖人法天而皇賢君法地而帝智主法人而伯乘天之
時因地之利用人之力乃可富強乘天時者春植穀秋
植麥夏長冬成備藏因地之利者國有沃野之饒而人
不足於食者器用不備國有山海之利而人不足於財
者商旅不備也通四方之珍異以有易無謂之商旅飭
力以長地之財用資軍實謂之農夫理絲麻以成衣服
謂之女功雲夢之毛羽黔溪之丹沙荊楊之皮革角骨
江衡之柟梓會稽之竹箭燕齊之魚鹽旃裘兖豫之漆
枲絺苧鄭之刀宋之斤魯之削吳越之劍燕之角荊之
幹妢胡之笴吳越之金錫此地之財也燕之涿趙之邯
鄲魏之溫軹韓之滎陽齊之臨淄陳之宛丘鄭之陽翟
洛川之二周越之具溫楚之雲夢齊之鉅鹿宋之孟諸
此地之良也若居其地非有災害而貧者非惰則奢世
無寄業而獨富者非儉則力同列而相臣妾者貧富使

然也同貫而相兼并者強弱使然也同地而或強或弱
者理亂使然也苟有道德地足容身事可致也苟有市
井交易所通貨財可積也夫有容身之地智者不言弱
布市井之利智者不言貧地誠任不患無財人誠用不
畏強禦故神農教耕而王天下湯武戰伐而服諸侯用
智者可以強於內而富於外用力者可以富於內而強
於外是以漢武帝平百粵以為苑囿卻羌人以為苑囿
珍怪異物充於後宮駒駼駃騠實於外庭匹庶乘堅良間

閻厭粉黛此謂智强於内而力富於外秦孝公行墾草之令使商不得糴廢逆旅于山澤貴酒肉之重重關市之賦使農逸而商勞行數年而倉廩實人知禮義至於始皇以為之資東向并吞諸此謂力富於内而兵强於外也故知伯王之業非智不戰非農不贍過此以往而致富强未之有也

北征録曰興屯田以省支費浚水道以便轉輸二者當今之急務也屯田之策姑置不論而水運之利蓋有可

考者蕭何發敖倉之粟以飽韓信舉秦下趙之師皆得之於河渭之順流諸葛孔明下巴蜀之粟以濟江陵荆州官渡之兵萬山之間跬步十里乃寄漕於木牛流馬而籍其力於嘉陵一江之水隨人開汴水以通淮漕吳大帝置京口開以通江南之粟是皆鑿山成池掘地通流以濟人力之不及况今日屯兵之地非依淮泗之利則憑江漢之濱非通津於淮東川澤之鄉則接境於巢湖芍陂波濤之險初不勞一毫開鑿之力而今之漕臣皆不能講求溝洫討論源流修填起塞修廢起舊以備緩急轉輸之用乃驅塗炭之民肩山阜之粟齎萬死之命赴千里之役中有室家流離之憂外有霜雪暴露之苦進有賊人掠劫之險退有監臨驅迫之誅一戍樵蘇十里魚肉其可不求夫形勢之便川澤之源舟楫之利兩使征夫役吏息肩弛擔惟能葺治水道川陸俱運坦夷則車推轂載馬駞驢負險阻則舟行纜解風送水流不惟可以少紓民力而糧出多道亦可以免斷劫之患

凡川源之於州縣皆有高下丈尺平水之法毫永不差此又江湖不傳之妙是謂省運

董摶霄以海寧一境不通舟楫軍糧惟可陸運而凡瀕淮海之地人民屢經盜賊宜加存撫權令軍人搬運其陸運之方每人行十步三十六人可行一里三百六十人可行一十里三千六百人可行一百每人負米米四斗以夾布囊盛之用印封識人不息肩米不著地排列成行日行五百回計路二十八里輕行一十四里重行

一十四里日可運米二百石每運給米一升可供給二萬人此百里一日運糧之術也

令屯田六頃四十頃種子五頃大苴種子五頃麥種子五頃麻種子五頃蕎麥種子屯外五十頃菜不入至秋納宴設厨四十頃蔓青種子十頃蘿蔔種子已上種子依鄉原丁種一屯六十丁一丁給米二升一石二斗一月二十六石一年四百三十二石牛一屯六十頭牛日給豆五升十月一日停一日三石一月九十石六月五

百四十石一屯丁糧牛料種子菜屯蕉束束以三百九十八尺五寸三分三毫繩之四分之一長九十三尺六寸三分四毫四角碟撅繩內有田一畝對屯官分三等內田上中束之以三尺五寸圓圍城束則束數三等可知束頃苗子横束取三等束對屯田官於下苗子斗外合數為两絹袋各盛苗子一碗與屯田官者束使對一碗與來使掌者也官對其後恐有耗損者取子一斗平量對屯田宜擣米得數米為率則一屯斛斗知知等級

殊等九十石第一等七十石第二等六十石第三等五十石無水旱災蝗滿四千石者屯官有殿一軍一載粟一十二萬八千石六分支米九萬石以殊等屯四十餘萬二千石支一卒糧神農書曰雖金城十仭湯池百步帶甲十萬而無粟者不能守也故先國伐西戎杜茂守北鄙創置屯田以為耕植者也

經曰一軍萬二千五百人人日支米二升一月六斗一年七石二斗一軍日支一百五十石一月七千五百石

一年九萬石以六分支米一人支粟三升三合三勺三抄三圭三粒一月一石一年一十二石一軍一年二十萬八千小月支九斗六升六合六勺六抄六圭六粒其大麥八分小麥六分蕎麥四分大苴八分小苴七分豌苴七分黍七分并依分數折米人鹽人一日人一日支半合一月一升五合一年一斗八升一軍一日六石一月一百八十七石五斗一年二千三百五十石馬料一人一匹一軍二萬五千匹朔方河南一人二匹范陽河

東隴右安西北庭則二人三疋平盧劍南嶺南則一人一疋計二萬三千疋馬軍計五百萬五千疋為一隊分為十坊秣馬五十隊十月一日起四月一日停料一馬日給米一升一月三石六個月一十八石一軍馬一日支粟一千二百五十石一月三萬七千三百石六箇月二十二萬五千石馬鹽一馬支鹽三合一月九升六箇月五斗四升一軍馬日支鹽六十七石一月四石九十五石六箇月八千七百五十石茭草一馬一日支茭二圍一月六十圍六箇月三百六十圍一軍六箇月九十

萬圍油藥其油藥以藥取逃亡兵士殘糧衣賜獸醫人於馬押官羣頭中差取經曰軍無財士不來軍無賞士不往香餌之下必有懸魚重賞之下必有死夫興師不以財帛何以結其心哉軍士一人一年支領絹布一十二疋絹七萬五千疋布六萬五千疋賞賜鞍馬金銀銜轡二十具錦一百疋緋紫襖子衫具帶魚袋五十副色羅三百疋婦人錦繡夾衣被袍二十副緋紫綾二百疋

彩色綾一百疋金銀器二百事銀壺缾五十事帳設錦褥一十領紫綾褥二十領食單四十張食器一千事酒樽杓一千付張幕一千條錦帳十所白氊一百事圍二十條鵰袋繡墊一百口經曰雲上于天需君子以飲食宴樂用宣王君之惠暢吏士之心方入出必犒以牛酒領賞勞序殽席有差以激厲於衆酒酣按劍起舞哀笳角抵伐鼓叫呼以增其氣絲竹哀怨愴悽征夫感而泣下剉衂喪氣復安得而用哉酒一人二升二百五十石羊

一口分為十二節六百二十五口牛肉代羊肉一人二斤二萬五千斤每一斗麪作二十斤麪一百五十石饅頭一人一枚一萬二千五百枚一斗麪作三十枚糤子一人一枚一萬二千五百枚一斗麪作一百枚用麪四十六石六斗七升蒸餅一人一枚一斗麪作一百枚用二十五石每麪一斗使油八斤油二十五斤餜饠一人一枚一萬二千五百枚一斗麪作八十箇用一十五石六斗二升五合䭔餅一人三合 糯米三十七石五斗菜

一人五十兩二千九百五十斤零四兩羊頭蹄六百二十五具充簽醬羊肺六百二十五具并四等充羹鹽三人一合四十一斗六升醬人半合六十二斗五升醋每人一合一十二石五斗椒五人一合二石五斗薑十人一兩七十八斤零一兩葱三人一兩二百九十六斤零四兩隨筵樂例大鼓杖鼓腰鼓笛板破陣樂舞劍角抵投石枝柜

五瘟丹　此方自製冬至日修合　韓飛霞

黄芩乙庚之年為君　黄梔子丁壬之年為君　黄連戊癸之年為君　甘草稍甲己之年為君　黄柏丙辛之年為君

此五味各隨運氣為君者多用一倍也餘四味又與香附子紫蘇為臣者減半也

右七味皆生用為細末用錦文大黄三倍煎濃湯去渣熬膏和丸如雞子大用硃砂雄黄等分為衣貼金每用一丸取泉水浸七碗可服七人凡天行瘟病去處有力之家合以施給陰德無量

邊軍勞苦

各邊軍士役戰身荷鎖甲戰裙遮臂等具共重四十五斤鐵盔腦蓋重七斤頓項護心鐵護脇重五斤弓撒箭袋重十斤腰刀三斤半蒺藜骨多重三斤箭筒一斤戰勾連綿皮上下衣服共八斤通計八十八斤半余聞之因偶成一篇用志邊軍勞苦云做軍莫做口外軍身挾戰具八十斤頭盔腦包重得七頓項掩遮以五論惟甲所備四十五腰刀骨多二四均精土精鐵始合度日夜

摩漥光勝銀二五弓箭及其服隨身衣裳入乃足伏多身重難負荷還須上馬看輕速銀抹靦袋咽炒麪得飲馬溲喉且沃將軍令嚴隨鼓進誓與敵人爭一鏃此時顧功不顧身刀痕箭瘢無好肉歸來性命萬死餘便使封侯未堪贖江南一體行伍人羡食好衣何苦辛將錢買月事遊蕩有眼不曾經戰塵聽談邊軍却不信亦莫慚愧朝廷恩凡邊軍勞苦不可名狀惟恃為將者善為撫恤而已

北人最貴得一肉必炙熟合家大小傳割一臠喫餘之骨仍傳與老者用刀割其擴屑以此為飽至晚却喫酪彈子以羊馬酪晒乾為之味酸能生液可厭渴亦止饑如此而已其腸細平生無撐腸之飽故易足也

北兵之戰惟恃馬上發箭但直揞弓確箭地步方發不肯虛一矢如漢軍開弓兩手垂下揞滿始握起發箭亦能以臂護兩脇其邉人使刀止亂斫而已如漢軍一手以刀一手以骨多使動上下相撒有法無空舉者不斬

其頭則斫其足箭至又能革落躲閃此皆楊家軍之能事也北兵臨陣利則進不利則退常性也楊家軍一奮其前雖勢促亦不退

上古庖犧氏之時刻木為兵神農之時以石為兵尚書砮石中石旋黃帝之時以為兵蚩尤之時爍金為兵割革為甲始制五兵建旗樹幟嚴鼓以佐軍威旗纛六面大將軍中營建出引六軍古者天子六軍諸侯三軍今天子十二衛諸侯六軍故有六纛以主之門旗二面色紅八幅大將軍牙旗之門出引將軍前列門鎗二根以豹尾為刃槎出居紅旗之後止居前左右建立五方旗五面各具方色大將軍營中建出隨六纛後在營亦於纛後建嚴警鼓一十二面大將軍營中左右列各六面在六纛後角十二枚於鼓左右列六枚以代金認旗二百五十口尚色圖禽獸本陣同五副認與諸隊不同各自為認識出居隊前恐士卒交維陣將門旗各認所色不得以紅恐紛亂大將軍之旗鼓一百二十五面臨時

戰敵所用甲六分七千五百領戰袍四分五千領鎗十分一萬二千五百條恐揚兵縛袋牛皮牌二分二千五百面馬軍以圖牌代四分支弩二分弦三副箭一百分弩二千五百張弦七千五百條箭一十二萬五千隻弓十分弦三副箭三十六萬隻弓一萬二千五百張弦三萬七千五百條射甲箭三十七萬五千隻生鋼箭五萬隻長梁箭二萬五千隻弓袋葫盧張弓袋並十分一萬二千五百副佩刀八分一萬口陌刀二分七千五百口

梏二分二千五百張馬軍及陌刀並以啄鎚鉞斧代各四分支搭索二分二千五百條馬軍用

經曰軍無輜重則舉事皆闕士卒以軍中為家至於錐刀不可有闕驢六分七千五百頭鞍駱自副幕一萬二千五百口竿梁釘橛鎚自副鍋一分一萬二千五百口乾糧十分一人一斗二升一軍一千五百石麥袋十分一萬二千五百石羊皮縫可繞腰受一斗五升馬盂十分一萬二千五百口皆堅木為之或熟鐵為之受三升

冬月可以煖食刀子錯子鉗子鑽子藥袋火石鹽袋解結錐礪石各十分一十一萬二千五百事麻鞋三十分三萬七千五百緉攤子鞔韂澁子各十分三萬七千五百事袴帑抹額大帶帽子氈帽子各十分六萬五千五百事氈裘十分二萬二千五百領皮裘皮袴各三分七千五百領或詐為蕃兵用柳罐栲栳各三分五千口皮囊袋亦得鍪鎚斧鋸鑿各二分一萬二千五百事鐮四分五千張切草刀二分二千五百張行槽一分一千二百五十具大小葫瓢二分二千五百枚馬軍鞍韂革帶十三分萬七千五百具人藥一分三賞水解散瘧疾藥痢藥金瘡刀箭等藥五十貼披氊被馬氊引馬索各十分一萬二千五百具絆二千分二萬五百條皮毛及連枚中半韋皮條三十分三萬七千五百條備收賊雜用

右各隊隊辦公廨軍粮并須賞銀貯備使用勿令臨時有闕

皇朝平定江南幅員既廣貢賦益夥於是泉州上海澉

浦温州慶元廣東杭州隣海郡與遠夷蕃國往往貿互易舶貨因宋制細物十分而取一麤物十五分而取一以市舶官主之其發舶其回帆必著其所至之地驗其所博之物給以公文為之期損中國無用之貨易遠方難致之物為說而不思夫國家聲教綏懷無遠不及之效孰謂知所當寳者哉

礦

擇礦法上等紫色者或黑色者嚼之如蠟其味如蜜每

一兩煎得銀五錢者謂之金水平分此為絕好其中或煎銀五錢者謂之亦好次一等乃雞糞礦其形如麥芽碎碎塊黑白相兼每一兩煎銀八錢上下者又次一等乃黃沙礦其形黃色碎如米粒每一兩煎得銀六七銀者外有常號每一兩煎得銀二三錢以上四種該用之物不拘數目取來多多益善大約以二十斤為率可多不可少

凡取得礦石就用本洞之土本地之水調和拌勻入磁

缾内好生封固毋令泄氣為妙

外有真出山一氣鉛取五六十斤每斤内有銀三五錢者取來作用

出礦地方杭州府桐廬富陽縣界五寶山每百斤用生鐵五斤煎得銀七八兩銅三十斤（三十七年私開二日）紹興府會稽縣銀山壩礦面沙泥每百斤銀二兩五礦未開目今盜泥日可得銀三四百兩（進本官開鄉宦不肯）寧波府觀海的山每百斤銀七八兩（同前項）金華府義烏縣八寶山每百斤低的出銀二十兩極好的出銀六七百兩日可出千石江南第二礦也（三十八年處礦徒私開五次被義烏兵殺敗）衢州府西安縣桐山源鐵煎每百斤銀七八兩至二十兩止日可出銀千餘兩（處徒三四千人五年以來日日私開）開化縣大尖塢鐵鉛煎每百斤銀三兩至八兩止可出三百兩十八年王太監開一次三十七年軍門委宋照磨陳百戶官開納稅三百兩後李知縣申文禁開江家塜每百斤銀三兩鉛四五十斤日近出一二百兩若竹坑泥礦每百斤出銀一兩日

可得銀千兩（二處同前）嚴州府淳安遂安界梓樹塢每百斤三兩起至二十兩止老山每百斤出銀二兩日可出二百兩私開五六年杭州於潛天目山每百斤銀三兩湖州府孝豐縣每百斤銀三兩至二十兩止（三十八年胡軍門開四日地方強不肯與開）江西廣信府常山縣山界每百斤出銀三十兩日可得三百石永楊坑礦色如沂州礦而礦味香甜每百斤出銀三十兩至七八百兩止江南第一礦也（三十五年私開大獲利因進本求官開今未行）

池州銅陵縣鐵石坦礦未詳一私開出地方人主意勾處州人出名府縣巡捕官至吏書門皁兵快俱有常例打發上司覺察必是委巡捕領兵快起鄉夫追逐逐者將發而礦徒已去逐者纔返而礦徒復來葢開礦必有爭有爭必聚衆衆聚必資糧食糧食出於地方是私開之弊皆地方豪戸隂私之也

一官開原未立法秖應私求上司不自任其事而委之府縣府縣之廉者以啟釁為詞而絶開礦之路其貪者

以納賄為計而操開閉之權未開時先索常例若干既開時又索月銀若干礦徒與貪官同利而國課虧矣

一開法以地方大戸主妝煎以油糧戸主採取假如礦一百斤值銀十兩油糧戸只作五兩賣與大戸使二人均利入己均税納官官以廉能者董其役監取三日三夜通融計之什分取一取大戸并油糧戸甘結造清冊入官數日一納國税如有利則開者必不自止如無利則開者自息矣

藥方

金瘡論木乃春之權金乃秋之令春則萬物發生故曰春屬震以為東方甲木之氣秋則萬木凋零故曰秋屬兌以為西方庚金之氣也金瘡乃刀斧劔刃之所傷故名金瘡其色所喜淡紅色者良（白而微紅者是也）萬不失一所惡者紫紅色百無一生金瘡屬金主與肺患金瘡者則忌咳嗽嘔噦翻胃肺部之症亦宜避風為要則風所屬巽木如風入瘡口肺金反尅而成破傷則至瘡口浮腫

潰[疒兵]纎爛故名破傷風變生餘症患甚者多至不救雖有治法宜辯瘡口淺深脉之虛實吉凶見矣所喜者胃氣益旺飲食如常脾胃屬土胃氣旺則元氣壯氣血生金瘡亦宜戒怒遠色怒則瘡口迸裂變生努肉慾則瘡口腐爛以損新肌凡治金瘡用敷口之藥所主乳沒竭靈蓋藍石之類自始至終不可不用此藥用之則生肌止痛活血全生可保無虞凡服湯藥必以助胃補血為主以為治金瘡之大意金瘡雖有變易各有治法居於

邊隘不日刀箭之所傷非此聖藥安能治之塞垣軍旅之間罹於毒者非此秘方必至危殆者多矣學者宜細觀之可以類推故其治法亦不能詳備也

乳香一兩　沒藥一兩三錢　天靈蓋五錢壓邪不內闕　血竭一錢　黃連末如麪二錢　花蕊石二錢淡黑微黃　珠末二兩止痛生肌散血治肺家疰生　金芎五片鎮壓止痛生肌多生腐　黃丹一錢水飛七次　降真香止血解毒一云用冬瓜一云用松松嚼爛服之并傅瘡口

箭藥方尋鮮草烏搗汁用大白盤貯之不拘多少盤數晒之去其清水但留濃汁晒如沙糖樣便可收之倘無日色用火炕加籠糠火烘之晒後量加硝信

止血降節散治金瘡磕損血流不止先以井花水一盆用碎白紙浸於水中如見血流之以水紙圍於四畔流則再上待止方可下藥用雞翎上藥封繫避風為要 缺

成片焙脆淨末一兩黃連淨末一兩右二味各為細末收貯聽用但封之候一兩日間瘡口腫瘨疼痛穢氣乃風入瘡口故發腫即以香油滲潤傷處以手緩緩取開藥紙用川椒滚湯冷溫以白紙蘸湯洗淨又以白紙搓軟放於患處把去腐肉另換去腐生肌散一日二洗藥搽三度不可封紮以泄穢氣腐肉化水此藥祛風去腐止痛謹慎為要

去腐散土丹水飛淨一兩微炒天一石一兩火煅通紅取於地上出火毒右各等分為末入磁罐收貯此藥敷上待欠腐肉化為黃水去盡但肉肌淡紅色者方換藍

蝎歛口生肌散長肉收口如前搽洗如敷此藥須戒七情慎之

藍蝎歛口生肌散

花乳石須真者一兩用乳香沒藥真正者各一兩右將為末以炭火中將前石煅紅以火筯取出於前二味藥末內蘸令煙再煅令蘸以藥末盡為度取出合地上出火毒用如金瘡要此如牛觸馬踼減去不用須看瘡加減如不合者加此斂之

硃砂二錢如臥中驚覺倍加二錢蝎不用血蝎二錢如見血結如線加一錢乳香半兩用滴乳沒藥半兩真者土丹水飛紅者二錢微妙夫一石一兩煆闕

收貯以蠟封口恐洩藥氣天靈蓋以火煆闕

白者不用黑者有效乃看氣血者白者良朽故不用搽法如前右將天靈蓋另乳為細末聽用加減春三月不用萬物發生夏三月每料加五分炎暑恐變易之以助藥力秋三月每料加七分萬物凋殘故

加之冬三月每料加一錢冬天道嚴寒故倍加之

又方玉真散治刀傷入風瘡腫疼痛以破傷風治體發寒熱是也用南星一兩防風淨末一兩右各等分為末瘡口以此藥敷之又以香油潤之如角弓反張以藥末二錢用老酒入童便少許灌服立効不愈再一服有驗

禁聲飲治刀刄致傷疼痛不忍防風南星湯泡各等分右各為飲片每服五錢水酒各一盞生薑一片煎至八分食遠溫服三服有効

花乳石出陝州閿鄉縣體至堅重色如硫黃形塊有極大者合硫黃同煆研末傅金瘡其效如神又人倉卒中金刄不及煆合但刮石上取細末傅之亦效出陝華間於黃石中間有淡白點以此得花之名

有一片骨如三指闊此骨是天生天賜蓋押一身之骨未合即未有只有顖門取得後用糠灰火罨一夜待腥穢氣出盡用童兒溺於薆鍋子中煮一伏時滿漉出於屋下掘一坑可深一尺置蓋於中一伏時其藥魂歸神

妙陽人使陰陰人使陽

七月七日以白雞祭於牡荊樹下畢斷取中間一枝長七寸削取四方一頭尖刻作七契宿祭之樹下盛一皁囊用時於星月下畫地即成江河山林牡荊一曰白荊而赤外密中空人多植為籬垣也七月七日取乳蟾一箇安淨瓦器中密封埋池傍三十日出之擣為細末皁囊盛之以三指撮將水中則霧起五月五日取白頸蚯蚓二七枚治雲母石一升內擣漬之遇疾風揚之則雲

起如山亦可避匿逃難不可為姦盜法也

陂湖溝港人所資而忽竭泉源井地衆所仰而若枯取無去毛麻油煑熟繫於兩石或兩磚之間夾磚石令密投涸之地須臾風雷雨水泛如故

泰山華山茯苓千歲樹根底生芝草如蓋曰威喜也五色不定如蟲獸如蘭或類人形或如菌以日中背日採之佩之可以避兵五百里欲試之取十二雞令一雞佩之十步外射之衆雞皆中惟帶威喜者不中為妙驗

五月五日七月七日取蜂子如指大細腰而半色者二七枚陰乾百日為末以市死人或陣亡人血丸如小荳大置二十七丸於衣領中令有威勇雖敵甚衆終不敢近來可以當五十人若臨官帶之吏畏入軍陣中則敵人盜賊走不敢前

玄參　青藤　桃仁　當歸　黃栢　防風　黃連
苦參　羗活　黃芪　白芷　大黃　杏仁　黃芩
連喬　山支　荆芥　南星　獨活　姜黃　赤芍
川山甲　金銀花　川木別　生地各四兩　乳香二兩
沒藥二兩　麝香三錢　血竭五錢　韶粉　蘇油成膏　鉛一斤炒末
永一兩六錢投入鉛內慢炒聽用

何首烏四兩片炭灰一斗熱水淋下五碗煑首烏去查再下大黃一斤乾片當歸一兩片細辛一兩片蘇木二兩俱煎用再用布袋一片鋪藥七斗缸水八分熟酒一斤傾入缸内攪勻三次方下小布三大布二再下布再下三斤袋吊空六七斤

先打鐵池入灰底以灰鋪一層下鉛半斤煉堅池子進母銀化開待紅光現方可進銖三百八十四銖為一斤每母一斤進銖均停退火閉鑪次日又煉凡三五次方可取藥結在母上者為戊土若已土則用瓦盞盛水用鹽泥固濟將銀鑄成餅三箇入水火罐每八兩下安神一兩五錢藥結在母下敲取聽用每用半斤配好礦半斤作軟櫃

磁石半斤鵝管二兩共為末用白芨水搽調鍊合蓋上

晒乾候用錫五斤石黄半斤火硝二兩硃砂五錢三味為末入錫内加減金砂二兩共入銕合内銕線扎定鹽泥固口用底火升打一日取出將蓋上粉霜掃下將母入鉛池煎將前粉霜一錢以黄蠟為丸入火硝少許入母内待他滚沸結成珠一顆取出為細末用黄蠟為丸每丸乾一兩

發靛甕青藥都下染方家常用

烏頭　草烏　蒼术　班猫　芫花　甘遂　紅豆

白芷　虻蟲　人言　苦參　三奈　砂仁　狗春

川烏　南星　甘草　半夏　巴豆　當歸　天麻

人參　川山甲　青娘子　紅娘子　天仙子　附子

各等分　隨定多少用藥靛自發

解救藥毒

朝野僉載名醫言虎中箭藥食青泥而解野猪中藥箭㧐薺苨而食雉被鷹傷銜地黄葉點之礜石可以害鼠張鷟曾試之鼠中毒如醉亦不識人猶知取泥汁飲之須臾平復鳥獸蟲物知解毒何況人乎

許氏方論云凡中一切諸毒從酒得難治言酒性行諸血脉遍身體故難治也因食得者易治言食與藥俱入于胃胃能容毒或逐大便泄出毒氣未流於血脉故易愈也

又按林氏禹記云凡諸藥汁解毒者皆不可熱飲能使毒氣愈甚宜冷服之乃效蟹毒濃煎紫蘇飲一兩盞又生藕汁煮乾蒜汁並解

解挑生毒凡中挑生毒者脇下忽腫起如生癰癤狀頃刻間大如椀俟更以菉豆嚼試若香甜則是挑生毒也治法搗小升麻為細末取冷熟水調二大盞連服之洞下瀉出生蔥數莖根鬚皆具瘇即消續煎平胃散補日食白粥凡吃魚肉瓜果皆可挑生初中毒覺胸腹稍痛沉下則腹痛是也在上鬲取之法用熱茶一甌投膽礬半錢於茶中候礬化盡通口呷服良久即以雞翎探喉中即吐出毒物在下膈瀉之法米飲下鬱金末二錢即

瀉下其毒次用人參白术各半兩為末用無灰酒納餅
內慢火熬半日許度酒熟溫溫服之日一盞五日乃止
然後飲食如故
解中蠱毒造蠱之家用毒有日如正月則用初一日二
月二日三月三日四月四日五月五日六月六日七月
七日八月八日九月九日十月十日十一月十一日十
二月十二日延平有僧惠全刊板以警悞人凡蠱毒有
五種皆以馬兜零根三兩㕮咀分三服水煎去滓空腹

頓服隨時吐出蠱未吐再服以吐為度又治百蠱不愈
者取鵓鴿熱血隨多少服中蠱欲死者生甘草半兩水
濃煎頓服吐痰即愈忽中蠱者胡荽根擣汁半盞不計
時服其蠱立下和酒服尤妙白雞血亦好中蠱吐血者
用小麥麪一合分兩服冷水調下半日當下中蠱下血
者蝟皮燒灰細研熟水下二錢又方升麻為末汲溪水
調服亦好
解砒霜毒鬱金末二錢入蜜少許冷水調服升麻濃煎
冷服杏根連仁搗為末以米飲調下白扁豆為末冰水
調水飲釅醋可以吐砒毒只不可飲水解砒毒無如醬
調水服寒水石菉豆末以藍根研水調水取地漿調鉛
粉服之解白芷末調下鬱金末水調
解野菌毒北夢瑣言野菌毒人而笑者煎桑椹汁服夷
堅志云急採鴛鴦草生啖之即今之所謂忍冬草者是
也中菌毒殺人者以防風三十文剉碎以水煎候冷灌
之立愈白水農者火石首魚頭汁灌之無不愈食生梨

梨葉解菌毒漿飲三盞愈
樂過劑毒服附子酒多而毒覺頭腫如斗唇裂目流急
求黑菉豆各數合嚼之及濃煎黑豆菉豆湯併飲服風
藥多悶亂不省用醋灌濃煎甘草同生薑自然汁頓飲
之又螺頭青細研用新汲泉水調下服諸藥過劑悶亂
者以葛粉胡粉藍青汁地漿豉汁乾薑飴糖黃連並用
水調下
食丹藥毒嬰粟子研去滓煎取腐入姜蜜和萱草根研

汁服四物湯香蘇散各一貼和煎服解鉛粉調地漿服
之亦解淡竹葉濃煎服猪膚腸骨煎汁研瓜蔞根汁飲
之可解藍汁猪血羊血菉豆以上並解丹藥毒
解百藥毒橫紋甘草截成小塊麻油煎過不拘時常嚼
久而作效凡食毒藥毒物必嘔出皆不為害也出了蠱
穀紙燒灰細研每服一錢用冷水調下頻服取瘥雖中
毒面青脈絶腹脹吐血者服之立活薺苨解百藥毒以
其與毒藥共處毒皆歇取根搗汁飲服藍汁白扁豆大

小豆並單用水調服白礬末一兩水灌調耳鼻中皆出
黑血勿怪
解酒食毒飲酒毒大黑豆一升煮汁二升服立吐即愈
又生螺螄肉蓴澄茄葛花並解酒毒飲食毒心煩悶者
苦參煮汁飲之吐出即止
解果菜毒諸菜毒甘草貝母胡粉等分末水服又小兒
溺好野羊毒飲土漿解瓜毒瓜皮湯解鹽湯亦可柑毒
柑皮湯解鹽湯亦可

中禽魚毒河豚毒梅花腦子末水調灌又五倍子白礬
等分末水調下又挼藍青汁又青黛調水並解諸魚毒
煮橘皮汁又馬鞭草汁煮大黃汁煮黑豆汁生蘆根汁
煮朴硝汁並解食鵜鳥毒生扁豆末清水下葛粉水調
下又生螺肉並解食鮐毒生苦蕒嚼及擂水便飲
中諸肉毒六畜肉毒壁土水調一錢服又燒白扁豆末
黄柏末並解馬肝毒狗糞酒服又頭垢又燒猪骨末生
韭汁並解狗肉毒杏仁三兩和皮研熱湯投温服三盞

吐出牛肉毒猪牙燒灰水調服飲井水亦消猪肉毒燒
猪糞末水調下三服差馬肉毒蘆根汁服作湯浴亦解
鴨肉毒糯米泔温服一中盞雞子毒淳醋飲數鍾可愈
中諸雜毒生漆卷人成毒生椒葉煎湯洗又雞子黄塗
白菘菜解桐油誤食成毒飲熱酒解又乾柿及甘草亦
可出風瘴氣毒犀角雄黃麝香羚羊角並解諸邪氣入
腹腫毒升麻犀角射干為末水調解飛絲毒嚼蘇葉愈
解一切毒縮砂仁生韭汁藍石各單用水調下石菖蒲

白礬等分為末新汲水調下淡豉蔥麥門冬水煎服真
雄黄礦末冷酒調服卒中毒未有藥者服生麻油一盞
吐下毒

雜術

喉囔（音俊）天罡祖諱名萬神昏日月
䨺㲂使者祖父諱㕤日用玉蟾云是按章書是名霹㖨
靊雨䨾雷䨻（停呼風）䨱雲䨷（音梵）召雷也
𩇓（音）起雷還令䨼䨽䨿䨿䨿

欽定四庫全書　武編前集　卷六

靐先天道祖靈鈇師䨶玉帝霓神霄真王
䨓䨔䨕三天內諱䨺䨺䨺（一作䨺）三天妙諱䨺䨺䨺四
聖䨺北帝靁太陽䨺太陰霹天罡靊薩公魁魈魁魑魁
魍魎魍魎九字靈章
𩹛（治瘟）蘿（治狂）䰠（袪鬼）䨺（祈晴）䨺（祈雨）䨺（興雲）䨺（起風）
雝（押土王社令）䨺（押城隍）䨺（益狂顛）䨺（鎮宅）詞（治崇）䨺（降附）䨺（掩日）
䨺（掩月）靁（役雷）䨺（舒青）䨺（致雨）䨺（打潭）䨺（治邪師）制䨺䨺
行畢甫票（此七字祈雨番天覆地作用水紅圍雲致雨打潭背用）

煎（埋瘟）訥（斬瘟）𤉖（收瘟）磬（發瘟）䄆（治木精）餘（治樟精）慕
（治山魈）講（治龜精）𤜵（治芭蕉精）幾（兜瘟）冠（治擅神）飄（治痢疾）𥛄（治瘧疾）鬱
（攻痰氣）絜（收邪氣）𡋯（攻鬼毒）筆（攻虎毒）𧕖（攻血蠱）嬰（攻腫毒）埜（攻黄腫）搶
（攻水腫）納（攻邪氣）餞（治瘧疾）網（攻百病）翼（攻熱眼）楃（治頭疼）𪓐（治至緊社稷伐）
闕

十六段法

避箭法

欽定四庫全書　武編前集　卷六

信官某　謹請
天仙地仙洞府名山朝遊海島暮宿滄邊神機妙用切
莫遲延吾今奉請速急臨壇人間大難早要周全箭弩
彈砲瓦坯石磚任地作使永護身邊
每遇甲子日起用空房一間設香案於內用淨茶香燭
書前咒供於中用黄紙硃砂新筆書符早午晚三時誦
咒每次六遍每念一遍於符間畫一次如此持念六日
此符有驗　如試驗先將符拴於雞身上射試　如用

於臨敵時每帶一符在身可避其箭叙訣

鬼闗門

聲息來時入亂逃空房静巷賊為巢是誰暗把重門掩
萬虜何曾走半毫

無定門

誰製斯門奇上奇東西南北任君移羣兇來近神荼怒
千百俱為伏氣龜

起伏攔江蟒

賊隳吾謀分羽翼蟒攔江面善浮沉中軍受敵欲回護
左右焉能過閘門

銅作皮鱗節有芒頭南尾北貫剛腸千刄萬斧誰能斷
只候舟回火燄長

混江神

鬼面糚成醜惡人如何號作混江神跨渠水底眠三日
不是饑時不起身

護家神

一龕香火奉靈神須是神仙感應真動静能將人庇佑
光前裕後永無迍

漏身橱

樓内如船不漏針如何入此可藏身任他刁巧從頭檢
翻遍經書無處尋

急遞鋪

火夫到此真無力全憑此鋪傳消息接得文書宜速行
莫愁前路天昏黑

阻舟龍

五龍横臥爪爬泥背轉胸旋鬐露錐賊艇難行正籌策
不防棹櫓觸神雷

一女自行舟

一女更深坐小艟不須打槳不須篷自能急急過江去
怒氣噴來犯者凶

園丁送牡丹

春風遠送數舟來我園牡丹方固胎可惡園丁私摘去

贈他相識滿蓬開

水中雷

水火元來不可逢大江星火愈難容誰將紙砲中响响

兩岸如聞山嶽崩

千家錘

千斤之力石如斗絞關合弓古無有賊舟相近急翻身

霹靂一聲如拉朽

連環網

水中飄來一大蛛口中能吐萬尋絲順流結就連環網

人或逃生人莫離

逆風船

船走如飛為順風風如不順怎懸蓬軍師自有通天計

南北風生任意攻

香消月落毬

此毬誰踢上雲臺守到更深不下來直至香消明月落

從高跌損氣胞開

蛛牽五里絲

蛛飛五里善乘風路遠絲長腹内空只是一條南北掛

任人借此逞英雄

天墜砲　地雷迅砲　狼牙砲

倒鬚籠　醉屏風　無情帳

樓下傘　護花臺　護家橋

六國城　退飛籬　承天門

黑心柱　藏玉櫃　觧急廁

濟民倉　杏村并　封谷花

脱凡牀　二八送鞦韆　木太歲

烏龍洞　竹金剛　反復火鎗

飛沙走石砲　天墜網　地羅網

小一窩蜂　大一鍋蜂　噴鎗一把蓮

七七流星箭　五雷轟山　攔路蟒

旋風砲　水火砲　海槎

水銅鼓　龍頭艇　飛舟

流火飛刀　流火飛鎗　飛火旗
倒簽鬚　截路網　驚風兆猪
截江網　陰陽鑽　子母砲
鬼門關　醉將軍　荔枝砲
火彈　火鎗　火箭
噴毒筒　蟇毒砲　流星砲
三隻虎鎗　百虎齊奔　泰山顏
樓下落天花　海神雷　迷魂帳

倒鬚籠　小輪攻守車　金聲玉振旗
醉仙毬　阻龍义　連環弩
獨虎搏羣狼　封喉毒藥　風塵砲
流矢砲　神機砲　火殃神
羣鷹獲兎　火龍口　截帆蛇
連珠弩　活絡刀　混江龍
四利鎗　神機箭　遍地紅
隨意門　火油筒　火油車

標箭　速郵亭　神火鎗
連城砲　毒尾蛇　迎瞄箭
護簷屏　鐵屋　飛鈸砲
浮海具　護城欄　金鎖匙
飛車　百川赴海筒　愧弓牌
袖箭　窩弩　伏水器
土爪易貌　鴛血留顏
玄蟲變髮　柳椹堅齒

爪爛鵝飛　角燃雉集
蚓可柔弓　骨能沸水
藥使變化　社士祝盜
棘毛久醉　斷蛇博奕
鼈膏禁蠅　牡荆晝水
乾蟾起露　土龍生雲
紫苣化銅　天葵煮汞
鼠目遠視　鼉甲開心

酉可藏物　雞辛無敵
貍栗衆畏　蛇膽寧蛙
老蠣絶蠹　白蚓連蹬
花開頃刻　瓜長須臾
結巾走兎　馬骨絶蟲
雷木引鳥　火出脣吻
桃板去凶　豕首來祥
竈祝玉女　八石生芝

清泉結玉　獺膽分水
龍骨躍樽　虎膽制犬
鼠印招歡　龍衣益媸
角烟怖虎　昫嘍神書卷上
昫嘍神書卷下　粉集游蜂
泥礬去蜆　石燕長陰
驢酵嗥犬　欒巴化橘
徐登生蓮　暈索除蚊

亭泥去鼠　持針指犬
博勝鳴雞　蛇肝健足
烏頭延步　冬歲舞蝶
莴草浮魚　黑犬迯鼠
赤莧成鼈　榆英蠅萃
雞糞蛇來　浮萍去蚊
釣藤肥馬　壁上透字
六月成冰　三月舞雪

戎鹽壘卵　巴豆養牲
饕桃入夢　兩水游魚
乙鳥召波　蒲壷致寶
腐木化神　色豆致鬼
豕血奔蛇　蝦蟆求雨
黿知道路　樟柳變神
黿心知事　蜘蛛履水
楊葉蔽形　天衣隱遁

神符辟兵　月蟾起死
山脂名鬼　酉毛扣風
煙尋泉脈　禽符啟鑰
去父解縛　樟神叱盜
威喜遠兵　烏羽蔽形
兔走絕地　蜂威拒敵
社木伏人　鵲首致鬼
符驅虎豹　印刻蛟鼉

丹符覆水　日見神鬼
藥上波濤　水中點燈
祝棗治瘧　髮不退落
雨水浮魚　風竹去風
蟾越江湖　龍骨秘精
小谷求男　餘糧不饑
化蟻勝利　厨禱餘糧
木鬼來活　接茄化寶

金英制錫　石液開銀
山根變金　龜甲招財
神燭照寶
三黃化錫　靈夜知金

武編前集卷六

欽定四庫全書

子部

武編後集卷一

詳校官檢討臣何思鈞
臣紀昀覆勘
總校官編修臣朱鈐
校對官編修臣朱綫
謄録監生臣鄔湘

武編後集卷一

明　唐順之　撰

料敵

漢高帝時黥布反帝召薛公以問對曰使布出於上計東取吳西取楚并齊取魯傳檄燕趙固守其所山東非漢之有也出中計東取吳西取楚并韓取魏據敖倉之粟塞成皋之險勝敗之數未可知也出下計東取吳西

取下蔡歸重於越身歸長沙陛下高枕而臥漢無事矣上曰是計將安出對曰必出下計布故酈山之徒也自致萬乘之主此皆為身不顧後為百姓萬世慮者也故出下計果如薛公揣之東擊荊荊王劉賈敗死漢終破布

趙劉曜舉軍攻洛陽石勒將親救之其長史程遐等以為不可諫勒勒大怒按劍叱遐等出名徐光而謂之曰劉曜乘高候之勢圍守洛陽庸人之情皆謂鋒不

可當然曜帶甲十萬攻一城而百日不克師老卒怠以吾初銳擊之可一戰而擒若洛陽不守曜必送死冀州自河以北席卷南向吾事去矣程遐等不欲吾親行卿以為何如光對曰劉曜乘高侯之勢而不能進臨襄國更守金墉此其無能為也縣軍三時亡攻戰之利若鸞旗親駕必望風敗走天下之計在今一舉勒笑曰光之言是也使內外戒嚴有諫者斬命石堪等各統見衆會滎陽使石季龍進據石門以左衛石邃都督中軍事勒

統步騎四萬赴金墉勒顧謂徐光曰曜盛兵成皋關上計也阻洛水其次也坐守洛陽者成擒也諸軍集於成皋勒見曜無守軍大悅乃卷甲銜枚出於鞏訾之間曜陳其軍十餘萬人於城之西勒自宣陽門陞故太極前殿季龍步卒三萬自城之北而西攻其中軍石堪石聰等各以精騎八千自城西而北擊其前鋒大戰於西陽門勒躬擐甲冑出自閶闔夾擊之曜軍大潰於陣擒曜以狥軍前

梁侯景作亂遣宋子山襲陷郢州景乘勝西上號二十萬聯旗千里江左以來水軍之盛未之有也元帝聞之謂御史中丞宗懍曰若賊分守巴陵鼓行西上荊郢殆危此上策也身頓長沙狥地零桂運糧以至洞庭非吾有此中策也擁衆江口連攻巴陵銳氣盡於堅城士卒饑於半菽此下策也吾安枕而臥無所多憂及次巴陵王僧辯沈船臥鼓若將已遁景遂圍城元帝遣平北將軍胡僧祐與居士陸法和大破之

西魏邊將于謹討梁元帝繹于江陵長孫儉問謹曰為繹之計欲如何謹曰耀兵漢沔席卷渡江直據丹陽是其上策移郭內居民退保子城峻其陴堞以待援至是其中策若難於移動據守羅郭是其下策儉曰揣繹定出何策謹曰必用其下儉曰彼棄上而用下何也對曰蕭氏保據江南綿歷數紀屬中原多故未遑外略又以我有齊氏之患必謂力不能分且繹懦而無謀多疑少斷愚人難與慮始皆戀城邑既惡遷移當保羅郭所以

用下策也謹乃令中山公護及大將軍楊忠等率精騎先據江津斷其走路梁人立木柵於外城廣輪六十里尋而謹至衆悉圍之梁主屢遣兵于城南出戰輒為謹所破旬有六日外城遂陷梁主退保子城翌日率其太子以下面縛出降尋殺之

宋景德中知宜州劉永規在郡嚴酷課澄海卒伐木葺州廨數不中程即杖之雖甚風雨不停其役衆成怨焉故澄海軍校陳進率所部害永規擁判官盧成鈞為謀

主嬰城拒命詔東上閤門使曹利用等發兵討之初奏至真宗謂王旦等曰司天屢言當有兵方憂遠地牧守不得其人今果有是當遣使翦除旦言利用精於方略悉心王事此賊不出三策保其家屬據城拒守一也掠城中貲以趨山林二也用此二策不足為慮若選募驍果立謀主直趨廣州賊之上策然其智識必不及此猶慮為人誘教爾及聞賊分據柳州洛曹縣帝曰此不能離窟穴枉自棄耳不久遂平

後漢末曹公征荆州劉琮降得其水軍及步兵遂遺書孫權云今將水軍八十萬當與將軍會獵於長洲之苑將士聞之恐權延見羣下問以計策咸曰曹操託名漢相挾天子以征四方動以朝廷為辭今日拒之事更不順且將軍大勢可以拒操者長江也劉表治水軍蒙衝鬬艦千數操悉浮以沿江兼有步兵水陸俱下此為長江之險已與我共之矣而勢力衆寡又不可論愚謂大計不如迎之權將周瑜曰不然操雖托名漢相其實漢

賊將軍以神武雄材兼仗父兄遺烈割據江東地方數千里兵精足用英雄樂業尚當橫行天下為漢家除殘去穢况操自送而可迎之耶請為將軍籌之今使北土已安操無内憂能曠日持久來爭疆場又能與我較勝負於舟楫可乎今北土既未安加以馬超韓遂在關西為操後患且捨鞍馬仗舟楫與吳越爭衡本非中國所長又今盛寒馬無藁草驅中國士衆遠涉江湖不習水土必生疾病此數事者用兵之患也而操皆冒行之瑜

請得精兵三萬人進往夏口保為將軍破之權曰君言當擊甚與孤合權拔刀斫前奏案曰諸將吏敢復言當迎操者與此案同果有赤壁之捷焉

後漢曹公征張繡於穰一朝引軍退繡自追之賈詡曰不可追追必敗繡不從大敗而還詡謂繡曰更追之必勝繡曰不用公言以至於此今已敗奈何復追詡曰兵勢有變亟往必利繡信之遂收散卒追戰果以勝還問詡曰繡以精兵追退軍而公曰必敗以散卒擊勝兵而

公曰必克悉如公言何其皆驗詡曰此易知耳將軍雖善用兵非曹公敵也軍雖新退曹公必自斷後追兵雖精將既不敵彼士亦銳故知必敗曹公攻將軍無失策力未盡而退必國內有故已破將軍必輕軍速進縱留諸將斷後諸將雖勇亦非將軍敵故雖用敗兵而戰必勝也繡大服

金人廢劉豫歸河南陝西地樓炤使陝以便宜欲命三帥分陝而守以郭浩帥鄜延楊政帥熙河吳璘帥秦鳳欲盡移川口諸軍陝西璘曰金人反覆難信懼有他變今我移軍陝右蜀口空虛敵若自南山要我陝右軍直擣蜀口我不戰自屈矣當且依山為屯控其要害遲其情見力疲漸圖進據炤從之命璘與楊政兩軍屯內地保蜀郭浩一軍屯延安以守陝既而胡世將以四川制置撫司事至河池璘見之曰今大兵屯河中府止隔大慶一橋爾騎兵疾馳不五日至川口吾軍遠在陝西緩急不可追集關隘不葺粮運斷絕此存亡之秋也璘家

族固不足恤如國事何時朝廷恃和忘戰欲廢仙人關於是世將抗奏謂當外固歡和內修守禦今日分兵當使陝蜀相接近兵官賀仔諜知撒離喝密謀曰要入蜀不難棄陝西不顧三五歲南兵必來主之道路吾已孰知一發取蜀必矣敵情如是萬一果然則我當為代謀之備仙人關未宜遽廢魚關倉亦宜積粮於是璘僅以牙校三隊赴秦州留大軍守階成山砦戒諸將毋得撤備世將尋置司河池十年金人敗盟詔璘節制陝西諸

路軍馬薩里罕渡河入長安趨鳳翔陜右諸軍隔在敵後遠近震恐

撫士

春秋時楚師伐宋圍蕭蕭潰楚大夫申公巫臣曰師人多寒楚子於是巡三軍撫而勉之三軍之士皆如挾纊

秦繆公嘗出而亡其駿馬自往求之見人已殺其馬方共食其肉繆公謂曰是吾駿馬也諸人皆懼而起繆公曰吾聞食駿馬肉不飲酒者殺人即以次飲之酒殺馬

者皆慙而去居三年晉攻秦繆公圍之往時食馬肉者相謂曰可以出死報食馬得酒之恩矣遂潰圍繆公卒得以解難勝晉獲惠公以歸此德出而福反也

晉文侯問政于舅犯舅犯對曰分熟不如分腥分腥不如分地割以分民而益其爵祿是以上得地而民知富上失地而民知貧古之所謂致師而戰者其此之謂也

魏吳起為將與士卒最下者同衣食卧不設席行不乘騎親裹糧與士卒分勞卒有病疽者吳起為吮之卒母聞而哭或謂其母曰子卒也而將自吮其疽何哭為母曰非然也往年吳公吮其父父戰不旋踵遂死於敵今又吮其子妾不知其死所矣是以哭之於是擊秦拔其五城

後漢段熲為破羌將軍征西羌行軍仁愛士卒疾病者親自瞻省手為裹創在邊十餘年未嘗一日蓐寢身與士卒同甘苦故皆樂為死戰

後漢皇甫規為中郎將持節監討零吾等羌會軍中大

疫死者十三四規親入菴廬巡視將士三軍感悅東羌遂乞降

唐太宗親征高麗駕至定州城北門親慰撫之有徒卒一人病不能起太宗自至牀前問其所苦仍勅州縣厚加供給凡在征人忻然縱有病者悦以忘疲師次白帝城將軍李思摩中弩矢太宗親為之吮血由是從行文武兢思奮勵及軍回行次柳城招集戰亡人骸骨設太以祭之太宗慟哭盡哀軍人無不灑泣兵士觀者歸家

以告其父母曰吾兒之死天子哭之死無所恨

宋征河東太宗每躬擐甲冑蒙犯矢石指撝戎旅左右有諫者上曰將士爭効命於鋒鏑之下朕豈忍坐觀士卒聞者人百其勇皆冒白刃爭為先登凡控弦之士數十萬列陳於乘輿前蹲甲交射矢集於賊城上如蝟毛每給諸軍矢石數百萬必頃刻而盡捕得生口云繼元城中募市所射之箭以十錢易一隻凡得百餘萬隻聚而貯之太宗聞之笑曰此箭為我畜也及城降盡得之

時又以牛草為洞屋猛士數百蒙以攻城上欲親至其中慰勞士卒彰德軍節度李漢瓊泣請曰晉陽孤壘危若累卵諸軍用命戰士賈勇城堞之下矢石如雨陛下柰何以萬乘之尊欲親臨之若不聽臣言臣願先死上甚嘉之

齊田穰苴為將閱士卒次舍井竈飲食問疾醫藥身自撫循之悉取將軍之資糧享士卒平分糧食比其羸弱者三日而後勒兵病者皆求行爭奮出為之赴戰晉師敗走

漢李廣歷七郡太守前後四十餘年賞賜輒分其麾下飲食與士卒共之家無餘財終不言生產事將兵之絕處見水士卒不盡飲不近水士卒不盡餐不嘗食士卒以此愛樂為用也

魏田豫為護匈奴中郎將豫清約儉素賞賜皆散之將士每邊人私遺悉簿藏官不入家家常貧匱雖遠方咸高豫節

唐馬燧討田悅先戰燧誓軍中曰戰勝請以家財行賞既勝盡出其私財以頒將士德宗嘉之詔度支出錢五萬貫行賞還燧家財賞

唐石雄為澧州刺史雄臨財甚廉每破賊立功朝廷時有賜與餘皆不入私室置於軍門首取一分餘並分給以此軍士感義皆思奮發

唐程名振武德初遥授永年令率兵經畧河北名振夜襲鄴俘其男女千餘人去鄴八十里閱婦女有乳汁者

九十餘人悉放遣之鄴中感其仁

唐朱泚之亂李晟於畿甸聚征賦吏民樂輸守禦禦堅固由是軍不乏食神策軍家族多陷於泚晟家亦百口在賊中左右或有言及家者晟因泣下曰乘輿何在而敢恤家乎泚又使晟小吏王無忌之壻詣晟軍且曰公家無恙城中有書問晟曰爾敢與賊為間遽命斬之時供輸不至盛夏軍士或衣裘褐與同甘苦每以大義奮激士心士卒無離叛者

晟既克京師勒兵屯於含元殿號令諸軍曰長安士庶多陷賊庭若小有震驚則非伐罪弔人之義也晟與公等各有家室離別數年今已成功相見非晚五日內不得輙通家信違命者斬乃遣京兆尹李齊運告諭百姓居人安堵秋毫無所犯尚可孤軍人有擅取賊馬者晟大將高明曜掠賊女妓一人司馬伷取賊馬二匹晟皆立斬之莫敢仰視士庶無不感悅咸歔欷流涕遠方居人亦有經宿方知者

齊桓公設庭燎為士之欲造見者朞年而士不至於是東野鄙人有以九九之術見者桓公曰九九何足以見乎鄙人對曰臣非以九九為足以見也臣聞主君設庭燎以待士朞年而士不至夫士之所以不至者君天下賢君也四方之士皆自以論而不及君故不至也夫九九薄能耳而君猶禮之況賢於九九乎夫泰山不辭壤石江海不逆小流所以成大也詩云先民有言詢于芻蕘言博謀也桓公曰善乃因禮之朞月四方之士相攜而並至

宋吳玠素不為威儀除宣撫副使簡易如故常負手步出與軍士立語幕客請曰今大敵不遠安知無刺客萬一或有意外豈不上負朝廷下孤軍民之望哉玠謝曰誠如君言然玠意不在此國家不知玠之不肖使為宣撫玠欲不出恐軍民之寃抑而告者為門吏所隔無由自達其所以屢出者為此也幕客乃服

信

晉文公圍原命三日之糧原不降命去之諜出曰原將降矣軍吏曰請待之公曰信國之寶也人之所庇也得原失信何以庇之所亾滋多退一舍而原降

魏明帝自征蜀至長安遣張郃領勁卒四十餘萬向劍閣諸葛亮有戰士萬二千更番歸者八千時魏軍臨陣番兵適交亮參佐咸以敵衆强多非力所制請留下兵以幷聲勢亮曰吾聞用武行師以大信為本得原失信古人所惜去者束裝以待期妻子企踵而計日乃勑速遣於是去者感悅願留一戰任者憤踊咸思致命臨陣之日莫不拔刃爭先以一當十殺張郃却司馬懿一戰大克之由信也夫

宋至道中交趾首長黎桓不順海賊頻年剽劫朝廷加恩於桓以轉運使陳堯叟為國信使先是將命交趾者必贈數千緡桓所賦斂往往斷民手足堯叟名其子授以朝命却其私覿及交趾民卜文勇等先殺人亾命為奴者鎮將藏匿凡百餘人堯叟皆搜獲付之且戒之勿加酷法交趾感恩桓乃捕送海賊為謝且言已勒溪洞不得騷動

春秋時晉將荀吳伐鮮虞圍鼓鼓人或請以城叛吳曰吾聞諸叔向好惡不愆人知所適事無不濟或以吾城叛吾所甚惡也人以城來吾獨何好焉賞所甚惡若所好何若其弗賞是失信也何以庇其民力能則進不能則退量力而行吾不可以欲城而邇姦也所喪滋多使鼓人殺叛人而繕守備圍鼓三月鼓或請降使其民

見曰猶有食色姑修而城軍吏曰獲城而不取勤人而頓兵何以事君吳曰所以事君也獲一邑而敎民怠將焉用邑邑以賈怠不如定舊賈怠無卒棄舊不祥鼓人能事其君我亦能事吾君率義不爽好惡不愆城可獲而民知義所有死命而無二心不亦可乎鼓人告食竭力盡而後取之克鼓而返不戮一人

勇

春秋時晉師伐偪陽荀偃士匄帥師攻偪陽親受矢石

梁蕭衍舉兵指建康至新林楊公則自越城移屯領軍
府壘北樓與南掖門相對嘗登樓望賊城中遥見麾蓋
縱神鋒弩射之矢貫行牀左右皆失色公則曰敵幾中
吾足談笑如初東昏夜選勇士攻則栅中軍驚擾公則
堅卧不起徐命擊之東昏軍乃退公則所領皆湘州人
素號怯懦城中輕之每出盪軟先犯公則壘公則獎勵
士卒克獲更多

韋叡進討合淝水使水使軍主王懷靜築城于岸守之

魏攻陷其城乘勝至叡隄下其勢甚盛監軍潘靈祐勸
叡退還巢湖諸將又請走保三義叡怒曰寧有此耶將
軍死綏有前無却因令取繖扇麾幢植之隄下示無動
志叡素羸每戰未嘗騎馬以板輿自載督厲衆軍賊却
城潰合淝既平髙祖詔班師去賊既近懼為所躡叡悉
遣輜重在前身乘小輿殿後魏人服叡威名望之不敢
逼全軍而還

後魏中山王英征義陽傳永為統軍當長圍遏其南門
齊將馬仙琕連營稍進欲解城圍永乃分兵士固守營
壘自將馬步騎千餘南逆仙琕賊俯射永洞其左右股
永出箭復入遂大破之仙琕燒營巻甲而遁英曰公傷
矣且還營永曰昔漢祖捫足不欲人知雖國家一師柰
何使敵有傷帥之名遂與諸軍追之及夜而返

唐崔義元為婺州刺史屬睦州女子陳碩真舉兵反遣
其黨童文寶領徒四千人掩襲婺州義元將督兵拒戰
時百姓訛言碩真當昇天犯其兵馬者無不滅門衆皆

恟懼司功參軍崔元藉言於義元曰起兵伏順猶且不
成此乃妖誑豈能得久義元以為然因命元藉為先鋒
義元率兵斷進至下淮戍擒其間諜二十餘人詰朝進
擊身先士卒左右以楯蔽箭義元曰刺史尚欲避箭誰
肯致死由是士卒戮力斬首數百級

嚴

漢文帝時匈奴入邊以周亞夫軍細柳營帝至軍吏被
甲鋭金刃控弓弩持滿天子先驅至不得入曰軍中聞

將軍令不聞天子詔帝使持節詔曰吾欲勞軍亞夫傳言開壁門士請車騎曰將軍約軍中不得驅馳天子按轡徐行至營中為動容式車曰真將軍也

魏平寇將軍徐晃既破關羽諸軍皆集太祖按行諸營士卒咸離陣而觀獨晃營齊整將士駐陣不動太祖曰徐將軍可謂有周亞夫之風也

唐文德皇后之塟也段志玄與宇文士及分統士馬出肅章門太宗夜使宦官至二將軍所士及開營納使者至志玄閉門不納曰軍門不可夜開使者曰此有手勑志玄曰夜中不辨真偽竟停使者至曉太宗聞而嘆曰此真將軍也周亞夫無以加焉

前漢郅都為鴈門太守匈奴素聞郅都守節舉邊為引軍去竟都死不近鴈門匈奴至為偶人象都令騎馳射莫能中其見神如此

唐李晟與李懷光同討朱泚懷光軍輒擄掠驅牛馬百姓苦之晟軍無所侵犯收復京城告諭於衆百姓安堵

秋毫不犯

唐長武城使高崇文統神策軍討劉闢崇文在長武練卒五千人常若寇至及中使至邪時宣命辰時出師兵仗軍須無不備具

賞

漢高帝已封大功臣三十餘人其餘爭功未得行封帝居南宮從複道望見諸將往往耦語以問張良良曰陛下起布衣以此屬共取天下今已為天子而所封皆蕭曹故人及所親愛所誅皆平生仇怨今軍吏計功以天下為不足用徧封而恐以過失及誅故相聚謀反耳帝曰為之奈何良曰取上素所不快計羣臣所共知最甚者一人先封以示羣臣則人人自堅矣於是上置酒封雍齒為什邡侯因趣丞相急定功行封羣臣皆喜曰雍齒且侯我屬無患矣

漢王與韓信彭越期會擊楚至固陵不會楚擊漢軍大破之漢王謂張良曰諸侯不從奈何對曰楚兵且破未

有分地其不至固宜君能與共天下可立致也今能取睢陽以北至穀城與彭越自陳以東傅海與齊王信信在楚其意欲復得故邑能出捐此地以許兩人使各自為戰則楚易敗也於是發使韓信彭越皆引兵來圍羽垓下

漢高帝時陳豨反於代帝自往擊之至邯鄲喜曰豨不南據邯鄲北阻漳水吾知其無為為也上令周昌選趙壯士可令將者白見四人帝嫚罵曰豎子能為將乎四

人慚皆伏地上封各千戶以將左右諫曰從入蜀漢伐楚賞未徧行今封此何功帝曰非汝所知陳豨反趙代地皆豨有吾以羽檄徵天下兵未有至者今計唯獨邯鄲中兵耳吾何愛四千戶不以慰趙子弟皆曰善又聞豨將皆故賈人乃多以金購之豨將多降

春秋時鄭師伐宋將戰華元殺羊食士其御羊斟不與及戰斟曰疇昔之羊子為政今日之事我為政與入鄭師故敗

宋張公詠平李順之明年復有劉旰相繼叛命公命討平之既而凱旋忽有持首級來者公曰當奔突接戰之際豈暇獲其首此必戰後斫來知復是誰殿直段倫曰如學士之言真神明當時隨倫為先鋒入賊用命者皆中傷被體何嘗獲首級公及先錄中傷之人而以持首級來者次之於是軍伍歡躍又皇祐中儂賊叛命狄青討之青臨行上言以謂古之師還以訊馘告割耳鼻則有之不聞以獲首者秦漢以來方有是事故獲一首賜

爵一級因謂之首級然開爭啓倖莫此之甚故軍士爭首級以致相殺又其間多以首級為貨售於無功不戰之人非所以勸願一切寢罷如師有功則差次其勞全軍加賞無功則斟酌其罪全軍加罰庶合上下一心不專自為私計則決勝之道也從之遂大捷然則青之智識亦公之智識也

後漢大將曹操每攻城破邑得靡麗之物則悉以賜有功者若勳勞宜賞則不恡萬金無功望施分毫不與

司馬懿征公孫淵既破城兵士寒凍乞襦或曰幸多故襦可賜之懿曰襦者官物人臣無私施不與

木師征蜀諸將入辭太祖謂曰所破郡縣當傾帑藏為朕賞戰士國家所取惟土疆爾故人皆效命所至成功如席卷之易

罰

晉侯入曹令無入僖負羈之宮而免其族報施也魏犨顛頡怒曰勞之不圖報於何有爇僖負羈氏魏犨傷於

胷公欲殺之而愛其材使問且視之病將殺之魏犨束胷見使者曰以君之靈不有寧也距躍三百曲踊三百乃舍之殺顛頡以狥於師

晉與楚戰於城濮晉中軍風於澤亡大旆之左旃祁瞞奸命司馬殺之以狥於諸侯使茅茷代之師還濟河舟之僑先歸士會攝右振旅凱以入於晉獻俘授馘飲至大賞徵會討貳殺舟之僑以狥於國民於是大服君子謂文公其能刑矣三罪而人服

趙宣子言韓獻子於晉靈公以為司馬河曲之役趙孟使人以其乘車干行獻子執而戮之衆咸曰韓厥必不沒矣其主朝升之而暮戮其車其誰安之宣子召而禮之曰吾聞事君者比而不黨夫周以舉義比也舉以其私黨也夫軍事無犯犯而不隱義也吾言汝於君懼汝不能也舉而不能黨孰大焉事君以黨吾何以從政吾故以是觀汝汝勉之苟從是行也長臨晉國者非汝其誰皆告諸大夫曰二三子可以賀我矣吾舉厥也而中

吾乃今知免於罪矣

晉侯之弟楊干亂行於曲梁魏絳戮其僕晉侯怒謂羊舌赤曰合諸侯以為榮也楊干為戮何辱如之必殺魏絳無失也對曰絳無二志事君不避難有罪不逃刑其將來辭何辱命焉言終魏絳至授僕人書將伏劍士魴張老止之讀其書曰日君乏使使臣斯司馬臣聞師衆以順為武軍事有死無犯為敬君合諸侯臣敢不敬君師不武執事不敬罪莫大焉臣懼其死以及楊干無所

逃罪不能致訓至於用鉞臣之罪重敢有不從以怒君
心請歸死於司寇公跣而出曰寡人之言親愛也吾子
之討軍禮也寡人有弟弗能教訓使干大命寡人之過
也子無重寡人之過敢以為請晉侯以魏絳為能以刑
佐民矣反役與之禮食使佐新軍

司馬穰苴田完之苗裔齊景公以為將軍捍晉燕之師
苴曰臣素卑賤君擢之加大夫之上權輕願得君之寵
臣以監軍乃可景公乃使莊賈往苴既辭與賈約曰日

中會於軍門穰苴先馳至軍立表下漏待賈賈晚至苴
曰何後期賈曰親戚送之故留穰苴曰將受命之日則
忘其家臨軍約束則亡其親援枹鼓之急則亡其身今
鄰國深侵君不安席百姓之命皆縣於君何為相送召
軍正問曰軍法期而後到者云何對曰當斬遂斬賈以
狥三軍皆震驚於是遂擊燕燕師遁遂取所亡之地而
歸

前漢胡建守軍正丞時監軍御史為姦守北軍壘垣以
為賈區建斬之奏曰軍法立武以威衆誅惡以禁邪今
有穿軍垣以求賈私買賣以為市無以帥先士大夫
法曰壁壘已定穿窬不繇路是謂姦人姦人者殺臣昧
死以聞制曰司馬法國容不入軍軍容不入國三王戒
誓於軍中欲民先成其慮也建又何疑建由是顯名

後漢祭遵從光武征河北舍中兒犯法遵格殺之光武
怒命收之主簿陳嗣諫曰明公常欲衆軍整齊今遵奉
法不避是教令所行也帝乃以為刺姦將軍謂諸將曰

當避遵吾舍中兒犯法尚殺之必不私諸卿也

吴將吕蒙圍關羽定南郡盡得羽將士家屬皆撫慰之
約令軍中不得干歷人家有所求取蒙麾下士汝南人
取民家一笠以覆官鎧官鎧雖公物蒙猶以為犯軍令
不可以鄉里故而廢法遂垂涕斬之

唐高崇文憲宗初為右神策行營節度統諸鎮兵討西
川劉闢至興元軍中有折逆旅之匕箸者斬以狥初闢
陷東川擒節度使李康及崇文克梓州乃歸康求雪已

之罪崇文以康敗軍失守斬之

隋楊素為將多權略乘機赴敵應變無方然大抵馭戎嚴整有犯軍令者立斬之無所寛貸每將臨寇求人過失而斬之多者百餘人少不下十數流血盈前言笑自若及其對陣先令一二百人赴敵陷陣而還者則已如不能陷陣而還者無問多少悉斬之又令二三百人復進還如向法將士股慄有必死之心由是戰無不勝時稱名將

隋契丹入寇營州韋雲起詔護突厥兵往討之啓民可汗發騎二萬受其處分雲起分為二十營四道俱引營相去各一里不得交雜聞聲而行聞角聲而止自非公使不得走馬三令五申之後擊鼓而發軍中有犯約者斬紇十一人持首以狥於是突厥將帥來入謁之皆膝行股戰莫敢仰視終立功焉

唐元和中王師討吳元濟賊令姚海率勁兵二萬圍豊攻城甚急王智興復擊敗之於賊壁獲姜妄智興懼軍士軍之乃曰軍中有女子安得不敗此雖無罪違軍法也即斬之以狥

唐高仙芝每出征討令封常清知留後事常清有才學果决知留後時仙芝乳母子鄭德詮為郎將威望動三軍常清出回諸將皆引前德詮自後走馬突常而去常清至使院命左右密引至廳凡經數重門德詮既過命隨後閉之常清離席謂曰常清起自細微中丞過聽以常清為留後郎將何無禮對中使相淩因叱之曰郎將

須蹔死以肅容因令勒迴杖六十面仆地拽出仙芝妻及乳母於門外號哭救之不得因以其狀上仙芝覽之驚曰已死矣及見常清遂無一言常清亦不謝於是軍中股慄

唐范希朝為振武節度界上有党項室常交居蕃落之俗有長帥至必効奇騎名馬雖廉者猶曰當從俗以致其歡希朝一無所受積十四年皆保塞不敢横暴蕃雖狗竊鼠偷必無赦蕃落深憚之

唐朔方總管張仁愿築三受降城表留年滿鎮兵以助其功時咸陽兵二百餘人逃歸仁愿盡擒之斬於城下軍中股慄役者無不盡力六旬而三城俱就

宋雲州觀察使郭進在石嶺關幹敏有材善聽斷以鈎距得人情御下有略軍政嚴肅然天性喜殺士卒少有違令必寘於法每有討伐皆奮不顧死多致克捷在西山太祖每遣戍卒必諭之曰汝輩當謹奉法我猶赦汝郭進殺汝矣其為將嚴肅如此

宋馬知節徙知定遠軍時部民入堡卒有盜婦人首飾者護軍止笞而遣之知節曰民避外虞而來反為內寇所掠此而可恕何以肅下即斬之又邊衆犯塞民相携入城知節與之約有盜一錢者斬俄有竊童兒錢二百者即戮之自是無敢犯者

隋杜伏威聚衆自稱總管有敢死之士五千人號為上募寵之甚厚與同甘苦有攻戰輙令上募擊之及戰罷閱視有瘡在背者便斬之以其退而被擊也所獲貲財皆以賞軍士及戰死者以其妾徇葬故人自為戰所向無敵

唐楊師立移檄行在百官及諸道將吏士庶數陳瑄十罪自言集本道將士八州壇丁共十五萬人長驅問罪詔削師立官爵以高仁厚為東川留後將兵五千討之以西川押牙楊茂言為行軍副使賊黨鄭君雄張士安堅壁不出高仁厚曰攻之則彼利我傷圍之則彼困我逸遂列十二寨圍之夜二鼓君雄等出勁兵掩擊城北

副使寨楊茂言不能禦帥衆棄寨走其旁數寨見副使走亦走東川人併兵南攻中軍仁厚聞之大開寨門設炬火照之自帥士卒為兩翼伏道左右賊至見門開不敢入還去仁厚發伏兵擊之東川兵大奔追至城下蹙之壕中斬獲甚衆而還仁厚念諸寨棄寨走者明旦所當誅殺甚多乃密名孔目官張韶諭之曰爾速遣步探子將數十人分道追走者自以爾意諭之曰僕射幸不出寨皆不知汝曹速歸來旦牙參如常勿憂也韶素名

長者衆信之至四鼓皆還寨惟楊茂言走至張把乃追及之仁厚聞諸寨漏鼓如故喜曰悉歸矣詰旦諸將牙集以為仁厚誠不知也坐良久仁厚謂茂言曰昨夜聞副使身先士卒走至張把有諸對曰昨夜聞賊攻中軍左右言僕射已去遂策馬從隨既而審其詐復還寨中曰仁厚與副使俱受命於天子將兵討賊若仁厚先走副使當叱下馬行軍法代總軍事然後奏聞今副使既先走又為欺罔理當何如茂言拱手曰當死仁厚曰然

令左右扶下斬之諸將股栗仁厚乃名昨夜所獲俘擄數十人釋縛縱歸君雄等聞之懼曰彼軍法嚴整如是自今兵不可復出矣中和四年仁厚圍梓州久不下乃為書射城中遺將士曰仁厚不忍城中玉石俱焚為諸君緩師十日使諸君自成其功若十日不送師立首當分見兵為五番番分晝夜以攻之於此甚逸於彼必困矣五日不下四面俱進克之必矣諸君圖之數日君雄大呼於衆曰天子所誅者元惡耳他人無預也衆呼萬歲大譟突入府中師立自殺

宋狄青征儂智高有因貴近求從青行者青延見謂之曰君欲從青此青之所求也何必因人之言乎然智高小寇至遣青行可以知事急矣從青之士能擊賊有功朝廷有厚賞青不敢不為之請也若往而不能擊賊軍中法重青不敢私也君其思之願行則即奏取君矣非獨君也君之親戚交遊之士幸皆以此言告之苟欲行者皆青之所求也於是聞者大駭無復敢言求從青行

者其所辟取皆青之素所知以為可用者人望固已歸矣及行率衆日不過一驛所至州輒休士一日至潭州遂立行伍明約束軍行止皆成行列至於荷鍤贏糧持守禦之備皆有區處軍人有奪逆旅菜一把者斬之以狥於是一軍肅然無敢出聲氣萬餘人行未嘗聞聲青每止郵驛四面嚴兵每門皆諸司使二人無人得妄出入求見青者無不即時得通其野宿皆成營柵青所居四面陳兵彀弓弩皆數重所將精銳列布左右守衛甚

嚴
宋岳飛征羣盜過廬陵託宿屋市賃明為主人汎掃門宇洗滌盆盎而去郡守供帳餞別于郊師行將絶謁未得通問大將軍何在殿者云已雜偏裨去矣其嚴肅如此

五危
齊上將單率師將攻敵魯仲連子曰將軍攻敵必不能下矣單曰吾以破亡餘卒破萬乘之燕今攻敵而不能

下何也上車不謝而去遂攻敵三月不克齊嬰兒謡曰大冠若箕修劍柱頤攻敵不能下壘枯丘單乃懼問魯連子對曰將軍在即墨之時坐則織立立則杖鍤為士卒倡當此之時將軍有死之心而士卒無生之氣聞是言莫不揮泣奮臂而欲戰此所以破燕也當今將軍東有掖邑之封西有淄上之寶足以樂生而惡死此之所以不勝也田單明日結髮勵氣立於矢石之間引枹而鼓之敵人乃下

廉潔可辱
田文既死公叔為相尚魏公主而害吳起公叔之僕曰起易去也公叔曰奈何其僕曰吳起為人節廉而自喜名也君因先與武侯言曰夫吳起賢人也而侯之國小又與強秦壤界臣竊恐起之無留心也武侯即曰奈何君因謂武侯曰試延以公主起有留心則必受之無留心則必辭矣以此卜之君因召吳起而與歸即令公主怒而輕君吳起見公主之賤君也則必辭於是吳起見

公主之賤魏相果辭魏武侯武侯疑之而弗信也吳起懼得罪遂去

必死可殺
晉襄公以狼瞫為右箕之役先軫黜之瞫怒其友曰盍死之瞫曰吾未獲死所其友曰吾與汝為難瞫曰周志有之勇則害上不登於明堂死而不義非勇也子姑待之及彭衙之役既陳以其屬馳秦師死焉晉師從之大敗秦師

必生

晉將劉毅泝江造桓玄戰於崢嶸洲時官軍止數千玄兵甚盛而玄懼有敗衂常漾輕舸於船側故其衆莫有鬬志官軍乘風縱火鋭進爭先玄衆大潰

必死

宋馬知節平劍州還及三泉詔與王繼恩討賊繼恩負勢自任惡知節不附己遣守彭州配以羸兵三百彭之舊卒悉名還成都知節累乞師繼恩不之聽賊十萬衆攻城知節率兵力戰自寅至申衆寡不敵士多死者逮暮退守州廨慨然歎曰死賊手非壯夫也即橫槊潰圍而出休於郊外黎明救兵至遂鼓譟以入賊黨敗去

廉潔

項羽圍漢王於滎陽漢王患之請割滎陽以西以和項王不聽漢王謂陳平曰天下紛紛何時定乎平曰項王為人恭敬愛人士之廉節好禮者多歸之至於行賞功爵邑重之士亦以此不附今大王嫚人少禮士廉節者不來然大王能饒人以爵邑士之頑頓嗜利無恥者亦多歸漢誠各去兩短集兩長天下指麾則定矣

愛民可繁

春秋時宋襄公及楚人戰于泓宋人既成列楚人未既濟司馬子魚曰彼衆我寡及其未濟也請擊之公曰不可既濟而未成列又以告公曰未可既陣而後擊之宋師敗績國人皆咎公公曰君子不重傷不禽二毛古之為軍也不以阻隘也寡人雖亡國之餘不鼓不成列子魚曰君未知戰勍敵之人隘而不列天贊我也阻而鼓之不亦可乎猶有懼焉且今之勍者皆吾敵也雖及胡耉獲則取之何有於二毛明恥教戰求殺敵也傷未及死如何弗重若愛重傷則如弗傷愛其二毛則如服焉三軍以利用也金鼓以聲氣也利而用之阻隘可也聲盛致志鼓儳可也二十二年夏五月宋襄公卒傷於泓故也

曹操擊劉備於汝南備奔劉表表聞至自出郊迎以上

賓禮待之益其兵屯新野備在荊州數年表卒操軍至新野表子琮遂舉州降以節迎操操遂進兵時劉備屯樊琮不敢告備備久之乃覺遣使問琮琮令人詣備宣旨時曹操已在宛備乃大驚駭呼部曲共議或勸備攻琮荊州可得備曰劉荊州臨亡託我以孤遺背信自濟吾所不為死何面目以見劉荊州乎備將衆去襄陽駐馬呼琮琮懼不能起琮左右及荊州人多歸備備過祀表墓涕泣而去比到當陽衆十萬餘輜重數千兩日行

十餘里別遣關羽乘船數百艘使會江陵或謂備曰宜速行保江陵今雖擁大衆披甲者少若曹公兵至何以拒之備曰夫濟大事必以人為本今人歸吾吾何忍去操以江陵有軍食恐劉備據之乃釋輜重輕車到襄陽聞備已過操將精騎五千急追之一日一夜行三百餘里及於當陽之長坂備棄妻子與諸葛亮張飛趙雲等數十騎走操大獲其人衆輜重

分速可侮

漢王使盧綰劉賈渡白馬津入楚地佐彭越共擊破楚軍燒其積聚攻下梁地十餘城羽聞之謂大司馬曹咎曰謹守成臯即漢欲挑戰慎毋與戰勿令得東而已我十五日必定梁地復從將軍於是引兵東至睢陽聞之皆爭下漢果數挑楚軍戰楚軍不出使人辱之五六日大司馬怒渡兵汜水卒半渡漢擊大破之盡得楚國金玉貨賂大司馬咎等皆自剄汜水上

司馬懿拒諸葛亮於渭南時朝廷以亮僑軍遠攻利在

急戰每命懿持重以候其變亮數挑戰懿不出因遺懿巾幗婦人之飾懿怒表請決戰天子不許乃遣骨鯁臣衛尉辛毗杖節為軍師以制之後亮復來挑戰懿將出兵以應之毗杖節立軍門懿乃止初蜀將姜維聞毗來謂亮曰辛毗杖節而至賊不復出矣亮曰彼本無戰心所以固請者以示武於其衆耳將在軍君命有所不受苟能制吾豈千里而請戰耶

貪

南宋王玄謨為寧朔將軍北征將士多離恐元謨又營貨利一疋布責人八百利以此倍失人心及魏大武軍至乃奔退麾下散亡略盡

前秦苻堅遣王猛伐前燕慕容暐師次潞川燕將慕容評率兵十萬禦之以持久制之猛乃遣其將郭慶率騎五千夜從間道起火於高山因燒評輜重火見鄴中評性貪鄙障固山川賣樵鬻水積錢絹如丘陵三軍莫有鬬志因而大敗

又張燕為巴西太守時秦州人鄧定等二千餘家饑餓流入漢中保於成固漸為抄盜州刺史遣燕討之定窘急偽乞降於燕并餽燕金銀燕喜為之緩師定密結李雄遣衆救之燕退定遂進逼漢中燕棄官而遁

唐王佖為靈鹽節度使先是吐蕃欲成烏蘭橋每於河壖先貯材木朔方節度使每遣人潛載之委於急流終莫能成蕃人知佖貪而無謀先後遺之然後并役成橋仍築月城置守之自是朔方禦寇不暇由佖黷貨邊上至今患焉

驕

春秋時晉侯將伐虢大夫士蔿曰不可虢公驕若驟得勝於我必棄其民無衆而後伐之欲禦我誰與夫禮樂慈愛戰所蓄也夫人讓事樂和愛親哀喪而後可用也虢弗蓄也亟戰將饑後為晉所滅

秦末項梁起兵吳中北至定陶再破秦軍項羽等又斬秦三州守李由益輕秦有驕色宋義諫曰戰勝而將驕

卒惰者敗今卒少惰矣秦兵日益臣為君畏之梁不聽廼使宋義於齊路逢高陵君曰公將見項梁乎曰然義曰臣論武信君軍必敗公徐行則及禍秦果悉起兵益將章邯夜銜枚擊梁大破之定陶梁敗而死

隋末翟讓李密起兵於滎陽軍通守時有張須陀以兵攻讓讓數為須陀所敗聞其來大懼將遠避之密曰須陀勇而無謀兵又驟勝驕很可一戰而擒之公但按堵以待保為公敗之讓不得已勒兵將戰密分兵千餘人

於林木閒詐與戰不利軍稍却客發伏自後掩之讓合
擊須陀衆大敗遂斬須陀
春秋時楚屈瑕伐羅鬬伯比送之還謂其御曰莫敖必
敗舉趾高心不固矣遂見楚子曰必濟師楚子辭焉入
告夫人鄧曼鄧曼曰大夫其非衆之謂其謂君撫小民
以信訓諸司以德而威莫敖以刑也莫敖狃於蒲騷之
役將自用也必小羅君不鎮撫其不設備乎楚子使賴
人追之不及莫敖使狥于師曰諫者有刑及鄢亂次以

濟且不設備及羅羅與盧戎兩軍之大敗之莫敖縊於
荒谷
晉陶侃為荆州刺史鎮武昌時新破杜弢乘勝擊杜曾
有輕曾之色侃司馬魯恬言於侃曰古人戰爭先料其
將今使君諸將無及曾者未易可逼也侃不從進軍圍
之軍石城時曾軍多騎而侃兵無馬曾密開門出侃陣
後反擊其背侃師遂敗投水死者數百人
西秦乞伏益州乾歸之弟也時天水姜乳襲據上邽遣
益州討之邊芮王松壽言於乾歸曰益州以懿弟之親
屢有戰功狃於累勝常有驕色若其遇寇必將易之未
宜專任乾歸曰益州驍勇善御衆諸將莫及之但恐其
專擅耳若輔之以重臣當無慮也於是以韋虔為長史
至大寒嶺益州恃勝自矜不為部陣令將士解甲游畋
縱飲令曰敢言軍事者斬虔諫不聽乳率衆拒戰益州
果敗乾歸曰孤違蹇叔以至於此將士何為孤之罪也
皆赦之

後周賀若惇率步兵六千渡江赴救瑱等以惇孤軍深
入欲窺取之每設奇伏連戰破瑱乘勝徑進遂次湘州
因此輕敵不以為虞俄而霖雨不已秋水汎溢陳人濟
師江路遂斷而敗
前秦苻堅議伐晉石越曰吳人國有長江之險朝無昏
二之釁臣愚以為利用脩德未宜動師堅曰以吾之衆
旅投鞭於江足斷其流遂興師苻融攻陷壽春乃馳使
白堅曰賊少易俘但懼其越逸宜速進衆軍犄角擒賊

師必矣堅大悦恐謝石等遁去乃捨大軍于項城以輕騎八千兼道赴之遂為謝玄所敗

春秋時吳子諸樊伐楚門於巢巢牛臣曰吳王勇而輕若啓之將親門我獲射必殪是君也死疆且少安從之吳子門馬牛隱於短墻以射之卒

隋煬帝征吐谷渾至覆袁川時吐谷渾主與數騎而遁其名王詐為渾主保車師我真山帝令將張定和率師擊之定和既與賊遇輕其衆少呼之命降賊不肯下定

和不披甲持挺登山賊伏兵於嵒石之下發矢中之而斃

唐趙景慈領行軍總管與獨孤懷恩擊蒲州時堯君素兵鋒甚銳前後遣將皆不能克景慈謂將士曰君素小盜何足經營但諸君不武耳因將兵至城下君素出甲拒之景慈躍馬突進從者十餘人直趨南門斷賊歸路遂入其壕內賊於地道中出兵擒之懷恩不能救諸軍皆走景慈被傷墮馬為賊所執

唐郭孝恪為安西都護阿史那社尒既擒龜兹王孝恪守之龜兹相那利潛引西突厥之衆并其國兵萬餘人來襲孝恪時營於城外有龜兹人來謂孝恪曰那利我之國相人心素歸今亡在野必思為變城中之人頗有異志公其備之孝恪不以為意那利率兵奄至孝恪始覺乃領部下千餘人將入城而那利之徒已登城中城中降人與那利表裏夾擊孝恪自為前鋒力戰而入既失部分則為悍賊之所蹂躪流矢及鉞斧亂下孝恪旋

顧所部猶有數十人隨之孝恪復將出城既至西門為强寇所殺

唐程千里有勇力為上黨郡長史天寶中賊將蔡希德數以騎挑戰千里開城門獨將麾下百餘騎逐希德欲生得之渡橋橋壞墜坑中為賊所執

唐李仁矩昭宗時為閬州節度董璋反率兇黨以攻其城仁矩召軍校謀守戰利害皆曰璋久圖反計以賂誘士心兇氣方盛未可與戰宜堅壁以老之儻浹旬之間

大軍東至賊必自退仁矩曰蜀兵懦安能當我精甲即驅之出戰兵未交為賊所敗既而城陷矩被擒

將自表異

春秋時狄人伐衛戰于熒澤衛師敗績衛侯不去其旗是以甚敗遂滅衛

東晉末桓元篡晉劉裕起義師討之元敗泝流奔荆州劉其將何澹之守溢口劉裕將何無忌等次桑落洲澹之等率軍求戰澹之常所乘舫旌旗甚盛無忌謂諸將

曰賊師必不居此欲詐我耳宜亟攻之衆曰澹之不在其中縱得無益無忌曰今衆寡不敵戰無全勝澹之雖不居此舫取之敗獲因縱兵攻之可一鼓而敗也遂進攻獲舫因傳呼曰得何澹之矣賊中驚擾無忌之衆亦謂然因乘勝繼進無忌鼓譟赴之澹之遂潰

隋末楊元感反攻東都刑部尚書衛元與元感戰兵始會元感詐令人大呼曰官軍已得元感矣官軍稍怠元感以數千騎乘之元兵於是大潰

宋晉安王子勛舉兵浸陽宋將殷孝祖討之時賊據赭圻孝祖將進與賊合戰常以鼓蓋自隨軍中相謂曰殷統軍死矣今與賊交鋒而以羽儀自標異若善射者十人共射之欲不斃得乎是日於陣為矢所中而死

東魏大將高歡與西魏大將宇文泰戰印山其時泰見歡旗鼓識之乃募敢勇三千人令賀拔勝總之以犯其軍適與歡相遇時募士皆用短兵接戰乘勝逐數十里刃垂及之會勝馬為流矢所中死副副騎至歡已逸去

矣

北齊高敖曹攻後周將獨孤信於金墉城宇文泰率衆救之戰於印山敖曹心輕敵建旗蓋以凌陣周人盡銳擊之一軍皆沒敖曹輕騎走河陽城仰呼求繩不得拔刃劄門未徹而追至敖曹奮頭詬曰來吾與汝開國公追者斬之

唐朱泚之亂李懷光自河北赴難李晟每將合戰必自表異錦衣繡帽前行親自指導懷光望見惡之乃謂晟

曰將師當持重豈宜自表飾以啗賊也晟曰晟久在涇原軍士頗相畏服故欲令先識以奪其心耳懐光益不悦

後周河橋之戰王思政下長用長矟左右横擊一擊踣數人時陷陣既深從者死盡思政被重創悶絶會日暮敵亦收軍思政久經軍旅每戰惟著破衣敝甲敵人疑非將帥故得免有帳下督雷五安於戰處哭求思政會已蘇遂相持乃割衣褁創扶思政上馬夜久方得還軍

軍政不一

春秋時楚伐鄭晉師救鄭荀林父將中軍先穀佐之士會將上軍郤克佐之趙朔將下軍欒書佐之趙括趙嬰齊為中軍大夫鞏朔韓穿為上軍大夫荀首趙同為下軍大夫韓厥為司馬及河聞鄭既及楚平桓子欲還曰無及於鄭而勦民焉用之楚歸而動不後隨武子曰善先穀曰不可晉所以霸師武臣力也今失諸侯不可謂力有敵而不從不可謂武由我失霸不如死我弗為也以中軍佐濟韓獻子謂桓子曰彘子以偏師陷子罪已甚不如進也事之不捷惡有所分與其專罪六人同之不猶愈乎晉師濟河楚子欲還伍參言於楚子曰晉之從政者新未能行令其佐先穀剛愎不仁未肯用命其三帥者專行不獲聽而無上衆誰適從此行也晉必敗楚少宰如晉師曰寡君少遭閔凶不能文聞二先君之出入此行也將鄭是訓定豈敢求罪於晉二三子無淹久隨季對曰昔平王東遷命我先君文侯曰與鄭夾輔

周室毋廢王命今鄭不率寡君使羣臣問諸鄭豈敢辱候人敢拜君命之辱先穀以為諂使趙括從而更之曰行人失辭寡君使羣臣遷大國之迹於鄭曰無辟敵羣臣無所逃命

晉魏錡求公族未得而怒欲敗晉師請致師不許請使許之遂往請戰而還趙旃求卿未得請挑戰弗許請召盟許之與魏錡皆命而往郤克曰二憾往矣不如備之楚之無惡除備而盟何損于好若以惡來有備不敗且

雖諸侯相見軍衛不徹警也先縠不可隨會使鞏朔韓穿帥七覆于敖前故上軍不敗而中軍下軍皆敗績

吳師伐楚州來楚救之吳人禦諸鍾離楚將子瑕卒楚師熸吳將公子光曰諸侯從於楚者衆而皆小國也畏楚而不獲已是以來吾聞之曰作事威克其愛雖小必濟胡沈之君幼而狂陳大夫齧壯而頑頓與許蔡疾楚政楚令尹死其師熸遂越為帥賤而多寵政令不一七國同役而不同心帥賤而不能整無大威命楚可敗也

先分師以犯胡沈與陳必先奔諸侯之師乃搖心矣諸侯乖亂楚必大奔請先者去備薄威後者敦陳整旅吳子從之戰于雞父吳子以罪人三千先犯胡沈與陳三國爭之吳為三軍以繫于後中軍從王光帥右軍掩餘帥左軍吳之罪人或奔或止三國亂吳師擊之敗獲胡沈之君及陳大夫舍胡沈之囚使奔許與蔡頓曰吾君死矣師譟而從之三國奔楚師大潰

後漢曹操征馬超韓遂於關中始賊每一部到輙有喜後漢破之後諸將問其故荅曰關中長遠若賊各依險阻征之不一二年不可定也今皆來集其衆雖多莫相歸服軍無適主一舉可滅為功差易吾是以喜也

唐初劉黑闥引突厥寇河北淮陽王道玄授山東道行軍總管師次下博與賊遇道玄騎先登命副將史萬寶督軍繼進萬寶與之不協及道玄深入而擁兵不進謂所親曰吾奉手詔言淮陽小兒雖名為將而軍之進止皆委於吾今其輕銳越泥濘交戰而軍若動必陷泥溺莫如結陣以待之雖不利於王而利於國道玄遂為賊

所擒

唐左衛大將軍程知節征賀魯蘇定方為前軍總管至鷹娑川突厥引二萬騎來拒總管蘇海政與戰互有前却既而突厥別部鼠尼施等又領三萬餘騎續至蘇定方正歇馬隔一小嶺去知節十許里望見塵起率五百騎馳往擊之賊衆大潰追奔二十里殺千五百餘人獲馬二千匹死馬及所棄甲仗綿亘山野不可勝計副大

總管王文度害其功謂知節曰雖云破賊官軍亦有死傷盖決成敗法耳何為此事自今正合可結為方陣輜重並納腹中四布隊人馬披甲賊來即戰自保萬全無為輕脱致有傷損又矯稱别奉聖旨以知節恃勇輕敵使文度為其節制遂收軍不許深入終日跨馬披甲結陣由是馬多瘦死士卒疲勞無有闘志定方謂知節曰本來討賊今乃坐守馬餓兵疲逢賊即敗怯懦如此公為大將閫外之事不許自專别遣軍副專其號令理必

不然須因繫文度飛表奏之知節不從至恒篤城有降附者文度又曰比我兵回彼還作賊不如盡殺取其資財定方曰如此則自作賊耳何名伐叛文度不從師還竟無功文度坐處死

練士

唐李抱真領昭義軍留後密揣山東當有變上黨且當兵衝是時乘戰鬬之後士瘠賊重人民益貧困無以養軍乃籍户丁男三選其一有材力者免其租傜給弓矢令之曰農之隙則分曹角射歲終吾當會試及期案簿而試之以示賞罰復命之如初比三年皆善射抱真曰軍可用矣於是舉部内之鄉丁得成卒二萬不仰衣食於官府而倉庫益實乃善甲兵為戰具遂雄視山東天下稱昭義步軍冠諸軍

絶技

梁大同初魏軍復圍南鄭杜嶷帥二百人與魏前鋒戰流矢中其目失馬敵人交矟將至嶷斬其一騎而上馳以歸嶷膂力絶人便馬善射一日中戰七八合所佩霜

明朱弓四石每出殺傷數百人敵人憚之號為社虎

唐尉遲敬德善解避矟每戰單騎入賊陣賊矟攢刺終不能傷又能奪賊矟還以刺之出入重圍往返無礙齊王元吉亦善馬矟聞而輕之欲親自試命去矟刃以竿相刺敬德曰縱留刃終不能傷請勿除之敬德稍謹當却刃元吉竟不能中太宗問曰奪矟避矟何者難易對曰奪矟難乃令敬德奪元吉矟元吉執矟躍馬志在刺

之敬德俄頃三奪其矟元吉素驍勇雖相歎異甚以為
恥王世充領步騎數萬來戰世充驍將單雄信領騎直
赴太宗敬德躍馬大呼橫刺雄信墜馬賊徒稍却敬德
翼太宗以出賊圍

哥舒翰有家奴曰左車年十五六有膂力翰善使槍每
追賊及之以槍搭其背而喝之賊驚顧翰從而刺之喉
皆剔高三五尺而墮無不死者左車輒下馬斬首率以
為常

唐史敬奉形甚短小若不能勝衣至於野外馳逐能擒
奔馬自執鞍勒隨鞍躍上然後羈帶矛矢在手前無強
敵僮使僅二百人每以自隨臨入敵輒分其隊為四五
隨逐水草每數日各相遇已而皆有獲擄

王敬蕘魁傑沈勇多力善戰所用槍矢皆以純鐵煆就
槍重三十餘斤摧鋒破陣率以此勝

宋太宗幸太原城西督諸將麾兵發機石攻城初帝選
諸軍勇士數百人教以劍舞皆能擲劍空中躍其身左
右承之妙絕無比見者無不恐懼會北方遣使脩貢賜
宴便殿因出劍士示之袒裼鼓譟揮刃而入跳擲承接
霜鋒雪刃飛舞滿空北使見之懼形于色及是每巡城
耀武必令劍舞前導各呈其技賊衆乘城望之破膽

後周韓果性強記兼有權略善伺敵虛實揣知情狀有
潛匿溪谷欲為間諜者果登高望之所疑處往必有獲
宇文泰由是以果為虞候都督每從征行常領候騎晝
夜巡察略不眠寢從破稽衆於北山其地險阻人迹罕

至果進兵窮討散其種落稽衆憚果勁勇趫捷號為著
翅人

激

唐安祿山反常山郡盡為賊傷死人蔽野大將李光弼
帥本鎮兵來援親醻其屍而哭之為賊幽閉者出之誓
平寇難以慰其心衆遂感動

唐李愬授魏博節度時幽鎮復亂田弘正遇害愬聞之
素服以令三軍曰魏人所以富庶而能通聖化者由田

公也天子以其仁愛使治鎮州且田公出於魏撫師七年一日鎮州不道敢茲殘害以魏無人也若父兄子弟受田公恩者其何以報衆皆大哭願効用焉

後燕慕容垂遣其子寶步騎七萬伐後魏戰於參合陂大敗寶以數千騎奔免士衆還者十一二寶恨參合之敗屢言魏有可乘之機垂由是自率大衆伐魏參合陂見往年戰處積骸如山設弔祭之禮死者父兄一時號哭軍中皆慟垂慚憤嘔血因而寢疾却還道卒

唐聖歷中吐蕃大將麴莽布支率騎數萬寇涼州入自洪源谷將圍昌松縣唐休璟以數千人往擊之臨陣登高望見賊衣甲鮮盛恐其衆懼因謂麾下曰自欽陵死贊婆降麴莽布支新將賊兵欲耀威武故其國中貴臣酋豪子弟皆從之人馬雖精不習戰事吾為諸軍取之乃被甲先登與賊六戰六克大破之斬其副將二人首二千五百級築京觀而還

晉王存勗舉兵擊梁救趙進軍栢鄉五里遣周德威先以精騎進薄梁營梁將韓勍等精兵三萬鎧甲皆被繒綺金銀炫燿晉人望之懼形於色德威謂李存璋曰賊志在不戰欲以甲兵耀威乃耳遣存璋諭諸軍曰爾見此賊軍否是汴州天武健兒皆屠沽傭販虛有其表徒被精甲十不當一擒獲足以為貨德威自率精騎擊其兩偏左馳右決出沒數四是日獲百餘人賊遂渡河而退

後漢度尚為荆州刺史討桂陽賊渠帥卜陽潘鴻等從

入山谷尚數追數百里遂入南海破其三屯多獲珍寶而陽鴻等黨衆猶盛尚欲攻之而士卒驕富莫有鬭心尚計緩之則不戰逼之必逃亡乃宣言卜陽潘鴻作賊十年習於攻守今兵寡少未易可進當須諸郡所發悉至乃并力攻之申令軍中恣聽射獵兵士喜悅大小皆相與從禽尚乃密使所親客潛焚其營珍積皆盡獵者來還莫不涕泣尚人人慰勞深自咎責因曰卜陽等財寶足富數代諸卿但不併力耳所亡小小何足介意衆

聞咸憤躍尚乃令秣馬蓐食明晨徑赴賊屯陽鴻自以深固不復設備吏士乘鋭大破平之

宋紹興六年韓世忠以武寧等軍節度使置司楚州世忠披草萊立軍府與士卒同力役夫人梁氏親織薄爲屋將士有怯戰者世忠遺以巾幗設樂大宴俾婦人粧以恥之故人人奮勵撫集流散通商惠工楚州遂爲重鎮

秦將王翦率兵六十萬擊楚楚王悉國中兵以拒之王

翦至堅壁而守之不肯戰楚兵數出挑戰終不出王翦日休士洗沐而善飲食拊循之親與士卒同食久之王翦使人問軍中戲乎對曰方投石超距於是王翦曰士卒可用矣楚又數挑戰而秦不出乃引而東翦因舉兵追之令壯士擊大破楚軍蘄南因而滅其國

後漢將吳漢率兵國蘇茂於廣樂劉永將周建來救漢將輕騎迎戰不利墮馬傷膝還營諸將謂漢曰大敵在前而公傷臥衆心懼矣漢乃勃然裹瘡而起椎牛饗士令軍中曰賊衆雖多皆刦掠羣盜勝不相讓敗不相救非有杖節死義者也今日封侯之秋諸君勉之於是軍士激怒人倍其氣明日建茂出兵圍漢漢選四部精兵三千餘人齊鼓而進建軍大潰還奔入城漢長驅追擊大破之

前秦苻堅將王猛討燕燕慕容暐遣將慕容評屯於潞川以拒之猛與評相持遣裨將郭慶之以鋭卒五千夜從間道出評營後傍山起火燒其輜重暐懼遣使讓

催之速戰猛知評貴水鬻薪有可乘之隙評又求戰乃陳於潞原而誓衆曰今與諸軍深入賊地宜各不勉不可退也願戮力行間以報恩顧受爵明君之前慶觴父母之室不亦美乎衆皆勇奮破釜棄糧大呼競進猛覩評之衆惡之衆東羌曰今日之事非將軍莫可以捷將軍其勉之羌曰若以思隸見與者公無以爲憂猛曰此非吾之所及必以本郡太守萬户侯相處羌不悦而退俄而兵交猛若之羌寢而不應猛馳就許之羌於是大

飲帳中與張蚝徐成等跨馬運矛馳入評軍出入數四旁若無人搴旗斬將殺傷甚衆戰及日中大敗評衆俘斬五萬

戰國燕將騎劫攻齊即墨齊將田單拒守妄宣言曰吾惟懼燕軍之劓所得齊卒置之前行與我戰即墨敗矣燕人聞之如其言城中人見齊諸降者盡劓皆怒堅守惟恐見得田單又縱反閒曰吾懼燕人掘吾城外塚墓戮先人可為寒心燕軍盡掘壠墓燒死人即墨人從城

上遙見皆涕泣其欲出戰怒皆十倍大敗燕師

後漢班超使西域至鄯善王廣奉超禮敬甚備後忽更踈懈超謂其官屬曰寧覺廣禮意薄乎此必有北國使來狐疑未知所從故也明者睹未萌況已著邪乃召侍者詐之曰匈奴使來數日今安在乎侍者惶恐具白其狀超乃閉侍者悉會其吏士三十六人與共飲酒酣因激怒曰今俱在絶域欲立大功以求富貴北使到纔數日而王廣禮貌即廢如收吾屬送匈奴骸骨長為北地麋矣官屬皆曰今在危亡之地死生從司馬超曰不入虎穴不得虎子當今之計獨有因夜以火攻其營使彼不知我多少必大震怖可殄盡也滅此輩功成事立矣衆曰善初夜將吏士奔其營會大呼超令十人持鼓藏其舍後約曰見火然皆鳴鼓大呼餘人悉持兵弩夾門而伏超順風縱火前後鼓譟其衆驚亂超手格殺三人餘衆燒死

蜀龐統勸劉備襲益州牧劉璋備曰此大事不倉倉卒

及璋使備擊張魯乃從璋求萬兵及資實欲以東行璋但許兵四千其餘皆給半備因激怒其衆曰吾為益州征強敵師徒勞瘁不遑寧居今積帑藏之財而吝於賞功望士卒為出死力戰其可得乎由是相與破璋

十六國前秦苻堅為姚萇所殺苻丕卒兵代姚萇皆刻鋒鎧為死休字示以戰死為志每戰以長矟句刃為方圓大陣知其厚薄從中分配故人自為戰所向無前

攻心

漢王既破項羽於垓下羽兵尚衆漢兵圍之而皆為楚
歌楚人久苦征戰因敗思鄉遂潰
蜀丞相諸葛亮率定南蠻擒其帥孟獲七擒七縱孟獲
曰公天威也南人不復反矣
晉大將司空劉琨守太原羣蕃攻圍久未下琨計窘吹
笳聲悲寥亮蕃久倦征伐夜聞之愁思遂潰散
後漢初寇恂征隗囂囂將高峻守第一遣軍師皇甫文
出謁恂辭禮不屈恂怒斬之遣其副歸告峻曰軍師無

禮已戮之矣欲降急降不欲固守峻惶恐即日開城降
諸將皆賀因曰敢問殺其使而降其城何也恂曰皇甫
文峻之腹心其所取計者也今來辭意不屈必無降心
全之則文得其計殺之則峻亡其膽是以降耳諸將皆
曰非所及也

推誠

東晉盧循寇建鄴劉道規為荆州刺史遣將軍檀道濟
等赴援朝廷至潯陽為循黨苟林所破林乘勝伐江陵
聲言徐道覆巳克建業而桓謙自長安入蜀譙縱以謙
為荆州刺史與其天將譙道福俱寇江陵荆楚既桓氏
義舊並懷異心道規乃會將士戒之曰桓謙今在近畿
聞諸君頗有去就之計吾東來文武足以濟事欲者者
不禁因夜開城門衆咸憚服莫有去者時雍州刺史魯
宗之自襄陽來赴或謂宗之未可測道規乃單車迎之
衆咸感悦乃使宗之居守委以心腹率諸將破謙斬謙
及苟林初謙至枝江江陵士庶皆與謙書言城内虛實

道規一皆焚燒衆乃大安江漢士庶感其焚書之恩無
二志
魏王羆守華州時西魏師與東魏師戰於河橋不利東
魏降卒趙青雀據長安城所在莫有固志羆聞之乃大
開州門召軍人謂之曰如聞天子敗績不知凶吉諸人
相驚咸有異志王羆受委於此以死報恩諸人若有異
圖可來見殺必恐城陷没者亦任出城如有忠誠能與
王羆同心者可共固守軍人見其誠信皆無異志

宋元徽中桂陽王休範舉兵於潯陽朝廷惶駭時蕭道成與褚淵等集中書省議莫有言者道成曰昔上流謀逆皆因淹緩以敗休範必遠懲前失輕兵急下乘我無備請頓新亭以當其鋒因索筆下議餘皆注同中書舍人孫千齡與休範有密契獨曰宜依舊遣軍據梁山道成正色曰賊今已近梁山豈可得至新亭既是兵衝所欲以死報國耳乃單車白服至新亭築城壘未畢賊前軍已至道成方解衣高臥以安衆心乃索白虎幡登西

垣使寧朔將軍高道慶等浮舸與賊水戰大破之斬休範首餘賊進至杜姥宅車騎典籤茅恬開東府納賊宮内傳新亭亦陷太后執蒼梧王手泣曰天下事敗矣道成遣軍主陳顯達等從石頭濟淮閤道自承明門入衛宮闕時休範典籤許公許詐稱休範在新亭士庶惶惑詣壘期赴休範投名者千數及至乃是道成隨得輒燒之登城北謂曰劉休範父子皆已死戮屍在南岡下觀汝等名皆已焚除勿懼也臺中遣衆軍擊平賊黨道成振旅凱入百姓緣道聚觀曰全國家者此人也

唐令狐楚為河陽節度使時烏重胤移鎮滄景以河陽鋭卒三千人為牙兵士卒不願出鄉至中路潰散不敢歸屯於境上時楚未至聞之即疾馳赴鎮潰卒亦已至城北將大寇掠楚單車出迎諭以逆順咸令兵士弛弓釋甲用之為先驅以歸仍斬其首惡衆遂定

五代李茂貞為鳳翔節度性至寛有部將符昭者人或告其謀變茂貞親至其家去爪牙熟寢經宿而還士衆遂服之

後漢誅王郎收文書得吏人與郎交關謗毀者數千章光武不省會諸將畢燒之曰令反側子自安

隋山獠作逆以衛玄為資州刺史以鎮撫之玄既到官時獠攻圍太平鎮玄單騎造其營謂羣獠曰我是刺史銜天子詔安養汝等毋驚諸賊莫敢動於是說以利害渠帥感悦解兵歸服者十萬餘衆

唐將丘行恭大業末聚兵有衆二萬保故郡城百姓多

附之原州奴賊數萬人圍扶風郡太守竇璡堅守經數
月賊中食盡野無所掠衆多離散投行恭者千餘騎行
恭遣其酋渠諸奴賊共迎義軍行恭又率五百人皆負
米麥持牛酒自詣賊營奴帥長揖行恭呼斬之謂其衆
曰汝等並是好人何因事奴為主使天下號為奴賊衆
皆俯伏曰願改事公行恭率其衆共謁太宗于渭北
唐張儉前在朔州屬李靖平突厥之後有思結部落貧
窮離散儉招慰安集之其不來者或居磧北既親屬分

住私相往還儉並不拘責賤但存紀綱羈縻而已及儉
移任州司謂其將叛遽以奏聞朝廷議發兵進討仍起
儉為使就觀動靜儉單騎推誠入其部落召諸首領布
以腹心咸啓顙而至便移就代州即令校檢代州事而
儉遂觀其營田每年豐熟慮其私蓄富實易生驕侈表
請和糴擬充貯備蕃人喜悅邊軍大收其利
唐將郭元振在涼州時西突厥首領烏質勒部落彊盛
款塞通和元振就其牙帳計會軍事時天大雪元振立

於帳前與烏質勒言議須臾雪深風凍元振未嘗移足
烏質勒年老不勝寒苦會罷而死其子娑葛以元振故
殺其父謀勒兵攻之副使解琬知其謀勸元振夜遁元
振曰吾以誠信待人何所疑懼且深在寇廷遁元振適
乃安臥帳中明日親入其帳哭之甚哀行弔贈之禮娑
葛乃感其義復與元振通好
郭子儀屯於涇陽僕固懷恩率蕃人為寇子儀一軍萬
餘人而蕃人圍之數重子儀使李國臣拒其東魏楚玉

當其南陳回光當其西朱元琮當其北子儀率甲騎二
千出沒左右前後人見而問曰此誰也報曰郭令公也
回紇驚曰令公存乎僕固懷恩言天可汗已棄四海令
公亦謝世中國無主故我從其來今令公存天可汗存
乎對曰皇帝萬壽無疆回紇皆曰懷恩欺我子儀又使
諭之曰公等頃歲遠涉而來萬里剪除兇逆恢復二京
是時子儀與公等周旋艱難何日忘之今一旦棄舊好
助一叛臣何其愚也且懷恩背主棄親於公等何有回

紇曰謂令公亡矣不然何以至此令公誠存安得而見之子儀將出諸將諫曰回紇之心不可信也請無往子儀曰彼有數十倍之衆今力固不敵且至誠感神況若輩乎諸將曰請選鐵騎五百衛從子儀曰適足以為害也乃傳呼曰令公來人初疑持矢待之子儀以數十騎免胄徐出而勞之曰安乎公等久同忠義又何至於是回紇皆捨兵下馬齊拜曰果吾父也子儀召其首領各飲之酒與之佳錦歡好如初

唐馬燧討李懷光于長春宮懷光將徐庭光以兵六千守宮城禦備甚嚴燧度長春不下則懷光自固攻之曠日持久所傷必多乃挺身至城下呼庭光庭光素憚燧威名拜於城下燧度庭光心已屈乃徐謂之曰我來自朝廷可西面受命庭光復拜燧乃謂之曰公等皆朔方將士祿山以來成一大勳四十餘年功伐最大奈何棄祖父之勳力背君上為滅族之計耶從吾言非止免禍富貴可圖也賊徒俱不對燧又曰爾以吾言不誠今相去不遠數步爾當射我乃披襟示之庭光感泣俯伏軍士亦泣下先一日賊焦籬堡守將尉珪以兵二千因堡降燧庭光東道既絕乃率衆出降燧以數騎徑入城處之不疑莫不畏服

唐嗣曹王李皐遷湖南觀察使前使辛京杲貪殘有將王國良鎮邵州武縣豪富京杲以死罪加之國良危懼遂散財聚衆據縣以叛諸道同討連歲不能下皐受命乃曰驅疲甿誅反側非所以奉聖朝事遣使遺國良書

曰覩將軍非敢大逆蓋遭讒嫉將軍遇我何不速降我與將軍同為辛京杲所搆我已蒙聖朝昭雪使我我何必持刀殺將軍耶將軍以為不然我以陣術破將軍陣以攻法屠將軍城非將軍所度也國良且憂且喜遣使請降亦未決皐即日赴縣受降中道候騎馳告曰國良軍中有變言降是詐也皐曰非爾輩所知遂留麾下兵單騎假稱使者徑入國良壘中國良召使者入皐遂大叫軍中曰有人識曹王否只我是國良何不速降一

軍愕眙不敢動適有識者走至傳呼曰是國良甫匐叩頭請罪皐執手約為兄弟盡焚攻取之具散倉庫給兵士令復農桑焉

用敵人

春秋時楚聲子通使於晉還如楚令尹子木與之語問晉故焉且曰晉大夫與楚孰賢對曰晉卿不如楚其大夫則賢皆卿材也如杞梓皮革自楚往也雖楚有材晉實用之今楚多淫刑其大夫逃死於四方而為之謀主

以害楚國不可救療所謂不能也子儀之亂析公奔晉晉人寘諸戎車之殿以為謀主繞角之役晉將遁矣析公曰楚師輕佻易震蕩也若多鼓鈞聲以夜軍之楚師必遁晉人從之楚師宵潰晉遂侵蔡襲沈獲其君敗申息之師於桑隧獲申麗而還鄭於是不敢南面楚失華夏則析公之為也雍子之父兄譖雍子君與大夫不善是也雍子奔晉晉人與之鄐以為謀主彭城之役晉楚遇於靡角之谷晉將遁矣雍子發命於軍曰歸老幼返疾二人役歸一人簡兵蒐乘秣馬蓐食師陳焚次明日將戰行歸者而逸楚囚楚師宵潰晉降彭城而歸諸宋以魚石歸楚失東夷子辛死之則雍子之為也子反與子靈爭夏姬而雍害其事子靈奔晉晉人與之邢以為謀主捍禦北狄通吳於晉教吳叛楚教之乘車射御驅侵使其子狐庸為吳行人焉吳於是伐巢取駕克棘入州來楚罷於奔命至今為患則子靈之為也若敖之亂伯賁之子賁皇奔晉晉人與之苗以為謀主鄢陵之役

楚晨壓晉軍而陳晉將遁矣苗賁皇曰楚師之良在其中軍王族而已若塞井夷竈成陳以當之欒范易行以誘之中行二郤必克二穆吾乃四萃於其王族必大敗之晉人從之楚師大敗王夷師熸子反死之鄭叛吳興楚失諸侯則苗賁皇之為也子木曰是皆然矣聲子曰今又有甚於此椒舉娶於申公子牟子牟得戾而亡君大夫謂椒舉女實遣之懼而奔鄭引領南望曰庶幾赦余亦弗圖也今在晉矣晉人將與之縣以比叔向彼若

謀害楚國豈不為患子木懼言諸王益其爵禄而復之聲子使椒鳴逆之

唐李愬討吴元濟初賊將吴秀琳之降愬單騎至柵下與之語親釋其縛以為衙將秀琳感恩期于效報謂愬曰若欲破賊須得李祐某無能為也祐者賊之騎將有膽略守興橋柵嘗侮易官軍去來不可備愬召其將史用誠誡之曰今祐以衆穫麥于張柴爾可以三百騎伏傍林中又使摇旗於前示將焚麥者祐素易我軍必輕而來逐爾以輕騎搏獲之用誠等如其言果擒祐而還

官軍常苦祐皆請殺之愬不聽解縛而客禮之乗間常召祐及李忠義屏人而語或至夜分忠義亦降將也愬致之左右軍中多諫愬愬益寵祐始募敢死者三千人以為突將愬自教習之愬乃拜祐為散兵馬使令佩刀巡警出入帳中略無猜間李光顔節制陳許賊悉以精卒抗光顔先是愬乗其無備夜以李祐率突將三千為先鋒李忠義副之愬自帥中軍三千田進誠以後軍三千殿而行初出文成柵衆請所向愬曰東六十里正至賊境曰張柴盡殺其戍勑士少休益治鞍鎧發刃彀弓會大雨雪天晦凜風卒苦寒抱戈僵仆者道路相望其川澤險夷張柴已東師人未蹈其境皆謂必不生還既至張柴諸將請所止愬曰入蔡州取吴元濟也諸軍咸失色監軍使哭而言曰果落李祐計中愬不聽速令進軍愬道分五百人斷洄曲路橋又分五百人斷朗山路至懸瓠城夜半雪逾甚近城有鵞鴨池愬令驚擊之以

亂軍聲賊時吴房朗山之固晏然一人知者李祐李忠義坎墉而先登敢鋭者從之盡殺守門卒而發其關留擊柝者黎明雪亦止愬入止元濟外宅蔡吏告元濟曰城已陷矣元濟猶望董仲質來救愬乃令訪仲質家資卹之使其家人持書召仲質仲質單騎而歸愬愬以客禮待之田進誠焚子城南門元濟城上請罪進誠繩梯而下之乃檻送京師

岳飛受命招捕楊幺飛所部皆西北人不習水戰飛曰

兵何常顧用之何如耳先遣使招諭之賊黨黄佐曰岳節使號令如山若與之敵萬無生理不如往降節使誠信必善遇我遂降飛表授佐武義大夫單騎按其部拊佐背曰子知逆順者果能立功封侯豈足道欲復遣子至湖中視其可乘者擒之可勸者招之如何佐感泣誓以死報時張浚以都督軍事至潭參政席益與浚語疑飛玩寇欲以聞浚曰岳侯忠孝人也岳有深機胡可易言益慚而止黄佐襲周倫砦殺倫擒其統制陳貴等飛

上其功遷武功大夫統制任士安不禀王𤫙令軍以此無功飛鞭士安使餌賊曰三日賊不平斬汝士安宣言岳太尉兵三十萬至矣成見止士安軍併力攻之飛設伏士安戰急伏四起擊賊走會召浚還防秋飛袖小圖示浚浚欲待來年議之飛曰已有定畫都督能少留不八日可破賊浚曰何言之易飛曰王四廂以王師攻水寇則難飛以水寇攻水寇則易水戰我短彼長以所短攻所長所以難若因敵將用敵將用敵兵奪其手足之助離其腹心之託使孤立而後以王師乘之八日之内當俘諸酋浚許之飛遂如鼎州黄佐招楊欽來降飛喜曰楊欽驍悍既降賊腹心潰矣表授欽武義大夫禮遇甚厚乃復遣歸湖中欽説余端劉詵等降飛詭罵欽曰賊不盡降何來也杖之復令入湖是夜掩賊營降其衆數萬么負固不服方浮舟湖中以輪激水其行如飛旁置撞竿官舟迎之輒碎飛伐君山木為巨筏塞諸港汊又以腐木亂草浮上流而下擇水淺處遣善罵者挑之

且行且罵賊怒來追則草木壅積舟輪礙不行飛亟遣兵擊之賊奔港中為筏所拒官軍乘筏張牛革以蔽矢石舉巨木撞其舟盡壞么投水牛皐擒斬之飛入賊壘餘酋驚曰何神也俱降飛親行諸砦慰撫之縱老弱歸田籍少壯為軍果八日而賊平浚歎曰岳侯神算也初賊恃其險曰欲犯我者除是飛來至是人以其言為讖獲賊舟千餘鄂渚水軍為沿江之冠詔兼蘄黄制置使金達蘭在承楚欲為久駐之基呣然有小視江左之意

劉光世知其久去國戍遠方其衆思歸而有嗟怨為聲也謂可以離間其心即命鑄三色錢以金銀銅為之其文曰招納信寳背有使押字為號獲其人之稍解事者貸而不殺說諭彼我利害向背曲折錢以酒殽俾持錢密示儕輩有欲歸附者執錢為信而納之自是歸者不絶未幾得金國契丹渤海漢兒萬人無室家者則為之取婦給良馬器仗使出戰前後立功為最創立奇兵赤心兩軍

詭道

後周時尉遲迥作亂以宇文忻韋孝寬擊之迥遣子惇盛兵武涉忻擊走之進臨相州迥遣甲兵三千伏野馬岡忻以五百騎襲之斬獲略盡進至草橋迥又拒守忻以奇兵破之直趨鄴下迥背城結陣大戰官軍不利時鄴城士庶觀戰者數萬人忻謂左右曰事急矣吾當以權道破之於射觀者走之轉相騰藉聲如雷霆忻乃傳呼曰賊敗矣衆復振齊力急擊之迥軍大敗

齊侯執陽虎將東之陽虎願東乃囚諸西鄙盡借邑人之車鍥其軸麻約而歸之載葱靈寢於其中而逃

唐高宗遣將軍裴行儉討突厥於黑山至朔州謂其下曰用兵之道撫士貴誠制敵尚詐前日蕭嗣業糧運為突厥所掠士卒凍餒故敗今突厥必復為此謀宜有以詐之乃為糧車三百乘每車伏壯士五人各持陌刀勁弩以羸兵數百為之援且伏精兵於隘要以待之賊果至羸兵棄車散走賊驅車就水草解鞍牧馬方擬取糧壯士自車中躍出擊之賊驚走復為伏兵邀殺獲幾盡

自是糧運無敢近者

後周將賀若敦率騎六千渡江取陳相州陳將侯瑱討之江路遂斷糧援既絶人懷危懼敦於是分兵抄掠以充資費恐瑱等知其糧少乃於營內聚土覆之以米因召側近村人佯有所訪問令於營外遥見遂即遣之瑱等聞以為實乃據守要險欲曠日老之敦又增脩營壘造廬舍示以持久敦軍數有叛人投瑱瑱遂納之敦又

别取一馬牽以趨船令船中逆以鞭鞭之如是者再三馬便畏船不上後伏兵於江岸遣人乘畏船馬以招瑱軍詐稱投附瑱便遣兵迎接兢來牽馬即既畏船不上敦發伏掩之盡殪又湘羅之人乘輕船載米粟及籠雞鴨以餉瑱軍敦患之乃偽為土人裝船伏甲士於中瑱兵見之謂餉船之至逆來爭取敦甲士出而擒之此後實有饋餉及亡命奔瑱者猶謂之設詐逆遣扞擊并不敢受相持歲餘瑱不能制

東晉將劉裕北征廣固嶺南賊將徐道覆說其帥盧循曰今日之機萬不可失既克都邑劉裕雖還無能循也循從之初道覆密欲裝舟船乃使人伐船材於南康山云將下都貨之稱力少不能得致即賤賣之價數數倍居人貪賤賣衣物而市之贛石水急出船甚難皆儲之如是者數四故船板大積而百姓勿之疑及道覆舉兵案賣券而取之無得匿者乃并裝之旬日而辦遂舉衆寇南康廬陵豫章諸郡守將皆委任奔走

梁武帝為雍州刺史日招聚驍勇以萬數因命案行城西空地將起數十間屋為止舍多伐材竹沈於檀溪積茅若山阜皆未之用中兵叅軍吕僧珍獨悟其旨因私具櫓數百張及兵起悉取檀溪材竹為船艦葺之以茅并即辦衆軍皆發諸將須櫓甚多僧珍乃出先所具每船付二張爭者乃息武帝以僧珍為輔國將軍出入臥内

隋開皇中文帝大議伐陳諸將皆云大江闊遠兵不習

水以此為疑若一登南岸秦兵一可當百襄邑公賀若弼獻十策其一請多造船須船既多賊必防礙更其今南地無馬請付傍江渚州二十歲已上老馬令飼以平陳為名賊必懼而求馬以戰密敕刺史令私賣博大船江南下濕特不宜馬不逾周年并當死盡終不為彼用陳主叔寶果大造船市馬輸船既多方覺不便而止髙熲請所博得造運諸州米貯壽陽穿大池以宋蓮遊遨為名造船敎水戰仍以賀若弼為壽州總管終以此平

陳

權奇

唐王忠嗣在朔方每至互市時即高估馬價以誘之諸蕃聞之競來求市輙買之故蕃馬益少而漢軍益壯及在河隴又奏請朔方河東戎馬九千匹以實之其軍又壯迄於天寶末戰馬蕃息賴其用焉

唐西域薛延陁同羅僕骨回紇等衆合二十萬渡漠屯白道川據善陽嶺以擊突厥可汗李厮摩之部思摩引

其種落走朔州留精騎以拒戰薛延陁乘之及塞太宗乃令張儉李靜等率兵數道擊之太宗戒之曰延陁負其兵力踰漠而來經途數千里馬已疲瘦夫用兵之道先利速進不利速退吾先勑思摩燒雜秋草延陁糧肉日盡野無所獲頃有偵者來云其馬齧嗷林木枝皮略盡卿等犄角思摩不須前戰俟其將退一時奮擊制勝之舉也先是延陁擊沙鉢羅及阿史那社爾等皆以步戰而勝及其將來寇也先講武於國中教習步戰每五人以一人經習戰陣者使執馬而四人前戰克勝即援馬以追奔失於應接罪至於死沒其家口以賞戰人至是遂行其法突厥兵先合輙退延陁乘勝而逐之勣兵拒擊而延陁弓矢俱發傷我戰馬李勣乃令去馬步戰率長矟數百為隊齊奮以衝之其衆潰散副總管薛萬徹率數千騎收其執馬者其衆失馬莫知所從因擊之乃大敗

吳將周瑜使甘寧據夷陵魏將曹仁圍寧呂蒙往救之乃命遣三百人柴斷險道賊走可得其馬軍到夷陵即

交戰所殺過半賊夜遁去行過柴道騎皆捨馬步進蒙兵蹙擊獲馬三百匹方船載還

春秋時邾人城翼將還自離姑大夫公孫鉏曰魯將樂我欲自武城還循山而南大夫徐鉏曰道下遇雨將不出是不歸也遂自離姑武城人塞其前斷其後之木而弗殊邾師過之乃推而蹷之遂取邾師

劉錡順昌之戰戒甲士人帶竹筒其中實以煮豆入陣

則割棄竹筒狠藉其豆於下敵馬饑聞豆香低頭食之又多為竹筒所滚脚下不得地以故士馬俱斃錡大勝馬

宋岳飛與烏珠戰初烏珠有勁軍皆重鎧貫以韋索三人為聯號拐子馬官軍不能當是役也以萬五千騎來飛戒兵卒以麻札刀入陣勿仰視第斫馬足拐子馬相連一馬仆二馬不能行官軍奮擊遂大敗之烏珠大慟曰自海上起兵皆以此勝今已矣

魏曹操軍行失道三軍皆渴公令曰前面有大梅林饒子酸可以解渴士卒聞之口皆出水遂及前水

梁庾城為華陽太守後魏軍攻圍南郡時糧儲寡少人懷恟懼州有空倉數十所域手自封題指示將士此中粟皆滿足支二年但努力堅守衆心遂安敵退

宋將宗慤征林邑逕入象浦有渠南來注浦宋師逼渠置陣林邑王傾國來逆限渠不得渡以其裝被象諸將憚之請待前後軍進然後擊慤曰不然吾已屠其堅城破其銳衆我氣方勵彼已破膽以戰可定何疑焉慤以為外國有獅子威伏百獸乃製其形與象相禦象果驚奔衆因此潰亂慤率兵直渡渠奮擊其衆奔散遂克林邑

隋將劉方率兵討林邑國其王梵志率其徒乘巨象而戰方軍不利於是掘小坑以草覆其上因以兵挑之梵志悉衆而陣方詐為奔北梵志逐之至坑所其象多陷轉相驚駭軍遂亂方縱兵奮擊大破之

魏司馬懿帥師拒諸葛亮于渭南相持百餘日亮卒於軍中及軍退追之關中多蒺藜懿使軍士二千人著軟材平底木屐前行蒺藜悉著屐然後馬步俱進

吳將賀齊討黟歙賊帥陳僕祖山等二萬人屯林歷其歷山四面壁立高數十丈逕路阨狹不容方楯賊臨高下石不得仰攻軍住經月將吏患之齊身出周行觀視形便陰募輕捷士為作鐵戈密於隱險賊所不備處以戈拓山為緣道道成夜令人潛上乃多懸布以援下人

得上百數十人四面流布俱鳴鼓角齊勒兵待之賊夜聞鼓聲四合為大軍悉已得上驚懼惑亂不知所為守路備險者皆走還依衆大軍因是得上其中有善禁術吴師刀劍不得拔弓弩射矢皆還自向輒致不利齊曰吾聞之雄黄勝五兵還丹能威敵夫金有刃虫有毒者皆可禁之以無刃之兵不毒之虫彼必無能為也遂伐木為梧列陣四面羅列俱鳴鼓角勒兵待曙賊惶遽無依禁術不效遂大破而降之

獠尚鬼宋狄青征儂智高時大兵始出林林之南道旁有一大廟人謂其神甚靈青遽為駐節而禱之因祝曰勝負無以為據乃取百錢自持之且與神約果大捷則投此期盡錢面也左右諫止儻不如意恐不免沮師青不聽萬衆方聳視已揮手倏一擲則百錢盡紅矣於是舉軍歡呼聲震野青大喜顧左右取百釘來即隨錢疎密布地而釘帖之加諸青紗籠復手自封焉曰俟凱旋當謝神取錢其後破崑崙關敗智高平邕管及師還如言取錢與幕府士大夫共視之乃兩字錢也

宋种世衡居西邊党項犯邊有明珠族首領驍悍最為邊患世衡欲以計擒之聞其好擊鼓乃造一馬持戰鼓以銀裹之極華焕密使諜者陽賣之入明珠族後乃擇驍卒數百人戒之曰凡有負銀鼓隨者併力擒之一日羌酋負鼓而出遂為所擒

宋周虎者據蕪湖縣邵青以舟船至蕪湖縣乃遣人與戰一日七敗叅議魏曦以小舟觀戰江中既而告青曰

吾知所以敗亦知所以勝矣彼以紅巾軟纏與我之號一同故與戰則不能分彼我所以必敗宜易其號則勝矣青然之乃令其衆皆作鑽風角子俄附墨而行遇戰則去其紅巾惟見鑽風角子又用墨抹槍子眼下如伶人雜劇之戲者及口吹呌一戰勝周虎無錄青遂駐于蕪湖

武編後集卷一

欽定四庫全書

子部

武編後集卷二

詳校官檢討臣何思鈞

總校官編修臣朱鈐
校對官編修臣朱絃
謄録監生臣秦文邦

武編後集卷二

明　唐順之　撰

息亂

令狐楚為河陽節度使時烏重胤移鎮滄景以河陽銳卒三千人為牙兵士卒不願出鄉至中路潰散不敢歸屯於境上時楚未至聞之即疾馳赴鎮潰卒亦已至城北將大寇掠楚單車出迎諭以逆順咸令兵士弛弓釋甲用之為先驅以歸仍斬其首惡衆遂定五代李茂真為鳳翔節度性至寬有部將符昭者人或告其謀變茂真親至其家去爪牙熟寢經宿而還上下遂服之

後漢誅王郎收文書得吏人與郎交關謗毁者數千章光武不省會諸將畢燒之曰令反側子自安

東晉盧循寇建業劉道規為荆州刺史遣將軍檀道濟等赴援朝廷至潯陽為循黨荀林所破林乘勝伐江陵聲言徐道覆已克建業而桓謙自長安入蜀譙縱以謙

荆州刺史與其大將譙道福俱寇江陵荆楚既桓氏義
舊並懷異心道規乃會將士戒之曰桓謙今在近畿聞
諸君頗有去就之計吾東來文武足以濟事欲去者不
禁因夜開城門衆咸憚服莫有去者時雍州刺史魯宗
之自襄陽來赴或謂宗之未可測道規乃單車迎之衆
咸感悦乃使宗之居守委以心腹率諸將破斬謙及荀
林初謙至枝江江陵士庶皆與謙書言城内空實道規
一皆焚燒衆乃羣趣江漢士庶感其焚書之恩無二志

西魏王羆守華州時西魏師與東魏師戰於河橋不利
東魏降卒趙青雀據長安城所在莫有固志羆聞之乃
大開城門召軍人謂之曰女聞天子敗績不知凶吉諸
人相驚咸有異志王羆受恩於此以死報恩諸人若有
異圖可來見殺必恐陷没者亦任出城如有忠誠能與
王羆同心者可共固守軍人見其誠信皆無異志
宋元徽中桂陽王休範舉兵於潯陽朝廷惶駭時與褚
淵等集中書省議莫有言者蕭道成曰昔上流謀逆皆
因淹緩以敗休範必遠懲前失輕兵急下乘我無備請
屯新亭以當其鋒因索筆下議餘皆注同中書舍人孫
千齡與休範有密契獨曰宜依舊遣軍據梁山道成正
色曰賊今已近梁山豈可得志新亭既是兵衛所欲以
死報國耳乃單車白服至新亭築城壘未畢賊前軍已
至道成方解衣高卧以安衆心乃索白虎旛登西垣使
寧朔將軍高道慶等浮舸與賊水戰大破之斬休範首
餘賊進至杜姥宅車騎典籤茅恬開東府納賊宫内傳

新亭亦陷太后執蒼梧王手泣曰天下事敗矣道成遣
軍主陳顯達等從石頭濟淮閻道自承明門入衛宫闕
時休範典籤許公與詐稱休範在新亭士庶惶惑詣壘
期赴休範投名者千數及至乃是道成隨得輒燒之登
城北謂曰劉休範父子皆已死戮屍在南岡下觀汝等
名皆已焚除勿懼也臺中遣衆軍擊平賊黨道成振旅
凱入百姓緣道聚觀曰全國家者此人也

定亂

曹瑋知渭州有告戍卒十餘人叛入夏國者瑋方對客奕棋不應軍吏亟白之瑋怒叱之曰吾固遣之去汝再無顯言也夏人即斬叛者投其首境上

趙世隆本磁州書佐宗澤在磁以為中軍將澤既去以州事付兵馬鈐轄李侃金人圍磁州急州有禁軍有民兵民兵甚衆禁軍恐其勢盛將校郭進乃作亂世隆與進謀遂殺侃以通判趙子節權州事至是世隆與其弟世興將三千人歸澤將士頗疑之澤曰世隆吾一校耳

必無他有所訴也乙卯世隆入拜澤面詰之世隆辭服澤笑曰河北陷沒而吾宋法令上下之分亦陷沒邪命引出斬之時衆兵露刃於庭世興佩刀侍側左右皆懼澤徐語世興曰汝兄犯法當誅汝能奮志立功足以雪世興感泣會滑州報敵騎留屯城下澤謂世興曰試為我取滑州世興忻然受命世興至滑州掩敵不備急攻之斬首數百得州以歸宗澤復厚賜之時有降寇趙海者屯板橋輙塹路以阻行者管軍閭椋蜀者八人過其

壘海怒而繫之覘事者以告澤名之海以甲士五百自衛而入澤方對客海具伏即械之繫之獄客曰彼甲士甚衆姑徐之澤笑謂其次將曰領衆還營明日誅海於市聞者股慄統制官楊進屯城南王善者有衆二千餘皆山東游手之人先進來降屯城北二人氣不相下一日各率所部千餘相拒於天津橋都人頗恐澤以片紙諭之曰為國之心固如是耶當戰陣立功時勝負自見二人相視慙沮而退

初利州都統王夔素殘悍號王夜叉恃功驕恣桀驁不受節度所至刼掠每得富家穴箕加頸四面然箕謂之蓺蝕月以弓弦繫鼻下高懸於格謂之錯繫喉縛人兩股以木交壓謂之乾榨油以至用醋灌鼻惡水灌耳口等毒虐非一以脅取金帛稍不遂意即死其手蜀人患苦之且悉斂部將倅馬以自入將戰乃高其估責與之朝廷雖知其不法在遠不能詰也大帥處分少不嗛其意則百計撓之使不得有所為余玠至嘉定夔帥所部

兵迎謁纔羸弱二百人玠曰久聞都統兵精今疲敝若此殊不稱所望夔對曰夔兵非不精所以不敢即見者恐驚從人耳頃之班聲如雷江水為沸聲止圓陣即合旗幟精明器械森然沙上之人彌望若林立無一人敢輒亂行者舟中皆戰掉失色而玠自若也徐命吏班賞有差夔退謂人曰儒者中迺有此人玠久欲誅夔獨患其握重兵居外恐輕動危蜀謀於親將楊成成曰夔在蜀久所部精兵前時大帥夔皆勢出其右意不止此也

視侍郎為文臣必不肯甘心從令今縱弗誅養成其勢後一舉足西蜀危矣玠曰我欲誅之久矣獨患其黨與衆未發耳成曰侍郎以夔在蜀久有威名郭與吳氏夔固弗若也夫吳氏當中興危難之時能百戰以保蜀傳之四世恩威益張根本益固蜀人知有吳氏而不知朝廷一旦曦為畔逆誅之如取狐豚況夔無吳氏之恩而有曦之逆心恃貅兕之勇敢慢法度縱兵殘民奴視同列非有吳氏得人之固也今誅之一夫力耳待其發而取之難矣玠意遂決夜召夔計事潛以成代領其衆夔纔離營而新將已單騎入矣將士皆愕眙相顧不知所成以帥指譬曉之遂相率拜賀夔至斬之成因察其所與為惡者數人稍稍以法誅之餘俱不問一軍遂定此為善與定亂者

漢景帝時吳楚反周亞夫將兵繫之吳楚乏糧欲退數挑戰不出夜軍中驚内相攻擊擾亂至於帳下亞夫堅卧不起頃之復定

魏將張遼以荊州未定屯長社臨發軍中有謀反者夜驚亂起火一軍盡擾遼謂左右勿動是不一營盡反必有造變者欲以動亂衆人耳乃令軍中其不反者安坐遼親將兵數十人中陣而立有頃即定得首謀者並誅之

宋安守忠知雄州方與寮佐宴飲有軍校謀變衷甲及門閽吏狼狽入白守忠言笑自若徐顧坐客曰此輩酒狂耳即時擒獲人頗服其量

唐大歷中城涇州叚秀實為留後馬璘奉詔徙鎮涇州其士衆嘗自四鎮北庭赴難中原居僑驟移頗為勞怨刀斧將王童之因人心動搖導以為亂或告其事且曰候嚴警鼓為約矣秀實乃召鼓人佯怒失節且戒曰每更籌箒盡必來報每更輙延數刻四更畢而曉既差互亂不能作告者復曰今夜將焚草場期救火者同作亂秀實嚴警備夜半火發令軍中曰救火者斬之童之居外營請入救火不許明日斬之王翃為河中少尹有悍將凌正者横暴擾軍政約至夜鼓譟斬關以逐翃有告翃縮夜漏數刻以差其期賊驚遠遁遂誅正軍城安

宋師平成都綿州都校全師雄謀叛賊約以三鼓攻城裨將曹翰諜知之戒掌漏者曰擊二鼓賊衆不集至明而遁我師襲破之

宋檀祇為廣陵相亡命司馬國璠兄弟自北徐州界聚衆四百潛過淮因天陰闇夜率百許人緣廣陵城得入叫喚直上廳事祇驚起出門將處分賊射之傷却入祇密語左右曰賊乗暗得入掩我不備但打五更賊懼曉必逸賊聞鼓鳴將謂曉於是奔散追討盡獲之

宋太祖朝劍外初平馮瓚知梓州視事纔數日偽軍校上官進嘯聚士卒三千餘衆劫村民數萬人夜攻州城瓚曰賊乘夜奄至此烏合之衆以箠梃相逵擊必無固志正可持重以鎮之待旦自潰矣衆巡城密令促其更籌未夜分擊五鼓賊悉遁去因縱兵追之擒上官進斬之市招誘餘黨得千餘人並赦其罪令復業郡境以安

軍校呂翰殺武懷節據嘉州叛曹翰及諸將奪其城諜賊約三鼓復來攻翰戒知更使緩伺晨猶二鼓賊衆不集而潰因而破之

唐曲環鎮許州劉昌裔為營田副使有兵馬使安國寧與留後上官說不善謀反以城降蔡賊事洩昌裔密計斬之即名其麾下千餘人人賞縑二疋伏兵要諸巷令持縑者悉斬之無一人得脫

東魏西荆為梁將曹義宗所圍東魏名人赴救慕容儼應募赴之時魏北涓太守宋帶劍謀反儼乃帥騎出其不意直指城下語云大軍已到太守何不出迎帶劍惶恐不知所為便出迎儼即擒之一部遂定

唐高祖為山西河東道撫慰大使率兵以禦羣盜行至太平關遇賊數千人時所將兵少左右皆懼高祖謂之此烏合之衆易與耳因率精騎十二人出擊之所向皆靡衆情始定併力奮擊遂大破之

撫降

後漢更始初光武為蕭王定河北諸賊銅馬餘衆降封其渠帥為列侯降者猶不自安光武知其意勑令各歸營勒兵乃自乘輕騎案行部陣降者皆相語曰蕭王推赤心置人腹中安得不投死乎由是皆降

隋絳郡賊柴保昌等有衆八萬煬帝令户部尚書樊子蓋擊之子蓋深溝高壘不敢決戰有來歸首者不問多少必坑之由是莫敢降賊徒日盛連年不能克煬帝乃令唐高祖代之賊有來降者皆引致左右推赤心以待之人人自安願効死力其黨相謂曰我輩本無逆心徒以政令嚴酷懼死為盜耳前後首者皆為子蓋所殺窮無所歸今唐公與人無隔恩意如此我輩知不死矣遂相率歸前後至者數萬人餘賊散走他郡

唐淮西既平裴度為節度招撫使蔡人大悦舊令途無偶語夜不然燭人或以酒食相過從者以軍法論度乃約法惟盜鬬殺外餘盡除之其往來者不復以晝夜為

限蔡之遺黎始知有生人之樂度以蔡卒為牙兵或以為反側之徒其心未安不可自去其備蔡笑而答曰吾受命為帥元惡就擒蔡人即吾人也父老無不感泣

後漢初河南賊張步據齊地漢將耿弇討敗之步肉袒負斧鑕於軍門弇傳步詣行在所勒兵入據其城樹十二郡旗時步衆尚十餘萬輜重七十餘兩弇令降軍各以郡人詣旗下皆罷遣軍人令歸鄉里齊地悉平

後魏末河北賊葛榮為魏將爾朱榮所擒餘衆悉降榮

以賊徒既衆若即分割恐其疑懼或更結聚乃下令各
從所樂親屬相隨任所居止於是羣情悅喜兵即四散
數十萬衆一時散盡待出百里之外乃始分道押領隨
便安置咸得其宜擢其渠帥量才授用親附咸安時人
服其處分機速

隋山獠作逆以衛玄為資州刺史以鎮撫之玄既到官
時獠攻圍太平鎮玄單騎造其營謂羣獠曰我是刺史
銜天子詔安養汝等毋驚諸賊莫敢動於是說以利害

渠帥感悅解兵歸服者十萬餘

唐將兵行恭大業末聚兵有衆二萬保固郡城百姓多
附之原州奴賊數萬人圍扶風郡太守竇璡堅守經數
月賊中食盡野無所掠衆多離散投行恭者千餘騎行
恭遣其酋渠說諸奴賊兵迎義軍行恭又率五百人皆
負米麥持牛酒詣賊營奴帥長揖行恭呼斬之謂其
衆曰汝等並是好人何因事奴為主使天下號為奴賊
衆皆俯伏曰願改事公行恭率其衆共謁太宗於渭橋
北

張儉前在朔州屬李靖平突厥之後有思結部落貧窮
離散儉招慰安集之其不來者或居磧北既親屬分住
私相往還儉並不拘責賤但存紀綱羈縻而已及儉移
任州司謂其將叛遽以奏聞朝廷議發兵進討仍起儉
為使就觀動靜儉單馬推誠入其部落召諸首領布以
腹心咸啟顙而至便移就代州即令檢校代州都督儉
遂觀其營田每年豐熟慮其私蓄富實易生驕侈表請

和糴擬充貯備蕃人喜悅邊軍大收其利

唐將郭元振在涼州時西突厥首領烏質勒部落強盛
款塞通和元振就其牙帳計會軍事時天大雪元振立
於帳前與烏質勒言議須臾雪深風凍元振未嘗移足
烏質勒年老不勝寒苦會罷而死其子娑葛以元振故
殺其父謀勒兵攻之副使解琬知其謀勸元振夜遁元
振曰吾以誠信待人何所疑懼且深在寇廷遁將安適
乃安卧帳中明日親入其帳哭之甚哀行弔贈之禮娑

葛乃感其義復與元振通好

郭子儀屯於涇陽僕固懷恩率回紇來寇子儀一軍萬餘人而回紇圍之數重子儀使李國臣拒其東魏楚玉當其南陳回光當其西朱元琮當其北子儀率甲騎二千出沒左右前後敵見而問曰此誰也報曰郭子儀也回紇驚曰令公存乎僕固懷恩言天可汗已棄四海令公亦謝世中國無主故我從其來今令公存天可汗存乎對曰皇帝萬壽無疆回紇皆曰懷恩欺我子儀又使

諭之曰公等頃歲遠涉萬里翦除兇逆恢復二京是時子儀與公等周旋艱難何日忘之今一旦棄舊好助一叛臣何其愚也且懷恩背主棄親於公等何有回紇曰謂令公亡矣不然何以致此令公誠存安得而見之子儀將出諸將諫曰外國之心不可信也請無往子儀曰敵有四十倍之衆今力固不敵且至誠感神況若輩乎諸將曰請選鐵騎五百衛從子儀曰適足以為害也乃傳呼曰令公來敵初疑持矢待之子儀以數十騎免冑徐出而勞之曰安乎公等久同忠義又何至於是回紇皆捨兵下馬齊拜曰果吾父也子儀召其首領各飲之酒與之佳錦歡好如初

馬燧討相懷光於長春宮懷光將徐庭光以兵六千守宮城築備甚嚴燧度長春不下則懷光自固攻之曠日持久所傷必多乃挺身至城下呼庭光庭光素憚燧威名拜於城上燧度庭光心已屈乃徐謂之曰我來自朝廷可西面受命庭光復拜燧乃喻之曰公等皆朔方

將士祿山以來首建大勳四十餘年功伐最高柰何棄祖父之勲力背君上為滅族之計也耶從吾非止免禍富貴可圖也賊徒皆不對燧又曰爾以吾言不誠今相去不遠數步爾當射我乃披襟示之庭光感泣俯伏軍士亦泣下先一日賊焦籬堡守將尉珪以兵二千因堡降燧庭光東道既絕乃率衆出降燧以數騎徑入城處之不疑莫不畏服

唐嗣曹王李臯遷江南觀察使前使辛京杲貪殘有將

王國良鎮郃州武岡縣豪富京杲以死罪加之國良危懼遂散財聚衆據縣以叛諸道同討連歲不能下臯受命乃曰驅疲甿誅反側非所以奉聖朝事遣使遺國良書曰觀將軍非敢大逆蓋遭讒嫉將軍遇我何不速降我與將軍同為辛京杲所搆我已蒙聖朝昭雪使我我何必持兵殺將軍耶將軍以為不然我以陣術破將軍陣以攻法屠將軍城非將軍所度也國良且憂且喜遣使請降亦未決臯即日赴縣受降中道有候騎馳告曰

國良軍中有變言降是詐也臯曰非爾輩所知遂留麾下兵單騎假稱使者徑入國良壘中國良名使者入臯遂大呼軍中曰有人識曹王否只我是國良何不速降一軍愕眙不敢動適有識者走至傳呼曰是國良匍匐叩頭請罪臯執手約為兄弟盡焚攻取之備散倉庫給兵士令復農桑焉

招降

昭公十三年魯叔弓帥師圍費弗克敗焉平子怒令見費人執之以為囚俘冶區夫曰非也若見費人寒者衣之饑者食之為之令主而供其乏困費來如歸南氏亡矣民將叛誰與居邑若憚之以威懼之以怒民疾而叛為之聚也若諸侯皆然費人無歸不親南氏將焉入矣平子從之費人叛南氏

蜀時關羽圍魏樊城留兵將備公安及南郡吳將呂蒙襲之兵到南郡羽下將糜芳降蒙入據城盡得羽及將士家屬皆撫慰約令軍中不得干歷人家有所求取

蒙麾下士是汝南人取民家一笠以覆官鎧官鎧雖是公事蒙猶以為犯軍令不可以鄉里故而廢法遂垂涕斬之於是軍中震慄道不拾遺旦暮使親近存恤耆老問所不足疾痛者給醫藥饑寒者賜衣糧羽府藏財寶皆封閉以待孫權至羽還在道路數使人與蒙相聞蒙輒厚遇其使周城中家家致問或手書示信羽人還私相參訊咸知家門無恙見待過於平時故羽吏士無鬭心會權尋至羽自知孤窮乃走麥城西至漳鄉衆皆委

羽而降權

晉羊祜都督荆州諸軍率營兵出鎮南夏開設庠序綏懷遠近甚得江漢之心與吳人開布大信降者欲去皆聽之吳石城守去襄陽七百餘里每為邊害祜患之竟以詭計令吳罷守於是戍邏減半分以墾田八百餘頃大獲其利祜之始至也軍無百日之糧及至季年有十年之積祜以孟獻營武牢而鄭人懼晏弱城東陽而萊子服乃進據險要開建五城收膏腴之地奪吳人之資

石城以西盡為晉有自是降者前後不絕乃增修德信以懷柔初附將帥有欲進譎詐之策者輒飲以醇酒使不得言人有略吳二兒為俘者祜遣送還其家後吳將夏詳等來降二兒之父亦率其屬與俱吳將陳尚潘景來寇祜追斬之美其死節而高之厚加殯斂景尚子弟迎喪祜以禮遣還吳將鄧香掠夏口祜募生縛香既至宥之香感其恩率部曲而降祜出軍行吳境刈穀為糧皆計所侵送絹償之每會衆江沔遊獵常止晉地若禽獸先為吳人所傷而為晉兵所得者皆封還之於是吳人翕然悅服稱為羊公不之名也祜與陸抗相對使命交通抗稱祜之德雖樂毅諸葛孔明不能過也抗嘗病祜饋之藥抗服之無疑心人多諫抗抗曰羊祜豈酖人者時談以為華元子反復見於今抗每告其戍曰彼專為德我專為暴是不戰而自服也

隋桂州人李光仕舉兵作亂隋將周法尚討之光仕帥勒勁兵保白石洞法尚捕得其弟光度光度大獲家口

其黨有來降附者輒以妻子還之居旬日降其數千人法尚遣兵列陣以當光仕親率奇兵蔽林設伏兩陣始交法尚馳擊其柵柵中人皆走散光仕大潰追斬之

岳飛攻賊李成將馬進賊駭亂退走飛使人呼曰不從賊者坐吾不殺汝坐而降者八千餘人賊大敗

後漢更始初光武為蕭王定河北諸賊銅馬餘衆降封其渠帥為列侯降者猶不自安光武知其意勑令各歸營勒兵乃自乘輕騎按行部陣降者皆相語曰蕭王推

赤心置人腹中安得不投死乎由是服

隋絳郡賊柴保昌等有衆八萬煬帝令户部尚書樊子蓋擊之子蓋深溝高壘不敢決戰有來歸首者不問多少必坑之由是莫敢降賊徒日盛連年不能克煬帝乃令唐高祖代之賊有來降者皆引致左右推赤心以待之人人自安願効死力其黨相謂曰我輩本無逆心徒以政令嚴酷懼死為盜耳前後首者皆為子蓋所殺窮無所歸今唐公與人無隔恩意如此我輩知不死矣遂

相率歸前後至者數萬人餘賊散走他郡

唐淮西既平裴度為節度招撫使蔡人大悦舊令途無偶語夜不然燭人或以酒食相過從者以軍法論度乃約法惟盜鬬殺外餘盡除其往來者不復以晝夜為限蔡之遺黎始知有生人之樂度以蔡卒為牙兵或以為反側之徒其心未安不可自去其備度笑而答曰吾受命為將元惡就擒蔡人即吾人也父老無不感泣

漢楚相持之際項羽擊陳留外黄外黄不下數日降羽悉令男子十五以上詣城東欲坑之外黄令舍人兒年十三往説羽曰彭越強刼外黄外黄恐故且降待大王大王至又坑之百姓豈有所歸心哉從此以東梁地十餘城皆恐莫肯下矣羽然其言乃赦外黄當坑者而東至睢陽聞之皆爭下

宋檀道濟為高祖北伐前鋒至洛陽凡拔城破壘俘四千餘人議者謂應戮以為京觀道濟曰伐罪弔民正在今日皆釋而遣之於是遠近感悦相率歸之者衆

唐懐安王孝恭討蕭銑銑降時諸將咸曰銑之將帥與官軍拒戰罪狀既重當籍没其家以賞將士李靖曰王者之師義存弔伐百姓既受驅逼相戰豈其所願且犬吠非主豈容同叛逆之科此蒯通所以免大戮於漢祖也今新定荆郢宜弘寛大以慰遠近之心降而籍之恐非救焚拯溺之義但恐自此以南城鎮堅守不下非計之善遂止江漢城邑聞之莫不爭下

唐元和中魏博義成軍送擒獲逆賊李師道下都知兵

馬使夏侯澄等四十七人上並從釋放仍却赴遞送軍前驅使如緣父母猶在賊中或羸老疾病情切歸還者仍量事優給放去及澄等至行營賊覘知之潛相傳告由是叛徒皆感朝廷恩繼有降者

後漢初河南賊張步據齊地漢將耿弇討敗之步肉袒負斧鑕於軍門弇傳步詣行在所勒兵入據其城樹十二郡旗幟步衆尚十餘萬輜重七千餘兩弇令降軍各以郡人詣旗下皆罷遣軍人令歸鄉里齊地悉平

後魏末河北賊葛榮為魏將爾朱榮所擒餘衆悉降榮以賊徒既衆若即分割恐其疑懼或更結聚乃下令各從所樂親屬相隨任所居止於是羣情喜悅兵即四散

蜀諸葛亮南征所在戰捷聞孟獲者為南人所服募生致之既得之使觀營陣之間問曰此軍何如對曰向者不知虛實故敗今蒙賜觀營陣若祇如此即易勝耳亮笑縱使更戰七縱七擒而亮又遣獲獲不去曰公天威也南人不復反矣遂至滇池南中悉平

陳禎明三年隋師濟江宜黃侯慧紀遣將呂肅據巫峽肅竭私財以充軍用隋將楊素奮兵擊之四十餘戰隋軍死者五千餘人陳人盡取其鼻以求功既而隋軍屢捷獲陳之士三縱之肅乃遁走

唐太宗討薛仁杲率左右二千餘騎追奔直趣折墌以乘之仁杲列陣城下太宗據涇水以臨賊陣賊徒氣阻無敢進戰其驍將渾幹等數人臨陣來降請還取馬太宗遣之於是各乘良馬須臾並至

唐高仁厚為西川押牙是時下官田令孜同父兄陳敬瑄為西川節度敬瑄多遣人歷縣鎮調事謂之尋事人所至多所求取有二人過資陽鎮獨無所求鎮將謝弘讓邀之不至自疑有罪夜亡入羣盜中明旦二人去弘讓實無罪也捕盜使楊遷因其自首而執以送使去討擊禽獲以求功敬瑄不之問杖弘讓脊二十釘西城二七日煎油潑之又以膠麻掣其瘡備極慘酷見者寃之又有卭州牙官阡能問其慘酷期避杖亡命為盜楊遷

復誘之能方出首聞弘讓之寃大駡楊遷發憤為盜驅掠良民不從者舉家殺之踰月衆至萬人立部伍署職級横卭雅二州間攻陷城邑所過塗地先是蜀中少盜賊自是紛紛競起州縣不能制敬瑄遣牙將楊行遷等三師各將三千人以討之阡能黨愈熾浸淫入蜀州境陳敬瑄以楊行遷等久無功以仁厚為都招討指揮使將兵五百人往代之未發前一日有鬻麪者自旦至午出入營中數回邏者疑之執而訊之果阡能之諜也仁

厚命釋縛溫言問之對曰某村民阡能囚其父母妻子於獄云汝詗事歸得實則免汝家不然盡死某非二爾也仁厚曰誠知汝如是我何忍殺之今縱汝歸救汝父母妻子但語阡能云高尚書來日發所將止五百人無多兵也然我救汝一家汝當為我潛語寨中人云僕射愍汝曹皆良人為盜賊所制情非得已尚書欲拯救湔洗汝曹尚書來汝曹各投兵迎降尚書當使人書汝背為歸順即遣汝復舊業所欲誅者阡能羅渾擎句胡僧

羅夫子韓求五人耳必不使横及百姓也諜曰此皆百姓心上事尚書盡知而赦之其誰不舞躍聽命一口傳百百傳千川騰海沸不可遏也比尚書之至百姓必盡奔走如嬰兒之見慈母阡能孤居立成擒矣遂遣之仁厚引兵發至雙流把截使白文現出迎仁厚周視塹柵怒曰阡能役夫其衆皆耕民耳竭一府之兵歲餘不能擒今觀塹柵重複牢密如此宜其可以安眠飽食養寇邀功也命引出斬之監軍力救久之乃得免命悉平柵

塹纔留五百兵守之餘兵悉以自隨又召諸寨兵相繼皆集阡能聞仁厚將至遣羅渾擎立五寨於雙流之西伏兵千人於野橋箐以邀官軍仁厚詗知引兵圍之下令勿殺遣人釋戎服入賊中告諭如昨日所以語諜者賊大喜呼譟爭棄甲投兵請降拜如摧山仁厚悉撫諭書其背使歸語寨中未降者寨中餘衆爭出降渾擎狼狽踰塹走其衆執以詣仁厚仁厚曰此愚夫不足與語械以送府悉命焚五寨及其甲兵惟留旗幟所降凡四

千人明旦仁厚謂降者曰始欲即遣汝歸而前途諸寨百姓未知吾心或有憂疑藉汝曹為我前行過穿口新津寨下示以背字告諭之比至延貢可歸矣乃取渾擊旗倒繫之每五十人為隊授以一旗使前走揚旗疾呼曰羅渾擊已生擒送使府大軍行至汝寨居寨中者速如我出降立得為良民無事矣至穿口句胡僧置十一寨寨中人爭出降胡僧大驚拔劍遏之衆投瓦石擊之共擒以獻仁厚其衆五千餘人皆降又明旦焚寨使降

者執旗先驅一如雙流至新津韓求置十三寨皆迎降求自投深塹其衆鉤出之已死斬首以獻將士欲焚寨仁厚止之曰降人皆未食先運出資糧然後焚之新降者競炊爨與先降來告者共食之語笑歌吹終夜不絶明日仁厚縱雙流穿口降者先歸使新津降者執旗先驅且曰入邛州境亦可散歸矣罷夫子置九寨於延貢其衆前夕望新津火光已不眠矣及新津人至羅夫子脫身棄寨奔阡能其衆皆降明日羅夫子至阡能寨與之謀悉衆決戰計未定日向暮延貢降者至阡能羅夫子走烏巡寨欲出兵衆皆不應仁厚引兵連夜逼之明旦諸寨知大軍已近呼譟爭出執阡能阡能窘急赴井為衆所擒不死又執羅夫子羅夫子自剄衆挈羅夫子首縛阡能驅之前迎官軍詣仁厚擁馬首大呼泣拜曰百姓負冤日久無所控訴自諜者還百姓引領度頃刻如期年今遇尚書如出九泉睹白日已死而復生矣讙呼不可止賊寨在他所者分遣諸將往降之仁厚出軍

凡六日五賊皆平每下縣鎮輒補鎮遏使使安集戶口於是陳敬瑄梟韓求羅夫子首於市釘阡能羅渾擊句胡僧於城西七日而冎之阡能孔目官張榮本安仁進士屢舉不中第歸於阡能為之謀主為草書檄阡能敗以詩啟求哀於仁厚仁厚送府釘於馬市自餘不戮一人以仁厚為州防禦使

殺降

周世宗征淮南留鎧甲千數在正陽而得降卒八百部

送歸京師時曹翰適從京師來詣過正陽十數里許遇之處劫兵器為叛矯殺之及見世宗具言其事世宗不悅翰曰賊以困歸我非心服也所得器甲盡在正陽苟為所劫是復生一淮南矣因不之罪

用間

春秋時楚師伐宋九月不服將去宋楚大夫申叔時僕曰築室反耕者宋必聽命楚子從之宋人懼使華元夜入楚師登子反之牀起之曰寡君使元以病告曰敝邑易子而食析骸而爨雖然城下之盟有以國斃不能從也去我三十里惟命是聽子反懼與之盟而告王退三十里宋及楚平華元若不因間諜無由得入楚軍

魏公子無忌安釐王時為信陵君不以富貴驕人公子與魏王博而北境傳舉烽言趙寇至且入界王釋博欲名大臣謀公子曰趙王田獵耳非為寇也復博如故王恐心不在博居頃復從北方來言趙王獵耳非為寇也王大驚問公子何以知之公子曰臣之客有能探得趙

王陰事者趙王所為客輒以報臣臣以此知之

反間

趙奢為趙將秦伐韓軍於閼與趙王令趙奢將兵救之兵去邯鄲三十里而令軍中曰有以軍事諫者死秦軍軍武安西秦軍鼓譟勒兵武安瓦屋盡振軍中候有一人言急救武安趙奢立斬之堅壁留二十八日不行復益增壘秦間來奢善食而遣之間以報秦將秦將大喜曰夫去國三十里而軍不行乃增壘閼與非趙地也奢既去遣秦間乃卷甲而趨之大破秦軍秦軍解而走遂解閼與之圍而歸

唐朱泚反將吏自賊中逃來者言泚衆攜離可滅之狀會賊將姚令言偽中丞崔宣使諜覘我軍為邏騎所得拘送於李晟晟解縛食而遣之誡之曰爾報姚令言崔宣善為賊守諸將勉力自固勿不忠於賊也李愬討淮西舊軍令有舍賊諜者屠其家愬除其令因使厚之諜反以情告愬愬益知賊中虛實

燕使樂毅伐破齊齊湣王出奔已而保莒城燕師長驅平齊田單東走保即墨即墨大夫出戰敗死城中相與推田單為將軍以即墨拒燕頃之燕昭王卒惠王與樂毅有隙單聞之乃縱反間於燕宣言曰齊王已死城之不拔者二耳樂毅畏誅而不敢歸以伐齊為名實欲連兵南面而王齊齊人未附故且緩攻即墨以待其事齊人所懼惟恐他將之來即墨殘矣燕王以為然使騎劫代樂毅樂毅因歸趙單又宣言曰吾惟懼燕軍之劓所

得齊卒置之前行與我戰燕人聞之如其言城中人見齊諸降者盡劓皆怒堅守惟恐見得又縱反間曰吾懼燕人掘吾城外塚墓僇辱先人燕軍盡掘葬墓燒死人即墨人從城望見皆涕泣單又收民金得千鎰令即墨富豪遺燕將曰即墨即降願無擄掠吾族家妻妾令安堵燕將大喜許之燕軍由此益懈單乃鑿城夜縱火牛壯士鼓譟出擊燕軍大駭敗走所亡七十餘城皆復

范雎為秦昭王相使右庶長王齕攻韓取上黨上黨民走趙趙軍長平齕因攻趙趙使廉頗堅壁以待秦秦數挑戰趙兵不出趙王數以為讓而雎使人行千金於趙為反間曰秦之所惡獨畏馬服子趙括將軍廉頗易與且降矣趙王既怒廉頗軍多失亡軍數敗又反堅壁不敢戰而又聞秦反間之言因使趙括代廉頗將以擊秦秦聞馬服子將乃以武安君白起為將軍秦軍射殺趙括括軍敗卒四十萬人降武安君武安君乃挾詐而盡坑殺之

唐劉世讓拜廣州總管將之任高祖問以備邊之策世讓答曰突厥南寇徒以馬邑為其中路耳如臣所計請於崞城置一智勇之將多儲金帛有來降者厚賞賜之數出奇兵畧其城下芟踐禾稼敗其生業不出歲餘彼當無食馬邑不足圖也高祖以可任者乃使世讓馳驛往經畧之突厥懼其名乃縱反間言世讓與可汗通謀將為亂高祖不之察遂誅世讓

使間

前漢陳平初為漢王護軍中尉項羽圍漢王於滎陽城漢王患之請割滎陽以西和項王弗聽平曰顧楚有可亂者彼項王骨鯁之臣亞父鍾離眛龍且周殷之屬不過數人耳大王能出捐數萬斤金行反間間其君臣以疑其心項王為人意忌信讒必內相誅漢因舉兵而攻之破楚必矣漢王以為然乃出黃金四萬斤與平恣所為不問出入平既多以金縱反間於楚軍宣言諸將鍾離眛等為項王將功多矣然終不得裂地而王欲與漢

為一以滅項氏分王其地項王果疑之使使至漢漢為太牢之具舉進見楚使來即陽驚曰吾以為亞父使乃項王使也復持去以惡草具進楚使使歸具以報項王果大疑亞父亞父欲急擊下滎陽項王不信不肯聽亞父亞父聞項王疑之乃大怒疽發背而死卒用計滅楚

唐長孫晟為奉車都尉以突厥攝圖玷厥阿波突利等各倚彊兵難以力征易可離間因上書陳突厥彊弱形勢高祖皆納用乃遣太僕元暉出伊吾道使詣玷厥賜以狼頭纛謬為欽敬禮甚優玷厥使來引居攝圖使上反間既行果相猜貳授晟車騎將軍出黃龍道賫幣賜奚霫契丹等遣為鄉導得至處羅侯所深布心腹誘令內附攝圖四千萬騎自蘭州入至于周盤破達奚長孺軍更欲南入玷厥不從引兵而去

鄉間

李達為都督義州弘農等二十一州諸軍事每厚撫境外之人使為間諜敵中動靜必先知至有事泄被誅戮

者亦不以為悔其得人心如此

後周韋孝寬為南兗州刺史東魏將段琛堯傑據宜陽遣其揚州刺史牛道常扇誘邊民孝寬深患之遣諜人訪獲道常手跡令善作書者為作道常孝寬書論歸款意又為落燼燒迹若火下書者還令諜人送於琛營琛得書果疑道常其所欲經略皆不見用孝寬知其離阻因出奇兵掩襲擒道常及琛等崤澠遂清後孝寬為驃騎大將軍鎮玉壁孝寬善於撫御能得人心所遣間諜

入齊者皆為盡力亦有齊人得孝寬金貨遥通書疏故齊人動靜朝廷皆先知時有主帥許盆孝寬託以心膂令守一城盆乃以城東入孝寬怒遣諜取之俄而斬首而還其能致人情如此

內間

秦王翦為將攻趙趙使李牧司馬尚禦之李牧數破走秦軍殺將桓齮翦惡之乃多遺趙王寵臣郭開等金使為反間曰李牧司馬尚欲與秦反趙以多取封於秦趙

王疑之使趙蔥及顏聚代將斬李牧廢司馬尚後三月翦因急擊趙大破殺趙蔥擄王遷及其將顏聚遂滅趙

後周韋孝寬為將軍北齊將斛律光在汾北孝寬忌光英勇乃作謠言令間諜漏其文於鄴曰百升飛上天明照長安光字明月又曰高山不推自崩槲木不扶自立齊臣祖珽穆提婆與光有隙因續之曰盲老翁背上受大斧饒舌老母不得語令小兒歌之於路提婆聞之以告後主乳母陸令萱以饒舌斥已盲老翁謂祖珽也遂相與協謀以謠言啓後主謀誅光武帝聞之始有滅齊之意竟平其國

吳孫權命呂蒙西取長沙零桂三郡蒙移書二郡望風歸服惟零陵太守郝普城守不降而劉備自蜀親至公安遣關羽爭三郡權時住陸口使魯肅萬人屯益陽拒羽而飛書召蒙急還助肅蒙既定長沙當之零陵南陽鄧玄之者郝普之舊也欲令誘普及被書當還蒙秘之夜召諸將授以方畧晨當攻城顧謂玄之曰郝子泰聞

世有忠義事亦欲為之而不知時也左將軍在漢中為夏侯淵所圍關公在南郡至尊身自臨之近者破樊本屯救酆逆為孫規所破彼方首尾倒懸救死不給豈有餘力復營此哉今吾士卒精銳人思致命至尊遣兵相繼於道曾不移日而城必破城破之後身死何益於事而令百歲老母戴白受誅豈不痛哉蒙度此家不得外問謂援可恃故至於此耳君可見之為陳禍福玄之見普具宣蒙意普懼聽之玄之先出報蒙普尋至當至蒙

豫勑四將各選百人普出便入守城門須臾普出蒙迎執其手與下船語畢出書示之因拊大笑普見書知劉備在公安而羽在益陽慙恨入地

死間

戰國鄭武公欲北伐先以其子妻之因問羣臣曰吾欲用兵誰可伐者大夫關其思曰北伐可武公怒而戮之曰彼兄弟之國子言伐之何也其君聞之以鄭為親已不備鄭襲而取之

漢高祖時齊王田廣軍歴下以拒漢漢使酈食其往説之與連和廣然乃罷歴下守備縱酒且遣使與漢平韓信渡平原襲破齊齊王烹酈生

南齊東昏侯遣輔國將軍劉山陽為巴西太守配兵三千使過就荆州行事蕭穎胄兵襲蕭衍衍時為雍州刺史將起兵慮穎胄不同遣穎胄親人叅軍王天虎徧與州府則書詣江陵聲云山陽西上并襲荆雍書與穎胄勸同舉兵穎胄意猶未決及山陽西上梁武謂諸將曰荆州本畏襄陽又加以唇亡齒寒自有傷弦之急寧不闇同耶我若總荆州之兵掃定東夏韓白重出不能為計況以無算之昏主哉我能使山陽至荆州便即授首諸君試觀何如及山至巴丘梁武復命天虎齊書與穎胄兄弟去後梁武謂張弘策曰夫用兵之道攻心為上攻城次之心戰為上兵戰次之今日是也先遣天虎往州府人皆有書今次乘驛甚急止有兩封與行事兄弟云天虎口具及問天虎而口無所説行事不暗相聞不

容矯有所道天虎是行事心膂聞必謂行事與天虎共隱其事必人人生疑山陽惑於衆口迭相嫌貳則行事進無以自明必恐漏吾謀内是馳兩空函定一州矣是時或云山陽謀殺穎胄以荆州同舉及至江安聞之果疑遲回十日餘不上穎胄大懼計無所出席呼主軍席闡文柳沈閉閤定議闡文曰蕭雍州蓄養士馬非復一日江陵素畏襄陽人又衆寡不敵取之必不可制就能制之歲寒復不為朝廷所容今若殺山陽與雍州舉事

立天子以令諸侯霸業成矣山陽遲疑不進是不信我令斬送天虎則彼疑可釋至而圖之罔不濟矣詰旦賴胄謂天虎曰天下之事縣在於卿今就借卿頭以詐山陽昔樊於期亦以頭借荊軻乃斬天虎以示山陽山陽大喜至江津單車白服之左右數十人詣賴胄賴胄使劉孝慶等伏兵城内山陽入門即於車中斬之

貞觀初突厥頡利可汗退保鐵山遣使入朝謝罪請為藩臣太宗遣唐儉安脩仁持節出塞以安撫之以李靖

為定襄道總管往諭頡利頡利不肯朝覲請待草青馬肥將踰砂磧靖與其副將張公謹謀曰制使到彼彼必自寛率精騎齎二十日糧乗間掩襲諸將皆曰詔許其降行人在彼奈何攻之靖曰此兵機也如唐儉等輩何足惜督軍疾進自白道襲之至陰山遇其斥候千餘帳皆俘以隨軍頡利見使者甚悦不虞官兵之至靖軍奄到縱擊之遂滅其國

韓世忠值是歲金人與劉豫合兵分道入侵帝手札命世忠飭守備圖進取辭旨懇切世忠受詔感泣曰主憂如此臣子何以生為遂自鎮江濟師俾統制解元守郵郵候金步卒親提騎兵駐大儀當敵騎伐木為柵自斷歸路會遣魏良臣使金世忠撤炊爨紿良臣有詔移屯守江良臣疾馳去世忠度良臣已出境即上馬令軍中曰眂吾鞭所嚮於是引軍次大儀勒五陣設伏二十餘所約聞鼓即起擊良臣至金軍中金人聞王師動息具以所見對尼爾貝勒聞世忠退喜甚引兵至江口距大

儀五里別將托卜嘉擁鐵騎過東世忠傳小麾鳴鼓伏兵四起旗色與金人旗雜出金軍亂我軍迭進背嵬軍各持長斧上揕人胷下斫馬足敵被甲陷泥淖世忠麾勁騎蹂躪人馬俱斃遂擒托卜嘉等二百餘人所遣董旼亦擊金人於天長縣之鵶口擒其將四十餘人解元至高郵遇敵設水軍夾河陣日合戰十三相距未決世忠遣成閔將騎士往援復大戰俘生將官及千户等世忠復親追至淮金人驚潰相蹈籍溺死甚衆捷聞羣臣

入賀帝曰世忠忠勇朕知其必能成功論者以此舉為中興武功第一時塔拉屯泗州烏珠屯竹塾鎮為世忠所扼以書幣約戰世忠許之時方宴會使兩伶人以橘茗報聘會雨雪金饋道不通野無所掠殺馬而食蕃漢軍皆怨烏珠夜引軍還劉麟劉猊棄輜重遁

五代梁朱溫以岐人堅壁不戰且慮師老思欲旋旆以歸河中因密召上將數人語其事時親指揮使高季昌獨前出抗言曰天下雄傑窺此舉者一歲矣今岐人已

困顧少俟之溫嘉其言因曰兵法以正合以奇勝奇者詐也乘機集事必由是乎乃命季昌密募人入岐以紿之尋有騎士馬景堅願應命且曰是行也必無生理願錄其孥溫悽然止其行景固請乃許之明日軍出諸皆屏匿如無人景因躍馬西走直叩岐闉詐以梁軍悉東遁為告且言別砦尚留萬餘人俟夕將遁矣宜速掩之茂真信其言遽啓二扉悉衆來寇時諸軍已介馬待之中軍一鼓百營俱進又分遣數百騎以據其闉岐人進不能駐其恥退不能入其壘殺戮蹂踐不知其數茂真由是喪膽但閉壘而已

揚州牧羅尚遣隗伯攻蜀賊李雄於郫城互有勝負雄乃募武都人朴泰鞭之見血使譎羅尚欲為內應以火為期尚信之悉出精兵遣隗伯等率兵從泰擊雄雄將李讓於道設伏泰以長梯倚城而舉火伯軍見火起而爭緣梯泰又以繩汲上軍百餘人皆斬之雄因放兵內外擊之大破尚軍

生間

种世衡居西邊始元昊寇邊王師屢撓敵之氣焰益張常有吞并關中之意其將剛浪陵號伊哩王其號天都王元昊倚為腹心凡勝我軍皆二將之策也世衡方城青澗謀有以去之有王嵩者本青澗僧世衡察其堅朴誘令冠帶因出師以賊級予之白於帥府表授三班借職充經畧司指使且力為辦其家事凡居室騎從衣食之具悉出世衡嵩感激既深世衡反不禮以奴畜之或

掠治械繫數日嵩雖不勝其苦卒無一辭望世衡世衡知可任兵事居半年召嵩謂之曰吾將以事使汝吾戒汝所不言其苦雖有甚於此者汝能為卒不言否嵩泣對曰蒙將軍恩教致身榮顯常誓以死報而未知其所況敢辭搒楚乎世衡乃草遺野利書書辭大抵如世間問起居之儀惟以數句隱辭如嘗有私約而勸其速行之意書於尺素且膏以蠟置衲衣間密縫之告嵩非瀕死不得泄如泄之當以負恩不能成吾事為言并以畫

龜一副棗一部為信俾遺伊哩嵩受教至伊哩所以將軍命出棗龜投之伊哩知見侮笑曰吾素奇种將軍今何女子見識度嵩別有書嵩佯目左右既而答以無有伊哩不敢匿乃封其信上元昊數日元昊召伊哩與嵩俱西北行數百里至一大城曰興州先詣一官寺曰樞密院次曰中書有數敵人雜坐伊哩與焉召嵩廷詰將軍書問所在堅執前對稍稍去巾櫛加執縛至於搒楚極苦嵩終不易其言又數日召入一官走廳事廣楹皆

班竹箔綠衣小豎立其左右嵩意元昊宫室也少頃箔中有人出又以前問責之曰若速言死矣嵩對如前乃令曳出斬之嵩大號且言曰始將軍遣嵩密遺伊哩王書戒不妄泄今不幸空死不了將軍事吾負將軍吾負將軍箔中急使人追問之嵩具以對乃褫衲衣取書以進書入移刻始命嵩就館優待以禮元昊於是疑伊哩陰遣愛將假為伊哩使使于世衡世衡知元昊所遣未即見命屬官日館勞之問敵中山川地形在興州左右

言則詳迫野利所部多不能悉適擒生敵數人因令隙中視之生敵能言姓名果元昊使世衡意決乃見之使者傳伊哩語世衡慢罵元昊而稱伊哩有心內附乃厚遣使者曰為吾語若王速決無遲留也度使者至嵩即還而伊哩已報死矣世衡知謀已行因欲并間天都又為置祭境上作文書於版以弔多述伊哩與天都相結有意本朝悼其垂成而失其文雜紙幣伺有敵至急爇之以歸版字不可遽滅敵人得之以獻元昊天都以此

亦得罪元昊既失二將久之始悟為世衡所賣遂定講和之策焉一云元昊之臣伊哩常為謀主守天都山號天都大王與元昊乳母白姥有隙歲除日伊哩引兵廵邊深涉漢境數宿白姥乘間乃譖其欲叛元昊疑之世衡嘗獲蕃酋之子蘇吃曩厚遇之聞元昊嘗賜伊哩寶刀而吃曩之父得幸於伊哩世衡因使吃曩竊伊哩刀許之以緣邊職任錦袍真金帶吃曩得刀以還世衡乃唱言伊哩已為白姥譖死設祭境上為祭文敘歲除日相

見之歡入夜乃火燒紙錢川中盡明敵見火光引騎近邊窺覘乃佯委祭具而銀器凡千餘兩悉棄之敵人爭取器皿得元昊所賜刀及火爐中見祭文已燒盡但存數十字元昊得之又識其所賜刀遂賜伊哩死伊哩有大功死不以罪自此君臣猜貳以至不能軍

俘間

春秋時楚子反命軍吏察夷傷補卒乘繕甲兵展車馬雞鳴而食惟命是聽晉人患之苗賁皇徇曰蒐乘補卒秣馬利兵修陳固列蓐食申禱明日復戰乃逸楚囚王聞之召子反謀穀陽豎獻飲於子反醉而不能見王曰天敗楚也夫余不可以待乃宵遁

後漢光武初遣耿弇征張步步聞之乃使大將費邑軍歷下分兵屯祝阿別於太山鍾城列營數十以待弇弇兵先擊祝阿自旦攻城未中而拔之故開一角令其衆得奔歸鍾城聞祝阿已潰空壁亡去費邑遣弟守拒里弇進軍先脅拒里使揚言多伐林木以填塞阬塹數日

有降者言邑聞弇欲攻拒里謀來救之弇嚴令軍中趣脩攻具後三日當悉力攻巨里陰緩生口令亡歸歸者告邑邑將精兵三萬來救弇曰吾脩攻具者欲誘致邑耳今適其所求也大敗之

班超在西域發于闐國兵擊莎車而龜茲王遣兵五萬令温宿王救之超召將校及于闐王議曰今兵少不敵其計莫若散去于闐從是而東超亦於此西歸可須夜鼓而發陰縱所得生口歸以超言告龜茲王王聞之

大喜自以萬騎於西界遮超温宿王將八千騎於東界遮于闐超知二敵已出密名諸部勒兵雞鳴馳赴莎車營敵大驚亂奔走追斬五千級自是威鎮西域

河北賊葛榮別帥韓婁等有衆數萬人屯據薊魏將侯淵率騎七百討之去薊百餘里值賊帥陳周馬步萬餘衆遂潛伏以乘其背大破之擄其卒五千餘人尋還其馬仗縱令入賊城左右諫曰既獲何為更資遣之淵曰我兵既少不可力戰事須為計以離間之淵度其已至遂率衆夜進昧朝即其城內韓婁果疑降卒為之內應遂遁去追擒之

杜預為鎮南大將軍都督荆州至鎮繕兵甲耀威武乃簡精銳襲吳西陵督張政大敗之政吳之名將也據要害之地耻以無備取敗不以所喪之實告於孫皓預欲間吳邊將乃表還其所獲其衆於皓皓果召政遣武昌監劉憲代之故大將臨至使其將帥移易以成傾蕩之勢

岳飛知劉豫結尼雅滿而烏珠惡劉豫可以間而動會軍中得烏珠諜者飛佯責之曰汝非吾軍中人張斌耶吾向遣汝至齊約誘致四太子汝往不復來吾繼遣人問齊已許我今冬以會合江淮為名致四太子于清河汝所持書竟不至何背我耶諜冀緩死即詭服乃作蠟書言與劉豫同謀誅烏珠事因謂諜曰吾今貸汝復遣至齊問舉兵期刲股納書戒勿泄諜歸以書示烏珠烏珠驚馳白其主遂廢豫

岳飛時李成亂湖南飛奏比年多命招安故盜力強則肆暴力屈則就招苟不略加勦除蠭起之衆未可遽殄許之飛入賀州境得成諜者縛之帳下飛出帳調兵食吏曰糧盡矣奈何飛陽曰姑反茶陵已而顧諜若失意狀頓足而入陰令逸之諜歸告成成大喜期翼日來追飛命士蓐食潛趨遶嶺未明已至大平場復破其砦成據險拒飛飛麾下兵掩擊賊大潰成先據北藏嶺上梧關遣將迎戰飛不陣而鼓士爭奮奪二險據之成又自

桂嶺置砦至北藏嶺連控隘道親以衆十餘萬守蓬頭嶺飛部纔八千一鼓登城破其衆成奔連州飛謂張憲等曰成黨散去追而殺之則脅從者可憫縱之則復聚為盜今遣若等誅其酋而撫其衆慎勿妄殺累主上保民之仁於是憲自賀連徐慶自郃道王貴自郴桂招降二萬與飛會連州進兵追成成走宣撫司降

岳飛相有劇賊陶進賈進和飛請百騎滅之遣卒偽為商入賊境賊掠以充部伍飛遣百人伏山下自領數十騎逼賊壘賊出戰飛陽北賊來追之伏兵起先所遣卒擒俊及進和以歸

漏間

吳陸遜為大將軍右都護鎮荊州時魏江夏太守逯式兼領兵馬頗作邊害而與北舊將文聘子休宿不協遜知其然即假作答式書云得報懇惻知與休久結嫌隙勢不兩存欲來歸附輒以密呈來書表聞撰衆相迎宜潛速嚴更示定期以書置界上式兵得書以見式式惶

恐遂自送妻子還路由是吏士不相親附遂以免罷

李矩為河東太守劉聰遣從弟暢討矩矩選勇敢千人夜掩暢營暢僅以身免先是聰使其將趙固鎮洛陽長史周振與固不協密陳固罪矩之破暢也帳中得聰書勑暢平矩訖過洛陽收固斬之便以振代固矩送以示固固即斬振父子遂率騎一千來降矩還令守洛

蜀將孟達降魏魏朝遇之甚厚司馬宣王以達言行傾巧乃以達為新城太守達於是連吳固蜀潛圖中國蜀諸葛亮惡其反覆又慮其為患達與魏興太守申儀有隙亮欲促其事乃遣郭謨詐降過儀因漏泄其謀達聞其謀漏泄乃欲舉兵

不信間

曹王皐鎮江西先是牙將伊慎討梁崇義摧鋒陷敵李布烈意欲縶之慎以計遁歸皐始至鍾陵大集將吏得慎而壯之拔為大將繕理舟師希烈憚慎為曹王所任乃遺慎七屬之甲詐為慎書行間馬德宗遣中使即軍

中詰之阜乃抗疏論雪上章未報會賊兵泝江來寇阜乃名慎勉之令戰大破二千餘衆朝廷始信其不二

諜間

春秋時子罕為宋司城陽門之介夫死子罕入而哭之哀晉人之覘宋者反報於晉侯曰陽門之介夫死而子罕哭之哀而民説殆不可伐也孔子聞之曰善哉覘國乎詩云凡民有喪扶服救之雖微晉而已天下孰能當之

楚子元為楚令尹以車六百乘伐鄭入桔之門諸侯救鄭楚師夜遁鄭人將奔桐丘諜告曰楚幕有烏乃止

晉師伐齊齊侯畏衆齊師夜遁師曠曰烏烏之聲樂齊師其遁邢伯曰有班馬之聲齊師其遁叔向曰城上有烏齊師其遁

察間

秦伐晉取羈馬晉師禦之出戰交綏秦行人夜戒晉師曰兩軍之士皆未憖也明日請相見也晉大夫臾駢曰使者目動而言肆懼我也將遁矣薄諸河必敗之胥甲趙穿當軍門呼曰死傷未收而棄之不惠也不待期而薄人於險無勇也乃止秦師夜遁

晉侯將伐鄭鄭人聞有晉師使告於楚姚句耳與往楚子救鄭司馬將中軍令尹將左右尹子辛將右姚句耳先歸子駟問焉對曰其行速過險而不整速則失志不整喪列志失列喪將何以戰楚果敗

智伯從韓魏之兵以攻趙圍晉陽之城而溉之城不沒

者三版絺疵謂智伯曰韓魏之君必反矣智伯曰何以知之絺疵曰夫勝趙而三分其地今城未沒者三版沈竈生鼃人馬相食城降有日矣而韓魏之君無喜志而有憂色是非反何也明日智伯謂韓魏之君曰疵言君之反也韓魏之君曰夫勝趙而三分其地今城將勝矣夫二家雖愚不棄美利而倍約為難不可成之事其勢可見矣是疵必為趙説君且使君疑二主之心而解於攻趙也今君聽讒臣之言而離二主之交為君惜之智

伯欲殺絺疵絺疵逃韓魏之君果反

魏張遼圍昌絺於東海數月糧盡議引軍還曰數月以來每行諸圍絺輒屬目視遼又射矢更稀此必絺計猶豫故不力戰遼欲挑與語儻可誘也乃使謂絺曰公有命使遼傳之絺果下與遼語遼曰大祖神武先附者受大賞絺乃降遼入絺家拜妻子絺歡喜隨詣太祖

後梁呂光將呂延伐乞伏乾歸大破之乾歸乃縱反間稱衆潰東奔成紀延信而追之延司馬耿雅曰告者視

高而色動必有奸計不可信也延不從相遇戰敗死之

金將烏實遼人耶律伊都之降金以為西軍之監軍久不遷常怏怏其軍合董也失其金牌大金疑其與林牙暗合遂質其妻子伊都有叛心約燕京統軍反統軍之兵皆契丹人伊都謀誅西軍之在雲中者盡約雲中河東河北燕京郡守之契丹漢兒令誅其將之在官在軍者天德知軍偽許之遣其妻來告時烏實為西監軍自雲中來燕微聞其事而未信回行數百里因獵居庸之東遥見二騎馳迺交相遇於道立馬久談久而不去烏實疑之命數騎追一人至詰曰爾何人也曰伊都使者以軍事詣燕山槁里統軍司槁里亦契丹烏實曰爾等適立馬話及何事曰問候烏實曰非也問候之語無許久又曰話別烏實曰亦非也話別之語無許久又曰叙家事烏實曰家事故非立馬叙又曰叙往事烏實曰往事亦非立馬叙馳者詞窮面顫又且戰慄不已烏實察其言色兼素疑伊都槁里皆契丹反覆之徒因以詐折

之曰我知爾二人密議反者近有人密告伊都槁里反期於今日各有使至我故來此伺果復得爾輩夫何隱焉其人謂烏實果知不敢隱伊都之叛由是敗烏實多計皆此類

隱語

春秋時楚師傅於蕭還無社與司馬卯言號申叔展叔展曰有麥麴乎曰無有山鞠窮乎曰無河魚腹疾奈何曰目於眢井而拯之若為茅絰哭井而已明日蕭潰申

叔視其井則茅絰存焉號而出之

吳申叔儀乞糧於公孫有山氏曰佩玉蘂兮余無所繫之旨酒一盛兮余與褐之父睨之對曰粱則無矣麤則有之若登首山以呼之曰庚癸乎則諾

唐許欽明嘗出案部突厥默啜率衆數萬奄至城下欽明拒戰久之力屈被執賊將欽明至靈州城下令説城中早降欽明大呼曰賊中都無飲食城有美醬乞二升粱米乞一斗墨乞一挺是時賊營處四面阻泥河惟一

路得入欽明乞此物以喻城中冀其簡兵練將候夜掩襲城中無悟其旨者

伐交

魏牽招為烏桓中郎將上奏言諸葛亮數出而北擄軻比能控弦十餘萬騎狡猾能相交通表為防備議者以為縣遠未之信也會亮時在祁山果遣使連結比能至故北地石城與相首尾帝乃詔招使從便宜討之時比能已還漠南

沈法興既克毗陵謂江淮之南指揮可定自稱梁王都毗陵時杜伏威據歷城陽陵據江都李子都據海陵俱有窺江表之心法興軍數敗會子通圍稜於江都稜送質求救於法興及伏威法興使其子綸將兵數萬與伏威共救之伏威軍清流綸軍揚子相去數十里子通納言毛文深獻策募江南人詐為綸兵夜襲伏威營伏威怒復遣兵襲綸由是二人相疑莫敢先進子通得盡鋭攻江都克之稜奔伏威子通入江都因縱擊綸大破之

伏威亦引去

唐蘇定方討賀魯薛仁貴上疏曰臣聞兵出無名事故不成明其為賊敵乃可服今泥熟杖素悍不服賀魯為賀魯所破擄其妻子漢兵有於賀魯諸部落得泥熟杖家口將充賤者宜括取送還仍加賜賚即是明其枉旋刻百姓知賀是賊知陛下德澤廣及也高宗然其言使括泥熟家口悉送還之於是泥熟等請隨軍效死

唐德宗時朱泚朱滔王武俊兵反泚既汙宮闕羣賊附

李希烈希烈僭號欲臣制諸叛衆心稍離自奉天下罪已詔赦羣賊招義帥李抱真先遣門客賈林以大義說武俊合從擊泚武俊雖許之然尚猶豫抱真乃以數騎徑入武俊營謂曰朱泚希烈僭竊大位足下不能自振於數賊之間乃捨九葉天子而臣反賊乎因言及播越抱武俊哭涕泗交下武俊亦哭感慟左右又於武俊帳中酣寢久之武俊感其不疑結為兄弟而别明日合戰大破朱滔

曹瑋在西陲西羌將舉事必先定約束號為立文法角廝囉使其舅賞樣丹與廝敦立文法於離王族謀内寇瑋陰結廝敦解寶帶予之廝敦感激求自效間謂瑋曰吾父何所欲使欲吾首獨可斷以獻瑋曰我知賞樣丹時至汝帳下汝能為我取賞樣丹首乎廝敦愕然應之後十餘日果斷其首來

王韶詣闕上平戎策三篇其畧以為西夏可取欲西夏當先復河湟則夏人有腹背受敵之憂夏人比年攻青唐不能克萬一克之必併兵南向大掠秦渭之間牧馬于會會斷古渭境盡服南山生羌西築武勝遣兵時掠洮河則隴蜀諸郡當盡驚擾瞎征兄弟其能自保耶今唃氏子孫唯棟戩粗能自立瞎征欺巴温之徒文法所及各不過一二百里其孰能與西人抗哉武威之南至於洮河蘭鄯皆故漢郡縣所謂湟中浩亹大小榆抱罕土地肥美宜五穀者在焉幸今諸羌瓜分莫相統一此正可并合而兼撫之時也諸種既服唃氏敢不歸唃氏

歸則河西李氏在吾股掌中矣且唃氏子孫瞎征差盛為諸羌所畏若招諭之使居武勝或渭源城使糾合宗黨制其部族習用漢法異時族類雖盛不過一延州李士彬環州慕恩耳為微有肘腋之助且使夏人無所連結策之上也

种師道知渭州督諸道兵城席葦賦工敵至堅壁近蘆河師道陳於河滸若將決戰者陰遣偏將曲充徑出横嶺揚言援兵至敵方駭顧楊可世潛軍銜其後姚平仲

以精甲襲擊之敵大潰斬首五千級獲槖駝馬牛萬計其酋僅以身免卒城而還

合交

宋童貫謀伐燕使种師道盡護諸將師道諫曰今日之舉譬如盜入鄰家不能救又乗之而分其室焉無乃不可乎貫不聽既次白溝遼人譟而前士卒多傷師道先令人持一巨梃自防賴以不大敗遼使來請曰敵人之叛本朝亦南朝之所甚惡也今射一時之利棄百年之

好結豺狼之鄰基他日之禍謂為得計可乎救災恤鄰古今通義惟大國圖之貫不能對師道復諫宜許之又不聽密劾其助賊王黼怒責為右衛將軍致仕

宗澤上奏曰臣欲乘此暑月遣王彥等滑州渡河取懷衛濬相等州遣王再興等自鄭州直護西州陵寢遣馬度等自大名取洺相真定楊進王善丁進李貴等各以所領兵分路並進既渡河則山寨忠義之民相應者不啻百萬契丹兒亦必同心殲殄金人事方就緒乞朝廷遣使聲言立契丹天祚之後講吾舊好以攜敵情遣知幾辯博之士西使夏東使高麗諭以禍福必出助兵同加掃蕩如此則二帝有回鑾之期西河可以安帖矣願陛下早下還京之詔臣當躬冒矢石為諸將先則我宋中興之業必可立致若陛下以臣言為不可用望賜骸骨放歸田里疏入黄潛善等忌澤成功從中沮之澤歎曰吾志不得伸矣因憂鬱成疾

韓世忠移屯山陽遣間結山東豪傑約以緩急為應宿州馬秦及太行羣盜多願奉約束者金人廢劉豫中原

震動世忠謂機不可失請全師北討招納歸附為恢復計

岳飛令梁興等布德意招結兩河豪傑山砦韋銓等斂兵固堡以待王師李通等舉衆來歸金人動息山川險要一時皆得其實盡數相開德澤潞晉絳汾隰之境皆期日興兵與官軍會其所揭旗以岳為號父老百姓爭挽車牽牛載糗糧以餽義軍頂盆焚香迎送候者充滿

道路

余靖言交趾乞會兵討賊而朝廷久未報智高交趾叛者宜聽出兵毋阻其善意朝廷從其請狄青奏假兵于外以除内寇非我利也以一智高横蹂二廣力不能討乃假兵蠻夷貪得忘義因而啟亂何以禦之願罷交趾兵勿用且檄靖無通交趾使朝廷卒用青計策人亦服青有遠畧云

攻

齊武平中周師來寇以段韶斛律光拒之行建西境有栢谷城者敵之絶險古城千仞諸將莫肯攻圍韶曰汾北河東世為國之有若不去栢谷事同痼疾計彼援兵會於南道今斷其要路救不得來城勢雖高其中甚狹火弩射之一旦可盡遂攻之城潰仍城華谷置戍而還是月周又遣將攻邊斛律光先率軍禦之韶亦請行五月到服秦城西仍于姚襄城南更起城鎮韶抽壯士襲之使人潛渡河告姚襄城中内外相應進戰大破之諸將欲攻其新城韶曰此城一面阻河三面地險不可攻不如更作一城壅其要路破服秦併力圖之從之從圍定陽屠其外城時韶病在軍中謂蘭陵王長恭曰此賊三面重澗並無走路唯慮東南一處耳賊若突圍必從此出長恭乃設伏其夜果如策伏兵擊之大潰

唐侯君集伐高昌率兵至柳谷候騎言其國王文泰尅日將葬國人咸集諸將請襲之君集曰不可天子以高昌驕慢無禮使吾恭行天罰今襲人於墟墓之間非問

罪之師也於是鼓行而前賊嬰城而守先是大軍之發也上台上東善為攻城器者悉遣從軍君集遂刊木填隍推撞車撞其睥睨拋車飛石擊其城中其所當者無不糜碎或張氊被用障拋石城上守陴者不復得立遂拔之擄其男女七十餘口仍進兵圍其都城

代宗時土蕃與諸雜羌戎寇陷西山柘靜等州詔嚴武收復武遣崔旰統兵西山旰善撫士卒皆願致死命始次賊城周圍皆石磧攻具無所設唯東南隅環丈之地

壞土可穴諜知之以告盰晝夜穿地道以攻之再宿而拔其城因拓地數百里下城寨數四蕃衆相語曰崔盰神兵也將更前進以糧盡還武大悅裝七寶轝迎盰入成都以誇士衆

晉王存勗如魏州視河冰已堅引步騎稍度梁甲士三千戍陽劉城緣河數十里列柵相望晉王急攻皆陷之進攻陽劉城使步卒斬其鹿角負葭葦塞塹四面進攻即日拔之

孟珙翼日命諸將奪柴潭樓金人爭樓諸軍魚貫而上金人又飾美婦人以相蠱麾下張禧等殺之遂拔柴潭樓俘其將士五百三十有七人蔡人恃潭為固外即汝河潭高於河五六丈城上金字號樓伏巨弩相傳下有龍人不敢近將士疑畏珙召麾下飲再行曰柴潭非天造地設樓伏弩能及遠而不可射近彼所恃此水耳決而注之涸可立待皆曰隄堅未易鑿珙曰所謂堅者止築兩隄首耳鑿其兩翼可也潭果決實以薪葦遂濟師攻城擒其兩將斬之獲其殿前右副點檢溫端磔之城下進逼土門金人驅其老稚熬為油號人油砲人不堪其楚珙遣道士説止之端平元年正月辛丑黑氣壓城上日無光降者言城中絶糧已三月鞍韉敗鼓皆糜煮且聽以老弱互食諸軍日以人畜骨和芹泥食之又往往斬敗軍全隊拘其肉以食故欲降者衆珙下令諸軍銜枚分運雲梯布城下已酉珙帥師向南門至金字樓列雲梯令諸將聞鼓則進萬衆競登大戰城上殺其元

帥烏陵達及偏裨二百人開西門招奔盞入江海執其參政張天綱以歸珙問守緒所在天綱曰城危時即取寶玉寘小室環以草號泣自經曰死便火我烟焰未絶珙以俘盞分守緒骨得金寶玉帶金銀印牌有差

察罕圖復汴梁以大軍次虎牢先發遊騎南道出汴南路歸亳陳蔡北道出汴東戰船浮于河水陸並下略曹南據黃陵渡乃大發秦兵出函關過虎牢晉兵出太行踰黃河俱會汴城下首奪其外城察罕自將鐵騎屯杏

花營諸將環城而壘賊屢出戰戰輒敗遂嬰城以守乃夜伏兵城南旦日遣苗軍跳梁者略城而東賊傾城出追伏兵鼓譟起邀擊敗之又令弱卒立柵外城以餌賊賊出爭之弱卒佯走薄城西因突鐵騎縱擊悉擒其衆賊自是益不敢出諜知城中計窮食且盡乃與諸將賀宗哲賽因布哈關保等議各分門而攻至夜將士鼓勇登城斬關而入遂拔之劉福通奉其偽主韓林兒從數百騎出東門走屯安豐獲偽后及賊妻子數萬偽官五

千符璽印章寳貨無算全居民二十萬軍不敢私市不易肆不旬日河南悉定

守

李繼隆在西陲會咨詢廢夏州隳其城繼隆奏以為朔方古鎮賊所窺覦之地存之可依以破賊并請於銀夏兩州南界山中增置保戍以扼其衝且為内屬番部之障蔽而斷賊之糧運皆不報

种世衡為鄜州從事夏戎犯延安世衡建言延安東北二百里有故寛州請因其廢壘而興之以當寇衝左可致河東之粟右可固延安之勢北可圖延銀夏之舊有是三利朝廷從之以世衡董役事世衡膽勇過人雖逼戎落曾不畏憚與兵民暴露數月且戰且城然處撿無泉議不可守鑿地百有五十丈始至於石工徒拱手曰是不可井矣世衡曰過石而下將無泉耶爾其屑而出之凡一畚償百金工復致其力過石數重泉果沛發萬人歡呼曰神乎雖敵兵重圍吾無困竭之患矣既而朝

廷署故寛州為青澗城世衡初至青澗教吏民習射雖僧道婦人亦習之以銀為射的中者與之既而中者益多其銀重輕如故而的漸遠且小矣或爭徭役優重亦使之射射中者得優處有過失亦使之射射中則釋之由是人人皆能射酋長蘇慕恩部落最強世衡皆撫而用之嘗夜與慕恩飲出侍姬以佐酒既而世衡起入内潛於壁隙窺之慕恩竊與侍姬戲世衡遽出掩之慕恩慚愧請罪世衡笑曰君欲之耶即以遺之由是得其死

力諸部有貳者使慕恩討之無不克青澗一舍而遠距無定河北有敵寨敵常濟河為患世衡數使屬而戎羌擊之往必破走前後取首級數百牛羊萬計未嘗勞士卒也故功多而費寡建營田二千頃歲収其利募商賈使通其貨或先貸之本速其流轉歲時間其息十倍乃建白城中芻錢糧幣軍需城守之具皆不須外計一請自給在青澗為屬吏所訟不法事按驗皆有狀鄜延路經畧使龐籍奏世衡披荊棘立青澗城若一一拘以文

法則邊將無所措手足詔勿問及徙知環州將行別龐籍拜且泣曰世衡心腸鐵石也今日為公下淚矣

王韶守熙河引兵城渭源堡及乞神平堡破蒙羅嘉黙爾水巳等族初羌保險諸將謀置陣平地韶曰賊不舍險來鬬則我師必徒歸今入險地當使險為吾有乃徑趣抹邦山壓敵軍而陣令曰敢言退者斬賊乘高下鬬師小却韶躬擐甲冑麾帳下兵逆擊之羌大潰焚其廬帳而還洮西大震會瞎征度洮為之援餘黨復集韶戒別將由竹牛嶺路張軍聲而潛師越武勝遇瞎征首領瞎征等與戰破之遂城武勝達為鎮洮軍

岳飛拒賊於江西固石洞賊彭友悉衆至雩都迎戰躍馬馳突飛麾兵即馬上擒之餘酋退保固石洞洞高峻環水止一徑可入飛列騎山下令皆持滿黎明遣死士疾馳登山賊衆亂棄山而下騎圍之賊呼丐命號令勿殺受其降

楊存中隆興二年金人再入關議割蜀之和尚原以畀

之存中入對曰和尚原隴右之藩要也敵得之則可以睥睨漢川我得之則可以下兵秦雍曩議予金人吳璘力爭不從令璘在遠不及知臣若不言非特負陛下亦有愧亦璘近者王師盡銳而後得顧毋棄金人攻蜀所選士卒千取百百取十戰被重鎧登山攻險每一人前輒二人推其後前者死後者被其甲以進又死則又代之其為必取計如此

張浚合五路兵次富平都統制又會諸將議戰吳玠曰

兵以利動今地勢不利未見其利宜擇高阜據之使不可勝諸將皆曰我衆彼寡又前阻華澤敵有騎不得施何用他徙已而敵驟至輿柴囊土藉淖平行進薄玠營軍遂大潰

董搏霄建議於朝曰淮安為南襟喉江淮要衝之地其地一失兩淮皆未易復也則救援淮安誠為急務為今日計莫若於黄河上下并瀕淮海之地及南自沭陽北抵沂莒贛榆諸州縣布連珠營每三十里設一總砦三

十里又設一小砦使斥堠烽燧相望而巡邏往來遇賊則并力野戰無事則屯種而食然後進有援退有據此善戰者所以先為不可勝以待敵之可勝也

魏勝字彦威淮陽軍宿遷縣人素驍勇善騎射應募為弓箭手紹興三十一年金人始南侵聚芻糧造罷械籍諸路民為兵勝躍曰此其時也聚義士三百北渡淮取漣水軍宣布朝廷德意不殺一人漣水民翕然以聽遂取海州郡守渤海高文富聞勝起遣兵來捕勝迎擊走之追至城下衆驚傳水陸悉有兵城中大恐文富閉門守驅民上城禦之勝令城外多張旗幟舉烟火為疑兵又遣人向諸城中諭以金人棄信背盟無名興師本朝寛大愛民之意城上民聞之即開門勝遣勇鋭者登城樓餘自門入莫有禦者擒文富與其子安仁率牙兵拒守勝整軍與安仁父子戰譙門内殺安仁及州兵千餘擒文富民皆安堵勝權知州金人多伏兵勝兵遇伏皆赴砦金人襲之勝單騎而殿以大木奮擊金人望見勝

知其為將也以五百騎圍之數重勝馳突四擊金兵追之馬中矢踣步而入砦無敢當者金人又急攻絶其水砦中食乾糒殺牛馬飲血勝黙禱而雨驟作金人攻益急周山為營勝度其必復攻海州因間出砦趨城中金人果解圍山園自新橋抵城下勝出戰皆捷金分兵四面攻勝募士登城以禦矢口如雨者七日金兵死傷多遁去勝嘗出戰矢中鼻貫齒不能食猶親禦戰勝起義久朝廷尚未知沿海制置使李寶遣其子公佐由海道

覘敵至州始遣忠義將朱震褚道詣行在白勝姓名於執政始知勝之功焉金人遣山東路都統總管以兵十萬攻海州時寶帥海州水陸並進抵城北砂巷勝率衆合寶軍大破之斬首不可計堰水為之不流餘悉奔潰勝獨率兵追北二十里至新橋又破之盡獲其鞍馬罷甲寶亦駐海州為進取計金人復遣烏津太師發諸路兵二十萬來攻海州先遣一軍自州西南斷勝軍餉道勝擇勇悍士三千餘騎拒於石闥堰金軍不能進逮夜

始還留千人備險隘金兵十萬來奪勝率衆鏖戰殺數千人餘皆遁去下令守險勿追報寶寶以防海道登舟不復發兵金兵盛集勝力拒之自旦至暮金兵不能奪勝令步卒整隊前行自為殿時百姓以寶既登舟懼金兵大至皆欲入城統制郭蔚閉城門不納人民牛馬蔽野呼號動地城中亦懼勝入城諭以賊勢退怯之狀固守可保無虞乃開門盡納之居無何金兵環城圍數重勝與郭蔚分兵備禦偃旗息鼓寂若無人金人驚疑數日不敢攻已乃置雲梯置砲石四面合圍負土填壕勝俟其近城鳴鼓張旗矢石俱發繼以火牛金液凡三晝夜金兵竟不能近於是罷攻脩營壘絕河道謀為固守勝俟其不備掩擊或獨出擾之使不得休息又間夜發兵劫其營或焚其攻具既而金人併力急攻勝告急於李寶寶以聞還報城中已命張子蓋率兵來解圍金人亦知子蓋軍且至已有退意頃之子蓋先師騎兵至勝出與子蓋議戰事且促其步卒勝出軍城北砂巷與金

軍大戰斬首不可計追數十里餘兵皆遁勝與子蓋議進討子蓋曰受詔解圍不知其他遂率軍還城中疑俱欲隨王師出勝親邀於道而議之至漣水軍與偕還時都督張浚在建康招勝詢以軍務轉閤門宣贊舍人差充山東路忠義軍都統制仍知海州隆興元年詔以鎮江御前同統制魏全來守海州督府亦遣賈和仲充山東河北路招撫使節制本路軍馬海州駐劄和仲忌勝陰誘忠義軍使不安勝與是非和仲又許勝於張都督

都督感之呼勝至鎮江計事罷其職改京東路馬步軍副總管都督府統制建康府駐之既而督府知和仲所許罷之復勝舊職勝既還海州鎮撫一方民安其政海州城西南枕孤山敵至登山瞰城虛實立見故西南受敵最劇勝築重城圍山在内寇至則先據之不能害

守

吳玠守蜀烏珠及劉夔率十萬騎入侵自鐵山鑿崖開道循領東下玠以萬人當其衝弟璘率輕兵由七方關

倍道而至與金兵轉戰七晝夜始得與玠合敵首攻玠營玠擊走之又以雲梯攻壘壁玠使人以撞竿碎其梯以長矛刺之璘拔刀畫地謂諸將曰死則死如退者斬金分軍為二烏珠陣於東韓常陣於西璘率銳卒介其間左縈右繞隨機而發戰久璘軍少憊急屯第二隘金生兵踵至人披重鎧鐵鉤相連魚貫而上璘以駐隊矢迭射矢下如雨死者層積敵踐而登薩哩噶駐馬四視曰吾得之矣命攻西北樓姚仲登樓酣戰樓傾以帛為繩挽之復正金人用火攻樓以酒缶撲滅之玠急遣田晟率兵以長刀大斧左右擊明炬四山震鼓動地明日大出兵統領王喜王武率銳士分紫白旗入金營金陣亂奮擊射韓常中左目金人始宵遁

梁侯景反陷歷陽至新林帝使羊侃入副宣城正都督城内諸軍景卒既至百姓競入公私混亂無復次序侃乃區分防禦皆以宗室間之軍人爭入武庫自取器甲所司不能禁侃命斬數人爭方得止及賊逼城衆皆恟

懼侃偽稱得外射書云邵陵西昌侯已至近路衆乃少安賊攻東掖門縱火甚盛以水沃滅火射殺數人賊人乃退有詔送金五千兩銀五千兩絹萬匹賜戰士侃辭不受部曲千餘人並私加賞賚賊為尖頭木驢攻城矢口所不能制侃作雉尾炬施鐵鏃以油灌之擲駛驢上焚之俄盡賊人又東西築二土山以臨城城中震駭侃命為地道潛引其土山不能立賊又作登城樓高十餘丈欲臨射城中侃曰車高塹虛彼來必倒可卧而觀之

及車動果倒衆皆服馬賊既頻攻不捷乃築長圍朱异
張綰議出擊之帝以問侃曰不可賊多日攻城不能下
故立長圍欲引城中降者耳今擊之出人若少不足破
賊若多則一旦失利門隘橋小必大致挫衂不從遂使
千餘人出戰未及交鋒望風退走果以爭橋赴水死者
大半
西魏將韋孝寬守玉壁時東魏大將高歡傾山東之衆
志圖西入以玉壁衝要先命攻之連營數十里乃於城

南起土山欲乘之以入當其山處城上先有兩高樓孝
寬更縛木接之令極高峻多積戰具以禦之歡使謂城
中曰縱爾縛樓至天我會穿城取爾遂於城南鑿地道
又於城北起土山且作且攻晝夜不息孝寬復掘長塹
截其地道仍簡戰士屯城外塹上每穿至塹戰士即擒
殺之又於塹外積柴貯火敵人有在地道内者便下柴
火以皮鞴吹之火氣一衝咸即灼爛城外又造攻車車
之所及莫不摧毁雖有排楯莫之能捍孝寬乃縫布為
幔隨其所向則張設之布既懸於空中其車竟不能壞
城外又縛松於竿灌油加火規以燒布并欲焚樓孝寬
復作長鐵鉤利其鋒刃火竿既來以鉤遥割之松麻俱
落城外又於城西面穿地作三十一道分為四路於其
中各施梁柱作訖以油灌柱放火燒之柱折城並崩壞
孝寬又隨崩處豎木柵以扞之敵不能入城外盡其攻
擊之術孝寬咸拒破之歡無如之何乃遣倉曹參軍祖
孝徵謂曰未聞救兵何不降也孝寬報云我城嚴固兵

有食餘攻者自勞守者常逸豈有旬朔之間已須救援
適憂爾衆有不測之危我關西男子必不為降將軍也
孝徵乃射募格於城中者能斬城主降者拜太尉封郡
公邑萬户賞帛萬疋孝寬手題書背反射城外云若有
斬高歡者一依此賞孝寬弟子遷先在山東又鎖至
城下臨以白刃云若不早降便行大戮孝寬慷慨激
揚畧無顧意士卒莫不感勵歡苦戰六旬傷及病死
者十四五智力俱困因而發疾夜遁去後因此遂卒

魏王思政守頴川東魏太尉高岳來攻築土山以臨城飛梯火車盡攻擊之法思政亦作火䂵因迅風便投之土山又射以火箭燒其攻具仍募勇士縋而出戰據其兩土山置樓堞以助防守高澄更益岳兵堰洧水以灌城時有怪獸每衝壞其堰然城被灌已久多亦崩壞岳悉衆苦攻思政身當矢石與士卒同勞苦岳乃更脩堰作鐵龍雜獸用厭水神堰成水大至城中水泉湧溢懸釜而炊糧力俱竭慕容紹宗劉豐生及慕容永珍意以

為閑共乘樓船以望城内令善射人俯射城中俄而大風暴起船乃飄至城下城上人以長鈎牽船弓弩亂發紹宗窮迫赴水而死豐生浮向土山復中矢而斃擒永珍并獲船中器械思政謂永珍曰僕之破亡在於晷漏誠知殺卿無益然人臣之節守之以死乃流涕斬之思政初入頴川士卒八千人被圍既久城中無鹽腫死者十六七及城陷之日存者纔三千人雖外無救援亦無叛者高澄乃率步騎十萬來攻自於堰下督勵士卒增功築堰時盛夏水壯城北面遂壞頃之水便益滿無措足之地遂被擒高澄義而禮之

晉馬燧鎮太原燧以晉陽王業所起度都城東西平易受敵時天下騷動北邊數有警急乃引晉水架汾而注城之東瀦以為池寇至計省守陴者萬人又決汾水環城多為池沼植柳以固堤太原承前政鮑防敗軍之後兵甲寡弱燧乃悉召將吏牧馬厮役得數千人悉補騎卒教之數月為精騎造甲者必令長短三等稱其所依

以便進趨

唐朱泚亂德宗幸奉天數日賊軍至造雲橋成闊數丈以巨輪為脚推之使前施濕氊生牛革多懸水囊以為障直指城東北隅兩旁構木為廬冒以牛皮迴環相屬負士運薪於其下以填壕塹矢石不能傷城中恟懼相顧失色帝召渾瑊勉諭之令齎空名誥身自御史大夫實封五百户已下者千餘軸募諸軍突將敢死之士以當之兼賜瑊御筆一管當戰勝量其功伐即著其名授

之不足者筆書其身因命以位撫瑊背而遣之前一日瑊揣雲橋來路先鑿地道下深丈餘上積馬糞深五六尺次二日即令爇火次一日復下柴薪夜燒之平明火焰高於城壘是時北風正急賊乃隨風推橋以薄城下賊三千餘人相繼而登城上士卒皆大寒餒又少甲冑瑊但感激誡勵之以饑弱之衆當劇賊之鋒雖力戰應敵人憂不濟公卿以下仰首祝天賊徒至地道所橋脚陷不能進須臾風迴轉焰雲橋焚為燼灰賊焚死者數

千城中懽譟振地時瑊中流矢遽自拔之血流霑足格鬬不已不言瘡痛以激士心既而李懷光大軍至賊解圍去

吳少誠攻許州上官涚知節度留後欲棄城走判官劉昌裔追止之曰留後既受詔宜以死守城况城中士馬足以破賊但堅壁不戰不過五七日賊勢必衰我以全制之可也涚然之賊日夕攻急堞壞不得脩昌裔令造戰棚木柵以代之募壯士破營得突將千人鑿城分出大破之因立戰棚木柵於城上以故不陷五代梁軍敗於上黨晉人乘勝進迫澤州河南留守張全義遣牛存節救之時晉人新勝其鋒甚盛存節引衆而前銜枚夜至澤州晉軍尋至乃分布守禦晉軍四面攻鬬開地道以入城存節亦以隧道應之逆戰於地中晉軍不能進又以勁弩射中者人馬皆洞經十三日晉軍死傷甚衆焚營而退郡以獲全

黄巢陷長安趙犨為陳州刺史謂諸將吏曰以吾計巢

不為長安市人所誅必驅其衆東走吾州適當其衝矣乃治城池為守備遷民六十里內者皆入城中選其子弟配以兵甲以其弟昶珝為將巢敗果東走先遣孟楷據城昶擊破之執楷歸巢從後至聞楷被執大怒既而秦宗權以蔡州附巢巢勢甚盛乃悉衆圍犨置舂磨寨人之肉以為食陳人恐犨語其下曰君家三世陳將必能保此爾曹男子當於死中求生建功立業未必不因此時陳人皆踴躍巢柵城北三里為八仙營營間置

百官聚糧餉欲以久敝之其兵號二十萬陳人舊有巨弩數百廢壞後生弩工皆不識其罷珝創意理之弩矢激五百步人馬皆洞以故巢不敢近圍凡三百日舉食將盡乃乞兵於梁梁太祖與李克用皆自將會擊敗巢將黄鄴於西華西華有積粟巢恃以為餉鄴又敗巢乃解圍去

淮南兵圍蘇州推洞屋攻城吳越將臨海孫淡置輪於竿首垂絙投錐以揭之攻者盡露徽至則張網以拒之

淮南人不能克吳越王鏐遣牙内指揮使錢鏢行副使使杜建徽等將兵救之蘇州有水通城中淮南張網綴鈴懸水中魚鼈過皆知之吳越遊奕都虞侯司馬福欲潛行入城故以竿觸網敵聞鈴聲舉網福因得過凡居水中三日乃得入城由是城中號令與綴兵相應敵以為神

晉將李嗣昭守潞州汴將李思安將兵十萬攻之乃築夾城深溝高壘内外重複飛走路絶嗣昭撫循士衆登城拒守嘗饗士嗣昭張樂流矢中足密拔之坐客之不覺酣飲如故以安士心梁祖馳書說誘百端嗣昭焚其書斬其使者城中固守經年晉王卒周德威等來攻梁軍梁兵大潰嗣昭方開門

後周韋孝寬在汾州屬北人抄掠居人阻斷河路孝寬深患之而地入於齊無方誅剪欲當要處置一大城乃於河西徵役徒十萬甲士百人遣開府姚岳監築之岳色懼以兵少為難孝寬曰計成此城十日即畢既去晉

州四百里里一日創手二日爲境始知設令晉州徵兵二日方集說議之間自稽三日計其軍行三日不到我之城隍足得行矣乃令築之齊人果至南首疑有大軍乃停留不進其夜又令汾州以南傍介山稷山諸村所在縱火齊人謂是軍營遂收兵自固版築克就卒如其言

唐貞元中楊朝晟奏方渠合道木波皆吐蕃要路請城其地以備之詔問所須幾何朝晟奏曰臣部下兵有可

集事不煩外助復問前築鹽州凡興師七萬今何其易也朝晟曰鹽州之役諸軍蕃戎盡知之今臣境邊敵若大興兵即戎蕃來寇寇則戰戰則無暇城矣今請密發軍士不十日至室下未三旬而工畢蕃人始知已無奈何上從之已事軍還吐蕃始來數日退

張仁愿為朔方軍總管先是朔方軍北至突厥以河為界河北岸有拂雲神祠突厥將入寇必先詣祠祭酬求福因牧馬料兵而後渡河時突厥嘿啜盡衆西擊突厥

施葛娑仁愿請乘虛奪取漠南之地於河北築三受降城首尾相應以絶南寇之路太子少師唐休璟以為西漢已來皆北守黄河今於寇境築城恐勞人費功終為賊擄所有建議以為不便仁愿固請不已中宗竟從之六旬而三城俱就以拂雲祠為中城與東西兩城相去各四百餘里皆據津濟遥相應接北拓地三百餘里于牛頭朝那山北置烽堠一千八百所自是突厥不得度山牧馬朔方無復寇掠減鎮兵數萬人仁愿初建三城不置壅門及格曲戰敵之具或問曰此邊城禦賊之所不為守備何也仁愿曰兵貴在攻取不宜退守寇若至則當併力出戰迴顧望城猶須斬之何用守備則生其退恧之心也其後常元楷為朔方軍總管始築壅門以備寇議者以此重仁愿而輕元楷焉

劉昌為涇原營田使躬率士衆力耕三年軍食豊羨受詔築城平涼以扼彈箏峽口昌命從事旬餘而畢又於平凉西别築胡谷堡名曰彰信平凉當四會之衝居北

地之要分兵援戍遏其要衝築神威軍於青海中龍馬島名神龍城吐蕃屏跡不敢近青海

范希朝為振武節度使有党項室韋交居川阜凌犯為盜日入慝作謂之刮城門居人懼駭鮮有寧日希朝於要害處置堡柵斥堠嚴密人遂獲安

隋時突厥入寇隋將楊素擊之先是諸將與敵戰每慮敵騎奔突皆戎車步騎相參舁鹿角為方陣騎在其內素謂人曰此乃自固之道非取勝之方也於是悉除舊

法令諸軍為騎陣突厥頭可汗聞之大喜率精騎十餘萬而至素奮擊大破之素多權略乘機赴敵應變無方然大抵馭戎嚴整有犯軍令者立斬之無所寬貸每將臨冦求人過失而斬之多者百餘人少不下十數流血盈前言笑自然及其對陣先令一二百赴敵陷陣而還者則已如不陷陣而還者無問少長悉斬之又令二三百人復進還如向法將士股慄有必死之心由是戰無不勝時稱名將

宋五路討李繼遷以李重貴為麟府都部署得對殿因言賊居沙磧中逐水草牧畜無定居便於戰鬬利則進不利則走今五路齊入彼聞兵勢大或不來接戰且謀遠遁欲追則人馬乏食將守則地無堅壘賊輩未平臣輩何顏以見陛下太宗善之出御劔以賜又遣使撫勞至則諸將果無大功

太平興國一年梅山洞蠻叛命田紹斌程守素分路掩擊至邵州聞蠻酋包漢陽死去其居十里而陣大敗之擒蠻二萬令軍中取利劍二百斬之留五千餘人遣歸曉諭諸洞自是蠻人不擾三年梅山洞蠻恃險又叛詔遣程守素率諸州屯兵往擊之值霖雨彌旬弓弩解弛不堪挽明日將接戰守素一夕令削木為弩及旦賊掩至交射之賊遂敗乘勝逐北盡平其巢穴先是數郡大吏富人多與賊帥包漢陽交通既而得其書訊數百封守素並焚之反側以定

武編後集卷二

欽定四庫全書

子部

武編後集卷三

詳校官檢討臣何思鈞

總校官編修臣朱鈐
校對官編修臣朱紱
謄録監生臣方溪翰

欽定四庫全書

武編後集卷三

明　唐順之　撰

示弱

春秋時楚武王侵隨使薳章求成焉軍於瑕以待之隨人使少師董成鬬伯比言於楚子曰吾不得志於漢東也我則使然我張吾三軍而被吾甲兵以武臨之彼則懼而協以謀我故難間也漢東之國隨為大隨張必棄小國小國離楚之利也少師侈請羸師以張之王毁軍而納少師少師歸請追楚師隨侯將許之季梁止之曰天方授楚楚之羸其誘我也君何急焉君姑修政而親兄弟之國庶免於侵隨侯懼而修政楚不敢伐

前漢韓王信反亡走匈奴謀匈奴謀攻漢高帝自往擊之至晉陽使人覘匈奴冒頓匿其壯士肥馬牛但見老弱及羸畜使者十輩來皆言匈奴可擊帝使劉敬復往使匈奴還報曰兩國相擊此宜誇矜見所長今臣往徒

見羸啇老弱此必欲見短伏奇兵以爭利愚以為匈奴不可擊也是時漢兵已踰句注三十餘萬衆兵已行帝怒以為沮吾軍械繫敬廣武遂往至平城匈奴果出奇兵圍高帝白登七日然後得解

晋末妖賊孫恩作亂出海鹽劉裕築城於故海鹽賊日來攻城内兵少裕乃選敢死士擊走之時雖連勝裕深慮衆寡不敵乃一夜偃旗示以羸弱覘其懈乃奮擊大破之

後周末楊堅作相尉遲迥拒命堅遣將于仲文率兵定關東次蓼堤迥將檀讓擁衆數萬人仲文以羸師出戰讓悉衆來拒仲文偽北讓軍頗驕於是遣精兵左右翼擊之大敗讓軍進攻梁郡迥守將劉子寛棄城遁走

後唐伐蜀班師副招討使任圜至利州會康延孝叛據莫州掌書記張礪獻策於圜請伏精兵後先以羸師誘之圜深以為然延孝驍將也任圜儒生也延孝覩其羸師殊不介意及戰酣圜發精兵擊之遂擒延孝

五代周世宗伐江南大將張永德請行效命師至壽春劉仁贍堅壁不下永德出疲兵居前誘之選精兵於便地每戰佯不利北退三十里伏兵悉起前後夾攻大敗之仁贍僅免

宋至道中折御卿授府州節度使而兵不滿數千太宗戒之曰北人嘗以西戎為小蕃必輕敵而深及或引衆入境爾可先令近下蕃族以羸師誘之伏精兵以擊之必在吾掌中矣御卿果成克捷

韓魏相攻齊相田忌率兵伐魏魏將龐涓聞之釋韓而歸齊孫子謂田忌曰彼三晋之素皆悍勇而輕齊齊號為怯善戰者因其勢而利道之兵法百里趨利者蹶上將五十里趨利者半至乃使齊軍入魏地為十萬竈明日為五萬竈又明日為三萬竈龐涓行三日大喜曰我固知齊卒怯入吾地三日士卒亡者過半矣乃棄其步兵與其輕鋭倍日併行逐之孫子度其行暮當至馬陵馬陵道狹而旁多阻隘可伏兵乃斫大樹白而書之曰

龐涓死此樹下於是令萬弩夾道而伏期日暮見火舉
而俱發龐涓夜至斫樹下見白書乃舉火燭之讀書未
畢齊軍萬弩俱發軍大亂龐涓乃自刎
戰國趙將李牧常居代郡鴈門備匈奴以便宜置吏市
租皆輸入幕府為士卒費日擊數牛饗士習騎射謹烽
火多設間諜厚遇戰士為約曰單于為盜急入堡有敢
捕擄者斬匈奴每入烽火謹輒入堡不敢戰如是數歲
亦不亡失然匈奴謂牧為怯趙王讓牧牧如故王怒使

人代將歲餘匈奴每來出戰數不利失亡多復遣牧牧
至如故約匈奴數歲無所得終以為怯邊士日得賞賜
皆願一戰於是乃且選兵車得千三百乘騎萬三千匹
百金之士五萬人控弓弩者十萬人悉勒習戰大縱畜
牧人衆滿野匈奴小入佯走不勝以數千人委之單于
聞之大喜率衆而來牧多為奇陣張左右翼擊之破殺
匈奴十餘萬騎單于奔走十餘歲不敢近邊
後漢末孫策攻陳登於匡琦城策初到旌甲覆水羣下
咸欲引軍避之登乃閉門自守示弱不戰將士銜枚寂
若無人登城觀形勢知其擊乃申命士衆宿整兵器昧
爽開南門引軍指賊營步騎抄其後策周章方結陣不
得還船登縱兵乘之遂大敗
陳霸先討杜龕以侯安都居守齊軍乘虛入據石頭遊
騎至闕下安都閉門偃旗幟示之以弱且令城中曰有
登陴看賊者斬及夕賊收軍還石頭安都夜令士卒密
營禦敵之具明晨賊騎又至安都率甲士三百人開東

西掖門以戰大敗之賊乃退下臺城
楚師次于句澨使廬戢黎侵庸及庸方城庸人逐之囚
子揚窻三宿而逸曰庸師衆羣蠻聚焉不如復大師且
起王卒合如後進師叔曰不可姑又與之遇以驕之彼
驕我怒而後可克先君蚡冒所以服陘隰也又與之遇
七遇皆北惟裨鯈魚人逐之庸人曰楚不足與戰矣遂
不設備楚子乘馹會師於臨品分為二隊子越自石溪
子貝自仞以伐庸秦人巴人從楚師羣蠻從楚子盟遂

滅虜

狄青為將黨項犯塞時新募萬勝軍未習戰陣遇寇多北青為將一日盡取萬勝旗付虎翼軍使之出戰敵望其旗易之全軍徑趨為虎翼軍使之出戰類累功至招討副使青在涇原常以寡當衆度必以奇勝預戒軍中盡捨弓弩皆執短兵密令軍中聞鉦一聲則止再鉦聲則嚴陣而陽却鉦聲則止大呼而突之士卒皆如其教纔遇敵未接戰遽聲鉦士卒皆止再聲鉦却敵人大笑

相謂曰孰謂天使勇耶敵人謂青為天使鉦聲止忽前突之敵兵大亂相蹂踐死者不可勝紀

董搏霄還軍守於潛而賊兵大至焚倚郭廬舍搏霄按軍不動左右請出兵搏霄曰未也遣人執白旗登山望賊約曰賊以我為怯必少懈伺其有間則麾所執旗又伏兵城外皆授以火礟復約曰見旗動礟即發已而旗動礟發兵乃盡出斬首數千級

隋末賊帥孟讓衆十餘萬屯盱眙煬帝遣王世充拒之世充保都梁山久不與戰乃宣言士卒亡叛使賊中聞之讓果大笑曰王世充文法吏何能為將吾當生縛之於是進攻其柵世充與戰佯不勝讓益輕之乃分兵擄掠世充知其可擊令軍中夷竈撤幕設方陣四面出戰大破之擄男女十萬餘口讓僅以身免

示強

春秋楚元子元以車六百乘伐鄭師於桔柣之門入自純門及逵市縣門不發楚言而出子元曰鄭有人焉諸

侯救鄭楚師夜遁鄭人將奔桐丘諜告曰楚幕有烏乃止

楚大饑戎伐其西南庸人帥羣蠻以叛楚麇人率百濮將以伐楚於是申息之北門不啟楚人謀徙於阪高蔿賈曰不可我能往寇亦能往不如伐庸夫麇與百濮謂我饑不能師故伐我也若我出師必懼百濮離居將各走其邑誰暇謀人乃出師旬有五日百濮乃罷自廬以往振廪同食

後漢虞詡為武都太守以討叛羌羌乃率衆數千遮詡於陳倉崤谷詡即停車不進而上書請兵羌聞之乃分鈔旁縣詡因其兵散日夜進道兼行百餘里令吏士各作兩竈日增倍之羌不敢逼或問孫臏減竈而君增之兵法日行不過三十里以戒不虞而今日且二百里何也詡曰敵衆多吾兵少徐行則易為所及速進則彼所不測敵見吾竈日增必謂羣兵來迎衆多行速必憚追我孫子見弱吾今示強勢不同故也到郡兵不滿三千而

羌衆萬餘攻圍赤亭數十日詡乃令軍中使強弩勿發而潛發小弩羌以為矢力弱不能至併兵急攻詡於是使二十強弩共射一人發無不中羌大震退詡因出城奮擊多所殺傷明日悉陳其衆令從東郭門出北郭門入變易衣服迴轉數周羌不知其數便相恐動詡計賊當退乃潛遣五百餘人於淺水設伏候其走路敵果奔因掩擊大破之

示遠

秦伐韓趙令趙奢將救之去邯鄲三十里而令軍中曰有以軍事諫者死秦軍鼓譟勒兵武安屋瓦盡震軍中候有一人言急救武安奢立斬之堅壁留二十八日不行復益增壘秦間來奢善食遣之間以報秦將秦將大喜曰夫去國三十里而軍不行乃增壘閼與非趙地也趙奢既已遣秦間乃卷甲而趨之一日一夜至令善射者去閼與五十里而軍軍壘成秦人聞之悉甲而至奢縱兵擊破之遂解閼與之圍

後魏万俟醜奴稱亂關右魏將賀拔岳討之軍於汧渭之間宣言遠近曰今氣候漸熱非征討之時待至秋涼更圖進取醜奴聞之遂以為實分遣諸軍散營農於岐山之北百里細川使太尉侯元進領兵五千據險立柵其千人以下為柵者亦有數處且田且守岳知其勢分乃密嚴備晡時潛遣輕騎先行斷諸路然後諸軍盡發昧朝攻圍元進柵拔之諸所俘執皆放之白餘柵悉降岳星夜徑趨涇州其刺史侯長貴亦以城降醜奴乃棄

平停而走

唐吐蕃都支及遮匐二部叛詔裴行儉為洮州道總管行儉建議曰吐蕃背叛干戈未息敬玄審禮失律喪元安可更為西方生事今波斯王身歿其子泥涅師師充質在京望差使往波斯冊立即路由二蕃部落便宜從事必可有功高祖從之因命行儉冊送波斯王仍為安撫大食使行至西州人吏郊迎行儉召其豪傑子弟千餘人隨己而西乃揚言紿其下曰天時方熱未可涉遠

須涼秋之後方可漸行都支覘知之遂不設備行儉仍召四鎮諸蕃酋長豪傑謂曰憶昔此遊未嘗厭倦雖還京輦無時暫忘今因是行欲尋舊賞誰能從吾獵也蕃酋子弟請從者僅萬人行儉陽為畧遊獵教試部伍數日遂倍道而進去都支部落十餘里先遣都支所親問其安否外示閒暇似非討襲續使人趣召四鎮諸蕃酋與遮匐通謀秋中擬拒漢使卒聞軍到計無所出自率兒姪首領等五百餘騎就營來謁遂擒之是日傳其契箭諸部酋長悉來請命並執送碎葉城簡其精騎輕齎曉夜前進將到遮匐途中果獲都支還使與遮匐使同來行儉釋遮匐使者令先往曉諭其主兼述都支已擒遮匐尋復來降

示近

春秋楚囊瓦伐吳師於豫章吳人見舟於豫章而潛師於巢冬十月吳軍楚師戰於豫章敗之遂圍巢克之獲楚公子繁

後漢耿弇攻張步於劇步遣弟藍將精兵三萬屯西安分諸將萬餘人守臨淄相去四十里弇進軍畫中居二城之間弇視西安城小而堅藍兵又精臨淄名雖大而實易攻乃勅諸校曰後五日攻西安藍聞之晨夜儆守至期夜半弇勅諸將皆蓐食會明至臨淄城苟梁等爭之以為宜速攻西安藍曰西安聞吾欲攻之日夜為備臨淄出不意至必驚擾吾攻之一日必拔臨淄即下西安孤張藍與步隔絕必復亡去已封所謂擊一而得二

者也若攻西安卒不能拔百人屯兵堅城死傷必多縱能拔之張藍引軍還奔臨淄并兵堅勢觀人虛實吾深入敵境後絕轉輸敵制吾救遂攻臨淄半日而拔藍棄西安而遁

岑彭將兵三萬餘人南擊秦豐拔黄郵豐拒彭等於鄧數月不得進彭夜勒兵馬申令軍中使明早西擊山都乃緩所獲擄令得逃亡歸以告豐即悉其軍西邀彭彭乃潛兵渡沔水擊其軍於河頭山大破之緩山谷間伐

木開道直襲黎丘擊破諸屯兵豐聞大驚馳歸救之彭依東山為營豐夜攻彭彭先為之備出兵逆擊之豐敗走

後漢將吳漢岑彭討公孫述述使其將延岑等悉兵拒廣漢及資中又遣將侯丹率二萬餘人拒黄石彭乃多張疑兵使護軍楊翕與臧宫拒延岑自分兵浮江下還江州由都江而上襲擊侯丹大破之因晨夜倍道兼行二千餘里徑拔武陽使精騎馳廣都去成都數十里勢若風雨所至皆奔散初述聞漢軍在平曲故遣大兵逆之及彭至武陽繞出延岑軍後蜀地震駭

曹公與袁紹相持官渡紹遣將郭圖淳于瓊顔良等攻東郡太守劉延於白馬紹引兵至黎陽將渡河公北救延荀攸説曰今兵少不敵分其勢乃可公到延津若將渡兵向其後紹必西應之然後輕兵襲白馬掩其不備顔良可擒也公從之紹聞兵渡即分兵西應公乃引軍兼行趨白馬未至十餘里良大驚來逆戰使張遼關羽

前登擊破斬良遂解白馬之圍

魏初馬超屯潼關曹公大破之諸將或問公曰初賊守潼關渭北道缺不從河東擊馮翊而反守潼關引日而後北渡何也公曰賊守潼關若吾入河東賊必引守諸津則西河未可渡也吾故盛兵向潼關賊衆悉南守西河之備虛故徐晃等得間取河西然後引軍北渡賊不能與吾爭河西者以有二將之軍也連車豎柵為甬道而南既為不可勝且以示弱渡渭為堅壘敵至不出所

以騎之也故賊不為營壘而求割地吾順言許之所以縱逸其意使自安而不為備蓄士卒之力一朝擊之所謂疾雷不及掩耳兵之變化固非一道也

魏將司馬懿征公孫頠師次于遼東東淵遣甲衍等步騎數萬阻遼水拒之圍塹二十餘里懿令其軍穿圍盛兵多張旗幟出其東南賊盡銳赴之乃泛舟潛濟急赴東北斜趨襄平衍等恐襄平無備夜遁走

蜀諸葛亮領兵出斜谷魏將司馬懿屯北原後數日亮

盛兵西行諸將皆謂欲攻西原郭淮獨以為此見形於西欲使官軍重應之必攻陽遂耳其夜果攻陽遂有備不得上

西魏末岷州羌據州城反魏將獨孤信討之信乃勒兵向萬年頡三交谷口賊并力拒守信因詭道趣稠松嶺賊不虞信兵之至覘風奔潰乘勝逐北徑至城下賊並出降

唐嗣曹王臯討李希烈之叛成立堡柵於蔡山臯度峻險不可攻乃聲言西取蘄州理戰艦步兵傍南涯與舟師泝江而上賊以老弱守柵引軍循江隨戰艦南北與臯兵相去直蔡山三百餘里臯令步兵登舟順流東下不日拔蔡山賊還救間一日方至大破之因進拔蘄州降其將

聲此擊彼

前漢景帝時七國反周亞夫為將吳楚兵乏糧饑欲退數挑戰終不出夜軍中驚內相攻擊擾亂至於帳下亞

夫堅卧不起頃之復定吳奔壁東南陬亞夫使備西北已而精兵果奔西北不得入乃大敗之

後漢末黄巾賊起漢將朱雋率兵討之賊帥韓忠據宛拒雋雋兵少不敵乃長圍結壘起土山以臨城內鳴鼓攻其西南賊悉衆赴之雋自將精兵五千掩其東北乘城而入忠乃退保小城惶恐乞降

西魏末涼州刺史宇文仲和據州不受代魏將獨孤信率兵討之仲和嬰城固守信夜令諸將以衝梯攻東北

信新師壯士襲其西南遲明克之

魏田豫到馬城鮮卑攻圍之十重豫密使司馬建旌旗鳴鼓吹將步兵從南門出敵人皆屬目往赴之豫將精銳自北門出鼓譟而起兩頭俱發出敵不意敵衆散亂皆無弓馬步走追三十餘里僵尸積地

宋劉道濟為益州刺史州政失中羣賊蜂起攻圍州城道濟將裴方明出東門破賊三營斬首數萬級賊雖敗已復還合方明復僞出北門迴擊城東大營殺千餘人

時天大霧方明等復揚聲出東門而潛自北門出攻城北城西諸營敗衆大潰於是奔散

越伐吳吳子禦之笠澤夾水而陣越子為左右句卒使夜或左或右鼓譟而進吳師分以禦之越以三軍潛涉當吳中軍而鼓之吳師大亂遂敗之

漢王遣將韓信擊魏魏盛兵蒲坂塞臨晉信乃益為疑兵陳船欲渡臨晉而伏兵從夏陽以木罌缻渡軍襲安邑擄魏王豹

郭淮討叛羌其羌遮塞等屯河關白土故城據河拒官軍淮見兵上流密於下流渡兵據白土故城擊大破之

前燕將慕容垂討丁零翟釗于滑臺次于黎陽津釗於南岸拒守垂徙營就西津為牛皮船百餘艘載疑兵列艘泝流而上釗先以大衆備黎陽見垂向西津乃棄營西拒垂潛遣兵向黎陽津夜濟壁于河南釗聞而奔還士衆疲竭走歸滑臺釗攜妻子率數百騎走垂遣追擊之盡擒其衆

狄青征儂智高時智高還守邕州青懼崑崙關險阨為所據乃按兵不動下令賓州具五日糧休士卒值上元節令張大燈燭守夜宴將佐次夜宴從軍官三夜㝐軍校首夜樂飲徹曉次夜二鼓時青忽稱病暫移卧內久之使人諭孫沔令暫主席行酒少服藥乃出又使勸勞座客至曉客未敢退忽有馳報者云是夜二鼓青已奪崑崙矣賊諜知不為備是夜大風雨青率兵半夜時度崑崙關既度喜曰賊不知守此無能為也彼為夜半風

雨吾不敢來吾來所以出其不意也已近邕州賊方覺逆戰於歸仁舖青登高望之賊據坡上我軍薄之青使步卒居前匿騎兵于後蠻使驍勇者執長槍居前羸弱悉在其後其前鋒孫節戰不利而死將卒畏青令嚴力戰莫敢退者青登高丘執五色旗麾騎兵為左右翼出槍之後斷蠻軍為三旋而擊之人人皆殊死戰先是青已縱蕃部馬二千出戰後交擊左者右右者左已而右者復左左者復右賊不知所為賊之標牌軍為馬軍所

衝突皆不能駐槍立加東軍士又縱馬土鐵連枷擊之遂加披靡相枕藉死賊遂大賊智高果焚城遁去智高自起至平幾一年吏民不勝其毒先是謠言農家種余家收而高為青所破皆如其謠

隋漢王諒作亂遣其將余公理自太行下河內隋將史祥討之軍於河陰久不得濟謂軍吏曰余公理輕而無謀才用素不足稱又新得志謂其衆可恃恃衆必驕且河北人先不習兵所謂擁市人而戰不足圖也乃令軍中修攻具攻河陽公理使諜知之果屯兵於河陽內城以拒祥祥於是艤船河南公理聚甲以當之祥乃簡精銳於下流潛渡公理率衆拒之祥至濱水兩軍相對公理未成列祥縱擊大破之

利

春秋時楚伐絞軍其南門莫敖屈瑕曰絞小而輕輕則寡謀請無扞採樵者以誘之從之絞人獲三十人明日絞人爭出驅楚役徒於山中楚人坐其北門而覆諸山

下大敗之為城下之盟而還

陳豨反趙代皆豨有高祖聞豨將皆故賈人上曰吾知與之矣乃多以金賂豨將豨將多降

後漢光武初馮異與鄧禹率車騎將軍鄧弘等議攻赤眉異曰賊餘衆尚多可稍以恩信傾難卒以用兵破之也上今使諸將屯澠池邀其東而異擊其西一舉取之此萬成計也禹弘不從遂大戰赤眉佯敗棄輜重走車皆載土以豆覆其上兵士饑爭取之赤眉引還擊弘弘

軍潰亂大為所敗

魏曹公西征馬超與超夾潼關而軍公急持之而潛遣徐晃等夜渡蒲坂津據河西為營公自潼關北渡未濟超船急戰公放牛馬以餌賊賊亂取牛馬公乃得渡循河為甬道而南賊退距渭口公乃多設疑兵潛以舟載兵入渭為浮橋夜分兵結營於渭南賊夜攻營伏兵擊破之

曹操與袁紹相持官渡既乃循河而西紹於是渡河追

公軍至延津南公勒兵駐營南坂下使登壘視之曰可五六騎有頃復白騎稍多步兵不可勝數公曰勿復白乃令騎解鞍放馬是時輜重就道諸將以為敵騎衆不如還保營公曰此所以餌敵也如何去之紹騎將文醜與劉備將兵五千騎前後至諸將復白可馬上公曰未也有頃騎至稍多或分趨輜重公曰可矣乃皆上馬時騎不滿六百遂縱兵擊大破之

晉將劉牢之討妖賊孫恩恩敗走擄男女二十餘萬一時入海懼官軍躡其後乃緣道多棄寶物子女時東土殷實莫不粲麗盈目牢之等遽於收斂故恩得逃去

晉李矩守滎陽後趙石勒親率兵襲矩矩遣老弱入山令所在放牛馬因設伏以待之賊爭取牛馬伏發齊呼聲動山谷遂大破之斬獲甚衆勒乃退

南涼禿髮傉檀守姑臧秦姚興遣將姚弼等至於城下傉檀驅牛羊於野弼衆抄掠傉檀因分擊大破之

後魏末大將廣陽王元深伐北狄使于謹單騎入賊中

示以恩信於是西部鐵勒酋長也列何等五萬餘戸並款附相率南還廣陽欲與謹言折敦嶺迎接之謹曰陸汗拔陵兵衆不少聞也列河等歸附必來要擊彼若先據險要則難與爭鋒今以列河等餌之當競來抄掠然後設伏而待必指掌破之廣陽然其計拔陵果來擊破也列河於嶺上部衆皆沒謹伏兵發賊遂大敗悉收也列河之衆

隋煬帝征高麗于仲文率軍從樂浪道軍次烏骨城仲

文簡羸馬驢數千置於軍後既而率衆東過高麗出兵
掩襲輜重仲文迴擊大破之
唐薛萬均為幽州羅藝將會竇建德率衆十萬來寇范
陽萬均曰衆寡不敵今若出門百戰百敗當以計取之
可令羸兵弱馬背城為陣以誘之覘賊勢必渡水交
兵萬均請精騎伏於城側待其半渡擊之從其言建德
果引兵渡水因邀擊大破之
漢傅介子以駿馬監求使大宛因詔令責樓蘭龜茲國

介子至樓蘭責其王教匈奴遮殺漢使大兵方至王苟
不教匈奴匈奴使過至諸國何為不言王謝服言匈奴
使屬過當至烏孫道過龜茲介子復責其王王亦服罪
介子從大宛還到龜茲龜茲言匈奴使從烏孫還在此
介子因率其吏士共誅斬匈奴使還奏事詔拜介子
為中郎遷平樂監介子謂大將軍霍光曰樓蘭龜茲數
反覆而不誅無所懲艾介子過龜茲時其王近就人易
得也願往刺之以示威諸國大將軍曰龜茲道遠且驗

之於樓蘭於是白遣之介子與士卒俱齎金幣揚言以
賜外國為名至樓蘭樓蘭王意不親介子介子陽引去
至其西界使譯謂曰漢使者持黄金錦繡行賜諸國王
不來受我去之西國矣即出金幣以示譯譯還謂王王
貪漢物來見漢使者介子與坐飲陳物示之飲酒皆醉
介子謂王曰天子使我私報王王起隨介子入帳中屏
語壯士二人從後刺之刃交胷立死其貴人左右皆散
走介子告諭以王負漢罪天子遣我來誅王當更立太

子質在漢者漢兵方至毋動動滅國矣遂持王首還詣
闕時裴矩為黄門侍郎用事以始畢可汗强盛漸生怨
隙言於帝曰突厥本淳易可離間但由其内多有羣故
盡皆桀黠教導之耳臣聞史蜀胡悉尤多奸計幸於始
畢請誘殺之帝曰善矩因遣人告胡悉曰天子出珍物
今在馬邑欲共蕃胥多作交關若前來者即得好物胡
悉貪而信之不告始畢率其部畫驅六畜星馳爭進冀
先互市矩伏兵馬邑下誘而斬之詔報始畢曰史蜀胡

悉忽領部落走來至此云背可汗請我容納实厥既是我臣彼有背叛我當共殺今已斬之故令往報

南涼禿髮傉檀伐沮渠蒙遜於姑臧至蕃禾苕藋掠五千餘户其將屈古進曰陛下轉戰千里前無完陳徙户資財盈溢衢路宜倍道旋師早渡峻險蒙遜善於用兵士衆習戰若輕軍卒至出吾慮表大敵外逼徙户內攻危道也衛尉伊方延曰我軍勢方盛將士勇爭自倍彼徒我騎勢不相及若倍道旋師必捐棄資財示人以弱

非計也俄而昏霧風雨蒙遜軍大至傉檀大敗而還

唐武德中李靖隨河間王孝恭討蕭銑悉見兵出拒戰孝恭將擊之李靖止之曰彼救敗之師策非素立勢不能久不若且泊南岸緩之日日彼必分其兵或留拒我或歸自守兵分勢弱我乘其懈而擊之蔑不勝矣今若急之彼則併力死戰楚兵剽銳未易當也孝恭不從留靖守營自師銳師出戰果敗走趨南岸銑衆委舟收掠軍資人皆負重靖見其衆亂縱兵奮擊大破之乘勝直抵江陵入其外郭又攻水城拔之大獲舟艦李靖使孝恭盡散之江中諸將皆曰破敵所獲當藉其用奈何棄以資敵靖曰蕭銑之地南出嶺表東距洞庭吾懸軍深入若攻城未拔援兵四集吾表裏受敵進退不獲雖有舟楫將安用之今棄舟艦使塞江而下援兵見之必謂江陵已破未敢輕進往來覘伺動淹旬月吾取之必矣銑援兵見舟艦果疑不進銑降

毒

晉師伐秦秦人毒涇上流師人多死濟毒水故

後漢時庫莫奚亂詔濟陽王率衆討之乃為毒酒賊既逼棄營而走賊至競飲毒作王以輕騎縱擊俘獲殆盡

亂

吳伐越越子勾踐禦之陳於檇李勾踐患吳之整也使死士再擒焉不動使罪人三行屬劍於頸而辭曰二君有治臣奸旗鼓不敏於君之行前不敢逃行敢歸死遂自刎師屬之目越子因而伐之大敗之

春秋時吳伐楚吳公子光喪其乘舟餘皇光請於其衆曰喪先王之乘舟豈惟光之罪衆有焉請藉取之以救死衆許之使長鬣者三人潛伏于舟側曰我呼餘皇則對師夜從之三呼皆對楚人從而殺之楚師亂吳人大敗之取餘皇之歸

五代梁太祖屯軍于岐下晉軍潛襲絳州前軍不利晉持勢而攻臨汾氏叔宗嚴備禦乃於軍中選壯士二人深目虬鬚貌如沙陀者令就襄陽縣牧馬於道側蕃冠

見之不疑二人因雜其行間伺隙各擒一人而來晉軍大驚且疑有伏兵遂退據滿城

後漢初馮異將數萬人與賊約期會戰使壯士變服與赤眉同伏於道側明日赤眉使萬人攻異前部異纔出兵以救之纔少出兵所以示弱賊見勢弱遂悉衆攻異異乃縱兵大戰日昃賊氣衰伏兵猝起衣服相亂赤眉不復識別衆遂大潰追擊大破於崤底

岳飛遇烏珠趨建康飛設伏牛頭山待之夜令百人黑衣混金營中擾之金兵驚自相攻擊烏珠次龍灣飛以騎三百步兵二千馳至新城大破之烏珠奔淮西遂復建康飛奏建康為要害之地宜選兵固守仍益兵守淮拱護腹心帝嘉納之

詭異

春秋時齊師宋師次於郎魯侯禦之公子偃曰宋師不整可敗也宋敗齊必還請擊之公弗許自雩門竊出蒙臯比而先犯之公從之大敗宋師于乘丘齊師乃還

晉楚相持城濮之戰晉師陳于莘北胥臣以下軍之佐當陳蔡楚子玉以若敖之六卒將中軍曰今日必無晉矣子西將左子上將右胥臣蒙馬以虎皮先犯陳蔡陳蔡奔楚右師潰狐毛設二旆而退之欒枝使輿曳柴而偽遁楚師馳之原軫郤溱以中軍公族橫擊之狐毛狐偃以上軍夾攻子西楚左師敗績

宋滔帥幽州成德軍李寶臣死其子惟岳謀襲父位滔與張孝忠征之大破惟岳於束鹿進圍深州惟岳統萬

餘衆及田悅援兵至束鹿惟岳將王武俊以騎三千方陣横進滔會帛為狻猊象使猛士百人蒙之鼓譟奮馳賊馬驚亂隨擊大破之惟岳焚營而遁

春秋時楚師伐吳鍼尹固與王同舟使王執燧象以奔吳師

戰國燕師伐齊已下七十餘城圍即墨未下齊將田單乃收城中得千餘牛為絳繒衣畫以五彩龍文束兵刃於其角而灌脂束葦於尾燒其端鑿城數十穴夜縱火

牛壯士五千人隨其後牛尾熱怒而奔燕軍大驚牛尾炬火光明炫燿燕軍視之皆龍文所觸盡死傷五千人因銜枚擊之而城中鼓譟從之老弱皆擊銅器聲動天駭敗走而收齊七十餘城

殷浩北伐請江逌為諮議參軍姚襄結營以逼浩浩令逌擊之逌進軍至襄營謂將校曰今兵非不精而衆少於羌且壁柵固難與較力吾當以計破之乃取雞數百以長繩連之繫火於足羣雞駭散飛集襄營火發因其亂隨而擊之襄遂敗

避

春秋時楚伐隨軍淮漢之間隨將季梁曰楚人尚左君必左無與王遇且攻其右右無良馬必敗偏敗衆乃攜矣少師曰不當王非敵也弗聽戰于速杞隨師敗績

後漢末袁尚據鄴率兵圍擊兄譚於南皮留蘇由審配守鄴曹操圍鄴尚還救諸將皆以為此歸師人自為戰不如避之操曰尚從大道來當避之若循西山來者此

成禽耳尚果循西山來臨滏水為營夜遣兵犯圍操逆擊破走之城中崩潰

晉劉裕征慕容超盧循乘虛入寇建業裕急還救時議者欲分屯守守諸裕曰賊衆我寡分其兵則人測虛實一處失利則阻三軍之心若聚衆石頭則衆力不分裕移鎮石城賊大至裕曰賊若新亭直上且將避之若回泊蔡洲成禽耳徐道覆欲自新亭焚舟而戰盧循多疑少決每求萬全乃泊蔡洲以待晉軍潰裕登石頭以望

循軍初見引向新亭宋武顧左右失色既而迴泊蔡洲道覆猶日日欲上循禁之使羸老悉乘舟艦向白石裕慮其從白石西上乃率劉毅等北出拒之賊遂率衆數萬屯丹陽郡裕率諸軍馳歸衆慮賊過江咸謂當徑還拒戰裕乃先引軍還石頭衆莫之曉是日大熱三軍疲頓既上城解甲息士洗浴飲食久之乃出列陣於南塘參軍褚叔度朱齡石率勁勇千餘人過淮賊數千皆長刀矛鋋刃甲耀日奮躍爭進齡石所領多鮮卑善步矟

並結陣以待之賊短兵弗能抗死傷者數百人乃退走大軍次大雷賊方江而下裕躬提幡鼓命衆軍齊力擊之軍中多萬鈞神弩所至莫不摧陷裕自於中流拒之因風水之勢賊艦悉薄西岸岸上軍先備火具焚之大敗循還潯陽遂走豫章

怒

楚漢相持彭越數絕楚糧道項羽欲討越謂其將曹咎曰謹守成皐漢欲挑戰謹勿與戰無令得東我十五日必誅彭越宋梁地漢果數挑戰楚軍不出使人辱之五六日曹咎怒渡兵汜水漢擊之大破楚軍盡得楚貨賂曹咎自涇汜水上

前秦苻氏遣將苻黃眉鄧羌等率步騎討姚襄襄深溝高壘固守不戰鄧羌說黃眉曰傷弓之鳥落於虛發襄頻為晉將桓溫所敗銳氣衰矣今固壘不戰是窮寇也襄性剛狼易以剛動若長驅鼓行直壓其壘襄必忿而出師可一戰而擒也黃眉從之遣羌率騎三千軍於襄

壘以挑之襄果怒盡銳出戰羌偽不勝引騎而退襄追之至于三原羌回騎拒襄俄而黃眉至大戰斬之盡俘其衆

隋杜伏威聚徒數萬煬帝遣將軍陳稜以兵八千討之稜不敢戰伏威遺稜婦人之服以激怒之并致書號為陳姥稜大怒悉衆而來伏威逆拒自出陣前挑戰稜部將射中其額伏威怒指之曰不殺汝我終不拔箭遂馳之稜俯伏走奔其陣伏威因入稜陣大呼衝之所向披

靡復獲所射者使其拔箭然後斬之攜其首復入稜軍
大敗僅以身免

畢

漢匈奴單于冒頓初立東國方强遣使謂冒頓欲得千
里馬冒頓以問羣臣皆曰千里馬國之寶勿與冒頓曰
奈何與人隣國愛一馬乎遂與之東國又遣使來曰願
得單于一閼氏冒頓問羣臣皆怒曰東國無道乃求閼
氏冒頓曰與人隣國愛一女子乎與之居頃之東國復

曰匈奴有棄地千餘里吾欲有之冒頓問羣臣或曰與
之冒頓大怒曰地乃國之本也奈何與之諸言與之者
皆斬之冒頓上馬令國中有後至者斬遂往襲之東國
輕冒頓不為之備冒頓滅之

蜀將關羽北伐擒魏將于禁圍曹仁于樊吳將呂蒙在
陸口稱疾詣建業陸遜往見之謂曰關羽接境如何遠
下後不堪憂也蒙曰誠如來言然我病篤遜曰羽矜其
驕氣凌轢於人禁等為水所沒非戰守之所失羽始有
大功意驕志逸又相聞疾必益無備今出其不意自可
擒制下見至尊宜好為計蒙曰羽素勇猛既難為敵且
已據荆州恩信大布兼始有功膽氣益壯未易圖也蒙
至都權問卿病誰可代者蒙對曰陸遜慮思深長才堪
負重觀其規慮終可信任而未有遠名非羽所忌無復
是過若用之當令外自韜隱内察形便然後可克權乃
召遜拜偏將軍都督代蒙遜至陸口書與羽曰前承觀
舋而動以律行師小舉大克一何巍巍敵國代績利在

同盟聞慶撫節相遂席卷可獎王綱某不敏受任來西
延慕光塵思稟良規又曰于禁等見獲遐邇欣嘆以為
將軍之勲足以長世雖昔晉文城濮之師淮陰拔趙之
畧蔑以尚之聞徐晃等步騎駐旌窺望麾旗操猾敵也
忿不思難潛增衆以逞其心雖云師老猶有驍悍且戰
捷之後常苦輕敵古稱軍勝彌警願將軍廣為方計以
全獨克僕書生疎遲忝所不堪嘉隣威德樂自傾盡雖
未合策猶可懐也羽覽書有謙下自託之意遂大安無

復所嬿遯具啟狀陳其可擒之要權乃潛軍而上使遯
呂蒙為前部至即克公安南郡
東晉初石勒偽推奉晉幽州刺史王浚浚不疑勒於是
輕騎襲幽州以火宵行至易水浚督護馳遣白浚引軍
拒勒浚將佐咸請出擊勒浚怒曰石公來正欲奉戴我
也敢言擊者斬乃命設饗以待之勒晨至薊叱門者開
門疑有伏兵先驅牛羊千頭聲言上禮實欲填諸街巷
使兵不得發浚乃懼或坐或起勒入城升其廳事命甲

士執浚立之於前數其罪惡而誅之遂取幽州

勞

春秋楚申公巫臣為令尹子重子反所逐出奔晉巫臣
自晉遺二子書曰爾讒慝事君而多殺不辜余必使爾
疲於奔命以死巫臣請使於吳景公許之吳王壽夢説
之乃通吳于晉以兩之一卒適吳舍偏兩之一焉與其
射御教吳乘車教之戰陳教之叛楚寘其子狐庸為行
人於吳吳始伐巢伐徐遂入州來子重子反於是乎一
歲七奔命蠻夷屬於楚者吳盡取之

吳子闔廬問於伍員曰伐楚如何對曰楚執政衆而乖
莫適任患若為三師以肄焉一師至彼必皆出彼出則
歸彼歸則出楚必道敝亟肄以罷之多方以誤之既罷
而後以三軍繼之必大克之闔廬從之楚於是乎始病
吳遂入郢

隋高熲獻取陳之策曰江北地寒田收差晚江南土熱
水田早熟量彼收穫之際頗集士馬聲言掩襲必屯兵

禦守足得廢其農時彼既聚兵我便解甲再三若此賊
以為常後雖集兵彼必不信猶豫之頃我乃濟師登陸
而戰兵氣益倍文帝行其策陳人益懼

後周遣將計高齊師圍洛陽齊將段韶禦之韶登邙坂
聊欲觀周軍形勢至大和谷便值周軍即遣馳告諸營
與將結陣以待之周軍仍以步人在前上山邀戰韶以
彼徒我騎且卻且引待其力敝乃遣下馬擊之短兵始
交周人大潰洛城之圍並即奔遁

後周遣將率突厥之衆逼齊晉陽齊將段韶禦之時大雪之後周人以步卒為前鋒從西山去去城二里諸將咸欲逆擊之韶曰步人氣力有限今積雪凝厚逆戰非便不如陣以待之彼勞我逸破之必既既而交戰大敗之敵前鋒盡殪無復孑遺自餘通宵奔遁

唐太宗戰竇建德於氾水東建德列陣彌亘數里太宗將數騎登高而觀之謂諸將曰賊渡險而囂是軍無政令逼城而陣有輕我心陣久卒饑必將自退退而擊之

何往不克建德列陣自卯至午兵士饑倦皆列坐又爭飲水太宗曰可擊之矣遂戰大破之生擒建德

朱熹曰古之戰也兩軍相對甚有禮有饋恵馬有飲酌馬不似後世便只是濫殺將去劉錡順昌之捷亦只是投之死地而後生當時敵騎大擁而至凡十餘萬諸將會議以為固知力不能當然急渡江則朝廷兵守已自戒嚴必不可渡兼攜持老幼敵騎已迫必為所遣其勢終歸於死若兩下死死不若固守庶幾可生遂開城門而守敵人大至劉錡先遣人約他某日戰敵人謂其敢與我約戰大怒至日敵騎壓於城外時正暑月劉錡分部下兵五千為五隊先備暑藥飯食酒肉待用先以一副兜鍪與甲置之日下曬時令人以手摸看熱得幾何如此數次其兜鍪與甲尚可容手則未發直待熱如火不可容手乃喚一隊軍至令吃酒飯少定與暑藥遂各授兵出西門戰少頃又喚一隊至授之出南門如此數隊分諸門迭出迭入敵遂大敗緣敵人衆多其立無縫

僅能操戈更轉動不得而我兵執斧入人業掀其馬甲以斷其足一騎纔倒即壓數騎殺死甚衆况當敵衆正熱甲盾如火流汗喘急煩悶而吾軍迭出飽食清涼而傷困者即扶歸就藥調護遂以至寡敵至衆敵人大敗方有怯中國之意遂從和議前此皆未肯真箇要和此是庚申年六月可惜此機不遂

離

漢先零罕开二種羌解仇合黨為冦漢將趙充國討之

上書曰先零羌敵欲為背叛故與罕幵解仇然私心恐漢兵至而罕幵背之常欲赴罕幵之急以堅其約若先擊罕羌先零必助之今敵馬肥糧食方饒擊之恐不能傷害適使先零得施德於罕羌堅其約合其黨敵交堅黨合誅之用力數倍臣恐國家憂累繇十數年不二三歲而已先誅先零則罕幵之屬不煩兵服矣宣帝從之果如其策

後漢末曹操征關中進軍渡渭馬超及韓遂數請戰不

許因請割地求送任子賈詡以為可偽許之操復問計詡曰離之而已操曰解韓遂請與操相見操與遂交馬語移時不及軍事但說京師故舊拊手歡笑既罷超等問遂公何言遂曰無所言也超等疑之他日操又與遂書多所點抹如遂改定者超等愈疑遂自是超遂搆隙公乃克日會戰先以輕兵挑之戰良久乃縱驍騎夾擊大破之遂超等走涼州

蔣濟為曹操丞相主簿初蜀將關羽圍樊城既降于禁斬龐德威震華夏曹操議徙許都以避其鋭司馬懿及濟以為關羽得志孫權必不願也可遣人勸權躡其後許割江南以封權則樊圍自解太祖如其言權聞之即引兵據江陵羽遂見擒

東晉平州刺史崔毖陰結高句麗及宇文段國等同滅慕容廆以分其地廆聞之曰彼信崔毖虛說邀一時之利烏合而來耳既無統一莫相歸服吾今破之必矣然彼軍初合其鋒甚鋭幸我速戰若逆擊之落其計矣不

若靜以待之必懷疑貳迭相猜防一則疑吾與毖譎而覆之二則自疑三國之中與吾有韓魏之謀者待其人情沮惑然後取之於是三國攻廆廆閉門不戰遣使送牛酒以犒宇文大言于衆曰崔毖昨有使至於是二國果疑宇文同於廆也引兵而歸宇文悉獨官曰二國雖歸吾當獨兼其國盡衆逼城連營三十里廆簡精鋭士配子皝摧鋒於前子翰領精騎為奇兵從旁出直衝其營廆方陣而進悉獨官自恃其衆不設備見廆軍之至

方率兵拒之前鋒始交翰已入其營縱火焚之衆大敗
不備
後漢末廬江太守劉勲理皖城恃兵强士勇横於江淮
之間無出其右者孫策惡之時已有江左自領會稽太
守使人卑辭厚幣而說之曰海昏上繚宗人數欺下國
患之有年矣擊之路由不便幸因將軍神武而臨之且
上繚國富廪實吳娃越姬充於後庭明珠火具被於帑
藏取之可以資軍雖蜀郡成都金碧之府未能過策願

舉救邑躬率士卒以為外援勲允之劉曄諫曰上繚雖
小而城堅池深守之則易攻之則難不可旬日而拔也
且兵見疲於外而國虚於内孫策多謀而善用兵乘虚
襲我將何禦之而將軍進屈於敵退無所歸羝羊觸藩
其在兹乎勲不從遂大興師伐上繚策果襲廬江破之
勲窮蹙遂奔曹公
蜀將關羽遣糜芳守南郡羽領兵圍樊城吳主遣將吕
蒙屯陸口厚與關羽結好羽多留兵備南郡恐蒙來襲

蒙上疏曰羽討樊而多留兵必恐蒙圖其後故也蒙常
有病乞分衆還建業以理病為名羽聞之必撤備徐以
大軍泝江馳上襲其空虚則南郡可下而羽易擒矣吳
主然之蒙送稱病而還建業羽稍撤備而悉衆赴樊城
蒙遂發兵逆流而上伏甲於舟使吏衣為商人以理征
棹達旦兼行過羽所置屯戍輒縛之羽失驚師次于
南郡襲奪其城羽吏士攻樊城未下聞城已陥而家屬
無恙見待甚於平時無復鬬心稍稍分散羽竟為吳師

所擒荆州遂平
朱序鎮襄陽苻堅遣苻丕石越攻之次沔北序以秦無
舟檝不以為虞石越遂遊馬以渡序大懼守中城越攻
陥外郭獲船百餘艘以濟軍後屢戰秦兵引退序不設
備督護李伯護密送款於秦為内應遂襲襄陽執序送
長安
後燕慕容盛據遼東遼西太守李朗陰引後魏軍上表
請發兵以拒寇盛曰此必詐也召其使而詰之果驗盡

滅其族遣將李旱率騎討之師次建安召旱旋師殷聞其家被誅也擁二千餘户以自固及聞旱中路而還謂有内變不復為備留其子養守令支迎魏師於北平旱候知之襲克令支遣裨將追殷及于無終斬之盛謂羣臣曰前以追旱還者殷新為叛逆必忌官威一則鳩合同類刼害良善二則亡竄山澤未可卒平故非意而還以盈怠其志卒然掩之必克之理也羣臣皆曰非所及也

後魏陵州木籠獠恃險每行抄劫大將陸騰討之獠因山為城攻之不可拔騰於城下多設聲樂及雜伎示無戰心諸獠果棄其兵伏携妻子臨城觀樂騰知其無備密令衆軍俱上諸賊惶懼不知所為遂縱兵討擊盡破之

隋將賀若弼鎮淮南請沿江防人每交代之際必集歷陽於是大列旗幟營幕被野陳人以為大兵至悉發國中士馬既知防人交代其衆復散後以為常不復設備其後弼以大軍濟江陳人弗之覺遂滅陳

春秋楚子重自陳伐莒圍渠丘渠丘城惡衆潰奔莒楚入渠丘莒人囚楚公子平楚人曰勿殺吾歸而俘莒人殺之楚師圍莒莒城亦惡庚申莒潰楚遂入鄆莒無備故也君子曰恃陋而不備罪之大者也備豫不虞善之大者也莒恃其陋而不修城郭浹辰之間而楚克其三都無備也夫

漢末曹操征烏桓諸將士多懼郭嘉曰彼恃其遠必不

設備因其無備卒然擊之可破滅也操行至易水嘉又曰兵貴神速今千里襲人輜重多難以趨利不如輕兵以出掩其不意乃密出盧龍塞外道絶不通乃塹山堙谷五百餘里涉鮮卑庭東指柳城未至二百里敵乃知之將數萬騎逆軍登白狼山卒與敵遇衆甚盛操登高觀敵陣不整縱兵擊之使張遼為先鋒敵大敗也

曹操擊袁譚袁尚於黎陽使李典與程昱等以船運糧會尚遣高蕃將兵屯河上絶水道典與諸將議曰蕃軍

少甲而恃水有懈怠之心擊之必克昱亦以為然遂北渡河攻藩破之水道得通

唐李靖陳圖蕭銑十策有詔拜行軍總管軍政一委馬靖閲兵夔州銑以時屬秋潦江水汎漲三峽路危必謂靖不能進遂休兵不設備靖率師而進曰兵貴神速機不可失今兵始集銑尚未知乘水漲之勢倏忽至城下所謂疾雷不及掩耳縱使知我倉卒無以應敵此必成禽也進兵至陵陵銑始懼召兵江南果不能至勒兵圍

城銑遂降

不意

春秋楚大夫子囊師於棠以伐吳吳不出而還子囊殿以吳為不能而儆吳吳人臯舟之隘要而擊之楚人不能救吳人敗之

隋末李密攻宇文化及還其勁兵良馬多死隋將王世充守東都欲乘敝擊之簡練精銳得二萬餘人馬二千餘匹至偃師營於通濟渠南是時密新得志于化及有輕世充之心不設壁壘世充夜遣二百餘騎潛入北山伏谿谷中命軍士秣馬蓐食既而宵濟人奔馬馳遲明而薄密密出兵應之陳未成列而兩軍合戰其伏兵救出而上潛登北原乘高而下馳壓之密營遂亂無能拒之者即入縱火軍大驚潰

晉王渾領豫州刺史與吳接境宣布威信前後降附甚多吳將薛瑩魯淑衆號十萬淑向弋陽瑩向新息時州兵並放休息渾統一旅浮淮潛濟出其不意瑩等不虞

晉師之至渾擊之

唐光啟中秦宗權數為朱全忠所敗恥之悉力以攻汴州其將張晊屯於北郊秦賢屯於板橋各有衆數萬列三十六寨連延二十餘里全忠謂諸將曰賊蓄銳休兵方來擊我謂吾兵少畏懼止於堅守而已今出其不意先擊之乃親引兵攻秦賢砦將士踴躍爭先賊果不備連拔四砦斬首萬餘級賊衆以為神助

梁兵攻潞州築夾寨會晉王李克用死太祖以為援兵

不能復來不復設備晉王存勗與諸將謀曰朱溫所憚者先王耳聞吾新立以為童子未閑軍旅必有驕怠之心若簡精兵倍道趨之出其不意破之必矣取威定霸在此一舉不可失也乃大閱士卒發渇陽軍于黄碾伏兵三垂岡詰旦大霧進兵直抵夾寨梁軍無斥堠不意晉兵之至將士尚未起軍中驚擾晉兵燒寨鼓譟而入梁兵大潰失亡將校士卒以萬計

魏五光末賊元伯生西自崤潼東至鞏洛屠陷塢壁所在為患孝武遣京畿都督婁昭討之討請以五千人行段永曰此賊無城柵惟以寇鈔為資取之在速不在衆也若星馳電發出其不虞精騎三百足矣帝然其計於是命永代昭以五百騎倍道兼進遂平之

東魏北豫州刺史高仲密叛降魏宇文泰以仲密所據遼遠難為應接諸將皆憚此行李遠獨曰北豫遠在賊境高歡又屯兵河上以常理而論實難救援但不入獸穴不得獸子若奇兵出其不意事或可濟脫有利鈍固是兵家之常如其固堅行便無克定之日泰大喜曰李遠所言差强人意乃授行堂尚書前驅東出泰率大軍繼進遠乃潛師而往拔仲密以歸

唐契必何力從征吐谷渾時吐谷渾主在突倫州何力復欲襲之薛萬均懲其前敗固言不可何力曰賊非有城郭逐水草以為生若不襲其不虞便恐鳥驚魚散一失機會安可傾其巢穴耶乃自選驍兵千餘騎直入突倫川襲破吐谷吐牙帳斬首數千級獲駝馬牛羊二十

餘萬頭吐谷渾主脫身而免

魏末遣將鍾會鄧艾伐蜀蜀將姜維守劍閣鍾會攻雜未能克艾上言請從陰平由斜徑出劍閣西入成都奇兵衝其腹心劍閣之軍必還赴涪則會方軌而進劍閣之軍不還則應涪之兵寡矣軍志云攻其不備出其不意今掩其空虚破之必矣冬十月艾自陰平行無人之地七百餘里鑿山通道造作橋閣山髙谷深至為艱險糧運將匱瀕於危殆艾以氊自裹推轉而下將士皆攀

木緣崖魚貫而進先登至江油蜀守將馬邈降諸葛瞻自涪還綿竹列陣相拒大敗之斬瞻及尚書張遵等軍進至成都蜀主劉禪面縛舁櫬詣軍請降

晉譙縱據蜀劉裕與朱齡石密謀取蜀曰劉敬宣往年出黃虎無功而退賊謂我今應從外水往而料我當出其不意猶從内水來也必重兵守涪城以備内道若向黃虎正墮其計今以大衆自外水取成都疑兵内水此制敵之奇也而慮此聲先馳賊審虛實別有函封付齡

石題曰至白帝乃開諸軍雖進未知處分至白帝發書曰衆軍悉從外水取成都臧熹朱林從中水取廣漢使羸弱乘高艦十餘由内水向黃虎譙縱果備内水使其大將譙道福戍涪城遣其將侯暉譙詵等屯彭模夾水為城以拒晉軍諸將以賊水北城險衆多咸欲先攻其南城齡石曰不然雖寇在北今屠南城不足以破北若盡銳以攻北壘南城不麾而自散也遂攻北城詰朝戰至日暮焚其樓櫓四向並登斬侯暉譙詵仍引軍迴趨南城即時潰散朱林至廣漢復破譙道福別軍

後唐李嗣源襲鄆高行周為前軍會夜分大雨人無進志行周曰此天贊我彼必無備直出其不意是夜涉河入東城比明平之

唐蘇定方驍悍多力為折衝隨李靖襲突厥頡利於磧口定方率二百騎為前鋒乘霧而行去賊一里忽然霧歇見牙帳遂掩襲之頡利狼狽散走

貞觀中蘇定方率兵討突厥賀魯大雪平地二尺軍中

咸請停兵候晴定方曰敵恃雪深謂我不能前進必當憩息追可及若緩以縱之則漸遠難追省日兼功在此舉也於是勒兵淩雪晝夜兼進所經收其人衆遂至雙河去賀魯所居二百餘里布陣長驅徑至金牙山賀魯牙帳所時賀魯集衆欲獵定方縱兵擊之破其牙帳生擒數萬人賀魯脫走拔石國定方於是悉命諸部歸其所居復其産業賀魯所擄掠者悉檢責還之於是西域諸國安堵如故令副將蕭嗣業往石國以追賀魯遂擒

歸于京師

周末荆人伐陳吳救之軍行三十里夜不見星左史倚相謂大將子期曰雨十日夜甲輯兵聚吳人必至不如備之乃為陳吳人至見荆有備而返左史曰其返覆六十里其君子休小人為食我行三十里擊之必克從之遂破吳軍

東魏初高歡破爾朱兆兆命秀容分兵守險出入抄掠歡每聲云云欲討兆將出復止如此者數四歡揣兆歲

首必應會飲使將竇泰率精騎先驅一朝一夜行三百里兆軍人因宴休惰忽見泰軍莫不奪氣因而克之

李愬攻蔡州吳房軍吏曰今日往亡請避之愬曰賊以往亡謂吾不來正可擊也又戰遂捷而歸

宋武帝謀討劉毅王鎮惡曰公若事西楚請給百舸為前驅及西討轉鎮惡參軍事使率龍驤將軍蒯恩領百舸前發鎮惡受命便晝夜兼行揚聲劉兗州上先是毅稱病表請從弟兗州刺史藩為副毅謂為信不知見襲鎮惡去江陵城二十里合船步上蒯恩軍在前鎮惡次之舸留一甲士看守對舸岸上立旗安鼓語所留人曰計我將至城便長嚴令後有大軍狀又分隊在後令燒江津艦船鎮惡徑前襲城津戍百姓皆言劉藩實上晏然不疑將至城逢毅要將朱顯之馳前問藩所在軍人答云在後及至軍後不見藩又望江津船艦被燒旌旗甚盛知非藩上便躍馬告毅令閉城門鎮惡亦馳進得入城便因風放火燒大城南門及東門而襲破之

隋韋雲起討契丹以其與突厥相通素無猜忌雲起既入其界使突厥詐云向柳城郡欲共高麗交易勿言營中有隋使敢漏泄者斬契丹不備去賊營百里詐引南渡夜復退還去營五十里結陣而宿契丹弗之知也既明俱發馳騎襲之盡獲其男女四萬口女子及畜產以半賜突厥餘將入朝男子皆殺之煬帝大喜集百官曰雲起用突厥而平契丹

唐李元平大言好論兵宰相關播奇重之薦於上以為

將相之罷時李希烈反朝廷與汝州與賊接境刺史韋光裔懦弱以元平代之既至部募工徒循理郛郭希烈乃使勇士應募執役版築凡入數百人元平不之覺希烈遣將以數百騎突至其城先應募執役者應於内縛元平馳去既見希烈遺下汙地希烈見之曰首宰相使汝當我何待我太薄耶

梁末侯景反陷建業高州刺史李遷仕據大皐圖迸召高京太守馮寳寳欲往其妻冼氏止之曰刺史無故不

合名太守此詐君欲為反耳頃者京師危迫羽檄召兵徧於郡縣刺史稱疾不赴繕甲訓兵今已備矣而更召者往必見留願且勿行遣使諭之曰身疾篤謹遣妻傳意并送土物以省之彼聞喜必無所防為君取之如反掌耳寳從之於是冼氏自將千人皆藏短兵步擔雜物唱言賝貨先書執遷仕曰太守馮寳疾篤謹令妻冼氏傳啟并奉土貢以資軍費遷仕大悦迎冼氏因釋擔出刃大破之遷士脱身而遁冼氏入據其城盡收其衆

唐馮行襲武當人僖宗在蜀有賊首孫喜者聚徒數千人欲入武當刺史吕燦惶駭無營行襲伏勇士於江南乘小舟迎喜謂喜曰郡人今得良牧衆心歸矣但緣兵多民懼擄掠若駐軍江北領肘腋以赴之使某前導以慰安士民可立定也喜然之既渡江軍吏迎謁伏甲奮起行襲擊喜仆地拔劍斬之其黨盡殪賊衆在江北者悉奔潰

王全斌伐蜀自利州趨劍門次益光全斌會諸將議曰

劍門天險古稱一夫荷戈萬夫莫前諸君宜各陳進取之策侍衛軍頭向韜曰降卒牟進言益光江東越大山數重有狹徑名來蘇蜀人於江西置砦對岸有渡自此出劍關南二十里至清强店與大路合可於此進兵即劍門不足恃也全斌等即欲卷甲赴之康延澤曰來蘇細徑不須主帥親往且蜀人屢敗併兵退守劍門莫若諸帥協力進攻命一偏將趨來蘇若達清强北擊劍關與大軍夾攻破之必矣全斌聽其策命史延德分兵趨

來蘇造浮梁於江上蜀人見梁成棄砦而遁蜀帥王昭遠聞延徳兵趨來蘇至清强即引兵退陣於漢源坡留其偏將守劍門全斌等擊破之昭遠遁去遣輕騎追獲傳送闕下遂克劍州殺蜀軍萬餘人

未成列

齊高歡伐西魏至許原西宇文泰拒之至渭南召其兵皆未至諸將以衆寡不敵請待歡更西以觀之泰曰高歡越山度河遠來至此天亡之時也若至咸陽人情轉

騷擾今及其新至便可擊之即造浮橋於渭令軍人齎三日糧輕騎渡渭輜重自渭南夾渭而軍李弼謂泰曰彼衆我寡不可平地置陣此東十里有渭曲可先據以待之遂進至渭背水為陣李弼為左拒趙貴為右拒命將士皆偃戈於葭蘆中日晡齊師至望見軍少競萃於左軍亂不成列泰乃鳴鼓衆皆奮起合戰李弼率鐵騎横擊之絶其軍為二遂大敗之

春秋時晉中行穆子敗無終及羣狄于太原崇卒也將戰魏舒曰彼徒我車所遇又阨以什共車必克困諸阨又克請皆卒自我始乃毁車以為行五乘為三伍荀吳之嬖人不肯即卒斬以狥為五陣以相離兩於前伍於後專為右角參為左角偏為前拒以誘之翟人笑之未陳而薄之大敗之

後魏侯莫陳崇從賀拔岳力戰破万俟醜奴與輕騎逐北至州長坑及之賊未成列崇單騎入賊中於馬上生擒醜奴遂大破之

新集

後漢末曹操征張魯定漢中劉曄進説曰明公以步卒五千誅董卓北破袁紹南征劉表九州百郡十幷其八威振天下勢傾内外今舉漢中蜀人聞風破膽失守推此而前蜀可傳檄定也劉備人傑也有智度而遲新得蜀人猶未附今破漢中蜀人震恐其勢自傾若以公之神明因其傾而壓之無不克也若小緩之諸葛亮於理國而為相關羽張飛勇冠三軍而為將蜀人既定據險

安要則不可犯也今不取必為後憂曹操不從居數日蜀降者說蜀中一日數十驚備斬之而不能禁也操悔之又問華曰今尚可擊否華曰今已小定未可擊也

隋漢王諒作亂遣其將綦毋良自滏口徇黎陽塞白馬津余公理自大行下河内朝廷以史祥為行軍總管討之於河陰久不得濟祥謂軍吏曰余公理輕而無謀又新得志謂其衆足恃恃衆必驕且河北人先不習所謂擁市人而戰不足圖也乃令軍中修攻具公理使諜知

之果屯兵於河陽内城以備祥祥於是艤船南岸公理聚甲當之祥乃簡精銳於下流潛渡公理拒之未成列祥縱擊大破之

唐垂拱初突厥犯邊命黑齒常之率兵拒之蹋至兩非忽逢賊三千餘衆常之見賊徒輩下馬著甲遂領二百餘騎身當先鋒直衝之賊遂棄甲而散俄頃城衆大至及日暮常之令伐木營中然火如烽燧時東南忽有大風起賊疑有救兵相應狼狽夜遁

宋太宗征太原時節度使何繼筠扼石嶺關北冦來援繼筠率數千騎禦之冦至乘其未成列遽麾兵擊之冦衆大潰追奔數十里

未集

太祖親征澤潞車駕次滎陽西京留守向拱朝于行在上召拱與語拱曰李筠逆節久露兵勢漸成陛下立速濟大河歷大行乘其未集而擊之平之必矣或稽浹旬恐賊鋒益銳難為力矣筠在澤州王師薄其城下拔之

遠來

吳孫權拒曹操於赤壁諸葛亮說權云曹操之衆遠來聞追劉豫州一日一夜行三百里此所謂强弩之末不能穿魯縞也兵法忌之曰必蹶上將從之遂敗操

晉劉琨守太原遣將姬澹率衆十餘萬討石勒勒將拒之或諫曰澹兵馬精盛其鋒不可當宜深溝高壘以挫其銳攻守之勢必獲萬全勒曰澹大衆遠來體疲力竭犬羊烏合號令不齊可一戰擒之何彊之有冦已垂至

胡可捨去大軍一動豈易中還若澹乘我之退顧走乃無暇焉得深溝高壘乎此為不戰而自滅之道也立斬諫者以孔萇為前鋒都督令三軍後出者斬設疑兵於山上分為二伏勒輕騎與澹戰偽收衆而北澹縱兵追之勒前後伏發夾擊澹軍大敗

梁將陳慶之伐後魏之渦陽魏遣將元昭等率兵來援前軍至駝澗去渦陽四十里慶之欲逆戰諸將以賊之前鋒必是輕銳與我戰若捷不足為功如其不利沮我

軍陣勢兵法所謂以逸待勞不如忽擊慶之曰魏人遠來皆已疲倦去我既遠必不見疑及其未集須挫其氣出其不意必無敗理且聞敵所據營林木甚盛必不夜出諸將若皆疑惑慶之請獨取之於是與麾下五百騎奔擊破其前軍魏人震恐

後周末隋文帝作相遣將崔仲文先以兵定關東破尉遲迥將檀讓初仲文在蔡隄諸將皆曰軍士遠來士馬瘦敝不可決戰仲文令三軍趣食列陣大戰既而破城諸將皆請曰前兵疲不可交戰竟而克勝其計安在仲文笑曰吾所部將皆山東人果於進不宜持久乘勢擊之所以制勝諸將皆以為非所及也

魏孝武帝將圖高歡歡勒兵南出而高敖曹為前鋒稍逼京師魏帝親總六軍屯河橋宇文泰謂左右曰高歡數日行八九百里曉兵者所忌正須承便擊之而主上以萬乘之重不能渡河決戰方緣津據守且長河萬里扞禦為難若一處得渡大事去矣果如其言帝西奔長

安

十六國北涼沮渠蒙遜率兵伐南涼秃髮傉檀至顯美徙數千户而還傉檀追及蒙遜將擊之諸將皆曰賊已安營不可犯也蒙遜曰傉檀謂吾遠來疲敝必輕而無備及其壘壁未成可一鼓而滅進擊敗之乘勝至于姑臧中外降者萬數千户傉檀懼請和而歸

梁將陳慶之大後魏之渦陽魏遣將元昭等率兵來援前軍至馳澗去渦陽四十里慶之謂諸將曰魏人遠來

皆已疲倦去我既遠必不見疑及其未集須挫其氣出其不意必無敗理且聞敵所據營林木甚盛必不夜出諸君若皆疑惑慶之請獨取之於是與麾下五百騎奔擊破其前軍魏人震恐

東魏大將高歡伐西魏軍至許原西宇文泰至渭南㳂諸州兵皆來會乃召諸將謂之曰高歡越山渡河遠來至此天亡之時也及其新至便可擊之即造浮橋於渭令軍人齎三日糧輕騎渡渭南夾而軍至沙苑距歡軍

六十餘里歡聞泰至引軍來會見泰軍少競馳而進不為行列泰鳴鼓士皆奮起其將李弼等率鐵騎横擊之絕其軍為二遂大敗之斬六千餘級降者二萬餘人歡夜遁奔

唐鐵勒薛延陀等合衆二十萬度漠屯白道川太宗遣李勣等率兵數道擊之戒之曰延陀負其兵力踰漠而來經途數千里馬已疲瘦夫用兵之道見利速進吾已勅李思摩燒薙荻草延陀糧肉日盡野無所獲因時奮擊其衆潰散

唐貞觀中大軍討高麗令江夏王道宗與李靖為前鋒濟遼水克蓋牟城逢賊兵大至軍中僉欲深溝保險待太宗至徐進道宗曰不可賊赴急遠來兵實疲頓恃衆輕我一戰必摧昔者耿弇不以賊遺君父我既職在前軍當須清道以俟車駕李靖然之乃與壯士數千騎直衝賊陣左右出入靖合擊大破之

安禄山反郭子儀李光弼率師下井陘拔常山賊將史

思明以數萬人踵其後我行亦行我止亦止子儀選驍騎五百挑之三日至行唐賊疲乃退我軍乘之又敗於沙河禄山聞思明敗益以精兵我軍至恒陽賊亦隨至子儀堅壁自固賊來則守賊去則追獲晝揚其兵夜襲其幕賊人不及息數日光弼曰賊怠矣可以戰戰于嘉山斬馘四百級

饑渴

蜀諸葛亮出祁山魏將張郃督諸軍拒亮將馬謖於街

亭謏阻依南山不下據城郃絶其汲道大破之

隋初突厥寇蘭州大將賀樓子幹率衆拒之至河洛山與賊相遇賊衆甚盛子幹阻川為營賊軍不得水數日人馬饑歉縱擊大破之

唐太宗圍王世充於東都竇建德率衆來救太宗頓兵武牢登高丘觀之謂諸將曰賊未見大敵今渡險而囂是軍無政逼城而陣有輕我心我按兵不出待彼氣衰陣久卒饑必將自退追而擊之何往不克建德列陣自

辰至午兵士饑倦太宗曰可擊矣乃帥輕騎先進大軍繼之所向披靡生擒建德

後梁遣王景仁將兵七萬人擊趙至柏鄉趙告急于晉晉王存勗遣周德威先屯趙州而自將會之梁兵馬鎧冑光彩炫熠晉人望之奪氣晉王欲速戰德威請待其衰乃進軍鄗邑久之德威將精騎三十壓梁壘門詬之景仁怒悉軍以出橫亘六七里汴宋之軍居西魏滑之軍居東晉王謂德威曰我為公先公可繼進德威曰觀梁兵之勢可以勞逸制之未易以力較也彼輕出而遠來與吾轉戰雖挾糗糧亦不暇食日昳之後饑渴內迫矢刃交外士卒勞倦必有退志當是時我以精騎乘之必大捷於今未可也王乃止至日晡梁軍未食士無鬬志景仁等引兵稍卻德威鼓譟而進麾其西偏曰魏滑軍走矣又麾其東偏曰梁軍走矣晉兵爭進梁兵旦相驚怖遂大敗自鄗追至柏鄉橫尸數十里

糧盡

漢王與項籍約中分天下漢欲西歸張良陳平說曰漢有天下大半而諸侯皆附楚兵疲食盡此天亡之時也宜因其饑而遂取之今釋不取所謂養虎自遺患也從之會諸侯兵于垓下終滅羽

後漢初河南賊董憲劉紆悉其兵數萬人屯昌慮招誘五校餘賊與之拒守建陽光武親征之去憲百里諸將請進帝不聽曰五校乏食當退敕各堅壁以待其敝頃之五校果引去帝乃親臨四面攻三日大破之

漢末青州黄巾衆百萬入兖州界刺史劉岱欲擊之鮑信諫曰今賊衆百萬百姓皆震恐士卒無鬭志不可擊也觀賊衆輩輩相隨軍無輜重惟以抄掠為資今不若畜士衆之力先為固守使彼欲戰不得攻又不能其勢必離散然後選精鋭據要害擊之可破也岱不從遂與戰果為所殺

唐武德初劉武周據太原其將宋金剛屯於河東太宗往征之謂諸將曰金剛持軍千里深入吾地精兵驍將

皆在於此武周自據太原專倚金剛為扞蔽金剛雖衆内實空虚擄掠為資意在速戰我堅壁畜鋭以挫其鋒分兵汾濕衝其心腹彼糧盡計窮自當遁去必待此機未宜速戰於是遣劉弘等絶其糧道其衆遂餒金剛乃遁

竇建德以兵十萬來援王世充于酸棗太宗將拒之諸將進諫曰腹背受敵恐非萬全請班師且據穀州以觀勝負太宗不許曰世充糧盡内外怨嫉當不勞攻擊坐收其斃耳建德新破孟海公將驕卒惰今我進據武牢扼其襟要若賊恃勝冒險爭鋒吾當破之必矣賊若不戰旬月之閒世充自潰終如其言

穆宗用裴度伐王廷湊時諸道兵十五萬既深入輦運艱阻芻薪不繼諸軍分番樵採度支轉運車六百乘盡為廷湊邀之敵之兵食益困遂休兵

春秋時齊師宋師次于郎公子偃曰宋師不整可敗也宋敗齊師必還請擊之公弗許自雩門竊出蒙皐比而

先犯之公從之大敗宋師于乘丘齊師乃還

不整

晉伐楚晉大夫郤至曰楚有六閒其二卿相惡王卒以舊鄭陳而不整蠻軍而不陳陳不違晦在陳而囂合而加囂各顧其後莫有鬬心舊不必良以犯天忌必克之敗于鄢陵

春秋時魯莊公與齊師戰于長勺公將鼓之曹劌曰未可齊人三鼓劌曰可矣齊師敗績公將馳之劌曰未可

下視其轍登軾而望之曰可矣遂逐齊師既克公問其故曰大國難測也懼有伏焉吾視其轍亂望其旗靡故逐之

不戒

春秋時衛人以燕師伐鄭祭足原繁洩駕以三軍軍其前使曼伯與子元潛軍軍其後燕人畏鄭三軍而不虞制人六月鄭二公子以制人敗燕師于北制君子曰不備不虞不可以師

吳侵楚養由基奔命子庚以師繼之養叔曰吳乘我喪謂我不能師也必易我而不戒子為三覆以待我我請誘之子庚之戰戰于庸浦大敗吳師

不整

後漢末曹操征烏桓登白狼山卒與敵遇左右皆懼操登高望敵陣不整乃以張遼為先鋒縱兵擊之敵衆大潰

十六國涼沮渠蒙遜率兵伐南涼禿髮傉檀至顯美徙數千戶而還傉檀追及蒙遜于窮泉蒙遜將擊之諸將皆曰賊已安營不可犯也蒙遜曰傉檀謂吾遠來疲敝必輕而無備及其壘壁未成可一鼓而滅進擊之果敗乘勝至于姑臧其來降者萬數傉檀懼請和而歸

離部

唐太宗征高麗築土山逼其城山頂數丈下臨城中使果毅傅伏愛領隊兵于山頂以防敵會伏愛私離所部高麗出城而戰據有土山攻之不能克遂還師

移陣

魏諸葛誕據壽春反魏將王基討之吳遣朱異來救誕軍于安城詔曰基引諸將據北山基謂諸將曰今圍壘轉固兵馬向集但當精修守備以待越逸而更移兵守險使得於縱雖有智者不能善後矣遂守便宜上疏曰今與賊交利對敵當不動如山若遷移依險人心搖蕩於勢大損諸軍並據深溝高壘衆心皆定不可傾動此御兵之要也書奏報聽壽春竟拔

心怖

晉侯圍曹門焉多死曹人尸諸城上晉侯惡之聽輿人之誦曰稱舍於墓師遷焉曹人兇懼為其所得者棺而出之因其兇也攻之遂入曹

朱齡石伐蜀賊譙縱將譙道福重兵守涪侯暉等屯彭模齡石師次彭模夾岸連城立柵齡石謂裨將劉鍾曰天方暑熱賊今固險攻之難拔秪困我師吾欲蓄銳息兵伺隙而進卿以為何如鍾曰不然前揚聲言大衆由

內江故譙道福不敢捨涪今重軍逼之出其不意侯暉之徒已破膽矣只可因其恐懼而攻之勢當必克克彭模之後自可鼓行而前成都必不能守君緩兵相持彼之虛實涪軍復來難為敵也進不能戰退無所資二萬餘人適為蜀子擄耳從之翌日進攻皆克斬侯暉等縱之城守相次瓦解

曹操與袁紹相持於官渡紹將淳于瓊等護輜重在烏巢操欲自往襲留曹洪守營乃選精銳步騎皆用袁軍旗職銜枚縛馬口夜從間道出人抱束薪所歷道有問者語之曰袁公恐曹操鈔掠後軍遣兵以益備問者信以為然皆自若既至圍屯大放火營中驚亂大破之盡燔其糧穀寶貨殺士卒千餘人皆取鼻牛馬割脣舌以示紹軍將士皆惶懼紹初聞操之擊瓊謂長子譚曰就破攻瓊等吾攻拔其營彼固無所歸矣乃使張郃高覽攻曹洪郃等聞瓊破遂來降紹衆大潰

唐正觀中突厥離叛將圖進取以李靖為代州道總管

靖率驍騎三千自馬邑出其不意直趨惡陽嶺逼之突利可汗不虞於靖見官軍奄至大懼相謂曰唐兵若不傾國而來靖豈敢孤軍而至一日數驚靖知之令間諜離其腹心進擊破之部落並走磧地

半濟

春秋時宋公及楚人戰于泓宋人既成列楚人未既濟司馬曰彼衆我寡及其未濟也請擊之公曰不可既濟而未成列又以告公曰未可既陳而後擊之宋師敗績

公傷股門官殲焉

吳伐楚楚師敗及清發將擊之夫槩王曰困獸猶鬬況人乎若知不免而致死必敗我若使先濟者知免後者慕之蔑有鬬矣半濟而後可擊也從之又敗楚人為食吳人及之奔食而從之敗諸雍澨五戰及郢

項羽引兵東擊彭越令大司馬曹咎謹守成皐即漢王欲挑戰慎勿與戰漢果數挑戰楚軍不出乃使人辱之咎怒渡兵汜水半渡漢擊之大破楚軍

魏鍾繇都督關中匈奴單于作亂平陽繇師諸軍圍之未拔而袁尚所置河東太守郭援到河東兵衆甚盛諸將議欲釋之去繇曰袁氏方强援之來關中陰與之通所以謂悉叛者顧吾威名故耳若棄而去示之以弱所在之民誰非寇讐縱吾欲歸其得至乎此為未戰先自敗也援剛愎好勝必易吾軍若渡汾為營及其未濟擊之可大克也援果輕渡汾衆止之不從濟水未半繇迎擊大破之

隋煬帝征高麗平壤將軍宇文述與九軍過鴨綠水又東濟薩水去高麗平壤城三十里因山為營高麗國相莫文德偽降請述還師奉其王高元朝行在所述見士卒疲敝不可復戰又平壤險固卒難致力遂因其詐而還半濟賊擊後軍於是大潰不可禁止將士奔還一日一夜至鴨綠水行四百五十里初渡遼九軍三十萬五千人還至遼東城惟二千七百人矣

唐武德初羅藝為幽州總管竇建德率衆十萬來寇藝

將逆戰薛萬均曰衆寡不敵今若出戰百戰百敗當以計取之可令羸師弱馬阻水背城為陣而誘之賊若渡水交兵請公率精騎百人伏于城側待其半渡而擊之必敗矣從之建德引兵渡水萬均邀擊大破之

渡

董摶霄時朱皐固始賊復猖獗軍少不足以分討有大山民砦及芍陂屯田軍摶霄皆獎勞而約束之遂得障蔽朱皐我軍屯朱家寺賊至追殺之乃遣進士程明仲

往諭賊中招往者千二百家因悉知其虛實夜縛浮橋於泥水既渡賊始覺賊衆數萬據礀南我軍渡者輒為其所敗搏霄乃麾騎士別渡淺灘襲賊後賊回東南向與騎士迎敵搏霄忽躍馬渡礀揚言於衆曰賊已敗諸軍皆渡一鼓而擊之大敗亟追殺之相藉以死者二十里遂復安豐

地利

秦伐韓趙王令趙奢救之秦人聞之悉甲而至軍士許

歷請以軍事諫曰秦人不意趙師至此其來氣盛將軍必厚集其陣以待之不然必敗奢曰請受令歷又曰令先據北上者者勝後至者敗奢許諾即發萬人趨之秦兵後至爭山不得上奢縱兵擊之大敗秦軍

漢韓信擊趙趙王聚兵井陘口稱二十萬李左車說王曰韓信乘勝去國遠鬬其鋒不可當臣聞千里餽糧士有饑色樵蘇後爨師不宿飽今井陘之道車不得方軌騎不得成列行數百里其勢糧食必在後願假臣奇兵三萬人從間路絕其輜重足下深溝高壘勿與戰彼前不得鬬退不得還吾奇兵絕其後野無所掠鹵不至十日兩將之頭可致戲下趙王不從信使間人伺知之大喜乃敢引兵遂下未至井陘三十里止舍夜半傳發選輕騎二千人各持一赤幟從間道單山而望趙軍戒曰趙見我走必空壁逐我汝疾入壁拔趙幟立漢幟信又謂諸軍吏曰趙已先據便地壁且彼未見大將旗鼓未肯擊前行恐吾阻險而還先使萬人先行出背水陣趙

兵望見大笑平旦信建大將旗鼓鼓行出井陘口趙開壁擊之大戰良久信棄旗鼓走水上軍趙空壁逐信信已入水上軍軍皆殊死戰信所出奇兵二千見趙空壁逐利即馳入趙壁立漢赤幟趙軍已不能得信欲還歸壁壁皆漢幟遂亂遁走擒趙王

晉王存勗與梁軍戰于胡柳陂中有土山梁軍先據之王曰今日之戰得土山者勝賊已據山吾與汝等率軍先登遂奪其山諸軍繼集梁軍大敗時元城令吳瓊等

率各部役徒萬人於中山曳柴揚塵鼓譟助其勢梁軍不之測自相騰藉棄甲如山積

天時

唐武德中突厥入原州太宗率兵拒之值雨連月太宗召諸將謂之曰敵控弦鳴鏑弓馬是憑今雨連時弧矢俱敉突厥人衆如烏㲉羽我屋宿火食槍犀利料我之逸揣敵之勞此而不乘夫復何待令先以勁兵亂其陣突騎躡其後敵進不相遜退不相救縱不盡擒必獲十

八九此曉兵者所解因潛師夜出冒雨而進醜徒驚駭請和而去

張公謹副李靖經畧突厥因言突厥可取之狀曰頡利縱欲肆情窮兇極暴塞地霜早饑糧乏絕若師出塞垣自然有應者太宗深納之果破定襄敗頡利

五代梁將劉鄩趨黄澤關路歸後唐莊宗遣兵追之時霖雨積旬鄩倍道兼行皆腹疾足腫顛墜巖坂陷于泥濘死者十二三

後唐契丹寇望都莊宗追擊之氊裘毳幕不可勝紀時大雪平地五尺據乏芻糧人馬斃踣于道纍纍不絕乘勝追襲大破之

武編後集卷三

欽定四庫全書

子部

武編後集卷四

詳校官檢討臣何思鈞

總校官編修臣朱鈐
校對官編修臣朱紱
謄録監生臣李騰芳

欽定四庫全書

武編後集卷四

明　唐順之　撰

佯北

戰國秦師伐趙趙奢之子括代廉頗將拒秦於長平秦陰使白起為上將軍趙括出兵攻秦軍秦軍佯敗而走張二奇兵以劫之趙軍逐勝追造秦壁堅不得入而秦奇兵二萬五千人絶趙軍後又一軍五千騎絶趙壁間

趙軍分而為二糧道絶而秦出輕兵擊之趙戰不利因築壁堅守以待救秦王聞趙食道絶自之河内發卒遮絶救兵趙卒食絶四十六日陰相殺括與鋭卒自摶戰秦軍射殺之趙軍大敗坑卒四十餘萬

東魏侯景叛高澄歸梁圍彭城澄遣慕容紹宗討之將戰紹宗以梁人剽悍恐其衆不能支一一引諸將而誑之曰我當佯退誘吾兒使前汝可擊其背申明戒之初景又戒梁人曰逐出不過二里會戰紹宗實敗走梁人

不用景言乘勝深入魏人以紹宗之言為信掩撃遂大敗之

隋薛世雄為右翊衛將軍竇建德僭稱長樂王遣世雄率兵三萬討之至河間城南營於七里井建德聞世雄至精兵數千人伏河間南界澤中悉拔諸城偽遁去入豆子䴚中世雄以為建德果亡乃不設備建德覘知之自率敢死士千人襲撃世雄會雲霧晝晦兩軍不辨隋軍大潰自相騰藉死者萬餘世雄以數百騎而遁

隋末高祖起兵自太原至霍邑隋將宋老生守城太宗以數騎詣其城下舉鞭指麾若將圍城者老生怒開門出兵高祖因謂隴西公建成曰汝看兩陣將交引左軍直趨東門命太宗引右軍直趨南門以斷其歸路老生之軍背城而列陣高祖以中軍與建成合陣於城東太宗陣於城南老生麾兵疾進先薄高祖而建成墜馬老生乘之中軍與左軍咸却太宗自南原遥見塵起知義師退率二百騎馳下峻坂殺一賊將遂衝斷其軍出其陣後表裏齊譟隋師大潰遂擒老生而平霍邑

唐姜寶誼武德初為右武衛將軍時劉武周將黄子英往來雀鼠谷高祖令寶誼擊之子英數以輕兵挑戰寶誼兵纔接子英輕遁如此者再三寶誼悉兵逐之伏兵發軍遂大敗寶誼為賊所擒

郭子儀討安慶緒渡河圍衛州慶緒率衆來援分三軍子儀陣以待之預選善射者三千人伏於壁内誡之曰俟吾小却賊必爭進則登城鼓譟弓弩齊發以逼之既戰子儀偽退賊果乘之乃開壘門遂聞鼓譟弓弩齊發

矢注如雨賊徒震駭因整衆追之賊衆大敗

春秋時齊師伐魯公將戰曹劌請從公與之乘戰于長勺公將鼓之劌曰未可齊人三鼓劌曰可矣齊師敗績公將馳之劌曰未可下視其轍登軾而望之曰可矣遂逐齊師既克公問其故對曰大國難測也懼有伏焉吾視其轍亂其旗靡故逐之

闕圍

後漢初張步據齊地漢將耿弇總兵討之步使其大將費邑軍歷下又分守祝阿鍾城弇先擊祝阿自旦攻城未日中而拔之故開圍一角令其衆得奔歸鍾城鍾城人聞祝阿已潰大恐懼遂空壁亡去

建武中妖賊單臣等相聚入原武劫掠吏民自稱將軍臧宮將數千人圍之賊食多數攻不下士卒死傷帝召公卿諸侯問方畧明帝時為東海王對曰妖巫相劫勢無久立其中必有悔欲亡者但外圍急不得出耳小緩之令得逃亡則一亭長足以擒矣帝然之即勑令撤圍

緩守賊衆分散遂拔原武斬單臣等

將軍朱儁與荆州刺史徐璆共討黃巾擊賊帥趙弘斬之餘賊韓忠據宛乞降不許司馬張超請聽之儁曰兵有形同而勢異者昔秦項之際人無定主故賞降附以勸來耳今海內一統惟黃巾造寇納降無以勸善討之足以懲惡今若受之更開逆意賊利則進戰鈍則乞降縱敵長寇非良計也因急攻之連戰不尅儁登土山視之顧謂張超曰吾知之矣賊今外圍周固內營迫急乞降不受欲出不得所以死戰也萬人一心猶不可當況十萬乎其害甚矣今不如撤圍并兵入城忠見解圍勢必自出出則意散易破之道也既而解圍忠果出戰儁因擊大破之忠等並降

韓世忠時勝捷軍張師正敗宣撫司使李彌大斬之大校李復鼓衆以亂淄青之附者合數萬人山東復擾彌大檄世忠將所部追擊至臨淄河兵不滿千分為四隊

布鐵蒺藜自塞歸路令曰進則勝退則死走者命後隊勦殺於是莫敢返顧皆死戰大破之斬復餘黨奔潰乘勝逐北追至宿遷賊尚萬人方擁子女椎牛縱酒世忠單騎夜造其營呼曰大軍至矣亟束戈卷甲吾能保全汝功名賊駭慄請命因跪進牛酒下馬解鞍飲啖之盡於是衆悉就降黎明見世忠軍未至始大悔失色

曹操克袁譚圍壺關下令曰城拔皆坑之連月不下曹仁言於操曰圍城必示之以活門所以開其生路也今

公告之必死將人自為守且城固而糧多攻之則士卒傷守之則引日久今頓兵堅城之下攻必死之敵非良計也太祖從之城遂降

後魏末高歡起義兵於河北爾朱兆等諸將同會鄴南士馬精強號二十萬圍歡於韓陵山是時歡馬二千步卒不滿三萬人兆等設圍不合歡為圓陣連繫牛馬騾自塞之於是將士死戰四面奮擊大破兆等

窮寇

漢趙充國討先零羌羌久屯聚解弛忽覩大軍弃輜重欲渡湟水道阨狹充國徐行驅之或曰逐利行遲充國曰窮寇也不可迫緩之則走不顧急之則還致死諸將皆曰善羌衆果赴水溺死者百數於是大破賊衆

後梁呂光遣二子紹纂伐段業南涼禿髮烏孤遣其將楊軌救業紹以業等軍盛欲從三門關挾山而東纂曰挾山示弱取敗之道不如結陣衝之彼必憚我而不戰也紹乃引軍而南業將擊之其祖沮渠蒙遜諫曰楊軌恃兵騎之強有窺伺之心紹纂兵在死地必決戰求生不戰則有大山之安戰則有累卵之危業曰卿言是也乃按甲兵不戰紹亦難之各引兵歸高齊北豫州刺史馬消難請降於周周遣楊忠達奚武等率騎士五千迎之從間道馳入齊境五百里前後三遣使報消難皆不返去虎牢三十里武疑有變欲還忠曰有進死無退生獨以千騎夜趣城下城四面峭絶但聞擊柝聲武親來麾數百騎西去忠勒餘騎不動俟門開而入馳遣召武

齊鎮城將伏敬遠勒甲士二千人據東埤舉烽嚴警武憚之不欲保城乃多取財帛以餌消難及其屬先歸忠以三千騎為殿到洛陽皆解鞍而卧齊衆來追至洛北忠謂將士曰但飽食今在死地賊必不敢渡水當吾鋒食畢齊師衆若渡水忠馳騎將擊之齊兵不敢逼遂徐引而還又青嘗與敵戰大勝追奔數里敵忽壅過山嵎知其前兵遇險士卒皆欲奮戰青遽鳴鉦止之敵得引去驗其處果臨深澗將佐悔不擊青獨曰不然奔命之

卒忽止而拒我安知非謀軍已大勝殘寇不足利得之無所加重萬一落其術中存亡不可知寧悔不擊不可悔不止

歸師

劉項爭天下之際漢王至南鄭諸將及士卒皆歌思東歸韓信說漢王曰項王王諸將之有功者而王獨居南鄭是遷也軍吏士卒皆山東之人也日夜跂而望歸及其鋒而用之可以有大功天下已定民皆自寧不可復用

曹操圍張繡於穰劉表遣兵救繡以絶軍後操將引還繡兵來追操軍不得進連營稍前到安衆繡與表兵合守險操軍前後受敵操乃夜鑿險為地道悉過輜重設奇兵會明賊謂操為遁也悉軍來追乃縱奇兵步騎夾攻大破之操謂荀彧曰敵遏吾歸師與吾死地戰是以知勝

宋建武初魏圍鍾離張欣泰為軍主隨崔慧景救援及魏軍退而邵陽洲上餘軍萬人求輸馬五百足假道慧景欲斷路攻之欣泰說慧景曰歸師勿遏古人畏之兵在死地不可輕也慧景乃聽之過

前秦苻堅征晉至壽春兵敗還長安慕容泓起兵于華澤堅命苻叡討之叡勇果輕敵不恤士衆泓聞其至也懼率衆將奔關東叡驅兵邀之姚萇諫曰鮮卑有思歸之心宜驅令出關不可遏也叡弗從戰于華澤叡敗績被殺

夏赫連勃勃伐秃髮傉檀大敗之驅掠二萬餘口牛馬羊數十萬而還傉檀率衆追之其將焦朗曰勃勃御軍齊肅未可輕也今因抄掠之資率思歸之士人自為戰難與爭鋒不如從温圍北渡趣萬解堆阻水結營制其咽喉百戰百勝之術也傉檀不從勃勃聞而大喜乃於陽武下峽鑿陵埋車以塞路勒衆逆擊傉檀大敗之殺傷萬計

後梁呂弘攻段業於張掖不勝將東走業議欲追擊之

其將沮渠蒙遜諫曰歸師勿遏窮寇勿追此兵家之戒不如縱之以為後圖業曰一日縱敵悔將無及遂率衆追之為弘所敗

截歸

後漢涼州賊王國圍陳倉不拔而去將軍皇甫嵩進兵擊之董卓曰不可兵法窮寇勿遏歸衆勿追今我追國是追歸衆追窮寇也困獸猶鬬蜂蠆有毒況大衆乎嵩曰不然前吾不擊避其鋭也今而擊之待其衰也所擊

疲師非歸衆也國衆且走莫有鬬志以整擊亂非窮寇也遂獨進擊之使卓為後拒連戰大破之斬首萬餘級國走而死

唐馬燧討田悅軍中乏糧悅深壁不戰燧令諸軍持十日糧進次滏口與悅夾洹水而軍李抱真與李艽問曰糧少而深入何也燧曰糧少利速戰兵法善于致人不致於人今田悅與恒州淄青三鎮為首尾計欲不戰以老我師若分兵擊其左右悅必救之則我腹背受敵戰必不利故進軍逼悅所謂攻其所必救也彼苟出戰必為諸軍破之燧乃造三橋道逾洹水自挑戰悅不敢出恒州兵以軍少懼為燧所并乃引軍合于悅悅謂燧明日復挑戰乃伏兵萬人欲邀燧燧乃令諸軍半夜皆食先鷄鳴時擊鼓吹角潛傍洹水徑趍魏州令曰聞賊至則止為陣又令百騎鳴鼓吹角皆留于後仍抱薪持火待軍畢發止角匿其旁伺悅畢渡焚其橋軍行十數里悅乃率淄青恒州步騎四萬人踰橋掩其後乘風縱火

鼓譟而退燧乃坐甲令無動命前除草斬荆棘廣百步以為陣燧出陣募勇士得五千餘人分為前部以俟賊至比悅軍至則火止力少衰乃縱軍擊之悅軍大敗悅走橋橋已焚悅軍亂赴水斬首一萬

前漢高帝匈奴圍于平城七日高帝使使間厚遺閼氏乃開圍一角於是高帝令士皆持滿傅矢外嚮從解角直出得與大軍合冒頓引兵去

後周大將宇文護伐齊遣將尉遲迥圍洛陽為敵所敗

周將達奚武與齊王憲於邙山禦之至夜收軍憲欲待明更戰武欲還固爭未決武曰洛陽軍散人情駭動若不因夜速還明日欲歸不得武在軍旅久矣備見形勢大王少年未經軍事豈可將數營士衆一朝棄之乎憲遂從之全軍而返齊人弗悟而不追若追之必克也

宋太宗時契丹與西賊相結窺邊上密授成算於府州折御卿使為之備至是敵將韓德威萬餘衆誘黨項勒浪等族自振武入寇御卿大敗之於河叉勒浪等族乘

敵之亂詐為府州兵躡其後敵衆死者十六七奏至上名其使問狀因笑謂左右曰北敵之情輕進易退常戒邊將勿與爭鋒待其深入即分奇兵斷其歸路從而擊之必無遺類果如我言左右呼萬歲因遣内侍往圖地形觀之其勒浪等族既與敵有隙悉款塞内附

五代黄文靖佐葛從周領兵入潞會晉軍十餘萬偫外垣砦文靖慮孤軍難守乃與從周啓闉出師文靖為殿後命矢刃皆外向持重而還晉人不敢逼

魏傅永為豫州刺史南齊將裴叔業來侵楚王戍永令塡塹外塹夜伏戰士一千人於城外及曉而叔業等至頓於城東列陣將置長圍永所伏兵於道左擊其後軍破之叔業乃令將佐守所列之陣自率精甲數千人救之永上門樓觀叔業南行五六里許便開門奮擊遂推破之叔業奔走左右欲追永曰弱卒不滿三千彼精甲猶盛非力屈而敗直墮吾計中耳既不測我之虛實足喪其膽俘此足矣何遑追之

疑

後漢廉范為雲中太守會匈奴大入塞范自率士卒拒之敵衆盛不敵會日暮令士各交縛兩炬三頭然火敵遥見火多謂漢救兵至待朝將退范令軍中蓐食晨往擊之斬首數百級敵自此不敢向雲中

陳登守廣陵孫策遣軍攻登于康琦城登使人求救於曹公而密去城十里軍營處所多取柴薪兩束一聚相去十步縱横成行令俱起火互然其聚城中稱慶若大

軍到賊覩火驚潰登勒兵追奔斬首萬級

秦苻堅陷襄陽晉將桓冲攻之堅將慕容垂等率兵步騎五萬攻襄陽以石越為前鋒次于沔水垂越夜命三軍人持十炬火繫炬於木枝光照數十里冲懼退還上明

宋晉安王子勛舉兵反潯陽遣臨川内史張淹自鄱陽嶠道入三吳明帝命將討之時朝廷罷甲悉充南討故軍容寡闕乃編棧皮為馬具裝折竹為寄生夜舉火進軍賊望見恐懼未戰而走

後魏雍州刺史蕭寶寅據州反魏大將長孫稚討之軍次弘農副將楊侃曰昔魏武與韓遂馬超挾關為壘勝負之理久而未決豈才雄相類算略抗衡當以河出險阻難用智力今賊守潼關全據形勢縱曹操復出亦無所逞奇必須取蒲坂飛棹西岸置兵死地人有鬬心潼關之賊必睹風而散諸處既平長安自克稚曰賊黨薛循義已圍河東薛鳳賢又保安邑雖有此計猶用為疑侃曰河東治在蒲坂西帶河湄所部之人多在東境循義駈率壯勇西圍郡邑父老妻弱尚保舊村若步卒一臨方寸各亂人人思歸則郡圍自解不戰而勝昭然在目稚從之令其子彦等領騎與侃於弘農北度所統悉是騎士習於野戰未可攻城便據石壁侃乃班告曰今且停軍於此以待步卒兼觀人情向背然後行若送降名者各自還村候臺軍舉烽火亦應之以明降欵其無應之者即是不降之村理須殄戮賞賚軍士人遂傳相興告報未實降者亦詐舉烽一夕之間火光遍數百里

内寶寅將時圍河東不測所以各自散歸長安賊平侃頗有力

西魏將宇文測行綏州事每歲河冰合後突厥即來寇掠先是常先遣居人入城堡以避之測至皆令安堵如舊乃於要路數百處多積柴仍遠斥候伺其動靜是年十二月突厥從連谷入寇去界數十里測命積柴之處一時縱火突厥謂有大軍至懼而遁走自相蹂踐委棄雜畜及輜重不可勝數測徐率所部收之分結百姓自

是突厥不敢復至

唐永王璘拒命肅宗使中官啖廷宗招討之判官李銑時為將以廣陵步卒三千同出于爪步洲廣張旗幟耀乎江津璘登埤望之竟日始有懼色其夕銑令多燒火人執兩炬以疑之隔江望者兼水中之影一皆為二璘軍人以火應之璘懼以為官軍悉濟矣遂以兒女及麾下宵遁

春秋時楚子儀之亂析公奔晉晉以為謀主繞角之役

析公曰楚師輕窕易震蕩也若多鼓鈞聲以夜軍之楚師必遁晉人從之楚師宵潰

唐王晙為朔方副總管吐蕃精甲十萬寇臨洮晙率步兵二千卷甲倍程與臨洮軍合晙出奇兵七百人在蕃後夜襲之去賊五里置鼓角令前者遇賊大呼後者擊鼓賊大懼疑有伏兵自相殺者萬計

晉侯伐齊齊侯登巫山以望晉師晉人使司馬斥山澤之險雖所不至必斾而疏陳之使乘車者左實右偽以斾先輿曳柴而從之齊侯見之畏其衆也乃脫歸

曹休與孫權兵戰休敗權追兵斷夾石諸將不知所出賈逵曰休敗于外進不能戰退不能還安危之機不及終日賊以軍無後斷故至此今疾進出其不意所謂先人以奪其心賊見吾兵必走乃兼道進軍多設旗鼓為疑兵賊見遂退

魏將軍曹爽襲蜀蜀將劉敏王平鎮漢中拒之或謂但可守城不出拒敵敵必自引退敏以為男女布野餘糧

栖畝若聽之入則大事去矣遂帥所領與平據形勢多張旗幟亘百里會費禕至軍退

東晉末桓元篡晉劉裕起義兵討之元使將桓謙屯覆舟山裕先使羸弱登蔣山多張旗幟以油帔冠諸木杪徧滿山谷元不之測大懼裕乃與劉毅等分數隊進突謙陣皆殊死戰無不以一當百時東北風急毅軍放火烟塵漲天鼓譟之聲震駭京邑謙軍一時奔散

後魏幽州刺史孫定兒據州不下衆數萬宇文泰令劉

亮襲之定兒以義兵猶遠未為備亮乃將三十騎先置一纛於近城高嶺即馳入城定兒方高會卒見亮至衆皆駭愕亮乃麾兵斬定兒縣首州門號令賊黨仍遥指城外纛命二騎曰出追大軍賊黨怗懼一時降服

隋煬帝為突厥所圍郡縣皆發兵赴援時唐太宗年未弱冠名募從軍隸屯衛將軍雲定興師將發太宗勸之多齎鼓旗設疑兵以威突厥定興不納太宗謂之曰始畢掃其境内敵圍天子本疑國家倉卒無援忽見旗鼓

之盛必謂救兵雲集今者進師可前後相次數十里間連亘不絶晝則旛旗夜則金鼓相應以張形勢則必見懼望塵而退此計之上也不然為彼所輕悉軍來戰公必不能支矣定興從焉將次崞縣突厥候騎馳告始畢曰兵大至矣遂解圍而退果如所料

宋開寳中伐金陵王師自荆渚乘戰艦而下以黄州刺史王明領戰艦為江路廵檢偽將朱令贇自湖口領兵十五萬連大艦沿流而下將焚采石浮梁直抵金陵為援明請益舟師以襲令贇上曰非應急之策也令贇朝夕至金陵之圍解矣乃密遣人諭明於州浦間多立長木若帆檣之狀令贇望見果疑我師襲其後逗留不進移檄諸軍生擒令贇

後魏葛榮舉兵向京師衆號百萬相州刺史李神儁閉門自守爾朱榮率精騎七千人馬皆有副倍道兼行東出滏口與葛榮遇衆寡非敵葛榮聞之喜乃令其衆辦長繩曰至便縛取之自鄴以北列陣數十里箕張而進

榮潛軍山谷為奇兵分督將以上三人為一處處有數百騎令所在揚塵鼓譟使賊不測多少又以人馬逼戰刀不如棒密勒軍士馬上各齎棒一枚置於馬側至戰時不聽斬級以棒擊之而已慮廢應援乃分命壯勇所當衝突榮身自陷陣出于賊後表裏合擊大破之於陣擒葛榮餘衆悉降

隋楊義臣為朔州總管煬帝即位漢王諒作亂代州總管李景為漢王將喬鍾葵所圍詔義臣救之義臣自以

兵少悉取中軍牛驢得數千頭復令兵數百人人持一鼓潛驅之出其不意義臣晡後與鍾葵戰兵初合驅牛驢者疾進一時鳴鼓塵埃漲天鍾葵軍探知所為伏兵發因而大潰縱擊破之

後漢虞詡為武都太守討叛羌羌率衆數千遮詡於陳倉崤谷詡停軍不進宣言上書請兵須到乃發羌聞之乃分掠旁縣詡因其兵散日夜進道兼行百餘里令吏士各作兩竈日增倍之羌不敢逼既到因設伏于淺水

掩擊大破之

魏文帝至廣陵吳人大駭乃臨江為疑城自石頭至于江乘架以木幹衣以葦蓆加采石馬一夕而成魏人自江西望甚憚之遂退軍

吳孫堅少時與父共載船至錢塘會海賊掠取賈人財物方於岸上分之行旅皆住船不敢進堅謂父曰此賊可擊請討之父曰非爾所圖也堅行操刀上岸以手東西指麾若分部人兵以邏遮賊狀賊望見以為官兵捕之即委財物散走堅追斬得一級而還

後周齊王憲大舉伐齊憲為前鋒守雀鼠谷時陳王純屯千里徑宇文椿屯鷄棲原宇文盛守汾水關并受憲節度憲密謂椿曰兵者詭道汝今為營不須張幕可伐柏為菴示有處所令兵去之後賊猶致疑時齊主分軍萬人向千里徑又令其衆出汾水關自率大兵與椿對宇文盛馳告急憲自救之齊人遽退盛逐之多有斬獲俄而椿告齊衆稍逼憲又救之會被

勑追還率兵夜返齊人果謂柏菴為帳幕不疑軍退翌日始悟

阿珠軍還宋兵邀襄樊間阿珠乃自安陽濟江留精騎三千陣牛心嶺復立虛寨設疑兵是夜敵果至斬首萬餘級

魏將田豫率兵追擊鮮卑單將銳卒深入敵庭敵人衆多鈔軍前後斷絕歸路豫乃進軍去敵衆十餘里結屯營多聚牛馬糞燃之從他道引去敵見煙火不絕以為

尚在行數十里乃知之

後梁劉鄩圍晉陽將還戒衆曰有病者殺而焚之三軍咸稱不病乃退因選精卒殿後徐而退之至會關留數馬及旌旗虛設于高岡之上晉人疑有伏兵遂不敢追時服其謀

劉鄩拒晉以晉兵盡在魏州晉陽必虛欲以奇計取之乃潛引兵自黄澤西去晉人怪鄩軍數日不出寂無聲迹遣騎覘之無斥候者城中亦無烟火但鳥止於壘上

時見旗幟循堞往來晉王曰我聞劉鄩用兵一步百計必詐也更使覘之乃縛旗於芻偶之上使驢負之循堞而行得城中羸老者詰之云軍已去二日矣既而有人自鄴至者言鄩兵已趣黄澤晉王發騎追之

宋江南東道轉運副使曾昇奏訪聞方臘賊徒雖多全少器械惟以人衆為枝本路所遣官兵各持器械而賊徒獨以數百人前後奮拳輒困官兵童子婦人在前飾以丹黛假為妖怪以驚我師復在巢穴四面設險陰為陷穽又為長人服火衣作關機以動止執矛戟旗幟飾以丹黛為鬼神之貌以惑官兵皆不足畏必得熟知道路之人詔劉與童貫譚積自此賊情漸虛官兵始知所向以至擒殄

開禧用兵諸將皆敗唯畢再遇數有功敵常以水櫃敗我再遇夜縛藁人數十衣以甲冑持旗幟戈矛儼立成行昧爽鳴鼓敵人驚視亟放水櫃旋知其非真也甚沮乃出師攻之敵大敗又嘗引敵與戰且前且卻至于數

四視日已晚乃以香料煑黑豆布地上復前搏戰佯為敗走敵乘勝追逐其馬已饑聞豆香皆就食鞭之不前我師反攻之敵人死者不勝計又嘗與敵對壘度敵兵至者日衆難與爭鋒一夕拔營去慮來相追乃留旗幟於營并縛生羊置其前二足於鼓上擊鼓有聲敵不覺其為空營復相持竟日及覺欲追則已遠矣近時流州蠻叛荆湖制司遣兵討之蠻以竹為箭傅以毒藥略著人肉血濡縷無不立死官軍畏之莫敢前乃祖再遇之

智裝束藁人羅列焜燿蠻見之以為官軍萬矢俱發伺其矢盡乃出兵攻之直擣其穴一戰而平

後趙將石虎領兵救陳川為祖逖所敗兵掠豫州留將桃豹守譙城居西臺逖與豹共處一城賊從南門出入放牧逖軍開東門相守四旬逖以布囊盛土如米狀使千餘人運上臺又使數人擔米偽為疲極而息於道賊果逐之皆棄擔而走賊既獲米謂逖衆豐飽而己戍饑久益懼無復膽氣

宋檀道濟都督征討諸將事與魏軍三十餘戰多捷軍至歷城以資運竭乃還卒有降魏者具説糧食已罄於是士卒憂懼莫有固志道濟夜唱籌量沙以所餘少米散其上及旦魏軍知資糧有餘故不復追以降者為妄斬以狥時道濟兵寡弱軍中大懼道濟乃命軍士悉去甲身白服乘輿徐出外圍魏軍懼有伏不敢逼乃歸道濟雖不尅定河南全軍而返

漢景帝時匈奴大入上郡天子使中貴人從李廣勒兵擊匈奴貴人將十騎出獵見匈奴三人與戰被射傷中貴人走廣廣曰必是匈奴射鵰者也廣乃使百騎往馳三人令其騎張左右翼而廣身射彼三人殺其二人生得一人果射鵰者也遥見匈奴有數千騎見廣以為誘騎驚上山陣廣所從百騎皆大恐欲馳還走廣曰吾去大軍數十里今若走匈奴追射我立盡若我留匈奴必以為大軍之誘必不敢擊我廣令諸將曰前未到匈奴陣二里所止皆下馬解鞍其騎曰敵多且近即有急柰

何廣曰彼將以我為走今皆解鞍示不走用堅其意敵騎遂不敢擊有白馬將出護其兵於是廣上馬與十餘騎奔射殺之復還其騎中解鞍令士皆縱馬卧是時會暮敵兵終恠之卒不敢擊向夜半時敵兵以為漢有伏軍於旁皆引兵去詰朝廣乃歸其大軍

曹操軍臨漢中蜀將趙雲將數十騎輕行卒與操大軍遇遂前突其陣且鬬且卻操軍追至營雲更大開門偃旗息鼓操兵疑有伏引去

蜀諸葛亮屯陽平遣魏延幷兵東下亮惟留萬人守城魏將司馬懿率二十萬衆拒亮而與魏延軍相錯徑前六十里偵候白懿說在城中兵力弱將士失色亮是時意氣自若勒軍中皆偃旗𢿢鼓不得出菴幔開四門掃地郤灑懿疑其有伏於是引軍北趣山亮謂參佐曰司馬懿謂吾有彊伏循山走矣候邏還白如亮所言懿後知深以為恨

南齊將馮道根守阜陵理城隍遠斥候有如敵將至者衆頗笑之道根曰怯防勇戰此之謂也理城未畢會魏

將率兵二萬奄至城下道根塹壘未固城中衆少衆皆失色道根命開門緩服登城選精銳二百人出與魏將戰敗之

魏將于謹嘗帥輕騎出塞覘候屬鐵勒數千騎奄至謹以衆寡不敵退必不免乃散衆騎使匿叢薄間又遣人升山指麾若部分軍衆者鐵勒望見雖疑有伏兵旣恃其衆不以為慮乃進軍逼謹謹嘗乘駿馬為紫騮賊先所識乃使二人各乘一馬突陣而出賊以為謹也皆爭逐之謹乃率餘軍擊追賊遂奔走因得入塞

前涼張重華以謝艾為軍師率騎三萬進軍臨河後趙石季龍將麻秋以三萬衆拒之艾乘軺車冠白幍鳴鼓而行秋望而怒曰艾年少書生冠服如此輕我也命黑矟龍驤三千人馳擊之艾左右大擾或勸艾乘馬艾不從乃下車據行床指麾處分賊以為有伏發也懼不敢進又遣將緣河截其後秋軍乃退艾乘勝奔擊遂大敗之

西魏宇文泰與東魏高歡戰于邙山趙貴為左軍若干惠為右軍歡兵萃左軍趙貴等戰不利會日暮歡進兵攻惠惠擊之皆披靡至夜惠引去歡騎復來追之惠徐下馬顧命廚人營食食訖謂左右曰長安死此中死有以異乎乃建旗鳴角收敗軍徐還歡追騎憚惠疑有伏兵不敢逼

唐吐蕃陷瓜州王君㚟死河西恟懼以張守珪為瓜州

刺史領餘衆方復築州城賊又暴至暑無守禦之具守珪曰彼衆我寡又創痍之後不可以矢石相持須以權道制之乃於城上置酒作樂以會將士賊疑城中有備不敢攻城而退守珪總兵擊敗之

宋將雷有終討蜀賊李順進至廣安軍軍壘瀕江三面立柵會夜陰晦賊衆奄至鼓譟舉火士伍恐懼有終安坐櫛髮氣貌自若賊既合圍有終引奇兵出其後擊之賊衆驚擾赴水死者無算

先聲

漢王遣韓信破陳餘後信募致廣武君李左軍師事之韓信曰僕欲北攻燕東伐齊若何而有功對曰今將軍涉西河擄魏王豹一舉而下井陘不旬朝破趙二十萬衆名聞海內威振天下此將軍之所長也然而衆勞卒罷其實難用今將軍欲舉捲弊之兵頓之燕堅城之下欲戰恐久力不能拔情見勢屈曠日糧竭而弱燕不服齊必拒境以自彊燕齊相持而不下則項之權未有所分也若此者將軍之所短也臣聞善用兵者不以短擊長而以長擊短為將軍計莫如案甲休兵鎮撫其孤百里之內牛酒日至以饗士大夫醳兵北首燕路而後遣辨士奉咫尺之書暴所長於燕燕必不敢不聽從燕已從使者東告齊齊必從風而服雖有智者亦難為齊計矣如是則天下事可圖也兵固有先聲而後實者此之謂也韓信並從之燕齊從風

魏鄧艾既平蜀言於司馬昭曰兵有先聲後實者今因

平蜀以乘吳吳人震恐席卷之時也然大舉之後將士疲勞不可便用且徐緩之賚鹽興冶為軍農要用並作舟船然後發使告以利害吳必歸化可不征而定也會艾誅不果行

聲

春秋晉侯伐齊齊侯禦諸平陰塹防門而守之廣里晉將范宣子告齊大夫析文子曰吾知子敢匿情乎魯人莒人皆請以車千乘自其鄉入既許之矣若入君必失

國子盍圖之子家以告公公恐晏嬰聞之曰君固無勇而又聞是弗能久矣齊師夜遁

趙石勒荊州監軍郭敬寇晋襄陽勒驛令敬退屯樊城戒之使偃藏旗幟寂若無人彼若使人觀察則告之曰自愛堅守後七八日大軍將至相禁不復得走敬使人浴馬于津周而復始晝夜不絶偵諜還晋南中郎將周撫以為勒大軍至懼而奔於武昌敬遂入襄陽

梁雍州刺史嶽陽王蕭詧雖稱藩於西魏而尚有二心

西魏將楊忠自樊城觀兵於漢濱揚旗遞進實騎二千詧登樓觀以為三萬懼而服焉

後唐將李存審初為都指揮使梁太祖北伐至棗彊存審以騎兵三千屯於趙州初梁君聲言五十萬存審以兵少不敵心頗憂之謂裨將趙行實曰但得老賊在東別將西來尚可從容晝策不旬日楊師厚攻棗彊賀德倫寇蓨縣攻城甚急存審謂趙行實曰吾王方事北面南鄙之事付我等數人今西道無兵蓨縣危急我等坐視其弊何以自安老賊既不下蓨城必西寇深冀不預為方畧則滋蔓難圖與公等輕騎而行覘其所向乃選精騎八百急趣信都扼下博橋道存審令史建塘李嗣肱分兵拒守建塘分麾下五百騎為五軍一軍之衡水一軍之南宫一軍之信都一軍之阜城自將一軍深入各命俘賊討芻糧者十人而會於下博橋期曰諸軍所至遇梁軍之樵芻者數百人皆殺之留數人斷臂縱去曰為我語朱公晋王大軍至矣時梁祖引師厚兵就德

倫共攻蓨縣始至縣西未及置營嗣肱建塘各領百餘騎為賊旗幟服色與芻糧者相雜而行至暮及賀德倫營門殺其門者縱火大呼俘斬而旋其芻蕘者斷手臂得歸皆言唐兵大至梁祖大駭遂命夜遁

後漢末劉備遣將吳蘭屯下邳曹公遣曹洪征之備遣張飛屯固山欲斷軍後衆議狐疑洪曰賊實斷道當伏兵潛行今反張虛聲此其不能也宜及其未集縱擊蘭蘭破則飛必走乃集兵擊蘭大破之飛果走劉裕率兵

伐南燕慕容超走廣固且乞師於秦裕築圍守之秦王姚興遣使告裕云慕容氏相與鄰好又以窮告急今當遣鐵騎十萬徑據洛陽晉軍若不退者便當長驅而進裕乃呼興使者謂曰語汝姚興我滅燕之後息甲三年當平關洛今能自送便可速來劉穆之聞興使馳入見裕而秦使已去裕以興所送并答語示穆之穆之尤之曰常日事無大小必同與謀此宜善詳云何率爾便答此語未能威敵適從彼怒耳若燕未可拔興救奄至

不審何以待之裕笑曰此是兵機非卿所解故不語耳夫兵貴神速彼若審能遣救必畏我知寧容先遣信命此是其見我伐燕内已懷懼自彊之辭耳興果不出師廣固終拔擒慕容超平燕地

宋雍州刺史袁顗舉兵反沿流入鵲尾與官軍相持既久軍主張興世越鵲尾上據錢溪顗黨劉胡攻之不下遣人傳唱錢溪已下官軍並懼沈攸之曰不然若錢溪實敗萬人中要應有逃亡得還者必是彼戰失利唱空聲而以惑衆心耳勒軍中不得輒動錢溪捷報尋至果大破賊攸之悉以錢溪所送劉軍耳鼻示之顗駭懼急追劉還遂敗之

降

戰國燕軍大破齊國齊將田單守即墨知士卒可用乃身操板插與士卒分功妻妾編行伍之間盡散飲食饗士令甲卒皆伏使老弱女子乘城遣約降於燕燕軍皆呼萬歲田單又收民金得千鎰令即墨富豪遣使遣燕

將書曰即墨即降願無掠擄吾族家妻妾令安堵燕將大喜許之燕軍由此益懈田單出軍擊大敗之

項羽圍滎陽漢王請和割滎陽以西者為漢以東者為楚亞父勸項王急攻滎陽漢王患之紀信曰事急矣臣請誑楚可以間出於是陳平夜出女子東門二千餘人楚因擊之紀信乃乘王車黄屋左纛曰食盡漢王降楚軍皆呼萬歲之城東觀以故漢王得與數十騎出西門逃遁

曹操入荆州劉琮降得水軍步兵十萬孫權與操遇於赤壁部將黄蓋曰今寇衆我寡難與持久觀操方連船艦首尾相接可燒而走也乃先書報欲降曹軍吏士皆引頸相望指言蓋降蓋放諸船同時發火時風猛烟焰漲天人馬燒溺死者甚衆

晉將李矩守滎陽城前趙劉聰將劉暢步騎三萬討矩屯于韓王故壘相去七里遣使招矩時暢卒至矩未暇為備遣使奉牛酒詐降于暢潛匿精勇見其老弱暢不

以為虞大饗犒師人皆醉飽矩謀夜襲之暢僅以身免

周魴為鄱陽太守被命密求山中舊族名帥為北敵所聞知者令譎挑魏揚州牧曹休魴答恐民帥小醜不足仗任事或漏泄不能致休乞遣親人齎牋七條以誘休且曰令使君若從皖道進住江上魴當從南對羊歷口為應未到江岸可住百里上令此間民知北軍在彼即自善也此間民非苦饑寒而甘兵寇苦於征討樂得北屬但窮困舉事不時見應尋受其禍耳如使青徐諸軍首尾相銜牽綴彼兵使不得速退者則善之善也魴生於江淮長於時事見其便利百舉百捷時不再來敢布腹心休果信魴帥步騎十萬輜重滿道徑來入皖魴亦合衆隨陸遜橫截休休幅裂瓦解所獲萬計魴初建密計時頻有郎奉詔詰問諸事魴乃詣部郡門下因免冠謝故休聞之不復疑慮事捷振旅帝大會諸將歡飲酒酣謂魴曰君免冠載義成孤大事君之功名當書之竹帛加裨將軍賜爵關内侯

後魏崔延伯既破秦賊乃與蕭寶寅率衆會於安定甲卒十二萬鐵馬八千足軍威甚盛時万俟醜奴置營涇州西北七里當元城時或輕騎蹔來挑戰大兵未交便爾奔北延伯矜功負勝遂唱議先驅伐木別造大排内為鎖柱教習強兵負而趨走號為排城戰士在外輜重居中自涇州緣原北上衆軍將出未戰之間有賊數百騎詐持文書云是降簿乞且緩師寶寅延伯謂其事實逡廵未闘俄而宿勤明達率衆自東北而至乞降之賊

從西競下諸軍前後受敵延伯兵力疲怠賊乃乘間得入排城延伯軍大敗

西魏宇文泰與東魏高歡戰於邙山泰軍不利裨將于謹卒其麾下偽降立於路左歡乘勝逐北不以為虞追騎過盡謹乃自後擊之敵人大駭獨孤信又收集兵士於後突擊歡軍亂以此西魏得全而退

唐史思明陷洛陽賊鋒甚盛副元帥李光弼守河陽謂李抱玉曰將軍能為我守南城二日乎抱玉曰過期若

何光弼曰過期而救不至任棄城也賊師周摯先攻南城將陷之抱玉乃紿之曰吾糧盡明日當降賊衆大喜斂軍以俟之抱玉因得繕完設備明日堅壁請戰賊怒欺紿急攻之抱玉出奇兵表裏夾攻殺傷甚衆摯軍退光弼自將于中潬城摯捨南城攻中潬不勝乃整軍將攻北城光弼以兵出戰大敗之

宋夏州李繼遷遁在斤澤都巡檢曹光實選精騎襲之繼遷僅以身免獲其母妻於是繼遷復結婚於豪酋轉徙伏匿浸以强盛使人紿光實曰我數奔北勢窘不能自存矣公許我降乎因陳舅甥之禮期某日於葭蘆州降光實信之且欲擅其功故不與人謀至期繼遷設伏止領十數人近城迎光實從百騎赴之繼遷前導北行至其地忽舉手揮鞭伏兵盡起光實被害

秦末天下兵起沛公西入武關欲以二萬人擊秦嶢關下軍張良曰秦兵尚彊未可輕也臣聞其將屠者子賈豎易動以利願且留壁使人先行為五萬人具食益張

旗幟諸山之上為疑兵令酈食其持重寶啗秦將秦將果欲連和俱西襲咸陽沛公欲聽之良曰此獨其將欲叛士卒恐不從不從必危不如因其懈擊之沛公乃引兵擊之秦軍大敗

隋末宇文化及弒煬帝後率兵來攻李密於黎陽密知化及糧且盡為與和以弊其衆化及弗之悟大喜恣其兵食冀密饋之會密下有人獲罪亡投化及具以密情告化及大怒其食又盡乃度永濟渠與密戰於童山之

下自辰達酉峉為流矢所中頓於汲縣化及掠汲郡北
趣魏縣其將王智略等率部衆歸於峉者前後相繼
唐貞元三年吐蕃結贊入寇為李晟邀擊之又襲破其
摧沙堡深恨晟及渾瑊馬燧欲陰計圖之乃卑詞厚禮
告馬燧請重立盟誓則蕃軍引去德宗不許燧自入朝
言之上令崔翰入蕃報結贊言還我鹽夏二州則同盟
結贊曰清水之會同盟人少是以和好輕慢不成今蕃
相及元帥已下凡二十一人赴盟靈州節度杜希全涇

原李觀皆和善守信境外重之此時須令預盟翰約盟
于清水結贊曰清水非吾地請盟於原州土梨樹盟畢
則歸二州翰歸備奏其事神策將馬有麟奏曰土梨樹
地多險阻恐蕃有軍隱伏不利不如平涼其地坦平且
邇涇州為便帝從之詔報以希全只在靈州李觀又已
改官令遣侍中渾瑊充盟會使崔漢衡副之鄭叔矩為
判官瑊統兵二萬又詔華州節度駱元光以本鎮兵從
瑊瑊與結贊初約以兵三千列於壇之東西是時蕃軍

精騎數萬列壇西結贊又請瑊以下具衣冠佩劍瑊等
入幕次坦無他慮結贊伐鼓三通其衆呼譟而進瑊遽
出自幕後偶得他馬跨而奔馳追騎雲合流矢雨集崔
漢衡已下六十餘人皆陷於賊

退

漢劉表遣劉備北侵至葉曹操遣夏侯惇李典拒之一
朝備燒屯去惇遣諸軍追擊之典曰賊無故退疑必有
伏南道窄狹草木深不可追也不聽惇等果入賊伏裏

戰不利典往救備見救至乃退
魏太和三年孫權揚聲欲向合肥征東將軍滿寵與之
兖豫諸軍皆集權尋退詔罷兵寵以為今賊大舉而還
非本意也此必欲偽退以罷吾兵而倒還乘虛掩不備
也表不罷兵後十餘日權果再到合肥城下不克而還
東晉末妖賊孫恩北出海鹽時劉裕拒之築城於海鹽
賊日來攻城城內兵力甚弱裕深慮之乃一夜偃旗匿
衆若已遁者明旦開門使羸疾數人登城賊遙問劉裕

所在曰夜已走矣賊信之乃率兵衆大入城裕其懈怠奮擊大破之

後梁呂光遣將呂延伐西秦大破之乞伏乾歸泣歎曰死中求生正在今日乃縱反間稱乾歸東奔成紀呂延信之引師輕進司馬耿稚諫曰乾歸雄勇過人權略難測破王廣尅楊定皆羸師以誘之雖蕞爾小國不可輕也困獸猶鬭況乾歸乎今宜布陣而前步騎相接徐俟

諸軍大集可一舉滅之延不從而戰敗

北涼主沮渠蒙遜伐西涼李歆於酒泉先攻浩亹蛇盤於帳前蒙遜笑曰前一為螣蛇今盤在吾帳天意欲吾回師先定酒泉乃燒攻具而還次於川岩聞歆集兵欲攻張掖蒙遜曰入吾計矣但恐聞吾回軍不敢前也兵事尚權乃露布西境稱得浩亹將進軍黃谷歆聞而大悅進入都瀆澗蒙遜潛軍逆之敗歆于懷城遂進尅酒泉

後魏將慕容白曜南征宋以酈範為副師以無鹽宋將申纂憑城拒守議者僉以攻具未周不宜便進範曰輕軍遠襲深入敵境無宜淹留以失機候且纂必以我軍來速不在攻守謂方城可憑弱卒可恃今若外潛威形内整戎旅密勵將士出其不意可以攻而尅之白曜遂潛軍偽退示以不攻纂果不設備於是即夜部分晨便騰城崇朝而克

後魏末幽州刺史劉靈助以莊帝被爾朱兆所弒遂舉兵唱義諸州豪右咸相通結靈助進屯於定州之安國

魏遣將叱列延慶討之諸將謂延慶曰靈助善卜筮百姓信惑所在嚮應未易可圖若萬一戰有利鈍則大事去矣未若還師西入據關拒險以待其變延慶曰劉靈助庸人也天道深遠豈其所識大兵一臨且彼皆恃其妖術坐看符厭寧肯戮力致死與吾爭勝負哉如吾計者正欲出營城外說言西歸靈助聞之必信而自寛潛軍往襲可一舉而擒乃出頓城西揚聲將還簡精騎一千夜發詰朝造靈助壘戰於北城遂破擒之

西魏末大將軍史寧與突厥木杆可汗同伐吐谷渾遂至樹敦樹敦即吐谷渾之舊都多諸珍藏而其主先已奔賀真誠留其征南王及數千人固守寧進攻之偽退吐谷渾人果開門逐之因迴兵奪門門未及闔寧兵遂得入生擒其征南王俘虜男女財寶盡歸諸突厥

西魏宕昌羌獠甘作亂逐其王彌定魏將史寧討破之甘將百騎走投生羌鞏廉王彌定遂得復位寧以未獲獠甘家欲圖之乃揚聲欲還甘聞之復招引叛羌依山

起柵欲攻彌定寧謂諸將曰此羌入吾術中當進兵擒之耳遂進獠甘衆至與戰大破之并獲鞏廉王

隋巂州烏蠻反遣周法尚討之軍將至賊棄州城走散出谷間法尚捕不能得於是遣使慰諭假以官號偽班師日行二十里軍在舍潛遣人覘之知其首領盡歸柵聚飲相歡法尚遣步騎數千人襲擊破之

海都犯邊巴延留拒之廷臣有譖巴延久居北邊與海都通好無尺寸之功者詔以御史大夫玉昔玉木兒代之居巴延于大同以俟後命玉昔玉木兒未至三驛會海都兵復至巴延遣人語昔玉木兒曰公姑止待我翦此寇而來未晚也巴延與海都交兵且戰且却凡七日諸將以為怯憤曰果懼戰何不授軍於夫夫巴延曰海都懸軍涉吾地邀之則遁誘其深入一戰可擒也諸將必欲速戰若失海都誰任其咎諸將曰請任之即還軍擊敗之海都果脫去乃召玉昔玉木兒至軍授以印而行

詭聲

春秋時華登師吳師以敗宋師公欲出廚人濮曰吾小人可籍死而不能送亡君請待之乃徇曰揚徽者公徒也衆從之公自揚門見之下而巡之曰國亡君死二三子之恥也豈專孤之罪也齊烏枝鳴曰用少莫如齊致死齊致死莫如去備彼多兵矣請皆用劍從之華氏北復即之廚人濮以裳裹首而荷以走曰得華登矣遂敗華氏于新里

隋末楊玄感反攻東都刑部尚書衛文升與玄感戰兵始會玄感詐令人大呼曰官軍已得玄感矣官軍稍怠玄感與數千騎乘之文升於是大敗

詭形

東漢袁紹將許攸降曹操因說曰袁氏輜重有萬餘騎屯軍無嚴備今以輕兵襲之不虞而至燔其積聚不過三日袁氏自敗矣操大喜選銳步騎皆用袁氏旗幟銜枚縛馬日夜從間道出人抱束薪所歷道有問者應曰

袁公恐曹操掠鈔後軍還兵以益備聞者信以為然皆自若既至圍屯大放火營中驚亂大破之盡燔其糧穀及寶貨

後周楊堅輔政周大將尉遲迥在河北拒命河南州縣多從迥堅遣將于仲文討之迥將檀讓屯成武別將高士儒以萬人屯永昌仲文詐移書州縣曰大軍將至可多積粟讓謂仲文未能卒至方搥牛享士仲文知其怠選精騎襲之一日便至遂拔成武迥將席毗羅衆十萬屯於沛縣將攻徐州其妻子在金鄉仲文遣人詐為毗羅使者謂金鄉城主徐善淨曰檀讓明日午時到金鄉將宣蜀公令即尉遲迥賞賜將士金鄉人謂為信然皆喜仲文簡精兵偽建迥旗幟倍道而進善淨遙見仲文且至以為檀讓乃出迎謁仲文執之遂取金鄉諸將多勸屠之仲文曰此地是毗羅起兵之所當寛其妻子其兵可自歸如即屠之彼望絕矣衆皆稱善於是毗羅恃衆來薄官軍仲文背城結陣出軍數里設伏於麻田中

兩陣纔合伏兵俱發曳柴鼓譟塵埃漲天毗羅軍大潰仲文乘之賊皆投洙水而死水為之不流獲檀讓檻送京師江南悉平與呂蒙襲南郡恤關羽之衆戚屬同五

代梁將戴思遠攻德勝北城莊宗命李嗣源設伏於戚城令騎軍挑戰梁軍大至莊宗率中軍以禦之時李從珂偽為梁幟奔入梁壘斧其望樓持級而還梁軍愈恐步騎漸至李嗣源以鐵騎三千乘之梁軍大敗俘斬二萬計

梁葛從周圍兗州兗人不出從周詐揚言并人鄆人來救卽引軍趨高吳夜半潛却歸若朱瑾果出兵攻外壕我軍士突出掩殺千餘人生擒都將孫漢筠

五代漢徐趙暉鳳翔節度屬王景崇叛據岐山不受代朝廷命暉統兵討之時李守正叛於蒲趙思綰據于雍與景崇迭相為援乃引蜀軍出大散關勢不可遏暉數戰而勝然後塹而圍之暉屢使人挑戰賊終不出暉乃潛使千餘人於城南一舍之外擐甲執兵偽為蜀兵旗

幟循南山而下詐令諸軍聲言川軍至矣景崇令數千人潰圍而出以為應援暉設伏而待一鼓盡殪之自是景崇膽破無復敢出明年春擒之

宋雍熙初張齊賢知代州敵騎自湖谷入敵薄城下神尉都校馬正以所部列南門外衆寡不敵副都署盧漢斌畏懦保壁自固張齊賢選廂軍三千出正之右誓衆感慨一以當百敵遂却走循胡盧河南而西先是約都部署潘美以并師來會戰無何間使為敵所得齊賢以師期既漏且虞美之衆為敵所乘俄而美有使至云師出并州行四十里至栢井忽得密詔東路王師衄於君子館有詔并之全軍不得出戰已還州矣于時敵騎塞川齊賢曰敵知美之來而未知美之退乃閉其使密室中夜發兵二萬人持一幟負一束芻距州城西南三十里列幟燃芻敵遥見火光中有旗幟意謂并師至矣駭而北走齊賢先伏步卒二千於土墱砦掩擊大敗之擒其北大王之子一人帳前舍利一人斬數百級獲馬

千餘器甲甚衆賢歸功漢斌捷奏至太宗嘉之優詔褒美

死戰

秦末秦軍攻趙兵項羽救之引兵渡河皆沈船破釜甑燒廬舍持三日糧以示必死無一還心於是至則圍秦將王離九戰絶其甬道大破之擄王離當是時楚兵冠諸侯諸侯軍救鉅鹿下者十餘壁皆莫敢縱及楚擊秦諸將皆從壁上觀楚戰士無不一當十楚兵呼聲動天

地諸侯軍無不人人惴恐

漢韓信擊趙使萬人先行出背水陳趙軍望見大笑平明信建大將旗鼓鼓行出井陘口趙開壁擊之良久信走水上軍皆殊死戰不可敗遂破趙軍擒趙王歇諸將因問信曰兵法右背山陵前左水澤今者將軍令臣者反背水陳此何術也信曰此在兵法顧諸君不察耳兵法不曰陷之死地而後生置之亡地而後存乎且信非得素拊循士大夫此所謂驅市人而戰也其勢非置死

地使人人自為戰即與之生地皆走寧尚得而用之乎諸將皆曰非所及也

宋武帝作相舉兵伐後秦姚泓以王鎮惡為前鋒而鎮惡至潼關請率水軍自河入渭直至渭橋鎮惡所乘皆蒙衝小艦行船者悉在艦內泝渭而進艦外不見行船人北土素無舟楫莫不驚以為神鎮惡既至令將士食畢便棄船登岸渭水流急倏忽間急諸艦悉逐流去時泓屯軍在長安城猶數萬人鎮惡撫慰士卒曰卿諸人并家在江南此是長安城北門外去家萬里而舫乘衣糧已逐流去豈復有求生之計耶惟宜死戰可立大功不然則無遺類耳乃身先士卒衆亦知無復退路莫不騰勇爭先泓衆一時奔潰即陷長安城

梁將陳慶之守渦陽城與魏將相持自春至冬數百戰師老氣衰魏之援兵復欲築壘於軍後諸將恐腹背受敵議退師慶之曰兵來至此涉歷一歲糜費糧仗其數極多諸軍並無鬬志皆謀退縮豈是欲立功名直聚為

鈔暴耳吾聞致兵死地乃可求生須彼圍合然後與戰諸將壯其計從之魏人掎角作十三城慶之銜枚夜出陷其四壘所餘九城兵甲猶盛乃陳其俘馘鼓譟而攻魏師遂大奔潰斬獲略盡

唐昭宗時幽州劉仁恭率軍士十萬寇魏州屠其郡梁將葛從周自邢臺馳入魏州燕軍突之上水關攻館陶門從周與卒五百騎出戰謂門者曰前有敵不可返顧命闔其門從周極力死戰大敗燕人

乘勝

晉杜預襲吳樂鄉吳都督孫歆州郡皆望風歸命奉送印綬時衆軍會議或曰百年之寇未可盡克今向暑水潦方降疾疫將起宜俟來冬更為大舉預曰昔燕樂毅籍濟西一戰以併強齊今王師兵威已振譬如破竹數節之後迎刃而解也遂指授郡帥直指秣陵所過城邑莫不束手平吳先議者慙而謝焉

東晉將周訪討賊杜曾曾大潰殺千餘人訪夜追之諸

將請待明訪曰曾驍勇能戰向之敗也彼勞我逸是以尅之宜及其衰乘之可滅鼓行而進遂以定漢沔

十六國蜀李特攻晉將張徵徵軍潰特議欲釋徵還涪諸將進曰徵軍連戰士卒傷殘智勇俱竭宜因其斃遂擒之若舍而寛之徵養病收亡餘衆更合圖之未易也特從之復進攻徵潰圍走特遣將水陸追之遂害徵生擒徵子存以徵喪還之

唐武德初劉武周據太原使其將宋金剛屯河東太宗往征金剛遁走太宗追擊大破之乘勝逐北一日一夜行二百里轉戰十合士卒疲弊至高壁嶺總管劉弘基執馬諫曰糇糧已竭士卒疲頓願且停營待兵糧咸集而後戰太宗曰功者難成而易敗機者難得而易失金剛走到汾州衆心已沮我及其未定當乘其勢擊之此破竹之勢也如是更遲留賊必生計此失機之道也遂策馬去諸軍乃進莫敢以饑乏為辭夜宿於雀鼠谷之兩原太宗不食二日不解甲三日軍中苦饑此夕惟有

一羊太宗撫將士與之同食三軍感恩皆激而思奮明日趨汾州金剛列陣南北七里以抗官軍太宗遣總管李勣等當其北翟長孫等當其南親御大軍以臨之諸軍戰小却為賊所乘太宗率精騎三千直趨金剛賊衆大潰遂破之

太宗破薛仁果將宗羅睺於高墌乘勝率二千餘騎追之竇軌苦諫曰仁果猶據堅城雖破羅睺未可輕進請按兵以俟其變太宗曰慮之久矣破竹之勢不可失也

賊大軍已敗餘衆何足為虞宼魁之計盡於此矣遂率衆而進至夜半軍臨賊城守埤者皆亂爭自投而下仁果窮蹙開門請降諸將奉賀因問曰始大王野戰破其將其主尚保堅城王無攻具輕騎騰逐不待步兵徑薄城下咸疑不克而竟下之何也太宗曰此以權道廹之使其計不暇發以故尅也宗羅睺恃往昔之勝兼復養鋭日久見吾不出意在相輕今喜吾出悉兵來戰雖擊破之擒殺蓋少若不急躡還走投城仁果收而撫之則

便未可得矣且其兵衆皆隴西人一敗退不及回顧散歸隴外則折摭自虛我軍隨而廹之所以懼而降也此可謂成算諸君蓋不見耶諸將曰此非凡人所能及也

郭子儀擊賊將李歸仁大破之日暮僕固懷恩謂子儀曰賊必棄城走請以二百騎追之縛取李歸仁安守忠子儀曰將軍戰亦疲矣且休迨明而圖之懷恩曰歸仁守忠天下驍賊也驟勝而敗此天與我也奈何縱之不取若始得衆復為我患雖悔而及夫戰尚速何明日為子儀固止之令還營懷恩固請往而復返一夕而四五起遲明諜至守忠等果遁

朱泚之亂賊驍將張庭芝逼柵求戰李晟謂諸將曰吾恐賊不出今冒死而來天贊我也勒諸將縱兵擊之時駱元光領華州兵營在北兵少賊併力攻之晟遣李演孟華以精卒救之中軍鼓譟演力戰大破之殭屍滿地翌日將復出師諸將請待西軍至則左右夾攻晟曰賊旣傷敗須乘勝撲滅若俟其有備豈王師之利耶晟乃

號令誓師畢陣於光泰門外使王佖李演率騎軍史萬頃領步卒直抵苑牆先是夜使人開苑牆二百餘步至是賊已立水柵賊倚柵拒戰晟叱軍士曰安得縱賊如此當先斬公等萬頃懼先登拔柵而入王佖騎軍繼進賊奔潰大軍分道並入驅蹙至于白華忽有賊騎千餘出於官軍之背晟以麾下百餘騎馳入左右呼曰相公來賊聞之驚潰官軍追斬不可勝計朱泚姚令言遁走其餘兇黨相率來降

魏諸葛誕據壽春反魏將王基討之司馬昭欲遣諸將輕兵深入招遮吳將唐其等兄弟因釁有蕩覆吳之勢基諫曰昔吳將諸葛恪乘東吳之盛竭江表兵以為新城城既不拔而衆死者大半蜀將姜維因洮上之利輕軍深入糧餉不繼軍覆上邽夫既勝之後必輕敵則慮難不深今賊新敗於外又内患未弭是其修政設慮之時也且兵出踰年人有歸心今俘馘十萬罪人斯得自歷代征伐未有全兵獨克如今之盛者也昔武皇帝破袁紹於官渡自以所獲已多不復追奔懼挫威也從之

後周武帝伐齊軍次并州齊將安德王延宗擁兵四萬出城拒帝帝率諸軍合戰齊人退帝乘勝逐北率千餘騎入城東門令諸軍繞城置陣至夜延宗率其衆排東而前城中軍却人相蹂踐大為延宗所敗死傷略盡齊人欲閉門以門下積屍扉不得闔帝從數騎崎嶇危嶮僅乃得出至明率諸軍更戰大破之擒延宗并州平武周兵窮幾于不濟

狄青破儂智高智高兵敗奔邕州其下皆欲窮其窟穴青亦不從以謂趨利乘勢入不測之城非大將事智高因而獲免天下皆罪青不入邕州脫智高於垂死然青之用兵主勝而已不求奇功故未常大敗計功最多卒為名將譬如奕棋已勝敵可止矣然猶攻擊不已往往大敗此青之所戒也臨利而能戒乃青之過人處

兩敵

梁司州刺史柳仲禮留其長史馬岫守安陸自率步騎

一萬寇西魏襄陽西魏將楊忠帥衆南伐攻梁隨郡克之進圍安陸仲禮聞隨郡陷恐安陸不守遂馳歸赴援諸將恐仲禮至則安陸難下請急攻之忠曰攻守勢殊未可卒拔若引日勞師表裏受敵非計也南人多習水軍不閑野戰仲禮迴師已在近路吾出其不意以奇兵襲之彼怠我奮一舉必克則安陸不攻自拔諸城可傳檄而定也於是選騎二千銜枚夜進遇仲禮於漴忠親自陷陣擒仲禮悉俘其衆安陸及竟陵郡皆降如忠所

策

唐武徳中太宗圍王世充於東都世充勢窮竇建徳自河北來救諸將及蕭瑀等咸請且退師避之太宗不許曰世充糧盡内外離心我當不勞攻撃坐收其弊耳建徳新破孟海公將驕卒惰今我據武牢扼其襟要若賊恃勝冒險爭鋒吾當破之必矣賊若不戰旬日之間世充自潰彼敗我振兵足以臨之矣一行兩定在於斯舉若不速進賊入武牢諸城新附必不能守二賊并力將

若之何秦府記室薛收進曰世充據東都府庫塡積所患者在於乏食是以為我所持建徳總十萬餘衆來拒王師亦當盡彼驍雄期於速戰若聽縱其至此兩寇相連轉河北之積以相資給則伊洛間戰鬭不已大王今欲親率猛鋭先據成臯之險訓兵坐甲當彼疲弊之衆一戰必尅建徳破則世充自下不過數旬二國之君可面縛麾下蕭瑀等奈何遂請退兵太宗曰善從之留齊王元吉圍世充親率三千五百人趨武牢守之不與戰相持二十餘日建徳謀伺官軍芻盡牧馬於河北將襲武牢太宗聞之遂牧馬千餘匹於河渚間以誘之詰朝建徳果悉衆而至陣於汜水東太宗候其陣久卒饑令宇文士及率騎經賊陣之西馳而南上賊陣動因而諸軍奮撃之大潰竟如太宗本冊

退據

隋末唐高祖義師發太原次靈石縣賈胡堡隋將宋老生率精兵二萬屯霍邑以拒之會久雨糧盡與長史裴

寂及諸將議曰宋老生頓霍邑屈突通鎮河東二人同心非造次可進欲且還太原以圖後舉太宗曰本興大義以救蒼生當須先入咸陽號令天下今遇小敵便即班師將恐義徒一朝解體還守太原一城之地此為賊爾何以自全高祖乃止太宗引師赴霍邑遂平老生

武后初徐敬業舉兵於江都稱匡復皇家以盩厔尉魏思温為謀主問計於思温對曰明公既以太后幽執少主志在匡復兵貴神速但宜早度淮北親率大衆直入

東都山東將士知公有勤王之舉必以死從此則指日刻期天下必定敬業將從其策薛璋又說曰金陵之地王氣已見宜早應之兼有大江設險足可以自固請且攻取常潤等州以為王霸之業然後率兵北上鼓行而前此則退有所歸進無不利實為良算也敬業以為然乃自率兵四千人南度以擊潤州思溫密謂杜求仁曰兵勢宜合不可分今敬業不知并力度淮率山東之衆以取洛陽是必無能成事已可知敬業尋已悔之所以

遂敗

苦戰

春秋時晉師伐齊陣於鞌晉解張御郤克鄭丘緩為右及戰郤克傷於矢流血及屨未絶鼓音曰余病矣張侯曰自始合而矢貫余手及肘余折以御左輪朱殷豈敢言病吾子忍之緩曰自始合苟有險余必下推車子豈識之然子病矣張侯曰師之耳目在吾旗鼓進退從之此車一人殿之可以集事若之何其病以敗君之大事也擐甲執兵固即死也病未及死吾子勉之左并轡右援枹而鼓馬逸不能止師從之齊師敗績逐之三周華不注

晉劉裕率兵伐後秦姚泓後魏遣將鵞青等步騎十萬屯河北常有數千騎緣河隨晉軍進止時晉軍人緣河南岸牽百丈河流迅急有漂度北岸者輒為魏人所殺掠遣軍纔過岸即退軍還復來裕乃遣白直隊主丁旿率七百人車七百乘於河北岸上去水百餘步為却月

陣兩頭抱河車置弓弩畢使立一白毦魏人初不解其意并未動裕先命將朱超石戒嚴二千人白毦既舉超石馳往赴之齎大弩百張一車益二十人設栅棑於轅魏人見營陣乃進圍營超石先以軟弓小箭射之魏軍四面俱走攻營於是百弩俱發又遣善射者叢射之魏衆既多弩不能制超石初行別齎大鎚并千餘張稍乃斷稍長三四尺以鎚鎚之一稍輒洞貫三四人魏衆不能當遂奔潰

梁武帝遣曹仲宗等攻魏渦陽又以韋放為明威將軍總兵會之魏大將費穆帥衆掩至放軍營未立麾下止有二百餘人放從弟洵驍果有勇力單騎擊刺屢折魏軍洵馬亦被傷不能進放冑又三貫矢衆失色請放突去放厲聲叱之曰今日惟有死耳乃免冑下馬據行牀處分士卒皆殊死戰莫不一當百遂北大破之諸營壘一時奔潰

敗

晉末河間王顒在關中遣將張方討長沙王乂方率衆屯河南乂遣左將軍皇甫商拒之而敗張方率兵入洛陽乂奉惠帝討方于城內方軍遙見乘輿於是引退止之不得衆遂大敗方退壁於十二里橋人情挫衄無復固志或勸方夜遁方曰兵之利鈍無常貴因敗以為成功耳我更前作壘出其不意此用兵之奇也乃夜潛進逼洛陽城七里乂又新捷不以為意忽聞方壘成乂師乃出戰遂大敗

東晉將周訪討江沔間賊杜曾訪有衆八千進至沌陽曾銳氣甚盛訪曰先人有奪人之心善謀也使將軍李恒督左甄許朝督右甄訪自領中軍高張旗幟曾果先攻左右甄曾勇冠三軍訪甚惡之自於陣後射雉以安衆心令小將趙胤領其父餘兵屬左甄力戰敗而復合胤馳馬告急訪怒叱令更進胤號哭還戰自辰至申兩甄皆敗訪選精銳八百人自行酒飲之勅不得輕動聞鼓音乃進賊未至三十步訪親鳴鼓將士皆騰躍奔走曾遂大潰殺千餘人遂定漢沔

隋末高祖起兵自太原至霍邑隋將宋老生守城太宗以數騎詣其城下舉鞭指麾若將圍城之狀且詬之老生怒引兵三萬自東門南門分道而出高祖謂建成曰汝看兩陣將交引左軍直趨東門命太宗引右軍直趨南門以斷其歸路老生之軍背城而列陣高祖以中軍與建成合陣城東太宗陣於城南老生麾兵疾進先薄高祖而建成墜馬老生乘之中軍與左軍咸却太宗自

南源遥見塵起知義師退率二百騎馳下峻坂殺一賊將遂衝斷其軍出其陣後表裏齊譟隋師大潰遂擒老生而平霍邑

隋末稽賊五萬餘人掠宜春竇軌討之與賊相遇賊乘高縱火王師稍却軌斬其部將二十四人拔隊中小帥以代之勒兵復戰軌自率百騎殿於軍後令之曰聞鼓聲不進者自後斬之既而鼓之士卒爭赴敵賊射之不能止因大破之

隋突厥沙鉢略可汗寇掠而南詔以達奚長儒為行軍總管擊之遇於周槃衆寡不敵軍中大懼長儒慷慨神色愈烈為敵所衝突散而復聚四面抗拒轉鬬三日晝夜凡十四戰五兵咸盡士卒以拳毆之手皆見骨殺傷萬計敵氣稍奪於是解去突厥本欲大掠秦隴既逢長儒兵皆力戰敵意大沮明日於戰處焚屍慟哭而去

後晉開運中契丹擁衆南向約八萬餘騎晉將杜重威懼退保州契丹踵之晉軍至陽城契丹大至晉軍與戰逐北十餘里契丹踰白溝而去晉軍結陣而南敵騎四合如山諸軍力戰拒之是日纔行十餘里人馬饑乏晉軍至白團衛村埋鹿角為行寨契丹圍之數重奇兵出寨後斷糧道是夕東北風大起破屋折樹營中掘井方尺水輒崩士卒取其泥帛絞而飲之人馬俱渴至曙風尤甚時晉師居下風將陣弓弩無所施符彦卿曰與其束手就擒曷若以身徇國乃與張彦澤等引精騎出西門擊之諸將繼至契丹却敗百步彦卿等擁萬餘騎橫

擊契丹呼聲動天地契丹大敗而走勢如崩山李守貞亦令步兵盡拔鹿角出鬬步騎俱進逐北二十餘里鐵鷂既下馬蒼皇不能復上皆委棄馬及鎧仗蔽地杜威曰賊已破膽不宜更令成列遣精騎擊之皆没水去

耿全斌從征太原還遇敵于湍陰追擊至徐河因據水口要害遷補騎副兵馬使又改雲騎軍使屯瀛州與敵戰所乘馬兩中流矢死凡易三乘戰不却賊為引去

宋吳玠守秦隴金烏珠會諸道兵十餘萬造浮梁跨渭

自寶雞結連珠營壘石為城夾澗與官軍相拒攻和尚原玠命諸將選勁弓强弩分番迭射號駐隊矢連發不絕繁如雨注敵稍却則以奇兵旁擊絕其糧道度其困且走設伏於神岔以待金兵至伏發衆大亂縱兵夜擊大敗之烏珠中流矢僅以身免亟剃其鬚髯而遁胡世將問玠所以制勝者於玠弟璘璘曰璘從先兄有事西夏每戰不過一進却之頃勝負輒分至金人則更進迭退忍耐堅久令酷而下必死每戰非累日不決勝不遽

追敗不至亂蓋自昔用兵所未嘗見與之角逐滋久乃得其情蓋金人弓矢不若中國之勁利中國士卒不及金人之堅耐吾嘗以長技洞重甲於數百步外則其衝突固不能相及於是選據形便出銳卒更迭撓之與之為無窮使不得休暇以沮其堅忍之勢至決機於兩陣之間則璘有不能言者方富平之敗秦鳳皆陷金人一意睨蜀東南之勢亦急微玠身當其衝無蜀久矣故西人至今思之

攻必救

春秋時楚子及諸侯圍宋宋公孫固如晉告急先軫曰報施救患取威定霸于是乎在矣狐偃曰楚始得曹而新婚于衛若伐曹衛楚必救之則齊宋免矣宋人使門尹般如晉師告急公曰宋人告急舍之則絕告楚不許我欲戰矣秦齊未可若之何先軫曰使宋舍我而賂齊秦藉之告楚我執曹君而分曹衛之田以賜宋人楚愛曹衛必不許也喜賂怒頑能無戰乎公說執曹伯而分

曹衛之田以畀宋人遂與楚人戰大敗之

掩巢

魏伐趙趙請救于齊田忌引兵救趙孫臏曰夫解雜亂紛糾者不控捲救鬬者不搏撠批吭擣虛形格勢禁則自為解耳今魏趙相攻輕兵銳卒必竭于外老弱罷于內君不若引兵疾走大梁據其街路衝其方虛彼必釋趙而自救是我一舉解趙之圍而收弊于魏也田忌從之直走大梁魏師遂退

魏武征河北師次頓邱黑山賊于毒等攻東武陽魏武
引兵入西山攻毒等本屯毒聞之棄東陽還魏武要擊
于内黄大破之
司馬懿征公孫淵淵遣步騎數萬阻遼隧拒懿懿盛兵
南出賊盡赴之乃泛舟潛濟以出其北傍水作長圍忽
棄賊而向襄平諸將言不攻賊而作圍非所以示衆也
懿曰賊堅營高壘欲以老吾兵也攻之正入其計此王
邑所以恥過昆陽也古人言敵雖高壘不得不與我戰

者攻其所必救也賊大衆在此巢窟虚矣我直指襄平
必人懐内懼懼而求戰破之必矣遂整陣而過賊見兵
出其後果邀之懿因謂諸將曰所以不攻其營正欲致
此不可失也乃縱兵逆擊大破之三戰皆捷
王莽末光武起兵據昆陽城時唯有八九千人莽遣將
王邑嚴尤討之軍到城下者且十萬光武留王鳳等守
城與李軼等十餘騎夜出既至郾定陵悉發諸營兵嚴
尤説王邑曰昆陽城小而堅今假號者在宛亟進大兵
彼必奔走則昆陽自服邑曰吾昔以虎牙將軍圍翟義
坐不生得以見責今將百萬之衆遇城而不能下何謂
耶遂圍之數十重列營百所雲車十餘瞰臨城中旗幟
蔽野埃塵連天鉦鼓之聲聞數十里或為地道或衝輣
撞城積弩亂發矢下如雨城中負楯而汲王鳳等乞降
不許光武遂與諸營部俱進自將步騎千餘前去大軍
四五里而陣尋邑亦遣兵數千合戰光武奔之斬首數
十級諸部喜曰劉將軍平生見小敵怯今見大敵勇甚

可怪也且復居前請助將軍光武復進尋邑兵却諸部
兵乘之斬首數百千級連勝遂前因大敗之王邑違光
攻宛所以敗也
東晉將蘇峻反攻克石頭城據之晉將陶侃温嶠率兵
討之諸將請于查浦築壘監軍鄧岳曰查浦地下又在
水南唯白石峻極險固可容數千人賊來攻不便戮賊
之術也侃從之夜立壘訖賊見壘大驚賊攻大業侃將
救之長史殷羡曰若大業步戰不如峻則大事去矣但

當急攻石頭峻必救之而大業自解侃又從羡言峻果棄大業而救石頭諸軍與峻戰東陵侃督部將斬峻於陣賊衆遂潰

王世充與李密相持於東都世充夜渡陣于洛水之北其時密已渡洛水陳兵與世充相對東接月城西至石窟密多騎兵長槍宜平寬放縱世充多步兵戈矛排攢宜隘險然南逼洛水北阻太山地形褊促騎不成列世充縱排攢蹙之密軍失利密與數子登船南濟自餘兵

馬皆東走月城世充乘勝長驅直至月城下密既渡南岸即策馬西上直向世充本營左右麾旗相繼而至世充營內見密兵來逼急連舉六烽世充乃捨月城之圍收兵西退自洛北達于黑石中間四十餘里奔赴顛狽大喪師徒密之行也東北之圍不救而自解西南之寇不戰而成功世充伏其權奇不復輕出

太宗討竇建德入武牢進攻其營多所傷殺凌敬進說曰宜悉兵濟河攻破懷州河陽使重將居守更率衆鳴鼓建旗踰太行入上黨先聲後實傳檄而定折趣壺口稍駭蒲津收河東之地此策之上也行必有三利一則入無人之境師有萬全二則拓土得兵三則鄭圍自解建德將從之而世充之使長孫安世陰齎金玉啗其諸將以亂其謀衆咸進諫曰凌敬書生耳豈可與言戰乎建德從之退而謝敬曰今衆心甚銳此天贊我耳因此決戰必將大捷已依衆議不得從公言也敬固爭建德怒扶出于是悉衆進逼武牢官軍案甲挫其銳建德中

槍竄于牛渚口唐軍生獲之

光武東圍鉅鹿王郎守將王饒堅守月餘不下連攻不克耿純曰久守鉅鹿士卒疲敝不如及大兵精鋭進攻邯鄲若王郎已誅鉅鹿不戰自服矣從之乃留軍守鉅鹿進軍邯鄲連戰破之郎少傅李立開門納漢兵遂拔邯鄲

後漢將軍耿秉與竇固合兵一萬四千騎擊車師有後王前王前王即後王之子其庭相去五百餘里秉議先

赴後王以為併力取根本則前王自服固計未決秉奮身上馬衆軍不得已遂進并縱兵抄掠斬首數千級牛馬羊十餘萬頭後王安得震怖將數百騎出迎秉降

袁紹曹操相持于官渡沮授說紹遣騎將別為支軍於外以絕曹操之援紹不從許攸進曰曹操兵少而悉師拒我許下餘守勢必空弱若分遣輕軍星夜襲許操為我擒如其未潰可令首尾奔命破之必也紹又不用竟為曹操所敗

魏文帝問司馬懿曰吳蜀宜討何者為先對曰吳以中國不習水戰故散居東關且攻敵扼其喉搗其心夏口東關賊之心喉若為陸軍以向皖城引權軍東下為水軍向夏口乘其虛而擊之此神兵從天而下破之必矣

東魏大將高歡率兵伐西魏濟河集諸將議進趣之計斛律羌舉曰宇文黑獺雖聚凶黨強弱可知今固守無糧援可恃有同困獸若不與其戰而徑趣長安長安空虛可不戰而赴拔其根本彼無所歸則黑獺之首懸於軍門矣諸將議有異同遂戰于渭曲大敗而歸

隋趙煚於江南岸置安蜀城以禦陳屬霖雨數旬城頹者百餘步蠻酋鄭南鄉叛引陳將吳明徹欲掩安蜀議者皆勸煚益修守禦煚不從乃遣使說誘江外生蠻向武陽令乘虛掩襲南鄉所居獲其父母妻子南鄉聞之其黨各散陳兵亦遁

秦末沛公略南陽郡守宋齮走保城守宛沛公引兵過而西張良諫曰沛公雖欲急入關秦兵尚衆拒險今不

下宛宛從後擊強秦在前此危道也於是沛公乃夜引軍從他道還更旗幟黎明圍宛城三匝南陽守欲自剄其舍人陳恢曰死未晚也乃踰城見沛公曰臣聞足下約先入咸陽者王之今足下留守宛宛大都也連城數十人民衆積蓄多吏人自以為降必死故皆堅守乘城今足下盡日止攻士死傷者必多引兵去宛必隨足下後足下前則失咸陽之約後又有強宛之患為足下計莫若約降封其守因使止守引其甲卒與之西諸城未

下者聞聲爭開門而待足下矣沛公曰善乃以宛守為殷侯封陳恢千户引兵而西無不下者

蕭齊末梁武帝自襄陽率兵東下至郢州攻未拔蕭穎胄在江陵遣衛尉席闡文勞軍因謂梁武曰今頓兵兩岸不併軍圍郢定西陽武昌取江州此機已失莫若請救於魏與北連和猶為上策梁武謂闡文曰漢口路通荆雍控引秦梁糧運資儲聽此氣息兵若前進魯山必阻沔路所謂扼喉若糧儲不通自然離散何謂持久鄧

元起近欲以三千兵往定尋陽彼若懽然悟機一酈生亦足脱拒我師固非三千能下西陽武昌取便得耳得便應鎮守守兩城不減萬人糧儲稱是卒無所出東君有上者萬人攻一城兩城勢不能相救者我分軍應援則首尾俱弱如其不遣孤城必陷一城既没諸城相次土崩天下大事於是去矣若郢州既拔席卷沿流西陽武昌自然風靡何遽分兵散衆自貽其憂且丈夫舉動欲清天步況擁七州之兵以誅羣豎懸河注火奚有不滅豈有北面請救以自示弱彼未必能信徒貽我醜聲此之下計何謂上策及拔郢城向下城戍無不風靡遂尅建業

武德中李靖隨河閒王孝恭討輔公祏公祏遣將馮惠亮率舟師三萬屯當塗陳正通領步騎二萬屯青林山仍于梁山連鐵鎖以斷江路築却月城延袤十餘里與惠亮為掎角之勢孝恭集諸將議皆云惠亮正通并握強兵不戰之計城柵既固卒不可攻請直指丹陽掩其

巢穴丹陽既破惠亮自降孝恭欲從其議靖曰公祏精鋭既在水陸二軍然其自統之兵亦皆勁勇惠亮等城柵尚不可攻公祏既保石頭豈應易拔若我師至丹陽留停旬月進則公祏未平退則惠亮為患此便腹背受敵恐非萬全之計惠亮正通皆是百戰餘賊必不憚于野戰止為公祏立計令其持重但欲不戰以老我師今若攻其城柵乃是出其不意滅賊之機惟在此舉孝恭然之靖乃先擊惠亮苦戰破之殺傷及溺死者萬餘人

惠亮奔走靖率輕騎先至丹陽公祏大懼先遣偽將左
遊仙領兵守會稽以為聲援公祏擁兵東走以趨遊仙
至吳郡與惠亮正通并相次擒獲江南悉平
後周時詔發關中兵以韋孝寬為元帥東討尉遲迥軍
次河陽迥所置儀同薛公禮等圍偪懷州遣兵擊破之
進次懷縣永橋城之東南其城既在要衝雉堞牢固迥
已遣兵據之諸將士以此城當路請先攻取孝寬曰城
小而固若攻而不拔損我兵威今破其大軍此亦何能
為也于是引軍次于武陟因大破迥子惇惇輕騎奔鄴

迥自出戰又破之迥窮迫自殺
唐武德初宇文化及據聊城淮安王神通進兵躡之秘
書丞魏徵謂神通曰化及據聊城莘人為其固守若至
莘即宜攻取但拔莘縣聊城益懼因而逼之易同俯拾
須以攻具自隨一旦威敵二不乏用不然兵至莘城見
無攻具不下如不能尅莘而遠追化及恐亦無功則化
及非旬月可獲莘人阻我糧運化及為之外援恐非計
之善者神通不從軍次莘果不下而退散

堅壁

春秋時秦為令狐之役故秦伯伐晉晉趙盾禦之以從
秦師於河曲臾駢曰秦不能久請深壘固軍以待之從
之秦人欲戰秦伯謂士會曰若何而戰對曰趙氏新出
其屬曰臾駢必實為此謀將以老我師也趙有側室曰
穿晉君之壻也有寵而弱不在軍事好勇而狂且惡臾
駢之佐上軍也若使輕者肆焉其可乃皆出戰交綏而
退

蜀大將諸葛亮悉大衆十萬由斜谷出始平據武功五
丈原魏將司馬懿帥師拒之與亮對於渭南懿固壘不
戰亮分兵屯田為久駐之基屢使交書及致巾幗以怒
懿懿亦屢表請戰魏使衛尉辛毗杖節而到諸將皆曰
賊不復出矣亮曰彼本無戰心所以固請者示武於衆
耳將在軍君命有所不受苟能制吾豈千里請戰耶懿
使二千人餘就營東南角大聲稱萬歲亮使問之答曰

吳朝有使至請降亮謂曰計吳朝必無降法卿是六十老翁何煩詭誑如此懿與亮相持百餘日亮卒于軍中及軍退懿乃行營壘曰天下奇才也

推標

秦姚萇與苻登相持未解登將魏揭飛率氐羌數萬人攻杏城雷惡地應之攻李潤萇議將討之羣臣咸曰陛下不憂六十里苻登乃憂六百里揭飛萇曰登非可卒殄吾城亦非登所能卒圖惡地多智非常人也南引揭

飛東結董成甘言美說以成姦謀若得杏城李潤惡地據之控制遠近相為羽翼長安東北非復吾有于是潛軍赴之萇時衆不滿二千揭飛惡地衆至數萬氐羌赴之首尾不絕萇每一見軍至輒有喜色羣下怪而問之曰今同惡相濟皆來會集吾得乘勢席卷一舉而覆其巢穴東北無復餘也揭飛等以萇兵少盡衆來攻萇固壘不戰示之以弱潛遣子崇率騎數百出其不意以乘其後揭飛兵擾亂萇遣步騎擊之揭飛衆大潰斬揭飛惡地請降

東魏丞相高歡自將率兵伐西魏屯軍蒲坂造三道浮橋渡河又遣其將竇泰趨潼關高敖曹圍洛州西魏將宇文泰出軍廣陽召諸將謂曰賊今圍吾三面又造橋于河示欲必渡欲綴吾軍使竇泰得西入耳久與相持其計得行非良策也且高歡用兵常以泰為先驅其下多鋭卒屢勝而驕今出其不意襲之必克克泰則歡不戰而自走矣諸將咸曰賊今再近捨而遠襲事若差跌悔將何及也泰曰歡前在襲潼關吾軍不過霸上今者

大來兵未出郊賊顧謂吾但自守耳無遠鬬意又恃于得志有輕我心乘此擊之何往不尅賊雖造橋未能徑至此五日中吾取竇泰必矣幸公等勿疑泰遂率騎六千還長安聲言欲往隴右既而潛軍東出晨興至小關竇泰卒聞軍至惶懼依山為陣未及成列泰乃縱兵擊破之斬泰傳首長安高敖曹適陷洛州聞泰死焚輜重棄城走歡亦撤橋而退宇文泰初與諸將謀咸難之泰

乃隱其事佯若未有謀者而獨問策於尚書直事郎中
宇文深對曰竇泰歡之驍將也亟勝而輕敵今者大軍
若就蒲坂則高歡拒守竇泰援之内外受敵取敗之道
也不如選輕鋭之卒潛出小關泰性躁急必來決戰高
歡持重未即救之則竇泰可擒也既擒竇泰歡勢自沮
迴軍禦之可以制勝泰喜曰是吾心也君即吾之陳平
也

武編後集卷四

總校官候補知府臣葉佩蓀
校對官編修臣羅國俊
謄録監生臣孫起楠

欽定四庫全書

子部

陣紀卷一
二

詳校官檢討臣何思鈞
臣紀昀覆勘

欽定四庫全書　　　子部二

陣紀　　　兵家類

提要

臣等謹案陣紀四卷明何良臣撰良臣字惟聖揚州人是編皆述練兵之法卷一曰募選束伍教練致用賞罰節制二卷曰奇正虛實衆寡率然技用三卷曰陣宜戰令戰機四卷曰摧陷因勢車戰騎戰步戰水戰火戰夜戰山林谷澤之戰風雨雪霧之戰凡二十三類共六十六篇明之中葉武備廢弛疆圉有警大抵鳩烏合以赴敵十出九敗故良臣所述切切以選練為先其所列機要亦多即中原野戰立說夫事機萬變應在一心蘇軾所謂神兵非學到自古不留訣也明代談兵之家自戚繼光諸書外往往捃摭陳言橫生鄙論如湯光烈之掘穽藏錐彭翔之木人火馬殆

如戲劇惟良臣嘗身在軍中目睹形勢非憑虛理斷據袟坐談者可比在明代兵家猶為切實近理者矣乾隆四十九年閏三月恭校上

總纂官臣紀昀臣陸錫熊臣孫士毅

總　校　官　臣　陸　費　墀

欽定四庫全書

陣紀卷一

明 何良臣 撰

募選

募非握機無以合衆衆非精選無以得用所以倏忽而能合千百萬者必握其機也以數百之卒而能横行敵境者善用其命也善握機能應變於倉卒善用命能出鋭於不窮故募貴多選貴少多則可致賢愚少則難於

盡善最喜誠實獨忌遊閒不在武藝勇偉而在膽壯精神宜於鄉落田農深畏市井狡猾惟衙門玩法崛彊偏拗秀偘女相闊論迂談套子武藝膽小力弱之輩尤不可用於是首取精神而有膽次取膂力而便捷須二十歲以上四十歲以下三十歲上下者可選之若四十以上膽氣精力日便衰憊不任勞苦是為老兵但四十以上而有武技兼人手足利捷曾經戰鬬慣識敵情者又當別選為司教司戰乘覺曉事誠慎細密備諳山川進退險易者宜充哨探巡察膽力倍人精神出衆而智識過一隊者立為五隊之長更於五隊長内揀選材藝伎倆堪作千百夫長者為一營之司率負出羣異衆之才果敢憑陵之氣者宜即舉為偏裨將部曲捷能飛簷走壁而為盜為非膽能殺人放火而無賴無厭技能異詐絶倫而駭世驚俗術能窺天測地而預知吉凶之類俱應選入中軍為心膂之用大率其選務精而其用在膽伶俐而無膽者臨敵必先自為利便又以利害惑人同

蹈為己避罪之地有藝而無膽者臨敵畏死手足忙亂倒持戈戟未戰先走偉大而無膽者臨敵累墜進趨必自眩勉力而無膽者臨敵眼花足軟不能移步所謂日有短長月有盈縮而一卒之才烏有全具茍無全具須於四種内選之分其類而我之號令嚴明進退有制而卒之藝高技熟樂奉指麾而膽自張氣自振矣吳子謂短者持矛戟長者習弓弩強者掌旌旂勇者司金鼓弱者給廝養智者為謀主雖未盡選兵之詳大畧盡是矣

令之選卒多以三百斤鐵石器令其試力然亦一説也但徒試其力而不觀其精神是麤礪鈍漢耳臣謂能舉鐵石器而更觀其耳目伶俐手足便捷者為中選年齒膂力耳目手足如式如膽藝過人者為上選身軀偉大而膽氣武技倍者為頭領年齒相若耳目手足如式而力不能舉重涉遠者為下選中有勤於學藝敢於作氣者即是用命之士又當復選於中上之上或無學無才無謀無識而謬誇張大之所有秘能神術者是為軍誤

之奸無藝無力抑以衰年託分倩書弄喉掉謊來求録用者是為亂紀之卒獨鄉野之人懼怯畏法誠信易於孚感而且不敢測度我籠絡之術則繩以重威使其入伍便畏軍法繼以恩信彼既畏法便知感恩畏法感恩心自制服制得其心則士可用此承平選士不易之規也設若一時有急或當亂離欲驅老少用烏合集市人而能必勝尅敵者另是一段機宜與前之募選遠異大抵不出致之以死地而使其人自為戰也重誘以爵賞而使其慕戰樂鬬也激發以忠義而啓之以怨仇也悚告以利害而誤之以多方也此當與知兵豪俊心會意符而變化之耳似不可對迂生庸將爭口舌之利鈍焉惟束伍以致其節因力以授其器信必以服其心分門以教其技四者無分有急與承平但欲用兵便不可少一字也

束伍

凡束伍之法在疾而調理嚴而簡便設或兵士募齊隨

即過堂唱名便選選就定編伍隊每隊用藍旗押下記其本管營伍本身籍甲年貌疤記尺寸觔力住居習藝分投填註牌冊明白次日兵士各領腰牌衣甲旗幟器械官目各領腰牌符號聲色馬疋或布古人已成之陣或演自我新變之圖謹其出入必由營門而出入不得與鄰營他伍私相通好所謂畎畝之夫一鼓就列既而伍列已定禁令已出伍長必識五人之情性聲音隊長必察一隊之膽力强弱自偏裨將以至於伍隊長由上

而下各以結狀甘結於大將軍處結云並不致其有懶
惰怯弱嫖賭為非逃脫頂替等情犯者甘與同罪少有
犯禁違令則必繩以重刑更嚴連坐使其心知畏而法
相信也士畏我法令迺行矣如順手牽羊驅之亦易故
曰伍定而後令行令行而後教戒教戒而後陣堅陣堅
而節制自重然而伍編而分列分列而陣成但編列之
義古今諸將用各不同然不外乎前後左右中各出五
法便非無源之水取之即竭也周制以五人為伍二十

五人為兩四兩為卒五卒為旅二千五百人為師一萬
二千五百人為一軍小國一軍次國二軍大國三軍天
子六軍而臣之編法五人為伍五伍為隊五隊一百二
十五人為哨五哨六百二十五人為總五總三千一百
二十五人為營五營一萬五千六百二十五人為鎮大
約用一萬八千人成一陣也以二千三百七十五人為
奇零之用餘皆做此其襍隊易位奇正相變之時每徹
二而存三分三而合二

授器之要因其短長編列之宜隨其地勢每以鎗筅弓
弩標銃為長兵刀鐮釵鈀牌斧為短器其錯雜利鈍須
教以不泥故令年力稍大而有膽氣者習長牌年力壯
健進退莊重者習狼筅年少力便手足輕捷者習藤牌
年壯偉大殺氣精神者習長鎗驍雄活潑而運轉飛騰
者習短器形小體輕而健堅伶俐者習鳥銃藥弩老實
本分力能肩負而甘為人下者為火兵以火兵而能愨
愨學藝陡致精銳者亦必舉為頭目所步隊有火兵以

供本隊飲食騎隊有汲養以贍本隊水草車乘有典軏
掌爨以司進退食息其兵器械刻本營本隊本兵名姓
於上以油漆罩之無使糢糊混雜庶遺棄可稽各兵置
短柄黑傘一把裝之於囊背袋一箇以繩二條跨於兩
肩腰間繫緊且不礙於用藝其鞋襪號衣盔甲短刀椀
筋乾糧茶脯及救急藥餌鹽梅之類悉貯於内或漆竹
筒稍可帶酒以解倦也須坐卧不離身畔以備卒然調
遣最忌任意飲水恐墮毒奸亦慮陡生疾病

伍束列編授器之後當即戒以不浮和以同義吳子謂教之以禮勵之以義使有恥也夫有恥必知進死為榮退生為辱是大足以戰小足以守所謂人心若和協意氣自激昂惟其心能和氣能激則士不勸而自戰不守而自固矣為將用兵之道已得大半工夫法曰不和於軍不可以出陣不和於陣不可以進戰務令將吏與軍士情同父子義若弟兄疾病相扶患難相救寒暑饑飽苦樂均之不得倚强梁而淩卑弱測應命於無窮者耶

以是而知束伍為用兵之至要

教練

世稱練兵而不知練兵之法者多也苟不得其法雖朝督暮責無益於用耳善練兵者教藝有師教戰有率行不攢擠亦不迂踈前看心後看背左右有兩肩此係整行齊伍之要言短兵有長用長兵有短用長短因其宜舉手無不利此是教藝用器之切語以形色之旗教其目以金鼓之聲教其耳以進退之節教其足以長短之利教其手以賞罰之信教其心此即五教不易之大綱五教既熟器具亦精乃使其意氣和順情性逸閒鼓而進金而退同其心一其氣指之前麾之後顧之左應之右散之無方聚之不可計其梆鈴板鈸笳角之節麾纛鎖叭哼囉之音起火坐炮卧笛之號悉皆變隊易伍出伏用疑分合奇正進退遠近無窮不測之密令也他如動靜啟息解結除疾錯雜紛紜方圓曲直輕重衆寡斜銳廣狹晝夜風雨行坐卧立履峻臨險每變皆習習之

既久必致允協而得其神化雖散處鄉閭田野自是不失矩度卒然遇變亦能以卒然當之其法以十人學戰而教成百人百人學戰而教成千人千人學戰而教成萬人萬人學戰而教三軍於是嚴禁令寬赦宥開發人之志意杜塞人之奸曲尉子謂明乎禁令開塞之道者此也教練經月而有武藝不精進退不熟變號不識者治之以法教師司戰伍隊長連坐有差三限不精熟者重按以法仍扣月餉以賞能者教師司戰伍隊長同罪

千把總偏裨將連坐有差必使其歷深溪也不煩舟楫凌山阬也不待鉤梯所謂經其絶地拔其恃固獨出獨入而人莫之能止敵在山緣而上攻敵在淵没而下從其奮擊也如怒霆其輕迅也如飈風致之於死亡之地而人莫敢自為之計能如是乃可稱教練之卒用兵之雄

前之所以教練武藝節制行列者總為張膽作氣之根本兵無膽氣雖精勇無所用也故善練兵者必練兵之

膽氣夫人之膽有大小其大小不可預知氣有勇怯其勇怯不能憑識人而膽小雖勇勿用膽不以氣雖大勿張是以氣為一身之用生死榮辱係焉能作之操易而不操之操難斯言最當如武塲演跳盪進退分合縱認真教習不過謂之筌蹄其無方之應變實出武塲教習之外所謂將之所麾莫不移從將之所指莫不前死能必令其無難方可稱鍊銳之卒故使各兵士熟識我之陣法而只莫得預測我之運用變化也惟旗鼓是從而不滯為精

平時學藝器械宜重臨陣器械宜輕此為練手之力學戰必以重鎧使其負重利便則臨戰身輕古者練足囊沙日漸加重每跑里許不令氣喘是得捷趨之法也大凡人之氣力日用則強日惰則脆故不令其安閒自疲抑不使其勞頓太過水軍宜習陸戰陸軍須慣水情習慣既便入舟則知水用登陸不泥變分況水陸之戰其機則同本無異也他如車騎之用數變正奇馬步之出

妙在首尾三者迭更翼前伏後若使應變熟閑器藝利便視聽一齊就可取勝安有異常神術乎吳子謂治兵之要教戒為先為國之道先戒為寳故曰人常死其所不能敗其所不便也知兵者能深思必自得幸無以為闊談獨不觀夫北人之乘馬南人之駕舟習相成也苟能分科督教其藝自精其習相成藝精習成猶耳目手足之從心自是純化無得礙梗何止似乘馬駕舟之便而已哉如齊之技擊魏之武卒秦之銳士吳之解煩唐

之跳盪隋之陷陣漢有三河俠士劒客奇才無非皆選之精教之熟耳湯以良車七十乘必死六千人戊子戰於郕勝之於巢門武王以虎賁三千人簡車三百乘甲子渡於河勝之於牧野齊桓公以銳車三百教卒百萬人威行海內天下莫當晉文公造五兩之士五乘銳卒千人先接諸侯莫之能難闔廬選多力者五百人利止者三千人以為前陣與荆五戰而五勝之東征庫廬西伐巴蜀北迫齊魯令行中國夫必使虎賁教卒銳卒多

力利止之徒其習非一日而有其練非一日而精以王霸之兵亦未嘗不以選練至精而能致用令之時將兵不知選選不知練練不知精精不知令而欲驅驕脆疲老不堪之卒以將應命率然以克敵者恐亦難哉

致用

人莫不有賢愚才莫不有奇拙識莫不有淺深事莫不有窮竭善致人者必盡用其賢愚善用才者必盡馭其奇拙負遠識者必預得其淺深善料事者先已判其窮竭固亦有假人之長以補其短用人之才以發其氣所謂天下無粹白之狐而有純白之裘者取諸衆白也惟大將軍能致其所長而必益之以長因其所短而故適宜其短乃能統率賢不肖之志則其力自并而其用自神顧欲得賢而才靜而大識天時地利人事之用明分合進退盈虛之情而復能禮下豪俊舉讓同列者令其總攬計謀贊應倉卒揆度天道綏保萬民太公所謂心腹一人採行能公賞罰酌安危於未萌決嫌疑於可否

太公所謂謀士五人校災祥明去就驗識推時司占審候太公所謂天文三人遠近險易山澤阡涵形勢利害無失其所太公所謂地利三人考歷代之興亡究術家之同異制械選兵教戰作氣太公所謂兵法九人預備蓄儲通達餉道量寡計多損益出入太公所謂通糧四人執銳披堅風馳霆擊力能攫虎氣敵部伍太公所謂奮威四人旗鼓令下鬼懾神疑倏忽進退三軍一齊太公所謂伏旗鼓三人高固壁壘深險塹溝任重持難嚴

伐守禦太公所謂股肱四人考校藝文博論今古拾主將之遺補主將之過釋已成之仇彌未然之禍太公所謂通才二人施卓異之士行詭譎之謀應變無窮非人所測太公所謂權士三人察言觀色於軍中因往知來於四境太公所謂耳目七人犯險難攻輕銳而心無所疑恃威武勁激勸而使人奮勵太公所謂爪牙五人譽主將之德能於遠近挫敵人之威望於無形太公所謂羽翼四人開闔敵情伺察奸變因其所來即以為間太

公所謂遊士八人能為譎怪之事以誤人依托鬼神之靈以惑衆太公所謂術士二人治金瘡於陣上療疾病於營中太公所謂方士三人計營壘之增減算資糧之缺饒太公所謂算法二人六韜之王翼篇則以七十二人各盡所長分統輕重為股肱羽翼之佐也然太公之書真偽固未可考但盡人之才以致其用似不失為王者之畧耳今之時將不坐於自滿則病於蔽忌如格外之賢無見設當有軍中私議凡賞有功而有干請不賞者斬凡罰有罪而有干請不罰者誅以我之耳目見聞已真而信賞必罰其所不見聞者莫不闇化安得容其干請不賞不罰者耶故曰軍中無二令亦不得市私恩借公議也

敵勢軒然如決積水於千仞之上巍然如轉圓石於萬丈之巔天下皆度吾兵之不敢進而吾之士卒浩然不畏無不齊勇負氣以登凌雖死傷過半而蟻進不止者無他術焉刑賞信也必死故也卒之所以能必死者感

上義之素隆也而我之所以能令其必感者為積恩之不倦威令之素行也故曰施積恩者不可與戰然亦有軍勢迫窮恐人離散故數賞以安之窘之甚也人力倦乏已不用命故數罰以督之困之甚也是以罰賞須行於平日若在此際行之何克於事

能以威德服人智謀屈敵不假殺僇廣致投降兼得敵之良將者為不世功兵不赤刃軍不稱勞而得敵之土地數千里人民數十萬者為不世功矢石鋒交哭入敵

陣輒斬敵將及部曲之長因而摧敗敵營以致事如拉朽然於是而得致用之機權者無敵於天下故軍中宜有儲將隊材士隊異術隊秘技隊膽勇隊羞過隊激恩隊敢死隊恨敵隊乞降隊亡命隊須另置一軍馭以成信為不時之使但必令其名實相稱無孤置陣之義則倖食自銷實用自得又不可以不省費為非也

軍中惟為使之才尤難而言之得失則三軍解結而生係耳有因隙立端詳言足意者必能使人竟其聽也泛

從古咎隱喻令非者必能使人說其論也辨析至理詁釋德義者必能使人信其說也啟閑利害喜怒疾徐者必能使人行其言也欲其行也至易而不難欲其信也至切而似實欲其悅也至效而不妄欲其竟也至簡而不煩四者俱得乃可為使於敵他如蛇行蜮伏者可使為報探貧窮忿怒者可使立功名勇悍過人者可使陷陣突圍弓弩中的者可使潛射敵首武藝絕倫者可使應危禦急過犯亡命者可使後殿先驅巧辯饒辭利口便舌者可使為激勸精諳世故熟識高低者可使為門吏清介不苟者可使主分財持正不屈者可使為犯難因顯知微者可使詧敵情傳見聞多智畧精異技妙神術者可使為隱輔驍勇能格敵密而審者可使為心膂

吳子謂一軍之中有虎賁之士力能扛鼎足輕戎馬搴旗取將者選而別之愛而貴之是為軍令又曰利用五材力健疾志在吞敵者必加其爵列可以決勝淮南子曰鼓不與於五音而為五音主水不與於五味而為五

味調大將不與於五官之事而為五官督惟其為五官之督也則分統各有所司而長短各有所便其藝能之機巧重輕之設施所謂術業誠有專政也使各任其所專政而弱者自强怯者自勇虛者自盈疲者自銳且也瞽人聽聰聾人視明況專於政者乎但非自淵藪賢者所能省識也

賞罰

天子設紱冕以尊賢制斧鉞以誅惡其賞至重而其罰

至深能行誅於貴顯下賞惠於微賤則威自伸而明不翳故殺及權幸賞及牛童者謂無論貴賤不預恩仇示至公也管子曰明賞不費明刑不暴賞罰明則德之至者矣又曰用賞貴誠用刑貴必誠則人知感必則人知畏尉子為發能中利動則有功者感其誠畏其必也禮賢不遺賤賞功不厭多者虛其心重其報也所以重連坐之刑信崇賞之令行誅大之權厚下士之禮則我軍不治而自整矣藝不教而自精也苟功不能賞罪不能

誅事是而不能立事非而不能廢則令不畏刑矣勸不信賞矣進自不齊退亦無制使不齊無制而能統衆兵者未之有也雖有百萬何益於事

善不可廢惡不可賞廢一善則衆善衰賞一惡則衆惡歸賞罰不可以疎亦不可以數數則所及者多疎則所不得者衆賞罰不可以重亦不可以輕賞輕則民不勸罰輕則民忘懼賞重則民僥倖罰重則民無聊然小功不賞則大功不立若賞及無功罰加無罪行賞於人而心怨恨加罰於人而心不甘下將叛背也所以不令士卒輕刑而忽賞輕刑則將威不行故嚴刑罰以明必死之路也忽賞則上恩不重故信慶賞以開必得之門也是以賞罰必主將自持至公無容大勝多獲敵之糧草頭畜者為奇特功敵勢強盛我軍力竭心怖欲走有能急出奇兵遏斬欲走之衆反兵死戰因而決潰大敵者為奇特功得敵之山川險易進退利鈍之情因而斬關奪幟屠城搗壘威懾遠近者為上功伏路出奇生擒敵

首及奸細人員因得機情而偷營砍寨致敵自擾而我兵乘進者為上功別部受敵困危而能引軍力救各保壘深溝堅利兵甲俾能固守不致人民傷死者為中功無虞及奪回被掠扶救傷殘者為中功敵至境內而高奮力抵敵或因救護而致重傷或帶重傷而獲敵級并獲敵之利用器具之物者為下功三數人共擒一敵或共斬三五級或人各得一二級者為下功自偏裨以下得不世功者乃六將之望當即表聞拜左右副將儲將

材官以至部曲長得奇特功及上功者亦即表聞授以偏裨得中下功者重賞而復紀録緝得中軍與敵相通機事情實者所犯腰斬伍隊官目連坐有差其家私妻子俱賞緝者有能訪舉賢士謀士異士或即得其機畧因而以致勝者勞所舉之人以千金外酬彼士才之大小功之高下而授之官士卒背後有傷以敗兵事論雖傷勿恤伏路搪探在外而賊徒至伏者以踈掩覆探者致悞馳報法所當斬或探伏者自謂探伏已失罪不可逃乃拚死直抵賊營能建奇功者免死復賞賞罰之例多載戰令軍範二篇故不緒叙畧其所原者姑記之而復少定其賞格云

節制

臣謂非分合無能用衆也非奇正不能鬬衆也節制行則分合自閑分合閑則奇正自變故節制之兵或不能大勝亦不能大敗何也解續不攙越凌翼各輕利左右角特前後顧應曲直方圓無不繩正動靜生死係乎旗鼓離合聚散不失行伍似勇而不勇似怯而不怯似治而不治似亂而不亂紛紜渾沌駐足成陣面面受敵威無不振所以有制之兵勇者不可獨先也怯者不敢私後也衹以大角幢幡為變化密號耳故其進也使敵不可遏其退也使敵不可阻其分合也使敵不可測其攻掠也使敵不可防此又節制而任戰勢者也孫子曰善戰者立於不敗之地而不失敵之敗也恐非節制無能立於不敗之地又曰無邀正正之旗無擊堂堂之陣堂堂正正者節制之師也節制之師孫子且畏況今之時將乎荀子曰王者之軍節制將死鼓馭死轡百吏死職士大夫死行列鼓而行金而止以順命為上有功次之令不進而進猶令不退而退其罪惟均者謂死其制也吳子曰兵以治為勝所以居則有禮動則有威進不可禦退不可追前却有節左右應麾雖絶成陣能散成行投之以往天下莫當者謂有其節也有其節死其制則强弱一其力巧拙一其心生死一其令以無為守其政

故明王不煩征討而四國自賓將軍不煩殺戮而威德自重

兵法師合而交綏師退而不逐者謂兩軍各有節制重防失覆者也慮其佯北所誘故犇逐不百步恐為敵計所陷故縱綏不三舍所以知戰道者必先圖不知止之敗惡在乎必往故勢欲必往也須翼我進衞而闚我軍退謹東前後勝乃不潰孫子曰避其朝鋭擊其惰歸此治氣者也以治待亂以靜待譁此治心者也以近待遠

以佚待勞以飽待饑此治力者也治心治氣治力三者固用兵之切要然非節制素行則治字無處著落矣又曰晝用旗旛夜必火鼓若夫山川委曲林樹叢密之鄉旗旛不能遍見雖晝亦用火鼓而更遣驍卒輕騎八方哨探馬凡出軍操演圍獵揚兵或定幾路進發行止寢食之間兵不得離伍伍不得離隊隊不得離哨哨不得離營營不得離陣設或停歇市鎮郊原雖糞土汚濕之處自依次第而止不得取便攙越所謂行由路集成營遵節制也擺列若遠偶傳有急首尾難到則令伍隊長高聲傳會去而復轉伍隊斷滯者誅兵卒助言者斬猶不得與別營人馬擠襍混行防有敵奸詐劫惟善兵者勇怯之用素分動靜之備必具

嘉隆年間浙直之南山海多事其四方調募之兵無非膽力拔藝超絕者但其稍與賊合如鶻壆泥觀者無不喪魄何也蓋緣節制不明人心不一以無制之卒而用不齊之心則進退自不應麾固有負膽先登者死之以

致一軍悚懼而自敗此將之過也調集之兵率皆無制應募之輩盡係游閒平時則重累資糧臨戰則先為逋北欲其劄定脚跟猶不可得又何能望其取勝此將之過也弓弩以致遠毛箕利於接戰火器稱為無敵法頗善矣及其鼓發互相喧囂遺兵滅火各務於逃徒騎混襍迷失隊伍軍棄其將號自其鼓雖有鬬心猶犬之犯虎此將之過也臣謂斯時將乏賢明兵集無制兵無制矣而為將者又不能握淮陰用市合之機設若一人蹟

蹶萬夫寒心縱有他技驍勇何益於用金人云撼山易撼岳家軍難謂其浪漫有制而更握戰機者也死諸葛之走生仲達謂其節制素行故不敢輕侮之也使有明將而得精兵教閱經年銷盡武塲套子如出獵行營登山涉水寢食晦冥之際每習至精卒然遇警必能使其駐足陣成舉手便戰施不盡之號出無窮之變或伏或起或正或奇曲折相連首尾顧應絶而不離却而不散似整非整似亂不亂所謂合亦成陣散亦成陣行亦成

陣坐亦成陣敵固不知我之所以退抑亦不識我之所以進是為有制之兵也將震驚天下使智者亦不得窺測我之所從來況山海之寇乎惜乎四合之徒萬人萬心既無良將制練且多中制撓之將未得兵之情而兵未達將之令輒欲驅之赴死戰而不蹶者未之有也故雲擾十數年餘寇雖殄滅而民亦竭矣於是而知兵不在多而在精兵精而無節制戰未可恃也將不貴勇而貴良將良而上不信任事未可為也

陣紀卷一

陣紀卷二

明 何良臣 撰

奇正

伍束而後陣定陣定而後節制行節制行而後進止熟進止熟而後奇正生奇正生而後變化不竭惟變化不竭者迺能致勝於無形淮南子曰奇正相應若水火金木代為雌雄斯言是矣故靜為躁奇治為亂奇飽為饑

奇佚為勞奇而輕疾悍敢若滅若沒無不是奇也孫子謂出奇者無窮如天地不竭如江河要知善用正者亦如天地之無窮江海之不竭耳又曰善用奇者無不奇善用正者無不正正謂此也世之談兵者執以旁擊為奇埋伏為奇後出為奇選鋒為正先合為正老營為正有等庸將派定伍隊正者只做正兵奇者只做奇兵皆非也善用奇正者不但使敵人不識我之奇正如三軍之衆偏裨之多亦不得預測我之孰為奇孰為正也故當敵處即為首為正為前衝在左右即為伏為奇為輔翊在後即為尾為殿為策應然亦有首内之尾正内之奇衝内之伏尾内之首奇内之正殿内之衝又以輔翊策應易正正而奇奇也於是奇正之變秪以聽號視旗辨别火鼓而卒然之出無不可為首無不可為尾無不可為伏亦無不可為奇正所謂立定陣成舉號即戰烏有一定之則而拘於方色前後耶故曰存亡死生在抱之端既知奇正相變之術便可得敵人虛實之情奇正

所以致敵之虛實也敵實用正敵虛用奇理勢然也敵意吾正以奇擊之敵意吾奇以正擊之敵意吾出奇内之正而吾出正内之奇也敵意吾出正内之奇而吾出奇内之正也敵意吾以奇正必變故奇奇而正正之也所謂形之者以奇示敵非吾正也勝之者以正擊敵非吾奇也故善用兵者必使敵人不識我之意孰為正孰為奇是以我常實而敵常虛我常致人而不為人所致但敵之意我何由知故曰端末見人莫能知能因敵轉

化動而輒隨者發機於無窮之源迺可謂之得敵意迺可謂之善奇正

李靖曰凡却者旗參差而不齊鼓大小而不應人諠嚣而不一此真敗非奇也臣謂以為不然善用兵者正使旗之參差鼓之不應語之喧嚣退如山隳走若潮崩似果敗矣敵必欺凌倏忽變號出却内之正用正外之奇敵雖有見亦必隳我之所不齊所謂以詐而施等類則有幸與不幸焉靖曰旗齊鼓應號令如一雖却非敗必

有奇也臣意亦以為不然如節制之師進退有度雖敗必整雖退亦治乃息鼓偃旗反前為後似犇不犇似驟不驟勢似出伏敵必可售所謂以詐而當節制則必知其自聽矣是以得節制奇正之用者神乎心故能形人而我則無形也烏在乎真敗不真敗閒生測度哉李靖曰善用兵者教正不教奇似亦誤矣奇而不教則號以無別變何以施孫子謂奇正相生循環無端安有不教而能相生無端者耶唐太宗問曰奇正素分之歟臨時制之歟靖曰按曹瞞新書已二而敵一則一正而一奇已五而敵一則三正而二奇此大畧耳士卒未習吾法偏裨未熟吾令則必以二伍之術使其各認旗鼓迭相分合此教戰之法也教閱既成衆知吾法聽將所指如驅羣羊孰有一一二二為奇正之別哉又曰素分者教閱也臨時制變者不可勝窮也衛公此際似得孫子用奇正之理然又既言烏有先後旁擊之拘又謂大衆合所為正將所自出為奇鑿矣唯無不正無不奇斯言乃

得靖曰非正兵無能致遠非奇兵無能致勝乃有治力前拒東部伍迭相為用之說此又指車營為正兵步騎為奇兵也似非無不正無不奇之本義耳又曰正而無奇守將也奇而無正鬬將也奇正皆得者國之輔也更又鑿矣殊不知奇正原不可分唯臨時因用才有奇正之名若以用正用奇奇正皆得而分守將鬬將國輔之別則臣不敢服也觀其說屢變其意數更似談兵者流非用兵之傑也否則僞書耳末引握機握奇無三法在

學者兼通稍為可解他如用兵之道先正而後奇先仁義而後權譎二語極當

法云有正無奇雖整不烈無以取勝也有奇無正雖鋭無時難以控禦也所以正兵如人之身奇兵如人身之手伏兵如人身之足三者不可缺其一三者能俱出而旗鼓秘之是為神化故三分其一為奇伏然伏獨以兵疲食少為虛哉主明將賢上下相欲感激既深意氣俱起是為氣實豈獨以兵强積廣為實哉故勝在得機敗

在失氣氣實則鬬氣虛則走勝兵非常實敗兵非常虛虛實之氣係乎人心是以明將常得而闇將常失也明戰畏其實偷營慮其虛羣鳥集其上煙嵐踈其中鼓鐸之音不節湊者空營也旁必有伏無伏者遁也當謹我聚散止我號火速出伏中以免覆我設有旌旗亂而陣數移將離卒而心恐悖道險狹而渡半涉敵遠來而地未得疲犇命而炊未食失利便而行未息敵已虛也當選鋭分兵相繼襲擊所以見敵之虛而急攻其危者得其虛之用也然亦有虛虛實實之情隱然未見者我則虛者反其實而應之者以虛也實者反其虛而應之者以實也此又握虛實之竅而致用之以神

衆寡

用衆宜整宜治宜分則利於平易便於正守妙在進止移抽所謂如山如林如風如雲正正塡塡雷霆怒天者用衆之勢也用寡宜固宜輕宜鋭則務於隘阸避之於易變化不厭煩數所謂進不可當退不可追齊力一心死且不北者用寡之勢也故曰用衆者進而止之用寡

者進而退之所以識衆寡之用者勝吳子曰以一擊十莫善於阨以十擊百莫善於險以千擊萬莫善於阻是故善用衆者必務易用少者必務隘猶宜於日暮伏於必由巧在偷襲擊虛利在未舍半涉耳

衆寡之用法固稱難而猶當識衆寡之治也求衆寡之情也審衆寡之敵也孫子謂治衆如治寡者無所不任人也是以任力者勞任人者逸善任人者總其綱則萬

目張握其紀則萬目起雖治千百萬衆何以勞為故曰任人者多而不勞民誠而從令也其民雖少無畏民偽而不從令也其民雖衆而寡將衆而用寡者勢不齊也將寡而用衆者用力諧也其勢不齊其用力諧皆由政令化之使之然耳其誠與偽實在為上者作之如孫武以三萬勝吳起以五萬雄管仲以七萬霸湯武以萬人王兵非不可用也民非不可附也不得其所以用之附之之方雖多抑以奚為故善用兵者不務多善附民者

求諸己

我寡敵衆忽被彼圍須乘其圍勢未固行列未定急出武勇挫其來氣謬用譎怪示以神異風突電驅斂翼轉勢一擊亂之敵衆不治兵入敵境衆寡不當相持且久被圍已厚常令并氣勿亂待其少懈從其兵厚而不治處突出大抵圍師必缺缺之前面多有險伏兵厚處必敵根本之地也觀其不治而衝之者不但欲出更亂其營所謂一擊而百萬破此又在用者審識相機亦未可執其圍師必闕一語反為所陷姑記之以為通變云如敵入我境而被圍者又不同也敵衆我寡人必心懼進退之間或不應命無得漫行殺戮防有變也宜從容示好顏色開以必生之機示以必死之路則畏心消釋戰氣自生戰氣生也則衆寡未可為不敵然衆寡之勢莫以土地廣大兵馬蕃盛就為衆也但分處多便無處不寡矣即如敵漫九邊各有部統勢似不多羣敵心合便覺衆强故善用兵者能分合彼此之勢使其各醜異心

自相攻殺則衆寡可乘之勢因而兩用之矣

率然

所謂率然之勢者言其首尾顧應斯須不離腰不可斷首不可擊尾不可摧故曰率然如常山之蛇有率然之才者亦如常山之蛇自是應顧所以善用兵者無不率然何也蓋緣兵體將意將合兵情教因情措陣因地列氣自勢張勢從機發如心之役身身之運臂臂之使指動靜率然隨心而使雖風氣有南北之殊其應變無一

定之理大約要節制素明教戒有自者必利急中之用自無意外之虞矣是以三軍行止必嚴隊列慎行伍謹甲兵哨遠近如一伍一隊一哨一營一陣之中或晝或夜但係火角銃砲齊鳴即是率然有急恐令不及下隨聽遇警之處隊伍營哨之長以二而三以六而四立定陣角舉手便殺左右隣隊就是奇兵進退迭更人自為戰有驚營喧嚷誤舉火炮者須令静待其亂自止有制之兵自無此咎我之隅落固密連坐令嚴縱營内有奸

亦不能動

臣謂軍中率然遇急之勢易為而天下率然有變之勢難措何也軍中遇急其節制機權在於能將而已能將之善任戰者率然如風之陡發如雲之陡合如轉圜石潰積水於萬丈之上使人莫識其來莫知所禦是謂握率然之用故能握率然之用者必能應變於不撓而又能以率然制敵之必不測也法曰息與身先兵雄天下以是而知軍中率然遇急之勢易為天下有變其氷消瓦裂之勢以前古鑑之則有五危曰亂民也曰罪棄也曰荒淫也曰四鄰也曰權篡也亂民之所起起自凶荒衣食迫之罪棄之所起起自貪吏殺人無罪高才不用明時荒淫之所起起自居上好奢佞幸用事四鄰之所起起自戰守不明控禦無制權篡之所起起自威權日移樹黨交私有一則國貧有二則國亂有三則國危有四則國分有五則國滅一者五之漸也設或有一則五隨之矣苟不幸而生此率然遭變之世雖賢智之才

班布而起恐亦不能以率然為捍禦將有驅不教之民以勤王事者出馬或喻之以必生或繩之以必死或激之以忠孝或重之以功名猶未識其所應之機能為必勝否也以是而知天下率然有變之勢難措唯聖君良相能慮患於未形措置於有道自足以彌率然之變耳昔吳起以饗賜激勸之法行之日久秦衆犯西河魏士聞之不待將令介冑而奮擊之者以數萬計今也將吏僡於監司中制之煩士卒疲於科尅工役之苦偏裨困

於謀求犇走之勞則士氣何由而作教戒何由而施所以將乏良能兵無練銳縱竭盡民膏以養兵將實無益於率然惜乎臣謂斯時也非商君之變法不可以言守國非尉子之連刑不可以言治旅以下器具矩式製法用法別載利器圖考

按用

古者旌旗旛幟幢旆旐旃不過束伍司方使士卒別認本部之進退為分合之指麾耳故曰所麾從移所指從

死者是也原無異巧之術後世繪諸像者詭道也出生尅者厭法也嗣而畫熊彪獅犼以彰其猛鵰鶚鷹隼以彰其擊星辰日月以彰其明雲龍風怪以彰其不測故伍有伍旗隊有隊旗門有門旗角有角旗官旗將旗司命豹尾高熠轉光坐纛號帶金鼓清道之製大小方色雖殊而名則曰旌旗也他如五方五帝旗二十八宿旗三百六十日神旗雷門十二將旗司地十二祇旗支干丁甲旗八卦九星旗司天司煞異名譎像之類不可悉數尅土以青尅火以皂尅金以紅尅水以黃尅木以白得敵刳心以祭旗取血以釁鼓大率多方誤人示致其靈以彰我威也能兵之士當自識之又如坐罪人於白旗殺罪人於黑纛者總不外乎惑士卒之不知悚彼我之觀望然旌旗不可不多用也旌旗不多則威儀不嚴威儀不嚴則軍容不整又曰多用旌旗蔽我隊伍使敵不得登高望我動靜虛實也且旗為進導之司猶能遮蔽矢彈如南蠻慣用毒弩遏箭鳥銃藥標到身即死是

以南將多用健士麾旗當先翼兵馳進蓋緣弩箭彈標著旗即下自不及傷人也用法以旗桿過人二尺椆木為之旗用好細上至鎗筒下及鎗鑽少尺餘以兩手托開陰陽拏住左右伏身盤旋轉繞鼓緊急趨先於高招鋒交即止以讓短兵

軍中响器則有銅鼓橈鼓鞞鼓杖鼓鼙鼓鼖鼓鼉鼓之類用雖不同大抵壯逢鼕之勢彰震天之威故出軍有釁鼓之法耳其大金錞鉦鐃鐸號笛笳管觱篥鎖吶哱

囉板鈸梆鈴者齊心聽別晝夜用夔率然之號而奇正進退因之以分合焉長六尺者曰角五尺者曰蠡蠡角之用亦皆神出没三軍也許洞曰大將出師十萬宜用大角二十四具大鼓六十四面似亦泥矣如深入敵境欲彰其威盛者更須多用何妨

凡射之理開弓須雄而引滿發矢須靜而慮用故曰心清也情逸也性靜也身正也力閑也審固也所謂從容閑逸射必中的又曰鏃不上指必無中理指不知鏃同

於無目鏃雖至堅桿宜挺直弓須軟硬適宜而収貯最畏潮濕學射以十步立標標眼如錢大平胷滿射能三矢中二移遠五步又能不離左右即於二十步立標標眼如酒鍾面大平胷滿射能三矢中二移遠五步又能不離左右即於三十步立標標眼如燒餅大平胷滿射能三矢中二移遠五步又能不離左右即於四十步立標標眼如碗面大平胷滿射能三矢中二移遠五步又能不離左右即於五十步立標標眼大如碟面平胷滿射能三矢中二移遠五步又能不離左右即於六十步立標標眼比碟大一圍平胷滿射能三矢中二移遠五步又能不離左右即於七十步立標標眼比碟大二圍平胷滿射能三矢中二移遠五步又能不離左右即於八十步立標標眼大八寸平肩滿射能三矢中二移遠五步又能不離左右即於九十步立標標眼大一尺平肩滿射能三矢中二移遠五步又能不離左右即於百步立標標眼大尺許平肩滿射為率標之高下須以遠

近相稱雖立百步不過高六尺是也武塲比射以八十步立把亦高六尺廣二尺許三矢中二為善射但力能至百步者當短五十步而發力能至五十步者當短二十五步而發能是乃得射之妙機馬射必以離把十五步而及者為熟又能以毎把必發分騌對凳抹鞦者為精

奇

奪險守隘非弩莫能邀彼方張非弩不可弩之射利古人尚之何獨不重於今世此可與有志於邊事者熟籌

之也如絞車弩能射七百步大合蟬弩能射五百步蹶張弩能射三百步羣鴉弩發十矢飛鎗弩發一矢諸葛武侯名之曰元戎隴人呼之為摧山叅弓蚪子弩雌黄樺梢弩大連環弩跳鐙弩小合蟬弩自犯弩大黄叅連弩大木單弩黄肩弩擘張弩毛葫盧毒藥弩猺獞濡縷毒弩八擔弩雙弓弩木單弩角弓弩伏遠弩匱子弩神臂弩神水弩克敵弩二意角弓弩交阯弩彊弩積弩小弩小黄臺弩牀弩連弩腰弩竹根戈之類不止數十種

然弩雖一名其製其用各異如伏弩者藥非至毒未必能殺人鏃非至堅未必能透甲矢及即死方可稱弩萬弩一機通得弩用故善伏弩者站頭高下自凖而矢亦勿令其虛發更藥須至急機須至幽用機之妙妙在從下從下者得機之用也敵少不必下機敵或當我而大敵在後亦不必下機敵進大半而發者謂之神擊如北騎之雄必不能當半寸之鏃鏃及馬倒敵乃自斃故知用弩之功不下於火猶宜潛襲最便山林欲以輕騎往來利於小弩小黄腰弩神臂弩若將守壁據危須用絞車合蟬蹶張八擔比手弩以五十步立把高五尺廣三尺許三矢中二為善射發能及飛走之目者稱精奇

學藝先習拳次習棒拳棍法明則刀鎗諸技特易易耳所以拳棍者為諸藝之本源也如宋太祖之三十六勢長拳六步拳猴拳囮拳名雖殊而取勝則一馬温家之七十二行拳三十六合鎖二十四棄探馬八閃番十二短此又善之精者呂紅之八下綿帳之短打李半天曹

聾子之腿王鷹爪唐養吾之拏張伯敬之肘千跌張之跌他如童炎甫劉邦協李良卿林琰之流各有神授世稱無敵然皆失其傳而不能竟與所奥矣杈扠長一丈二尺精者能入槍破刀唯東海邊城與閩中俞大猷之棍相為表裏法有不傳之秘少林棍俱是夜乂棍法故有前中後三堂之稱前堂棍名單手夜乂中堂棍名陰手夜乂類刀法也後堂棍名夾鎗帶棍牛山僧能之諺云紫徽棍為第一張家棍為第二青田棍又次之趙太

祖騰蛇棍為第一賀屠鈎杆西山牛家棒為次之其孫家棒又自宋江諸人之遺法耳大抵練兵教藝切須去了走跳虛文但動棍須把得堅支棍妙在下起棍入必須上壓一打一揭欲我疾陰手陽手令人疑大剪小剪神變用大門小門藏正奇使拔剃滾殺起磕俱得其妙迺可稱棍俞大猷劍經曰待其奮力畧過新力未發而急乘之似得用藝之秘矣棍法之妙亦盡於大猷劍經在學者悉心研究酌其長短去其花套取其精微久則

自可稱無敵也

馬家槍沙家竿子李家短槍各有其妙長短能兼用虛實盡其宜鋭進不可當速退不能及而天下稱無敵者唯楊氏梨花槍法也所以行有守立有守守內暗藏攻殺之機變槍鋒須短利而輕以不過兩為率桿須腰硬根麤稍稱凡學槍先以進退身法步法與大小門闔闢串手法演熟繼以六真八母二十四勢的厮殺使手能熟心能靜心手與槍棍法兩化動則裕如變不可測但施於陣上則伸縮攙挪之機少稱不便故花法不必習習亦無用也此在學者自妙而運用之唯山東樊氏深得其傳惜乎老矣較比之時先看單槍試其手法身法進退步法闔串不宜甚大尺餘便好然後二槍對試真正交鋒復以二十步外立木把高五尺闊八寸上分目喉心腰足五孔孔大寸許內懸圓木球每一人執槍立二十步外聽鼓聲擂緊翺然挈槍飛向前戳去以得孔內木球於槍尖為熟立五木球俱得為精故曰能殺人

於二十步外者長鎗也

筅之出入頗稱不便似非利器也所可恃者能作步率之藩籬耳然非長槍短兵夾恃而進則所為能禦而不能殺者也故學筅者必以老成有力而筋骨已硬之人謂其無活跳閃賺之勢如精鋭輕凌之兵必不以重贅之器為利器用爲筅之竹節須密而稱旁枝須堅而粗筅邡須長而利以火熨之或曲或直四面扶踈如刺如戟炙以桐油敷以毒藥較閱之時先令其自使觀其手

法走法六勢成熟之時然後與長槍對比槍哄不動又能護我短兵進戰搪架敵器不入為精

籐牌宜堅大而輕使之蹲下可以遮一身有餘凡學先從八勢曰賴禮衣勢斜行勢仙人指路勢滚進勢躍起勢低平勢金雞闖步勢埋伏勢八勢既精自得其巧是覽牌如壁閃牌如電遮蔽活潑起伏得宜全身藏盡視聽外馳更須龘滚不露頭足此用牌之要說耳然非標子無以用也故學牌者先學標每帶二標數枝啓手時

於二十步外者長鎗也

筅之出入頗稱不便似非利器也所可恃者能作步率之藩籬耳然非長槍短兵夾恃而進則所為能禦而不能殺者也故學筅者必以老成有力而筋骨已硬之人謂其無活跳閃賺之勢如精銳輕凌之兵必不以重贅之器為利器用馬筅之竹節須密而稱旁枝須堅而粗筅邤須長而利以火熨之或曲或直四面扶踈如刺如戟炙以桐油敷以毒藥較閱之時先令其自使觀其手

進如堵然非長短之兵襍而用之則不可恃長短之兵若非牌蔽又不能以節其利故曰得長短剛柔之用者不敗也牌須高廣過人可以搪前遮後獲足止馬但鉛子竟入無以為禦戚繼光曾以絲綿數層製度牌上名曰剛柔牌以拒鳥銃終不能擋總不若練荆花鎧法為妙鉛子著之自下但人鮮得其製耳

軍中諸技唯刀劍法少傳但能使長短兵不及遮攔便為熟矣如日本刀不過三兩下徃徃人不能禦則用刀

之巧可知耳偃月刀頭大且重使有力者用之而更能精熟三十六正刀二十四門伏則諸兵伏當之者無不屈也馬上雙刀須長而輕後過馬尾前過馬頭為要劍用則有術也法有劍經術有劔俠故不可測識者數十氏馬唯卞莊之紛絞法王聚之起落法劉先主之顧應法馬明王之閃電法馬起之出手法其五家之劍庸或有傳此在學者悉心求之自得其秘他如鳳嘴刀三尖兩刃刀斬馬刀鎌刀笛刀麋刀 狼刀掉刀屈刀戟刀

眉鋒刀雁翎刀將軍刀長刀提刀之類各有妙用只是要去走跳虛文花套手法始得用刀之實故曰不在多能務求精熟設或不精反為所累所以秘技有神授如無真授未可強為授之不精或技精而不能變猶為法之所泥

短兵者為接長兵之不便然亦有長用也馬釵有突越之勢綽鈀有閃賺之機然釵亦不出陰陽鈀不離五路如燕尾釵虎尾釵五龍鈀三股釵鈀尾鞭丈八鞭雙鉤

鎗連珠鐵鞭鷹爪飛撾開山斧劃子斧鉤鐮戟鐵鋭鈎竿天蓬鏟擋馬鎗蒺藜椎鵝頂鎗魚肚鎗狼牙棒豹尾鞭蘆葉鎗流星椎叉竿抓鎗鐵簡祭钂擲遠鐵梧環子鎗抓子棒紫金標八尺棍之類不可悉數各有常門但身法手法步法皆由拳棍上來其進退騰凌順逆之勢俱有異樣神巧學之得精俱可制敵然非秘授不可強施外如花刀花鎗套棍滾釵之類誠無濟於實用是以為之軍中之切忌者在套子武藝又所最恨者強不知以為知

鳥銃出自南獠今作中華長技妙在打眼圓中神在火門急迅利在藥細子堅中在腹長炤準裝藥竹筒火繩信鼈匙鎚通杖油單須隨身懸帶有臨場遺失藥不燥乾即連坐以法火門損壞藥彈短少即稟修添較演以八十步立五尺木廣二尺許止懸鐵片如人頭大中間懸球為心腹大三發二中其頭腹為熟三發三中為精但不可連發五七銃恐內熱火起且慮其破唯倭銃不

妨今有以竹木代之甚是輕便又在製者得其巧則得其妙用矣其所畏鍊荊花鎧南島油漆兕條甲濕布幔耳火箭古稱神器而南北俱宜功不在鳥銃之下但軍中久無製之妙者若造作製放手無法徒費而無所恃也大抵紙間蓉油以避濕藥須極細而築實線眼用鐵桿打成更要至中而至直如筒長七寸眼須五寸許火箭桿要直翎宜勁羽去勁二寸稱平此其訣也比試以八十步立把平去能中為精歪斜起落不入把者治造

法不精責具匠然亦有用強弓較車弩竹射送者妙其火則後出少而前出多故利於燒積聚耳子母砲者功在悚敵之馬驚敵之營亂敵之伍奪敵之氣須藥線不悞放手慣熟為神所畏者母砲未發而子砲先聲則傷本處人矣或至半途而砲發或至敵營而火息則砲無益於用矣故線似螺螄旋轉令不相見賽貢銃者竹木俱可為之長三小尺而鉛子合口約重半斤平臥地上以墊頭高下得宜放之且不用木馬故神於佛狼妙於

發貢亦軍中之利技耳火之得用者如火磚火毬火盜火妖火獸火牛星蔦蜂豕火騎雲龍炬毬藥桶神彪火屛牌銃牌箭遊龍號鴉灰瓶火船毒煙毒火緣油鯢油火鵬火鷂合砲火樓火兵飛炬火塹火牌十子銃九龍槍大蜂王大將軍覆地雷絞江龍絞地龍轟山砲混天砲流星砲浄江龍攻戎砲旋風砲天墜砲地樽砲五梢砲七梢砲天機砲返復槍自犯砲追魂箭迷魂砲一把蓮三隻虎風塵砲浮萍火單梢砲雙梢砲大窩蜂小窩蜂十丈槍七箭箭打陣砲揷翅虎茘枝砲石榴砲地湧槍千里勝連聲砲葫蘆火衝鋒馬木石砲火龍刀火鞭箭鐵火牀蒺藜毬先鋒砲火龍刀火龍鎗火焰鎗二虎追火龍口逐人鎗虎尾砲漫天霧毒藥火飛天噴筒毒煙噴筒神機火鎗旋風五砲纏身火龍驚風扎猪飛蛇逐馬五虎離山五色障煙飛空神砂獨脚旋風砲霹靂行火毬交鋒棄馬羣虎嘯風火龍爭勝遊鼠驚馬百鷹獲兎衆虎犇羊一母領十四子砲旋風狼牙砲月落星

隨砲五雷裂山砲大裝囊燕尾炬之類約百餘種製式用法俱載利器圖考須因敵異用因地異施舉放燃線不疾不徐得法為妙顧宜預製於軍中以備卒然乃可用也歌云用陣須兼車步騎用器因分南北利用人何以統賢愚用火得宜無不濟

昔伍子胥教闔廬以舟師之戰大翼者當軍車小翼者當輕車突冒者當衝車有樓者當樓車走舸者當驃騎而後退鈎進拒之法以著故水戰利便利用之器具則

有水平拍竿皮船水甖了篙望斗鐮陰陽鑽燕尾牌虎頭牌發貢佛狼噴筒火箭鳥銃藥弩擲遠飛標火磚灰桶緣油硝黃械筏蒲筏簰筏浮囊水袋飛絙之類水戰利走利鬬之應宜則有蒙衝鬬艦遊艇天艎絶海飛江樓船走舸海鶻艅艎下瀨戈船沙船漁船梭船網船鷹船巨艦橫海追雲橫龍滄兒四輪舸兩軏舟八卦六花船鴛鴦槳子母舟破敵舸高把梢船開浪船蜈蚣船八槳船大頭船尖尾船大腹船蒼山船艟艨船兩頭船草

撇船海滄船廣東船水虎捷水虎翼叭喇唬混江龍犁雲虬飛海龍赤天艘鐵海青四䑻三櫓之名率皆古今水戰之長技有用而捷者有用而頓者其風濤順逆之勢港汊大小之宜江海淺深之用此在明將審勢相機因時變用不可拘也然不佐助以火弗易有功故曰軍中大利用者必在水火大為害者亦在水火不伏水火無以見崩天裂地之勢固在用之得宜與不宜耳

車者軍中之羽翼始於軒轅盛於三代用以陷堅陣要強敵遮走北也故太公製武衛大扶胥者輪高八尺以二十四人推之可陷大敵也武翼大扶胥者差小於武衛輪高五尺以一十八人推之可北鋭師也提翼小櫓扶胥者又差小於武翼用以獨輪大黃參連弩扶胥者又稍大於小櫓伏以飛鳧電影皆可以摧堅破強迎遏大勢嗣而武王之製戎車宣王之製元戎楚子之製二廣晉人之製五乘衛青之製武剛車馬隆之製偏箱鹿角車馬燧之製冒戰車衛絳之製如意車黃懷信之製

萬全車王大智之製雷電車洪武四年亦令造獨轅車永樂宣德中亦增其製近如談司馬奏造兩轅車於京營蠢重失製運轉艱難無益於用也迄皆靡費惜乎他如狻猊軒神獸車橫陣車翼虎車自行車必勝車火箱車雲軒車行砲車霹靂車輣轀車旋風砲車各樣大小弩車各樣大小砲車刀車鎗車撞車絞馳車鬭車衝車大油車輜車棄飛車象車天梯車離合車蹲獅車伏虎車帳幕車三轅車輕車小戎木牛流馬騎冠牌車流車

之類古人用之皆能霆擊風馳何往而非取勝獨不用於今時何也豈匠不能製而地不宜用哉不能變通其用者必以山水形勢不便為說今之山水即古之形勢具宜與不宜又不待辯而自明矣昔以弩衛車今則益以烈火弩有毒藥火有神方而車有異製其功固十倍於古人又可見也當事者不言運用之不能變通而謂車之無益於用難矣識者謂制敵先制馬制馬必以車又謂破敵非難難在車戰而無車猶身之無甲所以

遠人之勇悍戎馬之輕慓非車無以禦以牛馬驢騾代人之力者發機於前故不為妙設有巧思者能發機於後或中或傍斯為有勢是得其善矣大率製車以朴素渾堅活潑機構思宜巧法宜新是也若一時有急能令市上及農間大小之車俱可赴戰此又得用車之竅者矣

飛樓望遠插版陷坑飛橋釣橋轉關鉏鋙誰何刁斗轆轤地澁天羅地網武落織女穿環暗門泥擂木擂風扇竹牌磚擂石擂地笱鐵屋劍刃儲胥搗蹄捉馬氊簾皮幔麻搭唧筒狗脚木笓籬笆垂鍾版拐子木夜叉擂鹿角木木女頭木馬子鐵蒺藜鐵菱角鐵撞頭狼牙拍鐵飛鉤闌干棒霹靂棒之類率皆攻守之具悉令備置於軍中可也如布城軟壁用於南方則野戰固有所恃用於北鄙則戎馬亦為之驚疑或軍行失道則以指南車子午針定其所向欲還本境迺放老馬引導於前軍圍八面欲知其進退當令城內八方鑿井深二丈許取新

瓮以薄皮鞔口如鼓使聰耳者如井中枕瓮而聽去城五百步悉知之矣或令少壯者枕空葫蘆卧幽靜處人行二十里外東西南北皆知之名之曰瓮聽曰地聽器具屢有異名如以鐵蒺藜為鬼箭以鄉遠為飄石以伏弩為耕戈以火磚為滿地錦以竹片代銜枚以木城為壁壘之類不可悉數為將者固宜識之凡製器具務在精奇三軍生死相關家國存亡所係不可因中制而避嬿省費也須令匠作自製營中切勿推於有司致悮大

事所謂員大計者不避小嫌不惜小費軍中之樂以圍獵觀進止之節然賞罰之令必嚴將帥之儀必整如戲劇音樂之類音必雄壯慷慨戲必馬步藝能凡無益於軍用之技無預於激烈之音者不可有也

平時用技稱十分精熟而對敵之際能用出五分者不敗能用出六分者必勝多有當場便忘了平素手段況生死之際乎且如長短器械錯襍陣頭一齊擁進起身就戳便砍雖轉手回頭尚不可得豈容活潑動跳做作

進退身勢手法耶所以虛花武藝一些不可用在陣頭上正謂此耳練兵者若曾親經戰陣當識諸此然藝雖倍精於敵又不可失勢一失恐有隙可乘有隙可乘則勝敗未可定也

陣紀卷二

欽定四庫全書

子部

陣紀卷三四

詳校官檢討臣何思鈞

總校官候補知府臣葉佩蓀

校對官編修臣羅國俊

謄錄監生臣孫起楠

欽定四庫全書

陣紀卷三

明　何良臣　撰

陣宜

天之積卒陣之宗也內外方圓左右顧應曲折參連互隱奇正備而至簡固而至整雖神聖握兵不外乎是故伏羲氏觀積卒而立五軍九營為師卦順靜臨險或不可測遂名之曰師卦陣也軒轅氏又發積卒之秘變師

卦之體立天地風雲銜軸之義而成握奇陣也太公變軒轅之制畫為九區方諸井字而為三才五行陣也周公立伍兩卒旅師軍之法以六軍為正奇兵在正軍之外從兵又在奇兵之外而為農兵陣也鄭子元按周制以偏為前以伍承偏之後一軍二十五車則方勢而為魚麗陣也楚武王以山澤車少人多五十人為兩百人為卒十五乘為偏偏後別有游闕以三軍為正列左右二廣為親戎而名荆尸陣也晉荀吴法周制而為前拒左右角每五分五方而立每兩每卒亦分五方而立地險則舍車為步步如車布五車為隊隊布如卒之布二十五軍為偏偏之布如隊之布五偏為陣陣之布如偏之布故車法起於步法步法不外車法而名之曰崇卒陣也吳闔閭以步兵三萬為三軍一軍分百行一行卒百人列成方勢以白為中以赤為左以黑為右唯取相生之義不施詭譎不練戎車故不敢抗於中國後巫臣教吳以偏乘之法以罪人居先三軍居後以步卒居先

戎車居後與楚戰於雞父因有雞父之陣也管仲更周制以三萬人六百乘一軍各五旅小戎各四十乘別有卒萬人車二百為奇兵而分先驅由驅啟胠廣戎駟乘大殿八名故使人相疇福相共居同樂行同和死同哀而稱內政陣也以是而入孟門登太行張武軍封少水一戰而服三十餘國馬司馬穰苴廢管仲五偏而行周公五乘復黃帝之握奇以萬二千五百人取十之三為奇兵布之中壘取十之七為正兵布之外營名之曰握

奇營陣也齊孫武因伏義師卦内外俱圓黄帝握奇内
圓外方迺變而為内外俱方取河洛經緯之義八人相
乘為六十四奇正分含大小包容復配以鳥蛇飛虎而
為乘之陣也戰國巧士以象棋三十二子倍之或方或
圓内外四層而為象棋陣也韓信以三十萬人分為五
軍孔將居東南而為左費將居西南而為右自將前軍
居漢王之先鋒絳侯柴將軍又居漢王之後而成垓下
陣也諸葛武侯乃原握奇因乘之推河洛之方圓寓井

田之遺制分四奇四正以西北乾位故名天陣西南坤
位故名地陣東南巽位故名風陣東北艮位故名雲陣
東方屬青而為龍陣西方屬白而為虎陣南方屬火而
為鳥陣北方屬水而為蛇陣大將居其中握四陣為餘
奇別有游騎二十四陣以繫八陣之後大抵陣隊相包
奇正數別伸縮翕張進退有節為方為圓為曲為直為
鋭或滚或歸或前或後合而為一列而為九變之無窮
觸處為首名之曰八陣圖也晉馬隆循衛李選士二千

三百人配車一百二十八乘三百人為遊奕依孔明八
陣圖而為四層路廣車上以木為拒馬向外結營而行
名鹿角車營路狹更施木屋以蔽矢石木屋拒馬以低
為式治力前拒兼束部伍且戰且進名曰偏箱車陣也
李靖六花本孔明八陣而變其中隅落鈎聯曲折相對
無不条綜古法步騎與車三者相兼而用以車曰駐隊
步曰戰鋒居前為正騎曰戰隊又曰跳蕩居後為奇名
之曰六花七軍陣也隨其地勢去其中營而變為曲直

方圓鋭五圖而名之曰六花曲陣也六花直陣也六花
方陣也六花圓陣也六花鋭陣也若遇險阻仍用七軍
向背得法作偃月營其征遼也乃結束七軍為四圍方
揚髙祖之制為四門斗底陣也其征突厥時因乘之陣
法復變六花為十二以四奇八正首尾相因行止相隨
生死同義名之曰十二將兵陣也其定邊時襍蕃漢之
兵而用之外營十二陣皆步而騎各包步卒之中一騎
各當一正一正不離一奇一陣受敵各自為戰奇正相

混使人不知所謂無不是奇無不是正而名之曰十二長陣也宋太宗以車四千三百二十乘騎三萬六百五十匹步卒一十四萬九百三十人布為五陣各以二行為表裏中以三陣相從為輔弼故五軍而有七陣遂名之曰平邊萬全陣也宋真宗之長陣有先鋒隊策先鋒前隊東西拐子馬後有拒後陣内有無地分兵隊大約與萬全陣少異也凡用步兵欲以寡鬬衆弱勝強者無如李陵之馳驟韓信之輕凌張廵之聚散岳武穆之任

機楊素之推陷吳璘之三疊戚繼光之鴛鴦而臣之連環因之數十勢而已然皆參古法而今作但其用變取勝各有神異此在學者變通之耳能將握步根本練之精出之熟變之神自可驅步卒横行而無敵也故善作陣者無一定之形必以地之廣狹險易即據方圓曲直鋭而因之可也又從敵之衆寡強弱治亂而因之可也至於我之多重疊或為犄角或分五行或列三才却在隨時布演務須首尾相顧必應表裏隊陣能容形名各別銜之不亂撼之不動斯為有用是以出正兵不外三疊法出奇兵不外奮前皎二勢耳地窄只用一伍地廣便用十伍百伍千伍萬伍亦可也地窄只用戰隊地廣則加翼隊包隊伏隊應隊亦可也夫兵以進輕退重進易退難所以非鳴金不退茍退亦如進法各以前隊之兵稍退立於後隊之後更番止齊盡如迎戰之勢以備敵之乘我故止而齊齊而整渾沌而不亂紛紜而條理是為有制世稱武侯八陣曲而繁管子内政直而簡其

說尚矣但言曲而繁者尚不知其何以為繁曲言直而簡者尚不知其何以為簡直唯以聲字相傳訛舛不辯漫浪妄談何可為式須將古人已成之制苦心求之巧思變之務令前後左右動無不利而後因時立宜舉其可用之法行之可也否則謂吾胸中自能行出千百萬陣不必方效前哲即我作始亦可也或不能變用古法而吾胸中又無自得之妙則僅僅循守節制以方圓曲直鋭五勢因地用之縱不大勝亦無大潰也談兵者若

欲強執一圖穿鑿附會妄立繁曲直簡謂吾必勝古人足以應敵於無朕恐終不免為李希烈之縛耳

談兵者每好穿鑿或假知兵之名而妄作陣圖為害深矣豪傑之士固宜識之如風后之握機陣者宋人所作獨孤及附會而記之也穰苴之握奇營者元人許洞之所作也孫武之方陣圓陣牝陣牡陣雁行陣罘罝陣車輪陣衡方陣常山陣者皆唐人裴緒所作嗣而王氏分配八陣李筌附之而有天覆地載風揚雲垂龍飛虎翼

鳥翔蛇蟠之名張煜配而為新變風揚陣新變雲垂陣新變龍飛陣新變鳥翔陣新變虎翼陣新變蛇蟠陣無天地二陣而為六焉再作太乙曲陣天乙直陣又併諸八陣分配天地風雲鳥蛇龍虎而復加之符呪詭鑿甚矣更以五行分配曲直方圓銳焉又復變八陣六陣為鈎聯蟠曲焉又作十二將兵以配周制車乘焉又作當頭陣法焉又作滿天星陣焉又作八翼陣焉又演為隆偏箱車陣焉又演李靖六花陣焉又廣六花七軍陣為五花陣焉許洞曰敵以彎陣應以飛鶚敵以直陣應以重霞敵為突陣應以長虹敵圍四面應以八卦是雖作陣應敵之一端但勢在一面四隅無兵而中軍無握奇外列無伍法恐為智者出奇兵以擣心脇也他如許洞之穿鑿者不可類數大抵負誕好奇不究根本形勢日巧實用日拙若乃執而行之不免為武安君之所侮穰苴謂位欲嚴政欲栗力欲窕心欲一正縱橫察名實吳子謂賢者居上不肖者處下則陣自定矣若徒以形名機巧

為宗而不信二子之所說由未得作陣之秘也況可以奇名巧勢為穿鑿哉臣是以知二子得作陣之旨

凡作陣須安而靜出而理輕而簡重而治變化前後率然進止車騎相因終以繼始故曰營陣靜治以為固甲兵堅利以為雄又曰車列得式騎步有翼徒步凴夌水潰雷擊然兵必襍以短長行列欲其疎朗士卒能以不浮戰鬭自致齊一其列不可疎疎則難應亦不可密密則難用大約步兵一人占地兩步騎兵一人占地四步

故陣因地勢而立衆寡之則牆圖神怪以彰殺伐之威步襟車馬而變奇正之用若夫用步貴知變動用車貴知地形用騎貴知別徑奇道善兵者不外三才而用陣馬陣頭不宜遠過陣尾必識變更陣腹最須實整陣翼務使輕凌太公曰臨敵必置沖陣復以車騎分為烏雲臣謂沖陣者戰陣也正兵也烏雲者翼隊也奇兵也烏之聚散無常雲之行止不測以烏散雲合而變化無端故取義為烏雲陣馬有沖陣則有營陣矣營陣者大隊

也沖陣出自營陣之中學兵者覩此可見用陣之則李靖曰車徒當教以正騎隊當教以奇殊不知車徒原不泥於奇騎隊亦可以為正曹操用三騎之法每回軍轉陣則戰騎當後遊騎當先以陷騎為應變此更當自備之意得矣戚繼光曰列陣無難使人各識我陣為難人之各識我陣亦未為難使人之能用我陣為難所謂非知之難行之難也斯語似能作陣者矣臣謂雖能作陣用陣而不知駐劄營陣之吉凶善之半也故門宜向陽以受生氣不飲死水無營死地無居地柱無息地牢無處天竈無棲龍頭無當大谷之口恐敵所衝猶防決水無止大山之端慮敵所圍不利水草大將所處必從九天青龍華蓋常坐我前地無草木不集禽獸不可營也古城古社窑竈丘墓不可營也焦石砂礫水流逆行不可營也必得水流清澈為上黃黑濁者即投膠礬澄之水停不流慮有汚毒源在敵所無得輕食水流有黑脉散而不定者食之必死水多糞草人獸尸骸者食之必

病須從傍鑿井宜得甘泉所謂軍井者指旋鑿之井也水流而盈減倏忽者上有壅囊之謀水止而陂沮洳限於路者下有澤淖之陷水要在敵而無甲士守者或有陰伏之奸

戰令

尉子之重戰令也所統千人以上有戰而北守而降離地逃衆命曰國賊身僇家殘去其籍發其墳墓暴其骨於市男女公於官所統百人以上有戰而北守而降離

地逃衆命曰軍賊身死家殘男女公於官是故以守而破陷則一軍上下受誅以戰而敗北則一軍貴賤皆斬又曰能殺士卒之半者威加海内殺其十之三者力加諸侯殺其十之一者令行士卒儒者論兵以尉子為慘刻殊不知尉子者無地無天獨出獨入誠所謂一人之將也善兵者能會其意而去留之得作戰者之機矣今也民驕備弛戰士困苦而中制太過將之賢能令輕刑賞臣謂非尉子之法無能新軍政啟疲斃也乃減加其差

等而為之令使戰令必行則士卒自畏士卒畏主將之刑則偏裨畏君上之死矣故上陣有保領牽制之法軍士保領五隊長出戰無失伍隊長保領千百夫長出戰無失千百夫長保領千百夫長同左右將軍不能誅偏裨將之不用命與無偏裨將同大將軍不能誅左右將軍之不用命與無左右將軍同大將臨敵而死則左右副偏裨將千百總伍隊長以至中軍近卒力士技士儲將謀士悉應斬之餘唯稍遠吏士有軍功者免死所以

凡戰而亡其將吏頭領者所轄官并士卒皆死之將吏棄其士卒而逃者亦許諸士卒捕而殺之不捕者同罪陣亡卒而得敵二人者本隊免死亡一而得三四者賞之亡一而得敵十數者賞而復陞其本隊隊伍之長亡一二而不得敵者本隊隊伍長并軍士悉斬之抵敵員傷而不死者以其全隊月粮賞不死之卒亡卒而失其骸者全隊家産通給亡者之家亡五十卒而得敵百人者偏裨將千把總伍隊長得以免死亡五十人而全無

斬獲者偏裨將千把總伍隊長盡誅之如左右將軍以身保而立功贖罪而能奮死陷陣得敵百功以上者免之因而大潰敵陣者賞而復陞出而無功雖左右將軍保者亦斬之其各將領財産盡給於死者之家然陣上回報首級一節法所當禁何也一報首級即起爭心而伍自亂敵必乘我亂也更無得取敵所遺財物一取財物自相攘奪而隊不肅敵必乘我疎也只應雷擊風行使敵無所措備敵潰之後監軍者紀其某陣當某敵某

部勝某方某隊進趨某伍少卻功罪應否明白乃發刀斧此其心自一而功自均也不但心一功均抑可免私殺平民報功之慘故有前軍回報功級者斬之除四方外則中國之戰又不必以孜孜首級為計也固在任機權者臨戰應宜之耳

未戰之前一二日士卒敢有畏戰逃者捕而殺之伍隊長不能捕者俱斬仍將同伍同隊之卒各打百棍若有知其逃情而不先首者亦斬有能首而密伏所逃之路

擒捕其逃者即以所犯之糧并所犯家資賞之不實并誣者反坐如果陡病不能赴戰者聽本營官吏伍隊長驗入中軍調理詐者坐法誣者詐者亦坐或一卒一伍一隊奮勇抵敵而同伍隣伍同隊救應稍遲致損奮勇伍隊頭目者同伍隣伍同隊頭目以至軍士悉斬之或一部一營拚死鏖戰而諸部別營疎於備援致潰鏖戰之陣而損將失事者諸部別營大小頭領俱斬之其偏裨將千把總之分布策應原其地之遠近連坐有差卒能奮力陷陣而復得敵之頭領者卒當舉其為千把總或得其謀士及正副敵將者即當拜為偏裨將敵未入彀而伏兵先起敵已越彀而伏兵未發因而致悞機事者領伏頭目俱斬各兵綑打仍扣月糧奇正之兵見伏已起而不急應者同罪凡塘報夜不收哨探之類為人欺惑傳送不真因而悞事者斬哨探發行不知敵至者斬哨探不以敵情實告主將而反與同輩宣露者斬哨探既真遠近已的多寡已明險易已得唯聽主將分道

發遣無許負氣先登貪功先動所以如期不到未令先行臨敵先退者俱得斬之大將慵於料理分措失宜隱賢嫉能引用不肖以致覆軍折將者監軍官奏斬其頭沒其三世監軍官偏執己私不和大將致悞國事者罪同分營列疊各有汛地上有左右將偏裨官下至材官儲將技士亡命以及伍隊士卒唯視聽主將進退合分號令各不得越界往來私相言語設有犯禁即治以法臨敵違令者橫門斬之故曰內無干令犯禁則外無不

獲之姦矣所以陣定而足數移頭數顧行伍擠撥稀密不均前後紊次旌旂亂摇金鼓不節者所犯與隊伍長俱死之故舉號差錯則掌號者罪行陣失序則偏裨官亦坐臨敵而悞號者則掌號者當斬臨戰失序則偏裨官亦誅是以出越行伍爭前滯後不遵將令擅出入者斬之陣列已成從左右將以至監軍官而下俱毋得乘車馬入營違者斬之更不許私抽營内一人一騎役用抗者斬之無主將符契至而擅發兵者斬之符契既至

而不即發兵者斬之失旌旂金鼓符節或為敵所竊者全隊斬之姦淫敵境及沿途婦女或匿婦女在營并淩虐所過人民者全隊斬之進退不遵金鼓旗旛火角號令者斬之倡言敵人威勢以悚其衆者斬之巫祝私為軍士卜其行軍之吉凶所問與巫者俱斬之主將進退密令出攻伐機事未行而有先聞者告與所聞者俱斬之結黨毀謗詭言妖異者斬之私祭是非因而索利者斬之漏洩機事於敵人匿奸細緣由於境内者斬之嫉蔽賢良使才士不得見用於緩急者斬之吏令稽令失令玩令者斬之違主將一時之令者斬之

守城破陷悉斬守者圍敵潰圍悉斬圍者宜戰不戰悉斬戰者當援不援悉斬隣隊遇急不舉烽號及先舉而後斷續不應者死之軍行在途粮草遲到所過而悞支給則司餉者死之出軍在道若見前隊遺失器械銀錢等物許所見本隊隊伍長收貯待營定則稟所管偏裨以召失主認領妄認及隱匿者皆斬後隊見而不收者

亦打百棍隱匿臨陣死亡士卒資財者斬吏士受贓定罪紀功不實者斬臨敵自作傷殘欲避戰鬭之險者斬臨戰失去衣甲器械或質為宿娼賭飲之資者斬敵有棄械解甲乞降而輒殺者斬獲得敵人私書即宜密送主將或先開讀及先與本營官看者斬敵使入軍非主司輒與語者斬擒獲敵人及來降者即時領見主將不得輒問敵中事宜因而漏洩者斬行軍出戰採樵牧汲不遵號令者斬忽見怪異飛走之物入營能捕獲者急

送主將設有私自藏匿傳告於人者斬測度軍中行事者斬出師在道雖值飃風驟雨無令軍士棲止忠臣孝子義士節婦之家違令者斬軍臨敵境有妄殺老少發毁塜墓搶掠資財焚燒廬舍踐禾伐木者斬夜深無故號呼警營動衆者斬隣隊隣伍知其警營而不靜待亦故附其號呼者俱斬營中無故火起燒其軍幕器具斬其發火之伍仍没其家除主將傳令某伍某隊救火外餘不得輒離職掌擅動者斬五兵不利衣甲不精以致

臨敵不堪施用者斬倚其利口巧舌般弄是非以致軍士不恊者斬妄言神鬼夢寐禍福動惑吏士者斬竊人貨物為己財奪人首級為己功者斬指麾令出有低眉俛首結舌不應而作難色者斬崛彊使令出言怨上者斬不守禁約高聲喧嘆傍若無人者斬託疾譎病以避艱險扶傷舁死因而欲遁者斬大將與左右偏裨聚議密事有逼帳屬垣竊聽者斬探敵不的報敵不詳多少失數遠近罔實者斬司犒掌賞私厚所親故薄所怨以致人心不平者斬刁斗不振更籌失遺號火滅息者斬非犒設而無故致醉狂呼者斬令者將之大柄所謂內畏重刑外無堅敵故不得不重也然臨斬權宜務使三軍心服乃是

戰機

得戰之機者藏形於無遊心於虛故聖人常務靜以待敵之有形所以放乎九天之上蟠乎九淵之下以其無形可見也深間不能窺智者不能謀以其無隙可乘也

不襲堂堂之寇不擊填填之旗欲待其形之先見也見敵之有形矣乃任我之氣勢或擊其先動或乘其釁生敵將堅壁我則突其未成急趨其可攻敵欲衝我我則絕其必返先備其所從敵長則截之敵亂則惑之敵薄則擊之敵疑則慴之敵恃則奪之敵疏則襲之若鷙鳥之忽起若颶風之陡發倏忽上下莫知止遏如雷霆之震擊如暴雨之傾注左右前後莫知所禦是故有風雨之行故能威絕域之民有飛鳥之舉故能服恃固之國

有雷電之戰故能獨行而無敵是以善戰者必以盛而乘衰以實而擊虛以疾而掩遲以飽而制飢應之以不窮投之以不測飄飄忽忽莫知所之獨出與獨入莫知所謀其合如雲其變如龍若從天降若出地中猶水之撲火無不息湯之沃雪無不鎔既其退也敵不知我之所守其進也敵不知我之所攻且夫水性至柔而能觸崩丘陵性專而觸成也市合脆而能必勝勁敵以死而易生也茍能指士卒之進退如驅羣羊麾偏裨之赴戰

如縱鷹犬使其上雲巔而不知其為高入叢林而不知其為礙蹈重淵而不知其為深者乃可稱將兵

深入敵境而無一人動靜者必有埋伏絕我歸也須令勁勇為捜捕繼強弩以翼之發輕騎以應之急守糧道設犄角堅整大陣數出奇兵振其先聲為左右逐掠敵若空虛急乘我之機勢地勢相遠彼此力均不可挑戰恐費奔趨之勞敵或有隙必速壓之無使其復備也我可以往彼可以來之地必先居高通餉其勢乃佚其戰則利孫子謂先處戰地而待敵者佚後處戰地而趨戰者勞所為善戰者能致人而不為人所致尉子謂敵地大而城小者必先收其地城大而地窄者必先攻其城地廣而人寡者必先絕其阨地窄而人衆者則築大堙以臨之故作戰必因地勢之便率與敵遇乃因地而發令焉而復用其險阻山林水泉丘墓之利也地易遠曠以車騎相因草木蒙蔽以步卒接戰長林茂陵以奇伏迭出深峽隘口止衆用步逾水涉澗益以火弩高下相

懸未可逼近晝多旌旗夜多火鼓風雨雪霧變以笳角以寡擊衆務於隘塞必於暮夜伏於叢茂要於險阻以衆擊寡務於廣漫利於旦辰分守要津絕彼運道若驅水火須知攫後搏前偶際晦冥必識相機邀襲與敵分險相拒猶當塞谷備衢廣我戰道處山之左急備山之右處山之右急備山之左我地險悖動有掛礙可以往不便於返者當謹我歸路敵若無備分兵擊之敵若有備不可出也壁以武剛隨以踵卒續發哨探密遣埋伏

務得虛實遠近衆寡之情然後可為致勝之策哨探埋伏必選精鋭誠實栁非庸卒可使然致勝詭譎情狀萬端若指以山谷蒙翳處伏藏之伏為伏不過尋常之伏耳是豈能應命於不窮哉故善伏者敵雖巧智無能測識我之所伏也是以用伏之微非神化乎兵術者未可與語伏

淮南子謂敵躁我靜必罷其力敵先我動必觀其形别其邪正以制其命審其所處或極其因敵或反靜先出

我奇敵謹後節即與推移敵有所積必有所虧敵若左轉覆其右陂故能先弱敵而後戰者貴不半而功自倍管子曰不明於敵人之將不先軍也不明於敵人之士不先陣也士卒未附教習未精敵情未得不可以言戰也是故文王不能使不附之民先軫不能戰不教之卒王良造父不能以敝車駕馬疾趍而致遠后羿逄蒙不能以枉矢弱弓射遠而中微所以善兵者必使其兵利也甲堅也力治也令信也機得也乃量彼已之勢而後握必勝之權故士卒倚其必勝而自輕鬬魏文侯曰有師甚衆既武且勇背大阻險右山左水深溝高壘守以強弩退如山移進如風雨糧食又多難與長守則如之何吳起曰大哉問非軍騎之力聖人之謀也能備千乘萬騎兼之徒步分為五軍軍各一衢五軍五衢敵人必惑莫之所加嚴陣堅守以固其兵急行間諜以觀其慮彼聽吾說解而去之不聽吾說斬使焚書分為五戰戰勝勿追不勝疾走如是佯北安行勿鬬一結其前一絶

其後兩軍銜枚或左或右而襲其處五軍交至必有其利此擊強之道也臣謂吳起擊強之道乃以五軍交至而必有其利管仲必勝之道乃以卒附教精兵甲堅利而明敵人之情敵人之將敵人之士而後戰也劉安握戰之機乃罷敵力觀敵形因敵勢而與之推移謂先弱敵而後戰者貴不半而功自倍三子論兵具竅則一其用則不同耳吳子雄而鋭管子重而堅劉子巧而無定巧而無定者談兵者也談兵者每作其形勢難其機權

神其應變直欲雄視千古而後已用兵者必盡諸人事慮其垂成觸處機隨故無往而不利所以談兵與用兵之才大異霄壤如能談兵而又必能用者臣不敢不讓管吳也

陣紀卷三

欽定四庫全書

陣紀卷四

明 何良臣 撰

摧陷

必死不如樂死樂死不如義死義死不如視死如歸夫一人必死足敵十夫十夫必死足敵百夫百夫必死足敵千夫千夫必死足敵萬夫萬夫必死天下莫當況義死者乎設有義死之輩出死固難敵矣百人同心則能陷千人之陣亂千人之伍千人齊力則能覆三軍之衆

殺萬人之將萬人并力則四海震驚無敵可向況必死者乎吳子曰有一死賊伏於曠野千人捕之莫不梟視狼顧者何也蓋恐死賊突至奮命傷人所謂一人挺及萬人避之豈萬人皆不肖也必死與必生之心不同令能使千萬衆之氣如一死賊而誓不俱生則進不可當退不可拒雖有謀者亦難免也故善摧敵之堅陷敵之勢者能使三軍負必死之氣也善用必死之氣者當法

諸楊素方諸淮陰考諸實軌可也素每臨戰必令弱卒赴敵陷陣則已不能陷者悉斬之又令復進不能陷者更悉斬之則將士惟知進退皆死所向無不勝焉信當强敵每置軍於不能退走之地謂無所往矣無所往則知非死戰不能生非疾鬬不能出自是并其力齊其氣奮其命一其死而決之戰軌每赴敵有步將稍却者俱斬之拔隊中小校以代自率鐵騎以殿乃令之曰鼓發有不進者自後殺之士聞鼓聲無不爭馳以進鬬所以

嚴刑為作氣之基作氣為摧陷之本摧陷為必勝之權故善決戰者必伏諸摧陷能摧陷者必振其死氣善作氣者必極其煩刑法曰剛柔皆得地之利也又曰攜手若使一人不得已也死地有特致之者有悞至之者死氣有令作之者有自振之者恐其亂目也禁妖祥之事恐其惑心也去狐疑之思乃焚其貨財忘其生路使人人豎髮裂眥不待命令而皆自為之戰所以發令之要在必信從作氣之機存乎心巧且兵無常勇亦無常怯氣使之耳氣强則勇氣懦則怯氣勇則戰勝氣怯則戰北勇怯强懦其由甚微善作氣者得乎機善用機者決諸勢莫為敵所用而我常用敵之勢也氣莫為敵所奪而我常奪敵之氣也至其攻擊也若迅雷霹風其摧陷也若崩潰倒決其搏執也若鷙鳥拏攫使敵莫測我之所以來莫禦我之所忽及吳子謂戰鬬之場止屍之地是以喻之如坐漏船中伏於燒屋下若能厲氣含死當敵之鋒則敵之勇者不及怒我智者不及謀我我或反

生而敵必死耳所謂必死則生幸生必死能令人之必死者勵士之功也能使令之必從者教戒之法也故曰令以恩信行氣以振作勇又曰士人盡力我雖甚陷不懼

因勢

得機畧者不逼人之窮不攻人之鋭不啓人之未及必因其盛而致之弛擊其虚而待其疲取其無備而疾襲其遲是以用兵之術惟因字最妙或因敵之險以為已

固或因敵之謀以為已計或因其因而復變用其因或審其因而急乘其所因則用因而致勝者不可言窮矣敵雖有智必知其不能逃我之所因也吳子謂占將察才因形用權則不勞而功舉故敵處高燥不利水草因而困之敵便水草已處卑下因而灌之敵居不便出入艱難糧道遠絶因而淩之敵地廣大食匱兵少四守失隘因而急之敵將貪利急名可賄可啗上驕下怨可間可離愚昧輕信可懾可誘喧嚚不整可薄可欺乘勞附

利可襲可擊慮進疑退衆必失依人有歸志將不能禁閉險塞易其軍必迷若夫敵人疲怠饑渴驚疑前隊未營後軍未涉偶值晦冥風雨忽作故可用敵之勢以致勝也我勇且謀士卒死戰進如驟雨發如飄風故可因我之氣以決勝也闕山狹路大阜深澗龍蛇盤磴羊腸狗門險塹飛鳥守在一人故可因地之利以必勝也三者得一敵已丧亡俱得用者所向莫當所以善兵者必因敵而用變也因人而異施也因地而作勢也因情而措形也因制而立法也故曰能者用其自為用也不能者用其為已用也用其自為用則天下莫不可用用其為已用則所以得者鮮矣

舉不輕勢不逆以一匹夫而能施德義協人心信刑賞新政令使人不敢逆其命令而必為之致用者惟伊尹呂尚孫武穰苴管仲吳起韓信孔明之輩能之且輕舉者必敗也逆勢者必亡也善兵者當窺識數子之不逆勢不輕舉而又能致人於必用之處是得用因之根本

矣所謂因人之勢以代惡則黃帝不能與爭威因人之力以決圖則湯武不能與爭勝故能得其因而乘其因者則萬軍之將可擒四海之英雄可制也言兵者動輒誇淮陰能驅市人用烏合謂其致勝也有神術焉此不通乎用兵之本甚矣淮陰所處之時有可驅之勢有可合之機故因其時順其勢而鼓舞之迂誤之激烈之牽然之死陷之使人無不怒目攘臂齊勇皆戰者何也蓋六國恨秦讐之深萬姓怨秦法之慘傲然而若焦熱傾

馬若苦烈鷄犬不相寧貴賤不相憀不獨人之去秦而天亦厭秦久矣忽兵起山東項劉繼峙淮陰適際其時輙握其畧獨開孫子九地之竅乃因勢而驅之握機而死致之是易於啓發耳假使彭黥而亦識此竅則淮陰又未可恃以必能也臣是以知淮陰生於斯世欲廢兵本外節制抗監司驅市合以戰而必勝以攻而必取吾斷未敢為之許所以因時順勢而利導之者能者之事也悖人逆天而抗時勢者妄者之事也信固得其時順

其勢而為能者之事矣學兵之士當究其事之可否難易幸勿為豪傑所欺笑焉孫子曰勝可為也敵衆可使無鬬策之而知得失之計作之而知動静之理形之而知死生之地角之而知有餘不足之處故策者欲因其得失也作者欲因其動静也形者欲因其死生也角者欲因其有餘不足也使深閒不能窺故因其閒而為我用也智者不能謀故因其謀以為我計也勇者不能鬬故因其勇以為我力也所以能因敵轉化用敵於無窮因形措勝用形於不竭

車戰

法曰車與步戰於易則一車能當步卒八十人戰於險則一車能當步卒四十人車與騎戰於易則一車能當十騎戰於險則一車能當六騎大約車用得法十乘能勝千人百乘能當萬人雖曰步不勝騎騎不勝車然有騎無車則一騎不能當一卒也務使步不離車騎不遠轂進退有制循環反覆得用車之法也凡車利結營猶

便遠涉宜於廣易陽燥不利於卑濕窪洳所以貴髙而賤下進止須從其道焉其犯堅衆也必先走其雷電繼以小戎急出馳車或突或衝火亂其西弩射其東半騎半徒伏奇從鋒晦冥不便謹壁勿攻車營被圍急擊有七敵人行伍未定前後未收急出輕車擊之士卒無常旌旗亂動急出武剛擊之不堅行陣人馬縱橫急出火車擊之進退疑怯三軍互驚急出弩車擊之遠來亂合暮不能去急出冲車擊之吏貪務掠令不能止急出驍

騎擊之敵陣既整輜積又多圍厚不解急出神獸車離合車霹靂車三方擊之出車有制握勢得機敵雖萬匝克之必矣所以欲擋戎馬之衝非車壁不可欲挫戎馬之銳非車擊不可欲逐奔衛之敵非車攻不可欲彌隙塞罅而卻戎馬之不入非車守不可欲出塞開邊以建不世之業非車行不可然用車之要總不外治力前拒整束步伍而已曠野最宜鹿角曠地則便軍車是以知戰車必不宜少用又烏可以不用為是耶知節制奇正

之用者必不舍是欲應變於倉卒閒遠伐於數千里亦不舍是故曰非車無以致遠非車無以行制惟善用車戰者不拘限南北無拘山水無論重輕不泥分合實在用者之何如耳其可以車為無益於軍用哉

騎戰

騎者軍之伺候便於犇衝利於速鬭踵我敗軍絕彼糧道便擊兇也然頓之則老宜於平易異於險阻林谷陂洳無令自苦是以用騎而必避之道因有八焉敵人佯走反我輕車夾我敵弩騎之致敗一也追北長驅逾險不止奇伏或起直絕我後騎之致敗二也地勢四守陷如天牢往入雖易退不可逃騎之致敗三也茂林叢木大谿深谷馳驟縶縲戰道窘促騎之致敗四也欲進而隘窄難從既出而迂遠難到彼之寡弱可以擊我之衆暴騎之致敗五也大阜在前高山在後左右夾以阨塞敵處表裏戰必艱難騎之致敗六也既進而不能退隊遠而不能收敵又據我根本扼我陣頭騎之致敗七也

沮澤漸洳草穢蕃蔓敵或現隱撲我聚散騎之致敗八也用騎而取勝之法亦有四焉敵人初至未到卒然摧其先部擊其左右擣其腹心謂之奔冲敵或整治兼有鬭心必謹吾翼騎倏忽往來進如霆震合如風雨揚塵鼓煙令白日昏疑以神獸襍以小戎密更號令變化不窮謂之術擊敵處平易結陣不固據無險阻卒無戰心當急令驍騎薄獵前後翼擊兩傍斷其糧道以驟襲弛以夜為晝其心必恐其敗不救謂之乘亂敵暮欲歸無

制者其衆必褋令我鐵騎十而為隊或伏或弛散而星布起如鳥飛繼以毒弩按弓發機敵雖百萬其勢必疲謂之威刦騎戰之機不外乎八險四利而分合聚散猶宜條理然非褋以車徒進退無本終以勢孤恐為智者所笑故曰輕凌之隊奇伏之隊跳蕩之隊冲突之隊踵軍之隊遊奕之隊者為其馳驟便捷利於邀擊犇趨而不宜於正守老頓也太公曰騎與步戰於易則一騎能當步卒四人大約十騎走百卒百騎走千人耳惟馬之

所處必乘水草之便適饑飽之宜冬欲其溫夏欲其涼勤剔毛鬣謹其四下齊其進止慣其犇冲調戢視聽使無驚駭人馬相親然後可使銜轡鞍勒必令固完況馬之為病不傷於馳逐始末即傷於飲食失宜吳子曰日暮道遠必數上下寧勞於人慎勿勞馬常令有餘備敵覆我能明此者横行天下

步戰

大率步兵先立老營為守然後分數處以聽指麾因變奇正雖褋騎隊出戰亦必迭更迭更之術疊陣法也故進必輕凌退必持重變未卒然乃得用步之要其次務險其次務隘務險隘者握用寡之機也法曰步兵不能當車騎之蹂躪必依邱陵險阻以為固廣易則用拒馬扶胥劍戟蒺藜倘一時拒馬不便即伐木為鹿角營守者為駐隊戰者為鋒隊鎗筅鐮牌因勢而出布伏突奇必火必弩若能稍間車騎變以烏雲動即令人無措故教步戰之法起號即陣舉號即戰變號即易奇正臨戰

而忘教習者斬之過險而畏進趨者斬之偶值形勢險阻須因地而為方圓曲直銳之營以自持也只莫失於積卒握奇之旨如韓淮陰之用死地李嗣源之救幽州張睢陽之用聚散掩擊岳武穆之野戰更番楊素之立陷陣令李藥師之作六花營吳璘之用三疊法戚繼光之變鴛鴦勢俱當為步戰之紀而臣之連環因之二圖間以車騎亦可為之有制然喊聲欲齊而震鼓聲欲重而沈戰氣欲揚而銳死心欲必而剛藝必求其精練兵

必襍以短長司馬法曰兵不襍則不利故長兵以衛短兵以守太長則難犯太短則不及太輕則銳銳則易亂太重則鈍鈍則不濟學者能因其機適其宜而通變之是得步戰之妙步兵抵暮須列布城設拒馬環儲胥以為營壁伍隊長旗上宜懸鐵線燈籠燈外有罩罩以油布為之或便夜徙抑備襲偷如舉號罩起一望盡為火城敵雖有見亦必驚悚其傳箭知更又在因時立制但夜營以至靜至幽為本

水戰

江上之戰必處上游水上之禦宜柵中流或因風縱火或因霖用灌或囊沙決隄或順逆故用毋自處不便毋自當逆風舟宜完而施轉便器宜捷而火弩先分更宜速柵寨惟堅旗幟須多張而數變戰士須輕佻而素練此水戰之機也將須達其機審其利不得其利必為所害也故處水之軍絕水必遠水客絕水而來勿迎之於水內欲戰者無附於水而逆敵無自處於下而當客所以視生據臨察其所來凡與敵遇於大水之澤且止其旁急令登高瞭望必揣水情得其廣狹淺深乃可決策敵若涉水半渡薄擊我不欲戰拒水阻之我必欲戰故去水稍遠上雨水沫至我欲涉者必待其定也敵船鼓躁而矢石不交者兵器必少也敵鼓促急而徐疾失度者衆心疑懼也敵令小舟往來不定者必有謀議也敵既進而復退者探而欲襲也敵泊而揚帆者欲出我不意也敵火夜明喧呼不絕者恐而少備也敵火數明寂

靜無聲者治器欲戰不戰即走也敵近村落而不登劫者必有所怯也敵未困窮而求降請縛者必有所圖也他如敵鼓無韻為偽聲敵兵不動為偶勢此庸將之所不籌而智者必反其所計

習水戰之令臨汛官兵無得脫衣夜卧無得擅離本船凡角掌一號砲响一聲擂鼓一通吏士皆嚴肅器具聽令而去角掌二號炮放二聲擂鼓二通吏士各就本部旗旛魚貫擺列角掌三號炮放三聲擂鼓三通大小戰

船依次進發左右前後毋得攙越臨戰而忘教習號令者誅之遲行緩到及退縮不至者斬其捕盜遇淺稽遲者斬其板招手雖先到而不直射敵船或傍擦及使風不正者斬其舵工繚手前船與敵交鋒而諸船不助致敵哭走或陷先戰之船者傍觀後到捕盜舵工俱斬之敵船故棄物件於水兵士戀於撈取而不追戰許捕盜割其耳回兵之日誅之同船隱者連坐一船勝敵而諸船攢擠爭功不務分投追殺者以軍法治其捕盜同力勝者不在今內也

洋海之戰所慮風濤不時及慮迷失向往當斗建為正加四時之知識進退矣或昏晦之際則以指南車子午針分其南北故處水上之占驗與諸占家稍異者似宜記之如日暈主風月暈主雨風雨必從暈缺處來星光閃爍不定及雲起四下散如煙霧者皆主大風雲若車形及海豬亂起發風必猛東風急而雲起愈急者必雨最難晴夏秋之際海沙雲起即有颶風靈雨水際靛青色風雨連朝夕水面浮黑灰風雨時下來海燕成羣飛白肚主風黑肚雨日沒後起胭脂紅及雲若魚鱗者皆主不風即雨也單日起風單日止雙日起風雙日止風起早晚和須防來日多晝起之風慮其久夜起之風防其暴夜聞九逍遙鳥叫一聲風二聲雨三聲四聲斷風雨蝦籠得鮮魚風雨作不止水蛇蟠在青蘆稍大水直至蛇蟠望上水稍慢望下水即至

火戰

惟善用水火者有震天之威故力不費而功倍之法曰行火必有因煙火必素具因者因天時之燥因敵處之荒蕪也具者具我之火器無所不備於軍中也若得其天時值敵之所處乃用我之所素具是以用火之法考時審日必得其風順縱煙塵必取其便發火自幽致敵無救絕守去路勿令其逃如自犯火覆地雷霹靂火轟山砲之類悉皆神擊所謂發一機以殺百萬者也此雖出塞之天兵而亦守邊之秘事然中國之用又無往不

宜如古之名將雄戰勢大戰功使敵無所措備無所抵抗者實無出於水火之利也故火器有陸用有水用有戰用有守用有伏用之不同火製有飛火烈火法火毒火神火之各異其勢在火其機在器孫子謂月在箕壁翼軫為風起之日用亦無可據驗能乘天燥復得地機發其上風火具必務神巧便可稱善用火戰者矣若只拘孫子五火四宿未可謂其得火之用也火之最難其法者在種火走線如地雷埋地數尺遠廣數里水雷入

水丈餘沈伏港汊但藥線入土即潮入水即爛又烏能旬日數月之不濕耶火機一動而即發之耶况竹筒油蠟之類恐不能擋水此非巧過李載者不得其秘也其燒積燔營放箭打砲不過是遲速便滯宜與不宜巧法手法耳何足道哉所以善製火者有不傳之秘善用火者有心得之巧凡火發於內則早應之於外萬一火發於外者又當隨時應之無待於內發也火發而敵不動者必有恃也或空營也宜少待勿攻看其火勢內外極盛亂則從之靜則自避如我入敵境偶經蓊蔚之所又在燥時且值暮矣必先剷去營前最茂設若燔我上風當令我軍寂然不動亦以火燒營前之草使兩火相遇草盡火滅彼見火發而我軍安靜疑不敢進懼而必驚驚而必退急令毒弩神器披黑伏子必由之路授以客號八面角起鼓躁亂擊使敵莫知所逃是謂以敵火而反其敵用者耳

夜戰

夜戰之法或伏或邀或聚或散發號即行起砲便戰金之而止鼓之而進掌笛隊分吹角陣變務於精少必得鄉導益以火鼓亂敵部伍一徐一疾動靜安機敵莫知我之去處亦莫識我之分移敵如靜固故致其疲敵將亂躁直入不疑凡夜以車為壁以步為守以騎為候籌箭暗文燈炬有製須素令各卒熟認本營隊伍字號設或進退各分忽然舉火則辨别明如白晝錯悞者斬之須慮大風暴雨忽作故陣於爽塏以防水冲急出候騎

嚴備掩襲及觀道路險易之情敵人必走之徑若與對壘或去營百步每燃火數堆暗地可見敵之向往風雨則以松節纜把為之設欲遷移預立空營數處營外各有伏也大抵夜營宜靜在智者必息火鼓及所防備之策又無處不周匝耳古之名將驍雄每務夜擊謂其鋭寡可以破堅衆疑伏足以懾方張所以用兵之妙妙在夜戰然夜戰之卒非亡命不可也非神術不可也非積盗不可也非强梁無賴不可也將非驍悍不可也非果

敢不可也非變通不可也非絶技潑膽不可也能識是機握是竅敵之勇也無所持其勇敵之固也無所恃其固敵之衆也無所持其衆風亦可進雨亦可馳冥亦無礙晦亦自宜其制勝也必使敵之無以逆料抑使敵之無所不疑

山林澤谷之戰

孫子曰處山之軍絶山依谷視生處高無登戰隆又曰養生處實軍無百疾大抵好高而惡下貴陽而賤陰也所以山戰宜居高阜近水草通糧道握形勢以便擊刺故山上之戰不仰其高馬凡屯於高山而四面受敵者為戰隆則為敵所棲矣屯於中窊而四面山高者為天井則為敵所困矣在智者故不為人所羈棲亦不為敵所圍困前後險峻山水深大之處為絶澗周迴險阻急難退出者為天牢草木蒙密不便驅馳者為天羅泥途坑阱車騎陷没者為天陷兩山相夾澗道迫狹一人守之萬夫難越者為天隙行軍遇此必急去而遠敵若遭

之相機絶擊兩山夾近者為隘形我若先居必須塞滿隘口作陣列勢以待若敵先盈塞陣而待我不可從之如隘處未盈行列未就急擊勿疑太公有林戰之法以弓弩為表戟楯為裏矛戟相與為伍樹木疎處戰車居前以騎為輔更戰更息各按其部曲謂林戰則車戰必為之困矣矛戟又何能施之必須速謹出入各奮短兵斬木開道便利我行毒弩烈火迭進五更審向察道妙在晦冥左右前後遠索敵情半伏半擊獷猱騰凌敵雖

有見莫得我形故林戰與叢戰相併而利害相半也軍絶以為當避苟或遇之勝在人耳晝益旌旗旛夜益笳鼓無慮其强必威其火法曰處斥澤之軍惟絶斥澤亟去無留若交軍於斥澤之中必依水草而背衆樹臣謂若交兵於斥澤則勝負未可為也莫如翼出驍騎展開道衢整陣結伍且戰且行必謹遊殿以備敵情敵若强梁急據高阜兩軍角之必有利路其堅舍環龜之説未可即處地狹山高左右壁陡卒與敵遇兩不便走故彼不能來我不得往吳起謂之谷戰雖衆不能用也須巧

設伏奇利在急出選我輕足之卒以登高陵必死之士以開前徑或分車步四傍伏定敵必堅守營寨陣不敢輕為進止乃急出旌旛移營谷外半隱半出更番挑之且擊且擄總以驍騎列彊弩而衝接短兵而鬭臣謂行軍而值山林澤谷險阻是為伏奸之地控制之所須疾過無緩設或陡然遇敵必觀其治亂而擊之也如不可擊只能謹我部伍齊我進退敵便不能為我亂耳兵法

以處陸之軍右當背乎高阜死地當在軍前生地當在軍後然亦有故置死地於軍後者又曰卯陵隄防必處其陽而右背之是太鑿矣惟善兵者自不拘執何也蓋精銳之兵勢不可禦其鎮靜如山林其流利如江漢其威烈如雷霆雖歷羊腸過鋸齒緣高山入深谷涉大澤渡重淵而亦必不敗者則人人無不騰凌張胆一絶乎疑慮堂堂然決戰而去所謂致之死地亦勝也致之險地亦勝也致之陷地亦勝也不能用兵者雖處生地亦必死之雖處安地亦必危之雖處勝地亦必敗之何也

人事之不齊所致耳故曰天時不如地利地利不如人和惟能盡諸人事者自得地利之用自合天時之宜

風雨雪霧之戰

風雨雪霧之際最難用兵此智者之所深畏而勇者之所怯出也惟能握其機而善克其事者又在此際為必勝何也疾風暴雨之時人皆為我不能戰大雪重霧之際人皆為我不能戰攻其備自弛其心必懈若乃克其

事握其機斟酌以致勝之畧闔闢以必勝之權懸千黄金萬户爵而復信之以必死之刑而故置之以必死之地所以率衆寡而衆寡用命馳强弱而强弱一心赴必死而必死無畏自是而一當百也以一而當百則無不可勝者矣但今之時將無能致此術耳人言戚繼光能之臣每究其漸闔用兵方畧不過稍識其毫末若謂其能集古名將之大成應機宜以不測則臣未敢以必許之也所謂用兵之勢如轉圜決勝之機如發弩謂圜者

無一定之方弩者有抹電之迅然又不可無一定之主抑未可以必迅之為之機實在智者隨時變化應命於不窮也如營陣定而雨不止馬没蹄車陷軸步蹶躃滯進退妨馳逐此士卒之灾也其死生呼吸係乎能將是以安營必得高燥先濬水渠必守界道者正防有此方進戰而當地險又值怪風陡作滛雨如傾飛沙障天怒霆奪魄此鬬戰之灾也其霎時勝敗務在得機故風順當縱火驟進乘勢擣之風逆須劄定陣基以待廹我嚴令固壘止衆勿進此亦用寡之時也俟天變少間審勢相機敵若備嚴謹守勿出如我治彼亂以輕鋭撓之而大陣不得妄動也敵或順勢廹我須令驍騎先馳徑道從夜焚燬其積聚撲殺其老幼敵見根本有失勢必退崩取亂擊之此其大概也如山寇海賊并中國之盜慣在颶風忽作滛雨不止重霧不開大雪深厚之際以為得志何也蓋南軍守以木寨戰以散卒陣無壁車出無候騎以脆弱步兵遭此天變自顧且不暇何能遍守險

阻設若預備少踈寇必乘踈掩懈猿扳蟻附而入焉况道路素知入即得志不已也戎馬之來關鄙重隔而聲息先聞一當雨雪不便長驅猶易為防戒耳惟大風重霧亦其乘勢伏昧拆墻奪險時也善守者自宜識之然亦有因其時反其勢以致勝者故曰能握其機而善克其事者又在此際為必勝

陣紀卷四

欽定四庫全書

子部

江南經略卷一上下

詳校官助教臣常循

總校官進士臣程嘉謨
校對官學錄臣常循
謄錄監生臣王岐

欽定四庫全書　　子部二

江南經畧　　兵家類

提要

臣等謹案江南經畧八卷明鄭若曾撰若曾有籌海圖編已著録是編為江南倭患而作兼及防禦土寇之事八卷之中每卷又分二子卷卷一之上為兵務總要卷一之下為江南内外形勢總考卷三之上至卷六之下分蘇州常州松江鎮江四府所屬山川險易城池兵馬各附以土寇要害卷七上下論戰守事宜卷八上下則雜論戰具戰備而終以水利積儲與蘇松之浮糧明季武備廢弛法令如戲倭寇恒以數十人横行數千里莫敢攖鋒土寇亦乘之不靖若曾此書蓋專為當時而言故多一時權宜之計福建林潤時為應天巡撫為評而刊之所評亦多遷就時勢之

言然所列江海之險要道路之衝僻守禦之緩急則地形水勢今古畧同未嘗不足以資後來之考證究非紙上空談檢譜而角觝者也乾隆四十九年十月恭校上

總纂官臣紀昀臣陸錫熊臣孫士毅

總校官臣陸費墀

江南經畧原序

壬戌初夏兵憲太原王公道行顧予於金閶逆旅而詰之曰子之作籌海圖編志則勤矣然江防重務也而畧之何歟予對曰天下四大水曰江淮河濟咸由中國故諸海兹志江防則河淮濟似不可遺古今沿革藉於蒐戮且予聞之善設險者必於上源江險在荆襄而此偲偲然末流之論無益也公曰否否三吳者朝廷之重地也留都門户在焉國家財賦先焉矧潤州密邇江介雄據天塹非他可比宜加撰述以附於籌海之編俾江南

四郡十有八邑水陸要害之處設險防禦之宜展卷在目較若指掌庶江海臣防相為表裏吾子其畧諸予曰唯唯公乃頒示諸郡圖志命官設局凡薪粟之資書繪之役靡不周悉予竊自念耕之問奴織之問婢職固有宜然遡委窮源必躬履其地非閉户造車可求其合轍也又非歲月可限乃並辭之遂攜二子應龍一鸞分方祗役吏卒往復各操小舟遨遊於三江五湖間所至辨

其道里通塞録而識之形勢險阻斥堠要津令工圖之相度於居民爰諮於父老集一方之識即為一方之計務求切實可行不必奇詭迂誕也雖僻遠未經移書往通亦得其槩凡二越歲而畧者始詳訛者始信為書九百九十翻為圖一百八十有五議論考説記辨三百五十有奇而舉要之類不與焉共計十餘萬言稿成公擢參閩西不獲就正矣繼馬兵憲魏郡耿公隨卿頗有取於是書檄常熟縣梓行未果廣平蔡公國熙莅郡文教

誕敷武威復振予叨同志以書質之過蒙綮訂兹我督撫莆中林公以名世之才天子簡用造我東南憲節甫臨首以求人才恤民隱為訪謬進是書公覽而愛之凡所以擬議夫江洋規畫乎內地者印正而區别之孰為所急孰為所緩孰為可久孰為可暫評隲删定不憚其煩手自叙述卷為條列嗚呼予書生也口耳之學揣摹之見方以明哲匡救為望而乃得公綜之於上信今傳後詎非東南之大幸是書之榮遇哉公莆人也莆嘗被陷倭去而巨室歸集倭至則復棄去公適過家乃采便宜率土人禦之神謨秘策斬獲無算自是倭不敢近蓋其拯溺亨屯之心素篤於中而體權濟變之術卒臻實效非託之空言而已公昔在留臺不畏強禦剗除元兇以為紊亂典章之戒忠垂不朽每公進予面述所欲建明者罔非國家至計如邊患漕患之類將來匡翊社稷是編所采特其小試於一方者耳公檄吴郡梓行予不佞敢為之叙隆慶戊辰冬十有一月朔崑山鄭若曽伯

魯氏書於留耕山房

江南經畧凡例

一倭寇航海而來自東而西其犯直隸也南自錢塘北抵大江衝突焚刦千里相共杭嘉蘇松本當合為一書但今制杭嘉二郡事屬浙江兵備道浙江撫按主之蘇松常鎮四郡事屬蘇松兵備道直隸撫按主之予所目擊者蘇松兵備衙門推行撫按經畧於吾桑梓之地者也予緣是得參所聞發明宣述為圖為論俾後之司兵於吳者考而行之雖不免與時推移而

宏綱要目似有不能舍者此予作是編之本義也然杭嘉湖等府事宜之詳予已別載籌海圖編同志者合而觀之當互見矣

一禦寇之法海戰為上故先之以海防圖海防失守而後滋蔓及江故江防圖次之

一倭船自東南而來華亭上海首當其衝次嘉定次太倉次常熟故序海防以松江居前蘇州次之其入江也常熟首當其衝次靖江次江陰武進次丹陽丹徒故序江防以蘇州居前常鎮次之

一太湖在蘇松西南倭寇之來不由乎此本不當與江海例論但雄跨數郡鹽盜出没逋亡伏匿險莫甚焉大非淀陳泖練之比萬一世變巨寇從溧陽宜興下太湖直擣姑蘇或南衝吳興北衝毘陵可不慮哉故作湖防圖與海防江防圖並列為三

一自撫按以至州縣佐貳巡司把總雖均有江防之寄然體統者所以正撫巡兵憲總兵之職掌也各府圖

論者所以正郡守之職掌也各州縣圖論者所以正州縣長史之職掌也各境險要圖論者所以正偏裨團長之職掌也愈尊則愈握其總而要愈卑則愈任其勞而詳綱舉目張兵務庶不紊矣

一倭寇入我内地便於長驅由叛者獻圖擄者嚮道故也向來當道非不遣人哨探召匠繪圖而苟且塞責多為所誤予深惜之故凡水陸道路躬親閱歷多方考正一一著明而於其中所當設險之處又為圖為

說罔敢闕略庶後之經略者可考而知焉

一蘇松聯壤休戚相關賊若登突非地界所能限本當合二郡之寇蹟而書之但各州縣兵糧該府自主兵官汛地亦有定界故蘇自蘇松自松不敢混編以瞠觀者之目常鎮序寇亦然

一各境土賊淵藪與慣聚劫之處商民荼毒無異遇寇故國家設民壯弓兵以戢之巡捕官以領之兵憲以督率之巡江御史以察之但非攻城掠地之比不必

建圖故附見於各郡縣之末

一自有寇患以來當道設施不同雖曰各有意見隨事損益然未有如今日之著為定規者也故作見行經略

一蘇松外被富庶之名內實凋敝國初準私租起稅區區彈丸之地當天下之半民力竭矣非大沛恩膏復宋元舊制其何以堪故以浮賦議終焉

一三吳澤國也水利不興則旱澇俱為可憂故於圖考尤加意詳晰任封疆之寄者其無忽諸

一予憫亂激衷一時纂集自知聞見有限掛漏甚多凡此東南之人均屬桑梓之邦尚其念此而相與救正之輔益之務期可行毋徒誚曰此當道之責也

欽定四庫全書

江南經畧卷一上

明　鄭若曾　撰

兵務舉要

兵務有綱有目有急有緩有輕有重宋仁山金氏作通鑑前編而先之以舉要一卷挈其大綱揭其急務重務而剖明之俾人先醒諸心然後遍閱全帙犂然燦然至棼而不可亂至繁而不

可遺至微而不可忽若曾自知寡昧言無倫次謹倣其體裁作舉要一冊冠之簡端非敢泰然杜撰也或曰書之大旨具見於凡例矣兹不亦贅乎曰凡例者作書之義例也所以叙吾一時纂輯之意見舉要者莅兵之綱要也所以備夫千百年綂馭安攘者採而擇焉亦無惡其贅矣

海防

蘇松海洋乃島寇内犯之上游也哨捕於海中而勿使近岸是為上策拒守於海塘海港而勿容登泊是為中策若縱之深入殘害地方首當坐罪

此總兵與參將遊擊把總之任也兵備道督責之巡撫軍門主之

江防

江防以拱護留都為重長江下流乃留都之門户也遏寇於江海之交勿容入江是為上策截殺於江中關隘（營前沙狼山靖江之類）使賊不得溯流而西是為中策若

縱之過金焦犯諸山震驚留都罪在不原

此參將遊擊把總之任也兵備道督責之操江巡江二院與江南北二按院及江南北二巡撫軍門主之

太湖之防

具區西近留都東南北跨蘇湖常三郡寇易縱横須各郡湖船會勦協逐勿容流注地方乃為上策

此各郡守事也兵備道總之巡撫軍門主之

四郡

蘇松常鎮四郡唇齒相維利害相共賊至境也則當禦之賊過境也則當追之賊犯鄰境也則當援之

此各郡守事也兵備道督責之巡撫軍門主之

操江巡江二院同之

各州縣

太倉長吳等一十八州縣地雖各有統屬賊至而捍禦之賊過而尾擊之賊攻鄰邑而翼擊之義與府同

此州縣守令事也郡守倡帥之兵備道督責之巡撫軍門激勸而責成之

各沙要害

沿海各沙要害所當責之沙者民與沙船者也太倉州崇明縣太鎮二衛各巡捕官帥之以哨捕兵備道授之以命令齊之以賞罰有所廢置申請撫按二院而行之

腹内地方要害

各州縣腹内地方要害所當責之團長鄉兵者也其間有當用民壯弓兵者州縣巡捕官與巡檢司帥領之

此州縣守令事也申呈撫按二院兵備道郡守而行之

御將

一令人但講練兵不講練將將者三軍之司命也將不得人則不能料敵不能任人不能馭卒安望其能成大功也向來狃於沿習喜用現成將官故兵

驕將懦難於節制為今之計練將第一練兵次之練者作興而駕馭之激勵而責成之非徒任使已也

一軍旅之事固當責諸武弁尤宜揀取文職而甄陶之若成就得真才幾人則拯溺亨屯他日有賴昔陽明先師克建武功大抵多文臣力也如擒逆濠一事伍松月首任其勞文武具備何代無之甄録

而使之有成在乎上之所用也

一軍門當崇將官之權隊長乃一隊之將百户乃百人之將千户乃千人之將其權皆宜重若有營私自利者寧可詳詢密察以正其罪不可輕准部士告訐恐墮其計乃激勸將官之一端也

攬權

向來承平日久各處官軍養成驕傲卒難約束愚請一言以蔽之曰節制節字即竹節之節節節而制之可使千萬人為一人皆能致其死命得其死力如身使臂如臂使指豈有尾大不掉之患乎明於節制之義可以御衆可以定亂

選兵

凡選兵之法市井游猾之人不可用花鎗花刀之藝不可用年踰四十者不可用偏見執拗者不可用好為高論者不可用面白膽小者不可用衙門積年放刁玩法之人不可用當取膂力強壯肉實筋粗目有精神貌類樸實身體便捷手足舒長知畏官府稍有福氣而年又在三十上下者方可用也至於武藝則可學而成之臨選之時不可以此為主

養兵

一養兵有三曰養之之地曰養之之法曰養之之數糊塗苟且而行不可也向來區畫靡定民苦於煩瑣寃至曾不得夫兵之捍庇何貴乎養兵耶今後必須分别黑白如何為一時之權宜如何為千百年之久計規模定而次第得然後為善

一兵以食為先必須糧餉儲足斯平日捍禦之方臨事征調之策可以無往不利顧欲兵堪用尤須重練兵者之責而後可如止圖一時權宜之術而調募素無訓練之卒并派養兵之費於民間恐募兵加賦甚非聖世經久之計也

一欲為千百年久長之計須奏復祖宗之兵額欲復祖宗之兵額尤須奏復祖宗之糧額

何謂兵額每衛設千戶所五每所設官軍一千一百二十名每縣設巡司弓兵若干名又設民壯若干名是也今以蘇州一郡言之蘇州太倉鎮海三衛該官軍一萬六千八百名巡檢司三十一共設弓兵一千一百八十名八州縣共設民壯一千九百三十名通計軍兵民壯共一萬九千九百一十名內除弓兵之扣解操江衙門者三十六名民壯之扣解操江衙門者一百二十三名又除巡鹽民

壯一百七十四名俱當扣聽外其餘一萬九千五百七十七名兵額不可謂不多矣向因承平日久干戈不用借軍以運糧逃亡役占缺伍又多今當有事之秋可不亟行奏留與處補乎因弓兵民壯不堪上陣將弓兵裁省一百五十四人差操民壯裁省七十二人共扣充募兵銀二千三百六兩豈非亟當復舊者乎夫以一萬九千五百七十餘人分為水陸二枝每枝編作二班或四班按季輪番

至府城與水寨精練務期轉弱為強人人可以殺賊名名得其實用何患於防汛之人乎此之謂不必募兵而兵自足也

或問如何奏留曰沿江沿海衛所官軍仍留以備倭寇查無倭患去處之軍另撥上運

或問如何處補曰兵備道督責該府州縣正印官通行查選汰其老弱不堪與市井棍徒補以精悍餘丁及貧民之願應例告充者

或問如何輪番赴練曰常以一半屬之本處衛所州縣就便訓練防守汛地一半屬之巡捕官領赴該府團操水兵則領赴沿海水寨團操更番代換巡撫軍門坐委知兵武弁一員假以把總名色為之統督郡守為之監督公同訓練兵備道以時閱視若人人皆善戰在在皆精兵各官乃為稱職否則他事雖賢亦論怠曠一州七縣各可得兵一千餘人分守地方江邊海邊水

陸兵又可得一萬餘人分守塘港小警則各自為戰大警則互相應援行之三四年兵日益精一可當十十可當百島寇安敢犯境乎

何謂糧額我國家祖宗之制每軍歲給月糧臨戰又給行糧向因缺伍户部以存糧作羨餘别用一旦有事督撫軍門又題請别項錢糧用之今欲奏復軍額可不奏復原糧以還諸軍乎與其裁減弓兵民壯以充募兵之用何如不減其額現成各有

身銀不必别養募兵之為愈乎此之謂不必加賦而食自充也目今募兵費銀無算寇至之時既不得其實用寇退之時又反受其憑陵而軍丁之月糧弓兵民壯之身銀未聞因其不堪上陣而不之給也哀哉斯民受重賦之累困苦極矣何辜而復出此養兵之費乎如能復祖宗朝之舊規幹今日之實事只是費得朝廷一倍

練兵

一兵士宜令屢經戰陣屢立戰功將官親自選用就令訓練督戰則情義孚而恩威積臨敵自可制勝若募兵者一人練兵者一人領戰者又一人則選練必不用心而兵將亦不相識斷斷乎取敗此向來之宿痼也非軍門救正之不可

一練兵之法有五一曰練膽二曰練藝三曰練陣四曰練地五曰練時今惟日期赴演武場中操演非也

何謂練膽有所畏有所恃是也蓋軍士畏賊則不畏我平日武場中操演信賞必罰常如在陣時使兵知我之威必不可犯及其退走之心遇敵而忘之是之謂有所畏也聯屬隊伍有法譬如敵擊吾左侍右必救敵擊吾右侍左必救敵擊前後首尾互救氣勢常壯敢於攻戰是之謂有所恃也

何謂練藝軍中實技惟楊家長鎗李家短鎗與福建之藤牌钂鈀處州之狼筅五兵相衛可以必勝

鳥嘴銃乃今日利器自非有衆能短兵接戰則亦有時而窮刀鎗藤牌最利禦長副總兵等官宜督同教師勒兵分習務期精熟有實用比試之日管操官分辨生熟開揭軍門閲比賞罰其習花鎗花刀無益實用者一概勿取

何謂練陣令之兵知合而不知分不論衆寡俱團作一堆前者遇敵後不能應至為可惡兵法云陣欲疎戰欲密行陣間須縱横皆有達巷可以馳馬

整齊行伍前視心後視背左右視兩肩如孫子教吳婦人祕法而又習疊陣法番休迭上否則密陣而戰反疎矣又今之兵知進而不知退夫退非大班散回之謂乃逐隊抽代之謂也若收兵無法則為敵所乘我兵見敵追來紛亂而不能整此二者歷年之大弊也不可以不戒其他金鼓練耳旌旗練目坐作擊刺練手足之類乃常法也亦須慣習則進退有度可雜而不可亂乃為盡善

何謂練地古之陣法有方有圓有鋭有横有直皆因地而異用也若但於武場中操演而已則遇敵交戰之地安得廣平方正亦如演武場者乎善將兵者過山即習登躡之法過水即習涉行之法過街衢即習巷戰之法過林麓即習設伏搜伏之法過田塍即習分行合捕之法地之近者令軍士分投識認地之遠者置嚮導畫圖哨探務使水陸險要人人不迷而後可

何謂練時時有寒暑晝夜雨暘風霾須令兵士平日習慣任重遠行之態常常各帶雨傘一把青布傘袋一條筋一雙漆碗一隻備渴鹽梅茶或酒一小竹筒每隊共置銅鍋或鐵廣鍋一口不論操演調發行止宿食兵不得離隊隊不得離哨哨不得離營每哨日設一兵巡風百總輪督無容擅離隊伍在外散行飲酒生事違者軍法重治則是無時而不練習習慣於平時則臨陣饑寒勞苦皆能耐

之矣此法不但可以耐時亦定心志壯筋骨長氣
力大有益於軍士
一八陣圖六花陣之類乃營法也分派隊伍之死規
模也古人之糟粕也臨敵致勝不在於此何也營
自營陣自陣戰自戰營也者止之陣也陣也者行
之營也臨敵時須以營陣中人逐隊調發交戰運
用變化全在此心若依古圖不可行也今之將官
非脫古陣法而自作聰明則泥古陣法而以之敵

愾安在其能制勝也為將者宜知此義
一我兵向來取敗端由不知地利與不習熟埋伏進
攻之法今日練兵須重乎此
一島寇不利水戰其所利在於田塍窄狹之處乃其
所素習耳古所謂一曰得地利是也我兵向來只
在演武場中訓練演武場中何曾有田塍乎今須
於秋收之後及春耕未動之時引兵就田野中演
習狹塍遇敵分艅衝擊之法如何下水如何赴淖
泥中行如何約會如何合圍縱橫曲折無不便利
斯可與敵相角
一將官平日訓練軍士號令營藝須照臨陣一般其
臨陣也即以平日所習者用之則操演一日有一
日之效習熟一件得一件之利若今演武場中所
演者通是虛套而臨陣之真法真令真營真藝無
一相合則耳目生踈雖操演千百年何用哉
一凡至演武場閱兵數萬不用按籍可以一覽而知

其數一卒不遺者有隊法也隊法即陣法韓信多
多益善在此

設險

一險要有二曰境外曰腹裏在境外者須設兵為長
久之計在腹內者不必長設但當臨時以素練之
兵相機撥守蓋設兵太濫則力不能及也
一腹內險要須以巡司為重增益其弓兵之額而精
練之不但大寇竊發可調之以協勦而鹽徒土盜

彼亦能巡捕矣其次則須用本地大户免其差役
責之以出壯丁團練守禦舍此之外更無良法
一險要中有原無地形險阻而實不可不設備者如
太倉崑山之备子崑山長洲之陸市是也地當交
界兩處皆當團兵協守然須分辨賊來處當迎而
拒之賊去處當尾而追之不可但顧其界内無事
而已握兵者宜申嚴此令

分合

一春汛之期不過三月將終四月將半小陽汛之期
不過九月將終十月將半過此則非風汛所利矣
宜於每年三月九月初各官共分信地領船出海
防禦春汛至五月終小陽汛至十月終撤歸此每年防汛之分合也
一海濱地里廣遠欲一一屯兵分守雖竭蘇松之力
不能也惟擇要害為寇所必登必經之處設備則
可耳若軍令素行凡賊寇登岸衆軍爭相救援擒
賊與逐賊亦何難哉江濱亦然此海邊派兵之分合也
一祖宗朝設衛所民壯弓兵四散分列有事則差都
御史捧勑提督之正欲其聯屬調度互相維持而
應援也往年倭寇攻郡城州縣不救攻州縣城郡
不救攻衛所亦如之一處兵力幾何而可以獨禦
哉必也處處以一半兵守土一半兵聽調或探賊
所必經之處而留其聽調之兵俱作守土或探賊
所必不到之處而守土之兵俱調征伐則兵常不

患其寡勢常不患其孤而祖宗命官之初意得矣此内地派兵之分合也
一兵之勝負不在衆寡而惟繫於精練與節制分合
何如且如領兵三千分為三支每支九百人張犄
角之勢常以一支當敵二支治力更番而進當敵
者為正兵專司截殺治力者為奇兵專司接援另
以三百人行哨設伏寇雖億萬吾以寡而擊之有
不勝哉縱遇强敵難勝吾亦豈至於敗哉向來戰

將常有合而無分以至敗衄不可以不戒此臨陣退兵之分合也

一古人收兵不苟其行陣中常有遠巷戰酣欲罷則逐隊相間而抽常存一半與賊對立一半逐漸縮退若干步而止俟對立者抽回乃又退縮若一齊回身轉步背城而走豈不招敵追襲乎此在陣退兵之分合也

賞罰

一捧敕命旗牌大臣一入演武場便當以軍法行事不可姑息務使威令得行於司府司府之令得行於副總副總之令得行於千總千總之令得行於百總百總之令得行於隊長隊長之令得行於兵乃是軍法若太阿之柄不肯素持直至臨陣方驟然行之豈能有濟賞罰須不踰時使利害近在目前則人思奮而功易成令有經數年不與戮覆者雖終不免然豈足為勸懲乎顧深維之

一海中擊來船比擊去船難於十倍蓋去船劫財已滿賊氣已惰擊之甚易殺一賊止是一賊而已若殺來賊一人不知全却好人性命若干其功不可同日語也須分別明白輕重其賞則賊來人自爭先奮擊聞有登岸者寡矣其說詳見荊川續藁字字當玩味

荊川云再三沈思制賊小船衝突之說灘淺處多釘暗樁薄皮船遇之必碎此一說也先發制人一

着惟有望斗上做工夫然必須以利使人惜不得銀子每夜各水軍編定福船十隻每一隻望斗人一夜給與銀一兩使一夜常有人坐在斗上者看賊動靜雖月黑之夜若檯船撑船未必無一把兩把火光我船便可做手脚不患於大船趕賊不上也月明之夜則斗上纖悉必見正與彼四層望樓是對手至如小船叭喇唬八槳船宜多置銃手即不戰亦宜量與給賞多布之八槳叭喇唬等船中

火器既多賊來便死打又有望斗内人先報動靜不患於小船制賊不下也一隻船望斗人每夜與銀一兩毫釐不可少就是一月浪費銀三百兩亦說不得支得一月賊必擒矣恐惜費悮了大事望斗人若報賊的當水軍因以成功則望斗人即當給與衝鋒重賞若有誤事定以軍法斬首蓋賞重則罰亦重也每夜與銀一兩分毫不可與頭目人尅必使望斗人一一得實惠

一勝敗之迹有關於人事者有關於天意者關於人事者須表章之以為後人之法關於天意者特徼倖耳其所關繫至大賞功者不可混施

兵戒

一賊計有五其初至也必據海濱地方以結巢其深入也必擒我民以為嚮導其合戰也必先設伏以誘我兵其野掠也必僞攻城以杜出援其戰敗也必撒金帛於道路遺貨物於巢穴誘人爭取而來襲而脫走或棄旗鎗我兵手執之自相疑惑向來賊之得利與我兵之致敗首在於此兵法曰知彼知己須知而預備之勿蹈前轍

一賊出洋而官兵斬獲乃賊之詭計也其船皆空船故留遺物在内耳其人皆擄去良民賊艅前去姑以此而餌我耳諸將欲報功不計其虛實也在上者不可不知

一向來兵家之敗多由割取首級一人得功陣上數人奪之不暇再進又因爭縳生擒及檢取賊所遺財物婦女最為悮事今後兵士有此須軍門查究將官不能節制之罪斬將官之首以徇庶前弊可革也

一我兵向來與寇戰多無老營取敗常在於此營也者三軍之家也安營有法則兵無衆寡俱可藏納食息備禦如處城堡與敵相持進退皆無患若不結營則收兵無歸宿之地萬一不利何所恃以退

保守此須軍門著實計較將官而後可

一自古善陣之將未有不藉應援以成功者向來各官兵每秦越人相視孤軍禦敵端由限時與限程之法不明故耳若畫圖填定某處為某將官信地其左為某處某將官相去若干里限幾時刻可到右前後亦如之處處皆以專駐之官為主四近為援賊至一處則四援不被賊者星火提兵從間道救之不救者以失機論仍嚴查兵至遲速若寇賊

到久而援兵方至者亦以失機論如此則哨報者不敢慢躲閃者無所容而當敵者常有所恃而易於取勝矣

一軍中弊最多惟重大捷論功而勿重零斬則弊自少矣何也令人不務合陣若論零斬則芟刈民頭以飾功次所殺非真賊也

一島寇若登岈我兵船在海者不宜撤去宜留與賊據為歸計我岸上兵逐之下海然後尾而擊之不然閉門逐犬獸窮反噬矣

附録日本圖纂内一款云倭船之來每人帶水三四百斤約七八百碗每日用水五六碗極其愛惜常防匱乏海水鹹不可食食則令人泄故彼國開洋必於五島取水將近中國過下八山陳錢山之類必停泊換水蓋水不可以久留故也海洋浩渺風濤叵測程不可計遇山而汲亦其勢耳其遇山而登非獨汲水或覘登泊之遠

近或覘我兵之虛實然後下海或拿漁戶或拿樵夫逼問消息使為嚮導在船亦候潮大水滿之時方敢深入而每月初一二三四五六十五六七八九二十等日以時定之又在子午此日此時皆潮汐長大之水也瀧諸港浦無不深滿塗礁無不平没水脈無不通流凡水陸官兵當此時汲汲然提備又於每日晨昏升旗放銃於海表之高山先聲振奪望聞畏之使其知我有

備不敢登泊也

兵器

一令之器械多無益於實用其故起於侵漁也當未製器之前營求領造一費也委官常例二費也吏書庫子侵尅三費也匠作冒破四費也以故造作不堪用深可痛恨至如鳥嘴銃不惟無用且悞事匪輕令而後制器須令知兵主將廉且明者自為

料理無徒付之委官製完解送巡撫軍門逐一親驗一件不良一兵性命所繫其身且不能護又焉望其克敵乎故須軍門件件經心件件過目必得實用方可若查驗出仍前作弊重究贓罪責賠無貸

一造船必用使船之人則造必堅固使船就用造船之人則使必愛惜若委一班人造之又委一班人駕使之則侵尅暴殄不堪用不耐久推調影射難詰其罪難責其償或又云官造不如私募若移修

造之費僱沙耆民大戶自造新船就委之以出洋尤為易簡而有實用是亦一見也

松江府海防同知鄭元韶條議三法切中時弊并錄於後以備參考

一常年修船每為捕者躭延虛冒或至臨汛尚未告完萬一不測悞事匪細且凡興工之時寒冱將臨灰油易凍人力難施若非定以限程益滋怠緩須定派各府應出工料銀數即動支解給

俱以該府解發到哨之日為始責限捕者於十日內辦完各料就將各船上塢興工該港把總指揮等官隨具興工日期一呈院道一報海防官各知會仍限如福船拆造者六十日輪三年四年修者四十日一年二年修者三十日蒼沙船拆造限五十日重修三十日輕修二十日小哨叭喇唬船拆造限二十五日重修十五日輕修十日各如式堅完捕盜水兵耆民舵工口糧

限内准給一半與兵食用一半抵助工料過限不完把總等官通行報將各捕兵口糧俱截日任支候工完另議施行若該管官曲為隱護開報不實從重糸究庶工程易於就緒錢糧不至冒破矣

一舟師一覽本為冒破而設每修議價似輕及親自登舟驗一板查一椇非艕發青苔即木遍白翳非棚多斧痕即灰路多脫何者始修之官尅

價專用舊木既修之後護守不思遠圖耳吳下木植本異閩中加以燥濕不常略無蔽覆風稜損蠹恬不能防而舟中猾捕頑兵或乘酒醉而中艕小便者或煮飲食而亂潑鹹水者或棚上而用斧砍柴者或擲柴而撞起灰路者外既失護内復多戕雖歲費萬金秖日稱朽敝耳竊見吳下人家每造一船必作一水房居之以故濕漏不侵船身經久閩中海鹽二航無事時月眠桅閣櫓覆以蓬蓆故臨用有賴今欲船作水房不能也而蓬蓆一端似可倣用除令修造俱一一親驗尺寸舊木不用外修造甫成則令捕盜水兵勻出蓬蓆由兩艕以及桅櫓盡加遮蓋汛月方行揭去至汙溺潑水砍柴撞灰等事嚴行查禁海防官每月到船一驗每失一蓬蓆傷損一板捕盜罰銀五兩貯候修船之用水兵查實責革又照今歲議修之價已出格給發後恐奸

頑哨捕援例陳乞不遂則稱船尚不堅自此乞除衝鋒破浪當令海防官驗修外餘船悉依舟師一覽年次給修無得增減分毫若稱大壞而原給不及即係捕盜水軍護守不周之故責令賠補督修既嚴捕兵復知愛惜港無不固之船而汛無不禦之寇矣

一各港戰船常年定估修造料價不為不厚但恐捕盜水兵復蹈舊轍希圖侵尅或將舊料改新

或仍釘稀板薄以致不堪駕用元韶日夜思維
圖革宿弊未得其方合無將粘連式樣翻刻印
刷即以海防官關防印蓋其方每捕盜一名分
給二紙令其備將用過物料細開某處用某尺
寸徑某木若干根某處以舊木改用某處用釘
若干灰油若干其各槓椇亦照此填註船工完
日取將一紙呈送巡撫軍門以一紙存留海防
官處聽軍門或親臨或委官抽掣查驗稽紙驗
料則有無冒破是否虛應一覽之餘情偽畢見
矣

票式

某港哨官某人下
某船捕盜某人船㯶頭濶若干今
或改 或仍舊 估給工料銀若
干
一底艕用幾尺徑若干木幾根

鋸板若干厚其或攪用舊木
若干餘若頭尾艕水底艕艥
艎牽河㯶頭桅夾桅座披柱
上下金覆獅艕艙等項俱照
此開載其用過人工灰麻釘
油之類亦俱開數在票在船
增置槓椇若篷桅柁索各件
盡數開入以備查核

重守令

一治道須有根柢擇守令是已守令若賢則凡可以利民者無所不用其極民心愛戴雖從賊者皆歸化而捍賊否則寇未至而民先困寇將至而民益擾良民且懷叛亂之思矣兵食有無何足恃哉

一守令乃親民之官苟不得人則上司雖有好官行好事不得實惠及民所以自古國家慎重此職欲重郡守之職須奏請於朝揀天下郡守治行高第

者徑擢為都御史則監司不敢窘辱之其職自重
一州縣有濱於江海者有懸於江海之中者有居內地者懸於江海之中如崇明靖江是也四面受敵勢甚孤危若非愛民如子老成機警之人不足以任此此令之最難得者也須奏請其人久其任便宜其權不次其擢遇變則上官多方以協助之其才得以展布則可以遏寇於上游而江干海壖大得其外護之力矣其次為濱於江海如太倉嘉定

常熟江陰之類必資內安外攘之才此亦令牧之難稱者也不可與內地州縣例視蓋無事與有事不同無事之時凡負一長者不問其地皆可任使一有事焉則才鈍者袖手而張皇矣古者論君道則曰擇相臣論相道則曰擇監司論監司則曰擇守令令制天下之官皆選於吏部雖與古法一同然地方利害責在撫按豈可照常資格用人而不與朝廷請旨乎出格之言恐似近理望採而擇之

守城

一守城必宜行保甲之法而施固結人心之恩方是守之之本不然計雖詳無益也試觀崑山被圍而搜獲奸細陸成阿荒在城內潛居者已三年可見矣故城池之保否惟存乎守令之賢否何如擇守令者乃軍政之第一義也

一城池有關於一方之利害者有關於數百里之利害者關於一方之利害者一守令慎之而足矣此

守令之事也關於數百里之利害者豈可僅以一守令支之乎此須鎮以重兵援以郡師其城無恙則敵人不敢越此而他攻即有所攻亦無關繫而非敵之所必欲取以為巢穴者矣是所守雖一城而所庇吾不知其若干城也若不論城之輕重緩急而漫焉以居之其身之所居則力為之救而其所不居者雖有關繫亦聽寇賊攻取則所守皆為無用軍門宜軫念之

一從來城守攻破者十之一襲破者十之九襲破之説有二一是伏奸細於城中放火守城者奔救則敵乗間而登約奸細上城照會疎虞用雲梯登至垛口揮刀殺人守者驚散賊從此而上故守城之法須設兵一枝專司救火先布號令不許守垛者下城凡賊登城多在下半夜乗人疲倦故也亦多在黎明守者散班故也把守之嚴賊豈能襲我乎所苦者盤詰奸細甚難葢奸細乃本地之民賊拘

其家屬刼其內應烏從而覺之今之盤詰者多在城門內使賊假裝吾民從此擊殺門豈能遽闔乎又或閉城太早止通一二門出入愈衆則盤詰愈難不若大開各門門外盤詰而兵衛設於門下方善

土寇

一凡海賊一起陸地之賊乗機竊發所謂土倭子是也民家不能抗禦惟行保甲之法可以除之

一海中沙民不三四年輒一嘯聚致動官兵倭患寧息之時即當防範防範之法有四其一是齊民無故首亂必遏絶其萌不可用招安之策萬一不得已而用焉必播告之曰除渠魁某人不赦外其同黨有能自首及縛首來獻者皆宥其罪仍加以賞其一是已招者不可殺其一是再叛者不可招其一是新起者必撲滅於微然防微杜漸者守令燭其機而招撫殲魁者監司嚴其令豈可今日截殺

明日招安反為敵所侮宜審之

江南經畧卷一上

欽定四庫全書

江南經畧卷一下

明　鄭若曾　撰

南畿全圖

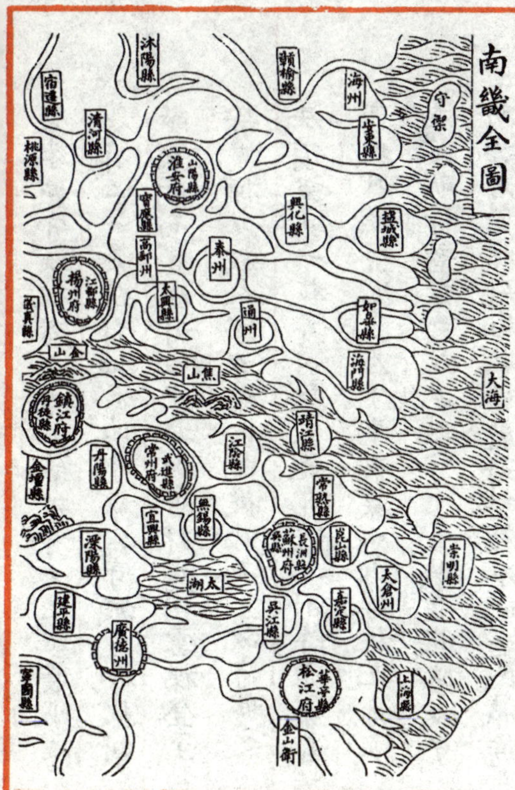

南畿總論

南畿勝勢在長江留都守禦舟師為急徐潁跨中原爪連豫省淮安控徐揚魯齊文武重臣開府作鎮雖職漕撫而聯絡兩京廬州民多游手野有遺利鳳陽地當冲繁財力冗費豐沛之間濁河泛濫幾淪魚鱉轉餉既難民亦凋瘵決嚙之患濠泗尤棘揚有鹹臺富商走集民頗豐洽俗亦浮靡瀕湖農田塗塹為患安慶當長江委流東約全楚為江表門户徽州山多田少民逐末利風

俗用偷池在山麓江滸竊盜竄伏鎮江鑿山通漕江潮下上穀土歲易利歸豪右蘇松常三郡市浮於農文勝於質加之田賦不均稅徭日困沿海兵戍本以備倭而濱海濱江之民擅魚鹽之利間作弗靖出沒江湖肆行剽刼以故江防海備並為急務云

備留都六議

長江天險晉齊間事耳自烏珠巴延渡江江難恃矣南寰則楚粵閩浙俱不可固令戶部食糧之軍四萬餘兵

部所操之軍二萬餘布置江上惟三四千之浙兵護衛府寺惟一千之標兵倉廪雖實計日可盡三部之庫合之不過百萬守城之具百無一備夫池河一帶為北來關鑰南唐之亡繇此失矣則添兵設將築關置堡宜議一也瓜儀為江北之門戶而海門一帶巨盜出入龍潭一渡直接儀真宜各置臺立軍戍此宜議二也安慶太平據留郡上流宸濠攻安慶不下故不得直抵舊京太平乃開天首郡城高不能勝中人之垣六合聚糴之地縣尚無城能無增築宜議三也東壩為古來通吳越之路吳越盜發自當取道于此創堡設兵以防其決宜議四也京城太廣而定淮金川儀鳳神策諸門寂如山林故靖難之師從此而入不如自鍾鼓樓一帶至清涼山後止横築城一道勢既直捷守力簡省則宜議五也六朝城不統一雖屢有城下之師尅一城而數城守在如烏林新江臺城清溪彼此相援今茍破一城便曠然百里不如於下關上河等處多立城堡分處營軍宜議六

也

蘇松常鎮四府總圖

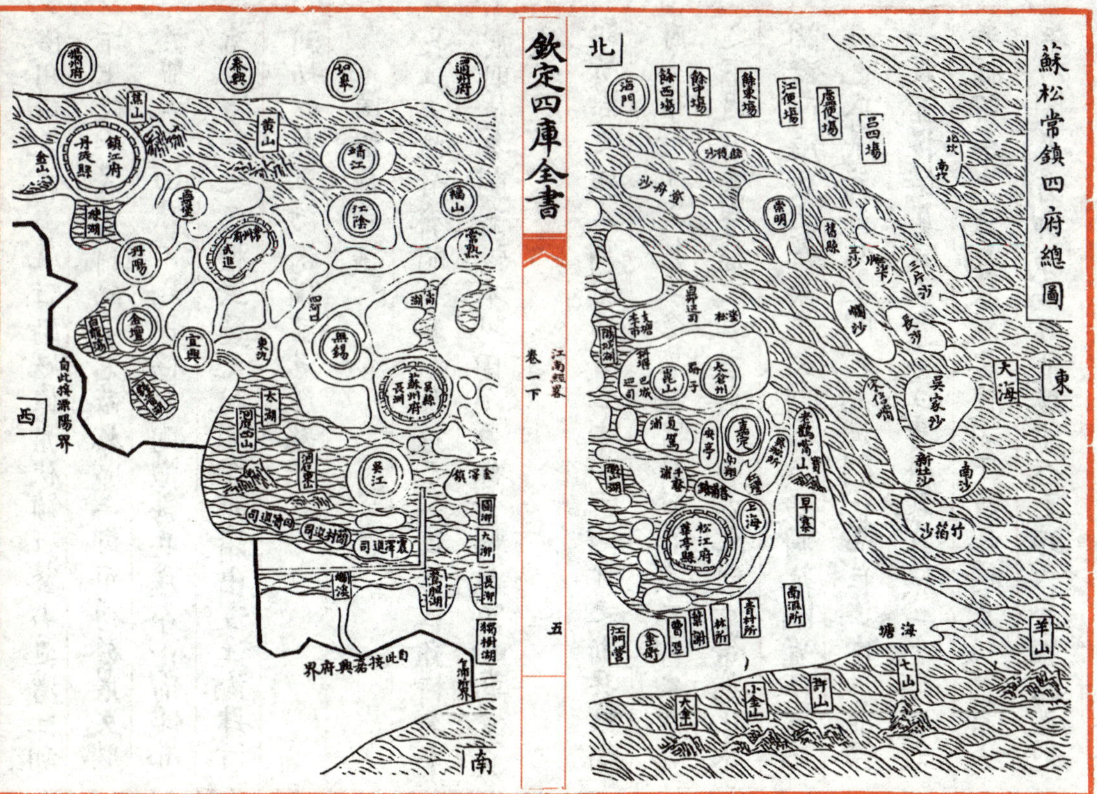

蘇松常鎮四府總論

蘇松常鎮四郡幅幀千里乃朝廷命脈之地也有識者須申畫封守而慎固之何以故我國家財賦仰給於東南東南財賦莫重於蘇州（夏稅秋糧共二百餘萬石較湖廣全省一十五府十六州一百七縣之賦加多焉）次松江（夏稅秋糧共一百餘萬石較福建全省八府一州五十七縣之賦加多焉）次嘉湖杭諺不云乎上說天堂下說蘇杭是也通年倭犯中國首至蘇松巢柘林橫行列郡燔劫靡遺然後畧淮揚畧溫台畧閩粵先後次第咸有成算四郡為奸雄

之所垂涎可徼已況京口當江南運道咽喉凡中原之人欲之吳越之閩粵必由此進萬一天下有事人所必爭豈待智者而後喻哉此皆第二義也其第一義尤在於留都四郡特其裀褥也今之論者孰不曰留都離海也遠寇不能犯以若曾觀之海寇窺留都之門戶有四其從陸也必由蘇州常州丹陽而進此之謂正道或由宜興溧水丹徒龍潭而進此之謂間道其從水也必遡長江抵龍江關此之謂正道或遡吳淞江泛太湖入宜興

越新興壩而進此之謂間道向來正道設備已密勢難猝犯惟間道未之有講也當事者願究心焉或問留都守禦與四郡自相維護之法可得聞與曰留都守禦我太祖原設四十八衛分其半於江北屯衛京師屹如磐石萬一可虞愚於海防江防及鎮江諸論中備言之矣四郡自相維護亦見於蘇州等論有經畧之志者宜合而觀之

倭冦海洋來路之圖

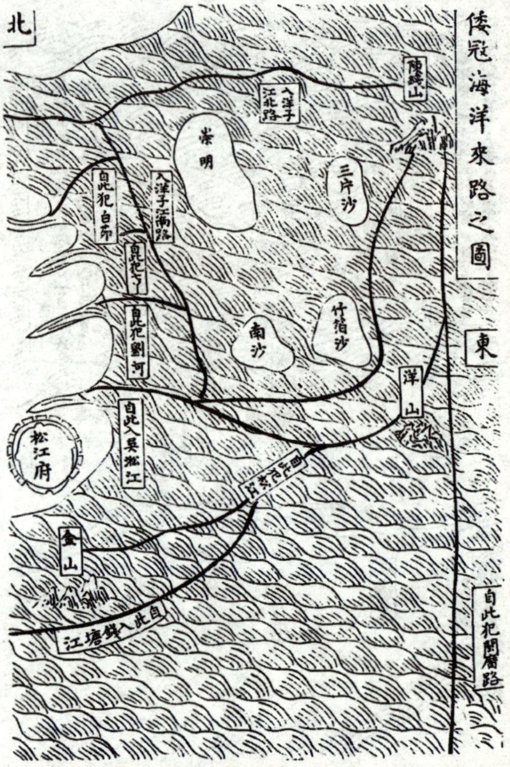

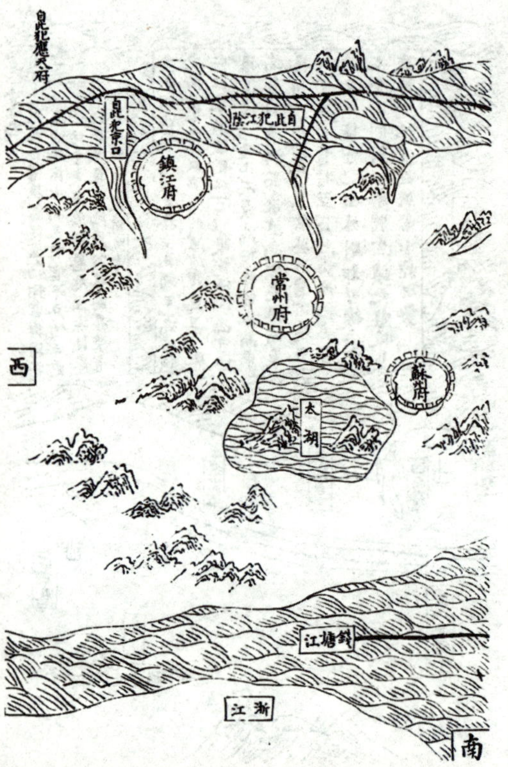

欽定四庫全書

江南經略　卷一下　九

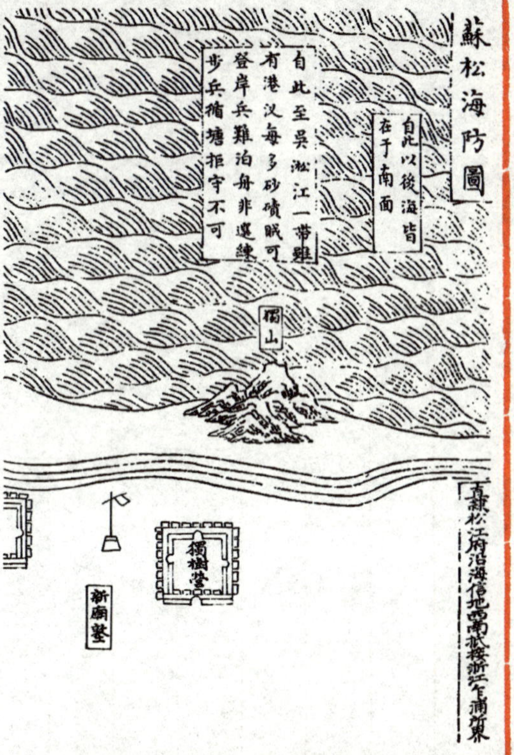

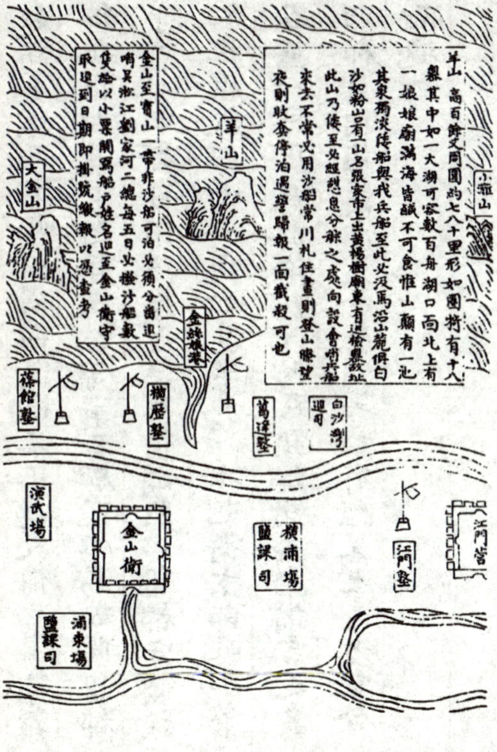

欽定四庫全書

江南經略　卷一下　十

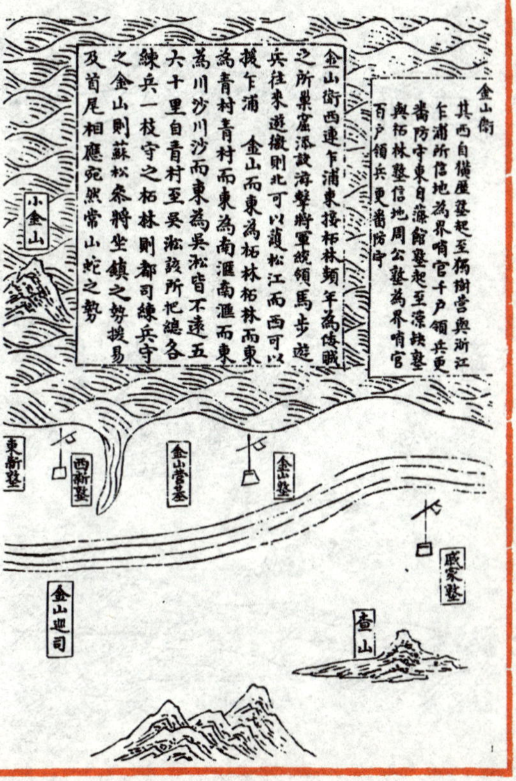

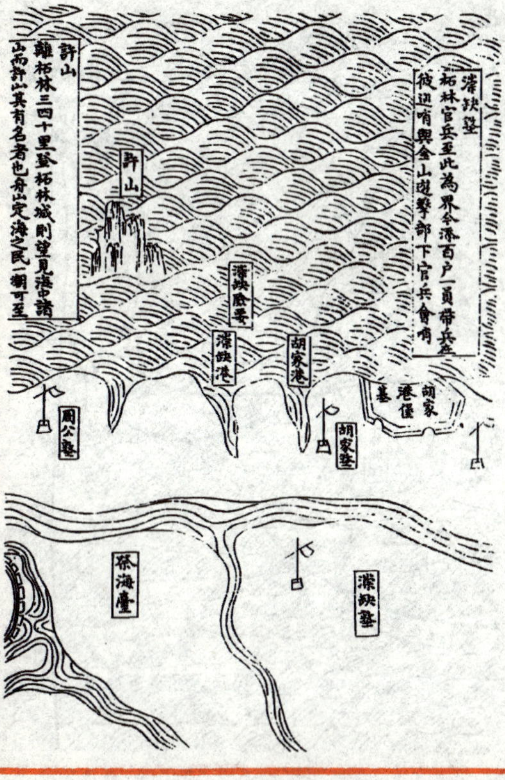

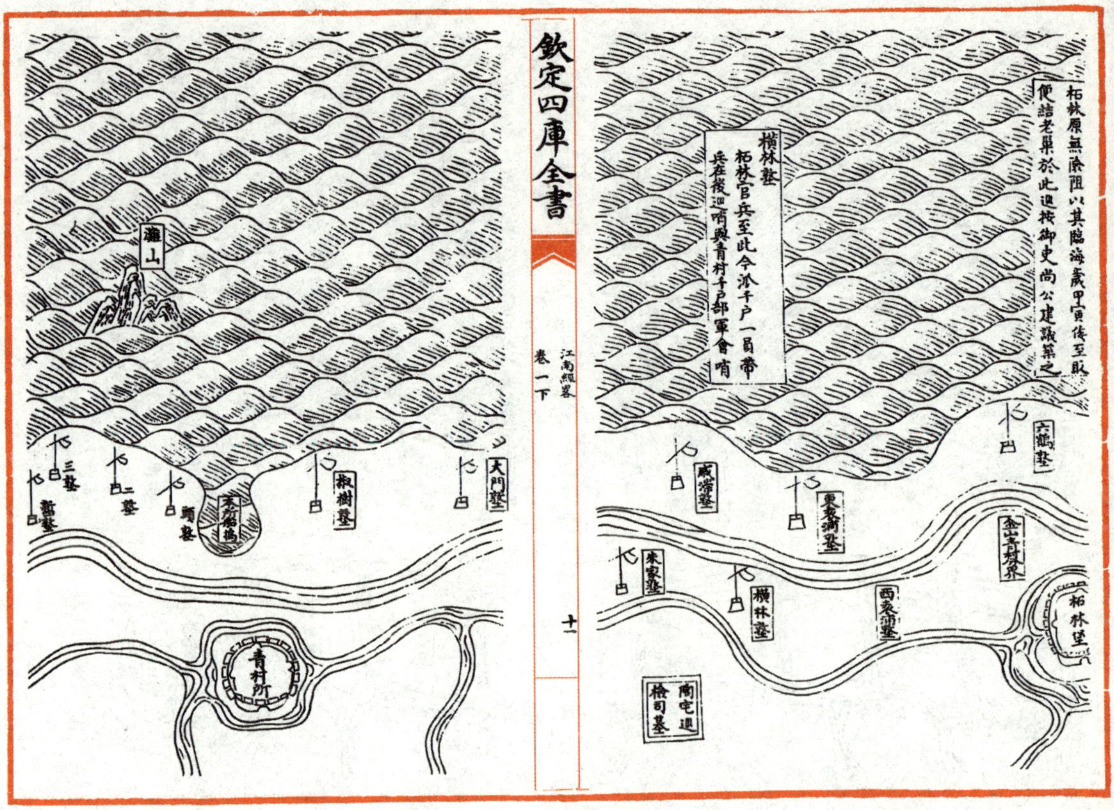
欽定四庫全書
江南經略
卷一下
十一
柘林原無險阻以其臨海歲甲寅倭至駐
便諸老巢於此退按御史尚公建議築之
橫林墪
柘林官兵至此今添千戶一員帶
兵在後迎哨與青村千戶部軍會哨
咸潮墪
東泉涌墪
金山青村界
柘林堡
西泉涌墪
橫林墪
灘山
大門墪
椒樹墪
二墪
三墪
頭墪
青村所

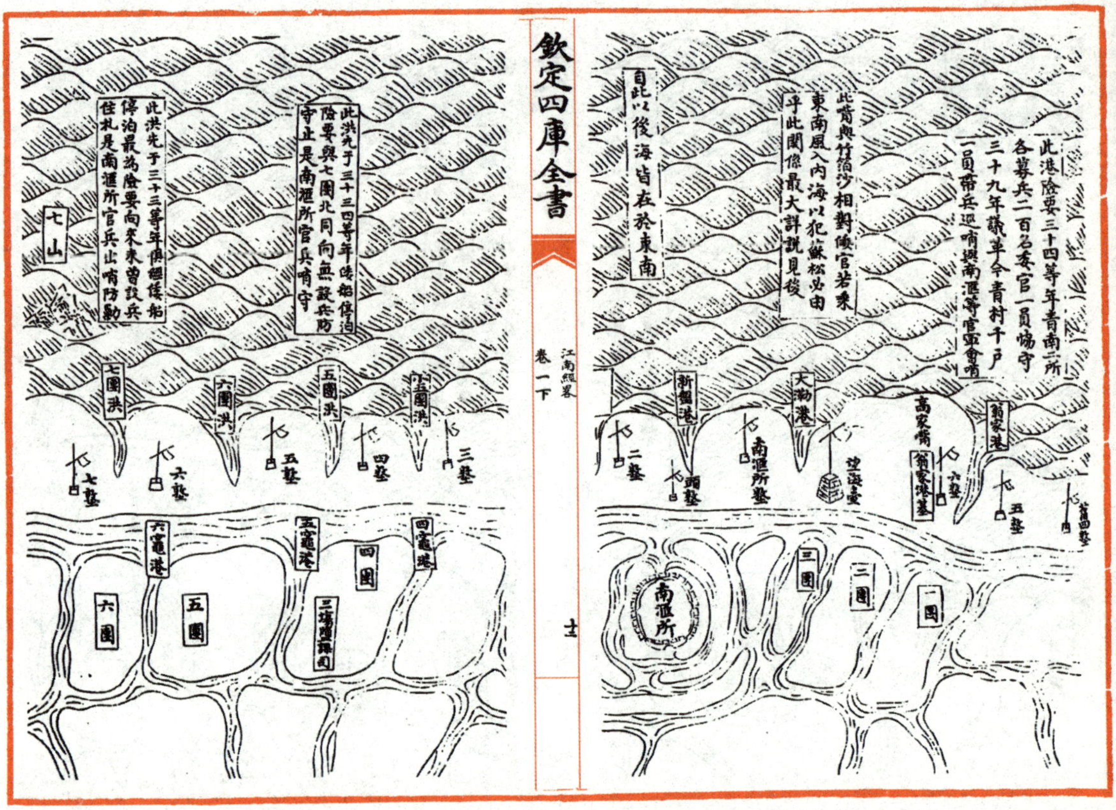
欽定四庫全書
江南經略
卷一下
十二
此港險要三十四等年青南二所
各募兵二百名委官一員協守
三十九年議革今青村千戶
一員帶兵迎哨與南滙等官軍會哨
此前與竹箔沙相對倘官若乘
東南風入內海以犯蘇松必由
乎此圖係最大詳說見後
自此以後海皆在於東南
新開港
南滙所墪
二墪
頭墪
南滙所
三圍
二圍
一圍
五墪
此洪先于三十四等年倭船停泊
險要與七團北同向無設兵防
守止是南滙所官兵哨守
此洪先于三十三等年倭船停泊最為險要向來未曾設兵
住札是南滙所官兵止哨防勦
七山
七團洪
六團洪
五團洪
四團洪
七墪
六墪
五墪
四墪
三墪
六竈港
五竈港
四竈港
六團
五團
四團
三場鹽課司

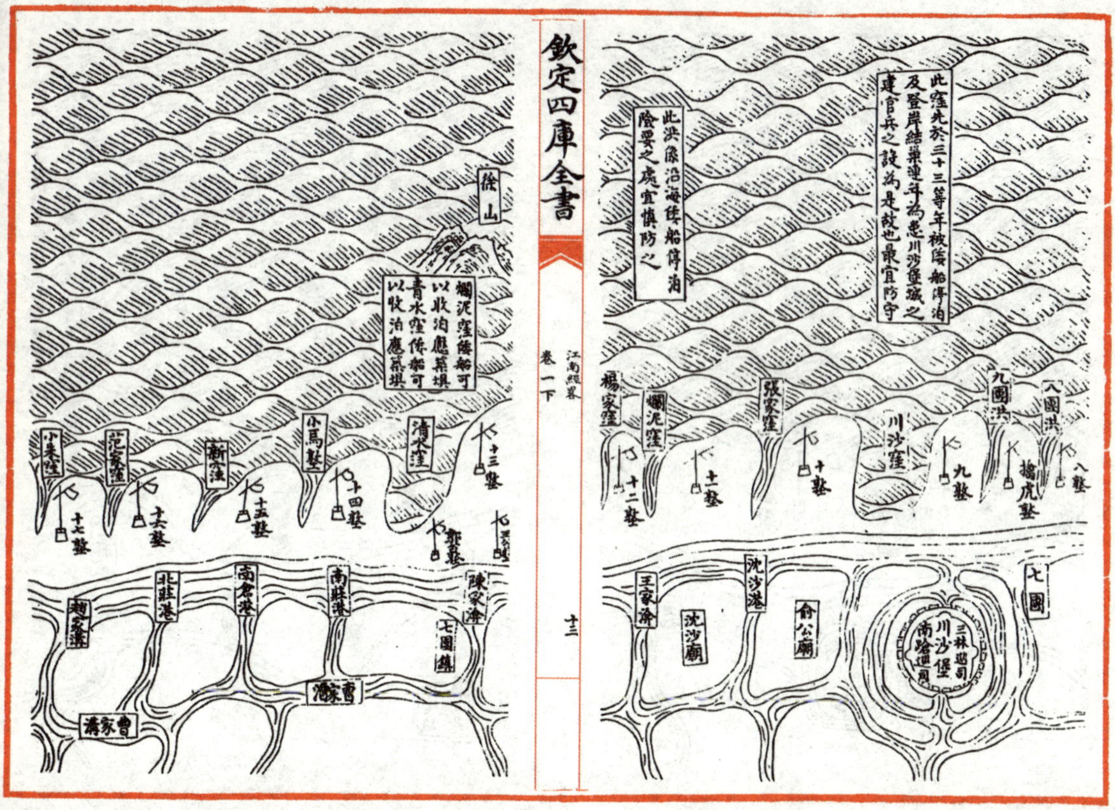
欽定四庫全書
江南經略
卷一下
十三
此窪先於三十三等年被倭船停泊及登岸結巢連年為患川沙並城之建官兵之設為是故也最宜防守
此洪係沿海倭船停泊險要之處宜慎防之
八團洪
九團洪
川沙窪
張家窪
爛泥窪
楊家窪
八墩
擒虎墩
九墩
十墩
十一墩
十二墩
七團
川沙堡
三林巡司
南匯巡司
俞公廟
沈沙港
沈沙廟
王家滻
徐山
爛泥窪倭船可以收泊應慕塡
青水窪倭船可以收泊應慕塡
清水窪
小馬墩
新窪
泥窪
小米窪
十三墩
十四墩
十五墩
十六墩
十七墩
陳家滻
七團鎮
南莊港
南倉港
北莊港
趙家滻
曹家滻

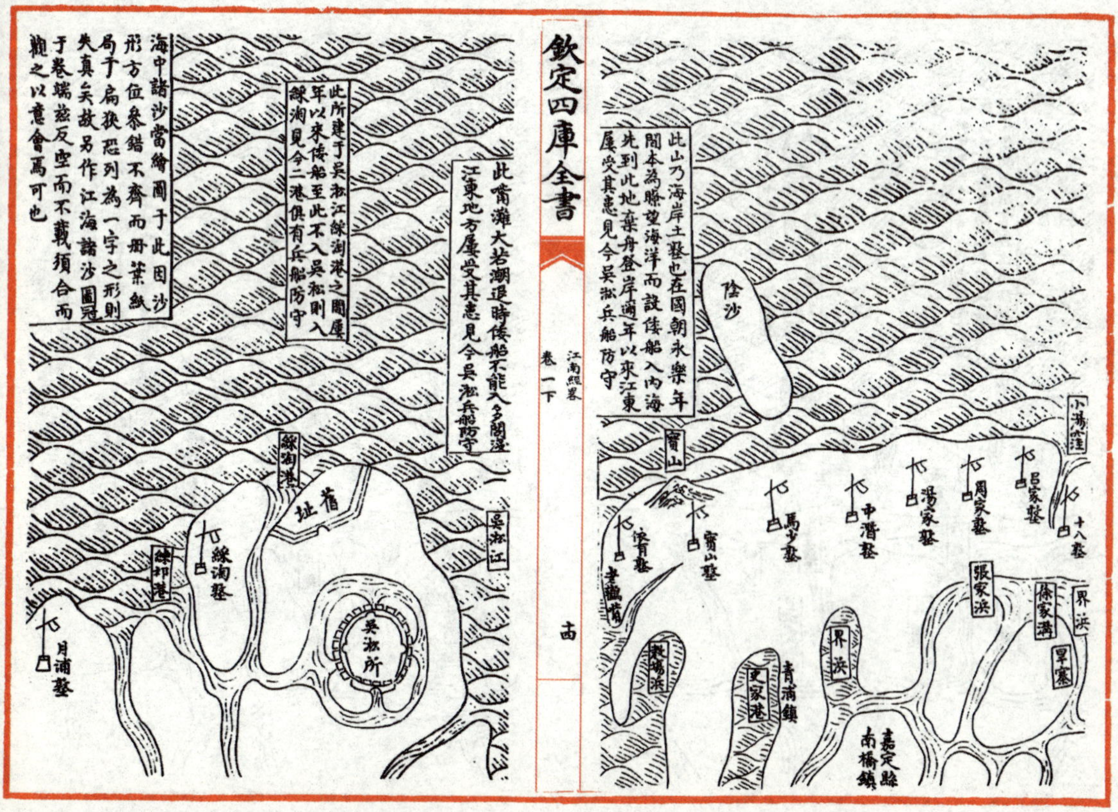
欽定四庫全書
江南經略
卷一下
十四
此山乃海岸土墩也在國朝永樂年間本為瞭望海洋而設倭船入內海先到此地棄舟登岸連年以來江東屢受其患見今吳淞兵船防守
陰沙
小湯窪
十八墩
呂家墩
周家墩
湯家墩
中潛墩
馬沙墩
寶山墩
寶山
清水墩
青龍嘴
張家浜
界浜
徐家灣
旱寨
界浜
青浦鎮
史家港
殺場浜
嘉定縣
南橋鎮
此嘴灘大若潮退時倭船不能入多閣淺江東地方屢受其患見今吳淞兵船防守
此所建于吳淞江綠洲港之間屢年以來倭船至此不入吳淞則入綠洲見今二港俱有兵船防守
海中諸沙當繪圖于此因沙形方位参錯不齊而册葉紙局于扁狹恐列為一字之形則失真矣故另作江海諸沙圖列于卷端茲反空而不載須合而觀之以意會焉可也
綠洲港
舊址
吳淞江
吳淞所
綠洲墩
練祁港
月浦墩

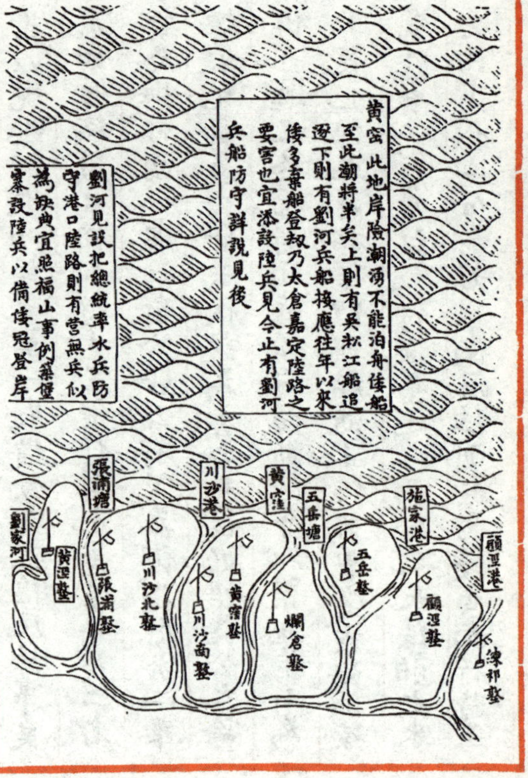

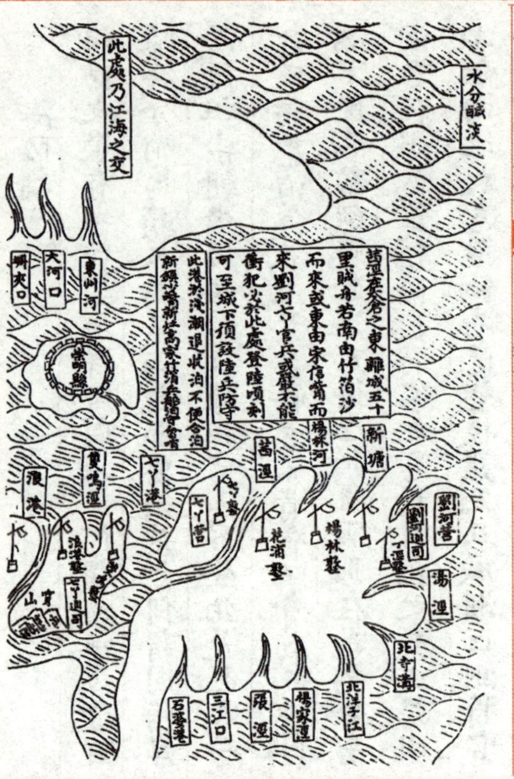

沿海營堡考

蘇州府

營寨八

福山營　九折邨營　雙浜邨營

七鴉港營　白茆港寨　竹箔沙營

劉家港寨　南沙營

堡二

福山堡　劉家河堡

松江府

營五

獨樹營　金山營　江門營

小盤營　大盤營

堡六

柘林堡　川沙堡　胡家港堡

蔡廟港堡　南滙堡　青邨堡

餘詳見二府兵防考

海防論一

海防之策有二曰禦海洋曰固海岸何謂禦海洋會哨陳錢分哨馬蹟大衢羊山遏賊要衝是也何謂固海岸修復祖宗朝備倭舊制循塘拒守不容登泊是也之二者或謂禦海洋為上策若將官不肯會哨會勦而以風潮不便為辭縱賊登岸不得已而陸戰則在我為舍易圖難在賊為護短用長兵家之忌我自犯之矣或謂四山離内地太遠糧餉易匱聲援難及且風潮叵測將官

藉以規避何從而稽之萬一失備致寇直搗反誤事矣不如陸戰嚴其節制將士豈能作弊也愚嘗持是二者質於梅林胡公虛江俞公皆云前說為優復質於二華譚公允齋嚴公皆云後說為善今而後始悟諸公之論但可通之於福浙而蘇松海防斷斷乎以禦寇羊山為上策也何也蘇松事體與福浙不侔若曾嘗乗海舠凌驚濤覽形勝及訊熟行海島之人而知之夫倭船之來必由下八山分䑸若東南風猛則向馬蹟西南行過韭山以犯閩粵若正東風猛則向大衢西行過烏沙門以犯浙江若東北風猛則向殿前羊山過淡水門以犯蘇松羊山在金山之東大七小七兩山之外吳淞江順帆不過一潮而已其為賊之要衝雖與馬蹟大衢相若而淡水門捕黄魚一節乃天設此以為蘇松屏捍豈可謂遠洋備禦之難而以羊山與馬蹟大衢例論哉蓋淡水門者產黄魚之淵藪每歳孟夏潮大勢急則推魚至塗漁船於此時出洋寧台温大小船以萬計蘇州沙船以

數百計小滿前後凡三度淡旬之間獲利不知幾萬金也海中常防劫奪每漁船必自募慣出海之人格鬬則勇敢也器械則鋒利也風濤則便習也其時則適當春汛之時其處則倭犯蘇松必經之處賊至羊山見遍海皆船而其來舟乃星散而行以漸而至勢孤氣奪遠而他之矣敢復近岸乎自倭變以來當道慮倭奸狡偽充漁人擄舟混入禁行採捕不知放船之利有三不募兵而兵强不費糧而糧足不俟查督而自無躱閃之弊惟

在巡撫軍門與兵備道嚴其約束焉耳此在他處皆無而惟蘇松海洋有之豈非天生自然之利也哉嘉靖戊午荆川唐公捧檄至吳與督府梅林胡公兵憲鏡湖熊公毅然弛禁沿海數百里窮民踴躍出海自是厥後海烽久息未必非由此以致之禦海洋之說有明徵矣或問約束之法柰何曰邇來漁船出洋輔以兵船相須而行協力而戰取甘結給旗票讙盤詰驗出入船回之日當道委官抽稅以助軍餉此法美矣而未善也何也漁

船專欲覓利兵船專司擊賊其志不侔其力不協況所稅能幾何而欲分其所有也哉如愚見莫若兵船專於把港勿用出洋但令願捕魚者籍名於官立首領編旗甲保以耆民大户示以盟約如殺賊而有功也照例陞賞永許採捕若縱賊近岸則一體坐罪永不許其出洋凡漁利與所獲賊貲悉以畀之如此則漁人皆以禦寇為己責感恩畏罪捨死直前豈不愈於督之以兵船耶噫必如此而後為經久之計也

海防論二

蘇州海防與松江不同松江有海塘而無海港其設備也以陸兵為主蘇州有海港而無海塘其設備也以水兵為主何謂有海塘而無海港蓋松江之海起於獨山而迄於小湯窪迢迢二百四十八里皆有護塘為之限隔高厚如城别無港汊可以通海護塘之内外相夾皆水也在内者謂之運鹽河又謂之横港在外者謂之塹濠又謂之護塘溝昔人所以築此塘者本為捍鹽潮恐

其害苗也國初用為金湯以備倭患設衛所整堡於塹濠之外寇至則捍禦於海岸灘塗不容登泊萬一不支則踰塹而守寇進不得攻退無所掠護塘之功用豈小小哉邇年塹濠多湮護塘海岸合為一片寇至即聚於護塘而運鹽河之内水田狹塍難於屯禦大可慨已為今之計必須浚治塹塘丕復衛所墪堡之法選集陸兵委知兵叅將精練於平時遇汛則分布信地協守互援無容一賊登岸則松江海防庶幾其無悮乎何謂有海

港而無海塘蓋蘇州之海起於嘉定之寳山洋而迄於常熟之白茆港其間水口之大者曰吳淞江曰劉家河曰七鴉浦曰白茆港其次則綵淘黄窰新塘茜涇之類皆潮汐之所往來沙船之所出入原未嘗築塘以限隔之也故倭船乘風乘潮可以衝突而我兵船亦可駕風揚帆以哨以禦向來吳淞江口副總兵親提重兵結水寨以控扼之而劉河七鴉白茆亦各有把總兵船分守具備不可謂不密矣但各兵船畏懼颶風常潛泊於港

内賊至或不知或知而禦之不及又各枝自分彼已不肯協力應援倭賊入港然後官兵擊之吁不亦晚乎為今之計必須巡撫軍門立為限時限程之法信賞必罰詳見上卷舉要兵戒條下如有僨事罪坐水兵官問以故縱之律則蘇州海防庶幾其無悞乎或者曰松江無海港固不重乎水兵矣海岸之外可不設舟以巡哨乎蘇州無海塘固不重乎陸兵矣海岸隨處可登可不設兵以防守乎曰是不然松江海灘皆淖泥也潮至時舟雖可以逼岸

而易於閣淺潮退時舟不能近岸須涉淖泥中行二三里或七八里哨舟何處可泊乎向來原設遊兵船巡視於洋中墪堡軍瞭望於岸上所患者上之人不肯嚴夫失報之誅則人莫肯盡其心耳蘇州海濱處處皆有墪堡若勤於瞭哨則各港水兵響應而逐之各巡司弓兵與地方團營兵併力以禦之賊豈能遽犯哉所患者上之人不肯嚴夫坐視之罪則人莫肯盡其力耳

海防論三

海防之策禦寇於海洋海岸既已詳言之矣若論今時至計則為今日之大憂者似不在於海而尤在於留都留都海防相為表裏何也我祖宗根本之地乃邊方所覘以為向背者也故兵法曰居中以制外向來留都所設四十八衛養驕氣傲跋扈難制其禍至於殺户侍而姑息撫安譬之癰腫已成難救藥矣廟堂遠覽取總兵之有重望者坐府彈壓此見雖善尚覺不能無遺慮也蓋總兵之所以負重望者由其統大兵於海上得展方

畧馬耳非謂孑身孔坐即能慴服乎奸宄之徒也若但以其官高望重而使之帶千數之苗兵無所作為無所誅賞而空臨於京師數萬卒之上吾不知此總兵者平時雖號勇敢其謀猷學識果太公望諸葛孔明之儔而一言一動盡可以黙褫夫桀黠之膽乎設使舉動之間少有輕率啓釁則素望将損而前車再覆今日駕馭之微機或為自代之拙謀矣不類於摴蒱之孤注耶如愚見須以功能素著總兵一人如俞大猷戚繼光者置之

於吳淞江口而帶銜於留都列諸五軍都督其所轄陸兵參將則專駐金山精練馬步兵數千以固守乎松江之海塘水兵參將則分駐竹箔營前二沙精練舟師萬餘哨守乎蘇州之海港春汛將近則總兵親駐吳淞江以為參遊之領袖小陽汛亦如之防汛畢日則總兵歸坐五軍都督府而調水兵一半至龍江關與南京水軍夾操陸兵一半至大教場與南京陸軍夾操更番去來蹤跡無定嚴明賞罰權柄不移而海濱水陸所存之兵

則委之參將督練防守如是則隱然示在外之兵至强至衆足以防護皇都而若無藉於四十八衛在外之將愈出愈奇足以定禍變而不專倚乎五府兵部所以陰折夫羣邪眇視之心而貽留都之安者何如也留都安則海濱鹽盜之徒不敢嘯聚而海防之政益易於修舉矣京師海防一舉兼得未知廟堂以吾言為然乎否耶

海防論四

善論海防者不狃一時之見而為經久之圖要在通變

得宜而已蓋法有宜於昔而不宜於今者有宜於暫而不宜於久者有宜於久而不可易者何謂宜於昔而不宜於今夫沿海備倭官軍逃亡原籍清勾舊制也今則隨勾隨逃無補實用此清勾之不必泥也沿海堡寨兵數不足他衛撥軍貼守舊制也今所在多事自救不遑此貼守之法不必泥也片板不許下海舊制也今之沙民採捕為生禁之太甚別生他虞此下海之禁不必泥也何謂宜於暫而不宜於久夫調募客兵水陸分布今

日應變之計也然客兵不可久留錢糧所當節省此調募之不可久也海防告乏加賦帶徵今日權宜之術也加之不已民力何堪此加賦之不可久也何謂宜於久而不可易夫停止清勾矣則召募土兵養以軍餉伍豈常虚乎免行貼守矣則團練鄉兵充實堡寨奚必軍衛乎調募不可久矣則訓練土兵以漸裁遣何患乎無兵乎帶徵不可久矣則多置屯田開懇荒蕪何患乎無食乎因祖宗之舊制而潤澤之寇至則有備無患寇去則不廢恒業雖行之萬世無弊也必欲一歲支却一歲一番殺却一番則竭天下之兵食猶慮弗繼豈蘇松二郡之所能支耶

海防論五

浙西海防蘇松嘉杭四郡雖有浙直之分利害安危實同一體何也壤地相聯唇齒相依故也昔我太祖畫壤之法犬牙相制義正在此愚嘗循海壖而觀之蘇州有海港而無海塘宜以水兵為主而岸上哨守之陸兵佐之松嘉二郡至海寧之澉浦皆有海塘而無海港宜以陸兵為主而海外巡哨之水兵船佐之向來倭寇内侵必由老鸛嘴以南抵於澉浦一帶海岸登泊而把守之官縱而不究良由浙直互相推諉各分彼已總督衙門不行連坐之法故也若一處警報左右互相夾逐賊豈能登犯哉昔者朝廷建設總督弊猶若此今革總督而浙直督撫衙門位平勢埒豈能賞罰會同而不悖哉所宜建言於朝哨守海岸之官比照海中會哨兵船事例立為稽查策應之法一有登犯兵備衙門查究信地及左右相近哨守姓名參提同罪則浙江海防嚴禁有裨於直隸直隸海防嚴禁有裨於浙江輔車之勢成而浙直地方皆可以無虞矣雖然其要尤在浙直督撫衙門各令賢能屬官造圖貼説地形險要如何哨守如何應援水陸兵士如何操練如何分合二省軍門准照會議同心協力而行無有乖異夫然後為可久可大之業也

兵船會哨論附録

籌海圖編內會哨論云浙東地形與福建連壤浙西地形與蘇松連壤利害安危各有輔車相依之勢故上命浙江巡撫總督浙直福軍務分哨各官互為聲援而不許自分彼已畫地有限責任相聯此廟謨之所以為善而防禦之所以為固也愚考海中山沙南起舟山北至崇明或斷或續暗沙連伏易於閣淺賊舟大者不能東西亂渡如遇東北風也必由下八陳錢馬蹟等山以犯浙江而流突乎蘇松如遇正東風也必由茶山西行以

犯淮揚而流突乎常鎮如遇正北風也必由琉球以犯福建而流突乎溫台三途窎遠瞭望難及須總兵官撥遊兵把總領哨千戶百戶等船往來會哨以交信票為驗其在浙江也南則沈家門兵船哨至福建之烽火門而與小埕兵船相會北則馬墓港兵船哨至蘇州洋之羊山而與竹箔沙兵船相會其在蘇松也南則竹箔沙兵船哨至羊山而與浙江之馬墓港兵船相會北則營前沙兵船哨至茶山而與江北之兵船相會諸哨絡繹連如長蛇犀力合併齊如扛鼎南北夾擊彼此不容豈惟逐寇船於一時殆將靖寇患於無窮矣

聯屬諸哨責在巡撫須遵初制重其事權仍加以總督之任浙直始盡歸統屬不然東西互為參差南北兩相牽制會哨之說祇應故事耳緩急奚賴哉若曾再識

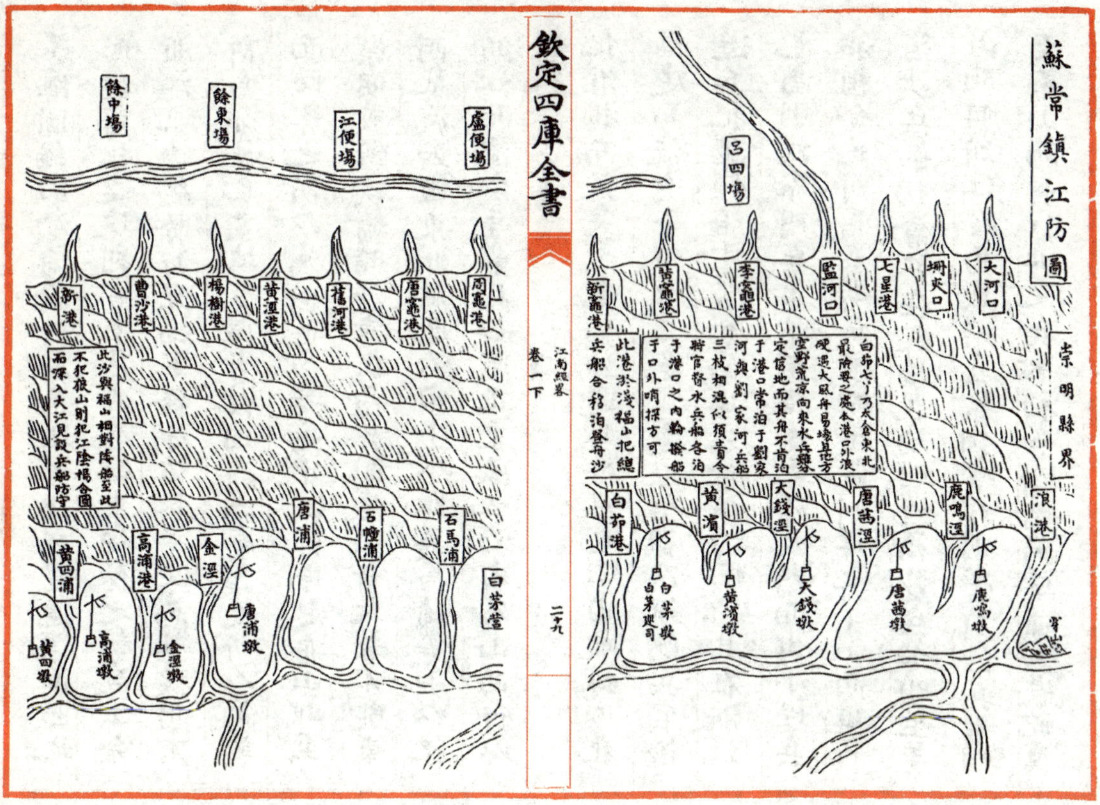
蘇常鎮江防圖
欽定四庫全書
江南經畧　卷一下
二十九
崇明縣界
大河口
七星港
監河口
李家龕港
黄家龕港
新龕港
呂四場
盧便場
江便場
餘東場
餘中場
白茆七了乃太倉東北最險要之處本港口外浪壞遇大風舟易壞其地方空野荒凉向來水兵雖泊定信地而其舟不肯泊于港口常泊于劉家河與劉家河兵船三枝相混似須責令哨官督水兵船各泊于港口之内輪撥船于口外哨探方可
此港淤淺福山把總兵船合移泊鶯舟沙
浪港
鹿鳴涇
唐茜涇
大錢涇
黄濱
白茆港
周龕港
唐龕港
舊河港
黄涇港
楊樹港
曹沙港
新港
此沙與福山相對倭船至此不犯狼山則犯江陰楊舍因而深入大江見設兵船防守
白茅堂
石馬浦
石幢浦
唐浦
金涇
高浦港
黄四浦

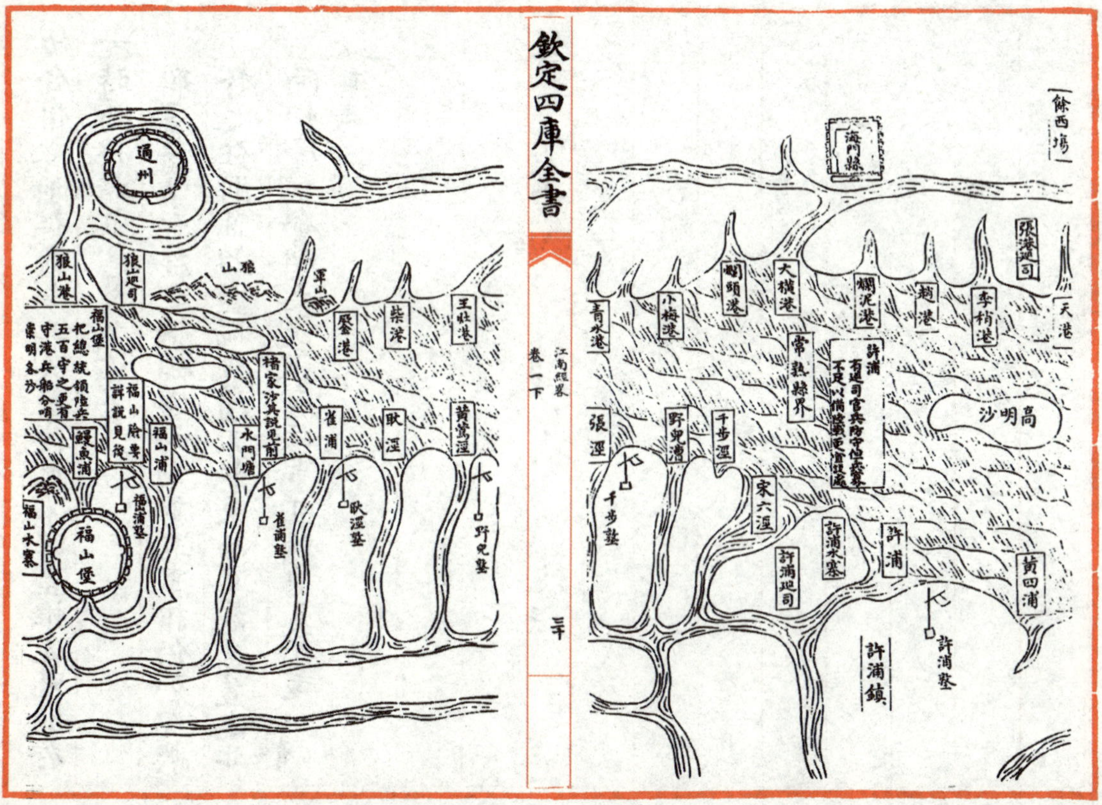
餘西場
海門縣
張港廵司
天港
李柏港
趙港
爛泥港
大橫港
蝴蛳港
小海港
青水港
高明沙
許浦　有廵司官兵防守但兵寡不足以備倭敵更宜設處
常熟縣界
千步涇
野兒瀆
張涇
千步墪
家六涇
許浦水寨
許浦
許浦廵司
黄四浦
許浦墪
許浦鎮
欽定四庫全書
江南經畧　卷一下
三十
通州
狼山港
狼山廵司
狼山
軍山
王莊港
柴港
鎣港
福山堡　把總統領陸兵五百守之更有守港兵船分哨崇明各沙
楊家沙
福山　險要詳說見後
福山浦
鰻魚浦
水門塘
崔浦
耿涇
黄泥涇
福山大寨
福山堡
福浦墪
崔浦墪
耿涇墪
野兒墪

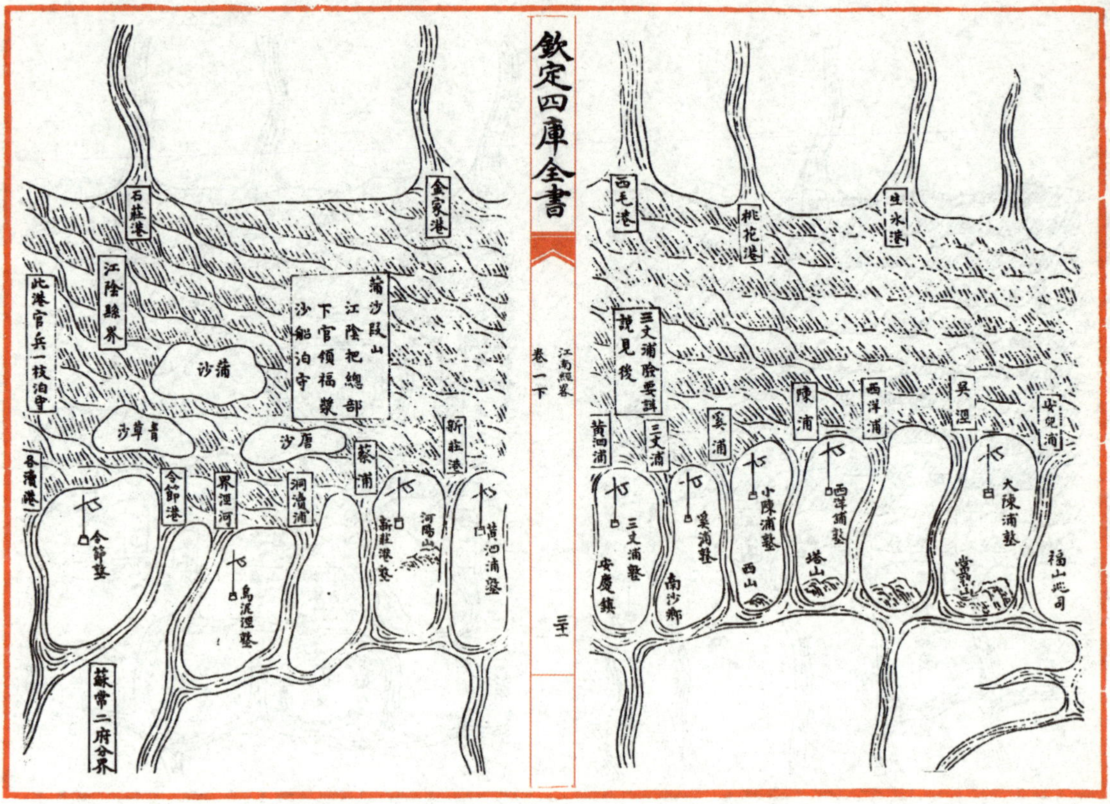
欽定四庫全書
江南經略 卷一下
三一
石莊港
金家港
江陰縣界
此港官兵一枝泊守
蒲沙段山
江陰把總部
下官領福艘
沙船泊守
蒲沙
青草沙
唐沙
蔡浦
新莊港
各瀆港
令節港
界涇河
洞瀆浦
令節墪
烏泥涇墪
新莊港墪
河陽山
黄泗浦墪
蘇常二府分界
西毛港
桃花港
生永港
三丈浦險要詳
說見後
黄泗浦
三丈浦
奚浦
陳浦
西洋浦
吳涇
安悦浦
三丈浦墪
奚浦墪
小陳浦墪
西洋浦墪
大陳浦墪
安慶鎮
南沙鄉
西山
塔山
常山
福山巡司

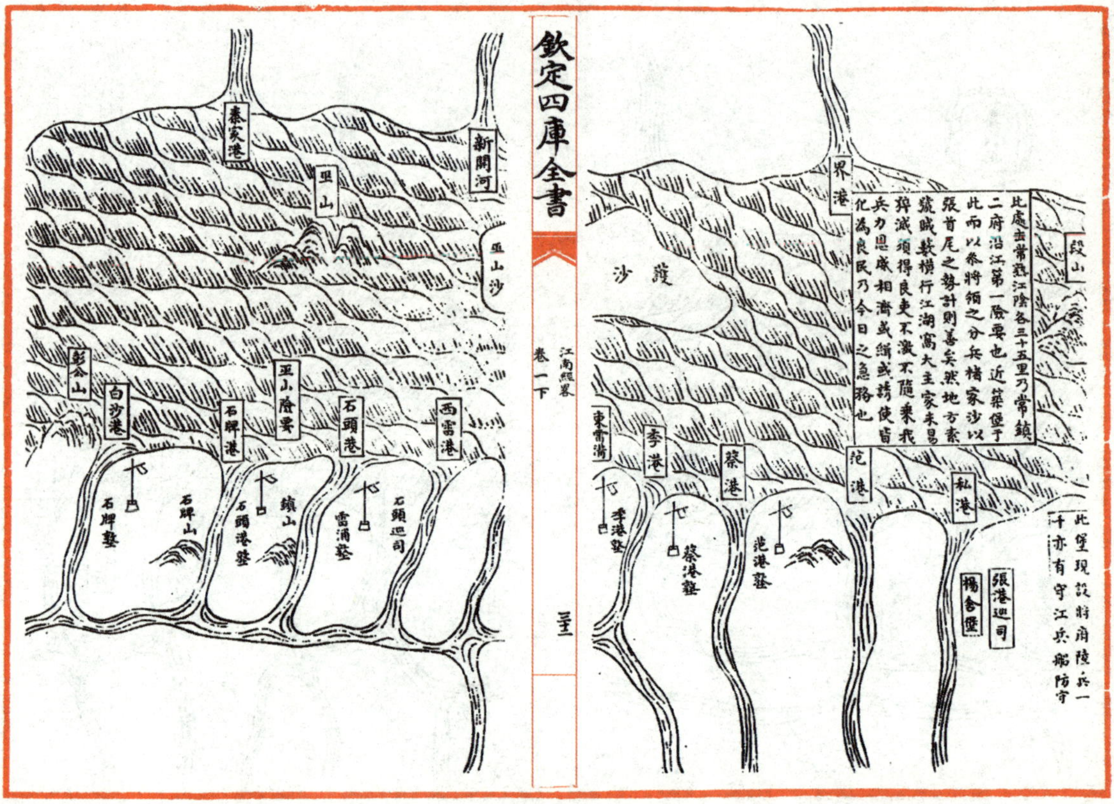
欽定四庫全書
江南經略 卷一下
三二
泰家港
新開河
巫山
巫山沙
彭公山
白沙港
石牌港
巫山險要
石頭港
西雷港
石牌墪
石牌山
石頭港墪
鎮山
雷涌墪
石頭巡司
界港
段山
此處去常熟江陰各三十五里乃常鎮
二府沿江第一險要也近築堡于
此而以參將領之分兵犄角沙以
張首尾之勢計則善矣然地方素
號賊藪橫行江湖富大主家未易
辦滅須得良吏不激不隨秉戎
兵力恩威相濟或緝或誘使皆
化為良民乃今日之急務也
東雷港
季港
蔡港
范港
私港
季港墪
蔡港墪
范港墪
張港巡司
楊舍堡
此堡現設將府陵兵一
千亦有守江兵船防守

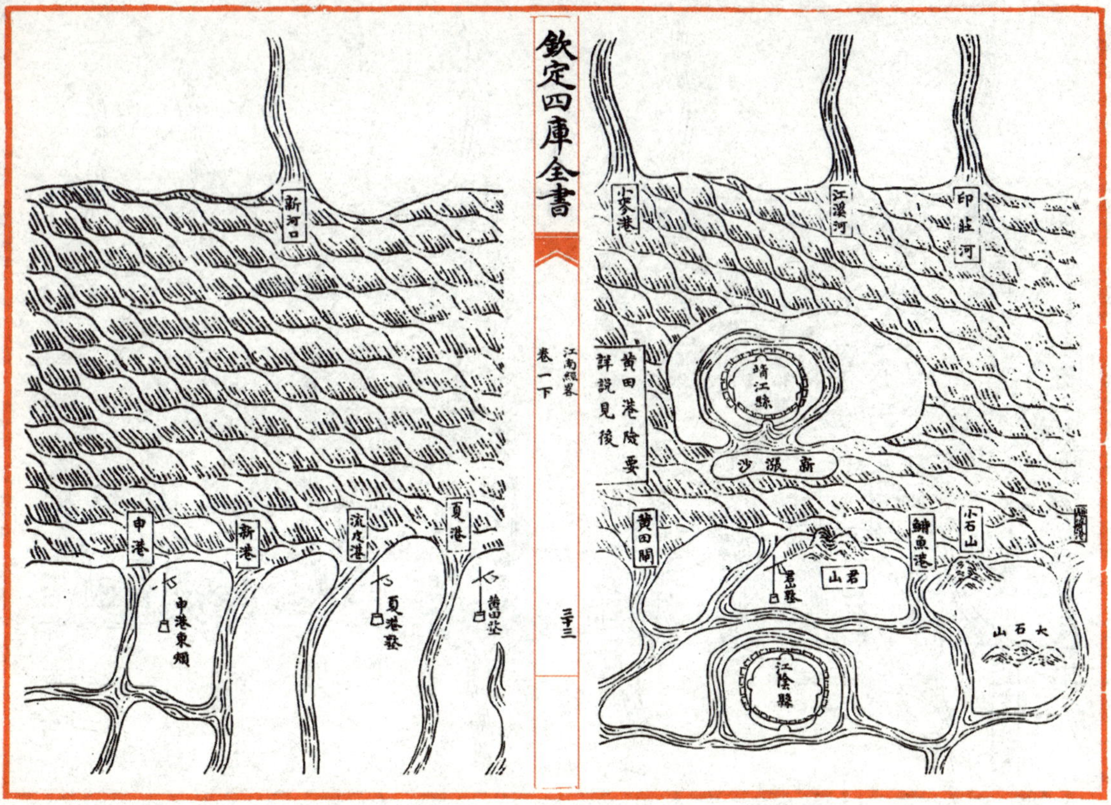
欽定四庫全書
江南經略
卷一下
三十三
新河口
申港
新港
滾皮港
夏港
申港東墩
夏港墩
黃田墩
小參港
江灘河
印莊河
靖江縣
黃田港險要詳說見後
新漲沙
黃田閘
君山墩
君山
鰣魚港
小石山
大石山
江陰縣

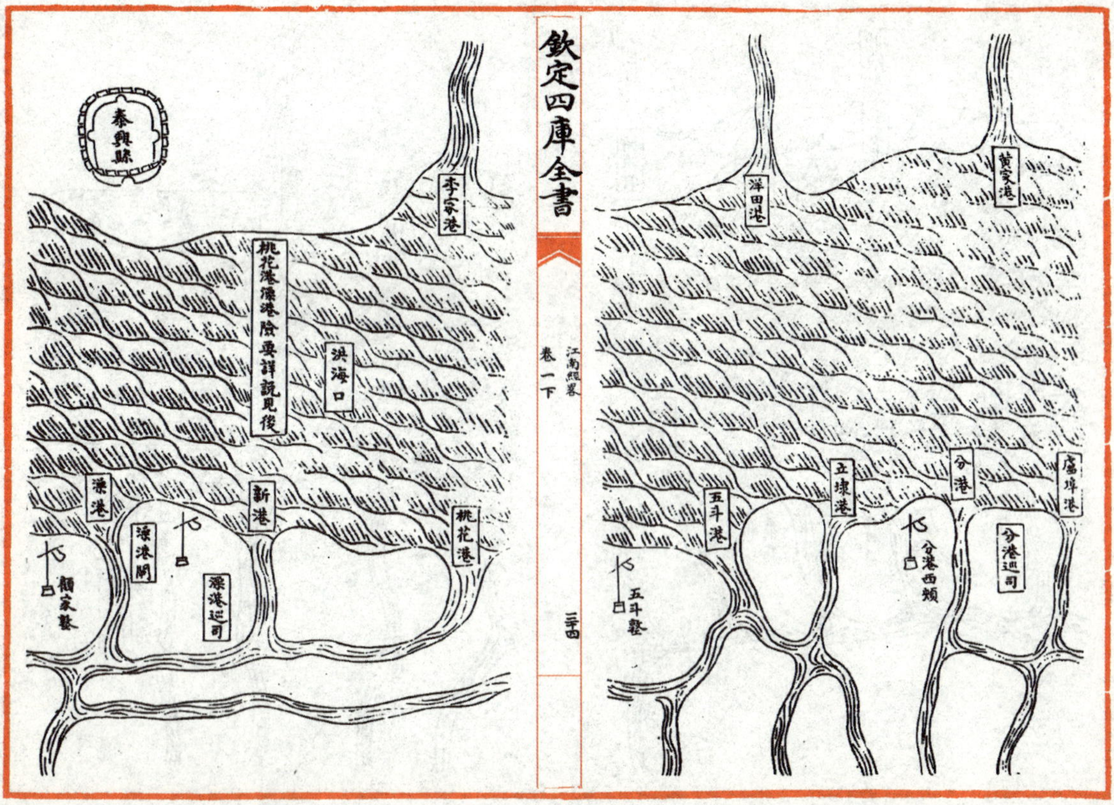
欽定四庫全書
江南經略
卷一下
三十四
泰興縣
李家港
桃花港澡港險要詳說見後
洪海口
澡港
新港
桃花港
澡港閘
顧家墩
澡港巡司
黃家港
蒲田港
五斗港
立埭港
分港
窑埠港
分港西墩
分港巡司
五斗墩

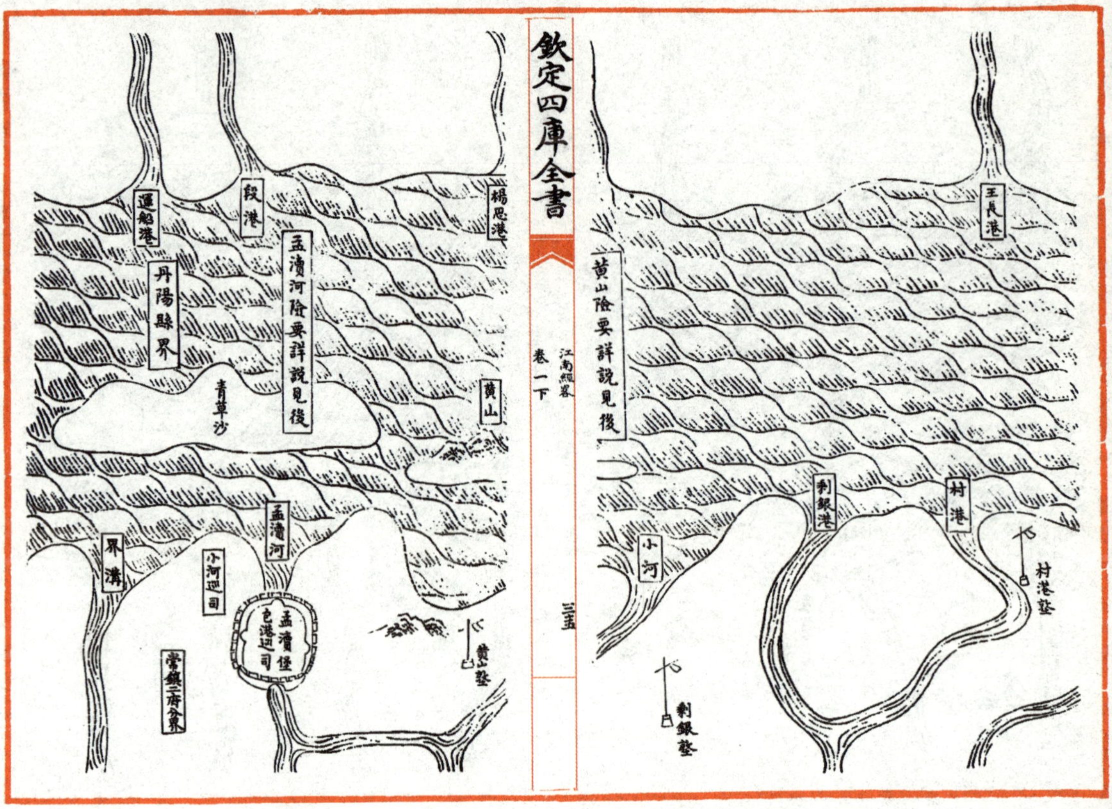

欽定四庫全書　江南經畧　卷一下　三五

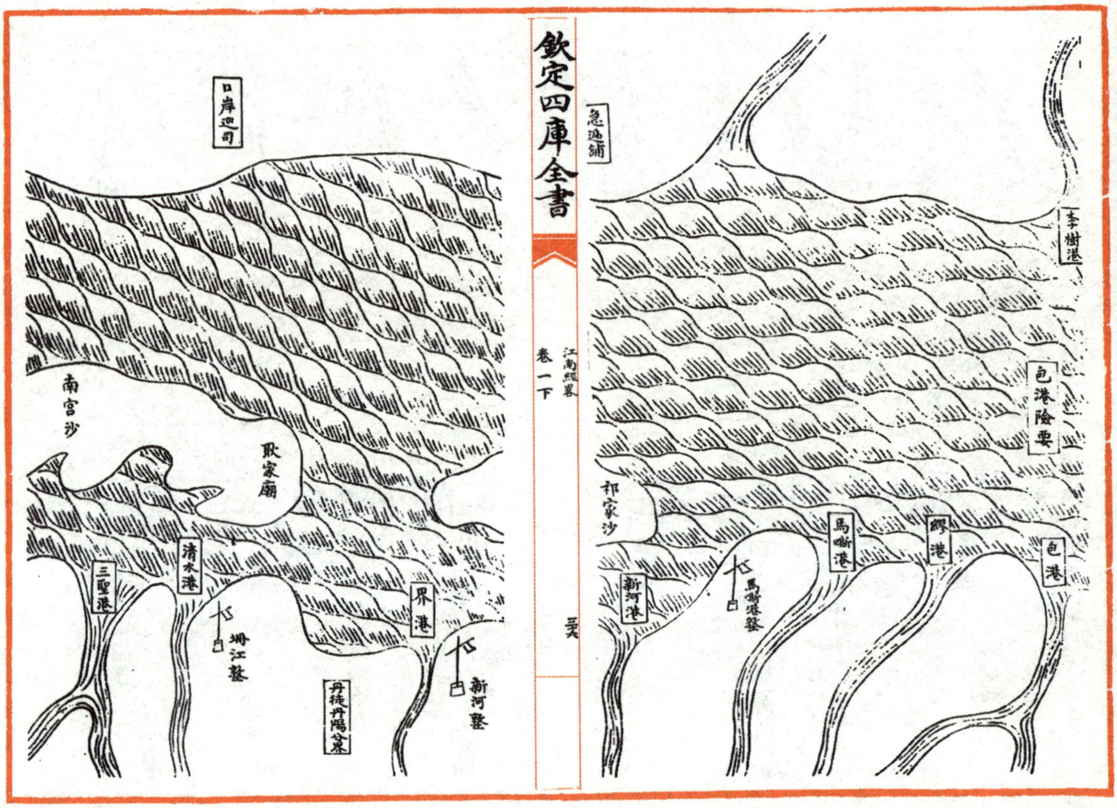

欽定四庫全書　江南經畧　卷一下　三六

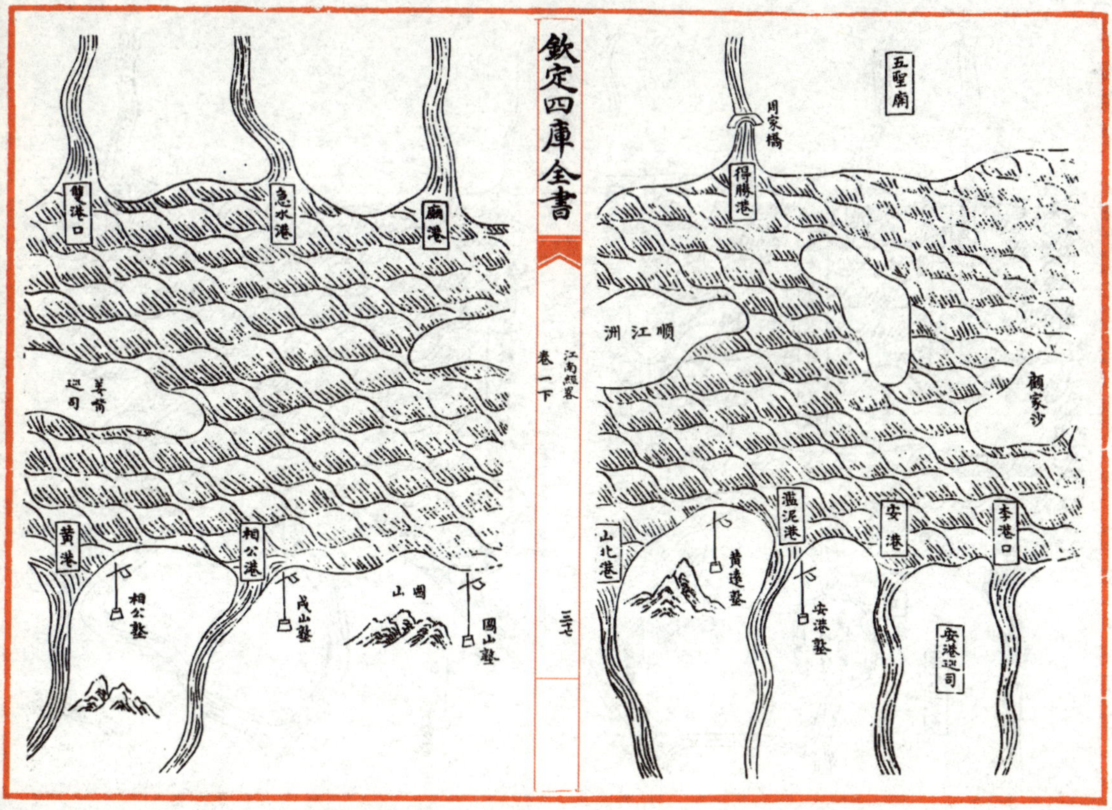

欽定四庫全書　江南經畧　卷一下　三七

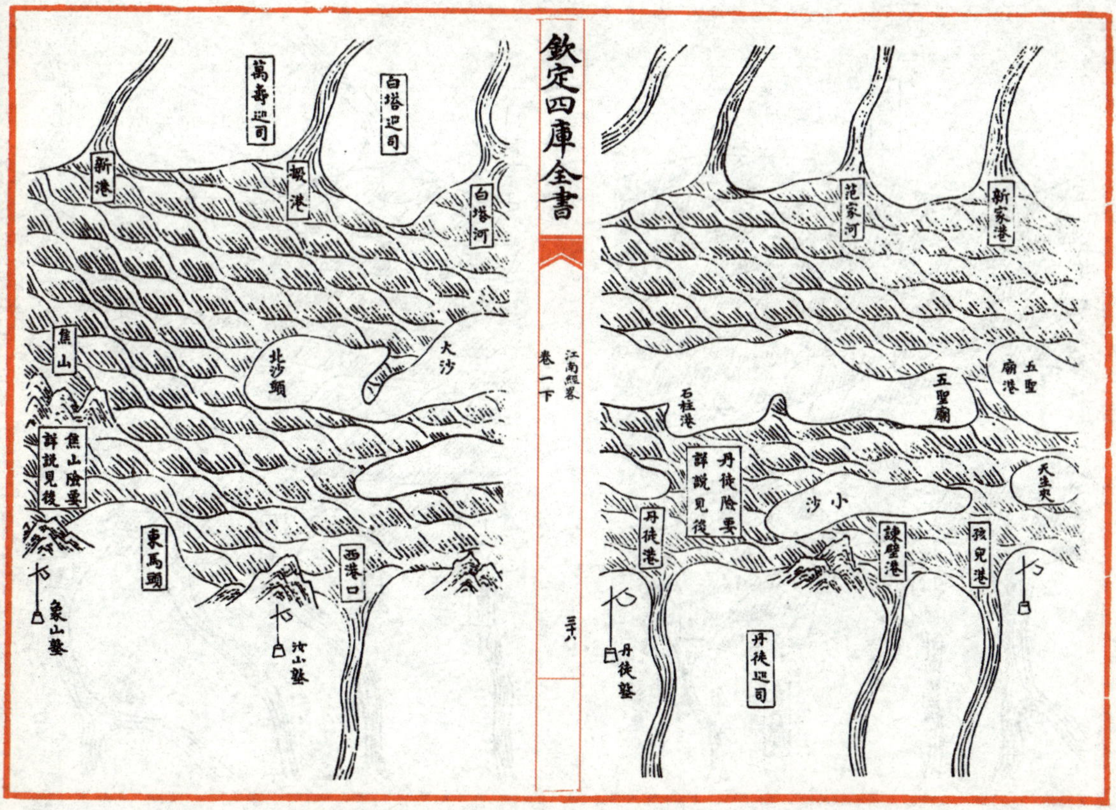

欽定四庫全書　江南經畧　卷一下　三八

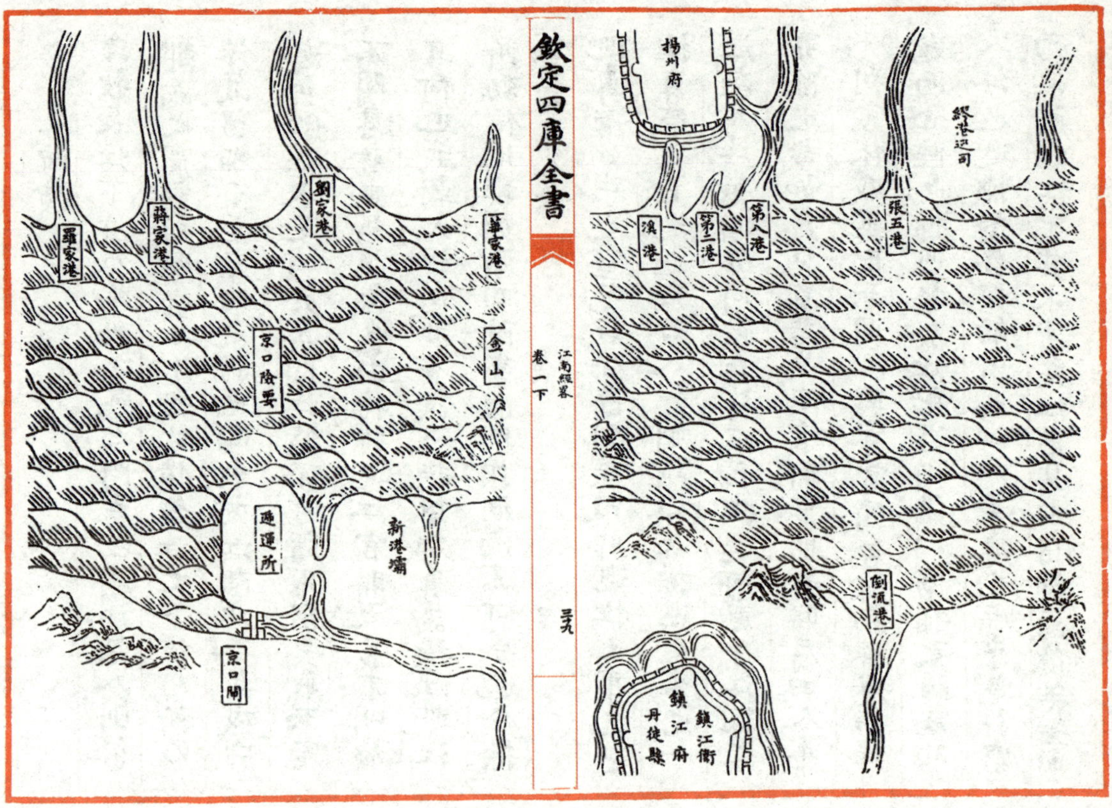
欽定四庫全書
江南經畧
卷一下
三九
羅家港
蔣家港
劉家港
華家港
金山
京口險要
遞運所
新港壩
京口閘
揚州府
第二港
第八港
張五港
倒流港
鎮江府
鎮江衛
丹徒縣

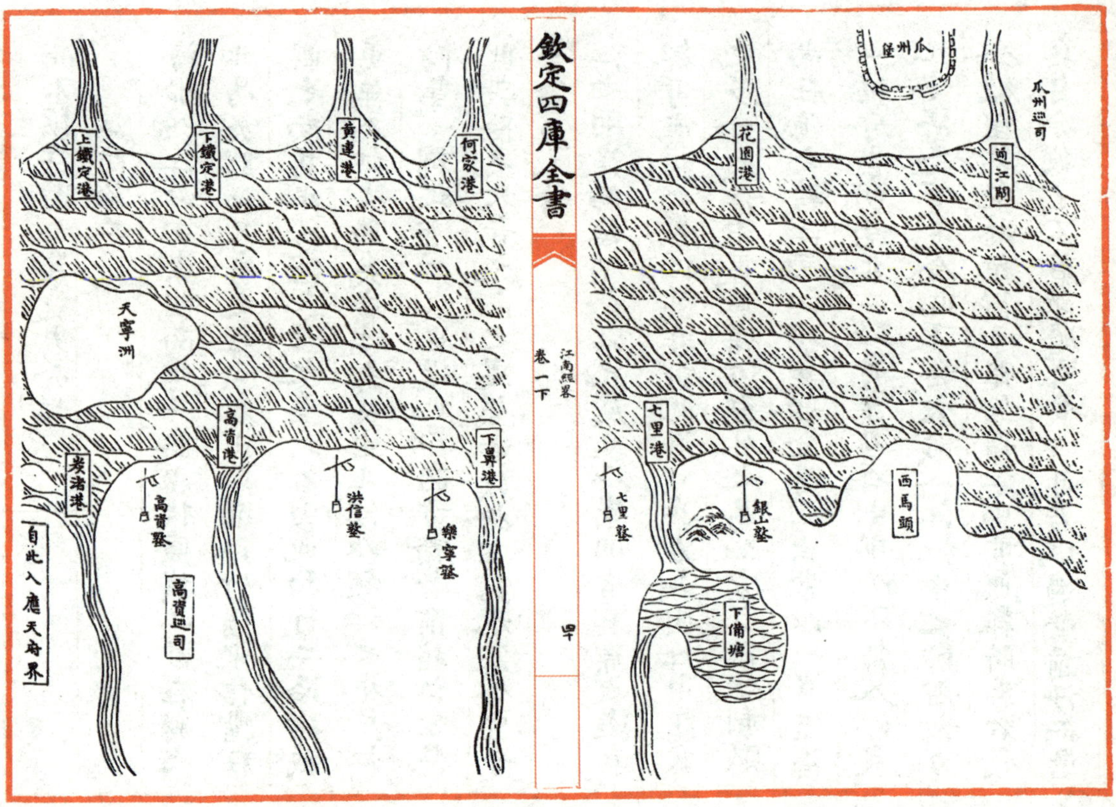
欽定四庫全書
江南經畧
卷一下
四十
上鐵定港
下鐵定港
黃連港
何家港
天寧洲
高資港
下蜀港
炭渚港
高資墪
洪信墪
高資巡司
自此入應天府界
瓜州堡
瓜州巡司
花園港
通江閘
七里港
七里墪
銀山墪
西馬頭
下備塘

江防論一

謹按長江下流乃海船入寇之門户也溯江深入則留都為之震動所繫豈小小哉故備禦江之下流乃所以保護留都至要至切之務也向來夾江南北分兵戍守遊兵船往來巡哨於其間江防不可謂不密矣然而寇不聞息者豈無説哉良由撫操巡江官聯之義不明故耳何也我朝大江南北各設巡撫留都專設操江巡江所勅信地雖殊而四院事體則相關而不可分也今操

巡專管江中之寇寇若登陸則讓曰此巡撫之事也巡撫專管岸上之寇寇若入江則讓曰此操巡之事也一江南北兵越頓分同握兵符爾我相遜何惑乎江寇之弗除也哉如愚見莫若先正官聯官聯者聯屬四人為一利害休戚異形而同心戰守賞罰會謀而齊舉如江寇而登陸也操巡督發江船進内港以協捕之陸寇而入江也巡撫督發哨船出外江以策應之庶乎寇計窮而無所容江中其永清矣江患息則留都萬億年鞏固而不揺江防之策孰先於此

江防論二

海船入江必由崇明南北二路縣後區擔二沙在縣之北易於膠淺凡舟之輕小者由此而行竹箔宋信嘴在縣之南其水深窪凡舟之重大者由此而行二路堵截更無入江之路矣崇明者天生北沙以鎖江之水口江防第一關鍵實在是也過此以西方論營前靖江金焦此設險之大旨也向之建議者設將官結水寨分守乎

江之兩岸而海口入江之處止以崇明官兵禦之遊兵都司應援之愚以為非計也海口兵力孰與江中諸寨之多分戰江中孰與併力禦外之易似宜立為規制賊尚在海之時江南江北兵船分番互出常以一半至海口協守崇明南北二路舟衆力齊則賊必不能入江矣此守江之上策也舍此不務容賊入江江中之師艅散力分欲望其能勝敵得乎雖然擒江賊亦無難所患者我兵自分彼已不若敵膽之合一耳若賊過營前沙而營

前之江南江北火速出援左右翼擊不坐視乎營前之兵之受敵也過靖江亦如之過金焦亦如之賊進不得前退無所遁我兵有增而無限賊舟有限而無增勝負不亦較然矣乎愚故曰江南北二巡撫與操巡必四人同心而後可濟也

江防論三

今之論江防者孰不曰營前沙者大江之第一關鍵也靖江江陰其第二也瓜儀京口其第三也守此三者則海寇不能飛越而窺留都以愚觀之殆不然何也京口雖係江南諸郡咽喉然從古寇犯金陵未有由此而進者以沿江南岸疊嶂如屏而潤州秣陵之間夾岡險陂無港可達故也若從通泰二州登陸循江北内地而行屯兵六合分師渡蕪湖采石走太平而北豈非地勢之至要至要者歟故保留都須嚴江防嚴江防須重江北賊計狡猾常避實而擊虛不可但以江中之關鍵為恃而為賊所紿也

江淮要害論附錄

萬里海防内論江淮要害云天下之水在北莫大於河在南莫大於江常鎮淮揚當江河入海之際雖極大艟艦皆可乘潮而入近歲倭寇佯言分刼其心之狡實欲自長江趨留都自淮河以窺中原而終不敢深入者由四府之防禦堅也必水陸常會哨互援蒼福諸船順流以遏賊鋒或出賊後賊若登岸則以團練之兵禦之此常勝之形也四郡無患則中原留都可以高枕而卧矣

江防議附錄

唐荆川云海賊入江由江兩岸登陸之路瞭角嘴營前沙南北相對海面約闊一百四五十里為第一重門户狼山福山相對江面闊一百二十里為第二重門户周家橋與圌山相對周家橋北岸至順江洲與江南分界江面約闊六七里順江洲至新洲夾江面約闊七八里新洲夾至圌山南岸江面約闊十四五里為第三重門户三處領水兵官須整備船艦晝夜緊守三重門户勤勤會哨以防春汛門户既固堂奥自安若三門稍有疎虞至不得已而守金焦兩岸斯為下策與無策矣

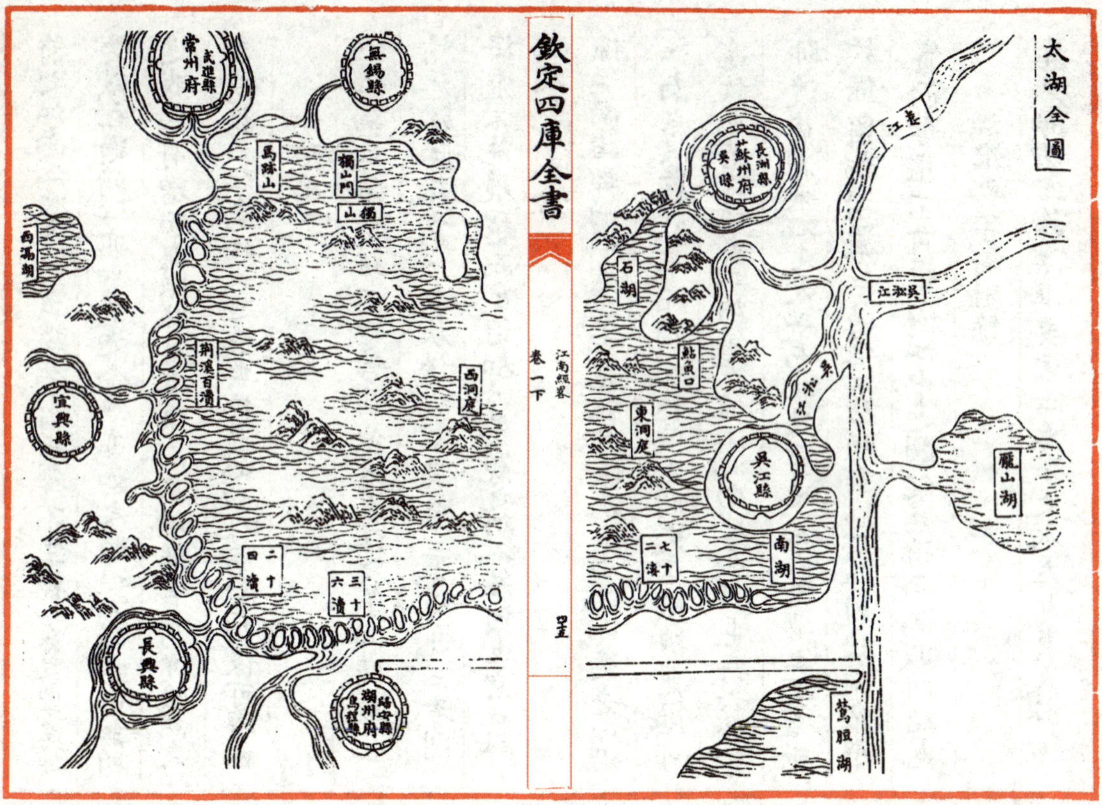

太湖考

太湖在蘇州府城西南三十餘里東西二百餘里南北一百二十里周五百餘里占蘇常湖三府引西來發源諸水從長橋水口流入吳淞江又東流二百六十里入海

王司業同祖考畧云太湖在蘇州西南境禹貢謂之震澤周官爾雅謂之具區國語史記謂之五湖左傳謂之笠澤揚州記曰太湖一名震澤一名笠澤一名洞庭山海經曰浮玉之山北望具區是也周官既云其澤藪曰

具區又云其浸五湖似五湖別有所在然范蠡乘舟入五湖司馬遷登姑蘇望五湖實又指此且揚州之境水大者無過於太湖其為具區甚明而歷考傳記所載五湖即是太湖非別有五湖也張勃吳錄曰五湖者太湖之別名以其周行五百餘里故以五湖為名虞翻曰太湖東通長洲松江南通烏程霅溪西通義興荊溪北通晉陵滆湖東連嘉興韭溪水通五道謂之五湖陸魯望

曰太湖上稟咸池五車之氣故一水五名圖經以貢湖
游湖胥湖梅梁湖金鼎湖為五韋昭以胥湖蠡湖洮湖
滆湖并太湖為五郭璞江賦以具區洮滆彭蠡青草洞
庭為五初學記云或說以射湖貢湖上湖長塘湖滆湖
為五按左傳越伐吳吳子禦之笠澤國語吳越戰於五
湖可見五湖之為一湖甚明也然今湖中亦自有五名
曰菱湖在莫釐之東周三十餘里曰莫湖在莫釐之西
北周五十餘里曰游湖在長山之東周五十餘里曰貢

湖沿無錫老岸周一百九十里曰胥湖在西山之西南
周六十里五湖之外又有三小湖夫椒山東曰梅梁湖
杜圻之西魚查之東曰金鼎湖林屋之東曰東臯里湖
而吳人稱謂則總曰太湖越絶書稱其大過三萬六千
頃連蘇常湖三州之地湖中有七十二山其大者曰東
西二洞庭馬蹟次之山居人甚多閭巷井舍鱗次蟻聚
無慮數千家茂林平野彌望百里可謂大矣然考之太
湖上流其西北自建康等處入溧陽邐迤至長塘湖并

潤州金壇延陵丹陽諸水會於宜興荊溪以入其西南
自宣歙池州武陵天目富陽下湖之安吉武岡烏程長
興合苕霅山溪諸水以入數郡之水瀦滙於湖汪洋浩
瀚不可涯涘而東達於三江以入海其底定也則灌溉
民田為三吳美利汎濫也則浸淫數郡而民被其大害
是以古人之治之也疏其源使水有所入導其流使水
有所歸皆為民興利除害而已觀其置五堰於溧陽以
節宣歙金陵九陽江之水使入於蕪湖以北入於大江

開夾苧干於宜興武進之境東抵滆湖北接長塘湖西
連五堰所以洩長塘湖之水以入滆湖洩滆湖之水以
入大吳瀆塘口瀆白魚灣高梅瀆白鶴溪而入常州運
河之北偏十四斗門北下江陰之大江所以殺西來之
水使不入於太湖而皆歸於江也又以荊溪不能當西
來衆流奔注之勢遂於震澤之口疏為百派謂之百瀆
而又開橫塘以貫之約四十餘里百瀆在宜興者七十
有四在武進者二十有六皆西接荊溪而東通震澤者

也又於烏程長興之間開七十二漊在烏程者三十有八在長興者三十有四皆自七十二漊通經遞以殺其奔衝之勢而歸於太湖也太湖上流諸道水之來源若此而所以洩之者則惟於三江是賴焉太湖東出吳江縣之長橋為吳淞江繇吳淞江東流以入大海此震澤洩水之大道也然洩水之處各有區域葢不止於吳淞江而已曰鮎魚口曰胥口曰白洋灣曰管瀆曰小溪港曰瓜涇曰夾浦曰張家河曰北車橋曰樣湖溪曰上瀆

港曰陸家港曰虎山橋曰石家浜曰南宮曰蒯家涇曰九曲江曰後塘橋曰梅梁溪曰龍塘河曰迎城山曰菱湖港曰太平橋曰澤塘浜曰濯瀆浜曰和尚浜曰長洛浜曰王家漾曰山徑港曰渡水港曰黃瀆港曰後保河其他支流不可殫記皆所以洩太湖之水以東入於三江諸浦而歸大海者然以江湖形勢觀之大要宣溧以上西北之水可使入於蕪湖以歸大江而不可使注於荆溪蘇常以下東南之水可使趨於吳淞江歸大海而不可使積於震澤此治水東南之大者也然形地有高下時勢有古今水道有通塞治之之法又未可泥也

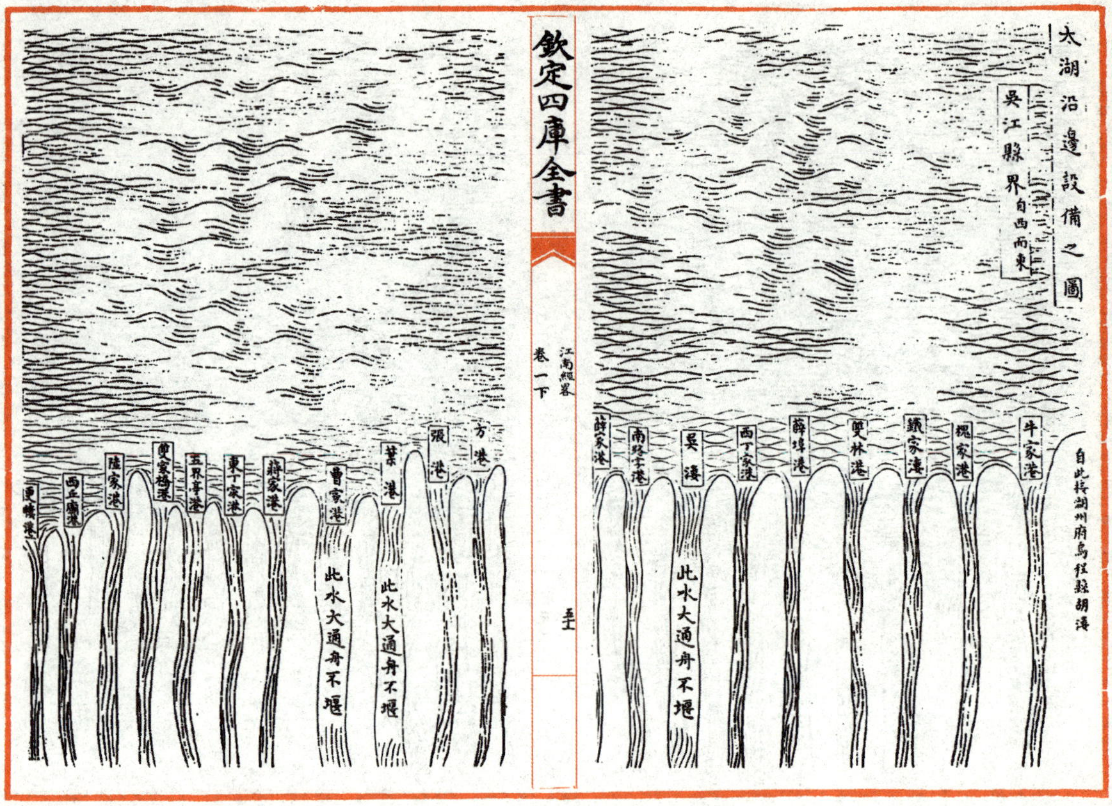
欽定四庫全書
江南經略　卷一下
太湖沿邊設備之圖
吳江縣界自西而東
自此抵湖州府烏程縣胡漊
牛家港
雙林港
吳漊
此水大通舟不堰
方港
張港
葉港
曹家港
此水大通舟不堰
此水大通舟不堰
蔣家港
東丁家港
陸家港

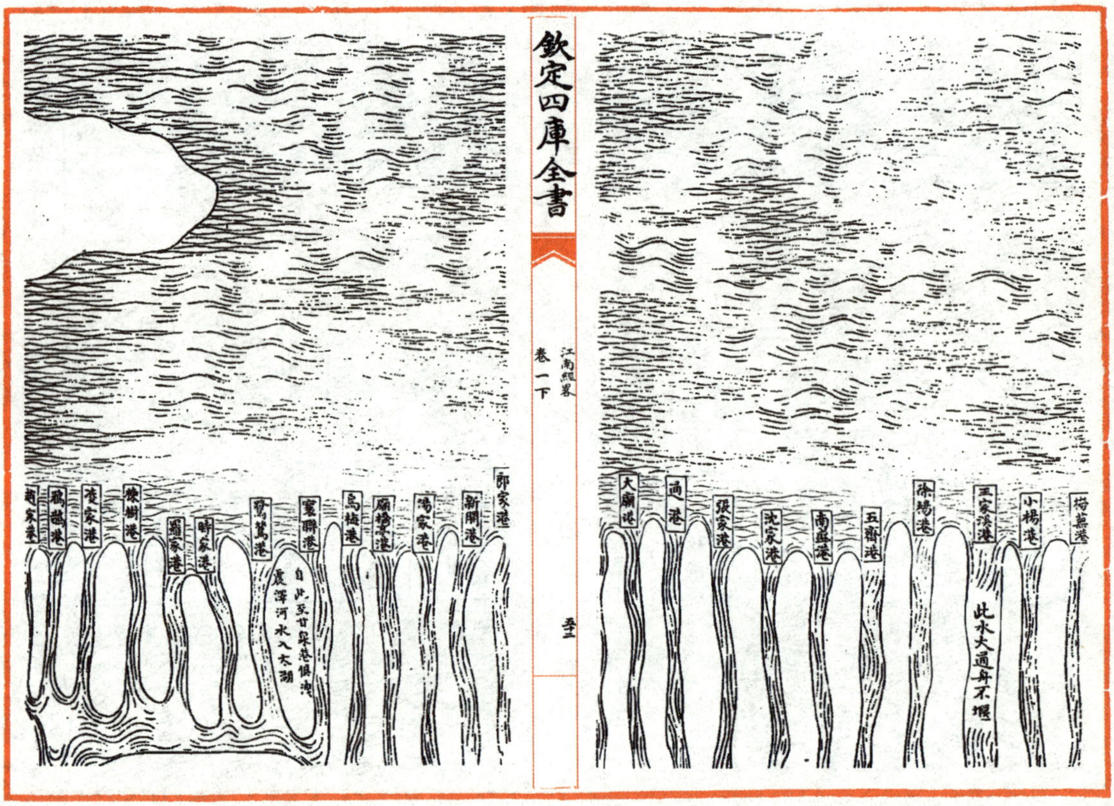
欽定四庫全書
江南經略　卷一下
小楊港
此水大通舟不堰
五帝港
南舍港
沈家港
張家港
通港
大廟港
郎家港
新開港
鳥梅港
自此至甘泉港俱通震澤河水入太湖

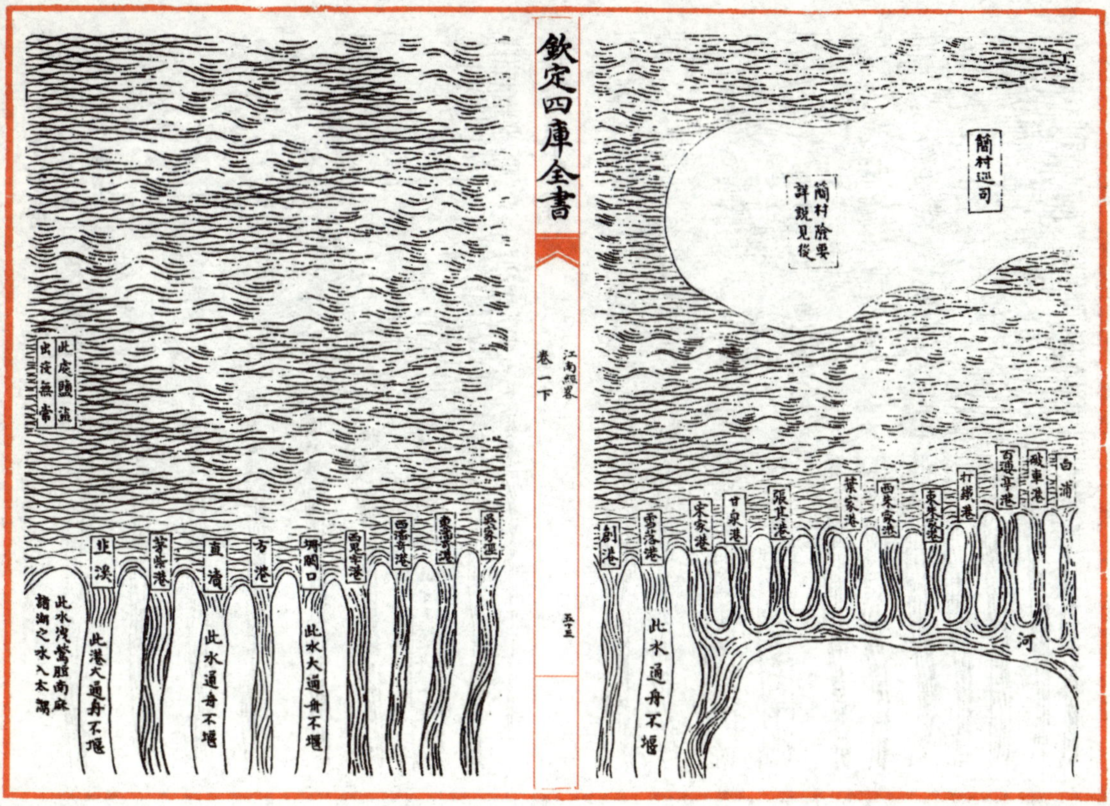
欽定四庫全書
江南經略
卷一下
五十五
簡村巡司
簡村險要
詳説見後
白浦
破車港
打鐵港
葉家港
張其港
甘泉港
宋家港
雪落港
此水通舟不堰
河
方港
直瀆
韭溪
此港大通舟不堰
此水通舟不堰
此水大通舟不堰
此水洩鶯脰南麻諸湖之水入太湖

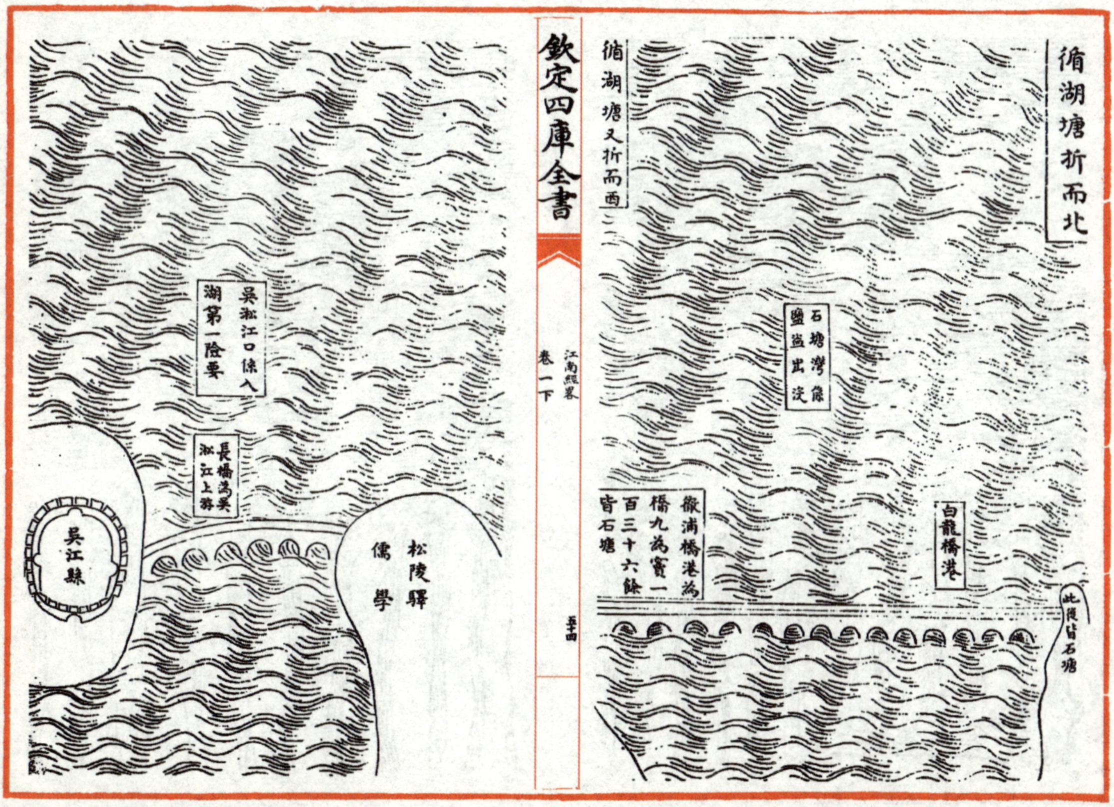
欽定四庫全書
江南經略
卷一下
五十四
循湖塘折而北
循湖塘又折而西
石塘灣係鹽盜出沒
徽浦橋港為橋九為實一百三十六餘皆石塘
白龍橋港
吳淞江口係入湖第一險要
長橋為吳淞江上游
吳江縣
松陵驛
儒學

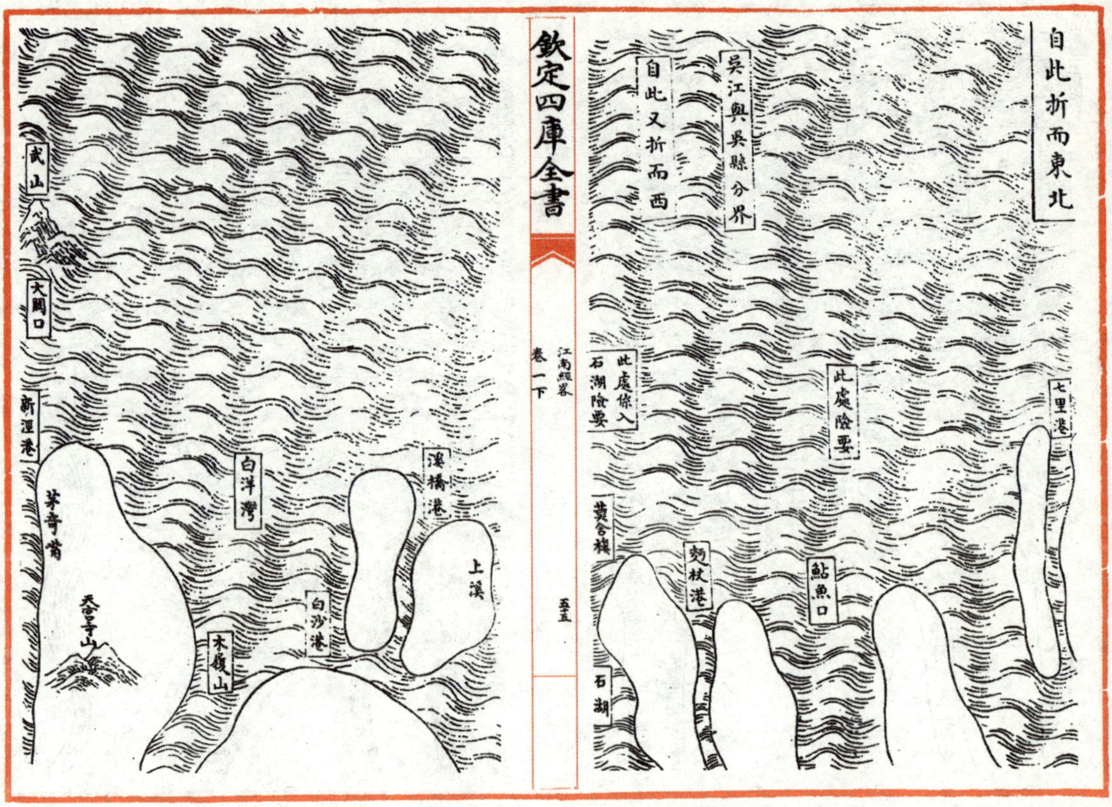
欽定四庫全書
江南經畧
卷一下
五五
自此折而東北
吳江與吳縣分界
自此又折而西
七里港
此處險要
此處係入石湖險要
鮎魚口
石湖
武山
大岡口
新涇港
白洋灣
溇橋港
上溪
白沙港

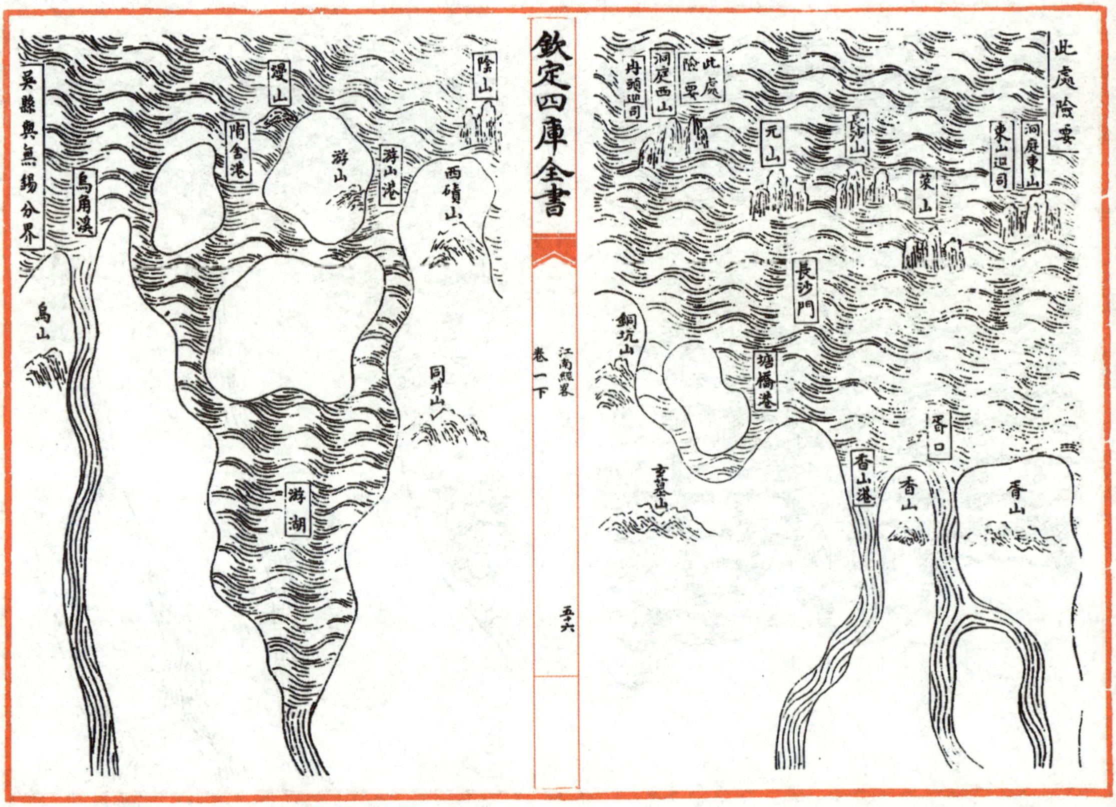
欽定四庫全書
江南經畧
卷一下
五六
此處險要
洞庭東山
東山巡司
長沙山
元山
此處險要
洞庭西山
萊山
長沙門
銅坑山
塘橋港
胥口
香山港
香山
香山
陰山
吳縣與無錫分界
烏角溪
游山
游山港
西磧山
烏山
游湖

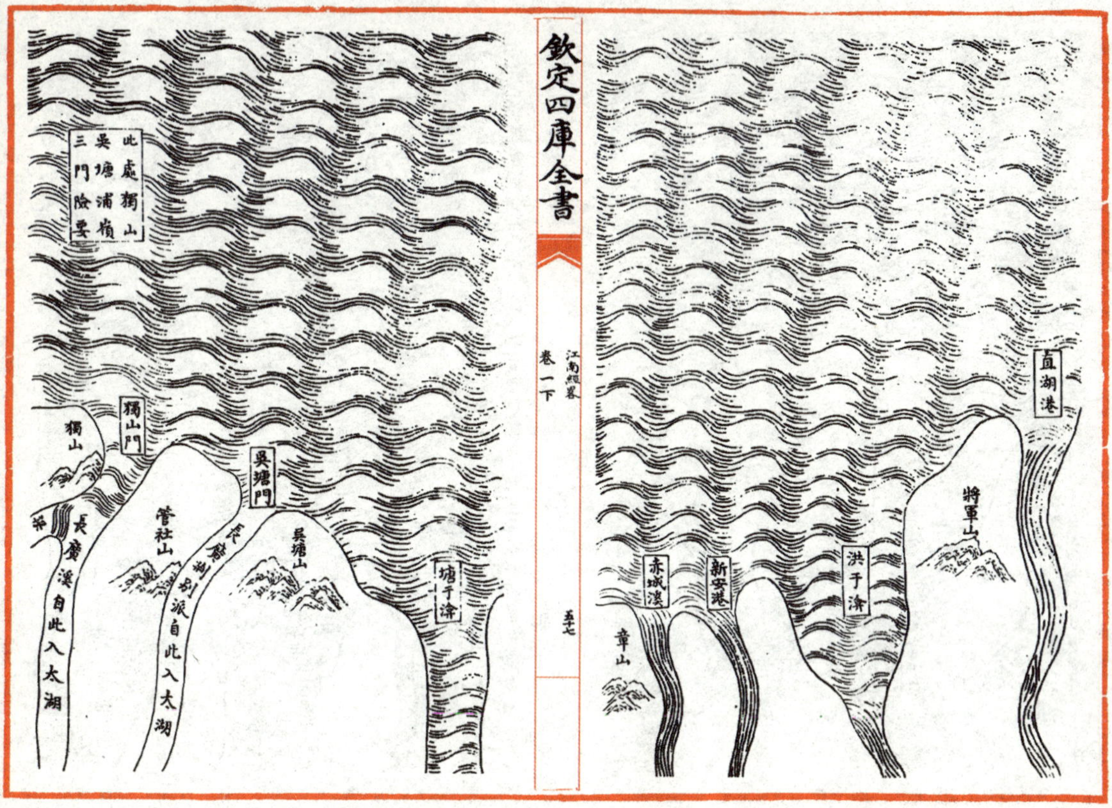
直湖港
將軍山
洪子滄
新安港
赤城瀆
章山
欽定四庫全書
江南經畧
卷一下
五十七
此處獨山吳塘浦嶺三門險要
獨山門
獨山
吳塘門
吳塘山
管社山
塘子滄
長廣溪自此入太湖

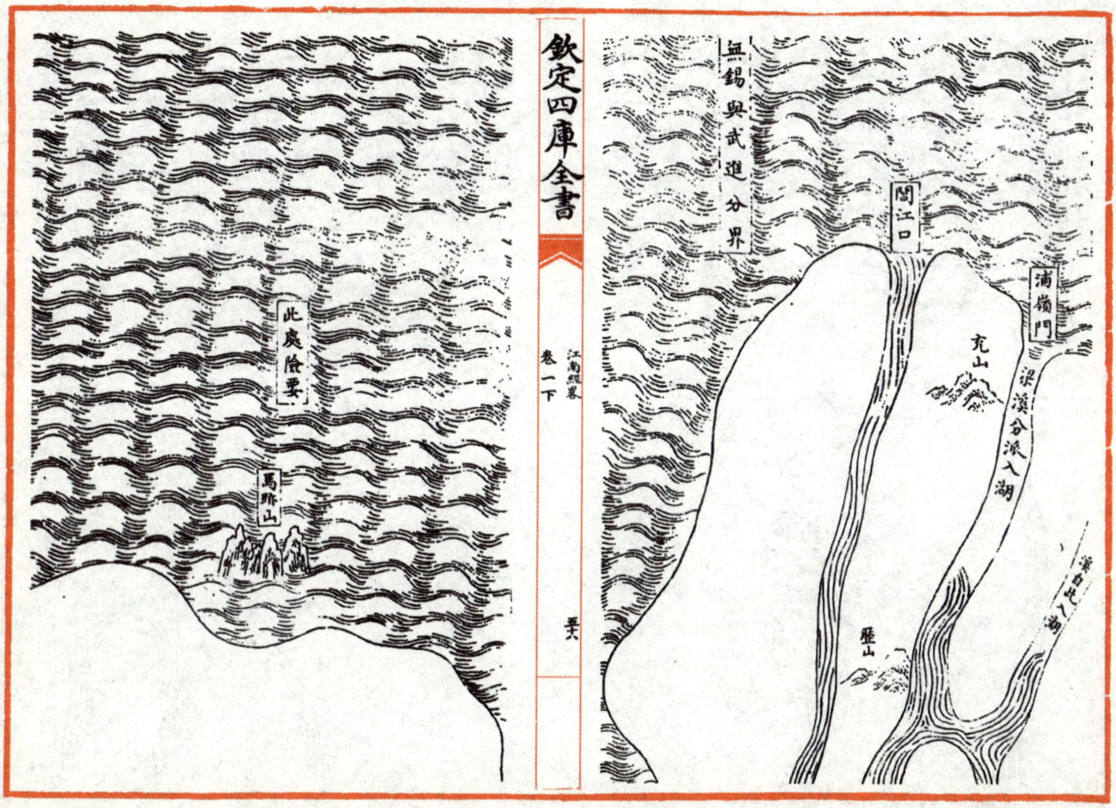
無錫與武進分界
閭江口
浦嶺門
充山
梁溪分派入湖
欽定四庫全書
江南經畧
卷一下
五十六
此處險要
馬跡山

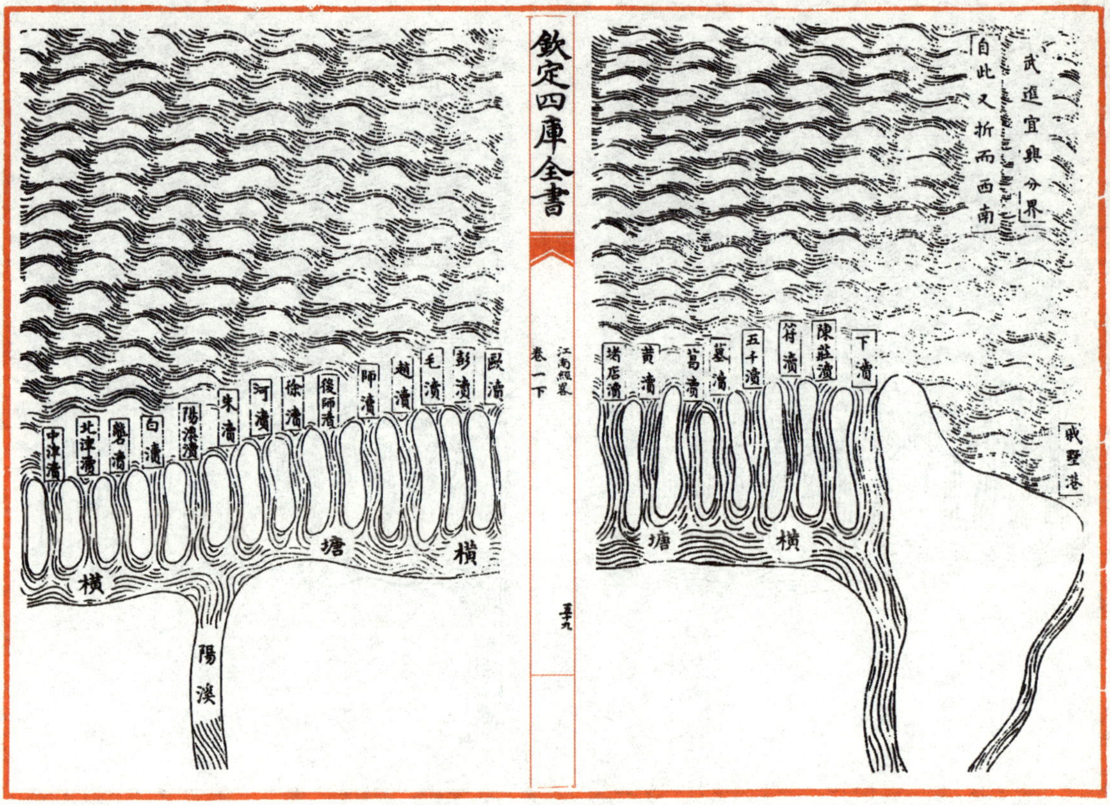
欽定四庫全書
江南經畧 卷一下
武進宜興分界
自此又折而西南
戧墅港
下瀆
陳莊瀆
符瀆
五千瀆
墓瀆
葛瀆
黃瀆
橫
塘
毆瀆
彭瀆
毛瀆
趙瀆
師瀆
後師瀆
徐瀆
河瀆
東瀆
陽溪瀆
白瀆
北津瀆
中津瀆
陽溪

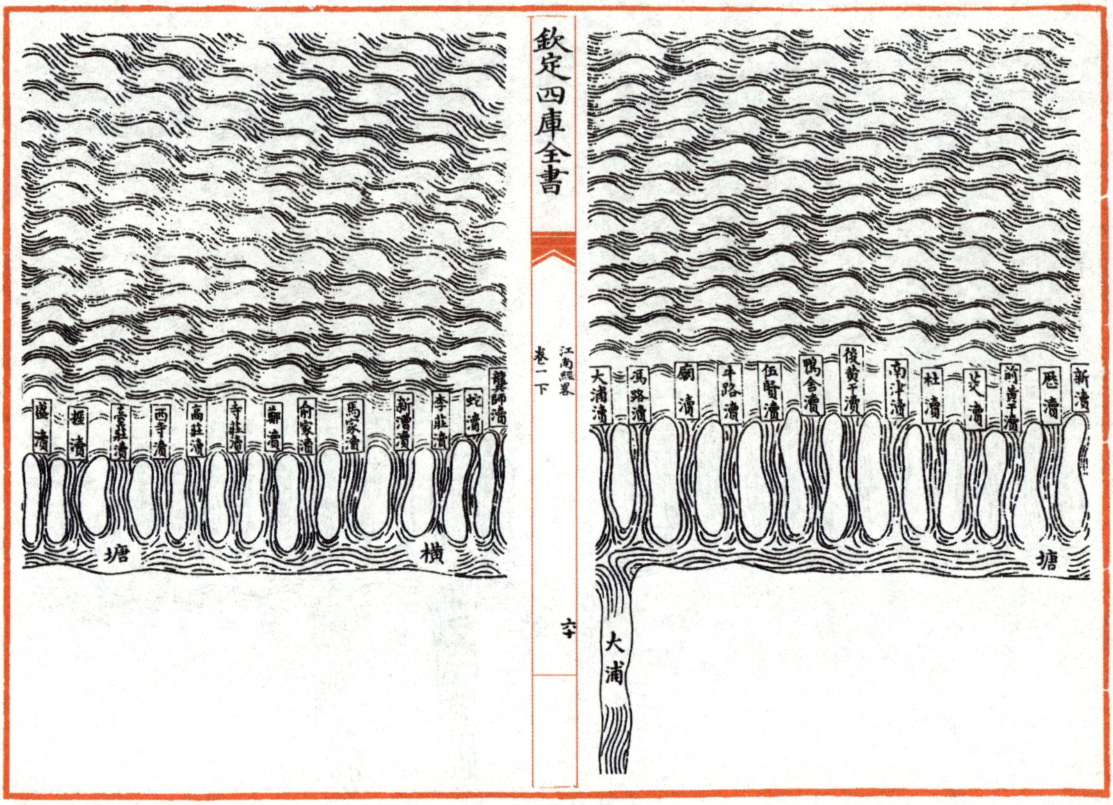
欽定四庫全書
江南經畧 卷一下
新瀆
歷瀆
杜瀆
南津瀆
牛路瀆
廟瀆
馮路瀆
大浦瀆
大浦
塘
橫
龔師瀆
蛇瀆
李莊瀆
馬家瀆
俞家瀆
寺莊瀆
高莊瀆
西寺瀆

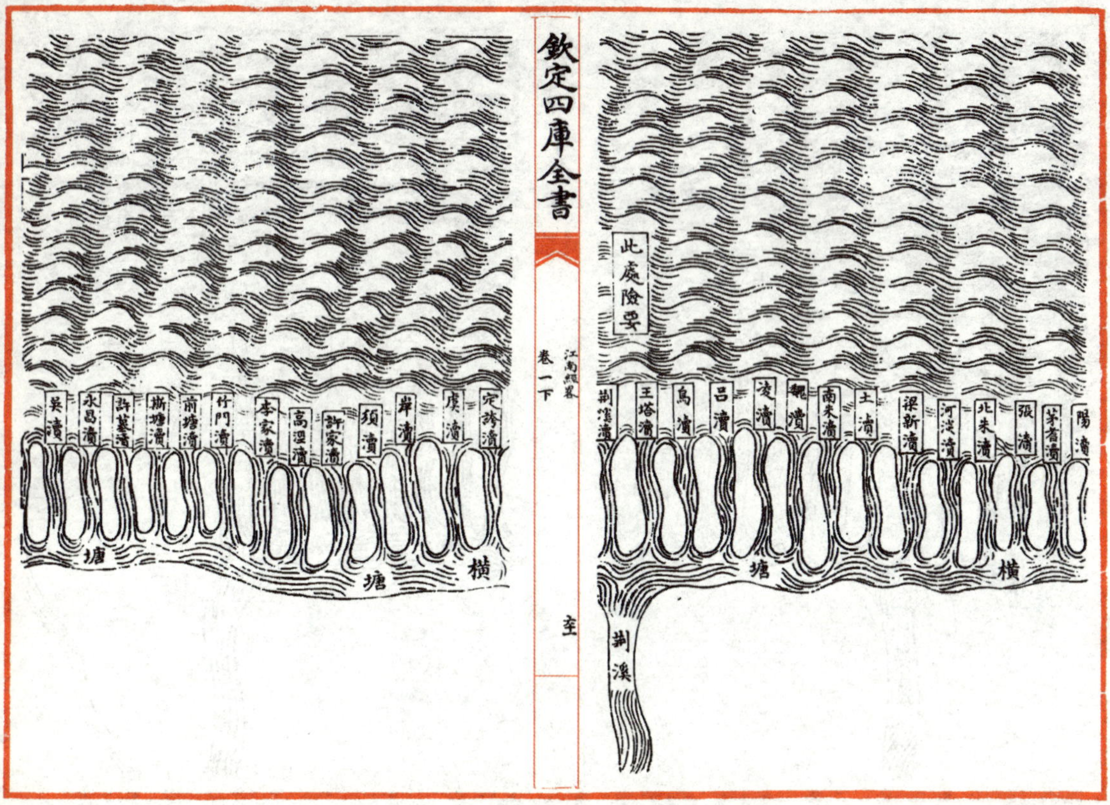
欽定四庫全書
江南經畧
卷一下
此處險要
陽瀆
茅者瀆
張瀆
北朱瀆
河淡瀆
梁新瀆
土瀆
南朱瀆
凌瀆
呂瀆
烏瀆
王塔瀆
荆溪瀆
荆溪
橫
塘
定跨瀆
虔瀆
岸瀆
須瀆
許家瀆
高湮瀆
李家瀆
竹門瀆
前塘瀆
斯塘瀆
許墓瀆
永昌瀆
吳瀆

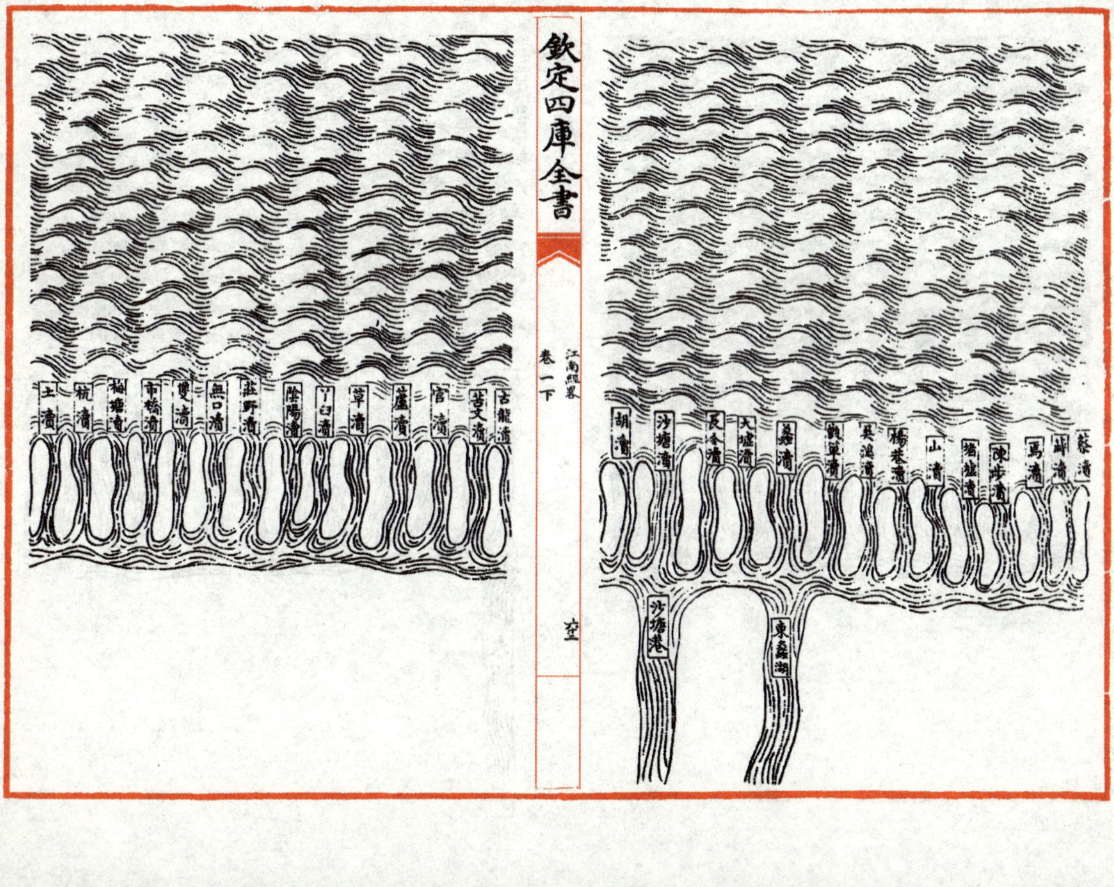
欽定四庫全書
江南經畧
卷一下
蔡瀆
馬瀆
陳步瀆
山瀆
楊巷瀆
吳溪瀆
大墟瀆
沙塘瀆
胡瀆
沙塘港
東蠡湖
古龍瀆
官瀆
盧瀆
草瀆
陰陽瀆
無口瀆
雙瀆
市橋瀆
杭瀆
土瀆

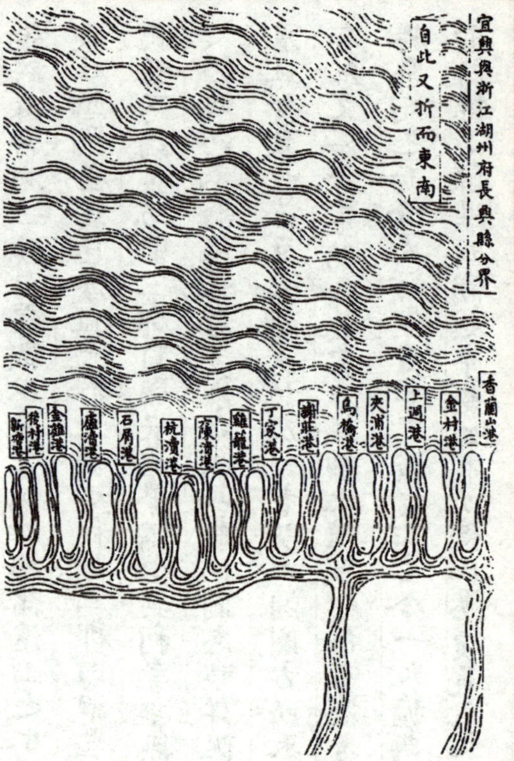
宜興與浙江湖州府長興縣分界
自此又折而東南
香蘭山港
金村港
上週港
夾浦港
烏橋港
丁家港
石房港

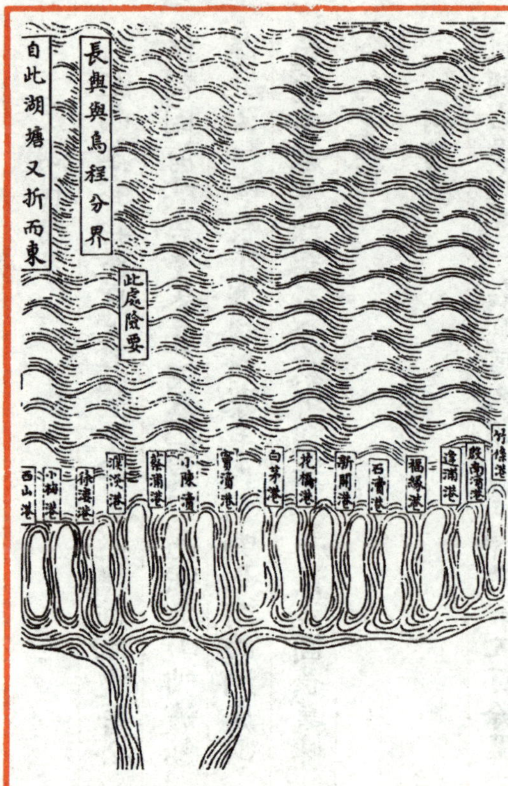
長興與烏程分界
自此湖塘又折而東
此處險要
逹浦港
福緣港
新開港
白茅港
小陳瀆
西山港

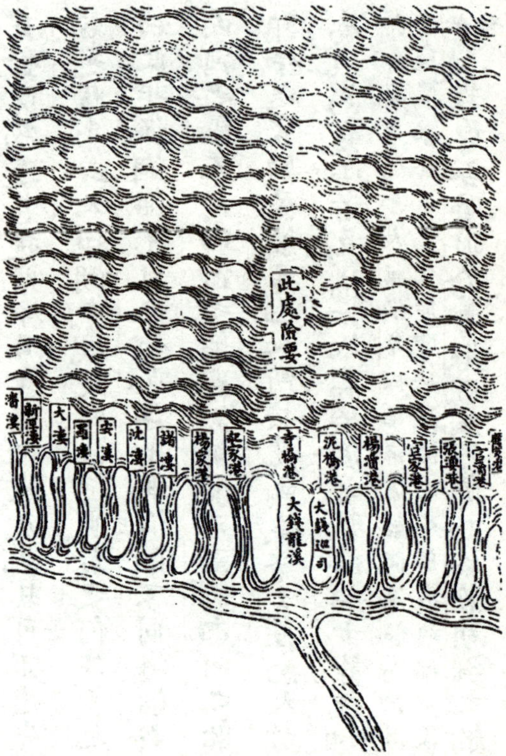
此處險要
大錢巡司
大錢龍溪
楊瀆港
寺橋港

自此接吴江縣牛家港
東金港
西金港
許港
楊港

太湖兵防考

太湖向無官兵防守嘉靖三十四年巡撫都御史曹公邦輔因海壖告警於東洞庭山置司馬寨梁山哨渡船營北湖口營長圻寨烽圻寨毛園哨嘶馬哨西洞庭山置黿山寨角頭寨石公寨圻䢼寨以耆民為團長選練鄉兵守禦

湖防論

太湖古震澤也一名具區又謂之笠澤延袤五百餘里

雄跨蘇常湖三境自宣歙以東富陽以北諸溪山之水咸吐納焉全吳巨浸無大於此論水利則三郡田賦豐歉繫焉論兵防則三郡封疆安危繫焉全吳利害亦無大於此向來論經畧者多未之及此無他圖志弗詳阨塞無考故也若曾遍閱史誌及訪耆艾太湖圖古所未有王文恪公鏊始作之嘗覓而觀之僅可以供賞鑒考勝槩而已而險要防守皆弗之載豈非古今一大曠典耶乃操小艇歷五湖越半載始有所得凡港瀆通塞之蹟古今同異之名何者為水利之所關何者為兵防之所要悉詳識之而繪為二圖繪全湖之圖者昭形勝也繪沿湖之圖者詳區畫也庶司兵者得有所據以便規畫矣或曰東西洞庭及濱湖諸山古來兵燹莫及奚必議守禦而圖之曰自古大兵之下江南也或從京口或從三壩志在城郭則山林必在所遺若島寇則不然志在擄掠棄無就有今腹內諸䢼鎮搜括已盡其志必在未經兵燹之處則沿湖諸邑非所當防者耶況自宜興

至金陵為道甚捷皆今日兵議所未及也其可不思先事之防乎或又曰湖中風波與江河異若之何其禦之曰此非漁網船不可也何也江船與海船不同海船與內河之船不同內河之船與湖泖船又不同內河之船即今之官舫民舟是已人所共見無俟贅言江船大者為川為襄小者為滿江紅為擺渡之類海船十餘種（廣東新會船東莞船大福船草撇船海滄船開浪船高把梢船艟䑠船蒼山船八槳船鷹船漁船蜈蚣船兩頭船網梭船沙船）若曾各圖形於籌海圖編可覽而知若湖泖之船

雖生長吳地者問之多不知況以宦遊之人而知用之乎請詳言之夫湖泖之船大小不齊運石者謂之山船運貨者謂之磩船民家自出入者謂之塘船衛所巡司所用者謂之巡船鄉夫水兵所駕者謂之哨船往來津口者謂之渡船之六者雖皆習知湖中風濤之性尤未若漁船之便利也漁船莫大於帆罟其桅或六道（可裝二千石）或五道（可裝一千四五百石）或四道（可裝一千石）無間寒暑晝夜在湖每二隻合為一舍素為賊之所畏雖蓄貲鉅萬賊不

敢近也聯而艅之太湖中攻戰此其最善乎此船小者亦可入港桅三道（可裝五百石）二道（可裝一百石以下）是也江湖中皆有之若風息時無問大小皆不適用蓋帆罟之所利者狂風怒濤也其尾無櫓其傍無槳風息帆弛即不如巡哨船之擊節為有用矣其次為邊江船（大者可裝二千石以漸而降至於裝一百石）自五桅以至二桅亦專使帆無櫓與槳其中號以下者可入港最大者不可入港若欲出揚子江則由錫山高橋下江水寬處行然須重載壓船喫水方可

過高橋也其次為厰梢船（大者可裝六七百石漸降至六七十石）又其次為小鮮船（即湖中航船是也大者不滿一百石其小可知）二者皆有帆而有櫓邊江厰梢商賈貨之遠遊荆襄近往江北小鮮船亦為通販之用皆湖中之漁舟而兼事乾沒者也又其次為剪網船亦合二隻為一舍船雖狹小第一迅駃又其次為綵網船駕使不過三人而風帆迅駃人亦堪用此二者各湖所共有也又其最小者為劃船三四人盪槳如飛疾於剪網但不用風帆不利湖浪用之以探報諸舟

所不及矣其遇賊也以槳趨淖泥潑賊舟舟滑難立大為賊之所憚此船惟吳江長洲二縣有之他邑皆無而吳江之二十九都者慣一行劫至為可惡凡此皆漁船之可用者也其他湖泖内港漁船尚有掣網船一人坐於船首掣魚者是趕網船一掣一趕者是逐網船一二口綱在於船頭者是罩網船秋冬罩魚夏月則歇而捕田雞者是江網船立木於吳淞江鮆魚口之類兩架相峙其人登架其船下泊者是漕網船一隻帶頭一隻安

坐漕岸上起網者是此六者皆遲鈍不適於用所適用者惟鸕鷀船（一名水老鴉）一櫓一槳或二槳出於吳江長洲二縣其駕使不過二三人其迅駛埒於剪網善用之大為軍旅之助或又曰過太湖港口無慮百數焉得港港而設備之曰是不然湖口雖多通舟往來者不過如吳江縣之韭溪葉港雪落洪柵關鮎魚口吳縣之莫舍澧胥口港無錫縣之獨山浦嶺吳塘門武進縣之馬蹟山宜興縣之荆溪東蠡河忻溪直瀆之類可指而數也各

練鄉兵守之而以巡哨船為之探報帆咢邊江等船常居深水賊豈能入湖也哉然大小漁船未經刷集一旦用之欲望其出死力不能也須平時籍之於官蠲其重役專委一廉仁有司點閘之則庶乎不敢規避耳

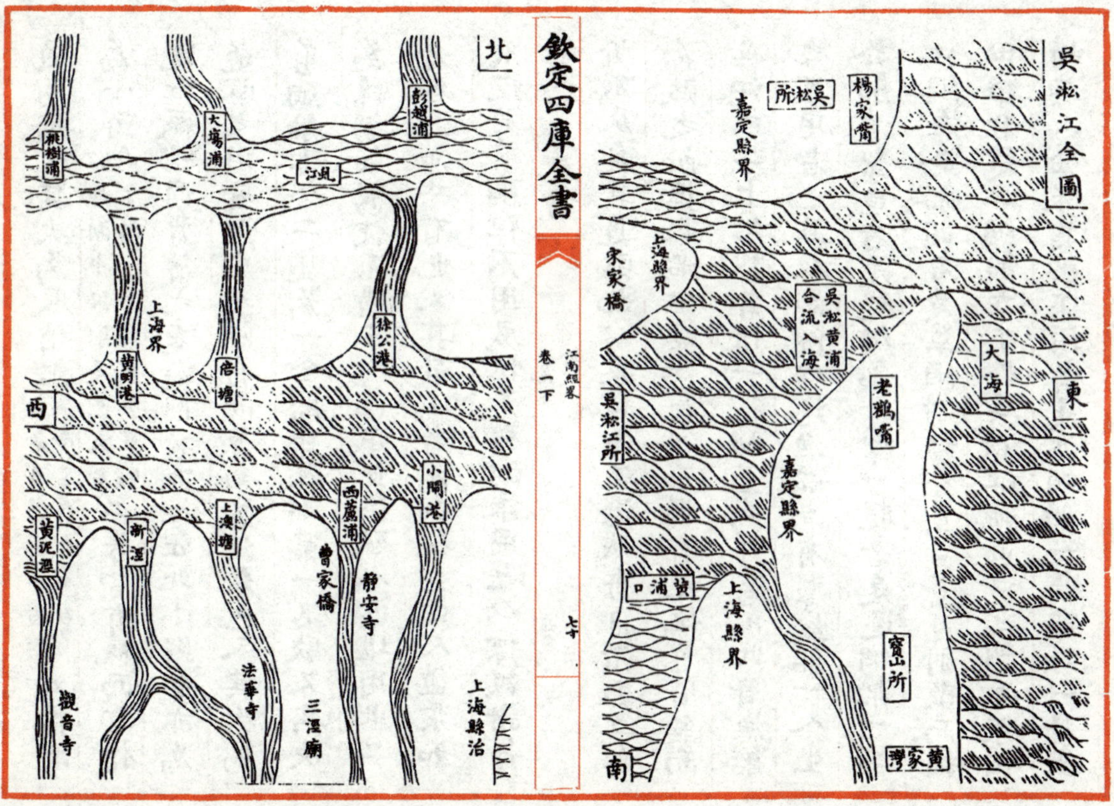

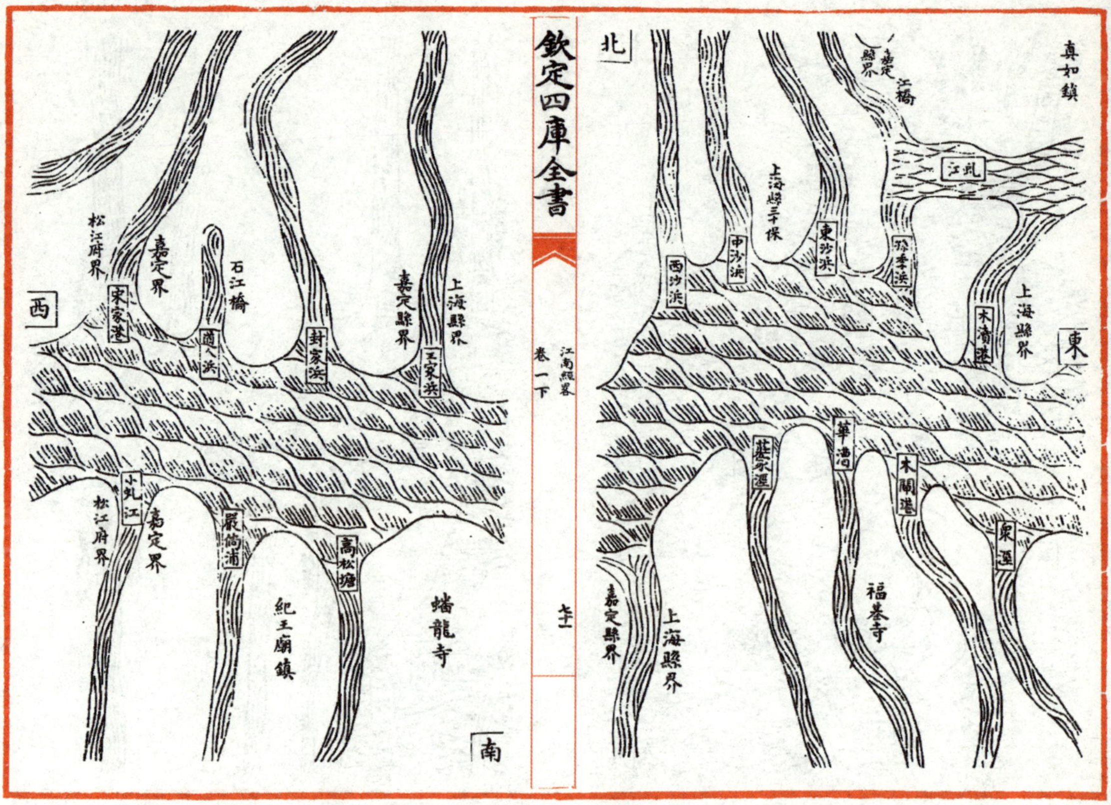
欽定四庫全書
江南經略
卷一下
北
南
西
東
松江府界
嘉定界
石江橋
宋家港
封家浜
嘉定縣界
上海縣界
王家浜
紀王廟鎮
蟠龍寺
真如鎮
江橋
上海縣三十保
中沙浜
東沙浜
西沙浜
木瀆港
華漕
福泉寺

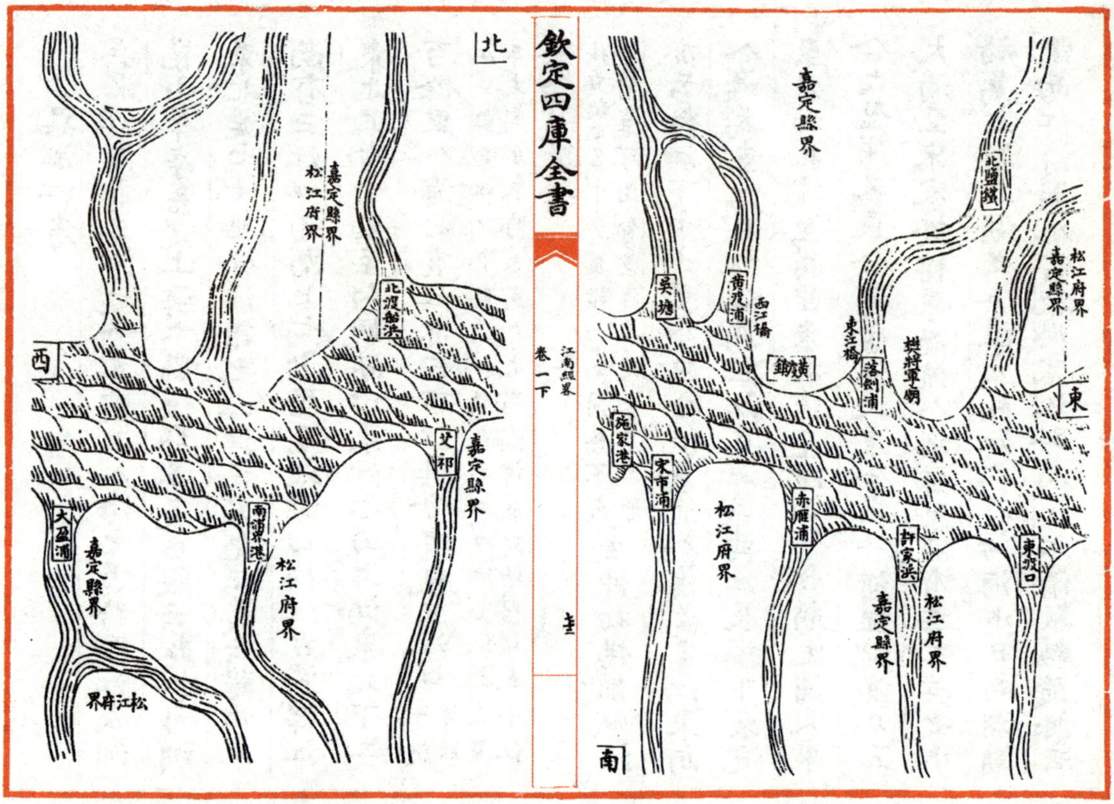
欽定四庫全書
江南經略
卷一下
北
南
西
東
嘉定縣界
松江府界
北渡船港
大盈浦
南翔界港
松江界府
吳塘
黄渡浦
西江橋
東江橋
施家港
松江府界
東渡口
嘉定縣界

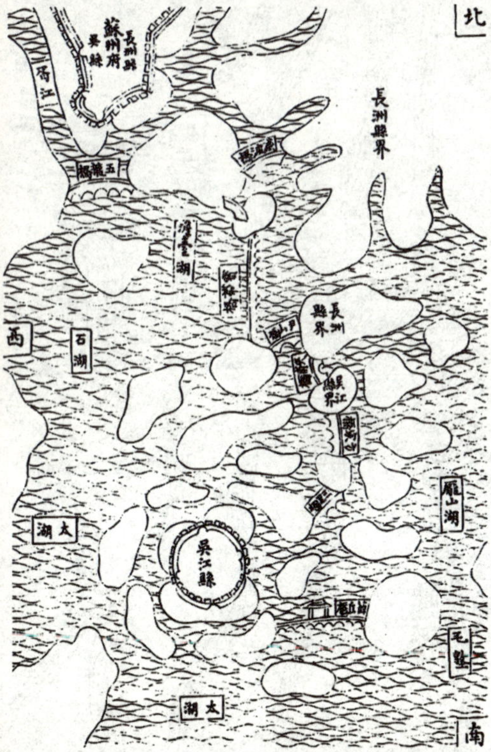

欽定四庫全書　江南經略　卷一下　七十三

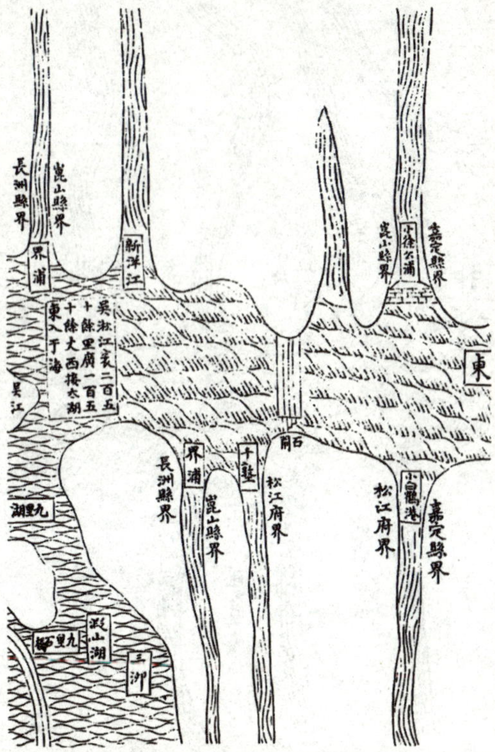

吳淞江考

吳淞江禹貢三江之一為震澤入海之道跨吳江長洲崑山華亭嘉定上海六縣境酈善長水經云松江自湖東北逕七十里分流謂之三江口史記正義云蘇州東南有三江口西南上七十里至太湖曰松江古笠澤江東北上七十里至白蜆湖曰東江亦曰上江東北下二百餘里入海曰婁江亦曰下江其分處號三江口一說吳淞江口白鶴江口青龍江口謂之三江口地勢低於震澤三丈潮水來時水高三丈到震澤底定所以謂之平江

欽定四庫全書　江南經略　卷一下　七十四

按青龍之名本於孫權白鶴聞於宋嘉祐時豈可附會震澤底定之三江乎庾仲初揚都賦注亦云松江下七十里水口分流東北入海為婁江東南入海為東江并松江為三江其源出吳江長橋下東流至尹山北流至甫里東北流至澱山北合趙屯浦又東合大盈浦又東合顧會浦又東合崧子浦盤龍浦凡五大浦至宋家橋轉東南流入海蘇東坡有言三吳之水瀦為太湖太湖之水溢為松江以入海海水日兩潮潮濁而江清潮水常欲淤塞江路而江水清駛輒隨滌去

海水常通則湖中少水患宋景祐初范文正公仲淹親
歷海濵開濬五湖東南入吳淞江東北入於海崇寧二
年徐確提舉常平考禹貢三江之說以為太湖東注於
海松江正在下流潮泥湮塞水溢為患請自封家渡古
江開淘至大通浦直徹海口七十四里大觀中兩詔疏
濬復置十二牐宣和間都水趙霖更加開鑿淳熙二年
立庸田司於平江撩漉吳淞江沙泥十三年又開淘湮
塞去處自大盈諸浦洩水入海時江面廣一百五十餘

丈袤二百五十餘里歷元日就淤塞大德八年都水任
仁發以吳淞故道湮廢為浙西居民害奏請疏導西自
上海縣界吳淞舊江東抵嘉定縣石橋洪迤運入海長
三十八里一百八十一步三尺深一丈五尺濶二十五
丈十年又開江東西兩處河道自上海縣界趙屯浦大
盈浦白鶴江分莊嘴樊浦西浜盤龍舊江計長三十七
里三百二十二步濶二十餘丈深一丈五尺既又於廟
涇以西盤龍以東開挑出水口子五處并新涇安置木

閘二座一至江二里三百三十九步一至江一里四十
七步尋北一座上源太湖水勢湍急衝倒泰定初復開
舊江二道比大德所開里數三之二深濶如初於嘉定
之趙浦上海之潘家浜烏泥涇三處各置石閘二座建
置乖宜旱澇交病至順元年因浚烏泥涇閘內舊河長
五百一十步濶五丈深一丈五尺水勢流通其患少弭
至元四年又充鑿之六年復濬潘家浜閘內舊堰直河
又於張涇盤車二堰置閘深濬外河導水歸海至正元

年撈摝江北南岸下沙泥浚淤各閘舊河直道深濶永
樂二年尚書夏公原吉濬崑山縣東南夏駕浦掣吳淞
之水北達劉家河挑嘉定縣西顧浦引吳淞之水貫吳
塘由劉家河入海江之東段未曾施工正統五年廷臣
奏言江南賦稅多取給於蘇州其田卑下常有渰溺之
患宜設法疏濬以利生民詔下巡撫侍郎周公忱兼總
其事因檢視吳淞江直流百餘里東連大海西接太湖
南北平坦滋生蔓草民漸開墾成田江水壅塞不能通

流親往江上立表江心盡去壅塞水得疏洩天順三年巡撫都御史崔公恭咨訪吳淞江利病躬諸其地督工挑浚分為三段崑山縣自夏駕口至白鶴江挑四千六十七丈上海縣自白鶴江至卞家渡挑四千六十七丈嘉定縣自卞家渡至莊家港挑五千六百七十七丈各深一丈一尺面濶十丈二尺底濶四丈出舊江一萬三千七百一丈成化八年巡撫都御史畢公亨巡按御史鄭公銘水利僉事吳公瑞濬江東自嘉定縣徐公浦西

至崑山縣夏駕浦凡一百三十里十年又檄蘇州知府邱霽重濬江面濶一十四丈五尺底濶八丈五尺水深一丈二尺自夏駕口起至西莊家港嘉定縣分挑六千三百五十三丈六尺崑山縣分挑五千三百五十三丈七尺弘治元年僉事伍公性濬江中段四十餘里弘治八年工部侍郎徐公貫會同巡撫都御史何公鑑委蘇州知府史簡開濬吳江縣長橋水竇疏太湖之水以及吳淞江委松江府通判郝希賢濬吳淞江自帆歸口至分莊嘴七十餘里并開大石趙屯等浦洩澱山湖水由吳淞江以達於海嘉靖元年巡撫尚書李公充嗣檄蘇州知府徐讚松江知府孔輔等濬江下流自夏駕口起至龍王廟舊江口止共長六千三百三十六丈二尺濶一十八丈深一丈二尺又檄湖州府同知徐鸞濬大錢小梅等港并沿湖七十二漊以通太湖之上流蘇州府通判孔賢濬趙屯大盈道褐等浦使上流下委遞相容洩又於夏駕浦新洋江二河與吳淞交會之處建石閘

一座節制江流使不斜趨阻遏渾潮使不倒流二年工部郎中林公文沛又令崑山上海二縣濬江淤淺處二段共長四千三百七十七丈使澱山等湖之水由是入海三十餘年無水患邇來水利官曠職不修潮泥日積無所洩瀉太湖因之奔壅為患滋甚疏瀹之功其可少緩耶

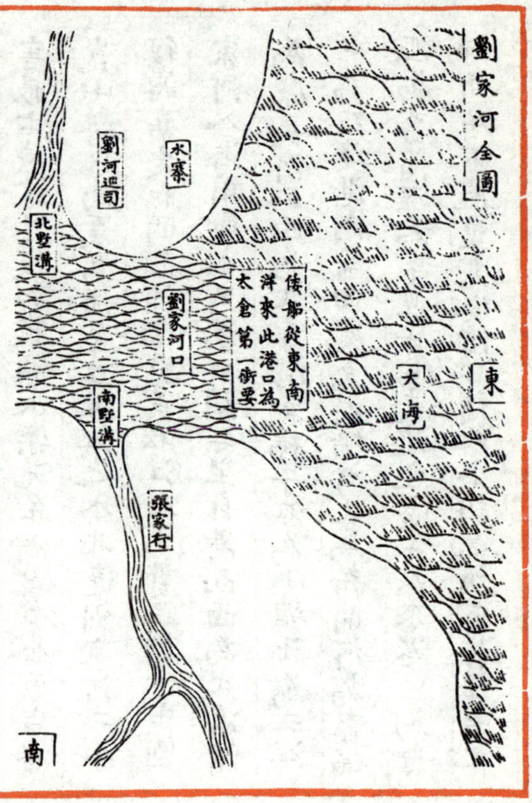
劉家河全圖
東
大海
倭船從東南洋來此港口為太倉第一衝要
劉家河口
水寨
劉河巡司
北野溝
南野溝
張家行
南

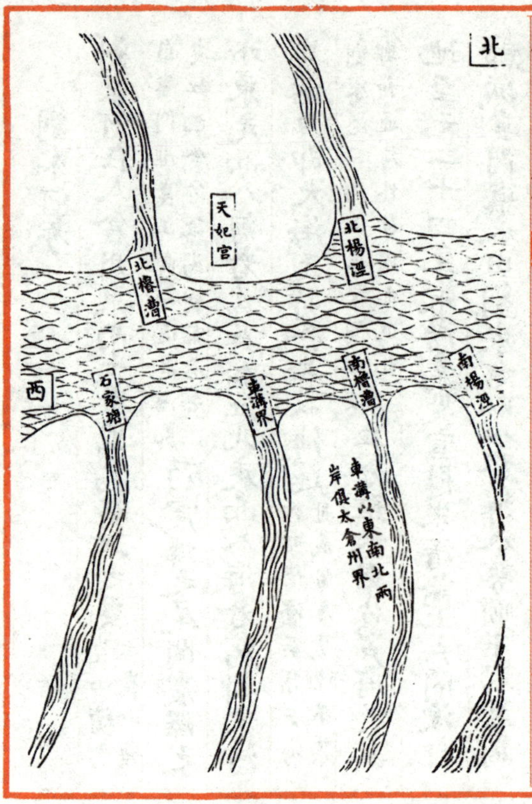
北
天妃宮
北楊涇
北槽漕
南槽漕
南楊涇
石家塘
東溝界
西
東溝以東南北兩岸俱太倉州界

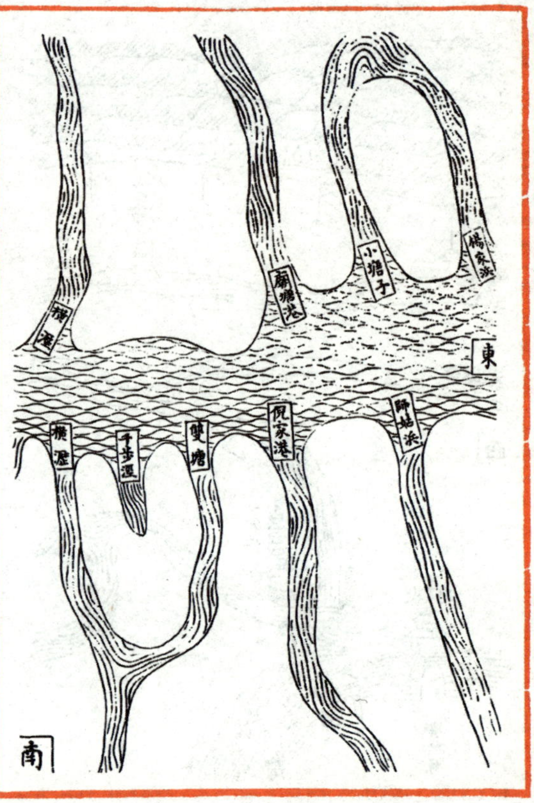
東
偏家浜
小塘子
廟塘港
楊涇
師姑浜
倪家港
雙塘
千步涇
楊涇
南

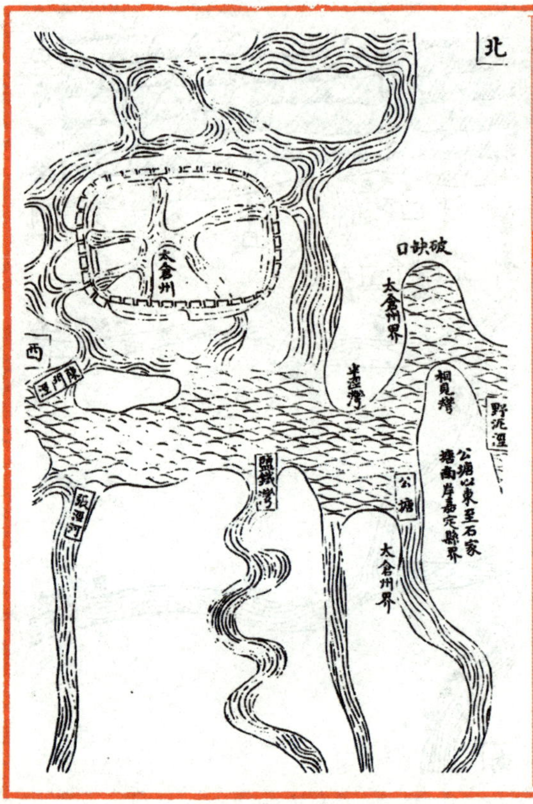
北
破缺口
太倉州
太倉州界
桐見灣
野泥涇
公塘以東至石家塘南岸嘉定縣界
公塘
太倉州界
西
陸門涇
鹽鐵灣

劉家河考

劉家河在太倉州東南七十里為婁江之委（崑山續志云崑山塘自婁門歷崑山縣以達於海即婁江也今俗訛為劉家港云）乃震澤之尾閭震澤之水東走而入海者為吳淞江北走而入海者為劉家河其港口即大海元時於此設海運（鄭明德僑吳集云海舟歲當春夏運畢集劉家港○國朝永樂間中使鄭和通海外諸國亦道此）立分鎮水軍萬戶府於其地至元二十四年水澇為災宣慰朱清諭上户開浚自郡城婁門導水由劉家港以入於海水勢順下不至為害張士誠據吳復加疏瀹永樂元年尚書夏公原吉濬崑山縣東南夏駕浦掣吳淞江之水北達劉家河二年復濬嘉定縣西顧浦南引吳淞江水北貫吳塘亦由劉家河入海用鮮水患港口濶二里自港而西為北漕漕為糜長河又西為北寺溝為楊子涇為小塘子為三江口為石婆港南盤曲處為渭塴灣北為新開河為青福涇為菖蒲涇為半涇皆其支流也邇年以來港口為舟師所居下流壅塞淤漬日積此水利之所宜振舉者也

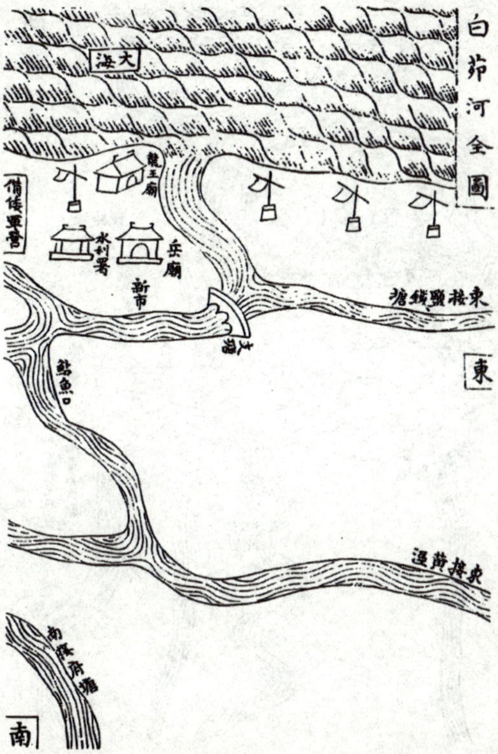

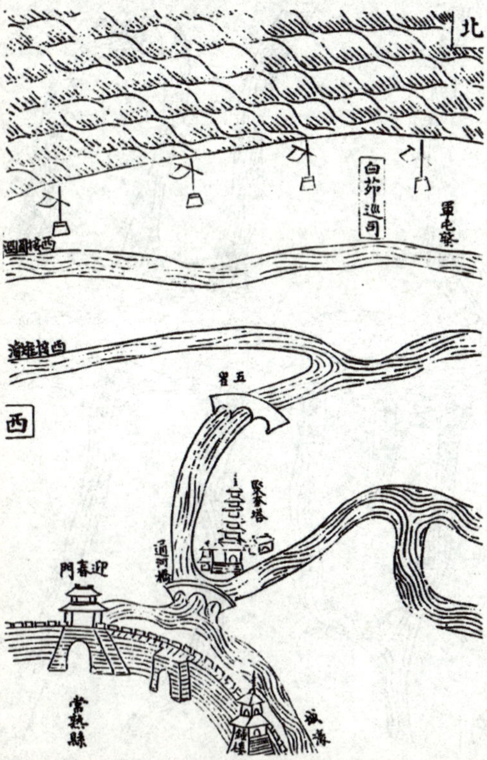

白茆河考

白茆河在常熟縣東南輸昆承湖陽城湖而注之海往
時水由是行濶六十丈長亘九十里通潮往來吐洩湖
泖宋紹興中大理丞周環言臨安平江湖秀四郡低下
之田多為太湖積水浸灌緣溪山諸水連接併歸太湖
東南由松江入海東北由諸浦入江其沿江洩水惟白
茆浦最大宜令有司相度開決下兩浙漕臣按視發帑
疏濬隆興乾道淳熙間因監司鄭興裔郡守沈度等言

相繼開鑿咸淳元年復自黃沙港開至支塘橋張士誠
據吳開白茆港與劉家河分殺水勢又設爬沙之夫歲
加疏濬以為常數十年間無水患永樂二年尚書夏公
原吉流濬白茆導諸水入揚子江復相度地勢於湖水
交會之衝慮水獨從七浦入海因作斜堰障之分其流
注於白茆民有所賴久之潮沙日漲罕施疏治港漸狹
小又有水之獨出七浦而決壞斜堰者於是水遂改道
更無流波衝洗潮泥而漲沙日甚一日隱然成堤景泰
五年夏大水淹浸田禾經久不退侍郎李公敏與蘇州
知府汪滸議浚白茆等塘以洩之滸至常熟相視近民
耄倪皆臥泣隄上以求免言一開濬則堰下之田亦且
就浸滸不許強之挑濬青墩浦橫瀝塘共五六里以通
白茆塘鑿開三堰約三四里引水通鮎魚口其海口淤
塞漫生叢葦仍挑去約千餘畝於是水得歸海弘治八
年工部侍郎徐公貫會同巡撫都御史何公鑑以長吳
崑山常熟嘉定等縣民夫五萬九千人專事疏濬東起

海口西抵支塘凡長六千五百五十五丈港面濶五十
六丈傍深一丈七尺令崇明縣出巨鑑相連内向爬去
壅沙棄於海中一時因白茆而濬其上為鮎魚口傳真
湖水來派有新開河龍潭洪白茆洪落星港濬之總計
六千四百丈并濬尤涇長九里鹽鐵塘長十八里由是
諸涇港首尾皆貫於白茆而水有所歸嗣後旋復淤塞
正德十六年巡撫尚書李公充嗣發民夫起常熟縣東
倉至雙廟濬白茆故道一萬七千三百九十二丈深一

丈五尺濶三十三丈親駐支塘博詢士民開出水口議論不一李公與蘇州知府徐讚擬循故河疏治常熟縣主簿余浪獨主鑿新河李公按視形勢以其議為是遂鑿新河三千五百五十丈又濬尚湖昆承陽城等湖支河一十九道又慮白茆港口海潮日至沙泥易淤則為石閘一陽城湖水至斜堰分流七浦塘可以少殺白茆之流則為堰一本河舊有備倭軍營及巡檢司俱遷改

新開河口後又添設水利署倉房龍王廟通來潮沙淤積日漸湮塞濶者不過四五丈狹者不及三丈水深不過三四尺若不疏濬全吳北境難免水患當事者可不重加之意乎

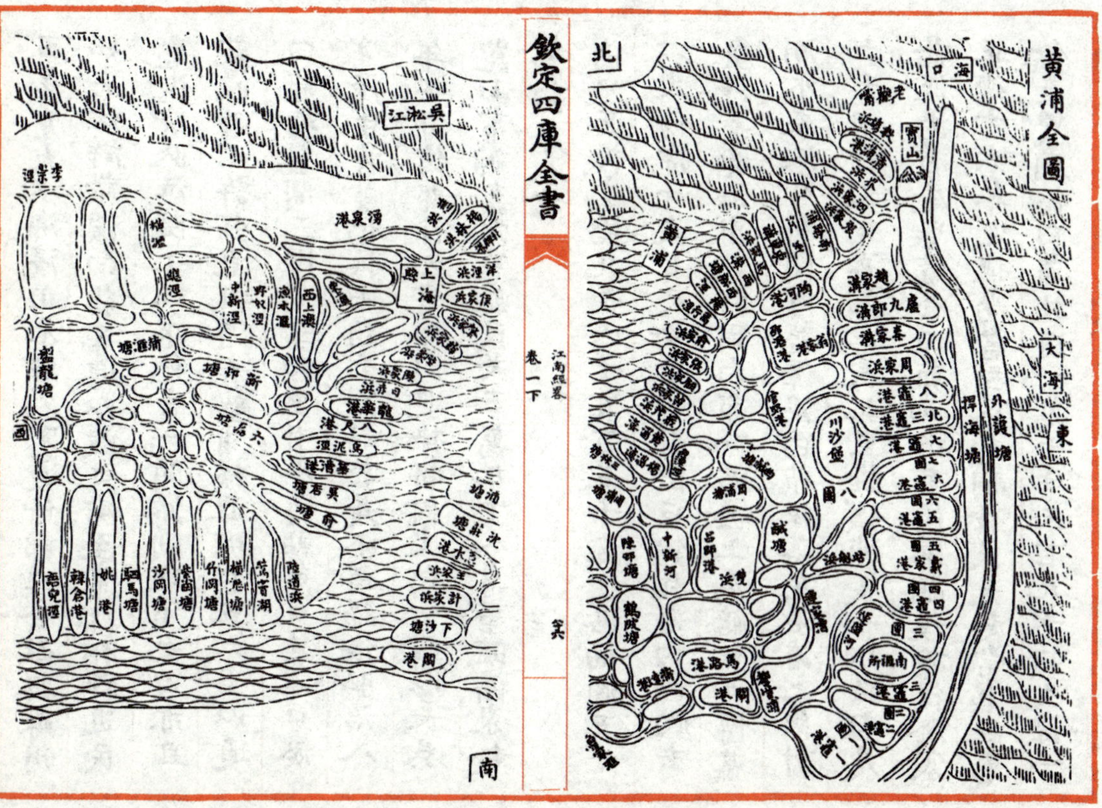

黄浦考

黄浦為松江府南境巨川戰國時楚滅吳封春申君黄歇於故吳城命工開鑿土人相傳稱為黄浦又稱春申浦受黄橋斜塘秀州塘諸水東北會吳淞江以入於海其所宣洩視他浦最為要害往時東江濬利其分流入潢潦涇抵詹家滙不能至黄浦至南折奔注東江入海甚徑易自東江湮没諸水皆屈流入黄浦勢頗紆緩浦之廣深僅半吳淞江逮永樂二年尚書夏公原吉以吳

淞江淤塞頗多施功甚難乃開崑山之夏駕浦嘉定之顧浦挈太湖之水入劉家港又以黄浦為通吳淞江要道度其旁有范家浜至南蹌口可逕入海濬令深廣上接黄浦以達泖湖之水浦勢自是數倍於吳淞矣天順四年巡撫都御史崔公恭濬蒲滙塘及新涇四千丈鑿曹家溝南抵新場二萬丈廣皆十四丈深皆二丈濬六磊塘鶯竇湖烏泥涇沙竹岡塘水通流入黄浦民感其惠因呼曹家溝為都臺浦今吳淞江自闗橋以西多淤塞而不通凡太湖以南嘉湖杭之水悉入泖湖從黄浦出海其流反疾故賊舟之入也或由綵淘港以犯嘉定或由黄浦以犯上洋而吳淞反為不便勢使然也繫考入浦之水自孛埨滙分支者則有若南錢塘官紹塘米市塘南俞塘鹽鐵塘北俞塘泗涇駟馬塘六磊塘東溝新邨塘吳店塘烏泥涇華漕港龍華港蒲滙塘諸水此並華亭上海二境自南迤北而東入於浦者也自界涇横泖分支者則有若高蔣涇顧胥塘前後岡塘上下横

涇方西塘淺沙塘金滙塘閘港下沙浦鹽鐵塘都臺浦沈莊塘周浦塘三林塘黄淄溇馬家浜陳邨塘諸水此並華亭上海二境自南迤北而西入於浦者也其盤龍塘沙岡塘竹岡塘横瀝塘新涇諸水則又二境之間自南至北達於浦而通於吳淞江者也浦勢湍悍入海徑易議者以為可補東江之闕云

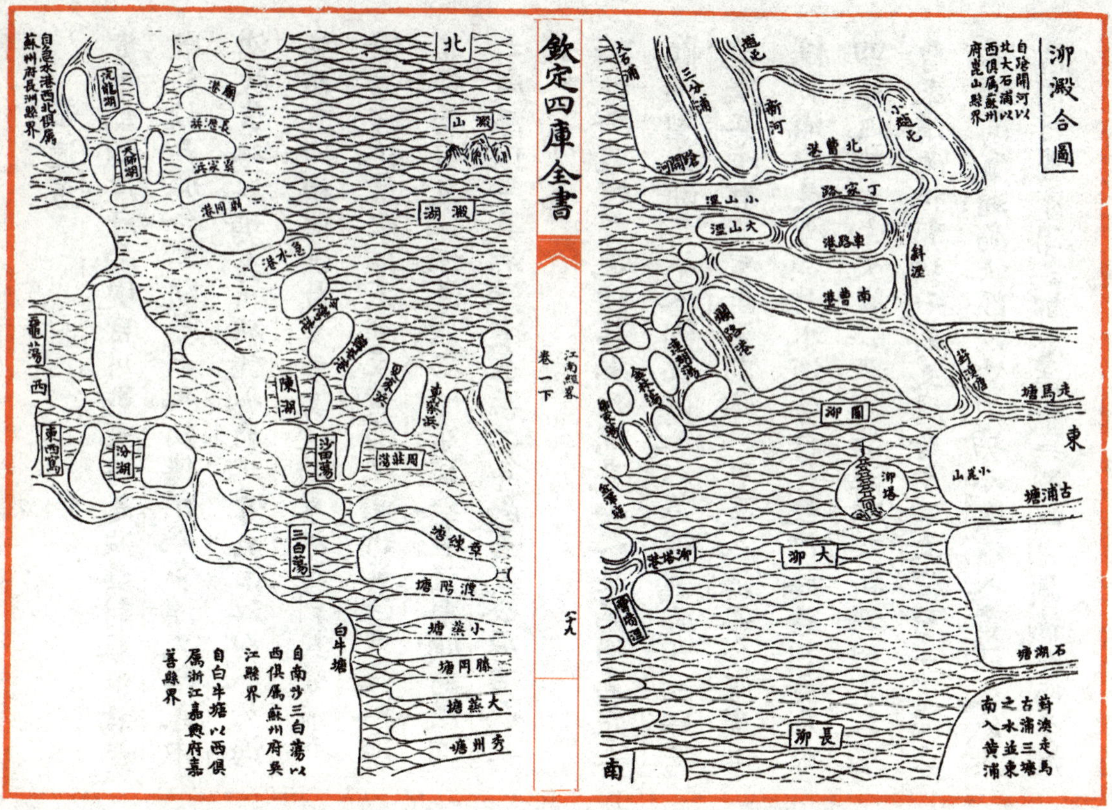

薛澱湖考

薛澱湖一名澱山湖以中有澱山也旁通太湖滙蘇秀湖三州之水其源自長洲白蜆江經急水港而來周圍幾二百里實古來鍾水之地華亭縣在湖之南境崑山縣在湖之北境湖水自西南趨東北所賴洩水去處北出為趙屯浦逕望湖徑至昏溝分流為內勳浦為會仙浦為古盤浦為南瀬浦為梁紀浦並入於吳淞江又東出為大盈浦逕南漕港絕橫泖合北漕港由新河會於青龍江白鶴江入於吳淞江又西出為大石浦北逕崑山之道褐浦千墩浦入於吳淞江蘇州府志云澱山湖吐納東南諸水水較他湖特大松江府舊誌云澱山湖西有小湖又云縣西北有白蜆馬騰谷瑒瑁四湖且謂白蜆越在長洲馬騰谷瑒瑁三湖相去僅五七里而澱湖茫然一壑不復可辨其後又載錡湖云有陸錡宅曰瑁湖曰邢湖曰新湖云皆在西北以今考之澱湖之南有瓢湖其傍有金銀東清東白西陳大葑諸蕩漾北即蔓

萊洲在長洲縣界皆涵浸相屬數十里其西過金澤又有西黿蕩雪落漾諸水而不得其名者尚多古今勢殊焉知舊志所書非今之諸蕩耶並湖以北中為一瀆曰山門溜東西五六里南北七八里正當湖流之衝為自古吞吐湖水之地山門溜之中又有斜路港斜路今與崑山縣磧瀆鄰上達湖口當斜路之半又西過為小石浦上達山門溜下入大石浦凡斜路港大小石浦分為三道殺泄湖水並從上而下通徹吳淞江以入海宋淳熙中羅點提舉常

平以澱山湖洩諸水道戚里豪强圍占成田故水壅不洩為民田害奏請開濬詔下點躬詣相視開決農民聞命歡躍不待告諭各裹糧合夫先行掘鑿於是並湖巨浸復為良田湖中有山寺宋時在水中心迨元權勢占湖為田山寺遂在田中雖有港瀆悉皆淺狹至元末江浙行省奉詔疏鑿即湖田開新港三條闊三十餘丈及濬趙屯大盈二浦活疾湖流景泰間松江知府葉冕督民修築湖隄萬餘丈弘治八年工部侍郎徐公貫會同巡撫都御史何公鑑開大石趙屯等浦洩澱山湖水由吳淞江以達於海為利甚溥今趙屯大盈去湖益遠顧由何家港及南北曹港受湖水以洩於吳淞江水患之多蓋有由矣

三泖

松江為蘇州下流去海甚近北截於吳淞江而西南有澱湖當湖諸水聯絡環繞皆源於太湖而委之三泖三泖在郡城西境按廣韻註云泖華亭水也太史公云泖

之為言茂也吳郡圖經云泖在華亭境有上中下三名狹者且八十丈祥符圖經云谷泖縣西三十五里周一頃三十九畝古泖在縣西四十里周四頃三十九畝今泖之界西北抵山涇南自泖橋出東南至廣陳又東至當湖又東至捍海塘而止俗傳近山涇者為上泖近泖橋者為下泖縣圖以近山涇泖益圓曰圓泖近泖橋泖益闊曰大泖自泖橋而上縈繞百餘里曰長泖此三泖之異也陸機對晉武帝云三泖冬溫夏涼谷水在其北金澤章練小蒸大蒸白牛諸塘在其西封澳走

馬諸塘在其東泖橋之外横絶而東者秀州塘也旁釃為數渠圓泖則東出為
横山塘過沈涇塘北折至通波塘由顧會浦分流為艾
祁浦為崧子浦入於吳淞江大泖則東出為漕涇又東
出為走馬塘並北折而東為七里涇由通波塘入於吳
淞江又東出為石湖塘歷東西山涇合秀州塘北流亦
從通波塘入吳淞江長泖則東出斜塘為横潦涇又東
流為瓜涇塘為詹家滙北折為黄浦為范家浜二百五
十餘里合於吳淞江逕南蹌口入於海此三泖水利之

大槩也或併胥顧謝家二泖為三泖按二泖在縣東南
一陂澤耳與三泖相望七十里其說非也

江南經畧卷一下

欽定四庫全書

子部

江南經畧卷二上

詳校官助教臣常循

總校官進士臣程嘉謨
校對官學錄臣常循
謄錄監生臣王岐

欽定四庫全書

江南經略卷二上

蘇州府屬縣彊界參錯圖

明　鄭若曾　撰

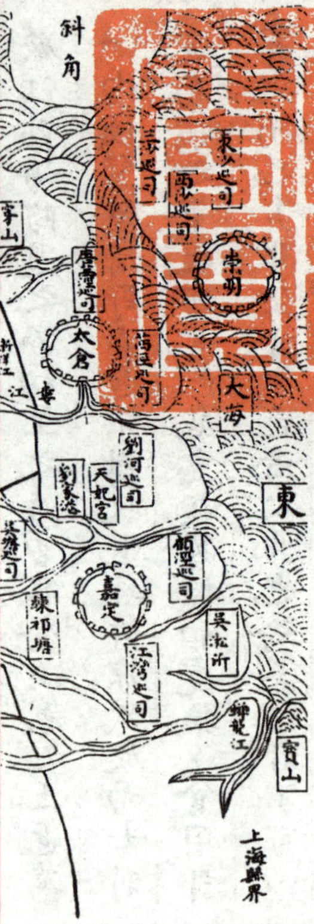

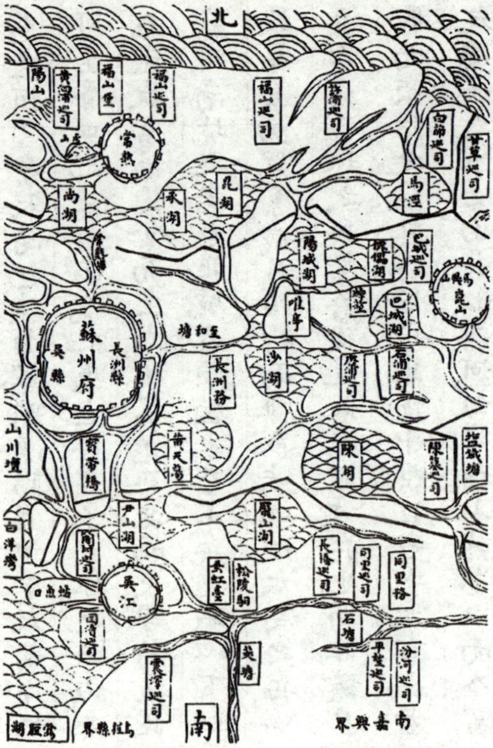

蘇州府總論

蘇州乃南都之裀褥也人文財賦甲於天下奸雄素欲染指萬一世變計賊入境有三策焉一曰毘陵二曰太湖三曰武林何言乎毘陵也從古論江南咽喉者皆曰京口不知夾岡險隘易於堵截賊豈敢由此而東其勢必據鎮江遣舟師從河莊閘進五十五里至犇牛又三十五里至毘陵頗為便易既至毘陵則丹陽金壇皆可傳檄而定而無錫以東咸入其彀中矣此蘇州北境之

患也何言乎太湖也賊由蕪湖溧陽宜興下太湖片帆可至胥口此蘇州西境之患也何言乎武林也賊由釆石嵌歙富陽蠶食而至武林不覺其進而災害漸逼此蘇州南境之患也北境者頭顱也乃正兵也賊以下駟致吾上駟羈縻歲月相持而無取決而以太湖之兵衝吾右脇武林之兵縶吾後尾此之謂奇兵也苟非識其機而預防之蘇其能保乎此備中原巨寇之大旨也若夫倭寇之來必由吳淞劉河白茆福山諸港口而入當

嚴江防海防遏之於初至之時勿容登泊策之上也萬一內侵堅壁清野俾進不得攻退無所掠饑疲而去則追而擒之策之中也此寇志在擄掠如虎狼逐食用計穽之而已矣非奪據城邑者之比也論吳防者不可以不辨

蘇州府疆界考

蘇州禹貢揚州之域天文斗分野周泰伯仲雍始居之地武王封仲雍曾孫於此為吳國在春秋時闔閭城姑蘇而吳國之境東至甬東西至雩婁豫章南至於越北至徐鍾吾豪卑戰國屬越後屬楚秦曰會稽郡領縣二十有六而吳婁二縣全有今之郡地幅幀甚為遼廓至東漢陽羨令周嘉上書以吳越二國周旋萬有餘里始分會稽吳郡（分浙江以西為吳郡領縣十三）孫吳因之晉分吳縣地置海虞梁改婁為崑山以海虞南沙為常熟陳後主禎明元年改郡曰吳州隋開皇間改為蘇州移治橫山大業元年復改吳州三年仍曰吳郡領縣五則烏程長城

來屬焉唐武德四年改為蘇州萬歲通天元年分吳縣置長洲領縣六天寶元年又改吳郡至德二年復為蘇州大歷十三年改曰雄州領縣七則并有海鹽華亭嘉興而烏程長城又分屬矣建中元年仍改蘇州後梁曰中吳府後唐曰中吳軍宋太祖開寶元年復曰蘇州領縣五為吳長洲崑山常熟吳江而海鹽嘉興移屬嘉興府華亭移屬秀州即今之松江也神宗熙寧七年改平江軍徽宗政和五年陞府寧宗嘉定十年分崑山東境

置嘉定縣元至元十三年改平江路張士誠入據改隆平府尋復為平江路國朝吴元年改為蘇州府洪武八年以揚州府崇明縣來屬弘治十年分崑山縣惠安新安湖川三鄉常熟縣雙鳳鄉嘉定縣樂智（即崑山縣醋塘鄉）循義（即崑山縣平樂鄉）二鄉立太倉州共領州一（太倉）縣七（吴縣長洲崑山常熟吴江嘉定崇明）東西五百四里南北四百二里東至崇明縣三百十四里西至常州府宜興縣界一百里南至嘉興府嘉興縣界九十四里北至揚州府通州界一百五十里東南至松江府華亭縣界一百二十六里東北盡常熟縣界許浦港一百七十二里西南盡吴江縣一百五十一里西北至常州府無錫縣界四十九里

蘇州府城池考

自泰伯築城梅里在無錫縣境厥後諸樊南徙吴地闔王六年闔閭有國伍子胥創築大城周四十二里三十步小城周十里為門八東曰婁（吴地記別作瞜）曰匠（又名干將今廢婁葑之間尚有匠門塘）西曰閶（一名闔天又曰破楚）曰胥（一名姑胥）南曰盤（一名蟠）曰蛇（今廢）北曰齊（一名望齊）曰平（一名巫今廢遺有平門塘）歷代皆仍其舊至隋楊素徙城横山東唐武德九年復還舊城乾符三年刺史張摶重築之梁龍德二年始以瓴甓高二丈四尺厚二丈五尺裏外有濠宋初門已塞二惟存閶胥盤葑（葑門一名鱄鯚門宋時常堙塞范仲淹守郡闢之）婁齊六門後胥亦廢至開禧間隤圮殆半嘉定間知府趙汝述沈𤦛相繼修治堅完為最寶祐二年趙汝歷增置女牆補建葑婁齊三門樓元人下江南凡城池悉命堙毁雖設五門蕩無防蔽

至正十一年兵起復詔天下繕完城郭總管高履築壘開濠復闢胥門（詳見儒學提舉鄭元祐平江路新築郡城記）閶盤葑婁齊各有水門惟胥無水門張士誠入據增置月城國朝平吴更加修築城為亞字形地瀕江海制防宜容司封疆之寄者務加意焉可也

城

週圍一萬二千二百九十三步九分凡四十五里（吴縣二十二里長洲縣二十三里）高二丈四尺厚一丈八尺

池

深一丈一尺濶九丈五尺

門

陸門六東北曰婁門東南曰葑門西北曰閶門西南曰胥門南曰盤門北曰齊門每門各有月城各建鼓樓各設弔橋惟水關止於婁葑閶盤齊五座而胥門不設

敵臺

五十七座

窩鋪

舊一百九十二座新造跨街者一百六十一座

雉堞

舊九千七百九十箇今加以新造敵臺共一萬八百有零

蘇州府守城官兵考

蘇州衛指揮使司

太祖吴元年以所俘張士誠兵建衛命指揮使吴良掌之隷中軍都督府

署在府城内飲馬橋西即宋府倉基元淮南行中書省軍器局在衛治内西教場在北城下報恩寺後

指揮使三員（内掌印一員）　同知六員　僉事十二員

鎮撫司鎮撫二員　經歷司經歷一員

領所五（洪武二十六年定每千户所統軍二十名百户所統軍一百十二名）

左千户所營在葑門内右千户所營在閶門内

中千户所營在盤胥二門内前千户所營在婁齊二門内後千户所分立為嘉興守禦千户所

千户十員　百户五十員（每百户所設總旗二名小旗十名）

共統軍士五千六百名

元韶按吴城舊矣官兵員額可考而知也近境多盜豈外寧必有内憂耶伯魯列城池附軍制使居是邦者各知所稽云（按察司僉事鄭元韶識）

守城輿論

本府城池濶大廣遠攻圍固難守禦亦難且居民太繁
蓄積在外事體與他郡不同客歲島寇薄城謹採輿人
之言條上郡守採擇施行者也詳錄以備後事之防

分信地

一六門城樓各派定府佐一員專督該門守城夫役
府佐不足以所屬州縣佐內科目出身謫官之
才能者充之

一城中必須本府與長吳二縣掌印官住劄玄妙

觀一以居重馭輕一以接應各門事宜一以近
憲院謀議一以便士友參謀用把總指揮一員
統兵六百名屯處其中作中軍名色
府主上城縣尹本不宜同事但係一邑之主
諸事藉以奉行故須同處

一府有府庫縣有縣庫獄囚皆須防守府中須
用首領官一員縣中須用佐貳官一員委令
看守

一各城門須另設府首領或縣佐貳有才官一員
典守城上一應器用隨時給發

一宜分屯守城池之官兵於六門附近寺觀無寺
觀者近門公廨屯劄

一請鄉官分守各城門
各就其家近便與情之相合者分配

分職掌

一設法大户米穀進城

右一項須長吳二縣掌印官專督之

一設法守城物料進城
稲草　石灰　磚石　鉛鐵
火藥　油燭
右六項須府佐一員專督之

一設法竹木遠去與進城
右一項須府佐一員專督之

一查修城屋城門閘板置造城垛燈架燈籠燈架燈籠俱當

照崑山縣式

右一項須府佐一員專督之

一製罷械

銅發鑛　佛狼機　鳥嘴銃　鉛錫銃

火毬　火箭　噴筒　煙罐

箭匠　竹匠　木匠造火罷架子用

銅匠　鐵匠　合火藥人

右火罷府佐一員專督之

長鎗　刀　月斧　鐵盔

鐵甲　皮挨牌　紙甲　弩

弓箭太倉州取弓匠來造

鐵匠　皮匠　竹匠　木匠

裁縫　弓箭手

右兵罷府佐一員專督之

已上火罷兵罷先揀選舊時所蓄可者用之不可者作急製之某人某人長於揀選者也某人某人長於製造者也與府佐相協贊庶不為各匠所欺

廣儲蓄

一區處米穀入城

賊寇深入因糧於我無他轉運我能堅壁清野則寇失其望勢難久居乘其敝而擊之易如拉朽矣通計長吳二縣諸大家倉廩與客販囤園棧房陳陳相因不啻百萬以其便於水次俱在

城外莫肯內遷懼賊焚燬設牛酒鑑幣開門延待以圖倖免者吳人之恒態也城中人衆食少城外賊反足食豈可哉宜令長吳二縣正官先行嚴訪附郭堆積實數及各鄉鎮大户積米在家待價者查審的實咨請憲院差風力進士官協同衛官一面星夜分封撫按封皮各一張一面集其管米之人到官着落各該地方刻期催運入城任民堆積開糶其時價髙下官府並不得參與

運米進城者除鄉中自有船外囤圍棧房僱船甚難官為督令埠頭備集船隻斷定每百石船價銀若干各限地方某處米穀從某城門入六門分入免致擁塞脚夫挑運者官亦定其遠近之價庶米主所費有限不苦轉輸而操舟荷擔之夫亦各得其所矣各鄉糧塘里長期定幾日開報已經搬運入城者幾家府縣官親行勘驗若恃頑不遷留資盜糧者治以養寇之罪糧塘

里長回護親故之家扶同欺蔽混開已運入城者許貧民舉首米主與糧塘里長俱以軍法處治仍給賞首人十分之三其七分沒入官充養守城兵之用若勢官之家須撫按官大振風裁一體參究雖同年故舊不少假貸如是着實舉行則寇進不得攻城退不得野掠終身創艾不敢深入矣此攘寇安邦之一義也若但虛文告諭不行賞罰或賞罰而不能行於勢家吁城其危乎何守禦之足云

一區處鉛鐵入城

鉛鐵資火器之用關繫非輕不可棄以資敵蘇城客販冶坊俱在城外須先查各舖行及冶坊等姓名賊有警報着本地方總甲押催依期搬運鉛鐵鐵鍋鐵器入城任從放貯專督官再行逐一查訪不運入城者本家律以與賊交通之罪總甲不行開報一體究治鉛鐵等入官公用

一區處火藥入城

蘇州硝黄之類進城有限務先查定各南貨舖行賊有警報着本地方總甲押催依期搬運入城任從堆置如有公用悉照時價將銀現買專督官查訪不運入城者治以私販火器與賊交通之罪總甲不行開報一體坐罪

一區處磚石入城

城夫不閑武藝須用磚石擊賊賊警急時城門

已設盤詰矣軍民人等每入各城門須令各帶磚石一塊置於月城内空地守城軍搬運上城每五十垛作一磊以石灰封識聽用如不帶磚石者盤詰人員不許放入本府仍諭令湖船裝載西山石片交與把門人員運貯城上助用如不移運上城作磊罪加把門員役

一區處石灰入城

守城之具甚多急用惟灰瓶石塊為便必須預

備煭灰瓶毒藥修砌等項俱資石灰須預仰各窰户領價依期送運石灰入城封識沿城寺院以備臨時取用

一區處稲草入城

城上燒賊必資稲草須先期派價與各糧塘里長領買若干萬束不拘蘆柴稲柴茅柴堆貯空閑房屋以須急用

一區處城外竹木

竹木行俱在附郭若不遷徙皆賊攻城之具也須仰各商將竹木行依期輪運入城開賣其在水各排令移去五六十里外隱僻港中暫置以待賊退復還故處如不行遷徙俱取入官公用

一區處油燭入城

賊臨城下缺乏油燭必無處置須查各城門外一應油行燭行及出販鋪家仰該地方總甲於有警之日押民依期搬運菜油荳油桕油桐油

白蠟牛燭等項入城聽從開鋪交易如有公用悉照時價將銀現買如不依期搬運入城專督官挨查連地方總甲一體問罪其物入官

一守城罷用

城上燈籠每五垛口止用一盞燈用新紙油者方明亮燈上用一油紙蓋以防雨（或用席帽更妙）蓋上仍壓以一小瓦片以防風每燈置燈架將竹竿五尺用繩繫之竹竿平出城垛外竿頭用

鐵圈懸燈於下離地數尺俾賊手取不及為準
庶使賊抵城下我能照見我睞垛口賊不見我
所給之燭五人輪管換燭即輪更之人不得悮
事通計城垛一萬零八百該設燈架二千一百
六十副每副價銀五分共該銀一百零八兩須
預令長吴二縣官設法處造勿累保長等人
蠟燭每燈架一夜給與十枝每夜該燭二萬一
千六百枝連六門城樓用共約二萬二千枝以

一月計之該燭六十六萬枝通計銀九百六十
兩須令長吴二縣支公帑分備勿累保長及支
更兵夫自備恐曠日持久所費不給未免悮事
且係夜巡重計不當靳小費可也
鐵鍋四百隻臨時與冶坊借之事已即行給還
行竈四百隻每隻價銀二分該銀八兩令長吴
二縣每縣出銀四兩置辦
水缸水桶最宜多備一以供炊爨一以備火攻

通計應設水缸八百隻每隻價銀三分水桶八
百隻每隻價銀二分共該銀四十兩宜以三四
徒罪贖銀辦之
酒瓶三萬箇每十箇價銀一分該銀三十兩亦
以贖罪銀辦之
蓑衣蒻笠一萬一千副每副價銀三分該銀三
百三十兩宜令長吴二縣支公帑置辦勿累城
夫自備

草鞵二千七百五十條連預備三千條該銀一
十五兩大樣蘆席一萬一千領每領價銀一分
該銀一百一十兩須將贓罰銀給各區糧里長
辦之
竹木罰臨時不搬竹木行者用之
其餘應用物料俱令長吴二縣動支公帑先行
預貯寺觀公廨去處委官封識有事隨令本官
給發

嚴禁約

一城中出入如有異言異服面貌可疑之人司廵視員役同把守各門者務令嚴加察覈勿致疏虞以貽後日之悔

一飭諭寺觀菴院不得招留遊方僧道如故縱察出治罪若飯店投宿倘有來歷不明者亦當詳察知會保甲長勿得隱蔽貽地方之累查出同罪

一各處娼優之家乃盜賊之巢窟宜令長吴二縣將城内城外樂户水户多者每十家少者五六家中擇其能事者一人定為頭領每日稽查某家接留若有踪跡可疑之人許頭領并接留之家報同地方保甲人等拿送到官追究如勢不能擒密報所在官司督發兵快捉拿有功一體重賞若互相容隱事發頭領并接留之家地方保甲一體同罪

一變起不測有等游手之徒専以虚張聲勢煽惑人心受其害者不淺今後遇有成羣結黨謡言鼓衆者須令所在官司即時擒拿以激變軍情之罪治之

一小民無事安居貿易有事罷市失業民不堪命為人上者尚得混擾於其間乎諸凡守城應用物件除令長吴二縣動支公帑分備外其餘公用之物俱宜現給官價不可分毫派及民間倘有不法吏胥借端需索因事擾民者須立刻重懲之

慎防禦

一某指揮見練兵千餘名已有武舉三員統領若賊寇臨城某指揮帶兵六百名屯處玄妙觀中護衛以為中軍復以原統兵武舉一員統兵二百名屯處府前防守庫藏并司獄司獄囚再用武舉二員各統兵一百名屯處長吴二縣縣前

防守二縣庫藏獄囚若賊未臨之日上司有調遣之事先分若干應命賊入腹裏即收其兵入城原如前法處置名曰聽調之兵

一官生中宜選用六員俟警報到即令會議各人平日所知精兵召募一千二百名團聚北寺中以團練府佐一員專督之官生六員參謀其中合聚訓練務期可戰可守以須實用待賊臨城每門分遣原練兵官生一員各帶兵二百名屯

處於附近城門寺觀中一處有變隨以本處兵應之别處不得妄動若賊寇攻城危急應該用兵攻擊應援亦待中軍方畧已定有信牌發遣然後行動名曰實用之兵

一城中須先計道里適均定作十二處派定地方某處起某處止分遣省祭雜色等官一十二員每一員率領火夫五十名屯處所分地方菴院寺觀中給與水桶水斗撓鉤等項以防一方火患假如某方火起止許信地火夫救護撲滅城上人夫不得亂動城中居民亦不得喧嚷奔走擾亂地方就使本家失火亦不得離次仍給虎頭火牌一面上書專委救火與禁緝擾亂地方等字樣以專委任亦便夜間救火執照以開巷門其火夫着各該啚舉報極貧人户每名日給米二升自贍若地方火夫救援不力致有延蔓及不係信地火夫乘機搶火者處以軍法

共計火夫六百名每日該給工食米一十二石通計一箇月不過用米三百六十石若此法一行名雖救火實則處置貧民得所

一凡遇警報緊急城中居民近城者不宜堆積稻草蘆葦恐防火箭飛入在内柴堆亦易發火俱宜禁諭少則收藏室内多則移置遠處為便

一遇賊將臨城須先集各保甲長給與連坐信牌使之各保自行曉諭各甲自相糾察如有容留

奸細者一甲連坐軍法重罪不得與平時止坐
值日者輕罪例論其寺觀菴院給與該住持僧
道使各房互相糾察待賊一退即收信牌不准
此例及今寇未臨城宜令長吳二縣佐貳官各
一員先督刻小牌計在城甲數每甲一張印完
以便臨時給發
一盤詰奸細之法須委官帶領知事人役在城門
外弔橋邊陳侍兵衛逐一仔細認辨各色人并

檢驗物件每門用衛弁一員有精力教官一員省祭雜
員再行查驗遇警則閉令人聞警即將城門晝閉或
邑官一員兼領其事城門之下又嚴以待之守門官
止開一門或日開二門而詰奸又在城門之內但恃
官廳為盤詰之所若有奸細假作避難之人一
齊擁入又孰從而詰且辨之耶
一城門無先閉塞以示賊怯而使屬邑被殘城門
無用土塞止於門扇中當胸開鑿五孔以五弩
手守之賊不敢近矣
一水門乃民間柴米所入所須甚急但要視勢緩
急委官與陸門一體嚴加盤詰不致疎虞可矣
一槩閉絶適以自困此守城者所深戒也
一城外沿濠攔馬牆不可以不堅築須高六七尺
內多留穴空以便窺伺以放鳥銃每城一面另
募敢死士百人各執鳥銃利器潛布在內賊夜
攻城必渡濠牆而入使內有備不必喧嚷俟半
渡銃擊之近牆手刃之城上下俱不得呼叫㘅

使賊不知伏兵在內而輕犯馬牆有備城上自
可無虞矣
一閑雜人等不得無故上城垛口窺視擾亂軍伍
且防城外矢石誤中旁人趨避不便驚惑衆心
倘有奸細亦難防閑相應嚴禁
一凡敵在城外不獨當為守禦具亦當為修城之
具如木石灰磚之料與匠人皆不可不備也

天字號信垛城下該管臺上揺紅旗該垛口各監紅旗夜間犯天字號信垛城下該管臺上起鼓聲該垛口亦擂鼓信守兵夫一齊戒嚴禦擊左右各遊兵齊赴應援其餘各臺垛兵夫非係信地者無得離伍致賊乗間攀越地字等號各敵臺倣此

一慮賊攻日久守兵疲倦賊或乗怠而入須於垛外益出浮棚每扇濶三四尺環城架設其制用

或木或竹每根比棚倍濶以一半横出垛外一半斂入垛内其外閣浮棚棚上壓以磚石天晴加石灰數包於上其内用繩縳墜石虗懸若賊加梯棚上則棚軟不能勝梯磚石且墜擊城下若賊置梯棚下而上登其棚觸首移動而亂石又墜矣如欲再加嚴固宜於沿城垛上竪架柰何木其制竪立架木二根機闗横挑木各一根上閣一木謂之柰何木木上錯綜釘以竹簽其

木輕重與挑木相稱賊來攀援則其木自然下擊人不能攀駕又不能放脱敵至城下守垛兵夫輕動其木墜下又可擊之此棚木易於成造費又不多宜令長呉二縣動支公帑預為製辦

一宜先示約凡遇夜間賊寇集衆攻城方許放火箭三枝再緊發銃三箇緊要鳴鑼三通每門各另設遊兵五十人持利器鳥銃一面禦敵總管另帶枝兵應援一門有警各門堅壁固守不得

輕動以防賊寇聲東擊西之患尤禁垛兵驚擾離次至於疾風暴雨半夜黎明人倦易弛賊每乗間登城尤當嚴加申諭可也

求人才

一才識可備咨謀者

鄉官御史徐涵泉慎咨有謀老成忠厚且留心時事百凡與之計議可以安邦而治民

鄉官郭斂泉執事素知不煩更贅

吴縣生員金澄料敵料事多先見之明議守議攻有不窮之藴藏罷不露安貧無求可稱才品兼全之士

一才識可司戰守者

蘇州衛所鎮撫郭惟寅久歴戰陣有功兼有操守可托新委領本府水兵

蘇州衛百户吴濬曽經戰陣有功兼有操守可托新委把守劉家河若欲用之申請督撫取回

蘇州府學生員晉日亨武藝閑熟戰陣有勇近時崑山圍城百方攻擊而不陷日亨與有功焉

本府武舉顧𣴑深而善謀長於弓矢

太倉州武舉陳情曽歴軍門有志立功

崑山縣武舉郭龍韜曽經守禦該縣勇於戰陣臨難不苟

常熟縣武舉任賢鋭於立功謹於制行

一才力敏捷可應急務者

監生徐玄素才兼文武曽經總兵俞大猷處贊畫效用

監生王子陽通曉武藝

崑山縣學生員龔良相見義勇為遇難不避議論聳拔嘗督都司梁鳳兵赴敵

太倉州生員俞允升博學多聞經歴軍情可充考索備究問

一才力精勤可司廵視者

蘇州衛指揮何萬鍾

蘇州衛指揮朱承勲

蘇州衛所鎮撫謝瀾武進士出身

蘇州衛百户蔣基武觧元出身

舊任軍門把總郭儒曽於總督軍門立功凡本城内外壯勇及淘沙之徒俱經其揀選屬其統領乃豪傑之士也須駕馭而用之勿容生事可以大得其力

武舉黄若會
武舉葛惠
武舉劉僎
一年力強壯可備火患者
承差省祭等官一十二員擇精力強者用之
一才力明敏可任盤詰者
蘇州衛官六員府三學教官六員省祭等官六員請於督撫選擇
一錄精於奇門遁甲翻禽倒將大六壬課者
生員彭寀　民陸三省

吳城兵辨

吳城兵勢大畧有四

一衛官負其世胄渺視文職武舉為書生議論全不入耳實則守城攻敵皆非所長若陳習之能諳武藝然終不脫自用故吳城好漢與武生所領有名之兵不入其幕下此項官兵似宜留作上司調征聽用

一武舉與舉監生員習學武藝者自謂文武兼通渺視衛官擅立門户其部下之兵惟就其素所用熟與衛官所統各不相關此一類似宜分作城中各門屯守之用

一吳城内外好漢有強力能舉幾百斤者有膽氣勇猛赴鬬爭先者有素閑武藝當充教師者有當應捕慣緝事者分而言之則四等合而言之則皆上

上兵也嘉靖三十三年此輩嘗應募因官府不分皂白雜以無用之民槩給口糧三分統領非人其心不甘而又日尅其銀三釐該吏給銀者又尅二釐實止得銀二分五釐遂懈弛退避窮民乞丐之徒營求領兵給銀之人分銀頂替其後代役者求換的名兵不堪用實此之由非吳城無足選也愚聞其私語云打行人數雖多好漢無幾我輩若在官使一一能識認之一一能擒拿之何内變之足

患又云官府要用我須識三件其一聽吾儕自相推擇稍不濟者不容厠於其間不煩官府費心人人精當其二每名須日給工食銀四分勿與他兵不堪者例待其三須得有力量好施與豪俠不覊之人委其統領庶人人樂於效用無不上前若使派屬衛官與武生不願也此一枝似宜用為府縣護衛親兵

一淘沙之徒以千餘計在城内者遠不如在城外之

驍勇可用葢城内淘沙之人不過街市與市河營生而已城外下塘山塘一帶出没淡濠與僱倩毛徐諸大家看護夜警俱是便捷健狠之徒遴其尤者豈止百餘人而已乎此輩可充偷營劫寨及探兵之用工食與好漢同

養兵議

來問海防銀若干養兵銀若干約數幾月支用竊惟國初沿海地方設備倭墪堡哨船防禦等兵其費原算居折白銀内矣承平日久規制大壊定額居折白銀内者未嘗廢也迺者倭患有作當道以原銀資用不數復於田賦上每已米一石加銀八分以六分為兵食之需是之謂養兵銀以二分為造船修墪堡等用是之謂海防銀噫吳賦至重數倍他郡又加增焉民力不堪甚矣愚按本府清理田糧錄除崇明外太倉長吳等七州縣實徵造存平米（即已米也說見蘇松賦法）共二百二十八萬一十五石七斗今據現在海防養兵之銀每石已米加銀八分之

數共該銀一十八萬二千四百兩有奇以二六分分之除海防銀四萬五千六百兩外該養兵銀一十三萬六千八百兩有奇每兵日工食銀三分一歲計之可以養兵一萬二千六百七十人又問餘有不敷作何處給即使奏留京庫料價等銀有何錢糧可留分派徽寧池太等府某處該派若干善哉乎問也夫蘇郡錢穀甲天下乃朝廷根本重地命脉之所繫也倭寇大患豈宜獨以一郡支之朝廷設廵撫之初意正欲伸縮劑量權而通

之與時宜焉耳若非奏留京庫錢糧與分派徽寧等府協辦蕞爾吳壤民力豈能堪乎京庫錢糧有二曰白銀曰金花銀白銀觧京入太倉為邉儲之用急於燎眉工部料價如銀硃黃銅之類在往時為空閒在今日為大工急切之用茲二者雖欲奏留不可得也惟金花銀一項本府七州縣該銀二十萬五千六百五十三兩有竒係貯内庫聽用頗在所緩可以奏留借用其半其應天徽寧等六府素不被兵理宜協辦請憲檄取丁田銀之

類觧院與奏留金花銀一併貯庫聽用實於養兵為有助顧愚又有說焉本地水兵陸兵有限以一郡之力豈不足養一郡之兵所患者客兵之無限焉耳與其借兵於他省也不如以其費而訓夫土著之民與其用土著之民之多也不如倍其工食寡其名數而精選勤練期於可用（訓練精可以省兵 省兵可以省食）但土著之民未易猝練則客兵未可遽撤客兵未可遽撤則所以養客兵者其銀不容於不處矣如愚見宜分土兵客兵為二項本府養兵額

銀專供本府水陸官兵之用約酌海口把港舟師海塘壑堡旱寨及内地聽征陸兵水兵與養兵銀一萬二千六百七十人之數相合否乎若兵浮於銀則減兵以就銀銀浮於兵則照銀而益兵其處海防之法也亦然若儘養兵之數而合用之兵猶寡儘海防之數而合用之費未敷則以本府空閒錢糧補之其客兵一節以往迹視之大率調來雖多而供饋不專於一郡攻守不定於一方如福蒼船等兵吳淞江以南屬之松江福山港以

西屬之常州欵兵邳兵之類分撥旱寨地界亦甚悉吾蘇未嘗盡客兵而養之也其兵數恐亦不過數千其工食銀似不過十餘萬而止耳若督撫衙門奏留金花銀與撤取各府丁田銀之類專供其費何客兵工食之足患乎

欽定四庫全書　江南經略　卷二上　四十三

蘇州府備寇水陸路圖

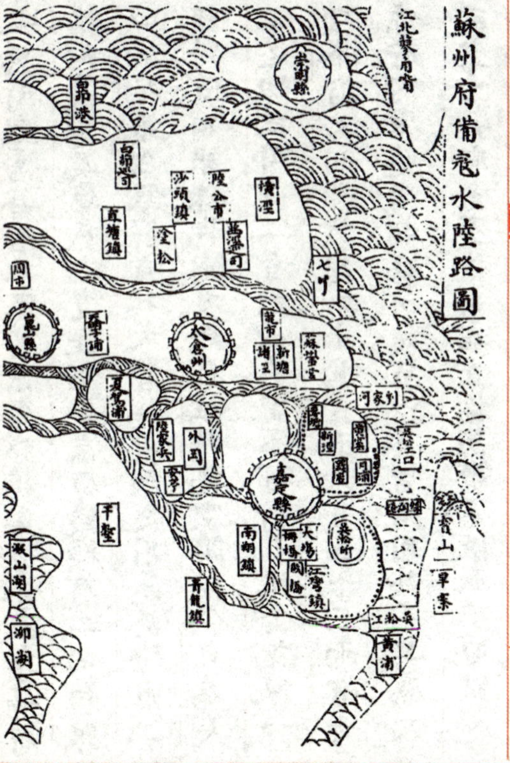

欽定四庫全書　江南經略　卷二上　四十四

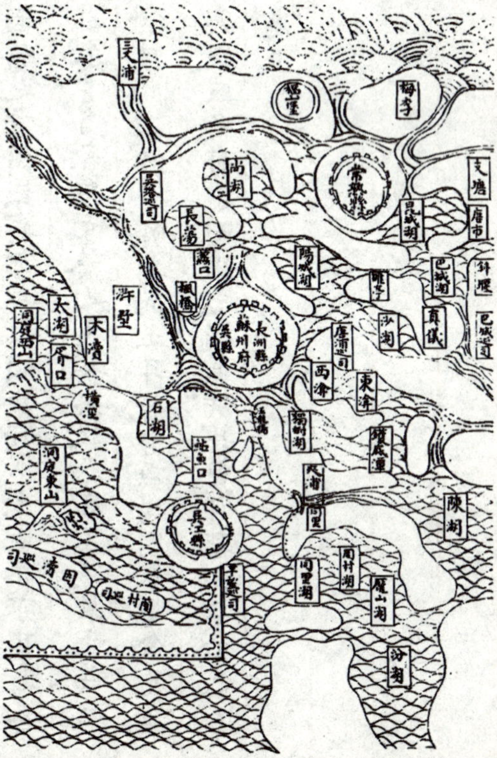

蘇州府備寇水陸路論

中吳澤國也四通五達賊舟無處不可衝入若自東海而來則嘉定太倉受之從吳淞江劉家河可抵郡城若自揚子江而來則常熟受之從福山港官塘可抵郡城若自松江而來則從長洲之陳湖可抵郡城若自嘉興而來則從吳江之平望可抵郡城或自平望之西而入太湖或自江陰錫山而入太湖則從吳縣之胥口五龍橋石湖可抵郡城崑山居府東腹裏本無江海之險然

嘉靖甲寅倭寇犯境崑城獨先受圍以其去郡不遠可
作巢穴也崇明孤懸海中四面受敵蘇之屬邑無不當
設險者詳著各圖說於後

蘇州府險要總論

或問蘇之險要有幾曰倭寇之犯郡城也水港浩繁塍
路交錯不可勝紀而要其總要樞紐所當控扼者不過
十四處而已請詳言之賊若自海口而入則嘉定之吳
淞江黃窰港太倉之劉家河七丫口四者其險要也若

自大江而入則常熟之福山港許浦三丈浦三者其險
要也此皆本府險要之在外境者也能守此七處不容
賊舟輕入則一州六縣皆晏然無虞況府治乎但濱海
不止於太倉嘉定二邑而已在南則嘉興之海鹽平湖
在東南則松江之華亭上海皆是也江口亦不止於常
熟而已在西北則常州之江陰武進鎮江之丹徒丹陽
皆是也鎮江路遠且置勿論嘉松常三郡江海口岸賊
一內犯則長驅至蘇蘇之所恃以禦之者不在於交界
設險乎此之謂腹內險要也若不能守而縱賊過界則
海口江口所設之險均為無用與不設同故設險於外
境固為制敵上游筞之上也而腹內險要亦不可視為
輕緩在南方則吳江之平望所以禦海鹽平湖之衝長
洲之周莊所以禦華亭南路之衝在東南則長洲之陳
湖所以禦華亭中路之衝崑山之磧溪安亭所以禦華
亭上海之衝為途不同同於備海寇之突入也在北方
則長洲之蠡口所以禦無錫間道之衝長洲之望亭所

以禦江陰南來之衝吳縣之太湖洞庭兩山所以禦江
陰無錫武進寇舟逸入之衝為途不同同於備江寇之
突入也總而計之外境之險要有七腹內之險要亦有
七此十有四者蘇郡之安危所繫何者當設水兵何者
當設陸兵何者當兼設水兵陸兵擇將選兵勿惜糧賞
常以一枝當敵鄰枝應援振肅軍令蘇郡豈有不安者
乎

蘇州府禦寇論

或問入寇之路其多若此而往年倭寇出没止由吳江崑山常熟無錫官塘而來餘皆捨而不由何也曰有説焉倭寇之所長者揮刀焉而已陸戰焉而已舟楫非其利也何也寇至海濱登岸焚劫其船盡棄於海擄民航以渰入雖甚快利不過二櫓飛盪而已雖善操舟不過役使鄉民而已其篙櫓之多較之兵船不如也水戰之便較之兵船不如也火器之備較之兵船不如也藥箭之利較之兵船不如也人力應援之齊較之兵船不如

也若浮湖泖而來我兵合而圍之夾而攻之衝而斷之彼豈能當乎兵法曰以吾所長攻其所短寇至狡猾固默識乎此矣故必由官塘橋梁之處整隊而行相機而進隨處殺人以樹其威分投放火以張其勢此其衆可數而其形盡露矣兵法曰形人而我無形此在倭寇已先犯乎戒矣使當時主兵之人能以吾無形者而制之彼豈能一人逃乎奈何哨探之無聞設伏之不講疑兵援兵皆不之用衝鋒者無賞而退走者無罰分吾兵力虛備於無用之地而與賊戰者反鹵莽焉何怪乎寇之僥倖而去也或曰吳地多田塍甚窄僅可容一二人當前持一二器接戰不能以衆進也如之何曰倭寇之來魚貫而行此在兵法謂之直陣本當為横陣以應之但岸塍非曠地之比恐有不能拘者吾以一二人進彼亦以一二人進吾以一二器戰彼亦以一二器戰同此窄路彼何所多於吾乎彼若以選鋒當前吾亦以選鋒當前精選各兵之中豈無以一當百者若干人足充吾先

鋒乎彼之人數有限而吾之人數且無限以吾無限之人而分為數支孰為正兵更番抽代孰為奇兵截賊歸路孰為左翼孰為右翼或伏於邨林列火攻以待之或隔水而陣設機械以誘之晝則相持而不與戰夜則多方以撓其逸彼將前不得進後不得退饑不得食勞不得息不四五日而憔悴必矣吾因而擊之也何有噫此能將與良有司之作用苟無其人功不虛成

欽定四庫全書

江南經畧　卷二上　四十九

長吳二縣合併圖

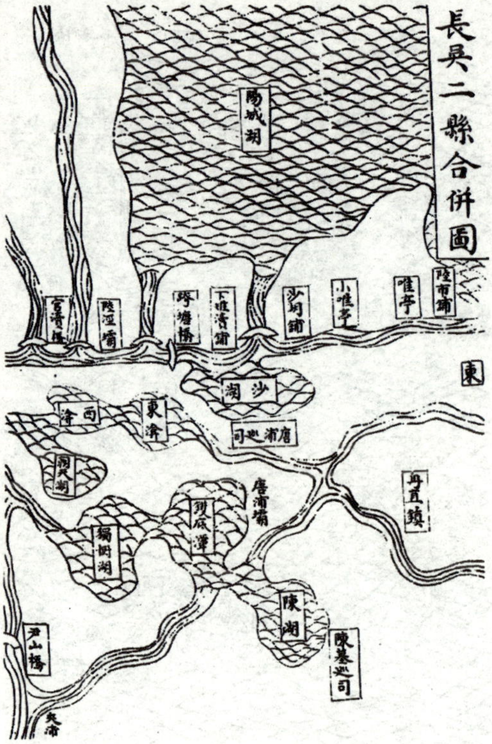

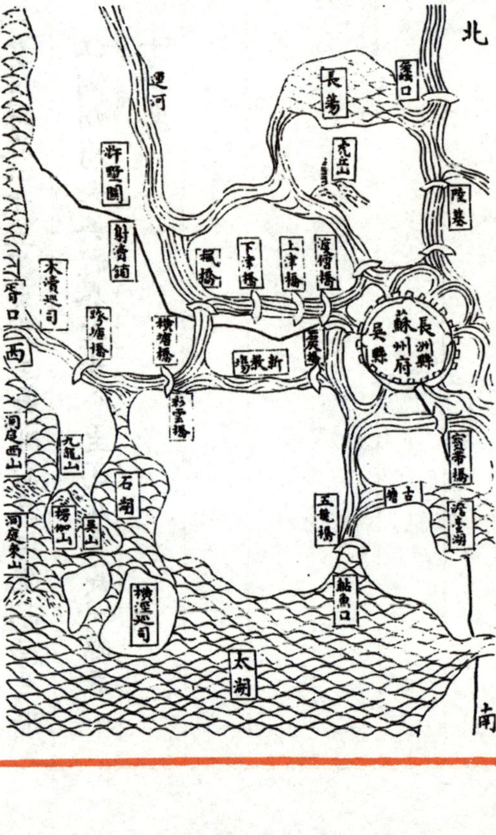

欽定四庫全書

江南經畧　卷二上　五十

吳縣境圖

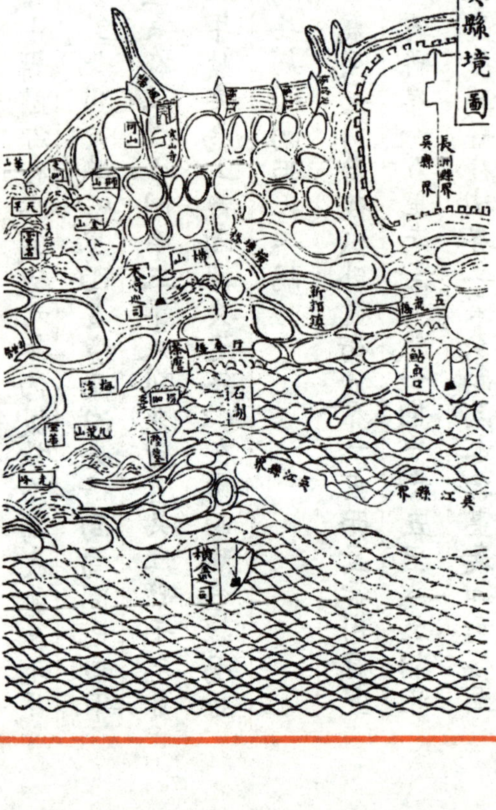

吳縣境考

吳縣附府城古吳子國歷周八百餘年惟稱吳無分邑秦為會稽郡置吳縣漢定會稽領縣二十四而吳為首邑武帝平東越以其地來屬增縣二并前為二十六城亦以吳為首順帝初詔分浙江以東為會稽郡還治山陰浙江以西為吳郡治吳領城十三吳亦為首三國吳寶鼎元年分吳郡會稽為吳興郡縣屬吳興晉太康四年割縣地置海虞縣（今常熟縣）隋開皇間改郡為蘇州移治横山縣隨郡移唐武德九年仍復故治萬歲通天元年分置長洲於城心東西畫境而治吳得西焉開元四年陞吳為望縣梁開平三年又割縣地置吳江縣元元貞二年陞吳為上縣國朝吳元年以在城四隅分隷兩縣而吳割西南西北二隅

東至長洲縣在城卧龍街分界一里西至常州府宜興縣界一百里南至本縣一都一十五里抵太湖北至長洲縣在城界二里東南至本縣靈巖鄉南接至

吳江縣界一十五里東北至長洲縣界二里西南至浙江湖州府長興縣界七十八里西北至長洲縣界一十一里

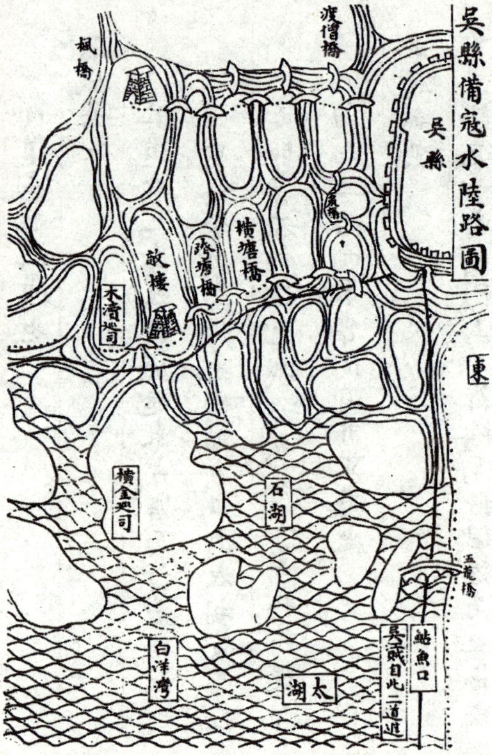

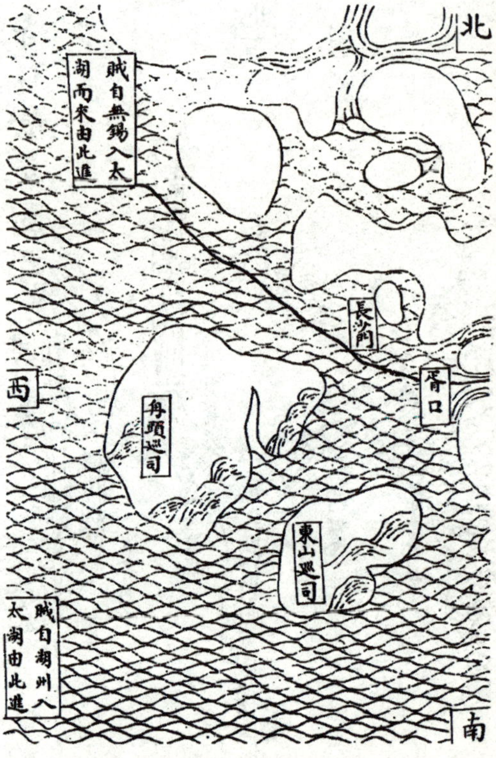

吳縣備寇水陸路考

東並長洲

西瀕太湖

其道有三由胥門歷横塘跨塘木瀆而出乎胥口者其西路也由横塘行春橋而出石湖者西南路也寇若自常州浮湖而來則從此二口而入也由盤門五龍橋出鮎魚口者其南路也寇若自湖州吳江浮湖而來則從此入也三者皆

閶道也非正道也

南抵吳江

其道有二由五龍橋逾東古塘而行出吳江之三里橋者東南路也由鮎魚口出太湖收吳江之柳胥者南路也賊若為尹山官兵所梗方由此二路而來皆閶道非正道也

北通無錫

其道一由閶門上下新橋而抵楓橋是也楓橋

接長洲之滸墅滸墅北行即無錫縣地方矣此路水陸皆通實西北要衝乃正道非閶道也

按吳縣與長洲附郭雖同而形勝迥異吳縣之所分轄者西南二方也多山少田半為為太湖若曾嘗登西山之巔而覽之龍脈自建康而崇岡大峽不可勝紀絕無谿洞翁菁可以竄賊山險不足患也所患者惟太湖耳西望陽羨北跨毘陵南負烏程苑苑數百里水光接天七十二峯峙於其中若盪若浮湓舟凌風駕濤齊噪競進難於控禦且洞庭兩山富饒之名虛播天下盜素染指備之不可不豫故吳縣之所當設險者有六曰胥口曰石湖曰五龍橋曰洞庭東山曰洞庭西山其一則內地之楓橋也詳見各圖說於後

胥口險要圖

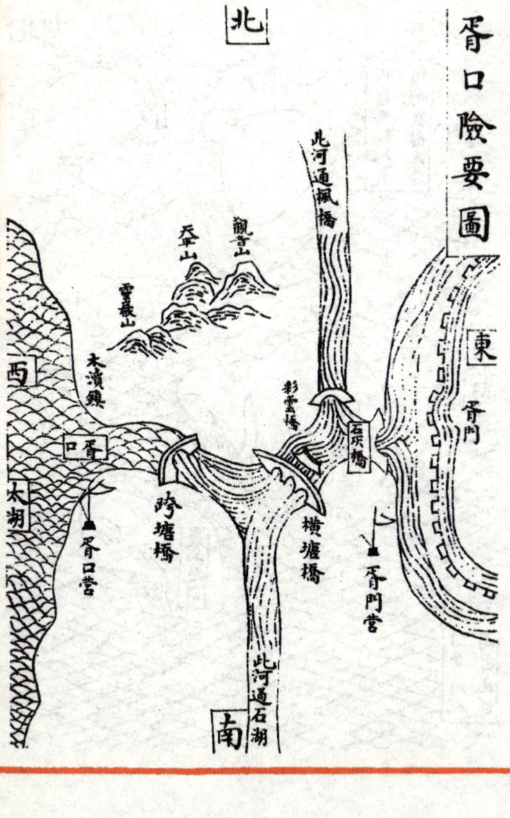

胥口險要說

胥門石灰橋西九里為橫塘又九里為跨塘又九里為木瀆鎮又九里為胥口胥口者胥門往太湖莫釐（即洞庭東）山包山（即洞庭西山）之渡口也太湖東壖兩山對峙南曰胥山北曰香山胥口介於其中湖寇若從此入則或由木瀆東行而犯胥門或由木瀆西北踰靈巖支硎而掠楓橋犯閶門故吳縣之險太湖為最太湖設險胥口為最往年倭船之犯洞庭往返俱在於此木瀆鎮巡司不能禦也故自胥門迄於胥口設營者三一曰胥門營二曰東跨塘營三曰胥口營內外相維遠近互援三者廢其一不可也

石湖險要圖

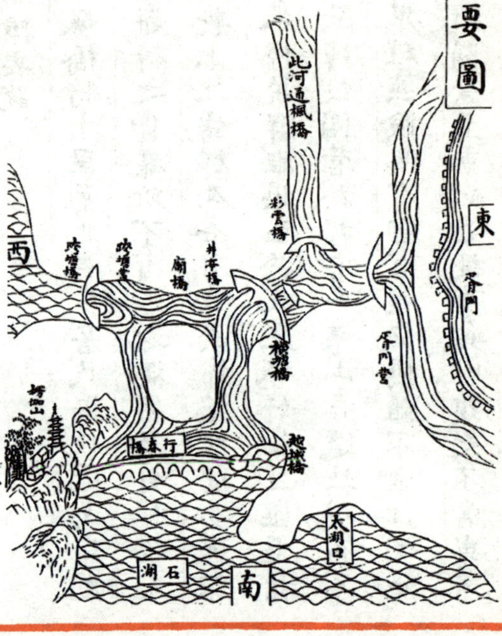

石湖險要說

胥門石灰橋西行九里為橫塘橫塘西南三四里為楞伽山（俗呼上方山）山麓所滙白灘而連太湖者石湖也乃太湖之委瀦也週圍二十有六里行春橋在焉北屬吳縣界南屬吳江縣界民廬四匝雜植花竹而湖居其中寇若進此則或由橫塘而犯胥門或沿楞伽一帶山外而掠溪上掠橫金掠下保或由橫塘彩雲橋之北而掠楓橋犯閶門故石湖守禦不可以已也

五龍橋險要圖

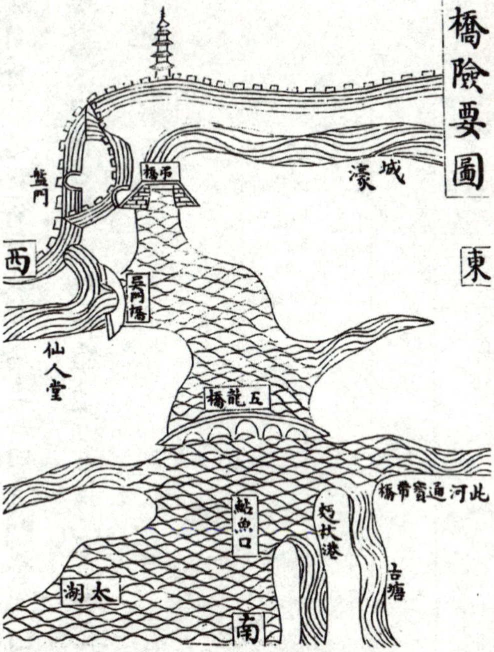

五龍橋險要說

盤門外一水洪濶而南行者謂之黸塘其長約十里分二水口出太湖在東濶一百三十丈者曰鮎魚口在西濶八丈者曰䖍杖港二口之外湖水渺茫直通湖常二郡難於控禦跨黸塘者有五龍橋焉離盤門七里在塘半逺東通寶帶橋西通跨塘乃郡南之關紐也設險於此則北可以屏翰盤門而新郭仙人堂香涇諸近地亦不至罹屠戮之慘矣

楓橋險要圖

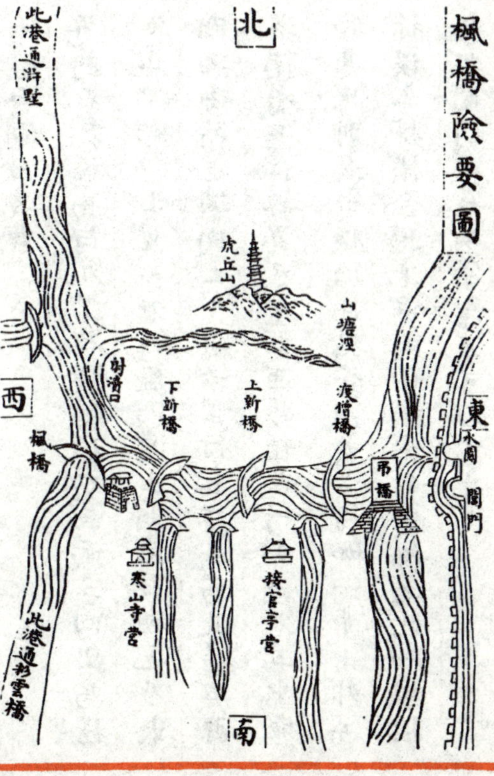

楓橋險要說

自閶門至楓橋將十里南北二岸居民櫛比而南岸尤盛凡四方難得之貨靡所不有過者爛然奪目楓橋尤為商舶淵藪上江諸郡及各省菽粟棉花大貿易咸聚焉南北往來停橈解維俱在於此盜賊奸細至難盤詰往年嘗建敵樓設團營於接官亭寒山寺遺址現存不可以不修舉雖然險要有重有輕楓橋雖不當江湖水口之衝而所關繫至重似宜設重兵以鎮之不當與婁

齊諸附郭例視而已何也天下財貨莫聚於蘇州蘇州財貨莫聚於閶門胥寇垂涎往事可鑒若再犯乎此蘇州元氣竭矣楓橋北近射瀆長蕩南通鱭塘太湖寇之所熟中者城内十一而此地十九其來也必非輕舉我兵豈可草草以應之乎團長之力曾足以禦之乎

楓橋築堡論

或問南北二濠抵於楓橋築一大堡以保障之如揚州新舊二城可乎曰不可郡中諸大家之倉廪與客販囤

園棧房陳陳相因以百萬計胥在城外以水次便馬故也若另築堡則莫肯内遷而四十餘里之城人少食乏其誰與守甲寅之議所以尼而不行者職此故也或又謂堡既不可築也使賊匿於民居若何而殲之曰奚而不可方賊之未至也火攻以逆之設伏以待之或誘於楓橋地方而為之陷穽如無情悵漏澤園六國城之類以掩之或伺其去而邀於要路擊其惰歸皆必勝之道也用其一而賊驚潰用其二而賊半滅用其三而無孑遺若三者而皆莫之能焉可恥甚矣雖設險何益哉

洞庭東山險要圖

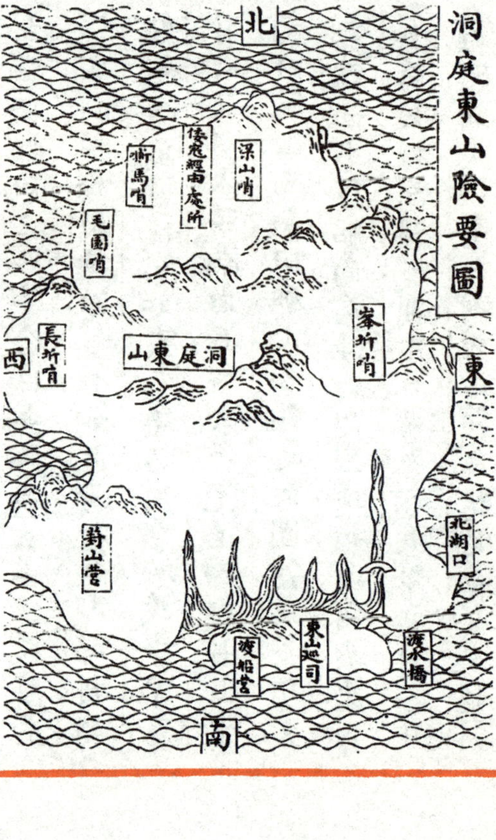

洞庭東山險要說

洞庭東山即莫釐山也相傳隋莫釐將軍居之一名胥母則謂子胥嘗迎母於此也太湖浩渺其東為山者十有七而莫釐最大週圍五十餘里地占三鄉國初原屬舟頭巡司因去西山遼絶相顧甚難成化間特創東山巡司以轄之居民稠密商賈為業重利而輕生一遇寇警合山之人齊奮而出不賴官兵自相抗禦現今設兵哨營寨者八在北曰嘶馬哨曰渠山哨在南曰渡船營在

東曰北湖口在西曰長圻寨在東北曰烽圻哨在西北曰毛園哨在西南曰葑山營各統之以耆民團長選鄉兵而訓之府縣官間一親閲務期實用但水兵未經酌處似宜報湖船編甲長而以五桅盤籠船領之有事責其在湖與巡司一體巡哨庶幾郡城可以無西顧之憂矣

洞庭西山險要圖

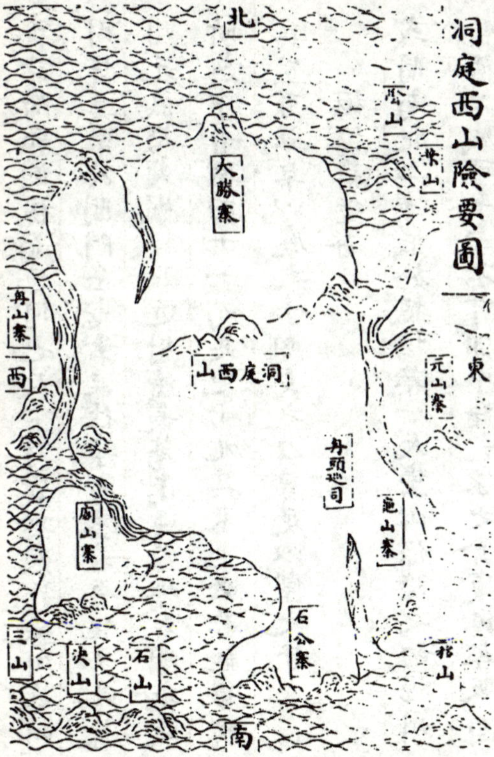

洞庭西山險要説

洞庭西山乃包山之别名也山川志包山以四面水包之或謂包公嘗居之真誥云去洞庭見包公問動静包公者句容鮑靚也左太冲賦云指包山以為期集洞庭而淹留太湖中峙之山在西四十有一而包山最大週圍一百三十里舟頭巡司在馬管三鄉五都廬聚物産大畧與東山同盜素難犯嘉靖甲寅倭寇登刼一艅為團長徐木等所截自黄麻門從漫山而下向空湖往常州境去一艅為耆民周瓚等所遂

至獨門轉戰三四十合往無錫境去盖山民重於保家而輕於用命沿習有如此者其在湖謀利諸船衝冒風濤視險如夷尤堪名用今所設者早寨有六北曰大勝南曰石公東曰元山西曰舟山東南曰黿山西南曰廟山各領之以團長隊長朝夕訓練而水兵船尚為缺典似宜通行選練與東山水陸兵相為聲援湖中有警責令夾擊更與西北馬蹟諸山西南石湖諸山約為犄角無分秦越則

盜必不敢窺太湖矣

吴縣險要總論

吴縣險要與長洲不同長洲乃賊之來路也吴縣乃賊之去路也何也倭船從海而來泖澱吴淞婁江福山之類皆其所從來之路也皆長洲連界地方也太湖在吴縣之西倭寇來此不便往年出石湖出胥口皆滿載之後因憚東北方官兵阻截欲假太湖走吴江以出海乃去賊也夫其來既皆在於長洲也則長洲設險捍之宜也

吴縣為賊去路則遂之出境已矣兵法曰歸師勿遏險要之設無乃為贅歟曰否所謂設險者團鄉兵於水口兩岸拒賊之入非拒其出也況賊可以從此而出亦可以復從此而入方其出也謂之去路若回翔反顧即來路也往年倭船一由胥口犯洞庭為吴江水兵所阻復還胥口從常熟而去一由石湖亦為吴江水兵所阻跽拜求還水兵貪餌縱出莫舍淒去可以驗矣方其去也吾兵嘗之戰既犯兵志勿遏之戒及其復入不敢與戰而直縱之皆由當時主兵者昧於方畧故耳兵法曰擊其惰歸此之謂也設使賊出湖時督水兵者能尾而擊之縱不全勝必求向前脫不敢復回矣水兵船者遂賊之正兵也在岸之兵不過慮賊登岸故設以待之耳豈可不用兵船追擊而但恃夫陸兵乎或引兵法窮寇勿追以辨水兵尾擊之謬噫是大不然窮寇者饑餓窮迫以命相搏者也出湖之寇乃飽其所欲舟自為計勢不相顧者也此在兵法急擊勿失之條何可謂

勿追乎要之已上所謂皆就今日倭寇言耳太湖之險萬古不變倭患寧後能保無寇從西來者乎是今日倭賊之去路乃即異時他賊之來路也險要圖說其吴縣千百年兵防之定準乎

吴縣巡司 弓兵數附

木瀆巡司

在吴縣西南三十里木瀆鎮設弓兵四十名往來巡邏

橫金巡司

在吳縣西南三十里橫金邨洪武三年建設弓兵四十兵往來巡邏

甪頭巡司

在吳縣西南八十五里洞庭西山設弓兵四十名往來巡邏

東山巡司

在洞庭東山國初原屬甪頭巡司成化中巡撫都御

史王公恕奏置設弓兵四十名往來巡邏

江南經畧卷二上

欽定四庫全書

子部

江南經畧卷二下

詳校官助教臣常循

總校官進士臣程嘉謨
校對官學録臣常循
謄録監生臣王岐

欽定四庫全書

江南經畧卷二下

長洲縣境圖

明　鄭若曾　撰

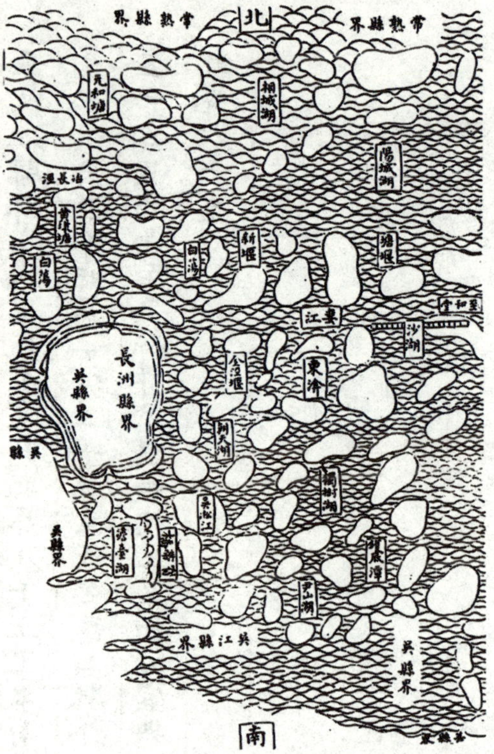

欽定四庫全書

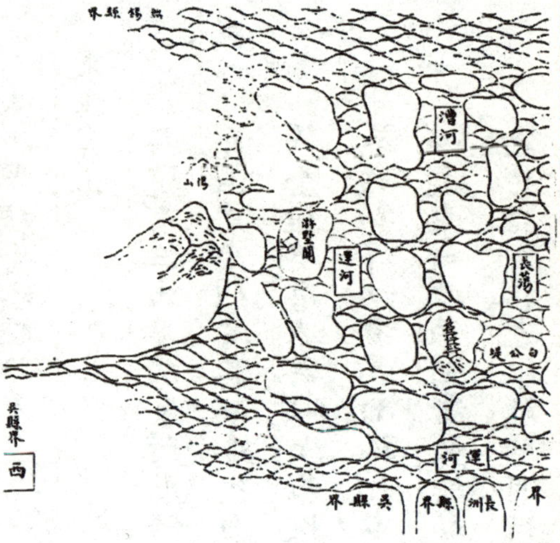

欽定四庫全書

長洲縣境考

長洲縣附府城長洲本古苑澤史稱周敬王六年走犬長洲長洲之名由此漢高祖十二年吳王嘗建倉於其地唐武后萬歲通天元年始割吳縣北境置長洲縣乾元二年改長洲軍大歷五年復為縣十二年陞為望縣

國朝吳元年革在城四廂録事司以東南東北二隅屬長洲縣

東至崑山縣界四十里西至在城吳縣分界一里南

至吳江縣界十八里北至常熟縣界九十五里東南
至松江府華亭縣界一百二十里東北至崑山縣界
五十五里西南至吳縣界二里西北至常州府宜興
縣界六十里

長洲縣備寇水陸路圖

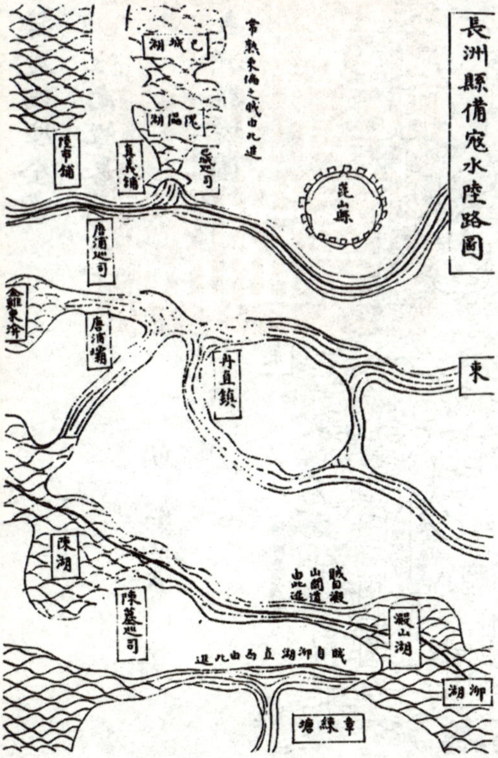

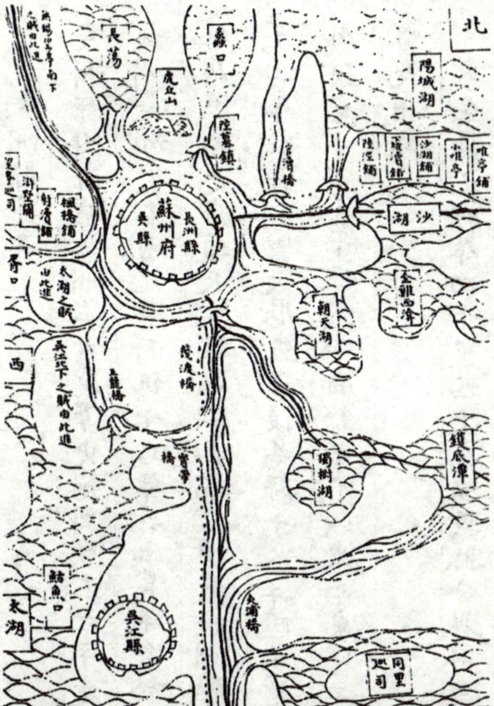

長洲縣備寇水陸路考

東距崑山

其道有三由婁門東行歷陸涇壩唯亭真義至崑山之西門者其中路也由葑門東行歷黃石橋金雞滸唐浦吳淞江而收界浦或收小瀼浦或收新洋江者其南路也由婁門官瀆橋出陽城湖東行收西湖灘收綽墪收高墟者其北路也中路官路也水陸皆可行乃正道也吳淞陽

城皆水路也皆道之間者也
西並吳縣
南抵吳江
其道有二由葑門䒱渡橋南行歷尹山夾浦至吳江之三里橋者驛路也水陸皆可以行乃正道也由䒱渡橋東行歷黄天蕩尹山湖出同里湖之西口者水路也乃間道也
北通常熟

其道有三由齊門北行歷陸墓蠡口吳塔沈浜而至常熟之南門者驛路也水陸皆可行道之正也由閶門山塘橋北行歷同橋長蕩分程或從洛婆橋蕩口或從顧山楊尖以出華蕩以至常熟之南門者西北㘭路也由婁門官瀆橋出陽城湖東北行至直塘分程或從支塘或從任陽皆可以至常熟之東門者東北㘭路也二者皆水路也皆道之間也

西北與無錫為界
其道有二由滸墅北行歷望亭新安至無錫之南門者驛路也水陸皆可行乃正道也由山塘涇北行歷同橋虎丘分程或從長蕩泰伯鄉或從荇菜橋直北小港而行以出百瀆以至無錫之南門者皆水路也間道也
東南與華亭為界
其道有三由葑門尾硝涇東行歷王母湖大姚

陳湖澱山湖謝澤圓泖而至華亭之西門者中路也由葑門東行歷黄石橋金鷄滃唐浦舟直磧澳唐行而至華亭之北門者其北路也由葑門䒱渡橋南行歷尹山同里鄧邨周莊楊扇章練塘九整而至華亭之西門者其南路也三者皆水路也中路道之正者也南路北路皆道之間者也
按長洲縣與吳縣雖同附郭而利害難易迥乎不

同葢長洲分治郡城之東南北三方與崑山吳江常熟無錫華亭相接壤吳縣之所轄者諸山與太湖而已倭寇自江海而来不當其衝也長洲則吳淞江婁江陳湖陽城湖諸蕩四通五達賊舟無處不可至若東從劉家港越崑山則犯婁門北從白茆港福山港越常熟則犯齊門西北從江陰越無錫則犯閶門南從嘉興越吳江則犯葑門東南從七圖八圖經干墩浦入吳淞江散舟直等鎮高墊等邨亦會於葑門在在可以衝入則在在當為之備但地方廣遠港汊浩繁不能一一設兵惟擿其險要者六曰陸涇壩曰唐浦曰鑊底潭曰夾浦北曰蠡口曰滸墅詳見各圖說於後

陸涇壩險要圖

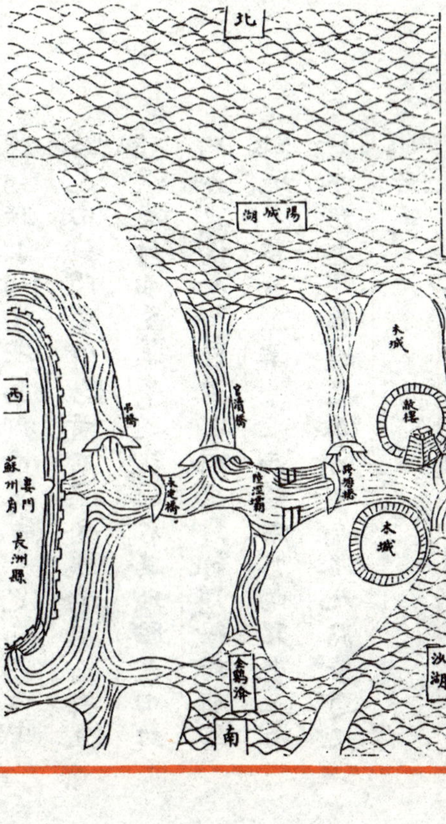

陸涇壩險要說

陸涇壩在婁門東六里乃寇從劉家河西来必由之衝也長洲之東境至陸市鋪而交崑山縣界舊之設險者凡三重焉官瀆橋營所以捍衛婁門為第一重也陸涇橋築土壩建木城敵樓設團營於陽城湖濱所以為唯亭官瀆二營之策應乃第二重也最東近陸市鋪設小唯亭營所以禦賊之来若外户然乃第三重也以愚觀之小唯亭者賊西行之正路也其南有沙湖北有陽城

湖萬一賊計狡猾不由正路而由南北間道豈不反遶出小唯亭之西乎故東境設險陸涇壩為最要兵備任公環與倭寇鏖戰嘗奏大捷即此地也其北陽城郇圍營相城圍營皆為湖防而設荻扁圍營乃為彭滸而設然皆羽翼陸涇官瀆不可無也

唐浦險要圖

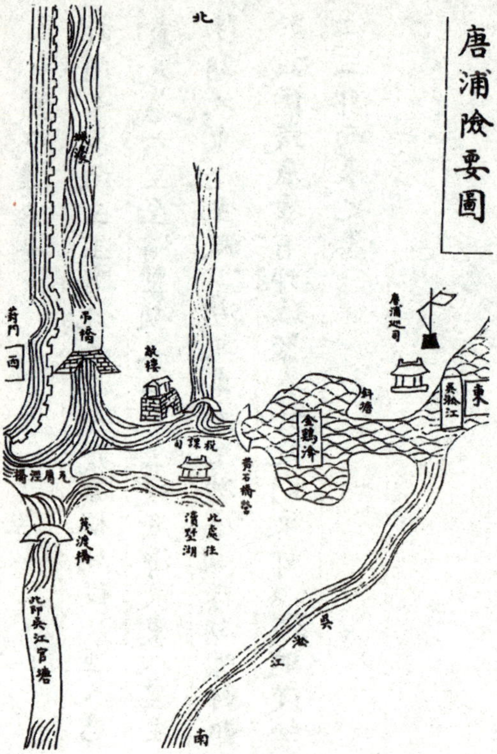

唐浦險要說

葑門東六里為黃石橋營又六里為金鷄滸又六里為斜塘營又六里為唐浦巡司乃吳淞江轉折而南處也土壩在焉自此而東為甪直浦與崑山交界唐浦設險所以過寇從吳淞江衝來之患

鑊底潭險要圖

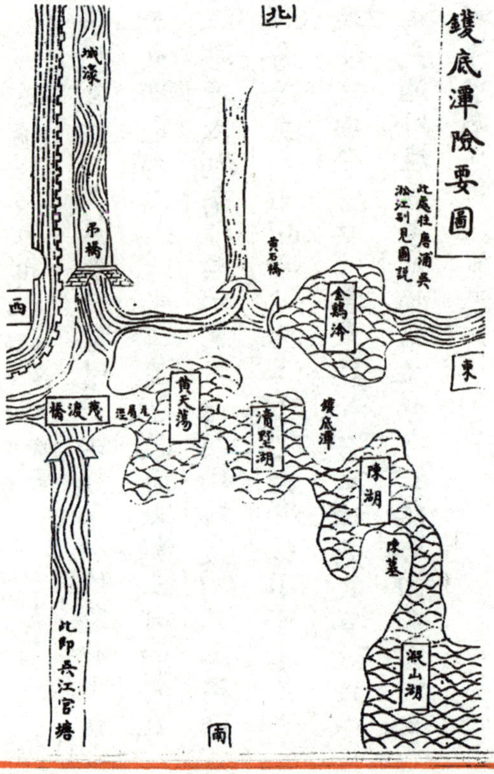

鑊底潭險要說

葑門之東南三里有尾眉涇在蔑渡橋北從此涇入歷黃天蕩六里至瀆墅湖又三里至鑊底潭又東八里至陳湖又東南至澱山湖又東南至泖塔湖陳湖曠野難於設備鑊底潭有邨落聚兵於此則東可以控賊從松江三泖而來之患

夾浦北險要圖

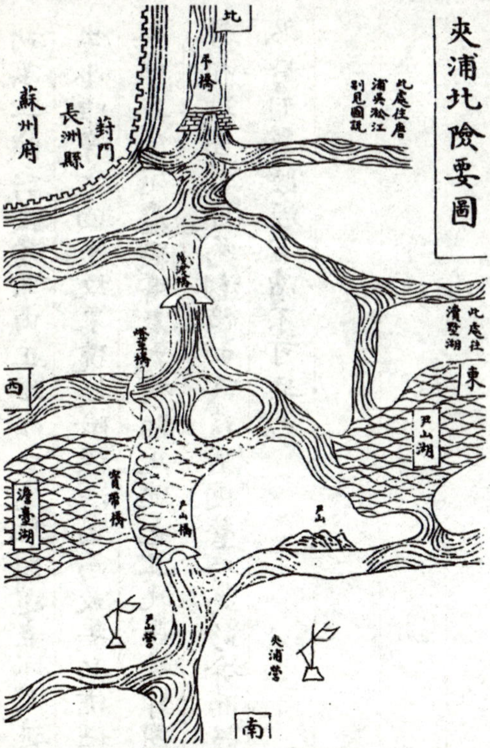

夾浦北險要說

夾浦南險要另見吳江縣圖說

葑門直南而行歷蔑渡橋營尹山鎮而浮橋鎖於水口者夾浦也乃吳淞江之上流也東通澱湖三泖西對夾涇港連太湖南抵吳江鶯脰諸湖北接長洲尹山諸湖賊舟若至夾浦則南犯吳江北犯長洲勢不可遏矣今夾浦設團營官兵而其東吳淞江章練塘又各設兵以為夾浦外障兵營張犄角之形守禦協唇齒之固則長洲之東南庶可以無患矣

蠡口險要圖

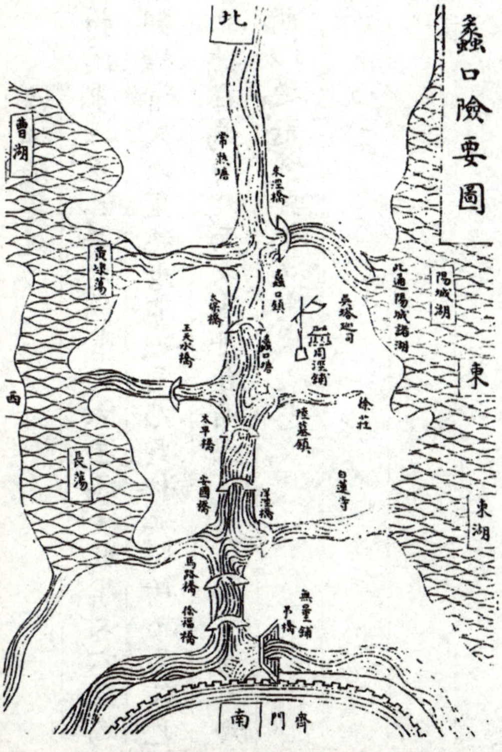

蠡口險要說

齊門外直北五里為陸墓又五里為周涇鋪又二里為蠡口巡司從此而北至永倉敵樓與常熟接壤所謂常熟官塘是也通計團營之設者七無量營石家浜營夾塘東西而立乃齊門外第一層險阻也陸墓營南橋鎮營亦東西夾塘而設乃第二層也陸墓之北為蠡口營蠡口之西北為冶長營冶長之東北為永倉營其形若鼎足者乃第三層也塘之東為彭滸為陽城湖施澤湖

直通常熟崑山二縣塘之西為長蕩為曹湖為黃埭塘直通無錫縣若蠡口者真郡城之北門也能守此可以遏寇之来矣此外又有錢萬里橋團營則緣郡城西北空野其水與長蕩相連而設露城鎮團營則緣郡城東北空野其水與陽城湖相通而設一則為婁齊二門之羽翼一則為閶門之羽翼皆不可無者也

滸墅險要圖

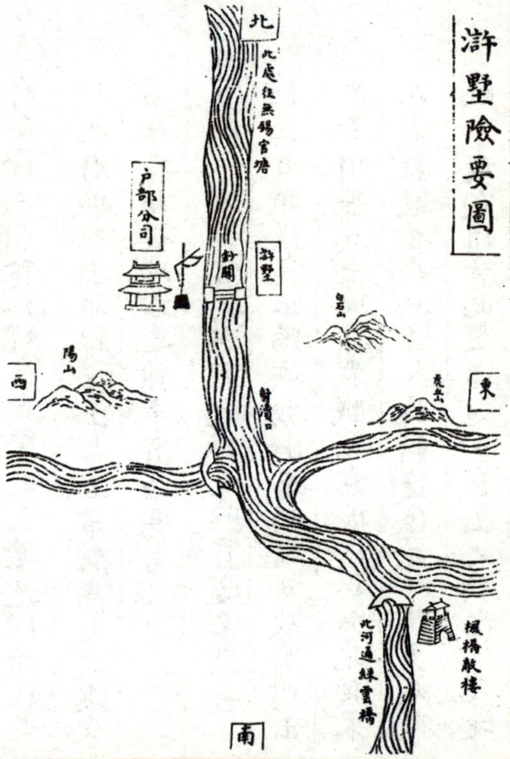

滸墅險要說

滸墅（俗名許市）在閶門外西北二十五里南北運道之要衝也戶部分司在馬居民稠密錢鈔出納無城堡可守若寇從無錫而来乃必由之道也乙卯之秋倭寇五十三人自南京至吳縣之横涇為官所截正由乎此其南為楓橋商賈駢集乃入蘇之正道也又有虎丘山塘涇貨物亦阜乃入蘇之間道也滸墅有備則寇自西北而来均可以無患矣今議設滸墅鎮營其北又設望亭團營

所不可緩焉者也

長洲縣廵司 弓兵數門

吴塔廵司

舊在吴塔後移齊門外北二十里蠡口北又稱蠡口廵司設弓兵四十名往来廵邏

唐浦廵司

在葑門東二十四里唐浦設弓兵四十名往来廵邏

陳墓廵司

在縣東南五十五里陳湖東設弓兵四十名往来廵邏

長吴二縣倭患事蹟

嘉靖三十二年癸丑

閏三月賊掠諸邨鎮

賊首鄧文俊林碧川沈南山等分踪出掠

五月賊犯府城分掠洞庭諸山

八月賊犯府城官兵擊却之

三十三年甲寅

四月賊至夾浦官兵擊敗之

戰於陳湖斬首十八級生擒二酋

賊犯府城叅政翁公大立統官兵禦却之

是月二十日賊首阿八王率衆分艅而入一由唐浦一由唯亭二十三日衝婁門守者發銃箭傷死三賊賊乃退二十七日復衝葑門叅政翁公大立提青州兵與戰勝之復退次日賊二千餘人焚刧葑婁齊三門翁公統官兵擊敗之遂退往徐莊是時也府城之圍雖觧崑山太倉常熟嘉定處處受圍在在請援地方之難未有甚焉者也

五月賊犯府城官兵與戰大勝之賊宵遁至崑山

初二日賊從崑山陽城湖衝婁門次日攻葑門山陝青州等兵出城接戰賊初意城中兵少見兵衆大叢戰數合我兵皆大勝斬獲傷死者甚多是夜賊不敢寐相背而坐遂遁回崑山之新洋江先是

備倭都司梁鳳屯兵真義鋪為賊所襲輜重銃砲盡棄而走至是寇藉之以攻城皆鳳遺禍也

六月賊圍府城大肆焚掠各門諸市鎮而去

初二日官兵與賊戰於真義弗利百户劉愛臣死馬賊遂進逼唯亭初四日抵婁門都督萬表帥親兵僧兵下八山兵千餘人禦之賊設伏兵掩擊萬師却走賊勢益張次日焚劫閶門至楓橋地方初八日賊分三支一由張家橋一由北新橋水陸並

進焚劫滸墅一由花園衖焚劫橫塘橫山東西諸邨落先是吳民頑蠢凡在附郭二三十里内者妄謂寇不深入又惑於入城危急之言莫肯遷進至是親屬不能相顧倉皇無歸或浮湖中或之山塢寇皆窮其所聚追逐殺擄哭聲徹天城下求入者不可勝計恐混奸細莫敢許兵備任公環獨身任安危日啓一門盤詰嚴肅魚貫而進間有一二奸細公命左右縛之賊以為神全活十數萬人竟無他虞初九日賊回閶門上新橋兵備任公環總兵解明道帥官兵千餘人出城擊之斬賊二十餘級生擒一人賊氣少阻退走楓橋日暮聞我兵進城復至閶門十一日由石湖入太湖吳江知縣楊芷舉人周大章生員吳誥帥水兵邀擊於鮎魚口擒斬五六十人賊餌水兵由吳江平望而去

三十四年乙卯

三月總督尚書張公經統大兵至即如松江

時張公經初統大兵至蘇州欲開府廵按御史周公如斗曰方今松江賊勢猖獗公不亟往恐賊謂公怯也張公意伺賊便馳擊之尚駐胥門周公方承監軍之命令諸將曰若曹不能禁戢兵士吾先叅究矣諸將猶未悛周公乘小艇陰察之諸將覺而大懼請於張公星夜往松江所過肅然

四月廵撫都御史周公琉廵按御史周公如斗奏免被倭州縣租稅招撫流民

民自甲寅之變田地抛荒所在騷動二公連章請蠲本年田租皇上特允之廵按周公先得報恐府縣吏胥乘機作弊不俟撫院會議星夜揭榜通衢凡已收在官銀米盡行給散人心大悦歡聲動地流民皆歸復業小民免於從賊人至於今頌之

五月賊犯府城入太湖由常熟出江

初八日賊突至婁門次日至楓橋分二支一往滸墅一往木瀆西山等處焚劫十三日兵備副使任

公環與總兵湯克寛等提兵至木瀆勦賊賊預伏歘起我兵驚潰不能勝追至胥口次日賊入太湖與吳江水兵戰於湖中焚劫洞庭兩山一艅為圍長徐木等阻截自黄麻門從衡山漫山而下向空湖常州境去一艅為耆民周瓚等所追至於獨山轉戰三四十合從無錫境去遇官兵不得進還入太湖其在滸墅者住劄望亭十九日分掠曹湖蔚塘涇長涇黄埭二十三日太湖賊焚劫洞庭二十六日進胥口次日由閶門齊門常熟官塘而去其舟十四艘皆蒙氊與濕被以防火礮矢石云

柘林賊至陸涇壩提督都御史周公琉廵按御史周公如斗親督兵備副使任公環總兵俞大猷等逐戰大破之

賊自柘林分踪出掠至李塔滙歷張莊小崑山趨泖湖而北保靖宣慰司彭藎臣追之抵陸涇壩離城十里而近廵按周公如斗急邀廵撫周公琉出

婁門禦之而身御城樓令曰如賊不滅敢有渡河者以失機奏請如律兵備任公環師師為前驅與總兵俞大猷遊擊鄒繼芳守備王桂合力禦於壩上賊敗走獲其舟三十五艘斬首二十級明日賊復合夥揚帆而前我兵用銅發熕燬其舟賊登岸兵備任公師鈎刀手當其衝與賊鏖戰自辰至申凡二十合賊遂大敗斬首八百餘級我兵不損一人蓋月之二十二日也

六月賊犯府城官兵出城禦却之
初五日賊二千餘人自崑山至婁齊葑三門焚劫鎮撫蘇憲臣禦戰死馬次日至閶門屯洞涇橋兵備副使任公環知府林公懋舉總兵解明道分帥徐頮等兵出城勦之斬賊首五十餘級生擒二人賊奔楓橋復流劫太湖洞庭兩山

八月劇賊五十三人流突至滸墅提督都御史曹公邦輔親督官兵勦之賊遁如横涇公盡殲之

十三日上江流賊五十三人突至滸墅先是提督都御史曹公邦輔聞賊已至太平震動留都趨護陵寢會賊從宜興無錫而南欲由常熟沿海以趨柘林精悍異常轉戰三千餘里未嘗少衄蓋賊之梟銳善戰者也公聞之星夜馳還賊已渡關矣公亟調集諸道兵與官屬約曰此賊深入内地所過不掠財帛婦女無乃為覘乎且以五十三人横行三千餘里莫之敢攖其易我甚矣我地形兵力為彼所窺他日大舉入寇何以支之所不與僇力滅此賊寬縱出境者斬首以狥不爾貸復戒守令賊滅而後進城聞者無不股栗乃分授信地申主客應援之規以副使王崇古僉事董邦政叅將婁宇率指揮張大綱武生車梁躡賊所向遇敵先登為正兵知府林懋舉通判余玄知縣康世耀各領兵屯吳林廟之左北護郡城南扼賊衝為援兵嚴家兵左哨沙耆民兵右哨分突衝截為奇兵度賊

走太湖募水兵於湖濱東山巡司領船數十艘往來哨探為遊兵又度賊不走太湖必分蹤以牽制我師或棄金帛於道餌我嚴諭毋離伍毋拾遺是夜官兵射死五賊賊自浙杭歷嚴歙蕪湖南都所向無敵至是頓挫大驚覺曹公兵難犯從間道沿山夜行至楓橋擒二義氓欲導出海二義氓私相謀曰此賊得至柘林蘇民無息肩之日矣不舍生以紓民命何面目見曹公乎乃故導之過閶門約

會城上曰吾湛往絶地可速来擊之遂至寳帶橋橋斷復至郭巷三面阻水官兵圍之三匝賊大恣鑾二湛者二人之功多矣惜其姓氏不傳十六日夜潰圍過五龍橋奔梅灣二十日奔靈巖山二十二日官兵搜伏斬首七級賊夜奔鳳凰池二十五日奔木瀆復奔前馬橋二十七日曹公親督副使王崇古僉事董邦政知府林懋舉參將婁宇通判余玄知縣康世耀合兵擊之賊殊死戰我兵憚曹公威令莫敢退

縮嚴家兵父子五人當其前鋒斬賊二十七人指揮張大綱崑山生員陳淮皆戰歿於陣賊夜遁之黃墅汍擄船渡湖巡船阻之奔楊家橋匿一民舍我兵圍而火攻之賊遁伏田禾中官兵追之不能得武生車梁獨以兵張兩翼吶喊索之賊遂露来名官兵還擊之賊遺金帛誘我兵卒陷一絶巷中官兵圍之矢砲叢入蕩滅無遺曹公以捷聞歸功僉事董邦政時督察侍郎趙文華聞此寇且滅急趨赴之欲攘其功比至則曹公已先奏捷文華大怒遂思所以陷曹公矣

石湖之戰議

按石湖之寇擄巨舟十二滿載而出其衆三千餘人如蹈無人之境吳江知縣楊芷舉人周大章以舟師邀而擊之可謂壯矣斯時也湖水乾涸賊艱於行我舟輕捷鑽竿鉤搏斬級十六賊長跽哀籲登岸問路此其勢之窮蹙為何如乃天亡之時也設有精兵一枝剗火燒橋

賊無小舟豈能飛渡哉使水兵不貪餌賊棄金帛衣包不之顧而堅志攻賊賊豈能脫哉惜乎官兵觀望而莫敢進獨吳江兵敢進而又縱敵遂使賊得長驅而去吳江平望官倉民舍所過丘墟嗚呼此倭寇深入之始闌繫蓋不小矣昔晉劉牢之討孫恩恩敗而走懼官兵躡之緣道棄物牢之兵利其有恩得脫走兵家之弊古今不約而同有如此哉或曰兵志曰歸師勿遏石湖之寇歸寇也如之何遏之曰不然所謂勿遏者其義有二一

謂過寇於入境之初則地方不至受害若歸而過之則荼毒已罹過無益矣一謂敵有忿懈不可於其去而一槩過之蓋逃生之寇獸窮反搏須縱其出境而伏兵以待乃圍師必缺之説也若飽欲而去則擊其惰歸豈可坐視其行乎兵法曰因勢破之此之謂也

崑山縣境圖

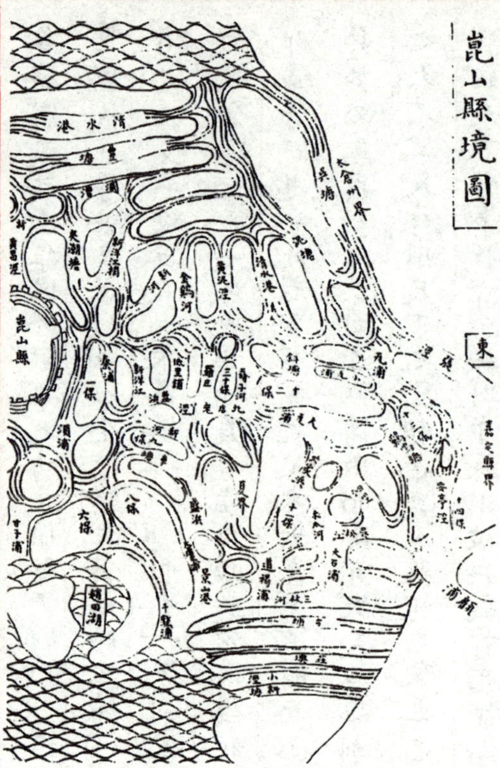

崑山縣總論

崑山在府城東七十里東距大海有太倉為之藩屏北距大江有常熟為之限隅偃然中處號稱樂土往年倭人入寇首攻圍此四十七日何哉蓋世際久熈武備懈弛所恃者衛所耳矣崑城無衛所襲取甚易賊若據此為巢則東西路絶邏卒不能哨探而飛報上司不能會議而調兵（撫按分駐蘇松諸郡兵備道專駐太倉城）奏聞則不及聲援則無有由是可以攻衛府治由是可以往返海洋倭之為計

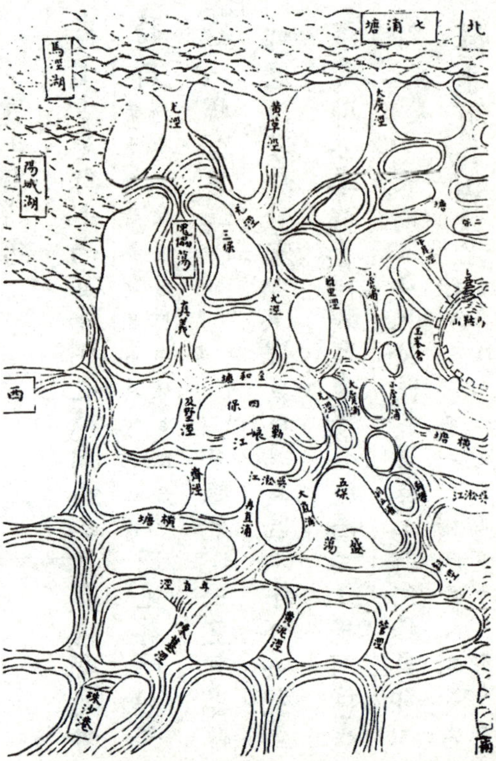

者誠審矣所幸築城於無事之時又值縣尹祝侯名乾壽之賢與民死守井邑萬姓賴以全活竊考爾時賊至城下者凡三支一從吳淞江菉葭浜俗名陸家浜而来一從劉家河太倉塘而来一從七鴉浦雙鳳陸路而来厥後屢犯郡城皆假道於此若曾嘗聞之父老云崑山地僻而小兵燹必無我太祖立國之初傳檄而定可徵矣以愚測之大不然夫蘇州天下之望郡也崑山蘇州之望邑也假如天下有事孰肯忘蘇州乎蘇州被兵孰肯忘崑山乎但受患不同應敵迥異若寇起中原攻掠城邑則崑山之西境乃賊之来路也設險守禦其重在西若寇起海洋突入内地則崑山之東境乃賊之来路也設險守禦其重在東乖方而應之鮮不僨矣此以地利而言也若以人事言之則崑山乃外縣也較之長吳附郭百凡必俗稟於府必俗稟於憲院而後行者固有不同而其在外邑之中局面亦異何也太倉嘉定濱海常熟濱江各有將官提重兵控其外境外境之安危繫將才之高

下州縣勢埒而權分有不能全主者崑山則操縱張弛令得而專之罄一縣之力捄一縣之患雖不免於中違而隨機決策之際無所掣肘無所牽制大抵與吳江同但吳江當南北要衝春秋吳伐越越伐吳皆為用武之地視之崑山惟當嚴備海寇不時偶發而中原之盜地僻罕到者大徑庭也較量七邑崑山在難易之間顧邑令之才德服衆何如耳或曰崇明同乎曰其邑懸海又當別論也

崑山縣境考

崑山古婁縣也禹貢揚州之域周為吳秦置婁縣屬會稽郡葉子强題名記崑山秦婁邑也按今嘉定縣有婁城鄉疑古縣治漢王莽時曰婁治以縣有婁江得名漢書曰改於王莽時今縣東北三里有婁縣邨歷後漢吳晉宋齊俱隷吳郡梁天監六年分吳郡置信義郡分婁縣置信義縣屬之今縣西二十里有信義邨俗訛為真義大同二年又分信義置崑山縣仍隷吳郡以縣東有崑山故名崑山高一百五十丈周圍八里輿地廣記陸氏之先葬此山士衡兄弟生

馬時人以玉出崑岡比之故名士衡賭從兄詩云彷彿谷水陽婉戀崑山陰是也山今在華亭縣西北二十三里蓋割崑山之境以縣華亭而縣名仍崑山云 隋開皇九年改吳郡為蘇州而崑山信義二縣俱廢十八年復置崑山縣隷蘇州唐天寶十年太守趙居貞奏割縣之南境及嘉興海鹽地置華亭縣移崑山縣治於馬鞍山之陽大歷十二年升緊二千戶為緊會昌四年升望三千戶為望宋改蘇州為平江府崑山隷馬嘉定十年太守趙彥橚提刑王棐奏割縣之東境安亭春申平樂醋塘臨江五鄉置嘉定縣元元貞二年以戶口計例陞為中州隷平江路延祐元年遷州治於太倉在崑山東三十六里至正十六年張士誠僭據遣將高智廣守之十七年皮福復遷州治於故所崑山州治遷太倉者凡四十四年至是仍徙治於馬鞍山陽國朝吳元年知州費復初率民歸附洪武二年復為縣隷蘇州弘治十年巡撫都御史朱公瑄奏割縣之東北境湖川新安二鄉及惠安鄉之半并常熟縣雙鳳鄉嘉定縣樂智即崑山縣醋塘鄉循義即崑山縣平樂鄉二鄉置太倉州本縣現管里三百三十八

廣四十五里袤一百二十五里東至太倉州界二十里西至長洲縣界二十七里南至松江府華亭縣界八十里北至常熟縣界三十六里東南至松江府上海縣界四十五里東北至海一百五十里西南至長洲縣界五十里西北至常熟縣界四十五里

崑山縣城池考

崑山縣城相傳為吳子壽夢所築今莫可考五代時為盜所據官兵灌城而降則知嘗有土城宋時列竹木為柵則知雖土城亦廢古圖經云縣故有城然湮廢已久宋時婁縣邨猶有城基其田尚有城裏田之稱墟落間以城名者十有二今可知者七耳東城在縣東三百步城雖莫考而橋巷猶以東城名舊誌云耕者於東寺後多得古城磚及銅箭鏃疑即壽夢所築也　武城在縣西北漢書婁縣註有南武城俗傳吳王闔閭起以備越　金城在縣東三里世傳吳王所築今有金城浦　度城在縣東南七十里相傳為黃巢所築今有度城湖　西鹿城在縣西一里有唐卜將軍墓墓碑云葬崑山西鹿城　巴城在縣西北十八里其地有巴王廟巴城湖　雉城在縣西北十八里今湖亦以雉城名　顧縣城凡浦城並古經所載今莫詳其處元至正十七年海寇方國珍犯境始築土城捍

之周一十二里二百七十八步高一丈八尺濠深五尺廣六丈城有六門國朝弘治四年知縣楊子器建樓其上各以方隅名之東曰賓曦（賓曦門水關之南內外俱有濠城介兩濠之間海潮悍激土疏善崩弗克支遠知縣鮑龍欲為堅久之計白於巡按御史舒公汀廣其址以達於顧顧用石弇旁皆磚灰蔑之中實以土凡三十二丈城始完固邑人大理寺丞周鳳鳴有記）西曰留暉南曰朝陽北曰拱極（今曰拱辰）東南曰迎薰西南曰麗澤（麗澤門樓舊在麗澤門上因礙學宮嘉靖二十七年巡按御史饒公天民命改建水關之東）嘉靖五年邑人都御史周倫疏請築磚城不果十三年於東門外築水

關一座上建門樓三間扁曰天風海濤十六年邑人大學士顧鼎臣軫念崑山濱海土城日就傾圮脫有驚變無城可守主議力請於朝於時巡撫都御史歐陽公鐸巡按御史陳公蕙知府王公儀於沿海州縣次第修舉而獨先崑山既而陳公親履其地指授方畧仍故址甃以磚石（下半用砍石上半用火磚）經始於十八年二月工竣於十九年五月（邑人太常卿方鵬有記）各門扁額皆仍其舊每門置水關以便舟楫朝陽門故無水關因鈌馬時值承平民憖其

勞後十五年甲寅倭寇突至首犯縣城攻圍四十七日億萬生靈賴以拒守凡在城外者焚掠無遺人始服其遠覽感其洪庇云寇退知縣祝乾壽增築六門月城及敵臺二十六座又以東南北三隅相去曠遠起造敵樓三所相為策應規制益壯麗矣

城

週圍二千三百八十七丈凡一十二里有奇高二丈八尺比之鄰邑諸城特為堅固

池

週圍二千三百八十九丈深五尺廣六丈有奇

門

陸門六（詳見前）水門五（惟朝陽無水門）門上有樓樓外有月

城

敵臺

敵樓三座敵臺二十六座

窩鋪

二十六座

雉堞四千五百八十七垛

崑山備寇水陸路圖

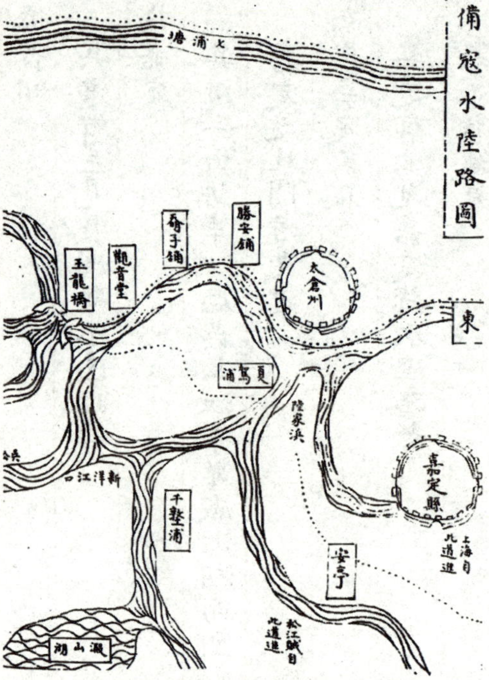

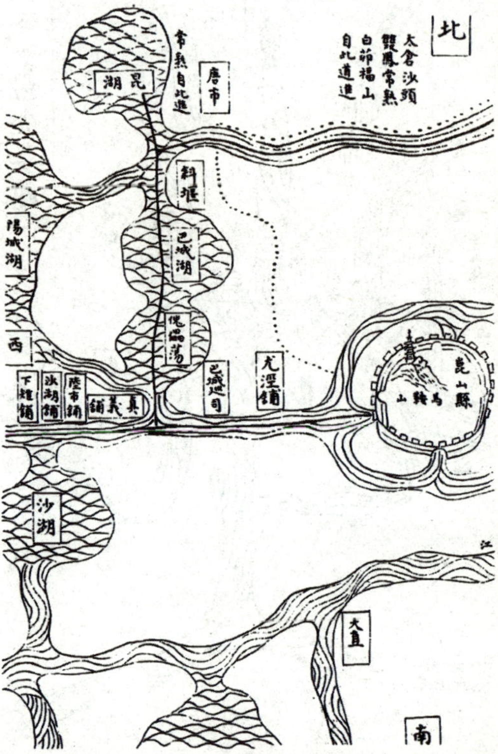

崑山縣備寇水陸路考

東距太倉

其道有三由玉龍橋東行歷馬涇奣子勝安鋪至太倉之西門者其中路也由小虞浦或新洋江出吳淞江收青魚涇至太倉之南門者其南路也由八字橋歷黄昌涇新塘橋周市雙鳳至太倉之北門者其北路也中路道之正也南北二路皆道之間者也

西抵長洲

其道有三見長洲縣水陸路考

南接嘉定

其道一由新洋江歷吳淞江千墩澱山湖而至嘉定之北門者是也

東南與嘉定為界

其道有三見嘉定縣水陸路考

西北與常熟為界

其道有三由金潼橋李家嘴歷巴城斜堰唐市戈莊至常熟之南門或由李家嘴歷卯沙塘石牌灣唐市五衢至常熟之東南門皆中路也或從八字橋黃昌涇新塘橋周市雙鳳陸行下七浦塘或從雙鳳歷直塘支塘或從鴛腸涇歷周市任陽唐市皆可以至常熟之東門者其東路也由真義綽墪出陽城湖或由高墟郁下傀儡蕩一水至常熟之南門者其西路也中路正道也其餘皆間道也

右水陸可通之路凡十有三雖皆崑山之所當防者然不能一一而設險也惟摘其中之尤要者建寨柵剏團營專駐官兵以為守禦之計其餘則惟以游兵行哨奇兵設伏輕兵出襲焉斯可矣計邑之險要凡有五曰奇子西曰千墩浦曰周市曰真義曰斜堰詳見各圖說於後

奇子西險要圖

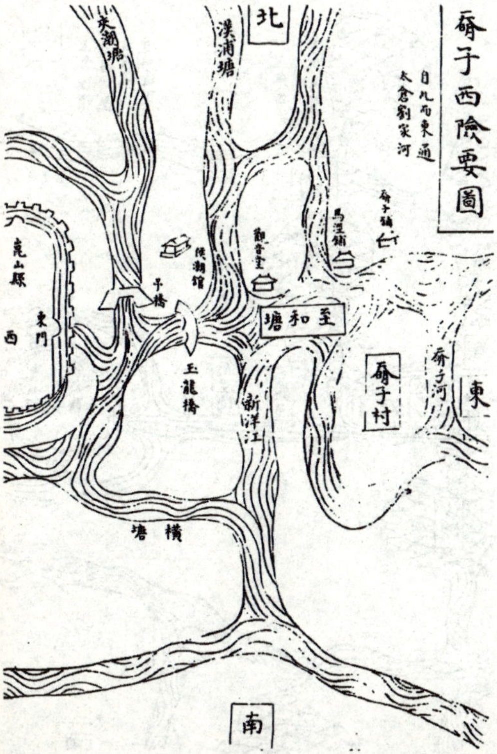

嵛子西險要說 嵛子東險要另見太倉州圖說

嵛子在縣治東二十里賊自劉家河至太倉南關折而西北必由此以犯縣城嘉靖甲寅賊艘東来者無數皆揚帆直入備倭都司梁鳳督兵於此因非信地故引而北賊遂肆志無忌而崑山之禍慘矣為今之計惟設重兵屯此與太倉兵船相為犄角賊寇来犯水陸交攻無分彼此賊必不能飛渡而西迴翔出海我兵可柬之追勦矣

千墪浦險要圖

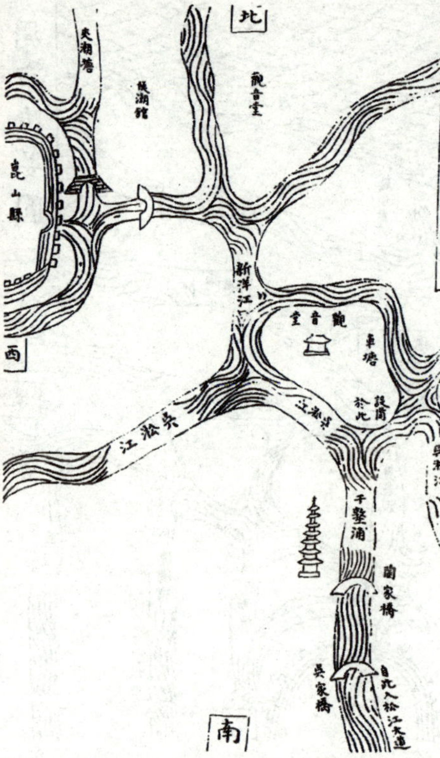

千墪浦險要說

千墪浦在縣治東南三十六里 千墪浦自吳淞江起至徐涇口止長二千三百九十二丈五尺廣八丈有奇 乃如松江之大道也吳淞江自西南而来新洋江北注之折而東行千墪浦南注之又折而東南行夏駕浦東北注之夏駕新洋皆鹽盜出没要區而千墪之南如澱山度城諸湖至為險要千墪實當三面之衝者也嘉靖甲寅賊自松江至莱葭浜將衝縣城備倭都司梁鳳率兵屯此賊不敢西行而從夏駕浦出丙

辰賊自松江循澱山湖而北直擣於此使當時有兵禦之賊豈敢輕進哉舊設石浦巡司於西嘴甚為長策後遷吳家橋則南去數里矣江中鹽盜豈能備乎為今之計須設兵戍守於此仍復巡司於舊地而備弓兵之名額庶縣城可無南顧之憂

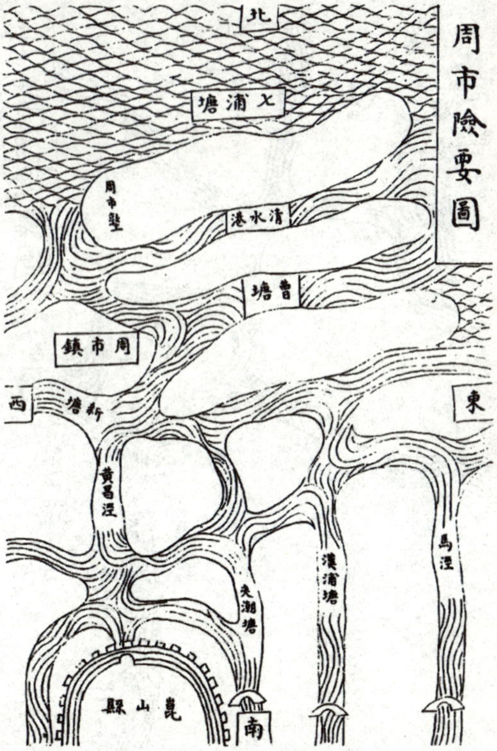

周市險要説

周市在縣治東北二十里與七浦塘相近七浦乃常熟之界河也大而且長横亘數十里沙頭雙鳳直塘白茆等鎮皆可相通賊若自東流突縣境此其必由之道也往年賊攻縣城不克詣諸鎮召黨與集城下者七千餘人實由此道而来（如所殺長二大王之類）故必設兵一枝屯戍於此以固北門鎖鑰鎖鑰固則縣城可以高枕而卧矣

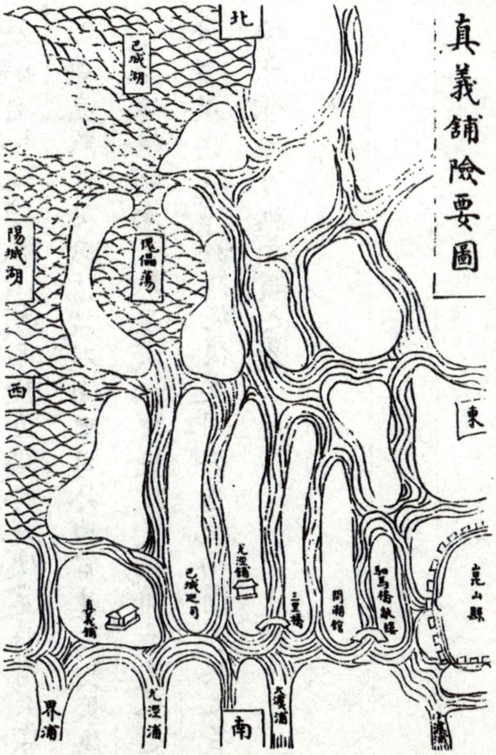

真義鋪險要説

真義鋪在縣西二十里巴城廵司在焉其西三里與長洲交界謂之界浦西北二三里為陽城湖（東屬崑山西屬長洲）東北五里為傀儡蕩又北數里為巴城湖（一名巴湖）水澤環屬舟楫通利鹽盜出没真義實當三面之衝賊若由府治而来必經此道蓋西境之咽喉也團結鄉兵與司兵協守一則可以遏賊東下而為縣城之藩籬一則可以梗賊南衝而為常熟之隄備誠不可不為之所也愚按國

初舊制真義原無巡司弘治間始遷巴城巡檢司於此哨捕盤詰以之御寇不能也真義之北二里許有航頭鎮者户口頗繁且多巨族為之綱領嘉靖甲寅倭寇嘗至鎮無籍本司自敢與之抗敵惜無策應耳有司若能作興禮請大户選練小民可得數百人縣之西境不患無兵而兵自足不憂無食而食自贍矣

斜堰險要圖

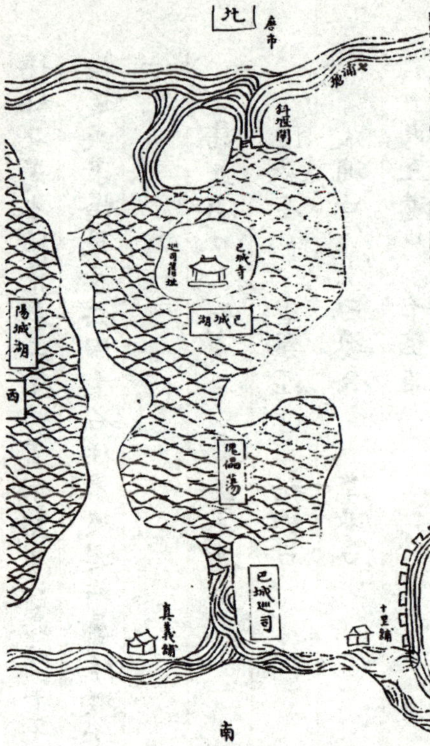

斜堰險要說

斜堰在縣治西北四十五里臨七浦塘七浦塘自白茆塘西至陽城湖合昆承諸湖之水泛濫不常故築堰以拒之賊若自常熟南行必由此犯縣境過此則水陸路雜無險可據矣故必設兵一枝於此與常熟之兵互為聲援庶賊可拒也或謂宜設險於巴城夫斜堰譬則門户也巴城譬則堂室也賊已入門而與之戰於堂室之中使賊得以内攻孰若守門户使不得入之為愈耶設

兵之法與他地異特宜奏添一巡司於此而以諸湖打牲手隸之有警則名集與弓兵協禦而取餉於官此則水戰之絶技也弓兵之額亦須滿百如寨兵之制而後可

崑山縣巡司 弓兵烽堠附

石浦巡司

舊在崑山縣東南四十里沖川鄉七保石浦鎮宋祥符中設國初於真如觀署事洪武二十二年巡檢舒

塝始建署本鎮景泰二年移置千墩浦口嘉靖十年
復遷吳家橋設弓兵四十名往来廵邏所屬烽堠十
一座
諸天浦口　石浦口　夏駕浦口
陸巷涇　唐梨涇　新塘口
張浦口　刁㶚舍　潭港口
大直港口　千墩浦
每堠另設瞭守弓兵五名

巴城廵司
舊在崑山縣西十五里朱塘鄉高墟邨國朝洪武三
年設置弘治三年徙於真義鋪東設弓兵四十名往
来廵邏所屬烽堠十二座
李長墳　綽墪　狀元涇
圓邨　俞港邨　真義鋪
景邨　嚴家橋　黄巷
徐公橋　夏尖　新邨

每堠另設瞭守弓兵五名
舊有崑山鎮廵司在縣治西南興賢坊東即吳越
錢氏崑山防遏使故址洪武十二年革去今巷名
猶存其舊
崑山縣倭患事蹟
嘉靖三十三年甲寅
四月賊至菉葭浜縣城戒嚴
時承平日久民不習兵城中火器兵糧百無攸備

知縣祝乾壽涖任甫一月倭寇突至倉皇無措令
民繕器械塞城門為保禦之計延鄉士夫及諸生
上城分地而守初七日賊掠松江得志欲歸以吳
淞道梗乃歷唐行青浦而北兵備僉事任公環帥
師擊之弗利賊進逼安亭入縣境與任公隔吳淞
江而壘越三日西行十一日至菉葭浜去縣三十
餘里聞備倭都司梁鳳駐軍千墩之北遂從夏駕
浦走太倉

賊入劉家河逼縣城
十三日賊舟入劉家河者六十餘艘其先鋒百餘人駕三舸揚帆而入時都司梁鳳移軍畚子賊吶喊試之梁兵從鹽鐵塘走常熟賊知我兵怯肆志無忌直抵東郊新洋江口泊焉自是來者接踵焚劫屠戮沿城民廬一朝丘墟矣
兵備僉事任公環遣兵來援
兵備任公自太倉調遣沙兵二千來援盜賊充斥

州縣路絶沙兵從間道紆廻而行不能遽達賊偵知之以數舟張幟使人佯報曰任爺救兵至矣速開門納之守城民夫見之踴躍欲出識者曰此計也安有官軍近賊而賊舟不震動者賊計不行退入艅後二日沙兵始至
賊掠諸邨鎮
賊舟屯新洋江分遣其徒詣各邨鎮焚劫雖窮鄉僻壤士女避難之處無弗知而至者由其擒土人為嚮導故也
知縣祝乾壽大索奸細於城中獲之
賊至三日不犯城郭人皆疑之十六日諸生有鳳興者望見馬鞍山顛有白衣人二皆以白扇指揮意其為奸細也遣人遍索之弗得卒之鷩觳洞中執而訊之曰未至時先遣十輩伏城內期十五日放火誘民夫下城乘間而登因天雨改約今夕白者吾暗號也乾壽亟下令凡來歷不明之人悉繫

獄慮有枉也命獄卒善護之惟慎其防又令城市各甲相覺察城夫不得離信地顧私室違者治以軍法是夕奸細放火受縛者八人始知擒者非盡奸細奸細或伏橋下或棲樹杪或隱菴剎或潛林墓夜聚曉散其踪無常西倉脚夫五十人自相盟誓分伏要路俟賊奇行者擒之得劇賊一人乾壽百方誘之終不言肢解以狗既而得賊流矢其鏃細書云陸成已殺阿荒仔細乃復大索之數日得

阿荒於濠間葢即縣傍屠狗者也其来已三年善伏楷梁間人不見飛簷走脊特其末技云

賊攻縣城

縣令祝乾壽嚴督士民備禦民各一堞十堞一長五長一生措置秩然十七日賊負雲梯數十乘攻北東東南三門勢甚危廹時有登梯者城夫以長脚鑽禦之貫其頭顱猶忍痛上他賊以燕尾箭截城夫三指城夫亦弗言痛持鑽如故一時躡梯之

賊遂皆奪氣下匿墳菴将復攻擊乾壽使勇夫奪其梯火其廬賊乃遁去

廵撫都御史屠公大山廵按御史孫公慎遣備倭都司梁鳳帥師来援復遣縣學生龔良相督戰無何名良相歸鳳遂冒功而還

時賊往来欻忽凡大路皆絶聲援不通士民危懼縣令祝乾壽募敢死士善泅水者持蠟書間道夜行士夫亦附連名柬請兵八晝夜始達郡城廵按

御史孫公慎會同廵撫都御史屠公大山遣備倭都司梁鳳提兵而東鳳逗遛下雉瀆不敢進諸生李龍伯徐倬淡夜縋出城上書於鳳持諍甚力鳳不為動縣學生龔良相時寓郡城驄入察院孫公盛怒良相叩首泣謝曰蘇州東南之重郡也崑山蘇州之重邑也崑山被圍兵餉俱乏數十萬生靈之存亡懸於救兵之遲速若救兵不至城必陷矣城陷則不惟國家二百年以来數十萬忠孝之民

死於無辜而賊據為巢進攻蘇州蘇州其不危矣乎天下財賦蘇州第一乃朝廷命脈之所繫也公縱不為崑山惜獨不為朝廷計良相桑梓之地知救祖宗墳墓為重冒威犯罪誠甘心焉孫公大感動稱羡而慰之曰子之言過矣吾兵已發事已濟子未之知耳良相力辨鳳影射不忠乞憲牌督戰孫公曰遍地皆賊孰齎牌乎良相復辨鳳兵潛於近地可及也請以身往孫公遂與牌令良相督戰

良相縋城而出獨行十里窈無人聲惟血膏荒野而已追至鳳所以憲牌示之鳳大怒欲殺良相良相不為動促之益力鳳不得已令良相先行瞰賊良相冒死馳至真義不見一賊也伏叢莽間覘一鄉人出行訊之賊已回新洋江還報鳳鳳大驚即與俱東會有憲牌召良相良相還郡城二十四日鳳軍九里橋乾壽令義官張國維迎之不峇適有賊醉卧民舍鳳軍遇之擒斬數級抵暮乇兵真義

為賊所襲望風即潰而西火器二船盡為賊有鳳率殘兵歸郡佯報賊已擊敗適去掩敗為功人皆憾之

賊攻縣城

賊得火器糾合精鋭益肆力攻圍燕尾鏃佛狼機鉛錫大銃一時合發殺人高擲其顱於城上小兒貫槊盤舞以為戲吹螺鼓噪聲震山谷守者望之無不色土縣令祝乾壽微服乘城鼓衆作氣躬率丁壯守埤老弱運瓦石揚灰沙晝夜力守不怠又與鄉官朱隆禧王任用孫雲舉人歸有光丁允亨秦霑等籌畫便宜鼓勵監生吳諫生員張光紹潘蔚卿晋日亨陳淮柴秩柴輔元武舉郭龍韜等擐甲跨馬與賊接戰屢有斬獲且糾率士民悉力捍禦城得不破時賊欲據崑山為巢穴故蘇州各縣皆被攻圍而攻崑山尤急以崑山為蘇郡州縣適中之地得此為巢則沿海諸邑聲援俱絶進可以

蠶食蘇常諸郡退可以拒援兵也非乾壽措置有方鮮不殆矣

五月賊攻縣城知縣祝乾壽於留暉門殛殺賊首二大王

十三日賊糾諸縣精悍者凡七千人薄東闗蝟集城下攻圍甚急期於必破乾壽鼓衆出城死鬭焚燬其舟賊遂轉向西闗有驍賊數輩代竹為龜覆以袄被械其中而運之潛伏其内餘各擁門為盾

列左右翼而進城上用機鏃火礮擊之舉不能入賊旋嚮城關盡撤去壘石闖龕於楯鎚斲聲動地城不下者僅一板角聲震天與婦女號慟聲相聞乾壽衣短後手執金鉦鼓之莫可誰何顧見一老父指謂曰亟啓麗譙之木沸桐油褋厠熾熱沃之賊可擒也乾壽如教啓板熱油垂而灌之一賊方欠呻遷引之起則其渠魁二大王也縛置旗竿上射殺之令丁壯雜噉其肉頃刻殆盡賊遂雷號禽

亂而潰乾壽循城閱視小憩土神祠睨其像則所見西關老父也遂上其事列春秋祀是為有唐將軍西河卜珍去祠不數武葢有將軍墓焉時皆謂乾壽至誠感神所致云

賊解圍遁去

賊圍縣城四十餘日賴縣令祝乾壽多方捍禦殲其渠魁賊遂大懼十八日解圍宵遁於是各縣之圍皆解

三十四年乙卯

五月賊掠石浦等鎮

川沙窪賊由松江周浦泗涇等處刼掠遊擊周藩追擊戰死賊遂屯駐石浦橋流刼石浦諸處

三十五年丙辰

三月賊掠千墩鎮

賊自松江循澱山湖而北直搗於此大肆刼掠

五月兵備副使任公環擊賊於澱山湖東大敗之

六月賊薄縣境

初四日賊二千餘人由吳淞江而來逼縣境民兵禦之遂西走郡城

江南經畧卷二下

欽定四庫全書

子部

江南經略卷三上

詳校官助教臣常循

總校官進士臣程嘉謨

校對官學錄臣常循

謄錄監生臣王岐

欽定四庫全書

江南經略卷三上

明　鄭若曾　撰

常熟縣境圖

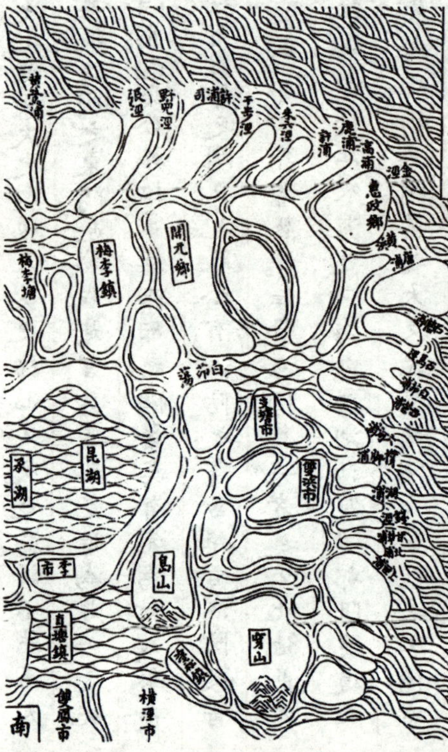

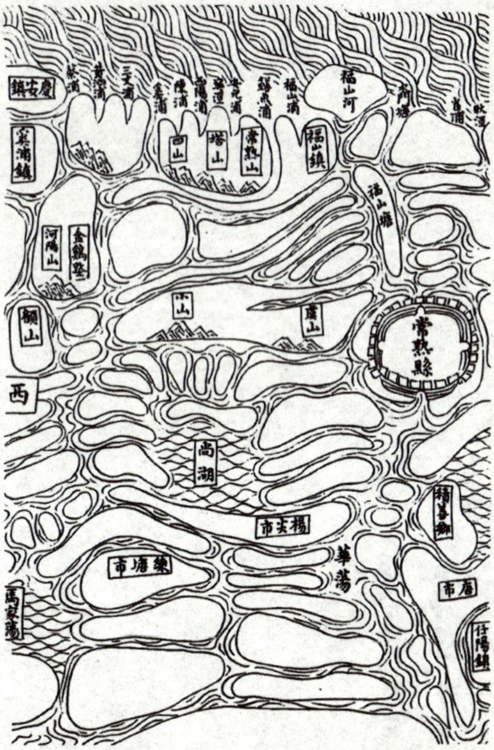

常熟縣總論

常熟在府城北九十里滄海環其東長江亘其北尚湖昆承陽城諸湖滙其西南乃四通八達之區也嘉靖癸丑至乙卯三歲之間倭寇至者殆無寧月犯白茆港千步涇者各一犯三丈浦者二犯許浦福山港及城下者各五其餘往來分合小小紛擾不可勝計常熟之受禍慘矣今之議者孰不曰常熟者蘇州之北門也太倉嘉定者蘇州之東門也門戶固則堂奧自安故設備以吳淞江為先劉河次之七鴉又次之白茆又次之福山又次之愚謂不然嘉太二地蘇州之東門也誠哉是言矣常熟豈特為蘇州之北門而已哉合蘇松常鎮四郡之關繫莫有先焉何哉蓋長江者留都之門戶也蘇松有海防之寄常鎮有江防之寄皆止一面耳常熟枕江帶海獨兼二者之防比他邑為難且當長江入海之口海寇若溯江窺留都阻運道必先由此則其關繫之大又在常鎮濱江諸邑之上備常熟乃所以控江之上游控江之上游乃所以護留都為

運道計也此豈可與太倉嘉定例論而謂其為一郡之所繫哉如若曾之見督軍務者不當以常熟視常熟而以留都運道視常熟不當以瓜儀之第二關為江防之要而以常熟海門之第一關為江防之要水兵陸兵之設該縣為首重焉次嘉定次太倉將狄之尊兵領之衆軍餉之多不敢忽易而反居吳淞江之上夫然後可也

常熟縣境考

常熟古吳地吳王夫差嘗於此築石城吳地志云吳王

擇虞山北麓以石甃城為游樂之所今縣北五里許有石城里唐鄭都官詩有石城昔為莫愁鄉句指此其地又有扈城世傳吳王游樂石城建離宮扈蹕故名今有扈城邨越絶書又云石城在虞山漢時為會稽郡吳縣有虞鄉吳黃武時常置虞農都尉於此晉太康四年始建為海虞縣咸康七年割海虞北境置潁胸利城三縣為東海郡割西北境沙中置南沙屬晉陵郡梁大同六年改南沙為常熟縣以土壤高沃而名楊備詩有歲歲多收常熟田句隋開皇九年廢信義郡并所領海陽前京信義海虞興國南沙

入焉治南沙城又廢晉陵郡置常州常熟割入蘇州唐武德七年移於海虞城即今縣治元元貞二年以戶口計例陞為中州國朝洪武二年復為縣弘治十年割本縣雙鳳鄉與崑山嘉定地置太倉州云

廣九十里袤一百里東至甘草浦抵大海一百四十里西至常州府江陰縣界四十里南至長洲縣界四十里北至福山港抵大江四十里東南至崑山縣界花瀆口五十里東北至許浦七十二里至崑山縣界浪港浦一百十里西南至常州府無錫縣界五十里西北至江陰縣界谷瀆港六十里

常熟縣城池考

常熟縣城唐武德初始遷虞山下周二百四十步高一丈厚四尺列竹木為柵宋建炎間知縣李閎之始建五門東曰行春西曰秋報南曰彖流北曰宣化東北曰界福元至正十一年築土城周一萬四千八百四十丈十六年張士誠據蘇州以常熟為要害更甃以磚周九里三十步高二

丈二尺厚一丈二尺最為完固國朝永樂中歲大祲民乏食中夜盜城磚以易食知縣柳敬中慮變聽其毀而不之禁城日以廢嘉靖癸丑倭寇突至居民驚走莫之敢攖主薄李宗明率家丁捍之賊被挫而退自是始議建城知縣王鈇興工卜築賊頻攻擾且戰且築越數月而工竣倥偬經營勞費大倍於常云

城

週圍一千六百三十六丈高二丈四尺厚一丈二尺有奇

池

城內外皆有濠外廣於內即有事變未可以易涉
也西北枕山而築無所事於池壍

門

陸門七座南曰翼京北曰鎮海曰望陽西曰阜成
東曰賓暘曰迎春西北曰虞山水關五座

敵臺

五十二座虞山門外另築大者一座

雉堞

凡四千八百三十二垛

按常熟之城西北枕跨虞山山高城卑殊失地
勢雖有敵臺一座在山腰間以護西門而孤懸
在外無不高聳且西偏城垣一帶失之狹隘似
宜於敵臺加高丈餘闢闊數丈餘城身再加增
益更於城外曠野之處添設敵臺數座庶我兵
便於登守易於策應而寇不敢近城矣

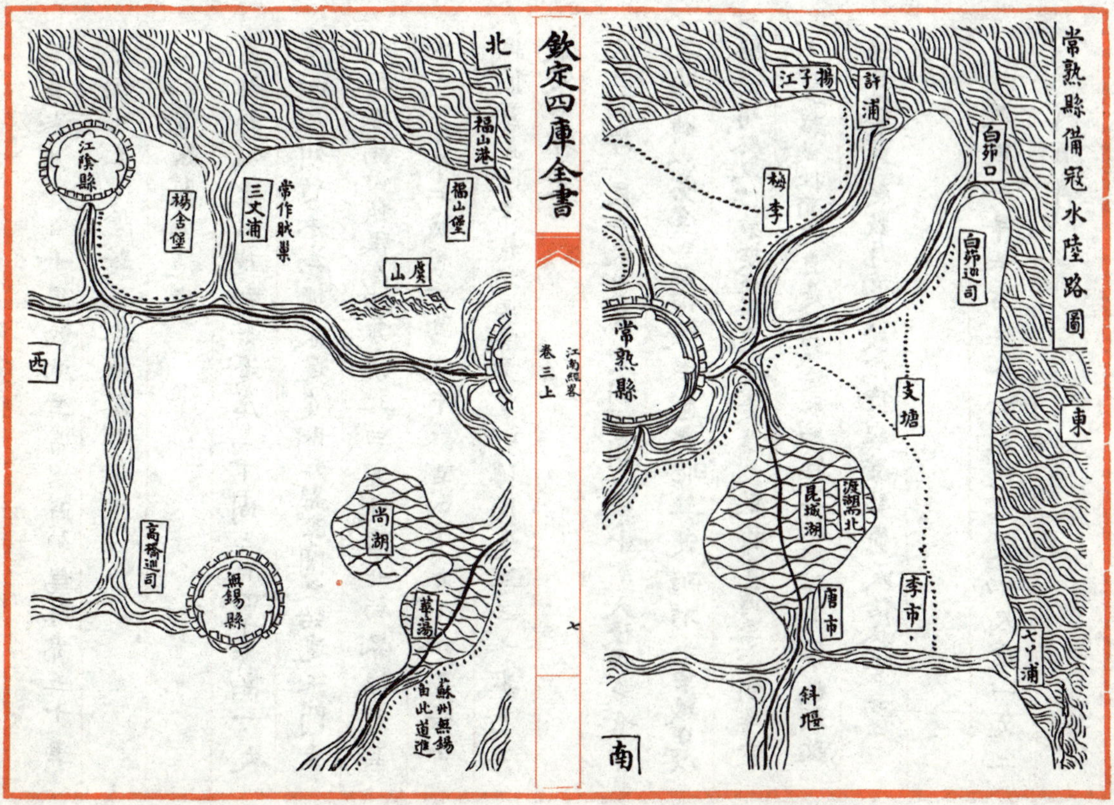

常熟縣備寇水陸路圖

常熟縣備寇水陸路考

東通溟渤

其道有二由五衖沈家市東滸白茆以出於海或由沈家市收唐市而至直塘或由支塘而至直塘皆從七浦塘以出海者皆東路也白茆出海在本縣地方道之正者也七浦塘出海乃假道於太倉道之間者也

南距長洲

其道有三見長洲縣水陸路考

東南抵太倉崑山二境

太倉之道有二見太倉州水陸路考

崑山之道有三見崑山縣水陸路考

西南與無錫為界

其道有二由華蕩廟橋野菱蕩歴大成橋太平九里邨華市新塘而至無錫之北門者其西南路也由廟橋野菱蕩歴宛山蕩口楊樹大橋百瀆以至無錫之南門者其南路也二者皆水道也皆道之正者也非間道也

西北與江陰為界

其道有三由山塘涇歴蘇茅長壽横塘竹塘華市而至江陰之南倉者其西南路也由華蕩廟橋野菱蕩歴大成橋太平九里邨華市新塘從無錫之北門髙橋青暘蔡涇閘以至於江陰者其南路也由山塘涇歴六原楊尖出大成橋而偃道無錫以至於江陰者其西路也西南路乃

人之所常行者也其路為近謂之正道南路西路皆迂遠水漲時人少行之謂之間道

右水陸可通之道凡十有八雖皆常熟之所當防然不能一一而設險也惟摘其中之尤要者建寨柵刱圍營專駐官兵以為守禦之計其餘則惟以游兵行哨奇兵設伏輕兵出襲焉斯可矣共計邑之險要有七曰福山堡曰白茆港曰許浦曰三丈

浦曰梅李鎮曰吳塔廵司曰唐市詳見各圖說於後

福山險要圖

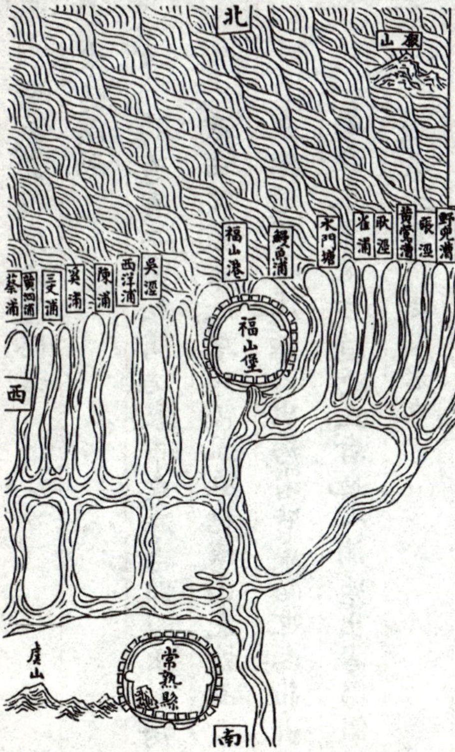

福山險要說

福山東通大海北枕揚子江要害甚於白茆葢常熟為蘇之北門福山為常熟北藩重鎮與通州狼山相直境特雄勝實東南控扼之地設防所宜加意云餘詳築堡議

福山堡城池考

福山在常熟縣西北四十里高九十五丈周五里本名覆釜山唐天寶六年改為金鳳後梁乾化三年改今名

宋時於此建水軍寨國初設有廵檢司嘉靖甲寅倭警廵按御史孫公慎建議設堡命常熟知縣馮舜漁江陰主簿曹廷慧督工興築

城

週迴三里

福山築堡議

福山堡即宋之水軍寨也常熟為郡之北門福山在縣西北四十里與通州狼山相望居民可二千餘家海艘

江艔多集馬素稱雄鎮是福山又常熟之北門也通年
倭寇每以此為捷徑其地舊雖設有巡司勢莫能支嘉
靖甲寅臺臣建議築堡設把總指揮統水兵在江巡哨
府縣官統陸兵在鎮屯守可謂密矣然寇犯本港須自
三丫高家縣後以至三沙然後西至本港則三沙之防
守尤所當重也此皆目前權宜之術而非經久之規也
必須奏分蘇州一所官軍常川住劄如吳淞江事例方
為長策耳又按五代錢氏據江南時創開江營都水使

募水卒以通水利號曰撩淺又於港浦要害處置閘啓
閉而國賴富强今能修復其制閘可以阻海船之長驅
而所募之卒撩淺之日少團練之日多一有不虞官兵
鄉兵互相策應兵農兩利之道莫善於此

福山堡兵防考

國初循舊制設水寨命蘇州太倉二衛分遣百戶一員
領兵更番駐劄撥兵船巡邏江中盜賊近議設把總指
揮一員統領陸兵五百人在堡屯守更有守港兵船分
哨江中及崇明各沙

白茆港險要圖

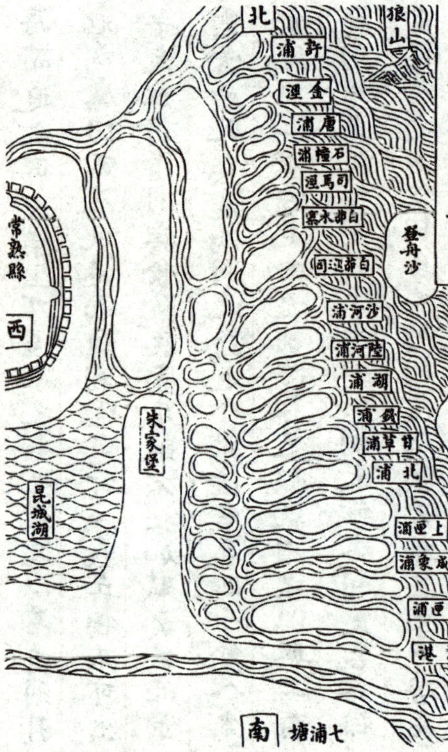

白茆港險要說

白茆港口西距縣治九十里東臨大海國朝洪武初本港原設巡檢司天順間因港面水濶倭船乘東風而上輙抵城下添設官兵立教場操演為防春之計成化中置營寨官廳鼓樓軍房七十餘間後又築市屋集商人壯形勢久而漸湮通因倭寇復撥衛所官軍及游兵把總廣福蒼沙等船水陸防守且建朱家堡於近地較之

國初聲勢十倍矣然寇所從入之路必自東北洋乘輕舸道三汋高家縣後以至三沙視風汛之順逆以犯福山白茆而犯本港之路則登舟沙其緊要門戶也若遏之於登舟之東北賊不能登犯本港矣此又拒寇於上游之策也

濬白茆港議

或謂白茆已塞寇船難入則港可不濬兵可裁革乎曰不然吳中北出之水皆由本港入海其通其塞海隅東偏農夫之苦樂繫焉海隅東鄉賦稅之盈縮繫焉必當濬而通之俾民樂生乃遏盜之本也或又以港通則引寇為慮曰不然使港而通利也寇可入我兵獨不可出乎夫水利修則兵食足兵食足則不必加賦於民而軍需常給此兵農兩利之道也今水陸官兵四千餘人坐食港口宜倣古屯田之制防春之暇就用之以興工有警則為兵無警則為工奏請於朝大修水利更名各邨貧民給之工食相參而用則在兵也常有王事之勞而

無暇為非在官也常藉諸兵之用不為徒費豈非一舉兩得之策耶不然吾恐從亂之民樂於寇變勾引接濟豈直徒費而已哉

白茆水兵議

或問水兵利害何如曰諺不云乎聚兵易散兵難出兵易收兵難聚而能散出而能收斯之謂善將今之水兵皆召募無賴之徒烏合之衆何惑乎用之則不得其力散之則轉而為盜也如愚見似宜就用土著之兵如在白茆也即以白茆近地之民充白茆把港之兵仍以白

茆大戸之有才力者領之重其責任優其事權隆其體貌嚴其賞罰照現在水兵之數而給之工食常以一半在田一半在船分番出哨無事則耕作操練遇警則一鼓而集合力而戰夫其生長於此則習知地利而無水土不服之患室家在是則有所顧戀而無退縮逃亡之患首領在是則有所制馭而無跋扈刼奪之患田業在是則又以所得之財為樹藝之本而死守力爭豈肯輕棄於敵乎世亂則為兵世治則為農夫是之謂不聚之

聚不散之散夫是之謂即以其地之民還救其地之難較之以別處之將領四方不相識之人人情事勢順逆難易何如也其法至簡而至易其理至淺而至顯廟堂稟議恐不出此或曰内地險要此法可以行歟曰奚而不可向來團結鄉兵之難行者籍名於官則如僉一重役聽差調而不得寧其家防黠闇而不得佃其田多無名之費而不得樂其生身既團結於官矣官府以其非名募之兵也不給工食而與不團結者例出海防養兵之銀大戸如之何而心服小民如之何而用命乎或又曰小小險要此法固可行矣吳淞江劉家河之類哨船以百計水兵以萬計本地之民曾足以充之乎曰利害之關於一方者以一方之力禦之關於一邑者以一邑之力禦之關於一郡者以一郡之力禦之吳淞劉河七鴉福山之類乃關繫一郡之利害信非可禦以一方之力也然若此之類有限若以土著之民為主而用沙者民沙船沙兵輔之港口豈有不固而賊舟豈有能入者

哉或又曰若而言者民與土著之兵既給工食又蠲其海防養兵之税不亦過乎曰不然法欲圓活若拘則方而不行矣且如白茆地方該戸若干田若干海防銀若干養兵銀若干扣除其數與該地者民自計之兵之有田者查其應納之數與工食相準否乎準則免之無給也亦無徵也否則損之益之兵之無田者現查應出人戸之銀或取而給之或令其對支其有生於本地而不願為兵者但照常出海防養兵之銀交納者民而止矣

者民任其勞官府執其權專察者民徇私侵漁之弊夫是之謂以一方之食養一方之兵以一方之兵支一方之患費民而民無不甘勞民而民無不服不此之務而惟憂食之不足嚴刑以徵科未見其可也

巡司弓兵議

策水兵之大要無踰練土著矣猶有議焉者則巡司之弓兵也東南巡兵不下數千餘彼盡給有工食也舊皆傍司之積棍叅當徭戶既為多科而此輩實不用命孰

如徵銀在官擇勇而役按月而給之為愈也或謂雇鹽之地例當責補鹽課此似戾之不知徭戶每兵編銀十兩兵自取則多至二十兩有零矣今令每一兵上銀十二兩以十兩八錢給兵工食餘一兩二錢充補船鹽之費民稱便而課可通兩利之術也練弓兵之法當與練土著同月一合操

白茆港寨兵防考

白茆寨在常熟縣東北九十里海口天順五年鎮守都指揮使翁紹宗奏置每春夏蘇州衛分撥指揮一員千戶二員百戶四員領軍四百人至此操練備倭至冬初過小陽汛撤還本衛又立教場一區為演武之地成化十八年都指揮使郭鋐設立備倭軍營二十一年又添造官廳鼓樓軍房七十餘間正德十六年重濬白茆俱遷建新開河口近因寇患現撥衛所官軍游兵把總及廣福蒼沙等船水陸共四千餘人在港防守

許浦險要圖

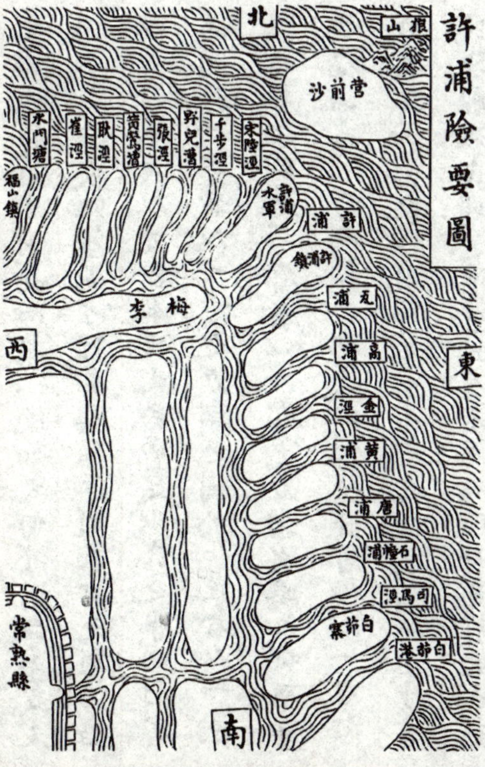

許浦險要說

許浦在縣東北七十里即宋之水軍寨也國初改為巡檢司其地東通大海北枕揚子江要害與白茆等但宋詳於本港而畧於白茆我朝則反其制何也許浦在宋時為大道故苗劉之變韓世忠提兵勤王李寶奏膠西之捷皆由此入今其壤半齧於江存者亦漲而為田矣近年島寇屢從此岸陸行至梅李鎮葢避白茆福山兵船之阻而乘我之無備也本港巡司弓兵不足以當之

寇遂横行擄掠或直搗城下今宜設水兵船於此防禦而團結鄉兵為扼險之計水陸兩利矣

許浦港兵防考

宋時設御前許浦水軍寨在常熟縣東許浦鎮額管官兵一萬二千人分為四軍八將六十二隊其制至為詳密元仍其制為許浦通事漢軍萬戶府我朝改為巡檢司弓兵單弱不足以遏寇衝所宜添設兵船控扼并團練鄉兵守禦斯為得計耳

三丈浦險要圖

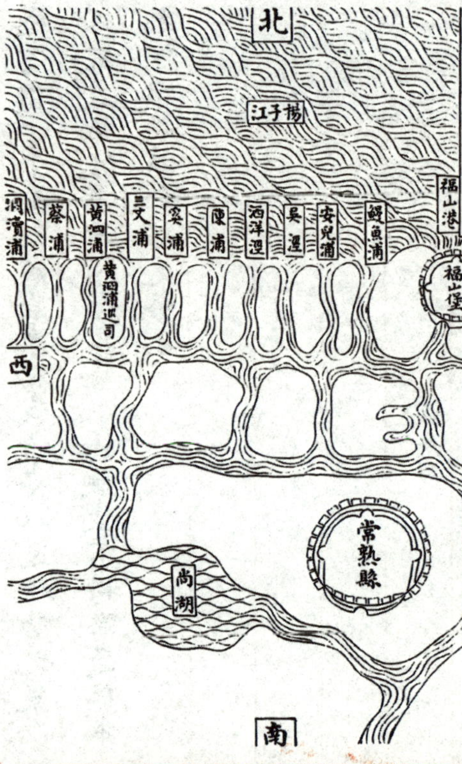

三丈浦險要說

三丈浦在縣治西北八十里北通大江迤西二里即黄泗浦也與通州對境販私鹽者絶江往來舊設巡司在焉黄泗浦土疎善崩屢濬屢塞邇年島寇俱假三丈浦出沒乙卯賊嘗於此為巢穴而無錫洞庭之賊皆道此出江兵備參政任公環殲賊於此者再賊乃遁去後有司築土壩使不得直搗然而農田從此病矣萬一賊自通州乘風直搗於此雖曰伊通楊舍鄰援可望恐難恃

也須詰戎兵以防不軌決壩堰以溉農田兩利之策不可一日而不講者也

梅李鎮險要圖

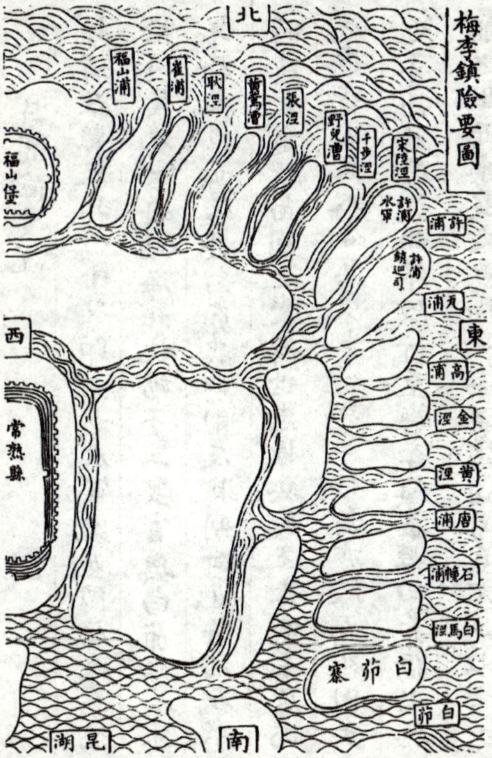

梅李鎮險要說

梅李鎮在縣治東北三十六里五代時吳越錢氏遣二將梅世忠李開山戍此以防江因取二姓以名鎮或誤稱梅里又東北為許浦東南為白茆西北為福山道里適中之地常熟東北諸水莫大於許浦賊常由此而入往年賊首劉鑑自許浦入寇據梅李以為巢穴進攻縣城而白茆福山諸賊時相約會益進易以攻退易以走賊常得勝筭而我輒為所懲不能先據地利故耳為今之計莫若屯戍官兵於此有警則分番策

應當留一半不動賊若來犯我常得以逸待勞之策必不能直抵城下且斷白茆福山諸賊使不得潛通往來尤可以殺賊合踪之勢也

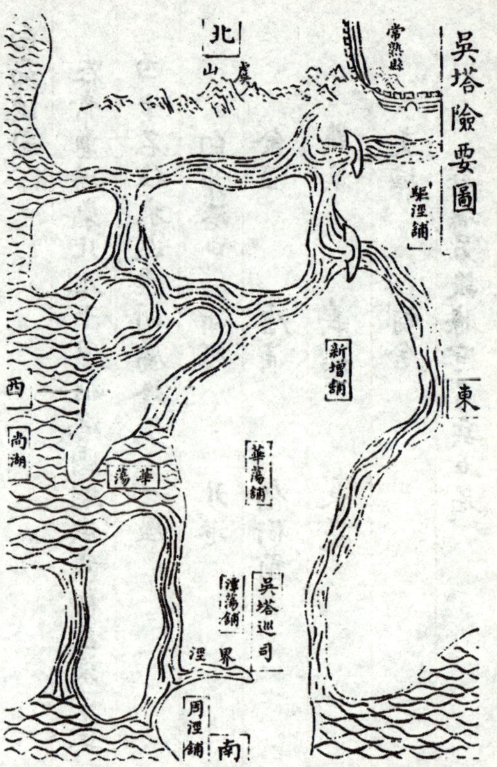

吳塔險要說

吳塔在縣南盡處與長洲縣分界尚湖華蕩居其西北蠡口居其西南其南則為入蘇大道華蕩蠡口皆可通無錫而蠡口尤捷往年賊自無錫而來北入三丈浦賊巢嘗由此道而掠洞庭兩山之賊過齊門去者亦此道也蓋當西南二面之衝非直小小險要而已況平時鹽盜出沒無常徒以一巡司轄之弓兵為數幾何而可當此大任耶須特設官兵一枝於此屯戍而弓兵之額比舊倍其名數其策可行也

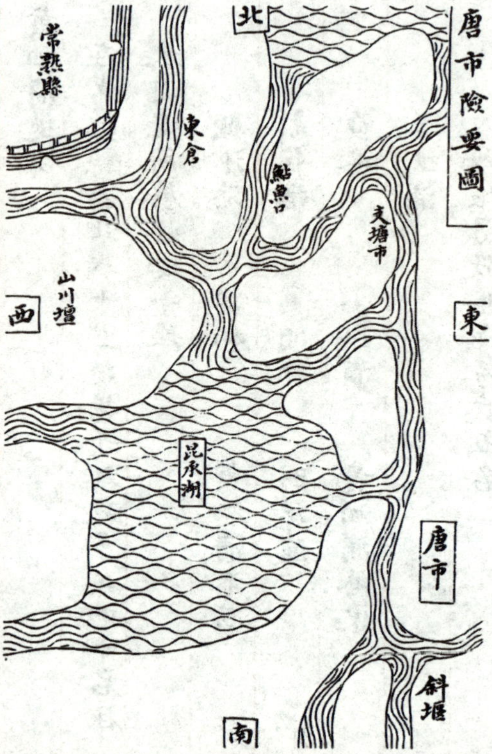

唐市險要說

唐市在縣治東南三十里（舊名尼涇市）南與崑山連壤二縣往來必由之道也賊自南來流突北行此為要衝不可以不備其北雖有朱家堡然去昆承湖口已遠但可以備白茆流突之賊殊非為縣城藩籬之意必添設官兵一枝於此屯戍與崑山斜堰兵船互為聲援庶可以遏賊之衝而賊不敢北出矣

常熟縣巡司（弓兵烽堠附）

白茆巡司

在常熟縣東北九十里抵海國朝洪武初置設弓兵四十名往來巡邏所屬烽堠十一座

白茆港口　新河　北港

金涇　唐浦　舊衙前

雙浜　義塘　長毫

支塘　河舍

每堠另設瞭守弓兵五名

黄泗浦巡司

在常熟縣西北八十里抵揚子江設弓兵四十名往來巡邏所屬烽堠十座

顧沙港　洋拗　黄泗浦港西

新莊港　奚浦港　西洋浦

黄港　小陳浦　黄泗浦港東

三丈浦

每堠另設瞭守弓兵五名

福山港巡司

在常熟縣西北四十里北抵揚子江東抵海設弓兵四十名往來巡邏所屬烽堠十座

墅橋　新婦　陳浦

福山港口　項山　龍王

曹橋廟　曲塘　興福

興塘涇

每堠另設瞭守弓兵五名

許浦巡司
在常熟縣東北七十里宋時為水軍寨國朝洪武二
年改為巡檢司北抵揚子江東抵海設弓兵四十名
往來巡邏所屬烽堠十五座
青墪　大弘　衙後
耿涇　九里　尚墅
陶舍　丁涇塘　雙廟
四义　低壩　徐港

十里程　勝法　海洋塘
每堠另設瞭守弓兵五名
常熟縣倭患事蹟
洪武七年甲寅
八月倭犯海濵
永樂二年甲申
四月對馬岐倭寇海濵
嘉靖三十二年癸丑
正月賊入福山港登刼知縣王鈇帥官兵擊走之
十六日賊船六隻從東海而來入福山港登岸刼
殺至殿山橋而還十七日復自吳橋至劉菩薩堂
焚刼煙焰不絶十八日知縣王鈇先遣耆民徐泰
等潛師刼營十九日親率主簿李宗昭家丁兵勇
與賊戰於尚墅賊大敗走宗昭家丁李安戰歿於
陣主簿馬希鸞復邀賊於中途擊敗之適長洲縣
縣丞林錡承府檄率兵來援分道追逐二十一日
賊棄二舟遁

閏三月賊首鄧文俊等分掠縣境
三十三年甲寅
四月賊酋劉鑑入白茆港據梅李鎮為巢
先是福山三丈浦許浦金涇唐浦凡沿江港口賊
舟無處不充斥官兵憊於奔馳收聚城下十五日
賊酋劉鑑以巨舟七隻直入白茆港十八日遂進
掠梅李據為巢穴分刼諸邨鎮無不遍者

賊攻縣城
賊酋劉鑑欲攻縣城先遣其徒偽充乞丐以覘虚
實官兵擒之因而戒嚴二十二日劉鑑自梅李進
攻縣之大東門值兵備僉事任公環在縣與知縣
王鈇出兵禦之賊大敗而去天晚恐賊有伏我兵
不敢追但屯城麓備不虞夜漏下二十刻賊果至
見官兵大驚而走二十四日劉鑑復攻大東門俄
而攻小東門復轉而攻北旱門與北水門鈇皆隨

賊所至敵而却之賊死於矢石者甚衆二十六日
劉鑑復糾合福山之賊分門攻圍日夜鏖戰不絶
鈇多方捍禦城得不破
三十四年乙卯
四月賊入福山港遂犯縣城
十二日江北張涇之賊至福山港擄耆民船二十
餘隻十三日賊船至者尤衆官兵不能支皆散走
十四日賊薄縣城流矢斃其劇酋二人遂去

兵備副使任公環大敗三丈浦之賊
先是賊屯三丈浦者勢甚猖獗且易官軍不為備
兵備任公環陰部署主客官兵以進保靖兵素驍
勇為賊所忌公命應襲彭守忠為中哨易衣懺賊
不知也太倉沙耆民為右翼知縣王鈇為左翼公
躬擐甲冑激勵三軍我兵皆踴躍思奮爭先進攻
賊遂大敗逐北至奚浦斬首二百三十五級生擒
五十餘人獲其舟二十七艘而我兵不損一人自

用兵以來陸戰全捷未有若此者也
五月知縣王鈇致仕叅政錢泮禦賊於上塘港口死
之
十三日賊首楊二率賊衆千餘人自崑山縣石牌
頭入縣境不焚掠惟擄鄉民以張聲勢歷唐市蘇
家尖梅李福山欲擄船出江不得去屯於本港二
十二日陸涇壩敗遁之賊分為二支一由崑山一
由陽城湖至縣境賊之在崑山者又分為三支一

由黄昌涇一由新塘一由平莊田至縣境皆與三
丈浦賊合時三丈浦之賊既為任公環所敗勢已
孤弱得福山等諸賊遂復猖獗欲攻縣城知縣王
鈇與鄉官致仕叅政錢泮誓欲滅之二十四日親
督水兵船邀擊賊於上塘港口賊伏不動潛令其
徒裝飾避賊鄉民求輔官兵為援官兵方憐惜之
賊度其已入陣中倏爾起鬬官兵前後受敵遂驚
潰鈇與泮猶督戰不已遂皆被殺

六月兵備副使任公環復大敗三丈浦之賊
三丈浦之賊既殺知縣王鈇聲勢愈熾無錫太湖
之賊又與之合遂肆掠無忌初六日兵備任公環
督同知王如瓚率沙兵民兵進攻之殺其白眉主
帥一人賊遂大敗稱兵備任公為拚命官人望幟
即逃
三丈浦賊遁出海太倉州知州熊桴把總劉堂追擊
敗之

時賊為副使任公環所撓乃謀去二十三日從柴
港口遁出海至登舟沙北知州熊桴與把總指揮
楊尚英州判張大倫圍而攻之賊死無算俘斬一
百三十有奇餘賊南遁至吴淞江口復為把總劉
堂邀擊大敗之生擒其酋急速如郎斬賊首二百
六十餘級
七月江陰流賊入境
初三日金涇港許浦共倭賊八百餘人合掠周家

市初九日江陰賊流至許浦與前賊合艅十四日
相繼遁去
三十五年
四月賊掠沿江郚市
初九日賊舟二十一隻自通州入福山港四散流
劫楊巷方橋王巷花莊西至楊舍一帶地方無不
被禍而福山之賊為尤甚

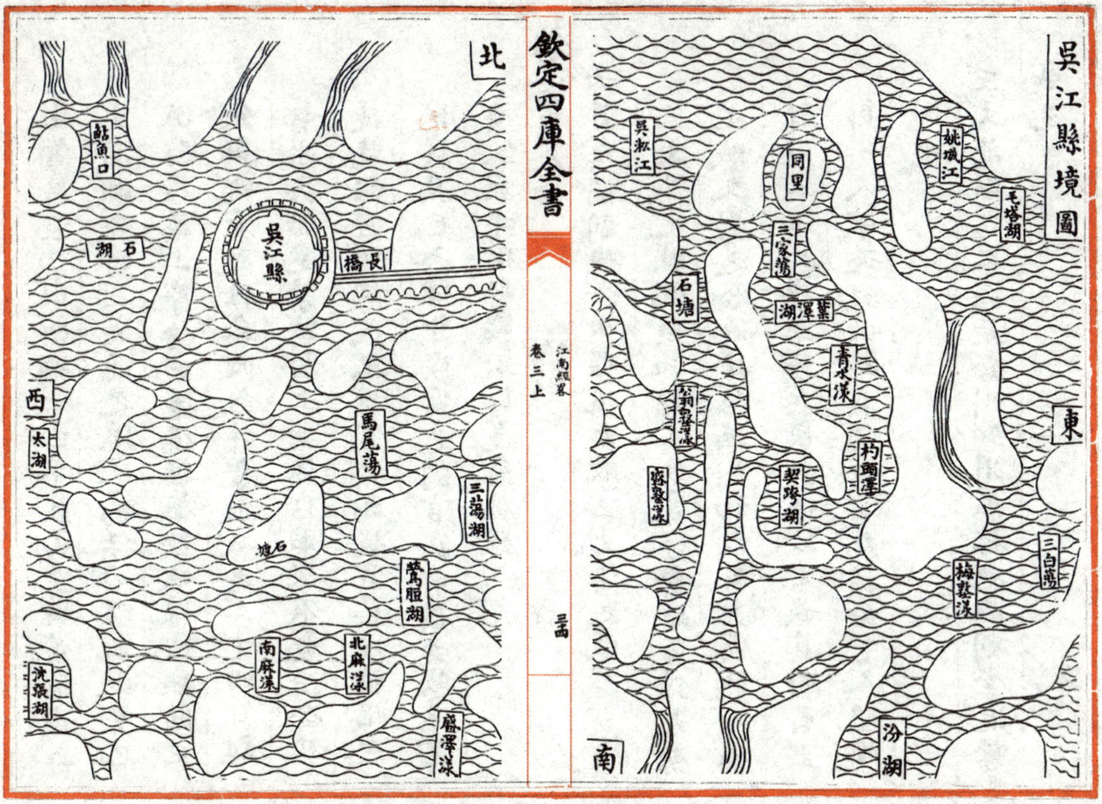

吳江縣總論

吳江界於蘇嘉二郡之間乃運道之要衝吳越之咽喉也天下有變兵自北而南自南而北胥經乎此勢所必爭且其地西枕太湖通吳興宜興東濱同里諸湖通松江吳淞江口四通八達無適而非盟盗之藪無適而非敵鬭之場腹內諸邑茲其最難守禦者故國初設巡檢司各邑皆不過二三而吳江一縣獨至於八其意可稽已所轄五百六十二里皆水限隔匪舟弗行民善於水戰郡舫漁艇一呼而集動以千計譟進追賊其駛如飛風帆不及也往年倭寇至吳所憚者惟若屬八戰八捷日青暘港日錢田日石湖日鶯脰湖日唐湖日太湖日木瀆日汾湖所可憾者貪餌縱賊每每以是脫去操捨誅宥之權不在有司而在水兵之掌握策斯下矣

吳江縣境考

吳江縣在郡城東南四十五里舊吳縣松陵鎮也五代梁開平三年分吳縣地置吳江縣吳越王錢鏐於此立

南北兩城防遏使所元元貞二年以戶口計例陞為中州國朝洪武二年復為縣管里五百六十有三

廣一百七十三里袤一百六十二里東至松江府華亭縣界八十里西至太湖口十五里南至浙江嘉興府嘉興縣界五十四里北至長洲縣七里橋界七里東南至浙江嘉興府秀水縣界七十里西南至浙江湖州府烏程縣界九十里東北至長洲縣姚城江界三十里西北至吳縣靈巖鄉界三十里

吳江縣城池考

吳江縣城梁開平間吳越王錢鏐築後廢宋嘉祐二年知縣裴煜復建南北二門元至正十二年知縣哃雅津重建北門十六年張士誠掾吳遣將營築城垣高二丈八尺厚一丈五尺周五里二十七步陸門四水門四各以方名國朝成化元年知縣陳堯弼重建城樓邑當衝要舊城卑而難守嘉靖三十三年島寇為患知縣楊芷力勸士民捐貲聘寺丞吳漋等重築之視舊高厚各增三尺三十六年知縣曹一麟復陶甓甃其面由是城益完固云

城

週圍長一千八十四丈五尺凡五里二十七步高三丈一尺厚一丈八尺

池

深一丈濶十丈

月城

凡四座

門

陸門六座水關三座

敵樓

二座

敵臺

二十六座

鋪舍

四十三座

雉堞

三千二百二十二垛

羊馬牆

一千八十四丈五尺

按吴江之民素尚儲粟家無巨細皆有數月之糧且城中多富貴之家人煙蓊欝心力齊備設有警急守禦何難之有但水澤所鍾城小可灌

須以水兵船四郊堵截力捍而禦防之勿容寇逼城下則灌城之計可以無虞設有危迫凡水兵父母妻子悉名置城中一使無内顧之憂一寓牽制之意使盡其死命即所患在貪餌縱賊也下令有此必誅蔑不勝矣

吴江水兵議

七縣水兵惟吴江為最乃島寇之所深畏也近年官府不分功能高下混給工食以致吴江者亦不堪用葢吴江四面阻水西枕太湖使船本其所長嘉靖三十三年初報在官皆精悍捷給之徒大舟用二十五人小舟用三四人篙手與搖櫓盪槳者首尾相應行使如飛遇賊舟之大者則以小船誘渡其人而傾覆之遇賊小舟則以十四五篙手齊鑿而沉之賊人遠來不過奪船深入而已船之輕捷不如也不過驅土民撑駕而已人之齊截不如也其始也水鄉大户親統率之其後因差人統領尅工食奪功次真正有名之兵不樂於用所用者皆

次身無用之窮民其弊至於行劫而吴江水兵遂為官府所惡一切裁革矣若曾聞之吴江人云水兵隊長總出盛二盛六之下其次為董介凌雲亦合縣水兵之所推服葢家業既饒武藝又精故也今誠得若而人委以選水兵之寄就令之總領則船隻器械俱不必官給之而鄉間上等之兵無不踴躍而出矣攻守何患於無功乎

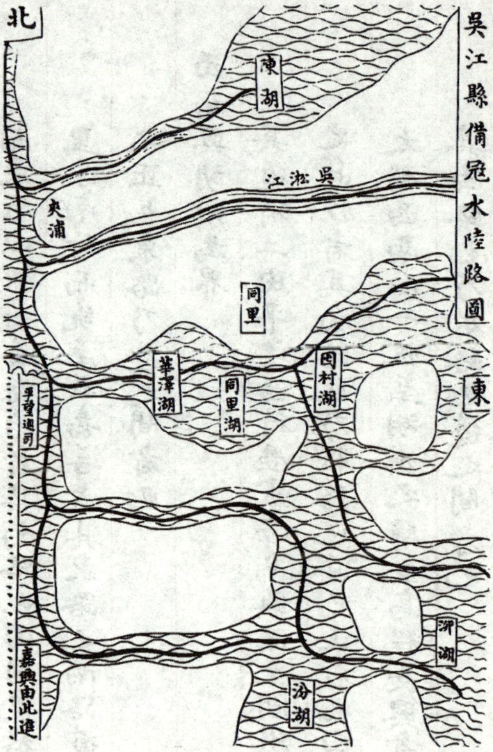

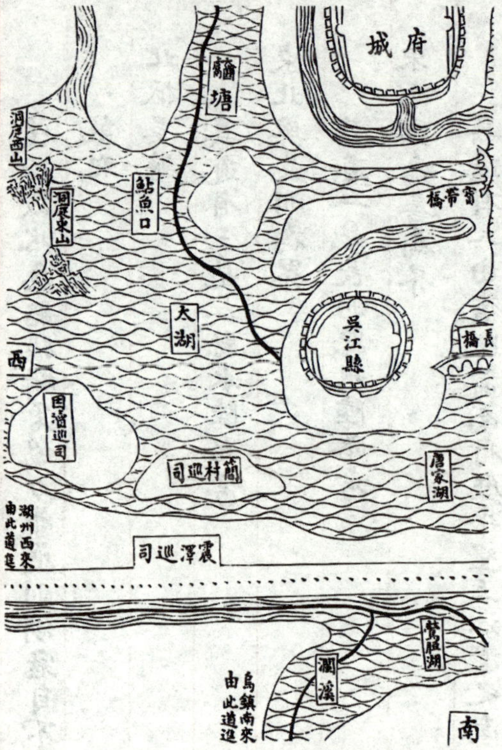

吴江縣備寇水陸路考

東距華亭

其道有二由勝墩黎里周莊金澤而繞出澱山湖泖湖之南者其南路也由同里湖或夾浦塘東北行至楊扇入澱山湖泖湖者其北路也二者皆水路也皆謂之間道也

南抵嘉興

其道有三由舊驛前南行歷平望王江涇而至嘉興府之北門者乃驛路也所謂浙河是也萬一道梗則由同里黎里東南行可以繞至嘉興府之東門或有爛溪三都西之西南而行可以繞至嘉興府之西門二者皆水路也驛路道之正也水路乃道之間者也

西枕太湖

其出湖之口有三西北曰柳胥西南曰簡邨其一則西郊也三口相去不遠刁斗相聞烽火相

望若設水兵船張犄角協力維護則湖寇自不能犯

北抵吳縣

其道有三見吳縣水陸路考

東北與長洲為界

其道一見長洲縣水陸路考

東南與嘉善為界

其道有二由舊驛前南行歷平望王江涇之南而東行以抵嘉善縣治者其南路也由同里黎里東南行而繞至於嘉善者其東路也南路道之正也東路乃道之間者也

西南與湖州為界

其道有二由平望西行歷震澤烏鎮而至湖州之烏程者其南路也乃驛路也道之正者也由太湖西南向一帆至湖州之歸安烏程長興者其西路也乃水路也道之間者也

右水陸可通之道凡十有六雖皆吳江之所當防然不能一一而設險也惟摘其中之尤要者建寨柵列團營專駐官兵以為守禦之計其餘亦惟以游兵行哨奇兵設伏輕兵出襲馬斯可矣計邑之險要有八曰夾浦南曰平望曰鮎魚口曰簡邨曰同里曰汾湖曰爛溪曰震澤鎮詳見各圖說於後

夾浦南險要圖

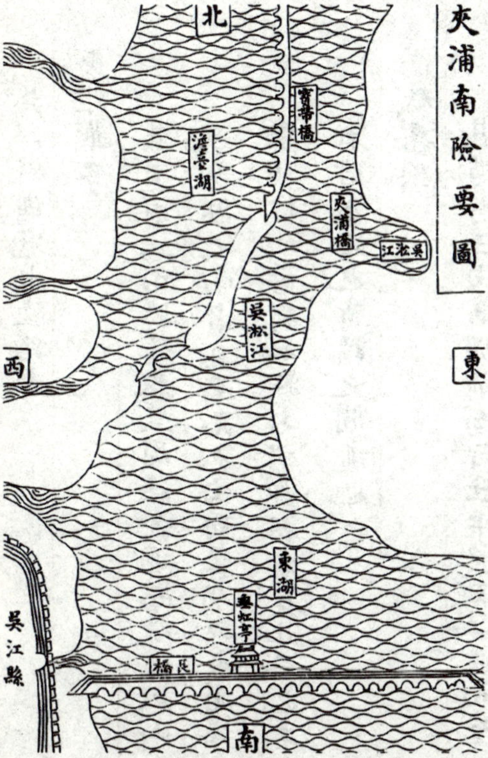

夾浦南險要說（夾浦北險要另見長洲縣圖說）

夾浦在縣治北一十里乃吳淞江之上源也太湖之委流也東行二百六十里至吳淞所以入於海賊若自吳淞江而來南犯吳江北犯長洲此為分蹤要衝或寇入太湖欲東出海而由鮎魚口瓜涇港以來亦自夾浦橋而出乃往來必經之道也況為運河關隘賊若據此則本縣與郡城聲援不相接矣故必設兵一枝屯守於此而後可或曰守夾浦孰與守陳湖曰陳湖遠在於東北

散漫無統此地湖水東出洶湧深濶賊擄舟橫渡水兵夾攻豈能直達乎若夾浦不守則長驅而下難於控制乙卯石湖之患可鑒也

平望險要圖

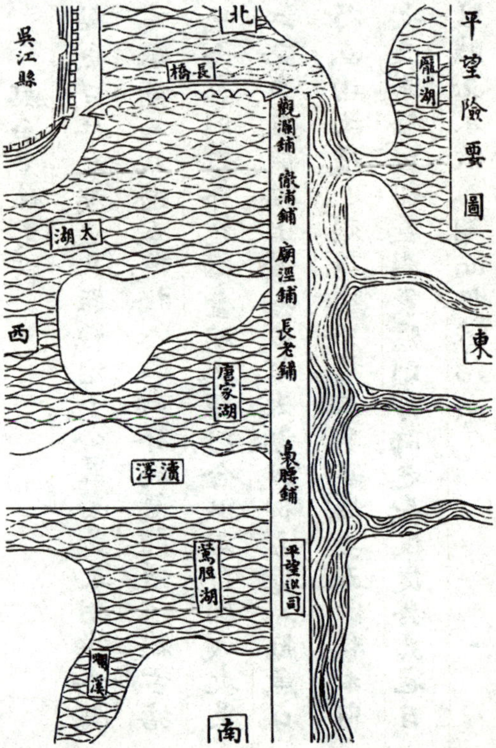

平望險要說

平望在縣治東南四十五里乃浙直之咽喉也松陵以南險要無踰於此舊築城堡以扼賊衝亟宜修復而更設官兵屯守庶為至計餘詳築堡議

平望築堡議

平望為浙直要衝宋元以前或置寨或團結偽吳張士誠嘗築城於此鞏固縣城極為有見今之議者但謂宜守勝墪不知平望實控制嘉湖二路若棄而不守使賊

得為駐足之地闖入腹中我兵列屯置守反在於外非計也故必修復舊城屯重兵以扼賊衝更設兵勝堡以為聲援庶幾賊不敢深入耳或引唐湖之捷以證勝墪之當重不知唐湖雖險東西支路甚遝難於隄防向来細民怯于用財有司阻於浮議故謂城不可復非確見也

平望兵防考

宋時設平望寨在吳江縣東南平望鎮團結鄉兵上軍

一百四十四名保伍中取充三工籍一亦名義兵歲以十月聚教至正月終散制誠善也所宜修復城堡屯兵防禦以扼浙直之衝乃為上策耳

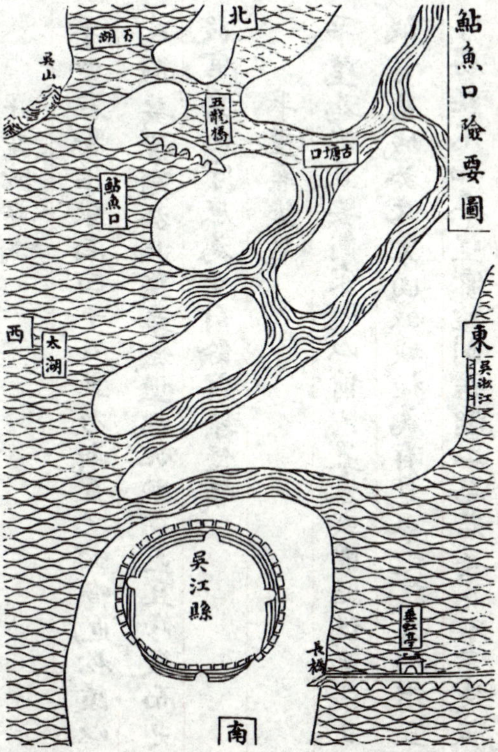

鮎魚口險要圖

鮎魚口險要說

鮎魚口在太湖之北距縣治十八里南受太湖北流滙為鱺塘又北過五龍橋入吳縣界為盤門運河為古塘口入長洲縣界為澹臺湖與運河合賊若自郡城走吳江必自五龍橋出鱺塘或從太湖或從古塘而鮎魚口乃必由之道也須設水兵於此與吳縣之五龍橋本縣之夾浦橋兵船互為策應則舟師之長技捷於島寇百倍賊必不敢入湖而犯縣治矣

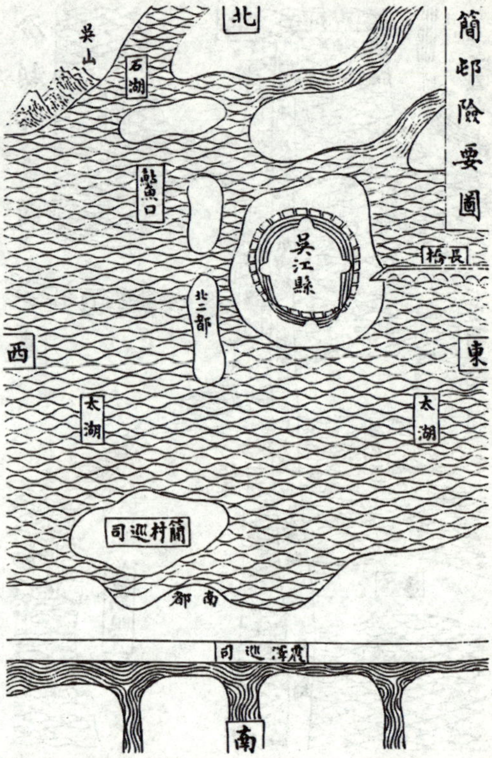

簡村險要說

簡邨在縣治西南數里濱於太湖太湖之南有簡邨巡檢司縣之一都二都四都十九都皆隸焉北至鮎魚口南至震澤鎮西郊之外迤北湖面亦其所谿縣本濱湖汪洋三萬六千頃何所抵極萬一倭寇得入其為縣城之害不淺矣須設官兵一枝屯守於此南與巡司相為聲援北與柳胥西郊水兵相為犄角是固保松陵之要策也

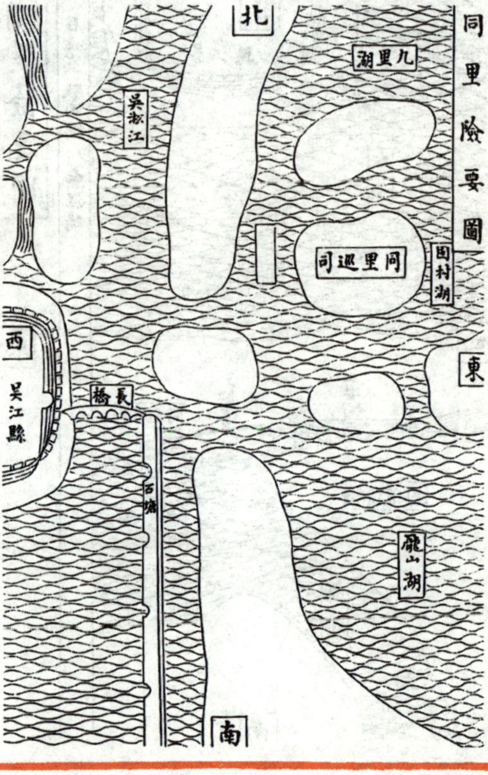

同里險要說

同里在縣治東十六里舊名富里四面皆湖民居稠密適松陵東境之藩籬也賊若自松江而來由三泖澱山湖而至同里實當其衝若自崑山而來由新洋江甪直而至同里亦當其衝向因島寇不至議者漫不之及不知賊計多譎萬一有為間道之謀者由此直搗縣治四面兵船救援弗及地方危矣須設水兵一枝於此雜以巡司弓兵朝夕訓練俾與長橋巡司互為聲援不獨禦寇亦

弭鹽盜之一策也

欽定四庫全書　江南經略　卷三上　五十

汾湖險要圖

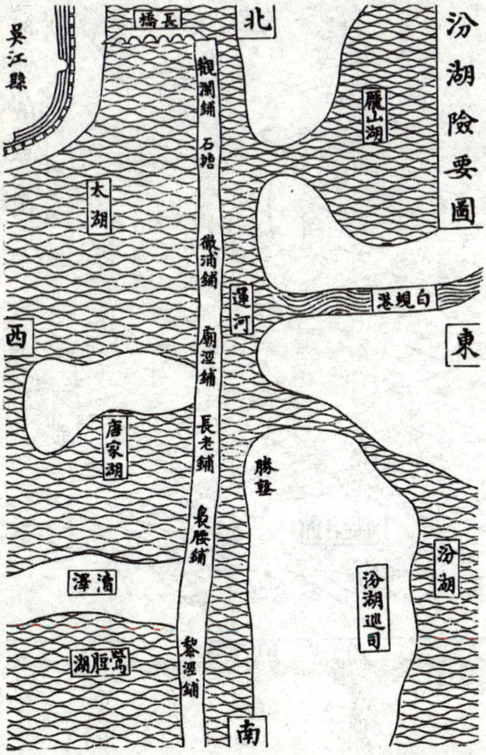

汾湖險要說

汾湖一名分湖以其分屬吳江縣及浙之嘉興縣故名在縣治東南六十里界浙直之間東通三泖西接勝墪水澤所鍾號為難控雖有巡司轄之然半屬嘉興禦南方之鹽盜已云煩劇况東出章練塘西通泖湖賊寇若自松江而來此實一大道也巡司力薄何能禦之宜設官兵屯守

欽定四庫全書　江南經略　卷三上　五十一

爛溪險要圖

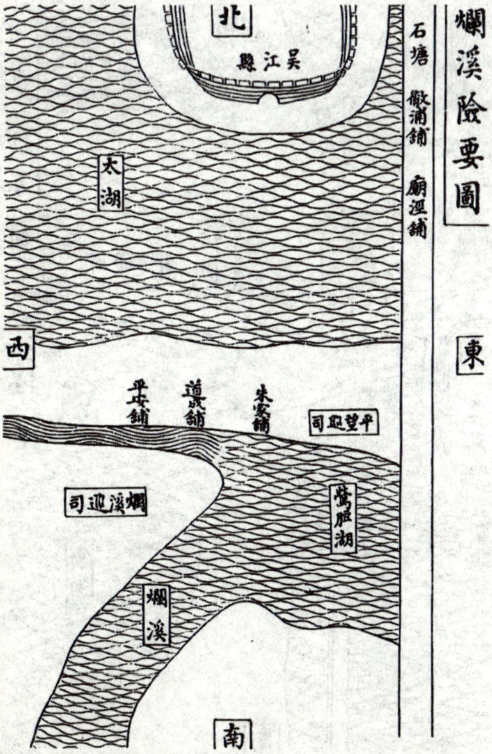

爛溪險要說

爛溪在縣治西南十八里北連鶯脰湖爲蘇嘉湖三府之界諸水之所會也其地頗類汾湖而受害過之盖烏鎮爲湖州望鎮賊所歆慕而爛溪之南實柢烏鎮之北柵故甲寅之亂賊寇屢進屢退於此苦於無兵任其擄掠舊設巡司於此國朝永樂間移置嚴墓邨控禦長策失之久矣必須修復而更設官兵以守之可也

震澤鎮險要圖

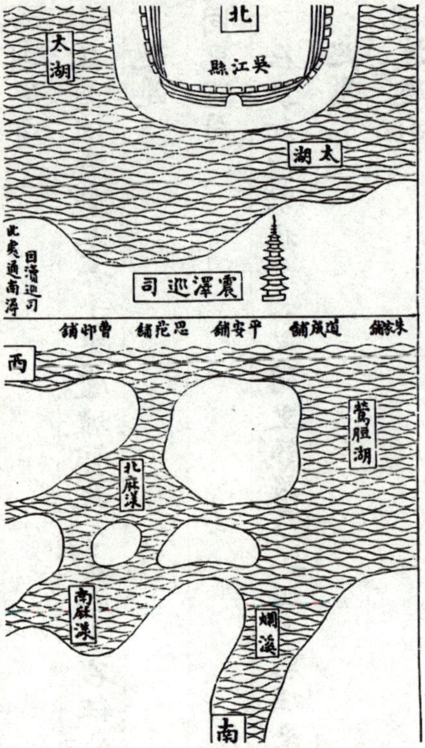

吳江縣巡司弓兵數附

長橋巡司

在吳江縣東二里松陵驛東設弓兵四十名往來巡邏

簡邨巡司

在吳江縣東南十五里充浦設弓兵四十名往來巡邏

因瀆巡司

在吳江縣東南一百里吳漊邨設弓兵四十名往來巡邏

震澤巡司

在吳江縣西南九十里震澤鎮設弓兵四十名往來巡邏

平望巡司

在吳江縣東南四十五里平望鎮設弓兵四十名往來巡邏

汾湖巡司

在吴江縣東南六十里蘆墟邨設弓兵四十名往來巡邏

同里巡司

在吴江縣東北十六里同里鎮設弓兵四十名往來巡邏

爛溪巡司

在吴江縣西南十八里爛溪鎮永樂間移置縣治東南九十里嚴墓邨設弓兵四十名往來巡邏

吴江縣倭患事蹟

嘉靖三十三年甲寅

四月賊突至夾浦官兵擊走之

先是吴江知縣楊芷遣飛艦遏賊於吴淞江上游是月二十三日賊自崑山沿吴淞江至夾浦水兵船逐之大戰於陳湖斬首一十八級生擒二酋賊遂還走崑山時賊入寇已數月矣莫敢與之對敵陳湖捷後吴人始有鬬志

五月賊犯平望知縣楊芷率官兵擊却之

賊衆五十二人由湖州之烏鎮突入爛溪至平望欲迫縣城知縣楊芷令沿塘舉火賊見有備遂奔錢田本邑兵圍之困賊三日會夜大雨收兵賊乘間奪湖州兵船以遁屠戮甚慘芷射書賊營賊亦欵荅有不敢相犯之語抵夜芷列熾焚之賊見燒營由黎里走泖湖既而復有賊自松江來至東蕭浙江兵禦之弗利遂進掠黎里同里等邨芷親率水兵船躡之與嘉興兵會擊於王江涇擒斬二十八人

六月知縣楊芷舉人周大章邀擊賊於石湖勝之

十一日賊衆三千餘人掠郡城擄舟十二滿載而出將歸柘林懼東北兵阻乃出石湖趨吴江知縣楊芷舉人周大章生員吴誥率輕舸由瓜涇港邀戰時湖水枯澀賊列伍逆上我兵以鈎鎖搏之斬

首十有六級生擒三十餘人賊懼登火燒橋四望莊以賊衆我寡恐夜襲城馳入縣明日賊由支河過夾浦進迫縣城會增築城垣工匠兵船蟻集賊度不能攻乃燒倉廒數連掠民財而返十四日賊餌水兵由平望而去所過焚掠以哨兵躡之斬首六級

十二月賊再掠平望

柘林賊也擄掠而去

三十四年乙卯

正月賊復至平望兵備參政任公環命知縣楊芷舉人周大章分督官兵禦擊大敗之賊遁歸柘林

是月也賊陷浙之崇德縣擄民船五百餘艘歷南潯楊堰至平望六里橋乃十九日也兵備叅政任公環伏沙兵將擊之僧兵洩其機沙兵被害及溺死者甚衆任公命知縣楊芷及舉人周大章分督水兵伏於橋之東西蕩中賊至伏起賊捲幟欲遁水兵亟擊之斬首一十五級飛礮擊死者二十餘人所掠財寶亡失殆盡會新城雨裂城隍廟災恐賊棄舟窺城我兵迺逵朱家橋據盛墊以阨之又取民間蘆葦稻草焚於兩岸烟燄蔽天賊遂宵遁

副使任公環孫公宏軾知府林公懋舉總兵俞大猷等大敗賊於勝墪

賊自嘉興流至平望分道而來一支由太湖爛溪南麻一支由張郵黎里出牛腸涇期會於蘇州兵備副使任公環太倉州知州熊桴本縣知縣楊芷

禦之於梅堰皆勝之賊乃遁去二十六日賊復從嘉興至唐家湖湖水洶湧賊不能渡芷率兵北岸阻戰賊駭奔平望奪舟橫渡芷令善泅者鑿其舟而自屯兵截盛墪斷其隄并布釘板於水底賊不敢渡會浙江巡按御史胡公宗憲調遣保靖宣慰司彭蓋臣彭翼南率兵二千來援副使孫公宏軾總兵俞大猷以浙江兵至副使任公環知府林公

懋舉以狼兵至兵威大振賊退屯王江涇明日復進至平望彭蓋臣為先鋒與諸兵合擊之狼兵首殪其渠魁一人賊氣沮捐貲於狼兵求脫不聽東西皆阻水官兵南北夾擊之斬首一百餘級轉戰至楊家橋又斬首二百餘級遠近稱快更盛墊之名曰勝墊是戰也提督都御史周公琉巡按御史周公如斗令所在清野賊無所掠枵腹而戰故我兵易於奏捷云

四月賊犯縣境巡按御史周公如斗遣兵禦於勝墊與浙江兵夾擊大敗之

巡按周公如斗調遣知府林公懋舉總兵俞大猷宣慰彭蓋臣浙江巡按胡公宗憲調遣副使孫公宏軾諸道兵夾擊之斬首三千餘級

五月賊至平望浙直官兵會擊大敗之

先是永保兵既失利賊遂肆意攻劫一西北入太湖犯常州一西南犯嘉杭湖至塘栖二宣慰復失利賊掠北關去欲由蘇州出海道經平望浙江巡按御史胡公宗憲副使董公士弘僉事王公詢以浙江兵至副使任公環知府林公懋舉以直隸兵至夾擊之賊遂大敗走松江至三店官兵邀擊復敗之先後斬賊級七百有奇中毒死者千餘人

六月賊復至平望官兵擊却之

是月初七日賊在杭州擄官航載輜重欲由蘇州出海乃北從烏鎮經爛溪抵平望提督都御史周

公琉檄總兵俞大猷擊之戰於烏蕩知縣楊芷率兵戰於鶯脰湖皆告捷賊悉衆北向巡按御史周公如斗兵備叅政任公環帥官兵據勝墊以禦之浙江巡按御史胡公宗憲亦提兵來援賊大懼夜從王江涇遁去

三十五年丙辰

七月賊掠吳江東南諸鎮

零賊六十餘人突至牧犢潭歷汾湖周莊所過焚

掠望平湖而去

按三年内賊凡數入寇率不得志則清野之效也以飽待饑羣策畢舉賊雖横將馬乘之惟沙兵之弱至今令人扼腕為將者慎毋幾事不密哉

嘉定縣境圖

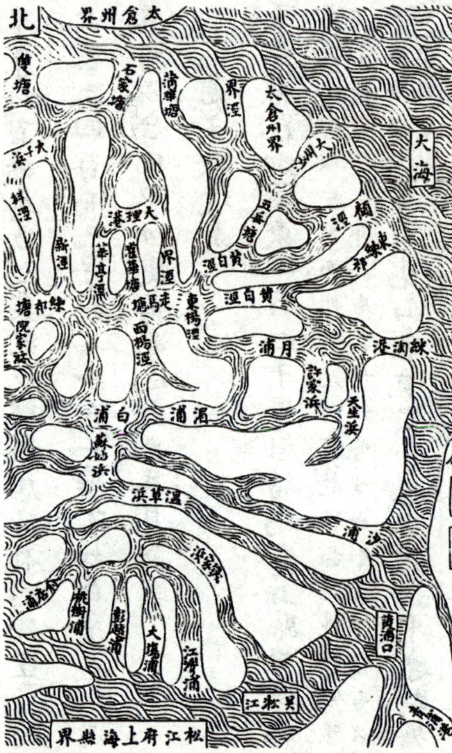

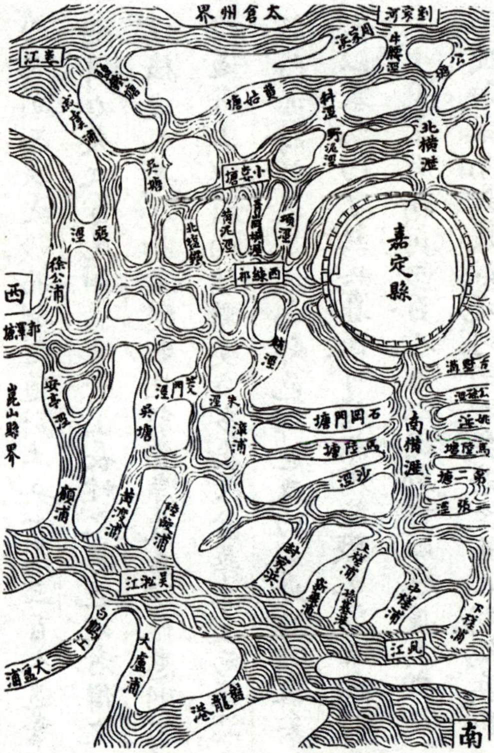

嘉定縣總論

嘉定東濱於海南據吳淞江北枕劉家河誠三面受敵之地也寇船之來也大海渺茫難於收泊以寶山為表識故蘇之寇患惟嘉定受之國初海防舊規原設吳淞江千戶所與江東二旱寨各有城堡官軍相為犄角通年島寇猖獗權以總兵官鎮守所城旱寨則撥軍巡守似為有備但事寧之日恐不免於裁革非久計也如愚見莫若陞吳淞所為衛添設一衛軍額以一把總指揮

有才力者常川領之陞寶山寨為所設一所軍額以一千戶有才力者常川領之或就於太鎮二衛中奏還一衛於吳淞所止留一衛在州實其軍伍足其芻糧時其訓練如李抱真教澤潞兵稱雄天下豈非東海一長城哉不寧惟是沿海一帶吳淞江之西自吳淞江抵太倉州界三十五里吳淞江之東自老鸛嘴抵上海縣界三十五里隨處可登長驅而入知縣楊旦嘗議以每五里立一營寨每寨闢一教場精選土兵一百人統以耆民四人訓而練之擾而馴之通計土兵一千三百人遇警則併力夾攻首尾相應實常山長蛇之勢也識者偉之使後之人善守而不變賊豈能登岸哉嘉定無患則不惟遏寇上游腹內諸縣受庇多矣太倉華亭上海海濱設險亦將效之是又為鄰邑師也或曰海壖烽堠密矣以寨為曰守整兵寡僅可傳報不能戰也設寨兵則二十里常有精兵四百人可以追勦可以應援矣或又曰使賊衆而我寡如之何曰賊衆若至千人則總兵與

旱寨將官提兵攻之矣況江灣羅店皆有團營豈專恃此寨兵四百而已乎諺云千兵一陣不如百卒三枝謂其可以合可以分更番而迭進也其見長矣

嘉定縣境考

嘉定縣在郡城東一百四十里唐時為崑山縣疁城鄉舊誌云疁城在縣南門外元時築教場於此得古塚碑石云唐咸通二年莊府君葬於疁城鄉今名疁塘又以避吳越王錢鏐諱改婁塘宋為崑山東境安亭春申臨江平樂醋塘五鄉嘉定十年知府趙彥橚奏言崑山為邑十四鄉五

十二都東西相距幾二百里縣治遷就馬鞍山僻在西北西七鄉與官司相接稍稍循理自縣治東至練祁七十里練祁至江灣又七十里通計一百四十里其間止有相見灣楊林兩寨皆不足倚仗故東七鄉之民憑恃去縣隔絶與官司為敵不奉命令不受追呼請於練祁市添置一縣乃割東境五鄉改安亭為服禮春申為守信臨江為依仁平樂為循義醋塘為樂智置縣治於練祁市名以紀年曰嘉定在宋為上縣元元貞二年以戶

口計例升為中州國朝洪武二年復為縣弘治十年增置太倉州割循義樂智二鄉之半隸焉

廣八十一里袤五十三里東至海岸四十里西至崑山縣界三十六里南至松江府上海縣界三十五里北至太倉州界二十里東南至上海縣界七十二里西南至上海縣界三十六里東北至海岸四十里西北至太倉州界三十六里

嘉定縣城池考

嘉定縣城宋嘉定十二年知縣高衍孫築土垣嘉熙四年七月為颶風所壞閏十二月知縣鄭霖重築元至正十六年張士誠據吳遣其將呂珍改築始用磚石周九里為門四東曰晏海西曰合浦南曰澄江北曰朝京東西南各有水門不久圮廢國朝正徳間流賊據狼山知縣王應鵬築土牆備之嘉靖十五年知縣李資坤增甃北水門又於其上建樓三楹十九年海寇秦璠王艮等倡亂知縣馬麟增崇土牆三十二年倭人入寇知縣萬

思謙以土牆難守改甃以甓基廣五丈面濶三丈未完而以擢去東南隅毀於霪雨知縣楊旦繼之次第綜畫重築改置四門各建樓一座易澄江曰宣文合浦曰濟漕朝京曰振武晏海則仍其舊重濬外濠踰年而功成方其築時賊意謂可直搗數肆侵擾二載之間犯境凡五十餘晝爾戈矛宵爾楨杵葢與松江上海縣之城同時並舉而士民協心得不致潰且堅完過之屹然為諸邑之冠君子以為難

城

週圍二千二百六十六丈六尺崇二丈六尺基廣五丈面濶三丈

池

週圍二千二百六十五丈深一丈廣三丈有奇

門

陸門四座水門三座

敵臺

一十六座

窩鋪

三十四區

雉堞

二千三百六十九堞

按蘇郡諸邑嘉定之城為最葢城身寛濶居民自葢小房於上誠不守之守也且内外金湯掘有品坑可保無虞

嘉定縣備冦水陸路圖

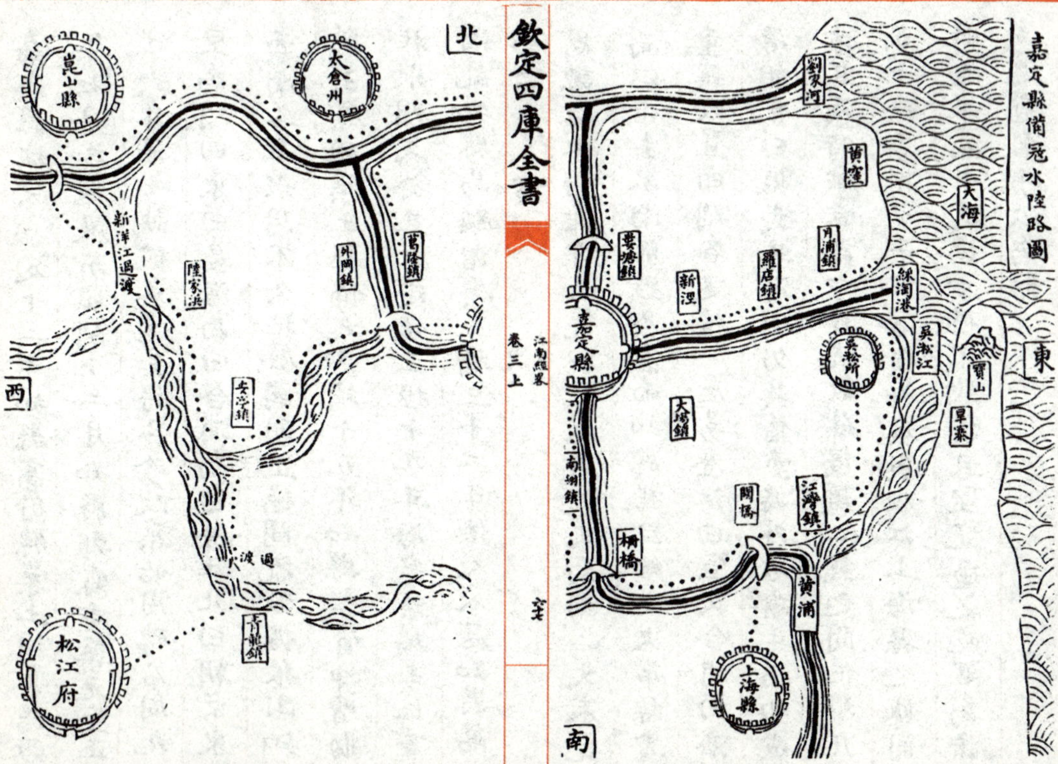

嘉定縣備寇水陸路考

東瀕大海

其道有五由縣東歷羅店月浦吳淞所而至海者其中路也由江東老鸛嘴寶山李家堰一帶皆可以至於海者其南路也由東北境牛角尖太倉界以至海者其北路也三者皆陸行之道也由黃浦東出吳淞江口以入於海或由吳淞劉河適均之間東出黃窪塘以入於海二者亦謂之中路皆水行之道也此惟牛角尖為間道其餘皆正道也

西距崑山

其道有三由外岡葛隆鎮歷太倉南馬頭而至崑山之東門者其北路也由葛隆鎮蓬閬廟水壚而北者其中路也由方泰外岡安亭車塘而至崑山之東南門者其南路也北路道之正者也中路南路皆道之間者也

南接松江

其道有四由外岡安亭青浦唐行鎮以至松江之北門或由黃渡盤龍鎮以至上海之西門者皆西南路也由南翔栅橋水陸俱可至上海之北門或由江灣入黃浦而至上海之東門者皆東南路也内惟南翔為正道其餘皆間道也

北抵太倉

其道有三見太倉州水陸路考

右水陸可通之道凡十有五雖皆兵防之所當知然不能一一而設備也惟擇其中之險要者建寨栅𣗳屯營專駐官兵以為守禦之計其餘亦惟以游兵行哨奇兵設伏輕兵出襲焉斯可矣共計邑之險要有八曰江東二旱寨寶山高橋曰吳淞所曰黃窪曰羅店曰江灣曰婁塘曰外岡鎮曰南翔詳見各圖說於後

江東二旱寨險要圖

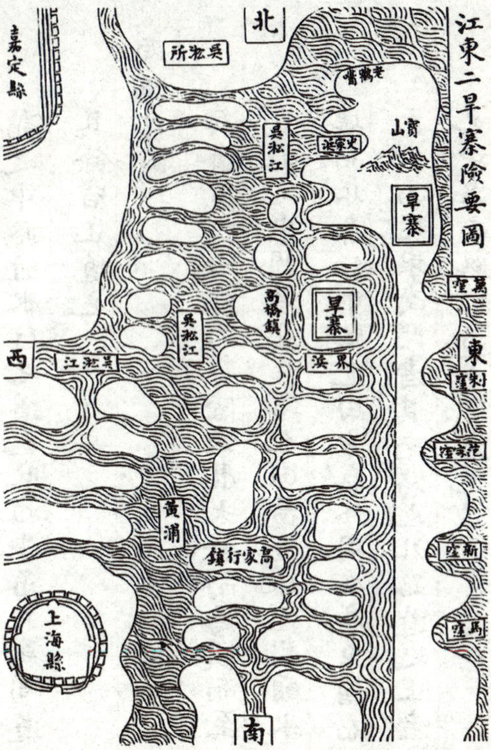

江東二旱寨險要說

江東旱寨有二一在寶山一在高橋鎮皆國初設兵以備倭者也今廢久矣無人議及此者豈以青南當其前吳淞擁其後而寨兵單弱不足以當利害故耶殊不知江東地饒民殷而守江守浦兵船俱在內地青邨南滙川沙柘林諸堡皆可遏賊於南吳淞江兵船僅可遏賊於北若賊至而南北阻截不能登犯其勢必趨於此蟠據為巢穴藉糧於我內地紛擾此其厲階也甲寅乙卯賊首徐海屯柘林而今葉明屯此與新場陳東合為二窟勢如長蛇卒難殄滅由我自失地利故也今寶山高橋二地之中有界浜焉乃嘉上嘉定上海之鴻溝也宜令蘇松併築一城設兵屯戍一如常鎮孟河事例有警則二地之民攜家以入輜重在是子女在是民將僇力死守寇自無糧可資益堅壁清野之長策也二寨雖廢庸何傷乎

寶山築堡議

寶山在吳淞江之東嘉定與上海接壤南至川沙堡六十里北至馬沙墪四里東至海岸一里西至吳淞所三十六里皆其信地南自徐家溝北逮老鸛嘴止一帶俱為險要舊有旱寨城堡今地廢已久雖去吳淞大營不遠然阻隔黃浦聞警調兵猝難濟渡近因寇患調太倉衛千戶領軍屯駐寶山然無堡可守非久計也應令蘇松二府按照國初舊制修復故堡或於寶山高橋二地之間如界浜者併築一城選集軍兵專官統練以備守

禦屹然為海壖雄鎮豈惟要隘有備并南滙青邨一帶接應更便是在當事者加意焉

御製寶山碑附録

嘉定涉海之壖當江流之會外即滄溟浩渺無際凡海舶往來最為衝要然無大山高嶼以為之表識遇晝晴風静舟徐而入則安坐無虞其或暮夜煙雲晦冥長風巨浪帆檣迅疾倐忽千里舟師弗戒瞬息差失觸堅膠淺適取顛躋朕恒慮之今年春乃命將士相地之宜築

土山焉以為往來之望其址東西各廣百尺南北如之高三十餘丈上建烽堠晝則舉煙夜則明火海洋空濶遥見千里於是咸樂其便不旬日而成週圍樹以嘉木間以花竹蔚然奇觀先是未築之前居民恒見其地有山影及是築成適在其處如民之所見者衆曰是蓋有神明以相之故其兆先見皆稱之曰寶山因民之言仍其名而不易遂刻石以誌之

寶山旱寨兵防考

寶山在嘉定縣東南八十里依仁鄉洪武三十年太倉衛都指揮使劉源奏建旱寨名江東寨著令太倉衛分撥指揮一員千戶二員百戶四員額軍四百名屯守防禦永樂中平江伯陳瑄督海運築寶山於其地因名寶山寨正統九年都指揮翁紹宗建磚城於寨左遣太倉衛軍守禦崇明遂委鎮海衛軍兼管後城漸圮兵防亦廢嘉靖三十六年復調太倉衛中千戶所領軍一千名屯守改名協守吳淞中千戶所

高橋鎮旱寨兵防考

高橋鎮在嘉定縣東南八十五里八都舊名青浦鎮與寶山寨對峙洪武十九年鎮海衛都指揮使朱永建堡名曰青浦寨著令鎮海衛分撥指揮一員千戶二員百戶四員額軍四百人屯守防禦承平既久兵防漸弛城堡亦廢亟宜修復以固邊防

老鸛嘴賊巢議

老鸛嘴南有地名李家堰者西抵江東抵海相距僅二

里許其咽喉之地一水界斷南北築二堰以通往來宜以土人知地里者深夜潛開此堰使賊不得越水而南更得精兵三千嚴守此地勿容賊得填洪但我兵屯此則上海七團八團之賊恐來應援腹背受敵非計也又須得精兵三千屯於太平寺等處以遏上海之援則李家堰兵可以專力於老鸛嘴而賊據彈丸窄地三面江海禾稻收割已盡財物劫掠已空不十日間將餓而斃矣此誠滅賊之上策也老鸛嘴賊滅則北偏一段稍得

寧息用武有地而上海之賊可以迎刃而破矣乃苦於無兵失此經畫惜哉

吳淞所險要圖

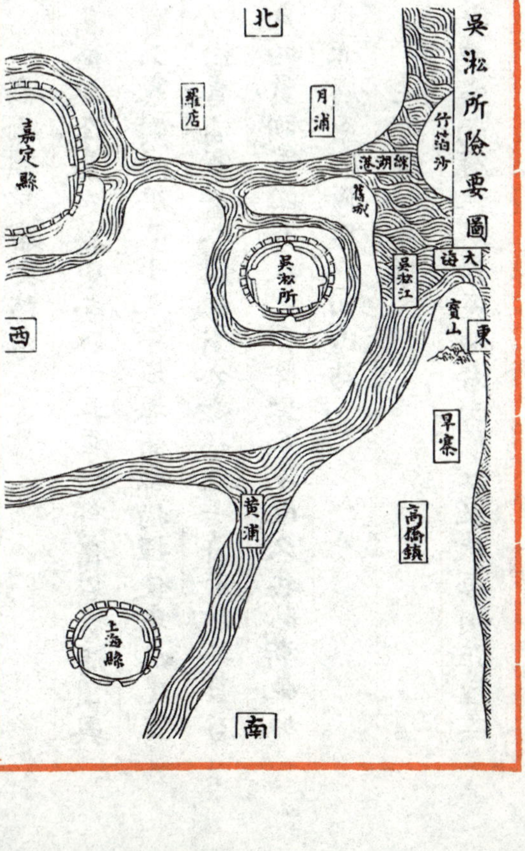

吳淞所險要說

吳淞所距縣東南四十里東濱大海北枕綠淘其南即吳淞江入海之口也吳淞江發源太湖縈紆二百餘里為中吳諸水第一其入海之口為海道咽喉三吳門戶故特置所城於此而以副總兵鎮之比諸越之定海馬或曰均之濱海也險要莫如劉家河而以此為第一何也曰海中諸夷狡猾莫如日本入寇亦莫如日本山東浙直與寇為鄰然山東之海水勢湍悍山脈聯絡非熟

其徑者不可行且勾引接濟之人未嘗有也故倭患獨浙江之海山嶼為多而通番者獨衆故寇舶自外海而來以洋山為入犯之的必至此而後分䑸若直隷之崇明則諸沙錯落延袤三百餘里暗塗相貫有若為華夷之限者惟三爿高家一路可以通舟而不可重載惟此一路寛深可行無有壅碍寳山之外沿海有楊家路者是也而竹箔一沙横亘其外隱然為之外護國初海運特築寳山以為準的葢為此也今之守江固云密矣而竹箔沙之守殊

為單弱非扃固外户之意或曰今之戰艦必以此為會哨之地乎曰竹箔之南吳淞之要道也竹箔之東劉家河之門户也若設重兵於此防守賊豈惟不能侵犯内地雖二江之口亦得息肩矣昔人常欲徙鎮海衛於寳山豈無意耶所惜舊城正當綵淘港口因東北一隅坍海故徙内地雖去不遠然氣自孤乙夘之寇避江口兵船之阻悉自綵淘港出入兵船竟莫之誰何葢以守江為要務而不之及也殊不知綵淘一港直貫練川水陸皆通賊舟入犯尤為便易安得謂其非險要也而忽之

吳淞所城池考

吳淞所守禦城國朝洪武十九年滎陽侯鄭遇春築土為之周六里有奇永樂十六年都指揮谷祥張翥增築高二丈七尺始闢四門因去海止三里潮汐衝激嘉靖初東北漸傾兵備副使王儀更築土城於舊城西南一里十八年城東北隅傾於江壓溺男女五百餘人十九年海寇秦璠王艮等入寇焚刼遂移樓土城以舊城為

教場三十二年廵按御史尚維持以土城難守檄知縣楊旦改甃磚石

城

周圍七百二十丈凡四里高二丈四尺濶二丈九尺

池

外城河廣六丈深一丈有奇内城河廣三丈深八尺

門
陸門四座水門二座
敵臺
一座
窩舖
四十座
雉堞
一千一百九十四垛本所與協守所並分守禦本

所管東北二方該五百九十七垛協守所管西南
二方該五百九十七垛

吳淞所兵防考

吳淞江守禦千戸所洪武十九年榮陽侯鄭遇春與鎮
海衛指揮朱永奏建隸中軍都督府屬太倉衛統軍一
千二百五十人後委鎮海衛官并差軍吏畨守禦嘉靖
十九年賊寇秦璠等作亂繼以倭患議設總兵駐劄鎮
江往來應援三十二年始專駐吳淞所設吳淞營把總
一員統水兵三千九百二十名遊兵營把總一員統陸
兵三千名舊以元分鎮萬戸府為所治後撤造太倉軍
儲倉嘉靖二十二年千戸周傑復建在所城南偏軍器
局在所東南教場在所西北陸營把總司在城東南水
營把總司在城西南

吳淞江兵船議

嘉定沿海地方共七十里吳淞江口乃適中之處也由
江口延袤而南則自老鸛嘴以至寶山南滙金山出江

口迤邐而北則自緣淘以至黃窰劉家河由江口而深
入則南迤五十里即為黃浦直至上海由黃窰而登岸
則嘉定太倉崑山蘇常連數百里是吳淞江者南為上
海門戸西為蘇常藩籬乃東南第一險要備吳淞即所
以備上海備上海即所以備蘇常也舊制原設吳淞江
千戸所守禦於江之西岸嘉靖十八年海水決齧所城
僅存西南一隅官軍靡依乃復建新城避水患周圍四
里當大江之傍倭患猖獗本所力不能支當道建議合

太鎮二中所與吴淞所並處新城氣勢宏壯兵稱足矣
復還嘉定軍儲倉於城内儲蓄有備食亦足矣兵食不
乏城守自堅況新設總兵衙門水寨兵船聽調哨守蘇
松水陸咽喉何啻如之所不能無議者哨守之法似猶
未善兵船之數似猶未敷請詳言之夫海洋追勦惟福
船最為得用但海天茫濶瞭望難周地理遼邈防禦難
密須多造福船多募福兵為第一義耳以事理計之福
船須得四百隻福兵須得四萬人以吴淞江為老營分

福船為四班以一百隻泊吴淞江專守老營以一百隻
哨至寶山之南直抵高家嘴以一百隻哨至高家嘴之
南直抵陳錢馬蹟以一百隻哨至劉家河北直抵福山
狼山此往則彼來此來則彼往絡繹於數千百里之間
皆為有備聯屬於煙波浩渺之地罔所空隙擁衆大舉
之寇合力抵禦旮雨零至之賊隨遇成擒此計之得者
也若株守吴淞不為分番出哨之計未免顧此而失彼
若直守馬蹟不為反觀内顧之謀未免慕遠而遺近是
在當事者籌之

福船捕盜議

或問福船捕盜每日口糧六分各兵每日五分當此糧
餉不給之秋常恐其不繼也況此輩一得糧賞即萌歸
志如之何可用乎曰不然福船蒼船最為海洋禦寇要
具隨船梢手舵工等役非久於從事習練精便者不堪
用也若以沙土兵更代福浙舟師恐二兵雖或通水道
便撐駕而轉篷起椗把舵及修倣掣纜貢具等類俱非

所能設有警急措手何及似宜以沿海衛所正軍盡數
查出每福船一隻以正軍攙補二十名令其在船習學
起椗轉篷之類明年又以各軍攙補二三十名一二年
之後我軍皆能駕使福船則糧餉可省而亦可以無賴
於黠强難制之輩矣但今各衛所軍應得正糧每年止
給一二月不能謀生去而為商賈為技藝為盜賊營伍
空虛遇變無恃今之州縣軍儲倉糧在有司每以為可
緩在糧長亦以為可負此軍之所以枵腹待哺而無從

得實也自令州縣徵糧必宜先解軍儲後發兑運應時
給與庶可責其成功矣

黃窪港險要圖

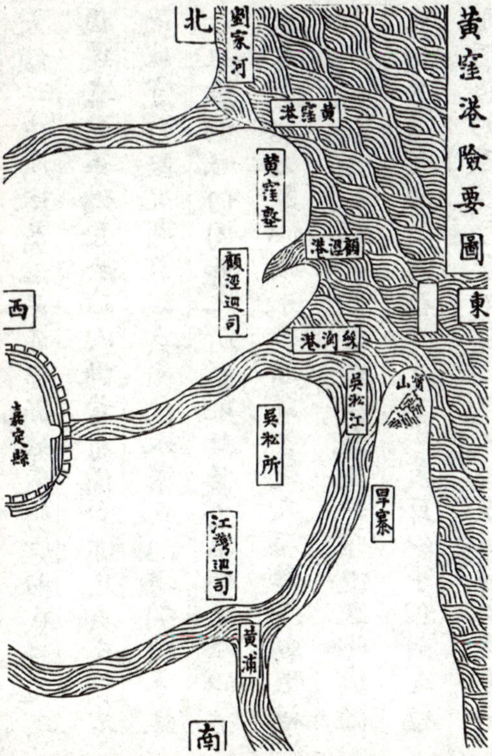

黃窪港險要說　闕

羅店鎮險要圖

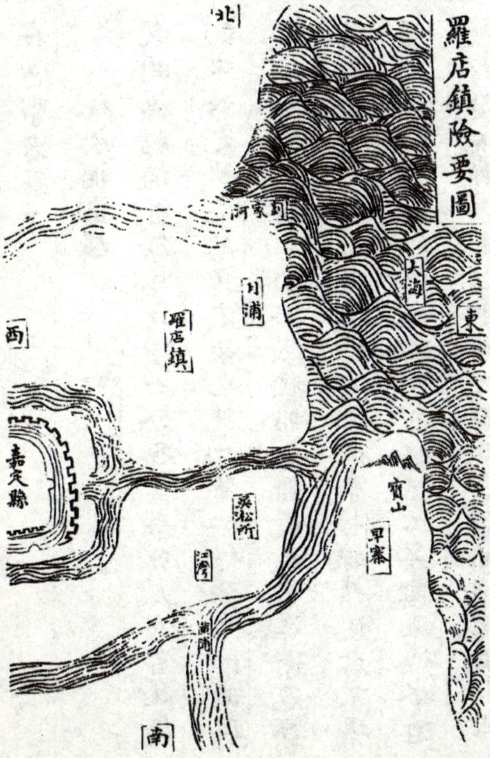

羅店鎮險要說 闕

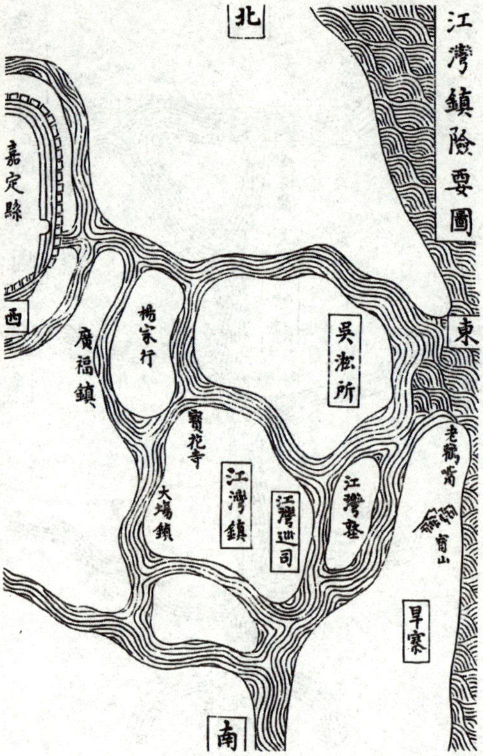

江灣鎮險要說

江灣鎮在縣東南七都（宋建炎中韓世忠統兵禦烏珠曾駐中軍於其地今尚存架大纛石旗椿二個高可二丈餘在闤闠中）離縣治六十里吳淞江自東北而來至此轉折而西至鎮之南遂為黃浦入江之口吳淞所為江海第一關鑰今既稍遷內地第一險要失矣賊舟乘潮突入西南入黃浦以犯上洋必經此地則此地其吳淞江第二義乎今之議者漫不之及豈以守浦守江既有兵船則此地為贅疣也殊不知上海縣城逼臨黃浦賊入黃浦事已掣肘東西奔馳兵船分則勢弱合則照顧不及非至計也為今之計不若築堡屯戍守此與江東旱寨相為聲援守浦兵船自內應之吳淞兵船自外襲之賊豈敢長驅出入乎

婁塘鎮險要圖

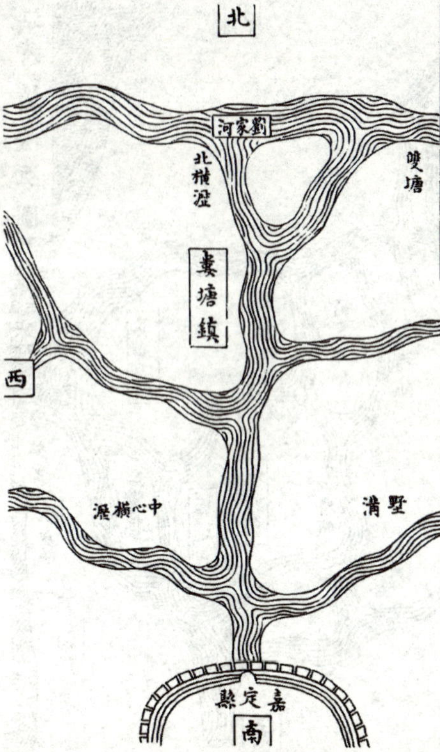

婁塘鎮險要說

婁塘鎮在縣治北十二里横瀝塘中貫之北出劉家河入海俗所謂公塘者是也賊自劉家河西來折而南行入横瀝至縣治不過二十里婁塘實當其衝其地民居稠密田塍平曠可以馳騁可以屯駐若設兵守之賊豈能直擣城下乎自嘉靖癸丑迄丙辰無歲不受其害雖嘗議設鄉兵防禦然無營寨可守惟據西石橋以戰賊自間道出我兵之後即驚潰無策矣婁塘不守縣城復何恃乎且其地多富民而無王濬創鎮之才遠大之智甘為賊擄而不思善後之圖亦可怪也

外岡鎮險要圖

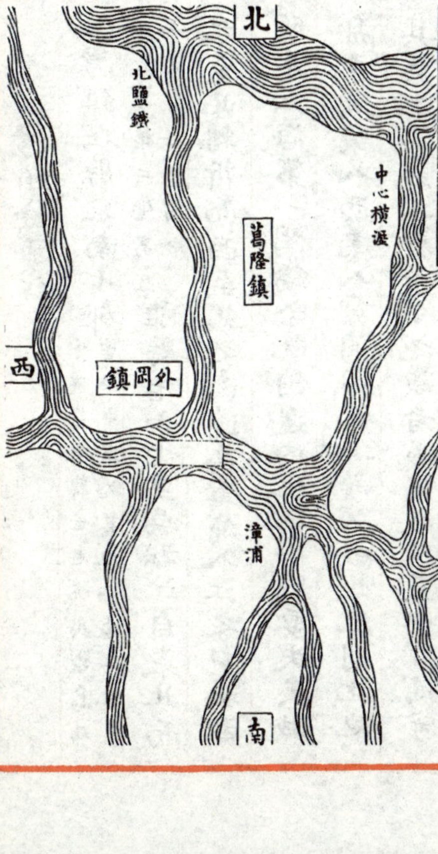

外岡鎮險要說

外岡鎮在縣治西十二里嘉定之水南北莫大於橫瀝東西莫大於練祁而練祁之水自西關出合顧浦以入吳淞江若賊掠松江而歸恐為吳淞江兵船所截必間道走唐行青浦安亭以趨太倉之南關則練祁為賊所必由之道也自練祁北折則為盬鐵盬鐵塘在嘉定縣西南十八里南至松江葉謝北達太倉江陰入江相傳吳越王於此運鐵故名盬鐵入劉家河則太倉南關矣若賊自南關分踪出掠亦必入盬鐵以趨嘉定

外岡鎮亦當南北交會之衝且密邇縣治可以犄角非設兵守之不可也今之議者咸謂宜守葛隆安亭而棄外岡夫葛隆小鎮安亭僻遠徒分兵力何益事機須於此戍守不惟可以遏賊之衝實與縣城互為聲援葛隆安亭二鎮不必設兵而聲勢自振矣

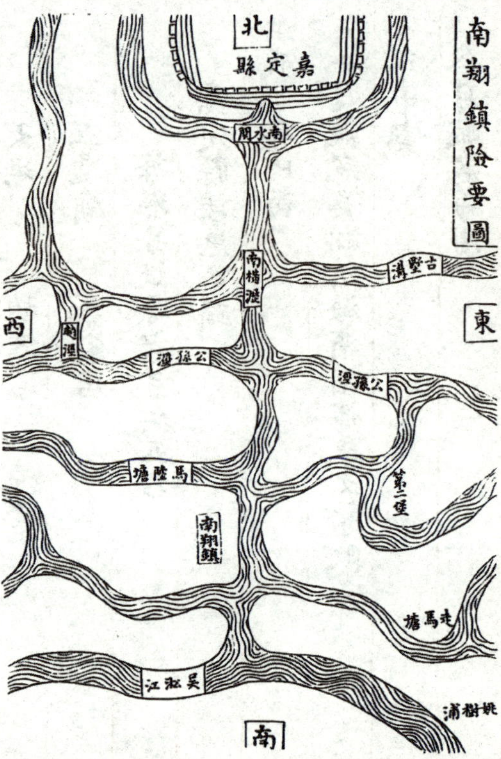

南翔鎮險要說

南翔鎮在縣治南二十四里又南二十里為吳淞江南橫瀝之所經也材貨所萃商賈所集盜賊以為名鎮而必爭者也且當縣治正南賊自吳淞江而來必經於此而後達於縣治葢南郊之關鍵也嘉靖甲寅倭寇犯之賈人布板於簷端以矢石下擊殺賊頗衆然無堡可守外援不至浹旬而後潰為今之計莫若募富商築堡以居無事可免擊柝之憂有事則據堡而守兵不必出於

官而自足餉不必運於官而自備萬一為賊所困則命一旅援之而已葢此鎮為百貨所居而弓矢又商賈之長技也

嘉定縣巡司弓兵烽堠附

顧逕巡司

在嘉定縣東三十里顧逕設弓兵四十名往來巡邏所屬烽堠四座

月浦　爛倉　顧逕港

五岳塘

每堠另設瞭守弓兵五名

吳塘巡司

在嘉定縣西南三十六里吳塘設弓兵四十名往來巡邏所屬烽堠九座

青岡　黄泥涇　外岡

城西　石門岡　馬陸

馮家橋　黄渡　沙岡

每堠另設瞭守弓兵五名

江灣巡司

在嘉定縣東南六十里江灣鎮設弓兵四十名往來巡邏所屬烽堠一十七座

沙浦　湯字圩　呂字圩

生字圩　南翔　周家浜裏

周家浜外　衣有字圩　致字圩

東潛字圩　中潛字圩　西潛字圩

大場　胡陸灣　江灣

五通廟　秦家店

每堠另設瞭守弓兵五名

嘉定縣倭患事蹟

洪武二年己酉

二月賊寇吳淞所海濱指揮朱文擊敗之

七年甲寅

八月賊寇海濱

永樂二年甲申
四月對馬岐倭寇海濵
嘉靖三十一年壬子
七月賊寇吳淞所百戶馮舉宗元爵等禦戰死之
賊據楊氏宅洞墻屋四望徐候船南走官兵追之
賊匿葦荻中免越數日乃去
三十二年癸丑
閏三月賊首王直犯縣境

賊自烈港之敗以百餘人自白馬廟而來收集餘黨流突蘇松掠縣之寶山鎮撫陳憲疑為鹽盜率輕兵追之後知為直不敢襲
賊犯婁塘鎮
倭船至寶山洋都指揮王世科府同知任環合兵勦之百戶張治力戰死之賊夜遁任環追擊之弗及
前歲倭船之入以為失風非來寇也稍縱之得志而去至是乃復來金山備倭都指揮王世科蘇州府同知任環合兵勦賊選士卒數百人分為五隊即日渡江命吳淞所百戶張治率甲士五十人為前鋒治持戈躍馬奮不顧身與賊遇於寶山之麓劇戰賊魁胡藥師最驍勇身被重甲數鎗不能入以鐵戈擊其首乃斃殺賊衆十有三人治力倦下馬搏戰被賊横刺而死衆見治死遂潰走環獨不走賊奮而前有一敢死士徐珮以身捍環乃得免明日環復出挑戰賊不敢出相持數日思以計困

之賊夜半從海岸遁去環覺之率師追擊不及而還
府同知任環守備解明道敗賊於吳淞江口
賊至劉家河揚帆而西守備解明道與六合知縣董邦政率兵迎擊之追及於吳淞江口值緑洵港復有新賊至者與之合踪勢益猖獗官兵莫敢進操江都御史蔡公克廉遣蘇州府同知任環率兵往助之賊遂敗走俘斬一百有奇

賊首鄧文俊等分掠縣境

四月賊陷吳淞所城

初九日倭船數十艘從大洋中來徑趨黄窰港入劉家河登岸殺人進掠婁塘鎮民悉奔竄擄掠財帛不可數計又進攻太倉州城軍民嬰城固守乃轉掠而東攻吳淞所城城惡不可守遂陷入之西掠月浦及羅店等鎮

守備解明道襲破吳淞所賊遂復所城

賊既破城遂入據為巢越十日守備解明道襲破之斬賊首百餘級賊酋三大王六大王死焉遂復所城賊遁出海復為太倉州判金汝舟千戶楊循禮所敗擒斬八十有奇

五月賊犯縣城知縣萬思謙禦却之

初三日賊由羅店進薄縣城先是民疑土城易陷望風而走知縣萬思謙料賊深入為城守計至是咸備外則設坑塹布蒺藜內則倩客兵募義勇萬

餘人登陴固守賊本謂城非甃石易與耳至見守禦嚴整相顧失色乘東風縱火煙焰蔽空思謙叩頭籲天風反而西應天府檢校張大倫固原人適捧臺檄至善騎射賊有桀黠者奮勇先登大倫發一矢中賊吭賊應弦而倒於是矢石交下賊多被傷而去

六月官軍追擊賊於寶山洋大敗之

賊自上海縣掠財帛子女滿載而南官軍與戰不利殺百戶卜相陶臣鎮江衛知事吳宗德邀擊之賊驚潰爭舟溺死者不可勝計守備解明道府同知任環伏兵吳淞江口擊之追至寶山洋賊遂大敗

十一月倭舟泊寶山參將湯克寬擊敗之

賊由華亭縣漴缺登岸流劫移舟泊寶山克寬引舟師迎擊至高家嘴毀其舟斬首七十三級生擒十四人

十二月南沙賊遁至黄窰

三十三年甲寅

正月賊首蕭顯犯縣城還屯海上浙江提督都御史

王公忬遣条將盧鏜率師來援

先是除夕任環以賀聖節還郡官軍守備稍懈賊

乘間於歳旦渡海而西泊舟施家港初五日薄嘉

定縣城時知縣萬思謙董衆築城甫畢工賊至

遂不能拔因轉掠南翔廣福屯據海上官軍與戰

輒不利賊益猖獗浙江提督都御史王公忬太倉

人也遣兵赴援条將盧鏜率舟師從海道至賊悞

以為黨喜而出迎近視之乃官軍也大驚而退時

任環以同知陞兵備僉事相議出師會勦鏜知湯

兵不可用謝却之獨將其軍以進賊衝鋒而前堅

壁不動明日復如之又明日賊出行刼弱視盧師

故也鏜命二舟載薪與賊相近以舉火為約度賊

歸路設伏兵以待之薄暮賊歸官軍迎擊之已而

火起伏兵盡合前後夾攻賊大敗斬獲過半餘衆

南走鏜慮軍士貪戀財帛追之不力命盡焚其舟

追之青邨所城賊入城官軍圍之會天大雨復乘

間潰圍走鏜還至松江揕不用命者斬於軍門

獲賊首陳二

時陳二詐為奸細在途被邏者執之

賊分掠南翔等鎮条將湯克寛擊敗之

賊犯南翔鎮貫人布板於簷端以矢石下擊殺賊

頗衆外援不至浹旬而潰遂流刼婁塘等鎮克寛

引兵迎擊大敗之

二月都指揮盧鏜敗賊於史家浜

時賊首蕭顯據史家浜為巢鏜率師進搗大敗之

賊死者無算乃遁往浙江海寧縣鏜復追擊敗之

其别䑸之在歸家港者僉事任環亦擊敗之

三月倭賊入吴淞江總兵湯克寛率師迎擊之擒斬

無遺

是月十六日復有賊首劉三率其黨二百餘人駕數舟直入吳淞江登岸劫掠適克寛領兵從松江來知官軍且戰且卻名把總千户田某將斬之田曰罪固當斬但兵船統自耆民不聽節制即名耆民抗令者斬之衆皆股慄遂督兵合戰卻兵有退怯者亦斬以狥由是軍民齊奮戰鬭益力賊不能支奔匿舟中官軍兩岸夾攻砲石交下斬首級一百七十有奇餘悉就擒無一人得脫者

賊掠南境邨鎮抵松江

倭船一艘突至黄窰登岸轉掠而南官軍與戰不利遂越南翔鎮由封家浜直抵松江邑之西南二境盡為騷動

四月賊屯老鸛嘴

賊圍縣城蘇松州縣各被圍不相救

是月十六日賊至嘉定攻圍縣城城中悉力拒守幾為襲陷者再相持彌月漸解而去初賊之始至也不滿百人及其再至也亦不過千人至是則連結諸島萬衆深入州縣各被圍不能相救賊晝則剽掠四出夜則聚歸城下窮鄉僻巷悉被焚劫火焰燎原積尸遍野吳淞江南數百里一變而成丘墟矣

總兵俞大猷敗賊於吳淞所

賊舟入吳淞江者十六艘俞大猷率師邀擊大敗之沉其舟十一艘斬首二百五十有四級

六月賊由縣治進薄府城大肆焚劫尋還屯海上

先是賊衆五百餘人歸未至島遇颶風復飄至海上六月初一日由嘉定縣趨蘇州府城大肆焚劫又南由吳江縣抵松江府復還海上因巡船邀擊不敢出襲時調來狼兵不滿百人每與賊遇輒披靡偶以二十人當賊二百人為賊所圍力戰得出殺賊五十餘人狼兵死六人其間二人尤驍勇賊至劉家行單騎追之賊知其為狼兵也匿二賊

於㕔中從後擊其首遂斃自是狼兵少怯
把總劉堂敗賊於吳淞江口
三丈浦賊遁出海為太倉知州熊桴所敗餘賊遁
至吳淞江口為堂所敗其酋急速如郎就擒斬首
二百六十餘級
八月賊攻縣城
賊首王直分遣其酋吳德宣徐碧溪自綠洵港率
衆千餘入攻縣城時賊薄西門夜偵守者卧遂梯

登之及女墻守燈童子震呼衆驚覺擠石墜梯賊
遂退童子呼時刃及死矣知縣萬思謙哀之瘞童
子石像坐於城闉東
上命兵部尚書張公經總督軍務率文武六臣提兵
南下與賊戰敗績賊屯老鸛嘴
初張公經提督兩廣威名甚盛至是遂膺簡命以
兵部尚書兼提督參將李逢時許國參政許天倫
副使周臣兵部郎中盛唐譚綸俱聽節制率青徐

兵六千人抵海上賊聞天兵至佯西上逆戰官軍
出戰賊退走明日復如之青徐兵俱名募惡少許
李二參將皆世胄子不諳兵法不識地利各務僥
倖成功黎明出師申刻渡河而東其半猶未渡賊
匿舟中無一人哨者須㬰潮漲賊一人騰躍而上
餘衆四起官軍遂亂蹂踐沒溺刺殺而死者二千
餘人資糧器械悉為賊有所喪多矣二參將懼誅
遂多殺平民之寡髮者以冒擒獲是時也賊雖倖

勝然不敢出海移舟老鸛嘴據為巢穴
賊薄縣城參將李逢時迎擊敗之
賊退據羅店鎮官兵追擊敗之
斬首八十餘級
官兵擊敗於綠洵港遇伏兵潰指揮劉勇力戰死之
初參將李逢時與許國以山東民鎗手六百人至
與賊遇於新涇橋逢時率麾下先進擊敗之許國
憾逢時同事而功先乃從間道襲賊欲分逢時功

追至綠淘港乘勝深入遇賊伏起官軍大潰溺水死者千人指揮劉勇戰死諸軍倉猝不整遂大敗詔逮逢時等東兵稍自引去總督尚書張公經請下有司追捕兵部覆奏此係北土烏合之兵驅之蘇松澤國固非所宜不如悉放遣之詔可

官兵追擊賊於老鸛嘴四馬洪大敗之

王直知官兵將擣其巢乃進營於師家浜官兵擊敗之已而由原港出海水兵追戰於老鸛嘴之四

馬洪復大敗之

三十四年乙卯

正月老鸛嘴賊遁走與柘林賊合

先是嘉定知縣楊旦募土人敢死者夜爇賊廠火賊舟多方撓亂故不得安鑿渠通海以為退計正月初二日乃乘閒遁去官軍追至寶山重霧漫天僅獲賊一舟斬首六十餘級賊遂與柘林諸賊合夥

五月賊屯縣境兵備副使任公環擊殲之

時倭舟被風飄回者五十人屯嘉定縣民家環率兵攻之不克乃投火民宅爇之賊盡殲焉

八月賊由吳淞江遁出海洋把總楊尚英追擊敗之

沉其舟六十艘俘斬三百有奇

九月川沙賊遁至吳淞所兵備副使任公環擊敗之

總督都御史楊公宜遣遊擊將軍曹克新統川兵擣川沙賊巢大敗之爇其巢賊遁至吳淞所兵備

副使任公環督舟師襲擊之斬獲大半餘遁走清水窪

閏十一月官兵敗賊於吳淞江口

周浦賊為官兵所破遁出吳淞江副使王公崇古總兵俞大猷會兵夾擊至老鸛嘴大敗之俘斬一百七十有奇

三十五年丙辰

三月賊入吳淞江總兵俞大猷等大破之

賊舟十六艘自寳山入吳淞江大猷先奉總督胡
公宗憲檄與把總楊尚英劉堂等設伏海口待之
賊至伏發沉其舟十二艘斬首二百五十餘級

六月賊至吳淞江官兵擊敗之

賊為官兵所敗與七丫港賊相繼遁出海總兵俞
大猷預受總督胡公宗憲命設伏劉家河海洋待
之且攻且逐追及於茶山東北沉其舟六十艘俘
斬三百有奇殘寇宵遁復為颶風所覆無生還者

江南經畧卷三上

四庫全書選刊　文津閣本

兵典

第四册

廣陵書社

目録

欽定四庫全書

子部

江南經略卷三下

詳校官助教臣常循

總校官進士臣程嘉謨

校對官學錄臣常循

謄錄監生臣王岐

欽定四庫全書

江南經畧卷三下

明　鄭若曾　撰

太倉州境圖

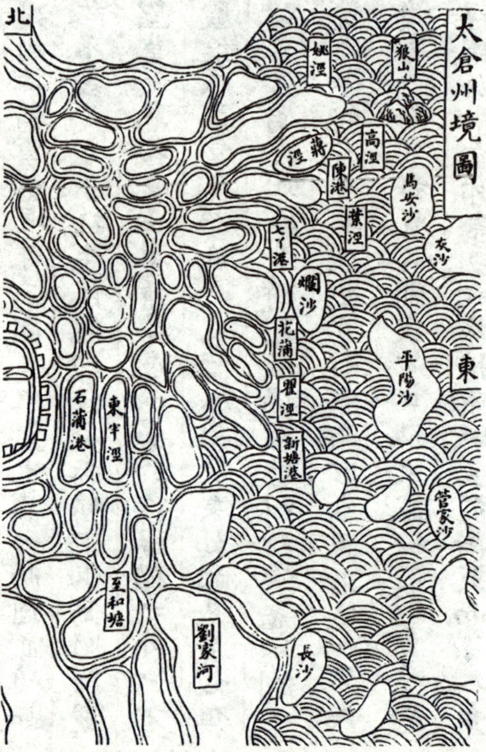

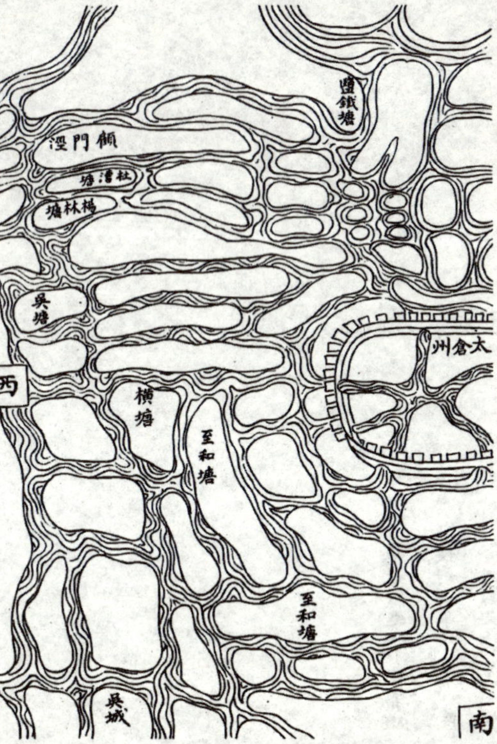

太倉州總論

大倉本崑山縣惠安鄉地也東瀕大海元時海漕番舶咸彙於此嘗立水軍萬户府以鎮之國初則設太倉鎮海二衛統軍一萬一千二百餘名名曰備倭弘治間撫臣又奏割常熟嘉定崑山三縣之地添置州治法制不可謂不密矣然愚不能無議者何哉夫太倉之濱海與嘉定上海一也嘉上二縣皆無衛所而太倉獨設二衛豈非以崑山縣治離海太遠難于防禦之故耶厥後既建州治則事勢迥殊二衛之中宜汰其一而猶並峙如故不幾於冗乎往年倭寇内侵直抵城下兩衛閉門觀望莫之敢攖良由專重城邑而畧於海港猶之外户不嚴倭賊至堂奥而後逐之吁亦無及矣如鄙見莫若但留太倉衛於州城平時則教場操練以防海寇不測之變遇警則有司率民登埤以守衛官率軍出城以戰而鎮海一衛則移置於劉家河口敘水寨撥巡船專哨海洋與吳淞白茆崇明相為犄角賊豈能衝突而深入哉

萬一賊衆我寡力不能過亦當挫其鋭至邀其惰歸比之聚二衛於一城賊進海口而莫之禦者相去懸絶何如也或問劉河七鴉近皆添把總宿重兵設尚不能禦寇之不入也鎮海一衛何足以支之曰不然倭舶之來暫時之變也自古豈有越海萬里而能長為中國患者若自今修復祖宗備倭之制申嚴督撫會哨之法入寇者則殺之通番者則捕之倭患不久將自息矣患息之後添設之兵不容于不撤海防養兵之銀不容於不除

比時行吾之言則兵雖撤而把港之兵不乏銀雖草而軍糧之額自存豈非經常之策也哉或又問七鴉浦秦何曰此宜稍緩但分撥一千户所駐劄守禦而以茜涇甘艸唐茜涇三巡司官兵輔翼之足矣

太倉州境考

太倉在蘇州府城東一百一十里古婁縣惠安鄉相傳春秋時吳王即其地置倉號太倉太倉之名始此梁天監中分婁置信義縣大同初分信義置崑山縣而州為

崑山之城宋時置節制司海庫元朱清張瑄創海運於此通海外番舶凡高麗琉球諸島往来市易謂之六國馬頭自延祐元年崑山徙治太倉凡四十四載迨至正十七年復還崑山州治於馬鞍山陽國朝吳元年立大倉衛洪武二年分立鎮海衛弘治十年巡撫都御史朱公瑄奏割崑山東北境湖川新安及惠安鄉之半與常熟之雙鳳鄉嘉定之樂智（即宋時崑山縣醋塘鄉）循義（即宋時崑山縣平樂鄉）二鄉立太倉州領崇明縣

州境廣八十里袤九十里東至海七十里西至崑山縣界十里南至嘉定縣界十二里北至常熟縣界六十里東南至嘉定縣婁塘十二里西南至崑山嘉定二縣界二十里東北至白茆港口九十里

太倉州城池考

太倉襟帶滄海為三吳屏翰舊無城垣止有木柵在支塘鎮西北元至正十六年張士誠據蘇州因防方國珍遣其將高智廣築今城城高而堅池廣而深雖建築於

僭偽而實為無窮之保障國初太倉與鎮海為衛並治一城弘治間建州因舊城樓櫓具廢正德九年按察副使謝公琛命知州事汪愽增隍濬池加甓於城南於東西北重建城樓（柴奇有記）次年監察御史唐公鳳儀復命知州事黃廷宣重搆西北城樓（王鏊有記）城外基俗呼城脚衛官私得民租度為耕地耕民利開地日取土填壕壕淤狹且傷及城宜有屬禁

城

週圍一十四里五十步高二丈廣三丈

池

週圍一十五里一百七十步深一丈五尺廣八丈

六尺

門

陸門七曰大東小東又名竹場門大南大西小西大北

小北門各有樓樓外有月城水門四曰大東大西

小西朝陽南二水門初築時有小北大南二水門今廢

敵臺

二十八座

窩鋪

六十六座

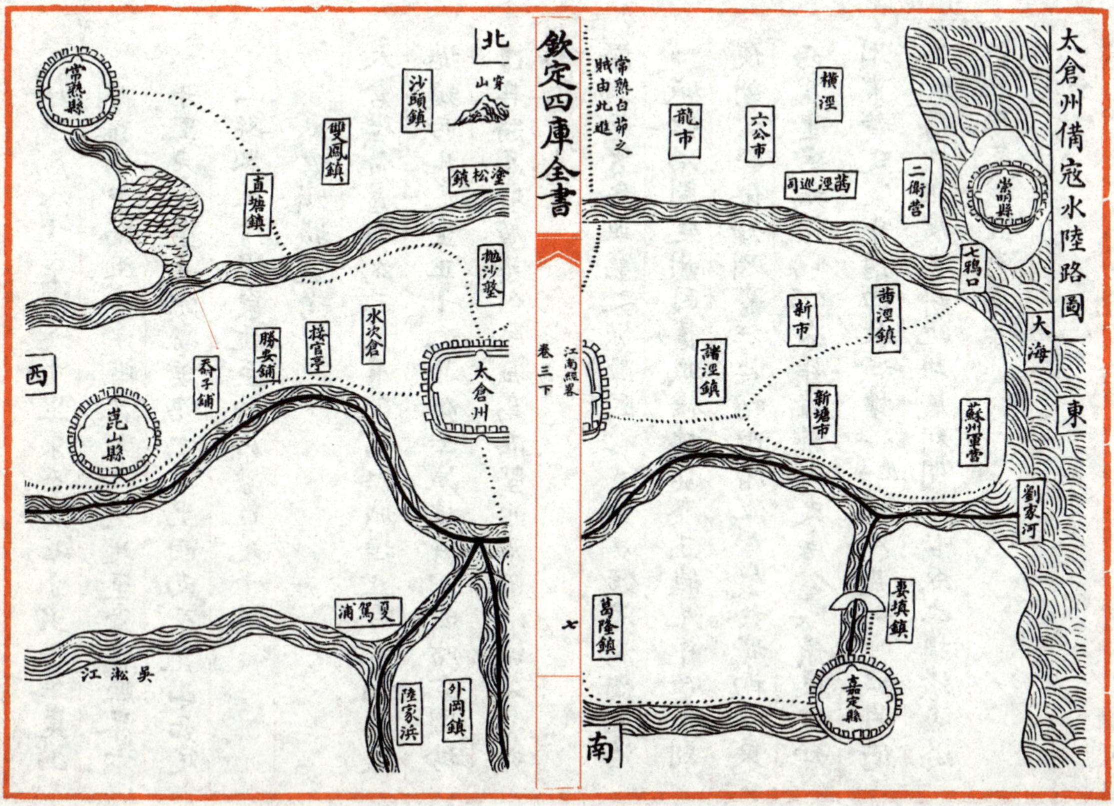

太倉州備寇水陸路考

東瀕太海

其道有三由劉家河至天妃宫出海者其南路也由北門至七鴉浦出海者其北路也二者皆舟行之道道之正也由東門東北行至茜涇下海者其路在劉河七鴉適均之間乃中路也水澁不可通舟但可陸行道之間也

西距崑山

其道有三詳見崑山縣水陸路考

南抵嘉定

其道有三由鹽鐵葛隆鎮至嘉定之西門者其中路也由青魚涇西南折旋方泰至嘉定之南門者其西路也由弓塘婁塘至嘉定之北門者其東路也中路東路皆正道也西路乃間道也

北接常熟

其道有二由五衢唐市任陽雙鳳而至州治之北門者其陸路也由支塘直塘七浦塘鹽鐵而至州治之北門者其水路也二者皆道之正非道之間也

右水陸可通之道凡十有一雖皆兵防之所當知然不能一一而建寨栅紥屯營專駐官兵以為守禦之計也惟當擇其中之險要者而備之其餘亦惟以游兵行哨奇兵設伏輕兵出襲焉斯可矣計邑之險要凡有五曰劉家河曰七鴉浦曰畚子東曰夏駕浦曰塗松詳見各圖說於後

太倉衛兵防考

太倉衛指揮使司

太祖吴元年以所俘張士誠兵建衛命指揮同知朱文掌之隷中軍都督府初設十千户所統軍一萬一千二百餘名洪武四年并為左右中前後五所領吴淞守禦千户所

署在太倉城陳門塘西南即元崑山州治先為

朱清第號萬戶府吴元年改為衛治　軍器局在衛治西　軍器庫在衛堂左右各一　軍儲倉舊在長春橋南嘉靖十七年移建小教場有倉使一員斗級二名總儲本府各縣運到米太倉州委官支放官軍俸糧　屯糧倉在衛治內每歲於指揮中撥管屯官一員掌屯田印徵糧貯倉俟過夏後集官軍臨倉支放

大教場舊在小北門內後移建州治遷南門外張涇閘東　小教場在城內東南隅鐘樓西

指揮使二員內掌印一員　同知六員　僉事十二員

鎮撫司鎮撫二員　經歷司經歷一員　領所五洪武二十六年定每千戶所統軍一千一百二十名百戶所統軍一百十二名

左右千戶二所營在衛治東南中千戶所營在衛治西南前千戶所營在衛治東後千戶所營在衛治東南嘉靖三十六年移中千戶所領軍一千名戍吴淞江寶山名協守吴淞中千戶所

千戶十三員正千戶五副千戶八　百戶五十員每百戶所設總旗二名小旗十名　所鎮撫二員

共統官旗舍餘五千七百八十六員名

屯田二百七十三頃四十一畝零歲徵本折色正糧七千七百三十五石有奇

右太倉衛官軍宜專駐州城平時教場操練有事出城禦戰者也

鎮海衛兵防考

鎮海衛指揮使司

太祖洪武十二年分太倉衛軍之半命指揮僉事曹勝掌之隷中軍都督府統左右中前後五千戶所領

崇明守禦千戶所

署在太倉城內武陵橋西北即元市舶提舉司洪武十三年改為衛治　軍器局在城內東南隅　軍器庫在衛堂左右各一　軍儲倉在長春橋南有倉使一員斗級二名總儲本府各縣運到米石先隷嘉定縣委官支放官軍俸糧後屬太倉州　屯糧倉在衛治內每歲於指揮中撥管屯官一員掌屯田印徵糧貯倉俟過夏後集官軍臨倉支放　教場在小北門內舊與

太倉衛大教場相連指揮使三員內掌印一員　同知三員　僉事六員　鎮撫司鎮撫一員　經歷司經歷一員　領所五洪武二十六年定每千戶所統軍一千一百二十名百戶所統軍一百十二名左千戶所營在衛治西北右千戶所營在衛治西南中千戶所營在衛治東前千戶所營在衛治東北後千戶所營在衛治西嘉靖四十五年移中千戶所領軍一千名戍劉河堡

千戶十九員正千戶五副千戶十四　百戶五十員每百戶所設總旗二名小旗十名　所鎮撫一員

共統官旗舍餘五千五百八貟名

屯田二百八頃九十八畝零歲徵本折色正糧五千九百一十六石有奇

右鎮海衛官軍宜移置劉家河口捌水寨撥巡船專哨海洋以副鎮海之名者也

劉家河險要圖

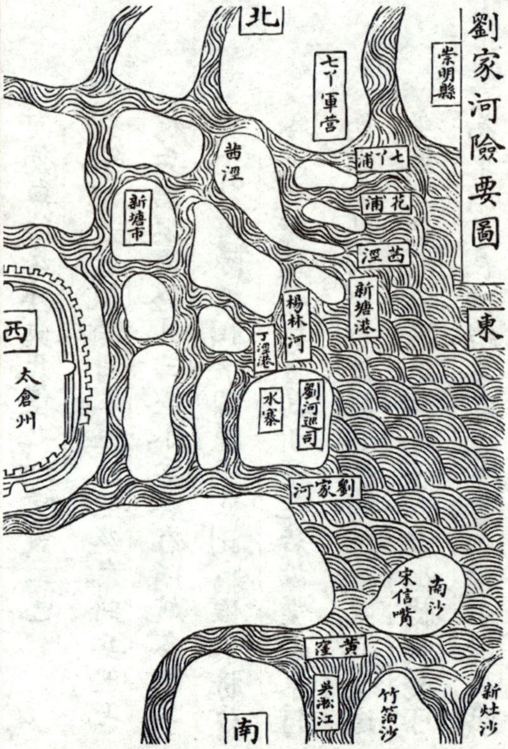

劉家河險要説

劉家河在州治東南七十里即古婁江入海之口也劉家河自州城西接官亭起一路東南行至天妃宮出海長七十里潤二里　汛月倭船從東南洋來此港口為本州第一衝要若進此港則西可以至州城而崑山而府治南可以犯嘉定國初原設水寨於此成化間增建木城官房後以承平而廢近因倭變撫操二院奏設把總兵船提督都御史趙公忻兵備副使熊公桴復造木城官署軍房撥福蒼八槳等船福沙

等兵住劉港口防禦固云密矣然賊犯本港必從新竈沙宋信嘴而後可達須分撥重兵於此防哨遏賊於上游策之上也拒賊於港口使不得衝入策之中也若縱賊深入則無策矣且國初鎮海衛之設原分太倉衛軍之半屯戍劉家港口今天妃宫其故址也後因無城故併入州城耳今宜考覈舊制因水寨而增築城堡移鎮海衛居之與太倉衛官兵互相首尾豈非經久之計耶

劉河新建堡議 嘉靖四十三年條上撫憲

築堡之由

一劉河水兵有福兵浙兵土兵之殊福浙兵取其家遠熟知海道常行住劉於舟耳今各捕兵多有室家皆潛住州城不免有内顧之念豈肯專心於死戰耶况每歲修艙兵船一次其功約計二月方完兵無所居若築此堡各捕兵室家俱得以安居而兵無虛缺矣此堡之所當設一也

一劉家河直衝太倉崑山蘇州倭船之來多由此入向設把總兵船為之哨春汛出哨各沙上流止有一哨守港兵勢甚孤倭若黑夜乘潮順風而來各哨兵船一時豈能策應乎守港者勢決不支必致登岸額設木營原議蘇州衛官兵防守今官兵已革止存空營豈為善策似宜添設陸兵以備陸戰若設陸兵非堡不能屯劄劉家河要害無異吴淞福山此三港皆蘇松之門户也今吴淞福山俱有城堡陸兵以備夾攻而劉

河獨無城為缺典此堡之所當設二也

一劉家河若春汛時月本港兵船及參將兵船七鵃兵船俱泊於此三港水兵各有所統各為一黨一有嫌隙輒相爭鬬隱禍叵測竊惟參將乃各港之將領水兵皆其所轄也若設堡遷參將衙門於其内則各港水兵庶有所畏况兵備道坐鎮太倉而沿海沿江各沙各港俱聽調度可為東南之長城總參等官原設以備水陸之戰

令總兵坐鎮吳淞江口常鎮叅將坐鎮楊舍港口而蘇松叅將獨得於春汛畢時長住太倉夫一城之内既有兵備道與一州二衛矣而又有叅將衙門不亦重複乎似宜移劄劉河港口與吳淞楊舍相為犄角各分信地隨處設備則賊不能乘虛而入矣此堡之所當設三也

一劉家河每歲遇春汛時撫按操巡巡歷港口沿海荒茫無公廨駐劄該州每著糧長結蘆蓆廠

搭廳每歲動費銀若干兩此皆出於百姓無辜之費也況遇風雨一應隨侍官軍須立於野中寢食無依須築此堡比照吳淞楊舍事例建造上司衙門及海防官廳而後可此堡之所當設四也

一劉家河之北通茜涇陸公新塘諸鎮而太倉州民之富者多居於此往年倭寇登岸民之富者盡遷入城民之貧者皆為倭寇劫殺若築此堡則附近之民無分貧富無問遠近俱得以全生矣此堡之所當設五也

一劉家河濱海一帶離城甚遠近年以來七浦楊林諸河日漸淤塞舟不能行民間糧米欲輸入城者必假海盤旋而入若遇風潮多致飄没夫民之所重者食也太倉民間之米三分在城七分在野倭寇至此往往擄民負載餽食此正所謂借寇兵而資盜糧也若築此堡民便遷徙不

惟可以積糧而又可以全命實為堅壁清野之計此堡之所當設六也

一劉家河離城七十里本港官兵約有三千員名倘倭寇深入道路不通糧餉一時何能接濟且沙船春汛畢時更番防守其落班之船恐在海販鹽為盜軍火器械追貯州庫遇警不便給發若築此堡每歲春汛時海防官於正月間將應給口糧盡數徵貯汛畢落班則追軍火器械亦

盡數查貯不惟可免疎失之虞而官兵亦無缺食之患此堡之所當設七也

一劉家河口之南逼近牛角尖地乃從古出盜之所也邇者雖蒙臺下殲厥渠魁而徒黨尚存愚嘗訪之近所擒者乃羣盜之所倚庇而畏憚者也渠魁亡雖失其所倚而亦去其所憚得以各自肆恣矣合行區處以杜大患竊照黄窰在港口南三十五里乃嘉定東最險要之地相應設兵

與劉河水陸官兵相夾防禦則外可以禦倭内可以弭盜若劉河無堡則兵不能與黄窰聲應而牛角尖終於無制矣此堡之所當設八也

築堡之證

一照得崑山縣城先於嘉靖十四年巡按衙門設法梵築係各縣犯罪大户長洲沈寧等量准罰贖應死罪者認築若干丈應充軍為民者認築若干丈通計十二餘里未嘗奏請官銀刻期築完不必請旨之明徵也况今倭亂已久嘗經題准鄉邨險要俱許民得自築堡防禦載諸會議平倭事例而劉家河關係全吴財賦重地又值春汛時月若俟請旨不無遲誤似宜臺下與巡按作主或一面題知一面興役未知然否

築堡之費

一照得柘林堡週圍四里劉河堡制似宜倣此以福山堡大二里半週圍五百五十一丈計之則四里之數該八百九十六丈昔崑山縣築城每丈費銀二十五兩以其高二丈五尺故也竊據

鎮江府城其高不過二丈則今劉河堡當亦如之每丈該銀二十兩通計八百九十六丈該銀一萬七千九百二十兩思得現今牛角尖入官田五千畝每畝從輕估之當銀七八錢可變賣銀三千餘兩之數又查劉家河兵餉未關給者尚有七千餘兩若以三千兩給散四千兩改作

築堡屯兵之用二項共該銀七千餘兩可供築
堡將半之費矣撫按衙門若肯准行收贖富戶
犯軍罪者每名築城五十丈即與豁免四府十
八州縣豈無應令者乎是所饒止於八九人而
大工之集其所庇者吾不知其若干人也未知
臺下以為然否

劉河新築城池考

劉河堡在太倉州城東劉家港海口與嘉定縣接境元朱

清張瑄創海運於此而諸蕃奏集為市國初緣此而漕
定遼緣此而使西洋夙為東南巨鎮顧無城堡難於守
禦自成化間都指揮郭鋐創築木城歲久圮廢倭變以
後復為修築終非久遠之計嘉靖四十五年新築磚城
建叅將府及營房水寨募水陸軍兵添設福沙虎船哨
守防禦憲定每歲支軍需銀三兩修葺城垣其圮壞則
取辦太倉州

城

週圍三里高二丈二尺濶三丈四尺

池

深九尺濶五丈二尺

門

陸門三東南西各一水門二東西各一

窩鋪

一十九座自南門至東門凡五東門至西門凡八
西門至南門凡六

周堡外護潮圍塘

高一丈二尺濶四尺憲定歲役軍兵挑土修築

劉河寨兵防考

劉河港元初於河北岸置嘉定州分鎮水軍萬戶府稱
水寨至正十三年又於南北岸各立萬戶府凡三區統
鎮海靖海定海三千戶所國朝罷萬戶府置巡檢司三
每司設弓兵一百名又立烽堠六正統初金山有警巡
撫侍郎周公忱都指揮翁紹宗復議設軍寨分委蘇州

衛指揮一員千戶二員百戶四員領軍五百名海船八艘春秋二季分番備倭又開教場操練如白茆制成化十六年都指揮郭鋐築木城增立廨舍嘉靖二十二年巡按御史舒公汀以廨舍圮廢檄太倉州重構并剏軍房移鎮海衛指揮一員百戶一員軍一百名戍守日久軍房毀廢四十五年創建磚城奏設備倭無理捕盜叅將一員水陸把總各一員千戶五員（正千戶一 副千戶四）百戶十員水營領兵官三員（分左右 中三哨）遊奕哨官一員陸營領兵官四員（分左右前 後四哨）建公署營房專司防禦又移鎮海衛

中千戶所領軍一千名協守

叅將署在南門內撫按題行太倉州建　千戶所營在南門東偏　水陸把總二營俱在南門外　演武教場在東門外　望海樓在南門東城頭　軍器庫軍儲倉在千戶所治內

水營戰船七十二隻舵工七十二名耆民七十二名船兵一千四百四十名聽差划船兵三十三名總練下役兵十三名領兵官下職事三名內左右中三哨各分管船二十四隻兵四百八十名

陸營百長八名哨長二十四名隊長六十四名兵五百五十七名雜流八十五名總練下役兵十四名領兵官下役兵三十六名哨官旗馬十六名內前後左右四營領兵官各分管官兵一百七十六名

守禦軍一千名係鎮海衛中千戶所統領號中營入陸營操練

水營中哨專守劉家河海口譏察海船出入左哨派守川沙港防海南至施翹港一里北至牛角尖十五里東至大海右哨派守七鴉港防海南至劉家河三十里

陸營前左二哨常日本營操練有警聽調右哨分守陸公鎮東至海口五里西至本鎮地十里

北至甘草司界十二里南至茜涇界十八里後
哨分守牛角尖東至海口五十步西至海口六
家行五里南至川沙港三里北至劉家河十里
沿海墪臺十三座上立墪房撥鎮海衛軍守汛
每汛陸路官一員督軍七十八名分上下二班
瞭守

七鴉港險要圖

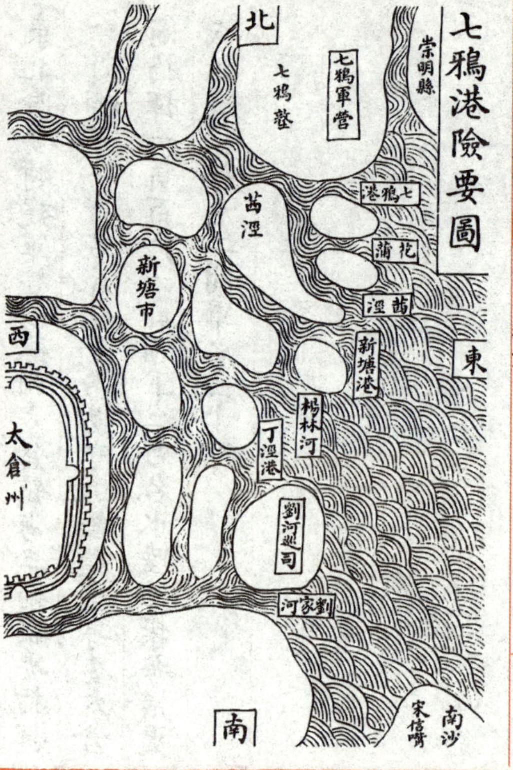

七鴉港險要説

七鴉港西南距州城七十里太倉東北港口莫有險於此者七鴉港自州城北門外東北行至海口長七十里濶八丈有奇與劉家河相伯仲也寇若自新竈沙宋信嘴而來不犯劉家河必犯此港寇一登犯則州之北境其禍慘矣常熟崑山以次而進皆溯流而上不過一日程耳考國初舊制原設旱寨撥蘇州太倉鎮海三衛官各一員督兵輪守近因倭變撫操二院奏設指揮官兵水陸防禦兵備熊公桴創建軍

房四十間使軍有所棲止然無城堡可守非久計也況南離劉家河北離白茆港皆太遠聲援不及寇至孤立株守尤非長策須於南之茜涇北之唐茜涇甘草三巡司所轄團練鄉兵以為羽翼庶氣勢聯絡軍民皆有所藉而設立巡司之意為不孤矣其哨守新竈沙宋信嘴之説已詳見劉家河險要兹不復贅云

七鴉港營兵防考

七鴉港營在七鴉港口國初經畧海防以此地為州城

東北險要特建軍營以蘇州太倉鎮海三衛輪委指揮一員領軍一百名春秋分番防守近經題准專委太倉衛指揮一員百戶一員領軍二百名水陸防禦每歲更代新造官署十二間軍房四十間

奣子鋪東險要圖

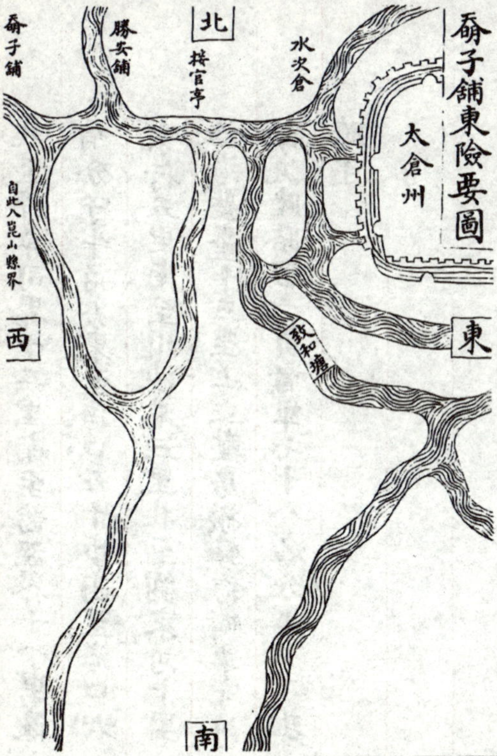

奣子鋪東險要說

奣子鋪在州治西二十里與崑山縣分界自郡城過崑山而東必由此以犯州城須設水陸兵一枝於此與崑山守禦兵互為聲勢賊至彼此夾攻賊自不敢長驅入境矣或曰崑山已設兵矣此非贅疣乎曰不然賊入而過之出則驅之境外而已方今之通弊也孰肯躡已去之賊而冒死與戰乎故必設險於此協力而守斯為遠

圖

夏駕浦險要圖

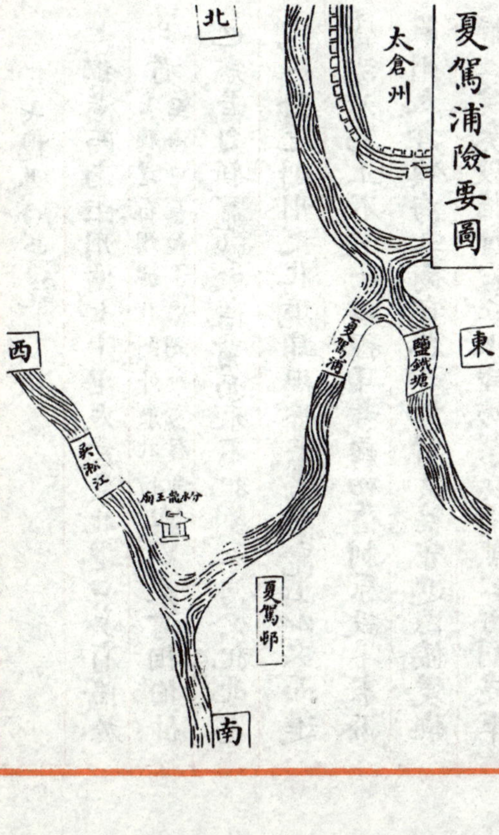

夏駕浦險要說

夏駕浦（夏駕河自赤涇口起至郭澤塘止長二千四百五十餘丈濶七丈有奇）東北通婁江西南通吳淞江若賊自松江沿吳淞江而來必由此以犯州治之南關嘉靖三十三年松江之賊嘗自此而來焚劫南關東出劉家河口而去蓋避吳淞江口兵船之阻而崑山則反入西北不若此徑之直捷也今宜設官兵一枝於此戍守然設險須於夏駕浦西盡入江之處如茱葭浜龍王廟等處乃為要害若以其地非州境所轄棄而不守則誤矣蓋此地雖屬崑山縣境而蒙災受禍則獨切太倉故也

塗松險要圖

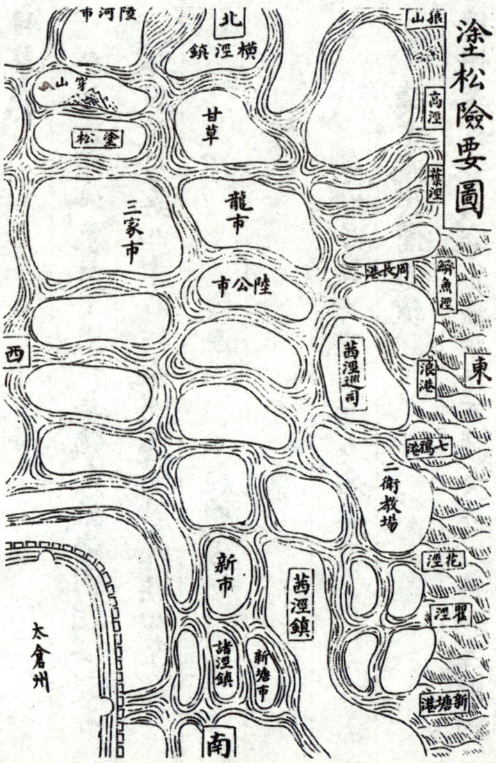

塗松險要說

塗松（塗松本古鎮宋元豐間改為市）在州治東北三十五里西接沙頭東連龍市東北為橫涇甘草西南為七鴉茜涇水陸交會之地也宋元間頗繁盛偽吳張士誠嘗築城（盛彧詩有蒺藜幾處荒城秋之之句指此）營兵於此（名義兵營今遺址猶在）以備海寇甚得長策後以其地不當賊衝不復議設殊不知沿海諸鎮雖有巡司寨堡然相去遼絕必設重兵一枝於此屯戍為諸鎮聲援且當東北白茆等處賊衝然後得禦寇之宜而賊不敢肆志矣

太倉州巡司 弓兵烽堠附

茜涇巡司

在太倉州城東北四十五里湖川鄉即宋楊林寨太祖吳元年改令名設弓兵四十名往來巡邏所屬烽堠五座

七浦塘　花浦口　謝家灣

楊林塘　大敔口

每堠另設瞭守弓兵五名

唐茜涇巡司

在太倉州城東北五十四里新安鄉即崑山鎮巡檢司國朝洪武七年改令名成化中遷東花浦口設弓兵四十名往來巡邏所屬烽堠十二座

目字圩　向字圩　露字圩

新字圩　職字圩　空字圩

風塘　上杜　寒字圩

同字圩　吳字圩　李字圩

每堠另設瞭守弓兵五名

劉家港巡司

在太倉州城東七十里劉家港口瀕海國朝洪武七年設巡檢張于建署設弓兵四十名往來巡邏所屬烽堠六座

楊家橋　薛市門　小錢門

二十三都　二十五都　二十六都

每堠另設瞭守弓兵五名

甘草巡司

在太倉州城東七十里甘草鎮東抵海國朝洪武七年設設弓兵四十名往來巡邏所屬烽堠四座

黃濱　錢涇　鹿鳴涇

雙鳴

每堠另設瞭守弓兵五名

請重建兵備道疏 代

臣惟春秋之義家不藏甲行不挾矢所以戒私逞昭國

憲也乃兹强詩羣醜盛列兵仗横行白晝大芟閒觸法抵禁居然無忌其寘頑桀驁之氣將安所不至哉乘時撲滅罪在罔赦臣恐除惡務本之道不在是也臣吳人也長育兹土聞見具審臣敢縷陳其詳夫長江東注宗腙巨海水尾閭固盜叢窟也沙渚剛鹵不可以耕風濤出没獨擅長技此其民驅之善則難縱之惡則性然耳然臣遡往昔自弘治以上未聞江海寇警若是烈也兹以還則浸多事比某某等各以巨盜蝟集盈千張熾剽

掠吏什迭起瀕江沿海蘗業亡命罔所告訴者亦屢矣近復以某某二姓仇殺殃及士民撫巡討伏首惡靖滅可俟而餘孽滋蔓肆行方張先後守土諸臣寡所長慮專務姑息圖倖近功譬諸養癰成疽厭棄鍼艾朐背之患憂方大耳臣嘗得諸里巷傳議僉謂祖宗之時額建太倉鎮海二衛備倭截港特設兵備憲司住劄太倉以專控禦上下嚴督兵民震慴即有小警不旋時銷格自弘治十年巡撫右副都御史朱瑄疏建州治添設州牧

等員而憲司寢革自兹法日隳民日病蓋將不勝其害是何也州牧之與衛吏位相軋法不相束則其勢必玩監司憲職不過歲一再至積弱之弊遂不可服近奉明旨令南京内外守備議處擬以撫按巡江等官輪署終歲事涉張皇竟寡實效顧此武弁不慎名檢罔畏官刑徒恣谿壑潛為亂階給捕帖為盜鄉導者官戍也誘指稱為盜間諜者亦官戍也上下冒蔽俗成比周而監禦之坊决矣夫國家貢賦總逋淮運不踰四百萬石蘇州

一郡歲賦二百餘萬已當天下過半是固皇上股肱郡邇乃羣寇聲言借運此其競欲緣奸意且不測是歲亢旱經時千里枯槁歲歉民窮尤可顧慮經國計者所當過計而善反之吏不可漫焉爾矣臣聞漢臣賈誼曰琴瑟不調必解而更張之乃可鼓也江洋之患若非亟賜興革臣恐東南之患方屋聖慮臣愚冀得皇上勑下該部查照祖宗舊制先行沿設兵備副使一員領勑專守地方嚴束官戍無理屯田水利鹽法其諸貪殘無耻慣

通海盜等官以漸更調懲誡用消禍萌其海上販鹽造
船等弊聽因勢設策禁於未然庶幾職有專守事非遙制
上畏官刑下憚法網弭盜之患恐無踰此
太倉州倭患事蹟
洪武七年甲寅
八月倭寇海濱
命靖海侯吳禎率沿海各衛兵出捕至琉球大洋
獲倭人船送京師

永樂二年甲申
四月對馬岐倭寇海濱
賊掠浙江穿山而來轉掠沿海上命太監鄭和暨
王景弘侯獻等率師二萬八千有奇海船二百八
艘齎勅諭其國王源道義源道義出師獲渠魁以
獻
永樂十四年丙申
倭寇海濱

嘉靖三十一年壬子
七月倭船至七鴉港
時海上報倭船一在吳淞所一在七鴉港一在崇
明沙人不滿百饑且困在七鴉者為居民楊氏所
執凡十餘人
三十二年癸丑
閏三月賊至劉家河官兵擊却之
賊入劉家河揚帆而西守備解明道與六合知縣

董邦政率兵迎擊賊遂往吳淞江口
賊首鄧文俊林碧川沈南山等分掠州境
四月賊首蕭顯突至城下焚刼搡江都御史蔡公克
廉親督官軍禦却之以鄞人蔡時宜陳可願為幕客
州人疑之併及蔡公公如蘇城
太倉雖濱海久無兵燹是月初九日歘有賊船十
五隻突至劉家河兵備副使吳公相遣兵逐之生
擒阿智等八人斬首八級賊遁去於是人始知其

為倭寇也操江都御史蔡公克廉駐節蘇城聞警
報亟至州戒戎備十三日賊首蕭顯等二百餘人
又突至城下焚刼自南門至西門民舍官倉俱為
煨燼公發官軍出城皆望敵而走莫敢戰公躬自
登城命軍士以火器飛礮擊殺三十餘賊賊乃去
公見賊勢洶湧恐受圍孤城不克有濟欲如蘇郡
官屬皆留之公荅曰我非州守也各郡安危皆我
之責若匏繫於此孰與撫廵會議興兵乎遂行時

有蔡時宜陳可願者善談兵通政司參議張公寰
托檢校衣本立薦於公公與語悅之置諸記室然
二人實無奇識惟主堅守之議耳士民疑為奸細
謂鄞人素通番二人皆鄞人也而操院用之殆不
可測適王直之黨潛入城為内應為有司所執衆
益疑二人為賊黨二人懼隨公出城州人共毆之
幾斃拘囚拷鞫坐獄三年然後白可願後歸鄞立
功之志愈銳捧監司檄充副使與蔣洲同使日本
王直之就擒實可願等游説之所致云

操江都御史蔡公克廉遣蘇州府同知任環帥民兵擊賊

先是蔡公克廉在太倉城中見賊勢猖獗不遑奏
請不敢擅動官軍檄本府同知任環選各縣民兵
三百人應之環握符崑山家屬俱在郡城見檄即
行人皆危之或諷環回郡敘别環弗應惟以書戒
其子曰我仗國威東行討賊賊衆我寡萬一不支
臣死忠子死孝妻死節只要各成一個是而已矣

無我憂也環自慮不能生還周身書名以便尋尸
見者無不感泣至太倉賊將圍城煙焰四起蔡公
急召環入環曰兵存與存兵亡與亡將之道也兵
在外而我自入城可乎入則俱入不然與我援兵
我當自戰耳蔡公遂如蘇城而以殄寇屬環環雖
敢任而選帶勇夫罔閑武藝且無援勢孤賊衝至
皆不戰而走環鐵衣單騎帶月獨馳賊疑有伏不

之犯順之兵士尋之皆還集環謂之曰我領朝廷
勅命義不與賊俱生不可遇難而避若等不教之
民原非軍伍覆没則可憐逃生則無罪奚必戀我
而徒死乎人人拜泣而謝常有數十人跬步不離
環草棲露宿夜不解甲兵士愁苦不能寐環與談
古今忠孝之事達旦不倦病瘡痍者則調護之慰
藉之隨賊向往枵腹而坐分食而嘗濡雨而行徒
跣而涉與士卒同茹甘苦遇曠野則教以挑持擊
刺之法坐作距躍之方人人感奮時賊横行莫之

敢格目中常接任兵環懼失士而先登士懼失環
而爭進賊深惡環欲殺之一日追急兵士跽而哀
籲賊大呼曰我所欲殺者任環耳可速指任為誰
我則爾貸庖人徐珮應之曰即我是也欲殺則殺
賊遂殺珮而去環收珮屍瘞而奠之先是珮恐賊
覓環以環所乘馬甲胄裝束行野戒左右呼為任
爺身當賊衝置環生路嘗因危迫與環同匿深溝

中賊夜過之不知環嘗被流矢墜馬兵衆舁之而
馳又遇賊水濱掖環過橋斷橋木賊不能及因是
賊知環德感人之深人皆樂於效死弗忍害且憚
之每遇環輒大笑曰任捹命又來矣遠而去之民
有被擄逃歸者述賊疑環屢殺屢存殆天神非人
也不可殺是月積勞公疽發於背撖如盤水粒俱
損猶裹瘡履陣後乃卧太倉西門城堙郡中士民
聞而憂之生員陳恕等呈於各院檄而歸之
五月賊遁出海州判金汝舟千户楊循禮擊敗之
擒斬賊八十有奇

十月賊掠浪港
是月十六日賊三百餘人大船六隻泊浪港登岸
焚掠州城震恐
三十三年甲寅
四月州判金汝舟指揮姜統擊賊於劉家河大敗之
賊首蕭顯自正月復據南沙為官兵擊走至是突

入劉家河統與汝舟率舟師擊敗之斬首一百有奇

賊攻南門

十二日松江之賊由夏駕浦青魚涇突攻南門分一支西北行沿城焚掠

賊犯州城及掠諸邨鎮

十三日賊舟四十餘艘至劉家河口千戶張瀚等帥兵船逐之出洋續至六舟揚帆直抵朝陽門與

松江之賊互為聲援是晚賊舟復大至入劉家河泊南闕分遣其徒往崑山縣凡本州諸鄉鎮泒賊分刼舟有定數地有定界擄民嚮導啖之以財刼之以威故雖窮僻之處無有不知而到者

賊攻東門兵備僉事任公環擊敗之

二十三日毛家市葛隆鎮及諸邨鄉之賊皆會屯於淮雲寺李王廟江家園三處各離城半里伐竹木為攻城之具二十九日賊列於大東門朝陽門一帶吹螺發火器弓矢與城夫對敵別以百人舁梯渡濠僉事任公環躬督士民發飛礮流矢傷殺甚衆又縋敢死士出城力戰賊敗而走遺棄兵械我兵悉毀之時賊眇城為唾手可得及敗䘖攻城之念始弛

五月賊舟出洋官兵追擊之斬獲有差

十二日二大王之黨二千餘人自崑山斜堰至本州直塘鎮由七鴉浦出海十八日各縣之圍皆解

賊舟悉由劉家河出海凡三百餘艘結大䑸而行三日始盡本州同知張魁判官金汝舟千戶田應山楊尚英王應麟等追擊之至寶山下七等洋奪其舟四十隻斬馘三百九十二級二十四日賊自七鴉港出海者一百十舟指揮姜統與金汝舟楊尚英等共追擊之斬首一百五十餘級溺水死者不計

六月賊攻西門蘇州府同知李敏德率官兵擊走之

初一日賊四百餘人屯陸家橋突至南關焚掠初二日攻西門時本府同知李敏德在城率官兵擊之狼兵請與之俱戰於水次倉賊敗而走官兵追擊復大敗之

八月賊假道太倉如蘇城兵備僉事任公環遣官兵禦却之

十四日賊千餘人由江東羅店進薄城下欲犯府治兵備任公環遣官兵拒擊之賊不得進仍由故

道還柘林

三十四年乙卯

正月賊至直塘鎮

倭賊自郡城過崑山至直塘將如雙鳳疑有備遂遁去

六月賊遁出海知州熊桴追擊至登舟沙大敗之

常熟三丈浦之賊為兵備副使任公環所撓遁出海桴與把總楊尚英州判張大倫追至登舟沙圍而攻之賊死無算俘斬一百三十有奇

七月賊舟過劉家河把總劉堂追擊敗之

十五日江北之賊載輜重欲歸日本道經劉家河口堂尾而擊之賊大敗十七日獲其二舟而還

參將盧鏜都指揮王沛敗賊於劉家河

先是賊自王江涇陸涇壩數敗之後勢甚窮促參將盧鏜都指揮王沛時往撓之賊死傷及疾疫者過半乃潛伏巢穴不敢出掠日為遁歸之計已而

為官兵邀擊遂沈舟破釜示無去志然實覘官兵不備之於海而得志也鏜等奉憲檄率舟師預伏海口伺之賊果遁去追敗之於劉家河金山洋悉沈其舟賊溺死無遺

八月七鴉港賊遁出海把總楊尚英等追擊敗之

三十五年丙辰

二月賊入七鴉寇東鄉諸鎮

四月賊掠茜涇等鎮

十三日倭船突至茜涇鎮團長率鄉兵禦之十八日黄窯新塘之賊合艅至茜涇與弓兵鄉民合戰不勝遁走七鴉港少遲賊復至屯錢思橋分其徒作二支一由七浦塘至官場路一往甘草鎮焚劫

十九日知州熊桴遣兵襲其巢賊方出掠聞報還救與官兵戰各無勝敗二十日賊掠横涇鎮勢愈熾

五月賊自茜涇薄州城判官張大倫帥師擊之不克

初三日茜涇之賊掠沙頭鎮而南將至城下大倫督師與戰方酣賊伏兵起我師遂潰賊亦去

六月總兵俞大猷追擊賊於茶山大敗之

初九日七鴉港賊與吳淞之賊相繼遁去大猷督把總劉堂楊尚英等兵船追之移檄福山把總鄧城鎮撫包守正等兵船從東北應援初十日追及於茶山東北深洋四面夾擊賊舟沈者六十餘艘擒斬三百十一名類其餘殘賊皆宵遁是戰也賊溺死海中者以千計而我兵僅傷三人亦一奇勳也

三十八年己未

四月倭船犯劉家港官兵禦却之

初九日倭船突至三丱沙總兵盧鏜與把總楊尚英迎擊敗之已而衝劉家港官兵拒擊之頗有斬獲賊不得入遂遁往三沙

四十四年乙丑

四月賊犯三沙巡按御史温公如璋兵備副使耿公隨卿督副總兵郭成等討平之

賊自三沙受困之後不敢覬覦蘇松越六年人心懈弛將士玩愒兵備副使耿公隨卿與太倉州署印州同蕭奇勲相與憂之耿公周歷沿海申嚴號令稽察將領奇勳則潛募壯士備火藥廣儲蓄為戰守計本月十六日賊舟由大衢山南行者甚衆由羊山西行者七十餘艘蓋欲犯蘇松也適捕黄

魚船數百艘在洋協力與戰賊懼而去零賊六舟突犯三沙下脚耿公檄副總兵郭成条將田應山都司邵應奎等往擊之而自與蘇州府海防同知劉一麟出劉家河督戰將士不能規避賊見官兵大集遁往江北江北兵拒之不得逞十八日復回縣後沙川心港郭總兵與邵都司江北田条將大兵三枝困賊於絶地者五日賊勢大促而我兵觀望莫敢擊二十三日颶風大作福蒼八槳等船久

不修艙破散飄溺兵得上岸者賊輒殺之莫紀其數舵工捕盗火器資糧皆為賊有識者恨之二十四日兵備道新調兵又集賊遁出洋官兵追之莫及是夜三沙又到賊舟二隻吳家沙新竈沙響沙皆有賊馬先是巡撫都御史周公如斗以迎護景藩喪往安慶府飛報不能即及巡按御史温公如璋在宜興縣星夜馳詣太倉謂諸將曰賊至浹旬若曹不能立尺寸功而更損舟師罪在罔赦若三

日不破賊必以失機奏聞諸將懼請效死戰公乃取兵備道兵及州同知蕭奇勳所募兵往三沙助戰而以指揮朱先武昌祖為莅陣官耿公又遣条將田應山等策應之大兵既集火器資糧皆稱竭乃將士規避故習也蕭同知以其平日所備應之隨取隨足未嘗踰時將士無以藉口温公遣火牌督戰甚峻蕭同知解懸賞銀二千兩亦至人心大恍二十六日諸將奮力與賊戰於三沙賊敗走縣

後沙官兵追擊之沈其舟一艘賊登陸為官兵擒斬十八名顛墮海死者不與焉遺賊一舟遁往高家嘴總兵郭成先以陸兵列沙灘左右而以舟師逼賊且火其舟賊不得已登陸則前所遺陸兵與兵備道兵蕭同知兵四面夾擊賊大敗生擒三十七名斬首七十有七餘賊伏叢莽中郭總兵遣通事往諭之賊降者二十人其不肯降者尚伏莽中夜半盗沙船欲遁沙兵覺之殪於海中又二十餘

人是戰也總兵郭成叅将田應山都司卲應奎之功固多而陷陣先登則兵備道及蕭同知兵之功尤不可誣因温耿二公威令禁搶首級故苗兵得攘之為已功云

五月官兵擊賊於三沙外洋大破之

巡撫都御史周公如斗聞海洋有警自安慶馳至太倉適縣後沙先捷巡按御史温公廵江御史尹公犒将士於本州教場中偵者報洋山殿前山淡

水門賊船一艘且至三公相謂曰方今有事正駕馭将官之時雖例有宴可廢也即遣總兵郭成率将士擊賊成遣都司卲應奎等自三爿沙向東南行而親督把總車梁等從高家嘴東行會合截殺及於三沙東南外洋賊大敗生擒六名斬首十六級死洪濤中者不計二舟皆犂沈賊無孑遺矣先是耆民多倔强與舵工相推諉臨陣規避縱賊當道雖素知莫如之何署印州同知蕭奇勲謂此輩宜

結以恩訪耆民中知兵者優禮之有過恕之臨出海厚犒之耆民感激爭盡死力故得以成功云

按太倉之警非一時文武諸臣相與盡力戰守城幾危矣若捐生不顧轉戰數合至使寇稱之為任挤命者則任兵憲環之樹績尤奇徐珮以一庖人而身代任之死又庶幾與紀信同傳矣

太倉使往日本針路附錄

太倉港口開船用單乙針一更船平每一晝夜分為十更以焚香枝數為

度吴淞江用單乙針及乙夘針一更平寳山到南滙嘴用乙辰針出港口打水六七丈沙泥地是正路三更見茶山茶山下水深十八托自此用坤申及丁未針行三更船直至大小七山灘山在東北邊灘山下水深七八托用單丁針及丁未針三更船至霍山霍山用單午針至西後門西後門用巽已針三更船至茅山茅山用辰已針取廟州門船從門下行過取升羅嶼廟州門水深急流升羅嶼用丁未針經崎頭山出雙嶼港升羅崎頭

俱可泊船崎頭水深九托雙嶼港用丙午針三更船至
孝順洋及亂礁洋雙嶼港口水流急孝順洋水深十三
托泥地亂礁洋水深八九托取九山以行九山西邊有
礁須知防慎九山用單夘針二十七更過洋至日本港
口打水七八托泥地南邊泊船

明初太倉至北京海運故道附錄

太倉劉家港口開船出崇明平安沙小洪放洋東北行
經白棘沙綠苔沙入管家洪直北至海門縣界呂四場

轉東過鐐角嘴是橫上再北過胡椒沙是大橫多陰沙
宜勤點水所謂長灘也望白水洋東北行見官綠水一
日見黑綠水正北行兩日夜是黑水洋又兩日夜見北
洋綠水又一日夜正北望顯神山半日見成山如在黑
水洋正北帶東行量日朗不見成山黑水多必低了望
見升羅嶼西有磯如筆架即復回望北帶西行一日夜
見成山如在北洋綠水見延真島西北望山尖是九峰
山西南洋有北茶山白峰頭石礁橫百餘里激浪如雪
即開帆望東北行半日見成山成山頭絕險自放洋入
黑水夾延真白峰頭轉成山所謂萬里波濤也若約畧
程次隨路趨避則自劉家港起經崇明過鐐角嘴至大
河營約程三百餘里中有大安沙縣後沙各沙嘴淺灘
宜避自大河營經胡椒沙黃沙洋酣沙奔茶場呂家堡
闘龍江淮河口至鶯遊山約程六百餘里中有黃沙洋
一路陰沙闘龍江險潮宜避自鶯遊山東北遠望瑯琊
山至齋堂島約四百餘里中有石柏瀾胡家瀾曲伏桃

花瀾宜避自齋堂島正東縣膠州靈山島東北遠望勞
山前投福島約二百餘里中有靈島鼓樓圈唐島驢鳴
嘴董家灣捉馬嘴宜避自福島東避老君山望田橫島
約百五十里自田橫島縣青黃島遠望槎山前投延真
島約四百餘里中有劉家嶺及島中三孤石宜避自延
真島稍放洋轉杵島嘴北過成山頭西北望威海山前
投劉公島約二百四十里中有黑石島餓狼鵰石成山
頭殿東頭宜避自劉公島西北避黃家嘴又西避靖子

島小杵島遠望芝罘島約二百餘里自芝罘島過龍洞直西望長山島西投沙門島約一百八十餘里中有龍洞嘴灣子口抹直口金礁嘴新河海口觀音嘴石長沙嘴石宜避自沙門島西南遠望三山島約二百餘里中有大石瀾羊瀾礁石宜避自三山島過芙蓉島直西投大清河約四百里中有虎頭崖東北碎石海倉口椿米閘石宜避自大清河百六十里至大備河二百餘里至大沽河進直沽　回程自直沽開洋望東拋南一字行

使一日夜見半邊山便見沙門島若挑南字多必是萊州三山便挑東北行使半日便見沙門島若挑北字多必見碗磯山往南收登州衛北沙門島開船東風山嘴有淺可拘中望東行使好風一日夜到劉島收入宮前劉島開洋望東挑北一字轉成山嘴望正南行使好風一日夜見綠水好風一日夜見黑水好風一日夜便見南洋綠水好風兩日一夜見白水望南挑西一字行使好風一日點竿累戳二丈漸漸減作一丈五尺水下有亂

泥沙約一二尺深便是長灘漸漸挑西收洪如水竿戳著硬沙即不是長沙地便復回望大東行使見綠水望東行使到白水尋長沙收三沙洪如收不得洪即望東南行使日間看水黃綠水浪花如茶末水夜間看浪潑如大星多即是茶山若船稍坐茶山往西南一字好風半潮北見崇明沙南見青浦墊沿岍劉家港如在黑水洋正南挑西多必是高誤前有陰沙半洋沙嚮沙攔頭沙即是瞭角嘴北便復回往正東行使看水色風汛收

三沙洪如風不便收不得洪即挑東南行使看水色收寶山如在黑水大洋挑東多必是低誤可見隅界大山一座使望正西挑南一字行使好風一日夜便見茶山如不見隅界山又不見茶山見黑綠水多便望正西行使必見石龍山孤礁山復回望西南行使見茶山收洪後住

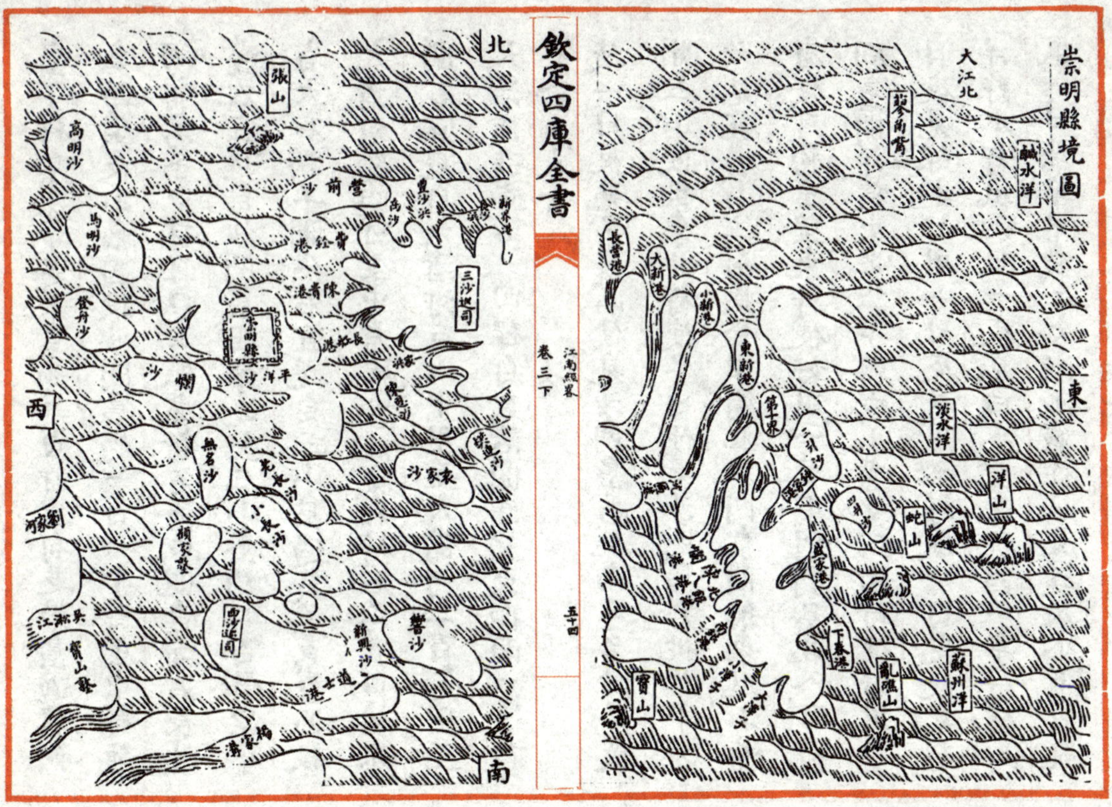

崇明縣境圖

崇明縣總論

崇明新縣乃古之平洋沙也孤懸海中凡江口大小諸沙咸屬焉其地雖名為蘇之屬邑而風氣迥别離府太遠弘治中當道建議領於太倉州錢穀三萬餘石專供本所本縣俸糧軍餉不在綱運之列沙中多豪右一有期會恭順勝於內地但其人性剛而氣猛好勝而輕生平居忻忻頗敦禮義一有所觸即不相忍甚至亡軀破家亦不恤也君子謂其有田横之風故蘇州諸邑惟崇

明之地為最險亦惟崇明之人為最悍邇來島寇不靖一或登岸輒流毒內地若沙兵與之水戰或至而擊其饑疲或去而絶其歸路罔不殄滅但緣向來賞罰不明致相解體而貪婪鼠輩因公濟私縱其饑入邀其飽出焉耳如愚見須委本州縣廉正官為士民素所欽服者親臨各沙籍其丁壯編為土兵仍令各兵舉信實能幹者民為之統領申明進生退死之條嚴立縱饑擊飽之律優其禮遇足其芻糧時其訓練有船者量與顧賃修

理之費無者官為給之使艨艟巨艦千百為艅縱橫海島中則南可以衛嘉興松江之頭顱北可以引通泰二州之肘腋西可以護太倉嘉定之腰腹而伸縢東向控制諸島若發蒙振落爾而又内有新十百戶所為之守城舊十百戶所為之備倭外有三巡司為之哨邏海島闞臨斯亦備矣大抵崇明乃地自為臨人自為伍與内地頗不相侔所貴乎駕馭之者寬嚴並施恩威兼濟無太束縛驟馳使急而至於敗則得矣

崇明縣境考

崇明縣在郡城東三百一十四里海中唐武德元年海門之南騰湧二洲名東西二沙漁樵者土著焉嗣是芟刈墾闢易而為田民乃攸居立鎮西洲以通有無於江北因是屬通州海門縣崇明之名所由始宋天聖二年續漲一沙與東沙接壤而前兩沙之民徙居焉建中靖國初又漲一沙於西北距五十里即今所謂三沙也嘉定十五年更置鹽場號曰天賜場元至元中立為州隸揚州路越七十餘年治之南嚙於海至正十二年壬辰知州程世昌等徙州治於新漲沙北十五里國朝洪武二年改州為縣仍隸揚州府八年改屬蘇州府永樂十八年城復逼於海知縣高居正遷於北新漲十里地名秦家符弘治十年建太倉州縣屬太倉未幾海嚙秦家符嘉靖八年知縣杜畿遷治於三沙馬家墩西南二十九年海復坍逼東北二隅知縣尹徹遷於平洋沙

縣境吴家沙東臨大海登舟沙西近狼山南之斜洪

抵劉家河東南新開河近吴淞江北之浦沙近海門江北疆域彼此界限固不可越而積沙成壤滄桑不恒未可以里至定然東西南北自可約計東至蛇山約二百里西北至狼山約一百里西南至太倉州界約四十里北至海門縣界約一百里

崇明縣城池考

崇明縣城舊在新漲沙北元至正末年創建國朝永樂十八年為海潮所逼遷建於秦家符地方弘治間復嚙

於海嘉靖八年知縣杜鐖遷治三沙三沙地形東西將
四十里南北十餘里控諸沙之上游為一邑之中土縣
城設於其中極為控扼險要緣東近大洋城東北二面
漸為海水所囓傾去其半二十九年知縣尹徹遂遷治
於平洋沙建城西南隅失險甚矣

城

週圍長一千二百九十五丈二尺高一丈八尺厚稱之

池

深一丈餘濶十丈有奇

陸門

四座

水關

惟東南一座

敵樓

四座

窩鋪

二十八座

雉堞

二千六百四十七垛

崇明縣兵防考

崇明守禦千戶所國朝洪武三年立隸中軍都督府領於
鎮海衛原設千戶一員百戶十員統軍一千二百名守禦
城池永樂十四年倭人入寇發鎮江鎮海二衛軍一千一
百二十名以百戶十名統之來禦遂隸本所守城為一千

戶所其舊戍軍兵令習水戰設備倭風船十隻停泊舊縣
東南名曰水寨又為一千戶所俱領於鎮海衛宣德六年
將鎮江鎮海二衛軍發回調蘇州衛軍一千名以百戶十
員領之戍守厥後世平船壞水寨備倭軍亦掣入城守禦
嘉靖中海寇倡亂復調浙江兵四百名領兵官一員協守
三十八年通政司使唐公順之改守禦所為都司題設都
司一員三十九年巡撫都御史翁公大立題改金山叅將
來鎮四十五年以崇明叅將改鎮劉家河以劉河把總來鎮

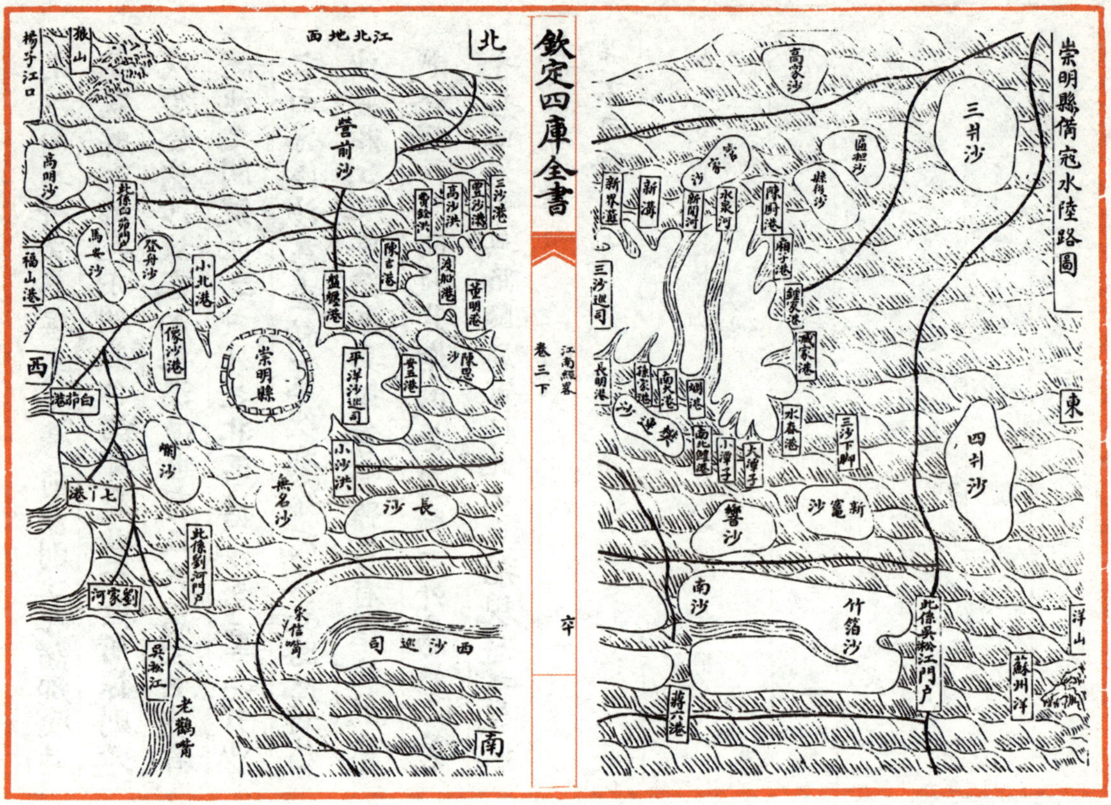

崇明縣海洋路辨

或問崇明諸沙孤懸海中賊舟無不可至其何路之有曰不然舟在海中横行而無阻者惟外海深洋耳其在内海如山東遼陽廣福浙竹勞劍秀之類山根連絡非得其理不可行也况崇明在淮揚之南嘉杭之北雖無山島而陰沙暗壍往往延亘數十里糾纏錯雜舟若觸之則膠淺閣漏之患詎能免乎故倭船内犯必由洋山分䑸坤庚針則經竹箔沙以入吴淞江辛酉針則歷三

沙下脚新竈沙宋信嘴北以入劉河七鴉或過吴淞江而不能入也則宋信嘴之南亦可以竟達於劉河也竹箔沙之内高家嘴之外沿海而西北者謂之楊家路海船得此方能展舒自七鴉而北則江南之常鎮江北之淮揚無不可之矣或自竹箔沙而得東北風則轉而為坤未針青邨南滙金山㑹其禍也或乘輕舸由哨馬緉鞋之類而來則自三爿沙以西或出扁擔沙之南而犯三沙或出扁擔沙之北而犯平洋沙營前沙犯平洋沙

則江南三郡受其害矣犯營前沙則江北諸郡受其
矣寇艅之歸也亦然若自諸郡戰敗而無所掠則必
洩忿於諸沙故寇舶之進退也有五路焉三爿沙者
諸沙之關鍵也三爿沙之北區㨿沙為重三爿沙
之南縣後沙為重新竈沙劉家河之要路也竹箔
沙吴淞江之要路也兵船會哨雖各有信地然禦
賊於門戶之間孰若禦賊於籓籬之外為第一義
乎若曰海中無路隨處可行此正兵船規避之說也
是不可聽

三爿沙險要圖

三爿沙險要說

三爿沙在縣治東北孤立海中四望無際島寇從東北大
洋而來必經此沙蓋浙直二省之咽喉也賊若南行則浙
之寧紹台温直之蘇松無所不通矣西行則本縣三沙
平洋沙常熟福山許浦江南之常鎮江北之淮揚惟其所
之豈直一邑利害之所關哉舊說謂各沙之門戶亦見之
小矣必設重兵防守而各沙兵船以之為會哨之地賊
至則極力截殺互相策應遏賊上游此其第一關鎖也

新竈沙險要圖

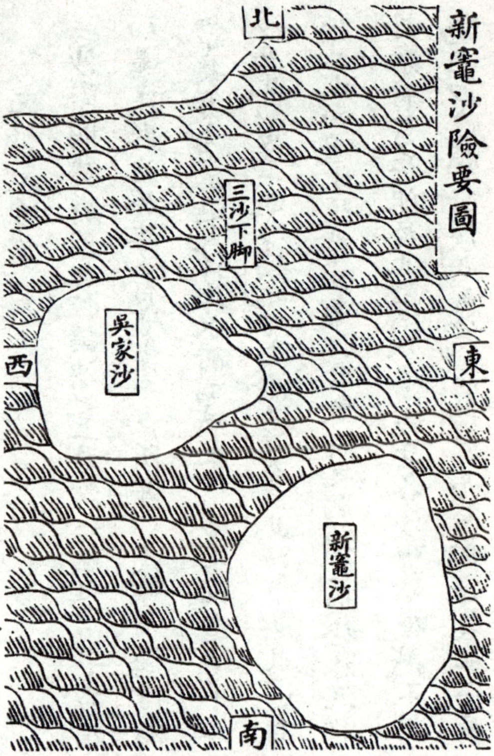

新竈沙險要說

新竈沙在三沙東南竹箔沙東北其東即無際大洋也三沙下脚為各沙門戸新竈沙實逼近之自此而西則宋信嘴在焉葢不由竹箔沙而徑可達劉家河亦一間道也第此處沙塗暗伏非熟知之人不能行故島寇大䑸不敢直擣然在我不可謂非險要而棄之况逼近三沙此尤當慎

竹箔沙險要圖

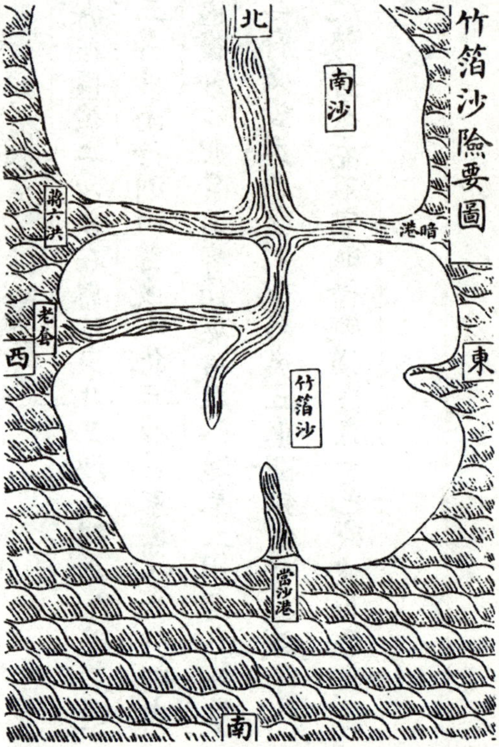

竹箔沙險要說

竹箔沙在縣治東南七十餘里乃南沙之南盡處也外為無際大洋南與高家嘴相對為内海之南門賊自洋山而來欲入吳淞江等處此沙正當轉屈之間賊舟過此然後由楊家路沿海而北吳淞江首受其衝以次而及劉河等處必設重兵於此與三爿沙宋信嘴兵船會哨互為犄角若賊至此則竹箔兵船為主而新竈兵船從北應之吳淞江兵船從南應之必使賊不得過此則内地可高枕而卧矣

三沙險要圖

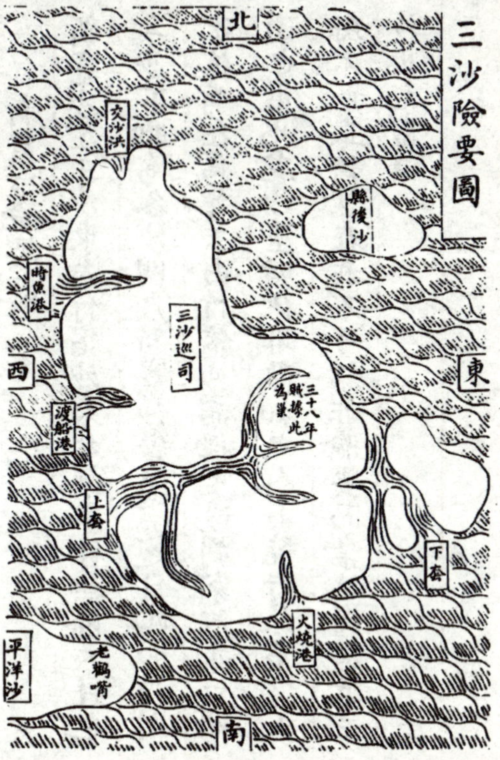

欽定四庫全書　江南經畧　卷三下

三沙險要說

三沙崇明舊縣治也控諸沙之上游為一邑之中土嘉靖初遷建縣治於此又有守禦千戶所俾兵民雜守極得備禦長策因東近大洋海水衝嚙城東北易圮遂遷治平洋沙而此沙僅一巡司領之吁失險甚矣蓋此沙下脚北通狼福二山南通宋信嘴江南江北數郡之關鎖也須於春汛時月叅將督兵船於此駐泊分遣遊兵各沙會哨使賊不得過此以達營前沙庶幾大江無虞而南都安若泰山矣

縣後匾擔二沙險要圖

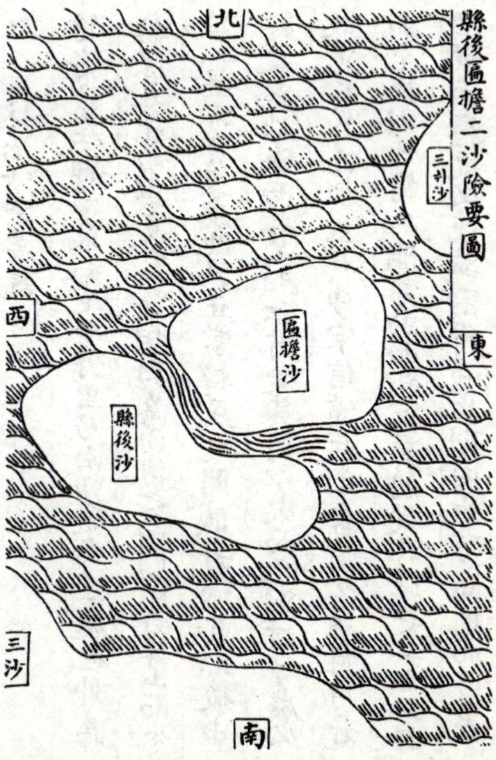

欽定四庫全書　江南經畧　卷三下

縣後匾擔二沙險要說

縣後匾擔二沙俱在縣治東北三沙之門戶也賊若過三爿沙南行則由縣後以犯三沙吴家等沙北行則由匾擔沙以犯營前等沙然後北入通泰二州南入蘇常二府必設兵船守之以為第二重關鎖猶可遏賊深入之勢若棄而不守賊得縱横豈直一邑殘破而已哉

南沙險要圖

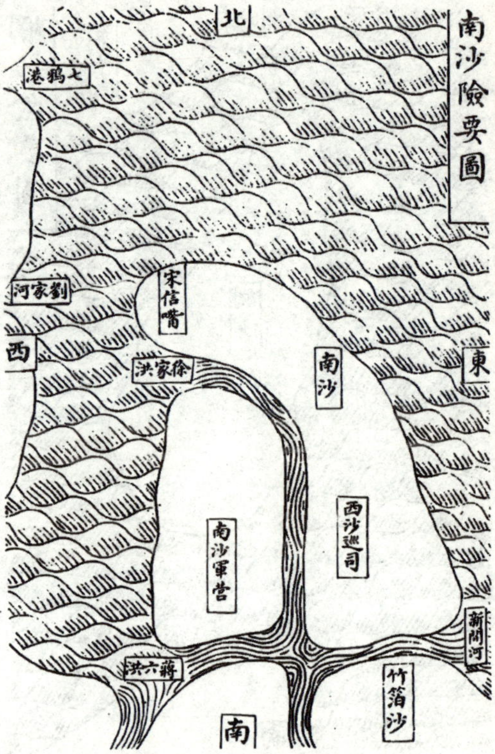

南沙險要說

南沙在縣治南七十里與竹箔沙連壤即西沙也其西北盡處為宋信嘴與劉家河相對島寇自竹箔沙而西則吳淞江兵船所截不得入必自此而北至宋信嘴其南北二洪必由之道也若設重兵一枝屯守於此與吳淞江劉家河之兵相為犄角若賊至此則南沙兵船為主而吳淞江兵船從南應之劉家河兵船從北應之賊豈能直擣乎不然劉家河受其禍七鴉白茆以次而及矣

南沙營兵防考

南沙軍營嘉靖十九年因秦璠王艮之亂巡撫都御史夏公邦謨奏置每歲春秋二汛分番防禦春則太倉衛委指揮一員千戶一員百戶一員領軍八十名往戍至秋更代秋則鎮海衛委指揮一員千戶一員百戶一員領軍八十名往戍至春更代竊謂兵力単弱亟宜添設重兵與吳淞劉河相為犄角者也

營前沙險要圖

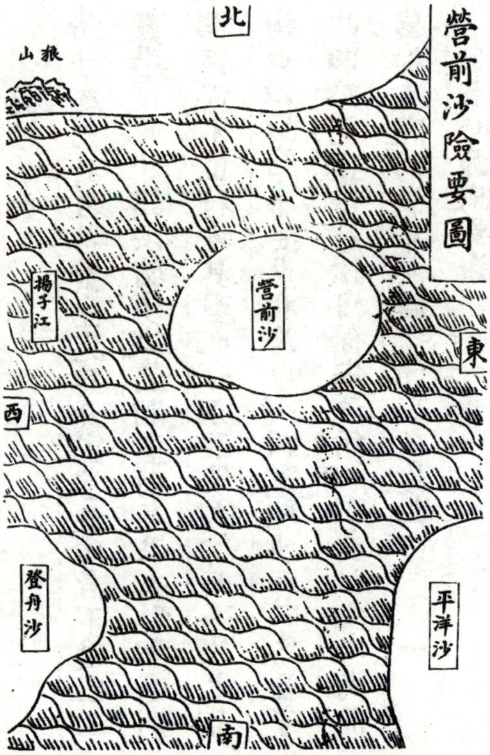

營前沙險要説

營前沙在縣治之北為大江入海之砥柱賊舟若過此而西則江北淮揚江南常鎮諸郡任其衝突矣必於此多設兵船與狼山福山互為聲援賊始不能長驅入江也

爛沙險要圖

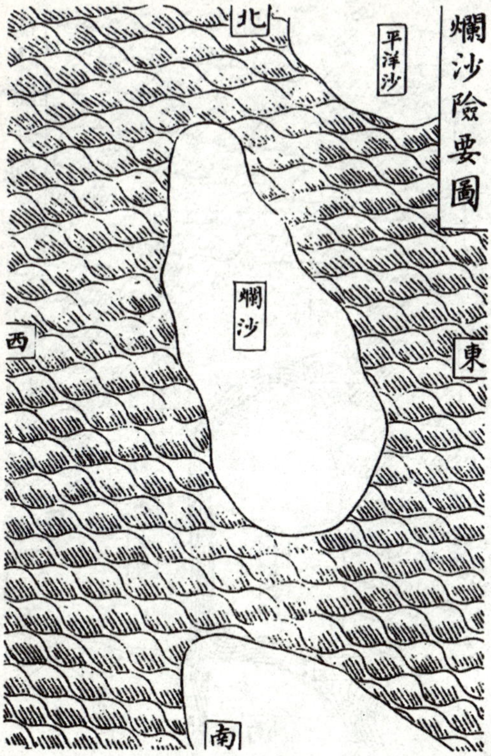

諸沙總論

諸沙紛列其名甚繁而究其要害當設險者不過已上數洪而已此外諸洪㴽沙伏塗潮壅則有洪之形潮退則閣淺而不能行方其壅也舟亦不能大艅而過故東南海口以竹箔為要東北海口以新竈爛沙三片為要守此四路則豈惟蘇松可保安哉所以固長江之上游而留都陵寢萬億年無疆之休亦在是也

崇明縣險要論

崇明孤懸海中四面受敵隨處可登其港口十餘如錢打紙盤船洪之類賊舟無處不可收入而青龍港直通縣城之内尤為緊要皆險之當設者也但崇明險要與他邑不同他邑或在邊疆或在腹裏江湖山鎮相犄憑藉為寨為屯一時可以據守崇明則茫茫大洋諸沙環列賊若登據一沙則其衝突之勢縣城為之岌岌矣況可俟其薄縣治而後制之乎故須以本所官軍本縣民兵二三千人專守城池與本邑港口而各沙則以耆民

兵船分屯互哨相為聲援賊來則拒之勿容停泊賊去則追之無分彼已則凡環列諸沙賊皆難犯而況於縣治復何虞乎若曾聞寇舶之來東南必由乎竹箔沙東北必由乎區擔沙正東必由乎三沙下脚兹三者皆在諸沙之外乃崇明之外户也三處哨船往來不絶則賊之踪蹟可知而為備不難矣若捨是而泛備乎諸沙則猶扃鑰不嚴而縱賊内入拒之於堂奥也可乎哉故平洋設備不如諸沙之善諸沙設備不如三者之善或問

寇性狡悍豈沙民之所能敵乎曰否海中之洲有山者謂之島無山者謂之沙沙島之名雖殊其為海處一也深淵巨濤閲歷出没島人能之沙民亦能之迎潮戧風低昂傾側島人能之沙民亦能之火攻石擊進退衝犂島人能之沙民亦能之危礁暗礫練達翅避島人能之沙民亦能之更船針路候望推測島人能之沙民亦能之風飡露宿服習忍耐島人能之沙民亦能之殺人于貨狡猾狠頑島人能之沙民亦能之弗闗原野弗交短

兵而但相與角智力決雌雄於煙波浩渺之鄉沙民何歉於島人哉所貴者用之有道馭之有方得其心斯得其力得其力斯得其效矣

崇明縣巡司（弓兵烽堠附）

西沙巡司

在崇明縣治西八十里西沙國朝洪武初建設弓兵四十名往來巡邏所屬烽堠十三座

南沙　薛家港　第五港

第八港　第九港　界溝港

水洪港　道堂港　陳子中港

秦墳港　川洪港　石家濱

第三小桐板

每堠另設瞭守弓兵五名

三沙巡司

在崇明縣治北五十里三沙（即舊縣治）國朝洪武初建設弓兵四十名往來巡邏所屬烽堠七座

長敀　徐公濱　青水濱
北新河　新港　北白滑
浰澳
平洋沙巡司
在崇明縣平洋沙即今縣治國朝洪武初建嘉靖二十九年遷縣築城於此巡司署在東城外設弓兵四十名
往來巡邏所屬烽堠十座
下樁港　東滑　鍾家宊

出水套　鮿港　水竇港
南大港　陳八港　沈婆港
潭子港
每堠另設瞭守弓兵五名
又沿海烽堠七座
上港　南海　會姚港
張家港　下界泙港　大套
青潭港

每堠另設瞭守弓兵五名
崇明縣倭患事蹟
洪武二年己酉
二月倭犯海濱指揮翁德擊敗之
時倭賊出没海島中數肆侵擾殺掠居民刼奪貨財沿海之地皆患之太倉衛指揮僉事翁德督舟師出海捕之遇於海門之上帮麾兵衝擊多所殺溺生擒數百人并得舟械以聞陞本衛指揮副使

仍命往捕餘寇德再往倭懼不敢出沿海遂寧
三年庚戌
七月倭掠縣境
舊縣治也即今之三沙倭寇剽掠民財殆盡
七年甲寅
八月倭犯海濱
永樂二年甲申
四月對馬岐倭寇海濱

十四年丙申

五月賊陷縣城

十二日倭寇突犯縣治城陷入之殺擄官民三百餘人事聞發鎮江鎮海二衛百戶十員率軍一千餘名禦擊之寇平遂隸崇明守禦所守城其舊戍官軍發入水寨自是賊無至境者

嘉靖三十一年壬子

七月倭船泊縣境

時有倭舶飄至崇明沙饑且困剽掠海濱有巡檢紿之曰棄爾兵則與爾船賊投刀海中擒獲二十餘人自言船主龔十八與倭通販飄入朝鮮界朝鮮人襲之死戰脫風便七日至此本非為寇已而知官兵易走乃有輕中國之意

三十二年癸丑

閏三月賊首鄧文俊等分掠縣境

四月賊犯南沙

耆民施珽禦戰死之

七月賊據南沙

賊首蕭顯與孫二等既陷上海縣由吳淞江出洋官軍阻截之不得歸率五百餘人登南沙據之官軍焚其舟時七月初七日也巡江御史周公承學調儀真守備解明道蘇州府同知任環率兵船征之方布陣欲戰而新倭大至遂歸守要害南沙積粟素多悉為賊有官軍不能困矣

十二月副總兵湯克寬討賊於南沙敗績

克寬奉命討賊賊首蕭顯偵知之招集各沙新賊以待克寬帥邳兵渡海時府同知任環將沙耆民兵於海濱謂克寬為前總兵慶子家世將兵必善射以所部耆民兵無屬之克寬渺視蕭顯不足敵猝發兵抵沙岓天未明竟進蕭顯多智預於沙岓設伏俟湯兵半至伏起湯兵大驚前後不相顧潰亂而敗死者千餘人克寬收兵還環大悔之自率

者民兵與賊相持者民心素歸環樂於效死凡賊舉動機智環皆覘知而預備之蕭顯懼甚欲走而不可得

三十三年甲寅

正月賊遁走如嘉定

先是除夕府同知任環歸郡朝賀而委耆民督兵守賊兵飲節酒防守稍懈蕭顯乘間出奔往嘉定施家港登刦

賊復據南沙叅將解明道擊走之

二十一日南沙復到賊船二隻收泊野茅港二十二日明道帥師擊之斬獲過半餘賊遂悉遁而去

四月賊掠諸沙

初十日倭賊數百人登泊舊縣水竇港殺掠甚慘而匾擔沙三爿沙營前沙響沙長沙南沙諸處皆有賊登泊焚掠南沙尤衆

三十四年乙卯

正月賊陷崇明縣知縣唐一岑力戰死之賊旋就滅

一岑素忠勇善鬬初三日舊縣水竇港之賊數攻城輒為一岑所擊敗初七日城有崩摧者賊乘夜襲之遂陷一岑率衆巷戰手殺十餘賊身被數刃猶力戰不已賊大敗逃去一岑傷重而死居二日賊復入縣城據之諸耆民相與謀曰唐父母為城而死而復容賊留城中我輩之羞也不殺賊何以報唐父母於是相與戮力死鬬賊二百餘人無一

得生還者

三月兵備僉事任公環叅將解明道敗賊於南沙

斬首一百餘級

四月賊攻縣城

十七日賊登平洋沙二十一日攻東門甚急署縣事太倉州同張魁千戶陳袍等悉力禦之賊乃退去

五月賊再掠諸沙

初二日江北之賊浮海而歸過山前沙遇新至賊
復合艅登岍焚刼初五日賊焚南沙火光焰天初
八日三沙營前沙竹箔沙三爿沙雙明沙諸處俱
被賊無何三沙之賊復登平洋諸沙焚刼自是厥
後民廬煨燼所存無幾矣
六月三爿沙賊遁出海洋兵備副使任公環總兵俞
大猷追擊敗之
賊奪民船出海環與大猷引舟師追擊於馬蹟山

大破之擒獲倭酋灘捨賣及賊五十七人斬首九
十三級
三十六年丁巳
二月賊掠營前沙蘇州府同知熊桴禦却之
時桴提兵來守縣城聞報亟馳擊之賊乘風夜遁
三十八年己未
四月倭船突至三爿沙劉家港官兵連擊敗之賊屯
三沙

先是兵船悍於出洋潛泊内港賊至多不知偵其
滿載而去則襲以為功翰林唐公順之毘陵人也
免官家食洞燭情偽每慼額歎曰痛哉鄉民横罹
塗炭如臠子肉惜無能弔之者至是言官交薦為
職方主事奉璽書視軍情至吳寀查歴年飛報凡
寇賊登刼地方月日與官兵禦避咸編手鏡買民
船微行至海上各官兵見之大驚公詰之曰朝廷
命吾查究功罪爾曹縱賊殘破郡邑死不可逭衆

譁然辨公曰某賊於某月日登某岍乃某之信地
也不然飛報奚而是汝名乎某嘗戰而不勝恨於
力可恕也某未嘗戰某未嘗策應也案卷可徵爾
何得欺我衆相顧語塞叩首不已公問何以自釋
衆請立功公曰不然我乃督戰官也爾曹但知畏
我臨陣稽考夫豈畏我平日之稽考乎須各具死
罪招由用印而藏之我方貸汝衆從之公施不測
之術或由江隂出江收劉家河收吳淞江或由劉

家河吴淞江出海收許浦收楊舍收鼈子門收定
海驚風怒濤隆冬月黑人不敢行而公獨絡繹於
溟渤中間擒将官之潛泊者治之或以偶避風對
公應之曰我至不知寇至寧知之乎叱左右縛送
軍門諸将號泣而顲公杖之百取其再犯連坐甘
結粘連於招由自是将官兢兢焉常哨海中遥望
風帆輒疑公至整搠齊截不敢懈四月初九日倭
船突至三丬沙總兵盧鏜與把總楊尚英迎擊之

沈其三艘俘斬二百五十餘級既而衝劉家港官
兵拒之頗有斬獲賊不得入歎曰不意中國之嚴
備若此來無益矣且茍延以圖歸乎遂如三沙
兵部職方主事唐公順之與兵備副使熊公桴督總
兵官盧鏜副總兵劉顯等兵大困賊於三沙
總督大司馬胡公宗憲檄兵備副使熊公桴副總
兵劉顯與總兵盧堂協剿三沙之賊時淮揚之寇
未靖亦唐公順之督視地方也唐公與提督都御
史李公遂討賊欵聞三沙之報即趨而南白儀部
伯倫止之曰士論多疑公避難殆南不可公曰江
北賊勢摧敗又已搶船包裹不擒即走矣我之去
江北而走江南乃去易就難非避難也公至太倉
各官兵猶豫不進公曰我兵若不渡海滅賊賊必
渡海衝我内地勢不兩立也乃要提督都御史陳
公錠親征之陳曰公請先往留我治兵餉接濟公
乃督總兵盧鏜等以行密與熊公桴計造木城每

扇高廣七尺四人舁之四人持銃箭二人執刀隨
之連比而進遇蘆葦處先從木櫺中發銃箭驅走
伏賊刀手從城足刈蘆蘆仆踐行而前復發銃箭
如初如是者二十餘里我兵得盡發峅公速命撤
舟以防賊擄且示我兵無歸意以兵分為三枝每
枝千人令二總兵及一条将分領各綴木城為營
晝則擡行夜則據守不數日沙地七十餘里悉為我據賊
之所據僅五里而已然賊多智而猛我兵常怯之沙中大

家又有為賊奸細反揚賊勢恐怖我軍者公督各官
兵逆戰賊浚濠築土垣貫茅竹潛覦我軍至即從竹
筒中發銃箭我軍莫能近公令人舁銅發鑛佛狼
機擊賊賊舞刀而出衆棄火器走公怒欲斬諸裨
將諸裨將曰兵不敢敵非將之罪也公不信親率
諸將履陣兵望敵皆潰棄諸將與公弗顧諸將策
公馬央擁而旋公廵各營諭曰若等不受節制我
知之矣誅之不可勝誅逃之不可勝捕也吾欲處

汝無難編隊為冊更番而調敢有棄頭目走者查
其該隊行令原籍有司追口糧囚家屬梟爾之首
爾能逃乎三軍痛哭訴曰逃非本願見敵褫魄耳
公問其故曰不閑武藝也公曰奚而為兵乎曰向
來官兵不戰罔罪故應募以規檐石之需今欲實
戰不如願已公曰惡是何言也小民出銀豢汝為
捍患耳縱賊殃民屢年我不爾殺方用爾一戰而
猶弗諾乎三軍號泣不已或訴鹹潮蒸熱瘧痢傳

染公曰從征而歿爾之分也爾等茹辛通計不過
三千人若縱汝還則賊亦過海海西各郡縣生靈
並罹鋒鏑彼何幸乎我今但用汝困賊無容賊走
而另請勁兵於總督胡公兵至即換汝矣衆大悅
遂相與戮力困賊沙上賊不得逞

六月提督都御史陳公錠以告病去俟代於丹陽
先是唐公順之敦陳公錠之約過海督戰兵以鄉
官目之弗之畏又勑語督視軍情無生殺權陳公

假以旗牌便宜行事公恃此嚴明號令儼如提督
在陣不虞陳公之上疏稱疾也一得俞旨即還蘇
州旗牌官皆去廵按御史朱公𦵏方丁憂廵江御
史自五月交代未至諸事皆瓦解兵餉不給公莫
知所措移書於陳公曰東南不可無公況三沙正
在緊急用兵之際願少駐以待事寧此不過遲公
十數日還山之樂而東南利害關繫甚大也陳公
弗許或諷公曰爾非守土之官也事既掣肘推脫

擔子何如公曰朝廷原以我為視軍情官假如高坐省城今日移文督江北總兵明日移文督江南兵備此等使乘五十歲外人豈智不及此顧江南無一上司賊千二三百人未有所掠皆如餓虎若登老岓禍不可言故與兵備兩舟經月在海嚴督將士困賊於一坯沙上至於擣巢之舉則我兵素怯須別選精兵伺隙圖之耳吾本愚人只幹愚人事悉出議論不敢計也

七月督視軍情兵部主事唐公順之如杭州屬兵備副使熊公桴督兵困賊賊乘風雨遁之江北

賊勢窮促以沙民屋木造舟為逃竄計我兵餉亦將匱唐公順之曰事急矣賊若渡海而西沿海兵船之人監督賊必登岓如螃蟹散逸不可收拾矣遂以三沙兵屬之兵備熊公桴而自西歸申嚴水陸將士約束馳啟陳公錠議兵食陳公曰我行矣東南事有梅林在君其圖之時天大旱禾苗盡槁公謂陳公曰倭寇之患地方猶有限公為巡撫若不上荒疏而去朝廷不行蠲賦賑貸千里生靈誰與造命請問責安所委陳公然之即日繕疏入告公乃如杭州與總督胡公宗憲計議胡公見而訝之曰三沙告急吾方調兵航海策應君胡然來也公曰勁兵不至賊誰與滅糧餉不繼兵何以生須假我兵食事權方能為役耳胡公如其言公將出定海關而三沙之飛報叙至是月十六日四更風

雨大作賊乘間由北洋遁去次日犯七星港登岓公聞之一面查論將官縱賊之罪一面赴江北剿賊提督都御史李公遂謂公曰君在江南不能滅賊而縱之馳突我今方畧已定早晚滅賊矣君又來撓我事何耶公曰賊至三月不曾流毒江南地方亦不能掠民財皆我力也我乃看人行事之官原無兵柄而焉能罪我哉且朝廷原勅我視軍情江南北皆我責任也而焉能辭我乃相與戮力剿

賊未幾賊平公歸語人曰使江南有一李克齋擒
賊巢如反掌何獨累我煩難若是又曰江南賊雖
走然大受挫凡在三沙者無一生還島夷聞之必
數年不敢近邊時唐公順之力主滅賊一時行役
者多憾之或議其輕出或責其武功不成或謗其
黷貨後因積勞成疾轉官而卒卒後倭果累年不
至蘇松人始知感其恩德云

四十四年乙丑
四月賊犯三沙官兵討平之
詳見太倉倭患事蹟
五月官兵破賊於三沙洋外
詳見太倉倭患事蹟
詳觀崇明倭患則順之唐公之功亦偉矣至於
力贊陳公錠上早疏與千里生靈造命非痌瘝
切身者其孰能之
與唐荊川論三沙戰法

竊惟倭至海邊不得內寇僅據三沙叢爾之地高明之
功雖三尺童子無不舉首加額而感頌之此天地父母
之恩不俟若曾之贅言也沙蘆蔽野賊易潛伏其中我
兵進逼攻殺全賴木城之功此亦非高明之神智不能
及此然而寇未易盡除戰未必盡勝雖曰貫魚續豕必
無可逃而千慮一得之愚不忍緘默敢敬陳之以備採
擇之萬一不自知其是否也

一木城之制但可以為安營使人居宿不可以為行
營使人出戰蓋兵之戰也畏敵如虎何以能使其
不走耶如愚見須用步步為營之法多造皮牌其
制也濶約三尺長約七尺短約三尺五寸用木作
筐縵以生厚牛皮潤以生熟桐油筐之兩傍上下
各釘鈕二付後用撐木一根撐於轉軸之內以便
行持止立之用牌面後披布被一幅中加薄綿以
為鉛錫彈穿皮之防每一長牌間一短牌長以蔽身
短以出械長短相比聯以鐵鈕此器也可以分可

以合可以方可以圓可以多可以寡可以長可以短可以守可以攻行則使人共挑而前與賊對戰賊不能犯而我在營之内有所倚恃且又不能走散如欲止也則隨地坎纍如遇蘆葦木樁可以舉牌而砍如遇陷坑高壘可以相機而過此法似與木城相為表裏倘執事以為可行乞令各屬州縣如式造解似於軍機裨補不小

一皮營之制須量兵數多寡以為大小或千人而合為一圈或幾百人而分為幾圈欲出則四角各開牌一二扇以為門欲歸則擡營從容至木城不患寇賊追逐何便如之是營也若以之攻賊巢幾營相約而進互為應援何火器不可發何弓弩不可施賊雖衝來我無患焉不拘為日久近賊未有不受困者也

一軍營之内須設敵臺瞭高禦遠如今木城架木所為是矣但在皮營活動制須更别如愚見宜做鄞架之制四角立柱四方上下各以横木鑲之高約丈許濶約四尺長約八尺上中下各設鐵銷鋪板一層架之兩頭一頭横鑲踏木幾層令人可躡而上一頭用毛竹片釘滿以為竹城竹城之外蔽以薄絲綿被一幅其行也可以拆而束之其用也可以裝而立之其制悉用鑲笋其在一架雖若褊狹數架相並鐵鈕連之則合成一樓矣皮營之内每角各設一樓以竹城一面向敵竹城之制不宜一

律齊高須一架稍高一架稍低亦如皮牌行營高低之狀高以蔽身低以望敵且以放銃發矢其樓板中層亦須穿孔一箇可放銃矢若夫佛狼機之功用甚大攻巢破壘既有皮營可以隨帶而行不患賊人搶奪但此器非竹樓之所能架須用秤法秤起可也

蘇州府土賊要害

吳縣

鹽盜出没

販鹽出賣大帮而行則為私鹽船謂之鹽

徒賣盡空回遇舟即劫則為落鹽船謂之

盜賊是賊也惟在大水曠野遠城郭處往來

各縣並同

夾浦

在盤門外二十五里官塘東連吴淞江

金雞滄

在葑門東六里東通吴淞江

西界浦

在縣治東四十里北通陽城湖南接吴淞江

雙廟頭

在角直南近陳湖

陽城湖

在縣治東北十餘里

蠡口

出賊就於本處聚劫

五龍橋

在盤門外鮎魚口通太湖

長洲縣

出賊就於本處聚劫

沙湖

在婁門東二十里官塘湖南有誅斬賊盜四

圩素稱出賊淵藪

金雞墩

在虎丘山西此處出賊雖不似沙湖之多然

為患久矣

聚劫

射瀆口

在滸墅南十里官塘

長船灣

在齊門西北通長蕩華蕩諸湖

在齊門北東通陽城湖西通漕湖長蕩

崑山縣

出賊就於本處聚劫

新洋江口

在縣治東門外四五里官塘南通吴淞江

聚劫

新岳廟

在縣治南三十六里大河交汊五條小河交

汊四條通陳湖萬千湖雙洋潭極為空野

三汊港

在縣治東南南通吴淞江北接新洋江水大

雨野

夏駕浦

在縣治東南東北通婁江西南通吴淞江

鹽盜出沒

澱山湖

在縣治東南六十里雄跨三縣界東曰華亭南曰平湖北曰崑山

顧浦口

在縣治東南吴淞江上

白蕩

如湖之狀有大有小皆以白蕩名在五保者三在老鴉窠者一在陳墓者四均之為鹽盜出沒者也

常熟縣

出賊

包港

在大江邊

西洋港

在大江邊

以上二處專出大盜外而揚子江內而五湖各處行劫其影多其根固未易以芟刈

也

聚劫

吴塯

在縣治南與長洲縣交界之處官塘之上此

處鹽盜亦出沒

鹽盜出沒

白茆

在縣治東北境出海之處

華蕩口

在縣治西南

吴江縣

出賊

太湖之濱如因瀆簡邨震澤之類無非出賊淵

藪

聚劫

八斥

在縣治南二十里官塘

火汉港

在王江涇官塘

鹽盜出沒

蘆塘頭

在太湖東北

汾湖

在縣治東四十五里東通三泖北通鶯脰湖

嘉定縣

出賊

牛角尖

在縣治東北近海素出有名大盜未易擒緝

與常熟縣之包港西洋港同

江東

在吴淞江口之南老鸛嘴一帶是也賣鹽之

地

安亭

在縣治西南與崑山縣交界積年荒旱之地

故乡盜

聚劫

黄渡

在縣治西南

太倉州

出賊

在州治東北七十里東臨大洋

甘草

陸河

在州治東北七十里

聚劫

濱海大港民舟乘潮而行百十成羣盜不可劫

小港多不通舟賊無所劫故聚劫之處太倉無

可指

江南經畧卷三下

欽定四庫全書

子部

江南經略卷四上

詳校官內閣中書臣滌溶

臣紀昀覆勘

總校官進士臣程嘉謨

校對官學錄臣常循

謄錄監生臣陸光洛

欽定四庫全書

江南經畧卷四上

明　鄭若曾　撰

松江府屬縣疆界參錯圖

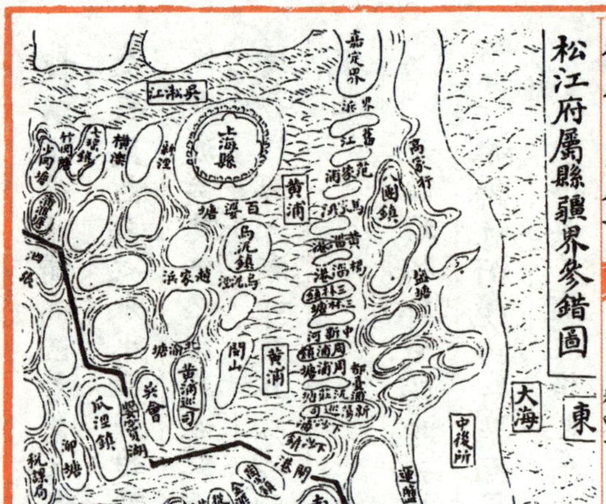

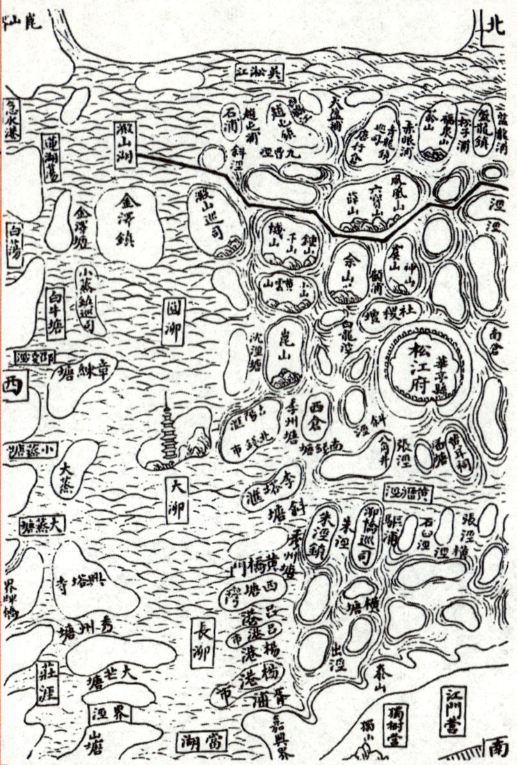

松江府總論

雲間自古大兵不經之地而惟島寇之變為可憂蓋東南二面皆濱於海賊易登犯且居蘇常上游為浙西外捍是以罹患獨深於他郡也其守禦之法有三重焉守金山衛青邨南滙二所獨樹營蔡廟胡家柘林川沙等堡循海塘而東北者陸路也守吳淞江黃浦口自東北而西南者水路也此第一重也守三林周浦曹涇張涇等鎮為海塘聲援者第二重也守閔行烏泥米涇等港使賊不得渡浦而西者第三重也之三者吳淞之守為尤要蓋島寇之來水陸並進若守浦斷舟海塘之寇豈能飛渡哉其勢必由吳淞江口衝入不問原來賊船與擄吾民船一潮可至耳必以闔郡水兵悉力禦此斯上策矣

元韶按松郡負海枕江民生其間多秀而敏尚清雅飾玩好境內皆然而畏首事喜隨衆信鬼惑訟家招異徒盜之招也悉力以守浦口者防其潰也一潰則退保郡城難以遏其衝矣慎三重而嚴吳淞其攘外寧內之上務乎 按察司僉事鄭元韶識

松江府疆界考

松江古揚州之域天文斗分野禹貢三江既入其一為松江此郡名所本也周武王封仲雍曾孫周章於吳松江為吳地吳自壽夢益昌大始築華亭為停留宿會之所華亭之名著於斯矣周元王時越滅吳地屬越顯王時楚滅越封春申君於故吳城地屬楚秦始皇罷侯國

置郡縣會稽郡治吳領縣二十六松江為婁縣地漢高帝封從兄賈為荆王更會稽郡為荆國後以封兄子濞為吳國國除復為郡王莽改婁縣為婁治光武中興仍為婁縣順帝分浙以西為吳郡領縣十三婁隷焉梁武帝天監中置信義郡治常熟省婁縣入焉大同初析故婁地立崑山縣治在今華亭地析海鹽東北境置前京胥浦二縣尋省胥浦入前京前京在今華亭東八十里以地近京浦故名胥浦在今華亭西南胥浦鄉其地有壇步平江北緒等名又侯景嘗以前京並海鹽立武原郡事見梁書陳初以崑山前京屬吳郡尋立海寧郡以前京隷之後主分

吳郡置吳州以海寧隷之隋文帝罷吳州及信義郡改吳郡為蘇州而以前京入常熟後復置崑山縣隷蘇州唐武德九年析前京地入海鹽天寶十年吳郡太守趙居貞奏割崑山南境嘉興東境海鹽北境立華亭縣移崑山縣治於馬鞍山華亭始自為縣按今平湖縣尚存華亭鄉係海鹽分隸則居貞所割北境止還華亭故地而猶未盡也姑蘇志又云長洲亦割地入華亭仍屬蘇州會昌四年陞華亭為上縣僖宗幸蜀為海寇王騰所據錢

鏐遣顧全武攻拔之地屬吳越以蘇州為中吳府置開元府於嘉興以華亭隷之後罷開元府華亭隷中吳後晉天福四年錢元瓘奏以嘉興為秀州華亭屬焉宋寧宗時陞秀州為嘉興府元至元十四年陞嘉興府為路陞華亭為府屬焉領華亭縣十五年改為松江府二十九年從知府僕散翰文議割華亭東北境立上海縣泰定三年罷府以兩縣屬嘉興路立都水庸田司於府治天歷元年罷司復為府元末為張士誠所據吳元年遣將討平之洪武中以松江府直隷南畿尋於南境置

金山衛領千戶所六嘉靖二十一年巡撫都御史夏公邦謨巡按御史舒公汀奏割華亭上海地建青浦縣於青龍鎮三十二年廢本府現領縣二華亭上海

東西一百六十里南北一百五十二里東至大海一百里西至蘇州府長洲縣界六十里南至金山衛濱海七十二里北至蘇州府崑山縣界八十里東南至青邨千戶所濱海一百一十里西南至浙江嘉興府

嘉善縣界二十七里東北至蘇州府嘉定縣界一百八里西北至蘇州府崑山縣界八十里

松江府城池考

松江府城廣袤凡九里餘元末張士誠據吳時築陸門凡四水門各附其傍門有樓樓外為月城至國朝洪武三十年因而葺之立松江守禦千戶所專管守護城池城上建敵臺窩鋪其地後殿九峯前襟黃浦大海其東南三江繞乎西北平疇沃野四面極目東南之

重地也嘉靖間島賊入寇知府方廉捐俸增葺

城

週圍九里一百七十三步高一丈八尺厚如之

池

濶十丈深七尺餘

陸門

四座東曰披雲西曰谷陽南曰集仙北曰通波

水門

四座

敵臺

二十座

窩鋪

二十六座

雉堞

舊三千有四十八垛今加以新造敵臺共三千三百八十九垛

松江府守城兵考

洪武初設民兵萬戶府簡民間武勇之人編成隊伍以時操練有事從征事平還復為民有功者叙後革萬戶府而設守禦松江千戶所其時尚每歲調太倉鎮海二衛義卒更番戍守至洪武三十年始定今制以金山衛中千戶所一署分駐之開建公署于府治東南舊設千百戶鎮撫二十三員旗軍一千一百二十名以守護城池設屯田一百六十一頃有奇歲收子粒三千四百六

十餘石以充月糧有不敷於二縣民糧支補軍兵之外
又僉選民壯操練以禦備非常正統景泰以後歷有更
制經嘉靖之倭警而兵額頓增矣

守禦松江千户所

洪武間設隸中軍都督府

署在府治東南望仙橋東　十百户所在千户
所門左右翼　鎮撫司在所治西　軍器局在
所治內　演武場在太平橋北南下城

正千户四員　副千户十員
內掌印兼清軍屯局一員管巡鹽巡江一員管
巡捕一員管城操一員管運糧一員派守四門
各一員其餘聽差

百户十員

每百户所設總旗二名小旗十名

鎮撫二員

原額旗軍一千一百二十名

松江府備寇水陸路圖

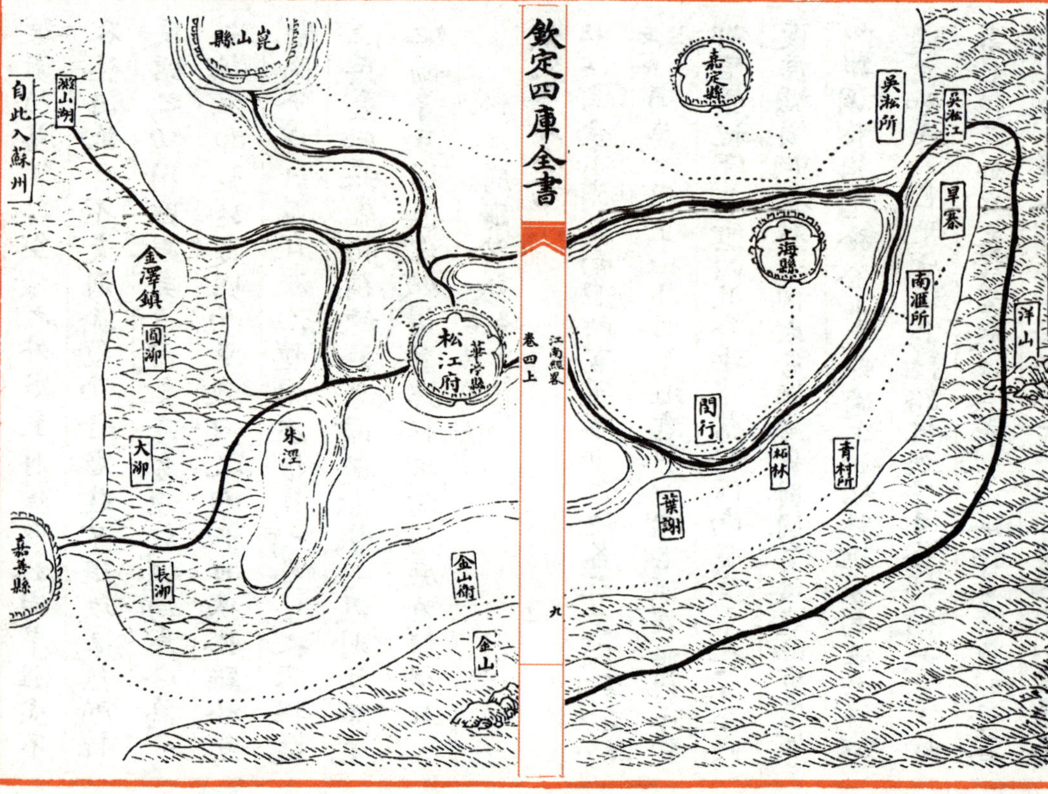

松江府倭寇水陸路論

松江一府為縣者二曰華亭曰上海也然上海當賊之來華亭當賊之去故同一府地也而利害有淺深何言乎賊由大海而來登泊海岸者必零賊也從江口而來逕入者必大艅也零賊登陸以漸而積易於勦除大艅入江其勢必盛揚帆直入城下然後分艅掠華亭諸鎮此必然之勢也故曰上海當賊之來華亭附郭不當賊至之衝其西北澱山三泖可以通蘇州西南呂港獨樹

可以通嘉興賊往二府必由此進志在二府則無志於松矣故曰華亭當賊之去

松江府海防論

松郡之海起獨山而迄小湯窪迢迢二百四十八里皆有護塘為之限隔高厚如城別無港汊可以通海護塘之內外相夾皆水也在內者謂之運鹽河又謂之橫港在外者謂之塹濠又謂之護塘溝昔人所以築此塘者本為捍鹽潮恐其害苗稼也國初用為金湯以備倭患設衛所墩堡於塹濠之外寇至則捍禦於海岸灘塗不容登泊萬一不支則踰塹而守寇進不得攻退無所掠護塘之功用匪渺矣近因塹濠多湮護塘海岸合為一片寇至即聚於護塘而運鹽河之內水田狹塍難於屯衛為今日計亟宜浚治塹塘丕復衛所墩堡之法挑選陸兵委知兵參將精練於平時遇春秋二汛則分布汛地協守互援無容賊得登岸松郡海防庶為計得耳

松江府海防議 嘉靖癸丑答方郡伯

松江自金山衛至南滙所官軍各分汛地各有定額詳見沿海營堡兵防考每歲二月上班十月掣班青邨以東各洪港舊制係青邨官軍把守南滙以北各洪港舊制係南滙官軍把守今修復海塘須照舊分派但太倉鎮海嘉興同有倭患貼守官軍似難調發相應於金山青邨適中如柘林地方南滙吳淞江適中如七八團地方添設陸路把總二員各領精兵一千如募到狼兵邳兵之類若數不敷就於沿海招募義勇照依客兵支給口糧各官兵即於柘林七八團暫借民居劄營隨路

有警相機策應不許潛住衛所城中各設守禦官軍悉聽鈐轄此松江海塘設備之大畧也若沿海港口金山以東有翁家港蔡廟港柘林漴闕等處南滙以北有四五六七八九團洪口川沙窪清水窪等處皆宜設船防守按舊制金山衛所造船各有定額〔左右前後四所每百戶所造出海哨船四隻兵計八十隻青邨南滙二所每百戶所造出海哨船四隻兵計八十隻〕俱就各衛所派撥巡軍在海巡邏正統間因海患寧謐或以船為虛費題准以江船易馬而哨船之制遂廢矣今議設船隻一

馬之資不足以備一船之用官軍窮苦又難賠貱合令每馬二匹造船一隻再於衛所查地租公費銀兩與松江府庫軍前銀內相兼湊數每船量貼銀十兩金山衛總委一官督造其各船應用器械火器合於原議太倉州置造軍器內給發聽用就點各衛所內知水軍人操習水戰布列港口各分信地如倭賊突至而縱容其停泊者服以上刑則自無規避之患矣此松江海港設備之大畧也夫沿海設備固為上策萬一外守不固則黃浦一帶又為蘇松險要守浦乃所以守門戶猶有愈於守城也今吳淞江口即為黃浦口子既經設備而吳淞江所亦設兵一枝以防深入矣而至於上海之高倉渡沈莊塘周浦閘港閔行華亭之葉謝曹涇張涇等處賊一登岸搶船渡浦甚易除松江府先後打造雙塔船鷹船各發上海華亭各召募水兵分布沿浦各港巡邏把截又華上二縣各募鄉兵護守城池有警調至浦邊協守但前項兵夫官無專職則事難責成而沿浦二百里之遠

本府巡捕官一人勢難管攝合令清軍同知一員管華亭鄉兵水兵自豐涇以至閔行皆其信地再設巡捕同知一員住劄上海專管該縣鄉兵水兵自閔行以至嘉定界首皆其信地無事率兵操練有事統兵防守益同知名位稍尊威令可行又甲科之左遷外補與舉行之才望陞遷者皆得為之庶濟實用若止設通判則為官非樂就而下亦玩視恐不能振作而有為也此松江內地設備之大畧也然倭船之來乘風渡海勢難聯絡每

至海外必停泊候齊然後深入照得羊山為本府所屬為定海吳淞江二總兵兵船會哨之處以地里適均故也本府所造之船數本不多僅可以資把港之用此但可以言守而不可以言戰須得福船蒼山船各數十隻沙沯民船二三百隻每至風汛時月分泊港口各住信地更番出至羊山往來遊擊晝夜不絶外則為定海吳淞江會哨兵船之羽翼内則為海港把守兵船之捍衛遇有海賊齊力奮擊將見賊船䑸散而少我兵船䑸合

而衆盛衰之氣勢既分則勝負之分數自判得海防之上策矣抑猶未也查得沿海民竈原有採捕魚蝦小船並不過海通沓且人船慣習不畏風濤合行示諭沿海有船之家赴府報名給與照身牌面無事聽其在海生理遇警隨同兵船追勦此官兵無造船募兵之費而民竈有得魚捕盜之益此松江海洋設備之大畧也

松江府經畧議　隆慶丁卯　答董侍御

金山衛

金山衛南臨大海西控浙界北之沙塗至此而盡南之山嶼至此而終賊自下八山分䑸單酉鍼可以直擣乃浙直第一門戶洪武初安遠侯經畧海上置衛於此而以備倭都指揮領之誠得備禦長策承平日久武備廢弛甲寅倭起徐海欲據為巢攻圍甚久天幸護守時遂設遊擊一員駐劄亦重局鑰之意而迎擊尾追遥援旁應之計漫不之講宜嚴為令與接壤兵衛相為犄角無致賊取道毋致賊延蔓有失事者并論可也

柘林

嘉靖中倭寇入據柘林為巢者其故有三一是各處海壖多灘塗闊淺而柘林獨否具來易於登岸其去易於開䑸一也一是海濵至内地必由小港出浦若非潮至則水澀難行柘林之西獨有下横涇荒巖河深而且闊可縱行舟片帆出浦即是葉謝行十八里即抵郡城二也一是地方素聞富饒大家多蓄積盛宫室屯聚有資棲止可容三也將來備倭當知永鑒矣

青邨

松江地形三面臨海金山當其南南滙當其東青邨其東南二面轉屈之會乎故金南之間此為要衝舊以千戶領之勢殊單也至嘉靖甲寅冬季為賊所陷始設把總於此然株守一城不能為海防輕重欲為經久之圖必宜號召居民實粟城內兵民雜守而專練精熟遇寇突擊諸堡互相應援斯計之得耳

南滙

南滙在上海境內下沙新場周浦八團諸鎮舊號富庶皆本所信地嘉靖倭亂乙卯為賊所戕遂設總練官一員常川駐守於此然賊之犯上海也每自吳淞江入黃浦逼臨城下南滙反在外若能統練精兵自外衝擊攻圍亦一勝算

川沙

舊制南滙與吳淞所互為聲援然相去一百五十餘里又隔吳淞大江兵難急渡賊至飛報且不能達況提兵策應乎嘉靖甲寅賊據為巢與老鸛嘴柘林新場之賊合本鎮頓成丘墟丙辰亂稍平遂築城堡以一千戶守之而隸于南滙把總然未盡算也歷年賊艘每自寶山旱寨登岸擄掠而南則此堡正當其衝視南滙青邨二堡更為剥牀所設軍餘一百名弓兵八十名果足備禦乎倘遇賊警把總之兵豈肯棄南滙而赴川沙乎合無移把總駐劄此地而予以軍卒五百人戍守有事與寶山首尾捍禦庶總司不以遥制推諉而事權得行氣勢得壯誠備禦之長策也

寶山

江東旱寨有二一在寶山一在高橋鎮皆國初設以備倭者今廢久矣無議及修復者豈以青邨南滙當其前吳淞擁其後形勢已壯而寨兵不足為有無耶竊見此地物饒民殷賊所窺伺而守江守浦之兵俱在內地青邨柘林川沙南滙諸堡僅可遏賊于南吳淞江兵船僅可遏賊于北不能頋焉況賊見南北阻截不能登犯其

勢必趨之盤據為巢故嘉靖甲寅徐海屯柘林而今葉明屯此與新場陳東合為二窟藉糧于內地連歲紛擾誰為厲階則我自失地利也今二地之中有界浜馬乃嘉上（嘉定上海）之鴻溝也宜令蘇松併築一城設兵屯戍一如常鎮孟河事例有警則二地之民攜家以入僇力死守寇自無糧可資蓋堅壁清野之長策也

松郡稱水鄉邊則大海腹則泖浦尤不可不習水操法然古今論操法戰法皆詳于陸地而畧于江海以

風為主分合進退難也勝之之法惟有鬬船力不鬬人力如遇敵舟之小者則以吾大舟犂而沉之遇賊舟之大者則使調戧奪上風用火毬以攻之當前衝敵者一舟之人皆賞觀望不應援者一舟之人皆戮其賞其戮尤當以督哨之人與舵工為重每船必設舵二副以備不虞每舵工必設二三人以防損失此戰之法也其在平日置船于陸地上集水兵演而教之兵械火毬如何而設施金鼓旗幟如何而照會前後左右如何而列哨饑飽勞逸如何而更代晝夜風雨如何而防守山島沙磧如何而收泊號令約束如何而轉報習之於平陸用之於江海此操之之法也

松江海塘考

海塘之制本為捍禦鹹潮害稼而設自春秋時范蠡築圩田之後東南田利漸興財賦漸盛至唐開元間於此築捍海塘其長起於嘉定之老鸛嘴以南迄於海寧之澉浦以西高如城垣內外皆有塘溝相夾自設此塘之

後而松嘉杭無入海水口禹貢曰三江既入今三江之中東江獨湮漫無可考職此之由也是塘也昔人本為田利而設也國初信國公湯和經畧海防借以設險備倭愚於海防論中詳言之矣因塘舊蹟有湮有存謹考而表出之以為直隸單門之助獨舉松江者杭嘉另屬浙江提督侯他人稽例而自述之若曾不敢濫及云

唐開元元年築捍海塘

起杭州鹽官抵吴淞江長一百三十里

元大德五年修築華亭捍海塘

因海潮衝圮重加修築

至正二年四月都水庸田司使修築華亭捍海塘

記畧曰塘式原高一丈面濶一丈底濶二丈今度最高處惟十四保蔡廟西九尺而已耆畯稱云塘外二里六十步已有古塘二俱被海潮衝坍此塘係大德五年風潮後所築今四十餘年人馬牛畜踏踐故去土一尺也及度到合修去

處九保餘閏收宿日荒字圍一十二段十一保福田菴破窰港一十一段十二保周公墊東來字圍三十六段十四保張家宅西鹽倉凌家堰蔡廟西三十段通七十三處共八十九段長一千五百三丈八尺為八里六十五丈八尺積土三百二十五萬一百三十二尺為庸三十二萬五千三十浹月之程日庸一萬八百三十三紐計食鹽二十七引三十三斤糧五千四百一十六石各有奇於是縣及平江府嘉興郡庸三千人以築作獨平江發縣而造者二百二十四纖踵行省臺憲以所料浩大時急難究改議怯薄者添土幫修低窪者增高築壘為日一十八庸四萬二百一十有二而輟

洪武三十二年遣官修築捍海塘

嘉定縣老人朱六安奏海患奉勅工部遣官修築海塘南抵嘉定縣界北跨劉家河長一千八

百七十丈基廣三丈面廣一丈

成化八年重築海塘

沿海塘堤歲久傾圮成化七年秋大風海溢漂人畜沒禾稼巡撫都御史畢公亨巡按御史鄭公銘水利僉事吳公瑞僉議復隄檄松江知府白行中華亭知縣載冕上海知縣王宏之嘉定知縣白思明起工興築越二月而塘成華亭自海鹽抵上海界築三萬四千七百六十九丈又為

外隄起戚漴至平湖界五十三里上海自華亭
抵嘉定界築一萬七千七百四十八丈嘉定自
寶山北至劉家河築一千八十一丈所築隄俱
面廣二丈趾倍之高一丈七尺
嘉靖三十三年增築海塘
自吳淞所南抵上海草蕩西起金山東並南滙
北抵吳淞其間窪口雖多沙塗甚遠島賊易於
登岸我兵難以泊舟國初原設塘濠因而增築

庶易防禦
自一圑起至九圑止護塘内外有濠濶四丈深
一丈五尺每一圑設弔橋一座聽民出塘生理
官軍瞭望如有寇警即以弔橋掣去距塘而守
遠可攻以箭砲近可刺以戈矛護塘之上每一
橋造窩鋪三間以便守兵止宿
沿海墪塘考
沿海墪塘凡九十一座每墪一座設瞭守軍餘五人塘

一座設瞭守軍餘二人塘者置舖舍於護塘之側也
陸鶴墪
周公墪
漴缺墪
俱在蔡廟港迤西捍海塘北皆建金山衛時築
正統間指揮翁紹宗以烽堠踈復築塘以間之
右隸金山衛左千戶所為塘二
胡家港墪

東新墪
西新墪
舊址嚙於海弘治二年同徙捍海塘北俱在曹
涇市南海上
右隸金山衛右千戶所為塘二
金山墪
在捍海塘北
戚家墪

在捍海塘南
篠館墪
舊係土築正統五年甃以磚石加增二層建烽
樓圍心如墻
横瀝墪
成化十年指揮侯寅甃以磚石西有水曰横瀝
故名
右隷金山衛前千戸所為塘二

江門墪
葛蓬墪
新廟墪
俱在金山衛西海上天順年間甃土以石
東袁浦墪
在柘林袁浦捍海塘北洪武二十三年土築
西袁浦墪
在柘林袁浦捍海塘洪武二十三年土築

朱家浜墪
大門墪
洪武三年嚙於海徙之北
椒樹墪
洪武二十三年嚙於海徙捍海塘北
頭墪
一名神廟瞭望臺在捍海塘外亦淪於海天順
元年徙廟之東北四年甃以磚石

二墪
自此至六墪俱洪武二十三年築
三墪
舊四墪
新四墪
新舊二墪皆在青邨東北捍海塘外初四五墪
相去太遠於中間增築一墪故有新舊二名
五墪

六墪

右隸青山中前千戶所為塘十七

南滙墪

在南滙嘴

一墪

二墪

三墪

四墪

五墪

舊名瞭望臺正統七年改今名

六墪

七墪

八墪

九墪

擒虎墪

正統十一年墪為三虎所據指揮同知侯端率

衆先登手殺虎并其二雛人異其驍勇遂以名

墪

十墪

十一墪

十二墪

十三墪

郭公墪

在清水窪南成化十六年總督備倭郭某以海

盜劉通為患及鹾艘私販出入委官軍增築之

初名新墪後郭去人思其惠易今名

十四墪

在張家灣

十五墪

在秦家壩

王公墪

下有大水曰楊家洪口私販鹽舶出入之所正

德元年都指揮王憲以崇明沙民施安鈕東山
等作亂委官軍增築之舊名新築墪王去易今
名
十六墪
在曹家溝
十七墪
在王家溝
十八墪

右隷南滙中後千戶所為塘十七
已上捍海塘内外設墪臺每座置鋪舍一所派以軍
餘晝夜瞭望海洋聲息春汎時以二月十六日上班
小陽汎以九月十六日上班帶馬一匹遇警飛報
沿海營堡兵防考
金山衛以東守禦
金山營
守備官一員軍兵四十名

胡家港堡
守備官一員軍兵四十名
茶廟港堡
守備官一員軍兵四十名
又三處貼守軍兵共三百五十二名
右正守軍係金山衛查撥貼守軍每歲於太倉
鎮海二衛官軍内調發二月初一日上班十月
三十日掣班

金山衛以西守禦
獨樹營堡
守備官一員軍兵四十名
江門營
守備官一員軍兵四十名
又二處貼守軍兵共一百名
右正守軍係金山衛查撥貼守軍每歲於嘉興
千戶所官軍内調發二月初一日上班十月三

十日掣班

西倉堡守禦論

松江府東有黄浦之衝西當泖湖之險南鄰大海地無百里之隔乃三面受敵之所今查練兵鎮撫部下常川操練民壯二百六十名土兵一百七十名水兵二百三員名退回選鋒正軍五十八名選鋒餘丁九十八名共七百八十九名僅足以充府城防守之用西倉一堡孤懸中野防守欠官宜於松江守禦所選擇聽差千百戶一

員將下班選鋒軍餘九十八名分發本官統領無警則啓閉倉城防守糧儲有警則上城固守聽候各處軍兵互相應援則兩城有備不致臨時悞事也

江南經畧卷四上

欽定四庫全書

江南經畧卷四下

明　鄭若曾　撰

華亭縣境圖

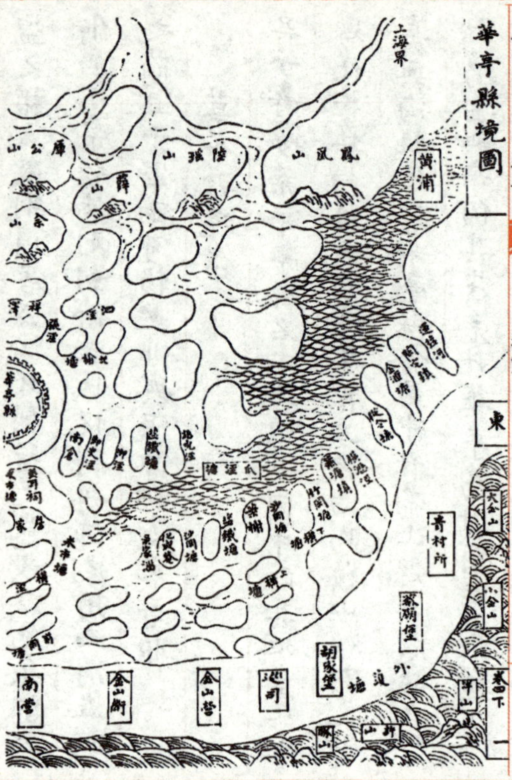

華亭縣總論

華亭乃松之附郭縣也泖湖鍾其西大海枕其南吳淞江遶其北受嘉興湖州之下流本澤國也故港汊甚多利于舟楫舟楫之絶技莫如鹽徒沿海如曹涇青邨等地鹽場在焉鹽徒之所聚也若能撫而用之則不必易募兵勇于禦寇也何有但此輩狼子野心惟利是圖用之則公行劫掠急之則嘯聚泖湖已非一日之故兵識者謂宜擇本地大家為衆所推服者統率之而官收鬻

盐之權或倣荆川唐公江北剩盐之意或效見泉鄢公淅西小票之法則利溥而民悅得舟師之用而消盗賊之萌且于軍餉有賴也非與海防相表裏者耶

華亭縣境考

吴子壽夢築華亭縣名本此梁大同中即其地立崑山縣建治在馬唐天寶十年崑山移治馬鞍山始割崑山嘉興海盐地立華亭縣會昌中升為上縣吴越錢氏以縣屬嘉興宋仍其舊元升華亭為府領華亭縣後

改府為松江縣隸焉國朝因之縣附于府其城即府城不另立城池考

縣境廣七十八里袤八十一里東至語兒涇上海縣界一十八里西至泖湖一十八里南至金山衛濱海七十二里北至塘橋一十五里東南至青邨所濱海一百十里西南至楓涇鎮浙江嘉善縣界四十五里東北至七寶鎮上海縣界五十四里西北至鍾賈山二十七里

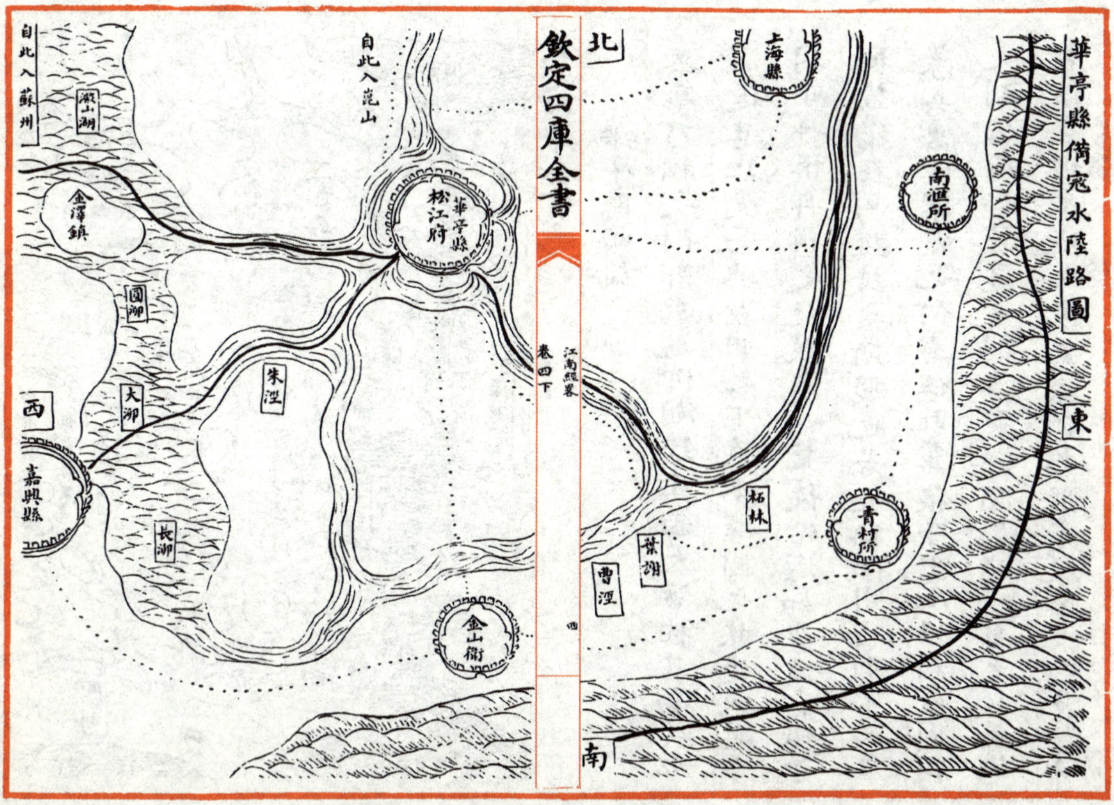

華亭縣備寇水陸路考

東瀕大海

由東門得勝港閔行入黃浦東行過鄔家市至南滙由得勝港歷下黃涇胡家橋至柘林由橫林大門墪高橋至青邨三千户所皆濱海地方

西南與嘉興為界

由西門歷朱涇泖橋至秀州塘抵浙江嘉興府嘉善縣

南抵金山

由西門竹竿滙歷塘口前後二港張堰查山至金山衛北門出南門即濵海

北通崑山

由北門歷唐行磧礐千墪浦漫水港新洋江抵崑山縣東門或東南門

西北通蘇州

其路有五一由西門歷泖湖謝澤爛泥浜澱山湖老鴉窠陳墓陳湖大姚王毋湖至瓦屑涇抵蘇州府葑門謂之中路一由西門歷尤墪章練塘楊扇周莊鄧邨同里尹山橋篾渡橋至葑門謂之奥路一由北門歷塘行磧礐大慈角直合塘唐浦斜塘金雞湖葑門塘謂之北路已上三路皆水道也一由北門歷崑山官塘西北行謂之北邊奥路一由西門歷朱涇楓涇至嘉善縣嘉興府吳江官塘進者謂之借路已上二路皆水

陸俱通之道不如水路為捷

東北抵嘉定

其路有二一由唐行青浦安亭外岡至嘉定之西門者為陸路一由上海縣西邊北行歷唐橋陸家角高家行出吳淞江入南橫瀝真如南翔以至嘉定之南門者為陸路

右水陸可通之道凡十有三其間港汊浩繁岐路錯襍不能一一而設備也惟當擒其中之尤

要者設防制勝專駐官兵以為守禦之計其餘亦惟以遊兵行哨奇兵設伏輕兵出襲焉斯可矣共計邑之險要有七曰金山曰柘林曰青邨曰曹涇曰葉謝曰張涇曰朱涇詳見各圖說於後

金山衛險要圖

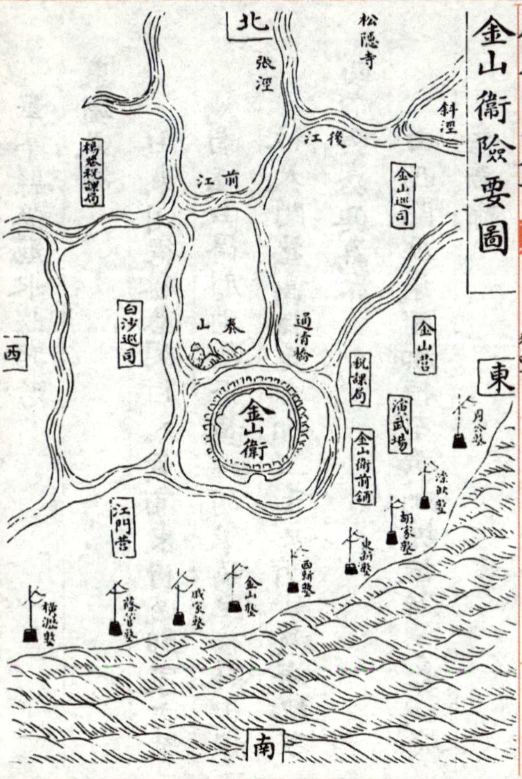

金山衛險要說

金山衛南臨大海西控全吳與定海關同為錢塘江之鈐鎖北之沙塗至此而盡南之山嶴至此而終賊自下八山分䑸單酉鹹可以直擣乃浙直第一要衝也國初安遠侯經畧海上置衛於此而以備倭都指揮領之誠得備禦長策承平日久武備廢弛兵將玩愒上下視為贅疣矣嘉靖甲寅賊首徐海欲據此為巢攻圍甚久自秋八月至冬十一月始解嗣後攻城者四益不特欲壞

蘇松之藩籬實欲長驅直擣以入嘉杭湖三郡之門戶也今遊擊一員常川駐劄局鑰亦云密矣但事權不一惟營保全一城視他地之殘虐非其責也故賊至惟與其空過為幸而尾追而迎擊而夠援之計漫不之講置衛設官之本意顧若是哉為今之計宜調副總兵守此而以浙西吳中兵衛悉聽調發一旦有警水陸策應如蛇陣然賊豈能直入耶或曰吳淞江口南直第一關鍵也何為反後之曰賊之犯吳淞也必經竹箔諸沙宗信

嘴楊家路而後入兵船縱不能禦之於海賊獨不思防後而敢於長驅耶歷年以來賊常巢柘林然後擄掠嘉湖蘇州多所得志今若堅壁清野而以重兵駐扼金山則賊進退失據枵腹待斃矣豈能馳突哉故吳淞所一枀將足以領之而浙直要衝非總兵不可也

金山衛城池考

金山衛在府治南七十二里夏少康封子無餘國號於越春秋時始廣境至此周康王築金山城以鎮大海衛名本此 按金山在府東南海水中去府九十里周康王東勾遊嘗於此築城其北即古之海鹽縣後淪於水

踐入臣於吳夫差以地封之至武原即金山地秦始皇即其地置海鹽縣尋陷為湖徙治於武原梁時為前京縣境唐置華亭縣屬華亭縣境國朝洪武十九年始建金山衛衛城南瀕海與金山對峙西連乍浦東接青邨南滙嘴東北抵吳淞江控引幾三百里營堡烽堠氣勢聯絡隱若金湯也城週十二里有奇建衛之時欽命安遠侯等起嘉湖蘇松等府衛軍民所築永樂十五年九月命都指揮谷祥增甃繼因潮沙淤塞復命指揮侯端等督修挑濬

城

週圍一十二里三百步有奇高二丈八尺

池

濠週於城廣一十二丈深一丈八尺

陸門

八座

水關

四座

門樓

四座

角樓

四座

腰樓

八座

敵臺
八座
箭樓
四十八座
窩鋪
七十二座
雉堞
三千六百七十八垛

金山衛兵防考
金山衛指揮使司
洪武十九年設隷中軍都督府
署在衛城内　軍器局在衛治西　演武場在衛
治東門外
指揮使同知僉事共一十八員（内掌印一員　管屯一員　三巡一員　管城操一員）鎮撫司鎮撫一員　經歷司經歷一員　軍
儲南倉大使一員

領所七
左千戸所千戸五員　百戸十員
右千戸所千戸三員　百戸六員
前千戸所千戸六員　百戸一十二員
後千戸所千戸五員　百戸十員
已上四千戸所署俱在衛城中
共統客土軍兵一千七百五十二名軍餘二百
九十三名

中千戸所以守禦松江府署府城
中前千戸所以守禦青邨分署青邨鎮
中後千戸所以守禦南滙分署上海縣十九保
嘉靖中倭患於本衛添設遊擊將軍統領馬歩
游兵往來廵徼北以護松江以援乍浦舊屬青
邨南滙二所堡至是益以柘林川沙二堡皆屬
統轄有警以該營為正兵以乍浦及諸堡為奇
兵一聞警報左右策應首尾救援

以船易馬議

嘗考金山建衛之初原有哨船若干隻倭船畏淺既近岸則我舟輕捷可以計而破之自正統末而始以哨船易馬不識其為何見夫馬所以備追奔逐遠之用也賊既登舟馬將焉用不過備權門之給役而已故自以馬易船以來奸人出没海上揚帆過衛鼓譟聲聞不復知其為誰至有刼掠居民傷舟海壖我將為捕彼即開洋皆為廢船之故兵法貴先人有奪人之志而此則甘心於受敵而忘先事之圖也是故以船易馬舊制不可以不復

柘林險要圖

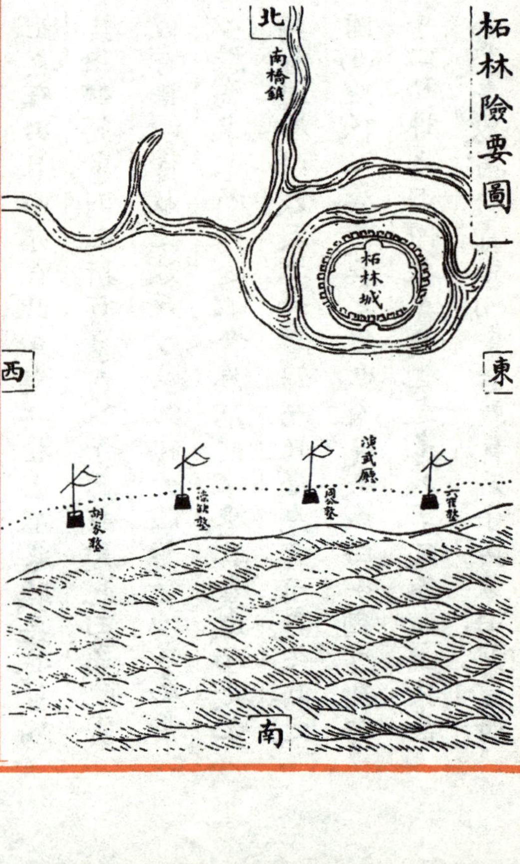

柘林築堡議

或問柘林有險隘乎曰無有曰然則往年島寇巢之何也曰其說有五一是各處海壖多灘塗闊淺柘林獨無其來也易登岸其去也易登舶兵法安營最忌無進退之路此地進退皆便一也一是柘林大家多蓄積美田宅春熟已成青苗布野賊至而據之因糧於我兵法安營須有通糧之道此地不患無糧二也一以海兵至內地必由小港出浦非潮至則水澀難行柘林之西獨有

下横涇荒嚴河可行深而且濶片帆出浦即是葉謝十八里抵郡城兵法入他境道路有便有不便有寛有窄此地深入便利三也一是柘林枕海賊舟欻至我兵哨望不及阻截不能兵法安營不居江河之岸外無救援此地則賊舟易於接應四也一是金山青邨南滙諸堡官兵守禦頗嚴賊若初至而即欲攻之堡未必下而援兵至矣不如柘林之民棄家而走取之易易兵法敵人遠來營寨未安可擊此時結寨不宜遲五也曰柘林既有

此五利則將來備倭必當以此為要害之首而築堡設兵當與金山青邨南滙例論乎曰未也昔倭之初來也柘林甚富一時相其便宜而棲之自羅變後室廬燬矣蓄積亾矣田地荒矣戶口流移矣賊不能一朝居也此時不當築堡既築堡後不當不興屯田之議何也險不在堡而在於守守堡有人則我得恃之以禦敵否則所謂堡者敵反據之以拒我矣曩時當道鑒柘林之患謂賊來必將復據須設險以待之此意未嘗不善也築堡之後苦無居民下令戶口歸守者給賑恤銀五兩此意未嘗不善也一時貧民貪利報官建草房一二間影射復業實姑藉此以為聊生之計耳寇至即奔何所顧戀而固守乎具有恒產者傷弓之鳥遷避城邑亦非召令之所能致是堡也具誰與守愚所謂不當築者此也大兵之後田皆廢棄民無力以耕亦慮變而不敢耕稍與之值即樂於售矣有乘此時而買之雖甚肥田不過四錢五錢而止募兵勇給工食官與之田人十畝或二十

畝兵在於此田亦在此田與兵相去不遠聽其收穫蠲其租賦無事則出耕有事則入守兵既視屯田為已資豈肯捨以資敵必效死以爭之協力以護之以田為業以堡為家以所領之工食為活計不患其棄城而走也兵有固志則大家亦肯還歸而此堡為有用矣失此之圖而望民之居責兵之守也有是哉或曰今猶可及行乎曰柘林之田價未嘗賤也寇患久寧民各自以其業為業膏腴者孰肯棄而棄者孰肯賤乎兵多田少官府

措置且難其惟開積荒之田庶為便易然積荒田離堡多遠屯則妨守守則妨屯求欲彼此兼濟當事者預為之計可也

柘林堡城池考

柘林本古鎮原無險阻以其臨海嘉靖甲寅倭至取便結老巢于此巡按御史尚公維持因建議築堡

城

週圍四里高一丈八尺

陸門

三座

水關

二座

雉堞

一千八百七十垛

柘林堡兵防考

柘林在華亭縣十二堡去府治東南七十二里地連柘

山右距戚木涇曹涇為海人輻輳之處東自横林墪為青邨界西至胡家港為金山界各二十五里北至南橋鎮十八里南至海塗半里許皆其信地初撥金山衛後千戶所官軍守駐後於本衛左右前後四所抽撥軍餘三百名統以百戶一員建造營房三百間居守近議添設把總一員部下常川操練官兵五百三員名與原戰馬二十四匹以千百戶二員領哨訓練汛時仍於金山青邨每處每日撥兵一百名不分晝夜往來巡哨有警

飛報總兵遊擊青邨南滙等處互相應援該總為正兵左右為奇兵

青邨所險要圖

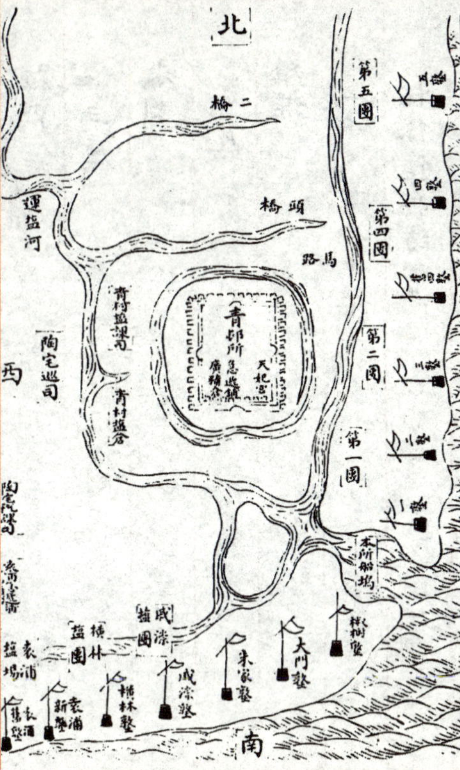

青邨所險要說

青邨所即金山中前所也松江地形三面臨海金山當其南南滙當其東此其東南二面轉屈之會乎故與南滙同隸於金山而此城尤要何也離府太遠一也金南二城有事策應之責本所兼之二也舊以千戶領之勢亦弱矣甲寅季冬為賊所陷始設把總於此然株守一城不能為海防輕重盍設所屯戍一以禦外一以安內賊至不能攻坐視諸鎮殘毀而不能救是與不設同耳欲為經久之謀必令海防府佐巡行諸堡號召居民實粟城內無事散處田塍盡力農畝有事悉入城堡堅壁清野以待其斃兵民雜守而專練精熟若遇寇突擊諸堡互相應援賊進無所掠退無所據我兵乘其憊而擊之蔑不勝矣

青邨所城池考

青邨一名青林在金山城東一百里去府治一百二十里原係古鎮國朝洪武十九年安遠侯經畧海防建議

築堡永樂十五年都指揮使谷祥增修

城

週圍五里八十步高二丈五尺

池

廣二十四丈深一丈七尺

陸門

四座上各有樓樓各有月城

角樓

四座

敵臺

十一座

箭樓

二十八座

窩鋪

一百二十座

雉堞

一千七百六十垜

青邨所兵防考

守禦青邨中前千戶所

洪武二十年建即金山衛中前千戶所分置也隸中軍都督府東至南滙界六墪西至柘林界戚崇墪各二十五里北至二橋南至䕶塘皆其信地

千百戶所鎮撫司軍器局廣儲倉俱在城内

演武場在南門外

千戶四員

內考選掌印一員城操一員巡捕一員巡江一員

百戶十員

內分委掌印一員陸路一員守港一員其餘聽差

鎮撫一員

共統官旗舍餘一千一百六十九員名俱聽掌印千總調度守城内有選鋒軍餘土兵共三百

名千戶一員訓練以備應援截殺之用汛時仍於柘林南滙每處每日撥兵五十名不分晝夜往來巡哨有警飛報總兵遊擊柘林南滙等處互為聲援該所為正兵左右為奇兵沿海墪臺掌印官選撥精壯軍餘每墪五名帶馬一匹住守瞭望往來飛報以便策應

曹涇鎮險要圖

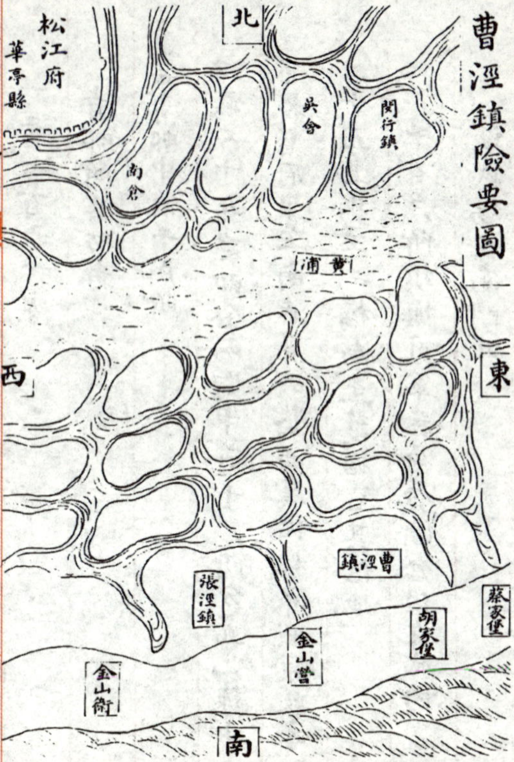

曹涇鎮險要說

曹涇鎮在府治東南七十里介於柘林金山之間逼處護塘之内賊巢柘林欲南過金山此其必經之地也其地為鹽徒淵藪操艘出入波濤閑習如禦馬海寇頗畏之用之得宜儘可禦寇不必設兵而兵莫强者也往年賊嘗過之因見家有鹽包不敢焚掠相戒勿犯而去後至者不知也如常擄掠遂為此輩逼遁於海中小山鹽艘圖之數匝焚其舟絶其粒賊甚窘迫適倭艅大至遂爾脫去今宜擇本鎮富户為衆所服者異其禮貌免其褋徭使得部署竈丁圖營本鎮一有賊警分番出哨賊自不敢長驅矣

葉謝鎮險要圖

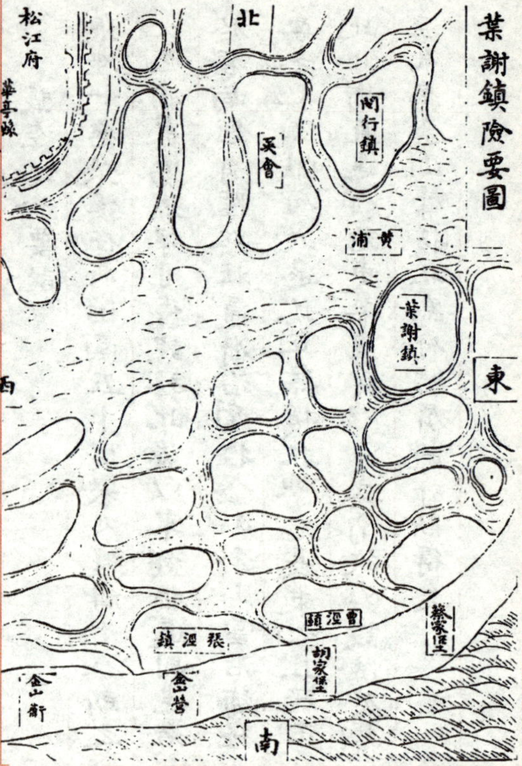

葉謝鎮險要説

葉謝鎮（葉謝以二姓居此得名居民稠密商賈輻輳舊有稅課局今廢）在府治東南地隸八保與蕭塘鄰其外為柘林處腹而勢衝往年賊首徐海據柘林為巢常自此渡浦至瓜涇而西以犯府城故必屯兵一枝守此以遏賊衝使不得渡浦策之上也議者謂其逼近賊巢非可守之地不若設險閔行鎮遏賊浦西之善不知賊已渡浦勢必散漫閔行特可遏北衝之勢固難阻其西犯也故必屯兵守此北與閔行

互相策應西與曹涇互為首尾遏賊於既渡之後不若遏賊使不得渡之為善也

張涇鎮險要圖

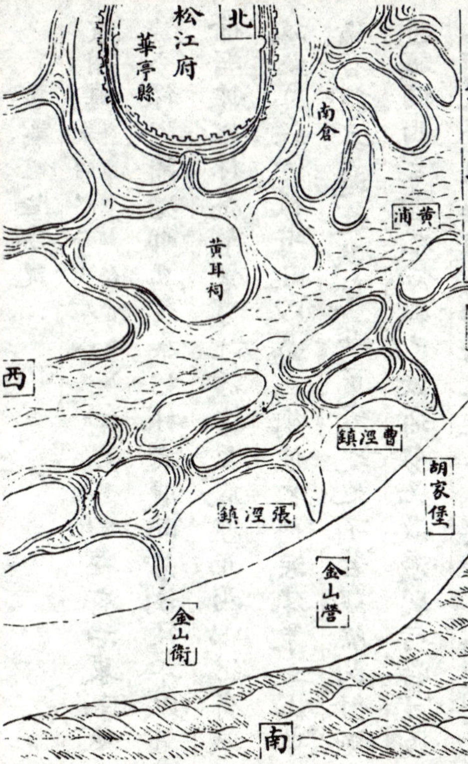

張涇鎮險要說

張涇一名張溪在府治南五十里宋人堰海十八所之一也浦東場鹽課司舊設於此後以牢盆相遠別建署於堰南鎮有陸路北通府治南控金山金山當沿海極要之地然離府太遠孤立無援非禦寇長策也且寇由此北衝直達府治更無重兵以遏其衝故必設險於張涇南為金山聲援北為府城屏障計斯得矣

朱涇鎮險要圖

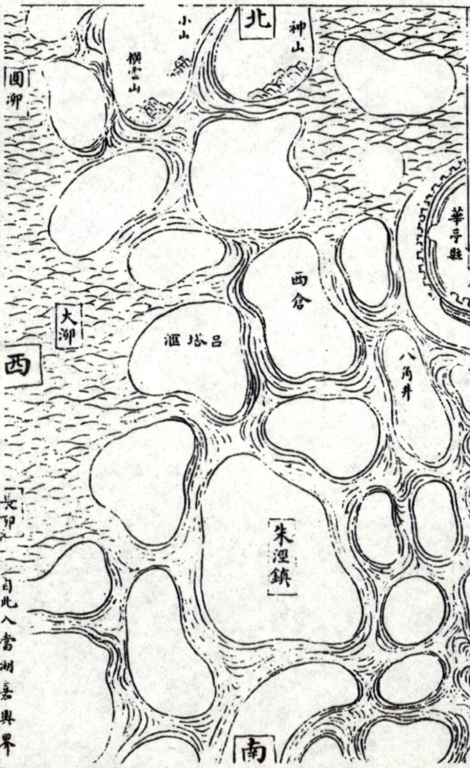

朱涇鎮險要說

朱涇一稱珠溪在府治西南三十六里為雲間巨鎮古於此置大盈務東通黃浦西通三泖水寇睥睨之地也舊設泖橋巡司在鎮巡緝以其南導水達海鹽平湖北從泖達蘇州嘉興鹽艘出沒便利故駔魁大猾召暴橫亡命之徒趨之為窟往年賊巢呂巷此為切近之災賊若自浙西而來此又其必由之衝也不可無備

華亭縣巡司弓兵數附

金山巡司

宋元以來有之洪武三年建於張涇至十九年徙建胡家港口在府治東南六十里設弓兵四十名往來巡邏

戚木涇巡司

洪武三年建於南橋鎮至十九年徙建於戚木涇在府治東南七十里設弓兵四十名往來巡邏

泖橋巡司

洪武三年建於泖橋之東數里朱涇鎮在府治西南三十六里設弓兵四十名往來巡邏

小蒸巡司

洪武七年建於小蒸鎮在府治西三十六里設弓兵四十名往來巡邏

白沙巡司

洪武七年建於金山衛城西數里設弓兵四十名往來巡邏

陶宅巡司

洪武三年建於陶宅鎮設弓兵四十名往來巡邏

澱山巡司

自元以來有之洪武三年建於澱山湖濱在府治西北六十里設弓兵四十名往來巡邏

華亭縣倭患事蹟

永樂十六年戊戌

二月倭寇入金山衛指揮同知侯端擊破之

端素剛勇初抵任以金山東南要害修城濠備器械練士卒為戰守備至是倭寇登岸端與指揮郤分兵出戰郤出南門全軍皆覆賊由南門入城斷各門橋端孤軍在東門不得入乃引兵至西門橋亦斷仰天歎曰城亡吾分當死安可偷生遂策馬一躍過河入西門衆不能繼與賊抵戰數十合身被箭如蝟轉戰至衛門賊驚曰好將軍也乃以所掠

染家布横於街欲生致之端馳至以一劍挑布一
劍截而斷之賊仆地而笑端由是得馳出東門次
楊家橋鳴鼓招散卒得百人令曰今潮退舟膠人
持草一束與砲俱進至海灘焚賊舟十餘艘賊不
得歸遂大敗

嘉靖三十二年癸丑

三月賊犯青邨所焦螯百戶王河禦戰死之

賊寇突犯河率隊長陳九等倉猝出禦戰歿於陣

賊遂掠下沙等處縱横海上莫有議擊者月餘去

攻乍浦

閏三月賊犯縣境

賊首鄭文俊林碧川沈南山等分衆劫掠

五月賊犯縣境

賊船一艘自浙西流來過金山衛而東劫掠縣境
府同知都文奎敗賊於吳淞江又敗之於葉謝鎮
寶山洋

七月賊掠諸郵鎮

賊過柘林分掠各郵鎮其舟半泊曹涇之南半泊
川沙洪口

官兵敗賊於獨山

斬首千餘餘衆浮海東遁

十一月賊犯縣境

賊由漴缺登岸流劫木涇金山衛

嘉靖三十三年甲寅

二月副總兵湯克寛擊賊於吳淞江大敗之

斬首一百七十餘級

三月賊攻府城

賊過柘林掠蕭塘至曹涇越三日復還蕭塘官兵
與戰巡檢李蕞禄死之賊渡浦踰爪涇抵南倉副
千戶童元等率官兵禦之元力戰死賊遂攻南門
殺縣丞劉東陽燬軍儲南倉及居民廬舍四百餘
間撫按登城捍禦有一酋跳躍侮詬教授韓崇福

射殺之又發二矢皆殪其魁賊乃退屯朱涇領兵官紀邦寧追及之賊戰敗遁走是日復有賊自上海泖涇來者攻圍東門官兵敵退之賊屯南倉走花涇參將湯克寬兵備僉事任公環海防僉事董公邦政提兵擊之賊乃退走南滙所大門墊地方

四月賊首王直等巢柘林

賊首王直與徐碧溪吳德宣等營柘林為巢窟聯絡二百里如老鸛嘴七八團之間皆其部落之所

屯聚也

賊臨城下兵備僉事任公環總兵湯克寬擊走之

壬申賊五百餘人由上海陸路逼府東門兵備任公環總兵湯克寬提兵擊走之癸酉復有自周浦來者焚西門水次倉長橋民居悉為煨燼任公環統兵出戰自辰至午轉戰至北門賊散去焚掠自北俞唐南抵板橋七十餘里火三晝夜不絕甲戌西過廣富林劫唐行鎮分掠朱家角沈港林家角葑澳塘至青浦奪漕船棄糧水中載所擄獲出海巳卯賊八百餘人自閔行抵西倉燒殘殆盡泊小橫潦涇分劫泖濱東自尤墊至呂港西自章練塘至楊扇悉被焚掠未幾復有賊自爛路港來者焚南門民房分一枝掠報國寺為湯克寬兵所拒

五月賊攻府城官兵擊却之

戊戌朔賊七百餘人列陣南門西至長橋酋長四人臨城城上發佛狼機斃其二鄉兵殺其一乃退

入白龍潭寺殺數百人次日劫金澤鎮辛丑復掠橫潦涇住平原邨丙午過章練塘入朱家角庚戌自楓涇抵金澤鄉兵浙兵三百餘艘圍之馬家兜癸丑賊潰圍走半入楓涇半出石湖橋山東省祭官孫鏜帥衆追及度橋弦絕復張伏起無援與從者十人俱戰死賊據上橫涇中書馮豹家遣船擄爛路港邀截避難者鄉邨無完室

六月總兵湯克寬敗賊於葉謝

庚午賊載輜重行道經葉謝總兵湯克寛邀擊大破之斬首四十餘級獲其七舟
七月賊首徐海巢柘林
賊首徐海旣據柘林為巢穴未幾蔡廟八團之賊皆來合之共為一巢搭廠舍為久居之計
八月賊攻青邨所金山衛
蔡廟港賊旣併入柘林賊巢遂攻青邨所繼至之賊登周公墪者千餘攻南滙所旋亦入賊巢與新至之倭合攻金山衛皆為官兵敵退

九月柘林賊攻青邨所官兵擊走之
乙卯賊攻所城相持十日賊驅鄉民舁雲梯而進分布四門為游兵二隊往來城下於東南隅吹海螺則四面急攻城内矢石雨下殺傷頗多賊左挽牌右舞刀躡梯若平歩千戶陳元愳發矢中其吭有朱衣賊乘騾行廵海塘元愳弟元愳發神鎗殪之乃解去十月乙亥賊以失利青邨使二十四人詐為疲弱以致我師指揮徐承宗千戶葉緒出兵擊之誘入伏中僅以身免
賊攻府城
時雨甚城西南隅崩推官吳時來撤戍士以箭弩手數十人扼其衝夜選壯士取屋木立柵城外以衛修城者單騎出南門督之黎明而畢三日城完
賊亦尋引去
十二月賊陷青邨所

先是賊攻所城者數次官兵守備極嚴賊皆負傷而走積忿詣柘林借兵二千來攻弗克賊亦計窮欲去辛未雨雪竟晝夜賊以絮蒙首薄城會守門百戶之伯有為賊所擄者賊令叩南門呼姪求入姪聞伯音以繩下挽昏黑之際賊乘隙以登百戶首先被殺賊遂入城焚刼居民爭出北門殺傷蹈籍積骸成丘後三日民稍集賊又突至南門竄死北門者如前遂為空城

三十四年乙卯
正月老鸛嘴賊至與柘林賊合
賊攻金山衛
二月賊攻青邨所
翁時奬等擊敗之
把總金漢等邀擊賊於青邨大敗之
甲寅賊百餘人自桐鄉還過青邨把總金漢與千
戶陳元恩監生盛濟時邀擊大敗之斬首四十餘

級乙卯從南滙所北行把總婁宇盡殲之
柘林賊出掠官兵擊敗之
先是官兵出哨者設伏要路佯以弱兵挑賊賊弗
顧而東官兵擊之賊驚訝伏起翼擊賊遂敗走
三月總督尚書張公經統師來討賊
公督大兵駐府城欲為搗巢之舉賊糾川沙等巢
分酋迭出張聲勢以恐我而實為且戰且走之計
賊攻金山衛總兵余大猷擊敗之

柘林新至賊乘銳來攻守者發矢石禦之賊中傷
者甚衆乃解去既而又來攻大猷擊敗之俘斬二
百有奇
四月柘林賊分踪出掠
賊知官兵將搗其巢乃分兵四出以牽制我師而
川沙之賊先屯老鸛嘴者以聲援不繼俱併入柘
林
官兵擊賊于漕涇狼兵頭目鍾富等死之

辛未工部侍郎趙文華至松江祀海（文華以海濱多寇為壇於得勝港望祭焉既恃寵眷又為分宜爪牙黷睢恣横東南苦之不減海寇云）時調至廣
西兵惟瓦氏最強總督尚書張公經以其未習地
利不欲輕試而文華思倖功瓦氏利賊貲亦樂戰
遂激令進兵至漕涇接戰不利賊圍之數匝頭目
鍾富黄維等一十四人俱死焉
五月川沙賊流劫諸邨鎮官兵擊之遊擊周藩戰死
戊戌川沙聚賊八百餘人劫閘港周浦車溝轉掠

泗涇北簳山僉事董公邦政遊擊將軍周藩把總婁宇引兵追擊於朱涇軍半渡賊襲擊之藩被創墮水死軍士死傷者幾二百人賊遂屯石塘橋流劫崑山石浦諸鎮

賊犯青邨所

乙巳賊舟三十餘艘突至青邨所不克遂焚舟登岸肆掠

賊臨府城官兵擊走之

賊過南門至西倉欲攻城為保靖兵所敗而去

賊復巢柘林

賊自王江涇之敗皆遁出海新賊萬人復來據之未幾風雨大作出海之賊覆溺幾盡其餘黨復巢焉

七月知府方廉計殺柘林賊千人

時賊巢甚熾廉遣諜投毒井中賊死者千餘人斬首數百級

七月官兵擊賊於柘林海口敗之

時賊具舟五百艘出洋叅將盧鏜備倭王沛武生朱先追擊於柘林海口大破之擒斬六十八名顆僉事董公邦政總兵俞大猷又擊敗之獲其九舟邦政又敗之寶山洋斬首九十八名時柘林賊病疫死傷過半而總督尚書張公經侍郎楊公宜浙江提督都御史胡公宗憲調發水陸官兵分布按伏賊勢窘促乃為遁歸之計

八月賊改屯陶宅

柘林賊出洋遭颶風飃溺備倭王世科把總闕等乘勢追擊覆其巨艦斬首二百八十餘級賊勢且急回柘林者九十八艘其走者又為嘉定縣丞張湖及上海兵會勦滅之無遺回柘林賊焚舟登陸示無去志僅存十二艘於海口冀我兵不為備也浙江提督都御史胡公宗憲料其必走預遣備倭王沛等設伏伺之賊果乘潮遁走沛等追及於

金山海洋盡擊其舟斬溺甚衆得脱者定海兵復
過之於近洋乃改屯陶宅
九月官兵進擣陶宅賊巢指揮邰昇姚泓生員于岳
俱死之
昇等陷陣殺賊賊已大敗乘勝進攻賊死守港岸
昇等身先士卒賊乘高刺下遂遇害死焉
十月陶宅賊如上海
陶宅之賊過青邨所而北官兵邀擊之遂走上海

三十五年丙辰
二月賊首徐海復巢柘林
新塲賊首陳東自燬其巢來與之合
賊分掠縣境
三月賊據蔡廟堡官兵會擊大敗之
時賊新至濴缺總督侍郎胡公宗憲令兵備任公
環會參將喬基共擊之賊逃入蔡廟廢堡環乃以
把總陳習攻東門車梁攻西門張惟孝攻西北顧
鳴鵬攻西南賊死守官兵攻之戰方酣王賔等兵
潛從東北入賊遂大敗悉斬之
賊自濴缺登犯佐擊將軍宗禮擊敗之
陶宅賊為官兵擊敗遁出海洋
總督侍郎胡公宗憲會浙直兵進擣陶宅賊巢大
敗之賊死者甚衆遁出濴缺外洋參將婁宇與把
總王應麟復敗之於九團洋俘斬踰百
僉事董公邦政擊賊於西菴平之

賊新至自金山登陸流劫至西菴總督侍郎胡公
宗憲檄邦政攻之賊大敗走匿法昌寺邦政復火
攻之斬馘無遺
濴缺賊合入乍浦
賊犯青邨所把總王應麟討平之
賊自青邨焚舟登陸應麟擊敗之賊匿民舍官兵
復火攻之賊突走為官兵所截不得去乃復匿民
舍遂悉斬之

五月賊攻府城官兵擊却之追戰於泖湖淀山湖皆破之

賊數百人突至城下我兵矢石交加賊乃遁出泖湖把總劉鏜指揮朱崑等水陸攻之連戰逐北及於章練塘馬家兠皆大捷斬首五十六顆其別枝之在淀山湖朱家角者兵備任公環松江府同知張大顯蘓州府同知熊桴夾擊大破之斬首七十三級晦日賊攻府城官兵迎擊之賊中砲死者數

十人乃退如上海

七月賊首陳東葉明改屯呂港巡按御史周公如斗督諸軍擊走之

時賊首徐海屯乍浦遣陳東葉明屯呂巷牽制我師總督侍郎胡公宗憲部署大兵期必勦滅而猶陽為招撫以欵賊巡按御史周公如斗以賊不歸一卒難就緒萬一有泄其機於賊者蘓松禍不訾矣嚴督海防僉事董公邦政叅將婁宇把總王應麟等分布要害亟擊之連戰連捷賊敗衄死者甚衆初二日遁往乍浦是役也賊既畏我兵之逼又利督撫之招相戒而遁自是蘇松寧謐胡公宗憲更無北顧之慮以迄成功云

按乙卯秋七月攻柘林賊方公廉時守松郡遣諜毒賊巢中井死者千餘人乃丐者穆一郎與朱夫力也一郎以五色粉墨塗面漆身為癩行乞賊中因盡知賊衆寡所在以聞於官又與朱

夫懷毒夜納井中賊飲井水輒瞠目不能語土人通賊者告賊飲於河故中毒不甚深然亦多死者又張二郎者善潛伏水中能月餘不食亦矯捷善走死地甲寅應募詗賊數從水中鑿沉賊舟時偵其情形且斬倭首以獻予之銀牌不受勞以酒肉則受寇平論功應世襲百户加以章服妻以倭女皆辭行乞如初方公開府江南訪得之寺中伽藍祠下使領所犒金終笑不受

與飲食欣然謝而去竟莫解其誰何人也故曰

戰勝於謀則乞兒屠夫可備行陣

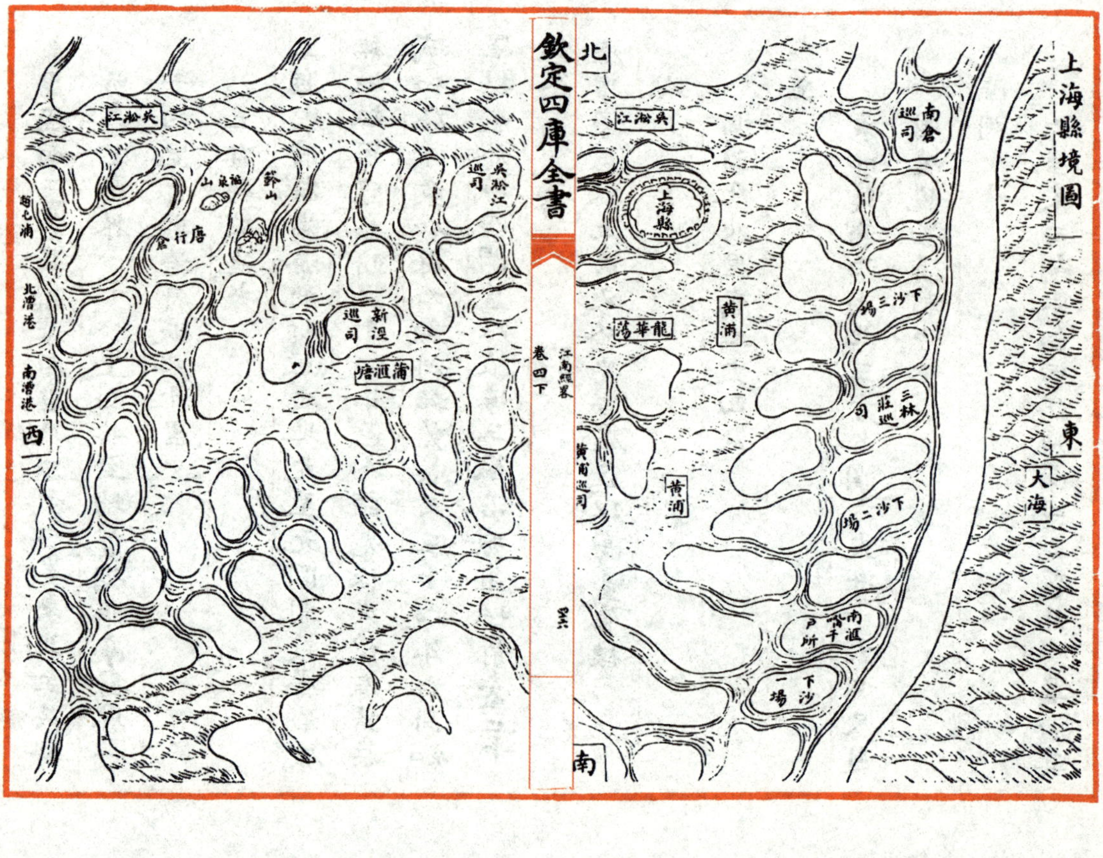

上海縣總論

上海與華亭同為雲間屬邑而形勝迥異守禦亦殊何哉賊之來也多自吳淞江而西南不五十里為黃浦黃浦逼近縣治賊至即抵城下矣然後分䑸循黃浦而南或由吳淞江而西皆可達郡城是一郡之要害在上洋上洋之要害在黃浦黃浦之要害在吳淞守吳淞江口拒賊上游守黃浦遏賊橫渡庶幾免夫

上海縣境考

上海在府治東北故稱華亭海秦時為海鹽北境梁武帝太清三年為前京縣地唐天寶中立華亭縣實為華亭境宋神宗時海舶輻輳即其地立市舶提舉司及榷貨場為上海鎮以地居海之上洋亦稱上洋元至元二十三年分華亭東北五鄉建縣

東至川沙堡濵海五十里西至七寶鎮華亭縣界三十六里南至閔行鎮華亭縣界七十二里北至栅橋嘉定縣界一十八里東南至南滙所華亭縣界八十里西南至華莊鎮華亭縣界三十六里東北至吳淞所嘉定縣界一十八里西北至蟠龍塘華亭縣界一十四里自縣治府城九十里

上海縣城池考

上海宋時特為海舶所駐之地元至元間開設縣治原無城垣可守嘉靖三十二年邑人顧光禄從禮奏請築城知府方廉知縣喻顯科始甃築之三十六年府同知羅拱辰於城四門益以敵樓三楹沿城益以箭臺二十

座環濠益以土牆又於要害處益以高臺層樓

城

週圍凡九里高二丈四尺

池

東即黃浦西南北三方各濶六丈深一丈七尺週圍濠繞外通潮汐

陸門

六座東曰朝宗西曰儀鳳南曰跨龍北曰晏海其

小東曰寶帶小南曰朝陽

水關

三座其東者跨肇嘉浜其在小東門者跨方浜

敵樓

四座

平臺

二座

箭臺

二十座

窩舖

七十八座

雉堞

三千六百九十五垛

按邑尚意氣喜事功誌稱其流也失之夸延東濱大海易于致寇司民牧者其在移風俗嚴輿衛使得道者多助乎甲寅寇至是邑然後侵郡城歷蘇常鎮以及淮揚西則沿海至嘉興湖州民風之得失關是邑之安危是邑之安危又關諸郡之治亂也

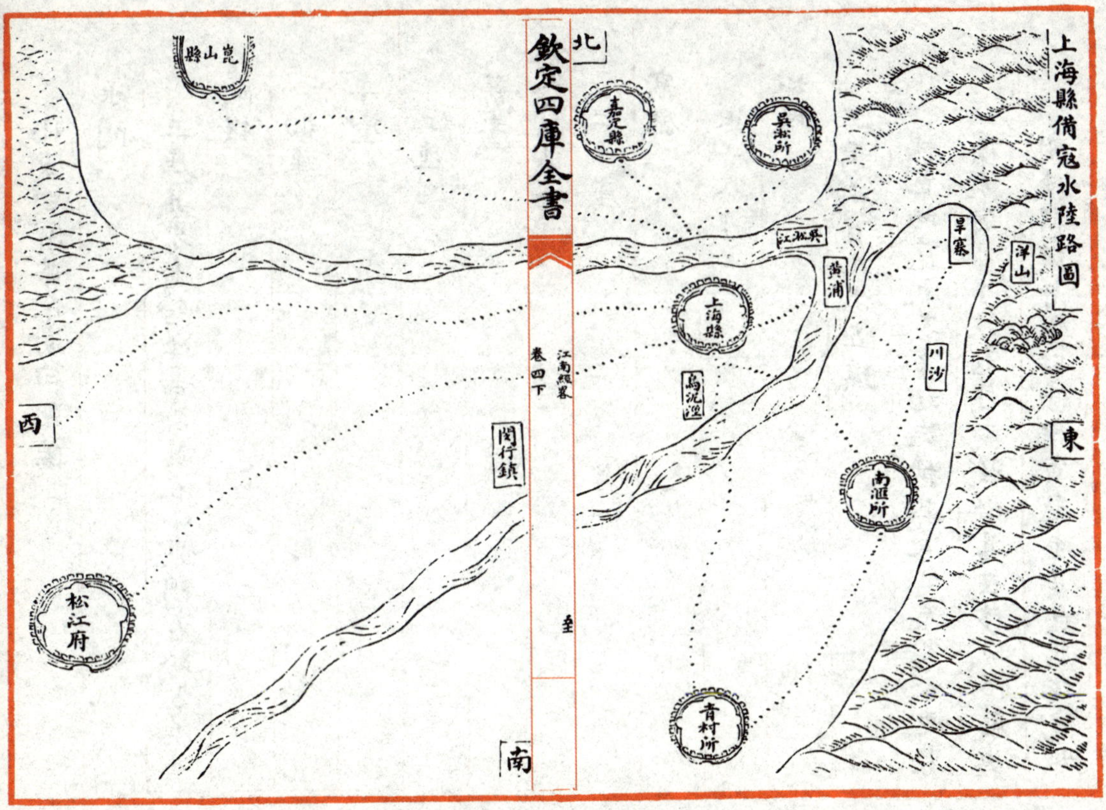

上海縣備寇水陸路考

東濵大海

一由東門下黄浦入閘港五十里至南滙所一由白蓮涇一由馬家浜至川沙堡皆瀕海地方

西通華亭

其道有二一由龍華太平橋馬巷橋新橋七寳龍歸菴泗涇洞涇至府城北門一由黄浦收閔行入府城東門

北與嘉定為界

其道有三由北門出吴淞江歴柵橋南翔鎮以至嘉定縣之南門者正道也水陸俱可行或由西門歴盤龍黄渡或由東門歴黄浦江灣俱可至嘉定乃間道非正道也

西北與崑山為界

其道有二出北門由吴淞江柵橋西行至青浦歴安亭港口夏駕浦口千墩漫水港新洋江至

崑山縣之東門者為水路由柵橋封家浜安亭
莱葭浜車塘呂巷至崑山縣東南門為陸路
東北抵吳淞所
由東門下黃浦出吳淞江沿江東北行五十里
出江口為大海吳淞所在焉
右水陸可通之道凡十有一其實江湖澤國四通
八達賊舟無處不可出沒不能一一而設備也惟
當摘其中之尤要者建寨柵刱團營專駐官兵以

為守禦之計其餘亦惟以遊兵行哨奇兵設伏輕
兵出襲焉斯可矣計邑之險要有五曰南滙曰黄
浦曰閔行曰烏泥涇曰唐行詳見各圖說於後

南滙所險要圖

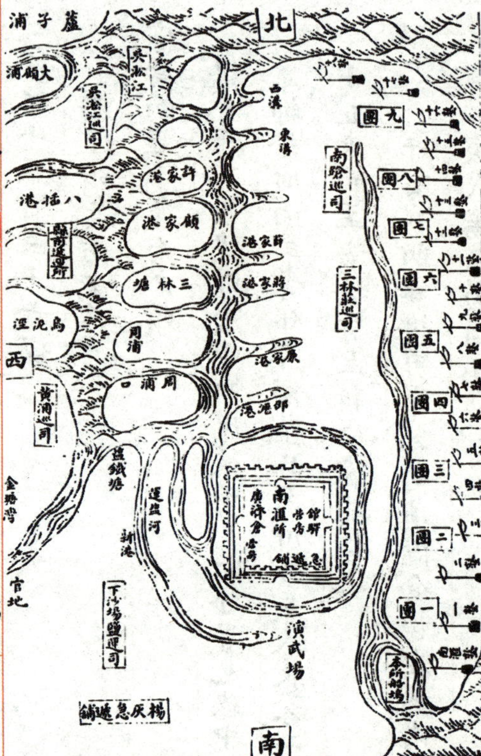

南滙所險要說
南滙所金山之中後所也下沙新場周浦八團諸鎮舊
號富庶皆本所信地也嘉靖甲寅以來皆為寇賊巢窟
而所城孤立勢亦危矣乙卯歲嘗陷於賊今設把總一
員常川駐劄為上洋外護然賊之犯上洋也率自吳淞
江入黃浦逼臨城下南滙反在其外賊之來也惟慮我
兵自内迎擊之耳誠練精兵於此俟賊之隙御枝襲之
賊可破也

南滙所城池考

南滙所係上海縣十九保地方在府城東北一百五十里在青邨北五十里地形如黎狀突出洋中勢向東南其三南皆海故謂之南滙嘴島寇每察風色分艅于羊山馬蹟如東南風則此嘴大勦口當羊山之衝如東北風則此嘴四五六團洪當馬蹟山之衝盖各堡止防一面而是堡獨三面受敵洪武十九年遠安侯經畧海防築堡以備島寇永樂十五年都指揮使谷祥增修弘治初指揮使翁熊重葺

城

週圍九里一百三十步高二丈二尺

池

濠周于城濶二十有四丈深一丈七尺

陸門

四座上各有樓

角樓

四座

敵臺

四座

箭樓

四十座

窩舖

二十六座

雉堞

二十三百三十六垛

南滙所兵防考

守禦南滙中後千户所

洪武二十年建即金山衛中後千户所分置也隷中軍都督府南至青邨界頭墪北至川沙界八墪各二十五里面至海塘背至新場皆其信地

千百户所鎮撫司軍器局廣儲倉俱在城内

演武場在南門外

千户四員
内考選掌印一員城操一員三巡一員屯局一員
百戸八員
内分委掌印一員陸路一員守堡一員其餘聽
差
鎮撫一員
共統官旗舍餘一千二百五十一員名俱聽掌
印千戸調度守城内有選鋒軍餘土兵共三百

名百戸一員訓練以備應援截殺之用汛時仍
於青邨川沙每處每日撥兵五十名不分晝夜
往來巡哨有警飛報總兵遊擊并青邨川沙互
為聲援該所為正兵左右為應兵沿海墩臺掌
印官選撥精壯軍餘每墩五名帶馬一匹住守
瞭望往來飛報以便策應

川沙堡險要圖

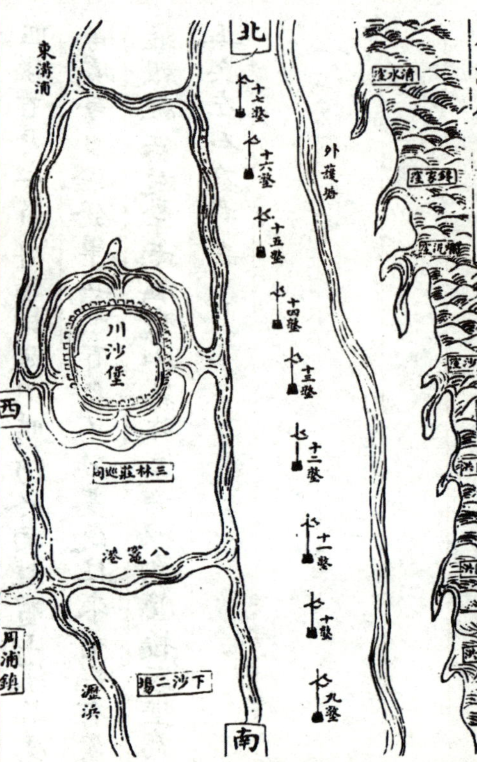

川沙堡險要説

川沙堡在南滙之北旱寨之南舊制南滙與吴淞所互
為應援然相去一百五十餘里又隔吴淞大江兵馬難以
急渡賊至飛報且弗能逹况提兵策應乎嘉靖甲寅賊
據為巢與老鸛嘴柘林新塲之賊相為犄角本鎮遂成
丘墟歲丁己撫按共奏請特為築堡以千戸一員守之
而隷於南滙把總淡得防禦長策然歷年倭寇之來也
多自寶山登陸擄掠而南則旱寨川沙正當敵衝與南滙

青郇緩急又有間也軍餘百名弓兵八十名果足備禦乎有事之時把總之兵豈肯棄南滙而守川沙乎今宜以把總駐劄此堡與卒一千名戍守有事與旱寨互為首尾庶氣勢聯絡事權歸一而且無推諉之患矣

川沙堡城池考

川沙堡在吳淞所南一百二十餘里北距旱寨嘉靖三十六年廵撫都御史趙公忻廵按御史尚公維持兵備熊公桴從邑人喬鏜喬鏜字子聲詳見倭患事蹟王潭建議題請與

築內設把總司守堡千戶公署百戶所軍器庫撫按行臺鐘鼓樓社學下沙三場二場鹽課司南蹌廵檢司三林莊廵檢司演武場

城

週圍四里

門

四座

雉堞

一千二百九十三垛

川沙堡兵防考

川沙堡南至南滙六團五十里北至寶山六十里東至海十二里西至上海縣治五十里皆其信地洪武時以非險阻原無設兵嘉靖中倭人入寇乃築堡撥南滙千戶一員督軍餘一百名守堡五十名守川沙窪口而隷於南滙把總後以賊來登陸從寶山而南掠者川沙正當其衝添設常川操練土客兵五百三員名戰馬二十

匹撥百戶二員專領訓練汛時仍於南滙寶山寨等處每處每日撥發軍兵一百名不分晝夜往來哨探有警飛報總兵遊擊南滙寶山寨并上海以為聲援該堡為正兵左右為奇兵

黃浦險要圖

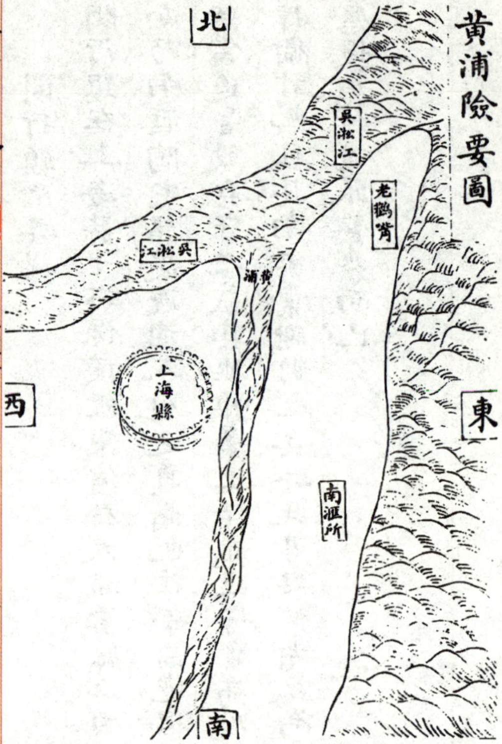

黃浦險要説

按上洋之大水有二曰吳淞江曰黃浦（黃浦在郡南境逼近上海縣城戰國時黃歇命工開鑿土人相傳稱為黃浦又以歇故或稱春申浦云）吳淞江自闗橋以西多淤塞而不通凡太湖以南嘉杭湖之水悉入泖湖從黃浦出海其流反疾故賊舟之入也或由綵淘港以犯嘉定或由黃浦以犯上洋而吳淞江反為不便勢使然也黃浦去縣城不二里賊易登犯萬一得入即横行無忌矣守松之要莫如黃浦舍此更無港口可收泊者

必須大治兵船嚴為守備遏賊上游使不得入浦方為上策然守浦之法不宜株守浦口必令一府官船分為三哨一守黃浦口以捍縣城一哨吳淞江中以備救援一守吳淞江口使賊不得入江則闔郡寧息矣

閔行鎮險要圖

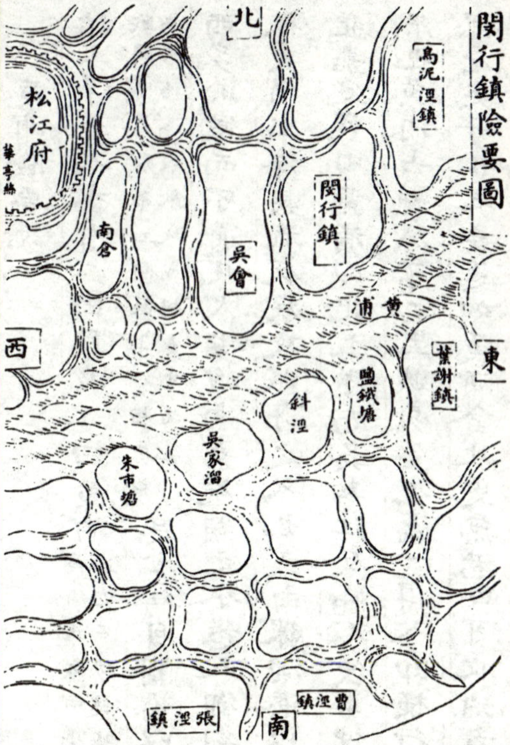

欽定四庫全書　江南經略 卷四下

閔行鎮險要說

閔行鎮在上海縣十六保橫瀝東濵於大浦當縣治西南乃南滙陶宅諸處渡浦入府之通衢也往年島寇猖獗當道嘗設兵守之葢其地雖屬上洋而設守實為府捍衛計也且其南與葉謝對屯兵於此可與葉謝互為應援非特遥張聲勢而已

烏泥涇險要圖

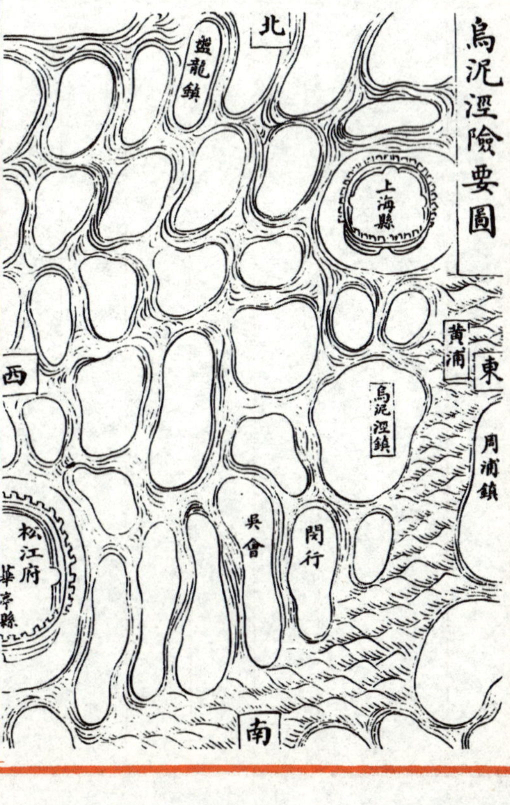

欽定四庫全書　江南經略 卷四下

烏泥涇險要說

烏泥涇鎮在上海縣二十六保界華上二縣間嘗有田父得古碑地名賔賢里當縣治正南與浦東三林塘周浦鎮相望其地富饒可以屯結賊若自二鎮渡浦而西即為縣治若入犯府治亦由此道故烏泥涇閔行鎮均當設險匪直為縣治計實遏賊入郡城也

唐行鎮險要圖

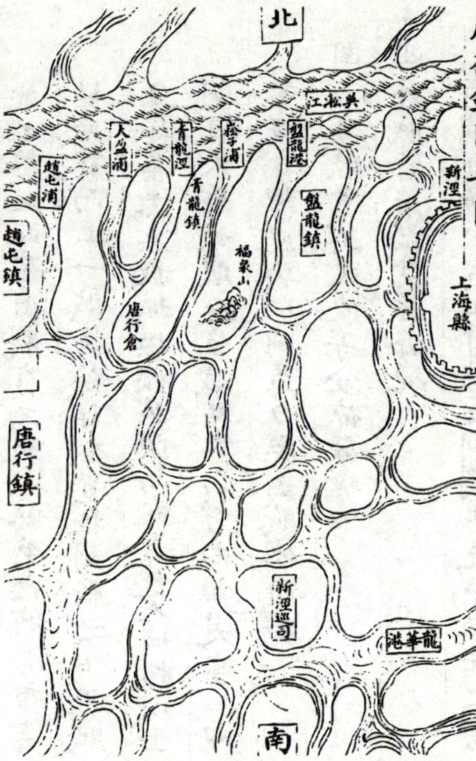

唐行鎮險要說

唐行鎮唐行古稱横溪以其岸横泖也在縣治西一百二十里西控泖湖為吳門要衝縣之水次倉在馬屯兵守之可以遏南北之衝也

上海縣巡司弓兵數附

南蹌巡司

洪武三年建於川沙地方設弓兵四十名往來巡邏

黄浦巡司

洪武六年建於黄浦之上閔行鎮設弓兵四十名往來巡邏

三林莊巡司

洪武年年建於三林塘鎮設弓兵四十名往來巡邏

青龍鎮巡司

洪武七年建於青龍鎮設弓兵四十名往來巡邏

吳淞江巡司

洪武五年建於吳淞江北岸設弓兵四十名往來巡邏

新涇巡司

自元以來有之洪武六年建於二十九保新涇設弓兵四十名往來巡邏

上海縣倭患事蹟

永樂二年甲申

四月倭寇海濵

嘉靖三十二年癸丑二月賊破南滙所

自望日而後十日賊破城者再初南滙被圍官兵望風披靡奔竄殆盡有軍士李府者率其仲子杳及族丁三十人力戰斬首四十餘級退十里吾軍稍安乘勝追逐有賊酋長丈許聲若雷府邀之戰不三合斬之於是賊相誡避馬翌日復戰又斬其先鋒二人賊退走府追戰再勝之伏賊蝟起萬矢齊發父子身無完膚俱歿於陣次年四月賊再犯杳弟泰為哨官年方舞象仰天祝曰為君父報不

戴之讐在此舉出戰獲三級以獻至夜賊潛布雲梯魚貫而上一賊將登陴泰覺拔劍斬之下視賊且蜂集泰急推城堞傾賊墮而死者數人城賴以全明日大戰殺賊無算賊問其名呼曰誰是李三郎泰挺身響應與門關益力卒為賊砲所斃

閏三月賊首鄧文俊等分掠縣境

四月賊首蕭顯焚掠縣境

蕭顯自浙至寶山肆掠通判劉本元統鎮江上海民兵禦之癸未遇於連賓華橋大敗本元沉蘇蘆中一日夜僅免時上海未城縣尹遁走賊遂焚掠縣市去

五月賊首蕭顯焚縣治鎮撫胡賢指揮武尚文縣丞宗鰲死之

賊衆三百餘人自漕涇普子廟登岸擄舟出閘港與水軍遇於高昌渡我兵不利壬子賊千餘人從太平寺驟至焚上海漕船飽掠出海丁巳賊自海

口入合周浦賊共三百餘艘寇縣浙江領坑兵指揮黎鵬舉與鎮撫胡賢禦之鵬舉被鎗傷重賢力戰死馬賊乃衝縣市焚治所鎮海衛指揮武尚文建平縣丞宗鰲率家兵禦擊之尚文出東門遇賊游兵輒敗之乘勝進攻過蔓笠橋賊伏兵猝起以利刃斷馬足馬蹷尚文死之鰲亦戰死於縣南自是而後浦東沿海二百餘里間新舊之賊往來絡繹無虛日矣

前鋒丁爵指揮袁某追擊賊於清水窪力戰俱死之
六月官兵追擊賊首蕭顯大敗之
賊陞上海縣而南鎮江衛知事吳宗德追之本縣
水兵據浦要賊驚潰爭舟溺死者不數計守備解
明道蘇州府同知任環伏兵吳淞江口遣數舟誘
敵賊出海伏兵翼擊之追至寶山洋賊大敗俘斬
九十九名夥死海中者不與焉
賊破南滙所

賊焚掠縣境官兵擊却之
辛巳賊焚掠上海西境六合知縣董邦政追擊於
小灣敗之壬寅賊駕海舟入上海北宮前刼粮艘
都司韓璽監生梁家棟帥兵力戰斬首八十有奇
乃解去知府方廉遂秉間築縣城撫按奏設海防
道駐守以董政為按察司僉事領之
十一月賊犯南滙所
三十三年甲寅
正月賊首蕭顯攻縣城官兵擊敗之
辛丑蕭顯自崇明縣南沙突出駕七巨舟入吳淞
江夜泊宋家分兵兵四刼崇明水兵船在東岸黎
明接戰黃浦中敗績顯遂逼縣東門穴民樓瞰城
中攻城甚急時城初築未固海防僉事董公邦政
與署縣事常州通判劉本學登陴督戰用神鎗手
殺賊甚多出兵斫營亦頗勝二月乙亥賊解圍去
會兵備僉事任公環統民兵三百僧兵八十來援

賊舟泊黃浦者百餘艘而自吳淞南南行者不計
馬任公環勒兵戰於葉謝鎮馬家浜斬獲頗多援
兵不斷僧大有西堂天移古峰等二十一人死焉
任公環整師復進追擊於五里橋習家墳皆大捷
賊乃驚懼走據史家浜浙江提督都御史王公忬
遣都指揮盧鏜浮海至戰於界浜焚賊七舟斬首
八十餘級進擣賊巢大破之賊死者無算其別艘
之在歸家港者任公環復大敗之賊如浙西

三月賊首蕭顯據下沙新塲

四月賊攻南滙所

時所城圮賊攻之哨官李泰挺身獨戰死焉

賊攻縣城

賊自嘉定而來

六月賊焚掠諸邨鎮

七月賊巢川沙

賊盤據川沙灣撤民房作營栅與柘林賊互為尾

叅將盧鏜進擣其巢遇伏力士丁千斤馬八百死

馬未幾分屯考覩嘴襲我山東兵海防僉事董公

邦政率兵扼其北賊乃併入老巢

賊攻南滙所

八月賊攻南滙所官兵擊敗之

都司韓璽奉軍門檄討南滙賊會少林僧應募至

遂并統之以進焚其三艦辛巳戰於白沙灣斬賊

一百餘級僧了心徹堂一峰真元東勝深入被害

三十四年乙卯

正月川沙賊攻南滙所

海防僉事董公邦政擣川沙窪賊巢破之

斬首五百餘級監生喬鏜率鄉兵追擊復大敗之

教授韓崇福賊賊於黃浦

崇福善騎射奉臺檄至黃浦守禦崇所統不數百

人寇蜂至矢集舟如雨崇福弗動徐還射之無不

命中斬馘而旋督府上其功擢本府通判

三月賊圍縣城

賊五千餘人屯新塲下沙千餘人屯閘港數千人

屯川沙俱進逼縣城時總督都御史張公經調集

廣兵湖兵萬人駐松江府城賊乃退入舊巢

賊復攻縣城官兵擊走之

壬寅倭賊數千人來攻縣城僉事董公邦政出師

迎擊有緋衣白馬賊衝擊甚銳甲士陳瑞挺戈獨

鬬斬之賊乃退瑞口啣賊首游浦而渡觀者壯焉

董公邦政立署為千戸
四月川沙賊遁出海官兵焚其巢
五月賊犯周浦閘港等處
戊戌原屯川沙窪賊復突犯周浦閘港東溝擄民
舟過黄浦分掠泗涇北簳山
總兵湯克寛敗賊於黄浦
辛酉倭寇三百餘人自南滙至葉謝鎮總兵湯克
寛與府同知都文奎逆擊於黄浦大勝之渡浦來

援者皆溺死
七月巡撫都御史曹公邦輔敗賊於雙溝
賊復巢川沙
九月官兵擣川沙賊巢擊走之
總督都御史楊公宜遣兵備副使任公環遊擊將
軍曹克新統川兵攻賊大敗之燬其巢賊遁至呉
淞所任公環復督舟師襲擊之斬獲大半餘黨遁
走清水窪

十月陶宅賊移屯周浦
壬戌朔賊自陶宅移屯周浦永定寺
閏十一月僉事焦公希程率川兵擣周浦賊巢敗之
先是總督都御史楊公宜潛令武生胡亘朱先
等設伏賊巢約縱火為號命僉事焦公希程監督
川與遊擊將軍曹克新乘雪夜襲之亘等縱火焚
賊巢賊驚亂我兵四面伏起合擊大敗之斬首二
百三十有奇而賊巢燬焉

十二月官兵擊賊於新場土兵頭目田菑田豐等死之
時兵備副使任公環率永順保靖土兵勦新場倭
寇時賊衆二千餘人皆伏不出而詐令人舉火於
數里外若將引去者土舍彭翅先入嘗之不見一
人於是菑等爭入賊伏發遂皆死之
三十五年丙辰
正月賊首陳巢新場與葉明合踪叅將尚允紹等與
戰於四橋死之

允紹自青邨巡徼猝與賊遇追至四橋賊衆並合
叢射殺允紹及指揮李田鮑東萊千户郭勛崔彦
章李尚節李鵬百户趙武陳清士卒四百人並戰
殁焉

二月新塲賊首陳東自燬其巢與柘林賊合
賊掠縣境

三月賊犯南滙所官兵擊敗之

兵備副使任公環與叅將婁宇相繼大捷

叅將婁宇把總王應麟敗賊於九團洋

五月賊攻縣城

戊午朔賊舟五十餘艘從吳淞江入泊上海北宫
作雲梯攻城通判劉本學率縣人募死士固守積
十七日外援不至賊佯退乙亥夜半賊乘守懈潛
登西南隅守城卒楊錮覺之大呼衆驚起賊刺錮
墮城下衆發矢石擊賊退去初柢城下潮落濠可
涉渡比去則潮至矣衆賊盡没濠中平旦為守城
者滂斬其首數十級梟示城上賊過浦望見之號
泣而去自是邑鮮倭患矣

按上海倭亂喬鏜慷慨尚義挺身擊賊倭薄川
沙鏜傾家財輸官為築城塞川沙窪口以防賊
船妝泊又募鄉兵四百防禦出多斬獲鄉人賴
馬同時有盛濟時募兵二百保護新塲皆海上
精悍之士赴敵善鬬號盛家兵後録功為百户
辭不受又潘元亦募兵三百俟倭至出擊殺之

未幾卒其功皆足多者故并及之

松江府土賊要害

華亭縣

出賊　朱涇　在縣治西南二十六里東通黄浦西通三泖
南可達海鹽平湖北可達蘇州嘉興為出賊
淵藪

曹涇
在縣治東南七十里介於柘林金山之間為
鹽徒梟窟積藪出入於波濤閑習如馭馬

上海縣
出賊
閘港

江南經畧卷四下

欽定四庫全書　子部
江南經畧卷五上

詳校官內閣中書臣滕濬

總校官進士臣程嘉謨
校對官助教臣郭祚熾
謄錄監生臣鍾　壽

欽定四庫全書

江南經畧卷五上

明 鄭若曾 撰

欽定四庫全書

常州府屬縣疆界參錯圖

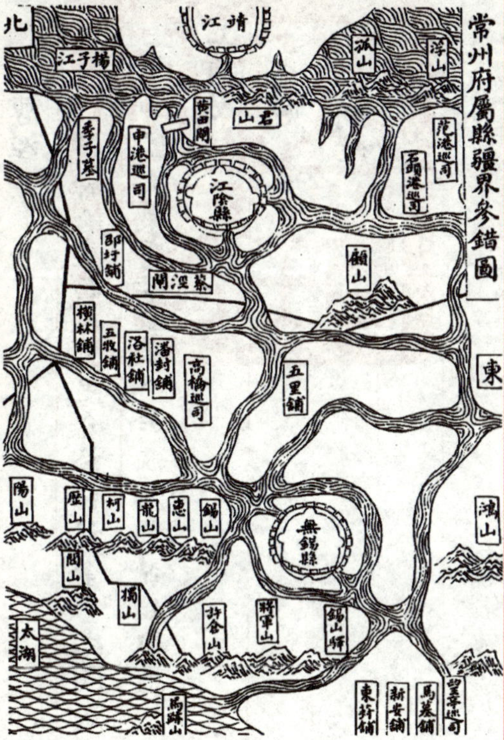

欽定四庫全書

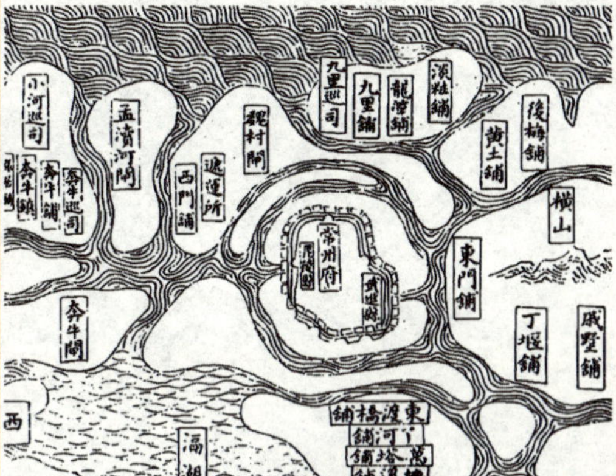

常州府總論

古今論險要者皆曰京口當長江下流乃留都之門戶也又曰當南北運道之衝乃吳越之咽喉也不知留都之門戶在於靖江吳越之咽喉在於河莊而凡言京口者皆非也何也靖江橫亘大江之中週圍百里港汊浩繁舟師可泊結水寨屯重兵與泰興江陰二縣相為犄角則海寇不敢越此而窺留都所謂靖江為留都之門戶此也丹徒以東抵於雲陽兩岡相夾可以設伏可以

閶截賊必不敢由此而来若收河莊歷犇牛抵於毘陵通計不過七十里甚便且易既至毘陵則金壇丹陽宜興皆可傳檄而定而無錫以東咸入其彀中矣所謂河莊為吴越之咽喉此也夫是二者皆常州之所轄也向来非不設備但靖江勇夫之力不足以支寇舶之衝河莊堡寨之兵不可以遏大寇之入必廟堂之上不以靖江視靖江而以留都視靖江不以河莊視河莊而以吴越視河莊各設參将各屯重兵務俾其力足以抗禦海

寇不得越靖江而西衝江寇不得收孟河而東下夫然後為常州之善計耳

常州府疆界考

常州禹貢揚州之域天文斗分野春秋時為吴地吴亡屬越越亡屬楚秦併天下為會稽郡東漢為吴郡晋太康二年始分吴郡置毘陵郡永嘉五年改為晋陵郡隋開皇九年罷天下郡改為常州大業三年又為毘陵郡唐武徳三年復改為常州路國朝升為府領縣五 武進 無錫 江陰 靖江 宜興

府境舊東西二百里南北二百七十里國朝重加經畫東抵蘇州府常熟縣界苑山西抵鎮江府丹陽縣界吕城廣一百九十五里南抵湖州府長興縣界垂脚嶺北抵揚州府泰興縣界揚子江中流袤二百八十五里

常州府城池考

毘陵為南都肘腋吴越喉襟自晋太康建郡以来即有

城以控制一方曰内子城週圍二里三百一十八步高二丈一尺中外甓之唐景福元年楊行密遣唐彦隨權領州事修築立鼓角樓白露屋今為府治城廢周繚以垣曰外子城週圍七里三十步高二丈中外甓以磚石上有敵樓白露屋偽吴順義中刺史張伯宗增築方直雄固號金斗城門有四東曰行春西曰迎秋南曰金斗北曰北極外皆有濠宋建炎中毁紹興二年郡守俞俟復興繕 胡埕有子城興造記 國朝洪武初改築新城迎秋北極

門即為新城基惟迎春金斗遺蹟稍存今亦廢曰羅城週圍二十七里三十七步高一丈厚稱之偽吳天順二年刺史徐景邁築門有八東曰通吳次東曰懷德南曰德安次南曰廣化西曰朝京北曰青山次北曰和政東北曰東欽外皆有池國朝洪武己酉改築新城羅城遂廢惟東南故址稍存曰新城在羅城内週圍一十里二百八十四步高二丈五尺甃以磚石洪武二年信國公湯和築置七門東西南北次北名仍舊次東曰中箭次

南曰石幢水關四一在正東一在正西一在東北一在西北天順後樓堞廢燬城壁間存成化十八年巡撫尚書王公恕奉朝命以成算授郡守孫仁重甃易以巨石新甃增高三尺其門名中箭石幢者復名懷德廣化凡池隍樓櫓雄偉莊麗有加於前王與有記久之又圮正德辛未北方羣盜出沒城郭弗治者多被陷知府李嵩請於當道而更葺之益走馬街廣丈餘設巡警鋪五十二所李東陽有記掘地通濠城完而寇適至恃以無恐嘉靖乙卯倭人入寇郡守金濠復築德安廣化兩甕城增築敵臺窩鋪城制始備今城即所謂新城也

城

週圍十里二百八十四步高二丈五尺厚二丈

池

濶一十六丈深二丈

陸門

七座東曰通吳次東曰懷德南曰德安次南曰廣

化西曰朝京北曰青山次北曰和政門各有樓樓外有月城

水關

四座曰東水關曰西水關曰北水關曰小西水關

敵臺

二十座

窩鋪

六十二座

雉堞

四千五百一十六垛

常州府守城官兵考

陸營官兵

總練指揮一員

哨官一員

操官四員

軍兵三百四十二名

民壯二百七十七名

教場舊在郡治東北即宋教場今廢為民居有將臺遺址存馬外教場在廣化門外一里廣袤五十畝信國公湯和守禦時置歲久廢為居民正德七年知府李嵩復其地搆演武亭繚以周垣軍兵民壯以時操習

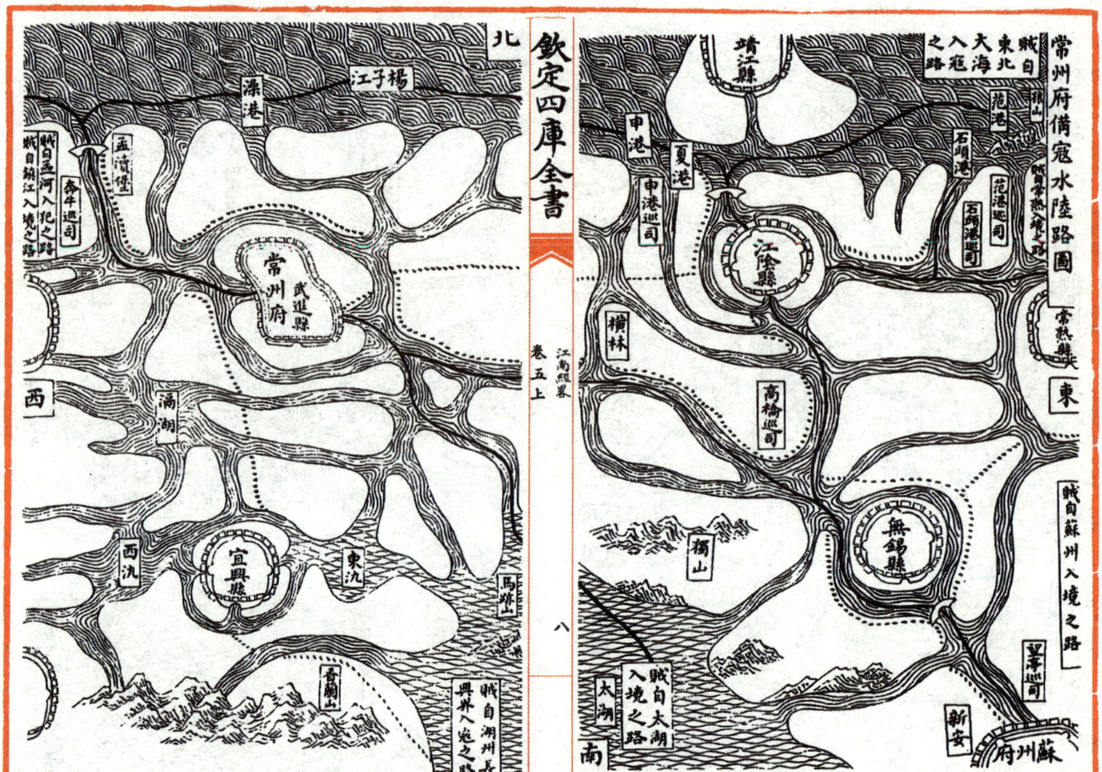

常州府備寇水陸路論

夫寇欲犯常州水陸可通之路不可勝舉其大要不過三者而已第一是由河莊而進歷奔牛東至城下第二是由江陰之桃花港過壩直抵郡治北門第三是由蕪湖溧陽金壇宜興而來斷斷乎不敢從京口閘運河東下何也京口以東夾岡兩岸如山迨迨一水中行非兵行之道也知斯三者則知所以守常州矣

武進縣總論

常州之屬縣五武進其附郭也運河中貫其西則由京口可以出大江其東則由勾吳可以通濱渤利害關係衆人之所共知向來之所預備愚以為賊計巧猾若竊常州必不由此而入其入也必由夫河莊其詳已見於本府總論矣河莊設備若嚴賊又將捨河莊而趨桃花港何也桃花港離郡城僅三十里東望江陰西望孟瀆皆水陸兵將蜂屯蟻聚未易猝犯此港乃人所共忽賊若棄舟於江干從江口登陸而行不片時可抵常郡之北門報至賊亦至矣豈不可慮河莊在縣境西北桃花港在縣境東北二者皆武進之所轄也備斯二者則武進之兵防盡之矣或疑東南有戚墅下瀆等港皆濱太湖盜若由此犯城亦易其險恐不在桃花港下曰是不然寇若入太湖必由蘇常陽羨地方聲勢鼎沸矣湖中有七十二山網罟船巡司兵船追逐哨報賊豈能掩襲而至哉大抵善攻者攻人之所不備善備者備人之所必攻桃花港之攻與不攻存乎我兵之備與不備耳

武進縣境考

武進縣古延陵地漢時為曲阿丹徒舊境三國吳嘉禾三年改丹徒縣為武進晉太康二年復為丹徒尋析丹徒曲阿置武進縣治在今郡城西北六十里通江鄉（古名千秋鄉）梁天監元年改為蘭陵縣唐武德三年復以蘭陵故地置武進縣貞觀八年併武進縣於晉陵垂拱二年復析晉陵地置武進縣後唐同光元年江盜旁午民不奠居始徙縣治於郡城與晉陵俱為附郭治在金斗門外街西宋因之國朝洪武元年革晉陵併入本縣治在府治南一里縣附於府其城即府城也故不另列城池考

東抵本府無錫縣界五牧西抵鎮江府丹陽縣界呂城廣九十五里南抵本府宜興縣界黄土橋北抵揚州府泰興縣界揚子江中流袤一百二十五里

武進縣備寇水陸路圖

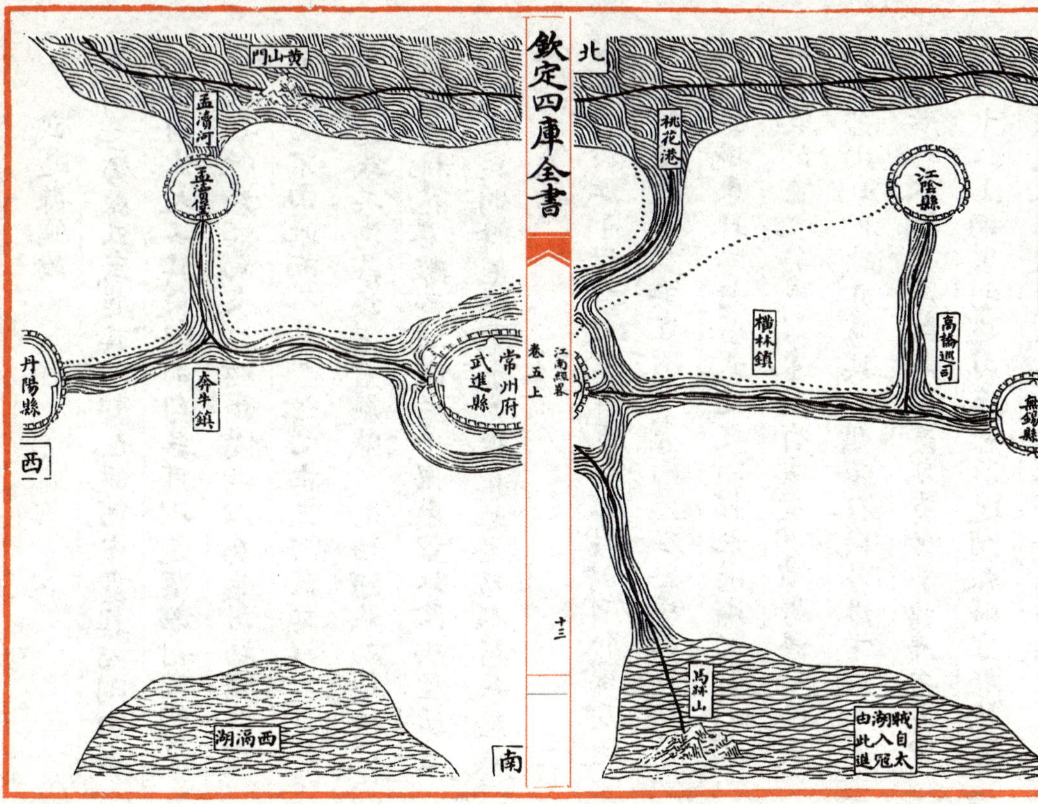

武進縣備寇水陸路考

東通無錫

其道有三由白家橋官塘東行歷橫林五牧高橋至無錫縣之北門或由白家橋收港歷戴琪楊溪花渡橋出洛社者其東路也由白家橋南進採菱港歷東槎戴琪馮橋鄭瀆馬家橋楊湖藕蕩錢橋出雙湖口者其南路也官塘東行者正道也其餘皆間道也

西距丹陽

其道一由府治西門歷奔牛呂城柵口陵口而至丹陽縣治者是也乃正道也非間道也

南抵宜興

其道有四由府治西門陳渡橋歷柵頭寨橋浪打川鍾溪何橋邑亭至宜興縣之北門者其南路也由採菱港進歷（闕）　由丁堰進歷（闕）　由橫林雙牌進歷（闕）　者東南路也南路正

道也東南路乃間道也

北至大江

其道有二由府治北門七十里桃花港出江者其北路也由奔牛鎮入孟河河莊閘出江者西北路也西北路正道也北路乃間道也

東南至太湖

出湖之口有三由白家橋丁堰戚墅堰宋建湖口洛陽塘門旗莊戴溪諸橋天井岸下隅蔣莊

龔堰薛堰下埠港入湖或於下埠港之東曰新邨曰董莊曰毛湖曰桃花曰蘆荻皆可以入湖者其東路也由白家橋採菱港豐盛江邨馬巷板上周陳虎阱新莊諸橋與東路戴溪橋等合者其中路也由縣治東境至蔣莊渡支河歷聖力飲馬東板西板諸橋橫河分水墪百渡港入湖者其西南路也三者皆間道也非正道也

東北與江陰為界

其道有二見江陰縣水陸路考

西南與金壇為界

其道有三由府治西門歷七里橋荆城港至金壇縣之北門或由西門小港歷三里菴賀家地方出荆城港皆正道也由奔牛鎮進小港至白鶴溪者乃間道也

右水陸可通之道凡十有六其間港汊浩繁岐路錯雜不可勝計不能一一而設備惟當擿其中之

尤要者團兵勇建寨柵以守以禦其餘亦惟以遊兵行哨奇兵設伏輕兵出襲馬斯可矣計邑之險要有五曰孟瀆堡曰馬跡山曰黄山門曰奔牛鎮曰橫林詳著各圖說於後

孟瀆堡險要圖

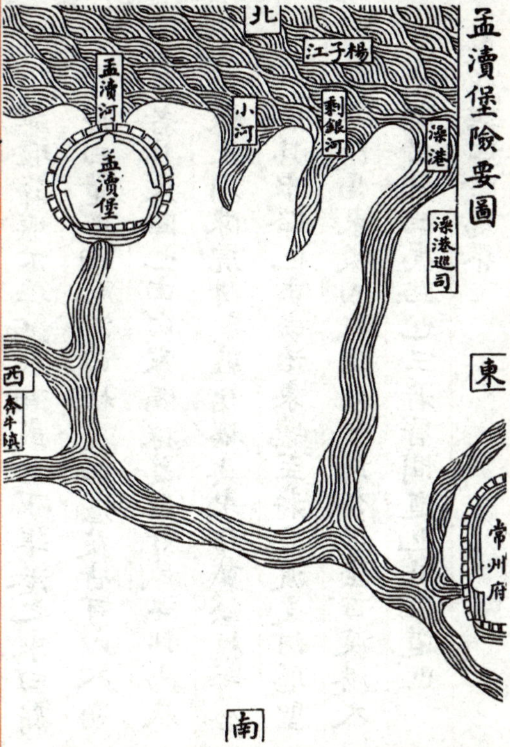

孟瀆堡險要說

孟瀆乃蘇松諸郡之咽喉大寇若犯江南此為最要設防制勝不可視為緩圖詳見築堡議

孟瀆口築堡議

東南海防與西北邊防不同西北之民健鬬而善射每遇敵騎入犯進堡登陴妻奴老幼悉操矢石以禦之堡內甚貧寇何所利而必欲攻之乎是故北邊以築堡為利其堡也非浪築也山隘路口寇所必衝者則築之在東南則不然海港無處不可衝入海塘無處不可登犯迫迫原野並無山隘雖欲築堡何所憑乎縱有堡亦誰與守乎益一則膽怯而不敢鬬二則常恐絶粒三則勢孤無援故不如一走之為愈是堡之無補於江防海防較如也惟河莊一堡又當别論而不可以不築者此荆川唐公之見所以為不可及也何也孟瀆為蘇松諸郡之咽喉愚於常鎮諸論已發明之矣荆川黙識乎此倡議興築勞民費財萬姓怨讟而弗顧厥功大矣但惜其

即世弗獲與之面議也何也孟瀆口當江潮洶湧之衝土踈善崩堡跨瀆口之上凡江行者必由南北水關出入萬一崩時適值寇警修葺則不及不修則致悞豈不殆哉如愚見似當釐為二堡兩岸分築先樹木樁以固其基勿惜石灰以期其久相峙如門協力守禦策之上也若錢糧不敷難於輕舉則但建寨柵亦令夾岸而峙修葺皆便策之次也或者曰寨柵安能禦大寇乎曰不然寨柵之設不過屯陸兵而已耳孟瀆口外自有水寨

兵船寇至則戰於江中弗容其入也戰而弗勝賊舟始入陸兵夾而擊之杜其深入又弗勝也然後直擣奔牛奔牛之師迎而拒之江口之師尾而追之雲陽毘陵之師又翼而應援之賊將安所逞哉所患者前後左右之力弗協縱賊剽掠此則有不可料者孰謂大寇之禦而專恃夫區區寨柵也耶

孟瀆堡城池考

孟瀆堡在縣治西北六十里通江鄉古南蘭陵郡即舊

武進縣也向止設巡司嘉靖間倭警唐公順之建議築堡察院總練指揮公署在内

城

週圍五百八十丈高二丈二尺厚三丈

陸門

六座

水關

二座南北各一

窩鋪

二十座

雉堞

一千七十九垜

孟瀆堡兵防考

孟瀆河居常州丹陽之中相去各七十里寇船由大江南下必自此出先年止設巡司弓兵守禦自嘉靖三十三年倭亂巡按御史尚公維持查係沿江險要議題設

守禦指揮募兵分水陸二哨水哨沙船八槳船共二十九隻土兵五百一十二名分為二枝一枝住守孟瀆河一枝往来住守桃花港澡港二處仍各分番出哨至江陰靖江等處與兩縣及江陰圖山二把總并江北海防道所轄泰興周家橋把總互相策應陸哨原設戰兵五百名後因議革現存操軍三百名百戶一員統領與小河巡司弓兵七十名并城内居民協守本堡

馬跡山險要圖

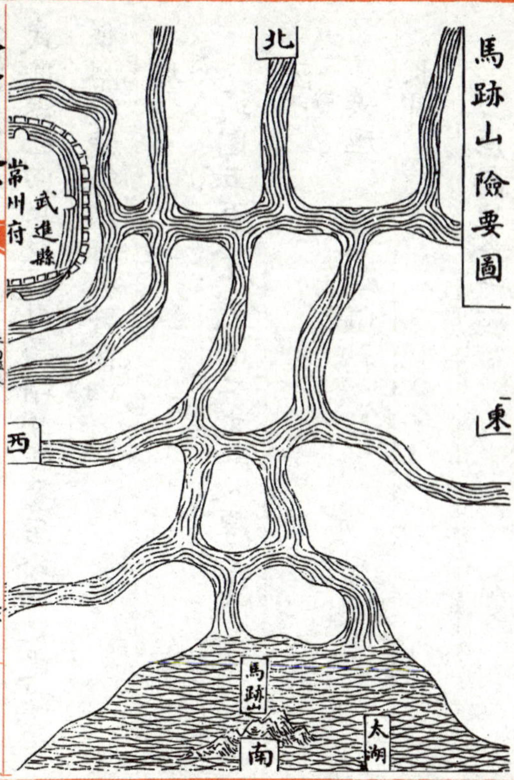

馬跡山險要說

馬跡山在府治東南太湖中二十里太湖之在武進惟東南一隅最為險要馬跡山屹立其中若天設之險也宋時嘗置寨設兵於此以備湖寇甚得守禦長策近年以来議者漫不及之葢以倭寇侵犯洞庭其勢必由無錫縣北行而入揚子江武進道里遼遠故也殊不知無錫西南漁舟甚大賊所深懼往年賊嘗犯之輒為所敗復回蘇州是防禦已密本縣獨可無備乎今宜設備於此有警則募漁舟為夾擊之勢舊寨亦不必修復上有祥符寺已可屯戍矣

黃山門險要圖

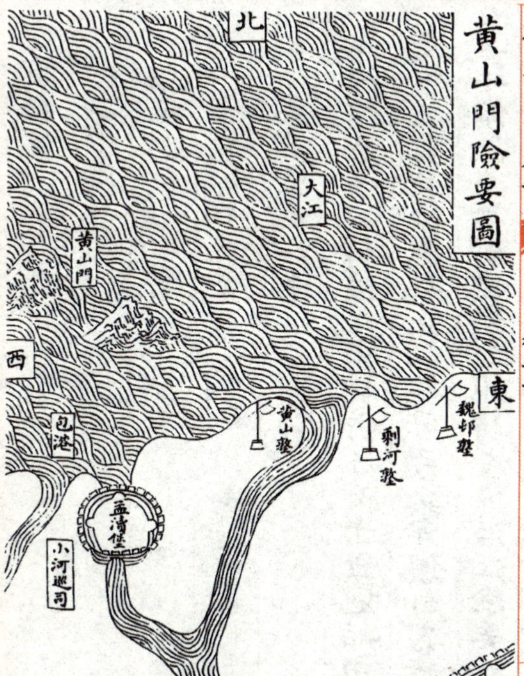

黄山門險要說

黄山門在包港江心水流湍悍盗賊出没之地也況當常鎮二府之交上下瞭望俱可及百里實京口之門户也長江浩潤守望俱難黄山門上下多沙塗惟此茫無涯際江中戰場此其第一也水兵長技倭寇所短盡我之長賊豈能肆志即保護留都無越於此更得淮揚兵船協力萬全之謀也

奔牛鎮東險要圖

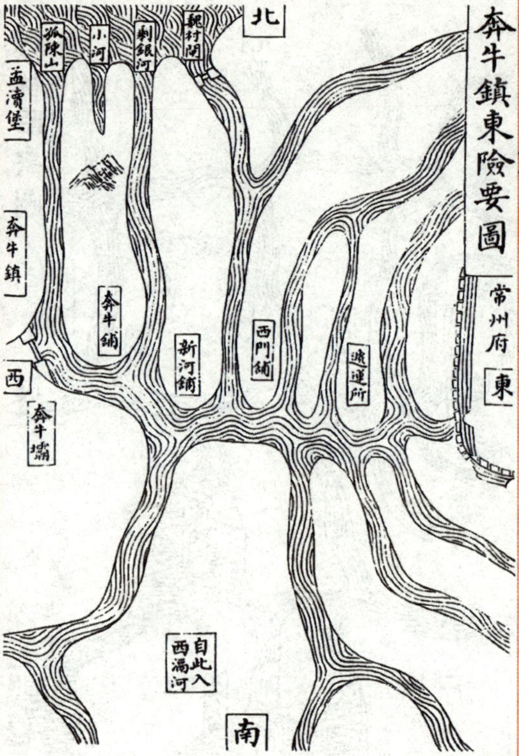

奔牛鎮東險要說

奔牛鎮（輿地志漢時有金牛出於山東馳至曲阿界邨人柵斷其道謂其地為柵口牛皆奔聚因曰奔牛）在郡城西三十里北通孟瀆包港西通丹陽運河要道也賊若自孟瀆包港南下必自此出或自京口丹陽東下必經此鎮實武進西郊之藩翰也必宜設兵屯守此地俾與丹陽戍兵互為聲援倘遇賊至彼此夾擊賊豈敢長驅而犯毘陵也即因此地自來無盗故今之議者僉謂不必設備殊不知孟瀆為長江南出咽喉與常鎮二府頗相隔絶非設兵於此則孟瀆堡孤立無援矣故守奔牛實所以援孟瀆也

橫林險要圖

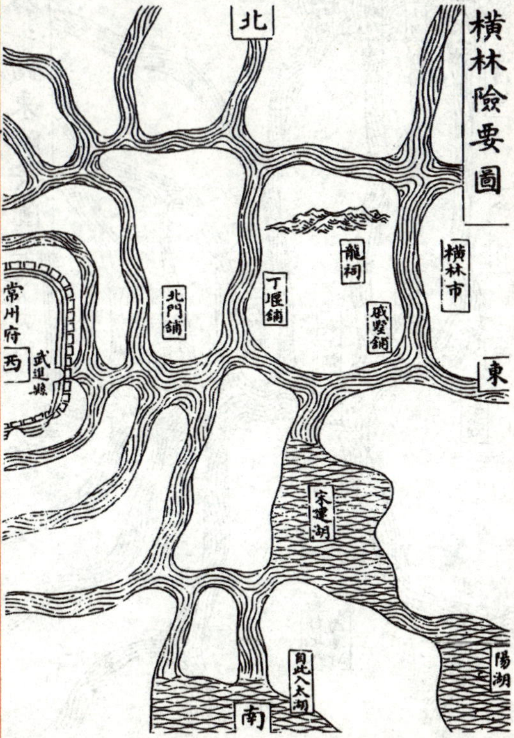

橫林險要說

橫林在武進縣治東三十里南通宋建湖陽湖太湖北通西堰鎮乃運道要衝也其東為洛社其西為戚墅丁堰皆盜賊出沒之地賊若東南自蘇州以趨無錫東北自江陰以出高橋皆可以達郡城而此地其必由之道也宜設官兵一枝屯守於此西衛府治南援無錫

武進縣險要總論

武進縣倭寇獨不多犯然五險實不可不預為設備五險之中黃山門孟瀆其尤要也結援淮揚則黃山門多助守奔牛壩則孟瀆不孤二者宜慎圖之

武進縣巡司　弓兵數付

奔牛巡司

在縣治西三十里奔牛鎮舊在鎮南自宋以来有之元末兵燬國朝洪武初以小河巡司兼轄其地九年邑民費得成陳請復之遂重置焉設弓兵四十名往来巡邏

小河巡司

在縣治西北九十里孟瀆河閘西宋時名小河寨元改為巡司國朝吳元年移置鄭港成化四年徙今地嘉靖中徙置孟瀆堡内尋復徙今地設弓兵七十名往来巡邏

澡港巡司

在縣治北五十里依仁東鄉于塘邨宋元以来原在江北沙新河國朝洪武二十八年以江北沙分隸揚

州府泰興縣巡檢陳允中奏請徙置令地設弓兵七
十名往來巡邏

武進縣倭患事蹟

嘉靖三十五年丙辰

二月賊分掠縣境

四月賊圍府城

賊自小河而入

六月賊掠諸邨鎮

江陰之賊走往江北復回登犯包港孟河入顧邨

嚴莊焚掠無遺

按倭犯洞庭必由無錫北行入江武進道里遼
遠故鮮謀之然防守實不可懈

無錫縣境圖

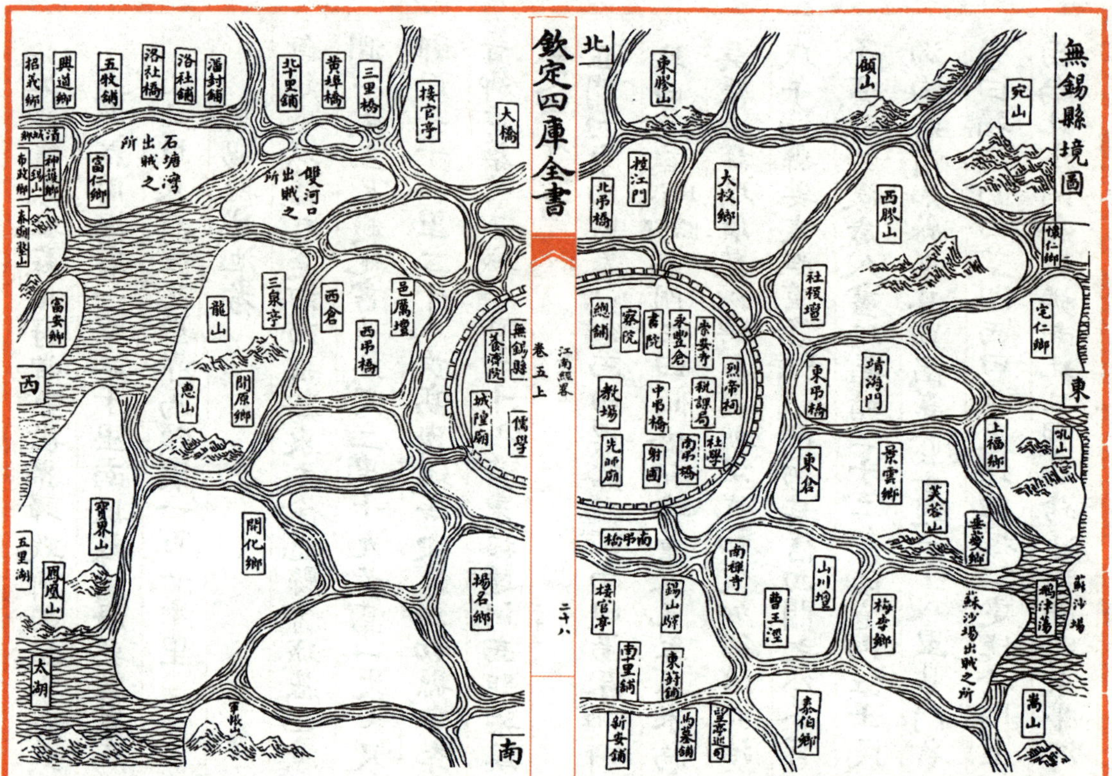

無錫縣總論

無錫縣在常州之東南南據太湖北抵江陰島寇若自東海而来必由夫長洲自大江而来必由夫江陰若中原之寇自蕪湖湖州而来必由夫太湖若曽嘗相視其邑設備之法有二重焉設於百瀆口小瑄與河口高橋尤塗五丫浜者其内一重也設於四河口五牧斗山宛山蕩口懷仁望亭獨山將軍山閭江山者外一重也團結有法水陸具備則一時攻掠之患庶幾其可免乎

無錫縣境考

無錫縣在府治東南九十里古勾吳地也漢高帝初始置無錫縣陸羽惠山寺記是山當周秦間大産鉛錫漢興方殫故名王莽時改無錫曰有錫光武建武中仍改曰無錫三國吴嘉禾三年省無錫縣置毘陵屯田典農校尉晉太康元年復置無錫縣元元貞二年陞為州李晦有記國朝復為縣

舊境東西一百五十里南北一百二十七里國朝重加經畫東抵蘇州府常熟縣界歸政鄉西抵本府武進縣界周橋廣一百二十里南抵蘇州府吳縣界烏山北抵本府江陰縣界馬鎮裏一百一十里

無錫縣城池考

無錫縣城舊在運河西梁谿東南徐記縣舊城基也濠濶一丈五尺越絶書舊城周二里十九步高一丈七尺郭周一十一里二十八步高與城等宋乾興初縣令李晉卿重築舊子城一百七十七步東接運河西距梁溪

正門四東曰熙春徑常熟路西曰梁谿徑宜興路南曰陽春徑平江路北曰蓮蓉徑郡城路偏門三曰顧橋新塘董家元至正末偽吳張士誠增廣甃以磚石國朝洪武初復加繕治弘治戊午知縣姜文魁重修邵寶有記門仍其舊四門之外各有子城跨於濠歲久盡圮嘉靖三十二年倭寇内訌士民洶洶將潰知縣王其勤倡議修築週一十八里易門名東曰靖海南曰望湖西曰試泉北曰控江建樓於門上西南北水關各有樓南北二關皆跨運河西跨東帶河

凡七十餘日而城成成二日而倭寇適至初築時民頗有于思之歌至是得憑城為守所全活數十萬人無不手額王令者矣

城

週圍一十八里高二丈一尺厚如之

池

深一丈七尺廣四丈二尺

陸門

七座門各有樓樓外有月城

水關

三座

窩鋪

三十座

雉堞

四千二百一十八垛

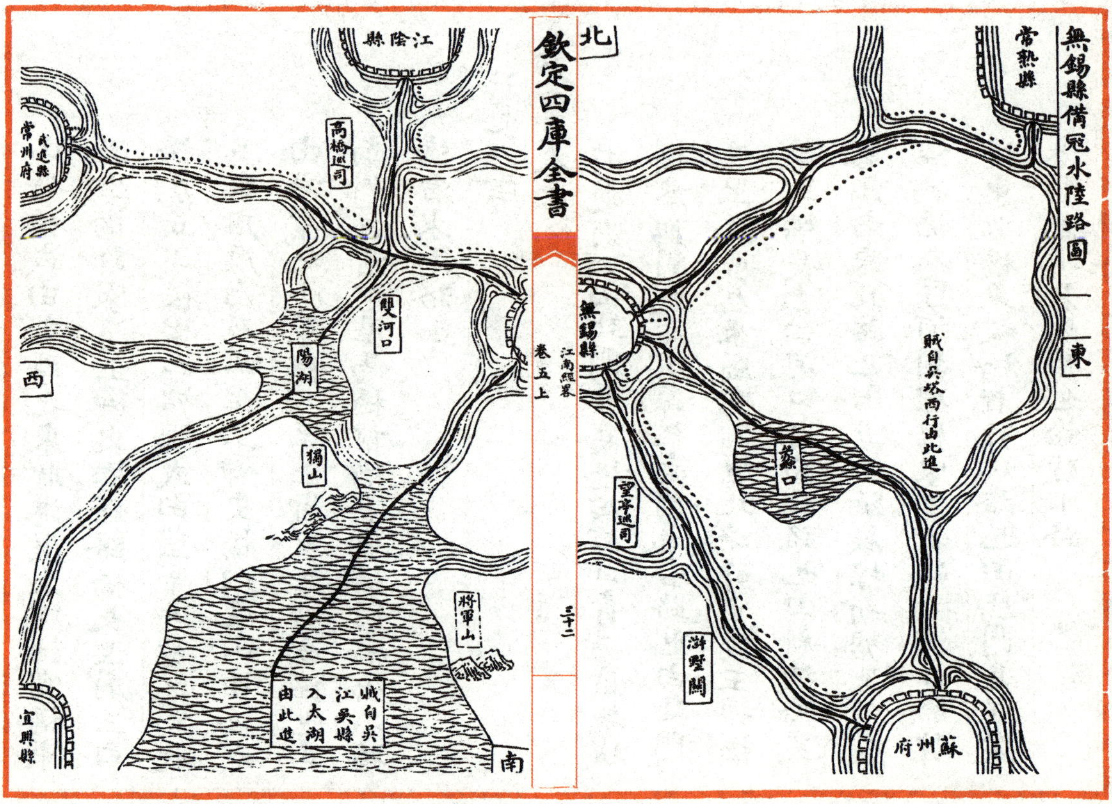

無錫縣備寇水陸路考

東通常熟

其道有六一由北門歷五丫浜三壩陳墅北角下市橋港口湖橋山塘涇者此北路也一由五丫浜歷新塘橋太平閘瀆橋宛山蕩陸家蕩柳溪港華蕩一由宛山蕩出界涇羊尖華蕩者皆中路也一由南門進百瀆河歷梅邨張塘涇蘇沙場鵞肫蕩甘露華蕩一由百瀆出學士橋歷

龍亭新塘橋太平以達華蕩皆南路也一由東門尤塗新塘橋祇陀寺潭塘膠山羊尖駙馬莊深塘戴渡者東路也惟此為陸路餘皆水路

西通武進

其道有三詳見武進縣水陸路考

南通蘇州

其道有六一由南門半場頭曹橫涇新安望亭滸墅射瀆楓橋一由射瀆進歷金雞壁虎丘山塘橋或由望亭之東收港歷上下沽霜橋東西里橋許家灣王御史橋斜路橋長涇廟三白橋虎丘山後出山塘橋或由望亭滸墅之間收吳家店歷白石山至王御史橋以達山塘橋或由滸墅之小菜橋入至王御史橋皆南路也由南門百瀆河歷馬橋前橋洛婆橋同橋出山塘橋者東南路也

北通江陰

其道有六由北門歷高橋四河口青暘鎮越城橋蔡興閘抵江陰縣之南門者官路也由北門三里橋歷吞來廟高六堰北諸蘇市橋王塘橋蘇毛橋長壽四河口者西北路也由新塘橋芙蓉山者東北路也由五丫浜嚴埭新塘陳墅長涇馮塘八字河胡埭楊家橋黄邨三河口駱駝橋東望橋東板橋者皆北路也由北門進江陰港歷後圻者陸路也餘皆水路

西南通宜興

其道有三詳見宜興縣水陸路考

右水陸可通之道凡二十有四其間港汊浩繁歧路錯雜不可勝紀不能一一而設備也惟當摘其中之尤要者團兵勇建寨柵以守以禦其餘則惟以遊兵行哨奇兵設伏輕兵出襲焉斯可矣計邑之險要有三曰獨山曰雙河口曰望亭鎮詳見各圖說於後

獨山險要圖

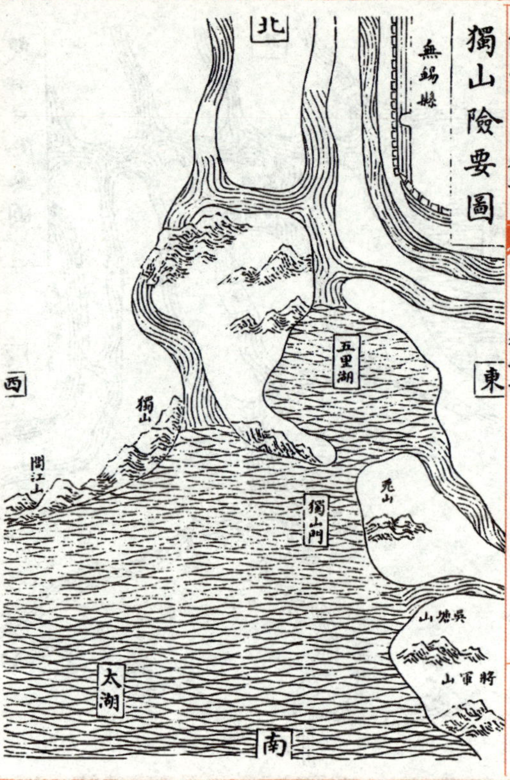

獨山險要說

獨山在無錫縣治西南一十八里錫山山脉西来至是中斷舟行其中北與管社山相望號浦嶺門南與兎山對峙號獨山門梁溪之水自雙河口至此入太湖地方盜艘劫掠必從此走太湖避追捕是故雙河之險不特亂世為可虞而承平之時亦號賊藪似宜設一巡司於此二門置柵嚴其緝捕賊方無所容耳賊若自太湖入犯縣境則命将率師於此堵截更募漁舟犂之於太湖中賊必不能深入也

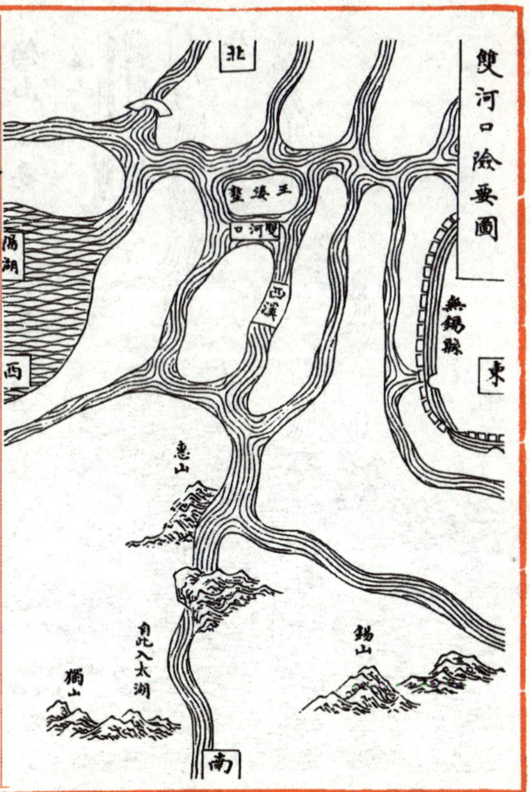

雙河口險要説

雙河口在無錫縣治西北五里南通太湖又北五里為高橋高橋為武進江陰要道賊寇若自江陰南来必出高橋過雙河以犯縣治若自太湖北来亦必由西溪過雙河以犯縣治雙河口者真鹽盜往来之衝而我兵所當固守者也平時客艘過此若履氷霜舊設巡司於高橋雖得控禦之策然弓兵額少巡邏難周必添兵額往来哨守有事則以重兵扼之庶縣城無北顧之憂矣

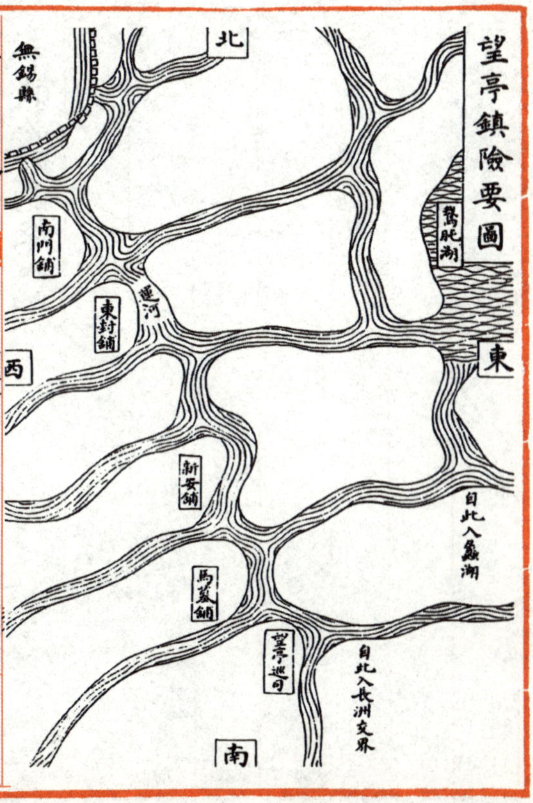

望亭鎮險要説

望亭鎮在無錫縣治南五十里與蘇州府長洲縣分界其地東通蠡湖西通太湖號為賊藪嘉靖甲寅島寇自滸墅而来過此至新安鋪聞有客兵在南門鋪賊訛以為苗兵也復轉而南縣城得無恙令宜設備於此使賊不得北行策之上也若忽而不備賊將長驅而至城下城雖無事四郊之殘破慘矣

無錫縣巡司 弓兵數附

高橋巡司
在縣治西北一十五里五瀉河口國朝洪武二年建
設弓兵四十二名往来巡邏
望亭巡司
在縣治東南五十里新安鄉望亭鎮國朝洪武二年
建設弓兵四十二名往来巡邏
無錫縣倭患事蹟
嘉靖三十四年乙卯

四月賊攻縣城
賊自江陰縣南来勢甚猖獗知縣王其勤督率士
民悉力禦之又一枝攻華家堡亦弗克乃焚掠四
境由蠡口出常熟縣與三丈浦賊合
六月賊至新安鋪縣城戒嚴
先是王知縣募窰夫為兵結營南關號曰窰兵賊
掠蘇州府至滸墅欲由高橋出江陰葢恐蘇州兵
船絶其歸路也至新安鋪擄居民問之曰無錫有
官兵乎應曰有賊復問奚兵應曰窰兵也賊驚曰
苗兵在無錫行幾遇之乃退走取道常熟縣而去
三十五年丙辰
二月賊分掠縣境
三月賊攻縣城
時兵備副使王公崇古駐節城中督官兵拒賊賊
死於矢石者頗衆乃由高橋北去而沿城民居悉
為煨燼矣

四月賊掠縣境
十八日倭船七十餘隻泊縣之北門晝則分艅出
掠夜則歸聚至五月十二日由江陰君山出江十
五日出海過劉家河參將羅某帥舟師擊之沈其
五艘賊驚遁
八月賊掠縣境
為官兵擊敗而去
按二年内賊凡六犯多不得志而去則防守之

為功大也彼窒夫者平時亦宜綏結乎故制寇須練土著

華重慶擄入朝鮮始末附録

嘉靖丙辰首夏十有八日倭船七十餘艘至無錫縣之北門魚貫而艤各舟之人衆寡不一每鷄鳴起則分彯出刼夜則歸聚邑人華重慶遇賊於孤獨橋被擒至舟其舟四十人皆真倭也惟賊首為中國寧波人稱四官不知其姓氏各舟既滿五月十二日齊至江陰之君山

出海每舟聯幇而行十五日出海過劉家港參將羅某帥舟師擊之沈五艘賊大驚斷纜而逝各不相顧重慶舟為風所逐白浪拍天莫辨其方也二十八日至一山其大不盈數畝舟人登之伐木艌舟見草屨知為高麗地面俄而高麗邊將遣三舟卒百人邏視矢石叢發賊逃匿山林財帛盡為所取舟亦被焚二十九日又有三十餘舟卒千人搜山勦賊無遺重慶等中國人九名冒死號泣而訴生擒至邊六月二十九日解至高麗國都其間經歴郡縣凡二千里半途有光州牧者即中國之布政司也先是邊將奏報國王遣通事白元至牧相遇審問間見華姓無錫人即問重慶曰昔有天使華學士者無錫人也得非汝宗族耶重慶曰然具悉以對元歸述以告王七月初三日王使吏曹尚書覆訊畢出住天使館止宿八月十二日王賜宴陪坐葢重天朝亦推學士之餘敬也宴罷每人賞圓竹帽一頂白布衣一件席二條青綿布絹各一疋皂靴一雙綿布束腰一幅遣尚

書都御史御史各一員太守太醫各二員知縣一十八員伴送還朝仍遣軍五十人護送至遼東九月二十九日過遼東見都司三堂起關馳驛十月十九日過廣寧見都司總兵十一月朔至京住五鑾驛初三日下禮部問初五日兵部問十三日復發刑部問十二月初一日差指揮押回原籍重慶遂得於次年二月之望抵家時年方弱冠也夫倭寇之患各府縣良民擄去者無限若重慶之生還葢絶無而僅有者也學士名察字鴻山重

慶之族祖也自非德學言動有以深服乎外國之心安能致其君臣去思如此耶其覆被之澤不獨被於重慶而與重慶同擄八人亦均被焉海外小臣厚遇中國之人若此皇朝一統體面何如其尊耶我皇上聖德漸被如人善任不於是益顯耶嗚呼後之出使者可以式矣使此九人者無重慶於其間不能述學士之履歷則白元必不信其為無辜之人而槩目為賊徒矣安肯宥其死耶況又送歸且伴之以官屬耶重慶歸高麗之臣以詩送行者二其一曰錫山學士聞天下君是同枝共氣

人還鄉若問東方事仰戴皇恩億萬春前書筵官吏曹佐郎兼監察御史朴啓賢贈啓賢字君沃密陽府凝川縣人癸卯進士壬子及第其一曰異國逢秋早金風落井桐鄉關浙江外身世海天東阻折干戈地依稀䰟夢中愁多宋玉恨誰慰遠人衷丙辰早秋雙溪書雙溪不詳官閥姓氏不知為何如人也

江南經畧卷五上

欽定四庫全書

子部

江南經畧卷五下

詳校官内閣中書臣滌澄

總校官進士臣程嘉謨

校對官助教臣郭祚熾

謄錄監生臣鍾　書

欽定四庫全書

江南經畧卷五下

江陰縣境圖

明　鄭若曾　撰

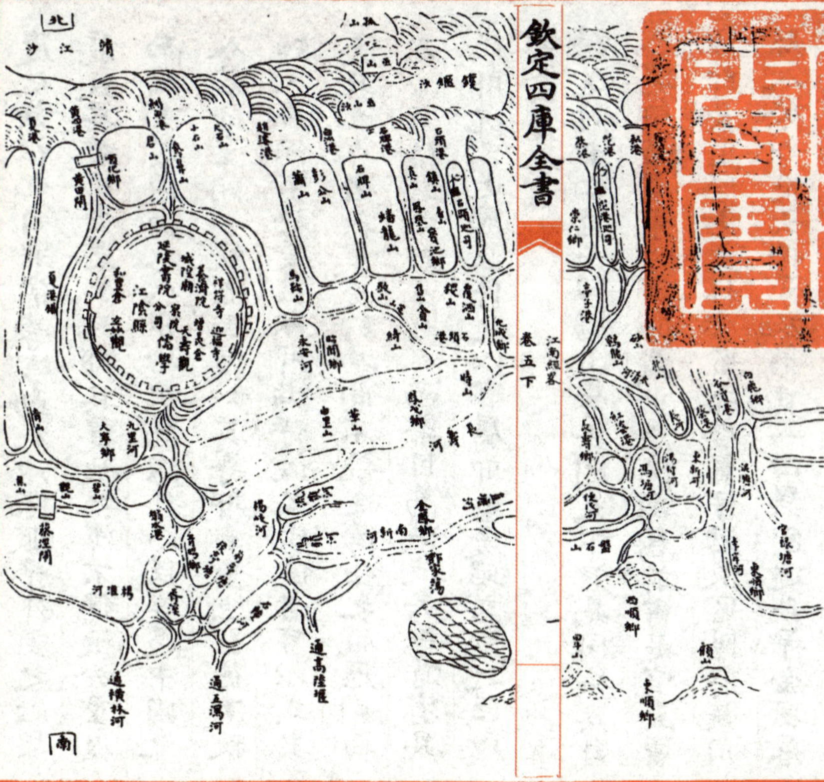

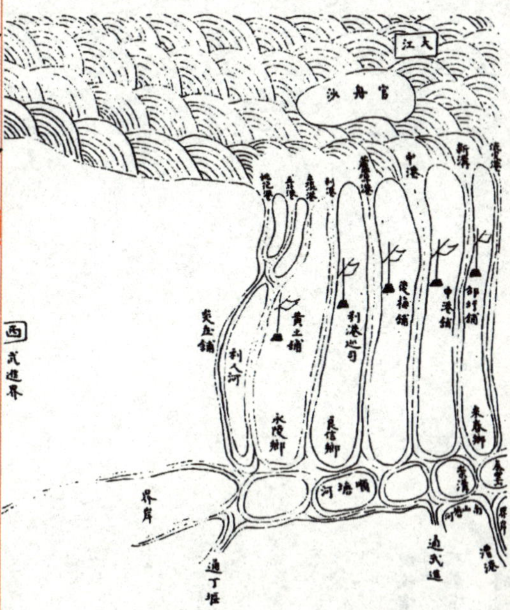

江陰縣總論

江陰在常州東北濵臨大江東界常熟西接丹徒延袤三百一十餘里通湖港口自界涇至桃花港凡二十有四寇若浮江而來犯毘陵犯無錫或自二邑出江江陰其必由之衝乎君山雄峙江口登其巔東北可以望靖江（江面三十里）西北可以望泰興（隔江一百六里）兵船蛸泊實常州之外戶也縣故土城近改甃磚石去江不三里而近沿江包港等鎮號稱賊藪倭患作時以賊禦賊亦可以得

其助江陰武衛之奮豈惟可庇常州而已哉提兵出江
賊舟不得遡江而西金陵實有賴焉

江陰縣境考

江陰縣在府治東北九十里本古延陵境漢魏以來為
毘陵縣之暨陽鄉晉太康元年始析無錫毘陵二縣地
置暨陽縣梁太平二年改為江陰郡（以其地濱大江南水南曰陰故曰江陰）徙治君山之陽（即今縣治）陳永定二年徙治於夏浦（夏浦在縣治西十八里寰宇記陳倪啓為郡徙江陰治夏浦為艦浦城作彄酒池即此）隋開皇九年罷
江陰郡為縣以利城梁豐二縣併入治仍君山之陽唐
武德三年改曰暨州析置暨陽利城二縣七年仍為江
陰縣後晉天福二年改為江陰軍宋淳化元年仍改為
縣建炎二年復改為軍（本紀作紹興二年復置）紹興二十七年又
改為縣三十一年復為軍（續編作三十二年）元初升為江陰總
管府至元二十七年改為州洪武初改為連洋州尋復
為江陰州洪武二年改為縣
舊境東西一百三十五里南北七十二里洪

武初重加經畫東抵蘇州府常熟縣界顧山
西抵本府武進縣界固山闕廣二百二十五
里南抵本府無錫縣界馬鎮北抵本府靖江
縣江岸袤七十四里

江陰縣城池考

江陰縣城自梁太平二年始築跨乾明演教二寺故址
歷隋唐皆因其舊以其創始故曰古城後梁乾化三年
改築（祥符圖經載城週一十三里天祐十年築內有子城即古城舊址）後晉改縣為軍
曰軍城門四曰延慶欽明通津朝宗宋增城門四東曰
新津南曰觀風西曰望京北曰澄江外城門五東曰春
暉西曰天慶南曰朝宗西曰愛日東北曰建寅元定江
南城郭盡燬至正十一年兵起始詔天下復繕城郭時
州人黃傳攝州事率鄉民壘土城之至國初龍鳳三年
更加修築甃磚疊石增女墻闢四門名仍其舊歲久而
傾如履平地正德元年知縣劉紘修朝宗天慶二門六
年知縣王銶裒民力畚土築之周九里三十步高一丈

五尺門皆有樓東南北各置水關次年流賊渡江寇城
下居民賴以保障十二年推官王鈞置扉木架城上覆
以瓦嘉靖十二年知縣李元陽增建城樓八座各當空
闕瞭望相屬二十二年廵江御史馬公璋捐贖壘石培
址甃磚為西幾城三之一猶未能盡撤土而為磚也二
十八年知縣毛鵬經始改建三十六年知縣金柱繼築
迄工始為磚城比舊增高七尺而月城門樓窩鋪之屬
盡撤而新之又於西北城添設鋪舍城之臨江者增置

欄馬墻城制始備

城

週圍九里三十步高二丈二尺基厚一丈五尺女
墻高二尺五寸

池

深七尺濶四丈二尺

陸門

四座曰春暉曰朝宗曰天慶曰澄江

水關

三座東南北各一

角樓

四座曰愛日曰拱極曰棲霞曰枕江

敵臺

四座

窩鋪

二十六座

雉堞

三千五百一十六垜

江陰縣兵防考

水兵

江陰縣北枕長江通潮港口二十有四而黄
田港夏港二處尤為切近縣治設有耆民兵
船三十五隻在江哨守一技百戶一員統領
住守黄田港一技百戶一員統領住守夏港

二港水兵互為聲援仍哨至揚舍諸家沙與
江陰把總兵船聲勢聯絡
陸兵
練兵指揮一員千戶一員百戶一員統領民
壯勇兵家丁共七百二員名無事合營操練
分番哨至揚舍福山等處有警聽常鎮叅將
江陰把總調遣截殺

把總兵船
江陰把總自谷瀆港以至孟瀆河皆其信地
部下兵船六十隻汛時分為三枝一枝千戶
一員領泊諸家沙哨至登舟沙以過狼山之
衝一枝百戶一員領泊青草沙哨至登舟沙
營前沙白茆港以過福山之衝一枝本總率
哨官一員領泊塘沙以控南北兩路分番哨
至狼福外洋該總往來督察與各把總兵船
互相察應汛畢無警仍回江陰防守廵緝鹽
盜

江陰縣備寇水陸路圖

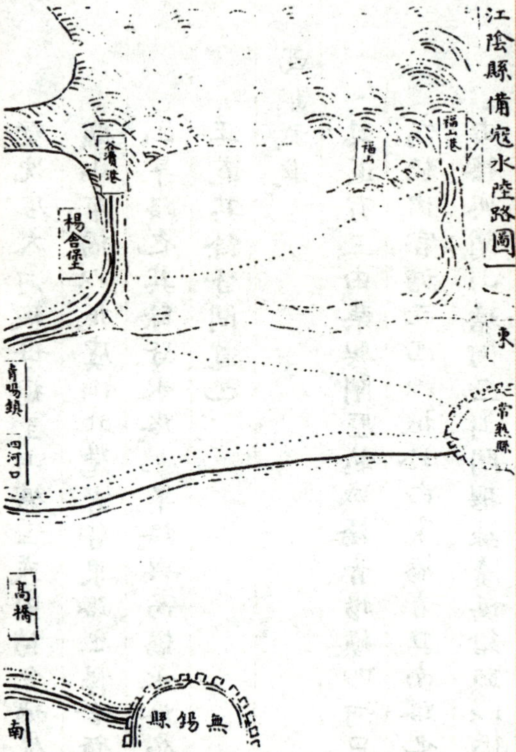

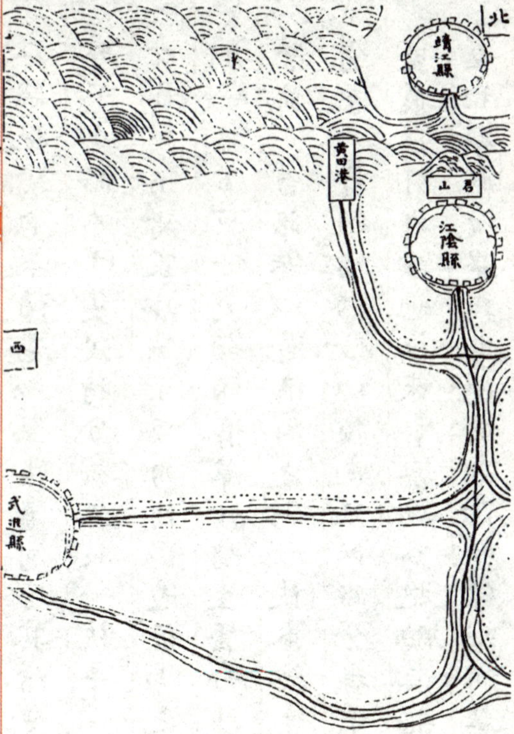

江陰縣備寇水陸路考

東通常熟

其道有五由蔡興閘山塘河口青暘鎮四河口高橋歷無錫縣之北門而新塘橋華亭太平九里大成橋野菱蕩廟橋華蕩至常熟縣之南門或於大成橋收港歷楊尖後過湖從六園東行至山塘涇或由南倉歷竹塘華墅橫塘蘇茅長壽至山塘涇皆東北路也由定山石橋長涇陳墅沈店大河張毋橋至山塘涇或由楊舍城歷顧山市橋以抵虞山北麓者皆東路也楊舍顧山旱路也其餘皆水路也旱路與高橋水路為正道其餘皆間道也

西距武進

其道有三由蔡興閘歷越城橋青暘鎮四河口高橋出官塘而西以抵於白家橋者其南路也由蔡興閘山塘河三山門堰陳瀆橋鎗頭以抵

郡治之北門者其西南路也由陳墅之七里橋婁家橋富畢沙門郵西洋橋北朱石幢白沙圩出橫林亦可以至郡治者東南路也南路正道也西南東南二路皆間道也

北枕大江

出江之口有三由縣北黃田閘或由縣北申港皆可以出江者其北路也由南閘迤西外港而出者其南路也三者皆正道非間道也

東南與無錫為界

其道有六詳見無錫縣水陸路考

右水陸可通之道凡十有七其間港汊浩繁岐路錯雜不可勝紀不能一一而設備也惟當摘其中之尤要者團兵勇建寨柵以守以禦其餘則惟以遊兵行哨竒兵設伏輕兵出襲焉斯可矣計邑之險要有四曰黃田港曰三沙曰楊舍曰青暘鎮詳著各圖説於後

黃田港險要圖

黃田港險要説

江陰港口雖多然切近縣治者無如黃田港寇一登泊縣治騷動矣必設重兵於此防哨與夏港兵互為聲援仍於港口設立水寨屯劄陸兵與縣城相為犄角首尾相應豈惟江陰無慮毘陵亦無北顧之憂矣

三沙險要圖

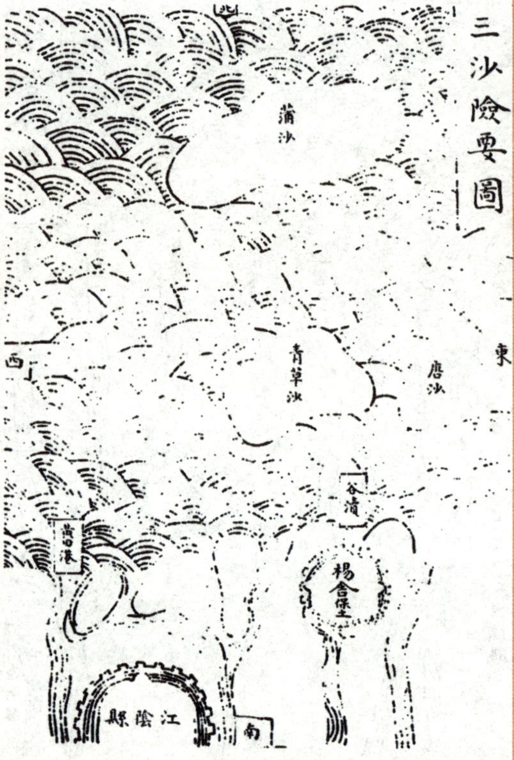

三沙險要說

江陰北濱大江港口錯雜難於防禦非兵船遠哨分守上游則無港不可登泊也而所當哨守者有三曰唐沙曰青草沙曰蒲沙唐沙青草沙則南連福山蒲沙則北通狼山是乃天設之險為江陰之外護也今設游兵二枝於此往來會哨計亦善矣然三沙土豪素稱竊盜之渠魁除之則激之使亂縱之則盜日蔓滋為今之計宜明示甄别使之改過操練鄉兵與官兵互相糾察而以

一巡司領之其弗率訓典者亟勦絕之數年之後兵船可革盜可化為良民也

楊舍險要圖

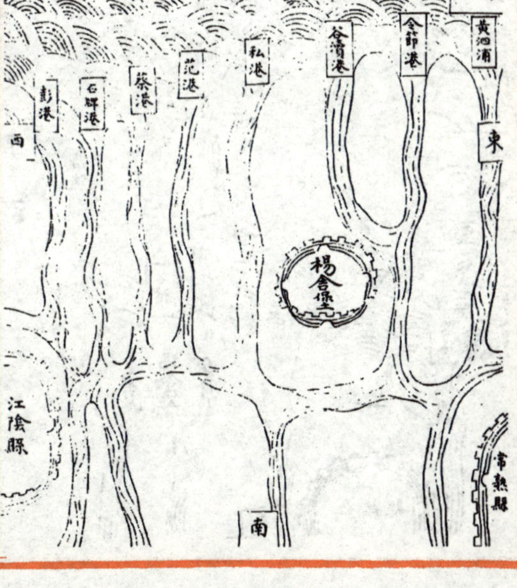

楊舍險要說

楊舍在蘇常二郡之交去常熟江陰各三十五里為常鎮二郡沿江險要之最近築堡於此而以參將領之分兵褚家沙以為首尾之應備禦之計善矣然此地素號賊藪横行江湖窩藏富家未易猝滅誠得良吏一員委以心膂不激不隨乘我兵力恩威兼濟或緝或誘皆使化為良民此今日第一急務也

楊舍堡城池考

楊舍堡古曁陽縣也東連大海北枕大江界於常熟江陰無錫三縣之間最為險要嘉靖三十三年倭警巡按御史尚公維持築堡防禦損壞例請官銀修葺參將府守禦千戶所及察院兵備道署在焉

城

週圍二里長五百零一丈

月城

四座

城樓

四座

角樓

四座

陸門

四座

水關

一座

窩鋪

二十座

雉堞

一千三十六垜

楊舍堡兵防考

楊舍與狼福二山相為犄角乃常鎮之藩屏而留都之門戶也常鎮參將一員駐劄其處沿江一帶皆其信地水營兵船一百隻分為四枝内二枝百戶二員領泊褚

家沙更番哨至三引沙登舟沙營前沙劉家河許浦嘴下以策應崇明上以回顧楊舍一枝千戶一員領泊三丈浦過福山之衛且為犄角之勢一枝中哨百戶一員領泊谷瀆港口以備緩急調遣其諸家沙三丈浦谷瀆港船隻仍每半月一次輪番更换哨守遇警與蘇松參總兵船互相應援江陰圌山二把總兵船悉聽調度陸營原設哨官五員統領陸兵一千名無事則合營操練分番哨至福山江陰等處有警隨賊向往截殺春秋汎

時分為二枝一枝左哨百戶一員右哨千戶一員統領於谷瀆港口外教場屯劄一枝前哨百戶一員後哨百戶一員統領於揚舍北門裏教場屯劄以為犄角之勢每半月一次更番在沿江一帶護塘巡哨如賊登谷瀆港岸則外教場一枝為正兵裏教場一枝為援兵賊從常熟江陰而來則裏教場一枝為正兵外教場一枝為援兵會合截殺本堡有中哨百戶一員統兵二百名與范港石頭港二巡司弓兵一百七十名并在城居民協

守

青暘鎮險要圖

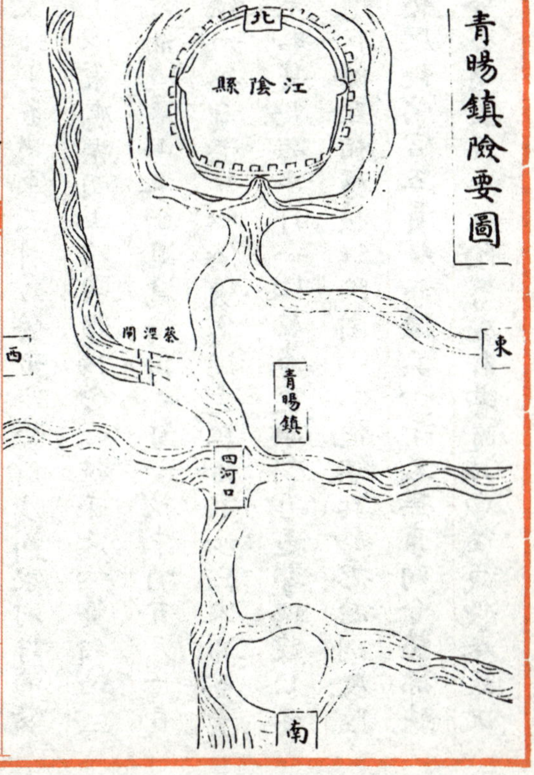

青暘鎮險要說

青暘鎮在縣治南四十里南通四河口四河口者自運河分枝東通常熟西通武進南北即運河經流直抵無錫馬江陰瀕江不三里而近防江兵戍視他邑為劇而腹內險要惟一青暘何哉以其南扼高橋為南地之屏障故也若非嚴設守備則寇賊得以南北縱橫矣此鎮地饒民富易以團結惟在上者鼓舞何如耳

江陰縣巡司 弓兵數附

利港巡司

在縣治西一十五里夏港口宣德二年建原在利港東天順五年利港廢塞徙今地設弓兵七十名往來巡邏

石頭港巡司

在縣治東三十里石頭港口成化二十三年建設弓兵七十名往來巡邏

范港巡司

在縣治東六十里范港口洪武三年建設弓兵一百名往來巡邏

江陰縣倭患事蹟

嘉靖三十年丙辰

二月賊分掠縣境

三月賊攻縣城知縣錢錞禦戰死之

賊至江陰錞出禦於石幢身被一矢又禦之華墅斬賊首九級賊懼乃合常熟縣賊一千五百餘人攻圍縣之東門其時屠戮甚慘填濠直逼城下錞欲出兵以禦之兵備王副使持議堅壁固守錞怒因取印印衣獨率民兵出城死鬬殺賊頗衆馬入于淖賊伏起刺之中十餘鎗而死賊亦懼而遁

七月賊圍縣治主簿曹廷慧禦却之

倭寇至縣令避居學宫城守者多竄廷慧獨登城射賊眼命左左中眼命右右中賊不能敵驚

遁而去翌日賊障牛皮鑿地廷慧則析薪火之賊于是稍退被圍四十餘日生員薛亶援撫按告急偕善泅者二人晝夜潛行七日始達會樊參將帥兵千餘來援廷慧為內應聲援既接賊遂駭散

八月賊掠縣境官兵擊敗之

按縣令錢錞之死無備故也其志亦可哀矣

以臨江重邑而至無備當事者各與有責矣

靖江縣境圖

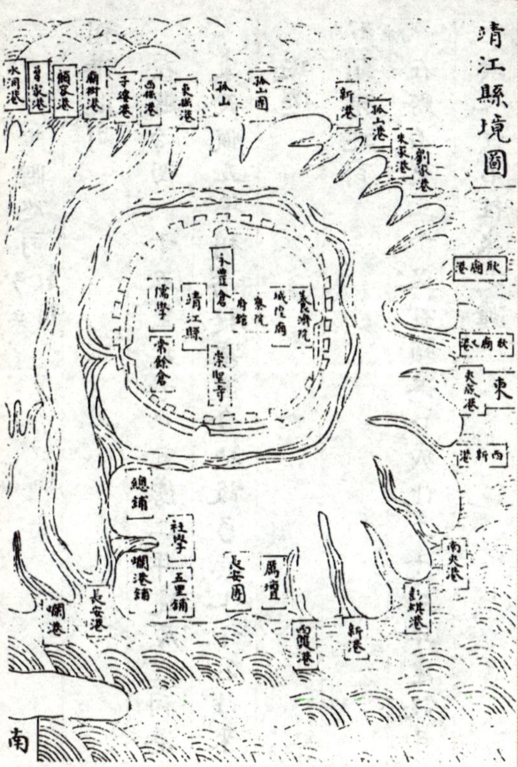

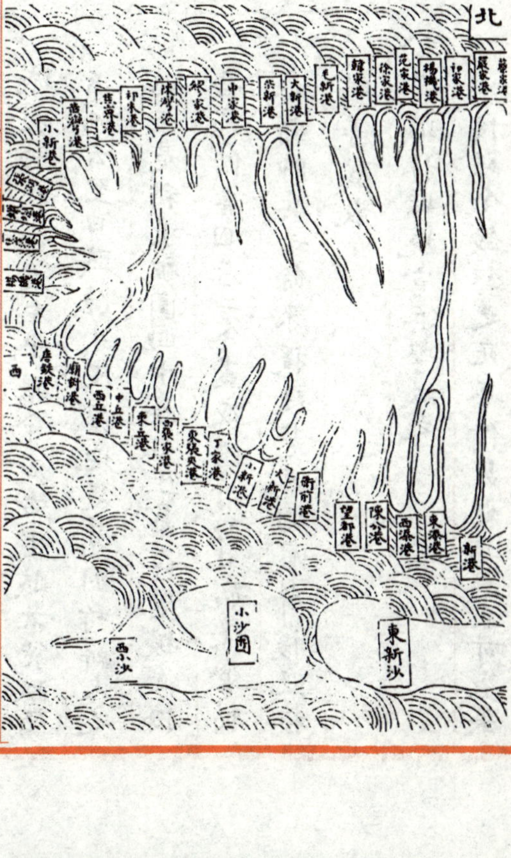

靖江縣總論

靖江乃長江下流雖為常郡屬邑而孤縣江心四面受敵獨膺其難海寇若遡江而來（東至海口六十里）此先受兵週圍港口凡五十有八（如朱家港唐鐵港之類）北望泰興南望江陰壤地雖小而所關繫至大蓋金陵以瓜儀京口為東海關隘往年賊犯瓜儀圖絕綱運道經靖江僅能自守使有重兵於此控扼邀擊賊豈能飛渡哉近設參將駐兵營前沙遏寇於東洋洪濤中曠野無援迂濶難恃如愚

見莫若令遊兵船於營前沙不時廵哨而參将改泊靖江軍民相倚氣勢孔增設有緩急泰興江陰二縣水兵南北策應賊氣益懾而不敢西矣

靖江縣境考

靖江縣在常州府東北一百一十里本揚子江中一洲舊名為馬馱沙其地中分為二曰馬馱東沙馬馱西沙漢以前無考嘉靖三年縣令易幹得斷碣於西沙焦山港其文曰此沙乃吳大帝牧馬大沙隅江一洲為牧馬

小沙俗益呼大為馱訛牧為馬云隋唐時屬泰州海陵吳陵縣境宋時隸揚州泰興縣者三分之二元時因之國朝洪武初仝隸江陰益以土產類江南田賦獨重於揚州諸縣故也成化三年廵撫都御史高公明以江盜弗靖奏請於朝添設縣丞一員署其地撫治之七年廵撫都御史滕公昭奏立為靖江縣（以江海多警故名）隸常州府沙本以海潮逆江依孤山之麓渟聚成壤（廣陵誌云吳赤烏年間有白馬負土入江遂有此洲）大沙之外有十洲自東繞南至西聯絡起伏或大或小（麵條沙東開沙尹家沙宮沙段頭沙南沙西小沙孫家沙新沙團沙）舊尚有江相隅今沙漲起相連廣袤次於大沙民居加密云

東抵巫子門海洋西抵本府武進縣横擔廣九十五里南抵本府江陰縣界江岸北抵揚州府如臯縣石莊袤八十八里

靖江縣城池考

靖江舊為土城周三里外塹河旋遶乃偽吳張士誠部將徐太二所築外有池內廣五頃餘國朝成化十三年

知縣張汝華因其址修築之併建縣治於城中正德元年海寇竊發知縣周奇健加築土墻於城上四門易以磚甓各覆以樓東曰觀海西曰障江南曰濟川北曰廻瀾障江門之南則建水關引水入城以通灌溉嘉靖三十二年因島寇之警江南北州縣皆修築城堡知縣汪石改甃磚石增設敵臺門樓女墻改築水關於東門之南三十四年知縣應昂復浚塹濠加築甕城即舊城而增高焉四十三年知縣王叔杲以城中民稠地窄欲擴

城西展併西市仍改水關從西以便水性以調去不果

城

週圍長六百四十丈高一丈九尺厚九尺

池

廣四丈五尺深一丈二尺

陸門

四座上各有樓

水關

一座

月城

四座

敵臺

十座

水柵

一座

窩鋪

二十座

雉堞

一千三百七十四垜

靖江縣兵防考

水兵

靖江縣僻處江心四面受敵週圍港口五十有八而

孤山套口蟛蜞港爛港口三處尤其要害近設總練

指揮一員水哨官二員統官民船三十四隻水兵民

壯弓兵共八百七十二名分為三枝一枝該縣佐貳

官一員督同哨官一員統領住守孤山套口一枝哨

官一員統領住守蟛蜞港一枝該縣佐貳官一員統

領住守爛港口仍各分番出哨至唐沙蒲沙等處與

江陰縣弁該把總兵船互相策應

陸兵

陸哨官一員統民壯六百名内將二百名駕船出江

廵邏其四百名分布四門與城内居民編甲防守

靖江縣水陸路論

靖江縣北通淮揚南通江陰東通大海西通京口孤懸江心如一沙然且港口甚多無港不可收泊無地不可登犯非有險要可據故不作水陸路圖考

新漲沙險要圖

新漲沙險要說

靖江之去江陰也凡四十里而新漲沙在半途焉南北六七里東西二十里乃盜賊之淵藪也賊隱遁於此而以腹心至縣瞰人貧富不時入刼江中之賊亦多出此必須申明保甲之法嚴加緝捕使盜賊不得隱匿其間或特設廵司之官以守之庶得南北通利而無刼掠之患云

靖江兵務議附錄

靖江知縣王叔杲申呈云本縣孤懸江心四面受敵必須泰興江陰二縣各發兵船數隻會同靖江南港兵船主客戮力協守中流其周家橋把總兵船一支哨至石莊廵司地方江陰把總兵船一枝哨至巫子門迤西江面南北三枝兵船分設已定務期守望相助無事之時三枝分䑸旗相望金鼓相聞在江同習水戰如遇有警賊勢或犯中沙原屯靖江兵船分為二層迎敵周家橋江陰二把

總兵船分為左右二翼來攻倘賊或犯江陰或犯泰興彼此協力救援所犯之處即以兵分二層迎敵一如前例靖江縣仍相度地理於本沙東南東北要害港汊二處再為開濬深濶屯泊兵船以避風濤而屯操民壯以一半在城防守一半在外江岸巡緝備寇登擊如此則戰守有合一之算賊寇無飛度之理靖江之門戶既固而留都之根本自安矣

按此議不但自私其邑而因可以強友邦之兵協力不渝兵氣百倍然則茲議也又豈獨可行之靖江耶

靖江縣巡司 弓兵數附

新港巡司

洪武二年設原在馬䭾沙永樂四年移置新港北舊屬江陰縣成化七年建縣改屬本縣十年知縣鄭錡遷於新港之倉基額設弓兵八十名往來巡邏

宜興縣境圖

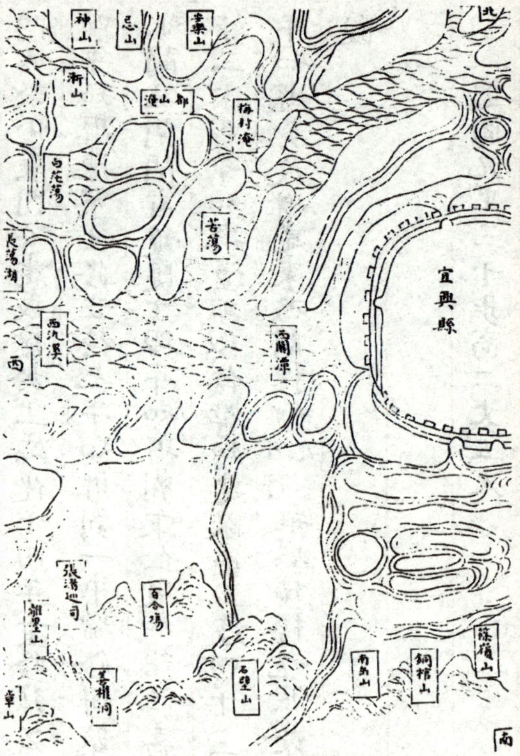

宜興縣總論

毗陵屬邑惟宜興最僻故言兵務者謂賊寇所不至棄而弗講是狃目前之見而未諗江南形勝之故也何也天下有事蘇松嘉湖杭為必爭之地誰不駐兵嚴守欲自長江取京口蠶食而進難矣哉若自采石趨三壩出太湖乘㨗擣虛全吳諸郡靡不驚動勢如破竹陽羨非必由之路乎練重兵扼險要諸郡之門戶實在於此

宜興縣境考

宜興在常州府治南九十里秦漢時為陽羨縣晉懷帝永嘉四年分六縣六郡統之遂移陽羨縣於君山下而以縣治為義興郡（晉地理志載惠帝以周玘創義討石冰陳敏錢璯三定江南元帝以玘頻興義兵特為置義興郡以彰其功考帝紀斬石冰事固在惠帝永興元年錢璯反乃懷帝永嘉四年在惠帝後已見志誤蓋元帝雖自永嘉元年以瑯琊王鎮建業又歷愍帝朝方稱制改元立郡乃帝承制行事時事未可直書為帝附錄以備參考）六朝不改隋始以郡為縣治而君山之陽羨遂廢唐志載武德七年以義興縣置南興州并析置臨津陽羨二縣（續通典謂武德二年改義興縣為鵞州又置陽羨臨津兩縣七年改臨津為南興州未知孰是）尋省陽羨臨津二縣仍為義興縣宋開寶九年始改義興為宜興（實錄載是年太宗即位十月壬戌詔天下州縣名與朕名下一字同者宜改）元初改縣為南興軍旋改為宜興府元貞元年改為州洪武二年復為縣

舊境東西一百六十里南北一百一十四里洪武初重加經畫東抵蘇州府吳縣界太湖中沂洲西抵應天府溧陽縣界葑埭廣一百六十里南抵湖州府長興縣界埀脚嶺北抵本府武進縣界黃土橋袤一百四

十里

宜興縣城池考

宜興縣城舊在荆溪北前臨溪後阻河左右俱塹以濠自三國吳赤烏元年創建周圍一里九十步高一丈二尺厚稱之濠濶三丈五尺隋大業初路道德重修元定江南城郭盡毀至正十一年兵起始詔重築城國初守將楊國興改建永樂十四年展拓之南距周瀆北際慶源東望李公堤西界義阡周九里有奇建東西南北四

門又設小東門各建戍樓於上成化十四年重修弘治四年知縣陳策又修正德七年知縣劉一中增修併築水關及閘閘有護隄十四年知縣劉秉仁復加繕治嘉靖三十四年知縣董鯤以倭警增建敵臺五座四十三年知縣黃茂增建東西關樓（吳可行有記）雉堞樓櫓巍然改觀

城

週圍九里三十步高二丈五尺

池

濶三丈有奇深一丈五尺

陸門

五座上各有樓

水關

二座南北各一

敵臺

五座

窩鋪

二十四座

雉堞

二千二百三十六垛

宜興縣兵防論

宜興坐跨兩沈太湖在其東南與吳興接壤頻湖之盜輕舟往來歲以為常而吾吳之按部者權不行於越拘攝最難所宜專設官兵防守要害而崇山深莽易於伏

戎又不獨湖防而已也

宜興縣備寇水陸路圖

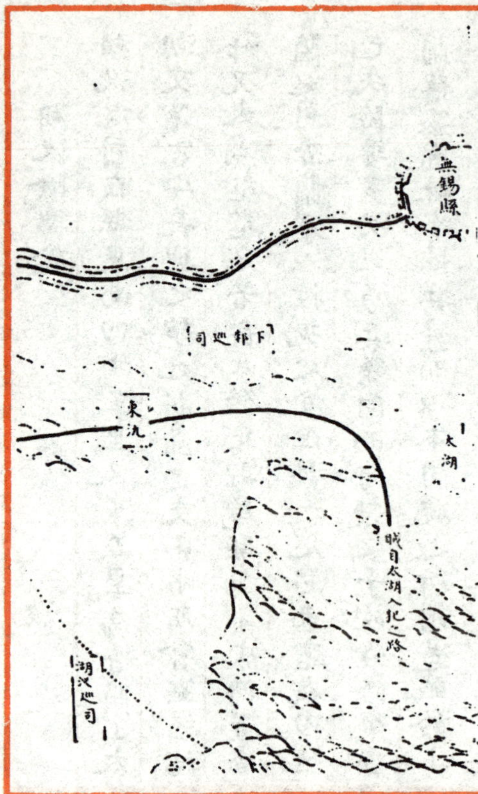

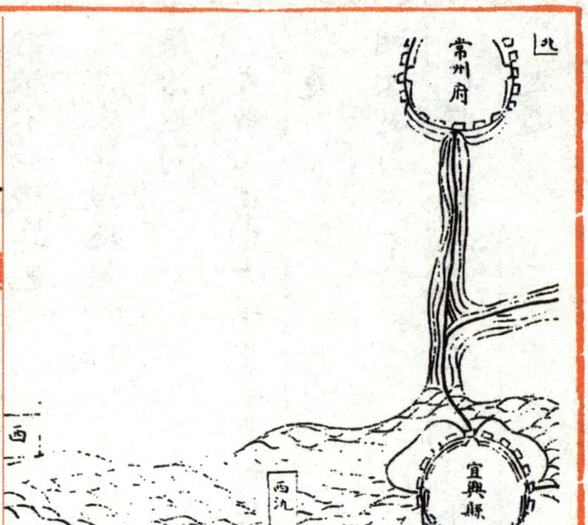

湖汊險要圖

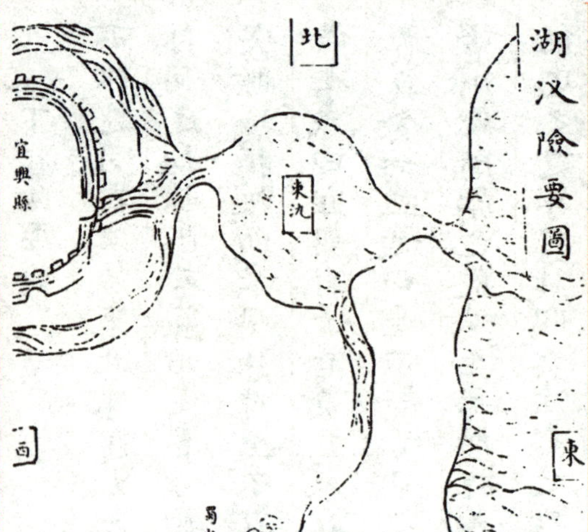

湖㳇險要說

湖㳇巡司在縣東南四十五里又東五里為香蘭山太湖交濱吉安長興之境也浙直之交山水所會盜緣為奸況太湖茫茫寇若從此登犯縣境騷動矣宋時置香蘭巡司香蘭寨以控扼之今但設一巡司而遠在内地已失險要多矣況弓兵幾何而可禦之乎故必修復香蘭舊寨團練水陸兵勇而以本司統之所謂遏賊於上游賊自不得而入境矣

下邾險要圖

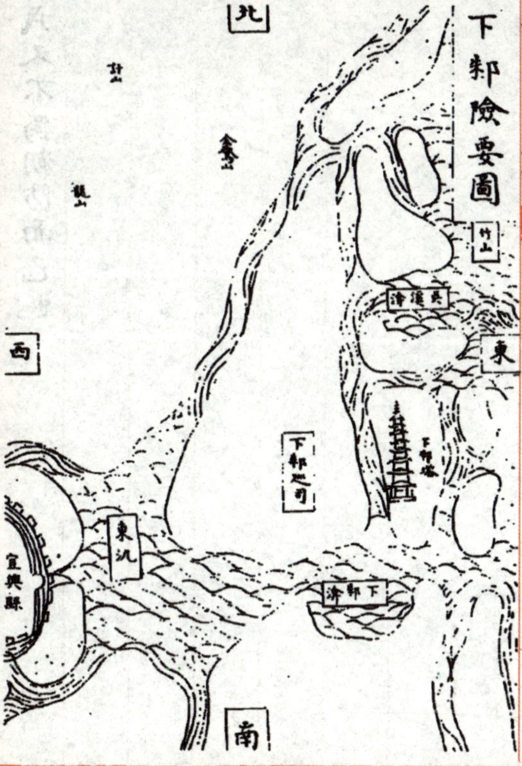

下邾險要說

下邾巡司在縣治東北東通太湖鹽盜之所鍾也寇若自洞庭劫掠阻於蘇州之胥口無錫之獨山必自此流突縣境揚帆而來瞬息可至不可不增兵戍守嚴為之備也或曰宜興自古兵燹莫及且居腹内賊必不至空費兵食何益哉曰是不然昔日之寇皆在沿海今瀕海諸州縣備禦已嚴賊至無所掠必走腹内地方攻劫如福建之建寧縣非耶兵法有之攻其無備出其不意毋謂賊不知勝算也

宜興縣巡司 弓兵數附

張渚巡司

在縣治西南六十里永豐鄉設弓兵三十名往來巡邏

湖㳇巡司

在縣治東南四十五里君山鄉設弓兵三十名往來巡邏

下邾巡司
在縣治東北三十五里洞山鄉設弓兵三十名往來
巡邏
鍾溪巡司
在縣治北五十里萬金鄉設弓兵三十名往來巡邏
常州府土賊要害
武進縣
聚劫

採菱港
在白家橋南
連江橋
在新閘之北犇牛之南通江故也
戴琪橋
在府城東南為武進宜興無錫三合界之處
無錫縣
出賊就於本處聚刼

新塘橋
在縣城東三十里水大而地曠
猴山下
與新塘橋相近
石塘灣
在縣城西北
五牧
在縣城西北官塘

曹王涇
在縣城南官塘
三𤅢
在縣城西北二十七里此處江陰常熟俱通
水大而地曠
陽湖
在縣城西南宜興道中
聚刼

雙河口

在縣城西北五里此處極空野南通太湖

洛社

在縣城西北三十里官塘

百瀆口

在縣城南

新安

在縣城南二十四里官塘

五丫浜

在縣城東北二十七里四通八達江陰常熟交界之處

華渡

在縣城西南為武進宜興無錫三合界之處

楊溪

在縣城西南宜興道中

鹽盜出没

高陸堰

在縣城西北二十二里江陰縣交界之處

江陰縣

出賊

竹塘

在縣城東常熟道中

華墅

在縣城東常熟道中

已上二處無客商往來俱在江中野處行

劫

聚劫

四河口

在縣城東南四十五里無錫縣交界之處

青暘鎮

在縣城南四十里

宜興縣

出賊就於本處聚劫

新瀆橋
浪打川
在縣城北五十里官塘
聚刼
季亭
在縣城北十二里官塘
東氿
在縣東城外通太湖東南由黃瀆港出東北

由竹山港出
西氿
在縣西城外通溧陽縣
中溪
在縣城東北四十里
百瀆
在縣城東北四十里
善權近處

在溧陽縣交界之處
靖江縣
出賊
蟛蜞港
新漲沙
聚刼
大江

江南經畧卷五下

欽定四庫全書

子部

江南經略卷六上下

詳校官內閣中書臣孫溶

臣紀昀覆勘

總校官進士臣程嘉謨

校對官學錄臣常循

謄錄監生臣曹壽

欽定四庫全書

江南經畧卷六上

明　鄭若曾　撰

欽定四庫全書

江南經畧　卷六上

一

鎮江府屬縣疆界參錯圖

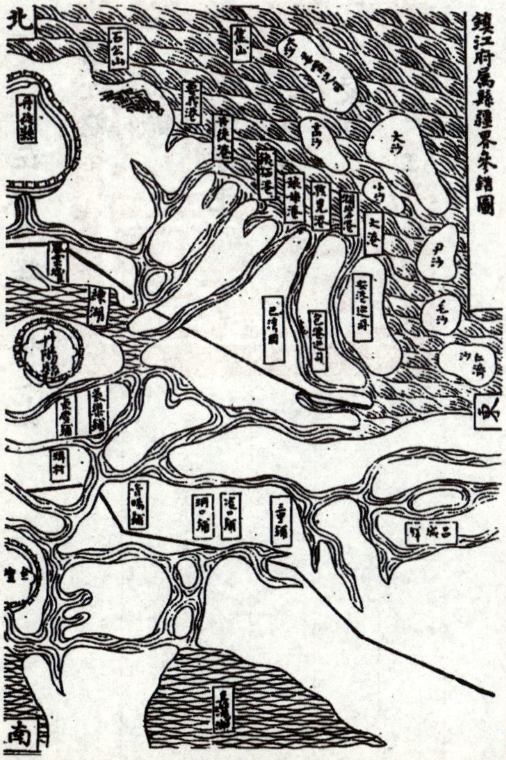

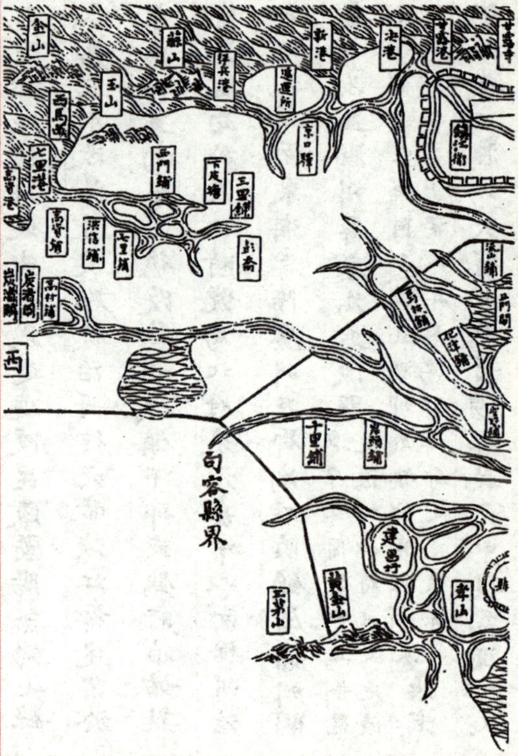

鎮江府總論

或問京口以西抵於石頭迢迢二百里山皆可踰踰則可以窺留都京口以東抵於孟瀆港口七十餘里賊舟皆可以入入則可以犯江南鎮江之江防難矣若曾曰不然南京臨江峭壁千仞兩山夾岸如峩眉然其南天開一竇水由中行是為采石四十里至太平此南北戰爭東南第一關隘也賊若進此繞至漂陽則宣歙東吳一帶聲援絶矣故保固留都之計采石其上也京口石頭之間高峯逼岸宛如長城其內則諸山錯雜了無城市可資擄掠其外則江岸峻絶不可登犯古今曾有從此進兵者乎京口孟瀆之間沿江南岸或高峰横亘或江沙泥淖或江中有洲長至四五十里者有之一二十里者亦有之障蔽兩涯直至河莊方可深入所謂二十八港者淺澀短狭寇船難以通行惟有識者只固守河莊而江防之大綱盡之矣或又曰若而言留都之利害在采石江南之利害在河莊而京口似無關繫焉用守

乎曰惡是何言也鎮江者上為留都輔郡下為吳越咽喉乃江南第一城也天下有事奸雄之所必爭雖曰得其地未必可以犯留都但寇方犯江南而吾兵欲保安留都屏捍江南非此則大掣肘何也采石河莊者廟堂所深注意戍守必嚴寇計狡猾安知不由京口而入從秣陵泉岡間道而行乎萬一賊據京口則東風上潮即片帆可以向采石西風落潮雖瞬息可以至河莊進退縱衡維其所騁司兵柄者是當加意于水陸而堅守鎮

江也

鎮江府疆界考

鎮江府禹貢揚州之域天文斗分野春秋時為吳地吳亡屬越越亡屬楚秦併天下為會稽鄣二郡之地自句曲以西屬鄣郡句曲以東屬會稽郡東漢屬吳郡建安中孫權自吳徙治丹徒號曰京城尋遷都建業復於此置京督為重鎮焉圖經云其地因山為壘緣江為境爾雅曰丘絶高謂之京因謂京口京口之名以此吳志孫策使孫河領兵屯京地又云觀臧覇以輕船襲徐陵皆指此地而言晉平吳為

毗陵郡地統丹徒曲阿武進延陵毗陵暨陽無錫七縣永嘉五年改為晉陵郡徙治丹徒元帝渡江都建業於京口橋置南兖州後改徐州或鎮下邳或鎮盱眙姑孰皆置留局於京口時號為北府宋元嘉中以南徐州治京口又置南東海郡隋廢州及郡為延陵鎮屬蔣州開皇中改置潤州尋廢為延陵縣寰宇記開皇十五年罷延陵鎮以蔣州之延陵永年常州之曲阿三縣置潤州於鎮城蓋取州東潤浦以立名大業三年廢為江都郡之延陵縣唐武德初復曰潤州天寶初改丹陽郡乾元中復為潤州又陞為丹陽軍建中初改號鎮海軍宋開寶末改鎮江軍尋復為潤州政和中以徽宗潛邸陞為鎮江府建炎南渡高宗駐蹕親閲水軍於登雲門外紹興三十六年詔於鎮江權立行府元改鎮江路屬江浙行省國初為江淮府後改鎮江府領縣三丹徒丹陽金壇

府境廣四百七十里袤一百六十里

鎮江府城池考

鎮江府舊城週圍二十六里十七步高一丈九尺三國

吳時目為京城孫韶代伯父河守京城嘗繕治之晉宋以來因而不廢唐太和中觀察使王璠始鑿外隍乾符中周寶自杭徙鎮築羅城二十餘里國朝洪武元年命耿再成為帥請因六朝舊城稍斂之甃以磚石自是雉堞巍然稱江南最并建樓櫓營舖闢四門東曰朝陽南曰虎踞西曰金銀北曰定波并南北水關凡六子城并東西夾城共長十二里七十步高三丈一尺子城三國時孫權所築週圍六百三十步内外皆甃以鐵號鐵甕

城晉郗鑒嘗修之王恭更加改創南唐刺史林仁肇復修之東西夾城則唐所築也

城

週圍九里十三步高二丈六尺

池

自西門至南水關通漕河自北水關至拖板橋通舟楫餘皆畜水耳

陸門

四座東南北三方皆二重惟西方則三重門各有

樓

水關

二座南北各一

敵臺

六座

窩舖

一百二十座

雉堞

三千八百五十五垛

愚按此江南第一城也雖臨江潮而堅固難攻善守之可以捍蔽江南

鎮江府守城官兵考

鎮江衛指揮使司

洪武初建隸中軍都督府

署在郡治大市西洪武二十年指揮僉事宋禮

創　經歴司在衛署左　鎮撫廳在衛署右

教場在府城北一里北固山下

指揮使一員　同知二員　僉事四員　鎮撫司鎮撫二員　經歴司經歴一員

領所六

左千户所營在道林寺後右千户所營在北水關側中千户所營在萬壽宫側前千户所營在表善寺側後千户所營在定波門内中右千户

所營在金服門內
千戶十八員（內正千戶六副千戶十二）百戶六十員（每百戶所設總旗二名小旗十名）
現統軍舍餘丁三千九百三員名共屯田地十
一萬七千二百二十一畝有奇
按國初自丙寅歲取鎮江即元上萬戶府置
元帥府以統士卒首命黔寧王沐英為守將
繼命繆大亨為統軍元帥洪武建元耿再成

為帥乃築令城未幾罷元帥府設守禦千戶
所既而又改為衛設指揮使司轄左右中前
後中右六千戶所嘉靖九年江洋多盜特設
提督沿江總兵官駐劄本府統轄九江安慶
蘇松海口衛所官軍悉聽節制事寧罷去十
九年海寇秦璠王艮竊據崇明南沙勢甚猖
獗復設提督江淮總兵官改兵備道為總兵
府駐劄近因倭警復設本府練兵指揮一員

常州操練民壯兵勇共七百九十二員名快
手四十九名軍餘八十二名丹徒等巡司弓
兵四十名機兵六十五名共一千一十九員
名指揮督同領哨千百戶統領操練每遇春
汛時月分為四枝一枝領住大港一枝領住
埤城一枝領住東津馬頭一枝領住西津馬
頭無事往來巡哨遇警聽調截殺其鎮江衛
軍舍餘丁聽該府掌印官調度守城

巡江營官兵考

鎮江府東西二馬頭係大江皆逼近城郭乃要地也指
揮一員領有江操船隻分作二枝一枝泊守焦山以護
東津一枝泊守金山以護西津仍各分番出哨北至瓜
洲儀真以備江寇南至圌山安港以防海寇

總巡指揮一員

領哨千戶一員　百戶一員

統領軍兵民壯四百八十名沙唬八槳等船一十

六隻

鎮江府守禦論

鎮江府城乃磚石甃三者所甃堅大可守但其居民多以營趣為生而鮮所儲蓄中户以上家尚無一月之糧惟積錢貿易隨時貴賤食其所急苟一旦烽烟有警城門不可久閉也須令府縣設法區處或將一歲有餘兵餉乘時賤買積至幾萬石汛畢無警則照時價給散各兵而扣除其兵餉銀兩又令及時糴買定為常例庶兵食可足而兵荒有備斯為鎮江守禦之長策也

鎮江府備寇水陸路圖

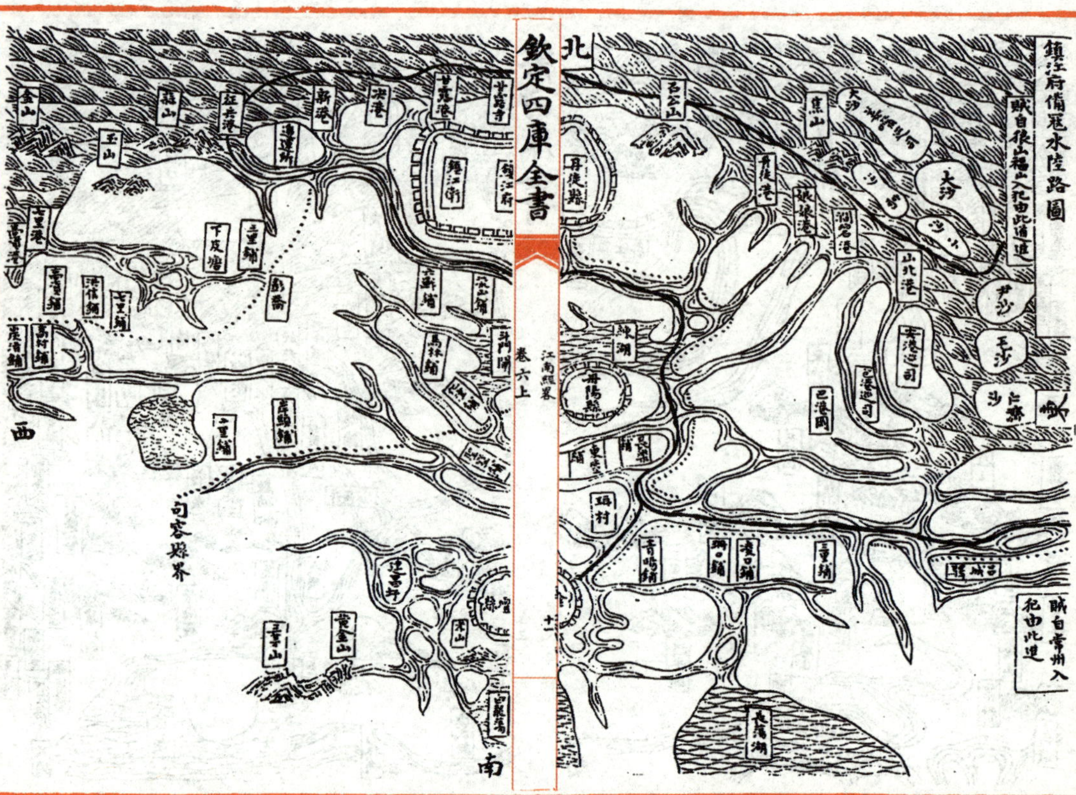

鎮江府備寇水陸路圖

今之論京口者孰不曰水陸交會備寇當與蘇松常等也殊不知三府州縣水路居多陸路每縣不過十之二三而已水路多則必假舟楫而後濟陸路少則去來可以蹤跡而知故其為備也易若京口則自包港以西迢迢二百餘里皆平原曠野賊若至此則四散奔突非有關隘可遏道路可稽也故惟奔牛以抵京口運河一帶舟楫非宜自此之外皆從陸矣守禦之法須於大江阻截之其次則河莊包港圖山冠可登泊處所嚴於堵截若縱令登陸而欲守險以扼之難矣哉

丹徒縣境圖

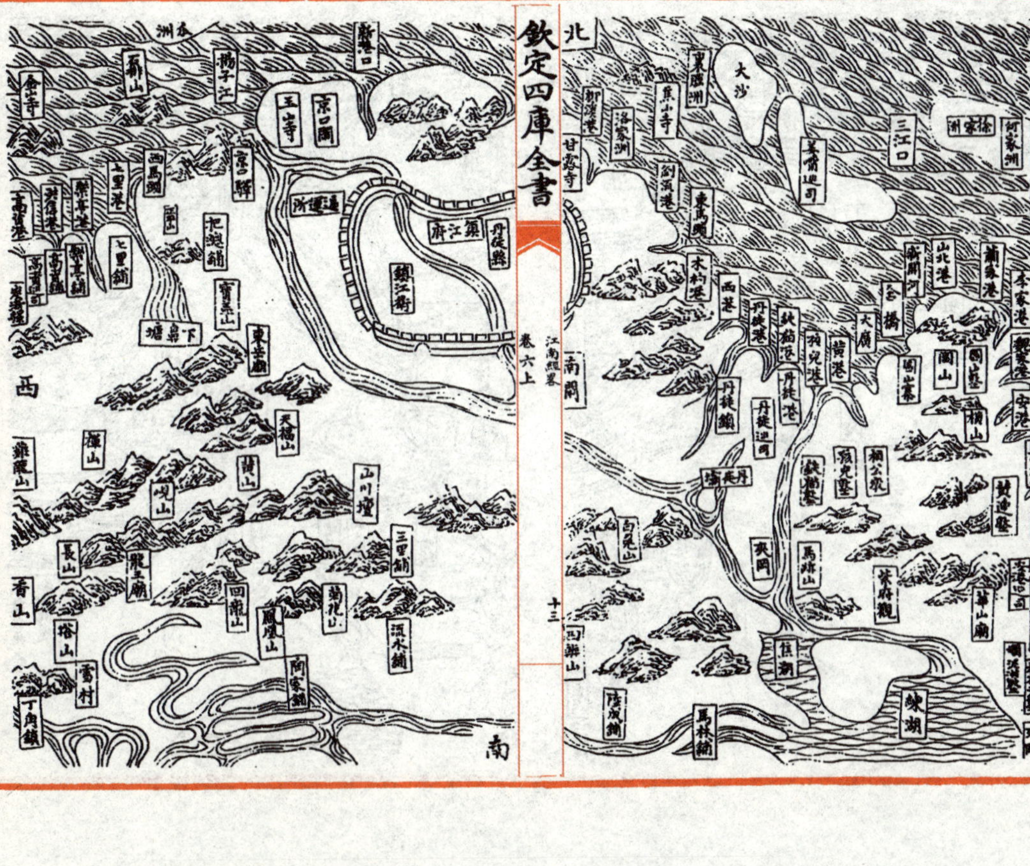

丹徒縣總論

丹徒乃鎮江府附郭縣也若曾昔聞之父老云地當南北往来之衝天下有事必固守乎此而後兵不得進京口犯江南自今觀之大不然夫陸行擄掠者小寇也攻城據邑之寇動以萬計必假舟楫而後行丹徒以東雲陽以西兩岸高聳如山謂之夾岡迤邐數十里隨處可以堵截賊舟豈敢由此東行乎又聞瓜儀京口為留都之門户嚴扃乎此則海寇不能遡流而窺留都也亦大

不然夫長江之關隘在於京口之東第一層為狼山第二層為靖江賊若過此揚帆而西恐非瓜儀京口之所能限也何也狼山靖江皆桃於大江之中結水寨屯重兵南北兩岸相為應援遏賊甚易鎮江之金山無港收泊不可以避颶風山小如卷石不能容衆非用武之地也

丹徒縣境考

丹徒縣本吳朱方邑按春秋左氏傳齊慶封奔吳吳子予之朱方說者以為朱方即今丹徒地理志言秦時望氣者云其地有天子氣始皇使赭衣徒三千人鑿坑以敗其勢丹徒之名以此漢為丹徒縣屬會稽郡後漢屬吳郡三國吳改為武進縣晉太康二年復為丹徒於此置毘陵郡宋為南徐州治所隋省入延陵縣屬江都郡唐復置丹徒縣屬潤州宋元屬鎮江國朝因之編户二百七十里縣附於府其城即府城不另列城考

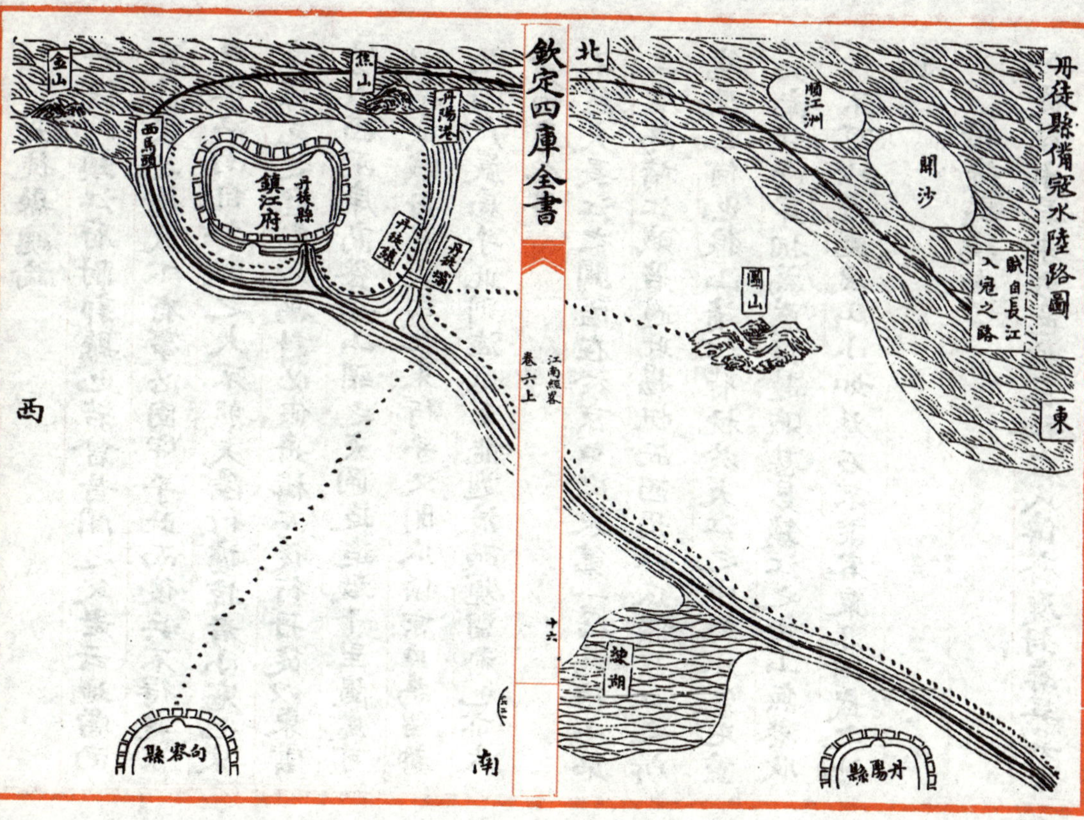

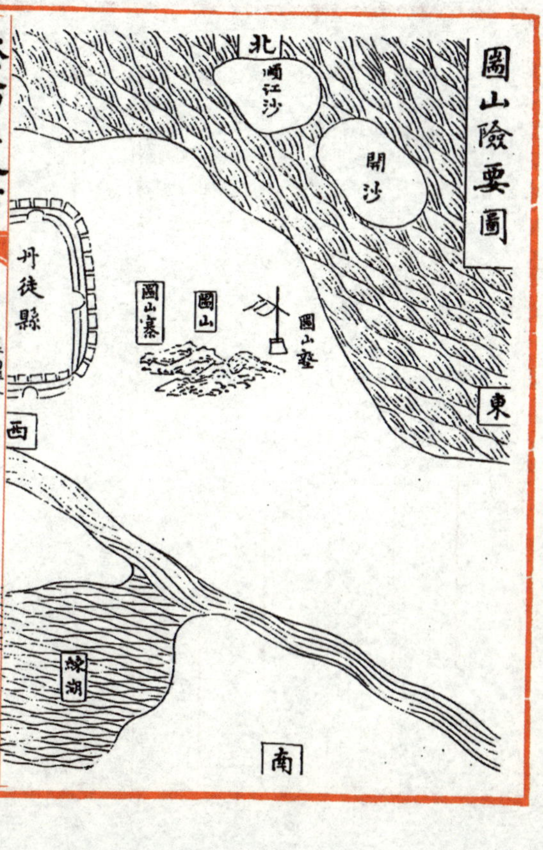

圖山險要說

圖山在鎮江府城東北六十里宋張世傑與元兵戰於江中不利退保圖山即此地也屼峙江邊夙稱要害北與周家橋相對乃鎮江之咽喉留都之門户設有把總兵船所宜控扼險阻嚴為哨守者也詳著兵務議於後

圖山兵務議

圖山屼峙大江濵素為險要之區嘉靖三十二年島寇猖獗撫按奏請設把總一員統兵控扼部下兵船向分

為四枝一枝住守黃山門哨至江陰靖江二縣界一枝住守安港哨至黃山門團洲江北周家橋一枝住守圌山洪北大洋以防江北之衝哨至安港順江洲等處一枝不分汎地將靖江耆民與八槳網梭等船委官統領充作先鋒遠為哨探直至狼山福山等處遇警即無分晴雨晝夜飛報參總以便聲援近復經操江都御史分將江操前哨兵船防守圌山隘口中哨兵船防守大港後哨兵船防守丹徒港鎮江衛江操指揮統領軍船防

守金山該把總仍督遊兵領哨官統領兵船上至高資下至圌山北至三江會口常川聯絡哨守此其為備可謂嚴且密也已及查該總所轄上至高資接句容縣龍潭驛下至安港接武進縣孟瀆河自江上下延亘一百二十餘里皆其汎地其間最險要者中則圌山洪東則安港北則順江洲也又照丹徒鎮係圌山內地守內地而忘外險非計之得又黃山門去圌山頗遠若以圌山兵與守彼處則江洋迢遞首尾相離未免有顧此失彼之患令須以兵船一枝泊守安港東哨至黃山門西哨至大洋北哨至周家橋等處以一枝泊守圌山洪但此處山形險惡水勢奔湍江底俱石不能下碇移泊大港東哨至安港西哨至焦山北哨至順江洲以一枝泊守順江洲南哨至大港北哨至三江會口西哨至姜家嘴等處其巡江指揮統領江操官軍船隻分為二枝一枝泊守焦山以護東津東哨至大港西哨至金山北哨至瓜洲等處一枝泊守金山以護西津東哨至焦山西哨

至高資巡司北哨至儀真等處遊兵官統領沙船亦分為二枝一枝上至高資下至大港往来巡哨以防江盜一枝東至黃山門南抵孟瀆河北極三江會口西回大港往来巡哨以防海寇該總住守圌山大港從中調度若賊由江北而來則周家橋三江會口為正兵而該總與孟河為奇兵賊由江南而來則該總與孟河為正兵而周家橋三江會口為奇兵各兵互相應援查該總汎時則應駐劄圌山公廨日撥兵船哨守京口汎畢則復

還京口城外書院內居住撥兵船哨圌山鎮江府務於二處衙門俱修葺堅完俾得安居庶險要有守而緩急無虞矣

圌山營官兵考

圌山把總一員

領哨千户一員　百户三員　宣號報操官二員

哨長三十六名　舵工三十六名　教藝哨長六名　兵勇七百二十二名　把截操江快手民壯

一百三十八名

大小戰船四十七隻內大沙船七隻中沙船二十五隻小沙船四隻座營船二隻四哨座營船四隻

划船五隻

金焦二山險要圖

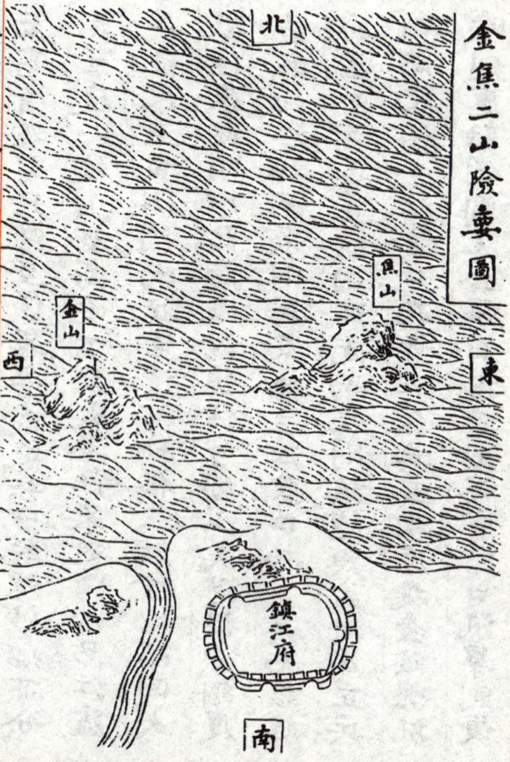

金焦二山險要説

京口為留都門户而金焦二山在京口之東西屹立大江有左右護衛之義金山在大江中去郡城西七里長山西北起為五州山至下鼻浦遂入江突而為此山始名浮玉周必大謂此山大江環繞風濤四起勢欲飛動故名一名互父山又名獲符山晉破符堅置其俘山下因名又名伏牛山唐志貢伏牛山銅器亦名頭陀巖焦山在郡城東北九里大江中與金山並峙相去十五里以漢處士焦光所隱得名或名樵山寰宇記通典皆有樵山戍宋之問詩戍入海中山即此亦名浮玉巖石有古刻浮玉山云云乃天造之險也賊舟若自東來過圌山而西必經二山自江北而來亦必過二山益往來

必由之衝也須設兵船二枝分守乎此相為策應則豈惟固京口之鎖鑰而南與下鼻浦遥為聲援遏賊西上亦安護留都之一大樞要也

丹徒鎮險要圖

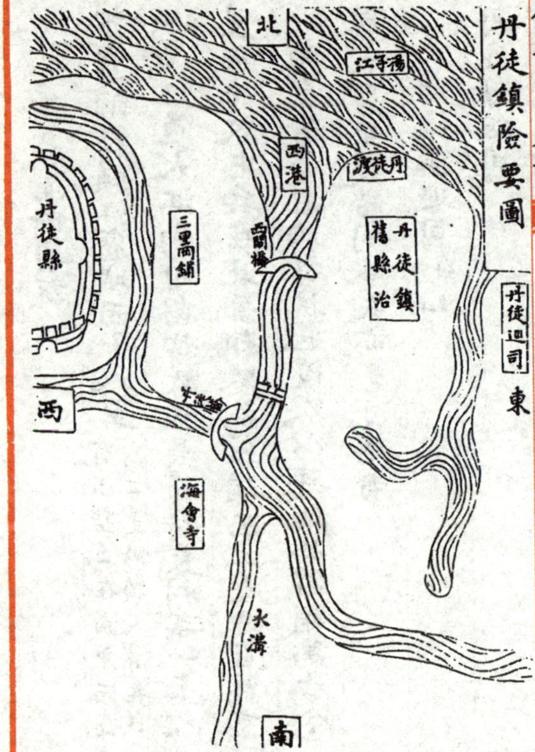

丹徒鎮險要説

丹徒鎮即舊縣治也（宋雍熙四年置鎮）西去府城一十八里北至大江亦一十八里東西二港皆通大江鹽艘盗艘交會之地賊若自大江而來乘潮突入甚易其地富饒可以穴處夫鎮江在金陵東北二百里江山阻絶聲援難繼金壇丹陽二縣亦僻在東南萬一賊據此鎮為巢東南路絶郡城孤立比之他郡豈不尤為關要哉所當特設重兵增築營堡者也

下鼻浦險要圖

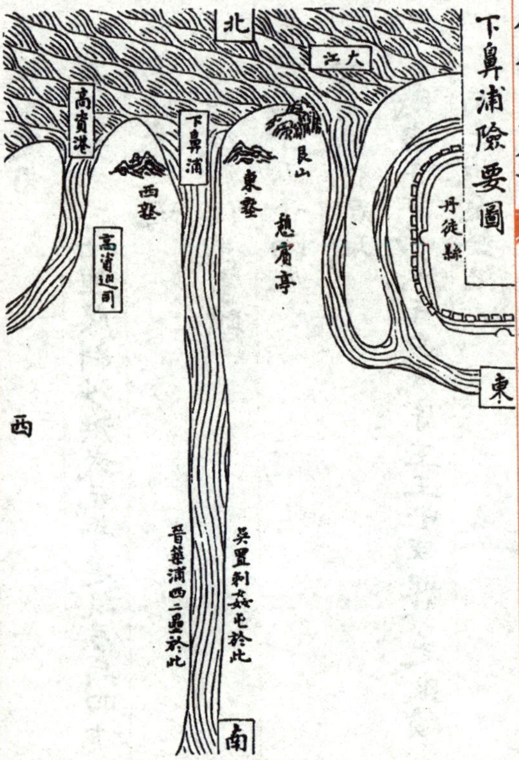

下鼻浦險要説

下鼻浦在鎮江府城西十八里有小壘二在浦東西長高二丈形類入鼻在口下故名北通大江南通留都故孫吳時特置剌姦一屯又置幽州牧屯兵在此晉郄鑒為築浦西二壘非直為京口犄角實通石頭聲援也後人以其地孤僻謂為古今異宜愚意設防制勝夫亦有可講者

丹徒縣巡司弓兵數附

丹徒鎮巡司

在府治東一十八里丹徒鎮東港口洪武元年建設弓兵四十名往来巡邏

高資鎮巡司

在府治西四十里高資鎮洪武元年建設弓兵四十名往来巡邏

安港巡司

在府治東九十里安港口洪武元年建設弓兵四十名往来巡邏

姜家嘴巡司

在府治闕六十里藤料沙洪武元年建設弓兵四十名往来巡邏

丹徒縣倭患事蹟

嘉靖三十五年丙辰

四月賊犯郡城

賊自下江而来千户沈宗玉王世臣迎擊之敗績而死賊遂登犯

五月官兵禦擊孟河之賊連戰大敗之

賊自孟瀆河深入大肆猖獗總兵徐珏禦戰大破之賊死者三百餘人既而賊遁出江把總張成已邀擊復大敗之多所斬獲賊懼遁去

無為州同知齊恩擊賊於圌山之北江中力戰死之

江南經畧卷六上

欽定四庫全書

江南經畧卷六下

明　鄭若曾　撰

丹陽城圖

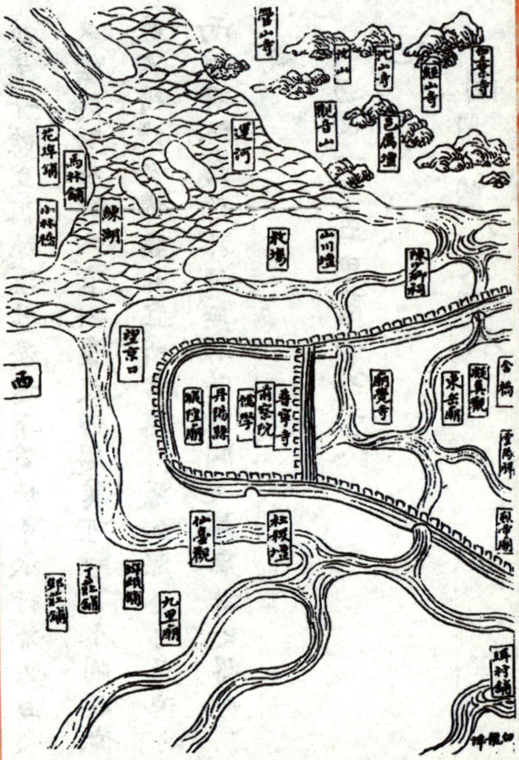

丹陽縣總論

若曾舊聞諸先達云丹陽縣用武之地也由水可以通吳越由陸可以犯留都自今觀之殆不然何也巨寇若自中原而趣江南也由河莊易由京口難若自吳越而窺留都也由長興溧陽易由雲陽句容難蓋大兵之行舟楫為便舟楫之行大川為便舍舟楫而從陸舍大川而入港者必其別無他道萬不得已焉耳丹陽雖據水陸之會夫豈巨寇之所必經者乎然當南北往來運道之

衝驛傳之迎送夫役之牽輓輿馬之支應其民苦而習勞悍而健閱選而練之優而恤之可得精兵四千人分為四枝天下有事以一枝協河莊之守一枝據夾岡之險一枝調守奔牛一枝留駐本境賊若避京口河莊而趨江陰也則移奔牛之師以援常州而江陰常熟靖江相為守助以張犄角之勢則豈惟江寇不能入內地哉即所謂各省客兵過此亦將斂迹而不敢肆矣孰謂丹陽小邑而不足為吳越之庇耶

丹陽縣境考

丹陽縣在郡治東六十四里本秦雲陽縣始皇鑿北岡使其阿曲改名曲阿縣漢屬會稽郡後屬吳郡三國吳復改雲陽晉仍改曲阿縣屬毘陵郡梁屬蘭陵郡隋屬江都郡唐武德初於縣置雲州又因其地有簡瀆改簡州尋廢州以縣屬潤州天寶初改為丹陽縣宋元仍舊

國朝因之編戶一百六十里

丹陽縣城池考

謹考縣城舊址週五百六十步高一丈五尺四面無濠即古簡州城也東門在斜橋西門在縣前南門在草堰北門在觀音山元以來久廢嘉靖三十四年島寇之警知縣陳奎始築內城週千丈徑三百三十三丈有奇高二丈二尺厚二丈四面各開一門上施樓櫓東曰通漕西曰望京南曰迎薰北曰鎮湖又於通漕門之右開水關石閘一（姜寶有記）三十五年知縣史永壽復建外城（內城止河以西凡河東並漕渠一帶俱在城外是年夏寇大至焚劫至慘民復告築云）接內城跨漕河

延袤十餘里但城濠甚淺漕渠貫城中水行者必由之又雲陽驛在城內官舫晝夜經過莫可呵禁水關或徹曉不得鐍於備禦非宜所當濬外濠加深令可通漕舟而移驛於西門外俾無非時欵關之誚庶計之得也

城

週圍一十五里高二丈二尺

池

闊（闕）丈（闕）尺深（闕）尺

陸門　闕　座上各有樓
水關　闕　座
敵樓　闕　座
窩鋪　闕　座

雉堞　闕千闕百闕十闕垛

丹陽縣備寇水陸路圖

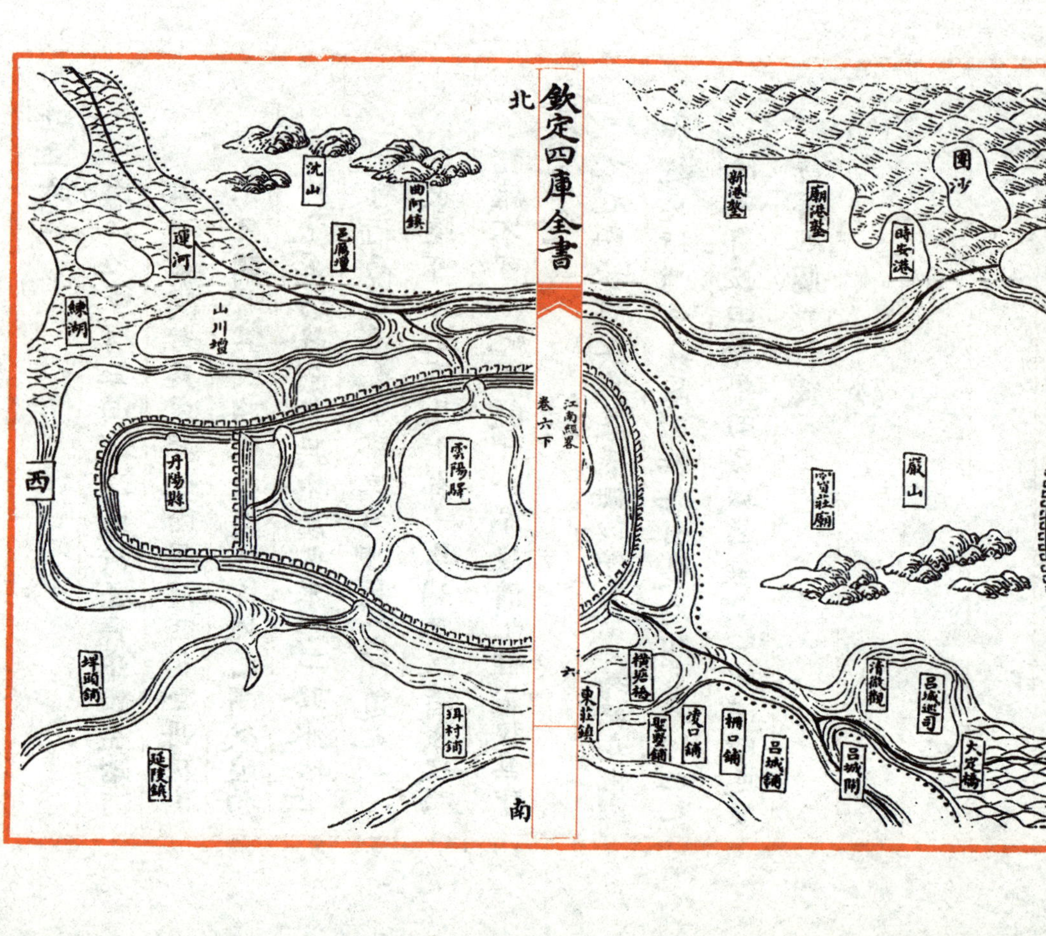

丹陽縣備寇水陸路考

東接武進

其道一由陵口柵口呂城奔牛而至常州之西門者是也乃正道也非間道也

西距丹徒句容

丹徒之道有四由雲陽驛官塘而行至京口閘者其西路也乃水路也由龍潭驛或由炭渚驛至於白土或由馬林窖斷沿練湖鋪路而行至

於縣治皆西南路也乃陸路也官塘與練湖鋪路皆正道也龍潭炭渚皆間道也

句容之道有二由鄧店白土而至句容之東門者其西路也由七里橋珥邨而西抵茅山地方者西南路也二者皆陸路也西路正道也西南路乃間道也

南抵金壇

其道一詳見金壇縣水陸路考

北至大江

出江之口有三由運河東行歷奔牛鎮孟瀆河出河莊閘者其東路也由運河西行至丹徒出京口閘者其西路也由陵口呂城之間從陸而行竟至河莊閘者其中路也東西二路水陸皆可行乃正道也中路但可陸行乃間道也

右水陸可通之道凡十有一其間港汊浩繁岐路錯雜不可勝紀不能一一而設備也惟當摘其中

之尤要者團兵勇建寨柵以守以禦其餘亦惟以遊兵行哨奇兵設伏輕兵出襲焉斯可矣計邑之險要有五曰奔牛曰呂城曰練湖曰曲阿曰延陵詳著各圖說於後

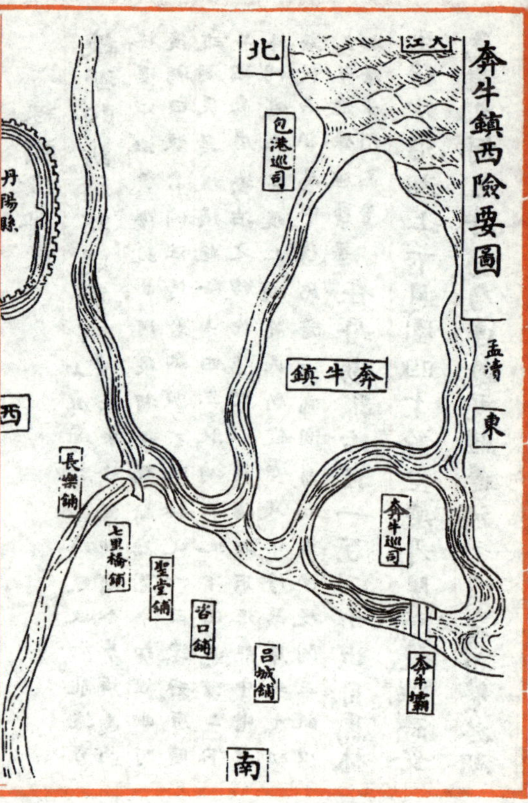

奔牛鎮西險要說

奔牛鎮距縣治五十里乃常鎮之交也孟瀆經其東包港經其西皆通大江為江防之要地若江洋有事當屯大兵守之與孟瀆包港兵相為犄角以遏賊入衝之路且為毘陵雲陽聲援賊必不敢長驅内侵蓋與江防相為表裏者也

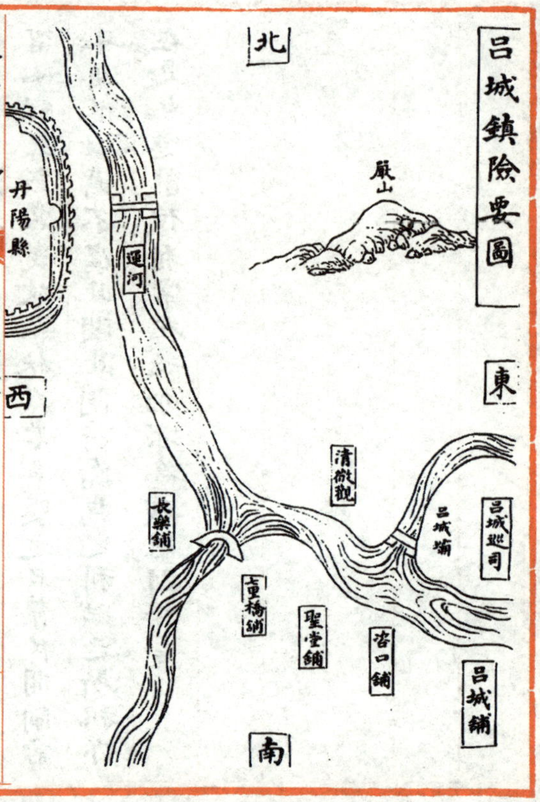

呂城鎮險要說

呂城鎮在縣治東南四十里（呂城三國時呂蒙所築遺址尚存鎮名取此）乃東郊之屏捍也昔呂蒙嘗築城屯戍於此為雲陽聲援屹然為東南一巨鎮近嘗議設營練兵於此而迄無實效豈視為不急之務耶

練湖險要圖

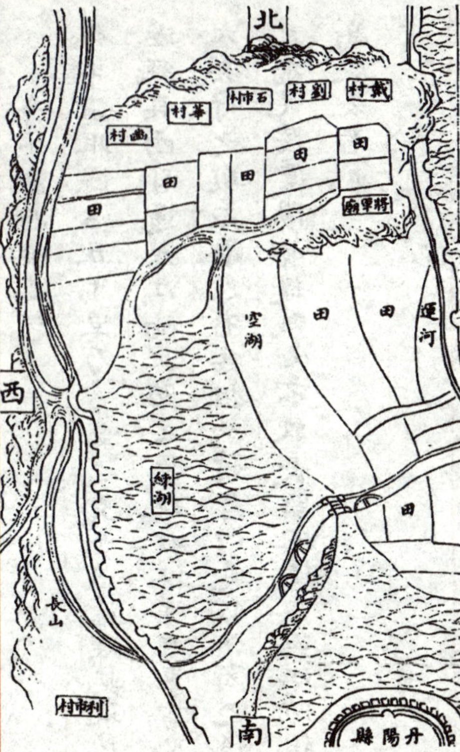

練湖險要説

練湖即諺所謂開家河也輿地志晉時陳敏為亂據有江東務修耕織令弟諧遏馬林溪以溉雲陽號曲阿後湖世説新語謝中郎經曲阿後湖曰故當淵注渟著納而不流即此一曰練塘唐時近湖民築堤橫絶一十四里取湖下地作田遂分上下二湖南唐浚治之復作斗門以通灌溉宋淳熙中增置斗門䃮函其後上湖為民所侵景定中修築岸埂元初居民占租為田後仍濬治為湖國初重修埂閘正統以至弘治歷經修築加修斗門函管在丹陽縣治北一百二十步自馬林至縣治沿湖上下週圍四十餘里逈丹陽所視以為安危者也何也丹陽乃運道所經運河之通塞常繫於湖水之收放宋鄭忠肅公興裔請濬練湖疏云丹陽練湖幅員四十里納長山諸水漕渠資之故古語云湖水寸渠水尺在唐之禁甚嚴盜決者罪比殺人本朝浸緩其禁以惠民然修築嚴甚春夏多雨之際瀦蓄盈滿雖秋無雨漕渠或淺但泄湖水一寸則為河一尺矣建炎兵變以後多廢不治堤岸圮闕不能貯水強家因而專利耕以為田遂致淤澱歲月既久其害滋廣望責長吏濬治堙塞立為盜決侵耕之法永著於令庶幾練湖漸復具舊民田獲灌溉之利漕渠無淺涸之患十六水函與七石匣是也運河之水原繫江潮從京口丹徒二閘而來若江水涸時則二閘之水不至而運河不通所資者閘練湖諸閘之水而已向來豪家多占湖為田此義不明已久須縣令

留心經畧或當變故之秋或當旱暵之日禁民閘閘常養湖水以備不虞此湖此閘特為我之利賊之所利亦在是也噫能使利常在我而不為賊用則得矣

曲阿險要圖

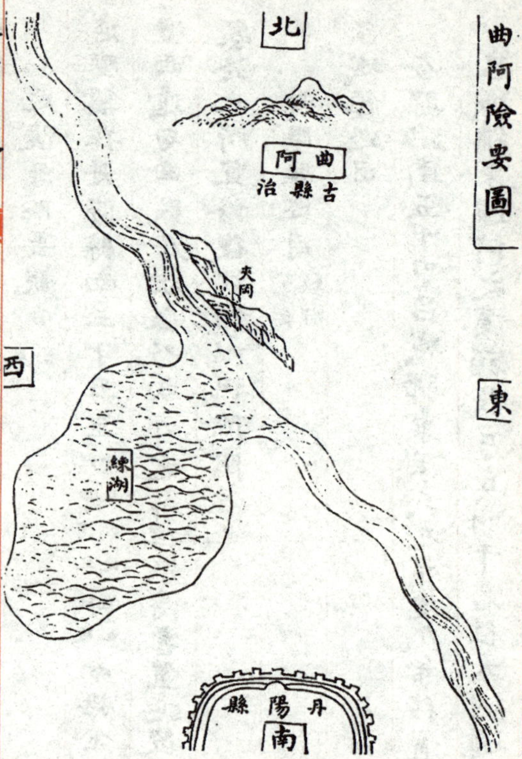

曲阿險要說

曲阿在丹陽縣北八十里即古縣治也晉郗鑒築三壘以禦寇此其一也江洋賊自經山等處登陸由此可以直擣雲陽其北郊之最要者乎或問曲阿非山不過丘阜之類星散而列者耳何險之有曰不然所謂險者指大江而言非曲阿也曲阿非一處凡丹陽北境近江之地地脉隆起均名曲阿惟其無崇罔削壁可以限寇而江寇可以從此而上故險也今人但知孟瀆包港之為險不知此險乃人人之所當共知知則有備有備則寇必避之而不敢輕犯葢賊嘗避吾之所備而曲阿之類吾之所不備者正其所乘以入者也於其既入之後而始悟曲阿之為險無及矣

延陵鎮險要圖

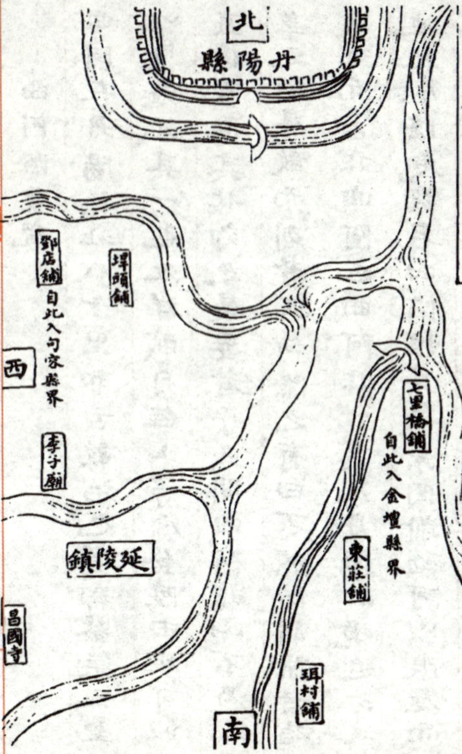

延陵鎮險要說

延陵鎮在丹陽縣南三十五里（此曲阿之延陵鄉非古延陵也）南接金壇西通句曲民居稠密乃南郊之屏捍宋時嘗置延陵寨於此所宜修復故制以扼險阻者也

丹陽縣巡司（弓兵數附）

呂城鎮巡司

在縣治南五十里呂城驛東洪武元年建九年移置呂城鎮東運河之濱額設弓兵四十名往來巡邏

包港巡司

在縣治東七十里包港北通大江東連嘉山洪武元年建二十六年移置顧港正統九年知縣呂衢重移包港設弓兵四十名往來巡邏

丹陽縣倭患事蹟

嘉靖三十五年丙辰

四月賊圍縣城官兵禦却之

五月麻陽兵大敗賊於城下

賊自圖山而來將泊城下適麻陽兵自京口南下賊未知也本縣士民斜銀二千餘兩賂麻陽之兵兵潛竄土兵中改其衣裝既接戰麻陽兵突出賊大敗走斬首七百餘級以非軍門之命故不報功

按麻陽兵未奉節制直以二千金誘之破賊賞之可以勸士也如此夫

金壇縣境圖

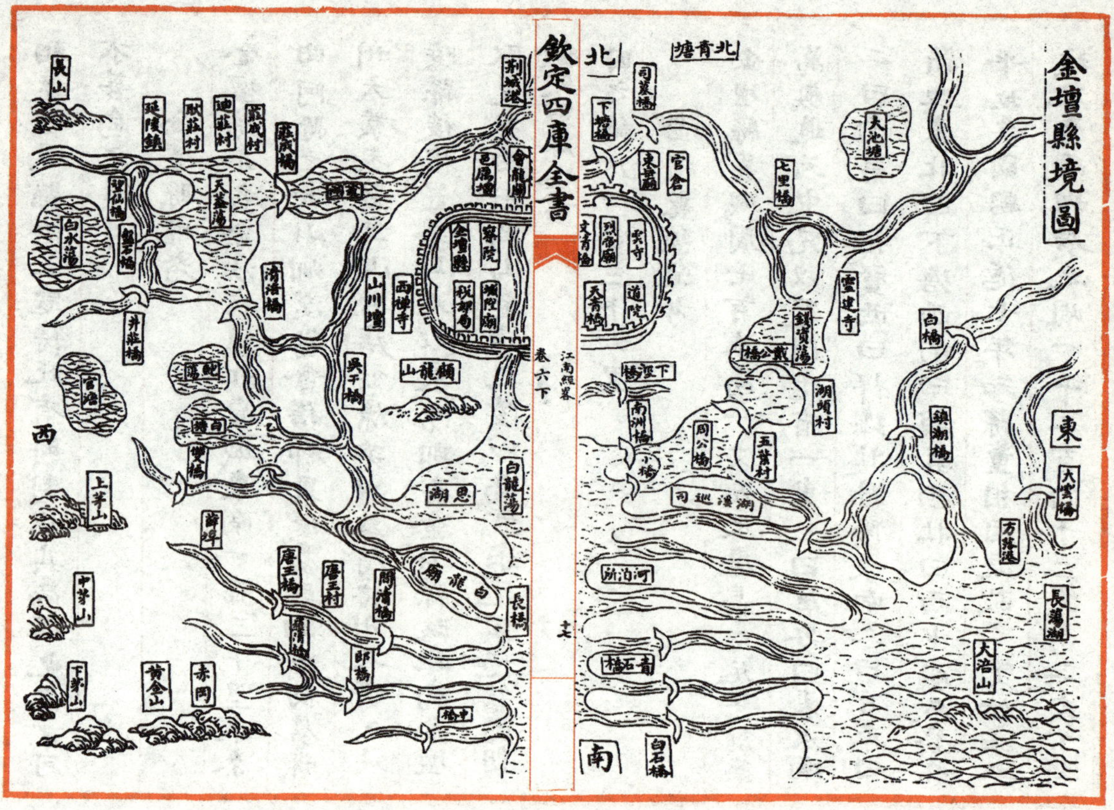

金壇縣總論

金壇縣在茅山東七十里南通溧陽北距丹陽雖為鎮江屬邑地僻而遠非運道往來之衝亦無江洋守禦之險諸邑中茲其最閒者乎說者謂其介於應天常鎮三府之交萬一世變賊由蕪湖三壩溧陽掩襲過此以入太湖則蘇常諸郡靡不受禍不可以不預備以愚觀之似不然蓋江寇若由蕪湖而入也必歷太平三壩以抵溧陽矣宜興濱湖與溧陽接壤寇至溧陽竟從宜興入湖奚必假道於金壇乎況三壩原非通道蕪湖舟至東壩即不行矣壩東往來之舟甚少盜至此無舟可擄豈能飛渡哉是入太湖道路與金壇無相關也若應湖寇之西犯留都則從東壩登陸不二日可薄都城或南由長興陸行而從四安廣德以趨溧水水行而從太湖宜興以趨東壩三者皆間道初未嘗假道金壇是西入留都道路亦與金壇無相關也況縣小而瘠民獷而驍攻城巨寇何所歆羨而必欲至此乎所患者長蕩湖與太湖

相連密邇縣治土寇恃此有時剽掠其為備也亦不可不善為之計耳

金壇縣境考

金壇縣亦名金沙在鎮江府城東南一百三十里本秦曲阿縣之金山鄉漢屬會稽郡東漢屬吳郡隋初屬蔣州大業末置金山縣唐初屬茅州尋屬蔣州又併入延陵縣後復置金山又以東陽郡有金山縣改此為金壇取邑界曲阿之山金壇之陵以為號宋元俱仍舊國朝因之編戶一百三十六里

金壇縣城池考

金壇縣舊城周七百步高一丈五尺唐長壽元年創築萬歲通天中甃以甓門十有一東二曰唐安曰東水南二曰南昌曰招賢西曰梓墟北丹陽東南二曰日車曰新興東北曰下塘西南曰朝真西北曰西水歲久廢為平地矣國朝正德七年知縣董相因流賊之變始築土城比舊而增廣之周一千二百四十二丈高二丈下濶三丈上半之濠周於城闢門六東曰通吳南曰平湖西南曰迎暉西曰望山西北曰丹陽北曰望潮并南北水關皆甃以石上各有樓下各跨濠為橋十年知縣劉天和以關基不固又改築之嘉靖三十三年知縣趙圭始甃以甓壘石為基

城

週圍一千二百三十四丈四尺高二丈六尺基厚三丈上半之

池

東廣二丈深一丈西廣一丈五尺深八尺

陸門

六座內外皆甃以石上各有樓外各為橋一座

水關

二座架石為梁緣梁為樓週遭翼以欄檻左右壘石為女墻上列粉墻

敵臺

八座

窩鋪

二十座

雉堞

闕千闕百闕十闕垛

金壇縣備寇水陸路圖

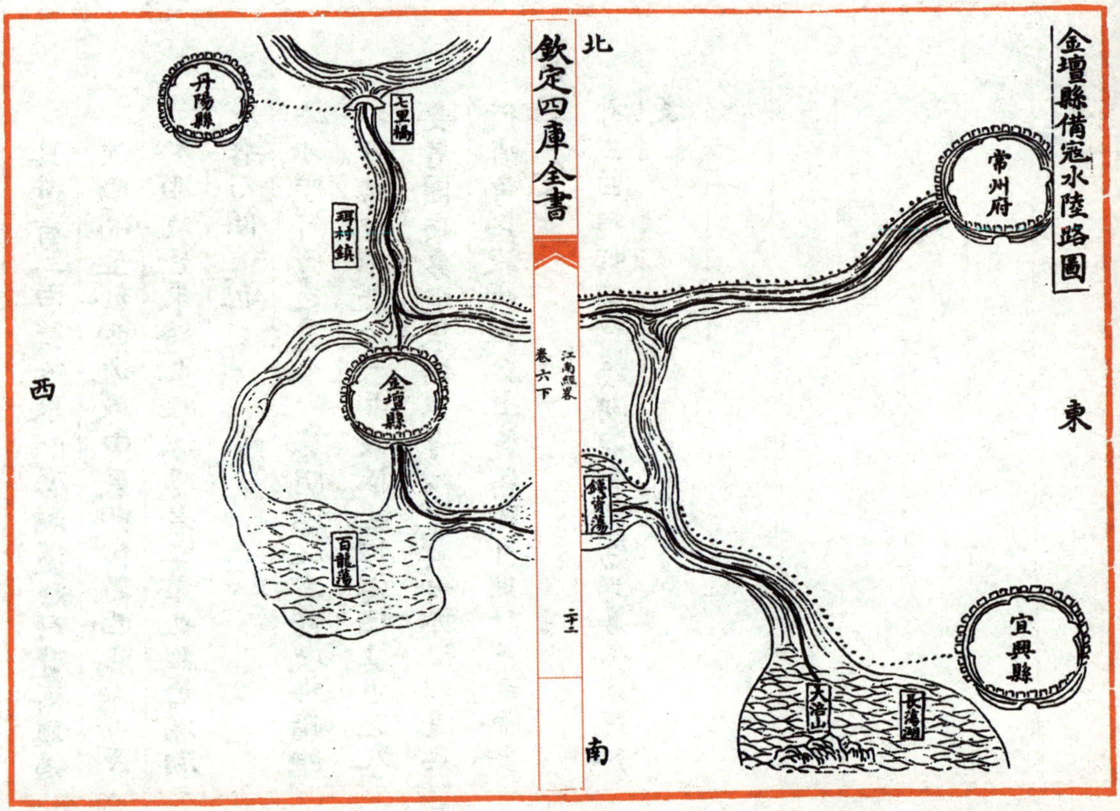

金壇縣備寇水陸路考

東通武進

其道有三由北門荆城港七里橋東行至常州之西門或由荆城港歴賀家地方三里菴入小港而行以至常州之西門者皆北路也由白鶴溪小港而行出奔牛鎮者東北路也北路道之正也東北路道之間也

西距句容

其道一由縣西陸行六十里至茅山地方是也

南抵溧陽

其道一由縣治南門歴白龍錢資二蕩五十里至官蕩河又五十里而至於溧陽者是也

北至丹陽

其道一由北門荆城港珥邨花家渡從七里橋出者是也乃正道也

東南與宜興為界

其道有二由縣治東門歴湖溪巡司甓橋鎮過溧陽而至於西氿或由東門徑過西滆湖而至於西氿皆東路也經溧陽者正道也經西滆湖者乃間道也

右水陸可通之道凡八其間港汊浩繁岐路錯雜不可勝紀不能一一而設備也惟當摘其中之尤要者團兵勇建寨柵以守以禦其餘亦惟以遊兵行哨奇兵設伏輕兵出襲焉斯可矣計邑之險要有三曰珥邨曰長蕩湖曰白龍蕩詳著各圖說於後

珥邨險要圖

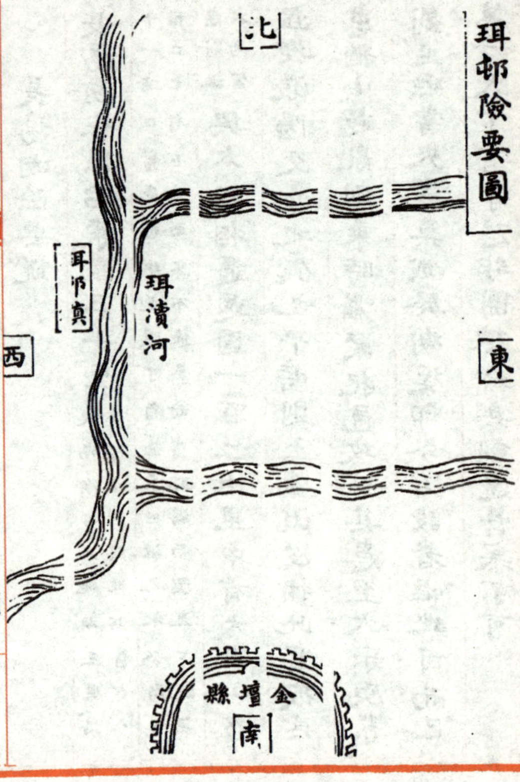

珥邨險要說

珥邨鎮在金壇縣治北四十里珥瀆河西岸北通丹陽縣七里橋東通常州府奔牛鎮乃本縣北郊之屏翰也前代嘗築剌城於此不為無見近年倭寇內侵金壇因居腹裏寇所未到說者僉謂水灘難行賊舟必不至愚意不然倭寇之志不過擄掠焉耳江南財賦之區甚多或不必戀茲邑理固有之但其邑與溧陽相接壤密邇留都南通蕪湖出大江承平日久保無巨寇自常鎮而來以是為進兵之間道者乎萬一有之珥邨為咽喉之衝何可無備本鎮居民稠密因之以經營亦且不難當事者宜預為之計可也

長蕩湖險要圖

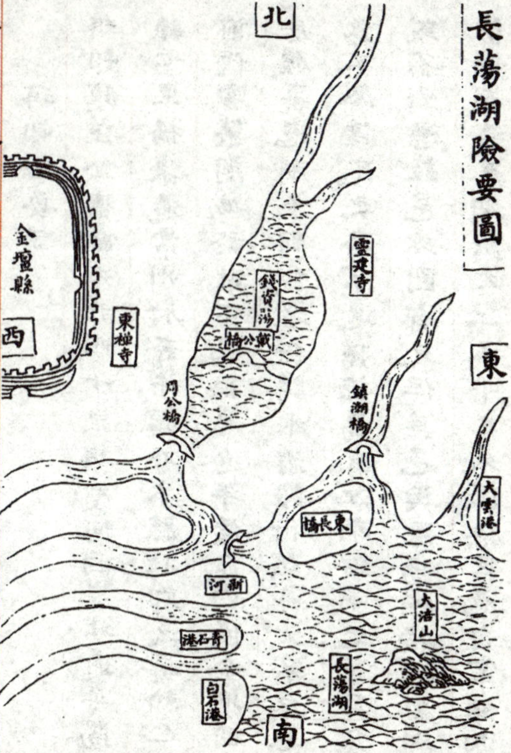

長蕩湖險要說

長蕩湖在縣治東南三十里（長蕩湖古名洮湖王康論金壇水利謂洮湖舊有八十一瀆口貫受荊城延陵丁角薛步四源之水今所存惟二十有七皆淤塞不通盡訪舊跡濬而深之下流無壅則水不為害）與太湖相通週圍一百二十里中有大浩山乃宜興溧陽交界之處也平時則土盗出沒捕此竄彼其患猶小遇亂則乘時嘯聚犯邑攻城其患至大宋庾業劉延熙嘗夾岸築城於湖溪即今所設者惟巡司而已萬一天下有事恐非團練鄉兵創建營寨不可

白龍蕩險要圖

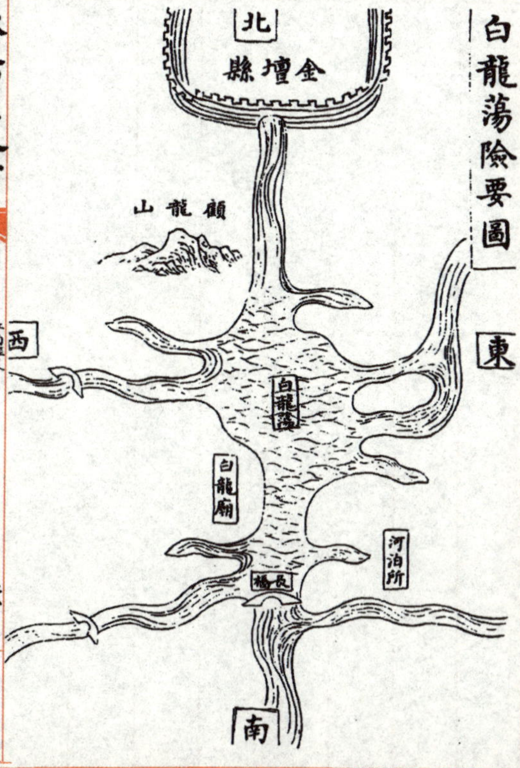

白龍蕩險要說

白龍蕩在縣治南一十里（白龍蕩即思湖舊最寬衍菑水以紓下田之澇近為居民築埂壇菱藕之利遇旱則復為宜）與錢資蕩相通居民漁利蘆葦叢生僅通舟行無險可畏蕩之右有顧龍山我太祖皇帝東征駐蹕御碑在馬據此則知國初大兵所嘗往來亦一險要也似宜設備

金壇縣巡司（弓兵數附）

湖溪巡司

在縣治東南三十里長蕩湖口洪武三年建設弓兵四十名往來巡邏

鎮江府土賊要害

丹徒縣

聚劫

大江

鹽舟出没隨遇而刼罔有定方

自京口至丹陽因無支河素無盗刼之患

金壇縣

聚刼

七里珥邨之間　在縣城北

湖溪　在縣城南

按大江之刼在鹽徒捕者恐亦藉此為奸防不可懈也珥邨湖溪之寇嚴保甲練民兵寇自不犯矣

江南經畧卷六下

欽定四庫全書

子部

江南經略卷七上

詳校官内閣中書臣孫溶

總校官進士臣程嘉謨
校對官學録臣常循
謄録監生臣曹壽

欽定四庫全書

江南經畧卷七上

明　鄭若曾　撰

見行兵政一

戒諭將吏 計十條

務實心

南北多事正臣子圖報之時將領有一路生靈之寄但有實心何事不濟江南以百萬之衆制

一隅之寇一旦有功陞擢贈廕榮不可當今後務宜除去舊時一切套子同心共濟勿懷猜忌畏怯之私且如舊時各將領多爭功妬能虛冒掩飾雖與别將並壘幸其無成反相傾陷此等之人滅絶天理今皆何在舊時有功之人一時雖為人所侵奪阻抑後來卻蹤榮顯身家受用天地鬼神何嘗負之凡為將領者宜發深省

明紀律

年年倭寇生發一切防守俱有定議平居愛養士卒惟恐失所到出兵時惟有兵法耳陽明王公節制一人退怯一伍皆斬一伍退怯一隊皆斬似過於嚴然與其死於敵不如死於將也故曰士卒畏將者勝畏敵者亡

固城池

城池防守無法臨時失措及將小民疲弱者上城有勢力者優免不思小民一釋負擔生理已

絶大家僮僕滿前家計重大若勞逸不均必生離叛興化之事可為前車今後守城官員照依近刻籌海圖編斟酌損益料理完善務宜文武同心官民一體以保萬全勿容强梁頑梗之人阻撓僨事如有違犯徑以軍法處治

嚴哨報

每常健歩哨報止於近地駐足一聞消息不知虛實輙便回身悮事不小今後各領兵官每日發人專報院道亦先發人探聽開報不合者重究且瞭望是緊要事沿海六里一墪有在内地去海稍遠者賊已登岸尚未知覺宜令海防官相度地里逐漸更置以為永圖

察寇情

先年我民被擄得回者傳云真倭甚少中國人從賊者倭以為先鋒恐嚇我兵我兵亦利其為真倭獲功賞重反以張彼虛聲奪我士氣况倭

踰海而來勢難久留刀法雖熟安能敵我鎗箭長技惟是以少擊衆以逸待勞或揮扇成風或懸鏡曜日或牛角為盔或獸皮為甲怪狀驚人刀光奪目設伏棄包跳踉閃爍其為伎倆不過如斯為將者若能知己知彼用我之長攻其所短明諭士卒使之了然無畏則强兵制勝之術在其中矣

收蓄聚

賊寇踰海而來因糧於我若清野以待之自可制其死命故淮揚之捷殺死倭寇剖其腹中盡皆青草今後州縣官務要設法收聚富戶有頑梗不從者萬一賊至必以兵預燔之城外運米有失罪州縣官以軍法

養威望

今之為將領者孰不曰我有將才柰無兵無食不專委任故無功耳殊不自量今有兵有食專於委任作何振作也譬如一大家其家人衆多見其主人能事便有倚仗若家主無能便只哄他為將領者果能身先士卒站得脚跟定則三軍自有所恃而不畏敵矣今願各將官先養威望三軍之命在一將一將之妙在一心心能無欲百戰百勝之道也

收羣策

古人用人不避恩怨如盜賊如貪污如狙詐皆

得而用之傳曰四裔不靖拔卒為將若未用而先責其成已成而即忌其功孰肯盡心力以報我哉岳武穆智勇之全者也臨出兵時盡召諸統領環坐飲食之先謀敵之所以敗我者至於六七必無敗也乃行故每戰無敵書曰好問則裕自用則小

精器械

陸兵之命繫於一器水兵之命繫於一舟將官若不時時點檢不特忽兵之命是自忽其命也今已議有定制如當給銀修置而有司扭於樽

節虛文減估遲給者所宜重究

審機宜

倭賊初至我兵利於速戰蓋被過洋日久為風浪掀翻疲勞饑困我以精銳乘之萬舉萬勝待其深入分散抄掠口糧于外我以謀生之人當必死之寇難以得志矣無已則出奇設伏或夜襲

其營或晝乘其怠此進彼退出其不意攻其無
備及分散之賊同營我則偃旗息鼓斂兵勿戰
俟其還退以大營綴之別出精卒追之邀之於
險選壯衝之分兵疑之可以決勝成功

行軍節制計五十六條

一凡水陸官兵俱經分有信地然禦之海上乃
為上策如放賊登岸務以軍法嚴治若有能
隨賊向往奮勇截殺者許其立功贖罪

一臨敵去戰期一二日先以探報追隨賊之動
靜圖狀之險阻凡賊一舉止一時候皆必有
報不實者重究

一官軍臨境各要記帶一應原執器械及雨具
針線之類領兵官逐一點驗勿使缺乏

一沿海護塘可用馬兵如見賊登岸馬兵以鳥
銃弓箭盤旋制之不但壯步卒之氣亦全勝
之道也今後本地有馬儘數發出自成一隊

助戰併出入兵間領隊押隊

一五方旗號以方色為名出兵難以悟曉惟左
右前後中屬人之一身以身之向往為節亦
旗屬前黑旗屬後青旗屬左白旗屬右黄旗
屬中無事當捲有事方開見林木開青旗水
澤開黑旗兵馬開白旗山險開黄旗煙火開
紅旗前隊遞相傳報掌旗之人失於瞭望者
治以軍法

一遇賊各兵務須放膽扎定但有移動一步及
回顧者即斬倭性多疑彼見我兵不動必不
敢輕易衝來見零落游走之賊亦須持重相
機不可輕戰

一徑多路岐須分兵數道盡占其地使我兵疎
而不離密而不雜

一兵行卒然遇賊如道路窄狹用勇士鼓譟乘
之後以短兵接戰再遣兵據險夾攻若閭巷

之間衆兵必先升屋從高擊下

一敵人一進一止互換攻我可令兩軍作前後陣一單作疑兵應急補空使一單飯一單進

一單慿雖遇敵晝夜不退不致疲憊又須料敵衆寡

一營壘已設警備再量分遊兵於營外四面要害去處給與鼓砲隱於幽僻之所如遇賊來犯營前項伏兵即從砲鼓而出以攻其背賊必驚疑潰散

一鳥銃最利而捷但苦於不能接濟賊每見銃來伏地而避見銃不應手即便衝來今後分為數層不得早放仍用短兵衛之

一或四面金鼓不絶以分其勢或各路設伏不測以疑其心或便道置毒以絶其食或揭示賊中有能斬取賊首者重賞官爵以離其黨或於要地設險陷塹以遏其衝或結營放火以奪其魄

一凡當先者一甲被圍二甲不救一隊被圍各隊不救一哨被圍各哨不救致令失利者俱斬其哨隊甲長

一五人為伍衝鋒對敵一人有功五人同賞一人失陷餘四人皆無功各以軍法責懲若四人内斬獲首級一顆除本人給賞外餘三人無賞罸若失陷一人斬獲首級二顆止照功論其一甲一隊一哨皆以此推之官目首論

一凡斬獲首級不得爭奪違者哨官陣前先行割耳同兵驗斬及有方獲一級輙擅離隊報功者罪同

一陸兵以衝鋒為上斬獲次之水兵以犂沉賊舟為上歸賊次之陸地能摧鋒陷陣者應當時賞銀三百兩海賊初到能犂沉一船者應當時賞銀一百兩其餘賞格已有明例

一凡戰時賊遺棄財物首飾但低頭拾取者即
斬如全勝之後所得俘擄公同驗犒多士
一賊至不拘地方軍民人等有能人自為戰出
奇制勝者出格陞賞
一行伍不齊行步錯亂擅離隊伍點鼓不行聞
金不止按旗不伏舉旗不興開旗不接得令
不行傳令不明道路擠塞言語喧嘩者領隊
官治以軍法將官參究處分

一經過駐劄不得强買貨物搶擄財物需索酒
食砍伐樹木蹂踐田禾姦宿婦女飲酒喧鬧
擾害欺家棄毀器物違者治以軍法將官首
坐
一探報不實泄漏軍機逗留觀望臨陣逃回妄
言禍福假傳軍令等俱照軍法從事
一有知天文地理六壬八門覽視四方洞察三
軍深謀遠見者務須不拘時候延見

一將官呈報賊情文書並須明白簡當止許將
寇賊侵犯日期出沒去處及追襲勝負畧節
緣由簡明直說不得巧揑繁文矜伐功能如
違先將承行識字軍人究問
一發軍前一日晚領兵官將途程遠近止宿去
處禀請主將遵令而行
一每隊定傳令軍人一名得令遞相傳報餘人
不得亂傳

一官軍啓行各須披甲戴盔庶幾臨敵輕便不
得用跣甲虛飾若路遠天熱得主將令方許
暫時寬觧
一盔不在頭甲不在身器仗不堅刀刃不利箭
矢無羽弓弩無弦鎗筅無鋒但一事不備者
軍法責懲
一領哨官前途凡遇大小事務俱要差人傳報
中軍清道旗手仍先期禁斷人畜不許攙入

隊伍衝冒旗纛如遇應該迎候稟事人員及各處差人齎送急報公文之人官軍不得邀路問荅赴中軍審實差人報知主將方許進見倘有異言異服可疑之人送主將研審發落

一軍器弓箭什物皆須書名在上或有疎失易為照撿

一官軍在途遇有疾病領兵官驗實隨即稟請主將行令所在官司撥醫調治痊可即便從

行如有詐病推避者治以軍法

一傍哨後哨見有乏弱人馬不能前進或在路傍潛藏者隨即收送中軍發落

一所至地方每隊軍兵各聚於一處住宿以便查點呼喚

一軍行定委巡哨官一員止宿委巡視官一員但有干犯軍令即便指實呈報隱匿不舉及因而需索詐騙者各依軍法究治

一軍行在路遺落器械什物見者許即收帶至止宿處送中軍招人認領失物得物之人量加賞罰隱匿不報者治以軍法

一每隊官目將本營下兵丁年貌花名附寫應帶軍火器械什物置簿二扇開寫明白官目各收一扇以備查照

一文武將吏主客軍兵如遇有警務要協謀併力互相傳報應援不得自分彼此爭較私忿

若應會兵而不會兵應赴援而不赴援趨利避害損人便已致悞事機者雖有奇功亦難掩罪應行叅究黜罰

一出軍以先鋒為難回軍以殿後為難故曰既勝如始戰凡遇戰勝回軍必選精鋭老練官兵為後哨持重緩行以防不測

一行軍每隊定傍哨四名二名在隊外專瞭聲

息道路二名在隊裏一人專管承受號令一人照瞭前後隊伍不許稀疎擠塞遠近不均

一軍臨城境過關山險隘及三岔川口先令遊兵於最高處四面瞭望或路旁有深林幽谷草木蒙密去處須令短兵於内搜索果無姦伏同報主將挨次整隊而行

一軍前有葅澤坑坎我當據平原以待之若賊至陷中速進兵攻之如賊不來我則設伏退

軍以誘之

一賊未戰無故而收兵半隱半見佯亂佯退惑師挑戰必有姦謀我當堅陣以待不可輕動

一賊若據險我以利餌之或退師以致之如入我計急遣精兵出其背以奪之

一賊入隘口待十過其四五我從旁邀擊之如賊驚亂即奮兵擊之必勝

一賊若乘風雨飄翳故令偏師來攻待我應之

被必佯為敗走此欲誘我入伏也我當勒陣緩追潛於軍後多選精兵從賊來路及度其歸路密切覘望如彼有伏即分軍為三四隊潛入伏所互換攻擊若彼伏兵敗走我軍就彼伏處待彼來誘我即起而攻之

一分兵數道臨發時務要會定記號如於賊界相逢不分晝夜各即駐隊互舉原定記號以辨真偽

一沿海守墪人役失誤瞭望致賊侵入境内因而誤事者軍法責懲管墪官罪同止誤接舉砲火不曾失事者減等如失事重大者軍法處斬

一爪探夜不收爪探不的以無作有以多作少因而失誤事機者軍法責懲若傳報賊情調集兵馬畏避難險在途遷延以致悮事者同罪

一頭目旗軍官豪子弟倚勢奪人首級報功及管軍將官將所部斬獲首級捏報本家子弟及作人情送與勢要之家者被害之人指實告發先將所報之人治以軍法仍照見行事例參究

一戰後故殺平人及投降人口報功者先責一百大棍不死仍坐罪抵命

一臨陣奮不顧身三次向前衆所共見雖無首級亦係奇功即時給賞大銀牌一向兵回仍照例論功不許貪顧首級以致反敗違者治以軍法

一把總官通計所部内功次失陷多於功次者臨期計算發落

一軍營夜間有事差人密切稟報主將有令把總官分遣曉事人員逐隊親行告諭俱不得高聲呼喚

一官軍臨陣敢有挾仇乘機故相殘害者同伍之人即行指實呈告該管將領拿問究治如同伍知而容隱坐以同謀之罪

一臨陣抛棄盔甲器械者棄毀神鎗大砲鳥銃者官旗臨戰易換軍士器械者各按軍法責懲有差

一水陸各兵貧難者多艱苦萬狀口糧不勻日用有等無知官旗指稱公私使用動輙科歛錢物或將應得銀兩扣尅入已今後為主將者務加意糾察如有分文科歛纖毫侵尅體訪得實或被人告發先以軍法重治仍照律例問發將官明知故縱者一體究治

一有警除戰兵外另選膂力之士或二百人或一百人攢成大隊名為掠陣之士凡遇交戰每隊分泒或三人或五人各持長柄鐵骨朶隨各隊後觀兵入陣如有退縮官軍許令摘

取牌面督併向前前有領隊官旗後有押隊之人使之畏我侮敵則可以變弱為强

申飭海防事宜 嘉靖乙卯答曹子忠中丞計一十一條

一蘇松常鎮四郡比因寇擾皆由土兵不練内地空虛以致猖獗深入如蹈無人之境及今不為訓練誠恐噬臍無及宜行令各府州縣掌印巡捕官將各該地方居民乘其農隙之時酌量多寡定立教演法程親督訓練務要

年力壯健技藝精熟必使城鄉却鎮悉為干城比閭族黨皆可禦侮調募既省供餉自輕誠寓兵於農之良法所練鄉兵不許官司差遣仍禁糧里吏書毋指開報為名以滋騷擾索詐并禁各保長亦不得在鄉把持生事

一當春汛之期正值草木叢雜之際扼險設伏最為要法若計不出此俟賊分形共險而後與之角衆寡較强弱以求必勝雖獲有奇功終非上策今後遇警水陸哨守官兵各陳兵驅勦外其各該緊要隘口如何控扼以制潰逸如何備禦以防流突又如某地急而兵反少某地緩而兵反多或移補或協守務須預為計料以收萬全

一島寇深入盤據為患良由港口兵船畏避風濤結艅潛泊内地官兵散漫無紀賊一突至倉皇失措自顧不暇又安有直前以拒其鋒

者乎今後各將官務宜嚴督各該兵船更番遠哨如遇有警司水戰者即於海洋戮力勦截司陸戰者即於海塘揚兵應援必使片帆不入一寇不登是為首功如或玩寇殃民即以軍法從事

一水陸戰兵各有攸宜相機勦截貴乎知要如一舟之中賊首能戰者不過數人而縱横曲折惟恃舵工為指使耳兩舟衝突要在先擊

舵工舵工一斃則一舟紊亂或用毒灰順風颺擊以眯其向往之途或用礶泥抛擲彼船使無站立之處次以神標藥弩火毬火箭刀牌奮擊自可一鼓成擒至於陸戰之法亦可依此類推

一一處有警鄰境官兵當一面防守信地一面分兵策應或彼此互相夾攻近來各該將官每遇賊船入境不行併力驅勦只圖出我信

地殊不知海洋上下地皆吳地民皆吳民豈可秦越相視使各分彼此不行併力追勦則窮寇之勢豈肯久留海洋東衝西突勢必流劫郡縣今後各將官務宜併力齊心彼此聲援無蹈故轍如或左次觀望坐以失律之罪

一探兵乃軍中第一要機哨探不實則進止無據凡探兵船隻必須遠至外洋無致失悞如遊兵則從北洋巡至南洋南洋巡至某處某把總哨船如圖山巡至孟河孟河巡至江陰之類遇有警急即先探伊船隻若干賊數多寡及向往的實以便迎敵一面遞相傳報堵截若或畏懼偷安不行遠探一見外洋帆影不辨多寡不分兵船漁船賊船妄行傳報以致真偽不分有妨戰守今後必須嚴明賞罰以為激勸探兵勞苦非衆兵可同如探實賊船賊數向往的實務宜出格犒賞若官兵克捷

海洋探兵亦隨獲功官軍一體紀錄加賞如或哨探不實不明仍前惰誤從重加罰庶幾賞罰有章三軍思奮而用兵之進止良有所恃矣

一邀擊之法銜鋒為上角戰為次尾擊為下島寇航海初來還不敢放舟逕入必潛泊海島邀遮中國之船隻以資聲勢搶擄中國之人民以為從衛又憑藉奸人為之勾引接濟然

後乃敢乘風揚帆深入内境若我兵伺其始至饑疲蹋踏所向未定即為多布戰艦先塞要害又出勁兵相時邀擊則以逸待勞以飽制饑可一舉而殲滅若先期不行哨探臨期不能堵截直待登岸搶掠飽載東歸方圖尾擊雖獲有功而已不償地方之所損矣各該將領身膺武備重寄務宜鞠躬盡瘁以靖妖氛一聞警報隨即出洋奮勇堵截量度水道乘機邀擊務使賊船不得收港近岸方為奇

功如或怠緩悮事者自有軍律

一水陸官兵器械必須鋒利火具必須周悉旗幟必須鮮明隊伍必須整飭船隻篷桅什物缺一不可倘或未盡堅利鮮明何以備緩急以壯兵威須行令各將官即查前項器械什物如有損失不堪應修應補者作速施行

一器械不實雖終日操演俱屬虛文器械之中有長兵有短兵長兵者火器弓弩是也短兵者鎗刀义棍是也無長無以衛短無短無以衛長假如一隊五十人每隊長兵二十五人短兵二十五人學火器者必須藥線鉛彈火繩錘鉗流杖具備缺一則火器皆無用之物也學弓弩者必須撒袋俱全弓備二張弦備二條箭備百矢仍腰懸短刀以備格鬬缺一則弓弩手亦虛設之兵也至於鎗刀义棍是

否鋒利學習是否生熟不然則短兵俱應黜之人也今日之謂兵者不惟人無定伍抑且習無專藝盖緣操練無方且如弓箭手人各九矢雖教演終日往來奔走所射不過九矢是弓矢不可以操而熟也况火器刀鎗之類多置而不校總是校之臨操雜沓跳舞一番何曾别其優劣是亦不可以操而教也今宜遴選各技教師於一月之内分立操程更番

教演如某日教火器某日教弓弩某日教刀鎗某日教叉棍某日方合衆技而總試優劣如此不惟各兵得以休息且技藝得以精專然後益以衝鋒設伏進退之法方克有濟

一用兵之法什伍為先八陣五花載在典籍東南古稱澤國地多沮洳溝塹車不得方軌士不得成列萬一有警必須熟察九地叅酌九變或用奇或用正或奇正並用或邀擊或鵰

勦或先聲震嚇或彼衆我寡則設疑分勢或我衆彼寡則圍師必缺即今風汛戒嚴各項戰守機宜當預為經畫無恃彼之不來惟恃我之有待

一五間之法諸將諒所熟聞因内反死生臨機

一出非可過度至於因間可試一行葢島寇之來必獲我土人以為鄉導然後流突焚劫恣肆跳梁此正可因者也我則選募死士以行間諜或離其腹心或散其黨與或暗通彼之消息或聲揚我之兵威或引誘入伏或導指陷地必使盡心效死克捷之日錄為首功此間諜之法水陸之不可少者

禁革事宜（嘉靖乙卯條上周觀所侍御計四條）

一哨船之設本為哨報警息協勦倭寇近日哨官哨長不以教演為急却以送迎為務然此革守法者固有影射者亦多差出則過限不

回護送則乘間為非亦有民間三櫓快船假托哨船名色潛行劫掠須行令該府州縣衛所今後差出哨船出給號票明開某府州縣衛所幾號船隻今係某項公差限該某日回銷各巡捕巡司凡見前船務須盤驗真偽該府州縣衛所務查同銷限期仍置立功差號簿聽各該上司不時弔查如有越界過期一體究治如此出入有稽而盜賊自息矣違者

將首領官并哨官哨長究治
一按得太倉衛軍士先年原額五六千名歲該蘇州府派供軍儲三萬餘石向來逃亡奚啻十之六七會計之數如前派徵逃亡之糧每被積書夤緣侵冒而見在行伍者掛欠無追軍士失哺奸強得利不但太倉一衛為然而各衛所亦同此弊宜弔取蘇州太倉鎮海金

山鎮江等五衛及各所見在食糧官軍舍餘軍餘并差操各冊及該府衛所原派軍儲屯糧卷簿俱查自嘉靖初年起至今要見某衛所某年月日實該官軍餘丁若干某府原派軍儲若干歲該實給若干多餘若干多餘者見貯某處或作某項支銷實領者有無批領或被人掛欠侵尅務令各府衛所逐一查明回報無得滋弊遺奸果係民欠亦須查明核奪無容詭捏

一各港統領兵船武職哨官以至衆將把總有志向進者官雖卑不受磷緇庸材自棄者職雖崇難免汚玷如每官一員則管兵船不等有二三十隻者每船有兵夫四五十名者近聞各官每船扣占虛兵五六名或十餘名設遇查點責令柁工頭目僱倩應點至如實在之兵每兵月索分例使用銀一二錢又縱無賴棍徒賒掠抵下食貨或乘修船擡派不堪

油蘇高擡取利名雖月給其餉除去剋削所得實惠幾何宜行令各該將官等上體朝廷豢養之恩下體足兵衛民之意今後給散各兵月糧須預先具呈兵備道不拘文武定委廉官一員唱名監放務使人沾實惠庶兵心悦服而奸宄無所容矣其陸兵將領亦宜令一體遵照施行
一衙門設役固有定制劑量因革所當隨時查

得按屬巡司七十餘處大約弓兵共二千餘名歲編工食銀二萬餘兩專為捕盜保障而設何近年以來官吏索受常例縱容積棍多包糜費工食兵無實用盜賊生發若罔聞知況近因倭變各屬有額設巡兵添募兵勇即落有團結鄉兵使各兵勤行緝捕則弓兵似若虛設使所司嚴查影射則各役何至包侵相應通行酌處行令各府即查所屬巡司幾

處共弓兵若干工食若干或抽其半或量革去將州縣兵勇如數發司責令巡檢統率巡邏歲扣弓兵工食置買營田以充兵餉積之數年營田愈多民力輕省否則或移充現年兵勇工食以紓目前匱乏如此庶衙門之額役不虧而民脂民膏不為積棍侵糜事體可否統希裁奪

元韶謹按以上見行諸條俱伯魯議上憲院施行者也其於防禦之計至周至密十餘年來海不揚波未必不由此也禁革事宜伯魯條議尤詳元韶畧删去一二初非有所優劣其間特以稍無關於兵務耳按察司僉事鄭元韶識

江南經畧卷七上

欽定四庫全書

子部

江南經略卷七下

詳校官內閣中書臣孫溶

總校官進士臣程嘉謨

校對官學錄臣常循

謄錄監生臣曹壽

欽定四庫全書

江南經畧卷七下

明　鄭若曽　撰

見行兵政二

水兵號令計三十三條

一捕盜乃一船之主舵工而下甲長兵夫皆屬管束適船軍火器械悉宜料理如一兵生事一椇不完一械不精者捕盜罰治甚者革退

一洋中有警外哨官即便差船放銃放噴筒以報近哨官近哨官放銃放噴筒接遞報知大鯮兵船與把總官如外哨官不知報近哨官不接報因而悞事者治以軍法

一洋中報警各哨官捕耆聽中軍號令晝則中軍鳴金鼓三通扯行船旗起椗起篷各船俱鳴金鼓扯行船旗起椗起篷追趕夜則中軍放起火三枝鳴金鼓扯行船旗起

椗起篷各船不必放起火只鳴金鼓扯行船
旗起椗起篷追趕誤者究治
一洋中追賊如衝鋒船未至蒼山八槳等船
能遮蔽賊船上風致賊船不前使衝鋒船
得以追及者計功與衝鋒船同賞
一洋中擊賊以最先一船衝至賊船為頭鋒次
一船衝上為第二鋒如二船既衝一船第三
船復去攻打者捕盜舵工處斬如二船攻擊

未勝二船各出招旗者方許後船接連向前
攻擊衝鋒船既衝一船賊勢已敗不取首級
仍肯向前衝勝別船計船給賞
一兵船既近賊船不即乘勢衝擊乃敢轉篷放
舵以致各船不前者捕盜舵工處斬
一洋中追賊如賊船尚遠捕盜舵工只管秉風
使船各兵只管整點器械以待賊船近攻擊
不必空自驚擾及放銃吶喊以致氣衰如賊
船已近方許動鳴金鼓放銃吶喊以張軍威
違者捕盜軍法責懲
一船中槓椇器械捕盜務要逐日查理如平
日推委不行整頓臨行船時方告槓椇不
齊者捕盜處斬
一洋中追賊賊船尚遠後船瞭望未見頭先
兵船如見賊船即放噴筒一箇出招旗以
報後船後船即接連放噴筒一箇出招旗

以報最後之船以應先報之船違者捕盜處
以軍法
一夜間追賊以頭先近賊之船為準頭先近賊
之船桅懸明燈以示後船後船不必掛燈只
看前船之燈追趕如近賊之船不掛燈或掛
燈而不繼與後船見前船之燈不跟踪追
趕及另掛一燈以亂人目者處斬
一追賊之際賊若故拋貨物水面以誘我兵我

兵不許撈取如有貪取貨物不行追趕及追
趕不前仍取貨物者捕盜舵工與下手之兵
俱斬
一水戰以衝鋒為上功斬級為次功頭鋒之船
固難若賊勢未挫不得二鋒之船以夾之則
頭鋒難保全勝故懸賞格以頭鋒二鋒共
為上功若賊勢已敗無事於二鋒之船或
有冒功爭奪者治以軍法其餘計級行賞

俱聽紀功官從公定擬
一洋中行船猝遇陰霧咫尺不辨捕盜舵工
度風潮分數量山岸遠近慢慢信舵行使
如前船望見山岸體認已真即便點鼓以
報後船後船依次接連點鼓相應跟踪收
灣拋泊如前船不報鼓後船不應鼓以致
悮事者捕盜軍法責懲
一捕盜有能熟識天時驗知風候預曉將風將
雨赴各把總哨官報知略有實驗者即行
處賞如或屢試屢驗即呈明憲院及兵備
道以禮優待
一沙船本備哨探如不先時修理及修理不固
一遇差遣便以槓椇損壞為辭希圖為家
者即追修船銀兩入官仍將該耆民問發
各哨官縱容不先舉呈一例問革
一銃砲起火乃兵家號令如遇朔望日每船只

宜放銃一箇以振兵威閒時不宜妄放如淨
船修艌應先赴該把總處稟放違者軍法
責懲
一凡兵船出洋泊港聽中軍座船吹雙鎖吶
號響各船捕盜舵工俱赴座船聽候主將
發放已畢方回各船
一軍中座船放起火三枝鳴鑼三通各船亦鳴
鑼三通吹大銅角號響座船起椗各船亦起

椗

一中軍座船吹雙喇叭響座船起篷各船亦起篷

一各船起椗起篷完備中軍座船放起火三枝大銃三箇吹打金鼓掛行船號帶開行各船一齊開行在洋行使依次而進不得攙前落後

一每日開船泊港該撥直日哨船先行哨邏遇有警息哨船日間放銃一箇夜間放起火三枝亦放銃一箇為號一面馳回報警大䑸各要隄備

一遇前面海洋有賊中軍座船放大銃三箇掛白旗上寫一黑進字為號各船亦各放銃三箇掛白旗結䑸分布一齊進攻如有攙前落後揚篷躲避畏怯不進者各船自相記認聽候中軍查實處斬以狥

一將要圍䑸結陣中軍船掛皂旗一面旗上寫一白收字各船亦掛皂旗即收成䑸違者治以軍法

一先鋒破敵船查照賞格即時給賞縱無首級亦首功論仍將各船斬獲之功分派不得爭取首級致悞事機

一八槳船等雖低小行使快便有能向前纏繞賊船不放脫逃者亦照先鋒破敵之例同賞

如有臨敵退縮揚篷不進者亦斬以狥

一兵船在海洋中敵賊賊將敗之際各兵不得爭先搶貨以墮餌兵之計違者即時處斬以狥其有能遵守號令一心向前殺賊不顧貨物者就將所獲貨物倍給充賞

一各船遇晚收港先到之船放起火三枝船梢後出火一把各船瞭見亦出火一把相應隨䑸收入不得延落在後有違約束者治

以軍法

一各船置更籌四根如遇在洋中停泊每夜每班輪撥兵哨四名船頭船尾專一敲梆瞭望中軍座船日撥八槳船二隻更更收籌以稽勤惰失更者治以軍法次早捕盜聽候發放畢各領前籌如前遵守

一兵船日間收港中軍座船鳴鑼三通各船火兵方得上岸斫柴取水完畢聽中軍船

再鳴鑼三通各即回船違者直日巡哨軍牢即拘送責懲

一凡兵船在於海洋行使日間各船桅上插行船號帶一條中軍坐船桅上插二條夜間各船上插燈籠一盞中軍座船上插二盞凡有事稟報中軍船以便識認

一凡出洋兵夫每夜不得脫衣安枕恐一時有警收拾不迭未免誤事及遇警急務安靜以待敵無得驚營嚷亂違者處斬

一凡大小兵船出哨行泊無事不得亂放銃砲有事俱聽中軍船放銃然後各船放銃若遇對敵則不拘也違者治以軍法

一各樣兵船篷旗上務要以白色照港照哨照船照號編寫大字如劉劉家河左左哨福福船一號福二號劉左蒼蒼山船一號蒼二號之類以便進兵查考退縮者處以軍法

水操事宜計八條

一主帥至官廳坐下放砲三箇擂鼓升將旗各船亦擂鼓插行船旗

一吹變號笛各哨官捕甲兵到官廳前發放

一吹喇叭官捕甲兵各回本船

一中軍發號吹大銅角三通各船揚篷起椗

一中軍放起火三枝差八槳船二隻前去打哨遇警放起火一枝大銃一箇中軍放大銃三

箇接應

一中軍紅旗銜鋒船并奇兵船出敵中軍放起火三枝吹天鵝三聲鼓譟而進金止誘敵前來中軍舉青旗左右哨三板船出戰中軍放起火三枝天鵝三聲吶㖋三聲鼓譟而進中軍舉白旗兩翼伏兵攻敵擒獲賊船聽候中軍舉黄旗打得勝鼓觧送中軍請軍令發落畢吹打各回本哨

一各哨官赴中軍船稟操畢擂鼓落篷下旗

一各船旗號色

總兵中軍船旗心用缺色邊用缺色帶用缺色

蘇松參將船旗心用缺色邊用缺色帶用缺色

常鎮參將船旗心用缺色邊用缺色帶用缺色

吳松江把總船旗心用缺色邊用缺色帶用缺色

劉家河把總船旗心用缺色邊用缺色帶用缺色

七鴉港兵船屬劉家河把總提調每船旗號色亦同之

福山把總船旗心用缺色邊用缺色帶用缺色

白茆港兵船屬福山把總提調每船旗號色亦同之

江陰把總船旗心用缺色邊用缺色帶用缺色

孟瀆河兵船旗心用缺色邊用缺色帶用缺色

圌山把總船旗心用缺色邊用缺色帶用缺色

鎮江把總船旗心用缺色邊用缺色帶用缺色

以上旗色務須各别以便識認

弭盗事宜嘉靖甲寅荅任僉憲兵憲計十條

嚴城禁

蘇松常鎮四府州縣各城内外軍民稠雜商賈輻輳奸盗易生倉猝難禦原設官兵晝雖操練夜則空閒所宜分定信地以備緩急合無行令

各屬掌印官督同練兵官酌量城池内外地方派定官兵信地每夜輪更廵邏分班替换遇警協同各哨地方保甲人等併力擒捕如或失事罪坐各該管地方之官再選乖覺兵勇每日於城門水關内外密切廵緝消患未萌夜廵各兵黎明時分赴本官處回風并令總練官時加嚴禁不可生事害民

守要害

各處港口并郡鎮要害處所舊制設有廵司專為緝捕盗賊近因倭患公廨廢毁官吏任便僦住弓兵散處遠邇不一或在城内聽差有名無實緩急奚賴殊失設官為民之意合行各屬掌印官通為修復估計工料多寡議動在官銀兩或將本司弓兵每名量減工食若干以充修理之費着令官吏常川住劄其弓兵務選附近精壯土着之人應役各備鋒利器械分

派信地晝夜廵緝仍聽該府廵捕及海防官月終稽查功次量示懲勸

立保甲

城市鄉鄙不拘官民僧道一體編甲十家為一甲選有身家一人為甲長百家為一保選衆所信服一人為保以統攝之遇有畸零併入末甲之内其流來暫住人户不必編甲止將姓名籍貫生理附入房主户下每家各

置木牌一面上書本家姓名籍貫生理男子幾丁每甲各置當直牌一面日輪一家傳遞直牌者查本日十家之中倘有面生可疑之人踪跡不明之事即時舉報保甲長究問下落送官處治狥情隱蔽事發一體連坐如鄰近失發盜起保甲長鳴鑼集衆併力救護有功之人重加犒賞坐視失事除問罪外仍量罰銀米給恤被害之家其紳士本當優免但此法原為

弭盜而設與雜泛差徭不同若有踈漏則不惟事體阻礙而彼此聲勢亦不聯絡矣所宜塡寫格式通行刋布每甲二張內一張塡掛本甲一張塡送該州縣官以便稽查

設耆捕

城市鄉邨遵照保甲之法加謹隄防僅可自守但三吳之地四通八達江海河泖之盜倏忽聚散莫能踪跡須專委耆民分方緝捕乃為有益宜行令各州縣掌印官選擇殷實行止慣經捕盜之人數名互相保結塡給文帖充為耆民分畫信地往來廵緝如遇盜賊生發督同保長甲長人等併力擒拿解送當官究問的實從重犒賞捕獲真正强盜十名以上者給與門匾三十名以上者查照領兵耆民事規給與冠帶以示優異若有失事及在各該地方生事騷擾妄拿平人連名保結之人一體從重問遣

置水柵

强寇劫掠財物必須用船裝載人贓易於掩藏而江海湖泖利於脫避如鎮江之丹徒壩丹陽之七里橋金壇之大浦口武進之孟河口無錫之西定橋江陰之黄田夏港宜興之東西二沈靖江之蟛蜞港太倉之牛角尖長洲之瀫山湖吳工之震澤溪崑山之巴城湖常熟之白茆港嘉定之東柵橋華亭之朱涇上海之閘港等處

凡港口通於江海湖泖盜可出没者各於隘處置立水栅有巡司官兵者着令官兵其餘着令附近殷實耆民主之以時啓閉遇有人船可疑者盤驗明白方許放行夜則鎖閉撥人看守致有疎虞罪坐所由如有需索留難事發究遣此於商販不無稽程之怨然禁彼夜行實所以全其利也果使賊船不得往來地方受益不既多乎

謹盤詰

各屬城鎮鄉邨菴院寺觀多有遊食僧道住歇其中各省醫卜星相逐利而來浮處民間潛行不軌者難保必無合行各府州縣掌印巡捕官備查各該菴院寺觀但有遊食僧道要見有無度牒醫卜星相有無文引果無詐冒方許留住仍取長老住持各歇家甘結在官以備查考倘後事犯一體連坐其來歷不明或帶有兵刃即時報官究問

飭將領

近聞金壇縣刼庫强盜内有福浙鄉音此必革退客兵潛住地方者合行令各該水陸將官今後革退兵勇務要追收器械差人押發出境其見在營内者取具捕盜哨隊長頭目同隊同船各兵連名保結案後着令哨官不時稽查如有一二日不到即究下落從重問觧干係

盜情連哨官哨隊長捕盜頭目并保結之兵一體坐罪將領參究仍通行出示城鎮鄉邨及船上敢有存住革兵者以窩主論亦除惡務本之一端也

弭窩盜

近日多盜之由實出本地窩主招納爲奸一有敗露挈家投匿殊難追躡縱獲真盜亦無真贓或巧爲蜚語摇動官司或誣訐虚情陷累良

捕或分贓糧塘里長投遞保結如近日沈墨沈堅等一方巨盜屢犯不悛皆向日糧塘里長保結而出脫者他可知矣合無今令後軍民人等有能首出真正窩主窩賊至二十名以上者賞銀一十兩三十名以上者賞銀一十五兩又以上遞加之如有夥賊出首者除免死罪外仍照常人給賞窩主財產籍沒入官其保結之後復犯盜情者糧塘里長一體坐罪庶是非不致顛倒而窩主亦知欽戢矣合行令各該有司務須嚴行根捕勿事姑息致長厲階

處娼優

各處娼優之家乃盜賊之巢窟近日執事已將太倉州城內外娼婦盡行驅逐去訖但蘇松常鎮四府地方廣遠勢自難行合令各州縣掌印巡捕官備將城市鄉邨樂戶水戶多者每十家少者五六家中擇其能事者一人定為頭領每日稽查其家接留有無踪跡可疑之人若有此等許頭領并接留之家報同地方保甲長等拿送到官追究如勢不能擒密報所在官司督發兵快協同擒拿有功一體重賞若互相容隱事發頭領并接留之家地方保甲長等一體坐罪每月朔望日有司務取各樂戶水戶頭領有無容隱盜賊緣由結狀查考

明賞罰

重賞之下必有勇夫成大事者不惜小費合無通行各屬示諭一應軍民人等并耆捕快手民壯弓兵等役有能擒獲真正強盜賊首一名者賞銀五兩從賊一名賞銀二兩竊盜一名賞銀一兩就於各府州縣贓罰或無碍官銀內當時給賞登記循環簿申報查考如捕人先經犯罪不願領賞者斟酌情罪重輕以所獲賊數准贖其罪申詳歸結有功官員另議旌獎

若官司玩冦殃民註以下考者捕等役明知強盜竊賊希圖常例容隱不捕者事發不分曽否得財一體坐罪庶賞罰既底於明信人人自厲於事功矣

海防條議 嘉靖丙寅上湯維寅兵憲計五十條

一金山地通兩浙勢總三吳大海經其南淞江在其北東為青村南滙之上游西為乍浦獨山之界限誠水陸之要衝也向設遊擊駐劄

其處葢為陸冦向往捍禦以為三面保障昨歳遊擊車梁恐各兵歇班以致武藝不精申請願選客士軍兵七百四十名常川操練務令陣熟藝精自恃才勇足當一方恐事久人心稍怠兼以南北聲襲頻至合無於今春汛行令車遊擊於青南處所住人有勇力者再募二百名於三月初一日入哨候汛畢之日聽其回放今自春汛仍令該衛管操掌印官再於衛軍内挑選五百名壯勇之兵常川操練無事則回本衛守城有事則聽該遊擊調用如調用之日各兵每日照額加支口糧無警不調不得支給共合客土兵一千七百五十餘員名至於冦情叵測或於汛前有警或於汛畢有警其選練之兵自當便宜備禦但本官職專遊擊豈容株守一隅凡東至寶山寨西至獨山北抵松江迤北所當往來截殺

三面應援務期妖氛掃蕩不為玩冦殃民有功則與各信地官同賞失事則與各信地官同罰其一應墩臺瞭哨探報等項必以賊至不得登岸為首功其金山衛所并各堡城把總巡捕等官軍兵餘丁悉聽該遊擊調度如有應援失期照依軍法從重究治如是則首尾相應身臂相依緩急皆有所恃矣

一柘林把總自漴缺起至橫林墩止皆其信地該

把總部下常川操練官兵五百三員名與原存戰馬二十四匹以千百戶二員領哨訓練汛時仍於金山青邨每處每日撥兵一百名不分晝夜往來巡哨有警飛報總兵遊擊青邨南滙等處互為應援該把總為正兵而左右為奇兵本堡有百戶一員領軍餘三百員名又有戚木陶宅二巡司弓兵八十名防守

一青邨所城自戚漴墪起至翁家港止皆其信地本所官旗舍餘一千一百六十九員名俱聽掌印官調度守城內有選鋒軍餘土兵共三百名千戶一員訓練以備應援截殺之用其柘林南滙每處每日撥軍五十名不分晝夜往來哨探有警飛報總兵遊擊柘林南滙等處互為聲援該所為正兵而左右為奇兵其沿海墪臺嚴行掌印官選撥精壯軍餘每墪五名帶馬一匹住守瞭望往來飛報以便應策

一南滙所城自翁家港起至川沙止皆其信地本所官旗軍舍餘丁一千二百五十一員名俱聽掌印官調度守城內有選鋒軍餘土兵三百名百戶一員訓練以備應援截殺之用其青邨川沙每處每日撥軍五十名不分晝夜往來哨探有警傳報總兵遊擊并青邨川

沙互為應援該所為正兵而左右為應兵其沿海墪臺嚴行掌印官每處選撥精壯軍餘五名帶馬一匹住守瞭望往來飛報以便策應

一川沙堡自八墪起至寶山寨止皆其信地有常川操練土客兵五百三員名戰馬二十四匹今議百戶二員專領訓練以備應援截殺之用南滙寶山寨等處每日撥軍兵一

百名不分晝夜往來哨探有警飛報總兵
遊擊南滙寶山寨并上海以為聲援該堡為
正兵而左右為奇兵本堡有千户一員帶領
軍餘一百名并南蹌三林二廵司弓兵八十
名南滙所有千百户等官軍共千餘名防
守如或賊勢重大仍聽該總撥兵協守
一青村南川以達於寶山寨延袤二百五十餘
里雖皆平陸之地堪以陸戰但賊情難測風

汛不常設使陰雨之日煙霧漲天咫尺難辨
必致瞭望不真雖海洋之中總兵水兵各有
探哨兵船但遇有警人各為主豈肯停泊川
南傳報聲息而反獨後其主者乎及候總兵
飛報前來則賊已臨岸矣今按本地海邊雖
各沙淺賊船難泊亦當慎防其川沙窪水深
大餘翁家港雖淺潮漲即深倘賊乘船而來
二港甚為危急合無汛時於青南二所各選

壯兵五十名於二所選委能幹不拘千百户
各一員統領前去川沙窪翁家港住劄哨守
有警一面併力堵截一面飛報遊擊把總發
兵應援汛畢無警照例歇班
一寶山寨北至吳淞所五十里中有大江之隔南
至川沙堡亦五十里中有清水窪新洪舊洪
錢家窪川沙窪等處皆為險要其間海塘
迢遞邈不相關且川沙諸堡僅可遏賊於南

吳淞兵船僅可遏賊於北南北阻絶其勢必
趨寶山寨往年賊至此據為巢穴致難殄滅
況此地為蘇松交會之區尤宜設兵防守以
聯聲勢國初建立城堡調撥太倉衛官軍四
百五員名守禦自倭亂城毀官軍俱掣回吳
淞協守今議復建城堡除總兵營數內分撥
土兵三百名防守改指揮一員統領住劄本
堡常川防守其數必不可少沿海水路量撥

哨船數隻與瞭望整軍一體哨報遇賊入犯
北與吳淞總兵營南與川沙官兵互相策應
汎畢照舊掣班
一金山衛至吳淞所一帶陸兵分布已周緩急
似為有賴但奇正之法雖詳著條議各哨
往往以秦越相視彼方迫於纍卵之危而
我不惶於積薪之勢閉關自守並不肯遣一
將出一師為之聲援賊得乘勢長驅率多

由此合無自今行令水陸諸哨無分浙直凡
鄰境有急即彼此兩翼俱務督兵互相張皇
果能奮勇爭先則與克敵同功如逗留觀
望當金山而不守金山罪固如律而乍浦柘
林亦與同罪庶輔車之義篤而常山之勢成矣
一吳淞所左劉河右寶山崇明在其北黃浦經
其南乃海道之咽喉三吳之門戶東南險要
莫此為甚向設副總兵官督兵鎮守已得居

重馭輕之勢無容別議查得本營水哨中
軍蘇州衛原任把總蔣基兵船專聽總兵
官統領仍分作二枝一枝千户一員領泊老
鸛嘴與千户一員護守江口一枝千户一員
出拋竹箔沙下脚以截外洋與百户一員更
番哨探查照常年事規與各部兵船會
合哨至大小七洋山等處有警互相策應
再照上年因船少不敷調用議將龔家套兵

船一枝及劉河總原派泊竹箔沙兵船一枝
又中兵哨下兵船一枝俱掣回吳淞江口聽
總兵官調度哨勦其與浙西乍浦澉浦海
鹽哨哨於金山許山除照上年事規現行外
為照羊山正浙直交界之處倭船出沒之
衝使浙東為直隸兵船會哨於斯深為得
策及按馬墓乃浙之要隘若直隸兵船遠
哨到彼則有恐山之警傳報不迭首尾失序

不可不慮應行浙直總兵衙門各撥兵船會
於羊山交相哨探取各執照回銷查驗彼此
適宜其會哨兵船合於總兵中軍吳淞崇明
總及蘇松參將部下每處抽撥沙船四隻更
番前去率領官員若拘於各哨難免顧彼失
此之患仍聽總兵官別查慣熟海道者分領
庶無誤事宜移會浙江軍門轉行彼處將
官一體遵照

一總兵營原設陸兵三千名不分汛時汛畢常
川操練防守後因事平減去一千存兵二千
名於內又撥三百名防守寶山寨郭總兵原
帶苗兵今又將九百五名隨至廣東操用現
今缺兵防守業經憲院行令差官前去浙江
召募勇兵八百名在鎮防守以備前領之數
令指揮一員操演其舊兵七百餘名仍聽本
鎮選去老弱以劉河帶去親兵四百一十三
名共足一千名本鎮另選一官訓練通共一
千八百名合營操演其原撥發指揮統領防
守寶山寨兵三百名專在寶山寨哨守仍於沿
海水路量撥哨船數隻與瞭望整軍一體
哨報或遇有警息北與本營南與川沙官
兵互相策應

一吳淞江口水勢奔流淵深無底外控大海為
蘇松之要衝內接黃浦為上海之門戶賊船
乘風駕潮瞬息可至把總官尤宜晝夜防範
以備不虞自寶山寨以至南沙皆其信地部
下兵船宜分作三枝一枝令千戶一員領泊
老鸛嘴防守吳淞江口仍哨至高家嘴羊山
一枝令百戶一員領泊寶山灣哨至羊高家
嘴一枝令千戶一員領泊竹箔沙下腳哨至
高家嘴三引沙該把總仍往來督察各照常
年事規與各部兵船互相策應

一查得沿海設立墪臺金山衛夜不收四十名守墪軍餘一百一十七名青邨所守墪軍餘六十七名哨報馬軍一十三名守翁家巷軍餘二十名南滙所守墪軍餘一百六名俱應二月十六日上班正軍日支銀五釐餘丁日支銀一分但照墪臺之設將以申嚴斥堠使聲息相連不特為觀望之具而已今照各墪軍每遇上司按臨鳴鑼哨守虛應故事及

平居之日各散回家既不能瞭望於外洋抑且因墪以悮事宜行令副總兵官置立紅頂籌十二根遊擊官置立緑頂籌十二根上寫子丑寅卯辰巳午未申酉戌亥字號按時給發往來傳遞周而復始則海塘之上晝夜有人庶不致悮事矣

一吳淞江口乃海道總轄之要葢自此而南則為寶山為川沙為南滙迤西為青邨為柘林為金山自此而北則為劉河為七丫迤東為崇明迤西為白茆為福山又折而西北為楊舍為江陰為靖江又西為孟河為圌山為京口總兵官開府是地居中調度揮戈而南可以援金山之急揚帆而北可以扼長江之險水陸聯絡首尾相應端有常山之勢但智貴先機謀宜預定不當恃敵之不來惟恃吾有以待之耳若京口之南金山之北一船登岸

責即難辭縱有擒斬之功難掩失事之咎通來建議謂防冦之策有三出海會哨毋使入港此為上策循塘拒守毋使登岸此為中策出水列陣毋使近城此為下策若不得已而守城斯無策矣大抵島冦入犯禦之於海則易禦之於陸則難此嚴東會哨并設謀堵截之事所為圖難於易而為總兵官大樞務也所宜再行申明以厲職守庶惟幄有折衝之

算而鯨鯢無跋扈之虞矣
一崇明縣孤懸海外僻處洋中乃島冦出没之
交四面受敵之處也向設叅將一員統領兵
船住劉今改鎮劉家河已將劉家河把總
調補其缺海内諸沙皆其信地部下兵船除
撥送叅將營福船五隻沙船五隻外其餘各
船每當汛期行令把總一員即將本總部下
兵夫分為五枝一枝令百户一員領泊三沙下

脚哨至新竈沙竹箔沙南沙下脚寶山一枝
令千户一員領泊三沙洪哨至縣後沙高家
沙三爿沙新竈沙一枝令百户一員領泊南沙
哨至灘山許山高家嘴龔家套下脚一枝
令千户一員領泊三爿沙哨至蛇山羊山一
枝令千户一員領泊高家沙哨至三爿沙蛇
山該總督同各部兵船住守三沙洪各照常
年事規互相應援及按崇明縣所原議軍民
兵勇共七百餘名委官部領平居訓練分
班哨守遇警併力截殺勿得怠忽仍置循環
文簿二扇稽查各部下會哨兵船每十日一
送總兵官處查考夫三爿沙乃島冦入江北
之門户不停則直達江北而我兵一哨並力
為守則江北付之不知合無行令江北把總
再撥兵船一枝分守此地彼此交防庶不致
於踈虞矣

一照得海外崇明所屬諸沙大小三十餘處皆
隔絶潮港不相聯屬况新竈沙三爿沙等處
正當由海入江門户萬一賊船乘風突犯一
沙則諸沙必不能知縱知亦不能救致成巢
穴雖鎮兵環繞亦難為力往年南沙三沙之
役乃明徵也為此先圖傳報之法預定策應
之計宜行令崇明縣專委能幹官一員親
歷各沙拘集耆民鄉長諭以禍福使知各保

身家近海擇海潮不侵漫處每築土墪一座約高一二丈許上置煙缸柴樓式如烽堠編立近墪居民免其差役令其晝夜輪流專司瞭望如遇賊船進港登沙晝則焚煙夜則舉火俾各沙皆見把總兵船隨即應援而吳淞劉河福山一帶鎮兵亦可先後集擊而寇賊不得肆行矣

一劉家河乃海運通船之所去太倉州止七十

里一潮可到河潤水深賊船易於突入向設把總一員駐劉防守今議將參將一員調至劉家河築城把守而以劉家河把總移住崇明甚為得計夫參將分管二府水陸官兵沿海一帶吳淞劉河福山及海內諸沙皆其信地今查部下兵船止七十二隻似為單弱夫以參將而代把總之職宜加兵卒以隆事權合於把總部下撥發福船五隻沙船五隻叭

哨每當汛期如議招集分為六枝一枝令千戶一員領泊黃窰港哨至竹箔沙寶山一枝令千戶一員領泊竹箔沙下脚哨至三丬沙寶山一枝令千戶一員領泊宋信嘴哨至三丬沙新竈沙一枝令百戶一員領泊新竈沙哨至三丬沙高家沙一枝令千戶一員領泊本港口哨至吳淞江一枝令百戶一員領泊南沙哨至清水窪高家嘴龔家套下脚該

參將仍往來督察各照常年事規與各部兵船互相策應其部下陸哨鳥銃等兵四百餘員名悉聽該參將操演候堡城完日分撥軍丁即日入城防守同掌印千戶一員用心訓練防守城池以為一方保障及照該港商販私鹽船隻往來甚多尤宜加意盤詰以防奸細但勿令部下人員乘機生事乃為有益二府把總督聽本參將調度該參將仍置立

循環文簿二扇稽查各部下會哨兵船每
十日一送副總兵處查考
一七丫港係劉河信地本港之兵指揮一員分
守仍宜聽該叅將調度部下兵船遇當汛期
仍舊招集收泊本港哨至宋信嘴新竈沙
高家沙三升沙與各部兵船互相策應
一白茆港係福山信地本港之兵宜令指揮一
員分守仍聽該總調度部下兵船每當汛期

照舊招集但本港淤淺移泊登舟沙南面以
拒冦於上游哨至營前沙山前沙新竈沙與
各部兵船互相策應
一沿海沿江俱為險要已經分定信地水路兵
船於二月十六日出洋遠哨陸路官兵於二
月十六日在沿海護塘各往來哨探但海洋
寥濶賊舟逞風乘潮疾於駿馬吳淞江口為
松江之咽喉劉家河口為蘇常之門戶關

係特重防範當嚴合照常年事例另撥遊兵
一枝往來廵哨以便策應仍選屢經戰陣海
道熟知武弁一員委用照舊於總兵中軍水
哨撥兵二百名并原乘大小沙船崇明把總
部下右哨一枝除福船照舊該總留駕外其
餘船隻盡行撥發俱令統領南自吳淞江寶
山起北至白茆港止晝夜廵哨振揚威武遇
警與各哨兵船併力截殺獲功與各汛地官

軍同賞怠緩悮事與各汛地官軍同罰汛畢
撤警各船仍歸各哨本官聽候别用
一福山東通大海北枕揚子江島冦流突水路
則入江陰陸路則由常熟與江北通州狼山
相望把總一員督領水陸兵勇駐劄其處自
白茆港以至三丈浦皆其信地部下水兵每
當汛期宜仍舊招集分為二枝一枝令百戶
一員領泊登舟沙北面以防本港哨至崇明

高家沙三爿沙一枝令百户一員領泊營前
沙哨至新鎮沙山前沙下脚三爿沙該把總
仍照常年事規與各兵船互相策應近議
江陰把總兵船凡遇汛期移泊褚家沙正與
福山相對宜令二總仍行丈狼山把總輪撥
兵船往來會哨以固江防

一福山把總營原設陸兵一千名後議減留五
百名今議常川操練士兵三百一員名哨官

千户一員訓練專備陸路截殺風汛之月仍
撥兵一百名委官一員督發白茆港與兵船
互相聲援行令常熟縣查將白茆港兵營
草房量為修葺以蔽風雨無令散處民間
混擾滋弊且一旦有急猝難喚集福山白茆
二處各撥陸兵二十名往來沿海哨探遇有
警急飛報總兵叅將及七丫劉河等處以
便策應

一楊舍與狼福二山相為犄角乃常鎮之藩屏
留都之門户也常鎮叅將一員已駐劄其處
沿江一帶皆其信地部下兵船現有一百隻
應分為四枝内二枝令百户二員領泊褚家
沙更番哨至三爿沙登舟沙營前沙劉家河
許浦嘴下可以策應崇明上可以回顧楊舍
一枝令千户一員領泊三丈浦不惟遏福山
之衝亦可為犄角之勢一枝令中哨百户一

員領泊谷瀆港口以備緩急調遣其褚家沙
三丈浦谷瀆港之船仍令每半月一次輪番
更換哨守如此則聲勢聯絡勞逸適均遇警
與蘇松叅總兵船互相應援其江陰圖山二
把總兵船悉聽調度該叅將仍置立循環文
簿稽查各部下會哨兵船每十日一送副總
兵處查考

一楊舍叅將原營設哨官五員統領陸兵一千

名無事則合營操練分番哨至福山江陰等
處有警隨賊向往截殺但照春汛届期應將
常川操練官兵六百七十六員名分作二枝
一枝令左哨百戶一員右哨千戶一員統領
於谷瀆港口外教場屯劄一枝令前哨百戶
一員後哨百戶一員統領於楊舍北門裏教
場屯劄以為犄角之勢仍宜每半月一次更
番在於沿江一帶護塘廵哨振威揚武萬一

賊登谷瀆港岸則外教場一枝為正兵裏教
場一枝為應兵如賊從常熟江陰而來則裏
教場一枝為正兵外教場一枝為應兵會合
截殺其守城事宜照依上年條議事體合令
中哨百戶胡一陽統兵二百名帶管守禦千
戶王舜軍兵一十五名范港石頭港二廵司
弓兵一百七十名并將在城居民相兼編派
城堞與范港廵檢司官兵協禦勿致疎虞

一江陰把總自谷瀆港以至孟河皆其信地部
下兵船遇當汛期宜照舊招集分為三枝一
枝令千戶一員領泊褚家沙哨至登舟沙以
過狼山之衝一枝令百戶一員領泊青草沙
哨至登舟沙營前沙白茆港以過福山之衝
一枝本總督率哨官一員領泊唐沙以控南
北兩路分番哨至狼山福山外洋如唐沙兵
船數寡聽其通融調撥該把總仍往來督察

照依常年事規與各把總兵船互相策應汛
畢無警仍回江陰防守廵緝鹽盜
一江陰縣北枕長江通潮港口計共二十有四
處而黃田港夏港二處尤為切近縣治設有
耆民兵船三十五隻在江哨守宜分為二枝
一枝令百戶一員統領住守黃田港一枝令
百戶一員統領住守夏港二港水兵互為聲
援仍哨至楊舍褚家沙與江陰把總兵船聲

勢聯絡亦聽叅將調度
一江陰練兵指揮一員千户一員百户一員統領民壯勇兵家丁共計七百二員名無事則合營操練分番哨至楊舍福山等處有警聽叅將把總調遣截殺該縣預將在城附郭居民編定保甲分認垜頭約以期會有警呼集上城守禦或賊勢重大該縣原有舊募勇兵五百名如遇有警臨期募足以壯聲勢

無警照舊
一靖江縣僻處江心四面受敵週圍港口計共五十有八處而孤山套口蟛蜞港爛港口三處尤為緊要該縣原有官民船三十四隻水兵民壯弓兵共八百七十二名宜分作三枝一枝該縣佐貳官一員督同哨官一員統領住守孤山套口一枝哨官一員統領住守蟛蜞港一枝該縣佐貳官一員統領住守爛港口

仍各分番出哨至唐沙蒲沙等處與江陰縣并該把總兵船互相策應亦聽叅將把總調度
一靖江原有民壯六百名内將二百名駕船出江巡邏其四百名分布四門與城内居民編甲防守
一孟瀆河居常州丹陽之中相去各七十里寇船由大江南下必自此而出守禦指揮所領沙船八槳船共計二十有九隻土兵五百一

十二名應分為二枝一枝住守孟瀆河一枝住守桃花渫港二處仍各分番出哨至江陰靖江等處與兩縣及江陰圌山二把總并江北海防道所轄泰興周家橋把總互相策應
一孟瀆河原設有戰兵五百名後因議革今查得常州府城係腹裏地方練兵千户陳嘉謨統領勇兵三百四十二員名民壯二百七十七名共計六百一十九員名合營操練遇

有警報量留三百九十餘名守城其餘俱赴
孟瀆河截殺仍聽該參將與江陰把總調度
又守堡指揮一員百户一員統操領軍三百
名小河巡檢司弓兵七十名與城内居民并
馬同知選籍附近壯丁相兼防守倘賊趨常
州千户一員仍督兵內顧勿致疎虞仍行府
縣選練鄉兵入城防守無得怠忽
一圌山屹峙江邊係干要地北與周家橋相對

乃鎮江之咽喉留都之門户也把總部下兵
船遇當汛期宜照舊招集分為四枝今查得
該把總續報止存三枝議泊圌山洪北大洋
恐汛時巡守不敷合照舊仍分為四枝一枝
令千户一員泊守黄山門哨至江陰靖江二
縣一枝令百户一員泊守安港哨至黄山門
圌洲江北周家橋一枝令千户一員往守圌
山洪北大洋以防江北之衝仍哨至安港順

江洲等處一枝不拘信地將靖江書民與八
槳等船令千户劉爵統領充作先鋒遠為
哨探直至狼山福山等處有警不分星雨
晝夜往來飛報以便聲援該把總仍往來督
察各照常年事規與各部兵船互相策應照
得該把總汛時則應督兵船在於圌山公廨
駐劄汛畢則復還京口在於城外書院駐劄
務宜修葺二處衙門照舊往来駐劄在圌山則

當撥發兵船哨守圌山庶使鹽艖盜艘不敢
肆志而該把總亦無顧此失彼之患仍照信
地嚴防不得怠忽責有所歸
一蘇州府東近大海西接太湖水港浩繁易於
突入城池廣濶難於距守無分汛時汛畢常
川操練水兵一百名土兵一百七十名汛時陸
兵應調蘇州衛合操軍餘三百二十四名
長吳二縣民壯二百名水兵一百名共計八

百九十四員名俱蘇州衛都指揮一員督同哨官武舉省祭統領訓練防守城池但照本城内地多曠野常年失盜皆因官兵防範稀潤調度無方耳今按本城原有四隅合無將各哨選委年力精壯哨長五名分為左右中前後五哨每哨該管兵一百三十餘員名各分汛地巡守一隅左哨則認東南隅右哨則認西北隅前哨則認西南隅後哨則認東北

隅中哨則認一府兩縣庫藏獄囚水哨百戶一員統領水兵分認閶門外一帶地方總練官時加稽察以别勤惰遇有失事即將該哨目役解究庶使責有攸歸不致推諉

一太倉州東臨大海北抵七丫南近吳淞乃蘇郡之邊方本州選有軍民勇兵七百六員名向與太倉衛指揮統領宜令該管官弁督同領官千戶一員及武舉合營訓練遇有警報聽候徵發隨賊向往截殺汛時量撥兵勇於吳淞劉河七丫往來哨探本州城守聽州衛掌印巡捕等官查照節年編甲事宜分布不得互相推諉

一松江府東有黄浦之衝西當泖湖之險南鄰大海地無百里之隔乃三面受敵之所今按練兵鎮撫部下常川操練民壯二百六十名土兵一百七十名水兵二百三員名退回選

鋒正軍五十八名選鋒餘丁九十八名共計七百八十九名僅足以克府城防守之用但照西倉一堡孤懸中野防守缺官合無於松江所選擇聽差千百戶一員將下班選鋒軍餘九十八名分發本官統領無警則啓閉倉城防守糧儲仍聽該所官合營訓練有警則上城固守聽候各處軍兵互相應援則兩城有備不致臨時誤事也

一上海縣亦係邊海之地倭亂之先尚無城堡

以致債事今已築城當無患矣查得本縣練
兵指揮部下常川操練陸兵三百名巡浦水
兵五十二名共水陸兵三百五十二員名即
今風汛合無行令該指揮督同哨官用心練
演防守無致疎虞
一常州府原有民壯二百七十七名上年選練
土兵三百四十二員名共六百一十九員千户
一員督同操官統領訓練遇警除撥哨官一

員督兵一百五十名赴孟河截殺外餘存四
百六十九名在城防守聽該府掌印官臨時
查照編甲事宜分別調度
一鎮江府東西二馬頭係皆大江逼近城郭乃
要地也該衛指揮一員領有江操船隻宜分
作二枝一枝令千户一員統領泊守焦山以
護東津一枝令千户一員統領泊守金山以
護西津仍各分番出哨北哨至瓜洲儀真以

備江冦南哨至圌山安港以防海賊仍聽該
把總調度
一鎮江府練兵指揮一員常川操練民壯兵勇
共七百九十二員快手四十九名軍餘八十二
名丹徒等巡司弓兵四十名機兵五十六名
共一千一十九員名該揮督同哨官千百户
統領操練春汛之月分為四枝一枝令千户
一員統領住劄大港一枝令千户一員統領

住劄埤城一枝令百户一員統領住劄東津馬
頭一枝令百户一員統領住劄西津馬頭無
事往來巡哨遇警聽候該叅將把總調度
勦殺各軍民快等兵常川操練其鎮江衛軍
舍餘丁聽該府掌印官調度城守與居民編
甲事宜臨時自行分布
一官兵獲功賞格奉有題請明例似無容置喙
但陸戰以摧鋒陷陣為難斬獲次之水戰

以犁沉來賊之船為難歸賊次之若不分别
行賞孰肯首犯賊鋒以後遇有島冦入犯堵
截海上能犁沉一船者原格賞銀一百兩今
宜再加銀三百兩共銀四百兩歸賊賞銀五
十兩陸戰能摧鋒陷陣者照舊賞銀三百兩
蓋禦之於海曲突徙薪之功也不得已戰之
於陸焦頭爛額之功也重水陸之賞則賊不
得登岸而民不知有兵外攘内安斯為上策

一各哨兵勇現在防守者固有而虚數冒名者
亦多兼以老弱應點實用者十無六七先年
各船置立梢牌通將在船兵夫并各軍火器
械開寫牌面遇有點閘舉目可見何期法久
弊生貪饕官捕遂行隱匿間有存者名是而
人非相應查復將捕兵真正年籍貫疤痣所
習武藝在船軍火器械逐一明開於牌如遇
查點年貌不同軍器鈌少者即將官捕治以
軍法仍年終有事故者送海防同知一換庶
幾兵與器俱無虚應緩急得以賴矣
一先年島冦初犯皆賴沙船建功比因稍寧各
該耆民船戶不思豢養恩深惟圖高坐於
私家恣肆偷安每遇防汛止令家人應點萬
一有警不惟不能調度各兵亦不肯效力但
今汛時尤當戒嚴宜行令各該將領務須洗心
滌慮督令耆民船戶正身親自晝夜在船防

守以後如有仍前規避次身代替者查出即
以軍法處治庶幾哨守得人可獲實效矣
一沿江沿海一帶城堡向無積貯宜行蘇州府
派買汎米三千石内解吳淞所一千石福山
堡一千石劉家河原無倉廒即解附近太倉
州一千石松江府派買汎米五千石内解吳
淞金山柘林川沙四處各一千石青邨南滙
二處各五百石常州府派買汎米一千五百

石內解楊舍堡一千石孟河堡五百石委官
驗收完足專備防汛支用庶不致臨期悞事
一金山至吳淞寶山沿海一帶墪臺最為緊
要除總兵官發兵瞭望外其各衛所撥來軍
餘晝夜住守勞苦倍常自二月十六日起至
五月十五日止共三箇月應得月糧宜行
令衛所於現貯屯糧內照數支給仍照金山
夜不收事例依數動支軍前銀兩名每名每
日加給五釐以為行糧各軍查點不到哨探
不明傳報後期及失悞軍機者皆應治以軍
法又照沿海協守官軍枵腹待哺情狀可憫
各該未支月糧須嚴行各府掌印官追併解
給以備風汛
一島寇踰海而來因糧於我堅壁清野其計自
窮宜令有司嚴諭附郭及鄉落積米之家預
先搬運入城仍令糧塘里長照依限期結報

有無隱漏恃頑不從者倘遇賊至分遣膽勇
官兵盡為焚之各水次倉運米有失該州縣
官罪以軍法賊無所恃勢難久居乘其敝而
擊之蔑不勝矣
一羊山淡水洋乃島寇入犯蘇松必經之處黃
魚之淵藪也採捕之時正當春汛之月漁船
出海順帆不過一潮而已且其人習於風濤
而勇於格鬬島寇之所深畏者也合行蘇州
府諭令所屬州縣通將各處願捕黃魚船隻
盡行查出每十隻編為一幫逐一刊刻字號每
一幫擇一甲長領之責取連名甘結在官各
發附近吳淞崇明劉河福山等營部下造
冊二本內一本呈送兵道一本呈送各該將
領處查考該府仍委官一員查照先年事規
每船收稅銀一十兩以充軍餉無事則分給
旗票俱從劉家河出海聽其採捕遇警則各

營收哨食糧合䑸勦賊獲有功級照例陞賞
足食足兵一舉而兩益也仍令各魚船同編
定青色旗號以防混雜少有可疑即放銃為
號合䑸併力擊之如無編刻字號旗號一槩
混入者其船入官劉家河把守人員一體坐
罪仍禁各衙門員役不得取索常例以滋騷
擾出洋之日量撥兵船相為輔翼結艦而行
協力而戰而又時其稽察驗其往還以防奸

究冦患何由至哉
一水陸防春碁列星布首尾絡繹在在有備但期
各該將領攄忠圖報不分爾我不事偷安協
力料理可保無虞先正曰以身教者從以言
教者訟今江南水陸盡屬於副總兵波濤出
没夷險驅馳親歷督察不可推委然後號
令二叅將各照信地督率把總等官入海周
廵聽各會哨勿許安坐城中其金山遊擊督

兵廵塘往來自獨樹營起至寶山寨止各把
總等官悉聽調度如或仍蹈前轍因循怠緩
亟宜懲究
一兵貴神速陸地可以徒行渡海必資舟楫臨
時取撥皆稱會哨公差去歲三沙受此稽遲
以致悮事相應查照前議行令劉河撥福船
二隻沙船四隻七丫撥沙船二隻白茆撥沙
船二隻福山撥福船二隻沙船四隻再為嚴

行撥定專候總兵載兵應援一聞報到星火
督發庶無誤事
一海道汪洋傳遞警息全頼塘報若待信地報
聞一來一往而賊已抵岸矣總兵原設塘報
兵役二十名在沿海護塘不分晝夜不拘風雨
一見有警星馳走報消息但護塘延袤百里
地廣人少不能絡繹恐致誤事合行青邨南
滙寶山寨各於兵中選取勇壯善走者十人

與總兵營共五十名輪番接續道路相望魚貫傳遞庶不誤事第按此役干係重大辛苦倍常宜比金山夜不收事例俱以汛期每名日加白米一升少資飲食且償其勞

一各哨官弁遇警束手無策一得虛聲爭先馳報捕風捉影邀以為勤惑亂耳目搖動地方深為誤事今後如其處遇警一面速報鄰近叅遊把總督兵協力堵截一面止報兵道與

總兵策應量事緩急待總兵據實轉報上司如各哨有聞真正消息即當星夜分報各上司衙門不可遲誤

一水陸兵將各分信地已有專責凡其哨探明速往來策應以濟時艱者惟在各將領同心戮力敢勇當先而已至於料敵設奇攻其無備出其不意用法而不泥於法制人而不制於人則又在隨機應變之妙各該將領當自為之有非分佈之所能悉也又按用兵之道智責先時事嫌掣肘既職專兵務凡將領之賢否兵卒之勤惰地方之利害事機之緩急皆其責任之不容辭者即今副總叅遊等官皆與兵道計議行事把總而下雖皆兵道所轄遇有調遣必候呈請撫按定奪然後舉行如此但恐寇情叵測事變不常文移往返不免往路稽遲調遣後時不免寇賊流突此固將來之未便正今日之宜講者合無春汛之時

一應叅遊把總衛所等官悉聽兵道與副總兵隨宜調度有功有罪員役一面先行賞罰一面呈詳候汛畢無警照常申請定奪庶乎事功允濟而體要亦得其宜矣

元韶按海防條議伯魯所陳洵為石畫之規凡用兵節制已備載此冊前後諸議中古稱有制之兵不可以敗今之用兵

者能詳檢是冊而又參之以險要圖說及諸兵器兵船之論則海上長城萬世無虞矣按察司僉事鄭元韶識

江南經畧卷七下

欽定四庫全書　子部

江南經略卷八上

詳校官內閣中書臣孫溶

總校官進士臣程嘉謨

校對官學錄臣常循

謄錄監生臣曹壽

江南經畧卷八上

明 鄭若曾 撰

兵器總論

倭寇揮刀若神人望之輙慴而走以若曾觀之其所長者刀法而已耳其馬嘴銃之類猶之我兵也弓矢之習猶之我兵也此外殊無足稱矣惟倭性好殺無一家一人不蓄刀者童而習之壯而精之而我堂堂天朝一統

之盛禮陶樂化偃武已久民不知兵歘遇小醜遂若强敵不知中國武藝不可勝紀古始以来各有專門秘法散之四方若召募得人以一教十以十教百即刀法一藝倭不足以當我況其他乎試舉其畧言之如使鎗之家凡十有七曰楊家三十六路花鎗其分出者曰大閃干曰小閃干曰大六合曰小合六曰穿心合六曰推紅六合曰理伏六合曰邊攔六合曰大封臂曰小封臂曰馬家鎗上十八盤中十八盤下十八盤曰金家鎗曰張飛神鎗曰五顯神鎗花鎗七十二鈔曰拐突鎗曰拐刃鎗曰錐鎗曰梭鎗曰槌鎗曰大寧筆鎗曰拒馬鎗曰搗馬突鎗曰峩嵋鎗曰沙家十八下倒手杆子曰紫金鏢曰地舌鎗使刀之家凡十有五曰偃月刀三十六刀法曰雙刀曰鉤刀陰手陽手曰手刀曰鋸刀曰掉刀曰太平刀曰定戎刀曰朝天刀曰開天刀曰開陣刀曰劃陣刀曰偏刀曰車刀曰匕首使鈀之家凡六曰馬明王曰劉先王曰卞莊曰王聚曰馬超曰邊掔厚脊短身使弓弩之家凡十有四曰邁箭曰兩廣藥箭曰火箭曰

神機箭曰楊家箭上搭中搭下搭曰馬家箭分中磨旗穿心推紅又有馬上末狄曰袖箭曰袖彈曰手弩曰諸葛弩機動而弦自張一發四矢曰連環弩曰雙弓牀弩曰三弓牀弩曰打牲使棍之家凡三十有一曰左少林曰右少林曰大巡海夜叉曰少巡海夜叉少林夜叉有前中後三堂之殊前堂單手夜叉也中堂陰手夜叉也類刀法後堂夾鎗帶棒曰大火林曰小火林曰通書孫張家棍曰觀音大閙南海神棍曰梢子棍曰連環棍曰雙頭棍曰陰手知棍路十二曰雪棒捧山棍曰大入棒風磨曰小入棒風磨

二郎棒曰五郎棒曰十八下狼牙棒曰趙太祖騰蛇棒曰安猴孫家棒曰大六棒縈纒身曰十八面埋伏紫薇山條子曰左手條子曰右手條子曰邉欄條子曰雪搽柳條子曰跨虎條子曰滚手條子曰賀屠鈎杆曰西山等家硬單頭使雜器之家凡十曰鐵鞭曰夾棒曰單手爍鐵鏈子曰蒺藜蒖頭曰金剛圈曰鏝掌鐵尺曰呂公拐子曰剛义曰狼筅曰钂使鈀之家凡五曰雄牛出陣鈀曰山門七里伏鈀曰番王倒角鈀曰直行虎鈀曰稍

欄跟進鈀使馬上器械之家凡十有六曰鞭曰鍊曰鑣曰槍曰流星曰鎖虎口曰馬义上帶使流星鞭曰雙舞劍曰雙刀曰馬义曰天平鏈曰天方基曰鎗曰關刀曰斬馬刀曰月鎗使拳格兵器之家凡十有一曰趙家拳趙太祖神拳三十六勢蕪湖下西川拳二十四勢秣陵闕打韓童掌拳六路曰南拳似風似敝似進似退凡四路曰北拳佚看拳凡四路曰西家拳六路曰孫家鈎掛拳十二路曰孫家披掛拳四路曰張飛神拳四路曰霸王拳七路曰猴拳三十六路曰童子拜觀音神拳五十三叅曰九滚十八跌打禍

拿又有眠張短打破法九内紅八下等破法三十六拿法三十六解法七十二跌法七十二解法一百三十散師相傳各臻妙際為將者擇兵士資之所近心之所好而教之或專習一藝或兼習羣藝藝超於百人者推為百人之師超於千人者推為千人之師超於萬人者推為萬人之師有不戰戰必勝矣若以火器言之我太祖以神武定天下盡古今火攻之具靡所不有藏之武庫每歳神機營軍演習奇名異狀人多不識其用不啻數

百種而已也今人胥言佛郎機鳥嘴銃傳自番舶若曾聞之叅將戚繼光云昔署衛印時嘗發山東地窖佛郎機乃成祖所蓄年月鑄文可稽又於衛庫中見鳥嘴銃皆倭變未作中國所故有者又聞序班胡某云渠諳火攻法二三十種偶從南都神機營銃手竊而得之所未得者尚以三百餘計也又聞正統己巳敵騎薄都門京軍隨駕而出者過半司馬于謙以軍器局神鎗試之火石所及人輒成粉一砲而敵死數萬血湧如川遂解圍

去可見兵器莫備於我朝私習之禁莫嚴於我朝承平久而民不習兵亦莫如我朝也如愚見治世右文亂世右武邇來歲受寇患詎可以平世例論哉凡識火攻者宥其私習之禁募而用之仍嚴焰硝下海之禁區區海寇觸吾者碎犯吾者焦有不談笑而蕩滅也哉雖然若曾聞之兵法有三曰天戰地戰人戰兵器有五曰金木水火土五器之中各藏三戰之妙要之皆不過兵之形耳善戰者形人而我無形明乎此則兵不血刃而億萬

人悉為我所降服不明乎此則荷戈執戟之士棄仗而走反資敵矣是故兵器也者謂其為戰具則可恃之以勝敵則不可

松江府海防同知鄭元韶防春條議一款似有可採附錄於後

禦寇莫先於軍火器械今查各哨戰兵凡鎗刀狼筅竿子弓箭牌鏢等項俱已粗具人亦習知其法但弓手止知射長箭而不知射邊箭弩手則全無一人不知長箭去遲而敵人易見故彼得以閃避且能拾取還射其利在彼邊箭去疾而敵人難窺非惟彼不能避抑且不能回射況邊箭所到倍於長箭百倍其利在我宜令弓手各習長邊二箭倘賊去我尚遠則射邊箭如賊已近則射長箭斯兩盡矣若弩則箭既可及遠而封藥於末又可立刻殺人須力重而機巧者習之其矢之長短輕重大小要與弩弦相比乃

能命中而及遠也又查得各戰船原領發熕等項皆生鐵所鑄遇放每致崩裂不惟不能擊賊而且悞中船兵佛郎機皆鏽損不堪厚薄不一袖銃則又短小及無龍頭打放如以各項漸次改造飛砂鳥銃給發各船庶得實用

火器論一

兵家器械甚多有宜於山戰者有宜於陸戰者有宜於水戰者如武經總要所載是也要之利於今日海戰者

無幾至於火器其名雖有二三百種而海船得用亦唯噴筒火藥桶二者蓋噴筒所及有一百五十步之遠橫占丈餘火藥桶拋入賊舟賊一時不知取而視之內火發矣未發之先水不及沃臨發之際人不能救觸之者碎犯之者死故敵舟離遠則用噴筒敵舟相逼則用火藥桶此二者皆海船利器今日禦寇之切要也

火器論二

海中戰法攻船為上若以我大船犁敵小船觸之無不壞者其次則恃火器火器之中亦惟火毬火藥桶投入

賊舟即時焚毀為至妙也或問我以火攻敵使敵亦以火攻我如之何曰以火攻敵全靠柁工得人持柁得法我常奪據上風則敵之火工將為風所驅而反攻之矣大抵火攻之法須先自為水備假如一舟五十人但用十人持火器其四十人俱執水斗水桶遇敵火攻羣手傾水滅之烏能焚我耶或又曰設使我用火攻而敵知水備如之何曰敵若知備則雖不能焚敵敵亦必因救火而亂矣我乘其亂而擊之豈有不勝者哉

火器論三

短兵相接乃島寇所長非中國之民所易敵也其所歉者火器耳今鳥嘴銃反為彼之長技而我兵鳥銃手雖多不能取勝何耶倭人忘命我兵望之輒懼而走或鉛子墮地或藥線無法手驚目眩仰天空響議者謂宜禁通番接濟火藥之人甚善甚善愚謂硫黃出產在彼何禁之有所當禁者焰硝耳此吾中國之物若官司設法不容入番則島寇之火器為無用而我以火器攻之彼

之短兵烏能加於我耶

處置焰硝議

接濟焰硝沿海通弊所謂籍寇以兵兵家大蠹彼硝戶既嗜奸民之厚直而奸民又餌外洋之重利則硝出之民法將焉禁必欲設法其禁私煎乎蓋硝與鹽同功異用硝之在軍需者為多民間所用幾何若通行天下收煎戶籍之於官官開煎局委以良吏民間所需不過斤

以上而止耳價納官賣積為軍儲而民無私煎典有明禁不尤補於軍政之實用乎當事者亟宜題請施行而後可

製火毬法附録

若曾查製火毬一法舊製紙糊圓砲不過震響一聲而已何益於事合於糊成紙殼之時中含小鐵刺菱二三十枚地火鼠一二十枚然後入藥於内緊糊其口每砲一枚竅眼四處各穿藥線使丢落城下不致滅火賊近

城或臨敵燃砲而發砲聲一響則其中所藏刺菱自然布散火鼠飛燒賊身必將奔走而刺菱又傷其心我兵乘而擊之是亦一助也兹皆戰守之要擇而行之殆或有濟也

海船論

或問海洋戰艘何者為善曰各有所宜也曰有說乎曰有北洋利用沙船南洋利用廣福船曰何曰海中使船不畏重而畏輕不畏深而畏淺蘇州近洋多暗沙伏淺易於膠淺沙船底平而輕能調戧使鬬風不畏滚塗浪且北洋可抛鐵猫故利用沙船也廣福船至此豈相宜哉閩浙遠洋寥邈空濶風濤常拍天廣福蒼山鐵之類重而底尖可以破浪且南洋可下木椗故利用廣福船也沙船至此豈相宜哉曰然則吳淞白茆福山等港但設沙船可矣奚而設福蒼船也曰賊舟有大有小禦賊小舟以吾沙船足矣若遇大舟而亦以沙船禦之其傍甚甲易躍而登短兵相接勝負叵測夫豈可恃也福船

凌風駕濤頃刻千里勢如山推賊舟遇之大者即碎小者即犂鬬船力不鬬人力可立而勝也且奪上風施火器賊舟即焚故設之以備用西北則至於揚子江東南則至於大七小七非為海濱港口之用而設也曰既云易於膠淺又云西北至江東南至大七小七此路非裏海沙船而行者乎曰福船有三種上焉者謂之大福船其高如城敵難仰攻但非人力可驅全仗風勢喫水一丈一二尺惟利大洋若無風即不可使一入裏海沿淺而行即無用矣次者謂之海滄畧小於福船喫水七八尺風小可動但其功力非福船比又

次者謂之草撇（乃福船之小者）皆福船也東洋深淺非沙民不能知福船大小非福人不能駕故以福人操舟而雜用沙民以為鄉導且學習之所謂設福船者如此非盡用大福船也蒼山鐵不能犂沉賊舟但可以撈首級其傍多櫓追賊裏海亦甚便易八槳船惟供哨探之用不能擊賊也曰廣福一類也廣船何以不設曰此在閩浙已不便矣況蘇松乎故舊嘗議設而復中止曰何曰廣船大於福船且用鐵栗木製造非若福船用松杉之柔脆

也二船在海若相衝擊福船即粉倭人造船亦用松杉不敢與廣福相衝但廣船難用其故有七蓋廣船非我軍門所轄不似福船之易制禦一也船若毀壞須用鐵栗木修理難乎其繼二也造船大戶倩人駕使任其敝而不惜三也造費浩繁其敝甚易移文修造理勢難行四也將欲重價以雇之則此船在廣魚鹽之利自多區區價微不樂於雇五也欲許其帶貨則廣貨之來無資於海蓋福建收港溪水甚逆浙直道遠風濤可畏不如一踰梅嶺即浮長江四通八達故雖帶貨亦非其所顧六也向來通倭多漳泉無生理之人廣船自以魚鹽取西南諸番之利不必如福船之當啗以取中國之利七也知乎此則廣福船之當用與不當用豈不相去徑庭矣乎

福船論

或問福船與沙船海戰孰利曰福船者至利至利之器也何也洋中使船惟畏淺而不畏深洋中擊賊惟鬬船

力而不鬬人力倭舟矮小福船乘風下壓如車輾螳螂所謂至利者此也但高大如城非人力可驅全仗順風順潮而回翔有所不便又其喫水一丈一二尺惟利空闊大洋在裏海則易膠淺亦不能逼岸而泊須假哨船接濟故又有海滄船之設其犂賊舟與福船同而喫水僅七八尺雖風小亦可動均之不能撈取首級撈取首級非草撇船與蒼山鐵不可也此皆福船之別名而異用也功力之大莫如福船矣其在今日則福船之於大

洋亦為無用蓋福船之制高大可容百人其底尖其上濶其首昂而張其尾高聳設柁樓三重於上其傍皆設板裼以茅竹堅立如垣其帆桅二道中為四層最下一層不可居惟實土石以防輕飄之患第二層乃兵士寢息之所地板隐之須從上躡梯而下第三層左右各設大門中置水櫃乃揚帆炊爨之處也其前後各設木椗繫以棕纜下椗起椗皆於此用力最上一層如露臺須從第三層穴梯而上兩旁板翼如欄人倚之以攻敵矢

石火砲皆俯瞰而發敵舟小者相遇即犂沉之而敵又難於仰攻此其制誠盡善而盡美矣舊規每歲脩葺給銀三四十兩捕盜領之適因海患稍寧有司僅肯半給而捕盜反侵尅之惟塗飾以油灰而已器皿損缺莫之補葺火器之類給發年久漸不可用且其數有限不足以支旦暮及迎禡放之用稽查官至則那貸支吾或無火藥於內兵數常缺三分之一挽雇泊處居民書其年貌俾之影射故其舟出洋即沉況望有敵愾之績乎此其咎不獨在於捕盜上司所宜嚴究其弊而急反之毋徒惜費焉可也雖然抑有說焉若曾嘗聞憲副張公云福船必多人而後可以駕使蓋其在洋常防風潮危急也人數若寡則揚帆弛帆起椗下椗或遇柁壞呼吸之間欲易他柁雖儘在舟之人且不足用其誰與敵為角乎向來官府但知省費而欲沙汰不知置其舟於無用是不如不設之為愈也此其可慨一也每一造福船其費甚大暴露於風雨震擊於怒濤其壞又甚易向來海氛

暫息官府以其虛設而不之重又不敢不為先事之防一舟壞則復造一舟為費反多其壞也復坐視焉是不如不造之為愈也此其可慨二也欲用福船須雇福人駕使其人多與倭通遇賊輒縱而不擊大洋運柁毫釐千里以風不便為辭乃其故態也議者謂當參以我兵學習使船之法十餘年来未見有能學者官府不究而猶雇福人甘受其悞是不如不雇之為愈也此其可慨三也張公名情常任福清兵備親歷之言敢述以為當

道告云

沙船論一

水戰非鄉兵所宜乃沙民之長技也蓋沙民生長海濱習知水性出入風浪履險若夷直隸太倉崇明嘉定皆有之但此船惟便於北洋而不便於南洋亦僅可以協守各港出哨小洋而不可以出大洋其說愚已詳載於海防論中矣然沙船雖能接戰而上無壅蔽火器矢石何以禦之不如鷹船兩頭俱尖不辨首尾進退如飛其

傍皆茅竹板密釘如福船傍板之狀竹間設窓可以出銃箭窓之内船之外可以隱人盪槳必先用此衝敵入賊隊中賊技不能却而後沙船隨後而進短兵相接戰無不勝鷹船沙船乃相須之器也

沙船論二

或問捕盗者沙船也為盗者亦沙船也海寇生發之時少平靖之時多沙船可無設歟曰不然海中諸沙地廣而糧輕太倉嘉定崇明常熟諸大家别業在焉居民室廬在焉其所以往來出入者沙船也何可廢耶曰使其為盗也奈何曰魚鹽蘆葦乃天生自然之利也利之所在民必趨之方其販載之時未有為盗者也空船回洋始行刼耳若因其刼并其採捕之業而禁之有是理哉曰然則何以防閑之曰其策有二辨船隻禁雙桅是也何也昔人常立查船之法每沙船大書於其尾云某縣某沙某人船雕刻而粉塗之令人易於辨認其法美矣為盗者只以一蘆席遮掩而被刼之人仍不能認

何如其巧耶如愚見莫若以天雲雷雨日月斗星之類每五舟共占一類每一類分為五色如畫紅雲者自舟首至舟尾巻為紅雲青黃黑白亦然如是則盗雖欲遮掩豈能盡掩也哉舊制雙桅船私自下海者禁世平法寛雙桅習以為常甚則有五桅者官軍不能禁近日當道嘗申明之然沙船入港頭桅多寄海口盤詰者無可指摘何如其巧耶如愚見莫若酌為定制巡船宜快多用桅櫓沙民止許戶船一隻每船止許帶副帆副桅以

防損壞而桅眼不許有二則巡船常速民船常遲此查船之良法也

沙船論三

國朝江海戰船原有成式今以沙民代巡船何歟曰有說焉國初州縣衛所各設巡捕官一員如太倉州州巡捕官率領民壯衛巡捕官率領官軍出海崇明縣縣巡捕官率領民壯衛巡捕官率領官軍出海各有哨船各備器械皆官造而給之者也今之巡捕官額設如故而

巡船與器械皆無矣每年出海非雇賃船隻與自備器械奚以哉且如崇明千戶所每一巡鹽用船五隻每日出賃價一錢每日即費銀五錢矣其俸能幾何而可以勝此賠貱乎故巡捕官常不肯出海出海惟有者民沙船而官府巡捕船反無之上司比較寧受其責也舉崇明一邑而太倉鎮江可例推矣雖然不出海之弊猶小也海中慣為窩主大家懼巡捕官出海往往私獻賄賂謂之年例巡捕官受之鹽船結𦉪而無所忌盜舟充斥而莫之戢釀成大患不數年即有海盜生發之患如秦播王良之類是也為今之計莫若議定官銀若干造船製器徑與巡捕官領之分其信地嚴其稽考輪番出哨交牌為驗務期海中常有巡船往來哨捕如是而盜有不除者吾未之信也

沙船論四

問內洋擊賊素稱沙船為最而邇年來不得其力何也曰其說有二一是上官處之失宜一是總兵用之無法

請言之昔者倭變之作也者民船戶當道敦請有身家者充之在船俱用正身防汛之日正身以身家為恤所募皆精悍之兵所帶什物器械火藥之類皆堅好而具備當道破格而禮貌之所以收其僇力而得其成功者此也今也有身家者俱不肯出或雇無賴之人或以家丁充代此輩惟以冒餉為心豈知畏法也哉火械之類亦如福船之弊支吾官府無實用矣然是船也實係大戶所造上焉者費銀三百兩次焉者二百兩最下者亦

百兩有奇而向来官給修價不足以抵其半且如今年颶風之變吴淞江壊船十四隻崇明壊船三四隻俱令耆民賠補無所控訴況又有常例書寫之費其苦何如耶使當道優其禮遇僉其正身革其常例書寫之弊重其修理之值如是而有不効力者吾不信也夫兵船之設本以禦倭邇来總叅衙門以耆民沙船為承奉人情之用迎送往来絡繹於四郡甚至湖瀋江右亦差往焉船戶肯甘心而服役哉使當道禁革以休養之專設以

聽調之如是而有不效力者吾亦不之信也

沙船論五

寇船之来有母船有子船母船高大非吾沙船之所能敵須用福船廣船以當之其子船則沙船可以相敵要之母船僅可行於大洋亦不能近岸賊欲登岸必用子船吾以沙船禦其子船而避其母船則母船雖大猶之無也然用福廣大船須以吾沙船水手大半與南人相閒而學習之俟其自能行使即革去南人而不用則寇之母船子船沙民皆可以禦之矣

黄魚船議一

或問魚船出洋有裨於禦寇乎曰有曰何居曰在浙江則有浙江之利在蘇州則有蘇州之利何言乎利也每年四月船出洋時寧紹温大小以萬計蘇州沙船以二三百計小滿前後放船凡三度謂之三水黄魚過夏至即散回矣浹旬之間浙人曝魚成鮝蘇人氷魚鬻鮮其獲利不啻幾萬金也力田者服賈者曾何足以及之乎此利之在民者有如此每歲防春兵船避風泊於内港

賊至而多不知竟登岸而已矣魚船出海則遍海皆船人力則整肅也器械則犀利也賊望之而氣消遇之而勢阻矣敢近岸乎蓋其来也星散而行絡繹而至大海渺茫勢則孤也萬里跋涉力則疲也我強彼弱勢之自然自倭變之後當道慮倭偽充漁人擄漁舟混入且執縛漁人為引導之計執鎖漁船為幇備之資又有賊因兵船追擊逼入内地者有之有賊船趕漁船乘勢混入

内港者有之莫之能辨遂禁止採捕莫敢開端職方唐公順之捧勅視師獨毅然任曰兵荒之後民鮮生理處置得宜何患之有遂約軍門每府漁船若干輔以兵船若干相須而行協力而戰取甘結給旗票謹盤詰驗出入船回之日該府差官收稅於軍餉大有助焉自時厥後浙直海濵不聞春汛之警非偶然也向來浙直陰受唐公之賜而不知若曾每見黄魚輙心動焉此利之在官有如此者或曰利既渥也胡不月月而行之乎曰非

也黄魚所出之處惟淡水門而已矣不遍海皆有也黄魚所出之時惟孟夏而已矣不四時皆盛也淡水門在羊山西兩山相峙如門故曰門羊山在金山東南大七小七之外其至劉家河也順帆不過一潮而已此即黄魚之淵藪也取魚惟在四月亦須候潮潮大勢急則推魚至塗否則雖取無有也盖月出潮長月没潮落月直潮平月斜潮退故每月十三日而潮起小至十五日而大十八日而極二十七日而潮起小至初一日而大初三日而極三水放船者潮大則出捕小水則歸鬻也此利素為沙船所占寧台温莫之敢争其所以不鬻鮮者氷鮝在蘇寧波黄市洋雖有四五座而舊習相沿除一二進鮮船用氷外餘悉售諸沙船自用惟鹽滷也或又曰浙江之杭嘉直隷之松江獨無漁船者何曰蘇州諸沙如崇明三沙之類寧紹温諸山如玉環舟山之類俱在海中其三沙大家各有人船出没採捕嘉杭松三郡雖邊於海而海中無山沙採捕之舟也洋山淡水洋乃

倭人入寇必經之道黄魚出時乃春汛倭至不先不後之期此殆天意有在假手於山沙精悍之人出捍我邊鄙柔脆之民焉耳天時也地利也人力也捕魚之禁弛而三者為兼得也噫此東吳禦寇之要訣也不可以不知也

黄魚船議二

問黄魚船獲利甚多抽稅不過五兩乃人心之所樂從者也近來議者謂當蠲之何歟曰黄魚之利多寡不可

知其費有一定而不可免者何也每舟賃價銀二十餘兩網業銀十餘兩雇人工值之費食米之費木柴瓶酒之費豬羊神福之費不可缺若定稅為五兩恐其間有不堪者故寧蠲之也曰工食之數有定乎曰視船大小而已矣大者幾三十人小者幾二十人曰何謂不可知曰同一舟也捕魚有多寡多者或至二三萬尾寡者或千或百以至於無且其所獲之魚亦有大小不同大者每千價銀二十兩次者十四五兩又次者十兩以下況又有三水之分頭水者魚多而味全二水次之三水又

次之其價稍有差等曰同一魚味也何以前後不同曰黃魚之生不四時皆有也冬至一陽萌動其魚乃生前乎此但有子而已無小魚也時至小滿則半年內所長大者又得生子頭水所捕者其子在腹先天之氣尚存故味全也過二水後子皆嚥矣但為胞所裹直俟冬至乃生耳過時真氣已散故味薄也諸魚之尾皆與燕同而黃魚尾獨總稟天地之純陽也烏魚之朝斗者稟天地之純陰也曰今年春頭水出洋諸船皆空返無魚可覓何歟曰此百年所無之變也然亦有說蓋漁船先至蘇之蔞葑二門伐氷而後採捕若公私掯利伐氷稍遲頭水黃魚過矣故不得魚非氣數偶然也曰往昔捕魚皆沙民為之今內地大家亦有何也曰出海捕魚不如持銀與南洋漁船見買得先還蘇其價倍蓰其利可必故內地富家或賃人舟出洋乃販也非捕也貧民無銀可輸亦有不得買者則空手取利虧本亦甘心也

官兵議

今之論兵者有五曰足軍額曰選弓兵民壯曰練鄉民曰募義勇曰調客兵此五者救時之切務也愚謂皆非探本之論也何也衛所軍與弓兵民壯乃官兵也官兵足何事他求乎惟軍則缺伍弓兵民壯則不堪用故思練鄉民鄉民不能遽練也故思召募召募不得人也故思徵調不知向來兵政之弊其原不在於此乃將官畏死不敢擅動官軍殺賊之故也我朝大明律一款云云

夫兵凶戰危勝敗兵家之常也自古名將如太公孫武武侯其人上下數千年落落可計外此雖善戰者不能為必勝矣設有所損其數豈可量哉盖我太祖撥亂反正躬親戰伐深知馭將之當嚴而行師之當慎故以是垂訓使為將者常以失機為憂全勝為念則練兵不敢不預臨陣不敢不勇耳此其立法之至意所以重人之大命也若其用法則又有權衡於其間而未嘗執一如云云盖人情易怠而難久常恐懼之猶慮其怨若立法

不嚴則喪師失律何所不至也自定律後莫敢不遵凡遇用兵言官引之以糾劾法司據之以問擬將官惴惴焉寧殺其身而不敢損軍士非閔奸以規避則雇家兵募義勇以衛鋒若有敗衂軍額不虧則失機之罪免矣古者寓兵於農有事則戰無事則耕後世軍自軍民自民軍常設以衛民民常耕以養兵此國用之所以常乏而民力之所以難堪者端以養兵之費大也既不用軍以戰則軍為徒設不過聽差點名虛文而已矣練之似為徒勞不練亦為無害在班似為徒養逃亡亦為不覺衛官初以兵缺為利而侵月糧法司後查其糧而作羨餘兵日漸寡糧日漸縮若遇寇亂撫操兵備見軍無適於用究之則弊久欲用之則徒使將官受失機之誅耳不得已權用民壯義勇更廣募調以支之寇平官各以功擢去誰復理前任之事也故雖大亂如倭朝廷新設總督提督重臣添設兵備副使海防僉事一時不能正其弊不容不用夫義勇民壯弓兵見不堪用不容不更

召募召募無良不容不更徵調徵調不可常則又議練鄉兵要之鄉兵僅可自守而不可為鄰援不如復祖宗原設軍額欲復軍額須復舊設粮額此相須之事也粮額如舊則足軍無難軍額如舊則沿海衛所隨在有備不必募調而常如募調且實省募調之費矣然有軍不練與無軍同練而不戰與不練同如愚見是在科道官以蒸民之生命為重以一身之利害為輕協議會奏速稽太祖云云之言近述聖上屢批戴罪殺賊之例嚴勅

兵備海道官專督衛所官練軍限以一年半年務有實
用仍勅總督提督今後賞罰務查將官功次若獲級多
而損軍少者准其贖罪損獲相半者從輕姑令戴罪俟
後有功准贖若損軍至幾人而獲級不多則姑容緩死
或去其官或行降調俾之戴罪殺賊視後功次大小而
量處之若隊伍敗衂全無斬獲者照依律例失機處斬
如是則將官莫敢不用兵以戰而凡戰軍莫敢不用素
練者矣豈非善體太祖立法之意通其變與民宜之乎

不然軍固命也民壯義勇與募調之兵亦莫非命也軍
損三人則以犯律而論失機民壯義勇募調之兵而損
三十人三百人亦以律所不載而不論可乎科道官以
言為責且碍律不敢言總督提督奉律以賞罰人者也
顧敢自擅乎夫國家設軍衛民戰死乃其分也今受民
之養而不與民捍患反代之戰焉天下之寃孰甚於
此愚謂此弊若無人敢言則將官終不用軍以戰不用
軍以戰則軍伍之缺不必查補而沿海設備非廣募調
何人以布列之耶天下之費吾不知其所窮而寇盜之
患吾不知其所終也雖然猶未也兵必土著馬牧於官
古之良法也欲補軍伍須改遠為近則便水土便勾攝
如是而逃者乞題照職官謫戍但逃殺了之例著為定
法此非變祖宗之制也法久弊生不容不救而通之也

水兵議

或問水兵利害何如曰諺不云乎聚兵易散兵難出兵
易收兵難聚而能散出而能收斯之謂善將今之水兵

皆名募無賴之徒烏合之衆何惑乎用之則不得其力
散之則轉而為盜也如愚見似宜就用土著之兵如在
白茆也即以白茆近地之民充白茆把港之兵仍以白
茆大戶之有才力者領之重其責任優其事權隆其體
貌嚴其賞罰照現在水兵之數而給之工食常以一半
在田一半在船分番出哨無事則耕作操練合警則一
鼓而集合力而戰夫其生長於此則習知地利而無水
土不服之患矣室家在是也則有所顧戀而無退縮逃

亾之患矣首領在是也則有所制馭而無跋扈刼奪之患矣田業在是也則又以所得之財為樹蓺之本而死守力爭必不肯輕棄之於敵矣世亂則為兵世平則為農夫是之謂不聚之聚不散之散夫是之謂即以其地之民還救其地之難較之以別處之將領四方不相識之人人情事勢順逆難易何如也或曰内地險要此法可以行歟曰奚而不可向來團結鄉兵之難於行者籍名於官則如僉一重役聽差調而不得寧其家也防黠

闞而不得佃其田也多無名之費而不得樂其生也身既團結於官矣官府以其非召募之兵也不給工食又與不團結者同出海防養兵之銀大户如之何而心服小民如之何而用命乎或又曰小小險要此法固可行矣吳淞江劉家河之類哨船以百計水兵以萬計本地之民曾足以充之乎曰利害之關於一方者以一方之力禦之關於一邑者以一邑之力禦之關於一郡者以一郡之力禦之吳淞劉河七丫福山之類乃皆關於一郡之利害非可禦以一方之利也然此類有限若以土著之民為主而用沙耆民沙船沙兵輔之賊舟豈有能入者哉或又曰若而言耆民與土著之兵既給工食又蠲其海防養兵之稅不已過乎曰不然法欲圓活若拘則方而不行矣且如白茆地方該户若干田若干海防銀若干養兵銀若干扣除其數與該地耆民自計之兵之有田者查其納數與工食相準否乎準則免之無給也亦無徵也否則捐之益之兵之無田者現查應出人

户之銀或取而給之或令其對支其有生於本地而不願為兵者但照常出海防養兵之銀交納耆民而止矣耆民任其勞官府執其權專察耆民狥私之獘夫是之謂以一方之食養一方之兵以一方之兵支一方之患費民而民無不甘勞民而民無不服不此之務而惟憂食之不足嚴刑以徵科噫難矣哉

水操法論

或問古今論操法戰法皆詳於陸地而畧於江海今予

之作舉要亦然何耶曰有説馬陸地可操江海不可操陸戰可以人謀為主而江海之戰不可以人謀為主故不同也曰何曰操法全重分合進退江海中全以風潮為主風有順逆潮亦有順逆船之行也有風與潮皆順者有風與潮皆逆者有風順而潮逆風逆而潮順者又有横風與横潮者順風而往逆風即不可回矣順潮而往逆潮即不可回矣若欲隊勢整齊連比為艅則遇風擊碎船不可並若欲各自散行各認旗號則參差不齊

不成陣勢雖善使船之人回檣轉舵疏數疾徐亦難責其如願所謂江海不可操者此也其於戰也亦然曰然則江海遇敵豈無取勝之法歟曰有鬬船力不鬬人力此勝之之法也如遇賊舟之小者則以吾大舟犂而沉之遇賊舟之大者則使調戧奪上風用火器以攻之當前衝敵者一舟之人皆賞觀望不應援者一舟之人皆戮其賞其戮尤以督哨之人與舵工為重每船必設舵二副以備不虞每舵工必設二三人以防損失此戰之

之法也其在平日也置船於陸地上集水兵演而教之兵械火器如何而設施金鼓旗幟如何而照會前後左右如何而列哨飢飽勞逸如何而更代晝夜風雨如何而防守山島沙磧如何而收泊號令約束如何而轉報習之於平陸用之於江海此操之之法也若曾常憶少時聞鄉老奚秋蟾云吾昔為醫生隨太倉衛官勦紐東山直追至廣東之東南大洋又去幾千里歷五越月備知夫海船利弊若曾細叩之曰海中有風時多無風時

少舟易散而難聚且逐潮勢而行若風猛潮平則以風為主潮湧風微則以潮為主風潮皆逆則回船向後而行風潮皆順則一瀉千里每日所行程途之數與東西朔南方向皆不可料敵船亦然故吾行若干里敵亦行若干里愈追愈遠愈求戰而愈不得況兵船分行大海渺茫有與我相望而見者有不可望見者昏黑之夜舉火為號則隱隱見之然亦不能辨其為賊船與我兵船也有時遇賊欲戰而吾同哨離遠則勢孤而罷有時鄰

哨相近敵舟又遠難於攻擊有時我兵偶合敵舟亦近可以戰矣而風或大作舟在浪漕中低昂起伏方欲仰而攻敵瞬眼之間吾舟忽擡高一二丈敵舟反在下矣船出浪漕之時船首向天落漕時船尾向天兵士佇立且難況戰乎亦有風不甚猛可以戰時而怒濤為虐兩舟相擊即碎亦不敢戰惟是舵工巧妙能占上風撞碎乎賊舟或乘風火攻或揚灰沙以迷賊目方得勝勢也所患者一舟衝前而餘不至或一哨接戰而餘哨不援

方其戰時我兵四散遠望麾旗以招之弗顧也張號以喚之弗聽也戰敗則終不集戰勝則聚而分功及責之以言則托諸風帆不便吁可惡哉今人皆傳海戰利用火箭與銃炮弓弩殆非也火箭惟微風可用若無風則帆不可焚風急則火亦反熄皆無益也銃炮弓矢因舟蕩漾發去無准皆虛送於浪中鎗鈀之類亦無所用惟鏢鎗鉤鎗鐃鉤三件舟在上風者以鐃鉤鉤住下風之舟以鉤鎗鉤扯賊人之足以鏢鎗鏢射賊人之身胥為有用之器此皆吾所目擊非空談也若曾初聞之不知其言是否後出定海關泛海洋適島寇初至乃知兵間利獘秋蟾之言毫髮不誣也

水戰陸戰不同論

或問操習水陸戰法何者有實效乎曰今之士夫皆云遏寇海洋使不得登岸策之上也孰謂其不然也但水戰難陸戰易何也大海渺茫一望無際賊之來也必乘風潮之順吾往迎之必逆風逆潮矣不難進乎賊之去

也亦必乘風潮之順吾同其順而追之愈追愈遠能必其相及乎即使及矣逆風逆潮不難歸乎況賊見我舟能必其不遠避乎出海太遠孰與接濟乎同隊之舟不相應援而以風潮不便為托不亦勢孤而難戰乎海中剿賊專以風潮為主人謀號令進退分合不能作主此在將官之難有如此者將官憚出大洋而躲閃近洋山麓或出大洋而遇賊不戰或戰敗而駕言風潮覆沒孰從而查之乎功罪賞罰如何定乎或云兵憲親督出洋

可保無斃不知文臣下海嘔逆眩暈水性不諳且體面不亦褻乎此在督撫之難有如此者陸戰則不然瞬息生死勢不兩立非彼即巳將士不能作斃況海中殺賊縱能滅其幾舟在賊譬猶失風耳其所全者衆嘗懷倖免之圖陸地之戰彼將全軍覆沒能無懼心乎為將者平時若能訓練臨敵若能節制則我軍望敵而不走出死力以赴鬬何患不能成功耶一則督撫易伸其權一則權有所不易伸故講水戰不如講陸戰之為善或又

問賊若登岸固陸戰矣其來舟在洋焚之歟抑留之歟曰焚舟外圍是閉門逐犬也受其反噬貽害地方如之何而可兵法曰圍師必闕闕者開一角以縱之走也縱之走則彼瑕而我堅彼怯而我強彼勞而我逸故善師者留其原舟開其歸路我兵攻而逐之或殺或去計之得也若以全勝立功為念則吾之心術先與上帝之好生悖矣豈能得其默佑而定亂哉是故水兵官縱賊登岸而後有陸戰陸戰者大弗獲巳也

禦海洋論

禦海洋之策有言其可行者有言其不可行者將以何者為定乎若曾嘗親至海上而知之向來定海奉化象山一帶貧民以海為生時盪小舟至陳錢下八諸山取殼肉紫菜者不啻萬計每歲倭船入寇自五島開洋東北風五六晝夜至陳錢下八山分艐以犯閩浙直隸此輩常先遇之有被殺者有被擄為鄉導者因此諸山曠遠蕭條無居民守禦寇賊得以深入總督梅林胡公與

趙工尚之議所由建也國初以來從來無人發此論自二人上疏之後因不羙其卓識然事理雖長而未經試練嗣後將官遵而行之始覺其間有不便者何也離內地太遠聲援不及接濟不便風潮有順逆舡船有便否蛟龍之驚觸礁之險設伏擊刺之難將官之命危於累卵無惑其爭執為難行也然自禦海洋之法立而寇至必預知為備亦甚易非若甲寅乙卯以前倭泊至岸人猶未覺其為寇也茍因將官之不欲而遂止之是因咽

而廢食也可乎哉如愚見哨賊於遠洋而不常厥居擊賊於近洋而勿使近岸是之謂善體梅林諸公立法之意而悠久可行矣

海程論

問海中行舟以望山為準使黑夜無星可辨及當晝而霧障也不迷失道乎曰慣一通番之艘妙有秘傳何患乎迷也曰指南車與信香之類乎曰否亦存乎針舵更三者而已矣葢海舟緊要之人有三火掌視針長年運舵香公計時三者缺其一不可也必須三人專心致志協力而行其舵牙常與針相對隨針而轉如風不順則以舵向上風推使方不飄逐故針經有南風猛而針向寅卯方行者乃是調戧之法非令人横行也更也者一日一夜定為十更以焚香幾枝為度船在大洋風潮有順逆行使有遲速水程難辨以木片於船首投海中令人從船首速行至尾視木片至何處以騐風之大小以定此風此潮如何方為一更必須木片與人行不差而後所謂一更者方准若人行至船尾矣而木片方至船腰則香雖焚至其處尚是半更或流過船腰則斷其為大半更或舟行如飛其風或逆亦用此法騐船退程多寡而後復進故行幾更船至某山地界皆可以坐而知但是術也得其傳者或寡矣閩廣通番之人不恡重值訪而雇募之豈惟昏霧為無患哉其於所過懸山孰為可泊孰為不可泊孰為有蛟龍潭不可以發銃砲而戰孰為可戰孰為風信將作孰為潮勢急緩嘗水辨味可知舟至某處有無暗礁伏沙舟人雇之安穩而行今之將官提水兵孟浪出洋覬無覆没之患何怪乎其不敢遠涉窮追而極討也噫

洋山記

洋山乃蘇松禦倭海道之上游也舊聞此山塗淺不可以泊舟惟娘娘廟西南畧有泥塗可以暫泊今乃知其不然葢海舟必得山嶴而後可泊無嶴之山不可以避颶風如之何敢泊也洋山乃兩頭洞西北高百餘丈周

圍約七八十里形如圍樹其中有十八嶴如一大湖可藏數百艘湖口面北娘娘廟在馬海水鹹不可食惟山嶺有一池泉淡可汲倭船與我兵船必艤而汲廟東有巡檢嶴故址山口有一山名陸家市山麓俱白沙如粉非泥塗也適年當道建議浙直哨船期會於此交牌信驗深為有見何也洋山南去定海北去吳淞皆一潮盖在浙直之交適中之地也若曾嘗出定海關浮海舶踏勘海防形勝而深有感於天心設險以限華彝舟山諸

山者兩浙之屏翰也崇明諸山者三吳之屏捍也定海海外非止一山舟山其魁焉耳舟山之東北有灌門長塗代山衢山西北有馬墓兩頭洞東南有沈家門烏沙門石牛等山衢山之東北有馬蹟山馬蹟山之東北有陳錢壁下二山陳錢者中國海山之盡處也倭楫撃空明而來萬里風濤茫無際涯望見陳錢則喜中國將近有山可泊既至陳錢然後南北分䑸若經馬蹟大衢而西過舟山則兩浙受其患不經大衢舟山而向洋山之西遶北而行則歷淡水門大七小七西衢寶山北衢高家竹箔二嘴或東北衢三井扁担二沙而蘇松江北惟其所驟矣崇明諸沙愚已別立總論又有黃魚船議言之頗詳同志者合而觀之浙直禦寇之方思過半矣

潮候利害論

倭性狡猾最善設伏用術以誘我師若將領得人勿與輕戰先令探兵搜伏而不受其誘賊計窮矣向來我師取敗多在於此然此猶或有知防範者至於潮候一節

自非生長海濱之民與賊相角未有不因之以覆敗何也蘇松海灘與溫台閩廣不同溫台閩廣海水深窪直抵海岸艨艟巨艦可以逼岸而泊蘇松則不然其內洋也則多伏沙暗塗隨潮長落以為隱見非本洋沙船沙民輒易膠淺一膠淺矣篙櫓帆檣俱無所施船不能動或風猛而為怒濤衝覆或風恬而俟後潮飄發患莫甚焉其海灘也則塗泥平衍以漸而卑潮至時小舟可以旁岸大舟必須稍遠停泊潮退時灘塗呈現岸與海水相

去或二三里或六七里或十里有奇初泊之舟高閣於乾塗須俟後潮方得浮脱其潮候也每一晝夜去來二度遲速不同其來也瞬目之間乾塗即成巨浸驟於奔馬迅於鞭霆人不及避故蘇松之人離海稍遠即不能知其候況客兵乎往歲朝廷命將平倭大參許天倫自河南來憲副周臣提兵自山東來曹許二遊擊提兵自真定來會師海上約戰柘林之南平沙衍塗曠如陸地卒遇潮至倭知預避而四師皆陷僅存將領此固客兵

不諳地利之故而亦四將遠來不用土人以為耳目鄉導我吳守土把港之官坐視而不告之均有罪焉嗚呼此殷鑒不遠者也潮汐者天地之呼吸也萬古有此海則萬古有此潮汐潮汐之候豈特水兵海戰之所當知海岸行師殆有不可忽焉者乎

開互市辨

按今之論禦寇者一則曰市舶當開一則曰市舶不當開愚以為皆未也何也貢舶與市舶一事也分而言之則非矣市舶與商舶二事也合而言之則非矣商舶與寇舶初本為二事中變為一今復分為二事混而言之亦非矣何言乎一也凡外裔入貢者我朝皆設市舶司以領之在廣東者專為占城暹羅諸番而設在福建者專為琉球而設在浙江者專為日本而設其來也許帶方物設牙行與民貿易謂之互市是有貢舶即有互市非入貢即不許其互市明矣西番琉球從來未嘗寇邊其通貢有不待言者日本狡詐叛服不常故獨限其期

為十年人為二百舟為二隻後雖寬假其數而十年之期未始改也今若單言市舶當開而不論其是期非期是貢非貢則釐貢與互市為二不必俟貢而常可以來互市矣紊祖宗之典章可乎哉何言乎二也貢舶者王法之所許市舶之所司乃貿易之公也海商者王法之所不許市舶之所不經乃貿易之私也日本原無商舶商舶乃西洋原貢諸夷載貨舶廣東之私澳官税而貿易之既而欲避抽税省陸運福人導之改泊海滄月港

浙人又導之改泊雙嶼每歲夏季而來望冬而去可與貢舶相混乎何言乎二而一一而二也海商常恐遇寇海寇惟恐其不遇商如陰陽晝夜判然相反為商者曷嘗有為寇之念哉自甲申歲凶雙嶼貨擁而日本貢使適至海商遂販貨以隨售倩倭以自防官司禁之弗得西洋船原回私灣東洋船遍布海洋而向之商舶悉變而為寇舶矣然倭人有貧有富有淑有慝富者與福人潛通改聚南灣至今未已（日本倭商惟以銀置貨非若西番之載貨交易也福人利其值希其抽稅買尖底船至外海貼造而往渡之）

雖驅之寇不欲也此固無待於市舶之開而其互市未嘗不行者也貧者剽掠肆志每歲犯邊雖令其互市彼固無貨也亦不欲也此非開市舶之所能止而亦不當反錫之名目者也故不知者謂倭寇之患起於市舶不開市舶不開由於入貢不許許其入貢通其市舶中外得利寇志泯矣其知者哂之以為不然夫貢者國王之所遣有定期有金葉勘合表文為驗使其來也以時其驗也無偽我國家未嘗不許也貢未嘗不許則市舶未嘗不通何開之有使其來無定時驗無左証乃假入貢之名為入寇之計雖欲許得乎貢既不可許市舶獨可開乎或謂日本國王號令不行山口豐後互相雄噬金葉勘合燬於兵久矣如責其期拘其驗則彼終無由貢而市舶終無由開矣須弘包荒之量昭無外之仁可也又不然夫貢而無驗招寇之囮也貢而無期弛備之階也緩其期稽其驗隄防猶難矧可頻貢而勿驗哉大抵善施恩者施之於威伸之後

則人知恩今寇犯順數年雖屢大捷而禍猶未殄倭未知畏也此須肅清之後俟其請罪求貢或如永樂初擒斬對馬臺岐故事夫然後許之則撫下之仁事上之義兩得之矣

論屯田

今世屯田之弊極矣古所為屯田者因為兩軍相攻敵常擾民民不得耕故就用屯軍耕田以足幕租若邉塞之處是也在中原與南方既不乏食何用屯田況用軍

之餘丁耕種而軍田又四散不便名民代佃而歲收其租豈非有名無實者耶愚謂朝廷清理田糧亟宜均入官民田則内一體成賦無徒存屯田之虛名而可

守城論一

城一也有關係一方之利害者有關繫數十里數百里之利害者關繫一方之利害者一守令慎之而足矣此守之事也關繫數十里數百里之利害者豈宜以一守令支之乎為將帥者須提重兵以鎮之合郡帥以援之

其城無恙則敵人不敢越此而他攻即有所攻亦無關繫而非敵之所必欲取以為巢者矣是所守者雖一城而所庇者吾知其若干城也此將帥之事也若為將者不論城之輕重緩急而漫焉以居之其身之所居則力為之救而其所不居者雖有關繫亦聽賊攻取萬一失守則樞要為賊所握而其餘所守皆無用也曾是為善守城乎譬之海防焉自廣至遼迢迢數千里賊舟無處不可登泊港堡無處不當設備若一一而照拂之則將帥之精神有限分用於無關繫之地其有關繫者反遺而有不到者矣惟諒寇所從來之道哨之於遠洋勦之於近洋寇泊在洋先後而來星散而行風濤警其心踴躋苦其形吾以衆而待其寡以逸而待其勞以飽而待其飢以備而待其所未備至簡至易之道也若其近岸也惟擇總要之處為水塞陸塞以扼其衝以遏其入其餘港堡地方但堅壁清野使賊進不得攻退無所掠計自窮矣若曾聞論守城者多矣率局於區區一方之

見故詳之以為為將者之助

守城論二

從來城守攻破者十一襲破者十九襲破之說有二其一是伏奸細於城中放火守城者奔救則敵乘間而登其二是暗約奸細上城照會蹤虜處用雲梯登至垜口揮刀殺人守者驚散賊從此上故守城之法須設兵一枝專司救火不許守垜者下城守垜者各持一斧分班專視城足凡賊登城多在下半夜乘人疲倦故也亦多

在黎明守者散班故也把守之嚴賊豈能襲我乎所苦者盤詰奸細甚難葢奸細乃本地之民賊拘其家屬劫其内應吾烏從而覺之今之詰者在城門内使賊假裝吾民從此擊殺門豈能遽闔乎又或閉城太早止通一二門出入人愈衆則詰愈難不若大開各門門外盤詰而兵衛設於門下方善

守城論三

若曾按從來論守城者多矣觀其論不過守城上之雉

堞與填門盤詰焉且未有及於池者夫使池而不必守也古之人但設城足矣又何用池為哉設池於外所以衛城也守池者正所以守城也葢守城之法當辨内外善守者守於外不善守者守於内填門守堞皆守於内守之最下者耳有識者堅壁清野賊深入吾地進不得攻退無所掠飢則困而擊之逸則撓而疲之去則伏而襲之陣則奇而衝之開門以延敵而敵不敢犯此守之上焉者也浚濠深濶置人於羊馬墻下萬弩潛伏火器間之巡船在濠傍内岸而行日夜周流更修古鈞橋之制移近城門賊來則絙橋起立為門外障賊退則或布橋以便我民出入或常時絙起遇出軍則驀將橋布下我軍衝其不測此之謂守池守之次焉者也皆所為守之於外者也若俟賊既渡濠布梯而後擊之攻門而後禦之吁亦晚矣此之謂守於内者之不足取也雖然此特論守令者之守城焉耳若在巡撫兵憲則其所守又豈僅若是乎必視乎時之緩急勢之利害守一城而可以

捍庇諸城諸城告急以身當之提兵援之或城小之處力微而不得支者調兵以協守之或兵憲督將官擣賊之巢衝賊之陣劫賊之營使受困之城其圍自解皆是巡撫兵憲之事權也守令所恃以守城者也若避危而居安與不能率作將領而惟代守令登陴以守見斯下矣雖然亦未也寇之來也必從海港而入海岸而登於大江也亦然總副叅遊者江海之長城也撫巡嚴督其人察其弊禦賊於江海初到之時勿容入内使城門不

閉市肆不易豈不盡善哉壑堡者城堞之謂也江海者
外濠之謂也此邉將之所當守邉將不能守邉而後守
令方守城也故撫廵之所當留神者守邉為上守城為
下

無城堡而守之之法論

或問守城之法愚固聞之矣無城堡者奈何曰若曾聞
之也善守者不在城之有無何也城也者不過用之以
設險焉耳使吾而善守也有城固可無城亦可若守之

不善則雖有城亦陥之而已矣故守之難易雖在於城
之有無而善守與否則存乎人不存乎城也曰何謂善
守曰戰是也曰戰守二道也以戰為守吾未之前聞也
曰不然能戰而後能守未有不能戰而可以言守者也
蓋禦敵在戰賊之來也以攻為其志也吾於四郊度賊
來處札野營修野戰以待之器械精明士氣雄猛糧餉
充備號令嚴肅賞罰明信賊衝不動賊餌不貪賊去不
追賊人遠來欲戰不得欲掠不能吾常用計以撓其逸
使飢不得食勞不得息多方以陥穽之張疑以皇惑之
設伏以要截之以飽而待飢以逸而待勞以日增月益
之兵而待其有限之衆彼將聞之而知懼望之而知避
矣更於吾街市而習為巷戰之計豈有不能自保者哉
曰巷戰之法不傳久矣奚從而學之曰是不難或升屋
擲瓦或潛伏兩傍門屋中橫而衝之皆是也然須以巷
口用力若容賊入巷則賊先升屋或放火難捍禦矣街
濶者戰卒不可自塞其路每人執鎗單擺或於街左或

於街右魚貫而列俱斜向前立鎗頭皆向外畔常空半
邉街道待賊入而攻之將自不敢前進矣曰是法也但
宜於陸地也其在水鄉邨鎮如之何曰陸地以木城為
野營水鄉以水兵船為野營其以戰為守一也曰使賊
攻我窘迫不容於不鬬也敵強我弱不勝奈何曰所謂
守矣非徒填門守堞之謂所謂戰者非徒戈矛擊刺之
謂也填門守堞敵易視我我軍之氣先怯乃癡癡之將
一籌不展以賊不攻為幸攻即破焉者也戈矛擊刺勇

力相格非彼即已安危不保亦癡癡之將以三軍之命為僥倖之圖易於取敗者也吾聞古之善戰者不然其戰也以正合以奇勝以分合為變以有意而制不意以有備而攻無備無形者勝有形者敗其戰不脱乎金木水火土之五器而五器之中各藏三戰之妙曰何謂三戰曰天戰也地戰也人戰也戈矛撃刺不過人戰中之一端焉耳是故不通天文不知地利不諳人情物理不可以為將不用通天文知地利諳人情物理之人不可

以為將將也者戰必克守必固者也故曰將者三軍之

江南經畧卷八上

欽定四庫全書

子部

江南經略卷八下

詳校官内閣中書臣孫溶

總校官進士臣程嘉謨

校對官學錄臣常循

謄錄監生臣曹壽

欽定四庫全書

江南經畧卷八下

明 鄭若曾 撰

雜著

營陣論一

若曾按古今用兵皆以孔明八陣圖李靖六花陣之類為稱首不知此特營法而已不可用之以戰何也營自營陣自陣戰自戰將若無營則收兵無歸宿之地萬一

敗北何所恃以退保乎故戰必有陣有營行則為陣止則為營營也者三軍之家也安營有法則兵無衆寡俱可藏納食息備禦如處城堡善守之則與賊相對進退俱無患矣今人見武侯衛公百戰百勝孰不謂其妙在陣圖不知陣圖所列止是陣伍死規矩而已與敵交戰須逐隊逐伍調發譬之劇戲然八陣圖六花陣乃戲具也搬演之時不是一本戲文齊演乃逐出更番上場此便是戰陣也要之亦總是粗迹其勝處全在此心隨機應變神化無形人若不能學其無形之妙而唯執夫陣圖之迹噫謬也甚矣向來將官與寇戰者多無老營取敗定在於此愚故闡而發之

營陣論二

陣欲稀戰欲密何謂稀隊卒相比而立每人占地六尺身之兩旁各留空路可容一人進退所謂陣間容陣隊間容隊是也故善陣者令箭手於空行内發矢若隊伍不直則前隊必受傷矣何謂密前隊接戰第二隊從空

處趨進應之無有空隙是也若隊伍不稀則前敵後壅所戰者止於前列幾人而在後者皆不得戰戰者不反稀乎故必布陣稀而後戰可密陣之密者戰未有不稀者也今人收兵而兵亂者亦坐此病蓋軍士但可向前不可退後苟非逐隊而抽常留一半防敵則敵從背進回軍轉闘勢豈能復整耶

營陣論三

問古之陣法其形不同何者為善曰陣法不必多求但

欲識得五人起數之義耳自武侯增益其數至以九人為隊而其義亦為精密六花魚麗之類乃隨人而變因時制宜者也要之布隊成陣莫重於節制節制嚴則五人可也九人可也縱横曲直皆可也故欲廣團結不必先求陣形惟在於重節制耳節如竹節之節節節而制之如身使臂如臂使指上統乎下下承乎上脈絡分明而不亂統攝渙散而不遺驅踏水火而不避所謂握奇是也捉零就整最為兵家要訣曰古之陣圖以四為正

以四為奇其說不一何謂也曰奇正二字最宜活看不必以四正合以四奇勝何也曰受敵之方即是正也敵之攻我也無常如敵攻乎前則前哨之兵即為正矣左哨為左翼而進以擊其左右哨為右翼而進以擊其右後哨遠出敵背而攻其後皆謂之奇其攻我左右後也亦然正合者明明白白與敵合戰彼此皆打點防備安能保吾必勝乎若於不與敵相對之處抽分其間幾隊或横衝或後擊或用游兵張疑設伏出其不意攻其不備智能起拔者勝此必然之理也故曰以正合以奇勝以分合為變

選將論

向來諸公論選將之法詳矣然似欠明也何也將有不同有大將有偏將偏將亦不同有先鋒有哨探有守營有奇伏必先正將之名色而後論夫選之之法庶言有歸着而法不混施焉耳何謂大將運籌帷幄之中決勝千里之外虛懷而取善不遺用材而器使各當古人所

謂善將將者是也何謂偏將恤下而不苛遇敵而不懼奉令而不違沉幾而不露應變而不窮古人所謂善將兵者是也要之上通天文下達地利中諳人事必兼此三者而後可以言將否則不得乎太乙六壬禽遁之傳不知乎駕風鞭霆之術孰為勝地而宜據宜爭孰為要路而宜守宜伏敵情有緩急難易如何而攻陣勢有奇正分合如何而用孟浪而戰是以卒與敵也夫大將以出令為職者也若識不足以範圍才不足以駕馭諸將

其肯奉行乎偏將以受成算而不自用為職者也若提兵既遠不能隨時出奇而欲一一關白主帥其能以成功乎昔王晋溪在本兵宸濠之亂談笑自如人或訝之晋溪曰兹事吾已料理之矣王伯安有大將才吾置之於贑州是也未幾而全捷疏至人咸稱服愚謂選大將者當以晋溪為法仇咸寧之大父為百戸時寇騎數萬突至都御史李忠宣知其能使率兵禦之仇殺然曰兵不必多憑吾自選五十人足矣忠宣從之仇度寇所必

駐之處掘地坑令二十人埋伏覆以蘆蓆飾以浮土三十人登山瞭望以銃為號寇至此果札營夜半銃發坑卒地雷亦起寇疑大軍襲之自相蹂殺過半而走質明五十人歸報中軍遣人馳劃首級遂成奇勲可見勝敵不在多人命將亦不必循資格惟存乎知人善任而已愚謂選偏將者當以李忠宣為法

慎調募論一

令之論禦寇者有三曰調客兵曰練鄉兵曰募土著之兵愚以為募土著之兵可也調客兵與練鄉兵不可也何也客兵性氣驕悍不受吾之約束既不肯受約束豈肯出死力而為我殺敵乎故客兵有害而無益所謂不可調者此也欲練鄉兵須處錢糧養之今之錢糧甚難區處將欲使民自備歟則民因貧而投兵豈能自備乎將欲官給之歟則凡民之無依者恐盡起而應募何以支之將欲驗田均泒歟則田多者恐其始倩勇夫以充役後用家丁之無能者以抽代人且不常安能訓成兵

技乎况防春正值農忙廢田事而團結不可也鄉民各保其鄉調用之於他事不樂也故鄉兵保結之法僅可以防夜警自古迄今未聞以之而禦外患者所謂不可練者此也夫惟募兵一事執利權以面民選擇之精訓練之勤賞罰之嚴悉由乎我而大有實益然募遠方之民非智也加賦以養兵非仁也須遵奏行新例令貧民補實衛所軍額查各州縣民壯弓兵之額而三分之留其一與有司自用取其二而團聚於府沿海弓兵亦取

而團聚之通計三項每省若干名用其精強易其老弱大約以三千為率合軍伍民壯弓兵之三者豈不足以供其數乎軍糧每歲九石六斗以一衛計之則五萬石矣民壯弓兵每歲身銀七兩二錢以一府計之則幾千百兩矣此國朝定額現在所實費者以是實費而行吾實事分而訓之各精一技合而訓之使知分合進退之法平居則團練於府有警則各調各州縣豈不精壯常在官使不必調兵而兵自足不必擾民而餉自充也哉

是之謂土著之兵所當募者此也雖然欲復祖宗之軍額須復祖宗之糧額凡衛所缺伍而開作羡餘者不奏查之不可也欲團練民壯弓兵須令各州縣按季撥解民壯弓兵之身銀若聽其自取諸州縣不可也蠹蝕之見未知然否

慎調募論二

募兵之法但當於本處報選何也其家在是則所獲工食便於歸寄防春之暇便於歸耕其人善惡便於保結召之則聚散之則歸然須不限名數如收錢之法日積青蚨幾文馴至一貫孰有勇力孰長技藝選其精能汰其懦怯夫然後募得其人也若四方泛募則是烏合之衆無賴之徒招之甚易散之甚難今日之兵夫他日之盜賊也葢離家久遠財不得寄歸淫酗賭博恒心失矣一旦革之非劫奪何以生乎荊川云遠募不如近募亦此意也

調湖兵議

湖廣土兵永順為上保靖次之彭翼南彭蓋臣其兵天下莫強焉近嘗調三千人後調六千此在官之數也實私加一倍共一萬二千人其陣法每司立二十四旗頭每旗一人居前其次三人横列為第二重又其次五人横列為第三重又其次七人横列為第四重又其次七人横列為第五重其餘皆置後擻呼助陣若在前者敗績則第二重居中者進補兩翼亦然勝負以五重為限若五重而皆敗則餘無望矣每旗二十三人二十四旗共五百五

十二人皆精選之兵也其調法初檄所屬照丁揀選宣慰犒天祭以白牛牛首置几上銀副之下令曰多士中有敢死衝鋒者收此銀啖此牛首勇者報名彙而收之更盟誓而食之即各旗頭標下二十三人是也其節制甚嚴止許擊刺不許割首違者與退縮者皆斬故所戰必捷人莫敢攖但沿途剽掠爵謂其不可用不知剽掠之故一是因調來者非止一枝有過得相推諉二是因小頭目愚弄宣慰謂人不可擅殺殺則言官論之朝廷

罪之彼然而聽之也若以保靖永順分為二班輪歲更調每調定以萬二千人每人月給工食銀一兩每歲十四萬四千兩先以四萬兩與調官領給土兵途費不必騷動有司及稽程途其來也以一憲副督之宣慰專主禁令調官專主聚泊每晚不許舟師亂泊須視調官寨旗然後魚貫而泊次早即行勿容登岸既至軍門以二千人泒之溫台二千人泒之寧紹二千人泒之杭嘉二千人泒之蘇松二千人泒之淮揚各以一頭目將官領之其餘二千人宣慰自領以聽軍門調發隨處策應有功者照常每級賞銀三十兩給與本兵無使土官侵匿宣慰土官大加陞賞其歸也憲副與調官仍照前法送之則兵將感激聞風知勵何剽掠之有所患者土兵無鳥嘴銃須軍門以素演熟者三千人分撥助用其技為十全矣或謂倭性難馴萬一生變何以制之是殆不然嘗聞二宣慰之言曰吾祖宗相傳土地官職遠自隋唐未嘗易姓以奕世謹守忠義故也若恃兵勇謀為不軌

朝廷下片紙令鄰封分取吾土朝令而夕亡矣得如今日之富貴乎又嘗聞其門帖云心懸九重跬步敢忘燕闕北手提三尺英風長鎮楚天南又一帖云節慾可以延生何必遨天尋洞府守分便是享福都來平地作神仙此其心之明達蓋可占矣夫豈不守分量而率意妄為者哉若二司吏調各逞賢能各圖報效各希爵賞較之並調為益不既多乎

調狼兵記

島寇之變東南之民焚劫殆盡上命南京大司馬半洲張公提八省之兵刻期勦滅公曰寇強民弱非藉狼兵不可疏請於朝遣南京車駕司主事阮文中往調乃甲寅九月十日也十一月朔至梧州軍門調取左江之田州歸順州右江之南丹州那地州東蘭州土官土目各率其旅聽用十一月十九日兵備副使陳詔儒閱籍與人數不侔覺其虛冒行糧而情性桀黠又難呼調乃以意判減田州官婦瓦氏與其孫官舍岑太壽岑太祿所

統頭目鍾南黃仁等領兵四千一百名有奇戰馬四百五十四歸順州土目黃虎仁等領兵八百六十二名南丹州官弟莫嵐莫從舜等領兵五百五十名那地州土目羅堂等領兵五百九十名東蘭州土目岑褐等領兵七百五十名共計六千八百七十三員名其間尚有虛數大約不上十之一瓦氏帶女從四十餘人不與馬瓦氏為故岑猛之妾年踰六十子死孫幼素恥其夫受僇職又畀鄰封族人侮之聞調踴躍異立功自振初以一

萬三千人應調兵備不許止准四千有奇嘗對張司馬委官云是行也誓不與賊俱生蓋由衷之言也田州之兵與江右三州素不相睦聚則讐殺軍門請於上命游擊白泫鄒繼芳分轄之各兵俱以十二月十四日啟行二游擊請先後續發防爭道也陳兵憲恐難防範且欲攝權歸一總夥而行不以分屬二將二將僅能自馭其各帶報效百人而已乙卯三月初一日兵至蘇州郡守林公懋舉以祖宗舊制狼兵不許入城造廠楓橋款洽

土目凡薪粟魚鹽之類散給兵衆者倍於他郡就廠竚候張司馬自嘉興至蘇謂郡守曰野人慕蘇松之勝久矣萬里遠來藉以靖難當推誠與之若防閑如寇豈能得其心也遂令入城住劄五日發行張嘗總督兩廣稔知狼兵情性不可以威劫而可以仁感狼兵亦素懷其德願為報效故有此處也軍門以白泫專統田州之兵鄒繼芳專統右江三州之兵而歸順一支併於繼芳蓋歸順本屬左江宜統於白泫以右江兵少故併之是日

陳兵憲以兵交付二將而歸二將至松江適上命工部侍郎趙文華祭海軍門遂同詣海望祭親以田州兵泝住金山歸順兵泝住乍浦右江三州兵泝住八團九團北方官兵海陸各守要衝以防寇逸時島寇萬衆亦設地坑之類以自固我軍未敢輕戰者欲少憩俟麻陽兵至僇力也麻陽兵以四月初三日過龍王關初十日至丹陽十六日至松江勇敢與狼兵同而殘忍山野過之其數雖名六千實一萬二千人蓋正數六千名乃欽命

調來加倍六千名則正數之外其將保靖宣慰彭蓋臣永順宣慰彭翼南希覬功利私募而來所過郡邑支應工食倣狼兵之例私募者有司不准其數不以給狼兵中亦多不可用者詢其故岑氏家法七人為伍每伍自相為命四人專主擊刺三人專主割首與勢所獲首功七人共分之割首之人雖有照護主擊刺者之責然不必其武藝之精絕也我朝軍功以首級為驗要之斬賊者必不暇取首級取首級者必非斬賊之人兵家僨事往往坐此狼兵是法可以為用兵者之要訣不可謂為菅見而不之師也二遊擊僅有統領狼兵之名而無生殺狼兵之權蓋狼兵所服者其土官土目而已故軍門以簿二冊分給二遊擊令其紀載不用命者以俟歸日聽軍門治之實不得已而存此體式也狼兵寓此不服水土溽暑大衆相聚往往病疫議者欲查泰州王道士拯瘟場疫癘之法以百金購蒼术行之亦竟不果狼兵凡歷一十八郡每兵遇府給米五升魚鹽各二斤柴十

斤准牛肉銀二分准酒銀二釐其土目每人猪一口准銀七錢瓦氏與二孫加銀三錢撫按所犒花紅銀牌之類亦止及於頭目而兵衆不與也兵發梧州至南雄郡凡十五站有司乃以三板船六百艘送之越贛州復下船亦用三板船六百艘送至南昌易大贛船四百餘艘送至京口京口以東偶緣水涸人懷丹陽休息之願適丹陽開河縣尹避而不出居民又閉門不納兵憤因而搶掠隨步至奔牛鎮常州以民船接之送至嘉興此行

各縣船皆會總於府府每船給銀一錢即發故沿途並免留難亦不聞侵奪惟供應魚米酒銀之類頭目或減尅之狼兵性貪淫徒劫於其主威歆恨從戎識者已知其必難成功是役也阮主政大得狼兵之心所過之地亦無不感其惠者陳兵憲隨地頓兵而不輕進人或訾之迄今海濵未得良將言官交薦貴州總兵沈希夷智勇絶倫且有家兵二千可恃又云四川名將何卿俱未試也張司馬委裳主政募兵於濵州以閑住都司張國

威統之其數雖有一千四百餘人聞皆流落亡賴之徒身銀且各費三兩矣此客兵之最下者與山東處郡所募相伯仲也

糜費巨萬遠事徵兵豈得已哉以我兵不足恃故也然島寇犯順兵力即不支矣萬一四方多事豈盡取必於荆麻狼淄之戍乎寇未滅而客兵之憑陵者已數數見若以徵調之費練土著之兵豈無秦楚勇悍燕趙忼慨亦奚俟於徵云是故調兵者權宜也練兵者久計耳當事者不可以不審　若曾再識

僧兵首捷記

國家承平日久民不習兵東南文物之地武備尤弛嘉靖癸丑春倭人猾夏我祖宗之制非奏請不得擅動軍旅有司倉皇不及以聞權起民兵禦之蘇松海濵倭寇不盈二百人揮刀迅捷小民畏怯遇之輙敗而走如是者三十七陣矣操江都御史蔡公克廉募僧兵殄滅之嗣後我師與倭戰多凱旋凱旋自天員僧一陣始前此

五越月所未見也先是倭寇首陷黃陂杭郡守孫公欲預備而無兵與都督萬鹿園養僧二百人於昭慶寺三司戲鹿園曰僧何能也而隆重之乎鹿園述文事武備僧若干人三司欲睹酒為試鹿園遂設席於湧金門三司既集暗指教師八人促鹿園召高僧一人敵之鹿園請孤舟孤舟不知其何説也揚揚而來八教師從傍躍出各持棍亂擊孤舟孤舟一無所備以偏衫袖却棍一棍為袖所裹信手奪之反擊八人八人應棍而倒三司

擊節歎賞孤舟直攻上堂排仆燕席大呼曰公等何讐令人計殺我耶鹿園語之故孤舟乃已自為客僧大為三司所欽倭寇犯杭城杭城閉倭屯鮓山三司領僧兵四十人禦之其將為天真天池二人天池乃少林僧爾時天員尚未出也天真等交兵大破倭寇倭寇走襲上海太倉蔡公駐節吾蘇聞僧兵名遣千戶王茂生員盛之化持金幣往聘之杭城方戒嚴莫肯與鹿園在西山中得蔡公書無以為謝使人請月空等十八僧出城三

司以此十八僧者原非禦寇四十人之列也遂縱之鹿園與月空曰爾之之都院也宜述僧兵衆寡不敵之故繳其禮幣而善辭之脫有不允即薦少林僧天員為將天員現講楞嚴經於天池山中乃將材也爾等屬之可以當倭月空至吳門蔡公見而拜之月空辭不獲遂薦天員天員以是就聘出山乃五月十日也蔡公館之於瑞光寺與月空同處天員招選四方僧八十四人擬立將領杭僧以其原在吳地有子民之義月空自杭來乃客也宜讓為將天員曰吾乃真少林也爾有何所長而欲出吾上乎十八僧自推八人與天員較技八人驀以拳拳天員天員時立露臺八僧自堦下歷指而上天員見之即以拳揮卻不得上八僧走遶殿後持刀從殿門出所天員天員急取殿門長閂橫擊之衆力不得近反為天員所擊月空降氣求免十八僧遂伏地稱服焉左右馳報蔡公蔡公親至寺謂天員曰聞汝驍勇果能以滅倭自任乎應曰諾面令競試武藝天員復以寡勝衆

蔡公大奇之遂批牌語云月空領杭州僧兵一十八名天員領蘇州僧兵八十四名協力征勦蓋重鹿園而存體面又半息其爭也天員遂於五月二十一日從蘇州起兵二十六日至松江又選蛇山兵一十八名與月空合為一枝共一百二十人劉營於普照寺客雇皮工造皮甲竹工造毛竹甲皮甲在內竹甲在外鐵工造鋼叉二十四把鈎鎗二十四把鐵棍一十二條客與松江府取靛青佩諸身畔封固刹門分為十營定派兵器而演

習之六月初四日發兵至閔行鎮蔡公牌仰僧兵為前哨初八日至新場鎮次日至南滙嘴中後所劄營初十日遣騎往六團巡哨聞有賊百餘人在馬奮力撃追賊懼而逸止存母子船五隻鑚木取火燒去其三以絶巢穴餘二隻亦為風浪所粉十一日黎明天員與指揮朱具方議往八團迎賊留提管僧無極等於六團下營會韓都司重委朱指揮往八團巡哨朱遂先至八團被賊殺傷部兵二十九名時六合知縣董邦政兵先被賊殺

者亦四十人矣是晚僧兵至八團駐監生喬鏜莊有楊指揮樊指揮者先在莊前劄營天員令其入內自以兵捍賊於外賊使人覘僧多寡莊人謂之曰其數吾不能知但知其煑粥米一石每人分啜二碗而已賊聞之即走次日哨探賊在二團三團天員乃引兵南還至一團之翁家港遇敵已申時矣天員曰天未晚猶可戰也率僧二十五騎前哨衆兵繼之倭賊登屋瞭望者二人天員率諸哨騎為先鋒月空等排陣於後見賊下屋天員

心覺其設伏即衝前堵殺不容埋伏賊忙迫換計裹衣包為八扛餌我兵天員下令曰如有搶倭財物妨悞大事者斬衆騎不敢有所取月空無極横列陣為長蛇之形韓都司王守備等繼其後相離約百餘步陣法兩人持長鎗夾一鈎鎗手於其內稍退一步鈎鎗之傍長鎗之後鐵棍斫刀相間而列弓弩火器左右參錯陣形既定各噙鮻花一丸於口倭賊見僧兵列陣度不能伏其頭目稱趙大王者即舉扇招賊歸戰諸賊扯去衣袖及

內外襟令人舁一板門西向植地以鎗支定二善弩者夾門隱身而立二小倭遞箭於傍賊酋四十人俱衣緑排為一字形當其先餘六十人俱衣緋列於左右各持兵籠仰天而揖揖畢令刀手驅所擄民撞前所裹衣包八扛撒地而走僧兵知其為無用之人不之迎也亦莫敢越壘而趨利馬天員引騎兵左右閃開誘賊前進賊先發矢僧兵亦發矢天員傳令停射交鋒無極推陣呼伽藍三聲大喊殺殺長鎗手奮勇前戮賊舞刀亂砍鈎

鎗手隨長鎗而進從隙鈎賊之足箭手發射鐵棍隨鈎鎗而進擊死鈎倒之賊刀手繼之賊一面欲支長鎗又欲却箭不虞鈎蛇循地而至不能更顧其足也僧兵臨戰暗約以靛青塗面賊見青臉紅布裳頭疑為神兵膽已褫落戰時左右弓弩火器齊發天員引騎兵遶出賊後韓都司家兵與銃箭手三四十人隨之圍賊於中賊大敗斬首四十餘級賊捨死潰圍騎兵開一角縱之走匿王氏屋中僧兵圍之以火攻賊賊穿壁而逸半陷入

靛坑中長鎗手刺殺之僅存二十餘人逃入老營合守營者共五十餘人僧兵攻之急一倭婦出走乃趙大王妻也僧有名某者驍勇絕倫持鐵棍踰塹溝擊殺之時已昏黑不能戰遂收兵而還行若千里至中前所劄營賊戴夜奔柘林殺一巡檢二弓兵卽如金山十四日天員等堅壁不出調養刀箭所傷更選壯僧七十餘人合韓都司家兵張忠等三十餘人更為征勦之計是日也韓都司等官悉至營前謝而以銀牌稱賀馬十五日天

員復引兵至金山賊逃往嘉興之白沙灘潛住王家莊十六日僧兵追及之適湯總兵兵亦至相合火攻賊死二十餘人出亡被殺者復二十餘人凡翁家港逃賊與老營之賊至是勦滅無遺矣二十一日天員復率兵在八團等處搜邏一日而還初蔡都憲牌云僧兵驍勇不以首級論功天員據此節制其衆不許違犯憲語韓都司見僧兵數寡常恐恐然在陣後半里大呼衆兵接援故一時被害不過了心徹堂一峰真元四僧而已僧兵

之成韓都司協相之力蓋不可誣也夫今之武藝天下莫不讓少林焉其次為伏牛要之伏牛諸僧亦因欲禦鑛徒而學於少林者耳其次為五臺五臺之傳本之楊氏世所傳楊家鎗是也之三者剎數百其僧億萬內而盜賊外而蠻部朝廷下征調之命蔑不勝者然觀於翁家港之捷天員智謀紀畧有古名將之風不特技藝之絕人而已予嘗過而訪之天員適與高僧翻閱藏經三千而遍其書有經有論有律三才之理靡所不載用兵

之訣聞見而雜出非心閑氣定不能從容紬繹天員學有淵源宜其用武臨戎而變化不窮大與少林增光未必少林之武僧一一如天員之胸襟也吾儒講法聖言精忠為國倘不鄙夷其技而兼通之師尚父孔明有不能致也乎

公賞罰論

若曾按向來諸公所論皆賞罰之常格未盡其妙也何也今之衛所官乃紈綺子弟而已矣武藝且多不諳況

肯捐軀建功業乎衛所軍餘世平日久不經訓練一旦臨敵無技能可恃膽寒氣怯非敗即走以是常格賞罰待之豈能煅煉淬勵而得良將勁兵乎夫賞罰者榮辱之謂也大而官爵之命小而言語之褒皆謂之榮重而斬刖之刑輕而斥詈之及皆謂之辱施恩而可測者非榮也惟施不測之恩人方以為恩而知所勸耳施威而可測者非威也惟施不測之威人方以為威而知所懲耳故有今日為行伍而明日拔之為將領者有侵晨在人上而薄暮降之為役卒者褒貶予奪大公無我顛倒豪傑莫知端倪則人孰肯甘處其辱而不思所以自奮哉周禮爵以馭其貴禄以馭其富正此意也在上者能測乎此則激惰為勤轉弱為強不必用衛所之官而民間自有良將可選不必調湖粤之兵而鄉閭自有勇夫可練矣

勒功三誓

自倭患之作也吴人論功有三屈焉若曾辨而伸之有

三誓焉何言乎三也乙卯之秋海賊五十三人自浙東而杭嚴而南都而毘陵以至於蘇為提督都御史曹公所滅或論之曰賊數不多未足為大捷也愚謂不然蓋此五十三人者使其皆常賊也則所計止於五十三級其捷誠小矣以若曾覩之猾而有謀勇而善鬬殆賊中之精選非常賊也其所經歷八郡轉戰三千餘里凡人材物力地形靡不了然於胸中不殺人不掠財不姦婦女周流深入此其志詎可測耶夫曹公不過一提督耳

其所提之兵孰與南都四十八衛之多所運之謀孰與南都府部操巡之衆賊過南都兵敗城閉莫之能格自非曹公忠義感人紀律嚴肅刻期勦除則將歸於海濱老巢矣當是時徐海擁衆十萬若以歸賊分為頭目分統賊徒五十三支分道而進蘇松常鎮杭嘉湖七郡一十八州縣無處不放火劫殺則將各救城池不暇各上司兵隔絕而不相援鄉邨之民無可逃生非死則脅從矣七郡地方豈不岌岌乎其危哉七郡危則南都亦大

震搖今皆無之實由曹公殲此五十三人之力也殲此五十三人而後賊不敢渺視內地輕率而入是捷也不惟為小民造福而於朝廷兵馬錢穀所省鉅可量哉今制斬首級者計功陞賞斬真賊首者別論曹公所斬似當以賊首律之而不當視為常賊曹公所斬之數似當以千萬人擬之而不當拘其為五十三人也昔吳民感恩之深嘗欲剏生祠以報之後乃為督察趙甬江所忌不惟不舉其功而且以他事劾之而去豈非天地間一大屈

哉使操舡者而含糊焉則為欺朝廷欺上帝矣若曾之所以誓而欲辨者此其一也巳未之夏毘陵唐公順之捧勅至吳經歷海上倭至不得登劫屯兵於三沙公帥兵圍之賊走江北為李中丞所滅或論之曰六月興師勞民費財不能搗巢而縱之走未見唐公之能也愚謂不然夫倭舶之來非一歲矣每至即登岸未有不滿載而去者若非唐公與熊兵憲親出海洋嚴督將士孰肯僇力驅賊於沙上哉當是時撫按巡江皆缺唐公原無

提督之權又無可戰之兵與可調之糧使他人處此必坐省城移檄將官閉圩塞責而將官又襲故套止擊去賊不擊來賊數郡生民廢耕耘塡溝壑如甲寅乙卯歲矣安得賊千三四百人歷三越月而但屯於一沙不渡海不流突內地不殺人焚劫刳腹而驀竄哉自此失志島倭聞之至今不敢窺吳唐公保障之功誠不小矣新例禦賊於海洋不使登岸者雖無斬獲猶叙超格唐公積勞成疾轉官而歿吳民陰受其賜反訾笑之豈非天

地間一大屈哉使操觚者而含糊焉則為欺朝廷欺上帝矣若曾之所誓而欲辨者此其二也癸丑之春倭寇初至世際久熙無兵可禦操江都御史蔡公命少林僧天員領僧兵滅之或論之曰僧異教也一戰何足道哉愚謂不然夫國家素養武臣在東南者不少矣倭變暴作連戰敗三十七陣若非天員游寓天池蔡公聘而用之則倭賊渺中國為無人我兵視倭如雷電鬼神而不敢犯長驅深入焚戮之慘恐不俟次年而遍及於內地

矣天員一戰於翁家港再戰於白沙灘倭賊二百五十餘人斬刈無遺自時厥後我民方知倭為可敵而兵氣漸奮捷音漸多實天員一戰有以倡之也其安中國之神氣功豈小哉班師後當道莫與奏功而僅賞銀牌退歸山剎吳人亦無知感者豈非天地間一大屈哉使操觚者而含糊焉則為欺朝廷欺上帝矣若曾之所以誓而欲辨者此其三也夫曹公去任之官也荊川已故之人也天員遠方之僧也曾也豈有所為而故譽之耶天理人心喚醒於今日娼疾怨讟庶消於將來昔孫盛作晉春秋直書時事若曾不佞願效顰云

禦寇說

倭寇犯境百姓被殺死者若干人流離遷徙所在邱墟為之一空有司深閉固閉任其四郊殺掠其意止欲保全倉庫城池以免罪責甚不得已紛紛抽點壯丁民快皆素不教練之民驅之殺賊以致一人見殺千人自潰徒長賊威竊以國初於遼陽山左江浙閩廣沿海設立衛

所鎮戍連絡每年風候調發舟師出海又設都指揮一員統領諸衛專以備倭為名今倭寇憑陵所在束手當事者拘碍文法動以擅調官軍為辭按大明律擅調官軍內一款云其暴兵猝至欲來攻襲事有警急及程途遙遠者並聽從便火速調撥軍馬乘機勦捕若寇賊滋蔓應合會捕者鄰近衛所雖非所屬亦得調發策應若不即調遣會合或不即申報上司及鄰近衛所不即發兵策應者與擅調官軍罪同此各衛得自調撥策應之

明文也今賊殺害人民揺動畿輔蘇松内地城門經月不開百姓危迫各衛擁兵深居坐糜國家月廪賊在近郊不發一矢忍以百萬生靈餌賊豈計之得哉夫以沿海衛所自足備禦乃竟不能把扼外海而俾之突入内地獨民兵支吾玩愒養寇及其勢不可支然後請旨動調大軍是虚設沿海數十萬之兵也況俟朝廷命下動經旬月吾民饜飽豺狼之腹已久矣賊聞大軍之集倏忽遁去雖貔貅百萬悵望空波徒使百姓驛騷而已宜

遵照祖宗設立備倭之意并按大明律軍政調撥策應督令衛所將校精教練慎斥堠勤會哨俟賊之來於海中截殺之盖賊在海中舟船火器皆不我敵又多飢乏苟一登陸如螃蟹出筐不可禦矣務嚴立條例禦賊於外海者為上功能把截海口不使登岸亦以功論賊從某港入係某衛所汛地該并殺無赦其有司閉城坐視四郊之民肝腦塗地者同失守城池論庶人知效死而賊不能犯矣

復當道問兵務劄子

伏蒙台問用兵事宜菲材愧不足以知此姑據耳目所及千慮一得之愚以對夫勾吳地勢東瀕溟海北枕大江中滙震澤諸湖每遇春汛倭船乘風而來沿江沿海一帶地方無處不可登泊此寇之自外至者也平時則鹽盜出没於三江五湖縱横聯絡甚至千人難於勦捕此寇之自内作者也自昔吳中兵防不過斯二者今則不然新出一種竟徒晝則充兵夜則為盜坐食乎官劫

掠乎民所謂水兵是也此因設之以禦外寇内寇而致者也醫家論病云有外因有内因有不内外因江海之寇外因也湖泖之寇内因也皆易治也何也可以測候而預備也水兵者不内外因也其機隱而無形其人混而無辨革之則無以禦寇用之則反以殃民甚哉此寇之難治也愚也清夜以思三寇雖殊一言以蔽之曰兵政不肅焉耳請為執事詳言之我國家承平日久民不習兵倭患暴興徵以攻守當道暫調各省客兵以應之

所過殘掠甚於倭寇且供費浩繁送迎紛擾於是乎議
用土兵為長策調客兵為權宜而兵船勇夫聽人投雇
習以為常矣然自嘉靖三十二年以來養兵之費不為
不多民力已竭矣每遇寇至即登岸焚刧曾不聞兵船
過之於海而不容其入港其流突也亦不聞勇夫遏之
於陸而不容其越境哀哉斯民何辜而出賦稅以養之乎
間或參用客兵客兵抄暴亦不聞土兵出分毫之力為
民捍庇所以然者非客兵敢於肆虐乃因眇視我兵必

不能制故也我兵亦非必欲縱倭乃因戰陣無勇自量
必不能敵故也今日土兵之為寇亦惟窺破其黨為當
時所倚仗故束縛之稍嚴則激變之禍起其所由來者
漸矣吁要之皆由於兵政不肅焉耳所謂兵政不肅者
其凡有六一曰不擇將領二曰不慎選募三曰不諳訓
練四曰不明賞罰五曰不惜財用六曰不覈圖籍
何謂擇將領將者三軍之司命也今之武職生於豢養
或徒事翰墨而不閑武畧或徒讀父書而未履戰陣

四方召募之人其閒反有謀勇過人者以是將而統
之誰肯心服而效死乎此將之不能成功其故一也
近年當道當奏調各處名將來此統兵風氣未宜地
利未知意氣未孚號令未信此將之不能成功其故
二也自古國家用兵常乏將材民間盜起多是豪傑
愚以為選將之法何必拘泥故常但當就所練士卒
之中合數十人而校之是為一隊其謀勇技藝孰為
一隊之所推服即拔之以為隊長合三隊而校之是

為一總其謀勇技藝孰為一總之所推服即拔之以
為百長合三總而校之是為一營其謀勇技藝孰為
一營之所推服即拔之以為千總為頭目果能服衆
志於平時則教藝而必聽從臨陣而必奉令手足捍
衛之義自著矣昔宋歐陽修云每百人團為一隊教
其技精而最勇者百人之中必有一人得之以為裨
將合十裨將而教之又於其中擇有見識知通變者
十人之中必有一人得之以為大將此一人之智勇

乃萬人之選也推行是說拊髀之思不亦可息乎其在武臣中有曾立戰功及休致緣事應襲舍餘而勇畧出衆堪為將領者執事甄而拔之駕而馭之擾而習之統民兵備攻守庶幾所得皆是真才何患敵愾之弗克禍變之弗靖哉

何謂慎選募今之論禦寇者有四曰動官兵曰調客兵曰練鄉兵曰募土著之兵愚以為募土著之兵可也餘三者皆不可也何也我國家養軍二百餘年徒費

糧餉而已平時既多役占而不勤以兵法遇變又恐碍法而不敢以擅動逃亡不勝其衆多跛皀有難於制馭此軍旅之不可恃一也邇年倭變歘生無以禦之嘗調客兵矣然山東兵調矣而無救於敗狼廣兵調矣而無救於敗畬土兵又調矣而無救於敗其性驕悍不受吾之約束所過殘虐莫能禦之况望其為我出死力以殺敵乎此客兵之不可恃二也欲練鄉兵須處錢糧今之錢糧甚難區處將欲使民自備歟

則民因貧而投兵豈能自備乎將欲官給之歟則凡民之無依者盡起而赴募何以應之將欲騐田均派歟則恐其始倩勇夫以充役後用家丁之無能者以抽代人且不常安能訓成武藝哉况防春正值農忙廢田事而團結不可也鄉兵各保其鄉調用之於他處不樂也故團結之兵僅可諭以共保室家小警則虗張聲勢以幸賊之不來大警則預收斂免受禍之太慘如斯而已自古迄今未聞以之而禦外裔者此

鄉兵之不可恃三也夫惟募兵一事執利權以固民所募勇夫憑吾選擇人人精壯可用若移調客兵與實軍伍之費而費之於募勇敢為益不既多乎然自甲寅歲後勇夫水兵蘇松四郡不啻萬計每田一畝加稅若干以養之名曰防海養兵銀其費踰百萬矣曾不聞得其捍衛之益此無他良由司選人之柄者貪汚昏昧一切濫收萍聚無籍貫之真烏合無統領之素入轂之後虗糜廩餼聚散無稽固有昔者所進

今日不知其亡虛報冊籍實在則無其人者安得不為此輩之所玩操戈而反攻哉以愚測之遠募不如近募募多不如募精何也本處報選則其家在是而所獲工食便於歸寄防春之暇便於歸耕其人善惡便於保結召之則聚散之則歸然須不限名數如教鈸之法日積青蚨幾文馴至一貫又須各令隊長自擇本隊孰有勇力孰長技藝選其忠良汰其奸懦夫惟將知將惟兵知兵豈有為一隊長而不能精擇數

人者乎遇其勝負非為稽其舉主一體賞罰夫然後募得其人也若四方泛募則水土不服道途盤費有身家者不肯應募而應募者多無藉棍滑之徒其志不在於戰而在於擄不在於受約束而在於逃故募兵可也遠募與濫募不可也或者曰兵之強弱惟係得人與不得人齊桓公用一管仲行內政寓軍令之法遂霸天下今若有人能做其義於保甲法中抽選且於每甲中一家出丁九家不出丁者出銀津貼則不患無兵與餉矣就其中更選一班精鋭專一聽調謂之遊兵豈不攻守皆有備乎

何謂諳訓練所謂練者非但執旗列陣於教場演兵器之花巧閲進退之虛文而已其要莫先於練心其法莫先於節制節者如竹節之節節節而制之分數欲明頭目欲衆威令欲信情意欲孚出入登涉聚散坐臥馭之皆有成法使其心志耳目齊一而不亂弱以為強至臨敵時即以所習者用之是之謂操一日有

一日之效熟一件有一件之利豈非常立於不敗之地哉若平日之操法如此臨陣之戰法又如此彼選兵者非練兵之人練兵者非領兵之人雖訓千百年何用哉如愚見須於曾經戰陣曾立戰功之官擇其中之最者以為將帥始而募士中而練兵終而涖戰皆責諸其人仍分水兵陸兵而定夫訓練之法其練陸兵也須於客兵之中選技藝之尤者各數人厚其工食俾教所募之民以一教十以十教百以百教千

以千教萬不半年而民兵即客兵矣故曰募兵戰不若募兵教與其徒費財以募夫不教之民孰若移其募戰卒者而費之於募教師乎為將帥者更須立為定期每幾日至教場齊以分合進退之法重以信賞必罰之權每十人中拔取一人以為衝鋒如是而陸戰豈有不勝者哉其在水兵則不然有可操者有不可操者沙船艟艚蒼山八槳等船皆可操者也廣福大船乃不可操者也何也海中以風潮為主水操之

法欲進則進欲退則退欲轉折則轉折回翔如飛橫風鬬風皆能調戧者惟沙船也其次則蒼山艟艚之類帆櫓兼用亦可操演若廣船福船皆不設櫓所恃者帆耳其船重大順風而往逆風即不可回乘潮而往逆潮即不可回進退轉折皆非所便也將欲操之於内港歟則又港形甚狹潮勢甚迅兵船操者甚多大船順風其迅如矢向前衝擊舟遇即碎故斷斷不可行惟募舵工得人則奪上風施火器或迎而擊或尾而追或合而圍或橫而衝總副叅遊注意遴選賞罰則可耳然廣福浙之舵工常欲賣陣用之則恐其致悮不用則無以駕使須以原船水手與太倉崇明沙民相雜演習能者漸多則原船水手可以漸減全能自駕則廣福浙人可以全革如是而海戰豈有不勝者哉

何謂明賞罰從來立功止擊歸賊不擊來賊從來論功止問首級不問衝鋒其用罰也閃奸躲避者不治臨

陣逃脫者不治坐視不應援者不治或過時而賞與無賞同後時而罰與無罰同亦有過時而不賞後事而不罰者何以一人心而作士氣乎蓋海中擊來船與去船不同去者賊氣已惰賊貲已滿擊之頗易人亦樂於擊之然殺一賊止於一賊而已來者賊氣方銳賊舟尚空人不樂於擊擊之亦難若殺賊一人不知良民之保全者若干人也此賞格之當明一也兩軍格鬬手眼瞬息不得差遲何暇割首使其割首則

不能再戰而為敵所乘為後軍所爭奪死矣故首級非賊大敗奔走必不能割而割者多不真衝鋒之人必無首級而多不得賞此賞格之當明二也向來將官畏罪每遇賊入妄稱追逐其實不敢近賊賊之虛實亦不能知追賊出境又揑報血戰況死者不計焚死者不計斬獲賊首一顆或二顆此罰典當明一也西北二邊事屬武臣軍法素振東南武將無權文臣任事惟牌票文移云軍法從事而已前進者死後縮

者生人何苦而冒進以自速其死也哉此罰典之當明二也自古孤軍獨戰未有能濟城邑被圍須仗外援今各將自以其心為心不思唇亡則齒寒竹破而瓦解此罰典之當明三也為今之計莫若申明條例將官能使賊船不得泊岸而於海洋擒斬首級者得叙異格各軍人等所獲功次亦比内地不同擊歸船真倭一級者給賞銀若干擊來船真倭一顆者增給賞銀若干庶水卒感服打來船者漸多而賊之登岸者自少矣將臨陣時審兵之願衝鋒者每人給與小木牌一面使衆皆知其為衝鋒彼雖欲不前不可得已衝鋒之兵不許砍首級違者杖一百仍不准賞助陣兵夫方許割首如一陣斬首級若干顆該賞銀若干兩以七分給衝鋒兵二分給助陣割首之兵一分驗被傷者給之則不致爭功而人皆知奮矣其報稱追敵者務要從實征勦如果賊勢猖獗寡弱不支徑許聲說以為别圖若窮追累月不聞一戰至賊去而

欺罔觀聽者其罰與退縮同則可以破夫躲閃之故態矣今之兵夫望敵而走由在上者不知握機故也握機之法用三九之數以八人為一隊隊長統之三隊為一總百長統之三總為一營千總統之九軍為一哨把總統之令每隊長擇兵士八人保其臨陣不走走則殺隊長若棄隊長不救則八人皆殺焉令每百長擇隊長三人保其臨陣不走走則殺百長若棄百長不救則三人亦皆殺焉其千總之擇百長三人也把

總之擇千總三人也法亦如之則進前殺賊者未必至死而退後之被殺也其死為必然孰敢有一人之不向前者乎此平日所定之法也其在臨陣須施不測之令以何隊為先鋒何隊為兩翼後援先鋒為正兩翼後援為副先鋒若欲退走兩翼後援三隊之長各叱其兵士殺之先鋒一隊果能逃乎先鋒若全隊覆没則兩翼後援繼先鋒而為正兵與別隊補充奇兵亦如之或戰酣而勝負未決吾令何隊往替先鋒

先鋒抽回或敵衝吾脅敵擊吾尾皆以觸處為頭為正兩鄰為翼為奇大約兵三千人分為六營每營五百人服飾以青黄赤白黑藍為辨每營用一人持本色旗與千總為一處其千總所屬於本色之中自為識別馬如青衣而加黄裙赤裙之類百總所屬又自立辨於本色之中如青衣黄裙而加青圍花赤圍花之類吾所望者何色旗官兵失機擒其千總千總又於此別色中辨認何裙百長又於號裙中辨認何色

何花各期自免於死庶功罪明而賞罰當兵士無不用命者矣至於人心之渙散者又如何而聯屬乎如愚見似宜於分定諸將之中常以一支當敵一支休息更番迭進以逸而代勞相恤互援以飽而代飢俾戰者不至疲乏餘者不能規避其在城邑也則攻一省而諸郡救之攻一郡而諸邑救之攻一邑而鄰邑救之所謂救者非必撤居守之兵以赴之也領遊兵者各提其輕鋭使賊腹背受敵驚潰而莫支也若當救而坐視則一體坐以失機之罪如是則相扶者衆而

氣勢雄偉賊豈有不嚴憚者乎

何謂惜財用汰冗兵是也盖兵不貴多而貴精苟精矣則一可以當十十可以當百百可以當千千可以當萬苟為不精則召募雖勤食用雖廣田賦雖多徒竭民之膏血耳吁何益哉今之議者皆以無食為憂愚考蘇松四郡現在水兵若干陸兵若干每歲該給工食若干此其費不可謂不多矣若猶以無食為辭則

此項所費者非食乎夫三代而上兵農不分無養兵之費養兵自宋朝始故宋立國之初即愁貧乏我朝國用所以常不足者亦因養兵之故也孫子曰行師十萬日費千金國家養兵二百餘年不論有事無事歲費額糧四百餘萬石是無一日而不行師也天地之生財有限小民之膏血堪憐為無益之冗費若此不亦可惜也哉然國初用軍以戰雖費猶之可也向來漕卒役占逃亡三者缺伍太多民壯弓兵不習武

藝倭變以來並未嘗用官兵以戰所用者另雇勇夫水兵而已官兵雖不用而糧額如故身銀如故此其可惜為何如也夫勇夫水兵之工食非取諸官也每巳米一石加編海防養兵銀若干以雇之也民出田賦以雇之望其庇患焉耳若不加訓練雇之何用哉故一日不練則一日虛費銀幾百兩不可謂一日為無傷也一月不練則一月虛費銀幾萬兩不可謂一月為不多也況倭變已經十年而所募之勇夫水兵猶望敵即走海防養兵之銀出猶不出此其可惜又何如也況為兵者不惟不能捕盜而反為盜海防養兵之銀不如不出之為愈此其可惜又何如也輾轉思之真可痛心茲欲罷兵而息民歟則恐寇至無備內變將作遽罷不能也將欲減兵以就食歟則恐一兵之革一盜之增輕減不可也如愚見須寓汰兵之法於選兵之中按籍而審之老者勿用幼者勿用殘疾者勿用懦弱者勿用蠢而呆者勿用不通一技藝者

勿用唱名不在者勿用如是則其所汰者必將半矣由是於其所留之中甄而別之除願為間諜及走探外其餘派定隊伍先鋒為一等助陣為一等孰為銃手孰為箭手孰為鎗手孰為牌手孰為刀手各取其本隊甘結保此一隊不更為盜更取其鄰隊互相甘結如有一隊為盜者連坐更取各兵歇家甘結如所歇之人為盜者以知情論晝則分派各教師訓習武藝三六九日領兵官集至教場操演夜則置鐵飛札

幾隊以驗各在歇家否不在者究其去向責其隊長與房主人其於水兵也亦倣是法而鈐束之如是則不惟不敢為盜亦無暇於為盜矣夫其所汰者既皆不堪用之人而其所留者又實加訓練無暇於為盜則兵皆精兵費非虛費矣況以其所汰者之工食而加厚於所練之兵則兵皆心醉於我而汰卒縱欲為叛吾之兵力豈不足以制之乎可見兵不必憂其寡食不必憂其乏盜不必憂其興惟在於精選而實練

耳精選而實練則於制外內之寇也何有

何謂覈圖籍夫兵難遙度陣無定形其奇正分合全視地利之所值如何而相機決策於呼吸之際此兵家之至妙亦兵家之至要者也向來上官多忽乎此雖曰移檄州縣畫圖貼說而所畫之圖惟憑畫工仍襲虛套所貼之說亦非知兵者所填並不堪用故倭寇入境擄吾民為鄉導往來甚便而我兵反不識地里雖敗走者亦不知去向況能設伏與搜伏乎為今之計須重哨探人役每縣精選伶俐乖覺者數人分任信地優其工食乘此無事之時令各畫地圖詳註水陸道路如倭船至海濱某處登泊此處陸路有幾水路有幾由某處可至某州由某路可至某縣孰為正路孰為間路其間經過邨落橋梁險阨里數一一詳註遇警飛報入內但覷其登泊之處即一面飛牌嚴諭此處諸路將領協力守禦若一枝當敵而鄰近將領不從間道應援夾擊者以失機論仍須計論時刻

以查應援遲速若賊過而鄰兵方至者亦以失機論一面遣別將提游兵擊賊哨報人役勤報賊情不悮者分與首級論以上功如是則賊之舉動吾皆得而預知而用奇設伏領兵官不能躲閃而壞吾之成算矣

與當道論積米

竊惟歲際凶荒五穀價昂萬一寇盜猝至閫城窮民內亂勢所必有況富室閉糴保無生劫奪之萌乎及今價

米太昂若不積米將來城池難守誰司其責願欲積米若於無銀擅動帑項是爲危策二者皆有禍焉甚非愚之所敢言也如愚見似宜多方會議處銀十餘萬兩積米十五萬石專爲備荒（每人給米一石可濟十五萬人三月餘口食之用）如其無處措置宜借留金花銀之類十餘萬兩糴大戶米儲之倉廒明年世平則以米易銀或還乎大戶（常年米價冬賤夏貴賤時糴之貴時還之其所樂也）或貶價官糶期不虧乎原銀之數世亂則以米散於百姓免其劫奪而以身待罪於朝甘伏矯

制之誅朝廷豈不矜原而賜宥耶又世雖平治民若絕食餓莩滿野亦宜如前矯制請罪以一身之禍博蒸民之生留取此心照耀青史視夫蕭墻内變禍亂不測悔之無益其得失大相逕庭也惟執事加之意焉

論東南水利一

禹貢三江既入震澤底定爾雅吳越之間有具區蓋鎮常蘇湖七郡之地中含太湖而東漸於海上受杭睦宣歙天目諸山之水下自三江洩焉自漢以來咸獲其利蓋古人順治之道必觀其源以遡其委上築溧陽之閘分水銀林五堰以節其流而使發源之水得以西決於蕪湖下疏三江而使積集之水得以東決於漲海故自吳江底華亭青龍合於三江之水雖有二百八十里之遥而上流既迅大海之潮沙不得以障之也其勢惡得不平乎夫何唐末商販簰木由宣歙以至兩浙適病五堰艱阻紿官中廢則金陵九陽數郡之水不西入於蕪湖而東入於震澤矣至宋慶歷間李禹卿又堤太湖四

十里為漕而中截之使湖水不得以東下是五堰既開則來者愈迅湖堤既錮則去者復緩其勢又惡得不為敝乎由是三江之水上不受湖流之衝而下有潮沙之壅於此亦敝矣單鍔嘗言之自五堰以至湖堤猶之一身也五堰則首也荆溪則咽喉也百瀆則心也震澤則腹也傍通太湖之衆瀆則脉絡諸竅吳江則足也今上廢五堰之固下有江岸之阻是桎其手足塞其衆竅以沃其口沃而不已則腹滿而中絕矣其後吳執中郟僑

類皆言之而當時執政漫不知檢遂使江口為豪強之業江尾為茭蘆之區淤田邨落無慮數計湖日漲而江日廢漸為不世之患矣我朝永樂間夏公原吉以善言水利得莅兹土一時亦稱底績惜其不念厥本而徒自崑山開夏駕里掣吳淞以達劉家河而洩吳江北去之水自華亭開黃浦掣三泖以達范家浜而洩吳江南去之水至於湖堤之廢則漫不加意正統間巡撫周公忱修復三江又以湖沙壅闕成田因循不舉孰知湖堤不

去終非利導之原三江不復終非底定之本哉為今之計五堰之復於正德者修其成可也其下委之勢當自吳江以決其堤自堤以決三江之壅使由華亭青龍顧會諸浦以達於海其他疏浚之處若宜興之百瀆呂城之三堰崑山之至和塘咸復故道則水何患其不治哉

論東南水利二

東南水利若天目若荊溪百瀆非上源之水會歸於太湖者乎若三江若泖澱非分注之水朝宗於東海者乎今上源諸水合矣夏秋之際霪霖之水集矣所謂尾閭洩之者則三江也自白茆塞而北流之水無所歸自婁江淺吳淞淤而東流之水無所入若松江則循檇李以入黃浦而南流之水又迂遠而不得直達經流如此而支流陳澱三泖與黃浦合流東注寧能洩上流之百川乎吳淞江為經流中之經流舟直三乂之間占利而江身逼窄可勿議乎宋家渡口淤塞告墊可勿濬乎深之廣之而支流合滙東下則水之勢可殺其五新洋江為

支流中之實流南引吳淞之水分流以達婁江西引昆城湖之水合注以入婁江劉河口淤沙隨潮盪滌暢其順下之性水之勢可殺其三白茆河為經流中之旁流陽城巴城湖諸水引之各徑東行開而洩之則水之勢可殺其二如是則上流滙而下流洩而諸溪百瀆之水皆得安行矣經流暢而支流行而南北東西之水咸率故道矣

論東南積儲

國以民為本民以食為天天下惟積儲為至要而論積儲於東南為尤要我國家財賦取給東南者什倍他處故天下惟東南民力易竭而東南之民又惟有田者最苦平居每以賦役繁重視田産如贅疣思欲脱去而為逃亡者大半矧水旱不時土地荒蕪穀愈少而民愈困閭閻餬口無策弱者必轉死溝壑強者必羣聚為盗不可不早為之計也及今宜倣古常平倉之意於秋成之後行令各府州縣動支正項銀收糴米穀比市價二十

分内稍增一分催運入城貯之倉厫如無空倉則寄貯空寺院次年夏米乏時比市價十分之内稍減一分糶之專委賢能官一員司其出入夫此事一行有六利焉米價不壅農人不傷一也城中充實猝有不虞可恃以守二也米價常平饑民得食不驅為盗三也耕種無資稍給與之秋收可望新陳相接謀食之源不絶四也十分災傷開倉賑散民命可全五也冬米必賤夏米必貴增價猶賤減價猶貴羡入亦多六也此東南今日之急務宜令各府州縣早為預備使民有恃賴將來田闕穀豐樂輸公賦所以足國裕民者在是矣以之安内攘外何求弗獲哉

蘇松浮賦議

書曰淮海惟揚州厥田為下下蘇松古揚州之域東瀕於海控帶三江環距震澤水多而土淖故田為第九等而下下也而今日賦額之重惟蘇松為最愚不能無議焉按大禹時則壤成賦定以九等厥賦惟下上上錯蓋

第七等雜出第六等也三代井田之制不可復論自秦而降率皆計畝而税漢時三十而税一由晉迄唐增減不一要不過以升合計宋代更定江浙税法每畝不盈一斗其時蘇州府額徵米三十餘萬石松江府額徵米二十餘萬石載諸史乘可考而知也元初沿宋之制迨延祐間加增無藝蘇州府多至八十萬石松江府多至七十萬石張士誠竊據江南恣意誅求又加蘇州府額二十萬石而民鮮有應者我太祖高皇帝乘乾御宇定天

下田賦官田起科每畝五升三合五勺民田每畝三升三合五勺蘆地每畝五合三勺四抄草塌地每畝三合一勺嗣因張士誠負固堅守蘇松久攻不下怒民附寇遂没豪家徵租私簿準作稅額一時增加有一畝徵粮至七斗以上者於是蘇州府共計二百八十餘萬石松江府共計一百三十餘萬石并着令蘇松人不得官戶部洪武七年知民困弗堪詔蘇松嘉湖等府田如每畝起科七斗五升者減半十三年再減蘇松嘉湖四府重

租糧額舊額畝科七斗五升至四斗四升者再減十之二四斗三升至三斗六升者減十之一俱止徵三斗五升爲率其三斗四升以下者仍舊額建文二年下詔曰國家有惟正之供田賦不均民不可得而治江浙賦獨重而蘇松準私租起稅特以懲一時頑民耳豈可為定則以重困一方宜悉與減免照各處起科畝不得過一斗田賦既均蘇松人仍任戶部成祖文皇帝革除後盡反建文君之政蘇松賦額遂不得終邀蠲免之恩宣德五年上御南齋宮宣大學士楊公士奇咨行寬恤之政楊公奏言各處官田起科不一而租額皆重細民困乏蘇州尤甚郡縣以聞戶部固執不與除豁細民多有委棄逃徙者此當速與減除上曰所陳有益於朕有益於民命即草勅用早頒行每畝舊例納糧一斗至四斗者各減十分之二四斗一升以上者各減十分之三正統元年從巡撫周公忱之請詔令浙江嘉湖直隸蘇松等府官田准民田起科每畝舊科四斗一升以上者減作

二斗七升二斗七升以上者減作二斗一斗一升至二斗者減作一斗蘇州府得減秋糧七十餘萬石松江府得減秋糧二十餘萬石顧減者雖減而徵者猶重蘇州府尚存浮額二百餘萬石松江府尚存浮額九十餘萬石今照弘治十五年會計蘇州府夏稅小麥五萬三千六百六十三石九斗一升一合二勺零（每石折銀二錢五分麥熟啟徵）絲綿折絹六百九十七疋三丈三尺五寸七分稅鈔三千二百六十七錠七百一十五文九分農桑絲折絹一

百六十七疋二丈一尺六寸一分六釐秋糧米二百三
萬八千三百二十三石一斗五升一合七勺穀熟啟徵松江
府夏稅大小麥九萬二千二百五十八石六斗一升九
勺絲綿折絹六百九十七疋三丈一尺五寸七分稅鈔
三千二百六十七錠七百一十五文九分農桑絲折絹
一百六十七疋二丈一尺六寸一分六釐秋糧米九十
三萬九千二百二十六石二斗三升二合七勺此實徵
之數也嗟嗟蘇松民困極矣藉曰太祖怒吳民不即歸

附故以加賦示罰一罰至二百餘年抑亦不忍言矣間
考輿圖湖廣最稱鉅省延袤綿亘沃野千里產殖豐饒
諺曰湖廣熟天下足按賦役志湖廣布政司夏稅米麥
一十三萬一千四百石四斗七合二勺零絹二萬二千
九百八十九疋七尺七寸四分二釐九毫零農桑絲折
絹四千九百九十二疋一丈九尺九寸二分七釐零棉
花折布一十二疋二丈二尺秋糧米荳芝蔴二百三萬
六千一百二石一斗六升四合九勺零貫鈔一百七十
五貫八百七十一文課程苧蔴折米五十七石一升五
合零棉布七百三十八疋八尺八寸綜而計之每畝僅
科升合又如八閩亦稱繁盛按福建布政司額徵夏稅
麥七百六石五斗九升二合六勺零鈔一萬七百七十
八錠三貫一百七十二文五分二釐絲綿折絹二百八
十疋一丈九尺五寸五分三釐農桑絲折絹三百一十
九疋一丈二尺七寸八分零絲綿一百九十四兩五錢
九分土苧六十五斤一十三兩一錢六分秋糧米八十

五萬四百四十七石七斗七升四合五勺零鈔二貫二
百六十四文魚課米三萬一千九百六十石六斗七升
八合綜而計之亦每畝僅科升合蘇松幅幀幾百里山
陵川澤十居二三古稱厥土惟塗泥常有水溢之患且
他省樹藝一歲而兩熟蘇松二郡一歲止有一熟苟遇
凶荒未免啼飢號寒輾轉溝壑乃不意蘇屬一州七縣
之額糧反浮於全楚一十五府十六州一百七縣之賦
稅松屬二縣之正供較多於全閩八府一州五十七縣

之輸將又如直隸所轄應天府屬八縣夏稅大小麥一萬一千六百五十四石四斗四升五勺零絲綿折絹一千二百一十四疋一丈六寸九分二釐八毫農桑絲折絹一百四十三疋二尺七寸三分四釐四毫秋糧米二十一萬五千一百五十九石八斗四升七勺零鳳陽府屬五州十三縣夏稅小麥九萬九千三百五十八石七斗七升五勺八釐零稅絲折絹一千三百八十疋一丈八尺七寸五分零農桑絲折絹一千三十五疋四尺一

寸五分秋粮米一十一萬三千五百八石六斗五升九合一勺零揚州府屬三州七縣夏稅小麥三萬九千九百二十二石二升七合零農桑絲折絹八百四十一疋二丈四尺農桑零絲六十四兩五錢秋糧米二十萬六千六百三石八斗六升五合零租鈔五千二百四貫七十一文牛租米二石五斗淮安府屬二州九縣夏稅小麥二十二萬八千八百七十二石二斗九升八合七勺農桑絲折絹一千四百六十一疋一丈九尺七寸七分

九釐秋糧米一十六萬六千四百二十三石五斗八合四勺廬州府屬二州六縣夏稅小麥九千八百七十二石一斗四升三合九勺零農桑絲折絹六百八十七疋一丈三尺三分六釐零秋糧米六萬六千八百三十七石二斗一升二合零徽州府屬六縣夏稅小麥五萬一千四百九十八石七斗一升二合一勺人丁絲折絹八千七百七十九疋四尺三分三釐零農桑絲折絹一十五疋一丈四尺七寸秋糧米一十二萬一百二十三石

八斗六升三合三勺寧國府屬六縣夏稅小麥二萬九千五十二石三斗六升六合農桑絲折絹三十疋二尺農桑零絲三十三兩三錢稅絲三百四十斤一十兩七錢四分二釐六毫秋糧米七萬四千二百六十二石六斗七升一合九勺池州府屬六縣夏稅小麥六千八百二十四石七斗五升七合八勺零稅絲折絹一十五疋稅絲零絲一兩一錢九分七釐農桑絲折絹一百九十八疋農桑零絲三斤一兩八錢五分秋糧米六萬一千

三百七十二石八斗九升五合八勺山租鈔二百四十四貫二百七十九文太平府屬三縣夏稅小麥一萬六千二百七十六石五斗六升絲綿折絹一百二疋九尺六寸四分二釐秋糧米三萬三千六百三十六石七斗四升七合一勺安慶府屬六縣夏稅小麥一萬八千九百九石三斗七合二勺農桑絲折絹三百五十三疋二丈九尺秋糧米三萬三千六百三十六石七斗四升七合一勺常州府屬五縣夏稅小麥一十五萬四千三百

八十七石一斗四升九合六勺絲綿折絹一千五百七十三疋一丈一尺一分零蘇布二千七十七疋二丈六尺六寸五分零農桑絲折絹三百二十四疋二丈四尺六寸秋糧米六十萬六千九百五十四石三升三合三勺租鈔二十四錠四百六十五文鎮江府屬三縣夏稅小麥五萬四千九百五十八石七斗五升五合八勺絲綿折絹二百五疋二丈八尺六寸二分零農桑絲折絹一十三疋二丈七尺六寸三分秋糧米一十三萬四千

八百七十六石五斗七升三合合直隸十二府屬十二州七十八縣賦額計之不及蘇州一府舉鳳陽府屬五州十三縣賦額計之不及蘇州府一小縣尤不平者又如蘇州府屬内崇明一縣每畝額徵亦僅以升合計而長呉崑太等州縣則數倍之疆域田土古今止有此數蘇松之戶口非有加於前代蘇松之田畝豈較增於曩時一民之力幾何一歲之入幾何國家有臣鄰軍旅小民亦有父母妻子也國家有朝會燕饗小民亦有冠婚

喪祭也夏稅秋糧之外加之官吏耗增額外科派其何以堪說者且曰蘇松富饒之鄉貨物輻輳遊玩登臨日費不貲朝廷惟正之供即多取之而不為虐不知蘇松土俗外似有餘内實不足其開張字號行鋪者率皆四方旅寓之人而非有田者也其華冠鮮服畫船簫鼓遨遊於山水間者類皆商賈之徒胥吏之屬及浮浪子弟倡優僕隸而非有田者也其有田者為賦役所困兢兢乎朝不保夕奚暇為經營之計遊觀之樂哉夫以禹貢

第九等之田閼今而辨天下第一等之賦愚所望於議減者縱不能如唐宋舊額奈何比故元而加增三培也抑縱不能照他省與本省各府之最輕者同例或亦可彷鄰近郡邑如常鎮二 缺

為餓莩矣以數金易畝田獲利不及什百之一而性命懸於呼吸不如游手好閒之人充一弓兵民壯可以坐糜朝廷之糧餉也充一府

史胥徒可以刻剝閭左之膏脂也於是不敢憾君王而憾天地曰奚生為蘇松之編氓也不敢怨官長而怨父母曰曷貽此賠累之産業也噫閭閻顛困之情形至此已極眞賈長沙所謂痛哭流涕長太息者也昔日監門上流民圖當亦未有過此者也計臣謀國第謂江南財賦甲於天下蘇松財賦又甲於江南議減恐貽國用不足之虞竊思職方所掌廣大無外蘇松版圖不啻寸幀尺幅耳普天之下莫非王土任土作貢儘可資軍國之需何藉蘇松二郡額外之徵況紓籌財用務求實濟無取虛名邇年以來二郡積逋動以數十萬計是徒負重斂之名而無徵輸之實也朝廷屢下明詔蠲免舊賦奈黃紙放而白紙徵上有寬貸之迹下無實惠之沾無寧減省額徵著為令式凡有尺地寸土者咸沐浩蕩之恩令世世子孫永戴聖朝德意不忘也善乎孔子告魯君曰薄賦斂則人富曾子釋治國平天下曰財聚則民散財散則民聚有若之論徹曰百姓足君孰與不足百姓不足君孰與足為人上者恭儉節用取於民有制則民

力寬裕衣食滋殖自然樂輸貢賦以給公家若暴征峻斂侵奪民利物力已絀而驅以刑威勢必至流離渙散不得已而為盜賊寇劫殺傷無所不至往者海上之禍可鑒也嗚呼此豈國家之利哉所以鹿臺之財鉅橋之粟商辛聚之以失民心周武散之以得天下漢魏之世徭稅至輕且頻下蠲租之詔維時民安物阜而國用未嘗不充迄乎唐宋而後日加賦於民而國用未嘗有餘

杜氏通典曰家足不在於逃税國足不在於重斂逃税則不土著而人貧重斂則多養羸而國貧大學衍義補曰治國者不能不取於民亦不可過取於民不取乎民則難乎其為國過取乎民亦難乎其為民善於制治保邦者立經常之法以為養民足國之本所謂經常之法者禹貢所載貢賦之式而已唐陸贄奏議曰國家之定賦税也必先道以厚生之業而後取其什一其所取也量人之力任土之宜又曰建官立國所以養人也賦人

取財所以資國也明君不厚其所資而害其所養故必先人事而借其暇力先家給而斂其餘才借必以度斂必以時有度則忘勞得時則易給是以官事無闕人力不殫茍其法制或虧本末倒置但務取人以資國不思立國以養人非獨徭賦繁多負無蠲貸至於徵收迫促亦不矜量蠶事方興已輸縑税農功未艾遽斂穀租上司之繩責既嚴下吏之威暴愈促有者急賣而耗其半直無者求假而費其倍酧所係遲速之間不過月旬之異遲無所妨速亦奚益李翱平賦書曰人皆知重斂之為可得財不知輕斂之得財愈多也蓋重斂則人貧人貧則流者不歸土地雖大有荒而不耕者雖耕之而地利有所遺人日益困財日益匱雖欲誅暴逆而威四夷其可得耶輕斂則人樂其生人樂其生則居者不流而流者日來土地無荒桑柘日繁盡力耕之地有餘利人日益富兵日益強人戴之如父母雖欲驅而去之其可得耶夫積貯者天下之大命民間之積貯實國家之外

府百姓無死亡亦國家之無逋賦也百姓有餘財亦國家之有餘賦也與其取盈於國而為損下益上之謀孰若藏富於民而為耕九餘三之計與其遇有災祲而為議蠲議賑之恩孰若均定則壤而為可常可守之規曩歲嘗以芻蕘之見白之大中丞定陶曹公邦輔公言念及此不禁感慨欷歔即欲繕疏入告格於軍興不果自是而後益以寇氛驛騷東南之財賦彌竭兆姓之顛連愈甚誠以偏重之累陳之當宁俾聖天子知蘇松赤子罹困

已極惻然動念特敕農部將二郡賦役彷彿故元舊額兼採各省及本省各府見徵則例下寬卹之詔以清浮濫之弊則民間之傷痍可平行法外之仁以蘇閭閻之困則行間之士氣可振行見二郡之民義足以致身勇足以赴闕設有不虞必出死力以捍桑梓之地民盡可為兵而不必有徵調之煩兵既寓於民而不必有餽餉之勞所謂不募兵而兵足不謀食而食足豈獨延蘇松億萬姓垂死之命並益綿宗社億萬年無疆之祚矣孰得孰失何去何從司國計者深慮而熟籌之可也賦額詳見會典

江南經畧卷八下

欽定四庫全書

子部

紀效新書卷首至七

詳校官編修臣吳錫麒

臣紀昀覆勘

總校官進士臣程嘉謨

校對官編修臣馮集梧

謄錄監生臣陳德基

欽定四庫全書　　子部二

紀效新書　　兵家類

提要

臣等謹案紀效新書十八卷明戚繼光撰是書乃其官浙江參將時前後分防寧波紹興台州金華嚴州諸處練兵備倭時作首為請訓練公移之篇所為提督阮者阮一鶚所為總督軍門胡者胡宗憲也次為或問題下有

戚繼光自註云束伍既有成法信于衆則令可申茍一字之種疑則百法之是廢故為或問以明之蓋明人積習惟務自便其私而置國事于不問故已在事中則攘功避過以身之利害為可否以心之愛憎為是非已在事外則嫉忌成功惡人勝已吠聲結黨倡浮議以掣其肘繼光恐局外阻撓敗其成績故反覆論辨冠之簡端蓋為當時文臣發也其下十八篇曰束伍曰操令曰陣會曰諭兵曰法禁曰比較曰行營曰操練曰出征曰長兵曰牌筅曰短兵曰射法曰拳經曰諸器曰旌旂曰守哨曰水兵各系以圖而為之說皆閱歷有驗之言故曰紀效其詞率如口語不復潤飾蓋宣諭軍衆非如是則不曉耳或問第一條云開大陣對大敵比場中較藝擒捕小賊不同千萬人列陣而前勇者不得先怯者不得

後只是一齊擁進轉手皆難焉能容得左右動跳一人回頭大衆同疑焉能容得或進或退可謂深明形勢不為韜略之陳言第四篇中一條云若犯軍令便是我的親子姪要依法施行厥後竟以臨陣回顧斬其長子可謂不愧所言矣宜其所向有功也乾隆四十九年八月恭校上

總纂官臣紀昀臣陸錫熊臣孫士毅

總校官臣陸費墀

欽定四庫全書

紀效新書總序卷首

明　戚繼光　撰

一任臨觀請創立兵營公移

分守浙江寧紹台等處地方參將署都指揮僉事戚繼光呈為處練陸兵以便圖報事切照卑職一介武夫叨承祖廕驅馳北塞艱苦數年是以犬馬衷誠謬蒙剡薦方面再遷涓埃未効尸位之慚徒極俯仰再叨前職水

陸兼司陸戰尤切但情俗異宜只得勉奮至於身先士卒臨敵忘身職雖武愚少所素講又況世荷豢養之恩正犬馬効力之日且進有應贈之榮退有典刑之及豈敢偷生但設使本職統有節制敢戰之兵經練素孚之卒一鼓齊進血戰抵敵我雖創艾賊亦破膽如此則設有不虞實所甘心願膏草野以圖補報惟恐即今既無堪戰練制之士若不呈鳴預處教訓必待有事仍如目前流寄雜兵以塞燃眉之責兵將睽違虛聲冗衆士心

未附軍令不知及或借取福廣船内水兵驅之陸戰數里以前望賊奔潰聞風破膽雖有武勇數人并為遮擁而使本職孤身赴敵効死職分更於地方何益殊增賊勢猖狂以貽羞笑本職承命以來旦夕兢惕興思及此無任憂惶况兩浙數年軍書警報並無一日之停武官兵卒俱涉經年之戰總有練兵之志亦無可乘之時幸今大寇就戮萬里廓清本職何緣遭逢此暇徼隙為備但去來年風汛僅有三二月之日尤該將官惜力分陰

之際再照水陸之兵險易不同戰鬬之間利害尤别其水戰固為不易至於陸戰鋒刃既合身手相接彼死則此生勢不俱存又况浙兵俱係赤體赴敵身無甲胄之蔽而當慣戰必死之寇手無素習之藝而較精銛熟巧之技行無齎裹食無炊爨戰無號令團無營壁窮追遠襲必寄食於旅店對巢拒守必夜旋於城廓而在今不得不然也為今之計必隊設火頭行鍋負之以隨軍身帶乾糧齎裹備之以炊爨兵有營壁罷具立之以相持宿飽於野廪為有制故本職意以必用先創營壁之法退則後有可恃以更番進則對壘可恃以無虞或又謂方今寇至不時急求目前之用而必待從容創練營伍緩不濟事誠似迂談殊不知三年之艾不蓄不得而救賊練兵可以並行不悖除將見在倭寇一面照常揩集官兵戰勦一面統集新兵或儲罷教藝練營待教練有成即可期實用矣至於臨敵制變防詐設奇在將自出難以逆計及照本職本以一將之官故所思不出三千

之法寧言粗鄙而有遺漏欲求實效不敢粉飾而繁辭章徒事虚文謹將創制營規缺欠該備罷械逐一開載外查得接管前官任内並無交代水陸堪戰堪教兵士欲行未便伏覩平倭疏内一款總參等官詳計某府縣某衛所應用防守若干名某港某寨應用守禦若干名每參將應用三千名副總兵分管陸路應用浙直兵三千名見在各衛所軍士堪用若干名會算既定前後令各參將協同兵備將所轄各府州縣新舊民快義勇嚴

加揀選務得膂力驍壯之人但有老弱盡行汰去責取里老鄰右保結攢造花名文册明白開注身材面貌給牌懸帶選完之日每兵備道將所轄地方通計若干就中挑取三千名責付參將管練專備本地陸路截殺及聽軍門調用又一欵開在參將者參將常用訓練揀選不精訓練不熟責在參將佐貳官名數不充工食不敷責在兵備及府州縣掌印官又開各兵備道將挑選過精壯之人務足三千之數交付參將與同官軍時加操

備居常教練遇敵交戰參將之責平時閱視臨陣監督兵備之責等因續蒙提督軍門阮白牌為軍務事內開賊適温福仰戚參將駐劄紹興將兵備道原募兵勇三千名逐日操練揀去庸弱無藝之人照數選補聽候調用為今之計合無照議并遵牌內事理選練其不足額數者或許職亦量行自募充補其册內應用營壁器具金鼓旗幟何項銀兩相應取辦伏乞批行應該衙門從公議處緣干處練陸兵以便圖報事理未敢擅便為此理合備呈伏乞裁奪施行嘉靖三十五年十一月十五日呈詳欽差提督軍門阮蒙批兵備道行府照數處辦繳依奉備行紹興府委官經歷歸本佑造該府庫貯並無海防銀兩堪動等項緣由仍備呈欽差總督軍門胡批該府既無堪動銀兩仰布政司查給繳通併行紹興府給造

一新任台金嚴請任事公移

分守浙江台金嚴等處地方參將署都指揮僉事戚繼

光為請乞專任責成殫瘁心力大振久沿海防軍伍以圖補報事切照本職本以廢棄之餘誤蒙使過之用看得任内台州一帶沿海衛所自初建置本以保障生民捍禦地方故民出膏脂以供餽餉今積承平二百年來一旦被有倭患其民社供餽軍餉且如舊矣而軍伍不惟不能保障生民無益内地且每事急又請民兵以為伊城守是供軍者民也殺賊者又民也保民者民也保軍者又民也事體倒置如此殊失祖宗建牙之意況台

海一帶遠在浙江一隅將權獨當一面勢甚可為但世情狃於四事其虛文誤日第一也閒有任事者而不得弊源肯綮二也又有見今日之軍疲憊懦弱略似人形遂謂必不可振因噎廢食者三也甚至以軍為額設恐整用殺賊致有損軍之罪四也夫然則民兵獨非命耶但今日蠱壞之極幹蠱之事如創始相似苟存其成法之體而少變其意以採其弊庶成法亦不至廢合無假職一方便宜之權凡利有所當興弊有所當革悉容職隨時制宜次第修舉與兵備道計議允行一應掌印操陸管事軍官悉容職務在得人一面因才授能隨時便宜更置一面疏名分巡兵備道會詳請用及別衙門有所更置職境沿海管事軍官亦必行職查覈其措置之要一曰首正名分使指揮千百戶旗軍丁舍秩然有序而衛所之號令必行於上下二曰拿治剝軍貪官以蘇久困之卒使士氣漸裕三曰重治刁軍刁官使衛所之官敢於任事四曰禁所伍越序文移無印白呈以肅軍

政五曰諭以忠義厚恤戰亡以勸親上使長之念六曰清磨戶口均編差役以養荷戈之力至於追攝出外跟官清查影射役占操練鼓舞身先教習凡可以充實行伍激發士氣者悉聽職隨機轉環不必拘定常格多方以振德之如遇事體重大聽會兵巡道施行而有司軍糧按月徵放如此而二年之外使沿海官軍不能堂堂一戰者皆職誤國罔上之罪也如蒙允諭之後定知謗書盈篋集毀銷金然世恭臣子分在馬革裹尸成敗利鈍豈足暇顧仰仗部院威明伏乞鈞斷為此不勝激切理合具呈伏乞照詳明示施行嘉靖三十九年五月十三日呈詳欽差總督軍門胡奉批所據條陳數款深為有見且切中時弊本官為一方大將既肯挺身任事則一方軍務悉以委託俱許便宜施行若事體重大必須公議亦聽會同兵巡二道斟酌計議而行具由詳報此繳又蒙巡按浙江監察御史周批前呈文蒙批所議皆有見且中時弊因以見本參攄忠殫慮與碌碌虛遣者不

倂但更張有漸上下乃孚若外至之言決不能搊亦不必過防之也此繳

紀效或問　束伍既有成法小信於衆則令可申茍一字之稚疑則百法之是廢故歷述所急與可辨者為或問以明之必其信於衆而後教練可施於是以或問諸說編為卷首

或問曰平時官府面前所用花鎗花刀花棍花叉之法可以用於敵否子所教亦有是歟光曰開大陣對大敵比塲中較藝擒捕小賊不同堂堂之陣千百人列隊而前勇者不得先怯者不得後叢鎗戳

來叢鎗戳去亂刀砍來亂殺還他只是一齊擁進轉手皆難焉能容得左右動跳一人回頭大衆同疑一人轉移寸步大衆亦要奪心焉能容得或進或退平日十分武藝臨時如用得五分出亦可成功用得八分天下無敵未有臨陣用盡平日十分本事而能從容活潑者也諺云到廝打時忘了拏法兵豈易言哉俞公棍所以單人打不得對不知單人打不得者正是無虛花法也長鎗單人用之如圜串是學手法進退是學步法身法除此復有所謂單舞者皆是花法不可學也須兩鎗對較一照抵迎切磋摘擠着拏大小門圈穿挼一字對戳一鎗每一字經過萬遍不失字字對得過乃為成藝後方可隨意應敵因敵制勝也

藤牌單人跳舞免不得乃是必要從此學來內有閃滾之類亦是花法定須持標與長鎗對殺先標使去亦要不早不遲標既脫手要進得速出刀快

方為成藝

鈎鐮叉鈀如轉身跳打之類皆是花法不惟無益且學熟誤人第一叉鈀花法甚多剗去不盡只是照俞公棍法以使叉鈀鈎鐮庶無花法而堪實用也

或問曰子所撰抑南北可通施之於今日耶抑水陸可兼用否耶無乃覔形索景未免使人有讀父書之憂光曰如束伍之法號令之宜鼓舞之機賞罰

之信不惟無南北水陸更無古今其節制分數形名萬世一道南北可通也若夫陣勢之制特因浙江一方之地形倭賊出沒之情狀以形措圖以熟愚民分合之勢以教畎畝初用之官隨敵轉化苟用之異地是誠難免父書之憂也不敢統為誇誕以誤閱者故特備說於左夫倭性疑疑則避兵臨之時我若進而有制彼若先不預聞便不就合我得易於分布余數年百戰但見諸賊據高臨險坐

持我師只至日暮乘我惰氣衝出或於收兵錯雜乘而追之又能用乘銳氣盛以初鋒又其盔上飾以金銀牛角之狀五色長絲類如神鬼以駭士氣多執明鏡善磨刀鎗日中閃閃以奪士目故我兵持久便為所怯余所著操練圖令內切切分詳退兵之法諄諄面諭鴛鴦陣勢速戰之條者良以此也若夫北方原曠地形既殊敵馬動以數萬衆奔亦興馳如風雨進不能止豈可以此用之者耶或曰必如何而可余曰北方之事須革車二千練騎萬餘甲兵數萬必與十萬之師如衛公之法而不泥其跡乃可收功尺寸出塞千里少報國恩之萬一也或又問其法何如余曰十萬之才非余所及但當別有十萬作用長嘆而作

或問曰主將者萬人之敵也而一技一藝似不必習光曰惡是何言哉夫主將固以司旗鼓調度為職然不身履前行則賊壘之勢不可得衆人之氣不

肯堅前行之士得以欺哄避難而逆詐莫可辨斯賞罰不能明不可行也如欲當前則身無精藝已膽不充調習藝為不屑可乎及其平日也士卒乃以藝而勝敵者非有督責愚人不知為防身立功之本既多怠逸如欲教閱必須憑左右教師以定高下便致教師得以低昂其間為索詐之計士心即不平學技即不真而花法無益之藝得以入手其間况為將之道所謂身先士卒者非獨臨陣身

先件件若處要當身先所謂同滋味者非獨患難時同滋味平處時亦要同滋味而况技藝豈可獨使士卒該習主將不屑習乎承平以來紈絝之子間一戎裝則面赤如丹執鎗則慚笑莫禁為主師者苟能一身服習而凡下我一等者將焉敢慚愧惶惑赤面動心誰不曰位勢如彼其尊威令使我奔走者尚如此我又何疑怯而不屑使知披執非辱已之事醒然為當然之役而良心天發練士如

林矣孰謂一技一藝非主將之可屑為耶分門習技者士卒而所以離其長短隨其形便錯而用之者主將也不習而知之臨時焉能辨別其器可其用其形用其器以當前後臨時不知用蓋由平日不能辨別精粗美惡之故也及或托之章句中不知器技之用者造之付與士卒無異閉目念文到底不識一字如此則器技必不精晁錯曰以其卒予敵也斯言可不信乎主將又可以為一人之敵而不屑乎平時器技必須主將件件服習以兼諸卒之長既習則能辨又須件件親詣親手看試過方可付士卒勿謂我有捷法百件之中抽其一二試之此是三軍性命所係國家地方安危所關設有一件欠精臨事一人先失大衆被累勿謂我有抽看之法而造者不測便不敢草草勿要顧惜威重勞冗而試較不全萬分叮嚀告囑

或問祖宗自設官軍至今操練二百年矣比予之操

一二年者孰為習士官軍亦有陣法場中演習而皆不裨時用何也光曰且如一學生平日總下講習的是五經四書解義策論一旦入場試官出來題目就是經書上的便可中得箇舉子來若平日雖是手不釋卷却讀些雜說詩詞作些歌賦傳奇一旦入場要作經義策論中選所習非所用如何可得就是好學的也徒然耳今之軍士設使平日所習所學的號令營藝都是照臨陣的一般及至

臨陣就以平日所習者用之則於操一日必有一日之效一件熟便得一件之利况二百年耶况自幼而為武士者耶奈今所學所習通是一箇虛套其臨陣的真法真令真營真藝原無一字相合及其臨陣又出一番新法令却與平日耳目聞見無一相同如此就操一千年便有何用臨時還是生的且如各色器技營陣殺人的勾當豈是好看的今之閱者看武藝但要周旋左右滿片花草看營陣但要周旋華彩視為戲局套數誰曾按圖對士一摺一字考問操法以至於終也此是花法勝而對手工夫漸迷武藝之病也虛文張而真營却廢制陣之病也就其器技營陣之中間一花法尚不可用况異教耶異教與不教同况不習耶司閱者可不端明雙目以任習服之人為較量之衡耶

或問常操之套果可用於臨敵否而真操賞罰精微之處亦在此否耶光曰操兵之道不獨執旗走陣

於場肆而後謂之操雖閒居坐睡嬉戲亦操也善操兵者必使其氣性活潑或逸而冗之或勞而息之俱無定格或相其意態察其動靜而撙節之故操手足號令易而操心性氣難有形之操易而不操之難妙能操而使其氣性活潑又必須收其心有所秉畏兢業又有操之似者最為操之害何則讙譁散野似性氣活潑懈若不振似心有兢業為將者辨此為急知此可以語韜鈐之秘矣獵人養鷹犬故小道也將無所似乎且夫好生惡死恒人之情也為將之術欲使人樂死而惡生是拂人之情矣蓋必中有生道在乎其間衆人悉之而輕其死以求其生非果於惡生而必死也故所謂恩賞者不獨金帛之惠之謂雖一言一動亦可以為恩為惠所謂威罰者不獨刑杖之威之謂雖一語一默亦可以為威為罰操之於場肆者不謂之操所謂筌蹄也而兵雖靜處閭閻然亦謂之操乃真操

也微乎微乎妙不可測神乎神乎玄之又玄此聖賢之精微經典之英華儒者之能事豈尋常章句之可擬耶況誘之曰弓馬粗材武夫血氣之技烏乎可

一正行伍説

行伍大略前制旗幟内已載今定每十人為一小隊即伍也置立木腰牌各一面四伍一哨即大隊也腰牌一面每官方色腰牌一面各内應開姓名

另圖牌式於前仍查軍律參酌人情定立軍法若干款緊要者印油於牌陰稍緩者并前令通刊為一部如一隊之長須知十人内某貧某富某强某弱某在某住一呼之間一名不遺一見之間逐名俱識大而百人之長千人之總偏裨大將各以此考之足辨兵士情意教練之勤惰也務使人有管鮑之知方可望其同心戮力之戰

一制器説

造用之法中間將官多推於有司蓋避嫌耳殊不思臨戎誤事其咎誰歸雖涉嫌疑有不容於避者但銀兩出入不親何嫌之有其買辦工料巡視監製隨完隨試堪否行罰任怨須將官親為之方俾實用不然止專降式受成總使數更得精加倍不無躭誤時月則是航海者漁人而造舟者梓人彼何與於利害而焦勞困苦以底其精司出納者惟知屢估務至減價以為省一金則民受一金之賜

且估之不奢司事者無從侵尅殊不知委用非人稽查無法任是如何估減愈減愈於器具上刻削而自侵之數原不減也誰肯又將己貲佃造更不知器具造成無用並將給造之貲盡數置於無用之地所謂惜小棄大掩耳偷鈴而他人坐邀一己之名重貽當事之害又復重估再造其時將以省民耶將以遺害耶況誤大事者耶嗚呼有大計者思之

一教閱說

前兵既選充足輸進教場將官逐照長操教習格式忘去勢分各隨所長如法逐名教誨務使人知習服罷藝之樂之益欲罷不能非止為答應官役而為之恩威兼著情法相融中有梗玩者重治以警其餘週而復始已完通行合營演總陣一日其營陣之制另具

一調發說

照得南方用兵已輸數年軍民兵士操集之久豈

止曰善人七年之期不可謂無三年之艾至今稱習士節制者猶鮮蓋由平時操練既不惜光陰於無事間又教者非其所用而有事之際又復立名選鋒每哨隊内抽其愿者强者湊合而發咸知兵無選鋒之利獨忘臨敵易將之危人心忽更所屬行伍分離上下易置已難責成至於功不能成則是授以藉口之柄此其所以積兵徒久而烏合如初也合無今後各官所部兵馬但遇調遣不必分其强弱止將所部官職名書牌調發彼既任教練之責於平時而臨敵失律必無詞以他諉且知其終於自任而亦皆殫心力於教練鼓舞之日也况選鋒之說蓋選於無警之日非選於對壘之秋一營之内未嘗盡强而無弱兵家亦未嘗棄弱而不用惟一調發則練兵有服軍士情通遇敵庶可以期齊勇之用

一操分合說

南服之地水田畦徑至稻青可縈紆途路寬者不過五尺小者一尺僅容側足皆水田茂禾深稻難行三五人即塞往往用兵千數百人容相蟻附一路而行一遇敗衄前後擁迫蹂踐落田中者復為田港水泥所阻往往失事甚大蓋由不知分合故耳然徑多路紛須分兵數道大張其疑照號令如有路若干則分若干枝務盡占其路使我之衆疎

而不斷密而不雜單行牌後各亦下體遇賊則正面徑上者牌立不動為迎敵正戰亦體者下出田中分合變化出入伸縮令各以便俱不羈稟於中軍聽隨前隊官長主張若進止大規統於中軍之總號令各兵又聽各部之令庶得分合之法分營式另具

一對敵說

我兵所以屢敗有三素無節制一也未見敵而先

走二也既無營壁可恃人膽先怯卒皆野戰即使勝之不足以當賊更番終於敗潰不勝亦無所奔依故奔北長往所謂無制之兵有能之將不可勝三也今照前營已定如賊來衝或二三人或五六人我兵俱伏旗息鼓罷械俱偃肅不動待彼衝到六七步內亦不動賊必退去漸益前來如加至百十以上砲手照依對敵次第俱隨牌立於濠岸高土之上如令打放空者復裝飽者續放放者方裝裝者又發如此則雖終日放砲不乏必無放盡而無砲之失弩射手坐於岸土之下亦如令聞名准射射者後續亦不歇竭再至十步之內方纔長牌聽鼓堵牆而進鎗刀短棍夾牌而入大營相應金鼓火炬此節制正戰也戰間翼擊以分其力遊伏以疑其專出奇以乘其衆更番妙處俱在臨時制變將所自出

一下夜操說

照得兩浙自用兵以來每遇敵晝則退避畏縮至夜復又饑奔二三十里之外人家有炊竈處宿歇至曉復合而賊於一夜之內黑暗中設奇伏轉流突自昏至旦五六十里有潛伏兵及明尋覓賊所行疲氣怠又有未戰而已入其賊伏者有之往往取敗再或不入其伏定失其地利是以我勞而不及諜賊逸而伏多中為今之計夜營既熟復有炊竈宿飽於野遇敵即與晝夜相持遇倦以奇逸之

遇暗以死士衆之將見賊欲斂掠而畏兵相守不敢分其勢欲聚戰而我有守具不與我戰竄伏無所饑竄必矣犄角工策無出乎此後開旗工燈籠布單者夜操之具也布城蒺藜拒馬者立營之壘也枚鐨也者治營之器也

今人治兵常曰古法筌蹄之具耳不足以施於實用嗚呼天下有無方之醫否耶蓋地方風土不同人之情性各異不能因其所明而通其所用遂謂兵

法不足以施於實用是豈為能兵者哉此特自治於我之軍中為然況敵來無常天時地利到處殊形抑將何如以應之且如浙東西兵之稱可用者初為處州繼而紹興繼而義烏繼而台州至於他處則雖韓白再生不可用也是皆有其故焉何則處州為鄉兵之始因其山鑛之夫素習爭鬭遂以著名及其用之殺倭不過僅一二勝而已以後遇敵輒敗何也蓋處兵性悍生產山中尚守信義如

欲明日出戰先詢之以意苟力不能敵即直告曰不能也如許我以必戰至其期必不爽約或勝或負定與冦兵相一接刃但性情不相制勝負惟有一戰再用之瘻矣氣勇而不堅者也此兵著名之時他兵尚未有聞及三十二三年方有紹興之名蓋紹興皆出於嵊縣諸暨蕭山并沿海此兵人性伶俐心雖畏怯而門面可觀不分難易無不領而嘗之惟緩急不能一其辭然其性頗為無奈驅之

則前見敵輒走敵回又追敵返又走至於誘賊守城劄營辛苦之役則能不避馭之以寬亦馴馭之以猛亦馴氣治而不可置之短鋒者也此後方有台兵之名蓋台兵以太守譚公之嚴初集即有以攝其心故在譚公用之而著績他人則否其人性與溫州相類在於虛實之間著實鼓舞之亦可用歲己未以義烏尹趙公之集兵予奉命會選而教練之為部伍於是而始有義烏之名以前非無烏

兵也蓋輒屢出屢敗故不為重輕義烏之人性雜於
機詐勇鋭之間尤事血氣鬥之衝鋒尚有懼心在
處兵之下然一戰之外尤能再奮一陣之間尤能
反戈但不聽號令勝則直前不顧終為所詐至於
他處之兵伶便譎詐柔懦姦巧在我鼓舞之令未
下而衆已預思奇計為之張本矣等而别之得其
人而教練焉畢竟處州為第一義烏次之台温又
次之紹興又次之他不在此科也其操治處兵之

法在操其堅耐而使之屢陣不銷其氣其操義烏
之法要破格恩威並稱必使其聽節制進退一如
約束不患其不强而患其不馴不患其不勝而患
其驕其操台温之兵必又加嚴一等其操紹興之
兵必須重令以刼其心決令以立其信操之能以
短兵交刃而後可用也至於他處之兵必洗滌其
腸胃盡去其故態施不測異常之令然後僅能及
紹興兵耳不然吾不能也如此則無兵不可衝鋒

無兵不可鏖鬬浙之强兵不可勝用矣或又問曰
今之處民銷廢怯弱極矣而君猶以處兵稱首何也
予曰兵之勝負者氣也兵士能為勝負而不能司
氣氣有消長無常盈在司氣者治制之何如耳凡
人之為兵任是何等壯氣一遇大戰後就或全勝
氣必少洩又復治盛之以再用庶氣常盈若一用
之而不治再用則濁三用則涸故無常勝之兵矣
譬如清泉細流輒以巨罌連汲之斯濁濁而不少

間以蓄之則涸必汲其清而澄其濁又停其汲故
能供再汲之罌斯罌常滿而流弗可涸是處兵之
初用時正始達之泉也而將領不尚節制者用其
氣而不蓄雖一二勝焉氣已濁矣猶未涸也由是
處兵之名著天下無處不募處兵而先浙次直次
福建皆處兵矣夫處既募廣將領乃多豈能人人
皆良知清明盡諳治氣用兵之機也於是用其名
而鹵莽以耕滅裂以穫詭遇得禽遂至於涸遂至

於大衂而不可復振今之義烏兵已蹈處兵故轍矣予憂更甚夫義烏兵自隸予部下二年遂有台州辛酉數捷至或身親之人亦有云云者曰義烏兵天生性勇固不假將領教習之力而可用也今處處募義烏兵者遂自福省故不知義烏彈丸之地通計能幾十萬丁就中再擇其勇而壯者又復幾何今紛而應四方之募者二萬有餘矣編民之家老幼官吏生員雜役外十丁五丁可得一壯士

否歟又加之以各處不一之將領未必人人知兵未必人人知義烏兵之性未必人人捐身家以御下一用之不審被一大刼東村痛子西村哭夫於此之後一邑奪氣而義烏之兵不可用在目前矣或曰如君所馭義烏兵何以能然予曰粤於己未冬初集之其在平時也用破格之號令施極重之賞罰嚴如霜雪以立威信或以教塲中行臨陣事或以談笑閒陳刀斧威其所以佐威信之必行而無他虞者或親執湯藥以調下卒或同勞苦以共跋涉或夜竊隊伍之中或出其私積之物雖士卒一尺之器亦親經較驗而身先習之為諸士倡夜無終寢之席日無不吐之哺此心時刻無或少怠雖勝之卒而馭之更百倍於未勝之先也夫方寸之微出入無鄉一少恃其舊氣便着障根以漸變去便至不可收拾是故世未嘗無百戰百勝之卒惟在我無百戰百勝之心耳及於用兵臨敵則去

戰期二三日之前先以塘報約之重刑厚賞追隨賊之動靜圖報賊之地利凡賊一舉動必有報凡踰一時辰必有報又至舉戰一日之前則所部親兵能卒多至一二百人盡數分遣四布賊之左右及或有入賊之腹心者凡賊分合出入多寡向往進兵路徑舉皆洞然矣方以其所得情形或以泥塑為山谷巢穴狀或以硃墨筆圖列分布使各頭目了然如素履然後尅期分路如所議給信票口

令以進於敵所未陣而恐其遲及陣而恐其瑕交陣而恐其誘既勝而恐其驕精神心意舉無不流通於士卒敵人之間而凱收之餘又復如解衣以收亡骸出帑以恤孤嫠重其鋒鏑之賞而明其連坐之誅雖大敗中亦有必賞之士大勝中不無行刑之人隨查其心神志氣之利害處從宜鼓盈之而決其機器械行伍一戰即如故則不更兩戰之後雖全師如故則士卒輕傷亦多器械損折亦多斷然星夜擇其中軍一哨或頭目有事故者伍下之人分投補足以中軍所蓄器械那移貸之務使戰營行伍一卒不缺一器不乏然後又為再出之舉也八陣所謂遊兵二十四隊防備設疑補缺之用正謂此也是以各營時時有常足之額士卒有常盈之氣令予之中軍者即八陣之遊兵也此在主將決當常備數百之人親養練於中軍臨時方得如此整暇若平日無是備一時豈能呼召也哉

用之出征異地尤為緊要一着此固多術亦為局方至於因敵轉化因變用權因人異施因情措法消息之以神妙不測無方體之微者又非筆舌所能告也夫喋喋之言非誇將術以肆驕矜蓋欲聞諸同志慎用此兵共藉壯士之力以盡職分以報君父與知己也不然他處之義烏兵壞則一邑之人一體相似區區部曲由此易慮矣今豈能獨恃於久遠也哉識予不得已之心然後予為無罪予言庶幾萬一有補云

或曰如台州辛酉之捷寧能再得乎予曰可能者人也不可能者天也台州之捷人也予可繼也台州之全師非人也天也不可必也他日之遇賊必戰戰而多勝者人也予能也若如辛酉之每起必勝每勝必全師每戰無踰一時不獨算而必中且多奇中者予不可必也皆天也數也與督府司道惟幄之秘機也同志者宜鑒予此毋誘之於義烏兵

之力而自誤焉

今之鄉兵狃於平昔所習武藝之蔽不信師教遂誤大事者甚多何則如鄉兵所執名為鈀又鈀鐋者横頭用無刃鐵梁柄頭用平頂鐵箍長不踰眉其所習之法又前後左右回頭跳舞雙手平拏兩頭所餘不過一尺渠蓋如此習之及其平日在鄉黨爭鬭每打必勝遂自謂無敵雖有他師教以別法皆不聽從蓋渠用之利習之成信之深故也殊不

知此器此習乃鄉中互相爭鬬用之彼此皆然且恐以刃傷人得罪必重故只用此物打傷就或打死終非刃殺之意其賊之來也利刃長鋒二丈有餘及身寸餘應刃而斃以一尺無刃之物而當一二丈利渺之鋒就能見肉分鎗亦只格得他開去不及我身幸矣便終日對局豈能跳進一二丈之遠以中彼哉就中彼不過打一擊苟不中在頭顱便能死人否賊亦得之刃于我也逆而執之反為所誤遂謂又鈀鋭鐋不可用習藝為無益有是理哉又如長鎗近見浙江之習皆學處州狼筅法中分其半官軍所傳之法亦有回轉但大敵交鋒與平日場上相對比不同千百之人簇擁而去叢如麻蓬豈能舞丈餘長竿迴轉走跳若此則一二丈僅可布一人而已不知有此陣否耶至於中分其半則又後尾乖帶一為左右之挨擠手中豈能出入遂乃遇敵而敗不曰習藝之非制器之誤乃曰

鎗不可恃於鎗何尤哉故用鈀鋭鈎鐮又鐋之類必如予所載短兵長用說篇內制之習之長鎗之屬必如予所載長鎗短用說篇內制之習之乃為得宜今之司教士之責者須先一一隨其土著之所習尚器藝如善者聽之而求其精如非大敵所宜者須先一一說破執迷之病然後說我新制之利待彼曉然知舊習之不利以慕我之利然後皆習既成人人自知足以恃而前則弱兵可勇勇兵

必不為習所陷沒可以語成功也或者曰君用兵酷嗜以節制遂至成效節制工夫從何下手予曰束伍為始教號令次之器械次之微權重焉不能傳也當於經籍中採其精華師以意而不泥實事中造其知識衡於己而通變推而進之於真武直取上乘則率性之謂道格物而知至知至而意誠意誠而心正孔子云我戰則克是已勿謂行伍愚卒不可感通恃無本之小勇倖徂詐之一中也嗚

呼

紀效新書卷首

欽定四庫全書

紀效新書卷一

明 戚繼光 撰

束伍篇第一 治衆如治寡分數是也分數者治兵之綱也束伍者分數之目也故以束伍為第一由此而十萬一法百陣一化咸基於此

原編選

兵之貴選尚矣而時有不同選難拘一若草昧之初招徠之勢如春秋戰國用武日久則自是一樣選法方今

天下承平編民忘戰車書混同卒然之變自是一樣選法大端創立之選勢在廣攬分揀等率均有所用天下一家邊腹之變將有章程兵有額數餉有限給其法惟在精第一切忌不可用城市游滑之人但看面目光白形動伶便者是也奸巧之人神色不定見官府藐然無忌者是也第一可用只是鄉野老實之人所謂鄉野老實之人者黑大粗壯辛苦手面皮肉堅實有土作之色此為第一然有一等司選人之柄者或專取於豐偉或專取於武藝

或專取於力大或專取於伶俐此不可以為準何則豈大而膽不充則緩急之際脂重不能疾趨反為内累此豈偉不可恃也藝精而膽不充則臨事怕死手足倉卒至有倒執矢戈盡乃失其故態常先衆而走此藝精不可恃也伶俐而膽不充則未遇之先愛擇便宜未陣之際預思自全之路臨事之際除已欲先奔猶之可也又復以利害恐人使作他輩為已避罪之地此伶俐不可恃也力大而膽不充則臨時足軟眼花呼之不聞推之不動是力大不可恃

也興言至此則吾人選士之術荒矣夫然則廢四者而别圖之亦不可也蓋四者不可廢而但不可必耳諺曰藝高人膽大是藝高止可添壯有膽之人非怯弱膽小之人苟熟一技而即膽大也惟素負有膽之氣使其再加力大豈偉伶俐而復習以武藝此為錦上添花又求之不可得者也然此輩不可易得思其次則武藝尚可以教習必精神力貌兼收三者兼收又不若憑各覩識鄉里哨隊長舉首蓋渠皆生長同閈觀其所忽也久矣此又不可以憑選者

之目所奈此數者皆選兵之一籌而必膽為主膽之包在人心腹中不可見何以選為殊不知人之精神露於外第一選人以精神為主而當兼用相法亦忌凶死之形重福氣之相此盡選人之妙矣最勿使伶俐油滑寧用鄉野愚鈍鄉野愚鈍之人畏官府畏法度不測我之顛倒之術誠信易於感孚慨氣易於振作先以異出常情之威壓之使就我彀中而即繼之以重恩收其心結之以至誠作其威則為我用命無疑此萬試萬效之方也

若愛先玩於前而後繼之以威則怨叢而恩不感矣是故遵令奉法臨事用命所以成天下之功辦天下之事雖小而家人父子邑里之細畢竟克濟者威嚴而已但威嚴不能自行永守保無阻壞而所以使威嚴之永行無阻壞者恩與信也彼天下之至親至情莫慈父之於孝子若也子之聽命於父者以其生我也育我也設使父必於殺子雖孝子且不能無私言況烏合之衆行伍之兵耶是以必須恩以佐使其威嚴庶威嚴為之畏為

有濟不然則威之反為怨嚴之反為敵矣如載人者舟之功而所以使之載者則舵也威嚴其舟乎恩信其舵乎此予數年之獨秘雖後日名將之出必不易予言也

原授器

選兵既得其道矣其法不過相貌精健而四十上下皆健也二十以上皆健也所用之器必長短相雜刺衛兼合而我之選士若無分辨一槩給之則如藤牌宜於少壯便健狼筅長牌宜於健大雄偉長鎗短兵宜於精敏有殺氣之人皆當因其材力而授習不同苟一槩給之則年近四旬筋力已成豈能以圓徑二尺之牌而跪伏委曲蛇行竄息以蔽堂堂七尺之軀伸縮進退神出鬼没以縱横於鋒鏑耶若狼筅長牌等授之以少年健兒則筋力未成豈能負大執重老老成成立於前行以為三軍之領袖翼蔽也哉今將編選授器之法開條於後

一編立隊伍籍記年貌貫址之法必在選時一日内了當若待次日則我所選中之人又更換一半矣何則

新集鄉民不知法度惟聽熟人之言倏起投兵之思則一時悢不入選威嚴之臨或有人恐以禍福倏生畏悔之念便就又要回家渠蓋此時既未受約束又未食錢糧不惟無所縶抑且無所畏日選日更無時可定矣其法一面用白牌上書一號編營伍在此傍註某官生管二號記縣分都圖在此某官生管三號記年貌疤記在此某官生管四號記尺寸筋力在此某官生管五號記居住地名填年月在此某官生管六號登錄文册在此某官生管又在空地別立一旗標以待後項選過者

一將此六號白牌分為六處挨號順擺在於丹墀兩邊務每牌下留空地可容一二隊人以便編記每一號牌下用桌一張櫈二條與官生坐書手一二名俱分立停當然後坐堂照前法選兵約足勾一哨官所管之數又照後開條編次一哨官畢又選一哨官者

一將選中兵先儘哨官自定部下哨長幾名就將幾名内定第一哨哨長當前立訖餘幾名且在坐後不許

行動又聽前立第一哨長於兵內自舉抽出隊長幾
名又於隊長內定出第一隊長前立餘亦在坐後立
將第一隊長令在選中兵中帶愿入隊兵十二名在
公座前面橫一字立先將隊長用束伍內腰牌紙一
張於習藝空內填領隊二字照束伍篇內給與方色
隊旗一面連人先送至填營伍處其填營伍處先給
定成營伍無姓名行伍冊一本遇送人到將腰牌紙
內照營伍填畢又連人牌送與填縣分都圖處照腰

牌紙內空處填畢又連人牌送至填年貌疤記處照
腰牌紙內空處填畢又連人牌送至填尺寸筋力處
照腰牌紙內空處填畢又送至的當鄉土之官管填
所住地名處照腰牌紙內空處填住處地名畢乃將
本隊長帶過十二名兵內先擇年力老大一人付以
長牌長牌無甚花法只欲有膽有力賴之遮蔽其後
兵前進耳
次將年少便捷手足未硬一名為籐牌籐牌如前說之
謂也
次將年力健大老成二人為狼筅狼筅枝薛繁重足以
蔽身而壯膽故用法明直易習便於老成手足已硬
之人
次將有殺氣有精神三十上下長健好漢四人為長鎗
手又長鎗之次者二人為短兵長鎗用法多習學非
身手眼俱活者不可用此器又專主於刺故選授又
貴於精中取精

次老實有力能肩負甘為人下者一人充為火兵欲力
負鍋裹之重性下肯為同類所役
一每定完一人為其器即填於腰牌內習藝空內連人一
照先編記隊長之法挨次挨送各所立挨記牌下處
處填完一隊畢通令隊長帶赴又一處抄錄腰牌紙
內所填格根在冊即將一隊兵送於空地立標之所
坐聽
一第二隊照第一隊法編給挨填完畢又坐如此一哨

内各隊皆畢將哨長亦照隊長挨填照束伍篇内給與該方色大旗一面即執於先編過本哨該管幾隊頭坐定又如此喚過先已發放在坐後立着的第二箇哨長來編出隊長又照一哨之法挨隊如前選編俟一哨官的完了授以約束責令哨長管隊長隊長管兵每隊互相識認亦照束伍篇内腰牌隂面之式刷來將全隊姓名填於式内每名給一張粘在腰牌隂面

一自此為始凡行動立止俱照式内鴛鴦次序前後左右悉是如何不許時刻錯亂行立如有一人更換俱連坐治罪換了兵責隊長換了隊長責哨長約在某日闔營可以選完發放到日前來對讀腰牌如此選兵選中即成行伍即有統束雖生兵烏合今日入彀今日即可鈐束即成軍容即不能更換而制馭分散即在我矣選中一名就得一名實人在行伍中操練若再至通完仍照選兵法分立牌所總對讀腰牌一遍差者換者即便以重法連坐其一二人便要立重信此時重信一立如古人徙木云者以後順手牽羊惟我號令是聽而方可言練也此一節已於練兵有五分工夫矣心之精微盡於此說識者詳之此一篇乃治兵之始初下手工夫百萬之綱領也節目由兹而寓幸勿略焉敢告同志

原束伍

夫營陣之法全在編派伍什隊哨之際計筭之定若無

預於營陣然伍什隊哨之法則或為八陣或九軍七軍十二辰古人各色陣法皆在於編伍時已定一加旌旗立表則雖畝畝之夫十萬之衆一鼓而就列者人見其教成之易而知其功出於編伍者鮮矣故營陣以伍法隊哨為首乃以束伍貫諸篇庶使知次第也今法長牌一面藤牌一面狼筅二把長鎗四枝短兵二件火兵一名為一隊方而為九直之為二伍分而為三才為五花四隊為一哨虚其中哨長居之四哨為一官虚其中烏

銃火器哨官居之每前後左右四哨為一總把總居之設與五方旗一付高招一付巡視旗四件掌號一名金鼓十二名初謂銃手自裝自點放不惟倉卒之際遲延且火繩照管不及每將火藥燒發常致營中自亂且一手托銃一手點火點畢且托之即不中矣令砲手另聚為伍四人給砲四管或專用一人掌一人點放二人專管裝藥抽換其點火一人兼傳遞庶無他失可以成功但此法只可施於城守若臨陣不無人路錯亂引軍奪

氣邊銃可用此法鳥銃還是單人自放又便

一器械

長牌手腰刀一口籐牌手腰刀一口火頭每名給銅鍋一口夾鎗棍一根行即負五人預備攻圍乾糧止即專司炊爨每短兵叉頭各帶火箭六枝其挨牌籐牌上各帶蒺藜十串每串六箇接連式開於後每小隊輪帶拒馬六付輪帶布城一堵銃手每名裝藥筩六十箇鐵匙錐各一把鉛子一百二十箇皮袋一箇布油單一張錫鼈一箇盛線藥每隊或杈或钂一把該添或射手或毒弩手或精健能行或大刀收入中軍專備衝鋒探報等項之用前開該用中軍把總是也此兵并不帶拒馬蒺藜等項每弓一把長箭一百枝邊箭一百枝每弩一張弩箭一百枝弩藥一瓶每哨大銃三門不用木馬止用新製極便合口大鉛子每三門如式送子一根鐵錘一把中軍九門中哨內火箭一百匣匣如式箭如新製又如千里雷等銃係

中軍巧法相機出奇所用此不載

以上圖式用法俱開後册

一雜流匠役

每一營火藥線匠一名木匠一名鐵匠一名大銃手三名各帶全副器具每把總哱囉一名喇叭一名號笛一名鼓四名鑼手一名摔鈸一名中軍臺上下營吹鼓手共三十八名醫士二名醫獸一名精占筮者驗留裁縫二名弓匠二名箭匠五名火藥匠十名大

銃手一隊三十名
一旗幟
每伍小旗一面各隨方色
每隊中旗一面
每哨官藍旗二面　門旗二面
每總藍旗四面　五方旗五面
高招五方五面每桿燈一箇
中軍五方旗三付　五方招十面

藍旗一十二面　門旗一十面
背上小招督戰軍令旗十二面
清道旗二面　金鼓二面
掌號官二員　坐纛一面
一夜營應備中軍大將旗鼓上各黃油紙鐵絲燈一盞俱粗四寸長一尺五寸五方旗十面十盞吹鼓手三十八名三十八盞角旗八面八盞將纛一面上燈四盞凡各雜流官生人等每起頭目各帶燈一盞粗同但長止用六寸低執隨身
前總哨旗上紅油紙鐵絲燈一箇高招一箇俱圓一尺五寸每一隊旗上一箇色同圓八寸
左總同前總數但用藍油紙長二尺粗五寸隊燈長一尺粗同
右總同前總數但用白油紙方形一尺二寸隊燈八寸
後總同前總數但用黑油紙匾形高一尺二寸横二

尺匾四寸隊燈高八寸横一尺六寸匾四寸
中總塘報等燈俱圓而黃小止用八寸
一凡各每燈一盞用黑油布四層罩蓋一箇以備一時遮隱使寸明不露或明營暗徙或暗營倏明為莫測之巧也

罩蓋圖

兵腰牌陽面

營哨　哨長下　隊長
下兵　年　歲
縣　都人身長　尺　寸
面　鬚　有　處力
百斤　地方住習　藝
年　月　日給

兵腰牌陰面

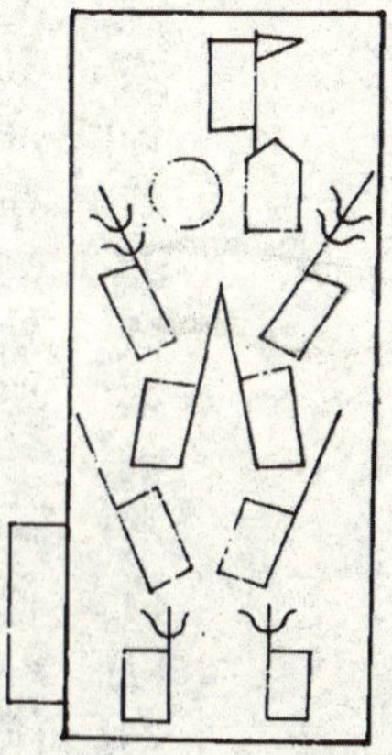

隊長腰牌陽面

營哨　哨長下　隊長
年　歲　係
都人身長　尺　寸　面
鬚　上有　處力　百
斤　地方住習　藝
年　月　日給

隊長腰牌陰面

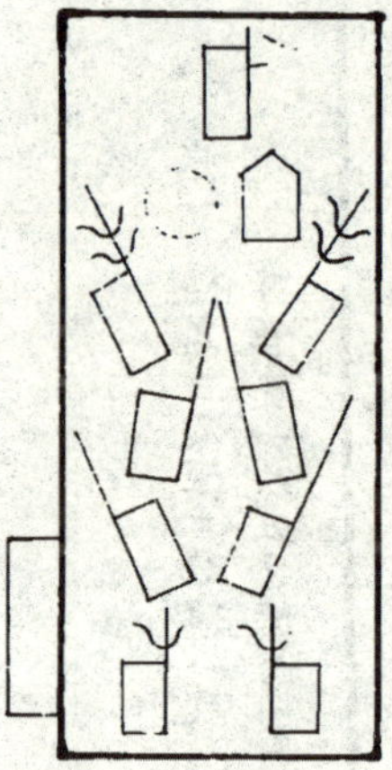

哨長腰牌陽面

營　哨　哨長　年
歲　縣　都人身
長尺寸面　鬚　上
有　處力　百　斤
地方住習　藝
年　月　日給

哨長腰牌陰面

哨官腰旗

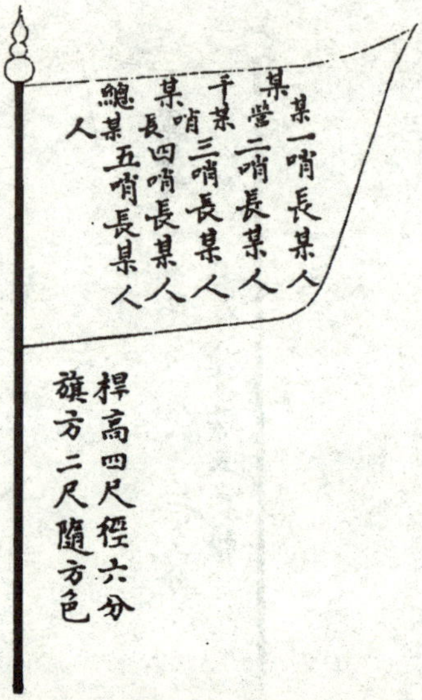

桿高四尺徑六分
旗方二尺隨方色

把總腰旗

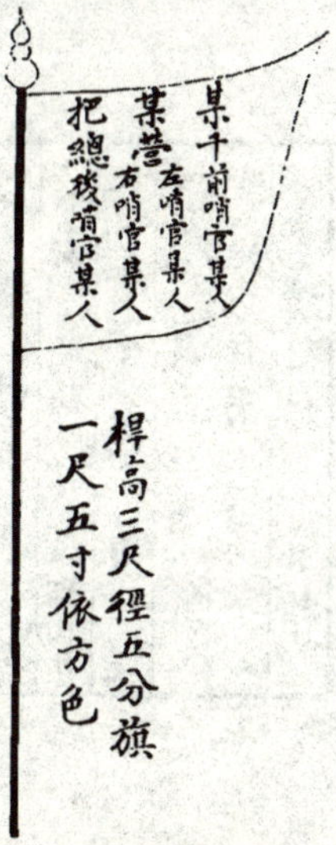

桿高三尺徑五分旗一尺五寸依方色

中軍腰旗

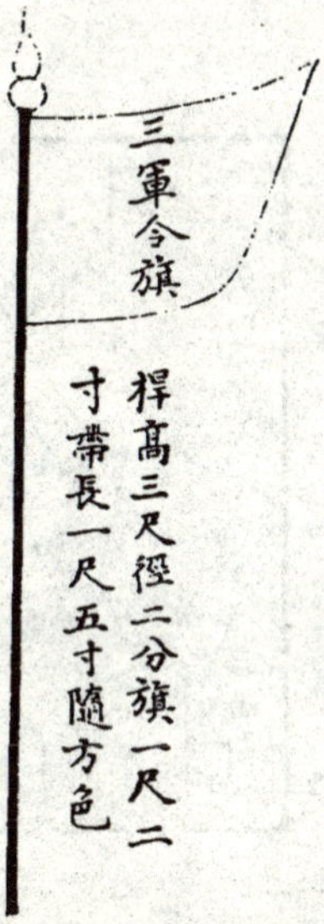

桿高三尺徑二分旗一尺二寸帶長一尺五寸隨方色

主將腰旗

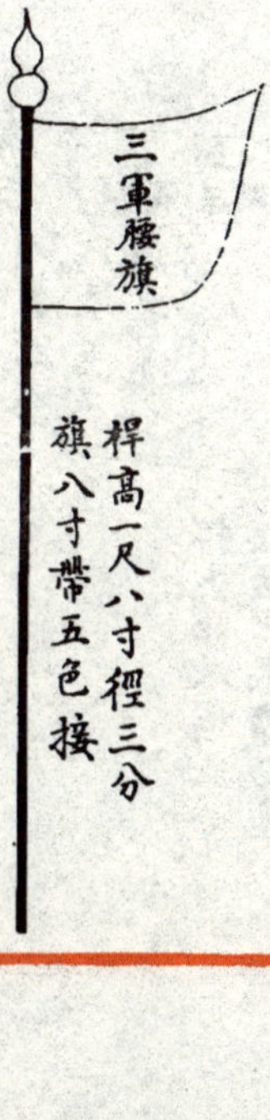

桿高一尺八寸徑三分旗八寸帶五色接

紀效新書卷一

欽定四庫全書

紀效新書卷二

明　戚繼光　撰

竊觀古今名將用兵未有無節制號令不用金鼓旗旛而浪戰百勝者但今新集生兵春汛逼近一切戰陣法律若逐次教來何時是熟今時緊要必不可緩各便宜簡明號令合行刊給各於長夜每隊相聚一處識字者自讀不識字者就聽本隊識

字之人教誦解說務要記熟凡操練對敵決是字字依行各讀記之後聽本府點背若一條不記打一板若各兵有犯小過該責打之事能背一條者免打一板臨陣軍法不在此例

緊要操敵號令簡明條款篇第二 鬬衆如鬬寡形名是也故萬人一心形名之勍苟士不悉吾令而徒以手足為强者又其次也教挺之夫可闗名藝形名定也束伍既明即當練習吾令故以號令篇第二

凡你們的耳只聽金鼓眼只看旗幟夜看高招雙燈如其色旗豎起點動便是某營兵收拾聽候號頭行營出戰不許聽人口說的言語擅起擅動若旗幟金鼓不動就是主將口說要如何也不許依從就是天神來口說要如何也不許依從只是一味看旗鼓號令兵看各營把總的把總看中軍的如擂鼓該進就是前面有水有火若擂鼓不住便往水裏火裏也要前去如鳴金該退就是前面有金山銀山若金鳴不止也要依令退回肯是這等大家共作一箇眼共作一

箇耳共作一箇心有何賊不可殺何功不可立

凡掌號笛即是吹鎖吶是要聚官哨隊長來分付軍中事務

凡正行之間放銃一箇就是要更變號令即立定看聽有何旗豎有何號令再行

凡歇處吹喇叭一遍火兵即做飯衆人收拾吹喇叭第二遍各兵吃飯吹喇叭第三遍各兵出赴信地劄營候主將到發放施行

凡喇叭吹天鵞聲是要各兵吶喊
凡喇叭吹擺隊伍是要各兵即於行次每哨一聚各留
空地擺定
凡喇叭吹單擺開是要各隊即便挨隊甲疎疎擺開每
一小隊相平離一丈五尺
凡旗點過只吹喇叭一長聲是要各兵轉身照旗所向
轉過
凡打銅鑼是要各兵坐地休息
凡吹哱囉是要各兵起身執器械站立

凡點步鼓是要各兵照先樹起的旗次發兵行營每點
鼓一聲走十步
凡擂鼓是要各兵趨跑向前對敵交鋒
凡下營定擂鼓立中軍旗是放火兵出營樵汲掌號是
收回
凡各舉動與交鋒但聞鳴金一聲即便立止又鳴一聲
是要各兵退還連鳴二聲是要各兵又於脚下便再
轉身向前立定
凡打金邊是發人探賊
凡摔鈸響是要各收隊即將原單擺開的兵照舊收成
各哨再收成每營一處
凡塘報摇小黄旗是有賊至
凡旗幟各兵認定各總哨顔色但本總旗立起即便收
拾聽令若旗左點則即左行右點即右行前點即前
行後點即後行隨旗所指而往本總旗收捲在地即
各聽令立定如旗不起脚下即是信地雖天神來叫

移動也不許依從擅動夜看高招火鼓與晝一般
凡鳥銃遇賊不許早放不許一遍盡放每至賊近銃裝
不及往往誤了衆人性命今後遇賊至一百步之内
聽吹竹筒響在兵前擺開每一哨前擺一隊聽本管
放銃一箇纔許放銃每吹喇叭一聲放一遍擺陣照
操法若喇叭連吹不止各銃一齊盡放不必分層
凡弩手射手候鳥銃打放將完賊至六十步之内起火

放方許繼銃後射箭無令不許擅法

凡鴛鴦陣乃殺賊必勝屢效者此是緊要東伍第一戰法今開式於後二牌平列狼筅各跟一牌以防弩牌人後身長鎗每二枝各分管一牌一筅短兵防長鎗進的老了即便殺上伍長執挨牌在前餘兵照鴛鴦陣緊隨牌後其挨牌手抵頭執牌前進如已聞鼓聲而遲疑不進即以軍法斬首其餘兵仗牌刀遮抵於後緊隨牌進交鋒筅以救牌長鎗救筅短兵救長鎗牌手陣亡伍下兵通斬要依此法無不勝矣

鴛鴦陣

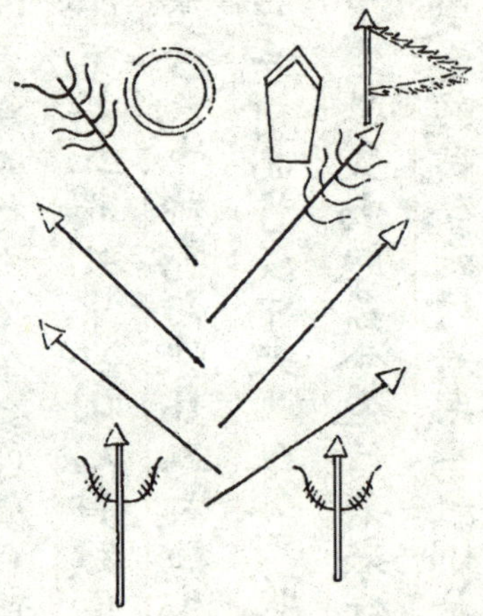

鴛鴦陣左右分變二伍之圖

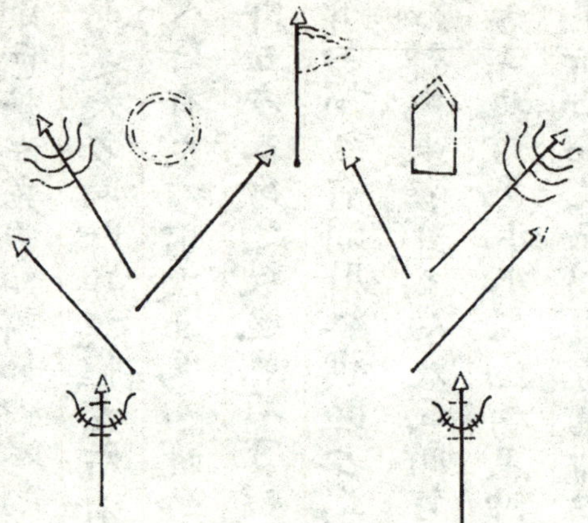

二伍各變小三才陣之圖

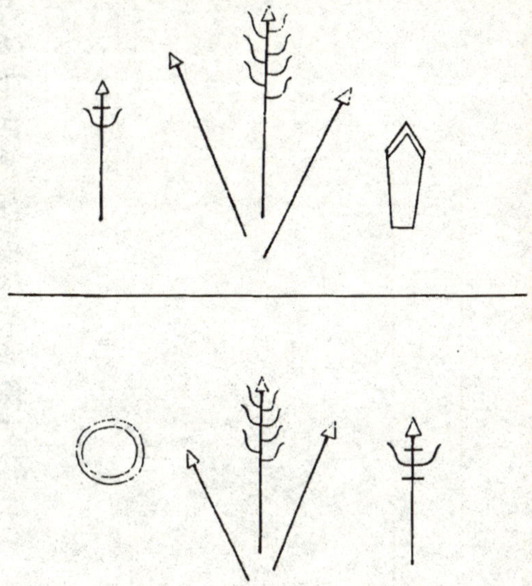

鴛鴦陣變三才陣之圖

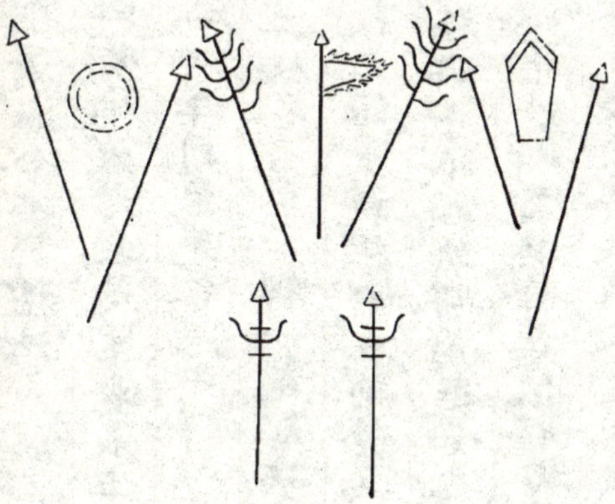

凡旗幟製八方則色雜而衆目難辨如以東南西北為名則愚民一時迷失方向即難認惟左右前後屬人之一身但一人皆有左右前後庶為易曉而在讀書有位者自知即五方五行之製也然不可以之責行伍之人凡面所向謂之前則用紅旗即方為南行為火火之色屬紅神為朱雀卦為離凡面所背謂之後則用黑旗即方為北行為水水之色屬黑神為玄武卦為坎凡左手所指為之左則用青旗即方為東行為木木之色屬青神為青龍卦為震凡右手所指謂之右則用白旗即方為西行為金金之色屬白神為白虎卦為兊凡脚下所立謂之中央則用黄旗即行為土土之色屬黄方為中神為勾陳卦為太極凡人一身皆有左手右手前面背後中央此人人可曉若舉點黄旗則是中軍欲變動聽號令施行若舉紅旗則是前營兵欲變動聽號令施行若舉白旗則是右營兵欲變動聽號令施行若舉青旗則是左營兵欲

變動聽號令施行若舉黑旗則是後營兵欲變動聽號令施行仍不必拘五營之次但見舉黑旗俱要往後看但見舉紅旗俱要往前看但見舉青旗俱要向左看但見舉白旗俱要向右看但見舉黃旗四面俱要向中看若見五方五旗俱舉㸃各營四方各照本方向外執立聽號令施行凡旗㸃向何方隨其所㸃向往旗不定不止旗不伏不坐善哉孫武子教宮嬪曰汝知而左右乎心背乎嗚呼此教戰之指南此千

載不傳之秘文此余獨悟之妙也揭以示人尤為可惜

凡新兵初集束伍既完即摘出此卷每兵即與一本使之誦熟以知號令方可言場操也

紀效新書卷二

紀效新書卷三

明 戚繼光 撰

臨陣連坐軍法篇第三

旗鼓既習斯謂之能一衆人之目矣而心則未也於是申之以連坐賞罰以威其心故軍法篇為第三

凡臨陣的好漢只有數人每斬獲首級常是數十百人叢來報功再不想你一起人退來報功使衆兵相望悮認是敗走大家都走了況一箇賊首數十人報功

若斬數十賊首就該數百人來報不知這一陣上能有幾箇數百人反是自悮了性命此臨陣第一禁約今後其長牌長鎗狼筅凡該當先長兵之數決不許帶解首刀只管當先殺去不許立定顧戀首級其殺倒之賊許各隊短兵砍首每一顆止許一人就提在陣後待殺完收兵有令催驗方許離陣赴驗其誰當先誰有分誰無分俱聽當先隊長對衆從公報審敢有因其恩讐報不公者軍法每顆首級以三十兩論

之當先牌鎗筅分二十兩砍首兵二兩餘兵無分者一兩火兵雖不上陣本隊有功亦分五錢每顆本隊鳥銃手亦分二兩

凡戰間賊遺財寶金銀布帛器械之類此誘我兵爭財彼得乘機衝殺往往墮此套中今後臨陣遇有財帛每隊止留隊中一人收拾看守待賊平照隊收拾之多寡各給本隊兵均分百哨隊長加一倍必不許他官尅留及後進次到隊伍仍留人渾賴此正是賊當

窮敗之際各兵照常奮勇前進務要加力百倍庶賊可滅如違令圖財致兵陷没或賊衝突得脫擄財物之兵不分首從總哨官俱以軍法斬

凡臨陣退縮許甲長割兵耳隊長割甲長耳哨官哨長割隊長耳把總割哨官哨長耳回兵查無耳者斬若各故縱明視退縮不肯割耳者罪坐不肯割耳之人退縮之犯不究

凡伏兵遇賊不起及起早者領伏哨隊長通斬各兵扣工食給恤仍通綑打如正兵見奇兵伏兵已起不即回應者同例

凡每甲一人當先八人不救致令陣亡者八人俱斬陣亡一人即斬獲真賊一級八人免罪亡一得二八人通賞哨隊照例

凡當先者一甲被圍二甲不救一隊被圍本哨各隊不救一哨被圍别哨不救致令陷失者俱軍法斬其哨隊甲長

凡陣亡一人本甲無賊級者各扣工食一月給亡者之家優恤失隊者扣一隊失哨長扣一哨失官扣一枝但係亡者屬下頭目仍斬獲功如其所失通免究亦不扣工食亡兵亡官官為給銀優恤

凡一人對敵先退斬其甲長若甲長不退而兵退陣亡甲長從厚優恤餘兵斬首若甲長退走或各甲俱退走斬其隊長若隊長不退而甲下弁兵退走致隊長陣亡者厚恤其隊長之家本隊兵各扣工食二箇月

給亡隊長家領用隊下甲長俱斬若一哨下各隊長兵
俱退走者斬其哨長如哨長不走致被陣亡而隊兵
棄之退走者斬其各隊長兵通罰工食二月恤哨長
之家若一哨官之兵與哨官俱退走斬其哨官如哨
官不走而哨長以下甲兵退走斬其各哨長通罰工
食給恤哨官之家由是而上至把總領兵將領等官
皆照此一體連坐行之凡所謂罰工食者仍以軍法
綑打不死而又罰其工食非止於罰工食而免也凡

所謂恤其家者不止於罰兵工食以恤之仍有題奏
廕子世襲之恤也

凡若大陣敗走被賊殺死官兵傷在背後者還以敗事
論并不優恤仍罷其各家并原募之人

凡器械借代頑鈍欠利私擅更易軍裝器械入場忘帶
一件以上者軍法綑打照臨陣事例伍隊長總哨官
連坐

凡行列不齊行走錯亂擅離隊伍點鼓不行聞金不止
接旗不伏舉旗不興開旗不接得令不傳傳令不明
道路擠塞言語諠譁者俱治軍法

凡臨戰布陣已定移足回頭行伍擠搜稀密不均俱斬
其哨隊長牌手并所犯

凡不拘晝夜但係中軍起火銃砲齊起即是忽然警急
各官兵不必待候常令即各自劄營遇敵即戰不必
取稟中軍號令

凡差探賊塘報及官兵有聞賊中消息不拘要緊不要

緊不許官兵於中途邀截問答徑自開口逮赴主將
陳說之後許宜於衆者方可與把總等官說若未見
主將之先敢於中途因人問起即便說出但有一人
先知在主將之前定以泄漏軍機問者答者皆坐軍
法就是本管的把總哨夥伴問也不許對他說又或
有已經稟知主將之後蒙分付不許傳說者到底不
許再泄敢有以强固行要問者許原人稟來一體重
治

凡遇賊各隊嚴備聽令候探知賊人多寡以憑發兵不許違令爭先恐陷不測

凡臨陣拋棄軍器者及不衝鋒官兵臨戰易換軍士精利器械馬匹者各以軍法從事

凡臨陣詐稱疾病畏避艱險者及故將軍器毀折以圖躲避者斬

此亦另為一卷俟給旗鼓篇習熟之後即給此卷習之所以不同給者蓋初用稿裨行伍下質一閱其多若

難自畫矣故次第給而習之以誘其入

一為禁革斬級以保全勝事照得衝鋒之士每因取級致妨戰殺以致失事今該本府會同兵巡道廣集總哨頭目名勇員役當於教場公議今後臨陣大兵只管整隊殺將前去止以衝鋒殺敗賊寇為功務求全勝不許斬取首級如有故取首級者當陣許頭目巡視旗哨隊長人等割耳回兵查無耳者與各兵仍又持首級報功者俱一聽斬首為今之計別選親兵每哨官三甲每甲五名兩膊上縫有取功二字白布印二斤為號各隨派到本哨官兵陣之後待兵殺倒賊人在地又戰過前去替兵割取賊級收兵之後將前項首級盡數派與本哨官部內衝鋒兵勇均分報功其割級親兵止是給賞並不干預若有隱藏不報者及割取不完親兵官哨隊伍長俱斬首除割首級哨隊長兵夫專委把總管束外為此票仰各該官役遵照施行毋得自干重典未便

計開

其營其哨哨官某人下派該斬取首級哨官某人哨長某人隊長某人兵夫某人

紀效新書卷三

欽定四庫全書

紀效新書卷四

明　戚繼光　撰

諭兵緊要禁令篇第四號令既繁人無所措故復分此為別卷其可以少從緩也以次旗鼓號令之餘故以禁令篇為第四

凡軍中要緊的第一件只是不許諠譁說話凡欲動止進退自有旗幟金鼓若無令許說話但開口者都要着實重處夜間尤是切禁千萬千萬

凡兵逃走同隊之人各細打分一半監固分一半保拿如不獲各監一半通扣工食另募

凡征住地方每隊十二人務在一家安歇時刻不許相離別生事端互相覺察若一家難容即分對門或間壁不許攙隅如不隨本隊住者隊長與各兵以軍法治之一哨在一街一營在一隅各營不許相混各哨不許相混各隊不許相混及行營攙越前後非令先行先歇途中下路一體連坐哨隊長若鮮手許同隊一人立在道傍候畢催上不許過二里

凡立成營盤即是人家墻垣屋舍一般若人家不謹門户及容人墻上扒走的事有也沒有但向營出入者不拘何官何人定要由門奉號令方准放出照入決容不得各處攙進攙出如行路時決不容別人兵馬閑人穿路與同路混行倘是賊般的却不被詐劫了營盤此一節又至緊至緊臨賊而故縱者軍法示衆

凡行營三千人單行二三十里有事如何傳得到今定

約令凡兵行不拘從何處起若有話該報來務要簡明不過二三句或往前傳或往後傳自起處俱隊長高聲接傳挨傳到止處明白仍傳稱知道了再傳回原說之人回復若傳到半中途差錯許又傳回云繞傳的不明白只傳到原傳話人再傳明白隊長一例接傳前去若傳至中途聞而不接傳接傳又差錯者挨出軍法重治因而悞軍機者軍法示衆餘兵並不許開口接助傳話多言者割耳

凡賞罰軍中要柄若該賞處就是平時要害我的寃家有功也是賞有患難也是扶持看顧若犯軍令就是我的親子姪也要依法施行決不干預恩讐

凡武藝不是答應官府的公事是你來當兵防身立功殺賊救命本身上貼骨的勾當你武藝高決殺了賊賊如何又會殺你你武藝不如他也決殺了你若不學武藝是不要性命的獃子況吃着官銀兩又有賞賜又有刑罰比那費了家私請着教師學武藝的便

宜多少想你往日不學武藝器械不整的精利不肯着重甲只自因從來臨陣原無紀律號令不曾分别當先退後者施行軍法方纔安心臨陣要走料定不用鎗刀對手之故今畨連坐法已定號令已明進前退後都有箇法子連坐管定軍法決照條内施行你們既無躲身之法不想學武藝不是與性命有讐的人不是獃子是何物身上有甲就使他截砍我一下不能傷我就手段不濟第二下我也殺到他身上了敢是無甲的會死思之思之

一編過火兵有能奮學武藝精熟者則陞為兵將兵内懶惰不習武藝號令生踈者改之每月一考平時聽各火兵自首即與驗更

凡你們本為立功名報効而集兵是殺賊的東西賊是殺百姓的東西百姓們豈不是要你們的殺賊設使你們果肯殺賊守軍法不擾害他如何不奉承你們只是你們到箇地方百姓不過怕賊搶擄你們也曾

搶擄百姓怕賊焚毀你們也曾拆毀百姓怕賊殺你們若爭起也曾殺他他這百姓如何不避如何不關門鎖户且如去年我往台州因是衆人家兵難制沿路百姓固也受害兵們宿無處炊無處又被百姓告來拿着的挨累官哨隊長打死了多少如今年我自已的兵宿有程頭火兵先定歇處挨次而入起行依號劄營點步鼓挨次而行經過百姓們聞說到殺猪牛販酒米等待是箇店上也要留住一日他有生意

這方是兵民相體的光景暑行千里我不曾打一箇兵五棍可不也省了多少打殺兩家都有便宜却不是好也

凡古人馭軍曾有兵因天雨取民間一笠以遮鎧即甲也者亦斬首示衆況砍伐人樹株作踐人田産燒毁人房屋奸淫作盜割取亡兵的死頭殺被擄的男子污被擄的婦人甚至妄殺平民假充賊級天理不容王法不宥者有犯決以軍法從事抵命

凡軍中惟有號令一向都被混帳慣了是以賞也不感罰也不畏我今在軍中再無一句虛言與你說凡出口就是軍令就說的差了寧任差到底決不改還你們但遇號令金鼓旗幡是聽是看是怕不可還指望不便處又告有改移或望寬饒將無還令此在口之常談你們豈不知宋時金人稱岳爺爺軍曰撼山容易撼他一箇軍難只是箇畏將法守號令之驗如此則將也成名你們也得成功又保全了性命多少好處

今後不知學好的若再平時用好言好語箇箇說是勇猛忠義你就說得活現決不信你只是臨陣做出來便見高低改圖改圖

凡冒名頂替入操者正替身俱以軍法細打所雇之人即充兵收操工食即將原雇之人分支一半

凡兵在家生有父母教有師長户有户長里有里長老人你們思量那箇做百姓的少得這內一件你今既來當兵甲長就是你的户長隊長就是你的里長哨

長就是你的老人哨官把總就是你的父母官但能教道你們的號令武藝者都是你的師長你再思量世間有無里長老人管的百姓無有就知在軍中有無隊哨長管的兵無有世間有無父母生的人無有就知在軍中有無哨官把總管的兵無有世間有無師長教訓天生會識字念文的人無有就知在軍中有無不聽教師將領訓練的兵士無有這都是就你心上少不得的去處曉諭你若抗違哨隊長比做百

姓抗違里老的法度不同不聽教師將令習武操練比做童蒙時不聽師訓的法度與平日牧民的法度不同細打尚是小事重便割去頭再可復生否此諄諄真正化誨你若不聽軍法無情慎之慎之

凡你們當兵之日雖刮風下雨袖手高坐也少不得你一日三分這銀分毫都是官府徵派你地方百姓辦納來的你在家那箇不是耕種的百姓你肯思量在家種田時辦納的苦楚艱難即當思量今日食銀容易又不用你耕種担作養了一年不過望你一二陣殺勝你不肯殺賊保障他養你何用就是軍法漏網天也假手於人殺你

紀效新書卷四

欽定四庫全書

紀效新書卷五

明　戚繼光　撰

教官兵法令禁約篇第五此篇之中亦兵士當知者但士者愚人也繫以號令而無所遵不如無令而氣壯故明以教官兵之辨為第五

凡將領官哨隊長不相和協傾陷妬忌煽惑妖妄傳軍令因而悞事者斬

凡各營分派已定先照各腰牌格式共為一函書冊二部俱送本府印鈐一本發把總一收府

凡有逃故缺伍該召補兵勇每月半隊長如式開新補手本呈哨官哨官呈總總呈府驗中改簿給腰牌發總總改發隊常操

凡遇有逃故本伍即刻報隊長隊長報哨長哨長報哨官哨官報把總即於本日開手本呈遞

凡各兵遇有疾病本日同夥即報本隊長隊長親看緩急報赴哨官哨官報赴本總本總即日報本府以憑

扺醫療視遇在客戍本府親詣撫視
一常日每一名各將米二升炒黄包裹一升研為細末一升另包麥麵二升一升用香油作煤一升蒸熟六合用好燒酒浸晒乾再浸以不入為度研為麵另包四合用鹽醋晒浸亦以不入為度晒研為末另包行軍之際非被賊圍困至緊不許用出兵隨行忘帶者如失軍器同
凡各兵進教場過放静砲後到者俱開不到究治各門

封鎖後開人出入及縱遲兵闖營皆巡視旗之罪
凡每日進操候下營畢各官下地方即將所部兵士省令各隊填到單已到止開總數未到及有差俱開花名把總官類粘候下營畢赴臺呈遞如主將不進教塲操畢各官齊赴回操即日呈遞
凡器械不鮮明專罪哨長號令不明專罪把總武藝不精習專罪哨官逃去奸盗等事不詰首專罪隊長與同隊甲兵
凡責成之例不拘平時臨陣凡違悞遲玩畏避退縮器鈍事犯等項每甲三人以上連坐甲長每隊一甲以上連坐隊長每哨一隊以上連哨長五分以上連坐領兵官哨官
凡遇傳示號令巡視旗止傳各領兵官領兵官傳與哨長哨長傳隊長隊長傳甲長甲長傳各營若有得令不傳傳到不遵者常操遲悞打一百棍臨征軍法施行

我一人你們三四千一句説話如何傳得遍知我有事要分付只是傳與把總哨官把總哨官須要一一傳説與哨隊長哨隊長須要一一傳説與兵勇若是分付去一時記不全了還許來問我我再説去分付他若傳説不明或忘了不來再問聽我條於隊内抽取數兵來問若問稱不知挨查隊長隊長不知挨查哨長以次挨到把總各傳不明軍法重治
凡平時無警在久住地方哨官以上許冠帶哨長義士

許青衣隊長許青布衫縏縧其禮儀把總之待哨官
哨官之待哨隊長哨隊長之待兵許以鄉情從便相
待但坐須要側侍不許齊肩平列雖下至隊長與兵
亦然
凡進操及征調在外與凡掌號笛發放把總官即戎裝
錦繡哨隊長各小袖依方色戎衣執旗俱以軍容承
接發放之際哨官凡有稟白跪聽把總授成哨長跪
聽哨官授成隊長跪聽哨長傳令發放小兵跪聽隊

長傳令發放哨長以下見把總叩頭俯伏隊長以下
見哨官亦如之
凡公所哨官見把總一跪一揖哨長見把總兩跪一揖
隊長不許作揖哨長見哨官一跪一揖隊長亦不許
作揖隊長見哨長作揖侍立俗諺有曰軍中立草為
標況朝廷堂堂名分凡有屬下者既知惡屬下抗違
不能行事即知己身不可又效屬下之人復抗在上
頭目决恃不得鄉曲故交軍機乃國家重務情難掩
法敢有親識相容故違明抗容者犯者通以軍法重
治

紀效新書卷五

欽定四庫全書

紀效新書卷六

明　戚繼光　撰

比較武藝賞罰篇第六號令既明刑賞以悉坐作進退當與攻殺擊刺同教矣而比較不可無法不知較藝之習而任比較之責則花法入而正法昧矣故為比較篇為第六

凡比較武藝務要俱照示學習實敵本事真可對搏打者不許仍學習花鎗等法徒支虛架以圖人前美觀各總哨隊伍官長俱以分數施行賞罰一分以上責成各伍長二分以上責成各教師隊長三分以上責成哨官四分以上責成把總

凡長鎗鋒要輕利重不過兩桿要稍輕腰硬根粗

凡狼筅各要利刃在頂長一尺四面竹枝須堅直粗大者

凡扒杈棍俱要長一丈二尺蓋短兵須長用庶可入長鎗每人解手一把

凡弓箭手弓要副各力箭要鐵鏃務三十枝仍各長大腰刀一把解手一把

凡弩弓要力大新堅每弩毒藥一瓶鐵箭一百枝每人腰刀一把解手一把

凡立牌要高闊遮得後而持鎗之人每人利長腰刀一把

凡藤牌要堅大輕遮一身每人長刀一把棄鎗三枝藤牌無棄鎗如無牌同蓋長短勢絕急不能入須用棄鎗誘之使彼一顧則藤牌乘隙徑入矣以上各條違犯照前分數軍令連坐

凡火器裝藥竹筒火繩藥線匙鎚油單火藥一有不全入場忘記懸帶隨身及藥不乾燥各不如法隊長同罰本犯加治

凡兵隨帶百樣軍火器械隨壞隨治如力不能私製者即明稟各總處呈買給用把總官每平時調查

凡人之血氣用則堅怠惰則脆勞其筋骨餓其體膚君相亦然況於兵乎但不宜過於太苦是謂練兵之力

凡兵平時所用器械輕重分兩當重交鋒所用之器重者既熟則臨陣用輕者自然手捷不為器所欺矣是謂練手之力

凡平時各兵須學趨跑一氣跑得一里不氣喘纔好如古人足囊以沙漸漸加之臨敵去沙自然輕便是練足之力

凡平時習戰人必重甲荷以重物勉强加之庶臨戰身輕進退自速是謂練身之力

凡吶喊所以壯軍威有不齊者巡視旗拿来治以軍法

凡什物器械刻名隊裝油在上以便查考及跡失

一比弩以六十步為式把高五尺濶一尺五寸三箭中二枝為善射

一比鎗先單鎗試其手法步法身法進退之法復二鎗對試真正交鋒復以二十步内立木把一面高五尺濶八寸上分目喉心腰足五孔各安一寸木毬在内每一人執鎗二十步外聽擂鼓擎鎗作勢飛身向前戳去孔内圓木懸于鎗尖上如此遍五孔止

一試射官尺八十步為式把高六尺濶二尺每三矢中二矢為熟

一試狼筅先令自使看其身手步法次用鎗對較凡長鎗哄誘不動又能遮隔不入為熟

一試鈀先令自使看其身手步法合一復單人以長鎗短刀對較能架隔長鎗刀棍翼狼筅出入殺人為熟

一試刀以能衛入鈀狼筅不及遮隔為熟刀法甚多傳其妙者絶寡尚俟豪傑續之

一試挨牌每一人執牌面左一人執狼筅面右俱牌後遮嚴分面立定鎗等雜藝俱照鴛鴦陣立定前設長鎗一人為敵俱鑼响坐定聽吹哱囉起身點鼓兩處俱進擂鼓吹天鵞聲喇叭納喊一聲敵兵執長鎗以鎗高處戳入牌身高起閣鎗頭上過陣内長鎗伸出殺敵急復原伍次敵兵長鎗戳脚下牌兵用牌坐落

陣内長鎗出殺敵急復原伍次敵兵長鎗由左戳進
期傷牌兵之臀左面狼筅拿鎗長鎗出殺左面短兵
即隨鎗以出防長鎗進老故短以救之急收原伍次
敵鎗戳右砍傷右邊後二箇鎗手牌兵即以右手所
持腰刀砍其鎗右面長鎗出殺短兵隨出同左邊之
例云如賊亦有數人前來則長牌當中只顧低頭執
牌前進左筅防左右筅防右左鎗隨左筅出殺右鎗
隨右筅出殺左短兵防左鎗進的老了救援右短兵

防右鎗進的老了救援藤牌乘二筅之勢於筅中滚
出以殺為務鳴金急復原伍進止闔闢左右前後悉
是如何廝殺定不可亂了原伍

一試藤牌先令自舞試其遮蔽活動之法務要藏身不
見及雖藏閉而目猶向外視敵又能管脚下為妙次
以長鎗對較令牌持標一枚近敵打去乘彼顧搖便
抽刀殺進使人不及反手為精

一試標鎗立銀錢三箇小三十步内命中或上或中或
下不差為熟

一試火器以八十步立五尺高二尺闊木牌三發一中
十發七中為精

一試火箭以八十步亦用銃把平去中式為精歪斜不
中果係作不如法免究其兵製作既精放不如法究
兵

一千里雷點放緩急不悞為熟臨時奇遣不載數内失
忘隨砲應用之物及損壞信藥等項俱重治

一旗法隨鼓緊慢行如磨旗之時兩手托開陰陽拏住
高舉伏身轉腰繞頭過一遭方纔竪起

一試打鼓之勢用以木槌二根起遲下速兩手高舉過
額而着鼓泥里為可

一在場比較法
凡操畢各兵坐息稍久主將亦暫退休養片刻即升
堂吹哱囉各起身從便習學聽中軍吹打起藍旗一
面當中點之各營狼筅手俱聽鼓由發放路集中軍

兩邊金鳴鼓止用後式裝成文冊點名比較如前條法比較賞罰畢扑藍旗各照原路回伍聽鳴鑼坐息蓋狼筅之功在竹屬木故舉藍旗以應之次舉黄圓旗長牌藤牌手一照狼筅手點鼓通集臺下比較如前條約賞罰畢扑旗各回原伍蓋牌主禦故舉黄旗以應之而圓則象形也次舉白旗各營長鎗手一照狼筅手號令赴臺下照前條約比較賞罰畢扑旗各回原伍蓋長鎗之利在刃刃屬金故舉白旗以應之

次舉黒旗各營各色叉鈀短兵一照狼筅手號令集臺下各照前條約比較賞罰扑旗旗各回原伍蓋短兵勢節險短如水之激故舉黒旗以應之次舉紅旗立把子各營鳥銃火箭弩手俱赴臺下比較畢畢扑各還原伍蓋神器屬火而弓矢皆前行之器故舉紅旗以應之

左篇乃比較冊由頭

一比較武藝初試定為上等三則中等三則下等三則再比仍如原等者不賞進一則者賞銀一分進二則者賞銀二分超進一等賞銀五分一次原等免責二次原等打五棍三次原等打十棍五次以上原等不進者打四十棍革退如有不願打者每一次追一分二次追二分三次追三分即付武藝考進之人充賞

一賞罰鳥銃三彈中一者平中二者賞銀一分中三者超賞五分一次不中者打三棍二次不中者打六棍三次不中者打九棍五次不中者打四十棍革退不

願打者每次罰銀五厘二次一分三次一分半弓弩同例

比較等第式凡比較預將兵名塡在下下之下當中空內點閱等第點在等上

上等 上上上 上中下 中等 中中中 上中下 下等 下下下 上中下 甚

上等 上上上 上中下 中等 中中中 上中下 下等 下下下 上中下 甚

上等 上上上 上中下 中等 中中中 上中下 下等 下下下 上中下 甚

上等 上上上 上中下 中等 中中中 上中下 下等 下下下 上中下 甚

上等 上上上 上中下 中等 中中中 上中下 下等 下下下 上中下 甚

上等 上上上 上中下 中等 中中中 上中下 下等 下下下 上中下 甚

右乃另刻板一片用時不俱刷砌幾百張以書兵名足為數每冊用前賞罰由一張在前

紀效新書卷六

欽定四庫全書

紀效新書卷七

明　戚繼光　撰

行營野營軍令禁約篇第七（凡操中法令旗鼓既習將来必試敵而調發所不免也故即以行營篇為第七）

凡爪探夜不收爪探不的聽人言語不親到賊所欺詐因而悞失事機者軍法從事若傳報違期集兵遷延以致悞事罪同

凡軍行在途遇有疾病把總官驗實隨即稟明給文送所在官司撥醫調治痊可即便追来敢有詐病推避者治以軍法

凡傍哨後哨見有乏弱人馬不能前進或在路傍潛藏者隨即收送軍中不許私自縱放

凡軍行定委巡哨官生二員止宿委巡視官生二員差巡視旗十面但有干犯軍令即便指實呈報不許隱匿及因而需索詐騙者各依法究治

凡前哨官前途給與清道藍旗十面令旗一面凡遇大小事務俱要差人傳報中軍清道旗手仍先期禁斷人畜不許攙入隊伍衝冒旗纛如遇應該迎候稟事人員及各處差来齎送緊急公文之人前總領哨官審實差人報知方許進見倘有異言異服可疑之人送中軍研審發落不許擅放擅問

凡止宿住食去處除下野營照臨敵號令外若入人家或進城郭則前哨至城門前而各把總哨官頭目即

於通衢或在於人家之外相地放起火或若干枝即為幾路挨劄在彼候中軍到隊之中放静砲三箇每隊差火頭先進城入人家討取歇家令旗押隨完畢回報中軍方傳令照教場散隊安歇巡視旗分哨巡邏生事之人遇再起行仍照前初出規矩

凡軍行在路遺落器械什物見者許即收帶至止宿處送中軍招人認領失物得物之人照格賞罰隱匿不報者治罪亦不許私相交割

凡分兵數道臨發時務要會定記號如賊界相逢不分晝夜各即駐隊互舉原定記號以辨真偽

凡軍臨賊境或林木異常與賊共守之處各兵嚴勒器械須立定以待候差各塘報投覆無警再聽令行

凡臨賊遇沮澤坑坎不可擅即暗過須據平原備將地形稟覆中軍號令再行

凡官軍啓行各須披甲戴盔執器械庶幾臨敵輕便不許併執肩縛若路遠天熱得令方許更傳

凡火器應用繩藥鉛子銃手須於出征頭一日請給完足不許臨賊假稱放盡討索通以畏避論罪

劄野營說 野外屯劄對壘列營畫地以守於前樵蘇以繼於後夜防警襲晝結行陣其役也勞其事也險使吾氣常鋭戰守兼舉吁豈易易哉

凡每日五更盡擂鼓已畢各起梳洗聽掌號二遍各兵通赴木城邊各擎鎗立定作守城之勢各營把門人役赴中軍報守門無事訖聽鳴鼓升旗各營開門放汲其汲者限四刻掌頭號落旗回營進城蔬菜等項者限一箇時辰到營外取齊聽掌二號進營遲進及後出者俱打二十棍每隊三名以上隊長同責四隊俱有合九名以上者哨長官同責申時放汲一次號令執鎗之法俱同早辰買蔬菜止許早辰一次

凡樵採每三日一次於辰飯後正巳時聽中軍掌號一遍擎起樵字旗俱出每官下用隊長一名領去限兩時辰俱到營外候齊集赴中軍掌號二遍各兵仍赴木城邊擎鎗如前方開東西二門放進餘門不許

凡登厠員役照各厠坑由各營門將腰牌懸於門上方准開門而出赴坑所事畢即還自認取腰牌回營如夜間不許出營即於各自廠邊方便天明即打掃送出坑內違者照前汲水例行法

凡中軍遇晚鼓擂三次畢各營通即斷火禁喧斷人行違者隊長與兵同治隊長有犯官哨一體各打三十棍

凡差伏路人役每一晝夜換班一次俱以辰飯畢遣出

到彼該回之人即還赴中軍銷報
凡夜間遇有報事人役先令門外約近二十步之間即喝令立定守門人辨其聲音如係别衙門差來問其别衙門來歷如有書帖文移者令將書帖文移擲在地下着營外傳語人取遞由木城縋接送中軍有令箭放進者方許開門放進無令箭者不准如有遷延不去及不遵禁止徑闖木城下者許即打射殺死者勿論

凡本營人夜來報事諭令先報自己名隊然後説事一例止於營外聽令
凡遇賊臨近不拘營内營外違令者俱軍法從重決不輕貸而生
凡官兵無故非時違令出營者細打一百棍遊營示衆二十名以上官同法十名以上哨長同法三名以上止於隊長伍長
凡伏路之兵即以各枝分割地方所向之方為信地每日辰時後赴中軍領令箭赴彼交替日則辨驗往來真偽盤詰奸細照前更換遇有各衙門營寨公差人役欲赴本營者夜則於内令一人陪送到營二十步外止住先許陪來兵高説差人來歷守門人即與稟赴中軍聽令進退
凡夜傳暗更籌箭每隊揮兵二名守木城即傳箭迷失更箭者上下挨查得出軍法示衆
凡遇有警肅靜各守信地木城閉聽令發兵如有喧言亂走者軍法重治

凡更籌遇日晦夜暗行軍宿野必須定更則時以知早晚緩急之備先以一日有百刻分一十二時每一時有八刻二十分每一刻六十分共五百分為一時依二十四氣節為十二籌以日出入為則每籌長二尺四寸上畫各得本節日出入時刻分晝夜長短之數或不用籌計珠二串一串用小珠七百四十箇為數緊慢行數七百四十餘步或數珠七百四十餘箇程

限該二里二十七步餘為一刻行數七千四百七十
餘箇程限二十里二百七十餘步為十刻晝夜該七
萬四千七百餘步程限二百零八里有餘是為百刻
每一時八刻二十分該行六千二百二十五步數珠
即六千二百二十五箇為一時十二時約程限與
百刻同凡定更籌晝方名長短不同依十二時候節
氣各以長短刻數隨時分派朝以日出夜以日入為
始時定而更漏均大同小異可為警備矣且如安營

一面一百八十八步四面共七百五十二步行遍若
傳籌五十次共餘五百餘步日將出矣如冬至夜極
長夏至夜極短二十四氣皆有異同餘各倣此
凡下野營在賊不知之處日落斷火不許燎燒柴草恐
賊遠望夜来攻我營寨夜間不許支更鼓止令傳箭
約量回數定立更次守門人須要辨認奸細非奉將
令不許擅開營門如與賊對壘須去營二十步每隊
然火一堆徹夜見賊即與抵敵勿近自營使我不能
見賊自暗中望明来攻我
凡夜營俱照定過燈炬為號各看燈籠遵依各哨視中
軍之燈各隊視本哨之燈各兵視本隊之燈如視晝
旗一般違錯俱比白晝軍法加一等遇大風雨則視
火把遇出奇或暗地移營別處燈籠留在虛營各聽
隨時編發字號如中軍説甲字則是左哨凡言甲字
一即是左哨第一隊餘倣此不預定者恐奸細知之
也如再近賊則又不用字號以禽獸之聲為號隨時

給與哨官哨官依次相諭通知學雞鳴為某哨學牛
鳴為某哨之類皆不預設
陸兵舟行號令示各總知悉違者連坐
一起行處所中軍放砲一箇鳴鼓升行旗大吹打畢掌
號笛各官哨長赴中軍聽發放本日所行所止之意
畢散回聽放砲吹天鵞聲吶喊三聲點鼓竪何旗色
照旗色相同應行之營一體點鼓開船
一起行次序以日干所臨甲乙丙丁戊己庚辛壬癸五

行為前鋒先行餘照營次若行間遇中軍放大砲一箇晝磨旗夜車雙燈即便駐船營各照方向泊齊圍住中軍聽令

一到止宿去處前行之營放砲三箇鳴金落旗離營約去一箭之遠每一營為一䑸一體落旗聽中軍到落旗後仍復升旗是掌號箇發放若不升旗各官目有緊事者赴禀事無事者謹守信地訓齊兵伍若有更令必差巡視旗口傳或有令票不在此内

一凡水陸行營第一肅靜為要不拘何事俱聽旗鼓傳令不許口傳口傳之言雖本府面說亦不許從除明白進止用旗鼓號頭照原給令書外若或近賊或欲暗行暗止聽中軍如後開傳令一人挨遞一人不分官目雖本府亦自遞之

一物件挨次遞過即便遵守陸路同

要住傳土塊　要行傳小短箭　要立傳草木枝

要坐傳石塊　要有警收拾器械預防賊來衝殺傳大令箭即便於脚下隨便每哨官為一營搶擇地勢照給過原操令書内營陣立定聽候中軍傳令每給為一處不許相連

一止宿處所每營四哨官内輪撥兵一小哨赴把總處巡夜每營輪一哨官巡夜其本夜内驚恐火燭奸細之變俱罪坐本官其把總不時親自密查

一止宿處所船隻各隨到齊各分營定訖到日晚聽中軍放砲三箇打闢門鼓畢俟擂鼓各營照中軍一體

聚巡夜人在把總船邊跪下發放陸行同

發放云　官兵聽着^應^^齊^　夜巡謹慎^應^^齊^　毋得懈情^應^^齊^　悮了事軍法不饒^應^^齊^　起去^應^^齊^

聽定更喇叭一聲凡把總處支更其每船一隻内不分大小輪議五人每更一名在船頭執竹梆支更每打鼓一聲打梆一遍天明各赴本營回話

一以上乃明營也若暗住處所聽臨時傳知即便起暗號支暗更暗傳約束非用令票即用巡視起但初起

或初止時中軍不升旗及落旗不擂鼓不放砲吹打
即是要行暗令
一中軍官每日輪撥一哨赴本府執打器械緊隨轎馬
進止擺圍於後夜則即以此哨巡夜每輪中軍官一
員提吏

	兵	兵	
	兵	兵	
	兵	兵	
	大	大	
	刀	刀	
	藤	藤	
	牌	牌	
兵	鏜	鏜	兵
兵	藤	藤	兵
兵	牌	牌	兵
	大	大	
	刀	刀	
	藤	藤	
	牌	牌	
	兵	兵	
	兵	兵	
	兵	兵	

一水陸住止處所遇本府馬到先於一里內差塘報二
名進歇處搜過出衙門百步回報無事則不言若衙
門不便難宿或有奸細即便口禀
一本府進時親兵在前者擺進衙門內在後者即便于
衙門外大街通人行處街口去衙門二十步內各執
器械把定清禁人言仍輪一官坐巡邏俟本府閉門
方許聚赴衙門首聽火兵送飯食用
一凡大開門時凡小開門聽中軍官即將輪日親兵在
外照前項擺定一千帶進毋擁擺列乃用四人在堂
上帶短刀立定口報訖方聽開門若在人家一體相
同比在衙門更加謹慎在野宿亦與在城相同比在
城更加謹慎
第一肅靜為主凡有平時喧嚷者細打四十連坐遇傳
號令下營陣止起之際耳只聽金鼓號頭眼只看旗
幟決不許口發一言但有喧嚷出聲者拿治如前臨
陣割耳回兵查若因而悞事者斬首示衆

紀效新書卷七

欽定四庫全書

子部

紀效新書卷八

詳校官編修臣吳錫麒

總校官進士臣程嘉謨

校對官編修臣馮集梧

謄録監生臣賀賢智

欽定四庫全書

紀效新書卷八

明　戚繼光　撰

操練營陣旗鼓篇第八號令既習刑賞俱知於是列於塲肆而教以坐作進退之法為營陣之制以施於用故以操練篇為第八

一發放候升帳喊堂畢牙旗開中軍官稟升旗稟起即放砲一箇擂鼓升旗待衆聲跡將定又稟放静砲稟訖放砲三箇三軍肅静敢有喧嘩者軍法施行又稟稱吹號笛聚官旗聽發放俟官旗到齊立定金止中軍官呌官旗上来兩邊齊應一聲自卑而尊由隊長從下擺起務要行次踈直齊均各官旗依次跪下中軍官執發放牌高聲發放云官旗聽着耳聽金鼓目視旌旗步閑進退手習擊刺萬人一心惟將是聽違犯的軍法不饒每一句衆應一聲分付畢若有别項講諭各静聽主將逐一親說記定依次分付自尊而卑起立分付如前中軍官傳令官旗下地方衆應一

聲聽大吹打官旗由原路散回信地聽各把總吹號
笛哨官哨隊長俱聽把總處照臺上發放但先一句
云奉臺上號令如有分付一體字字諭之仍照臺上
規矩大吹打散回信地又哨隊長各到本官哨官處
再行宣說但第一句云奉本總號令畢歸隊隊長率
兵通聽哨長發放但第一句云奉本哨號令畢又兵
聽隊長傳說約一刻掌下營號頭即各肅靜聽下營

一教場大列三軍聽吹掌號笛發放之圖

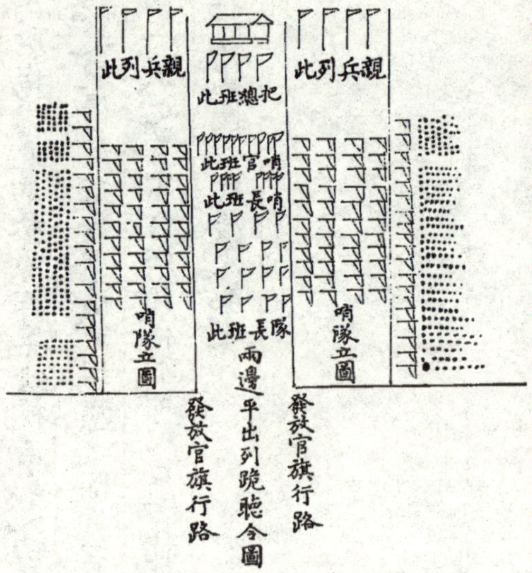

一中軍請鈞旨下營稟訖中軍即撥下地方巡視人役
每哨二名共十名旗上明書某哨巡視字樣俱赴臺
下稟請下地方藍旗聽發放掌號官發放凡吶喊不
齊行陣錯亂喧嘩違令臨陣退縮拿送處治分付訖
督戰旗牌每總一面五面付官懸牌執旗稟稱執旗
牌下地方督陣旗牌上馬各巡視旗從之由發放路
各歸營哨中軍吹哱囉各起身一盪喇叭必警二盪
必齊再吹哱囉中軍擺金鼓旗幟掌旗者即將原列
兩行旗取五方一副上將臺二副擺定兩邊官兵聽
點鼓於臺前如路廣則每哨四隊平行如路狹則每
哨挨隊依鴛鴦陣法照圖行至極前俱層層立金嚮
鼓止
以下至收為大營句止共八條其八圖此每每臨陣
對敵所用者乃實效非飾觀視之筌蹄也數年屢戰
一切號令行伍俱如圖欵毫不更易是以每戰必全
捷而我兵不損及至困攻賊雖竭力以刀石擲敵而

我兵不為所傷者此鴛鴦陣牌筅鎗梲居次之功也
須臨陣觀之便得妙處肯綮借或塲操之際肯有親
入行伍內一試之者亦自知其利不可以口舌楮筆
載也今將初出圖令開後次第之

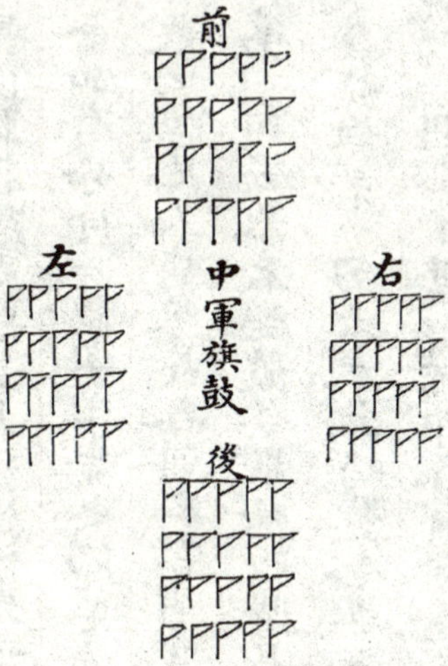

一路狹一字行到極處過營放砲一箇立定

俟定又點鼓點旗前營正兵即由正路以當賊之頭
左營即由左取路以出賊之左右營即由右取路以
當賊之右俱依大鴛鴦陣勢單隊雙行如有五營則
以後哨急出伏於左右因地勢山林而從便相機如
欲俟賊來迎我我則伏兵出於前三枝大兵之前里
許之地如我欲徑殺入賊中不待賊動則伏兵即於
我所進左右二枝大兵之後與交鋒之地相去不過
半里伏之此時料賊已相見不必密行也候前正兵

將近賊一里之地急吹單擺開喇叭將鼓急點前營
正兵即大鴛鴦陣平平一字列開以前哨為策一層
後哨為第二層左哨為左翼右哨為右翼左營奇兵
以前哨出左路抄賊為正兵後哨為二層接應左哨
為左翼右哨為右翼其右營奇兵亦照前營兵分於
右通每一層為平一字擺開如路狹則擺大鴛鴦陣
如路寬則自大鴛鴦陣又分擺為三才陣俱在臨時
所變此皆以塲操兼對敵之實事言也若專在塲操

其伏兵一半出大兵之前一半在大兵之後庶二者俱習矣但如伏兵在兵之前必須賊未見時先事遣發亦必賊勢迎頭而来者乃可也然此伏收功最易但伏之甚難非上等好漢齊心齊力不可也須賊過我伏来方聽我號令而出不大成則大敗惟有隨兵同出遇藏身之處從便伏於兵後一着此最穩當雖不大得亦不大失但此伏所以防前兵少却為第一功除此無所用其力如此攻伏恁是如何賊不可測

何則有前行大兵遮護之耳其中軍兵一面在大後在二三里之内據險劄老營如此擺陣須速其定伏兵俱伏已畢候近賊百步之内中軍放銃一箇吹長聲喇叭鳥銃手在前打銃每長聲喇叭一聲打放一層只至擂鼓而止如喇叭急吹長聲連連不止是要鳥銃手一齊放了也不必抽放又近賊五十步外放起火一枝各射手兵放箭放弩放火箭畢吹天鵞聲喇叭擂鼓各兵奮勇徑奔賊鋒再不許時刻遲疑恁是如何厮殺不許亂了鴛鴦陣隨離隨合務要牢記其平日所習陣法牌筅鎗刀之法用時都如平日争忿厮打一般不慌不忙殺進一層又殺一層殺死倭賊恁從後兵斬級當前者只管殺去恁賊擲来金銀只是厮殺再不須顧第一層戰酣擂鼓少緩又擂鼓第二層急急衝過前層接戰前層少整隊伍鼓又少緩又擂鼓第一層又衝過第二層之前接戰原二層少整隊伍兩翼奇兵一體間層依令進戰整隊與正

兵同侍左右俱合之際扮賊奔走屯巢之象鼓又少緩再吹擺隊伍喇叭各兵即將賊所奔入之巢或上山林之内即時四面各整鴛鴦陣大隊圍住每遇門路處以厚兵一哨官者當之緊於門路要口鴛鴦陣列定以備併力衝出殺入不許輕動擅進恐中賊伏及或一人有失悞事不小賊之銃鋒闘死皆在此處但以守定為功其非門路之處各營哨分内信地之兵聽即設計出奇從便攀登以入敵戰但責其取勝

而已大捷既畢據報無警各兵照舊困攻聽中軍差
親兵入圍内搜報平安聽摔鈸響各於脚下收成大
隊再聽摔鈸響各哨為一聚各營為一大聚俱隨五
方各該大旗下立定俱仍照原出戰大陣之規分前
後層左右翼聽鳴金一聲各前一層退出間隊退在後
層之後連鳴金二聲齊喝一聲立定又聽鳴金一聲又
後一層未退之兵間隊退過已退兵之後又鳴金二
聲齊喝一聲立定如此間隊依金退至中軍大營放

砲三箇吶喊三聲鳴金大吹打得勝鼓各兵挨次看
旗頭收回作大四疊此五營出陣之説也若止四營
則以一營為正二營為左右以第四營一半設伏一半劄
老營若止三營則以一營為正兵一營分為左右一營之
半為伏兵一半為老營若兵止二營則以一營中一半為
正兵一半分為左右一營一半為伏兵一半為老營若止
一營則以各哨分之雖是一箇人亦可如圖操習及
如圖臨陣也刻舟求劍者豈足以語此

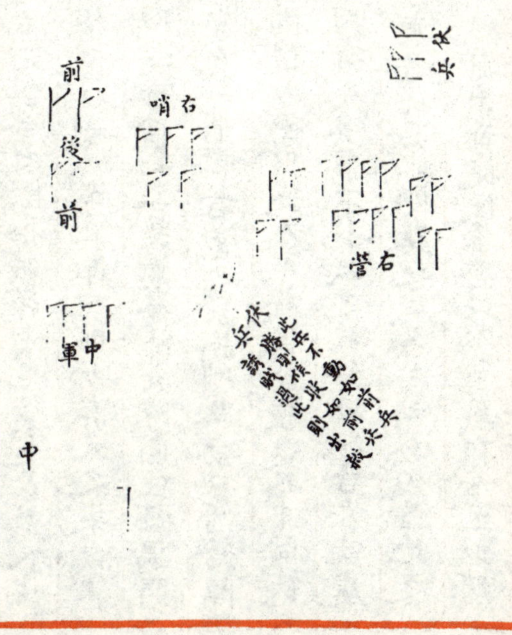

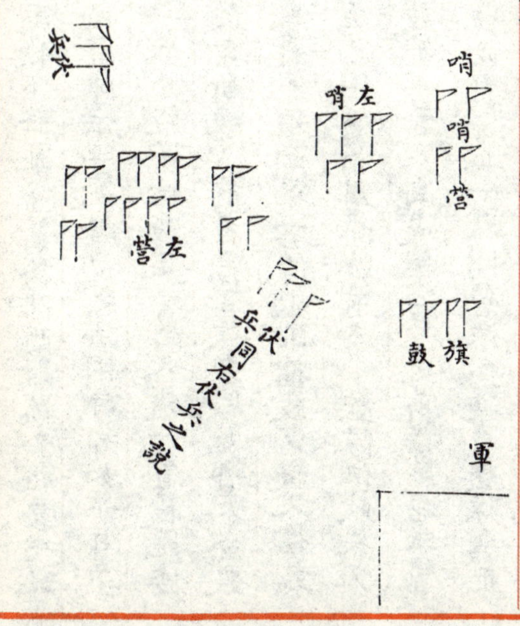

一定立交鋒圖

右如全營圖之方幅有限姑圖一營以例其全

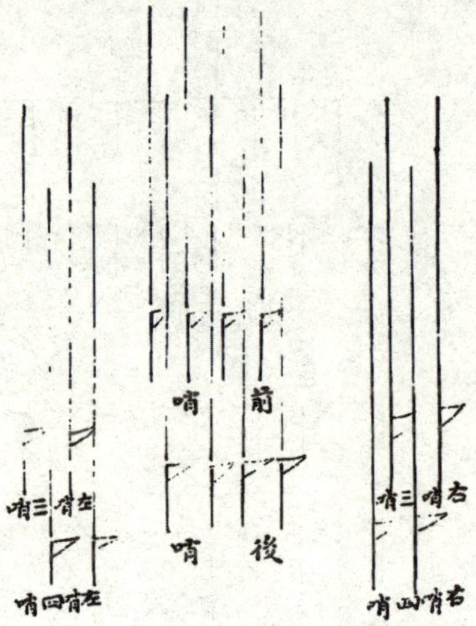

一伏兵出戰回兵策應之圖

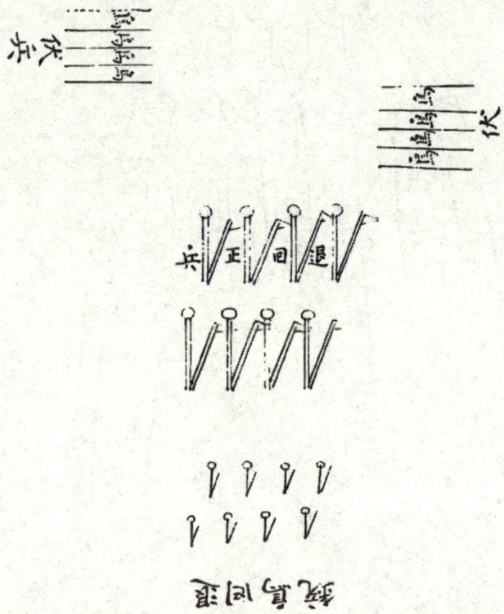

一攻圍之圖

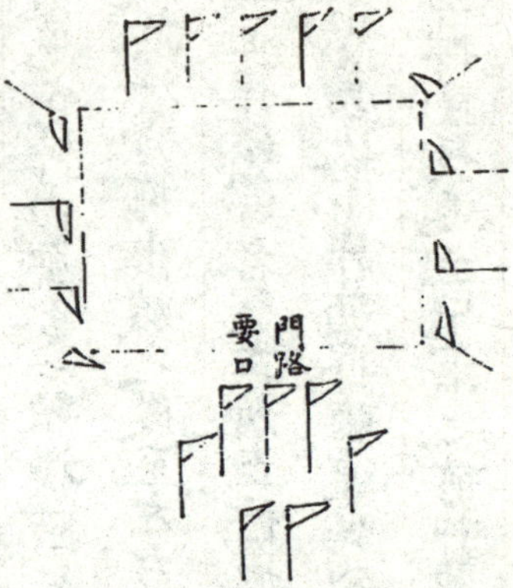

右不能盡圖亦如前耳
退出圍地金止五方旗聽打金邊發出為四疊立表
聽大吹打五方旗齊照各兵照旗色分行各旗下為
大四疊

圍攻之法不可執一也如賊勢大敗賊少我衆所圍之處或山林人家又復狹窄方可四面合圍必使一倪不返如賊氣方盛我少賊衆或所圍之處散濶而我兵分守不足必缺生路一面分兵於去圍十里之外必遁之路伏之

退兵之圖

收四疊圖

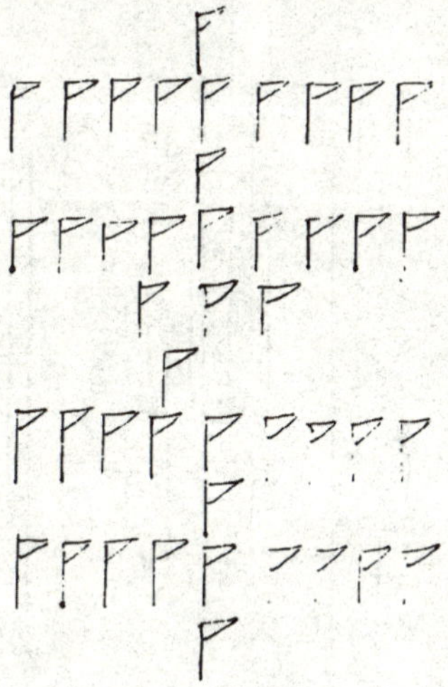

收畢吹打止鳴鑼坐地休息金鳴鑼止打金邊發塘報候塘報搖黄旗知有賊各兵聽吹哱囉起身先點後營旗不點鼓後營兵分為二枝照前擺開圖設伏畢次點鼓點旗發前營兵為正兵左營為左翼右營為右翼中軍在後據險劄老營通照前次擺開之圖立定聽吹擺隊伍喇叭為大鴛鴦陣金鳴喇叭止又聽吹單擺開喇叭擺成三才陣金鳴喇叭止鳥銃手照前陣號令放砲畢中軍擂鼓鳴天鵞聲喇叭吶喊

各兵一擁飛身追戰第二層隨上鼓少緩又急擂鼓第二層又飛身衝出前層之前衝戰前層少整隊伍右營等兵通照前陣内號令一體操戰候二層俱交鋒之初前伏兵一齊擁出賊之後至左右兵合戰得勝聽鳴金戰止摔鈸響各整在所立信地此時在兵後左右伏兵照舊伏不許動再聽連鳴金三聲退回退法俱照前陣圖號退至中軍之前押陣大旗巡視旗急搖中軍放銃一箇原設在陣後左右伏兵與中

軍正兵先將鳥銃一通盡放擂鼓吹天鵞聲喇叭合正伏之兵一齊吶喊左右伏兵急進中軍退回正等兵俱一齊轉身便衝進其前與賊交鋒混戰必勝而後已摔鈸響收整隊伍又摔鈸響各押陣大旗收回先立為長一字陣之表叱先出一字稍加稀濶左右兩營橫離一百步鳴金大吹打各營照旗收回仍為長一字陣立定金止中軍稟對壘安大方營稟訖照後大方營圖號施行

一發兵出列之圖

一收兵退回之圖 照前初出長一字圖 俱與前出戰收退之圖相同茲不重出當取法於前圖云

夫南方山水林翳地勢最狹惟有前二陣用無不宜此因地措形也何則善用兵者因敵情轉化其法已云然矣而不知善操習者亦因兵情轉化豈有一定之習哉善用形者亦因地形措戰豈有一定之陣哉況兵列既長緩急之變賊勢叵測尚或遇出於此格之外偶有警急豈能候中軍號令若遇未及照令施行之中忽有前變則前營把總即自主號令先以備戰左營右營各聽當前把總之號即如中軍號令一般則後營伏兵即當於前哨之後左右或遇山渠或林木人家或堦巷灣曲可以潛躲身形之處偃旗斂跡銜枚充為伏兵以備前哨萬一卻回俟其走盡追過我伏來聽在後老營兵砲響即便矢起截衝賊中或出賊之後如此必轉以為功而前伏不及設亦不

必設矣其劄老營策應兵如賊徒戰進前哨兵來俟賊過伏兵所在即便衝上後營兵一面在後太遠處據險為家阻拒扼塞竪立營壁管三營火兵做飯備守

一戰勝追賊防伏之法

夫倭性人自為戰善於抄出我後及雖大敗隨奔隨伏甚至一二人經過尺木斗壑亦藏之往往墮其計中辛酉之役一月十捷我兵損不及六七人議者謂

非兵之巧乃賊之拙此倭不如别倭之有伏也殊不知将前法已曾教熟於平時故如花街之捷戰追四十里而保全勝者非賊之無伏我有搜守之法而伏無所用也其法如賊徒一戰而敗賊遂奔北我兵追上凡遇林木人家過溪轉角之處每量林木屋垣灣曲大小即留一隊或一哨守其必出之口而他兵一面徑跑追上每遇一處即留一處又或村落極大者即通行圍止聽人進搜無賊高聲為號又復前追其

麥田茂草之地又皆可伏之所我兵每一哨内即留一隊分投下路星散麥田草中搜打喊吽一面正兵徑追故每戰多於麥田中搜獲生擒此非避我者正賊之伏也

一操法以木牌書麥田村屋分别大小等字凭聽一人以便插於教場以灰畫為委委曲曲羊腸大路一道擂鼓交鋒既勝追賊照前説依圖分往下路於所立木牌處搜防今列圖於後

一搜伏防伏之圖

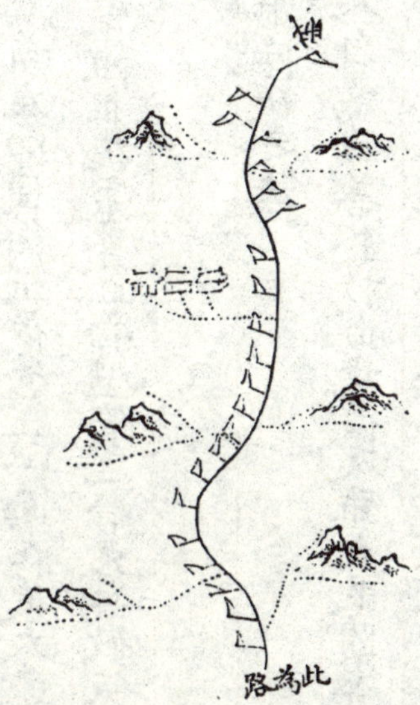

一中軍大戰全捷對壘安大方營打金邊五方旗幟先出立表執旗立表之人執五方旗者先於中軍四直各數行足立定各四角表旗自門旗平看亦行步如數立定為四角之表各須聽主將預計如每鴛鴦一隊該去一丈計之每面約若干隊為若干步高招又少折一半立為子層前營兵即為前面左營即為左面右營即為右面後營即為後面

五方旗招先出立定圖

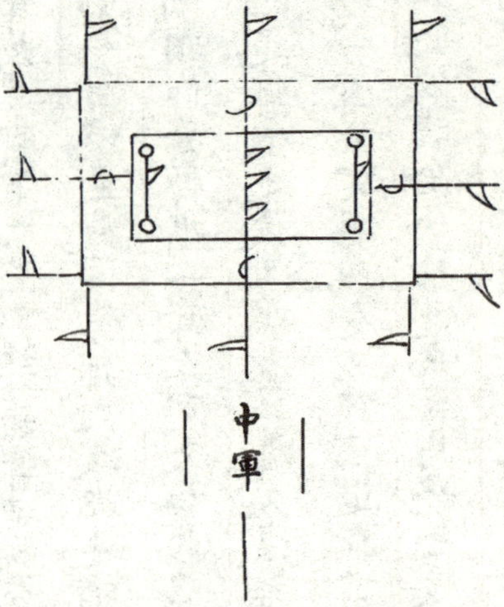

一吹擺隊伍喇叭兵照各方旗色依本旗望表蟻附下營各哨為一簇圍聚門旗兩邊俟人定聽吹長聲單擺開喇叭照方營圖撒開依鴛鴦整陣立定司杴钁者作掘塹勢立拒馬者立拒馬下蒺藜者作安蒺藜勢鑼鳴俱坐竪黃旗擂鼓發火兵樵汲鼓三通發出閉營門吹號笛官旗發放會議事俱照臺上發號令施行候各到地方掌號吹長聲哱囉全營起身槳鎗作勢方伏黃旗收火兵進營起火一枝各營舉火炊食畢即隨報有賊之處看竪何旗如竪紅旗則前面備戰竪黑旗後面備戰竪藍旗左面備戰竪白旗右面備戰旗既竪聽哱囉一盪起身收拾器械點鼓鳴銃先行在前離本營一百小步立定其該營之兵前哨出在鳥銃後每哨各隊平列為一層二哨在左三哨在右四哨在後照圖擺定其中軍親兵之類一字擺在出戰兵之後以補該面方營之缺聽吹擺隊伍喇叭前哨踈擺大鴛鴦陣在前為正兵左哨出左邊

右哨出右邊後哨攢上前與前相近二十步為次層接戰兵其左右兩翼兵務與中間正兵相去各自為哨之地初不許擠密相聯各以一哨二哨為抄賊奇兵三哨四哨徑在大兵之前半里外左右或山或險或林木人家或溝渠但可遮藏形跡之處俱各銜枚偃旗卧定為伏兵其交鋒之法聽中軍放砲一箇吹長聲喇叭一聲銃手放砲一層吹過五次喇叭放過五次砲盡出戰如有令分付若喇叭吹長聲緊吹數

聲不止則凡在砲手一齊單列盡數放畢㸃鼓前哨
慢行出鳥銃外擂鼓吹天鵞聲喇叭吶喊交鋒認是
如何不許離亂鴛鴦陣法一隊一大陣任其亂殺亂
砍不許與牌手相離一聞金響即復原隊如賊不退
尚在交鋒金不鳴中軍擂鼓忽止又㸃鼓則該二層
間隊出約將到擂鼓吹天鵞聲急出前層之前接戰
兩翼抄賊奇兵相夾而進如賊敗走原擂之鼓聲聞
不歇則當交鋒之層只顧追殺上前二層緊隨擂鼓

少止再擂又是二層間出只顧整隊間出上前追殺
但聞鳴金三聲火速脚下立定聽摔鈸響速收整原
隊鳴金一下第一層退至最後層兵之後聽連鳴金
二聲復槃鎗回頭作勢齊唱一聲立定又如此鳴金
二層又退回已退後層之後又鳴金二聲又復槃鎗
回頭作勢齊唱一聲立定再鳴金又該已退在前之
兵又退又止如此依聽金令輪退只至鳥銃之後此
時賊若追我過伏兵来中軍即放大銃三箇兩邊伏

兵一齊擁出打銃兵皆横奔冲賊務出死力抵敵正
面兵一齊回頭擁上四面合攻混戰老營發兵助勢
此時伏兵已起若已退正兵而不即回頭拚命策應
者全隊如禁令條約施行大得勝金響三聲各照前
出退法退回原劄陣之地立定金止聽報無賊摔鈸
響收隊再摔鈸響收成大隊前層不動後層少退留
左右二哨之空左右二哨俱各脚下立定再聽摔鈸
響左右二哨各馳回原空立定鳴金大吹打鳥銃先

回進營門即轉身向前伏定防前有賊来兵哨挨次
徑歸原營每哨一聚畢喇叭吹單擺開仍擺方營餘
三面之營皆是一般號令出戰凡營中無故放砲是
欲更變號令砲響後各營看中軍竪何色旗何營聽
備出戰通戰收已畢鑼鳴俱坐中軍禀收大營起營
吹長聲哱囉各起身摔鈸響收成大哨再摔鈸響五
方旗招回中軍各兵聽中軍旗招㸃各營照旗方向
俱歸旗下為一字面前擺開乃為四疊聽令收營

凡戰但係正兵俱聽喇叭吹數或擺鴛鴦陣或擺三才陣隨號無定其兩翼伏兵定要擺作三才決不用鴛鴦陣葢伏兵要突出必是奔砲鴛鴦陣人衆砲遠易亂故只用三才陣人少易出應急為便

一交鋒之法兵在各伍牌後遮嚴緩步前行執牌在前只管低頭前進筅鎗伸出牌之兩邊身在牌之後緊護牌而進聽擂鼓吹天鵞聲喇叭交戰執牌者專以前進為務不許出頭看賊伍下恃頼牌遮其身以筅鎗出牌之前戳殺為務如不上前隊長牌兵之責如

隊長牌兵被害伍下償命其兩翼之兵先大張聲勢望外開行俟將戰急於賊之兩邊各令一半自外圍戳而来各令一半伏住俟賊到正面兵俱將牌定立不動兩奇兵急合賊必分兵迎我兩來奇兵俟賊四顧奪氣正面兵即擁牌夾戰如勝負未分前力已竭又即點鼓第二層由前層空內間出如圖接應對敵聞金得勝而止依退法退回架梁兵各帶小旗一面

捲訖知賊已無別伏方纔打得勝回營

吹擺隊伍喇叭點鼓每一哨一衆圖

一再吹單擺開每鴛鴦一隊平去一丈五尺

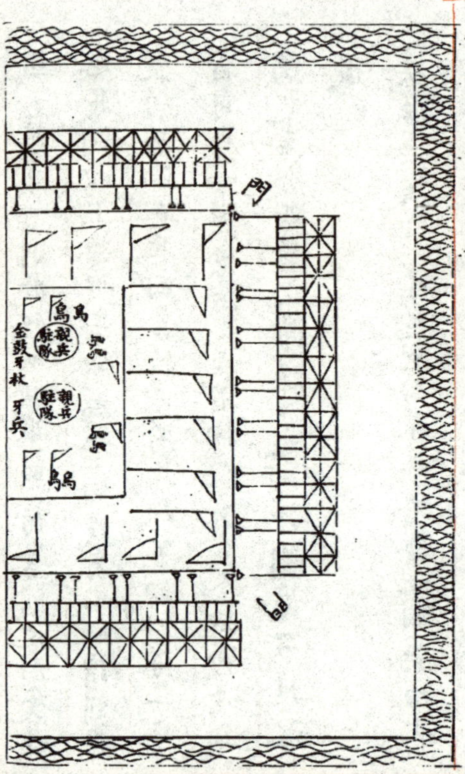

立定吹擺隊伍又點鼓出變

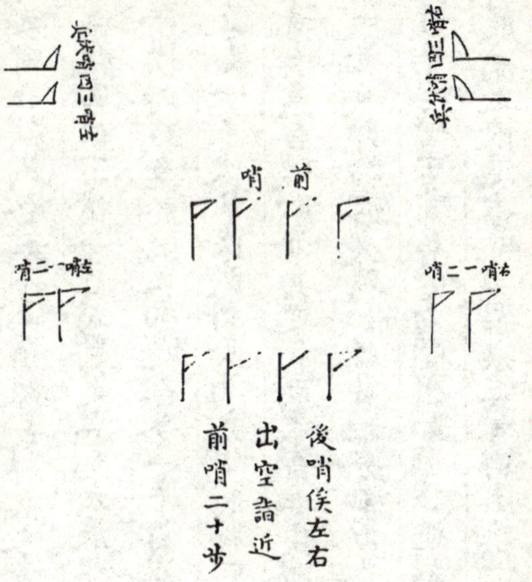

一立定交鋒之圖

一退兵之圖

一伏兵出戰回兵策應之圖

以上俱載前操長營内已詳茲照前圖施行此不重出

一收營法即從方營收成四疊放銃三箇吶喊三聲一齊收至將臺鳴鑼過隊各回原劄兩行信地金響鑼止又慢鳴鑼三聲散中軍歸列鳴鑼兵士坐息如出戰在野收回則放銃吶喊畢照行營隨地形變幾路收回以上操戰法似為定局或者曰所謂刻舟求劍也倘兵非四營將焉用此殊不知一隊一哨皆可操當照後演之式不拘人多少令將零哨一哨起至合四營上常操分合之妙圖說另具於後

一挨隊操演自一隊起至四隊畢又合一哨操四哨畢合一營操此以下操法號令俱附各圖之右如此

雖十人亦可用戰法亦有奇正不過一頭兩翼一尾中軍為心是謂握奇心運四肢當敵者為頭迎鋒先即繼後與頭更番間出不窮兩翼隨之自遠而近迎合於前但遇敵處即為頭為正兵但在左右即為翼為抄賊奇兵但在後即為尾為策應兵其金鼓號令雖操五人十人由一隊以至一營由一營以至十萬皆同

一操法一隊前來立定鑼鳴坐地聽吹長聲單哼囉各

起身執器械聽吹擺隊伍喇叭整隊鴛鴦隊擺開單聽吹單擺開喇叭即變如後圖三才陣點鼓前行擂鼓吹天鵞聲喇叭吶喊交戰五人為正兵各三人為左右翼金響三聲立定鳴金一聲面前退回連鳴金三聲即向前齊喝一聲立定摔鈸響仍收鴛鴦隊打得勝鼓回在教塲空地立定鳴鑼坐地休息如是又點哨長旗第二隊照前習戰二隊畢又點哨長旗第三隊習戰畢又點哨長旗第四隊習戰號令皆同第一隊習戰之例四隊俱完是一哨完

一伍操圖

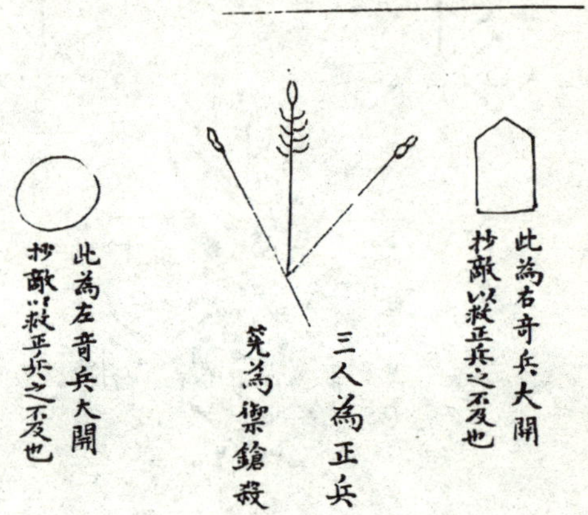

一隊操圖出鴛鴦陣變三才圖

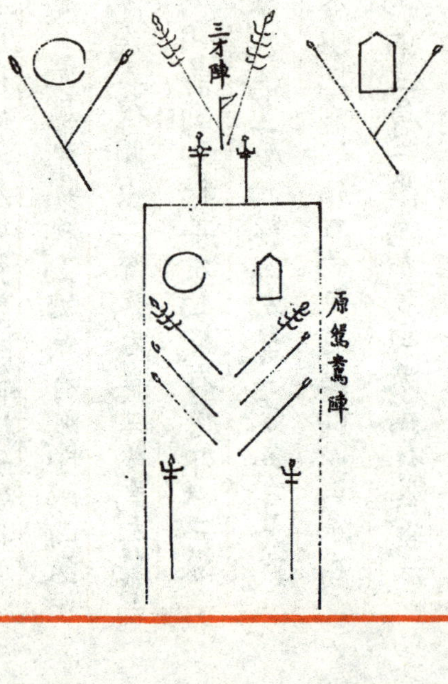

一四隊為一哨操完聽哨官點旗吹哱囉以上原操完
的一哨俱起聽點鼓整鴛鴦隊一隊單行二隊三隊
並行四隊單行立定鳴鑼坐息聽塘報在前搖旗報
有賊至聽吹哱囉起身聽吹擺隊伍喇叭即整鴛鴦
陣二隊在左者左出去正隊一十小步如野地不拘
但以進退便利為界右者右出聽再吹單擺開喇叭
即分三才陣如不再吹單擺開喇叭是不分三才陣
只以鴛鴦陣聽號交鋒但以吹喇叭聲為准如擺三

欽定四庫全書　紀效新書　卷八

才陣已定聽點鼓頭層一隊慢行四隊在後跟上聽
擂鼓吹天鵞聲吶喊第一隊交鋒任是如何厮殺不
許亂了行陣又點鼓在後第四隊由一隊空中間出
一隊之前交鋒如此相輪間出無窮左右二翼二隊
三隊照居中正兵一層進一體進一次只進至兩翼
抄抱相合在正兵之前止聽鳴金三聲各收原隊再
鳴金一聲在前層退過在後一層兩翼一體各退原
路連鳴金三聲齊唱一聲立定又聽鳴金一聲前層

又退退至原地摔鈸響收成鴛鴦陣再摔鈸響收成
原隊立定是一面操畢如後面塘報有賊即以四隊
為正兵一隊為二層間出二隊為右翼三隊為左翼
戰法收法俱同前例如操畢左面報有警即以二隊
為正兵三隊為第二層四隊為左翼一隊為右翼戰
法收法號令俱同前例如右面報有賊即以三隊為
正兵一隊為第二層二隊為左翼四隊為右翼戰法
收法號令俱同前例哨長居中調度為中軍

欽定四庫全書　紀效新書　卷八

一二哨出戰隨敵分應遇賊處為首交鋒操圖

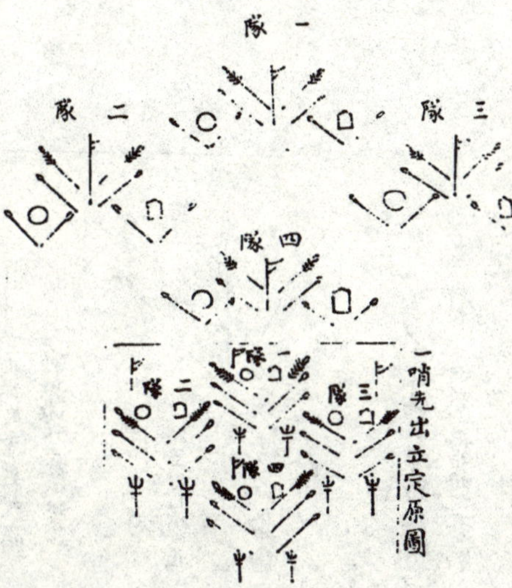

一哨操畢回空地鳴鑼坐息又聽二哨三哨四哨各輪照一哨之法操畢又聽回空地鳴鑼坐息如此四哨俱完又鳴金邊探賊待報警即聽本總點本哨官方色相同之旗即各聽吹長聲哱囉四哨通起身收拾器具鳴金邊發塘報四哨旗即前至戰地立表每隊有三步長則左右旗各退第一哨之旗後十二步左右平立第四哨旗在後之中又退左右旗十二步立定點鼓先鳥銃次前哨挨次各就旗下立定聽點鼓

則每哨四隊通攢到旗下平列一字聽吹擺隊伍喇叭一哨鴛鴦陣擺開每隊相去三大步如聽再吹單擺開喇叭是地形廣濶就用鴛鴦陣對敵如再吹單擺喇叭是地險窄要仍擺三才陣對敵四哨亦照一哨擺作第二層聽令間出二哨即由左而遠離正兵或三十步或不拘只相地形之便或旁抄小路但不許太遠聲勢不相救應以一隊二隊徑 傍路抄裏賊後三隊四隊即於出正兵三十步之前不拘遠近隨其山地形勢可以隱身之處掩旗息鼓銜枚接伏以為伏兵三哨亦照二哨之法出正兵之右亦一體以一隊二隊比照二哨抄賊以三隊四隊比照二哨設伏若遇地形偏斜止有一邊可以伏裏臨時聽本便宜分布若一邊可伏一邊可抄則聽各哨之便可抄賊者盡數抄賊可埋伏者通哨埋伏該總内中軍等兵并不操之哨急帶一哨官者在五十步後據險一字擺開為老營如此布定寂速為要賊至小百步

聽本總放銃一箇每掌號一聲鳥銃放一層連掌號五次五層俱放畢聽點鼓一哨緩行出鳥銃前聽擂鼓吹天鵞聲吶喊方才交鋒鼓即少緩掌號一聲第二層四哨兵急出又擂鼓聽天鵞聲接應間出前層之前交鋒鼓少緩又點第一層又出二層之前擂鼓吹天鵞聲吶喊交鋒操塲不拘幾層只管輪聽鼓號喇叭吶喊間空抽進兩翼二哨三哨兵亦照正兵號挨層抄進若臨敵交鋒一層已接只有二層四哨接

應二哨三哨抄進之兵待正兵第二層四哨一合前層共戰則兩翼即来抄進以奪賊氣以壯兵久戰之膽或正兵佯却誘敵或由正路或由别所任便戰引決不許經由伏兵之處却回悞事俟賊追過伏兵来將近老營兵之時聽放大砲一箇伏兵聞砲左右二哨者兩邊齊吶喊躍出或冲賊腰或出賊後賊必慌忙回顧奔回之兵火速轉身本總聽大擂鼓儘力一擁追殺前去萬勝無差戰畢聽連鳴金三聲即各於

脚下立定再聽摔鈸響即各歸原隊哨聽鳴金一聲第一層先間隊退回後層之後聽鳴金一聲聲喝一聲立定又鳴金一聲在前之層又退過已退兵之後依前令鳴金喝定如此輪間抽回只至老營原地聽摔鈸響照原單擺開圖立定又聽摔鈸再響照原初出營隊立定金鼓齊鳴魚貫收還回軍如賊從後来即以四哨為正兵迎鋒二哨一二隊為右翼兵三四隊為右伏兵三哨一二隊為左翼兵三四隊為左伏兵一哨為後應如賊從左来即以二哨為前哨正兵三哨為後哨策應四哨一二隊為左翼兵三四隊為左伏兵一哨一二隊為右翼兵三四隊為右伏兵如賊從右来即以三哨為正兵迎鋒二哨為策應一哨一二隊為左翼兵三四隊為左伏兵四哨一二隊為右翼兵三四隊為右伏兵

一哨立表圖

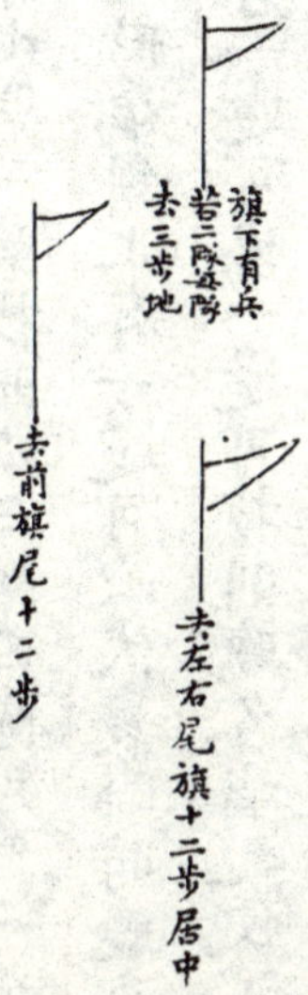

初　出

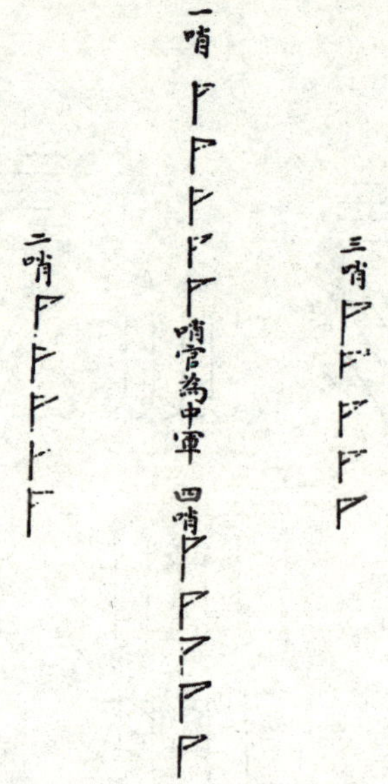

再吹擺隊伍圖

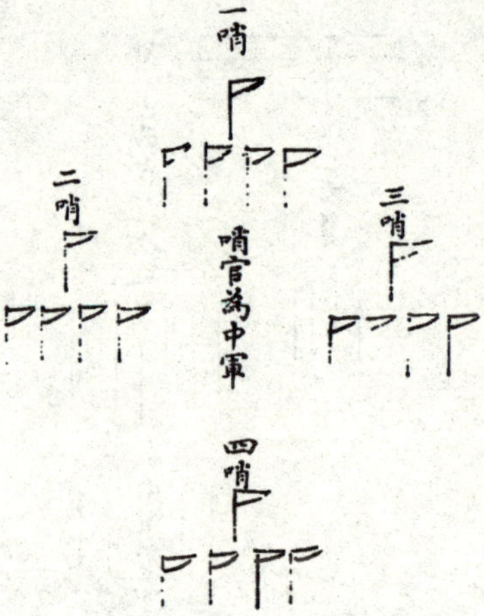

欽定四庫全書

再吹單擺開圖

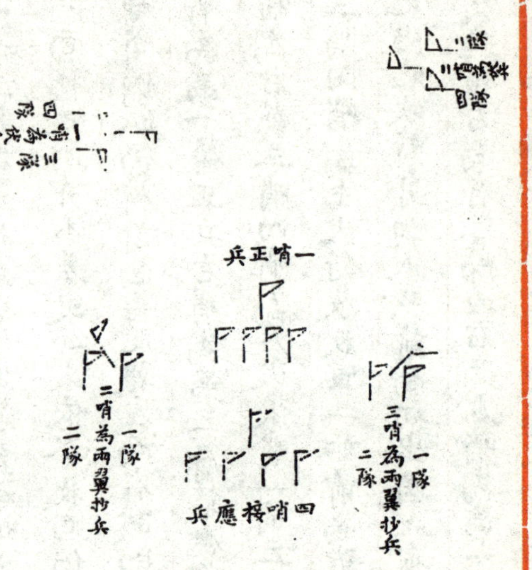

一出戰圖

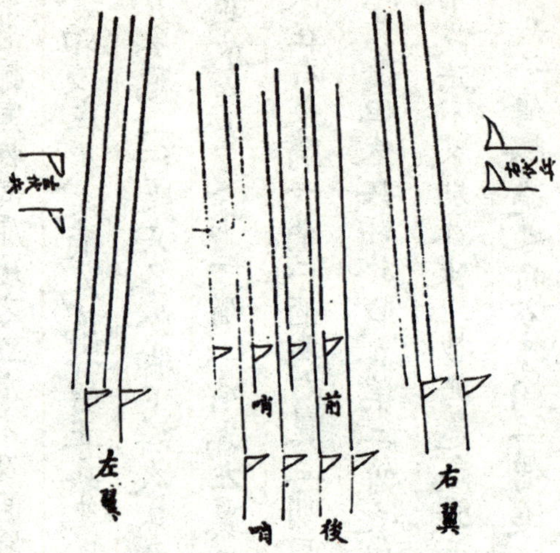

一伏兵起身出敵圖

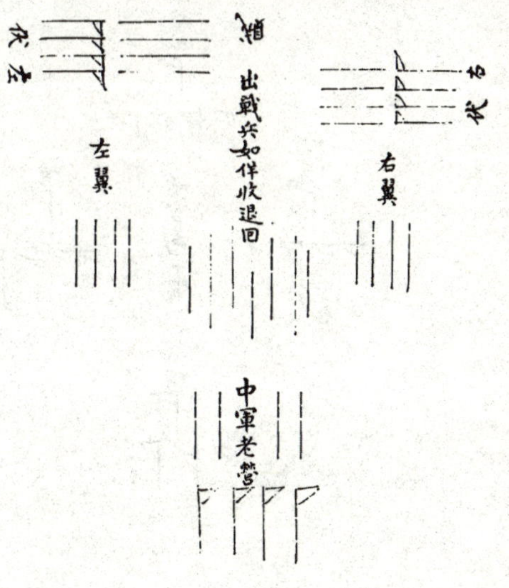

一伏兵既出老營兵急應原却兵即回身向前圖

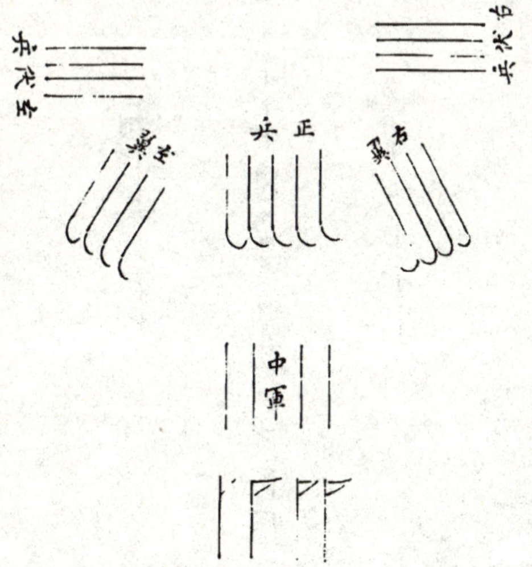

一如在教場前面操完收回原地方立定未及回軍忽報後面有警即以在後之哨為第一層正兵先回之哨為第二層策應正行之兵各於脚下鱗次鴛鴦陣轉身立定迎敵在左之哨一哨二哨為左翼三哨四哨為左伏在右之哨一哨二哨為右翼三哨四哨為右伏各照舊法但伏兵即於戰兵第二層之後左右即在陣中設法不及別尋伏地抄兵急急張兩翼而上不必正兵二層輪進之時方纔同二層進比是

一總通出之法其出戰收兵埋伏出敵號令俱與下方營時一面戰之例并不差更如文依令收回仍立定聽吹轉身喇叭仍轉前面再聽報左面有賊即以左面左哨為第一層正兵右哨為第二層策應前哨一哨二哨為右翼三哨四哨為右伏後哨一哨二哨為左翼三哨四哨為左伏對敵收軍一如前面號令先回原地仍聽吹轉身喇叭照前面初出圖立定未及回軍又聽報右面有警即以右面右哨為第一層

正兵左哨為第二層間出前哨一哨二哨為左翼三哨四哨為左伏後哨一哨二哨為右翼三哨四哨為右伏對敵收軍一如前面號令所謂無不可為首無不可為尾無不可為翼無不可為伏庶臨事任從何面有警任從前後左右無不即成營陣隊伍左之左之右之右之無不由之如驅羣羊是也若不如此廣習獨用萬一地窄賊近仍要調過前哨向賊為正兵悮事豈小小哉一總操定即大鳴金鼓照鴛鴦陣行回

原劄大營信地依行伍立定鳴鑼坐息聽一總又看將臺何色旗照旗色把總帶兵照鼓聽吹哱囉起身赴中軍照先操一總號令布戰抄伏進退之法毫釐不許差錯如此五總通完各仍回信地擺列坐定休息聽中軍號令合營大操俱如一總之法四面報賊隨警調應亦同一總四面之法俱因地勢而加人數之多耳凡每謂之前後左右各以前後左右之總配之每謂之一二三四哨者則以前後左右所分之哨配之由此而增百萬一法

一附寧紹操練生兵陣圖其號令俱如見行並不重註

圓為直陣

照鼓各分出引至其地立定圖

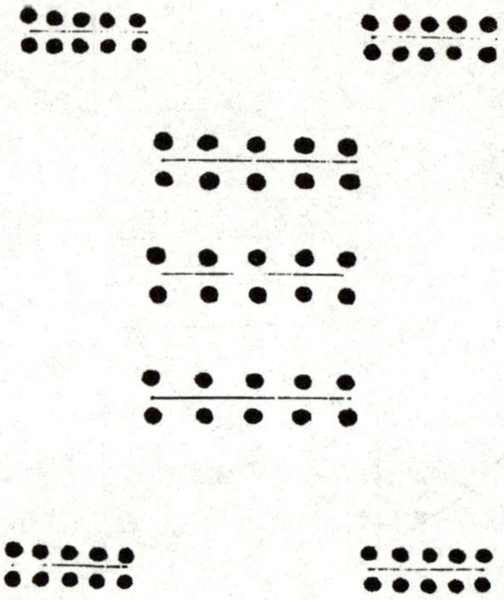

一變為三疊陣

二變為方陣皆缺內圖

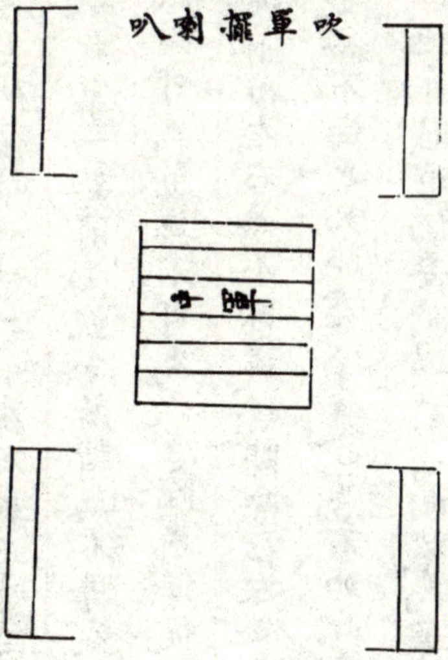

放砲一箇立起高招吹擺開喇叭

一狀法摔鈸響收拒馬照步鼓自銳陣收為方陣又鈸響照步鼓自方陣變為三疊又鈸響自三疊收為直引又鈸響作二疊同軍

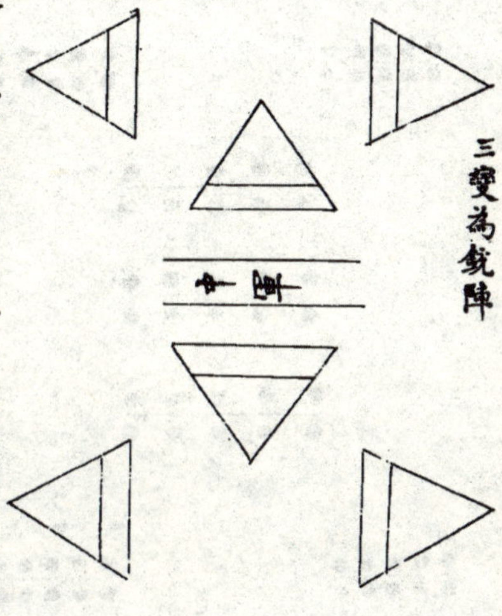

欽定四庫全書

結伍法

以伍人為伍立一伍長主之必擇平素相識者晝戰面貌足以相見夜戰聲音足以相知

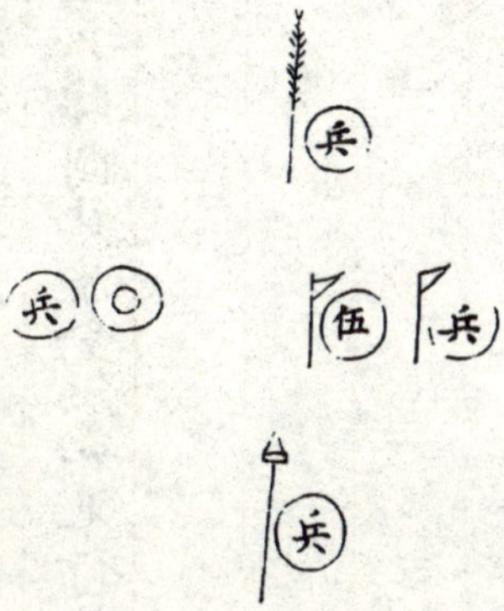

立隊法

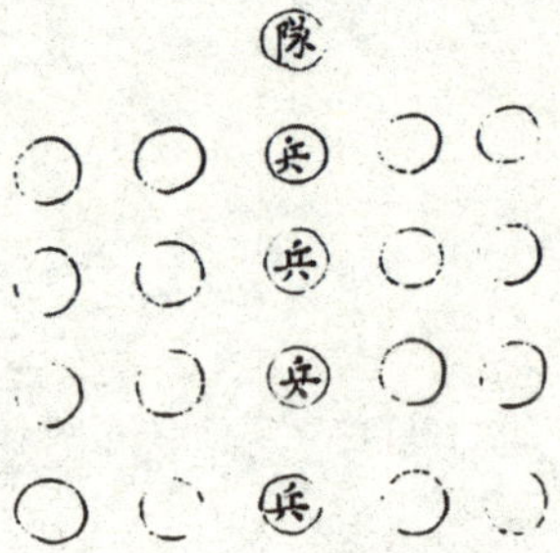

以五層站立隊長居前伍長居中以成一方縱横成行右所謂行伍即此法也

結隊法

以五伍二十五人為一隊立一隊長主之隊者元首也四伍四肢也四兵者拇指臨陣立以連刑之法如身使臂指是也

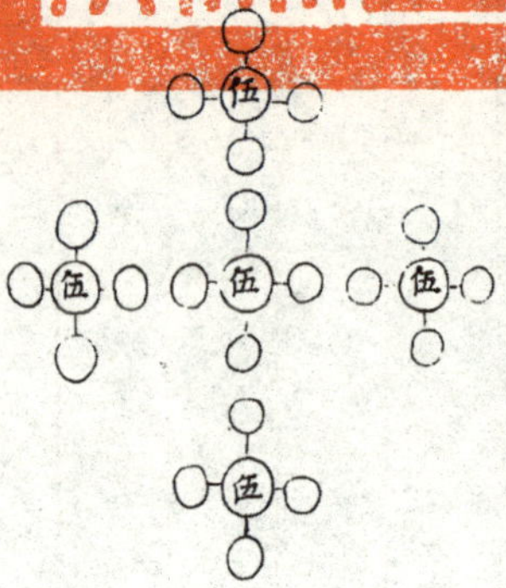

結攢法

以四隊為一攢立一攢長主之其形如井字如以束伍之令古所謂結者如絲之組組而不可卒解者也

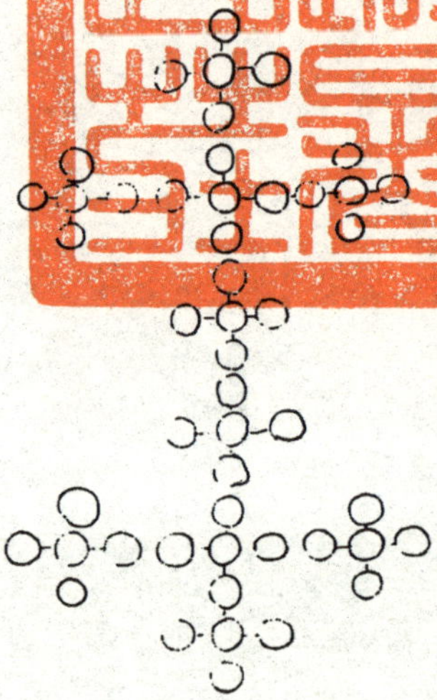

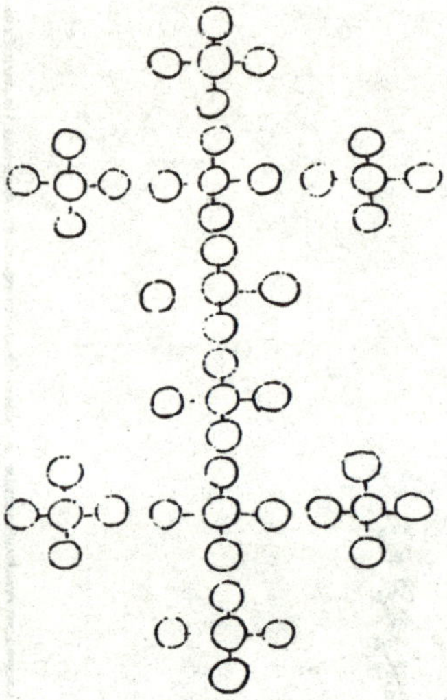

紀效新書卷八

欽定四庫全書

子部

紀效新書卷九至十一

詳校官編修臣吳錫麒

總校官進士臣程嘉謨

校對官編修臣馮集梧

謄錄監生臣陳德基

欽定四庫全書

紀效新書卷九

明　戚繼光　撰

出征起程在途行營篇第九

一主將先傳令票箭期會訖不拘時分但聞第一盪喇叭收拾軍裝做飯喫訖點查乾糧一面先將前哨塘報人馬每塘五名各以相望為准不拘遠近每路設二十四塘大約二十餘里以内自人馬聚處通該差

塘報一齊令行至一里外或不及但彼此可以相望如視望不真即留住一塘立旗站定別塘再走至僅可望見又留一層只至留到二十四層立完站候聽吹第二盪喇叭中軍擺清道旗出次領哨把總等官領人馬挨哨出城主將居中軍第三盪喇叭掌號笛官旗聽發放畢各回哨中軍點鼓如一路行則中軍先點大紅旗一面以前總居前次左總次中總中軍次右總次後後總侯各行開已畢中軍豎高招一竿各部高招俱起如圖一路行兵行則塘報亦行兵止則塘報亦止如前途稍寬中軍行至寬處放砲一箇各於脚下立定聽起火二枝放砲二箇立起高招二竿即如圖聽二路行看點藍旗則左總由左行與前總頭平不動中軍藍旗伏二總旗亦伏中軍又點黑旗後總由左行與右總頭平立定放砲二箇點鼓二路行如路又稍寬中軍放砲一箇各俱脚下立定聽放起火三枝砲三箇中軍豎高照三竿黃旗急點前

兩路平開空中一路待中總進入與前左二頭平再放砲三箇點鼓作三路行如路再寬可四路行中軍放砲一箇各即於脚下立定聽中軍放起火四枝砲四箇豎起高照四竿前總不動白旗點動右總入左總之右二頭相平後總入左總之左四頭相平中軍居其後再放砲四箇起火四枝點皷作四路行如路再寬可五路行中軍放砲一箇各仍立定聽舉起火五枝放砲五箇黃旗點中總入居其中再放砲五箇

起火五枝點皷作擡營而行如五路欲變四三二一路或四三二一路各因道路寛狹變行俱如前層變過圖但聽看中軍既放止砲之後有起火幾枝砲幾箇點某色旗即依數分幾路如遇賊九四五路行即變方營待敵如一三路行之際即變照急營前總速照一總操法備戰左右後三總即各設伏出翼剳老營分投而作前兵見報如賊不來迎戰止許伏哨剳營以待中軍號令不許擅便輕易失事照節制圖式

施行

一前哨有五方旗一副高招一副有事方開見林木開青旗阻水澤開黑旗遇兵馬開白旗山險開黃旗煙火開紅旗過所見之物即捲其高招如道可一路行立一面二路行立二面三路行立三面四路行立四面擡營行立五面後部挨隊遞相傳開

一凡塘報哨見賊急則磨紅旗緩則磨黃旗衆則磨青旗少則磨白旗無路可行則磨黑旗一層既磨各層照前一時俱磨一層退至一層如賊不來復又立定如賊再追一層又退一層只退至營前斷不許見賊磨旗之後不論賊之追不追來一齊擁衆徑回如違軍法示衆

一如賊自塘馬腰内突出與我兵忽遇不及下營者即下急營我兵即時於所行之地立定近賊者不必抽間隊盡數備敵先銃平列打賊次挨牌短兵出戰其無賊處一面照操撥人應援一面安立釘牌拒馬為

一字陣別部應發援兵者或包水港溝渠若賊可望見者止守營不許遣接奇兵恐賊乘之如賊不見之處雖有險隘溝渠正我兵出奇必勝之利亦須相險設智別渡精鋭一二百人迭出不意必可取勝此上策也葢猝遇賊非伊前鋒則為後殿及或四散搶刼零賊必無大衆惟有制必取勝也

一一路行營之圖

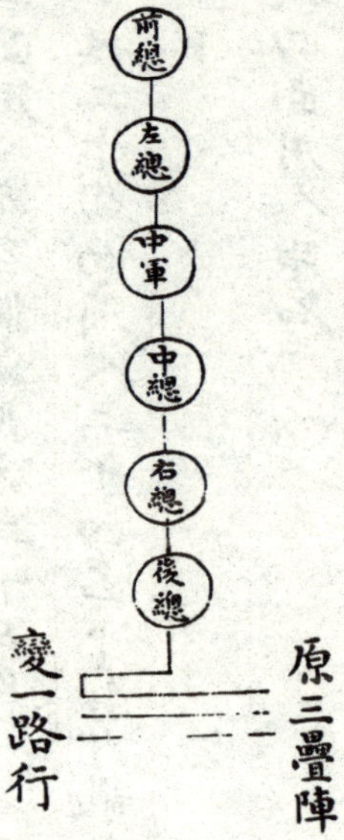

一一路二變路行營之圖

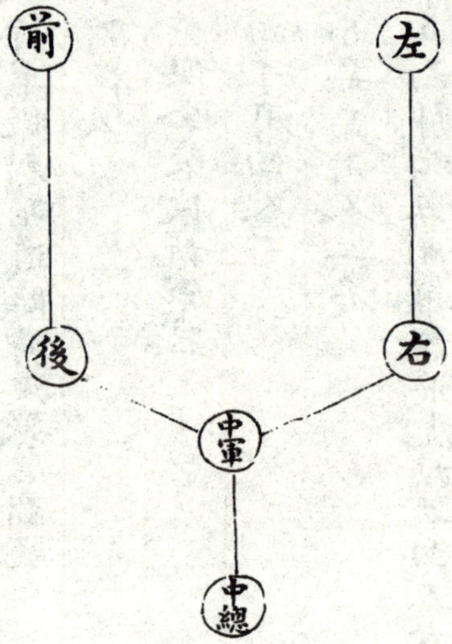

一二路三變路行營之圖

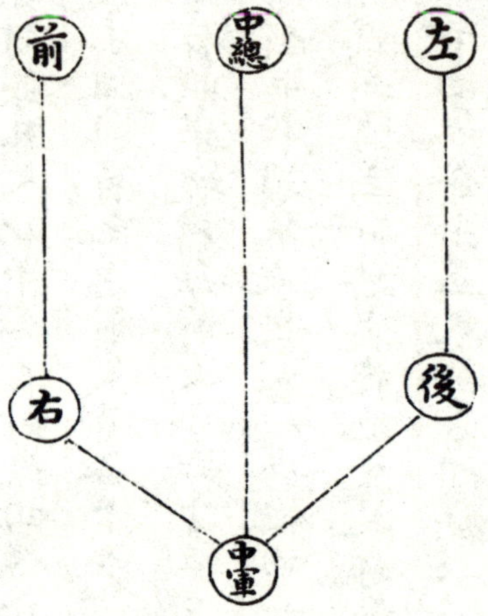

一三路四變路行營之圖

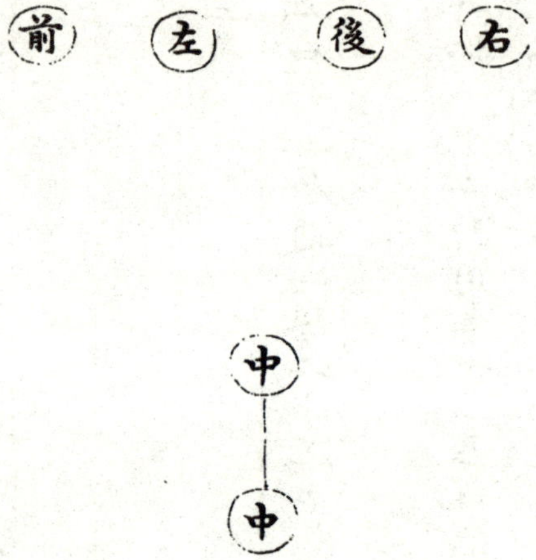

一行營該傳接金鼓旗號
一大将旗鼓行軍擺列請道臨時變戰營圖說
一擺列圖另開在後
一凡有職人員俱全裝披執軍器
軍令牌四面可用四人
大門旗十面每面用人二名
五方旗十五面神旗五面單擺飛虎旗五面五方擺
五行五面一字擺用人十五名

角旗十面每面一名
五方高招正副十面用人二十名
坐纛一面用人五名護纛親兵二十五名
押旗令旗二十四面用人二十四名下營即散營内
督察監軍
金鼓旗四面用人四名
金鼓二副鉦二摔鈸二哱囉四喇叭四鼓十一笛二
摔鈸二板二細樂八共用吹鼓手三十八名每五方
旗高招一面後護旗各精兵五名共十層用兵五十
名
將馬前
令牌三面官三員
長短兵每排五名共五層通一隊二十五名
馬後
令字小旗牌背招一十二面用馬十二匹親信膽勇
員役執之每四人一層分三層專聽督遣密令

押後兵二十五名各用長短器
一細近路如線則每五人以中一人前後四人分二層
各去一步使不渾别層之意前後層各十步
一路寛遠則每層照單擺列每前後各去十五步
一遇賊報正行間中軍聞報放起火一枝砲响一聲五
方大旗内黄旗即隨主将踏定戰地豎起前後旗號
俱攢来黄旗下四方分出立表每方門旗以下旗招
護兵等役俱随各旗列方其本方旗居門旗之中招

居方旗之後招高於方旗方旗高於門旗金甲旗并金鼓旗領金鼓居將之左右列前兵一隊居將前令字招旗居將後專聽指麾督兵戰殺後親兵一隊兩分列於金鼓之外

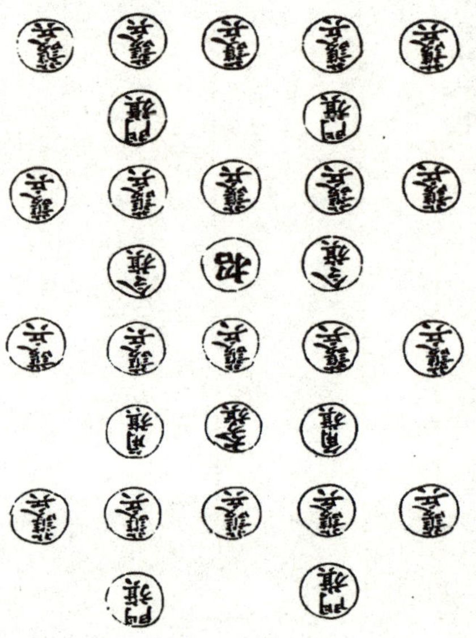

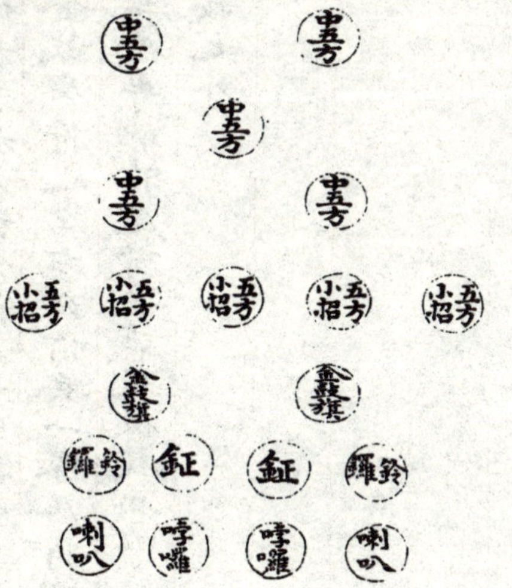

紀效新書卷九

紀效新書卷十

長兵短用說篇第十 器械不利以卒予敵手無搏殺之方徒驅之以刑是魚肉乎吾士也器習利而無號令金鼓以一其心雖有藝與徒手同也三軍既熟悉吾令則當精乎藝藝與法令當并行而不悖者故以長短兵說為第九

明 戚繼光 撰

夫長器必短用何則長鎗架手易老若不知短用之法一發不中或中不在䋈緊處被他短兵一入收退不及

便為長所誤即與赤手同矣須是兼身步齊進其單手一鎗此謂之孤注此楊家鎗之弊也學者為所誤甚多其短用法須手步俱要合一一發不中緩則用步法退出急則用手法縮出鎗捍彼器不得交在我鎗身內彼自不敢輕進我手中鎗就退至一尺餘尚有戳人與短兵功用同矣此用長以短之秘也至若弓箭火器皆長兵也力可至百步者五十步而後發力可至五十步者二十五步而後發此亦長兵短用之法也長則謂之勢險短則謂之節短萬殊一理

長鎗總說

夫長鎗之法始於楊氏謂之曰梨花天下咸尚之其妙在於熟之而已熟則心能忘手手能忘鎗圓神而不滯又莫貴於靜也靜則心不妄動而處之裕如變幻莫測神化無窮後世鮮有得其奧者蓋有之矣或秘焉而不傳傳之而失其眞是以行於世者卒皆沙家馬家之法蓋沙家竿子馬家長鎗各有其妙而有長短之異其用

惟楊家之法有虛實有奇正有虛虛實實有奇奇正正其進銳其退速其勢險其節短不動如山動如雷震故曰二十年梨花鎗天下無敵手信其然乎施之於行陣則又有不同者何也法欲簡立欲踈非簡無以解亂分糾非踈無以騰挪進退左右必佐以短兵長短相衛使彼我有相倚之勢得以舒其氣展其能而不至於奔潰兵法曰氣盈則戰氣奪則避是已今將六合之法并二十四勢繪録于後以廣其所傳云

八母鎗起手

你劄我我拏鎗你劄我我攔鎗你劄我脚我顛鎗你上劄我捉鎗你下劄我擼鎗你上劄我捉鎗你下劄我顛鎗你鎗起我纏攔下你劄我我拏鎗

一合先有圈鎗為母後有封閉捉拏梨花擺頭救護要分明裏把門外把門閃賺是花鎗名曰秦王磨旗

我劄你你拏鎗還鎗我拏鎗我劄你你攔下還鎗我攔鎗你儘頭鎗我顛鎗還鎗你拏鎗還鎗我拏鎗你

劄我我拏鎗閃賺花鎗上你拏鎗還鎗我拏鎗你劄我我攔下閃賺花鎗上你攔下還鎗我攔鎗你劄我儘頭鎗我顛鎗閃賺花鎗上你拏鎗還鎗我拏鎗我摇花鎗乃秦王磨旗

二合先有纏鎗後有攔鎗黄龍占杆黑龍入洞拏鎗救護閃賺花鎗上名曰鳳點頭

我纏你鎗你劄我我攔下還鎗你攔下還鎗我攔鎗你劄我我拏下你起鎗我隨鎗纏拏下你攔鎗我還鎗你拏下還鎗我掤退救護拏你鎗你劄我我攔下我摇花鎗乃鳳點頭

三合先有穿指後有穿袖鷂子撲鵪鶉救護閃賺是花鎗四面是鎗法名曰白蛇弄風

你劄我我拏下閃賺花鎗上你拏鎗還鎗我拏鎗你劄我我攔下閃賺花鎗上你攔下還鎗我攔鎗我摇花鎗乃白蛇弄風

四合先有白拏鎗掤退鎗救護後有白攔進步郊猫捉

鼠救護閃賺是花鎗名曰鐵掃箒

我白拏進步上劄你你拏鎗還鎗我掤退救護拏鎗我白攔進步上劄你你攔鎗還鎗我攔鎗我白顛進步閃賺花鎗上劄你你拏鎗還鎗我拏鎗我摇花鎗乃鐵掃箒

五合先有四封四閉後有死中反活無中生有迎封接閃賺是花鎗名曰撥草尋蛇

你劄我我拏鎗進步劄你你拏鎗還鎗我拏鎗你劄

我我攔鎗進步劄你你攔鎗還鎗我攔鎗你拏下我鎗你鎗起我反拏你鎗你攔下我鎗你鎗起反攔下你鎗你拏我鎗我鎗閃過攔你鎗你攔我鎗我鎗閃過拏你鎗你劄儘頭鎗我顛開捉住你反起劄我我攔下閃賺花鎗上你攔鎗還鎗我攔鎗我提花鎗乃撥草尋蛇

六合一截二進三攔四纏五拏六直閃賺是花鎗下遊場撥草尋蛇上遊場秦王磨旗

一接二進三拏四纏五攔六直大遊場秦王磨旗鐵掃于必無路裙攔鎗伏虎鎗地蛇破地蛇鎗儘頭鎗破中平鎗中平鎗破中平鎗鎗中上高低遠近都不妨高不攔低不拏當中一點

習法

夜乂探海勢

乃持鎗行立看守之法遇敵變勢隨機應用無不中節

四夷賓服勢

乃中平鎗法為六合鎗之主作二十四勢之元妙變無窮自古迄今各械鮮有當其鋒諸勢可披其趣

指南針勢

乃上平鎗法其類用近手中平而著數不離六合之變有心演悟二十四勢之中可破其半

十面埋伏勢

乃下平鎗法門戶緊於上平機巧不亞中式精於此者諸勢可降

青龍獻爪勢

乃孤鴈出群鎗法勢勢之中著着之内發鎗劄人不離是法

邊攔勢

乃裡把門封閉鎗法守門戶有纒捉顛拏閃賺上穿指袖股倘他出馬一鎗迎抱著琵琶埋伏

鐵翻竿勢

乃外把門黄
龍點竿鎗法
一戳二進蛇
弄風撲著鵪
鶉不放鬆

跨劔勢

乃裙攔鎗法
大開門户誘
他來遂我中
途拿刹他虚
我實摇花鎗
他實我虚掤
退救

鋪地錦勢

乃地蛇鎗法
起手披挨急
刻高來直擦
難饒若他滴
水認針穿甦
法死中反活

朝天勢

乃上驚下取鎗
法摇旗掃地鐵
牛耕那怕他拖
刀詭詐

鐵牛耕地勢

乃急搗碓鎗法硬去硬回莫軟惟有此鎗無空他能平伏閃吾鎗就使黑龍入洞

欽定四庫全書　紀效新書　卷十　十一

滴水勢

乃提顛之法順手鳳點頭披撲中取巧進勢用騎龍出可掤退勇若還破低勢難同伏地鎗百發百中

騎龍勢

乃拗步鎗法進有撥草尋蛇退有邊攔救護梨花滚袖似穿梭四面是鎗雲罩霧

欽定四庫全書　紀效新書　卷十　十二

白猿拖刀勢

乃佯輸詐回鎗法逆轉硬上騎龍順步纏攔崩靠迎封接進弄花鎗就是中平也破

琵琶勢

乃白牛轉角鎗法
上來鈎崩進挫中
來滚剁挨拏好下
來提擼快如梭得
手青龍獻爪

靈猫捉鼠勢

乃無中生有鎗
法進步虚下撲
纒賺伊鎗動使
梨花遇壓挑天
冲打

太山壓卯勢

乃鷹捉兎之法勢
維高發身中變異
任他埋伏地蛇冲
我又磨旗掃地

美人認針勢

乃儘頭鎗法
好破他蛇防
他顛捉起手
鳳點頭披閃
認直戳

蒼龍擺尾勢
乃掤退救護之法電轉風回驚散梨花閃賺

闖鴻門勢
乃拋梭鎗法身隨鎗進閃生剁攔捉攻硬上經曰六直妙在其中用長貴短用短貴長此藝中妙理短而長用者謂其可禦後長長入短不中則反為長所誤故用長以短卩卩險嫩就近身尺餘法便不老彼見我長安心欲使我進深無甲我忽卩卩短來彼乃智屈心違倉卒使彼對我不及此用長萬古之秘偷也

伏虎勢
乃六封鎗法斜倒硬上如風退閃提攔纏捉他如壓卯又朝天鐵掃迎封接靠

推山塞海勢
乃護膝鎗法高來摇旗挨提低來鉄帚顛提中來如箭有虛真可用鐵牛耕地

鵰子撲鵪鶉勢
乃撥草尋蛇鎗法
高接雖用纏拏逢
中披擦直遏倘他
掤退把鎗還滾手
中平一剁

太公釣魚勢
乃磨旗鎗法諸
勢可敵輕挨緩
捉順敵提拏進
退如風剛柔得
體

紀效新書卷十

欽定四庫全書

紀效新書卷十一

明　戚繼光　撰

藤牌總説篇第十一

千古有圓長二色其來尚矣主衛而不主刺國初木加以革重而不利步以藤為牌近出福建鋭子雖不能革而矢石鎗刀皆可蔽所以代甲冑之用在南方田塍泥雨中頗稱極便其體須輕堅密務使遮蔽一身上下四旁無所不備用牌之間復有所謂標者所以奪人之目而為我之疑兵所賴以

勝人者也牌無標能禦而不能殺將欲進步然後起標勿輕發以敗其事腰刀用於發標之後以殺敵非長利輕泛則不能接遠其習牌之人又須膽勇氣力輕足便捷少年然後可授之以此置於行伍之先為衆人之藩蔽衛以長短之器為彼之應援以之臨敵其衆可合而不可離可用而不可疲進退左右無所不利此藤牌之功用也今將牌勢之可録者繪説于後

一習藤牌人牌一面内用大藤為骨以藤篾條條纏聯每面隨牌標鎗二枝腰刀一把其兵執牌作勢向敵以標執在右手腰刀横在牌裏挽手之上以腕抵住待敵長鎗將及身擲標刺之中與不中敵必用鎗顧撥我即乘隙徑進急取出刀在右隨牌砍殺一入鎗身之内則鎗為棄物我必勝彼矣但擲標後而

倉皇不及取刀是一大病其禦短兵更易

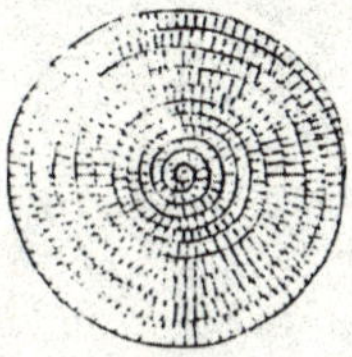

右牌用藤云云木牌皮牌皆類此用

右標鎗或用稠木細竹皆可但前重而後輕前稍粗而後稍細為得法

開扎衣勢

此起手勢也照高管下横行直進諸勢可變有躲閃之妙

斜行勢

此乃直來横受之法動偏步上硬騎龍以進人之左

此仙人指路勢乃看管之法拗步直進直退諸勢可變

滾牌勢

此勢隨滾進以進人之右先進刀後進牌疾速如風為妙

躍步勢

此乃騎龍如探馬刀前牌後誘人來轉過牌來刀在後低平坐下靠和挨

低平勢

此真正對敵勢也用推步須要帶標一根身在牌内標步齊進百發百中

金鷄畔頭勢

畔頭之勢最為良鎗上頭從牌下蔵進步如風人莫變刀銼牌閘為難當

埋伏勢

此勢進步甚速用小行或左或右如有鎗戳在牌不能脫手急用刀尖將牌借力頂開急先絕

一試牌跳舊法聽鑼聲為度覽牌如壁閃牌如電起伏得宜翻身下露身滾牌下露足惟牌能殺敵能蔽身用之乃拒勁敵以衛兵也大士星牌歌覽牌砍刀上步再覽牌砍刀背牌擎刀絞絲步回撒花蓋頂收了出牌見刀翻身上小跳翻身下出牌戳刀翻身上小跳翻身下閃馬牌歌曰戳牌再戳牌砍一刀復一刀翻身上小跳翻身下又砍一刀又復一刀又砍一刀又復一刀翻身上小跳翻身下

狼筅總說

狼筅之為器也形體重滞轉移艱難非若他技之出入便捷似非利器也殊不知乃行伍之藩籬一軍之門户如人之居室未有門户扃鍵而盜賊能入者雖然得人而用之則可以制人不得其人則制於人矣干將太阿之利使童子而持於國門之外則必有袒背而奪之者何也其所能乖其所使故也凡用狼筅須要節密枝堅杪加利刃要擇力大之人能以滕此

者勿為物之所使矣然後以牌盾蔽其前以長鎗夾其左右舉動疾齊必須釵鈀大刀接翼然筅能禦而不能殺非有諸色利器相資鮮克有濟兵中所以必於用此者緣士心臨敵動怯他器單薄人膽摇奪雖平日十分精習便多張皇失錯忘其故態惟筅則枝梢茂盛遮蔽一身有餘眼前可恃足以壯膽助氣庶人敢站定若精兵風雨之勢則此器為重贅之物矣

中平勢

此勢前弓後箭
陰陽要轉兩手
要直推步如風
天下莫敵

騎龍勢

閘門之法上騎
龍下闖高縈大
有功誤若當前
披一下勸君眼
快脚如風

鈎開勢

鈎法由來阻大門
小門挫下向前奔
若還他使低來勢
閘挫憑君利便分

架上勢

鎗打高來須用架
架時管上又管下
陰陽反覆脚如風
鉄柱金剛也戳怕

閘下勢
閘勢緣何要挲脚
挲脚乃是起步法
連身坐下向前冲
上面不着下面着

拗步退勢
直進直出君須記
站住即是中平勢
高低左右任君行
切推鈎閘毋輕易

紀效新書卷十一

欽定四庫全書

子部

紀效新書卷十二　三

詳校官編修臣吳錫麒

總校官進士臣程嘉謨
校對官編修臣馮集梧
謄錄監生臣賀賢智

紀效新書卷十二

明　戚繼光　撰

短兵長用説第十二

一夫鈀棍鎗偃月刀鉤鐮皆短兵也何則彼之鎗一丈七八尺我之器不過七八尺若如浙江鈀之法俱手握在頭下其手外頭柄通不及二尺長一棍不過六七尺又欲兩頭雙使而兩手握開所剩棍頭不過尺餘彼之長鎗閃閃而進疾如流星我就精熟只能格得彼鎗不中入我身耳及其我欲進則彼原進我鈀内不深一縮又復在外我不得擬定彼鎗使無反手如何敢進如此終日我無勝理短兵利在速進終難接長持久即為所乘必如總戎公俞虚江之法則所執鈀棍鉤鈀皆有六七尺在外彼若以長入我必須進深五尺被我一格打歪即用棍内連打之法下下着在長兵上流水點戳而進彼先進我五尺我

一進又有五尺是得一丈之勢矣被我連打勢不得起欲抽脫去豈能便抽一丈一入長兵之內則惟我短兵縱横長兵如赤手同矣藤牌腰刀本短中之短也而必用標鎗亦即短兵長用之法也夫藤牌用標非取以殺人蓋彼以鎗器持定我牌無故不得進故用標一擲彼以顧標而動我則乘勢而入彼若不為標所動則必為標所傷我亦有隙可入短兵長用之法千古奇秘匪欺人也

一用棍如讀四書鈎刀鎗鈀如各習一經四書既明六經之理亦明矣若能棍則各利器之法從此得矣

一總訣歌　以下録校總戎俞公劍經

中直八剛十二柔　上剃下滚分左右

打殺高低左右接　手動足進叅互就

一總訣歌

剛在他力前　柔乘他力後

彼忙我靜待　知拍任君鬬

一總訣歌

隂陽要轉　兩手要直

前脚要曲　後脚要直

一把一揭　遍身着力

步步進前　天下無敵

一習鈀簡步十進足如環無端進一尺中平當大壓又進一尺壓死又進一尺小壓又進一尺壓死又進一尺高大當又進一尺大壓死又進一尺高小當又進

一尺小壓死又進一尺高大當又進一尺大壓死

一鈀習步法

中平起大斜壓他大飛天我轉角趕上壓他再大飛高我小高直當即小壓下他小飛高我小高直當即小壓下他再小飛高我大高直即當大壓下過小他抽直殺來我再大壓過小他入我大上角我用身力轉角趕上畧收低他再入我大上角我轉角對手直殺去跳回一步他打來我伏回即趕上大起一掃下

再跳回中攔止大壓小壓己粘他桿即大進上鏟死
他
小直當　小斜壓
大直當　大斜壓
一總訣歌
視不能如能　生疎
後手須有功　遍身
動時把得固　一發未深入

打剪急進鑿　後發勝先實
步步俱要進　時時俱取直
更有陰陽訣　請君要熟識
一習步法
起中平　推牽　遍身殺　丁字回殺
旋手　進五步殺　跳退三步原位
直打直挑進五步殺　腰刀挑打
滴水獻花　殺　跳退三步原位進打

穿後手馬前雞啄進三步殺
馬前斬草進三步殺　跳退原位
打沉讓他先起穿後手　抽回
吊前抽回　三脚並進五步　殺進
大門赶棍走　小門赶棍走進直符殺
洗　倒頭　直打　直起磕
打殺擺腰　進三步　剪　殺
跳退原位

總步目
直破打剃大剪　小剪　揭用手　力上扁
身　滴水獻花　吊剪　下起接
讓高低俱有大起棍從小門去打他手不論中不中
須急退丁字回他決進我小門來傷我此時我一揭
一進　剃落打他手決中矣
一侵他二尺低打低揭連幾下待他忙時急退丁字一
步急大進步吊剪他手急收回原勢立他進來打我

我就大門下起接他一大剪急變扁身中攔殺
一兩人小門對打對揭須急變（急變時勿使他揭着揭着則不及矣）大門下起接大剪（或順勢打）中攔殺或於揭時即用小剪變大剪中攔殺
一兩人大門對打不進前脚不折後脚不能勝（須有順勢折脚）
（知是逃閃之法）
一兩人大門齊對打我且將棍提在高（運脚抽回些些）遲斯須進步壓打下即進變扁身中攔若我打去他棍提回

讓我我須勿將棍尾打下只進步對他胸喉直殺去
一我從大門順用單鞭壓深入他用力來抵（若迫近）大剪我離了子午若迫近我急抽就下面過小門掛他手上一殺他用小剪我一揭一殺或急抽過大門剪殺或又過小門倒牽若未迫近即打下小門作敗狀
一我從大門順入他用力來低大剪我離了子午我大進步就小門急起滴水去捧他如前第三問者
一我起流水漸進他決來打我手我將脚坐下直對他手一捧或殺皆可又他來打我手我從小門一揭接或大門一起接要在我右手前七八寸之間與他棍尾相磕一響為度二門起俱繼以剪急變扁身中攔殺
一兩人大門對打棍尾在地下讓他先起穿他小門手上（須兩手捧高使他打不下）
一兩人大門對打我讓他我先起就揭他小門用小剪變大剪（即殺門殺）殺若他小門來壓我急就下面過大門

剪殺
一兩人大門對打他弱我用強他強我弱讓兩在高讓他先打下我便進壓兩在低讓他先提起我便進接連打殺李欽師父每每用此二步
一喜鵲過枝有四他直高打來我將棍抽過大門讓他下隨用大剪一也他直高打來我將棍抽過小門讓他下對胷殺去二也他直平打來坐脚過枝進步小門殺他三也平直殺或打來我打後

脚（即順脚）大門剪殺四也以上過枝俱在下而過入他棍二尺即總

一治伏棍低棍須用小剪離他手前一尺之門他急過大門我或揭進打亦可（飛鳳箭亦可）急變大剪殺亦可（又我小剪他他抽走我急進步起高棍打須在他手上小門）殺

一他打來臨身在小門則赳棍走一打在大門則走馬回頭丁字步一打順棍上一殺又一大剪扁身中攔

一大門接兊棍有五扁身中攔接一也高捧接二也下起磕三也我棍畧横畧横離前手一尺受他打一下四也待他打將到身用手前一尺磕他一下五也各

接後須急用大剪繼之以殺

一他直啄我須起兊棍入剪他手前二尺之間他連起我連剪我雖啄他起兊棍我讓他先起穿他小門手上（我接先棍步亦可）

一他直殺來須進脚回小門剪或向他棍尾小門起變大剪或端的直破閃腰剪凡剪後須至進殺都不如定四步坐直趕上

一凡小門一揭一打一打又一揭終無結尾必須乘揭用小剪（如鐵門栓）過大門結尾或將身抽退他打來我就大門下起接剪他殺結尾

一凡起手要打要殺俱要在他門内一尺之間未可將手勢發盡待他趕來傷我他手勢已盡此時或大或小或剪或揭或自大下起接各將他棍疾了然後進步扁身中攔結尾無不勝也法曰後人發先人至知此決不可一法便要傷人徒使自勢發將盡為他人

反傷戒之戒之

一棍初交則下起者有勢棍深入則上壓者取贏

一我單鞭壓他變馬前斬草我且大進一步硬用手力他棍自輸

一小剪是棍中至要人所不疑者

一凡棍動時須要把得極堅固方有力

一凡大小門直破打不分粘他棍不粘他棍務對他手

直起直落任他揭打或我揭打他我棍亦不離他身五寸即離亦須即直

一凡日間將棍一打一揭自習打揭俱要有聲久則自有力高不過目低不過膝

一凡小門殺須在他手上方無後患大門亦然

一三腳時打須要習有大僻又定四打要習

一彼抽退勿急追彼急進勿遽離

一腰刀為上彼手力次之前手力又次之

一棍提起手陽殺去及打去俱手陰陰陽最要識

一凡小門殺來待來將到手丁字回一揭折進殺則中矣

一下哄待他剪向上直符送書殺上大門哄或打他手折腳伏下小門殺或伏下待他來一揭殺更妙

一我將棍畧高侵入他來接我即丁字步滚下殺

一他起高攔打我折進大門將他棍尾或半棍敲下進齊眉殺須知有順勢敲時切不可沉自棍

一凡進殺須急丁字回頭退方穩

一大門高哄殺去四五尺他來抵壓我回頭牽進殺小門亦然

一梗直大門哄殺去四五尺待他來抵剪就剪他大殺殺小門亦然須知有順勢下字回頭亦可

一侵他三四尺低打低揭運幾下待他忙時大進趕棍進殺

一梗直哄殺去四五尺任他打或揭我就尋他虚處大

進殺去

一凡他棍來我避他抽退我急隨殺極妙不急不可去

一我大門高進入丁字牽伏下他趕來我一牽揭進鑿

一我打棍後繼以殺殺後大門即當揉洗洗而後殺小門須小牽

一兩棍相交他抽回伏地閘小門我直捧慢慢指去待他發殺然後揭牽或剪進殺他

一他直殺來我直殺去我將腳折過分分將手反陰陽

蓋殺去莫非後發先至之意

一他將棍打下下字回頭伏我就移脚去就他棍尾連打連揭使他忙直進殺

一凡先棍打來我順勢敲一下就扁身中攔蕪大僻連連疊革進去破雞啄亦是如此

一兩人大門對打連幾下待他忙時急抽回讓吊大進步打

一大門起高棍打移步盤山托

一拏定直符送書大小門托避他打

一直陽手殺去陰手打壓下大門殺臨手待他剪過小殺　一坐低閉四門

一將棍滚他一下侵入他自然提起須再一敲將他棍死盡然後殺須記得疊疊敲他初教滚手直入　次教大粗棍揭亦要直後教輕牽順勢待他臨身二三寸之地全用折脚

又用閃後法又有跳退法前足先起或齊起要與牽不同

要知他虛實乘之

一破直棍須宜剪步閃要識左右二門須滚二步流

一我扁身入殺此時不顧性命將兩目認他胷前棍上空急穿上棍下空急穿下

一他大過枝小直符指去一步他小過枝大我亦直符指去一步

一凡直符殺不碍他棍尾

一我過枝小門用盤山托亦可用直符步亦可

一大哄過小待他來小壓急過大剪殺蓋哄多則容易也剪而後殺則無後患也中有順勢須知之

一凡進殺先軟後硬令後勿用打

一破高攔務先順牽後剪殺殺去待他落即轉須知順牽與剪不同

一殺在小門待他來即過大門剪後殺如小門先牽後殺之理但須防他回頭牽他回牽我又過去小門

又曰盤山托大折過小
一直入打剪他臨手一殺待他剪前後過小門容易
一對棍低入小門一小揭小剪殺或待變
一他疊打揭我對打二步對手殺大進待他打下大剪
或殺
一我大入他過小門我就坐進前脚就他棍中滚入然
後大打進殺
一他滴水我對他手慢慢指去待他動即坐脚剪下進

鑿
一小門有揭亦有大揭與獻花不同
一他坐低我正好折過小門打
一凡將棍直指慢慢侵入待他動欲打我我就殺他他
欲殺我我就進打他手
一何嘗呌人勿打要他他棍來就我打若打他棍着響
一聲便可進殺
一何嘗呌人勿殺要哄他棍開殺去勿使他打着方可

殺深殺後在大門即洗小門即揭牽
一但凡接高棍須防他盤山托就下小剪
一他大門單鞭坐脚直滚入殺我折進前脚過大門直
符殺他
一俯身揭順勢剃急接打未如俱要習熟
一鈀對刀他入我四角我四下不相粘後手起高殺自思
出扁身中攔兼大僻丁字步要大僻他起高我就趕上剃扁身
中攔殺要後手高平冒去

一他打我我打去他起我揭務要小剃又要疊疊押
大亦然手動時即下定四步門戶方密
一他打來我打去他起我對手穿入小門隨將兩手捧
高手動時即落定四步寸寸打上隨他小門殺小門
壓大門殺大門壓他起大高趕上剃要就殺或先接
後殺他起小高趕上大接或揭小剃
右此一步乃棍中之正兵不能離此以取勝者也不
能勝亦不能敗

一打時須記得進殺千萬千萬
一大門迫他壓低抽下過小門如殺狀他決決盡刀來
小壓急急抽過大門剪殺此步極妙
右此一步高打來亦要如此哄急方剪殺且鐵牛入
石我揭起打下他方揭起我就抽他手邊過大剃打
亦可
一雙人大門對打他力雄我急變丁字步打用身壓之
然後變

一他小門殺來急我坐急前脚就他棍中滚入連剪二
三下然後殺
一把大門空起勾下勾步絶妙又有下流水勾不又他

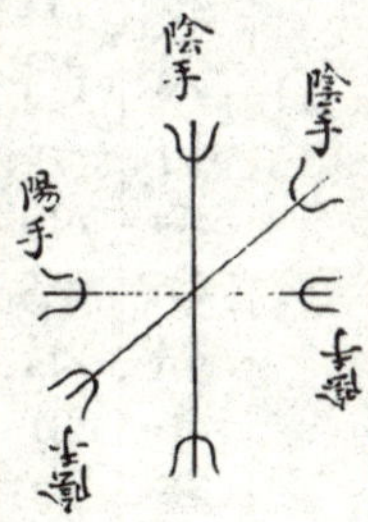

一對手直起對他身對落如此走離大併直是為上好
一他刀下來我或大門流水勾迫或小門流水俱不又
他刀如棍用須繼以對手大請起又起勢時就手大門流水去亦可
一大門扇出他刀尾伏回待他來不拘他刀高下俱對
他身直起他不來若近或他刀不高亦請得起若不
出他刀尾就將刀壓下對面直起有閃身
一小門陽手扇下陰手請起凡請起如不着即急對他
身他刀扇下大小門皆然
一他刀中攔直來我直就上壓下中攔有拔步有順勢
轉角步又有鈀過他身將他身勾來

一我出中攔鈀他直打下我鈀抽大門門起上壓落如
我用棍步須勿使他打着
一凡他起我亦起他落我亦落俱要隨他
一凡又起他逆對須順他勢或左或右落凡下又起亦
然須知步步進脚
一凡被他刀入角即便坐退後脚稱起
一凡我伏回他只中攔立不來我就偷後脚進去深扇
入有哄

一他高攔打下我就大門揭起不用陰陽手只直揭起則我在上而彼在下矣他若將棍如打下而不打下當我揭起則彼下則我輸矣總不外棍深入在上者取羸若我棍打沉了他打來我用别步皆不及只直硬起妙

一把棍竪把住用身勢（棍頭高）慢慢侵入他我門來我大門接一下只離一寸他小門來而小門接一下只離一寸待他何門死我盡身入

一鐵牛入石我打去他揭起我將棍尾勿墜就將棍尾倒株上一下即大剪他手或即打他手他打來我揭起即入殺他小門極妙極妙

一凡接他大剪雞啄妙皆如此

一直磕一聲就殺去不用拔剃亦甚緊矣惜無困死人棍之法大抵用拔剃為是

一凡左右門打來俱用手前一尺改他棍尾凡左右門殺來俱用棍尾改他手前一尺盖他打來勢重必須吾手前一尺方接得他他往他殺來手輕又要過枝必須用吾棍尾改他手前一尺

一學到上下高低硬軟直破打上下接俱是一手法方是有得但直破順勢打是一套去接是做二節去初學未易語之後手初曲後直硬處須悟得前手肌須悟得

一我單鞭上他過小門若深入即用直符送書殺若他入淺則不可恐他揭起只用趕上直打凡殺來大小門皆如此例

一凡過小門殺來我就行過小門就他棍尾對手直打下若變過大門殺來我就行過大門就他棍尾對手直打下妙妙

總有三節

接高攔一朊磕一拔後手一尺剃一隻殺接低打來亦然

一直破對打朊磕帶抽後手剃相連後進殺

一入中攔只用一朳磕帶略拔剃五寸一進殺若未侵
入他棍未死亦用拔用手一尺剃下進殺

一踏過他小門進入如前法但自棍横勢送進上中攔
皆然

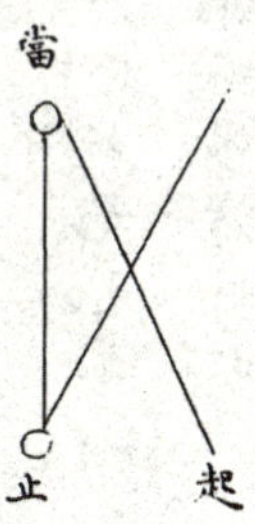

此當字如曲中之拍位妙不可言故贊之曰我朳他

膀前手直當後直加拔有神在中學到此一貫乎萬矣
千萬萬萬步俱有拍位

一轉陰陽不可太早臨時一下乃不費力明之明之折
脚不如直入

右李良欽之傳學到此一貫乎萬矣

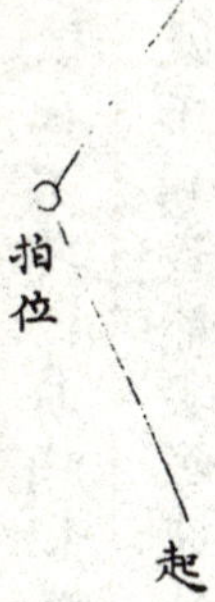

右劉邦協之傳中間有拍位不用拔剃洗落只撒手
殺則又緊矣但無困死人棍之法大抵前用拔剃為
是小門亦然

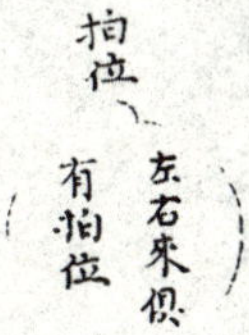

右在偏頭關時得之教師林琰者其詩曰壯士執金
鎗只用九寸長日日打一轉好將見閻王
三教師原來合一家

一千言萬語不外乎致人而不致於人一句李良欽之
所以救得急者都是前一下哄我去然後轉第二下
來接救故救得速故能勝也

一不外乎後人發先人至一句不外乎不打他先一下
只是打他第二一下

一俱是順人之勢借人之力只要快便又要似進實退
而後進則大勝矣

一俱要習上攔大小門剃下攔大小門剃下攔小門剃

頗難須用功習之

一兩人大門對打對迫忽然變大僻光猛打下甚妙甚妙兩人對雖巫亦如此變

一二龍爭珠殺就採下不用提起棍此全是手決前後手俱有法正教師童琰父所謂尾相遇順滾至他手殺他身剃是他高打來或高殺來或他雖把定未動但棍尾高有十字我用棍尾量一尺之處與他棍尾或棍中相遇剃下大小門皆有滾剃順至他手殺他

身此滾剃之不同也下起磕彈何以不滾剃磕既響

一聲恐他棍開或沉無橋可乘故不剃剪然後殺

一先侵二三尺一打坐身沉棍頭他必進殺我就下起磕一響大進歩打剪或丁字回打剪然後扁身殺他喬教師曰彈鎗則在下面橫捧亦起磕之法但在下面橫則無不響之理矣童教師曰一聲響處直千金彼失隄防我便贏是也依喬教師之說乃知伏回之鎗俱是哄我殺去他即起彈殺我也記之記之

一剪打急起磕起磕復急剪打剪打復急起臨時取之力也我肥他傷亦是臨時取之力須要悞他臨時取力口訣

一但凡打敲採洗俱用後手功夫故棍不用提起高令之欲用力打人者惟恐棍提起不高打不重益只是有前手之力無後手之功故耳

一伏回之鎗俱是哄我殺去他即起彈殺我也記之記之

一全書總要只是乘他舊力畧過新力未發八字耳至妙至妙此又是我肥他傷之秘旨語到此則不能復加一言矣

一凡此意味體認得真亦有七日不食彈琴詠歌之趣也

一滾剃後須早趕上當剪炎他棍然後殺記之記之大小門皆然是他低平直殺來我棍在高遂坐下量離了手前一尺與他棍磕相連而進彼從何處殺將來

微乎神哉破金鎗第一法也穩而能勝習之習之

一他打下我揭起我哄他欲打下而實不打下待他盡力揭起力使過了即趕他棍剃下

問如何是順人之勢借人之力曰明破此則得其至妙之妙之訣矣蓋須知他出日在何處我不於此處與他鬬力姑且忍之待他舊力畧過新力未發然後乘之所以順之之勢借人之力也上乘落下乘起俱有之難盡書鈎刀鎗棍千步萬步俱是乘人舊力畧

過新力未發而急進壓殺焉我想出舊力畧過新力未發八箇字妙之至也妙之至也前言拍位都是此理

一小門進對打須斟酌用之恐力大之人一挑打我走難離矣大抵小門只是哄他不真打他或殺為穩

一與用左手人對在小門須坐極低任大門大折足過折

一他用極長軟鎗我須坐身將棍頭著實的提高慢慢迫上待他下面殺來即變一攔粘定用黄龍轉尾步趕萬無一失

一學至於此則身手足應心全不扞格矣學至於此全不看見他是鎗是刀只認定對他手前殺他身而已若他打來亂時必須忍畧退回坐尻下中平待火項他來即用磕手法進自勝總是以靜待動以逸待勞道理微乎道理微乎李良欽每每如此

一大門大侵入磕小門不可大侵入挑大門大侵入磕

則彼必死無疑矣小門若大侵入挑恐後力大挑不起則難救矣若挑起一響然後大侵入打他又俱妙

一他棍起就進步直當去不待他打落低攔亦然

一大剪下起手要直平不曲

一但凡先一下打他棍他自然提起再趕上直當大劈中要有順勢

一剃後待他起進步直當

一齊打下讓他起趕上直當如鈀步

一小門更勿直鑿只哄他棍起就過大門直當剃打
一兩人對雞啄大進步趕入對棍尾剃又起進殺待他
起直當去
一打忙時須要認空處殺
一對手鑽去須他棍上
一打到中間忙時須記得收下再起
一我打他接我須不與他接着只是埋下引他打下我
起接則我為後發先至

一我打不與接着即轉小門挑起進打亦是後發先至
之理
一把到中間他打下我接起我勿打下他決再起即急
再直當去則他自敗也
一我入被他打覺敗即急跳退記之記之
一師父初假意殺來或打來我或着或挑着決不宜貪
心就進去傷他待他動我再或接或挑進去傷他
一打認棍打叩認棍叩剃認棍剃入認棍入挑認棍挑

凡舉手俱要認他棍若認人不認棍之說是彼棍巳
敗開了只管認人坐去也
尋鎗頭就死求贏
一將棍頭低穿入地棍下或左邊一起一剃或右邊一
起一剃起要有響為度總是一理
一叩是脚去手去剃是脚去手回須是脚去手去剪是
脚去手回
小當　小壓

鈀法　四者相連如環無端微乎鈀之用其止於是乎
大當　大壓
一凡直當之後打下不如連脚坐頓下打下則自勢盡
他反當我頓坐下則有有餘之勢如他再起則再當
之大小門皆然
一凡鈀遇軟殺人須照我原大扇趕為氣勢容易服人
一凡遇破進步起角入須不離分寸如今所製鈀譜入
他為穩

一大門輕打他棍下他用刀來抵即丁字步大進打彼自屈矣

一大當大頓坐小當小咀坐他大壓我偷過小咀坐他小壓我偷過大頓坐千步萬步此段盡之

一今以後打步少只是當死他棍前後鑿他

一千言萬語總是哄他舊力過去新力未發而乘之

一鈀所以終對不得鎗刀者鎗有哄鈀哄不得入也

一響而後進進而後響分别明白可以語技矣

一山東河南各處教師相傳楊家鎗法其中陰陽虛實之理與我相同其最妙是左右二門拿他鎗手法其不如是撒手殺去而脚步不進今用彼之拿法兼我之進步將鎗收短連脚趕上且勿殺他只管定他鎗則無敵於天下矣

向見總戎俞公以棍示余其妙處已備載劍經內遂合註明無容再贅其最妙者只在一得手之後便一拿一戮如轉圓石於萬仞之山再無住歇彼雖習藝勝我幾倍一失勢便無再復之隙雖有師家一敗永不可返矣不惟棍法雖長鎗各色之器械俱當依法也近以此法教長鎗極妙極妙

已上劍經止

扁身中攔勢

大當勢

大頓勢

倭人捧盤勢

大吊勢

齊眉殺勢

滴水勢

直符送書勢

走馬回頭

上剃勢

倒頭勢

下穿勢

欽定四庫全書
紀效新書
卷十二

閃腰剪勢

下接勢

紀效新書卷十二

欽定四庫全書

紀效新書卷十三

明　戚繼光　撰

射法篇第十三

一烈女傳云怒氣開弓息氣放箭盖怒氣開弓則力雄而引滿息氣放箭則心定而慮周

一量力調弓量弓制矢此為至要也故荀子曰弓矢不調羿不能以必中孟子謂羿之教人射必至於彀學

者亦必至於彀射家要法

一持弓矢審固審者詳審固者把持堅固也

一凡打袖皆因把持不定

一凡矢摇而弱皆因鏃不上指也

一法曰鏃不上指必無中理指不知鏃同於無目此指字乃是左中指末知鏃者指指末自知鏃到不假於目也必指末知鏃然後為滿必箭箭皆知鏃方可言射

一審者審於弓滿矢發之際今人多於大半矢之時審之亦何益乎

一審者今人皆以為審的而已殊不知審的第審中之一事耳蓋弓滿之際精神已竭手足已虛若卒然而發則矢直不直中不中皆非由我心使之也必加審之使精神知易手足安固然後發矢其不直不中為何

一射法中審字與大學慮而後能得慮字同君子於至善既知所止而定而靜而安矣又必能慮焉而後能得所止君子於射箭引滿之餘發矢之際又必加審焉而後中的可決欲知審字工夫合於慮字工夫玩味之乃得

一大指壓中指把弓此至妙之射法也決不可不從之

一馬弓決要開至九分滿記之記之若七八分亦難中也

一馬上射把箭須以箭二枝連弓弝把定又以一枝中弦掛為便其有以箭插衣領内或插腰間俱不便決要從吾言

一凡箭去寧高而過的慎勿低而不及也此人人之病記之記之

場中射須要業業恐不中決不可有一毫自放之意都如無堅射各官在上都如平目自射一般慢慢一枝知鏃過一枝一枝審過一枝如何不中

一凡中的之前可取必者皆自從容間暇中能必之未有忙忽而可取必者忙忽而有中者亦幸耳

一凡射至五矢之外猶未中的更要從容審決不可因不中而自忙若忙則六七八九矢更無中理也

一教騎射箭法也勢如追風目如流電滿開弓急放箭目勿瞬視身勿倨坐出弓如懷中吐月平箭如弦上懸衡

一步射箭法曰箭者殺人於百步之外者也射者必量其弓弓量其力無動容作色和其肢體調其氣息一

其心志故曰莫患弓軟服當自遠莫患力羸引之自任但力勝其弓必先持滿射之先近而遠此不易之法也大端還要扯扯滿射遠及到然後自近求準非如一人自未開弓便止射三二十步起也如此一為所局豈能遠耶

凡射或對賊對把站定觀把子或賊人不許看扣目稍瞬則不及避而制於大此眼法也

凡射前腿以撅後腿似瘸隨箭改移只在後腳左肩尖直對右腳尖丁字不成八字不就射右改左射左改

右二句正中的之妙此足法也

凡射前手如推泰山後手如握虎尾一拳主定前後直

正慢開弓緊放箭射大存於小射小加於大存其壓前手如舉其前手務取水平前手撇後手絕二句射之玄机一撇一絕正相應之妙一齊著力使兩臂搏伸合則箭疾而加於常常數等矣此手法也

凡射顧惡傍引頭惡却垂胸惡前凸背惡後偃乃身之病此身法也

凡射法箭搖頭乃是右手大食指扣弦太緊之故其扣弦太緊之故是無名小指鬆開之故學射者有此病射時用小草稍一寸用無名指小指共恰於手心箭去而草不墜即箭不搖擺矣

凡對敵射箭只是箇膽大力定勢險節短則無不中人無人能避矣此狀形容不出大端將弓扯起且勿盡滿且勿輕發只是四平架手立定則勢自險矣必待將近數十步約我一發必能中敵必能殺人至死或

患將切身或為賊先發一中而收利十倍則節自短矣馬上之賊只當看大的射不可射人諺云射人先射馬擒賊必擒頭是也

凡馬須要平日適飼養時調度蹤蹲聽令進止觸物不驚馳道不削前兩腳從耳下齊出後兩腳向前倍之則疾且穩而人可用器矣故馬者人之命胡馬慣戰數倍中國居常調度之功也

實握射圖

此弓滿法左
肱直如絃而
弓斜如月前
平奶頭

掌心推射圖

此法弓法則肱
之曲心對下肘
平如衡而弓須
兼八分平勢

紀效新書卷十三

欽定四庫全書

子部

紀效新書卷十四至十六

詳校官編修臣吳錫麒

總校官進士臣程嘉謨
校對官編修臣馮集梧
謄錄監生臣王鳴岡

欽定四庫全書

紀效新書卷十四

拳經捷要篇第十四　此藝不甚預於兵能有餘力則亦武門所當習但衆之不能強者亦聽其所便耳於是以此為諸篇之末第十四

拳法似無預於大戰之技然活動手足慣勤肢體此為初學入藝之門也故存于後以備一家學拳要身法活便手法便利脚法輕固進退得宜腿可飛騰而其妙也顛起倒插而其猛也披劈橫拳而其快也活捉朝天而其柔也知當斜閃故擇其拳之善者三十二勢勢勢相承遇敵制勝變化無窮微妙莫測窈焉冥焉人不得而窺者謂之神俗云拳打不知迅雷不及掩耳所謂不招不架只是一下犯了招架就有十下轉記廣學多算而勝古今拳家宋太祖有三十二勢長拳又有六步拳猴拳囮拳名拳各有所稱而實大同小異至今之温家七十二行拳三十六合鎖二十

四棄探馬入閃番十二短此亦善之善者也呂紅入下雖剛未及綿張短打山東李半天之腿鷹爪王之拿千跌張之跌張伯敬之打少林寺之棍與青田棍棍法相兼楊氏鎗法與邑子拳相皆合之有名者雖各有所傳所傳有上而無下有下而無上就可取勝於人此不過偏於一隅若以各家拳法兼而習之正如常山蛇陣法擊首則尾應擊尾則首應擊其身而首尾相應此謂上下周全無有不勝大抵拳棍刀鎗

叉鈀鈎戟弓矢鈎鐮挨牌之類莫不先由拳法活動身手其拳也為武藝之源今繪之以勢註之以訣以啓後學既得藝必試敵切不可以勝負為愧為奇當思何以勝之何以敗之勉而勝之怯敵還是藝淺善戰必定藝精古云藝高人胆大信不誣矣

余在舟山公署得叅戎劉草堂打拳所謂犯了招架便是十下之謂也此最妙即棍中之連打

懶扎衣出門架子變下勢霎步單鞭對敵若無膽向先空自眼明手便

金鷄獨立顛起裝腿横拳相兼鎗背卧牛雙倒遭着叫苦連天

探馬傳自太祖諸勢可降可變進攻退閃弱生强接短拳之至善

拗單鞭黃花緊進披挑腿左右難防搶步上拳連劈揭沉香勢推倒太山

七星拳手足相顧挨
步逼上下隄籠饒君
手快脚如風我自有
攪衝劈重

到騎龍詐輸佯走誘
追入遂我回衝恁伊
力猛硬來攻怎當我
連珠砲動

懸脚虛餌彼輕進一
換腿決不饒輕趕上
一掌滿天星誰敢再
來比並

丘劉勢左搬右掌劈
來脚入步連心挪更
拳法探馬均打人一
着命盡

下插勢專降快腿得
進步攪靠無別鉤脚
鎖臂不容離上驚下
取一跌

埋伏勢窩弓待虎犯
圈套寸步難移就機
連發幾腿他受打必
定昏危

拋架子搶步披掛補
上腿那怕他識右橫
左採快如飛架一掌
不知天地

拈肘勢防他弄腿我
截短須認高低劈打
推壓要皆依切勿手
脚忙急

一霎步隨機應變左右腿衝敵連珠恁伊勢固手風雷怎當我閃驚巧取

擒拿勢封腳套子左右壓一如四平直來未逢我投活恁快腿不得通融

中四平勢實推固硬攻進快腿難來雙手逼他單手短打以熟為乖

伏虎勢側身弄腿但來湊我前撑看他立站不穩後掃一跌分明

雀地龍下盤腿法前揭起後進紅拳他退我雖顛補衝來短當休延

朝陽手偏身防腿無縫鎖逼退豪英倒陣勢彈他一腳好教師也喪

鴈翅側身挨進快腿走不留停追上穿庄一腿要加剪劈推紅

騎虎勢那移發腳要腿去不使他知左右跟掃一連施失手剪刀分易

拗鸞肘出步顛剁搬
下掌摘打其心拿陰
捉兎便開弓手脚必
須相應

當頭砲勢衝人怕進
步虎直攛兩拳他退
閃我又顛踹不跌倒
他也忙然

順鸞肘靠身搬打滾
快他難遮攔復外交
刷回拴肚搭一跌誰
政爭前

旗皷勢左右壓進近
他手橫劈雙行絞靠
跌人人識得虎抱頭
要躲無門

紀效新書卷十四

紀效新書卷十五

明 戚繼光 撰

布城諸器圖說篇第十五

夫南方田水界地雨濕不可用車我兵卒然遇敵緩急無家可依賊皆洞見知我無拒禦之備是敢盡力向我一遇奔潰全軍退走其布城之法不惟緩急可恃且足張疑使賊忽然舉目無中生有眼

前皆是遮映造次便不得知我立此主何意且不得便知我布裏虛實外既立有拒馬蒺藜以為禦而後有布城遮映至有誤為真城者緩急之間便不敢輕易近我營壘如果賊人瞭料其情我已備之久矣鳥銃俱向城而伏賊如來敵必須先取去我蒺藜拒馬攻取之間彼外不能視內而我可由布城視外便打銃戳鎗射弩無不便宜一絲之限足類金湯如賊亦打銃我則將各兵綿被再搭一床於布城上又可禦鉛子矣

布城圖

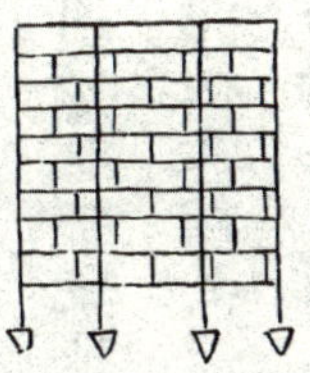

計法每一隊雙立為鴛鴦陣該平去第二小隊一丈五尺用布雙層高四尺長一丈五尺每五尺為一柱共用柱四根用布五幅上用淡色畫界磚石之形

一器具除武經總要圖象之所有人人可能者不備外今將武經總要所無及武經之所有而今不知用者併開于後

一拒馬

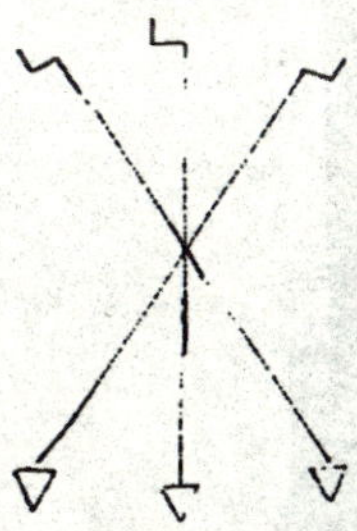

右鼓架相似三根一束長五尺徑各一寸五分上用屈鐵頭下用鐵鑽每一架立地二尺五寸一小隊相接該六架隨在取大木壓其中

一蒺藜繩連利於收起

每一小尺一箇每一步六箇為一繩俱用繩串入蒺心中而出每一小隊前面下五層共計十五根俱牌上掛帶以行

牌法造牌祀牌符咒各有大例日期

正面

背面

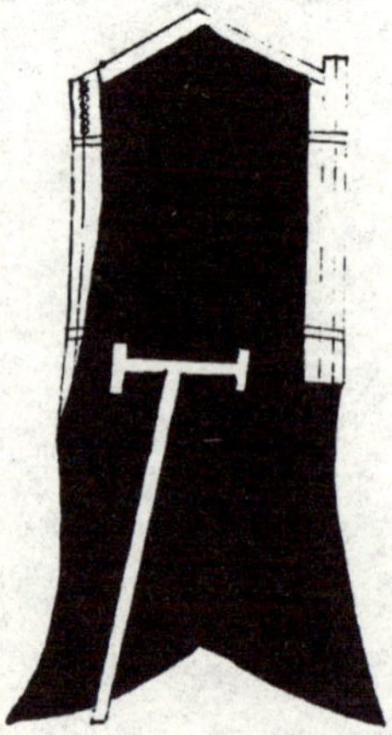

此物有數法或用皮䩫或用輕木而外加以竹用釘者最利急則擲之地下可以當釘板阻險其符法乃兵家厭眛之術激我士心而疑敵者也非真以此為恃後人毋惑之而為所誤凡兵所帶繩串蒺藜掛於此牌向外釘上以行用時取下鋪地圓藤牌雖為擊殺之器而不能立東部伍凡賴之以束整部伍齊進止遮人衆壯士氣進如堵墻退如風雨者惟有此牌之功為大為可用柰只可以遮革刀鎗而不能革鉛

于尚賴當世豪傑之才更為之變通長五尺横闊二尺

軟壁硬木作架高七尺闊六尺以舊綿絮披掛十張陣前堵鉛彈丁板可攔路

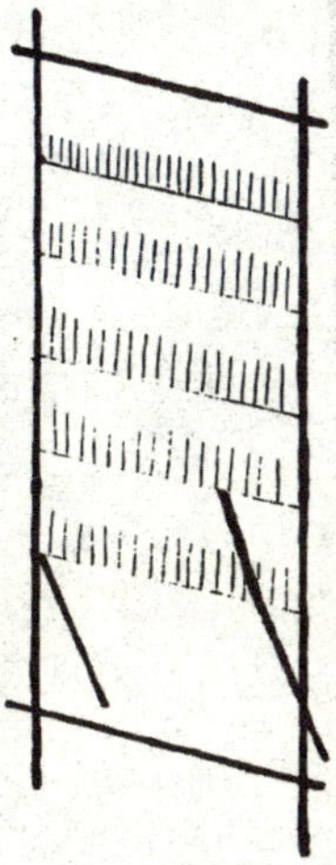

軟壁無他奇異用人所蓋綿被覆于木格上耳固一時從便之法然不若所製剛柔牌四五十步之外可以遮銜鉛子屢試無失然近至三十步亦要打透但鉛子鋭必是遠放定無一二十步可放之事今開法于後不立圖者秘之也其法以輕木為長桄中用一檔牌身如木牌大先用生牛皮二層釘之皮裏用好蠶綿三斤用布序為一袋貼牛皮之裏用分水薄綿紙每二張鬆鬆團為一毬挨行擺之又川蠶綿五斤序布袋一幅蓋之四邊竹釘定固通用灰漆四明裏面布處用油厚塗使不入水重可三五斤計費五兩以上只苦于價重而官司不能辨夷險此之外或以鐵為鋒或云用鷰毛人髮或用密紙或用皮漆或用竹木而尖其脊余曾極其智慮博采萬口之說盡以製造之方所費不知幾百金而竟皆不能遮啣鉛子未有勝此法者也

剛柔牌式

第一生牛皮

乙層內用好

大蠶綿布納

乙層

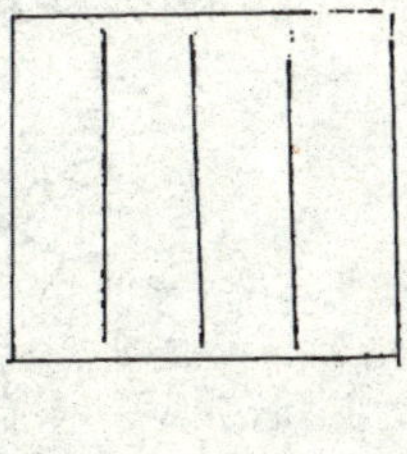

第三薄桑

皮紙毬一

層容擺相

挨

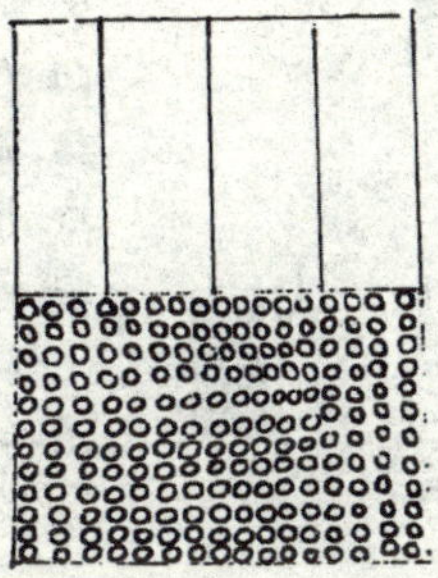

第四層好
藍綿納布
一層蓋裏

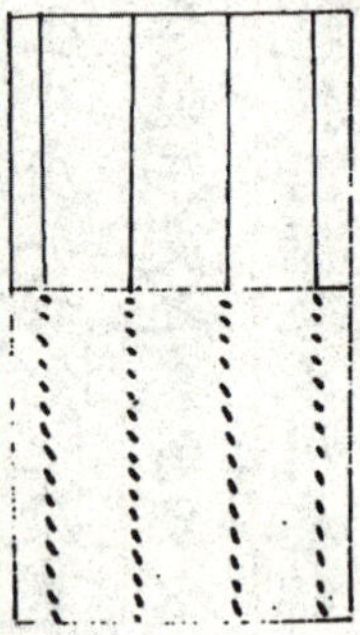

以上通用灰布漆油最忌水入坐臥結實

銜枚

竹籤四寸長五分濶上書隊甲兵勇親臨官押油
飾掛頸靜砲響各銜枚肅靜代圓枚而用更可查
考

後
面
某官
押寫銜枚號令

鬼箭　鐵蒺藜糞汁炒染毒藥戳脚曰鬼箭散拋以為阻路守險之用

人撒竹筒形　此筒用茅竹去皮底不裂
長一尺上用木蓋下用原
節為底貯蒺藜懸之於腰
用時手提撒之下地均勻
且速而不結除此皆牢插
蒺藜不利用矣

飃石　用一握竹長五尺繩繫頭作兜
貯石搖勢一擲而去守城宜用

夜伏耕戈 竿機用浮輕箭染草烏毒藥以線引繫椿於三十步橫路而下堆草藏形觸線而機發箭中恐害自人須阻所行要路

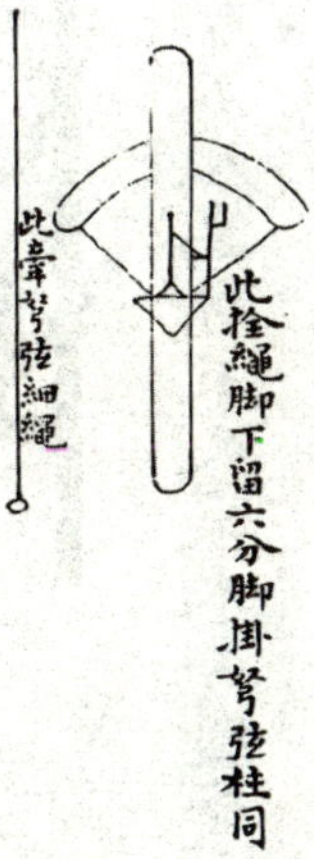

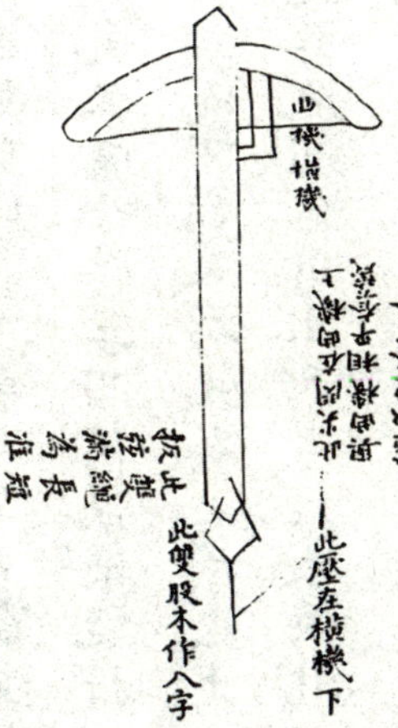

此張起弩形

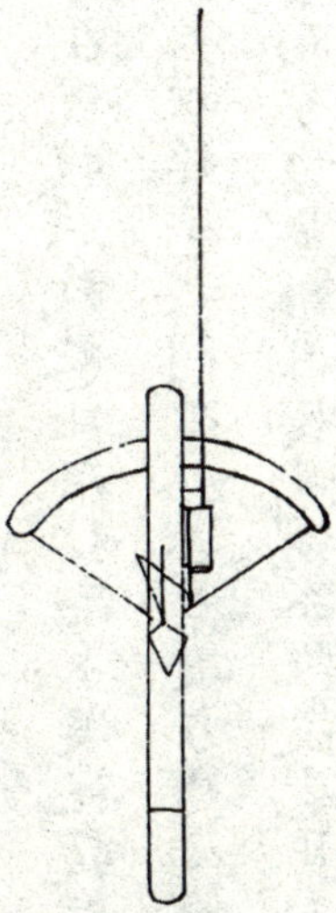

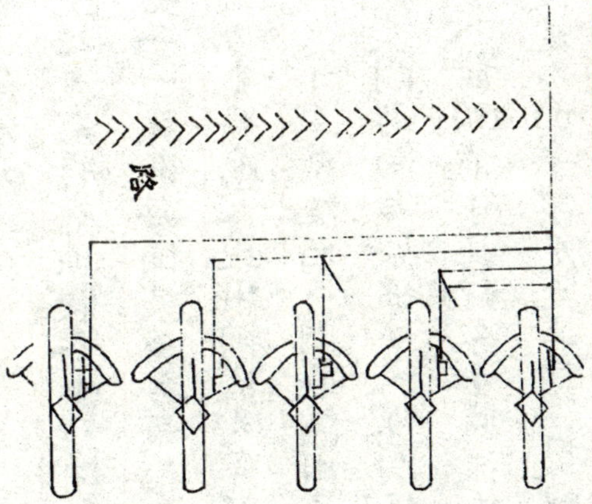

近來賊用長竹先打而行則机發於人足之先弩又無用今當多用如百弩連成數丈其机只在向我處弩盡頭下之候彼走進踰弩將盡處就長竿先發其機則不能退出数丈矣又當分作三四箇機渠能打發其一機即謂盡發矣而不意又有未發之機也尤妙若三五弩而擺丈餘地則無用且未必矢矢俱准着人身恰得正好也

木城

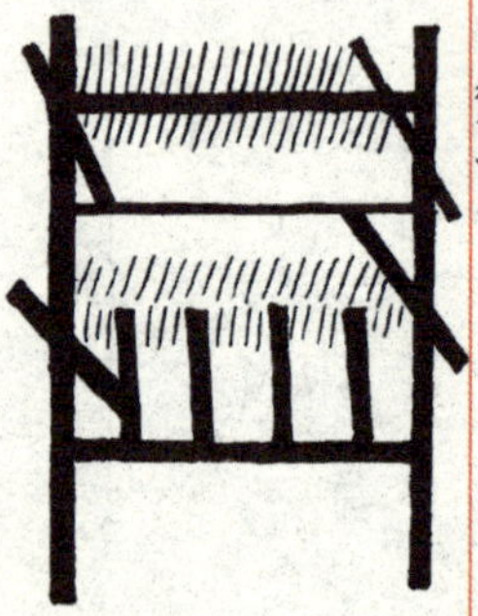

用大小木為每扇闊五尺高堞五尺衮木二道釘大竹釘浮於拴上約可二人負之而行輕重適均在城上則立在垜口防夜襲登在兵中可肩而下營立成營盤

放鳥銃法式

一放銃之法先將藥預裝各小竹桶內約銃口一客幾錢鉛子一枚即每桶裝藥幾錢藥多則鉛化藥少則子無力先將藥入銃用搠杖送實方下鉛子一枚又搠杖送下至藥際將火門取開用另裝細火藥傾入鳥銃火門內向上振摇藥入線門將火門閉之以火繩安入龍頭前手托銃架中腰後手開火門即拿銃架後尾人面安架尾之上用一隻眼看後照星對前照星前照星對所打之人用右手大食指撥鬼向後鬼入龍頭落在火門藥燃銃響

鳥銃之中准在於腹長而直火藥之不奪手在於前手拿在銃腹照放之直在於兩手俱托執銃身而無點火之誤鉛子之利在於合藥之方其神機銃用木馬繫而多誤勢難再發邊銃手執後尾其重在前一手點火眼不能照皆不及此銃之妙而速也

一製鳥合統藥方

硝一兩　磺一錢四分　柳炭一錢八分

通共硝四十兩磺五兩六錢柳炭七兩二錢用水二鍾椿得絶細為妙秘法先將硝磺炭各研為末照數兑合一處用水二碗下在木柏木杵椿之不用石椿者恐有火也每一柏椿可萬杵若椿乾加水一碗又椿以細為度椿之半乾取日晒打碎成荳粒大塊此藥之妙只多椿數萬杵也大端如製合好墨法相類若添水椿至十數次者則將一撮堆於紙上用火燃

之藥去而紙不傷如此者不敢入銃矣只將人手心擎藥二錢燃之而手心不熱即可入銃但燃過有黑星白點與手心中燒熱者即不佳又當再加水椿之如式而止

鳥銃後門形

絲轉形　左轉則入　右轉則出

鳥銃分形之圖

火門形

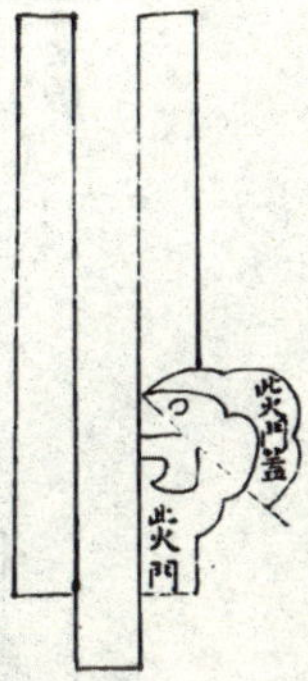

前口形

銃架形

此插入架內搠杖

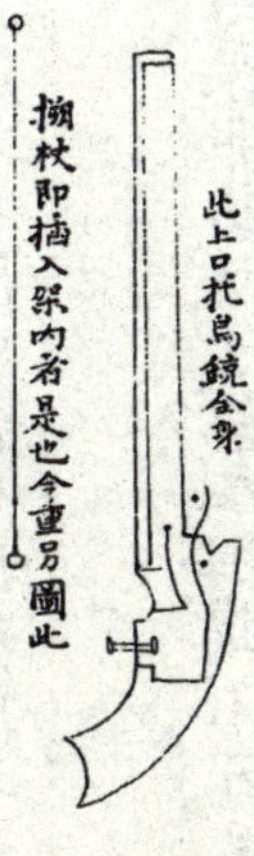

鳥銃龍頭式

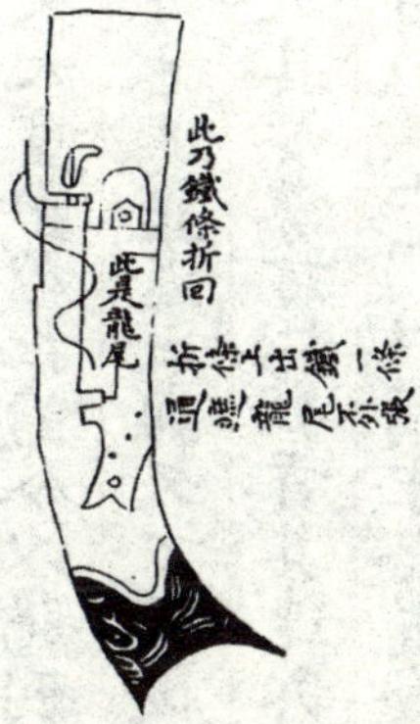

架內撤鬼形

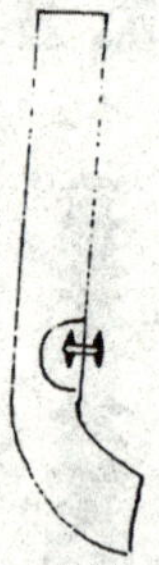

其鬼所勾書不出側立外形

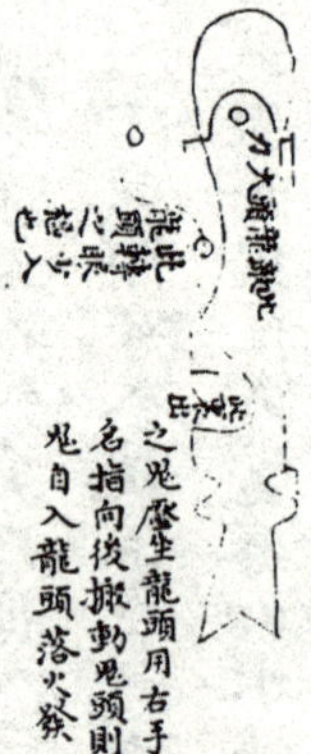

側立裏面鬼撐形

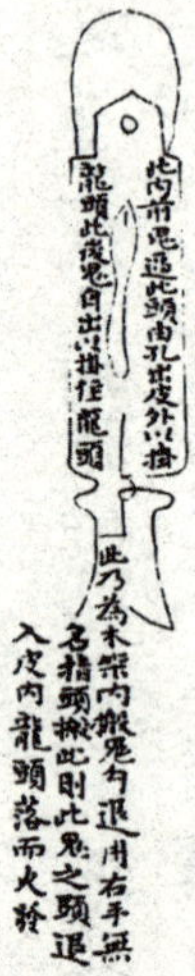

一造鳥銃之法後門有螺絲轉者此銃腹長放過後內常作濕二三日要洗一次用搠杖展水布一方醮水入洗之如鉛子在內或䶅火門等項取開後門絲轉以便修整最為易便

一行營之內鳥銃雖速准而力小難禦大隊難守險阻難張威武佛狼機又大重難於扛隨今以臆創一器名為賽貢銃既無下木馬延遲之艱又不坐後其鉛子猶勝佛狼機之大其聲勢可比發貢其速即可比鳥銃每五百人之中用以五六門以備守路截險甚妙

一銃式

銃長三小尺內口約容半觔鉛子藥在粗腹不可過鉛子送至腹口方好即如此平卧地下隨其遠近加墊頭高並不用木馬等類此器之利者亦以項長而鉛子合口故也

送子形

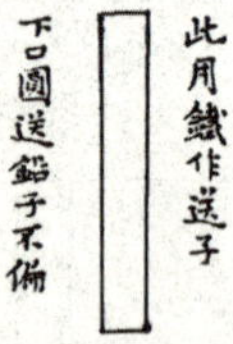

銃形

後有連子銃銃鎗皆繁巧放銃時多誤難以屢中無虞聊亦載之以備兵家之一法也

連子銃式 因武經總要所無故圖出

銃如鳥銃但藥盡處用一吼上安一鐵筒入鉛子數枚門定口一個銃放去一個子又落入

銃内裝藥式

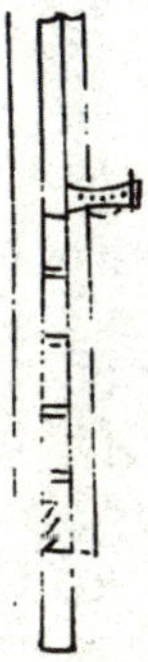

其法以藥裝入一卩卩以厚褙紙錢一箇中穿藥線一寸送入銃内又裝一箇藥人築實又間以穿藥線紙錢如此裝至鉛子鐵管止

一子母砲

此用驚營或夜間遠遠放入賊壘少停於賊壘中銃發無制之兵烏合之衆奪氣之寇勢必驚惶我得乘之此器最妙

一裝子母砲法

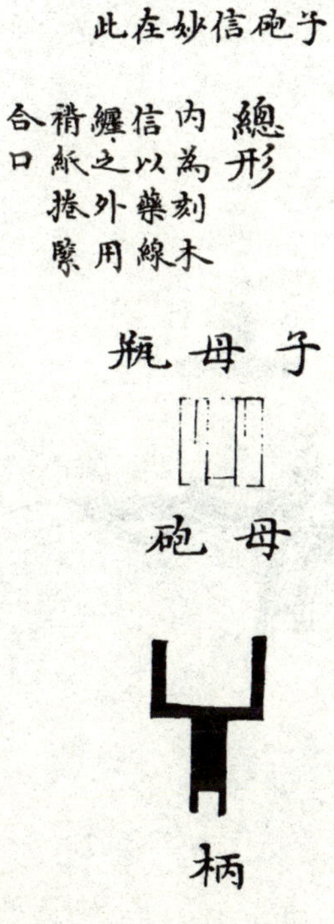

此砲用木信雕成羅絲轉形為渠以藥線隨渠纏足下露線一除在底上露出信之上用褙紙信外卷緊與子銃口合乃將好藥入瓶八分將信送入口即將瓶覆向下摇摇按入其信若仰瓶数信則信底有藥放時藥催信出而瓶不破響惟覆裝其信則將信務入到底庋底下無藥藥在週圍信線燃入藥乃作破子瓶其放時先用木馬將大銃裝畢以瓶入上大口先點瓶線燃入木信不見即點母砲線打去若瓶線點早母線大長則瓶不出口而響矣若點瓶線太遲未及燃入打去則閃風而滅矣又有一法共拴一線居中點火終是不齊還是兩點為妙

佛狼機式

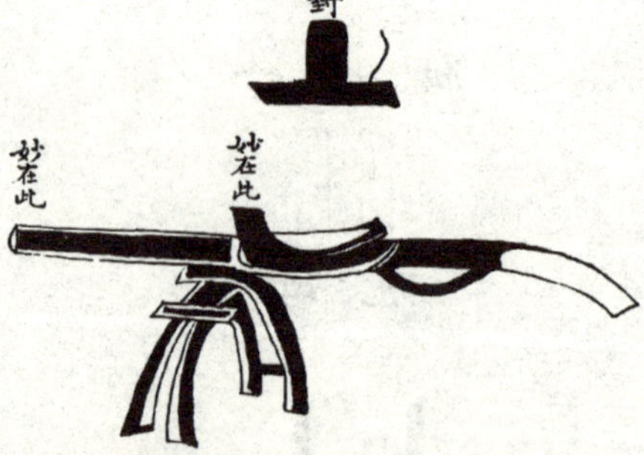

此乃天下通有利器今所以重圖者舊製之未盡精微也其妙處要母銃管長長則直而利遠子銃在腹中要兩口對合則火氣不泄子銃後方用半筭轉入者每放時多擊出子銃數大傷人必用鐵閂者佳其妙處在今添出前後二照星後柄稍從低庋不碍托面以目照對其准在放銃之人用一目瞅看後照星孔中對前照星前照星孔中對所打之物又子銃內用木馬後下鉛子苟子馬俱大則難出出則力大要

坐後而人力不能架之若子小則出口鬆而無力歪斜難准今法止用鉛子預將鉛子照子銃合口微大一分製就用時入藥之後即以子下口用凹心鐵送桿打下入口一寸即入母銃放之此法既省下木馬煩難之功又出口最易而且鉛子合母銃之口緊激直利便速成功凡鑄銃之法子銃口大則子難出要破母銃母銃口大而子銃口小則出子無力且歪務要子母二銃之口圓徑分毫不差乃為精器也切記

切記

夫火箭亦水陸利器其功不在鳥銃下但造者無法放者無法人鮮知此器之利也大端造法有二或造成用鑽鑽線眼或用鐵桿打成自然線眼但鑽者不如打成者妙鑽易而打成費手故匠人多不肯用打成之法其肯綮全係於線眼眼正則出之直不正則出必斜眼太深則後門泄火眼太淺則出而無力定要落地每箇以五寸長言之眼須四寸深桿要直而

去頸二寸稱平鍘要勁羽長而高稍筒用礫紙間以油紙夏不走硝可留二年此物最不耐久收也

火箭線眼式

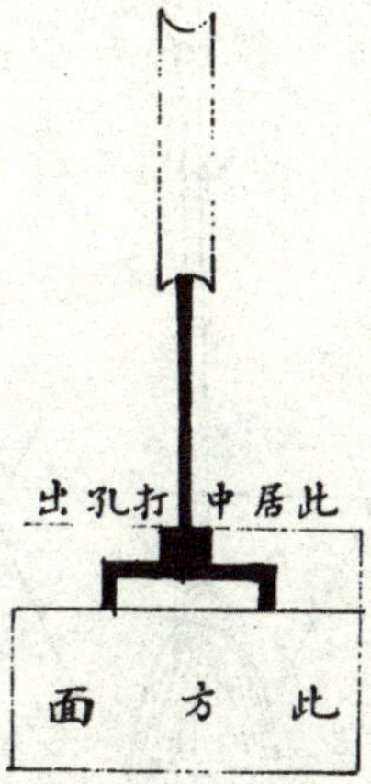

箭頭式 中脊要厚兩刃要長而利為佳頭上縛虎藥至妙

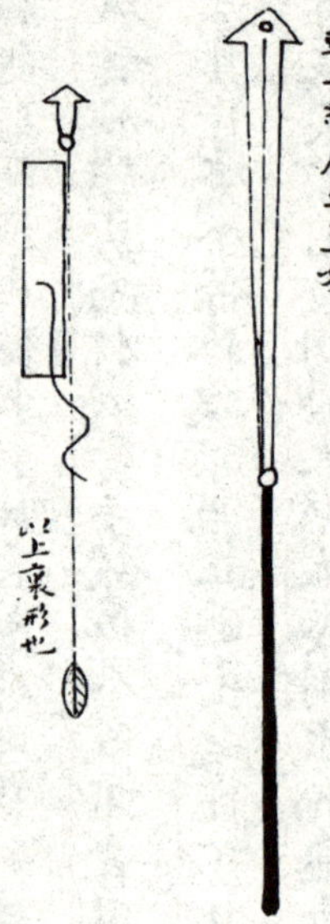

一礮法武經雖載而獨行砲單架者甚明鮮有人能悟之故重開明其勢此為守城第一器也既省火藥之費又有不乏之資

每繩長如稍之體不必拘定若干條但能舉其稍可矣每繩用二人扯之

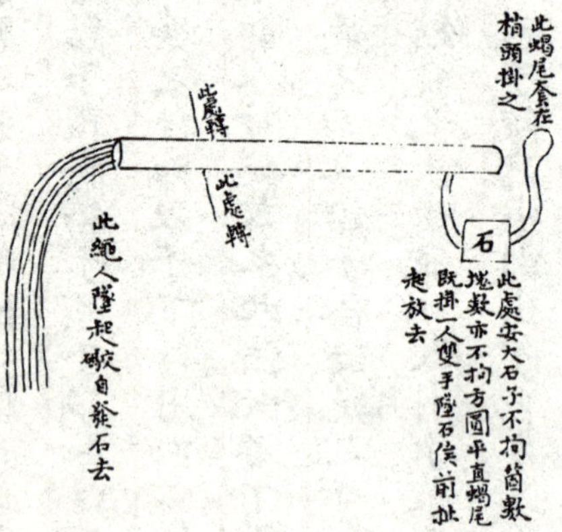

礮石用人車起打去形

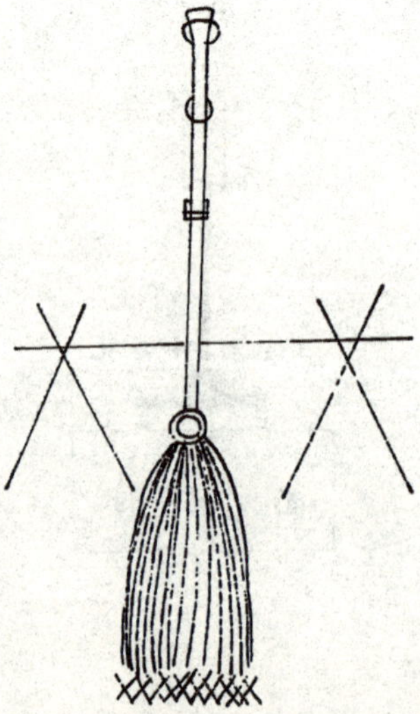

紀效新書卷十五

欽定四庫全書

紀效新書卷十六

明　戚繼光　撰

旌旗金鼓圖說篇第十六

名將所先旗鼓而已近見東南人不知兵旗無法制率如兒戲或輕難視遠或重難執馳方色混雜不可辨認而臨陣分合更與旗無干聽兵用手遍唇為哨聲卻以旌旗為擺隊之具金鼓為飲宴之文至有大將名冑而亦烏合縱橫一聽兵士紛沓一隊數色一陣數令以勝負付之自然以進退付之無可奈何吁可勝嘆哉予故不得已而繪此煩文以取識罪亮之亮之

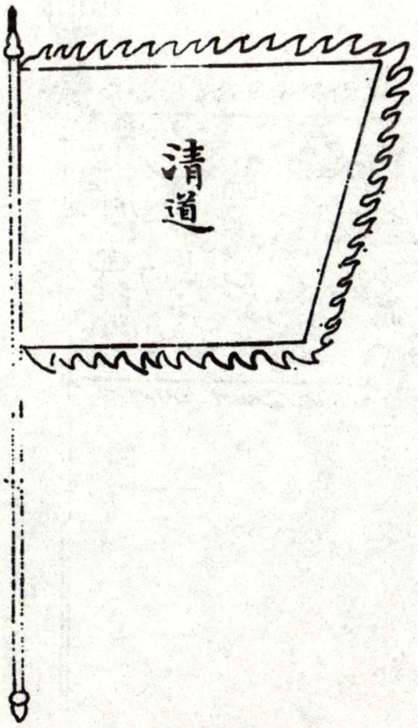

右清道二旗軍行持衆之前以清途路操習則遇掌號笛執在馬路引官哨隊回營旗桿長八尺仍領送官哨隊回營旗桿長八尺用木葫蘆或葫蘆上加以鎗頭亦可方四尺藍色邊用紅色

金鼓旗四面

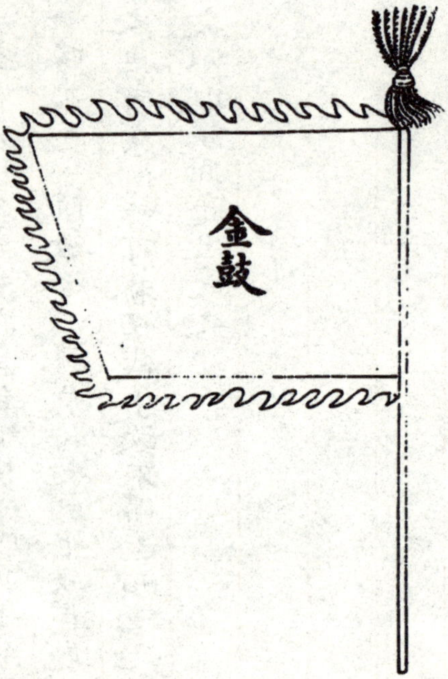

此用以引金鼓桿高一丈二尺纓頭雉尾珠絡旗素黃色方七尺黑布字大二尺

南方丹陵三炁丙丁巳午火其神朱雀其色紅

西方皓陵五炁庚辛申酉金其神白虎其色白

北方玄陵七炁壬癸亥子水其神玄武其色皁

五方神旗五面　東方溫元帥

此與前大五方旗同用各照方色彩畫邊用生旗之色不可與本旗色相犯除邊方五尺桿高一丈五尺

纓頭珠絡

南方關元帥

中央王靈官

西方馬元帥

北方趙玄壇

五方轉光旗五面各照方為色

此用在將臺上行則隨主將以為外表五方之應外表視此為進止立伏桿高一丈五尺邊與旗幅同色用夾絹二幅長四尺濶三尺帶用五色自下相生而上長旗身有半旗頭用雉尾纓絡

五行旗　金木水火土五面各照五行之色

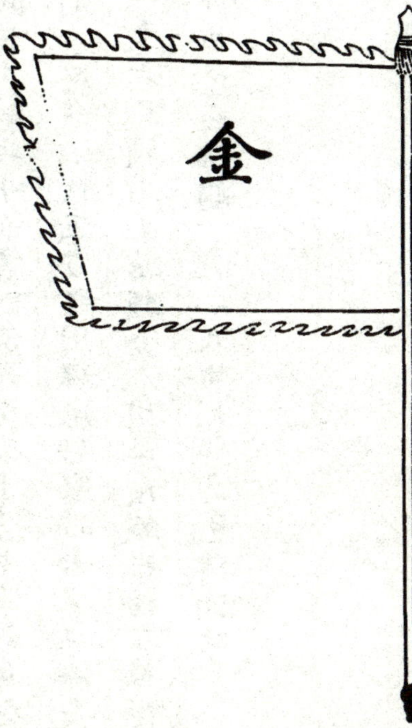

此乃出征之旗代轉光旗之用也桿用長鎗桿旗照字色邊同本旗之色庶純而可遠瞭方五尺不用彩畫黑旗上用白絹為字餘皆黑字旗頭用鎗頭以便出征輕潔色純不混衆目

五方高招五面各照五方之色幅尾則用生氣之色與大旗之邊同意

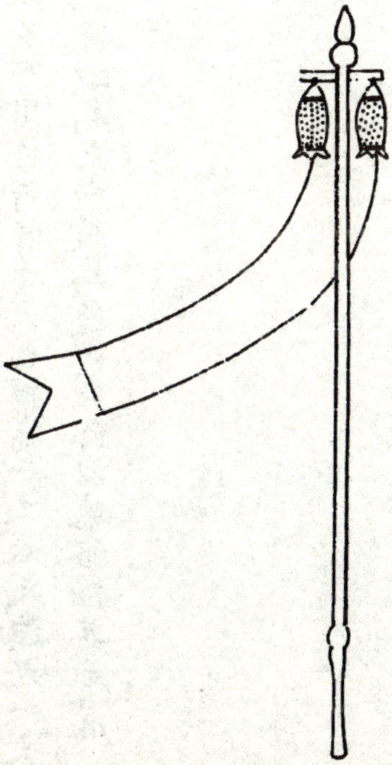

此該二副共十面晝則示奇兵及子營中軍親兵夜
則看燈籠以代五方之用桿用好堅竹去皮紅漆長
一丈六尺頭用小鎗頭金木胡蘆頂鐵梁務在輕便
照方色全幅絹一丈二尺燈用照方色薄油紙

中軍坐纛

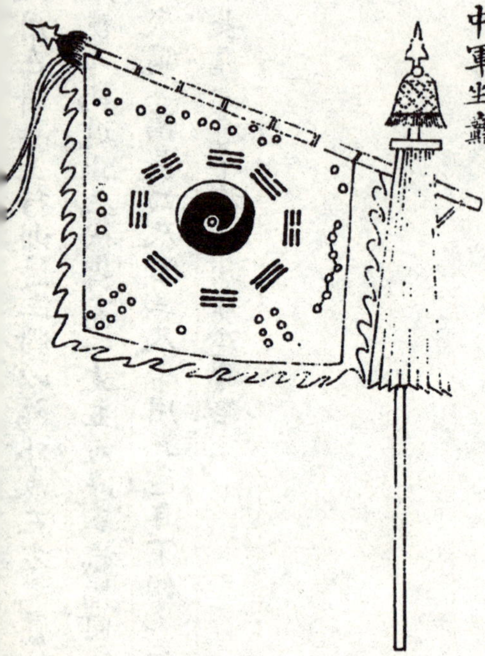

此不可用於行陣重大也桿高一丈六尺旗大一丈
黑綠緞為之白綾為邊纓頭飾以珠絡極其華麗

二十八宿號帶東方角亢氐房心尾箕演禽真形

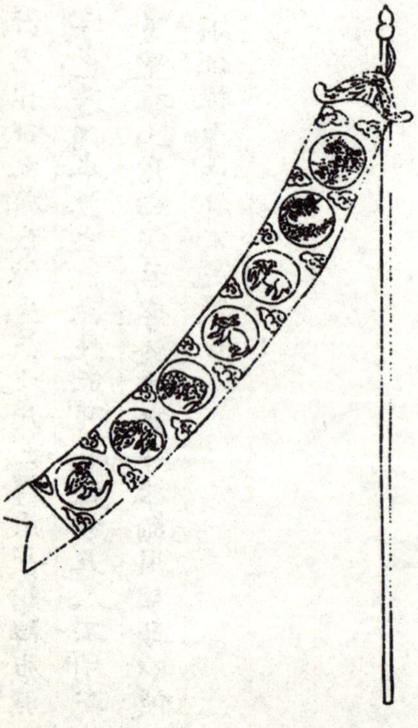

此帶四方各門方色並中央黃素帶俱憑坐纛上以為四方之主但可操而不可用於臨陣以其大而重也桿無燈坐纛上用鐵十字架以懸之

北方斗牛女虛危室壁演禽真形

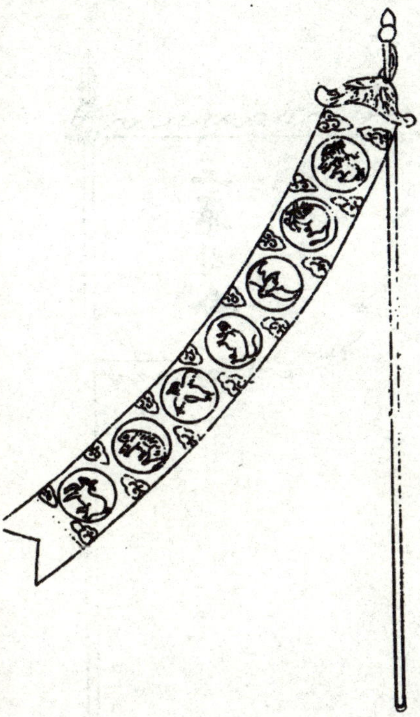

西方奎婁胃昴畢觜參演禽真形

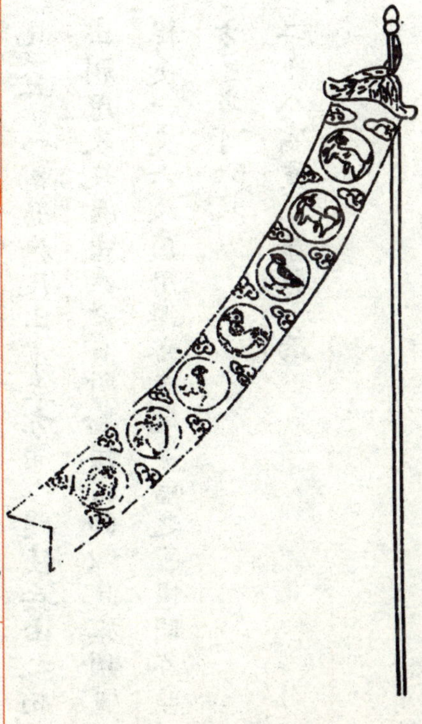

南方井鬼柳星張翼軫演禽真形

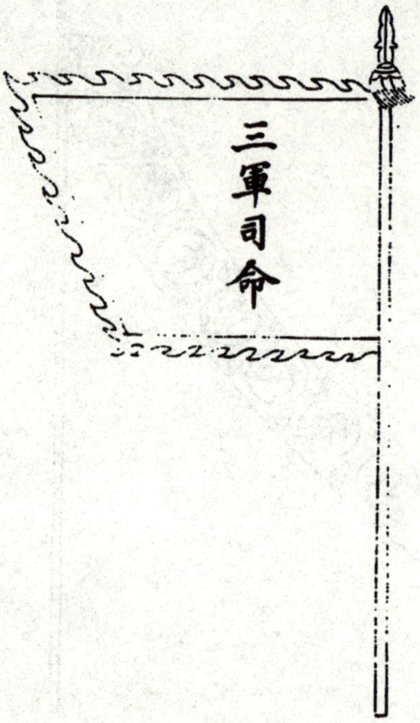

此主將號旗顏色隨意不預設以泄機桿用長鎗旗方一丈二尺

角木蛟　主將黃公政　李真

此後二十八宿形旗凡出軍立方向八門使兵由之而出則用又凡遇出兵之日所輪勝宿即以此旗領軍桿長一丈六尺頂用纓絡雉尾邊幅之色俱同各照方色方可六尺

二十八宿真形旗各一面

亢金龍

缺常

氐土貉

兵武

欽定四庫全書

房日兔

封軍

心月狐

趙隆

尾火虎

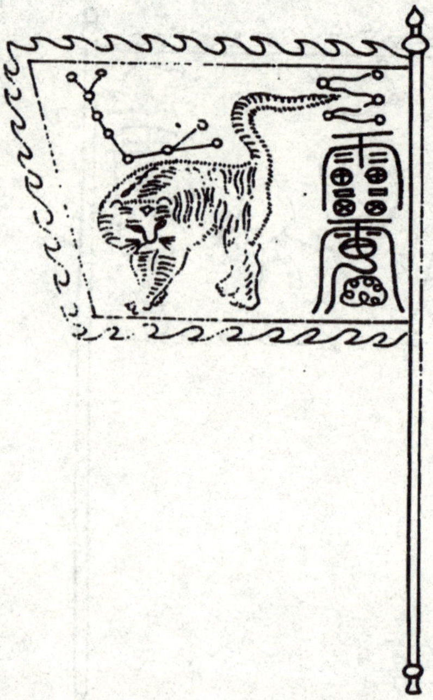

周雲

箕水豹

文相

斗木豸

主將歐陽希節　訣

欽定四庫全書

牛金牛

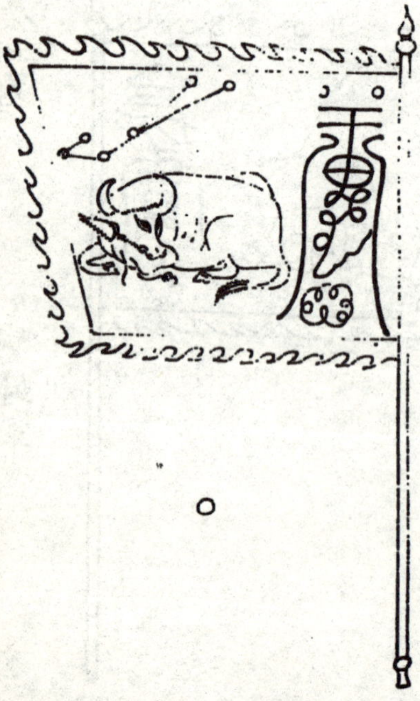

胡英

女土蝠

何佑

虛日鼠

危車

危月燕

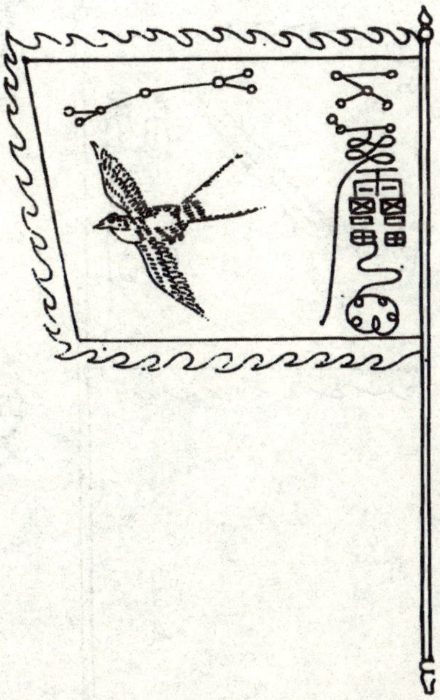

田立危

欽定四庫全書

紀效新書　卷十六

室火猪

荷元

壁水㺄

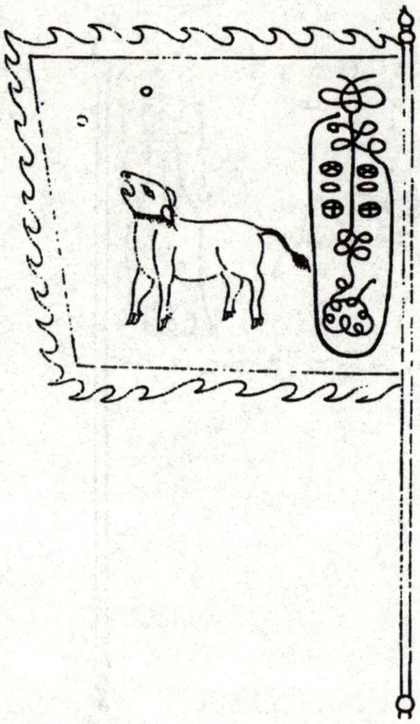

龍王

奎木狼

主將王珣忠 謝月

婁金狗

唐文

胃土雉

伍文

欽定四庫全書

昴日雞

鄭昌

畢月烏

陳旺

觜火猴

霹太

參水猿

宋眞

井木犴　主将林文鎮　徐貫

鬼金羊　槐童

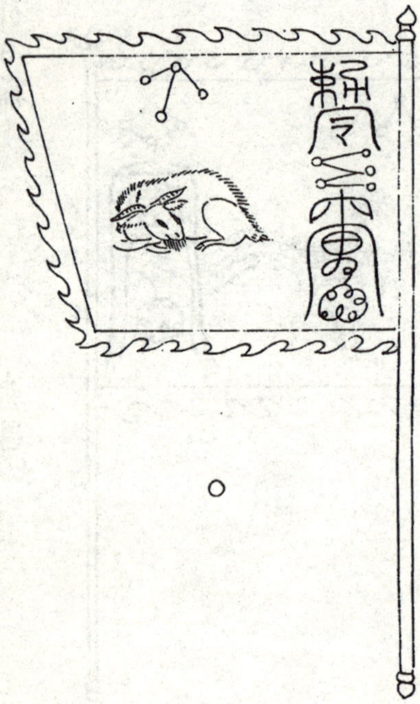

柳土獐　張缺

星日馬　周貴

張月鹿

董午

翼火蛇

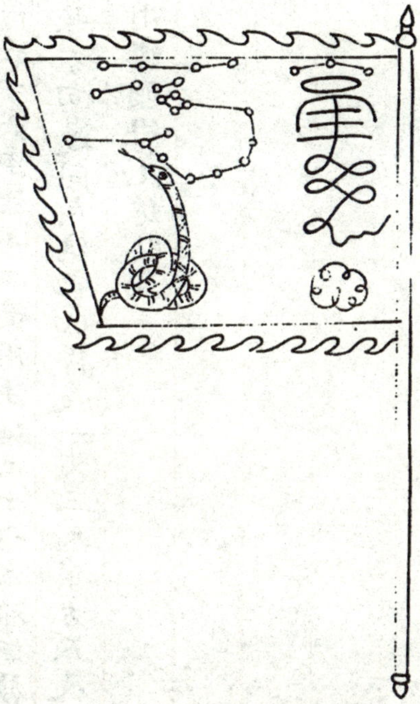

吉善

軫水蚓

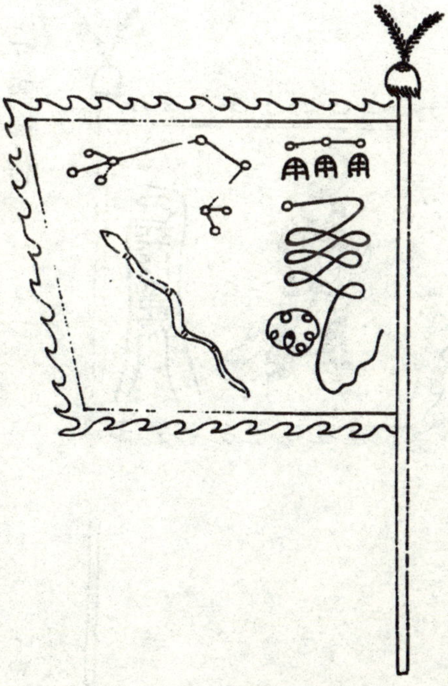

呂鳳

丁卯神将

六丁神旗六面

此後六丁六甲旗十二面用法與二十八宿旗同旗色照方向邊同大旗之色桿長一丈三尺旗方五尺頂用纓頭雉尾珠絡

丁巳神將

丁未神將

丁酉神將

欽定四庫全書

丁亥神將

丁丑神將

欽定四庫全書

六甲神旗六面

甲子神將

甲戌神將

甲申神將

甲午神將

甲辰神將

甲寅神將

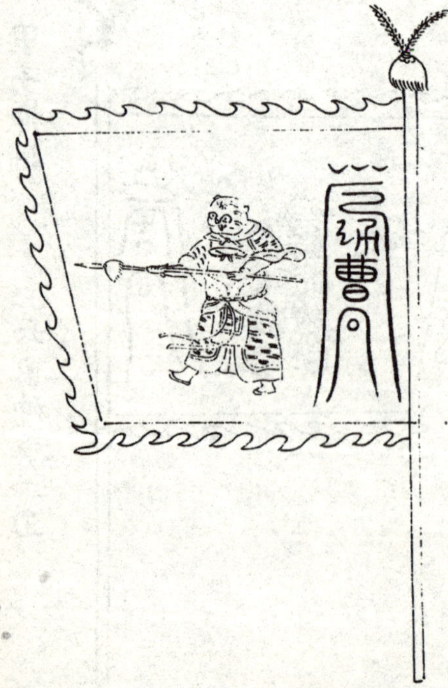

角旗八面高大俱同五方旗用木紅葫蘆頭或雲鎗頭

行則夾五方神旗但矮於五方一尺其色則東南上半幅藍下半幅紅南東反是東北上半幅藍下半幅黑北東反是西北上半幅白下半幅黑北西反是西南上半幅白下半幅紅南西反是花焰邊隨本旗之色上下各一半

八卦正旗高大式桿俱照五方真形旗上用金木葫蘆頭各以八卦方面為色四正方者色純四奇方者照

角旗各得一半上畫本方之卦於旗之中央

紀效新書卷十六

欽定四庫全書

子部

紀效新書卷十七 十八

詳校官編修臣吳錫麒

總校官進士臣程嘉謨

校對官編修臣馮集梧

謄錄監生臣王鳴崗

欽定四庫全書

紀效新書卷十七

明　戚繼光　撰

守哨篇第十七 守是攻之策自古名將必先斥堠但此三事胄子衛所之行移非教戰士之技不能編次諸篇之間故為附卷

一為軍務事照得衛所烽堠為邊防第一要務近來該管陸路官員多不曉此每遇考選是任便為閒散之局甚至廢棄職守或臺堠不修或器械不整如軍士偷安略無懲究冠犯地方則烽火之號不傳船隻在海則聲息之警不報萬一失事甘受參提殊不知懲沸湯者吹冷虀傷弓之鳥驚曲木自能省此便當寒心豈可玩歲愒日甘蹈如前及查松門桃渚衛所原設烽堠有遠在外海而軍士藉此偷安如獅子望火樓等處是也有置於僻地而遇警瞭望不及若盤馬烏沙浦等堠是也已曾稿有行令堠軍於近海去處照依漁户搭蓋繒架一般上則用草苫為一厰各置

守瞭罷其每堠每日輪軍三名遇有賊船出没晝則車大白旗一面夜則放砲起火在堠軍餘接警傳報如在外海遠堠每每密切差人查閘此時地方廣濶未經覈實而奉行者十無一二即今風汛正臨海洋賊船叵測內地安危居民趨避兵機預備城池警守均當責在一堠之司一堠失報則地方貽害萬萬矣為今之計除行取各衛所管堠官軍前來本職面授烽火方略形式號令使各遵守外所有條列報警事宜擬合申飭通行為此牌仰本官照牌事理即將後開條約事件備錄每墩一本付軍讀誦背熟其條內事宜平日務各件件備完停當隨壞隨用者隨補隨完遇有警急務要依後條款舉放傳報敢有一件不完一軍不到查問得出定照軍法連坐決不輕貸先將各堠旗軍備完件數該管官具結繳來查考以憑或時委官或本職自坐小網船沿途暗住親驗其給過牌內條欵陸路官先行讀背痛熟面教各堠軍名

名讀誦背記痛熟限一月外以憑本職調來或到墩
考背生一句打一棍不恕
令開
墩堠該備什物
一每墩立五人睡住卧房一間不拘草瓦
灶一口　水缸二箇　鍋一口　碗五箇
碟十箇　米一石　鹺十斤　種火一盆
種火牛馬糞一担

一器械
碗口銃二箇　小手銃三箇
火箭九枚　大白布旗一面方十二幅
草架三座
草架法
每架務高一丈二尺方四面俱一丈下二尺高用木橫閣使草柴不着地不為雨濕所浥上用稻草苫蓋如屋形伏覩祖宗墩法舉狼烟南方狼糞既少烟火失制拱把之草火燃不久十里之外豈能目視且遇陰霾晝晦何以相瞭故必用此大茅屋積草柴既多火勢大而且久庶隣墩相望可見其屋內不拘柴草務相均停一層柴一層草填實盈滿
墩堠報警號令
一每墩不拘日夜分三人帶起火三枚碗口銃一箇手銃一箇在於極外海邊巡邏守哨遇有賊登晝則搖旗放銃為號夜則放起火放銃為號墩上即便接應

如天晴則車十二幅大白旗相隣之墩車起大旗一路只至本府所在之處又一路至本衛所城池而止如若遇天日陰霾有雲霧望旗不見則將原搭草屋舉火連草屋通聽燒燃一架隣墩接放火則已如不接放又燒放一架夜遇有警看近海下墩哨軍火箭號響止燒放草屋一座蓋夜間火甚明不必二座也隣墩即便一體點放草屋賊到之墩一面差一人由便路徑到本衛所并陸路官處報賊多寡登犯時日

情由聽該衛照本府原發報式轉報

墩軍號火走報軍法

一賊所登犯之地本墩失悞放火車旗遇賊流至隣墩之下隣墩放火車旗而本墩後接者全墩軍法示衆

一遣下墩海邊人役失悞者罪坐下墩海邊之人墩上者連坐綑打一百

一近賊本墩放火車旗而全墩接應失悞者隣墩軍法示衆

一舉火遲延走報不時因而悞事者軍法示衆

一風汎時月墩軍不拘正墩隣墩敢有下墩回家及離近墩而不在墩者無賊至綑打一百割兩耳有警軍法示衆該管官綑打穿耳連坐

一應備前項什物軍器欠缺一件者墩軍綑打一百割耳仍罰月糧置辦該管官連坐綑打

一應備前項什物軍器雖不欠缺而不如法者墩軍綑打四十扣月糧改置該管官以分數論罪治以軍法

查點墩堠法式

一每月本職十次把總七次衛所五次各差人本府於見駐之處起南北分發人員點閘如有不到者即便綁解治罪或本府自坐小綱船由潮不拘時日親閱查點

一凡差人員點堠敢有需受分銀粒米與墩軍所得之罪一體均治雖素親信並不輕減

一差閲人員不親逐墩到上却乃在於總路拘查或托人代查及到墩而又點查不明者一體綑打沿墩示

衆

一差查人員到墩先數軍足五名即看種火之處火種有無次看火箭收拾藥線可否次看大小銃裝收何如次看十二幅大旗有無損壞次看大旗桿堅直何如次看烽火草屋三架柴草有無雨濕漏壞有無損用致欠原數次看水缸有無水次看米齎見存用過數目次看碗碟睡卧處所是否在墩宿歇

一遇警之時但經放過軍器草屋不許過三日即要補
完違者治以缺欠法條

墩軍守瞭之法

一墩軍每風汛時月如三四五六盡數在墩不准以取
米糧破調正二七八九十十一十二月准以一名專
運薪米每二名為一班分為二班每半月一更赴墩

一官府經過止可擊鑼放小手銃一箇不許擅車大小
白旗燈籠烽火等項以疑隣墩違者以妄報聲息軍

法重治

守城

一為軍務事照得風汛迫臨海警叵測捍禦之方惟在
戰守已該本職見在操練標下官兵臨機調發外但
查各衛所城守無法每遇寇至則倉遑失措或致掩
襲不備甚者守禦無法無警之時晝夜耗人精力及
至五更往往倦怠失事是皆已往之咎而事豫則立
正宜先機分布夫守城之法惟蓄養精力有餘而賊

來貴在遠知預備其遠知預備之責又在陸路但伏
路官軍亦多因襲舊套虛應故事緩急之間全無實
賴均合示授方略號令以嚴責成為此牌仰本衛所
官照牌事理即照發去圖式號令條欵將本衛所旗
軍丁舍人等止除出海墩陸人役不派垜口外其餘
自舉監生員致政供貼雜差及應襲以下盡數照依
後開條件圖式或四名一垜或三名一垜或二名一
垜每五垜另編立知事勤勇一人充為垜長專一執

嚴旗查督大約以一城人丁衆寡通融不必拘泥原
分寫鋪其陸路官員亦照原曾發去方略一一遵奉
施行通將編派過旗軍丁舍照式攢造書冊一本同
各官依准中繳其守城號令仍動支不拘何項官銀
判刷成書每人一丁給與一本以便熟習毋得狥情
遺逸及違玩軍令自甘重典未便

派守城規則

一除舍人并編中軍者俱聽策應官帶領隨賊緊處分

投往來捍禦對敵不派垜口

次派神兵先將本城內衝要處所共幾處每處量其險要該用佛狼機幾座大銃幾箇於各多所分抽其多者撥充其餘照各所地方城身均派

次派鳥銃通計本城共有若干垜口見令通有若干邊鳥二銃各照原城所分派稀密得宜如有所伍太多者取加衝要之處

次派官將掌印官專管中軍高處號令四面皆聽所暫

仍兼附近中軍要城一處又將險要門臺幾處派以見在衛所指揮千戶之有力勤勇者次將各掌印百戶一官一旗分派各原經本府編過信地樓鋪各相接界如一百戶署數印則本官止在本伍樓鋪餘則以旗甲一名分守各鋪本官仍往來兼管凡有力千戶與指揮同派無用指揮與千戶同派

次將在城生員致仕省吏照所分派樓鋪

次將各所伍信地一城共有若干垜口凡上圈下圈上下餘丁雜差供貼守城等軍餘丁通計共有若干每垜口一箇約合幾人計算已明然後挨所挨照本府所編信地一軍一餘或多許均附一軍一餘之外湊合派垜編成字號如一所垜口已盡而軍餘有餘則挨於下伍相隣垜口如垜口未盡而一所軍餘已盡即以相隣析伍軍餘兼搭接派惟據軍餘照人均派不拘所伍定額以致厚薄疎密失宜

一每五垜為一廠內選年壯膽勇者一名立為垜長

一派定先演三日俟本職親臨演之如派撥不明不均不公定將掌印官軍法處治當時奪其管事罰以重差

守城該備器具廠屋

一每垜口五箇立草廠一間下用板鋪勿使泥濕傷人上用苫蓋四面皆堪遮蔽風雨遇至樓鋪者即聽以樓鋪充之不必另立每廠竹竿一根長一丈三尺上用布旗一面疊方二幅顏色照城方向

一每垛口有幾丁每丁用一尺高有底通節粗竹筒一箇埋在垛口裏面各軍所執器械或短鎗或斬馬刀或鳥銃或弓矢插于竹筒內立之

一垛口二箇其派過該守本垛之人不拘幾丁共出燈籠一盞其應車燈繩桿燈底墜石雨罩俱照圖式

此預備點有警用

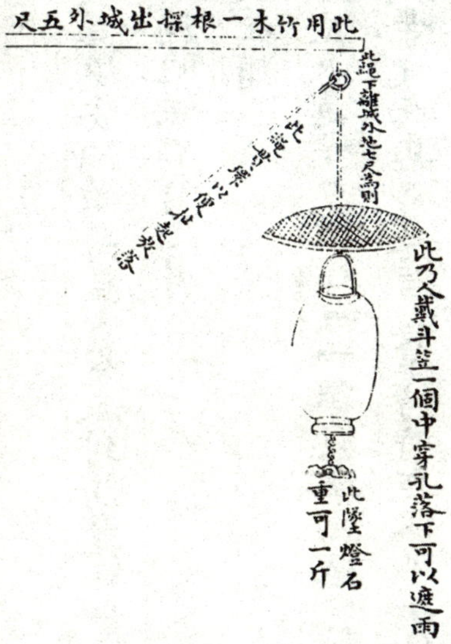

一每厫垛長出燈籠一盞車於草厫橫竿上并樓鋪旗竿上以照城裏用此厫完同驗

一每垛下要石子五六斤重以至一斤半重者高圓三尺一堆大圓石可五六十斤者五塊

此丈到即該預備完足欠一寸者罰糧一月無糧罰桃濠一丈

一有鐵架燒松節者從便每一架懸燈一盞此預備

一每垛竹木梆一箇每鋪百戶備大小鼓二面鑼一面

但城內有鼓者皆許借用此鼓賊至方擊賊去即聽交還打壞以守鋪軍糧扣賠新鼓無賊時不許指此誆騙如無借處即便預將守城紀錄老小軍丁內扣糧速辦限文到十日內

此有警備用令先候候本職親到驗之

一每鋪遇警種火一盆俱守鋪人丁備

此臨守城日時備也

一每一厫大水缸一箇貯清水

此臨時備

一各色火器俱要預備齊整責令派到鋪邊垜口之人管列在鋪聽候不時之用

此預撥在鋪

一各神兵照派過垜口所在每一架處搭高厰一箇將佛狼機等銃在其下遇警火草時時照候鉛子銃心裝蓋停當藥線裝收乾燥其一應木馬鉛子石子銃送等項俱照本府舊日為緊急軍務事頒行內數目

件件完足聽不時查點如遇敵用過敵退准從容五日之外補足如敵尚在限一時之內補足過期軍法重處

此預備點查各預收派到臨近鋪內貯閣候臨警取用

一守城鳥銃手每人藥一斤裝管五十三箇鉛子五十三箇火繩每根三丈

此該點查臨警帶上城

一中軍惟看城外伏路及墩堠原定晝夜煙火旗砲起火號令但見前項有警號令掌印官即便將中軍高處晝則放火砲三箇車起大白旗在城大小官軍旗舍舉監生員致仕人等盡照派過垜口即時各執器械厰旗上垜乘城照依號令

一夜則放砲三箇車起雙燈籠二盞在城前項人等一照白晝事例上城遇夜中軍發擂樓上一齊發擂中軍打更遇夜深處處打更一處斷絕更鼓依臨陣軍

法連坐本管官旗

守城號令

一凡遇有警但看城上中軍內晝則放火砲三箇車起大旗各人照派信地垜口火速上城夜則聽中軍高處放大銃三箇車燈二盞各人照派信地垜口上城

凡上城時即將器械插於竹筒內垜長將旗插於草厰邊照垜不拘一垜幾人俱向外立定如賊來遠則佛狼機近則鳥銃再近打石子等項難以預料如賊

退或探賊未來晝如探賊歸巢其巢在十里之外看
中軍高處放砲落旗每垜留一人城上看瞭餘俱下
城休息聽中軍前令上城
一凡遇夜則五垜之人不拘通有幾丁看中軍高處放
砲舉雙燈通上城照垜向外立聽中軍放砲落燈每
一廠內之人先輪一垜者或二名或三名支一更餘
俱入廠安睡一更盡吹長聲喇叭轉更又一垜者輪
出敲梆守更守過者進廠同睡不許脫衣如此五更

五輪輪完天明若遇夜間忽聽中軍高處砲響車起
雙燈是看賊來攻城各廠內不該支更人丁盡數起
出向垜口備戰一處有賊擂鼓敲鑼滿城鋪俱擂鼓
敲鑼一鋪鑼鼓止挨鋪通止如賊已退候中軍高處
放砲落燈各丁又俱進廠睡輪該守垜照舊執更
一人丁雖不令俱在垜下立到天明所以休息人力務
使精神有餘免致每夜到四更人倦失更被賊掩襲
入又不許一人因而乘機私歸家內安睡既許開廠
內輪睡又不許說話依舊說人困倦了及至輪該執
更却值渴睡

守城軍法

一凡一廠內一人不至或夜歸私家連坐垜長各打二
十棍本犯割耳同垜同廠連坐遇賊攻打城池之時
而不到者本犯軍法示衆垜長割耳同垜同廠綑打
一凡旗廠器械矢石火銃三鼓之類一件不完者本犯
綑打坐連同垜同廠五垜以上本官其綑打衛城五

鋪以上所城二鋪以上掌印官旗外管官綑打臨賊
攻城之時以致缺少及放及分不如法者本犯軍法
示衆照前連坐者皆割耳
一回頭者割耳
一擅行動者割耳
一見賊大言喧嘩者或被傷高叫驚走者遵照臨陣退
縮軍法示衆
一夜驚者治其所由同廠同垜本管官旗連坐

一中軍高處接應在外并墩堠號令遲法者掌印官重治瞭堠司號之人軍法示衆

一在外伏路墩堠悮事致賊猝至者究其伏路官軍以法

一各鋪内遇守城時或致種火斷滅與凡傳鼓鈸鼓或起或止不明俱罪該管百戸如一百戸而兼數印不得分身者罪其旗甲百戸從輕發落

某所　百戸某人下
自某門起迄
或（東南西北）共垛口
若干　軍人若干

天字一號　某人　某人　某人　某人

天字二號　某人　某人　某人　某人

天字三號　某人　某人　某人　某人

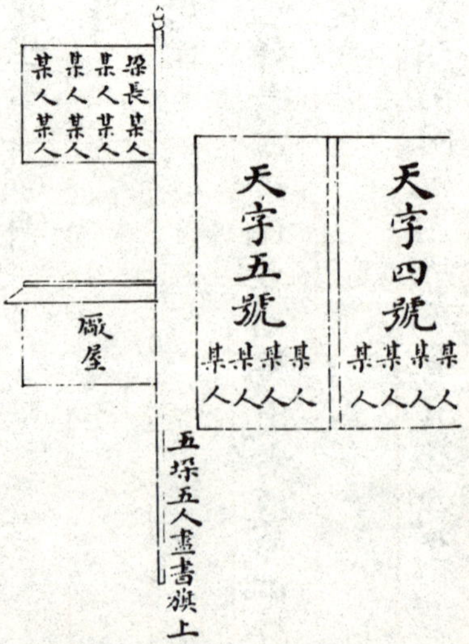

天字五號止即接地字一二三四五號又接玄黄字號俱倣此式刋板填造書冊

各城内建立中軍號令

一應備什物

先於本城高處可以四面瞭視之地立桅竿一根粗徑一尺長五丈上用綜繩一條粗大耐久者又用布十二幅旗一面即於旗竿下或就樓鋪或另立房屋一所預備燈籠四盞亮好油燭一百二十枝大將軍砲一箇碗口嚮炮四口即以原派管神兵守之其隨銃應該小馬火藥火繩送子等件俱照神兵頭行備

足仍將好軍十名專管種火一盆日夜分班四瞭城外陸路號火銃砲撥吹鼓手一副八名專執此處號令不拘何事不許差扯

號令

平時無警之日每早天明吹打一通守城人下城每晚吹打一通守城人上城

凡遇有警每夜日入山不見但放大砲三口車起雙燈城內人丁聞砲看燈即便上城守夜俟定更砲響起

更時雙燈放落各處支更守城人照守城項下條約施行所撥十人分更向四面瞭看城外伏路人動靜

凡伏路人在於城外不拘晝夜但放起火三枝砲響三箇是有賊來偷城中軍瞭見如是白晝則放砲三口車起大旗城內人丁盡數火速上城守垜一照守城號令條約賊去落旗人丁休息若夜間瞭見城外不拘何面伏路人放起火砲響則車起雙燈二盞放大砲三口廠內人丁盡數出向垜口以備攻打賊退後落燈各人丁仍還廠內休息

一軍法

凡伏路人已舉火號而中軍接應遲延毫刻或砲鬆不致大響以致在廠之人聽聞不明及燈籠不亮者致賊突到城下攻城登堆掌號鼓手瞭望人役以軍法示衆決不貸生掌印官綑打一百割耳

凡平時各應備器具什物不完者應備之人軍法施行掌印官連坐

伏路

一發人伏路凡風汛時月每城陸路官將伏路人役照城外要口四面共有幾處每處撥三人每人管二更俱於每日午時赴陸路官處領起火六枝手銃四口各照派過信地方向出城離三二里之遠守伏每至次日午時有人交代方許回家若遇有賊在近每路每方加撥五名每人止執一更

應備什物

一每陸路軍每一名自辦三眼手銃一把好起火六枝火繩隨時辦用每人燈籠一盞小黄旗三面雨具一副

發伏路號令

一凡白晝遇有賊至即放手銃三箇起火三枝搖展黄旗馳回中軍高處照給過號令接應城内人丁又照中軍號令上城守禦

一凡夜遇賊至伏路人先覺即放手銃三箇起火三枝

一面奔告城下中軍高處瞭見照給過號令舉動厥内人乘城備戰

伏路軍法

一凡伏路人出伏違期及備該隨身前項火藥不如法藥繩藥線濕落不堪雨具不整及在外之人不候交代而輒回家者通以軍法綑打一百割耳如有悞事軍法示衆陸路官連坐

紀效新書卷十七

欽定四庫全書

紀效新書卷十八

明　戚繼光　撰

治水兵篇第十八

一兵船束伍法

每福船一隻捕盜一名舵工二名繚手二名扳招一名上斗一名椗手二名上用甲長五名每甲兵十名

第一甲佛狼機甲長專管放佛狼機賊近管放火磚烟罐等器

第二甲鳥銃甲長專管放鳥銃賊近攻打

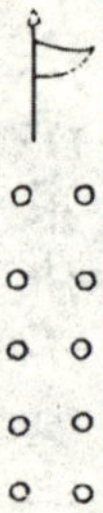

第三甲標鎗雜藝甲長賊遠照管船隻搖櫓賊近發鎗刀石藥等項

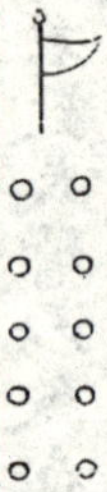

第四甲標鎗雜藝甲長賊遠照管船隻搖櫓賊近發鎗刀石藥等項

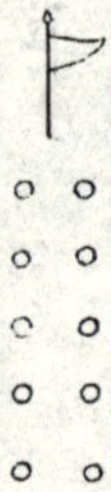

第五甲火箭甲長以一半打箭以一半放火箭賊近從便攻打

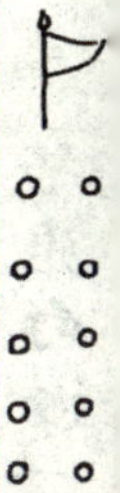

以上如與賊逼近船邊一時遇巧不拘何人用何器但能奮勇當鋒用火藥火器成功用刀鎗戰殺有功各為首者俱以破格奇功論

每甲長一名管兵十名甲長小旗一面照方色

今以見在船分之福船二隻海滄船一隻艟艢船二隻為一哨立一哨官左右二哨官為一營立一領兵官以松門關分右後二營海門關分

前左二營各以指揮一員統領其船上大旗則俱用黑布仍用白石做一大字在旗通寫作台字各照方色製以號帶甲長旗各照號帶方色

福船大旗式

凡旗尺俱官尺

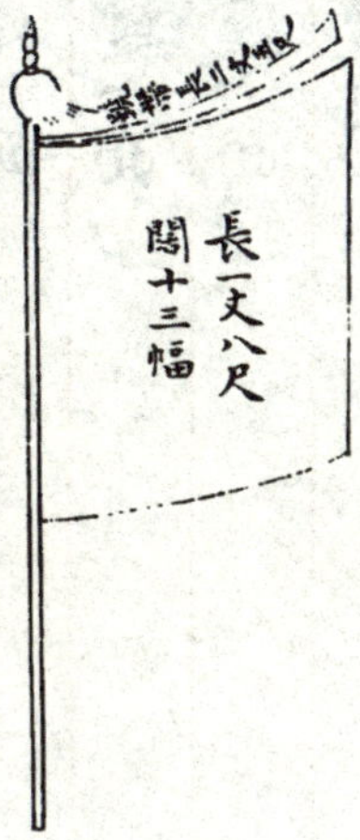

號帶顏色

前營紅帶

左營藍帶

中軍黃帶

右營白帶

後營黑帶

甲長旗式

前營紅

左營藍

右營白

後營黑

中營黃

每船五方旗一副

前營

紅旗紅邊一面

藍旗紅邊一面
白旗紅邊一面
黑旗紅邊一面
黃旗紅邊一面
左營
紅旗藍邊一面
藍旗藍邊一面
白旗藍邊一面

黑旗藍邊一面
黃旗藍邊一面
右營
紅旗白邊一面
藍旗白邊一面
白旗白邊一面
黑旗白邊一面
黃旗白邊一面

後營
紅旗黑邊一面
藍旗黑邊一面
白旗黑邊一面
黑旗黑邊一面
黃旗黑邊一面
中軍
紅旗黃邊一面

藍旗黃邊一面
白旗黃邊一面
黑旗黃邊一面
黃旗黃邊一面
兵夫列船式
平時在船四面擺五甲總合為一大哨於船四面各甲各罷長短相間分方面外而立如遇打賊隨賊所在之面併力動手無賊之面亦留每面二人

防看其船頭用銃一架第一甲撥兵四名專管船
頭閘板下第二甲撥兵四名專管兩水倉門

平時立船閱視圖

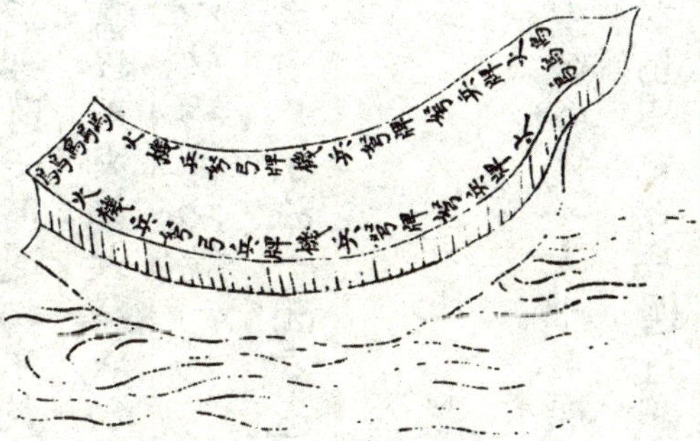

每海滄船一隻捕盜一名舵工二名繚手一名椗手
二名扳招一名甲長四名兵夫四十名旗幟方色俱
隨本哨福船相同但尺寸不同另開于旗圖之中

第一甲佛狼機鳥銃甲長專管放機
銃賊近管放火砲磚烟火藥等罐

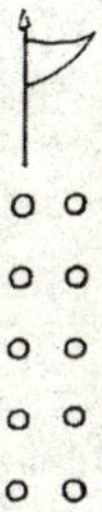

第二甲標鎗藤牌甲長賊遠照管船隻搖
櫓賊近管使鎗刀打石傾放火藥等項

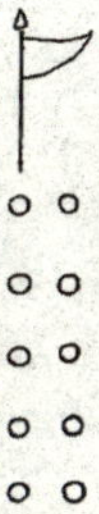

第三甲標鎗藤牌甲長賊遠照管船隻搖
櫓賊近管使鎗刀打石傾放火藥等項

第四甲火箭甲長以一半打弩一半火
箭賊近各色單火罐俱要便宜攻打

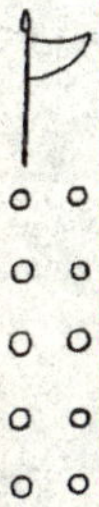

以上如與賊逼近船邊一時遇巧不拘何人用何器但能奮勇當鋒用火藥火器成功用鎗刀戳殺有功者俱以破格奇功論

每甲長一名管兵十名甲長小旗一面方色同

大船

兵夫列船式

平時在船四面擺四甲總合為一大哨於船四面各甲各器長短相間分方面外而立如遇打賊隨賊所

在之面併力動手無賊之面亦留每面二人防看其船頭用銃一架第一甲撥兵四名專管船頭閘板下第二甲撥兵四名專管兩水倉門

平時立船閱視圖

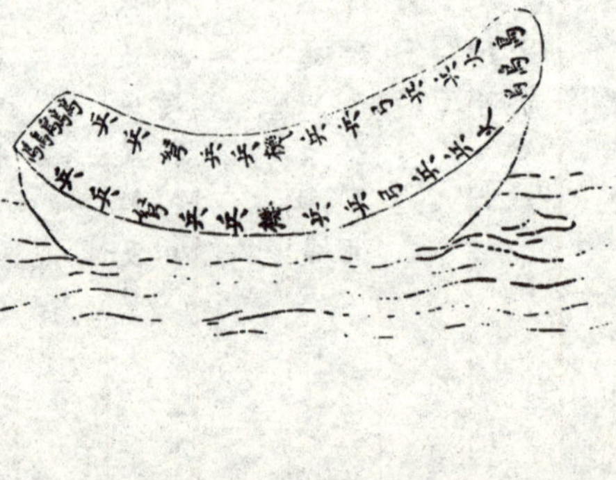

艟艄一隻即大蒼山船也捕盜一名舵工一名椗手一名繚手一名甲長三名兵夫三十名旗幟方色俱隨本哨福船相同但尺寸不同另開于旗圖之中

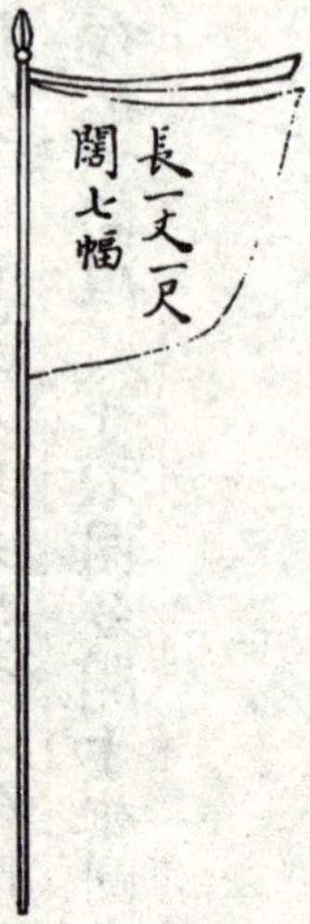

第一甲佛狼機鳥銃甲長專管放機銃賊近管放火砲烟罐等器

第二甲標鎗雜藝甲長賊遠照管船隻搖櫓賊近各色軍器俱聽持用專備攻戰

第三甲火箭甲長以一半弩手一半火箭賊遠照管船隻搖櫓賊近各色軍器俱聽持用專備攻戰

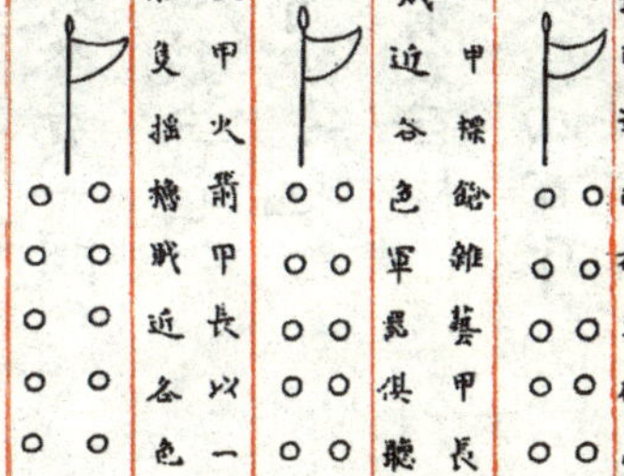

兵夫列船式

平時在船四面擺三甲總合為一大哨於船四面各

甲各器長短相間分方面外而立如遇打賊隨所在之面併力動手無賊之面亦留每面面二人防看

平時立船閲視圖

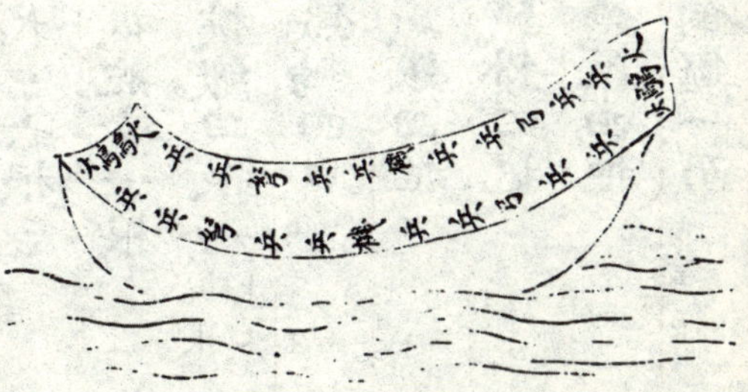

水兵腰牌正面

營
年　歲
縣　都　人身長　尺　寸
面　鬚　上有　處
力　百　斤習　藝
嘉靖　年　月　日給

水兵腰牌陰面

平居號令禁約

福船應備器械數目

一大發貢一門　大佛狼機六座
碗口銃三箇　噴筒六十箇
鳥嘴銃十把　烟罐一百箇
弩箭五百枝　藥弩十張
粗火藥四百斤　鳥銃火藥一百斤
弩藥一瓶　大小鉛彈三百斤
火箭三百枝　火磚一百塊
火砲二十箇　鈎鐮十把
砍刀十把　過船釘鎗二十根
標鎗一百枝　藤牌二十面
寧波弓五張　鐵箭三百枝
灰罐一百箇　大旗一面并號帶
大蓬一扇　小蓬一扇
大櫓二張　舵二門

椗四門　大索六根
小索四根每根長十八丈　扳舵索一根
繚後手索二根　椗繳四根每根長二十丈
絞椗索四根　鐵鍋四口并竈盖
花碗八十箇　鐵鍬四把
鐵鋸四把　鐵鑽四把
鐵鑿四把　鐵斧四把
薄刀二把　銅鑼一面重五斤

大更鼓一面　小鼓四面
大桅旗一頂　正方旗五頂
水桶四擔（并擡梁）　燈籠十盞
木梆鐵鑼一副　備用大小松杉木十株
火繩六十根　繩十根
鐵蒺藜一千箇
捸盜自備用釘四十斤
油五十斤　麻六十斤

灰三擔
各兵自備用篾盔一頂
隨身釘鎗一根　腰刀一把

海滄船應備器械數目

大佛狼機四座　碗口銃三箇
鳥嘴銃六把　噴筒五十箇
烟罐八十箇　火砲十箇
火磚五十塊　火箭二百枝

粗火藥二百斤　鳥銃火藥六十斤
藥弩六張　弩箭一百枝
弩藥一瓶　大小鉛彈二百斤
鉤鐮六把　砍刀六把
過船釘鎗十根　標鎗八十枝
籐牌十二面　寧波弓二張
鐵箭二百枝　灰罐五十箇
大旗一面（并號帶）　大篷一扇

小篷一扇　大櫓二根
舵二門　椗三門
桄篙十根　大索四根
小索四根（每根長十五丈）　繚後手索二根
扳舵索一根　椗纜四根（每根長二十丈）
絞椗索四根　鐵鍋二口
水桶二擔　花碗五十箇
鐵鍬二把　鐵鋸二把

鐵鑽二把　鐵斧二把
薄刀一把　鐵鑿二把
更鼓一面　小鼓二面
銅鑼一面重五斤　五方旗五面
燈籠四盞　木梆鐵鐸一副
火繩三十六根　備用大小松杉木五株
繩五根　鐵蒺藜八百箇
捕盜自備用釘三十斤

油四十斤　麻四十斤
灰二擔
各兵自備用篾盔一頂
腰刀一把　隨身釘鎗一根
蒼山船應備器械數目
大佛狼機二座　碗口銃三箇
鳥嘴銃四把　噴筒四十箇
烟罐六十箇　火磚三十塊

火箭一百枝　粗火藥一百五十斤
鳥銃火藥四十斤　藥弩四張
弩箭一百枝　弩藥一瓶
鈎鐮四把　大小鉛彈一百六十斤
砍刀四把　過船釘鎗八根
標鎗四十枝　灰罐三十箇
大旗一面并號帶　大篷一扇
小篷一扇　遮陽篷八扇
大櫓一枝　邊櫓八枝

舵二門　椗二門
竹篙二十根　大索四根
小索二根每根長十五丈　扳舵索一根每根長二十丈
繚後手索二根　椗纜二根每根長二十丈
絞椗索一根　篾纜一根
鐵鍋二口并竈蓋　鐵鋸一把
花碗四十箇　鐵鑽一把

鐵斧一把　鐵鏨一把
薄刀一把　銅鑼一面
更鼓一面　小鼓一面
五方旗五面　燈籠四盞
木梆鐵鐸一副　大繩二十四根
備用杉松木五株　繩五根
捕盜自備用
釘三十斤　油三十斤

麻三十斤　灰二擔
各兵自備用
箬笠一頂　腰刀一把
隨身釘鎗一根
一平日各照派定武藝時常檢點船上器具每日一次看驗損壞火藥遇天晴五日一曬收閣乾燥避火之處鎗刀鐵器半月一磨遮蔽風雨一八件收磨不如法扣罰工食甲長連坐

一每船斧口石大擂石務足若干八分放在船底二分放在船面用過即補不補者扣工食
一每甲兵六名如有在逃一名將甲長綑打收監甲下兵夫以五名收監以五名齎文分投捉拿獲日即以本犯歷過工食充賞限三月拿不回將差過之兵各打四十監併又差在監一半去拿如此輪拿一年不獲全甲兵夫俱革其一年工食通扣在船修艌船隻凡差出拿逃兵者工食即日扣收在官拿獲有功之

日給與其逃兵自首免罪食到者春汛時月發船之期（依臨陣在逃去）示衆每甲俱有逃兵連坐捕盜每船俱有逃兵連坐哨官各哨俱有逃兵連坐領兵官依次連坐即行覺舉者免罪
一兵逃甲長即時稟捕盜捕盜呈哨官轉呈把總呈府註冊拘該甲兵夫給文行拿
一每月初一十五補兵即於廿九十四日該管捕盜募兵到船送付哨官帶到領兵官驗呈把總類驗本府

驗中給與腰牌發總呈道收冊發船駕操
各船捕盜遇夜出哨脚船三板船俱要收藏穩便不
許拖帶恐遇風急潮滚頓流者一船兵役取水不便
悮失者管船兵夫一面治以軍法一面扣月糧賠造
一在港每日清晨中軍船定營吹打三通放砲三箇升
太平旗左右前後四營依序安擺各擂鼓鳴金亦升
太平旗
一捕舵兵夫上岸買辦柴米及神福船具俱赴中軍船

給籌票刻限時日回銷敢有不行禀鳴私自擅離及
該管小甲互相容隱知而不舉者一體連治軍法
一各船領兵指揮哨官捕舵兵夫風汛時月不許偷安
假托事故在岸宿歇虛竊錢糧致悮事機者不分貴
賤一體軍法重治如有警掌行號已畢而未到船已
起椗而方來俱係畏避即發保候無功者斬
一各船捕舵小甲兵夫各照安名分長幼尊卑務念同
舟共命如父子兄弟相處不許嗜酒在船爭打違令

喧嘩俱以軍法連坐然後另行發官問理曲直
一兵與甲長凡事務相推讓惟甲長是聽甲長平時見
捕盜一跪一揖遇軍中發放跪聽號令
一捕盜見哨官平時青一撒一跪一揖遇在中軍或臨
敵以軍法施行
一哨官見領兵官一跪一揖臨敵臨操軍法施行
一領兵官戎裝見把總兩跪一揖平時許以冠帶臨操
臨陣戎裝聽令小則徑自綑打

一哨官見把總兩跪一揖臨操扣頭捕盜見把總扣頭
捕盜見領兵官平時兩跪一揖臨操扣頭跪見
一各船官捕兵役各備簑衣箬笠一副以便遇雨應用
毋得抗違
或者曰兵船當在船上操豈有取兵下陸地而操水戰
之理耶繼光曰海舟比江中不同戰賊時惟用風力
帆檣之功但有舟利帆速者隨便致上以間船之力
耳海中風濤潮汐非內地江湖搖櫓整次之比也舟

中既不能操矣而不取于陸以習之不幾于棄之也
或又曰取之操于水寨是矣而又何以陸操繼光曰
水陸之分可恨正在此逼賊登山將不捨舟步戰乎
哉或者曰然

安擺船式之圖

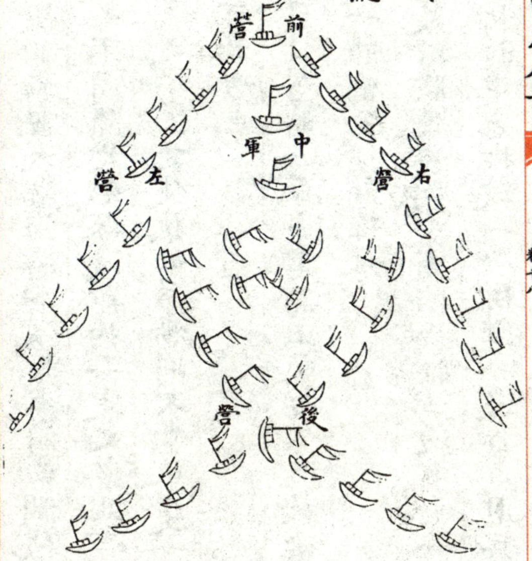

欽定四庫全書
紀效新書　卷十八

分開二營擺圖

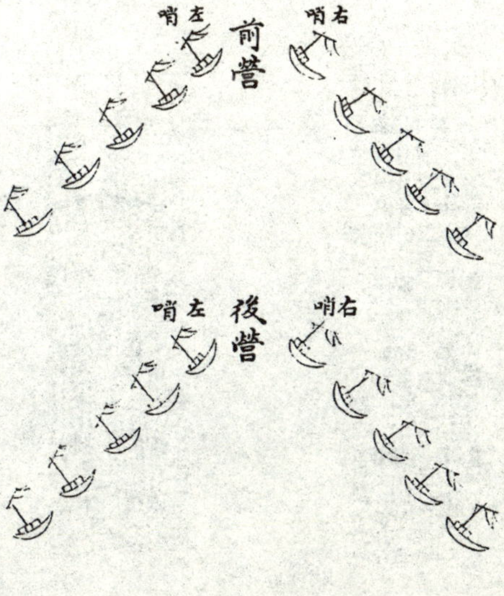

一營擺圖

以上擺船之說大端海濤洶湧港有灣曲濶狹當風隱風之不同隨港形深淺難拘一定之勢此言處寛迴水善之形耳設使狹如羊腸則又當单隻一字順下不可拘方也

一每日日落時分聽中軍船上吹打三通放砲三箇各船一體鳴金擂鼓落旗

一夜暮以朦朧為期中軍船發擂三通起更各船齊擊竹梆打更者打鼓一次梆響一遍每更用兵二名一

名船頭遠視一名船尾高瞭遇有船過即便鳴鑼各船齊備儻水上有黒塊夜浮者恐賊人踏水偷掟支更兵夫速以石打一面高叫本船捕兵同看若是别物流入則已若是賊人即便鳴鑼打銃各船一體防備違令支更兵夫重治割耳因而失事者斬首

常時水寨操習

一每隔夜把總官先擡該操大旗一面於中軍船上示兵知之次日早掌號官先於船上五更吹長聲喇叭一盪各兵起收拾做飯約中軍船炊熟吹第二盪喇叭各兵食飯吹第三盪喇叭各官捕帶兵先登岸赴水寨擺立照圖

一俟水寨演熟部伍然後照前操法以操兵船俟泊處關港潮平依法操于舟知其關港狹曲風潮不可操大舟者以小船摘甲長每甲摘兵一半用小船三扳操其形狀之略

擺立圖

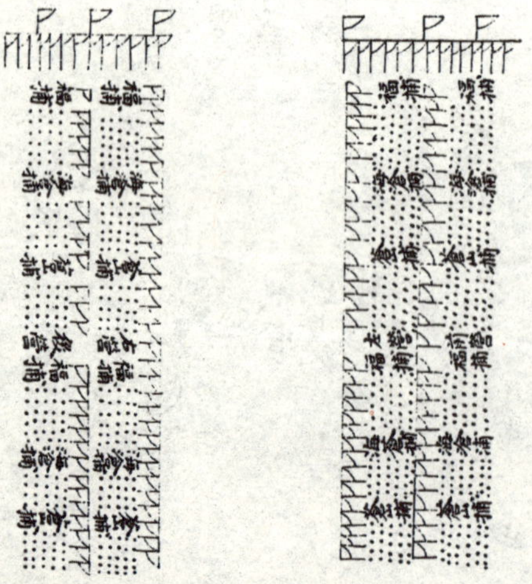

一本總擺清道建五方旗鼓進塲坐定中軍官稟放砲升旗又稟放靜砲三箇即放砲三箇諸營一時肅靜稟掌號笛官旗聽發放掌號笛官捕甲各執旗由兩邊路到臺下立定金響號笛止其立定之法每一船捕盜在前甲長旗挨次在後中軍官呼官旗過來齊應一聲先甲長次捕盜次官跪聽發放掌號官發放云官旗聽着耳聽金鼓眼視旌旗駕船如馬見賊爭先同舟共命奏凱還師依次分付起立舵工跪過稟

稱舵工聽發放發放云舵工聽着一舟之功全賴爾輩稍有歪斜不能直射賊舟者軍法示衆舵工起此後如有別事發放逐一講明起立中軍分付官旗下地方各應一聲鳴金大吹打各照原路回信地各領兵官照依臺上規矩於各營掌號發放畢聽各捕盜將本船甲兵盡數俱令跪聽其先發放扳招手曰船若着淺治爾之罪次發放繚手曰使風不正治爾之罪次發放舵工曰船去不能直射賊舟治爾之罪發放畢各營肅靜

一下營中軍掌長聲喇叭三盪吹哱囉各兵起身再吹哱囉中軍旗幟擺出當中立定點鼓各船捕兵依前畫港內列船式樣由中照前圖擺出仍為每甲一行每船各甲平行俱在塲之當中一行立畢金響鼓止一面預於塲之盡首立左右二的左右相去一百步其的高六尺濶三尺每的下立高桅一根三丈粗不拘又立近的二座於左右的之中相去二十四步的

高三尺濶一尺看中軍點何色旗其該營兵即聽吹天鵞聲喇叭擂鼓各兵吶喊一船一船挨次近的一船之兵的去五十步即照前圖內閱視擺船圖相間擺開為一長圈趨的之中先鳥銃狼機射手照遠的打放火箭向高照遠桅放之其佛狼機預先立三架在彼臨時止用各船機兵到即打放不必撞行將鳥銃一遍狼機各一箇火箭一枝弓箭三發其鳥銃兵即向近的打石佛狼機手每人包火藥五兩向近的

擲火燃之各色火罷各放一件其標鎗手打標弩手放弩俱中近的為則各照方面攻打石矢各三發鼓少間一船兵即於大前面抄傍而回又擂鼓吶喊又一船到的照前行之又過傍抄回如此俱完則前一船兵復又如環輪轉再近的金響鼓止鑼響即各於脚下上息乃將前四的四艙俱取立居中一守立之中軍掌哱囉各起身擂鼓吹天鵞聲吶喊各兵四面向中攻打一畨鳥銃不用銃子火箭高放火藥標石

不必施以其四圍遠攻使賊不敢出露身體于船之上我可徑造而擒之此遠勢非逼近勢也如臨敵則自有一船逼近用標石火藥擲傾近攻不可預習如此一陣金鳴鼓止摔鈸響各收成每甲一行每船為一方立定再摔鈸響收照原出在港圖次立定放砲三箇鳴金大吹打挨次照初出擺營序列回還原劄信地立定鳴鑼坐地休息各官赴臺下稟操畢中軍稟比較先列佛狼機六座立一百步的一面竪起紅

旗各船佛狼機手通赴臺下立聽唱名打放每人三銃中一者量賞中二者平賞中三者超格重賞不中者打罰如比較陸兵格眼次立八十步的一面竪起紅高招各船鳥銃俱集臺下照佛狼機試打賞罰次立六十步的一面竪起黃旗各弩手射手火箭手通赴臺下每人亦三發亦照銃手行賞罰次立二十步的一面竪起藍旗各船標鎗打石打俱赴臺下每人三發亦照銃手行賞罰次立白旗各船刀手勾鐮手

鎗手俱赴臺下先每名单看使舞手法身法步法次斬馬刀與長鎗較次又鈀勾鐮與長鎗較看其遮當何如但能任鎗誘哄執立不動目不瞬視候到見肉分鎗就使不能遮架亦為第一等若一見鎗來遠近迎架頭摇身傾手動足亂即為生踈且其人無膽或治或革惟公道行之是為下等俱演畢放砲落旗散操各船三板俱來岸下候兵登船歸艅每演此一遍則演陸操一遍不拘二項但操一遍歇一日水操每

月一五九十三十七二十一二十五二十九日陸操
每月三七十一十五十九二十三二十七日其陸操
照依本府陸兵新書內止操自一隊起以至一官者
止不操大營與前一半蓋水兵有水操大勞故也其
武藝各照所執比較一如官旗調集臺下之法

一擬水兵為陸兵小隊操束伍圖

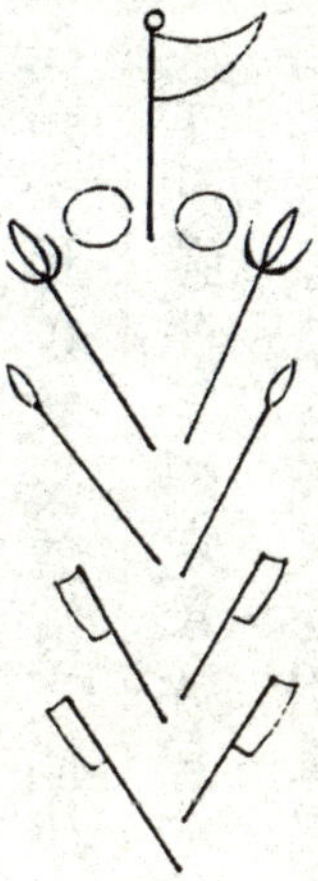

一故火磚火砲火毬之法須火線燃之將入方可擲下
不然擲而滅就不滅賊可反手正當發時反為所害
一火箭只著棚帆當中一點打去常高中則不可救低
則易救
一弩弓不可遠遠則無益徒費矢竭力
一摽鎗非兩船相逼不可用往下打更難准
一打石著人頭面方打不可空往船上擲之
一賊船如近我船便傾下火藥一二桶少則無用連桶

則恐滾擲水中須傾桶倒下一面用一二人用鐵鍬
執炭火數鍬隨藥擲下火多則必有燃藥者或用粗
碗一箇種火一碗用灰蓋之故於桶口擲藥之時碗
內火同藥傾及船一磕而火藥相粘必發難救此第
一全勝捷徑妙法智者不能施其巧勇者不能用其
力也

發船號令

一隔日先行牌諭各捕兵將以出洋若干日該備鯗米

水敷日令備完限時點查欠者綑打罰工食凡中軍吹長聲喇叭一通立起黄旗一面各哨船出洋哨賊如報有警本總即升船廳聽砲三箇大吹打畢先吹哱囉一盪各船一面起椗長號笛官捕旗甲俱坐三板赴中軍船下兩邊照營列定掌號官禀稱官旗到齊聽發放船上叫官旗進來水倉門報門俱赴船面掌號官叫官旗過來以下俱照常時在於水寨操練規矩發放畢各官捕回船亦照寨操一體發放畢中

軍船擂鼓升行旗吹第二盪哱囉响各船起篷第三盪哱囉依次開船夜洋行使首尾相接雁行而進不許太相遠離䑸哨一船違令捕盜之罪二船違令哨官之罪四船違令領兵官之罪中軍畏縮把總之罪其舵工繚手皆加倍重治遇有船漏風水不便者覈實免罪

遇夜洋行船

一各船以燈火為號中軍船放起火三枝放砲三箇懸燈一盞各船以營為辨前營船懸燈二盞平列左營懸燈二盞各桅一盞右營大小桅各懸燈二盞平列後營懸燈三盞一高一低看燈聽銃收䑸船到將近船上捕盜先自呼名識認

一遇夜泊船聽中軍船招䑸喇叭響各船依序隨䑸安揷不許私求穩便遠泊因而疎虞斬首示衆哨官連坐

一守夜號令俱同在港號令但每夜加鳥銃手二名點

火執銃遇疑即便對放

一各船遇夜有急看中軍旗五方高竪燈五盞是欲設疑以見船多之意每船後尾上立燈右左一盞前桅上加燈二盞

臨敵號令軍法

一中軍船戰聲喇叭響各鳴鑼齊擂戰鼓天鵞聲響大聲吶喊奮勇勦殺獲有功級各送領兵指揮驗實類送中軍紀驗解報退縮後至者斬其捕盜船行遲曲

而後到者斬其捕盜舵工遇淺者斬其扳招手船雖先到而不直射賊船傍邊擦過者斬其舵工繚手使風不正者斬其舵工繚手如已使逼賊舟相并不能成功致賊舟復走者斬其捕盜各甲長有能挨報其兵不用心某兵不用心者其不用心之兵斬首甲長止於細打

一敵人慮我官兵追戰將船内器物遺棄水中兵夫敢有撈拾而不追賊者許本船捕甲割耳示衆故縱者

連坐斬首

一凡已打敗賊舟一隻而餘舟不行分投追打别賊共相攢來争撈首級致賊遁走者各船獲級俱止歸先打一船之功餘船捕盜細打一百割耳其一船雖已逼到賊舟而未即打敗餘舟接應曾同用力者不在此例

一各船遇敵敢有畏勢揚帆遠望逗遛不進者捕盜舵工俱就陣斬首示衆

一各船放銃須將火藥收藏安便免至火星爆入貽患匪細儻有失悮銃手管藥兵夫一體軍法施行

一各船打敗倭寇所撈獲財物包裹聽船捕盜從公分給以多半付動手首功之人餘皆均處敢有官捕頭目勒分甚至夾打追侵公然放肆者許各兵徑於回日赴官告首決打重治加倍追付各兵頭目依律治罪其軍器則要報官解驗不許各兵隱藏

一與賊船對泊椗椗繳上用猫竹劈開包裹繳上以防

敵人夜竊之患違令椗手細打

一各船遇警聽中軍船天鵞聲喇叭響各船鳴金鼓一通捕兵大聲吶喊以壯軍威違令治以軍法

一各船遇警捕舵兵夫不許解衣而卧違令察出治以軍法

一報警至急起椗不前即使用大猫竹一段計長一二丈縛於椗繳浮水以便班師各自認取違悮椗手割耳示衆

一各船捕舵兵夫遇泊船山澳無故不許上山閑遊恐遇警一時下船不便致有悮事若要取水輪直兵夫赴中軍船告禀明白方許取水違令上山人拿治不恕

松海島嶼外洋哨船發火號令

一健跳者北至金齒門南至漁西其信地則青珠山茶盤山青門黃茅覽

一桃渚者北至牛頭門南至聖塘門其信地則獺鰻山

白達山米篩門

一海門者北至擔門南至三山其信地則擔門山三山頭

一松門者北至深門南至鹿頭其信地則礶頭山胡孫尖道士冠山大高城山鹿頭山

一隘頑者北至雞廯南至派爿洋其信地則沙角山靈門山

一楚門者北至郛山南至茅媛山其信地則久爿山老宮前山

一往來巡哨遇有警急各在信地登各相近山上先行舉放烟火所在兵船瞭見火光烟焰就行開帆望火前進哨勦聯近烽堠即時挨放傳報南北大兵防截其哨船仍探賊船向往蹤跡親報領哨官以便進上如火報不爽兵船逗遛悮事罪坐該營領哨官員若哨船不盡信地止於一處探望或在漁樵船隻人內取信或到山放火而原積柴草不足火小不能燎遠

致失傳報悮事者該直哨船軍甲俱以軍法斬首

福船說

夫福船高大如城非人力可驅全仗風勢倭舟自來矮小如我之小蒼船故福船乘風下壓如車碾螳螂鬬船力而不鬬人力是以每每取勝設使賊船亦如我福船大則吾未見其必濟之策也但吃水一丈一二尺惟利大洋不然多膠於淺無風不可使是以賊舟一入裏海沿淺而行則福舟為無用矣故又有海滄

之設

海滄說

夫海滄稍小福船耳吃水七八尺風小亦可動但其力功皆非福船比設賊舟大而相並我舟非人力十分膽勇死鬬不可勝之然二項船皆只可犁沉賊舟而不能撈取首級故又有蒼船之設

蒼船說一名艟𦪇又蒼之大者

夫蒼船最小舊時太平縣地方捕魚者多用之海洋中

遇賊戰勝遂以著名殊不知彼時各漁人為命負極之勢亦山賊之入我地是也今應官役便知愛命然此船水面上高不過五尺就加以木打棚架亦不過五尺賊舟與之相等既勢均不能冲犁若使徑逼賊舟兩艘相聯以短兵鬬力我兵決非長策多見悞事但若賊舟甚小一入裏海其我大福海滄不能入必用蒼船以追之此船吃水六七尺與賊舟等耳其撈取首級水潮中可以摇駛而快便三色之中又此為利近者改制為艟𦪇比蒼船稍大比海滄更小而無立壁最為得其中制遇倭舟或小或少皆可施功但水兵人技皆次於陸兵設使將水兵教練遴選亦如陸兵而後登之舟中則比陸戰加一舟險其功倍於陸兵必矣司寄者何憚而不為哉

三船利鈍說

大端天若風動勢順則滄不如福蒼不如滄若風小勢逆則福不如滄滄不如蒼其開浪網船之類皆可

備哨探而不可戰者開浪以其頭尖故名吃水三四尺四槳一櫓其形如飛內可作三五十人不拘風潮順逆者也又不如八槳船左右十六槳後一櫓更為飛汎但坐臥處不冠冕耳網船形似織梭內容二人前後用二人以箄箄之風波大又可拖之塗上且不能覆吃水七八寸耳此可走報或用之裏港窄河動以百數每隻內用鳥銃二三人蜂集蟻附沿淺沿塗而打之甚妙如賊追逼就可棄走一舟不過一金之

費耳

相寇情

小舟數往來者謀議也遲而審顧者疑我也欲進而復退者探我也既退而卒進者襲我也鼓髞而矢石不下者兵罷少也却而顧者欲復來也先急而復緩者整備也促鼓而不戰者懼我也泊而揚帆者欲出不意也既退而不速者謀也火夜明而呼譟者恐我襲彼也擲纜而即起者欲擇其利也火數明而無聲

者備罷也夜泊而趨於涯涘者鄉道欲往也促纜而不呼者急欲奔也促纜及流懸燈於途者夜逸而潰也久而不動者偶人也鼓而無韻者偽響也近岸連村而不發劫者怯也不久困而請和投降者詐也

謹行泊

我舟在洋出哨追趕賊船天欲昏黃潮時將盡不可貪程一意前往須防今夜自安泊處恐無收泊風至之虞遇龍潭神廟不可放銃吹打吶喊或有驚動起風作浪之失早晚占看日月星雲氣色飛鳥預知風雨未到晚黑便收泊宕高登四瞭恐隔山先泊賊船而我不防也

浙東潮候

初一初二十三十四寅申長　巳亥平

初三初四十五十六卯酉長　子午平

初五初六十七十八辰戌長　丑未平

初七初八十九二十巳亥長　寅申平

初九初十廿一廿二子午長　卯酉平

十一十二廿三廿四丑未長　辰戌平

廿五廿六寅申長　巳亥平

廿七廿八卯酉長　子午平

廿九三十辰戌長　丑未平

一朝生為潮夕生為汐晦朔弦望潮汐應焉故潮平於地下之中而會於月潮生於寅則汐於申潮生於巳則汐於亥陰陽消長不失其時故曰潮信

定太陽出沒以應潮信時刻長短
正九出乙入庚方　二八出兎入雞腸
三七發甲入辛地　四六出寅入犬藏
五月生艮歸乾上　仲冬出巽入坤方
惟有十月與十二　出辰入申仔細詳
定寅時
正九五更四點徹　二八五更二點歇
三七平光起寅時　四六日出寅無別

五月日高三丈地　十月十二四更二
仲冬纔到四更初　此是寅時須切記
行船觀日月星雲占風濤
一日暈則雨月暈主風何方有闕即此方風來也
一日沒臙脂紅無雨也有風須看返照日沒之前臙脂
紅在日沒之後記之記之
一星光閃爍不定主有風
一夏秋之交大風及有海沙雲起謂之風潮名曰颶風

此乃颶四方之風有此風必有霖淫大颶同作
一凡風單日起單日止雙日起雙日止
一凡風起早晚和須防明日再多
一有暴惡之風盡日而沒
一防夜起之風必毒
一凡東風急風急雲起愈急必雨起雨最難得晴
一凡春風易於傳報一日南風必還一日北風雖早有
此風向晚必靜

一防南風尾北風頭南風愈吹愈急北風吹起便大
一春南夏北有風必雨
一雲若砲車形起主大風
一雲起下散四野滿目如煙如霧名曰風花主風起
一雲若魚鱗不雨也風顛
一凡雨陣自西北起者必雲黑如潑墨又必起作眉梁
陣主先大風雨後雨急易晴
一水際生靛青主有風雨

一秋天雲陰若無風則無雨
一海燕忽成羣而來主風雨烏肚雨白肚風
一海猪亂起主大風
一夜間聽九逍遙鳥叫卜風雨一聲風二聲雨三聲四
聲斷風雨
一鰕籠張得鱓魚主風水
一水蛇蟠在蘆青高處主水高若干漲若干回頭望下
水即至望上稍慢

一月盡無雨則來月初必有大風雨俗云廿五六若無
雨初三四莫行船春有廿四番花信風梅花風打頭
楝花風打末
逐月風忌
正月忌七八日風乃北風也
二月忌初二北風
三月忌清明北風
五月忌雪至風以正月下雪日為始算至五月乃一
百二十日之内主此風
六月十二日忌彭祖風在前後三四日
七八月若有三日南風必有北風報之
九月九日前後三四日内忌九朝風
十月忌初五風在前後三四日内
十一月冬至風
臘月廿三四掃塵風

戰船器用說

夫水戰于舟火攻為第一籌固然也其火器之屬種目最多然可以應急用者甚少何則兩船相近立見勝負其諸器或有宜于用而制度繁巧一時倉忙不能如式擲放致屢發而無用或精巧宜用而勢不能遍及一舟或重贅而不能發及賊船最不宜者是見行火器安藥線在口如若候點入口則發在我手若方燃即擲則擲下又為賊所救又有所謂灰瓶者内用石灰盖舟上惟利滑使人不能立脚一說用鷄鴨

卬擲下或擲滑泥者尤可令乃用灰瓶是又溢賊之足而使之立牢也不可不可令屢試屢摘合以衆情共愛而數用無異者止有二種一遠一近至矣足矣愈淫巧繁多愈無實用記之記之

一舊用火藥傾下賊舟此固長策然又别用火罌或炭火再傾擲使之發藥每每或連桶擲入水中或被賊乘藥桶及伊舟以水沃濕亦皆未中肯綮可以必發故復重出此説因以見此法之萬分至妙也所謂二

種者遠則只用飛天噴筒近則只用埋火藥桶至易至便萬用無差除此之外所謂火箭神機火磚噴筒之類皆遠不及此苟具此一種則他種又皆不必用也

右約賊船在遠先將炭火燒紅盆盛一處約賊舟相近百十步以大入粗碗灰培再俟賊近三二十步以碗平放在藥桶内蓋了俟兩舟相逼將桶平平擲下至賊船被磕動碗内火跌泛而出與藥相埋即發時刻不失較之别罌炮線不燃及線濕放早之病皆可無矣

船艇

走風捉颶事急追賊車闆人力起艇遲悞備此臨急

解繫繳尾泛之以便回取

船碇

此用桐木燒黑外一寸甚妙

滿天煙噴筒

截粗徑二寸竹布箍用硝磺砒霜斑毛叫子硇沙膽礬皂角銅綠川椒半夏燕糞煙煤石灰斗蘭草草烏水蓼大蒜得法分兩製度磁沙玉田沙炒毒鬆鎗竿頭順風燃火則流淚噴湯閉氣禁口守城用戰船只用飛天噴筒燒帆為第一妙罷此又不足用也此乃各處見用于兵船者爾

滿天煙噴筒

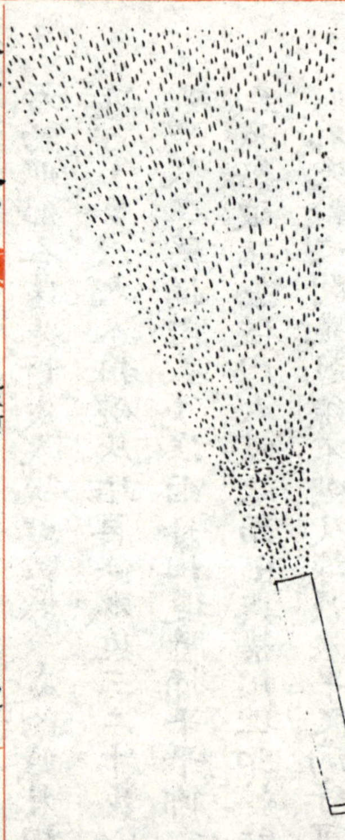

火磚

用地鼠紙筒砲各安藥線每五箇排為一層上下二節各二層以薄篾横束合洒火藥松脂硫黃毒烟用粗紙包裹成磚形外用綿紙包糊以油塗密另於頭上開口下竹筒以藥線自竹筒穿入

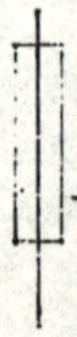

竹筒穿藥線式

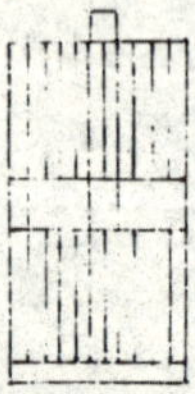

包式

火妖

紙薄拳大內蕩松脂入毒火外煑松脂栢油黃蠟然火拋打烟焰蒺藜戳脚利水戰守城俯擊短戰

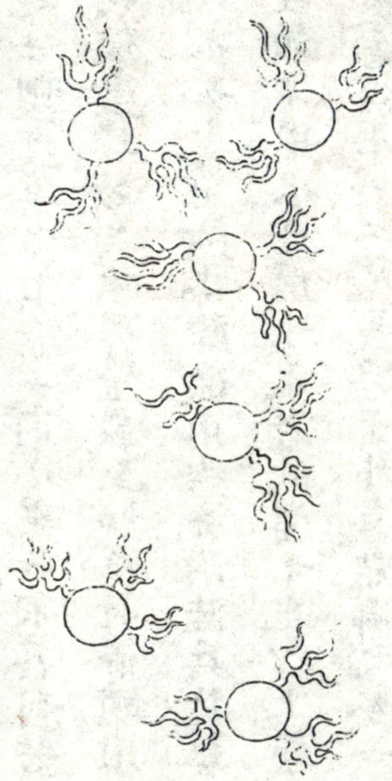

欽定四庫全書

紀效新書 卷十八

五十

飛天噴筒

硝磺樟腦松脂雄黃砒霜以分兩法製打成餅修合筒口餅兩邊取渠一道用藥線拴之下火藥一層下餅一箇用送入推緊可高十數丈遠三四十步徑粘帆上如膠立見帆燃莫救此極妙極妙萬方效策

飛天噴筒

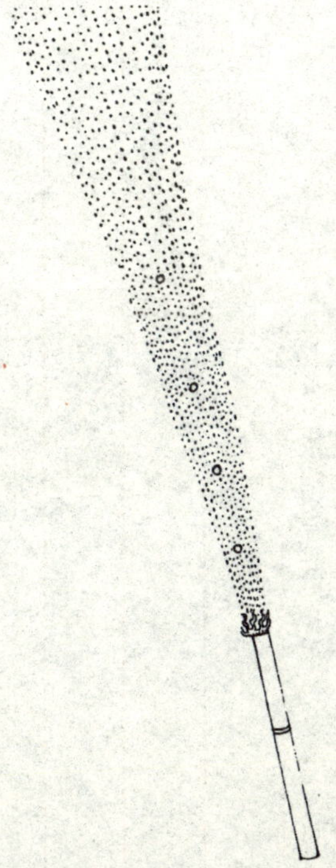

欽定四庫全書

紀效新書 卷十八

五十一

大蜂窠

範大砲紙糊百層閒布十層內藏小砲半入毒半入火又間小砲入灰煤地竄頭帶火磁沙炒毒鐵蒺藜糞汁毒炒包松脂硫黃毒人髮角屑等件此一火罷戰守攻取水陸不可無者奪心眩目警膽傷人製宜精妙此尤兵船第一火罷

大蜂窠

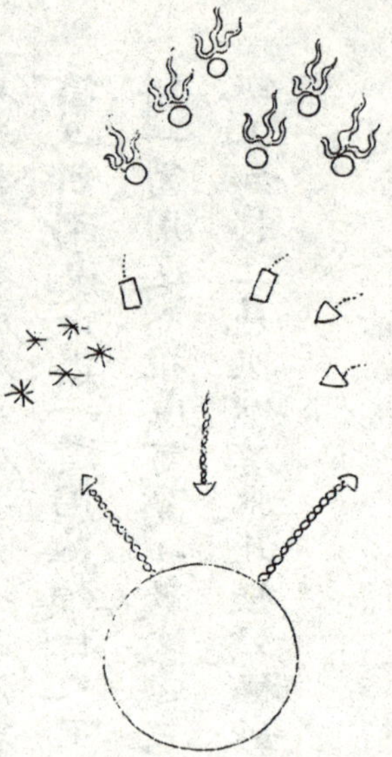

火罷之法製度甚多其實大同小異皆不甚利若用只此數種盡其妙矣故不繁載至如弓射箭頭用火之類又不如火箭除水陸通用者先附陸兵技藝之後凡陸所不用只可用于水者故備于此以上藥線各處製者俱用一二尺長浮于外每點擲之際一擲閃風其藥線便滅或擲至别船如賊見其尚長而拔之或反擲我舟余今用子母銃藥線法凡火罷一件其藥線之處用細竹管一箇直揷于腹內至底藥線安于竹腹之內待外點火燃線已入竹管之內不見方纔擲下則線在竹內燃至竹底方透火罷擲下之時則藥線在竹內燃並無閃滅之事且擲于賊舟只見凝然一物並不知點燃何處就擲在水內則線燃于腹火氣衝于口水為氣所迎亦不能入雖在水底尤能燃放而後已此極妙極驗萬無一失者其法附陸兵罷藝之後子母銃信是也如要速燃則不必經盤但止入竹管腹內亦可

紀效新書卷十八

欽定四庫全書

子部

練兵實紀卷一

詳校官御史臣莫瞻菉

臣紀昀覆勘

總校官候補中允臣王燕緒

校對官中書臣毛上炅

謄錄監生臣陳圖泰

欽定四庫全書　子部二

練兵實紀　兵家類

提要

臣等謹案練兵實紀九卷雜集六卷明戚繼光撰繼光字元敬世襲登州衛指揮僉事歷官薊州永平山海等處地方總兵官中軍都督府左都督進太子太保事迹具明史本傳考隆慶二年繼光以都督同知總理薊州昌平保定三鎮練兵事至鎮上疏請浙東殺手礮手各三千再募西北壯士馬軍五枝步軍十枝專聽訓練此書乃載其練兵實効一練伍法二練膽氣三練耳目四練手足五練營陳六練將其附載雜集一儲將通論二將官到任三登壇口授四軍器制解五車步騎解蓋繼光為將精于訓練臨事則飈發電舉當世稱為戚家軍令以此書考其守邊事迹無不

相符非泛摭韜畧常談者比繼光初到鎮疏有云教兵之法美觀則不實用實用則不美觀此書標曰實記徵實用也考登壇口授云時惟庚午夏六月諸邊新臺聳建過半奏奉暫停以舉練事庚午為隆慶四年又考繼光請刊此書移文云擬定教練已經二年今將條約通集成帙則是書成于隆慶五年辛未矣明史本傳稱薊鎮十七年中易大將十人

率以罪去繼光在鎮十六年邊備修整薊門晏然繼之者踵其成法數十年得無事又稱所著紀效新書練兵事實談兵者遵用焉此本題曰練兵實記與史不同或史偶誤一字歟乾隆四十九年八月恭校上

總纂官臣紀昀臣陸錫熊臣孫士毅

總校官臣陸費墀

欽定四庫全書

練兵實紀卷一

明　戚繼光　撰

練伍法第一 計四十三條

騎兵

第一選騎兵預日先將部下官生夙守軍令習知束伍之教者各分執事填于白牌或紙上其填營伍次第者為一號牌填年貌籍貫者為二號牌填疤記武藝者為三號牌總填隊伍姓名者為四號牌抄隊伍清

冊者即隨之為五號牌每一牌用卓一張縛竪一號即守主將之旁餘號各于空地分設挨號而下又一面將腰牌隊冊照各種式樣預日刊刷齊備式開于後次日早將投募見在軍士人等以次喚進如一千先定千總一員令千總選部下把總幾員騐中又令各把總選百總幾員騐中又令各百總選旗總三名先以一百總下一旗總令選隊總三名先以一隊總

自行揀兵十一名一字向上立定主者與之辨驗堪否以有力伶俐者二名為一伍二伍長充鳥銃手以鳥銃為長兵仍習雙手刀為短兵以有力伶俐者二名為第三第四充快鎗手各執長柄快鎗為長兵近用柄代棍為短兵以有殺氣者二名為第五第六各充鏡鈀手以鏡鈀為短兵兼火箭為長兵以有殺氣能射者二名為第七第八充刀棍手以刀棍為短兵以射為長兵以有力習射者二名為第九第十充大

棒手以大棒為短兵弓矢為長兵以庸碌可役者一名為第十一名充火兵聽隊長管束此馬營左右二部也中部輕騎每司第一局俱銃手為第一二三四五六七八鈀手兼火箭為第九十二局三局俱殺手第一二三四俱弓矢腰刀第五六七八俱弓矢鈎鎗第九十俱鈀并火箭以上俱聽隊總管束凡謂一二三四五六七八九十俱橫列為偶一伍在左連兵五名一三五七九是也二伍在右連兵五名二四六八

十是也先填隊總牌連人送一號填營伍次第訖連人傳與第二號填籍貫年貌畢連人傳與第三號填疤記武藝畢連人傳與第四號填全隊姓名于腰牌將牌送填清冊又以一名與腰牌紙一張連人挨次挨填如式又喚一隊如此三隊畢即喚一旗總照此填完領于空地將隊伍擺箇式樣一面即將預日做就如式方色認旗一面付執以辨行伍三旗總俱完付與一百總軍足三千二百以上每把四百總軍止

三千以下每把三百總俱完即命本把總領于空所擺明申明約束領回如此每一營將官下既完一面照腰牌造冊五本有式在後出示于第二日點名隨即均給馬匹凡戰兵俱與上等馬係火器差使不屬前鋒者與第二等馬其下等馬汰去不用每營三部雖同一體而驍健伶俐好漢須多歸各頭司即暗寓選鋒法矣束伍事竟又約日于教場公同再三訂諭宣明德意即取各官挨次呈遞無有不堪甘結狀式

開于後

第二騎旗鼓每營旗牌六名號銃手三名門旗二名金鼓旗二名執五方旗五名執號帯五名角旗四名認旗二名巡視旗八名吹鼓手十六名夜不收五十名火藥匠二名鐵銼匠二名弓箭匠二名醫士一名家丁一名醫獸一名家丁一名

第三騎雜流每營將官下識字三名家丁不拘數務要同死生可抵好漢聽自設法募養伴當八名軍牢二

十四名廚役二名俱馬軍軍伴十八名養馬三名薪水三名俱步軍

中軍官每員下識字二名軍牢八名俱馬軍軍伴四名俱步軍

千總每員下識字一名軍牢六名俱馬軍軍伴四名俱步軍

把總每員下識字一名軍牢四名俱馬軍軍伴四名俱步軍

百總每名下旗丁馬軍一名

第四騎隊牌

軍士腰牌

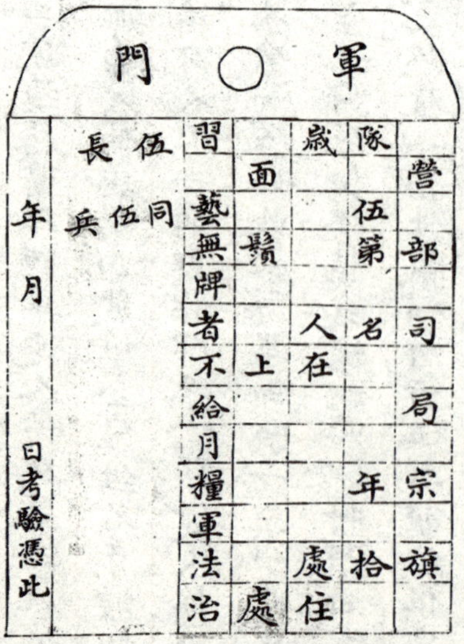

伍長腰牌

軍　○　門

營部司局宗旗
隊下伍長　年　拾　歲
一　人在　住
面　鬚　上　處習
藝無牌者不給月糧仍軍法治
同　伍
伍　下
長　兵
年　月　日考驗憑此

隊總腰牌

軍　○　門

營部司局宗旗
隊長　年　拾　歲
人在　住　面
鬚　上　處習
藝無牌者不給月糧仍以軍法治
同　管下
隊　伍長
年　月　日考驗憑此

旗總腰牌

○

營部司局宗旗總
年　拾　歲　人
在　住　面　鬚
上　處習
無牌者不給月糧仍以軍法捆打
同　管下
旗　隊長
年　月　日考驗憑此

隊兵冊式

營中部司局宗

三隊總	一隊總	二隊總
銃刀銃刀	銃刀銃刀	銃刀銃刀
棒鎗棒鎗	棒鎗棒鎗	棒鎗棒鎗
鈀箭鈀箭	鈀箭鈀箭	鈀箭鈀箭
棍矢棍矢	棍矢棍矢	棍矢棍矢
棒矢棒矢	棒矢棒矢	棒矢棒矢
火擔	火擔	火擔

營部司局宗

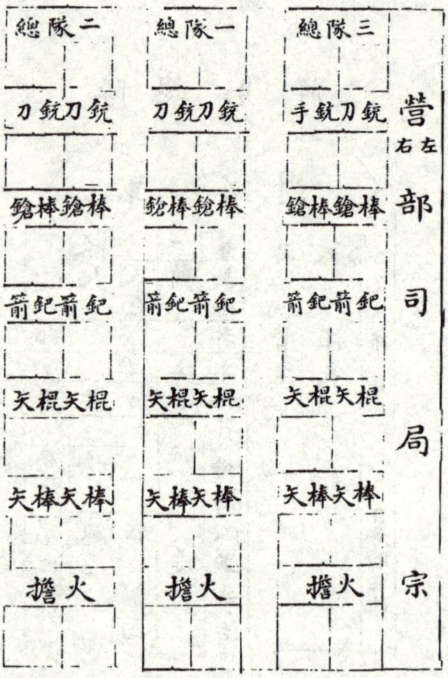

輕騎殺手冊式

營中部一司二三局宗

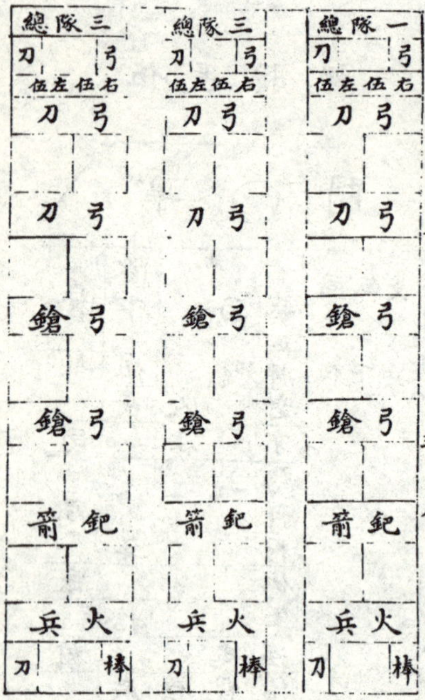

右冊式解

夫冊式行位有限恐填不全故減其文恐讀之不得其詳復加解說于此用者先于此辨之俾知冊內字眼即盡知各軍所習技藝然後考較為便夫刀銃者鳥銃長刀也鳥銃遠射極準長刀近用先及鎗棒者鎗亦銃北方呼為快鎗痼不可變今加長柄遠則用火藥鉛子舉放近則以柄代棒擊之習則用木棒但銃藥子數製原粗謬多致不準中今有新法可謂詳盡

鈀箭者叉與火箭也火箭遠發鈀近用因鈀有股可架火箭而放之故併為一卒棍矢者夾刀棍兼弓矢也夾刀棍即白棒加刃遠則用弓矢近則用夾刀棍可刺可擊棒矢者白棒兼弓矢也馬上不敢用擊且一擊必一刺故又加短鋒于頂以便馬上刺之步下擊刺兼用棒即挺也孟子曰執挺可以撻秦楚之堅甲利兵非真言挺之可禦堅利也蓋言人心齊一即挺非可與堅甲利兵敵者用之亦取勝今夫敵甲誠

堅矣兵誠利矣而我人心何如迺以白棒當陣為長技迷而不悟即孫吳復起毋能轉移何其謬訛入人之深也弓矢遠不如火器命中不如鳥銃而屢以堅甲當之每每射不能入亦明知而不肯變其習者緣上司操閱偏于此耳火器不精不如無令知以火器當屢而不知精亦無埒也火擔者火兵也擔扁挑也用鐵尖扁擔便于肩挑又可擊刺亦農中戰器也

第五騎旗號每一大營將官分五色每營將官下各部

伍又分五色在將官以旗心定本營方色以邊生旗面以黃應德千總以心坐本方以邊應主將以帶應德把總以心坐本方以邊應千總以帶應主將百總以心坐本方以邊應把總以帶應千總旗總以心轉應本營不用邊帶軍士盔有纓而無旗

隊總盔旗長六寸上書隊哨分數字樣方色照營

將旗

旗總背旗一面身方二尺五寸斜角用邊旗桿長三尺六寸

百總認旗一面身方二尺斜角用邊桿用鎗頭長九尺上書字一局書振勇二局書揚勇三局書威勇四局書武勇

把總認旗長三尺斜角有邊桿高一丈一尺用纓頭號帶一條長五尺

千總認旗長四尺斜角有邊桿高一丈三尺號帶一條長七尺

營將認旗長六尺斜角有邊桿用纓頭雉尾高一丈五尺號帶一條長八尺五寸以上俱小尺

前營將官認旗紅心藍邊黃帶珠纓雉尾書前軍司命

中部千總旗黃心紅邊黃帶

中左司把總旗藍心黃邊紅帶

百總旗藍心黃邊紅帶

旗總旗紅

隊總盔旗紅

以後照此
中右司把總旗白心黃邊紅帶
百總旗白心黃邊紅帶
旗總旗紅
隊總壓旗紅
左部千總旗藍心紅邊黃帶
左左司把總旗藍心藍邊紅帶
百總旗藍心藍邊紅帶

旗總旗紅
隊總壓旗紅
左右司把總旗白心藍邊紅帶
百總旗白心藍邊紅帶
旗總旗紅
隊總壓旗紅
右部千總旗白心紅邊黃帶
右左司把總旗藍心白邊紅帶

百總旗藍心白邊紅帶
旗總旗紅
隊總壓旗紅
右右司把總旗白心白邊紅帶
百總旗白心白邊紅帶
旗總旗紅
隊總壓旗紅
後營將官認旗黑心白邊黃帶珠纓雉尾書後軍司命

中部千總旗黃心黑邊黃帶
中左司把總旗藍心黃邊黑帶
百總旗藍心黃邊黑帶
旗總旗黑
隊總壓旗黑
中右司把總旗白心黃邊黑帶
百總旗白心黃邊黑帶
旗總旗黑

隊總盔旗黑

左部千總旗藍心黑邊黃帶

左左司把總旗藍心藍邊黑帶

百總旗藍心藍邊黑帶

旗總旗黑

隊總盔旗黑

左右司把總旗白心藍邊黑帶

百總旗白心藍邊黑帶

旗總旗黑

隊總盔旗黑

右部千總旗白心黑邊黃帶

右左司把總旗藍心白邊黑帶

百總旗藍心白邊黑帶

旗總旗黑

隊總盔旗黑

右右司把總旗白心白邊黑帶

百總旗白心白邊黑帶

旗總旗黑

隊總盔旗黑

左營將官認旗藍心黑邊黃帶珠纓雉尾書左軍司命

中部千總旗黃心藍邊黃帶

中左司把總旗藍心黃邊藍帶

百總旗藍心黃邊藍帶

旗總旗藍

隊總盔旗藍

中右司把總旗白心黃邊藍帶

百總旗白心黃邊藍帶

旗總旗藍

隊總盔旗藍

左部千總旗藍心藍邊黃帶

左左司把總旗藍心藍邊藍帶

百總旗藍心藍邊藍帶

旗總旗藍
隊總壓旗藍
左右司把總旗白心藍邊藍帶
百總旗白心藍邊藍帶
旗總旗藍
隊總壓旗藍
右部千總旗白心藍邊黄帶
右左司把總旗藍心白邊藍帶

百總旗藍心白邊藍帶
旗總旗藍
隊總壓旗藍
右右司把總旗白心白邊藍帶
百總旗白心白邊藍帶
旗總旗藍
隊總壓旗藍
右營將官認旗白心黄邊黄帶珠纓雉尾右軍司命

中部千總旗黄心白邊黄帶
中左司把總旗藍心黄邊白帶
百總旗藍心黄邊白帶
旗總旗白
隊總壓旗白
中右司把總旗白心黄邊白帶
百總旗白心黄邊白帶
旗總旗白

隊總壓旗白
左部千總旗藍心白邊黄帶
左左司把總旗藍心藍邊白帶
百總旗藍心藍邊白帶
旗總旗白
隊總壓旗白
左右司把總旗白心藍邊白帶
百總旗白心藍邊白帶

旗總旗白
隊總盔旗白
右部千總旗白心白邊黃帶
右左司把總旗藍心白邊白帶
百總旗藍心白邊白帶
旗總旗白
隊總盔旗白
右右司把總旗白心白邊白帶

百總旗白心白邊白帶
旗總旗白
隊總盔旗白
中營將官認旗黃心紅邊黃帶珠纓雉尾書中軍司命
中部千總旗黃心黃邊黃帶
中左司把總旗藍心黃邊黃帶
百總旗藍心黃邊黃帶
旗總旗黃

隊總盔旗黃
中右司把總旗白心黃邊黃帶
百總旗白心黃邊黃帶
旗總旗黃
隊總盔旗黃
左部千總旗藍心黃邊黃帶
左左司把總旗藍心藍邊黃帶
百總旗藍心藍邊黃帶

旗總旗黃
隊總盔旗黃
左右司把總旗白心藍邊黃帶
百總旗白心藍邊黃帶
旗總旗黃
隊總盔旗黃
右部千總旗白心白邊黃帶
右左司把總旗藍心白邊黃帶

百總旗藍心白邊黃帶

旗總旗黃

隊總盔旗黃

右右司把總旗白心白邊黃帶

百總旗白心白邊黃帶

旗總旗黃

隊總盔旗黃

第六騎什器

旗總每名明盔一頂甲一副臂手一副背旗一面旗

桿一根合力弓一張弓弦二條大箭三十枝鋒利

腰刀一把雙插一副鞓帶一條椰瓢一箇

隊總每名明盔一頂甲一副臂手一副背旗一面旗

桿一根合力弓一張弓弦二條大箭三十枝鋒利

腰刀一把雙插一副鞓帶一條椰瓢一箇

鳥銃手每名明盔一頂甲一副鞓帶一條長刀一把

鳥銃一門搠杖一根錫鱉一箇藥管三十箇鉛子

袋一箇銃套一箇備征火藥每三錢為一出備三

百出另備空藥六兩通共六斤鉛子三百箇火繩

五根每局鉛子模一副椰瓢一箇銃以可容三錢

鉛子為合式藥此鉛子分兩每一錢加二分餘皆

倣此

快鎗手每名明盔一頂甲一副鞓帶一條快鎗一桿

搠杖一根錐一把剪一把藥袋一箇藥管三十箇

藥線筒一箇藥線五百根硫黃雕兩頭鉛子袋一

箇備征鉛子三百箇火藥每出五錢備三百出共

備藥九斤六兩銃口不同子藥照鳥銃例加減火

繩三根鋒利腰刀一把每局子模一副火鐮石一

副椰瓢一箇

銃手每名明盔一頂甲一副鞓帶一條椰瓢一箇銃

一把火箭自負三十枝備帶三十枝箭簍一箇油

單一箇火繩三根

刀棍手每名明盔一頂甲一副鞓帶一條椰瓢一箇

刀棍一根合力弓一張弦二條大箭三十枝雙插一副

棒手每名明盔一頂甲一副鞓帶一條椰瓢一箇大棒一根合力弓一張弦二條大箭三十枝雙插一副

弓刀手每名明盔一頂甲一副鞓帶一條椰瓢一箇腰刀一把合力弓一張弦二條大箭三十枝雙插一副

弓鎗手每名明盔一頂甲一副鞓帶一條椰瓢一箇鈎鎗一桿合力弓一張弦二條大箭三十枝雙插一副

火兵每名鐵尖扁擔一根臨時即充棍擊之用鐵尖可刺俱習棍法鍋一口椰瓢一箇

馬每匹鞍仗一副轡頭一副肚帶二條滾肚一條木絆一副絆馬繩二條馬樁一件草鍘每隊一口

虎蹲砲每位鐵錘一把剪一把錐一把藥線盒一箇藥升一箇木送二根木郎頭一箇火藥每出八兩共備藥三十出火繩三根火線四十五根木馬子三十箇合口石子三十箇鉛子如重一兩者用三十箇重三錢以下者用一百箇分大小輕重定數合口大鉛子十箇每箇重五錢皮簍二箇每二位馱架一副隨二位藥子什物馱架一副

騾每頭鞍仗一副轡頭一副肚帶二條滾肚一條韁繩二條鐵橛一箇木樁一箇馱架一副

第七騎神器凡騎兵營有虎蹲砲各有馱騾平時仍屬一官名為管神器把總專為管束操練點察備辦什物喂飼騾頭出征分與各部每旗一位專責隊總管放下營時十部不用俱貼出外圍每二旗一位與外圍原砲每二旗合三位

第八拒馬柞每一旗十二架每六架一包每二包一馱每營左右中三部俱同下營時中部拒馬俱貼外圍每一旗合三包共十八架中層在子營不用門角間

俱下單層便于出入

步兵

第一選步軍預日備牌號卓次并刷腰牌冊俱與騎兵束伍同是日選時先擬千把百旗隊等總亦同騎兵例先以一隊總自行檢兵十一名一字向上立定主者與之辨驗堪否以有力伶俐者二名為一伍長二伍長各為鳥銃手兼雙手長刀一把第一名在左第二名在右又二名為長柄快鎗手鎗柄即代短棍為

第三名第四名以便捷骨柔者二名為藤牌手為第五名第六名又以力大貌黑而粗猛者為狼筅手二藝俱有短無長為第七名第八名以年少有精神殺氣者二名為鎲鈀手仍兼火箭以其鈀上可架火箭便于放也為第九名第十名以膚碌者一名為火兵橫看一伍者即在左之伍也所管者三五七九四名二伍者即在右之伍也所管者四六八十四名火兵總于隊長管束列陣照此凡出戰于銃鎗火箭放過之後牌為一層筅為二層鈀為三層長刀為四層鎗棍為五層

第二步旗鼓與騎兵同車兵亦與騎兵同無馬者聽

第三步雜流俱與騎兵營同但無醫獸

第四步隊牌俱同騎兵冊只三層用藤牌四層狼筅五層鎲鈀之異耳

第五步旗號同騎兵例

第六步什器

旗總每名背旗一面旗鎗桿一根明盔一頂甲一副合力弓一張弦二條大箭三十枝雙插一副鋒利腰刀一把椰瓢一箇

隊總每名色旗一面長旗桿一根有刃明盔一頂甲一副合力弓一張弦二條大箭三十枝雙插一副鋒利腰刀一把椰瓢一箇

鳥銃手每名長刀一把鳥銃一門搠杖一根錫鱉一箇銃套一箇鉛子袋一箇藥管三十箇備征火藥

每出三錢備三百出另備藥六兩共六斤鉛子三百箇火繩五根每局鉛子模一副栁瓢一箇子藥合口配搭照騎銃例

快鎗手每名快鎗一桿搠杖一根錐剪各一件藥袋一箇藥線筒一箇藥管三十箇鉛子袋一箇備征火藥每出五錢備三百出共藥九斤六兩鉛子三百箇藥線五百根火繩三根鋒利腰刀一把火爊

火石一副鉛子模一副栁瓢一箇子藥合口配搭照騎銃例

牌手每名藤牌一面鋒利長腰刀一把栁瓢一箇好水光拳石六塊

筅手每名狼筅一把栁瓢一箇

鋭手每名鋭鈀一把火箭三十枝栁瓢一箇

火兵每名銅鍋一口鐵尖扁擔一根照式栁瓢一箇

車兵

第一選車兵預日備牌號卓次并刷腰牌冊俱與騎兵

束伍同是日選時先擬千把百總車正隊長亦同騎兵例但騎兵人數無拘多寡有大營小營可以從權此以車為定額每營一百二十八乘方足外圍庶馬步入營不踈不密中軍望竿車一乘將臺車一乘鼓車二乘座車一乘大將軍車四乘子藥什物車四乘火箭車四乘共一十六乘除望竿車在營操壯觀出征不用餘俱從征其編派行伍若足一車之用須用四大隊每隊十二名共四十八名今因額定每營軍

不過三千除雜流外正得二千七百之數車人兩為所局勢莫由我姑以二十四名為一車分竒正二隊先令該管百總將車正隊長二人選到俱令坐下蓋不坐不得齊肅也凡選車正必須伶俐知事有主張者隊長必有膽者于内先喚第一車正就將衆軍中取二十名前來内選有力而稍伶俐者一人為舵工又以有力伶俐者六名為第一第二第三第四第五第六俱充佛狼機手以一三五三名在左管狼機一

架以二十六三名在右管狼機一架又以力弱伶俐者二名為第七第八管火箭與舵工車正共十名此正兵隊也機手仍給有刃大棒各一桿火箭手給鈀一柄便于放火箭也又于二十名之內仍選奇兵一隊將先選到隊長給長桿鎗一根上用該色隊旗聽隊長自揀兵九名內以年紀伶俐有力者四人為鳥銃手各給長倭刀一把為第一名第二名第三名第四名在車內放鳥銃出車先放鳥銃賊近用長刀又選身中年少骨軟者二人為藤牌手為第五名第六

名在車內放火箭出車打石塊賊近用藤牌又以有殺氣者二人充鈀手為第七名第八名在車放火箭出車亦放火箭賊近用鈀火兵為第九名專管各隊炊飯共十名此奇兵隊也又有新製輕車利于遠出經過險隘有時用之每營二百一十六輛每面五十四輛每乘車正一名即隊長也舵工一名即火兵也第一二三四五六名俱銃手第七八名俱鈀箭手第九十名俱狼機手為一隊凡選車正必須伶俐知事有主張者于內先與第一車正就將衆軍中選有力伶俐者六名為火器手火器不拘鳥銃快鎗第九十二名為狼機手肯為人下者一名為火兵專輕不用舵工一車完即給方色如式認旗一面車兵擺列圖一張令車正領在空所照圖擺成二隊車正隊長各領一隊如行伍圖式坐定一把總者俱完放出具各車正將圖用木牌粘懸車上備查以憑管束一將官下完足示日于教場領車給器聽演習派宗城

司哨明白

第二車旗鼓每營旗牌二班各三名號銃手三名門旗二名金鼓旗二名五方旗五名五方號帶五名角旗四名認旗二名巡視旗八名吹鼓手十六名火藥匠二名木匠五名鐵匠五名醫生一名家丁一名醫獸一名家丁一名

第三車雜流每一營將官下書記三名家丁無定數照

騎兵例軍伴一十八名軍牢二十四名伴當八名養
馬三名薪水二名廚役二名
中軍官下識字二名軍牢八名軍伴四名
每千總下識字二名軍牢八名軍伴四名
每一把總下識字一名軍牢四名軍伴四名
每一百總旗丁一名

第四車兵牌

軍士腰牌

軍　門
哨　部　司　局　宗下兵夫
年　拾　歲　住　面
人在
鬚　上有　處　習
藝無牌者不給月糧軍法治
年　月　日考驗憑此

隊長腰牌

軍　門
哨　部　司　局　宗隊長
人在　年　拾　歲　住　面
鬚　上有　處　習
藝無牌者不給月糧軍法治
隊下兵
年　月　日考驗憑此

軍正腰牌

軍　門
哨　部　司　局　宗車正
人在　年　拾　歲　住　面
鬚　上有　處　習
藝無牌者軍法治不給月糧
正下隊長　舵工
年　月　日考驗憑此

行營式

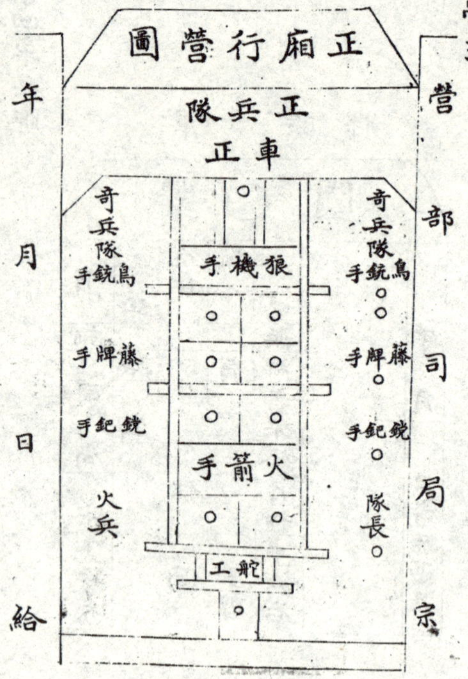

行營式

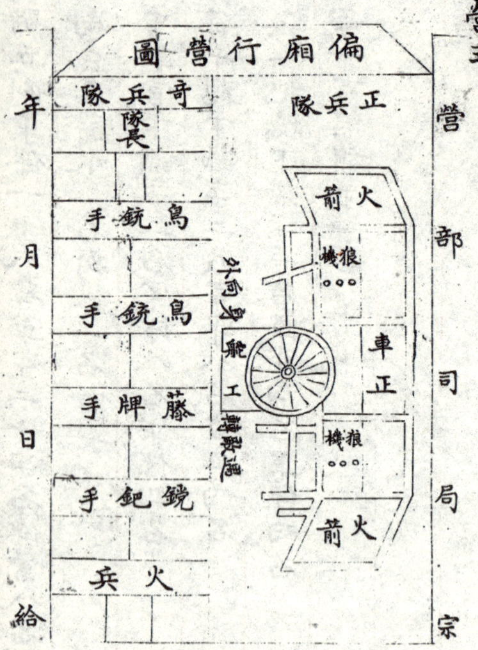

隊冊式用為隊冊去上車正總牌四字及後行年月

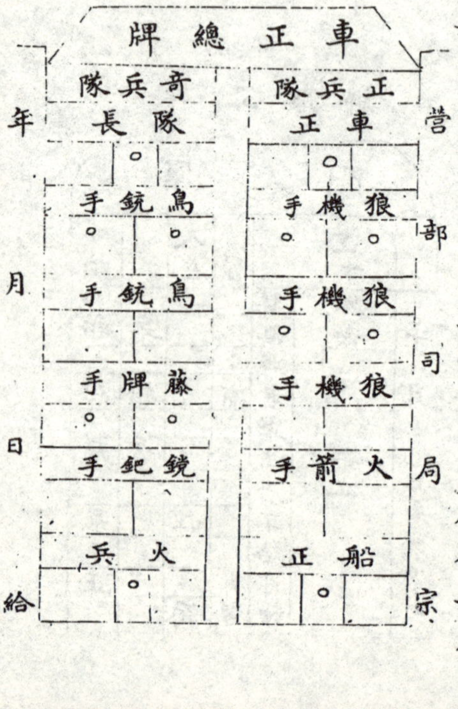

輕車照大戰車一同但每輛只兵一隊以大戰車二隊各分半用二輕車即是一大戰車也

第五車旗號

車兵不用盔甲

車正用盔甲方旗長二尺

百總旗長三尺

把總旗長四尺

千總旗上角濶三尺長五尺帶長五尺

營將旗上角濶四尺長六尺號帶長七尺

前營將官紅旗藍邊黃帶凡旗上字與騎兵同

左千總藍旗紅邊黃帶

一司把總紅旗藍邊

二司把總藍旗藍邊

三司把總白旗藍邊

四司把總黑旗藍邊

以上纓頭俱用紅色

右千總白旗紅邊黃帶

一司把總紅旗白邊

二司把總藍旗白邊

三司把總白旗白邊

四司把總黑旗白邊

以上纓頭俱用紅色

百總與本司把總旗色同

車正旗色與百總同

後營將官黑旗白邊黃帶

左千總藍旗黑邊黃帶

一司把總紅旗藍邊

二司把總藍旗藍邊

三司把總白旗藍邊

四司把總黑旗藍邊

以上纓頭俱用黑色

右千總白旗黑邊黃帶

一司把總紅旗白邊

二司把總藍旗白邊

三司把總白旗白邊

四司把總黑旗白邊

以上纓頭俱用黑色

百總與本司把總旗色同

車正旗色與百總同

左營將官藍旗黑邊黃帶

左千總藍旗藍邊黃帶

一司把總紅旗藍邊

二司把總藍旗藍邊

三司把總白旗藍邊

四司把總黑旗藍邊

以上纓頭俱用藍色

右千總白旗藍邊黃帶

一司把總紅旗白邊

二司把總藍旗白邊

三司把總白旗白邊

四司把總黑旗白邊

以上纓頭俱用藍色

百總與本司把總旗色同

車正旗色與百總同

右營將官白旗黃邊黃帶

左千總藍旗白邊黃帶

一司把總紅旗藍邊

二司把總藍旗藍邊

三司把總白旗藍邊

四司把總黑旗藍邊

以上纓頭俱用藍色

百總與本司把總旗色同

車正旗色與百總同

右千總白旗白邊黃帶

一司把總黃旗白邊

二司把總藍旗白邊

三司把總白旗白邊

四司把總黑旗白邊

以上纓頭俱用白色

百總與本司把總旗色同

車正旗色與百總同

中營將官黃旗紅邊黃帶

左千總藍旗黃邊黃帶
一司把總紅旗藍邊
二司把總藍旗藍邊
三司把總白旗藍邊
四司把總黑旗藍邊
以上纓頭俱用黃色
右千總白旗黃邊黃帶
一司把總紅旗白邊

二司把總藍旗白邊
三司把總白旗白邊
四司把總黑旗白邊
以上纓頭俱用黃色
百總與本司把總旗色同
車正旗色與百總同
第六車什器
車正每名旗一面鎗桿一根明盔一頂甲一副鞓帶

一條鋒利腰刀一把椰瓢一箇
狼機手每名共管佛狼機一架每架子銃九門鐵閂
三根鐵錘剪錐匙凹心送子各一件大鉛子一百
箇火藥三十斤火繩五根椰瓢一箇
鳥銃手每名鳥銃一門搠杖一根錫鱉一箇藥管三
十箇鉛子袋一箇銃套一箇備征火藥每出三錢
備三百出另備藥六兩共六斤鉛子三百箇火繩
五根每局鉛子模一副椰瓢一箇子藥合口配搭

照騎兵銃例
火箭手每名火箭六十枝負三十枝備三十枝火繩
三根簍一箇油罩一箇椰瓢一箇
大棍手每名大棍一根棍頭用刃有式椰瓢一箇
舵工火兵每名銅鍋一口水桶一隻椰瓢一箇
戰車每輛佛狼機二架子銃一十八門鐵閂四根鐵
錘剪錐匙送各二件火藥六十斤鉛子二百箇火
繩十根鳥銃四門搠杖四根錫鱉四箇藥管一百

二十箇鉛子袋四箇銃套四箇細火藥二十四斤
鉛子一千二百箇火繩二十根火箭一百二十枝
火繩六根火箭簍二箇油單二箇大棒六根銅鍋
一口水桶一隻圍幔一條大油單一張
第七車神器每大將軍一位子銃三門每子銃一門備
征子藥十出共三十出每出火藥四斤共一百二十
斤鐵子三百六十五箇共一萬九百五十箇木馬三
十箇石子三十箇

第八計車乘凡用車數目已在前款選車兵內但創車
之初營制不一本府初到創議用車之時先用正廂
車隨又加以偏廂四方行俱如墻又蒹以布牌以防
斷續不聯之患每陰陽二乘為一隅隨可為門隨可
為壁綫重贅難運望亦參差今改為行陣擡營向往
只用前後二門門車用活扇每門八乘廂窄者十乘
十二乘不等餘俱左右偏廂為隅在兩傍行如運城
然無大尺之隙矣

第九車分數計二十四人為一車每一車為一宗用車
正一名每四宗用百總一員是為一局每四局用把
總一員是為一司每四司用千總一員是為一部每
二部用將官一員是為一營多多放此
第十車責成每車正通管一車凡正隊奇隊舵工等兵
俱聽管束其正兵隊內機手舵工火箭等尤為專管
又奇兵隊長只管本隊出戰兵車兵不相干預車正
與舵工不出車而專在內管車恐有傾覆佛狼機手

六名專備狼機銃鉋藤牌手專放火箭鳥銃專打銃
火兵專備炊煑防火之用
第十一車戰隊凡出車迎敵除正奇隊先在車內各照
責成條下供役外其奇兵隊仍將鳥銃四名藤牌二
名狼筅二名銃鉋二名聽令擺鴛鴦陣備戰詳于營
陣條款內
第十二車行營將正奇二隊分為二班每班一隊輪流
拽車單日奇兵隊雙日正兵隊每五里一換遇有泥

水及上坡全隊合力不許論班
第十三蘇騾力每車雖有騾二頭緣車重騾少運拽不前必得四頭乃可長行近因設有騾頭車兵遂盡倚于騾以致騾力為竭行不賺束今已將騾革訖如仍用騾不過長途一時借力須是車兵分班輪推與騾同力不然既有騾拽又用車兵何為哉
第十四明戰法論戰車本不當用騾近加騾者為長途蘇軍之力耳至于臨賊十里之内雖日操軍士尚且

倉皇失錯差了號令無知牲畜安能周旋中我規矩况拗性之騾乎臨賊必去騾只可用馱軍士行李軍士二班合力挽運庶前後各車頭尾相聯稀不致斷密不致擠方合號令乃保萬全
第十五嚴巡車造完車乘派到營内取各千把百總車正各管御不致損壞收管繳報一面將車上各兵勇每日每車輪撥一名守車每日輪把總一員車正每一總一名巡邏過夜至次日平明交代與換班之人赴主將處回話稱云巡車無事如有車什物釘鐵之類損失一件俱該日把總之事除細打外仍責巡風總正車兵賠償交代之時接班官兵務要將車細看如有前項損失即扭前班之人赴該營查究如容隐不舉及已代替而方覺舉者只坐見班之罪仍將此項每一總刊寫輪班水牌二面撥兵填牌發與遵守牌到而赴代遲悮者軍法重治此條與軍器通寫在牌上

輜兵

第一選輜兵預日備牌號卓次并刷腰牌冊俱與騎兵同是日選時先擬千把百總車正隊長俱同騎兵例計輜重車八十乘每乘騾十頭鼓車二乘元戎車一乘各騾四頭先選正兵一隊將車正一名省令側立聽該車正將先已領過騾頭軍兵扯出相認識八名一面先編車正為首騾兵八名挨次為第一第二第三第四第五第六第七第八平列以舵工一名為第

九内以第一二三四五六名放佛狼機二架以第七八名専管騾頭以舵工與車正管車又選奇兵一隊先選隊長一名責令于各部軍中揀出九名八名給火銃以第一第二第三第四各仍兼長刀以第五第六各兼鋭鈀兼火箭以第七第八名各給藤牌以老實可役一名充火兵一車完即給方色如式認旗一面車兵擺列圖一張令車正領在空所照圖擺成二隊車正隊長各領一隊如行伍圖式坐定一把總者

俱完放出各車正將圖用木牌粘懸車上備查以憑管束一將官下完足示日于教場派宗城司哨明白領車給器聽演習

此車不用正廂不用門車俱是左右偏廂開營兩路而行遇賊合為方營待戰並不移動

第二輜旗鼓同車營例

第三輜雜流同車營例

第四輜兵牌同車營例

隊冊式用為隊冊去上車正總牌四字及後行年月

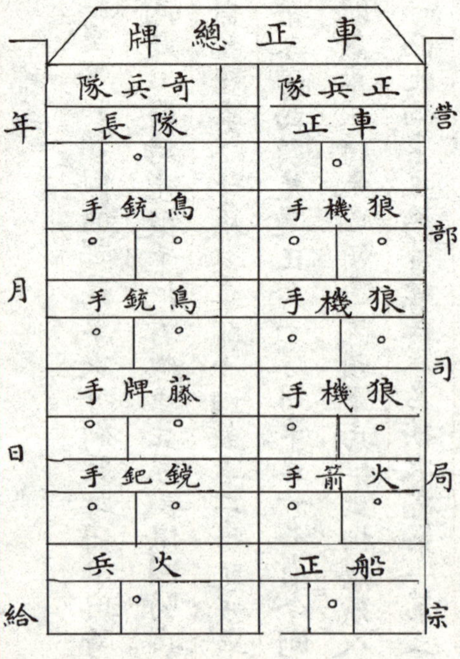

第五輜旗號同車兵但每千只有二把左部一司即前司二司即左司右部一司即右司二司即後司

第六輜什器

車正旗一面有鎗頭旗桿一根明盔一頂甲一副鞓帶一條椰瓢一箇

每車狼機二架每一架管放兵三名每架子銃九門鐵閂二根鐵錘錐剪匙凹心送子各一件備征火藥每出三兩備三百出共二十斤大鉛子一百個

火繩五根椰瓢一箇
鳥銃手每名鳥銃一門棚杖一根錫鱉一箇藥管三
十箇鉛子袋一箇銃套一箇備征火藥每出三錢
備三百出另備藥六兩共六斤鉛子三百箇火繩
五根每局鉛子模一副椰瓢一箇子藥合口搭配
同騎銃例
大棒手每名大棒一根棒頭用刃有式椰瓢一箇
火兵每名鐵尖扁擔一條銅鍋二口水桶二隻椰瓢

一箇
每車圍幔一條拔軸繩二條稍坡繩一條出索繩六
條撒繩二條迎撒繩二條大鐵鐶二箇小鐵鐶二
箇鐵索二條皮肚帶一條皮後鞦一條麻擁子十
條麻搭子共二十條木鞍一座屉子一箇草鍘一
口柳筐一口水桶二隻載水大簍一箇
每車應載煤炒二石五斗米三石七斗五升豆六石
二斗五升

第七計輜乘已在前款選車兵條下今新立三營在三
屯為中營在密雲為前營在遵化為後營即民間大
車每車上加板平分為左右廂
第八輜分數計共二十人為一車每一車為一宗用車
正一名五宗為一局用百總一員四局為一司用把
總一員二把總為一部用千總一員二部用將官一
員是為一營
第九輜責成每車正通管一車凡正隊奇隊舵工等兵

俱聽管束其正兵隊內騾兵狼機手舵工尤為專管
又奇兵隊長只管本隊出戰兵車兵不相干預車正
與舵工不出車專在內管車恐有傾覆騾兵管騾恐
有跳躍騾兵內以六名專放佛狼機奇兵一隊鳥銃
快鎗手六名一二三四名專執鳥銃長刀五六名鳥
銃兼藤牌腰刀七八名銃鈀兼火箭在車內藤牌收
在車上俱放鳥銃鈀銃手專放火箭出車下作戰以
四名遠放鳥銃賊近用長刀第五第六將鳥銃收在

車上執藤牌刀各仍懷水光石三塊賊近用石逼身戰用牌第七第八遠放火箭賊近用銃鈀俱結鴛鴦陣勢

第十輜戰隊同車營例

第十一輜行營凡征行軍兵各執各藝遇有坑坎汙泥通為合力推車以助騾力速拔出險

第十二號令車與車營同隄防火燭尤為要務

第十三輜餱糧每營計該煤炒二百石米三百石黑豆

五百石平日于駐劄處所建立倉厫一所將煤炒米豆查照新定事例于該衙門倉厫領出俱用布袋裝盛蓋恐一時有事裝運不及也每于夏天晒揚一次過三年聽給軍支用即將各軍應得行糧就于該倉總領委官裝備或收折色糴買以抵輜糧尤為潔淨

合車步騎營

第一車騎併營每步兵一枝馬兵一枝合為一營其法以選定過騎兵營車兵營各預操行伍慣熟聽合將車兩行列定廂俱向外前後門車俱合除前門車八乘後門車八乘左右幇車各二乘不派騎兵外左右廂車每兩車一聯派騎兵一旗計騎兵凡三局為一司者照此若四局為一司者門車俱一體派就將騎兵旗總與兩車車正三人互相認識任是縱橫輪轉開合進止三人者不許相離車廂只是向外車正認定旗總但若相失必催相傍旗總專看二車正之車但若相失務要湊近迴轉湊合間只以騎就車不以

車就騎如致相離俱責旗總任是如何行營內外轉折騎兵只在二車廂裏第一旗總不過第一車之頭第三隊火兵不出第二車之尾緊緊相隨車向何轉騎兵向何轉如此記定就是一營十營一萬十萬再不錯亂前亦不聳後亦不斷亦無車前馬後馬前車後之悞矣

第二車騎責成凡戰車遇遠行或加騾或加人另載車營欵內輜重營每車八頭遇隘亦難各運配到馬兵

一旗遇過泥濘水阻盡數下馬合力運車過之此隨險從便行事不在號令之內設又十分險隘人力不足即將各軍馬匹就用所帶轡繩接起拴于車枕併力拽過若車車到險方才收拾必悞行路但凡前途險阻一車收拾即便轉來各車一齊收拾及至過險則如在平地庶不躭悞時光車步騎保結式

第一取保結自上而下保無不堪

某叅遊某人今當某處保結得本哨下千總並非怯

懦不堪如虛甘罪結狀是實

某千總某人今當某處保結得本部下把總並非怯懦不堪如虛甘罪結狀是實

某司把總某人今當某處保結得本司下百總並非怯懦不堪如虛甘罪結狀是實

某百總某人今當某處保結得本局下旗總並非怯懦不堪及冒名頂替如虛及有逃走甘罪結狀是實

某旗總某人今當某處保結得本宗下隊總並非怯懦老弱及冒名頂替如虛及有逃走甘罪結狀是實

某隊總某人今當某處保結得本隊下各兵並無老弱怯懦不堪及冒名頂替如虛及有逃走甘罪結狀是實

第二取保結自下而上保本管不致失陷

千總某某等今當某處實保領過本管將官某前去

上陣並不致臨陣踈失如有踈失各甘死償命

把總某某等今當某處實保領過本管千總前去上陣並不致臨陣踈失如有踈失各甘死償命

旗總某某等今當某處實保領過本管百總前去上陣並不致臨陣踈失如有踈失各甘死償命

隊總某某等今當某處實保領過本管旗總前去上陣並不致臨陣踈失如有踈失各甘死償命

中軍旗鼓

一列清道夫建大將旗鼓非為美觀視自近世之將不用旗鼓以戰故遂廢而不知講迺只用為擺列之虛具以充瞻視壯威儀而已此大謬也盖無事日軍行則為大將中軍而大將居其下正行之間有警即為分札營壁之用立表之需所謂行則成陣止則成營人見其紛紛紜紜交雜于途而不知九軍八陣五行六花悉寓其中一聞號頭變化立成安營定壘人見其各有趨附而不知全憑旗鼓以舉錯及其復收悉依號令又照圖為行營矣自非知彀者鮮能得此中之妙莫不視為贅疣耳圖列于左

清道圖

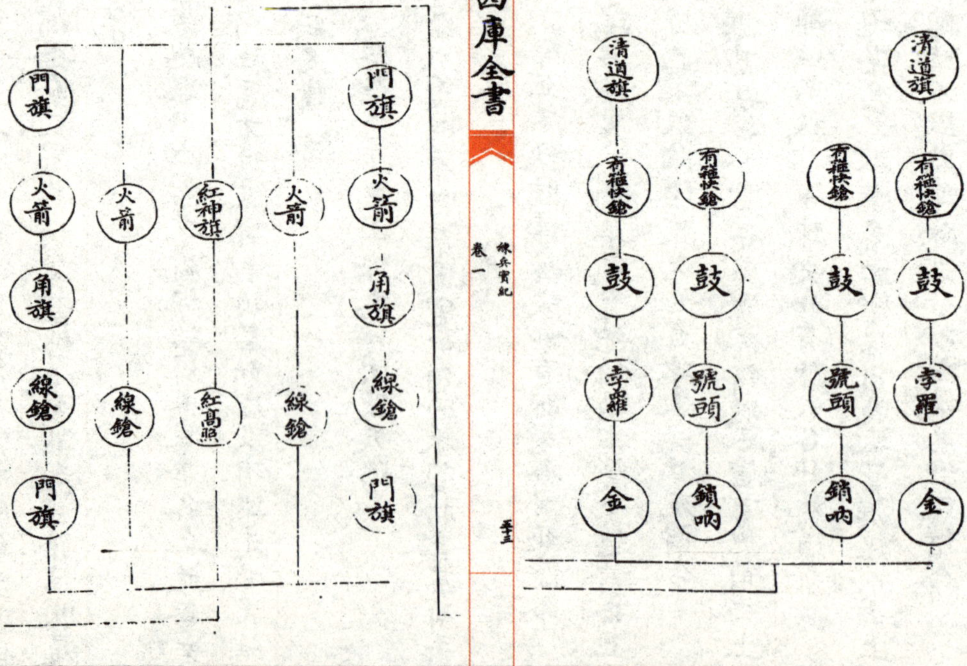

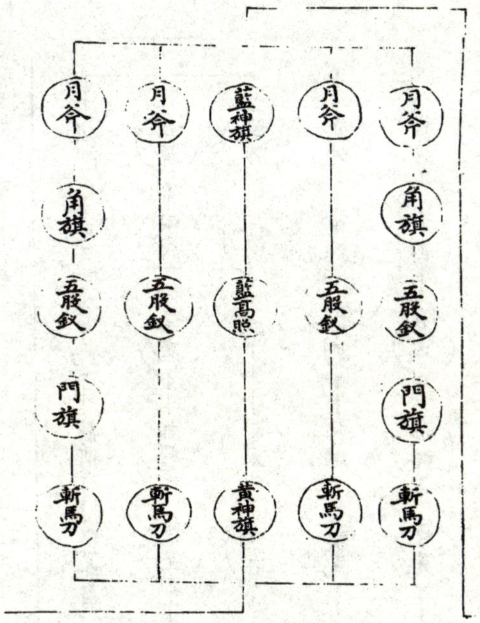
月斧
角旗
五股鈀
門旗
斬馬刀
月斧
五股鈀
斬馬刀
藍神旗
藍高照
黃神旗
月斧
五股鈀
斬馬刀
月斧
角旗
五股鈀
門旗
斬馬刀

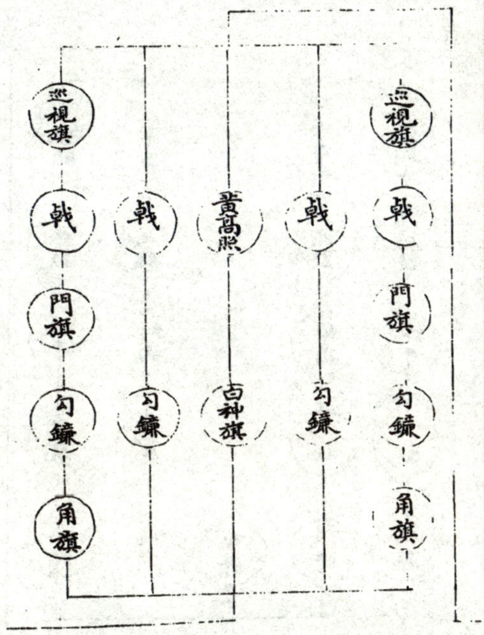
巡視旗
戟
門旗
勾鐮
角旗
戟
勾鐮
黃高照
白神旗
戟
勾鐮
巡視旗
戟
門旗
勾鐮
角旗

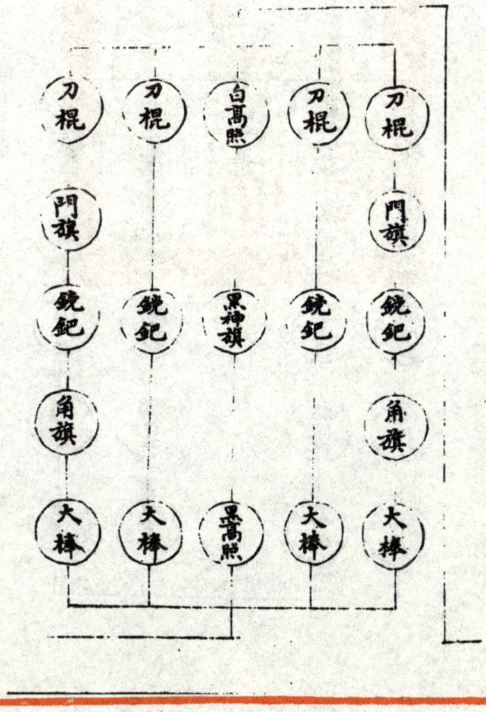
刀棍
門旗
銑鈀
角旗
大棒
刀棍
銑鈀
大棒
白高照
黑神旗
黑高照
刀棍
銑鈀
大棒
刀棍
門旗
銑鈀
角旗
大棒

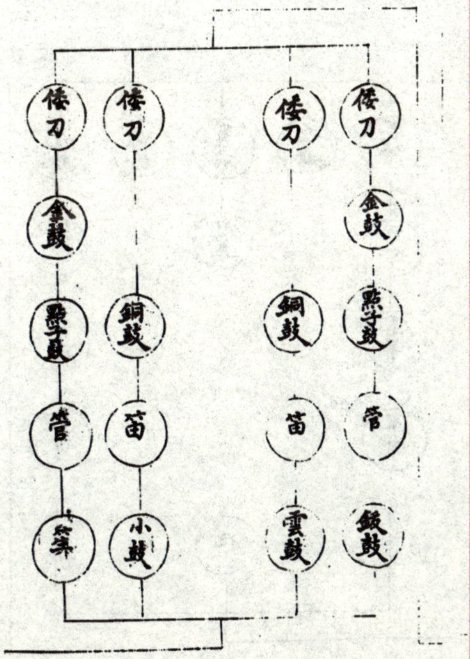
倭刀
金鼓
點子鼓
管
鈸鼓
倭刀
銅鼓
笛
雲鼓
倭刀
銅鼓
笛
小鼓
倭刀
金鼓
點子鼓
管

欽定四庫全書

練兵實紀　卷一

三十六

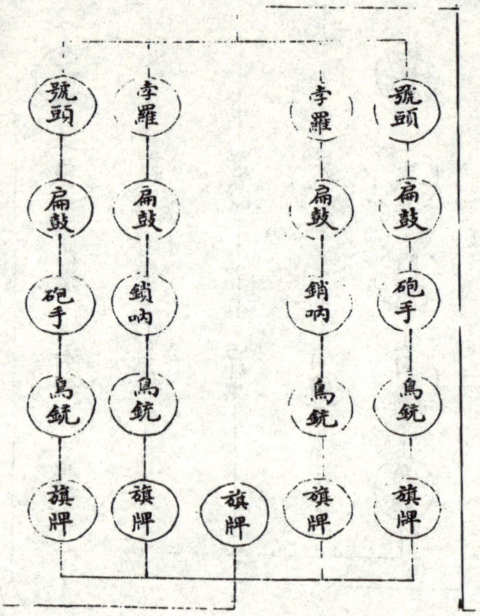

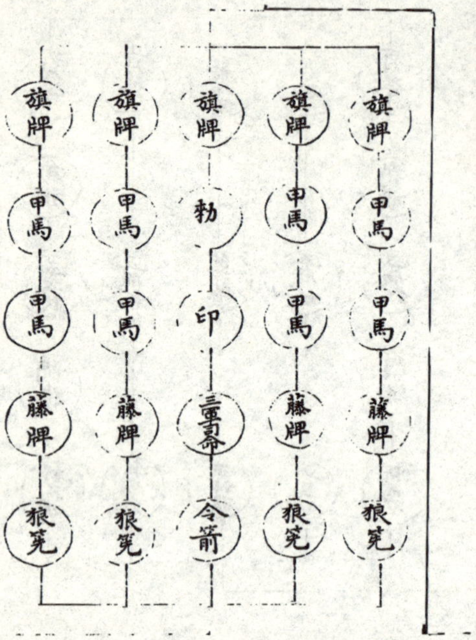

欽定四庫全書

練兵實紀　卷一

三十七

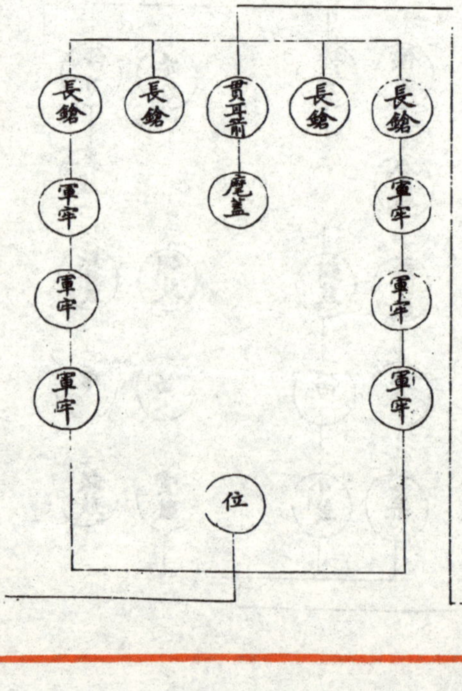

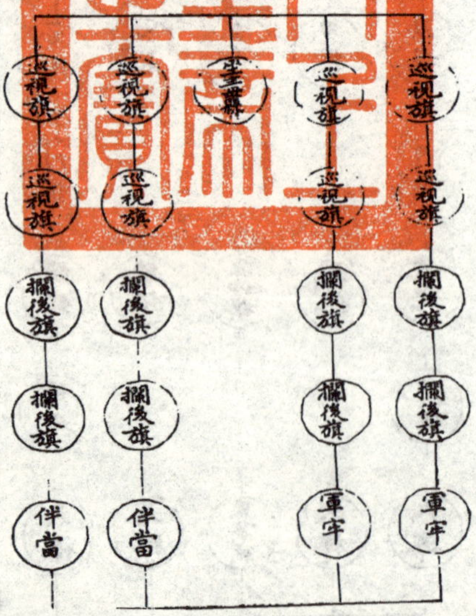

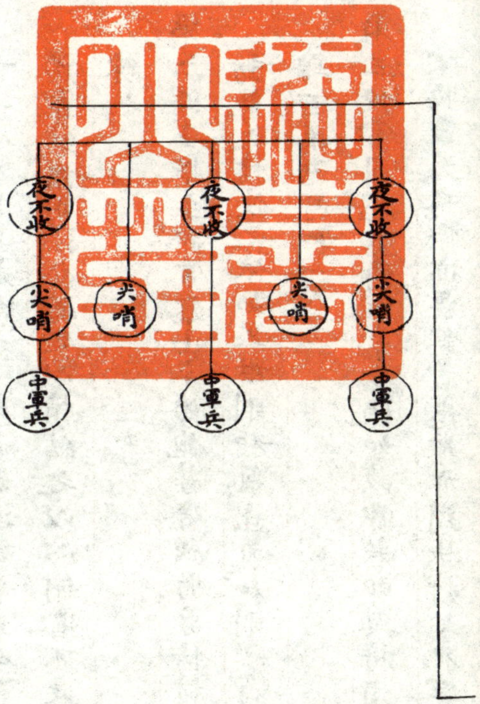

欽定四庫全書

練兵實紀　卷一

練兵實紀卷一

欽定四庫全書

子部

練兵實紀卷二 三

詳校官御史臣莫瞻菉

總校官候補中允臣王燕緒

校對官中書臣毛上炱

謄録監生臣陳國泰

欽定四庫全書

練兵實紀卷二

明　戚繼光　撰

練膽氣第二 計四十三條

第一辨真操夫陳師鞠旅列衆于場謂之操練爾等知之矣殊不知教場操練不過明金鼓號令習射打擊刺手藝之能此等事不是在人家房門院牆內做得故設教場操練之平時在各歇家之時若肯一心在當兵起念一心以殺賊為計蓄養銳氣修

治軍裝講明法令通之以情結之以心何嘗不是操練也

第二循士情主將常察士卒饑飽勞逸強弱勇怯材技動靜之情使之依如父母則和氣生氣和則心齊兵雖百萬指呼如一人

第三公賞罰凡賞罰軍中要柄如該賞者即與將領有不共戴天之憾亦要錄賞患難亦須扶持如犯軍令便是親子姪亦要依法施行決不許報施恩讐有此者以其所報之罪坐之

第四信口耳發號施令預先決定不可臨時反覆使三軍疑惑故云將無還令凡應行軍務係有文字事緩者除通行揭示外若值緊急軍機雖有文字抄示不及者主將門上掌號笛各偏裨傳帶頭目自百總以上赴聽面諭主將無定位但凡臨時在本地方獨尊者便是如職位相等則尊其老成年長者一人主之掌號笛各同僚中軍千把百旗總以上俱赴共行會

計遵守夫主將一人耳車步騎官兵數萬一句說話如何傳得遍知但主將號令只傳偏裨偏裨只傳中軍千把總千把總只傳百總百總只傳旗總旗總只傳隊總隊總口授軍兵而止須要傳說明白叮嚀熟記若一時聽記不全還挨次再問所傳之人若都問不明再問主將不許攙越推挨若有得令不傳傳到不遵及與傳說不明或忘記不來再問以致誤事者

軍法重治千係偏裨者事小則治其中軍官其告示文字之類亦要挨次抄傳互相字字說明以上二項傳諭口令抄謄文字仍要一字一言不許增減及別添禍福之說每傳畢差巡視旗于街上或歇家喚二三箇軍來問之照不知條內查治所由

第五一號令軍中有主將（謂同在軍中之尊者非大將也）而副將以上（非副總兵乃一時同事位稍次者）輒出號令及改易旌旗軍號者重治若號令未便須令改易者先申主將

第六謹漏泄凡承受到軍期密約號令及關報賊情事宜文字只可傳到將領等人員自知常作隄備不許漏泄令衆人知之如漏泄致賊乘我者軍法不貸

第七定軍禮中軍千總見本管主將兩跪一揖合營主將亦如之路迎從便別營主將官銜拜帖角門庭叅一跪兩揖後堂旁坐待茶

凡千總待中軍以長官禮閱人馬則併坐于次

凡把總見千總平時兩揖一跪入營奉臺上發放則跪而聽之私謁旁立受教途遇本管千總下馬拱立遇合營千總待如本管禮路迎從便遇別營千總讓道立馬候過

凡隊總之于旗總旗總之于百總平時與教場俱照兵士之于隊總其途遇本管俱下馬倘見遲下馬稍誤不必加罪但終于下馬即已非所管者道旁側趨不許抗禮

凡議過禮節定要遵行諺云軍中立草為標但一字一

言出口就是軍令更易不得雖卑如隊長所管數人既知惡屬下數人抗違不能行事即知己身不可又効屬下之人復抗在上頭目夫軍機乃國家重務情難掩法敢有親識相容故違明抗容者犯者通以軍法重治

第八止驀越隊總旗總文移只至千把總千把總文移只至營將營將只至鎮道鎮道轉達督撫鎮轉達兵部偏裨以下不許擅往都會說人是非逞己功勞如

有蔭越各上司徑行者查究条治甚或有仍前結交京要私寫揭帖有所傾害人遇調發臨敵騰布功罪者訪出定行重治明有天道幽有鬼神決不佑此奸心險行之徒

第九詳責成凡責成之例不拘平時臨陣小而一切號令有違作奸犯科大而退縮致誤軍機管五名以上者二名有犯必連坐之管六十名以上者六名有犯必連坐之管百名以上者十名有犯必連坐之管三

百名以上者二十名有犯必連坐之管一部以上者五十名有犯必連坐之管三部以上者一百五十名有犯必連坐之一管名者五百名有犯必連坐之若先呈舉者免坐至于賞亦如之若逃去奸盜等事不詰首疾病患難不報官專罪隊總與同隊甲兵器械損壞不充足專罪旗總武藝不精習專責百總號令不明通專罪千把總所謂專者特于此等人加重也非是只罪此項人員而本管大小頭目便不相干

第十正名法行伍既定軍士與旗隊總同宿歇一房者立則傍立坐則傍坐所睡床炕不拘方向飲食之際軍士候旗隊總旗隊總務先取其次者以成揖讓之風凡有當行事體軍士務聽旗隊總言語不許抗違如旗隊總有過集本旗并一隊之人合辭諫止一次不聽再諫又不聽三諫禀百總知若因諫正旗隊總既不知過又計害軍士以圖報復者軍士避之不可與爭只赴百總處告知百總亦曉諭旗隊總知過再

不知過若與軍挾怨者送把總處治若軍士有小過旗隊總即時口責三次不聽先將令書供在卓上無卓則懸于壁命犯兵跪旗隊總立傍云你這箇人所為令對號令某一欵所犯相同我念同歇處恕你二次你又不改令照令書處治多不過五棍不服者徑送本營將官處凡軍士與不係本管旗隊總同歇者亦讓以兄長之禮凡事遜避不許衝犯其餘則平處係百總則照旗總禮百總與旗隊總同居者照依軍

士共旗隊總同住例
第十一連覺察同隊之人即不同住同住之人雖不同
隊務要互相覺察彼此奸弊三勸不改即報在本管
如軍士犯法報在隊總隊總犯法報在旗總旗總犯
法報在百總之類各先行量處如處過不悛報在營
將再處不悛報在主將必以軍法重治
第十二達士情軍士若有公事私事緊急欲許本管者
先與旗隊總言之徑赴應該千把百總處門上即時

放入不許攔阻執辱把百總以下不拘暮夜食寢之
時即穿衣領赴某衙門或應自往者諭其自往務要
耐煩待他如或厭惡作性不與他好好曉諭者或被
訪出或問本人得知定將該管官記過類論
第十三清尅減本管官尅減錢糧者許本屬軍士及屬
官告治此不坐犯上之罪若係責比武藝督治遺過
因而懷憾或刁誣者定以軍法從事
第十四分軍餉軍士月糧賞賜出先將數報知即時委
官并請主將委官監鑿包封先刋印板一方上書某
月糧額該若干每人以一分為耗委官某人鑿限二
日內完足請主將下教場或在衙門通候軍士集到
唱名給與先取一封秤兑如一封不足則所包諸封
盡行筭數倍償治罪軍士已散到手若復情愿送人
者日後告狀亦不許扯引在內如未散到手而本管
官私尅並不稟鑿包封而徑散者通坐以追海錢糧
論徑聽告理

第十五蘇勞役凡軍中除教閱外將領不得以無要緊
事勞擾軍士務令休息即用一人如勞自己一般
第十六戢濫差凡軍稱曰軍士戰士力士勇士義士
卒夫必稱曰士者所以貴之也朝廷之命名貴士如
此所以望之出力疆埸衛國保民其責非輕今却使
之為轎夫厮役以厮役待士而欲其出力捐命禦
寇有是理哉緣往日責實未至習弊成痼恣人占用
迎送上司無不安然順承只恐結下怨憾陰為訾害

未思將軍馬累壞失損復失其心萬一有事不能戰禦利害在誰即使平日執持得罪于人比敗軍失守之罪孰重況主客將領既定有雜流以供差用復以何辭擅役伍軍如有私情應迎送者准于雜流内差撥敢將編定戰兵擅遣差使迎送者各以責成款内分數治罪坐區副參遊守把等官除正額應用人役外凡守堡守墩遠哨守口之人一名不許擅行差遣凡各處公差人到亦不許擅作威福强取跟用令置

差簿一扇其頂鈇帶糧不該輪差者俱不必開只將實在軍士逐名一字平列開在冊内馬軍另為一起步軍另為一起該營自置票板一方印刷差票發各中軍提調收候凡差一軍必須填票一張明註為某事見差某人票收軍人之手差註該簿之内每半年查比外仍聽不時調票查對如票有而冊無或票無而冊有者俱係將領私用及賣放之弊並不准作數其軍士買票者定從重懲治補差如填某差而却私用者

許各軍即時將票赴府陳告定與查處審出定將填票官識重治本告免差半年決不許各隊抽差致亂行伍違者營將而下通以軍法責究

第十七勵火兵編過火兵有能奮學武藝精熟者陞為戰兵戰兵内懶惰不習武藝號令生疎者降改火兵每季終次月初二日一考平時聽各火兵自首即與驗陞

第十八恤病傷凡軍士有疾病同夥房即報本管隊總

隊總報旗總同到歇處驗過即報百總徑赴本營將官并主將處報知遣醫胗看病形輕重百總一面再報該管把總把總報千總千總報營將知會所以百總即報主將者蓋病人一時感患立待救濟若循資挨報七八處衙門何時報達得遍也凡報病者不論大小衙門啓閉冗暇即時投入如有把門人阻攔及將官施行遲悮者罪坐所由報病遲過一日者罪在報遲之官若因遲報致病兵身死者究其遲悮之人

以軍法

第十九視病期凡病兵初病者視之以後在隊總則時時看視旗總則一日一看百總則三日一看把總則五日一看千總則十日一看營將每半月一看主將惟看病重者存恤之

第二十戒居常同夥住歇兵士入晚則安眠靜睡以養精神不許枕上謳吟唱曲以耗精氣勾惹淫念鼓惑思鄉仍輪流喂馬務要勤起添草白晝早起梳洗畢各團聚一處將所給號令逐款聽一識字者講說一遍早飯畢各出當差放馬買賣等事午間休息或坐或睡務在安閒日西各于便處習學武藝或學弓馬或學披甲至昏而至每五日一次將自巳器械應磨光者磨光修利者修利以上俱該管隊總旗總督率行事百總于磨器械之日一查

第二十一遵節制軍中惟有號令宋時人稱岳忠武軍曰撼山易撼岳家軍難夫軍士一人不過一百斤力

氣如何比山難撼蓋山是土石可以掘取鑽空軍士萬人一心一箇百斤力萬箇百萬力矣如何撼得動若人各一心百萬之衆各是一箇身子即賊一箇便可衝動之古者義勇武安王即今天下廟中關王也生前曾獨馬單刀于萬衆中斬顔良正是顔良之兵人各一心也或者又謂萬人各具一箇身如何使得一心要我一箇身子合得百萬斤力氣來不亦難乎是不然你只看用人擡巨石大木萬萬斤木石用千數箇人便能擡得來蓋數千人雖是力在各人身上而繩子扛子則可均在衆人身上也如今操練的賞罰號令節制規矩連坐之法都是擡石木的繩扛一樣人人遵守號令重如性命死便就死不敢違令死于賊手尚有優恤立廟祭祀犯了軍法被殺空喪了性命又無前項許多恩典人人只得揀着好處死且與賊對敵固恐殺死所以怕他却不想見他走了被他快馬赶來却也是死走在水裏不免淹死山上跳

下不免跌死但愚衆不怕死但愚衆不怕死只是怕賊若將走了死的念頭肯向前與他厮殺殺他一箇做箇好漢死也報了我的仇恨自然萬人一心萬身一力况爾輩與人爭競一句一言都要報復他却被賊殺來不肯動手與他一對低頭聽他殺死全不想我若殺死賊賊必不能又殺我有功生還登時富貴何等是好爾輩愚人何不肯萬衆一心一齊殺賊所謂天堂有路不肯往地獄無門自撞入也思之思之

今日號令決要比岳爺爺軍又如一株大木一塊大石繩子扛子不拘千萬人同擡都要壓倒肩頭上來斷然不准你們人各異心如往年兒戲也

第二十二思豢養凡你們當兵之日雖刮風下雨袖手高坐少不得行月二糧這銀米都是官府徵派地方百姓辦納來的你在家那箇不是耕種的百姓你肯思量在家時田時辦納的苦楚艱難即當思量今日食糧容易又不用你耕種但作養了一年不過望你一二陣殺勝你不肯殺賊保障他養你何用就是軍法漏網天也假手于人定不放過騙食官糧之人也

第二十三稽功過各營將立功過總簿一扇每千各與一扇凡遇百旗隊總及兵夫尋常勤勞譬如多差他行了幾十里路多差他幹了一件事紀在功條一次與人言語之爭不至軍法處者紀在過條一次兵之功過隊旗總開送百總轉送把總紀之凡百把千總與中軍家丁夜不收雜流功過俱營將紀之附于總

簿每積一季聽弔查一次類行賞罰

第二十四體初犯官兵除犯有行營野營對陣軍機及謀逆殺人奸盜詐偽賭博等項重情不論初犯二犯必行軍法外其餘一切小過并違犯新出號令係平時操行者初犯免究二犯紀過于簿三犯方綑打

第二十五省己過凡你們本為立功名報効而集兵是殺賊的東西賊是殺百姓的東西百姓們豈是不要你們去殺賊官府豈是好為作踐輕視你們設使你

們果肯殺賊守軍法不擾害地方百姓如何不奉承官府如何不愛重只是你們到箇地方百姓不過怕賊搶擄你們也曾搶擄百姓怕賊焚毀你們也曾折毀百姓怕賊殺你們要討功也曾殺他這百姓如何不避而怨之如何不閉門鎖戶官府為爾糧餉千思百慮東那西處日日只見運糧運草及至虜入時却並不見你一人出力只是任敵縱横官府如何不作踐如何不惡棄也今練之後但凡軍行必是依令擡

營一人不得攙越生事詳見行營款內

第二十六勸涵忍他人索我争鬬就是他人理短亦好好避他稟赴本管轉達應該上司定與處分得平若與争競縱是軍士十分理長先打軍士不忍之故然後另與審處若强買民物虧折價值等項因而争競者不論曲直只將軍士先處然後聽有司剖斷

第二十七程逃故凡遇有逃故本伍即刻報隊總隊總報旗總旗總報百總百總報把總把總報千總千總報哨將即如本日開手本呈遞營將一面行令該管隊伍將故者一切衣裝財物點查并身間有無銀兩聽詳給付本主家屬有敢尅留者以軍法論仍加倍追恤故軍之家

第二十八補軍限凡遇事故頂補每月初一十五二次呈送驗發

第二十九擬補拘各營官軍有犯事同一起者不許擅自拘捕問理須呈本營將官轉遞該營取來仍令各

中軍官會問通詳主將定奪不許一營偏斷

第三十明勾攝軍衛有司提取官軍一面留差人等候一面呈請主將酌量時勢緩急事體輕重摘發收問如不詳請而擅聽拘去者同隊同夥該管官員把總以下通治若已呈詳而本總哨將不為留人轉詳及遲延者拿書手治罪若差人强拿不由分說者先將此令與看說之不聽一面拘守一面飛報主將收監定以打攪軍政阻撓練兵条治

第三十一申軍紀平時恃强凌弱酗酒忿争喧豗無禮蹂取人果蔬作践人廬器分别輕重治之貫耳遊營奸淫人婦女偷盗人財物軍法示衆以上有犯但係同夥同隊之人有一舉首餘皆免罪首者行賞若互相容隐同夥同隊之兵俱以軍法連坐

第三十二立逃約凡募兵必取保結若遇逃走同隊之人各連坐一半送監一半保拏革去月糧一年不獲原保人發哨三年本伍軍從重綑打發落収伍准支

半糧獲日乃復

第三十三究冒頂凡冒兵頂替入操者正替身俱以軍法綑打所雇之人即充兵收操工食即將原雇之人分支一半

第三十四禁争毆自已軍士頭目兩相鬭毆不論曲直各綑打然後查其所由加治若軍士與非管隊總隊總與非管旗總車正旗總車正與非管百總百總與非管把總把總與非管千總争毆者先治其卑者以不守分之罪然後另剖曲直若與本管争毆者以毆父母論定行軍法從事

第三十五禁喧譁凡軍中要緊第一件只是不許喧譁說話每遇動止進退自有旗幟金鼓若無令許說話但開口者着實重處夜間尤是切禁

第三十六禁竊盗自相竊盗者不計物多少在軍中以軍法從事非出軍臨陣自有常法

第三十七禁博奕凡軍中除習武藝為戲不禁若將條

約隨俗改為唱曲習學以相戲樂者有賞凡别項博戲俱皆禁止違者照條治

第三十八禁妖妄訛言誑惑妄說陰陽卜筮道釋鬼神災祥禍福摇動衆心者重治因而誤事者軍法從事

第三十九禁乖異凡將領官哨隊長不相和協傾陷妬忌因而悞事者軍法處之商議兵機務在平允即時決定違與執拗者處治

第四十嚴途令凡軍士途遇文武大小官俱下馬讓道

若在營中操練奉金鼓號令者一惟號令是聽不必
迴避
第四十一書器械應有兵器軍士配定隨身雖一弓一
箭須書各行伍在上或遺失易爲檢給或臨操易爲
辨賞官器不必書名以便更代者
第四十二整騎什馬上鞍轡什伍每一月營將點驗一
次千總點驗一次把總點驗一次每三操過旗隊總
督查一次仍須身率以爲士倡況營將千把總各有

坐馬有家丁馬百隊隊總各有騎馱馬必照條約先
將已馬逐一點檢然後方可責軍以不如式之罪屬
下有不自爲倡率者營將查出輕則自行責治扣廩
糧處辦重則解送主將重治營將之馬聽主將驗治
第四十三養戰馬夫國之大事在戎兵之馳騁在馬西
北原野以馬爲命所賴不亦重乎但馬之饑飽勞佚
濕燥疾病有口無言不能自白必須在我領馬官軍
時其水草適其性情節其饑飽勞佚加意調息戢其

蹄耳習其馳逐閑其進止人馬相親然後可使鞍轡
勒御必令全好乏絶輒補冬歸深廐夏入涼廡今者
既無深廐涼廡可不思所以處之乎每于盛暑之時
務將馬匹拴繫就陰所在如城市無陰涼之隙可牽
于城外人家村落林木陰欝之所與東西北三面城
墻之下拴喂盛寒則拴于南墻之外向陽明與近人
煙處入夜將屜用肚帶縛在馬脊上遮冷庶堪戰陣
之用但各該官軍率無敵愾之心惟是養身之計尅

減草料飲飼不時再加差役繁多以致馬匹損憊勞
傷不知臨時以何爲命況今降罰之例甚嚴主將偏
裨恐所不免誠不可不嚴加稽考各哨將置立等第
循環文簿二本將該管見在馬匹通行查出逐一躬
親驗選其往時原以超上中下及下下五等比驗近
該本府操閲三屯標下軍馬驗得各兵馬騾如頭等
之内有十分臕壯應擬頭等之上者有臕分正合頭
等者有臕分稍次難作二等者二等之内有臕分出

于二等之上次于一等之下者三等之内有瘦弱而可騎者有瘦弱不至狼狽者有十分瘦弱垂死者五等不盡其選臨時執筆猶豫難决擬之不得其平何以使人激勸近照武藝一體定為九則如上等内滿膘過當則註為上之上滿膘而不至溢肥則為上之中有膘而不滿則為上之下膘壯而未至平鍬則為中之上半膘則為中之中擬下等則稍肥擬中等則未及乃為中之下雖瘦而不至弱擬屬下等則為下

之上瘦弱而不至不可騎喂則為下之中瘦弱不堪騎喂則為下之下如此驗註當時流水擬去人既不枉其勞馬又擬得其當再無疑難頗稱得意合行通遵改擬自今以後凡點驗馬騾膘分分别上等三則要見某馬為上上等即犒之超等某馬為上中等某馬為上下等即犒上等推廣也中等三則某馬為中上等某馬為中中等某馬為中下等即犒之中等推廣也下等三則某馬為下上等某馬為下中等即犒

之下等推廣也某馬為下下等即犒之下下等也庶便稽考膘分進退以憑賞罰其上中等六則馬匹省令各軍自行取便用心喂養下等三則責委勤慎官一員專管攢槽喂飼逐日查驗各軍草料仍查夜草如有不用心及短少草料者徑自責治將責治過緣由填註簿内該管將官每三箇月一次點驗膘分如二等喂至頭等三等喂至二等俱免比責即于循環内明開某人原係二等今入頭等某人原係三等今

入二等各另自行喂養如三等喂至頭等亦要明開某人原係三等今入頭等免其攢槽仍具名呈來以憑犒賞免工免差如三等馬匹膘分不加各細打二十其間如有頭等反為二等二等反為三等者責如之三等反致瘦弱者細打四十各照舊攢槽喂養每季一次將填註循環責令經管書手賫送赴鎮倒換查考通以三箇月為則二等者俱要喂至頭等中間如有膘分不增呈請發落仍係三等或瘦弱者各細

打四十責令變買臕壯好馬解烙若將瘦弱馬匹不
行明白開報那移作弊者定將作弊人役痛以軍法
懲治將領連坐馬軍加倍重處斷不輕恕
凡夏秋輪隊趕就水草牧放至晚歸交各主如其放牧
不以實致令各馬饑餓者將該日之人送把總處治
登于簿上各軍情愿自出割草喂馬者聽
凡冬春馬匹上槽須多留夜草每日飲水以時如無夜
草及飲水失悮者隊總旗總查治之一次責五棍如

事重仍開送把總附過于簿
凡馬不傷于末必傷于始不傷于饑必傷于飽日暮道
遠必數上下寧勞于人切無勞馬常令有餘備敵之
覆我也凡走驟之時欲住者看遠近緩緩收勒不可
陡然緊收常自約度毋致喘損
凡戰馬除本軍自駄馬草馬料之外若代他人駄物及
雇人騎乘者雇者與者各罰馬一匹本軍以軍法綑
打一百枷號示衆

凡馬軍除器甲及飲食外不得駄物過十五斤
凡馬操一日次日必歇操各五更早出放馬採草備馬
一日之食以便次日進操
凡馬匹草料本折兼支本為定例但各軍只將本色三
日者匀作六日喂馬而三日折乾遂為已用是本折
兼支本為體悉便軍之意而今反資尅落之奸致減
馬口之食馬安得不瘦損哉今後三日草准作四日
喂養其餘二日須用折銀買草買料喂之若仍再減

不行買料草喂馬者定行軍法重治折銀追究下落
以上一法全在哨將之督責千把總之考查而哨將
總之稽考也
凡關支本色草料出日該隊總一日一查哨將千總時
常差人緝訪若將草料賣借與人者查舉得出本軍
軍法綑打旗總免罪如被拏獲而非該隊總檢報一
體連坐賣者買者同罪
凡馬雖畜類其効汗血之勞戰陣之間為國家宣力與

官軍無異又為爾革騎乘代勞且最有功于爾也死
在出征地方止許割耳蹄回報應該衙門全體掩埋
不許開剝食用如違者軍法重治凡官府有責其不
以皮張送驗者執此條為証
凡比較武藝之日馬匹或付火兵出放或留在槽喂養
火兵看守不必進操軍士亦不必着盔甲

練兵實紀卷二

欽定四庫全書

練兵實紀卷三

明　戚繼光　撰

練耳目第三　計十六條

第一明旗鼓各官兵耳只聽金鼓之聲目只看旗幟方
色不拘何項人員口來分付決不許聽之如鼓聲不
絕便前面是水火也須跳入如鳴金該止就前面有
貝財緞帛如馬匹亦不許一耳顧應查令旗令箭令
票者便是主將自來三件物内必有一件方放無亦
不准放

第二明笛號吹嗩吶謂之掌號笛要聚各官旗頭目發
放軍務必須吹得到齊方止
第三明喇叭大小將領門前及教場内行營處吹喇叭
是掌號第一次是頭號要人收拾行李做飯食用遲
半箇時辰又吹第二次喇叭要人吃飯收拾出門詢
問劄營信地取齊吹第三次喇叭是要起身主將自

本衙門出到各兵劄營地方另擬向往其在營中或在教場或正行正操之處乃召人飯已吃過俱已出門只掌一號便聽令行營或演操不必仍用二號三號也

凡喇叭吹長聲一聲謂之天鵞聲是要各兵齊吶喊

凡喇叭吹擺隊伍聲是要車步騎三兵就于脚下挨營擺隊伍也

凡吹長聲喇叭放銃一箇磨旗是要轉身各兵俱看旗所指處俱向某處轉身轉車

凡擺隊已完喇叭稍歇復又吹擺伍者是要車步騎三兵一字列開成陣備戰也

第四明哱囉凡吹哱囉是要各兵起身再吹一次是要馬兵上馬車兵附車步兵執器械立齊

第五明銅鑼凡打鑼是要各馬兵下馬車正下車再打銅鑼是要各項兵俱坐地休息旗幟俱偃卧

第六明鼙鼓凡點鼓是行營點鼓一聲約行二十步點緊鼓一聲行一步則將擂鼓交鋒矣但聞擂鼓是交鋒要各兵向前與賊厮殺

第七明黄旗下營定放銃一箇竪黄旗擂鼓是放各兵出營汲水取柴放馬

第八明摔鈸凡摔鈸鳴是要各兵收隊再鳴成大隊旗幟通回中軍

第九明砲號每要新起一號令必放砲一箇使人有耳者先共聞之然後方用旗幟號頭等項示行凡官軍

但聞銃響後其已前行過號令進止俱歇專一看有何旗幟更變有何號頭之聲即速遵照庶不悞事

一用砲分數

升帳砲 三舉即鳴金大吹打

升旗砲 一舉即擂鼓鳴鑼升帳

静砲 發放後三舉營中肅静候令

吶喊砲 一舉喇叭吹天鵞聲吶喊一聲三舉止

開營砲 一舉即聽點鼓便開營行

分合砲一營一舉欲分幾營幾路為幾舉無定數舉畢看旗幟照旗色依數分之合營同

開營砲一舉即大吹打開營門

定更砲遇夜擂鼓畢一舉喇叭吹天鵞聲

變令砲凡號令正行之間欲别更號令人衆隔遠一時更變恐人不知失于眼視故先舉砲聲一聞砲前令即止專心側耳聽新起何令照行

第十明鉦號凡軍中一切鼓樂有音如號笛哱囉喇叭鼓鈸等類每欲止必鳴金一聲其已舉者聞金即止聽更令後即如所更之令行打金三聲是要退兵及

止吹打打金二聲是大吹打及退兵下方營時鳴金邊是發五方旗招出營立表立表營内所以分别門角以便出入識認立表營外所以分别營盤防守界限賊來舉之以應遠近緩急

第十一明旗次各營隊總看本旗總所執旗旗總看本百總所執旗百總看本把總號旗把總看本千總號旗千總看本哨將號旗哨將看主將號旗若主將五方旗招俱起立點動則五方之營俱照旗而動如止于一旗立點則該應之旗俱點立别旗照常若主將五方旗招俱偃則五方之營俱照旗偃止若只一旗偃則該應旗俱偃别旗照常某旗磨則該應旗俱磨别旗照常某旗向某方點指該應旗俱向某方各兵隨旗而往

第十二明旗應凡主將旗舉時先哨將應之千總不許先應哨將旗舉先千總應之把總不許先應千總旗舉先把總應之百總不許先應把總旗舉先百總應

之旗總不許先應百總旗舉先旗總應之隊總不許先應旗總以下口傳身率不用旗鼓號令要與旗鼓令同差錯以軍法治之

第十三明旗色黄旗屬土中營中軍所用但見黄旗即知為某中營某中軍也在五營則為五營之中在一營則為一營之中在一千則為一千之中少至五人則為五人之中凡人面向者為前紅旗屬前凡營壘所在向前者則用紅旗但見紅旗俱想向前凡人就

本身之左手為左藍旗屬左凡向左者則用藍旗但見藍旗俱想向左凡人就本身之右手為右白旗屬右凡向右者則用白旗但見白旗俱想向右凡人就本身之背為後黑旗屬後凡向後者則用黑旗但見黑旗俱想轉身向後是故曠野人衆若說東西南北認辨不真凡人皆有左右手面前背後故即以其易知者教之人人只以大營中軍分左右前後又以本身前後左右為向再不必論東西南北也

第十四明望旗凡常操及發兵于主將未到場之時先將望竿繩縴等項收找停當候主將陞帳稟陞旗即放砲擂鼓陞旗旗正着甲執白旗一面上斗聽中軍號令凡掌哱囉兵立則旗立凡打鑼兵坐則旗收旗向前點官軍俱向前行向左點俱向左行向右點俱向右行向後點俱向後行車步騎大小將官旗總車正俱視此旗向往如遠行俟掌頭號畢稟放砲擂鼓將望竿眠行遇報有警擂鼓再立望竿賊從左來則旗向左磨賊從右來則旗向右磨賊從前來則旗向前磨賊從後來則旗向後磨賊從兩面來先磨賊近一面三磨三立又向一面磨賊從四面來將旗繞竿頭轉遞賊遠則旗頭向上磨之賊來近則旗頭平低磨之賊近百步來則旗低垂向下磨之賊退則立其方賊退立在其方亦如報賊來事例事定將旗捲訖若緊急追賊無望竿車此條不用

第十五定發放凡操期前一日懸操牌各營傳知次日

五更不拘時但聽主將門前掌號各將官門前皆掌號各兵做飯將官亦做飯以飯熟食畢為期乃掌二號各兵備馬收拾軍裝往教場列成行伍掌三號主將出至教場中軍官稟放陞帳砲喊堂開轅門稟陞旗望旗同陞在野只陞望旗幕屬等官先行參見回還中軍官稟掌號笛聚官旗聽發放望旗向左右前後磨轉一次官旗用手旗引于場前轉身向上挨次先騎兵次車兵次步兵各頭目自隊長以上皆赴事

急只同旗總以上隊長守伍至臺下立定笛止中軍傳云官旗過來各齊應一聲以卑而尊先隊長次旗總次車正次百總把總千總俱跪次營將于臺上跪先起乃發放衆曰官旗聽着耳聽金鼓目視旌旗手熟擊刺步閑進止馬習馳逐謹戢策轡車熟分合嚴飭火器萬人一心有進無退鐵輔重寄軍法有常每一項人員班内一人先尊行後卑行高聲報曰某官叩頭命起至百總止又發放曰車正聽着凡車戰進

止號令俱車正之責臨時差誤責有所歸車正起去又曰舵工聽着凡左右前後縱横曲直俱看車旗聽命車正擺營不合高下失悞責有所歸次巡視南旗過列聽發放曰凡入操喧譁不肅下營行伍不齊行營攙前越後臨陣舉動違令斬賊强奪首級戰畢妄殺降人種種作奸犯科俱聽爾等來處治臨陣擒牌當戰破耳回兵查明分别輕重以行軍法若故縱需索治爾之罪發放畢分付各官旗下地方大吹打得勝鼓樂聽各回營各哨將一體掌號笛一照臺上發放即使金鼓班聲相聞無妨也哨將發放畢千總用旗招把總以下發放亦照臺上但云奉臺上號令畢把總招百總以下發放只傳臺上分付親口之言不用耳聽金鼓等文亦云奉臺上號令畢百總招隊旗總發放先發放所聞把總之言次發放已意畢旗總集隊總各隊兵士發放亦云奉臺上號令將節奉各上官話頭一一講説分明畢隊總亦令各兵跪聽分付云奉臺上號令發放畢但凡謂發放係奉臺上號

令凡畢一等者必跪聽敢有違者即時巡視旗拏送臺上細打遊營

第十六稽傳令凡發放過語候大小將領都發放畢主將抽隊下一軍向前問今日所發放何事若能知其大畧則已如全不知則取隊總問之隊總能言之則治軍以不聽受之罪隊總不能言則取本旗總問之旗總能言之則治隊總以罪軍則免究是隊總傳不

明也如總旗不能言則取本把總問之百總能言則治旗總以罪百總不能言則取本管把總問之上至哨將一體皆然每次發放過聽哨將于各千總下取一軍千總于各把總下取一軍把總于各百總下取一軍百總于各旗總取一軍問之不明者千把總聽營將發落百總以下所抽問者紀過一次即仍于上一等頭目再照發放之法挨次說諭一遍通畢赴臺
報

練兵實紀卷三

欽定四庫全書
子部
練兵實紀卷四 五

詳校官御史臣莫瞻菉

總校官候補中允臣王燕緒
校對官中書臣毛上炱
謄録監生臣陳圖泰

欽定四庫全書

練兵實紀卷四

明　戚繼光　撰

練手足第四　計二十條

第一校武藝夫武藝不是答應官府的公事是你來當兵防身殺賊立功本身上貼骨的勾當你武藝高決殺了賊賊如何又會殺你你若武藝不如他他決殺了你若不學武藝是不要性命也況費着官銀又有

賞罰比那費了家私請着教師學武藝的便益多少想你往日不學武藝不修器械不着重甲只是安心見賊便走料定不用鎗刀對手皆因自來臨陣素無紀律以致當先退後功罪難辨故人無戰心今連坐已定號令已明進前退後都有箇法子管着（見戰約條內）便是十萬人臨陣設使有一箇當先一箇退縮都查得你出決照條内施行你們既無躲身之法不想學武藝都是與性命為讐若身上盔甲堅好就被他戳砍我一下不能傷人我就手藝拙第二下也殺到他身上思之思之

凡哨將通將各兵花名分照見定武藝造武藝册一本送印發收百總每入操日比一旗輪比週而復始把總每月初六日一比又比過一人即打一把字小印于中式等第格内千總每月十六日比即打一千字小印于格内營將每月二十六日比即打一將字小印于格内督撫鎮道比驗無時遇該比之日每百總

下抽取數人試過只對此舊册查其印之高下相去不遠即憑册以為賞罰若比較之日該閱操則從操而移比或非操期則從比而免操此在臨時酌擬凡遇千把總比期預日于本營將領處討出册本註完次日送交册式開後其賞罰連坐自旗百以至將領查定分數之法載于練膽氣條下兹不重開

連坐領兵官賞罰例

一部下俱賞無罰者為超等

賞數十分之九者為上上等
賞數十分之八者為上中等
賞數十分之七者為上下等
賞數十分之六者為中上等
賞數十分之五者為中中等
賞數十分之四者為中下等
賞數十分之三者為下上等
賞數十分之二者為下中等

賞數十分之一者為下下等
超等將官金段二疋紬二疋臺盤一對銀花一對重一兩
中軍千總段一疋紬一疋臺盤一副銀花一對重一兩
把總紬二疋銀花一對重一兩
百總段一疋紬一疋
上上等將官紬二疋臺盤一副

中軍千總紬二疋
把總紬二疋銀一兩
百總段一疋銀一兩
上中等將官紬二疋銀花一對
中軍千總紬一疋
把總賞段二疋
百總賞紅細布二疋
上下等將官段二疋銀花一對

中軍千總段一疋
把總中絹一疋
百總粗布一疋
中上中中免究
中下等將官量罰
中軍千總打二十板
把總綑打二十
百總綑打四十

下上等將官重罰
中軍千總細打二十
把總細打四十
百總細打六十
下中等將官叅降
中軍千總細打二十降把總
把總細打四十降百總
百總細打六十降哨頭

下下等將官以抗違練兵細打叅革中軍千把百總
俱細打八十革回照例半俸百總發哨

比試武藝例

弓箭狼機鳥銃快鎗俱九發為額
九中者准超等
八中者准上上等
七中者准上中等
六中者准上下等
五中者准中上等
四中三中者准中中等
二中者准中下等
一中者准下上等
不中者准下中等
不知者准下下等

比較各項武藝以九則分

上等三則

上上　上中　上下
中等三則
中上　中中　中下
下等三則
下上　下中　下下
極精極熟出乎上上之外得手應心自知機彀可以
傳教者為超等
舞對二事全然不通與未習者為不知

舞對俱疾速力猛不差正彀者為上中又稍純熟者

為上上比上中稍鈍弱者為上下

舞對猛力不差正彀俱稍生澁者為中中比中中又

稍熟者為中上比中中再生者為中下

藝雖純熟而不知彀者雖合彀而不熟與合熟而遲

鈍者為下上能舞而不知對能對而不知舞雖精

只作下中或能一事而生與但舞對俱差正彀者

雖熟亦為下下

比較馬營雜流例

凡雜流武藝與鎗銃射箭只比一件

官比射仍比藝一件不知射者聽

旗牌比射不能者比武藝一件仍比下操號令

吹鼓手比吹打仍比下操號令

五方旗手比磨旗并用旗號令

號帶旗手比磨號帶并用號旗號令

金鼓旗手比旗號令

門旗手比旗號令

坐纛旗手比旗號令

認旗手比旗號令

角旗手比旗號令

醫生考醫　家丁一名不考

醫獸考醫　家丁一名不考

火藥匠凡考各放火箭九枝火線三條大將軍等

砲裝放法則

號銃手比銃號令

巡視藍旗比各武藝一件巡視號令

隨營擺塘夜不收比弓矢仍各比武藝一件

以射為主

將官中軍千把總

書記比射不知者比武藝一件

軍牢伴當比武藝一件能射者聽

百總執認旗軍問旗號令

此趂等射手不可以尋常待也射得不遠而平開硬弓發重箭能中者二等也射得遠而不平箭輕弓軟多中者三等也倭虜之箭射皆不遠蓋箭重故也箭重故中人不可當聽主將立藍旗一面是調射手的旗號各箭手官軍攢隊把以八十步為止步弓以五尺為準每一千立把四面每會五名照把唱名以射

凡把材把衣步弓俱各馬兵千總做每總大小把四箇俱用布畫人于上用木桿二根縫邊以繩四角釘之

以便帶行高七尺如人騎馬狀也濶二尺

凡射箭立身大架搭箭要快眼專視賊前手主定後手加力前手把弓如月出箭穩疾者為上等其有灣腰騎馬等射已精熟者不必改習所謂失邯鄲之故步也射尚生者務使改從大架射

第三校火器俟射畢打箭過將把子再移二十步聽豎紅旗是調銃的旗虎蹲砲佛狼機鳥銃快鎗火箭俱集中軍聽候

凡鳥銃快鎗手但點過先看銃口大小平日各該管將領曾否將銃通行選較以銃口相同者各為一旗曾否置合口鉛子模範一箇曾否鑄出鉛子磨光逐箇稱驗是否正合各銃之口流入稍澁用搠杖送下乃為合格庶打出有力而正搠杖以堅直為式火門以小為式火繩以乾為式火藥以爆細性急為式火線點放一二根看其緩急長短務合前式藥管以銃之大小裝藥不多不少為式什物線藥錫鱉鉛子袋逐

一查驗合式大銃不用藥管用小升一箇上刻幾升為一銃

凡銃把必以百步為準每把六人為一班鳴鑼一聲一人舉放大銃以長聲喇叭一聲舉放一位大銃每人以三發為止鳥銃快鎗每人以六發為止報名下籌俱照射箭例

凡鳥銃手須眼看兩照星銃去不動手不轉頭又中多者為上打放如式而中少者次之轉頭搖手雖中而

在下等放完一班第一銃又裝畢再放為快
凡邉銃令當俱令一手拏在銃前銃身夾在腋窩之内不轉頭不揺前手又中者為上轉頭揺手雖中不取一班放畢照鳥銃手又裝起為快
凡佛狼機每座提銃九箇三人中以一人定銃管放以二人裝提銃運送平時學習只用三箇提銃點過一架先看母銃腹内是否光圓勻淨子銃口週圍牙肩是否齊整子母二銃合入是否嚴謹鉛子是否亦合

子銃口一半火藥袋内藥是否分兩火線是否長短合式鎚剪是否鋒利鏇送堪否架機條高條下條左右是否活便乃看裝藥安位下子是否如活一架連放三次提銃裝運速而如式者為上等又中者超格另論
凡虎蹲砲先看砲身次看藥須細迅藥線燃之是否疾躍鎚剪是否鋒利藥升有無大小袋藥稱足分兩火繩是否乾緊送子木鏇是否堅固大石鉛子是否合口一半木馬子是否鬆下平口小鉛鐵子有無足數次看裝法是否合式藥至某處木馬至某處子土至某處必一一合式乃令舉放必高下正合遠近安置不致跳躍又能中把為超等
第四校圓牌北方無藤以柳木加革代之每人長腰刀一把北方戰馬疾速又有盔甲不必用標鎗聽放砲一箇中軍豎起黑旗是集牌手的旗各牌手俱集中軍伺候習時二人一排務要遮得身過為妙先于界

河插棍四枝粗五分高可二尺以上者約與二人濶狹相等聽各人使牌上前專砍樹枝砍空者以下等行罰此即馬脚也臨陣時以牌向頭上藥架遮當敵箭只是低頭下砍馬脚原有退步使法今不必學試牌木棍各牌手自備每人一次一根
第五校腰刀敵專用刀我兵亦用刀手力不殊刀之長短相似而又頑鈍不敵夫短不接長自是定論況我軍力不壯于敵必須比他長了一寸乃有一寸便益

便砍不着他身上必先砍着他馬頭今除箭手另給腰刀銃手特給長刀外凡豎立白旗是集刀手的旗各馬步軍長短刀手俱集中軍聽候每馬兵一旗預備長短棍二根一根長七尺一根長三尺五寸短棍在前長棍在後相去二尺馬軍各馳馬步軍各趨砲向棍來馬軍用分鬃箭射長棍三矢馳上先砍短棍一刀如馬頭次砍長棍頂頭一刀如虜人步軍長刀俱聽令如原習倭刀進法向前低頭下砍短棍根一

刀如馬腿轉身上砍長棍一刀如馬頭中式者賞違式者登簿三次不中者比較落馬及生疎者通行責治

第六校刀棍正所以比敵馬討一寸便益之物也俱用大棍教師之法一打一戳乃為正餘皆花法也只專刺馬腹人喉馬眼人面聽中軍豎紅高招刀棍手俱集中軍聽候亦照前備二項木棍聽擂鼓騎馬飛馳向短棍戳一下即戳馬眼馬腹也次將長棍戳一下即戳賊喉面也先將鍋炭染黑或以灰刷白中者為上務要戳入重拔出速不然不得戳第二下也

第七校大棒聽中軍立起藍高招各棍手俱集聽候每隊備短枝一根長一尺長枝一根長四尺稟安訖兵以六人為列聽擂鼓飛砲向前一齊打去先打短棍一下如打馬脚同又高打長棍一下如打馬頭同賞罰例與刀棍同

第八校大鈀聽中軍豎起黑高招各鈀手集候盖倭人

無長鈀我今器械件件長過他的鈀法一打一戳只戳馬眼人眼人喉即以棍手所用高棍立起飛身向前一戳短棍頭如馬眼一戳長棍頭人人喉中者為上其平日學使依教師鈀法有進無退

以上射箭打銃有定數外其比鈀棍刀鎗牌手俱以二次為準凡係大比其進退坐作俱用臨陣金鼓號令以習之及至操演營伍則舉動即合號令而已熟矣此第一不可廢者

第九校戰隊凡各武藝比完通將各旗先行挨次列定
掌擺隊伍喇叭先鳥銃手為第一層一字列定次快
鎗手為第二層列定次火箭手為第三層列定次射
手為第四層列定次大棒手各為第五層列定打鑼
坐息吹哱囉起身照常操號頭鳥銃照令分番打把
畢火箭手照把子放火箭每人三枝畢射手照把子
一齊射各三矢畢摔鈸鳴收了火器執起殺氣快鎗
倒用照號令一齊向把子以鴛鴦陣銜向前去至把

而止聽金鳴退回原札地方立定候照常收營號令
各旗領各藝回各營
第十校吶喊所以壯軍威有不齊者巡視旗牌來治以
軍法
第十一校摩旗隨鼓緊慢行如摩旗之時兩手托開陰
陽拏住高舉伏身轉腰繞頭一遭方繞豎起
第十二校打鼓夫打鼓之勢用竪木為鉅起遲下速兩
手高舉過額而着鼓沉重則聲齊且遠

第十三察遺失凡火器裝藥竹筒火繩火線匙鉅刀剪
油單火藥一有不全入場忘記懸帶隨身及藥不乾
燥各不如法隊長同罰本犯加治
第十四稽損廢凡隨帶百樣軍火器械隨壞隨治如力
不能私製者即明稟各總轉報處置給用
第十五收火器每放過即行洗晒陰雨後初晴之日即
晒一次平日收架務要如法不許濕損如收架不如
法不行晒晾致有濕壞者本役軍法重處旗隊連坐

乃罰賠償
第十六小比較不用旗招不聚軍兵或臺上自行喚其
營某項或分投委官赴各營内
一鳥銃手把子仍一百步二人一隊鳴鑼一聲放一
門每六名放過又裝完又放則合式矣其取法已
在大比較内茲不重開
一鳥銃本為利器臨陣第一倚賴者也夫何各軍兵
不思倚賴之重其在操内并臨陣人衆齊發煙火

障蔽非一目可視一手可指俱不平執銃身貼腮面對照星放打却垂手抵執與快鎗一同此則何貴于鳥銃況名為鳥銃謂其能擊飛鳥以其着准多中也如此打去勢不由人不知所向安得中賊況求之可中乎查得各隊長只管四銃又分兩層每層二銃舉目可見稍有差謬舉手可持相應責成以後凡放鳥銃快鎗隊總即隨銃手監看若仍前垂手放鳥銃不貼腮面對照者及鳥快等銃或不點放或對火門火線朝天放向地放者許隊

長平時或摘牌或取藥筒或取帽務獲隨軍輕便什物一件為証隨操畢送處如遇真操臨陣或割耳或割鬚髮即送本營斬首示衆該隊長免其連坐如互相容隱閱操查出定將隊長一體連坐臨陣隊長與軍同斬

一快鎗

一佛狼機

一虎蹲砲以上火器弓矢俱載大比較條內不拘大小比俱同今不重開

一火箭車先數火箭看堪否抽放三枝次看車是否堅固有無損壞箭架藥槽聯線逐一合式然後一架一架面看裝入將各把湊成五丈濶如賊擁衆之勢于六十步立定舉放

一大將軍先看子母合口次看鐵門堅狀郎頭送子查堪木馬試合平口藥線放一條要迅速長短合格藥袋斤數相同子藥什物不欠先看裝置如法

照火箭打把

以上火箭車大將軍車大小比較俱不調集每防間試比較一次足矣

一放火箭先看火箭如法以安置火箭于鉋上執弩正直準放雖放出高下勢不由我只不回頭不搖手知以前手主定以後手高下之即合式也

一藤木牌二人一排先自跳舞能遮身嚴密活利者

為合式舞過即用長鎗手對戳鎗到不慌忙不先
動鎗一戳即隨鎗而進鎗頭縮後則又止進時步
步防鎗不必防人牌向鎗遮刀向人砍只至鎗手
之身為上等舞生而對熟者為中等舞熟而對生
者為下等鎗到先動慌忙者膽小之故其人不可
用牌力亂使不知防鎗者為下下等
一鋭鈀共用二人一排平使致柄顫者乃有力也舞
熟而緊疾者為上等舞畢即以長鎗對之大都短

不接長鎗十戳九入第鎗誘不動執鈀有勢進鎗
時步步以鈀頭照管鎗頭一擊一戳而入者為上
等鎗來手動身揺進鎗不知隄防騎鎗而入者為
下等其舞敵生熟等第一照藤牌擬之
一倭刀共二人一排舞路既多疾速為上等次以木
刀對砍舉落疾速不使人乘隙得犯為上等其等
第照藤牌擬之
一長鎗共二人一班舞過柄顫手熟者為上等二人

相對分鎗即進者為上等若鎗分不知進歇鎗等
他入者為下等生熟例一照藤牌擬之
一大棒二人對打打下聲重有力不做等候相待之
套打合拍位下下壓着他棍而入者又路多者為
上等打無力而熟者與有力而生者為中等力怯
打遲緩舉待敵者為下下等
第十七練心力凡人之血氣用則堅怠則脆勞其筋骨
餓其體膚大人且然況兵乎不宜過于太甚是謂練

心之力也
第十八練手力凡平時各兵所用器械輕重分兩當重
于交鋒時所用之器蓋重者既熟則臨陣用輕者自
然手捷不為器所欺矣是謂練手之力也
第十九練足力凡平時各兵須學趨跑一氣跑得一里
不氣喘才好如古人足囊以沙漸漸加之臨敵去沙
自然輕便是謂練足之力也
第二十練身力凡平時習戰人必重甲荷以重物勉强

加之庶臨陣身輕進退自速是謂練身之力也

練兵實紀卷四

欽定四庫全書

練兵實紀卷五

明 戚繼光 撰

練營陣第五 計一十八條

第一操馬兵以一營為例一營者一將官所統也凡入場自稟放升帳砲以後至稟掌號下營止照練耳目條內舉行此只從舉變令砲起掌哱囉一通各起身披執人吹哱囉一通上馬本營看大中軍旗立起是

何色便是何營聽候向何方點該營亦向本方點乃點鼓本營下兵馬依營旗所向架梁馬先報前途險隘一路行營左部當先為前路中軍繼之中部為中路右部為後路每旗三隊六馬並行作一路圍繞教場行至原起處轉角舉變令砲一聲俱立定打鑼各下馬再打鑼各坐息中軍稟稱兵已過險前途平曠變三路行營中軍豎旗三桿舉變令砲一聲大衆聞砲響即舉首看藍白黃旗三面豎起吹哱囉一通俱

立起再吹俱上馬舉變令砲一聲聽吹擺隊伍喇叭即變三路左部立定候中部趨至中路右部趨至右路中路與左右二路相去空各三十步點鼓前行又行週一遍約至教塲中塘馬執小黄旗旋馬中軍舉變令砲一聲吹擺隊伍喇叭則左右二部即為外圍中部左右二總前後各收進中間分開即為子營標下人員兩行列於中軍再吹单擺開喇叭每一小隊連人脚中分横去各一丈營定鳴金邊發旗立表表

有内外不同臨時口定旗行打鑼俱下馬外圍兵將馬退入隊後仍照鴛鴦陣二馬一列聯絡拴拌如式務要隊伍分明兵俱趨出馬前立成鴛鴦陣勢鳴鑼坐定一面將拒馬列如式虎蹲砲安各旗空前去人一丈候賊在一百步外舉砲一聲吹哱囉起身子圍馬軍上馬再吹哱囉賊至一百步内掌天鵞聲喇叭一遍外圍步戰之兵第一層鎗銃手舉放一次又吹天鵞聲一遍第二層鎗銃手舉放一次但每大操鎗

銃手因其人衆難查多失故態全不照比較時打把之勢却只以一隻手執向上以一手點火於門不平不中是將火器盡置無用安能中賊而奪魄耶今須務破此病賊至亦如官府单名比較一般不許单點向天放去亦不許向地倒放出口不遠凡望煙圈内上即是向天放者煙向地衝起土色即是向下放者俱拏出重治且問你放銃的人有何巧計入將煙圈同你作弊乎又吹天鵞聲一次第三層鎲鈀手就於

鈀上架放火箭不拘幾枝畢放虎蹲砲又吹天鵞聲一次第四層五層俱出將殺器放在地與隊總俱射箭賊至三十步以裏摔鈸疾響止各兵收了長器俱執起短兵擺鴛鴦陣鈀居第一層刀棍居第二層大棒居第三層快鎗居第四層倒用木柄鳥銃居第五層用長刀俱候廝殺子層馬兵亦聽點鼓出在步兵之後步兵聽點鼓整隊緩步向前聽擂鼓趨跑向敵吹喇叭天鵞聲一次吶喊一聲每一陣姑以三擂三

吹三喊三進於第三進之時將原擺鴛鴦陣一齊擁上不拘第幾行不許仍守次數不救前列其前列亦不要雜了本伍三擂三吹三喊之後長擂長喊持夾刀棍之兵只戳其人面馬腹大棒只打其馬頭只是不圖他活馬打他馬倒不慮賊不殺死也各兵只管打砍向上並不許割取首級只要打他一箇敗走步兵就於戰所立定中軍舉變令砲一聲點鼓中軍標旗急率原出馬兵出步兵之前吹擺開喇叭銃手又

出馬兵殺手之前即下馬舉砲但凡舉砲必用下馬放畢立定馬兵間空衝出再不下馬就於馬上射箭刀砍鎗戳全勝乃止銃手隨即裝銃列立以待凡馬兵衝陣必聽擂鼓吹天鵞聲一次吶喊一聲三擂三吹三喊三進一二進隊伍要清第一進馬兵擁為一列混戰金鳴鼓止聽摔鈸響各認各宗收小隊三隊前後長列又聽摔鈸響每一旗三隊六馬平列為一聚聽金鳴大吹打挨次先馬軍由中角三門回各到

信地吹打止聽鳴金三聲步兵退至一半賊做復來之狀鳴金二聲各兵即轉身口發虎聲向前立定賊又不敢逼來再鳴金三聲照前退至營邊信地仍前鳴金二聲各兵口發虎聲而止退法要鴛鴦陣明白將執把鋒芒俱向前照依原受教師所傳執使之勢人首人身俱向後舉步行時凡遇金二聲立定只回頭便是出鴛鴦陣矣此則執把俱在外人身俱在內簡捷至妙之法也再聽鳴鑼馬兵下馬步兵立起器

械再鳴鑼坐地休息少間又報賊如前又衝一門四門不許齊衝其過往上司看操不必单門輪衝只齊衝四門此套亦所不可廢者依令操畢聽舉砲一聲擂鼓中軍竪磨黄旗開營門一面先差旗牌官四員每門一員數放軍馬待官到各營門舉變令砲一聲擂鼓各營火兵通出樵汲完再竪黄招黑旗磨動夫黄招則司中部黑旗屬水則應飲水又擂鼓中一部馬兵出營飲水中軍雜流同去掌號收回旗招仆又

竪藍旗黑旗磨動擂鼓左一部馬兵出營飲水掌號收回旗仆又竪白旗黑旗磨動又擂鼓右一部馬兵出營飲水掌號收回旗仆每飲馬約定去水遠近定以放出收入時候飲水馬收完再磨黄旗掌號收樵汲人進營吹打閉營門各差出官回中軍報稱數出收入軍馬名疋放起火三枝各軍炊火務要安鍋條應午時真正煮飯一面掌號笛聽發放各頭目到中軍齊金鳴笛止不必又用臺上大發放擬定舊話就

將戰陣行過得失是否應改應正應遵應習事情與此後應作何舉動軍令逐一發放凡已前戰陣合格違令者通於此時賞勸發落若又欲更變何項號令俱曉諭明白散歸聽候乃稟傳鑼解甲鑼由營面週行鳴過俱解甲傳飡畢又差中軍官赴將臺稟稱收營回地方請鈞旨訖放開營砲三箇先掌一號穿盔甲裝束掌二號各軍收拾執把吹哱囉起身又吹哱囉上馬捧鈸響收各方旗招其兵馬每一旗為一聚

舉變令砲一聲點鼓立中黄右白左藍大旗三面向前點喇叭吹擺隊伍人馬調哨為三路金鳴鼓止放開營砲三聲吹喇叭天鵞聲吶喊三次聽大吹打回營金鳴吹打止各照教場未下營之前立過地方打鑼一次下馬再打鑼一次坐地休息將官赴大臺上回稱操畢另聽比較軍務以上如仍下車馬營則馬兵先下營畤至攻打畢即收營其樵採飲馬發放等項俱於車馬合營內行也此不重舉

第二操步兵以一營為例一營者一將官所統也凡入塲自稟放升帳砲以後至稟掌號下營止照練耳目條内舉行此只從舉變令砲一聲起就掌哱囉一通各起身本營看大中軍旗立起是何色便是何營聽候向何方點亦向本方點依營旗所向三部取齊每路一旗三隊頭平行三部為三路平行中軍在中行至教塲中道聽舉變令砲一聲吹轉身喇叭轉身向上鳴鑼各於脚下坐定休息塘馬舉旗知有賊至舉

變令砲一聲各立起吹擺隊伍喇叭點皷一字擺列中部居中左部居左右部居右每部一司在前二司在後為二疊旗皷居中鳴金皷止又吹嗽叭単擺開每一隊為一行每隊相去各連八脚中分各一丈金鳴喇叭止打鑼坐息賊在一百步内聽舉變令砲一聲吹哱囉一通起立吹天鵞聲喇叭第一層鳥銃舉放再吹天鵞聲第二層快鎗舉放着準打賊禁約之法亦照騎兵但每云云等句號令例行之再吹天鵞

聲喇叭鈀手出前用鈀架火箭點放再吹天鵞聲喇叭鎗棍手與隊長前出射箭賊至三十步摔鈸急響收放弓矢等器悉列為鴛鴦陣藤牌在前為第一層狼筅為第二層鈀為第三層快鎗為第四層即將鎗柄倒充棒用鳥銃為第五層改用長刀短兵相接三擂三吹三喊三進第三進不拘鴛鴦陣盡數擁擠上前血戰只以敗賊為功不許取首級賊敗鳴金止摔鈸響收成一旗一隊再摔鈸響分成小隊鳴金三下

退回戰地約有一半又扮賊追回之狀鳴金二聲各轉身向前口發虎聲立定如賊果追上照前戰殺如賊不追來仍鳴金三下再退至營前再鳴金二下又轉身向前口發虎聲立定再鳴金徑退入原營壘内聽鳴鑼坐定休息稟稱賊已敗遁請軍令下方營舉變令砲一聲鳴金邊發立表旗點皷吹擺隊伍喇叭各兵照旗色分地方擡成方營四門應銜之例俱照馬兵施行中軍竪黄旗擂皷發兵樵汲有馬者即出

飲馬本營先差官四門數兵出入以至回話俱照馬兵例行出完什旗中軍掌號笛聽發放各官旗到中軍齊劄止不必又用臺上大發放擬定舊話就將戰陣行過得失是否應改應正應遵應習事情與此後應作何舉動軍令逐一發放凡以前戰陣合格違令者通於此時賞勸發落若又欲更變何項號令俱曉諭明白散歸聽候仍掌號一遍收樵汲兵完吹打閉營門放起火一枝營中舉火傳鑼解甲畢間或照出

征實做飯吃畢稟收營中軍舉變令砲一聲吹哱囉一通各起立捧鈸響收隊每旗為一聚中軍原發旗招收了方營仍變為二疊立定放開營砲三箇喇叭吹天鵞聲吶喊三次中軍大吹打一路行回各信地劄定

第三廣行營如二營行則左營先變三路在前右營變三路在後如三營行加中營在中四營行則前營變三路在前之左左營變三路在前之後右營變三路

在右之前後營變三路在右之後大中軍居中五營行則前左右後四營俱照四營行例惟中營獨行於中大中軍又在中營之中下營之法已寓其中每添一營加放分營砲一箇起火一枝領隊大旗一面再加一枝再做此增所謂多多益辦也

第四廣下營如二枝合營則以各左右二部共四部為外圍以各中部為子圍自前門平分又如三枝合營則以二營俱為外營一營為子營四枝合營則以各

左右部為外營各中部為子營中軍各居中四角大中軍居中每營皆自正面中分各得一角兩半面五枝合營外四營各左右部各分一面為外營一層各中軍居各營角內一枝為子營計共三層各中軍居各營角內中營與大中軍俱居中合為一萬五千之營謂之一小成也再添幾枝照此加增所謂多多益辦也大而十營五營小而一局一宗以至一伍五人一隅二人平時則在教場急時則在對壘學戰實戰

皆照此以為攻擊進止一字不易

第五謹驚馬遇放砲等項若各官軍馬匹不行拴等有亂營跑走者治本軍並看馬人役之罪

第六操車馬平日先將推車生兵車正舵工將車推運上下山坂行使熟利要兩車合推再兩車前後聯推務熟一面立佛狼機教師每車取一架使佛狼機手習放務熟一立鳥銃教師習鳥銃務熟一面做無面鏃小火箭立教師火箭手務習熟然後將各兵派入

車劄於教塲東西聽舉變令砲一聲掌哱囉一遍裝
車務要齊肅快便擺列齊整再吹哱囉車正上車各
兵俱依車聽舉變令砲一聲點鼓望旗向何方點車
正將旗亦向彼處照練耳目内旗鼓例行每營以
前門正廂車俱平列如堵左右廂車各廂向外俟每
車轉正則旗直立向車之前點鼓一聲走十步務要
車車頭尾相接一丈之隙不可留行至前面金鳴鼓
止舉變令砲一聲吹轉身喇叭望旗向賊點車旗亦

點車轉向賊金鳴鼓止立定看塘報旋馬望旗向賊
高舉點鼓務要從容向賊直行至六十步賊以零騎
數十衝至車前以來我且攢鳥俱靜守不可應又益
賊百數前來我且攢鳥銃每車照準一賊打放只用
口傳不用砲鼓喇叭等號令若賊擁衆而來望旗向
賊磨下坐車上旗急點舉變令砲一聲吹天鵞聲一
次隨車銃手每車四人作二班每班二門齊打一次
又吹天鵞聲又打放輪打不絕候放起火一枝又吹

天鵞聲一次火箭放無數佛狼機一齊舉放鳥快等
少停又吹天鵞聲一次仍前放銃與機箭相輪迴而
復始務使砲聲分番絡繹不絕乃為合彀且行且戰
賊敗再舉變令砲一聲點鼓再行塘報稟稱前途平
坦賊勢衆大或稱天晚路長稟下方營舉變令砲一
聲豎起四方中大旗五面大招五面鳴金發旗立表
俟旗行吹擺隊伍喇叭車皆挨次魚貫劄方營營定
鳴金喇叭止鳴鑼車正下車再鳴鑼坐息賊至五六

十步中軍舉變令砲一聲吹哱囉各兵起立再吹哱
囉各車正上車各兵整軍火器又舉變令砲一聲吹
天鵞聲一次車兵打銃放火箭等項俱照行營例賊
至車前不退方用火箭車大將軍車預為推向各營
面左右此時聽中軍主將號令傳示舉放賊仍作不
回之狀勢將衝入再舉變令砲一聲點鼓出奇兵由
車門出戰每車一隊每隊約自人脚外邊起相去一
大步約五尺餘除隊長為四層金鳴鼓止聽舉變令

砲一聲吹天鵞聲喇叭一次第一層銃打放吹天鵞聲喇叭二次第二層銃打放吹天鵞聲喇叭三次鈀手放火箭兼射手者射箭賊將近身摔鈸響整隊藤牌在前隊長在牌之内次鈀手次長鎗手次鳥銃手改用長刀列成鴛鴦隊伍點鼓前行交鋒三擂三吹三喊三進於第三進盡數向前一擁厮殺賊敗鼓止摔鈸響收整隊伍鳴金三聲器向前身面向後退步約有一半路鳴金二下各轉頭執器口發虎聲立定

又聽鳴金又退至車前仍聽鳴金二聲如前轉頭執器口發虎聲立定云云照馬兵内步戰退回例行再聽鳴金退入車坐息稟發樵汲舉變令砲一聲豎黄旗擂鼓發樵汲各門發官數軍以至回報驗放出入軍數俱照馬兵例行又豎黄招舉黒旗盡放馬騾飲水俱照騎兵例一面掌號笛聚官旗聽發放到齊笛止發放如旗兵内不必又用大臺上發放話頭云云大吹打各回信地聽舉變令砲一聲掌號磨旗收樵汲飲水軍馬依法收回大吹打閉營門起火炊煮傳鑼解甲食畢稟收營回地方舉變令砲一聲吹哱囉一次起身再吹哱囉車正上車摔鈸響收隊再摔鈸響收回旗職又舉變令砲一聲吹天鵞聲三吶喊三點鼓吹擺隊伍喇叭仍舊收回行營放開營砲三聲大吹打由舊路回信地候車尾收至中軍候報賊有伏起仍照行營衝打一陣畢稟稱敵賊盡敗四面無警營歸信地大吹打回營候畢金鳴吹打止鳴鑼下

車又鳴鑼坐地休息凡車分合如一城分而為兩城兩城分而為四城號令俱同但聽放分營砲幾箇立旗幾面即如之如出白藍二旗放砲二箇變為二城夫城即營也一車營謂之一城即如一全城也以一車營分而為二左右二部各為一城每一城把總四員每總一面先左部左司向右手推出三十餘步止前司從右角起移就左司左尾合角向前一字平列右司自門起退向左而來接左前之角起推與左司

對後司徑退來前合左右二角為一城其左部左司
亦先向左推出三十餘步止前司從後角移就左司
前角合角向前一字平列右司自門起退至右面與
前司右角合角擺與左司對後司徑退來前合左右
二角為一城一時開合齊變不可先後
第七分車任凡車下出戰照圖具後一名緊在車頭之
下不許遠離前一名務要押駐隊頭不可離車五步
之外戰陣間一面厮殺一面顧隊伍不可亂營將只

在車內固守車城管放火器不領兵出戰千總領兵
出戰把總管車百總既管車城又領兵出戰車正專
管車內攻打隊長專領兵出戰在車內俱仍管車上
攻打載束五車責成條下此與彼一條並觀相濟
第八操車騎聽掌號一遍少間中軍官稟稱聲息尚遠
前路且窄一路發兵行營請鈞旨舉變令砲一聲吹
哼囉各兵起身又吹哼囉馬兵上馬車兵附車中軍
旗鼓列出舉變令砲一聲點鼓中軍旗鼓由中道趨
前馬兵照配到車輛馳入車內鼓止放砲一箇再點
鼓兩列車營前面各合門為行營係有正偏廂者以
一乘正行一乘倒行兩車尾相合兩廂向外係廂廂
者車頭俱向前行有仍負補空之具者俱行於車內
配車馬兵左部在前而把總兵分為左右每一旗配
軍二乘一旗總與二車正配定中部在中按左部之
後兩把總亦照左部例配車右部在中部之後兩把
總亦照左部例配車空中路其車兵將官當車之頭

居中行後接主將旗鼓主將旗鼓接車將後尾望竿
將臺粮座等車行於主將道之中主將行於將臺
車前主將從人接騎兵將官之前騎兵將官接主將
從者之後至車尾止務要行動如聯若過於延長彼
此不互相斂湊車車不能包裹差悞不小人人用心
記省臨時攢湊乃可行列既清聽舉變令砲一聲吹
轉身喇叭一次望旗向上車馬俱轉身向上點鼓前
行俟車行近將臺下約留車騎轉身之地舉變令砲

一聲如向左行則行者之右角車頭少止吹轉身喇叭望旗先向左指右廂車先轉身左廂車亦轉身行至頭平點鼓齊行至教場左盡頭照前留轉車之地又舉變令砲一聲立定吹轉身喇叭看望旗先向前指右廂車先轉身左廂車亦轉身俟行至平頭又聽點鼓行至前面舉變令砲一聲仍留轉身之地吹轉身喇叭望旗先向右指右廂車先轉身左廂車亦轉身行至平頭又聽點鼓右行至教場中道訖舉變令

砲一聲吹轉身喇叭望旗先向上點直行至教場中半賊馬先伏倏然突起不及報警就於車門舉變令砲一聲打鑼下馬各整軍器照操車號令馬車兵一體輪班且行且打但不出步騎之兵賊退休息差中軍官馳馬到臺下稟伏賊敗退敵勢益衆徑衝我軍而來地勢平曠下方營對敵請軍令舉變令砲一聲鳴金發旗立表俟旗出吹擺隊伍喇叭望旗直立車推向中以中為門左部前司前局二車右部前司前

局二車相合係有偏正廂者俱頭向外仍俟各司第二輛車各合本廂務須每百總四車為二對如車頭不轉則兩部頭車皆差錯矣係獨廂者只以頭相接擺營之際要速完而齊有箇便宜妙法只是一車定又合一車且速且整如諸軍一時合來必致稀密不均凡不均者須儘上手之車一角合起不論已合未合者皆湊動一適一車移則一面之車皆移合營畢有填空之具者即塞完車兵附車馬兵仍分三部照

馬兵營分外子為二層不必論原配車去車兵約丈餘地劄隊伍所留空地即如城下馬路一樣中部兵在中一司居左二司居右前後首尾相接是為子營子營內近後園為車騎二將雜流家丁居之大將軍神箭鼓座等車列於馬兵中部之內為將垣望竿居將臺之左將臺居中鳴金喇叭止鳴鑼各馬兵下馬車兵下車又鳴鑼坐地休息馬兵每旗總一名隊總三名共管虎蹲砲一位騎將撥每門旗牌一員家丁

一隊守門或餘兵亦可車將亦撥每門旗牌一員護
車該管百總守門一面各人收拾軍火器又俟四門
探馬一齊報賊已近三百步望旗四面繞轉向上聽
舉變令砲一聲聽吹哱囉馬兵下馬者整火器備更
番車兵照責任再吹哱囉中部馬兵上馬車正上車
營將抵車城之下賊至一百步之內望旗平磨四繞
不止舉變令砲一聲吹天鵞聲喇叭一次車兵鳥銃
放一次再吹又放一次又吹馬兵各第一伍銃手放

一次又吹又放一次放完放起火一枝火箭齊放無
次又吹佛狼機齊放一次又吹仍輪鳥銃放過仍又
輪機箭如此週而復始更番不歇若一日賊不退便
輪放一日不歇鳥銃快鎗手速裝專聽吹喇叭便放
一次以助大銃之遲也如打賊不退賊已逼車用虎
蹲砲齊放塘馬又扮作進攻之狀逼近乃放大將軍
火箭車其大將軍火箭車初報警即時運在四門等
候此待賊聚衆逼營別項火器打禦不退臨時聽主

將相機有令放故無令不放不在常令之內望旗向
下垂繞金鳴銃止點鼓外圍下馬戰兵由各車小門
出中軍亦點鼓車內奇兵隨其後為二層策應子營
馬兵即點鼓即隨步之後接踵而出照依車騎各常
操號令用鴛鴦陣對敵任是如何厮殺步兵不可去
車三十步之外車內噴筒火箭此時俱出車驚燒其
馬俟賊敗走舉變令砲一聲馬陣高招急點即點鼓
馬兵由步兵隊空内出前追賊如操馬兵戰法收回

同其車馬步下殺手照单操號令收回聽鳴鑼下馬
下車再鳴鑼坐地休息此以後其樵汲發放解甲收
營回兵俱照車馬常操號令俟操畢營中差中軍稟
請軍令收營聽舉變令砲一聲吹哱囉起身再吹哱
囉馬兵上馬車正上車步兵器械立齊摔鈸鳴馬步
兵收隊旗招俱回中軍放開營砲三箇吹天鵞聲喇
叭吶喊三聲大吹打車騎仍調為行營以車頭向原
信地而行俟車尾將至中軍候報賊有伏起一照操

車營例行俱到原列地方金鳴止馬兵出車仍還馬兵信地鳴鑼下馬下車再鳴鑼坐息聽比較其下營時如要分營俱如操車兵例同馬兵各照配過車數隨車分行下方營時地方小馬兵不用子營

第九正車誤夫四面操車將來悞人殆甚蓋操熟中軍一令四面齊舉倘賊止一面而來或一面已近應該舉放銃矢步數一面尚遠或有車營相對或本營因地環曲每每一齊打放俱傷我軍平時如此臨敵可

知費耗火器難以相繼今以四面每面各只聽本面號令本面千把總看中軍所立旗是何方色相同本面即應作戰如無本方旗者不許應敵不拘機司幾營但立向一面者即聽該一面號令行

第十明用騎凡馬兵出戰不過習之使熟其實臨時輕易出不得賊衆臨車豈可放馬兵追逐無是法也顧在相機用之未可執方用藥

第十一稽差遣凡塲操之日叅遊以上各置紅油小圓木牌十面自收遇擱後馬與立表之後若大小將領差人出入須稟各哨將給牌驗放如無牌即係私出與後期者都弩送處治在行營對壘之時出入須憑令箭旗號

第十二正等威凡散操各哨自中軍以上一體擺列隨從人役旗皷頭踏威儀各隨本營騎乘至中路散出不許候送主將

第十三練行伍凡騎兵雖不離所配之軍但又常將馬

路分明毋雜車上諸手以便緩急射打其應下馬步戰者又要依令出速無滯為妙

第十四稱地形凡遇地勢狹窄各隨地制宜如地可容若干車為一城大大小小多多寡寡長長短短曲直偏灣只以地方為準並不相拘

第十五置衝車每營别當有单輪小戰車數十輛平分於前後行則備補空止則列於車城之内為子營以衛中軍賊至則馳出車城之外專備衝鋒

第十六操輜營平日照依戰車營束伍已定即將各軍逐車學習稍成將車平時量載土石亦約千斤以上之物臨時則用完全輜重之屬先於教場分與地方兩行並列車正上車騾兵執騾狼機手管狼機騎兵附車之內聽本營亦照戰車馬步搭配車正旗總認訖舉變令砲一聲掌哱囉一遍點鼓只有兩路分行相去不過十五丈但容得馬兵一路而已行至路盡再聽舉變令砲一聲鼓止聽吹轉身喇叭轉身點鼓

行至場中舉變令砲一聲吹轉身喇叭點鼓向上行至劄營地方舉變令砲一聲鳴金發旗立表候旗行吹擺隊伍喇叭就劄方營如遇警不及或地勢不便就將兩路車合了門不拘幾輛寬窄若干丈步就隨方隨圓隨地為營將車聯齊急收騾在車內各車廂俱向外舉變令砲一聲打鑼馬兵下馬步兵整隊營定有賊之方約賊至百步內舉變令砲一聲吹天鵞聲放砲一次再吹再放每隊砲手一對為一層每天鵞一聲放一層放盡約賊至六十步上下狼機大砲火箭一齊舉放將鳥快鎗銃裝完又輪放過又裝務使砲聲不絕即終日達夜不止乃為萬全賊至二十步內奇兵聽放砲一箇點鼓整隊速由車下出戰戰法俱照車營例行步戰行伍號令賊敗退收回亦如之賊遠聽打鑼下馬整隊鑼再鳴坐地休息其發放以下稟行營下營又自賊近起以至樵汲飲騾閉營解甲炊煮守夜傳更等項前後通如戰車大營法例

第十七分輜責該營車大負重每行必在戰車馬步營之後而敵勢重大散漫百數里必有攻圍之虞尤當嚴備戰禦惟以自保為主不責力戰不責首級賊自不若索敵只是輜重無失便為奇兵

第十八馬輜合營一照車騎合操例

練兵實紀卷五

欽定四庫全書

子部

練兵實紀卷六至九

詳校官御史臣莫瞻菉

總校官候補中允臣王燕緒
校對官中書臣毛上炱
謄録監生臣陳圖泰

欽定四庫全書

練兵實紀卷六

明　戚繼光　撰

練營陣第六　行營計一十八條

第一練啓行將領自己并家丁與各兵士行李什物軍火器具時時備辦如將行狀聽主將示以出行之期至期主將轅門前掌頭號喇叭各將門首俱掌頭號各官軍做飯喫騎兵將官預夜先將塘馬探馬架梁

馬派定于未掌號之先預行喫飯收拾停當候掌頭號俱到騎將門首取齊依令前去哨探架梁掌二號各官軍出在空地劄營將完掌三號主將出至劄營所在以下馬為始分投委官數兵攔後馬于總路專拏後期者拏有後期之人送發落無故而遲者細打一百割耳有故者令從征有功免無功仍補細打各偏裨俱聽號旗麾招到主將前會約今日所行向往賊情緩急分路事宜畢打鑼坐息少頃掌號一通吹

哱囉站起再吹哱囉車正上車馬兵上馬放砲三箇
吶喊三聲用八方門角旗一副立四門于前從吉方
點鼓發行照塲操三路行營例每十里少止整齊一
次但遇窄處探馬報前去路窄中軍鳴金站定作報
聲息在三十里之狀請兵過險報訖先發騎兵中部
幷家丁以健將一員帶領馳前險隘高處又所出山
口架梁訖放變令砲一箇點某色旗某營左右部門
車先行出口畢次左廂車各一對行配到馬兵一旗

從之次右廂車一對行配到馬兵一旗從之又左廂
車一對行如此左右挨行但出險丈餘地即依行營
挨劄向前續留後到車地方過盡營定金鳴止鳴鑼
坐息但遇車不得方軌之地便少止候探明賊情乃
過但每過險必劄長營大平時劄方營必無徑行之
理候探馬報前途路寬約路約車作幾路行但聽舉
變令砲一聲吹哱囉起身再吹哱囉上車上馬又舉
變令砲一聲豎某營旗幾面放分營砲幾箇即為幾

路點鼓行又至險仍鳴金營止前後輳密照前號令
凡過險隘必擇好將一員嚴督後車專管營尾馬兵
恃車為險而車借馬兵為前後拒此專為臨敵行營
而言平日須照此演過若賊在百里之外長驅追賊
遠近勢殊俱單車馬相配徑行不必防險不用下營
必去賊六十里乃爾又照馬上臨陣踏鐙與時常不
同若稍短則站脚有力身且出人一頭此即一寸長
一寸强之意但行遠路又須鐙皮長則腿膝不致酸

疼合行立法仰各該營將領即便傳諭各馬軍將馬
上鐙皮俱隨人腿股長短各為三四眼一二眼稍長
以為常行遠路之用一二眼稍短相去長眼一二寸
許臨敵則聽鳴鑼下馬將鐙皮雀舌改移上眼庶得
便利

第二明行禁凡行營之時將官不許離營先行亦不許
在營尾後行軍馬不許錯亂行伍遇警之時應進應
止應下營俱聽在營主將號令各軍務要湊合主將

方才下營如聞報而千把總軍士自在尾後輒便下營及將官輒帶家丁離營假稱先鋒哨探者並將官一體俱以軍法從事各隊長在前領隊各旗總俱在後押隊凡路上行走不齊前後不分者俱旗總之責

第三清行伍途間行營演操隊伍行哨務要明白清肅但有紊亂隊伍攙前越後稀稠不一緊緩不同斷絕不湊者隊旗總重治連坐如例

第四遇卒警正行之間或失探報或遇埋伏倏然賊起

或在營前後或在營腰般舉變令砲一聲點鼓吹擺隊伍喇叭即于脚下兩路車頭相合隨地相聯若中間車湊得及則湊成一長營若湊不及便以斷處合為一頭一尾馬兵照車所止各依車在内賊至一照常操號令且于車内用火器敵打勿出馬步兵于車外須看賊勢多寡待我人心已定臨時相機發兵也戰畢鳴金止打鑼坐地休息候賊敗去再發塘馬探馬再照令行如賊雖倏起向在五里外者亦不下方營便用長營照常對敵此惟相敵緩急難以定方教授如平地土濶預知賊到仍列方營營成而戰東西南北隨賊所向餘號令俱同

第五請火器凡缺欠軍火器械之類須於出征前三日請給完足急行亦於前一日不許臨敵假稱放盡討索通以畏避論

第六定報事前哨差清道官役給與清道藍旗令旗凡遇大小事務俱要差人傳報中軍遇有應該迎候稟事人員及各處差來賫送緊急公文之人審寔差人

只送號旗下聽令自有人承報不許面于主將處回覆如有可疑之人送中軍研審各百總以上亦許將自己號旗立在信地以一人守定凡本官向往說與守旗人知屬下一應人等要來稟白公私事情只于號旗下尋守旗之人守旗之人即代為尋白本將該總候示其差人并所屬官軍不許離營以尋訪本將該總稟白為名違者通治以法

第七傳號令正行之間如有言語傳報應該明白曉諭者務為簡約一二句俱旗總傳聲一旗挨一旗不許越過或自前傳後或自後傳前傳到之處仍傳回云知道了挨傳到原發處止如有失接傳報者挨查到絶處上一旗總說傳過某語下旗總說不知則傳過之後不知之前一旗總不知者即係他悞了若因而悞事臨時軍法示衆

第八防解手凡行途有解手官軍下道之時該管隊内

即以一人在傍守之俟畢追趕入原伍遲三里不至者貫耳示衆

第九病軍馬遇有乏馬病兵不能前行登時稟到主將給與信票聽差人押送近地城廓府衛州縣營寨所堡廵司調理病者親識隊夥仍許留一人看待湯藥病者痊即遣赴本營該地方先具痊痾結狀申查如病痊而不赴軍行所在者以後期論若有死于行軍所者本隊伍掘墓瘞之仍立標記哨將率頭目以隨帶飲食奠之違者以故棄論事後再來取回

第十謹途遺凡軍行在路遺落器械什物見者許即收帶至止宿處送中軍招人認領失物得物之人照格賞罰隱匿不報者治罪亦不許私相交割

第十一渡水阻凡渡水處先遣哨馬百十各執小旗于四遠高處架梁不動先以一哨劄營于河岸據水然後依次以一哨照法渡之渡過一局一旗即劄成一局一旗之陣軍火器械整列完備火繩火器安置如

法即如賊在面前就要戰殺一般然後鳴鑼坐地休息等候一局過完劄成局營一司過完劄成司營一部過完劄成部營一營過完劄成大營則一營方行以後照此如塘馬倏然報警即不必渡各于兩岸候戰臨渡而喧爭渡而縱橫者平時綑打臨敵軍法從事連坐所管

第十二辨分兵分兵數道臨發時務要會定記號書辨旗幟夜辨音號

第十三過山林臨賊遇沮澤深林大山不可擅即暗過須據形勢一面收索一面禀覆中軍聽令再行

第十四逢怪異軍行見奇禽異獸神鬼怪物入營壘及捕獲者當時報主將不告而輙傳揚聚衆讙呼爭競者並治以軍法

第十五嚴哨法凡行營夜不收不親見賊瓜探不的風聞欺詐架梁塘報軍馬瞭報失真漏下伏賊因而悮事者登時斬傳調官軍遲延後期者罪減一等亦必

至死

第十六擬駐宿所至地方如係安野營另見野營欵下如當入人家安插各兵前行至城外空所前局第一旗總傳報云已到某處城外了箇箇旗總挨傳回來中軍傳云如何劄營仍挨傳到前局第一旗總仍傳回云知道了各官兵每一營為一路一字劄定每一營到齊放砲一箇打鑼坐定休息候到完吹單哼囉各隊總起身執旗進城尋討歇家每一隊務在一家安歇時刻不許相離别生事端互相覺察若一家難容即分間壁中有衙門士夫等家間者即間一段亦必挨去一隊完然後再歇一隊不許攙越如不隨本隊住者隊長與各兵以軍法治之一局在一街本局百長隨之一司在一隅本司把總隨之一部在一方本部千總隨之一營住處營將隨之本營各部不許相混本部各司不許相混本司各局不許相混本旗各隊不許相混將旗插在各家門上出城禀云歇家

討完然後吹雙哼囉起前聽放砲三箇吹喇叭吶喊三聲點鼓擡營入街市大小將領于各所管兵歇處街面露坐待各項官軍都到人家門首立定聽放砲一箇沿街傳鑼各軍俱進人家安歇大小將領放進人家即主將亦如之若未待尋歇家而軍敢先行及已到門首未奉軍令而先入者拏出綑打八十同伍之人連坐將官先入者以違令論其歇家一面尋討已定只是不入耳

第十七撥廵視軍馬行止宿食去處定委廵視官生旗手但有干犯軍令即便指揮呈報不許隱匿及因而需索詐騙者各依法究治

第十八治貿易軍行所至地方須用糧折工食白銀兩平交買寧讓毫釐使市人心悅不日諸貨益集物價自賤如有强買爭鬬及擅取人田園瓜果有主薪菜砍伐人樹木作踐人田産燒毁人房屋姦淫婦女偷盜財物犯必以軍法從事不貸

練兵實紀卷六

欽定四庫全書

練兵實紀卷七

明　戚繼光　撰

練營陣第七野營計二十九條

第一安野營軍行至午炊過再行時主將同前營營將并車步騎營將各遣中軍一員同前哨行至未時主將領前項各官同嚮導馳高熟視擇其地形或守平野或據險塞或進退便利之處牲畜水草方便形勢可觀者立中軍旗擂舉變令砲一聲發旗立表吹擺隊伍喇叭各營接號照表旗地方安營如教場操同營定金鳴喇叭止看塘馬夜不收四高瞭望無事將旗三摩三捲不放乃照塲操號令放樵汲飲馬者發放如例收完如應打馬草每馬軍三人内以二軍步牽一馬出打三馬之草一人在營看馬先傳令抽兑停當依令而出一體數記如前若出多入少非被傷捕必係逃走或有暴病該哨將官遣的當家丁夜不

收領令箭出營覔之若出少入多非係錯數必有擄回士民或夾來奸細該管便當挨查一面馬兵將官撥遠探馬每面二十匹為四撥每撥五名各帶燈籠一箇起火三枝三眼銃一門駝皷一面車將于每車通融各撥一名備差四面伏路撥完俱候樵採飲馬者各進畢即赴中軍請令箭撥夜號諭令遇警尚緩放火箭一枝銃一箇警急則放火箭三枝銃三箇有警之面准放無警之面不准輕放俱出營畢探馬擺

塘馬架梁馬望見探伏出訖各回營至門取齊請令箭開放赴中軍回話一面稟放閉營砲三箇落旗吹打封閉營門

第二過人畜行營之間行伍之内與劄定營後營盤四面不拘晝夜但有牲畜近營墻外者不許輕易差人出外牽取先報營將聽營將差夜不收由門放出取進有人徑至墻外漸漸近前者喝令遠避如係公差人員喝令到門上候稟但報營外有人一面嚴行整

備以待若十步之内喝之不退又不報姓名及言語不對者夜間即開矢射之甚則開鳥銃打之日間差二人請令由門出縛來送營將報主將發落

第三謹營壁營盤不係有門之處便是何人何官到彼要行闖馬者定行拏住决不許放過放者容者俱以軍法重處本車兵士若要出入亦要由門若由車下車傍出入者一體以軍法重治賊在三十里内犯者軍法該管頭目連坐綑打

第四嚴營門凡營門每日夜該營内馬步將官輪發兩百總把門親隨家丁執營將藍旗器械每門十名除朝暮吹打開門外以後閉門時必有令旗令箭方許開門遇開門時把門官軍披執嚴陣以待遇有公差人員到來止于門外先將書移可信之物收取報到號旗下中軍官稟白主將請令旗領入其閉門之時若無令旗令箭便是使臣主將在外亦須報到守營主將得有令旗或令箭到門驗明先用小杖敲車三

次分付把門人謹慎各應訖大聲命無有令開門方才放入如主將出營外則必以一人代主將司令將在軍君命有所不受者正此時耳昔周亞夫細柳營可為師鑑也公差人員馬匹俱在營門外單身進入把門人與伊看馬馬有疎失把門人賠償除報警夜不收騎馬徑入外主將入營亦只乘馬從官以下俱下馬步入

第五慎啓放各營放出放入各由本營門內其纓頭衣

服腰牌件件可辨若别營之軍悞出營門者故縱把門官軍俱以軍法連坐如能拏來犯者軍法施行把門官軍紀功一次

第六稽出營凡官兵無故非時違令出營者綑打一百棍遊營示衆

第七恤病軍凡軍下營訖有病馬病人俱送中軍醫治不許遺在外營

第八查軍器凡下營訖車騎軍火器械各頭目即逐隊隊檢校如破綻損壞即須修葺磨礪如有棄失申上所由即為案記准法科決

第九放廁所凡白日登廁員役由各營門將腰牌懸于門上方准開門而出畢即還認腰牌取帶回營

第十革抽差行營排陣間將領敢于行伍中抽一人一騎者軍法從事

第十一備火警與敵對壘之時軍中失火除救火人外餘皆嚴備各信地以防飛火若輙叫呼奔走擅離隊

伍者徑聽所在官司拏住斬首及遺火放火燒軍營盤者斬首

第十二止擾害劄營之處軍士擅發塚墓焚廬舍殺老幼及婦女踐禾稼伐樹木姦犯人婦及將婦女入營者軍法從事

第十三報機密士衆有聞自家變動或聞賊情消息來報主將不拘晝夜即時引報不得時刻遲滯亦不許高聲大叫以惑人心違者治以軍法

第十四治喧動凡不拘晝夜遇有賊警各静守信地聞營聽令如有喧言亂走者軍法重治

第十五戰透漏漏泄軍事及夜號者斬

第十六責交通賊使入軍非主司輙與語者及擒獲敵人與來降者並領見主帥不得詢問彼中事宜若違問及因有漏泄者軍法重治

第十七惜水草凡軍行所至處有水泉及放牧草地各營將差人監守不得令濁亂及非理踐蹂

第十八處夜解每馬軍一旗每車兵二車各開厠坑一箇于本地方遇夜即于厠中大小解天明吹打時遇起行則埋之遇久住則打掃候開門送出營外遠遠棄之夜間不許容一人出營解手

第十九救夜巡約黄昏已後將發鼓時鳴金吹角擂鼓舉號燈車步騎俱舉畢發擂三通各營斷滅煙火巡邏人赴臺下跪聽發放發放云官兵聽着齊應夜巡謹慎齊應毋得懈惰齊應悮了事軍法不饒齊應起去齊應放定更砲一箇吹喇叭一聲打鼓一下起更每鼓一下各車以車梁代刁斗各馬兵以甲胄代刁斗各敲九下再鼓再敲車營每車輪一人火繩點明在手馬兵每隊輪一人各醒坐一更交換敲刁斗者即此人也其餘俱聽休息

第二十申夜號每日暮時主將先發夜號于各哨各哨傳知各兵只是一字隨時定擬凡兵是夜相遇先問曰何來各曰某來便是同營人夜間俱不許言名言

名者即行拏便是本營參遊主將也要守住請令就是本管將領即面認已熟須是取得自己標旗令旗到方准送回次早軍士赴所犯本官處扣頭謝罪曰軍令如此小的衝撞將領曰我是犯令足見爾奉法今後正當如此每人量賚諭回

第二十一辨巡箭主將發箭傳時不拘何處起箭過于車上敲三下彼車守更之人接得即傳失悮者軍法重治馬兵守夜者不傳箭臨賊絶更者斬無賊時止

于細打合營内兵足三營即輪將官一員總巡各營中軍千總各輪一員各巡本哨各司把總各輪一員巡本部一司内各局百總輪一員巡本司各局下旗總各輪一人巡本局車正每總之車輪一人巡八車巡法嚴於三更四更五更

第二十二設燈火大吹打畢發放夜巡即知其為明更也每車懸燈一盞馬兵每旗懸燈一盞務要高下合式凡夜營俱照定過燈炬為號各看燈籠遵依各營

視中營之燈各千把總視本營之燈各隊視本旗總之燈各兵視本隊總之燈如視晝旗一般違者俱比白晝軍法加一等如燈難認各加記號在上不許重每去本營分三十步燃火一堆庶我可望見賊來賊不得測我也燃火人每一旗總撥一名各請暗號

第二十三備雨晦遇風雨晦冥是夜燈不可點金鼓不相聞各百總差的當二人于各把總處只聽各把總傳示的確號令遵守把總各各二人于千總營將處聽令千總營將差人各二緊隨主將聽調度以口傳的確為真而必有令箭令旗或自用物件為信其言方可聽憑傳到暗號務要恪遵

第二十四下暗營凡要下暗營看門門時不吹打便知要下暗營各營燈籠點起用衣服蓋藏于車内中軍先用令箭傳營將得知用兩根欖杆棍縛在一處傳起各隊長挨傳一遍復轉前哨第一隊長解去一根交一司把總收查仍傳一根田令人下暗營衆人俱

知候傳長令箭一枝各人收拾立起聽令再傳小短箭一枝即挨哨密行前有預差官軍在彼問他暗號對着即聽他調度密密下營即使下營差悞只許一人暗行低聲扯改不許開口大叫違者斬首

第二十五變明暗如正下明營倏然要改暗營仍留明營者看中軍雙燈摇點各營燈火通點明亮俟照前傳暗箭各將燈火蓋藏以便移營照前下暗箭俟移營既畢留的當好漢每一營五十名將燈火各開仍

行傳擊梆鼓以示之

第二十六詰來人遇有人至不許聲問只以一人向門問是何人低聲令到門前坐在地上即差一人報主將知門上差二人由門隙出門扭住問他端的一人守他一人轉報聽示

第二十七重夜令與賊對壘之時更鋪失候夜巡失號止宿失火者斬無故叫呼奔走妄言賊至及夜驚者斬即賊乘暗攻營將士輒呼動者亦斬

第二十八出夜奇夜中有賊犯大營其遠設奇伏等兵各瞭賊與大營交戰即從後鳴鼓大叫以擊賊後乘得機便必當克捷而所屯處預先于樹林山石之底縛大火把或主將遣人設機械臨時燒起庶使大營可辨兵賊以奪賊氣以見伏兵之衆也

第二十九明再發五更三點掌號一通擂鼓一通各軍舉爨發擂畢掌二號下號燈車騎燈俱下徹陞明臺放砲陞旗吹打畢各馬步兵赴各營將處回話營將千把總赴主將處回話夜巡無事如有事云某處驚營失火絕更有警之類回話訖掌號收伏路兵發架梁塘撥馬畢掌號笛聚官旗發放或不吹號笛聽用旗號招聚畢再掌號一通舉變令砲一聲吹哱囉起身再吹哱囉上馬放開營砲三箇吹天鵞聲三吶喊三點鼓開營起行

練兵實紀卷七

欽定四庫全書

練兵實紀卷八

明　戚繼光　撰

練營陣第八 戰約計三十條

第一練戰實夫金皷號令行伍營陣皆戰事也必曰實戰謂何只緣往時塲操習成虛套號令金皷走陣下營別是一樣家數及至臨戰却又全然不同平日所習器技舞打使跳之術都是圖面前好看花法之類

及至臨陣全用不對却要真正搏擊近肉分鎗如何得勝又如平日只用短小竹箭臨時射大箭高下如何得中大砲平日不演習臨時遠近如何着對又如火箭平日不放過臨時都放高了或落在眼前安得實用便是晝夜在教塲不歇手習一不合式徒費勞若還是不習一般若是平日教塲所操練金皷號令行伍營陣器技手藝一一都是臨陣一般件件都是對大敵實用之物便學一日有一日受用學一件有一件助膽所謂藝高人膽大也學則便熟不學便生學的便會殺賊保得自己性命立得功不學便被賊殺你們知道這箇緣故豈肯不學今凡教塲內行一令舉一號立一旗排一陣操一技學一藝都是臨陣時用的實事臨陣行不得的今便不操器械不是臨陣實用的不做與你領不是臨陣實用的舞打之法不使你學到彼時實行出實用出爾官軍方信之

第二諭用命往年將官多弄虛套冒功避禍軍士無節

制任其退走騎馬者望風而奔步行者躲奔山林挑壕而營者為上等今番誓用車營車不能上山車過不得溝險必是平原曠野明明白白列為營壘馬兵在內四面車圍就有快馬亦無處跑去車兵多是步卒便走亦不能過敵馬車城稍疎如失城事同不思拚命與敵砍殺何處逃避設若無功僨事大將自有朝廷典刑決放不過一切頭目與僨事軍也甚至說謊彌縫之套必當痛禁寧拚死決不合同你們欺心

欺國各宜細思毋蹈覆轍悔之晚矣

第三查火器凡將近賊之時火器什伍該管把百總再行點閱臨時少火線銃馬鉛子并燒火藥者軍法斬首

第四作怒氣臨陣各人壯起膽來發起怒來想起來我與他殺固怕死我殺了他他死我便不死又有功賞若被圍在內不誓死戰更有何計敗走時達馬驃壯追上都殺了便逃得回陣亡了頭目軍法連坐亦不

饒我是走回也免不得死既食朝廷錢粮身屬戎行命在人手何處可避各各一心發猛肅肅靜靜惟主將號令是聽主將不必大官府但一營之中第一大者便是如一隊只有十箇人在彼再無别人則隊總便是主將以上類此

第五申連坐你們自來不知節制大小不相鈐束以故進前者徒死而無賞雖欲賞之無處查考退後者倖生而無罰雖欲罰之無處查考也今定有節制取有甘結矣如一伍同退只殺伍長一隊同退則殺隊總一旗同退只殺旗總一局同退只殺百總一司同退只殺把總一部同退只殺千總以上皆然如此看之所殺不過三五人似與你衆人無干還可退走也你不曾細思此法一行便是百萬兵一時進前退後我也都有查考所殺幾箇人不怕你百萬人都退不得聽我説其故且如一部人齊退必殺千總千總但見他一部人退時他决不退若是他不退必被賊殺了

我便將他管下把總都殺了償千總之命把總見千總不退恐陣亡了千總就該償命便是把總亦不敢退他所管下百總見把總不退恐賊殺了把總所管下百總怕我殺了就守着把總不敢退百總不退若被陣亡他部下旗總都該殺旗總怕殺便不敢退他管下隊總怕賊殺了旗總必然官府殺他他也不敢退就護着旗總站住了伍下軍恐怕賊殺了隊總其一伍軍都該殺便都護着隊總站住如此不是我所

殺止於陣亡的部下三五箇人便是百萬人也要同心那箇還敢輕先退走若一齊上前同力殺賊者頭目致有陣亡不坐以屬下償命之罪如有斬獲仍以功論而以首級先恤死者然後分與生者

第六齊士心殺賊只是萬人一心强者不得先進弱者不得退後如臨陣敢有一人非令先進即斬賊首得賊馬而還亦以違令軍法從事

第七禁貪利法云射人先射馬馬仆賊自敗往時只因

愛他馬要得活獲故難取勝你們看賊馬頭有三尺人在馬上高又五尺我步兵衝在馬頭尚有馬頭馬前足相隔賊刀三尺豈能到我身上我只將衆軍聯作墻般一堵密密一字向前用我長刀大棒砍打馬頭馬腿馬傷跌倒此時賊被跌落身方未轉就用大棍劈頭打下無有不死者你殺得賊敗首級每顆賞銀五十兩盔甲衣杖那件不是便宜何必要馬況一賊有數馬我欲殺者賊身下所騎一馬也大勢一敗以後馬匹那個不是你的若臨陣不先砍賊馬與牽取賊馬者俱斬首千把總以下故縱同罪砍傷馬匹戰畢即於營前燒熟代飯生存好馬俱與衝鋒之人以十匹為率只抽一馬與收馬者餘皆均散

第八治貪級自來北軍臨陣專好爭功殺倒一賊三五十人互相爭奪却將敗賊忘了追殺每每致賊以數人為餌誘你上前却去爭功他却大衆一擁殺來一箇首級又不得不知到被他殺了多少乘衆却少將

營盤衝破全軍沒了迷而不悟其故何也此乃將官平日無嚴制教場內不曾千言萬語說得明白臨時又不曾殺了幾箇違令的以此養成風弊再不知改今日比前不同若殺倒首級馬匹都不必管他殺手只管殺向前去我自另定一班人割首級收馬匹但以殺退賊為主即將級銀先賞衝鋒首級以十顆為率衝鋒者六顆銃手二顆割首級與劄營者一顆俱係陣前四營均分仍有臨陣爭首級者首級入官所

争之人理虧者斬首各官旗隊百總一體連坐把總
各以分數坐罪
第九戒銃手夫銃手善能打賊使狂勢少挫以助殺手之膽使殺手膽壯殺得賊敗自可保銃手之命即各藝雖有不同均為彼此救護保全何况挣立功名通是大家受用臨時打放不如法故意高放低放歪放畏懼顫摇後顧者斬首交鋒時許殺手隊總并本營隊總先割去一耳回兵查斬若有把總在近就送斬

首
第十懲虚銃凡鎗銃等手遇賊在遠時因我胆怯每於數百步外鉛子所不到處大小銃砲只管浪放或賊來本少我銃盡放又打不着他又可惜了火藥氣力及至賊到近與擁衆衝來却稱火藥鉛子都用盡了束手送死可乎今遇賊來不論遠近只聽軍中放銃一箇吹天鵞聲就要銃手放銃照依操時之法輪班點放着準打賊若賊成宗來每人只指定賊宗當中一賊打不奉中軍銃響不吹天鵞聲便是賊進營裏來也不許放銃先放銃者便一銃打死二賊亦不准定以軍法斬首
第十一飭銃器火器收放不如法臨時致藥濕線濕放銃不響者俱以軍法斬首把總以下知而不舉及姑息不治者連坐因而悮事者一體斬首
第十二戀傷害陣上血戰之時遇有我兵戰傷就聽在地勿令呻吟吾兵只管向前便是父子有傷你只管

向前殺去殺了賊便可收拾調理即是與父子報仇了若因而守顧不行向前殺賊致軍大敗賊馬追來就守之扶之向何處去也自已命不保如何救人違者斬
第十三罰故避但有詐病故將軍器馬匹車梁損壞及預先損失而臨陣方舉希圖免戰者斬首示衆仍查治本管旗隊人役
第十四報私仇將卒有私讐至臨陣互相報者軍法從

事
第十五處水陷凡軍前有水陷我則據高以待之候賊至陷中即擊若賊不來則設伏退軍誘之
第十六經山谷凡有山谷處戰必然設伏佯兵誘之入伏攻之
第十七棄旗鼓凡失旗鼓旌節者全隊斬或為賊所取者亦全隊斬有功准贖
第十八失戰馬臨陣失馬者斬力戰馬被傷殺者不坐

第十九整追兵凡戰勝追賊約一里遠則聽摔鈸響收軍整隊恐賊窮返鬬軍亂難整此令俱出於同戰將領為主者不必稟中軍以其去遠不相聞也候稍整又擂鼓追逐一面分遣騎兵各處山頭林木都要留人搜瞭恐賊埋伏佯敗從來如此果係大敗亦即長驅不許乘此縱賊得脫雖有前功不敘
第二十給戰獲凡軍中掠獲按條賞士將領不得輒取聽主將從宜分之

第二十一分零功凡雕剿零剿俱不開世襲紀錄只作賞聽各手下之人自報不必均論亦無衝鋒之賞若報功已完又復報有斬獲者非趕散零賊必有不明斷然不准驗係真正亦只報賞假偽者斬
第二十二處陣降凡當陣之時賊當迎鋒而來若係被擄驅之前向者今給每哨降旗二面遠遠共呼丟了鎗刀不殺若係丟了鎗刀者令徑往白旗下聽他投附偷生若妄殺一級定斬下手之人償命各相近隊

伍頭目不行舉首者同罪若聞呼不改徑持鎗刀前來者聽於陣上殺之仍以擄功併論報功之日即與開說明白
第二十三刑俘姦凡姦淫民間婦女固在不赦若臨陣追獲婦女未奉明文配賞而姦淫者以姦法論比在南方有此一事犯者曰此婦被賊擄去為妻奴今某無知收留尚是一處人本府亦曾折之曰他是賊你也是賊耶遂無言可對斬之

第二十四慎妄殺你聞釋家云救人一命勝造七級浮屠浮屠者造塔也地獄輪廻之說變做生畜償他冤債天道好還鬼神報應不爽且你要掙得功來紀錄世襲子孫輩輩受用賞的銀子又係百姓膏脂朝廷設來保障百姓今百姓在危地反殺其首級冒功與子孫受用此等無天理之人天決不宥今後戰賊既敗所獲子女人口不許殺取首級只將生口送官論功給賞若戰後殺取降人報功者不特紀功官不准

主將臨敵時面見鮮血猶存驗有前弊查真動手提級來報之人即時斬首償命雖夙有功者不宥此一節萬萬叮嚀凡我將士務要痛改盡洗此方第一弊也

戰後六條

第一報戰塲凡遇戰畢收兵到營時一面各營將督據千把總即開戰傷者為一手本先遞凡弓箭傷係致命處為一等雖重不開起等被中三箭以上雖輕亦開一等中二箭者雖輕不開三等凡射在手足間者為二等箭入不深再輕者為三等再輕者為四等止其刀傷當面者為超等傷手足重者為一等輕者為二等三等止凡箭刀傷俱在背後者不准亦不給醫藥若賊衆四面圍砍我軍在中向敵者雖背傷亦准作等數須取營將及臨陣將官畫字於手本末若衆軍同敗一齊奔走而傷者不論面前背後俱不准恤即不必開報若有幾人能於衆人敗走之中復回身

對敵能阻賊回者即無傷俱開頭等傷者原合一二三四等例俱各進一等開報超等者開超超等

第二報陣亡凡亡者另開手本某人傷某處須面前傷乃坐同隊伍償命之罪傷在背後死者不恤亦不連坐同隊伍若大衆敗走而亡者不恤當開坐退縮被殺但有一傷在前者即准血戰陣亡之數

第三報功級凡首級另開手本本哨共斬若干衝鋒某人某人斬取首級某人某人聽主將照前例均派願

紀録者約自己該銀若干衆人分銀若干除已分外仍出銀與各應賞者其首級聽紀録銜鋒者除分派首級之外另有特賞

第四報人口凡獲生另開手本以憑發主獲者照數賞銀

第五報軍器凡賊器另開手本解官貯庫

第六報馬匹凡賊馬另開手本以憑議賞銜鋒之軍并有功人員

練兵實紀卷八

欽定四庫全書

練兵實紀卷九

明 戚繼光 撰

練將第九 計二十六條

第一正心術將有本心術是也人之為類萬有不同所同賦者此心也近而四海遠而外域貴而王侯賤而匹夫紛如三軍不言而信不令而行不怒而威古今同轍萬人合一者皆此心之同相感召之也是以不待造作而自相孚照夫為將者上副君父之恩中契僚寀之交下服三軍之衆豈奉承阿諛財帛惠徠而盡能之乎惟有正此心術光明正大以實心行實事純忠純孝思思念念在于忠君敬友愛軍惡敵強兵任難上做去盡其在我不以死生患難易其念堅持積久久則大大則通通則化幽可以感動天地轉移鬼神君父寵之僚寀敬之三軍樂服莫有異同衆皆尊而親之諺云皇天不負好心人皇天不負苦心人

是也書曰作善降之百祥作不善降之百殃此非外至皆我心術所作善與不善祥與殃隨之鬼神亦隨之故稱心曰心神又曰心之神明不可欺凡俗語罵人曰欺心語曰自作孽不可活是鬼神不在廟宇内只在我心上心神之神字即鬼神之神字也善報惡報地獄輪廻豈真有哉輪廻亦在我心上地獄亦在我心上試問吾人日間作些不好事件夜間夢寐顛倒此正欺了心神故心神就作此模様譬如一人出

外夢中依然在家夫婦同眠彼在外之肉身不曾到家在家之少婦不曾隨行此正心神所為緣平日結愛之熟故儼然生前一箇景象譬如心術不正之人平日居將位偷生謀利避難巧為不幹實事不忠君父清夜良心發見思慮驚恐只怕犯出久久作成驚恐畏人之態思思念念于此纏繞解脱不得夜間惡夢就從這念上生出是白日為官轟烈夜夜已下地獄死後即是做夢相似墮地獄輪廻苦惱再無出期

若能心術光明如前所存心内無有私心愁慮相關具形于夢寐死于冥府依然還是這等所為正直無私揚眉吐氣我不怕人人皆敬我就都是天堂快樂之境此為將之根本建功立業光前裕後的一道通天符契也

第二立志向此志即心也心之體則為神明心之用則為志向譬如花草樹木種子小者如沙如塵大者如卵如拳純然無一物可謂微寂之甚一入土中乘春

萌芽勾甲之細蟻可食而盡之及其長成參天合抱之木五色燦爛之華悉由乎此為將恨無志志定即如此種而加真積力行之功自然取信于上下大利于施為為國家賢臣良將戡難立功垂名竹帛皆此志一定條理做出無不收効但吾方立志之初未能大通于人不無困難拂鬱阻撓踐害之患即木種初生蟻可食而盡之之類也若以此時以為立志無益以為做好人行好事無效便改了初志其人終如此

而已矣竟亦墮落塵土而已矣即如種子初出見其難長遂縱牛羊踐害之生意一盡根種永絕若愛之護不不計歲月待其根脈堅固發榮舒長盡其種子所有之力而後已嗚呼世有立志向上而所遭不偶不得亨達者有之矣未有不立志之人便能做得事業為將者凡于古之忠臣義士今之明將丈夫一切為國為民英雄豪傑所為事業如某人純心報主百死不回某人文錢不取某人愛士如身某人溫恭有

禮某人練兵有法凡耳目不聞不見則已但見之聞之必曰彼亦人耳如何能如是吾亦人也如何不能如是便奮立志氣凡于艱苦利害死生患難都丢在一邊務要學個相似豈有不成之理此所謂立志也此所謂好種子也

第三明死生人之生也于大塊冥冥之中忽有此身具死也一去不復再返是生死之事可謂大矣故凡血氣之類莫不愛生畏死但死生有數不專在水火兵戈之中試看城郭之內富貴之家既無官事拘攝之難又無工作行役之苦不曾當兵不曾上陣若皆不死如今該有幾千歲之人矣有朝生而夕死者有數歲而死者有二三十歲而夭死者彼富貴之家何慾不遂微得疾病便請數十醫奇藥盈几曾不可救是豈水火兵戈獨能夭死人哉必待受若上陣才死天下無有將與卒矣且看那箇將領不是自少年為下官上陣殺賊一級一級挣到大將果是陣上能死人

如今也無人等得到大將還活在世又有勇士屢經戰陣刀痕遍體披面尚且享有高年故諺云人是若由我命在天況使死得當立廟祭祀血食百世是死後還活地方士女口碑一日相傳是一日活在世間若生前無聞于世就活在世間已是死了爾將士之情臨陣只思退縮乃是見陣上殺傷想說就一箇死焉知不到我指望退縮的心生殊不思一動了腳箇箇都死若同心力戰我勝過他務使他退縮我如何

得死即死亦有數何不想說便只一箇活焉知不是我如何只怕死到身上再不尋路求活到身上又有愚之甚者偷生帶罪百計戀此肉身却不想神仙佛老聖賢王侯那箇肉身于今還在為將者不必計死生但要做得箇忠臣義士便此肉身受苦受難不過數十年之物丟他去了換得名香萬古立像廟庭那箇便宜勘破此關便能真心任事上陣不懼矣

第四辨利害今之通弊率以眼前虛套奉承一時喜悅

為利為能却將賊到時一箇失機大法置之緩玩無可奈何似謂哄過一時便可免害殊不思理欲不並舉實事虛聲不同道平日習弄虛套將軍務廢墜一遇賊來失守又不能戰莫說平日奉承的上官便父為上官子為將官亦免不得參究亦逃不得公論正法亦遂不得私恩宿好便使守正盡職不合時好致怒上官無事之時不過去官至重則提問比之失事問死罪何如況提問不過誣以錢糧役占此等必須勘問若我平日錢糧支銷案卷明白軍士實實充伍豈能盡無公道成了戰守之功不録我功業已矣捨功業而復加之罪有是理乎或不能立功報國却堂堂血戰一番死于馬革即有宿怨不恤瘞已矣顧于一死之後復有罪可加乎加罪于死後必是叛逆世間無陣亡叛夫也為吾將者只當以禮義為利害一觀理之是非毋計人之毀譽心心念念着實幹當毋干錢糧毋犯行止時時點撿事事正大盡其在我固

不可捨己以徇人亦不可恃己以欺人分所當為固不可非理以取容亦不可失禮以凌駕人將責我以理外之事聽之而已矣人將我害義不可免者此身可辱此志不可辱此命可死此氣節不可死即加我以禍以此命付于數以公論付天下萬世公是公非之口凡輕于死者皆無足惜語有曰朝聞道夕死可矣況未必死況公論流行于天下乎審取舍者辯之

第五做好人為將者或立功而不蒙酬録或行好而人

不見知或有守而人誣以貪或用心職務而暫被斥逐或任怨而被讒或向上而不達便生怏心或變其所守或怨天尤人遂放肆改節殊不知好官易做好人難做官有譽議不過一任改易他方再能勵志向上即稱為好官矣好人變節壞却一生即晚年再要立德譽議在人人不相信便是苟免利害苟得順利還須思量做了一場好人品一旦盡行改變以前成立之難何如却將不死之名為易死之身所換耶不獨將官即縉紳士民恐亦當省之凡吾為將者須學

做好人天之付我原來有善無惡如此做去人知也可不知也可其見他人壞却心術圖得享一時順利者任他快活我只守已到頭來巧偽敗露畢竟有我受用之日寧要先難後易毋使先易後難便到底不亨通亦是命數夫公論不棄好人與私情黨扶邪小數亦相當此已試之効非誑吾徒也

第六堅操守夫士之廉猶女之潔此本等修身立已之事況朝廷俸祿豢養為官不耕而食不蠶而衣正要你不貪取軍財不剋剝糧賞況將官要軍士用命立功揚名保位免禍心當如此故廉之一字全是本等分內所該軍士月糧一石又是他們本等所該只一不科斂剝削殆見感之若父母愛之如骨肉即嚴刑重法受之而不怨夫以軍士應得之財以將領分內之守而得軍士感服之心死報之力何憚而不為之乎蓋有說焉凡人生在世父母妻子一箇凍餒不得已身衣服飲食件件要扳人受用皆人欲之至願且

見同僚富家肥馬輕裘鮮不動心而眼前苟且朦朧彌縫未必刑法到身以此從慾則易守已却難殊不思武弁之利無非侵落官銀科斂軍士彼軍士人衆口多譬如每軍科糧幾分罰紙一刀百金之入即出數十人之手彼豈無朋友父母親戚隣里相告一人之口又播數十人之口豈得掩耳偷鈴終不可敗耶總計一年所取不過數百金不如有勢者一餽歯之

多一字之竊何不堅心忍性苦心窒慾凡粗衣糲食不過飽煖而已父母妻子不致凍餒足矣後日實久名著人人知我為清操德人三軍服我為愛士賢將所成所就功立位高自然足用官久必富豈不信然即不能然落得箇好人品日後有意外之患人亦憐我况平時任我令行禁止做了好官上司到日刮目待我又無人敢為指告行動之間揚揚德色所謂半夜敲門心不驚是也貪汚之徒平日固轟轟烈烈享

用一切上司按臨惟恐仇人告索暮夜敲門驚得魂不赴體披衣而出置酒退賍跪浼啼告免其奸發事露之日忘身喪家彼時披枷帶鎖坐獄受刑不知還有往日受用的快活在否還是羞耻若難難過也曾有不才子云强如借債要利錢臨時還他便了又有甘于事敗而死欲悔無門乃曰該當該當嗟乎果是何人遣命勢不由我所致此不才子之自敗也如此固無足惜又有操如氷蘗守如處女者可謂完器矣但每每恃廉傲物專伺人之短犯上凌下罔思顧忌數年以前邊將之賢者率不免有此病竟致名位不終無以善後嗟乎天雖高獨于廉官子孫視聽甚近何不返照自己視為本等職分完全做箇德人天未嘗不有厚報于子孫何用傲物為哉廉而傲物不如不廉者能取容于世可以保身矣

第七寛度量事無大小以量為主量能容一人則一人之長也一家之主必度量足以容一家之人以故父

子兄弟親戚姻婭莫不稱賢和氣致祥動罔不吉况為三軍之主馭數千萬血氣之夫非度量寛容豈能使之各得其所各無怨尤也哉為將者有主帥上司皆我父師長上我從他易他從我難僚寀勢位相敵朋友外至之事多有兩不相映之變三軍愚人無知最多在我當將自己心嘗清嘗淨不可先着一毫己意不可先要望人如何讓我凡僚友之事便冥目細想我今日就是他他的事就是我所為當如何而可

至于不通之人不可就發性與之爭較且看下落常退後一步常將着數放在後手自然受用就是行間士卒有犯公私罪過或凡百情罪亦瞑目坐想設我是此人遇有此事心下如何而可即如打人十板打至六七板且止再思或且恕去再思之其待一切有非禮之來必當報復者尤且思之恐其人言之過也恐其我發之暴也或其他人真是而我之性識有偏再查再省自然能容不是付之于人是處必當在我

自然度量寬宏先讓一着與人自然行之不錯無量受用廢免後悔是誠然也但將道貴嚴國是當守上司雖尊事有必爭不爭則不利于下僚案雖親法必當執不執則被撓于中若一概以寬容含忍處之所謂委靡所謂罷軟此人即為一人之長一家之長亦且不堪況馭三軍而將將乎嗟乎法果宜民當爭則爭此為力量而非抗傲也令果當行何忌僚案此為任事而非執拗也法果當行何厭誅戮此為威嚴而非狂罔也中間在我輩有志向上者辯而審之審而力行之動與道合而功業成既不失為有容之士又可免委靡疲軟之禍矣

第八聲色害淫聲美色易以動人緣血氣之軀本以情勝投情之好豈不易動哉古今人為此敗壞者車載斗量夫淫聲過耳便如大風吹去隨吹隨滅何似看些些好書操些些武藝教習士卒書入心記便不可忘武藝到手年年得用士卒一熟便不能生踈皆為我有

用之物古人尚惜分陰聽一會淫聲悞了幾箇分陰美色與人相為終始緣陰陽之道實此性生但不思人之精神有限一着念于此即責任利害士伍甘苦皆不在心上疆埸之人一有踈虞罪死臨陣士不能戰亦死此身死後還有美色受用否何不兢兢業業跳出此關追歸休林下誰復戒禁子常見繫念于此之人百事無心片片暮氣夫三軍恃我為强弱豈可以暮氣臨之甚至敗倫傷化奪軍士之妻家丁之色

卒至全家受禍名喪身亡不可枚舉戒之戒之

第九貨利害貨利者財帛珍玩也此物雖天地生之以給人用而能資人之乏養人之身但天地鬼神又忌多取有聚必有散且財物與怨相聯利入則怨隨子孫恃此墮志益過況天地間運氣流行未有富而不貧盛而不衰者諺云朱門生餓殍白屋出公卿且將軍之富何所來乎不是軍士身上膏血必是朝廷帑藏國朝軍士之養月僅一石耗于官私十僅得五却

乃巧立名目斂千萬貧乏之資而歸之一人身家之奉飽飫烹宰鼓瑟吹笙快口體于目前致使精神淹廢奪有限之年充一朝之慾猶之可也且以此斂怨失士卒心敗疆埸事身死名喪求為匹夫而不可得甚至奴僕害其主屬伍叛其上樂極悲生死于刑戮冥司報應六道輪廻遠則害在子孫唾罵萬世何若以此易彼哉惟有知止知足以淡薄節儉為務則無慾無慾則心清神爽智慮生焉奉職為將大得人心周詳防禦古人所謂武臣不惜死文官不愛錢天下太平矣是故不惜死由不愛錢中生來不愛錢由無慾而充之平居可以延生為將可以濟事天之加報子孫昌盛為萬世長久之計也今吾為將者勿用心於貨利毋百計以求積毋為兒孫作馬牛諺云兒孫自有兒孫福又云天不生無祿之人悉當推此念頭加意職任施恩士卒使之為我用命保我艱危立我功名為天下大丈夫豈不美乎

第十剛愎害堅志而勇為謂之剛剛生人之德也恃強而自用不回謂之愎愎剛德之賊也吾人患其不剛固然矣剛而愎又不如不剛之為愈也故為將者一有自用之心士情不聞人人解體敵情不得耳目瞽瞶忘身敗家可立而待矣善將者凡于古今名將成敗之跡一時山川形勢之殊敵情我軍微隱之變必廣詢博訪集衆思屈群策雖不撓于非禮而轉環于聽納人之有技如己有之即其人不足取而言可採

畧其人而取其言師其言而不必用其人使吾之言行固皆盡善當理豈無一二之訛宜忘其盡善當理之美而急急求吾一二之訛改過就中行之以強健不息之志如此庶剛為吾之德而通下情知敵變來衆善成功業轉凶為福也

第十一勝人害古人訓士立志惟恥不若人夫恥不若人正欲勝人也何以為害彼恥不若人者見人好處斂己以求之極力以行之真積力久出于彼上則彼

自讓我我自勝彼設將自治之功妄却只存一點不許人勝我之念于胸中見人有能必思所以忌之見人有功必思所以沒之使謂人不如我如此推之僚屬之才者但行事有一長必思所以忌沒之而後已他人有寸能必思所以攘為己有而後已如此必至損人利己不顧天理無所不為是必樹怨惡辱則禍成天地鬼神本為福善而善者為勝人之徒所枉天地鬼神肯容之乎故天災人譴立足可待戒之戒之

第十二逢迎害將者死官也兵者危事也有一處置不宜安危存亡所係何今九邊之將不顧安危與存亡是非與利害凡于上司勢要當面唯唯不顧事理之通否即曰山可挾乎亦且依唯曰我當遵奉挾山不惟自己欺心遺患及將上司逢迎迷亂遂為我此舉也可以為千百年之計可以興利可以除害殊不知非議于背後者已紛紛矣逢迎之徒更不思他日地方以此乖張致失軍機禍必逮夫身夫無責于身而

逢迎以取悅已不可也有責于身而逢迎之是自賣其身于禍患之中不亦左乎吾人有疆埸之責遇上司之命令當道之諮詢必須是曰是非曰非某事不宜行即曰不宜某事力不能奉行即曰力不能直以告之雖一時有拂上官意終必無失于己他時功求成事求可其上官且感我矣故忠心有德之將必勵謇謇諤諤之風斷不逢迎以為悅

第十三委靡害人之生也直委靡者直之反也為將而

委靡者必是平日貪濫狥私虛冒帑餉臨陣偷生怕死不肯用命之徒此固無足道者或守廉志謹而亦委靡何也良以兵凶戰危易于媒孽而世人公行報復責具足恭為賢遂以軍務為趨承人情之具寄耳目于委命而低昂于顏面之間柔媚足恭不顧名分不思廉耻互相習効只于奉承鑽刺一邊用盡心機專事虛套所謂朝廷不尊官府尊官府無權吏有權是也意者如此可以免禍可以得譽殊不思凡官斯

土者豈皆好汝輩奉承之人一遇豪傑在位底蘊盡露平日賤惡甚如糞土萬一地方失事彼將拾柔媚僭勤而恕之否乎吾恐畏人議彼且落井而下之石矣夫人之所最愛重者此生也將官先以捨生為本生既可捨復有何事又重于此而故為委靡之態委靡則號令不行雖賞罰三軍彼且不感不畏他日僨事如執左券何其愚耶何其愚耶究而言之委靡之徒君可負國可賣父母可棄妻妾可以與人皆所不屑計也嗚呼世有此將禽獸所羞尚足齒于人類乎

善為將者剛不可吐柔不可茹禮體吾循舊果與典章太戾必不可從者酌中而處之其人遇我過甚吾只如是其人厚以遇我吾亦只如是軍中名分稍從損益惟可行則已如無可損益亦惟安之和平之中而有必不可假借之力持守之下而令人有可親近之戀君子之中不過如是刱將領乎

第十四功名害太上立德其次立功其次立言功名乃

太上所與何謂害夫功名有分天地最忌多取使我實盡此力實事有十分而功名至七八分則受之不為過享之不為侈天地鬼神亦安然付我矣若只管多方做虛套求益功名專事粉飾而實事不繼實苦不受最難瞞是久遠一旦敗露天怒人惡鬼神陰為褫奪甚至壽命且不永吾人只當盡力以報朝廷功名之事安命以俟其自至即有功而不見録則當曰吾命僅止此耳有功而録之過便當兢兢業業多加

勤苦以副之免為造物所忌諺云常調官好做家常飯好吃吾人常當使勞苦功業邁于身上之功名寧發達遲挫抑多即不受用于身亦必受用于子孫他人有功揚之他人欲取吾之功讓之既累既深屈困既久自然真跡發見公論有歸是又在于的知暫飾之非多取之害然後能不攘功而功屬于我不求人知而人無不知矣

第十五尚謙德謙者美德也不獨士君子當力行之為

將者處功伐之間當危疑之任非虛不能受益非謙不能永保終譽全身完名此為上計今將之通弊寧以委靡為美德而視謙虛為委靡第謙虛委靡大有不同夫卑以自牧有功能忘有勞不伐謂之謙取人為善收服人心謂之虛凡人有德我必慕之効之一言一行之長我必求之納之凡遇上司僚屬必盡禮盡職立功建業視為職分所該辛勤勞苦須知臣子當然上則愛之下則戴之所謂贊念福生吉人天相

言無怨尤行無悔吝即萬一疆場之累人將憐之身死而名存大易惟謙卦無凶辭古之大將惟謙善終此之謂也

第十六惜官箴箴者規戒也明其守官之道而時時有所規戒耳何世之為武弁者自襁抱時父母溺愛之則曰縱不讀書當有官做父母之過已不勝嘆及長有知覺亦自曰我有俸祿可無憂貧矣我有世官可無憂位矣遂至無所顧惜不惟不能榮耀門閭且并

其故物而失之夫朝廷一命之寄思所以號令乎一命之上亦必有體況為將者三軍司命表率數千萬人而欲使之盡力于我我得假此以報國期使殺之而不怨利之而不庸我不自己愛惜官箴恪守正道立身行已凡百點檢務可以率下事上以身為衆人之法程以官為衆人之視効否則人心解體萬法叢挫不職之罰覆餗之誅斧鉞在前矣豈直曰不能保此位此職而已吾人但居一職毋問崇卑務要使此

官門面相趍獨處則無愧于神明自思則無愧于此心上無愧于上司中無愧于僚友陞堂無愧于公座庶幾乎

第十七勤職業語云惟勤有功毋論職之崇卑藝之大小商賈勤則致富農夫勤則收穫豐工勤則器精家給士勤則德進業修一命之士勤于職則職修名顯況夫為將之道疆場之安危三軍之死生係焉譬如農夫種田春則勤耕下種以時糞多力勤夏耘不失

秋乃有穫尚有天時虽災水旱未卜若有美田春僅下種不耕不耘不糞不力到秋來也要與他農同穫糧粟有此理否兵中事件一一預先勤苦教練見見成成只是等候待用還恐備久則損氣久則暮否則求守固戰勝即與不耕不耘望地内收糧粟之徒何異為將者須將保守疆域時時放在心上軍士有疾病患難顛連無告之事時時訪詢隨有所聞即時處之軍器時時辨驗一有不堪即便收之行伍時時點檢一有紊亂即清編之烽火哨報城池墻垣稍暇即一巡行隨目所見即為修繕文移案牘時時檢行如一事未完即忘其饑勞務必終之不拘夜半久勞之後必不使軍機文案姑待來時如此行之既熟自然忘勞精粗巨細無不畢舉自然有備無患若夫百務廢弛且顧眼前妻孥之樂宴飲之歡致將事務躭閣行伍廢敗卒然遇變束手受死而為市曹之鬼是自取之也

第十八辨効法語云取法乎上僅得乎中取法乎中則無足術斯下矣況兵事須求于實際之間而可無効法之辨乎為將者何所取材必于經典中求之前言往行而史冊浩瀚豈武弁所能檢習幸而有百將傳焉人品心術事業俱已概見吾人當熟玩而習之每一將傳中不獨習其用兵之事凡為人存心立行一一細玩有不二之心純忠之行者我則師其德長于兵機而短于德行者我則師其術某將竟致敗壞屬

之自取我則鑒而戒之某將忠廉智勇無愧于已而無妄得禍我師其行苟無彼之禍是我所遭之時幸也即有不虞之變古人已然我何避何嫌如此辦法真心師尚自然完名全節成古人之事業有古人之榮遇而無古人之禍難矣此可以參取影隨非浪說也

第十九習兵法兵之有法如醫之有方必須讀習而後得但敏智之人自然因而推之師其意不泥其迹乃

能百戰百勝率為名將蓋未有不習一法不識一字不經一事而輒能開闔變化運用無窮者即有之亦于實陣上經歷聞見日久乃能否則吾知其斷不能也但古人兵法如七書之類就同藥肆五金八石草木鱗蟲無所不備蓋不知患者何症所宜何藥耳必須醫家胗認病勢真正宜用某藥即取諸肆中藥無不効儻誤胗病患取藥肆中服之不瘳將歸罪曰藥之不靈烏乎靈也七書內百法俱備即藥肆也為將者要先知士伍之情山川之形認察敵人動靜即問病胗脈之醫也稍有差誤用法不効將歸罪于法曰前人兵法不效烏乎效也吾人童而習之幼而學之又須長壯之日履名將之門處實境之間方知兵法為有用方能變化兵法以施之行事之際至于見任將領付以邊場之寄歲有桴鼓之舉可謂學法于實境之間矣却恃其驍勇或因幼年失學不解文字或不知兵法之有助于實用遂又棄之而不講夫有資

可習者無實履之地有實履之地者無可學之資如何而得全材為干城之器乎以後將士識字者于冬月夜長之時宜將兵法將傳每夜飯後限看數葉然後或有室家之擾或庭階散步以舒其懷睡則枕上且細細玩味內有不省義意者次日仍復質問于先知之人自然有得不識字者端坐澄心令書手識字之類或通文武生秀才為之高聲朗讀數葉省其大概復令講說數遍歸枕之際亦如前玩味自然有得

久則開口議論誰謂此人不學耶古人謂開卷有益學不誤人況我國家疆埸之計而可以憒然一白丁克濟乎當是任者思之

第二十習武藝一物一事有象有則况乎五兵制器尚象自有用使之法法即彀也在藝中得法者謂之入彀為將者身司統率似不必以技藝為高但士卒全以器械為爪牙古人有言器械不利以卒予敵利之一字不專為鋒利用之便利亦此利也欲用之利必習之精習矣而不得正彀大陣之中稍有失誤或進退轉跳閒前行未動後行先誤若夫以少擊衆人陳分擊尤貴于藝精為將者已不先學何以倡人已不知花法實法之辨何以辨別士卒所習之高下如憑教師而高下之人不服矣諺云義高人膽大將軍者將軍于前使無技藝在身安得當前不懼且身當前行恃我之技可當二三人左右勇健密密相隨人人膽壯惟看將軍氣色氣色係于膽膽係于武藝是所

關非小小也欲為全才之將凡種種武藝皆稍習之在俱知而不必俱精再須專習一二種務使精絕庶有實用庶可練兵肯專心致志不過一月可熟一種各種教師置于左右每日飲食之餘無所消遣則用一教師習之以為消遣之地他功不妨而武藝自熟

第二十一正名分天尊地卑乾坤定矣卑高以陳貴賤位矣惟皇建極以率諸侯諸侯以率大夫大夫率四民秩然莫可紊也即如織錦者千絲萬縷為經為緯一縷亂不得況將領統馭千軍萬馬縱横進退使非名分平日素定誰肯甘當誅戮莫敢仰視乎孔子論治亦只曰正名名正分定分定則上下相安臂指相使莫敢有違軍中名分須從軍禮為始但軍中之政以聯情義為首務恪執名分情義頗隔須于名分之間寓以聯屬之道尊嚴之地通以共難之情如此在下事上則尊而親之在上使下則順而悅之三軍之衆可使赴湯蹈火矣

第二十二愛士卒將者腹心也士卒者手足也將誠勇以力相敵不過數人極矣數十萬之衆非一人可當必賴士卒咸同生死奮勇當鋒兵法愛士如嬰兒故可與之赴深溪古人吮士之疽殺愛妾以饗士投醪于河以共滋味此何等作為如今將領不惟不如此推恩且使之肩輿使之供覈使之厮役死亡不恤凍餒不問甚至科斂財物尅減月糧到處先擇好歇處安眠將領已熟睡而士卒尚有啼饑號寒于通衢者

將士夜卧美榻甚乃拌以伎女而士卒終夜眠人簷下枵腹而宿者種種不可枚舉如此而欲人共性命人誰肯哉夫士卒雖愚最易感動死生雖大有因一言一縷之恩而甘死不亂者却是將領頭目千思百慮負義忘恩何也愚卒心岐尚少又有軍法驅之易就善路故也第士卒之衆吾豈能人人而惠之惟我真有是心自然人相觀感固不必人人及之人人愛千金之惠再生之德而後謂之愛而後得其感耳愛行恩結力齊氣奮萬人一心何敵不克功成名立捷如影響

第二十三教士卒士卒愛矣與我同死生而不辭矣苟不加教習之亦是以卒予敵耳語云愛而不教禽犢之愛也故凡禮義名分行伍進退營陣武藝不教不能知徒有親上死長之心而無親上死長之具所謂乳犬犯虎伏鷄搏狸雖有闘心隨之死矣是徒魚肉我衆必懸為賞格輔以刑杖先正名分習威儀上下

秩然然後授以號令操之以場練以武藝教之于夙俾人人有勇知方人自為戰蔑有不勝數者

第二十四明恩威烏合之衆上下不親非有賞罰孫呉不能以為將夫賞不專在金帛之恵罰不專在斧鉞之威有賞千金而不勸者有不費數金而感深挾纊者有賞一人而萬人喜者有斬首于前而不畏于後者有言語之威而畏如刀鋸罰止數人而萬人知懼者此蓋有機機何物也情也理與于心情通于禮賞

之以衆情所喜罰之以衆情所惡或申明曉諭耳提面命務俾人人知其所以賞與罰之故感心發則戢心消畏心生則怨心止微乎微乎用之正則聖人所謂王道仁者之事也用不以正則聖人所謂五霸智者之事也

第二十五嚴節制兵有二用數十百人隨意野戰風雨之勢非罰所加非法所管可以一語傳呼而止無節制可也雖然此即節制也若用數萬之衆堂堂原野

之間法明令審動止有則使強者不得獨進弱者不得獨退峙如山嶽不可撼搖流如江河不可阻遏雖亂猶整百戰不殆握定勝算以全制敵舍節制必不能軍節制者何譬如竹之有節節節而制之故竹雖虛抽數丈之笋而直立不屈故軍士雖衆統百萬之夫如一人夫節制工夫始于什伍以至隊哨隊哨而至部曲部曲而至營陣營陣而至大將一節相制一節節節分明毫不可干金鼓各有所用音不相雜旗麾各有所用色不相雜人人明習人人恪守寧使此身可棄此令不敢不守此命可捐此節不敢不重視死為易視令為尊如此必收萬人一心之効必為堂堂無敵之師百戰百勝萬里無危萬戰無失豈直曰百里趨利已哉將見天下莫當此兵矣

第二十六明保障天地之道惟陰與陽治世之具惟文與武文武者陰陽之義也故治亂相尋本陰陽迭運必文武並用乃相濟有成粤稽三代而上井田聿興

兵農合一五等封爵文武不分故出則為將率入則為師保聲氣既同績用有底迨至春秋戰國民無寧宇卒有常征井田寖廢兵農攸分顧孫吳者出立為一家之言特設軍容不由民杜以是文武異途門户漸立秦開郡縣漢封同姓唐設藩鎮歷代沿革雖各鑒一時之弊而曲為更張戍邊禦侮官制固有不同然且文武職銜互相加授名義相關判途未甚懸軍實者猶詰責于事定之後以故議論事權勢常相捋

所以綮功惟斷乃成迨至宋室立國本弱儒術岐多故分者决不可合而合者亦分汔于我朝一時握戎者輒以汗馬自驕紛然多事以故防微慮重軍政肘掣承平二百年來文法日密不惟分黨而治抑且惡異而攻惟馭衆臨壘為將士之責而糧餉賞罰操縱予奪纖細之事悉在有司即器具行伍教授法令亦縉紳預其章程復不關于利害故文武勢分情格陰陽之義判而相成之實隳矣蓋嘗思之朝廷設官分

職外而百里之令五百里之守上而旬宣之司激揚之位皆所以保民也凡我將士躍馬食肉握符當閫其所統軍卒不耕而食不織而衣徵民商之税課為之供養毋問風雨宴安坐糜廩餼無非用其力于一朝除亂定暴則民生遂民生遂則國本安亦所以保民也故文武之職不同所司之政雖異而其所以保民則一也顧今反其道者止知軍士是我統馭其於保民之意漠然不省率狥情而偏愛之每到地方縱容掄擾百姓不肯克己嘗見東南受兵之處有謡語云賊是木梳兵是竹篦蓋言梳還有遺篦則無遺矣及有軍卒生事相訐到官又輒右兵而左民以致軍士縱恣紀律不整百姓失望比臨陣時不惟無以戢定患亂且殺平民以報馘刼避冦之家以充食姦淫被難婦女矯誣掩敗設詐冒功此輩不遭人禍必受天刑於是文吏耻武夫之無術視軍士如仇讐凡軍民相干之事一切肆其尅毒務要軍將受虧曲護小

民以為仁愛而小民亦只顧目前便宜那管隱禍在後等而在上惟以刻抑將士為得體為有風力互相倣效稍有通念者衆共笑而排之以為同流合汚遇有警時即錢糧軍器餽餉應付率不究心一意只要軍士殺賊要將官驅不飼之馬不哺之軍不着人家居宿無論賊勢衆寡機宜何如一到便殺了賊來麼才將就何其不通之甚也夫平日于凡軍伍氣勢被其摧抑已盡將官事權被其掣肘莫展臨時又不相

濟復加以未諳兵機之人硬强調度豈能殺賊是以賊得猖獗蹂踐疆土虔劉子女損傷國體不知幾何與平日偏愛私恩孰為得失即將士粉身碎骨何補于民社也哉今後為吾將者須是看定兵馬真為安國保民之物事事報恩之本無問文武分塗展布難易一心從保安民社上起念推此而馴之必以嚴節制為務欲嚴節制必先明恩威恩威明而教不行士何由措故先教士卒教士之急莫如正名分然正名

分必自身率始而習武藝知兵法身率之藝也非本也本不端則萬目叢挫矣必先辨古人而效法之先勤職業則效法有日進之益先知謙德之利則我為官箴惜而人亦為我惜之但欲知義之所趨者必先知害之所伏于是而審功名之害功名之害小委靡之害大故先審委靡之害委靡自逢迎而生故先審逢迎之害逢迎之害未若勝人為害足以取禍也故先審勝人之害勝人之害生于剛愎故先審剛愎之害大都諸偏之為害未有甚于欲之為害也而貨利聲色尤害之大者貨利猶可勉强無如聲色易以惑人故聲色先于貨利能審害之所伏而不為須知大本大端之所先而定其趨寛度量為德之次也故先之以堅操守操守勉乎外無若先做好人以立其基做好人而惕于憂禍趨難定也故先辨利害利害莫大于死生明死生利害自辨死生利害惟其昧于志向故為所奪志向定雖死生不足以移之故曰先立

志向然志向先起之于心故以正心術為首是故心術正則志向自立而不惑志向立則死生自明而不畏死生明而利害自辨利害辨人品自好做好人而未有不知堅操守者也操守堅而狹隘者有之故次之以寛度量心廣體胖矣而最難窒者慾也慾莫如聲色與貨利負能拔除難窒之欲而尚德不可以不謹剛愎害勝人害逢迎害委靡害功名害皆以輕重次第而切磋琢磨之可也夫惟諸害既去乎身善美

已歸諸己于是而驕吝或生焉非所以受益也故尚謙虚之徳焉謙而無識其弊也弱故次之以惜官識則謙不至于弱矣勤職業者官之識也辨効法者官之識也官識正矣或于將之職未盡也將以戡亂為務戡亂有其兵法為要武藝次之治軍有方名分為功教授次之教授有術故次之以恩威也節制也合而言之無非以保民為職故終之以明保障約之以一言曰正心術而已矣於戲大本既正百行翼張賢

將彙征文治廣被王國之慶邦家之光也

以上每一條內多有不盡之意不出乎紀効新書練兵實紀備練通論互相發明似為重贅但畧言之恐無以發揚學者生意故重其言而不重其意者有之重其意而不重其言者有之學者惟自擇之

練兵實紀卷九

欽定四庫全書

子部

練兵雜紀卷一　二

詳校官御史臣莫瞻菉

總校官候補中允臣王燕緒

校對官中書臣毛上炱

謄録監生臣陳圖泰

練兵雜紀卷一

明 戚繼光 撰

儲練通論

為議儲將材事案照先准廵撫都御史劉手本前事為照國家傍塞建都聖謨深遠夫天下危注意將今固其時矣第世胄之子率狃於紈袴之習無復鷙鷹䝙虎之氣又或拔自隸卒行伍之間足堪一劍之任而韜鈐不諳終非全材今國制三年一開科以弓馬策論別殿最定去留選士亦既精矣而養士之法則未備屢奉明詔令中外臣工得舉所知將材各以名聞又令廢閑將官類得甄録用將亦既廣矣而儲將之典則未講夫不蓄于平時期取用于一旦則無惑乎臨時多乏才之嘆近該本院調取所屬遵化等衛應襲舍人親臨演武場聊一試之得年力精健騎射閑習者三百餘人竊欲將此輩群之武庠擇力師長授以武經總要孫吳兵法六壬百將等書俾各習讀講解其義仍於騎射之外如矛盾戈鋋鈎弩礮石火攻車戰之法各隨所長分門析類各令精通俟其稍熟間一試之或令之赴邊使習之山川之勢番地之情或暫隨在營使熟識旌麾金皷之節且教而且用之用之不効而復教之如此數年之後必有真材但事在謀始規條未定一切教養之方供贍之禮合行會議以便題請為此除行薊州永平密雲昌平覇州各兵備道會同計議要見各衛所應襲舍人應否選入密雲遵化等處武學作養應以何項衙門總為提督何項官員立為師長應習何書應學何藝作何考校作何優養應否比照儒生別為三舍之等應否一體議與膳糧優免供給之例亦要量定名額以防濫觴斟酌情禮求可為繼中間未盡事宜悉聽一一計議停當通呈軍門及本院以憑議題施行外為此合用手本前去煩為查照前項事宜一體會議施行等因到府看得所議此本院作人儲材為國為民甚盛舉也但今可教之材

未之而之師為難歷觀古之能兵者必有鬼谷子師而而後有孫龐之劍術必有韓擒虎之勇而後有李靖之兵法故曰師道立而善人多目今堪為教將之師者果其誰歟必不得已姑開學館則實心真志教習文行者為養蒙師兼而取之俟其應讀諸書稍能讀誦考其文行果可實用即多選熟知各色武藝之人不拘行伍遊方之輩廝役種色人目或為藝師或為藝友每學數人日夕教演大約不過三年則諸藝俱通然後付各實用

營中習教陣法操法俟其著有成効然後總調一處考校之果為精通又再付各有事地方將領隨營出征習臨敵真戰真法俟効而量才擢用其群習一節雖吾夫子必曰百工居肆以成其事為今之計先選年力資幹相應者每道為一會俱附各道常住地方學宫之内列于儒生之後總聽學官提調另擇合格師長老成生儒曾歷邊方及遊將門者尤善有號房則于號房無號房則別求館舍以教之俟一年之終則分立三等以後每一季一考以所進等差為賞罰每季月放假一次以恤其情每名量給客費俟其考中一等者照依生員另給廩糧一石而客費與衆同者仍不廢焉若因調習不便聽其隨在隸籍讀習此不過虛應故事而已必不能有成何也彼分散諸庠孤陋寡聞一也不能使得許多合格之師二也督責未專三也至於提調一節歲必總之于撫院每年約日將撫屬地方各道所屬教養官生盡數調赴遵化會同總兵官群而校之以行賞罰在各道

則月季而章程之儲之之方如此其密則習之之効當捷于影響矣管窺之見如此深愧無能少助一時之盛舉有孤下詢之美意也別撰儲練七段為此合用手本前去巡撫右僉都御史劉處煩請裁酌施行

儲將

戚子曰將之于兵殆人身之有心乎心附于胸而運虛靈之理酬酢萬變殆將附于法而本虛靈之運指揮三軍者也心蔽于物將蔽于心一而已矣或者曰為兵之

將者材官也藝士也藝而材將職理矣使貪使詐使愚皆可也予專以心言毋涉經生迂談乎戚子曰誠若是則文武為二矣夫人無二身則文武無二道材藝之美必有不二之心庶成其材茍有人焉以不二之心發于事業晝夜在公即有一尺之材必盡一尺之用至於多才之徒或巧為身謀或明習禍福用之自私雖良平之智孔明之術我何所賴故曰有將材而無將心具將也無將心斯無將德將德靡而用其才此世之所以有驕

將有逆臣有矜急之行有盈滿之禍有怏怏之色不能立功全名衛國保家為始終完器矣孔子曰可以託六尺之孤可以寄百里之命君子人與君子人也夫以託孤寄命必曰君子孰謂付之以疆埸之責授之以太阿之柄而詐也愚也貪也可使之乎其在今日也所以不得已而用才不得已而用匹夫之勇不得已而使貪使詐使愚蓋由養之者乏素取之者失宜習之壞者久且痼不得已而求其下焉幾何而得良將哉恭惟太祖高

皇帝起兵濠梁統一函夏北極沙漠南窮瀚海無不賓服內而禁旅團營外而九邊海寓與武弁襲授諸政悉屬司馬視文職之掌于冢宰事體相等凡此皆所以蓄養武弁為求將設如張大罟于深淵冀無遺鱗而後已

祖宗設立武科法制至今益備漸埒文場雖草莽九流咸許在試凡此皆所以搜求材技為求將設如布大羅于深林冀無遺羽而後已為武弁者豢兵幾二百餘年而武弁不足以得將為科目者幾歷七十餘科而科目

不足以得將中間寥寥有聞足為邊鄙輸力稱名偉者不過數人多出甄拔未聞咸由豢養科目之徒僅有是人焉方且恃廉傲物伐功上人求其始終無二心明義欲之辨純忠勁節無周公不足之觀者誠未見其人焉戚子嘗求其故矣嗚呼用非所養養非所用教之異其施施之者不繇于所教日撻而求其楚不可得耳今之練將者如何戚子曰無分于武弁也無分于草萊也無分于生儒也遴其有志于武者群督而理之首教以立

身行已捍其外誘明其忠義足以塞于天地之間而聲色貨利足以為人害以正其心術其所先讀則孝經忠經語孟白文武經七書白文次第記誦其所先講則孝經忠經語孟武經七書毋牽意解不專句讀毎一章務要身體神會其義庸有諸身乎其理果得于心乎擬而研之研而擬之由恍惚而得由得而復恍惚俟畢即讀百將傳將傳中諸將人品心術功業某何如而勝某何如而敗孰為奸詐孰為仁義孰為純臣孰為利夫孰為

烈士孰為逆臣某如何而完名全節某如何而敗名喪家某何以非其罪某何以為罔生幸免某能守經某能應變逐節比擬以我身為彼身以今時為彼時使我處此地當此事而何如可俟其尚志既定仍復如前曉以禍福利害之數成仁取義之道須心中有定主不為害撓不為禍惕無見于功無見于罪常惺惺矣然後益之以春秋左傳資治通鑑以廣其才又授之學庸大義使知心性之源頭源潔流清悟見鳶魚常活潑矣又如醫者之于醫先習藥性脈訣醫方而後進之以岐伯難經素問故得命乎方而不拘乎方悟于法而不泥于法于是為純臣之性吉士之材矣然後進之以雜習器技行伍之務將之以桴鼓實用之間則將材成矣

練將膽

夫如是而教養之矣則理明理明而後識定識定而後利害不撓利害不撓而膽不壯者未之有也

練將藝

夫如是而教養之矣養將之德也養將之材也養將之智識也未曾養將之藝也或者曰如子所言則藝事非大將所急也戚子曰不然將所以督率乎三軍也三軍之藝有正法有花法山林險阻以數人而與數人戰一藝也平原曠野以萬人而與萬人敵一藝也是故藝一也而不同者用也山林險阻敵寡我衆則人人得盡所藝之巧進退轉側各從其便惟預示明諭使吾後行悉知其說弗因前行退側疑為奔却不可一齊動脚則底

幾矣若數萬人之敵勢如蜂擁攢隊而前一步不可那移退跳一人用進退之法則後行傍行以為奔北遂使萬衆奪氣而走是故其用不同其習自異主將不知諸藝之習何以得知諸藝正法眼必致法法混乎其中花法人而正法昧急遽難變其所關係豈小小哉況主將率三軍首鋒非藝曷以作勇非勇曷以前率是故為將者不拘三軍各色武藝長短器具必一一習之即不能皆精必精其一二技而餘技亦必習知其槩他如火器

之具軍中利用而品制多門一器之用什物數種最難求精求備非為將者自信之真自知之熟弗能適用也雖一物之微弗親查較弗能適用也至於車之為用制之之宜馬之調習飼蓄之方皆將之事也一事不知則一事廢斯乏一事之濟為將者可不知藝者當與讀習之工分日並講然講論既明必實將是器是藝親見而親作之作之不止至于熟則一藝工矣復加一藝知而實習斯得其用藝之妙矣

正習詆此當開導于蒙故刪諸篇之中

習武者不外于孫吳是習孫吳者皆孫吳之徒也自夫世好之不同也試文之餘每于篇中必肆詆毀譏笑其師無所不至試使今日之毀師者受國家戡定之寄而能攘外安內如孫吳者幾人哉夫業彼之業而詆彼之短是無師矣以無師之心而知忠愛之道有是理乎況夫武弁之子受娠于父母之懐已有嫡長倫次承襲其官此朝廷所以豢我命我以武者也較之生長閭閻從

事俎豆而棄其本習事王伯之談得已而不已者不同也及其長也受官行伍則二百年國恩望以報之于其身非執凶器誅叛亂無以塞責責塞者榮負者法當死並其祖父之績而廢之弗録爾將曰軍旅之毋學五伯之羞稱卻乃藉其豢養之貲用心逐時之末謂之人品高談于賓筵竊取于文藝佛老盜高人之名雜縉紳之伍固實未嘗不為之榮矣第朝廷豢養武夫正為今日將材之需今所學非所職所習非所用緩急之際求將

于武弁而不得其人求將于草莽而不得其人疆場之事付之無可奈何是所負者惟君父而已夫此輩之于時為之叛臣可也謂之賊臣可也加以不忠之戮其何辭者雖然苟能執事舉而文藝兼備者謂非全器乎

練真將

夫如是而教養之矣而不履夫實境是猶瞽目者談五色之絲雖離婁不足過之逮以絲付手命之曰某為某色則依然瞽矣况兵凶戰危場肆營陣之習固所必由

而不可廢亦不過筌蹄之學而非忘言之境也必也無論南北但以用兵地方將所儲諸士輩分置行間出戰則置之戰陣之後于實境以試之試之既真且小委以嘗之嘗之無疑然後可用

分將品

夫如是而教養之矣能是數者純乎純矣而兼以文義雅有德量則大將也能是數者優于技藝勵于鼓舞短于文學則偏裨也才有餘而志不足以當之勇有餘而志不足以承之皆小將也夫如是而教養之矣或既而為愚為詐為貪而皆有一長者收之幕次因其事變偶一使之優以金帛勿輕示以爵位一事竣則仍復幕次一事起則暫復任用有事則重之而足其欲無事則恕之而嚴其處此養鷹之法所以為馭將之要論而駕使裨偏無往不濟者也若曰待大將之道如何夫如是而教養之矣功由序進德與功孚尤如慎而擇之務庶其人無欲焉無所為而為善焉功日高而心日下焉位愈

隆而志益堅焉果為純臣無二心焉推誠心以致之絕疑間以重之歸其事柄假其設施言必行焉計必聽焉財穀無問夫出入總有裨于用而已矣機宜無掣其肘腕總為有成功而已矣讒間無聽總為乃心王室而已矣食之盡其材明之通其意務使展千里之足馳九軌之道國有良將軍行罔功未之有也

練心氣　此成材之將練兵之要故次于末

人有此身先有此心氣發于外根原于心邇心則氣昌

出故出諸心者為真氣格于物而發者為客氣練心則氣壯孟子曰我善養吾浩然之氣養心也又曰志一則動氣氣一則動志今夫蹶者趨者是氣也而反動其心是心者内氣也氣者外心也故出諸心者為真氣則出于氣者為真勇矣是故走陣于場習藝于師名耳目以金鼓齊勇怯以刑名皆兵中之一事如人之五官十指四肢皮毛各有輕重緩急之司要之少一件固非完人便少一件亦未害其為人亦與大命無干何也不足以

該全體也即如三軍之政行伍號令旗鼓技藝之數少一件固不足以為萬全之師少一件亦未必不能為一戰之勝故大命所係在氣而内屬乎心心之所係則神明之感自然之應也故誅一人而千萬人順誅心也賞一人而千萬人奮賞亦心也不怒而威豈斧鉞之力也不言而信豈金帛之惠哉視死如歸得其心也視敵如讐心之同也茍不求于心而務求于氣誠以北方之兵驍悍勁猛氣孰尚焉往年徵役于兵一敗而不可復振

蓋其所發為勇者乃浮氣之在外者非真氣之根于心也氣根于心則百敗不可挫天下莫當父子之兵矣戚子于督兵東南時凡諸營伍中有養氣太勇而久未用者不使當前行以其積氣太浮畏心漸掩不輕視其號令心墮賊之計中故兵入惟恐其不勇人皆知之而勇之過盛亦不可用則知之者鮮矣善將者宜何如而練其心氣哉是不外身率之道而已矣倡忠義之理每身先之以誠感誠又如嬰兒啞子飲食為之通疾病為之

恤患難為之共甘苦為之同彼有情焉如嬰兒不能自通乎心如啞子不能自白于口善將者不待其心之發而先為之所不待其口之出而預為之謀諄諄諭以忠君之義禍福之辨修短之數死生之理使之習服忠義足以無忝所生其為榮也利也如何世之情事有重于死者有甚于生者人心觀感之下積戴之久感于愛則愛君愛將而身非所愛感于義則不忍後君後將而先其所私感于禍福之辨則患難不足恐而親上之志堅

感于修短死生之數則水火存亡不足以奪其心萬人一心心一而氣齊氣齊而萬人為一死夫是吾以一心之萬力而敵萬力之各心以一死夫而拒彼萬生命孔曰教民七年孟曰仁者無敵執挺以撻秦楚之堅甲利兵非得心而一其氣何以致此于民哉故感通之神孟賁失其勇良平失其智不疾而速不行而至民之可使赴湯蹈火趨仁如水趨下況三軍之士佐之以不時之賞斧鉞之威而行吾仁義于其中為有本之治耶或謂

常操之套果可用于臨敵否而真操賞罰精微之處亦在此否耶戚子曰操兵之道不獨執旗走陣于場肆而後謂之操雖閒居坐睡嬉戲亦操也善操兵者必使其氣性活潑或逸而況之或勞而息之俱無定格或相其意態察其動靜而撙節之故操手足號令易而操心性氣難有形之操易而不操之操妙能操而使其氣性活潑又必須收其心有所柬畏兢業又有操之似者最為操之害何則讙譁散野似性氣活潑懈若不振似心有兢業為將者辨此為急知此可以語韜鈐之秘矣獵人養鷹犬故小道也將無所似乎且夫好生惡死恒人之情也為將之術欲使人樂死而惡生是拂人之情矣蓋必中有生道在乎其間衆人悉之而輕其死以倖其生非果于惡生而必死也故所謂恩賞者不獨金帛之惠之謂雖一言一動亦可以為恩為惠所謂威罰者不獨刑杖之威之謂雖一語一默亦可以為威為罰操之于場肆者不謂之操所謂筌蹄也而兵雖靜處閭閻亦謂

之操乃真操也微乎微乎妙不可測神乎神乎玄之又玄此聖賢之精微經典之英華儒者之能事豈尋常章句之可擬耶況謏之曰弓馬粗材武夫血氣之技焉乎可或曰子用兵酷嗜節制遂至成効節制工夫從何下手戚子曰束伍為始教號令次之器械次之微權重焉不能傳也當於經籍中採其精華師以意而不泥實事中造其知識衡於己而通變推而進之於其武直取上乘孔子云我戰則克是己勿謂行伍愚卒不可感通恃

無才之小勇倖徂詐之一中也嗚呼

正選練 此責不在將故以終篇

夫如是而教養之矣而率倡之機存乎上不有以轉移之拘夫今日之俗好將材亦不可得也故曰士修之于家而壞于壯行之時是也我國家南北取將好異而習不同最重莫西北若也其取將也頤指氣使屈體無骨德中選矣阿諛取容伺意作止才中選矣鄉愿勢位不立名分量中選矣大言不慙自以未嘗學問為美行陽

賁奮殺之口陰為寅緣之計單騎斬馘撫劍疾視為將之上選其實則單騎亦偽斬馘亦偽撫劍吾人之前而實未嘗撫劍當數萬之衆縻三千之營而供百餘之家丁鼠竊狗偷張大其說以為功伐雖大將亦由此而立躋之至于所寄取將之耳目者又皆未經事少年識見不同好尚情殊所謂不知三軍之事而同三軍之任者也況將之用以氣氣之發未免有過中之差使其一不投好即才如孫吳皆加以不韙之名立賈奇禍夫將亦人耳中才者多遯世無悶獨立而不懼者極少幾何而不為習好所移乎其在東南也凡所以取材于武弁者俗尚循雅叱見武戇必其峩冠博帶高談濶論繪文賦詩談舌之輩下之得于觀感以為不如此不足以希世而竊名位具于行伍分數刑名法令姑視為贅疣而已且凡用兵之地多事之秋乏材之時或用其一長或恕其任怨稍稍聽其展布一事甫竣前勞盡忘舊怨早起指過者紛紛修復日前之恨或謂不合時格或謂令得

反之惟恐棄之不速為吾俎豆之耻嗚呼得人以强吾疆事公心于君父者可若此乎是則不在將而在將將者之責也

練兵雜紀卷一

欽定四庫全書

練兵雜紀卷二

明 戚繼光 撰

儲練通論

一原軍禮夫軍中可使必鬭者軍禮也軍禮者名分也兵法鬭衆如鬭寡刑名是也意正在此彼臨敵用命係于平日有禮禮不可踰閑則知死長苟事急布惠當陣殺人皆無救于成事身之使臂臂之使指如驅

羣羊驅而往驅而來皆平日之威儀習之有素故也近日武教不明行伍寬縱蓋由上人視此為不急之務加以頭目慾多無剛和光延日而不任怨軍禮之不興也久矣禮不興則名分不正名分不正則履加于冠上太阿倒持臂豈能使指者為今之法宜將士衆編伍既成申令再三期集于場主將臨之務使小卒跪聽隊長約束惟言是行少有犯者即得以徑行細打重則貫割其耳凡有兵告隊長必先以軍法細打而後與究其理惟有侵尅一節不在禁例牽引侵尅以圖害本管隊長者約以軍法隊下卒人犯科隊長同夥咸抵于罪若隊長之臨士卒亦必盡其同甘共苦之情其責隊長之承哨長亦如之哨長之承哨官亦如之哨官之承把總亦如之把總之承偏裨亦如之如是而威儀名禮既明于夙一旦臨壘偏將于把總把總于哨官哨官于哨長哨長于隊長隊長于士卒皆舉手而揮驅而往驅而來孰不從命少有玩

者一怒而三軍懼凡各相上一等者倡之總不敢棄偏裨哨不敢棄總隊不敢棄哨卒不敢棄隊不惟不敢棄且不忍棄焉指之令于臂臂之令于身行之有素習成自然軍禮之關于鬭豈不切哉

一原用人夫人心不同有如其面誠偽難知如深淵求珠兵法雖云使詐使愚酒色財氣之人皆在不棄彼前項之徒只可使于一時一事因其所迷而激之為我盡一藝之力則可也若夫寄一旅之衆當疆埸之

責有死生利害之相加有錢穀給散之相近有患難難苦之共嘗齊一行伍之耳目感召烏合之人心使之赴湯蹈火從吾所願豈貪詐奸愚足以當之哉故用領兵之人寧過于誠實北方所謂老實南方所謂鼓氣是也彼伶俐之徒平日只顧身家而怠所事明恃其才足以庇緩急至於枹鼓之間先看得利害分明恃能顛倒是非必不用命前列我之感召不能化之我之號令不能信之而在我駕馭之道窮而滯矣

誠實之人感恩而不忍負畏威則不敢負雖才有不逮而疵瑕不忍遮掩則吾耳目不眩于是非然又有一等衝鋒陷陣之徒而不堪于管練統馭者又有一等調度知方之徒而膽力不堪領鋒率衆者于此處之盡其道而使偏于勇力者可以將兵偏于調度者可以衝鋒是誠在我良工之心苦矣哨官以上弓馬技藝皆具末節不足為輕重然亦須各有一藝然後仗此無恐庶可當先且平時教練頭目先知此藝之利病庶可以示人之習何苟不可得兼寧用有膽而無藝者然則貪詐愚不可用於統衆誠實足以付一軍似矣又何加焉必也奉主將之命寧使下怨而奉行惟謹不苟取士卒之財而與之同其甘苦畧知文字有志何上庶幾千人之將矣此所謂幹實事之人也幹實事之人臨陣而不拚命率衆者有之矣奸詐伶俐之人驅以死敵者未之有也

一原性氣夫人之生禀天地之靈天地有南北寒暖之

殊故人稟有强弱直詐智愚之別南北之不可同若天地之寒暖不能一也江以北大端氣浮而輕躁易挫而難振此蓋一時迫切之浮氣非真勇氣也似當先挫抑其浮氣發其真勇南兵氣雖平和而慮周多虛激之氣而無刎頸決腹之志似當掃其虛氣作其真勇教馭之方亦自不同大抵江北土平水少兵法所謂十步當一騎正其地也當重騎兵然騎兵不便短戰倭銃可以遠及因騎形之大猶易中傷步騎必

須兼用但騎不可逼步之後步若教練未信亦不可使當騎之前騎傍攻而步正出或者具可予騎于弓矢之外可用毒弩平野之地衝騎散列直衝賊營以毒弩射之尤非弓矢所能比也步兵乘險打銃而搽之以騎亦無不可雖然臨機應變因敵易形又在主將不能遥覩也

一原感召夫民心至愚而神無令之政不誅之威晝地而守不賞而勸貴賤異養尊卑異位豈盡是智力所

能驅之哉然古今人無賢智自王侯以至于庶人有同焉者昭然而不昧也惟盡我之所與行伍同者而行伍以同應之彼亦自不能知故立得脚根定蹈水火而不辭凡為主將者主將非大將之謂也一隊之中隊長為主將一哨之中哨長為主將以上倣此至誠待下平居之時視其疾病察其好惡實心愛之真如父子一家又諄諄忠義之辭感召乎衆人操之時虛心公念犯必不赦至親不私必信必果出征之日同其甘苦身先矢石臨財之際均分義讓如此則無慾無慾則剛明正直足以使人下卒雖愚昕夕得于觀感義愛蓄于平時奮氣發于臨用將見利之而不庸殺之而不怨心威于性命輕于感形威于法而油然莫如其使之者矣但將士色貨之驅鮮能自振自立必吾上人諄諄教導嚴切察訪隨過曲防以納于軌不可化誨者嚴以重刑加以連坐萬人一心所向無敵不在茲乎

一原信夫人無信不立而軍中之信猶如冬之裘夏之葛不可一時缺者夫子曰去食去兵民無信不立當今之時天下之政載諸條例頒諸陳奏充棟累牘集案盈几皆通變宜民致治之言也朝行暮輟而曾無一補于治者不信之故耳如今之官府告示張掛通衢大字掐揭可謂信令矣而舉目一看者誰何良由官府不行督察之令小民習為故事如此而雖日出一示何益哉苟着實舉而行之如有司官只一收字

有餘用矣兵中號令更不可一字苟且凡集烏合之兵行伍既就首閱體統以正軍禮軍禮不肅者有誅軍禮既正在南則紀効新書在北則練兵實紀擇其第一當習者人各一本每入教場先令每隊中識字者一人讀與衆聽日限若干抽兵考背書聲徹外至有兵人苦之曰我輩能讀書必去考做秀才不來當兵矣此豈得已哉人心既苦則又從而解論之使知當習之故如此人人知我之令矣然未必人人行我

之令也于是再約以期挨次查其行否怠事者有誅歲月之餘習久信立人人知方是之謂節制之師是之謂人自為戰今人之談兵者却以不用節制野戰何敵人出已意謂之人自為戰謬矣謬矣是故行之而必察察之而必行操簡馭繁統萬如一信于先而用于後故未戰而廟筭勝者此也孫子以信居二吳子以果居中誠能着實用力于此二字庶幾乎節制之師

一原教夫人之才器不同而同歸于適用人之作用不同而同歸于得士心是在吾因材造就無一毫預于已耳聖門七十子問政問孝吾夫子應之未嘗有同語各因其未及而發之也未及者既至其于已至者皆同矣敢以敝營一二實事為對如一把總平日優禮于頭目而嚴察于兵士凡是營之兵犯必輕處恩必遍及有當治以法者必多責成頭目如一把總平日寬愛兵卒而操切頭目凡是營之兵犯必重處威

必全加及有當連坐以法者必量貸之其有優于調度而短于衝鋒者委司策應必佐之以强兵勇士其有優于膽勇而短于調度者委司前行必付以伶便之佐授以不移之令其皆因材而加造就無分智勇盡可收功實不容一毫已意為之增損也由總而馭哨官哨官而馭哨隊長隊長于十人之中亦當因平素十人性稟何如人人異應如勇者勸之合十人以為勇不可獨恃其勇勇者未必皆被害曉其義命以

作其勇之類務使十人各奮其所長而改其所短破其所疑此須主將諄諄面誨刋刻遍及懸以賞罰不時抽查所謂比及三年有勇知方此其知方之敎乎

一原群藝旗鼓營陳夫群藝旗鼓營陳之于軍中猶人身之手足五官也手足痿痺五官病廢固不足以為人然元氣腹心實非手足五官所能攝至使手能舞足能蹈目能視耳能聽鼻能聞口能言各効用而盡職者元氣腹心之事也元氣腹心總統萬事其在兵

中于本體則感名之道于効驗則為立得脚根定雖然技藝不精以卒予敵旗鼓不明是為浪戰小陳不整節制何居又皆必不可缺而亦不可獨恃者耳

一原練兵夫器械不習與赤手同教習之道須先重師禮古云師道立而善人多教師之類于位甚卑然在兵卒之間即師傅之尊也兵卒素未習藝者不知藝之可好畧聞外習者心中有物而不化自恃舊習以為佳技師道不立則言不信教之不遵學之不習習而不悅師道廢而敎無成矣須于兵卒間隆以師禮付以便宜凡兵士之不聽教者得徑行責治禀官示以軍法將士頭目皆習其業小卒相視而謂曰其尊者信之如此吾輩當何如耶如此師教行習服速矣但教師之類皆血氣小人一技在身如藏至寶便不肯盡其法以誨人且或需索供養以厚薄為是非如此卒心不服習藝復為虛文故不假之師權則教習不行若假之師權則分外生事在吾善操其駕馭之

柄而已

一原火器夫五兵之中惟火最烈古今水陸之戰以火成功最多兵法云以火佐攻者明是火器之濟于戰陣久矣但今之制火器者類愈多而愈無實用用火器者失法而每以自悞彼有精器而無精兵以用之是謂徒費有精兵而無精器以助之是謂徒強須兵士立得脚根定則拽柴可以敗荆況精器乎諸器之中鳥銃第一火箭次之南方則大砲火箭鳥銃皆為

利器餘則只可施于舟師守城頗同而非陸戰所宜
也前項火器往往打施無節賊未至而打放已盡賊
既至而空手無可打放者其弊在于場操時不曾照
臨陣實演及至對陣時頭目不在前列火器之兵信
不過殺手立得脚根定中軍復無主令以為火器之
放止耳夫火器均謂之長技長者短用業已載之新
書惟是平時即以草人約臨陣打放步數教之如對
敵及臨敵之際用之則如在場叮嚀聽中軍何令方

才打放先者有誅凡力可及先步者只用于五十步
之外勢險節短無有不中者矣

一原火器夫北方之火器惟有夾把鎗快鎗神鎗佛郎
機碗口銃大小將軍等項種色尚多就中夾把鎗之
制即快鎗也但多一鏟把以備急時充鉄棍之用耳
緣所製之人洞曉此中病痛者既少而又非任怨任
真之心不過捲成鉄筒而已腹内未曾用鋼鑽鑽光
以致鉛子不得到底出口不直銃身单捲成器時有
炸損人手不敢托架于前却以雙手把持柄後又用
一手點火試以藥力既可炸損鉄銃豈兩手之力所
能擎禦火未出而手先動銃已歪斜鉛子何由得準
又軍士不知放法官給鉛子大小不一子大而銃口
小則子入不深出口便落子小而銃腹大火藥先鉛
子而泄則鉛子無力何以致遠夫欲鉛子出遠而有
力為其銃身長腹内光圓均直鉛子與銃口腹相合
火氣不泄之故也藥幾錢則鉛子幾錢重子重藥少

則無力子輕藥多則子鎔子去多中而准者為其火
發而銃不動也火發而銃不動者為其一手把于銃
前手在火藥之前銃不動則發必中銃腹長則子去
必直後手不點火而以指發機則手嘗執銃而臨發
穏正此鳥銃之所以為利器也此鳥銃之所以較中
雖弓矢弗如也此鳥銃之所以洞重鎧而無堅可禦
也馬上步下惟鳥銃為利器其車上守城必用佛郎
機今之佛郎機鑄造失法甚有母銃口大子銃口小

欲將鉛子如母銃之口則小銃之力不能發蓋機銃子母為二子銃口邊有隙瀉火氣火氣常弱也如照子銃製子則子小母銃腹大藥氣先出子必滚落即發去亦不遠不中又子銃之口多與母銃口不合藥發則火氣激回于後不復俱送子向前裝放之法又每以土石實子銃或用木馬而浮鉛子于面以輕激重心不能遠求其善用必將母銃口鑄與子銃口合子銃須深啣于母銃之間放法將鉛子務與子銃口

一半相合用凹心鉄送送入子銃腹內不用木馬此即機之妙用也碗口砲腹小口大項短藥少子重發出無力不堪用如用之必須腹長三尺以上而鉛子合口送至腹底發出乃急且中也五十人之中可備一位以防要路大勢沖突之冦今取名虎蹲砲即是又神鎗國初之製有木箭體輕而火力急斯箭發多番跌有鏃向內而尾撃物者且遲鈍費工臨陣不過一二發而已大小將軍不可行用只可守城而每遇

試放多炸破傷人者放之無法也因用藥太多土石築之將藥築實內無轉力遂乃横攻今須用藥僅約至大腹之半木馬長三寸下至腹口虚其內四五寸使藥有轉旋之空上用一窩蜂大小子數百外用一合口大石子壓之若無大石子壓而激之口大如盂小子如栗出口便落不能遠中惟其腹之虚也故火發向虚處一攻而出則不横及矣他如千里勝自發銃魚骨銃等項巧立名色逞意浪造皆不如式習之

苟精投石可勝用之不精雖多無益何况火器惟無惑于多端可也又其最利遠者其火箭乎利近者其噴筒乎以火箭言之頭須鋼鐵鋒須兩刃取刃自脊鏃長三寸中間以爌矢與火筒輕重得宜鑽眼須直眼不直則發不正發准遠近以為高下自天而墜擾亂後隊着人馬皆洞燃攻火盡而後止以噴筒言之慢藥明火一具三子縛以藥線合口而入入須圓緊無破毎子下用急藥子上用慢藥子發如星墜火出

成烟霧揚威驚馬近敵之具也

一原戰器夫今强敵之技遠惟弓矢近惟腰刀別有鐵鈎鎗乃乘吾陣亂而用之者弓矢射不能及遠僅可五十步使我兵敢于趨前擁鬬敵矢不過三發則短兵相接弓矢無用矣此無足畏也腰刀用于馬上前有馬頭馬頭已長于刀我兵步下列擁向前舉砍擊馬豈馬上之刀可以及吾身者由此言之敵無足術矣而邊兵每每陷亂視敵若神鬼此皆我兵之拙也

何以見之薊鎮之防九邊腹裏悉有入衛之兵俱屬本府過堂人馬器技俱經面閱而人計之我所恃以為勝而且利且遠可以代矢者謂非火器乎除大砲佛郎機碗口等銃已於原火器款内詳言矣鳥銃尚未傳至北方知用者少臨陣無有捍敵銃盡發則難以更番分發則數少而不足以却聚隊手鎗打造腹口欠圓鉛子失制發之百無一中則火器不足以與敵矢敵矣况用器之術短不接長且如南方狼土之兵土官軍令嚴重人人用命宜戰無不勝也初調殺倭每得一勝旋即敗衂何也所用皆長牌短刀而倭寇則以長鎗重矢此所謂短不接長及短刀相接刀法迥不如倭此所謂以不能而鬬能也余乃因蹶思便以敗求勝乃精教鳥銃之法以發矢矢不及銃步下短兵有若長鎗手握于根而倭則持鎗中截鎗法惟長彼一寸則必勝乃較倭長可五尺是倭鎗不足以敵吾之鎗矣狼筅鈀棍皆倍刀之長藤牌捍身而

進刀不可入是以幸而屢捷此後百戰未有一挫固中間感名之道立定脚根之効雖不全繫于器技匪此是又以袒裸搏虎不幾以卒予敵乎今之邊兵入衛兵火器既已如前不足恃而弓矢之外惟有短刀弓之勁既不如敵矢之利復不如敵臨時膽定力舒近發必中又不如敵及至近身敵在馬上我兵亦以馬交鋒則馬不如敵强刀不如敵利且軍士之刀平時砍木砍柴芒刃已喪白鐵尺餘僅有刀名即謂之

赤手可也如以步鬭敵在馬上我兵步下持二尺短刀欲仰逆馬首上砍賊頭雖倍兩刀之長亦不相及是今日所以禦敵之技件件短如敵件件不如敵而悉使敵得具長尚可以語戰乎今日之計以與戰言之必須各項器械各長彼一倍相持之勢各得便宜數倍庶可驅膽怯之卒不堅之陣而當强捍之敵也精利火器火箭鳥銃噴筒則可以長于敵之矢矣長柄鈀可打可戳可以革刀步下仰戳則可及敵面馬

上則先加于刀夾刀棍可打可戳步下則可戳馬腹馬上足能敵刀洞甲則可長于敵之鉤刀矣中原之地兼防内盜賊可用長鎗與敵戰則長鎗難用何也敵馬萬衆齊衝勢如風雨而來鎗身細長惟有一戳彼衆馬一擁鎗便斷折是一鎗僅可傷一馬則不復可用矣惟有雙手長刀籐牌但北方無籐而以輕便木為之重不過十斤亦可用以牌蔽身牌内單刀滚去只是低頭砍馬足此步兵最利者也

一原用器夫長兵短用短兵長用此所謂勢險節短之法已火器火箭弓矢皆長兵也往往敵在數百步外即已打發及至敵近與大隊齊來却稱火藥放盡鉛子欠缺或再裝已遲每由此而敗緣其故在于塲操素無號令以節制之臨時殺手立不定銃手居前列每陷于敵非此之用也今當先將銃手交與殺手臨陣放不如法違令先發徑聽殺手割耳回兵查無耳者斬銃手若〻殺手賞命平日又操之以定令每于

報敵將近時銃手雖列于外專聽中軍號銃中軍主將自掌號銃看敵至五六十步中軍放號銃一箇佝敵一面才許放銃分番如期每一長聲喇叭放一次看中軍放起火一枝方許一體放火箭如無號銃便敵到營下亦不許輕放若違令放銃打賊者即一銃打死二敵亦以違令誅之如此而更番有法放銃必能打敵打敵必能多中敵亦不敢衝我矣此放火器第一要務也至于叉鈀鎗刀皆短器也何以長用鎗

必身法步法與手法並進而手握于根即如把舵使舟又必盡柄着手皆長用之妙也但平日在教場操時打銃則把托穩定對把從容舞械則以單對單前無利害似謂習之已精已至矣臨敵之時若使仍是照前從容酬應如教場内比試一般不必十分武藝只學得三分亦可無敵奈每見敵時死生呼吸所繫面黄口乾手忙脚亂平日所學射法打法盡都忘了只有互相亂打已為好漢如用得平時一分武藝出

無有不勝用得二分出一可敵五用得五分出則無敵矣雖諺有云藝高人膽大殊為不然必須原是有膽之人習得好藝故膽益大無膽之人平日習得武藝十分精熟臨時手軟身顫舉藝不起任是如何教習亦不得膽之大也其火器猶為悮事或向天而打或手向前放銃而頭已回顧走路或忘入鉛子或下鉛子而後入藥或裝畢而滅其火繩或濕其藥線或自焚其藥十銃之中僅有四五銃發出四五之中僅有一中為難矣此蓋愚劣于百敗之中百勝之際一一面見熟試而知之也難矣哉

一原將秘夫制勝之妙如珠轉圜將何有秘蓋有不可以言喻而可以意受者感召之道也忠誠惻怛實心實行艱苦居士之先便利居士之後知我士情使衆由之而不覺知敵虛實使衆蹈之而忘危驅萬人以意而不在於威刑之寬猛悦萬人以心而不在于財貨之重輕材有大小各適其宜佐之惟斷惟信無適莫方體謂非秘哉

一原練兵分數軍禮節制之道居二十分之二次第連坐之法居二十分之二賞而當居二十分之二罰而當居二十分之二月糧得實惠明號令居二十分之一利軍火等器居二十分之一營陣得法居二十分之一將勇兵精居二十分之一此皆練士之一節也仍有五分則在使站得脚根定耳以前十五分皆為站得脚根之一事雖一事不能少而不足以該全體

所謂五分者實心任事至誠馭下同甘苦恤患難以感名為工夫使三軍心服恩威信于平日必至殺之而不怨利之而不庸兵法所云令民與上同意論語云有勇知方孟子云可使執梃以撻秦楚之堅甲利兵其庶幾矣乎

一原器秘夫人無牙爪天設五兵長短相差新書已備言之但倭寇以必死為念且從童稚時即懸刀而習之法甚熟故利于短大端短不接長我兵必死之念

與習服之熟與倭遠甚故必多用長以制短此不易之論也兩長相對惟有法者勝兩法相同惟有膽者勝鴛鴦陣長短相差管見盡于此矣

一原戰秘夫戰之有秘者猶醫方之火候也方同而火候異則效有差等矣陣惟密此平原之法也凡臨陣時去數里地列陣須一息而定列陣時勿使敵見尤妙列畢火器在前擡營而進或敵來衝我或列陣待我挨到五十步內火器聽中軍令齊發只有一次兵士乘火煙如雲一齊擁進須是飛走密布長器如鋒叢蟻附一齊擁上不可毫髮遲疑短兵救之無有不勝此非擊殺之力乃火烟之勢飛進之雄奪其心目徑前交鋒彼自靡矣兵法謂勢險節短始如處女敵人開戶終如脫兔敵不及拒不其然乎

為軍務事照得各營路軍器什物甚多遇有損失如體恤軍貧盡為之官製則軍無責成愈不用心收拾如盡責軍賠則貧軍又無力能前除將各項器械于會計之

時已行三協督各將領從長計議分別某項官製遇有損失依法責治不令賠償某項初則官製一次以後損失自行賠補某項俱係各軍自辦並不官給議擬已定呈覆前來為照各器俱有官號字樣若遇不時損失官給者務要即時報官具官給一次者與自備者若有損壞各軍亦要即行自備完美每月一次類報本營各將領書填字號免其責打若大衆一同損失及出征用去者臨時另行通備或屬官帑或屬罰補不在此例擬合

通行遵照為此牌仰本官即便轉行所屬營路查照单開欵項傳諭各軍遇有損壞軍器應官製者即行報官呈請官銀修製應各軍賠補者各軍即行賠補永為定例各將領仍每月類報本府一次查考取各遵依繳查毋得違玩未便

計開車馬步器械

一盔甲　臂手　鈎鎗

鋭鈀　夾刀　鴨嘴棍

大棒　長刀　籐木牌

狼筅　腰刀　大將軍

虎蹲砲　快鎗　鳥銃

提砲　皮簍　鑼鍋

鑼鼓旗　狼機　圍幔

以上俱干重大之器遇有損壞應該修整從宜估明請給官銀買辦工料修造如無故損失者若責本軍自賠不惟造不如法而工費頗多軍力不貲又非市集易買可得之物相應責令損失之人賠辦物料聽該管官呈報本將官處責令官匠造補若極貧無出者重加責治以示其懲官為之處應自納價者俱免責

一鍊閂　鍊錘　鍊剪

鍊錐　藥匙　鍊送子

搠杖　錫鱉　火繩

木枷　車騾鞍屜　繩索

木枕　木狼頭　馱架

油簍罩　木桶　柳筐

火鐮石　鉛子模　木馬子

鍊钁鍬

以上器具遇有損壞應行官給一次以後遇有損壞所費工料不多軍力可辦應該本軍照式賠修

一鞓帶 柳瓢 解手刀

弓 箭 弦

撒袋 火線 子藥袋

藥管 火線筒 銃套

燈籠 水袋 馬鞍仗

夾板 料兜 繩絆

釘鐝 解錐 草鍘

鞥鞋 號衣 大帽

石子 銕斧

以上器具俱應各軍自辦

練兵雜記卷二

欽定四庫全書

子部

練兵雜紀卷三 卷四

詳校官御史臣莫瞻菉

總校官候補中允臣王燕緒
校對官中書臣毛上炱
謄録監生臣陳圖泰

欽定四庫全書

練兵雜紀卷三

明 戚繼光 撰

將官到任寶鑑

將者三軍司命惟悔吝固人事所名然時日吉凶所以定衆志而作氣擬之他任不同今將緊要應驗用忌日辰開畧于左

道藏經論本命支干對沖凡上官赴任移居入宅嫁娶

出行修作一應等事先看作主之人本命無犯沖尅然後選用今人但求日吉而不知本命沖尅所犯是宜詳察

甲子生對戊午庚午　甲戌生對戊辰庚辰

甲申生對庚寅戊寅　甲午生對庚子戊子

甲辰生對庚戌戊戌　甲寅生對戊申庚申

乙丑生對己未辛未　乙亥生對己巳辛巳

乙酉生對己卯辛卯　乙未生對己丑辛丑

乙巳生對己亥辛亥　乙卯生對己酉辛酉

丙子戊子生對壬午　丙戌戊戌生對壬辰

丙申戊辰生對壬寅　丙午戊午生對壬子

丙辰戊辰生對壬戌　丙寅戊寅生對壬申

丁丑已丑生對癸未　丁亥已亥生對癸巳

丁酉已酉生對癸卯　丁未已未生對癸丑

丁巳已巳生對癸亥　丁卯已卯生對癸酉

庚子生對甲午戊午　庚戌生對甲辰戊辰

丁丑已丑生對癸未　丁亥已亥生對癸巳

丁酉已酉生對癸卯　丁未已未生對癸丑

丁巳已巳生對癸亥　丁卯已卯生對癸酉

庚子生對甲午戊午　庚戌生對甲辰戊辰

庚申生對甲寅戊寅　庚午生對甲子戊子

庚辰生對甲戌戊戌　庚寅生對甲申戊申

辛丑生對丁未乙未　辛亥生對乙巳丁巳

辛酉生對乙卯丁卯　辛未生對乙丑丁丑

辛巳生對乙亥己亥　辛卯生對乙酉丁酉
壬子生對丙午戊午　壬戌生對丙辰戊辰
壬申生對丙寅戊寅　壬午生對丙子戊子
壬辰生對丙戌戊戌　壬寅生對丙申戊申
癸丑生對丁未己未　癸亥生對丁巳己巳
癸酉生對丁卯己卯　癸未生對丁丑己丑
癸巳生對丁亥己亥　癸卯生對丁酉己酉

紫微鑾駕帝星直日一應選用合得此日百事大吉

玉皇帝星一名顯星

孟月　丙子壬子丁卯癸卯乙酉辛酉甲午
仲月　丙寅壬寅甲申乙亥辛亥癸巳庚申
季月　乙丑辛丑癸未己未甲戌庚戌壬辰

天皇帝星一名曲星

孟月　丁丑癸丑甲辰戊辰丙戌壬戌乙未
仲月　丙子丁卯壬子癸丑乙酉辛酉甲午
季月　丙寅壬寅甲申乙亥辛亥癸巳

紫微帝星一名傳星

孟月　庚辰丙辰辛未丁未戊戌己丑
仲月　丙午庚午乙卯己卯戊子己酉
季月　戊寅甲寅己巳乙巳丁亥癸亥庚申

論上官赴任十二月吉日為上後通用日次之亦當兼書

正月上官赴任丁卯庚午己卯壬午辛卯甲子癸卯
丙午乙卯戊午

二月上官赴任甲戌丁丑甲申丁亥甲辰
三月上官赴任丙寅癸酉戊寅乙酉庚寅丁酉庚子
壬寅己酉壬子甲寅辛酉
四月上官赴任庚午己卯壬午己丑甲午丙午戊午
五月上官赴任丙寅戊辰戊寅丙戌戊戌丙辰
六月上官赴任甲子丙子戊子庚子辛亥壬子甲寅
七月上官赴任甲子丙子壬子庚子戊子
八月上官赴任庚辰癸未庚寅庚戌

九月上官赴任庚午壬申乙亥己卯甲申丁亥辛卯
丙申己亥癸卯丙午戊申辛亥乙卯庚申癸亥
十月上官赴任甲子丙子乙酉戊子庚子壬子
十一月上官赴任壬申甲申壬辰甲辰
十二月上官赴任庚午壬午甲午丙午戊午庚申
四不祥日
上官初四不為祥　初七十六最堪傷
十九更兼二十八　凡人不信定遭殃

運好任中人馬死　改任終須有一場
若是寓官知此日　官陞職顯禄高强
給由考滿　致仕歸老同
宜黄道天恩要安天解益後續世生氣民日守日旺日
復日
民日　春午夏酉秋子冬卯
守日　春酉夏子秋卯冬午
旺日　春寅卯夏巳午秋申酉冬亥子

復日　正卯二寅三丑四子五亥六戌七酉八申九
未十午十一巳十二辰
猖鬼敗亡日　丁卯戊辰壬辰戊寅辛巳戊子己丑戊
戌己亥辛丑戊申庚戌辛亥戊午庚申壬戌
此日已上上官赴任求名俱忌
論進呈策上書陳言參官見貴
宜天恩黄道天德月德合黄道月空母倉又宜建除
滿定執成開日

求謀文書印信
宜天貴天恩天德合月德六合黄道吉慶福星貴人
官印喜神左輔右弼　忌赤口大小空亡　已上
俱可看後卷十二月黄道通用吉日選用則吉
逐日黄道吉時用之亨通
子午日
子時月僊星福德星　丑時天德星寶光星
卯時天開星少微星　午時日僊星鳳輦星

申時天貴星太乙星　酉時明輔星貴人星

丑未日

寅時月僊星福德星　卯時天德星寶光星

巳時天開星少微星　申時日僊星鳳輦星

戌時天貴星太乙星　亥時明輔星貴人星

寅申日

子時天貴星太乙星　丑時明輔星貴人星

辰時月僊星福德星　巳時天德星寶光星

未時天開星少微星　戌時日僊星鳳輦星

卯酉日

子時日僊星鳳輦星　寅時天貴星太乙星

午時月僊星福德星　未時天德星寶光星

卯時明輔星貴人星　酉時天開星少微星

辰戌日

寅時日僊星鳳輦星　辰時天貴星太乙星

巳時明輔星貴人星　申時月僊星福德星

酉時天貴星寶光星　亥時天開星少微星

巳亥日

丑時天開星少微星　辰時日僊星鳳輦星

午時天貴星太乙星　未時明輔星貴人星

戌時月僊星福德星　亥時天德星寶光星

夫天時不足忌在盡我人事自能感名天録所謂人定亦能勝天陰陽時日何為者哉但吾輩武夫罔習吏事到任之初手足無措已失先後緩急之序故其設施顛

倒如向風理絲無怪其然予與諸將叨有一日之長師率之責乃操其節要為到任寶鑑吾輩真肯信而行之決無不利凡我將領無論大小不拘邊腹地方奉有欽命推擢之日或生長此地或昔為屬伍日夕面見地方事宜似不必徇衆而後知也但一官自有一官之體或內而衙門之羣務或外而上司之新政便是舊遊終隔藩籬況曾未經其地者安得不為先事之圖也悉當于未任之前于曾經彼地遊宦或士大夫或前官或聞知

彼中事情者先行多方諮訪其時人言尚公語云禮失求之野閭閻小人心無所為間訪一二謹慎知事之人亦無不可是我未至之先已得地方之情矣姑默存之未可就信履任之日見過官屬且勿輕論地方事情本日只了應酬雖對賀客亦勿論地方輕開此口左右便測我意向所在矣應報上司先具揭帖椽書左右和以遇之即有不是且勿分別可否惟存于心次日將衙門内要緊號薄文卷撿覽稍知大義三日行香禮畢投文

後且收在退居親行撿看稍知任内之畧乃將錢糧兵馬城池地里各文冊于案牘中擇出粗涉一過先取大數抄為手摺常在袖中應叅上司則赴叅見詢以職守兵邊之事只云某叨遇主司罔敢不竭力報國心雖切切振作練兵飭武釐弊興廢以保地方但初至未諳容回任事事講求應該自行者不敢遲怠應該請詳者譜詳遵奉第以設施之初人心未信不無耳目之異望主司姑為主持以需其後如果行不逮言甘辱明法倘設施果合時宜果中利弊而人言市虎亦望主司堅執投杼之嫌以裨責成于終如此對之方見老成回任之日務信其言不止務信其言當終身以此言為鑒戒務副之于其行尋當巡行境内每到一城先將城池形勢邊墻看過詳問四方險易建置始末保障緣由入衙門將地方父老延入優以禮見問其弊病大率如係邊墻步步親行備問墻外所對何項敵人部落某處某年深入因何失事因何成功夫前人之事業後人之龜鑑今當

如何應可守固戰勝諮訪在心且勿就言方畧次則查點庫藏如神器則云庫在某處即親指件件驗過某件某年造如何用見今堪否且待土人典守者言之勿出已意又又卜日入操具軍馬逐名點看强弱器械堪否使地方形勢人情土俗軍馬强弱衙門利弊一一在我心中如有素遊之地乃先將極貧無告之軍查出優以言辭省其差役問其疾病次革科歛之弊次將衙門内役占賄賂之弊盡行痛革次為各軍清楚粮餉務得實

患次將孝子順孫義夫節婦親行存問其家式其門閭如此人心大定人人知我是為民之吏愛軍之將然後仍行擇訪名望才猷素重一方之人真心求教蓋彼于我初至之日未知我作用何如即有衷言未肯盡吐稍見我作用知為賢者必以徃言告我必以地方利弊宜軍宜民之畧導我凡有不忠之言偏拗之人自然不敢誑罔于我此後任我所為皆宜軍宜民之政也如有利弊所當興革事重而不可專者明白申報上司如力可

自舉者便宜行之凡有大事申報上司于文書之外仍附以揭帖備言其事之始末情節利害緣由上司無不聽允自此之後既得上司之歡心下人之悅服可謂盡善矣但人情難測患變無常又須日甚一日無敢少安在內地常若上司督責于上在邊方常如敵患臨前慎之又慎敬以勝怠如此戰勝守固完名全節為賢將為美官永無災患矣

一居官不難聽言為難聽言不難明察為難凡將官所聽言係軍卒之利弊士氣之盛衰疆場之得失初任如前多方博問得言之後必俟經歷言合者信而無疑則即行之言不合者再以未任與初任所聞質之質之非利其為我言之人亦非也我則漸漸遠之而不用其言所言皆驗行之有益于地方則所言之人必心地光明識見高遠我則時時請教以匡不逮以聞所未聞又勿彰人耳目使言者獲謗百計扞則我之好必不終善言不復入耳不忠之言必勝如此

而邪人日密所行日非矣鑒之鑒之

一一切軍馬錢粮強弱等第數目錢粮出入緣由邊塞城池里至形勢馭軍防邊方畧覘則應興應革事宜一一于到任一月之內務要取勘明白畫圖貼說具一手冊隨身以便次第舉行上司詢問查取即以手摺擇出對答登報

一到任之後即置號簿所屬置簿赴比于我我亦自置一簿以比我應行及查掾書遲早以防奸弊凡要緊

者復密書一帖粘于暗室毋容人見及不急之務人不在意者每一月之內量記一二不時覺察之掾書將謂我為神明屬下將謂我為記事不忘自然警畏為官之道臣子之職鑒戒萬億亦不能盡第一要緊在練兵殺賊實紀一部盡之茲三言以蔽之曰勤敬廉

練兵雜紀卷三

欽定四庫全書

練兵雜紀卷四

明 戚繼光 撰

登壇口授 係副總兵李超胡守仁述

超守仁等猥以庸劣待罪薊鎮恒慚蚊負非宜深懼覆餗在疚入任以來仰奉督撫按之碩畫總鎮司道軍機首興臺工以固天險並舉教練以振靡風邊習邊機雖頗有所聞見而動輒扼腕亦嘗竊為我總鎮兵主憂焉

至于超等鴻毛身命此不足計也時惟庚午夏六月諸邊新臺肇建過半乃奉制府會同撫院奏奉暫停以舉練事隨于六月下旬蒙兵主檄文奉行間竊惟是舉也往者總鎮卧治三屯諸路損益興革勢若秦越久矣所部獨三屯標下勇壯家丁約五千餘人能使軍容整治即為盡心厥職謂之上等品色矣超等忽奉前檄且喜且慮夫所喜者我兵主連橫十一路全鎮之力深得御大衆之道矣所慮者諸將積習未可言轉而一二日登

壇口語期瘳數十年來已成已信之痼疾不易易也廼于六月二十一日東路協守守仁西路協守超遵化標下遊擊孫朝梁張士義三屯標下遊擊史宸王通王撫民中軍都司謝惟能分守山海參將管英石門寨參將李珍臺頭營遊擊谷承功燕河營參將史綱太平寨參將羅端松棚谷遊擊張拱立馬蘭谷參將楊鯉入衛固原遊擊劉葵延綏遊擊侯服遠其密雲標下參將李如櫝蔡勛遊擊王禄墻子嶺副總兵張且曹家寨遊擊王

　

班古北副總兵董一元石塘嶺參將陳勛各以道遠西防緊要未至廼用提調等官張應時寗潮劉尚仁章廷爍方相李天爵朱維藩等代及各將官部下中軍官管操書記掌號吹皷手俱集三屯鎮城是日晨皷戒嚴我兵主肅整冠服盛列威儀陞帳啓轅門超等戎裝序秩趨跪敬謹謁畢退出更衣以入兵主迎至臺中延超守仁于庭内面北行揖禮西序立諸將簷下行兩跪禮兵主面南受之次各都司提調中軍等官參畢閉門兵主

乃降容悅色揖超等以入止止堂南面坐超守仁垂手僅去尺許諸將分序于東西坐超等之後次都司提調皆序坐次中軍等官立于東西壁下次旗牌管操書手掌號吹皷手俱環侍於廳戶之外禮畢超等知兵主之誨必諄諄不止萬言恐其聽記弗前有祢登壇授受盛舉也乃與守仁及各將領預擇聰慧書手各一人以從暗攜文房之具布于廳事西壁每書記一人記一句各分號編次週而復始是以兵主三日之訓辭雖不假思

　

索出諸口而無柷中節其役夫之紀集亦不敢魯魚編既合而如出素成也坐頃天氣正暑諸將士汗下如雨莫敢有揮之者兵主出吳扇百千餘柄自超以至吹皷手各給一把因命揮之以拂汗復出圃中瓜獻者于超等各三葉士識而下各一葉兵主曰位有貴賤身無貴賤自兵主而下以至士識皆兩葉于是將士不覺棄熱就涼目為異數食訖兵主屏氣澄慮良久諸將皆作兵主曰語長復坐曰諸君以今日共坐之處是何處耶衆

莫知意所在不敢對曰此非三間房子乃是一隻船且
漏又當風波之中若睡的自睡坐的自坐譬人反目各
不同心將船彼風浪飄衝打碎彼時無分賢愚無分恩
讐都是溺死遭此之際便是異心讐人既在一船說不
得平日不相識說不得平日讐怨惟此共患共難之心
掌舵的掌舵掌繚的掌繚同心同力將此船撑過江海
到了上岸時任從衆人各心各路分投而去也今要求
漏船過得風浪却人人不齊心不共捹一箇死力那箇

人能免得去况諸君起于世泰者受國恩有年崛起布
衣者榮耀逾分以職事言分當捨身以國法言勢當捨
身姑且勿論本鎮曾聽人言武職兩手握着便益成功
則顯親揚名加官進祿是一手握着便益也陣亡則廕
子立廟血食百世又是一手握着便益也是生得便益
死亦得便益但本鎮見武職畢竟廟食者少下獄者多
舍了便益以圖僥倖第不知五十年前將官陣亡之時
同陣偷走者如今還在否諸將曰還有今日走回明日

死在家中者兵主曰死是免不得死只爭多活幾日做
了箇帶罪的鬼當時偷活在世誇他便益直到今日立
廟祭祀天報忠臣子孫興旺還是誰便益諸將默然兵
主乃更端諭曰夫諸君所以不講戰者病在理欲不並
立實事與虛套不同行因有虛套行得慣故不講戰諸
將平日尚怕督撫若總鎮操守清嚴也畧怕他到了報
警時便不怕總兵了蓋知兵馬由不得總兵調度抜出
多門故也及至敵入之時督撫也不怕即有小過料督

撫拘泥舊套恐有臨敵易將利害必然姑容且總兵不
惟不能做主將更為諸將所執拗甲曰左乙曰右嗷嗷
衆口以致主將無所適從其故為何蓋逆知敵未出邊
錦衣官校至矣督撫總兵或亡于陣或逮入京其時誰
與他筭帳欲便追論諸將之失誰復聽之既而代任上
司又不惟不行查究乃預為己地且益加優言冀其感
我必然盡力于我殊不知奸猾之徒騙過了多少上司
此諸將所以不用命也有所恃者又將官調赴隨征之

日本官未起程先差人分布於入京道路及兵部門首内府諸處計約某日可追及敵不待報至便紛紛揚言曰某將官追上敵了殊不知三千軍内還無二三百到還有相去一二百里者誰為查究還未見敵及約期將近又是前項之人各處稱揚曰某官如何被圍如何砍殺其欲妬人之功報已之怨者則曰某官在某處劄營如何不救尋曰本官如何殺砍突圍而出矣甚至喧動聖明至有王全斌之賜彼人此路既熟決可僥倖復肯

出死力其平日結識此套不知用了多少心機費了多少金銀又肯捨死耶諸君多係西將率以家丁為利器決不可以此視薊鎮也家丁之名本為軍士氣弱散守地方倏然遇有小警一時軍士呼集不前而將官當鋒心得親養恩深之人相救相護今諸將每人統兵一枝二三千不等原要各將將此二三千衆教練精強又召家丁二三百厚養以充先鋒今却顧此遺彼愛小失大就以軍士之馬供家丁騎乘以軍士之身供家丁役使以軍士之糧作家丁養贍是得二三百人之心盡失部下二三千軍之心以有用之軍置之不用之地是費朝廷二三千軍士之糧餉而僅得二三百家丁之力本為求精適致冗費本為求多反以致寡既視二三千為冗數又視之為必不可練用如是而廝役益多益快其欲諸將又且利于此習于此偷馬打帳房得功視為備邊之長策及至大舉而入便謂此必不可支鋒必不可當堂相對凡能神出鬼没偷竊零騎挑壕自固便是好漢

此牢不可破之習也其在薊鎮將士又以大兵所向無敵積威所刦亦謂決不可論戰本鎮試為言之若謂戰為容易固屬欺人薊鎮必是大舉必要大戰大戰之道在我必要合十一路全鎮之兵合衆人之心為一心合衆人之力為一體除合衆人之心力另説且以欲圖大戰試問諸君夫大戰之道有三有筭定戰有捨命戰有糊塗戰何謂筭定戰得筭多得筭少是也何謂捨命筭但云我破着一腔血報朝廷敵來只是向前便了却將

行伍等項平日通不知整餙是也何謂糊塗戰不知彼不知己是也兵法多筭勝就與諸君今日在此筭之敵兵惟以弓矢為强我也是弓矢況又不如他便射得他一百人死他也射得我七八十箇官軍死彼近身惟有馬上短刀鉤子我也只有短刀況不如他兩刀相砍我砍殺他一百他也砍殺我七八十我砍他一百他不退動他砍我十箇我軍便走了賊以一人而騎牽三四箇馬且馬又是經年不騎喂息膘壯我馬每軍一疋平日

差使羸瘦臨時只馱送盔甲與軍之本身也不能若與他馬對衝萬無此理如下馬地鬭能捨命頂當須要盔甲令我之盔甲外面新表可觀内裏鍱葉一片數箇眼銹爛惟存鐵形還是好的其空落如篩子一般彼射可透刀砍可破是盔甲也不如他惟有火器是我所長但火器又有病痛且如三千軍一營便一營多是火器不過三千桿臨時必下四面營每面只得六百桿況一營决無此多又不敢以六百桿一齊放盡思以何為繼只得分為五班每班不足百桿臨陣之際死生只在眼前人人面黄口乾心慌手顫或將鉛子先入或忘記下鉛子銃口原是歪斜大小不一鉛子原不合口亦尖斜大小不一臨時有裝不入口者有只在口上者有口大子小臨放時流出者有將藥線撚不得入用指引唾而撚者有將火線滅了者此類皆放不出已有二十桿矣放出高下不準潤濕不撚者又有四十餘桿得中者不過二十桿内有中其腿及馬腿非致命所在又不能打他

死其中他致處命而死者十過十數人夫以敵數千人衝來豈打死十餘人可使之走乎是如今我與諸君還未出門還未見敵先已筭輸了件件不如他件件殺不得他明日有兵來却要昧着心腸糊塗與列位去上陣取勝列位以為何如天下道理只有平日件件筭勝他件件强如他到了臨時尚不知地利敵情何如戰不勝者有之今却一件不經心只圖獨力靠天世間無此用兵之理無有不較多寡憑天之勝諸君今日出去可用

心思想明日來件件細答我今且以利害為諸君告之敵若進入內地自入至出必然要堂堂正正血戰一場必有數千真正功級方可塞責若不及此決是大家棄了身命死于戰場以報國恩諸君就要偷生本鎮決無生回之理我猶可也今之軍門撫院志存報主心在死綏諸君若不信我與軍門周旋兵間十五年矣軍門平日臨陣只是單騎為諸君先軍門生平抱負志念我所深知若不能以功報國決是成仁取義斷不為溥吏所

辱曾諭本鎮曰這箇面皮進不得城撫院同體軍門者也彼時司道等衙門孰敢不從督撫而往督撫司道在軍就是紀功之人我不慮功賞不明我只慮諸君平日套子無處使平日怯懦者無處躲軍法在前無可遮飾且如往日調兵火牌軍門只是開云星夜隨敵向往將官恐悞限期軍法嚴重初出擇其壯馬健軍三千之中不過二千餘名以往飯不及炊電奔星馳一晝夜便走二三百里再不營行伍何如軍士有無隨上何如一日之內沿途疲人倦馬已少了一半再日又少了一半及至到敵所多不過二三百便稱某人已追上敵了其得勝與否又做支吾軍門各上司亦不查本官有多少兵多少到如此即使全鎮十一路主客將官二十餘員不過五六千人兵法小敵之堅大敵之擒也是以只挑壕自守如今題奉欽依定有限期限外不到失事罪及本官限內不到已開緊累之誣所定援兵俱係三分中選二又以一分臨時聽將官自備沿途疲之補數到了戰

所必尋主將箇箇軍定要于正行之間設法見數彼時所到不齊復有何說又往日因無行伍因無分辨某營因無左右前後營陣故到箇地方任諸將各擇便地各自為家以故對面視其危亡而不救甚至坑陷主將而不顧今以十路分東西各五路主客援兵務各合一營每營有定就方色旗號譬如遠遠但見一片白自東而來便知某營約到主將處某方屬白便向某方安營一箇亂不得一尺好地形揀不得又若某營前進奮勇本

營旗號一色不待本營報來便知是某將軍馬若一齊退走了但望見一片某色旗便知是某將先走又上陣之時本鎮當中諸將人各為一頭將官家丁在前軍士鴈行于左右俱看本鎮高招但有退縮者只將將官預令旗牌伺候徑聽綁來此時那得工夫細打只是一馬馱送車營督撫所在之處任你如何辯解就着同營一將代管其衆所以每援兵一枝必設主客將官二三員正為臨時拿了一箇就有一箇代替再說不得臨敵易

將的話了具廣布流言說謊京要一節凡遇敵入之時一切將官只報總兵各道轉報軍門撫按并不許差一人入京亂報一面預請各衙門差人于沿京大小路并九門兵部門首訪候但有前項之徒即行拿住本官後日便有功亦從減論又往往朝廷法度只行于督撫總兵蓋朝廷之上總共大綱將將之法要當如此偏裨而下每每好了多少說謊的人守邊不固退縮先走畏避之徒每每漏網總鎮陣亡與諸將若無干預何曾連坐

一人至于部下軍士曾來未見賊後一行查究以此衆不用命本鎮今奉勅諭自副總兵以下抗違練兵便聽以軍法處治況臨陣乎我必先于練兵時一試之臨陣殺人知者怕不知者不怕倉惶之際也殺不得許多平時操練之時軍士不如法就是殺衆遊不如法就是細人便曉得怕去年軍門做一本說的甚是利害直待有事時方上我也做一本在這裏也待有事時上都是諸將濫差人入京及一向不曾連坐好了偷生的苦了向

前的言語反覆思維舊套用不得軍法決到身上無處推奸躲死故曰活人却走死路死人却走活路何也凡將士若肯將實心拿出愛軍是愛軍之心操練是操練的心上陣是上陣的心必思勝彼之法軍火器具件件用心精製將此性命捨着出來用心竭力愛惜光陰忙忙整飭行伍倘得一日無事我且活一日一旦有事父母妻子身家各預打點停當出門便與他門永別了只做死的般看待方才得勝却又有功又得生回方是大

家挣駕得這隻漏船過海這便是死人走活路若不如此思量不是敗了被人殺必是軍法殺了都是丟了生路却是自己尋着無救解的死路行也這便是活人走死路大都今日只是要轉移念頭改箇肚腸最為要緊諸將唯唯兵主又曰不獨望諸君信我而改圖還要部曲信諸君而改圖不獨部曲信諸君而改圖還要士卒信部曲而改圖致此之效不獨我諄諄告諸君還望諸君以此諄諄告部曲部曲以此諄諄告士卒使上下同

心人人知此箇箇改圖心須數萬人聯異為同聚少成多合寡為衆方為勝算諸將默然兵主曰無已還有一着頗省力諸將復請兵主曰薊鎮山川險阻守固最易若能守于墻上拒打敵回見有明例各陞世襲三級所謂重賞之下諸將曰然兵主曰奈何二十年來僅見一二次守固彼時想各敵適值大兵所集處是守之一策亦具難憑必不敢信具決固也一將曰比如城在平地又四面受適尚可守況邊墻在山上者乎兵主曰不然

城小法令易及平地耳目相關誰敢先走一城中家室所係誰忍先走出城之外再無保全身家之處何處可走一一垜數人官府多頭目聯束是以守而必固邊墻遠近高下十一路幾二千里雖有山險墻在高處不能得許多頭目節節而制之高山之上經過墻邊僅十里者山内遠行便有二三十里應援之兵不可易及將官督察之時步行力有不及馬足不能登險輿乘又屬遅誤故將數十里之山付之軍士人自為守彼無身家在

墻下彼無督責于墻上就使軍士用命誰則知之即或先走誰則見之況邊墻高不過丈餘厚不過五尺敵衆數萬乘山梁之勢徑衝墻下矢如蝟集墻上即使數十軍一垜人相挨擠舉足跌落亦不能展手況以數軍孤立而當重敵勢已懸殊又望軍士用命于不賞不罰之地胡可得乎今來既奉督撫肇建空心敵臺各騎墻相映軍士據臺為守正面可禦山梁擁衆之勢兩面可打拆墻之兵然欲致此之効必在練有節制使貴賤尊卑

上下相維十人便有一隊長十人視隊長便畏如大將如此處處是有制之伍高山僻嶺儼如主將在上故人方用命所謂戰要練守亦要練戰勝之軍未有守不固者況今臺座俱當馬衝垛上之軍皆臺上官目親臨屈指可計某軍有功某軍先走便可執簿而書之山下各路又設有遊兵專拿逃回先走之徒登時殺取首級懸示苟能守固所謂全軍為上不戰而屈人之兵為第一着為最上策也兵主乃出節奉督撫方畧司道議擬者

特集為二冊一曰明哨恐其為所襲也二曰暗哨又恐其敵哨截路也三曰架砲敵將到邊則賴之四曰烽火以便調度援兵五曰臺墻敵至下據臺乘墻而攻打之也六曰關寨每防擊兵之後當防各路掩襲也于是逐句分讀字字講解與諸將士聽之其六項哨守教習詳細緣由別有守哨書冊載之茲不復贅講畢目視諸將諸將曰唯唯兵主乃作色曰唯唯者薊鎮之虛套諸將之痼習也其餘責躬之實全未全未試為諸將言之今

日之事所謂耕當問奴織當問婢與諸將共聚一堂開心見誠議論無慮數萬言只為改移痼習誓幹實事圖實戰實功以報國耳邇年薊鎮習為痼套凡上司有言不論是否只是唯唯奉命甚至增美其說俗語云馬上房子亦曰馬上房子只是眼前奉承過去心中已不然其言才一出門便生訾議非笑凡有不便于己者不顧有無益于時事或為謠言或為異議或布諸京師或托諸親戚鄉達或鼓舞軍士訟告定使上司竟食成議曲

從伊欲而後已也不要固守也不須練戰也不必精利器械只是苟圖安身得利一無所為束手享過太平日子縱他日十一路兵來不過止進一路知道由誰的路分進來破着一箇頂鋼只是將督撫總鎮捨赴朝廷法網便了為今之計利害責成我已說盡須將議論不便的事體真言無隱一一當面就說事必求可功必求成大家保全却不是好本鎮聞過如食飴二年以來諸將所知督撫變才勇之將誠實之言任事之人無異子弟

手足此叅不除邊機如何得轉决無守固戰勝之理將
于是始有以守方畧請者有以戰車方畧請者有以器
具請者有以哨守請者雖言人人殊要之皆為守戰實
事圖也兵主隨問隨答或檢列督撫所示公移書劄與
之講論再三各歸于守固戰勝諸將曉然而後已又無
處數百萬言時有向兵主言士卒之苦者兵主曰主兵
月糧客兵行糧此國朝兵食定制無敢議矣但在諸將
隨事撫恤節省本鎮舊所炊薪皆派于近路諸軍今已

之乃自遣家丁採用十二月除日薪之舉宅闔釜至夜
始得薪至其他類此者多軍士雖不蒙惠亦盡吾心焉
諸將曰如退匠役以歸伍減隨從以充戰革薪炭以蘇
軍諸將金帛不敢及門此兵主之所以惜士也諸將雖
不敏近日改轍效事者多矣上如督撫諄諄教戒無非
欲諸將恤士耳但如月糧闗給于二百里外撫賞官帑
十不及一軍士每月身既修守復督採柴變價以充軍
中之用且採柴惟二三處可貿深山窮谷孤寨寒村即

有柴莫售雖設以採柴之名實扣月糧以充之每軍一
月止得領銀一錢入己他如差使應付之繁難委吏之
摧挫以禮貌恭敬為是非好惡不可枚舉兵主曰守邊
將士之苦恐諸將言尚未盡吾且盡吾心且以教練守
戰為圖我若做得劾堂堂正正戰殺一塲盡得職分上
項苦事本鎮保為諸將士轉移之若不能盡職不着實
練兵固圉臨陣走了死無葬身之地那得分文錢糧都
是費了朝廷百姓的還敢說苦無别引他辭遮飾已也

不覺日已晡後兵主乃命廚人具飡與諸將飲已薄暮
諸將竟是鬱鬱而退是日登壇諭令禮畢次日方曦兵
主復陞帳諸將謁禮既竣登壇如昨諸將肅然兵主問
曰昨日所言多筭之策諸君必有奇見何以教我諸將
無可對兵主曰凡吾所以諄諄千言萬語無非要諸君
改念捹舍一身實圖一戰非真驅將士數萬一刻而就
死也此正所以為諸君與將士求生耳吾將士要保全
功名性命正在此捨世間人處天下之變曉得是未有

捨而不違者兵法云必死則生幸生則死置諸亡地而後存皆此意也敵馬遠來五十步內外不過弓箭射我我今有鳥銃快鎗火箭蹲砲佛郎機皆遠過木箭狠過木箭中人多過木箭以此五種當他箭諸君思之孰勝孰敗敵馬近身惟有短刀長不過三尺我今有鈀棍長鎗鉤鎗大棒皆七八尺長兵法短不接長一寸長一寸强是亦得五件當他刀諸君思之孰勝孰敗敵以數萬之衆勢如山崩河決徑突我軍我有車營軍有火器終

日打放不之不用挑壕而壕之險在我不用依城而城已在營要行則行欲止則止諸君思之孰勝孰敗敵衆人自為戰萬人齊力我以節制刑名使萬人齊力使人不得不戰就中又伺其隙攻其惰就便益他許多了諸君思之孰勝孰敗又敵馬方來百餘里外節節險要云云此一算也係秘機超等不敢書兵主又曰凡我標兵先赴信地應援之時其各標下車營只可將鳥銃手調赴邊墻上將車于近便總路城池沿城為衛重器還宜

在車城車相恃先保無虞若能禦拒敵回萬全之勝也萬一潰入車兵趨回附車馬兵馳回附營各路援兵見鋒火傳至不待調遣馳赴主將合營舉衆迎敵中間臨時方畧今雖口授諸君但變不可預圖諸將耳可得聞口不可得而傳也先是諸路所操夾夜步下聽調援兵但遇兵入某處各由沿邊來至云云此係秘機超等不敢書兵法乃擊其惰歸也車營在後督撫居之漸次前進本鎮與諸將云云此亦秘機超等不敢書若功不償

恨還有某一着云云此亦秘機超等不敢書計凡五種方畧所謂多方以誤之必有一中大都用寡與用衆不同目今邊兵寡弱本鎮非不知在精强而不在多也當道置將亦只要箇箇是孫呉箇箇能用寡但衆寡不同勢不在我而在彼彼入薊鎮動以十數萬薊鎮主客亦有十萬餘非他鎮人少莫奈何之比即使隨機應變相敵治軍亦須五六萬之上兵到萬數以上就用不得雲散鳥合之法就用不得將領家丁之套就要堂堂相遇

就要以全取勝一些虧吃不得若用兩家相等伎倆決是不得便宜譬如彼以弓矢我亦用弓矢彼以短刀我亦用短刀彼以馬衆我亦以馬衆就先勝他畢竟要敗何也器械軍馬相同須是對敵對殺交手方分勝負數萬之衆堂堂之戰豈是待交手之後方決勝負之物耶須是未戰已前件件算箇全勝使他寸刃不得傷我一交手便討他些便益乃為用衆之道本鎮雖不敏然二十年前經歷薊鎮有日矣後十餘年于役東南之地血

戰者無慮百數陣山川敵情伎倆雖有不同而兵家法理實無不類為今之算譬如彼以弓矢來我須使他弓矢到不得我身上我先傷他彼以刀來我先使他刀到不得我身上我先傷他彼以馬衝來我先使他馬衝不得我動我先殺他件件事事皆如此是以一交手就勝衆力不屈衆勝不怯方才是堂堂用衆之道由此思之正吾所說以火器五種對弓矢一種以鈀棍五種對短刀一種以車營對衝馬等類是也又有人謂鈀棍等件太長使打不便者此非鈀棍之不便蓋人習之未熟用之未久不能與手相忘之故也况懸之馬上只見不堪用緣用一隻手照管馬轡只得一隻手用器械豈能用數尺長鎗鈀棍重器戰打果是不便若雙手用器械又無人調馬益見其不便而已殊不知此皆步下所用之器只是借馬馱送甲冑軍身行路臨時必然下馬正好步下用到陣上你們只愁短不得長方知我言的是若平時將器具短小馬上一時圖奔馳便利到了臨時馬

上又站不住還要下馬地列則向所執于馬上軍器又皆無用不與空手同乎尓多士思之思之但只肯真心實信收拾軍馬振作志氣臨時如我所云云未有不勝是本鎮所以決逼諸君捨身拚死之因實為立功揚名之計到此地位是使諸君死乎是為諸君生乎是教諸君立功做豪傑乎兵主諭畢于是超等諸將豁然而歡躍然而喜咸有勇氣生于眉睫間矣兵主復東西讓虛心遜語特請諸將教其所未逮復設桌執筆凡諸將一

言之善者皆録之凡諸路一事之未修舉者皆録之備次第興革時已逾午大雨如注兵主又曰連日與諸君所論雖俱軍中急務語夫合萬人為一心之本則不在是焉適值大雨無他事可做試與諸君論練守戰之本本在何處以手指胷下即在此内乃心也心之所應則志如木種入土雖兩甲之微有參天地抱者有不滿拱把而萎者僅有丈尺無幾者具種已定即吾人志之已定也此志即是至誠誠至而才不能充即好種既播而

地土不肥亦與常種同苟無誠心而聽諭萬言亦秋風過耳是以鄙弱之種而望參天之材者同班超志在萬里竟以三十六人而取西域三十六國古人無尺寸之基皆能成大功今吾輩所將者見成軍馬十餘萬誅戮鞭撻莫敢不服此豈吾輩之長蓋仗朝廷紀綱持此忠義以號令三軍即令全鎮諸將不下班生三十六人之數孟子曰舜人也我亦人也有為者亦若是只要我們志堅種子好本鎮縱不才以位則為諸將之長以責則在諸將之先今日之事只是要信我之言無有不効若肯捹死決然得生不止得生決然立功兵主乃出自紀愚愚稿一冊逐章解示諸將盡皆談兵秘訣治心做好人龜鑑諸將始帖服無敢他議日晡復留諸將飯畢將各路軍數取置于案諸將輪至案側命坐以本路實在軍數逐疑詢于本將親為擬註先定墩臺烽火時得諸路廢弛狀有十餘里無一墩者烽火何以接傳于是擬定墩軍授以傳守之法再擬尖夜部伍練法分明哨暗

哨架砲沿革次定有馬援兵不派臺垜而照信地專一應援遇急聽調次擬尖夜與幇尖夜團練步下聽調援兵次擬派墻垜之法前軍皆布守臺墻敵入乃調次擬路將自練下軍專守臺墻而不聽調次餘數百以備老弱事故而仍派臺垜凡係雜差調取之數開除無遺諸將無不樂服復定十一路援兵向往方畧多屬秘機不可預泄者超等不敢備書别有專行次日于教場設大宴日亭午兵主服錦臨席諸將接于臺下兵主舉酌授

超守仁次諸將次提調皆四拜告超等曰今日疆場大事同舟患難盡以托諸將策効愿行則公等皆麟閣凌煙之流榮違願阻則吾等皆一時覆舟之鬼願諸將勉之兵主南向中坐超守仁東西向與兵主位相近參遊左右坐于廳内都司提調坐于簷外中軍官坐于臺下旗牌書記吹皷手皆坐于旗皷之下我兵主遂人視酒加以誨言畢各就次酒行優人扮三國傳兵主曰三人同心則能立國吾等三十人同心便不能報主不為三

人愧乎繼出所獲倭冦盔甲鎗刀銃具之屬諸將觀之皆吐舌曰一向只說倭敵易殺如此觀之驍利已不可當方出新製禦敵飛鎗之類諸將盡以為利器可恃又將各項新製軍器如快鎗如佛郎機如大刀如腰刀如長鎗如鈎鎗如火箭皆薊鎮所有而未精利雖多無裨實用者今製件件有法又如舊日毒虎大砲粗重不堪打放須置于軍馬營壘數十步外今加以新法名為虎蹲即于行内可發其一切什物無物不備無物不精皆

兵主件件手試以教諸將毎路一副以為式委官分投處造我兵主每次召一將復于案側共酌以叙心曲存問家門事産為子弟之慮亦無不至諸將無不願為國誓死者兵主乃再問于衆曰今番凡百節省軍士或可少蘇乎諸將又備陳軍士之苦兵主泣數行下至于諸將挫抑之狀乃自卑屈固無足訝但沿襲日久雖有豪傑亦不能一變而興起之兵主俛首嘆息衆亦揮淚而已酒徹兵主率諸將西北向叩首而散次日兵主陞帳

仍復如初諸將入謝兼辭歸信地兵主曰今日本鎮與諸君一以恩勝一以法勝一以信勝有請者曰蒙諭短不接長諸將鄙愚思繹不得其旨乞再示兵主即于公堂命一官騎馬執刀自儀門馳道而前兵主自恃軍士鎗迎之馬高三尺人在馬上亦三尺腰刀僅三尺馬頸且長三尺果不及兵主身而兵主鎗鋒已及馬腹人喉矣每一殺器如此試之諸將士讙譁踊躍以為前所未有超等又請曰初登壇日蒙諭萬人一心即大畧已適

萬言超等惑也彼臨陣時數萬人一擁列陣向敵便退縮不齊臨陣亦斬不得許多若取先退縮者斬之兵衆喧亂塵土飄揚必自敵逼身傷得兵着方纔退走比差人認得誰先走況所差之人既有敵逼身自家也要走躲矢石刀鎗還得工夫拿人便拿得一二不真正之人行法萬衆奔北拿與誰處本鎮曰此俱載于練兵條約內行且備矣諸君未之思耳本鎮試為諸君再論之自古及今大將所統動則數十萬若臨陣來無箇法子管

着如何用他若箇箇無有利害到身誰肯用命任你幾十萬人我所誅罰不過數人不怕你幾十萬不着緊此正節制云如竹之有節節節而制之以一管十以十管百以百管千以千管萬以簡馭煩之法也所以今定援兵三千一營都是一色旗號譬如一色白旗為某營三部有中有左有右臨時遠望一片白色向前便知是某營衝鋒若少間一片白旗不分左右中一齊退走只拿本營內參遊等將一二人來斬首示衆其餘再不問他了若是或左先動或右先動或中先動只拿該部千總來斬了別箇就不問他了超曰如此只處得一二箇人與衆人走的何干兵主曰如前撞營而退必殺本營主將主將不敢走不敢走的必然陣亡陣亡了本營主將其中軍千總都拿來殺了中軍千總臨陣思量起就退走必問本營主將何在若見主將不走陣亡累他斬首中軍千把總就拚命護着主將站在陣上中軍千總與主將才四五箇人豈能支得敵兵決然陣亡其中軍部

下雜流千總部下把總退時必看本管千總何在看得在陣上不走各思我們走了千總陣亡我把總決是該償命尋思不如死在陣上護着千總站住百總見把總不走但係本管下旗隊軍退走百總恐怕陣亡了把總償命護着把總站在陣上百總不走旗總怕陣亡了百總殺他旗總就不走了旗總不走隊總怕陣亡了旗總無功贖罪也是殺了必然護着旗總站在陣上隊總不走陣亡了只查隊下九箇兵殺了償命九箇兵若見隊

總不動脚那敢先走如此推之便是三十人箇箇似刀在頭上箇箇似繩子縛住脚一節一節互相顧瞻連坐牽扯却是那一箇還好動的身却不是萬人一心萬人齊力的妙方故兵法云强者不得獨進弱者不得獨退趋曰弱者不得獨退是了强者不得獨進何也兵主曰此即是用衆抵當大敵之法數萬人併做一箇氣力一齊拚死當鋒故烏珠稱撼山易撼岳家一箇軍難乃其明効大驗連日以來我的言語已說盡了我的心你們

已看透了只是你們的心還不知怎麽樣你若肯用心聽就留你們住了一年與你們講了一年有何用處大段如今事體我們受朝廷疆埸重寄只是以死報朝廷此是千真萬真的念頭但只是這等徒死于國事無益不若死中求生這死中求生功夫全在萬人一心上如今敵來我有墻可據有臺可守哨探明號令明法度明墻上堵回此大功也萬一堵不住敵進了墻便要戰今較量他的手段伎倆我的器具法令件件已說過了今

不重說只是要萬人一心萬人一心功夫雖多本鎮所說連坐亦是一件平日功夫有箇節要只是聽信軍門撫院本鎮諸將號令便是且如道經佛法說天堂地獄說輪廻報應人便聽信他天下人走進廟裏的便怕他你們如今把我的號令當道經佛法一般聽信當輪廻報應一般懼怕人人遵守箇箇敬服這便是萬人一心了只如今說敵來定要與他戰戰不過便是死先年好走了如今沒處走走的拿來照前說治罪走也是死戰

也是死只是死裏揀便益就有生路這萬人不一心不得勝他這便是地獄了這便是惡報了你們如今真箇萬人一心敵來時一齊守務要守得住萬一進了一齊戰務要戰的他過我如今有這些勝他的器械何怕他大舉那時節成了功陞官蔭子這便天堂了這便是善報了豈不是萬人一心報應你這教練的書記你極辛苦我自有重重的賞你你這鼓手不比常時的鼓手你要用心你一聲鼓幾萬人都要進一聲金幾萬人都要

退這號令一些差不得你的干係非細你們這一回去只是要將説話傳與軍士要人人信服要字字遵守萬人一心這便是報朝廷的大事今日剿鎮之事惟有堂堂决一大戰大戰之術只是萬人一心數萬人共為一死若是要學往年僨套不見敵面無功殺平民之頭充數决是成不的殺了被擄平民亡兵等各首級傷害天理絶滅子孫你我都在這刀尖上掙功名還好做没天理的事我從軍門東南經百戰全是靠天理報應故有

今日令我寧以無功受戮决不聽你為此若是首功無有干數之多我决不干休此所謂立志也我今只恐一時氣暮你們如日方升如川方至無志氣如何鼓動三軍言盡于此勉之勉之

練兵雜紀卷四

欽定四庫全書

子部

練兵雜紀卷五

詳校官御史臣莫瞻菉

總校官候補中允臣王燕緒
校對官中書臣毛上炱
謄録監生臣陳圖泰

欽定四庫全書

練兵雜紀卷五

明　戚繼光　撰

軍器解上

五兵之制固多種古今所用不同在於因敵變置今將所宜于馬于步或可南北兼用或邊塞獨用見今本鎮禦敵器具細開于後

一軍中秘訣稱干比戈用衆首務一向邊塞不知較量異用之術惟以敵為師彼以何利我即以本器當

之不惟不敵便精長于彼且諺有云殺人三千自損八百此相敵說也殺人三千我不損一則稱比之術也譬如彼以何器我必求長于彼使彼器技未到我身我舉器先殺到他身上了他應手而死便有神技只短我一寸亦無用矣是以我不損一人而彼常應手便靡此用衆之法也若用衆只待見肉分勝負未有不敗者何則用衆有進無退有勝無敗一步那移不得故必以萬全萬勝為術馬兵識云一寸長一寸强此六字其秘訣乎

馬兵

一馬須膘肥習慣人與馬意相通使馬如臂使指且看世人有教黄雀汲水取旗者有弄猿猴者有弄蛇者有教蝦蟆讀書者有令巨象聲似喇叭吹者有馴獅子者有弄螻蟻擺陣者夫物之極微螻蟻是也且習于人物之極大象是也物之極悍獅是也皆能馴之受人指揮而人乃不能調習一馬不亦異哉信非

別責爾輩也

一什物

鞍一副要堅　轡頭一副

木夾板一副　韁繩二條

釘鐝一件拴馬　滚肚二條

鐙一副　通屜一副

備馬皮條一副　布料兜一箇

打損藥一包防腫破即擦敷之鞭一根

馬上器械

一弓矢圖

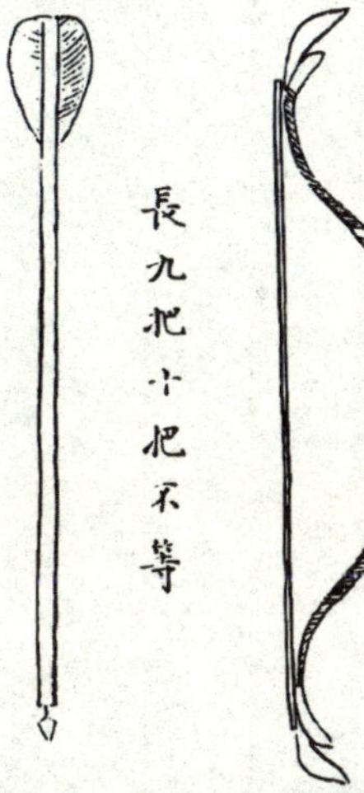

弓矢解

每名應給弓箭者弓一張體輕膛正油漆防雨箭三十枝粗木桿有力箭鏃用透甲錐點鋼試則射石不捲為佳鏃信要長射入則深弦二條防斷絕弓捎一件輕小為佳箭捎一件須角圓則不乖指機一枚近世做者無式眼孔皆圓人指却扁孔圓必塞以楮布外則杜血指黑裹則兜弦致掃食指根之皮宜將孔做前後稍長橫入指中轉正則骨扁機長不復打落而眼中圓活不磨

指節不逼矢掃皮此法鮮有會之者射法别有專刊

一鎲鈀圖

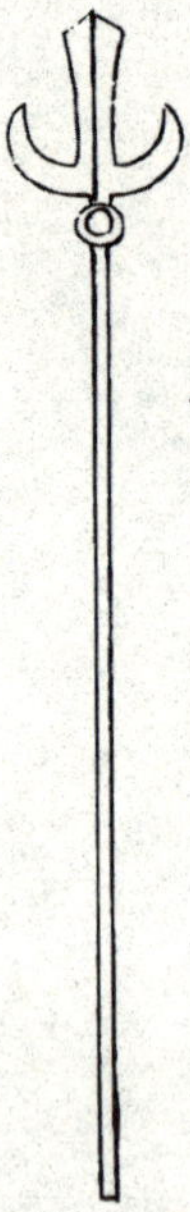

鎲鈀解

此器柄長八尺粗可寸半上用利刃旗以彎股刃用兩鋒中有一脊造法須分脊平磨如磨刀法兩刃自脊平減至鋒其鋒乃利日久不禿彎股四稜以稜為利須將稜四面直削至尖庶日久而不禿中鋒頭下之庫須如大核桃大安于木杪乃不損折仍用一釘銷之于馬上最便可戳可格利器也此自殺倭始

一線鎗圖

綫鎗解

此邊舊有之柄短刃秃粗惡不堪新製鐵頭長二尺蓋因柄細防敵刀砍斷及用手奪去也柄長七尺粗僅一寸鋒用兩脊兩刃形稍扁至鋒稍薄一謂之透甲鎗造法鋒用鋼三寸左右刃用鋼一尺以下皆鐵從脊分劃至刃左右面平乃利至鋒更扁漸寛又漸收收薄則利寛則刃入以下不滯矣最利馬上直戳用法亦如長鎗但終不能禦長器于腰刀互有勝負得十之五

一大棒說見步兵内馬上用亦可但必不能雙手齊打須加鴨嘴頭一箇馬上則戳步下則擊罔不利矣

一腰刀圖

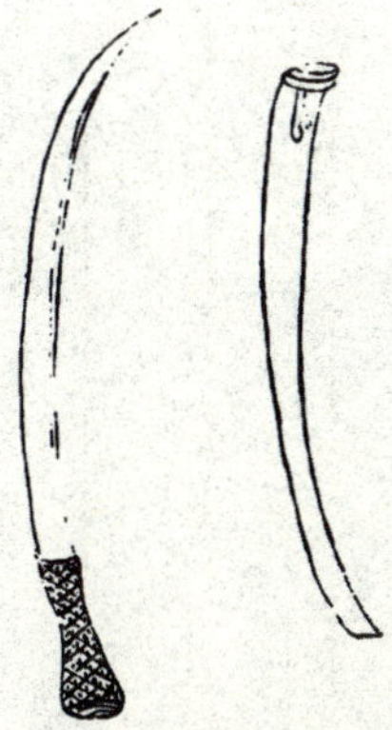

腰刀解

腰刀造法鐵要多煉刃用純鋼自背起用平劃平削至刃平磨無肩乃利妙尤在尖近時匠役將刃打厚不肯用工平磨止用側銼將刃横出其芒兩下有肩砍入不深刃芒一秃即為頑鐵矣此當辯之用法别詳實紀内但以刃與敵角屬勢均之器殆不可勝敵也

一馬上惟利輕捷鋒芒他如斧鉞錘撾大刀鉤鐮之類膽大藝精能獨馬出入陣中者間或有之不可以

教隊兵不可堂堂當大敵

步軍器具

一狼筅圖

長一丈三尺二寸五分重六斤有竹鐵二種

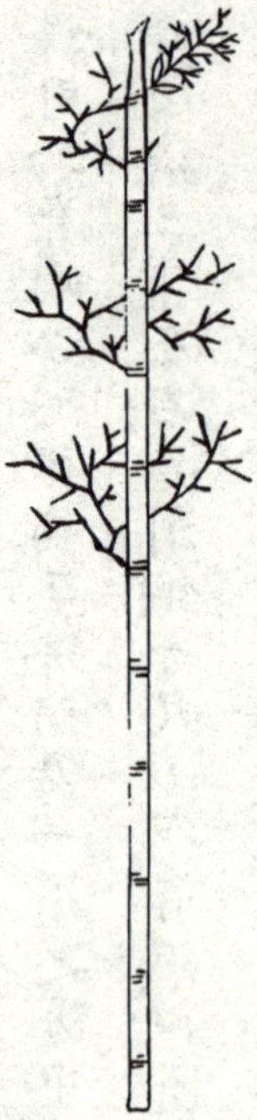

狼筅解

狼筅乃用大毛竹上截連四旁附枝節節枒杈視之粗可二尺長一丈五六尺人用手勢遮蔽全身刀鎗叢刺必不能入故人膽自大用為前列廼南方殺倭利器往日浙江等處兵士未練無膽執至臨敵每每棄之反以戳阻我兵馬幾乎棄而不用比因練兵既成硬反人言必以為前列遂百戰全勝恃此為第一今用之以拒敵馬尤為可用用法別見

一藤牌圖

藤牌解

以藤為之中心突向外內空可容手軸轉動週簷高出雖矢至面不能滑泄及人內以藤為上下二環以容手肱執持重不過九斤圓徑三尺兵人一手持牌一手持腰刀此即岳飛旁牌麻扎刀之制令軍低頭只砍馬足以敗烏珠拐子馬是也其制雖稍有不同其用則一此牌兵持必以狼筅為恃蓋此皆短器不能當敵馬用筅拒其馬以牌出筅下砍其馬足此器出入陣中行伍之內進退便利且衛且殺南北通用之利物也用法別見

一長鎗圖

長鎗解

用毛竹之細者長一丈七八尺上用利刃重不過四兩或如鴨嘴或如細刀或尖分兩刃造法亦自脊平剷至刃乃利必執持在根用楊家法初則用之南方殺倭全賴于此此利其長倭刃短即所用精慣然未及我身彼已受刺又用法長則易老不可回轉長則杪細恐為馬所闖折今視之更可與敵戰蓋狼筅當鋒藤牌在下而前行既有藩衛去一丈餘矣短器不可戳及馬上何以

傷人得長鎗于筅空戳去徑刺人馬喉面則彼既不可入我陣內又能先及彼身故不憂細弱也設若敵馬乘羣齊來衝我前無筅牌徑用鎗以當之戳馬間有損折必非全利夫五兵之法長以救短短以救長長既易邁而勢老短又難及而勢危故相資之用此自然之勢必然之理至妙之術也用法別見

一線鎗說見前亦可用于步軍繼長鎗之後

一鏡鈀說見馬兵內此由步下直進敵羣一禦一刺且格殺之器也

一大棒圖

長七尺重三斤八兩

大棒解

西北原野之戰舊傳俱用大棒並其他器悉置不問大棒亦無式不知用法緣以敵人盔甲堅固射之不入戮之不傷遂用棒一擊則毋問甲冑之堅皆靡雖然但勢短難以刀交又須雙手舉用而馬上不得齊齊用力下擊必然閃墜此步技也而今用之馬上不亦左乎今製法長八尺粗二寸用一打一刺棍法習之位在五兵後步卒習用倘禦之不密刺之不得則以棒擊落馬之賊

耳必欲馬軍兼用須加一短刃可三寸如鴨嘴打則利於棒刺則利於刃兩相濟矣用法別見

以上之外又有飛標毒弩鎗刀戈戟等名不一皆可俾素習精熟者間或用之不可以齊大隊為堂堂陣也譬如戟則偏一隅斧鉞則形短柄細一擊過首多自摧折毒弩中人不深必待解乃死尚可以敗我於陣鐵穗鞭簡雙頭棍用之緝補零竊則可其蝟叢蠓附轉動非利惟有鈎鐮梢宜行伍然造皆欠法

一夾刀棍圖

夾刀棍解

此即大棒也但加一利刃如解首異其名擊刺皆便柄亦如棍刃長五寸更短更妙木柄向刃下稍存微稜庶倉卒及夜間用之知其刃所向也

一鈎鎗圖

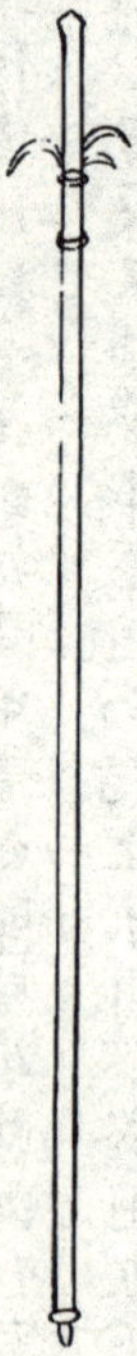

一無敵大將軍圖

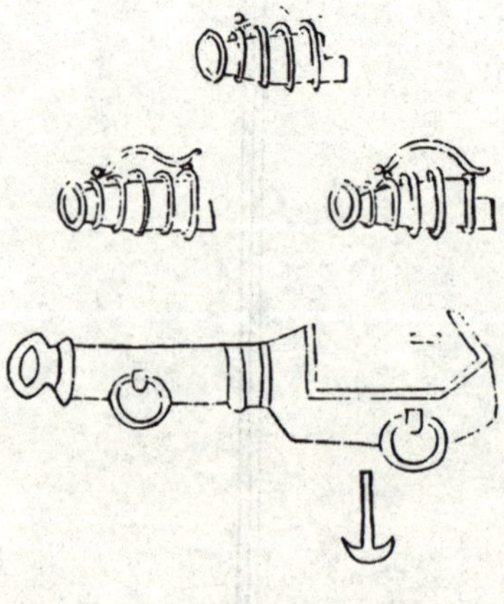

軍火器

一載無敵大將軍車圖

無敵大將軍解

此器所以擊衆也夫敵馬動以萬數擁來毋論溝塹須臾隨溢踏之而過快鎗等器一銃一子勢小難禦但能擊死有限之敵不能阻其直前之衝我軍以故每每不支而敗舊有大將軍發熕等體重千餘斤身長難移器預裝則日久必結線眼生澁臨時裝則勢有不及一發之後再不敢入藥又必直起非數十人莫舉今製名仍舊貫而體若佛狼機亦用子銃三俾輕可移動且預為裝熕臨時只大將軍母體安照高下限以木枕入子銃發之發畢隨用一人之力可以取出又入一子銃云一發五百子擊寬二十餘丈可以洞衆再有不懼而退者

其放法先將子銃刷淨用藥線一條撚入外以布裹之恐擊下馬子推動也次下藥三升不等以紙一層蓋之亦防藥被打馬子擊從耳藥不過二箍下口次用木馬厚三寸馬初試不用力自與上口平下至二箍平止子銃口小腹大者不可用其馬子上以少土塞之所以防

木馬與銃腹有隙處次下鐵子一層又下土一層俾子縫皆以土實之再用木送築之如此五次如尚不滿土子一層鐵子不拘六七層以平于上第五層箍下口而止此層不用生土就於子藥上加微濕泥粘高過銃口築實毋使子覆出乃將母銃酌量遠近以木枕之高下所至為準下子銃入腹閂定舉放又每位用載行大車一輛內用活軸十數道即三四人可以上下車制另開

每無敵大將軍一位

子銃三門
備征火藥一百二十斤
生鐵子一萬九百五十箇
木榔頭一箇
木馬子三十箇
木枕二箇
木送一根
鐵閂一根
鐵錘一把

一佛狼機圖

二尺二尺五寸三尺
三尺五寸四尺五尺
不等重亦隨之隆殺
鐵閂隨母銃大小
子銃隨母銃大小
鐵錘隨母銃大小
火繩長二丈五尺重
四兩

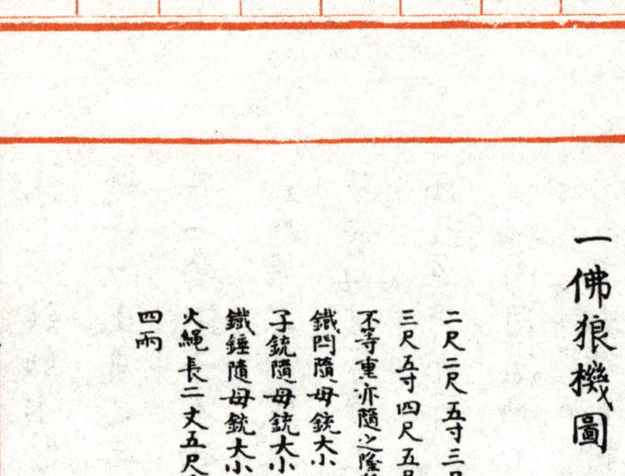

欽定四庫全書
練兵雜紀　卷五
二十一

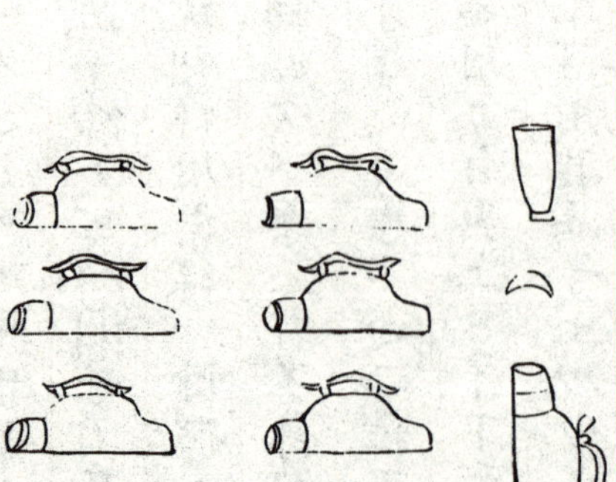

佛狼機解

此器最利且便速無比但其體重不宜行軍比無車營只可邊墻守城用之今有車營非有重器難以退敵衝突之勢其造法銅鐵不拘惟以堅厚為主每銃貴長七尺更妙則子藥皆不必築矣五尺為中三尺則僅可耳再短則不堪也腹洞與子口同乃出子有力若子銃口大母銃口小必致損傷子銃口小母銃腹大出則無力子銃後尾須抵門前後緊逼無縫乃不傷門及他虞其

放法先以子銃酌大小用藥舊用木馬又用鉛子以輕馬推重子每致銃損又多遲滯今用入藥不必築不用木馬惟須鉛子合口之半舊以平頂送桿將子打平出則不利今製鐵凹心送一根送子入口內陷八分子體仍圓而出必利可打一里有餘人馬洞過

每佛狼機一架

子銃九門

鐵門二根

鐵凹心送一根

鐵錘一把

鐵剪一把

鐵錐一件

鐵藥匙一把

備征火藥三十斤

合口鉛子一百箇

火繩五根

一虎蹲砲總圖

長一尺九寸重三十六斤大釘每根長一尺二寸重三斤半鐵絆每根長一尺二寸重三斤火繩每根長二丈五尺重四兩鐵錘每把重四斤

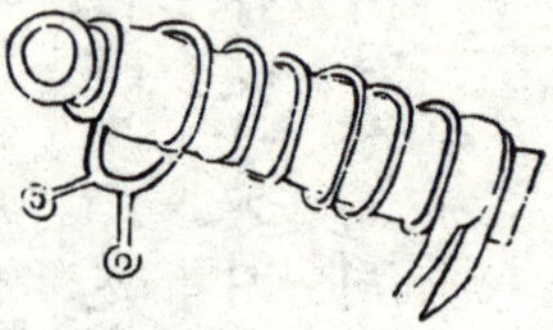

一虎蹲砲分圖

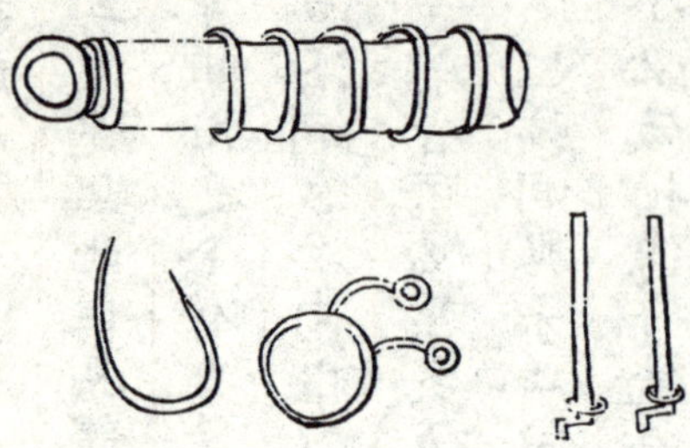

虎蹲砲解

此器因其形得名也國初分在邊方有所謂二將軍纓子砲者近時有所謂毒虎砲者固亦利器但體輕易躍每放在二三十步外我軍當放此砲時必出營壁前至砲所則營墻大小砲火皆不敢發發之適足以中放砲之人且砲大不可多得數砲不能退敵而羣砲在後不得齊放適敗我事將欲置前砲於壁間則火發易躍必傷營內之人故用之過以害之今乃特造熟鐵砲長二

尺腹內粗二寸餘外用五箍光磨如鏡稜面可愛用法先入藥線縛之以布次用藥六七兩上用木馬以合口者為準送至二箍平上用土少許入鉛鐵子一層又用土少築再下子子小以百數子大以五十數口用石子一枚下口一半慢慢築實口平而止後尾稍用钁去土三四寸不等相地方高低前下二爪釘後用雙爪尖絆下在四箍後將前後箍俱前抵砲身大箍之肩庶不退走此砲只去人五寸無慮矣庶放大小砲之人無避也

此砲可退敵則已倘此砲用盡則諸鎗砲可以併發而
此砲又可取裝如前
每虎蹲砲一位
鐵钁一把
鐵錘一把
鐵剪一把
鐵鎚一件
藥線盒一箇

藥升一箇
木送一根
木榔頭一箇
皮簍二箇
木馬子三十箇
石子三十箇
火藥一十五斤
鉛子九百箇

藥線一十五根
火繩二根
馱架一副半

一鳥銃總圖

一鳥銃分圖

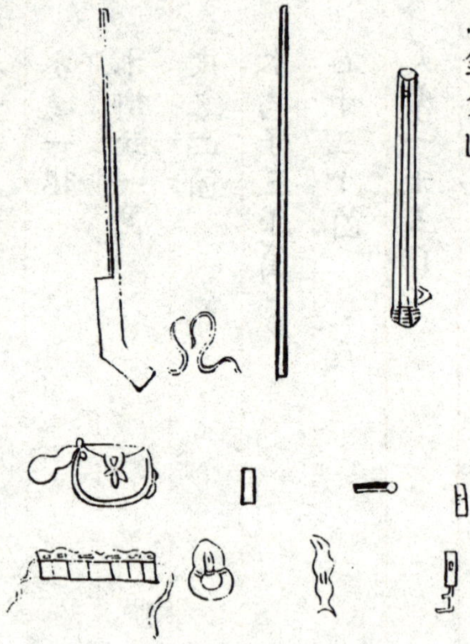

鳥銃解

此器中國原無傳自倭寇始得之此與各色火器不同利能洞甲射能命中弓矢弗及也猶可中金錢眼不獨穿楊而已夫透重鎧之利在腹長造時腹無孔用鑽鑽虚欲光直無碍出口直其射能命中在於火藥之發不能奪手其不奪手者緣以一手拏在腹前其手所以拏在腹前者以有木為托即有腹炸不能傷手方敢加手于木譬如人焉以手挽其髮雖有力者莫能與之爭後手不用棄把點火則不搖動後手執定一目照直以指勾軌則火自然入藥而銃發矣目照之法銃上後有一星目上有一星以目對後星以後星對前星以前星對所擊之物故十發有八九中即飛鳥之在林皆可射落因是得名火藥用水舂如造墨法舂多為上藥如粒不壓可以掌上燃之皮不熱言其急也精者可于单紙上燃去而紙不燃

每鳥銃一門

棚杖一根　錫鱉一箇

藥筒三十箇　鉛子袋一箇

銃套一箇　細火藥六斤

鉛子三百箇　火繩五根

棚杖解

棚杖頭大有簷每遇銃放完過夜恐其中藥滓化濕夜歸以湯醮布如錢纏在杖頂有簷處帶入腹内洗銃築藥子須用杖

一快鎗圖

快鎗解

北方禦敵惟有快鎗一種人執一件但成造本拙工尤粗惡身短體薄腹中斜曲口面大小全無定製不堪擊刺而鉛子又不知合口之度什物不具裝放無法徒為虛器故雖敵畏火器而火具又不足以下敵惟有支吾不見敵面而已且柄短贅重將欲兼持戰器則不能兩負將只持此器則近身無可恃者今用必以腹長二尺為準腹用鑽洞光圓如口每口可吞鉛子三四錢藥有

竹木筒量就封貯候用俾臨時不至增減藥線僭時隨用隨燃或長線見截悞事更甚今教裝放之法先將藥線寸半長剪斷每數十為一束以硫黃醮兩頭不惟平時不致藥撒臨時點燃亦易也入藥線之後用竹木筒內藥每次一筒用棚杖築實下鉛子一枚不可用二三枚二三枚者僭弊彼殊不知一錢藥一錢子則去直中途不落地可以計步命中藥多子輕則未出腹而化如水藥少子重則出腹至半途必墜地激之再發不惟不

可中且中不殺人下子後人須屈前膝架銃以後手點之乃不高下搖易但用後手燃線須執銃柄而燃之線燃用手回執銃柄則已遲矣況銃低在腋下而目視在上終不若鳥銃之準畢竟不能命中然人情見常未可輕議棄置即盡棄之以精鳥銃可也竹物俱同鳥銃惟不用錫鱉而用藥線筒耳

一飛山神砲圖

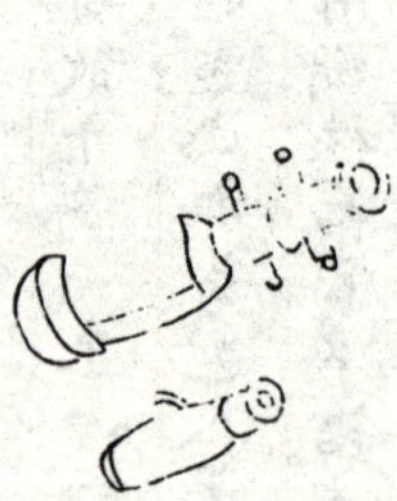

一石砲圖

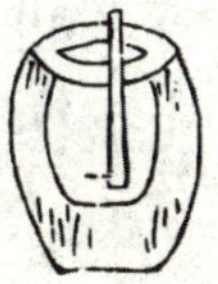

石砲解

此砲乃是前廵撫今戎政劉楊始石有大小不等粗可徑尺細可徑六七寸鑿以孔内入以炸藥藥之以土預安纒線葦筒置于邊墻垜口遇敵至墻下則燃線入筒以手推下敵人所見不過一石以為我拋擊不中不再隄防藥燃石碎有相近而不傷者有數十丈而被擊者敵人莫測所向故人人自危此為第一利器且不費官帑一時數萬可備節財威敵誠為妙策仍有大至千斤者又有走兔引線之法地雷叢發之制固為千變萬化而不窮然皆有滯未可期必不若墻上推下之為妙也夫敵至墻下勢不可阻如出頭視敵而外方叢矢如蝟即拋一石不過擊一人況仰視石下每可廻避十未得中其一此砲一落即有百人莫知中誰莫不畏懼人人奔逍此所以為利也

一飛鎗飛刀飛劍圖

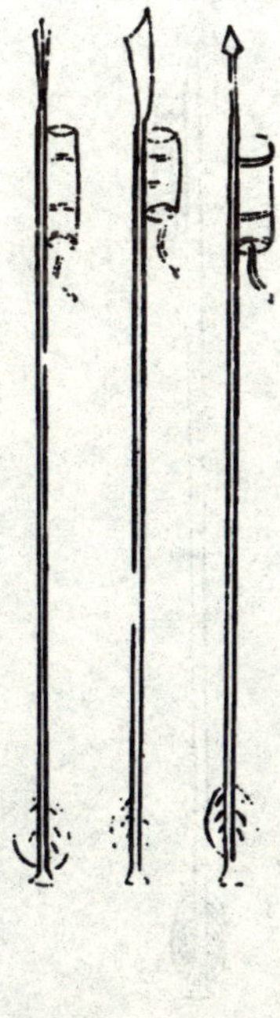

飛鎗飛刀飛劍解

三種飛器不過一法即一大火箭也惟其兩製不同所以得名各異造用徑六七分荆木為柄長可五尺後杪三稜大翎如箭矢頭用紙筒實以火藥如火箭頭長可七寸粗可二寸他人製之悉墮地不起惟近日所造之法其鏃長五寸横濶八分或如劍形或如刀形或三稜如火箭頭光瑩芒利可玩通計連身重二斤有餘北方所未見燃火發之可去三百步中者人馬皆倒不獨穿

而已但命中則不能擊大隊齊衝之敵敵人畏此甚如神鎗鉛子若神鎗鉛子所擊中只一人不見其至則不知其畏惟前行受之後行無虞也此器具聲如雷則馬驚跳躍不敢前又高飛深入則後行皆不可避使敵未測所向也凡有技桁之物皆可架放

一火箭圖

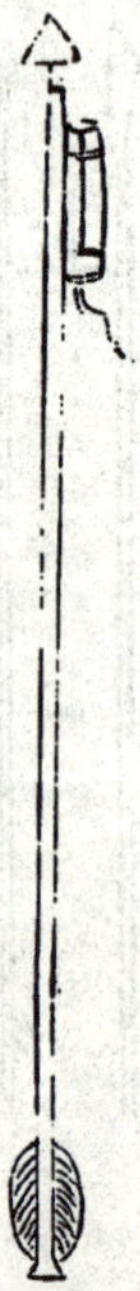

火箭解

此箭即三飛中之小者但桿用箭竹以二枝相接即堪火藥頭粗不及寸鏃鋒長可四寸三稜頭柄粗二分飛入後隊人人自危莫測所向製法捲褙紙作筒以藥築之務要實如鐵以鑽鑽孔務要直孔斜則放去亦斜頭用繩牽鑽頭常用水沃鑽不過五箇輙換鑽多則鑽頭熱熱則藥燃每每傷人每頭長以五寸計所鑽藥線孔必三分之二太淺則出不急或墜太深則火突箭頭之

前遂不復行鑚孔須大可容三線則出急而平否則線
少火繳出則不利
以上之外有火磚一窩蜂地雷千里砲神鎗等百十
名色皆不切于守戰故不備今皆一切禁之以節靡
費惟有子母砲尚屬可用未當終棄亦一奇品也

馬兵下營拒馬虎蹲砲圖

練兵雜紀卷五

欽定四庫全書

子部

練兵雜紀卷六

詳校官御史臣莫瞻菉

總校官候補中允臣王燕緒

校對官中書臣毛上炱

謄錄監生臣陳圖泰

欽定四庫全書

練兵雜紀卷六

車步騎營陣解下

明　戚繼光　撰

欽定四庫全書

一敵臺圖

敵臺解

先年邊城低薄傾圮間有磚石小臺與墻各峙勢不相救軍士暴立暑雨霜雪之下無所藉庇軍火器具如臨時起發則運送不前如收貯墻上則無可藏處敵勢衆大衆高四射守卒難立一堵攻潰相望奔走大勢突入莫之能禦今建空心敵臺盡將通人馬衝處堵塞其制高三四丈不等周圍濶十二丈有十七八丈不等者凡衝處數十步或一百步一臺緩處或百四十五步或二百餘步不等者為一臺兩臺相應左右相救騎墻而立起臺法下築基與邊墻平外出一丈四五尺有餘內出五尺有餘中層空豁四面箭窗上層建樓櫓環以垛口內衛戰卒不發火炮外擊敵人敵矢不能及敵騎不敢近每須百總一名專管調度攻打臺頭副二名專管臺內軍器輜重兩防主客軍士三五十名不等其常

川守臺先曽用主軍因月糧一石內供父母妻子之養外備臺上月日之炊每有饑餒而死者棄臺而逃者其存者往往私棄臺守下臺措辦米糧且防身役不得操練今將名到南兵一萬分布各臺五名十名不等常川在臺即以為家經年再不離臺入宿入家以此臺上時刻不致乏人故此數年無虞遇敵則擊斬全捷五臺一把總十臺一千總節節而制之官軍得以固守

無恐即敵衆大舉至邊攻必難入亦難出此收
險隘之大收效最著者也
每臺一座設備軍火器械什物
佛郎機八架　子銃七十二門
鐵門二十四根　鐵錘八把
鐵剪八件　鐵錐八件
藥匙八件　鐵送八根
圓木座八個　木梃八根

合口鉛子二千一百六十箇
神快鎗八桿
合口鉛子四百八十箇
木馬子四百八十箇
錘八把　鎚八把
剪八把　藥匙八件
藥碗八箇　火藥四百斤
火繩二十根　火箭五百枝

鐵頂尖棍八根　鑼一面
鼓一面　旗一面
木梆一具　大水甕四口
石砲五十位　河光大石四百塊
河光小石四千塊
煤炒二石　食米十石
鍋二口

一烽堠圖

烽堠解

自古守邊不過遠斥堠謹烽火薊鎮以險可恃烽火不修久矣緣軍馬戰守應援素未練習分派故視烽火為無用今該議擬呈會督撫条酌裁訂凡無空心臺之處即以原墩充之有空心臺所相近百步之内者俱以空心臺充墩大約相去一二里梆皷相聞為一墩每墩設軍五名計減濫設墩軍不下數千省費不貲墩之相去惟

以視見聽聞為準不相間斷近臺者聽守臺百總調度不近臺者聽信地百總調度烽號賞罰立為哨守條約分給官軍習學遵行每一提調下各設把總二員每一路各設傳烽委官一員係南方人員以其機利素習也凡遇戎馬所向之處該墩舉烽左右分傳計薊鎮邊墻延袤曲折二千餘里不過三箇時辰可遍各路兵馬見烽即行收拾器械或應速發或應候報或應赴邊者分投趨赴戰守全鎮邊墻一體警備軍士乘墻晝夜周懈禦備既速馳援不悞

每墩臺一座設備號火什物

小房一間隔為二半間向邊外半間墩軍住向内半間百總住

炕各一座

米一石

鍋竈各一口

水缸一箇

碗五箇

碟五箇

種火牛馬糞五担

塩菜之類不拘

以上墩軍備之空心臺係充墩者亦備一分

大銃五箇盞口直口碗口纓子皆可

三眼銃一把

白旗三面

燈籠三盞白紙糊務粗徑一尺五寸長三尺

以上俱官給

大木梆二架每架長五尺內空六寸深一尺要性響體堅之木不合式者即行改造每擋梆必雙底聲合而可遠該路採木造與

旗杆三根好繩三副

發火草六十箇用房一間覆之毋令雨濕

火池三座連草苫蓋聽用

火繩五條

火鐮火石一副

旗杆三根每根長一丈八尺要直每根相去五丈

扯旗繩五副務要新粗每半年一換

火池每座方五尺張口底草多火亮

以上俱軍採辦

一戰車圖只用向外面一廂即偏廂車也

每輛重六百斤以外

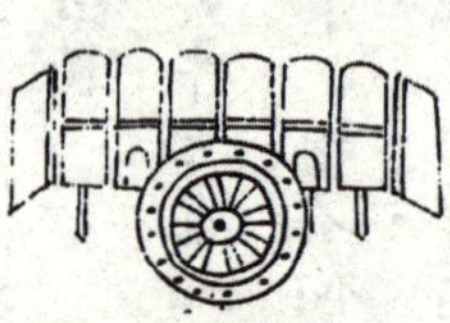

一輕車圖

每輛重三百斤以上

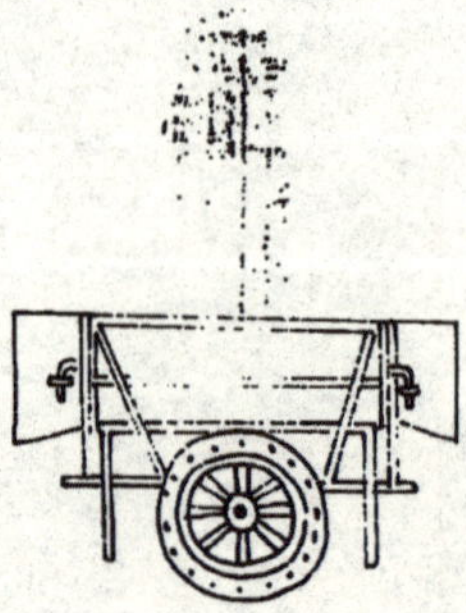

一車營圖幅小只載其略而已

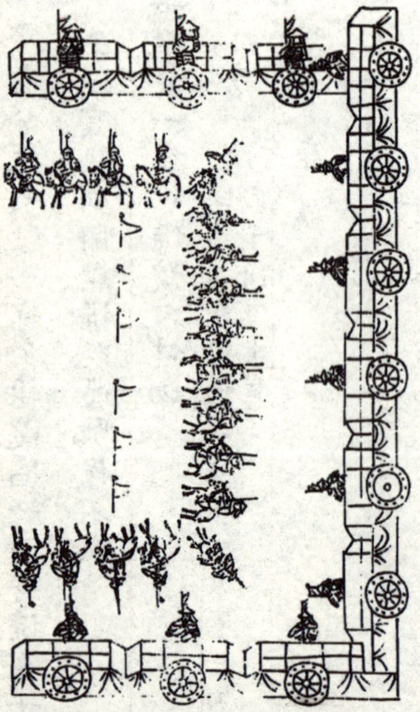

另有全營

此不盡載

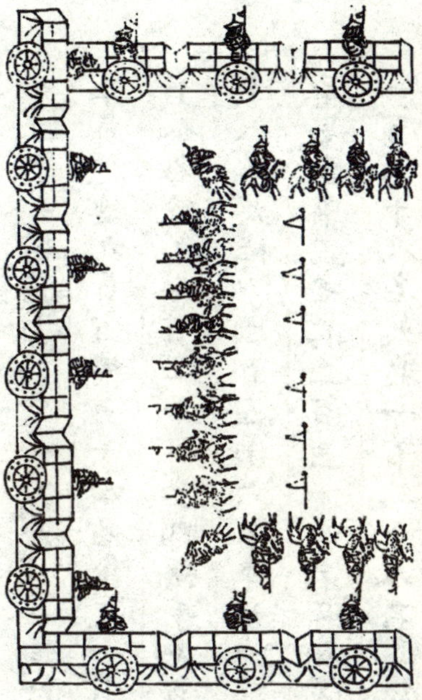

車營解

往事敵人鐵騎數萬衝突勢銳難當我軍陣伍未定輒為衝破乘勢蹂躪至無孑遺且敵欲戰我軍不得不戰敵不欲戰我惟目視而已勢每在彼故常變客為主我軍畏弱心奪氣靡勢不能禦自總督譚今總督前巡撫劉楊巡撫王及職創立車營近該閱視侍郎汪會題以十座為額每座戰車一百二十八輛每輛雙輪長轅用騾二頭兩頭俱堪騾架以便進退上用偏廂各隨左右安置長一丈五尺兩頭各有一門啟閉出入車上安大佛狼機二架每車見派軍士二十名分為奇正二隊正兵一隊軍士十名以二名專管騾頭以六名管佛狼機二架每架三名車正一名專在車上披堅執旗以司進止舵工一名專管運車左右前後分合疎密奇兵一隊軍士十名內以勇敢服人者為隊長以鳥銃手四

名仍兼長刀在車內放鳥銃出車先放鳥銃賊近用長刀又以身中年少骨軟者二人為藤牌手在車內放火箭出車打石塊敵近用藤牌又以殺氣者二人充鏜鈀手在車放火箭出車亦放火箭賊近用鏜鈀火兵一名專管各隊炊飯皆其責任用之環衛軍馬一則可以束部伍一則可以為營壁一則可以代甲冑敵馬擁衆而來無計可遏誠為有足之城不秣之馬也但所

恃全在火器火器若廢車何能禦每二車為一聯四車為一局立一百總十六車為一司立一把總六十四車為一部立一千總一營左右二千總中軍一員又皷車二輛即以皷手充車正不另設火箭車四輛大將軍車八輛各車正一名即以火藥匠充車正座車三輛各車正一名計車一十七輛舵工一十七名運車軍兵大將軍車每車二十名計一百五十九名百總一名共把總一員千總不設以中軍兼管

元戎皷車火箭車每輛十名計九十名百總一以上每一營通計將官一員中軍一員千總二員把總九員百總三十四名車正一百二十八名舵工一百二十八名郎機手七百六十八名大棒手二百五十六名運大將軍火箭等車車正軍兵二百三十四名奇兵隊長一百二十八名火兵一百二十八名鳥銃手五百一十二名藤牌手一百六十六名鎲鈀手二百五十六名旗皷𠆤探架梁開路大小將官應用軍士二百六十八名通共官軍三千一百九員名

每車一營旗皷并該設備征軍火器械

將官認旗一面　金皷旗二面

門旗二面　五方旗五面

角旗四面　高招五面

坐纛一面　巡視旗十面

千總認旗三面　把總認旗九面

百總認旗三十四面

車正旗一百二十八面

金皷一副　佛狼機二百六十五架

子銃三千三百四門

鐵門五百一十二根

鐵錘鐵箭各二百五十六把

鐵匙鐵錐各二百五十六把
凹心送子二百五十六件
鉛子二萬五千六百箇
火藥七千六百八十斤
火繩一千二百八十根
鳥銃五百一十二門
銃袋五百一十二箇
藥筒一萬五千三百六十箇

藥鼈五百一十二箇
細火藥三千七十二斤
火繩二千五百六十根
鉛子一萬五千三百六十箇
搠杖五百一十二根
鉛子模三十四副
火箭一萬五千三百六十枝
火箭簍幷雨單俱二百五十六箇

大棍七百六十六根
銅鍋一百四十四口
桶一百四十四隻

一馬隊圖

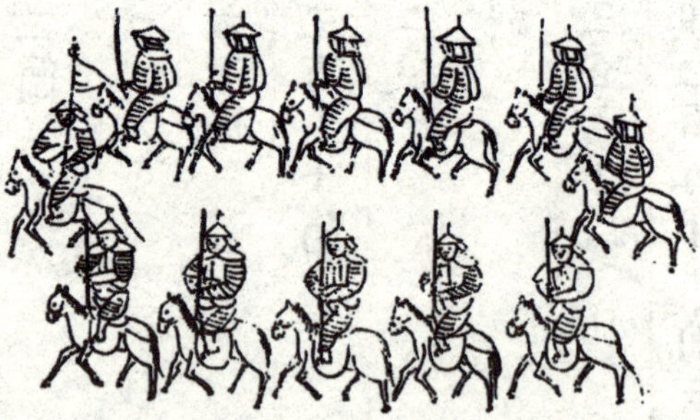

一馬營圖

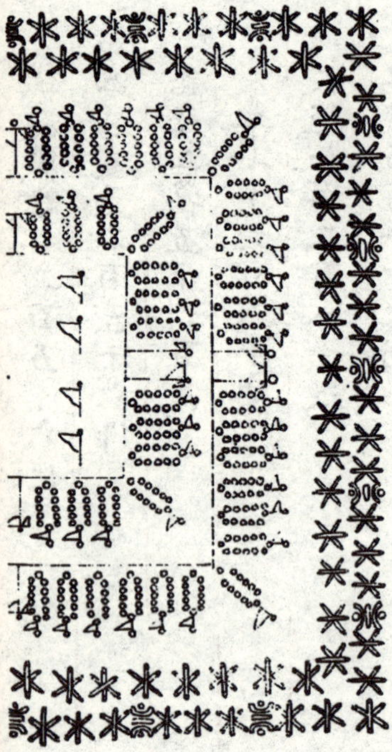

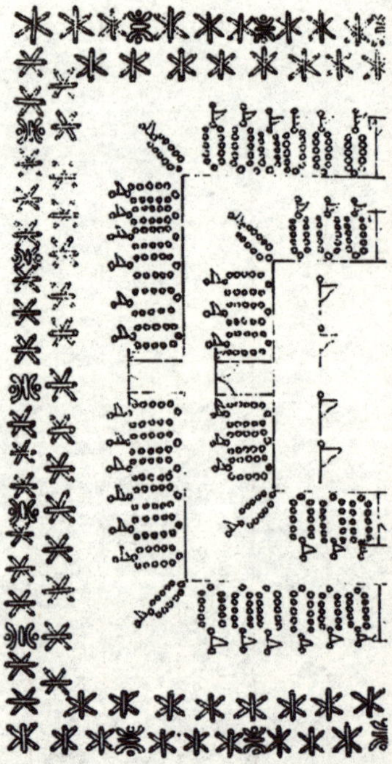

馬營解

每馬軍十二名為一隊隊總一名次鳥銃手二名次快鎗手二名次鈀手二名鎗棍手二名大棒手二名火兵一名三隊計隊總三名兵夫三十名火兵三名旗總一名共三十七名為一旗三旗為一局百總一員共一百一十二員名四局為一司把總一員共四百四十九員名二司為一部千總一員共八百九十九員名三部為一

營將官一員中軍一員共二千六百九十九員
名
以上為中營每營將官一員中軍一員千總
三員把總六員神器把總一員百總二十四
名旗總七十二名隊總二百一十六名神器
馬騾九十匹頭如軍出三千之外另為大營
每一把總司加一局旗皷爪探架梁開路大
小將官共用軍士二百八十八名通共二千

九百八十八員名
每馬軍一中營旗皷并該役備征軍火器械
將官認旗一面
坐纛一面
門旗二面
五方旗五面
角旗四面
高招五面

金皷旗二面
巡視旗十面
千總認旗三面
把總認旗七面
百總認旗二十四面
旗總認旗七十二面
隊總認旗二百一十六面
旗總背旗桿七十二根

隊總背旗桿二百一十六根
金皷一副
虎蹲砲六十位
鐵錘六十把
鐵箭六十把
火線九百根
藥線盒六十箇
火繩一百八十根

鐵錐六十把
火藥九百斤
大鉛子五萬四千箇
木馬子一千八百箇
石子一千八百箇
皮簍一百二十箇
藥升六十箇
木送六十根

木榔頭六十箇
駄架九十副
鳥銃四百三十二門
搠杖四百三十二根
藥黨四百三十二箇
藥管一萬二千九百六十箇
鉛子袋四百三十二箇
銃套四百三十二箇

火藥二千五百九十二斤
鉛子一十二萬九千六百箇
火繩二千一百六十根
鉛子模二十四副
快鎗四百三十二桿
搠杖四百三十二根
鐵錐四百三十二把
鐵剪四百三十二把

藥袋四百三十二箇
藥線筒四百三十二箇
藥管一萬二千九百六十箇
鉛子袋四百三十二箇
火藥四千五十斤
鉛子一十二萬九千六百箇
藥線二十一萬六千根
火繩一千二百九十六根

鉛子模二十四副
火箭一萬二千九百二十枝
火繩一千二百九十六根
鉛子模二十四副
火箭一萬二千九百二十枝
火繩一千二百九十六根
火箭簍四百三十二箇
油皁四百三十二箇

盔二千七百九十頂
甲二千七百九十副
銼帶二千七百九十條
撒袋一千三百四件
弓一千一百五十二張
弦二千三百四條
火箭一千一百五十二把
雨皁一千一百五十二箇

腰刀一千一百五十二把
雙手長刀四百三十二把
鎲鈀四百三十二把
鎗棍四百三十二根
大棒六百四十八根
銅鍋二百一十六口
拒馬六百四十八副

一步隊圖

一步營圖

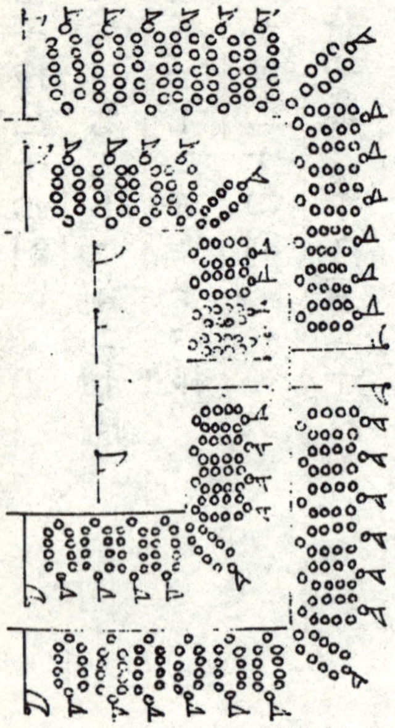

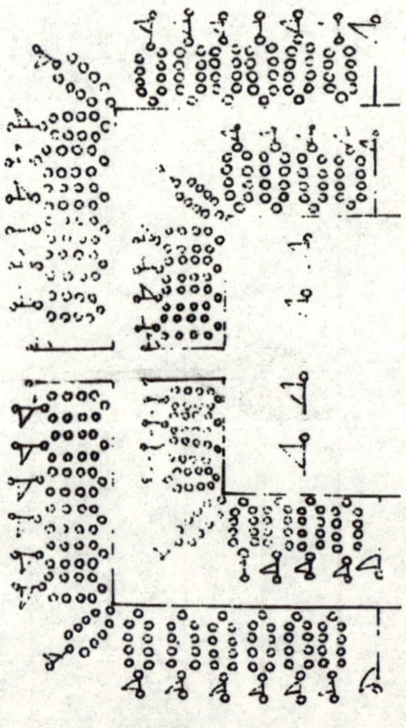

步營解

每步軍十二名為一隊火器手每隊隊長一名鳥銃手十名火兵一名殺手每隊隊長一名圓牌二名狼筅二名長鎗二名鈀二名大棒二名隊長長旗鎗一桿腰刀弓箭牌手腰刀一把狼筅手狼筅二把鈀手兼火箭鎗手兼弓箭大棒手兼弓箭火兵一名鐵尖扁擔一根三隊為一旗旗總一名共三十七名三旗為一局百總一名

共一百一十二名三局内鳥銃一局殺手三局為一司把總一員共四百四十九員名二司為一部千總一員鳥銃四局殺手四局共八百九十九員名三千總為一營將官一員中軍一員共二千六百九十九員名

以上為一中營將官一員中軍一員千總三員把總六員神器把總一員百總二十四名旗總七十二名隊總二百一十六名兵夫二千一百六十名内銃手一千八十名殺手一千八十名火兵二百一十六名共計二千六百九十九員名

每步軍一營旗皷并該設備征軍火器械

將官認旗一面

門旗二面

五方旗五面

巡視旗十面

金皷旗二面

坐纛一面

高招五面

千總認旗四面

把總認旗六面

百總認旗二十四面

旗總旗鎗桿七十二根

隊總旗鎗桿二百一十六根

腰刀二百一十六把

金皷一副

鳥銃一千八十門

搠杖一千八十根

錫鱉一千八十箇

鉛子袋一千八十箇

藥管三萬二千四百箇

火藥四千三百二十斤

鉛子二十一萬六千箇
火繩三千二百四十根
鉛子模一十二副
長刀一千八十把
藤牌二百一十六面
狼筅二百一十六根
長鎗二百一十六桿
弓二百一十六張

弦四百三十二條
大箭二百一十六把
雨單二百一十六箇
鎲鈀二百一十六把
火箭六千四百八十枝
大棒三百二十四根
銅鍋二百一十六口

一輜重車圖　每輛重二千上下斤

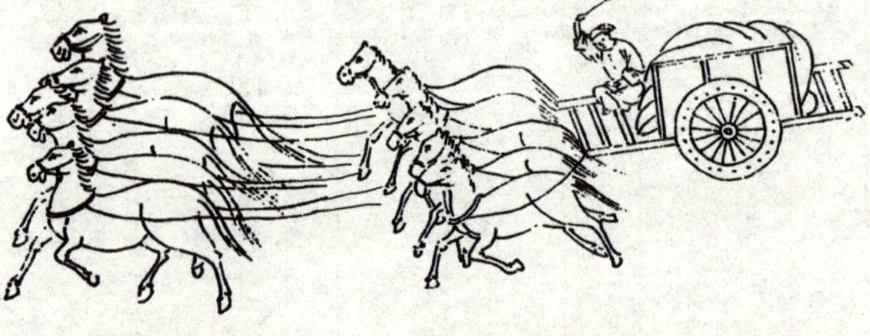

一輜重營圖

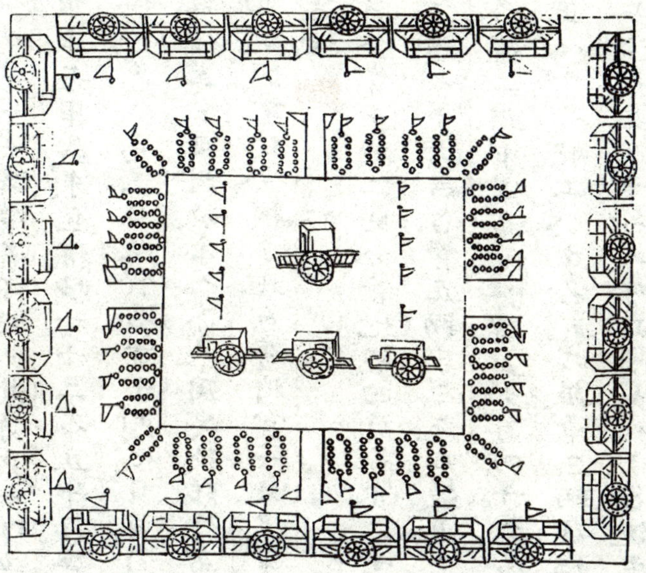

輜重營解

師行糧從軍事所先邇來敵每入口官軍並無輜重敵乘肥馬即日馳百五十餘里我軍馬匹既弱行至有城池所在俱將城門關閉月糧在倉草束在場多在城内每不得支如候支糧料必悞追敵大軍之行動以二三萬計便開城聽候緣倉場門小株粒干係錢糧唱名給支一二日尚不能完如候支完追敵敵去二三百里矣官

軍只得枵腹追往至三日之後饑疲甚矣氣息懨懨支步不前安能勝敵即敵有可乘之機徒付嘆息而已近該題奉欽依新創輜重營三座每座大車八十輛每輛騾八頭車上用偏廂牌遠視如城到處下四面營每車一輛派軍二十名分奇正二隊正兵一隊軍士十名以知喂養者八人領拽車騾内以六人為管狼機二架每架三名以大棒手二人臨陣專管收拾騾頭車

正一名專司進止舵工一名專備留後奇兵一隊隊長一名鳥銃手八名仍以一二三四名兼習長刀五六名兼習藤牌短刀七八名兼習鋭鈀火兵一名專管各隊炊飯此奇兵一隊專備護車每車載米豆煠炒一十二石五斗每營可供一萬人馬三日之食各于出門之日再自帶乾糧二三日計敵出入亦足用矣故師行常飽而敵慮不銷全賴于此每營將官一員中軍一

員全管千總二員分管把總四員各管二十輛百總一十六名各管五輛中軍元戎皷車三輛各騾二頭中軍帶管計騾夫六百四十六名車正八十名舵工八十名元戎皷車三輛每輛軍兵十名共三十名入奇兵隊長八十名銃手六百四十名火兵八十名共計一千六百六十員名旗皷吹探架梁開路大小將官共用二百五十四員名每營車八十輛每輛載米二石五斗

煠炒三石七斗五升黑豆六石二斗五升共載米三百石煠炒三百石黑豆五百石

每輜重一營旗皷并該設備征軍火器械

將官認旗一面

坐纛一面

五方旗五面

角旗四面

高招五面

金皷旗二面

巡視旗八面

千總認旗二面

把總認旗四面

百總認旗十六面

車正旗八十面

隊總旗一百六十面

金皷一副

佛狼機一百六十架
子銃一千四百四十門
鐵門三百二十根
鐵錘一百六十把
鐵剪一百六十把
鐵錐一百六十把
鐵匙一百六十把
四心送子一百六十根

火藥三千二百斤
鉛子一萬六千箇
火繩八百根
鳥銃六百四十門
槊杖六百四十根
錫鱉六百四十箇
藥管一萬九千二百箇
鉛子袋六百四十箇

銃套六百四十箇
火藥三千八百四十斤
鉛子二十九萬二千箇
火繩三千二百根
鉛子模一十六副
大棍七百二十根
銅鍋一百六十口
木桶一百六十隻

喂騾栁筐八十箇
草鍘八十口

練兵雜紀卷六

圖書在版編目（CIP）數據

兵典 / (北宋) 曾公亮等著. — 揚州 : 廣陵書社, 2015.11
(四庫全書選刊)
ISBN 978-7-5554-0450-7

Ⅰ. ①兵… Ⅱ. ①曾… Ⅲ. ①兵法－中國－古代 Ⅳ. ①E892.2

中國版本圖書館CIP數據核字(2015)第286286號

ISBN 978-7-5554-0450-7

9 787555 404507 >

四庫全書選刊・兵典 四冊

著者 (北宋) 曾公亮 等
出品 揚州國書文化傳播有限公司
策劃 沈波
責任編輯 王志娟
出版發行 廣陵書社
地址 揚州市維揚路三四九號
郵編 二二五〇〇九
網址 www.yzglpub.com
印刷 北京世藝印刷有限公司
開本 185毫米×260毫米 1/16
版次 二〇一五年十一月第一版第一次印刷
書號 ISBN 978-7-5554-0450-7
定價 貳仟元整/套